Städte, Kreise und Gemeinden im Ruhrgebiet

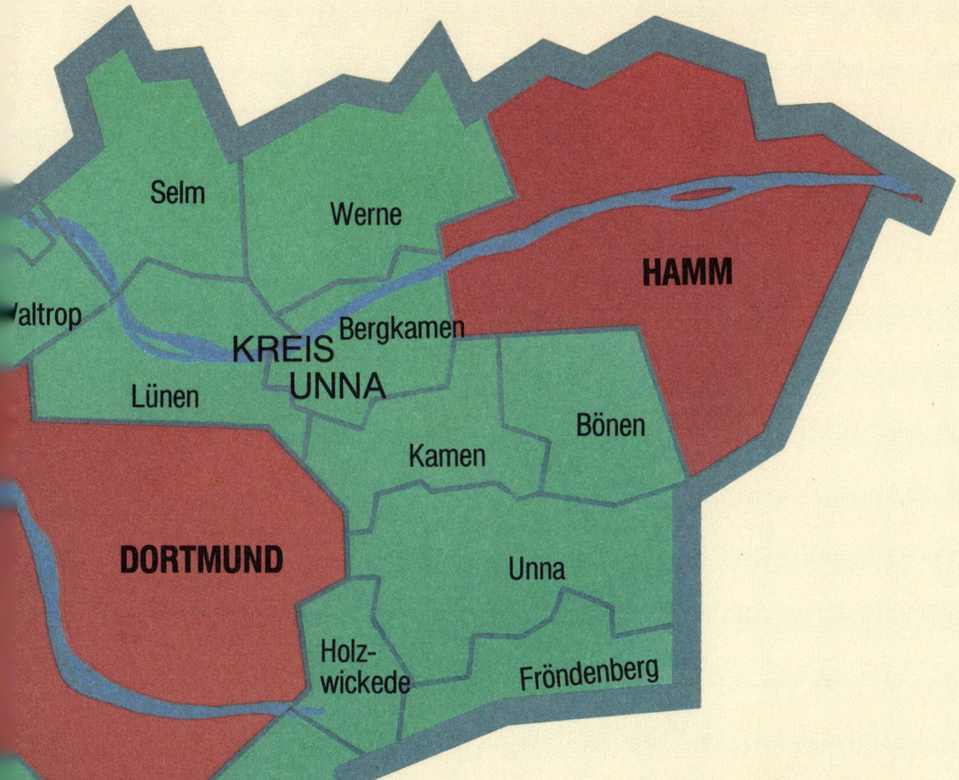
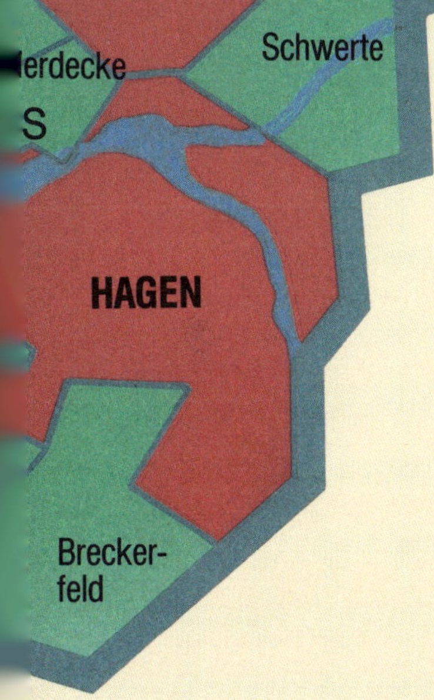

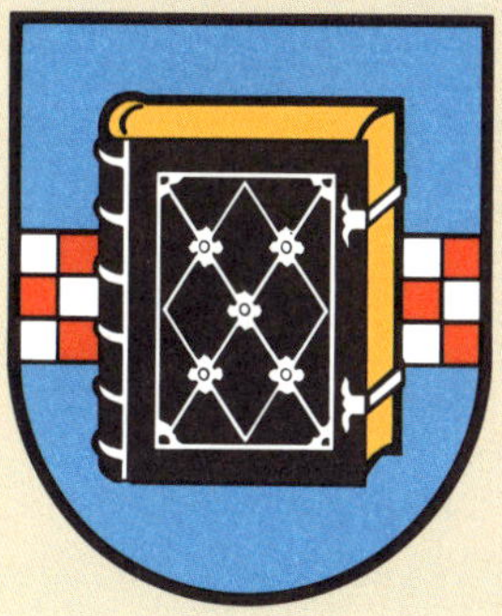
Bochum

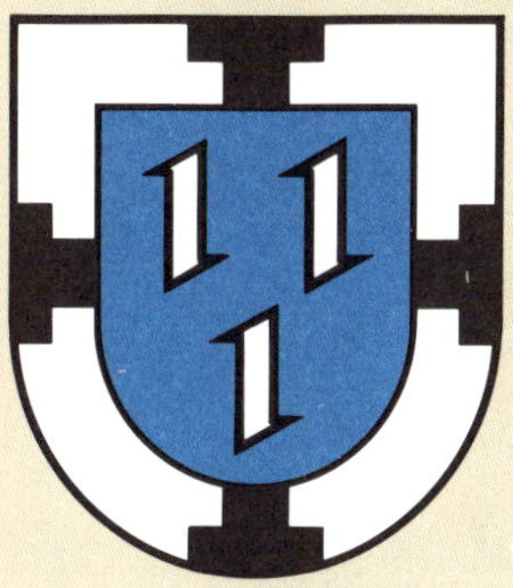
Bottrop

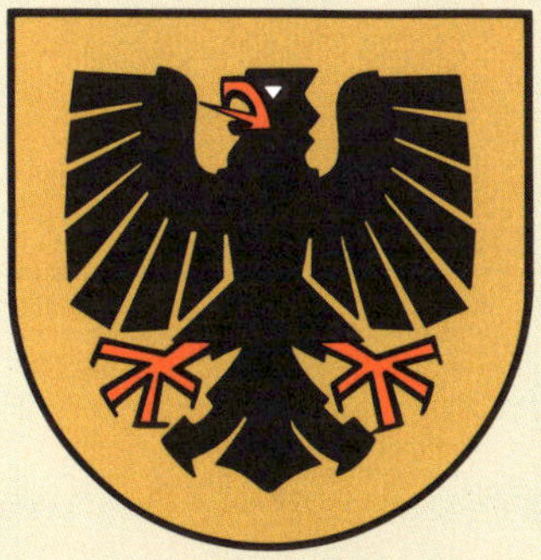
Dortmund

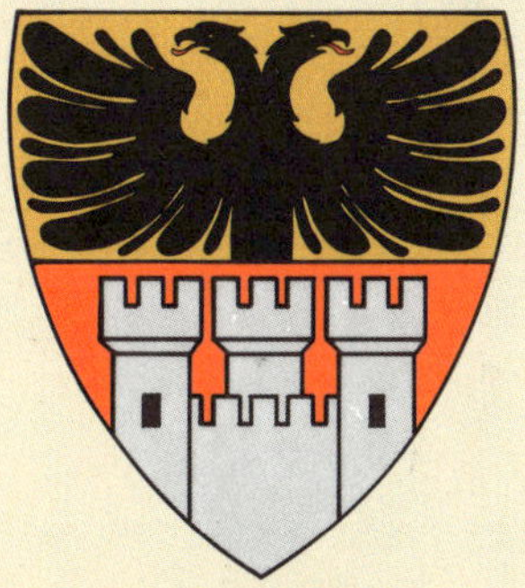
Duisburg

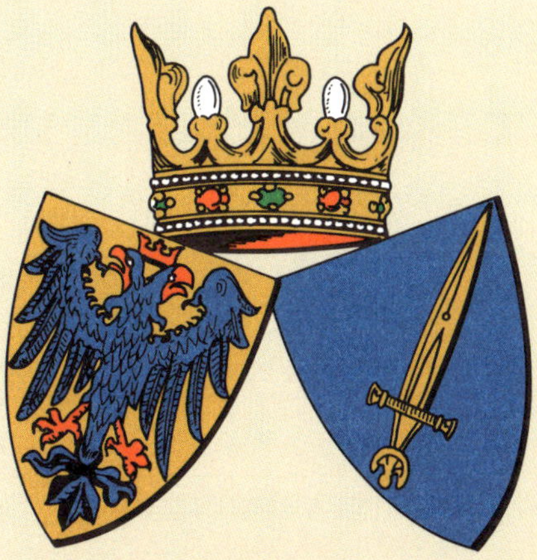
Essen

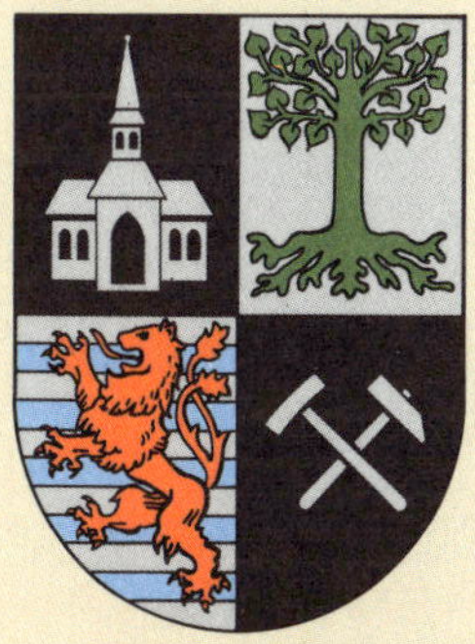
Gelsenkirchen

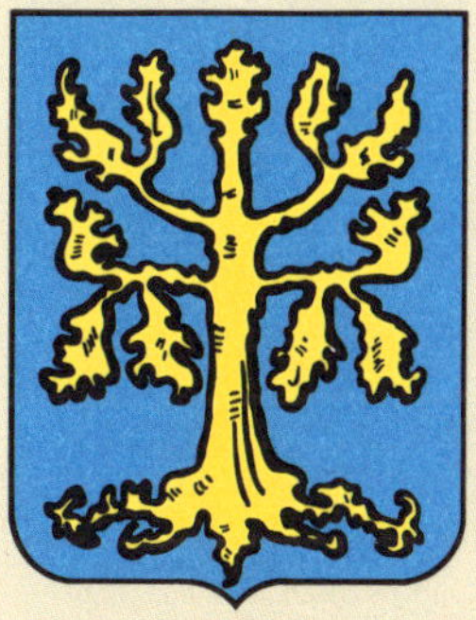
Hagen

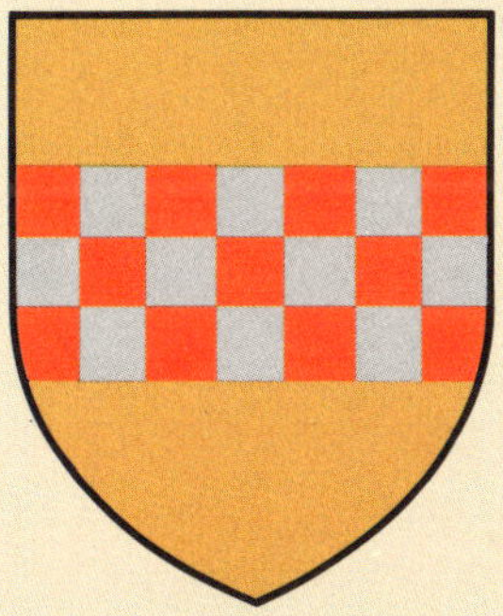
Hamm

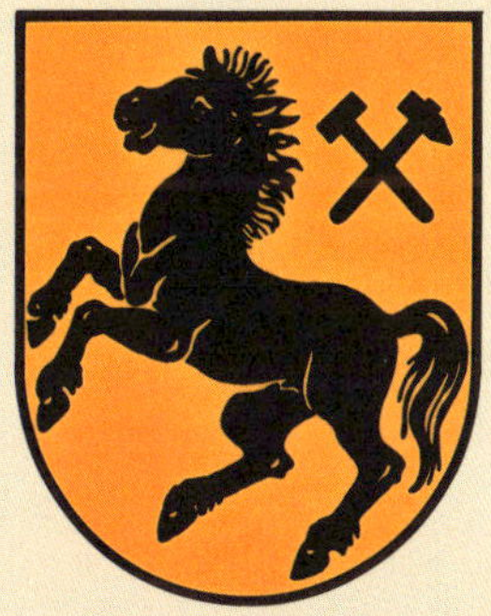
Herne

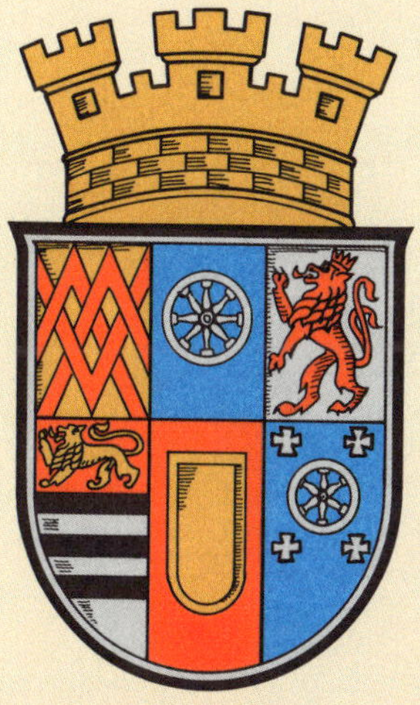
Mülheim

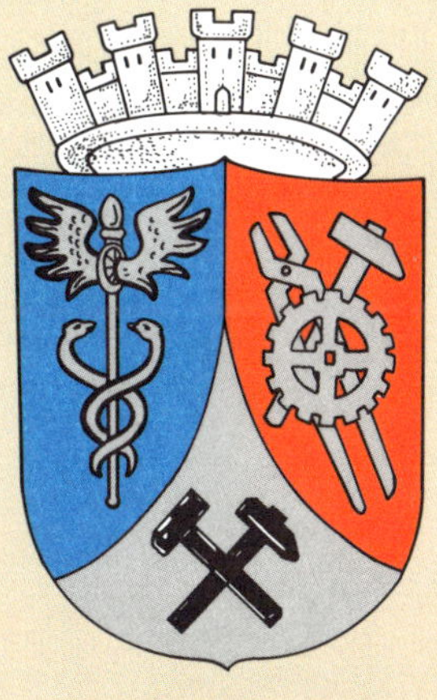
Oberhausen

Chronik des Ruhrgebiets

BODO HARENBERG
Herausgeber

Chronik des Ruhrgebiets

Übersichtsartikel von
Dr. Frank Busch, Dipl.-Ing. Helmut Bönninghausen,
Elisabeth Fekeler-Lepszy, Max von der Grün,
Prof. Dr. Paul Klemmer, Prof. Dr. Wilhelm Kohl,
Dr. Ulrich Krempel, Prof. Dr. Klaus R. Kunzmann,
Prof. Dr. Eckart Pankoke, Diplom-Ökonom Andreas Schlieper,
Prof. Dr. Klaus Tenfelde, Horst Vetten, Prof. Dr. Paul Vogt,
Dr. Michael Zimmermann

Impressum

© Chronik-Verlag in der Harenberg Kommunikation
Verlags- und Mediengesellschaft mbH & Co. KG,
Dortmund 1987

Textredaktion: Thomas Bertram, Martina Boden,
Helga Born, Christoph Hünermann, Ekkehard Kruse,
Dr. Harry Olechnowitz (Lektorat), Bernhard
Pollmann (Kalendarien), Beate Schindler
Bildredaktion: Klaus zu Klampen
Redaktionelle Abwicklung: Barbara Reppold-Hinz,
Annette Retinski
Schutzumschlag: Dieter Haf
Satz: Systemsatz, Dortmund
Druck: Mohndruck GmbH, Gütersloh

ISBN 3-88379-089-3

*Wir danken dem Verein »pro Ruhrgebiet« und dem
Kommunalverband Ruhrgebiet für die weitreichende
Unterstützung bei der Erarbeitung des Buches.*

Abbildungen auf dem Umschlag

Vorderseite (oben links beginnend)
Mannschaft des FC Schalke 04, Deutscher Fußballmeister 1937
Die mechanische Werkstätte von Friedrich Harkort auf Burg Wetter um 1834
 (Gemälde von Alfred Rethel)
Villa Hügel in Essen (Luftbild freigegeben durch die Reg. von Oberbayern
 unter Nr. G. 43/1035)
Einheit der »Roten Ruhrarmee« im Ruhrkampf des Jahres 1920
Hochofen der Westfalenhütte in Dortmund
 (Gemälde von Hermann Kupferschmid)
Kumpel unter Tage
In einem Krupp-Stahlwerk wird flüssiges Roheisen in einen Konverter
 zur Stahlerzeugung gefüllt
Schloß Bodelschwingh, Dortmund
Eingangshalle des Karl-Ernst-Osthaus-Museums, Hagen
Deutsches Bergbau-Museum, Bochum
Braukessel der Stern-Brauerei, Essen

Buchrücken (oben beginnend)
Altstadt von Essen-Kettwig
Zusammenfluß von Lenne und Ruhr
Taubenvater im Revier
Bergmanns-Unterstützungs-Verein, Dortmund-Mengede

Rückseite (oben links beginnend)
Ruhrort, 1840 (Kolorierter Stich von J. M. Kolb nach einer Zeichnung
 von L. Rohboek. Ruhrland-Museum, Essen)
Halbachhammer (16. Jahrhundert). Ruhrland-Museum, Essen
Propsteikirche St. Ludgerus (1256–1275), Essen-Werden
Französischer Soldat bewacht einen Zug beschlagnahmter Kohle während
 der Ruhrbesetzung 1923
»Die Kniende« (Plastik von Wilhelm Lehmbruck, 1911;
 Lehmbruck-Museum, Duisburg)
Erste Ausgabe der »Westdeutschen Allgemeinen Zeitung«, Essen,
 vom 3. 4. 1948
Sechs-Tage-Rennen in der Westfalenhalle, Dortmund
Hafen von Duisburg (Luftbild des Kommunalverbandes Ruhrgebiet, Essen;
 freigegeben durch den Reg.-Präs. Münster, Nr. 15329/81)
Schnittzeichnung des Ruhrfestspielhauses, Recklinghausen
Maschinenhalle 9 der Firma Fried. Krupp (Gemälde von O. Bollhagen, 1910)
Portal der Maschinenhalle der Zeche Zollern II/IV
 in Dortmund-Bövinghausen
Galopprennen im Ruhrgebiet

Inhalt

Siegfried Maruhn: Zum Geleit	7
Wilhelm Kohl: Germanen. Römer. Sachsen und Franken Um 0 bis 1200	9
Wilhelm Kohl: Aufblühen der Städte und die Reformation 1200 bis 1600	25
Wilhelm Kohl: Krieg und Zerstörungen im Ruhrgebiet 1600 bis 1800	49
Andreas Schlieper: Anfänge der Industrialisierung Das Ruhrgebiet um 1800	72
Andreas Schlieper: Die industrielle Gründungsphase Firmengründer und Unternehmer im Ruhrgebiet	107
Klaus Tenfelde: Vom Stand zur Klasse Die Bergarbeiter 1848 bis 1889	199
Klaus Tenfelde: Vom Kaiserreich zum Bürgerkrieg Bergbau und Arbeiterbewegung 1914 bis 1923	331
Michael Zimmermann: Das Ruhrgebiet im Nationalsozialismus 1933 bis 1945	397
Paul Klemmer: Wiederaufbau im Ruhrgebiet	455
Ulrich Krempel: Bildende Kunst im Ruhrgebiet	475
Elisabeth Fekeler-Lepszy: Reviersprache – Ursprung und Eigenart	489
Horst Vetten: Sport im Ruhrgebiet – Spiel und Schauspiel	507
Max von der Grün: Schreiben im Ruhrgebiet	517
Klaus R. Kunzmann: Hochschulen im Ruhrgebiet	533
Andreas Schlieper: Bergbaukrise im Revier	545
Frank Busch: Stadttheater im Ruhrgebiet Die Sehnsucht der Arbeiterstädte nach Bürgerkultur	559
Helmut Bönninghausen: Denkmäler des Arbeitens und Wohnens Architektur im Ruhrgebiet	575
Eckart Pankoke: Das Industrierevier als Kulturlandschaft Kulturelles Leben im Ruhrgebiet	583
Paul Vogt: Das Ruhrgebiet als Museumslandschaft	603
Anhang: Das Ruhrgebiet in Daten und Zahlen	631
Personenregister	657
Sachregister	663
Abkürzungsverzeichnis	670
Bildquellenverzeichnis	671

Zum Geleit

Fragt man einen Menschen aus Essen, Witten oder Castrop-Rauxel, aus welcher Gegend Deutschlands er komme, hat er die Auswahl zwischen ganz unterschiedlichen Bezeichnungen. »Aus dem Ruhrgebiet«, ist die wahrscheinlichste Antwort. Will er bescheiden-volkstümlich klingen, sagt er vielleicht »Kohlenpott«. An die offiziellen, aktuellen oder historischen Zuordnungen seiner Heimatstadt – Regierungsbezirk Düsseldorf, Arnsberg oder Münster, Ruhrkohlenbezirk oder Rheinisch-Westfälisches Industriegebiet – wird er am allerwenigsten denken. Sich als Westfale oder Rheinländer zu bezeichnen, wird ihm ebenfalls schwerfallen. Das kommt selbst dem Duisburger schwer über die Lippen, obwohl er doch unmittelbar am Rhein wohnt.

Überhaupt fehlt es dem Menschen aus dem Ruhrgebiet an einer zusammenfassenden, allgemein üblichen Bezeichnung. Selbst der Hinweis auf das »Land« als eindeutige Identifikation bleibt ihm verwehrt. Im Unterschied zum Saarland hat seine Heimat den Sprung vom »Gebiet« zum »Land« nicht geschafft. Den »Ruhrländer« gibt es noch nicht.

Schuld daran war die britische Besatzungsmacht, die nach dem letzten Krieg das große Land Nordrhein-Westfalen um das Ruhrgebiet herum gebaut hat, um die einstige Rüstungsschmiede des Reiches einzubinden in einen größeren staatlichen Zusammenhang, auch um sie vor sowjetischem oder französischem Zugriff zu bewahren. Sie handelte damit nicht anders als die Beamten des Kaiserreichs, die das Ruhrgebiet von außen regieren ließen, die ihm aber auch Kasernen ersparten und Universitäten verwehrten. Wie Gulliver bei den Liliputanern sollte der Riese Ruhr von vielen Fäden festgehalten werden, die andere in der Hand hielten.

Dennoch ist das Ruhrgebiet eine Einheit. Zusammengewachsen ist es in weniger als 200 Jahren, in denen aus beschaulichen Städtchen und vielen Dörfern zwischen Rhein, Ruhr und Lippe das schwerindustrielle Herzstück Deutschlands, einer der größten Ballungsräume Europas wurde. Zusammengewachsen ist es vor allem durch seine Menschen, die aus allen Teilen des Reiches kamen, viele davon aus seinen östlichen Regionen. Zusammen mit den Westfalen und Rheinländern, den Nachfahren der Franken und Sachsen, die hier aneinander grenzten, bilden sie das Ruhrvolk, einen durchaus eigenständigen Menschenschlag, mit einem eigenen Idiom, mit einer eigenen soliden, nüchtern-praktischen Einstellung zum Leben und mit mehr als der Andeutung eines Gefühls der Zusammengehörigkeit.

Weil die Entstehung des Ruhrgebiets so kurz zurückliegt, wirft man ihm und seinen Menschen manchmal Geschichtslosigkeit vor, unterstellt ihnen einen Mangel an Geschichtsbewußtsein und eigenen Traditionen. Daß dieser Vorwurf falsch ist, zeigt dieses Buch.

Das »Revier«, so jung es ist, war stets im Wandel begriffen. Noch vor wenigen Jahren säumten die Silhouetten der Fördertürme den Horizont einer jeden Ruhrgebietsstadt. Die meisten von ihnen sind verschwunden. Der Bergbau schrumpft und er wandert der Kohle nach in den Norden. Jetzt beginnt der Stahl, sich aus dem Zentrum des Reviers zurückzuziehen. Nur am Rhein wird er noch eine Bastion behaupten. Die Menschen, die bleiben, strengen sich an, ihrer Heimat ein neues Gesicht, neue Aufgaben zu geben. Eine geschichtliche Epoche geht zu Ende, eine neue beginnt.

Die Westdeutsche Allgemeine Zeitung (WAZ) hat diesen Wandel in den letzten 40 Jahren begleitet. Sie ist eine der wenigen Klammern, die den ganzen Raum umfaßt, neben dem Kommunalverband Ruhrgebiet (KVR), dem früheren Siedlungsverband Ruhrkohlenbezirk, und dem (katholischen) Ruhrbistum. Ihre Lokalausgaben, mit denen sie in jeder Stadt erscheint, sind eine detaillierte Chronik der jüngsten Geschichte des Ruhrgebiets. Auf ihren Seiten finden sich, von geschichts- und heimatbewußten Redakteuren gepflegt, auch viele historische Erinnerungen an die Zeit davor.

Die »Chronik des Ruhrgebiets« greift in ihrem Anspruch weiter. Sie will die Geschichte unseres Raumes zusammenfassend, in einem Umfang und mit Mitteln der Illustration darstellen, die über die Möglichkeiten einer Tageszeitung hinausgehen. Es ist das erste Mal, daß dies in dieser Form versucht wird. Die WAZ hat den Mitarbeitern des Harenberg-Verlages gerne ihr Archiv geöffnet. Sie wünscht der »Chronik des Ruhrgebiets« Erfolg und viele Leser.

Siegfried Maruhn
Chefredakteur der Westdeutschen Allgemeinen Zeitung (WAZ)

◁ *Ansichten von Dortmund und Hörde, Aquarell von W. Müller (um 1840)*

Germanen, Römer, Sachsen und Franken

Um 0 bis 1200

Das dichtbewaldete Land an Lippe und Ruhr lag um Christi Geburt unmittelbar vor den Augen der römischen Legionäre in den Lagern Xanten und Moers-Asberg. Hier sicherten sie seit längerer Zeit die unruhige Reichsgrenze und blockierten die Flußmündungen von Lippe und Ruhr – die Haupteinfalltore der Germanen in das Reichsgebiet. Die Lager bildeten aber auch die Ausgangsbasis für Angriffe der Römer in das Innere Germaniens. Wegen fehlender Straßen dienten den Römern ausschließlich die Flüsse als Transportwege. Das breite Lippetal bot sich besonders an, den Vormarsch der Legionen zu tragen. Ihr Ziel war, rechts des Rheins eine beruhigte Pufferzone zu schaffen.

Schon im Jahr 12 v. Chr. setzten die Angriffe des römischen Feldherrn Drusus ein. Sie richteten sich bald gegen die Hauptgegner, die Sugambrer, die zwischen Lippe und Ruhr siedelten. Die Angriffe waren aber konzeptionslos und bewirkten zudem einen Bund des bedrohten Stammes mit den mächtigen Cheruskern und Sueben, besiegelt mit der Opferung 20 gefangener römischer Offiziere. Im nächsten Jahr drang Drusus über das Land der Usipeter nördlich der Lippe wiederum in das Gebiet der Sugambrer vor und marschierte weiter bis an die Weser. Am Zusammenfluß von Lippe und Seseke konnte er ein Bollwerk errichten. Nachdem auch noch die sugambrischen Führer hinterlistig verschleppt worden waren, wurde der ganze Stamm links des Rheins unter unmittelbarer Aufsicht des Lagers Xanten angesiedelt. Das römische Lager Oberaden wurde aufgelöst, weil es seine Bedeutung verloren hatte. Das gesamte Lippetal befand sich fest in römischer Hand. Durch dieses Tor drang der Romanisierungsprozeß in das innere Germanien. »In Germanien herrschte endlich ein solcher Friede, daß die Menschen wie verwandelt, das Land verändert und sogar das Klima milder und schonender als sonst zu sein schienen«, frohlockte der Schriftsteller Florus.

Doch das Bild trog. Im Jahr 1 n. Chr. mußte Marcus Vinicius gegen wachsenden Widerstand vorgehen. Tiberius stieß 4 und 5 n. Chr. bis zu den Lippequellen vor. Der Versuch, in dem halbwegs unterworfenen Land nun auch die römische Zivilverwaltung einzuführen, endete aber im Untergang von drei römischen Legionen und Hilfstruppen – etwa 20 000 Mann – an einem Ort im Teutoburger Wald (9 n. Chr.), dessen genaue Lage bis heute unentdeckt geblieben ist. Der Cheruskerfürst Arminius hatte das Heer geschlagen und mit einem Schlag die römische Herrschaft rechts des Rheins zum Einsturz gebracht.

Erst nach erheblicher Verstärkung der am Rhein stehenden Legionen unternahm Germanicus, ein Sohn des Drusus, 14 n. Chr. einen Rachefeldzug gegen die Usipeter, Brukterer und andere Stämme. Zwei Jahre später rückte er abermals an der Lippe vor, um ein angeblich belagertes Kastell zu entsetzen, fand aber keinerlei Widerstand. Das rechtsrheinische Land schien weitgehend befriedet.

Die vorzügliche Eignung des Lippetals für die Marschbewegungen der römischen Legionen hinterließ ihre Spuren in den großen, archäologisch ergrabenen Militärlagern entlang des Flusses: Dem ältesten in Oberaden bei Bergkamen, verbunden mit einem Uferkastell bei Beckinghausen, ferner jüngeren Befestigungen bei Haltern, Dorsten-Holsterhausen und weiter östlich in Anreppen.

Die endgültige Eingliederung des Gebietes zwischen Rhein und Elbe in das Römische Reich stand freilich nach 16 n. Chr. nicht mehr zur Debatte. Im Gegenteil, der germanische Druck auf die Reichsgrenze nahm ständig zu. Sie konnte nur noch mit Hilfe angeworbener Germanen verteidigt werden. An der unteren Lippe saßen nun die Chattuarier, beiderseits der Lippe die Usipeter und Tenkterer, weiter östlich im Hellweggebiet die Marser. Wechselnde »Stammesnamen« bezeichnen eher Führungsschichten als ganze Völkerschaften. Archäologische Funde deuten auf eine besonders dichte Besiedlung an der unteren Lippe und im Bereich der heutigen Großstadt Essen bis etwa 175 n. Chr. In den beiden folgenden Jahrhunderten leerte sich jedoch das Lippegebiet. Die Bevölkerung wanderte in den Raum zwischen Lippe und Ruhr. Neben großen rechteckigen Wohnhäusern – in Weilern oder als Einzelhöfe –, die im Winter auch das Vieh aufnahmen, weisen kleine Handwerks- und Vorratshäuser darauf hin, daß neben der Landwirtschaft damals schon ein weites Feld verschiedenster Produktionsarten bestand.

Es ist die Zeit, in der sich aus älteren Kleinstämmen der Bund der Franken herausbildete, gegründet auf kulturellen, religiösen und politischen Gemeinsamkeiten der germanischen Rhein-Weser-Völkergruppe. Der Raum zwischen Lippe und Ruhr gehörte offensichtlich zu deren Hauptverkehrsgebieten. Hier lag eines der Zentren jener Kräfte, die im 4. Jh. zum Untergang des Römischen Reiches und zur Grundlegung der europäischen Einheit durch die Franken beitrugen.

Mit dieser Entwicklung geriet das Land zwischen Lippe und Ruhr im 3. und 4. Jh. erneut in das Blickfeld antiker Autoren. Immer heftiger wiederholten sich germanische Vorstöße über den Rhein, getragen von den Chamaven, »die auch die Franken genannt werden«, den Brukterern südlich der Lippe und den Chattuariern an der unteren Ruhr. Einzelne Kriegergruppen traten auch in römische Dienste und schützten nun ihrerseits die Grenze gegen weitere Angriffe. Germanen stiegen bis in höchste militärische Ränge des Weltreiches auf. Ungeheure Reichtümer wurden in römischen Diensten erworben, vor allem Goldmünzen, goldene Ketten und andere Schmuckstücke, die noch durch Handel und Raub vermehrt wurden. Allein der Dortmunder Goldfund enthielt mehr als das Zehnfache der reichen, goldenen Grabbeigaben des Frankenkönigs Childerich († 482), und doch bietet auch dieser Schatzfund nur einen Abglanz des ehemals Vorhandenen.

Trotz mancher Niederlagen gegen die straff organisierten und kriegsgeübten Römer begründeten die über den Rhein vorgedrungenen Stämme im Laufe der Zeit im alten Gallien das mächtige Reich der Franken. Dagegen erschienen rechts des Rheins neue

◁ *Spaß und Spiel im Grünen, Besucher im Dortmunder Revierpark Wischlingen*

Völkerschaften aus dem Norden. Diese im Großstamm der Sachsen vereinten Stämme waren es, vor denen die Altfranken seit dem 5. Jh. ihre Goldschätze in der Erde verbargen. Doch mit dem fränkischen Bereich setzte eine neue Entwicklung ein. Mit der Ermordung des rheinfränkischen Königs Sigibert, der vermutlich in Köln residierte, und der Wahl Chlodewechs zum König der brukterisch-chattuarischen Franken dehnte sich der fränkische Machtbereich bis nach Mitteldeutschland aus. Brukterer und Chamaven gingen als autonome Stammesgebiete in das Frankenreich ein.

Mit dem südlichen Vordringen der Sachsen füllte sich das seit dem 2. Jh. fast menschenleere Münsterland allmählich wieder auf. Kurz vor 700 gelang es den Sachsen, die untere Lippe zu überschreiten und um 715 das Chattuarierland und den unteren Ruhr zu unterwerfen. Gleichzeitig drang von der Lippemündung her die christliche Mission nach Osten vor. Die Sachsen sicherten ihre Eroberungen durch große Burgen, darunter die wichtige Hohensyburg (Sigiburg) auf dem Nordufer der Ruhr. Damals spielte sich die sächsisch-fränkische Grenze etwa auf der Linie ein, auf der noch heute die niederdeutsche Sprachgrenze verläuft.

Das räumliche Nebeneinander der beiden germanischen Großstämme gestaltete sich anfangs recht freundlich. Die Sachsen erkannten zeitweise sogar eine lockere Oberherrschaft der Franken an. Seit 555 verschlechterte sich das Verhältnis. Sogar gegenüber der Stadt Köln erschienen die alles zerstörenden und raubenden Scharen der Sachsen. Der Niedergang des merowingischen Königshauses ermöglichte den Zuwanderern aus dem Norden, schließlich das ganze Südwestfalen in Besitz zu nehmen. Das Gebiet zwischen Lippe und Ruhr fiel dabei der »Heerschaft« der Westfalen zu, dem westlichen Stammesteil der Sachsen. An den Salzquellen von Werl legten die Westfalen ihre Grenze gegen die »Heerschaft« der Engern fest.

Erst der Aufstieg Karl Martells zum allmächtigen Hausmeier des fränkischen Reiches setzte dem sächsischen Vormarsch ein Ende. Im Jahr 718 begann der erste Rachezug der Franken gegen die räuberischen Nachbarn. Von der unteren Lippe her brach der Hausmeier 738 zu einem verheerenden Feldzug auf. In fränkischem Auftrag versuchten gleichzeitig angelsächsische Missionare, die heidnischen Sachsen zu bekehren und Ruhe an der Grenze zu schaffen, jedoch ohne bleibenden Erfolg. Nach der Erhebung Pippins zum König zogen die Franken abermals gegen die unbotmäßigen Westfalen und verwüsteten das Land gegen den erbitterten Widerstand der Einwohner. Schließlich leisteten die Westfalen bei Sythen nördlich von Haltern 758 einen Treueid, der wahrscheinlich auch die Zulassung der christlichen Mission einschloß.

Das heillose Hin und Her sächsischer Raub- und fränkischer Strafzüge trat nach der Thronbesteigung Karls des Großen (768) unter ein anderes Vorzeichen. 772 zerstörte der junge König die Irminsul, das engrische Heiligtum auf der Eresburg (Obermarsberg). Zwangstaufen traten an die Stelle friedlicher Mission. Empört verwüsteten die Engern die fränkischen Grenzgebiete. Im Gegenschlag eroberte Karl 775/76 die Sigiburg und abermals die Eresburg. Das Brukterland südlich der Lippe wurde annektiert, um als Grenzmark zu dienen.

Nach der Kapitulation der Westfalen bei Bocholt (779) berührten die grausamen Kriege kaum noch das Gebiet zwischen Lippe und Ruhr. Nur die ständigen Durchzüge der Franken, meist auf dem Hellweg, ins Innere Sachsens hielten an. Fränkische Verwaltung und das Christentum zogen im Land ein, nachdem sich der Sachsenführer Widukind der Taufe gebeugt hatte (785). Als Papst Leo III. 799 Karl den Großen in Paderborn aufsuchte, soll er auch die Kirche auf der Hohensyburg geweiht haben. Ein besonderer Stützpunkt christlichen Glaubens und kultureller Mittelpunkt wurde das im selben Jahr von Liudger gegründete Benediktinerkloster Werden an der Ruhr. Im Herzen der sächsischen Bauern lebten die alten heidnischen Götter aber noch lange fort.

Mit der Eingliederung in das fränkische Großreich trat der Raum an Ruhr und Lippe in der zeitgenössischen Geschichtsschreibung in den Hintergrund. In ihm dominierten Nachkommen des karolingischen Grafen Ekbert († nach 811), dessen Witwe Ida in Herzfeld an der Lippe einen kirchlichen Mittelpunkt der Sippe schuf. Die Reichsteilung von Verdun führte das Land endgültig dem ostfränkischen Reich Ludwigs des Deutschen zu (843), ohne daß sich die Einwohner schon als Deutsche gefühlt hätten. Die Reichsgewalt trat immer schwächer in Erscheinung, dafür wuchs die Macht der einheimischen Großen. Auch die Kirche, von ihnen gestützt, verstärkte ihre Stellung. Das Kloster Werden baute einen ungeheuren Güterbesitz auf.

Helleres Licht fiel auf das Hellweggebiet, als das Königtum auf die Sachsen übergegangen war. 922 ritt König Heinrich I. erstmals vom Niederrhein auf der uralten Straße nach Quedlinburg. Im Königshof Dortmund rastete er, wie viele seiner Nachfolger. Otto I. hielt sogar in Steele einen Hoftag. Nach der Ungarnbedrohung (906–933), die aber die Region zwischen Lippe und Ruhr nicht erreichte, kehrten Jahrzehnte des Friedens und der Blüte ein. Erzbischof Bruno, ein Bruder von Otto I., gründete 953 in Soest ein Stift zu Ehren des hl. Patroklus. Die alte Engernstadt wurde Hauptort des Kölner Erzstiftes im südlichen Westfalen. Die politische Macht lag jedoch noch ganz in Händen der Grafen von Westfalen, auch Grafen von Werl genannt, die Grafschaftsrechte fast im ganzen Westfalen erwarben.

Als das Reich an den fränkischen Salier Konrad II. überging (1024), trat das Land erneut in den Hintergrund des Geschehens. Der Adel unterhielt kaum Beziehungen zum König. Dagegen stiftete der zwischen Papst und König um das Recht der Einsetzung der Bischöfe ausbrechende Streit (Investiturstreit) größte Unruhe. Der Riß zwischen Anhängern der einen wie der anderen Partei ging mitten durch die großen Familien. Am meisten litten die Bauern unter den Verwüstungen der Güter, mit denen man den Gegner treffen wollte. In den Umkreis des schrecklichen Geschehens gehört wohl auch die heimtückische Ermordung der beiden Junggrafen von Cappenberg (um 1084), deren starke Burg am Hang nördlich der Lippe stand.

Zu einem wahren Landplage wurde der Werler Graf Friedrich der Streitbare († 1124). Er erbaute in Arnsberg eine neue Burg, die aber der Erzbischof von Köln 1102 zerstörte; der Erzbischof forderte darüber hinaus von dem Grafen die Abtretung der Hälfte aller Grafschaftsrechte. Friedrich verbündete sich mit König Heinrich V. und nahm an dessen Kämpfen gegen den Papst teil. Dessen Anhänger, der Sachsenherzog Lothar von Süpplingenburg, eroberte 1120 das kaiserliche Dortmund und die Werler Burg Rüdenberg. 1121 zerstörte er, angeblich auf Anraten des Grafen von Cappenberg, die Bischofsstadt Münster. Im Schock über den Anblick des brennenden Doms gelobte der Graf die Umwandlung seiner Burg in ein Prämonstratenserkloster. Der Traum seines Schwiegervaters, Friedrichs des Streitbaren, von einem großen arnsbergisch-cappenbergischen Machtkomplex, zerfiel zu Staub.

Die von Friedrich eingeleitete Entwicklung der Territorien ließ sich nicht mehr aufhalten. Südlich der Lippe gelang es dem Erzbischof von Köln, viele Rechte der Arnsberger an sich zu bringen. Burgen, und später auch Städte, stützten den Besitz. Die Friedenswahrung im königlichen Auftrag kam hinzu. Es war natürlich, daß der Kölner nach dem Sturz Heinrichs des Löwen (1180) auch die Herzogsgewalt in Westfalen und Engern übernahm.

Wilhelm Kohl

Germanen, Römer, Sachsen und Franken

Um 0 bis 1200

Das dichtbewaldete Land an Lippe und Ruhr lag um Christi Geburt unmittelbar vor den Augen der römischen Legionäre in den Lagern Xanten und Moers-Asberg. Hier sicherten sie seit längerer Zeit die unruhige Reichsgrenze und blockierten die Flußmündungen von Lippe und Ruhr – die Haupteinfalltore der Germanen in das Reichsgebiet. Die Lager bildeten aber auch die Ausgangsbasis für Angriffe der Römer in das Innere Germaniens. Wegen fehlender Straßen dienten den Römern ausschließlich die Flüsse als Transportwege. Das breite Lippetal bot sich besonders an, den Vormarsch der Legionen zu tragen. Ihr Ziel war, rechts des Rheins eine beruhigte Pufferzone zu schaffen.

Schon im Jahr 12 v. Chr. setzten die Angriffe des römischen Feldherrn Drusus ein. Sie richteten sich bald gegen die Hauptgegner, die Sugambrer, die zwischen Lippe und Ruhr siedelten. Die Angriffe waren aber konzeptionslos und bewirkten zudem einen Bund des bedrohten Stammes mit den mächtigen Cheruskern und Sueben, besiegelt mit der Opferung 20 gefangener römischer Offiziere. Im nächsten Jahr drang Drusus über das Land der Usipeter nördlich der Lippe wiederum in das Gebiet der Sugambrer vor und marschierte weiter bis an die Weser. Am Zusammenfluß von Lippe und Seseke konnte er ein Bollwerk errichten. Nachdem auch noch die sugambrischen Führer hinterlistig verschleppt worden waren, wurde der ganze Stamm links des Rheins unter unmittelbarer Aufsicht des Lagers Xanten angesiedelt. Das römische Lager Oberaden wurde aufgelöst, weil es seine Bedeutung verloren hatte. Das gesamte Lippetal befand sich fest in römischer Hand. Durch dieses Tor drang der Romanisierungsprozeß in das innere Germanien. »In Germanien herrschte endlich ein solcher Friede, daß die Menschen wie verwandelt, das Land verändert und sogar das Klima milder und schonender als sonst zu sein schienen«, frohlockte der Schriftsteller Florus.

Doch das Bild trog. Im Jahr 1 n. Chr. mußte Marcus Vinicius gegen wachsenden Widerstand vorgehen. Tiberius stieß 4 und 5 n. Chr. bis zu den Lippequellen vor. Der Versuch, in dem halbwegs unterworfenen Land nun auch die römische Zivilverwaltung einzuführen, endete aber im Untergang von drei römischen Legionen und Hilfstruppen – etwa 20 000 Mann – an einem Ort im Teutoburger Wald (9 n. Chr.), dessen genaue Lage bis heute unentdeckt geblieben ist. Der Cheruskerfürst Arminius hatte das Heer geschlagen und mit einem Schlag die römische Herrschaft rechts des Rheins zum Einsturz gebracht.

Erst nach erheblicher Verstärkung der am Rhein stehenden Legionen unternahm Germanicus, ein Sohn des Drusus, 14 n. Chr. einen Rachefeldzug gegen die Usipeter, Brukterer und andere Stämme. Zwei Jahre später rückte er abermals an der Lippe vor, um ein angeblich belagertes Kastell zu entsetzen, fand aber keinerlei Widerstand. Das rechtsrheinische Land schien weitgehend befriedet. Die vorzügliche Eignung des Lippetals für die Marschbewegungen der römischen Legionen hinterließ ihre Spuren in den großen, archäologisch ergrabenen Militärlagern entlang des Flusses: Dem ältesten in Oberaden bei Bergkamen, verbunden mit einem Uferkastell bei Beckinghausen, ferner jüngeren Befestigungen bei Haltern, Dorsten-Holsterhausen und weiter östlich in Anreppen.

Die endgültige Eingliederung des Gebietes zwischen Rhein und Elbe in das Römische Reich stand freilich nach 16 n. Chr. nicht mehr zur Debatte. Im Gegenteil, der germanische Druck auf die Reichsgrenze nahm ständig zu. Sie konnte nur noch mit Hilfe angeworbener Germanen verteidigt werden. An der unteren Lippe saßen nun die Chattuarier, beiderseits der Lippe die Usipeter und Tenkterer, weiter östlich im Hellweggebiet die Marser. Wechselnde »Stammesnamen« bezeichnen eher Führungsschichten als ganze Völkerschaften. Archäologische Funde deuten auf eine besonders dichte Besiedlung an der unteren Lippe und im Bereich der heutigen Großstadt Essen bis etwa 175 n. Chr. In den beiden folgenden Jahrhunderten leerte sich jedoch das Lippegebiet. Die Bevölkerung wanderte in den Raum zwischen Lippe und Ruhr. Neben großen rechteckigen Wohnhäusern – in Weilern oder als Einzelhöfe –, die im Winter auch das Vieh aufnahmen, weisen kleine Handwerks- und Vorratshäuser darauf hin, daß neben der Landwirtschaft damals schon ein weites Feld verschiedenster Produktionsarten bestand.

Es ist die Zeit, in der sich aus älteren Kleinstämmen der Bund der Franken herausbildete, gegründet auf kulturellen, religiösen und politischen Gemeinsamkeiten der germanischen Rhein-Weser-Völkergruppe. Der Raum zwischen Lippe und Ruhr gehörte offensichtlich zu deren Hauptverkehrsgebieten. Hier lag eines der Zentren jener Kräfte, die im 4. Jh. zum Untergang des Römischen Reiches und zur Grundlegung der europäischen Einheit durch die Franken beitrugen.

Mit dieser Entwicklung geriet das Land zwischen Lippe und Ruhr im 3. und 4. Jh. erneut in das Blickfeld antiker Autoren. Immer heftiger wiederholten sich germanische Vorstöße über den Rhein, getragen von den Chamaven, »die auch die Franken genannt werden«, den Brukterern südlich der Lippe und den Chattuariern an der unteren Ruhr. Einzelne Kriegergruppen traten auch in römische Dienste und schützten nun ihrerseits die Grenze gegen weitere Angriffe. Germanen stiegen bis in höchste militärische Ränge des Weltreiches auf. Ungeheure Reichtümer wurden in römischen Diensten erworben, vor allem Goldmünzen, goldene Ketten und andere Schmuckstücke, die noch durch Handel und Raub vermehrt wurden. Allein der Dortmunder Goldfund enthielt mehr als das Zehnfache der reichen, goldenen Grabbeigaben des Frankenkönigs Childerich († 482), und doch bietet auch dieser Schatzfund nur einen Abglanz des ehemals Vorhandenen.

Trotz mancher Niederlagen gegen die straff organisierten und kriegsgeübten Römer begründeten die über den Rhein vorgedrungenen Stämme im Laufe der Zeit im alten Gallien das mächtige Reich der Franken. Dagegen erschienen rechts des Rheins neue

◁ *Spaß und Spiel im Grünen, Besucher im Dortmunder Revierpark Wischlingen*

Völkerschaften aus dem Norden. Diese im Großstamm der Sachsen vereinten Stämme waren es, vor denen die Altfranken seit dem 5. Jh. ihre Goldschätze in der Erde verbargen. Doch auch im fränkischen Bereich setzte eine neue Entwicklung ein. Mit der Ermordung des rheinfränkischen Königs Sigibert, der vermutlich in Köln residierte, und der Wahl Chlodewechs zum König der brukterisch-chattuarischen Franken dehnte sich der fränkische Machtbereich bis nach Mitteldeutschland aus. Brukterer und Chamaven gingen als autonome Stammesgebiete in das Frankenreich ein.

Mit dem südlichen Vordringen der Sachsen füllte sich das seit dem 2. Jh. fast menschenleere Münsterland allmählich wieder auf. Kurz vor 700 gelang es den Sachsen, die untere Lippe zu überschreiten und um 715 das Chattuarierland an der unteren Ruhr zu unterwerfen. Gleichzeitig drang von der Lippemündung her die christliche Mission nach Osten vor. Die Sachsen sicherten ihre Eroberungen durch große Burgen, darunter die wichtige Hohensyburg (Sigiburg) auf dem Nordufer der Ruhr. Damals spielte sich die sächsisch-fränkische Grenze etwa auf der Linie ein, auf der noch heute die niederdeutsche Sprachgrenze verläuft.

Das räumliche Nebeneinander der beiden germanischen Großstämme gestaltete sich anfangs recht freundlich. Die Sachsen erkannten zeitweise sogar eine lockere Oberherrschaft der Franken an. Seit 555 verschlechterte sich das Verhältnis. Sogar gegenüber der Stadt Köln erschienen die alles zerstörenden und raubenden Scharen der Sachsen. Der Niedergang des merowingischen Königshauses ermöglichte den Zuwanderern aus dem Norden, schließlich das ganze Südwestfalen in Besitz zu nehmen. Das Gebiet zwischen Lippe und Ruhr fiel dabei der »Heerschaft« der Westfalen zu, dem westlichen Stammesteil der Sachsen. An den Salzquellen von Werl legten die Westfalen ihre Grenze gegen die »Heerschaft« der Engern fest.

Erst der Aufstieg Karl Martells zum allmächtigen Hausmeier des fränkischen Reiches setzte dem sächsischen Vormarsch ein Ende. Im Jahr 718 begann der erste Rachezug der Franken gegen die räuberischen Nachbarn. Von der unteren Lippe her brach der Hausmeier 738 zu einem verheerenden Feldzug auf. In fränkischem Auftrag versuchten gleichzeitig angelsächsische Missionare, die heidnischen Sachsen zu bekehren und Ruhe an der Grenze zu schaffen, jedoch ohne bleibenden Erfolg. Nach der Erhebung Pippins zum König zogen die Franken abermals gegen die unbotmäßigen Westfalen und verwüsteten das Land unter erbittertem Widerstand der Einwohner. Schließlich leisteten die Westfalen bei Sythen nördlich von Haltern 758 einen Treueid, der wahrscheinlich auch die Zulassung der christlichen Mission einschloß.

Das heillose Hin und Her sächsischer Raub- und fränkischer Strafzüge trat nach der Thronbesteigung Karls des Großen (768) unter ein anderes Vorzeichen. 772 zerstörte der junge König die Irminsul, das engrische Heiligtum auf der Eresburg (Obermarsberg). Zwangstaufen traten an die Stelle friedlicher Mission. Empört verwüsteten die Engern die fränkischen Grenzgebiete. Im Gegenschlag eroberte Karl 775/76 die Sigiburg und abermals die Eresburg. Das Brukterland südlich der Lippe wurde annektiert, um als Grenzmark zu dienen.

Nach der Kapitulation der Westfalen bei Bocholt (779) berührten die grausamen Kriege kaum noch das Gebiet zwischen Lippe und Ruhr. Nur die ständigen Durchzüge der Franken, meist auf dem Hellweg, ins Innere Sachsens hielten an. Fränkische Verwaltung und das Christentum zogen im Land ein, nachdem sich der Sachsenführer Widukind der Taufe gebeugt hatte (785). Als Papst Leo III. 799 Karl den Großen in Paderborn aufsuchte, soll er auch die Kirche auf der Hohensyburg geweiht haben. Ein besonderer Stützpunkt christlichen Glaubens und kultureller Mittelpunkt wurde das im selben Jahr von Liudger gegründete Benediktinerkloster Werden an der Ruhr. Im Herzen der sächsischen Bauern lebten die alten heidnischen Götter aber noch lange fort.

Mit der Eingliederung in das fränkische Großreich trat der Raum an Ruhr und Lippe in der zeitgenössischen Geschichtsschreibung in den Hintergrund. In ihm dominierten Nachkommen des karolingischen Grafen Ekbert († nach 811), dessen Witwe Ida in Herzfeld an der Lippe einen kirchlichen Mittelpunkt der Sippe schuf. Die Reichsteilung von Verdun führte das Land endgültig dem ostfränkischen Reich Ludwigs des Deutschen zu (843), ohne daß sich die Einwohner schon als Deutsche gefühlt hätten. Die Reichsgewalt trat immer schwächer in Erscheinung, dafür wuchs die Macht der einheimischen Großen. Auch die Kirche, von ihnen gestützt, verstärkte ihre Stellung. Das Kloster Werden baute einen ungeheuren Güterbesitz auf.

Helleres Licht fiel auf das Hellweggebiet, als das Königtum auf die Sachsen übergegangen war. 922 ritt König Heinrich I. erstmals vom Niederrhein auf der uralten Straße nach Quedlinburg. Im Königshof Dortmund rastete er, wie viele seiner Nachfolger. Otto I. hielt sogar in Steele einen Hoftag. Nach der Ungarnbedrohung (906–933), die aber die Region zwischen Lippe und Ruhr nicht erreichte, kehrten Jahrzehnte des Friedens und der Blüte ein. Erzbischof Bruno, ein Bruder von Otto I., gründete 953 in Soest ein Stift zu Ehren des hl. Patroklus. Die alte Engernstadt wurde Hauptort des Kölner Erzstiftes im südlichen Westfalen. Die politische Macht lag jedoch noch ganz in Händen der Grafen von Westfalen, auch Grafen von Werl genannt, die Grafschaftsrechte fast im ganzen Westfalen erwarben.

Als das Reich an den fränkischen Salier Konrad II. überging (1024), trat das Land erneut in den Hintergrund des Geschehens. Der Adel unterhielt kaum Beziehungen zum König. Dagegen stiftete der zwischen Papst und König um das Recht der Einsetzung der Bischöfe ausbrechende Streit (Investiturstreit) größte Unruhe. Der Riß zwischen Anhängern der einen wie der anderen Partei ging mitten durch die großen Familien. Am meisten litten die Bauern unter den Verwüstungen der Güter, mit denen man den Gegner treffen wollte. In den Umkreis des schrecklichen Geschehens gehört wohl auch die heimtückische Ermordung der beiden Junggrafen von Cappenberg (um 1084), deren starke Burg am Hang nördlich der Lippe stand.

Zu einer wahren Landplage wurde der Werler Graf Friedrich der Streitbare († 1124). Er erbaute in Arnsberg eine neue Burg, die aber der Erzbischof von Köln 1102 zerstörte; der Erzbischof forderte darüber hinaus von dem Grafen die Abtretung der Hälfte aller Grafschaftsrechte. Friedrich verbündete sich mit König Heinrich V. und nahm an dessen Kämpfen gegen den Papst teil. Dessen Anhänger, der Sachsenherzog Lothar von Süpplingenburg, eroberte 1120 das kaiserliche Dortmund und die Werler Burg Rüdenberg. 1121 zerstörte er, angeblich auf Anraten des Grafen von Cappenberg, die Bischofsstadt Münster. Im Schock über den Anblick des brennenden Doms gelobte der Graf die Umwandlung seiner Burg in ein Prämonstratenserkloster. Der Traum seines Schwiegervaters, Friedrichs des Streitbaren, von einem großen arnsbergisch-cappenbergischen Machtkomplex, zerfiel zu Staub.

Die von Friedrich eingeleitete Entwicklung der Territorien ließ sich nicht mehr aufhalten. Südlich der Lippe gelang es dem Erzbischof von Köln, viele Rechte der Arnsberger an sich zu bringen. Burgen, und später auch Städte, stützten den Besitz. Die Friedenswahrung im königlichen Auftrag kam hinzu. Es war natürlich, daß der Kölner nach dem Sturz Heinrichs des Löwen (1180) auch die Herzogsgewalt in Westfalen und Engern übernahm.

Wilhelm Kohl

0–499

Um die Zeitenwende. Im Gebiet zwischen Rhein, Lippe und Ruhr siedeln die Germanenstämme der Marser, Brukterer und Chattuaren. →

Zahlreiche von den Germanen übernommene geographische Namen erinnern an die vorgermanische Keltenzeit (Ruhr, Emscher, Lippe usw.) in dieser Region.

In der Region des späteren Rünthe (Kreis Unna) wird ein germanisches Brandgräberfeld für 86 Menschen angelegt.

Der größte Teil des Gebiets zwischen Lippe und Ruhr ist dicht bewaldet. Die verbreitetsten Baumarten sind Buche und Eiche.

Der Rhein überflutet alljährlich – vor allem im Frühjahr – das Land. Zum Teil weist er andere Laufstrecken auf als später. Auch die Einmündungen der Flüsse liegen teilweise an anderen Stellen als in späteren Zeiten.

Bei ihren Feldzügen nach Innergermanien benutzen die Römer die Lippe (lateinisch: Lupia) als schiffbaren Vormarsch- und Nachschubweg. Sie legen auch Lager an der Lippe an (Haltern, Oberaden, Holsterhausen). Hauptstützpunkt der Römer ist das Lager Castra Vetera auf dem Fürstenberg (nahe dem späteren Xanten im Landkreis Moers). →

Auf dem Gebiet der späteren Stadt Bochum vergräbt ein germanischer Händler oder Edler – vermutlich auf der Flucht vor den vorstoßenden Römern – eine Urne mit 538 germanischen Silbermünzen.

In Westick (in der Nähe des späteren Kamen) entsteht eine germanische Siedlung, deren Bewohner in engen Beziehungen zum Römischen Reich stehen. Sie bleibt bis ins 5./6. Jh. hinein erhalten.

4. Tiberius, Nachfolger des römischen Kaisers Augustus, erobert das Gebiet zwischen Lippe, Weser und Rheinmündung und unterwirft u. a. den an der Lippe siedelnden Stamm der Brukterer.

Herbst 9. Der Cheruskerfürst Arminius vernichtet in der Schlacht im Teutoburger Wald drei römische Legionen unter dem Feldherrn Publius Quinctilius Varus. →

10. Die Römer teilen Germanien in die Militärbereiche Nieder- und Obergermanien auf. Das spätere Ruhrgebiet bildet das Vorland der römischen Rheingrenze in Untergermanien.

14. Der römische Feldherr Germanicus macht die zu einem Kultfest bei ihrem Heiligtum Tanfana zwischen Lippe und Ruhr versammelten Marser nieder. →

69/70. Die nach Mainz verlegten Bataverkohorten unternehmen gemeinsam mit den verbündeten Brukterern einen Aufstand gegen die Römer. Die Aufständischen erobern u. a. das römische Kastell Asciburgium (Asberg/Moers). →

69/70. Germanische Brukterer erbeuten ein römisches Getreideschiff, das im Rheinbogen bei Mündelheim auf Grund geraten ist.

70. Gajus Julius Civilis, aus fürstlichem Geschlecht stammender Rädelsführer des Bataveraufstandes, erobert Castra Vetera (nahe dem späteren Xanten). Nach Niederschlagung der Erhebung wird das Lager Castra Vetera von den Römern in Stein neu erbaut.

Um 100. Die Zahl der in Niedergermanien stationierten römischen Legionen wird ständig reduziert.

Um 100. Die Römer errichten in der Nähe des Legionslagers Castra Vetera die Colonia Ulpia Traiana (später Xanten).

Um 200. Die Verarbeitung von Eisenerzen im Gebiet des späteren Essen ist erstmals nachweisbar. In einem germanischen Rennofen wird Eisen geschmolzen. →

Um 250. In Berichten über germanische Angriffe auf die römische Rheingrenze findet sich häufiger der Name »Franken«, der im Gebiet zwischen Lippe und Ruhr einen Stammesverband aus Brukterern, Chamaven und Chatten bezeichnet.

Um 250. Die Franken plündern Xanten. Dies geht aus dem Inhalt eines Bronzegefäßes hervor, das in Xanten gefunden wird.

Um 350. Zwischen den rechtsrheinischen Germanien und den römischen Kastellen und Siedlungen am Rhein bestehen lebhafte Handelsbeziehungen. →

392/393. Der römische Heerführer Arbogast, selbst fränkischer Herkunft, unternimmt die letzte römische Strafexpedition in den Chamavengau (nordöstlich des rechten Niederrheins) als Vergeltungsmaßnahme für germanische Beutezüge ins linksrheinische römische Gebiet.

406/07. Nach dem Abzug römischer Truppen nach Italien überschreiten neben anderen Volksstämmen auch die Franken den Rhein und unterwerfen Teile Galliens. Die Römer geben die Rheingrenze auf.

Nach 411. Ein germanischer Händler vergräbt 444 Goldstücke römischer Währung am Hellweg in der Nähe des späteren Westtors von Dortmund.

Um 455. Nach dem Tod Chlodios wird sein Sohn Merowech König der salischen Franken. Auf Merowech geht der Name des fränkischen Königsgeschlechts der Merowinger zurück.

Weihnachten 498. Der fränkische König Chlodwig tritt zum Christentum über und wird in Reims von Bischof Remigius getauft. Mit ihm werden rund 3000 Freie aus dem Frankenreich getauft. Damit beginnt die Christianisierung der germanischen Franken.

5. Jh. Auf dem Gebiet der späteren Duissernstraße in Duisburg besteht vermutlich eine Germanensiedlung.

Germanen an der Ruhr

Um die Zeitenwende. Drei Germanenstämme besiedeln das Gebiet zwischen Rhein, Ruhr und Lippe: Marser, Brukterer und Chattuaren. Die germanischen Volksgemeinschaften, die rechts des Rheins außerhalb der römischen Herrschaftsgebiete leben, ernähren sich von Viehzucht, Ackerbau und der Jagd in den ausgedehnten Wäldern der Region. Sie bewohnen Gehöfte in kleinen, weit im Land verstreuten Siedlungen, die meist an Flußläufen oder Bächen liegen.

Die germanische Gesellschaft gliedert sich in eine kleine, aristokratische Führungsschicht, die große Masse der Freien und in wenige unfreie Knechte, die im Auftrag ihrer Herren das Land bebauen.

Jeder freie Mann hat in der Ratsversammlung, dem Thing, das regelmäßig an einem festgelegten Ort stattfindet, eine Stimme. Hier werden alle Stammesangelegenheiten entschieden, Gerichtsverhandlungen abgehalten und die Heerführer gewählt. Diese befehligen die Bewaffneten der Gaue, in die das Siedlungsgebiet des jeweiligen Stammes unterteilt ist.

Wichtiges Element der germanischen Gesellschaft ist die Sippe. Zu den Pflichten der in ihr vereinigten Blutsverwandten gehören die Blutrache und die Verehrung der Verstorbenen. Die zahlreichen Mitglieder eines Sippenverbands siedeln meist zusammen und ziehen gemeinsam in den Krieg.

Obwohl die Germanen ein seßhaftes Volk sind, finden in der Zeit der römischen Angriffe auf rechtsrheinisches Gebiet (12 v. Chr. – 16 n. Chr.) große Wanderungsbewegungen bei den dort siedelnden Stämmen statt. Nach der Zwangsumsiedlung der Sugambrer durch die Römer auf das linke Rheinufer (7/8 v. Chr.) dringen die vorher im Norden siedelnden Stämme in das Gebiet südlich der Lippe ein.

Spätere Namen von Ortschaften und Flüssen leiten sich aus der germanischen Sprache ab, so z. B. Borbeck und Bottrop.

Frühe Eisenhütte

Um 200. *In einem Rennofen (Abb.) auf dem Gebiet der späteren Stadt Essen wird aus Erzen mittels Holzkohle und Luftzug Eisen gewonnen. Rennöfen werden aus Lehm und Steinen gebaut. Das Eisen wird zu Nägeln und Waffen verarbeitet.*

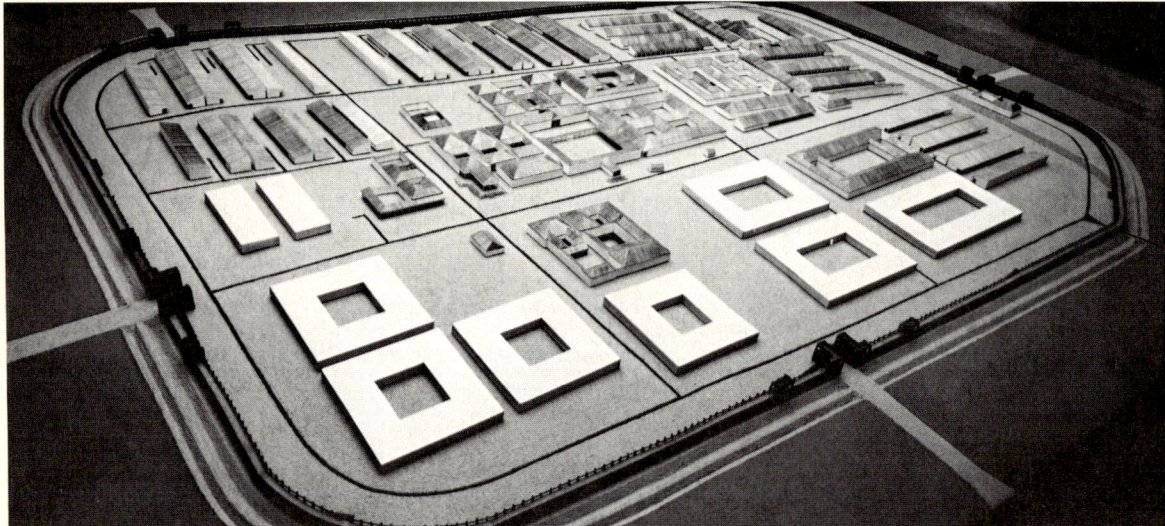
Modell des röm. Lagers Haltern, bedeutendes Versorgungs- und Verwaltungszentrum im rechtsrheinischen Germanien

Römerlager bei Haltern an der Lippe

Auf ihren Vorstößen gegen die rechtsrheinischen Germanenstämme ziehen die Römer unter ihrem Feldherrn Tiberius die Lippe entlang und errichten dort militärische Versorgungslager. Ausgangspunkt ist Castra Vetera auf dem Fürstenberg (in der Nähe der späteren Ortschaft Xanten), das auf linksrheinischem, bereits römischem Gebiet liegt. Das Lager Haltern, das bereits um 8 v. Chr. ausgebaut wurde, gewinnt besondere Bedeutung als Versorgungs- und Verwaltungszentrum rechts des Rheins.

Haltern bietet Platz für eine Legion (ca. 5000 Mann) samt ihren Hilfstruppen und 120 Reitern. Es umfaßt etwa 8 ha und ist von einem ca. 6 m breiten und 3 m tiefen Spitzgraben umgeben. Hinter dem Graben folgt eine mit Türmen bewehrte Mauer, die 3 m breit und ebenso hoch ist.

Innerhalb des Lagers befinden sich Verwaltungsgebäude, Wohnhäuser für die Offiziere, ein Handwerkszentrum mit Lagerschuppen und Unterkünften, ein Lazarett und Kasernen für die Soldaten.

Verschiedene Anzeichen deuten darauf, daß die Römer sich in Haltern sicher fühlten und eine friedliche Zukunft mit den Germanen erwarteten: Sie produzierten in ihren Werkstätten nicht nur für den eigenen Bedarf, sondern hofften offensichtlich darauf, ihre feine Töpferware auch bei den Germanen abzusetzen. Auch die Verwaltungsgebäude belegen, daß hier eine zivile Kommando- und Verwaltungszentrale entstehen sollte. Vermutlich war daran gedacht, die geplante rechtsrheinische Provinz in den römischen Wirtschaftskreislauf einzubeziehen.

Auch die Reste einer Wasserleitung außerhalb des Lagers, die von Feinden leicht hätte zerstört werden können, zeigen, daß die Römer keine Angriffe erwarteten.

Neben dem Hauptlager bestehen noch zwei weitere Anlagen, die am Lippeufer liegen und als Anlegeplatz für Transportschiffe dienen. Dort werden auch die Vorräte des Lagers aufbewahrt.

Vor dem Ausbau von Haltern hatten die Römer bereits aufwärts der Lippe verschiedene Lager errichtet, darunter das 54 ha große Lager von Oberaden, das jedoch vor dem Ausbau von Haltern planmäßig geräumt wurde. Weitere Lager bestanden in Holthausen (in Richtung Castra Vetera) und in Anreppen am Oberlauf der Lippe.

Das Lager Haltern besteht im ausgebauten Zustand allerdings nur kurze Zeit, denn nach der Schlacht im Teutoburger Wald (→ Herbst 9) ziehen sich die Römer fluchtartig zurück. So bleibt diese Rheinseite nach dem Abzug der römischen Legionen in germanischer Hand.

Ausgrabungsfund aus dem Lager bei Haltern: Römische Öllampe aus Bronze gegossen, in Adlerform (Römisch-Germanisches Museum, Haltern)

Cherusker besiegen die Legionen Roms

Herbst 9. Die Cherusker unter der Führung von Arminius vernichten in einer dreitägigen Schlacht im Teutoburger Wald die drei Legionen des römischen Statthalters Publius Quinctilius Varus, der nach der schweren Niederlage Selbstmord begeht.

Sieger Arminius

Nachdem Rom seine Schutz- und Bündnisverträge mit den germanischen Stämmen zwischen Rhein und Weser gekündigt hatte, war Varus im Frühherbst vom Kastell Aliso aufgebrochen. Von der Schlagkraft der Germanen überrascht und durch das unwegsame Gelände behindert, erliegen die Legionen vor allem ihrer eigenen Unbeweglichkeit.

Als Folge ihrer Niederlage ziehen sich die Römer an die Rheingrenze zurück.

Blutige Rache für Varus-Niederlage

14. Der im Jahr 13 zum neuen Oberkommandierenden der römischen Truppen am Rhein ernannte Germanicus richtet unter den zu einem Kultfest im Heiligtum der Göttin Tanfana zwischen Lippe und Ruhr versammelten Marsern ein Blutbad an.

In einem nächtlichen Überraschungsangriff metzeln 12 000 römische Soldaten Männer, Frauen, Kinder und Alte nieder

Germanicus

und verwüsten das umliegende Land im Umkreis von 50 Meilen mit Feuer und Schwert.

Anlaß der militärischen Operation ist neben dem Wunsch nach Rache für die römische Niederlage im Teutoburger Wald (→ Herbst 9) die Absicht, nach einer Truppenrevolte im Zusammenhang mit der Wahl des Tiberius zum Kaiser die Disziplin unter den rheinischen Legionen wiederherzustellen.

Kaiser Trajan läßt Xanten erbauen

Um 100. Drei Kilometer nördlich des niederrheinischen Legionslagers Castra Vetera läßt der römische Kaiser Marcus Ulpius Traianus die zivile Siedlung Colonia Ulpia Traiana (Xanten) für 10 000 Einwohner anlegen. Römische Legionäre vom Niederrhein sollen hier nach 22 Dienstjahren ihre neue Heimat finden. Die neue Stadt übernimmt Verwaltungsaufgaben für das umliegende Land und entlastet damit Colonia Agrippina (Köln), die Hauptstadt von Niedergermanien.

Die 73 ha große Siedlung ist von einer 6,60 m hohen Mauer mit Verteidigungstürmen und vorgelagerten Gräben umgeben. Ein schachbrettartig angelegtes Straßennetz unterteilt die Stadtfläche in 120 m × 120 m große Baublöcke (sog. Inseln). Mit Kies befestigte, 10–12 m breite Straßen werden von überdachten Fußgängerwegen gesäumt.

Die Häuser bestehen aus Backstein oder Fachwerkkonstruktionen, für die Lehm und Schilf verwendet werden, und sind mit Ziegeln oder Schiefer gedeckt. Hinter einem großen, zu den Laubengängen an der Straße hin offenen Raum, der als Werkstatt, Verkaufsraum oder Schenke genutzt wird, befinden sich die Wohnbereiche. Die meisten Häuser verfügen über Glasfenster und Fußbodenheizung. Brunnen sichern die private Trinkwasserversorgung.

Frischwasser für die öffentlichen Bäder und Brunnen wird über einen Äquadukt in die Stadt geführt. Ein unterirdisches Kanalsystem leitet die Abwässer zum Rhein.

Die Stadt verfügt über einen öffentlichen Bade- und Gymnastikkomplex (Thermen). Außerdem wird ein Amphitheater mit 10 000 Plätzen errichtet. Es erhält eine hydraulische Vorrichtung, mit der während der Vorstellung Menschen, Tiere und Kulissen gehoben oder versenkt werden können.

Der im Zentrum der Stadt gelegene Staatstempel (Kapitol) ist den römischen Göttern Jupiter, Juno und Minerva geweiht und versinnbildlicht die Zugehörigkeit der Stadt zum Römischen Reich.

Amphitheater in der römischen Siedlung Colonia Ulpia Traiana (Xanten) für 10 000 Zuschauer mit Hebehydraulik für Kulissen und Darsteller

Bronzegerät gegen Wolle und Honig

Um 350. Die freien germanischen Siedlungen am rechten Niederrhein und im späteren Westfalen unterhalten vermutlich einen regen Handelsverkehr mit den römischen Niederlassungen am Rhein. Die Einfuhr von römischem Bronzegerät ist im germanischen Westfalen von großer Bedeutung, da es kein natürliches Vorkommen von Buntmetallen gibt. Die Germanen bieten im Tausch Häute, Felle, Wolle und Honig an.

Röm. Münze mit Augustus-Kopf (Römisch-Germ. Museum, Haltern)

Archäologen finden in den Jahren 1907 und 1937 bei Ausgrabungen in Dortmund und Duisburg römische Münzen, Keramik und Metallgegenstände. In Dortmund werden 444 römische Goldmünzen entdeckt, die wahrscheinlich ein germanischer Händler zu Anfang des 5. Jh. an dieser Stelle vergraben hatte.

Revolte der Bataver niedergeschlagen

69/70. Ausgelöst durch innerrömische Streitigkeiten um die Nachfolge von Kaiser Galba, kommt es unter der Führung des batavischen Adligen Civilis zu einer Erhebung der Bataver und der mit ihnen verbündeten Brukterer gegen die römische Besatzungsmacht. Veleda, einflußreiche Priesterin und Seherin der Brukterer, sagt die Niederlage der römischen Legionen voraus. Zwar können die Brukterer im Jahr 69 ein römisches Getreideschiff bei Mündelheim erbeuten, doch 70 wird der Aufstand niedergeschlagen, und Veleda gerät in römische Gefangenschaft. Rom verzichtet auf weitere Strafmaßnahmen, da die Bataverkohorten zu den besten Reitertruppen des römischen Heeres zählen.

Essen und Trinken im römischen Xanten

Im römischen Xanten gehört das üppige Gastmahl im Freundeskreis (cena) zum gesellschaftlichen Leben. In Bechern aus Silber oder Bronze und auf schwarzglänzendem Tongeschirr werden stark gewürzte Speisen und Getränke serviert.

Gebackene Fladen und Getreidesuppen, z. B. aus Weizen oder Gerste, bilden die Grundlage der Mahlzeit. Von der Nordsee werden Fisch und Austern in Salzlake bezogen. Neben der am Niederrhein angebauten Runkelrübe gibt es aus dem fernen Italien importierte Delikatessen wie Knoblauch, Paprika, Artischocken, Spargel, getrocknete Feigen und Lauch.

Dazu schmecken die mit Minze oder Veilchen aromatisierten italienischen Weine oder das obergärige gallische Bier.

In Xanten wird viel Rindfleisch gegessen, doch auch Wildschwein ist beliebt, z. B. gekocht mit Lorbeer, Senf und Essig.

Römisches Tongeschirr, sog. Terrasigillata Schüsseln (3. Jh. n. Chr.)

Innenhof (Atrium) des städtischen Wohnhauses eines reichen Römers

500
500–799

Um 543. Von Marseille aus verbreitet sich die Beulenpest über weite Teile Europas. Schwer betroffen ist das Rheinland.

Winter 555/56. Der Frankenkönig Chlothar I. unternimmt einen Feldzug gegen die Sachsen.

6. Jh. Auf dem Gebiet des späteren Kantparks in Duisburg besteht eine fränkische Begräbnisstätte. In der Nähe des heutigen Rathauses auf dem Burgplatz befindet sich ein fränkischer Königshof.

6. Jh. Im Seseke-Körne-Winkel (im späteren Kamen) entsteht eine Merowinger-Siedlung. Der Haupthof ist 48 m lang und 7,5 m breit.

Um 600. Im späteren Unna besteht am heutigen Uelzener Weg eine merowingische Siedlung.

Um 630. Der fränkische König Dagobert der Gute schenkt die Höfe Schwelm und Hagen dem Kölner Bischof Kunibert.

687. In der Schlacht bei Tertry besiegt der fränkische Hausmeier Pippin II. König Theoderich III., den offiziellen Herrscher des fränkischen Gesamtreiches. Dieser Sieg bildet die Voraussetzung für den Aufstieg der Pippiniden/Karolinger. Die eigentliche Macht im Frankenreich liegt bei dem Hausmeier Pippin II.

Um 700. Die Sachsen, die seit dem 6. Jh. von Friesland aus weit nach Süden vorgestoßen sind, haben die Eroberung des Gebietes zwischen Rhein und Lippe abgeschlossen. →

7./8. Jh. Auf einem steilen Bergzug westlich von Werden und südlich der Ruhr steht die Alteburg. Es handelt sich dabei um eine Wall-Graben-Befestigung.

Anfang des 8. Jh. Etwa 2 km westlich der Hohensyburg (am Ebberg) entsteht eine Handwerkersiedlung, deren Bewohner auf die Produktion von Gebrauchsgütern aus Bronze und Eisen spezialisiert sind. Die Siedlung wird im frühen 11. Jh. aufgegeben.

Um 700–720. Die Sachsen überschreiten mehrmals den Rhein, werden jedoch nach schweren Kämpfen immer wieder von den Franken zurückgeschlagen.

Ab etwa 720. Die Franken erheben Anspruch auf Gebiete im Osten ihres Herrschaftsgebietes, die von den Sachsen gehalten werden. In den folgenden Jahrzehnten kommt es zu zahlreichen Feldzügen der Franken vom Niederrhein nach Osten, wobei die Ruhrregion als Durchmarschgebiet benutzt wird.

Um 738. Der fränkische Hausmeier Karl Martell läßt während eines Vorstoßes gegen die Sachsen vermutlich die Burgen Essen und Duisburg (als Königshöfe) anlegen. →

Um 750. Die Chronisten des 8. Jh. bezeichnen die Wälle zwischen Haltern, Sythen und Dülmen als »Vallum Westfalorum« (Westfalenwall). Die Wälle sollen die nördliche Lippestraße vor den Franken sichern.

Um 750. Der Reliquienkasten von Werden entsteht; das Kloster selbst wird erst über 40 Jahre später gegründet.

753. König Pippin d. J. schlägt nahe dem späteren Sythen (Haltern) einen Aufstand der Sachsen nieder.

4. 12. 771. Karl der Große wird Alleinherrscher als König im Reich der Franken. →

772. Die Sachsenkriege Karls des Großen beginnen.

774. Eickel wird erstmals schriftlich erwähnt als Burg Eclo (Eichenwald). Der Überlieferung nach herrscht hier und über das Gebiet des späteren Gelsenkirchen der mächtige Tabo.

775. Frankenkönig Karl der Große erobert auf einem Feldzug gegen die feindlichen Sachsen die Hohensyburg (Sigiburgum). →

775. In Schriftquellen über die Eroberung Sachsens durch den Frankenkönig Karl den Großen wird zum ersten Mal der Name Westfalen erwähnt.

777. Karl der Große hält während der seit 772 andauernden Sachsenkriege den ersten Reichstag in Paderborn ab. Er läßt das Gebiet der Sachsen in Missionssprengel aufteilen, viele Sachsen lassen sich taufen. Widukind, der Führer der aufständischen Sachsen, hält sich fern.

Um 780. Die karolingische Minuskel entsteht, eine Schrift, die sich in fast ganz West- und Mitteleuropa durchsetzt. →

782. Auf dem Reichstag von Lippspringe teilt König Karl der Große das Land der Sachsen in Grafschaften auf. In der Folge kommt es zu einer Erhebung der Sachsen unter Widukind.

785. Widukind, der Führer der rebellierenden Sachsen, unterwirft sich König Karl dem Großen und läßt sich in der Königspfalz von Attigny taufen. →

Um 790. Auf dem Gebiet des späteren Recklinghausen besteht ein karolingischer Königshof. Vermutlich wird in dieser Zeit die Urpfarre Recklinghausen gegründet.

792. Auf Betreiben von König Karl dem Großen wird der friesische Priester Liudger zum Leiter der Friesen- und Sachsenmission im »westfälischen Sachsen« ernannt.

796. Der friesische Priester Liudger, Leiter der Friesen- und Sachsenmission, erwirbt Land an der Ruhr. Auf dem »Werd« (Essen) läßt er eine fromme Anstalt errichten.

Oktober 797. Karl der Große führt auf dem Reichstag in Aachen eine Gebietsaufteilung für das sächsische Land ein. →

GESTORBEN:

3. 10. um 695 (?). Zwischen Rhein, Ruhr und Lippe (Aplerbeck?): Schwarzer und Weißer Ewald (*?), angelsächsische Missionare.

Die Sachsen kommen

Um 700. Mit der Eroberung des Gebietes zwischen Ruhr und Lippe endet die Ausbreitung des germanischen Stammes der Sachsen und ihres Reiches. Damit ist die Front für die späteren fränkisch-sächsischen Kriege gebildet.

Die Sachsen, nach dem Kurzschwert Sachs benannt, kommen nach Angaben des Ptolemäus vom »Nacken der kimbrischen Halbinsel« (gemeint ist vermutlich das westliche Holstein). Ihre Ausbreitung führt die Sachsen in verschiedene Regionen Westeuropas, so nach Nord-Gallien (286) und an die Zuidersee (Ende des 3. Jh.). Von Friesland kommend, stoßen sie im 6. Jh. etappenweise nach Süden vor, Anfang des 7. Jh. ist die Lippe der südliche Grenzfluß des Sachsenlandes. 695 werden die zum fränkischen Kulturkreis gehörenden Boruktuaren, ein Nachfolgestamm der Brukterer, unterworfen. Wenig später brechen die Sachsen in das Land der gleichfalls fränkischen Chattuaren ein. Ein Teil des Chattuarenlandes (um Herbede und Hattingen) wird sächsisch.

Die ursprüngliche Bevölkerung wird durch die Ausbreitung der Sachsen nicht verdrängt. Der sächsische Adel bildet eine kastenmäßig nach unten sich abschließende Herrenschicht mit starren Grenzen gegen andere Stände.

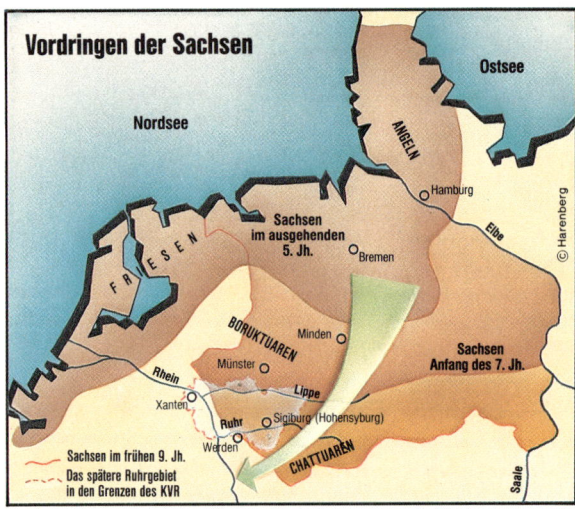

Die Altsachsen haben keinen König, sondern verschiedene Stammesobere, die im Kriegsfall einen Heerführer durch Loswurf bestimmen. Die Gesellschaft ist in drei Stände unterschiedlicher Rechtsfähigkeit eingeteilt (Adlige, Freie und – Halbfreie – Liten).

Karl der Große wird zum Alleinherrscher

4. Dezember 771. Nach dem Tod seines Bruders Karlmann, mit dem er seit dem 9. Oktober 768 gemeinsam regiert hatte, wird Karl der Große Alleinherrscher der Franken. Damit wird das zuvor unter den beiden Söhnen Pippins III. geteilte Reich wieder vereint. Karl, am 2. April 747 geboren und bereits 754 von Papst Stephan II. zum König gesalbt, beginnt schon im ersten Jahr nach Erlangung der Alleinherrschaft mit den Unterwerfungskriegen gegen die Sachsen, die sich an der Ruhr festgesetzt haben.

Karl der Große

Franken erobern die Hohensyburg

775. Im Rahmen der Unterwerfungskriege gegen die Sachsen erobert Frankenkönig Karl der Große die sächsische Hohensyburg am Zusammenfluß von Ruhr und Lenne. Sie wird mit einer Besatzung versehen, das fränkische Heer zieht weiter nach Osten.

Als Karl im darauffolgenden Jahr eine Heerfahrt nach Italien unternimmt, versuchen die Sachsen, die Hohensyburg zurückzuerobern. Das Vorhaben mißlingt, im Gegenzug werden die Sachsen von den fränkischen Besatzungstruppen bis zur Lippe zurückgetrieben. Angeblich werden sie von einem Feuerzeichen über der Kirche so erschreckt, daß sie die Flucht ergreifen.

In der Folgezeit errichtet König Karl in der Vorburg der Festung Hohensyburg die St. Peters-Kirche.

Rekonstruktion des Königshofes von Duisburg vor 883

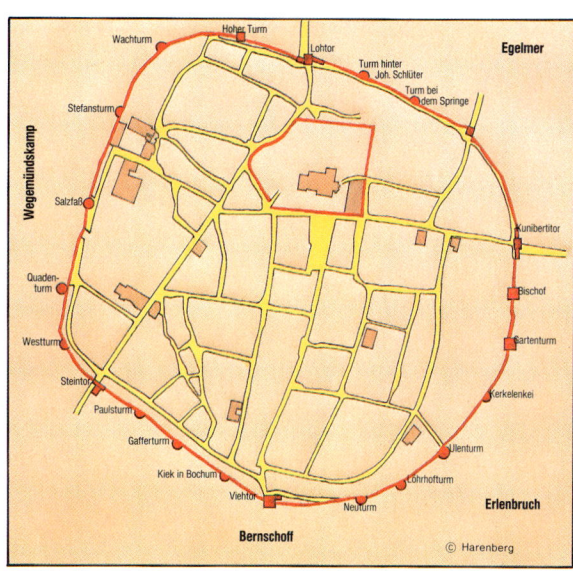
Anlage Recklinghausens mit Königshof (etwa 1500)

Königliche Residenzen säumen Hellweg

Um 738. Bei einem Vorstoß des fränkischen Hausmeiers Karl Martell (714–747) gelingt es, die Sachsen über Essen hinaus bis auf die Höhe des späteren Bochum zurückzudrängen. Im Zuge dieser Eroberung werden die Burg Essen und der Königshof in Duisburg zur Sicherung und als Versorgungslager an strategisch wichtigen Stellen des Hellwegs angelegt.

Während das fränkische Kastell Essen mit Holzpalisaden und Gräben vorwiegend eine Befestigungsanlage darstellt, erfüllt der Duisburger Königshof die Funktion einer königlichen Versorgungsstation. Er ist auf hochwasserfreiem Gelände errichtet und bildet das Zentrum großer Ländereien, deren Erträge der unmittelbaren fränkischen Hofhaltung zugute kommen.

Mit den Sachsenfeldzügen Karls des Großen bis in den Raum Paderborn werden am Hellweg viele Ländereien planmäßig als Reichsgut eingezogen und in Abständen von kleineren und größeren Tagesmärschen weitere fränkische Königshöfe, in denen Karls Truppen Verpflegung und Schutz finden, gegründet. Die burgähnlichen Befestigungen liegen im Tiefland unmittelbar an der Straße und sind deshalb leicht zugänglich. Eine Hofanlage besteht aus Herrenhaus, Wohnhaus, Speicher und einer Kapelle.

Zu den bedeutendsten Königshöfen zählen der strategisch günstig gelegene Hof Recklinghausen und Dortmund als Mittelpunkt der Reichsgutverwaltung. In der Folgezeit wird der Hellweg, der eine Vielzahl von Königshöfen verbindet, weiter ausgebaut (→ um 800).

Taufe besiegelt die Beugung Widukinds

785. Widukind (Wittekind), adliger Führer der aufständischen sächsischen Bauern und sein Begleiter Abbio lassen sich in Attigny (Ardennen) taufen. Karl der Große übernimmt die Patenschaft und beschenkt die beiden aus dem Schatz des Stiftes Enger. Diese Zeremonie steht am Ende 13jähriger Christianisierungsfeldzüge der Franken gegen die Sachsen, die vom Niederrhein nach Osten führten und bei denen die Region zwischen Lippe und Ruhr Durchmarschgebiet war; ein wichtiger Erfolg war dabei die Einnahme der Hohensyburg (→ 775).

Auf dem Reichstag zu Lippspringe 782 führte König Karl im eroberten Sachsen die Grafschaftsverfassung ein und versuchte, unter harten Strafandrohungen die fränkische Herrschaft durchzusetzen. Während ein großer Teil des Adels bereits auf seiten des Königs stand, leisteten die Bauern unter Widukind weiterhin Widerstand. Der Aufstand Widukinds am Süntel nahe dem heutigen Hameln wurde nach anfänglichen Erfolgen von den Franken niedergeworfen. Einer Legende nach ließ Karl der Große daraufhin in einem Strafgericht mehrere tausend rebellierende Sachsen in Verden an der Aller hinrichten – ein Ereignis, das als »Blutgericht zu Verden« in die Geschichte eingeht.

Karolingische Minuskel setzt sich durch

Um 780. Mit der Christianisierung des Abendlandes und der Verbreitung der Bibel setzt sich die karolingische Minuskel (lat.; minusculus = etwas kleiner) im Reich von Karl dem Großen durch. Diese Schriftform ist eine Vereinheitlichung der nach Regionen sehr verschieden geformten Buchstaben des lateinischen Alphabets. Handschriften, die meist in Klöstern geschaffen werden, erfordern große Anstrengung. So kommentiert ein Mönch am Rande seiner Schrift: »Zwar sind es die Finger, welche die Feder umklammern, aber der ganze Leib arbeitet mit.«

Die karolingische Minuskel bildet die Grundlage für die Humanistenschrift der Renaissance und der westeuropäischen Druckschrift.

Seite aus einer Schrift zur Feldvermessung in Minuskeln (9. Jh.)

Seite einer Schriftsammlung über mehrere römische Kaiser (9. Jh.)

Neue Aufteilung der sächsischen Gebiete

Oktober 797. An der von Karl dem Großen einberufenen Reichsversammlung in Aachen nehmen auch Vertreter der Sachsen aus verschiedenen Gauen ihrer drei Provinzen Ostfalen, Westfalen und Engern teil. Das sächsische Land wird untergliedert und Bistümern unterstellt. An den Orten der Bischofssitze im nördlichen und nordöstlichen Westfalen entstehen später die Städte Münster, Osnabrück und Paderborn. Das Erzbistum Köln erhält die Oberhoheit über den Süden des Landes.

Die beschlußfassende Versammlung der sächsischen Stammesfürsten wird aufgelöst. Die Landeshoheit geht auf den Frankenkönig über. Die Sachsen behalten ihre persönliche Freiheit und ihre eigenen Gerichte, werden aber gegenüber der Kirche tributpflichtig.

500—799

Schrein des Werdener Klostergründers Liudger, umgeben von einem bronzenen Gitterportal in der karolingischen Ringkrypta in der Abteikirche

Kloster Werden gegründet

796. Am nördlichen Ufer der Ruhr erwirbt der friesische Missionar Liudger Land und gründet das Kloster Werden, wo vor allem Missionare ausgebildet werden.

Der Lebensweg des hl. Liudger

Um 742: Liudger wird als Sohn einer Adelsfamilie in Utrecht geboren.
777: Nach der Ausbildung in Utrecht und York (England) wird Liudger in Köln zum Priester geweiht.
784: Seine missionarische Arbeit im friesischen Ostergau wird durch einen Aufstand so gefährlich, daß Liudger nach Monte Cassino (Italien) fliehen muß.
792: Karl der Große beruft Liudger zum Leiter der Friesenmission im »westfälischen Sachsen«, dem späteren Westfalen, dessen Zentrum das spätere Münster ist.
796: Liudger erwirbt Grundstücke an der Ruhr und gründet dort das Kloster Werden.
30. 3. 805: In Münster wird Liudger zum Bischof geweiht.
26. 3. 809: Liudger stirbt bei einem Besuch in Billerbeck (Münsterland).

Das Kloster, das Privateigentum Liudgers ist, wird bis 886 von Nachkommen des Gründers geleitet. In dieser Zeit wird der größte Teil des umfangreichen Landbesitzes der Abtei erworben (→ um 890). Der Stiftervater Liudger legt in Werden eine umfangreiche Bibliothek an, zu deren bekanntesten Werken die Evangelienharmonie »Heliand« (→ um 900) und die Bibelübersetzung »Codex Argenteus« zählen. Die 875 geweihte erste Klosterkirche fällt durch bunte Glasfenster auf, die ein erstes Zeugnis der Glasmalkunst sind.

Die dreischiffige Basilika, die Christus, Maria und Petrus gewidmet ist, wird durch Brände in den Jahren 1119 und 1256 so schwer beschädigt, daß sie völlig neu aufgebaut werden muß (→ 1275). Die östlich der ehemaligen Abteikirche gelegene Krypta, wo der Klostergründer Liudger beigesetzt wurde, wird in den Neubau der Kirche einbezogen und entwickelt sich zur Wallfahrtsstätte.

Ornament eines Reliquienkastens und Tragaltars im Kloster Werden

800
800—899

Um 800. Der zwischen Lippe und Ruhr entstandene Borochtragau – benannt nach dem Stamm der Brukterer – reicht im Osten bis in die Gegend des späteren Unna und im Westen bis zur Borbecke unweit von Borbeck nordwestlich des späteren Essen.

Um 800. Die dem hl. Clemens Romanus und den hl. Dionysius und Nicomedes geweihte Kirche im späteren Unna zählt zu den Urpfarrkirchen der ersten fränkischen Missionstätigkeit im westfälischen Raum.

Um 800. Karl der Große (und seine Nachfolger) lassen im Sachsenland zahlreiche Königshöfe anlegen. Der Hellweg wird als Via regia (Königsstraße) die Hauptverkehrsachse. →

8. 5. 801. Dem Kloster Werden wird ein Stück gerodeten Landes in Salingen geschenkt. Dort entsteht der spätere Stadtteil von Dortmund.

802/803. Die seit 772 andauernden Kriege Karls des Großen gegen die Sachsen werden beendet. Für die Sachsen wird die »Lex Saxonum« erlassen. →

26. 3. 809. Nachfolger des Missionars Liudger als Leiter der Familienstiftung in Werden wird sein Bruder Hildegrim.

811. Im Heberegister des Werdener Klosters wird (Mülheim-)Menden erstmals aufgeführt.

816/817. Benedikt von Aniane setzt die Alleingültigkeit der Benediktregel im Reich der Karolinger durch. →

Um 819. Aus der Siedlung, die später Herdecke genannt wird, geht ein Stift hervor. Die Äbtissin ist das Oberhaupt der Bauerschaft.

13. 4. 820. Dem Kloster Werden wird eine Hufe in Persebeck geschenkt.

Um 850. Dindo tho Gladbecke schenkt der Abtei Werden den Herrenhof Schulte Pelkum und Anteile am Mallingforst. Dies ist die älteste urkundliche Nennung einer Ortschaft aus dem späteren Vest Recklinghausen.

851. Der später nach Witten eingemeindete Ort Herbede wird erstmals genannt.

Um 852. Bischof Altfrid von Hildesheim gründet das Kanonissenstift As(t)nidi (= Essen).

13. 6. 858. Selm wird in einer Schenkungsurkunde erstmals erwähnt.

Um 860. König Ludwig der Deutsche schenkt Bischof Altfrid von Hildesheim den Hof (Dortmund-)Huckarde.

Um 860/70. Das älteste Essener Heberegister – für das Essener Brauhaus – nennt neben dem Viehof die Ämter Eickenscheidt, Ringeldorf, (Dortmund-)Huckarde, Brockhausen bei Unna, Hordel bei Ückendorf, Nienhausen, Borbeck und die Ämter auf dem Drein bei Ahlen.

866. Die älteste urkundliche Nachricht von einem Kloster in Xanten entsteht.

8. 6. 870. Das Essener Münster wird feierlich geweiht. →

22. 3. 871. Der ostfränkische König Ludwig III., der Jüngere, gewährt der Abtei Werden Königsschutz und Immunität und gesteht den Mönchen die freie Abtwahl zu. Damit ist Werden in die Reihe der Königsklöster aufgenommen.

18. 5. 874. Nach dem Tod Bischof Altfrids von Hildesheim kommt das Kanonissenstift Essen unter königlichen Schutz. Es entwickelt sich zu einer Art Familienkloster des sächsischen Kaiserhauses.

875. Die Abteikirche Liudgers in Werden wird durch einen Neubau ersetzt. →

883/884. Normannisch-dänische Wikingerscharen halten Duisburg besetzt und zerstören es. Dies ist der erste gesicherte urkundliche Bericht über Duisburg.

883/884. Die am Ruhrübergang beim späteren Mülheim gelegene Burg Broich wird wahrscheinlich von dem ostfränkischen Herzog Heinrich angelegt. →

889. Graf Hermann wird Vogt von Werden. Die Namen der ältesten bekannten Vögte von Essen und Werden weisen auf das Geschlecht der Pfalzgrafen, Vorfahren der Grafen von Werl, hin.

Um 890. Im Werdener Heberegister werden Herne, Dortmund, Lünen, Castrop und Wattenscheid sowie zahlreiche andere Orte erstmals aufgeführt. →

Um 890. Bochum wird indirekt durch Erwähnung der Bauerschaft »Aldanbochum« genannt.

14. 5. 899. In einer Schenkungsurkunde wird (Dortmund-)Aplerbeck erstmals erwähnt.

GESTORBEN:

26. 3. 809. Billerbeck: Liudger (*um 742, Friesland), Missionar Frieslands und des Münsterlandes, Bischof von Münster; er wird in Werden beigesetzt.

19. 6. 827. Hildigrim (*?), Bruder des hl. Liudger, Bischof von Châlons-sur-Marne, Missionar im Raum von Halberstadt, Leiter der Priestergemeinschaft in Werden; er wird in der Abteikirche zu Werden beigesetzt.

12. 9. 839. Gerfrid (*?), Neffe und Schüler des hl. Liudger und dessen Nachfolger als Bischof von Münster, Leiter der Priestergemeinschaft in Werden; er wird in der Abtei Werden beigesetzt.

15. 8. 874. Hildesheim: Altfrid (*vor 800), Bischof von Hildesheim seit 851, Gründer des Kanonissenstifts Essen; er wird in Essen beigesetzt.

21. 12. 886. Werden: Hildigrim II. (*?), Abt von Werden, der letzte der Liudgeriden (→ um 890).

Hellweg wird Königsstraße

Um 800. Karl der Große baut bei seinen vom Niederrhein ausgehenden Eroberungszügen die wichtige Verbindung von Ost nach West, den Hellweg, zur »Via regia« (Königsstraße) aus. Nach Einnahme der sächsischen Volksburgen Eresburg a. d. Diemel und Hohensyburg (→ 775) sichert er damit die entscheidende Verkehrsachse ins sächsische Zentrum nach Paderborn.

Hellweg werden alle großen Landstraßen oder Heerwege genannt, die unter besonderem Schutz des Königs oder seiner Grafen stehen. Der Hellweg zwischen Lippe und Ruhr wird in den Eroberungskriegen der Franken als Nachschubstraße genutzt. Die an seinem Rand gelegenen Königshöfe und Burgen sichern die Tagesstationen der Soldaten und bilden Residenzen für die königlichen Aufenthalte: 18 km sind es vom Königshof Duisburg zur karolingischen Burganlage Essen, 16 km weiter liegt der Königshof Bochum, von dem Dortmund mit Burg und Königshof 18 km entfernt ist. Fast jedes Jahr sieht der Hellweg den König und sein Gefolge ankommen und weiterziehen.

Die große Heerstraße in Westfalen wurde schon von Römern und Germanen genutzt. Auch der aus Flandern kommende Fernhandel führt von Duisburg über den Hellweg nach Westfalen und in das Gebiet zwischen Weser und Elbe.

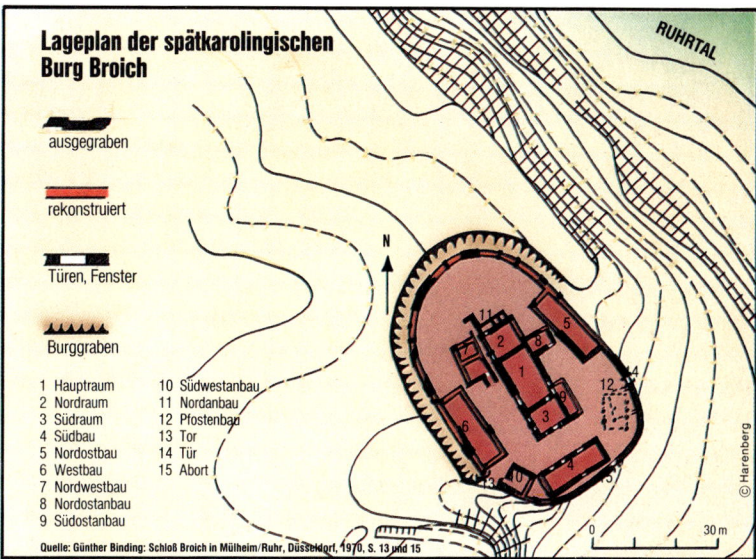

Lageplan der spätkarolingischen Burg Broich, die – von einem Graben umgeben – strategisch günstig über der engsten Stelle der Ruhrtales liegt

Normannen in Duisburg

883/884. Mit Duldung ihres Königs Godefried ziehen die Normannen aus Nordholland kommend rheinaufwärts und überfallen Duisburg. Hier errichten sie ihr Lager für den Winter.

Der von Kaiser Karl III. mit der Reichsverteidigung beauftragte ostfränkische Herzog Heinrich hindert die normannischen Eindringlinge, ihre Plünderungen auf sächsisches Gebiet auszudehnen. Von der östlich Duisburgs an der engsten Stelle der Ruhr strategisch günstig gelegenen Burg Broich aus plant er anschließend die Rückeroberung des wichtigen Duisburger Königshofes.

Im Frühjahr 884 treten Heinrich und der Erzbischof Luitbert von Mainz den Normannen mit einer militärischen Übermacht entgegen und zwingen sie zum Rückzug über den Rhein. Ihre Lager lassen die Normannen zerstört zurück. Erst 891 erleiden sie bei Löwen an der Dijle eine entscheidende Niederlage.

Die Raubzüge der Normannen hatten seit Jahrzehnten eine Bedrohung für die Bewohner der Küstengebiete dargestellt; Städte und Klöster waren in Flammen aufgegangen, ohne daß es gelang, den Normannen wirkungsvollen Widerstand zu leisten.

Sachsen gehorchen fränkischem Recht

802/803. Das von Karl dem Großen auf dem Aachener Reichstag erlassene Gesetz für die Sachsen, Lex Saxonum, verbietet die heidnische Religion und unterstellt die Sachsen dem fränkischen König. Die strafrechtlichen Bestimmungen berücksichtigen die sächsische Stammesverfassung, an deren Spitze eine privilegierte Adelsschicht steht. Das Wehrgeld, die für einen Getöteten zu zahlende Geldbuße, beträgt für Adlige 1440 Schillinge, für halbfreie Bauern 120 Schillinge. Die Gesetze enthalten Preisverzeichnisse zur Umrechnung von Naturalien in fränkische Währung. Ein einjähriges Rind oder ein Schaf mit einem Lamm kosten einen Schilling.

Benediktinerregeln in Klöstern verbindlich

Auf den Aachener Synoden von 816 und 817/19 wird die Mönchsregel des heiligen Benedikt von Nursia (um 480 – um 547) für alle fränkischen Klöster verbindlich vorgeschrieben. König Ludger der Fromme und sein geistlicher Berater Abt Benedikt von Aniane wollen durch diese Reform die Disziplin der Mönche und die Einkünfte aus den Klöstern erhöhen.

Während der fränkisch-karolingischen Dynastie erlaubt das Eigenklosterwesen den Stiftern, Klöster als Pfründe auch an Laien zu vergeben. Damit wird die kirchliche Kontrolle der Orden verhindert. Mißwirtschaft und Disziplinlosigkeit häufen sich in der Folgezeit. Benedikt von Aniane legt einen Verfassungsentwurf vor, dem die von Benedikt von Nursia aufgestellte Mönchsregel zugrunde liegt. Zur Sicherung der Ordensverfassung werden die Klöster unter Aufsicht des Königs gestellt.

Die zentralen Gelübde der Benediktiner sind Armut und Keuschheit, unbedingter Gehorsam und das Verbleiben im Kloster. Gleichberechtigt neben dem Gebet steht die körperliche und geistige Arbeit. Gemäß dem Grundsatz »Bete und arbeite« werden Urwälder gerodet, Äcker bestellt und Bücher geschrieben.

Hl. Benedikt von Nursia

800–899

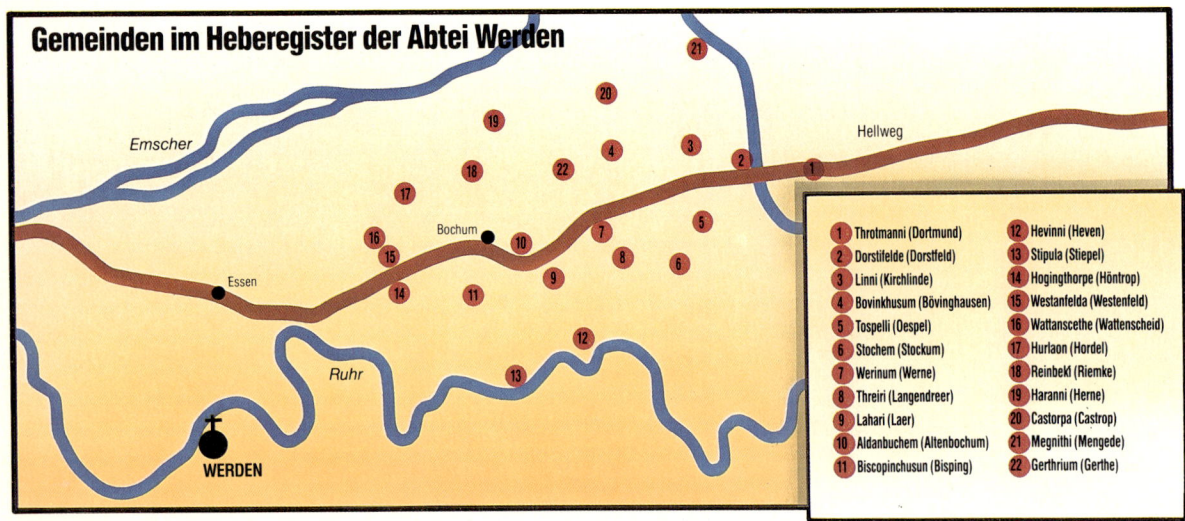

Gemeinden im Heberegister der Abtei Werden

1. Throtmanni (Dortmund)
2. Dorstifelde (Dorstfeld)
3. Linni (Kirchlinde)
4. Bovinkhusum (Bövinghausen)
5. Tospelli (Oespel)
6. Stochem (Stockum)
7. Werinum (Werne)
8. Threiri (Langendreer)
9. Lahari (Laer)
10. Aldanbuchem (Altenbochum)
11. Biscopinchusun (Bisping)
12. Hevinni (Heven)
13. Stipula (Stiepel)
14. Hogingthorpe (Höntrop)
15. Westanfelda (Westenfeld)
16. Wattanscethe (Wattenscheid)
17. Hurlaon (Hordel)
18. Reinbeki (Riemke)
19. Haranni (Herne)
20. Castorpa (Castrop)
21. Megnithi (Mengede)
22. Gerthrium (Gerthe)

Werdener Äbte verwalten großen Besitz

Um 890. In der Abtei Werden an der Ruhr wird das erste Werdener Urbar geschrieben, ein Heberegister, das alle zur Abtei gehörenden abgabepflichtigen Höfe aufführt.

Der Gründer der Abtei, der hl. Liudger, hatte im Laufe seiner Missionstätigkeit als Abt von Werden und Bischof von Münster durch Erwerb aus eigenem Vermögen und Schenkungen von Gläubigen einen ansehnlichen Besitz zusammengetragen. Dieser umfaßte Güter am Niederrhein, im Sachsenland sowie in Friesland und wurde von Liudgers Erben und Nachfolgern im Amt, den Liudgeriden, ständig erweitert.

Das Werdener Heberegister verzeichnet in den verschiedenen Gauen die jeweiligen Höfe, von denen die Abtei Abgaben erhebt; aufgeführt sind auch die Rufnamen der Besitzer. Die Höfe liegen vor allem zwischen Emscher und Ruhr, entlang des Hellwegs, besonders viele sind in der Nähe des späteren Bochum verzeichnet. Werden selbst umfaßt die späteren Ortschaften Heisingen, Velbert, Heiligenhaus, Oefte und Bredeney. Westlich von Dortmund zählen die Gebiete des späteren Dorstfeld, Kirchlinde, Stokkum, Werne u. a. Regionen zu den Besitztümern des Klosters. Das Wirken der Abtei geht weit über die Christianisierung der Bevölkerung hinaus; mit seiner planmäßig errichteten Grundherrschaft übt das Kloster einen großen Einfluß auf die wirtschaftliche Entwicklung der Umgebung aus. Die Mönche roden und vergrößern die Fluren und sind ein Vorbild für die Bauern.

Bis zur Amtszeit des letzten Liudgeriden, Hildigrim II. (849–886), befindet sich die Abtei in Privatbesitz der Familie Liudgers. Sein Bruder und später vier Neffen leiten nacheinander das Kloster und mehren seinen Reichtum. Hildigrim erreichte 871, daß König Ludwig III. der Abtei Königsschutz und Immunität gewährt. Mit Hildigrims Tod endet die Geschichte Werdens als Eigenkloster; es wird in die Reihe der Königsklöster aufgenommen.

Das Werdener Urbar wird im Laufe der Zeit mehrfach ergänzt und gibt Aufschluß über die Siedlungsgeschichte der Region.

Liudger, Gründer der Werdener Abtei

Altfrid weiht Essener Münster

8. Juli 870. Die von Bischof Altfrid von Hildesheim auf seinem Gut Asnidhi (Essen) errichtete Kirche, das Essener Münster, wird am Kilianstag geweiht. Altfrid widmet das im gleichen Jahr fertiggestellte Gotteshaus, mit dessen Bau er schon im Jahr 852 begonnen hatte, neben der Heiligen Dreifaltigkeit und der Jungfrau Maria auch den Märtyrern Cosmas und Damian.

Mit Cosmas und Damian fällt Altfrids Wahl der Schutzpatrone auf zwei Heilige, die im christlichen Abendland in hohem Ansehen stehen. Der Legende nach handelt es sich um Zwillingsbrüder, die im Vorderen Orient als Ärzte wirkten und viele Heiden zum Christentum bekehrten, bis sie der letzten Christenverfolgung unter Kaiser Diokletian zum Opfer fielen. Ihre Reliquien befinden sich wahrscheinlich seit 847 im Besitz Altfrids.

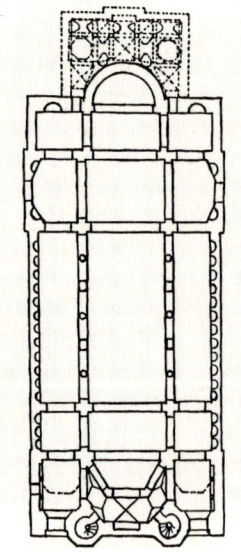
Grundriß des Essener Münsters

Bischof Hildigrim I., zweiter Abt des Klosters in Werden

Bischof Gerfrid als dritter Abt des Klosters in Werden

Bischof Thiatgrim leitet als vierter Abt das Kloster

Bischof Altfrid, fünfter Abt des Klosters in Werden

Hildigrim II. beendet die Reihe der Liudgeriden in Werden

900

900–999

10. Jh. Der Königshof in Duisburg wird zu einer Königspfalz ausgebaut (→ 25. 11. 941).

Um 900. Unter der Führung der Liudolfinger entsteht das (jüngere) Stammesherzogtum Sachsen mit den Bereichen Engern, Westfalen, Ostfalen und Nordalbingien.

Um 900. Eine Adlige namens Thiathild schenkt den Armeler Hof am Donnerberg auf dem Gebiet der späteren Stadt Bottrop dem Kloster Werden. Unter dem Namen Armugila bzw. Armbögel wird er ein Werdener Oberhof.

Um 900. In Kirchhellen im Norden der späteren Stadt Bottrop wird eine erste Kirche errichtet.

Um 900. Im Kloster Werden befinden sich zahlreiche Handschriften, u. a. die um 830 entstandene altsächsische Bibeldichtung »Heliand«. →

Ab 900. In ganz Westfalen setzt sich als Wohnform auf dem Lande das sog. Einhaus durch. →

904. Eine Schenkungsurkunde an das Kloster Suitbertwerth (Düsseldorf-Kaiserswerth) nennt den Ruhrgau zusammen mit dem Keldachgau als Duisburg-Gau.

März 927. König Heinrich I. hält sich in Essen auf. 928 besucht er vermutlich erneut Essen.

13. 4. 928. Während eines Aufenthaltes in Dortmund zusammen mit seiner Frau Mathilde schenkt König Heinrich I. der Ministerialin Williburg Güter in (Dortmund-)Mengede.

24. 5. 935. König Heinrich I. hält sich in Duisburg auf. Von 922 bis 1016 sind insgesamt 18 Königsaufenthalte in Duisburg urkundlich dokumentiert.

Mai 938. König Otto I. hält auf dem Gebiet des späteren (Essen-)Steele einen Hoftag ab, wo er über den unbotmäßigen Herzog Eberhard von Franken Gericht hält und eine Streitfrage des sächsischen Erbrechts durch einen gerichtlichen Zweikampf von gemieteten Kämpfern entscheiden läßt.

939. Anhänger Heinrichs, der sich gegen seinen älteren Bruder, König Otto I., erhoben hat, halten die Burg Dortmund besetzt, unterwerfen sich jedoch, als der König anrückt.

25. 11. 941. König Otto I. hält sich in Dortmund auf. →

943. Der Kölner Erzbischof Wikfried weiht das Westwerk der Werdener Abteikirche, das auch zu Sendgerichten und als Pfarrkirche benutzt wird.

13. 5. 945. Kleriker aus Maastricht protestieren vor der Duisburger Pfalz gegen die Behandlung durch den für sie zuständigen Grafen Immo.

946. Ein großer Brand in Essen vernichtet die Urkunden des alten Stifts und zerstört das Münster bis auf die Grundmauern. Ein Jahr später wird mit dem Wiederaufbau der Stiftskirche begonnen.

947. Papst Agapitus bestimmt, daß das Essener Stift keiner anderen Gerichtsbarkeit als seiner eigenen unterstehen darf.

1. 5. 957. Der Kölner Erzbischof Brun I. weiht die Kapelle über der Werdener Quelle dem hl. Clemens als Kirche »zum Born«.

Um 962. Schwerte wird erstmals urkundlich erwähnt. Abt Engelbert von Werden stiftet ein Jahresgedächtnis »in Oberberge juxta honsuerte et in Eickingberge juxta suerte«.

965. Im Testament des Kölner Erzbischofs Brun I. wird »Richildinchuso« erwähnt, wahrscheinlich ist damit die spätere Stadt Recklinghausen gemeint.

966. Eine in altsächsischer Sprache geschriebene Heberolle des Stifts Essen erwähnt als Besitz den Oberhof Rengerenthorpa by Glatbecke.

966. Der Hof Ehrenzell gelangt in den Besitz des Stifts Essen.

Um 970. Aus dem Schenkungsregister der Abtei Werden geht hervor, daß dem Abt von Werden ein Hof in Herten geschenkt wird. Dies ist die erste urkundliche Erwähnung von Herten.

971. Mathilde, Enkelin Kaiser Ottos des Großen, wird Äbtissin von Essen. 40 Jahre lang führt sie eine glanzvolle Herrschaft.

19. 8. 974. Kaiser Otto II. genehmigt auf Fürbitten seiner Gemahlin Theophanu einen Jahrmarkt und Münzrecht für Werden und für Lüdinghausen an der Stever.

25. 8. 980. Kaiser Otto II. schenkt dem Erzbistum Magdeburg eine Hufe in Brackel. Dies ist die erste Erwähnung von (Dortmund-)Brackel.

982. In einer Kölner Werkstatt wird das als ältestes Mathildenkreuz bezeichnete Ottokreuz vollendet, das bedeutendste der vier Essener Vortragekreuze.

989. Der Reichshof (Dortmund-)Körne wird erstmals erwähnt.

990. In einer Urkunde des Stifts Essen wird der Reichshof Hatneggen (Hattingen) mit seiner Kapelle erstmals erwähnt.

12. 10. 997. Der 996 zum Kaiser gekrönte Otto III. schenkt Dortmund die Aachener Marienkapelle.

Ende des 10. Jh. In Dortmund finden Münzprägungen statt. →

Ende des 10. Jh. Die Klöster beginnen eine Vermögensteilung durchzuführen. Unterschieden wird z. B. zwischen dem abteilichen Gut und den Höfen, die dem Propst unterstellt werden und für die Bedürfnisse des Konvents zur Verfügung stehen. →

Ende des 10. Jh. In Essen siedeln sich Kaufleute an. Sie lassen sich vor den Mauern des Stifts, an den Hügeln am Hellweg und auf dem Grund und Boden des abteilichen Viehofs nieder, der ihnen als Erbleihe überlassen worden ist.

Dortmund wird Königsziel

25. November 941. Der deutsche König Otto I., der Große, hält sich in der Burg Dortmund auf, die an der Kreuzung des Hellwegs mit einer wichtigen Straße von Köln nach Norddeutschland liegt. Der spätere Kaiser besucht die Dortmunder Pfalz mindestens fünfmal. Für die Zeit von 928 bis 1068 sind insgesamt 27 Aufenthalte deutscher Könige bzw. Kaiser belegt.

Die häufigen Herrscherbesuche in Dortmund sind Ausdruck der Bedeutung des Hellwegs für das seit 919 von den Sachsen regierte römisch-deutsche Reich. Der Hellweg ist die Hauptstraße des Königsgeschlechtes der Liudolfinger für ihre Reisen vom Westen des Reiches zu ihren ostsächsischen Hausgütern. Bei ihren Besuchen stellen die Herrscher zahlreiche Urkunden aus, begehen das Osterfest (953: Otto I.; 979: Otto II.) oder halten Reichstage ab (978: Otto II.). Um König und Hof eine würdige Teilnahme am Gottesdienst zu ermöglichen, wird eine Pfalzkirche errichtet (950–1000: ältester Teil der späteren Reinoldikirche).

Wegen der Wichtigkeit des Hellwegs wird auch der Duisburger Königshof zu einer Pfalz ausgebaut. Zusätzlich zur Versorgung des Königs gewinnt der Hof als repräsentativer Aufenthaltsort an Bedeutung. Es entsteht eine befestigte Anlage mit verschiedenen Nebengebäuden.

Das Modell der Duisburger Königspfalz zeigt den Zustand des Gebäudes um das Jahr 1000, mit Mauer, Wall und Graben befestigt, am Rheinufer

Dortmunder prägen königliche Münzen

Ende des 10. Jh. Otto III. richtet – wahrscheinlich als erster deutscher König – in Dortmund eine Münzstätte ein. Aus dieser Zeit stammen die ältesten erhaltenen Pfennigmünzen mit der Herkunftsangabe »Thertmanni«.

Das Münzrecht gehört wie das Marktrecht zu den sog. Regalien (Rechte, die unmittelbar dem König zukommen). Da Dortmund im Besitz des Königs ist, geht die Münzstätte nicht – wie andernorts – auf die Verleihung eines Privilegs zurück. Die Münzen sind – in direkter Ausübung des Königsrechts geschlagen – königliche Münzen.

Der älteste Dortmunder Pfennig, geprägt in der Zeit von König Otto III.

Menschen und Tiere wohnen im Einhaus

Ab 900. In Westfalen wie im gesamten niederdeutschen Raum entsteht mit dem sog. Einhaus auf dem Lande eine neue Form bäuerlichen Wohnens. Die neuen Bauernhäuser vereinigen die Lagerung der Ernte, die Unterbringung des Viehs und den Wohnplatz der Familie unter einem Dach. Dadurch bieten sie dem Bauern die Möglichkeit, Menschen, Tiere und Dinge ständig zu beaufsichtigen. Das Einhaus löst allmählich die bis dahin in Nordwesteuropa üblichen dreischiffigen, von zwei Pfostenreihen getragenen Hallenhäuser ab, in denen neben dem Wohnraum lediglich Platz für die Stallung des Viehs gewesen ist.

Die neuen Bauernhäuser zeichnen sich durch eine verbesserte Gerüstkonstruktion zur Erhöhung der Tragfähigkeit des Dachraumes und durch die Untermauerung der Stützen aus, die den Bau tragen.

Während die vor 900 üblichen Pfostenhäuser selten länger als 50 Jahre gehalten haben (da die Pfosten in der durchlüfteten oberen Bodenschicht bald anfingen zu faulen), schützt das gemauerte Fundament nun die hölzernen Stützen vor Bodennässe. Die Häuser können auf diese Weise im

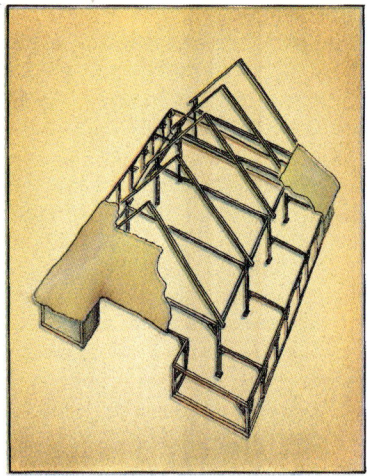

Einhaus mit gemauertem Fundament und Satteldachkonstruktion

Durchschnitt 300 Jahre überdauern. Der Innenraum des neuartigen Einhauses wird in Längsrichtung durch zwei Reihen von Stützen gegliedert, welche die Hauptlast des Daches tragen. Die Seitenwände des Hauses dienen lediglich als Abschluß der Satteldachkonstruktion.

Der Stallteil besteht aus drei Teilen: Während in den beiden Seitenteilen das Vieh mit dem Kopf zur Deele untergebracht wird, dient der Raum dazwischen als Arbeitsplatz. Den Abschuß der Deele bildet nach der einen Seite das Giebeleinfahrtstor, das meist nach Osten zeigt (um in den frühen Morgenstunden die aufgehende Sonne für die Arbeit vollständig auszunutzen).

Am anderen Ende der Deele schließt sich der Wohnbereich des Hauses an, der aus zwei Schlafnischen (Luchten) und dem Flett (Platz vor dem Herd) besteht. Mittelpunkt des Wohnplatzes bildet die offene Herdstelle. Sie gilt als Kern des Hofes, an dem Verlobungen, Hochzeiten, Hofübergaben, Verträge mit Dienstboten usw. vollzogen werden.

Daneben erfüllt das offene Feuer lebenswichtige Funktionen im Rahmen bäuerlichen Lebens und Arbeitens: Es dient als Lichtquelle und Kochstelle und trocknet durch aufsteigende Wärme die auf dem Dach lagernden Erntestapel. Der auftretende Rauch macht die frei um den Herdbereich aufgehängten Fleisch- und Wurstwaren durch Räuchern haltbar, vertreibt das Ungeziefer und konserviert das Holz des Hauses. Größere Hofanlagen verfügen häufig noch über zusätzliche Scheunen und weitere Stallgebäude.

Mathildenkreuz

982. Das »Ältere Mathildenkreuz« (Abb.) aus dem Schatz des Stifts Essen ist ein Vortragekreuz aus ottonischer Zeit. Es ist 44,5 cm hoch und 29,5 cm breit. Das Kreuz zeigt den Gekreuzigten als Sieger über das Böse. Am Fuß ist die Übergabe des Kreuzes durch Otto, Herzog von Bayern und Schwaben, an seine Schwester Mathilde, die Äbtissin des Stifts, dargestellt.

Grundherrschaft regelt Rechte und Pflichten

Ende des 10. Jh. Im Mittelalter befindet sich fast das gesamte Land in den Händen von adligen Herren, Klöstern und Kirchen. Das System der Grundherrschaft umfaßt mit einer Fülle von Rechtsbeziehungen und Herrschaftsregelungen mehr als 90% der Bevölkerung zwischen Lippe und Ruhr.

Im Zusammenhang mit der Fähigkeit eines Grundherrn, Schutz und Schirm zu gewähren, bedeutet Grundherrschaft sowohl Herreneigentum an Grund und Boden als auch Herrschaft über die Menschen, die den Boden bestellen. Bis zur Aufsplitterung grundherrlicher Rechte ab dem 13. Jh. durch Erbteilungen, Schenkungen und Weiterverleihungen tritt der Grundherr dem abhängigen Bauern in mehreren Funktionen entgegen, die er in einer Person vereinigt: Als Grundherr verfügt er über das Eigentum am Boden, als Leibherr gewährt er persönlichen Schutz gegen äußere Feinde, als Gerichtsherr übt er die Gerichtshoheit über die Bauern aus und als Kirchenherr ernennt er den Dorfgeistlichen. Als Gegenleistung ist der Bauer zu Abgaben und Dienstleistungen verpflichtet.

Bis zu vier Tage in der Woche leistet ein Bauer Frondienste

Eine Grundherrschaft besteht meist aus mehreren Fronhofverbänden, die sich mit dem Ziel zusammenschließen, eine Selbstversorgungsgemeinschaft zu bilden. Zentrum eines Fronhofverbandes ist der Haupthof, der von einem Amtmann oder Vogt verwaltet und von unfreien Knechten und Mägden bewirtschaftet wird. Die umliegenden Fronhöfe unterstehen sog. Meiern. Die zu diesen Höfen gehörende Ackerflur (Hufe) wird den Bauern zur Nutzung überlassen, die Höfe selber dienen als Sammelstellen für eine Fülle von Naturalabgaben wie Fleisch, Geflügel, Getreide, Eier, Brot, Bier usw., die als Gegenleistung für die Bodennutzung von den Bauern aufgebracht werden. Vom Fronhof geforderte Dienste wie Mähen, Dreschen etc. runden das Bild des abhängigen Bauern im Mittelalter ab und prägen den Arbeitsrhythmus der Menschen.

Der kostbare Heliand in der Abtei Werden

Um 900. Die altsächsische Bibeldichtung »Heliand« befindet sich in der Bibliothek des Klosters Werden, wo sie vermutlich um 830 entstanden ist. Nach dem Vorbild altenglischer Heldenepik wird in Stabreimen die Heilsgeschichte erzählt, die zum besseren Verständnis der missionierten Sachsen in deren Vorstellungswelt übertragen wird.

Der unbekannte Dichter schreibt in der lateinischen Vorrede der Dichtung, daß er die Anregung zu diesem Epos von Kaiser Ludwig dem Frommen (Amtszeit 814–840) erhalten habe.

Der ganz genaue Entstehungsort des Werkes ist nicht feststellbar, aber die prunkvollen Handschriften stammen auf jeden Fall aus Werden. Dieses Gebetbuch macht deutlich, wie hoch der künstlerische Standard der Werdener Schreibschule schon um das 9. Jh. einzuschätzen ist. Mit seiner umfangreichen Bibliothek bildet Werden ein Zentrum für Wissenschaft und Bildung.

1000
1000–1099

11. Jh. Spurkinhuvelo (Sprockhövel) wird im großen Privilegienbuch der Abtei Werden erstmals erwähnt.

Anfang des 11. Jh. Hagen wird erstmals urkundlich erwähnt.

Um 1000. Die Äbtissin des Stifts Essen gründet auf dem Gebiet des Brockhofes die St. Georgs-Kirche. Der Name des späteren Kirchdorfes Gelsenkirchen leitet sich von den Bewohnern des umliegenden Bruchlandes her (Gelseten kerken = bei der Kirche der Siedler im Bruchland).

Um 1000. Auf einem Hof des Stifts Essen im späteren Wattenscheid, entsteht die Kirche St. Gertrud. Sie ist Mittelpunkt eines großen Kirchspiels und Sitz eines Dekanats der Diözese Köln.

Um 1000. Das Essener Emailkreuz und der siebenarmige Leuchter des Essener Münsters entstehen. In der ersten Hälfte des 11. Jh. werden das Essener Kreuznagelreliquiar und das »Theophanu-Evangeliar« hergestellt (→ um 1050).

1005. König Heinrich II. schenkt den Reichshof Hatneggen (Hattingen) dem Kloster Deutz.

Juni/Juli 1005. König Heinrich II. hält in Dortmund eine Synode ab.

1008. Gräfin Imma, Witwe des Gaugrafen Luitger, stiftet die Stiepeler Kirche.

1011. Die Duisburger Königspfalz gelangt in den Besitz des lothringischen Pfalzgrafen Ezzo.

1019. Kaiser Heinrich II. schenkt den Reichshof Herbede (Witten) dem Kloster Kaufungen in Hessen.

3. 5. 1020. Erzbischof Heribert von Köln schenkt dem Kloster Deutz einen Hof in (Dortmund-)Kirchlinde. →

Vor 1024. In Duisburg werden Münzen geprägt.

24.–26. 5. 1028. Während eines Aufenthalts in Dortmund bestätigt Kaiser Konrad II. die Privilegien des Stifts Essen.

Um 1030. Die älteste, unter König Konrad II. geprägte Essener Münze trägt die Aufschrift »ASNID«.

6. 8. 1032. Erzbischof Pilgrim von Köln überträgt die Unnaer Kirche dem Abt Radolfus von Deutz und seinen Nachfolgern. In dieser Urkunde wird Unna erstmals erwähnt.

28. 4. 1033. Eine kaiserliche Urkunde verleiht der Abtei Werden das Recht, die Ruhr von der Mündung bis zum Kloster frei zu befahren.

1039. Theophanu, Äbtissin von Essen, prägt durch großzügige Förderung in der Kunst die Symbolik der kaiserlichen Herrschaftsideologie.

1041. Eine Urkunde des Kölner Erzbischofs Hermann II. erwähnt den Reichshof Bochum (»villam publicam Cofbuockhem«).

13. 6. 1041. König Heinrich III. besucht Essen. Er genehmigt einen sechstägigen Markt.

Um 1050. In einem Heberegister der Abtei Werden sind (Dortmund-)Marten und Camen (Kamen) erstmals erwähnt.

Um 1050. Unter der Äbtissin Theophanu wird der Schatz des Stifts Essen um kostbare kirchliche Gerätschaften erweitert. →

9. 9. 1051. Nach grundlegenden Erneuerungsarbeiten in der zweiten Hälfte des 10. Jh. wird der dritte Kirchenbau in Essen unter der Äbtissin Theophanu geweiht.

29. 3. 1052. Kaiser Heinrich III. schenkt sein Eigengut (Dortmund-)Mengede dem Domstift Goslar.

1058. Im Testament der Äbtissin des Stifts Essen, Theophanu, ist erstmals die Gertrudiskirche (später Marktkirche) erwähnt, erste Bürgerkirche der Stadt Essen.

Um 1060. Das Werdener Bronzekruzifix und die Reliefplatten mit sitzenden Heiligen entstehen.

1063. Die dem englischen Sagenkönig Lucius gewidmete »neue« Kirche in Werden wird eingeweiht.

1065. König Heinrich IV. übergibt die Königspfalz Duisburg dem Erzbischof Adalbert von Bremen.

1068. Die Vogtei für Werden fällt im Erbgang von den Grafen von Werl an die Grafen von Berg.

14. 5. 1068. König Heinrich IV. hält sich in Dortmund auf.

1073. Die aus dem Haus der Grafen von Hückeswagen stammende Äbtissin Schwanhild des Stifts Essen läßt die Kapelle auf dem Stoppenberg feierlich weihen.

18. 1. 1074. König Heinrich IV. belohnt Worms mit dem Privileg der Zollfreiheit an königlichen Plätzen, darunter auch in Dortmund. →

Um 1092. Der dem Abt von Werden gehörende Hof in Herten gelangt als Erblehen an Alfrick, einen erblichen Ministerialen des Abts von Werden.

Um 1092. Der Hof Bottrop wird als »Borgthorpe« (»Borthorpe«) in den Besitzregistern des Klosters (Essen-)Werden erstmals erwähnt.

1092. Ein Zweig einer um 1022 erstmals aufgetretenen Gottfried-Hermann-Sippe nennt sich nach dem Höhenrücken des Kapenbergs nördlich des heutigen Lünen.

1093. Mülheim an der Ruhr findet als Gerichtsstätte erstmals urkundliche Erwähnung.

Um 1096. Ein reicher Jude aus Speyer nimmt Zuflucht vor Verfolgung in Dortmund (→ 18. 1. 1074).

1096. (Schwerte-)Ergste wird als »Argeste« in einer Urkunde erstmals erwähnt.

GEBOREN:

1082. Xanten: Norbert von Xanten († 6. 6. 1134, Magdeburg), Gründer des Prämonstratenser-Ordens.

Um 1096. (?): Gottfried von Cappenberg († 13. 1. 1127, Kloster Ilbenstadt) Prämonstratenser.

Dortmund wird Zollstätte

18. Januar 1074. Eine von König Heinrich IV. ausgestellte Urkunde für die Bürger von Worms zeigt die besondere Stellung von Dortmund unter den deutschen Städten. Dortmund wird unter den wichtigsten königlichen Zollstätten genannt.

Tragischer Tod eines Verfolgten

Mar Schemeria, ein reicher Jude aus Speyer, flieht um 1096 vor den durch die Kreuzzugsbewegung ausgelösten Judenverfolgungen nach Dortmund. Da der römisch-deutsche Kaiser gewaltsame Judentaufen u. ä. nicht unterstützt, glaubt Schemeria sich in der Reichsstadt sicher. Als er einsehen muß, daß er auch hier ohne Glaubenswechsel keinen Schutz finden kann, bringt er seine Familie um. Ein Selbstmordversuch scheitert, zur Strafe wird er lebendig neben den Seinen begraben.

Die Urkunde Heinrichs IV. bewilligt der Stadt Worms, wie nur wenigen anderen Städten im römisch-deutschen Kaiserreich, die Befreiung von Zöllen an königlichen Marktorten, da sie im Gegensatz zu verschiedenen abtrünnigen Fürsten und Städten ihre besondere Treue zum König unter Beweis gestellt hätten. Unter den zur Erhebung von Zöllen berechtigten Plätzen (»omnibus locis regiae potestati assignatis«) wird auch Dortmund (»Drutmunne«) genannt. Mit der Einrichtung der Zollstätte in Dortmund macht sich der König den beträchtlichen Warenumschlag an diesem wichtigen Handelsplatz finanziell zunutze.

Wormser Königsurkunde, die u. a. auch Dortmund vom Zoll befreit

Markt- und Zollrecht für die Gemeinden

Eng verbunden mit der Entwicklung eines Gemeinwesens zur Stadt ist das Recht, einen Markt abzuhalten. Dieses Recht wird vom König verliehen.

Der jeweilige Marktherr (König, Bischof, Fürst) garantiert den freien Handel sowie die Sicherheit der Händler und Besucher. Er wacht über die Einhaltung des Marktzwangs, der bestimmt, welche Produkte innerhalb einer Bannmeile nur auf dem Markt gehandelt werden dürfen.

Mit dem Marktrecht verbunden ist oft das Münz- und Zollrecht, letzteres ermöglicht zusätzliche Einnahmen für die Gemeinden. Ein spezielles Marktgericht, dem der Marktherr vorsteht, regelt alle im täglichen Warenverkehr auftretenden Streitigkeiten.

Neben lokalen Wochenmärkten werden auch Jahrmärkte abgehalten. Sie haben ein größeres Einzugsgebiet und bieten eine Vielfalt von Waren aus anderen Regionen an, z. B. Flachs, Hanf und Wolle aus den Geestgebieten, Butter, Käse und Häute aus den nordwestfälischen Viehzuchtgebieten, Tuche aus den Regionen der Spinner und Weber und außerdem Gewürze, die Händler aus fernen Ländern mitbringen.

Marktrechte sichern der mittelalterlichen Stadt wichtige Einkünfte

1000–1099

Buchdeckel des Evangeliars der Essener Äbtissin Theophanu

Goldene Madonna, älteste erhaltene Madonnenfigur des Abendlandes

Schatz im Essener Münster

Um 1050. Unter der Äbtissin Theophanu (Amtszeit 1039–1056) wird der Schatz des Stifts Essen um kostbare kirchliche Geräte erweitert, wie das »Theophanukreuz« und das »Jüngere Mathildenkreuz«. Letzteres ist nach der Äbtissin Mathilde (971–1011) benannt, die aufgrund ihrer Stiftungen als Begründerin des Domschatzes gilt.
Aus ihrer Amtszeit stammt u. a. die »Goldene Madonna«, eine 74 cm hohe, ringsum freigearbeitete Marienfigur, die ganz mit Goldblech überzogen ist. Mathilde stiftet darüber hinaus das »Ältere Mathildenkreuz« und das »Kreuz mit den großen Senkschmelzen«, die zusammen mit den beiden Kreuzen der Theophanu später bei Prozessionen vorangetragen werden.
Auch die reich verzierte Scheide des Zeremonialschwertes der Äbtissinnen wird in der Zeit Mathildes angefertigt. Das Schwert, mit dem Kosmas und Damian enthauptet worden sein sollen, wird später Bestandteil des Essener Stadtwappens.
Theophanu bringt weitere Kostbarkeiten in den Besitz des Stifts ein, u. a. ein Evangeliar mit einem Deckel aus Gold und Elfenbein und ein Reliquiar, in dem sich ein Nagel vom Kreuz Christi befinden soll.

Der siebenarmige Leuchter im Essener Münster wird unter der Äbtissin Mathilde angefertigt. Er ist eine Nachbildung des Leuchters, der 100 v. Chr. den Tempel Jerusalems schmückte; er symbolisiert die sieben Sakramente. Bei einer Höhe von 2,26 m hat er eine Spannweite von 1,88 m. Seine 46 Einzelteile sind aus Bronze gegossen.

1100
1100–1199

Anfang des 12. Jh. Die Kirche St. Pankratius in Hamm-Mark wird errichtet. Mit ihren späteren Ausmalungen zählt sie zu den kostbarsten Sakralbauten Westfalens.

Um 1100. In Hohensyburg wird die mittelalterliche Turmburg errichtet (zerstört 1287).

16. 10. 1112. König Heinrich V. bestätigt Dortmund das Privileg der Zollfreiheit an königlichen Plätzen.

1115. Die sächsisch-thüringischen Gegner von Kaiser Heinrich V. zerstören die Befestigung Dortmunds.

1120–1125. Duisburg wird mit Wall und Stadtmauer befestigt.

1122. Der Kölner Erzbischof Friedrich I. gründet auf dem Kamper Berg (nahe dem späteren Kamp-Lintfort) die Zisterzienserabtei Kamp. →

31. 5. 1122. Gottfried von Cappenberg stiftet seine Burg dem Prämonstratenserorden. →

1123. (Dortmund-)Nette wird erstmals erwähnt.

23. 8. 1124. Die Sankt Lüdgerstracht, die Umtragung der Reliquien des hl. Liudger, wird in Werden erstmals durchgeführt. Aus ihr entwickelt sich die Appeltatenkirmes.

1142. Die Vogteien von Essen und Werden gehen beide in den Besitz der Grafen von Berg über.

1142. Das Geschlecht der Ritter von Strünkede in Herne wird erstmals erwähnt.

1144. In einer Urkunde von Erzbischof Arnold I. von Köln werden Besitzungen des Klosters Fürstenberg in (Duisburg-)Walsum bestätigt.

1145. Die Privilegien der Stadt Dortmund werden wahrscheinlich erstmals von Konrad III. verbrieft.

17. 6. 1147. Eine Urkunde berichtet erstmals von Datteln.

1147. Das Kloster Werden erhält zahlreiche Abgaben von seinen Höfen. →

Um 1150. Das Kirchdorf Gelsenkirchen wird als Geilistirinkirkin erstmals urkundlich erwähnt.

Um 1150. In den Heberegistern des Klosters Werden erscheinen (Dortmund-)Lütgendortmund und (Dortmund-)Kley erstmals in einer Urkunde.

1150. Borthorpe (Bottrop) wird als Ortsname zum ersten Mal erwähnt.

1152. Graf Wilhelm von Moers wird Abt des Klosters Werden. Er erwirbt den »silbernen Kodex«, eine Bibelübersetzung des gotischen Bischofs Ulfilas. →

April 1152. König Friedrich I. Barbarossa hält in Dortmund eine Reichsversammlung ab. →

Nach 1155. Das Kopfreliquiar in der Kirche von Cappenberg ist ein urkundlich belegtes Porträt von Kaiser Friedrich I. Barbarossa. →

Vor 1156. Außerhalb der Stadtmauern von Duisburg wird die Marienkirche errichtet.

1158. Der heutige Dortmunder Stadtteil Derne wird zum ersten Mal erwähnt.

Um 1160. Der Neubau der Duisburger Salvatorkirche ist vollendet.

1163. Dinslaken wird in einer Urkunde als Sitz des Grundherrengeschlechts Dincelachen genannt.

1166. Die Petruskirche ist Mutterkirche des späteren Vests Recklinghausen.

Um 1170. Der Neubau der Peterskirche der Hohensyburg wird errichtet. Teile dieses Baus sind in der späteren Kirche erhalten.

1176. (Dortmund-)Sölde und (Dortmund-)Lindenhorst werden in einer Urkunde zum ersten Mal genannt.

Um 1179. Der Kölner Erzbischof Philipp von Heinsberg läßt den ehemaligen Königshof in Recklinghausen befestigen.

Januar 1180. Beim Prozeß gegen Heinrich den Löwen verteilt Kaiser Friedrich I. Barbarossa dessen Herzogtümer. Der Erzbischof von Köln wird Herzog von Westfalen und Engern.

1184. Das Mirakelbuch des Kölner Erzbischofs erwähnt erstmals den Ort Breckerfeld.

1186. Das Geschlecht der Ritter von der Horst wird erstmals urkundlich erwähnt.

1186. Die Ortschaft Holten (Oberhausen) wird erstmals als Burgort schriftlich genannt.

1187. Das »Siegburger Mirakelbuch« erwähnt eine Wunderheilung nahe dem Kloster Herreke (Herdecke).

1193. Unter Angehörigen der Recklinghäuser Ministerialität werden zwei Träger des Namens von Westerholt erstmals erwähnt.

1195. Für das am Flußübergang der Lippe am Hellweg gelegene Lünen ist ein eigener Markt nachweisbar.

8. 8. 1198. Die Herren von (Dortmund-)Hörde werden erstmals erwähnt im Gefolge von König Otto IV.

Ab 1199. Die Isenburg bei Hattingen wird zum Macht- und Verwaltungszentrum der Grafen von Isenberg, der mächtigsten weltlichen Herren von Westfalen.

Ende des 12. Jh. Der Taufstein der Bochumer Propsteikirche St. Peter und Paul entsteht. →

Ende des 12. Jh. In der Marienwallfahrtskirche von (Bochum-)Stiepel, der späteren evangelischen Pfarrkirche, entstehen romanische Wandmalereien.

GESTORBEN:

13. 1. 1127. Kloster Ilbenstadt bei Friedberg in der Wetterau: Gottfried von Cappenberg (*um 1096?), Prämonstratenser.

6. 6. 1134. Magdeburg: Norbert von Xanten (*1082?, Xanten), Gründer des Prämonstratenserordens.

Gottfried stiftet Kloster Cappenberg

31. Mai 1122. Graf Gottfried II. von Cappenberg stiftet seinen gesamten Besitz dem zwei Jahre zuvor von Norbert von Xanten gegründeten Prämonstratenserorden. Im August 1122 weiht der Bischof von Münster die Burg Cappenberg zum Kloster und legt den Grundstein für die Klosterkirche.

Die Ursache für die Stiftung ist ein Ereignis aus dem Vorjahr: Gottfried hatte am 2. Februar 1121 an einer gewaltsamen Eroberung Münsters teilgenommen; bei der Besetzung ging die ganze Stadt mitsamt dem Dom in Flammen auf, was den jungen Cappenberger als einen gläubigen Menschen schwer bedrückte.

In Köln überzeugte ihn Norbert von Xanten, durch die Stiftung seiner Burg und die Entsagung vom weltlichen Leben Buße zu tun.

Gottfrieds Stiftung stößt weithin auf Unverständnis. Seine Frau Jutta wird gezwungen, dem Kloster beizutreten, sie läßt sich jedoch später entführen und heiratet einen niederländischen Adligen. Sein Schwiegervater Graf Friedrich von Arnsberg sieht territoriale Ziele durchkreuzt und belagert 1123 das Stift.

Infolge der Gründungswirren tritt Gottfried dem Prämonstratenserorden erst 1125 bei. Als er 1127 stirbt, wird er bereits als Heiliger verehrt; eine offizielle Heiligsprechung hat es jedoch nie gegeben. 1149 werden seine Gebeine als Reliquien in einer Kapelle in Cappenberg beigesetzt.

Aufgabe des neuen Klosters ist vor allem die Seelsorge in den zahlreichen Pfarreien der Umgebung, über die Cappenberg das Patronat besitzt. Die Lebensweise ist, basierend auf der Augustinerregel, auf Gemeinschaft und Armut sowie auf die Verbindung von Zurückgezogenheit und Wanderapostolat ausgerichtet.

Klöster der Prämonstratenser

31. Mai 1122: Kloster Cappenberg
1125: Kloster Averdorp (Wesel)
Um 1139: Kloster Hamborn (Duisburg)
Um 1139: Kloster Stoppenberg (Essen)
Um 1143: Kloster Scheda (Unna)
23. März 1193: Kloster Dortmund

Graf Gottfried von Cappenberg (l.), Stifter des Prämonstratenserklosters, und sein Bruder Otto (r.). Otto von Cappenberg tritt dem Orden zusammen mit Gottfried bei und wird der erste Propst des Klosters. Dieses steinerne Denkmal als Hochrelief in Barockumrahmung (2,22 × 1,10 m) wird den Brüdern um 1325 an einer Wand der Klosterkirche errichtet, es zeigt sie mit dem Cappenberger Wappenschild.

Barbarossa-Büste

Nach 1155. *Die aus Bronze gegossene, vergoldete Porträtbüste von Friedrich I. Barbarossa (Abb.) ist ein Geschenk des Kaisers an seinen Taufpaten Otto von Cappenberg, den Propst des dortigen Prämonstratenserklosters, wo sich die Büste heute noch befindet. Der in den Gesichtszügen sehr realistische Kopf ist nach dem Vorbild antiker Imperatorbildnisse gestaltet. Der Mauerkranz am Sockel der Büste symbolisiert vermutlich die Stadt Rom. Diese Büste ist das älteste Herrscherporträt der deutschen Kunst.*

Zisterzienser in Kamp

1122. Erzbischof Friedrich von Köln gründet auf dem Kamper Berg (nahe dem späteren Kamp-Lintfort) die Abtei Kamp als erste deutsche Zisterzienser-Niederlassung, die von Mönchen aus dem französischen Kloster Morimond besiedelt wird. Von Kamp gehen zahlreiche weitere Klostergründungen aus.

Der Zisterzienserorden ist nach dem französischen Mutterkloster Citeaux benannt, wo er im Jahr 1098 als reformierter Benediktinerorden gegründet wurde.

Die Zisterzienser, die körperlicher Arbeit den gleichen Wert beimessen wie dem Gebet, widmen sich auch am Niederrhein der Urbarmachung von Wäldern, der Viehzucht und dem Gartenbau.

Die Mönche der Abtei Kamp führen erstmals Salatpflanzen ein und bringen veredelte Obstsorten aus Frankreich mit. Sie vermitteln den Einwohnern der Umgebung Kenntnisse in der Zucht von Schafen, Rindern und anderen Haustieren. Die Häute werden im Kloster zu Leder verarbeitet oder als Pergament zur Herstellung von Büchern und Urkunden verwendet. Aufbau und Pflege der Wissenschaften tragen zum Ansehen des Klosters bei.

Weitere Zisterzienser-Klöster

1214: Saarn (bei Mülheim/Ruhr)
1230: Fröndenberg (bei Unna)
1234: Sterkrade (bei Oberhausen)
1234: Düssern (bei Duisburg)
1230/35: Gevelsberg (bei Hagen)
1259: Fürstenberg (bei Xanten)
1279: Kentrup (bei Hamm)

Die Mönche der Klöster sind oft Vorbilder für die Bauern, sie führen verbesserte Arbeitstechniken ein und bringen, oft über Kontakte mit dem Ausland, neue Feldfrüchte für den Anbau mit. So pflanzen die Zisterzienser in Kamp erstmals Salat an. Die Nähe des Ordensklosters wirkt sich fördernd auf die Entwicklung der Landwirtschaft in der Umgebung aus.

Friedrich Barbarossa besucht Dortmund

April 1152. Bereits wenige Wochen nach seiner Wahl zum deutschen König am 4. März 1152 in Frankfurt am Main besucht Friedrich I. Barbarossa auf einem Königsumritt durch das Reich auch die Reichsstadt Dortmund.

In der kurz zuvor bei einem Brand schwer beschädigten Stadt hält er eine Reichsversammlung ab, an der zahlreiche Fürsten aus dem ganzen Reich teilnehmen. In ihrer Anwesenheit bestätigt der neue Herrscher den Dortmundern ihre Privilegien, die Kaiser Konrad III. der Stadt im Jahr 1145 gewährt hatte.

Mit seinem Aufenthalt in Dortmund, dem Zentrum des größten Reichsgutes in Westfalen, untermauert Friedrich I. seinen Herrschaftsanspruch als König im Deutschen Reich. Die Verlegung seines Hofgerichts nach Dortmund für zwei Jahre ist sichtbarer Ausdruck königlichen Machtstrebens, das bei den Auseinandersetzungen mit der sächsischen Fürstenopposition im Jahr 1115 in Westfalen einen Rückschlag erlitten hatte.

In dieser Urkunde aus dem Jahr 1153 bestätigt König Friedrich I. Barbarossa dem Erzbischof von Köln ein Urteil die erzbischöflichen Tafelgüter betreffend, das er bei der Reichsversammlung in Dortmund (... in burgo Tremonia) gefällt hat. Dies ist die früheste Erwähnung von Dortmunds lateinischer Namensform »Tremonia«. Von Barbarossa erhält Dortmund u. a. die Garantie für das wichtige Privileg der Zollfreiheit an königlichen Plätzen.

Ulfilas Silberbibel in Werdener Besitz

1152. Die silberne Bibel, der »Codex Argenteus«, gelangt in den Besitz der Werdener Abtei.

Die Handschrift enthält die Bibelübersetzung des Bischofs Ulfilas (331–383) aus dem Griechischen ins Gotische. Ulfilas übersetzte erstmals die Bibel in eine germanische Sprache; Voraussetzung dafür war die Entwicklung eines bis dahin noch nicht bestehenden Alphabets.

Die Handschrift der silbernen Bibel entstand vermutlich im Auftrag von Gotenkönig Theoderich dem Großen (453–526) in Oberitalien. Die goldenen und silbernen Buchstaben wurden auf purpur gefärbtes Pergament geschrieben, der Einband ist aus kunstvoll verarbeitetem Silber. Ursprünglich hatte das Werk 336 Seiten, von denen im Laufe der Zeit fast die Hälfte verlorengeht.

Die Werdener Mönche verkaufen das Buch im 16. Jh. an Kaiser Rudolf II., der es nach Prag bringt. Während des Dreißigjährigen Krieges gelangt die Bibel nach Uppsala (Schweden), wo sie sich noch heute befindet.

60 Eier an Kloster Werden

1147. Eine ausführliche Auflistung der Abgaben des Hofes Selm findet sich im Heberegister des Klosters Werden. Vom Oberhof Selm aus werden etwa zehn weitere, benachbarte Bauernhöfe verwaltet.

Das Heberegister (Urbar) ist das systematische Güter- und Abgabenverzeichnis einer großen Grundherrschaft. Es beinhaltet im allgemeinen die ausführliche Beschreibung des Herrenlandes (Salland) und der abhängigen Höfe bzw. Ackerfluren (Hufen). Außerdem sind Natural- und Geldlasten sowie zu erbringende Arbeitsdienste aufgeführt und die Besitzer der Ländereien genannt. Bei Streitigkeiten zwischen dem Grundherrn und den abhängigen Bauern (sog. Hintersassen) hat das Heberegister rechtliche Beweiskraft. Die Lasten des Hofes Selm sind im wesentlichen Naturalabgaben, die mit genauen Mengenangaben und dem Zeitpunkt ihrer Fälligkeit aufgezählt werden; zur Orientierung im Jahresablauf dienen die Feiertage verschiedener Heiliger und religiöse Feste. Besonders im Frühjahr, zu Ludgerus und Ostern, sind große Mengen abzuliefern:

▷ »auf Mariä Geburt 2 Maß gequetschtes Braumalz, 7 Scheffel Roggen, 4 Scheffel Erbsen, 1 Kuh«
▷ »auf Thomas 2 Maß gequetschtes Braumalz, 12 Scheffel Hirse, 20 Becher«
▷ »auf Ludgerus 1 großer Lachs, für 6 Schillinge andere frische Fische, 1 Faß Butter, 1 Faß Honig, 9 Körbe voll Käse, 300 Eier, 1/2 Scheffel Senf«
▷ »auf Ostern für die Klosterbrüder 84 Stück Fische, 60 Eier, 10 Käse«
▷ »für die Bittage 13 Widder, für 6 Denare frische Fische«
▷ »zum Bau des Klosters ... im Anfang der Fasten ein Steinbrecher und zu seiner Kost 4 Scheffel Roggen, 3 Scheffel Gerste, 2 Scheffel Erbsen«
▷ »im Herbst ... ein Schweinhirt mit gleicher Atzung«
▷ »jährlich 10 Schilling zu dem Kleid des Abts, 1 Bett (3 Schilling wert), 1 langes Kissen, 1 Tischtuch von 9 Ellen, 1 Hacke, 1 Bocksfell, 1 Ziegenfell, 10 Bäume zur Brücke, 6 Wochen ein Pferd zu weiden, 40 Bund reinster Flachs«.

Romanische Kunst in Bochumer Kirche

Ende des 12. Jh. *Der romanische Taufstein der Bochumer Propsteikirche St. Peter und Paul (Abb.) ist das älteste Kunstwerk der Kirche. Er ist mit Reliefplastiken geschmückt, die durch ihre betonte Darstellung von Bewegung eine neue Entwicklung in der Plastik am Ende des 12. Jh. wiedergeben. Auf dem Taufstein sind die Dreikönigsszene, der Kindermord zu Bethlehem, die Taufe im Jordan und die Kreuzigung Christi dargestellt. Den oberen Abschluß bildet ein Palmettenfries; pflanzliche Ornamente sind für Plastiken dieser Zeit typisch.*

Aufblühen der Städte und die Reformation
1200 bis 1600

Die Jahrhunderte nach 1200 standen unter drei Vorzeichen: Dem Ausbau der Territorien, dem Aufblühen der Städte und dem Auseinanderbrechen der abendländischen Kirche.
Der Ausbau der Territorien beruhte ebenso auf der Stärkung des Lehnswesens wie auf der Schwächung der Königsgewalt. In das dadurch entstehende politische Vakuum drangen die kleineren Gewalten vor: Durch den Erwerb freier sowie lehnsabhängiger Güter, von Grafschaften, Gerichten, Zoll- und Marktrechten, durch Anlage von Burgen und Städten erweiterten diese ihre Rechte, begünstigt durch die Reichsgesetze von 1220 und 1232. Das alte Herzogtum verlor dagegen völlig an Bedeutung.
Ganz nach dem Muster aller Territorialherren verfuhr auch der Erzbischof von Köln auf der Basis seiner Diözesanrechte südlich der Lippe. Ihm gelang es schon im 12. Jh., den mächtigsten Konkurrenten, den Grafen von Werl-Arnsberg, auszuschalten. Zwar konnten die Nachfahren von Friedrich dem Streitbaren († 1124) Reste der Grafschaft an der Ruhrachse bei Arnsberg und Hachen über das 13. Jh. hinweg behaupten; doch der kinderlose Graf Gottfried verkaufte schließlich alles an Kurköln (1368).
Aus dem Erbe der Werler Grafen stammten auch die Besitzrechte, die schließlich an Graf Everhard von Berg-Altena kamen. Seine Söhne begründeten 1175 eine westliche Linie zu Isenberg und eine östliche zu Altena. Die letztere baute ihr Machtzentrum um die Burg Mark bei der späteren Stadt Hamm auf und nannte sich auch nach dieser Burg. Isenberger und Märker standen fast unausweichlich im Gegensatz zu dem sie bedrängenden Kölner. Friedrich von Isenburg zettelte eine Verschwörung gegen den herrischen Erzbischof Engelbert an, der sich auch die Grafen von Kleve und Limburg anschlossen. Engelbert wurde schließlich von Anhängern Friedrichs bei Gevelsberg ermordet (1225), Friedrich daraufhin in Köln hingerichtet. Sein Vetter Adolf von der Mark hatte rechtzeitig die Seite gewechselt. So gelang es ihm, das isenbergische Erbe an sich zu bringen. Die Gründung der Städte Hamm (1226) und Blankenstein an der Ruhr (1227) sollte das vergrößerte Territorium sichern. Dem Sohn des Hingerichteten blieb nur die kleine Grafschaft Limburg (Hohenlimburg) im Winkel von Ruhr und Lenne. Innerhalb der Grafschaft Mark gelang es der Stadt Dortmund, auf altem Reichsgut ein eigenes Territorium zu begründen, das angesichts der Geldnot des Reiches zwar mehrfach in die Gefahr geriet, verpfändet zu werden, sich aber schließlich doch behaupten konnte.
Der neue Erzbischof von Köln, Konrad von Hochstaden (seit 1238), griff die ehrgeizigen Pläne seines Vorgängers Engelbert auf. Vermutlich bei Brechten schlug er seine verbündeten Gegner. Dorsten erhielt von ihm Stadtrechte (1251), er kaufte kleinere Herrschaften und baute Burgen.
In wilden Fehden stand in der königslosen Zeit damals jeder gegen jeden. Rücksichtslos wurden die Güter des Feindes verwüstet. Auch nach der Wahl Rudolfs von Habsburg zum deutschen König gingen die Kämpfe weiter. Mit viel Glück konnte sich der energische Erzbischof Siegfried von Westerburg (1275–1297) in den Machtkämpfen gegen viele Feinde behaupten. Der Graf von der Mark geriet in seine Gefangenschaft, und Gottfried von Arnsberg mußte Frieden schließen, ebenso Junggraf Everhard von der Mark (1278). Lüdenscheid wurde kölnisch.
Noch einmal aber geriet die schon als unerschütterlich geltende Macht Kurkölns in Südwestfalen in Gefahr. Im Streit um die Erbschaft des Herzogtums Limburg kam es zum Konflikt zwischen Erzbischof Siegfried und den mächtigsten niederrheinisch-westfälischen Häusern. Die blutige Schlacht von Worringen (1288) besiegelte sein Schicksal. Endgültig mußte er die Reichsstandschaft und das Burgenrecht des Märkers anerkennen. Dieser wurde nunmehr zur führenden Macht südlich der Lippe, zumal er 1292 die Vogtei über das Damenstift Essen und 1324 Burg und Freigrafschaft Volmarstein erwerben konnte. Der Kölner mußte sich mit dem unbedeutenden »Herzogtum Westfalen« im Sauerland begnügen.
Am Niederrhein hatten die linksrheinischen Grafen von Kleve auch einen breiten rechtsrheinischen Landstreifen erworben, der bis an die Ruhrmündung reichte. Südlich schloß sich die Grafschaft Berg (Hauptstadt Düsseldorf) an. Große Bedeutung für die Geschicke des Landes erlangte der Erbübergang der Grafschaft Kleve an die Grafen von der Mark (endgültig 1398), die sich seit 1417 Herzöge von Kleve-Mark nannten. In der schweren Soester Fehde, in der sich die alte südwestfälische Hauptstadt gegen den Erzbischof von Köln, ihren Landesherrn, auflehnte (1444/47), gewann das Herzogshaus weiter an Gewicht, nachdem sich Soest ihm angeschlossen hatte. Mit der damit vollzogenen Abtrennung vom Hinterland verlor die Stadt aber mehr und mehr an Bedeutung. Endgültig stieg Kleve-Mark nach dem Erwerb der Herzogtümer Jülich und Berg (1511/21) zum bedeutendsten Fürstenhaus Nordwestdeutschlands auf.
Vielfach gefördert von den Landesherren nahmen gegen Ende des 12. Jh. und in den folgenden Jahrzehnten die Städte einen ungeahnten Aufschwung. Die größeren unter ihnen besaßen schon um 1200 Mauern. Weitreichende Handelsverbindungen nach Rußland, Norwegen und England brachten große Gewinne. Die Fernhandelskaufleute, persönlich in der Hanse zusammengeschlossen, entwickelten sich zu den führenden städtischen Schichten. Sie besetzten Bürgermeister- und Ratsstellen und zogen schließlich auch die Städte selbst in die Deutsche Hanse. Die bedeutendsten Handelsplätze Südwestfalens, Dortmund und Soest, beteiligten sich am Handelsvertrag mit dem Fürsten von Smolensk (1229).
In der Zeit von 1180 bis 1240 entstand neben den alten eine ganze Reihe kleinerer Städte, die zum Teil von den Landesherren planmäßig angelegt wurden. Wachsender Reichtum rief in den Städten größeres Selbstbewußtsein und Streben nach Unabhängigkeit vom fürstlichen Landesherrn hervor. Das führte zu Kämpfen, besonders heftig in der Soester Fehde. Andererseits versuchten die

25

Städte, durch Bündnisse und Beteiligung an der Landfriedenswahrung im Interesse ungestörter wirtschaftlicher und politischer Entwicklung die ständigen Fehden einzudämmen.

Auch die Klöster zogen verstärkt in Stadt und Land ein. Neben Essen und Herdecke entstanden Frauenklöster in Flaesheim (1166) und Elsey (1223). Die Prämonstratenser übernahmen Cappenberg (1122) und gründeten Scheda, Wedinghausen (Arnsberg) und Stoppenberg (Essen). Zisterzienserinnen faßten im Raum Duisburg und in Kentrup (Hamm) Fuß, der Deutschorden in Brackel (Dortmund). Vor allem aber drangen die Bettelorden – trotz Widerstands der Bürgerschaften – in die Städte ein, so in Soest und Dortmund die Dominikaner. Beliebter beim Volk waren die Minoriten; gegen sie hatte die Pfarrgeistlichkeit aber eine starke Abneigung. Überhaupt belebte ein starker religiöser Zug das gesellschaftliche Leben des 13. Jh. In den Beginenhäusern schlossen sich unverheiratete Frauen und Witwen zu halb klösterlichen, frommen Gemeinschaften in fast allen Pfarreien zusammen.

Kritik fanden dagegen Besitzstreben und weltlicher Lebenswandel so manches Geistlichen. Schuld an der Jagd nach besseren Pfründen trug freilich auch der ständige Geldverfall. Inhaber kleiner Pfarreien und Vikare konnten von ihren Einkünften kaum das nackte Leben fristen, dagegen erstickte mancher Domherr und Kanoniker im Reichtum. Die bedächtigen Bewohner der Region zwischen Lippe und Ruhr nahmen die Mißstände – wie es scheint – mit Gleichmut hin. Der Anstoß zum Ruf nach Reformen mußte von außen kommen. Als aber schließlich um 1520 die Lehre Martin Luthers auch von hier ertönte, nahmen auch Westfalen und der Niederrhein leidenschaftlich Anteil. Zögernder verlief die Entwicklung dagegen im späteren Ruhrgebiet. Der Landesherr, Herzog Johann von Jülich-Kleve-Berg, neigte nicht zu Reformen. Erst als seine Tochter Sibylla den sächsischen Kurprinzen Johann Friedrich, den Beschützer Luthers, heiratete, horchte er auf und versprach seinen Landen 1530 eine Reformation, doch mehr auf innerkirchliche, vermittelnde Weise im Sinne des Erasmus von Rotterdam. Luther tadelte den Plan als halbherzig.

Obgleich der Herzog kirchenrechtlich eine starke Stellung im Land besaß, verlor er durch seine Unentschiedenheit die Führung aus den Händen. Die reformatorische Bewegung wurde nun allein vom Volk getragen und ging über seinen Kopf hinweg. Die lutherische Lehre herrschte bald in Soest (1531) und Dortmund (1532); von wenigen Ausnahmen abgesehen schlossen sich ihr alle führenden Schichten des Landes an.

Die Schrecken des Täuferaufstandes in Münster (1534/35) machten jedoch nicht nur den Herzog bedenklich, so deutlich sich Luther auch von den münsterischen Auswüchsen distanziert hatte. Nicht ganz zu Unrecht verwiesen die Anhänger der alten Kirche darauf, daß das Täufertum doch nur auf dem Boden der Reformation erstarken konnte. Hinzu kam eine weitere Bedrohung der Reformation: Herzog Johanns Sohn, Wilhelm (der Reiche), regierte seit 1539 auch das ihm zugefallene Herzogtum Geldern, das sich bis an die Zuidersee erstreckte. Kaiser Karl V. erblickte in der ungeheuren niederrheinisch-niederländischen Ländermasse Wilhelms eine Bedrohung der habsburgischen Position in den Niederlanden. Als Wilhelm auch noch öffentlich zum Luthertum übertrat (1542), brach der Krieg aus. Von den protestantischen Fürsten und Frankreich im Stich gelassen, mußte der Herzog kapitulieren und auf Geldern verzichten. Der Kaiser zwang ihn, zur katholischen Kirche zurückzukehren. Nun wandte sich Karl V. gegen den Kölner Erzbischof Hermann von Wied, der ebenfalls Gedanken an eine Reformation seines Erzstifts hegte. Er wurde abgesetzt und sein Stift dem streng altgläubigen Adolf von Schaumburg übergeben. Gestärkt machte der Kaiser zwar auf dem Augsburger Reichstag (1548) einige Zugeständnisse (Abendmahl unter beiderlei Gestalt und Priesterehe), stellte aber sonst im sogenannten »Interim« die altkirchlichen Verhältnisse im Reich wieder her. Evangelische Prediger wurden vertrieben, Klöster und Stifte, wie sie aufgehoben worden waren, wieder hergestellt. Aber auch die alte Kirche war mit dem Kompromiß unzufrieden. Erst der Augsburger Religionsfriede von 1555, in Wirklichkeit nur ein Waffenstillstand der Konfessionen, führte zu einer gewissen Ruhe.

In dieser Zeit gelang es der katholischen Kirche in einem unerhörten geistigen Erneuerungsprozeß auf dem Trienter Konzil (bis 1563), ihre Glaubenssätze und Organisationsprinzipien neu zu formulieren und der Gesamtkirche verbindlich vorzuschreiben. Die Reformatoren gerieten in die Defensive, besonders dort, wo sich der straff geführte Jesuitenorden zum Vorkämpfer der »Gegenreformation« machte. Allerdings drang gerade jetzt die radikalere reformatorische Richtung des Kalvinismus aus den benachbarten Niederlanden ein. Fast der gesamte Adel, der bislang den Neuerungen in der Kirche abwartend gegenübergestanden hatte, warf sich ihm in die Arme. Doch noch war es um den Protestantismus im Lande nicht geschehen; selbst Wilhelm der Reiche wandte sich ihm erneut zu. In Dortmund, das sich 1548 dem Interim unterworfen hatte, wurde 1564 die lutherische Agende wiedereingeführt. Jedoch ließ der Magistrat die katholischen Klöster unangetastet.

Die Entscheidung über die konfessionelle Zukunft Nordwestdeutschlands fiel an anderer Stelle: Nach dem Tod Johanns von Hoya, des Fürstbischofs von Münster, Osnabrück und Paderborn (1575), erkannten beide Konfessionsparteien die Bedeutung seiner Nachfolgeregelung. Der katholische Kandidat, Ernst von Bayern, konnte sich in mehreren Wahlgängen nicht durchsetzen. Erst die Entwicklung im Erzstift Köln beendete den Schwebezustand: Hier hatte Erzbischof Gebhard von Truchseß die Konsequenz aus seinem Liebesverhältnis zur Gerresheimer Stiftsdame Agnes von Mansfeld gezogen, sie geheiratet und sich zum Kalvinismus bekannt. Die Säkularisierung des Erzstifts stand bevor.

Dem konnte die katholische Seite nicht tatenlos zusehen. Trat Gebhard auf die protestantische Seite, ging die katholische Mehrheit im Kurfürstenkollegium verloren. Der nächste Kaiser würde dann mit Sicherheit kein Habsburger, sondern ein protestantischer Fürst sein. Unter päpstlichem und kaiserlichem Druck wählte das Kölner Domkapitel Ernst von Bayern und setzte Gebhard ab. Dieser unterlag in schweren Kämpfen der Übermacht, bei Terborg ging der Rest seines Heeres zugrunde (1584). Auch die noch widerstrebenden Städte, darunter Hohenlimburg, öffneten dem Sieger die Tore. Der Kampf um den Erhalt der katholischen Kirche im Nordwesten des Reiches war entschieden.

Noch hörte der Krieg nicht auf. Immer häufiger kamen spanische und niederländische Scharen aus dem niederländischen Aufstandsgebiet über die Grenzen, um sich zu versorgen. 1587 setzte ein spanisches Heer das Land in Furcht und Schrecken. Angeworbenen Landsknechten gelang es nicht, die räuberischen Horden fernzuhalten.

Den Höhepunkt der Leiden brachte der Einmarsch des Spaniers Mendoza (1598), dessen verwahrloste Soldateska vor keinen Greueltaten an der Bevölkerung zurückschreckte. Nur die Städte Dortmund und Soest konnten sich in ihren Mauern vor dem Schlimmsten retten. Zu den Charakteristika der Zeit gehörte es, daß der spanische Feldherr ein frommer, von seiner Aufgabe durchdrungener Mann war, der seiner Kirche dienen wollte. Ein Menschenleben bedeutete da wenig. Als das Heer abzog, folgte die Pest. Sie forderte noch weit höhere Opfer; wie gelähmt starrten Fürsten und Behörden auf das grausige Geschehen, ohne Abhilfe zu wissen.

Wilhelm Kohl

1200
1200–1249

Um 1200. Die Stadt Dortmund wird erweitert und erhält eine neue Mauer. →

Um 1200. Die Kirche von (Dortmund-)Brackel wird errichtet.

Nach 1200. Der Duisburger Handel erleidet starke Einbußen, als sich der Lauf des Rheins nach Westen verlagert. →

1202. König Otto IV. verpfändet Dortmund an den Kölner Erzbischof Adolf.

1204. König Philipp verpfändet Duisburg für 1800 Mark Silber an Herzog Heinrich von Lothringen und Brabant.

2. 4. 1207. In einer urkundlichen Besitzbestätigung von Papst Innozenz III. an das Kloster Deutz werden die Kirchen von Bottrop, Kirchhellen und Gladbeck sowie die Siedlung Datteln aufgeführt.

1214. Witten ist in einer Urkunde des Kölner Erzbischofs Adolf I. von Altena-Mark als Sitz eines Eigengerichts belegt.

10. 5. 1214. Die Herren von Broich stiften dem von Äbtissin Wolberna im selben Monat gegründeten Kloster Saarn (Mülheim) eine Kirche.

1214/15. Wetter wird erstmals urkundlich erwähnt.

1216. In einem Brief von König Friedrich II. wird die Essener Äbtissin erstmals als Reichsfürstin bezeichnet.

Um 1220. In der Großen Vogteirolle des Grafen Friedrich von Berg-Altena-Isenberg werden u. a. Barop, Benninghofen, Berghofen, Bodelschwingh, Deusen, Ellinghausen, Lanstrop, Lichtendorf, Westerfilde und Wickede aufgeführt.

7. 11. 1225. Engelbert, Erzbischof von Köln und Herzog von Westfalen, wird ermordet. →

Um 1225. Der Pappelholz-Kruzifixus der Cappenberger Klosterkirche wird angefertigt.

4. 3. 1226. Graf Adolf I. von Altena-Mark läßt »im Hamme« (zwischen dem alten Lauf der Lippe und der Ahse) eine Stadt errichten, die spätestens ab dem Jahr 1235 den Namen Hamm führt.

15. 7. 1228. Der Kölner Erzbischof Heinrich von Molenark verleiht Xanten Stadtrechte.

1228. Für Recklinghausen ist das Gogericht bezeugt, das für Zivil- und Strafsachen zuständig ist; der Gerichtsbezirk (»festum«) wird später »Vest« benannt. →

Sommer 1229. Die Dortmunder Kaufleute Ermbrecht und Almbrecht beteiligen sich an einem Handelsvertrag mit dem Fürsten von Smolensk.

Um 1230. In (Dortmund-)Kirchlinde und (Dortmund-)Kirchderne werden die ersten Hallenkirchen Westfalens errichtet. →

Um 1230. Die Kirche von (Dortmund-)Wellinghofen wird erbaut.

Um 1230. In Dortmund wird die romanische Sitzmadonna für die Marienkirche angefertigt. →

Frühjahr/Sommer 1232. Ein durch Brandstiftung verursachtes Feuer vernichtet weite Teile des Dortmunder Stadtgebiets.

30. 9. 1232. König Heinrich VII. verleiht Dortmund das Recht, außer dem Markt von Himmelfahrt bis Pfingsten jährlich nach Michaelis einen 14tägigen Markt abzuhalten.

1234. Für Duisburg sind erstmals zwei Bürgermeister nachweisbar. →

Mai 1236. Das Privileg der Reichsstadt Dortmund vom 1. Mai 1220 wird von Kaiser Friedrich II. bestätigt und erneuert. →

1236. Heinrich von Molenark, Erzbischof von Köln und Herzog von Westfalen, verleiht Recklinghausen Stadtrechte.

1238. Zum ersten Mal wird der hl. Reinoldus als Schutzpatron von Dortmund genannt. →

1241. Die Juden in Duisburg erhalten vom kaiserlichen Vogt Herzog von Walram Privilegien für Wirtschaft und Handel.

1241. Junggraf Dietrich von Kleve verleiht Wesel, das er von König Heinrich VI. geschenkt bekommen hat, Stadtrechte und Steuerfreiheit.

19. 2. 1241. Die Mitglieder (consules) des Dortmunder Rats (consilium) werden erstmals erwähnt. →

4. 9. 1241. In einer Urkunde wird auf das neue Dortmunder Rathaus hingewiesen. →

1. 5. 1243. Graf Dietrich von Limburg erhält Limburg aus der Isenbergschen Erbschaft. Die übrigen Besitzungen Isenbergs, darunter Unna, Hamm und Kamen, erhält Graf Adolf I. von Altena-Mark.

1244. Stift und Stadt Essen werden von kölnischen Truppen besetzt, die Stadt Essen wird befestigt. Eine Urkunde nennt Einzelheiten der Marktverfassung von Essen. →

1244. Nach dem kölnischen Vorstoß gegen Westfalen wird der größte Teil des späteren Ruhrgebiets zum Amt Isenburg vereinigt. →

1245. Papst Innozenz IV. gewährt Ablässe für die Besucher der Essener Cosmas- und Damian-Messe wie für den Tag der Kirchweihe und den Liudgerstag in Werden.

1247. Nach einem Stadtbrand in Recklinghausen wird der dritte Bau der Propsteikirche St. Peter mit einem spätromanischen Südportal erstellt.

29. 4. 1248. Herzog Walram IV. von Limburg wird Pfandherr der Stadt Duisburg.

23. 12. 1248. Der deutsche König Wilhelm von Holland verleiht Dortmund das erste Handelsprivileg: Gegen eine Abgabe von 1% vom Wert ihrer Waren dürfen die Dortmunder Handel mit Holland und Seeland treiben.

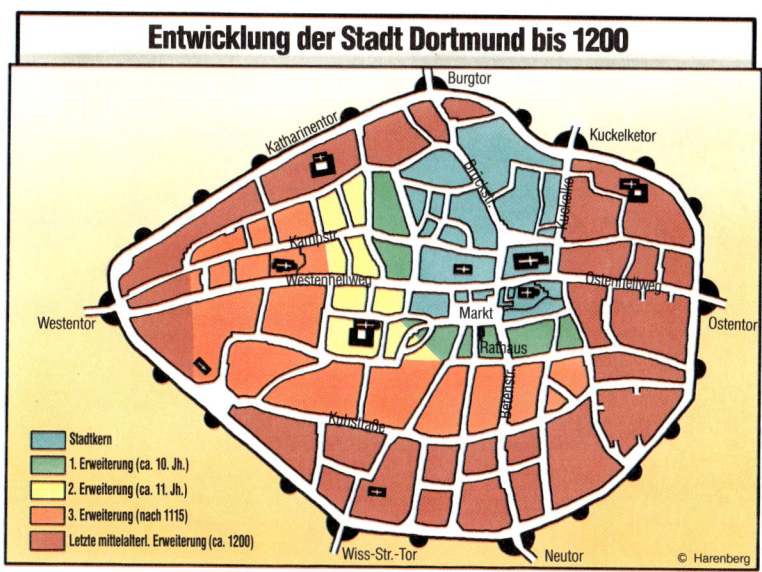

Stadt Dortmund wächst

Um 1200. Durch eine Stadterweiterung und eine neue Ummauerung gewinnt die Stadt Dortmund eine (bis zum Beginn der Industrialisierung unveränderte) Flächenausdehnung von ca. 80 ha. Die Ausgrenzung des alten Königshofes und der Burg zeigen die hohe Selbständigkeit der Bürgerschaft.

Die Erweiterung um 1200 ist die vierte in der mittelalterlichen Stadtgeschichte. Sie erfolgt – wie auch die vorhergehenden – in Richtung Westen und Süden. Die erste Ausdehnung ging im Westen bis zur Judengasse, im Süden bis zur Grüdtstraße (später Brauhausstraße). Die zweite griff nach Westen bis zur Breiten Gasse aus. Die dritte Erweiterung, vermutlich um 1130, erreichte im Nordwesten die frühere 2. Kampstraße, im Süden die Linie Kuhstraße, Hahnenstraße (Prinzenstraße), Olpe.

Auch nach der neuen Erweiterung bleiben der alte Stadtkern im Bereich der Brückstraße sowie der Westenhellweg am dichtesten besiedelt. Das südliche Stadtgebiet, wo die großen Wohnhöfe liegen, ist dagegen nur wenig bebaut.

Nach dem durch Brandstiftung verursachten Großfeuer im Frühjahr/Sommer 1232 erhält Dortmund sein für die nächsten Jahrhunderte weitgehend gültiges Stadtbild. Mit dem Wiederaufbau beginnt die Blütezeit der Reichsstadt. Aufgrund eines von König Heinrich VII. verliehenen weiteren Marktprivilegs (30. September 1232) wird ein neuer Marktplatz eingerichtet, der zum Aufschwung des Fernhandels beiträgt.

Um den neuen Marktplatz gruppieren sich das neue Rathaus (→ 1241), das Brothaus, das Lohhaus (Versammlungs- und Festhaus der sechs wichtigsten Handwerkergilden) sowie zahlreiche Marktstände und Kaufmannsbuden.

Die städtische Befestigung – sie leidet am wenigsten unter dem Brand – besteht aus einem Erdwall, der an der Sohle 12–18 m breit ist und die Stadt in einem Umfang von 3,3 km umzieht. Der Wall ist 4–6 m hoch, an der Südwestseite steigt er bis zu 10 m auf (daran erinnert noch die spätere Bezeichnung »Hoher Wall«). Auf dem Wall steht die Stadtmauer, vor ihm liegt ein breiter Wassergraben, der streckenweise zu Mühlen- und Fischteichen erweitert ist. Wo Straßen den Mauerring durchschneiden, befinden sich stark befestigte Stadttore.

Bildliche Rekonstruktion des Westentors, eines der mit Türmen befestigten Dortmunder Stadttore

Städtische Rechte für Recklinghausen

1236. Der Kölner Erzbischof Heinrich von Molenark gewährt der Stadt Recklinghausen Rechte, die den bereits erreichten Stand städtischer Selbständigkeit bestätigen und erweitern.

Recklinghausen hatte schon früher Stadtprivilegien wie das Münz-, Markt- und Zollrecht erhalten. Nun wird die direkte Besteuerung (Bede) der Einwohner durch eine jährliche Pauschalabgabe der Stadt ersetzt. Für die Bürger entfallen Dienstleistungen für den Landesherrn wie der Straßen- und Wegebau.

Vom Kölner Erzbischof unterzeichnete Stadturkunde für Recklinghausen

Dortmunder Rechte werden erweitert

Mai 1236. Kaiser Friedrich II. bestätigt und erweitert die Privilegien der Stadt Dortmund vom 1. Mai 1220; die Privilegienurkunde war beim großen Dortmunder Stadtbrand 1232 vernichtet worden. Den Bürgern der Stadt werden folgende Grundrechte und Freiheiten zugesichert:

▷ Dortmund erhält die Bestätigung eines eigenen Gerichtsstandes; nur vor ihm dürfen Einwohner der Stadt verklagt werden
▷ Die Kaufleute sollen auf ihren Handelsreisen im ganzen Reich nicht zum gerichtlichen Zweikampf oder Gottesurteil gezwungen werden dürfen
▷ Neben dem bisherigen Jahrmarkt von Himmelfahrt bis Pfingsten erhalten die Dortmunder das Privileg, alljährlich einen zweiten 14tägigen Freimarkt abzuhalten
▷ Das schon am 19. Januar 1074 gewährte Recht der Abgabefreiheit an königlichen Zollstätten wird zur Zollfreiheit im Heiligen Römischen Reich erweitert.

Wesentlicher Bestandteil der Stadtprivilegien ist das Markt- und Händlerrecht. Es beruht auf der Bevorrechtung durch den König oder Stadtherrn, welcher Stadt und Marktwesen unter seinen Schutz stellt. Diese Rechte bilden die Grundlage der sich entwickelnden freiheitlichen Stadtverfassung.

Stadtrat in Duisburg wählt Bürgermeister

1234. In einer Urkunde werden erstmals zwei Duisburger Bürgermeister erwähnt. Die beiden »Magistri civium« werden aus dem Kreis der Ratsherren (consules) gewählt. Sie sind Vorsitzende des Rates und führen die Geschäfte der Stadt. Städtische Urkunden werden von nun an im Namen von Bürgermeistern, Schöffen, Rat und der ganzen Gemeinde ausgestellt. Durch Erlaß von Ortsrechten, den sog. Kören, mit einer Geltungsdauer von vier Jahren regelt der Rat die Verwaltung unabhängig vom Stadtherrn.

Ältestes Duisburger Siegel mit segnendem Christus als Stadtpatron

Die Einwohner des Marktortes Essen

1244. Eine Urkunde, die im Zusammenhang mit der Eroberung Essens durch den Kölner Erzbischof Konrad von Hochstaden entsteht, gibt erstmals Aufschluß über die Verfassung des Marktortes Essen.

Die Bevölkerung der Stadt gliedert sich in vier soziale Schichten:

▷ Dienstmannen oder Ministeriale sind als Beauftragte der Äbtissin sowohl an der Verwaltung wie am Schutz der Stadt maßgeblich beteiligt
▷ Bürger (freie Handwerker und Kaufleute) teilen sich mit den Dienstmannen die Kontrolle in der Stadt
▷ Zum gemeinen Volk gehören die Knechte, Mägde und Gesellen der Bürger
▷ Stiftshörige sind die Handwerker und das Gesinde des Stifts und der Dienstmannen.

Der Vertrag, der zwischen Bürgern und Dienstmannen geschlossen wird, sieht vor, daß die Stadt auf Kosten der Bürger befestigt wird. Für alle Streitigkeiten wird ein zwölfköpfiger Ausschuß eingesetzt, der je zur Hälfte von Bürgern und Dienstmannen besetzt wird. Gemeines Volk und Stiftshörige verfügen über keinerlei Mitspracherechte.

Für die Stadt Essen beginnt mit dieser Verfassung die Loslösung von der landesherrlichen Oberhoheit der Äbtissin des Stifts.

Gerichtsgemeinden und Eigengerichte

1228. In einem Gerichtsprotokoll wird zum ersten Mal das Gogericht in Recklinghausen erwähnt. Das Gogericht geht zurück auf altsächsische Blutgerichtsbarkeit. Es ist zuständig in allen Zivil- und Strafsachen im Gebiet um Recklinghausen. Beim Gogericht wird das Urteil von der Gerichtsgemeinde gefällt und durch Ausspruch des Richters rechtskräftig. Der Gorichter wird traditionell von den lokalen Grundbesitzern gewählt, auf die in Recklinghausen der Kölner Erzbischof als Besitzer des Reichshofes Recklinghausen großen Einfluß hat.

Eine andere alte Gerichtsform sind die Eigengerichte, die nicht dem fürstlichen Landesherrn, sondern wie in Witten dem jeweiligen Grundbesitzer unterstellt sind.

Rathaus für Dortmund

4. September 1241. Das nach dem großen Stadtbrand von 1232 neu errichtete Dortmunder Rathaus wird als »domus burgensium« erstmals erwähnt. Als völlig neuer Rathaustyp wirkt es als Vorbild für zahlreiche Rathausbauten in Westfalen.

In der offenen, zum Markt hin gelegenen Vorhalle des Neubaus (etwa an der Stelle des späteren Café Krone) tagt das Ratsgericht. Dahinter liegt die Tuchhalle, in der die in der Reinoldigilde zusammengeschlossenen Tuchhändler ihren Handel treiben. Im Obergeschoß hält der Rat seine Sitzungen ab.

Das neue Rathaus ist Ausdruck des wachsenden bürgerlichen Selbstbewußtseins in spätstaufischer Zeit. Bis zu seiner Zerstörung im Zweiten Weltkrieg ist es der älteste erhaltene deutsche Rathausbau.

Richtungweisender neuer Rathaustyp in Dortmund mit Stufengiebel und zum Markt offener Säulenhalle

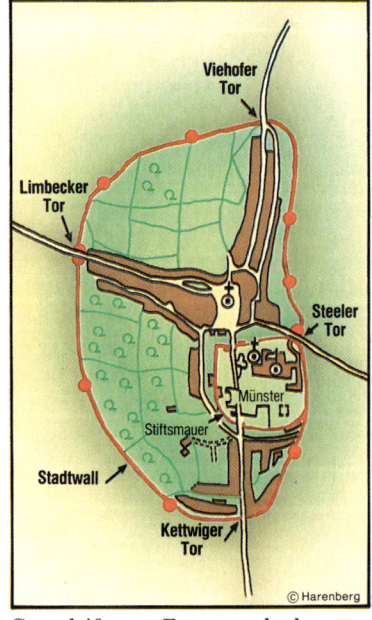

Grundriß von Essen nach der vom Kölner Erzbischof Konrad von Hochstaden veranlaßten Befestigung

Kölner Erzbischof erobert Westfalen

1244. Der Kölner Erzbischof und Herzog von Westfalen, Konrad von Hochstaden, bricht zu einem Feldzug nach Westfalen auf. Unter dem Vorwand, seine herzoglichen Rechte wiederherzustellen, versucht er, die westfälischen und rheinischen Besitztümer des Erzbistums Köln unter seiner Kontrolle zu vereinigen. Der Ausgangspunkt seines Feldzuges ist Werden, dessen Stadtvogt Wezelo sich schon 1239 dem Erzbischof unterworfen hatte. Von dort aus erobert er mit weiteren Vorstößen u. a. Essen, Herford und Werl.

Die Bürger von Essen und Werden nutzen die Gelegenheit, sich von der Vorherrschaft der jeweiligen Abteien zu befreien.

K. v. Hochstaden

Äbtissin von Essen wird Reichsfürstin

1216. König Friedrich II. gebraucht in einem Schreiben an die Äbtissin des Stifts Essen, Adelheid von Wildenberg, erstmals die Anrede Fürstin. Durch diese Bezeichnung, die später von König Heinrich (VII.) bestätigt wird, ist die Äbtissin in weltlicher Hinsicht nur noch dem König oder dem Kaiser untertan. Verbunden mit dieser Stellung ist die uneingeschränkte Gerichtsbarkeit in ihrem Hoheitsgebiet, die den bis dahin amtierenden Vögten nunmehr abgesprochen wird.

Die Vögte, ursprünglich Mittelsmänner zwischen dem König und den kirchlichen Grundherren, hatten im Laufe der Zeit immer mehr Macht an sich gerissen. Durch die Aufwertung der Äbtissin von Essen zur Reichsfürstin werden sie ihrer einflußreichen Position enthoben. Die Vogtei in Essen wird zunächst nicht mehr besetzt, und die Äbtissin ernennt eigene Richter für das Hoheitsgebiet von Stadt und Stift.

Erzbischof Engelbert (vorn) auf der Flucht vor den Häschern seines Neffen, des Grafen Friedrich von Isenberg (Wandgemälde, 19. Jh.; Schloß Burg)

Stadt Duisburg verliert Anschluß an den Rhein

Nach 1200. Infolge eines starken Hochwassers sucht sich der in vielen Windungen und Nebenarmen direkt am Duisburger Stadtkern vorbeifließende Rhein ein neues Flußbett. Er verlagert sich dabei um etwa 2 km von Duisburg in Richtung Westen und verläuft jetzt von Hochemmerich kommend unmittelbar an Essenberg und Homberg vorbei.

Der Handelsstadt Duisburg steht nur noch ein Rheinarm zur Verfügung, von dem aus sie den regen Fernhandel mit den Niederlanden, Flandern und rheinischen Städten aufrechterhalten muß. Die Rheinverlagerung ist mit erheblichen Einbußen im Handelsgeschäft verbunden.

Die zunehmende Verlandung des Rheinarms bis 1481 führt dazu, daß Duisburg sich von einer Kaufmanns- zu einer Ackerbürger- und Handwerkerstadt entwickelt. Aufgrund ihrer Lage direkt am Rhein war die Stadt schon 893 eine bedeutende Niederlassung friesischer Händler und bald auch Sitz wohlhabender einheimischer Kaufleute. Unter der Herrschaft von Kaiser Friedrich I. Barbarossa genossen die Duisburger besondere Privilegien: 1166 wurden sie vom Utrechter Zoll befreit und privilegiert, Sonderzölle von vorbeifahrenden Schiffen zu erheben. 1173 bewilligte der Kaiser den Flamen, 14tägige Tuchmessen in Duisburg durchzuführen.

Neben dem Tuch, das über den Hellweg nach Westfalen und weiter nach Osten transportiert wurde, waren Wein, Bier, Getreide, Wachs und Pelzwaren bedeutende Handelsgüter der Duisburger Kaufleute.

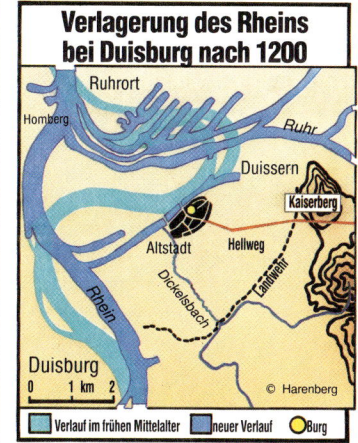

Überfall auf Engelbert

7. November 1225. Engelbert, Erzbischof von Köln und Herzog von Westfalen, fällt am Gevelsberg einem Überfall seines Neffen, des Grafen Friedrich von Isenberg, zum Opfer. Der Isenberger fühlt sich von seinem mächtigen Onkel, der zugleich Reichsverweser von König Heinrich (VII.) ist, in seinen Machtbefugnissen eingeschränkt. Der Streit geht vor allem um die Vogtei über das Stift Essen.

Nach gescheiterten Verhandlungen überfällt Friedrich seinen Onkel in einem Hohlweg am Gevelsberg bei Sprockhövel, vermutlich um ihn gefangenzunehmen und zum Einlenken zu bewegen. Der Erzbischof wird jedoch im Kampf tödlich verwundet und Friedrich als Mörder in Acht und Bann geschlagen.

Andere westfälische Fürsten, die den Erzbischof ebenso fürchteten, schützen Friedrich zwar, aber ein Jahr später wird er gefaßt und in Köln hingerichtet.

Der Erzbischof wird als Heiliger verehrt, an der Stätte seines Todes entsteht ein Kloster. Friedrichs Familie verliert ihren gesamten Besitz, die Burgen Isenberg (Hattingen) und Nienbrügge (Lippe) werden geschleift. Graf Adolf von Altena-Isenberg, ein Vetter Friedrichs, bemächtigt sich des herrenlosen Besitzes; er erobert und zerstört die Isenburg und gewinnt dadurch die Herrschaft über die Grafschaft Bochum-Hattingen. Zum Schutz seiner neuen Machtstellung erbaut er oberhalb der Ruhr die Burg Blankenstein. Damit begründet Adolf, der sich später nach seinem Lehnssitz Graf von der Mark nennt, die Machtstellung der Grafen von der Mark, die in der Folgezeit das bedeutendste weltliche Herrscherhaus im südlichen Westfalen werden.

Vergoldete Holzbüste des hl. Engelbert von Köln (um 1500; Schatzkammer der Kathedralkirche in Essen)

1200—1249

Heiliger Reinoldus wird Schutzpatron

1238. Der hl. Reinoldus wird erstmals als Schutzpatron der Stadt Dortmund erwähnt. In seiner »Chronica Tremoniensium« aus dem Jahr 1450 erklärt der Dominikanermönch Johannes Nederhoff die Wahl des hl. Reinoldus zum Stadtpatron und die Überführung seiner Reliquien nach Dortmund als einen Akt göttlicher Zuweisung.

Der Legende nach arbeitete Reinoldus, ein Mönch der Abtei St. Pantaleon (Köln), am Bau des Kölner Doms mit; angeblich wurde er aufgrund seines Fleißes von den Maurern erschlagen. Als eine blinde Frau beim Anblick seines Leichnams wieder sehend wurde, glaubten die Menschen an ein Wunder. Bald darauf wandten Dortmunder Bürger sich mit der Bitte um eine Reliquie von Reinoldus an den Erzbischof von Köln, in dessen Besitz sich der Leichnam befand. Als der Bischof die Herausgabe einer Reliquie verweigerte, setzte sich der Wagen mit Reinolds Leichnam von selbst nach Dortmund in Bewegung.

Madonna mit Kind

Um 1230. Die romanische Madonna (Abb.) der Dortmunder Marienkirche entsteht. Sie ist das älteste Kunstwerk in der um 1170 gebauten Pfeilerbasilika. Bei der Skulptur handelt es sich um eine thronende Madonna mit Kind aus farbig bemaltem Eichenholz.

Die ältesten Hallenkirchen in Westfalen

Um 1230. In den Dörfern Kirchlinde und Kirchderne bei Dortmund entstehen sog. Hallenkirchen. Sie gehören zu einem Typus von Kirchen, deren Konstruktions- und Raumform sich grundlegend von der seit karolingischer Zeit im gesamten deutschsprachigen Raum üblichen dreischiffigen Basilika mit erhöhtem Mittelschiff unterscheidet.

Im Gegensatz zur Basilika ist für die Hallenkirche der Einheitsraum mit gleich hohen Schiffen (Abb.) charakteristisch. Ebenso fehlt in den neuartigen Kirchenbauten das Querschiff, welches in der Basilika die Gemeinde von Chor und Allerheiligstem trennt.

Die Hallenkirchen in Kirchlinde und Kirchderne zählen zu den ältesten Zeugnissen dieses westfälischen Kirchentyps in neuer Bauweise.

1250
1250—1299

Um 1250. In Methler (Kamen) entsteht die spätromanische Hallenkirche St. Margaretha. →

27. 3. 1250. Für Dortmund ist die erste jüdische Gemeinde belegt.

1251. Der Kölner Erzbischof und Herzog von Westfalen, Konrad von Hochstaden, läßt die »villa Durstene« (Dorsten) befestigen und erhebt sie zur Stadt.

17. 7. 1253. Dortmund, Münster, Soest und Lippstadt schließen das erste deutsche Städtebündnis. →

1254. Die um 1230 gegründete Deutschordens-Kommende Welheim erhält das Patronat über die Duisburger Salvatorkirche.

1255. Duisburg tritt dem Rheinischen Städtebund bei. Diesem Bündnis zur Aufrechterhaltung des Landfriedens gehören rund 70 Städte zwischen Lübeck und Zürich an.

29. 6. 1256. Recklinghausen erhält an der Ostseite des Marktplatzes sein erstes Rathaus.

18. 9. 1256. Graf Otto von Altena-Mark bestätigt als Vogt des Stifts Werden den Bürgern ihre Freiheiten und Rechte.

Januar 1257. (Dortmund-)Holthausen wird erstmals erwähnt.

März 1260. Das älteste Dortmunder Ratswahlstatut nennt die Gilden der Kaufleute.

1262. Lünen erhält einen eigenen Jahrmarkt und wird wenig später als »Stadt« bezeichnet. Seit 1265 sind für Lünen Gericht, Bürgermeister und Rat nachweisbar.

1263. Die Henrichenburg wird in einer Urkunde erstmals erwähnt.

1263. Ludolph von Wittringen ist der erste urkundlich bezeugte Träger des Namens Wittringen, eines Geschlechts, das seinen Stammsitz auf dem gleichnamigen Wasserschloß bei Gladbeck hat.

Um 1265. Die Minoriten, die Minderbrüder vom Orden des hl. Franziskus, gründen an der späteren Brüderstraße in Duisburg eine Kloster-Niederlassung.

1269. Das Heiligengeisthospital ist als älteste Einrichtung zur Versorgung der Kranken und Armen in Dortmund belegt.

Um 1270. Das gotische Langhaus der Dortmunder Reinoldikirche, einer dreijochigen Pfeilerbasilika mit Querschiff, wird errichtet.

1270. Schloß Baldeney wird erstmals als Sitz der Ministerialen der Abtei Werden in einer Urkunde erwähnt.

2. 8. 1273. Die Siedlung Dinslaken wird von Graf Dietrich VI. von Kleve zur Stadt erhoben.

1274. In einer Urkunde findet sich der erste Hinweis auf die Burg Wetter.

Um 1275. Das Langhaus von St. Marien in Dortmund wird gebaut. Die Kirche ist wahrscheinlich der älteste Gewölbebau Westfalens.

1275. Der Naturforscher und Philosoph Albertus Magnus weiht den Bau der neu errichteten Klosterkirche in Werden.

Um 1277. Dortmunder Hanse-Kaufleute kontrollieren ein Siebtel des gesamten englischen Wollexports. (→ 23. 5. 1343).

1280. In einer Urkunde der Abtei Hamborn wird zum ersten Mal die Bauernschaft Laar (Duisburg) genannt.

6. 4. 1280. In Duisburg ist eine Lateinschule nachweisbar.

1283. Die alte Pfalz und die Stadt Duisburg werden durch ein Großfeuer weitgehend zerstört. Die Pfalz wird nicht wieder aufgebaut.

5. 6. 1288. In der Schlacht bei Worringen erleidet der Erzbischof von Köln, Siegfried von Westerburg, eine vernichtende Niederlage. →

5. 6. 1288. Bei Essen wird ein Beginenkonvent gegründet, der »Konvent im Kettwig«.

1290. Für Hamm ist eine Stadtbefestigung nachgewiesen.

23. 4. 1290. In einer Urkunde, an der erstmals das Unnaer Stadtsiegel hängt, wird die Bezeichnung »Rat und Gemeinheit der Stadt Unna« verwendet.

4. 7. 1290. König Rudolf I. verpfändet die Stadt Duisburg dem Grafen Dietrich VIII. von Kleve. Duisburg verliert dadurch seine Reichsunmittelbarkeit. →

12. 8. 1290. Graf Everhard II. von der Mark verleiht Unnaer Bürgern, die außerhalb der Stadtmauern wohnen, dieselben Rechte, wie sie die in der Stadt lebenden Bürger besitzen.

1292. In Essen kommt es zum ersten Äbtissinnenstreit (→ 1489).

22. 8. 1293. König Adolf verleiht der Stadt Dortmund das Privileg, Bier zu brauen. →

1296. Die Erwähnung einer »colcure« (Kohlenkuhle) in einem Dortmunder Urkundenbuch ist der erste Hinweis auf Kohleabbau im späteren Ruhrgebiet. →

1296. Nach der Eroberung der Stadt Recklinghausen durch Graf Everhard II. von der Mark werden die Befestigungen der Stadt geschleift.

Um 1297. Albert von Hörde verkauft die Burg (Dortmund-)Hörde an die Grafen von der Mark.

26. 4. 1297. Während einer Wallfahrt der Dortmunder Bürger nach Syburg brennt die Stadt Dortmund völlig nieder.

1298. König Albrecht I. bestätigt der Stadt Duisburg das Recht, selbständig über ihre Stadtordnung zu entscheiden.

1298. In einer Urkunde wird Bochum zum ersten Mal als Freiheit (Wigbold) bezeichnet.

1298. König Adolf überträgt dem Erzbischof von Köln alle Rechte über die Stadt Dortmund.

Westfälischer Sieg bei blutiger Schlacht

5. Juni 1288. In der Schlacht bei Worringen, südlich von Köln, besiegen die westfälischen Fürsten zusammen mit der Stadt Köln den Erzbischof Siegfried von Köln und nehmen ihn gefangen. Damit ist die Macht des Erzbischofs, der formal oberster Herr von Westfalen ist, gebrochen; die westfälischen Landesherren setzen nach langem Machtkampf ihre Herrschaft durch.

Anlaß der Schlacht ist der limburgische Erbfolgestreit zwischen den Häusern Geldern und Brabant: Als Siegfried sich auf die Seite des Herzogs von Geldern stellt, nehmen alle westfälischen Herren, die sich vom Erzbischof in ihren Rechten bedroht fühlen, Partei für den Herzog von Brabant. Führer auf westfälischer Seite ist Graf Everhard von der Mark, neben ihm kämpfen die Landesherren von Waldeck, von Everstein und zur Lippe.

Nach blutigem Kampf siegen die mit Keulen bewehrten westfälischen Bauern und Kölner Bürger.

Erzbischof Siegfried behält zwar die Herzogswürde von Westfalen, muß aber dem Grafen von der Mark das Befestigungsrecht zugestehen und dessen Reichsstand als Fürst anerkennen. Damit herrschen die Grafen von der Mark im südlichen Westfalen und können ihre Machtstellung weiter ausbauen.

Darstellung der Schlacht von Worringen zwischen dem Herzog von Brabant (v. l.) und dem Grafen von Geldern, an der mehr als 10 000 Bewaffnete teilnehmen

Duisburg dient dem König als Pfand

4. Juli 1290. Die Stadt Duisburg wird von König Rudolf von Habsburg erneut verpfändet. Er gibt sie als Pfand für 2000 Mark Silber, die er seiner Nichte als Mitgift zugesichert hatte. Diese Verpfändung ist vom Reich nie wieder eingelöst worden, die freie Reichsstadt verliert damit ihre Reichsunmittelbarkeit.

Die erste Verpfändung fand 1204 an Heinrich von Lothringen und Brabant statt. Später wurde die Stadt mehrfach an die Herzöge von Limburg gegeben.

Der jeweilige Pfandherr regiert unumschränkt und kann sich so lange schadlos halten, bis die Pfandsumme getilgt oder eine festgesetzte Zeit verstrichen ist.

Duisburg zog aus manchen Pfändungen auch Vorteile; Herzog Walram IV. förderte die Entwicklung der Stadt und ließ z. B. die Einführung der Ratsverfassung zu. Außerdem schenkte er der Stadt die »Neulande«, ein durch die Verlagerung des Rheinbetts nach Westen entstandenes Gebiet (→ nach 1200).

Auch andere Städte werden häufig verpfändet. So wird Dortmund 1292 vom neugewählten König Adolf dem Erzbischof von Köln überlassen; wie schon bei vielen seiner Vorgänger seit 1202 ist dies die Gegenleistung für die Stimme des Erzbischofs bei der Königswahl.

Städte schließen Bündnis

17. Juli 1253. Auf der Christopherus-Brücke in Werne schließen die Städte Dortmund, Münster, Soest und Lippstadt einen Bund gegen die Übermacht der Landesherren.

Die Schöffen und Ratsherren sowie die Gesamtheit der Bürger der vier Städte legen ihre Vereinbarungen in einer von den Stadtschreibern ausgefertigten Urkunde nieder:
▷ Jeder, der einen Bewohner dieser Städte gefangennimmt oder beraubt, wird von der Teilnahme am Markt- und Kreditwesen ausgeschlossen; bei Burgmannen gilt dies auch für alle anderen Burgleute eines Herrn
▷ Den vom Unrecht betroffenen Bewohnern muß jeder Mitbürger im Streben nach Gerechtigkeit Hilfe leisten
▷ Die Wege zwischen den Städten werden durch Geleitschutz gesichert
▷ Bei Verstößen gegen die Bestimmungen drohen den Bürgern hohe Geldstrafen.

Der Bund zum Schutz gegen die »räuberischen Verächter von Treue und Ehre« bildet einen der Grundsteine der Deutschen Hanse.

Urkunde des zur Sicherheit der Bürger geschlossenen Werner Bundes

Städte bieten ihren Bürgern mehr Freiheit

Mit der Verleihung von Stadtrechten an die Gemeinden erhalten die dort ansässigen Bürger die Möglichkeit, sich in den Städten unabhängig von ihrem Oberherrn selbst zu verwalten.

Freiheit und wirtschaftliche Entfaltungsmöglichkeiten sind in der Stadt größer als unter der direkten Grundherrschaft und bewirken einen Aufschwung von Handel und Handwerk. Angelockt von der Chance des sozialen Aufstiegs verlassen auch im westfälischen Raum viele leibeigene Bauern ihre Höfe. Sobald sie ein Jahr lang in der Stadt gelebt haben, ohne daß der Grundherr sie zurückfordert, sind sie frei und können Bürger werden.

Die Stadtoberen entscheiden über die Anträge zur Neuaufnahme von Bürgern und nehmen den neuen Mitgliedern den Bürgereid ab, der sie der Gemeinschaft verpflichtet.

Die mit dem Bürgerrecht verbundenen Privilegien und Pflichten sind in den westfälischen Städten unterschiedlich geregelt. Zu den Rechten zählen u. a. Zoll- und Steuerfreiheit, Schutz des Eigentums und Rechtsschutz; zu den Pflichten gehören dagegen städtische Abgaben, Wachdienst, Waffenhaltung und die Bereitstellung von Pferden.

Der starke Zuzug der Landbevölkerung bringt eine stärkere finanzielle Belastung der Städte mit sich, die sich dagegen durch eine Aufnahmegebühr schützen. Bürger soll nur werden, wer auch die Bürgerlasten tragen kann.

Werdener Abteikirche feierlich geweiht

1275. In Werden wird der Neubau der Abteikirche von dem berühmten Naturforscher, Philosophen und Theologen Albertus Magnus (1200–1280) geweiht.
Die ehemalige Kirche des Klosters war durch Brände in den Jahren 1119 und 1256 so schwer beschädigt worden, daß sie völlig neu aufgebaut werden mußte. Dabei wird das Westwerk, das unbeschädigt geblieben war, in den Neubau einbezogen, so daß ein Innenraum von 43 m Länge und 19 m Breite entsteht. Die heute noch erhaltene Abteikirche ist das letzte große Bauwerk der Spätromanik im Rheinland.
796 hatte Liudger, der spätere Bischof von Münster, ein Kloster an der Ruhr gegründet und mit dem Bau einer ersten Abteikirche begonnen, die 805 fertiggestellt wurde (→ 796). Bei späteren Anbauten entstanden u. a. die Ringkrypta als Grabstätte des Klostergründers und eine Hallenkrypta für die Grablege der Liudgeriden, der Nachfolger Liudgers. Auch diese Krypten werden in den Neubau eingegliedert, der nach dem Stifter des Klosters Werden St. Ludgeruskirche genannt wird.
Das Erscheinungsbild der neu erbauten Abteikirche wird von einem achteckigen Turm bestimmt, der sich über die Vierung des Querhauses erhebt. Das äußerlich schlichte Bauwerk ist mit farbigen Rosettenfenstern verziert.

△ *Nach zwei Brandkatastrophen fast vollständig vernichtet, entsteht im Jahr der Zerstörung des Essener Münsters durch Feuer mit dem Neubau der Abteikirche in Werden das letzte große romanische Bauwerk im Rheinland im sog. rheinischen Übergangsstil. Auf dem Nordufer der Ruhr gelegen, überragt der wuchtige Kirchenbau die Ortschaft Werden, die sich in ihren Mauern um die Abtei drängt.*

◁ *Im Auftrag des Kölner Erzbischofs vollzieht der ehemalige Bischof von Regensburg und Lehrer von Thomas von Aquin, Graf Albert von Bollstädt, gen. Albertus Magnus, die Weihe des Kirchenneubaus.*

An der Ruhr beginnt die Kohleförderung

1296. Ein Urkundenbuch der Stadt Dortmund berichtet von einem »Kohlkühler«, der im Süden Dortmunds bei Haus Schüren an einer »colculre« (Kohlenkuhle) lebt und arbeitet. Damit findet sich zum ersten Mal in einem offiziellen Dokument ein schriftlicher Hinweis auf die Gewinnung von Steinkohle im Ruhrgebiet.

Sage vom ersten Kohlenfund

Ein Junge, der einst Schweine hütete, entfachte in einem Erdloch ein Feuer. Er verließ es am Abend, ohne daß es erloschen war. Am nächsten Tag fand er zu seinem Erstaunen immer noch eine große Glut vor, die sich nicht durch Holz, sondern durch schwarze Erde erhielt. Zu Hause erzählte er seinem Vater, wie er im Wald eine schwarze Erde gefunden hätte, welche besser brennen würde als das beste Holz. Der Alte untersuchte die Sache und begann bald darauf mit der ersten Steinkohlenförderung in der Ruhrgegend.

Im Jahr 1302 wird die Gegend südlich von Dortmund erneut im Zusammenhang mit dem Abbau von Steinkohle erwähnt, als zwei Brüder aus (Dortmund-)Aplerbeck ihr Haus bei Schüren mit Steinbrüchen und Kohlegruben verkaufen.

Fresken schmücken Margarethenkirche

Um 1250. In (Kamen-)Methler wird die spätromanische Hallenkirche St. Margaretha errichtet. In das Bauwerk aus grünem Sandstein wird der Turm der Vorgängerkirche aus dem 12. Jh. miteinbezogen.
Den fast quadratischen Innenraum zieren großzügige Wand- und Gewölbemalereien (Abb.). So sieht man Christus im Chorgewölbe umringt von Engeln und Heiligen und in einer Nebenapsis im Kreise der vier Evangelisten. Auf den Chorwänden sind die zwölf Apostel dargestellt.
Die Kapitelle der Pfeiler im Innenraum der Kirche sind mit Blattornamenten und Fabeltieren reich verziert.

König erteilt Brauprivileg

22. August 1293. Als Zeichen besonderer Gnade und Wertschätzung verleiht König Adolf von Nassau »den klugen Männern, dem Schultheiß, den Schöffen, den Ratsherren und den Dortmunder Bürgern, seinen geliebten Getreuen« das Recht, in der Stadt Bier zu brauen.
Das Braurecht, das den Dortmundern in diesem Privileg erstmals gewährt wird, gehört zu den sog. Regalien. Ebenso wie die Verfügungsgewalt über alle Bodenschätze ist auch das Brauregal ein ursprünglich dem König vorbehaltenes Recht.
In Dortmund wurde das Braurecht bis zum Jahr 1293 vom Dortmunder Grafen verwaltet. Seine Übertragung an die Bürger der Stadt bedeutet eine Zurückdrängung gräflicher Hoheitsrechte und sichert Dortmund beträchtliche Einnahmen.

Bierbrauer vor eiserner Braupfanne zum Kochen des Hopfens (15. Jh.)

1300
1300–1349

1300. In Recklinghausen wird zum ersten Mal der Rat von den Gilden gewählt.

20. 7. 1300. König Albrecht I. verleiht Moers Stadtrechte.

1301. Dorsten wird von den Grafen von Kleve besetzt, die Umwallung der Stadt wird zerstört.

1303. Während der gewalttätigen Auseinandersetzungen zwischen den Grafen von der Mark und den Kölner Erzbischöfen wird Unna »guten Theils verbrant«.

21. 9. 1305. Recklinghausen schließt mit der vestischen Ritterschaft ein Bündnis, das ein aus Rittern und Ratsmännern gebildetes Gericht vorsieht.

1309. Die Herren von Knippenburg sind als Ministeriale der Fürstäbtissin von Essen, Beatrix von Holte, zum ersten Mal urkundlich nachweisbar.

1310. (Oberhausen-)Holten erhält zusammen mit (Oberhausen-)Sterkrade vom Grafen Engelbert II. von der Mark Stadtrecht.

1315. Eine in ganz Europa wütende Hungersnot fordert auch in Westfalen zahlreiche Opfer.

1315. Der Düker de Overhusa, ein günstiger Emscherübergang bei der späteren Stadt Oberhausen, wird erstmals erwähnt.

24. 7. 1317. Durch einen Vogteivertrag erreicht der Abt von Werden die Anerkennung landesherrlicher Rechte. In dieser Zeit wird Werden vermutlich befestigt.

Vor 1318. Das Duisburger »Gasthaus«, ein Armenhaus, wird gestiftet.

1319. Die Brücke über die Ruhr bei Hattingen ist erstmals urkundlich nachweisbar.

Um 1320. Das Siegel der Stadt Lünen entsteht.

Um 1320. Im südlichen Querschiff der Schwerter Pfarrkirche wird die Kreuzigungsgruppe gemalt.

8. 6. 1321. Die Schultheißen von Bochum übernehmen die Straf- und Zivilgerichtsbarkeit.

1324. Graf Engelbert II. von der Mark belagert die Burg Volmarstein und zerstört sie.

16. 10. 1324. Graf Engelbert II. von der Mark verleiht Bochum ein Marktprivileg für drei jährliche Pferde- und Krammärkte.

1327. Die beiden Beginengemeinschaften in Duisburg sind erstmals belegt.

1328. Wennemar de Essende (aus Essen) ist Ratmann in Wisby.

Um 1330. Das Stifterdenkmal für Gottfried und Otto von Cappenberg entsteht, eines der Hauptwerke der hessisch-westfälischen Plastik (→ 31. 5. 1122).

1330. Der Dortmunder Rat wird an der Ausübung des Judenschutzes und der Erhebung der Judengelder mitbeteiligt.

24. 3. 1330. Die Mönche des Dominikanerordens kehren nach mehrfachen Vertreibungen in die Stadt Dortmund zurück und lassen sich dort endgültig nieder.

1332. Im Dorf Gelsenkirchen wohnen u. a. Bartscherer, Weißbrotbäcker, Schneider und ein Lehrer.

25. 8. 1332. Kaiser Ludwig IV. bestätigt der Stadt Dortmund alle überlieferten Rechte. →

1334. In Recklinghausen wird die Kalandsbruderschaft gegründet, die sich der Armenpflege widmet.

1335. Graf Adolf II. von der Mark verleiht den Bürgern von Unna die Freiheit, vor keine auswärtigen Gerichte gezogen werden zu dürfen.

1335. Burg und Stadt Holten (Oberhausen) werden vom Herzogtum Mark in die Lehnschaft des Grafen von Kleve gegeben.

11. 7. 1335. Der Dortmunder Freistuhl bei der Burgpforte wird erstmals erwähnt. →

1336. Graf Adolf II. von der Mark verlegt die Stadt Lünen auf das Südufer der Lippe. →

18. 3. 1336. Zum ersten Mal wird eine Urkunde der Stadt Essen nur von Ratmannen unterzeichnet. Der Rat unterwirft sich von diesem Tag an nicht mehr der landesherrlichen Aufsichtsbehörde.

Um 1340. Ministeriale der Äbtissin von Essen erbauen in der Bauerschaft Lehmkuhle an der Emscher auf dem Gebiet der späteren Stadt Bottrop die Knippenburg.

8. 5. 1340. König Eduard III. von England verpfändet alle englischen Hafenzölle an ein Dortmunder Kaufleutekonsortium unter Heinrich Muddepenning und Tidemann Lemberg (bis 1344).

15. 8. 1340. Konrad von der Mark verleiht (Dortmund-)Hörde Stadtrechte.

18. 1. 1343. Graf Konrad V. von Dortmund bestätigt der Stadt Dortmund den Verkauf der halben Grafschaft Dortmund und verpflichtet sich, die andere Hälfte niemand anderem als der Stadt zu verkaufen.

23. 5. 1343. Der englische König Eduard III. verpfändet den Dortmunder Kaufleuten seine Große Krone. →

Ab 1344. In Lünen gibt es zwei Bürgermeister, denen zwölf Ratsherren zur Seite stehen.

1345. Im Friedensschluß nach der im Jahr zuvor begonnenen Fehde mit dem Kölner Erzbischof muß Graf Adolf II. von der Mark die Schleifung der kurz zuvor erbauten Burg zu Bochum zugestehen.

Ab 1346. Die Unnaer Bürger müssen sich in schwierigen Rechtsfragen an den Rat der Stadt Hamm wenden (sog. Hauptfahrt).

1349. Kaiser Karl IV. überträgt der Äbtissin von Essen das Hoheitsrecht über alle Bodenschätze im Einzugsbereich des Stiftes.

Verpfändung der »Großen Krone« des englischen Königs Eduard III. aus Geldnot an den Erzbischof Balduin von Trier im Jahr 1338

Englische Krone als Pfand

23. Mai 1343. Eine Gläubigergemeinschaft unter maßgeblicher Beteiligung von Dortmunder Kaufleuten löst gegen Zahlung von 45 000 Goldgulden die »Große Krone« des englischen Königs Eduard III. aus dem Besitz des Erzbischofs Balduin von Trier aus. Sie behält die Krone bis zum April 1344 als Pfand.

Eduard hatte die Krone 1338 dem Erzbischof verpfändet, konnte sie aber infolge der Geldnot Englands nach Ausbruch des Hundertjährigen Krieges mit Frankreich (1337–1453) nicht fristgemäß auslösen. Da Gefahr bestand, daß sie verkauft würde, traten die seit den 30er Jahren des 14. Jh. zunehmend als Kreditgeber des englischen Herrscherhauses in Erscheinung tretenden Hansekaufleute aus Dortmund für den König ein.

Der Einfluß der Dortmunder Kaufleute in London geht auf ihren zunehmenden Anteil am Wollhandel zurück, der für die englische Wirtschaft große Bedeutung hat. Um 1277 exportieren die Dortmunder ein Siebtel der englischen Wolle. Unter den Königsgläubigern ragt Tidemann Lemberg hervor, der seit etwa 1340 die Führung des gesamten dortmundisch-westfälischen Konsortiums innehat.

Privilegien für Dortmund

25. August 1332. Kaiser Ludwig der Bayer verleiht der Stadt Dortmund auf dem Reichstag zu Nürnberg feierlich das »Privilegium Ludovicianum«. Die mit dem großen goldenen Kaisersiegel »unter goldener Bulle« ausgefertigte Urkunde bestätigt alle Grundrechte der Stadt seit Karl dem Großen (768–814) und erlaubt den Dortmundern darüber hinaus Münzverträge mit Nachbarstädten abzuschließen und Münzen zu prägen (→ Ende des 10. Jh.).

Der Kaiser verbürgt sich weiterhin für die persönliche Sicherheit der Stadtbevölkerung und schützt die Ehre unbescholtener Jungfrauen, Frauen und Witwen.

Als grundlegende Verfassungsurkunde der Reichsstadt Dortmund hat das »Privilegium Ludovicianum« bis 1802 Gültigkeit.

Übergabe des kaiserlichen Privilegs an Abgesandte des Dortmunder Rates

1300—1349

Stadt Lünen ins Märkische verlegt

1336. Graf Adolf IV. von der Mark verlegt Lünen von münsterischem Gebiet am Nordufer der Lippe auf unbestrittenen märkischen Besitz an der Südseite des Flusses. Aufgrund des leicht abzuschneidenden Lippeübergangs war die Stadt im Fürstbistum Münster schwer zu verteidigen. Otto III., Bischof von Münster, hatte Lünen 1302 an die Grafen von der Mark verpfändet. Auch die stets drohende Pfandeinlösung war Anlaß für die Übersiedlung der in Holzbauweise errichteten Stadt.

Graf Adolf IV. von der Mark (zu Pferd) unter Lüner Ratsherren

Buchmalerei
Bis zur Verbreitung des Buchdrucks um 1500 wird die mittelalterliche Bildung entscheidend durch Abschriften von Büchern in klösterlichen Skriptorien ermöglicht. Dabei werden besonders religiöse Werke häufig durch kunstvolle Miniaturen verziert (Abb.).

Rechtsprechung durch Femgerichte

Um 1335 gibt es in Dortmund sieben Freistühle oder Sitze des Femgerichts. Die Femgerichte werden nicht vom Landes- oder Lehnsherrn, sondern vom König zur Rechtsprechung ermächtigt. Diese besonders in Westfalen bedeutenden Sondergerichte sind zuständig für schwere Verbrechen wie Diebstahl, Mord und Brandstiftung. Aber auch in Zivilklagen können sich Bürger an die Feme wenden, falls sie bei anderen Gerichten nicht ihr Recht erlangen konnten.

Die Femgerichte sind zuständig für freie Bürger. Davon leiten sich die Namen Freigericht oder Freistuhl für den Versammlungsort sowie die Bezeichnungen Freigraf und Freischöffen für das Richterkollegium ab. Im Unterschied zu ordentlichen Gerichten verhängen die Freigerichte als einzige Strafe den Tod durch den Strang. Es sind allerdings nur wenige Fälle bekannt, in denen das Urteil auch vollstreckt wurde.

Die Feme entwickelt sich im 14. Jh. zu einem Geheimbund, dem jeder ehrbare Bürger als Freischöffe beitreten kann. Die Mitglieder verpflichten sich unter Androhung der Todesstrafe, über alle Geheimnisse der Feme zu schweigen. Ein Freischöffe kann in eigener oder fremder Sache vor einem der Freistühle auftreten und mit seinem Eid die Verurteilung eines nicht erschienenen Beklagten erreichen.

Femgericht mit Schwert als Symbol der Gerichtsbarkeit

1350
1350—1399

Mitte des 14. Jh. Die Stadt Dortmund hat mit 7000 bis 10 000 Einwohnern ihre größte Bevölkerungszahl im Mittelalter.

1350. Etwa ein Drittel der europäischen Bevölkerung fällt der Pest zum Opfer. →

1350. Aus diesem Jahr datiert die älteste erhaltene Haushaltsaufstellung der Stadt Essen. →

1353. Die Einnahmen der Stadt Duisburg stammen zu 74% aus dem Weingeschäft.

1353. Der Chor der Dortmunder Petrikirche wird fertiggestellt.

1354. Im Raum Essen wird Silber abgebaut, z. B. in der Silberkuhle.

1355. Graf Engelbert III. von der Mark verleiht der Ortschaft Herdecke das Marktrecht.

1355. Graf Engelbert III. von der Mark bestätigt die Privilegien der Freiheiten Wetter und Blankenstein (Hattingen).

1356. Die hansischen Städte schließen sich formell zu den »steden van der dudeschen hense« zusammen. →

10. 1. 1356. Nach dem durch die Goldene Bulle Kaiser Karls IV. begründeten Reichsrecht gehören zum staatlichen Bergregal Metallgruben und Salinen. Das Regal wird später auf Steinkohle ausgedehnt.

1358. Infolge der zunehmenden Versandung des Altrheinarms geht der Handel mehr und mehr an Duisburg vorbei.

1361. In den Rechnungsbüchern der Stadt Duisburg wird erstmals Steinkohle als Ausgabeposten aufgeführt. →

1362. Kaiser Karl IV. erklärt, Duisburg »dem Reich ewig behalten« zu wollen.

1363. Die Stadt Dortmund beschäftigt drei Spielleute, die aus der Biersteuer besoldet werden.

24. 3. 1365. Die Neubefestigung von Recklinghausen durch Erzbischof Walram von Jülich wird fertiggestellt. →

16. 6. 1368. Auf dem Niederrhein wird erstmals Steinkohle aus dem späteren Ruhrgebiet verschifft.

1370. Die Huldigungsansprüche der Äbtissin von Essen, Gräfin Elisabeth von Nassau, führen zur Gehorsamsverweigerung der Stadt Essen.

1371. Die Stadt Essen erwirbt erstmals Geschütze zur Sicherung der Stadttore.

1371. In der Stadtrechnung von Essen wird zum ersten Mal Steinkohle aufgeführt.

1372. Die aus Dortmund vertriebenen Juden dürfen in die Stadt zurückkehren.

1374. Die Stadt Dortmund beruft als Vorort des westfälisch-preußischen Hansedrittels die Städte ihres Bereichs ein, um ein Urteil der Hanse gegen die Stadt Braunschweig zu beraten.

24. 11. 1374. Herzog Wilhelm von Jülich, dem das Werdener Gericht verpfändet ist, fordert eine Abgabe auf die in diesem Bezirk geförderte Steinkohle. Dies ist der früheste Nachweis einer Verzehntung von Steinkohle innerhalb des späteren Ruhrgebiets.

Um 1375. Ein Unnaer Kaufmann vergräbt auf dem Gebiet der späteren Massener Straße in Unna 70 Goldmünzen.

22.—24. 11. 1377. Der Besuch von Kaiser Karl IV. ist der letzte mittelalterliche Kaiser- bzw. Königsbesuch in Dortmund.

24. 11. 1377. Kaiser Karl IV. bestätigt der Stadt Essen gegen Bezahlung, daß sie seit alters her unmittelbar dem Reich unterworfen ist. →

1378. Der Pfefferpotthast, das Dortmunder Leibgericht, wird erstmals erwähnt.

4. 10. 1378. Agnes von der Vierbecke versucht, die Stadt Dortmund an märkische Adlige zu verraten. →

1379. Kamen erhält das Recht der Zollfreiheit für die Grafschaft Mark; es kommt zum wirtschaftlichen Aufschwung der Stadt.

1379. Der Name Ruhrort, »Landspitze an der Ruhr«, wird in einer Urkunde von König Wenzel erstmals erwähnt.

10. 4. 1383. Das Buch im Bochumer Stadtsiegel ist erstmals bezeugt.

1385. Werne erhält das Wigboldrecht (minderes Stadtrecht).

15. 11. 1385. Graf Engelbert III. von der Mark verleiht den Bürgern von Unna alle Freiheiten und Rechte, die auch die Stadt Hamm durch ihn und seine Vorfahren bisher erhalten hat.

1387. In Recklinghausen wird die »Alte Bürgerschützengilde« gegründet, die Milizaufgaben erfüllen soll.

7. 1. 1389. Die Dortmunder Schmiede ziehen während einer Belagerung der Stadt nachts über die Emscher, um sich mit Steinkohle zu versorgen.

20. 11. 1389. Die am 21. 2. 1388 begonnene Dortmunder Fehde wird beendet. →

7. 12. 1389. Graf Engelbert III. von der Mark erlaubt den Sälzern von Brockhausen (Unna), neue »Saltzüde« zu suchen und neue »Pannen« anzuschaffen.

Um 1390. Der Dortmunder Ratsherr Lambert Berswordt stiftet den nach ihm benannten Altar der Dortmunder Marienkirche.

1396. Hattingen besitzt eine Ratsverfassung.

23./24. 11. 1397. Graf Dietrich von der Mark verleiht Schwerte das Stadtrecht.

GEBOREN:
Um 1370. Dortmund: Konrad von Soest († um 1424/25, Dortmund), gotischer Maler.

1350–1399

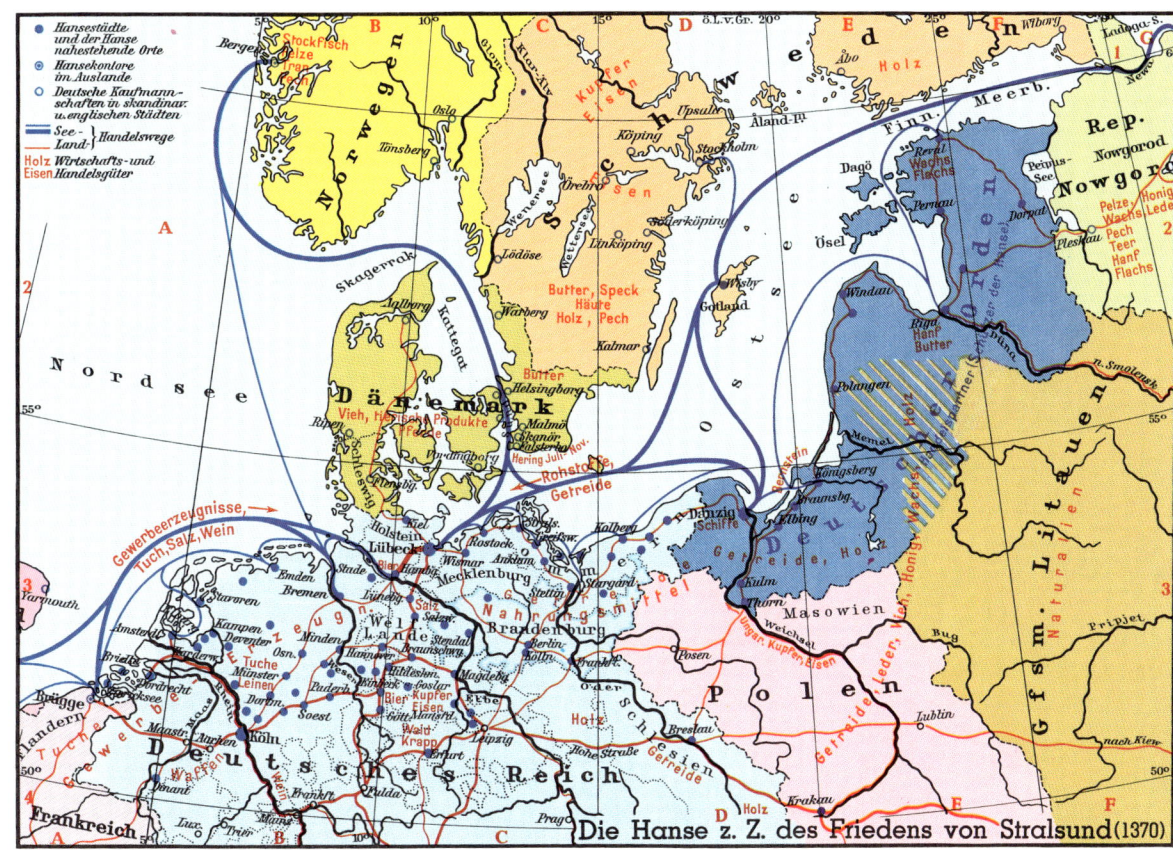

Ursprung der Hanse liegt in Westfalen

1356. Abgesandte von nahezu 80 Städten und kleineren Ortschaften bilden als Vertreter Westfalens die größte Abordnung auf dem ersten allgemeinen Hansetag in Lübeck. Mit Dortmund, Münster, Soest und Osnabrück an der Spitze repräsentieren sie das westfälisch-preußische Drittel der Hanse. Abordnungen des lübisch-sächsischen und des gotländisch-livländischen Drittels vertreten etwa 120 Städte aus dem Ostseeraum, aus Sachsen, Thüringen und Brandenburg.

Hansestädte an Ruhr und Lippe:

Bochum, Dortmund, Dorsten, Duisburg, Essen, Haltern, Hamm, Hattingen, Kamen, Lünen, Recklinghausen, Schwerte, Unna, Wattenscheid, Werl und Werne.

Der westfälische Raum gilt als Mutterland der Hanse. Bereits im 12. Jh. beteiligten sich westfälische Kaufleute an der Gründung von Handelsniederlassungen in Brügge, London, Nowgorod und Visby. In den Ostseestädten sind Auswanderer aus Aplerbeck, Hamm, Hattingen, Herne, Wattenscheid, Westhofen und Wetter nachweisbar. Als »Hansen« werden deutsche Kaufleute erstmals im Jahr 1267 in einer vom englischen König Heinrich III. ausgestellten Urkunde bezeichnet.

Seit Ende des Dänischen Krieges (1362–70), dem Auftakt der hansischen Seekriege, verlagert sich das Schwergewicht der Hanse auf die Seestädte des Ostseeraumes. Durch zahlreiche Fehden geschwächt, verliert Dortmund seit Beginn des 15. Jh. seine Vormachtstellung im westfälischen Hansedrittel an Köln. Im ab 1630 bestehenden engeren Bund zwischen Lübeck, Hamburg und Bremen spielen die Hansestädte aus dem späteren Ruhrgebiet keine Rolle mehr. Auf dem letzten Hansetag in Lübeck 1669 sind aus dem westfälisch-rheinischen Drittel nur Köln und Osnabrück vertreten.

Hansekogge, ein besonders seetüchtiger Segelschiffstyp. Koggen sind bis zu 30 m lang und 7 m breit. Bei einer Tragfähigkeit zwischen 100 und 300 t haben sie oft über 3 m Tiefgang. Dieser hochbordige, im Spätmittelalter beherrschende Handelsschiffstyp ist das erste Seefahrzeug mit einem mittschiffs befestigten Heckruder.

Städtehanse in Lübeck gegründet

1356. Auf dem ersten allgemeinen Hansetag in Lübeck schließen sich die Vertreter aller am nordeuropäischen Handel beteiligten Städte zu den »steden van der dudeschen hense« zusammen. Anlaß für diesen Zusammenschluß ist eine Auseinandersetzung zwischen dem Hansekontor in Brügge und dem Grafen von Flandern um die Zoll- und Handelsprivilegien der deutschen Kaufmannschaft.

Hansekaufleute beim Warenumschlag im Hafen von Hamburg

Seit der Gründung Lübecks im Jahr 1159 haben Kaufleute aus Niedersachsen, Westfalen und dem Rheinland den gesamten Handel im Nord- und Ostseeraum unter ihre Kontrolle gebracht. Ohne feste Organisation, ohne eigene Beamte und eigene Flotte verfügen die in Hansekontoren zwischen Reval, Bergen, Lübeck, Hamburg, Brügge und London zusammengeschlossenen deutschen Kaufleute über ein Monopol im nordeuropäischen Warenaustausch. Mit dem Zusammenschluß der Hansestädte im Jahr 1356 reagieren die Vertreter der Städte auf die wachsende Bedrohung der hansischen Wirtschaftsmacht, insbesondere durch die holländische Konkurrenz im 14. Jh. und in der Folgezeit durch englische Kaufleute.

Große Dortmunder Fehde wird beigelegt

20. November 1389. Der Versuch des Kölner Erzbischofs Friedrich III. und seines Verbündeten Graf Engelbert von der Mark sowie etwa 40 weiterer Landesfürsten, die Reichsstadt Dortmund einzunehmen, wird mit dem Friedensschluß in Hamm beendet. Die Stadt Dortmund befreit sich nach fast zweijährigen Auseinandersetzungen mit einer Zahlung von 14 000 Gulden (1 Gulden = 12 Schillinge) endgültig von den Forderungen ihrer Gegner.

Ausgelöst wurde die Große Fehde mit der Stadt Dortmund durch den Kölner Erzbischof. Er machte aufgrund der hohen Verschuldung des Reiches einen Pfandanspruch auf Dortmund geltend. Der Streit begann am 21. März 1388 mit der Übergabe eines Fehdebriefes an die Stadt. Während der viermonatigen Belagerung Dortmunds im Frühjahr 1388 wurden zahlreiche Gefechte ausgetragen. In der Folgezeit vermieden beide Seiten den offenen Kampf und versuchten, dem Gegner durch Plünderungen Schaden zuzufügen. Dortmunder Söldner durchstreiften das Land, vernichteten die Ernte,

Reitender Bote mit Fehdebrief kündigt der Stadt die Belagerung an

Söldner rauben das Vieh der Bauern und plündern Höfe und Felder

brannten Höfe nieder und beschlagnahmten Vieh und Lebensmittel. Besonders betroffen waren die Bauernschaften im Vest Recklinghausen und im Amt Bochum. Auf Raubzügen gefangengenommene Kaufleute, Ritter und Bauern wurden nach einem gestaffelten Lösegeld freigegeben: Der Ritter von der Horst kostete 1000 Gulden, ein Mann aus Recklinghausen 14 Gulden und acht Bürger aus Dorsten können mit einem Betrag von 70 Gulden ausgelöst werden.

Streit um Essener Landesherrschaft

24. November 1377. Bei einem Besuch in Essen bestätigt Kaiser Karl IV. der Stadt, daß sie von jeher reichsunmittelbar und damit nur ihm unterstellt ist. Er selbst hatte aber der Äbtissin des Stiftes Essen, Elisabeth von Nassau, fünf Jahre zuvor ein Dokument ausgestellt, in dem sie als Landesherrin auch über die Stadt bezeichnet wird.

Grundlage beider Urkunden ist ein Dokument aus dem Jahr 1290, in dem König Rudolf I. die Äbtissin als Landesherrin bestätigt und die Bedeutung der Stadt würdigt.

Die Praxis deutscher Regenten im 14. und 15. Jh., gegen entsprechende Bezahlung sich widersprechende Urkunden auszustellen, führt in Essen zu großer Rechtsunsicherheit. Die Folge sind jahrhundertelange Auseinandersetzungen zwischen Stadt und Stift um die Vorherrschaft über das Stadtgebiet.

Auch Karls Nachfolger Wenzel IV. bestätigt der Stadt Essen 1379 die Reichsunmittelbarkeit und ein Jahr später der Äbtissin des Stiftes die Landeshoheit.

Mittelalterliche Gerichtsszenen, v. l.: Ankläger (mit Schwert) vor dem Richter; Enthauptung für Mord, Landfriedensbruch und Notzucht; Rädern für schweren Raub; Wippen für leichtere Vergehen, wobei der kahlgeschorene Verurteilte unter dem Gespött der Zuschauer in einen Teich geworfen wird

Der städtische Richter entscheidet über Leib und Leben

Das Gerichtswesen ist ein bedeutendes Kennzeichen der mittelalterlichen Stadt. Im 13./14. Jh., mit der Festschreibung städtischer Rechte, wird der Richter einer Stadt auf Vorschlag vermögender Bürger vom zuständigen Stadtherren für die Dauer eines Jahres benannt. Er besitzt volle Gerichtsbarkeit und entscheidet in allen Fällen, die »Hand und Hals« oder »Eigen und Erbe« betreffen.

Die Mehrzahl der Prozesse vor den städtischen Gerichten beschäftigt sich mit geringfügigen Delikten wie Scheltworten, übler Nachrede, kleinen Diebstählen und Sittenwidrigkeiten. Als Bestrafungen werden in derartigen Fällen entehrende Schimpfstrafen verhängt: Zänkische Frauen müssen im bloßen Hemd schwere Schandsteine auf den Schultern tragen, Ehebrecher werden zum Tonnentragen verurteilt und Gartendiebe an den Pranger gestellt. Manchmal werden einem Angeklagten auch mehrere Arten der Bestrafung zur Auswahl angeboten oder Bußgeldzahlungen veranschlagt.

Schwere Vergehen werden vom Scharfrichter gesühnt. Strafen wie Augenausstechen, Martern mit glühenden Zangen oder Tod am Galgen werden aber nur selten ausgesprochen.

Haushalt der Stadt Essen verabschiedet

1350. Der Essener Rat, seit 1336 unabhängig vom Einfluß der Äbtissin des Stiftes, verabschiedet seinen Haushalt. Die Einkünfte ergeben sich zum größten Teil aus der Vermietung von Verkaufsbuden am Markt und den Gebühren für die Nutzung städtischer Einrichtungen, wie Tuchschränken im Rathaus und der Stadtschmiede. Neue Bürger müssen eine Aufnahmegebühr in die Stadtkasse zahlen.

Auf der Ausgabenseite finden sich Mieten und Pachtgebühren als dauernde Lasten, Rückzahlungen von Anleihen und Leibrenten als befristete Lasten sowie Bewirtungskosten für angesehene Gäste und Dienstkleidung für den Stadtdiener als allgemeine Ausgaben.

Haushalt der Stadt Essen 1350

Einkommen

I. Aus Liegenschaften	34
II. Aus Stadteinrichtungen	19
III. Persönliche Abgaben	4
IV. Anleihen	17
	74

Ausgaben

I. Dauernde Lasten (Grundstückspachten)	1
II. Befristete Lasten (Anleihetilgung, Renten)	45
III. Allgemeine Ausgaben (Repräsentation, Reisen)	23
	69

(Angaben in Mark)

Um die Defizite im Haushalt ausgleichen zu können, muß Essen wie viele mittelalterliche Städte auch Anleihen bei reichen Bürgern der Stadt aufnehmen. Daneben werden noch Sammlungen für die Kasse des Bürgermeisters durchgeführt.

In der Stadt leben ca. 3000 Menschen, die zu etwa einem Drittel in der Landwirtschaft arbeiten. Die Hälfte von ihnen bebaut nur wenige Morgen Pachtland. In der Limbekker und der Kettwiger Bauernschaft gibt es nur zwei Betriebe mit mehr als 30 Morgen Land.

Über zwei Drittel des Bodens sind im Besitz des Stiftes und einiger adeliger Grundherren. Von den 675 Morgen des Limbecker Landes gehören nur 277 Morgen Essener Bürgern.

»Der zerstörende Tod« (Stich nach Alfred Rethel [1816–1859], Philadelphia, Kunstmuseum)

Agnes plant Verrat an Dortmund

4. Oktober 1378. Agnes von der Vierbecke verrät Dortmund an ihre märkischen Verwandten. Sie versucht, durch eine List das Stadttor für die anrückenden Feinde zu öffnen. Der Anschlag, bei dem ein Bruder Engelberts von der Mark die Stadt in seine Hand bekommen will, scheitert jedoch.

Zu einer verabredeten Zeit begibt sich Agnes zum Wißstraßentor und bittet den ihr gut bekannten Torwächter, zwei Wagen mit Wintervorräten passieren zu lassen. Nachdem das äußere Tor geöffnet ist, trägt sie dem Wächter Besorgungen auf und steigt auf den Turm, um das Zeichen für den Angriff zu geben. Zu früh – denn das innere Tor ist noch verschlossen.

Agnes von der Vierbecke wird am selben Tag verbrannt, ihre Mitwisser werden enthauptet.

Noch Jahrhunderte später feiern die Dortmunder diesen Tag ihrer Rettung mit einer feierlichen Prozession. Sie dichten ein Spottlied auf den Grafen Engelbert, der sich mit seinen Anhängern schon zum zweiten Mal der Stadt bemächtigen wollte. Zehn Jahre später, bei der Großen Dortmunder Fehde (→ 20. 11. 1389), versuchen die Feinde es wieder, aber erneut ohne Glück.

Verräterin Agnes von Vierbecke (nach Annales Tremonienses)

Der Schwarze Tod wütet an der Ruhr

1350. In Dortmund und anderen Orten des späteren Ruhrgebiets fordert die Pest zahllose Opfer. Wahrscheinlich durch Kaufleute vom Schwarzen Meer nach Mitteleuropa eingeschleppt, entvölkert die Seuche ganze Landstriche.

Die Pest wird als Strafe Gottes empfunden – religiöse Hysterie und öffentliche Kasteiungen sind die Folgen. Die Hilflosigkeit der Menschen gegenüber dem Schwarzen Tod entlädt sich in Ausschreitungen gegen Juden. Die Stadt Essen klagt sie wegen Giftmordes an, die Dortmunder vertreiben sie aus der Stadt.

Wallanlage und Tore für Recklinghausen

24. März 1365. In Recklinghausen wird die neue Stadtmauer fertiggestellt, mit deren Bau der Kölner Erzbischof Walram von Jülich 1344 begonnen hatte, nachdem er die Stadt von den Grafen von der Mark zurückerobern konnte.

Die Neubewehrung besteht aus einer Bruchsteinmauer mit fünf Doppeltoren, 16 Türmen und einem Doppelgraben-System. Zwischen Martini- und Kunibertitor liegt ein Dreifachgraben. Zur Sicherung der Stadt sind täglich insgesamt 180–200 Mann aufzubringen. Um die hohen Verteidigungskosten zu senken, werden in Friedenszeiten nur die Stadttore besetzt.

Modell des Kunibertitores, einem Doppeltor der zwischen 1344 und 1365 vom Kölner Erzbischof errichteten Stadtbefestigung Recklinghausens

Steinkohle heizt Ratssitzungssaal

1361. In den Duisburger Stadtrechnungen findet sich erstmals ein Ausgabeposten für Steinkohle. In den folgenden Jahren wird sie zum festen Kostenfaktor im Haushalt der Stadt. Die Steinkohle dient zum Heizen des Ratssitzungssaales und der Kammer des Stadtschreibers.

Schon seit einigen Jahrzehnten wird Steinkohle zum Heizen öffentlicher Gebäude verwendet: Eine Urkunde vom 30. Juni 1317 über die Einrichtung eines Hospitals im Stift Essen für durchziehende Bettelmönche sieht vor der Stube der Hausmädchen bereits ausdrücklich einen Winkel zum Niederlegen von Holz und Steinkohle vor.

1400
1400–1449

Um 1400. Schwere Straftaten werden vor dem »Gogericht« (Landgericht) verhandelt, das unter einem ordentlichen Richter, in Essen z. B. unter einer Linde an der Johanniskirche, tagt (→ 1228).

Um 1400. Adolf IV., Graf von Kleve und Mark, verleiht Schermbeck die Stadtrechte.

Um 1400. Der größte Teil des Ruhrgebiets ist Bauernland. Die Familiennamen der Bauern leiten sich von deren Hufe ab.

24. 2. 1400. Zwischen den Bürgern und dem Rat der Stadt Dortmund kommt es nach der sog. Großen Revolution zur »neuen Eintracht«. →

12. 11. 1403. Die Juden werden aus Dortmund vertrieben, nachdem sie sich geweigert haben, die königliche Judensteuer zu entrichten. König Ruprecht fordert daraufhin die Stadt auf, das Vermögen der Juden einzuziehen.

1404. Graf Adolf IV. von Kleve läßt das Kastell in Dinslaken erweitern und einen Turm bauen, der zum Wahrzeichen der Stadt wird.

1404. Das Essener »Schultengericht in der Halle«, d. h. in der städtischen Fleischhalle, wird erstmals urkundlich erwähnt.

1406. Das in diesem Zusammenhang erstmals als Stadt bezeichnete Hattingen erhält das Recht des Weinzapfs, 1407 auch das Recht des Wegegelds.

1408. Adolf IV., Graf von Kleve und Mark, bewilligt der Stadt Duisburg einen Wochenmarkt.

2. 3. 1409. Die »Vierundzwanzig«, die Vertretung der Essener Bürger, werden erstmals erwähnt.

Zwischen 1413–1417. Adolf IV., Graf von Kleve und Mark, verleiht dem »Wigbold« Wattenscheid stadtähnliche Rechte; Wattenscheid wird »Freiheit«.

17. 10. 1418. Vor dem Dortmunder Freistuhl auf dem Königshof bei der Burgpforte findet die erste bekannte Femegerichtsverhandlung statt.

Um 1420. Der Dortmunder Maler Konrad von Soest malt den »Marienaltar« für die Dortmunder Marienkirche. →

November 1423. Mit einem Überfall auf Dörfer im Amt Bochum durch Truppen Gerhards von der Mark beginnt der Bruderkrieg im Haus Kleve-Mark um das väterliche Erbe. →

1426. Bochum wird mit dem Beitritt zum märkischen Städtebund Stadt. →

1426. Nach dem Rücktritt Margaretes von der Mark kommt es in Essen zum zweiten Äbtissinnenstreit, der bis 1434 andauert (→ 1489).

1429. In weiten Teilen des Ruhrgebiets ist Dortmund maßgeblich, was die Festsetzung der Währung betrifft. In diesem Jahr legt der Rat der Stadt Dortmund einen Musterpfennig in seinen Schrein. →

1429. Die Lateinschule von Recklinghausen wird gegründet, das spätere Gymnasium Petrinum.

1430. Zum ersten Mal wird von der alten Krone am Markt berichtet, dem Stammhaus der Privatbrauerei Dortmunder Kronen. →

1432. Der Kölner Erzbischof Dietrich II. von Moers stellt allen Besuchern des alljährlich stattfindenden Michaelismarkts in Bottrop einen Schutzbrief aus.

1434. Die Stadt Essen verfügt über eine Wasserleitung, die von der Quelle der Limbecke gespeist wird.

1435. Mit dem Marktrecht erhält Hattingen auch die Zugehörigkeit zum Städtebund der Hanse.

1436. Der Schwerter Bürgerschützenverein wird gegründet, die älteste Schützenbruderschaft der Stadt.

1436. Unter dem neuen Abt von Werden, Johannes Stecke, werden die Regeln klösterlichen Lebens zugunsten adliger Vergnügungen wie der Pferdezucht vernachlässigt.

29. 6. 1439. Herzog Adolf II. von Berg erteilt Johann Schürgen und seiner Bergwerksgesellschaft das Recht, im Herzogtum Berg nach Steinkohlen zu graben.

1439. Gerhard von Mölheim erbaut den »hohen Turm« über der Vierung des Essener Münsters.

1439. Der bis ins ausgehende 19. Jh. erhaltene Mühlenturm beim Duisburger Marientor wird errichtet.

1443. Für die Neustadt von Dinslaken sind ein eigener Bürgermeister und Rat nachgewiesen.

2. 9. 1443. Der Kölner Erzbischof Dietrich II. von Moers zieht mit seinen Verbündeten Herzog Gerhard von Jülich-Berg und dem Grafen von Sayn vor Burg Broich und erreicht nach 18 Tagen Belagerung die Übergabe der Festung.

25. 6. 1444. Die Soester Fehde beginnt (bis 1449). →

17. 3. 1447. Laut einer Berechnung des Rats der Stadt Dortmund haben die Dortmunder Bürger im vergangenen Jahr 958 Tonnen Bier (19 160 Liter) getrunken.

1448. Im Zusammenhang mit dem Abbau von Steinkohle in Schüren bei Dortmund ist erstmals die Anlage von Stollen im Ruhrbergbau belegt.

14. 4. 1448. Mit der Erhebung des Dorfes Buer zur »Freiheit« trägt Landesherr Erzbischof Dietrich II. von Moers der wachsenden wirtschaftlichen Bedeutung des Kirchdorfes Rechnung.

GESTORBEN:

Um 1424/25. Dortmund: Konrad von Soest (*um 1370, Dortmund), Maler.

Bochum endgültig Stadt

1426. Bochum tritt dem märkischen Städtebund bei und hat damit endgültig den Prozeß der Stadtwerdung vollzogen.

Bochum hatte bereits 1298 die Bezeichnung »Freiheit« und 1321 von Graf Engelbert II. Stadtrechte, besonders die Straf- und Zivilgerichtsbarkeit sowie 1324 ein zusätzliches Marktprivileg für große Vieh- und Pferdemärkte erhalten. Damit war Bochum jedoch noch nicht gänzlich als Stadt anerkannt, denn in der nachfolgenden Zeit wird es häufig wieder als »Dorf« bezeichnet. Hinzu kommt, daß es im Vergleich zu anderen Städten nie eine Stadtmauer besaß, sondern immer nur eine Wall- und Grabenbefestigung mit Ansätzen von Mauern bei den Toren. Die Befestigung verliert in späteren Jahrhunderten ihre Bedeutung und wird in Bochum bereits im 16. Jh. mit Gebäuden bebaut.

Im 14. Jh. noch hatte der Reichshof, trotz seiner Funktion als Gerichts- und Verwaltungssitz, eher ländlichen Charakter. Doch es wurde bereits von Bochumer Tuchhändlern berichtet, die über Handelskontakte nach Livland und zu anderen Wirtschaftszentren in Europa verfügten. Zusammen mit der Stadtwerdung wurde Ende des 14. Jh. auch der Umbau der Stadt abgeschlossen. Dabei wurde der von Witten nach Essen führende Hellweg, an dessen Kreuzung mit einer in Nord-Süd-Richtung verlaufenden wichtigen Handelsstraße Bochum einst entstanden war, durch die Stadt hindurchgeführt.

Ältestes Bochumer Siegel mit Buch aus dem späteren Stadtwappen

Große Revolution im Dortmunder Rat

24. Februar 1400. Die sog. Große Revolution in Dortmund wird mit einer »neuen Eintracht« zwischen den Ratsherren und den Bürgern der Stadt beendet. Die bislang im Rat nicht vertretenen Handwerker und Kleinhändler erhalten sechs der insgesamt 18 Ratssitze.

Der Zwiespalt war ausgelöst worden durch außergewöhnliche Steuerforderungen des Rates angesichts einer Schuldensumme von 55 480 Gulden, die noch während der Großen Fehde (→ 20. 11. 1389) entstanden war. Als die Gilden genaue Rechenschaft über die Finanzlage der Stadt verlangen, zeigt sich deren völliger Bankrott. Der alte Rat wird abgesetzt, und die Ratsherren werden auf die Stadtgefängnisse verteilt.

Nachdem sie durch längere Haftzeit mürbe geworden sind, kaufen sie sich für ca. 6000 Gulden frei und willigen in die neue Ratsordnung ein. Damit geht die exklusive Herrschaft der Fernkaufleute, besonders der in der Reinoldigilde zusammengeschlossenen Wein- und Tuchhändler (Wandschneider), zu Ende.

Soziale Gruppen in den Städten

Seit Mitte des 14. Jh. prägen sich, vor allem in den großen, vom Fernhandel bestimmten Städten wie Essen und Dortmund, rechtliche und soziale Unterschiede in der Bevölkerung aus, wodurch es zu Konflikten kommt.

Die politische Macht liegt bei den in der Stadt lebenden adligen Grundbesitzern und den reichen Kaufleuten.

Eine zweite Gruppe bilden die kleinen Handwerker, die sich zu Gilden zusammenschließen. Zur Unterschicht gehören Lehrlinge, alleinstehende erwerbstätige Frauen, Knechte und Mägde.

Volles Bürgerrecht haben alle, die über Haus- oder Grundbesitz verfügen oder ein ehrbares Handwerk ausüben. Zu den sozialen Randgruppen ohne Bürgerrecht gehören Bettler, Aussätzige, Henker und Prostituierte. Auch Juden haben kein Bürgerrecht.

Bruderkrieg um Erbe im Haus Kleve-Mark

November 1423. Im Amt Bochum werden von den Anhängern von Gerhard von der Mark Scheunen und Getreide niedergebrannt. Mit dieser Brandschatzung beginnt die Fehde Gerhards mit seinem Bruder Graf Adolf IV. von der Mark und Herzog von Kleve um das väterliche Erbe. Sie erreicht im Juni 1425 ihren Höhepunkt.

Im Kampf um den Anspruch auf die Grafschaft Mark erfährt Gerhard Unterstützung durch Dietrich II. von Moers, Erzbischof von Köln, und Herzog Adolf von Berg.

Schon im Juli 1425 kommt es zu einem Waffenstillstand. In einem Schiedsgerichtsurteil wird die Grafschaft Mark Gerhard auf Lebenszeit zugesprochen.

Stadt Soest huldigt Johann von Kleve

25. Juni 1444. Um der Einschränkung ihrer städtischen Freiheiten zu entgehen, sagt sich Soest vom Erzbistum Köln los. Die Stadt sucht daraufhin das Bündnis mit dem späteren Herzog Johann I. von Kleve.

In dem damit offen ausgebrochenen Kampf um die Vorherrschaft in Westfalen und am Niederrhein wird in der sog. Soester Fehde auch die neutrale Grafschaft Mark betroffen. Plündernde Söldner brennen 1446 Hattingen und Blankenstein nieder, überfallen Heisingen im Stift Werden und das Stift Essen.

Nach dem gescheiterten Versuch, Soest einzunehmen, kommt es im Juli 1447 zu Verhandlungen; im Friedensvertrag von 1449 wird Johann Soest zugesprochen.

Körperhaft gestaltete Heiligenfiguren auf einem goldunterlegten Hintergrund sollen Würde und Heiligkeit der Szenen auf Konrad von Soests Altar betonen

Marienaltar für Dortmund

Um 1420. Der Maler Konrad von Soest vollendet den Hochaltar von St. Marien in Dortmund, der als ein Höhepunkt westfälischer Tafelmalerei gilt. Der Künstler stammt vermutlich aus Dortmund und führt den Herkunftsort seiner Vorfahren als Beinamen.

Der Altar ist ein Spätwerk des Malers. Es steht an der Schwelle von mittelalterlicher Gotik und eher naturalistisch orientierter Malerei. So sind bereits einzelne Pflanzen und etwas Landschaft im Hintergrund angedeutet. Noch überwiegt aber der gotische Goldgrund, der Jahrhunderte zuvor aus der byzantinischen Malerei übernommen wurde. Der Altar zeigt das Marienleben in fünf Episoden. In der Mitte wird der Tod der Gottesmutter dargestellt, auf den Innenseiten der Flügel Krippe und Anbetung, außen Verkündigung und Marienkrönung. Im Unterschied zu anderen Malern seiner Zeit signiert Konrad seine Werke, meist in verschlüsselter Form. Im Mittelteil des Altars finden sich einzelne Buchstaben seines Namens. 1720 werden die Außentafeln beschnitten, um sie in einen Barockaltar einzupassen.

Stammhaus »Alte Krone« der späteren Dortmunder Privatbrauerei, wie es vermutlich vom 15. Jh. bis 1863 an der Ecke Betenstraße/Markt stand

Bier aus Brauerei Kronen

1430. Das Stammhaus der heute noch bestehenden Dortmunder Privatbrauerei Kronen wird erstmals erwähnt. Chronist Dietrich Westhoff berichtet vom Auftritt eines Gauklers und Seiltänzers in der Stadt Dortmund, der sein Seil von der »Schonegge« (der schönen Ecke) am Markt bis zur Wirtschaft Krone hinüber gespannt hat.

Um 1400 gibt es in Dortmund 13 Brauer (»Gruter«), die das Brauen als Nebenerwerb betreiben. Im Verlauf des 15. Jh. erteilt die Stadt einzelnen Häusern Bierherstellungsmonopole. Es entwickeln sich die ersten gewerblichen Brauereien. Bis zum Ende des 13. Jh. gehörte das Bierbrauen für den täglichen Bedarf vor allem zur Arbeit der Frauen.

In Dortmund wird Gerstenbier gebraut, das in 20-Liter-Fässern gelagert und transportiert wird. Auf Bestellung können sich die Einwohner der Stadt eine solche Tonne zum Preis von etwa vier Schilling (das entspricht dem Preis von sechs Pfund Butter) vom Brauer direkt ins Haus liefern lassen. Die Stadt Dortmund erhält gemäß dem Brauprivileg von 1293 eine Abgabe für jede verkaufte Tonne Bier.

Darstellung der Geburt Christi auf dem Dortmunder Marienaltar

Johannes, der Lieblingsjünger Jesu, im Mittelbild des Marienaltars

1400–1449

Kohleprivileg für Johann Schürgen

29. Juni 1439. In einer Urkunde, ausgestellt in Bensberg, wird Johann Schürgen von Bingen durch den Herzog Adolf II. von Berg mit dem Recht belehnt, innerhalb des Herzogtums Berg nach Kohlen zu graben. Der Herzog gewährt ihm und seiner Bergwerksgesellschaft Schutz und erhält dafür entsprechende Abgaben.

Johann Schürgen darf der Urkunde zufolge nach »Steinkohlen suchen, arbeiten und graben und sie zu seinem Nutzen und Besten kehren, bringen und genießen, mit seiner Gesellschaft, die ihm dazu hilft, an solchen Enden und Stätten, da er sie in unserem Lande zu finden vermeint«.

Das Privileg nennt erstmals Steinkohle eindeutig als eigene Kohlenart. In früheren Dokumenten wurde nicht immer genau zwischen Stein- und Braunkohle unterschieden.

Auch der Begriff der Bergwerksgesellschaft ist neu. Er deutet darauf hin, daß Bergbau nicht mehr ausschließlich von einzelnen Kohlengräbern betrieben wird, sondern mehrere sich zusammenschließen.

Dies wird besonders für den in den nächsten Jahrzehnten beginnenden Stollenbergbau wichtig, der die Zusammenarbeit mehrerer Bergleute erforderlich macht.

Der Münzmeister in einer Abb. von Jost Amman (1539–1591); im zugehörigen Text heißt es: »In meiner Münze schlag ich gericht | Gute Müntz an kern und gewicht | Gülden | Cron, Taler und Batzen | mit gutem preg | künstlich zu schatzen.« In der sog. Münzstätte werden mit Stempeln in die Rohlinge aus Gold und anderen Metallen Prägungen geschlagen.

Erster Musterpfennig

1429. Der Rat der Stadt Dortmund legt einen Musterpfennig in seinen Schrein, um damit eine Vereinheitlichung der Währungen in den benachbarten Städten herbeizuführen. So bittet ein Vermittler aus Hamm, die Stadt Essen möge, wie Hamm, die Festsetzung der Währung ebenfalls anerkennen.

Mit wachsendem Wohlstand war das Mittelalter zunehmend von der Natural- zur Geldwirtschaft übergegangen. Da der Wert der Münzen überall unterschiedlich war, mußten die Händler ihr mitgebrachtes Geld an den Stadttoren in die jeweilige Stadtwährung umtauschen. Im Bemühen um einen blühenden, möglichst reibungslosen Handel setzt sich Dortmund für vertragliche Abmachungen über Angleichungen der Kurswerte zwischen den Städten und größeren Landesherren ein. Aus diesen Verträgen entwickelt sich später ein Münzverein, der 1488 erstmals in Dortmund tagt.

Familien nennen sich nach Orten

Um 1400. Mit Zunahme der Bevölkerungsdichte und vermehrter Einführung von Zahlungsregistern im 13. und 14. Jh. genügen die früheren Personennamen nicht mehr. Sie werden als Vornamen geführt und ein Zuname hinzugefügt.

Die frühesten Hausnamen verweisen auf den Wohnort ihrer Besitzer: Overdick (oberhalb des Teiches), Brockhoff (Hof an der nassen Wiese) oder Linnenkamp (Feld, auf dem Flachs gesät wird).

Im 14. und 15. Jh. treten häufiger Berufsnamen auf: Küper und Küpper (Küfer, Faßbauer), Smed, Schmed (Schmied) oder Schlüter (Schließer).

Auch Kosenamen werden vielfach in Familiennamen umgewandelt. So leiten sich Drees von Andreas ab, Thönissen von Anton, Wulff von Wolfgang. Die gebräuchlichsten Vornamen erscheinen als Familiennamen im Plural, wie Albert – Albers, Franz – Frantzen.

Einflußreiche Leute nennen sich, ohne adlig zu sein, gern nach ihren Geburtsorten. So gibt es im 13. Jh. z. B. die Familie von Marl.

Städtische Jugend lernt Schreiben, Lesen und Rechnen

Im Mittelalter bieten zunächst nur die Klöster eine grundlegende Schulausbildung für ihren Nachwuchs. Im Laufe des 13. Jh. werden in den Städten Pfarrschulen gegründet, in denen auch die Söhne der städtischen Oberschicht unterrichtet werden. So gibt es in Duisburg seit 1280 eine Lateinschule, in Hamm seit 1298; um 1300 bestehen in Dortmund Pfarrschulen für St. Reinoldi und St. Nikolai.

Der Unterricht an Pfarr- und Klosterschulen beginnt mit einer etwa drei Jahre dauernden Elementarausbildung. Sie umfaßt die Psalmen, das ABC, Schreiben und Rechnen sowie die Grundlagen der lateinischen Sprache und Grammatik. Das Auswendiglernen der lateinischen Psalmen zählt zu den ersten Aufgaben. In Verbindung damit und mit Hilfe anderer lateinischer Texte lernen die Schüler das ABC und das Lesen. Der Schreibunterricht erfolgt unabhängig vom Lesenlernen in Form einer besonders in den Klöstern gepflegten Kunst des Abschreibens. Da Pergament sehr kostbar ist, machen die Schüler ihre ersten Schreibversuche mit Holzgriffeln auf wachsbeschichteten Täfelchen. Der Rechenunterricht hält sich in bescheidenem Rahmen und bedient sich der Methode des Fingerrechnens.

Verstöße gegen die strenge Schuldisziplin werden mit Rute und Stock geahndet. Doch am Tag des hl. Nikolaus (6. Dezember) oder der Unschuldigen Kindlein (28. Dezember) finden in fast allen Städten Schulfeste mit Spielen, Essen und Trinken statt.

Städtischer Lehrer mit dem Magisterhut als Zeichen seiner Würde (l.) und die ihm anvertrauten Jungen (Illustration aus dem Schachzabelbuch 1467)

1450
1450–1499

Um 1450. Das einzige aus dem Mittelalter aus Essen überlieferte literarische Zeugnis ist das »Essener Liederheft«, eine auf städtischem Papier geschriebene Sammlung von drei geistlichen Liedern.

Um 1450. Die romanische St. Georgskirche von Hattingen wird zu einer Hallenkirche umgebaut.

1450/51. Im Rheinland und in Westfalen wütet die Pest. In Prozessionen tragen die Bewohner das Sakrament durch die Straßen, damit Gott die Geißel abwende.

14. 8. 1450. Meister Roseer vollendet den Chor der Dortmunder Reinoldikirche.

8. 12. 1450. In Essen wird erstmals ein Kohlenwerk urkundlich erwähnt.

1459. Bei einer Feuersbrunst in Dortmund werden in der Brückstraße 15 Häuser zerstört.

1459. Graf Wilhelm II. von Limburg, Herr auf Burg Broich, wird Herr über das Gebiet der späteren Stadt Mülheim an der Ruhr.

Um 1460. Die gotische Eichenholzplastik Karls des Großen in der Dortmunder Reinoldikirche entsteht.

14. 9. 1460. Am Tag der Kreuzerhöhung kommt es auf dem Stoppenberg (Essen) zu Tumulten unter den Nonnen. →

1461. Johann I., Herzog von Kleve, vereinigt nach dem Tod Gerhards von der Mark das Herzogtum Kleve mit der Grafschaft Mark. Damit endet der seit 1423 andauernde Familienstreit um die Herrschaft über Kleve und Mark.

1462. Die Stadt Dorsten belegt jedes Schiff mit Zoll, das auf der Lippe Dorsten passiert oder dort anlegt.

1463. Kurköln gibt dem Vest Recklinghausen eine schriftlich niedergelegte Verfassung.

1467. Dem Dorf Steele (Essen) wird die Errichtung einer eigenen Schmiedezunft gewährt.

1468–1476. Der aus Wesel stammende Maler Derick Baegert malt den Hochaltar der Dortmunder Dominikanerkirche. →

1469. In Recklinghausen wird die Innenstadt durch einen Brand schwer beschädigt.

Um 1470. Die sich an die Burg Castrop anlehnende Siedlung erhält die Rechte einer Freiheit.

1471. Die St.-Johannis-Kirche in Essen wird im gotischen Stil neu errichtet.

1473. Die Stadt Essen übernimmt die Aufsicht über die Feiertagsheiligung. Fleisch und Brot dürfen nur vor dem Hochamt verkauft werden.

1475. Für Bochum ist ein geregeltes Schulwesen nachgewiesen.

27. 9. 1476. Der Dortmunder Rat beschließt die Einführung des städtischen Weinzapfmonopols und läßt zwei städtische Weinhäuser errichten.

1477. Das Wattenscheider Wappen ist erstmals bezeugt. Es zeigt den dreireihigen geschachten Balken (Grafschaft Mark) und die Klevenhaspel (Herzogtum Kleve).

1477. In Dortmund beginnt man mit dem Brauen von Hopfenbier.

Um 1481. Duisburg entwickelt sich von einer Kaufmanns- zu einer Ackerbürger- und Handwerkerstadt.

1481. Auf Betreiben der Bürger setzt der Dortmunder Rat den Bierpreis herab.

15.–19. 10. 1485. Bei einer großen Fürstenversammlung in Dortmund werden mehrere Turniere mit über 300 Pferden abgehalten.

1486. Das Schatzbuch der Grafschaft Mark führt alle Bauerngüter und Kotten um Bochum auf, insgesamt 318, was etwa 1600 Einwohnern entspricht.

1486. Laut Eintrag im Schatzbuch der Grafschaft Mark besteht das Dorf Gelsenkirchen aus 28 Ackerbürgerstätten.

10. 3. 1488. Das Erzstift Köln, der Herzog von Kleve, die Städte Soest, Groningen, Essen u. a. verabschieden in Dortmund eine neue Münzordnung.

1489. Beim dritten Äbtissinnenstreit von Essen besetzt die vom Kloster gewählte Irmgard von Diepholz mit ihrem Gefolge die Abtei. →

1489. Unna erhält ein neues, gotisches Rathaus.

1489. In (Unna-)Brockhausen wird das später nach der Besitzerfamilie Rödinghauser Werk genannte Salzwerk angelegt.

1492. Die Grafen von Schaumburg werden durch Erbschaft Pfandherren des Vestes Recklinghausen.

1492. Für die Essener Kaufleute wird ein Gildebuch erlassen. →

1492/93. Eine Dürre in den Grafschaften Mark und Berg führt zu Hungersnot und Teuerung.

1493. Das Bochumer Freigericht fällt zum letzten Mal ein Urteil.

1493. In der Chronik des Essener Stadtschreibers wird für Steele, »dat Dorp to Steil«, erstmals ein Bürgermeister erwähnt.

1496. Herzog Johann II. von Kleve und der Mark verleiht Schwelm Stadtrechte.

5. 2. 1496. Die Aufführung eines St.-Georgs-Spiels durch Dortmunder Bürger ist die erste Aufführung eines bürgerlichen Schauspiels in Dortmund.

1498. In Dorsten werden drei städtische Kornmühlen betrieben. Private Mühlen zu betreiben, ist den Bürgern nicht erlaubt.

1498. Die mittelalterliche Stadt Werden brennt völlig nieder.

GEBOREN:

Um 1480. Dinslaken (?): Heinrich Douwermann († um 1544), Bildschnitzer.

Kaufmannsleben in Gilden

1492. Mit dem Erlaß eines Gildebuches der Kaufleute erscheint erstmals für die Stadt Essen eine Satzung, in welcher genau der Umfang der Gildeberechtigten entsprechend dem Rang ihres Gewerbes innerhalb der geltenden Wirtschaftsordnung schriftlich festgelegt ist.

Zur Großen Gilde in Essen gehören »zum ersten Wandschneider, Wollenamt, Krämer, Schneider, Pelzer (Tuchscherer, Hutmacher) und allgemeine Kaufleute, die Wachs, Flachs, Garn kaufen, und all diejenigen, die Kaufmannsbeutel tragen zu ihrem Gewinn«. Zum vornehmsten Gewerbe gehört der Handel mit Tuchen und allgemeinem Bekleidungsbedarf. Im Gegensatz zu den Satzungen der handwerklichen Gilden oder Zünfte (Schmiede, Bäcker u. ä.) enthält das Gildebuch der Essener Kaufleute keine Vorschriften über Preisgestaltung, Arbeitszeiten, Produktionsumfang sowie über die Warenqualität.

Ihrem Ursprung nach handelt es sich bei den seit Beginn des 11. Jh. entstehenden Kaufmännergilden nicht um ausschließlich gewerblich orientierte Zweckgemeinschaften. Neben dem Schutz gemeinsamer Handelsinteressen, insbesondere im Fernhandel, machen kultisch-religiöse Elemente das Wesen der Gilde aus. Darüber hinaus repräsentiert die Gilde als Gemeinschaft der Kaufleute die gesellschaftliche Führungsschicht in den wachsenden Städten des 15. Jh.

Das soziale Leben in den Gilden unterliegt strengen Regeln, zu denen als religiöses Element das sonntägliche Seelenamt für verstorbene Mitglieder und die Darbringung eines Wachskerzenopfers, der sog. Gildekerze, gehört. Regelmäßige Treffen der Kaufleute finden im Gildehaus statt. In Essen befindet es sich außerhalb der Mauern vor dem Kettwiger Tor, umgeben von Dornhecke und Pfahlzaun. Beim Gildeschmaus »soll jedermann höfisch sein und nicht rufen noch mit Messern klopfen an die Kannen«.

Im deutschen Raum haben die Gilden bis zur Einführung der Gewerbefreiheit Anfang des 19. Jh. Bestand.

Klingenschmied in seiner Werkstatt (Handwerkerdarstellung des 16. Jh.)

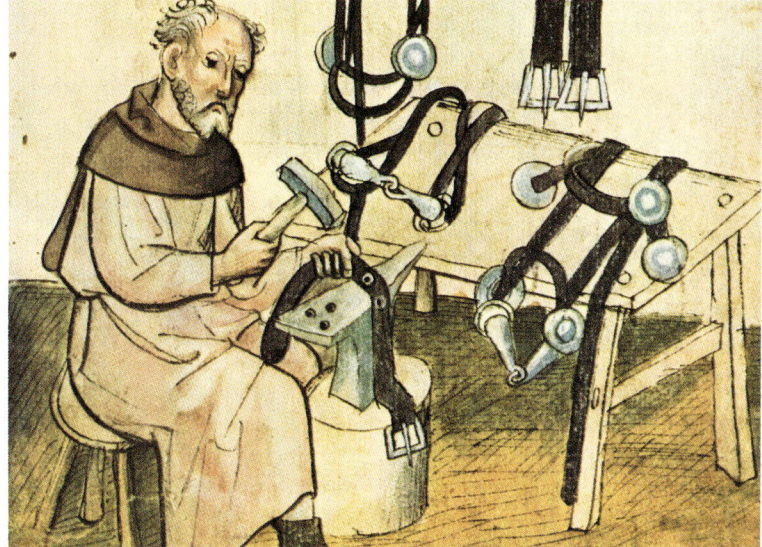

Zaumzeugmacher in seiner Werkstatt bei der Fertigung eines Gurtes mit metallgefaßten Löchern; auf dem Tisch und an der Deckenstange im Hintergrund fertiggestelltes Zaum- und Riemenzeug (Darstellung des 15. Jh.)

1450—1499

Ausgabe von Speisen und Kleidern an die Armen (Kupferstich von Ph. Galles nach dem Bild »Charitas« von Pieter Bruegel d. Ä., 1559)

Kirchliche Armenfürsorge im Mittelalter

In den mittelalterlichen Städten des Ruhrgebiets werden Arme und Erwerbslose vor allem von den Kirchen, Orden und Stiftungen betreut. Wie das Gasthaus in Duisburg und die Speisungen der Armen in Essen werden Hospitäler und Armenhäuser von den geistlichen Trägern als Hilfseinrichtungen für Mittellose unterhalten.

Armenhäuser an der Ruhr

1269: Das Heiligengeisthospital in Dortmund wird erstmals erwähnt.
1315: In Unna wird das Heiligengeisthospital errichtet.
Vor 1318: Das Duisburger Gasthaus wird gestiftet.
Nach 1350: Ein Dinslakener Hospital wird gegründet.
7. 9. 1358: In Essen wird ein Gasthaus errichtet.
1403: Das Gasthaus zum Heiligen Geist in Recklinghausen wird erstmals erwähnt.
1493: In Essen wird die Armenspeisung »Armen-Schüssel im Paradies« gestiftet.

Ihre finanziellen Mittel beziehen die Armenhäuser neben den Zuwendungen aus geistlichen und privaten Stiftungen oft durch sog. »Pfründer«, ältere, meist begüterte Bürger, die sich einkaufen, um sich in den Armenhäusern die Versorgung für ihren Lebensabend zu sichern.

Voraussetzung für die Unterstützung durch Stiftungen oder Aufnahme in Armenhäusern ist in der Regel, daß die Bedürftigen sich ihren Lebensunterhalt nicht mehr durch Arbeit oder Bettelei selbst verdienen können. Die gesonderte Unterbringung von Aussätzigen – meist in Spitälern vor den Toren der Stadt – ist allerorts üblich. Nur in den größeren Städten werden spezielle Häuser für Waisen, Findlinge, Reisende und Pilger errichtet. Deren begüterte Stifter erhoffen, sich so den Ablaß für die Aufnahme ins Paradies zu erkaufen. Almosengaben an Meßfeierteilnehmer finanzieren die Stadtkirchen oft aus den Zinsen von Geldstiftungen reicher Bürger, mit denen diese ihr soziales Ansehen heben wollen.

Mit Beginn der Reformation und der dadurch bedingten Übernahme der Oberaufsicht über Kirchen und ihre Einrichtungen durch weltliche Obrigkeiten fällt um 1500 auch die Armenfürsorge der städtischen Ratsaufsicht zu.

Äbtissinnen im Streit um das Essener Stift

1489. Bei der Wahl der Äbtissin des Stifts Essen stimmt die Mehrheit der Stiftsdamen für Irmgard von Diepholz; die zahlenmäßig überlegenen Stiftsgeistlichen (Kanoniker) wählen dagegen Meina von Oberstein, die Schwester des späteren Kölner Erzbischofs Philipp von Daun-Oberstein. Meina wird vom Papst in ihrem Amt bestätigt, worauf Irmgard die Münsterkirche und die Abtei mit Gewalt besetzt. Die anschließenden Kämpfe beendet Herzog Johann II. von Kleve, als Meina ihn um Unterstützung bittet.

Hintergrund dieser Auseinandersetzungen, der zwei ähnliche 1291 und 1426 vorausgingen, ist die Machtpolitik der Kölner Erzbischöfe. Diese versuchen, die Reichsabtei Essen mit ihnen genehmen Äbtissinnen zu besetzen, um ihren Einflußbereich in den rechtsrheinischen Gebieten auszubauen und zu sichern. Dabei nutzen sie eine Änderung des Wahlverfahrens im Stift; denn ursprünglich hatten nur die Kanonissinnen ein Stimmrecht bei der Wahl ihrer Äbtissin, erst später wurde dieses auch den Kanonikern zugestanden.

Zwist und Hader am Stoppenberg

14. September 1460. Auf dem Essener Stoppenberg kommt es bei der feierlichen Prozession zum Fest der Kreuzerhöhung zu einer heftigen Auseinandersetzung zwischen der Äbtissin des Stifts Essen, Sophia von Gleichen, und den Klosterfrauen, die sich weigern, einen Nonnenschleier anzulegen.

Die Klosterfrauen des ehemaligen Prämonstratenserklosters betrachten sich schon seit dem 13. Jh. als freiweltliche Stiftsdamen. Als solche brauchen sie kein Gelübde abzulegen und keinen Schleier zu tragen. Die Essener Äbtissin Sophia will diese Eigenwilligkeit der Klosterfrauen jedoch nicht länger dulden und verlangt von ihnen, an diesem Feiertag einen Schleier zu tragen. Als der Prediger bei der anschließenden Messe noch einmal auf die Schleierpflicht eingeht, fordern ihn die Stiftsdamen zum Schweigen auf. Er herrscht sie daraufhin an: »Schweigt, ihr Albernen! Man sollte euch den Hintern versohlen.« Das Ende des feierlichen Hochamtes geht im daraufhin ausbrechenden Tumult unter.

Frühes Panorama der Stadt Dortmund

1468—1476. Der Künstler Derick Baegert aus Wesel malt den Hochaltar der späteren Propsteikirche in Dortmund. Es ist der größte gemalte Altar der Spätgotik mit einer Länge von ca. 8 m und einer Höhe von 2 m. Den Hintergrund des linken Altarflügels, der die heilige Familie zeigt, bildet eine Darstellung des Stadtpanoramas von Dortmund (Abb.), die älteste erhaltene Abbildung der Stadt.

Der Altar wird in mehrjähriger Arbeit im Auftrag des Dortmunder Dominikanerklosters erstellt. Dem Maler hilft bei der Arbeit vermutlich sein Sohn Jan, der spätere Meister von Cappenberg.

1500
1500–1549

16. Jh. Weber, Tuchmacher und Seidenweber aus den niederländischen Provinzen lassen sich in großer Zahl in Duisburg nieder.

4. 4. 1500. Recklinghausen wird durch einen Stadtbrand weitgehend zerstört. Petruskirche und Rathaus werden wieder aufgebaut (fertiggestellt 1525 und 1509). →

1501. »Onnaes Bier« wird im Handelskontor von Antwerpen gehandelt. Auch Recklinghausen bezieht Bier aus Unna.

1501. In Recklinghausen kostet ein Hering einen Pfennig, ein Huhn sechs Pfennige. Der Tageslohn für einen Handwerker liegt zwischen 18 und 24 Pfennigen.

1505. Ein Brand zerstört die Stadt Hörde. Die Dortmunder senden den Hörder Bürgern sechs Tonnen Bier, Brot, Butter und Käse.

1508. Bürgermeister und Rat von Recklinghausen lassen eine Klosterregel für das örtliches Beginenhaus aufstellen.

1511. Durch die Vereinigung von Jülich-Berg mit Kleve-Mark entsteht das umfangreichste deutsche Fürstentum.

Um 1512. In Dortmund entwickelt sich eine prächtige und aufwendige Mode der Tuchhändlerfrauen. →

1512. Beim großen Brand von Lünen wird die ganze Stadt zerstört.

1513. Der Bau der Salvatorkirche in Duisburg wird vollendet. 1512 wurde am Kirchplatz ein Schulgebäude aus Stein errichtet. →

1513. Eine Pestepidemie in Dortmund fordert allein in der Brück- und in der Kampstraße etwa 1500 Todesopfer.

1515. Papst Leo X. läßt in mehreren Kirchen der Stadt Dortmund einen Ablaß verkaufen. →

17. 11. 1515. Kaiser Maximilian II. verleiht dem Gericht Witten kaiserliche Lehnshoheit.

1516. Der bayerische Herzog Wilhelm IV. erläßt das Reinheitsgebot für das Brauen von Bier. Es besagt, daß Bier ausschließlich aus Gerste, Hopfen und Wasser gebraut werden darf. Heute wird zusätzlich die damals noch nicht bekannte Hefe verwendet.

30. 3. 1517. Der Niederrheinisch-Westfälische Reichskreis hält seinen Kreistag erstmals in Dortmund ab.

25. 4. 1517. Ein Großfeuer zerstört Bochum samt Pfarrkirche und städtischem Rathaus. →

1520. Das spätgotische Chorgestühl für die Prämonstratenserklosterkirche in Cappenberg wird geschnitzt. →

24. 6. 1520. Der Neubau des 1519 wegen Baufälligkeit abgerissenen Turms der Dortmunder Reinoldikirche wird vollendet.

1521. Die Dortmunder Petrikirche erhält einen Schnitzaltar von Antwerpener Künstlern. →

1524. Henrik de Suyr, Baumeister von Schloß Herten (begonnen 1520), errichtet ein Jahr nach dem Bau der Propsteikirche Recklinghausen die Bochumer Propsteikirche.

21. 4. 1524. Der Dortmunder Rat belehnt Gerd von Bodelschwingh mit dem Haus Bodelschwingh.

1525. Der aus Wesel stammende Maler Bartholomäus Bruyn d. Ä. fertigt die Flügelgemälde des Hochaltars vom Essener Münster an. →

1527. Der Recklinghäuser Weinwirt Hermann Moseler soll sich wegen des Verdachts auf Aussatz in Köln untersuchen lassen. →

29. 5. 1529. Der »dulle« Jobst von Strünkede stirbt. Um seine Gestalt rankt sich ein Kranz von Sagen und Schauermärchen. →

Um 1530. Jan Baegert, der sog. Meister von Cappenberg, malt für die Prämonstratenserklosterkirche in Cappenberg einen Flügelaltar.

1535. Die Hakenbüchse löst bei den Dortmunder Schützen die bislang verwendete Armbrust ab.

1536. Hans Holbein d. J. malt in London den Duisburger Derik Berk, schon 1533 porträtierte er Deryck Tybis aus Duisburg. →

1539. Der Duisburger Arndt von Hinsberg wird wegen Beleidigung des Rats zu 25 Goldgulden Strafe verurteilt. Seine Frau hatte die Ratsleute als »Blutsupers« (Blutsäufer) beschimpft und dabei ihren Hintern sehen lassen.

27. 4. 1542. Die »Clevisch-Märkische Bergordnung« enthält präzise technische Vorschriften und Anweisungen über Verleihung und Handhabung der Abbaurechte.

13. 7. 1543. Der Dortmunder Rat verzichtet auf das städtische Braumonopol.

24. 8. 1543. Das Dortmunder Gymnasium wird eröffnet. →

1545. In Dortmund wird mit der Herstellung von Salpeter begonnen.

Herbst 1545. Das Essener Gymnasium wird eröffnet.

1546. An die südliche Giebelwand des Dortmunder Rathauses wird der Archivbau angebaut. Er beherbergt bis 1873 das Archiv der Stadt.

1547. Auf dem Gebiet des Gutes Schee in Sprockhövel wird Steinkohlenbergbau betrieben.

1547. Der Bau des Schwerter Rathauses wird vollendet.

1548. Ein Großbrand zerstört (Essen-)Steele und tilgt alle Spuren des Mittelalters im Ort.

GESTORBEN:

8. 4. 1504. Johann Stecke (*?), letzter Graf von Dortmund.

21. 3. 1521. Dortmund: Reinold Dreier (*?), Maler.

Um 1544. Heinrich Douwermann (* um 1480, Dinslaken), Bildschnitzer.

Ablaß wird Streitthema

1515. Im Dortmunder Dominikanerkloster wird der von Papst Leo X. u. a. zur Finanzierung des Neubaus der Peterskirche in Rom ausgeschriebene Ablaß verkauft. Bald darauf wird er auch in der Petri- und schließlich in der Reinoldikirche ausgegeben. Das Ablaßgeld wird in einer eigens aufgestellten roten Kiste gesammelt.

Der Ablaßhandel, basierend auf dem Selbstverständnis der Kirche als Verwalter des sog. Gnadenschatzes, d. h. der Verdienste Christi und der Heiligen, erfährt im Spätmittelalter einen beträchtlichen Aufschwung.

Im Vorfeld der Reformation wird der zunehmende Ablaßmißbrauch vielfach angegriffen, insbesondere der Verkauf als fiskalische Quelle der Kirche. Zugleich wird er zum Ausgangspunkt einer allgemeinen Kritik an der Kirche.

In Dortmund hat der Streit um die vielen Privilegien des Klerus zur Folge, daß der Rat um 1518 der Geistlichkeit verbietet, Handel und Gewerbe auszuüben. Die Stadt wird daraufhin mit einem Kirchenbann belegt, d. h. dem Verbot zur Ausführung von Gottesdiensten, Sakramenten und Begräbnissen.

Evangelischer Priester auf einer schlichten Kanzel (Holzschnitt 1529)

Wohlbeleibter Mönch auf einer verzierten Kanzel (Holzschnitt 1529)

Brandkatastrophe in Recklinghausen

4. April 1500. Die bisher größte Feuersbrunst in Recklinghausen zerstört neben der Petruskirche, der Schule und dem Rathaus etwa 350 Häuser und damit die halbe Stadt. Der in Recklinghausen aufgewachsene Hans Reckmann erzählt, wie er den Brand erlebt hat:

». . . Das Haus meines Vaters brannte . . . nieder mit allem Hab und Gut darinnen. Meiner Mutter brannten die Kleider am Leib, und mein Vater wurde so geschädigt, daß er sein ganzes Leben lang kranke Augen hatte. Und es verbrannte dabei ein Bürgermeister mit Namen Johann Ulenbrock. Die Schule fiel ihm auf den Leib. Die Glocken im Turm schmolzen, und alles in der Kirche verbrannte . . .«

Bochum nach Feuer völlig verwüstet

25. April 1517. Im Haus des Johann Schriver in Bochum bricht Feuer aus. Unter den engstehenden, strohgedeckten Fachwerkhäusern greift es rasch um sich. Binnen einer einzigen Nacht ist die Stadt samt der Pfarrkirche und dem Rathaus völlig niedergebrannt und die Bürger haben ihre Habe verloren.

Johann Schrivers Vermögen wird beschlagnahmt, die Bürger verlangen von ihm Schadenersatz. Trotz der 20 Goldgulden, die er Jahre später zahlt, und trotz häufiger Kollekten dauert der notdürftige Wiederaufbau der Kirche vier Jahre, der Neubau des Rathauses sieben Jahre. Erst gegen Ende des Jahrhunderts können die Arbeiten an der Kirche vollendet werden.

Städte gegen Aussätzige

1527. Der angesehene Recklinghäuser Weinwirt Hermann Moseler wird vom Rat der Stadt aufgefordert, sich bei der Aussätzigenfürsorge in Köln, den Melatenmeistern (malade, franz.; krank), untersuchen zu lassen, da bei ihm Verdacht auf Lepra besteht. Moseler legt bei seiner Rückkehr ein Gutachten der medizinischen Fakultät der Universität Köln vor, in dem kein Aussatz diagnostiziert wird. Der Rat besteht auf einer Untersuchung durch die Kölner Melatenmeister.

Bei Krankheitsverdacht schicken auch Essen, Dortmund und Wesel ihre Bürger zu den Melatenmeistern nach Köln. Diese tragen jedoch, da sie mit den Kranken zusammenleben, selbst zur Ansteckung bei. Erst Mitte des 16. Jh. erkennen die Städte auch die Zuständigkeit der Universitätsärzte an.

In allen Städten werden die Aussätzigen in Hütten außerhalb der Mauern untergebracht, wo sie von der übrigen Bevölkerung abgeschieden leben. Sie tragen besondere Kleidung, die sie als Lepröse kennzeichnet und müssen sich mit einer Klapper den Gesunden gegenüber bemerkbar machen.

Unhygienische Lebensbedingungen – es gibt keine Kanalisation – und dichte Besiedlung in den Städten begünstigen das Auftreten von Seuchen und Epidemien.

Aussätziger mit seiner Klapper vor den verschlossenen Toren der Stadt

Holbein-Porträts von Duisburger Ratsherren

1536. Der Künstler Hans Holbein d. J. (1497/98 – 1543) malt in London das Porträt des Duisburger Hansekaufmanns Derik Berg (r.). Der deutsche Maler und Zeichner Holbein ist seit 1532 in London ansässig. Als Hofmaler des englischen Königs Heinrich VIII. erfreut er sich bei den deutschen Hansekaufleuten großer Beliebtheit.

Schon 1533 ließ sich der Duisburger Kaufmann Deryck Tybius (auch Tibi, Tibus) von Holbein porträtieren (l.). Die Familie Tibi bestimmt mit wenigen anderen Familien die Geschicke der Stadt Duisburg bis ins 17. Jh. Aus ihren Kreisen rekrutieren sich Mitglieder des Rates und Inhaber des Bürgermeisteramtes.

Schlechter Ruf schadet Beginen

1508. Die Stadt Recklinghausen läßt ähnlich wie andere Städte ihr Beginenhaus, in dem alleinstehende Frauen zusammenleben, in ein Kloster umwandeln. Den Beginen wird unsittliches Verhalten vorgeworfen. Angeblich leben sie von Bettelei und Prostitution.

Die Beginen sind eine im 12. Jh. in Belgien entstandene religiöse Frauenvereinigung. Neben den religiösen Motiven bewegen im 14. Jh. zunehmend materielle Gründe alleinstehende Frauen, den Beginenhäusern in den Städten beizutreten. Mittellose Frauen können als Beginen ihren Unterhalt mit Nähen, Waschen und Krankenpflege verdienen.

Beginen leben ohne feste Ordensregel und ohne Aufsicht durch den Klerus. Daher rührt ihr schlechter Ruf, der zusammen mit tatsächlichen Mißständen zur Auflösung der Beginenhäuser führt.

Humanistenschule in Dortmund

24. August 1543. An der Schwarze-Brüder-Straße in Dortmund wird das von Bürgermeister, Rat und gemeinen Bürgern gegründete Gymnasium feierlich eröffnet. Der Unterricht für die Schüler beginnt am 29. September um sechs Uhr morgens. Lernstoff sind vor allem die lateinische Sprache, zusätzlich Griechisch und Hebräisch (erst von der dritten Schulklasse an). Hinzu kommt etwas Geschichte, Erdkunde, Physik, Logik, Dialektik und Rhetorik. Die Schüler der siebten Klasse (Secunda) hören Vorlesungen in Philologie und Jura, um sich auf das Universitätsstudium vorzubereiten. Unter dem Gründungsrektor Johann Lambach wird das Gymnasium für ein Jahrzehnt geistiges Zentrum einer humanistisch geprägten Reformbewegung.

J. Lambach

Dortmunds Töchter kleiden sich bunt

Um 1512. Die Tochter des Dortmunder Wandschneiders Hermann Huck ruft eine neue Mode ins Leben: Vor ihrer Hochzeit mit dem Weber Reinold Holtwickede trägt sie am Samstag ein grünes Kleid, am Sonntag ein rotes, und am Montag ist sie braun gewandet.

Am Abend vor ihrer Hochzeit trägt sie den traditionellen gefütterten Mantel, bei der Vermählung überrascht sie die eingeladenen Bürger mit einem schwarzen Schleier.

Mode des 16. Jh.

In den nächsten Jahrzehnten legen die wohlhabenden Dortmunderinnen den schwarzen Schleier nicht nur bei Hochzeiten, sondern auch an Festtagen an.

Da die bunten Kleider nur aus bestem Tuch sein dürfen, wird die neue Mode für manchen Dortmunder Bürger zu einer beträchtlichen finanziellen Belastung.

Schmied erschlägt Jobst von Strünkede

29. Mai 1529. Der Ritter Jobst von Strünkede wird von seinem eigenen Schmied erschlagen. Wie sein Vater, Reinhard von Strünkede, bedrängte Jobst mehrfach die Bürger der Stadt Recklinghausen. Nach einer Erklärung im Jahr 1528, der Emscherstrom gehöre zu seinem Eigentum so daß niemand das Recht habe, dort zu fischen, kam es zu Auseinandersetzungen mit der Bevölkerung der Stadt Recklinghausen, die ihre angestammten Rechte behaupten wollte. Überfälle, Plünderungen und Geiselnahmen begleiteten die Fehden zwischen Jobst und den Recklinghäusern. Eine Beteiligung an Strünkedes Ermordung ist den Recklinghäusern aber nicht nachzuweisen. Wegen seiner selbstgefälligen Herrschaft erhielt der Ritter den Beinamen »Toller Jobst«.

J. v. Strünkede

Salvatorkirche in Duisburg vollendet

1513. In Duisburg beendet der Baumeister Johannes Haller die Arbeiten an der Salvatorkirche, die fast 150 Jahre gedauert haben.

Pläne für den Neubau der Kirche wurden schon in einer Urkunde aus dem Jahr 1316 erwähnt, nachdem die alte Kirche bei einem Brand 1283 zerstört worden war.

Der erste Turm der neuen Kirche wurde 1369 fertiggestellt. Er war mit 106 m der höchste in Nordwestdeutschland. Das gotische Langhaus wurde 1369 bis 1415 errichtet, der Chor 1426 bis 1429. Das Quer-

Antwerpener Schnitzaltar, aus Eichenholz gearbeitet, mit farbig gestalteter Einfassung (seit dem 19. Jh. in der Dortmunder Petrikirche)

Duisburger Salvatorkirche, die nach über 100 Jahren fertiggestellt wird

schiff und die ungleichen Seitenchöre wurden anschließend erbaut. Bei einer großen Feuersbrunst am 22. März 1467 brannte der erste Turm der Kirche fast vollständig ab. Die Hitze des Feuers war so stark, daß die Turmglocken schmolzen. Mit der Fertigstellung des zweiten Turmes wird der Bau nun vollendet.

Der größte Schatz der Kirche ist eine Salvatorstatue, die im ganzen Land als wundertätig angebetet wird. Angeblich soll bei einer feierlichen Prozession im Jahr 1464 ein Besessener durch ihren Anblick geheilt worden sein. Im Zusammenhang mit konfessionellen Auseinandersetzungen im 16. Jh. wurde die Statue vom evangelischen Rat der Stadt am 11. Februar 1555 wegen »Abgötterei« aus der Kirche entfernt.

Das äußere Erscheinungsbild der Salvatorkirche erfährt in der Folgezeit noch weitere Veränderungen.

Dortmunder Kloster kauft Schnitzaltar

1521. Die Dortmunder Franziskaner erwerben einen geschnitzten Hochaltar für ihre Kirche, der von den Antwerpener Meistern Gelisz, Joreß Bereider und Adrian von Averbecke geschaffen wurde.

Der Flügelaltar, der zweimal aufgeklappt werden kann, ist 5,65 m hoch und 7,40 m breit.

Die inneren Flügel und der Schrein bestehen aus 30 geschnitzten Fächern mit 633 Figuren. Sie zeigen Szenen aus dem Leidensweg Christi, der Gregorsmesse und der Legende der Wiederauffindung des Heiligen Kreuzes sowie die sieben Schmerzen der Gottesmutter Maria.

Auf den äußeren Flügeln und den Außenseiten des Altars befinden sich 54 Bildtafeln. Hier sind Szenen aus dem Leben der heiligen Anna, der heiligen Maria und der heiligen Emerantia sowie aus der Jugend Christi dargestellt.

Mit diesem Altar versuchen die Franziskaner vermutlich, den berühmten Hochaltar in der Dortmunder Dominikanerkirche zu übertreffen (→ 1468–1476).

Prunkvolles Chorgestühl

1520. Das spätgotische Chorgestühl für das Prämonstratenserkloster Cappenberg (Abb.), einer Stiftung Gottfrieds von Cappenberg (→ 31. 5. 1122), wird nach elfjähriger Arbeit fertiggestellt. Das holzgeschnitzte Chorgestühl gilt mit seinen kunstvoll gearbeiteten Tierfiguren und Rankornamenten als das reichste Westfalens. Es stammt vermutlich aus einer angesehenen Holzschnitzerwerkstatt in Dortmund.

Ansicht der Stadt Essen

1525. Die älteste bekannte Darstellung der Stadt Essen bildet den Hintergrund auf einem Gemälde, das der Maler Bartholomäus Bruyn der Ältere für den Altar der Münsterkirche in Essen anfertigt. Das Bild »Die Kreuzabnahme« (Abb.) ist eine der vier erhaltenen Tafeln des insgesamt neunteiligen Altargemäldes des Künstlers, der auch in Xanten, Werden und Köln gearbeitet hat.

1550
1550–1599

Um 1550. Schloß Berge im Süden der Freiheit Buer wird erbaut.

1556. Der Chemnitzer Mineraloge Georg Bauer beschreibt in seinem Buch »De re metallica« unter dem Pseudonym Agricola den Kohlenbergbau in Essen. →

1556. Die Juden werden zum letzten Mal aus Dortmund vertrieben. Viele lassen sich in (Dortmund-)Dorstfeld und -Huckarde nieder.

10. 1. 1561. Der Rat der Stadt Essen führt in St. Gertrudis den deutschen Kirchengesang ein. Damit ist die Stadt Essen reformiert. →

19. 3. 1562. Der Dortmunder Rat erlaubt den Gläubigen, das Abendmahl in Gestalt von Brot und Wein entgegenzunehmen.

1563. In Duisburg wird erstmals eine öffentliche Elementarschule erwähnt, die teilweise von der Stadt getragen wird.

1564. Die Stadt Essen gründet als Konkurrenz zur katholischen Schule des Stiftes eine lutherische Lateinschule, die später zum Gymnasium wird.

1566. In (Essen-)Bredeney besteht die erste bezeugte Bergbaugenossenschaft Essens; Vereinigungen von Bergbauunternehmern werden Gewerkschaften genannt.

1567/68. Die Äbtissin des Stifts Essen, Irmgard von Diepholz, verklagt die Stadt Essen vor dem Reichskammergericht in Speyer wegen Verletzung der Stiftsprivilegien; der Prozeß dauert mehr als hundert Jahre (→ 4. 2. 1670).

1568. Die Wasserburg Haus Herbede (Witten) wird erbaut.

Herbst 1569. Der niederländische Kartograph und Geograph Gerhardus Mercator veröffentlicht in Duisburg eine für Seeleute bestimmte Weltkarte. →

6. 12. 1569. In einer Urkunde des Damenstiftes (Essen-)Rellinghausen ist erstmals Kohlenbergbau auf diesem Gebiet erwähnt.

10. 6. 1571. Das Dorf Gelsenkirchen erhält das landesherrliche Recht, jährlich zwei Märkte abzuhalten.

1572. In Köln erscheint der erste Band von Georg Brauns Städtebuch »Civitates orbis terrarum«, an dem u. a. der aus Mechelen stammende Stecher und Radierer Franz Hogenberg mitgearbeitet hat. →

15. 4. 1575. Die erste Essener Bergordnung wird von der Äbtissin Irmgard von Diepholz für die Kohlegesellschaft »op de Goes« erlassen.

2. 5. 1575. Der Streit um den Besitz der Altstadt von Lünen zwischen Kleve-Mark und dem Stift Münster wird durch den »Vertrag und abscheidt« der Grenzen und Hoheitsrechte zu Hamm und Altlünen beigelegt (gültig bis 1775).

1576. Das Hattinger Rathaus wird im Renaissancestil über der Fleischhalle erbaut.

1577. Im sog. Salentinischen Rezeß werden die Vestischen Rechte und Freiheiten durch Salentin von Isenburg erneuert.

12. 6. 1579. Auf die Bitte der Einwohner des »Flecks Swelhem« (Schwelm) hin, der mehrfach abgebrannt war, gewährt der Herzog von Kleve drei jährlich abzuhaltende Vieh- und Pferdemärkte.

1580. Unter dem Werdener Abt Heinrich Duden wird das Alaunschieferflöz am Hesperbach entdeckt und ausgebeutet. Das Werk hält sich bis 1825.

1582. Graf Adolf von Moers gründet in Moers das Gymnasium Adolfinum.

11. 8. 1582. Die landesherrliche Genehmigung zur Errichtung eines Kohlenbergwerks bei Hohensyburg wird erteilt.

4. 5. 1584. Ferdinand von Bayern erobert während des Kölnischen Krieges Recklinghausen. →

1585. Moers wird von spanischen Truppen besetzt; 1587 wird Ruhrort eingenommen.

1587. Der Söldnerführer Martin Schenk von Nideggen zerstört das Zisterzienserinnenkloster Duissern.

1587. Das Aufnahmebuch der Essener Kaufgilde verzeichnet den Namen Arnd Kruipe (Arnd bzw. Arnold Krupe bzw. Krupp) ohne weiteren Zusatz.

Ab 1590. Das Stift Essen verliert seine grundherrlichen Rechte im Kirchdorf Gelsenkirchen an die Grafen von der Mark.

1590. Die fünftürmige Stadtmauer von Hattingen wird fertiggestellt. Bereits 1428 wird die »vesten Hattingen« als Stadt erwähnt.

1593. Im Zuge der Hexenverfolgung werden in Dortmund 14 Frauen hingerichtet. →

1597. Der Unnaer Bürgermeister Johann von Westphalen läßt in Brockhausen ein eigenes Salzwerk anlegen, den »Westphalen-Platz«.

1599. Rheinberger Zollrechnungen führen den Nachweis über Steinkohlentransporte auf der Ruhr flußabwärts.

Herbst 1599. Der Schwarze Tod fordert in Dortmund und Recklinghausen zahllose Opfer.

GESTORBEN:

11. 5. 1554. Dortmund: Jakob Schöpper, eigentlich Heinrich Bernbroick, Geistlicher und bedeutender theologischer Schriftsteller.

Mai 1578. Essen: Heinrich von Kempen (*Kempen), lutherischer Theologe, Pfarrer und Prediger in Essen.

2. 12. 1594. Duisburg: Gerhardus Mercator, eigentlich Gerhard Kremer (*5. 3. 1512, Rupelmonde/Flandern), niederländischer Kartograph und Geograph. Mercator schuf die ersten modernen Landkarten.

Hexenwahn in Dortmund

1593. Mit 14 Hinrichtungen innerhalb eines Jahres erreicht die Hexenverfolgung in Dortmund einen neuen Höhepunkt. Man bezichtigt die Frauen, sich dem Bösen verschrieben und dafür die Fähigkeit erhalten zu haben, mit ihrem Blick Menschen und Tiere krank zu machen sowie durch Gewitter und Hagel die Ernte zu zerstören.

Am 8. Mai klagt Heinrich Puttmann seine Nachbarin Carda Mane der Zauberei an. Beide werden in Haft genommen und am 14. Juni der Wasserprobe unterzogen. Gefesselt in den Mühlenteich vor dem Kuckelketor geworfen, geht Heinrich unter, während Carda an der Oberfläche bleibt. Da dies als Zauberei angesehen wird, ist sie überführt und wird im Diebskeller unter dem Rathaus festgesetzt. Als sie am Morgen des 26. Juni hingerichtet werden soll, findet der Scharfrichter die Frau mit gebrochenem Genick tot in ihrer Zelle. Auf dem Schindanger, wo ansonsten die nicht verwertbaren Reste von Tierkadavern verscharrt werden, wird sie begraben.

Daß die Angeklagte sich der bevorstehenden Hinrichtung durch Selbstmord zu entziehen sucht, ist kein Einzelfall. Die im Juli durch die Wasserprobe der Hexerei überführte Enne Kurlemann tötet sich, indem sie sich ihr Schürzentuch in den Mund stopft und einen Schnürriemen um den Hals schlingt.

Europa im Hexenwahn: Verbrennung von 18 Personen in Salzburg 1528

Anne Heinrichs, 1571 in Amsterdam als Hexe verbrannt (Jan Lyken, 1685)

Reformation verdrängt die alte Lehre

In der zweiten Hälfe des 16. Jh. setzt sich die Reformation auch im Ruhrgebiet allgemein durch. Der Rat der Stadt Duisburg beschließt am 11. Februar 1555 die Entfernung der Salvatorstatue aus der gleichnamigen Kirche als einer »abgotterie« und führt einen evangelischen Katechismus im Schulunterricht ein. In Unna empfangen Allerheiligen 1559 zahlreiche Bürger das Abendmahl unter beiderlei Gestalt und singen Lieder Martin Luthers. Am 10. Januar 1561 wird an St. Gertrudis in Essen der deutsche Kirchengesang eingeführt. 1562 genehmigt der Rat in Recklinghausen evangelische Gottesdienste und gewährt Glaubensfreiheit. Am 3. Januar desselben Jahres setzt sich in Hamm mit der Einführung des Pfarrers Carolus Gallus das neue Bekenntnis durch. Mit der »Confessio praedicantium Tremoniensium« der Dortmunder Prediger erlangt die lutherische Lehre (stillschweigende) Anerkennung beim Rat der Stadt. Zur selben Zeit werden die meisten Städte und Dörfer der Grafschaft Mark lutherisch.

Erste reformatorische Bestrebungen setzten bereits in den 20er Jahren des 16. Jh. ein. In Essen traten um 1524 lutherische Prädikanten auf. In Dortmund unterzog der Rat als Reaktion auf Forderungen der Bürgerschaft nach neuen Predigern am 30. März 1528 die Schriften Luthers einer eingehenden Prüfung.

Kupferstich der stark befestigten Stadt Dortmund (von Norden) aus dem reich illustrierten Städtebuch von Franz Hogenberg mit Texten von Georg Braun

Hogenbergs Städtebuch

1572. Georg Braun und Franz Hogenberg geben in Köln den ersten Band eines sechsbändigen großen Städtebuches heraus, eine Sammlung von Städtebildern. Braun, ein gelehrter Theologe, schreibt historisch-geographische Texte zur Erklärung der Kupferstiche von Hogenberg und anderen Künstlern.

Franz Hogenberg ist von 1572 bis zu seinem Tod 1590 künstlerischer Berater Brauns. Er liefert zu den verschiedenen Büchern zahlreiche Stiche, u. a. auch die – nach dem Altarbild der Propsteikirche – zweitälteste Stadtansicht Dortmunds und eine Ansicht von Essen.

Der Stich von Dortmund vermittelt ein Bild von der durch uneinnehmbare Mauern geschützten Stadt. Zu sehen sind auch der Turm der Reinoldikirche, der die dahinter befindliche Marienkirche verdeckt, außerdem Teile der Katharinen- und Dominikanerkirche sowie der Nicolai- und Franziskanerkirche. Die Befestigungsanlagen der Stadt sind in ihrer ganzen Ausdehnung erkennbar: Ostentor, Schlangenturm, Kuckelketor, Höllenturm, Burgtor, Pulverturm und Pockenturm und ganz rechts die Torburg des Westentores. Der Vordergrund zeigt Szenen ländlicher Arbeit und ein Bürgerpaar.

Zu dem Stich von Essen findet sich im Städtebuch eine Schilderung Essens, die vor allem für Fremde gedacht ist. Darin wird von den Bürgern der Stadt berichtet, die in fernen Landen Kaufmannschaft treiben. Auch von Tuchwebern und Schmieden ist die Rede. Besonders hervorgehoben wird die Büchsenmacherei der Stadt, für die Essen weit über seine unmittelbare Umgebung hinaus bekannt ist.

Ein ärgerliches Hindernis bei vielen Reisen: Der Zoll, der vom Fuhrmann häufig für die Straßen- und Brückenbenutzung entrichtet werden muß

Beschwerliche Reise durchs Ruhrgebiet

Reisen im 16. Jh. sind mit viel Mühen und großem Zeitaufwand verbunden, wie der folgende Bericht aus dem Jahr 1554 zeigt: Am 3. Oktober reist ein Beauftragter der Landesregierung in Münster mit zwei Wagenknechten und sechs Pferden nach Köln, um den Rechtsgelehrten Dr. Ochs zur Klärung von Rechtsfragen nach Münster zu bringen.

Am Abend des ersten Tages erreicht die Reisegruppe Haltern, wo übernachtet wird. Am anderen Tag geht die Reise weiter nach Duisburg. In Dorsten wird Station gemacht, um die Pferde zu füttern, während die Reisenden den Aufenthalt zu einer Stärkung nutzen. Nachdem ein Fährmann die Gruppe über den Rhein gesetzt hat, kommt sie nach einer weiteren Übernachtung am Samstagmittag erschöpft in Köln an.

Zusammen mit Dr. Ochs, für den der Gesandte aus Münster noch einen Krug Wein als Wegzehrung kauft, tritt die Gruppe am Sonntag die Rückreise an. In Kirchhellen wird übernachtet, dann geht die Reise über Sterkrade weiter nach Dorsten, wo man zu Mittag ißt, Wein und Bier trinkt und sich von Spielleuten aufspielen läßt. Schließlich erreichen die Reisenden nach einwöchiger beschwerlicher Fahrt am 10. Oktober wohlbehalten Münster.

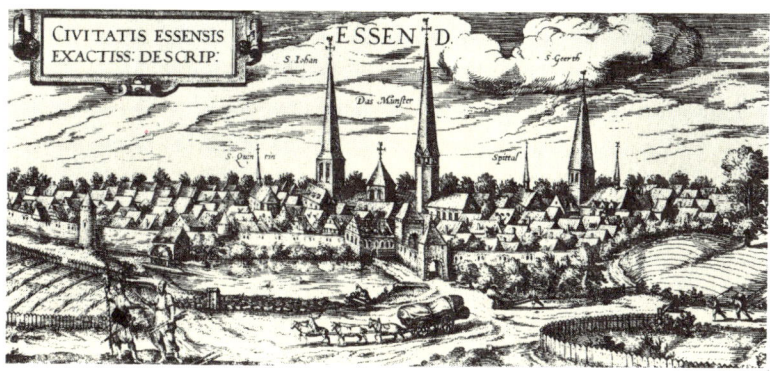

Ansicht der Stadt Essen von Osten aus in Süd-Nord-Richtung vom Kettwiger zum Viehofer Tor aus dem 1581 erschienenen 3. Band des Städtebuches

Duisburger Kartenwerke von Weltrang

Herbst 1569. Der seit 1552 in Duisburg lebende niederländische Geograph und Astronom Gerhardus Mercator veröffentlicht seine große Weltkarte für Seefahrer. Mit dieser Weltkarte dokumentiert er als einer der ersten Wissenschaftler, daß die kugelförmige Gestalt der Erdoberfläche auf die ebene Fläche eines Kartenblattes übertragen werden kann. Mit Hilfe der nach ihm benannten Mercator-Projektion wandelt er zu diesem Zweck den Erdglobus in einen Zylinder, den er auf einer Fläche abrollt. Das gradlinige Netz der Längen- und Breitengrade ist damit so angelegt, daß alle auf der Karte verzeichneten Punkte der Lage und Richtung zueinander der tatsächlichen Kompaßrichtung entsprechen und sich besonders für Navigatoren als hilfreich erweisen. Mercator schafft damit die erste brauchbare Karte für Seeleute.

Als Wissenschaftler konnte er bereits einige Jahre zuvor fachliche Anerkennung erlangen. 1541 fertigte er einen Erdglobus und 1551 einen Himmelsglobus.

Gerhardus Mercator (1512–1594)

Mercators Schüler und seine Söhne begleiten seine wissenschaftlichen Arbeiten und setzen sie fort. Johannes Corputius (1542–1611) veröffentlichte 1566 einen detaillierten Plan der Stadt Duisburg, auf dem auch alle Gebäude verzeichnet sind. Johann Mercator (geb. etwa 1562) fertigt 1591 eine genaue Landkarte der Grafschaft Moers an.

Nach einem Studium in Löwen beginnt Gerhardus Mercator ab 1534 mit der Fertigung von Globen. 1551 konstruiert er einen Himmelsglobus (Abb. oben). Ein Jahr später begibt er sich, durch die spanische Protestantenverfolgung zur Flucht aus Holland gezwungen, in die Dienste des Herzogs von Jülich nach Duisburg. Hier entsteht 1569 seine berühmte Weltkarte für Seefahrer. Einen Plan von Duisburg fertigte sein Schüler Johannes Corputius an (Abb. unten).

Eroberung beendet Krieg um Erzbistum

5. Mai 1584. Ferdinand von Bayern, der Bruder des am 23. Mai 1583 zum Erzbischof von Köln gewählten Ernst von Bayern, erobert mit zwei Regimentern Recklinghausen. Damit endet der Kölnische Krieg zwischen dem am 22. Mai 1583 von Papst Gregor VIII. abgesetzten Kölner Erzbischof Gebhard Truchseß von Waldburg und seinem Nachfolger Ernst von Bayern.

Anlaß für den Krieg war der Übertritt Gebhards zum Protestantismus anläßlich seiner Heirat mit Agnes von Mansfeld, einer Kölner Stiftsdame. Da Gebhard sich weigerte, auf das Erzbistum zu verzichten, bedrohte sein Abfall vom Katholizismus die Wahlchancen des Hauses Habsburg bei der nächsten Kaiserwahl: Drei der sieben Kurfürsten im Wahlkollegium waren bereits protestantisch, so daß die Stimme des Kölner Erzbischofs und Kurfürsten entscheidend wurde.

Mit der Rückeroberung von Stadt und Vest Recklinghausen, die auf seiten Gebhards gestanden hatten, erringt die Gegenreformation einen entscheidenden Sieg in Westfalen.

Blutige Besatzung an Lippe und Ruhr

1585. Im Zuge des seit 1568 andauernden spanisch-niederländischen Krieges besetzen spanische Söldnertruppen Moers, zwei Jahre später Ruhrort. Bereits 1584 ist das Stift Essen von den Spaniern geplündert worden. Bis zu ihrem Abzug im April 1599 kommt es zu weiteren Raubzügen sowohl von spanischen als auch von niederländischen Truppen zwischen Lippe und Ruhr. Städte und Dörfer werden niedergebrannt, Vieh gestohlen, die Bewohner drangsaliert oder ermordet.

Einen »Winter des Entsetzens« erlebt die Region an der Ruhr im Jahr 1598: Auf der Suche nach Winterquartieren fällt der spanische Admiral Don Francesco Mendoza am 5. November mit 24 000 Soldaten in Kleve-Mark und in das Stift Münster ein. Unna, Kamen, Lünen, Dorsten, Recklinghausen und Gelsenkirchen werden geplündert.

Hintergrund für die Wahl der Ruhrregion zum militärischen Aufmarschgebiet ist der Versuch Spaniens, die Verbindung der Niederlande mit dem protestantischen Deutschland zu unterbinden.

Technik im Bergbau

1556. Der Naturforscher Georg Bauer veröffentlicht unter dem Pseudonym Georgius Agricola das Buch »De re metallica« (»Von der Metallverarbeitung«). Er berichtet darin u. a. vom Kohlenbergbau in Westfalen, vor allem in der Nähe der Stadt Essen. Agricola beschreibt den Ausbau der primitiven Kohlegruben zu tiefen Schächten; mit Hilfe von Haspeln werden die Kohleneimer heraufgezogen. Teilweise bestehen bereits Abzugsstollen für das Grundwasser, die Ackeldrüft genannt werden. Zur Förderung werden, wie Agricola schreibt, Pferde eingesetzt – die einzigen von der Wasserkraft unabhängigen »Arbeitsmaschinen«, die es bis zur Erfindung der Dampfmaschinen gibt. Zu Beginn des 19. Jh. revolutioniert ihr Einsatz den gesamten Kohleabbau.

Wasserhaltung mit Pferdekraft (Agricola: De re metallica)

Abstieg ins Bergwerk mit Hilfe von Haspeln (Agricola: De re metallica)

Krieg und Zerstörungen im Ruhrgebiet
1600 bis 1800

Jahrzehntelang hatten Spanier und aufständische Niederländer Kleve-Mark und die benachbarten Gebiete rücksichtslos ausgebeutet, als der Waffenstillstand von 1609 dem Schrecken ein Ende setzte. Doch schon begann ein weiteres Drama: Die Nachfolge Herzog Wilhelms des Reichen († 1592) von Jülich-Berg-Kleve-Mark hatte sein geistig verwirrter Sohn Johann Wilhelm angetreten, ein Spielball in der Hand der Spanier. Zwar versuchte seine Gemahlin, Jakoba von Baden, dem Land größere Handlungsfreiheit zu verschaffen, doch fand man sie eines Morgens – des Ehebruchs angeklagt und ins Gefängnis geworfen – tot auf. Die Umstände ihres Todes wurden nie aufgeklärt. Um den Fortbestand des herzoglichen Hauses zu sichern, wurde Johann Wilhelm abermals verheiratet, doch blieb auch diese Ehe ohne Kinder. Völlig umnachtet starb der unglückliche Fürst am 25. März 1609.

Damit war sein gewaltiger Länderbesitz am Niederrhein und in Westfalen herrenlos. Mit größter Aufmerksamkeit blickten die Mächte auf die Erbfolge. Da im klevischen Hause die weibliche Linie erbberechtigt war, meldeten sich der Kurfürst von Brandenburg und der Pfalzgraf zu Neuburg, beide mit klevischen Prinzessinnen verschwägert, als Hauptberechtigte. Auch Kaiser Rudolf II. sicherte sich einen festen Platz im Lande Jülich, während die beiden Hauptprätendenten als »Possidierende« im Dortmunder Vertrag (1609) eine gemeinsame Regierung einrichteten. Drohend zog Heinrich IV. von Frankreich an der Grenze auf, um jede Stärkung der habsburgischen Macht im Westen des Reiches zu verhindern. Seine Ermordung (1610) und die Eroberung von Jülich durch Prinz Moritz von Oranien entschärften noch einmal die Lage. Nun aber gerieten die »Possidierenden« aneinander. Beide Lutheraner wechselten die Konfession. Der Brandenburger wurde Kalvinist, um sich die niederländische, der Pfalzgraf Katholik, um sich die kaiserliche Unterstützung zu sichern. Schon marschierten Spanier und Niederländer am Niederrhein auf, als es in letzter Minute gelang, den Krieg aufzuhalten, indem man das Erbe in zwei etwa gleiche Teile zerschnitt. Jülich und Berg fielen dem Pfalzgrafen, Kleve, Mark und Ravensberg dem Kurfürsten zu (Vertrag von Xanten, 1614). Der erste nahm spanische, der andere niederländische Garnisonen in seinen Festungen auf. Die ursprünglich als Provisorium gedachte Teilung verfestigte sich dadurch und wurde schließlich im Vertrag von Kleve (1666) besiegelt.

Zwei wichtige Folgen des klevischen Erbfolgestreits prägten die Zukunft: Das ferne, ostelbische Kurfürstentum Brandenburg, der Vorgänger Preußens, faßte am Niederrhein Fuß; und beide »Possidierende« verpflichteten sich zur religiösen Duldung des andern Bekenntnisses in ihren Territorien. Erstmalig in der deutschen Geschichte wurde damit der Grundsatz durchbrochen, daß der Landesherr die Konfession seiner Untertanen bestimmt. So konnten Lutheraner, Kalvinisten und Katholiken in den ehemals jülich-bergischen und kleve-märkischen Landen bis in die Neuzeit, von kleineren Störungen abgesehen, friedlich miteinander leben.

Nur im Vest Recklinghausen sah es anders aus: Der Kurfürst von Köln vertrieb dort alle Protestanten.

Um den niederländischen Einfluß einzudämmen, marschierten 1615 starke spanische Verbände nach Essen, Iserlohn und Soest. Ohne Einschnitt schloß sich an die spanisch-niederländische Auseinandersetzung der Dreißigjährige Krieg an. Kurköln als Glied der katholischen Liga, damit auch das Vest Recklinghausen, trug finanziell zur Niederwerfung des böhmischen Aufstands (1618/19) bei. Dagegen fanden an Lippe und Ruhr Werbungen für den vertriebenen protestantischen Böhmenkönig Friedrich von der Pfalz, den »Winterkönig«, statt. Durchzüge der Söldner richteten große Schäden an. Das Wohlverhalten der Soldaten war nur mit hohen Geldzahlungen zu erkaufen.

Bald erschien auch der Parteigänger des unglücklichen »Winterkönigs« im Land: Herzog Christian von Braunschweig-Lüneburg, der »Tolle Christian«, der Todfeind der »Pfaffen«. Eigentlich gegen den Katholizismus angetreten, schonte er auch die Protestanten nicht. Ungeheure Reichtümer fielen ihm in den eroberten Städten in die Hände. Werl und das Vest konnten sich von ihm freikaufen. Nur Dortmund wagte es, ihn abzuweisen; die Reichsstadt vertraute auf das anrückende Heer der katholischen Liga, obgleich sie evangelisch war. Schon traten die konfessionellen Gesichtspunkte, die den großen deutschen Krieg eigentlich ausgelöst hatten, in den Hintergrund.

Beim Abzug aus Westfalen übergab Christian auch die märkischen Städte den Niederländern, die aber sogleich von den Spaniern daraus vertrieben wurden. Der spanische Ring um die Niederlande schloß sich enger. Nicht große Schlachten zeichneten den Fortgang des Dreißigjährigen Krieges in der Region zwischen Lippe und Ruhr aus, sondern das ununterbrochene Hin- und Herziehen der Heere, ihre gewalttätige Selbstversorgung aus dem Lande, gleichgültig ob sie als Beschützer oder als Eroberer kamen. Die Landesherren mußten dem Treiben machtlos zusehen.

Nach zehn Jahren Krieg hatte die katholische Seite ein gewisses Übergewicht erlangt. Der Kaiser konnte im Restitutionsedikt (1629) die Rückgabe aller seit 1552 evangelisch gewordenen Kirchen, Klöster und Stifte verlangen. Davon wäre Dortmund nachhaltig betroffen worden; doch gelang es der Stadt, die Durchführung hinauszuzögern. Als die Kaiserlichen 1632 Dortmund eroberten, bat die katholische Minderheit sogar um den Erhalt der evangelischen Kirchen.

Mit dem Kriegseintritt König Gustav Adolfs von Schweden (1630) wendete sich das Blatt. Der militärisch bedeutende Landgraf von Hessen-Kassel schloß sich dem Schweden an, um den Protestantismus zu retten. Als Lohn forderte der Hesse die Bistümer Münster und Paderborn sowie das Sauerland. Sofort nahm er einen Teil davon in Besitz. Sein Feldherr Melander eroberte Werl, Unna, Dortmund, Dorsten und Haltern. Im Besitz dieser Festungen konnte sich der Landgraf trotz der schwedischen Niederlage bei

Nördlingen (1634) in Westfalen bis zum Friedensschluß behaupten, obgleich ihm die Kaiserlichen mal diesen, mal jenen Platz abnahmen. Einige Festungen überließ er dem Kurfürsten Friedrich Wilhelm von Brandenburg, der seit 1644 mit einem eigenen Heer in Westfalen und am Rhein eingriff.

Nach zähen Verhandlungen kam 1648 der Friede in Münster und Osnabrück zustande. An Ruhr, Rhein und Lippe änderte sich wenig. Hessische Hoffnungen auf Landerwerb erfüllten sich nicht. Den zukünftigen konfessionellen Verhältnissen sollte der Besitzstand des Jahres 1624, des sog. »Normaljahrs«, zugrunde gelegt werden. Sogar in manchen Klöstern gab es jetzt zwei oder gar drei Konfessionen, wie z. B. im Nordenstift bei Hamm. Die Kalvinisten wurden nunmehr der evangelischen und katholischen Konfession rechtlich gleichgestellt.

Finanziell schwer zur Ader gelassen, war das Land im langen Krieg, der eigentlich von 1569 bis 1648 gedauert hatte, nicht völlig verarmt. Die Kohleförderung und die Nachfrage nach Eisenwaren, besonders Waffen, stiegen enorm an und brachten Handwerk und Handel hohe Gewinne. Nur so hatten die Kontributionen an die Heere überhaupt bezahlt werden können. Schlimmer als wirtschaftliche Schäden wirkte die allgemeine Verrohung der Sitten: Straßenraub, Unsittlichkeit, Trunksucht und Aberglauben drangen in alle Gesellschaftsschichten ein.

Verhängnisvoll war auch das tief verwurzelte Mißtrauen der Fürsten untereinander. Nach wie vor standen sich Kurbrandenburg und Pfalz-Neuburg feindselig gegenüber; beiderseitige Übergriffe vergifteten ihre Beziehungen. Auch im Lande herrschte zwischen den Landesherren und den Landständen Gereiztheit. Gestützt auf das Heer brachten die Landesherren ein Recht nach dem andern in ihre Hände, vor allem das Steuerrecht, das ihnen größere Handlungsfreiheit gestattete. Erst der Vertrag von Köln an der Spree (1672) entspannte die Lage zwischen den beiden Kontrahenten in der jülich-berg-klevischen Erbschaft.

Ein weiterer Unruheherd entwickelte sich im benachbarten Fürstbistum Münster. Fürstbischof Christoph Bernhard von Galen (1650–1678) baute ein starkes Heer auf, um vermeintlichen Angriffsabsichten der Holländer und ihrer protestantischen Verbündeten zuvorzukommen. Zwei Präventivkriege des Bischofs gegen die Holländer scheiterten. Zur Vorbereitung des letzten schloß er in Oberhausen mit Frankreich ein Bündnis (1672). Da der Kurfürst von Brandenburg auf der Gegenseite stand, wurde auch Kleve und Mark zum Kriegsschauplatz. Der französische Marschall Turenne hauste übel im Lande.

Erst nach dem Frieden von Rijswik (1697) zog endlich Ruhe im Land ein. Der Handel belebte sich: Metallerzeugnisse und Kohlen gingen in erheblichem Umfang über Straßen und Flüsse ins Ausland. Während alte Handelsstädte wie Soest und Dortmund sich wirtschaftlich nicht erholen konnten, stiegen die kleinen Bergstädte Iserlohn, Altena und Lüdenscheid zu großer Blüte auf. Die Grafschaft Mark entwickelte sich zu einem europäischen Zentrum des Kleineisengewerbes: Sensenschmiede im Ennepetal, Drahtzieher in Iserlohn, Raffinierstahl in Milspe und Sprockhövel. Auch die dortige Nadelindustrie lief der in Köln den Rang ab.

Das 18. Jh. brachte dem Land weniger politische als innere Veränderungen. Der Kurfürst von Brandenburg, seit 1701 König von Preußen, baute seine Stellung am Rhein und in Westfalen weiter aus. Dazu gehörte auch die Reform der Verwaltung, die 1723 in den neuen Kriegs- und Domänenkammern ein vorzügliches Werkzeug erhielt. Überall breitete sich in Preußen das Leistungsprinzip aus. Die geistlichen Länder, darunter auch das kurkölnische Vest Recklinghausen und die Fürstabteien Essen und Werden, traten in den Schatten der Entwicklung.

Größere politische Konflikte wurden lediglich von außen in das Land getragen, wenn die Fürsten mit konkurrierenden Großmächten in Bündnisse traten. So standen im Siebenjährigen Krieg Kurfürst Clemens August von Köln auf französischer, König Friedrich II. von Preußen auf englisch-hannoverischer Seite (1756–1763). Die finanziellen Anforderungen an das Land infolge ständiger Durchzüge großer Heere waren noch höher als im Dreißigjährigen Krieg, die dadurch hervorgerufene Verarmung nachhaltiger. Drückend wurden auch die zum Teil gewalttätigen Zwangsrekrutierungen empfunden. Viele junge Männer suchten ihr Heil in der Flucht ins Ausland. Nach dem Krieg verringerten sich zwar die Lasten, aber die Schulden ließen keine durchgreifende Gesundung der Wirtschaft eintreten. Viele der ehemals wohlhabenden Städte sanken zu kümmerlichen Ackerbürgerorten herab.

Die Landwirtschaft bildete allerorts noch immer den wichtigsten Broterwerb. In den preußischen Landesteilen bemühten sich die Beamten jedoch, auf der Grundlage des Metallgewerbes der Bevölkerung andere Verdienstmöglichkeiten, und damit für den Staat neue Steuerquellen, zu eröffnen. Auch die Kohleförderung wurde planmäßig verstärkt. 1766 erließ der König die revidierte Märkische Bergordnung. Mit hohen Erwartungen entsandte 1784 der Minister für das preußische Berg- und Hüttenwesen den jungen Karl vom und zum Stein, um den märkischen Bergbau zu organisieren. Stein nahm Wohnsitz in Wetter an der Ruhr. Seine Berührung mit der hier üblichen landschaftlichen Selbstverwaltung beeinflußte aufs Tiefste seine späteren Staatsreformen. Auch die Salzgewinnung spielte noch eine gewisse Rolle. In diesem Bereich wurde sogar 1799 in Königsborn bei Unna auch die erste Dampfmaschine eingesetzt. Im Vest Recklinghausen blühte eine, wenn auch gegenüber den nordostwestfälischen Zentren bescheidene Leinenproduktion. Größere Bedeutung besaß die Tuchmacherei in den märkischen Bergstädten. Der Absatz für diese Waren war vor allem im militärischen Sektor gewährleistet.

Schlimm stand es um das Straßennetz. Befestigte Wege gab es nicht. Der Transport schwerer Güter war deshalb so gut wie unmöglich, wenn nicht die Flüsse für den Verkehr nutzbar gemacht werden konnten. 1780 eröffnete man die Schiffahrt auf der Ruhr südlich von Unna bis zur Mündung. Die Schiffbarmachung von Lippe und Emscher scheiterte jedoch am Widerstand der benachbarten Staaten und an den hohen Kosten.

Im Gefolge der Aufklärung erhöhte sich der Bildungsstand in allen Bevölkerungsschichten. Fast überall galt die Schulpflicht; Lehrerbildungsanstalten entstanden und die überalterten Gymnasien wurden reformiert. Bedeutende Geister gingen aus dem Lande hervor: Der russische Minister (Graf) Heinrich Ostermann (1687–1747, aus Wiemelhausen bei Bochum), der Göttinger Rechtslehrer Johann Stephan Pütter (1725–1807, aus Iserlohn) und Karl Arnold Kortum (1745–1824, aus Bochum), Arzt und Dichter der »Jobsiade«. In den Städten bildeten sich Lesegesellschaften. Das Zeitungswesen unternahm die ersten behutsamen Schritte. Anhänger der Aufklärung gründeten in fast allen märkischen Städten Freimaurerlogen.

Als Folge der Französischen Revolution kamen seit 1792 zahlreiche französische Emigranten in das Land. In Hamm errichteten sie sogar vorübergehend eine monarchistische Exilregierung (1793/94). Arroganz und Sittenlosigkeit der adligen Flüchtlinge machten auf die biedere Bevölkerung nicht immer den besten Eindruck. Zur Beobachtung der Demarkationslinie gegenüber den bis an den Rhein vorgestoßenen Revolutionsarmeen bezogen preußische und österreichische Truppen Stellung. Überall verbreitete sich das Gefühl, vor umstürzenden Ereignissen zu stehen.

Wilhelm Kohl

1600
1600–1649

17. Jh. Bei Sprockhövel wird Eisenerz abgebaut. Zur Verhüttung wird Holzkohle verwendet.

1600. Nach Unruhen in der Bürgerschaft werden die Essener Ratsmitglieder erstmals gewählt.

1602. Die beiden jährlich neu gewählten Bürgermeister von (Essen-)Steele unterschreiben als Vertreter der »Gemeine und Freiheit Steele«.

Nach 1604. Das Dortmunder Gymnasium soll zu einer Universität ausgebaut werden. Es wird mit Professoren aus Gießen und Wittenberg um die Übernahme der Lehrstühle verhandelt.

12. 7. 1605. Angesichts der Bedrohung durch den spanisch-niederländischen Krieg beschließt der Dortmunder Rat die Anwerbung von 50 bis 100 Söldnern.

18. 7. 1605. Der Dortmunder Rat beauftragt den Rittmeister Hermann von Berswordt und »Pastore Nicolai«, die Dortmunder Stadtchronik weiterzuführen.

1605. Die Reichssteuer, die Dortmund pro »Römermonat« entrichten muß, wird von 204 auf 96 rheinische Gulden reduziert.

1606. In Essen wird der Kornmarkt angelegt, ein überbauter Teil des Steinwegs. Hier steht auch der »Kak«, der Schandpfahl für Missetäter.

14. 6. 1609. Der Duisburger Revers, ein Toleranzvertrag zwischen Katholischen und Evangelischen, wird geschlossen.

1610. Dethmar Mülher zeichnet den ältesten erhaltenen Stadtplan von Dortmund.

Oktober 1612. In Unna versammeln sich knapp 100 lutherische Pfarrer und Lehrer zur konstituierenden Generalsynode ihrer Kirche.

1613. Der »Essener Almanach auf das Jahr 1613«, ein lutherisches Gesangbuch, ist das erste in Essen gedruckte Buch.

Juni 1613. In den Duisburger Kirchen kommt es zu einem Bildersturm.

4. 9. 1614. Der Kölner Kurfürst Ferdinand von Bayern verbietet jedem Nicht-Katholiken den Aufenthalt im Vest Recklinghausen.

12. 11. 1614. Mit dem Vertrag von Xanten wird der Jülich-Klevesche Erbfolgestreit beendet und die Herrschaft über die Ruhrregion neu geordnet. →

17. 12. 1616. In Essen vollendet der Buchhändler Johannes Ursinus ein Werk über die Geschichte Westfalens, das den ersten Überblick über den Kohlebergbau im Raum Essen enthält.

23. 5. 1618. Mit dem Prager Fenstersturz beginnt der Dreißigjährige Krieg; auch die Ruhrregion bleibt nicht verschont. →

1618–1621. In Westfalen steigen die Getreidepreise um 150%.

Bis 1622. In den ersten Jahren des Dreißigjährigen Kriegs erreicht die Herstellung von Büchsen in Essen ihren Höhepunkt. →

1626. Die Essener Äbtissin Maria Clara von Spaur läßt den Essener Münsterschatz und die wichtigsten Akten des Stifts in Weinfässern nach Köln schaffen.

1. 5. 1628. Die Essener Äbtissin Maria Clara von Spaur läßt unter dem Schutz spanischer Truppen die Essener Bürger entwaffnen.

Ab 1630. Der Übergang zum kostenintensiven Stollenbergbau erfordert den Zusammenschluß mehrerer Bergwerksbetreiber zu sog. Gewerkschaften.

23. 7. 1632. Der kaiserliche Reitergeneral Gottfried Heinrich Graf zu Pappenheim erobert Dortmund. Die Stadt zahlt 50 000 Taler Kontribution (→ 23. 5. 1618).

1632. Durch Fürsprache Margaretes von Münch, der Äbtissin des Klosters Duissern, verschont der kaiserliche Reitergeneral Gottfried Heinrich Graf zu Pappenheim die Stadt Duisburg.

Aschermittwoch 1633. Der hessische General Melander nimmt mit seinen Truppen Dorsten ein, um den strategisch wichtigen Lippeübergang zu sichern (→ 23. 5. 1618).

17. Juni 1633. Der schwedische Oberst Wendt rückt in Bochum ein.

1634/35. Eine Pest fordert in Westfalen zahlreiche Opfer; in Recklinghausen stirbt die Hälfte der Bevölkerung. →

6. 10. 1636. Der kaiserliche Feldmarschall Graf Götze zieht in Dortmund ein. Bis zum Ende des Dreißigjährigen Krieges bleibt Dortmund von kaiserlichen Truppen besetzt.

1642. Der Magistrat der Stadt Hörde (Dortmund) führt Beschwerde beim Landesherrn über die Begleiterscheinungen des Dreißigjährigen Krieges. →

13. 5. 1643. Der Dortmunder Rat verbietet bei Verlust des Bürgerrechts die Flucht aus der Stadt.

24. 9. 1646. Die Anlage eines neuen Bergwerks wird vom Dortmunder Rat mit dem Hinweis untersagt, daß »die Nachkommen auch noch Kohlen finden mögen«.

1648. Nach Beendigung der Restaurierungsarbeiten läßt Graf Wilhelm Wirich von Daun-Falkenstein am Hochschloß Broich sein Wappen anbringen. Daraus wird später das Stadtwappen Mülheims.

GESTORBEN:

1624. Essen: Arnd bzw. Arnold Krupe oder Kruipe (*?), Stammvater der Familie Krupp.

GEBOREN:

1604. Essen: Jan van Galen († 23. 3. 1653) Kommandant der niederländischen Mittelmeerflotte und Sieger in der Schlacht bei Livorno.

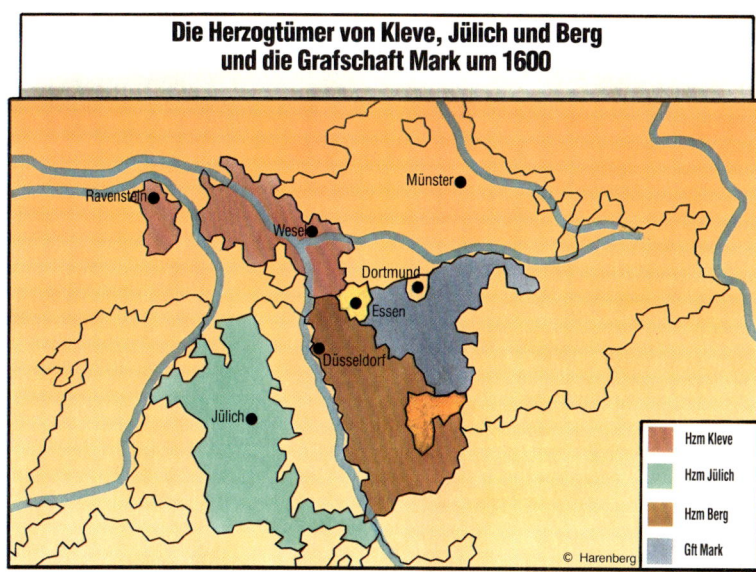

Die Herzogtümer von Kleve, Jülich und Berg und die Grafschaft Mark um 1600

Xantener Erbfolgevertrag

12. November 1614. Im Vertrag von Xanten wird der klevische Erbfolgestreit um das vereinigte Herzogtum von Jülich, Kleve, Berg und Mark vorläufig beigelegt. Nach dem Tod des Herzogs Johann Wilhelm, der keine Erben hinterließ, teilen sich die Kurfürsten Johann Sigismund von Brandenburg und Wolfgang Wilhelm von Pfalz-Neuburg, beide verwandtschaftlich mit dem letzten Herzog verbunden, die Herrschaft über das Land.

Der Vertrag ist zunächst nur ein Provisorium, bei dem grundsätzlich die Gemeinsamkeit beider Fürsten im Gesamterbe erhalten bleiben soll, indem die Einkünfte des ganzen Besitzes gleichmäßig geteilt werden. Das Gebiet wird außerdem in zwei Hälften getrennt, wobei der Brandenburger Kleve und Mark erhält, der Kurpfälzer Jülich und Berg.

Beide Seiten versuchen jedoch, ihren Machtbereich auszudehnen und nutzen dazu die Wirren des Dreißigjährigen Krieges. Erst am 9. September 1666 kommt es mit dem Teilungsvertrag von Kleve zu einer endgültigen Lösung, bei der die räumliche Aufteilung von 1614 beibehalten wird. Unter der Herrschaft des Brandenburgers beginnt damit für weite Teile des späteren Ruhrgebiets eine neue Epoche als kleiner Teil eines zentral von Brandenburg aus geleiteten preußischen Staates.

Vor dem Vertrag von 1614 hatten sich die Landstände des vereinigten Herzogtums für eine Nachfolge der Kurfürsten eingesetzt und verhindert, daß die katholische Mutter des verstorbenen Herzogs, Jakoba von Baden, an die Spitze des Territoriums treten konnte.

Beide lutherischen Kurfürsten gewinnen durch ihr tolerantes Verhalten in Fragen der Religion viele Sympathien in den betroffenen Regionen. Schon 1609 hatten sie gemeinsam erklärt, niemanden entgegen seinem Gewissen zu einer anderen Religion zu zwingen oder in der Ausübung seines persönlichen Glaubens zu behindern.

Mit dieser Erklärung durchbrachen sie erstmals den Grundsatz, daß der Landesherr über die Konfession seiner Untertanen entscheidet – ein Schritt, der in der Folgezeit zur Bildung vieler reformierter Kirchen und Gemeinden im Bereich des späteren Ruhrgebiets führte.

Herzog Johann Wilhelm von Kleve, Jülich, Berg und Mark (1592–1609)

Ruhrregion wird zum Kriegsschauplatz

23. Mai 1618. Nach erregtem Wortwechsel werfen Vertreter der böhmischen Stände zwei kaiserliche Statthalter aus einem Fenster der böhmischen Kanzlei im Prager Hradschin. Der durch diesen Zwischenfall ausgelöste Dreißigjährige Krieg überzieht ab 1620 auch die Region an der Ruhr.

Als Gegner stehen sich die 1608 unter Führung Friedrichs V. von der Pfalz gegründete protestantische Union und die ein Jahr später auf Initiative Österreichs und Bayerns erfolgte Gegengründung, die katholische Liga, gegenüber.

Der Prager Fenstersturz ist Ausdruck der Furcht der hussitischen und protestantischen Stände Böhmens vor einer Rekatholisierung durch den Habsburger Ferdinand II. von Österreich, der seit 1617 König von Böhmen ist.

Nach der böhmischen Niederlage am 8. November 1620 in der Schlacht am Weißen Berge dringen Ligatruppen und kaiserliche Heere nach Norddeutschland vor. Die Ruhrregion wird zum Kriegsschauplatz, als sich dort Kurfürst Ernst von Mansfeld und Herzog Christian von Braunschweig mit Unionstruppen der Liga entgegenstellen.

Die Praxis aller Heere, sich aus dem Lande zu verpflegen, verwischt für die geplagte Bevölkerung der Region jeden Unterschied zwischen Freund und Feind.

1622 wird Bottrop durch Söldner Christians bedroht, ein Jahr später von kaiserlichen Verbänden besetzt. 1624 führen spanische Truppen in Gelsenkirchen gewaltsam die Gegenreformation durch. 1633 fällt das Vest Recklinghausen in die Hände schwedischer und hessischer Soldaten, wieder ein Jahr später gewinnen kaiserliche Truppen die Oberherrschaft im Vest. Dortmund wird 1629 und 1632 von Ligatruppen besetzt und kann sich nur durch eine Geldzahlung freikaufen. Ausgelaugt von ständigen Truppendurchmärschen, verkümmert in den Orten an der Ruhr jedes städtische Leben.

Im Jahr 1648 ist die Hälfte der Häuser Essens zerstört, vor den Toren Dortmunds heulen Wölfe, zwei Drittel der Einwohner sind tot. Erst zwei Jahre nach Kriegsende verlassen die letzten kaiserlichen und schwedischen Truppen die Ruhrregion.

Schrecken des Krieges: Marodierende Soldaten bedrohen die Bevölkerung

Plünderungen und Brände vernichten die Existenzgrundlage der Bauern

Magistrat klagt über Plünderungen

1642. In einer Klageschrift an ihren Landesherrn, Kurfürst Friedrich Wilhelm von Brandenburg, führt der Magistrat der Stadt Hörde Beschwerde über zahllose Plünderungen und Verwüstungen, die von durchziehenden Söldnern in der Stadt angerichtet werden: »Es ist offenkundig, daß keine Stadt in der Grafschaft Mark vorhanden, so nach Verhältnis mehr als diese, ohnehin geringe, nächst Dortmund offen liegende Freiheit bei allen diesen leidigen Kriegswesen, vielen Durch- und Überzügen, Überfällen, Plündern, Wegnahme der Früchte in Feldern und Häusern, Verbrennen über Vermögen und Gebühr beschwert und ruiniert worden, daher bald das dritte Haus nicht mehr vorhanden, sondern niedergerissen und verbrannt ist, unsere Mitbürger auch verzogen, verdorben, gestorben, diesem nach der über 76 Haussitzen stark gewesene Ort nur noch kaum 20 zählt, welche noch größtenteils verdorben sind, arme Köhler, Nagelschmiedsleute und Tagelöhner!«

Essener Büchsen in ganz Europa gefragt

Bis 1622. In Essen erlebt die Büchsenproduktion durch die kriegerischen Auseinandersetzungen in ganz Europa einen Höhepunkt. Da die Stadt eine Abgabe (Akzise) auf jede ausgeführte Büchse erhebt, steigen auch ihre Einnahmen ständig an.

Tagesproduktion von Büchsen

Jahr	Musketen	Läufe
1608	9	4
1620	50	–
1621	39	–
1622	30	2

Seit der Rat der Stadt Essen 1522 strenge Qualitätskontrollen für die Büchsenproduktion erließ, sind Gewehre und Musketen der hier ansässigen Schmiede in ganz Europa gefragt. So beliefert Essen u. a. 1581 den Prinzen von Parma und 1592 den spanischen König Philipp II. Bis 1620 werden insgesamt 15 000 Büchsen ausgeführt.

Durch den regen Handel steigen die Akziseneinnahmen der Stadt Essen auf durchschnittlich 465 Gulden pro Jahr zwischen 1611 und 1620 (1602 bis 1610 waren es nur 269 Gulden pro Jahr).

Die Herstellung der Büchsen liegt in mehreren Händen: So gibt es Laufschmiede und Schloßmacher sowie Ladenmacher, die Schäfte herstellen, und Bereiter für die Visiere. Diese arbeitsteilige Produktion sprengt bald die Schranken des Zunftwesens, da Handwerk und Handel in der Hand des Unternehmers vereinigt werden.

Musketier mit Gabelbüchse und glimmender Lunte aus Hanf

An Lippe und Ruhr grassiert die Pest

1634. Hessische Soldaten schleppen die Pest nach Recklinghausen ein. 1500 Menschen, fast die Hälfte der Einwohnerschaft, fallen der Seuche zum Opfer. 1635 breitet sich die Epidemie nach Dortmund und Bochum aus. 1636 wird auch Hamm von der Pest betroffen.

In Recklinghausen werden die Kontrollen an den Stadttoren verschärft und Krankheitsüberträger wie reisende Händler und Soldaten am Betreten der Stadt gehindert. Leichen dürfen nicht länger als einen Tag unbeerdigt bleiben. Häuser von Kranken müssen täglich gereinigt und mit Wacholder ausgeräuchert werden. Es werden Bittprozessionen zu Ehren der städtischen Schutzheiligen abgehalten. Franziskanermönche, die 1633 vor den Hessen aus Dorsten geflohen sind, übernehmen in Recklinghausen die Krankenpflege.

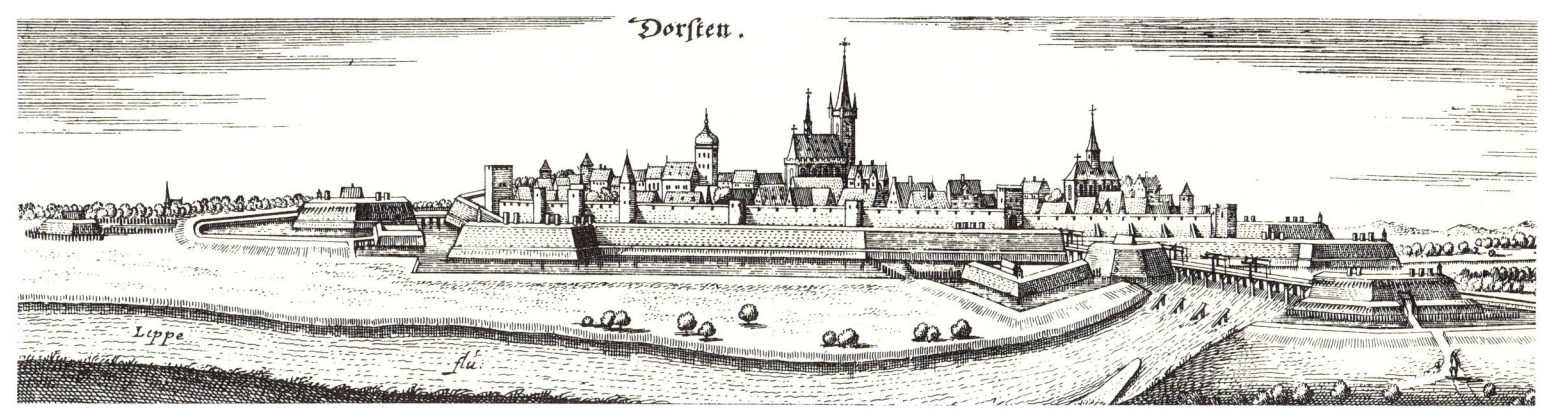
Dorsten an der Lippe mit der Stadtbefestigung von 1639, Illustration zur »Topographia Westfaliae« aus Martin Zeilers »Topographia« (1642 ff.)

Stadtansichten von Matthäus Merian d. Ä.

Zahlreiche Darstellungen von Städten aus der Ruhrregion befinden sich unter den über 2000 Städtebildern, die Matthäus Merian der Ältere (1593–1650) anfertigt. Es sind Illustrationen zu Martin Zeilers Werk »Topographia«. Merian lernte die Kunst des Kupferstiches in Zürich. Nach Studienreisen durch Frankreich, Deutschland und die Niederlande ließ er sich 1624 in Frankfurt am Main nieder, wo er den Verlag seines Schwiegervaters Johann Theodor de Bry mit den dazugehörigen Kupferstichwerkstätten übernahm. Neben den Städtebildern schuf er die Illustrationen in der »Biblia Sacra« (1625–27) und das Monumentalwerk »Theatrum Europäum« (ab 1635).

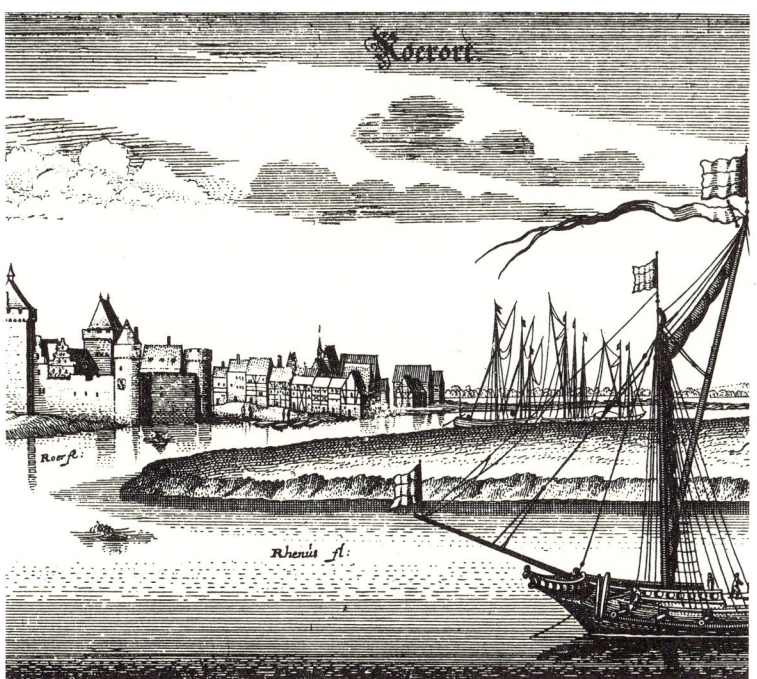
Freiheit Ruhrort bei Duisburg, eine ländliche Siedlung an der Ruhrmündung in den Rhein im Schutz des wehrhaften »Kastells« (Zollburg)

Kupferstecher Matthäus Merian der Ältere (1593–1650)

Älteste Ansicht der Hansestadt Hamm in der Grafschaft Mark; die Wege im Vordergrund führen durch fruchtbares Land auf das Nordtor zu

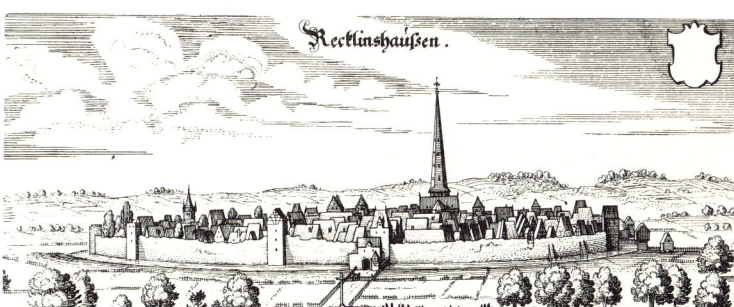
Tuchweberstädtchen Recklinghausen, von seinen Bürgern im Jahr 1365 mit Mauern umgeben, mit dem hohen Turm der Petrus-Kirche

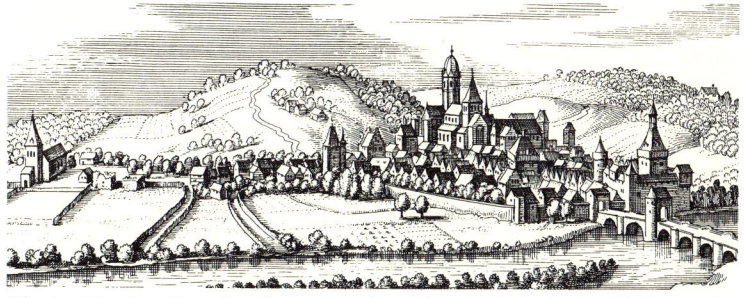
Kloster Werden über den Ruhrauen inmitten der befestigten Siedlung, im Vordergrund die Brücke über die Ruhr, links die Lucius Kirche

1650
1650–1699

28. 7. 1650. Nach dem Abzug der kaiserlichen Truppen gegen Zahlung von 2000 Reichstalern ist Dortmund seit 18 Jahren erstmals wieder frei von fremder Besetzung.

9. 9. 1650. Die letzten kaiserlichen Truppen ziehen aus Essen ab, die Stadt feiert am nächsten Tag ein großes Friedensfest.

1652. Der Beginenkonvent zum Alten Hagen in Werden wird in eine höhere Schule für Mädchen umgewandelt.

1653. Der evangelische Theologe Christoph Scheibler, Rektor des Dortmunder Archigymnasiums, wird zum ersten Superintendenten (Leiter des Kirchenkreises) von Dortmund ernannt.

1655. Das städtische Waisenhaus an der Niederstraße in Duisburg wird errichtet. →

23./24. 4. 1655. Nach der Gewährung freier Religionsausübung in der Stadt Essen sind den reformierten Bürgern alle Ehren- und Stadtämter zugänglich.

14. 10. 1655. Die Duisburger Universität wird eröffnet. →

15. 5. 1661. Der Turm der Dortmunder Reinoldikirche stürzt ein. Er galt als »Wunder Westfalens«.

17. 6. 1661. In Essen wird erstmals seit 1614 wieder das Vogelschießen veranstaltet.

1662. Die Dortmunder Martinskapelle, das aus merowingisch-fränkischer Zeit stammende, älteste Gotteshaus der Stadt, wird abgebrochen.

1663. Das Wasserschloß Haus Kemnade im Ruhrtal bei Hattingen wird fertiggestellt.

9. 9. 1666. Aufgrund eines Teilungsvertrages fallen Kleve sowie die Grafschaften Mark und Ravensberg an Brandenburg, Jülich und Berg an Pfalz-Neuburg.

25. 4. 1667. Auf dem Kampe des Dr. Kirberg im Süden der Grafschaft Dortmund an der Emscher wird eine Heilquelle angebohrt. Die Stadt versucht, einen Kurbetrieb einzurichten, doch die Quelle versiegt bald.

Ab 1668. Das Unnaer Bürgerbuch ist ab 1668 erhalten. Hier wird nach Ablegung des Bürgereids jeder Neubürger verzeichnet.

24. 8. 1668. Der Rat von Duisburg beschließt, die Kirmes außerhalb der Stadt durchzuführen und keine Unbekannten in die Stadt einzulassen. Grund sind die in der Umgebung auftretenden Fälle von Pest.

1670. Äbtissin Anna Salome von Salm-Reifferscheidt läßt die Stadt Essen besetzen. →

4. 2. 1670. Das Reichskammergericht in Speyer erläßt in dem seit mehr als 100 Jahren andauernden Prozeß zwischen Stift und Stadt Essen das Urteil.

24. 4. 1670. Die Stadt Dortmund erläßt eine Ordnung für die Wochenmärkte. →

1672/73. Französische Truppen unter Marschall Turenne nehmen in Essen Quartier und besetzen Duisburg. Dortmund wird verschont, da der Bürgermeister Zacharias Löbbecke ein Studienfreund des französischen Marschalls ist.

Frühjahr 1674. Die Duisburger Börtschiffahrt beginnt mit der Einrichtung eines Liniendienstes nach Nimwegen. →

1675. Friedrich Wilhelm von Brandenburg erteilt dem Ort Witten das Privileg, einen Wochenmarkt abzuhalten. Dies kommt faktisch der Erhebung zur Stadt gleich.

29. 3. 1675. Der Große Kurfürst Friedrich Wilhelm von Brandenburg privilegiert für seine klevischen Lande die jülich-klevische Post der Familie Maurenbrecher.

28. 7. 1679. Der französische Marschall Marquis de Nesle läßt Dortmund plündern. Im selben Jahr brandschatzen kaiserliche und brandenburgische Truppen das Dorf (Dortmund-)Brechten.

1682. In Bochum wird der Konfessionsstreit beigelegt. Jede Glaubensrichtung sorgt für ihre Kirche.

1687. Der Große Kurfürst Friedrich Wilhelm von Brandenburg erhebt Ansprüche auf die Reichsstadt Dortmund (→ 24. 7. 1776).

1688. Jakob am Ende legt im Auftrag des Kurfürsten von Brandenburg ein Verzeichnis der märkischen Bergwerke an, in dem jedes Erzbergwerk genau beschrieben ist.

1691. Vor der Westenpforte außerhalb der Stadtmauern wird das erste Dortmunder Postamt eingerichtet. Es ist ein Unterpostamt der Thurn- und Taxisschen Post.

1691. Die von den Jesuiten geleitete Essener Stiftsschule nimmt die Bezeichnung Gymnasium an.

1696. Das nach dem Stadtbrand von 1517 neu errichtete Bochumer Rathaus ist so verfallen, daß es abgerissen werden muß. Die Stadt erhält ihr drittes Rathaus.

1699. Der Ursulinenorden errichtet in Dorsten ein Kloster mit angeschlossenem Mädchenpensionat.

Gegen 1700. Erst am Ende des 17. Jh. erhält das Stift Essen ein eigenes Wappen. In vier Feldern stellt es die bedeutendsten Teile seiner Herrschaft dar (Stift Essen, Herrschaft Breisig, Herrschaft Rellinghausen, Herrschaft Huckarde).

GESTORBEN:

31. 1. 1665. Duisburg: Johann Clauberg (*24. 2. 1622, Solingen), Philosoph.

1673. Essen: Mathias Krupp (*1621, Essen), Notar und Stadtsekretär.

GEBOREN:

25. 11. 1697. Moers: Gerhard Tersteegen, eigentlich Gerrit ter Steegen († 3. 4. 1769, Mülheim an der Ruhr), evangelischer Mystiker.

Modell eines Treidelschiffs auf dem Rhein (M.); im Hintergrund die Anlagen des Duisburger Hafens Ruhrort (Niederrheinisches Museum Duisburg)

Duisburger Börtschiffahrt

Frühjahr 1674. In einem Übereinkommen der Stadt Duisburg mit dem Schiffer Gisbert Koch aus Wesel wird festgelegt, daß nach einem festen Fahrplan eine Schiffsverbindung zwischen Duisburg und dem holländischen Nimwegen eingerichtet werden soll. Duisburg beteiligt sich damit an der ersten fahrplanmäßigen Schiffahrtslinie, der sog. Börtschiffahrt auf dem Rhein. Mit Treidelschiffen, die von Pferden auf den Leinpfaden flußaufwärts gezogen werden, sowie mit Segelbooten werden neben der Fracht auch Passagiere befördert.

Die Schiffe verlassen jeweils donnerstags morgens Duisburg und treffen zum Montagsmarkt in Nimwegen ein. Die Gegenboote treten montags die Reise an und sind zum Samstagsmarkt in Duisburg.

Neben Textilien aus den bergischen Orten Elberfeld und Barmen werden über Duisburg Metallwaren aus der Mark und der bergischen Kleineisenindustrie transportiert. Als Rückfracht bringen die Börtschiffer vor allem Käse, Salz, Tran und Raps nach Duisburg.

Der Warenumschlag trägt trotz einiger Transportschwierigkeiten auf dem Landweg zu den Verladestellen und trotz fehlender Lagerhäuser zur wirtschaftlichen Belebung Duisburgs bei. Da den Duisburger Börtschiffern an den klevischen Zollstationen ein günstiger Tarif gewährt wird, entwickelt sich die Stadt zu einem wichtigen Handelsplatz.

Als Verladestellen dienen je nach Wasserstand ein Platz an der Ruhrmündung, dem sog. »Schlick«, oder das Rheinufer bei Neuenkamp.

Die Börtschiffer sind verpflichtet, den Liniendienst auch dann aufrechtzuerhalten, wenn keine oder wenig gewinnbringende Frachten zu übernehmen sind.

Modell eines typischen Börtschiffs mit Gaffelsegel und Seitenschwert

Universität Duisburg feierlich eröffnet

14. Oktober 1655. Mit einem Festakt in der Salvatorkirche wird die Duisburger Universität eröffnet. Privilegien und Gesetze der Universität werden vom klevischen Archivar Adolf Wüsthaus dem ersten Duisburger Rektor, Johannes Clauberg, feierlich übergeben.

Die Universität umfaßt die Theologische, die Juristische, die Medizinische und die Philosophische Fakultät. Sie ist im ehemaligen Katharinenkloster an der Beekstraße und in einigen Nachbargebäuden untergebracht. Schon am Tag der Eröffnung sind in Duisburg 116 Studenten immatrikuliert.

Kurfürst Friedrich Wilhelm von Brandenburg genehmigte die Einrichtung einer Universität in Duisburg, nachdem die klevisch-märkischen Stände ihn 1641 darum gebeten hatten. Sie wollten ihre Kinder nicht mehr zum Studium ins Ausland schicken.

Schon frühzeitig wurde mit dem Aufbau der Universität begonnen. So holte man schon 1652 Johannes Clauberg von der Universität Herborn; er wird der erste Rektor der Universität und Leiter der Theologischen Fakultät, nachdem er vorübergehend das städtische Gymnasium geleitet hatte.

Bereits 1555 hatte Herzog Wilhelm V. von Jülich-Kleve-Berg den Plan, in Duisburg eine Universität einzurichten. Trotz der erforderlichen päpstlichen und kaiserlichen Genehmigungen scheiterte das Vorhaben im Zuge der konfessionellen Auseinandersetzungen dieser Zeit.

Johannes Clauberg (1622–1665), erster Rektor der Universität Duisburg

Überreichung der von Kurfürst Friedrich Wilhelm ausgestellten Gründungsurkunde der Universität Duisburg in der Salvatorkirche; vorn l.: Duisburger Ratsherren, dahinter der klevische Archivar Adolf Wüsthaus

Waisenerziehung zu Arbeit und Frömmigkeit

1655. An der Niederstraße in Duisburg wird ein Haus für Waisen neu errichtet. Es dient der Unterbringung von Kindern, die bis dahin im benachbarten ehemaligen Beginenhaus der Tack- und Tibistiftung, einer Gründung angesehener Duisburger Kaufleute und Ratsherren, Aufnahme gefunden hatten. Auf Bitten des Rates der Stadt waren dort seit 1587 »im Ehestand geborene« Kinder »frommer, armer« Duisburger Bürger versorgt worden, die durch die Wirren des Truchsessischen Krieges (→ 5. 5. 1584) in großer Zahl verwaist waren. Pietistischen Forderungen der Zeit entsprechend, werden die Kinder durch Andachten, Kirchen- und Schulbesuch zu frommen Christen erzogen; daneben dient das neuerbaute Waisenhaus als städtisches Arbeitshaus.

Zeitgenössischer Fries über dem Eingangsportal des Waisenhauses

Urteilsverkündung im Äbtissinnenstreit

4. Februar 1670. Der Prozeß des Stifts Essen gegen die Stadt Essen geht nach 102jähriger Dauer vor dem Reichskammergericht in Speyer zu Ende. Die Äbtissin Irmgard von Diepholz hatte 1568 die Stadt wegen strafbarer Verletzung der Stiftsprivilegien verklagt, um sich die unumschränkte Landesherrschaft bestätigen zu lassen.

Das Reichskammergericht, das sich nur auf Urkunden stützte, erkennt die Äbtissin des Stifts als Landesherrin an, gesteht der Stadt aber die Rechte der Ratswahl, der Akziserhebung und der Gerichtsbarkeit zu. Die Stadt Essen, die gegen dieses Urteil Revision einlegt, erhält nicht den Status einer reichsunmittelbaren Stadt. Als solche wäre sie nur dem König verpflichtet und nicht mehr der Landesherrschaft der Äbtissin unterstellt.

Weiterhin Streit um die Macht in Essen

1670. Die Äbtissin des Stifts Essen, Anna Salome von Salm-Reifferscheidt, läßt die Stadt Essen von ihren Truppen besetzen, als dort mit dem Bau einer calvinistischen Kirche begonnen wird. Als Landesherrin hätte ihre Zustimmung zum Bau der Kirche zuvor eingeholt werden müssen, was nicht geschehen war.

Die Besetzung der Stadt durch Stiftstruppen ist einer der Höhepunkte in dem jahrhundertelangen Streit um die Vorherrschaft in Essen. Die Äbtissin beansprucht die Herrschaft über das Stadtgebiet. Die Bürger Essens verweigern ihr jedoch die Gefolgschaft.

Anna Salome

Während der Amtszeit der Äbtissin Anna Salome (1646–1688) kam es schon mehrfach zu Auseinandersetzungen. 1655 verhängte sie eine Kornblockade über die Stadt, nachdem der Rat Essens eine Kontrolle der Kornlieferungen für das Stift verfügt hatte. 1662 ließ sie die Stadt von Stiftsbauern stürmen, als bei einer Ratsversammlung Schmähungen gegen sie ausgestoßen wurden.

1650 – 1699

Grenzen der politischen Herrschaftsbereiche im Ruhrgebiet 1673

Das Ruhrgebiet (Abb.) ist Ende des 17. Jh. ein uneinheitlicher Raum ohne allgemein anerkanntes politisches Zentrum. Die Grafschaft Mark mit Bochum, Lünen und Witten sowie das Herzogtum Kleve mit Dinslaken und Wesel unterstehen dem Kurfürsten von Brandenburg. Das Herzogtum Berg mit Ratingen, Kaiserswerth und Düsseldorf gehört zur Grafschaft Pfalz-Neuburg. Das Vest Recklinghausen ist Teil des Kurfürstentums Köln. Die Reichsabteien Essen und Werden sind dem König unterstellt, ebenso die Reichsstadt Dortmund.

Dortmund erläßt genaue Marktregeln

24. April 1670. Eine Verordnung der Stadt Dortmund legt fest, »wie es am Mittwoch und Sambs-Tag, als Wochentlichen Marckt-Tagen, gehalten werden soll«:

▷ Jeglicher Kauf und Verkauf von Korn und anderen Waren außerhalb des Marktplatzes ist bei Strafe verboten
▷ Der Markt beginnt mit dem Läuten der Marktglocke – im Sommer um acht, im Winter um neun Uhr. Der vorherige Aufenthalt auf dem Markt ist untersagt
▷ Nach dem Läuten der Marktglocke haben zunächst die einheimischen Bürger das Recht, ihren täglichen Haushaltsbedarf zu decken. Käufer, die sich einen Vorrat anlegen wollen, sowie Fremde sind erst ab zehn Uhr zugelassen
▷ Käufer und Verkäufer sollen sich beim Heischen (Fordern) als auch beim Bieten »bescheidentlich dem Marcktgang Gemeeß vernehmen lassen«
▷ Hopfen, Wachs, Flachs, Leinwand, Federn und dergleichen sollen an dafür vorgesehenen Stellen deponiert werden
▷ Die Mißachtung einer der Bestimmungen zieht eine Strafe in Höhe von einem Taler nach sich

Essener Schützen feiern

17. Juni 1661. Zum ersten Mal nach den Wirren des Dreißigjährigen Krieges, in dem die Schützengesellschaft Milizaufgaben übernommen hatte, wird in Essen wieder das Vogelschießen zu Pfingsten veranstaltet. Geschossen wird auf einen Adler oder auf eine Scheibe.

Die Essener Schützengesellschaft wird in der zweiten Hälfte des 14. Jh. erstmals erwähnt. Seit dem 15. Jh. ist die Gesellschaft nach Gilden und Ämtern gegliedert.
Ursprünglich waren die Schützen mit Armbrüsten ausgerüstet. Seit 1371 gibt es Büchsenschützen. Die noch später so benannte Schützenbahn am Steeler Tor dient als Gewehrübungsplatz.
Während des Dreißigjährigen Krieges war die Stadt in zehn Bezirke aufgeteilt, in denen der Schützenhauptmann polizeiliche Befugnis hatte. Die Schützen wirkten mit bei der Aufstellung der Einquartierlisten und trieben die von den Besatzern geforderten Gelder ein.
Mit der Rückkehr friedlicher Zustände können die Schützen nun traditionsgemäß ihren Umzug begehen und sich in der Kommende des Deutschen Ordens in Welheim mit Speisen und Wein bewirten lassen.

Schützenfahne mit preußisch-brandenburgischem Wappenadler

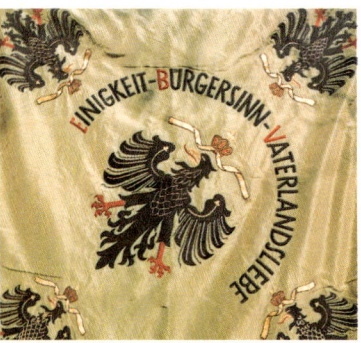
Traditionsfahne einer Schützengesellschaft mit eingesticktem Motto

Plakette mit Schützenkette aus Werne (»Junge Schutten«), 1635

Schützenkette aus Recklinghausen mit dem hl. Joseph als Schutzpatron

Gladbecker Schützenkette, 17. Jh. (Heimatmuseum Wittringen)

1650 – 1699

Auf Eichenpfählen errichtetes Wasserschloß Haus Bodelschwingh (Dortmund)

Rittergut Werdringen (Kreis Hagen), Sitz der Reichsgrafen von der Reck

Hauptgebäude der Burg Strünkede (Herne), seit 1664 Wasserschloß

Schlösser und Burgen – von Wasser umgeben

Im Ruhrgebiet finden sich viele Wasserburgen und -schlösser, die im frühen Mittelalter als ritterliche Wehrbauten und imposante Adelssitze eingerichtet wurden.
Ihre Vorläufer waren die mit einem Graben umgebenen mittelalterlichen Motten. Diese Ausgangsform wird später ausgebaut: Aus den Ringgräben werden oft künstliche Seen, an die Stelle der Holz- und Fachwerkhäuser treten Steinbauten; kunstvoll gezimmerte Balkenkonstruktionen tragen den Dachstuhl und das Gebäude.
Im Zeitalter der Renaissance verlieren die Burgen ihre Wehrfunktion, sie werden zu Repräsentationsbauten bzw. zu Schlössern umgebaut. Einzelne Merkmale der Burgen bleiben erhalten, wie z. B. gotische Erker und Treppengiebel; zusammen mit den reich verzierten Fassaden und vielfältigen Dachlandschaften der Renaissance sowie großen Fenstern und waagerechter Fassadengliederung bilden sie eine eigene Ausprägung der Renaissance in Nordwestdeutschland.
Das zunehmende Komfortbedürfnis wirkt sich auch auf die Innenausstattung der Adelssitze aus: Saalbauten, Gewölbegänge und reich geschmückte Kamine werden entworfen. Besonders bekannt für seinen reichen ornamentalen Schmuck ist z. B. der 1597 fertiggestellte Renaissancekamin im Herrenhaus Goldschmieding (Castrop-Rauxel).
Am Niederrhein ist der Renaissancestil unter niederländischem Einfluß einfacher geblieben.

Schloß Lembeck (Dorsten), eines der größten Wasserschlösser der Region, auf zwei Inseln eines Teiches gelegen

1700
1700–1749

18. Jh. In der Gegend um Dortmund betreiben die Gewerkschaften Vereinigte Wiendahlsbank und Teichmühlenbaum Stollenbergbau.

Um 1700. Auf der von Mülheim aus schiffbaren Ruhr etabliert sich ein reger Kohlenhandel mit dem Rheingebiet.

1702. Das Wasserschloß Herten, das 1687 fast vollständig abgebrannt war, wird wieder aufgebaut.

19. 3. 1702. Der preußische König Friedrich I. erhält nach dem Tod seines Vetters, Wilhelms III. von Oranien, die Grafschaft Moers.

13. 1. 1703. Der radikale pietistische Essener Pfarrer Johannes Mercker wird als Prediger entlassen. Zuletzt hatte er die Einstellung aller »Saufgelage« in der Stadt gefordert.

1704. Der Holländer Garden führt in Essen die Herstellung von Kaffeemühlen ein.

1708. Arnold Krupp wird zweiter Bürgermeister von Essen. Sein Schwager Arnold Huyssen ist erster Bürgermeister, Georg Dietrich Krupp Stadtsekretär. In Essen spricht man vom »Regiment der Kruppen und Huyssen«.

1712/13. Preußen läßt wegen ausstehender Militärzahlungen das Gebiet des Stifts Werden 16 Monate lang besetzen.

1714. Von insgesamt 160 in Duisburg ansässigen Handwerksmeistern sind 40 % im Tuchmachergewerbe tätig. →

1716. Die Papiermühle von Haus Lüttinghoff auf dem Gebiet der späteren Stadt Gelsenkirchen wird erstmals erwähnt. →

Nach 1718. In Lünen, Unna, Schwerte, Hagen und Wetter werden Postanstalten eingerichtet. Die Postämter in Hamm, Duisburg und Dortmund werden vergrößert. →

1722. In Essen wird die Stollenzeche Gewerkschaft Altendorf gegründet.

1722. Der Fabrikant Peter Lange aus Remscheid errichtet mehrere Eisenhammerwerke bei Witten. →

1723. Die Errichtung einer preußischen königlichen Gewehrfabrik in Potsdam beschleunigt den Niedergang der Essener Waffenproduktion und führt zur Abwanderung von Meistern und Gesellen.

22. 6. 1724. Die neue Dortmunder Ratsstubenordnung sieht Strafen für unentschuldigtes Fernbleiben oder Zuspätkommen der Ratsmitglieder vor.

1725. Die Essener Bergordnung schreibt eine zünftige Arbeits- und Betriebsordnung vor.

13. 5. 1727. Die erste Nummer des »Intelligenzblattes«, der ersten Duisburger Zeitung, erscheint. →

1730. Wegen ausstehender Zahlungen läßt die Essener Äbtissin Franziska Christina pfälzisches Militär in die Stadt einrücken.

1732. Der Essener Stadtsekretär Friedrich Jodocus Krupp eröffnet ein Geschäft für Kolonialwaren, Gewürze, Web- und Wirkwaren. Dies ist der Ursprung des Handelshauses der Familie Krupp.

1732. Der Hafen von Duisburg-Ruhrort wird eröffnet. →

1733. Auf dem Gebiet des Stifts Essen wird die Zeche Zur Hoffnung gegründet.

1734. Der preußische Staat läßt in Brockenhausen bei Unna den sog. Königsborn abteufen, den ersten Brunnen eines hier errichteten Salzbergwerks.

Um 1735. In Bochum gibt es zahlreiche Stollenzechen: Engelsburg, Preußischer Zepter, Treue, Friedrich. Eine der ältesten Zechen des Reviers, Sonnenschein, ist bereits 1700 stillgelegt worden.

8. 3. 1737. Gottschalk Dietrich Baedeker läßt sich in Dortmund als Stadtbuchdrucker nieder.

1737. Mit dem Erlaß der verbesserten »Preußischen Bergordnung« beginnt eine Umgestaltung und Neuordnung des brandenburgisch-preußischen Bergwesens.

1738. Johann Heinrich Wißmann gibt die erste Essener Zeitung heraus, die »Neuesten Essendischen Nachrichten von Staats- und Gelehrten Sachen«.

31. 1. 1738. Das Märkische Bergamt zu Bochum wird eröffnet.

1739. Herdecke wird Stadt.

1740. Franz Ferdinand Freiherr von Wenge zum Dieck wird mit dem Bleiberg auf dem Isinger Feld bei (Essen-)Steele belehnt.

1745. Die Hebezeugfabrik Neuhaus in Witten wird gegründet. →

1745. Der Prediger und Liederdichter Gerhard Tersteegen bezieht das später nach ihm benannte Haus in Mülheim an der Ruhr. →

3. 9. 1746. Durch die königliche Anordnung eines Magistrats wird Hagen zur Stadt erhoben.

GESTORBEN:

31. 5. 1747. Beresow am Ob, Rußland: Graf Heinrich Johann Friedrich Ostermann (*9. 7. 1687, Bochum), Sohn einer Bochumer Pfarrersfamilie, stieg in Rußland zu hohen politischen Ämtern auf.

GEBOREN:

1707. Essen: Franz Ferdinand Freiherr von Wenge († 5. 9. 1788, Essen) Gründer der ersten Eisenhütte im Ruhrgebiet.

10. 7. 1732. Essen: Helene Amalie Ascherfeld, spätere Krupp († 9. 5. 1810, Essen) Kauffrau.

1734. Gladbeck: Johann Heinrich Riesener († 6. 1. 1806, Paris), bedeutender französischer Möbelkünstler.

5. 7. 1745. Mülheim an der Ruhr: Karl Arnold Kortum († 15. 8. 1824, Bochum), Schriftsteller und Arzt.

Zeitgenössische Darstellung einer preußischen Postkutsche aus dem 18. Jh.; mit solchen Kutschen wird das westfälische Postwesen aufgebaut

Postwesen an der Ruhr

Nach 1718. In den größeren Städten des westlichen Westfalen werden Poststationen errichtet, die Postämter in Hamm, Duisburg und Dortmund werden vergrößert. Sie dienen der Reit- und Fahrpost als Relaisstationen sowie zur Verteilung von Postsendungen auf verschiedene Nebenstrecken.

Der Ausbau regelmäßiger Postlinien geht auf die Zeit des westfälischen Friedenskongresses (1643 – 1648) zurück. Die Grafen von Thurn und Taxis organisierten die Kommunikation der Landesfürsten und Kaiserlichen Gesandten. Bedeutende Linien, die das heutige Ruhrgebiet durchlaufen, sind die taxische Verbindung Köln – Hamburg oder die kurbrandenburgische Postlinie von Berlin nach Kleve.

Wappen auf den kurbrandenburgischen Kutschen von Berlin nach Kleve

Postlinien durch Westfalen nach 1718

Textilgewerbe an Ruhr und Wupper

1714. Von den in Duisburg ansässigen etwa 160 Handwerksmeistern sind 31 Schneider und Tuchscherer, 14 Wollenweber sowie 19 Leinenweber. Das Textilhandwerk ist damit ein bestimmender wirtschaftlicher Faktor der Stadt.

Leinen und Tuche sind wichtige Exportgüter; alle anderen Zünfte produzieren nur für den Eigenbedarf. Zum Aufschwung des Textilgewerbes trugen vor allem Zuwanderer aus den niederländischen Provinzen im 16. Jh. bei, durch deren technische Kenntnisse und Fähigkeiten bisher an Rhein und Ruhr unbekannte Stoffarten und Produktionsmethoden im Textilgewerbe eingeführt wurden.

Zu Beginn seiner Regierungszeit begünstigt König Wilhelm I. mit einem Manufakturedikt insbesondere die Wollverarbeitung. Es erlaubt, unter Umgehung der strengen Zunftbestimmungen, mehrere Webstühle an einem Fabrikationsort aufzustellen. Schon 1720 beschäftigt ein Duisburger Manufakturbesitzer 77 Arbeiter an 17 Webstühlen. Die Manufakturunternehmen sind bestrebt, möglichst alle Stufen der Produktion, vom Spinnen der Wolle bis zum Färben und Appretieren des Tuches, selbst durchzuführen.

Mitte der 20er Jahre erleidet das aufstrebende Duisburger Manufakturwesen einen Einbruch: Die preußische Regierung verhängt für die mittleren Provinzen Mark und Ravensberg hohe Schutzzölle, so daß ein wichtiger Absatzmarkt verlorengeht. Um 1737 arbeiten die meisten Duisburger Weber für Verleger aus Lennep, Schwelm, Elberfeld und Barmen. Die Kaufleute vergeben die Aufträge, liefern die Rohstoffe und verkaufen die fertigen Produkte im gesamten europäischen Raum und häufig sogar nach Übersee.

Auch im Essener Raum existieren einige bedeutende Manufakturen. 1757 nehmen in Werden eine Manufaktur und mehrere kleinere Werkstätten den Betrieb auf. Gegen Ende des 18. Jh. lassen sich Tuchfabrikanten aus dem Gebiet an der Wupper in Kettwig nieder.

Arbeiterin am Webstuhl (Kupferstich 1789; Haus Martfeld, Schwelm)

»Bleicherey« des 18. Jh.; Flachsstengel werden gebrochen (M.), in einem Bottich gewaschen (l.) und zum Trocknen in die Sonne gelegt (r.)

Manufakturarbeiterin vor dem Webstuhl einer Bandwirkerei (Kupferstich aus: Friedrich Christoph Müller, »Chorographie von Schwelm«, 1789)

Hebezeugfabrik in Witten gegründet

1745. Der »Fabrickant« Johann Diederich Neuhaus wird in das »Sprockhövel'sche Fabrickenbuch« als Hersteller von Holzwinden eingetragen. Der Windenschmied gründet mit seinem Handwerksbetrieb ein florierendes Unternehmen, das bis heute Bestand hat.

Neuhaus und seine Söhne produzieren Holzschaftwinden und handbetriebene Kettenzüge für die Schleusen an der Ruhr, für die Pferdefuhrwerke und später für die Eisenbahnen. Mit Hilfe ihrer Winden werden die Kohlen in fast allen Zechen der Umgebung verladen.

Bis ins 19. Jh. hinein bleibt die handwerkliche Herstellungsweise in der Hebezeugfabrik bestimmend.

Papierherstellung wird modernisiert

1716. Bei Haus Lüttinghoff auf dem Gebiet der späteren Stadt Gelsenkirchen besteht eine Papiermühle. Sie wird in diesem Jahr erstmals erwähnt, als für die Mühle eine Walze zum Zerkleinern eingeweichter Leinenlumpen, aus denen Papier hergestellt wird, ein sog. Holländer, angeschafft wird. Diese Walze verkürzt den Papierherstellungsprozeß um ein Drittel der Zeit.

Die aus Holland eingeführte Maschine erlaubt die Aufstellung mehrerer sog. Bütten, aus denen die eingeweichten Leinenlumpen abgeschöpft, anschließend gepreßt und geglättet werden. Um die Papierbögen tintenfest zu machen, werden diese schließlich noch mit Knochenleim bestrichen und erneut getrocknet; dieses Verfahren verleiht dem Papier Elastizität.

Neben der Papiermühle in Gelsenkirchen, die bis 1769 die einzige im Vest Recklinghausen bleibt, gibt es im übrigen Ruhrgebiet Anfang des 18. Jh. Papiermühlen u. a. in Witten, Herne und Mülheim an der Ruhr.

In der Mühle bei Haus Lüttinghoff arbeiten etwa 70 Männer und Frauen. Sie gehört zu den ersten Manufakturbetrieben im Vest Recklinghausen. Der Herstellungsprozeß ist arbeitsteilig organisiert: Während das Abschöpfen der Lumpen, das Trocknen, Pressen und Glätten von Männern erledigt wird, verrichten Frauen die schmutzigste Arbeit, das Zerschneiden der Leinenlumpen in kleine Fetzen.

Restaurierte Mühle im Hagener Museum Technischer Kulturdenkmale

1700—1749

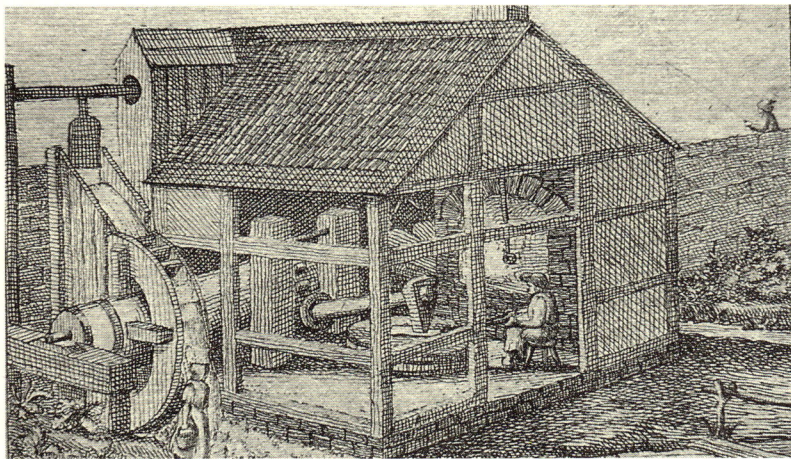

Hammerwerk mit Reckhammer zum Schmieden von Rohstahl; Grundlage zur Herstellung von Spaten u. ä. (Müller: Chorographie von Schwelm, 1789)

Rohstahlhammer zur Erzeugung von Rohstahlstäben; Zentren der Stahlerzeugung sind Solingen und Remscheid (Müller: Chorographie von Schwelm, 1789)

Eisenhämmer in Witten

1722. Der Remscheider Fabrikant Peter Lange schließt mit dem brandenburgischen Hofmarschall Gerhard Wennemar von der Recke einen Vertrag über die Anlage von drei Hammerwerken und einem Stauteich im Borbachtal bei Witten. Ein Jahr darauf wird der erste Hammer in Betrieb genommen.

An den Bächen und Flüssen der Grafschaft Mark und im Herzogtum Westfalen werden zahlreiche Eisenhämmer errichtet. Die Wasserläufe werden mit Hilfe von Stauwehren so reguliert, daß ein gleichmäßiger Betrieb der Eisenhämmer, die von Wasserrädern angetrieben werden, sichergestellt ist.

In den Hammerwerken werden Roheisen und Rohstahl verarbeitet, das von den Hütten aus dem Siegerland geliefert wird. Die unbehandelten Stäbe werden erhitzt und unter dem Hammer zu Stangen, Drähten, Werkzeugen und landwirtschaftlichen Geräten wie Sensen, Pflügen und Hacken verarbeitet.

Der Schwerpunkt des eisenverarbeitenden Gewerbes, der bisher im bergisch-märkischen Raum gelegen hat, beginnt, sich langsam westwärts ins spätere Ruhrgebiet zu verlagern.

Von Wasserkraft angetriebenes Hammerwerk; Hammer und Amboß (M. l.)

Hafenanlagen in Ruhrort eröffnet

1732. Die Bauarbeiten an den Anlagen eines ersten Hafenbeckens in Ruhrort sind abgeschlossen. Der kleine, vor der Stadt gelegene Hafen mit 12 m Breite und einer Uferlänge von 250 m legt den Grundstein für die spätere Bedeutung der Stadt in der Binnenschiffahrt.

Nach einem Beschluß des Magistrats vom 13. August 1715, ein kleines, natürliches Becken am Altarm der Ruhr zu einem befestigten Hafen auszubauen, erfolgte ein Jahr später der erste Spatenstich zu den 16 Jahre dauernden Bauarbeiten.

Gerhard Tersteegen zieht nach Mülheim

1745. Der evangelische Mystiker und Verfasser geistlicher Lieder Gerhard Tersteegen erwirbt mit Hilfe von Freunden ein heute noch erhaltenes Fachwerkhaus in Mülheim an der Ruhr (Abb.), in dem er bis zu seinem Tod im Jahr 1769 wohnt. Tersteegen teilt das Haus mit einer Familie, die auf seine Anweisung hin die Armen der Stadt speist. Neben seiner Tätigkeit als Prediger verfaßt Tersteegen zahlreiche bekannte Choräle, darunter »Ich bete an die Macht der Liebe«.

Erste Duisburger Zeitung

13. Mai 1727. In Duisburg erscheint die erste Zeitung, der »Wöchentliche Duisburgische Adress- und Intelligenz-Zettel«, auch Intelligenzblatt genannt. Als provinziale Publikation dient sie der Belebung des Handels in den Gebieten des ehemaligen Herzogtums Kleve, der Grafschaften Moers und Mark.

Der Anzeiger veröffentlicht Notizen über Verkäufe und Verpachtungen, Geld- und Warenkurse sowie amtliche Bekanntmachungen. Bezugszwang besteht für alle Behörden, Ärzte und Gastwirte. Ab 1736 werden auch feuilletonistische und belehrende Artikel veröffentlicht. Diese Aufgabe übernimmt der Geschichtsprofessor Johann Hildebrand Withof. Neben zahlreichen Beiträgen publiziert er auch eine Stadtchronik. Die Zeitungsredaktion wird um 1805 nach Hamm verlegt und besteht dort bis 1850.

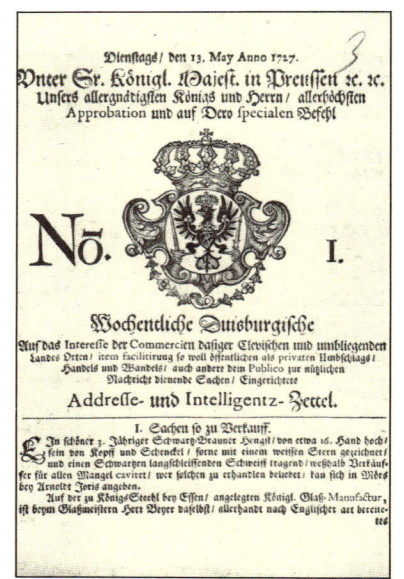

Titelblatt der ersten Duisburger Wochenzeitung mit Widmung an König Friedrich Wilhelm I. von Preußen

1750
1750–1759

1750. Die Mülheimer Kohlenhändler schließen sich zusammen und betreiben gemeinsam fast ohne Konkurrenz den Handel mit Essener Fettkohle.

1750. Die Schiffbarmachung der unteren Ruhr belebt den Kohlenabsatz. Die Händler aus Ruhrort, Duisburg und Essen legen einen Leinpfad entlang der Ruhr an.

1750. In den Kirchenbüchern von (Holzwickede-)Opherdicke erscheint erstmals die Berufsbezeichnung »Bergmann«.

1750. Die Stadt Bochum gibt ihre mittelalterlichen Befestigungsanlagen zum Verkauf als Baugrundstücke frei.

1750. Der Werdener Abt behält sich in der Ökonomie- und Polizeiordnung von 1750 die Bestätigung der neugewählten Ratsherren vor.

29. 3. 1751. Der Rat der Stadt Dortmund erläßt eine Rats- und Gerichtsordnung.

1752. Der Dortmunder Rat erläßt eine Verordnung gegen Bettler, Vagabunden und Spendensammler.

1753. Die Grafschaft Mark wird in die vier Landratskreise Altena, Hamm, Hörde und Wetter eingeteilt.

1753. Bochum wird Sitz eines der für die Grafschaft Mark geschaffenen sechs Landgerichte; Rechtsprechung und Verwaltung werden getrennt.

Um 1755. In der Grafschaft Mark gibt es 212 Zechen, von denen 108 in Betrieb sind. →

1755. Zur Gesamtbelegschaft der Kohlenzechen der Grafschaft Mark gehören u. a. etwa 680 Bergleute.

1756. Das Packhaus des Händlers Jan Wilhelm Noot wird in Duisburg-Ruhrort errichtet. Es wird zum Stammhaus der Familie Haniel.

29. 8. 1756. Der beginnende Siebenjährige Krieg trifft auch die Ruhrregion (→ 15. 2. 1763).

26. 9. 1756. Der Dortmunder Rat schafft die Privatbeichte ab.

1757. Johann Diederich von Steinen veröffentlicht seine »Westphälische Geschichte«.

Oktober 1758. Die erste Eisenhütte des Ruhrgebiets, die St. Antonii-Hütte in (Oberhausen-)Sterkrade, wird in Betrieb genommen. →

1759. Prof. Philipp Jakob Ammendorff veröffentlicht die deutschen Schriften der Duisburgische Gelehrten Gesellschaft.

GESTORBEN:

5. 6. 1757. Essen: Friedrich Jodocus Krupp (*Juni 1706, Essen), Kaufmann.

Kleinzechen im Ruhrgebiet

Um 1755. Eine Aufstellung der Stadt Schwerte vom 13. November 1755 gibt die Zahl der in der Grafschaft Mark gelegenen Zechen mit 212 an, von denen 104 stilliegen und 108 in Betrieb sind. Von den letzteren entfallen jeweils 20 auf die Ämter Wetter an der Ruhr und Bochum, 24 auf Blankenstein, 29 auf Hörde, auf das Gericht Herbede zehn, auf Unna zwei und auf Stiepel und Witten jeweils eine Zeche.

Insgesamt beschäftigen die Gruben in der Grafschaft Mark bei einer durchschnittlichen Belegschaft von fünf bis acht Mann etwa 680 Bergleute. Bei den Zechen handelt es sich häufig nur um Schürfstellen an der Erdoberfläche, um waagerecht in den Berg getriebene Stollen oder um senkrechte Schächte, in denen die Kohleflöze lediglich bis zum Erreichen des Grundwasserspiegels abgebaut werden.

Ein Haupthindernis für die Entwicklung des Bergbaus sind die mangelhaften Transportwege. Insbesondere der Ausbau von Straßen stößt bei der Bevölkerung der Ruhrgegend aus Furcht vor Truppendurchmärschen und Einquartierungen in Kriegszeiten auf Mißtrauen. So wird die Kohle bis zur Schiffbarmachung der Ruhr in den 70er Jahren des 18. Jh. auf Pferden über holprige Wege zum nächsten Abnehmer transportiert. Das Problem der Wasserhaltung beim Vordringen in tiefere Kohleschichten kann schließlich erst nach 1801 mit dem Einsatz von Dampfmaschinen im Ruhrbergbau gelöst werden.

Darstellung einer Kleinzeche auf preußischer Gedenkmünze (1788)

Stolleneingang zur Kleinzeche Maximus im Muttental, angelegt 1799

Fördergerüst mit Kohlenlore (l.) einer Kleinzeche im Muttental

Kohle entsteht vor 50 Millionen Jahren

Vor rund 350 Millionen Jahren liegt das heutige Westfalen von Wasser bedeckt nördlich des Variskischen Gebirges, das von den Ardennen bis zu den Sudeten reicht. In der Karbonzeit, etwa 50 Millionen Jahre später, hebt sich das Land. Bei subtropischem Klima wachsen hier ausgedehnte Urwälder. Diese werden immer wieder überschwemmt und mit Schlamm und Geröll bedeckt, da der Boden mehrfach absinkt. Unter Luftabschluß, Druck und großer Hitze entstehen aus den Urwaldpflanzen Kohleschichten (Flöze). So entwickelt sich in den folgenden 50 Millionen Jahren eine 5000 m starke Gesteinsformation, die von rund 60 Kohleflözen durchzogen wird. Die einzelnen Flöze sind oft weniger als 1 m hoch. In der Kreidezeit, vor etwa 80 Millionen Jahren, ist das Gebiet wieder von einem Meer bedeckt. Auf dem Meeresboden lagert sich Mergel ab, ein Gemisch aus Kalk und Ton. Vor ca. 60 Millionen Jahren hebt sich das Land noch einmal, und es kommt zu einer Kippung der Gesteinsschichten, die von Süden nach Norden hin abfallen. Kohleflöze treten dadurch am späteren Ruhrlauf zutage, während sie im Gebiet der heutigen Stadt Marl unter einer 500 m starken Gesteinsschicht liegen. Außerdem wurden die Flöze durch Faltungen und Hebungen gegeneinander verschoben.

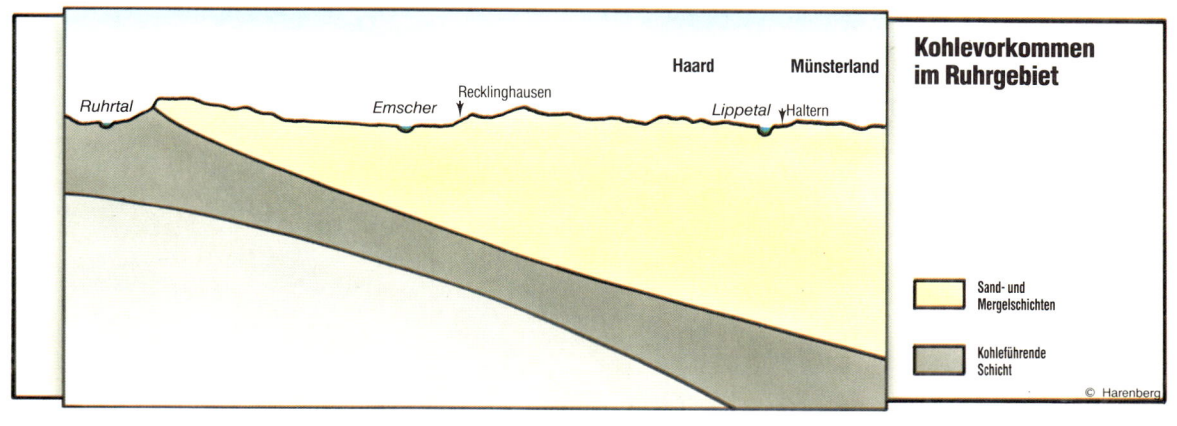

1750—1759

Erste Ruhrgebietshütte geht in Betrieb

Die St. Antonii-Hütte in (Oberhausen-)Osterfeld (Hintergrund) ist der erste Hüttenbetrieb im späteren Ruhrgebiet und gilt als Wiege der Ruhrindustrie

Oktober 1758. Die Eisenhütte St. Antonii am Elperbach in (Oberhausen-)Osterfeld wird in Betrieb genommen; sie ist die erste Hütte im späteren Ruhrgebiet. Sie besteht aus Schmelzofen, Formhaus, Kohlenschuppen, Wasserwerk und zwei Wohnhäusern. Oberhalb der Hütte ist ein Teich angelegt, um den gleichmäßigen Betrieb des wassergetriebenen Blasebalges sicherzustellen. Im direkten Guß aus dem Hochofen werden im Formhaus Gefäße jeglicher Art, Gewichte sowie Metallplatten und Ambosse hergestellt. Ein Großteil der Hüttenproduktion wird sogar bis ins benachbarte Holland verschifft.

Frhr. v. Wenge

Franz Ferdinand Freiherr von Wenge, der Gründer der Hütte, hatte 1741 die Abbaugenehmigung für Eisenerz im Raum Osterfeld erhalten. Nach dem Vorbild der St. Michaelishütte, die 1729 in Bocholt (Münsterland) gegründet worden war, wollte er die Vorkommen an Raseneisenstein im Gebiet um seine Hütte abbauen und verarbeiten.

Der Bau der St. Antonii-Hütte verzögerte sich aufgrund zahlreicher Widerstände. So befürchteten die Nonnen des Klosters Sterkrade, das unterhalb der Hütte am Elperbach liegt, eine Verschmutzung des von ihnen genutzten Wassers.

Arbeiter beim Abbau von Raseneisenstein, der sich unter der Erdoberfläche in sog. Nestern befindet und leicht im Tagebau gewonnen werden kann

Ein Bergsänger in Knappentracht (kolorierter Stich von 1721)

Der Bergmann und sein besonderer Stand

Der Stand der Bergleute ist mit Befreiung vom Kriegsdienst, eigener Gerichtsbarkeit und Steuerfreiheit besonders privilegiert.

Viele Bergleute bewirtschaften mit ihren Familien einen eigenen Hof, den sog. Kotten. Zur Wahrnehmung ihrer Interessen und zur gegenseitigen Unterstützung in Notfällen sind sie in Knappschaften zusammengeschlossen und damit z. B. auch in Krankheitsfällen finanziell abgesichert.

Die Bergleute begrüßen sich mit dem Gruß »Glück auf«, der seit dem 17. Jh. gebräuchlich ist; mit diesem Gruß wird der Wunsch ausgedrückt, daß sich dem Bergmann viele Kohleflöze bzw. Erzminen auftun mögen.

Anfahrlied

Glück auf! In Gottes Nahmen dann
Laßt unsre Schicht uns fahren an
Uns ruft der Arbeit heil'ge Pflicht
Furchtlos verfahren wir die Schicht
beim Grubenlicht.

Glück auf! So sey's dann frisch gewagt
Wir fahren gern und unverzagt
Auf Stollen und in Schächte ein
Gott wird, und wären wir allein,
stets mit uns sein!

1760
1760—1769

1760. Moritz Kampmann gründet in Bochum eine »Kaffeemühlen-Fabrique«.

29. 1. 1760. Kaiser Franz I. untersagt für das gesamte Heilige Römische Reich den Umlauf von Dortmunder Münzen. →

15. 2. 1763. Der Friede von Hubertusburg beendet den Siebenjährigen Krieg. →

13. 7. 1765. Um den Absatz der Steinkohle zu fördern, erläßt die preußische Regierung eine Verordnung zur Einschränkung des Holzverbrauchs.

1766. Der Gahlener Kohlenweg wird angelegt, auf dem die bei Bochum geförderten Kohlen nach Gahlen bei Dorsten transportiert werden. →

29. 4. 1766. Mit der revidierten Kleve-Märkischen Bergordnung wird das Direktionsprinzip im Bergbau eingeführt. →

6. 11. 1766. Der Rat der Stadt Dortmund regelt mit einer Verordnung den Genuß von Kaffee und Tee. →

1767. In Bochum-Wiemelhausen wird die Zeche Glücksburg gegründet.

1767. Die Grafschaft Mark erhält in der Märkischen Kriegs- und Kammer-Deputation eine eigene Landesbehörde mit Sitz in Hamm.

16. 5. 1767. In einem Generalprivilegium der preußischen Regierung erhalten Bergleute u. a. die Erlaubnis zur Bildung von Knappschaftskassen.

30. 6. 1767. Maximilian Friedrich, Kurfürst von Köln, erläßt eine Kleiderordnung für das Vest Recklinghausen. →

1769. Mit Albert Isenbeck als Besitzer wird erstmals der Name der später bekannten Hammer Brauerei erwähnt.

14. 1. 1769. In Dortmund erscheinen die »Dortmundischen Vermischten Zeitungen« (1782 eingestellt).

30. 4. 1769. Das Recht der Bochumer Junggesellenkompanie auf einen Baum aus dem Harpener Gemeindewald wird offiziell bestätigt. →

21. 8. 1769. Für das erste Dortmunder Waisenhaus wird das frühere Gasthaus für arme Fremde neben dem Grafenhof umgebaut.

GESTORBEN:

3. 4. 1769. Mülheim an der Ruhr: Gerhard Tersteegen, eigentlich Gerrit ter Steegen (*25. 11. 1697, Moers), evangelischer Mystiker.

GEBOREN:

27. 3. 1768. Dortmund: Arnold Mallinckrodt († 12. 6. 1825, Dortmund), Publizist und Verleger.

Sieben Jahre leidvoller Krieg zu Ende

15. Februar 1763. Mit dem Frieden von Hubertusburg zwischen Preußen und Österreich endet der Siebenjährige Krieg, der seit seinem Beginn am 29. August 1756 auch das Ruhrgebiet in Mitleidenschaft gezogen hatte. Die Bürger von Essen begehen das Kriegsende mit einer mehrtägigen Feier (zusammen mit dem 200. Jubiläum der Einführung der Reformation in der Stadt).

In Hamm ist die Bevölkerung infolge des Krieges um 20% zurückgegangen. Die Dortmunder Bürger und Bauern haben eine Schuldenlast von 562 715 Gulden abzutragen. In Bochum gibt es 1765 nur noch sechs große und 30 mittelgroße Häuser, 40 stehen leer, fünf sind eingefallen, acht notdürftig renoviert. Von den Hausbesitzern sind 44 ohne jedes Vermögen und weitere 37 weitgehend verarmt.

Der Siebenjährige Krieg

Der Siebenjährige Krieg (29. 8. 1756 – 15. 2. 1763) wurde auf zwei weitgehend voneinander unabhängigen Schauplätzen ausgetragen. Zum einen kämpften Preußen und Österreich um den Besitz Schlesiens, das Friedrich II., der Große, in den beiden vorangegangenen Schlesischen Kriegen (1740 – 1742; 1744/45) in seinen Besitz gebracht hatte. Aus diesem Grund wird der Siebenjährige Krieg auch als 3. Schlesischer Krieg bezeichnet.

Zum anderen fochten England und Frankreich um die Hegemonie in den Kolonien (Nordamerika, Indien) und auf den Weltmeeren. Die Verbindung dieser Auseinandersetzung mit dem 3. Schlesischen Krieg ergab sich aus Bündnisverträgen zwischen Preußen und England bzw. zwischen Österreich und Frankreich.

Der Krieg endet mit der Bestätigung der schlesischen Besitztümer Preußens und der Erringung der englischen Vorherrschaft auf See und im Überseeraum.

Die Auswirkungen des Siebenjährigen Krieges auf das Ruhrgebiet ergaben sich aus seiner strategischen Lage. Frankreich suchte seinen Gegner in dessen kontinentalem Besitztum Kur-Hannover zu treffen; Hannover gehörte seit der Thronbesteigung König Georgs I. von England (1714), der aus hannoverschem Hause stammte, zu dem britischen Inselreich. Die Gebiete rechts des Rheins waren unvermeidliches Durchmarschgebiet der Truppen auf dem Weg dorthin.

Entsprechend kam es zu zahlreichen Einquartierungen französischer Truppen in den Städten des Ruhrgebiets. Am 25. April 1757 rückte ein französisches Regiment in Dortmund ein, zehn Tage später zog es nach Lünen weiter. Im Juni 1760 besetzte der französische General Johann Christian Fischer die Ruhrlinie von Werden bis Duisburg. Zur selben Zeit beschlagnahmte ein französisches Heer den gesamten Roggen von Körne bis Eichlinghofen (südlich von Dortmund).

Zu direkten Auseinandersetzungen zwischen den Kriegsgegnern kam es im Ruhrgebiet nur vereinzelt. Am 3. Juli 1761 trafen bei Westhofen (südlich von Schwerte) französische Einheiten und Truppen der Alliierten (Preußen, England-Hannover, Braunschweig, Hessen-Kassel und Schaumburg-Lippe) aufeinander.

Während des Siebenjährigen Krieges wird die Brücke von Westhofen einen Tag lang zum Gefechtsschauplatz französischer und alliierter (l.) Truppenverbände

Preußens Soldatenwerber ziehen Rekruten ein

So wenig die Preußen von den Bewohnern der Grafschaft Mark halten, so gerne ziehen sie in dieser Gegend Rekruten ein. Vor allem die Trinkfreudigkeit der Westfalen, die den preußischen König zu abfälligen Bemerkungen veranlaßte, machen sich die Soldatenwerber dabei sehr häufig zunutze. Da sich im nüchternen Zustand keiner der jungen Burschen für das Soldatenleben begeistern läßt, machen die Werber sie in den Wirtshäusern betrunken, um sie als Soldaten zu verpflichten.

So geht auch Fähnrich Zusner einem Bericht zufolge in Dortmund vor. Nach Einschreiten des Bürgermeisters muß er die übertölpelten Burschen jedoch wieder frei lassen.

Auf einem öffentlichen Platz werben preußische Soldaten Rekruten an

Bildnis von König Friedrich II. auf dem Deckel einer Schraubmedaille

Darstellung des Friedens von Hubertusburg (Rückseite der Medaille)

Kaiser verbietet Dortmunder Münze

29. Januar 1760. Das Verbot des Dortmunder 1/6-Talers wegen seines zu geringen Silbergehalts durch einen Erlaß von Kaiser Franz I. führt zur Einstellung des gesamten Münzbetriebes der Stadt.

Die ständige Verschlechterung der Dortmunder Münze in den vorangegangenen Jahren war das Ergebnis der dauernden Geldnot der Stadt infolge ihrer Zahlungsverpflichtungen an das Reich und an Preußen. Konsolidierungsversuche durch Anwerbung neuer Bürger (als Steuerzahler) und eine Verbesserung der Wirtschaftsstruktur schlugen fehl. Durch das Mittel der Inflation, d. h. die Prägung großer Mengen geringwertigen Kleingeldes, konnte die Stadt zwar kurzfristig gut verdienen, aber schon bald wurde Dortmunder Geld an anderen Orten nicht mehr angenommen. Selbst die Stadtkasse zahlt bei Annahme nicht mehr den vollen Wert.

Am 30. Januar 1784 beschließt der Rat den Verkauf der Münzstätte.

Lithographien aus dem Bergmannsleben 1853 von W. Baeßler nach E. Heuchler (v. l. n. r.): Abschied von Daheim, Gebet vor Schichtbeginn, Anfahrt, Kohleabbau

Am Füllort unter Tage, Trennung von Kohle und Abraum, Zerkleinerung der Kohle, die »letzte Schicht« (v. l. n. r.), (Lithographien aus dem Bergmannsleben)

Gesetz ordnet Bergbau

29. April 1766. König Friedrich II., der Große, von Preußen erläßt eine von seinem Bergmeister Johann Friedrich Heintzmann ausgearbeitete »Revidirte Bergordnung für das Herzogtum Cleve, das Fürstentum Meurs und die Grafschaft Mark«.

Das neue Berggesetz regelt die Erschließung von Bodenschätzen in den Bergrevieren des Ruhrgebiets und die Verfügungsrechte der Gewerken über das Bergwerkseigentum. Nach der neuen Bergordnung muß zur Aufsuchung von Mineralien oder Steinkohle beim zuständigen Bergamt ein Schürfschein für einen bestimmten Bezirk, dessen Schürfrechte noch nicht vergeben sind, beantragt werden. Nach Erhalt des Schürfscheins kann der Gewerke in dem ihm verliehenen Bezirk die Suche nach Mineralien oder Kohle aufnehmen; er untersteht dabei der Weisungsbefugnis des vom Bergamt eingesetzten Bergrevierbeamten. Wird der Schürfer fündig, legt er beim Bergamt Mutung ein, d. h. er weist seinen Fund nach. Daraufhin wird ihm von der staatlichen Bergbehörde das Eigentum an dem entsprechenden Grubenfeld verliehen. Den Kern der neuen Bergordnung bildet die Einführung des sog. Direktionsprinzips im Bergbau. Die staatliche Bergbehörde übt danach nicht nur die bergpolizeiliche Aufsicht über die Gruben aus, sondern leitet auch sämtliche Zechen durch eigens dafür eingesetzte Beamte. Diese entscheiden über die Einstellung und Entlassung der Bergleute, setzen die Gehälter, Gedinge- und Schichtlöhne sowie die Kohlenpreise fest und regeln die maximale Arbeitszeit.

Ergänzt wird die revidierte Bergordnung durch ein »Generalprivilegium« für Bergleute in Kleve, Moers und Mark vom 16. Mai 1767. Es befreit den Bergmann vom Militärdienst, unterstellt ihn der Gerichtsbarkeit der Bergämter und verfügt über die Errichtung von Knappschaftskassen zur Unterstützung der Bergleute im Krankheitsfall.

In Bergordnung und Generalprivilegium spiegelt sich der Wunsch des merkantilistischen Staates, über eine Lenkung der Gewerbe die wirtschaftliche Entwicklung zu fördern.

Der Kohlenweg in Gahlen

1766. Zwischen Bochum und Gahlen an der Lippe (in der Nähe von Dorsten) wird der Gahlener Kohlenweg angelegt. Auf dieser Straße, auch märkischer Kohlendamm genannt, wird Steinkohle aus den Bochumer Zechen zur Emscherbrücke bei Crange und über Buer, Polsum und Dorsten bis zur Lippe transportiert. In Gahlen wird die Kohle gelagert und von dort aus über die Lippe nach Wesel verschifft.

Neben der Ost-West-Verkehrsachse der Lippe erhält Dorsten damit eine Nord-Süd-Verbindung zum Kohlegebiet an der Ruhr.

Ein vollbeladener Kohlenwagen verläßt eine Zechenanlage und fährt seine Last bis zum vorgesehenen Bestimmungsort. Die Strecken der sog. Kohlenstraßen sind nur schlecht befestigt und stellen die Fuhrmänner oft vor Probleme: Die hölzernen Räder der Pferdegespanne bleiben bisweilen im Schlamm stecken.

1770
1770–1779

Samt und Seide verboten

30. Juni 1767. Um dem Tragen von »über-standesmäßiger kostbarster Kleidung« Einhalt zu gebieten, erläßt der Kölner Kurfürst Maximilian Friedrich eine Kleiderordnung für das Vest Recklinghausen. Bauern und Bürger werden aufgefordert, im Vest hergestellte Stoffe zu tragen. Neben der Unterstützung der heimischen Textilindustrie hat die Verordnung das Ziel, die in der Kleidung deutlich werdenden Standesunterschiede aufrechtzuerhalten. Nicht der Schnitt, sondern der Stoff dient als Unterscheidungsmerkmal. Den Bauern und Tagelöhnern sind nur schlichte einheimische Leinenstoffe gestattet. Wohlhabende Stadtbürger dürfen außerdem eine seidene Weste und einen goldenen Ring tragen. Die beim Adel beliebten französischen Spitzen und kostbaren Pelze sowie Samt- und Seidenstoffe werden dagegen den Bürgern verboten. Bei den Wohlhabenden stößt die Kleiderordnung auf großen Widerspruch.

Französische Spitze ziert die Kleider

Eine Familie in reich verzierter Robe

Kaffee nicht für untere Schichten

6. November 1766. Der Rat der Stadt Dortmund verbietet allen Bauern, Handwerkern, Tagelöhnern und Dienstboten den Genuß von Kaffee und Tee, da diese Luxusgetränke keine nützlichen Nahrungsmittel seien. Adlige, Gelehrte, wohlhabende Kaufleute und auswärtige Besucher dürfen weiterhin Tee und Kaffee trinken, werden aber zur Mäßigung aufgerufen.
Die Mißachtung des Verbots wird mit einer Geldstrafe geahndet. Ausgenommen sind nur Personen, denen der Kaffee- oder Teegenuß ausdrücklich vom Arzt empfohlen wurde. Auch Bürger, die ihren Dienstboten diese anregenden Getränke anbieten, müssen eine entsprechende Strafe zahlen.
Der Tee- und Kaffeeverbrauch hat seit einigen Jahren bei der arbeitenden Bevölkerung stark zugenommen. Die herkömmliche Getreidegrütze zum Frühstück wird zunehmend unbeliebter.

Bochumer Jünglinge feiern Maiabendfest

30. April 1769. Das Recht der Bochumer Junggesellenkompanie auf einen Baum aus dem Gemeindewald der Nachbargemeinde Harpen wird notariell anerkannt. Der Baum ist eine symbolische Abgabe der Harpener für die Befreiung von dem der Stadt Bochum zustehenden Weggeld. Zusätzlich müssen die Harpener acht Taler zahlen.
Dieses Rechtsverhältnis zwischen Bochum und Harpen ist der Hintergrund des Bochumer Maiabendfestes, das seine Anfänge im Mittelalter hat und noch heute gefeiert wird; eine Legende legt seinen Ursprung in eine Ritterfehde.
Die Junggesellenschützen ziehen jeweils am 30. April aus, um Baum und Ablösung zu holen. Vor Anbruch der Dunkelheit ziehen sie wieder in die Stadt ein und zählen auf dem Markt die erhaltenen Taler auf einer Trommel vor. Die Einnahme steht der Stadt zu, wird aber den Schützen überlassen.

1770–1779

19. 3. 1770. Laut Gründungsurkunde ist das von der Essener Äbtissin Franziska Christina gegründete Waisenhaus in (Essen-)Steele, das 1669 die ersten 16 Kinder aufgenommen hat, eine konfessionelle Anstalt.

11. 11. 1770. Die Stadt Unna überläßt sieben Kolonistenfamilien den Haberkampf. →

1771. Auf der St. Antonii-Hütte in (Oberhausen-)Sterkrade wird erstmals versucht, Eisenerz mit Steinkohle zu verhütten.

1772. In (Essen-)Rellinghausen wird die Anthrazitkohlenzeche Langenbrahm gegründet. Sie ist eine der ältesten des späteren Ruhrgebietes.

Januar 1774. Die Jesuitenresidenz in Essen wird aufgelöst, nachdem Papst Klemens XIV. ein Jahr zuvor den Orden verboten hat.

10. 10. 1774. Durch einen Vergleich wird der seit Jahren andauernde Konflikt zwischen dem Königreich Preußen und dem Abt von Werden beigelegt.

2. 11. 1774. In Duisburg wird die Kulturgesellschaft Societät gegründet.

1775. Zacharias Dietrich Baedeker übernimmt den Verlag und die Druckerei der »Essendischen Zeitung von Kriegs- und Staatssachen«.

1776. Auf Anordnung der preußischen Regierung wird die Ruhr zu einem schiffbaren Strom ausgebaut.

1776. Die letzte Äbtissin von Essen, Maria Kunigunde, Prinzessin von Polen und Litauen, wird in ihr Amt eingeführt. In ihrer Amtszeit erläßt sie u. a. eine Verordnung zum Schutz der kahlgeschlagenen Wälder.

24. 7. 1776. Die Stadt Dortmund und Preußen vereinbaren Freizügigkeit für die Bewohner ihrer Territorien. →

1779. Die Brüder Justus und Wilhelm Waldthausen gründen in Essen einen Wollhandel, das Woll-Transito-Geschäft. →

GEBOREN:

4. 5. 1772. Dortmund: Friedrich Arnold Brockhaus († 20. 8. 1823, Leipzig), Verleger.

21. 11. 1774. Ruhrort: Gerhard Haniel († 23. 8. 1834, Ruhrort), Kaufmann.

20. 8. 1775. Horst bei Steele: Franz Dinnendahl († 15. 8. 1826, Essen), Zimmermann, Erfinder und Techniker.

13. 7. 1778. Essen: Gottschalk Diedrich Baedeker († 23. 3. 1841, Essen), Verleger und Buchhändler.

20. 11. 1779. Ruhrort: Franz Haniel († 24. 4. 1868, Ruhrort), Kaufmann.

Dortmund schließt Frieden mit Preußen

24. Juli 1776. In einer Konvention zwischen König Friedrich II. von Preußen und der Stadt Dortmund wird die gegenseitige Freizügigkeit der Bewohner beider Territorien vereinbart, d. h. die bisherige Steuer für die Niederlassung oder das Antreten einer Erbschaft im anderen Herrschaftsbereich aufgehoben. Damit endet der seit der Eingliederung der Grafschaft Mark in den brandenburgisch-preußischen Staat (→ 12. 11. 1614) schwelende Konflikt zwischen dem Landesfürsten und der im Herzen seines Territoriums liegenden Reichsstadt Dortmund.
Selbst schon in den Eroberungskriegen des französischen Königs Ludwig XIV. (seit 1667) geriet Dortmund zwischen die Fronten des römisch-deutschen Kaisers, des Stadtherrn von Dortmund und des Großen Kurfürsten von Brandenburg. 1705 forderte König Friedrich Wilhelm I. – allerdings vergeblich – die Überlassung des früheren Königshofes im Norden der Stadt. 1708 verhängte Preußen ein Verbot der Ausfuhr von Holzkohle und Getreide über Dortmund (1710 aufgehoben). 1735 verbot Friedrich Wilhelm I. von Preußen seinen Untertanen das Studium am Dortmunder Archigymnasium.

Fr. Wilhelm I.

Der preußische König Friedrich II., nach einem Kupferstich von 1787

1770–1779

Händler aus Essen im Überseegeschäft

1779. Die Brüder Justus und Wilhelm Waldthausen gründen in Essen einen Wollhandel, das »Woll-Transito-Geschäft«. Sie betreiben zunächst einen Zwischenhandel von den Wollhandelszentren Amsterdam, Leipzig und Dresden zu den Tuchfabriken im Raum Essen.

Die Stadt Essen entwickelt sich in dieser Zeit von einem Handwerks- zu einem Handelszentrum. Da die Essener Kaufleute über gute Kontakte zu den holländischen Hafenstädten verfügen, profitieren sie vom wachsenden Handel mit Überseeländern. Eingeführt werden von dort vor allem sog. Kolonialwaren wie Zucker, Kaffee, Reis, Baumwolle, Häute und Indigo. Essener Gewehre und Gewehrschlösser, Kaffeemühlen und Tuche werden ausgeführt, hauptsächlich nach Amerika.

Der Handel mit Kolonialwaren, in dem sich bekannte Essener Familien wie Krupp, Huyssen und Waldthausen betätigen, ist eine wichtige Einnahmequelle für die Stadt.

Kolonisten besiedeln Unnaer Stadtheide

11. November 1770. Im Rahmen eines Siedlungsprogramms der preußischen Regierung zur Erschließung brachliegender Gebiete überläßt die Stadt Unna sieben Familien aus dem rheinpfälzischen Raum den an die nördliche Gemarkung angrenzenden Haberkamp. Vergleichbare Kolonien finden sich auch in Bochum, Kamen und Schwerte.

Die Kolonisten in der Unnaer Stadtheide erhalten gut 21 Morgen Land in Erbpacht. Für 15 Jahre wird ihnen Abgabenfreiheit gewährt. Zudem erhalten sie alle Privilegien der einheimischen Bürger, darunter das Recht zur landwirtschaftlichen Nutzung des Umlandes sowie die Erlaubnis, in den Steinbrüchen Steine für den Bau ihrer Häuser zu brechen.

Das knapp bemessene Ackerland kann die Kolonistenfamilien nicht ausreichend ernähren, so daß sie weiteres Land in Pacht nehmen oder sich anderweitig verdingen müssen. Die alte »Colonie« gibt dem späteren Unnaer Stadtteil seinen Namen.

Äbtissin stiftet Steeler Waisenhaus

19. März 1770. *Die Äbtissin des Essener Stifts, Franziska Christina von Pfalz-Sulzbach, stellt eine Stiftungsurkunde für das Waisenhaus in (Essen-)Steele aus. Es wird darin als konfessionelle Anstalt zur Erhaltung und Verbreitung der römisch-katholischen Religion bezeichnet.*

Das Gebäude (Abb.), dessen Grundsteinlegung am 31. Januar 1764 erfolgte, wurde im Juli 1765 vollendet. Nicht nur die Räume des Waisenhauses befinden sich in dem spätbarocken Bauwerk, sondern auch eine Residenz der Äbtissin.

Anders als in anderen Waisenhäusern werden in Steele keine Kranken, Arbeitslosen, Verwahrlosten und unehelichen Kinder aufgenommen. Bei der Betreuung der Waisen wird viel Wert auf die handwerkliche Ausbildung gelegt.

1780

1780–1789

1780. Die Ruhr kann bis Langschede befahren werden, nachdem die notwendigen Schleusen bei Herdecke, Wetter und Witten installiert worden sind. →

1780. Friedrich der Große läßt Kommißbrote in Öfen backen, die mit Steinkohle beheizt werden, um die Unschädlichkeit der Kohle für die Gesundheit zu beweisen.

1781. Der Duisburger Professor Christian Georg Ludwig Meister, seit 1777 Herausgeber der »Duisburgischen gelehrten und gemeinnützigen Beiträge«, beginnt mit der Herausgabe der »Duisburgischen literarischen Nachrichten«.

27. 11. 1781. Recklinghausen und Dorsten erhalten vom Kölner Kurfürsten Maximilian Friedrich neue Stadtverfassungen. →

1782. Die Hütte Gute Hoffnung in (Oberhausen-)Sterkrade wird von Eberhard Pfandhöfer in Betrieb genommen; Pfandhöfer war bis zu diesem Zeitpunkt Pächter der St. Antonii-Hütte in (Oberhausen-)Osterfeld.

16. 2. 1784. Heinrich Friedrich Karl Reichsfreiherr vom und zum Stein wird Leiter des Märkischen Bergamts in Wetter. →

1785. In Mülheim an der Ruhr wird ein Stundenanzeiger gedruckt, dem die Reisezeiten zwischen den Städten des späteren Ruhrgebiets zu entnehmen sind. →

11. 6. 1785. Die 18 vestischen Wundärzte müssen sich einer Approbations-Prüfung durch den Bonner Medizinalrat unterziehen. →

18. 5. 1786. Auf Anordnung des Freiherrn vom und zum Stein überträgt das Preußische Hütten- und Bergwerks Departement die Leitung der märkischen Zechen dem staatlichen Oberbergamt.

1787. In Rauendahl (Bochum) fährt eine der ersten Pferdeeisenbahnen dieser Region. →

1787. Die Gebrüder Scheidt errichten in Bochum eine Baumwollspinnerei und Tuchfabrik mit etwa 30 Beschäftigten.

1789. Auf der Lipperheide und im Lipperheidebusch im Raum Essen werden Eisensteinlager entdeckt.

GESTORBEN:

5. 9. 1788. Essen: Franz Ferdinand (Nicolaus Lambertus Otto Joseph) Freiherr von Wenge, (*1707, Essen), Domherr in Münster, Gründer der St. Antonii-Hütte.

GEBOREN:

17. 7. 1787. Essen: Friedrich Krupp († 8. 10. 1826, Essen), Industrieller.

Märkisches Bergamt unter neuer Leitung

16. Februar 1784. Heinrich Friedrich Karl Freiherr vom und zum Stein wird Direktor des Märkischen Bergamtes in Wetter an der Ruhr.

Noch im Jahr seiner Amtsübernahme unternimmt der 28jährige eine Inspektionsreise durch die Bergbaureviere seines Bezirks. Stein vermerkt einen »gänzlichen Mangel an Ordnung« auf seiten der Gewerken sowie »Unwissenheit des Handwerks und Schläfrigkeit« bei den Bergleuten. Auf seine Veranlassung wird den Zechen die regelmäßige Vorlage von Rechnungsbüchern und Fahrberichten beim Bergamt zur Pflicht gemacht. Von der Behörde eingesetzte Oberschichtmeister und Obersteiger übernehmen die Verwaltung der Gruben. Im Winter 1786/87 reist Stein nach England, um sich über die Einsatzmöglichkeiten der Dampfmaschine im Bergbau zu informieren.

1792 wird Stein Direktor des am 15. Juni dieses Jahres gegründeten Westfälischen Oberbergamtes, einer

Freiherr vom und zum Stein, Direktor des Märkischen Bergamtes

auf seine Initiative hin erfolgten Zusammenlegung der Bergämter der Bezirke Wetter an der Ruhr, Ibbenbüren und Minden-Ravensberg.

Stein über die Dampfmaschine

»Wir werden nun hier einen Stollen Förderung mit Pferden anlegen und glauben, bey einer Anlage von 3000 Thalern jährlich 500 Thaler zu gewinnen, erhalten wir nun durch ihre Unterstützung eine Feuer Maschine, so wird der erste Anstoß gegeben seyn zu denen beyden Haupt Verbesserungen, deren unser Bergbau fähig ist, nämlich Förderung und Wasserhaltung« (13. 6. 1790).

1780–1789

Mülheim an der Ruhr, Ausgangspunkt für die Verschiffung von Kohle aus dem Revier (Ruhrlandmuseum Essen)

Ruhr wird Schiffahrtsweg

Verladeeinrichtung für Ruhrkohle im Muttental bei Witten

1780. Die Ruhr ist als Schiffahrtsstraße von Ruhrort bis über Witten hinaus befahrbar. Der Strom wurde kanalisiert, 16 Schleusen regulieren den unterschiedlichen Wasserstand. Die Länge des schiffbaren Flusses beträgt 74 km. Um die Lastkähne (Aaken) flußaufwärts ziehen zu können, wurden am Flußufer Leinpfade für die Zugpferde angelegt. Damit wird die Ruhr zu einem bedeutenden Transportweg für Kohle aus dem Märkischen, Salz aus dem Salzwerk Königsborn bei Unna und andere Handelsgüter. Diese werden von Ruhrort aus ins niederrheinische Gebiet und weiter bis nach Holland ausgeführt. Schon 1734 unterbreitete der preußische König Friedrich Wilhelm I. den Plan, den oberen Ruhrabschnitt für den Salztransport schiffbar zu machen.

Im Zuge des vermehrten Kohleabbaus an der Ruhr schlossen sich Mülheimer Fuhrunternehmer 1750 zusammen und verschifften vor allem die Fettkohle aus dem Essener Raum in die rheinischen Regionen. Die Firma Elsbruch & Comp. gründete unter Beteiligung von 36 Teilhabern aus Ruhrort, Königssteele, Essen, Duisburg und Kleve die »Neue Ruhrschiffahrts-Enterprise behufs Transports derer märkischer Kohlen«. Das Transportunternehmen besaß schon seit 1770 ein von der preußischen Regierung zugesichertes Monopol für den Kohletransport und übernahm nun mit 25 Schiffen regelmäßige Lasttransporte. Doch bald traten erhebliche Transportschwierigkeiten auf. Zwischen Hattingen und Ruhrort versperrten mehr als 20 Mühlen- und Fischwehre (Schlachten) die Durchfahrt. Die Kohlen mußten mehrfach umgeladen werden, wodurch die Qualität der Ladung erheblich litt und die weiche märkische Kohle oft nur als Kohlenstaub in Kleve ankam. Erst 1774 begann nach einigen Widerständen der anliegenden Territorien der preußische Staat mit dem Bau der ersten Schleusen in der Mark.

Blick auf die Ruhr bei Werden. Im Vordergrund ein Ruhraak, das typische Transportschiff für die Kohle aus den Ruhrzechen (Aquarell von Carl Dehme)

Lange Reisen auf schlechten Straßen

1785. In dem zweibändigen Kunst-, Schreib- und Zeichenbuch des Elberfelder Kunstmalers Johann Merken erscheint ein Stundenanzeiger, aus dem die Reisezeiten per Pferdekutsche zwischen vielen Städten des Ruhrgebiets zu ersehen sind.

Der schlechte Straßen- und Wegezustand behindert Reisende, Händler und die Post. Für Reisen und Gütertransporte zwischen benachbarten Ortschaften benötigen Fuhrunternehmer und Postwagen mehrere Stunden; Fahrten in weiter entfernt liegende Gegenden Westfalens und des Rheinlands dauern Tage. Erschwert wird das Fortkommen auf schlechten Straßen durch häufig fehlende Brücken und Aufenthalte bei der Entrichtung von Wegzöllen. Mit den wachsenden Kohlenfunden in dieser Region treten größere Transportprobleme auf. Die Gemeinden, zu deren Pflichten die Straßenpflege gehört, haben diese Aufgabe lange vernachlässigt. Erst in der Folgezeit werden einige Straßen gebaut, wie die Verbindung Düsseldorf–Berlin, die über Schwelm führt (1788).

Reisezeiten an Ruhr und Lippe

Dortmund – Duisburg	15 Stunden
Essen – Wesel	8 Stunden
Dortmund – Essen	7 Stunden
Mülheim an der Ruhr – Wesel	7 Stunden
Schwelm – Hattingen	4 Stunden
Duisburg – Mülheim an der Ruhr	2 Stunden

Titel des »Liber artificiosus«, in dem der Stundenanzeiger erscheint

1780–1789

Recklinghausens Ärzte ohne Ausbildung

11. Juni 1785. Die 18 Wundärzte des Vests Recklinghausen müssen sich einer Prüfung durch den Bonner Medizinalrat unterziehen. Nur zwei von ihnen bestehen die Prüfung und dürfen weiter praktizieren. Während die medizinischen Wissenschaften an den europäischen Universitäten große Fortschritte machen, gibt es in der zweiten Hälfte des 18. Jh. im Vest Recklinghausen nur einen Arzt mit Universitätsausbildung. Er stellt als Landphysikus im Auftrag der Regierung Erlaubnisscheine zur Ausübung der Heilpraxis aus. Jeder, der sich berufen fühlt, seine Mitmenschen zu kurieren, kann ohne Prüfung eine solche Approbation erwerben.

Die im 18. Jh. in Kraft gesetzten Medizinalordnungen (Grafschaft Mark 1725, Kurköln 1779) enthalten erstmals allgemeingültige Vorschriften für die Ausbildung von Ärzten, Hebammen, Chirurgen und Apothekern. Die Ausstellung von Erlaubnisscheinen durch den Landphysikus wird 1784 verboten. Die kurkölnische Medizinalbehörde äußert sich nach den Prüfungen im Vest Recklinghausen verwundert darüber, »wie schlecht die dasigen Wundärzte bestellt sind«. Auch an anderen deutschen Universitäten wird die praktische Ausbildung der Ärzte vernachlässigt.

An der Universität Duisburg lehrt der Arzt und Physiker Johann Gottlieb Leidenfrost. Er ist bekannt durch sein Experiment mit einem Wassertropfen in einer glühenden Metallschale, der nicht sofort verdampft, sondern auf der sich entwickelnden Dampfschicht umhertanzt. Zusammen mit seinen Kollegen Daniel Erhard Günther und Konrad Jakob Carstanjen setzt er sich für die Förderung der praktischen Medizin und eine bessere Ausbildung der Ärzte ein. Im 19. Jh. kommt es ausgehend von Leiden und Wien zu einer Spezialisierung der klinischen Medizin durch konsequente Anwendung naturwissenschaftlicher Denkweisen und Methoden auf die Erforschung menschlicher Krankheiten und ihrer Ursachen.

Ein Hospital des 18. Jh.; inmitten regen ärztlichen Treibens wird einem Patienten im Krankensaal ein Bein amputiert (Stich aus dem Jahr 1746)

Verwaltungsreform in Recklinghausen

27. November 1781. Maximilian Friedrich, Kurfürst von Köln, setzt für die Stadt Recklinghausen eine neue Ratswahlordnung in Kraft, die innerstädtische Wahlstreitigkeiten beendet. Die Stadtverwaltung wird neu organisiert und der staatlichen Kontrolle unterstellt.

Die Bürgermeister und Beisitzer werden nicht mehr jährlich, sondern auf Lebenszeit von den Gildemeistern gewählt. Innerhalb des Rates wechseln die Ämter jedes Jahr. Diese Rotation soll die gegenseitige Kontrolle der Stadträte gewährleisten.

Die Ratsmitglieder werden besoldet, damit sie sich nicht länger eigenmächtig am städtischen Steueraufkommen bereichern.

Die Kontrolle des städtischen Haushalts wird vom Statthalter des Kurfürsten ausgeübt. Der kurfürstliche Richter überwacht die Wahlen.

In den preußischen Ländern Kleve und Mark ist die städtische Selbstverwaltung schon früher zugunsten der Staatsaufsicht abgeschafft worden (Hamm 1718, Lünen 1719).

Kohle statt Holz

1780. Um ihre Unschädlichkeit für die Gesundheit zu demonstrieren, läßt Friedrich der Große Kommißbrot in Öfen backen, die mit Steinkohle beheizt werden. Auch in Haushalten soll Kohle statt des knapp werdenden Holzes in diesen Öfen (Abb.) verbrannt werden.

Kohlenbahn fährt auf Eisenschienen

1787. Die erste deutsche Pferdeeisenbahn wird südlich von Bochum eingerichtet. Sie führt von vier Gruben bei Baak zur Rauendahler Kohlenniederlage und den Schiffsanlegestellen an der Ruhr. Zuvor hatte ein mit Brettern verschlagener Schiebeweg für den Transport gedient. Unter Federführung des Bergamtsleiters vom und zum Stein war 1786 mit der Errichtung einer Schienenbahn nach englischem Vorbild begonnen worden.

Die gußeisernen Schienen wurden in der Hütte Gute Hoffnung in (Oberhausen-) Sterkrade in einem speziell dafür erbauten Ofen produziert.

Zwischen den Kohlengruben und dem Umschlagplatz fahren nun Wagen englischer Bauart täglich zehn Mal hin und her. Zum Betrieb der Bahn werden zwei Pferdeknechte, zwei Auf- und Ablader sowie drei Bremser benötigt. Durch ihre große Kapazität und Rentabilität setzt sich die Schienenbahn rasch als Transportsystem für die Kohle aus den ruhrnahen Stollenzechen durch.

1790
1790–1799

1790. Wattenscheid wird erstmals als Stadt und Freiheit erwähnt.

1791. Unter Führung eines Konsortiums von Geldgebern wird an der Emscher bei Schloß Oberhausen die Hüttengewerkschaft Neu-Essen gegründet.

4.–6. 12. 1792. Der Dichter Johann Wolfgang von Goethe besucht Duisburg.

Dezember 1792. Nach Ausbruch der Französischen Revolution begeben sich die beiden Brüder von Ludwig XVI. nach Hamm ins Exil.

1. 6. 1794. In Preußen tritt das Allgemeine Landrecht in Kraft. →

1796. Aus der Vereinigung der Zechen Wolff und Hoffnung entsteht in Essen-Kupferdreh die Gewerkschaft Zeche Heinrich.

1796. In Recklinghausen wird die Normalschule als Lehrerbildungsinstitut gegründet. →

1796. Der Essener Buchhändler Zacharias Baedeker vermittelt den Bürgern durch seine Leihbücherei neueste Literatur.

14. 9. 1797. Die Essener Äbtissin Maria Kunigunde und die Stände ratifizieren den Landesgrundvergleich. Dies ist der erste Versuch, das Essendische Landesrecht schriftlich zu fixieren.

3. 7. 1798. Die erste Nummer des von Arnold Mallinckrodt herausgegebenen »Westfälischen Anzeigers« oder »Vaterländisches Archiv zur Beförderung und Verbreitung des Guten und Nützlichen« erscheint. →

1799. Der Mechaniker Heidel beginnt im Raum Essen mit dem Bau von Maschinen, u. a. für die Tuchfabriken in Kettwig.

1799. Im Verlag Mallinckrodt in Dortmund erscheint »Die Jobsiade. Ein komisches Heldengedicht in drei Teilen« des in Bochum lebenden Schriftstellers Karl Arnold Kortum. →

29. 3. 1799. Die Witwe Helene Amalie Krupp ersteigert die Hütte Gute Hoffnung in (Oberhausen-)Sterkrade. →

30. 8. 1799. Auf der Saline Königsborn bei Unna wird die erste Dampfmaschine der preußischen Westprovinzen in Betrieb genommen. →

GESTORBEN:

1794. Duisburg: Johann Gottlieb Leidenfrost (*27. 11. 1715, Rosperwenda/Landkreis Sangerhausen), Mediziner.

GEBOREN:

25. 2. 1793. Gut Harkorten bei Hagen: Friedrich Harkort († 6. 3. 1880, (Dortmund-)Hombruch, Industrieller und Politiker.

Preußisches Recht auch für die Mark

1. Juni 1794. Das Allgemeine Preußische Landrecht tritt in Kraft. Darin wird das gesamte preußische Recht für die Grafschaft Mark festgeschrieben. Es umfaßt das Zivil- und Strafrecht und behandelt außerdem Fragen des Verfassungs- und Verwaltungsrechts.

Das neuzeitliche Gesetzbuch sorgt für eine einheitliche Rechtsprechung der neuen Landgerichte. Folter und Ämterkauf werden abgeschafft, Prozeßordnungen erstellt sowie Rechtsgleichheit und Gewaltenteilung eingeführt. Der Rechtsmißbrauch weicht damit dem Prinzip der Rechtsstaatlichkeit.

Neben Hamm ist das Stift Münster Ziel französischer Emigranten; insbesondere Geistliche finden hier Zuflucht

Hamm wird Exil französischer Prinzen

Titel des Allgem. Landrechts (Kupferstich, Heimatmuseum Schwelm)

Dezember 1792. Mit dem Strom der Emigranten aus dem durch die revolutionären Wirren erschütterten Frankreich kommen die beiden Brüder des französischen Königs Ludwig XVI. nach Hamm. Die Grafen Ludwig von Provence und Karl von Artois folgen einem Angebot Friedrich Wilhelm II. von Preußen. Während Ludwig schon Ende des Jahres wieder abreist, bleibt Karl bis zum August 1794. Die Hammer Bevölkerung ist über den hohen Besuch beunruhigt: Man fürchtet spätere Vergeltung bei einem Vordringen der französischen Revolutionstruppen. Zudem treibt die aufwendige Hofhaltung der adligen Gäste die Lebensmittelpreise in die Höhe. Hamm wird in diesen Jahren von zahlreichen Flüchtlingen aus Frankreich aufgesucht.

Karl von Artois (Karl X.), von 1824 bis 1830 König von Frankreich

Ludwig von Provence (Ludwig XVIII.), 1814 – 1824 König von Frankreich

Dampfkraft für Saline

30. August 1799. Auf der staatlichen Saline Königsborn bei Unna geht die erste Dampfmaschine Westfalens in Betrieb. Sie arbeitet nach dem Wattschen Niederdruckprinzip und betreibt eine Pumpe, mit deren Hilfe die Sole aus dem 50 m tiefen Hauptbrunnen der Saline hochgepumpt wird.

Ihre Aufstellung geht auf eine Anregung König Friedrich II. von Preußen zurück, der bereits im Jahr 1782 den Einsatz einer Dampfmaschine auf der Saline befürwortet hatte. Auch Freiherr vom Stein, seit 1784 Direktor des Märkischen Bergamtes (→ 16. 2. 1784), unterstützte das Projekt: »Ich habe eine Reise in Sachen Saline unternommen, und nachdem ich die Angelegenheit der Saline in Unna überdacht habe, scheint es mir, als ob es dort an Kraft mangelt ... Wir können hier nur durch bessere Ausnutzung des Wassers die Leistung steigern oder durch den Aufbau einer Dampfmaschine« (Brief vom 24. 12. 1791).

Mit Ausnahme der gußeisernen Zylinder, die aus England importiert wurden, stammen alle Teile der Dampfmaschine aus Preußen. Sie gilt als ein Wunderwerk der Technik. Ihre Aufstellung auf Königsborn erregt bei den Zeitgenossen ungeheures Aufsehen. Nach einem völligen Umbau in den Jahren 1866/67 ist die erste Dampfmaschine Westfalens noch bis 1932 in Betrieb.

Preisliste von Produkten der Hütte Gute Hoffnung aus dem Jahr 1808

Witwe Krupp kauft Hütte Gute Hoffnung

29. März 1799. Ein Beauftragter von Helene Amalie Krupp ersteigert die Eisenhütte Gute Hoffnung in (Oberhausen-)Sterkrade für 10 000 Reichstaler. Der Vorbesitzer Eberhard Pfandhöfer, der ihr über 18 000 Reichstaler schuldet, ist ein Jahr zuvor nach Holland geflohen.

Helene Amalie ist die Tochter des angesehenen Essener Kaufmanns Peter Heinrich Ascherfeld. Sie heiratete im Dezember 1751 Friedrich Jodocus Krupp. Nach seinem Tod am 5. Juni 1757 übernahm sie seine Kolonialwarenhandlung. Daneben betreibt sie eine Schnupftabakfabrik und investiert Kapital in Kohle- und Eisenproduktion.

1790–1799

Verleger A. Mallinckrodt

Arnold Mallinckrodt, Verleger des »Westphälischen Anzeigers«

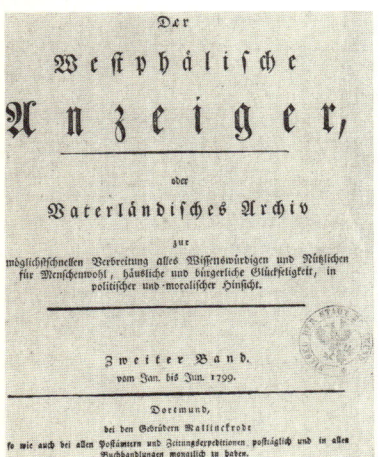

Titelblatt des Anzeigers

3. Juli 1798. In Dortmund wird die erste Nummer des »Westphälischen Anzeigers« von Arnold Mallinckrodt herausgegeben. Die zweimal wöchentlich erscheinende Tageszeitung mit anfänglich nur neun Abonnenten entwickelt sich bald zur meist gelesenen Publikation in Westfalen. Infolge der französischen Zensurauflagen unter der Herrschaft von Kaiser Napoleon I. wird die Zeitung 1809 eingestellt. Nach Abzug der Franzosen im Jahr 1815 erscheint sie erneut.

Arnold Mallinckrodt, am 27. März 1768 in Dortmund geboren, zählt zu den bedeutendsten Persönlichkeiten der Stadt. Als Jurist und Ratsherr nahm er seine literarische Tätigkeit 1795 mit der Veröffentlichung einer zweibändigen Verfassungsgeschichte Dortmunds auf. Das Werk »Der Versuch über die Verfassung der kaiserlichen und ... freien Stadt Dortmund« vermittelt einen umfassenden und systematischen Überblick der reichsstädtischen Rechtsentwicklung.

Im Frühjahr 1796 erschien die erste Ausgabe des »Gelehrten Magazins von und für Dortmund«. Diese Vierteljahresschrift wurde 1797 zum »Magazin für Westfalen« erweitert, aber schon zwei Jahre später wieder eingestellt. Seine letzten Lebensjahre verbringt Mallinckrodt in Schwefe bei Soest; er stirbt 1825 und wird in Dortmund beigesetzt.

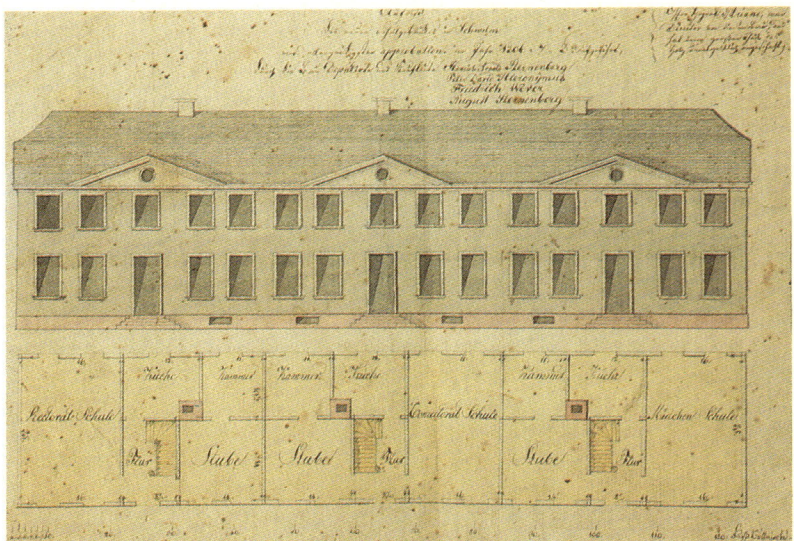

Zeitgenössischer Plan eines modernen Schulgebäudes mit Wohnung für einen hauptberuflichen Lehrer und verschiedenen Unterrichtsräumen

Lehrer sollen mehr lernen

1796. Der Kölner Kurfürst Maximilian Friedrich führt im Vest Recklinghausen eine Schulreform durch. Nach dem Vorbild der Münsteraner Schulreformer Bernard Overberg und Minister Franz von Fürstenberg läßt er eine Normalschule einrichten, in der Lehrer ausgebildet werden sollen. Bis zu diesem Zeitpunkt gab es keine geregelte Lehrerausbildung im Vest.

Die Lehrer in Westfalen können von dem geringen, von den Eltern oft unregelmäßig gezahlten Schulgeld nicht leben. Meist übernehmen Personen ohne entsprechende Vorbildung (Schneider, Schäfer oder Dorfmusikanten) das Amt des Lehrers als Nebenerwerbstätigkeit. Viele von ihnen können selbst weder schreiben noch rechnen.

Der Kölner Kurfürst setzt sich dafür ein, den Lehrern neben dem Schulgeld aus kirchlichen Mitteln ein festes Jahresgehalt zu zahlen. Eine bessere Lehrerbesoldung und -ausbildung soll das Unterrichten von Kindern zu einem wirklichen Beruf machen und die Mißstände an den Schulen beseitigen.

Baedeker fördert Kultur in Essen

1796. Der Buchhändler Dietrich Zacharias Baedeker eröffnet in Essen seine Leihbücherei. Dort macht er auf zeitgenössische Literatur aufmerksam und versucht, das Interesse der Essener an kulturellen Dingen zu wecken.

Die kulturtragende Schicht der Stadt ist noch sehr klein, aber einige Bürger lesen bereits Baedekers »Essendische Zeitung von Kriegs- und Staatssachen«, ein Blatt, das sich durch seine unterhaltsame, geistreiche Art von den anderen nüchternen Stadtzeitungen abhebt.

In Essen werden auch Konzerte veranstaltet und Theaterstücke aufgeführt; populär sind Singspiele, wie »Das Caffeehaus« und »Die Sklavin«, aber auch Stücke von Friedrich Schiller u. a. werden aufgeführt.

K. A. Kortum veröffentlicht seine Jobsiade

1799. Karl Arnold Kortum, ein Arzt und Gelehrter in Bochum, veröffentlicht sein komisches Heldengedicht »Jobsiade«.

In lustigen Knittelversen schildert er seine Zeit und verspottet die Welt der kleinstädtischen Spießbürger und der westfälischen Bauern. Der Held seiner Geschichte ist der Senatorensohn und Theologiestudent Jobs, dessen abenteuerliches Leben von der bierfröhlichen Studentenzeit über die Geldnöte des Kandidaten bis zum bitteren Ende als Nachtwächter geschildert wird. Das humorvolle Gedicht hat so großen Erfolg bei den Lesern, daß Kortum seinen Helden wiederauferstehen läßt und zwei weitere Folgen schreibt.

Karl Arnold Kortum, Bochumer Arzt und Dichter der Jobsiade

Der Dichter macht sich über die städtischen Kaufleute lustig: »... Brachte es aber durch Ehrlichkeit / Anfangs bei aller Mühe nicht weit. / Er rettete sich jedoch beizeiten / Wie es Sitte ist bei Handelsleuten, / Denn ein starker, honetter Bankrott / half ihm aus aller seiner Not.«

Auch die Gepflogenheiten der Bauern bei den Naturalabgaben an die Kirche nimmt er spöttisch aufs Korn: »... hielten es eben für kein Skandal, / wenn man den Pfarrer betrog und bestahl.«

Kortum veröffentlicht noch weitere Schriften; neben anderen Gedichten schreibt er auch ein Gesundheitsbüchlein für Bergleute und wissenschaftliche Werke.

Anfänge der Industrialisierung

Das Ruhrgebiet um 1800

Es hätte wohl schon großer seherischer Gaben bedurft, um in den ersten Jahren des 19. Jh. aufgrund der bloßen Anschauung vorherzusagen, daß in der Gegend zwischen Ruhr und Emscher bald das größte Industrierevier Europas entstehen würde. Was den zeitgenössischen Reisenden in jenen Jahren beeindruckte, waren nicht Fabriken und Schornsteine, sondern der anmutige Reiz und die verträumte Idylle einer von Wäldern und Landwirtschaft geprägten Landschaft.

Die kleinen Städte an der Ruhr waren zumeist sehr alt und hatten im Mittelalter von ihrer Lage am Hellweg profitiert. Manche von ihnen waren auch Mitglied der Hanse gewesen, aber seither hatte sich nur wenig in den Städten verändert – kaum, daß sie über ihre alten Stadtmauern hinausgewachsen waren. Insgesamt werden wohl um die Wende vom 18. zum 19. Jh. wenig mehr als 300 000 Menschen auf dem Gebiet des heutigen Ruhrgebiets gelebt haben. Die größte Stadt war Duisburg mit 5300 Einwohnern, Mülheim hatte fast 5000 Einwohner und war damit zur damaligen Zeit größer als Essen, wo 4500 Menschen lebten. Bochum war mit knapp 2100 Einwohner kleiner als Bottrop (2200 Einwohner), Gelsenkirchen (500 Einwohner) oder Herne (750 Einwohner) waren eher Dörfer als Städte. Mit den Städten des Rheinlandes – wie etwa Köln, das schon zu den damaligen Zeiten dank seiner Lage und großzügig gewährter Stapelrechte eine florierende und dynamische Wirtschaftsmetropole war, oder Krefeld, das von seiner Textilindustrie profitierte – konnte es allerdings keine Stadt im Ruhrgebiet aufnehmen, von Städten wie Berlin und Frankfurt ganz zu schweigen.

Natürlich hatte sich auch in den Städten des Ruhrgebiets allmählich eine Gewerbestruktur herausgebildet, erste Manufakturen und private Unternehmen waren entstanden, Gewehrfabriken, Betriebe der Metallbearbeitung, Brauereien, aber von einer Industrialisierung konnte man kaum sprechen. Ende des 18. Jh. gaben Fachleute dem Ruhrgebiet keine Chance zu einer industriellen Entwicklung – zu wenig würden sich die Einwohner für Industrie und Gewerbe interessieren.

So idyllisch Land und Städte im Ruhrgebiet den Besuchern auch vorgekommen sein mögen, dem heutigen Geschmack entsprachen sie wahrlich nicht: Die Städte waren verarmt und verludert, die Häuser im allgemeinen recht ärmlich. Sie waren meistens mit Stroh gedeckt und in der Küche war offenes Herdfeuer üblich, wobei der Rauch seinen Ausweg durch Tür und Fenster nahm. Teils neben, teils vor den Häusern, manchmal mitten auf der Straße befanden sich Mistgruben und Schweinekoben, oft auch Aborte, was für die Anwohner alles andere als angenehm gewesen sein muß. Alles in allem werden sich die Städte und Dörfer des Ruhrgebiets zu Beginn des 19. Jh. kaum von denen in anderen ländlichen Regionen Deutschlands unterschieden haben.

Nun mag es sicherlich umstritten sein, ob man für den Raum zwischen Dortmund und Duisburg um die Wende vom 18. zum 19. Jh. schon vom »Ruhrgebiet«, ja überhaupt von einer »Region« im engeren Sinne sprechen kann. Man versteht darunter schließlich einen Raum mit besonders engen politischen, historischen, kulturellen oder wirtschaftlichen Verflechtungen. Kaum etwas davon trifft auf das »Ruhrgebiet« um das Jahr 1800 zu. Die Städte des Ruhrgebiets – als Landschaft Teil sowohl des Rheinlands als auch Westfalens – hatten bis weit in das 18. Jh. hinein keine gemeinsame Geschichte, vielleicht sollte man bis zum Beginn des 19. Jh. tatsächlich eher von einer rheinischen und einer westfälischen Geschichte reden. Noch bis zum Wiener Kongreß (1815) war das Ruhrgebiet in etwa zehn Herrschaftsbereiche mit eigenen Zöllen und unterschiedlichen Rechtsnormen aufgeteilt, was u. a. die Schiffahrt auf der Ruhr zu einer komplizierten Angelegenheit machte. Erst danach, mit dem Anschluß an Preußen und d. h. auch an das größte zusammenhängende Wirtschaftsgebiet im Deutschen Bund, begann die gemeinsame Geschichte des Ruhrgebiets, in politischer wie in wirtschaftlicher Hinsicht.

Sicher: Eine Quelle des späteren wirtschaftlichen Wohlstandes wurde bereits seit dem Mittelalter genutzt – die Kohle. Älteste Urkunden gehen zurück auf das Ende des 13. Jh. Auch hatte sich der Kohlenbergbau aus dem kleinen, primitiven und lokal begrenzten Anfängen im Osten des Ruhrgebiets während des 16. Jh. in den Westen der Region ausgedehnt. Im 18. Jh. hatte sich dann der preußische Staat der Kohle angenommen: 1738 war das Märkische Bergamt in Bochum gegründet und damit der Bergbau an der Ruhr merkantilistisch und zum Nutzen der preußischen Staatswirtschaft organisiert worden. Der Bedarf an Energie nahm zu: Mit Holz und Holzkohle ließ sich die Nachfrage einer wachsenden Bevölkerung und einer expandierenden Industrie nicht mehr befriedigen. »Zum Schutze der Wälder« – wie man sich ausdrückte – förderte der preußische Staat den Einsatz von Steinkohle anstelle von Holzkohle, u. a. durch Edikte, in denen die Nutzung von Steinkohle unter Strafandrohung befohlen wurde.

Mit der Erschließung der Ruhr als Schiffahrtsweg am Ende des 18. Jh. wurde auch die Verkehrsinfrastruktur in Richtung auf den Rhein als Hauptverkehrsader deutlich verbessert. Bis dahin hatte man die Kohle mühsam mit Pferde- und Maultierkarawanen transportieren müssen und das auf einem primitiven Straßennetz, dem seit den Zeiten Karls des Großen nichts Wesentliches hinzugefügt worden war. Ein Befahren mit Wagen war, wenigstens in den Zeiten schwerer Niederschläge, nahezu ausgeschlossen, mithin ein Landtransport von Kohlen im größeren Umfange unausführbar. Auch wenn die Ruhrschiffahrt nur während sieben Monaten im Jahr möglich war, hat die Nutzung der Ruhr als Transportweg eine wichtige Voraussetzung für die wirtschaftliche Entwicklung des Ruhrgebiets geschaffen. Schon 1748 wurde das erste Kohlemagazin in Ruhrort errichtet, man lieferte Kohle aus dem Ruhrgebiet bis in die Niederlande und in die Schweiz. Wie wichtig die Ruhr für die Industrialisierung war, wird auch daran deutlich, daß selbst noch im Jahr 1850 fast 45% der Kohleförderung über die Ruhr verschifft wurden. Die Ruhr war in jenen Jahren einer der am dichtesten befahrenen Flüsse Deutschlands.

Aber mit der Nutzung der Kohle etwa zum Kochen oder zum Betrieb von Hammerwerken waren ihre Möglichkeiten bei weitem noch nicht ausgeschöpft: Anfang des 18. Jh. hatte der Engländer Abraham Darby ein Verfahren zur Verkokung von Steinkohle gefunden und 1735 gelang seinem Sohn erstmals der Betrieb eines ausschließlich mit Steinkohlenkoks betriebenen Hochofens. Für diese modernen Techniken war die Kohle, so wie man sie zu Beginn des 19. Jh. im Ruhrgebiet förderte, jedoch nicht geeignet. Was man zu Tage holte, war Magerkohle, die als Brennstoff geeignet war, nicht aber zur Verkokung und damit zur Metallerzeugung. Und so blieb auch die wirtschaftliche Bedeutung der 1758 in Oberhausen gegründeten St. Antonii-Hütte eng begrenzt, denn sie verwendete noch die inzwischen reichlich veraltete Holzkohlen-Technologie und litt zudem unter chronischem Brennstoffmangel. Nun gab es im Ruhrgebiet auch die verkokbare Fettkohle, nur lag sie unter einem knapp 100 m tiefen Deckgebirge aus Mergelgestein, das erst einmal durchstoßen werden mußte. Auf derartige technische Aufgaben war der Bergbau an der Ruhr schlecht vorbereitet, sowohl technisch als auch organisatorisch: Trotz preußischer Verwaltung und Aufsicht war es auch am Ende des 18. Jh. immer noch Raubbau; jeder nahm sich die Kohle, wie und wo es ihm gerade paßte, ein systematischer Abbau fand nirgendwo statt. Überwiegend wurde im Handbetrieb gefördert, von Zechen im modernen Sinne konnte keine Rede sein. Um die Wende zum 19. Jh. hatte man jedoch in der Nähe von Bochum damit begonnen, erste Tiefbauschächte anzulegen. 1801 war auf der Zeche Vollmond die erste Dampfmaschine im Ruhrbergbau installiert worden, denn nur auf diese Weise ließen sich die unterirdischen Wasserzuflüsse bewältigen und größere Teufen erreichen. Im Jahr 1808 wurde eine Tiefe von 46 m erreicht, was für den Ruhrbergbau eine erste technische Meisterleistung darstellte.

Aber nicht in Bochum, sondern in der Nähe von Essen wurden ab 1832 die ersten Versuche angestellt, die Mergelschicht zu durchstoßen. Man wußte recht genau, daß auch unter dem Mergel Kohlen anstanden, aber es war unbekannt, in welcher Tiefe sie zu erreichen waren und ob die zu erwartenden Wasser bewältigt werden konnten. 1837 schließlich hatte man auf der Zeche Kronprinz von Preußen Erfolg, man erreichte Kohle unter 130 m Deckgebirge. Man fand zwar auch hier nur Magerkohle, aber das technische Prinzip hatte sich bewährt. Nun konnte man nicht nur ertragreichere Flöze ausbeuten, sondern auch die für die Verkokung besonders gut geeignete und daher bevorzugt nachgefragte Fettkohle fördern. Wenn man so will, war dies die Geburtsstunde des »Ruhrgebiets« als großem Montanrevier, denn erst jetzt konnte sich die schicksalhafte Verbindung von Kohle und Eisen herausbilden, erst jetzt entstand allmählich ein sich selbst tragendes und beschleunigendes Wachstum. Tatsächlich begannen ab den 40er Jahren des 19. Jh. Kohleförderung und Eisenproduktion mit fast exponentiellen Raten zu wachsen: Im Jahr 1839 überschritt die Kohleförderung im Ruhrgebiet erstmalig die Millionen-Tonnen-Grenze, schon 1853 wurden es mehr als 2 Mio t.

In der ersten Hälfte des 19. Jh. erhöhte sich die Kohleförderung im Ruhrgebiet um das Siebenfache und die Gesamtbelegschaft um das Achtfache. Aus einem Nebenerwerb von Bauern und Handwerkern war eine richtige Industrie geworden, auch mit wachsenden Belegschaften und Fördermengen je Zeche. Nun setzte auch der wirtschaftliche Sog ein, der zunächst die Bevölkerung aus den umliegenden Regionen, dann aus immer entfernteren Gegenden wie Schlesien, Ostpreußen oder Polen ins Ruhrgebiet zog. Bis zur Mitte des Jahrhunderts stieg die Bevölkerungszahl im Ruhrgebiet auf mehr als eine halbe Million Menschen, bis 1871 noch einmal fast um die gleiche Zahl.

Davon allerdings war man in den ersten Jahren des 19. Jh. noch weit entfernt. Aber so ganz allmählich bildeten sich die Keime, aus denen heraus das Ruhrgebiet wachsen sollte, und auch die wirtschaftliche und politische Umwelt begann sich zu verändern. Im Jahr 1807, angeregt durch das französische Beispiel und nicht zuletzt mit dem Ziel, die Steuereinnahmen zu steigern, wurde in Preußen die Gewerbefreiheit gewährt; nun mußte man sich nicht mehr durch das Dickicht von Zunft- und Standesschranken kämpfen, um ein Gewerbe zu gründen. Im Jahr 1808 entstand das Unternehmen von Franz Haniel und Heinrich Huyssen, die spätere Gutehoffnungshütte und das Unternehmen, welchem der Durchbruch durch die Mergelschicht gelang. 1811 gründete Friedrich Krupp sein Unternehmen und 1818 gelang ihm die Herstellung von hochwertigem Tiegelguß. Zur gleichen Zeit begann die große Ära der preußischen Gewerbepolitik, mit der die Reformer Stein, Hardenberg und Beuth versuchten, den wirtschaftlichen und technischen Anschluß an England zu finden. Im Jahr 1808 wurde die »Technische Gewerbe- und Handelsdeputation« mit dem Auftrag gegründet, »die Gewerbekunde des In- und Auslandes zu bearbeiten und praktisch nutzbar zu machen«. Man schloß damit an die Tätigkeit der »Königlichen Fabrikkommission« an, die seit dem Ende des 18. Jh. regelmäßige »Fabriktage« im Ruhrgebiet abgehalten hatte, um durch Weitergabe und Austausch von Erfahrungen und Informationen die Entwicklung des Gewerbes zu fördern. 1815 wurde das preußische Patentgesetz erlassen, das nun auch die rechtlichen und wirtschaftlichen Anreize für technische Innovationen schuf. 1822 schließlich wurde nach englischen und französischen Vorbildern der »Verein zur Beförderung des Gewerbefleißes in Preußen« gegründet, ein staatlich angeregter Zusammenschluß zum Transfer von Informationen über die technischen und ökonomischen Neuerungen aus aller Welt. Und man begann, in fast allen größeren Städten erste Gewerbeausstellungen abzuhalten, um auch aus der direkten Anschauung zu lernen.

Allmählich entstand auch im Ruhrgebiet die »kritische Masse« für die Industrialisierung: Man förderte in genügenden Mengen die für die Eisenindustrie benötigte Kohle, mit der Ruhr und der Nähe zum Rhein standen unter den damaligen Umständen nahezu optimale Verkehrsanbindungen zur Verfügung. Flächen zur Industrieansiedlung gab es im immer noch ländlichen Ruhrgebiet ohnehin mehr als genug, ebenso wie Arbeitskräfte aus der Landwirtschaft, und die Gewerbepolitik des preußischen Staates förderte die ökonomische Entwicklung so gut es ging. Die Verfügbarkeit von Kapital war noch kein generelles Problem für die Industrialisierung des Ruhrgebiets geworden, denn noch waren keine großen Investitionen erforderlich. Das sollte sich zwar bald ändern, denn die neuen Tiefbauzechen erforderten gewaltige Beträge, aber es boten sich auch die Chancen zu großen Gewinnen: Um 1850 stellte ein Kölner Bankier fest, »daß sich in keinem Stande so viele reiche Leute befinden als unter den Bergwerksbesitzern«.

Der preußische Gesandte, der anläßlich der Weltausstellung 1851 in London noch bezweifelte, daß das Ruhrgebiet jemals England würde einholen können, weil es gar nicht genügend Kohle zu fördern gäbe, bewies wenig wirtschaftliche Weitsicht; der Anblick des Ruhrgebiets, wo der Förderturm allmählich zum beherrschenden Zeichen in der Landschaft geworden war, hätte ihn eines Besseren belehrt.

Andreas Schlieper

1800
1800–1809

1801. Auf der Zeche Vollmond in (Bochum-)Langendreer wird die erste Dampfmaschine im Ruhrbergbau aufgestellt. →

1801. In Bochum wird ein Sicherheitsausschuß unter persönlicher Leitung des Königs eingerichtet, da die Stadt von einer Welle von Verbrechen heimgesucht wird. →

1802. In Schwerte wird die erste Pockenschutzimpfung durchgeführt. →

1802. Die Essener Leihbücherei, von Gottschalk Dietrich Baedeker 1796 gegründet, umfaßt 2334 Bände.

1802. Der Herzog von Arenberg wird Landesherr im Vest; er macht Recklinghausen zum Sitz der obersten Verwaltungs- und Gerichtsbehörden des Herzogtums (bis 1811).

6. 6. 1802. König Friedrich Wilhelm III. von Preußen erläßt in Königsberg ein Patent, durch das er die ihm von Frankreich zugesprochenen Länder in Besitz nimmt, darunter große Teile des Ruhrgebiets. →

23. 7. 1802. Die neue Duisburger Marienkirche wird eingeweiht. →

1803. In Essen gibt es nur noch vier Gewehrfabriken mit 97 Beschäftigten. →

1803. Justus von Gruner beschreibt das kulturelle und gesellige Leben in einigen Städten des Ruhrgebiets. →

11. 1. 1803. Vor dem Freistuhl auf dem Königshof bei der Dortmunder Burgpforte findet zum letzten Mal ein Freistuhlgericht statt.

1. 6. 1803. Die Landgemeinden von Werden und Essen werden an den klevischen Landkreis Duisburg angeschlossen.

30. 6. 1803. Erbprinz Wilhelm Friedrich von Oranien kommt als neuer Landesherr nach Dortmund.

1. 7. 1803. Der erste Postwagen erreicht von Essen aus Bochum. Mit Musik wird der blumenbekränzte Wagen durch die Stadt geleitet. →

1804. Auf der Schiffsbauwerft von Neinhaus in Ruhrort sind 50 Arbeiter beschäftigt.

1804. Der Dorstener Drucker Karl August Schuerholz gründet die erste Zeitung des Vests Recklinghausen.

1804. In Essen vereinigen sich die beiden Gewerkschaften Sälzer und Neuack zur Gewerkschaft Ver. Sälzer und Neuack. Der Ursprung dieser Zeche geht auf die Anlage eines Stollens im Jahr 1623 zurück.

Januar 1804. Die Regierung von Oranien-Nassau hebt das 1193 gegründete Dortmunder Katharinenkloster auf (→ 30. 6. 1803).

1805. Das 1252 eingeweihte Dortmunder Franziskanerkloster wird aufgehoben und abgerissen. Der Antwerpener Schnitzaltar erhält einen neuen Platz in der Petrikirche (→ 1521).

1806. Ferdinand Hasenclever wird staatlicher Schulkommissar in Schwelm. →

1806. Die Bewohner der Grafschaft Mark huldigen Napoleon (bis 1813 französisch besetzt).

März 1806. Napoleon I. bildet das Großherzogtum Berg, zu dem später auch das gesamte Ruhrgebiet gehört. →

7. 11. 1806. Die Stadt Dortmund wird französisch. →

21. 11. 1806. Kaiser Napoleon I. verkündet von Berlin aus eine Kontinentalsperre für britische Waren. →

2. 12. 1806. Beim Wattenscheider Gänsereiten darf nur noch eine tote Gans verwendet werden. →

1807. Franz Dinnendahl siedelt sich in Essen an und gründet eine Maschinenfabrik, in der bald 60 Arbeiter beschäftigt sind.

30. 9. 1807. Heinrich Friedrich Karl Reichsfreiherr vom und zum Stein (→ 16. 2. 1784) wird als leitender Minister in die preußische Regierung berufen. Er setzt grundlegende Reformen durch.

1808. Mülheim an der Ruhr erhält Stadtrechte. →

1808. Die vier Gebrüder Stinnes gründen in Mülheim eine Schiffahrts- und Kohlenhandelsgesellschaft.

1808. Johann Heinrich Christian Nonne veröffentlicht »Wanderungen durch Duisburgs Fluren«.

15. 9. 1808. Die drei Hütten St. Antonii, Neu-Essen und Gute Hoffnung werden zur Hüttengewerkschaft und Handlung Jacobi, Haniel & Huyssen zusammengefaßt. →

26. 9. 1808. Die Juden in Dortmund erhalten die volle Gleichberechtigung. →

14. 11. 1808. Das Großherzogtum Berg wird in vier Departements eingeteilt: Rhein, Ruhr, Sieg und Ems.

3. 3. 1809. Der französische Kaiser Napoleon I. überträgt das Großherzogtum Berg seinem Neffen, dem Prinzen Louis Napoleon.

31. 3. 1809. Die großherzoglich-bergische Regierung erhebt die Gewerbefreiheit zum Grundsatz der Handwerkergesetzgebung. Dies bedeutet das Ende für die Gilden, Ämter und Zünfte. →

16. 9. 1809. In Wesel werden elf Offiziere des Majors von Schill hingerichtet. →

GESTORBEN:

6. 1. 1806. Paris: Johann Heinrich Riesener (* 1734, Gladbeck), bedeutender französischer Möbelkünstler.

GEBOREN:

1. 3. 1801. Wengern/Wetter an der Ruhr: Henriette Davidis († 3. 4. 1876, Dortmund), Schriftstellerin.

3. 11. 1801. Essen: Karl Baedeker († 4. 10. 1859, Koblenz), Verleger.

11. 3. 1806. Sandymount Dublin: William Thomas Mulvany, († 30. 10. 1885, Düsseldorf), Industrieller.

Stadtansicht von Essen mit Stadtmauer und Turm der Münsterkirche (2. v. l.); das Stift Essen gelangt im Jahr 1802 unter preußische Herrschaft

Westfalen wird preußisch

6. Juni 1802. Der preußische König Friedrich Wilhelm III. verfügt von Königsberg aus die Inbesitznahme großer Teile des Ruhrgebiets.

Während des ersten Koalitionskrieges (1792–97) zwischen Frankreich und den Bündnispartnern Österreich und Preußen erhielt Frankreich im Sonderfrieden von Basel (5. 4. 1795) das linke Rheinufer zugesprochen und versprach, Preußen mit rechtsrheinischen Territorien zu entschädigen. Der Besitz der geistlichen Landesherren wurde dafür vorgesehen.

Diese Übereinkunft wurde im Frieden von Lunéville (9. 2. 1801) bestätigt: Preußen erhielt für die Abtretung von 48 Quadratmeilen auf linksrheinischem Gebiet 235 Quadratmeilen rechts des Rheins. Hierzu gehörten das Bistum Paderborn, die Stadt Münster sowie die Stifte Herford, Essen und Werden. Am 3. August 1802 rücken preußische Truppen unter dem Generalmajor Gebhard Leberecht von Blücher in diese Gebiete ein. Die Landesherrschaft der Essener Äbtissinnen und der Werdener Äbte sowie der Bischöfe von Münster und Paderborn ist damit beendet. Die Stifte und Bistümer werden enteignet. Lediglich die Durchführung von Gottesdiensten und die Unterhaltung bischöflicher Stühle und Behörden wird sichergestellt.

Die Bewohner der nun preußischen Gebiete empfangen die neuen Landesherren ablehnend. Sie verbinden mit Preußen militärischen Drill, harten Steuerdruck und eine strenge Bürokratie. Neben einer Änderung der Regierungsform – z. B. wird eine eigenständige Gerichtsbarkeit eingeführt – erfährt auch das Wirtschaftsleben Neuregelungen. Mit der Einführung der preußischen Bergordnung werden die Zechen unter staatliche Leitung gestellt.

Zur pflichtgemäßen Huldigung ihres neuen Staatsoberhauptes König Friedrich Wilhelm III. von Preußen prägen die bisher reichsunmittelbaren und nun säkularisierten Stifte Essen und Werden eine goldene Gedenkmedaille.

Ruhrgebiet unter Napoleons Herrschaft

März 1806. Der französische Kaiser Napoleon I. bildet aus dem vormals zu Preußen gehörenden rechtsrheinischen Kleve und dem bislang bayerischen Herzogtum Berg das Großherzogtum Berg mit der Hauptstadt Düsseldorf. Es wird zum Ausgangspunkt der französischen Besitzergreifung des Ruhrgebiets.

Noch im selben Jahr kommt es zu Streitigkeiten zwischen Berg und Preußen über die Zugehörigkeit von Essen und Werden zu dem Großherzogtum. Am 22. Oktober werden beide französisch. Berg wird am 12. Juli 1806 Mitglied des neugegründeten Rheinbundes und tritt gleichzeitig zusammen mit den 15 anderen Unterzeichnern der Bundesakte am 1. August desselben Jahres aus dem Heiligen Römischen Reich Deutscher Nation aus.

Am 7. November 1806 läßt Napoleon durch den Generalmajor und Gouverneur von Heldring die Grafschaft Mark sowie die Stadt und Grafschaft Dortmund in Besitz nehmen. 1808 werden beide mit dem Großherzogtum Berg vereint. Am 29. Januar 1811 fällt auch das Herzogtum Arenberg mit dem Vest Recklinghausen an Berg. Das Großherzogtum Berg unter Napoleons Schwager Joachim Murat ist ebenso wie das Königreich Westfalen unter Jérôme, dem jüngsten Bruder des französischen Kaisers, ein Vasallenstaat und besonders eng mit Frankreich verbunden. Gegen Ende der napoleonischen Zeit ist Westfalen auf vier Staaten mit außerwestfälischen Zentren aufgeteilt: das Kaiserreich Frankreich, das Königreich Westfalen sowie die Großherzogtümer Berg und Hessen-Darmstadt.

Joachim Murat, Marschall und Großherzog von Berg und Kleve, tauscht 1808 das Großherzogtum gegen die Königswürde von Neapel ein

Das Ruhrgebiet unter französischer Herrschaft (1808)

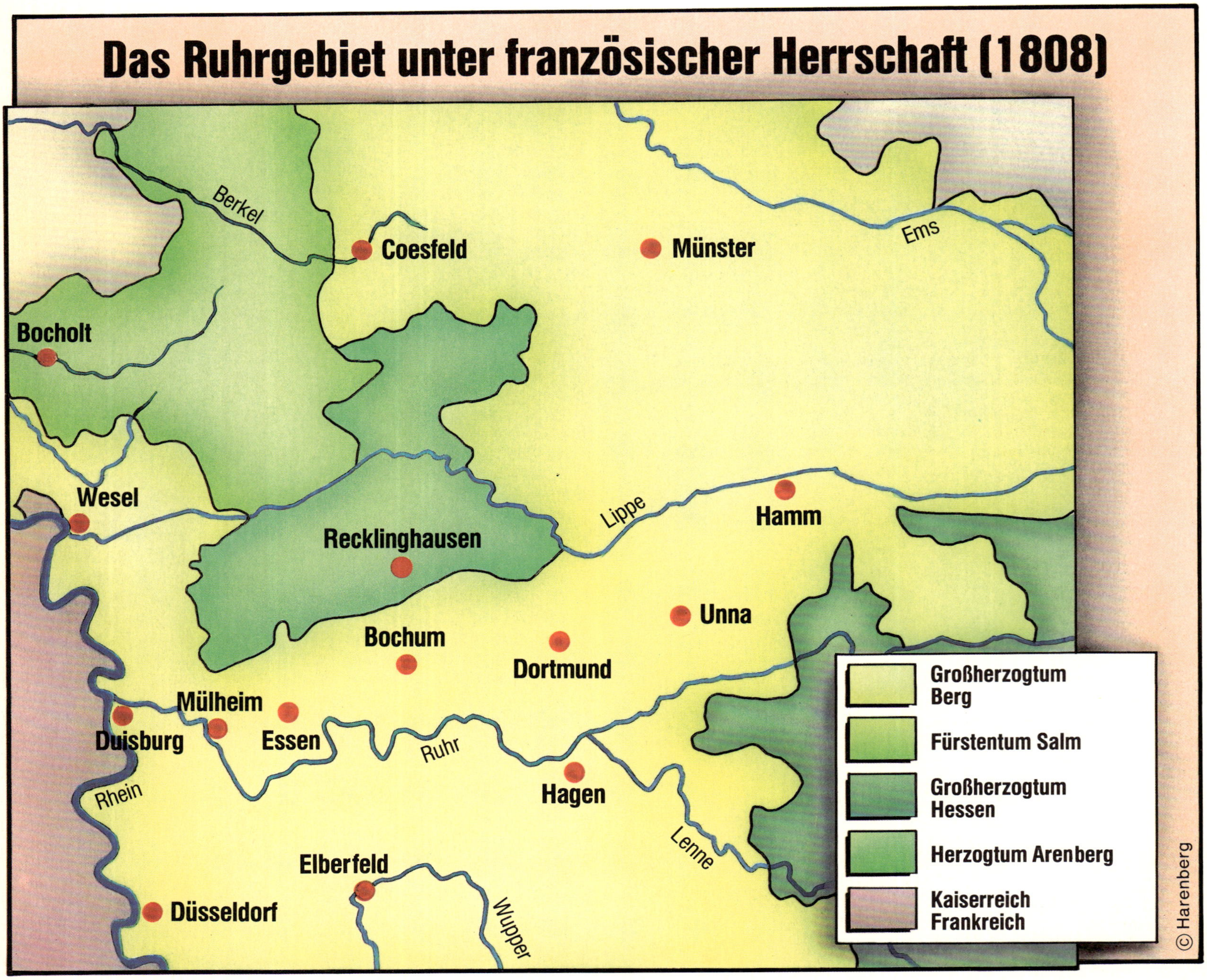

- Großherzogtum Berg
- Fürstentum Salm
- Großherzogtum Hessen
- Herzogtum Arenberg
- Kaiserreich Frankreich

Dortmund muß neuen Herrn dulden

7. November 1806. Mit der Inbesitznahme von Dortmund durch die Franzosen muß sich die Stadt bereits dem zweiten Herrn seit dem Ende ihrer Reichsfreiheit 1803 unterwerfen. Am 5. Dezember 1806 werden die Wappen des bisherigen Machthabers Wilhelm Friedrich von Oranien in Stadt und Grafschaft Dortmund entfernt.

Dem oranischen Erbprinzen hatte die Dortmunder Bürgerschaft am 30. Juni 1803 gehuldigt. Die Besitzergreifung durch die Oranien-Nassauer war das Ergebnis des Friedens von Lunéville zwischen Frankreich und dem Heiligen Römischen Reich Deutscher Nation 1801. Aufgrund dieses Vertrages erhielt Frankreich die linksrheinischen Gebiete, dessen bisherige Landesherren dafür mit rechtsrheinischen Territorien entschädigt wurden. Außer Dortmund erhielt das Fürstentum Nassau-Oranien mit der Hauptstadt Fulda weitere, geistliche Besitzungen.

Wilhelm Friedrich säkularisierte das Katharinen- und das Franziskanerkloster und erklärte die zahlreichen städtischen Grundbesitzungen zu seinem Eigentum. Mit dem Verkauf zahlreicher Grundstücke versuchte er, sich schnell an seinem neuen Territorium zu bereichern.

Das befestigte Dortmund von Süden aus gesehen kurz vor der Inbesitznahme durch die französischen Machthaber (Gemälde von A. Berger, 1804)

Auch unter den Franzosen bleibt Dortmund Spielball der Mächte. 1808 werden Stadt und Grafschaft Dortmund mit dem Großherzogtum Berg (→ März 1806) vereint. Im selben Jahr wird Dortmund Sitz des Ruhrdepartements, eines der vier neugebildeten Verwaltungsbezirke von Berg. 1809 bezieht der Departementspräfekt Gisbert von Romberg seinen Präfekturhof im Rosental.

Neue Steuern und Zölle bringen beträchtliche finanzielle Belastungen für die Bevölkerung. Besonders bedrückend sind die französischen Soldatenaushebungen. Einige Männer können sich von der Zwangsrekrutierung freikaufen; andere versuchen, sich durch das Abhacken eines Daumens untauglich zu machen.

Mülheim an der Ruhr erhält Stadtrecht

1808. Das Kirchspiel Mülheim wird mit der Honnschaft (Bauernschaft) Holthausen zur Stadt Mülheim an der Ruhr erhoben. Die Vereidigung des Stadtrates findet am 13. Februar 1808 durch den Provinzialrat Graf von Spee statt. Grundlage der Mülheimer Stadtverfassung ist die am 13. Oktober 1807 von Großherzog Joachim Murat erlassene Verordnung, wodurch Gemeinden mit über 5000 Einwohnern zur Einrichtung einer eigenen Stadtverwaltung verpflichtet werden.

Aus finanziellen und verwaltungstechnischen Gründen werden der Stadt auch die zunächst ausgegrenzten weiteren sechs Honnschaften der Herrschaft Broich zugewiesen. Sie bilden in der Folge eine Etatgemeinde, in der Polizei- und Schulkosten gemeinsam aufgebracht werden müssen.

Obwohl Mülheim den Titel Stadt führt, bleibt der dörfliche Charakter bestimmend. Es fehlen ansehnliche Gebäude, die Straßen sind in mangelhaftem Zustand. Allerdings wird schon im Jahr 1808 eine Straßenbeleuchtung installiert.

Haupterwerbszweige für die Bevölkerung bilden Schiffahrt und Fischerei. Der Kohlenbergbau hat nur noch geringe Bedeutung, da die leichter zu gewinnenden Vorkommen erschöpft sind. Die bedeutendste Fabrik in Mülheim an der Ruhr ist die Baumwollspinnerei »Louisenthal« von J. C. Troost & Comp., in der 300 Arbeiter beschäftigt sind.

Das romantisch-idyllische Städtchen Mülheim an der Ruhr mit der weithin sichtbaren Petrikirche hat zu Beginn des 19. Jh. eher dörflichen Charakter

Gleichberechtigte Dortmunder Juden

26. September 1808. Im Zuge der französischen Kirchenpolitik nach dem Grundsatz der Gleichberechtigung aller Kofessionen werden die Juden der zum Großherzogtum Berg gehörenden Stadt Dortmund politisch und rechtlich den anderen Bürgern gleichgestellt. In der Praxis bleibt es in Berg aber bei der bloßen Zusage einer schrittweisen Gleichberechtigung. Da Preußen nach 1815 zu einer restaurativen Politik gegenüber den Juden zurückkehrt, bleiben diese Anläufe zu ihrer Emanzipation ein kurzes Zwischenspiel.

Die gesellschaftliche Sonderstellung der Juden geht zurück auf das Mittelalter. Die Verfolgungen und Vertreibungen im Zusammenhang mit den Kreuzzügen (ab 1096) und der Ausschluß aller Nicht-Christen aus fast allen Berufszweigen durch die Zünfte führten zu einer schrittweisen sozialen Isolierung der Juden. Erst im 18. Jh. gaben die geistigen Strömungen der Aufklärung den entscheidenden Anstoß zur Gleichstellung der Juden. Nach zahlreichen Rückschlägen fallen die letzten Beschränkungen aber erst in der Mitte des 19. Jh.

Marienkirche

23. Juli 1802. *Die Duisburger Marienkirche (Abb.) wird wieder eingeweiht. Der Neubau ganzer Gebäudeteile war durch Baufälligkeit des Chorbaus und der beiden Türme notwendig geworden. Noch heute prägt der Turm das Bild der Kirche.*

1800—1809

Aufständische Offiziere des Major Schill in Wesel hingerichtet

16. September 1809. Elf preußische Offiziere, die unter dem Kommando von Major Ferdinand von Schill einen Aufstand gegen die französische Besatzung in Stralsund angeführt hatten, werden in der französisch besetzten Festung Wesel erschossen (Abb.).
Beeindruckt vom österreichischen Freiheitskampf unter Andreas Hofer (1767–1810) wollte Major von Schill mit einer militärischen Erhebung das Signal für einen allgemeinen Aufstand gegen die französische Besatzung geben. Am 25. Mai 1809 fiel Schill beim Kampf um Stralsund. Elf seiner Offiziere wurden von den Franzosen gefangengenommen. Obwohl der preußische König Friedrich Wilhelm III. Schills eigenmächtiges Vorgehen mißbilligte, wird dem Major und seinen Offizieren 1834 in Wesel ein von Karl Friedrich Schinkel entworfenes Denkmal errichtet.

Handelssperre trifft die Ruhrwirtschaft

21. November 1806. Kaiser Napoleon I. von Frankreich verkündet von Berlin aus eine Wirtschaftsblokkade gegen Großbritannien. Britische Waren dürfen nicht mehr in die kontinentaleuropäischen Staaten eingeführt werden, die Getreideausfuhren nach Großbritannien werden gestoppt. Napoleon will die wirtschaftliche Grundlage der britischen Großmachtstellung aushöhlen und den französischen Handel stärken.
Von der Kontinentalsperre ist die gewerblich entwickelte Ruhrregion stark betroffen. Tuchmanufakturen verlieren ihre Rohstoffzufuhren und Absatzgebiete, so daß von 13 Werdener Fabriken im Jahr 1805 nur noch vier im Jahr 1812 in Betrieb sind. Auch die Handelsstädte Duisburg und Essen erleben einen Niedergang. Von 258 Gewerbetreibenden, die 1807 in Essen tätig sind, arbeiten 1812 noch 176.
Gleichzeitig beginnt die Entwicklung von Ersatzprodukten für die ausgesperrten britischen Waren. Durch Preisgelder wie z. B. 200 000 Franken für einen Rohrzuckerersatz oder 4000 Franken für die Herstellung von Gußstahl soll die Erfindertätigkeit angeregt werden.

Erste regelmäßige Fahrpost verkehrt längs der Ruhr

1. Juli 1803. Zum ersten Mal fährt ein brandenburgisch-preußischer Postwagen von Hamm über Unna, Bochum und Essen bis an die Emscherbrücke bei Schloß Oberhausen. Die Fahrpost wird überall mit großem Jubel empfangen. Damit haben die Städte und Gemeinden Essen, Mülheim und Oberhausen direkten Anschluß an die Brandenburgische Postlinie Berlin – Kleve.
Die Postverbindung geht auf einen Vorschlag des preußischen Generalpostamtes aus dem Jahr 1794 zurück. Statt über Dorsten und Lünen sollte der Berliner Postwagen über Essen und Dortmund fahren. Die Essener sollten dafür »die ordinäre reitende Post neben den etwaigen Beiwagen, Kurieren, und Estafetten«, mit Ausnahme der Extraposten, von der Bezahlung der Wegegelder auf ihrem Gebiet befreien.
Bis dahin führte die Brandenburgische Linie dicht am Schloß Oberhausen vorbei. Gleich nördlich des Schlosses lag eine Poststation, die von der Brandenburgischen Zweiglinie ein- bis zweimal in der Woche passiert wurde. Oberhausen und Essen richteten einen eigenen Botendienst ein, um die Postsendungen dort abzuholen oder aufzugeben.
Im Jahr 1805 besteht ein zweimal wöchentlich verkehrender Postkurs von Mülheim nach Essen und Elberfeld, der von einem Fuhrunternehmer unterhalten wird. Diesem ist gleichzeitig die Beförderung der Post nach Kettwig, Werden und Ratingen unterstellt.
Am 1. Januar 1817 tritt im gesamten preußischen Gebiet die preußische Postverfassung in Kraft. Damit wird die Postzustellung einem einheitlichen Reglement unterworfen und weitere nach festem Fahrplan verkehrende Fahrposten eingerichtet. So existieren im Duisburg-Essener Gebiet mehrere Postkurse: Eine Linie fährt freitags von Mülheim nach Duisburg sowie montags und donnerstags nach Essen. Über Mülheim geht die Post von Düsseldorf nach Münster. Eine weitere Linie übernimmt die Verbindung von Mülheim nach Düsseldorf.
Die Kosten für eine Meile betragen sechs Groschen pro Person, wobei das Gepäck von 50 bis 60 Pfund im Preis inbegriffen ist. Eine Fahrt von Mülheim nach Essen dauert bei gutem Wetter drei und bei schlechter Witterung rund vier Stunden.

Eilpostwagen der preußischen Fahrpost mit sechs Plätzen im Innenraum und drei im Cabrio; um 1820 im Einsatz auf der Linie Düsseldorf – Mülheim

Erste Dampfmaschine im Ruhrbergbau

1801. Auf der Zeche Vollmond in (Bochum-)Langendreer wird die erste Dampfmaschine im Ruhrbergbau aufgestellt. Sie dient der Wasserhaltung unter Tage und soll zum Abteufen von Förderschächten unterhalb des Grundwasserspiegels eingesetzt werden, um den Abbau tiefer liegender Kohleflöze zu ermöglichen.

Die Maschine ist bereits 1790 auf Veranlassung des Freiherrn vom Stein beim schlesischen Bergamt bestellt worden. Im oberschlesischen Bergbau sind Dampfmaschinen schon seit dieser Zeit im Einsatz. Die von Stein bestellte Maschine wurde in Tarnowitz gebaut und 1792 nach Ruhrort versandt. Doch die Zeche Charlotte im Amt Blankenstein, die ursprünglich die Maschine übernehmen sollte, lehnte ihre Aufstellung aus Sicherheitsgründen ab.

Auf Betreiben des Oberbergamtes in Wetter an der Ruhr entschloß sich 1799 die Zeche Vollmond, die »Feuermaschine« zu übernehmen. 1801 wird sie von Ruhrort zuerst nach Steele überführt und schließlich auf der Zeche Vollmond aufgestellt.

Um die Dampfmaschine in Betrieb zu nehmen, ist ein Fachmann, der Maschinenwärter Schuhmann, aus Schlesien angereist. Als dieser nicht in der Lage ist, die Dampfmaschine in Gang zu setzen, bietet der Zimmermann Franz Dinnendahl, der von der Zeche den Auftrag hat, ein Maschinenhaus zu bauen, seine Hilfe an. Es gelingt ihm, die Montagefehler, die Schuhmann beim Zusammenbau der Maschine gemacht hatte, zu beheben.

Im gleichen Jahr erhält Dinnendahl von der Zeche Wohlgemuth im Raum Werden den Auftrag, eine Dampfmaschine zu bauen. Sie wird 1804 in Betrieb genommen.

Zeichnung der ersten Dampfmaschine (Steiger-Bilger, Oktober 1806), die auf der Zeche Vollmond in (Bochum-)Langendreer von Franz Dinnendahl zusammengebaut und aufgestellt wurde. In einem eigens errichteten Gebäude wird die »Feuermaschine« eingesetzt, um das Wasser abzupumpen, das ständig in die tief unter der Erdoberfläche liegenden Kohleflöze eindringt.

Vereinigung der drei Emscherhütten

15. September 1808. Mit dem Kauf der Hütte Gute Hoffnung in (Oberhausen-)Sterkrade sind die Brüder Franz und Gerhard Haniel sowie ihre Schwäger Gottlob Jacobi und Heinrich Huyssen im Besitz der drei Emscherhütten. Neben der Sterkrader Hütte gehören ihnen die St. Antonii-Hütte in (Oberhausen-)Osterfeld und die Hütte Neu-Essen auf dem Gebiet des ehemaligen Stifts. Diese beiden Hütten hatten die Haniel-Brüder und Jacobi schon im Mai 1805 erworben.

Die Hütte Gute Hoffnung wird von der bisherigen Besitzerin, Helene Amalie Krupp, wegen Unwirtschaftlichkeit aufgegeben und für 37 800 Reichstaler verkauft. Die drei Hütten liegen in unmittelbarer Nachbarschaft und beuten die begrenzten Vorkommen an Raseneisenstein dieser Gegend aus. Auch Holzkohle, die zur Verhüttung eingesetzt wird, steht nicht in ausreichendem Maß für alle drei Hütten zur Verfügung. Aus diesen Gründen strebten schon frühere Besitzer wie Eberhard Pfandhöfer eine Vereinigung der drei Produktionsstätten an.

Mit der Unterzeichnung eines Gesellschaftsvertrages am 5. April 1810 entsteht die Hüttengewerkschaft und Handlung Jacobi, Haniel & Huyssen. In ihr sind Eisengewinnung, -verarbeitung und -handel zusammengeschlossen.

Puddlingswerk und Hochofen der Hütte Gute Hoffnung in (Oberhausen-)Sterkrade, die nach der Übernahme durch die Hüttengewerkschaft und Handlung Jacobi, Haniel & Huyssen im September 1808 zu einer der wichtigsten Produktionsstätten des Unternehmens (ab 1873 Gutehoffnungshütte) wird.

Die Pioniere der Industrialisierung

Die Entwicklung der Ruhrregion zu einem Industriezentrum ist eng verbunden mit Namen wie Friedrich Krupp, Franz Dinnendahl und Friedrich Harkort. Diese Pioniere setzen mehr auf technische Entwicklungsarbeit als auf finanzielle Absicherungen und hohe Wirtschaftlichkeit.

F. Dinnendahl

Franz Dinnendahl (1775–1826) ist ein technisches Naturtalent. Ohne entprechende Ausbildung baut er 1801 auf der Bochumer Zeche Vollmond eine schlesische Dampfmaschine zusammen. 1804 wird seine erste eigene Dampfmaschine auf der Schachtanlage Wohlgemut im Werdener Raum aufgestellt (→ 1801).

Friedr. Krupp

Friedrich Krupp (1787–1826), der im Jahr 1811 eine Fabrik in Essen gründet, beschäftigt sich mit der Herstellung von Gußstahl. In zahllosen Experimenten und unter Einsatz aller finanziellen Mittel gelingt es ihm 1816 erstmals, Gußstahl in größeren Mengen zu produzieren (→ 20. 11. 1811).

F. Harkort

Friedrich Harkort (1793–1880) gründet 1818 eine der ersten Maschinenfabriken im Ruhrgebiet. Er ist überzeugt von der Notwendigkeit, den technischen Fortschritt zum Wohl des ganzen Landes voranzutreiben. Darüber hinaus setzt er sich für den Ausbau des Verkehrswesens ein.

1800—1809

Niedergang der einstmals weltberühmten Essener Gewehr- und Büchsenfabrikation

1803. *Eine der beiden letzten Bohrmühlen der Essener Gewehrfabrikation steht an der Spillenburg (Abb.). Nur noch vier Unternehmer stellen in Essen Gewehre her, Philipp Jakob, Wilhelm Anton Brockhoff, Peter Hülsmann und Wilhelm Overlack. Die Fabrikanten beschäftigen zusammen 97 Meister und Gesellen, die fünf bis sechs Gewehre pro Tag anfertigen. Die lange Zeit in aller Welt geschätzten Waffen werden von der Ruhrstadt aus über Hamburg nach Amerika exportiert.*

Die ehemals berühmte Essener Gewehr- und Büchsenfabrikation erlebte im Laufe des 18. Jh. ihren Niedergang. Die kleinen, handwerklich orientierten Produktionsstätten wie die in Essen konnten den Rüstungsbedarf der Fürsten nicht mehr decken. Immer mehr Aufträge gingen an die großen Waffenmanufakturen von Lüttich. 1722 baute der preußische König Friedrich Wilhelm I. unter Beteiligung Essener Büchsenmachermeister eine Waffenfabrik in Potsdam.

Auch die Stadt Essen, die durch Ausfuhrabgaben (Accise) von der Gewehrfabrikation profitierte, spürt die Folgen des Niederganges. Nahm sie 1681–90 noch 456 Reichstaler an Gewehraccisen pro Jahr ein, so waren es 1791–1800 nur noch 19 Reichstaler jährlich.

Das veraltete, handwerklich organisierte Kleingewerbe wird in der Folgezeit von der fabrikmäßigen Serienproduktion abgelöst, die z. B. in Franz Dinnendahls Fabrik (Abb. im Hintergrund links) betrieben wird, wo Dampfmaschinen für den Bergbau hergestellt werden.

Napoleon führt Gewerbefreiheit ein

31. März 1809. Ein napoleonisches Dekret verfügt die Auflösung der Gilden und Zünfte im Großherzogtum Berg. Damit wird die Gewerbefreiheit zum Grundsatz der Handwerkergesetzgebung.

An die Stelle der zünftlerischen Selbstverwaltung tritt die staatliche Gewerbeaufsicht. Dadurch wird das wirtschaftliche Wachstum, das mit den Herkunfts- und Vorbildungsbeschränkungen der ständischen Sozialordnung unvereinbar ist, gefördert. Statt der Mitgliedschaft in einer Zunft oder Gilde wird eine neue Steuerleistung, die sog. Patentsteuer, zur alleinigen Voraussetzung für die Gründung eines Handwerks- oder Gewerbebetriebes erklärt.

Arbeit an Schraubstöcken in einer Schlosserei (Kupferstich v. 1805)

Die früheren Unterschiede zwischen Stadt und Land werden beseitigt. Im 18. Jh. hatten die Territorialherren versucht, das städtische Handwerk zu fördern, indem sie im festgelegten Umkreis einer Stadt Landhandel und -handwerk weitgehend verboten. Mit der Gewerbefreiheit erhalten die Einwohner das freie Niederlassungsrecht. Den Städten wird die Möglichkeit genommen, die Neugründung von Gewerbebetrieben in ihren Mauern zu beschränken.

Mit der Aufhebung von Preisschranken und Produktionsvorschriften besteht nunmehr ein Konkurrenzverhältnis zwischen den einzelnen Betrieben, wodurch das wirtschaftliche Leben angeregt wird.

Geschichte der Gewerbeordnung

Seit dem 12. Jh. kam es mit der Entstehung unterschiedlicher Gesellschaftsschichten in den Städten zur Bildung von Gilden für die einzelnen Gewerbezweige. Die einflußreichen Handelskaufleute stellten bis zum Niedergang der Hanse das Patriziat der Städte (→ um 1450). Die handwerklichen Gewerbe organisierten sich in Zünften. Die Mitglieder der Zünfte legten Preis, Menge und Qualität der Produkte fest. Die Zunft bestimmte die Löhne und beschränkte die Zulassung von neuen Betrieben.

Sicherheitsausschuß gegen Verbrechen

1801. In Bochum wird unter persönlicher Leitung des Königs Friedrich Wilhelm III. ein Sicherheitsausschuß zur Verbrechensbekämpfung eingesetzt. Bauernhöfe und Landstraßen werden in dieser Zeit am hellichten Tag überfallen, Raub und Mord sind an der Tagesordnung.
Der Ausschuß hat außerordentliche Vollmachten und wird von einer ganzen Kompanie Soldaten unterstützt. Auf systematischen Jagden werden Landstreicher und Verbrecher aufgegriffen und festgesetzt.
Als der Sicherheitsausschuß 1803 seine Tätigkeit einstellt, hat er 286 Diebstähle und Morde aufgeklärt sowie 149 Verbrecher abgeurteilt. Darunter sind auch 58 Mitglieder der berüchtigten Räuberbande der Gebrüder Plettenberg, die später nach Sibirien deportiert werden.

Gesamtschulversuch von Hasenclever

1806. Ferdinand Hasenclever geht als staatlicher Schulkommissar nach Schwelm und verwirklicht dort seinen Plan eines Gesamtschulsystems; Elementarschule und Höhere Bürgerschule sollen dabei zusammengefaßt werden.
Hasenclever fordert eine uneingeschränkte »Ausbildung der edelsten Menschenanlagen in den Gemütern der Kinder«. Seine Idee setzt sich jedoch nicht durch, da der preußische Staat die Bildung an den Elementarschulen auf einfache Kenntnisse und Einpassung der Schüler in das bestehende Gesellschaftsgefüge beschränkt, um gesellschaftliche Veränderungen zu verhindern.

Impfung schützt vor Pockenseuche

1802. In Schwerte laufen Versuche mit der von dem englischen Arzt Edward Jenner (1749–1823) entwickelten Pockenschutzimpfung. Die Bevölkerung verhält sich skeptisch gegenüber den Experimenten, insbesondere wegen der Gewinnung des Impfstoffs von Kühen.
Dr. Jenner hatte 1796 erkannt, daß die auf den Menschen übertragbaren, aber für ihn ungefährlichen Kuhpocken gegen die gefährliche Pockenseuche immunisieren.

Bergmannskotten im erzgebirgischen Fachwerkstil, zu Beginn des 19. Jh. im Muttental bei Witten errichtet

Kotten sichert Ernährung der Bergarbeiter

Der Bergmann im Ruhrbergbau lebt unter dem Schutz der revidierten Bergordnung von 1766 (→ 29. 4. 1766). An Privilegien genießt er die Befreiung von Leibeigenschaft, Militärdienst und Grundsteuer. Kern der sozialen Sicherung des Bergmanns ist die Mitgliedschaft in der Knappschaft (→ 14. 12. 1824). Die bergmännische Uniform dokumentiert seinen besonderen Status nach außen.
Im Gegensatz zur privilegierten sozialen Stellung des Bergmanns steht sein Verdienst. Zu Beginn des 19. Jh. verdient ein Hauer in den Gruben des Ruhrreviers durchschnittlich 18 Stüber (Groschen) pro Schicht, während ein Steinmetz für eine Brunnenreparatur 30 Stüber erhält. Schlepper und Haspelknechte verdienen etwa 12 bis 15 Stüber pro Schicht, ein Straßenbauarbeiter hingegen kommt auf einen Tagesverdienst von 14 bis 17 Stübern. Der Bergmann muß in der Regel eine fünf- bis sechsköpfige Familie ernähren, wobei ein Roggenbrot von zehn Pfund den Tagesverdienst eines Hauers kostet, ein Pfund Butter 12 und ein Pfund Speck 9 Stüber. Zucker, Kaffee, Kleidung, aber auch ein Wirtshausbesuch gelten als Luxus.
Angesichts der hohen Lebenshaltungskosten ist es notwendig, neben der Bergmannsarbeit Landwirtschaft zu betreiben. Zu einem Bergmannskotten, wie er zur Zeit des Stollenbergbaus in der bäuerlich geprägten Ruhrgegend üblich ist, gehört etwas Garten- und Ackerland, Geflügel, eine Ziege, manchmal eine Kuh. Im Hof steht der Ofen für das Backen von Schwarzbrot und das Trocknen von Obst. Vor allem gedörrte Pflaumen sind wichtiger Bestandteil der Nahrung. Obwohl sie häufig in der Grube mitarbeiten, leisten Ehefrau und Kinder des Bergmanns den größten Teil der Arbeit auf dem Kotten.

Kotten, wie er von Bergmannsfamilien im 19. Jh. bewohnt wurde

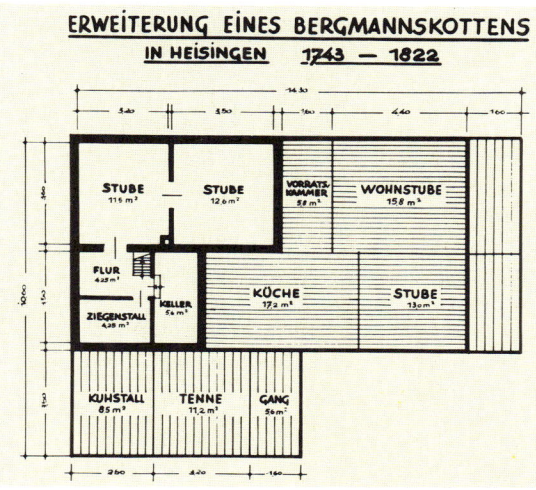
Grundriß eines Bergmannskotten in (Essen-)Heisingen, der nach seiner Errichtung 1743 zweimal erweitert wurde; zunächst sind weitere Wohnräume und eine Küche nebst Vorratskammer angebaut worden und später u. a. ein Stall für die Kuh zur Versorgung mit Milch.

1800—1809

Dürftiges Kulturleben

1803. In seinem in Frankfurt am Main erscheinenden Buch »Meine Wallfahrt zu Ruhe und Hoffnung oder Schilderung des sittlichen und bürgerlichen Zustandes Westfalens am Ende des 18. Jahrhunderts« schildert der preußische Politiker Justus von Gruner das gesellige und kulturelle Leben in einigen Städten des Ruhrgebiets.

In Essen »spielte eine wandernde Schauspielerbande auf einem erbärmlichen Theater höchst erbärmliche Vorstellungen. Das Lokal bestand aus einem Stallgebäude, und die Loge des hohen Adels ruhete auf einem Schweinebehälter. Die Darstellungen erhoben sich nicht über diese Region. Demungeachtet amüsierte sich das Publikum sehr gut.«

In Duisburg »existiert ein Klub, aus den Mitgliedern der wohlhabendsten Gelehrte und Kaufleute zusammengesetzt, in dem man täglich um fünf Uhr zusammenkommt, auf einem großen Saal sich versammelt, raucht und sehr gut unterhält mit – Kartenspiel. Frauenzimmer erscheinen hier nicht ... Sie halten abwechselnd große Kaffeeklubs, in denen

Brunnen in Schwelm, ein Badeort abseits städtischen Vergnügens

gewaltig getrunken, gegessen und geschwätzt wird.«

In Dortmund »fehlt es an allen geselligen Vergnügungen ... Wo Gesellschaften existieren, da bestehen sie auf dem bekannten soliden Fuß durch Rauchen, Klatschen, Trinken und Essen ...«

Höntroper Gänsereiter umgehen Verbot

2. Dezember 1806. *Herzog Ludwig, Landgraf von Hessen-Darmstadt und Landesherr von Westfalen, erläßt eine Verordnung gegen die Verwendung lebender Gänse beim Volksfest des Gänsereitens (Abb.) in westfälischen Orten: »Die an einigen Orten des Landes noch übliche barbarische Volksbelustigung des Gänsereitens (da nämlich einer an den Beinen aufgehängten männlichen Gans von Personen, die unterherreiten, den Kopf abzureißen versucht wird) ist ... verboten.«*
Die Bürger von (Wattenscheid-)Höntrop, wo das Gänsereiten am Rosenmontag stattfindet, umgehen das Verbot, indem sie eine tote Gans für den beliebten Wettkampf verwenden.

1810
1810—1819

1810. Auf der Zeche Sälzer & Neuack in Essen wird die erste Dampffördermaschine im Ruhrbergbau aufgestellt.

13. 12. 1810. Essen erhält eine Straßenbeleuchtung. Die 30 Réverbère-Lampen brennen jedoch nur bis Ende Februar 1811. →

22. 1. 1811. Das Herzogtum Recklinghausen wird als Kanton Teil des Großherzogtums Berg, das unter französischer Kontrolle steht.

1. 4. 1811. Im Kanton Recklinghausen wird ein Wohltätigkeitsbüro eingerichtet. →

20. 11. 1811. Der Unternehmer Friedrich Krupp gründet in Essen eine Gußstahlfabrik. →

27. 12. 1811. Die französische Gerichtsordnung wird im Ruhrgebiet eingeführt. →

17. 12. 1812. Friedrich Krupp wird Mitglied des Essener Rates.

14. 10. 1813. Friedrich Arnold Brockhaus gibt in Dortmund die erste Nummer der »Deutschen Blätter« heraus. →

10.—13. 11. 1813. Preußische Truppen und russische Kosaken besetzen die Städte Dortmund, Essen, Werden und Duisburg. →

1. 12. 1813. In Dortmund erscheint die erste Nummer der »Westphälischen Tageblätter«. Das spätere »Märkische Intelligenzblatt« wird 1818 eingestellt.

Mai 1814. Die von Kaiser Napoleon I. geraubte Quadriga des Brandenburger Tors wird über Unna zurückgeführt. Dazu werden die Reste des Hertinger Turms abgetragen. →

3. 9. 1814. Der preußische Kriegsminister Hermann von Boyen führt in Preußen die allgemeine Wehrpflicht ein. →

15. 1. 1815. Für Bochum endet die Gültigkeit französischer Gesetze, die preußische Gemeindeordnung von 1808 tritt in Kraft.

5. 4. 1815. Durch ein Besitzergreifungspatent von König Friedrich Wilhelm III. für die rheinischen Länder werden die Städte Essen und Werden rheinisch. →

15. 4. 1815. Der preußische König Friedrich Wilhelm III. erklärt die Kantone Emmerich, Rees, Ringenberg, Dinslaken und Duisburg für preußisch.

25. 5. 1815. Die Dortmunder Zeche Friedrich Wilhelm entsteht durch Zusammenlegung der Schächte Ambusch, Sonnenblick und Brautkammer.

21. 6. 1815. Die Stadt Dortmund fällt an das Königreich Preußen (→ 30. 6. 1803).

20. 9. 1815. Das Oberbergamt, die oberste Aufsichtsbehörde des Ruhrbergbaus, wird in Dortmund eingerichtet.

1816. Auf der Zeche Sälzer & Neuack in Essen wird der erste Koksofen des Ruhrgebiets aufgestellt.

1816/17. Nach Mißernten kommt es im Ruhrgebiet zu einer großen Hungersnot. →

1816/17. Der Mechaniker und Maschinenbauer Franz Dinnendahl konstruiert für die Zeche Kunstwerk bei (Essen-)Steele eine Wasserhaltungsmaschine.

6. 1. 1816. Aufgrund der preußischen Restaurationspolitik werden politische Vereine und Gesellschaften verboten.

17. 3. 1816. Zur Ausbildung von Grubenbeamten wird in Bochum die Märkische Bergschule eingerichtet.

24. 4. 1816. Duisburg wird dem Kreis Dinslaken im Regierungsbezirk Kleve zugeteilt.

10. 6. 1816. Das erste Dampfschiff fährt rheinaufwärts am späteren Groß-Duisburger Gebiet vorbei. →

15. 4. 1817. Der Kreis Dortmund wird aus den Bürgermeistereien Dortmund, Lünen, Castrop, Hörde, Schwerte, Aplerbeck und Lütgendortmund gebildet.

15. 4. 1817. Der Kreis Hamm wird gebildet aus den Bürgermeistereien Hamm, Pelkum, Rhynern, Kamen, Unna und Fröndenberg.

1818. Der Umbau des Schlosses Oberhausen ist abgeschlossen.

1818. Der Abschnitt Unna-Werl der nur wenige Meter südlich des alten Hellwegs gebauten »Kunststraße«, die spätere Bundesstraße 1, wird fertiggestellt. →

1. 4. 1818. Die preußische Maß- und Gewichtsordnung und das Gesetz zur Besteuerung des Branntweins, Braumalzes und Tabaks treten in Kraft.

26. 5. 1818. Ein neues Zollgesetz wandelt Preußen in ein einheitliches Zollgebiet um und ebnet dem Freihandel den Weg.

18. 10. 1818. Die 1655 gegründete Universität Duisburg wird wieder aufgehoben.

1819. Friedrich Harkort kauft die verödete Burg Wetter und richtet hier die Mechanischen Werkstätten Harkort & Co. ein. →

1819. Die Kettenfabrik Theile in Schwerte-Villigst wird gegründet. Sie ist das erste bedeutende Industrieunternehmen im Raum Schwerte.

GESTORBEN:

9. 5. 1810. Essen: Helene Amalie Krupp (*10. 7. 1732, Essen), Unternehmerin.

GEBOREN:

15. 5. 1811. Gut Haus Busch bei Hagen: Georg Ernst von Vincke († 3. 6. 1875, Bad Oeynhausen), Politiker.

26. 4. 1812. Essen: Alfried (später Alfred) Krupp († 14. 7. 1887, Essen), Industrieller.

1. 5. 1824. Essen: Friedrich Hammacher († 11. 12. 1904, Berlin), Jurist und Landtagsabgeordneter.

Franzosen erlassen Gerichtsordnung

27. Dezember 1811. Im Rahmen einer Neuordnung von Verwaltung und Rechtsprechung in den seit 1806 zum französisch regierten Rheinbund gehörenden deutschen Staaten wird im Ruhrgebiet eine französische Gerichtsordnung eingeführt. Auf der rechtlichen Grundlage des bereits am 1. Januar 1810 eingeführten Code Napoleon gliedert sich der Gerichtsaufbau nach folgenden Prinzipien: Während Friedensrichter über zivil- und polizeigerichtliche Fälle entscheiden, erhält jedes Departement ein mit Geschworenen besetztes Kriminalgericht. Oberstes Gericht und letzte Berufungsinstanz ist der Appellationsgerichtshof in Düsseldorf.

Die neue Gerichtsordnung ist Teil einer Reform der Rheinbundstaaten nach Prinzipien eines modernen Verfassungsstaates, der bürgerliche Freiheit und Gleichheit garantiert. Das Ruhrgebiet gehört als Ruhrdepartement mit den Departements Rhein, Sieg und Ems zum 1808 gebildeten Großherzogtum Berg. An der Spitze der Departements stehen Präfekten. Nach unten gliedert sich der Verwaltungsaufbau in Arrondissements und Munizipalitäten (Städte). Die Bürgermeister der Städte und Gemeinden sind den oberen Instanzen der Verwaltung gegenüber weisungsgebunden. Um Loyalität der Bevölkerung mit der französischen Herrschaft zu gewährleisten, werden die meisten öffentlichen Ämter mit Deutschen besetzt.

Auf ihrem Vormarsch gegen die Franzosen rücken russische Kosaken als Vorhut der Alliiertenarmee in die Städte der preußischen Westprovinzen ein

Franzosenzeit zu Ende

10.–13. November 1813. Mit dem Einrücken russischer Kosaken, der Vorhut der Alliiertenarmee gegen den französischen Kaiser Napoleon I., und der ihnen nachfolgenden preußischen Truppen nach Dortmund, Essen, Werden und Duisburg geht die Herrschaft der Franzosen über das Ruhrgebiet zu Ende.

Erste Unmutsäußerungen über die fremde Besatzung wurden bereits 1809 laut. Polizeibespitzelung und Pressezensur verschärften sich: Der Dortmunder »Westfälische Anzeiger« wurde verboten, die Verbreitung des im Vest Recklinghausen erscheinenden »Argus« eingeschränkt. Vereinzelt gab es in der Bevölkerung auch passive Widerstandsaktionen wie Steuerverweigerungen oder Desertionen.

Ende Oktober/Anfang November 1813 räumten die französischen Beamten überall ihre Posten. Die letzten Truppenverbände Napoleons durchzogen das Ruhrgebiet, ihre Beschlagnahmungsforderungen wurden aber kaum mehr erfüllt.

Am 19. November 1813 wird das Ruhrgebiet Teil des neugebildeten preußischen Militärgouvernements zwischen Rhein und Weser.

Essen und Werden rheinische Städte

5. April 1815. Der preußische König Friedrich Wilhelm III. verkündet von Wien aus die Inbesitznahme der 1806 von Frankreich besetzten Rheingebiete und des Großherzogtums Berg. Essen und Werden gelangen dadurch wieder unter preußische Herrschaft. Ein Jahr später, 1816, werden beide Städte an die preußische Provinz Jülich-Cleve-Berg mit dem Regierungssitz Köln angeschlossen.

Essen und Werden gehören von nun an nicht mehr zu Westfalen wie ihre Nachbargemeinden Bochum und Gelsenkirchen, sondern zu den rheinischen Provinzen.

Beide Städte, von 1803 bis 1806 schon einmal unter preußischer Herrschaft, waren nach der preußischen Niederlage in der Doppelschlacht bei Jena und Auerstedt (Oktober 1806) an Frankreich gekommen. Als Frankreich in der Leipziger Völkerschlacht (21. Oktober 1813) besiegt wurde, erhielt Preußen die verlorenen Gebiete zurück. Am 11. November 1813 zogen preußische Truppen in Essen und Werden ein.

Essener verspotten Straßenlaternen

13. Dezember 1810. In der Stadt Essen werden die Straßen nachts mit 30 Laternen beleuchtet. Sie brennen im Winter bis 1 Uhr nachts, außer bei Vollmond. Die mit zwei, drei oder vier Flammen ausgestatteten Lampen hängen an Seilen, die über die Hauptstraßen gespannt sind.

Auf Drängen der bergischen Regierung gab der Essener Rat einen Monat zuvor die Laternen bei einem Duisburger und einem Essener Handwerker in Auftrag. Die 30 mit Rüböl betriebenen Laternen kosten zusammen 835 Reichsthaler, die in Raten gezahlt werden.

Die Bürger spotten über die Laternen, die am Flachsmarkt, an der Viehoferstraße, an der Limbeckerstraße und am mittleren Hagen angebracht sind. In einem Lied heißt es:

»Nun, wo das Unglück angefangen / hat man Laternen aufgehangen / damit der Essener Bürgersmann / auch nachts sein Elend sehen kann.«

Im Februar 1811 wird die Straßenbeleuchtung aus Kostengründen wieder eingestellt.

Allgemeine Wehrpflicht in Preußen

3. September 1814. Der preußische Kriegsminister Hermann von Boyen führt ein neues Wehrgesetz ein. Darin wird die allgemeine Wehrpflicht für Kriegs- und Friedenszeiten festgelegt; neben das stehende Heer treten Landwehr und Landsturm, in denen alle wehrfähigen Männer militärisch ausgebildet werden.

Die Wehrpflicht ist ein Teil der 1807 begonnenen Heeresreform, die auch das Krümpersystem einführt: Rekruten werden zu Soldaten ausgebildet und vorzeitig als Krümper oder »Krumme« aus dem Dienst entlassen.

Errichtung der preußischen Landwehr nach der Heeresreform 1807

Preußen bildet durch diese Maßnahme ein »Volk unter Waffen«, das sich gegen die französische Vorherrschaft durchsetzen kann. Während sich die wehrfähigen jungen Männer unter französischer Besetzung oft der Rekrutierung entzogen hatten, melden sich nach der Franzosenzeit viele freiwillig zum Militärdienst.

Der Landsturm wird an den Wochenenden ausgebildet, wobei die Bürger z. B. das Scheibenschießen üben. Da der Bergbau ein wichtiger Sektor für die Kriegswirtschaft ist, sind die Bergleute von der Wehrpflicht befreit.

Katastrophale Hungersnot in Westfalen

1816/17. Der schlimmsten Mißernte des 19. Jh. in Westfalen folgt eine Hungersnot, die erst Ende 1817 überwunden wird. Die Nahrungsmittelknappheit führt zu Preissteigerungen, insbesondere bei Roggen, denen die preußische Regierung mit Lieferungen von Ostseeroggen nach Westfalen und der Einführung der Kartoffel als Volksnahrungsmittel zu begegnen sucht.

Im Winter 1816 liegt der Roggenpreis in Westfalen fünfmal so hoch wie im Vorjahr. Ein Verwaltungsbericht aus dem Jahr 1817 beschreibt die Lage der Bauern:

»Allenthalben ... zeigte sich der schreiendste Mangel ... selbst an den ersten Lebensbedürfnissen ... Gemüse, Brod- und Saatkorn waren schon in den ersten Frühlingsmonaten verkauft oder im eigenen Haushalt verzehrt. Die durch den wiedrigen Winter ganz ruinierten Roggenfelder mußten wegen Abgang an Saatkorn ganz unbestellt bleiben.« Bettlerbanden durchziehen das Ruhrgebiet und überfallen einsame Gehöfte, um den Bewohnern die letzten Kornvorräte zu rauben.

Obwohl die Kartoffel seit 1740 in Westfalen bekannt ist, bilden zu Beginn des 19. Jh. Getreideprodukte wie Brot und Weizen- oder Roggengrütze die Grundlage der Ernährung (siehe Tabelle). Frisches Gemüse und Obst sind aufgrund schlechter Transport- und Konservierungsmöglichkeiten in den Städten kaum erhältlich. Allenfalls Hülsenfrüchte (Bohnen, Erbsen und Linsen) oder Sauerkraut sind Bestandteil der täglichen Mahlzeiten.

Nach den Erfahrungen der Hungersnot 1816/17 fördert die preußische Regierung u. a. durch Subventionen den Kartoffelanbau in der Provinz Westfalen, um die Abhängigkeit der Volksernährung von den Getreideernten zu verringern.

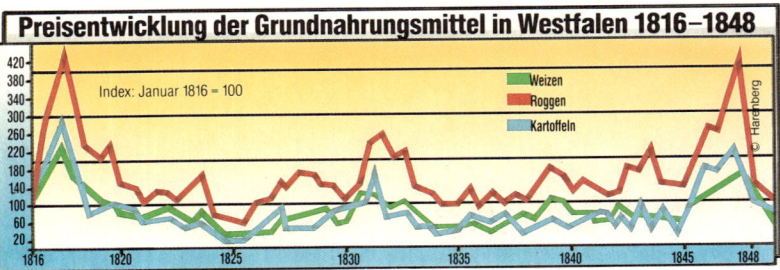

Unnaer Stadttor weicht Quadriga

Mai 1814. Unna ist Zwischenstation bei der Rückführung der 1806 von dem französischen Kaiser Napoleon I. geraubten Quadriga des Brandenburger Tores nach Berlin. Um dem von dem Bildhauer Johann Gottfried Schadow geschaffenen Viergespann mit der Siegesgöttin die Durchfahrt durch die Stadt zu ermöglichen, müssen die letzten Reste des schon seit den 50er Jahren des 18. Jh. teilweise abgetragenen Hertinger Torturms entfernt werden.

Die Entführung der Quadriga, eines Wahrzeichens der Hauptstadt Preußens, war auf ausdrücklichen Wunsch Napoleons vorgenommen worden. Offenbar imponierte ihm der repräsentative, herrscherliche Symbolgehalt des nach römischem Vorbild geschaffenen Triumphwagens. Der Transport nach Paris war über Hamburg erfolgt.

Hausierer mit seinem Warenangebot (Schnürsenkel u. a.) im Bauchladen

In allen Städten Europas zu Hause: Der Kesselflicker (um 1820)

Lumpensammlerin, ein alltägliches Bild in den Straßen der Städte

Brotmarke (Münzkabinett, Westfälisches Landesmuseum, Münster)

Neue Einnahmequellen für die Armenpflege

1. April 1811. Die Armenpflege im Kanton Recklinghausen wird von einem Wohltätigkeitsbüro übernommen. Armenfürsorge – im Mittelalter eine Angelegenheit der Gemeinden und der Kirche – wird mit napoleonischem Dekret von 1809 zentralisiert. In den größeren Verwaltungseinheiten (Kantonen) der französischen Gebiete wird jeweils ein »Zentral-Wohltätigkeitsbureau« eingerichtet (Stadt und Vest Recklinghausen sind seit dem 1. Januar 1811 Teile des französischen Großherzogtums Berg).

Im Herbst 1811 wird im ehemaligen Vest Recklinghausen das Betteln verboten und statt dessen alle zwei Wochen eine Hauskollekte durchgeführt. Die Einnahmen aus den Haussammlungen und den Opferstöcken in der Petrus- und Franziskanerkirche reichen aus, um Bedürftige mit Brot und in strengen Wintern mit dem erforderlichen Heizmaterial zu versorgen. Daneben werden neue Einnahmequellen für die Armenfürsorge erschlossen, bei denen Initiative der Bürger an Bedeutung gewinnt.

Bürgerinnen aus Recklinghausen gründen ein »Damenkränzchen«. Sie verkaufen Handarbeiten, die sie bei ihren Zusammenkünften anfertigen, und verwenden den Erlös für die Bekleidung von Kindern aus bedürftigen Haushalten.

Bei den zahlreich stattfindenden Tanzvergnügen muß jeder Teilnehmer einen vom Wohltätigkeitsbüro ausgegebenen »Musikschein« für einen halben Taler erwerben.

Auch in preußischer Zeit beruht die Armenpflege auf dem Engagement der wohlhabenderen Bürger.

Opferstock einer Kirche für Geldspenden zugunsten Bedürftiger

Die Kruppsche Gußstahlfabrik auf der Walkmühle in (Essen-)Altenessen

Anbau der Gußstahlfabrik zum Schmelzen von Roheisen aus dem Jahr 1819

Friedrich Krupp gründet Gußstahlfabrik

20. November 1811. In Essen gründet der Unternehmer Friedrich Krupp durch einen Gesellschaftsvertrag mit den Gebrüdern Kechel eine Fabrik zur Produktion von Gußstahl. Die beiden Brüder geben vor, das Geheimnis der Herstellung von Gußstahl zu kennen. Friedrich Krupp, der das gesamte Firmenkapital stellt, beginnt sofort mit der Errichtung von Fabrikgebäuden auf dem Grundstück Walkmühle in Altenessen. Die Kechels nehmen unterdessen zusammen mit zwei Helfern ihre Arbeit in einem angemieteten Haus in der Weberstraße auf.

Als die Fabrikgebäude 1813 fertiggestellt sind, hat Krupp 30 000 Reichstaler investiert und nur 1422 Reichstaler eingenommen. Im folgenden Jahr trennt er sich von den Gebrüdern Kechel, die nicht in der Lage sind, Gußstahl herzustellen. 1815 nimmt er als Teilhaber den Berliner Rittmeister Friedrich Nicolai auf, der im Besitz eines preußischen Patents ist, das ihm die Fähigkeit zur Gußstahlfertigung bescheinigt. Für die industrielle Produktion in größeren Mengen reichen seine Kenntnisse jedoch nicht aus; ein Jahr später verläßt er das Werk.

Friedrich Krupp hat in den Jahren seit der Gründung des Werkes viele Experimente und Versuche durchgeführt, so daß er am 30. Oktober 1816 erstmals eine größere Menge Gußstahl liefern kann. Sie geht an die Hüttengewerkschaft und Handlung Jacobi, Haniel & Huyssen in (Oberhausen-)Sterkrade.

Friedrich Krupp erwarb erste Kenntnisse über die Eisenverarbeitung auf der Hütte Gute Hoffnung in Sterkrade, die von 1799 bis 1808 seiner Großmutter Helene Amalie Krupp gehört hatte (→ 29. 3. 1799). Dort freundete er sich mit dem Mechaniker und Maschinenbauer Franz Dinnendahl an, für den er Dampfmaschinenteile fertigte. Nachdem seine Großmutter die Hütte verkauft hatte, eröffnete Krupp eine Kolonialwarenhandlung. 1811 schließt er dieses Geschäft, um sich ganz der Metallverarbeitung zu widmen.

Herstellung von Tiegelgußstahl

Um 1740 gelingt es dem englischen Uhrmacher Benjamin Hutsman aus Doncaster, erstmals Gußstahl herzustellen. Der bis dahin verwendete Schweißstahl wird zusammen mit Eisen und Glas in feuerfesten Tiegeln bei 1500° C verflüssigt. Die Qualität des so gewonnenen Gußstahls ist abhängig von der Mischung aus Stahl, Eisen und Glas sowie der Zusammensetzung der Tonsorten, aus denen die Tiegel geformt sind. Zusammensetzung und Herstellung von Gußstahl werden in England geheimgehalten.

»Mechanische Werkstätte«

1819. Friedrich Harkort gründet auf der leerstehenden Burg Wetter bei Wetter an der Ruhr seine »Mechanische Werkstätte«, eine der ersten Maschinenfabriken im Ruhrgebiet. Wenig später schließen sich ein Finanzier und ein englischer Ingenieur dem Unternehmen an, weshalb es in Harkort, Thomas & Co. umbenannt wird.

Harkorts Maschinenfabrik fehlt es an Fachkräften, die ebenso wie der Ingenieur aus England geholt werden müssen, auch die Maschinen werden nach Modellen aus England gebaut, wo die Industrialisierung bereits weiter fortgeschritten ist. Um eigene Facharbeiter heranzubilden, richtet Harkort bald eine Werkschule ein, für deren systematische Berufsausbildung es bislang kein Vorbild gibt.

Hauptabnehmer der Erzeugnisse des rasch wachsenden Unternehmens sind die Zechen des Ruhrreviers; neben Förder- und Wasserhaltungsmaschinen für den Bergbau stellt Harkort jedoch auch Maschinen für Textilfabriken her.

Bereits 1822 werden das Unternehmen und die Qualität der Maschinen in der »Preußischen Staatszeitung« lobend erwähnt: Die Maschinen »gehören zu den zweckmäßigsten und können den besten englischen an die Seite gestellt werden«.

Friedrich Harkort gehört zu den Pionieren der Ruhrindustrie.

Die Harkortsche Maschinenfabrik in den Ruinen der Burg Wetter um 1834 (Gemälde von Alfred Rethel [1816–1859], DEMAG AG, Duisburg)

1810—1819

Straßenbau fördert den Städtehandel

1818. Nur wenige hundert Meter südlich von der Hellwegverbindung wird der Bau einer neuen Chaussee im Abschnitt Unna–Werl beendet. Mit dieser Straße, die bis nach Soest führt (später B 1), sinkt die jahrtausendealte und bisher wichtigste Heer- und Handelsstraße der Ruhrregion, der Hellweg, auf das Niveau eines Feldwegs herab.

Nach der Konsolidierung des Deutschen Bundes (1815) wird der Straßenbau vom preußischen Staat vorangetrieben. In weiten Teilen des Ruhrgebiets werden befestigte, gepflasterte oder mit Kies und Basalt gedeckte Wegstrecken, sog. Kunststraßen, angelegt. Die Befestigung der schlechten Landwege ist notwendig, um die zahlreichen Transporte von Gütern, vor allem der Kohle, schnellstmöglich und bei jeder Witterung sicherzustellen.

Eine der wichtigsten Kunststraßen ist die nach 1815 errichtete Wittener Kohlenstraße, die von Witten über Bommern nach Elberfeld führt. In den 20er Jahren gehört sie zu den am stärksten befahrenen Güterverkehrsstraßen in Preußen.

Im heutigen Kreis Wesel existieren 1816 zwei künstlich befestigte Wegverbindungen: Die Nord-Süd-Straße Nimwegen–Köln über Kleve und Xanten sowie die West-Ost-Straße von Venlo über Wesel und Schermbeck nach Münster.

Der Straßenbau geht aufgrund fehlender finanzieller Mittel und der oft nur mangelhaften Baumaterialien, die eine ständige Ausbesserung schon bestehender Teilstücke notwendig machen, nur schleppend voran. Erst 1842 wird die für den Bochumer Kohlenhandel wichtige Nord-Verbindung über Herne bis nach Recklinghausen fertiggestellt. Wegen der geringen Dichte des Straßennetzes verfolgen einige Kohlenhändler den Plan, durch eigens geschaffene Aktienvereine Provinzialstraßen für den Gütertransport errichten zu lassen. Das einzige größere Projekt dieser Art wird am 5. August 1839 mit der über Mülheim an der Ruhr nach Essen-Borbeck verlaufenden Aktienstraße verwirklicht. Der beginnende Eisenbahnbau erschließt in dieser Zeit bereits neue Möglichkeiten für den Verkehr.

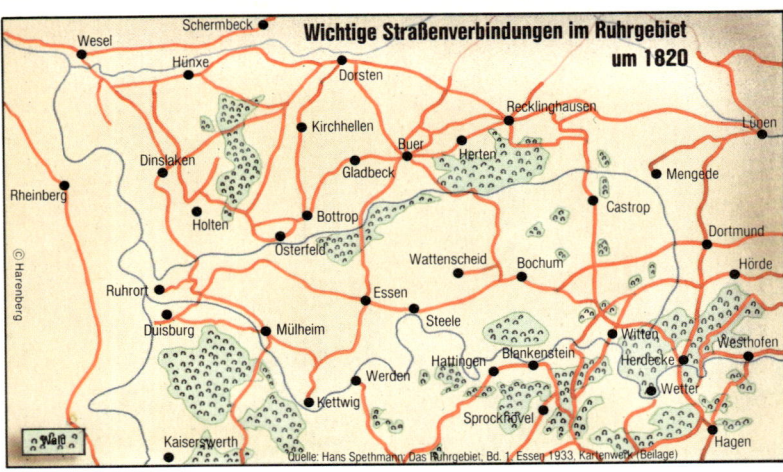

Wichtige Straßenverbindungen im Ruhrgebiet um 1820

Erstes Dampfschiff passiert Duisburg

10. Juni 1816. Auf seinem Weg von Rotterdam nach Köln fährt ein englisches Dampfschiff an Duisburg vorbei. Das Schiff benötigt für seine Fahrt von Rotterdam bis Köln fünf Tage, während ein Segelschiff allein für die Strecke Nimwegen-Duisburg schon sechs Tage braucht.

Ein Duisburger Bürger schildert seine erste Beobachtung eines Dampfschiffes: »Am 10. Juni ist ein Schiff den Rhein heraufgefahren, das ohne Pferd, Mast und Segel so schnell als ein Pferd laufen kann und am 16. Juni wieder den Rhein herunterkam. Es laufen Räder durch die Wasser, welche durch Feuer getrieben werden.«

Durch die enorme Zeitersparnis wird das Schiffahrtswesen revolutioniert. Die alte Schiffahrt verliert an Bedeutung. Immer seltener ziehen Pferde die Ruder- und Segelschiffe auf den Leinpfaden flußaufwärts.

Verleger Brockhaus wirkt in Dortmund

14. Oktober 1813. In Dortmund gibt Friedrich Arnold Brockhaus die erste Nummer der »Deutschen Blätter« heraus. Sie sind das offizielle Nachrichtenblatt der gegen den französischen Kaiser Napoleon I. vereinigten Koalition der europäischen Mächte.

Friedrich Arnold Brockhaus wurde 1772 als Sohn eines Dortmunder Kaufmanns und Ratsherren geboren. Vom Vater für die gleiche Laufbahn bestimmt, stieg er nach einem kurzen Studienaufenthalt in Leipzig 1793/94 als Teilhaber in eine Dortmunder Großhandelsfirma für englische Waren ein. 1802 machte er sich in der gleichen Branche in Amsterdam selbständig. Hier gründete er 1805 auch seinen Verlag.

1808 kaufte Brockhaus das erstmals 1796 von K. G. Löbel herausgegebene »Conversationslexikon mit vorzüglicher Rücksicht auf die gegenwärtigen Zeiten« (das erste seiner Art in Deutschland) und gab es 1809 neu heraus. Daneben verlegte er auch die Werke verschiedener Schriftsteller sowie Zeitschriften und Jahrbücher.

Seit 1808 war Brockhaus in Leipzig ansässig. Zehn Jahre später erwirbt er das Leipziger Bürgerrecht und lebt dort bis zu seinem Tod 1823.

Zigarrenherstellung: Blauer Dunst aus heimischen Tabakspinnereien

In der Ruhrregion wird Tabak vor allem im Vest Recklinghausen und im Duisburger Raum in sog. Tabakspinnereien zu Zigarren verarbeitet. Neben einheimischen Sorten verwenden die Manufakturen importierte Überseetabake. Der Tabak wird getrocknet, geschnitten, in Formen (Abb.) gefüllt und gepreßt. Frauen und Kinder, billige und geschickte Arbeitskräfte, umwickeln den Zigarrenkern mit dem Deckblatt. Nach weiterem Pressen und Trocknen sind die Zigarren versandfertig.

Zeichnung von Schloß Oberhausen nach den Plänen von Architekt August Reinking; der vorgesehene rechte Flügel des Hauptgebäudes wird nicht gebaut, auf dem daran anschließenden Wirtschaftsgebäude steht ein kleiner Glockenturm

Schloß Oberhausen als Herrschaftssitz

1818. Der Umbau des Schlosses Oberhausen mit der Errichtung eines geräumigen Wohnhauses, eines Wirtschaftshofes sowie einer durch ein umlaufendes Gesims verschönerten Front ist abgeschlossen. Reichsgraf Maximilian Friedrich von Westerhold hatte 1808 den Architekten August Reinking mit dem Ausbau des Gebäudes zum repräsentativen Wohnsitz beauftragt.
Etwa 200 m vom Schloß entfernt, am Emscherübergang, lag eine Wasserburg. Sie bestand aus einem Wohngebäude, einem Pfortenhaus mit Zugbrücke, Scheunen und Stallungen. Erste Zeugnisse der Wasserburg Overhaus oder Overhusa, die der Gemeinde und späteren Stadt den Namen gibt, stammen aus dem Jahr 1220. Wegen Baufälligkeit wurde das Gebäude 1791 abgerissen und als Ersatz der Grundstock des späteren Schlosses errichtet.

Universität Duisburg wird geschlossen

18. Oktober 1818. Die Universität Duisburg wird durch eine Kabinettsorder von Friedrich Wilhelm III. zugunsten der gleichzeitig gegründeten Universität Bonn aufgehoben. Die Bestände der Duisburger Bibliothek und die Zepter werden der neuen Einrichtung übergeben. Damit ist die 163jährige Tradition der Stadt als Sitz einer Hochschule beendet (→ 14. 10. 1655).
Ein wesentlicher Grund für die Schließung der Duisburger reformierten Universität liegt darin, daß ihr der notwendige Einzugsbereich fehlt. Im Jahr 1780 waren nur etwa ein Drittel der Einwohner der preußischen Westprovinzen reformiert. Der größte Teil der lutherischen und katholischen Studenten besuchte andere Universitäten.
Unter den Einwirkungen des Siebenjährigen Krieges (1756–1763) reduzierte sich die Gesamtzahl der Studenten von ehemals 116 auf 60. Außerdem stand die Duisburger Einrichtung von Anfang an in Konkurrenz zu den bekannten niederländischen Universitäten Groningen, Utrecht und Leiden. Viele Professoren und Studenten verließen die Duisburger Universität aufgrund ihrer schlechten technischen und finanziellen Ausstattung.

Bürgermode Anfang des 19. Jahrhunderts

Die Mode der Bürger wird im beginnenden 19. Jh. von einem, durch die Französische Revolution und die Aufklärung geprägten, neuen bürgerlichen Bewußtsein getragen. Auch im Ruhrgebiet orientiert sich die Mode nicht mehr am Beispiel des Adels und der Königshöfe, sie greift statt dessen Merkmale der Bekleidung der arbeitenden Bevölkerung auf. Männer tragen keine Kniehosen mehr, sondern lange Hosen; Sachlichkeit und Bequemlichkeit stehen besonders in der Herrenmode im Vordergrund.
In der Zeit des aus dem napoleonischen Frankreich kommenden Empire wird auch die Damenkleidung bequemer. Das enggeschnürte Korsett und der Reifrock, von den Damen vor der Französischen Revolution noch getragen, werden von weitgeschnittenen, unter der Brust gerafften Kleidern abgelöst. Die Gewänder sind aus fließenden Stoffen gearbeitet und fallen bis zum Boden. Puffärmel und Schleppen ergänzen den einfachen, der klassischen Antike entlehnten Schnitt.
Schon in den 20er Jahren geht die Bequemlichkeit in der Damenmode wieder verloren, denn in der Biedermeierzeit kehrt das beengende Korsett zurück.

Dame im leichten Empire-Kleid

Vergoldeter Empire-Fächer um 1810

Feiner Herr, Dame in Spitzenhaube

Kaufmannsehepaar (Schnitt)

1820
1820–1829

1820. Auf der Ruhr verkehren 3490 Schiffe; 300 laufen den Duisburger Hafen an.

1820/21. Der Mechaniker und Unternehmer Franz Dinnendahl gründet eine eigene Eisengießerei in (Essen-)Huttrop.

11. 4. 1820. Die Brüder Wilhelm und Johann Caspar Hobrecker erhalten die Konzession zur Errichtung eines Eisenwalzwerkes am Nordentor von Hamm.

1. 7. 1820. Das Oberlandesgericht in Hamm wird eröffnet. →

1821. Bochum erhält ein katholisches Schulhaus. Der einzige katholische Elementarlehrer unterrichtet hier 424 Schulkinder. →

1. 1. 1821. Das Kirchspiel Kirchhellen wird mit Bottrop und Osterfeld zur Bürgermeisterei Bottrop vereint.

1822. Das Klima des Jahres 1822 ist ausgesprochen mild. Schon im Januar nisten die Sperlinge und blüht der Schwarzdorn. Noch im November werden auf Schloß Berge (Gelsenkirchen) reife Erdbeeren gefunden.

1822. Markt und Hauptstraße von Bochum werden gepflastert.

1822. Der westfälische Oberpräsident Freiherr Ludwig Vincke wird mit der Katasterurvermessung in Rheinland und Westfalen beauftragt. →

27. 7. 1822. Die beiden preußischen Provinzen Niederrhein und Jülich-Kleve-Berg werden zu einem »rheinischen Oberpräsidium« in Koblenz vereinigt. Die Bezeichnung »Rheinprovinzen« wird 1830 amtlich.

Dezember 1822. Gladbeck erwirbt eine neue Brandspritze samt Wagen und Eimern.

1823. Im Muttental bei Witten wird das Bethaus errichtet (einziges erhaltenes Bethaus im Ruhrgebiet). →

27. 9. 1823. Duisburg wird Hauptort des gleichnamigen Landkreises, der aus den Kreisen Dinslaken und Essen gebildet worden ist.

Um 1824. In Essen verkehrt zweimal wöchentlich der Postwagen.

1824. Friedrich Wilhelm Curtius läßt in Kaßlerfeld eine Schwefelsäurefabrik errichten und legt damit den Grundstein für die Duisburger chemische Großindustrie.

14. 12. 1824. Die staatliche Knappschaftsordnung für die Bergleute in den Bezirken des Märkischen und Essen-Werdenschen Bergamtes wird erlassen. →

Ab 1825. Mit der Aufteilung der Marken im Emscherbruch endet dort die traditionelle Wildpferdezucht. →

1825. Der neue Hafen in Ruhrort ist fertiggestellt. Das alte Hafenbecken wird als Hafenzufahrt erweitert. →

30. 3. 1825. Friedrich Harkort veröffentlicht in der Zeitschrift »Hermann« einen Aufruf zum Bau von Eisenbahnen. →

14. 11. 1825. Der Ort Witten wird zur Stadt erhoben und entsendet Delegierte zum Provinziallandtag. →

1826. Friedrich Harkort errichtet in Wetter an der Ruhr einen Puddelofen zur Stahlerzeugung. →

1826. Mit der Eisenhütte Westfalia in Wethmar an der Lippe wird das erste Eisenwerk im Lüner Raum gegründet.

24. 4. 1826. Der Rheinkanal-Aktien-Verein wird in Duisburg gegründet.

1827. Die Wanderraupe richtet in Wäldern und Gärten des Ruhrgebiets große Schäden an.

1828. In Ruhrort wird die Schiffswerft Jacobi, Haniel & Huyssen gegründet. Zwei Jahre später läuft der erste Rheindampfer, die »Stadt Mainz«, vom Stapel. →

1828. In Essen wird der »Gesellschaft Verein« gegründet, ein Club für die oberen Bürgerschichten. →

4. 10. 1828. Die erste Nummer des von Christian Leonhard Krüger herausgegebenen »Dortmunder Wochenblatts« erscheint.

8. 11. 1828. Die Dortmunder Marienkirche wird wegen Baufälligkeit für den Gottesdienst gesperrt. Die Instandsetzung dauert bis 1839.

1829. Wilhelm Stumpf gründet die erste Bochumer Zeitung, das »Wochenblatt«.

1829. Nach dem Bau von Schleusen und der Entfernung niedriger Brücken erreicht das erste Schiff auf der Lippe in durchgehender Fahrt Wesel über Lippstadt. →

GESTORBEN:

20. 8. 1823. Leipzig: Friedrich Arnold Brockhaus (*4. 5. 1772, Dortmund), Verleger.

15. 8. 1824. Bochum: Karl Arnold Kortum (*5. 7. 1745, Mülheim an der Ruhr), Schriftsteller.

12. 6. 1825. Dortmund: Arnold Mallinckrodt (*27. 3. 1768, Dortmund), Verleger und Publizist.

8. 10. 1826. Essen: Friedrich Krupp (*17. 7. 1787, Essen), Industrieller.

GEBOREN:

1. 5. 1824. Essen: Friedrich Hammacher († 11. 12. 1904, Berlin), Jurist, Landtagsabgeordneter.

23. 2. 1825. Dortmund: Heinrich Wenker († 3. 1. 1905, Dortmund), Bierbrauer.

20. 12. 1825. Essen: Friedrich Grillo († 16. 4. 1888, Grafenberg bei Düsseldorf), Industrieller.

17. 1. 1826. Dortmund: Wilhelm Lübke († 5. 4. 1893, Karlsruhe), Kunsthistoriker.

3. 1. 1829. Gut Bossigt/Wesel: Konrad Duden († 1. 8. 1911, Sonnenberg/Wiesbaden), Philologe.

28. 8. 1829. Witten: Louis Berger († 9. 8. 1891, Horchheim), Industrieller und Politiker.

Schulsituation an der Ruhr

1821. In Bochum wird neben dem bereits bestehenden evangelischen Schulhaus an der Peter und Paul Kirche auch ein katholisches Schulhaus eingerichtet. Der einzige Elementarlehrer soll 424 Kinder unterrichten, aber nur 60 bis 80 Schüler kommen täglich zum Unterricht. Das Schulgeld ist gering, selbst wenn alle Kinder zur Schule kämen, wäre der Lehrer noch schlecht gestellt. Erst 1830 wird ein festes Lehrergehalt eingeführt.

Bochum hat außer der evangelischen und katholischen auch eine kleine reformierte und ab 1828 auch eine jüdische Volksschule. Das öffentliche Schulwesen, das seine Wurzeln in den mittelalterlichen kirchlichen Erziehungseinrichtungen hat, steht in Preußen seit dem Allgemeinen Landrecht (1. Juni 1794) unter staatlicher Verantwortung.

Im Zuge der Aufklärung bemühen sich Gelehrte wie Friedrich Wilberg, der um 1800 eine Freischule auf Gut Overdiek (bei Bochum) leitet, das Auswendiglernen durch neue Formen des Lernens zu ersetzen. Die Schüler sollen sich den Lernstoff durch Anschauung und praktische Übungen aneignen.

Im preußischen Schulwesen bestehen neben den Volksschulen für die einfachen Leute auch Gymnasien und Lateinschulen, die aufgrund der hohen Schulgebühren nur den oberen Bürgerschichten offenstehen.

Im Laufe des Jahrhunderts führt der wachsende Bedarf der Industrie an Fachkräften zu einer zusätzlichen Differenzierung in Fachschulen.

Kinder der wohlhabenden Bürgerschicht beim Schulunterricht (1823)

Neue Ordnung für die Knappschaft

14. Dezember 1824. Die Knappschaftsordnung für die Bezirke des Märkischen und Essen-Werdenschen Bergamtes gliedert die Bergarbeiter in drei Klassen. Vollmitglieder genießen Kündigungsschutz und haben Anspruch auf Krankengeld und kostenlose Behandlung durch Bergärzte. Junge Bergleute, die leichter entlassen werden können als Vollmitglieder und nur zeitlich begrenzt Unterstützung aus der Knappschaftskasse erhalten, bilden die zweite Klasse. Die dritte Klasse umfaßt die von jeder sozialen Sicherung ausgeschlossenen Tagelöhner.

Oberlandesgericht nach Hamm verlegt

1. Juli 1820. Das von Kleve nach Hamm verlegte Oberlandesgericht für die Grafschaft Mark und das Herzogtum Kleve sowie für Dortmund, Hohenlimburg, Geldern, Moers, Elten, Essen und Werden nimmt seine Tätigkeit auf. Die erste Sitzung findet am 4. Juli statt.

Mit der Einrichtung des Oberlandesgerichtes wird die Stadt entschädigt für die Verlegung des Regierungssitzes für den Bezirk Mark und Westfalen von Hamm nach Arnsberg (1816). Später entwickelt sich das Gericht in Hamm zum größten Oberlandesgericht in Preußen.

1820—1829

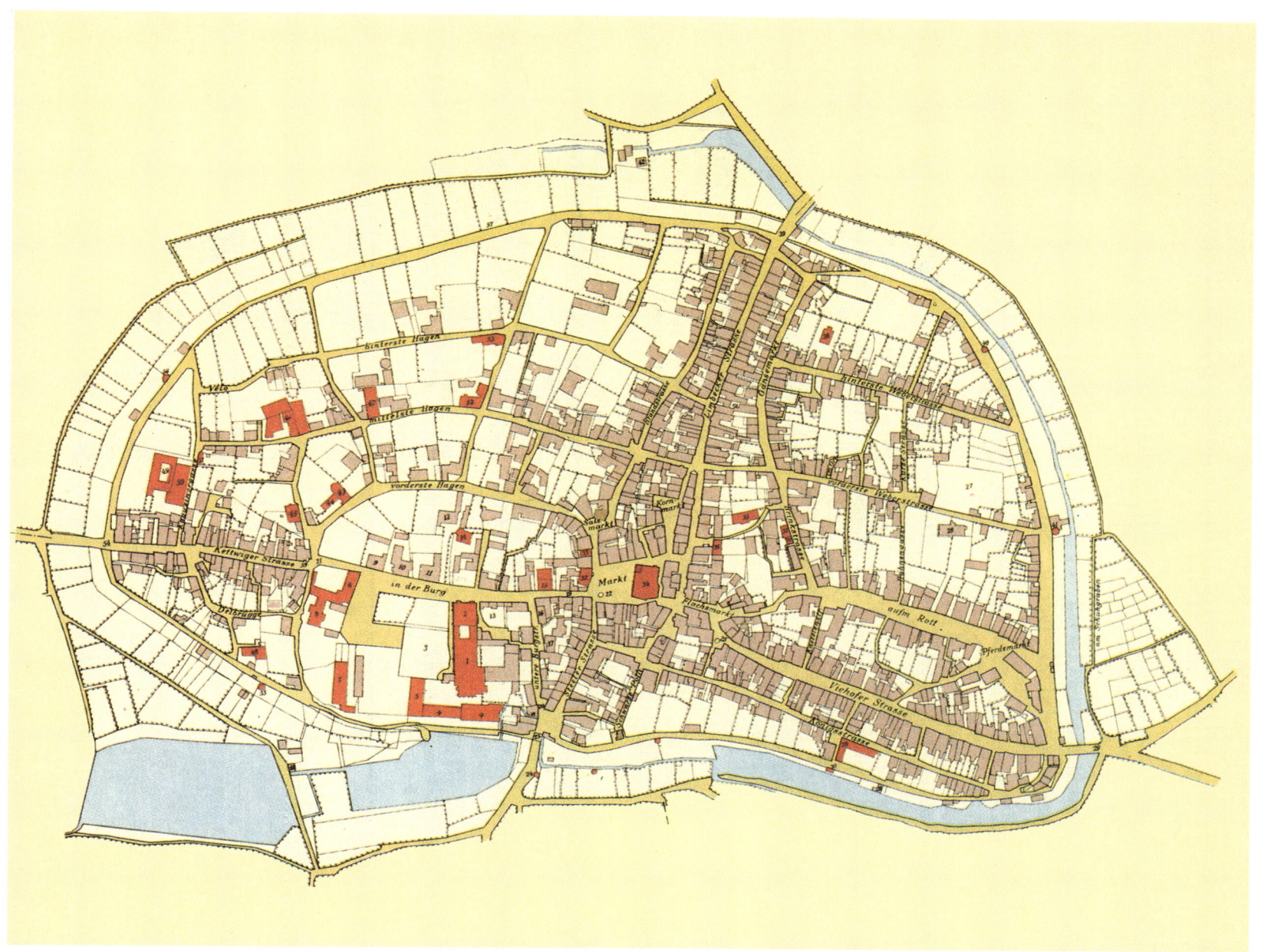

Plan von Essen nach der Vermessung 1823 mit den großen Einfallstraßen Kettwiger Straße (l.), Steeler Straße (u.), Viehofer Straße (r.) und Limbecker Straße (o.)

Westfälisches Kataster wird erstellt

1822. Bis 1839 wird in den westlichen Provinzen Preußens erstmals ein exakt vermessenes, einheitliches Grundkataster zur Neuregelung der Grundsteuer erstellt. Es besteht aus Karten und Tabellen, die Eigentumsverhältnisse und Besitzgrenzen sowie die durchschnittlichen Erträge der vermessenen Grundstücke erfassen. Die Generaldirektion des Katasters, das später regelmäßig fortgeschrieben wird, liegt beim westfälischen Oberpräsidenten Freiherr Ludwig von Vincke.

Die preußische Regierung beabsichtigt, nach Abschluß der Landvermessungen die im preußischen Abgabengesetz von 1820 vorgesehene Reform der Grundsteuer durchzuführen und damit grobe Ungerechtigkeiten in der bisherigen Steuererhebung zu beseitigen.

Die adligen Grundbesitzer wehren sich entschieden gegen die Reform der Grundsteuer und die Katastererstellung. Sie bestehen auf der ihren Familien während des Heiligen Römischen Reiches Deutscher Nation verliehenen Abgabenfreiheit. Als Sprecher der westfälischen Adligen tritt Freiherr Karl Friedrich vom und zum Stein auf, der sich aber letztlich nicht gegen Ludwig von Vincke durchsetzen kann.

Neben dem Ziel der Steuergerechtigkeit verfolgt der preußische Staat mit der Erstellung des Grundkatasters wirtschaftliche Interessen. Zustand, Zahl und Verlauf der Straßen in Stadt und Land, genaue Einwohnerzahlen, Anzahl der Häuser und Qualität der Bausubstanz werden erfaßt. Diese Daten bilden eine wichtige Voraussetzung für die Förderung der Industrialisierung und den Ausbau des Straßennetzes in den Provinzen Rheinland und Westfalen. Die preußische Regierung kann sich bei der Erstellung ihres Katasters auf Vorarbeiten aus früheren Jahren stützen.

Einwohnerzahlen der Städte 1818

Bei Vorarbeiten zum Urkataster werden die Einwohnerzahlen der Städte im Ruhrgebiet ermittelt. Dortmund, früher führend, liegt mit 4289 Einwohnern hinter Duisburg (5364), Mülheim an der Ruhr (4985) und Essen (4496), aber noch vor Bochum (2107). 1819 weist Recklinghausen 2637 Bewohner auf, 1818 sind in Dorsten 2304 Personen ansässig. Dinslaken hat erst 1237 Einwohner, während 1815 in Wesel schon 9638 Menschen leben.

1820 – 1829

Der Ruhrorter Hafen (nach Abschluß der Ausbauarbeiten) mit Blick auf das Panorama der Stadt im Hintergrund

Ausbau des Ruhrorter Hafens beendet

1825. Die Bauarbeiten zur ersten Hafenerweiterung in Ruhrort sind abgeschlossen. Die neu entstandenen Hafenanlagen umfassen ringförmig eine Insel mit Verladeeinrichtungen und Kohlemagazinen. Damit wird der Ruhrorter Hafen zu einem wichtigen Umschlagplatz der Ruhr- und Rheinschiffahrt.

Der Hafenausbau war durch ständige Überflutungsgefahr bei Hochwasser und widrige Zufahrtsmöglichkeiten für größere Frachtschiffe zu den alten Anlagen notwendig geworden. Am 14. November 1819 erteilte König Friedrich Wilhelm III. seine Genehmigung zum Bau eines neuen Hafens. In einem Bericht stimmte er dem Vorschlag zu, »dem Bedürfnisse eines zum Besten des bedeutenden Steinkohlenhandels an der Ruhr einzurichtenden geräumigen, mit sicheren Niederlage- und Magazin-Plätzen zu versehenden Hafens an der Ausmündung dieses Flusses in den Rhein, durch Erweiterung des alten Ruhrorter Hafens abzuhelfen (...)«. Trotz anfänglicher Widerstände enteigneter Weidebesitzer und ortsansässiger Juden, die um ihre Existenzgrundlagen fürchteten, konnte am 1. Mai 1820 mit dem Bau des ersten befestigten Hafens begonnen werden.

Auf Veranlassung des damaligen Oberpräsidenten der Provinz Westfalen, des Freiherrn von Vincke, wurden die veranschlagten Gelder für die notwendigen Baumaßnahmen in Höhe von 170 000 Talern aus den Mitteln des Ruhrschiffahrtsfonds zur Verfügung gestellt.

Ein Deich von der Höhe der Kohlenniederlagen, breite Wege und einheitliche Bauweise der Packhäuser auf dem Deich bestimmen die Funktionstüchtigkeit und das Erscheinungsbild der neuen Hafenanlage. Noch während der Bauarbeiten erschien am 31. Juli 1822 folgendes Inserat in mehreren Zeitungen, in dem der Verkauf und die Verpachtung der neuen Lager- und Verladeplätze des Hafens angekündigt wurden: »Der neue Hafen gewährt für jedes Geschäft auf dem Rhein und der Ruhr Schutz, die Flächen der Niederlagen befriedigen jedes Bedürfnis.«

Entwicklung des Hafens

Seit 1732: Fertigstellung eines kleinen Hafens von ca. 10 m Breite, 250 m Länge und 1 ha Wasserfläche.

1820–25: Das alte Hafenbecken wird als Zufahrt zu einer neuen Hafenanlage verbreitert; sie erreicht eine Fläche von 7 ha und eine Länge von 1500 m.

1826–34: Die Kohleabfuhr erhöht sich von 160 000 t auf 340 000 t jährlich und erfordert ab 1837 den Bau eines Schleusenhafens.

1860–68: Der Nord- und Südhafen mit Sohlenbreiten von bis zu 73 m vergrößern die Wasserfläche insgesamt auf 29,3 ha.

1870: Der Gesamtgüterumschlag beläuft sich auf 2,3 Mio t (davon 1,8 Mio t Kohle).

1872–90: Der Bau des sog. Kaiserhafens mit unmittelbarem Rheinanschluß und einer Hafenbeckenlänge von 7,5 km sowie einer Wasserfläche von 51,3 ha und 60 km langen Eisenbahngleisen läßt 1880 den Güterumschlag auf 3 Mio t anwachsen.

Rege Schiffahrt in der Ruhrregion

Aufgrund des schlechten Zustands der Landwege bilden zu Anfang des 19. Jh. die Wasserstraßen im Ruhrgebiet die besten Verkehrsverbindungen. Segel- oder Ruderschiffe sowie die von Pferden auf Leinpfaden gezogenen Treidelschiffe befördern Güter und Personen. Bedeutung erlangen diese Transportwege vor allem mit dem wachsenden Kohleabbau und dem Aufkommen der Eisen- und Stahlproduktion.

Viele Zechen und Fabriken von Mülheim bis hinauf nach Witten und Wetter liegen nahe der Ruhr und können ihre Produktion durch die günstige Transportanbindung schnell in den Handel bringen. Ab 1825 entwickeln sich hier auch andere Gewerbezweige. In Witten ist eine Glasfabrikation ansässig, in Mülheim existiert eine Lederindustrie, und in Duisburg weitet sich das Tabakgewerbe aus. Besonders die niederrheinischen Betriebe, begünstigt durch ihre Rhein/Ruhr-Lage, produzieren zunehmend Güter für den Export.

Unter den regionalen Wasserstraßen nimmt die Ruhr nach ihrer vollständigen Schiffbarmachung (→ 1780) die bedeutendste Stellung ein.

Auf dem Fluß wird in erster Linie Kohle aus der Essener Region und den märkischen Gebieten über den Ruhrorter Hafen zum Rhein verschifft. Die Frachtmengen auf der Ruhr steigen erheblich an: 1814 werden 61 400 t Kohle transportiert, 1820 schon über 147 000 t und im Jahr 1837 rund 582 300 t; 1860 wird der Höchststand mit 867 700 t erreicht.

In geringerem Umfang werden auch andere Güter wie Eisen, Salz, Getreide und Baumaterialien auf dem Schiffahrtsweg befördert. Die Ruhr wird damit zum meistbefahrenen deutschen Fluß, auf dem bis zu 8000 kleine Frachtkähne und Schiffe verkehren. Mit dem Ausbau der Eisenbahnverbindungen in den 50er und 60er Jahren des 19. Jh. verliert die Ruhrschiffahrt ihre Bedeutung.

Erste Werftanlage für Dampfschiffe

1828. Auf Initiative eines ihrer Gesellschafter, des Ruhrorter Kohlenhändlers Franz Haniel (1779–1868), entschließt sich die Hüttengewerkschaft und Handlung Jacobi, Haniel & Huyssen, auf der Hafeninsel von Ruhrort eine Werft zum Bau von Dampfschiffen einzurichten. Den Anstoß zur Gründung einer Dampfschiffswerft erhielt Haniel zum einen durch Seereisen auf Dampfschiffen – so 1825 von Rotterdam nach London –, zum anderen durch die Bekanntschaft mit James Watt junior, dem Sohn des Konstrukteurs der Dampfmaschine.

Noch erregen die seit 1816 vereinzelt rheinabwärts fahrenden maschinengetriebenen Schiffe aus England und den Niederlanden ungeheures Aufsehen. Da es an erfahrenen deutschen Technikern mangelt, bedeutet die Gründung einer Werft ohne Vorkenntnisse und mit unzureichenden Maschinen ein hohes Risiko.

Nachdem es Haniel gelungen ist, mit Nicholas Oliver Harvey und Wilhelm Strack zwei angesehene Schiffsbauingenieure von Rotterdam nach Ruhrort zu holen, läuft am 7. Mai 1830 der erste deutsche Rheindampfer, die »Stadt Mainz«, in Ruhrort vom Stapel. Obwohl das Schiff bei einer Probefahrt wegen ungenügender Maschinenleistung die Erwartungen seines Auftraggebers, der Preußisch-Rheinischen Dampfschiffahrtsgesellschaft, nicht erfüllt, widersetzt sich Franz Haniel der Absicht von Huyssen und Jacobi, die Werft zu verkaufen.

Der 1831 fertiggestellte Dampfer »Stadt Coblenz« genügt den Anforderungen und wird in Dienst gestellt. Weitere Neubauten folgen: 1838 die »Graf von Paris«, der erste auf einer deutschen Werft gebaute eiserne Rheindampfer, und 1845 die Bark »Hoffnung«, das erste aus Eisen erbaute deutsche Seeschiff.

Der erste deutsche Rheindampfer »Stadt Mainz« (Modell), 1830 von der Firma Jacobi, Haniel & Huyssen auf der Ruhrorter Schiffswerft erbaut

Lippeschiffahrt im Aufschwung

1829. Auf der Lippe kann das erste Schiff in durchgehender Fahrt von Wesel über Dorsten und Lünen nach Lippstadt gelangen, nachdem in den 20er Jahren von Vogelsang bis Lippstadt zwölf Schleusen zur Umgehung der Mühlenwehre errichtet wurden sowie das Lippeufer befestigt und begradigt worden ist. Die befahrbare Strecke beträgt 182 km; die Schiffe legen diese Distanz in etwa fünf Tagen zurück.

Die Lippeschiffahrt ist für die regionale Wirtschaft von großer Bedeutung. Von Dorsten werden vor allem Kohle, Salz, Speck und Schinken ins Rheinland und nach Holland verschifft. Französische und rheinische Weine, Fisch und Tongeschirr aus den Niederlanden gelangen auf der Lippe in das Ruhrgebiet. Dorsten ist bekannt für sein Schiffsbauerhandwerk. Wichtigster Frachtschifftyp auf der Lippe ist der »Dorstener Aak«. Zahlreiche Schiffsbauergesellen aus Dorsten lernen auf niederländischen Werften neueste Techniken im Schiffsbau.

Aufruf zum Bau von Eisenbahnen

30. März 1825. In der westfälischen Zeitschrift »Hermann« erscheint ein Aufruf des Unternehmers Friedrich Harkort, in dem er sich für die baldige Einführung von Eisenbahnen ausspricht (Abb.). Mit Hinweis auf die Entwicklung in England, wo im gleichen Jahr die erste Linie von Stockton nach Darlington eröffnet wird, zeigt Harkort die Vorteile des neuen Verkehrsmittels für die wirtschaftliche Entwicklung auf. Er verlangt von den staatlichen Behörden, Wegegelder zum Ausbau und zur Unterhaltung eines Eisenbahnnetzes zu verwenden. Bis zu diesem Zeitpunkt werden die bestehenden Schienenbahnen in der Ruhrregion von Pferden gezogen.

Harkorts Projekt, die Deilbachbahn im Ruhrtal mit einer Dampflokomotive zu betreiben, wird von den Behörden aus Sicherheitsgründen abgelehnt. Erst 1847 wird die Teilstrecke Duisburg–Dortmund der Köln-Mindener Eisenbahn als erste Bahnlinie im Ruhrgebiet in Betrieb genommen.

Erzeugung von Stahl im Puddelverfahren

1826. Friedrich Harkort stellt in seinem Werk in Wetter an der Ruhr als erster deutscher Unternehmer einen Puddelofen auf. Der Engländer Henry Cort entwickelte 1784 das Puddelverfahren (puddle, engl.; rühren), wobei die glühende Roheisenmasse mit langen Stangen gerührt wird, bis sie zäh ist; das ausgekühlte Material ist schmiedbar und widerstandsfähiger als Roheisen.

Arbeiter an einem Puddelofen

1820–1829

Städtische Rechte für Gemeinde Witten

14. November 1825. Witten wird durch eine Verfügung, Deputierte in den Provinziallandtag zu entsenden, zur Stadt erhoben. Auch andere Orte in Westfalen erhalten die Stadtwürde, da in der Provinz nicht genügend Städte vorhanden sind, um die erforderliche Zahl an Vertretern für den ständisch gegliederten Landtag aufzubringen.

In Witten herrscht zu dieser Zeit bereits ein reges industrielles Leben: Friedrich Lohmann entwickelt in seiner 1790 gegründeten Stahlfabrik ein eigenes Verfahren für Gußstahl, für das er bereits 1812 erste Auszeichnungen erhalten hatte; und Caspar Wilhelm Moll errichtet 1825 seine Kesselschmiede, die ein wichtiger Partner der Harkortschen Maschinenfabrik in Wetter wird.

Auch andere Branchen sind in der Stadt vertreten; so gründen die Brüder Müllensiefen im alten »Haus Crengeldanz« die Glashütte Crengeldanz, die sich bald überregionalen Ruf erwirbt.

Die rasche industrielle Entwicklung der Stadt beruht nicht zuletzt auf der frühen Verkehrsanbindung. Nach der Schiffbarmachung der Ruhr (→ 1780) erhält Witten auch eine Straßenverbindung (um 1815) und 1848 Anschluß an eine der ersten Eisenbahnlinien des Reviers.

Das einzig noch erhaltene Bethaus des Ruhrgebiets, im Zentrum des Muttentals

Gebet vor Schichtbeginn

1823. Das Bethaus im Muttental (Witten) wird errichtet als Versammlungsort der Bergleute zum gemeinsamen Gebet vor Schichtbeginn und zur Aufbewahrung ihrer Werkzeuge nach Ende der Arbeit.

Die allmorgendliche Andacht ist im frühen Bergbau eine verbreitete Gewohnheit. Auch von den Bergbeamten wird sie gern gesehen – nicht nur aus religiösen Gründen, sondern auch als Mittel gegen die Unpünktlichkeit. Mit der Umstellung des Bergbaus auf Massenförderung mit großen Belegschaften und unternehmerischem Renditedenken in den 40er Jahren des 19. Jh. wird das Schichtgebet aber weitgehend abgeschafft. Die Bergarbeiter vermissen diesen alten Brauch, wie Beschwerden aus späterer Zeit zeigen.

Die religiösen Traditionen im Bergbau wurzeln vor allem in den Arbeitsbedingungen unter Tage: Abgeschiedenheit und Einsamkeit vor Ort, der Lichtmangel sowie die Gefahren und Härte der Arbeit verstärken das religiöse Empfinden.

Ein nobler Verein für die Gesellschaft

1828. Die führenden Mitglieder des Essener Bürgertums treffen sich regelmäßig in der »Gesellschaft Verein«. Bereits seit 1809 besteht ein Club zur Förderung der Geselligkeit und des ernsten Gedankenaustauschs für die obersten Bürgerschichten; die Mitglieder hatten sich jedoch zeitweilig aufgrund politischer Meinungsverschiedenheiten getrennt. Vereine, in denen sich die Bürger (Ärzte, Richter, Unternehmer u. a.) treffen, über Wirtschaft, Politik und Kommunales diskutieren sowie Konzert- und Tanzveranstaltungen abhalten, gibt es auch in anderen Städten: In Dortmund wurde 1812 die »Gesellschaft Casino« und in Bochum 1817 die »Harmonie« gegründet.

Vierrädrige Handdruckspritze (1818)

Brandbekämpfung macht Fortschritte

Dezember 1822. Gladbeck kauft eine Brandspritze, dazu einen zweirädrigen Wagen und 24 Ledereimer. Zur Brandbekämpfung muß in jedem Haus mindestens ein Eimer vorhanden sein, außerdem halten mehrere Nachbarn gemeinsam Wasserringel – Sammelfässer für das Löschen vor Ort – bereit.

In Essen bemüht sich Friedrich Krupp als städtischer Brandoffizier zur gleichen Zeit darum, daß die Wasserfässer im Ernstfall auch tatsächlich zur Verfügung stehen. Die Bürger benutzen sie z. B. als Einmachbehälter, so daß die Fässer in schlechtem Zustand sind.

Krupps Vorgänger im Amt des Brandoffiziers, Franz Dinnendahl, hatte 1821 mit ansehen müssen, wie seine Maschinenfabrik, auch aufgrund unzureichender Löschgeräte, vollständig abbrannte.

Das Ende der Emscherbrücher Dickköpfe

Ab 1825. Auf Anweisung der preußischen Regierung in Berlin werden die Marken im Emscherbruch zugunsten von Ackerbau und Viehzucht aufgeteilt. Diese Maßnahme bedeutet das Ende der in dieser Gegend traditionellen Wildpferdezucht.

Die frühesten Hinweise auf Wildpferde in der Bruchlandschaft am nördlichen Emscherufer zwischen Waltrop und Bottrop stammen aus dem Jahr 1369. Seit dieser Zeit werden die »Emscherbrücher Dickköpfe« zur Pferdezucht verwendet. In Rudeln leben sie in einem 40 000 Morgen großen, abgeschiedenen Gebiet aus Wiesen, Wäldern und Sümpfen. Sie gelten als genügsam, ausdauernd und zuverlässig. Als Reit-, aber auch als Arbeitspferde sind sie weit über das Emscherland hinaus bekannt. Zum Mittelpunkt der westfälischen Wildpferdezucht wird einmal im Jahr das Dorf Crange. Jeweils zum Laurentiustag, dem 10. August, werden die Pferde hier zusammengetrieben und verkauft. Als letzter gibt 1834 Landrat Devens die Zucht auf. Aus dem Pferdemarkt wird die Cranger Kirmes (später eines der größten Volksfeste im Ruhrgebiet).

Die in großen Herden lebenden Wildpferde des Emscherbruchs sind nur 160 cm groß, haben eine stark gewölbte Brust, dichtes Schopfhaar, flache Augen, eine breite Stirn, riffelhaariges Fell und eine kräftige Muskulatur.

1830
1830–1839

1830. In (Dortmund-)Aplerbeck wird die Zeche Vereinigte Blickefeld Tiefbau gegründet.

1830. Die Provinzialverwaltung Westfalen läßt zwei »concessionierte Theater für Westphalen« zu, die als einzige an allen Orten der Provinz spielen dürfen. →

1830–1836. Postkutschenlinien von Recklinghausen nach Datteln, Herne und Bochum sowie von Dortmund nach Schwerte werden eingerichtet.

August 1830. Alfred Krupp bringt das erste Paar gehärteter und geschliffener Walzen auf den Markt.

5. 3. 1831. Die »Concordia« durchfährt als erstes Börtschiff den neuen Rheinkanal (heute Außenhafen von Duisburg).

17. 3. 1831. In Preußen wird die »Revidierte Städteordnung für die Preußische Monarchie« erlassen. →

12. 4. 1831. In Duisburg wird eine Realschule eröffnet; sie ist der Vorläufer des späteren Steinbart-Gymnasiums.

Mai 1831. In Dortmund wird eine Sonntagsschule für Handwerker eröffnet. Im selben Jahr wird auch eine Sonntagsschule für Handwerker und Fabrikarbeiter in Duisburg gegründet. →

7. 5. 1831. Die erste Ausgabe des »Wochenblattes für den Kreis Recklinghausen« erscheint (ab 1954: »Hertener Allgemeine«).

18. 9. 1831. Die Duisburger Handelskammer wird gegründet.

1832. Der Bau des Duisburger Rheinkanals ist abgeschlossen. Vor den Stadtmauern wird ein großer Freihafen angelegt.

1832. Friedrich Harkort gründet in (Dortmund-)Hombruch eine Gießerei mit Kesselschmiede.

1. 2. 1832. Das um 1265 gegründete Minoritenkloster in Duisburg wird geschlossen.

25. 4. 1832. Im Muttental bei Witten schließen sich sieben Kleinzechen zur Gewerkschaft Vereinigte Nachtigall zusammen. →

August 1832. Bei (Essen-)Borbeck beginnt Franz Haniel mit den Abteufarbeiten für einen Tiefbauschacht durch das Mergelgebirge. →

1833. Das letzte Duisburger Stadttor, das Kuhtor, wird abgebrochen.

11. 10. 1833. Das neue Unnaer Rathaus wird im Beisein des preußischen Kronprinzen eingeweiht. Das alte Rathaus dient noch bis zu seinem Abbruch im Jahr 1882 als städtisches Gerichtsgebäude.

1. 1. 1834. Preußen, Hessen-Darmstadt, Bayern, Württemberg, Kurhessen, Sachsen und Thüringen schließen sich zum Deutschen Zollverein zusammen. →

1835. Auf der Zeche Gewerkschaft Vereinigte Sälzer & Neuack wird das erste eiserne Förderseil des Ruhrgebiets verwendet.

1835. In Bochum wird eine Straßenbeleuchtung installiert.

15. 1. 1835. Preußen beschränkt das Wanderrecht für Handwerksgesellen. Im Zuge des Vereinsverbots dürfen sie sich auch im Ruhrgebiet nicht mehr zusammenschließen. →

1836. Im Kreis Wesel sind in der Textilindustrie drei Dampfmaschinen eingesetzt.

1836. Der Essener Unternehmer Alfred Krupp richtet für seine 60 Arbeiter eine Betriebskrankenkasse ein.

1836. Maximilian Weyhe legt den Moerser Schloßpark an.

1837. Die Bürger der Stadt Dortmund verfassen ein Lobgedicht auf ihr Bier.

1837. Der Schacht Kronprinz bei Bergeborbeck (Essen) ist der erste Tiefbauschacht des Ruhrgebiets.

1837. In Duisburg entstehen die Anfänge einer Kanalisation.

1838. Die Zeche Wiesche bei Mülheim gibt eine Liedsammlung »Grubenklänge« für Bergleute heraus.

1838. Das preußische Eisenbahngesetz erlaubt die Gründung von Aktiengesellschaften für den Eisenbahnbau.

1838. In (Duisburg-)Hochfeld wird die chemische Fabrik Matthes & Weber gegründet.

1838. Lünen erhält einen Getreide- und Gemüsemarkt, der jeden Dienstag stattfindet.

1838. Die Hattinger Sparkasse wird gegründet. →

1838/42. Die von Haltern über Recklinghausen nach Hamm und Bochum führende Chaussee wird als erste Kunststraße in dieser Region angelegt.

1. 2. 1838. Der Essener »Gesang-Musikverein« unter der Leitung von Johann Wilhelm Georg Nedelmann wird gegründet. →

25. 3. 1838. In der Stadt Wesel wird eine Handelskammer gegründet, der die nicht-industriellen Handwerks- und Kaufmannsbranchen angeschlossen sind.

1839. Durch den Zusammenschluß zahlreicher kleiner Gewerkschaften entsteht mit Franziska Tiefbau die größte Tiefbauzeche Wittens.

1839. Die Blechwarenfirma Gottfried Quittmann eröffnet in Lünen ihren Firmensitz.

1839. Die Hütte Gute Hoffnung in (Oberhausen-)Sterkrade baut die erste Lokomotive »Ruhr«. →

9. 3. 1839. Das »Regulativ über die Beschäftigung jugendlicher Arbeiter in den Fabriken« regelt die Kinderarbeit in Preußen. →

GESTORBEN:

29. 6. 1831. Cappenberg: Heinrich Friedrich Karl Reichsfreiherr vom und zum Stein (*25. 10. 1757, Nassau), preußischer Staatsmann und Reformer. →

Ansicht der Stadt Bochum (um 1830), im Hintergrund die Propsteikirche

Städteordnung in Preußen

17. März 1831. Die preußische Regierung erläßt als Kommunalverfassung für die Stadtgemeinden eine revidierte Fassung der preußischen Städteordnung von 1808, in der die Wahl eines die Stadtgeschäfte führenden Magistrats vorgesehen ist.

Einführung der Städteordnung

- 1. 2. 1834: Dortmund
- 24. 4. 1836: Recklinghausen
- 6. 12. 1837: Unna
- 17. 5. 1842: Bochum
- 28. 8. 1846: Essen
- 4. 9. 1846: Mülheim an der Ruhr

Die Revidierte Städteordnung soll die während der französischen Besatzung in Kraft getretenen Munizipalverfassungen ablösen und eine begrenzte städtische Selbstverwaltung sowie die Trennung von Stadt und Land wiederherstellen. Die Städteordnung wird erst nach jahrelangen Auseinandersetzungen zwischen den Städten und der Regierung eingeführt.

Die französisch-bergische Munizipalverfassung (erlassen durch französisches Dekret vom 13. Oktober 1807) hatte neue Verwaltungsbezirke (Mairien) geschaffen und kleine ländliche Gemeinden zusammengefaßt oder städtischer Verwaltung unterstellt. Die Gleichheit der Kommunalverfassung in Stadt und Land bot den Städten die Vorteile einer leistungsfähigeren Verwaltung und einer Erhöhung der Einnahmen durch Eingemeindung umliegender Bauerschaften. Daher hielten die Städte auch unter preußischer Herrschaft nach 1815 an der französischen Munizipalordnung fest.

Die preußische Regierung strebt mit einer Kommunalverfassung für die Städte und begrenzter Selbständigkeit der Landgemeinden die Trennung von Stadt und Land an.

Die Revidierte Städteordnung sieht ein Zwei-Kammer-System vor, bestehend aus der von der Bürgerschaft gewählten Stadtverordnetenversammlung und dem von den Stadtverordneten aus der Bürgerschaft gewählten Magistrat. Bei Streitigkeiten zwischen beiden Gremien entscheidet die Staatsaufsicht, die in der Regel durch den Regierungspräsidenten ausgeübt wird. Die preußische Städteordnung aus dem Jahr 1808 sah diesen Eingriff in die kommunale Selbstverwaltung noch vor.

Zum Stadtverordneten können Bürger gewählt werden, die Grundbesitz im Wert von 1200 Talern oder ein Jahreseinkommen von mehr als 300 Talern nachweisen können. Armen und kleinen Städten wie Bochum fällt es unter diesen Bedingungen schwer, die nötige Anzahl Bürger für die Wahl von zwölf Stadtverordneten und ebenso vielen Stellvertretern zu finden.

In Westfalen wird die Revidierte Städteordnung 1835 durch Dekret eingeführt. Den rheinischen Städten wird freigestellt, sie zu beantragen oder aber die französische Munizipalverfassung beizubehalten.

Vereinsverbot für Handwerksgesellen

15. Januar 1835. Der preußische Bundestag beschränkt das Wanderrecht für Handwerksgesellen und verbietet ihnen, sich in Vereinen zusammenzuschließen. Hintergrund des Verbots ist vermutlich, daß die Handwerksgesellen auf ihren Wanderschaften die Möglichkeit haben, neue politische Ideen zu sammeln und zu verbreiten. Hinzu kommt, daß sich in der Zeit des Vormärz (seit 1835) verstärkt frühsozialistisches Gedankengut unter den Handwerksgesellen verbreitet.

Schon früher hatte die preußische Regierung ähnliche Verbote erlassen: 1816 waren alle politischen Vereine und Gesellschaften verboten worden, 1819 trat die sog. Turnsperre in Kraft, mit der die Vereine der Turnbewegung, die einen einheitlichen deutschen Staat forderte und liberale Ideen propagierte, verboten wurden.

Mit den Vereinsverboten versucht die preußische Regierung, die Möglichkeiten für politische Diskussion und Agitation zu beschränken. Trotzdem wird die Märzrevolution von 1848 von Arbeiter- und Gesellenvereinen mitgetragen. Nach dem Scheitern der Revolution geht Preußen noch entschiedener vor und erläßt am 11. März 1850 ein Verbot für alle politischen Vereine.

»Sie sehen doch, ich habe nichts zu verzollen! Was hinten ist, hat die Grenze noch nicht überschritten und der vordere Teil ist schon über die Grenze.«

Zollverein tritt in Kraft

1. Januar 1834. Der 1833 von den deutschen Staaten Preußen, Hessen-Darmstadt, Bayern, Württemberg, Kurhessen, Sachsen sowie den thüringischen Staaten ratifizierte Vertrag über den Deutschen Zollverein tritt in Kraft. Durch den Zusammenschluß werden Zölle und andere Handelshemmnisse innerhalb des Deutschen Bundes abgebaut.

Auch die Wirtschaft im Ruhrgebiet kann daraus Nutzen ziehen: Noch im selben Jahr bereist der Industrielle Alfred Krupp Süddeutschland, um seine Prägemaschinen, Ring- und Löffelwalzen zu verkaufen.

Die Idee des Zollvereins reicht zurück bis zum preußischen Zollgesetz von 1818, mit dem die Schranken des innerpreußischen Warenaustausches beseitigt wurden. Seit 1828 bildeten sich mehrere kleine Zollunionen unter Beteiligung verschiedener Staaten.

Dem Deutschen Zollverein treten in der Folgezeit weitere Staaten bei.

Sonntagsschule für Handwerkerlehre

Mai 1831. An der Sonntagsschule für Handwerkerlehrlinge und -gesellen in Dortmund wird der Unterrichtsbetrieb aufgenommen. Damit beginnt in der Stadt die Entwicklung des gewerblichen und technischen Schulwesens.

Mit dem Beginn der Industrialisierung gewinnt dieser Ausbildungsbereich in Dortmund wie auch in den anderen Städten des Ruhrgebiets grundsätzliche Bedeutung: Ohne eine geschulte Facharbeiterschaft, d. h. vor allem ohne Ingenieure und Techniker, ist die industrielle Entwicklung nicht möglich.

Die Einrichtung des gewerblichen Unterrichts geht überall auf die Initiative der Handwerker zurück. In Duisburg wird 1832 ebenfalls eine Sonntagsschule für Handwerker und Fabrikarbeiter eröffnet. Sie ist eine Vorläuferin der späteren Gewerblichen Berufsschule.

In Dortmund wird 1846 eine weitere Gewerbeschule, die Handwerkerschule, gegründet. Im folgenden Jahr wird sie mit der Sonntagsschule zu der »Vereinigten Sonntags- und Handwerkerschule« verbunden. 1866 wird die auf Betreiben des Vorsitzenden des Dortmunder Gewerbevereins gegründete Gewerbeschule (ab 1868 Städtische Gewerbeschule) eröffnet.

Bochumer Straßen werden beleuchtet

1835. In Bochum wird eine Straßenbeleuchtung (Öllämpchen) eingeführt, nachdem sich schon 1829 im Wochenblatt der Stadt Bürger über die ungenügenden Lichtverhältnisse beschwert hatten. Um Öl einzusparen, wird die Beleuchtung bei Mondschein nicht angezündet.

In einer Bürgerbeschwerde über die nächtliche Straßenfinsternis hieß es u. a.: »Karren, Wagen, Treppensteine, Holz usw. sind nicht selten (auf die Straße) hingestellt, und wehe dann dem Unglücklichen, der nicht seine Fühlhörner vorsichtig ausstreckt oder sein eigenes Licht leuchten läßt.« 1842 hat Bochum elf Laternen, die an Ketten über den Straßen hängen.

Die künstliche Beleuchtung mit Öllampen ist technisch schon fast veraltet. 1825 wurden bereits in Hannover Gaslampen aufgestellt.

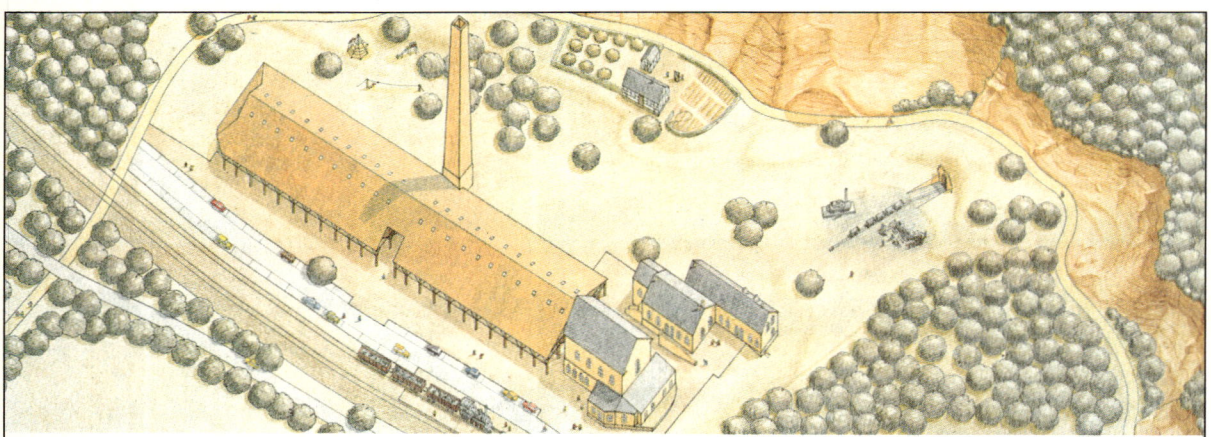

Im Muttental bei Witten schließen sich Stollenzechen zusammen

25. April 1832. *Im Muttental bei Witten schließen sich die Kleinzechen Eleonore, Nachtigall, Turteltaube, Aufgottgewagt, Theresia, Braunschweig und Widerlage zur Gewerkschaft Vereinigte Nachtigall zusammen. Anlaß für diese »Konsolidation« ist die Absicht, durch Abteufen eines Tiefbauschachtes ergiebigere Kohlevorkommen zu erschließen, da die unter der Erdoberfläche liegenden Flöze der Stollenzechen zur Neige gehen. Der Zusammenschluß ermöglicht die Aufteilung der Kosten für das Abteufen des Schachtes sowie für Maschinen, Pumpen und Schachtgebäude. 1833 wird der Schacht Neptun auf eine Tiefe von 85 m abgeteuft. Maschinenschäden und Wassereinbrüche verursachen jedoch häufig Störungen und Unterbrechungen des Förderbetriebes. 1892 wird die Förderung auf Zeche Nachtigall (Abb.) eingestellt.*

Durchstoß der Mergeldecke erschließt neue Kohleflöze

August 1832. In (Essen-)Borbeck beginnt der Industrielle Franz Haniel aus Ruhrort mit den Abteufarbeiten für einen Schacht durch das Mergelgebirge. Während Bergbaufachleute bis dahin der Meinung waren, daß das Steinkohlengebirge am rechten Ruhrufer endet, hatten Anfang 1832 durchgeführte Probebohrungen nördlich von Essen ergeben, daß sich die im Ruhrtal zu Tage tretenden Kohlevorkommen unter den jüngeren Gebirgsschichten nach Norden fortsetzen. Allerdings sind Experten nach wie vor der Auffassung, daß es technisch nicht möglich sei, durch das Deckgebirge aus hartem Mergel zu den darunterliegenden Kohleflözen durchzudringen; besonders die verfügbaren Dampfmaschinen seien nicht in der Lage, die beim Tiefbau einbrechenden Wassermengen abzupumpen.

Tiefbauschacht wird abgeteuft

Bis zur Mitte des 19. Jh. bilden Spitzhacken und Hämmer die wichtigsten Werkzeuge beim Abteufen eines senkrechten Schachtes. Nachdem das Gestein von den Hauern gelockert worden ist, wird es mit Hilfe einer Seilwinde an die Erdoberfläche befördert. Die Schachtwände werden von Maurern mit Ziegeln ausgekleidet, eine Dampfmaschine pumpt das einbrechende Wasser ab. 1853 errichtet der sächsische Ingenieur Kind auf der Zeche Dahlbusch bei Gelsenkirchen einen Schacht nach einem neuen Verfahren: Das von einem Bohrer gelockerte Gestein wird mit dem zufließenden Wasser vermischt, der Schlamm anschließend mit einer Art Löffel ausgehoben. Die Schachtwände werden mit Brettern ausgekleidet und mit Zement verfüllt. Zur gleichen Zeit wird das sog. Senkschachtverfahren eingeführt: Auf einen mit einer Schneide versehenen eisernen Ring wird Mauerwerk aufgesetzt, so daß der Ring mit zunehmendem Gewicht tiefer ins Erdreich einsinkt. Innerhalb des Ringes kann die Erde ohne Wassereinbrüche abgetragen werden. Dieses Verfahren ist jedoch nur in lockerem Boden anwendbar. Von der Sohle des Schachtes werden Strecken in das Flöz vorgetrieben. In den Schacht wird die Förderanlage eingebaut und darüber das Fördergebäude errichtet.

Franz Haniel wird am 21. November 1779 in Ruhrort geboren. Nachdem er die elterliche Spedition übernommen hat, beteiligt er sich 1808 am Kauf der drei großen Eisenhütten St. Antonii, Gute Hoffnung und Neu-Essen. 1834 gelingt es ihm bei Abteufarbeiten, die Mergeldecke zu durchbohren. Am 14. April 1868 stirbt er in Ruhrort.

Auch Haniel ist nach drei Monaten infolge ständiger Wassereinbrüche und Schwemmsand gezwungen, die Arbeiten am Schacht Franz abzubrechen. Noch im gleichen Monat beginnt er, einen neuen Schacht abzuteufen. Wegen starker Wasseradern bestellt er im Dezember 1832 eine 7 PS starke Dampfmaschine. Nach Durchstoßen der Mergeldecke erreicht er am 27. März 1834 ein Kohleflöz von 27 cm Mächtigkeit. Wegen seiner Enge eignet sich dieser erste Mergelschacht des Ruhrbergbaus jedoch nicht zum Kohleabbau; das Unternehmen endet für Haniel mit einem finanziellen Verlust.

Noch während der Abteufarbeiten am Schacht Franz hat Haniel jedoch auf einem benachbarten Grubenfeld mit neuen Bohrungen begonnen. Am 24. Oktober stößt er auf Steinkohle. Da an diesem Tag Kronprinz Friedrich Wilhelm auf dem Weg nach Sterkrade zur Besichtigung der Eisenhütte Gute Hoffnung an der Baustelle vorbeifährt, nennt Haniel den Schacht Kronprinz von Preußen. Im Mai 1835 erhält er vom Oberbergamt die Erlaubnis, einen Versuchsschacht abzuteufen. Am 15. August 1837 erreicht die Abteufmannschaft bei 130 m Tiefe ein 40 cm mächtiges Flöz, allerdings machen Verwerfungen im Gebirge einen Abbau unmöglich. Erst Anfang 1840, in 190 m Tiefe, wird das nächste Flöz erreicht. Obwohl Haniel nur auf Magerkohle statt auf die für die Eisenverhüttung notwendige Fettkohle stößt, beginnt er auf der ersten Mergelzeche des Ruhrbergbaus mit der Kohleförderung.

Als am 12. September 1840 das Schachtgestänge bricht und die Pumpen ausfallen, steigt das Wasser im Schacht bis auf 90 m. 1842 gibt Haniel die Förderung auf, da die zur Wasserhaltung eingesetzte Dampfmaschine vier Fünftel der geförderten Kohle verbraucht.

Haniels Versuche beweisen jedoch, daß Kohleabbau unterhalb der Mergelschicht technisch möglich ist. Damit ebnet er dem Tiefbau in der Emscherzone nördlich der Ruhr den Weg, nachdem die Kohleflöze an der Ruhr nahezu ausgekohlt sind.

Auf den Erfahrungen Haniels aufbauend, teuft der Mülheimer Unternehmer Mathias Stinnes 1840 den Schacht Graf Beust in Essen ab.

Die Entstehung verschiedener Kohlearten

In der Karbonzeit, vor rund 300 Millionen Jahren, bedecken ausgedehnte Urwälder das spätere Ruhrgebiet. Bei häufigen Senkungen des Bodens werden diese von Wasser, Sand und Geröll überlagert. Unter Luftabschluß und großem Druck entweichen flüchtige Bestandteile wie Wasser und Kohlendioxid aus den Pflanzen, die sich in Schichten ablagern. Sie wandeln sich dabei in Kohle um. Je tiefer die einzelnen Kohleschichten liegen, desto mehr flüchtige Bestandteile entweichen. So entstehen verschiedene Kohlearten:

▷ Anthrazit, Mager- und Eßkohle bilden die untersten Schichten; sie werden u. a. für Industriefeuerung verwendet
▷ Fettkohle liegt darüber und wird für die Herstellung von Koks zur Verhüttung gebraucht
▷ Gas-, Gasflamm- und Flammkohle aus den oberen Schichten wird vor allem bei der Energieerzeugung eingesetzt.

Über diesem Steinkohlengebirge lagerte sich vor rund 80 Mio Jahren, als das Gebiet von einem Meer bedeckt war, harter Mergel, eine Mischung aus Kalk und Ton, ab.

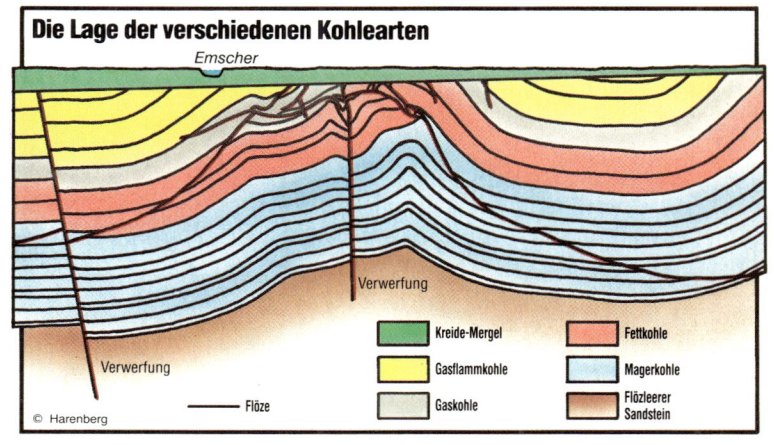

Die Lage der verschiedenen Kohlearten

Sparen jetzt auch für kleine Leute

1838. In Hattingen an der Ruhr wird die erste Sparkasse gegründet. Die kommunale Einrichtung hat den sozialen Auftrag, die Bildung von Ersparnissen in den unteren Bevölkerungsschichten, die keinen Zugang zum staatlichen und privaten Bankwesen haben, zu erleichtern. Die Sparkasse ersetzt die traditionellen Sparformen, wie das Geldhorten, das Stehenlassen des Lohnes beim Arbeitgeber oder das Anlegen des Geldes in Sachwerten (Vieh, Land, Haus, Schmuck, Leinen).

In der Regel wird jeder Sparer ohne soziale Einschränkung zugelassen. Die Stadt garantiert die Einlagen, wobei Höchstbeträge für die Sparkonten festgelegt sind. Die durch das preußische Sparkassenreglement von 1838 geförderten Einrichtungen erleben im folgenden Jahrzehnt einen starken Aufschwung in Westfalen. Bedingt durch ihre rasche Wirtschaftsentwicklung hat die Ruhr-Region einen überdurchschnittlich großen Anteil an der Entwicklung der Sparkassen; in vielen Städten, so z. B. in Dortmund (1841), in Essen (1841) und in Duisburg (1844) werden in den folgenden Jahren weitere Sparkassen gegründet.

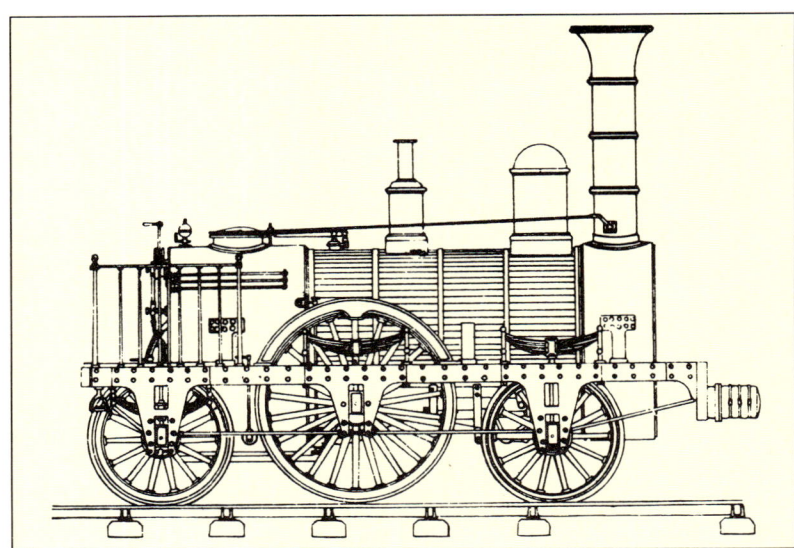
Die »Ruhr«, die erste im Ruhrgebiet hergestellte Dampflokomotive

Dampflokomotive »Ruhr«

1839. In der Eisenhütte Gute Hoffnung in (Oberhausen-)Sterkrade wird die erste Lokomotive mit dem Namen »Ruhr« gebaut. Sie ist wahrscheinlich die erste im Ruhrgebiet hergestellte Dampflok. Nachdem bereits um 1816 in England Lokomotiven in Dienst genommen wurden, die bis zu 23 Wagen von 10 Zentnern Eigengewicht und 60 Zentnern Lasten transportieren konnten, setzt sich nun auch im Ruhr-Lippe-Gebiet die Eisenbahn als Massentransportmittel durch. Die alten Pferdebahnen, hauptsächlich für den Kohlentransport auf den Schachtanlagen eingesetzt, werden zunehmend von dampfgetriebenen Maschinen abgelöst. Mitte der 40er Jahre setzt sich die Eisenbahn allmählich auch zur Personenbeförderung im Ruhrgebiet durch (→ 15. 5. 1847).

Sangesfreunde pflegen Geselligkeit

1. Februar 1838. Georg Nedelmann ruft in Essen den »Gesang-Musikverein« ins Leben. Wie in Essen so bilden sich auch in anderen Städten des Ruhrgebiets in der ersten Hälfte des 19. Jh. zahlreiche Männergesangvereine, z. B. in Unna die Liedertafel (1846) und in Dortmund der MGV Concordia (1847). Nach dem Vorbild der Zelterschen Liedertafel in Berlin (1808) treffen sich die Männer zum geselligen Beisammensein und zum vierstimmigen Chorgesang.

Zur gleichen Zeit entstehen auch die ersten Sängergruppen nach Berufssparten wie der »Märkische Lehrergesangverein« (1832).

Die Sangesfreunde treffen sich oft zu großen Gesangsfesten. So findet 1832 bei Königsborn das erste westfälische Lehrergesangsfest statt und in Dortmund 1847 ein Märkisch-Westfälisches Gesangsfest, zu dem über 700 Sänger in die festlich geschmückte Stadt kommen. Das von den Vereinen gepflegte Liedgut ist recht unterschiedlich; während die Lehrer sich bemühen, den »Sinn für edleren Gesang« zu wecken, singen die anderen Vereine eher volkstümliche Lieder.

Arbeitsverbot für Kinder unter neun Jahren

9. März 1839. Mit dem »Regulativ über die Beschäftigung jugendlicher Arbeiter in Fabriken« soll die Kinderarbeit in Preußen eingeschränkt werden. Das Mindestalter arbeitender Kinder wird auf neun Jahre festgesetzt, die Arbeitszeit auf zehn Stunden täglich beschränkt. Arbeit an Sonn- und Feiertagen sowie Nachtarbeit werden verboten. Drei Jahre Schulbesuch werden zur Pflicht gemacht. Eine 1845 von der preußischen Regierung durchgeführte Erhebung über den Erfolg dieser Regelung zeigt, daß sie im wesentlichen unwirksam geblieben ist. Statt zur Schule zu gehen, arbeiten Kinder vor allem in Textilfabriken, wo sie als billige Arbeitskräfte geschätzt werden. 1849 arbeiten in der Tuchfabrikation in Recklinghausen 34 Kinder unter 14 Jahren (bei insgesamt 102 Beschäftigten).

Wandertheater im Ruhr-Lippe-Gebiet

1830. Die Provinzialverwaltung Westfalens läßt zwei »concessionierte Theater für Westfalen« zu, die als einzige an Orten spielen dürfen, an denen kein festes Theater besteht. Die beiden Schauspieltruppen lösen sich nach 1840 wieder auf.

Als Theatersaal dienen die Säle von Gastwirtschaften, in Bochum z. B. der Saal Kaltheuner am Schwanenmarkt, oder Zelte wie das Schützenzelt, in dem im Sommer in Dortmund gespielt wird. Die Theaterbesucher genießen die Aufführungen bei Wein und Bier.

Beliebte Bühnendichter der Zeit sind August von Kotzebue und Heinrich Zschokke mit Stücken wie »Feuerprobe« und »Aballino der große Bandit«. Daneben werden auch klassische Stücke wie Friedrich Schillers »Räuber« und Opern, z. B. »Joseph in Ägypten« von Étienne Nicolas Mehul oder »Die Zauberflöte« von Wolfgang Amadeus Mozart, aufgeführt.

Kinder als Kohlenschlepper im Stollen eines Bergwerks beim Abtransport des gefüllten Wagens

Kinderarbeit in Fabrikhalle zwischen zahllosen ungesicherten Treibriemen (M.) (Holzstich von 1858)

Freiherr vom Stein stirbt in Cappenberg

29. Juni 1831. Heinrich Friedrich Karl Reichsfreiherr vom und zum Stein stirbt im Alter von 73 Jahren auf seinem Altersruhesitz Schloß Cappenberg bei Lünen.

Frhr. vom Stein

Als Sohn eines Kurmainzer Geheimen Rates am 25. Oktober 1757 in Nassau (Hessen) geboren, trat Stein nach seinem juristischen Studium 1780 in den preußischen Staatsdienst ein. Als neuer Direktor des Märkischen Bergamtes in Wetter an der Ruhr organisierte er ab 1784 die staatliche Leitung des Bergbaus (→ 16. 2. 1784). 1804 wurde Stein preußischer Wirtschafts- und Finanzminister. Er setzte u. a. die Aufhebung der Binnenzölle und Steuerreformen durch, scheiterte jedoch mit dem Plan, die königlichen Kabinettsräte durch verantwortliche Minister zu ersetzen. Zwischenzeitlich entlassen, schuf Stein nach 1807 als leitender Minister die Grundlagen zur inneren Reform Preußens.

Hochgelobtes Bier

1837. Die Dortmunder loben ihr Bier (Abb.) in Versen: *»Der Städte Ruhm kocht man auch mit den Bieren | Durch ganz Teutonia | Doch kann das überall nicht exzellieren | Wie in Tremonia.«*

1840
1840—1849

1840. Ludwig von Oven wird in Gelsenkirchen auf Steinkohle fündig. →

1840. Die Abteufung des Bergwerks Graf Beust in Essen beginnt.

1840/44. Der erste Schacht der Gewerkschaft Victoria-Mathias wird abgeteuft.

8. 4. 1840. Goethes »Faust« wird erstmals in Dortmund aufgeführt.

1. 5. 1840. In Dortmund wird ein Gewerbeverein gegründet.

15. 5. 1840. Der Essener Bürgermeister Bertram Pfeiffer hält einen Vortrag »Essen im Jahre 1840«. →

26. 10. 1840. Die Handelskammer in Mülheim wird eröffnet.

Um 1841. Die Zeche Präsident in Bochum wird errichtet.

1841. Levin Schücking und Ferdinand Freiligrath veröffentlichen ihr Buch »Das malerische und romantische Westfalen.« →

1841. Matthias Höschen aus Wanheim ist der erste Siedler in (Duisburg-)Wanheimerort.

23. 11. 1841. Die Hermannshütte in (Dortmund-)Hörde nimmt ihren Betrieb auf. →

1842. Der Metallurg Jacob Mayer gründet in Bochum die Firma Mayer & Kühne.

15. 8. 1842. Die Hütte Gute Hoffnung in Oberhausen richtet für die Hüttenarbeiter eine Werkssparkasse ein.

1843. In (Dortmund-)Schüren wird die Zeche Freie Vogel und Unverhofft angelegt.

1843. Die Gewerkschaft Helene Amalie beginnt in Essen, den Schacht Amalie abzuteufen. →

1843. Das Bergwerk Wolfsbank in Essen wird errichtet.

Sommer 1843. In Dortmund wird die untergärige Braumethode eingeführt.

23. 7. 1843. Die Rheinprovinz erhält eine neue Gemeindeordnung. Die Stadträte werden nach dem Dreiklassenwahlsystem von der Gemeinde gewählt.

15. 10. 1843. Das neue Essener Rathaus wird seiner Bestimmung übergeben. →

November 1843. Der Dichter Heinrich Heine besucht auf seiner Deutschlandreise u. a. Hagen und Unna. →

9. 11. 1843. Das Preußische Aktiengesetz von 1838 darf ohne Einschränkungen auf Unternehmen aller Art angewendet werden. →

18. 12. 1843. Die Köln-Mindener Eisenbahngesellschaft erhält die staatliche Konzession für eine Bahn durch das Emschertal. →

1844. Als erstes Duisburger Eisenwerk wird die Borussiahütte errichtet.

1844. Der Bau des Duisburger Ruhrkanals, die Verbindung zwischen Ruhr, Rheinkanal und Freihafen, wird abgeschlossen.

1844. Der Direktor der Hütte Gute Hoffnung, Wilhelm Lueg, läßt in (Oberhausen-)Osterfeld die erste Werkssiedlung im Ruhrgebiet bauen (später Eisenheim genannt). →

1844. Der Unternehmer Friedrich Harkort veröffentlicht seine Schrift »Bemerkungen über die Hindernisse der Zivilisation und Emanzipation der untern Klassen«. →

23. 11. 1844. Die Ämter Unna und Kamen schließen sich zusammen.

1845—48. Folgende Zechen werden errichtet: Carolinenglück (Bochum), Königin Elisabeth (Essen), Heinrich (Kupferdreh), Zollverein (Essen), Hannibal (Bochum).

1845. Matthias Stinnes ist der größte Reeder zwischen Koblenz und Rotterdam. →

1845. Henriette Davidis veröffentlicht ihr »Praktisches Kochbuch«. →

17. 1. 1845. Für Preußen wird eine Gewerbeordnung erlassen. →

15. 2. 1845. Im Verlag F. W. Rubens in Unna erscheint der »Hellweger Bote« (später »Hellweger Anzeiger und Bote«). →

10. 4. 1845. In Unna wird der erste deutsch-katholische Gottesdienst in Westfalen gefeiert.

15. 5. 1847. Der Dortmunder Bahnhof und der Bahnhof in Altenessen werden eröffnet. →

1848. In den Städten des Ruhrgebiets entstehen die ersten Turnvereine. →

24. 2. 1848. Alfred Krupp übernimmt die Gußstahlfabrik in Essen. →

18. 3. 1848. In Preußen kommt es zur Märzrevolution. →

18. 5. 1848. In der Frankfurter Paulskirche tritt die Deutsche Nationalversammlung zusammen. Der Essener Abgeordnete ist Jacob Grimm. →

Oktober 1848. Die Arbeiter in den Dortmunder Werkstätten der Köln-Mindener Eisenbahngesellschaft treten in einen Streik. →

1849. Auf der Friedrich-Wilhelms-Hütte in Mülheim an der Ruhr gelingt erstmals die Eisenerzverhüttung mit Hilfe von Ruhrkoks. →

13. 5. 1849. Nach Unruhen in einem Essener Landwehrbataillon wird über die Stadt der Belagerungszustand verhängt. →

30. 5. 1849. In Recklinghausen wird das erste städtische Krankenhaus eröffnet. →

GEBOREN:

22. 2. 1843. Steele/Essen: Alexander Schnütgen († 24. 11. 1918, Listernohl/Attendorn), Kunstgelehrter.

12. 7. 1845. Mülheim an der Ruhr: Julius Bachem († 22. 1. 1918, Köln), Jurist, Publizist und Politiker.

23. 5. 1847. (Essen-)Altendorf: Heinrich Kämpchen († 6. 3. 1912, Bochum-Dahlhausen), erster Bergmannsdichter des Ruhrgebiets.

Kohlefund beendet dörfliche Idylle

1840. Bei Probebohrungen auf dem Wiehagen in der Nähe des späteren Gelsenkirchener Bahnhofs stößt Ludwig von Oven, Sohn einer alteingesessenen Bauernfamilie aus Gelsenkirchen, auf ein Steinkohleflöz. Wegen brennbarer Gase an der Bohrmündung und starker Wasserzuflüsse wagt von Oven jedoch nicht, einen Schacht abzuteufen. Geldknappheit, Unsicherheit über die Rentabilität eines Tiefbauschachtes sowie Auseinandersetzungen mit Geschäftspartnern über die Finanzierung des Unternehmens veranlassen von Oven 1854, die Schürfrechte an dem Grubenfeld an den Iren William Thomas Mulvany zu verkaufen (→ 6. 7. 1854). Mit der Abteufung des ersten Schachtes der Zeche Hibernia auf diesem Feld ab 1855 beginnt für Gelsenkirchen die Industrialisierung.

Zur Zeit des ersten Kohlefundes leben im Kirchdorf Gelsenkirchen in 97 Häusern etwa 60 Menschen. Die Mehrzahl arbeitet im Handwerk und in der Landwirtschaft. Es gibt Schuhmacher, Schneider, Tischler, Maurer, Schmiede, Schlosser, Weber und Drechsler. Neben einem Arzt und einem Apotheker leben noch zwei Lehrer und zwei Pfarrer in Gelsenkirchen. Kaufleute sind in der Minderheit: Es gibt im Dorf nur einen Metzger und einen Händler, aber sieben Schankwirte. Der Verkauf alkoholischer Getränke wird jedoch häufig im Nebenerwerb betrieben, da es üblich ist, Bier und Branntwein selbst herzustellen.

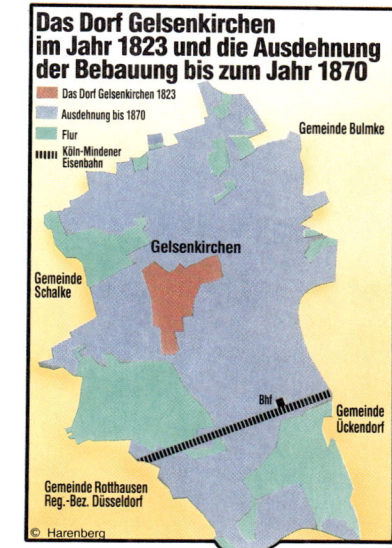

Das Dorf Gelsenkirchen im Jahr 1823 und die Ausdehnung der Bebauung bis zum Jahr 1870

1840—1849

Marktplatz in Essen, l. das neue Rathaus, r. die Marktkirche St. Gertrudis, im Hintergrund Geschäftshäuser

Neues Rathaus für Essener Verwaltung

15. Oktober 1843. Mit einem Festakt wird das neue Essener Rathaus am Marktplatz eröffnet. In dem nach Plänen des Kreis- und Kommunalbaumeisters Karl Freyse errichteten Bauwerk befinden sich neben den Räumlichkeiten für die städtische Verwaltung auch Wohnungen für den Bürgermeister und einen Polizeidiener. Für die von langer Hand vorbereiteten Feierlichkeiten zur Rathauseinweihung stellt der Rat der Stadt Essen 130 Taler aus Haushaltsmitteln zur Verfügung.

Der Neubau war nötig geworden, nachdem das um 1400 erbaute alte Rathaus wegen Platzmangels und Baufälligkeit zwei Jahre zuvor abgerissen werden mußte. Die städtischen Beamten und der Bürgermeister hatten viele Arbeiten zu Hause erledigen müssen. Im Zusammenhang mit der Einführung der preußischen Städteordnung (→ 17. 3. 1831) waren die Anwesenheit des städtischen Verwaltungspersonals und die zentrale Lagerung von Akten notwendig geworden.

Im Jahr 1840 arbeiten in Essen acht städtische Beamte; ein Beamter ist für 782 Einwohner zuständig. Die Gesamtkosten der Verwaltung betragen in diesem Jahr 6657 Mark.
Der Bau eines neuen Rathauses in Essen war erst möglich geworden, als der preußische Staat mit einem Abkommen vom 3. August 1838 die Schulden der Stadt übernahm. Seit dem Dreißigjährigen Krieg war die Schuldenlast der Stadt auf über 100 000 Reichstaler angewachsen. Erst durch diese Entschuldungsmaßnahme konnte die Stadt Neubaumaßnahmen, Stadtverschönerungen und eine neue Straßenbeleuchtung finanzieren.
Die Grundsteinlegung für das neue Rathaus erfolgte am 15. Oktober 1840. Neben einer Stiftungsurkunde wurden eine silberne Landesmünze des laufenden Jahres, eine Statistik der Stadt Essen, der Text eines Vortrages über die Essener Stadtgeschichte und ein aktuelles Exemplar der Essenschen Zeitung in den Grundstein eingemauert.
Das neue Rathaus erweist sich schon einige Jahre nach der Eröffnung als zu klein. Mit dem Anwachsen der Essener Bevölkerung ist auch eine Ausdehnung der Verwaltungstätigkeit verbunden. Zudem ist das Gebäude reparaturanfällig, so daß es im Winter 1883 wieder abgerissen werden muß.

Neues Rathaus am Essener Markt, daneben die Feuerwache; vorn r. der Marktbrunnen, r. und l. davon Blumen- und Obststände (Foto 1865)

Die Stadt Essen von 1815 bis 1840

15. Mai 1840. Aus Anlaß der 25jährigen Zugehörigkeit Essens zum preußischen Staat hält der Bürgermeister Bertram Pfeiffer eine Rede vor der Stadtverordnetenversammlung. In seinem Vortrag schildert er die Entwicklung der Stadt in dieser Zeit (Auszug):

»Da erschien der 15. Mai 1815 als ein heilbringender Tag für Essen, denn von jetzt an faßte man Muth, allem ungerechten Drucke zu begegnen, und sowohl die geistigen als materiellen Kräfte zu erstarken und zu vermehren. Und was ist nun nicht seit jenem Tage unter der Leitung des Besten der Könige Alles geschehen? Blicken Sie nur auf unsere Elementarschulen der verschiedenen Gemeinden, wie sie jetzt sind, und vergleichen Sie dieselben mit denen von 1815. Haben wir nicht dreimal soviel Lehrer, und hat nicht jeder Lehrer ein ungleich besseres Gehalt, als damals? Und nun unser schönes trefflliches Gymnasium! Im Jahre 1815 hatten wir nur wenige fast emeritierte Lehrer des höheren Lehrfachs, mit einem ganz geringen Einkommen, während jetzt außer dem Director, noch 1 Professor, 3 Oberlehrer, 2 ordentliche und 4 Hülfslehrer bei der genannten Anstalt fungieren. Für Kinder ärmerer Einwohner sind zwei Näh- und Strickschulen errichtet, in denen theils unentgeldlich, theils gegen geringe Vergütung unterricht wird.
Die seit 1833 geschehene Neupflasterung von 5 Haupt- und mehreren Seitenstraßen so wie einer Menge Gassen, welche früher nicht ohne Gefahr betreten werden konnten, hat zur Verschönerung der Stadt wesentlich beigetragen. Durch Einführung der Hundesteuer im Jahr 1834 von nur 15 Groschen für jeden Hund, respective durch die Bewilligung dieser Steuer zu städtischen Anlagen, ist es möglich geworden, auch die Umgebung der Stadt wesentlich zu verschönern, und manche Stellen, die früher von Unreinlichkeiten . . . bedeckt waren, daß sie von keinem anständigen Menschen besucht werden konnten, bieten . . . freundliche Parthieen dar.«

Nur wenige Revolutionäre an der Ruhr

18. März 1848. Mit schweren Zusammenstößen zwischen revolutionären Verbänden und königstreuem Militär in Berlin beginnt die Märzrevolution in Preußen. Das Ruhrgebiet bleibt von den Unruhen nicht völlig unberührt, doch überwiegen die mäßigenden Stimmen.

Als beispielhaft kann der Kommentar Friedrich Harkorts zu den Berliner Ereignissen gelten: »Ich kann mir erklären, daß eine verständige Bevölkerung in Aufwallung geraten kann, die weiter führt, wie das Gesetz erlaubt; allein wir schlichten Provinzialen gestehen der Hauptstadt das Recht nicht zu, in Barrikaden die Nation zu vertreten.«

In den von der Revolution kaum erfaßten Städten des Ruhrgebiets werden schon wenige Tage später Verordnungen zur Einrichtung von Bürgerwehren erlassen, um das Eigentum gegen die Aufrührer zu verteidigen. In der Grafschaft Mark bildet sich ein Komitee zur Unterstützung der Angehörigen der bei den Berliner Kämpfen gefallenen oder verwundeten Soldaten.

Mitgetragen wird die Revolution dagegen vom Proletariat. Wie bei der Stürmung neu eingerichteter Fabrikbetriebe im Bezirk Hagen knüpfen die Ereignisse von 1848 an Arbeiterunruhen des Vormärz an.

In den ländlichen Regionen erheben sich mancherorts Kleinbauern, Heuerlinge und Landarbeiter gegen Gutsherren und mißliebige Beamte. Die Aufstände wurzeln aber weniger in politischen und verfassungsrechtlichen Anliegen als vielmehr in den hohen Lebensmittelpreisen nach der großen Mißernte von 1846.

Am 7./8. April 1848 werden die Wahlgesetze für die verfassunggebenden Versammlungen in Berlin und Frankfurt a. M. verabschiedet, am 1. Mai die Urwahlen für die beiden Parlamente durchgeführt. Am 18. Mai tritt in der Frankfurter Paulskirche die Deutsche Nationalversammlung zusammen, der auch mehrere Abgeordnete aus dem Ruhrgebiet angehören (→ 18. 5. 1848).

Unter den politischen Parteien sind die radikalen Sozialisten im Ruhrgebiet fast bedeutungslos. Die Demokraten bleiben vor allem auf die Städte beschränkt. Die Konstitutionellen finden sich im Juli desselben Jahres zu einem Gesamtkongreß in Duisburg zusammen.

Mit der aufgezwungenen Verfassung vom 5. Dezember 1848 beginnt in Preußen die Gegenrevolution.

Friedrich Wilhelm IV., von 1840 bis 1858 König von Preußen (Kupferstich nach einem Gemälde von Otto)

Grimm vertritt Essen in der Paulskirche

18. Mai 1848. Der Sprachwissenschaftler Jacob Grimm ist der Essener Abgeordnete in der Frankfurter Nationalversammlung, die erstmals in der Paulskirche zusammentritt. Das Parlament soll eine gesamtdeutsche Verfassung erarbeiten, um die Gründung eines deutschen Nationalstaates zu ermöglichen.

Jacob Grimm

Jacob Grimm wird der Vertreter Essens, nachdem der zuerst in Essen gewählte Schriftsteller und Publizist Ernst Moritz Arndt (1769 bis 1860) sein Mandat nicht angenommen hatte.

Der am 4. Januar 1785 in Hanau geborene Jacob Grimm gab 1812–15 gemeinsam mit seinem Bruder Wilhelm die berühmte Sammlung der »Kinder- und Hausmärchen« heraus. Seit 1841 ist Jacob Grimm Mitglied der Preußischen Akademie der Wissenschaften und gilt als führender Vertreter des deutschen Liberalismus.

Neben Jacob Grimm ziehen als weitere Vertreter von Ruhrgebietsstädten Wilhelm Ostermann für Dortmund und Gustav Höfken für Bochum in die Frankfurter Nationalversammlung ein.

Eisenbahner im Streik

Oktober 1848. In den Dortmunder Werkstätten der Köln-Mindener Eisenbahngesellschaft kommt es zu einem Arbeiterausstand. Die Streikenden fordern eine Erhöhung des Tageslohns und die Verkürzung ihrer Arbeitszeit.

Die Arbeiter in den Werkstätten hatten den Sommer hindurch täglich 14 Stunden für 15 Silbergroschen gearbeitet. Eine Lohnkürzung um zwei Silbergroschen nahmen sie noch hin, doch als wenig später die Schmiedehandwerker eine Verminderung der Arbeitszeit beantragten und der Maschinenmeister ihre Forderung unter Hinweis auf Befehle der Direktion ablehnte, antworteten die Arbeiter mit einer einstimmig beschlossenen Arbeitsniederlegung. Sämtliche Handwerker der Eisenbahnwerkstätten schließen sich dem Streik an.

Die Direktion kann die Forderung nach Arbeitszeitverkürzung »nicht geradezu unbillig finden«, verlangt aber von den Streikführern, die Unrechtmäßigkeit ihres Vorgehens anzuerkennen. Der Lohn wird um einen Silbergroschen erhöht.

Arbeiter und Magistrat (Ölskizze von Johann Peter Hasenclever, 1849, Westfälisches Landesmuseum für Kunst- und Kulturgeschichte, Münster)

Belagerungszustand über Essen verhängt

13. Mai 1849. In Essen marschieren 1200 preußische Soldaten ein, als es unter den kurz zuvor einberufenen Reservisten des Essener Landwehrbataillons Unruhen gibt. Über die Bürgermeistereien Essen und Altenessen wird der Belagerungszustand verhängt, der erst nach mehreren Tagen aufgehoben wird.

Die preußische Regierung hatte am 9. Mai 1849 die Einberufung der Landwehreinheiten verfügt, obwohl dies nur im Falle einer allgemeinen Mobilmachung erlaubt ist.

Ämter Unna und Kamen vereinigt

23. November 1844. Die auch bisher schon in Personalunion verwalteten Ämter Unna und Kamen schließen sich mit ministerieller Genehmigung zum neuen Amt Unna-Kamen zusammen.

Die Vereinigung der beiden Ämter ist eine indirekte Folge der preußischen Städteordnung von 1831 (→ 17. 3. 1831), mit der die von den Franzosen zusammengefaßten Bürgermeistereien (→ 27. 12. 1811) wieder in Städte und Ämter aufgeteilt wurden. In der Stadt Unna wurde diese Städteordnung 1837, in der Stadt Kamen 1843 eingeführt. Die Ämter Unna und Kamen waren jedoch für eine eigene Verwaltung zu klein.

Dortmunder Gewerbeverein gegründet

1. Mai 1840. In Dortmund wird ein Gewerbeverein gegründet. Zu den Mitgliedern des Vereins gehören Handwerker, Kaufleute, höhere und niedere Bergbeamte sowie der Landrat; ihre Ziele sind die »Beförderung des Gewerbefleißes« und die »Verbreitung nützlicher Kenntnisse (der Mitglieder) unter sich durch Lectüre und mündliche Unterhaltung«.

Als Versammlungsort dient zunächst die Wirtschaft »Zum Drachen«, später baut der Verein ein eigenes Heim mit Versammlungshaus, Sälen, Restaurant und Garten. Eine umfangreiche Bibliothek gehört ebenfalls zu den Vereinseinrichtungen.

Geistige Führer des Dortmunder Gewerbevereins sind u. a. Hermann Heinrich Becker, genannt der »rote Becker«, später Oberbürgermeister von Dortmund und Köln (→ 10. 12. 1870), und Friedrich Harkort, Gründer einer der ersten Maschinenfabriken im Ruhrgebiet und Politiker mit starkem sozialem Engagement (→ 1819; 6. 3. 1880).

Auch in anderen Städten des Ruhrgebiets entstehen Gewerbevereine, so z. B. in Essen 1865, in Bochum 1868 und in Mülheim 1870. Sie bemühen sich um fachliche Fortbildung, sind aber auch allgemeinbildend tätig durch die Veranstaltung von Vorträgen, Konzerten und Führungen. Im Gegensatz zum Dortmunder zielt der Essener Gewerbeverein auf Arbeiter und Handwerkerschichten ab und wird mit dem Ziel der »allgemeinen Volksbildung« gegründet. Während in Dortmund die unteren Bevölkerungsschichten fast völlig fehlen, sind in Essen Bergleute, untere Handwerker und Arbeiter unter den Mitgliedern vertreten. Die Bibliothek des Gewerbevereins in Essen ist die erste allgemeinbildende Bibliothek der Stadt. Auf Anregung des Essener Vereins geht auch die Entstehung des »Verbands der Bildungsvereine Rheinlands und Westfalens« zurück.

Gasthaus »Zum Drachen« in Dortmund an der Schwarze-Brüder-Straße in der Nähe des Marktes, Versammlungslokal des neugegründeten Gewerbevereins

Gewerbeordnung in Preußen geändert

17. Januar 1845. Die preußische Regierung erläßt die »Allgemeine Gewerbeordnung«, womit die 1810/11 nach französischem Vorbild eingeführte Gewerbefreiheit (→ 1809) teilweise wieder aufgehoben wird. Hatte die Gewerbefreiheit den Zugang zu fast allen Gewerben geöffnet und Beschränkungen, wie z. B. eine bestimmte Vorbildung, aufgehoben, so verlangt die neue Gewerbeordnung für über 40 Gewerbe einen Befähigungsnachweis und führt die Meisterprüfung wieder ein. Die Handwerker hatten die Gewerbefreiheit für die wirtschaftlichen Schwierigkeiten des Kleingewerbes seit Beginn des 19. Jh. verantwortlich gemacht und staatlichen Schutz vor Konkurrenzdruck und Verdrängungswettbewerb gefordert. Erst als Anfang der 40er Jahre frühsozialistische Bewegungen unter den Handwerksgesellen entstanden, leitete die preußische Regierung als Reaktion darauf eine Neufassung der Gewerbeordnung ein.

Die neuen restriktiven Bestimmungen beeinträchtigen jedoch nicht die Entwicklung der Industrie, da die liberalen Bestimmungen für industrielle Betriebe in Kraft bleiben.

Personen und Ereignisse stehen Pate bei Zechennamen

1843. Als die Gewerkschaft Helene Amalie in Essen mit den Abteufarbeiten für einen Tiefbauschacht beginnt, gibt sie dem Schacht den Namen Helene. Die Namen von Gewerkschaft und neuer Schachtanlage sollen an Helene Amalie Krupp, geb. Ascherfeld (1732–1810), die Großmutter von Friedrich Krupp, dem Begründer des Kruppschen Gußstahlunternehmens, erinnern.

In der ersten Hälfte des 19. Jh. wird es üblich, einzelnen Schächten, aber auch einer Zeche oder einer Gesellschaft den Namen des Firmengründers oder eines Mitglieds seiner Familie zu geben. Ludwig von Oven, der 1840 in Gelsenkirchen auf Steinkohle fündig wird, gibt dem Grubenfeld seinen eigenen Namen, verbunden mit der Hoffnung auf ein Gelingen des Unternehmens: Ludwigsglück. Ein zweites Feld nennt er nach seiner Frau Christianenglück. Politische Ereignisse oder Persönlichkeiten stehen ebenfalls seit den 40er Jahren des 19. Jh. Pate bei der Namengebung. Die Vorbeifahrt des Kronprinzen Friedrich Wilhelm an der Baustelle eines neuen Schachtes ist für Franz Haniel Anlaß, die Zeche Kronprinz zu taufen. Die Bezeichnung Nordstern für die erste Zeche nördlich der Emscher symbolisiert das Fortschreiten des Ruhrbergbaus nach Norden.

Zur Zeit des Stollenbergbaus im 17. und 18. Jh. war es üblich, den Zechen Tiernamen wie Frosch, Hase oder Nachtigall zu geben. Kohlenbänke (Flöze) erhalten häufig den Namen der geologischen Formation, in der sie vorgefunden werden, oder bezeichnen die Mächtigkeit eines Kohlevorkommens, wie z. B. Eggerbank an der Hölter Egge oder Flöz Dickebank.

Fahne der Zeche Vereinigte Trappe mit Schlägel und Eisen von 1840 (Deutsches Bergbau-Museum, Bochum)

Stolleneingang der Zeche Friedlicher Nachbar in (Bochum-)Linden (Deutsches Bergbau-Museum, Bochum)

Harkort fordert soziale Reformen

1844. Der Elberfelder Fabrikant Friedrich Harkort veröffentlicht die Schrift »Bemerkungen über die Hindernisse der Zivilisation und Emanzipation der untern Klassen«. Harkort vertritt gemäß den Grundsätzen des Wirtschaftsliberalismus die Ansicht, daß die Lage der Arbeiter vor allem durch Selbsthilfeorganisationen sinnvoll zu verbessern sei. Die wichtigsten Forderungen seines Reformprogramms sind: Verbot der Kinderarbeit, Gründung von Konsumvereinen, Gewinnbeteiligung der Arbeiter, gesetzliche Regelung der Krankenversicherung und menschenwürdige Arbeiterwohnungen. »Gesunde Wohnungen und billige Nahrungsmittel sind, nächst der Bildung, die Elemente der Wohlfahrt für die untern Stände... Nach den jetzigen Verhältnissen leistet der Arbeiter gewisse Dinge gegen einen gewissen Lohn...; weiter kümmert ihn weder die Wohlfahrt der Fabrik

Friedrich Harkort, Industrieller und Sozialpolitiker (1793 – 1880)

noch des Unternehmers... Außer den festen Löhnen wäre dem Arbeiter ein Antheil an Gewinn zuzustehen und Fleiß und Thätigkeit würden Wunder thun.«
Harkort setzt sich für die Verbesserung der Arbeiterbildung und eine praxisorientierte Reform der Volksschulen ein. 1842 erschienen seine »Bemerkungen über die Preußische Volksschule«. 1843 gründete er in Dortmund den »Verein für die Deutsche Volksschule«, der u. a. Volksbibliotheken unterhält.

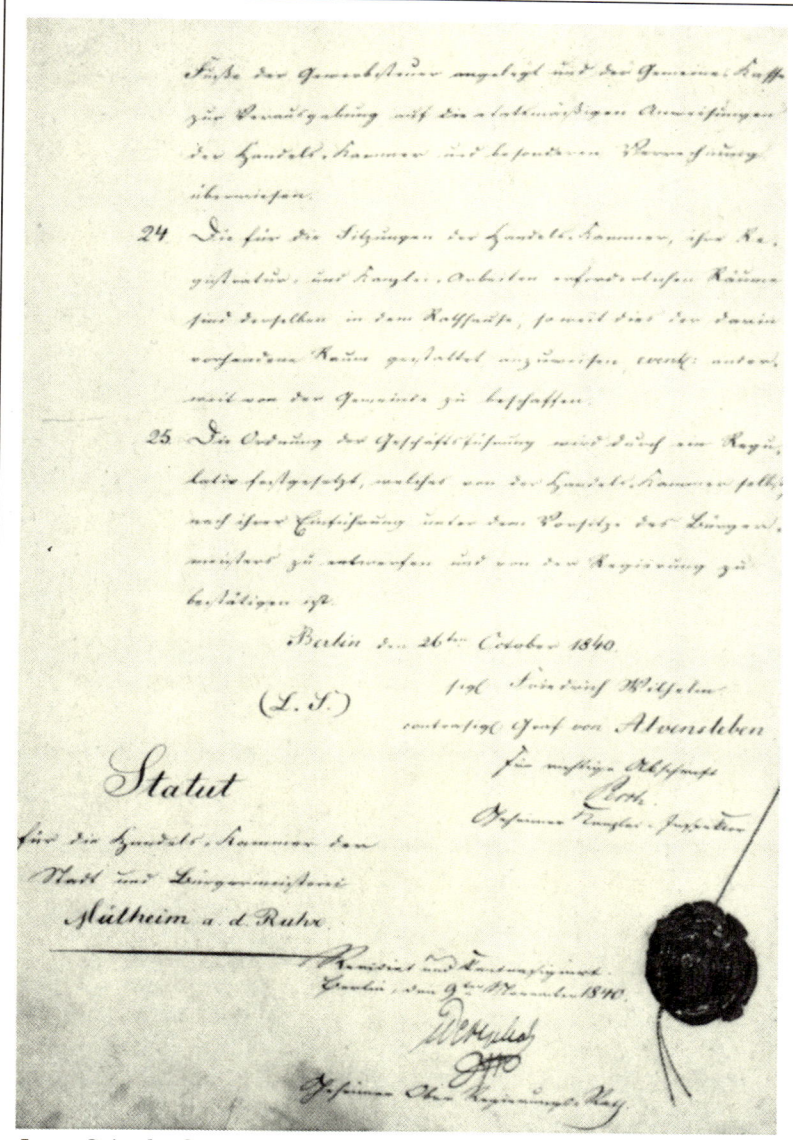

Letzte Seite der Gründungsurkunde der Handelskammer Mülheim (1840)

Handelskammern an der Ruhr

26. Oktober 1840. Der preußische König Friedrich Wilhelm IV. bestätigt die Handelskammerstatuten der Stadt Mülheim an der Ruhr. Am 28. Oktober 1840 werden die Urkunden der Städte Essen, Werden und Kettwig unterzeichnet. Obwohl diese Städte noch keine überragende wirtschaftliche Bedeutung besitzen, werden von der Provinzialregierung Düsseldorf Kammern »zur Beförderung des allgemeinen Handelsinteresses« eingerichtet.
Die Aufgaben der städtischen Handelskammern liegen in der Förderung des lokalen Handels und ortsansässiger Wirtschaftsunternehmen. Sie dienen diesen in beratender Funktion als Interessenvertretung und beschäftigen sich vorrangig mit den Problemen der Schiffahrt, des Straßenverkehrs sowie der Postbeförderung.
Im Paragraphen IV der Gründungsurkunde der Handelskammer Essen werden ihre Aufgaben folgendermaßen festgelegt: »Den Staatsbehörden ihre Wahrnehmung über den Gang des Handels, des Manufakturgewerbes und der Schiffahrt und ihre Ansichten über die Mittel zur Beförderung des einen und des anderen darzulegen, derselben die der Erreichung dieses Zweckes entgegenstehenden Hindernisse bekannt zu machen und ihnen die Auswege, welche sich zur Hebung bieten, anzuzeigen.«

Sparkasse für Arbeiter

15. August 1842. Die Statuten der »Sparkasse für die Arbeiter auf Gutehoffnungshütte, St. Antonii-Hütte und den Eisenwerken zu Oberhausen und Neu-Essen« werden niedergelegt. Damit ist die Gründung der ersten Werksparkasse im Ruhrgebiet vollzogen.
Vielen Arbeitern gelingt es trotz ihrer niedrigen Löhne, Ersparnisse auf den Konten dieser Bank mit vierprozentiger Verzinsung anzulegen. Die Besitzer der Hüttengewerkschaft versuchen auf diese Weise, auf die Verwendung des Ersparten Einfluß zu nehmen.
In den Statuten der Sparkasse heißt es: »Wer die eingezahlten Gelder zurücknimmt, um dieselben zu verschwenden, kann künftig kein Teilnehmer mehr werden.«
Hohe Sparleistungen werden im Abgangszeugnis eines Arbeiters als guter Leumund vermerkt, der ihm für das weitere berufliche Fortkommen dienlich ist. Bis 1887 haben 211 Sparer insgesamt 213 654 Mark als Guthaben zusammengetragen.
Das von den Gründern mit der Einrichtung einer Werksparkasse verfolgte Ziel, die Sparbereitschaft sozial schwacher Bevölkerungsgruppen für Notfälle wie Krankheit, Arbeitslosigkeit, Alter und Invalidität zu fördern, bestimmt auch andere Sparkassenprojekte, die in enger Beziehung zu den städtischen Leihhäusern stehen (→ 1838).

Deutschkatholiken auch im Ruhrgebiet

10. April 1845. Mit einem Gottesdienst in der evangelischen Stadtkirche von Unna erreicht die deutschkatholische Bewegung Westfalen. Im Juli dieses Jahres bildet sich auch in Duisburg eine Gemeinde dieser erst im März 1845 gegründeten Protestkirche.
Der von dem Priester Johannes Ronge ins Leben gerufene Deutschkatholizismus tritt für eine Reform der Kirche ein (Trennung von Rom, Einrichtung einer einheitlichen deutschen Kirche u. a.). Er findet starken Widerhall im frühliberalen Bürgertum, verliert seine Bedeutung aber mit dem Scheitern der Märzrevolution von 1848 (→ 18. 3. 1848).

Ein Zug vor dem Panorama der Stadt Hamm, die sich ab 1847 zum bedeutendsten Eisenbahnknotenpunkt des östlichen Ruhrgebiets entwickelt

Eisenbahnen erschließen das Land an Lippe und Ruhr

15. Mai 1847. Die Köln-Mindener Eisenbahngesellschaft nimmt den Streckenabschnitt von Duisburg bis Hamm über Oberhausen, Altenessen, Gelsenkirchen, Herne und Dortmund in Betrieb. In Dortmund, Altenessen, Oberhausen und anderen Städten und Gemeinden des Ruhrgebiets werden die ersten Bahnhöfe eröffnet. Damit wird ein großer Teil des Ruhrreviers an das Eisenbahnnetz angeschlossen. Neben der Köln-Mindener Eisenbahngesellschaft sind zwei weitere vom preußischen Staat konzessionierte Bahngesellschaften in der Region tätig: Die am 18. Oktober 1843 gegründete Bergisch-Märkische Eisenbahngesellschaft sowie die am 25. Juli 1835 genehmigte Rheinische Eisenbahn. Von der Bergisch-Märkischen Eisenbahngesellschaft werden in den folgenden Jahren mehrere Streckenabschnitte eröffnet:

▷ 9. März 1849: Der Personenverkehr auf der Linie Elberfeld–Dortmund über Hagen und Witten wird aufgenommen
▷ 9. Juli 1855: Die Strecke Dortmund–Soest über Hörde, Unna, Werl wird eingeweiht
▷ 1860–1862: In Konkurrenz zur Köln–Mindener Strecke führt eine Linie durchs Ruhrkohlengebiet von Dortmund nach Duisburg über Witten, Bochum, Oberhausen und Mülheim
▷ 1866: Mit der Ruhrtalbahn entsteht eine Verbindung von Düsseldorf nach Hattingen über (Essen-) Kupferdreh, Überruhr und Dahlhausen.

Die Rheinische Eisenbahngesellschaft mit ihrem Verkehrsschwerpunkt im rechtsrheinischen Raum kann erst Anfang 1860 im Ruhrgebiet Fuß fassen. Von ihr werden besonders die Transporterfordernisse der Bergbaubetriebe berücksichtigt. Am 1. September 1866 wird die für den Güterverkehr wichtige Strecke (Düsseldorf-)Osterrath–Essen eröffnet.

Weite Bevölkerungskreise stehen der Eisenbahn skeptisch gegenüber: Schiffer und Fuhrleute bangen um ihre Existenzgrundlage, viele Menschen befürchten, der Dampf der Lokomotiven werde die Luft verpesten. Einige behaupten, daß »vom schnellen Durchfliegen der Luft« die Menschen von Schüttelfrost und Wahnsinn befallen würden und sich bald darauf der Tod einstellen werde.

Der erste Zug auf der neueröffneten Strecke der Köln-Mindener Eisenbahngesellschaft läuft in den Bahnhof Oberhausen ein. Aus den umliegenden Dörfern strömen die Menschen herbei, um das Ereignis mitzuerleben. Mülheimer Kaufleute protestieren anfangs gegen die neue Eisenbahnlinie, da sie finanzielle Einbußen in der Schiffahrt befürchten.

Lobeshymne auf den Dortmunder Bahnhof

7. November 1846. Im »Wochenblatt für die Stadt und den Kreis Dortmund« erscheint in Erwartung der bevorstehenden Eröffnung der Dortmunder Bahnhofsstation, dem ersten bedeutenden Eisenbahnknotenpunkt im Ruhrgebiet, ein Gedicht:

»Dort bei den Linden, wo die Vehm gerichtet, / Wo vor dem Richter manches Herz gebebt, / Wo roh der Henker hat sein Werk verrichtet, / War's noch vor kurzem wüst und unbelebt. / Jetzt reihen sich Paläste an Paläste; / Der Bahnhof hebet stolz das Haupt empor; / Die Menge wogt, aus Nah und Fern sind's Gäste, / Sie ziehen ein durch's Eisenbahnenthor! /
Das Dampfroß pfeift, man eilet in die Wagen, / Sie fliegen schnell zur fernen Ostsee hin / Ein and'rer Zug will hin zur Schelde jagen; / O Eisenbahn, was bringst Du für Gewinn! / Im Hause braucht nun keiner zu verrosten; / Die Weltenwunder kann ein Jeder sehn; / Von allen Leckerbissen Jeder kosten; / Am Wanderstabe braucht kein Mensch zu gehn.«

Bahnhof Dortmund der Bergisch-Märkischen und Köln-Mindener Eisenbahn (Aquarell, um 1847)

Oben: Im Ruhrgebiet ist das Eisenbahnzeitalter angebrochen; mehrere Strecken durchkreuzen die Region

Rechts oben: Fahrplan der Köln-Mindener Eisenbahn für die wichtige Rheinverbindung Köln – Düsseldorf – Duisburg, veröffentlicht im Duisburger Kreisblatt vom 28. Juni 1846

Rechts unten: Fahrplan der Düsseldorfer Dampfschiffahrtsgesellschaft, darunter ein Angebot der Konkurrenz auf Schienen für Neugierige zur unverbindlichen Bahnhofsbesichtigung

Stinnes im Besitz der größten deutschen Handelsflotte

1845. Der Mülheimer Unternehmer Mathias Stinnes ist der größte deutsche Reeder. Neben Kohlentransporten auf Rhein und Ruhr führt er auch Seetransporte von Wesel nach Hamburg und Stettin durch. Mathias Stinnes hatte 1808 mit seinen Brüdern Georg, Hermann und Joseph eine Kohlenhandlung in Mülheim an der Ruhr gegründet. Im Gegensatz zu anderen Schiffahrtsunternehmern, die meist nur ein Schiff unterhielten, bauten sie eine große Handelsflotte auf.

Aufstieg der Firma Stinnes

1808: Die vier Gebrüder Stinnes gründen in Mülheim an der Ruhr die Kohlenhandlung Math. Stinnes.

1. 12. 1810: Mathias und Georg Stinnes erwerben für 1240 Taler einen Kohlenplatz in Mülheim und einen Ruhraak (Transportschiff).

1817: Stinnes eröffnet mit neun Schiffen eine regelmäßig befahrene Linie von Köln nach Arnheim (Holland).

1819: 2 665 177 Zentner Kohlen werden von Stinnes-Schiffen rheinaufwärts befördert.

1820: Auf Rhein und Ruhr fahren 66 Kohlenschiffe der Firma Math. Stinnes.

1838: Stinnes gründet in Essen die Berggewerkschaft Graf Beust, die vier Jahre später die Kohleförderung aufnimmt.

1840: Stinnes gründet in Essen die Berggewerkschaft Victoria Mathias.

1843: Als erster deutscher Reeder stellt Stinnes einen Dampfschlepper für Rheintransporte in Dienst.

1845: Mathias Stinnes besitzt die größte deutsche Handelsflotte.

Dampfschlepper der Stinnes-Flotte (oben), benannt nach dem Firmengründer, links die »Mathias Stinnes II«

Im Winter 1813/14 verlor das Unternehmen, das inzwischen von Mathias Stinnes allein geführt wurde, einige Schiffe bei Kaub am Rhein. Der preußische General Gebhard Leberecht Blücher hatte sie beschlagnahmt, um mit seinen Truppen den Fluß zu überqueren. In der starken Strömung riß die Schiffsbrücke, und mehrere Schiffe sanken.

Trotz solcher Rückschläge baute Stinnes seine Flotte ständig aus, er errichtete eine eigene Werft in Ruhrort und eröffnete regelmäßig befahrene Schiffahrtslinien.

1843 kaufte Stinnes für 3400 Pfund Sterling in England einen Dampfschlepper, der sich aber als untauglich für die Rheinschiffahrt erwies; mit 80 PS war er zu schwach motorisiert. Schon ein Jahr später stellte Stinnes einen neuen Schlepper mit 350 PS in Dienst, die »Mathias Stinnes I«, die in Rotterdam gebaut worden war. Mit diesem Schiff, das 40 000 Zentner Ladung transportieren konnte, ist Stinnes den Treidelschiffern, deren Kähne von Pferden flußaufwärts gezogen werden müssen, weit überlegen. Von Wetter und Hochwasser unabhängig, kann er mit der »Mathias Stinnes I« große Ladungen auf dem Rhein befördern. Das Schiff wird im Volksmund wie sein Besitzer »dä ohlde Mattheis« genannt, und die Treidelschiffer, die um ihre Arbeit fürchten, betrachten es mit Mißtrauen.

Zur wirtschaftlichen Absicherung seiner Kohlenhandlung erwirbt Stinnes Anteile an Bergwerken sowie die vier Zechen Carolus Magnus, Victoria Mathias, Friedrich Ernestine und Graf Beust, die alle im Gebiet der späteren Stadt Essen liegen. Auf der Zeche Graf Beust gelang es ihm im Jahr 1840, den ersten profitablen Tiefbauschacht im Ruhrgebiet zu betreiben.

Mülheimer Unternehmer Mathias Stinnes

Mathias Stinnes wird am 4. März 1790 als dritter von vier Söhnen des Ruhrschiffers Hermann Stinnes in Mülheim geboren. Als Jugendlicher verdient er sich seinen Lebensunterhalt als Schiffsjunge und Gehilfe seines Vaters beim Kohlentransport auf der Ruhr. 1808 gründet er mit seinen drei Brüdern eine Kohlenhandlung in Mülheim. Mathias Stinnes baut diese Firma zielstrebig aus und erwirbt neben Schiffen auch eigene Zechen. Er setzt sich in Petitionen und bei Besuchen der zuständigen preußischen Ministerien in Berlin für eine freie Schiffahrt auf dem Rhein ein. Erst mit der Rheinschiffahrtsakte 1831 wird die abgabenfreie Rheinfahrt von Basel bis zur Mündung möglich. Mathias Stinnes richtet eine regelmäßige Schiffahrtsverbindung zwischen Köln und Arnheim ein und nimmt als erster deutscher Reeder einen Dampfschlepper auf dem Rhein in Betrieb. Gleichzeitig weitet er seine Handelstätigkeit auch auf Baustoffe aus.

Als er am 16. April 1845 in Mülheim stirbt, hinterläßt er die größte deutsche Schiffahrtsflotte, Beteiligungen an 36 Bergwerken sowie vier Zechen und umfangreichen Landbesitz.

Unternehmer Mathias Stinnes

Koks aus Ruhrkohle zur Eisenerzeugung

1849. Auf der Friedrich-Wilhelms-Hütte in Mülheim gelingt es erstmals, eine Eisenhütte erfolgreich mit Ruhrkoks zu betreiben. Damit ist es möglich, größere Hochöfen zu errichten und unabhängig von Koksimporten aus dem Ausland Eisen zu produzieren.

Die Erzeugung von Koks geht vermutlich auf den deutschen Chemiker Johann Becher (1635–1682) zurück. Die ersten koksbefeuerten Hochöfen wurden aber erst 1740 in England in Betrieb genommen.

In der Eisenhütte, wo das Brennmaterial die glühende Erzsäule tragen muß, wurde bis zum Ende des 18. Jh. Holzkohle eingesetzt. Steinkohle war nicht verwendbar, da bei ihrer Verbrennung Schwefel, Ruß und Rauch entstanden, die das Eisen brüchig werden ließen, und sie die Erzsäule nicht tragen konnte.

Erst mit der Erzeugung von Koks ist ein Brennstoff vorhanden, der nahezu rauchfrei verbrennt, trotzdem über eine hohe Tragfähigkeit für die Erzsäule verfügt und einen sehr hohen Brennwert aufweist.

Zur Produktion von Koks wird Steinkohle unter Luftabschluß bei Temperaturen um 1000° C zwei bis drei Tage lang erhitzt (verkokt).

Durch den Einsatz von Ruhrkohle zur Kokserzeugung sind die Eisenproduzenten im Ruhrgebiet in der Lage, den Brennstoff Koks in unmittelbarer Nähe ihrer Produktionsanlagen zu gewinnen.

Modell eines frühen Ofens zur Produktion von Koks aus Kohle

Erstes Unternehmen der Schwerindustrie im Dortmunder Raum

23. November 1841. Mit der Anlage des ersten Puddelofens zur Härtung von Eisen nimmt die Hermannshütte in Hörde ihren Betrieb auf. Die 1837 von Hermann Dietrich Piepenstock gegründete Firma (Abb.) ist das älteste Unternehmen der Schwerindustrie im Raum Dortmund.

Bei der Errichtung des Werkes in der von dem Iserlohner Kaufmann und Fabrikanten Piepenstock erworbenen alten Burg zu Hörde kam es zu Verzögerungen. Der für die Baugenehmigung zuständige Landrat hatte Bedenken, die für ihre Explosionsgefahr bekannten Dampfkessel zu installieren. Das neue Unternehmen findet in Preußen auch an höchster Stelle Aufmerksamkeit: Am 27. August 1842 besucht König Friedrich Wilhelm IV. während eines Aufenthaltes in Dortmund die Hörder Hütte. Als erste soziale Einrichtung wird 1842 eine Betriebskrankenkasse eingerichtet. Nach der Fusion des Unternehmens mit dem neugegründeten Hörder Bergwerks- und Hüttenverein (→ 25. 6. 1852) werden 1852 die ersten Werkswohnungen errichtet. 1857 wird ein hütteneigenes Krankenhaus eingerichtet.

Rubel rettet Krupp-Werke

24. Februar 1848. Der Essener Industrielle Alfred Krupp kauft von seiner Mutter Therese Krupp für 40 000 Taler die Gußstahlfabrik, die er bis dahin als Geschäftsführer geleitet hatte. Ein russischer Auftrag für ein Löffelwalzwerk in Petersburg mit einem Volumen von 21 000 Rubel rettet ihn im Sommer des gleichen Jahres vor dem drohenden Ruin. Der am 26. April 1812 geborene Sohn des Firmengründers Friedrich Krupp hatte schon als 14jähriger die Leitung der Essener Gußstahlfabrik übernommen. Nach einem Höhepunkt in der Gußstahlproduktion 1838 war die Auftragslage im Zuge der wirtschaftlichen Krise und der politischen Unruhen der 40er Jahre zusehends schlechter geworden. Alfred Krupp übernimmt die Fabrik als Alleininhaber an dem

Alfred Krupp

Tag, als in Paris die Februarunruhen ausbrechen. Er fordert die Arbeiter auf, sich ruhig zu verhalten und jeden Morgen im Werk zu erscheinen, obwohl keine Aufträge vorhanden sind. Um die Löhne bezahlen zu können, läßt er das Familiensilber in Düsseldorf einschmelzen; gleichzeitig reduziert seine Mutter den Kaufpreis für die Gußstahlfabrik auf 25 000 Taler und stundet ihn auf zehn Jahre.

Als er im Sommer des Jahres den russischen Auftrag und im Herbst einen weiteren Auftrag zur Lieferung von Gußstahlwalzen nach Berlin bekommen hat, hat die Firma die Krise überwunden. Schon im folgenden Jahr erhält Alfred Krupp einen weiteren Großauftrag zur Lieferung von 2400 Trag- und 400 Stoßfedern von der Köln-Mindener-Eisenbahn-Gesellschaft.

Alfred Krupp erwirtschaftet in der Zeit von 1848 bis 1850 über 271 000 Taler und erhöht seine Belegschaft von 70 auf 241. In dieser Zeit legt er den Grundstein für den späteren Aufstieg seines Unternehmens.

Dortmunder brauen erstes helles Bier

Sommer 1843. Mit der Einführung der untergärigen Braumethode – sie unterscheidet sich von den bisherigen obergärigen Verfahren durch Verwendung einer anderen Hefe – beginnt die Tradition des Dortmunder »Hellen«. Die neue Brauweise wird etwa gleichzeitig von den beiden Brauereibesitzern Wenker (später Dortmunder Kronen) und Overbeck (später Löwenbrauerei) eingeführt.

Der junge Bierbrauer Heinrich Wenker hatte das Brauverfahren für untergäriges Bier bei einem Besuch der Franziskaner-Brauerei in der Biermetropole München kennengelernt. Das neue Bier setzt sich nur langsam durch. Da es zuerst im Casino ausgeschenkt wird, nennt man es geringschätzig »Herrenbier«.

Heinr. Wenker

1840–1849

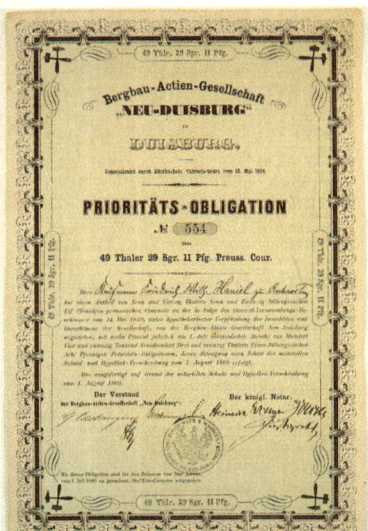

Obligation und Anteilschein an einer Bergbaugesellschaft, 1860

Bergbau und Hütten dürfen an die Börse

9. November 1843. Das preußische Aktiengesetz läßt die Gründung von Aktiengesellschaften auch bei Bergwerks- und Hüttenbetrieben zu. Die Verpflichtung der Gesellschaften zur Gemeinnützigkeit entfällt. Für Investitionen brauchen Gruben- und Hüttenbesitzer keine persönlichen Kredite mehr aufzunehmen; ausländische Kapitalgeber und viele kleine Anleger können sich am Wachstum der Montanindustrie beteiligen.

Die Aufnahme von Fremdkapital war bisher für Bergwerksgesellschaften dadurch erschwert, daß die bergrechtliche Gewerkschaft, die Vereinigung der Grubenbesitzer (Gewerken), kein Rechtssubjekt war und daher weder Schulden machen noch Sicherheiten stellen konnte. Rechtsträger waren die einzelnen Besitzer als Inhaber privater Anteilscheine (Kuxen), die jeweils nur persönliche Kredite auf ihren privaten Anteil am Bergwerk aufnehmen konnten. Die mit dem schnellen industriellen Wachstum notwendig werdenden Geldmittel für Investitionen konnten auf diese Weise nicht beschafft werden.

Aktiengesellschaften unterliegen staatlicher Genehmigungspflicht und wurden bisher nur konzessioniert, wenn sie dem Gemeinwohl dienten. Sie wurden für den Bau von Straßen, Kanälen und Häfen zugelassen. Die neuen Bergwerksaktien versprechen auch kleinen Sparern hohe Renditen.

Städtische Hospitäler werden gegründet

30. Mai 1849. In Recklinghausen öffnet das neu gegründete »Prosper-Hospital« als erstes Krankenhaus der Stadt seine Pforten.

Eine Stiftung von Herzog Prosper Ludwig von Arenberg, dem ehemaligen Landesherrn und größten Grundbesitzer des Vests, ermöglicht die Einrichtung des Hospitals, in dem Barmherzige Schwestern aus Münster die Krankenpflege übernehmen. In den Jahren von 1840 bis 1850 werden auch in den Städten Moers, Duisburg und Dortmund Krankenhäuser eröffnet.

Nachdem der Herzog auf eine Bittschrift der Recklinghäuser Bürgerschaft hin ein Kapital von 2000 Talern und eine immerwährende jährliche Rente von 500 Talern bewilligt hatte, mietete ein Bürgerkomitee das Haus des Schreiners Joseph Heger in der Kampstraße für zwei Jahre als Krankenhaus an. Das Haus mit Küche, Diele und zwölf Zimmern dient bis zur Fertigstellung des Neubaus in der späteren Kemnastraße (1851) als Hospital.

Noch im 18. Jh. hatten Schulen, Klöster und Privaträume bei Seuchen als Lazarette gedient. Nun werden in vielen Städten öffentliche Krankenhäuser eingerichtet. In Duisburg entstanden 1842 das Hospital Nosconium-Güntheriano-Carstanianum und 1844 die Diakonenanstalt. In Dortmund eröffnen 1850 das Johanneshospital und das Städtische Krankenhaus.

1843 gründete Dr. Johannes Heinrich Wittfeld in Moers die erste private Irrenanstalt der Rheinprovinz.

Gebäude des Prosper-Hospitals in Recklinghausen, das unter Leitung des Kaplans Kemna und mit tatkräftiger Unterstützung aus der Bevölkerung errichtet wurde; in den ersten Jahren werden hier mittellose Kranke kostenlos gepflegt und behandelt.

Dr. Wittfeld setzt sich als Arzt und Psychiater mit großem Engagement für gesundheitspolitische Neuerungen ein. In seiner Klinik werden Geisteskranke nach den neuesten medizinischen Erkenntnissen der Zeit behandelt. Lange Spaziergänge und Arbeit im Park der Klinik sollen die Kranken von ihren Leiden ablenken. Die Patienten sind in Einzelzimmern untergebracht und essen mit am Tisch der Familie Wittfeld.

Erste Werkssiedlung des Reviers in Oberhausen-Eisenheim

1844. Wilhelm Lueg, Direktor der Hüttengewerkschaft und Handlung Jacobi, Haniel & Huyssen, läßt auf einem Acker in (Oberhausen-)Osterfeld insgesamt 20 Häuser (Abb.) für Meister und Arbeiter der Hütte errichten. Die Miete liegt 20% unter dem örtlichen Durchschnitt. Damit wird für die zunehmende Zahl der Hüttenarbeiter (1843: 1000 Beschäftigte) die erste Werkssiedlung im Ruhrgebiet angelegt. 1847 genehmigt der Regierungspräsident in Münster den Namen »Eisenheim« für die Osterfelder Siedlung.

Parkanlage auf dem Essener Burgplatz wird durch Hundesteueraufkommen finanziert

Der Kirchhof in der Burg Essen wird eingeebnet und die alten Burgmauern abgetragen. Der so entstehende Burgplatz (Abb.) wird mit Grünflächen, Baumpflanzungen und einem Wegnetz in eine Parkanlage verwandelt, die von den Essener Einwohnern als neuer Hofgarten bezeichnet wird.

Finanziert werden die Gestaltungsmaßnahmen aus den Erträgen der Hundesteuer. Auf dem ehemaligen Kirchhof bestand zuvor ein Friedhof. Zeitgenossen berichteten, daß Kinder mit ausgegrabenen Skeletten spielten; zudem luden viele Bürger Müll und Hausabfälle dort ab.

Dortmunder Kritik an Goethes »Faust«

8. April 1840. Die »Faust«-Tragödie von Johann Wolfgang von Goethe (1749–1832) erlebt ihre Premiere in Dortmund. Die Aufführung des 1833 veröffentlichten Werkes findet im Kühnschen Saal an der Wißstraße (später Reinoldushofsaal) statt.

Das von den beiden Schauspielern Friedrich Müller und Heinrich Breuer eingeladene Dortmunder Publikum empfindet das Stück fast einhellig als eine Zumutung. Erst im September des Jahres, fünf Monate nach dem Bühnenereignis, erscheint eine Theaterkritik.

Während der Kritiker selbst die Ansicht vertritt, daß die Besucher der Theaterleitung für diese Inszenierung dankbar sein müßten, zitiert er auch die kritischen Stimmen des Publikums. Darunter sind Urteile wie »einfältige Hexengeschichten« und »unanständige Sachen«, zumal angesichts der Anwesenheit von »Frauenzimmern« im Theater. Ähnlich empörten sich andere Zuschauer: »Was der Mensch, der Direktor, uns wohl für einen Geschmack und für eine Bildung zutraut.«

Eine neue Zeitung für Unna

15. Februar 1845. Von dem Druck- und Zeitungsverleger Friedrich Wilhelm Rubens in Unna wird die erste Nummer des »Hellweger Boten« veröffentlicht. Die Gründung der später als »Hellweger Anzeiger« herausgegebenen Zeitung beruht auf einer Genehmigung, die das Innenministerium am 5. Dezember 1844 erteilte.

Rubens macht seine Zeitung innerhalb der folgenden 30 Jahre zu einem allgemein anerkannten Blatt mit einer festen Leserschaft.

Ausgabe des »Hellweger Boten«, dessen Herausgeber F. W. Rubens seine Leser um »... allgemeine Teilnahme, geeignete Aufsätze und recht viel Anzeigen« bat

Heine macht in Unna und Hagen Station

November 1843. Der Dichter Heinrich Heine beschreibt in seinem Versepos »Deutschland – Ein Wintermärchen« seine Eindrücke einer Reise durch Hagen und Unna:

»Von Köllen war ich drei Viertel auf Acht / Des Morgens fortgereiset; / Wir kamen nach Hagen schon gegen Drei, / Da wird zu Mittag gespeiset. / Der Tisch war gedeckt. Hier fand ich ganz / Die altgermanische Küche. / Sei mir gegrüßt, mein Sauerkraut, / Holdselig sind deine Gerüche! / ... Dicht hinter Hagen ward es Nacht, / Und ich fühlte in den Gedärmen / Ein seltsames Frösteln. Ich konnte mich erst / Zu Unna, im Wirtshaus, erwärmen. / ... Den lispelnd westfälischen Akzent / Vernahm ich mit Wollust wieder. / ... Ich dachte der lieben Brüder, / Der lieben Westfalen.«

Heinrich Heine

1840–1849

Kochkünstlerin Henriette Davidis

1845. Henriette Davidis, Erzieherin und Schriftstellerin, veröffentlicht ihr »Praktisches Kochbuch für die gewöhnliche und feinere Küche«. Es ist das erste Buch mit Kochrezepten aus allen Bereichen der Kochkunst und dient bis in die jüngste Zeit als ein Leitfaden für junge Hausfrauen.

Schokoladenkuchen

Man nehme: 14 Eier, 250 Gr. durchsiebten Zucker, 250 Gr. geriebene Mandeln, 200 Gr. auf einem Reibeisen feingeriebene und durchsiebte Süße Vanilleschokolade, 4 Gr. feinen Zimt und dazu 1 Teelöffel voll Backpulver.
12 Eidotter und 2 ganze Eier werden mit Zucker, Mandeln, Schokolade mittels eines Schaumbesens 1/4 Stunde stark geschlagen, oder 1/2 Stunde gerührt, dann wird das zu Schaum geschlagene Weiße der Eier durchgemischt, Backpulver schnell durchgerührt und der Teig in eine bereitstehende zugerichtete Form gefüllt. Der Kuchen wird bei geringer Hitze 1 Stunde gebakken. Es darf auf keinen Fall daran gestoßen werden.

Henriette Davidis' Kochbuch umfaßt Speisen der gutbürgerlichen Küche, internationale Gerichte, aber auch Hausmannskost. Gänseleberpastete und Schildkrötensuppe werden ebenso aufgeführt wie eingelegte Heringe und Bratkartoffeln. Allgemeine Regeln zur Handhabung der Lebensmittel und zur Zubereitung der Speisen ergänzen die Rezeptesammlung.
In ihrem Buch vermittelt Henriette Davidis darüber hinaus hauswirtschaftliche Kenntnisse; in der Einleitung schreibt sie: »Die erste Regel um wohlschmeckend und fein zu kochen, ist große Reinlichkeit, welche ich allen jungen Anfängerinnen freundlich empfehle. Es besteht diese in gründlicher Sauberkeit der Hände, der Küche, der sämtlichen Küchengeräte, der Anrichten und Tische, sowie auch im tüchtigen Waschen und Spülen der Gemüse.«
Das Kochbuch bietet Vorschläge zur Gestaltung von Speisefolgen, Anleitungen für die Ausrichtung

Drei Pasteten-Rezepte aus dem »Praktischen Kochbuch« von H. Davidis

Henriette Davidis (1800–1876), eine erfolgreiche Kochbuchautorin

größerer Gesellschaften, Regeln für das Tranchieren und Anrichten der Speisen sowie Möglichkeiten der Verwertung von Resten und Nährwertangaben für Nahrungsmittel. Das letzte Kapitel »Die Kunst des Wirtschaftens« geht auf die richtige und zweckmäßige Organisation des gutbürgerlichen Haushalts ein.
Henriette Davidis' Kochbuch wird oft neu aufgelegt und mehrfach in fremde Sprachen übersetzt. Keines der anderen Bücher aus ihrer Feder, sie schrieb z. B. auch Gedichtbände, hat sie so berühmt gemacht wie ihr Kochbuch. Das »Man nehme...« zu Anfang der Rezepte wird später zu einem geflügelten Wort der Kochkunst.
Henriette Davidis wurde 1800 als Tochter eines Pfarrers in Wengern an der Ruhr geboren und blieb unverheiratet, nachdem ihr Bräutigam früh gestorben war. Als Erzieherin gründet sie 1841 eine Mädchenhandarbeitsschule in Sprockhövel, die sie bis 1848 leitet.
Nach ihrem Tod, 1876, wird sie auf dem Dortmunder Ostfriedhof beerdigt. Die Davidisstraße im Osten der Stadt ist nach ihr benannt.

Politische Aktivität in den Turnvereinen

1848. In Dortmund, Bochum, Duisburg und Witten werden nach der Aufhebung der Turnsperre in Preußen (1842) die ersten Turnvereine des Ruhrgebiets von Arbeitern, Kleinbürgern und Handwerkern gegründet: Die Dortmunder Turngemeinde (Vorläufer der Eintracht Dortmund), der Turnverein Bochum (heute VfL Bochum), der Duisburger Turnverein (später Eintracht Duisburg) und die Turngemeinde Witten.

Erste Vereinsfahne von Eintracht Dortmund aus dem Jahr 1848

Die Turnvereine erheben oft politische Forderungen, z. B. nach einem deutschen Nationalstaat. Im Verlauf der Revolution von 1848 fordern viele Turnvereine eine konstitutionelle Monarchie, aber auch radikaldemokratische Ideen werden laut. Nach dem Scheitern der Revolution werden viele Turnvereine aufgelöst oder von der Polizei genauestens überwacht. Sie erleben um 1860 eine zweite Gründungswelle mit dem Wiederaufleben der Diskussion um die nationale Einheit.

Land an der Ruhr ist wildromantisch

1841. Levin Schücking und Ferdinand Freiligrath veröffentlichen ihr Buch »Das malerische und romantische Westfalen«, in dem auch die Landschaften der Region an Ruhr, Emscher und Lippe ausführlich beschrieben werden: »Das Land an der Ruhr ist der Stolz, die Krone unseres Vaterlandes; die frischen rauschenden Berggewässer sind das silberne Stirnband dieser Krone. (...) aus dem lieblichen Bilde des Lippethales, worein die Geschichte uns nur romantische Gestalten webte, treten wir über in ein Epos, das von den Kämpfern urweltlicher Gewalten spricht«.

Die industrielle Gründungsphase
Firmengründer und Unternehmer im Ruhrgebiet

Wer oder was hat eigentlich die Industrielle Revolution speziell im Ruhrgebiet in Gang gesetzt? Waren es wirklich nur die objektiven Umstände in Technik, Wirtschaft und Politik, die neuen Erfindungen, die neuen Märkte, die neuen Verkehrswege? Reichte die Gewährung der Gewerbefreiheit in Preußen schon aus, um die gigantischen Veränderungen im Verlauf des 19. Jh. zu bewirken? Oder waren es doch allein die dynamischen Unternehmerpersönlichkeiten, wie der Nationalökonom Joseph A. Schumpeter sie nennt, die sich gegen alle Widerstände und Mißlichkeiten mit Courage und Bravour durchsetzen konnten und dabei – sozusagen im Vorbeigehen – auch die Industrielle Revolution auslösten? Nun hat es wenig Sinn, Gegensätze zu konstruieren, wo es in Wirklichkeit gar keine gibt. »Geschichte« entsteht immer aus dem Zusammenspiel von Notwendigkeit und Freiheit, aus den Herausforderungen, die sich in Natur, Technik oder Politik stellen, und der Art und Weise, wie die Menschen individuell oder in ihrer Gesellschaft darauf antworten. Für den englischen Historiker Arnold Toynbee ist es unter diesen Umständen dann die psychische Reaktion, die geistige Bereitschaft, sich diesen Herausforderungen zu stellen, die schließlich den Erfolg in der wirtschaftlichen und gesellschaftlichen Entwicklung ausmachen.

Was nun die Industrielle Revolution anbelangt, so lehrt das englische Beispiel, daß der Unternehmer oft genug der Träger der Innovation gewesen war, derjenige, der eine technische Neuheit auch in der Wirtschaft und auf den Märkten durchsetzte. Und es war sicherlich auch der Mangel an einer solchen breiten Unternehmerschicht, der zu einem gehörigen Teil den technischen und wirtschaftlichen Rückstand Deutschlands gegenüber England zu Beginn des 19. Jh. verursacht hatte.

Es war also kein Wunder, daß die deutschen Staaten – und der preußische ganz besonders – seit der Mitte des 18. Jh. verstärkt versuchten, unter Anwendung vieler Hilfs- und Druckmittel eine solche Unternehmerschicht heranzuziehen; von Friedrich dem Großen wird immerhin erzählt, er habe »den Pöbel an den Ohren zu seinem Glück schleifen wollen«, womit er die Industriellen und Gewerbetreibenden gemeint hatte. Den Bemühungen war jedoch zunächst wenig Erfolg beschieden, denn man ändert Traditionen und festgefügte gesellschaftliche Wertvorstellungen nicht per Dekret und Verkündigung im Amtsblatt. Der Unternehmer galt nichts in der deutschen Gesellschaft, wo es immer noch auf Stand und Herkunft ankam und die Klassenschranken höher waren als in anderen Ländern Europas. Jemand, der reicher an Ideen und Ehrgeiz als an Geld war, hatte in den deutschen Landen wenig Chancen. Oft ist die Sprache verräterisch: In England und auch in Frankreich war das Wort »Industrie« zur beherrschenden Vokabel geworden, wenn man aber gegen Ende des 18. Jh. in Deutschland von einem »Chevaliers d'industrie« sprach, dann verstand man darunter einen »feinen Spitzbuben«, der sich durch Betrug, Finessen und listige Streiche ernährt.

Diese Haltung änderte sich auch bis weit in das 19. Jh. hinein nur wenig. Von Unternehmertum und Risikobereitschaft war wenig zu spüren: 1839 klagte das preußische Finanzministerium, daß die meisten Kapitaleigner es vorzögen, ihr Geld in Hypotheken und Staatspapiere zu investieren, »um die Früchte derselben mit möglichster Sicherheit in Ruhe genießen zu können«, und auch der Präsident der Preußischen Staatsbank äußerte sich 1844 in ähnlicher Weise. Noch im Jahr 1861 machte es in Bochum große Schwierigkeiten, »einen Einwohner in die Bezirks-Commission zur Vorbereitung der Weltausstellung hineinzuziehen«. Es wäre also eine Legende, wollte man annehmen, mit der Gewährung der »Gewerbefreiheit« habe man nur die Schleusen für kapitalstarke, investitions- und risikobereite Unternehmen zu öffnen brauchen, und die Industrielle Revolution sei hernach mit Urgewalt über Deutschland hineingebrochen. Der Unternehmer als »Typus«, als gesellschaftliche Schicht, war in Deutschland und im Ruhrgebiet allemal nur wenig verbreitet. Wer auch immer während der ersten Hälfte des 19. Jh. im Ruhrgebiet unternehmerischen Erfolg haben sollte: Es war nicht der Typus des reichgewordenen Händlers, der sich nun mit wirtschaftlicher Weitsicht und viel Kapital in der neuen Industrie engagierte; sie investierten lieber in sichere Geschäfte und in Grundstücke. Die staatlichen »Reformatoren« Beuth, Kunth, von Rother oder Steinbeis taten ihr Bestes, um mit einer technologieorientierten Gewerbepolitik das »Eis der Tradition« zu brechen, aber gegen die geistige und wirtschaftliche Unbeweglichkeit der Gewerbetreibenden in Handel und Handwerk waren Erfolge nur mühsam zu erzielen.

Und doch gab es einzelne Personen, die sich angezogen und herausgefordert fühlten von den neuen Techniken und Gewerben. Sie spürten die Chancen, die ihnen diese neue Zeit bieten konnte, von der Goethe sagte, sie sei die Zeit «für die fähigen Köpfe, für leicht fassende praktische Menschen«.

Die meisten dieser Menschen – nicht nur im Ruhrgebiet – waren ausgestattet mit einem gerüttelt Maß an praktischer und intellektueller Neugierde, vielleicht sogar besessen von ihrem Vorhaben, durch nicht-wirtschaftliche Interessen ebenso motiviert wie durch ökonomische Gesichtspunkte. Es war der Typ des Bastlers und Tüftlers, mehr der aufgestiegene Handwerker, aus bescheidenen wirtschaftlichen Verhältnissen stammend, der oft genug noch selbst in der Produktion Hand anlegte, der die Technik bis ins letzte Detail beherrschte.

Alfred Krupp beispielsweise, der schon als 14jähriger den väterlichen Betrieb übernehmen mußte, stand in den Anfangsjahren tagtäglich selbst am Amboß oder am Schmelzofen und kam erst am Abend dazu, die Geschäftskorrespondenz und die Buchführung zu erledigen. Franz Dinnendahl baute und schmiedete seine Dampfmaschinen höchstpersönlich, nicht zuletzt, weil er keine Handwerker fand, die mit der von ihm geforderten Qualität und Präzision arbeiten konnten. Und das ungewöhnliche technische

Feingefühl von Jacob Mayer, seine Fähigkeit, die Prozesse beim Stahlguß zu durchschauen und zu lenken, waren auch dann noch unentbehrlich, als der Bochumer Verein längst eine erfolgreiche und kapitalkräftige Aktiengesellschaft geworden war. Noch war die technologische Entwicklung zu allererst eine individuelle Angelegenheit, sie wurde vom genialen Einzelerfinder vorangetrieben und noch nicht von Denkfabriken, Großforschungseinrichtungen und Entwicklungsstäben.

Aber manche dieser Tüftler und Unternehmer waren sich auch der gesellschaftlichen Aufgabe bewußt, die sie zu erfüllen hatten. Friedrich Harkort, der 1826 das erste moderne Stahlwerk im Ruhrgebiet gründete, machte seine Fabrik allen Interessenten zugänglich und half ihnen sogar, wenn sie selbst eine ähnliche Fabrik aufbauen wollten. Ihm war klar, daß nur durch das, was man heute eine »aktive Modernsierungspolitik« nennen würde, jener wirtschaftliche und technische Rückstand gegenüber England, der auch zu Beginn des 19. Jh. noch fast 50 Jahre betrug, aufzuholen war. Und so sorgte er nicht nur für eine möglichst breite Streuung seines technischen und unternehmerischen Wissens, sondern setzte sich auch als Abgeordneter des westfälischen Provinzialtages für den Ausbau der Eisenbahnen und ganz besonders für eine moderne Sozialgesetzgebung ein.

Mit dieser Verbindung von wirtschaftlichen und gesellschaftlichen Vorstellungen stand Harkort nicht allein; der Kölner Bankier Gustav Mevissen, der viel zur Finanzierung der Stahlindustrie im Ruhrgebiet und des Eisenbahnbaus beitrug, sah sich als Vertreter des »additiven Prinzips«: Er wollte mit den Aktiengesellschaften soziale Einrichtungen schaffen, die im ethisch-moralischen Geist wirken und die Extreme des wirtschaftlichen Individualismus mildern sollten. Überhaupt verstanden viele dieser neuen Unternehmer ihr Handeln nicht allein auf individuelle Renditen ausgerichtet; Jacob Mayer etwa sah seine Aktivitäten auch als einen Beitrag zur wirtschaftlichen Stärkung und Autonomie Preußens. Und selbst Alfred Krupp – ansonsten eher skrupellos und sich wie ein absoluter Monarch aufführend – suchte in seinem Unternehmen eine fortschrittliche Sozialpolitik zu verwirklichen, die immerhin zum Vorbild für die spätere Sozialpolitik Otto von Bismarcks werden sollte.

Um 1850 hatten sich die kleinen, noch fast handwerklichen Betriebe der Krupp, Mayer oder Harkort zu respektablen Industrieunternehmen entwickelt, die mit ihren Schornsteinen und Fabrikhallen das Bild der Landschaft im Ruhrgebiet prägten. Es waren zweifellos harte Jahrzehnte gewesen, mit Gefahr für Leib und Leben, wenn man etwa in England die Geheimnisse der Stahlerzeugung auskundschaften wollte. Eduard Hoesch etwa konnte sich vor aufgebrachten Arbeitern in einer englischen Fabrik gerade noch in einen Hochofen retten und hatte Glück, daß er darin nicht verbrannte. Und auch Jacob Mayer mußte um sein Leben fürchten, als man ihn dabei ertappte, wie er die Geheimnisse des Stahlgusses in Sheffield erkunden wollte; nur eine schnelle Flucht auf ein Schiff rettete ihn. Alfred Krupp schließlich ging die Angelegenheit gewohnt professionell an und gab sich für seine Industriespionage in England den Aliasnamen »Schropp«.

Auch danach gab es noch genügend Rückschläge und Mißerfolge, es war die Zeit von Suchen und Tasten, aber auch von Irrtümern. Mehr als einmal hatte Krupp auf das immer knapper werdende Familienvermögen zurückgreifen müssen, oft genug stand er am Rande des Ruins. Auch Jacob Mayer nahm mehrere Anläufe und war auf die Unterstützung seiner Verwandschaft angewiesen, ehe sich schließlich in Bochum die ersten Erfolge einstellten. Es war nicht leicht, ausgebildete und erfahrene Arbeitskräfte zu bekommen, manchmal mußte man sie buchstäblich, wie Harkort erzählte, in England vom Galgen herunterschneiden, denn bis weit in das 19. Jh. hinein verboten englische Gesetze die Auswanderung und Abwerbung von Fachkräften ebenso wie den Export von modernen Maschinen. Schließlich und endlich mußten die Kunden davon überzeugt werden, daß die heimischen Produkte den Vergleich mit der englischen Konkurrenz durchaus bestehen konnten, was übrigens im Falle der preußischen Heeresverwaltung keineswegs einfach war.

Aber allmählich setzten sich die Unternehmer aus dem Ruhrgebiet durch, suchten sich sogar neue Märkte im Ausland und wurden mit ihren Produkten auf den Weltausstellungen beachtet und mit Preisen ausgezeichnet, was im übrigen manchmal zu erbitterten Streitigkeiten zwischen den deutschen Unternehmern darüber führte, ob denn die Preisverleihungen überhaupt zu Recht erfolgt waren. Nach einer Weltausstellung stritten z. B. Mayer und Krupp darüber, ob der von Mayer ausgestellte und vom Veranstalter prämierte Stahlblock tatsächlich gegossen und geschmiedet war. Man mußte sich schließlich vor Gericht einigen.

In den wirtschaftlichen Erfolgen der ersten Gründergeneration lag allerdings schon der Keim ihres Niederganges. Was sich als Vorteil in der ersten Phase der Indusrialisierung erwiesen hatte – nämlich die starke Orientierung auf die Technik –, stellte sich nun, da sich die technischen Innovationen auf den Märkten durchgesetzt hatten, als ein Nachteil heraus. Für nahezu alle jener Techniker-Unternehmer kam der wirtschaftliche Erfolg zu schnell, das Wachstum ihrer Unternehmen überstieg ihre Kapitalkraft und ihre Fähigkeiten zum Management.

Alfred Krupp, der immer bedauerte, keine systematische kaufmännische Ausbildung erhalten zu haben, war immerhin noch ein guter Verkäufer gewesen; Jacob Mayer jedoch fehlte das Talent für Marketing und Management, er war ein genialer Techniker, aber ein miserabler Kaufmann. Ihm ging es wie Harkort, Dinnendahl, den Gebrüdern Mannesmann und letztlich auch Krupp: Sie wurden vom Erfolg ihrer schnell wachsenden Unternehmen überrollt. Die industrielle Entwicklung war in der Mitte des 19. Jh. keine Angelegenheit von Einzelpersonen mehr; um auf den allmählich internationalen Märkten bestehen zu können, waren nun Kapital und Organisation erforderlich. Darüber jedoch verfügten nur die Banken und Aktiengesellschaften und sie übernahmen nun die Herrschaft in den Unternehmen an der Ruhr.

Aus dem »Wettbewerbskapitalismus« der Gründer und Kleinbetriebe wurde der »vertrustete Kapitalismus« der Großbetriebe, der Kartelle und Syndikate, für die Wettbewerb und Innovation nicht mehr die wichtigste Rolle spielten. Pionierleistungen waren nicht mehr gefragt, sondern Routine und die Fähigkeit, das Erreichte zu bewahren. Der innovative, risikobereite Unternehmer wurde abgelöst durch den Verwalter und Manager, der – wenn es sein mußte – auch seine politische Macht nutzte, um den wirtschaftlichen Erfolg zu sichern. Man organisierte sich in Verbänden und politischen Vereinigungen, die durch Geld und personelle Verflechtungen mit Politik und Regierung bis weit in das 20. Jh. hinein die wirtschaftlichen Interessen der Schwerindustrie im Ruhrgebiet durchsetzen konnten.

Von nun an war die Wirtschaft an der Ruhr stark genug, um sich nicht mehr an die Märkte anpassen zu müssen, sondern die Märkte ihren Interessen anpassen zu können. Vielleicht liegt in dieser – zweifellos über lange Zeit erfolgreichen – Haltung der Keim mancher aktueller Probleme, mit denen sich das Ruhrgebiet auseinanderzusetzen hat.

Andreas Schlieper

1850

Januar. In Werden wird der Verein für Handwerker und technische Gewerbe gegründet.

2. 2. In der Preußischen Gesetzessammlung wird auch die für das Ruhrgebiet gültige »revidierte« Staatsverfassung verkündet.

14. 2. Das Johanneshospital in Dortmund wird eingeweiht.

2. 3. Durch das abschließende Gesetz zur Bauernbefreiung in Preußen wird auch im Ruhrgebiet die Patrimonialgerichtsbarkeit aufgehoben.

11. 3. Das preußische Vereinsgesetz untersagt Frauen, Schülern und Lehrlingen die Mitgliedschaft in Vereinen und verbietet politische Vereine.

9. 5. Das städtische Krankenhaus Dortmund wird errichtet.

Ende September. Auf der Zeche Franziska Tiefbau in Witten kommt es zum Streik von Bergleuten gegen eine Schichtzeitverlängerung.

1850. Im späteren Oberhausen wird die Concordia Bergbau AG gegründet.

1850. In (Essen-)Krukel wird die Zeche Wiendahlsbank gegründet.

1850. Im Ruhrrevier arbeiten acht Zechen mit einer Jahresförderung von jeweils über 50 000 Tonnen.

1850. Jacob Mayer von der Firma Mayer & Kühne in Bochum erfindet den Stahlformguß.

1850. Der Bau des Ruhrorter Eisenbahnhafens ist abgeschlossen.

1850. Turnen wird Unterrichtsgegenstand an preußischen Gymnasien.

1850/52. Die erste Schachtanlage der Bochumer Gewerkschaft Constantin der Große wird niedergebracht.

Um 1850. Mit dem Beginn eines konjunkturellen Aufschwungs werden im Ruhrgebiet zahlreiche neue Firmen gegründet. →

Um 1850. Auf den Revierzechen beginnt die Pferdeförderung unter Tage. →

Um 1850. In den letzten zehn Jahren hat sich die Stadt Essen von einer Handels- zur Bergbau- und Hüttenstadt gewandelt. →

Um 1850. Es kommt zu einer Krise im rheinisch-westfälischen Textilgewerbe. →

Um 1850. Im Ruhrgebiet steigen die Preise für Lebensmittel infolge von Mißernten. →

Um 1850. Auf den Revierzechen werden jeweils zwei Schächte angelegt. Dieses System erlaubt gleichzeitige Förderung aus mehreren Sohlen und verbessert die Bewetterung.

Aufschwung der Stahlindustrie im Revier

Um 1850. Mit dem Beginn eines langfristigen konjunkturellen Aufschwungs kommt es im Ruhrgebiet zu zahlreichen Firmengründungen. Technische Neuerungen der beginnenden Industrialisierung und der Ausbau der Infrastruktur sind die Hauptantriebskräfte des Wirtschaftsaufschwungs.

Die Firmen werden vor allem im Bereich der metallverarbeitenden Industrie gegründet; es entstehen viele Eisenhütten und Gußstahlfabriken sowie Betriebe der Weiterverarbeitung von Stahl.

In den 50er Jahren werden gegründet:
▷ 1851 in Bochum die Eisenhütte Heintzmann & Dreyer und die Drahtseilfabrik Kort & Comp., in Hagen entsteht die Stahlfabrik Eicken & Co.
▷ 1853 in Witten die Gußstahlfabrik Berger & Co.
▷ 1854 die Henrichshütte bei Hattingen (→ 1854) sowie das Drahtwalzwerk Cosack & Co. in Hamm (→ 2. 4. 1854) und die Hüttenbetriebe der Phoenix, Anonyme Gesellschaft für Bergbau und Hüttenbetrieb in Essen.

Auch die bereits ansässigen Unternehmen bauen ihre Fabriken aus, wie Krupp in Essen und Jacobi, Haniel & Huyssen in (Oberhausen-)Sterkrade. Die Gußstahlfabrik Mayer & Kühne in Bochum wird 1854 in eine Aktiengesellschaft umgewandelt und erweitert ebenfalls ihre Produktion (→ 24. 1. 1854).

Technische Neuerungen wie die Erfindung des Stahlformgusses durch Jakob Mayer (1850) und das neue Verfahren zur Verkokung von Ruhrkohle machen den Ausbau der Stahlindustrie möglich. Hatten die Unternehmen zuvor Koks aus England importieren müssen, so können sie jetzt die Ruhrgebietssteinkohle verkoken und sie zur Eisenverhüttung verwenden. Führend in der Koksproduktion der 50er Jahre sind die Firmen im Dortmunder Raum mit insgesamt 257 Koksöfen.

Die durch die Vorkommen von Eisenerz und Kohle im Ruhrgebiet mögliche Zusammenlegung von Zechen und Hochöfen bildet gemeinsam mit der gut entwickelten Infrastruktur die Grundlage der wirtschaftlichen Expansion.

Ende der 50er Jahre erreicht die Ruhrschiffahrt ihren Höhepunkt; seit 1820 wurden die Kunststraßen verstärkt ausgebaut, und der Bau der Eisenbahn seit den 40er Jahren verbindet das Ruhrgebiet mit den umliegenden Regionen.

Die günstigen Wirtschaftsbedingungen locken Unternehmer aus anderen Gebieten an die Ruhr; so stammt Jakob Mayer (Mayer & Kühne, später Bochumer Verein) aus Schwaben, der Gründer der Henrichshütte bei Hattingen kommt aus dem Harz, und die Firma Phoenix in Essen hat ihren Sitz in Eschweiler bei Aachen. Mit dem Aktiengesetz (→ 9. 11. 1843) wird Unternehmern eine Kapitalbeteiligung an der aufstrebenden Ruhrindustrie ermöglicht.

Montanmetropole Essen

Um 1850. Die Stadt Essen hat sich in den letzten zehn Jahren von einer kleinen Handelsstadt zu einer Bergbau- und Hüttenstadt entwickelt. Waren 1841 die größten Betriebe im Bezirk Essen noch die Tuchfabrik Forstmann und Huffmann aus Werden, die Wollhandlungen Waldthausen und die Buchdruckerei und -handlung Baedeker, so ist 1850 die Gußstahlfabrik Fried. Krupp das größte Unternehmen der Stadt.

Die Wirtschaft Essens – in der Stadt leben rund 9000 Menschen – ist außer durch die Eisen- und Stahlfabrikation auch vom Bergbau geprägt. Auf 34 Zechen wird mit 690 000 Tonnen Kohle ein Drittel der gesamten Ruhrgebietsproduktion gefördert.

Die Stadt Essen verfügt nur über schlechte Verkehrsverbindungen; erst 1862 bekommt sie einen Bahnhof. Daher siedeln sich hier nur wenige Gewerbebetriebe an. Eine Ausnahme bildet die Leder-, Lack- und Stockfabrik Schultz auf dem Sessenberg.

Wirtschaftskrise im Textilgewerbe

Um 1850. Im rheinisch-westfälischen Textilgewerbe kommt es aufgrund veralteter Produktionsmethoden und der Konkurrenz englischer Baumwollstoffe zu einer Absatzkrise. Arbeitslosigkeit und Konkurse im handwerklichen Bereich sowie Massenverelendung der Leinenweber sind die Folgen.

Im Unterschied zu fast allen anderen europäischen Staaten, die ihre inländische Wirtschaft durch hohe Zölle schützen, ist Preußen an billigen Importen interessiert und begünstigt ausländische Einfuhren. Den rheinisch-westfälischen Textilproduzenten ist der Zugang zu ausländischen Märkten erschwert, auf dem deutschen Markt sind sie ausländischer Konkurrenz ausgesetzt. Vor allem die maschinell hergestellten Baumwollstoffe aus England verdrängen das in Westfalen oft in Heimarbeit handgewebte Leinen.

Arbeitslose Textilarbeiter und mittellose Handwerker bilden eine neue Unterschicht, der die schnell wachsende Industrie an der Ruhr Arbeitsplätze in den zahlreichen Bergwerken und Fabriken der Eisen- und Stahlproduktion bietet.

Pferde erleichtern Arbeit unter Tage

Um 1850. *Auf den Zechen im Ruhrgebiet werden Grubenpferde zum Transport der Kohlenwagen unter Tage eingesetzt. Anfangs werden die Pferde jeden Tag eingefördert und bei Schichtende wieder in die Ställe über Tage gebracht. Aus Kostengründen beginnt aber bald die Einrichtung von Stallungen unter Tage.*

Der Einsatz von Pferden ist wesentlich rentabler als der bis dahin übliche Kohlentransport durch Schlepper. Diese konnten immer nur einen Wagen fortbewegen, während ein Pferd die acht- bis zwanzigfache Menge ziehen kann. Um die Pferde nach unter Tage zu befördern, werden sie in einem besonderen Geschirr am Förderseil abgelassen (Abb.). Bei engen Schächten werden sie zusätzlich in große Netze gewickelt, um Verletzungen vorzubeugen. Täglich werden Futter, frisches Wasser und Stroh in die unterirdischen Stallungen gebracht. Auf vielen Zechen bringt dies eine Ratten- und Mäuseplage mit sich, der man mit dem Einsatz von Katzen zu begegnen sucht.

Fleisch kommt nur bei Spitzenverdienern auf den Tisch

Um 1850. In den Jahren 1850 bis 1855 steigen infolge von Mißernten die Lebensmittelpreise im Ruhrgebiet auf das Drei- bis Vierfache. Für Nahrungsmittel müssen Arbeiterfamilien in den 50er Jahren des 19. Jh. 60 bis 70% des verfügbaren Einkommens ausgeben. Der Anteil der Miete am Arbeiterhaushalt beträgt etwa 10%, die Kosten für Kleidung und Wäsche machen 10 bis 15%, die für Heizung und Licht 5% aus.

Für die Ernährung einer von der Stadtverwaltung als wohlsituiert bezeichneten Essener Arbeiterfamilie, bestehend aus Eltern und vier Kindern, werden 1855 wöchentlich veranschlagt: 24 Pfund Brot, 50 Pfund Kartoffeln, 7 Pfund Fleisch, 3 Pfund Mehl, 1 Pfund Kaffee und 2 Pfund Butter. Das bedeutet Ausgaben für Lebensmittel in Höhe von 190 Talern jährlich. Mit den Kosten für Miete, Kleidung etc. ergibt sich ein notwendiges Jahreseinkommen von 310 Talern, das nur von bergmännischen Spitzenverdienern oder mehreren Einkommensbeziehern im Haushalt erreicht werden kann.

Das Jahreseinkommen eines Fabrikarbeiters in der Textilindustrie liegt Mitte des 19. Jh. bei 150 Talern. Die notwendigen Lebenshaltungskosten (inkl. Miete, Kleidung und Heizung) für eine sechsköpfige Familie betragen mindestens 165 Taler im Jahr. Die auch bei sparsamer Lebensführung entstehende Differenz muß durch Arbeit der Frau und der Kinder ausgeglichen werden. Fleisch ist für diese Familie unerschwinglich. Ihre Ernährung besteht aus Kartoffeln mit Gemüse (Bohnen, Erbsen, Rüben, Sauerkraut) und gesäuertem Roggenbrot mit Milch. Zum Frühstück sind Kartoffelpfannkuchen sehr beliebt. Tagsüber wird dünner Zichorienkaffee (Kaffee-Ersatz) getrunken. Arbeiter trinken mehr Branntwein als Bier. Wein steht nur in den »besseren Kreisen« auf dem Tisch.

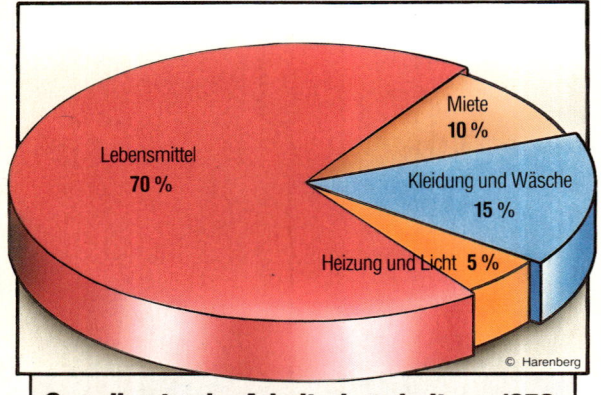

Gruppenaufnahme im Sonntagsstaat in einem der zahlreichen Arbeiterviertel des Industriereviers

1851

1.1. In Duisburg erscheint die erste Nummer der »Rhein- und Ruhrzeitung«.

1.5. Auf der ersten Weltausstellung im Londoner Kristallpalast erhält Alfred Krupp für seine Gußstahlkanone die bronzene Council-Medaille (→ 1862).

12.5. Das preußische Miteigentümergesetz räumt den Bergwerksunternehmen weitgehende Selbstverwaltung und Entscheidungsmöglichkeit ein. Das Gesetz markiert den Beginn freien Unternehmertums im preußischen Bergbau.

1.6. Erstmals seit der Reformation wird in Dortmund wieder eine öffentliche Fronleichnamsprozession durchgeführt.

2.6. Wilhelm Kabeisemann kündigt im »Märkischen Sprecher« die öffentliche Versteigerung seiner Braugeräte an, nachdem die Behörden seiner Kleinbrauerei zu viele Schwierigkeiten gemacht hatten.

1.8. Als Strafe für eine demokratische Demonstration in Recklinghausen (1849) verlegen die preußischen Behörden das Kreisgericht von Recklinghausen nach Dorsten.

7.8. Das preußische Kultusministerium verbietet Kindergärten wegen angeblich »destruktiver Tendenzen auf dem Gebiet der Religion und Politik«.

1851. In Duisburg wird die Niederrheinische Hütte gegründet.

1851. In (Dortmund-)Hörde werden die Kolonien Felicitas und Alter Klarenberg errichtet.

1851. Im Ruhrgebiet gibt es 189 Schachtanlagen, die mit 14 299 Beschäftigten insgesamt 1,8 Mio t Kohle fördern.

1851. In den Essener und Bochumer Revieren des Oberbergamtsbezirks Dortmund sind 142 Dampfmaschinen mit einer Gesamtleistung von 9845 PS in Betrieb.

1851. In Dorsten wird das »Dorstener Wochenblatt« gegründet (später »Dorstener Volkszeitung«).

1851. Der 1848 in Duisburg gegründete Zweigverein der »Assoziation der Zigarrenarbeiter« wird aufgelöst.

1851/52. Der Industrielle und Politiker Friedrich Harkort entwickelt in seinem zweibändigen »Bürger- und Bauernbrief« ein Modell sozialer Integration der Arbeiter in die industrielle Gesellschaft sowie Maßnahmen praktischer Sozialpolitik.

Um 1851. In der Phase des Vormärz setzt sich das Biedermeier als kulturprägend durch. →

GEBOREN:

17.12. Witten: Otto Schott († 27.8.1935, Jena), Chemiker.

Mitbestimmungsrecht für Gewerken

12. Mai 1851. Mit dem preußischen Miteigentümergesetz beginnt der Rückzug des Staates aus dem Bergbau. Die Gewerken erhalten erste Selbstverwaltungsbefugnisse. In einem zum selben Zeitpunkt erlassenen weiteren Gesetz wird der Bergzehnt um die Hälfte auf 5% reduziert. Das Mitsprache-, teilweise sogar Alleinverfügungsrecht der Gewerken erstreckt sich u. a. auf den Werkbetrieb, den Verkaufspreis der Förderung, die vermögensrechtlichen Auseinandersetzungen zwischen den Gewerken bei gemeinschaftlichem Werkbesitz und auf Fragen der Rechnungsführung.

Entscheidende Neuerungen ergeben sich auch für das Verhältnis zwischen Angestellten und Unternehmern. Den Gewerken wird die Wahl der Grubenbeamten sowie die Kontrolle ihrer gesamten Dienst- und Geschäftsführung zugestanden. Gegenüber den nicht knappschaftlich organisierten Bergleuten sind die Gewerken zur Einstellung und Entlassung berechtigt, »insoweit diese nicht durch die Bergbehörde erfolgt«. Zudem werden sie an der Normierung des Normallohnes der Arbeiter beteiligt.

Bergrat Heintzmann

Heinrich Heintzmann (1778–1858) ist als Direktor des Essener Bergamtes mit der Durchführung des Miteigentümergesetzes betraut. Im Sinne des Wirtschaftsliberalismus setzt er sich auch im Vorstand des Vereins für die bergbaulichen Interessen (→ 17.12.1858) für weitgehende Unabhängigkeit der Grubenbetreiber vom Bergamt ein. Sein Großvater, Johann Friedrich Heintzmann, hatte als Direktor des Klevisch-Märkischen Bergamtes das Direktionsprinzip (→ 29.4.1766) eingeführt und war auf entgegengesetztem Weg maßgebend für den Ruhrbergbau geworden, in dem er ihn unter staatliche Aufsicht stellte.

Insbesondere bei kleineren Zechen stößt die neue Regelung auf Widerstand, da die behördliche Betriebsführung die Unkosten verringert hatte. Außerdem fürchten die Kleingewerken die mit den geänderten Bestimmungen zu erwartende Steigerung des Einflusses der großen Gruben. Nur starker behördlicher Druck zwingt auch die kleinen Unternehmen in den folgenden Jahren unter das neue Gesetz.

Zur Unterstützung bei den neuen finanziellen Aufwendungen für die Betriebsführung wird den Grubenunternehmern der halbe Bergzehnt erlassen. Darüber hinaus werden weitere Bergwerksabgaben (u. a. Aufsichts- und Direktionsgebühren) aufgehoben.

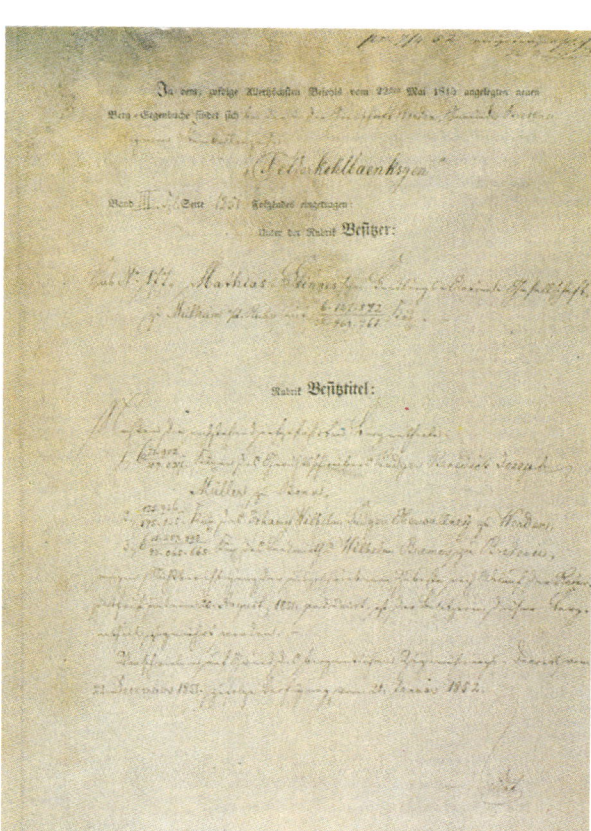
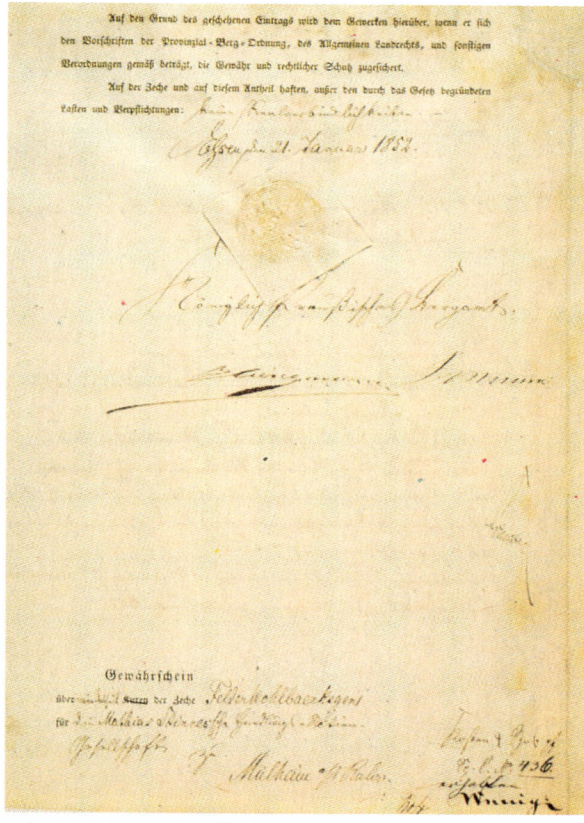

Ein Jahr nach Einführung der Mitsprache der Gewerken erwirbt M. Stinnes Anteile der Zeche Felderkohlbaenskgen

1851

Gemeinsame Zeitung für Rhein und Ruhr

1. Januar 1851. Die erste Nummer der »Rhein- und Ruhrzeitung« erscheint in Duisburg. Das neue Blatt entspringt einer Fusion der »Duisburger Zeitung und Kreisblatt« mit der in Mülheim herausgegebenen »Ruhrzeitung«, ehemals »Wächter an der Ruhr«. Die neue Kreiszeitung für Duisburg und Mülheim besitzt das Lokalmonopol.

Unter der Redaktion von Wilhelm Schroer und Friedrich Albert Lange entsteht ein liberales Blatt, das der Fortschrittspartei nahesteht. In ihren politischen Beiträgen setzen sich die Redakteure vehement für die deutsche Einheit unter der Führung Preußens ein, wenden sich aber in der Bismarck-Ära ab 1862 gegen die Politik des konservativen Ministerpräsidenten.

Die Zeitung veröffentlicht Leitartikel, politische Kommentare, Nachrichten aus der Provinz und den Nachbarstädten sowie ein regelmäßiges Feuilleton. Ihre Abonnenten verteilen sich auf die Städte Duisburg, Mülheim, Ruhrort und deren ländliche Umgebung. Seit dem 22. August 1870 wird auch eine Montagsausgabe herausgegeben, so daß die Zeitung nun täglich und sonntags in zwei Ausgaben erscheint. Die Auflage erhöht sich bis 1890 von 1200 auf 8200 Exemplare.

Biedermeierstil bestimmt den Zeitgeist

Typische Biedermeierszene auf dem Burgplatz in Duisburg vor der Salvatorkirche (Gemälde nach einer Radierung von Th. Weber, 1850)

Um 1851. Das Biedermeier setzt sich in der Phase des Vormärz zwischen 1815 und den 50er Jahren als kulturprägend durch. Die kleinbürgerliche Geisteshaltung und beschauliche Stilrichtung verdeutlicht den Rückzug des Bürgertums ins Private, die Abkehr von der großen Politik. Sie ist Ausdruck der restaurativen Bestrebungen in Preußen. Das Biedermeier prägt den Wohnstil und beeinflußt Malerei und Dichtung. Möbel werden in klaren, oft nur leicht geschwungenen Formen und mit sparsamen Verzierungen vor allem zweckmäßig gestaltet. In der Malerei sind Beschaulichkeit, nüchterne Beobachtung und zurückhaltender Gefühlsausdruck bestimmend. Stimmungsbetonte Genrebilder und humorvolle Darstellungen sind die bevorzugten Gegenstände der bildenden Kunst. Ludwig Richter, Moritz von Schwind und Carl Spitzweg malen im Geist des Biedermeier bürgerlich-behagliche Idyllen. Die Dichtung dieser Zeit ist gekennzeichnet durch die Forderung nach Selbstgenügsamkeit, Schicksalsergebenheit und der Liebe zur Natur. Hervorragende Vertreterin der Belletristik ist die westfälische Schriftstellerin Annette von Droste-Hülshoff. Daneben gibt es eine Flut von dilettantischer Literatur, sog. Trivial-Biedermeier.

Anfänge einer politisch orientierten Presse im Ruhrgebiet

Nach Aufhebung der Pressezensur in Preußen am 17. März 1848 entwickelt sich vor dem Hintergrund wachsender politischer Aktivitäten weiter Bevölkerungskreise eine politisch motivierte Presse im Ruhrgebiet. Ein einseitig auf Unterhaltung und lokale Berichterstattung abgestelltes Zeitungswesen wird durch meinungsbildende Presseerzeugnisse ergänzt.

Führende liberale Publikationen sind die Duisburger »Rhein- und Ruhrzeitung«, das »Recklinghäuser Wochenblatt« und die »Allgemeinen Politischen Nachrichten« in Essen. Eine konservative Meinung vertritt die »Westfälische Zeitung« in Dortmund; dem linken Spektrum zuzuordnen sind das »Hagener Kreisblatt« und der Duisburger »Volksfreund«.

Titelseite des »Recklinghäuser Wochenblattes«

Erscheint ab 1855 in Dortmund: »Westfälische Zeitung«

1852

25. 6. Der Hörder Bergwerks- und Hüttenverein wird in (Dortmund-)Hörde gegründet. →

15. 7. Die evangelische Friedenskirche in (Oberhausen-)Sterkrade wird eingeweiht.

21. 7. Ein Disziplinargesetz ermächtigt die politische Polizei, Beamte auf »richtige Gesinnung« hin zu überwachen.

26. 7. Die 3222 Morgen große Mark in (Oberhausen-)Sterkrade wird auf die einzelnen ortsansässigen und berechtigten Bauern aufgeteilt.

5. 10. Die Gründungsurkunde des Bochumer Gesellenvereins wird vom Initiator der Bewegung, Adolf Kolping, persönlich unterzeichnet. →

1. 12. Duisburg erhält als dritte Stadt im Bezirk der Oberpostdirektion Düsseldorf eine Telegraphenstation.

1852. Alfred Krupp entwickelt den nahtlosen Radkranz für den Eisenbahnbau.

1852. In (Essen-)Kupferdreh entsteht das Hochofenwerk der Aachener Phoenix AG am Frauenberg in der Gemarkung Hinsberg. Der Hauptstandort der Eisenindustrie im Ruhrgebiet ist das Dreiländereck nordwestlich von Essen.

1852. Auf einem Grundstück an der Köln-Mindener Eisenbahnlinie auf dem Gebiet der späteren Gemeinde Oberhausen wird ein Zinkwalzwerk, die Fabrik Altenberg Zink, errichtet.

1852. Die Hermannshütte in (Dortmund-)Hörde wird in eine Aktiengesellschaft umgewandelt.

1852. Die Chemische Fabrik Rhenania AG aus Aachen errichtet in Oberhausen eine Schwefelsäurefabrik.

1852. Eine Streckenführung der Bergisch-Märkischen Eisenbahn wird von Dortmund über Hörde, Unna und Werl nach Soest ausgebaut.

1852. Eine Berliner Zeitung berichtet über Eisensteinfunde im westfälischen Steinkohlengebirge. Sie eröffnen der deutschen Eisenindustrie die Möglichkeit, mit der englischen und belgischen gleichzuziehen.

1852. Das Postamt von Recklinghausen wird im Gasthaus »Römischer Hof«, dem Honoratiorenhotel der Stadt, untergebracht.

1852. Der Cellist Franz Giesenkirchen übernimmt die Leitung der 1846 gegründeten Dortmunder Berufsmusikervereinigung »Löpkesche Gesellschaft«.

1852. In Hamm findet das erste westfälische Musikfest statt, bei dem ein Chor mit 300 Sängern aus verschiedenen Städten auftritt.

Hochöfen und Eisenfabrik des seit 1854 in (Essen-)Kupferdreh tätigen Bergbau- und Hüttenkonzerns Phoenix

Konzerne vereinen Zechen und Hütten

25. Juni 1852. In (Dortmund-)Hörde wird mit Beteiligung einer Kölner Bankengruppe unter Führung des A. Schaafhausenschen Bank-Vereins die Aktiengesellschaft Hörder Bergwerks- und Hütten-Verein gegründet. Dieser erste große Mischbetrieb des Ruhrgebiets vereinigt mehrere Zechen und Hochöfen im Dortmunder Raum.

Große Revierfirmen um 1850

Hüttengewerkschaft und Handlung Jacobi, Haniel & Huyssen in (Oberhausen-)Sterkrade: Schiffahrt, Bergbau und Eisenhütten
Mathias Stinnes in Mülheim an der Ruhr: Schiffahrt und Bergbau
Gußstahlfabrik Fried. Krupp in Essen: Gußstahl
Hörder Bergwerks- und Hüttenverein in (Dortmund-)Hörde: Bergbau und Eisenhütten

---

Der Hörder Verein geht aus der Hermannshütte von Hermann Dietrich Piepenstock hervor, die 1841 ihren Betrieb aufgenommen hatte (→ 23. 11. 1841).
In den Hochöfen des Vereins werden die bei (Dortmund-)Schüren, Aplerbeck und Hörde entdeckten Vorkommen an Kohleneisenstein verarbeitet. Daneben werden eigene Zechen betrieben und neue eingerichtet, z. B. 1855 die Zeche Schleswig in (Dortmund-)Asseln.
Schon drei Jahre nach Gründung des Hörder Vereins sind in den Hütten 2580 Arbeiter beschäftigt, 1857 gilt er als das bedeutendste Eisenwerk im rheinischen und westfälischen Raum.

Im gleichen Jahr wie der Hörder Verein wird in Eschweiler bei Aachen die Phoenix, Anonyme Gesellschaft für Bergbau und Hüttenbetrieb, gegründet, die 1854 mit dem Bau von Hochöfen in (Essen-)Kupferdreh und Ruhrort beginnt. 1855 erwirbt sie ein weiteres Hochofenwerk in (Essen-)Bergeborbeck mit den Grubenfeldern Rheinelbe und Alma, die auf dem Gebiet der späteren Stadt Gelsenkirchen liegen. Außerdem pachtet sie die Essener Zechen Graf Beust und Carolus Magnus. Die Phoenix verarbeitet auf ihren Essener Hütten Eisenerze, die sie in zahlreichen Gruben gewinnt; im Lahngebiet verfügt sie über 100 Gruben, an Rhein und Mosel über 17 und in der Umgebung von Velbert über 75 Gruben. Im Ruhrgebiet entstehen in der Folgezeit zahlreiche Mischbetriebe für Bergbau und Hüttenwesen, wie die Preußische Bergwerks- und Hütten AG (1866) und die Hoesch-Bergwerks AG (1873).
Der regionale Schwerpunkt der Hüttenindustrie verlagert sich mehr in den Westen des Reviers, der aufgrund seiner verkehrsgünstigen Lage (Rheinhäfen) für Eisen- und Stahlunternehmen, die auf Erzimporte angewiesen sind, attraktiv ist.

◁ *Im Jahr der Gründung des ersten gemischten Bergwerks- und Hüttenkonzerns im Revier gelingt Alfred Krupp die Erfindung seines Lebens: Der nahtlose Radkranz für die Eisenbahn. Die neuen Reifen ersetzen in kurzer Zeit die geschweißten Radreifen, die häufig brachen und ein Hemmnis für die Erhöhung der Geschwindigkeit waren.*

1852

Kolping gründet erste Gesellenvereine

5. Oktober 1852. Der Initiator der katholischen Gesellenbewegung, Adolf Kolping, unterzeichnet die Gründungsurkunde des Gesellenvereins in Bochum.

Adolf Kolping, Schuhmachergeselle aus Köln und seit 1845 katholischer Priester, war Mitbegründer des ersten kirchlichen Gesellenvereins in Elberfeld (1846). Von dort ging auf Anregung Kolpings eine Welle von Vereinsgründungen aus, die auch in einer Reihe von Ruhrgebietsstädten zum Zusammenschluß katholischer Gesellen führte, z. B. in Dortmund (7. Oktober 1852) und Hagen (März 1859). Diese Bewegung ist der Ausgangspunkt für das spätere Kolpingwerk, eine internationale Bildungs- und Aktionsgemeinschaft katholischer Handwerker. Die Kolpingfamilie bemüht sich um religiöse Erziehung und soziale, berufliche, musische sowie politische Bildung.

Zu den Vorläufern der katholischen Gesellenvereine zählen die im Mittelalter entstandenen Zünfte, Gilden und Bruderschaften. Die Organisation der Gesellen im Rahmen der Kirchengemeinde bildet einen Ersatz für den mit der Auflösung der Gilden und Zünfte verlorengegangenen ständischen Zusammenhalt der Handwerker. Eine finanzielle Absicherung der jungen Männer, wie sie in der Zunftorganisation bestanden hatte, wird durch Kolpings Vereine nicht geleistet. Sie sind eine Solidaritäts- und Selbsthilfegemeinschaft in einer für das Handwerk schwierigen Zeit (→ 1863). Kolping setzt sich für eine Verbesserung der Bildungssituation der Gesellen ein, er hält Vorträge über die Geschichte des Handwerks und die Probleme der beruflichen Wanderschaft. Dabei bemüht sich der Gesellenvater um eine Einbindung der jungen Handwerker in das bestehende politische System, nicht aber um eine Veränderung der sozialen Verhältnisse.

Da der Verband der »Rheinisch-Westfälischen Gesellenvereine« in seinen Statuten »die Behandlung der Politik und öffentlicher Angelegenheiten« aus der Vereinstätigkeit ausklammern, werden sie nicht vom preußischen Verbot für Arbeitervereine mit sozialdemokratischen, kommunistischen und sonstigen politischen Zielen (13. Juli 1854) betroffen. Kolping selbst wendet sich energisch gegen die immer wieder auftretenden Abweichungen von diesem Grundsatz, um den Bestand der von den Behörden tolerierten Vereine nicht zu gefährden.

Weder die Gesellenvereine, noch die zur gleichen Zeit entstehenden Knappenvereine, die ebenfalls häufig konfessionelle Bindungen haben, können als Vorläufer der späteren Arbeitervereine gelten, da sie weitgehend unpolitisch bleiben. Keimzelle der Arbeiterbewegung sind politische Vereine, die deutsche Gesellen während ihrer Wanderschaft im Ausland bilden.

Adolf Kolping (1813–1865), Gründer nach ihm benannter Gesellenvereine

Staatstelegraphenstation in Duisburg

1. Dezember 1852. Im Gebiet der Oberpostdirektion von Düsseldorf nimmt Duisburg nach Düsseldorf und Elberfeld als dritte Stadt eine Telegrafenstation in Betrieb. Die »Staatstelegraphenstation« ist wie andernorts in der Nähe des Hauptbahnhofs untergebracht und an das von Köln aus entlang der Köln–Mindener Eisenbahnlinie verlaufende Telegrafenkabel angeschlossen. Die Städte Düsseldorf, Duisburg, Oberhausen, Bergeborbeck, Altenessen, Wanne, Dortmund, Hamm und Minden sind durch diese Überland-Telegrafenleitung miteinander verbunden.

Duisburg wird auf der Telegrafenstrecke Köln–Minden–Berlin als Trennstation eingerichtet. Sie kann in jeder der beiden Richtungen selbständig arbeiten und stellt die Verbindung der Linien durch das sog. Umtelegrafieren her.

Den besonderen Eindruck, den die elektromagnetischen Telegrafen auf die Duisburger Bevölkerung machen, schildert die »Rhein-Ruhr-Zeitung« vom 27. Februar 1853: »Seit hier eine Telegraphenstation errichtet ist, hat sich ein nicht geringes Interesse für die zauberischen Wirkungen des Elektromagnetismus kundgetan. In der Tat auch, welch ein reiches Feld bietet sich hier für den spekulierenden Geist, ...«

Bei dem von Charles Wheatstone entwickelten Zeigertelegrafen (hier der Empfänger) sind Ziffern und Buchstaben am Rand einer Scheibe angeordnet; der rotierende Zeiger bleibt auf dem jeweils telegrafierten Zeichen einen Augenblick stehen. Um 1900 beginnen Versuche mit drahtloser Telegrafie.

1853

19. 3. Preußen erläßt eine Städteordnung für Westfalen und sichert sich das Aufsichtsrecht über die städtische Selbstverwaltung. →

11. 4. Die Central-Aktiengesellschaft für Tauerei und Schleppschiffahrt wird in Mülheim gegründet.

16. 5. Das zweite Gesetz zur Regelung der Fabrikarbeit in Preußen schreibt als Mindestalter für Arbeiter zwölf Jahre vor, die tägliche Arbeit für 12- bis 14jährige wird auf maximal sechs Stunden begrenzt. →

1. 10. Die Handwerkerfortbildungsschule in (Dortmund-)Hörde wird eröffnet.

24. 10. Die Bergbau-Aktiengesellschaft Vereinigte Westphalia in Dortmund wird ins Gewerberegister eingetragen.

1853. In (Dortmund-)Körne werden die Schächte Stolberg I und II abgeteuft.

1853. Simon Schott und Carl Hahne gründen unter Beteiligung von mittelständischen Gewerbetreibenden eine Glashütte in Witten.

1853. Johann Gustav Stinnes, der zweite Sohn des Firmengründers Mathias Stinnes, übernimmt die Leitung der Handels- und Schiffahrtsgesellschaft.

1853. In Witten wird mit holländischer Kapitalbeteiligung die Gußstahlfabrik Berger & Co. gegründet.

1853. Die Mülheimer Dampfschiffahrtsgesellschaft wird als Gemeinschaftsprojekt Mülheimer Kohlenhändler gegründet.

1853. Wohlhabende Familien in Dortmund eröffnen eine private Vorschule zur besseren Vorbildung ihrer Kinder für das Gymnasium.

1853. In Mülheim an der Ruhr wird ein Feuerpolizeireglement eingeführt. Die 32 Mann starke Mannschaft bekommt, abgesehen von einer Vergütung bei Brandeinsätzen, nur je 2 Taler Lohn pro Jahr.

1853. Von der Hüttengewerkschaft und Handlung Jacobi, Haniel & Huyssen wird in (Oberhausen-)Osterfeld ein Bohrturm zur Kohlensuche errichtet. Die Arbeiten sind jedoch erfolglos.

1853. In Bochum wird die Brauerei Scharpenseel (später Brauerei Schlegel-Scharpenseel) gegründet.

1853. Das erste Walzwerk der Firma Mayer & Kühne (später: Bochumer Verein) wird in Betrieb genommen.

1853/60. Die deutsch-belgische Gesellschaft S.A. Belge-Rhénane de la Ruhr errichtet in der Gemeinde Rotthausen bei Gelsenkirchen die Schachtanlage Dahlbusch.

1854

Schutzvorschriften regeln Kinderarbeit

16. Mai 1853. In Preußen wird ein zweites Kinderschutzgesetz (→ 9. 3. 1839) erlassen, das die Arbeitszeit für Kinder von zwölf bis vierzehn Jahren auf sechs Stunden einschränkt. Das Mindestalter wird auf zwölf Jahre heraufgesetzt. Die Ortspolizeibehörden können die Durchführung des Gesetzes von Fabrikinspektoren überwachen lassen.

Die Bezirksregierung Düsseldorf weist in einer Stellungnahme zu diesem Gesetz darauf hin, daß Kindern, deren Eltern arbeiten, nach Schulschluß häusliche Aufsicht und Geborgenheit fehlen und daß Arbeit in den rheinischen Textilfabriken Müßiggang und Verwilderung der Kinder vorzuziehen sei.

Westfalen erhält neue Städteordnung

19. März 1853. Die Provinz Westfalen erhält eine neue Städte- und Gemeindeordnung. Sie ersetzt die am 11. März 1850 für die westfälischen Städte und Gemeinden erlassenen Verwaltungsvorschriften.

Die Städteordnung übernimmt von der alten Gemeindeordnung das Dreiklassenwahlrecht und läßt den Städten unabhängig von ihrer Größe die Wahl zwischen Magistrats- und Bürgermeisterverfassung. Auch die neue Landgemeindeordnung übernimmt das Dreiklassenwahlrecht. Die Berechtigung zur Teilnahme an Gemeinde- und Amtsversammlungen ist an Haus- und Grundbesitz und einen bestimmten Steuerzensus gebunden.

Malakofftürme symbolisieren neue Technik

Mit dem Vordringen des Ruhrbergbaus in größere Tiefen seit Mitte des 19. Jh., die leistungsfähige Förder- und Wasserhaltungsmaschinen erfordern, ist eine Weiterentwicklung der Fördertechnik verbunden. Symbol dieser Bergbauepoche ist der sog. Malkoffturm (Abb.). Der Name spielt auf die architektonische Ähnlichkeit der neuen Fördertürme mit dem im Krimkrieg (1853—55) belagerten Fort Malakow bei der Festung Sewastopol an. Beim Malakoffturm ist die Fördermaschine seitlich vom Schachtturm aufgestellt, wobei die schräg wirkenden Seilzugkräfte nur durch massives Mauerwerk aufgefangen werden können. Der Malakoffturm löst die bis dahin übliche Förderung mit Seilwinden ab.

---

24. 1. Der Bochumer Verein für Bergbau und Gußstahlfabrikation wird gegründet. →

2. 4. Joseph Cosack erhält die Konzession zur Errichtung eines Eisendrahtwerkes im Westen von Hamm. →

10. 4. Das Knappschaftsgesetz, das die Einrichtung von Knappschaftsvereinen und Zwangsmitgliedschaft vorschreibt, tritt in Kraft. →

21. 6. Mit der Massener Gesellschaft für Kohlebergbau wird die erste Bergwerksgewerkschaft Unnas gegründet.

2. 7. Die Unternehmer Gustav Thier, Wilhelm von Hövel und Heinrich Sonnenschein gründen die Dortmunder Brauerei Hövel, Thier & Co. →

6. 7. Der Unternehmer William Thomas Mulvany erhält das Mutungsrecht für ein Grubenfeld auf dem Gebiet der späteren Stadt Gelsenkirchen. →

13. 7. Nach einem Beschluß des Bundestages werden Arbeitervereine mit sozialistischen, kommunistischen oder anderen politischen Zielen verboten.

12. 8. Die Beschäftigung im Steinkohlenbergbau unter Tage wird für Jugendliche und Kinder bis zum vollendeten 16. Lebensjahr untersagt.

4. 9. Die Dortmunder Bergbau-Aktiengesellschaft Tremonia wird gegründet.

18. 10. In Essen wird das Krankenhaus Huyssenstift eröffnet. Der frühere Bürgermeister der Stadt, Heinrich Arnold Huyssen, hatte das an der Kettwiger Chaussee liegende Hospital als Stiftung gegründet. →

7. 12. In Duisburg wird die städtische »Gas-Erleuchtungsgesellschaft« gegründet.

1854. Auf dem Holzwickeder Brauck wird die Steinkohlenzeche Caroline angelegt.

1854. Am Niederrhein entstehen die Hüttenwerke Phoenix, Vulkan und Johannishütte. →

1854. Braumeister Johann Joachim Schlegel aus Mittelfranken errichtet in Bochum seine »Bayerische Bierbrauerei«.

1854. Am westlichen Stadtrand von Lünen wird die Luisenhütte der Firma Potthoff & Flume erbaut. Ihre ersten Erzeugnisse sind Töpfe, Öfen und Kessel.

1854. Mit der Gründung der Henrichshütte zieht in Hattingen die Schwerindustrie ein. →

1854/57. Die Hüttengewerkschaft und Handlung Jacobi, Haniel & Huyssen errichtet die Zeche Oberhausen.

GEBOREN:

17. 2. 1854. Essen: Friedrich Alfred Krupp († 22. 11. 1902, Essen), Industrieller.

Knappschaft wird erneut reformiert

10. April 1854. Das reformierte Knappschaftsgesetz für die Bezirke des Märkischen und Essen-Werdenschen Bergamtes tritt in Kraft.

Es löst den standesmäßigen Zusammenschluß der Knappschaftsvereinigung zugunsten einer versicherungstechnischen Institution ab. Die Knappschaft wird durch das neue Gesetz aus der Zuständigkeit der Bergbehörde entlassen und als selbstverwaltete Körperschaft unter begrenzte Aufsicht der Behörde gestellt. Das Knappschaftsgesetz regelt die sozialen Belange der Bergarbeiter bei Krankheit, Unfall und Invalidität. Je nach Bildung, Familienstand und Dauer des Arbeitsverhältnisses werden die Beschäftigten drei verschiedenen Versicherungsklassen zugeordnet.

Die drei Knappschafts-Klassen

1. Klasse: Sie besteht aus eingeschriebenen Bergleuten, die dauerhaft beschäftigt sind. Sie erhalten den vollen Versicherungsschutz und erlangen mit Gründung des Ehestandes Kündigungsschutz. Für die Kinder der Bergleute wird das Schulgeld erstattet.

2. Klasse: Sie besteht aus den eingetragenen, jungen Bergleuten. Diese erhalten im Krankheitsfall nur eine zeitlich begrenzte Unterstützung und genießen nicht den vollen Kündigungsschutz.

3. Klasse: Hierzu gehören die Bergtagelöhner. Sie sind von der sozialen Sicherung ausgeschlossen und werden in betriebsschwachen Jahren zuerst entlassen.

Bergleute der ersten und zweiten Klasse müssen den vollen Arbeiterbeitrag bezahlen, während in der dritten Klasse nur der halbe Beitrag verlangt wird.

Knappschaftszugehörigkeit bedeutete auch noch nach dem letzten Reformgesetz (→ 14. 12. 1824) nicht nur soziale Absicherung, sondern auch die Anerkennung standesgemäßer Verpflichtungen. So mußten die Bergleute zur Knappschaftsversammlung in bergmännischen Uniformen erscheinen und diese auch zu besonderen Festlichkeiten tragen. Damit sollte das Bewußtsein der Eigenständigkeit und des Zusammenhalts dokumentiert werden.

1854

Erste Tiefbauzeche in Gelsenkirchen

6. Juli 1854. Nach einer Besichtigung im Herbst 1853 erwirbt der Ire William Thomas Mulvany (→ 1857) von Ludwig von Oven die Rechte an dem Grubenfeld Ludwigsglück auf dem Wiehagen in der Nähe des Gelsenkirchener Bahnhofs. Nach der Gründung einer neuen Berggewerkschaft unter ausschließlich irischer Beteiligung am 1. März 1855 in Bochum beginnen im selben Jahr, am 17. März 1855, dem irischen Nationalfeiertag St. Patrick, die Abteufarbeiten für den ersten Tiefbauschacht auf dem Gebiet der späteren Stadt Gelsenkirchen. Die Leitung des Unternehmens hat der englische Ingenieur William Coulsen, der namhafteste und erfolgreichste Experte im Schachtabteufen in Europa. Statt die Schachtwände auszumauern, kleidet Coulsen sie nach einem neuen Verfahren mit gußeisernen Ringen, sog. Tübbings, vollständig aus.

In einer Rekordzeit von zwei Jahren erreicht der Schacht am 9. Juli 1857 auf 112 m Tiefe das erste Kohleflöz. Im Sommer 1858, nach Durchteufen von sechs Flözen, nimmt die Zeche mit einer Belegschaft von 200 Mann die Förderung auf. Anläßlich der Vereinigung des Grubenfeldes Ludwigsglück mit dem benachbarten Feld Neu-Christianenglück am 18. April 1857 gibt Mulvany der Schachtanlage den Namen Hibernia. Hibernia ist der lateinische Name für Irland und bedeutet Grüne Insel.

W. T. Mulvany

Schachtanlage Hibernia in Gelsenkirchen, gegründet von W. T. Mulvany

Bochumer Gußstahlfabrik vergibt Aktien

24. Januar 1854. Die Firma Mayer & Kühne wird in die Aktiengesellschaft Bochumer Verein für Bergbau und Gußstahlfabrikation umgewandelt; die Finanzierungsprobleme der Firma machten diesen Schritt notwendig, um der Produktion neues Kapital zuzuführen.

Jacob Mayer   *Eduard Kühne*

Der Schwabe Jacob Mayer und der aus Hamburg kommende Eduard Kühne hatten 1842 in Bochum eine Fabrik für Gußstahlfabrikation gegründet, in der Mayer 1850 mit dem Stahlformguß eine wichtige technische Neuerung in der Entwicklung der Stahlindustrie erfand. Als die Firma zur Aktiengesellschaft umgewandelt wird, um sie mit einem Grundkapital von 1 Mio Talern auf einen sicheren finanziellen Boden zu stellen, waren die ersten Kanonen und Glocken bereits produziert worden.

Am 2. Dezember 1854 wird Louis Baare zum Generaldirektor gewählt. Baare führt Eisenbahn-Material in das Produktsortiment der Gußstahlfabrik ein. Während der nächsten 40 Jahre expandiert das Unternehmen zum zweitgrößten deutschen Stahlwerk.

Imposante Architektur: Schmelzbau des Bochumer Gußstahlwerks

Hüttenindustrie am oberen Niederrhein

1854. In Duisburg-Hochfeld nehmen die Eisen- und Stahl-Hüttenwerke Vulkan und Johannishütte den Betrieb auf. Beide Werke sind von niederländischen Konsortien finanziert worden.

Die Entwicklung der Duisburger Hüttenindustrie begann 1851 mit der Niederlassung der Niederrheinischen Hütte am Rheinufer. Der Lintorfer Handelskaufmann Wilhelm Stein und der Düsseldorfer Tuchfabrikant Peter Göring gründeten die Hütte, zu der Eisensteingruben im Nassauischen und im Siegerland gehörten. 1852 wird von belgischen und französischen Unternehmern die Phoenix-Hütte zwischen (Duisburg-)Laar und Ruhrort errichtet.

Hamm wird Standort eines Drahtwerkes

2. April 1854. Der Magistrat von Hamm erteilt dem Unternehmer Joseph Cosack die 1853 von ihm beantragte Konzession zur Errichtung eines Drahtwalzwerkes in der Westenfeldmark. Das Werk ist Ausgangspunkt für die weitere Industrialisierung der Stadt. Für die Standortwahl bei der Firmengründung war die Verkehrslage von Hamm entscheidend: Auf der Lippe können günstig Massengüter transportiert werden, und die Stadt hat hervorragende Eisenbahnverbindungen.

Eisenhütte jetzt auch bei Hattingen

1854. Die Henrichshütte wird auf dem Gelände von Hattingen durch den Unternehmer Graf Heinrich von Stolberg-Wernigerode gegründet.

Das Hüttenwerk, das später zum Thyssen-Konzern gehört, entsteht an der Stelle des wiederentdeckten Spateisenflözes, das bereits 1200 – 1225 das notwendige Rohmaterial für die Eisenverhüttung auf Burg Isenburg geliefert hatte.

Die Gründung der Hütte leitet den Einzug der Metallverarbeitung in den Hattinger Raum ein. Begrüßt wird das neue Unternehmen vor allem von den Tagelöhnern; die übrigen Bewohner befürchten negative Auswirkungen wie Lärmbelästigung und Schmutzentwicklung durch das Stahlwerk.

H. Sonnenschein, Mitinhaber von 1854 bis 1876 *Wilhelm von Hövel, Mitinhaber von 1854 bis 1874* *Gustav Thier, Mitinhaber von 1854 bis 1875*

Thier-Brauerei gegründet

2. Juli 1854. In Dortmund gründen Gustav Thier, Wilhelm von Hövel und Heinrich Sonnenschein die Großbrauerei von Hövel, Thier & Co. Das Unternehmen gehört zu den ältesten Brauereien der Stadt, die nach der untergärigen Methode (→ Sommer 1843) brauen.

Das Grundstück der neuen Firma liegt an geschichtsträchtiger Stelle in der Dortmunder Altstadt. Beim Ausschachten der ersten Brauereikeller findet man eine römische Urne. Ihr Reliefschmuck zeigt springende Hirsche, Eber und Hasen sowie Eichenblätter zwischen halbkreisförmig gekrümmten Ranken. Diese Darstellungen werden zum wesentlichen Bestandteil des Markenzeichens der neuen Brauerei.

Auf dem Brauereigelände befand sich im Mittelalter ein Reichshof im Besitz des Grafen von Dortmund. 1898 wird der Name der Brauerei daher vorübergehend in »Dortmunder Hofbrauerei Thier & Co.« geändert.

Huyssen stiftet Krankenhaus für Essen

18. Oktober 1854. *An der Kettwiger Chaussee 2 in Essen wird das Huyssen-Stift (Abb.) eröffnet. Das Krankenhaus mit 36 Betten ist eine Stiftung des ehemaligen Essener Bürgermeisters Heinrich Arnold Huyssen, der von 1813 bis 1818 im Amt war. Als der Plan zur Errichtung des Krankenhauses bekannt wurde, stiftete der preußische König Friedrich Wilhelm IV. 2500 Taler zur Unterhaltung eines Bettes.*

Die Bauarbeiten am Huyssen-Stift, dessen Grundstein am 18. April 1853 gelegt wurde, leitete der Kreis- und Kommunalbaumeister Karl Freyse.

1855

1. 1. In Recklinghausen wird die erste Kreissparkasse eröffnet.

30. 1. In Essen wird eine Gasgesellschaft gegründet; ab August des Jahres übernimmt sie die Straßenbeleuchtung. →

Frühjahr. Der Mülheimer Hafen wird eröffnet. Hauptpächter der Magazine sind die Firmen Stinnes und Haniel.

9. 9. Die von Wilhelm Crüwell in Paderborn gegründete »Westfälische Zeitung« verlegt ihren Sitz nach Dortmund.

10. 11. Die Sparkasse des Amtes Aplerbeck wird eröffnet.

17. 11. Die Dortmunder Bergbau- und Hütten Aktiengesellschaft wird gegründet.

1855. Wilhelm Justus Baedekker veröffentlicht das Werk »Die Eier der europäischen Vögel«.

1855. Der Schriftsteller Levin Schücking veröffentlicht sein Werk »Eine Eisenbahnfahrt durch Westfalen«. →

1855. Auf der Weltausstellung in Paris tragen die Erzeugnisse der Firma Krupp dem Familienunternehmen und der Stadt Essen Weltruf ein (→ 1862).

1855. Auf der Zeche »Vereinigte Geschwind« in Witten wird ein Wetterkamin errichtet. →

1855. In Essen wird die Bergbaugesellschaft Nordstern gegründet. Sie ist bis 1888 unter dem Namen Société Anonyme des Charbonnages du Nord in französischen Händen.

1855. Die Wittener Gußstahlfabrik Lohmann erhält für ihr Tiegel-Gußstahl-Herstellungsverfahren auf der Pariser Weltausstellung – wie schon zuvor auf den Industrieausstellungen in New York und Berlin – hohe Auszeichnungen.

1855. Katholische Knappenvereine entstehen in (Essen-)Altenessen, in den folgenden Jahren auch in den Gemeinden Steele und Rellinghausen. →

1855. In (Dortmund-)Asseln beginnen die Abteufarbeiten für die Zeche Schleswig.

Um 1855. In Mülheim an der Ruhr wird die Zeche Rosenblumendelle errichtet.

1855/58. Germania in (Dortmund-)Marten wird abgeteuft.

1855/59. Die Bergbaugesellschaft Neu-Essen teuft den Schacht Heinrich-Theodor ab.

1855/61. Die Zeche Rheinelbe wird in Gelsenkirchen gegründet.

GEBOREN:

7. 3. 1855. Mülheim an der Ruhr: Karl von den Steinen († 4. 11. 1929, Kronberg im Taunus), Forschungsreisender, Ethnologe und Arzt.

Bergleute gründen ihren ersten Verein

1855. Der erste Bergmannsverein des Ruhrgebiets wird in (Essen-)Altenessen gegründet. Im Essener Raum entstehen in der Folgezeit weitere Bergmanns- und Knappenvereine; von dieser Region ausgehend setzt sich die Vereinsbewegung der Bergleute auch ins westfälische Ruhrgebiet fort. Auslöser der

Bergmann aus dem Ruhrgebiet in Feiertagstracht (um 1850)

Vereinsgründungen ist das Knappschaftsgesetz der preußischen Regierung (→ 10. 4. 1854).

Das Gesetz löste die Versicherungsanstalt der Knappschaft völlig aus ihrer gemeinschaftsbildenden ständischen Funktion heraus. Geselligkeit und ständische Abgrenzung werden als Aufgaben von der Knappschaft nicht mehr wahrgenommen, so daß die Bergleute eigene Vereine gründen, um diese Bedürfnisse aufzufangen.

Geselligkeit ist der Hauptzweck der Bergmannsvereine. Die Bergleute des Vereins von Niederwenigern z. B. bilden eine eigene Gesangsgruppe und spielen Laientheater. Bei öffentlichen Auftritten demonstrieren die Knappen ihre Zugehörigkeit zum Verein mit Fahne, Uniform und Bergmannslampe. Jährlich werden Stiftungsfeste mit Festzügen begangen, zu denen auch benachbarte und befreundete Vereine eingeladen werden.

Aus der Tradition dieser Bergmannsvereine entstehen auch katholische und christlich-soziale Knappen- und Arbeitervereine.

1855

Fahrplan
für die
Köln-Mindener Eisenbahn
in Verbindung mit den Anschluß-Bahnen
für die Zeit vom 21. November 1855 bis auf weitere Bekanntmachung.

»Eine Eisenbahnfahrt durch Westfalen«

1855. Das Buch »Eine Eisenbahnfahrt durch Westfalen« des westfälischen Schriftstellers Levin Schücking wird in der Reihe »Brockhaus' Reise-Bibliothek« veröffentlicht. Der Autor schildert in diesem Essay die landschaftlichen, historischen und kulturellen Gegebenheiten des westfälischen Siedlungsraumes. Zwei große Eisenbahnlinien durchkreuzen die westfälische Ebene: Die Köln-Mindener Strecke (Abb.: Fahrplan) führt vom Rhein über Duisburg, Dortmund, Hamm und Bielefeld nach Minden. Die Reiseroute Levin Schückings mit der Westfälischen Eisenbahn verläuft von Warburg aus über Soest, Hamm, Münster, Rheine bis zur westfälischen Grenze bei Papenburg. Über das Eggebirge kommend, erreicht er mit der Bahn das Ruhrgebiet:
»Wir nahen uns Hamm. Dies ist der bedeutendste von allen Orten, welche unmittelbar an der Lippe liegen; es ist der Centralpunkt der ganzen Lippelinie und liegt obendrein gerade da, wo eine Fortsetzung der langen nach Norden gerichteten Emslinie auf die Lippe stößt. Die Stadt mußte also von jeher eine gewisse Bedeutung behaupten; heute hat sie eine doppelte bekommen, weil die Westöstliche, die Deutz-Mindener Eisenbahn hier sich mit der Westfälischen Eisenbahn durchkreuzt. Sie nimmt seitdem einen Aufschwung, der unberechenbar ist, und dem nur die neugeführte Eisenbahnlinie von Soest nach Dortmund einigen Eintrag thut. Hamm war ehemals die Hauptstadt der Grafschaft Mark. (...) Das Land selbst hat einen hohen Grad von Kultur, von Industrie und von Wohlhabenheit unter der preussischen Verwaltung erreicht. Es beutet mit betriebsamer Thätigkeit die Schätze seines Bodens aus, und entwickelt sich stellenweise mehr zu einem Fabrikdistrict nach englischem Maßstab. Die Gußstahlfabriken, die Kohlenzechen, die Schmelzereien und Gießereien vermehren sich von Jahr zu Jahr; von Jahr zu Jahr wächst die Anzahl der Schiffe auf den beiden Flüssen, der Lippe und der Ruhr; für die Ruhr hat sich jetzt auch eine Schleppdampfschiffahrtsgesellschaft, die ihren Sitz in Mülheim an der Ruhr hat, constituirt«.

Frischluft unter Tage

1855. Im Zuge des Übergangs zum Tiefbau wird auf der Zeche Vereinigte Geschwind in Witten ein Wetterkamin errichtet. Wetter bezeichnen im Bergbau die in der Grube vorhandene Luft. Diese Luft muß ständig erneuert werden, da durch Atmung und brennende Lampen Sauerstoff verbraucht und die Luft mit Kohlensäure angereichert wird. Durch Sprengungen und häufige Grubenbrände an Betriebspunkten mit hohen Temperaturen entstehen außerdem Gase, u. a. hochexplosives Kohlenoxyd und Schwefelwasserstoff. Der Bergmann spricht von bösen oder Schlagenden Wettern.
In kleinen Schachtanlagen strömt durch den Stolleneingang Frischluft in die Grube ein, die bei ihrem Austritt aus dem Schacht die verbrauchten Luftmassen mit sich führt. Bei größerer Ausdehnung der Untertageanlagen reicht die natürliche Luftzufuhr nicht mehr aus: Die mit zunehmender Tiefe wärmere Luft sammelt sich auf der Schachtsohle, es kommt zu einem Stillstand der Wetterbewegung. Um einen Luftstrom zum Schachtausgang hin zu erzeugen, muß die Temperatur im Schacht künstlich erhöht werden. Bis zur Mitte des 19. Jh., als Ventilatoren für einen ausreichenden Luftaustausch sorgen, übernehmen Wetteröfen und -kamine die Erwärmung und Abfuhr schlechter Wetter.

Wetterkamine führen die durch Öfen erhitzte Abluft aus den Schächten ab

Bochumer Brauer

Johann Joachim Schlegel (Abb.), aus Mittelfranken zugezogener Bierbrauer in Bochum, trägt mit seiner »Bayerischen Bierbrauerei« zur Verbreitung des hellen, untergärigen Bieres im Ruhrgebiet bei. Das Bochumer Bier kann sich trotz der Dortmunder Konkurrenz durch seine Qualität durchsetzen.

Essener Gaswerk nimmt den Betrieb auf

30. Januar 1855. In Essen wird eine private Gasgesellschaft mit einem Gründungskapital von 56 000 Talern gegründet. Das Gaswerk, mit dessen Errichtung sofort begonnen wird, nimmt ein Jahr später den Betrieb auf. Durch Erhitzung von Steinkohle unter Luftabschluß wird hier Leuchtgas gewonnen.
Am 18. August 1855 schließt die Gasgesellschaft mit der Stadt Essen einen Vertrag ab, worin sie sich zur Beleuchtung der Straßen und Plätze Essens für 30 Jahre verpflichtet. Die Gasgesellschaft beliefert zusätzlich private Kunden und öffentliche Einrichtungen. Der Preis für eine Brennstunde beträgt drei Pfennige bei einer Mindestabnahme von 80 000 Brennstunden.
Die Straßen der Stadt Essen waren bisher mit Öllampen beleuchtet worden, die allerdings nur im Winter betrieben wurden. Für die Ölbeleuchtung muß die Stadt 1855 rund 850 Taler aufwenden. Durch den zügigen Ausbau der Gaslaternenbeleuchtung steigen naturgemäß auch die Kosten, 1860 auf rund 1300 Taler und 1865 auf etwa 4200 Taler.
Als es zwischen Gasgesellschaft und der Stadtverordnetenversammlung häufige Auseinandersetzungen wegen mangelhafter Unterhaltung der Straßenbeleuchtung gibt, wird der Aufkauf der Gasgesellschaft durch die Stadt Essen beschlossen. Um den Mängeln schließlich abzuhelfen, geht am 1. Juli 1865 das Gaswerk für 176 000 Taler in den Besitz der Stadt über. Die städtische Gasanstalt wird vom Bürgermeister, vier Stadtverordneten und dem ersten Techniker des Gaswerkes geleitet.

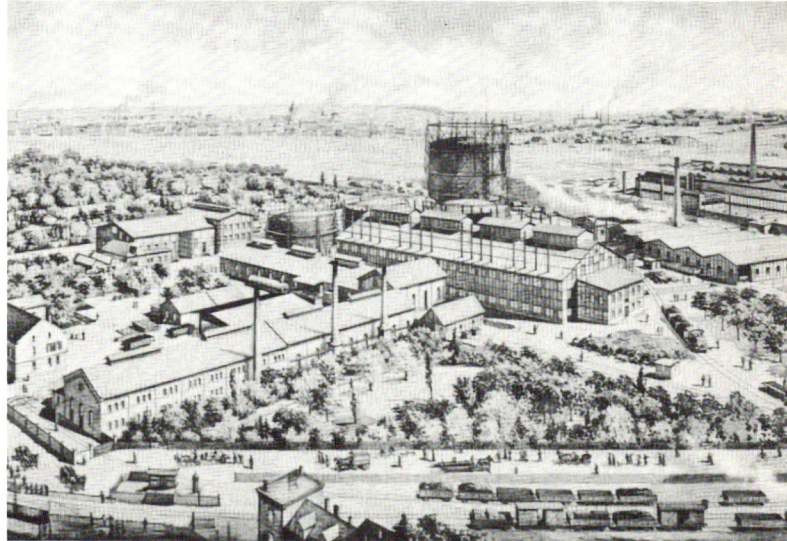
Durch Vergasung von Kohle kann die Essener Gasanstalt (hier nach späterem Ausbau) für die Straßenbeleuchtung notwendiges Leuchtgas liefern

1856

1. 1. Die Dortmunder Telegrafenstation wird eröffnet.

18. 4. Die Firma Krupp in Essen richtet für ihre Belegschaft eine Betriebskrankenkasse mit Beitrittspflicht ein. →

24. 4. In Dortmund wird der »Canal-Verein behufs Anlage eines Canals zwischen Rhein und Elbe bzw. Jahde« ins Leben gerufen. →

1. 7. Im Rahmen des Streckenausbaus der Köln-Mindener Eisenbahn wird die Teilstrecke zwischen der späteren Stadt Oberhausen und Dinslaken eröffnet.

30. 7. Nach seiner Auflösung 1851/52 wird der Dortmunder Turnverein, die spätere »Eintracht«, neu gegründet.

16. 9. In Unna wird die Bergbau AG Hellweg gegründet (mit den Schächten Gutglück, Friederica und Hellweg).

1856. Im Ruhrgebiet werden zahlreiche Bergwerksunternehmen gegründet und neue Zechen angelegt. →

1856. Die Berg- und Hüttenarbeiter der Hermannshütte in (Dortmund-)Hörde streiken.

1856. Mit der Abteufung des Schachts Prosper I in Ebel beginnt im Bottroper Raum die Industrialisierung.

1856. Die evangelischen Lehrer des Regierungsbezirks Arnsberg gründen die Standesorganisation »Natorp-Stiftung« zur Verbesserung ihrer Lage. →

1856. Die Industrie- und Handelskammer für Bochum wird gegründet.

1856. In Hagen gründen Wilhelm Funcke und Eduard Elbers ein Puddel- und Walzwerk.

1856. Wilhelm Breitenbach und Gustav Huicking errichten das erste metallverarbeitende Unternehmen in der Stadt Unna.

1856. Die »Ruhrort-Homberger-Rhein-Trajektanstalt« nimmt den Betrieb auf. →

1856/57. Die ersten Schächte der Zeche Hannover in Bochum-Hordel werden abgeteuft.

1856/58. Die englische Ruhrort Mining Co. errichtet in Ruhrort die Zeche Westende.

1856/59. In Bochum wird das Steinkohlen-Bergwerk Neu-Iserlohn abgeteuft.

1856/60. Die Magdeburger Bergwerks AG läßt in Wanne das Bergwerk Königsgrube errichten.

1856/60. In Unna wird die Zeche Alter Hellweg errichtet.

1856/60. In Wattenscheid wird die Schachtanlage Holland abgeteuft.

1856/64. Die Ver. Westphalia AG errichtet in Dortmund das gleichnamige Bergwerk.

Kohle und Koks haben Hochkonjunktur

1856. Die seit Beginn der 50er Jahre herrschende Hochkonjunktur im Ruhrgebiet tritt in ihre Endphase ein. Zahlreiche Bergwerksunternehmen werden gegründet und neue Bergwerke angelegt. Die meisten Neugründungen erfolgen in Form von Aktiengesellschaften, die seit dem Aktiengesetz (→ 9. 11. 1843) die Kapitalbeschaffung erleichtern.

Die wirtschaftlichen Möglichkeiten des Ruhrgebiets werden in den 50er Jahren auch im Ausland bekannt. Viele Gesellschaften entstehen unter Beteiligung ausländischen Kapitals, das aus Frankreich, Belgien, Holland und England in die aufstrebende Wirtschaftsregion strömt.

Ausschlaggebend für den Aufschwung sind rechtliche Veränderungen und technische Neuerungen. Neben dem Aktiengesetz, das die Finanzierung unternehmerischer Initiativen ermöglicht, wird das Miteigentümergesetz erlassen (→ 12. 5. 1851); es erlaubt dem Grubenvorstand, den Betrieb in eigener Verantwortung und unabhängig von den Bergämtern zu führen.

Meilensteine des technischen Fortschritts waren der Durchstoß der Mergelschicht und der Beginn der Kohleförderung aus Tiefbauzechen (→ August 1832), wodurch größere Kohlevorkommen erschlossen wurden, sowie die Einführung von Koksöfen im Ruhrgebiet, nachdem ein neues Verfahren für die Verkokung von Ruhrkohle entwickelt worden war. Julius Römheld nahm auf einer Zeche in Mülheim 1847 den ersten Koksofen in Betrieb. In den 50er Jahren stellt sich heraus, daß die Fettkohle des Ruhrgebiets einen vorzüglichen Koks ergibt.

Während der Hochkonjunktur der 50er Jahre steigen die Fördermengen und Preise der Kohle entsprechend der gestiegenen Nachfrage. Seit 1851 ist der Verbrauch der Eisen- und Stahlwerke, die in dieser Zeit ebenfalls einen Aufschwung erleben, um das Zweieinhalbfache gestiegen; 1856 nehmen sie 17% der Ruhrkohleförderung ab. Auf die übrigen Industrien, auf Dampfschiffe und auf die Haushalte entfallen 46,7%, von den Ruhrhäfen aus werden 27,2% in die Rheinregion verschifft, 2,9% verbrauchen die Eisenbahnen und 6,2% benötigen die Gruben für den Eigenbedarf.

Neue Bergwerksgesellschaften

▷ Bergbau-Aktien-Gesellschaft Tremonia, Dortmund
▷ Bergbau-Aktien-Gesellschaft Neu-Duisburg, Duisburg
▷ Ruhrort Mining Company in (Duisburg-)Ruhrort (mit Zeche Westende in Ruhrort)
▷ Bergbau-Aktien-Gesellschaft Glückauf, Mülheim an der Ruhr (mit Zeche Carolinenglück bei Bochum)
▷ Broicher Bergwerks-Aktien-Verein, Mülheim an der Ruhr (mit Zeche Wiesche bei Heißen)
▷ Bergbau-Aktien-Gesellschaft Holland, Wattenscheid (mit Schachtanlage Holland)
▷ Aplerbecker Aktien-Verein, Dortmund (mit Zeche Vereinigte Margarethe bei Sölde)
▷ Harpener Bergbau-Aktien-Gesellschaft, Dortmund (mit den Schachtanlagen Heinrich Gustav in Altenbochum, Neu-Iserlohn in Bochum und Prinz von Preußen in Werne)
▷ Bergbau-Aktien-Gesellschaft Hellweg, Unna (mit Zeche Alter Hellweg)

Trajektanstalt nimmt den Fährbetrieb auf

1856. Die Ruhrort-Homberger Trajektanstalt nimmt den regelmäßigen Fährverkehr über den Rhein auf. Kernstück dieser Anlage sind zwei mächtige Hebetürme auf beiden Seiten des Flusses, in denen die Waggons und Lokomotiven mittels eines dampfgetriebenen Aufzugs von den Gleisen auf die Decks der Fähren befördert werden (Abb.). Im Hebebetrieb werden schon im ersten Jahr 47 050 Waggons verladen.

Dampfgetriebene Wasserhebungsmaschine, die auf Zechen eindringendes Grundwasser aus den Schächten pumpt; r. u. einer der beiden Kolben, die abwechselnd mit Dampf gefüllt werden und die Zylinder durch Druck heben

Gesteins- und Kohlenhauer auf der Zeche Blankenburg im Hammerthal beim Streckenausbau unter Tage; die Hauer r. und l. h. treiben mit Meißel und Handfäustel Bohrlöcher ins Gestein, die mit Sprengstoff gefüllt werden

Technik revolutioniert Steinkohlenbergbau

Nachdem der Ire William Thomas Mulvany am 17. März 1855 mit dem ersten Spatenstich zur Abteufung eines Tiefbauschachtes in Gelsenkirchen in der Emscherregion eine neue Epoche des Ruhrbergbaus eingeleitet hatte, verliert die Bergbauregion an den Hängen der Ruhr zunehmend an Bedeutung. Bereits zwei Jahre vorher hatte die preußische Bergbehörde in einem amtlichen Bericht festgestellt, daß im Raum Essen der Stollenbergbau ganz zurückgetreten sei. Nur südlich der Ruhr, bei Haßlinghausen und Herzkamp, spielten Stollenzechen noch eine Rolle, ferner im Süden der Stadt Bochum bei Stiepel und bei Dahlhausen.

Mit der Ausdehnung des Bergbaus von den Ufern der Ruhr ins mittlere Revier im Zuge der Erschließung neuer Kohlevorkommen in der Emscherzone vollzieht sich eine technische Revolutionierung des Bergbaus. 1801 nahm die Zeche Vollmond bei Bochum als erste Revierzeche eine Dampfmaschine zur Wasserhaltung in Betrieb. In den folgenden Jahren wurde die Dampfkraft beim Vordringen in größere Tiefen zum Abpumpen der beim Abteufen immer wieder hereinbrechenden Wassermassen unentbehrlich. Schuf die Dampfmaschine die wichtigste technische Voraussetzung für den Übergang vom Stollen- zum Tiefbau, so lieferte der erstmals 1832 gelungene Durchbruch durch die Mergeldecke den geologischen Beweis, daß eine Ausweitung des Bergbaus über die eigentliche Ruhrregion hinaus möglich ist. Neue Abteufverfahren in den 50er Jahren des 19. Jh. beschleunigen den Vorstoß des Bergbaus in die Tiefe (→ 6. 7. 1854). Die Einführung der Pferdeförderung unter Tage (→ um 1850) schafft schließlich auch Erleichterungen am Arbeitsplatz des Bergmanns.

Kohlenschlepper in der Strecke mit leerem Kohlenwagen beim Passieren einer feuersicheren Wettertür

Kohlenhauer (o.) und Grubensteiger (u.) vor Ort, Zeche Blankenburg im Hammerthal (Witten)

Bergleute beim Erneuern des Streckenausbaus; alte Stempel werden durch kräftigere Hölzer ersetzt

Trotz technischer Fortschritte bleibt der Kohleabbau in niedrigen Stollen Schwerstarbeit

1856

Dortmunder Kanalverein plant eine künstliche Wasserstraße zwischen Rhein und Elbe

24. April 1856. Mit dem Ziel der Absatzsteigerung durch bessere Transportmöglichkeiten wird in Dortmund der »Canal-Verein behufs Anlage eines Canals zwischen Rhein und Elbe bzw. Jahde« gegründet. Gleichzeitig veröffentlicht der Verein die »Denkschrift eine Canal-Anlage zwischen Rhein und Elbe etc. betreffend« (Abb.). Das Dortmunder Kanalkomitee war auf Initiative des Kreisbauinspektors von Hartmann entstanden. Wesentlichen Einfluß auf das Projekt nahm auch der Unternehmer Friedrich Harkort. Am 26. März 1856 veröffentlichte das Dortmunder Kreisblatt einen Aufruf mit der Werbung um Unterstützung. Die Denkschrift stellt vor allem die Absatzprobleme des Bergbaus in den Vordergrund:

»Dafür muß ... ein neuer Markt aufgesucht werden: Diesen Markt bieten die östlichen Provinzen des preußischen Staates, sofern es gelingt, der englischen Kohle Concurrenz zu bieten. Dieses Gelingen aber ist durch billigere Frachten und stärkere Transportmittel bedingt, als die Eisenbahnen je werden bieten können.«

Die Linienführung des geplanten Kanalverlaufes (Karte) ist von Westen nach Osten ausgerichtet. Die deutschen Flüsse sollen verbunden werden, wobei die Hellwegstädte (Duisburg, Mülheim, Essen, Bochum, Dortmund) besonders berücksichtigt werden. Trotz großer öffentlicher Resonanz steht die Regierung dem Projekt ablehnend gegenüber.

Betriebskrankenkasse für Krupparbeiter

18. April 1856. Die Firma Krupp richtet im Rahmen ihrer freiwilligen Sozialleistungen für die 970 Arbeiter der Gußstahlfabrik in Essen eine Kranken- und Sterbekasse ein. Die Familien der Arbeiter sind in den Versicherungsschutz einbezogen.

Schon 1836 hatte Alfred Krupp eine Betriebskrankenkasse mit freiwilliger Mitgliedschaft eingeführt. Der Durchschnittslohn der Kruppschen Arbeiter ermöglichte es den Familien trotz einfachster Lebensführung nicht, ausreichende Rücklagen für Krankheitsfälle zu schaffen. Wurden die Einkommensbezieher der Familien krank, führten Lohnausfall sowie Arzt- und Arzneimittelkosten zu Verschuldung und Verelendung. Auch Sterbefälle brachten finanzielle Belastungen mit sich, die für die meisten Familien nicht zu bewältigen waren.

Der durch solche Notfälle bedingten Fluktuation der Arbeiter und der dadurch entstehenden Unruhe im Betrieb versucht Alfred Krupp durch bessere soziale Absicherung seiner Beschäftigten entgegenzuwirken.

1856 erhöht die Firma Krupp die Beiträge der bisherigen freiwilligen Krankenkasse und stuft sie nach Lohnhöhe in vier Klassen ab. Die Höhe des Sterbe- und Krankengeldes wird entsprechend geregelt.

Für die Krankenkasse arbeiten zwölf praktische Ärzte, von denen neun in der Stadt Essen und je einer in Frohnhausen, Altendorf und Borbeck wohnen. Den Kassenmitgliedern ist die Wahl unter diesen Ärzten freigestellt. Als Honorar erhalten die Ärzte pro behandeltem Werksangehörigen eine Pauschalsumme, die vierteljährlich anhand

Jahresbilanz der Kruppschen Betriebskrankenkasse 1856

	Taler	Silbergroschen	Pfennige
Einnahmen:			
Mitgliedsbeiträge	2604	6	2
Beiträge der Firma	1302	3	—
Strafgelder	197	8	6
Zinsen	39	20	10
Summe	4143	8	6
Ausgaben:			
Krankengelder	1809	11	3
Ärzte und Medikamente	573	29	3
Sterbegeld	55	14	—
Sonstige Hilfen	33	—	—
Summe	2472	11	6

(1 Taler = 3 Mark = 30 Silbergroschen)

der ausgestellten Krankenscheine berechnet wird. Vier sog. Heildiener sind für die Ausübung kleiner chirurgischer Eingriffe (Schröpfen, Zahnausziehen, Aderlaß usw.) zuständig. Sie werden für jede Leistung nach festen Sätzen bezahlt.

Einer der Kassenärzte führt die Gesundheitsüberprüfung bei Neueinstellungen durch. Dafür erhält er ein festes Gehalt aus der Krankenkasse. Aus Kassenmitteln werden auch zwei Kontrolleure bezahlt, die anhand wöchentlich aufgestellter Abwesenheitslisten die Kranken überwachen und Simulanten ermitteln. Die Kasse trägt die Kosten für Arzneimittel, die von allen fünf Apotheken Essens geliefert werden.

Wie es in einem Bericht der Krankenkasse aus den folgenden Jahren heißt, »drängte sich in Folge der fortschreitenden Theurung sämmtlicher Lebensbedürfnisse die Ueberzeugung auf, dass das Krankengeld für die verheiratheten Mitglieder unzureichend sei«. Der Kassenvorstand bewilligt daher in Notfällen zusätzliche Mittel zur Unterstützung kinderreicher Familien.

Lehrer gründen Hilfsorganisation

1856. Zur Verbesserung ihrer materiellen Lage und zur Förderung ihrer Aus- und Fortbildung gründen die evangelischen Lehrer im Regierungsbezirk Arnsberg die Natorp-Stiftung. Diese berufsständische Hilfsorganisation trägt ihren Namen nach dem Münsteraner Oberkonsistorialrat Ludwig Natorp (1774–1846), der seit Anfang des Jahrhunderts für Verbesserungen im Bildungswesen eingetreten war. Den Vorstand der Stiftung bilden ausschließlich Lehrer aus dem Landkreis Dortmund. Die Organisation finanziert sich aus Mitgliedsbeiträgen und Spenden sowie durch Einkünfte aus den Gesangsfesten des 1832 gegründeten Märkischen Lehrergesangvereins.

Die Natorp-Stiftung ist eine von zahlreichen ähnlichen Organisationen, die in dieser Zeit gegründet werden. Anlaß ist vor allem die finanzielle Not der Lehrer und ihrer Angehörigen. Während eine Bergmannswitwe 26,6 Taler Jahrespension bezieht, erhält eine Lehrerwitwe nur 16 Taler.

1857

1. 1. Die Dortmunder AG für Gasbeleuchtung und die Stadt Dortmund schließen einen Vertrag über die Installierung einer Gasbeleuchtung auf den Straßen und Plätzen der Stadt.

30. 1. In (Dortmund-)Sölde wird die Bergbau-Aktiengesellschaft Mark gegründet.

1. 5. Die erste Nummer des »Anzeigers für Hörde, Schwerte, Aplerbeck und Umgegend« erscheint (ab 1860 »Hörder Volksblatt«).

27. 5. Zur Errichtung der Schachtanlage Adolf von Hansemann wird in (Dortmund-)Mengede die Kommanditgesellschaft A. Boucard & Cie. ins Handelsregister eingetragen.

Sommer. Während einer Wirtschaftskrise kommt es im Ruhrgebiet zu zahlreichen Zechenstillegungen. →

3. 8. Der Vinceturm auf der Hohensyburg (Dortmund) wird eingeweiht.

10. 8. Die Stadt Essen, die seit dem 27. September 1823 zum Kreis Duisburg gehört hatte, bildet wieder einen Stadtkreis.

1857. Im Solbad Grull im späteren Recklinghäuser Stadtteil Grullbad wird der Kurbetrieb aufgenommen.

1857. In (Dortmund-)Aplerbeck wird die Eisenhütte AG Blücher gegründet.

1857. Von den Essener Verlegern Eduard und Julius Baedeker werden die »Allgemeinen Politischen Nachrichten« herausgegeben (ab 1860 »Essener Zeitung«). →

1857. In Oberhausen wird die Zeche Altstaden errichtet.

1857. Die Kruppschen Werke in Essen beschäftigen erstmals mehr als 1000 Arbeiter.

1857/59. William Thomas Mulvany errichtet in Herne das Bergwerk Shamrock.

1857/60. In (Herne-)Wanne wird das Bergwerk Pluto errichtet.

1857/63. In Essen wird das Bergwerk Bonifacius angelegt.

1857/66. In Duisburg wird die Schachtanlage Ruhr und Rhein abgeteuft.

1857/70. In Bochum wird die Zeche Hannover erbaut.

1857/73. In Dortmund wird die Zeche Zollern 1/3 errichtet.

1857/84. In (Duisburg-)Homberg wird die Zeche Rheinpreußen abgeteuft. Aufgrund von Schwierigkeiten mit Schwemmsand dauern die Abteufarbeiten 27 Jahre, die längste Abteufzeit im gesamten Ruhrbergbau.

GEBOREN:

27. 5. Duisburg: Theodor Curtius († 8. 2. 1928, Heidelberg), Chemiker.

Konjunkturkrise trifft auch das Revier

Sommer 1857. Als Rückwirkung einer durch Überspekulationen bei den Goldfunden in Kalifornien und Australien ausgelösten internationalen Finanzkrise gerät auch die Wirtschaft im Ruhrgebiet in eine bis 1859 andauernde Rezession. Zunächst ist nur der Bergbau betroffen; 1858 erfaßt die Depression auch die Eisenindustrie.

Die konjunkturelle Baisse trifft die zahlreichen neugegründeten Zechen besonders hart. Der Rückgang der Nachfrage führt zu einem rapiden Preisverfall bei Kohle, den die mit immensem Kapitalaufwand wirtschaftenden Unternehmen kaum verkraften. Bald kommt es zu ersten Entlassungen.

Schließlich werden ganze Zechen stillgelegt. Die Zahl der Gruben im Ruhrgebiet geht von 299 (1857) auf 221 (1869) zurück. Gleichwohl werden noch im Krisenjahr viele neue Bergwerke gegründet, wodurch die Überproduktionskrise mittelfristig weiter angeheizt wird.

Auch in den Hütten wird zahlreichen Arbeitern gekündigt. Die Duisburger Gesellschaft Vulcan legt ihr Werk gänzlich still und löst sich auf. Die Gesellschaft Phoenix bläst ihre Hochöfen in (Essen-)Kupferdreh aus und dämpft die Anlagen in Ruhrort und (Essen-)Bergeborbeck. Zu den akuten konjunkturellen Krisenerscheinungen treten weitere Probleme hinzu. Die Nachfrage nach Kohle ist saisonalen Schwankungen unterworfen. Während in den Herbst- und Wintermonaten die höchste Fördermenge erreicht wird, geht der Steinkohle-Abbau im Sommer um bis zur Hälfte zurück. Die Kohleneisensteinvorkommen beim Hörder Bergwerks- und Hüttenverein erweisen sich wider Erwarten als kaum ausbeutbar.

Krisensymptome an der Börse

Die ersten Anzeichen der bevorstehenden Konjunkturkrise machten sich bereits 1856 an der Wertpapierbörse bemerkbar. In der Zeitschrift »Der Berggeist« erschien im Sommer dieses Jahres ein Aufsatz unter dem Titel »Über die Möglichkeit einer Actien-Krisis in Deutschland«. Zwar hatte die Einführung der Aktiengesellschaften auch in den Bergwerks- und Hüttenbetrieben (→ 9. 11. 1843) die verfügbaren Geld- und Wertpapiermittel vermehrt, doch herrschte angesichts der ständigen Neugründungen von Zechen noch immer Kapitalmangel. Infolgedessen waren die finanziellen Spielräume der Unternehmen begrenzt. Die notwendige Umstellung von Klein- auf Großbetriebe scheiterte oft an fehlenden Geldmitteln (Abb.: Wirtschaftsnachrichten und Börsenkurse aus dem Jahr 1857).

Auswandererschiff, das von Hamburg aus auf bessere Zukunft hoffende Emigranten nach Nordamerika bringt

Unter Deck zusammengepfercht, verbringen deutsche Auswanderer die wochenlange beschwerliche Seereise

Wirtschaftskrise führt zu großer Not

Zu den Auswirkungen der Wirtschaftskrise gehören Feierschichten und bald darauf Massenentlassungen vor allem in den Betrieben der Eisenindustrie. Die Bergleute sind weniger von Kündigungen betroffen, müssen aber erhebliche Lohnkürzungen u. ä. hinnehmen. Die Grubenverwaltungen versuchen so, ihre Kosten zu senken. Eine Reaktion auf die Zeit wirtschaftlicher Not ist auch die Zunahme der Auswanderungen. Ende der 50er Jahre des 19. Jh. schnellt die Zahl der Emigranten nach oben. Die Bergbau-Unternehmer im Ruhrgebiet reagieren auf die Rezession mit der Bildung des Bergbauvereins (→ 17. 12. 1858) zur besseren Durchsetzung ihrer Interessen.

Mulvany – Pionier der Industrialisierung

Als William Thomas Mulvany am 18. April 1857 die beiden von Ludwig von Oven in Gelsenkirchen drei Jahre zuvor erworbenen Grubenfelder Ludwigsglück und Neu-Christianenglück unter dem Namen Hibernia vereinigt (→ 6. 7. 1854), genießt er im Ruhrrevier bereits den Ruf eines erfolgreichen Unternehmers: Ein Jahr nach Beginn der Abteufarbeiten des ersten Schachtes in Gelsenkirchen hatten die Gewerken der Bergwerksgesellschaft Hibernia ihm am 21. März 1856 die Ausbeutung und Leitung größerer Kohlenfelder im Herner Raum übertragen. Es handelte sich um fünf Grubenfelder, die von Wilhelm Endemann, einem Mann von »glückhaftem Unternehmergeist«, erschlossen worden waren. Sie wurden am 28. März 1857 unter der Bezeichnung Shamrock, dem irischen Namen für Kleeblatt, dem Wahrzeichen im Wappen Irlands, zusammengefaßt. Noch im gleichen Jahr beginnt Mulvany auf Hibernia in Gelsenkirchen mit dem Abteufen eines zweiten Schachtes. Hibernia nimmt die Kohleförderung im Jahr 1858 auf, Shamrock folgt zwei Jahre später. Auf beiden Schachtanlagen waren die Abteufarbeiten unter Leitung des englischen Ingenieurs Coulsen in Rekordzeit durchgeführt worden. Das Niederbringen der Schächte nach einem Verfahren, bei welchem die Schachtwände statt mit Ziegeln

W. T. Mulvany (1806 – 1889), Industriepionier im Ruhrgebiet

mit gußeisernen Schachtringen ausgekleidet wurden, erregte im Revier großes Aufsehen; in einer zeitgenössischen Festschrift zu Ehren Mulvanys heißt es: »Niemals vorher hatte man einen Tiefbauschacht in Westfalen so rasch vollendet, nie einen so bedeutenden Arbeitseffekt erzielt, nie mit Hilfe tüchtiger technischer Kräfte so glücklich das Ziel erreicht . . .« 1865 fördern beide Anlagen zusammen 330 000 t Kohle. Mit einer Belegschaft von 1230 Mann gehören die zwei Zechen in Gelsenkirchen und Herne zu den Großschachtanlagen des Reviers. Andere Zechen im Ruhrgebiet fördern in dieser Zeit mit Belegschaften von durchschnittlich 180 Mann etwa 36 000 t Kohle im Jahr.

Mulvany hatte die Ergiebigkeit der Kohlevorkommen in der Emschergegend bereits bei seinem ersten Besuch im Ruhrrevier anläßlich der Besichtigung der von Ludwig von Oven in Gelsenkirchen erschlossenen Kohlenfelder im Jahr 1854 erkannt: »Ich hatte nach meinem kurzen Besuch auf dem Oberbergamt die geognostische Karte nachgesehen und auf der Stelle erkannt, welche wunderbaren und ausgedehnten Reichtümer unter der Erde waren. Ich hatte gesehen, wie mangelhaft in jenen Tagen ihre Eisenbahnen, wie unvollständig die Kanäle und die Transportmittel belastet waren, und ich sagte auf der Stelle: ›Diese Leute verstehen nicht, was sie hier haben.‹« Von den Kohlevorkommen an der Ruhr hatte Mulvany im Herbst 1853 von dem Kaufmann William Coor van der Maeren erfahren, einem Geschäftspartner von Ovens. Van der Maeren war nach London gereist, um kapitalkräftige und im Bergbau erfahrene Männer zu finden, die bereit sein würden, die Gelsenkirchener Kohlenfelder zu kaufen und auszubeuten. Mulvany, von Beruf Vermessungsingenieur, lebte zu dieser Zeit als Privatmann in London, nachdem er im Zuge eines Regierungswechsels in England 1852 als Kommissar für öffentliche Arbeiten entlassen worden war.

Im Ruhrgebiet wird Mulvany zu einem der Pioniere der Industrialisierung. Darüber hinaus verdankt ihm die deutsche Wirtschaft weitreichende Impulse: 1858 gehört er zu den Gründern des Vereins für die bergbaulichen Interessen im Oberbergamtsbezirk Dortmund (→ 17. 12. 1858), 1871 wird er Vorsitzender des Vereins zur Wahrung der wirtschaftlichen Interessen rheinischer und westfälischer Unternehmer. Um die deutsche Industrie vor englischer Konkurrenz zu schützen, tritt Mulvany für Schutzzölle ein. Bis zu seinem Tod am 30. Oktober 1885 zählt er als Unternehmer und Wirtschaftspolitiker zu den Spitzenmanagern der deutschen Wirtschaft.

William Thomas Mulvany (r. im Rollstuhl) mit seinen Angehörigen vor dem Familiensitz Haus Goldschmieding bei Castrop (Foto vom 15. 8. 1881)

Essener Zeitung im Baedeker-Verlag

1857. In Essen werden die »Allgemeinen Politischen Nachrichten« von den Verlegern Eduard und Julius Baedeker herausgegeben. Die Zeitung ist 1799 aus den von Gottschalk Diedrich Baedeker verlegten »Essendischen Nachrichten« hervorgegangen. Das Blatt räumt kulturellen Themen, Erzählungen, Gedichten, Lebens- und Reisebeschreibungen einen breiten Raum ein. Daneben beschäftigen sich die »Allgemeinen Politischen Nachrichten« auch mit religiösen Fragen.

Titelzeile des Essener Blattes

Unter Einwirkungen der Märzrevolution 1848 und der durch sie möglich gewordenen Pressefreiheit in Preußen entwickelt sich das Blatt zu einem politisch-liberalen Publikationsorgan. Es erscheint dreimal wöchentlich und nimmt im Essener Raum eine führende Stellung ein. Durch die aufstrebende Essener Industrie erweitert sich auch der Aufgabenkreis der Zeitung: Seit dem 1. Januar 1856 trägt das Blatt den Untertitel »Zugleich Organ für Bergbau und Hüttenbetrieb, Industrie und Verkehr«. Vier Jahre später, ab dem 1. Januar 1860, wird die Zeitung täglich unter dem Namen »Essener Zeitung« herausgegeben. Im Jahr 1865 erscheint die Sonnabendausgabe mit der Beilage »Glückauf«, dem Organ des Essener Vereins für bergbauliche Interessen.

Am 1. Januar 1874 wird die »Essener Zeitung« amtliches Kreisblatt für die Stadt und den Landkreis Essen. Dadurch erhält der Lokalteil einen besonderen Stellenwert. Die Berichte aus Essen und Umgebung werden häufiger, die rein nachrichtliche Berichterstattung wird von den kommentierenden Stellungnahmen der Redaktion begleitet. Während die Zeitung in ihren politischen Nachrichten der Politik Otto von Bismarcks zunächst mit Vorbehalten gegenübersteht, erfolgt nach der Reichsgründung 1871 ein deutlicher Umschwung. Die »Essener Zeitung« tritt zum Lager der Nationalliberalen Partei über und unterstützt den Reichskanzler.

1858

14. 1. Das Belegschafts-Hospital der Dortmund-Hörder Hüttenunion wird eröffnet.

30. 10. Dortmund stellt einen eigenen Stadtbaumeister ein. Ludwig König ist der erste technische Fachbeamte der Dortmunder Stadtverwaltung. →

17. 12. Der Verein für die bergbaulichen Interessen im Oberbergamtsbezirk Dortmund wird gegründet.

1858. Eine topographisch-statistische Beschreibung des Kreises Essen stellt fest, daß die Stadt »während eines zehn- bis fünfzehnjährigen Zeitabschnitts hinsichtlich der Bevölkerung, des Wohlstandes und der industriellen Tätigkeit zu einer früher nie gekannten Bedeutung gelangt« ist.

1858. In Essen wird an der Steeler Chaussee ein katholisches Gesellenhaus errichtet.

1858. Das Amt Datteln, zu dem außer Datteln die Gemeinden Ahsen und Flaesheim gehören, hat 4400 Einwohner.

1858. In Essen wird die Pferdebahn AG gegründet, die die Schachtanlagen der Stadt mit Mülheim verbindet.

1858. Die größten Städte des Ruhrgebiets sind Dortmund (22 100 Einwohner), Essen (17 200), Mülheim (12 800), Duisburg (12 700) und Bochum (8800).

1858. Die Bochumer Firma Seippel baut die erste westfälische Grubensicherheitslampe für Ölbrand her. →

1858. In diesem Jahr passieren 9239 Schiffe die Ruhrschleuse in Mülheim. Das ist der Höhepunkt der Ruhrschiffahrt.

1858. In Bochum-Stahlhausen wird eine für die Zeit typische Arbeitersiedlung nach Art eines Straßendorfes angelegt. Erstmals wird der Kreuzgrundriß angewandt. →

1858. In Essen wird die Kruppsche Consum-Bäckerei eingerichtet, aus der sich in der Folgezeit die Kruppschen Konsumanstalten entwickeln.

1858. Bei 26 Zechen im Revier übersteigt die Jahresförderung jeweils die 50 000-t-Grenze. →

1858. Auf den Revierzechen wird die Seilfahrt für Personen zugelassen.

1858. Die Wirtschaftskrise (1857–1859) zwingt in Dortmund über 2000 Arbeitslose, die Stadt zu verlassen.

1858. Schacht 1 der Zeche Nordstern in Gelsenkirchen wird abgeteuft. Es handelt sich um den ersten Schacht einer Zeche nördlich der Emscher. →

Um 1858. In (Bochum-)Dahlhausen an der Ruhr wird die Schachtanlage Dahlhauser Tiefbau errichtet.

Ansicht der Zeche Graf Beust in Essen, 1840 mit dem zweiten Mergelschacht im Revier abgeteuft (Holzschnitt, 1858)

Bergbau prägt das Gesicht des Reviers

1858. Im Ruhrrevier fördern 292 Zechen mit einer Gesamtbelegschaft von 31 572 Mann 3,89 Mio t Kohle, davon 26 Zechen jeweils mehr als 50 000 t jährlich.

Die Expansion des Bergbaus ist durch den zwischen 1832 und 1837 erstmals gelungenen Durchstoß der Mergeldecke auf den Zechen Franz und Kronprinz in Essen ausgelöst worden (→ August 1832). Damit war der Weg zur Erschließung der Kohlevorkommen nördlich der Ruhr bis zur Emscherzone frei.

Bei Duisburg beginnt um die Mitte des 19. Jh. eine holländische Gesellschaft, drei Schächte abzuteufen. Probleme in der Wasserhaltung verhindern jedoch eine Förderaufnahme. Mit den gleichen Schwierigkeiten hat Franz Haniel zu kämpfen, der im Mai 1857 mit den Abteufarbeiten für einen ersten Schacht auf dem linken Niederrhein beginnt. In Ruhrort, Mülheim und Oberhausen beginnen zur gleichen Zeit die englische Ruhrort Mining Company und eine belgische Gesellschaft mit der Errichtung der Schächte Westende und Altstaden. Am 27. Juni 1850 schließen sich Ruhrorter Kaufleute zur Bergbaugesellschaft Concordia zusammen. Bis 1857 werden rings um Oberhausen fünf Tiefbauschächte abgeteuft.

Im Raum Bottrop nimmt 1856 die Arenberg'sche Bergbau- und Hüttengesellschaft mit dem Schacht Prosper den ersten Tiefbau in Angriff. Bereits im Oktober 1845 hat der Cölner Bergwerksverein im Essener Osten mit der Abteufung mehrerer Schächte begonnen: Neu-Cöln, Anna und Christian Levin. Drei weitere große Anlagen entstehen ab 1848 an der Grenze nach Gelsenkirchen: Die von Franz Haniel 1848 gegründete Zeche Zollverein liefert ab 1851 Kohle an die Hütte Gute Hoffnung. Neun Jahre später nimmt die Grube Wilhelmine Victoria im späteren Gelsenkirchener Stadtteil Heßler die Förderung auf. 1858 erregt die Abteufung von Schacht 1 der Zeche Nordstern, der ersten nördlich der Emscher, Aufsehen. In Rotthausen beginnt 1853 eine belgisch-rheinische Gesellschaft mit der Errichtung der Zeche Dahlbusch. Die Abteufung der Anlagen Hibernia und Shamrock bis 1860 sorgt durch ein neues Abteufverfahren (→ 6. 7. 1854) für Aufsehen.

Die Kette von Zechengründungen in dieser Zeit setzt sich über Wanne, Bochum und Dortmund (1856) fort. Rheinelbe, Hercules, Holland, Germania, Dorstfeld und Alter Hellweg sind nur einige der Namen von Zechen, mit denen die Ausdehnung des Bergbaus über seine Wiege im Ruhrtal hinaus verbunden ist.

Großschachtanlagen im Ruhrgebiet mit einer jährlichen Steinkohlenförderung von mehr als 50 000 t

Name der Zeche	Fördermenge 1850	Fördermenge 1858	Belegschaft 1850	Belegschaft 1858	Name der Zeche	Fördermenge 1850	Fördermenge 1858	Belegschaft 1850	Belegschaft 1858
Victoria Mathias	62 172	139 675	333	732	Glückauf[1]	–	67 309	–	416
Helene & Amalie	54 568	134 359	351	730	Ver. Maria Anna & Steinbank[1]	–	65 284	–	447
Ver. Sälzer & Neuack	56 256	124 336	332	725	Gewalt	84 013	63 372	356	412
Ver. Präsident	–	114 073	–	808	Roland[1]	–	60 806	–	439
Graf Beust	59 138	113 957	334	645	Neu-Schölerpad[1]	–	58 261	–	373
Nachtigall Tiefbau	56 538	102 957	217	539	Ver. Wiesche[1]	–	57 329	–	649
Zollverein[2]	–	100 673	–	740	Neu-Cöln[2]	–	54 044	–	408
Königin Elisabeth[2]	–	100 259	–	298	Wolfsbank[1]	–	53 177	–	439
Concordia[1]	–	93 007	–	621	Ver. Dorstfeld[2]	–	53 158	–	450
Crone[2]	–	91 676	–	507	Ver. Hannibal[2]	–	52 209	–	450
Luise Tiefbau[1]	–	91 340	–	520	Hasenwinkel[1]	–	51 351	–	432
Ver. Hagenbeck	75 609	86 126	394	635					
Anna[1]	–	84 062	–	592					
Carolus Magnus & Constantin der Große[1]	–	77 709	–	614					
Friedrich Wilhelm[1]	–	75 179	–	668					

[1] Die Jahresförderung dieser Zechen liegt 1850 unter 50 000 t
[2] Diese Anlagen sind 1850 noch nicht in Förderung

1858

Bergleute mit Sicherheitslampen warten bei Schichtbeginn auf die Ankunft des Förderkorbes, der sie zu ihren Arbeitsplätzen unter Tage bringt

Bergbauverein gegründet

17. Dezember 1858. In Essen konstituiert sich der »Verein für die bergbaulichen Interessen im Oberbergamtsbezirk Dortmund«. Unter den Gründungsmitgliedern befinden sich Vertreter der Bergbehörde sowie Angehörige des Märkischen Gewerkenvereins.

Die Bildung eines Interessenverbandes resultiert aus dem Bemühen der Bergwerksbesitzer im Ruhrrevier, angesichts der schon 1857 sich abzeichnenden wirtschaftlichen Krise den zunehmenden Absatzschwierigkeiten im Kohlenbergbau entgegenzutreten (→ Sommer 1857). Der Verein beabsichtigt vor allem, Erleichterungen im Transportwesen zu schaffen und die Verkehrswege auszubauen. Unzureichende Bahnverbindungen und die monopolisierte Preispolitik der großen privaten Eisenbahngesellschaften bilden ein wesentliches Hemmnis für den Absatz von Ruhrkohle.

Weitere Aufgaben sieht die Vereinigung in der wirtschaftlichen Stützung der Bergbauunternehmen durch Ausfuhrvereine, in Förderkonventionen und Bergschädenregulierungen sowie in der Bildung von Verkaufsvereinigungen.

Seilfahrt statt Fahrkunst

1858. Das Oberbergamt in Dortmund genehmigt auf allen Schachtanlagen im Ruhrrevier die Seilfahrt für Personen. Das Fahren auf dem Förderkorb entwickelt sich zur schnellsten und sichersten Methode der Beförderung nach unter Tage.

In anderen deutschen Bergbaurevieren ist die Personenseilfahrt bereits seit den 30er Jahren des 19. Jh. üblich. 1834 hatte Wilhelm A. J. Albert, Oberbergrat im Harzer Revier, ein bruchsicheres Drahtseil entwickelt. Bis dahin war das Befahren tiefer Schächte für die Bergleute gefährlich und langwierig.

Hanfseile erwiesen sich in Gruben insbesondere wegen des Klimas unter Tage als wenig haltbar. Eisenketten waren bei größerer Länge sehr schwer und brachen nicht selten aufgrund des eigenen Gewichts. Die meisten Bergleute zogen es daher bis zur Einführung des Drahtseils vor, entweder an Leitern in den Schacht hinabzusteigen oder eine sog. Fahrkunst zu benutzen.

Die Fahrkunst wurde 1833 im Harzer Bergbau entwickelt. Sie besteht aus zwei im Schacht parallel zueinander verlaufenden Gestängen, an denen in bestimmten Abständen Fußtritte und Handgriffe befestigt sind. Beide Gestänge bewegen sich in gegenläufigem Rhythmus auf und ab. Die Fahrkunst ermöglicht dem Bergmann jeweils bei Umkehr der Bewegungsrichtung des Gestänges einen Übertritt auf das andere Gestänge und damit eine im Vergleich zum Abstieg mit Leitern mühelose Bewältigung des Höhenunterschiedes im Schacht. Mit zunehmender Tiefe der Gruben nimmt jedoch auch der Ab- und Aufstieg mit der Fahrkunst sehr viel Zeit in Anspruch.

Besonders bei der Ausfahrt zeigen sich die Vorzüge der Seilfahrt: Aus einer Tiefe von 200 m dauert sie nur noch ein bis zwei Minuten, während der Bergmann auf der Fahrkunst etwa zehn Minuten, auf Leitern sogar eine Stunde benötigt hatte. 1867 fahren bereits 55% aller Ruhrbergleute am Seil und in Förderkörben in die Grube. Dennoch bleibt auf Zechen mit hoher Belegschaftsstärke die An- und Ausfahrt zeitaufwendig.

Zeichnung eines Förderkorbes, wie er um 1870 auf den Revierzechen zur An- und Ausfahrt eingesetzt wurde

Franz Haniel (1779–1868), Unternehmer und Mitglied des neugegründeten Bergbauvereins in Essen

Friedrich Hammacher (1824–1904), Gründungsmitglied des Bergbauvereins und erster Vorsitzender bis 1890

Alkohol verzögert Schachtabteufung

1858. Im Frühjahr beginnt die 1855 von Essener Bürgern gegründete Carnaper Bohrgesellschaft in Horst auf dem Gebiet der späteren Stadt Gelsenkirchen den ersten Schacht der Zeche Nordstern abzuteufen. Die Leitung der Arbeiten liegt in den Händen des Steigers Petri.

Nachdem das Abteufloch auf eine Tiefe von rund 11 m gebracht worden ist, stellt die Bergbehörde fest, daß der Schacht nicht senkrecht ist. Die Beamten ordnen die Einstellung der Abteufarbeiten an und verlangen die Ablösung des Steigers Petri, da dieser völlig »dem Trunke ergeben« sei. Nachdem die Arbeit einem anderen Steiger übertragen worden ist, wird ein neuer Schacht angesetzt. Seit dieser Zeit behaupten die Bergleute von Nordstern, daß ein »echter Nordsterner« immer auch ein trinkfester Mann sein müsse.

Sicherheitslampen setzen sich durch

1858. Die erste Grubensicherheitslampe für Ölbrand in Westfalen wird von der Firma Seippel in Bochum hergestellt. Ein Engländer hatte schon 1815 die ersten schlagwettergeschützten Sicherheitslampen erfunden. In den Zechen des Reviers setzen sich die Lampen jedoch erst nach 1840 durch, trotz der Gefahr, die von den zuvor verwendeten offenen Lampen ausging. Talgkerzen, Fackeln und offene Öllampen, mit denen der Arbeitsplatz unter Tage bis weit ins 19. Jh. erhellt wurde, waren die Hauptursachen für viele Explosionen unter Tage.

Sicherheitslampe

1858

Arbeiterhäuser der Zeche Victor I/II in (Castrop-)Rauxel, wie sie vor allem für Bergarbeiter, die um 1870 in den preußischen Ostprovinzen des Deutschen Reiches angeworben wurden, aus dem Boden gestampft werden

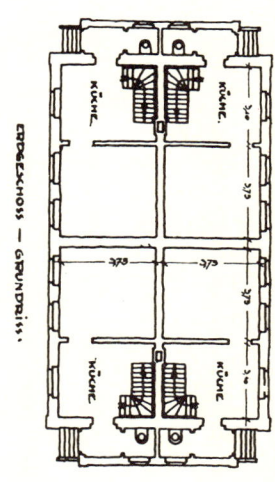

Hausgrundriß der Gelsenkirchener Zechenkolonie Flöz Dickebank

Reihenhaus mit Garten und Schweinestall

Von 1850 bis 1870 werden im Ruhrgebiet zahlreiche Arbeitersiedlungen angelegt. Sie bestehen aus ein- bis eineinhalbgeschossigen Ziegelsteinhäusern für jeweils zwei bis vier Familien. Die Häuser liegen nebeneinander aufgereiht an einer Straße; die langgestreckte Form der Siedlung führt später zur volkstümlichen Bezeichnung »D-Zug-Siedlung«.

Siedlungen des »D-Zug-Typs«:

▷ **1851:** Kolonie Felicitas, (Dortmund-)Hörde
▷ **1858/59:** Weserstraße/Zechenstraße, (Oberhausen-)Sterkrade
▷ **1864:** Alte Kolonie, (Bochum-)Hordel
▷ **1864:** Riemker Straße, Bochum
▷ **1867:** Lampferhofstraße, (Essen-)Altenessen

1858 wird in Bochum-Stahlhausen erstmals im Ruhrgebiet der Kreuzgrundriß für das Einzelhaus verwendet. Dieser Grundriß war für eine Textilarbeitersiedlung (»Cité ouvrière«) im elsässischen Mühlhausen entwickelt worden und wurde 1855 auf der Weltausstellung in Paris vorgestellt. Der Kreuzgrundriß ermöglicht die kostengünstige Aufteilung des Vierfamilienhauses in separate Wohnungen. Er bringt den Nachteil mit sich, daß die Wohnungen nicht quer belüftet werden können.
In der frühesten Form dieses Siedlungstyps stehen die Häuser parallel zum Straßenrand. Später werden die Giebel der Straße zugewandt. Eine weitere Ausprägung ist der Wechsel von Längsseite und Giebel zur Straße hin.

Jede Wohnung hat ihren eigenen Eingang. Das Dachgeschoß ist meist als Schlafgeschoß ausgebaut. Hinter den Wohnhäusern liegen Ställe, in denen auch die Aborte untergebracht sind. Die ganze Kolonie (20 bis 30 Familien) wird von einem zentralen Brunnen mit Wasser versorgt. Die Kanalisation verläuft über der Erde hinter den Ställen.
Die Bergleute, die meist aus ländlichen Regionen ins Revier gekommen sind, halten sich vielfach eine Ziege, die daher auch die »Kuh des Bergmanns« genannt wird, und in den Gärten ziehen sie Gemüse und Blumen für den eigenen Bedarf.

Werkssiedlung der Gelsenkirchener Bergwerks AG in (Bochum-)Wattenscheid um 1860, schon in großzügigerer Bauweise errichtet als ältere Kolonien

Siedlungshaus für zwei Familien an der Virchowstraße in (Gelsenkirchen-)Ückendorf; das ausgebaute Obergeschoß wird oft an Kostgänger vermietet

Kolonie am Essener Mörgekenweg, die zunächst als Notbehelf diente

1858

Dortmund bekommt Stadtbaumeister

30. Oktober 1858. Mit dem Stadtbaumeister Ludwig König stellt die Stadt Dortmund den ersten technischen Fachbeamten in ihre Verwaltung ein. Der neue Stadtbaumeister übernimmt die bisher dem Bürgermeister zukommende Beaufsichtigung aller Wege- und Bausachen, die Leitung der städtischen Bauten sowie die Rechnungsprüfung.
Die Einstellung von König war notwendig geworden durch die rasante Stadtentwicklung in der ersten großen Industrialisierungswelle. Bei einem Bevölkerungsanstieg von 13 500 (1852) auf 22 000 (1858) nahm die Zahl der Häuser um 50% zu.

Die dörfliche Kuhstraße in Dortmund um die Jahrhundertwende

Verträumte Gasse »Neben dem Brand« in Dortmund

1859

9. 2. Nach Lohnherabsetzungen kommt es auf mehreren Essener Zechen zu Arbeitsniederlegungen. →
März. In Hagen wird ein Kolpingverein als katholischer Gesellenverein gegründet (→ 1852).
16. 8. Der Regierungspräsident in Arnsberg genehmigt die Errichtung einer Brauerei in Unna an der Chaussee vor dem Massener Tor (ab 1871 Brauerei Rasche und Beckmann).
21. 9. Dinslakener Bürger beantragen die Einrichtung einer höheren Schule; die Stadtverordneten lehnen das Projekt aber aus Kostengründen ab.
21. 12. In Bochum findet die erste Versammlung zur Gründung eines Musikvereins statt. →
1859. Die Hagener Firma Gebrüder Elbers erbaut an der Volme die Arbeitersiedlung Hessenland.
1859. Die Zeche Massen bei Unna nimmt die Steinkohlenförderung auf.
1859. Auf den Zechen im Ruhrgebiet sind Arbeitszeiten von zehn bis elf Stunden üblich. →
1859. Seit Einführung des neuen preußischen Aktiengesetzes wurden im Ruhrgebiet 47 neue Aktiengesellschaften gegründet (→ 9. 11. 1843).
1859. In Oberhausen wird die erste Zeitung, das »Zentralblatt für Oberhausen und Umgebung«, gegründet.
1859. Die Bahnlinie Deutz – Siegen – Gießen wird eröffnet. Sie ist für den Transport von Erzen zum Rhein und von dort zum Ruhrgebiet von Bedeutung.
1859. Auf dem zur Hörder Bergwerks- und Hüttenverein AG gehörenden Hörder Kohlenwerk beginnt die Förderung.
1859. Aus Anlaß des 100. Geburtstages von Friedrich Schiller finden in Essen die Schillerfeiern des neugegründeten Essener Turnvereins statt.
1859. Der Philosoph und Pädagoge Friedrich Albert Lange nimmt eine Lehrtätigkeit in Duisburg auf.
1859. Die Kreissparkasse Recklinghausen eröffnet eine Filiale in Dorsten, es ist die erste Sparkasse der Stadt.
1859. Die Kruppsche Gußstahlfabrik in Essen erhält ihren ersten Auftrag zur Kanonenlieferung an Preußen.
1859/61. In Bochum werden die Schachtanlagen Dannenbaum und Centrum errichtet.

GESTORBEN:
4. 10. 1859. Koblenz: Karl Baedeker (*3. 11. 1801, Essen), Verleger.

Bergleute der Stollenzeche Herberholz im Kreis Bochum, die ohne einheitliche Arbeitskleidung und Sicherheitskopfbedeckung unter Tage arbeiten

Zehn Stunden unter Tage

1859. Obwohl die Bergordnungen für die Arbeit unter Tage Achtstunden-Schichten vorschreiben, sind im Essener Bergamtsbezirk längere Arbeitszeiten üblich. Die Grubenleitungen rechnen die Zeit für Anfahrtswege im Schacht, Material- und Lampenempfang, Umziehen und Waschen nach der Arbeit nicht auf die Schichtzeit an. So sind auf ausgedehnten Tiefbauanlagen Arbeitszeiten von zehn und elf Stunden pro Schicht die Regel.
Im Ruhrbergbau beträgt die Temperatur in einer Tiefe von 25 m 9° C und nimmt je 28 m Tiefe um 1° C zu. Bei einer Tiefe von 400 m herrschen 22° C, bei 600 m 30° C Normaltemperatur. Die Luftfeuchtigkeit unter Tage ist hoch; häufig können sich die Arbeiter in den Flözstrecken nur auf dem Boden kriechend oder gebückt vorwärts bewegen.
Im Mittelpunkt der sozialen Beziehungen unter Tage steht die Kameradschaft, eine Produktionsgemeinschaft von zwei bis zwanzig Bergleuten. Die Mitglieder der Kameradschaft sind im Hinblick auf ihre persönliche Sicherheit und den erzielten Verdienst aufeinander angewiesen. Die von der Kameradschaft geförderte Kohle wird als Einheit gemessen und bezahlt. Die Kameradschaft entscheidet über Arbeitsverteilung und -tempo. Der Reviersteiger führt regelmäßige Kontrollen an den Abbaustellen durch.

Arbeiterlöhne und Lebenshaltungskosten

Die Durchschnittslöhne der Ruhrbergleute liegen bei 20 bis 25 Silbergroschen pro Schicht. Bei 300 verfahrenen Schichten ergibt sich jährlich ein Einkommen von 200 bis 250 Talern (1 Taler = 3 Mark = 30 Silbergroschen). Die arbeiterfreundliche Zeitung »Bote vom Niederrhein« veröffentlicht 1865 eine Aufstellung der jährlichen Ausgaben für eine siebenköpfige Arbeiterfamilie in Mülheim an der Ruhr: Obwohl die angesetzten Ausgaben auf ein Minimum beschränkt sind, übersteigen sie deutlich das Einkommen eines Bergarbeiters. Ehefrau und Kinder müssen mitarbeiten, um den Lebensunterhalt der Familie zu sichern. Hauptnahrungsmittel sind Brot sowie Kartoffeln und billiges Gemüse wie Kohl und Rüben, die zu Eintöpfen »durcheinander«-gekocht werden; nur der Vater bekommt ab und zu ein Stück Fleisch.

Ausgaben für ...	Taler	Silbergroschen
Miete	24	—
Kleidung, Wäsche	38	10
Feuerung, Licht, Seife	21	20
Abgaben, Schulgeld	4	13
Brot, Mehl	67	1
Fleisch, Speck	49	12
Butter	39	—
Kartoffeln	15	18
Gemüse	17	6
Gewürze, Salz, Zucker	18	6
Kaffee, Milch	35	26
Summe	330	112

Bergarbeiterstreik auf Essener Zechen

9. Februar 1859. Auf der Essener Zeche Sälzer & Neuack kommt es zu einem eintägigen Streik der Bergarbeiter. In den nächsten Tagen legen auch die Bergleute der Gruben Helene und Amalie, Graf Beust, Königin Elisabeth und Carolus Magnus in Essen für einen Tag die Arbeit nieder. Ausgelöst wurden diese Protestaktionen durch massive Lohnkürzungen und Schichtzeitverlängerungen. Auseinandersetzungen um die neuen Knappschaftsstatuten (→ 10. 4. 1854) und das Miteigentümergesetz (→ 12. 5. 1851) gingen den Bergarbeiterstreiks voraus.

Die Bergleute befürchten, durch das Miteigentümergesetz, das den Grubenbesitzern größere Freiheit gegenüber dem Bergamt einräumt, der Willkür der Unternehmer ausgeliefert zu sein. In der neuen Knappschaftsordnung sehen die Belegschaften ein Mittel zur Disziplinierung der Arbeiter. Anfang 1859 begegnen die Grubenbesitzer der anhaltenden Krise im Ruhrbergbau (→ Sommer 1857) mit Entlassungen, längeren Schichten und Lohnkürzungen. Protestaktionen der Bergarbeiter bleiben jedoch ohne Erfolg.

Friedrich A. Lange lehrt in Duisburg

1859. Der Sozialkritiker, Philosoph und Pädagoge Friedrich Albert Lange ist als »erster ordentlicher Lehrer am Gymnasium zu Duisburg« beschäftigt. Lange kehrt damit an die Schule zurück, die er als zwölfjähriger Schüler verlassen hatte. Auf Initiative des langjährigen Direktors der Schule, Landfermann, nahm F. A. Lange 1858 seinen Dienst am bedeutenden Duisburger Gymnasium auf.

F. A. Lange

In seiner Duisburger Zeit beschäftigt sich Lange vornehmlich mit sozialpolitischen Fragestellungen und versucht diese Themen im Lehrbetrieb umzusetzen. Aufgrund seiner oppositionellen Haltung zum preußischen Staat muß er 1862 den Schuldienst quittieren. Im folgenden Jahr gründet er den Duisburger Konsumverein (→ 1863), 1866 veröffentlicht er sein philosophisches Werk »Geschichte des Materialismus und Kritik seiner Bedeutung in der Gegenwart«.

Musikverein in Bochum

21. Dezember 1859. Im Mettegangschen Saal in Bochum findet die erste Versammlung zur Gründung eines Gesangvereins für gemischten Chor statt. Am 4. Januar 1860 konstituiert sich der neue »Musikverein« unter der Leitung des Klavier- und Gesanglehrers Heinrich Krüger. Die Anteilnahme der Bochumer Öffentlichkeit ist beachtlich. Spontan finden sich Sängerinnen und Sänger zur ersten Probe zusammen. Problematisch ist aber das Fehlen eines ortsansässigen Orchesters für anspruchsvollere Aufführungen. Die zum ersten Abonnementskonzert verpflichtete Giesenkirchensche Kapelle aus Dortmund erweist sich auf die Dauer als zu kostspielig. Fortan wird der Chor auf einem Flügel begleitet.

Einige Vereinsmitglieder sind unzufrieden, weil über der künstlerischen Erarbeitung aufwendiger Chorwerke die Geselligkeit zu kurz kommt. Infolgedessen treten bald ganze Familien geschlossen wieder aus. Dennoch kann der Verein in den nächsten Jahren zahlreiche Werke zur Aufführung bringen.

Schon 1829 war in Bochum ein Musikverein gegründet worden, der im Saal der Gesellschaft »Harmonie« (→ 1828) konzertierte, sich jedoch nicht auf Dauer etablieren konnte. In Recklinghausen bestand bereits 1816 ein Musikverein, in Hagen seit 1820. Weitere Gründungen folgten in Dortmund (1845) und Unna (1847). Überall prägen die Musikvereine das musikalische Leben der Städte.

Heinrich Krüger, Leiter des 1859 gegründeten Bochumer Musikvereins

Industrielle im Ruhrgebiet wollen Kommerzienräte werden

Die zunehmende gesellschaftliche Anerkennung der Industriellen im Ruhrgebiet zeigt sich in der zweiten Hälfte des 19. Jh. in der Fülle von Ehrentiteln wie »Kommerzienrat«, »Geheimer Kommerzienrat« oder »Ehrenbürger«, die den Unternehmern von Handelskammern und Städten verliehen werden.

Nur etwa die Hälfte der westfälischen Schwerindustriellen stammt aus dem Ruhrgebiet, der Rest ist aus anderen Regionen, einige aus dem Ausland, zugewandert. Das Ruhrgebiet ist eine ökonomisch schnell expandierende Region, die besonders im Bereich der metallverarbeitenden Industrie hohe berufliche und gesellschaftliche Aufstiegschancen bietet. Die erste Gründergeneration der Ruhrgebietsunternehmer stammt vor allem aus kaufmännischen und handwerklichen Berufen. In der technisch wie betriebsorganisatorisch hochentwickelten Montanindustrie des Ruhrgebiets wachsen jedoch die Anforderungen an das unternehmerische Wissen. Der Generation der Handwerker-Unternehmer folgen die Söhne, die Universitäten besuchen und sich stärker an den Lebensstil bildungsbürgerlicher Schichten anlehnen.

Patent der Ernennung Heinrich Wenkers zum »Kommerzienrat«

F. W. Brökelmann wird 1889 zum »Geheimen Kommerzienrat«

Dennoch bleibt in der feudalistisch strukturierten preußischen Gesellschaft des ganzen 19. Jh. die Figur des neureichen »Geldaristokraten« und »Schlotbarons«, dessen Reichtümer seine bescheidene Herkunft nicht verdecken können, ein beliebtes Thema der Satire.

Ortsfremden, schnell aufsteigenden Unternehmern wird die Aufnahme in Handelskammern und Bürgergesellschaften (→ 1828) nicht leicht gemacht.

Um den begehrten Titel »Kommerzienrat« zu erlangen, muß der Antragsteller ein nachweisbares Engagement für das öffentliche Wohl zeigen und über ein Privatvermögen verfügen, das um 1860 mindestens 750 000 Mark, ab 1893 eine Mio Mark betragen muß.

Durch Engagement in der Kommunalpolitik und mit gemeinnützigen Stiftungen sichern sich die Unternehmer zusehens ihren Platz unter den Honoratioren der Städte.

1860

21. 5. Mit dem sog. Freizügigkeitsgesetz wird der freie Arbeitsvertrag im Bergbau eingeführt. →

4. 6. In Dortmund wird eine Ortsgruppe des Deutschen Nationalvereins gegründet.

11. 9. Eine Gruppe von Dortmunder Bergarbeiter-Deputierten beschwert sich beim zuständigen Bergamt über eine ungerechte Handhabung bei der Zahlung von fälligen Knappschaftsbeiträgen. →

8. 10. Die Regierung in Arnsberg konzessioniert das von der »Gesellschaft zur Anlage einer Gasanstalt« nahe dem Unnaer Bahnhof errichtete Gaswerk, das im folgenden Monat den Betrieb aufnimmt.

22. 10. In Bochum läuft der erste Eisenbahnzug ein. Bisher lag der Bochumer Bahnhof in Herne. →

1860. Die Aktiengesellschaft für Bergbau, Blei- und Zinkfabrikation zu Stolberg und Westfalen errichtet in (Dortmund-)Körne eine Zinkhütte.

1860. Die Abteufarbeiten der Schachtanlage Rheinelbe in Gelsenkirchen werden beendet.

1860. Die Zeche Vollmond in (Bochum-)Langendreer nimmt die Förderung auf.

1860. Im Regierungsbezirk Arnsberg wird der Turnunterricht für alle Knabenschulen Pflicht.

1860. Nach der ersten großen Bergbaukrise wandern 1000 Essener Bergleute mit ihren Familien nach Rußland aus.

1860. Auf dem Gelände der Kruppschen Werke in Essen wird ein 60 m hoher Wasserturm errichtet.

1860. In Dortmund bringt das gastierende Detmolder Hoftheater Jacques Offenbachs Operette »Orpheus in der Unterwelt« auf die Bühne.

1860. Auch nach der Industrialisierung des Bergbaus bleiben die Knappen tradiertem Liedgut verpflichtet.

Um 1860. In Essen werden zahlreiche katholische Knappenvereine gegründet.

Um 1860. Das Aufkommen immer weiterer und besserer Bahnverbindungen drängt die Postkutschenlinien in den Hintergrund.

Um 1860. Mit dem Wiederaufleben der Diskussion um die nationale Einheit setzt im Ruhrgebiet eine Welle von Turnvereinsgründungen ein.

Um 1860. Die tägliche Arbeitszeit eines Bergmanns beträgt zehn bis zwölf Stunden.

1860/61. Im Ruhrorter Hafenbecken werden der Nordhafen und der Südhafen angelegt.

Folge des Freizügigkeitsgesetzes: Allgemeine Arbeitsordnungen für Zechen

Reform des Arbeitsrechts

21. Mai 1860. Mit dem »Gesetz über die Aufsicht von Bergbehörden über den Bergbau und das Verhältnis der Berg- und Hüttenarbeiter betreffend« schafft die preußische Regierung die rechtlichen Voraussetzungen für eine Reform des bergmännischen Arbeitsverhältnisses. Das Gesetz ist Bestandteil der vor neun Jahren mit dem sog. Miteigentümergesetz (→ 12. 5. 1851) eingeleiteten Bergrechtsreformen.

Ihr Ziel ist ein Abbau der staatlichen Lenkung des Bergbaus zugunsten einer Selbstverwaltung der Zechenbetriebe durch die Gewerken, die von Unternehmern und Wirtschaftspolitikern als Voraussetzung für den industriellen Ausbau des Bergbaus angesehen wird.

Das neue Gesetz ersetzt den bisher zwischen Bergbehörden und Bergarbeitern geschlossenen Arbeitsvertrag durch eine freie Übereinkunft zwischen Unternehmern und Arbeitern. Der Bergmann erhält das Recht, seinen Arbeitsplatz zu wechseln, ohne die Erlaubnis der Bergbehörde in Form eines Abkehrscheins einholen zu müssen. Allerdings verlieren die Bergleute mit der Möglichkeit, Verdienst und Arbeitsbedingungen frei zu wählen, das bisher von der Bergbehörde garantierte Recht auf Arbeit.

Willkürliche Entlassungen älterer Arbeiter, Lohnkürzungen und rigorose Strafbestimmungen machen den Bergleuten nach Inkrafttreten des Gesetzes die neuen Herrschaftsverhältnisse klar. Aus dem sozial abgesicherten Knappen wird der freie Lohnarbeiter, über dessen Arbeitskraft der Unternehmer verfügt.

Beschwerden von Bergarbeitern

Das reformierte Knappschaftsgesetz (→ 10. 4. 1854) und das Freizügigkeitsgesetz (→ 21. 5. 1860) lösen eine breite Bewegung individueller und kollektiver Petitionen und Beschwerden von Bergarbeitern aus, die widersprüchliche Interessen spiegeln. Zum einen fordern die Bergleute, am konjunkturellen Aufschwung des Bergbaus teilzuhaben. Das heißt insbesondere, Freizügigkeit zu erlangen, um auf diese Weise höheren Lohnangeboten folgen zu können. Zum anderen protestieren sie heftig gegen die Reduktion der Knappschaft auf ein Versicherungsinstitut und den Verlust der Arbeitsplatzgarantie. Kollektivbeschwerden entstehen in Zusammenarbeit mit der Knappschaft und werden auf Bergarbeiterversammlungen diskutiert und formuliert. Individualbeschwerden von Bergleuten rühren aus der traditionellen und populären Gewißheit, daß man sich in höchster Not an König und Kaiser als letzte Instanz wenden dürfe. Die meisten Bergarbeiter können lesen und schreiben.

Schon in den ältesten Bergordnungen des 18. Jh., die das Bergwesen in wirtschaftlicher, sozialer und rechtlicher Hinsicht regelten, war das Beschwerderecht Teil der Arbeitsordnung. Nach Inkrafttreten des Miteigentümergesetzes (12. 5. 1851) ist nicht mehr das Bergamt, sondern die Betriebsführung der Zeche Adressat für Beschwerden.

In den Bergbaurevieren des Ruhrgebiets übernehmen die meisten Zechenleitungen die Bestimmungen der Musterarbeitsordnung des Vereins für die bergbaulichen Interessen (→ 17. 12. 1858). Sie bestimmt, daß »zur Anbringung von Gesuchen und Beschwerden, welcher Art diese auch sein mögen«, »höchstens drei Mann gleichzeitig in ruhiger Weise den Repräsentanten oder Betriebsführer anzugehen« haben; »im Übertretungsfall können die betreffenden Arbeiter sofort entlassen werden«.

Bergleute beklagen Freizügigkeitsgesetz

11. September 1860. In einem Brief an das Oberbergamt Dortmund beschweren sich die Abgeordneten von Bergleuten aus mehreren Revieren über das neue Freizügigkeitsgesetz (→ 21. 5. 1860). Die Beschwerde zeugt von dem Bemühen der Bergleute, die Deklassierung ihres Standes zu industriellen Lohnarbeitern zu verhindern:

»Königliches Wohllöbliches Bergamt! Das Gesetz vom 21. Mai 1860 wirkt schon ganz empfindlich. Wir baten schon am 15. August, es bei den achtstündigen Schichten zu belassen, doch sind auf der Zeche Margaretha... neunstündige Schichten eingeführt worden. Mit An- und Abfahren muß also der Bergmann... circa zehn Stunden im Dienste sein...

Der Veranlassungen zu dem Gesetze mögen nun viele oder wenige gewesen sein: Es hat sich nicht bewährt und bewährt sich nimmer, und zwar für keinen der dabei Interessierten. Einmal hat es die Existenz der Bergleute so erschüttert, daß man bedauern muß, sich diesem Berufe gewidmet zu haben. Denn der Bergmann muß seinen Herd selbst dann verlassen,... wenn er nur auf eine böse Laune seines... Arbeitgebers gestoßen ist. Die meisten Bergleute sind verheiratet und bejahrt, nach diesen Umständen aber wird bei der Kündigung nicht gefragt.

Zum anderen leiden durch so öfteren Wechsel der Arbeiter die Werke sehr erheblich, und wenn die Gewerken etwa meinen, für ihren Vorteil zu wirken, wenn sie den eingeschriebenen Bergleuten kündigen und an deren Stelle Bergtagelöhner anlegen, so wird sich recht bald zeigen, daß sie im Irrtum gewesen...

Indem wir bemerken, daß mehrere Petitionen mit Tausenden von Unterschriften versehen an des Prinzregenten Königliche Hoheit und... auch an die Landesvertretungen um Aufhebung des genannten Gesetzes und um Wiedereinführung... der früheren Statuten... ergehen werden, bitten wir Euer Königliches Wohllöbliches Bergamt: Wohldasselbe möge zu diesem Zwecke das Mögliche beitragen.«

Bergleute singen »Glückauf, Glückauf!«

1860. Zahlreiche Bergchöre im Ruhrgebiet pflegen die Tradition des Bergmannsliedes. Der Knappengesang ist ein charakteristisches Merkmal des Bergmannsstandes. Bergmännische Singgemeinschaften tauchten zuerst im 16. Jh. in den Erz- und Silberbergbaugebieten auf. Im Ruhrgebiet entstanden sie parallel zur Entwicklung des Kohlenbergbaus. Ihren festen Platz haben sie auf den Versammlungen der Bergmannsvereine. Von den Grubenverwaltungen werden die Gesangvereine wegen ihrer gemeinschaftsbildenden Funktion gern gesehen.

Der Text eines klassischen Bergmannslieds lautet: »Glückauf, Glückauf! / Der Steiger kommt; / Und er hat sein helles Licht bei der Nacht, / Und er hat sein helles Licht bei der Nacht / Schon angezünd't, schon angezünd't.
Hat's angezünd't! / Es gibt einen Schein, / Und damit so fahren wir / – Bei der Nacht / Ins Bergwerk 'nein.
Ins Bergwerk 'nein, / Wo die Bergleute sein, / Die da graben das feinste Gold / – Bei der Nacht / Aus Felsenstein.
Der eine gräbt das Silber, / Der andere gräbt das Gold. / Doch dem schwarzbraunen Mägdelein / – Bei der Nacht / Dem sein sie hold.
Ade, nun Ade! / Herzliebste mein! / Und da drunten im tiefen, finstern Schacht / – Bei der Nacht, Da denk' ich dein.
Und kehr' ich heim / Zum Liebchen mein, / Dann erschallet des Bergmanns Gruß / – Bei der Nacht. / Glückauf! Glückauf!
Die Bergleute sein / Kreuzbrave Leut'; / Denn sie tragen das Leder vor dem Arsch / – Bei der Nacht / Und saufen Schnaps.
Die Hüttenleut' sein / Kreuzbrave Leut'; / Denn sie tragen das Leder vor dem Bauch / – Bei der Nacht / Und saufen auch.«

Gemeinschaft zur Pflege traditionellen Liedguts: Männerchor der Essener Bergknappen im Jahr 1860; in der Bildmitte: Dirigent Helfer

Originaltext und -musik mit Variationen des Bergmannsliedes: »Glückauf! Glückauf! Der Steiger kommt.«

1860

Eisenbahn jetzt auch in Bochum

22. Oktober 1860. Festlich geschmückt läuft der erste Eisenbahnzug in Bochum ein. Mit dem Bau einer neuen Strecke von Witten über Bochum und (Essen-)Steele nach Oberhausen ist die Stadt nun ebenfalls an das Eisenbahnnetz angeschlossen. Bürgermeister Maximilian Greve hält eine Ansprache vor den zur Begrüßung des Zuges versammelten Bürgern. Am Abend wird der neue Bahnanschluß mit einem Festessen bei Gastwirt Hoppe gefeiert.
Die Einfahrt des ersten Zuges ist ein Ereignis, auf das die Bochumer lange warten mußten, verfügten doch andere Städte des Ruhrgebiets bereits seit Ende der 40er Jahre über einen Bahnanschluß. Um den Ausbau der neuen Strecke zu forcieren, beteiligte sich die Stadt mit 200 000 Talern an den Kosten.
Bis zur Einweihung der neuen Station befand sich der nächste Bahnhof für die Bochumer in Herne. Fuhrunternehmer boten regelmäßige Fahrten zu den Personenzügen im Bochumer Wochenblatt an.

Wasser für Krupp

1860. Auf dem Gelände der Krupp-Werke in Essen wird ein 60 m hoher Wasserturm (Abb.) errichtet, um Werkstätten, Fabrikanlagen und Wohnungen mit Frischwasser zu versorgen und für die Feuerlöschpumpen ständig Wasser mit hohem Druck bereitzuhalten.

1861

April. Karl Ruetz erwirbt die Anlagen der 1859 in Konkurs gegangenen Aktiengesellschaft Paulinenhütte in Dortmund und führt sie unter dem Namen K. Ruetz u. Co. zur Rothen Erde weiter.

16. 9. Der Essener Unternehmer Alfred Krupp stellt in seiner Gußstahlfabrik in Essen einen Dampfhammer mit 25 t Fallgewicht vor. →

14. 10. Der Dortmunder Ortsverein der Deutschen Fortschrittspartei wird gegründet.

1861. Die Dortmunder Zeche Kurl wird in Betrieb genommen.

1861. Die Bergleute der Zeche Heinrich bei Überruhr (Essen) legen für mehrere Tage die Arbeit nieder, da ihnen die freien Brandkohlen vorenthalten werden. →

1861. Der Essener Unternehmer Alfred Krupp bringt den Flachkeil, ein neues Verschlußsystem für Hinterlader, auf den Markt.

1861. Bei den Stadtverordnetenwahlen in Recklinghausen wählen 53 von 605 Stimmberechtigten; die Wahlbeteiligung liegt unter 9%. →

1861. Die evangelische Kirche in (Hagen-)Haspe wird eingeweiht.

1861. Die Gebrüder Straßburger errichten an der Rheinelbestraße in Gelsenkirchen eine Eisengießerei.

1861. König Wilhelm I. von Preußen besucht die Kruppsche Gußstahlfabrik in Essen. →

1861. Der Unternehmer Friedrich Harkort regt die Gründung eines Turnvereins in Wetter an der Ruhr an.

1861. Auf der Zeche Vereinigte Wiesche bei Mülheim an der Ruhr werden Versuche zur Brikettherstellung aus Kohlenstaub durchgeführt.

1861. In Dortmund eröffnet das erste Spezialgeschäft für Zigarren.

1861. Die Schulpflicht hat sich so weit durchgesetzt, daß rund 97% aller Kinder die Elementarschule besuchen.

1861. Die Gesamtzahl aller Gewerbetreibenden (ohne Bergbau und Steinbrüche) beträgt in Dortmund und Hörde 12 375, in Hagen und Schwelm 18 077 sowie in Bochum, Witten, Herne, Gelsenkirchen und Hattingen insgesamt 10 674.

1861. Essen hat 20 755 Einwohner. Die Einwohnerzahl der Stadt hat sich in den letzten zehn Jahren verdoppelt.

1861. Der Duisburger Rheinkanal wird zum Außenhafen verbreitert. Durch den Ausbau des stadtnahen Teils des Ruhrkanals entsteht ein Hafenbecken.

Die 1A1 Lokomotive »Düsseldorf« der Köln-Mindener Eisenbahn aus dem Jahr 1860, geschmückt für den Hofzug des Königs von Preußen

Wilhelm I. im Krupp-Werk

1861. Der preußische König Wilhelm I. besucht die Gußstahlfabrik von Alfred Krupp in Essen. Krupp stellt dem König dort seinen neuen Dampfhammer »Fritz« vor (→ 16. 9. 1861). Schon 1859 hatte Wilhelm I., damals noch Prinzregent, sein Wohlwollen gegenüber dem Essener Unternehmer gezeigt, indem er, entgegen den Empfehlungen seines Kriegsministers, 300 Kanonen bei Krupp bestellte.
Der Ruf des Waffenproduzenten Krupp geht weit über Essen hinaus; in den folgenden Jahren besuchen ihn weitere Mitglieder der preußischen Königsfamilie und Kronprinzessin Isabella von Brasilien.

Der preußische König Wilhelm I. zu Besuch bei Krupp in Essen

Bürgern fehlt das Interesse an Politik

1861. Bei den Stadtverordnetenwahlen in Recklinghausen beteiligen sich von 39 stimmberechtigten Bürgern der ersten Klasse acht an der Stimmabgabe (20%), von 94 Wahlberechtigten der zweiten Klasse 16 (17%) und von 472 Berechtigten der dritten Klasse 29 (6%). Insgesamt liegt die Wahlbeteiligung unter 9%.
Seit der gescheiterten Märzrevolution (→ 18. 3. 1848) verhalten sich die Recklinghäuser Bürger politisch vorsichtig und zurückhaltend. Desinteresse und Passivität gegenüber politischen Fragen lassen sich auch auf das Dreiklassenwahlrecht zurückführen, das mit der Revidierten Städteordnung (→ 17. 3. 1831) in Kraft trat. Dieses Wahlrecht macht die Möglichkeiten, politischen Einfluß auszuüben, vom Einkommen der Wahlberechtigten abhängig. Gemäß ihrem Steueraufkommen werden die Bürger in drei Klassen eingeteilt, von denen jede ein Drittel der Stadtverordneten wählt. 39 wohlhabende Bürger der ersten Klasse wählen ebenso vier Repräsentanten wie 472 Stimmberechtigte der dritten Klasse. Wahlberechtigt sind alle männlichen Einwohner preußischer Staatsangehörigkeit, die keine Armenunterstützung beziehen.

Freie Brandkohlen werden gestrichen

1861. Die Verwaltung der Zeche Heinrich bei Überruhr (Essen) streicht die von alters her übliche Abgabe freier Brandkohlen an die Belegschaft. Aus Protest legen die Bergleute die Arbeit nieder, der Streik bleibt jedoch ohne Erfolg. Die Streichung der freien Brandkohlen ist den Grubenverwaltungen der Revierzechen mit der Einführung des freien Arbeitsvertrages (→ 21. 5. 1860) ermöglicht worden.

Das Recht auf freie Kohlen für den Hausbrand erlaubte den Bergleuten ebenso wie den invaliden Knappen und den Bergmannswitwen, ihre Kohlen zum Selbstkostenpreis zu beziehen. Schon in den Jahren zuvor war dieses Recht eingeschränkt worden; nur noch arbeitende Knappen durften freie Brandkohlen kaufen, sie erhielten jedoch schlechtere Qualitäten zu höheren Preisen. Die Brandkohlenfrage bleibt ein ständiger Streitpunkt zwischen den Bergleuten und ihren Arbeitgebern und spielt auch in den späteren Streikbewegungen eine große Rolle.

Aus Eisengießerei wird Stahlkonzern

1861. Mit dem Erwerb einer Nagelschmiede in der Rheinelbestraße im späteren Gelsenkirchener Stadtteil Ückendorf legen die Gebrüder Hermann und Johann Straßburger den Grundstein für einen schwerindustriellen Großbetrieb, die 1889 gegründete Gelsenkirchener Gußstahl- und Eisenwerke AG.

In der weitgehend von Landwirtschaft geprägten Gegend im Süden der Linie der Köln-Mindener-Eisenbahn errichten die Brüder auf dem Gelände der Nagelschmiede eine Eisengießerei, deren Erzeugnisse (Räder, Zylinder) im Bergbau und bei der Eisenbahn lebhaften Absatz finden. Bereits 1865 wird eine Erweiterung des Unternehmens zur Handelsgesellschaft Gebrüder Straßburger und Co. notwendig. In den 70er Jahren des 19. Jh. erfolgt die Fusion mit dem Gußstahlwerk Munscheid und Co. Gleichzeitig wird die Produktion von Gußeisen auf besser schmiedbaren Gußstahl umgestellt. 1890 beschäftigt das im Jahr zuvor zur Aktiengesellschaft umgestaltete schwerindustrielle Unternehmen insgesamt 340 Mitarbeiter.

25-Tonnen-Dampfhammer »Fritz«

16. September 1861. In der Essener Gußstahlfabrik Fried. Krupp wird der größte Dampfhammer Deutschlands in Betrieb genommen. Der Hammer »Fritz« mit einem Fallgewicht von 25 t wurde konstruiert, »um Blöcke Gußstahl bis zu 50 000 Pfund Gewicht für schwerste Schiffswellen und sonstige Massenobjekte zu verschmieden«.

Für den Hammer mußte eigens ein neues Gebäude errichtet werden, dessen 72 m hoher Schornstein für lange Zeit das höchste Bauwerk Essens bleibt.

Nachdem Krupp in den 40er Jahren des 19. Jh. Schiffswellen für die Rheinschnelldampfer »Stadt Straßburg« und »Prinz von Preußen« hergestellt hatte, ließ er einen Dampfstielhammer von 4 bis 5 t Gewicht bauen. Damit produzierte er in der Folgezeit Werkstücke wie die 9 m lange und 6 bis 8 t schwere Antriebswelle für die Yacht des ägyptischen Vizekönigs Said Pascha.

Als Krupp nun auch noch den Hammer »Fritz«, der nach seinem Sohn Friedrich Alfred benannt ist, bauen läßt, wird er in Hütten- und Fabrikbesitzerkreisen für verrückt oder größenwahnsinnig erklärt.

Die Einweihung des Hammers beschreibt der Krupp-Biograph Diedrich Baedeker: »Als dann zum ersten Mal der Hammer vor der erwartungsvoll gespannten Beamten- und Arbeiterschar, in der der Fabrikherr den vordersten Platz einnahm, langsam in die Höhe stieg, um im nächsten Augenblick mit furchtbarer Vehemenz auf einen mächtigen Gußstahlblock niederzufallen, sprangen die zunächst stehenden Personen entsetzt zurück. Krupp war der Einzige, der ruhig seinen Platz behauptete und unverrückt die großartige Kraftäußerung beobachtete.«

Um den Hammer ranken sich zahllose Anekdoten und Geschichten. So wird erzählt, Krupps Sohn Friedrich Alfred habe immer zu weinen begonnen, wenn das Hammerwerk mit der Arbeit anfing. Krupp selbst soll den Wunsch geäußert haben, mit dem Hammer sogar die Menschen aus dem Schlaf zu schrecken, die auf der anderen Erdhalbkugel leben. Als Kaiser Wilhelm I. die Kruppschen Werke besuchte, besichtigt auch er das Wunderwerk der Technik. Angeblich legt er dabei seine goldene Uhr auf den Amboß, um die Steuerfähigkeit des Hammers zu testen. Der Hammerführer läßt daraufhin den Hammer niederfallen und stoppt ihn unmittelbar über der Uhr. Der Kaiser macht ihm vor Begeisterung die Uhr zum Geschenk. Obwohl neue Möglichkeiten der Formung großer Werkteile in den folgenden Jahren entwickelt werden, bleibt »Fritz« über 50 Jahre in Betrieb.

Abb. Seite 134/135: Dampfhammer »Fritz« mit 25-Tonnen-Fallgewicht

Technische Entwicklung von Eisenhammerwerken

Schon im 18. Jh. wurden im Ruhrgebiet die ersten Hammerwerke errichtet (→ 1722). Man benötigte sie, um Schmiedestücke zu formen, die zu groß für eine Bearbeitung mit der Hand waren. Die frühen Eisenhämmer waren Stielhämmer, die von der Form den Handhämmern gleichen und an einem Punkt des Stiels drehbar gelagert sind. Diese Hämmer wurden zunächst von Wasserrädern angetrieben, später auch von Dampfmaschinen. Der Nachteil dieser Konstruktion war, daß die Hammerfläche nur beim Aufschlag mit der Amboßfläche parallel lag. An Schmiedestücken, die zwischen Hammer und Amboß lagen, konnten deshalb keine parallelen Flächen entstehen. Aus diesem Grund wurde der Fallhammer entwickelt, bei dem das Hammergewicht senkrecht auf das Schmiedestück hinabfällt. Das Anheben des Gewichtes erfolgte zunächst noch mit Riemen oder Ketten. 1784 entwickelte der Engländer James Nasmyth einen dampfgetriebenen Fallhammer mit automatischer Steuerung, der die industrielle Produktion großer Werkteile erst möglich machte.

Das Gebäude für den Hammer »Fritz« mit 72 m hohem Schornstein, lange Zeit Wahrzeichen der Gußstahlfabrik

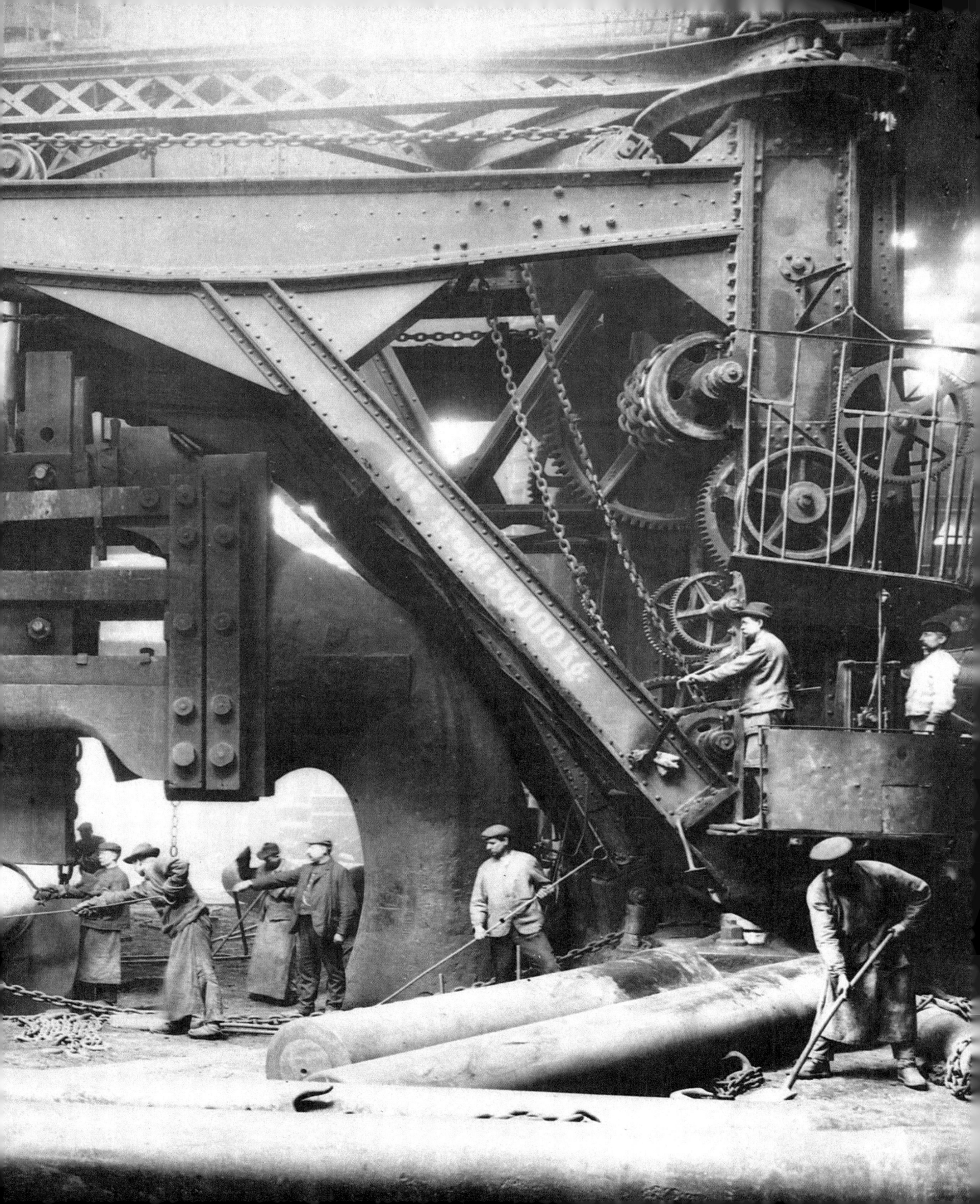

1862

15. 1. Die städtische Gasanstalt in (Dortmund-)Hörde wird in Betrieb genommen.

1. 2. Durch eine preußische Kabinettsorder werden sechs Bauernschaften und Gemeinden im Kreis Duisburg zur Landgemeinde Oberhausen zusammengeschlossen. →

1. 3. Mit der Eröffnung der Linie Bochum – Duisburg der Bergisch-Märkischen Eisenbahn, über Essen und Mülheim an der Ruhr, wird der Essener Hauptbahnhof eingeweiht. →

1862. Die Bergisch-Märkische Eisenbahn erweitert ihre von (Dortmund-)Dorstfeld ausgehende Linie über Witten, Bochum, Oberhausen bis Duisburg.

1862. Die Preußische Bank (Berlin) eröffnet in Hagen eine Zweigniederlassung.

1862. In Duisburg wird die Maschinenfabrik Bechem und Keetmann gegründet. Sie stellt Maschinen für die Hüttenindustrie her.

1862. Der Turnverein Wetter wird politisch aktiv. Mit einer Petition unterstützen 37 Turner den Unternehmer Friedrich Harkort im Kampf gegen die Verdrängung des volkstümlichen Jahnschen Turnens.

1862. Das Walzwerk in (Dortmund-)Barop nimmt den Betrieb auf. →

1862. In (Dortmund-)Hörde wird das erste freiwillige Feuerwehrkorps gegründet.

1862. Auf der Weltausstellung in London führt der Essener Unternehmer Alfred Krupp Kanonen eigener Fertigung vor. Mit diesen ersten von einem deutschen Privatunternehmen hergestellten Geschützen legt Krupp den Grundstein für den Aufstieg der Firma. →

1862. Die Firma Krupp in Essen richtet die erste Bessemer-Anlage Deutschlands ein. 1864 folgt die Anlage beim Hörder Verein (Dortmund). →

1862. Burghard Freiherr von Schorlemer-Alst gibt sein Buch »Die Lage des Bauernstandes in Westfalen und was ihm not tut« heraus. →

1862. Der Bergisch-Märkische Bahnhof an der Stadtgrenze von Bochum wird erbaut. →

1862. In Unna schließt sich ein Schützenverein für Colonie und Umgegend zusammen.

1862. An den Schulen in Dinslaken wird Turnunterricht eingeführt, der sich auf Freiübungen beschränkt.

1862. In Recklinghausen sind 258 Erwerbstätige in der Land- und Forstwirtschaft beschäftigt, 535 in Industrie und Handwerk. 160 sind Tagelöhner ohne feste Anstellung.

Stahlproduktion: Nach der Veredelung in der sog. Bessemer-Birne wird der Stahl in Tiegel gegossen

Erstes Bessemer-Werk bei Krupp

1862. Alfred Krupp richtet in seinem Essener Werk als erster deutscher Stahlproduzent eine Bessemer-Fabrik ein. Nachdem der Engländer Henry Bessemer in den 50er Jahren ein Verfahren entwickelt hatte, das die Massenerzeugung von Stahl ermöglichte, erwarb Krupp schon 1857 durch seinen Londoner Vertreter die deutschen Rechte.

Im geheimen errichtet Krupp ein Bessemer-Werk mit zwei kleinen Konvertern (Gefäße zur Herstellung von Stahl); er befürchtet, mit dem teureren Tiegelstahlgußverfahren nicht mehr konkurrenzfähig zu sein, falls andere Produzenten vor ihm das neue Verfahren anwenden. Bessemers Verfahren verkürzt den bisherigen Produktionsprozeß von 24 Stunden auf 20 Minuten.

In den folgenden Jahren baut Krupp seine Anlage aus. Zunächst errichtet er drei 5-Tonnen-Konverter und kurze Zeit später noch ein Werk mit fünf Konvertern gleicher Größe. Aus dem erzeugten Stahl läßt Krupp hauptsächlich Eisenbahnräder und -schienen walzen, die er bis nach Amerika exportiert.

Mit der Zeit stellt sich aber heraus, daß das Bessemer-Verfahren erhebliche Nachteile mit sich bringt. Die schwefel- und phosphorhaltigen Ruhrgebietserze lassen sich nicht verarbeiten, und die Konverter erweisen sich als stark reparaturanfällig. Auch die aus importierten Erzen gewonnenen Stahlprodukte haben nicht die gewünschte Qualität. So bersten in der Schlacht bei Königgrätz 1866 zwischen Preußen und Österreich einige Rohre preußischer Kanonen aus Krupps Bessemer-Werk. Das Werk in Essen wird daraufhin verkleinert und der dort hergestellte Stahl nicht mehr für Produkte verwendet, die extreme Belastungen aushalten müssen.

Bessemer-Werk von Fried. Krupp in Essen (zeitgenössischer Stich)

Erzeugung von Stahl in der Bessemer-Birne

Ende der 50er Jahre des 19. Jh. entwickelt der Engländer Henry Bessemer ein Verfahren zur Massenproduktion von Stahl. Durch die flüssige Roheisenmasse, die in einen birnenförmigen Behälter (Konverter) gefüllt wird, läßt er unter hohem Druck Sauerstoff blasen. Dadurch erhöht sich die Temperatur der Roheisenmasse von 1200 °C auf 1500 °C, und der Kohlenstoffanteil, der die Qualität des fertigen Stahls mindert, wird verringert. Bei der industriellen Anwendung dieser Technik gibt es anfangs erhebliche Schwierigkeiten.

Industrie baut Walzwerke

1862. In (Dortmund-)Barop errichtet die 1855 gegründete Firma Wilhelm Hammacher ein Walzwerk. Im Zuge der fortschreitenden Industrialisierung des Ruhrgebiets gliedern sich immer mehr Unternehmen der Eisen- und Hüttenindustrie Walzwerke zur Vervollkommnung ihrer Metallprodukte an.

Schon zu Beginn des 18. Jh. waren in England verschiedene Walzverfahren zur Produktion von Blechen und Flacheisen entwickelt worden. Der glühende Roheisen- oder Rohstahlblock wird dabei zwischen zwei Walzen hindurchgeführt, die senkrecht übereinander angebracht sind und sich in entgegengesetzte Richtung drehen. Der Metallblock wird auf das Maß des Walzenabstandes zusammengedrückt und in der Länge gestreckt. Eine Walzung, ein Stich, genügt in der Regel nicht, um die gewünschte Form zu erhalten, so daß das Werkstück mehrfach gewalzt werden muß.

Der Querschnitt des fertigen Produktes kann durch die Form der Walzen und deren Anordnung variiert werden, so daß es möglich ist, Flach-, Winkel-, Rund- oder T-Eisen herzustellen. Verbesserungen der Walzverfahren ermöglichen um 1860, Scheibenräder, nahtlose Radkränze und Schienen für die Eisenbahn sowie Drähte verschiedenster Stärke zu produzieren. Die Arbeit in den Walzwerken ist äußerst gefährlich. Die glühenden Metallstäbe kommen mit hoher Geschwindigkeit aus den Walzen. Die Arbeiter müssen die Stäbe mit Zangen aufnehmen und so schnell wie möglich wieder in das Walzwerk einführen, solange die Bearbeitung der Werkstücke in weiteren Walzgängen erforderlich ist. Im Ruhrgebiet wurden schon in den 50er Jahren die ersten großen Walzwerke errichtet. Sowohl Krupp als auch die Bochumer Unternehmer Jacob Mayer und Eduard Kühne begannen in ihren Werken um 1850 mit dem Bau großer Walzanlagen, die mit 100 PS starken Dampfmaschinen angetrieben wurden.

Arbeiter ziehen ein noch glühendes Stahlband mit Zangen aus der Walze; dahinter wird ein noch unverarbeiteter Rohling in eine Walze eingeführt

Oberhausen liegt in öder Sandheide

1. Februar 1862. Auf Anweisung des preußischen Königs Wilhelm I. werden sechs Bauerschaften und Gemeinden im Kreis Duisburg zur Landgemeinde Oberhausen zusammengefaßt. Vor der Gemeindegründung hatten sich die Bewohner der Gegend mehrfach über die langen Wege zu Ämtern und mangelnde Versorgung mit öffentlichen Einrichtungen wie Schulen und Polizeistationen beschwert. Kreissekretär Friedrich Schwartz, erster Bürgermeister von Oberhausen, klagt in seinem Verwaltungsbericht 1865: »... in ödester Sandgegend, einer wahren Urheide trat ich die Verwaltung der 6000 Seelen zählenden Gemeinde unter sehr primitiven Verhältnissen an... ich entbehre einer Registratur, einer Bibliothek und hatte zunächst Tintenfaß und Feder auf meinen Tisch zu schaffen...«

Bochum wird ausgebaut

1862. An der unbebauten südlichen Grenze des Stadtgebiets von Bochum wird ein Bahnhof der Bergisch-Märkischen Eisenbahn angelegt, deren Züge seit 1860 auch in Bochum halten. Dieser Bahnhof, später Bahnhof Süd (heute Hauptbahnhof), ist der Auslöser für den Ausbau der Stadt in diese Richtung. Die Wohnbebauung erreicht diese Südgrenze im Jahr 1885.

Die Gärten, die Bochum vorher umgaben, werden überbaut. Bis 1869 entstehen die Humboldtstraße und die Hochstraße (später Kortumstraße), um die herum sich das neue Viertel bildet. Dieser Stadtteil, der sich 1890 noch »Neustadt« nennt, wird zu dem Bereich, der die spätere Innenstadt Bochums ausmacht.

Zur gleichen Zeit wachsen auch andere Stadtteile heran; 1864/65 wird die Kolonie Stahlhausen angelegt, das Gebiet zwischen Zentrum und Kolonie wird rasch zugebaut. Die Stadt entwickelt sich vom landwirtschaftlich geprägten Ackerbürgerstädtchen zur Industriestadt.

Ansicht eines weiteren Neubaugebietes im Bochumer Ehrenfeld

Freiherr gründet ersten Bauernverein

1862. Der Politiker Burghard Freiherr von Schorlemer-Alst gründet nach der Veröffentlichung seiner Schrift »Die Lage des Bauernstandes und was ihm not tut« den Westfälischen Bauernverein. Er begründet damit eine weitere Gruppierung unter den christlich und sozial orientierten Vereinen, nach den Gesellenvereinen (→ 1852) und den Knappenvereinen (→ 1855).

Schorlemer-Alst

Schorlemer-Alst engagiert sich für eine Lösung der sozialen Frage in ihrer ganzen Breite; er vertritt neben den Interessen der Bauern auch die der Handwerker und Bürger.

1862

Neue Bahnstrecke durchs Ruhrgebiet

Auf der neuen Strecke der Bergisch-Märkischen Eisenbahn, die seit 1862 von Witten über Bochum und (Essen-)Steele nach Oberhausen führt, bietet sich dem Passagier ein beeindruckendes Bild von der stetig wachsenden Industrie in der Landschaft an der Ruhr.

Die Phase des Aufschwungs Anfang der 50er Jahre des 19. Jh. hat zu zahlreichen Neugründungen von Firmen in der Stahlindustrie geführt, an deren Fabrikhallen, Hochöfen und Schornsteinen die neue Bahnstrecke entlangführt. Wichtigstes Transportgut der Bahn sind Kohlen, Personenwagen werden nur bei Bedarf angehängt.

Die Abbildung von Essen zeigt rechts den großen Malakoffturm der Zeche Herkules, links die Zeche Hoffnung neben dem Kapuzinerkloster, davor das Walzwerk von Schulz-Knaudt. Der Weg links im Vordergrund führt auf die Steeler Chaussee.

Erster Bahnhof im Essener Stadtkern

1. März 1862. Die Bergisch-Märkische Eisenbahn eröffnet eine neue Strecke mitten durch das Ruhrgebiet. Die Linie führt von Bochum über Essen und Mülheim an der Ruhr nach Duisburg. Die Streckeneröffnung wird ohne besondere Feierlichkeiten begangen; nur festlich wehende Fahnen auf den Bahnhöfen und an den Häusern in ihrer Nähe künden ein Ereignis an, das für die Verkehrsentwicklung des Ruhrgebiets eine überragende Bedeutung besitzt. Für Mülheim und Essen existiert nun erstmals eine Bahnlinie, die mitten durch die Zentren der Städte führt.

Die Stadt Essen, mit 300 000 Talern am Bau der Eisenbahnlinie beteiligt, erhält ihren ersten Hauptbahnhof. Sie besitzt nun neben einem Bahnhof außerhalb der Stadt, in Altenessen, eine zentrale Station. Der neue Bahnhof ist jedoch kein repräsentatives Gebäude, sondern vielmehr ein ebenerdiger, unansehnlicher Holzbau mit einfachem Bahnübergang. Die Essener nennen ihren neuen Hauptbahnhof mit dem Kürzel HB auch spöttisch Holzbude.

Das Essener Stadtbild in der Umgebung des Bahnhofs wirkt noch kleinstädtisch. In der Innenstadt stehen zahlreiche Fachwerkhäuser, und die Straßenzüge sind eng und verwinkelt. Nur an wenigen Stellen wurden sie begradigt.

Die fehlende Anbindung des Stadtkerns an den Eisenbahnverkehr hatte die wirtschaftliche Entwicklung von Handel und Gewerbe im Stadtzentrum behindert, die jetzt einen raschen Aufschwung nimmt.

Neuer Essener Hauptbahnhof in der Innenstadt, von den Bürgern »HB« abgekürzt und spöttisch auch Holzbude genannt; erste zentral gelegene Station

Londoner Weltausstellung mit Kanonen von Krupp

1862. Alfred Krupp zeigt auf der Londoner Weltausstellung Kanonen, Eisenbahnachsen und -räder, die in seinem Essener Gußstahlwerk entwickelt und hergestellt wurden.

Weltausstellungen

1851 wird im Kristallpalast, der speziell für diesen Zweck im Londoner Hydepark errichtet wurde, die erste Weltausstellung eröffnet. In- und ausländischen Ausstellern wird erstmals die Gelegenheit gegeben, einem internationalen Publikum ihre Produkte zu präsentieren. Dabei handelt es sich in der Hauptsache um neue technische Errungenschaften. Die nächsten Weltausstellungen finden 1855 in Paris und 1862 wieder in London statt.

Alfred Krupp stellt als erster deutscher Privatunternehmer Kanonen und Geschütze her und legt damit den Grundstein für den Aufstieg seiner Firma. Er rechnet dabei – wie sich zeigt, zurecht – mit Staatsaufträgen, da nur diese die Lebensfähigkeit seiner Betriebe langfristig sichern können: In der Folgezeit verkauft er seine Geschütze und Kanonen nicht nur an Preußen, sondern auch an Rußland, Ägypten und Brasilien.

Von 1860 bis 1866 liegen seine Jahresumsätze zwischen 3 Mio Mark und 20 Mio Mark; der Anteil der Rüstungsgüter liegt zwischen 324 000 Mark und 6,5 Mio Mark.

Die Londoner Times kommentiert das Auftreten Krupps bei der Weltausstellung: »Wir wünschen Krupp Glück zu der überragenden Stellung, die er in der Welt als Erzeuger der größten und fehlerlosesten Massen von Gußstahl einnimmt.« Bismarcks Hausjournalist berichtet: »In Stahl schlagen wir die ganze Welt.«

Krupp war schon auf der ersten Londoner Weltausstellung 1851 vertreten. Er erregte Aufsehen mit dem größten Gußstahlblock der Welt von 43 Zentnern Gewicht, für den er die bronzene Council-Medaille bekam, die höchste auf der Ausstellung vergebene Auszeichnung.

Auf den folgenden Weltausstellungen zeigt Krupp neben anderen Produkten immer wieder einen großen Gußstahlblock, eine Schiffskurbelwelle und eine Kanone aus Gußstahl.

Gußstahlerzeugnisse der Firma Krupp auf der Londoner Weltausstellung 1862; l. verschiedene Kanonenrohre, r. sog. Bandagen, nahtlos gewalzte Radkränze; Alfred Krupp produziert als erster Privatunternehmer auch Geschütze

1863

30. 4. Die Handelskammer für den Kreis Dortmund wird gegründet. Aus den ersten Wahlen zur Kammer gehen der Brauereibesitzer Wilhelm Overbeck als Präsident und der Bankier Wilhelm von Born als Vizepräsident hervor.

23. 5. In Leipzig wird der Allgemeine Deutsche Arbeiterverein gegründet, die erste selbständige deutsche Arbeiterpartei. Erster Präsident wird Ferdinand Lassalle (→ 1864).

1. 6. Die »Preßordonnanz« hebt im Königreich Preußen die Pressefreiheit auf. →

4. 10. In Niederwenigern bei Hattingen wird der erste katholische Knappenverein im westfälischen Teil des Ruhrgebiets gegründet. →

1863. Die Bergisch-Märkische Eisenbahn verlegt ihre Hauptwerkstätte von Elberfeld (Wuppertal) nach Witten. Mehrere hundert Arbeiterfamilien übersiedeln an die Ruhr. →

1863. Die Schwerter Gesellenlade wird gegründet. Sie betreibt eine Krankenkasse und eine Herberge. Um wandernde Gesellen als Facharbeiter anzuwerben, gründen viele Städte Handwerker-Herbergen und Handwerker-Krankenkassen, die von sog. Gesellenladen getragen werden. →

1863. Der Wittener Musikverein wird gegründet.

1863. Ludwig von Born eröffnet in Essen an der Ecke Kettwiger Straße/Lindenallee das erste Bankhaus der Stadt.

1863. Friedrich Albert Lange gründet in Duisburg einen Konsumverein, der auch in anderen Städten Filialen einrichtet. →

1863. Die Bochumer jüdische Gemeinde errichtet zwischen Graben- und Wilhelmstraße eine neue Synagoge. →

1863. Die Preise für Roheisen sinken von 18,33 Talern im Jahr 1856 auf 12,89 Taler. Die Existenz der Hochofenanlagen am Rhein bei Duisburg ist bedroht.

1863. Der Turnverein Recklinghausen und der »Ruhr-Turner-Bund« TV Hattingen (später TuS Hattingen) werden gegründet.

1863. Im Ruhrgebiet werden 7 Mio t Kohle gefördert. Auf den Zechen arbeiten 33 550 Bergleute.

1863/65. In (Gelsenkirchen-)Bismarck wird der erste Schacht der Zeche Consolidation abgeteuft.

Ab 1863. Der Essener Joseph (Jupp) Schütte erfreut sich mit seiner Tanzkapelle großer Beliebtheit bei Konzerten und Festlichkeiten und wird einer der populärsten Männer in Essen.

Gesellen werden zu Industriearbeitern

1863. Die Schwerter Gesellenlade, eine Unterstützungs- und Krankenkasse für Handwerksgesellen, wird gegründet. Mit dieser städtischen Versicherungskasse und der Einrichtung einer Herberge, die aus Kassenmitteln betrieben wird, sollen Gesellen als Facharbeiter für die Schwerter Industrie angeworben werden.

Wie Schwerte beginnen auch andere Städte mit der Einrichtung von Handwerkerherbergen und -krankenkassen, um die Gesellen ansässig zu machen. Aus den Handwerkern sollen Industriearbeiter werden – eine Entwicklung, in der die Gesellen einen sozialen Abstieg sehen. In seinem Tagebuch schreibt ein Geselle zu den immer gleichen Handgriffen an den Maschinen in der Fabrik: ». . . kann mich aber nit drei schicken und mein immer, ich trieb mein Gewerb nur halb.«

Mit der Auflösung der Gilden und Zünfte (→ 31. 3. 1809) war der ständische Zusammenhalt der Handwerker verlorengegangen und damit auch die finanzielle Absicherung der Gesellen für Notfälle. Auf ihrer Wanderschaft trafen sie zunehmend auf Schwierigkeiten, sie fanden keine Arbeit und die Meister, bei denen sie nachfragten, sahen sie als Bettler an. Freie Unterkunft und Wegzehrung waren nicht mehr selbstverständlich. So bildeten die Gesellen ein Potential an Arbeitskräften, das seit Mitte des 19. Jh. von der wachsenden Industrie aufgesogen wird.

In der Zeit der beginnenden Industrialisierung verändert sich die Struktur des Handwerks: Der wachsende Konkurrenzdruck seit Einführung der Gewerbefreiheit durch immer neue und größere Unternehmen mit serieller Massenproduktion verdrängt die zahllosen Kleinbetriebe der vorindustriellen Zeit. Immer mehr Gesellen und auch mancher Handwerksmeister werden zu Industriearbeitern.

Handwerksgesellen auf der Wanderschaft

Das Gesellenwandern, die sog. Walz, ist eine Handwerkstradition seit dem späten Mittelalter. Gesellen begeben sich nach Abschluß ihrer Lehrzeit auf die Wanderschaft von Stadt zu Stadt, melden sich jeweils bei den Zunftmeistern und erhalten für kurze Zeit Arbeit und Unterkunft. Die Stationen der Wanderschaft werden durch die Zeichen (Stempel) der verschiedenen Zünfte in einem mitgeführten Buch festgehalten. Auch wenn ein Geselle in einer Stadt einmal keine Arbeit findet, kann er bei einem Meister übernachten und erhält Wegzehrung. Die Wanderschaft war und ist notwendig zur Sicherung des Lebensunterhaltes der Handwerker, da oft am Heimatort des Gesellen keine neuen Meister zugelassen werden und auch nicht alle in die bestehenden Handwerksbetriebe aufgenommen werden können.

Zunftbuch eines Wandergesellen

Auf ihrer Walz lernen die Handwerker auch neue Techniken ebenso wie Sitten und Gebräuche anderer Länder kennen. Mancher kommt auf seiner Wanderschaft bis in den Mittelmeerraum.

Konsumverein in Duisburg

1863. Der Duisburger Lehrer Friedrich Albert Lange (→ 1859) gründet in Duisburg einen Konsumverein, der seinen Mitgliedern (zumeist Fabrikarbeiter) Lebensmittel zu niedrigen Preisen anbietet.

Lange, der sich engagiert für soziale Reformen einsetzt, hält Konsumvereine für die »wichtigste Grundlage der socialen Selbsthülfe«. Viele Arbeiter verschulden sich durch Kreditnahme (»Anschreibenlassen«) bei Lebensmittelhändlern. Der Konsumverein gibt Waren nur gegen Barzahlung ab. Da er große Mengen einkaufen kann und keine Gewinne erwirtschaftet, können Arbeiter in den Konsumläden fast zu Großhandelspreisen einkaufen.

Lange warnt vor angeblichen Konsumvereinen, die mit Duldung der Verwaltungen auf den Zechen eingerichtet werden und die Waren »oft theurer als im sonstigen Detailverkauf« abgeben. Bergleute der Zeche Helene Amalie in Essen beschweren sich über einen solchen Laden auf dem Betriebsgelände ihrer Zeche.

Fleischkonsum der Gutehoffnungshütte in (Oberhausen-)Sterkrade

Eisenbahnwerkstatt nach Witten verlegt

1863. Die Bergisch-Märkische Eisenbahn verlegt ihre Hauptwerkstätten nach Witten. Mit dem zuvor in Elberfeld ansässigen Betrieb übersiedeln mehrere hundert Arbeiterfamilien nach Witten, für deren Unterbringung einige neue Straßenzüge errichtet werden. Die Werkstätten werden in Witten weiter ausgebaut und beschäftigen 1870 bereits über 1000 Personen.

Die Verlegung der Eisenbahnwerkstätten ist bezeichnend für die Bedeutung Wittens und seiner metallverarbeitenden Industrie. In dieser Branche bestehen 1865 laut Bericht der Industrie- und Handelskammer 29 Betriebe. Daneben unterstreichen auch die Glasfabriken und der große Getreidemarkt, der 1867 seinen höchsten Umsatz erreicht, Wittens wirtschaftliche Stellung.

Zensur beschneidet Freiheit der Presse

1. Juni 1863. Mit dem Erlaß einer Presseverordnung in Preußen werden die der Regierung kritisch gegenüberstehenden Zeitungen durchgreifenden Zensurbestimmungen unterworfen. Sie können mit Verwarnungen und einem anschließenden Erscheinungsverbot belegt werden. Wird ein Verleger, Redakteur oder ein Mitarbeiter mehrfach gerichtlich belangt, so kann diese »fortdauernde gefährliche Gesamthaltung« zum Entzug der Verlegerkonzession führen. Besonders betroffen von den Maßnahmen wird die in Westfalen erscheinende »Kölnische Zeitung«. Nach Erteilung einer Verwarnung wird ihr im Jahr 1864 der Auftrag zur Veröffentlichung aller amtlichen Bekanntmachungen entzogen.

Verein der Knappen in Niederwenigern

4. Oktober 1863. Im Saal der Gaststätte Tönshoff in Altendorf versammeln sich annähernd 150 Bergleute der Pfarre Niederwenigern (Hattingen), um einen Knappenverein zu gründen. Der Bergmannsverein Niederwenigern ist der älteste katholische Knappenverein im westfälischen Teil des Ruhrgebiets. Der erste Bergmannsverein des gesamten Ruhrgebiets war 1855 in (Essen-)Altenessen (→ 1855) gegründet worden.

Die Gründung des Vereins in Niederwenigern erfolgt nach dem Vorbild eines 1861 im nahegelegenen Überruhr (Essen) entstandenen Zusammenschlusses. Auch die Statuten des neuen Knappenvereins orientieren sich an den Bestimmungen der Bergleute aus Überruhr.

Jüdische Gemeinde baut neue Synagoge

1863. Die Bochumer jüdische Gemeinde errichtet eine neue Synagoge zwischen Graben- und Wilhelmstraße (heute Huestraße). Neben der Dortmunder gehört die Bochumer Gemeinde zu den größeren und wohlhabenderen im Ruhrgebiet, was die Größe des Neubaus zeigt (Abb.), der 1867 noch erweitert wird. Die Bochumer Juden können auch eigene Rabbiner einstellen, während Juden kleinerer Städte sich zum Unterhalt von Synagoge und Rabbiner zusammenschließen müssen.

Aus dem Alltag einer Bergmannsfamilie

Aus historischen Berichten und Statistiken läßt sich erschließen, wie der häusliche Alltag einer Bergarbeiterfamilie im Ruhrgebiet in den frühen 60er Jahren des 19. Jh. ausgesehen haben könnte: Der Vollhauer Wilhelm wohnt mit seiner Frau Martha und vier Kindern in der Reihenhaussiedlung einer Bergbaugesellschaft. Zum Haus gehören ein Garten und ein Stallanbau, in dem die Familie Hühner, Gänse und eine Ziege hält. Betritt man das Haus, kommt man zunächst in die große Stube, die der Familie als Wohnraum, Küche und Badezimmer dient. Hinter einem Durchgang schließt sich die fensterlose Kammer an, in der die Kinder schlafen. Von dort aus führt eine Tür ins Elternschlafzimmer.

Kurz vor vier Uhr, wenn Martha aufsteht, ist es noch dunkel. Sie facht den Rest der Glut im Herd an und legt Stroh, Reisig und Kohlen nach. Nachdem sie Malzkaffee und Wasser in einer Emailkanne aufgesetzt hat, bereitet sie aus Schmalz, Mehl, Eiern und gekochten Kartoffeln vom Vortag Pfannkuchen für ihren Mann und den ältesten Sohn. Der Sechzehnjährige arbeitet als Pferdejunge auf der gleichen Zeche wie sein Vater. Die Schicht beginnt eigentlich erst um sechs Uhr, doch wird die Zeit für den Empfang von Lampen und Werkzeug und die Einfahrt in den Stollen nicht bezahlt. Die Bergleute erscheinen daher schon um kurz nach fünf Uhr auf dem Zechenplatz.

Martha versorgt das Vieh und weckt um sechs die beiden Mädchen, zwölf und sieben Jahre alt, die zur Schule gehen. Der fünfjährige Sohn ist auch schon wach. Die Kinder bekommen Ziegenmilch, einen Napf Malzkaffee und Schmalzbrote.

Von acht bis ein Uhr sitzen die Mädchen mit hundert anderen Kindern dichtgedrängt im Klassenzimmer und lernen Biblische Geschichten, Rechnen, Lesen und Schönschreiben.

Der Jüngste spielt mit den Nachbarskindern im Garten. Martha lüftet währenddessen die Strohsäcke, räumt auf, holt frisches Wasser vom zentralen Brunnen der Siedlung sowie Möhren und Kartoffeln aus dem Garten. Sie kocht »Möhren durcheinander«, für die Männer gibt es dazu ein Stück Speck. Um zwölf Uhr bringt sie die gefüllten Henkelmänner zur Zeche.

Nach dem Mittagessen helfen ihr die Mädchen beim Waschen. Die am Vortag eingeweichte Wäsche wird auf dem Herd im Kessel mit Schmierseife gekocht, auf dem Waschbrett gescheuert, gebürstet, im großen Holzzuber gespült und zum Bleichen auf das Wiesenstück hinter dem Haus gelegt. Es muß noch mehr Wasser ins Haus geschleppt werden, damit die Männer sich nach der Arbeit waschen können.

Nach fünf Uhr nachmittags kommen Wilhelm und sein Sohn erschöpft und schmutzig nach

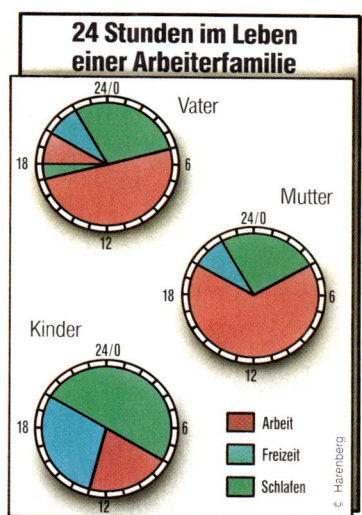

24 Stunden im Leben einer Arbeiterfamilie

Hause. Sie waschen sich am Zuber in der Küche von Kopf bis Fuß. Nach dem Abendessen und einer Verschnaufpause gehen sie zum Kartoffelnbuddeln in den Garten. Die Mädchen machen ihre Schulaufgaben und versorgen das Vieh. Martha wäscht die Kleinen und bringt die Küche in Ordnung.

Um acht sind die Kinder im Bett. Martha zündet die Petroleumlampe an und erledigt Stopf- und Flickarbeiten. Wilhelm und der Älteste erzählen von der Arbeit. Die Zechenleitung hat für diesen Winter Brandkohle zu Vorjahrespreisen zugesichert. Um zehn Uhr wird es höchste Zeit, schlafenzugehen.

1864

Anfang 1864. In Duisburg wird die Städtische Freiwillige Feuerwehr gegründet. →

1. 1. Das bisherige »Allgemeine Hagener Kreisblatt« erhält den Namen »Hagener Zeitung« (erscheint bis 1945).

15. 4. Durch Zusammenschluß der Märkischen und der Essen-Werdenschen Berggewerkschaftskasse wird die Westfälische Berggewerkschaftskasse zu Bochum gegründet. →

Juni. In Dortmund wird die katholische höhere Mädchenschule eröffnet (später Mallinckrodt-Gymnasium).

23. 6. In Essen wird der Grundstein für den Saalbau gelegt. In seiner Festansprache skizziert Friedrich Hammacher die Entwicklung Essens in den vergangenen 25 Jahren. →

28. 9. In Dortmund wird das Hochofenwerk Carl von Born gegründet.

12. 10. Die Essener Oberrealschule wird eröffnet. →

2. 12. In Essen werden die städtischen Wasserwerke in Betrieb genommen (→ 1866).

24. 12. In Recklinghausen brennt die erste Gaslaterne. Das Gaswerk wurde 1864 von der Actien- und Commanditgesellschaft A. Bagel zu Wesel in Recklinghausen gebaut.

1864. Seit 1814 ist die Einwohnerzahl in Dortmund von 4000 auf 28 000, in Essen von ca. 4800 auf 31 000 und in Bochum von 2000 auf 12 000 gestiegen.

1864. 21,8% der Essener Bevölkerung sind in der Kruppschen Fabrik beschäftigt.

1864. Im Zuge der Straßenverbindung von Duisburg nach Ruhrort wird die Hanielsche Brücke erbaut.

1864. In Essen wird die Gewerkschaft Mathias Stinnes gegründet.

1864. Im Ruhrgebiet entstehen die ersten Ortsgruppen des »Allgemeinen Deutschen Arbeitervereins« (ADAV).

1864. In Wesel bestehen acht Pianoforte-Fabriken, die ihre Klaviere nach Holland, Frankreich, Spanien und Java ausführen.

1864. Der Essener Unternehmer Alfred Krupp kauft das Großbodtsche Gut auf einer der Bredeneyer Höhen, am Bramkamp, und läßt es in ein Landhaus mit Reitstall und Park umwandeln. Er nennt es das Haus »auf dem Hügel«.

1864/65. Die Kolonie Stahlhausen in Bochum wird erbaut.

1864/66. Die belgische Gesellschaft S.A. Belge des Charbonnages d'Herne-Bochum errichtet in Herne die Schachtanlage Providence.

Der erste städtische Saalbau in Essen, Veranstaltungszentrum und kultureller Treffpunkt der Industriestadt

Innenraum im städtischen Saalbau, Raum für kulturelle Veranstaltungen und Versammlungen aller Art

Errichtung des ersten Essener Saalbaus

23. Juni 1864. Mit Festkonzerten und Ansprachen wird die Grundsteinlegung des ersten städtischen Saalbaus in Essen gefeiert. Als kulturelle Begegnungsstätte soll das neue Gebäude Raum bieten für Konzerte, Theateraufführungen, Versammlungen und größere Veranstaltungen.

Im gleichen Jahr wird auf Initiative einer »Essener gemeinnützigen Aktiengesellschaft« mit 280 Beteiligten und einer Summe von 30 000 Talern ein Stadtgarten auf dem gleichen Gelände angelegt. Die Gartenanlage entsteht auf dem Gebiet eines alten Steinbruchs nahe der Kettwiger Chaussee, dessen Steingrube zu einem Teich umgewandelt wird. Damit sind für Essen, das sich von einer ländlichen Kleinstadt zu einem industriellen Siedlungsraum entwickelt hat, die ersten Kultur- und Freizeiteinrichtungen geschaffen.

Eine Vielzahl von Industrieansiedlungen und die Errichtung von Wohnvierteln haben die Wald- und Wiesenflächen der Stadt reduziert und große Umweltbelastungen hervorgerufen. Auf die zunehmende Verstädterung und damit zusammenhängende Probleme bezieht sich der Essener Landtagsabgeordnete Friedrich Hammacher in einer zur Grundsteinlegung des Saalbaus gehaltenen Rede: »Wir sind hier vereinigt, um einen Gedächtnisstein in die Grundmauern eines Gebäudes einzufügen, welches mit seiner Gartenumgebung allen Bewohnern der Stadt und Umgebung zu festlichen Zusammenkünften dienen, zur körperlichen und geistigen Erholung Gelegenheit bieten soll ... Das, was die Grundlage der Arbeit, der Geschäfte und des Wohlstandes der hiesigen Gegend bildet: der Bergbau und die Eisenindustrie, hat unvermeidlich große Unzuträglichkeiten für die Bevölkerung im Gefolge. Unsere Stadt und ihre Umgebung hat den landwirtschaftlichen Charakter, den sie noch vor 25 Jahren trug, abgestreift. Überall ragen die Kamine hervor, verursachen die massenhaften Transporte von Kohlen, Eisenstein und Baumaterial einen dem Wohlbefinden oft unerträglichen Staub und Schmutz. In der Umgebung der Stadt zeigen sich nur noch vereinzelt kleinere Partien von Schatten bietenden Bäumen. Gerade für die Bewohner solcher Städte sind öffentliche Gärten dringendes Bedürfnis ...«

Der städtische Saalbau in Essen wird im Jahr 1901 durch einen modernen Neubau an gleicher Stelle ersetzt (→ 1./2. 10. 1904).

Essens Abgeordneter Friedrich Hammacher

Der Essener Landtagsabgeordnete Friedrich Hammacher ist an der Errichtung des städtischen Saalbaus und der Anlage des städtischen Gartens maßgeblich beteiligt. Er ist einer der führenden Vertreter des Unternehmertums und setzt sich in seiner politischen Laufbahn als Landtags- und Reichstagsabgeordneter für die Abschaffung der staatlichen Aufsicht über die gesamte Wirtschaft ein. Friedrich Hammacher wurde am 1. Mai 1824 in Essen geboren.

F. Hammacher

Der Sohn eines Essighändlers trat in den juristischen Staatsdienst ein, aus dem er 1848 wegen angeblich revolutionärer Betätigung entlassen wurde. Während der Wirtschaftskrise gegen Ende der 50er Jahre (→ Sommer 1857) setzte er in zähen Verhandlungen mit den Eisenbahnunternehmen den sog. Einpfennigtarif durch; für den Transport von einem Zentner Kohle wurde pro Meile nur noch eine Gebühr von einem Pfennig erhoben. In den Jahren zwischen 1857 und 1861 versechsfachte sich dadurch der Kohleabsatz, und Hammacher gelangte in den Ruf eines Wirtschaftsfachmannes. 1858 war er maßgeblich an der Gründung des Vereins für die bergbaulichen Interessen beteiligt (→ 17. 12. 1858), dem er bis 1890 vorsteht. Von 1860 bis 1865 ist er Beigeordneter der Stadt Essen. Als solcher nimmt er verschiedenste Aufgaben in Vertretung des Bürgermeisters wahr. Seit 1863 ist er Mitglied des preußischen Landtags und des Reichstags, wo er vor allem die Interessen der Bergwerksgesellschaften des Ruhrgebiets vertritt. Friedrich Hammacher, Ehrenbürger mehrerer Revierstädte, stirbt 1904 in Berlin.

Arbeiterverein faßt Fuß im Ruhrgebiet

1864. In Duisburg, Mülheim und Ruhrort werden die ersten Ortsgruppen des »Allgemeinen deutschen Arbeitervereins« (ADAV) gegründet. Weitere Ortsgruppen folgen 1865 in Hagen und Oberhausen sowie 1866 in Essen und (Dortmund-)Hörde.

Der am 23. Mai 1863 von Ferdinand Lassalle gegründete Verein mit Sitz in Berlin ist die erste selbständige deutsche Arbeiterpartei mit zentraler Organisation und politischem Programm. Forderungen des ADAV sind u. a. die Einführung des freien, gleichen und direkten Wahlrechts (Abschaffung des Dreiklassenwahlrechts) und die Verbesserung der Arbeitsbedingungen für Industriearbeiter.

Die Gründung der Ortsvereine erfolgt auf Anregung führender Persönlichkeiten des ADAV, die an Versammlungen der Industriearbeiter im Ruhrgebiet teilnehmen, wie z. B. Wilhelm Hasenclever und Carl Wilhelm Tölcke. Hasenclever, 1862/63 Redakteur der »Westfälischen Zeitung« in Hagen und seit 1864 Sekretär und Kassierer des ADAV, übernimmt 1870 die Präsidentschaft des Vereins. Tölcke, ein rednerisch hochbegabter Arbeiterführer, stößt ebenfalls 1864 zum ADAV und ruft 1868 einen gewerkschaftlichen Verein für Bergleute ins Leben, der dem zuvor gegründeten Arbeiterverein beitritt.

Die Bewegung steht in der Tradition der »Allgemeinen Arbeiterverbrüderung« von 1848, in der auch Karl Marx und Friedrich Engels engagiert waren. Der ADAV steht in scharfem Gegensatz zur 1869 von August Bebel und Wilhelm Liebknecht in Eisenach gegründeten Sozialdemokratischen Arbeiterpartei (SDAP), einer dem bürgerlichen Linksliberalismus nahestehenden Organisation. 1875 erfolgt auf einem Parteitag in Gotha der Zusammenschluß von ADAV und SDAP zur Sozialistischen Arbeiterpartei Deutschlands (SAP). Unter dem Eindruck der Verfolgungen und Repressalien des Sozialistengesetzes (1878–1890) ersetzen marxistische Vorstellungen, in deren Zentrum die These vom zwangsläufigen Zusammenbruch der bürgerlichen Gesellschaft steht, das radikal-demokratische Gedankengut der SAP.

W. Hasenclever (1837 bis 1889), ADAV-Sekretär

C. W. Tölcke (1817 bis 1893), ADAV-Funktionär

Dem Feuer zur Wehr

Anfang 1864. *Auf einer Bürgerversammlung in Duisburg wird unter Leitung des Bürgermeisters eine freiwillige Feuerwehr gegründet. Die Brandmeister tragen einen Messinghelm mit großem Helmbusch aus Pferdehaar (Abb.).*

Bochum wird Sitz der Bergbaukasse

15. April 1864. Die Statuten der durch Vereinigung der Essen-Werdenschen und der Märkischen Berggewerkschaftskasse entstandenen Westfälischen Berggewerkschaftskasse Bochum werden angenommen. Der Zusammenschluß erfolgt aufgrund des Gesetzes über die Verwaltung der Bergbauhilfskassen vom 5. Juni 1863.

Direktor Schulz

Zu den wichtigsten Aufgabengebieten der Westfälischen Berggewerkschaftskasse gehören vor allem die Ausbildung von gewerkschaftlichen Grubenbeamten, die Anfertigung geognostischer und bergmännischer Karten sowie wissenschaftliche Forschungen. Die Finanzierung der neuen Kasse erfolgt zunächst aus den Zinsen des übernommenen Vermögens ihrer Vorgänger und aus Zuschüssen des in Essen ansässigen Vereins für die bergbaulichen Interessen. Die Gewerken zahlen erst ab Ende 1871 regelmäßige Beiträge.

Realschulen bilden Mittelstandssöhne aus

12. Oktober 1864. Mit der Eröffnung einer Realschule trägt die Stadt Essen dem wachsenden Ausbildungsbedürfnis des kaufmännisch-gewerblichen Mittelstandes Rechnung. Hier wie in anderen Städten tritt die neue Bürgerschule neben das traditionelle Gymnasium, das auf das akademische Studium vorbereitet.

Seit der Unterrichts- und Prüfungsordnung der Realschulen in Preußen von 1859 werden Realschulen erster (mit Lateinunterricht) und zweiter (ohne Lateinunterricht) Ordnung unterschieden. Gemeinsam ist beiden die Betonung der mathematisch-naturwissenschaftlichen Fächer. Als neuere Fremdsprachen werden Französisch und Englisch gelehrt.

Infolge der Wirtschaftskrise ab 1873 gerät das Realschulwesen in eine Krise, da die Absolventen Schwierigkeiten beim Einstieg ins Berufsleben haben und deshalb das Interesse an den neuen Schulen zurückgeht. Um sie attraktiver zu machen, soll den Schülern ein späterer Übergang zum Gymnasium ermöglicht werden.

Zwischen 1882 und 1890 wird das höhere Schulwesen neu geordnet: Die Realschule erster Ordnung wird zum Realgymnasium ausgebaut (später neusprachliches Gymnasium), dessen Abschluß mit Einschränkungen zum Universitätsbesuch berechtigt. Die Realschule zweiter Ordnung wird Oberrealschule, deren Abitur ihre Absolventen zum Studium an einer Technischen Hochschule befähigt.

Die 1864 eröffnete Oberrealschule Essen, Ausbildungsanstalt für kaufmännische und technische Berufe, Ergänzung zum traditionellen Gymnasium

1865

29. 1. In Hagen wird ein Ortsverein des sozialdemokratischen Allgemeinen Deutschen Arbeitervereins (ADAV) gegründet (→ 1864).

30. 5. Das von Arnold Güldenpfennig errichtete neugotische Gotteshaus der Stiftsgemeinde St. Clara in (Dortmund-)Hörde wird geweiht.

24. 6. Das Allgemeine Berggesetz für den preußischen Staat beendet das Direktionsprinzip im Bergbau und fördert die unternehmerische Initiative. →

10. 7. Mit einem Aktienkapital von 2,4 Mio Mark wird in Essen die Bergbau-Aktiengesellschaft Pluto gegründet.

15. 7. Durch ein Großfeuer in der Essener Kruppstahlfabrik werden die III. Mechanische Werkstatt und ein Teil der Kanonenwerkstatt zerstört.

11. 8. Die Linie Rheinhausen – Hochfeld – Speldorf – Essen der Rheinischen Bahngesellschaft wird in Betrieb genommen.

25. 8. Die Essener Gaswerke gehen in städtischen Besitz über.

16. 12. Die Aktien-Kommanditgesellschaft Dortmunder Werkzeugmaschinenfabrik Wagner & Co. wird gegründet.

1865. Die Stadt Essen hat 29 Beamte (1855: elf). →

1865. Der letzte Turm der Essener Befestigung an der Turmstraße wird abgetragen. →

1865. Der Sozialkritiker und Philosoph Friedrich Albert Lange veröffentlicht in Duisburg seine Publikation »Die Arbeiterfrage«.

1865. Auf der Zeche Altendorf bei Essen werden erste Abbauversuche mit Preßluftbohrern durchgeführt.

1865. In Essen wird ein Gewerbeverein mit dem Ziel der allgemeinen Volksbildung gegründet. Mitglieder sind Bürger der unteren Schichten und Handwerker (→ 1840).

1865. Die Bahnstrecke (Düsseldorf-)Osterrath – Mülheim – Heißen der Rheinischen Eisenbahn wird in Betrieb genommen.

1865. Von 225 000 ha Fläche des Ruhrgebiets sind 144 000 ha landwirtschaftliche Nutzfläche, 42 000 ha Wald, 7 ha bebaute Fläche und 9 ha Verkehrsfläche.

1865. In Essen gründet Wilhelm Girardet (1838–1918) den nach ihm benannten Verlag. Um die Jahrhundertwende ist Girardet der größte Zeitungsverleger im Ruhrgebiet.

1865–71. Im Raum Essen siedeln sich 4099 Zuwanderer an, von denen 2472 aus Hessen und 928 aus Holland kommen. Nur ein geringer Teil kommt aus Ost- und Westpreußen.

Preußische Bergrechtsreform vollendet

24. Juni 1865. Das Allgemeine Berggesetz für den Preußischen Staat wird erlassen, nachdem der Entwurf zu Anfang des Jahres 1865 beide Häuser des preußischen Landtags passiert hat. Das neue Gesetz tritt am 1. Oktober 1865 in Kraft.

Mit dem Allgemeinen Berggesetz wird die 1851 begonnene preußische Bergrechtsreform vollendet: Bereits am 12. Mai 1851 war durch das Miteigentümergesetz die Leitung der Bergwerks- und Hüttenbetriebe der Bergbehörde entzogen und den Grubenvorständen übertragen worden (→ 12. 5. 1851). Mit dem Freizügigkeitsgesetz vom 21. Mai 1860 entließ der preußische Staat den Bergmann aus der Reglementierung des Bergamts und stellte das Arbeitsverhältnis der freien Übereinkunft zwischen Unternehmer und Arbeiter anheim (→ 21. 5. 1860).

Im Gesetz vom 24. Juni 1865 tritt an die Stelle der Gewerkschaft alten Rechts die Gewerkschaft neuen Rechts: Die Anteile (Kuxe) der Gewerken an einem Unternehmen können in Zukunft wie Aktien frei gehandelt werden. Ihre Zahl wird pro Gewerkschaft von 128 auf 1000

Trotz modernen Bergrechts bleibt Bergmannsarbeit weiter Handarbeit

erhöht; dadurch sinkt der Wert der einzelnen Papiere, sie werden durch diese Neuerung auch für kleinere Kapitalgeber leichter zugänglich. Grundsatz des neuen Bergrechts ist das Prinzip der Bergbaufreiheit: Der preußische Staat zieht sich aus der Leitung der Bergwerks- und Hüttenbetriebe zurück und beschränkt sich auf die Wahrnehmung bergpolizeilicher Aufgaben, u. a. Erlaß und Kontrolle von Vorschriften über die »Sicherheit der Baue, des Lebens und der Gesundheit der Arbeiter« sowie die Genehmigung zur Inbetriebnahme neuer Anlagen.

Bisher hatte der Landesherr als Inhaber des Bergregals zwar das private Eigentum seiner Untertanen an den ordnungsgemäß verliehenen Mineralien und Gewinnungsstätten anerkannt, sich aber trotzdem die wirtschaftliche Leitung des zur privaten Nutzung verliehenen Bergwerksbesitzes vorbehalten.

An die Stelle dieses landesherrlichen Bergregals tritt mit dem neuen Bergrecht der Jahre 1851 bis 1865 die Berghoheit des Staates in der Form bergpolizeilicher Aufsicht über die Unternehmertätigkeit seiner Untertanen.

Mit dem Abbau des Direktionsprinzips im Bergbau schafft der preußische Staat die Grundlagen für die Entfaltung freier Unternehmerinitiative und den großindustriellen Ausbau des Ruhrbergbaus in der zweiten Hälfte des 19. Jh.

Mehr Beamte in Essener Verwaltung

1865. Die Stadt Essen beschäftigt insgesamt 29 Beamte, wovon 12 in der Verwaltung tätig sind; auf jeden der Beamten entfallen 1160 der 33 666 Einwohner der Stadt. Die Kosten der gesamten Verwaltung belaufen sich in diesem Jahr auf 45 352 Mark; pro Kopf der Bevölkerung sind das 1,35 Mark. Bürgermeister Ernst Lindemann bezieht ein Jahresgehalt von 6100 Mark.

1855 gab es in Essen nur elf Beamte, von denen fünf Verwaltungsbeamte waren. Die Verwaltungskosten beliefen sich in diesem Jahr auf 11 571 Mark. Die Zahl der Beamten hat sich in zehn Jahren fast verdreifacht während sich die Verwaltungskosten vervierfacht haben.

Das Anwachsen des städtischen Verwaltungsapparates in dieser Zeit hat verschiedene Gründe. Neben einer Verdoppelung der Einwohnerzahlen hat die Stadt zahlreiche Aufgaben übernommen wie die Steuererhebung, das Schulwesen, Straßenreinigung sowie die Wasser- und Gasversorgung.

Abriß der alten Essener Stadtbefestigung

1865. An der Turmstraße in Essen wird der letzte Turm der mittelalterlichen Stadtbefestigung abgerissen. Der Heckingsturm (Abb.) ist Bestandteil einer Mitte des 14. Jh. errichteten Stadtmauer. Die Bewohner Essens hatten unter großen finanziellen Opfern eine Wallanlage gebaut, die nach der Besetzung der Stadt durch den Kölner Erzbischof Konrad von Hochstaden den Bürgern Schutz bieten sollte (→ 1244).

1823 reichte der städtische Brandmeister Friedrich Krupp bei der Stadtverordnetenversammlung einen Plan ein, die Steine der verfallenen Stadtmauern für den Straßenbau zu verwenden.

1866

1.1. Die Firma Fried. Krupp in Essen richtet eine Betriebsfeuerwehr ein. →

März. Der Schwelmer Fotograf Carl Theisen ist in den Verdacht geraten, Damenbilder unerlaubt weiterverkauft zu haben. →

25.3. In Dortmund wird ein katholischer Knappenverein gegründet.

27.5. Angesichts des drohenden Kriegs zwischen Preußen und den anderen Staaten des Deutschen Bundes übersendet die mehrheitlich liberale Essener Stadtverordnetenversammlung dem preußischen König Wilhelm I. ein Manifest, in dem sie die Ablösung des preußischen Ministerpräsidenten Otto von Bismarck um der Erhaltung des Friedens willen fordert.

11.11. In Dortmund wird eine große Feier aus Anlaß des preußischen Sieges in der Schlacht von Königgrätz veranstaltet. →

16.11. Die Dortmunder Gewerbeschule (ab 1868 Städtische Gewerbeschule) wird eröffnet (später Helmholtz-Gymnasium).

1866. Der Ire William Thomas Mulvany teuft am westlichen Rand von Castrop Erin, die erste Zeche der Stadt, ab.

1866. An der Cholera sterben in Essen 1421, in Bochum 757, in Dortmund 658, in Duisburg 557 und im ländlichen Kreis Recklinghausen 54 Menschen. →

1866. In Essen wird mit dem Bau eines städtischen Krankenhauses begonnen, der zwei Jahre später fertiggestellt wird.

1866. Die Gemeinde Oberhausen erhält eine Telegrafenstation.

1866. Der Friedhof am Overberger Weg (später Friedhofstraße) in Kamen wird angelegt.

1866. Die Preußische Bank (Berlin) eröffnet eine Zweigstelle in Bochum.

1866. Eine Dienstanweisung der Freiheit Buer im Norden der Gemeinde Gelsenkirchen regelt die Tätigkeit & Bezahlung eines Nachtwächters für die Gemeinde. →

1866. Der Bau einer Ruhrtalbahn der Bergisch-Märkischen Eisenbahn-Gesellschaft von Düsseldorf bis Hattingen-Herdecke wird konzessioniert.

1866. Heinrich Meyer beginnt in Hagen mit der Fabrikation von Turngeräten.

1866. Zusammen mit Friedrich Funke gründet Friedrich Grillo an der König-Wilhelm-Straße in der Gemeinde Schalke (Gelsenkirchen) das Puddel- und Walzwerk Gewerkschaft Grillo, Funke & Co.

1866. Das am 2.12.1864 erbaute Wasserwerk in Essen wird erweitert. →

Pocken und Cholera wüten im Revier

1866. In der ersten Hälfte des Jahres treten in Essen 850 Fälle von Pockenerkrankung auf, 90 Menschen, vor allem Kinder, sterben an der Krankheit. Im Juli werden in Essen die ersten Fälle von Cholera verzeichnet. Innerhalb weniger Wochen breitet sich die Seuche über das ganze Ruhrgebiet aus. Allein in Essen sterben 1421 Personen, in Bochum 757, in Dortmund 658, in Duisburg 557. Im ländlichen Kreis Recklinghausen fallen 54 Menschen der Cholera zum Opfer.

Im August/September, während die Seuche unter Fabrikarbeitern, Tagelöhnern und Bergleuten grassiert, verlassen wohlhabende Bürger das Essener Stadtgebiet, unter ihnen die Angehörigen der Unternehmerfamilie Krupp. Die Essener Zechen müssen wegen der vielen Krankheitsfälle in der Belegschaft vorübergehend ihren Betrieb einstellen.

Bei dem verbreiteten Mangel an Hygiene auf den Zechen, in Wohnhäusern und auf den Straßen treten im 19. Jh. immer wieder Seuchen im Ruhrgebiet auf. Die Cholera grassierte bereits 1832/33 in Duisburg, 1849/50 sowie in den Jahren 1853, 1855 und 1859 im ganzen Ruhrgebiet. In Essen ist die Wohndichte von 8,49 Bewohnern pro Wohnhaus im Jahr 1846 auf 14,60 im Jahr 1866 gestiegen, in den Arbeitervierteln sogar bis auf 23,89 Bewohner pro Haus. Je mehr Personen in einem Raum leben, sich ein Bett teilen und dieselben sanitären Einrichtungen benutzen, um so weniger kann ein Mindestmaß an Hygiene aufrechterhalten werden. Fehlende Kanalisation und sommerliche Hitze begünstigen besonders die Ausbreitung der Cholera. Hinzu kommen fehlende Abwehrkräfte aufgrund mangelhafter Ernährung.

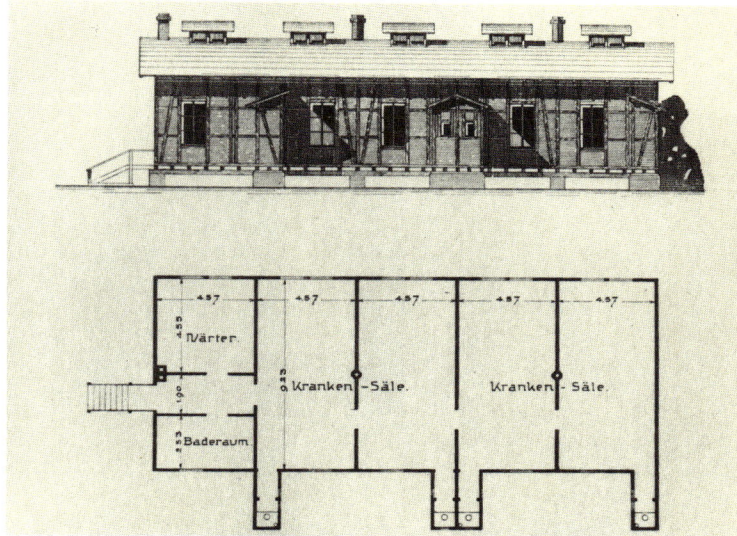
Entwurf für ein Seuchenlazarett der Firma Fried. Krupp in Essen, zwei Jahre nach der leidvollen Epidemie von 1866 für Werksangehörige errichtet

Private Berufsfeuerwehr im Krupp-Werk

1. Januar 1866. In der Essener Gußstahlfabrik Fried. Krupp tritt die erste Berufsfeuerwehr in einem deutschen Industriebetrieb ihren Dienst an. Die Ausstattung der Werksfeuerwehr besteht aus zwei Löschzügen, die mit je sechs Mann besetzt sind. Im Februar des Jahres kommen weitere vier Züge hinzu. Die in speziellen Übungen geschulten Feuerwehrleute werden im ersten Jahr bei 25 Bränden eingesetzt, bis 1875 bei 259 Bränden. Außerdem haben sie für die Aufrechterhaltung der Ordnung im Betrieb zu sorgen. Alfred Krupp hat den Aufbau einer Feuerwehr und den Ausbau von Feuerschutzeinrichtungen angeordnet, nachdem bei einem Großbrand am 15. Juli 1865 große Teile der Werkstätten seiner Fabrik zerstört worden waren.

Schon in den 40er Jahren des 19. Jh. waren Vorschriften für das Verhalten bei Bränden in den Kruppschen Betrieben erlassen worden, doch hatten sich alle Brandschutzmaßnahmen bei dem Großfeuer vom Juli 1865 als unzureichend erwiesen.

Feuerwehr beim Löscheinsatz mit zwei Wasserspritzen und Windkessel

Rettung mit Rettungsschlauch

Ausbau der Essener Wasserversorgung

1866. Das am 2. Dezember 1864 eröffnete Essener Wasserwerk wird vergrößert, da die Zahl der angeschlossenen Häuser in den ersten zwei Betriebsjahren von 280 auf 866 gestiegen ist. Die Pumpstation in (Essen-)Bergerhausen unweit der Spillenburger Schleuse erhält eine zweite Pumpe, die von einer 34 PS starken Dampfmaschine angetrieben wird; das Rohrnetz wird um 1,5 km auf 21 km verlängert.

Das ursprüngliche Essener Wasserwerk war 1864 mit einem Kostenaufwand von 300 000 Talern errichtet worden. Im linken Ruhrufer waren dazu 160 m gelöcherte Tonröhren, in denen sich das Wasser sammelte, etwa einen Meter tief im Kies des Flußbettes vergraben worden; der Kies reinigte das Wasser, das in einen Brunnen neben der Spillenburger Pumpstation geleitet wurde. Von hier aus wurden pro Tag etwa 1550 m³ Wasser in ein Hochreservoir gepumpt, das 58 m über dem mittleren Ruhrwasserstand auf dem Steeler Berg angelegt worden war. Durch ein fast 2 km langes Rohr wurde das Wasser von dort in die Stadt geleitet.

Die ans Netz des Wasserwerkes angeschlossenen Haushalte bezahlen für jeden bewohnten Raum, Küche, Badeeinrichtung und Wasserklosett 2,25 Mark jährliche Grundgebühr; ein Kubikmeter Wasser kostet bei einer Tagesabnahme bis zu 30 Kubikmetern 8 Pfennig, bei einem höheren Tagesbedarf nur 6,8 Pfennige. Die Zahl der angeschlossenen Häuser wächst bis 1875 auf 2290.

Andere Revierstädte errichten viel später Wasserwerke. In Duisburg wird erst 1875 ein Wasserwerk gebaut, nachdem Cholera- und Pokkenepidemien in den Jahren 1866, 1867 und 1871 etwa 800 Menschenleben fordern, und die Verbreitung der Seuchen mit der mangelhaften Trinkwasserversorgung in Verbindung gebracht wird.

Pumpstation des Essener Wasserwerkes an der Ruhr nach mehrfachen Erweiterungsmaßnahmen

»Hört ihr Leute, laßt euch sagen«

1866. Während für das Ruhrgebiet im 19. Jh. mit der Industrialisierung eine neue Zeit anbricht, erhalten sich in vielen Gemeinden des Reviers Traditionen aus vorindustrieller Zeit. So unterwirft die Freiheit Buer in diesem Jahr den Nachtwächterdienst erstmals einem Reglement: In der Zeit von 22 Uhr bis 3 Uhr muß der Nachtwächter auf einem Rundgang durch die Gemeinde zu jeder vollen Stunde mit Horn oder Gesang (»Hört ihr Leute, laßt euch sagen...«) die Zeit verkünden. Noch zu Anfang des 19. Jh. hatte er außerdem über das Vieh zu wachen, Feuer und verdächtigen Lichtschein zu melden sowie dem Bürgermeister jeden Morgen über besondere Vorkommnisse der Nacht Bericht zu erstatten. Als Entgelt erhält der Nachtwächter in Buer 1866 neben 9 Groschen monatlich jedes Jahr zwei Paar Schuhe und im Winter eine Karre Kohlen.

Bilder von Bürgern aus einem Schwelmer Fotoatelier

März 1866. Der in Schwelm ansässige Fotograf Carl Theisen verteidigt sich in einem Zeitungsinserat gegen den Vorwurf, er habe Fotografien von Damen unerlaubt an Dritte weiterveräußert. Als Werbemittel hatte Theisen die Zeitung schon früher genutzt; so empfahl er sein Fotoatelier in einer Anzeige vom Dezember 1864 zu den bevorstehenden Weihnachtsfeiertagen und machte darauf aufmerksam, daß »auch an den nicht so sehr hellen Tagen in den Mittagsstunden Aufnahmen stattfinden«.

Carl Theisen kann nur bei ausreichendem Tageslicht fotografieren, da die künstliche Beleuchtung noch kaum entwickelt ist. Das fotografische Verfahren ist in den 60er Jahren des 19. Jh. bereits so weit fortgeschritten, daß die mit einer lichtempfindlichen Chemikalie präparierten Glasplatten in der Kamera nur wenige Sekunden belichtet werden müssen. Die Kunden des Schwelmer Fotografen brauchen nicht mehr wie in der Frühzeit der Fotografie (um 1840) bis zu einer Stunde stillzuhalten.

Dem aufstrebenden Bürgertum des 19. Jh. ist mit der Fotografie die Möglichkeit gegeben, Existenz und Status im Bild festzuhalten. Vor dem Hintergrund reichhaltiger Atelierdekorationen kann der erworbene Reichtum dokumentiert werden.

Außer Personen fotografiert Theisen auch Landschaften, was mit einer Ausrüstung, die mindestens 25 kg wiegt, ein höchst schwieriges und aufwendiges Unterfangen ist, das sich kaum ohne Helfer bewerkstelligen läßt.

◁ *Atelieraufnahme von Wilhelm Klein und seiner Braut Sophie Arntz, die von dem Fotografen Carl Theisen gemacht wurde; die beiden Dargestellten sind in einer natürlichen Haltung abgelichtet, was keineswegs selbstverständlich ist.*
◁◁ *Inserat, mit dem sich der Fotograf Carl Theisen aus Schwelm gegen Vorwürfe wendet, er habe Damenfotografien unerlaubt veräußert.*

1867

Kühn'scher Saal in Dortmund.
Montag den 8. October 1866:
Zur Siegesfeier
Grosses Monstre-Concert,
ausgeführt von der **Johannisberger Capelle**
aus Elberfeld
(Musikdirektor Herr **Julius Langenbach**),
den königl. preuss. Musikcorps des **westfälischen
Ulanen-Regiments** Nr. 5
(Stabstrompeter Herr **Hanisch**),
und des **westfälischen Husaren-Regiments** Nr. 11
(Stabstrompeter Herr **Roch**.)

Programm.

1. Theil.
(Johannisberger Kapelle.)
1. Fest-Ouverture von Weber.
2. Duo für Oboe und Clarinette v. Mozart. (Die Herren Wohlgemuth und Ellinger.)
3. Introduction und Rondo aus „Der König von Yvetôt" von Adam.
4. Divertissement aus „Il Trovatore" v. Verdi.

2. Theil.
(Vereinigte Militärmusikcorps.)
5. Siegesmarsch v. Hanisch.
6. Ouverture zu „Fideli" von Beethoven.
7. Scheidegrüsse. Walzer von Gung'l.
8. Introduction und Chor aus „Lohengrin" v. Wagner.

3. Theil.
(Sämmtliche Kapellen vereint.)
9. Königgrätzer Sieges-Marsch von Langenbach.
10. Zur Erinnerung der Siege der Preussen:

Skizzen aus dem Soldatenleben.
Grosses Potpourri mit **militärischem Feuerwerk**
von J. Langenbach.
Commentar: a) Introduction, Preussen, Oestreich, der deutsche Bund, Italien, b) Ausmarsch der Garnisonen: c) auf dem Marsch; d) im Bivouak; e) im Gefecht; f) in der Schlacht; g) der Sieg.
11. Waffentanz im Feldlager nach dem Siege, von Rich. Seel, instr. von J. Langenbach.
12. Friedensfestmarsch zum feierlichen Einzug der Preussen in Berlin von J. Langenbach.

Anfang 7 Uhr. Cassapreis 15 Sgr. à Person.
Billets à 10 Sgr. sind bis **Montag den 8. October** Mittags 12 Uhr bei Herrn **C. H. Kühn**, in der C. L. Krüger'schen Buchhandlung, bei Herrn Teichgräber (Musikalienhandlg.) H. Albert Schmidt (Cigarrenhandlung) zu haben.
Die Direction:
Küpper aus Elberfeld.

Sieg bei Königgrätz wird groß gefeiert

11. November 1866. *Dortmund feiert den Sieg Preußens in der Schlacht bei Königgrätz am 3. Juli 1866, bei der auch Dortmunder Bürger mitgekämpft haben. Mit diesem Sieg hat Preußen den Territorialstreit mit Österreich endgültig für sich entschieden.*
Kanonendonner und ein Zapfenstreich, gespielt vom städtischen Musik-Corps, leiten am Vorabend den Festtag ein. Nach erneutem Kanonendonner und Glockengeläut sowie dem gemeinsamen Marsch der Krieger zum Marktplatz erreicht das Festprogramm (Abb.) mit einer feierlichen Ansprache des Landrats seinen ersten Höhepunkt. Unter dem Beifall der Bürger ziehen die Krieger anschließend zusammen mit Gruppen verschiedener Vereine in einem großen Festumzug durch die Straßen Dortmunds. Es folgen ein Festessen, Musik- und Gesangsvorträge sowie ein zweiter Umzug durch die erleuchtete Stadt. Den krönenden Abschluß des Tages bildet ein abendlicher Festball.

---

1. 4. In Duisburg wird das Bandeisenwerk Thyssen, Foussoul & Co. gegründet.

1. 4. Schwerte wird durch die Linie Hagen – Holzwickede an das Eisenbahnnetz angeschlossen.

12. 4. Eduard Frantzen gründet die Stifts-Brauerei in Hörde. →

1. 5. Die evangelische städtische höhere Mädchenschule in Dortmund wird eröffnet (später Goethe-Gymnasium). →

29. 6. In einem Brief bitten Essener Bergleute den preußischen König um gesetzlichen Schutz vor ständigen Verschlechterungen ihrer Arbeitsbedingungen. →

1. 7. Die Thurn- und Taxissche Reichspost geht in weiten Teilen Westfalens gegen eine Entschädigung an Preußen über.

23. 8. Auf dem Markt von Dortmund werden die ersten Gaslaternen der Stadt aufgestellt.

8. 12. Der konfessionsfreie Dortmunder Knappenverein »Glückauf« wird gegründet.

1867. Ein Bergarbeiter verdient im Monat durchschnittlich 17 Taler (1 Taler = 30 Groschen); ein Schwarzbrot kostet 11 Groschen, 5 kg Kartoffeln 6 Groschen und ein Pfund Butter 12 Groschen. Die täglichen Lebenshaltungskosten belaufen sich auf 20 Groschen.

1867. Der »Consum-Verein Gute Hoffnung« in Oberhausen wird gegründet.

1867. Die Eisenbahnlinie Hagen – Unna – Hamm wird eröffnet.

1867. Duisburg besitzt eine städtische Badeanstalt, die zugleich Wäscherei ist. →

1867. Überfüllte Klassen, Unterrichtsausfall u. a. beeinträchtigen das Lernen an Dortmunder Schulen (→ 1. 5. 1867).

1867. Nach einer Mißernte organisiert die Duisburger Firma Heuser Getreideeinfuhren aus Südrußland und vom Balkan.

1867. Der Essener Buchdruckerverein wird gegründet, der erste Verband mit gewerkschaftlichen Zielsetzungen Fuß im Ruhrgebiet.

1867. In (Duisburg-)Hamborn wird die (Steinkohlen-)Gewerkschaft Hamborn konsolidiert (ab 3. 11. 1871 Gewerkschaft Deutscher Kaiser; → 28. 11. 1871).

1867. Im Ruhrgebiet werden mit dem erst 1862 eingeführten Bessemer-Verfahren 73 000 t Stahl produziert.

1867/68. Aus der Brennerei Vaerst und Rademacher in Unna geht die Adlerbrauerei hervor.

1867/69. Bei Recklinghausen wird das Bergwerk Barillon errichtet.

Mädchenschule jetzt auch in Dortmund

1. Mai 1867. Die Stadt Dortmund eröffnet eine evangelische höhere Mädchenschule (später Goethe-Gymnasium). Höhere Töchterschulen unter städtischer Aufsicht bestehen in Hagen schon seit 1858 und in Bochum seit 1860.

Seit Beginn des 19. Jh. kam es verschiedentlich zu privaten Mädchenschulgründungen (u. a. Dortmund 1803, Hagen 1848). Die Anstalten waren jedoch meist kurzlebig. Noch 1839 vertrat der Pädagoge Christian Wilhelm Harnisch (1787 – 1864) die Ansicht, daß die Erziehung und Bildung der Töchter am besten im Kreis der Familie erfolge.

Die Einrichtung von Gymnasialkursen für Mädchen zur Erlangung des Abiturs erfolgt erst 1893.

Zugang zu den Volks- bzw. Elementarschulen hatten Mädchen schon seit dem Mittelalter. In der zweiten Hälfte des 19. Jh. läßt der Unterricht in diesen Anstalten allerdings einiges zu wünschen übrig, wie ein Zeitungsartikel von 1867 aus Dortmund vor Augen führt: Die evangelischen Elementarschulen der Stadt beklagen sich darin über extremen Raummangel. Ein Lehrer muß gleichzeitig zwei getrennte Klassen mit zusammen 180 bis 200 Kindern in einem Schulzimmer unterrichten. Anstelle der vorgesehenen fünf Stunden können die Schüler nur drei Stunden täglich unterrichtet werden.

Gebäude der evangelischen höheren Mädchenschule der Stadt Dortmund (später Goethe-Gymnasium)

Dortmunds Weg zur Bierstadt

Die Tradition des Bierbrauens in Dortmund reicht bis weit ins Mittelalter zurück. 1266 wurde Bier in der Stadt erstmals urkundlich erwähnt. Bis 1477 braute man ausschließlich Grutbier, d. h. Bier ohne Zusatz von Hopfen. Schon 1293 hatte sich der Rat das Grutmonopol gesichert (→ 22. 8. 1293); erst im 16. Jh. gab er diese Einnahmequelle auf. Zwar war es ab 1472 jedem Vollbürger gestattet, Bier zu brauen, aber da die Braurechte an Grund und Boden hafteten, blieb die Bestimmung ohne Bedeutung.

Seit dem 17. Jh. erlebte das Braugewerbe in Dortmund einen Niedergang. Ursache war u. a. die zunehmende Verbreitung von Kaffee, Tee und Kakao in Europa als Folge der Erschließung der Neuen Welt.

Mit der Industrialisierung und der Einführung der untergärigen Braumethode (→ Sommer 1843) begann ein neuer Aufschwung. Um 1840 gab es im Bezirk Dortmund 74 Brauereien, doch wurden Kleinbrauereien bald von den neuen Großbetrieben verdrängt.

Ab 1870 wird in Dortmund zunehmend für den Export gebraut. Für das zur besseren Haltbarkeit stärker eingebraute Ausfuhrbier bürgert sich der Name »Export« ein.

Stifts-Brauerei in (Dortmund-)Hörde (1872), die von Eduard Frantzen auf dem Gelände des ehemaligen Stiftes Clarenberg errichtet wurde

Stifts-Brauerei gegründet

12. April 1867. Der Bierbrauer Eduard Frantzen gründet in (Dortmund-)Hörde die Stifts-Brauerei. Die Grundsteinlegung für das neue Unternehmen erfolgt auf dem Gelände des 1812 aufgehobenen hochadligen Stiftes Clarenberg, das auch ein eigenes Brauhaus besaß. Mit ihrem Namen knüpft Frantzens Brauerei an diese Tradition an.

Die neue Brauerei wird noch im Jahr der Gründung ihrer Bestimmung übergeben. Ihre Kapazität beträgt 2250 Hektoliter. Aus dem zunächst rein handwerksmäßigen Betrieb entwickelt sich bald eine Braustätte auf dem neuesten Stand maschineller Technik. Als Carl von Linde 1876 seine mit Ammoniak als Kältemittel arbeitende Eismaschine entwickelt, führt die Stifts-Brauerei das neue Verfahren für die Kellerkühlung umgehend ein. Die neue Kühlmaschine ist für die Haltbarkeit des Bieres von entscheidender Bedeutung, da der Reifungsprozeß in den Lagertanks Temperaturen um den Gefrierpunkt verlangt.

Wenig später wird eine 50-PS-Dampfmaschine aufgestellt, die erst gegen Ende des Jahrhunderts durch eine größere ersetzt wird. Die traditionelle Filterung des Bieres mit Buchspänen – sie dient der Haltbarmachung und Klärung – wird zudem durch neue Anlagen verbessert.

Städtisches Bad für Duisburger Bürger

1867. Von der Duisburger Stadtverwaltung wird ein öffentliches Badehaus eröffnet, das auch als Wäscherei genutzt werden kann. Es ist eines der ersten Badehäuser in einer Ruhrgebietsstadt.

Die Grundsteinlegung des Gebäudes am 12. August 1865 wurde von der »Rhein- und Ruhrzeitung« begeistert kommentiert: »Dieser Tag ist bedeutungsvoll für unsere Stadt wegen des Zeugnisses, das er ablegt von dem Geiste eines kräftig sich entwickelnden Bürger- und Gemeinsinnes.« Im Jahr 1870 wird die Einrichtung von 5226 Männern und 2193 Frauen besucht. Ab 1873 wird die städtische Anstalt nur noch als Badehaus benutzt, und bedürftige Kinder erhalten freien Eintritt.

Die Einrichtung eines Badehauses ist Bestandteil umfassender hygienischer Vorsorgemaßnahmen der Stadt. Mangelnde sanitäre Ausstattung des überwiegenden Teils der Duisburger Haushalte machen vor dem Hintergrund sich immer wieder ausbreitender Seuchen derartige Investitionen notwendig (→ 1866).

Bergleute beklagen Arbeitsbedingungen

29. Juni 1867. Bergleute aus dem Kreis Essen wenden sich in einem Schreiben an den preußischen König Wilhelm I. mit der Bitte um gesetzlichen Schutz vor der Verschlechterung ihrer Arbeitsbedingungen. Nachdem die staatliche Festsetzung der Löhne und Arbeitszeiten im Bergbau per Gesetz (→ 21. 5. 1860) abgeschafft worden war, hatten sich die Arbeitszeiten der Bergleute auf elf Stunden pro Tag verlängert. Gleichzeitig waren ihre Löhne drastisch gekürzt worden. Krankheiten, vorzeitige Arbeitsunfähigkeit und Invalidität sind die Folgen: »Besonders die Brust wird bei übermäßigem Arbeiten auf der Grube frühzeitig beengt. Ist aber die Gesundheit der Leute schon mit 35 Jahren durch diese Überanstrengung so angegriffen, daß sie nicht mehr in der Grube arbeiten können und erhalten sie von den Knappschaftsärzten gewöhnlich das Zeugnis ›zu leichter Hüttenarbeit noch tauglich‹, so haben sie keinen Anspruch auf Invalidenpension aus der Knappschaftskasse.«

Der tolle Bomberg

Der als »toller Bomberg« bekannt gewordene Freiherr Klemens von Romberg lädt anläßlich der Gründung der Stifts-Brauerei in (Dortmund-)Hörde die Bevölkerung des ganzen Kreises Hörde zu einem dreitägigen Volksfest ein (Abb.). Romberg, ein westfälischer Eulenspiegel, spielt seinen Zeitgenossen gerne Streiche. Auch das Verfahren zur Prüfung des Malzgehaltes im Bier könnte von ihm stammen: Dabei setzen sich die Prüfer auf eine hölzerne Bank, über die Bier geschüttet wurde; können sie sich nach Stunden nicht mehr rühren, weil die Hosenböden festgeklebt sind, so war die Probe erfolgreich.

1868

27. 2. In der Rheinischen Straße in Dortmund wird eine Dampfbier-Brauerei, die spätere Dortmunder Actien-Brauerei, gegründet.

27. 4. In Preußen werden ein Tabaksteuergesetz und einheitliche Maß- und Gewichtsordnungen eingeführt.

7. 7. Bei einem Kanonentest in Berlin zeigen sich die Kanonen von Krupp den englischen Modellen überlegen. →

14. 9. In Essen kommt es zu einer Arbeitsniederlegung auf der Zeche Victoria Mathias. →

Oktober. Der Schneidergeselle Joseph Bönsch gründet in Dortmund eine Ortsgruppe des Allgemeinen Deutschen Arbeitervereins (→ 1864).

17. 10. Die revidierte Rheinschiffahrtsakte sieht die Aufhebung aller Rheinzölle zum Jahresbeginn 1869 vor. →

2. 11. Der »Eisenbahnkönig« Henry Strousberg tritt als persönlich haftender Gesellschafter in die Dortmunder Bergbau- und Hütten AG ein. →

11. 11. Die Köln-Mindener Eisenbahngesellschaft erhält die Genehmigung zum Bau der Emschertalbahnlinie.

2. 12. Auf Initiative des Unternehmers Friedrich Grillo wird in Gelsenkirchen die Gewerkschaft Graf Bismarck gegründet (→ 1869).

1868. Gustav Kissing und Ludwig Schmole gründen das Profilwerk Schwerte (später Hoesch Hohenlimburg AG Profilwerk Schwerte).

1868. Dr. E. Liebermeister und Wilhelm von Monschaw gründen in Unna die erste Chemiefabrik der Stadt.

1868. Bei Moers wird das Bergwerksunternehmen Gewerkschaft Rheinpreußen gegründet (erste Förderung 1876).

1868/69. Der Arbeiter Carl Fischer beschreibt seinen Alltag als Tagelöhner beim Eisenbahnbau an der Ruhr. →

1868/70. In Bochum wird die Zeche Friedlicher Nachbar errichtet.

GESTORBEN:

24. 4. Ruhrort: Franz Haniel (* 20. 11. 1779, Duisburg), Kaufmann und Industrieller.

GEBOREN:

9. 2. Königsbronn (Württemberg): Paul Reusch († 21. 12. 1956), Industrieller.

3. 9. Essen: Johannes Bell († 21. 10. 1949, Würgassen/Beverungen), Zentrumspolitiker.

2. 11. Hörde: Otto Hue († 19. 4. 1922, Essen), Gewerkschafter.

Streik im Essener Revier

14. September 1868. Nach Bekanntgabe von Schichtzeitverlängerungen und Gedingekürzungen durch die Grubenverwaltung kommt es auf der Stinnes-Zeche Victoria Mathias in Essen-Segeroth zum Streik: Von etwa 1000 Mann Belegschaft fahren zur Morgenschicht nur 50 bis 60 Bergleute an.

Dem offenen Streik vorausgegangen war die Ablehnung einer Beschwerde Essener Bergleute über Lohnkürzungen und Arbeitszeitverlängerungen auf bis zu elf Stunden täglich durch den preußischen Handelsminister (→ 29. 6. 1867).

Am 6. September hatte eine Delegation der Belegschaft von Victoria Mathias vergeblich versucht, den Repräsentanten der Stinnes-Zechen, Gustav Stinnes, zu einer Rücknahme der angekündigten Gedingekürzungen und Schichtzeitverlängerungen zu bewegen.

Auf einer von 2500 bis 3000 Personen besuchten Bergarbeiterversammlung im städtischen Garten in Essen wurde am 13. September der Streikbeschluß gefaßt. Ein auf dieser Versammlung gebildetes Streikkomitee versucht in den nächsten Tagen, durch Plakataktionen in der Essener Innenstadt die Öffentlichkeit für die Forderungen der Streikenden zu mobilisieren. Das Werben um Unterstützung findet im Essener Bürgertum Resonanz: Als die Grubenverwaltung von Victoria Mathias am 21. September die Entlassung aller streikenden Arbeiter verfügt, erreicht ein von Essener Bürgern gebildetes Komitee die Zurücknahme dieser Maßnahme. Unter dem Druck der Öffentlichkeit sieht sich Stinnes noch am gleichen Tag zur Wiederherstellung der früheren Lohnverhältnisse und zur Festsetzung einer $8^{1}/_{4}$ stündigen Schichtzeit gezwungen. Am 23. September nehmen die Bergleute auf Victoria Mathias die Arbeit wieder auf.

Der Versuch von Mitgliedern des 1863 gegründeten Allgemeinen Deutschen Arbeitervereins (ADAV), den Streik zur Gründung einer Bergarbeitergewerkschaft zu nutzen, scheitert indessen am Widerstand der katholischen Knappenvereine und ihrer Presse gegen eine sozialistische Organisation.

Strousberg erwirbt die Aktienmehrheit

2. November 1868. Henry Bethel Strousberg, erfolgreicher Finanzier und Erbauer von Eisenbahnlinien, erwirbt die Aktienmehrheit an der Dortmunder Bergbau und Hüttengesellschaft. Strousberg ist einer der wagemutigsten Unternehmer seiner Zeit; in Dortmund plant er eine Räderfabrik, eine Gußstahlfabrik und Hochöfen, außerdem baut er die Dortmunder Hütte zügig aus und bringt sie in seine Allgemeine Eisenbahnbaugesellschaft mit Sitz in Berlin und Dortmund ein. Das Haus des »Eisenbahnkönigs«, mit Gewächshäusern und Stallungen, wird zum lebhaften Treffpunkt des gesellschaftlichen Lebens der Stadt.

Das Unternehmen von Strousberg, der sich bei seiner Ankunft in Dortmund mit Böllerschüssen empfangen ließ, bricht nach schweren finanziellen Verlusten 1873 zusammen; die Banken- und Geschäftswelt gewährt Strousberg, der durch den Zusammenbruch in den Ruf eines Spekulanten geraten ist, keine Hilfe. Der Eisenbahnkönig stirbt 1884 völlig verarmt.

Als Tagelöhner beim Eisenbahnstreckenbau

1868/69. Der Tagelöhner Carl Fischer beschreibt seinen Alltag als Erdarbeiter beim Eisenbahnbau an der Ruhr. Er ist einer von vielen Wanderarbeitern, die von Strecke zu Strecke ziehen, um eine Verdienstmöglichkeit zu finden:

»[Ich war] bald bei der Arbeit angelangt ... Da waren bloß sechs bis acht Mann, die schachteten Kies aus dem Ruhrbett ... und [es] lag mitten in der Ruhr eine ziemliche Kiesbank trocken da ... [Es] war eine Laufbrücke heruntergelegt, wo man den Kies heraufkarrte, und war nicht sonderlich weit zu fahren, aber von Anfang bis Ende eklige Steigung ...

Da trat ich heran und fragte den Schachtmeister, was es für die Karre voll gäbe, und hörte 4 Pfg. und fragte, wie viel Karren sie herausführen den Tag, da sagte er: ›120 und auch noch mehr‹ ... Jeder der erst anfing, mußte den Hintermann machen; damit, wenn [der Vordermann] nicht feststand und die Karre zurücklaufen wollte, kein Anderer in Gefahr kam ...

Da hatte ich gut sechs Wochen gearbeitet, da stieg die Ruhr ... Da hieß es: Für dieses Jahr ist es mit Kiesausschachten vorbei.«

Arbeiter beim Freilegen einer Eisenbahntrasse (um 1870)

Hüttenbahn zum Kohle- und Erztransport (Osterfeld)

1868

Test mit Krupp-Kanonen

7. Juli 1868. Bei einem Vergleichsschießen zwischen Krupps Hinterlader-Geschützen aus Gußstahl und englischen Vorderlader-Geschützen aus Eisen auf einem Schießplatz in Berlin-Tegel erweisen sich die Essener Kanonen als überlegen.

Bei den ersten Tests im März des Jahres, bei denen König Wilhelm I., der Kriegsminister Albrecht Graf Roon und der Ministerpräsident Otto von Bismarck anwesend waren, hatten Krupps Kanonen noch versagt. Erst als der Bitte Krupps stattgegeben wird, das stärkere russische Pulver anstelle von preußischem Pulver für die schweren Geschütze verwenden zu dürfen, erreichen die Kanonen ihre volle Feuerkraft. Der preußische Staat erwirbt nach dem Test 41 Kruppsche Kanonen für die Kriegsmarine zum Preis von je 10 000 Mark.

Die Kanonen des Essener Unternehmens werden vor der Auslieferung auf Schießplätzen getestet, die auf dem Gelände der Gußstahlfabrik liegen. Mit dem Bau immer größerer Kanonen erweisen diese sich als zu klein, so daß Alfred Krupp 1877 einen Schießplatz bei Meppen im Raum Hannover erwirbt. Mit einer Schießbahnlänge von 17 km ist dieser der größte Schießplatz Europas.

Auf der Pariser Weltausstellung von 1867 präsentiertes Riesengeschütz der Firma Fried. Krupp in Essen mit vorher nie dagewesener Reichweite

Abgabenfreiheit für die Rheinschiffahrt

17. Oktober 1868. In einer revidierten Rheinschiffahrtsakte vereinbaren die Rheinanliegerstaaten Preußen, Baden, Bayern, Frankreich, Hessen und die Niederlande völlige Abgabenfreiheit für die Schiffahrt. Damit wird Schiffen aller Nationalitäten von Basel bis zur Rheinmündung ab 1. Januar 1869 Zollfreiheit gewährt.

Ein erster Versuch, das Abgabewesen in der Rheinschiffahrt zu vereinheitlichen, wurde mit der Rheinschiffahrtsakte vom 31. März 1831 unternommen. Einzelne Anrainerstaaten umgingen diese Vereinbarung aber durch Sonderabkommen, so daß eine revidierte Fassung notwendig wurde.

Neue Großbrauerei in der Bierstadt

27. Februar 1868. Heinrich Herberz, Laurenz Fischer, Heinrich und Friedrich Mauritz bilden die Kommanditgesellschaft Dortmunder Bierbrauerei Herberz & Co. Am 16. September 1872 wird sie in eine Aktiengesellschaft umgewandelt und trägt fortan den Namen Dortmunder Actien-Brauerei.

Am 21. Juli 1867 hatten die Gründer ein Grundstück vor dem Dortmunder Westentor erworben. Das Gründungskapital beträgt 90 000 Taler und kann innerhalb eines Jahres um ein Drittel vermehrt werden.

Im Oktober 1868 wird mit dem Brauen begonnen; das erste Geschäftsjahr bringt bereits einen Reingewinn von 20 000 Talern.

1869

19. 5. Die katholische Volksschule am Bahnhof ist die erste Schule in (Duisburg-)Neudorf.

25. 5. Auf der Zeche Consolidation kommt es zum ersten Bergarbeiterstreik in Gelsenkirchen.

11. 7. In (Duisburg-)Meiderich wird erstmals seit der Reformation ein katholischer Gottesdienst gefeiert.

11. 7. Die Abteufarbeiten für den Schacht Clerget (später Zeche Recklinghausen I) im Süden Recklinghausens beginnen.

6. 8. C. L. Schulte vermietet in Schwelm sein dreirädriges Vélocipède zu 5 Groschen pro Person und Stunde. →

11. 9. Die »Hasper Zeitung« (Hagen) erscheint zum ersten Mal.

17. 10. Das Denkmal für den Freiherrn vom und zum Stein auf dem Kaisberg in Hagen wird feierlich enthüllt.

1869. Die Schützen der Dortmunder Schützengesellschaft erringen auf dem sechsten Westfälischen Bundesschießen in Osnabrück die meisten Preise.

1869. Den Hinterbliebenen von Lehrern steht erstmals eine gesetzliche Jahrespension von mindestens 50 Talern zu.

1869. Alfred Krupp nimmt den ersten deutschen Siemens-Martin-Ofen in Betrieb. →

1869. Mit einer Gesamtbelegschaft von 51 670 Mann werden im Steinkohlenbergbau des Ruhrgebiets 11,25 Mio t Kohle gefördert.

1869. Unter Beteiligung von Friedrich Grillo wird in Gelsenkirchen die Draht- und Hanfseilerei Wilhelm Heinrich Grillo gegründet.

1869. In Schwerte wird das Nickelwalzwerk Fleitmann eröffnet (→ 1871).

1869. Auf der Zeche Neu-Iserlohn bei Dortmund wird die erste mit Preßluft betriebene Wasserhaltungsmaschine unter Tage eingesetzt.

1869. Die Niederrheinische Hütte in Duisburg nimmt einen dritten Hochofen in Betrieb und produziert 27 000 t Roheisen und Rohstahl.

1869. Die Gewerbeordnung für den Norddeutschen Bund hebt die Koalitionsbeschränkungen für Fabrikarbeiter und Handwerksgesellen auf.

1869/74. Unter dem Namen Graf Bismarck 1 wird in Gelsenkirchen von der Gewerkschaft Graf Bismarck der erste Schacht niedergebracht. →

GEBOREN:

14. 8. Essen-Überruhr: Ludwig Kessing († 24. 2. 1940, Essen-Kupferdreh), Bergmann und Arbeiterdichter.

Übertage-Anlagen der Steinkohlenzeche Graf Bismarck (Gelsenkirchen)

Neue Zeche benannt nach Graf Bismarck

1869. Im Süden der Resser Mark nahe der Emscher auf dem Gebiet der späteren Stadt Gelsenkirchen beginnen die Abteufarbeiten für den ersten Schacht des Steinkohlenbergwerks Graf Bismarck. Initiator des Unternehmens ist der Essener Unternehmer Friedrich Grillo.

Die Gründungsversammlung der Gewerkschaft Graf Bismarck hatte am 2. Dezember 1868 in der zum Amt Gelsenkirchen gehörenden Gemeinde Braubauerschaft stattgefunden. Zum Repräsentanten der neuen Gesellschaft war Direktor Theodor Tögel gewählt worden, den Vorsitz im Aufsichtsrat hatte Friedrich Grillo erhalten.

In einem Schreiben vom 4. Dezember 1868 baten Grillo und Tögel den preußischen Ministerpräsidenten Graf Otto von Bismarck dem jüngsten Bergbauunternehmen im Gelsenkirchener Raum seinen Namen geben zu dürfen, was Bismarck in einem Antwortschreiben vom 14. Dezember genehmigte.

Es dauert fünf Jahre, bis der erste Schacht der neuen Zeche nach Schwierigkeiten bei der Abteufung durch das Deckgebirge 1874 die Förderung aufnehmen kann. Aufgrund der Ergiebigkeit der Kohlevorkommen werden jedoch bereits im ersten Betriebsjahr 39 507 t Kohle gefördert, 1884 erreicht die Fördermenge 185 000 t. Im Jahr 1897 überschreitet die Förderung auf Graf Bismarck erstmals die Millionengrenze.

Hochwertiger Krupp-Stahl

1869. Als erster deutscher Unternehmer führt Alfred Krupp in seinem Essener Gußstahlwerk das Siemens-Martin-Verfahren zur Stahlerzeugung ein. Nachdem er zunächst nur einen Schmelzofen dieser Art aufstellt, wird am 28. September 1871 die erste große Fabrikanlage mit sechs Siemens-Martin-Öfen in Betrieb genommen.

Zu Beginn der 60er Jahre des 19. Jh. entwickelten die Brüder Friedrich und Wilhelm Siemens einen Schmelzofen, in dem durch eine Gasfeuerung und die Verwendung von Abgaswärme Temperaturen von 1700° C erzeugt werden können. Den Franzosen Emile und Pierre Martin gelang es 1864, in einem Siemensofen Roheisen und Schrott, wie er in jedem Stahlwerk in größeren Mengen anfällt, zu einem qualitativ hochwertigen Stahl zu verschmelzen.

Alfred Krupp, der auf diese technische Neuerung sehr schnell mit dem Erwerb der Patente reagierte, hatte schon 1862 als erster deutscher Unternehmer das Stahlerzeugungsverfahren des Engländers Henry Bessemer eingeführt (→ 1862). Die Herstellung von Stahl in der Bessemer-Birne erlaubte erstmals eine Massenproduktion. Die Qualität des erzeugten Stahls erfüllte jedoch keineswegs Krupps Erwartungen.

Mit dem Siemens-Martin-Verfahren läßt sich Stahl von hoher Güte, der vor allem für die Kanonenproduktion benötigt wird, in großen Mengen herstellen. Gleichzeitig erwirbt Krupp Erzgruben im Lahngebiet und in Spanien, pachtet die Essener Zechen Graf Beust und Friedrich Ernestine und gründet in Rotterdam eine Reederei. Er will den Produktionsprozeß von der Rohstoffgewinnung bis zum Transport des fertigen Produktes kontrollieren.

Innenansicht der Gußstahlfabrik der Firma Fried. Krupp in Essen; in der Bildmitte ein Siemens-Martin-Ofen, davor die Gießgrube für den flüssigen Stahl

Stahlerzeugung im Siemens-Martin-Ofen

Das von Emile und Pierre Martin in Frankreich erfundene und durch die Feuerungstechnik der Brüder Friedrich und Wilhelm Siemens ergänzte Verfahren zur Stahlherstellung, das sog. Siemens-Martin-Verfahren, ermöglicht eine Stahlqualität, die dem nach bisherigen Verfahren gewonnenen Stahl weit überlegen ist.

Unter dem Herd, in dem Roheisen und Schrott zu Stahl geschmolzen werden, befindet sich ein Regenerativofen, der aus zwei mit feuerfesten Steinen netzartig ausgemauerten Heizkammern besteht. Das dem Ofen zugeführte Luft-Gas-Gemisch wird in der ersten Heizkammer erwärmt und fließt von dort in den Herdraum, wo es entzündet wird. Durch Temperaturen von bis zu 1700° C schmilzt das Eisen, und der in der Luft vorhandene Sauerstoff verbrennt unerwünschte Bestandteile, wie z. B. Kohlenstoff und Schwefel. Das heiße Gas-Luft-Gemisch fließt über die zweite Heizkammer ab. Sobald die Abgase die zweite Kammer aufgeheizt haben, wird der Zustrom von Gas und Luft umgekehrt; so regeneriert sich die Heizung des Stahlofens immer wieder von selbst.

Die auf dem geschmolzenen Stahl schwimmende Schlacke wird abgestochen. Erkaltet und gemahlen ergibt sie ein Düngemittel.

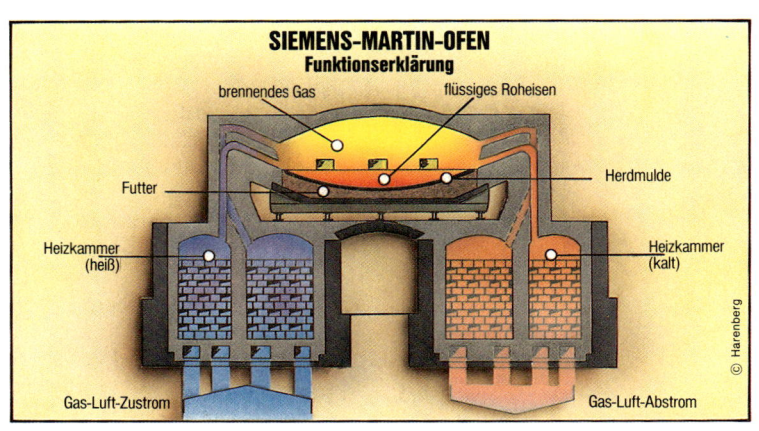

Sportlicher Fahrer auf dem Dreirad, Modell Michaux von 1865

Leichtes dreirädriges Vélocipède englischer Fabrikation (um 1880)

Vélocipède mit zwei und drei Rädern

6. August 1869. C. L. Schulte bietet in der Schwelmer Zeitung sein dreirädriges Vélocipède (Fahrrad) zur Vermietung an. Das Gefährt von Schulte ist mit seinen drei Rädern bequemer und sicherer als andere Fahrräder dieser Zeit, die jedoch – ob mit zwei oder drei Rädern – eher als Kuriosum gelten denn als Fortbewegungsmittel dienen.

Die Erfindung der Laufmaschine (bestehend aus zwei mit den Füßen angetriebenen Rädern mit einem Sitz in der Mitte) durch Ludwig Freiherr von Drais (1816) bildete den Ausgangspunkt für die Entwicklung des Fahrrades. In den 60er Jahres des 19. Jh. hat das Rad bereits einen Tretkurbelantrieb und eine Handbremse..

Anzeige in Schwelmer Zeitung

1870

1. 1. Der erste Zug, der auf der Strecke Wanne – Recklinghausen – Haltern in Recklinghausen hält, wird mit 24 Böllerschüssen begrüßt. →

15. 2. Die Rheinische Eisenbahn erbaut die Zweigstrecke von Duisburg nach Hochfeld.

1. 3. Von Mülheim an der Ruhr besteht nur noch eine Postkutschenverbindung mit Kettwig.

29. 4. Die Bochumer Stadtverordnetenversammlung beschließt die Einrichtung eines städtischen Orchesters. →

Mai. Die Société Anonyme des Aciéries Rhénanes à Meiderich wird in Paris gegründet (ab 1871 Rheinische Stahlwerke). →

10. 10. Die Kohlensammelbahn der Bergisch-Märkischen Eisenbahn Langendreer – Laer – Hattingen – (Essen-)Steele wird eröffnet.

10. 12. Der als »der rote Becker« bekannt gewordene Hermann Heinrich Becker wird zum Oberbürgermeister von Dortmund gewählt. →

1870. In Essen haben 71 Kleinhändler in den Industriebezirken eine Konzession für den Schnapsausschank. 1860 gab es noch keine solche Konzession.

1870. In Essen wird der Essener Bergwerksverein König Wilhelm gegründet.

1870. Auf dem ersten christlich-sozialen Delegiertentag in Essen erklären die Knappenvereine den Streik zum zulässigen Mittel zur Durchsetzung berechtigter Forderungen.

1870. Im Essener Stadtgebiet fördern auf 43 Zechen 13 300 Arbeiter 3,39 Mio t Kohle. 1860 hatten auf 65 Zechen 8300 Arbeiter 1,47 Mio t Kohle gefördert.

1870. In (Dortmund-)Hörde eröffnet Otto Wallrabe an der Goldstraße eine Braustätte (später »Bürgerliches Brauhaus«).

1870/71. In Ruhrort sterben 39 Personen an Pocken.

1870/71. Das städtische Wasserwerk Bochum wird errichtet. Die Pumpen verschwinden aus den Straßenbild; der neue Direktor Rudolph Hengstenberg löst die Probleme der Trinkwasserbeschaffung für die wachsende Stadtbevölkerung.

1870/73. Die Zechen Helene in Essen und Prinzregent in Bochum werden errichtet.

Um 1870. In den Städten des Ruhrgebiets herrscht Wohnungsnot. Die Zahl der Kostgänger steigt und es werden zahlreiche Schlafhäuser für ledige Arbeiter gebaut.

GEBOREN:

12. 2. Mülheim an der Ruhr: Hugo Stinnes († 10. 4. 1924, Berlin), Industrieller.

»Roter Becker« neuer OB

10. Dezember 1870. Hermann Heinrich Becker wird zum Oberbürgermeister von Dortmund gewählt. Nach seinem Amtsantritt am 2. Juli 1871 betreibt er einen konsequenten Ausbau des unternehmerischen Engagements der Stadt u. a. durch die Errichtung städtischer Großanlagen wie das Wasserwerk. Gleichzeitig erweitert er die Verwaltung der wachsenden Stadt.

Der neue Oberbürgermeister ist aufgrund seines früheren politischen Engagements bekannt als der »rote Becker«. 1849/50 hatte er die scharf gegen die preußische Reaktionspolitik polemisierende »Westdeutsche Zeitung« in Köln geleitet. 1851 wurde er im Kölner »Kommunistenprozeß« zu fünf Jahren Festungshaft verurteilt. Später wurde er Mitglied und Abgeordneter der liberalen Deutschen Fortschrittspartei.

Oberbürgermeister Hermann Heinrich Becker (1820 – 1885)

Mit der langerwarteten Eröffnung der Zuglinie Wanne – Recklinghausen – Haltern eingeweihtes neues Bahnhofsgebäude in Recklinghausen

Vest erhält erste Bahnlinie

1. Januar 1870. In Recklinghausen hält der erste Zug der Köln-Mindener Eisenbahn auf der, mit der Linie Oberhausen – Münster verbundenen Strecke Wanne – Recklinghausen – Haltern. Bis zu diesem Tag waren die Recklinghäuser auf den südlich der Emscher gelegenen Bahnhof Herne angewiesen, was vor allem für Geschäftsleute erhebliche Umstände und Kosten mit sich brachte. Der Pfiff der ersten in Recklinghausen einfahrenden Lokomotive wird mit 24 Böllerschüssen beantwortet. Im Wochenblatt für den Kreis Recklinghausen wurde das Ereignis am 23. Dezember 1869 angekündigt:

»Nach einer Bekanntmachung der Köln-Mindener Eisenbahngesellschaft findet ... unter Zugrundelegung des sonst geltenden Reglements der Gesellschaft, die Beförderung von Personen, Gepäck, Gütern, Leichen, Fahrzeugen und lebenden Thieren Statt, und werden auch auf den einzelnen Stationen der neuen Bahnstrecke Privatdepeschen nach und von allen Telegraphenstationen ... zur Beförderung angenommen und weiterbefördert.«

Die Rheinischen Stahlwerke Duisburg

Mai 1870. In Paris wird die Société Anonyme des Aciéries Rhénanes à Meiderich gegründet. Beteiligt an diesem Unternehmen sind je zur Hälfte französisch-belgische und deutsche Kapitalgeber. Die Gesellschaft verlegt 1871 ihren Sitz nach (Duisburg-)Meiderich und errichtet in der nahegelegenen Bauerschaft Vohwinkel ihr Stammwerk. Entscheidend für diese Standortwahl sind die großen Kohlevorkommen in dieser Gegend.

Das mit der Umsiedlung in Rheinische Stahlwerke umbenannte Unternehmen nimmt im Winter 1871 ein Walz- und Tiegelguß-Stahlwerk in Betrieb. Anfang 1872 kommt ein Hammerwerk hinzu. Zu diesem Zeitpunkt ist die Belegschaft der Werke bereits auf insgesamt 200 Beschäftigte angewachsen.

Bochum gründet ein eigenes Orchester

29. April 1870. Durch einen Beschluß der Stadtverordnetenversammlung erhält Bochum ein Städtisches Orchester. Nach der Premiere im Mai wird am 14. Juni das erste Abonnementskonzert in der Baierischen Bierhalle veranstaltet. Die Einrichtung des neuen Ensembles war angesichts der vielfältigen chormusikalischen Aktivitäten in der Stadt und besonders im Hinblick auf den Musikverein (→ 21. 12. 1859) seit längerem geplant. In den 60er Jahren wurde ein Städtischer Kapellmeister bestellt, der für 300 Taler jährlich auf die Suche nach Musikern gehen und diese im Privatvertrag bezahlen sollte.

Bisher war die Stadt auf die Verpflichtung auswärtiger Kapellen angewiesen. Ortsansässige Zusammenschlüsse von Musikern existierten zwar, besaßen aber nur mangelhaftes Niveau. Angesichts des Wunsches, durch möglichst schnelle und häufige Auftritte das Einkommen zu verbessern, kam die sorgfältige musikalische Ausbildung zu kurz.

Um den Ansprüchen der Öffentlichkeit an das neue Orchester gerecht zu werden, bemüht sich Kapellmeister Vollrath Schmidt auch um private Förderung. 1872 bildet sich eine Unterstützungsgesellschaft, die u. a. von in Bochum ansässigen Wirtschaftsunternehmen gefördert wird.

1871

Januar. Aus dem Deutsch-Französischen Krieg zurückkehrende Soldaten schleppen die Pocken ins Ruhrgebiet ein.

3. 3. Bei den Wahlen zum ersten Deutschen Reichstag setzen sich Nationalliberale, Konservative und Zentrum als stärkste Fraktionen durch. Die Sozialdemokratie erhält reichsweit 3,2% der Stimmen. Im Ruhrgebiet dominiert die Deutsche Fortschrittspartei.

30. 3. In Düsseldorf wird unter der Leitung von William Thomas Mulvany der Verein zur Wahrung der wirtschaftlichen Interessen rheinischer und westfälischer Unternehmer, der sog. Langnamverein, gegründet. →

1. 4. August Thyssen kauft ein Bauerngut in (Mülheim-)Styrum und gründet dort das Stahl- und Walzwerk Thyssen & Co.

1. 9. In Düren wird der Gründungsvertrag für das Eisen- und Stahlwerk Hoesch in Dortmund geschlossen. →

28. 9. In Dortmund wird der erste Theaterbau der Stadt feierlich eröffnet. →

28. 11. In Duisburg-Hamborn beginnen die Abteufarbeiten des ersten Schachtes der Gewerkschaft Deutscher Kaiser. →

Dezember. Im Deutschen Reich wird erstmals eine Volkszählung durchgeführt. →

1871. Die Schwerter Nickelhütte des Chemikers Friedrich Theodor Fleitmann erhält den Auftrag, die ersten reichsdeutschen Nickelmünzen (»Fleitmännchen«) zu prägen. →

1871. In (Dortmund-)Eving wird der Knappenverein »Borussia« gegründet.

1871. Die französische Gesellschaft Détillieux Frères et Cie. errichtet in Gelsenkirchen die Schachtanlage Alma.

1871. Die Firma Krupp in Essen richtet 12 Privatvolksschulen für Arbeiterkinder ein.

1871. In Hamm wird der »Westfälische Anzeiger« gegründet.

1871. Nach dem Ende des Deutsch-Französischen Krieges entstehen im Ruhrgebiet die ersten Brieftaubenvereine. →

1871. Die Maschinenfabrik Hilger und die Essener Maschinenbau AG schließen sich in Essen zur Maschinenbau AG Union zusammen.

1871. Der Bau folgender Zechen beginnt: Mathias Stinnes/Essen (1872 beendet); Friedrich Ernestine/Essen und Unser Fritz/(Herne-)Wanne-Eickel (1873 beendet); Minister Stein/(Dortmund-)Eving, Prosper II./Bottrop und Mont Cenis/Herne (1875 beendet) sowie Victor/(Castrop-)Rauxel (1877 beendet).

Das Walzwerk Hoesch in Lendersdorf bei Düren (Lithographie von Carl Schütz, 1838; Leopold-Hoesch-Museum, Düren)

Hoesch gründet Stahlwerk in Dortmund

1. September 1871. In Düren bei Aachen wird der Gründungsvertrag für das neue Eisen- und Stahlwerk der Familie Hoesch abgeschlossen. Der Gesellschaftsvertrag wird von Leopold Hoesch, seit 1852 Leiter des Familienunternehmens, sowie seinen Söhnen Albert und Wilhelm und den Neffen Eberhard und Viktor unterzeichnet. Das Unternehmensvermögen beläuft sich auf 800 000 Taler. Als Standort des Werkes ist das Oesterholz an der nördlichen Stadtgrenze von Dortmund vorgesehen. Albert Hoesch, erst 24 Jahre alt, wird Direktor des Dortmunder Werkes.

Im Herbst 1871 wird mit den Bauarbeiten begonnen, von der Firma Kamp in Wetter werden Hammer, Hebekran und die Gebläsemaschine geliefert. In dem Stahlwerk soll nicht nur Stahl erzeugt, sondern auch die Weiterverarbeitung des Materials vorgenommen werden. Am 15. November 1873 nimmt das Hoesch-Werk mit einer Belegschaft von 320 Arbeitern den Betrieb auf. Die Wahl des Dortmunder Standorts ist der erste Schritt des Hoesch-Unternehmens ins Ruhrgebiet. Das Familienunternehmen ist seit Generationen mit mehreren eisen- und stahlverarbeitenden Betrieben in der Eifel ansässig. Monschau, Lendersdorf bei Düren und Eschweiler in der Nähe von Aachen sind die wichtigsten Betriebsstätten.

Aufgrund der ungünstigen Verkehrsbedingungen in dieser Region und mangelnder Rohstoffe für die Eisen- und Stahlgewinnung faßt Leopold Hoesch Anfang der 70er Jahre den Entschluß, ins Steinkohlenzentrum des Ruhrgebiets umzusiedeln. Hier kann das Roheisen für die Stahlerzeugung nach dem Bessemer-Verfahren (→ 1862) frachtgünstig sowohl aus Westfalen von der Georgsmarienhütte wie auch aus dem Siegerland bezogen werden.

Die Standortvorteile werden jedoch durch die Auswirkungen der Wirtschaftskrise nach dem Wiener Börsenkrach im Jahr des Produktionsbeginns bedeutungslos. Die Stahlerzeugnisse sinken im Preis; billiger englischer, französischer und belgischer Stahl überschwemmt den gesättigten deutschen Markt. Dennoch stellt Albert Hoesch die Werksanlagen in Dortmund unter Aufwendung eines Eigenkapitals von 720 000 Talern fertig.

Leopold Hoesch (1820 – 1899), Gründer des Stahlunternehmens

Albert Hoesch (1847 – 1898), kaufmännischer Direktor des Stahlwerks

Viktor Hoesch (1824 – 1888), Mitunterzeichner des Gründungsvertrags

Erster Schacht der Gewerkschaft Deutscher Kaiser in Hamborn

28. November 1871. *Auf der Hövelschen Hufe in Hamborn südwestlich der Eisenbahnstation Neumühl beginnen die Abteufarbeiten des ersten Schachtes der Gewerkschaft Deutscher Kaiser (Abb.). Die Anfänge des Unternehmens gehen zurück auf das Jahr 1856. Damals wurde der Hamborner Unternehmer Daniel Morian bei Steinkohlenbohrungen in der Nähe der späteren Duisburger Straße zum ersten Mal auf Steinkohle fündig. 1867 gründete er die Gewerkschaft Hamborn, die unter dem Eindruck der Reichsgründung am 3. November 1871 in Deutscher Kaiser umbenannt wurde. 1876 nimmt der Schacht die Förderung auf. Sechs Jahre später beginnt August Thyssen, die Anteile der Gewerkschaft aufzukaufen.*

Fleitmann-Nickelmünze

1871. Die in Schwerte ansässige Nickel- und Kobaltfabrik Fleitmann & Witte erhält den Auftrag zur Prägung der ersten Nickelmünzen im Deutschen Reich, die später »Fleitmännchen« genannt werden. Das 1861 in Iserlohn gegründete Unternehmen hatte 1869 eine neue Produktionsstätte in Schwerte errichtet. Schmelzhütte und Walzwerk, direkt am Schwerter Bahnhof gelegen, nehmen erst im Februar 1872 ihren vollen Betrieb auf. Für die ab 1873 im Deutschen Reich in Umlauf kommenden Fünf-Pfennig- und Zehn-Pfennig-Münzen stellt das Werk die Rohlinge her: Das Kupfernickel wird zu Blechen ausgewalzt, aus denen dann die Rohlinge gestanzt werden. 1878 erfindet der Firmengründer, der Chemiker Dr. Theodor Fleitmann, ein neues Verfahren zur Verformung von Nickel.

Theodor Fleitmann (1828–1904), Chemiker und Unternehmer

10-Pfennig-Münze aus Kupfernickel, ein sog. »Fleitmännchen«

Verein mit langem Namen gegründet

30. März 1871. Unter Leitung von William Thomas Mulvany wird in Düsseldorf der Verein zur Wahrung der wirtschaftlichen Interessen rheinischer und westfälischer Unternehmer gegründet. Trotz seines offiziell gewerbeübergreifenden Charakters dominieren im Verein die Vertreter der Schwerindustrie und des Ruhrbergbaus. Aufgrund seines langen Namens nennt Reichskanzler Otto von Bismarck den neuen Verband ironisch »Langnamverein«.

Anlaß zur Bildung eines industriellen Interessenverbandes ist die Herabsetzung der Zölle auf Roheisen im Jahr 1870, nachdem die deutsche Roheisenerzeugung die Inlandsnachfrage nach Eisenerzeugnissen nicht mehr decken konnte. Das Eintreten für eine Heraufsetzung der Einfuhrzölle für schwerindustrielle Produkte bildet neben der Forderung nach niedrigen Transportkosten für Kohle, Eisen und Stahl das Haupttätigkeitsfeld des Vereins, während sozialpolitische Fragen, z. B. Probleme des Arbeitsschutzes, nur am Rande erörtert werden.

Bevölkerung an der Ruhr wächst

Dezember 1871. Im Gebiet des Deutschen Reiches wird erstmals eine Volkszählung durchgeführt. Für das Ruhrgebiet zeigt das Ergebnis ein starkes Bevölkerungswachstum seit Beginn des 19. Jh.

Einwohner im Vergleich

	1819	1871
Essen	5	52
Dortmund	5	44
Duisburg	5	33
Bochum	3	21
Witten	2	15
Mülheim	6	14
Oberhausen	–	13
Gelsenkirchen	1	8
Hattingen	3	6
Recklinghausen	3	5
Wattenscheid	1	5
Moers	2	3
Castrop	1	3
Datteln	1	3

(Angaben in 1000)

Das starke Wachstum der Ruhrgebietsstädte steht im Zusammenhang mit der Industrialisierung der Region. Besonders die Städte entlang des Hellwegs, z. B. Essen, Dortmund und Bochum, erleben seit den 50er Jahren infolge der Ansiedlung von Großbetrieben der Eisenindustrie eine Zuwanderungswelle. So hat sich die Bevölkerung von Essen zwischen 1858 und 1871 verdreifacht, die Einwohnerzahlen für Dortmund und Bochum stiegen um das Doppelte. Die Statistik zeigt einen Überschuß an Männern und einen sehr hohen Anteil der mittleren, arbeitsfähigen Altersgruppe.

Im gleichen Zeitraum blieben die Zentren der frühen Industrialisierungsphase (z. B. Hattingen, Witten, Recklinghausen) von den Zuwanderungen unberührt und verzeichneten ein gleichmäßiges, geringes Wachstum.

Vor allem im Vergleich zum Deutschen Reich (in den Grenzen von 1871) zeigt das besonders starke Wachstum der Bevölkerung im Ruhrgebiet die steigende Bedeutung der Region. Während die Gesamtbevölkerung von 1845 bis 1870 nur um 24,1% wuchs, stiegen die Einwohnerzahlen im Ruhrgebiet 1849–61 um 56,4% und 1861–75 nochmals um 96,2%.

Alltag in der Kolonie Kronenberg (Leipziger Illustrierte, November 1890)

Mehrfamilienhäuser mit Vorgärten in der Kolonie Kronenberg

▷ Platz für 1500 Familien bietet die ab 1872 im Westen der Kruppschen Gußstahlfabrik in Essen errichtete Kolonie Kronenberg. Je nach Größe und Ausstattung der Wohnungen liegen die jährlichen Mieten zwischen 100 bis 110 Mark für eine zweiräumige und 175 bis 215 Mark für eine vierräumige Wohnung. 1874 verfügt Krupp über 3200 Werkswohnungen.

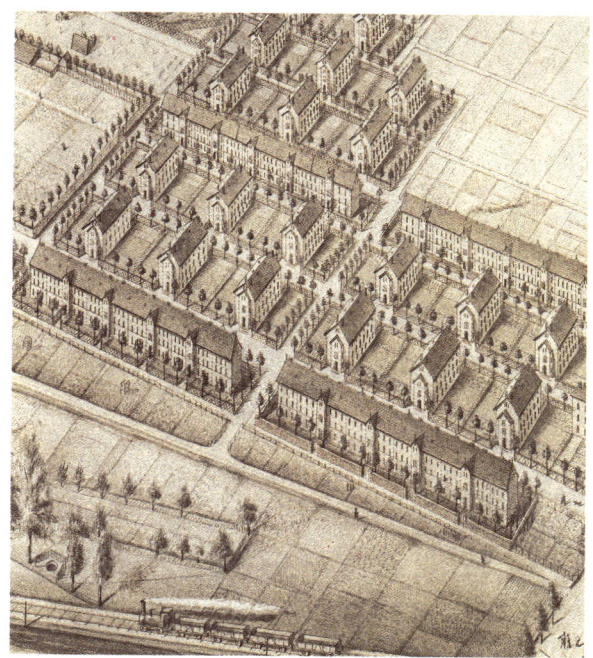

Arbeitersiedlungen werden komfortabler

Der Essener Industrielle Alfred Krupp läßt 1871 in der Nähe der Gußstahlfabrik für seine Arbeiter 336 Wohnungen bauen. Im darauffolgenden Jahr werden die Kolonien Schederhof, Kronenberg, Baumhof und Nordhof in Essen mit 2358 Wohnungen errichtet.

Der Grundriß der Reihensiedlungen der 50er und 60er Jahre des 19. Jh. wird in diesen größeren Siedlungskomplexen erweitert. Ein rasterartig angelegtes Straßennetz schafft zentrale Plätze und verleiht den Kolonien dörflichen Charakter. Die Siedlungen sind mit einer Gas-Straßenbeleuchtung ausgestattet, jede Wohnung verfügt über einen eigenen Wasseranschluß.

In den Siedlungen dieser Bauperiode werden Gemeinschaftseinrichtungen wie Sportanlagen und Versammlungsräume für kulturelle Veranstaltungen gebaut. In den folgenden Jahren läßt Krupp auch Wochenmärkte einrichten (1874 in Kronenberg).

Die Werkssiedlung der von einer französischen Gesellschaft betriebenen Zeche Rheinelbe in Gelsenkirchen, Kolonie Ottilienau (später Flöz Dickebank), wurde 1868 als Mustersiedlung konzipiert. Sie sollte ein Waschbadehaus, eine Bäckerei und eine Kinderbewahranstalt erhalten. Diese Pläne wurden jedoch aus Kostengründen nicht realisiert.

In der Konjunkturphase der 70er Jahre nimmt mit dem industriellen Wachstum die Bevölkerung des Ruhrgebiets sprunghaft zu. Der Arbeiterwohnungsbau wird zur städtebaulichen Notwendigkeit.

Die Siedlung Nordhof in Essen, erbaut 1872 auf Initiative des Unternehmers Alfred Krupp für die Arbeiter seiner Gußstahlfabrik

Die Siedlung Schederhof im Süden der Kruppschen Gußstahlfabrik bietet etwa 780 Werksangehörigen mit ihren Familien billigen Wohnraum

1871

Dortmund erhält ersten Theaterbau

28. September 1871. Mit einer Aufführung der Oper »Der Freischütz« von Carl Maria von Weber (1786 – 1826) wird der erste Theaterbau von Dortmund eröffnet. Das Gebäude ist ein Umbau des seit 1865 für Zirkus- und Varietévorstellungen benutzten Brügmannschen Zirkus. Das Haus erhält den Namen »Stadt-Theater in Dortmund«.
Die Gelder für den Theaterbau hatte eine Vereinigung von Theaterfreunden aufgebracht. Das neue Kulturangebot findet bei der Bevölkerung großen Anklang.

Brieftaubenschläge (Innenansicht, 19. Jh.) bestehen zumeist aus mindestens zwei Abteilungen, aus dem Jungtier- (r.) und dem Reiseschlag (l.)

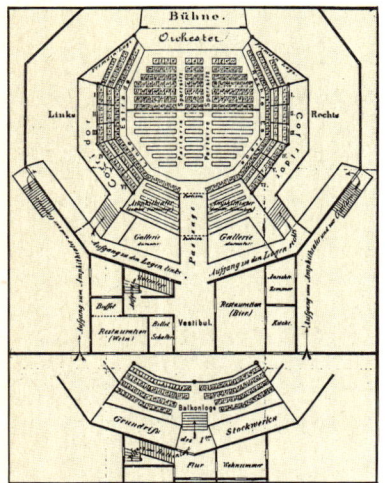

Der zum Theater umgebaute Zirkus

Erste Brieftaubenvereine

1871. Im Ruhrgebiet werden verstärkt Brieftaubenvereine gegründet. Nachdem die Brieftauben in der Nachrichtenübermittlung während der Belagerung von Paris im Deutsch-Französischen Krieg von 1870/71 militärische Bedeutung für die Franzosen hatten, beginnt auch im Ruhrgebiet der Aufschwung der Brieftaubenzucht aus patriotischen Gründen. Die Züchter machen sich einen Sport daraus, ihre Tauben an einem fernen Ort fliegen zu lassen und zu vergleichen, welche Taube am schnellsten wieder im heimatlichen Schlag eintrifft. Mit einer speziellen Uhr wird dabei die genaue Ankunftszeit der Vögel festgestellt. Der Heimatsinn der Tauben ist seit alters her bekannt, schon in der Bibel wird beschrieben, wie Noah eine Taube aussandte, die einen Ölzweig als Zeichen für das Ende der Sintflut zurückbrachte. Die Brieftaube dient den Menschen seit dem Altertum als Nachrichtenübermittler.

Zeitungen werden beliebtes Werbemedium

In den 70er Jahren des 19. Jh. werden im Ruhrgebiet viele regionale Zeitungen herausgegeben, die neben Tagespolitik und lokalen Ereignissen auch eine Fülle von Anzeigen bieten, darunter Geschäftsanzeigen ebenso wie Stellenangebote und Arbeitsgesuche.
Mit dem wirtschaftlichen Aufschwung des Ruhrgebiets nimmt der Bedarf an Werbung durch Zeitungsanzeigen zu. Es entsteht ein neuer, wirtschaftlich orientierter und anzeigenbetonter Zeitungstyp, der Generalanzeiger. Auch die ersten Vorläufer der Werbeagenturen treten auf; durch die sog. Anzeigenexpeditionen bildet sich ein selbständiges Hilfsgewerbe im Zeitungswesen heraus.

Große Not spricht aus Arbeitsgesuchen

Stellenangebot Firma Krupp

Stellenanzeige aus dem Jahr 1871

Vermietung von Dienstleistungen

1872

2. 2. In Dortmund wird die Union, Aktiengesellschaft für Bergbau, Eisen- und Stahlindustrie, gegründet. →

19. 2. Die Stern-Brauerei Carl Funke wird als Actienbrauerei in Essen gegründet. →

1. 6. In Bochum und anderen Städten des Ruhrgebiets werden Bergvorschulen eingerichtet. →

16. 6. In Essen kommt es zum ersten Massenstreik der Bergarbeiter im Ruhrgebiet. →

18. 6. Die Bottroper Zeche Prosper wird bestreikt.

13. 9. Die Arbeiter bei Krupp erhalten ein General-Regulativ, in dem ihre Rechte und Pflichten aufgeführt sind. →

16. 9. Aus der Brauerei Herbertz & Co. entsteht die Dortmunder Actienbrauerei (→ 27. 2. 1868).

13. 10. In der Stadt Essen wird der Verband der rheinisch-westfälischen Grubenarbeiter gegründet. →

16. 10. Auf Initiative des Unternehmers Friedrich Grillo wird in Köln die Schalker Gruben- und Hüttenverein Aktiengesellschaft gegründet. →

2. 11. In Dortmund nimmt die Maschinenfabrik Deutschland den Betrieb auf.

24. 12. In Duisburg wird die gemeinnützige Aktien-Baugesellschaft (Gebag) gegründet.

1872. In Bochum wird die Baumaschinenfabrik Flottmann Aktiengesellschaft gegründet.

1872. Der Essener Industrielle Alfred Krupp eröffnet mehrere Konsumläden.

1872. Im Regierungsbezirk Arnsberg, vor allem im Ruhrgebiet, herrscht starker Lehrermangel.

1872. Die Firma Krupp in Essen richtet für ihre Arbeiter Erfrischungsanstalten ein. →

1872. Die Errichtung folgender Zechen beginnt: Westhausen/Dortmund (1873 beendet); Bruchstraße/Bochum, (1874 beendet); Fürst Hardenberg/Dortmund und Ewald/Herten (1876 beendet); Lothringen I/Bochum (1880 beendet); König Ludwig/Recklinghausen (1885 beendet); Scharnhorst/Dortmund (1902 beendet); Ver. Pörtingssiepen/(Essen-)Heisingen.

1872. Friedrich Grillo gründet in (Gelsenkirchen-)Schalke die Aktiengesellschaft für chemische Industrie. →

1872/73. Der Bau der Krupp-Villa Hügel in Essen wird vollendet. →

GEBOREN:

4. 9. Hamm: Klara Ratzka, geborene Ernst († 3. 11. 1928, Berlin), Schriftstellerin.

Bergleute streiken für Lohnerhöhung

16. Juni 1872. Auf den Zechen im Essener Steinkohlenrevier treten die Bergleute in den Ausstand, nachdem die Zechenverwaltungen auf ihre Forderungen nach Arbeitszeitverkürzung und Lohnerhöhung nicht reagierten. Ende Juni dehnt sich der Streik auf den Dortmunder und Gelsenkirchener Raum aus, mehr als 15 000 Bergleute legen die Arbeit nieder. Geschlossener Widerstand der Arbeitgeber und konfessionelle Auseinandersetzungen unter den Bergleuten führen dazu, daß der Streik am 28. Juli 1872 ergebnislos abgebrochen wird.

Arbeitswillige in Essener Gruben

Datum	Bergarbeiter
15. 6. 1872	14 935
17. 6. 1872	2 306
24. 6. 1872	984
1. 7. 1872	984
8. 7. 1872	2 077
15. 7. 1872	2 841
19. 7. 1872	5 251
22. 7. 1872	9 298

Die im Ruhrgebiet herrschende Hochkonjunktur läßt die Kohlenpreise und die Gewinne der Unternehmer steigen; die Nachfrage nach Arbeitskräften nimmt ständig zu. Diese Entwicklung veranlaßt die Bergleute, ihren Anteil am wirtschaftlichen Wachstum zu fordern. Auf einer Bergarbeiterversammlung am 20. Mai 1872 in Essen wird ein Zentralkomitee aus jeweils drei gewählten Belegschaftsvertretern der im Umkreis gelegenen Zechen gebildet, das einen Forderungskatalog erarbeiten soll. Auf einer weiteren Versammlung von 5000 Arbeitern am 2. Juni werden folgende Forderungen verabschiedet:

Lohnerhöhung um 25%, achtstündige Schicht einschließlich Ein- und Ausfahrt, Abschaffung des Beiladens (wobei unzureichend beladene Förderwagen auf Kosten der Bergleute aufgefüllt werden) und Abgabe von Brandkohlen zu niedrigen Preisen. Auf diese Resolution des »Komitees der vereinigten Bergleute Essens und Umgegend« reagieren die Essener Grubenbesitzer zunächst nicht. Das Zentralkomitee begrenzt die Frist für Verhandlungen bis zum 15. Juni. Am Tag darauf treten die Bergarbeiter auf den Essener Zechen in den Streik.

Auf zahlreichen Streikversammlungen unter freiem Himmel, an denen auch Mütter mit ihren Kindern teilnehmen, debattieren die Bergleute ihr Vorgehen

Unternehmer, Presse und Verwaltungsinstanzen beschreiben den Ausstand als Machwerk katholischer Demagogen und sozialdemokratischer Volksverhetzer, da einige Mitglieder des Komitees dem katholischen Knappenverein St. Georg in Gelsenkirchen angehören.

Die Parole vom »Jesuitenstreik« veranlaßt die evangelischen Bergleute, sich nicht der Bewegung anzuschließen. Die konfessionellen Gegensätze verhindern die Ausbreitung des Streiks über das ganze Ruhrgebiet. Die Grubenbesitzer zeigen keine Verhandlungsbereitschaft und lehnen die Forderungen der Bergleute als illegitim und kurzsichtig ab. Sie rufen im nationalen Interesse zur Wiederaufnahme der Arbeit auf und vertreten den Standpunkt, als Zechenbesitzer »Herr im eigenen Haus« zu sein. Streikversammlungen werden von der Polizei aufgelöst, Arbeitswillige von einem verstärkten Polizeiaufgebot geschützt. Die Bergarbeiterschaft besitzt weder die finanziellen Mittel noch die Organisation, um einen längeren Arbeitskampf durchzustehen. Ende Juli beschließt das Zentralkomitee, den Streik abzubrechen.

Stimmen der Beteiligten zum Streik

Das »Komitee der vereinigten Bergleute Essens und Umgebung« schreibt in seiner Resolution an die Arbeitgeber vom 2. Juni 1872: »Den wohllöblichen Grubenvorstand bittet unterzeichnetes ... Komitee von nachstehendem gefälligst Kenntnis zu nehmen: 1. Lohnerhöhung von 25% ... 2. Achtstündige Schicht inklusive Ein- und Ausfahrt. 3. Abschaffung des Beiladens ... 4. Gewährung von Brandkohlen ... zu dem Preise von 2½ Silbergroschen pro Scheffel. Die geehrten Repräsentanten der vereinigten Zechen Essens ... werden hiermit ganz ergebenst ersucht, eine Versammlung anzuberaumen und aus ihrer Mitte gleichfalls ein Komitee zu wählen, welches ... bis zum 15. Juni zu verhandeln hat.« Die im Verein für die bergbaulichen Interessen zusammengeschlossenen Arbeitgeber antworten am 9. Juli 1872:

»Die gegenwärtige Arbeitseinstellung ist der bedauernswerte Ausdruck unklarer Anschauungen über die wirtschaftlichen Verhältnisse, welche auf den Lohn des Arbeiters einwirken, und jahrelanger, Gemüt und Geist verhetzender Einflüsse, welche auf eine gründliche Unzufriedenheit ... in den Arbeitskreisen hinzielen ... Von dieser Beurteilung ausgehend, hält der Verein das durchaus abwehrende Verhalten der Arbeitgeber auf den streikenden Zechen der krankhaften Arbeiterbewegung gegenüber für das allein Richtige und nicht bloß den Interessen der Grubenbesitzer, sondern auch denen der Arbeiter entsprechende ...«

Verhaltensregel für Arbeiter bei Krupp

13. September 1872. Alfred Krupp läßt an die 11 000 Arbeiter seiner Betriebe ein Regelbuch verteilen, in dem sich Vorschriften für das Verhalten während, aber auch außerhalb der Arbeitszeiten befinden. Krupp hatte im Dezember 1871 bei einem Aufenthalt im englischen Seebad Torquay erste Entwürfe für das »General-Regulativ« niedergeschrieben. Diese wurden von den Mitgliedern des Direktoriums der Kruppschen Werke, der Prokura, ergänzt und in eine juristisch einwandfreie Form gebracht.

A. Krupp verlangt von den Arbeitern bedingungslose Unterordnung

In der Präambel des insgesamt 72 Paragraphen umfassenden Regulativs wird es als dessen Aufgabe bezeichnet, »die Rechte und Pflichten jedes Amtes und jeder Stellung im Betrieb und in der Verwaltung in sich fest zu stellen, um auf diesem Wege für gegenwärtige und kommende Zeiten eine gesicherte Ordnung und ein harmonisches Zusammenwirken zu verbürgen«.

Alfred Krupp beschränkt sich aber nicht nur auf eine Reglementierung des Arbeitslebens seiner Angestellten und Arbeiter. Auch in die Freizeit und das Privatleben greift er über entsprechende Paragraphen ein. »Ein jeder hat sich ganz und ausschließlich seinem Berufe zu widmen, und wo das laufende Geschäft einmal seine Zeit und Kräfte nicht voll in Anspruch nimmt, diese in anderer Weise der Firma nutzbar zu machen. Deshalb verbietet sich jede, zumal auf Gelderwerb gerichtete oder für die Öffentlichkeit bestimmte Nebenbeschäftigung.«

Grillo – Verkörperung der Gründerjahre

1872. Im Alter von 46 Jahren steht der Essener Unternehmer Friedrich Grillo auf dem Höhepunkt seines beruflichen Erfolgs. Allein in Gelsenkirchen ist er in diesem Jahr an vier Firmengründungen beteiligt: Am 25. Januar gehört er neben dem Schaaffhausenschen Bankverein zu den Gründungsmitgliedern der Aktiengesellschaft für chemische Industrie in der Gemeinde Schalke. Noch im gleichen Jahr gründet er mit Essener Industriellen die Firma Vogelsang und Co., die sich nach der Umwandlung in die Schalker Eisenhütte 1886 auf den Bau von Bergbaumaschinen spezialisiert. Im Herbst 1872 wählt ihn die Schalker Gruben- und Hüttenverein AG zum Aufsichtsratsvorsitzenden. Gleichzeitig errichtet Grillo in der Gemeinde Bulmke eine Fabrik zur Herstellung von Dampfkesseln. Ein Jahr darauf, am 22. Januar 1873, gehört er zu den Initiatoren der Glas- und Spiegelmanufaktur AG Schalke.

Grillos Aktivitäten beschränken sich nicht nur auf Gelsenkirchen: In Essen beteiligt er sich 1872 an der Gründung einer Kreditanstalt, im Essener Bergwerksverein König Wilhelm und in der Magdeburger Bergwerks AG in Wanne erhält er in diesem Jahr Aufsichtsratsposten.

Der am 20. Dezember 1825 in Essen als Sohn einer Kaufmannsfamilie geborene Grillo begann mit 29 Jahren, nach Übernahme des väterlichen Geschäfts, sich an Zechenunternehmen zu beteiligen: 1855 wurde er Mitglied des Grubenvorstands der Bergbaugesellschaft Neu-Essen, seit 1858 vertritt er mehrere Essener Zechen im Verein für die bergbaulichen Interessen. Bei Gründung der Bochumer Bergwerks AG erhielt er 1864 einen Sitz im Aufsichtsrat.

Grillo verkörpert einen neuen Unternehmertypus: Unter seinem Einfluß vollzieht sich im Ruhrgebiet der Übergang vom Kleinbetrieb zum Großunternehmen mit Massenproduktion. Beispielhaft ist seine Tätigkeit in Gelsenkirchen: Angefangen bei Zechengründungen (Consolidation, Graf Bismarck) über Eisenhütten bis zum chemischen Betrieb und zur Glasmanufaktur legt Grillo zwischen 1863 und 1873 den Grundstein für die Industriestadt.

Von Bedeutung für die Durchsetzung der Aktiengesellschaft als neuer Unternehmensform auch im Ruhrgebiet sind Grillos Verbindungen zu Kölner und Berliner Banken: Die Verflechtung von Bankkapital mit Industrieunternehmen, z. B. in der GBAG und im Schalker Verein (→ 16. 10. 1872; 3. 1. 1873), wird zum Kennzeichen der Gründerjahre.

Unternehmer der Gründerjahre: Friedrich Grillo schafft ein Imperium

Henrichshütte in Hattingen, ein Unternehmen der Dortmunder Union

Neuer Montangigant Dortmunder Union

2. Februar 1872. Die Dortmunder Union, Aktiengesellschaft für Bergbau, Eisen- und Stahlindustrie, wird gegründet. Sie ist die kapitalstärkste Aktiengesellschaft im Ruhrgebiet und das größte gemischte Unternehmen im Deutschen Reich.

Das Grundkapital beträgt 33 Mio Mark; 15 Mio Mark bringt die Berliner Diskonto-Gesellschaft ein, deren Chef Adolf von Hansemann auch Verwaltungsratsvorsitzender der Union wird. Weitere Hauptbeteiligte sind der Großindustrielle Friedrich Grillo (→ 16. 10. 1872) und die Bankkaufleute Oppenheim, Rothschild, Mevissen und Born.

Zum Konzern gehören die Dortmunder Hütte, die (Dortmund-)Kirchhörder Zeche Glückauf-Tiefbau, die Hattinger Henrichshütte, das Eisen- und Stahlwerk Neu-Schottland in (Gelsenkirchen-)Horst, die Zeche Carl Friedrich Erbstollen in (Hattingen-)Blankenstein sowie das Hochofenwerk Othfresen (Harz). Schon im Gründungsjahr kommen weitere Erwerbungen hinzu. 1872 beschäftigt der Konzern 12 400 Menschen. Die Gründung der Dortmunder Union erfolgt vor dem Hintergrund einer Marktentwicklung, bei der nur noch große Unternehmen der steigenden Nachfrage wie auch den kapitalintensiven Produktionstechniken gerecht werden können.

In der ersten industriellen Gründerphase von 1852 bis 1858 entstanden allein in Dortmund 14 Aktiengesellschaften im Montanbereich.

Fieber der Gründerjahre auch im Ruhrgebiet

Im Jahr 1872 werden im Deutschen Reich 479 Aktiengesellschaften mit einem Aktienkapital von 1,4 Mrd Mark gegründet. Das Ruhrgebiet entwickelt sich zusammen mit dem oberschlesischen Industrierevier und dem Bankenzentrum Berlin zur industriellen Achse des Deutschen Reiches: Zwischen 1870 und 1873 steigt die Kohleförderung im Ruhrrevier um 40% auf 16,1 Mio t jährlich, die Zahl der Zechen erhöht sich von 220 auf 271. Die Roheisenproduktion steigt um 30% auf 479 000 t. An der Gründung der beiden nach der Harpener Bergbau AG größten Bergbaugesellschaften des Ruhrgebiets, der Gelsenkirchener Bergwerks AG und der Hibernia & Shamrock Bergwerksgesellschaft, sind vor allem Berliner Banken maßgeblich beteiligt (→ 3. 1. 1873; 6. 3. 1873).

Ausgelöst wurde die Hochkonjunktur durch die siegreiche Beendigung des Deutsch-Französischen Krieges und die Gründung des Deutschen Kaiserreichs am 18. Januar 1871. Entscheidende Voraussetzung für den Aufschwung der sog. Gründerjahre ist die französische Kriegsentschädigung an das Deutsche Reich in Höhe von etwa 5 Mrd Mark. Die Erhöhung des Geldumlaufs führt zu einer Verbilligung von Krediten. Der Wegfall des staatlichen Konzessionierungszwangs für Aktiengesellschaften durch Gesetz vom 11. Juni 1870 begünstigt den Übergang vom Familienbetrieb zum Großunternehmen.

Wilhelm Lueg

Friedrich Funke

Theodor König

Friedrich W. Curtius

Bergleute gründen Interessenverband

13. Oktober 1872. In Essen wird der 3000 Mitglieder zählende »Verband rheinisch-westfälischer Grubenarbeiter zur Wahrung berechtigter Interessen des Bergarbeiterstandes« gegründet. In ihm schließen sich erstmals katholische, evangelische und sozialdemokratische Bergarbeiter zusammen. In Reaktion auf die konfessionellen Auseinandersetzungen während des vorhergehenden Arbeitskampfes (→ 16. 6. 1872) schließt § 1 des Verbandsstatuts die Erörterung politischer und religiöser Fragestellungen aus. Die Tätigkeit des Verbandes soll sich auf die Wahrung der »materiellen Interessen der Mitglieder« konzentrieren. Daneben soll in der Tradition der Knappenvereine auch die bergmännische Geselligkeit gepflegt werden. Der zuständige Regierungspräsident in Düsseldorf versagt dem Verband die für die Gründung einer Unterstützungskasse notwendige behördliche Genehmigung. Die preußischen Behörden wollen keine Streikkasse fördern. Weitere Bemühungen, dennoch eine finanzielle Basis zu schaffen, haben wenig Erfolg. Aufgrund mangelnder Unterstützung von seiten der Arbeiter löst sich der Verband 1873 auf.

Für die Geschichte der Bergarbeiter-Bewegung bleibt die Verbandsgründung ein wichtiger Versuch, freie Knappenvereine (→ 1885) und katholische Christlich-Soziale mit den Evangelisch-Sozialen und mit dem lasalleanisch-sozialdemokratischen ADAV (→ 1864) zu verbünden. Nach Auflösung des Verbandes bleiben jedoch die interkonfessionellen freien Knappenvereine die bedeutendsten Organisationen der Bergarbeiter.

Jeder Knappenverein führt seine Fahne mit Schlägel und Eisen

Gruppenfoto der Belegschaft des Schalker Gruben- und Hüttenvereins vor der Hochofenanlage des Werkes in Bulmke

Grillo gründet Gruben- und Hüttenverein

16. Oktober 1872. Mit der Gründung der Schalker Gruben- und Hüttenverein AG in den Räumen des Schaaffhausenschen Bankvereins in Köln wird der Grundstein für den größten eisenproduzierenden und -verarbeitenden Betrieb Gelsenkirchens gelegt, die Rheinstahl Hüttenwerke AG, Werk Schalker Verein.

Die Unternehmensgründer, in der Mehrzahl Essener Industrielle und Kölner Bankiers, wählen Friedrich Grillo, auf dessen Anregung die neue Gesellschaft zurückgeht, zum Aufsichtsratsvorsitzenden. Zweck der Firma ist nach dem Gründungsstatut die »Erwerbung und Ausbeutung von Konzessionen auf Kohlen, Eisen u. a. nutzbaren Mineralien ... der Verkauf von Kohle, Koks, Erzen, Mineralien und produzierten Metallen oder die Verarbeitung derselben und die Veräußerung der hergestellten Fabrikate«. Sitz des Unternehmens wird die Gemeinde Schalke bei Gelsenkirchen. Das Werk selber wird auf einem Gelände nördlich der Strecke der Köln-Mindener Eisenbahn zwischen den Gemeinden Bulmke und Hüllen errichtet. Nach Anschluß des Werkes an die Bahnlinie wird im April 1873 mit dem Bau des ersten Hochofens begonnen, der im März 1875 in Betrieb geht. Der durch die Wirtschaftskrise seit 1873 ausgelöste Preisverfall bei Kohle und Eisen bringt den Schalker Verein im nächsten Jahr an den Rand des Ruins. Auf Betreiben Grillos wird die Aktiengesellschaft am 3. Mai 1876 in eine Gewerkschaft umgewandelt; die Gewerken können nun zur Zahlung sog. Zubußen bei Verlusten herangezogen werden. Im Zuge einer Erholung der Konjunktur werden zwischen 1880 und 1884 drei weitere Hochöfen angeblasen. Die Errichtung von Kanalisations-, Gas- und Wasseranschlüssen in Städten und Gemeinden gibt im gleichen Jahr den Anstoß zur Errichtung einer Röhrengießerei. Erstmals können Gewinne an die Gewerken verteilt werden.

Über einen eigenen Gleisanschluß an die Köln-Mindener Linie wird der Schalker Verein mit notwendigen Rohstoffen (Kohle und Eisenerz) versorgt

Essener Actienbrauerei liefert nach 18 Monaten

19. Februar 1872. Die Bergwerksbesitzer Friedrich Funke und Wilhelm Schürenberg, der Bankier Ludwig von Born, der Kaufmann Gustav Hicking und der Fabrikant Ewald Hilger gründen die »Actienbierbrauerei in Essen an der Ruhr«. Bei einem Aktienkapital von 1,5 Mio Mark streben die Unternehmer mit der ersten Großbrauerei Essens eine Maximalproduktion von 45 000 Hektolitern pro Jahr an.

Anfang März des Jahres beginnen die Bauarbeiten auf dem 12 Morgen großen Grundstück an der Rellinghauser Straße. Schon nach sieben Monaten sind Mälzerei und Sudhaus errichtet. Die »Rheinisch-Westfälische Zeitung« vom 17. Oktober 1872 kommentiert dieses Ereignis mit den Worten: »Von den vielen Industrieanlagen, die im Laufe der letzten Jahre sozusagen wie Pilze aus dem Boden gewachsen sind, wurde wohl selten ein Etablissement mit mehr Rührigkeit in Angriff genommen und mit größerem Interesse und Sympathie von seiten des Publikums beobachtet als die neue Actien-Bierbrauerei hierselbst.«

Am 3. August 1873 erfolgt der erste Bierausstoß. An diesem Tag findet in der Versandhalle der Brauerei ein großangelegter Festakt unter Anwesenheit der fünf Gründungsmitglieder und des Essener Oberbürgermeisters Gustav Hache statt.

In Essen bestehen neben der Actienbrauerei etwa 20 Hausbrauereien, die rund 50 Gaststätten im Stadtgebiet beliefern; in den folgenden Jahren werden zahlreiche neue Gaststätten und Bierhandlungen gegründet.

In den Wintermonaten wird die Essener Bevölkerung von der Brauereileitung in Zeitungsinseraten aufgerufen, Eis anzuliefern. Für 4,5 m³ Roheis zahlt die Brauerei 36 Mark. An manchen Tagen liefern bis zu 900 Bürger der Stadt auf Handwagen und Eselskarren Eis an, das in den riesigen Kellergewölben der Brauerei gelagert wird. Erst 1878 wird eine Eismaschine installiert, die eine Tagesproduktion von 400 Zentnern hat. Diese technischen Neuerungen erfordern so hohe Investitionen, daß bis 1882 keine Dividende ausgeschüttet werden kann.

Trotz Wirtschaftskrise in den 70er Jahren produziert die Actienbrauerei über 35 000 Hektoliter Bier pro Jahr. Wegen technischer und personeller Schwierigkeiten wird das Produktionssoll von 45 000 Hektolitern in den ersten zehn Jahren aber nur 1873 erreicht. Erst mit dem sechsten Braumeister, Heinrich Schneider, der am 1. Dezember 1882 in das Unternehmen eintritt und 36 Jahre diesen Posten innehat, beginnt der Aufstieg zu einer der größten Ruhrgebietsbrauereien.

Ein Kranz von Gerste und Hopfen umrahmt das Actienbrauerei-Signet

Mitarbeiter der Brauerei führen bei einer Gemeinschaftsaufnahme, im ersten erfolgreichen Produktionsjahr 1873, stolz ihr Arbeitsgerät vor

Erstes Mälzereigebäude der Brauerei

Belgische Kaltblutpferde ziehen die zahlreichen zweispännigen Bierfuhrwerke der Actienbrauerei in Essen an der Ruhr

Schon während der Bauarbeiten am großen Haus der Villa Hügel (Ansicht von Südwesten) im Oktober 1871 läßt sich der aufwendige Stil und repräsentative Charakter des neuen Krupp-Domizils erahnen

Die lichtdurchflutete Eingangshalle

Arbeitszimmer von Alfred Krupp

Villa Hügel – Wohnsitz der Familie Krupp

1872/73. Die Bauarbeiten an der »Villa Hügel« hoch über der Ruhr in (Essen-)Bredeney werden abgeschlossen. Der Palast mit 220 Räumen besteht aus Gründen des Feuerschutzes fast nur aus Stein und Stahl; die Fenster lassen sich nicht öffnen, und auf Gemälde, Wandteppiche und Bücher ist verzichtet worden. Eine aufwendige Heizungsanlage mit Ventilationssystem soll im Sommer wie im Winter für gleichbleibende Raumtemperaturen sorgen. Alfred Krupp sagt über das neue Domizil, daß es »dem Comfort der kleinen Häuslichkeit dienen soll, aber auch großer Gesellschaft mit ersten Ansprüchen«.

Bierhallen anstelle von Schnapsbuden

1872. Der Essener Industrielle Alfred Krupp läßt zahlreiche kleine Einzelhandelsgeschäfte in der Nähe der Kruppschen Gußstahlfabrik aufkaufen und eröffnet in Essen sieben, der Firma angeschlossene »Consum-Läden« und mehrere Bierhallen für seine Arbeiter.

Die Zahl der Kaufläden in Essen ist in den Jahren 1855 bis 1870 von 220 auf 732 gestiegen. 1870 besitzen 71 dieser Kleinhändler eine Konzession zum Ausschank von Branntwein. Die Arbeiter kehren auf dem Weg zwischen Arbeitsstelle und Wohnung in diese »Schnapsbuden« ein. Neben dem hohen Alkoholkonsum betrachtet Krupp mit Sorge die »Stammtischpolitik«, die in diesen »Winkelgeschäften« gemacht wird. Außerdem führen überhöhte Preise zur Verschuldung der Arbeiter. Die Kruppschen Läden und Bierhallen sollen mit niedrigen Preisen diesem Unwesen ein Ende setzen.

Die Vorsteher der »Bierwirtschaften« (hier eine Bierhalle in der Essener Kolonie Kronenberg) werden mit einem festen Gehalt angestellt, um zu vermeiden, daß sie die Gäste, meist Werksangehörige der Firma Krupp, zu einem erhöhten Alkoholgenuß anhalten. Mit Errichtung eigener Bierhallen hofft Alfred Krupp, den Alkoholkonsum seiner Arbeiter zu kontrollieren.

Mittagstisch im Hotel Essener Hof

1872. Die Gußstahlfabrik Fried. Krupp in Essen eröffnet Erfrischungs-Anstalten für ihre Arbeiter und Angestellten. Neben einer Selterswasserfabrik gehören auch Bierwirtschaften und das Hotel »Essener Hof« zu den Neueröffnungen.

Im Hotel »Essener Hof« wird ein preiswerter Mittagstisch für Angestellte des Werks eingerichtet. Das Hotel besitzt einen Garten, in dem im Sommer bei gutem Wetter sogar Unterhaltungskonzerte stattfinden; auch ein Billardtisch und eine Badeanstalt stehen zur Verfügung. Eine Omnibuslinie führt von den Kruppwerken direkt zum Hotel.

Die Preise für Speisen und Getränke werden von den Kruppschen Konsumanstalten festgesetzt. Werksangehörige können mit Essensmarken bezahlen. Die Lokale stehen zu um 20% höheren Preisen auch anderen Besuchern offen.

1872

Ruhrgebiet erhält zehn Bergvorschulen

1. Juni 1872. An insgesamt zehn Orten im Ruhrgebiet werden Bergvorschulen eingerichtet. Sie bilden Bergleute und andere Handwerker in Lesen, Schreiben, Rechnen, Maschinenlehre und Bergpolizeirecht umfassend aus.

Um Aufnahme in die Schulen in Oberhausen, Altenessen, (Essen-)Kupferdreh, Gelsenkirchen, Bochum, (Bochum-)Linden, Sprockhövel, Dortmund, (Dortmund-)Aplerbeck und Witten bewerben sich 865 Bergleute. Wegen des Lehrer- und Schulraummangels können aber nur 440 Schüler angenommen werden.

Den Unterricht an den von der Westfälischen Berggewerkschaftskasse (→ 15. 4. 1864) getragenen Vorschulen erteilen Lehrer von Volks- und höheren Schulen, Grubenbeamte und Ingenieure. Die Lehrgänge dauern eineinhalb bis zwei Jahre und qualifizieren die Absolventen für spätere Führungsaufgaben.

Private Maßnahmen gegen Lehrermangel

1872. Der Bevölkerungszuwachs im Ruhrgebiet hat einen beträchtlichen Lehrermangel zur Folge. Im Regierungsbezirk Arnsberg fehlen insgesamt 52 evangelische und 16 katholische Pädagogen.

Zur Behebung des Lehrermangels wird eine Verbesserung der Lehrerausbildung angestrebt. 1872 wird in Holzwickede eine private Präparandenanstalt eröffnet, in der Kandidaten auf die Aufnahmeprüfung für eines der 72 Lehrerseminare in Preußen vorbereitet werden. Die Präparandenausbildung bleibt dennoch ein Problem, zumal die Lehrerseminare in Anbetracht der geringen Bewerberzahlen die Anforderungen niedrig halten.

Die Einrichtung neuer Seminare erfolgt nur schleppend. Erst 1894 wird in Herdecke ein neues evangelisches Seminar eröffnet. Nach 1900 kommen weitere Seminare hinzu (u. a. Recklinghausen, Dorsten, Unna).

Duisburger Turnverein feiert Stiftungsfest

Der Duisburger Turnverein (TV) feiert im Jahr 1872 sein 24. Stiftungsfest. Er wurde im Revolutionsjahr 1848 gegründet und setzte auch nach dem Scheitern der Revolution seine Tätigkeit fort. Da der Duisburger TV die Politik bewußt aus dem Vereinsleben ausklammerte, wurde er im Unterschied zu anderen Turnvereinen nach 1848 nicht aufgelöst oder polizeistaatlicher Kontrolle unterstellt.

Der Turnverein entwickelte sich in Duisburg zu einem bedeutenden Faktor im gesellschaftlichen Leben der Stadt, die in dieser Zeit den grundlegenden strukturellen Wandel von einer kleinen Handelsstadt zur Industriestadt erlebte. Auf dem traditionellen Gruppenfoto (Abb.) demonstrieren die Mitglieder Gemeinsamkeit und Einigkeit. Auch die Sportarten der Zeit, Geräteturnen und Fechten sind auf dem Bild festgehalten. Fußball wird in der späteren Duisburger Eintracht jedoch erst ab Ende des Jahrhunderts gespielt.

1873

2. 1. Friedrich Grillo erwirbt die Königsborner Saline bei Unna, wo das Salzwerk 1865 ein öffentliches Solebad eingerichtet hat. Damit beginnt die Blütezeit von Bad Königsborn (→ 21. 4. 1882).

3. 1. Die Gelsenkirchener Bergwerks AG wird gegründet. →

19. 1. Die Bergwerksgesellschaft Dortmunder Steinkohlenbergbau AG Louise Tiefbau wird gegründet.

22. 1. Zusammen mit anderen Großindustriellen gründet Friedrich Grillo die Glas- und Spiegel-Manufaktur AG Schalke (Gelsenkirchen).

30. 1. Die Dortmunder Union-Brauerei AG wird gegründet. →

6. 3. In Berlin wird die Hibernia & Shamrock Bergwerksgesellschaft gegründet. →

20. 3. Die Bergwerksgesellschaft Dahlbusch AG wird in Brüssel und Düsseldorf gegründet.

15. 9. Duisburg richtet am Grunewald ein städtisches Armenarbeitshaus ein. →

Oktober. Der Kurssturz an der Berliner Börse und eine Wirtschaftskrise in den USA lösen eine große Depression aus; damit werden die Gründerjahre in der Ruhrindustrie beendet (→ 15. 7. 1879).

3. 12. 1873. In Gladbeck wird die Schachtanlage Graf Moltke angelegt. →

1873. Die Hüttengewerkschaft und Handlung Jacobi, Haniel & Huyssen erhält den Namen Gutehoffnungshütte.

1873. Mit der Entdeckung einer Solequelle bei Kohlebohrungen entwickelt sich Werne zu einer Badestadt.

1873. In (Duisburg-)Hamborn entsteht das Unternehmen Brückenbauanstalt und Metallgießerei Morian & Wilms.

1873. Der Industrielle Alfred Krupp gründet eine Reederei mit zunächst vier Dampfern.

1873. Folgende Schachtanlagen werden errichtet: Grillo/Kamen; Graf Schwerin/Castrop-Rauxel, Engelsburg/Bochum (1875 beendet); Kaiserstuhl, Kaiserstuhl I/Dortmund, Emil-Emscher/Essen, Hugo/Gelsenkirchen, Graf Moltke/Gladbeck (1877 beendet); Osterfeld/Oberhausen, (1879 beendet); Gneisenau/Dortmund (1886 beendet).

GEBOREN:

26. 4. Essen: Otto zur Linde († 16. 2. 1938, Berlin), Schriftsteller.

12. 9. (Hagen-)Hohenlimburg: Gertrud Bäumer († 25. 3. 1954, Bielefeld-Bethel), Frauenrechtlerin und Schriftstellerin.

9. 11. Styrum/Mülheim an der Ruhr: Fritz Thyssen († 8. 2. 1951, Buenos Aires), Industrieller.

Die Braukünste Brinkhoffs überzeugen auch die neuen Brauereieigner

Dortmunder Union-Brauerei gegründet

30. Januar 1873. Die vormalige Brauerei Struck & Co. wird durch die neu eingestiegenen Partner Heinrich Leonhard Brügman und August Randebrock in die Dortmunder Union-Brauerei Actiengesellschaft umgewandelt. Noch 1873 können die ersten 20 000 Hektoliter Bier unter der neuen Gesellschaftsleitung gebraut werden.

Die neue Brauerei, mit einem beträchtlichen Stammkapital von 300 000 Mark ausgestattet, verfügt über kohlebeheizte Dampfkesselanlagen zur Erhitzung der Maische (Malz-/Wassergemisch), ein Sudhaus, wo die aus der Maische gewonnene Würze unter Hopfenzusatz gekocht wird, sowie über Gärräume, Lagerkeller, eine moderne Flaschenabfüllstation und einen geräumigen Versandraum.

Als hochqualifizierter Braumeister wird der schon seit 1870 in der Struck-Brauerei beschäftigte Fritz Brinkhoff übernommen.

Das große »U« (Signet der Union-Brauerei) wird zum Wahrzeichen

Auch die Zeche Alma in Gelsenkirchen (hier mit Malakoffturm und Verladestation, um 1872) geht 1873 in der Gelsenkirchener Bergwerks AG auf

Die Zeche Hibernia, von dem Iren W. T. Mulvany gegründet, trug zur industriellen Entwicklung Gelsenkirchens bei; 1873 geht sie in Bankenbesitz über

Bergwerke bilden Konzern

3. Januar 1873. Auf Initiative des aus Essen stammenden Unternehmers Friedrich Grillo wird mit einem Aktienkapital von 13,5 Mio Mark die Gelsenkirchener Bergwerks-Aktien-Gesellschaft (GBAG) gegründet. Ausgangspunkt der Gründung ist

Emil Kirdorf, Direktor der Gelsenkirchener Bergwerks AG, mit Familie

der Plan Grillos, nach der Gründung des Deutschen Reiches sämtliche mit ausländischem Kapital arbeitenden Gelsenkirchener Zechen unter deutscher Führung zusammenzufassen. Die Schaffung eines mit deutschem Kapital arbeitenden Unternehmens ist Ausdruck neuen Nationalgefühls nach dem gewonnenen Krieg von 1870/71.

Darüber hinaus zeichnet sich im Ruhrbergbau nach der kriegsbedingten Hochkonjunktur mit zahlreichen Zechenneugründungen eine Überproduktionskrise ab. Preiseinbrüche bei Kohle hatten bereits viele kleine Zechen, die gerade erst mit enormem Kostenaufwand errichtet worden waren, in finanzielle Schwierigkeiten gebracht. Ungünstige Flöz- und Lagerungsverhältnisse der Kohle treiben die Abbaukosten in die Höhe und beeinträchtigen die Konkurrenzfähigkeit dieser Unternehmen. Die Gründung der GBAG ist der Versuch, den bis dahin zersplitterten Grubenbesitz im Ruhrrevier in einer kapitalkräftigen Organisation zusammenzufassen.

Durch Vertrag vom 15. Januar 1873 übernimmt die GBAG rückwirkend ab 1. Januar die Zechen Rheinelbe und Alma, die sich im Besitz des Franzosen Charles Détillieux befinden. Die Société Anglo-Belge des Mines du Rhin, Eigentümerin der Zeche Dahlbusch und die irischen Gewerken der Zechen Hibernia und Shamrock lehnen hingegen ein Kaufangebot Grillos ab.

Die Finanzierung der GBAG wird von Adolf von Hansemann, dem Inhaber der Disconto-Gesellschaft in Berlin, übernommen, der auch den Aufsichtsratsvorsitz erhält.

Bis zum Ende des 19. Jh. gehören 14 Revierzechen mit Kokereien und Einrichtungen zur Teer-, Ammoniak- und Benzolherstellung zur GBAG. Damit ist sie im Revier die größte Bergwerksgesellschaft.

Banken erwerben Hibernia

6. März 1873. In Berlin findet unter führender Beteiligung der Berliner Handelsgesellschaft und des Bankhauses S. Bleichröder die Gründungsversammlung der Hibernia & Shamrock Bergwerksgesellschaft statt. Für einen Kaufpreis von 16,158 Mio Mark waren die beiden Zechen Hibernia und Shamrock kurz zuvor von ihren irischen Besitzern an die beiden Banken verkauft worden. Grund für den Verkauf war die Unzufriedenheit der Gewerken mit der Ertragskraft der Zechen und der Versuch, die wirtschaftliche Hochkonjunktur seit 1871 zu nutzen, um sich mit Gewinn von den Unternehmen zu trennen.

Zum Aufsichtsratsvorsitzenden der neuen Aktiengesellschaft wird William Thomas Mulvany gewählt. Noch im April des gleichen Jahres verlegt die Gesellschaft ihren Sitz nach Düsseldorf und zwei Jahre später nach Herne.

Im Zuge der seit 1873 einsetzenden Depression sinkt der Aktienkurs des Unternehmens bis 1877 von 127,5 auf 24,5 Punkte. Dennoch kann 1876, auf dem Höhepunkt der Krise, noch eine Dividende von 1,5% an die Aktionäre ausgezahlt werden.

1886 erwirbt die Gesellschaft für 5,5 Mio Mark in Gelsenkirchen die Gewerkschaft Wilhelmine Victoria. 1889 fördern die drei Schachtanlagen des Unternehmens mit einer Gesamtbelegschaft von 4081 Mann 1,5 Mio t Kohle. Nach Erwerb der Zechen Schlägel & Eisen und General Blumenthal in Recklinghausen in den Jahren 1898 und 1903 gehört die Gesellschaft mit der Harpener und der Gelsenkirchener Bergwerks AG zu den drei größten Bergbaugesellschaften des Ruhrgebiets.

Wäsche und Zechenbahnhof der Zeche Shamrock 1/2 in Herne, deren Tagesanlagen aufgrund steigender Kohleförderung seit 1850 ständig erweitert werden

Erste Zeche in Gladbeck

3. Dezember 1873. Als der Gladbecker Bergmann Lindemann mit einem Spatenstich für den ersten Tiefbauschacht die Epoche des Bergbaus in Gladbeck einleitet, krachen Böllerschüsse, und am Turm der Lambertikirche wehen Fahnen. Eigentümer der ersten Zeche auf Gladbecker Boden ist die am 5. Oktober 1873 von Essener und Mülheimer Kaufleuten gegründete Gewerkschaft Graf Moltke. Diese hatten dem Mülheimer Grubendirektor Köhne für 720 000 Mark die drei auf Gladbecker Gebiet liegenden Grubenfelder Rieckchen, Gretchen und Anna abgekauft.

Wegen starker Wasserzuflüsse verzögern sich die Bohrarbeiten, erst am 8. Januar 1876 erreicht die Abteufmannschaft auf 458 m Teufe das Steinkohlengebirge. Statt eines eisernen Fördergerüstes wird über dem Schacht ein Malakoffturm errichtet; für die Bergleute steht in der Waschkaue ein großes Badebecken zur Verfügung. Am 15. Oktober 1877 nimmt die Anlage die Förderung auf.

Noch ausgesprochen ländlich wirkt die Hauptstraße der Landgemeinde Gladbeck, als sich 1873 mit der Zeche Graf Moltke die erste Industrie ansiedelt

Duisburger Armenfürsorge

15. September 1873. In Duisburg wird ein städtisches Armenarbeitshaus am Grunewald errichtet. Die dort untergebrachten 30 Pfleglinge werden mit der Herstellung von Fußmatten, Rohr- und Binsenstühlen beschäftigt.

In Armenarbeitshäuser werden Personen, die wegen Bettelei, Landstreicherei oder Prostitution auffällig geworden sind, durch gerichtlichen Beschluß eingewiesen. Das städtische Armenwesen und die Schaffung spezieller Einrichtungen in Duisburg gehen auf eine königlich-preußische Kabinettsorder vom 28. Mai 1823 zurück. Damit wird die Verwaltung des Armenwesens aus der Zuständigkeit kirchlicher und privater Stiftungen auf die städtischen Behörden übertragen.

Der städtischen Armenverwaltung gehören der Bürgermeister als Vorsitzender der drei christlichen Gemeinden und sechs Amtsbezirksvorsteher an. Die Aufgabe dieser Verwaltung besteht nicht nur in der finanziellen Unterstützung Bedürftiger, sondern richtet sich auch auf die Bekämpfung der Ursachen von Verarmung. Gleichwohl ist die städtische Armenfürsorge nicht als Wohltätigkeitseinrichtung gedacht; sie soll lediglich das Überleben der Armen sicherstellen.

In den Jahren 1866 bis 1903 werden in Duisburg jährlich 7,5% der Haushaltsmittel für die öffentliche Armenhilfe verwendet. Regelmäßig werden Beihilfen zur Mietzahlung gewährt, die Armen mit Kleidung und Schuhwerk versorgt sowie finanzielle Unterstützung für ärztliche Behandlungen geleistet. 1903 übernimmt die Stadt das evangelische Armenhaus.

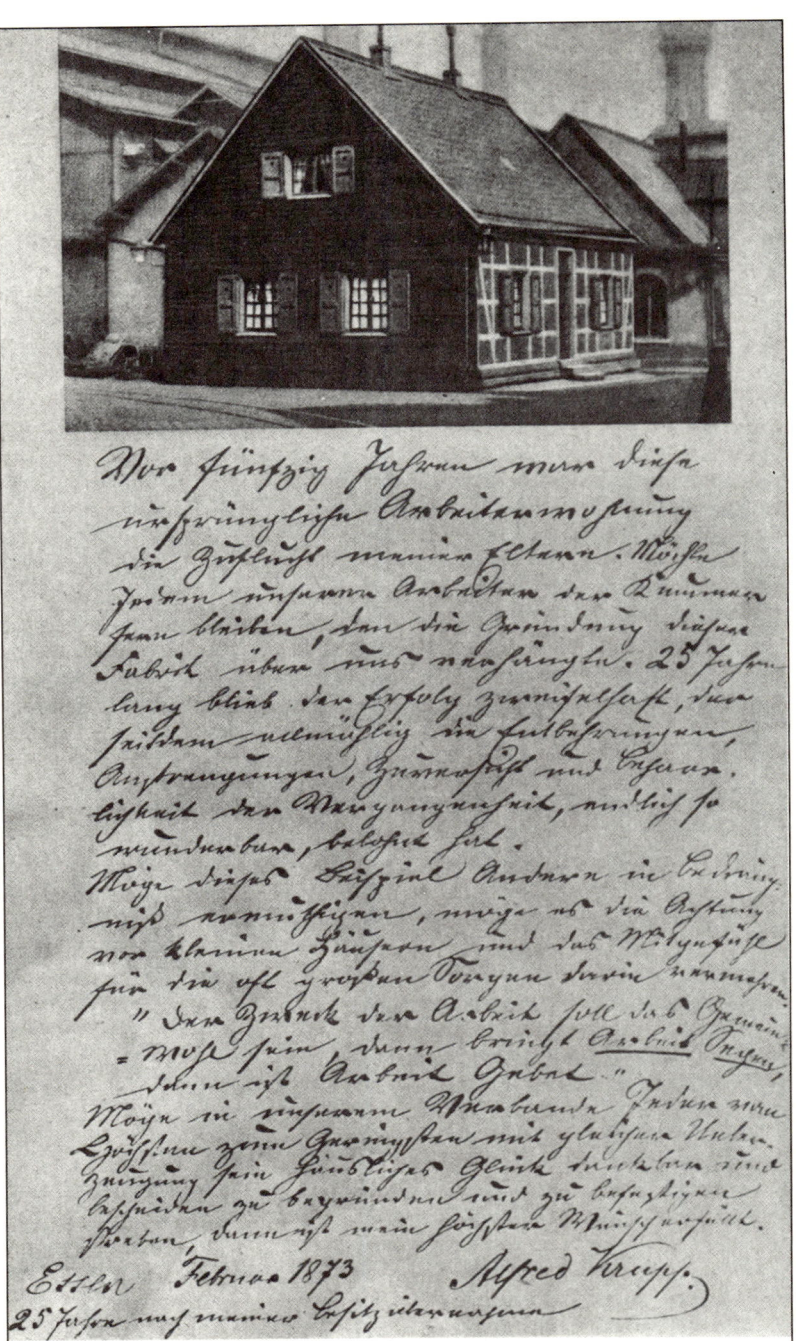

Erklärung Alfred Krupps zum 25. Jahrestag

Der Unternehmer Alfred Krupp gibt aus Anlaß des 25. Jahrestages seiner Besitzübernahme der Essener Gußstahlfabrik eine Erklärung an seine Arbeiter heraus (Abb.): »Vor 50 Jahren war diese ursprüngliche Arbeiterwohnung die Zuflucht meiner Eltern. Möchte jedem unserer Arbeiter der Kummer fernbleiben, den die Gründung dieser Fabrik über uns verhängte. 25 Jahre lang blieb der Erfolg zweifelhaft, der seit dem allmählich die Entbehrungen, Anstrengungen, Zuversicht und Beharrlichkeit der Vergangenheit, endlich so wunderbar belohnt hat. Möge dieses Beispiel andere in Bedrängnis ermutigen. Möge es die Achtung vor kleinen Häusern und das Mitgefühl für die oft großen Sorgen darin vermehren. ›Der Zweck der Arbeit soll das Gemeinwohl sein, dann bringt Arbeit Segen, dann ist Arbeit Gebet.‹ Möge in unserem Verbande jeder vom Höchsten zum Geringsten mit gleicher Überzeugung sein häusliches Glück dankbar zu begründen und zu befestigen streben, dann ist mein höchster Wunsch erfüllt.«

1874

1. 1. Die späteren Stadtteile von Essen, Altendorf, Frohnhausen und Holsterhausen, werden zur Gemeinde Altendorf/Rheinland zusammengefaßt. →

10. 1. Bei den Wahlen zum Deutschen Reichstag können Zentrum und Nationalliberale ihre Stimmenanteile verbessern. Die Konservative Partei ist Verlierer der Wahl. Leichte Gewinne verzeichnen die Sozialdemokraten. Im Ruhrgebiet bleiben die Liberalen tonangebend.

15. 1. Die Hochfeld-Rheinhauser Rheinbrücke bei Duisburg wird für den Personenverkehr freigegeben. →

2. 3. In Unna wird die Turnerfeuerwehr gegründet, aus der die Freiwillige Feuerwehr der Stadt hervorgeht.

11. 4. In (Dortmund-)Lindenhorst wird die Gewerkschaft Fürst Hardenberg gegründet.

12. 4. In Hagen findet ein großes sozialdemokratisches Arbeiterfest statt.

27. 4. Von der Bergisch-Märkischen Eisenbahn wird eine Bahnlinie durchs Emschertal dem Güterverkehr übergeben.

23. 6. Friedrich Heinrich Freiherr von Diergardt erhält die Berechtigungsurkunde für das Steinkohlenbergwerk Friedrich Heinrich bei Kamp-Lintfort.

10. 9. Oberhausen werden die Stadtrechte verliehen. →

16. 11. Die Linie Troisdorf – Düsseldorf – Lintorf – (Mülheim-)Speldorf der Rheinischen Bahngesellschaft wird in Betrieb genommen.

25. 11. Die Dortmund-Gronau-Enscheder Eisenbahn eröffnet die Strecke Dortmund – Lünen.

1874. In (Dortmund-)Hörde wird die Zeche Holstein angelegt. Sie gehört zum Vereinigten Hörder Kohlenwerk (Dortmund).

1874. Friedrich Küppersbusch eröffnet in der Kaiserstraße 55 in (Gelsenkirchen-)Schalke eine Schlosserwerkstatt. Dies ist der Ursprung der Küppersbusch und Söhne AG (→ 1886).

1874. Die Duisburg-Hochfelder Hafenanlage ist fertiggestellt. In Ruhrort wird der Kaiserhafen angelegt.

1874. Die Firma Krupp richtet in der Werkskolonie Kronenberg in Essen einen Wochenmarkt ein.

1874/71. In Bönen wird die Zeche Königsborn errichtet.

1874/75. In Wattenscheid wird die Zeche Fröhliche Morgensonne errichtet.

GEBOREN:

15. 4. Hagen: Karl Ernst Osthaus († 25. 3. 1921, Meran), Kunsthistoriker.

Mit dem Rathaus auf dem Galgenberg (im Jahr 1873 fertiggestellt) erhält Oberhausen ein Verwaltungszentrum, das nach jahrelangen Provisorien genügend repräsentativen Raum für die Amtsgeschäfte der Stadtverwaltung bietet

Gemeinde Oberhausen erhält Stadtrecht

10. September 1874. Der Gemeinde Oberhausen wird durch eine Kabinettsorder die »Städteordnung für die Rheinprovinzen« verliehen. Damit ist Oberhausen als Stadt anerkannt. Sie hat Sitz und Stimme im Provinziallandtag und kann an dessen Entscheidungen teilnehmen.

Die junge Stadt gehört zum Kreis Mülheim an der Ruhr. Das Stadtzentrum liegt am Altmarkt und der unteren Marktstraße, wo sich seit einigen Jahren ein reges Geschäftsleben entwickelt hat. Auch der Bürgermeister nimmt hier seinen Wohnsitz. Mit dem Bau des Rathauses im Jahr 1873 wird dieser Bezirk endgültig Verwaltungszentrum der Stadt. Die öffentliche Bautätigkeit nach der Stadtwerdung beschränkt sich aus finanziellen Gründen vor allem auf die Errichtung öffentlicher Gebäude, besonders von Volksschulen.

Grundlage für die Stadtwerdung war die Bildung der Gemeinde Oberhausen am 1. Februar 1862. Zur Gemeinde und späteren Stadt Oberhausen gehören die Bauernschaften Lirich und Lippern der Bürgermeisterei Borbeck, Teile der Gemeinden Dümpten, Styrum und Altstaden, der östliche Zipfel der Gemeinde Meiderich und ein Stück der Gemeinde Buschhausen. Die wirtschaftliche Entwicklung der Gemeinde hängt im wesentlichen von der sich ausbreitenden Hüttenindustrie ab (→ 15. 9. 1808); in der Mitte des 19. Jh. erfolgten die ersten Zechenansiedlungen. Von nachhaltigem Einfluß auf die Entwicklung Oberhausens war die Anbindung der Gemeinde an das Streckennetz der Köln-Mindener Eisenbahn im Jahre 1847, die mitten durch die Heidebezirke von Lirich und Lippern führt.

Bürgermeister Friedrich A. Schwartz leitet die Amtsgeschäfte der zur Stadt erhobenen Gemeinde Oberhausen

Das dreistöckige Rathaus wird 1876 mit einem Kostenaufwand von 120 000 Mark fertiggestellt; es ersetzt das bisherige Bürgermeisteramt der Gemeinde

Rheinhäfen bei Duisburg

1874. Der Ausbau der nahe den Duisburg-Ruhrorter Häfen gelegenen Hochfelder Hafenanlage ist abgeschlossen. Die Hochfelder Häfen sind vor allem Industriehäfen mit Verladeeinrichtungen. Der 1868 begonnene Bau der neuen Hafenbecken geht auf die Initiative der Rheinischen Eisenbahngesellschaft zurück, um die allgemeinen Transportverbindungen von Zug- und Schiffsverkehr zu verbessern.

Der private, eisenbahngeeignete Hafen bietet für den Frachttransport besondere Preisvergünstigungen und unterbietet damit die Duisburger Anlagen. Dies hat zur Folge, daß die Kohleabfuhr aus dem Duisburger Hafen von 723 025 t im Jahr 1865 auf 413 517 t im Jahr 1875 zurückgeht, während in Hochfeld gleichzeitig 383 598 t umgeschlagen werden.

In den Jahren 1872 bis 1876 wird in Ruhrort der zum Rhein führende Kaiserhafen angelegt. Die Erweiterung war notwendig geworden, da die Ruhrorter Hafenbecken für die Ein- und Ausfahrt großer Dampfschiffe nicht mehr geeignet waren. Der neue Hafen ist 60 m breit und hat eine Länge von 1700 m. Zusammen mit der alten Hafenmündung bildet er einen Vorhafen von 100 m Breite. Auf dem südwestlichen Ufer des Kaiserhafens befindet sich ein massiver Kai mit Dampfkranbetrieb und den erforderlichen Bahngleisen von insgesamt 1130 m Länge.

Essens Nachbargemeinden

1. Januar 1874. Die westlich von Essen liegenden Bauernschaften Altendorf, Frohnhausen und Holsterhausen werden zur selbständigen Gemeinde Altendorf/Rheinland zusammengefaßt. Der erste Bürgermeister ist Wilhelm Kerckhoff. Die Gemeinde mit zunächst 20 000 Einwohnern bleibt 27 Jahre selbständig.

Im Norden der Stadt Essen liegt die Bürgermeisterei Altenessen. Von 1823 bis 1873 waren in ihr die Gemarkungen Karnap, Altenessen, Katernberg, Stoppenberg, Kray, Leithe, Frillendorf, Huttrop und Rüttenscheid vereinigt. Im Jahr 1873 wurde dieser Amtsbezirk wegen des starken Bevölkerungswachstums in die beiden Bürgermeistereien Stoppenberg und Altenessen aufgeteilt.

Schon 1851 war aus der alten Bürgermeisterei Altenessen die Gemeinde Steele ausgegliedert worden, die östlich von Essen liegt. Ihre Einwohnerzahlen waren vor allem durch die Ansiedlung metallverarbeitender Betriebe stark angewachsen, so daß eine eigenständige Verwaltung eingerichtet werden mußte.

Im Süden der Stadt Essen liegt die Bürgermeisterei Rellinghausen, die neben der gleichnamigen Gemarkung noch Bergerhausen und Heisingen umfaßt. In den folgenden Jahren finden im Essener Raum häufig Umstrukturierungen statt, die durch den wachsenden Flächenbedarf infolge zunehmender Industrialisierung und verstärkten Wohnungsbaus verursacht werden.

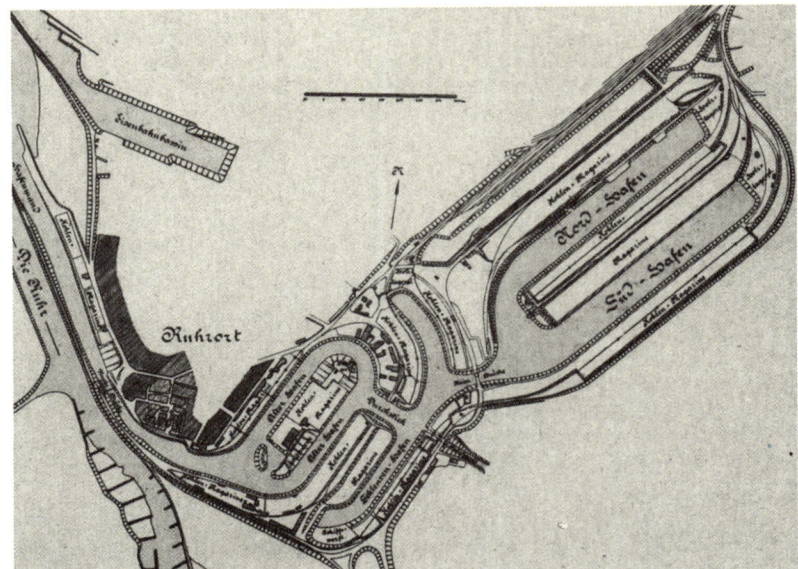
Ein Lageplan der Ruhrorter Hafenanlage von 1868 zeigt das Hafengelände mit den um 1860 fertiggestellten Nord- und Südhäfen sowie den Hafenmund

Das Zentrum der Bauernschaft Holsterhausen; im Vordergrund der Gemarkenplatz, dahinter die katholische Pfarrkirche Mariä-Empfängnis (um 1900)

Blick in die Hauptstraße der im Westen von Essen gelegenen selbständigen Gemeinde Altendorf/Rheinland mit ihren großzügigen Bürgerhäusern

1874

Die neue Rheinbrücke von Hochfeld nach Rheinhausen ersetzt den bislang üblichen Eisenbahn-Trajektverkehr mit der (im Vordergrund) abgebildeten Fähre

Eisenbahngesellschaft baut Brücken über den Rhein

15. Januar 1874. Die Hochfeld-Rheinhausener Rheinbrücke wird für den Personenverkehr freigegeben. Mit dieser Eisenbahnbrücke wird eine wichtige Verbindung für die Rheinische Eisenbahngesellschaft auf der Strecke (Düsseldorf-)Osterrath nach Essen geschaffen. Die Brücke löst den bis dahin bestehenden Hochfeld-Rheinhausener Trajektverkehr über den Rhein ab. Schon am 23. Dezember 1873 erfolgte die polizeiliche Abnahme des Bauwerks, und am Heiligen Abend fuhren die ersten Güterzüge über die Brücke. Die 1000 m lange Brücke besitzt eine bogenförmige Eisenkonstruktion als Oberbau. Zwischen fünf steinernen Brückenpfeilern trägt sie eine doppelte Gleisanlage. Auf beiden Seiten der Brücke sind 94 cm breite Fußwege angelegt.

Am 29. Juli 1871 erhielt die Rheinische Eisenbahngesellschaft die Konzession zum Brückenbau unter Auflage mehrerer militärisch-strategischer Sicherheitsvorkehrungen. Diese Vorsichtsmaßnahmen gehen auf die Bedenken militärischer und staatlicher Stellen gegenüber dem Bau von Rheinbrücken zurück.

So mußten sämtliche Pfeiler der Brücke mit Minenkammern versehen und die Brücke an beiden Ufern durch Drehbrücken abgeschlossen werden. Darüber hinaus sollten vier festungsartige steinerne Türme mit Schießscharten errichtet werden.

Im Jahr 1874 wird auch bei Wesel eine erste feste Rheinbrücke für den Eisenbahnverkehr aus Richtung Holland freigegeben. Über die neue Brücke rollen die Züge vom Norden des Deutschen Reichs nach Brüssel, Antwerpen, Paris und England. Ihre eiserne Bogenkonstruktion lagert auf 107 Landpfeilern mit vier Stromöffnungen von je 98 m Breite und 55 Flutöffnungen von jeweils 12 bis 15 m Spannweite. Mit 1950 m Länge gilt die Weseler Brücke viele Jahre als längste Rheinbrücke.

Mühsam und äußerst langwierig gestaltet sich der Bau einer ersten festen Rheinbrücke bei Wesel; die Bauarbeiten an dieser fast 2000 m langen Eisenbahnbrücke müssen weitgehend ohne maschinelle Hilfsmittel ausgeführt werden

1875

1. 1. (Duisburg-)Meiderich wird selbständige Gemeinde.

21. 1. Die Bohrgesellschaft Simson teuft einen Schacht bei Polsum in der Gemeinde Marl ab.

6. 2. Das Personenstandsgesetz führt im gesamten Deutschen Reich die obligatorische Zivilehe ein und sieht auch Ehescheidungen vor. →

21. 2. Das »Recklinghäuser Wochenblatt« beklagt die zunehmende Verschmutzung des Emscherflusses. →

20. 5. Die Stadt Dortmund scheidet aus dem Kreis Dortmund aus und bildet einen eigenen Stadtkreis. →

30. 6. Die »Westfälische Freie Presse«, die erste sozialdemokratische Zeitung des Ruhrgebiets, wird gegründet. →

31. 7. Auf der Castroper Rennbahn wird das erste Pferderennen veranstaltet. →

12. 11. Die Rheinische Eisenbahnlinie Osterrath – Wattenscheid ist bis nach Dortmund fertiggestellt.

29. 11. Gelsenkirchen erhält Stadtrechte. →

1875. Wanne wird aus dem Amt Herne ausgegliedert und bildet mit den Gemeinden Holsterhausen, Eickel, Röhlinghausen, Bikkern und Crange einen eigenen Amtsbereich.

1875. Die Kohleförderung auf dem Schacht Clerget, der ersten Schachtanlage in Recklinghausen, beginnt.

1875. Von den 55 045 Einwohnern der Stadt Essen gehören 9997 (18,2 %) zur Belegschaft der Firma Krupp. Die bebaute Fläche der Krupp-Fabriken nimmt mit 35 ha fast ebensoviel Raum ein wie die Stadt Essen (37 ha).

1875/77. In Herten wird die Zeche Schlägel und Eisen errichtet.

GESTORBEN:

3. 6. Bad Oeynhausen: Georg Ernst Friedrich von Vincke (* 15. 5. 1811, Gut Haus Busch bei Hagen), altliberaler Politiker.

30. 7. Bochum: Jacob Mayer (* 1. 5. 1813, Dunningen/Landkreis Rottweil), Metallurg.

GEBOREN:

15. 10. Essen: Christoph Wieprecht († 24. 9. 1942, Essen), Arbeiterdichter.

31. 10. Mülheim an der Ruhr: Heinrich Thyssen-Bornemisza († 26. 6. 1947, Castagnola bei Lugano), Kunstsammler.

24. 11. Witten-Annen: Wilhelm Lennemann († 23. 1. 1963, Witten-Annen), Lyriker, Erzähler, Laienspieldichter.

24. 12. Bochum: Heinrich Flottmann († 28. 2. 1944, Erlangen), Industrieller und Erfinder.

Dortmund wird kreisfreie Stadt

20. Mai 1875. Aufgrund einer Verfügung des Regierungspräsidenten von Arnsberg wird die Stadt Dortmund kreisfrei. Die Auskreisung der 57 742 Einwohner zählenden Stadt markiert einen wichtigen Schritt Dortmunds auf dem Weg zu einer der bedeutendsten Wirtschaftsmetropolen im gesamten Deutschen Reich.

In der offiziellen Verlautbarung des Amtsblatts der königlichen Regierung Arnsberg heißt es: »Des Königs Majestät haben mittelst Allerhöchster Ordre vom 15. Febr. d. J. zu genehmigen geruht, daß der Stadtbezirk Dortmund aus dem Verband des bisherigen Kreises gleichen Namens ausscheide und fortan einen besonderen Stadtkreis bilde, sowie daß der nach Ausscheidung des Stadtbezirks Dortmund verbleibende Theil des seitherigen Kreises Dortmund als selbständiger Landkreis mit dem Sitze des Landraths-Amtes in Dortmund fortbestehe.«

Wilhelm Becker

Ansicht des Marktplatzes der kreisfreien Stadt Dortmund; die ehemalige Hansestadt entwickelt mit über 50 000 Einwohnern großstädtischen Charakter

Am 1. Juli 1875 wird Wilhelm Becker (der »schwarze Becker«) als Nachfolger des am 30. Mai ausgeschiedenen »roten Becker« (→ 10. 12. 1870) neuer Oberbürgermeister von Dortmund. Er führt nun gleichzeitig den Titel »Landrat des Stadtkreises Dortmund«. Der Oberbürgermeister ist neben dem zweiten Bürgermeister der einzige besoldete Beamte des städtischen Magistrats; ihnen stehen zehn ehrenamtliche Stadträte zur Seite. Der Stadtverordnetenversammlung gehören 36 Mitglieder an. Der Verwaltungsapparat besteht aus sechs Beamten sowie zehn Polizeidienern und sechs Nachtwächtern.

Stadtrechte an Gelsenkirchen verliehen

29. November 1875. Durch königliche Kabinettsorder wird der Gemeinde Gelsenkirchen die Städteordnung für die Provinz Westfalen vom 19. März 1856 verliehen. Damit ist Gelsenkirchen rechtlich Stadt und erhält Sitz und Stimme im westfälischen Provinziallandtag.

Der Verleihung der Stadtrechte ist eine heftige Auseinandersetzung zwischen den beiden Gemeinden Gelsenkirchen und Schalke über eine vom Bochumer Landrat im Jahr 1873 vorgeschlagene gemeinschaftliche Stadtbildung vorausgegangen. Die Verbindung der Nachbargemeinden scheiterte schließlich am Widerstand der Gelsenkirchener Gemeindevertreter. Ausschlaggebend waren konfessionelle und parteipolitische Überlegungen: Während im überwiegend evangelischen Schalke die Liberalen tonangebend waren, besaßen im Gelsenkirchener Gemeinderat die katholischen Mitglieder der Zentrumspartei die Mehrheit. Letztere sahen in einer gemeinsamen Stadtverordnetenversammlung ihren politischen Einfluß gefährdet, da das preußische Dreiklassenwahlrecht die vermögenden, überwiegend liberal wählenden Steuerzahler begünstigte.

OB Vattmann

Nachdem die Stadtrechte nur Gelsenkirchen verliehen worden sind, werden die restlichen Gemeinden 1877 im Amt Schalke vereint.

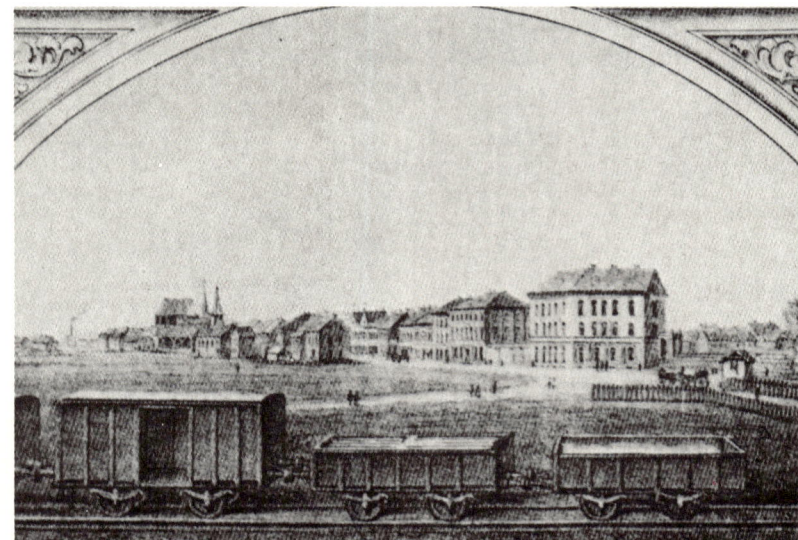

Ein Wandbild in der Zeche Hibernia zeigt eine Teilansicht des Stadtbildes von Gelsenkirchen; die Industriestadt ist noch von ländlichen Strukturen geprägt

Der Bund fürs Leben auf dem Standesamt

6. Februar 1875. Mit dem Personenstandsgesetz wird im Deutschen Reich die Zivilehe eingeführt; das Gesetz sieht auch die Möglichkeit der Ehescheidung vor. Bisher war die Ehe allein ein Sakrament der Kirche, sie wurde nur vor Gott geschlossen. Im Zuge der Trennung von Kirche und Staat wird es nun zur Bürgerpflicht, eine Ehe auch in Form eines Vertrages vor dem Staat auf dem neugeschaffenen Standesamt zu besiegeln.

Die Möglichkeit, den Ehevertrag durch Scheidung zu lösen, wird im 19. Jh. vermutlich kaum genutzt; Moral und Weltanschauung der Gesellschaft stehen unter dem Einfluß der Kirche, und diese akzeptiert die Scheidung nicht.

Das Gesetz zur Zivilehe steht im Zusammenhang mit einer Reihe anderer Gesetze, mit deren Hilfe Reichskanzler Fürst Otto von Bismarck im sog. Kulturkampf versucht, Druck auf die katholische Kirche auszuüben und die politischen Aktivitäten katholischer Vereine sowie der Zentrumspartei zu beschränken.

Abwässer vergiften fischreichen Fluß

21. Februar 1875. Anläßlich einer öffentlichen Debatte über die Verschmutzung der Emscher beklagt das »Recklinghäuser Wochenblatt« die durch Abwässer hervorgerufene zunehmende Verseuchung des Flusses: »So sahen wir zu verschiedenen Malen die Emscher ... dunkelschwarz gefärbt und einen wahrhaften Pestilenzgestank verbreitend. Fische, Krebse, Frösche verenden dann in dem ... durch ammoniakalische Wasser und Theer von Gasanstalten vergifteten Flusse.«

Noch vor 120 Jahren hatte Johann Diederich von Steinen in seiner »Westphälischen Geschichte« die Idylle der Emscher gelobt: »Dieser Fluß ist zwar nicht groß, aber sehr nützlich, denn er nähret schöne Fische und Krebse, treibet viel Mühlen und hat an seinen Ufern schöne Weiden und Wiesen.«

Häufige Überschwemmungen und Vergiftungen des Brunnenwassers machen die Emscherregion gegen Ende des 19. Jh. zu einem Seuchengebiet, wo »Fieber, Ruhr, Typhus wahre Orgien feiern«.

Castroper Pferderennbahn wird eröffnet

31. Juli 1875. *Bei Haus Goldschmieding in Castrop findet das erste offizielle Castroper Pferderennen statt. Der Zechengründer und Industrielle William Thomas Mulvany hatte 1872 den Herrensitz Goldschmieding gekauft. Er regte an, die seit 1870 vom Landwirtschaftlichen Verein Castrops veranstalteten Flachrennen auszuweiten und auf dem Gelände des Herrenhauses eine Naturbahn für Hindernisrennen anzulegen. Mit der Durchführung der Rennen wird der englische Pferdesportfachmann James Toole beauftragt, der viele Jahre lang die Rennen startet (Abb.). Das schwierige Gelände der Castroper Bahn stellt hohe Anforderungen an Pferd und Reiter.*

Arbeiterzeitung für das Ruhrgebiet

30. Juni 1875. In Dortmund erscheint die erste Ausgabe der »Westfälischen Freien Presse«, der ersten sozialdemokratischen Zeitung im Ruhrgebiet. Mit dem neuen Blatt soll die Organisationsstruktur der schon zwei Monate zuvor gegründeten Sozialistischen Arbeiterpartei Deutschlands auf lokaler Ebene verbessert werden.

Erster Redakteur der »Westfälischen Freien Presse« wird der Maschinenbauer Julius Scheil. Wichtigster politischer Mitarbeiter ist der prominente Arbeiterführer Carl Wilhelm Tölcke. Die neue Parteizeitung bringt es schnell zu einer Auflage von rund 3700 Exemplaren.

Bis Ende März 1878 erscheint das Blatt zweimal, ab 1. April schon dreimal wöchentlich in jeweils vierseitigen Ausgaben.

Von Beginn an arbeiten die Redakteure unter dem Risiko drohender Gefängnisstrafen. 1877 wird ein Mitarbeiter nach Veröffentlichung eines kritischen Gedichts wegen Majestätsbeleidigung zu elf Monaten Arrest verurteilt.

Kanonen und Geschütze aus den Mechanischen Werkstätten

Mitte der 70er Jahre des 19. Jh. wird auf dem Gelände der Essener Krupp-Werke die IV. Mechanische Werkstatt in Betrieb genommen (Abb.). Mit Eisenhämmern und Werkzeugmaschinen werden Geschütze und Kanonen aus Gußstahl angefertigt, der in den nahegelegenen Hochöfen erschmolzen wird. Um die gesamte Produktion von der Erzeugung des Gußstahls bis zum Fertigprodukt in seiner Hand zu vereinigen, legte Alfred Krupp bereits im Jahr 1853 die erste Mechanische Werkstatt an.

1876

1. 1. Die Brüder Heinrich und Lambert Lensing gründen in Dortmund die Zentrumszeitung »Tremonia«, die bis 1945 erscheint. →

1. 1. Durch die Eingemeindung von Wehringhausen und Eilpe erfährt die Stadt Hagen eine erste Gebietserweiterung.

3. 1. Als erste Höhere Schule wird in (Duisburg-)Meiderich eine private Töchterschule gegründet.

15. 1. Die Gemeinde Wattenscheid erhält Stadtrechte.

15. 2. Der Centralverband deutscher Industrieller wird als Dachorganisation für Verbände, besonders der Eisen- und Textilindustrie, gegründet. →

1. 4. Drei Jahre nach Beginn der Abteufarbeiten für den Schacht Kaiserstuhl 1 wird in (Dortmund-)Eving die Gewerkschaft Ver. Westphalia gegründet.

15. 5. Die Eisenbahnstrecke Dortmund-Süd - Welver über Unna-Massen und Unna-Königsborn wird eröffnet.

25. 7. (Duisburg-)Meiderich erhält ein eigenes Rathaus.

1. 10. Für Bochum wird ein eigener Stadtkreis gebildet; der Bürgermeister wird damit zugleich Landrat.

1. 11. Die Duisburger Kupferhütte wird gegründet. →

1876. (Essen-)Rellinghausen scheidet aus der Landbürgermeisterei Steele aus und schließt sich mit Heisingen zu einer eigenen Bürgermeisterei zusammen.

1876. In Bottrop siedeln sich 20 polnische Bergarbeiterfamilien aus Oberschlesien an.

1876. An der Vödestraße in Bochum wird der städtische Schlachthof in Betrieb genommen.

1876. Heinrich Moenting gründet in Gelsenkirchen eine höhere Bürgerschule, das spätere Schalker Gymnasium.

1876. Die Gemeinde Herten erhält mit der Antoniusschule in der Marktstraße ihr erstes Schulgebäude.

1876. Mit der »Duisburger Freien Zeitung« erhält die Sozialdemokratische Partei in Duisburg ihr erstes Presseorgan.

1876. In einem Bericht der Handelskammer Bochum zur aktuellen Wirtschaftslage heißt es: »Außer den Geschäften der Rechtsanwälte, Notare, Exekutoren und Pfandleihern liegt so ziemlich alles in unerhörtem Maße darnieder.«

GESTORBEN:

3. 4. Dortmund: Henriette Davidis (* 1. 3. 1800, Wengern/Wetter), Schriftstellerin.

Zentrumsblatt »Tremonia«

1. Januar 1876. In Dortmund erscheint die erste Ausgabe der Zeitung »Tremonia«, die sich – wie sie mit ihrem Untertitel «Organ für das katholische Volk« unterstreicht – als Stimme der Zentrumspartei versteht. Die neue Zeitung wird zunächst wöchentlich, ab April des Jahres – nach dem schnellen Anstieg der Abonnentenzahl auf 3000 – täglich veröffentlicht.

Der Name »Tremonia« – die lateinische Bezeichnung für Dortmund – wurde in Anklang an die Berliner Zentrumszeitung »Germania« gewählt. »Tremonia«-Mitbegründer Lambert Lensing hatte zuvor für das seit 1871 in der Hauptstadt erscheinende Blatt verschiedene Beiträge geschrieben.

Die Gründung der »Tremonia«, an der auch Heinrich Lensing beteiligt ist, erfolgt vor dem Hintergrund der Schwierigkeiten der katholischen Minderheit in Dortmund, ihre Position im Kulturkampf durchzusetzen. Mit weiteren Agenturen außerhalb Dortmunds wird die Zeitung zu einem bedeutenden Organ der Katholiken Westfalens.

Lambert Lensing, Mitbegründer und Herausgeber der »Tremonia«

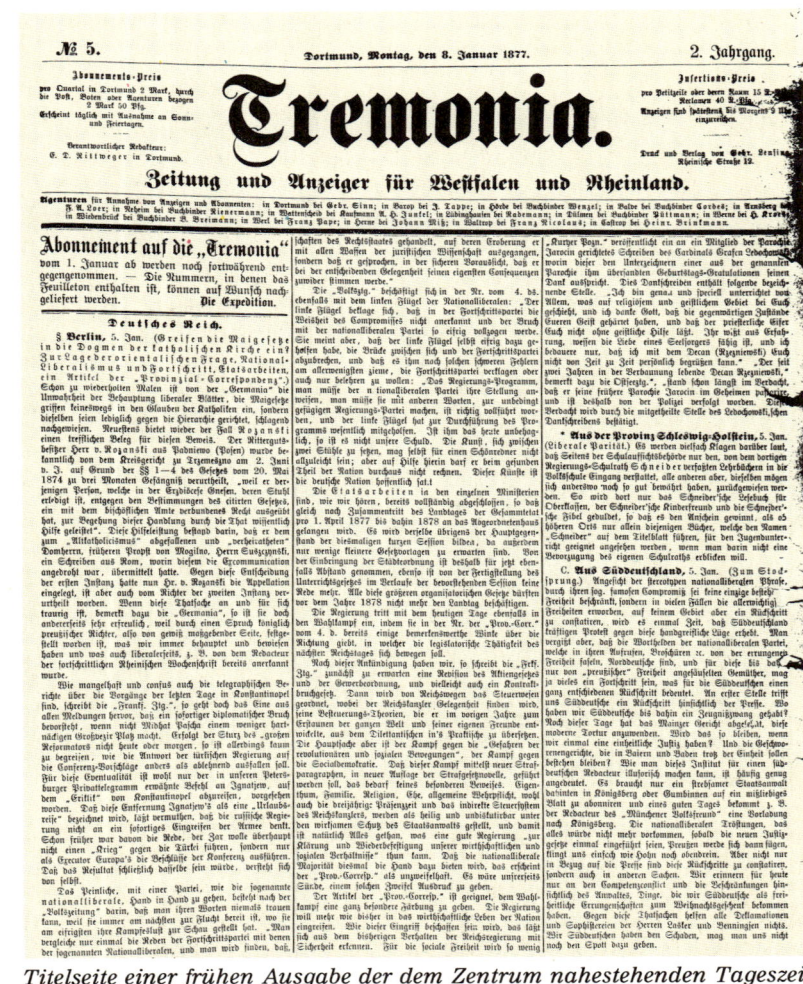

Titelseite einer frühen Ausgabe der dem Zentrum nahestehenden Tageszeitung »Tremonia«, die sich vor allem an katholische Leser wendet

Kupfergewinnung in Duisburger Hütte

1. November 1876. In Duisburg unterzeichnen Vertreter zehn deutscher Chemiefirmen den Gesellschaftsvertrag zur Gründung der Aktiengesellschaft Duisburger Kupferhütte. Am 15. Februar 1877 konzessioniert die Königliche Regierung in Düsseldorf den Bau einer Fabrikationsanlage, und schon Ende des Monats kann das Unternehmen den Betrieb aufnehmen.

Den eigentlichen Grund zur Errichtung des Werkes bildet eine Besonderheit im Produktionsprozeß der Kupfergewinnung: In einem speziellen Abrandverfahren, der sog. chlorierenden Röstung, entsteht aus Schwefelkies (Pyrit) eine edelmetallhaltige Lauge, aus der das Kupfer gewonnen wird. Dabei fällt als Nebenprodukt Schwefelsäure an, an der die beteiligten Chemieunternehmen ein großes Interesse haben, da es ein billiger und wertvoller Rohstoff für ihre Produktion ist.

Centralverband der deutschen Industrie

15. Februar 1876. Mit der Gründung des Centralverbandes deutscher Industrieller schließen sich Vertreter der deutschen Industrie unter starker Beteiligung der rheinisch-westfälischen Stahlproduzenten zu einem einflußreichen Interessenverband zusammen.

In Denkschriften, Eingaben und Anträgen an Regierung und Parlament versucht der Verband, die Wiedereinführung von Schutzzöllen zu erreichen, was auch gelingt (→ 1879). Seit Beginn der 60er Jahre des 19. Jh. gab es derartige Bestrebungen vor allem in der Eisen- und Stahlindustrie, die von der Senkung und der späteren Abschaffung der Schutzzölle durch die Reichsregierung (1873) stark betroffen war. Bei steigenden Produktionskosten war sie immer weniger in der Lage, gegen die billigen Roheisenimporte aus den Nachbarländern konkurrenzfähig zu bleiben. Einer der führenden Vertreter und Mitbegründer des Centralverbandes ist Wilhelm von Kardorff, der aufgrund seiner adeligen Abstammung über gute Kontakte zum kaiserlichen Hof in Berlin verfügt. Zugleich ist er seit 1868 Mitglied des Reichstages, wo er sich für die Ziele des Verbandes einsetzt.

1877

10. 1. Bei den Wahlen zum 3. Reichstag erringt die Sozialistische Arbeiterpartei unter der Leitung August Bebels und Wilhelm Liebknechts ihr bis dahin bestes Ergebnis. →

15. 3. Alfred Krupp verfaßt seine Schrift »Ein Wort an die Angehörigen meiner gewerblichen Anlagen«, worin er diese auffordert, sich von den Sozialdemokraten fernzuhalten.

30. 4. Die St. Antonii-Hütte in (Oberhausen-)Sterkrade wird stillgelegt; sie war die erste Hütte des Ruhrgebiets (Gründung 1758). →

Mai. Ein Wassereinbruch bringt die Arbeiten auf der Zeche Erin in Castrop für sieben Jahre zum Erliegen.

1. 7. Caspar Heinrich Jucho gründet die Firma Dortmunder Brückenbau C. H. Jucho.

1. 8. Hermann Brandt wird Kapellmeister der Stadt Duisburg und gründet das Städtische Sinfonieorchester.

20. 11. Die Kohleförderung auf der Zeche Rheinpreußen (bei Moers) beginnt.

1877. Mit der Errichtung eines Drahtwerkes durch Leonhard Strack beginnt die Geschichte dieses für die Unnaer Wirtschaftsstruktur typischen Gewerbezweiges.

1877. Angesichts drohender Massenentlassungen treten etwa 3500 Bergarbeiter auf acht Dortmunder Zechen in den Ausstand.

1877. Die Nachbarstädte Essen und Werden verbindet erstmals eine Eisenbahnlinie.

1877. Gladbeck erhält eine Straßenbeleuchtung und ein eigenes Standesamt.

1877. Der Bochumer Stadtpark wird fertiggestellt.

1877. In Dortmund wird der erste polnische Verein des Ruhrgebiets »Jednosc« (Einigkeit) zur Pflege polnischen Brauchtums gegründet.

1877. Der »Lesefreund« und der »Polnische Leseverein« werden in Bochum gegründet. Das gesellige Leben der Stadt wird von einer Vielzahl von Vereinen getragen (z. B. Gesang-, Bildungs- und berufsständische Vereine).

1877. In Xanten nimmt ein katholisches Lehrerinnenseminar mit angeschlossenem Internat den Lehrbetrieb auf.

1877. Der Niederrheinische Altertumsverein in Xanten gründet das Xantener Heimatmuseum als eines der ersten Museen des Rheinlands.

GEBOREN:

7. 2. Duisburg: Julius Curtius († 10. 11. 1948, Heidelberg), Jurist und DVP-Politiker.

Stillegung der ersten Hütte des Reviers

30. April 1877. Die St. Antonii-Hütte in (Oberhausen-)Osterfeld, die älteste Eisenhütte im Ruhrgebiet, wird von ihrem Betreiberunternehmen, der Gutehoffnungshütte, Actienverein für Bergbau und Hüttenbetrieb, stillgelegt. Die über 100 Jahre alte Hütte kann gegen die mit modernster Technik arbeitenden Großhütten nicht mehr bestehen.
Der Gründer der Hütte, Franz Ferdinand von Wenge, hatte den Hochofen am Sterkrader Bach nach sechsjähriger Bauzeit 1758 in Betrieb genommen (→ Oktober 1758). Bis 1808 wechselten Besitzer und Pächter der Hütte in schneller Folge, da aufgrund technischer Probleme und der Konkurrenz der in unmittelbarer Nachbarschaft liegenden Hütten Gute Hoffnung und Neu-Essen die Ertragslage auf St. Antonii sehr schlecht war. Erst als die Hüttengewerkschaft und Handlung Jacobi, Haniel & Huyssen die drei Emscherhütten aufkaufte, wurde kontinuierlich produziert (→ 15. 9. 1808).
Auf der St. Antonii-Hütte wurde mit Holzkohle Raseneisenstein aus Vorkommen in der Umgebung erschmolzen. Gearbeitet wurde in Kampagnen, in denen die Aufträge erledigt wurden, die in Zeiten des Stillstandes eingeholt wurden; in diesen Zeiträumen, die bis zu einem Jahr andauerten, wurde auf der St. Antonii-Hütte nicht produziert. Im direkten Guß aus dem Hochofen wurden Gewichte für Waagen, Gefäße verschiedenster Formen, Platten, Gitter und Ambosse produziert, die zu einem großen Teil nach Holland exportiert wurden. Im Zuge neuer technischer Entwicklungen in der ersten Hälfte des 19. Jh. waren die Produktionsanlagen auf der St. Antonii-Hütte schnell veraltet und unproduktiv geworden.

Die über 100 Jahre alte St. Antonii-Hütte in (Oberhausen-)Osterfeld, die wegen Veraltung der Anlagen und Unwirtschaftlichkeit stillgelegt wird

Duisburg feiert Orchester

1. August 1877. Der Dirigent Hermann Brandt läßt sich mit seinen 30 Musikern in Duisburg nieder. Bereits am nächsten Tag gibt die »Neue Städtische Kapelle« ihr erstes Konzert im Saal der Schützenburg. Zu einer festen vertraglichen Bindung mit der Stadt kommt es allerdings erst zwölf Jahre später.
Publikum und Presse begrüßen das neue Orchester mit großem Beifall. Die »Rhein- und Ruhrzeitung« schreibt zum ersten Auftritt: ». . . ein überaus glänzendes Zeugnis für die Tüchtigkeit der Kapelle, welches gewiß ebenso ruhmvoll für die Kapelle ist als erfreulich für die Stadt«.
Gleichwohl ist die Bürgerschaft zu finanziellen Zuschüssen nur sehr bedingt bereit. Die Geldnot des Brandtschen Ensembles zwingt nicht selten zur Entlassung der Streicher im Sommer – für die in der warmen Jahreszeit üblichen Platz- und Gartenkonzerte genügen die Bläser. Die Musiker müssen verschiedenen Nebenerwerben nachgehen. Kapellmeister Brandt verkauft nebenher Notenmaterial, Musikinstrumente und Zigarren.

Kapellmeister H. Brandt der »Neuen Städtischen Kapelle« Duisburg

Stimmenzuwachs für SAP im Ruhrgebiet

10. Januar 1877. Ein Jahr vor Verabschiedung des Sozialistengesetzes im Deutschen Reichstag (→ 21. 10. 1878) erringen die Sozialdemokraten bei den Wahlen zum dritten Reichstag ihren bis dahin größten Erfolg. Unter Leitung von August Bebel und Wilhelm Liebknecht kann die seit 1875 zu einer Parteiorganisation zusammengeschlossene Sozialistische Arbeiterpartei 9,1% der Stimmen auf sich vereinigen. Sie erhält 12 Sitze im neuen Reichstag.
Auch im Ruhrgebiet verbucht die Partei erhebliche Stimmengewinne, so in Dortmund 15,6% gegenüber 6,49% bei der letzten Reichstagswahl, in Gelsenkirchen, Hattingen und Witten 5,1% gegenüber 1,5% im Jahr 1874. Auf Reichsebene wie im Revier bleiben jedoch nach wie vor Nationalliberale und Zentrumspartei die stärksten Gruppierungen.

1878

1. 1. Die Bahnlinie durch das Emschertal ist fertiggestellt. →

19. 2. Moritz Fiege beginnt, für seine Gaststätte in Bochum Bier zu brauen. Die Brauerei wird bald zum Mittelpunkt des Unternehmens. →

1. 3. Die erste Fernsprechverbindung in Westfalen besteht zwischen (Gelsenkirchen-)Buer und Westerholt. →

1. 7. Das städtische Südbad an der Knappenberger Straße in Dortmund wird eröffnet.

17. 7. Die Novelle zur preußischen Gewerbeordnung führt die obligatorische Überwachung der Kinderarbeit durch Fabrikinspektoren ein.

30. 7. Bei den Wahlen zum 4. Deutschen Reichstag erringen Zentrum, Liberale und Konservative die Mehrheit. Mit einem Mandatsanteil von 2,3 % gehören die Sozialdemokraten zu den kleinsten Fraktionen im Reichstag. Im Ruhrgebiet dominieren die Liberalen. Sie erhalten mehr als doppelt soviel Stimmen wie im Reichsdurchschnitt.

Oktober. In Duisburg finden regelmäßig Opern- und Operettenaufführungen statt. →

21. 10. Der Reichstag verabschiedet mit den Stimmen der Konservativen und Nationalliberalen das Sozialistengesetz. →

18. 11. Leopold Hoesch wird von einer Enquete-Kommission des Bundesrates zur Lage der Stahlindustrie befragt. →

1878. August Thyssen nimmt in seinem (Mülheim-)Styrumer Stahl- und Walzwerk die Produktion von Röhren auf.

1878. Friedrich Küppersbusch beginnt in Gelsenkirchen mit der Herstellung transportabler eiserner Kochstellen (→ 1886).

1878. Die seit 1855 in (Dortmund-)Kirchhörde angelegten Zechen Carlsbank, Gottessegen und Kaspar Friedrich schließen sich zur Gewerkschaft Gottessegen zusammen.

1878. In (Dortmund-)Hörde wird ein Amtsgericht eingerichtet.

1878. Im abgeschlossenen Geschäftsjahr 1877/78 macht die Gutehoffnungshütte in Oberhausen einen Verlust von 887 000 Mark. →

1878. Die gewerbliche Fortbildungsschule in Bochum bietet Deutsch, Rechnen, Buchführung und technisches Zeichnen für Handwerkslehrlinge an.

1878. Die Firma Ruhfus beginnt in Dortmund mit der Werbung auf Litfaßsäulen.

1878. Auf dem Gebiet der Stadt Gelsenkirchen gibt es nur noch sechs Bewohner, die Landwirtschaft als Haupterwerb betreiben.

Sozialisten auch im Ruhrgebiet verfolgt

21. Oktober 1878. Der Deutsche Reichstag verabschiedet das sog. »Sozialistengesetz« und spricht damit ein Versammlungs-, Organisations- und Publikationsverbot gegen die Sozialistische Arbeiterpartei Deutschlands (SAP) aus. Das Gesetz kommt mit Hilfe der Stimmen von Nationalliberalen und Konservativen zustande, die Abgeordneten des Zentrums stimmen dagegen.

Eine Woche nach Inkrafttreten des Gesetzes meldet der »Märkische Sprecher«, daß die sozialistischen und sozialdemokratischen Arbeiterwahlvereine in Bochum, Hagen und Dortmund verboten sind. Nach der Auflösung der SAP und der Wahlvereine konzentriert sich die Aufmerksamkeit der Behörden besonders auf die Beobachtung angeblicher bzw. tatsächlicher sozialdemokratischer Versammlungen.

Den Zechenleitungen im Ruhrgebiet wird empfohlen, »socialdemokratische« und andere »aufsässige Elemente« aus der Belegschaft zu entfernen, wobei der Oberstaatsanwalt in Hamm von seinen Staatsanwälten im Juni 1878 Auskunft darüber verlangt, inwieweit die Zechenleitungen der Empfehlung gefolgt sind. In diesem Jahr werden zahlreiche sozialdemokratische Arbeiter entlassen. Berichten aus den Zechen zufolge sind »angesichts der wohltätigen Auswirkung dieser Maßnahme« weitere Entlassungen nicht nötig; die Angst vor der Arbeitslosigkeit ist ein wirksames Druckmittel auch gegen politisch engagierte Arbeiter.

Kündigungsdrohung an Sozialdemokraten

Obwohl die Verbreitung sozialdemokratischer Zeitungen verboten ist, fördern Hausdurchsuchungen der Polizei immer wieder solche Blätter zutage. Ebenso wie sie weiterhin ihre Zeitungen lesen, versammeln sich die Sozialdemokraten trotz des Verbotes im geheimen, rote Hutfedern und Halstücher werden dabei als Erkennungszeichen getragen. Auch nach der Aufhebung des Gesetzes bleibt die Farbe Rot als Zeichen der Partei erhalten.

In den Reichstagswahlen von 1877 hatten die sozialdemokratischen Kräfte mit der SAP Stimmengewinne verzeichnen können. Sie erhielten 9,1 % der Gesamtstimmenzahl, und in Dortmund erreichten sie sogar 15,6 %. Diese Stimmenanteile und das vereinte Auftreten der Arbeiterorganisationen seit ihrem Zusammenschluß zur SAP (1875) veranlaßten Reichskanzler Otto von Bismarck, mit der Vorlage des Sozialistengesetzes restriktiv gegen die sog. »gemeingefährlichen Bestrebungen der Sozialdemokratie« vorzugehen.

Das Gesetz ist zunächst auf zweieinhalb Jahre befristet, wird jedoch bis 1890 regelmäßig verlängert. Trotz staatlicher Unterdrückungsmaßnahmen entwickelt sich die Vorläuferin der späteren SPD in der Zeit des Sozialistengesetzes zur großen Massenpartei, die bei den Industriearbeitern und Handwerksgesellen im Ruhrgebiet eine breite Basis gewinnt.

Telefonanschluß für Buer und Westerholt

1. März 1878. Noch vor Einrichtung eines Fernsprechnetzes in der Reichshauptstadt Berlin erhalten die Gemeinden Buer und Westerholt auf einer »Versuchsstrecke des Deutschen Kaiserreiches für Westfalen« eine Telefonverbindung. Mit den Worten »Hier Buer! Wer dort?« meldet sich der Posthalter von Buer bei seinem Kollegen in Westerholt. Zwölf Jahre später, am 11. Juni 1890, wird die erste private Telefonnummer an die Zeche Graf Bismarck vergeben. Die Anschlußgebühr beträgt 200 Reichsmark. Ein Ortsgespräch kostet 5 Pfennige, ein fünfminütiges Ferngespräch nach Berlin etwa »eine halbe Mark«.

Philipp Reis, Erfinder des »Gerätes zur Tonübertragung« (Telefon) bei Sprechversuchen in seinem Laboratorium, einer umgebauten Scheune

Stahlfirmen in der Wirtschaftskrise

1878. Die Gutehoffnungshütte weist in ihrem Bericht für das Geschäftsjahr 1877/78 bei einem Umsatz von 11,8 Mio Mark einen Verlust von 887 000 Mark aus. Die Beschäftigtenzahl hat mit 5750 den Tiefststand gegenüber 8455 im Jahr 1872 erreicht. Auch alle anderen Stahlproduzenten im Ruhrgebiet sind von einer allgemeinen Wirtschaftskrise stark betroffen.

Nachdem die deutsche Reichsregierung die französischen Reparationszahlungen von 4 Mrd Goldmark, die sie nach dem Sieg im Deutsch-Französischen Krieg 1870/71 erhalten hatte, zur sofortigen Rückzahlung aller Anleihen benutzte, kam es im Deutschen Reich zu einem Investitionsschub. Mit dem Kapital, das plötzlich zur Verfügung stand, wurden Neubauten finanziert, Grundstücke gekauft und Aktien erworben. In der Folgezeit steigen Preise und Löhne. Ausländische Produzenten können daher ihre Waren im Deutschen Reich billiger anbieten als einheimische Hersteller. Stahl und Eisen aus England, Frankreich und Belgien überschwemmen den deutschen Markt.

Zum Zusammenbruch kommt es, als die nordamerikanischen Eisenbahngesellschaften ihre Verpflichtungen gegenüber den europäischen Lieferanten nicht mehr einhalten können. Aktienbesitzer verkaufen in Panik ihre Wertpapiere, und die Kurse fallen. Die Aktien des Hörder Vereins sinken zwischen 1872 und 1875 von 144 auf 23,25 Mark; die Werte der Dortmunder Union Aktiengesellschaft für Bergbau, Eisen- und Stahlindustrie fallen im gleichen Zeitraum von 171 auf 4 Mark.

Die Produktion von Eisen- und Stahlerzeugnissen muß wegen der Absatzschwierigkeiten verringert werden; so legt Leopold Hoesch zwei seiner Stahlwerke still, und die Gutehoffnungshütte in Oberhausen verringert zwischen 1872 und 1876 den Ausstoß an Walzerzeugnissen von 54 000 t auf 40 873 t.

Wegen fehlender Aufträge werden zahlreiche Anlagen stillgelegt und Arbeiter entlassen. Die Firma Fried. Krupp in Essen, die zur Überbrückung ihrer Zahlungsschwierigkeiten alle Werksanlagen gegen einen 30-Mio-Mark-Kredit verpfänden muß, entläßt zwischen 1873 und 1876 fast 4000 Arbeiter.

Befragung von Hoesch zur Absatzkrise in der Stahlindustrie

18. November 1878. *Eine vom Bundesrat des Deutschen Reiches einberufene Enquetekommission, die Untersuchungen zur Krise in der Stahlindustrie anstellt, befragt auch Leopold Hoesch als Sachverständigen. Nach Angaben zur eigenen Person und zu den Produktionsanlagen der Familie Hoesch (Abb.) beschreibt er die Entwicklung der Stahlindustrie seit 1869:* »Man bezweifelte ja damals, ob überhaupt in der Welt genug Koks und Kohle vorhanden seien, um das der Welt nöthige Roheisen zu machen –, eine Frage, die wir im Dortmunder Revier ein halbes Jahr ernsthaft diskutiert haben. Auf einen solchen enormen Aufschwung folgte der Jammer. Wir müssen jetzt unter den Selbstkosten exportiren, um überhaupt existenzfähig zu bleiben.« *Als Ursache für die schlechten Absatzmöglichkeiten des deutschen Stahls nennt Leopold Hoesch die mangelnde Güte deutscher Eisenerze. Sie müssen mit englischem Roheisen gemischt werden, um hochwertige Stahlerzeugnisse wie Eisenbahnschienen herstellen zu können.*

Altes Hotel »Römischer Kaiser« an der Dortmunder Brückstraße/Ecke Kampstraße, erbaut 1840

Neubau des »Römischen Kaisers« aus dem Jahr 1878, der repräsentative Bau wird später nochmals erweitert

Elegante Hotels in den Zentren der Städte

Seit das Reisen durch die Verbreitung der Eisenbahn nicht mehr so beschwerlich ist wie in früherer Zeit und mit der wirtschaftlichen Entwicklung eine wohlhabende Mittelschicht entstanden ist, die sich Reisen leisten kann, floriert auch im Ruhrgebiet das Hotel- und Gaststättengewerbe.
Nicht nur in Badeorten, wie z. B. Königsborn und Hamm (→ 21. 4. 1882) entstehen elegante Hotels, sondern auch in den großen Städten. So ist z. B. das Hotel »Römischer Kaiser« an der Dortmunder Brückstraße gegenüber der Reinoldikirche ein vornehmes Haus.

Gediegene Atmosphäre: Lesezimmer im Hotel Essener Hof

An dieser Stelle hatte schon 1793 ein Wirtshaus gleichen Namens bestanden; 1840 errichtete der Baumeister Friedrich Wenker-Paxmann hier einen Prachtbau, der 1878 durch einen noch größeren Neubau ersetzt wird.
Viele industrielle Unternehmungen wurden in den Gesellschaftsräumen des Römischen Kaisers aus der Taufe gehoben. Im Januar 1854 fand dort beispielsweise die Gründungsversammlung des Bochumer Vereins für Bergbau- und Gußstahlfabrikation statt.
In diesem Hotel logierte in den 50er Jahren auch der preußische König Friedrich Wilhelm IV. mit seinem Gefolge. In einer Anekdote zu diesem Besuch wird berichtet, daß der König bei seiner Rückkehr nach Berlin um Übersendung eines Brotes bat, von dem er im Römischen Kaiser gegessen hatte. Es habe ihm ausgezeichnet geschmeckt und trage einen Namen wie ein weibliches Pferd. Mit dem Stuten gelangten also auch Dortmunder Backkünste über die gute Küche des Hotels bis nach Berlin.
In Essen wohnen die Monarchen meist im Gartenhaus der Kruppschen Villa Hügel. Für andere Gäste und seine Beamten baute Alfred Krupp den Essener Hof am Limbecker-Platz, der eine sehr gediegene Ausstattung hat und den Besuchern ein Musik- und Lesezimmer bietet.

Repräsentative Gründerstil-Fassade des Hotels Middelmann in Bochum

Zwei Eisenbahnlinien im Tal der Emscher

1. Januar 1878. Mit der Inbetriebnahme des letzten Teilstücks von Dortmund nach Castrop vollendet die Köln-Mindener Eisenbahngesellschaft ihre Eisenbahnlinie durch das Emschertal. Nachdem 1868 die Konzession zum Bau dieser Linie erteilt worden war, konnte am 27. April 1874 die erste Teilstrecke von Essen nach (Gelsenkirchen-)Schalke in Dienst gestellt werden. Mit der Emschertalbahn werden die Tiefbauzechen im nördlichen Ruhrgebiet an das Schienennetz angeschlossen.
Eine zweite Bahnlinie durch das Emschertal wurde von der Bergisch-Märkischen Eisenbahngesellschaft errichtet, die das erste Teilstück ebenfalls am 27. April 1874 freigab.

Moritz Fiege baut eigene Brauerei

19. Februar 1878. In der Bochumer Ringstraße wird in der neuerrichteten Brauerei von Moritz W. B. Fiege der erste Sud Bier eingemaischt. Fiege stammt aus einer alten Bochumer Familie, in der das Brauhandwerk Tradition hat; seit dem 18. Jh. brauen die Fieges das Bier für ihre Gastwirtschaft in der Großen Beckstraße selbst.
Das obergärige Süß- und Altbier aus der neuen Brauerei findet bald auch außerhalb der Gastwirtschaft guten Absatz. Moritz Fieges Adoptivsohn, Johann W. Knühl-Fiege, setzt die Familientradition fort.

Erster Duisburger Musiktheaterplan

Oktober 1878. Der städtische Kapellmeister Hermann Brandt stellt den ersten Musiktheaterplan für Duisburg auf. Im Verlauf der Saison werden die Oper »Der Freischütz« von Carl Maria von Weber und die Operette »Die Fledermaus« von Richard Strauss aufgeführt.
Brandt kann das Ensemble des Essener Stadttheaters für die Gastspiele im Duisburger Lokal Schützenhof verpflichten. Die Vorstellungen finden jedoch, im Gegensatz zu den frühen Konzerten (→ 1. 8. 1877), beim Publikum kaum Resonanz. Ursache sind die beengten Bühnenverhältnisse und die mangelhafte Ausstattung der Stücke.

1879

14. 1. In Hagen wird ein Zweigverein des Vaterländischen Frauenvereins gegründet.

26. 1. In Unna wird die Freiwillige Bürgerfeuerwehr eingerichtet.

15. 5. Auf der Eisenbahnstrecke Dortmund – Herdecke – Hagen beginnt der Fahrbetrieb.

15. 5. In Hagen gründet sich eine Aktiengesellschaft zur Errichtung eines Stadtgartens.

1. 7. Die Eisenbahnlinie von Duisburg über Osterfeld (Oberhausen), Bottrop, Kirchhellen, Dorsten, Hervest-Dorsten, Wulfen und Lembeck nach Coesfeld wird fertiggestellt.

1. 7. In Dortmund eröffnet das Stahl- und Ingenieurbüro August Klönne.

15. 7. Der Reichstag beschließt die Einführung von Schutzzöllen. Dies ist Ausdruck der Wende vom bislang vorherrschenden Wirtschaftsliberalismus zum Protektionismus. →

22. 9. Bei den Rheinischen Stahlwerken in (Duisburg-)Meiderich und beim Hörder Verein (Dortmund) wird erstmals im Deutschen Reich das Thomasverfahren zur Herstellung von Stahl eingesetzt.

26. 9. Der erste große Dampfschlepper, von Mathias Stinnes 1844 in Dienst gestellt, sinkt nach einer Kollision mit einem Brückenpfeiler der Hochfelder Eisenbahnbrücke in Duisburg. →

1. 10. In verschiedenen Städten des Ruhrgebiets werden neue Amts- bzw. Landgerichte eingerichtet. →

1. 10. Mit der »Lüner Zeitung« erscheint erstmals eine örtliche Zeitung in der Lippestadt.

3. 11. Der Name der Stadt Limburg wird aus postalischen Gründen amtlich in Hohenlimburg (später Hagen) geändert.

1879. Die Kohleförderung auf der zur Gutehoffnungshütte gehörenden Zeche Osterfeld in Oberhausen beginnt.

1879. Die Dortmunder Actien-Brauerei (DAB) füllt die ersten Fässer für Übersee.

1879. In den Kruppschen Werken in Essen sind 8237 Arbeiter beschäftigt. 1872 waren es noch 12 000.

1879. In Dortmund wird eine städtische Pfandleihanstalt eingerichtet.

1879. Die Gelsenkirchener Zeitung erscheint erstmals täglich mit einer Auflage von 2000 Exemplaren.

1879. Der Bochumer Turnverein zählt 409 Mitglieder und erlebt damit eine Blütezeit seit der Wiedereröffnung im Juni 1860. Der 1848 gegründete Verein war 1851 aus politischen Gründen verboten worden.

Neue Zollpolitik beendet Depression

15. Juli 1879. Nachdem der Deutsche Reichstag am 11. Juni 1879 mit 217 gegen 117 Stimmen einen neuen Zolltarif gebilligt hat, treten neue Schutzzölle für die Einfuhr von Roheisen in Kraft.

Das Einschwenken des Reichskanzlers Fürst Otto von Bismarck auf den von Vertretern der Schwerindustrie seit Beginn der 70er Jahre des 19. Jh. verfochtenen Kurs des wirtschaftlichen Protektionismus ist Bestandteil einer neuen Innenpolitik: Mit Verabschiedung des Sozialistengesetzes im Reichstag (→ 21. 10. 1878) und dem Ende des sog. Kulturkampfes gegen die katholische Kirche und die Zentrumspartei löst Bismarck die innenpolitische Zusammenarbeit mit den Liberalen auf. Seit 1878 stützt sich der Reichskanzler auf die Zentrumspartei und die Konservativen im Deutschen Reichstag. Die Abkehr von wirtschaftsliberalen Positionen ist ein sichtbares Zeichen dieses Kurswechsels.

Die Umstellung der Zollpolitik vom Freihandel auf den Schutzzoll erfolgt auf starken Druck der Interessenverbände der deutschen Eisen- und Stahlindustrie, in denen Ruhrindustrielle führend sind. Besonders drei Organisationen üben einen nachhaltigen Einfluß auf Regierung und Reichstag aus:

▷ Der 1871 gegründete Verein zur Wahrung der gemeinsamen wirtschaftlichen Interessen rheinischer und westfälischer Unternehmer (→ 30. 3. 1871)
▷ Der Centralverband deutscher Industrieller (→ 15. 2. 1876)
▷ Der 1873 gegründete Verein deutscher Eisen- und Stahlindustrieller mit seiner nordwestlichen Gruppe, zu der die Schwerindustrie des Ruhrgebiets gehört.

Die Einführung des Schutzzolls am 15. Juli 1879 beendet die seit 1873 andauernde Krise der deutschen Eisen- und Stahlindustrie und des Bergbaus. Ausgelöst wurde die Depression 1873 durch den Zusammenbruch der New Yorker Börse als Folge einer Überspekulation bei amerikanischen Eisenbahnaktien. Der Kursverfall hatte die amerikanischen Eisenbahngesellschaften in Schwierigkeiten gebracht, die zu einem Importstopp für europäische Eisenbahnbaumaterialien führten. In der daraufhin in Europa einsetzenden Überproduktionskrise wurde der offene deutsche Markt mit billigem ausländischem Eisen und Stahl überschwemmt (→ 1878).

Frage »Schutzzoll oder Freihandel?« spaltet deutsche Unternehmer

Bei der Frage Schutzzoll oder Freihandel stehen sich im Deutschen Reich zwei Interessengruppen gegenüber: Auf der einen Seite die Vertreter der weiterverarbeitenden Industrie, die an billigen Rohstoffimporten interessiert sind, auf der anderen Seite die Produzenten, insbesondere der eisenproduzierenden Industrie und der Landwirtschaft. Schwerindustrie und Agrarier wollen den Inlandsmarkt vor der Einfuhr billiger ausländischer Erzeugnisse schützen. Zwischen 1818 und 1844 können ausländische Rohstoffe zollfrei eingeführt werden. Ab Mitte der 50er Jahre des 19. Jh. wird mit dem Aufbau eigener Hüttenwerke ein Schutzzoll auf ausländisches Roheisen von 20 bis 30% erhoben.

Als mit Beginn der 70er Jahre des 19. Jh. die Nachfrage nach Eisenerzeugnissen infolge des Eisenbahnbaus die heimische Produktionskapazität übersteigt, werden die Schutzzölle auf Eisen und Stahl allmählich beseitigt. Betrug 1850 der Einfuhrzoll auf Roheisen noch 20 Mark pro t, so sinkt der Tarif bis 1870 auf 5 Mark pro t. Am 1. Januar 1873 beschließt der Deutsche Reichstag mit den Stimmen der Liberalen die Aufhebung aller Eisenzölle. Da auch die deutsche Landwirtschaft unter der Einfuhr von billigem Getreide, vor allem aus Rußland, leidet, entsteht im Deutschen Reich ab 1873 eine Interessengemeinschaft zwischen »Stahl und Roggen« für die Rückkehr zur Schutzzollpolitik.

Mitglieder der Belegschaft vor dem Styrumer Eisenwerk (Oberhausen); wie andere Firmen der Eisen- und Stahlindustrie des Ruhrgebiets profitieren die Styrumer Werke von der Schutzzollpolitik des Reichskanzlers

Deutscher Thomasstahl von der Ruhr

22. September 1879. Die Rheinischen Stahlwerke in (Duisburg-)Meiderich und der Hörder Verein (Dortmund) führen als erste deutsche Stahlproduzenten gleichzeitig das Thomasverfahren ein. Gustave Pasteur, technischer Leiter in Meiderich, und Josef Massenez, Direktor in Hörde, hatten unabhängig voneinander Patentrechte für das Deutsche Reich und Luxemburg auf das von Sydney Gilchrist Thomas 1877 in England entwickelte neuartige Verfahren erworben.

Mit dem Thomasverfahren ist es erstmals möglich, die vor allem im nördlichen und westlichen Deutschen Reich vorkommenden phosphorhaltigen Eisenerze in großen Mengen zu hochwertigem Stahl zu verarbeiten. Thomas hatte das Verfahren des Engländers Henry Bessemer weiterentwickelt, durch das die Massenerzeugung von Stahl erst ermöglicht wurde (→ 1862). In Bessemers birnenförmigen Konvertern konnte das Frischen, bei dem durch die Beseitigung von Kohlenstoff und anderen Bestandteilen aus Roheisen Stahl hergestellt wird, von 24 Stunden auf 20 Minuten verkürzt wer-

Durch die flüssige Roheisenmasse, die sich in einem birnenförmigen Behälter, dem sog. Thomas-Konverter, befindet, wird unter hohem Druck Sauerstoff geblasen, wodurch sich die Temperatur der Schmelze auf weit über 1000 °C erhöht. Alle Verunreinigungen verbrennen dabei in einem sprühenden Funkenregen.

den. Für die deutsche Stahlindustrie war dieses Verfahren allerdings nur eingeschränkt brauchbar, da es nicht gelang, das phosphorhaltige deutsche Roheisen zu einem Stahl zu verarbeiten, der höchsten Belastungen standhielt. Thomas kleidete die Innenwände des Konverters mit Kalk aus, wodurch der Phospor des Eisens gebunden wird. Die Schlacke wird zu Düngemittel, dem sog. Thomasmehl, vermahlen.

Mit der Einführung des Thomasverfahrens wird die Qualität des deutschen Stahls so verbessert, daß die Vormachtstellung der bis dahin führenden englischen Stahlindustrie gebrochen wird.

Dortmunder Bier in aller Welt

1879. Das Bier der Dortmunder Actien-Brauerei wird nach Holland, Belgien, Frankreich, Indien, Japan und Australien exportiert. Damit erschließt sich das Dortmunder Bier nach der Eroberung des deutschen Marktes auch die Absatzmärkte in Europa und Übersee.

In den Jahrzehnten bis zum Ausbruch des Ersten Weltkrieges kann der Export weiter ausgebaut werden. Auf verschiedenen Ausstellungen wird Bier aus Dortmund prämiert. Auch die anderen Großbrauereien der Stadt finden bald Anschluß an den Weltmarkt.

Die Dortmunder Brauherren treiben nicht nur die Entwicklung ihrer Betriebe voran, sondern engagieren sich auch im öffentlichen Leben der Stadt. Joseph Cremer, ab 1888 Besitzer der Thier-Brauerei, fördert u. a. die Wiederherstellung des alten Rathauses. Kronen-Chef Heinrich Wenker veranstaltet ab 1892 im Großen Saal der Kronenburg beliebte Konzerte mit dem Dortmunder Orchesterverein (→ 6. 10. 1887).

Untergang des ältesten Rheindampfschiffes

26. September 1879. *Bei Duisburg sinkt der Dampfschlepper »Math. Stinnes I« (Abb.) nach einer Kollision mit einem Pfeiler der Hochfelder Rheinbrücke. Mit dem Schlepper, der 1844 von dem Mülheimer Reeder Mathias Stinnes in Dienst gestellt worden war, begann die Motorisierung der Rheinschiffahrt. Mit einer Leistung von 350 PS konnte der Schlepper eine Ladung von 40 000 Zentnern befördern.*
1848 war die Math. Stinnes I bei Neuwied am Rhein von Pferdetreibern beschossen worden, die um ihre Arbeit fürchteten; bis dahin hatten sie die Frachtschiffe mit ihren Pferden flußaufwärts gezogen.

Vereinheitlichung im Gerichtswesen

1. Oktober 1879. Mit Inkrafttreten der Reichsjustizgesetzgebung erhält das Gerichtswesen im gesamten Deutschen Reich einen verbindlichen Aufbau. Die Zivil- und Strafprozeßordnung sowie die Gerichtsverfassung werden durch die Einführung der sog. ordentlichen Gerichtsbarkeit neu geordnet.

Als oberster Gerichtshof ersetzt ein neugeschaffenes Reichsgericht in Leipzig das bislang für höchstrichterliche Urteile zuständige Obertribunal in Berlin. Das Oberlandesgericht für die Provinz Westfalen tritt an die Stelle des bisherigen Appellationsgerichts in Hamm. Neugeschaffene Land- und Amtsgerichte bilden die untergeordneten Instanzen des reformierten Justizaufbaus.

Instanzen der Gerichtsbarkeit

Oberlandesgericht: Im Gerichtsaufbau steht das Oberlandesgericht Hamm zwischen dem Reichsgericht und den Landgerichten. In die Zuständigkeit der Oberlandesrichter fallen alle Berufungsentscheidungen über Urteile und Beschlüsse der Land- und Amtsgerichte.

Landgericht: Bürgerliche Rechtsstreitigkeiten und Strafsachen, vermögensrechtliche Entscheidungen mit höherem Streitwert und alle Ansprüche aus der Staatshaftung unterliegen der Rechtsprechung der Landgerichte. In Arnsberg, Bielefeld, Dortmund, Duisburg, Essen, Hagen, Münster und Paderborn urteilen die Richter an den Landgerichten als zweite Instanz auch in Berufungsverfahren.

Amtsgericht: In erster Instanz fällen die Amtsgerichte in Unna, Kamen, Ruhrort, Gelsenkirchen, Buer und Hagen ihr Urteil bei bürgerlichen Rechtsstreitigkeiten, vermögensrechtlichen Ansprüchen und Mietrechtsfragen.

Seit Gründung des Deutschen Reiches im Jahr 1871 haben sich Politiker und Juristen um die Vereinheitlichung der Gerichtsbarkeit und Rechtsprechung bemüht. Von 1876 bis 1879 werden einheitliche Regeln für das Gerichtsverfassungsgesetz, die Stellung der Staatsanwaltschaft und der Richter sowie die Prozeßverfahrensordnung und der Instanzenweg erarbeitet und verabschiedet.

1880

Mai. Die Kanalisierung in Dortmund beginnt.

24. 6. Als Nord-Süd-Verbindung wird die Eisenbahnstrecke Wanne – Eickel – (Gelsenkirchen-) Bismarck – (Gelsenkirchen-) Buer-Süd – Winterswyk eröffnet.

19. 7. Die Sparkasse des Amtes Gelsenkirchen wird durch Veröffentlichung des vom Oberpräsidenten der Provinz Westfalen genehmigten Statuts in die Städtische Sparkasse Gelsenkirchen umgewandelt.

2. 9. In Unna wird der Krieger-, Reserve- und Landwehrverein Colonie und Umgegend gegründet (später Kyffhäuserkameradschaft Unna-Colonie).

1880. Die Zeche Dahlhauser Tiefbau in Bochum errichtet die erste Fabrik zur Herstellung von Steinkohlenbriketts aus gemahlener Kohle und Teer. →

1880. Als erster Betrieb wird während der sog. Unnaer Gründerjahre die Maschinenfabrik und Eisengießerei Markmann und Fricke konzessioniert.

1880. Der Bau des Quellwasserwerks in Unna wird vollendet.

1880. In Essen wird der Historische Verein für Stadt und Stift Essen gegründet.

1880. Die Bibliothek des Bergbaulichen Vereins in Essen wird eingerichtet.

1880. In (Recklinghausen-) Hochlarmark leben 320 Menschen. Zwei Wirte lassen sich auf dem Weg vom Tor der Zeche Recklinghausen II zum Bahnhof Recklinghausen-Süd nieder.

1880. In den Anlagen des Rheinhafens Ruhrort werden 3 Mio t Waren umgeschlagen.

1880. Die Duisburger Gießerei-Aktiengesellschaft, die gußeiserne Rohre für Gas- und Wasserleitungen hergestellt hatte, wird stillgelegt.

1880. Im Ruhrrevier fördern 202 Zechen mit einer Gesamtbelegschaft von 80 152 Mann insgesamt 22,5 Mio t Kohle. →

1880. William Thomas Mulvany wird erster Ehrenbürger der Stadt Gelsenkirchen.

Um 1880. Polnische und masurische Einwanderer siedeln sich im Ruhrgebiet an. →

Um 1880. Im Landkreis Bochum kommen auf 5637 Quartiergeber 9717 Kostgänger.

Ab 1880. Der Steinplatz in Dortmund wird zum Vergnügungszentrum der Stadt. →

GESTORBEN:

6. 3. (Dortmund-)Hombruch: Friedrich Harkort (* 25. 2. 1793, Gut Harkorten bei Hagen), Industrieller, liberaler Politiker, Vertreter betrieblicher Sozialpolitik.

Polen und Masuren ziehen ins Revier

Um 1880. Mit der Ausbreitung des rheinisch-westfälischen Industriereviers nach Norden werden für die neuen Zechen an der Emscher und im Vest Recklinghausen Arbeitskräfte aus den preußischen Ostprovinzen angeworben. Polnische, masurische und schlesische Arbeiter siedeln sich mit ihren Familien im Ruhrgebiet an.

Die Zechengesellschaften entsenden Beauftragte nach Ost- und Westpreußen, in die Provinz Posen und nach Schlesien, um dort Werbeaktionen durchzuführen. Seit Einführung der Dreschmaschine können die landwirtschaftlichen Wanderarbeiter und Tagelöhner, die früher im Winter zum Dreschen angestellt wurden, ihren Lebensunterhalt nicht mehr durch Saisonarbeit bestreiten. Landwirtschaftliche Tagelöhner und verarmte Kleinbauernsöhne stellen daher die Mehrzahl der ins Ruhrgebiet einwandernden Arbeitskräfte. Auch schlesische Bergleute lassen sich anwerben, da sie sich mit Recht im Ruhrbergbau höhere Löhne und bessere Arbeitsbedingungen als auf den schlesischen Kohlegruben erhoffen.

Die Ruhrindustriellen bevorzugen Arbeiter ihrer eigenen Religionszugehörigkeit. Die evangelischen Gelsenkirchener Unternehmer Emil Kirdorf und Friedrich Grillo werben im evangelischen Ostpreußen, die Katholiken August Thyssen und später auch Peter Klöckner gewinnen viele Arbeitskräfte in den katholischen Gebieten Westpreußens, Posens und Polens für ihre Industriebetriebe in Oberhausen und Wanne.

Die evangelischen Masuren aus Ostpreußen kommen als erste in größerer Zahl ins Revier und lassen sich vor allem in Gelsenkirchen, Buer und Wattenscheid nieder. Ihnen folgen katholische Polen und Schlesier, die in Bottrop, Recklinghausen, Wanne und Herne die Mehrzahl der Zuwanderer stellen. Unerfahrenheit in industriellen Arbeitszusammenhängen und mangelnde Sprachkenntnisse binden sie stark an die jeweilige Zeche.

Gebetsgemeinschaft aus Ostpreußen eingewanderter Masuren, die sich selbst gern als »Altpreußen« bezeichnen

Für viele Arbeiter ist ein eigenes Bett Luxus

Der Zuzug von Einwanderern aus den preußischen Ostprovinzen und anderen Regionen des Deutschen Reichs führt im Ruhrgebiet zu großer Wohnungsnot. Gemeinden und Armenpfleger stehen dem Ausmaß von Obdachlosigkeit und mangelnder Wohnhygiene nahezu hilflos gegenüber.

In Bochum bringt man ganze Familien die Nacht über in Polizeizellen unter. Kleine Dachmansarden und Kellerwohnungen werden Arbeiterfamilien zu hohen Preisen vermietet. Feuchte Neubauwohnungen werden gegen geringe Miete zum »Trockenwohnen« zur Verfügung gestellt, aber nach einigen Wochen wird die Miete soweit erhöht, daß die Bewohner wieder ausziehen müssen.

Ledige Einwanderer finden als Kost- und Quartiergänger Unterkunft. Viele Familien nehmen in ohnehin überfüllte Wohnungen Schlafburschen auf, die sich oft im Schichtwechsel zu zweit oder zu dritt ein Bett teilen. Die Zahl der Kostgänger, die zusätzlich zur Schlafstelle von der Wirtsfamilie beköstigt werden, nimmt im Kreis Bochum von 8503 im Jahr 1879 auf 15 507 im Jahr 1885 zu. Die Behörden befürchten »moralische Verwahrlosung« durch das Kostgängerwesen und das Zusammenleben auf engstem Raum. Polizeiordnungen sollen die chaotischen Wohnverhältnisse regeln und schreiben vor, das Bettstroh halbjährlich zu erneuern, Handtücher nach zwei und Bettwäsche nach sechs Wochen auszuwechseln.

Hausgemeinschaft in der Schulstraße in (Essen-)Borbeck; um die Jahrhundertwende leben Familien in solchen Häusern auf engstem Raum

Schachtanlagen steigern Produktivität

1880. Auf den 202 Schachtanlagen des Ruhrgebiets werden mit einer Gesamtbelegschaft von 80 152 Mann 22,5 Mio t Kohle gefördert. Gegenüber 1870 hat sich die Fördermenge verdoppelt, während im gleichen Zeitraum die Belegschaftsstärke nur um etwa 60% gestiegen ist. Die steigende Produktivität der Revierzechen ist Folge der Stillegung vieler kleiner, unrentabler Anlagen im Zuge der Wirtschaftskrise seit 1873 und der Zusammenfassung der leistungsstarken Zechen in kapitalstarken Großunternehmen. Hinzu kommen technische Verbesserungen im Abbau unter Tage. So werden seit 1865 die ersten Versuche mit Preßluftbohrhämmern durchgeführt, um 1875 erfolgt der probeweise Einsatz von sog. Schrämmaschinen. Bestehende Anlagen werden erweitert: 1871 und 1874 teuft die Schachtanlage Dahlbusch in (Gelsenkirchen-)Rotthausen zwei neue Schächte ab. 1871 und 1873 gehen auf Consolidation in (Gelsenkirchen-)Bismarck die beiden Schächte 3 und 4 in Förderung.

Kohlenhauer vor Ort; trotz Mechanisierung müssen Bergleute oft in unnatürlicher Haltung arbeiten

Brikettfabriken auf Ruhrgebietszechen

1880. Auf der Zeche Dahlhauser Tiefbau in Bochum wird die erste Brikettfabrik des Ruhrgebiets errichtet. In der Folgezeit bauen auch andere Zechen solche Fabriken, so daß 1883 bereits 14 911 t Briketts produziert werden.

In den Brikettfabriken wird Kohlenklein verarbeitet, das anders nicht verwendet werden kann. Die Kohle wird sorgfältig mit Steinkohlenpech gemischt und in einem Wärmeofen erhitzt, damit das Pech weich wird. Anschließend wird die so entstehende Masse in Pressen zu Briketts geformt. Briketts haben gegenüber der Kohle die Vorteile, daß sie leichter entzündbar sind, fast rauchfrei brennen und platzsparend gelagert werden können.

In den ersten Jahren der Produktion sind Briketts ungleich teurer als Steinkohle, da das benötigte Pech aus England eingeführt werden muß. Erst als es Mitte der 80er Jahre gelingt, Steinkohlenpech als Nebenprodukt in den Kokereien des Ruhrgebiets zu gewinnen, können Briketts als Heizmittel zu konkurrenzfähigen Preisen angeboten werden.

Ruhrgebiets-Zechen mit einer Steinkohlenförderung von mehr als 300 000 t im Jahr 1879

Name der Zeche	Fördermenge (in t)			
	1869	1872	1874	1879
Rheinelbe und Alma	–	–	239 721	763 511
Dahlbusch	–	–	238 006	623 131
Consolidation	201 022	285 449	342 911	562 190
Shamrock	–	–	–	425 526
Zollverein	241 961	244 626	254 123	419 340
Pluto	–	–	–	405 336
Hannover II	–	–	–	402 643
Oberhausen	270 691	216 636	243 022	356 305
Helene & Amalie	–	–	–	346 352
Cölner Bergwerksverein	282 785	261 222	273 203	340 868
Hibernia	–	–	–	310 802
Constantin der Große	–	–	202 378	305 142

Dortmund wird zur Vergnügungs-Metropole im Ruhrgebiet

Ab 1880. Der Steinplatz nördlich des Dortmunder Burgtors wird zum ersten Vergnügungszentrum der Stadt, dem in den folgenden Jahrzehnten weitere folgen. Im Volksmund wird er bald die »Drehscheibe« genannt, da rund um den Platz immer »was los« ist.

Der Steinplatz, eingerichtet als Marktplatz für die immer dichter besiedelte Nordstadt und benannt nach dem Freiherrn vom und zum Stein (→ 29. 6. 1831), ist umsäumt von zahlreichen Geschäften und Gaststätten. Zu den traditionellen Stehbier- und Konzerthallen gesellen sich in den 80er Jahren des 19. Jh. zwei Varieté-Theater.

Ab 1885 veranstaltet der Gastwirt Wenker in dem zu seiner Gaststätte gehörenden Saal an der Münsterstraße 16/Ecke Steinplatz täglich Konzerte und andere Künstlervorführungen. Im Vorderhaus befindet sich ein Café, das Musik- und Gesangsvorträge bietet und den Namen »Einziges Café Chantant« führt. Der Eintritt in den Konzertsaal kostet 20 Pfennig; es besteht Verzehrzwang. Das halbmonatlich wechselnde Programm bietet unterhaltsame Auftritte verschiedener Artisten wie Jongleure, Seiltänzer, Zauberkünstler, Komiker, Tänzerinnen und Soubretten.

Zu den beliebtesten Künstlern gehört der Komiker Karl Bolesko, der als gebürtiger Dortmunder mit einheimischer Mundart Lokalkolorit ins Programm bringt.

Neben dem Steinplatz entwickelt sich am Fredenbaum ein zweites Vergnügungsviertel im Dortmunder Norden. Beim Gasthaus am Eingang zum Westerholz war schon in den 30er Jahren des 19. Jh. eine Schützenwiese angelegt worden, auf der die Schützenvereine der Stadt ihre alljährlichen beliebten Feste feierten.

Dortmunder Vergnügungszentrum am Steinplatz mit Blick zur Steinstraße

1881

22. 2. Durch Beschluß des Stadtrats von Duisburg wird der bisherige Duissernberg in Kaiserberg umbenannt.

24. 2. Die Kommanditgesellschaft Hasper Eisen- und Stahlwerk Krieger & Co. in Hagen wird gegründet.

10. 4. Der katholische Gesellenverein in Unna tritt zu seiner ersten Versammlung zusammen.

20. 4. Die Dortmunder Grubenfelder Fürst Hardenberg und Minister Stein werden unter dem Namen Vereinigte Stein und Hardenberg zusammengeschlossen.

1. 6. Die erste Dortmunder Straßenbahn, eine Pferdebahn, fährt auf der Strecke vom Steinplatz bis zum Fredenbaum. →

19. 6. Das Harkort-Bergfest wird zum ersten Mal bei Herdecke gefeiert. Es wird zu einem bedeutenden Turn- und Volksfest des Raumes. →

1. 7. Die städtische Gasanstalt in Duisburg wird mit dem Wasserwerk unter gemeinsame, städtische Leitung gestellt.

27. 10. Bei den Wahlen zum 5. Deutschen Reichstag verzeichnen Konservative und Zentrum leichte Gewinne. Verlierer sind die Nationalliberalen. Im Ruhrgebiet dominieren Zentrum und Fortschrittspartei, die Sozialdemokratie bleibt, behindert durch das Sozialistengesetz, Randerscheinung.

20. 11. Franz Genesius eröffnet im Saal des Gasthauses Dickmann in der Bahnhofstraße das Stadttheater Gelsenkirchen. →

1881. Friedrich Grillo erwirbt die 1876 erschlossene Solquelle in der Gemeinde Werries bei Hamm (→ 21. 4. 1882).

1881. In (Dortmund-)Körne wird eine Volksbibliothek für Arbeiter eingerichtet.

1881. In zweiter Auflage erscheint in Werl »Das Ruhrtal. Reise auf der Ruhrtal-Eisenbahn mit Ausflügen in die Umgegend« von F. J. Pielert.

1881. Auf der Zeche Holland in Wattenscheid wird der erste Koksofen errichtet, bei dem Ammoniak und Teer als Nebenprodukte anfallen.

1881. In Unna wird die Maschinenfabrik Heinrich Wigger & Co. gegründet.

1881. Die erste Brieftaubenreisevereinigung des rheinisch-westfälischen Industriegebiets wird in Bochum gegründet. →

1881. Die Zeche Königsborn I in Bönen nimmt die Förderung von Steinkohle auf.

GEBOREN:

4. 1. (Duisburg-)Meiderich: Wilhelm Lehmbruck († 25. 3. 1919, Berlin), Bildhauer und Grafiker.

Pferdebahn der Firma Kampf und Holländer, die ab 1892 die Strecke (Duisburg-)Ruhrort – Meiderich befährt

Pferde ziehen die ersten Straßenbahnen

1. Juni 1881. In Dortmund wird die erste Straßenbahnlinie auf der Strecke vom Steinplatz bis zum Fredenbaum dem Verkehr übergeben. Noch im gleichen Jahr nehmen die Bahnlinien Dorstfeld – Funkenburg, Bahnhofstraße – Kronenburg sowie Bahnhof Dortmund – Hörde den Betrieb auf. Bis zu 6000 Personen pro Tag befördert die von Pferden gezogene Bahn der Berliner Bankiers August und Louis Lübke auf den eingleisigen Strecken.

Schon am 1. April gründeten die Brüder Lübke in Duisburg eine Aktiengesellschaft zum Betrieb einer Pferdebahn zwischen Duisburg und Ruhrort. Anfang 1882 werden die Straßenbahnen beider Städte von der Allgemeinen Lokal- und Straßenbahngesellschaft mit Sitz in Dortmund übernommen.

Entwicklung des Personenverkehrs

Postkutschenlinien, von privaten Fuhrunternehmern oder von der Königlich-Preußischen Post unterhalten, dienten den Reisenden gegen Ende des 18. Jh. als Fortbewegungsmittel. Der für gewöhnlich enge räumliche Zusammenhang von Lebens- und Arbeitsbereich machte private wie berufliche Reisen nur in seltenen Ausnahmefällen erforderlich.

Die aufkommende Industrialisierung, eine dadurch bedingte größere Mobilität der Arbeitskräfte und der rasche Bevölkerungszuwachs in der Ruhrregion fördern im 19. Jh. die Entwicklung eines umfassenden öffentlichen Nahverkehrs. Die ersten Massentransportmittel sind Pferdeomnibusse, die bald durch schienengeführte Pferde- und Dampfeisenbahnen ersetzt werden. Als individuelles Verkehrsmittel spielt das Fahrrad im innerstädtischen Bereich Ende der 90er Jahre des 19. Jh. eine bedeutende Rolle.

Die Dortmunder Pferdebahn vor dem Fredenbaum; die von den Berliner Bankiers Lübke betriebene Bahn ist das erste Nahverkehrsmittel der Stadt

Erstes Turnfest auf dem Sonnenstein

19. Juni 1881. Auf dem Sonnenstein bei Herdecke findet das erste rheinisch-westfälische Volkswetturnen statt. Das Turnfest, auf dem sich Sportler aus vier Regionen (Hagen, Dortmund, Bochum und Barmen) im Wettkampf messen, wird 1886 nach Wetter verlegt und zu Ehren des Politikers und Sportförderers Friedrich Harkort in Harkort-Bergfest umbenannt.

Das Wetturnen am 19. Juni kann erst um 11 Uhr beginnen, da die Geistlichkeit in Herdecke den Besuch des sonntäglichen Gottesdienstes gefährdet sieht. Trotz regnerischen Wetters sind 45 Sportler angetreten, die sich im Hochsprung, Weitsprung, Steinstoßen (16,5 kg rechts und links) und Laufen (100 m hin und zurück) messen. Sieger ist jeder, der zwei Drittel der möglichen Gesamtpunktzahl erreicht; so gibt es 1881 fünf Sieger. Höchstleistungen des Tages sind 5,90 m im Weitsprung, 1,65 m im Hochsprung (mit Sprungbrett), 6,20 m im Steinstoßen und 30,5 sec im Laufen.

Nach den Turnübungen folgen die Ringkämpfe im Programm; in den Pausen werden die Zuschauer mit Musik und Turnspielen unterhalten. In späteren Jahren kommen die beiden Disziplinen Hangeln und Stemmen von Gewichten hinzu.

Sieger beim ersten Turnfest: Carl Schregel, Mitglied des Turnvereins Bochum

Sportvereine bieten ein breites Programm

Die zweite Hälfte des 19. Jh. zeigt ein buntes Bild sportlicher Aktivitäten im Ruhrgebiet. Seit den gymnastischen Leibesübungen von Turnvater Jahn hat sich das sportliche Programm um viele Disziplinen erweitert. Neben Laufen, Steinstoßen, Hoch- und Weitsprung zählt auch das Tauziehen zur Leichtathletik; als Geräte stehen Pferd, Reck, Ringe, Barren und Gewichte zur Verfügung.

Turnspiele wie der aus England kommende Fußball und andere Mannschaftsspiele entwickeln sich zu neuen Sportarten, die sich rasch ausbreiten.

Während gehobene Bürgerschichten Fechten und bald auch Tennis bevorzugen, wird das Fahrradfahren zum Sport der kleinen Leute. Außerdem entstehen zahlreiche Radfahrvereine, nachdem das Fahrrad durch Gummibereifung und andere technische Neuerungen verbessert wurde. Rudern, zuvor ein sonntägliches Ausflugsvergnügen, bekommt sportlichen Charakter, und mit der ersten Rennbahn in Castrop hält der Pferdesport Einzug ins Ruhrgebiet.

Der Essener Turn- und Fechtclub

Ruderclub an der Ruhr bei Essen

Rauhe Sitten beim Theaterbesuch

20. November 1881. Mit dem historischen Schauspiel »Philippine Welser« von Oskar Freiherr von Redwitz eröffnet Franz Genesius im Saal der Gaststätte Dickmann an der Bahnhofstraße in Gelsenkirchen ein »Stadttheater«.

Nach kurzfristigen Gastspielen auswärtiger Schauspielertruppen erhält Gelsenkirchen mit der Bühne von Franz Genesius erstmals ein festes Ensemble.

Das Theaterpublikum besteht zum größten Teil aus Bergarbeitern, in der Mehrzahl Polen. An Sonntagen, wenn Possen und Schwänke aufgeführt werden, ist das Theater bis auf den letzten Platz besetzt. An solchen Tagen sind Schlägereien und Messerstechereien während der Vorstellung keine Seltenheit.

Reisevereinigung der Taubenzüchter

1881. Die Brieftaubenzüchter des Ruhrgebiets schließen sich in der »Reisevereinigung des rheinisch-westfälischen Industriegebiets« zusammen. Diese Reisevereinigung übernimmt u. a. den gemeinsamen Transport der Brieftauben zum sog. Auflaßort, um Kosten zu vermindern und einer größeren Zahl von Züchtern die Möglichkeit zur Teilnahme an Wettkämpfen zu eröffnen. Der Auflaßort ist ein beliebiger, von der Heimat entfernter Ort, an dem die Tauben auf einen Wettflug nach Hause geschickt werden. Die Vereinigung der Züchter setzt auch Preise für die schnellsten Tauben aus.

Die sog. Lütticher Brieftaube (J. Bungartz: Der Brieftaubensport)

1882

1. 1. Die Bergisch-Märkische Eisenbahngesellschaft geht vollständig in preußischen Staatsbesitz über. →

1. 1. Der »Christlich-soziale Arbeiterverein« in Bochum nimmt seine Tätigkeit auf.

21. 4. Die Stadt Hamm wird Badeort. →

1. 5. In Essen wird die städtische Badeanstalt eröffnet.

10. 5. Ein Grubenunglück auf Zeche Pluto in Wanne fordert 59 Menschenleben. →

15. 5. In Bad Königsborn bei Unna wird ein neues Badehaus eröffnet (→ 21. 4. 1882).

2. 7. In Gelsenkirchen wird ein evangelischer Arbeiterverein gegründet.

3. 7. Die Stadt Bochum richtet die Rheinisch-Westfälische Hüttenschule ein, eine niedere Fachschule für Eisenhütten- und Maschinenfachleute.

27. 9. Der Neubau des Essener Gymnasiums wird eingeweiht.

21. 12. Bei einem Seilbruch auf der Zeche Fürst Hardenberg in (Dortmund-)Lindenhorst kommen 25 Menschen ums Leben.

1882. In Gelsenkirchen sterben 293 Kinder im Alter von 1 bis 3 Jahren an Scharlach, Masern und Diphtherie.

1882. Der Chemiker Otto Schott übersiedelt von seiner Heimatstadt Witten nach Jena, wo er mit Ernst Abbe und Carl Zeiss das Jenaer Glaswerk Schott & Gen. gründet.

1882. Der 61 Mitglieder zählende Gelsenkirchener Verschönerungsverein beginnt seine Tätigkeit mit der Bepflanzung eines Rondells am Gelsenkirchener Bahnhof.

1882. Wie schon in den Jahren 1866/67 und 1871/72 gibt es in Essen eine Pockenepidemie. →

1882. Die Dortmunder Schachtanlagen Minister Stein und Hardenberg werden von der Gelsenkirchener Bergwerks AG übernommen.

1882. Der in (Bochum-)Linden niedergelassene Arzt Ferdinand Krüger veröffentlicht seinen ersten Roman »Rugge Wiäge« (Rauhe Wege), geschrieben in westfälischer Mundart. →

1882. Die Karnevalsgesellschaften »Närrische Mausefalle« und »Kür die nich in'n Knüpp« werden in Bochum gegründet.

1882. Die Volksschule der beiden evangelischen Gemeinden Bochums hat 34 Klassen mit 2823 Schulkindern. Daneben gibt es eine katholische und eine israelitische Schule.

1882/84. In (Recklinghausen-)Hochlarmark wird die Zeche Recklinghausen II abgeteuft.

Verstaatlichung privater Eisenbahnen

1. Januar 1882. Die bislang private Bergisch-Märkische Eisenbahngesellschaft, schon seit September 1850 von Preußen kommissarisch verwaltet, geht in staatlichen Besitz über. Damit ist die letzte, für den niederrheinisch-westfälischen Industriebezirk wichtige Bahn verstaatlicht. Der Übergang vom Privat- zum Staatsbetrieb begann im Frühjahr 1878 mit der Einrichtung einer Staatseisenbahnverwaltung. Auf der Grundlage eines Gesetzes vom 20. Dezember 1879 wurde die Köln-Mindener Eisenbahn als erste Gesellschaft der Region unter staatliche Aufsicht gestellt; am 14. September 1880 übernahm Preußen auch die Rheinische Eisenbahn. Ausschlaggebend für die Verstaatlichungen war die ständig wachsende Monopolisierung der Bahngesellschaften und ihr Widerstand gegen eine einheitliche Tarifgestaltung im Güterverkehr. Weiterhin spielten auch militärische Erwägungen (uneingeschränkte Verfügbarkeit der Transportmittel und -wege im Kriegsfall) eine bedeutende Rolle.
Bis zur Verstaatlichung der Eisenbahnen führten die privaten Gesellschaften ihre Unternehmen mehr nach wirtschaftlichen Gesichtspunkten als auf die öffentliche Bedarfslage ausgerichtet. Dies spiegelt sich im Streckennetz der Eisenbahnlinien wieder: Im Ruhrgebiet verlaufen die Gleise der Rheinischen Eisenbahn häufig parallel zu denen der Bergisch-Märkischen Gesellschaft. Ähnliche Verhältnisse finden sich im nordöstlichen Revier zwischen der Köln-Mindener und Bergisch-Märkischen Bahn.

Reparaturwerkstatt für Dampflokomotiven in Oberhausen

Ansicht des Dortmunder Hauptbahnhofs mit Güter- und Personenzügen

Kleinere Bahnhöfe sind häufig nur Bretterbuden, hier die Bahnstation Merklinde der Emschertalbahn bei Dortmund mit Bahnhofspersonal

Bahnhof Castrop der Emschertalbahn mit einem Trupp von Streckenarbeitern (Fotografie um 1900)

Lokomotive »Saarbrücken« – ein Veteran der Köln-Mindener Eisenbahn – mit Lokführer und Heizer

Extrablatt der Essener Zeitung.

№ 110. — Freitag, 12. Mai 1882.

Das Grubenunglück auf Zeche Pluto bei Wanne.

(Spezialbericht.)

p **Essen,** 11. Mai. Heute vormittag verbreitete sich hier schnell die Schreckenskunde von einem gräßlichen Grubenunglück, wie es seit der Katastrophe auf Zeche „Neu-Iserlohn" bei Langendreer im Bereich des rheinisch-westfälischen Oberbergamts-bezirks Gott sei Dank nicht mehr vorgekommen ist. Auf Zeche „Pluto" bei Wanne war gestern abend 20 Min. vor 9 Uhr eine Explosion schlagender Wetter erfolgt, welche mit einem Schlage 59 Menschenleben dahinraffte. Nachmittags 2 Uhr waren ca. 330 Mann angefahren. Die Arbeit ging flott von statten und bald nahte das Ende der Schicht, da stiegen aus dem Förderschacht eigentümliche Dämpfe herauf, die Böses ahnen ließen. Einige male ging der Förderkorb auf und nieder, bis endlich die bange Ahnung zur Gewißheit wurde. Auf der 3. Sohle, in der Grundstrecke des Flözes Nr. 8, hatten sich auf eine bis jetzt noch unaufgeklärte Weise die Wetter entzündet, die Nachschwaden gingen hierauf in die 2. Sohle und hielt hier die schreckliche Ernte. Eine schnelle Rettung war bei dem starken Andrang des vom Luftstrom getriebenen Schwadens nicht möglich, obgleich von Herrn Bergrat Barth, dem Direktor der Zeche, die umfassendsten Rettungsmaßregeln sofort angeordnet worden waren. Der Mehrzahl der Mannschaft gelang es glücklicherweise sich in die 2. Sohle zu retten, da mehrere Teile der Grubenbaue von den Schwaden nicht berührt wurden, auch gelang es, acht bereits bewußtlos vorgefundene Arbeiter aus ihrer gefährlichen Lage zu befreien und in's Leben zurückzurufen. Aus der 3. Sohle wurden zu hören, 18 tote und verbrannte Bergleute zu Tage gefördert, 12 schwer verwundete wurden in das katholische Krankenhaus in Gelsenkirchen gebracht und 5 leichter Verbrannte der Pflege ihrer Familien überlassen. Die auf 2. Sohle Aufgefundenen waren sämtlich erstickt. Die meisten der Verunglückten sind Polen, welche in der Menage der Zeche wohnten, 27 waren verheiratet, welche über 90 Waisen hinterlassen sollen. Der Revierbeamte, Herr Bergrat Bögehold, war bereits morgens 8 Uhr von Herne auf der Unglücksstätte eingetroffen. Bald darauf fanden sich die Herren Berghauptmann Prinz v. Schönaich-Carolath, Oberbergrat Runge und mehrere Mitglieder des Oberbergamts in Dortmund ein, welche die sofort nach der Explosion wieder wetterfrei gewordenen Baue befuhren. Nur in der Grundstrecke des Flözes Nr. 3 trat eine größere Anzahl von Brüchen der Befahrung entgegen. Im Laufe des Vormittags langten auch der Erste Staatsanwalt, Herr Schlüter, und die Herren Dr. Natorp und Richard Eichhoff, letztere als Mitglieder des Verwaltungsrats, aus Essen auf dem Zechenplatze an. Unter den Verunglückten ist der allgemein beliebte Steiger Schulte ein Opfer seiner Pflicht geworden. Im Begriff, mit Hintansetzung seines Lebens zu der am meisten gefährdeten Stelle vorzudringen, wurde er von den giftigen Gasen ereilt. Er hinterläßt, wie gesagt wird, eine Frau und acht Kinder. Ehre seinem Andenken! Ferner wurden als verunglückt genannt die Fahrhauer Croener und Beckmann, sowie der Knappschaftsälteste Funke. Die Förderung ist während des ganzen heutigen Tages eingestellt worden. Über die Entstehungsursache des Unglücks ist, wie erwähnt, bis jetzt nichts ermittelt worden. Von Bergleuten selbst, die mit angefahren waren und an dem Rettungswerk sich beteiligt hatten, wurde uns versichert, daß stets die größten Vorsichtsmaßregeln getroffen worden seien. Ebenso sprachen sich dieselben über die Umsicht und Energie der Grubenbeamten sehr anerkennend aus. Herr Bergrat Barth fand sich im Laufe des Tages mehrmals an dem Zechengebäude ein, um die Leute zu beruhigen und die hin und wieder erscheinenden Hinterbliebenen der Verunglückten zu trösten.

Bei unserm Eintreffen auf dem Zechenplatze fanden wir denselben von einer schweigenden, tief ernst gestimmten Menschenmenge besetzt, welcher Nachmittags die Besichtigung der Toten nicht gestattet war. In dem an das Zechenhaus angrenzenden Magazin waren fünf der Verunglückten auf Stroh gebettet. Unter diesen befand sich die Leiche eines bis fast zur Unkenntlichkeit Verbrannten, von dem erzählt wurde, daß er durch die Kraft der Explosion eine weite Strecke fortgeschleudert worden sei. In der dem Magazin gegenüberliegenden Schreinerei zählten wir mehr als 30 Leichen, die übrigen waren in dem unter dem Zechenhause befindlichen Keller untergebracht. Zum Teil gräßlich entstellt waren nur die Gesichter der Verbrannten. Auf den Mienen der Erstickten war meist ein stiller Friede ausgebreitet, woraus sich erkennen läßt, daß ein schnelles und unbewußtes gewesen sein muß. Nur hie und da deuteten die zusammengezogenen Hände einen kurzen Todeskampf an. Von einigen wiederholte Vordringen, drei ihrer Kameraden zu retten, welche sich später wieder erholten. Ein Vater, der seinem betäubten Sohne zu Hülfe kommen wollte, sank mit diesem zusammen und beide wurden ein Opfer des Todes.

Angesichts dieses neuen Unglückes wird es eine Pflicht der Mildthätigkeit sein, den ersten Schmerz der vielen Hinterbliebenen der Verunglückten so schnell als möglich lindern zu helfen. Möge sich deshalb die werkthätige Liebe auch hier wieder in ihrem schönsten Lichte zeigen.

Verantwortlicher Redakteur Jul. Bädeker in Essen. — Druck und Verlag von G. D. Bädeker in Essen.

Schlagwetter-Katastrophe auf Zeche Pluto kurz vor Schichtende

10. Mai 1882. In den Abendstunden erschüttert eine Schlagwetterexplosion kurz vor Schichtende die Schachtanlage Pluto bei Wanne. Während es der Mehrzahl der 330 Mann starken Abendschicht gelingt, sich vor der Explosion rechtzeitig in Sicherheit zu bringen, kommt für 59 Bergleute auf der zweiten Sohle der Zeche jede Hilfe zu spät. Zahlreiche Verletzte werden mit Verbrennungen in das katholische Krankenhaus der Nachbarstadt Gelsenkirchen gebracht. Die Explosion auf Pluto ist das erste schwere Grubenunglück auf einer Revierzeche seit 14 Jahren: 1868 hatte eine Schlagwetterexplosion auf der Zeche Neu-Iserlohn in Lütgendortmund 82 Tote gefordert. Ein Extrablatt schildert das Unglück (Abb.).

Gesellige Vereine sind sehr beliebt

1882. Die Gründungen eines Lesevereins und zweier Karnevalsvereine in Bochum sind nur drei Beispiele für die vielen Vereinsgründungen im Ruhrgebiet in den 80er Jahren des 19. Jh. Schon in den vergangenen Jahrzehnten hat es solche Gründungswellen gegeben, die den Wandel der Gesellschaft durch Industrialisierung und Verstädterung begleiten.

Mit dem gesellschaftlichen Wandel entwickelt sich ein Bedürfnis nach Freizeitgestaltung außerhalb von Arbeit und Familie, wobei der Wunsch nach geselligem Beisammensein im Vordergrund steht.

Vereinsvielfalt im 19. Jh.

Neben Zusammenschlüssen mit ausschließlich politischen Zielen bestehen Vereine mit einem breiten Spektrum von Aktivitäten:

▷ Berufsbezogene Vereine z. B. der Knappen, Arbeiter, Handwerker, Lehrer und Beamten
▷ Geselligkeitsclubs, wie Casino-, Gesang- und Karnevalsvereine
▷ Interessengemeinschaften für Kultur und Bildung, darunter Lesevereine, gewerbliche, landwirtschaftliche und Arbeiterbildungsvereine, Theater-, Musik- und historische Vereine
▷ Patriotische Gruppen wie Krieger- und Landwehrvereine
▷ Sportlich aktiv sind neben den Turn-, Fecht-, Radfahr- und Ruderclubs die freiwilligen Feuerwehren sowie Schützengesellschaften
▷ Karitative Zwecke verfolgen Unterstützungskassen und Gesellenladen sowie Frauenvereine zur Armen- und Krankenpflege.

Meist versammeln sich die Mitglieder der Vereine einmal im Monat in einer Gastwirtschaft, wo auch Fahnen und andere Ausstattung aufbewahrt werden; den Bau von Vereinsheimen können sich nur die Vereine von Angehörigen der oberen Gesellschaftsschichten leisten.

Auf den wöchentlich oder monatlich stattfindenden Mitgliederversammlungen sitzen die Mitglieder abends nach obligatorischer Behandlung der Tagesordnung häufig noch in feucht-fröhlicher geselliger Runde beisammen.

Badestädte Hamm und Königsborn

21. April 1882. Mit der Gründung der Aktiengesellschaft Bad Hamm wird Hamm Badestadt. Für die Anlage des Kurparks werden acht Morgen Land aufgekauft.

Bereits im ersten Jahr besuchen 92 auswärtige Gäste das Bad, doch fehlt es noch an Unterbringungsmöglichkeiten. 1884 wird neben dem Badehaus eine Logierhalle erbaut, in der Ostenallee entstehen Häuser zur Aufnahme von Kurgästen.

Die Solquelle des neuen Kurbades war 1876 bei Bohrungen auf Kohle in der Gemeinde Werries bei Hamm erschlossen worden. Bereits 1877 standen hier einige kleine Badehütten mit Holzwannen. Da die Stadt Hamm der Bohrgesellschaft, der Bochumer Gewerkschaft Schlägel und Eisen, bei Verkaufsverhandlungen nicht genug bot, übernahm der Industrielle Friedrich Grillo die Quelle. Er gestattete der Stadt die Entnahme der für das Bad benötigten Sole, leitete die Quelle aber im wesentlichen zu seinem eigenen Badebetrieb in Königsborn (nahe Unna). Grillo hatte die Saline Königsborn 1873 erworben und damit den Aufschwung dieses Badeortes eingeleitet. Am 15. Mai 1882 wird ein neues Badehaus eröffnet, ausgestattet mit 80 Badezellen, zum größten Teil mit Brausen. Auf ärztliche Verordnung hin werden verschieden temperierte Abreibungen, Halbbäder mit Übergießungen, Einpackungen u. ä. verabreicht. Darüber hinaus befinden sich im neuen Badehaus mehrere Inhalationskabinette.

Badehaus in Königsborn (Abb. oben). An den Eingangstüren zu den Badezellen (Abb. rechts) sind Schellen angebracht, die das Ende der jeweiligen Badezeit signalisieren.

Roman in niederdeutscher Mundart

1882. Ferdinand Krüger veröffentlicht seinen ersten Roman »Rugge Wiäge« (Rauhe Wege) in niederdeutscher Mundart. Der seit den 60er Jahren in (Bochum-)Linden ansässige Knappschaftsarzt und spätere Leiter des St.-Josephs-Krankenhauses erzählt in seinem Roman vom Leben der westfälischen Bauern und Arbeiter.

Der Humor, mit dem Krüger z. B. die unterschiedlichen Bevölkerungsschichten aufs Korn nimmt, zeigt sich in der folgenden Szene einer »Zechenconferenz«, bei der Direktor, Steiger, kaufmännischer Leiter und mehrere Bergknappen sich ein reichhaltiges Essen schmecken lassen:

»Endlik gonk dat Iäten los. En Kuekfrau was extra von Baukm bestellt warn, denn vör en Konferenzitäten konn de Knäppersche doch nich so recht kueken ... Toerst gav-t leckern Ruhrhecht, so witt van Fleeschn äs Snee – nadem de Sopp un das Rindfleesch de Runn makt harrn.

›Fische als ersten Gang veim Diner?‹ sagg dat Leckermul von kaupmännsche un vertrock dat Mul dabi, äs härr he al ne Gräte tüschen de Tiäne sitten. Gerd Seiffens ... sagg em, dat de Här Direkter dat so bestellt härr. ... Nach dem Fisch fragt ein Arbeiter: »Gift noch mehr? ... Dann iät ik nich mehr von'n Fisch, 'un dreih sinen Teller up dat Dischdok üm. ›Bäh‹, mok de kaupmännsche, sie beschmutzen das Tischtuch; warum drehen sie den Teller um?« Der Arbeiter erklärt, daß es unter seinesgleichen üblich sei, die Kaffeetassen umzudrehen, wenn man genug habe; Teller brauchte man für gewöhnlich nicht umzudrehen, da die ganze Familie aus einer gemeinsamen Schüssel esse.

Dr. Ferdinand Krüger (1843 – 1915), Mundartdichter

Pockenepidemie im Essener Raum

1882. Zum dritten Mal innerhalb von 15 Jahren kommt es in Essen zu einer Pockenepidemie (→ 1866), bei der von 460 erkrankten Personen 80 sterben. Vermutlich werden nicht alle Krankheits- und Todesfälle amtlich registriert.

1871/72 wurde die Seuche durch Soldaten des Deutsch-Französischen Krieges in das Ruhrgebiet eingeschleppt. Für 1881/82 führen Ärzte die Verbreitung der Pocken auf die häufigen Wohnort- und Arbeitsplatzwechsel der Bevölkerung in den Industriestädten zurück. Im Februar 1881 traten die ersten Krankheitsfälle in einem dichtbevölkerten Essener Arbeiterviertel auf, im März 1882 erreicht die Pockenepidemie ihren Höhepunkt.

Vor allem Kinder bis zum Alter von fünf Jahren fallen der Seuche zum Opfer. Bei Untersuchungen zur Ausbreitung der Infektionskrankheit stellen Ärzte fest, daß viele Kinder fälschlich als geimpft in den Polizeilisten aufgeführt werden, weil Eltern aus Furcht vor Bestrafung falsche Angaben machen.

1883

10. 2. Die Stadt Unna verkauft das gotische Rathaus an der Südseite des Marktes. Das Bauwerk wird noch im gleichen Jahr abgerissen.

15. 5. Die seit 1855 in Dortmund erscheinende »Westfälische Zeitung« erscheint nunmehr in Essen als »Rheinisch-Westfälische Zeitung«. →

20. 5. In Duisburg findet das erste Kaiserbergfest statt, ein Turn- und Sportfest.

25. 6. Die Dortmunder Stadtverordnetenversammlung beschließt die Errichtung eines städtischen Museums in zwei Räumen der höheren städtischen Mädchenschule. →

19. 9. Eine Schlagwetterexplosion auf der Zeche Massener Tiefbau in Unna tötet 16 Bergleute.

29. 9. In Dortmund wird mit der Zusammenfassung von 15 lernschwachen Kindern zu einer Gruppe in einer Volksschule die erste Hilfsschulklasse in Westfalen gebildet.

1. 10. Das »Gesetz betreffend die Krankenversicherung der Arbeiter« tritt in Kraft. →

21. 12. Die Regierung in Arnsberg genehmigt die Statuten der neuen Handwerker-Innung für den Amtsgerichtsbezirk Unna.

1883. In der Gastwirtschaft Heuser, an der Stelle des späteren Hans-Sachs-Hauses, wird der Gelsenkirchener Musikverein gegründet.

1883. Den ersten Telefonanschluß in Dortmund erhält der Kaufmann Isidor Goldschmidt in der Bornstraße 28.

1883. Dinslakener Geschäftsleute kaufen einen Hof in der Brückstraße und richten dort mit privaten Mitteln das St. Vinzenz-Krankenhaus ein.

1883. Die Essener Wasserwerke errichten zur besseren Versorgung der Stadt einen Wasserturm. →

1883. Auf der Hygiene-Ausstellung in Berlin wird erstmals ein Arbeiterbrausebad gezeigt, das in den folgenden Jahren in den Waschkauen der Revierzechen eingeführt wird. →

1883. Die Zeche Bonifacius in (Essen-)Kray setzt die erste elektrische Grubenlokomotive im Ruhrbergbau ein. →

1883. Das neu erbaute Armenhaus Clarastift in Gelsenkirchen wird eröffnet.

1883. Auf der Zeche Alte Haase in Sprockhövel wird eine Schachtanlage niedergebracht.

1883. Auf Schacht Thies der Zeche Pluto bei Wanne werden die ersten Teeröfen im Ruhrbergbau in Betrieb genommen.

1883. In Gelsenkirchen wird eine Gewerbeschule für Frauen eingerichtet.

Erste Elektrolok auf Zeche Bonifacius

1883. Auf der Zeche Bonifacius in (Essen-)Kray wird die erste elektrische Grubenlokomotive (Abb.) im Ruhrbergbau unter Tage eingesetzt. Sowohl Bergämter als auch Grubenverwaltungen stehen Lokomotiven mit äußerer Stromzuführung zunächst äußerst skeptisch gegenüber.

Dortmund gründet Geschichtsmuseum

25. Juni 1883. Die Dortmunder Stadtverordnetenversammlung beschließt, in zwei Räumen der höheren Mädchenschule ein städtisches Museum einzurichten. Es ist der Ausgangspunkt des Museums für Kunst und Kulturgeschichte.

Der Anfang der Sammlung von Zeugnissen aus der Geschichte der Stadt wurde 1866 mit dem Ankauf eines stattlichen Fundes Dortmunder Münzen in Cappenberg gemacht. Wenig später entschloß man sich zur Erweiterung auf Dokumente der Dortmunder Geschichte.

1891 wird das Museum in die Pottgasse, 1899 ins alte Rathaus und 1911 in das ehemalige Oberbergamtsgebäude am Ostwall verlegt. Unter dem Museumsdirektor Albert Baum wird im ersten Viertel des 20. Jh. eine Volkskunstsammlung von überregionaler Bedeutung angelegt.

Arbeiterbrausebad ist umstritten

1883. Auf der Hygieneausstellung in Berlin wird erstmals ein Arbeiterbrausebad vorgeführt, das in Fabriken und Zechen die bisher als fortschrittliche Errungenschaft betrachteten Gemeinschaftsbassins ersetzen soll. Im Ruhrgebiet beginnt eine Diskussion über Vor- und Nachteile des Brausebades. In der Folgezeit werden die Duschen in den Waschkauen der Ruhrgebietszechen installiert.

Seit Mitte der 60er Jahre des 19. Jh. wurden auf den Zechen Waschräume, die sog. Waschkauen, eingerichtet. Dies waren zunächt primitive Holzschuppen, in denen den Bergleuten Holzfässer zur Verfügung standen. Auf Anweisung der Bergbehörden wurden zunehmend feste Waschkauen mit Fußböden aus Zement oder Asphalt gebaut. Hinzu kamen in Tische oder Gestelle an den Wänden eingelassene, z. T. mit Kippvorrichtung versehene, emaillierte Metallbecken. Der Ankleideraum wurde häufig vom Waschraum getrennt.

Im Ruhrgebiet wurden diese Einrichtungen in den 70er Jahren durch Bassinbäder ergänzt, die eine bequemere Ganzkörperreinigung ermöglichten. Da das Wasser in diesen Bassins nur einmal täglich gewechselt wurde, erhielten, wie ein Zeitgenosse schildert, nur »die mit den ersten Körben ausfahrenden Bergleute ... reines Wasser; die später kommenden müssen in das Schmutzwasser hinein«. Das gemeinsame Baden nach Schichtende führte oft zur Übertragung von Infektionen und Wurmkrankheiten. Das Arbeiterbrausebad erlaubt dagegen die Reinigung vieler zu gleicher Zeit unter hygienischen Bedingungen. Dennoch gibt es Widerstand gegen die Installation von Duschen, die nicht in abgeschlossenen Kabinen untergebracht sind. Der Landrat von Recklinghausen äußert die weit verbreiteten moralischen Bedenken: »Stellt man sich vor, wie sich in solchen Zellen übermütige jugendliche Arbeiter gegenseitig waschen und betasten, so wird man sich in der Tat kaum noch der Befürchtung erwehren können, daß solche Winkel die Ausbrutstätten der abscheulichsten Unsittlichkeiten zu werden geeignet sind.«

Nach der Jahrhundertwende gehören Duschen zum gewohnten Erscheinungsbild der Waschkauen fast aller Revierzechen. Ein Bergmann schildert das Bad nach Schichtende: »Überall tönt aus seifenblinden Gesichtern der Ruf ›Buckel! Buckel!‹. Wer dir deinen Rücken abseift, dem mußt du seinen Rücken abseifen; das ist ungeschriebenes, aber unverletzliches Recht in der Waschkaue ... Der schwarze Grint setzt sich fest auf die Haut, und da die meisten Kumpel mit freiem Oberkörper arbeiten, so hat es der Rücken besonders nötig. Bald leuchten die rotgeriebenen Körper in Sauberkeit.«

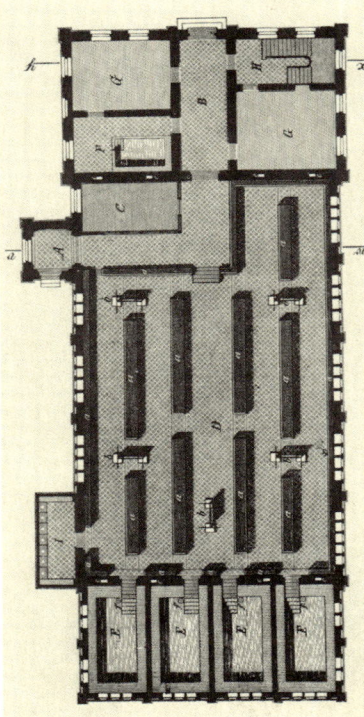

Waschkaue auf der Zeche Ver. Maria Anna und Steinbank in Höntrop

Soziale Sicherung im Krankheitsfall

1. Oktober 1883. Nach dem »Gesetz betreffend die Krankenversicherung der Arbeiter« haben Kranke Anspruch auf freie ärztliche Behandlung und Medikamente. Im Falle der Erwerbsunfähigkeit wird vom dritten Tag an 13 Wochen lang ein Krankengeld gezahlt, das die Hälfte des jeweiligen Lohnes beträgt. Die Arbeitnehmer zahlen um ein Drittel höhere Kassenbeiträge als die Arbeitgeber. Im Ruhrgebiet ist ein Bergmann im Durchschnitt jedes Jahr einen Monat lang auf das Krankengeld angewiesen.

Neue Tageszeitung für das Ruhrrevier

15. Mai 1883. Im Essener Verlag Julius Baedeker erscheint die erste Ausgabe der »Rheinisch-Westfälischen Zeitung« (RWZ). Die neue Tageszeitung geht aus einer Fusion der »Essener Zeitung« und der von Baedeker aufgekauften Dortmunder »Westfälischen Zeitung« hervor. Als Redakteur der RWZ, die zweimal täglich erscheint, zeichnet zunächst Baedeker persönlich verantwortlich. Ab 1884 entwickelt sich die Zeitung rasch zu einem weitverbreiteten Presseorgan im rheinisch-westfälischen Industriegebiet.

Wasserturm sichert Versorgung von Essen

1883. An der Steeler Chaussee wird ein 2000 m³ fassender Wasserturm (Abb.) in Betrieb genommen, um den wachsenden Wasserbedarf der Stadt Essen decken zu können. Im oberen Teil des Turmes befindet sich der schmiedeeiserne Wasserbehälter mit einem Durchmesser von 18 m. An den rund 26 m hohen Turm sind seitlich zwei kleine Türme von 33,35 m angebaut, in denen sich die Zugangstreppen und die Zu- und Ablaufleitungen befinden. Der neue Wasserturm ergänzt das alte Bassin auf dem Steeler Berg, das seit 1866 besteht.

1884

29. 1. In Essen wird der neu erbaute städtische Viehhof in Betrieb genommen. →

März. Der Komponist Johannes Brahms wohnt einem Konzert in Essen bei. Der Dirigent Hendrik Witte, Vorsitzender des Essener Musikvereins, macht die Musik von Johannes Brahms in Essen heimisch.

Sommer. In Bochum werden in einem ehemaligen Seuchenlazarett Notwohnungen für obdachlose Familien eingerichtet.

30. 7. Die (Bochum-)Lindener Firma Gustav Wolff jr. wird in das Handelsregister eingetragen. Die Eisengießerei und Maschinenfabrik stellt Bergwerksmaschinen her, die internationale Beachtung finden.

28. 10. Bei den Wahlen zum 6. Deutschen Reichstag müssen Konservative und Zentrum leichte Verluste hinnehmen. Gewinner sind die Liberalen und, trotz Sozialistengesetz, die Sozialdemokraten (9,7% gegenüber 6,1% bei der letzten Wahl). Im Ruhrgebiet dominieren jedoch weiterhin Liberale, Fortschrittspartei und Zentrum.

1884. Die Kohleförderung auf der Schachtanlage Recklinghausen II beginnt. →

1884. In Duisburg wird das Frau-Rat-Goethe-Gymnasium gegründet.

1884. Bei den Essener Krupp-Werken arbeiten über 10 000 Menschen. →

1884. In Castrop wird der Saalbau am Germanenhügel errichtet (1911 abgebrochen).

1884. Der Bochumer Radverein und der Essener Turn- und Fechtclub werden gegründet. →

1884. Bochumer Bürgerinnen schließen sich zu einem Vaterländischen Frauenverein zusammen.

1884. In Unna wird der Grundstein zu einem Mahnmal für die Gefallenen der Kriege von 1866 und 1870/71 gelegt. →

1884. In Schwerte wird eine Filialstelle des Gewerkvereins der Metallarbeiter gegründet.

1884. Die Barmer Ferienkolonie in (Unna-)Königsborn ist ein vielbesuchter Kinderkurort. →

Um 1884. Die Wohnungsnot im Dortmunder Norden verschlimmert sich. →

GEBOREN:

30. 3. Hattingen: Otto Wohlgemuth († 15. 8. 1965, Hattingen), Arbeiterdichter und Gründer der Künstlervereinigung »Ruhrland«.

21. 10. Gelsenkirchen: Claire Waldoff (eigentlich: Klara Wortmann) († 22. 1. 1957, Bad Reichenhall), Kabarettistin und Schauspielerin in Berlin.

Essener Viehhof geht in Betrieb

29. Januar 1884. An der Stoppenberger Straße in Essen wird der städtische Viehhof eröffnet, ein Jahr später nimmt der städtische Schlachthof auf dem gleichen Gelände den Betrieb auf. Der Viehhof liegt an den Gleisanlagen der preußischen Eisenbahn, so daß Händler aus dem gesamten westfälischen Raum ihr Vieh mit dem Zug anliefern können. In drei großen Markthallen für Großvieh, Kleinvieh sowie Ferkel und Zuchtschweine findet dienstags und donnerstags der Viehverkauf statt.

Schlachtungen in Essen

Jahr	Rinder	Schweine	Schafe/Ziegen
1885/86	4829	12 811	3171
1886/87	7448	16 947	3473
1887/88	5959	19 077	4088
1888/89	6036	21 772	4073

Im ersten Jahr werden in dem Viehhof 21 914 Stück Großvieh, 21 299 Schweine, 11 850 Kälber und 18 390 Stück Zuchtschweine angeboten. Die Schlachtgebühren für ein Rind liegen bei 75, für ein Schwein bei 25 und für ein Kalb bei 20 Pfennigen. Die Stadt Essen ließ den Viehhof anlegen, nachdem die seit den 30er Jahren des 19. Jh. in der Kastanienallee und der Viehhoferstraße stattfindenden Märkte zu eng geworden waren. Neben dem Viehhof eröffnet am 1. Juli 1885 der Schlachthof, in dem alle Schlachtungen zentral durchgeführt werden. Zudem wird hier alles Fleisch, das in Essen verkauft wird, medizinisch untersucht.

In fünf Schlachthäusern können pro Tag 80 Stück Großvieh, 168 Stück Kleinvieh und 200 Schweine verarbeitet werden.

Schon in den 60er Jahren des 19. Jh. gab es Bestrebungen, Viehschlachtungen zentral durchzuführen und zu überwachen. Der Essener Stadtverordnete Friedrich Hammacher begründete 1865 einen solchen Antrag vor den Stadtverordneten: »Wir glauben, daß die Bewohner Essens infolge der Errichtung eines Schlachthauses wesentliche Vorteile erlangen werden, daß namentlich eine Kontrolle über die Gesundheit des geschlachteten Viehs dadurch ermöglicht und der Nachteil für die Gesundheit und Annehmlichkeit beseitigt wird, daß die Abfälle und Blutausläufe der Schlächtereien fast auf jeder Straße der Stadt angesammelt werden.«

Rauchende Schornsteine, riesige Fabrikhallen und Wohnsiedlungen neben dem Werk prägen das Bild der Kruppschen Gußstahlfabrik in Essen um 1880

Die Krupp-Stadt – eine eigenständige Stadt bei Essen

1884. In der Essener Gußstahlfabrik Fried. Krupp sind 10 179 Menschen beschäftigt; das Werksgelände mit den angeschlossenen Wohnsiedlungen und Versorgungseinrichtungen ist größer als das Stadtgebiet von Essen.

In der Beschreibung der Kruppschen Industrieanlagen von F. J. Pielert, der Reiseeindrücke aus dem Ruhrtal schildert, heißt es: »Man sieht durch die offenen Eingänge hier und da in die Feuer der 60 bis 70 Essen, deren Kamine hoch in die Luft aufragen, hört das Sausen und Brausen der Räder und Walzen und den Donner von hundert größeren und kleineren Hämmern. Gegen 300 Dampfmaschinen sollen da ihre Kraft aufbieten, um die zahllosen Apparate in Bewegung zu setzen, und der tägliche Verbrauch an Kohlen soll über 2500 Tonnen betragen. Rund um das Werk und bis in die Mitte läuft eine eigene Eisenbahn, welche nach allen Seiten hin mit der Rheinischen, der Bergisch-Märkischen und der Cöln-Mindener Bahn in Verbindung steht.«

Der Biograph von Alfred Krupp, der Essener Diedrich Baedeker, listet die industriellen und infrastrukturellen Anlagen der Kruppschen Gußstahlfabrik auf, wonach sich 1195 Öfen, 92 Dampfhämmer, 21 Walzenstraßen, 73 km Eisenbahnschienen mit 28 Lokomotiven und 992 Waggons sowie 31 Telegrafenstationen und 140 km Telefonleitungen auf dem Werksgelände befinden.

In unmittelbarer Nähe zu den Industrieanlagen liegen mehrere Wohnsiedlungen, in denen rund 30 000 Menschen leben, u. a. die Siedlungen Nordhof mit 154 Wohnungen, Westend mit 219 Wohnungen und Kronenberg mit 1501 Wohnungen. In diesen Siedlungen leben nur Beschäftigte der Kruppschen Fabrik mit ihren Familien. Die Mieten liegen bei 8 Mark pro Monat, während der durchschnittliche Tageslohn eines Arbeiters 3,55 Mark beträgt. Den Bewohnern der Siedlungen stehen werkseigene Schulen, Märkte, Gas- und Wasserversorgungseinrichtungen sowie eine Badeanstalt zur Verfügung. Auch die Versorgung mit Lebensmitteln geschieht zentral über eine Konsumanstalt.

Die »Krupp-Stadt« bildet neben der Stadt Essen eine eigene Welt; mit ihren Fürsorge- und Versorgungseinrichtungen verfügt Krupp auch über ein Instrument sozialer Kontrolle, denn wer sich gegen den Fabrikherrn auflehnt, verliert nicht nur seine Arbeit, sondern auch noch seine Wohnung und alle anderen Vergünstigungen.

Lageplan der Kruppschen Fabrik- und sonstigen Werksanlagen neben der nierenförmigen Stadt Essen (l.); Alfred Krupp, der dieses Imperium geschaffen hatte, war es gelungen, eine fast eigenständige Stadt um seine Fabrik zu errichten, in der er die Kontrolle über Wohnungen, Lebensmittelversorgung, Ausbildung und Erziehung der Kinder und Altersfürsorge seiner Arbeiter innehat.

Turn- und Fechtclub Essen gegründet

1884. Der Essener Fechtclub, später Turn- und Fechtclub (ETUF), wird auf Initiative von Friedrich Alfred Krupp gegründet. Krupp ist bereits Ehrenmitglied des seit 1859 bestehenden Essener Turnvereins. Fechtunterricht, den er in Frankreich genommen hatte, regte ihn zur Gründung eines Fechtclubs an.

Die Exklusivität des Fechtsports entspricht dem Prestigedenken und dem sozialen Status der ersten Mitglieder, ausschließlich Lehrer, Kaufleute und höhere Verwaltungsbeamte. Bis 1899 weitet der Verein seine Aktivitäten durch den Bau einer Turnhalle, eines Bootshauses und das Anlegen von Tennisplätzen aus. In dieser Zeit gilt die Tennisriege des ETUF als »Heiratsmarkt« für junge Damen der gehobenen, gutsituierten Schichten.

Wohnungsmangel in Dortmunds Norden

Um 1884. Die Stagnation der Neubautätigkeit in Dortmund führt zu einer zunehmenden Verschärfung der Wohnungsnot besonders in den ärmeren Bevölkerungsschichten. Für die seit 1875 von rund 55 000 auf über 75 000 gestiegene Einwohnerzahl sind im selben Zeitraum nur 151 Wohngebäude errichtet worden. Zwischen 1828 und 1873 war die Zahl der neuen Wohngebäude von 913 auf ca. 3000 vermehrt worden. Der Verdreifachung des Wohnungsbestandes stand aber in demselben Zeitraum eine Verneunfachung der Bevölkerung gegenüber. Das Zentrum des Bevölkerungswachstums lag in den Dortmunder Vorstadtgemeinden, die auch jetzt die Hauptlast der Wohnungsnot zu tragen haben. Am meisten betroffen ist die hauptsächlich von Arbeitern und Handwerkern bewohnte Nordstadt.

Knapper Wohnraum und karges Einkommen sorgen für eine weite Verbreitung des Quartier- und Kostgängerwesens, das genauen behördlichen Regelungen unterworfen ist: Für je zwei Kost- und Quartiergänger müssen mindestens ein Bett und ein Waschgeschirr zur Verfügung stehen. Die Schlafräume der Untermieter dürfen keine Verbindung zu der Wohnung des Vermieters haben. Die hygienischen Verhältnisse sind trotz Kanalisation unzureichend.

Bergarbeiterbelegschaft der Schachtanlage Recklinghausen, die von einer kapitalkräftigen Bergwerksgesellschaft aus Belgien betrieben wird

Anlage des Kinderkurhauses der Barmener Ferienkolonie im Solbad Königsborn; sie mußte wegen ihrer großen Beliebtheit mehrfach erweitert werden

Grundsteinlegung für ein Mahnmal für die Gefallenen der Kriege 1866 und 1870/71 auf dem Marktplatz in Unna; die Häuser sind mit Fahnen geschmückt

Neue Schachtanlage in Recklinghausen

1884. In Recklinghausen nimmt die Schachtanlage Recklinghausen II die Förderung auf. Die Abteufarbeiten hatten 1882 begonnen. Ebenso wie die Zeche Recklinghausen I befindet sich die neue Anlage im Besitz der 1863 von dem französischen Ingenieur August Demmler gegründeten Gesellschaft »Société Anonyme Belge des Charbonnages d'Herne-Bochum«. Das belgische Unternehmen hatte 1864 im Vest Recklinghausen den ersten Schacht Providence niedergebracht. Ein weiterer Schacht war 1869 in Förderung gegangen. Auf dieser Anlage wurde das erste stählerne Fördergerüst im deutschen Bergbau errichtet.

Kranke Kinder kuren in Bad Königsborn

1884. Die Barmer Ferienkolonie im Solbad Königsborn (→ 21. 4. 1882) erfreut sich ständig wachsender Beliebtheit. Das 1882 eröffnete und 1883 erweiterte Kinderkurhaus gerät bald an die Grenzen seiner Aufnahmekapazitäten.

Die Anfänge der Ferienkolonie reichen zurück in das Jahr 1880, als Eltern aus Barmen, deren skrofulosekranke Kinder zu Hause nicht recht genesen konnten, sich dafür einsetzten, ihrem Nachwuchs eine freie Kur in Königsborn zu ermöglichen. Im August desselben Jahres fuhren die ersten 24 Kinder in das Solbad, finanziert durch einen eigens eingerichteten Barmer Förderverein.

Gedenkstätten für Kriegsgefallene

1884. Auf dem Marktplatz von Unna wird der Grundstein zu einem Mahnmal für die Gefallenen des »Deutschen Krieges« zwischen Preußen und Österreich (1866) und des Deutsch-Französischen Krieges (1870/71) gelegt. Das Denkmal, die sog. Germania, wird zu einem Zentrum nationaler Feiern.

Kriegerdenkmäler sind in den zurückliegenden Jahren auch in anderen Städten des Ruhrgebiets errichtet worden. In Gelsenkirchen wurde 1875 ein Ehrenmal mit der Büste von Kaiser Wilhelm I. enthüllt. Weitere Denkmäler wurden in Hagen (1875) und Duisburg (1876) eingeweiht.

1885

10. 1. In Dinslaken wird eine Naturalverpflegungsstation eröffnet, die mittellosen Wanderburschen Verpflegung und Unterkunft gewährt.

15. 1. In Duisburg werden 47 und in Ruhrort 8 Fernsprechstellen in Betrieb genommen.

4. 3. Im »Märkischen Sprecher« erscheint der Beitrag »Es spukt in Altenbochum« (→ März 1885).

1. 4. Das Dorf Gladbeck wird aus dem Amtsverband Buer gelöst und zu einem selbständigen Amt erhoben. →

31. 5. In Dortmund findet das Verbandsfest der katholischen Vereine Dortmunds unter Beteiligung deutscher und polnischer Katholiken statt.

1. 10. In Preußen wird das Unfallversicherungsgesetz neu eingeführt. →

1885. Dortmund ist mit 78 000 Einwohnern die größte Ruhrgebietsstadt. Essen hat 65 000, Duisburg 48 000, Bochum 41 000, Mülheim 24 000, Gelsenkirchen und Oberhausen jeweils 20 000 Einwohner.

1885. Aus den Städten Gelsenkirchen und Wattenscheid sowie den Ämtern Schalke, Ückendorf, Wattenscheid und Wanne wird der Landkreis Gelsenkirchen gebildet.

1885. Der neu gebildete Kreis Hattingen umfaßt neben der Stadt Hattingen auch die Ämter Blankenstein, Hattingen und Königssteele.

1885. Auf der Zeche König Ludwig in Recklinghausen beginnt die Kohleförderung.

1885. Daniel Kettler gründet in Hagen die Westfälische Schrauben- und Mutternfabrik.

1885. Die Märkische Mühlen-Aktiengesellschaft A. Rosiny & Cie. aus Witten läßt sich in Duisburg nieder.

1885. Der Jahresausstoß der Dortmunder Actien-Brauerei übersteigt erstmals die 100 000-Hektoliter-Grenze.

1885. Auf der Weltausstellung in Antwerpen werden die Erzeugnisse der Bayrischen Bierbrauerei Gebr. Müser aus (Bochum-)Langendreer mit einer Silbermedaille ausgezeichnet.

1885. Das St. Josephs-Hospital in (Dortmund-)Kirchlinde wird gebaut.

1885. In Mülheim-Raffelberg wird der Mülheimer Reiterverein gegründet.

1885/86. In (Recklinghausen-)Hochlarmark wird die »Alte Kolonie« für Bergarbeiter gebaut.

GESTORBEN:

30. 10. Düsseldorf: William Thomas Mulvany, (* 11. 3. 1806, Sandymount Dublin), Industrieller. →

Gemeinde Gladbeck wird selbständig

1. April 1885. Das Dorf Gladbeck wird aus der Zuständigkeit der Bürgermeisterei Buer entlassen und zur selbständigen Gemeinde erhoben. Schon im März 1883 hatten die Gladbecker Bürger beim zuständigen Landrat Freiherr von Reitzenstein die Bildung einer eigenen Amtsverwaltung beantragt. Trotz anfänglicher Widerstände des westfälischen Provinziallandtages wurde am 3. Oktober 1884 durch eine königliche Verordnung die Genehmigung zur Gemeindebildung erteilt.

Der erste Gladbecker Amtmann Heinrich Korte steht im Jahr seiner Amtseinführung (1885) einer noch dörflichen Gemeinde mit 4435 Einwohnern vor: Erst seit 1873 wird in Gladbeck Kohle gefördert; der einzigen Zeche im Ort folgten bislang noch keine weiteren Ansiedlungen von Industrieunternehmen. Allein die Eisenbahnlinie Essen – Winterswyk schafft für Gladbeck eine überregionale Verkehrsanbindung. Auch die sonstige Infrastruktur des Ortes ist nur wenig entwickelt.

Die Gemeinde besitzt keine öffentliche Straßenbeleuchtung, und es fehlen medizinische Versorgungseinrichtungen. Erst ein Jahr nach Erhalt der Selbständigkeit bekommt Gladbeck eine Schule. Im folgenden Jahr kann ein Armenhaus errichtet werden, und ein praktischer Arzt läßt sich in der Gemeinde nieder.

Pionier des Reviers Mulvany gestorben

30. Oktober 1885. In Düsseldorf stirbt William Thomas Mulvany im Alter von 79 Jahren.

Der gebürtige Ire Mulvany gehört mit zu den »Gründervätern« des Ruhrgebiets. Durch die wagemutige Abteufung neuer Tiefbauschächte in Gelsenkirchen und Herne in den 50er Jahren des 19. Jh. legte er den Grundstein für die Nordwanderung des Ruhrbergbaus. Bereits 1865 galten seine beiden Zechen Hibernia und Shamrock als moderne Großschachtanlagen.

Grabstätte des Bergbaupioniers William Thomas Mulvany in Düsseldorf

Invalidengeld bei Arbeitsunfällen

1. Oktober 1885. Das Unfallversicherungsgesetz verpflichtet Werksbesitzer, bei Arbeitsunfällen die Behandlungskosten für Verletzte zu übernehmen und für die Dauer der Arbeitsunfähigkeit Invalidengeld bzw. im Todesfall Rente für die Angehörigen zu zahlen. Die Geschädigten sind nicht verpflichtet, ein etwaiges Verschulden des Arbeitgebers nachzuweisen.

Verunglückt ein Bergmann, so bezieht er bis zum Ablauf der 13. Woche nach Eintritt des Unfalls finanzielle Unterstützung der Krankenkasse (→ 15. 6. 1883). Mit Beginn der fünften Woche wird jedoch das Krankengeld von der Hälfte auf zwei Drittel des jeweiligen Lohnes erhöht. Im Unterschied zum niedrigen Krankengeld wird damit Unfallverletzten eine Unterstützung gewährt, die das Existenzminimum sichert.

Nach Ablauf der 13. Woche hat das Unfallopfer Anspruch auf Invalidengeld, dessen Höhe sich nach dem Grad der Erwerbsfähigkeit richtet. Witwen und Waisen erhalten je 20% des vorherigen Verdienstes ihres Ehemannes bzw. Vaters. Eine Familie erhält jedoch nur bis zu 60% des Jahresverdienstes eines Verstorbenen. Die für jeden Gewerbezweig gebildeten Unfallberufsgenossenschaften werden mit der Durchführung des neuen Unfallversicherungsgesetzes beauftragt.

Bochumer Gespensterjagd endet böse

März 1885. In diesen Tagen geht in Altenbochum das Gerücht um, daß auf Peters-Hof Gespenster ihr Unwesen treiben. Der Gutsbesitzer Kettler, dem der Hof gehört, macht sich einen Spaß daraus und bestätigt das Gerücht. Auch eine feucht-fröhliche Runde in der Wirtschaft Reese treibt Schabernack mit der Geisterfurcht und setzt am 3. März eine Anzeige in die Zeitung, in der beherzte Männer gesucht werden, um die Geister zu bannen. Tatsächlich melden sich über 20 »Geisterbanner«.

Täglich ziehen Neugierige vor den Hof, und nur mit Mühe können die Bewohner sie überreden, wieder nach Hause zu gehen, da es keinen Spuk gebe. Überzeugt haben sie die Bochumer wohl nicht, denn am 7. März – es ist Lohntag und die Wirtschaften sind überfüllt – brechen nachts zur Geisterstunde über 100 Menschen zum Peters-Hof auf. Sie sind mit Stöcken und Knüppeln bewaffnet, einige tragen geweihte Gegenstände mit sich.

Die »Geisterbanner« dringen in den Hof ein, durchsuchen die Scheune und wenden sich, als sie dort nichts finden, dem Wohnhaus zu. Ein Zeitungsbericht beschreibt die nun folgenden Vorgänge: »Die Insassen des Hauses wußten vor Angst nicht, was sie gegen die Eindringlinge machen sollten, ihren Forderungen, den Hof zu verlassen, gaben sie kein Gehör, vielmehr regnete es Steine in das Haus; auch wurde gegen dasselbe geschossen, einem Anwohner ging eine Kugel dicht am Kopf vorbei. Die Glasscheiben flogen mit den Steinen bis in die Betten.« Das Spektakel dauert fast drei Stunden, zwei der Unruhestifter tragen Schußverletzungen davon.

Im Januar 1886 findet vor dem Schwurgericht in Essen der Prozeß gegen die »Geisterbanner« wegen Landfriedensbruch statt. Da keinem der Angeklagten die Beteiligung an den Gewalttaten nachgewiesen werden kann, müssen sie freigesprochen werden.

Wie sich später herausstellt, war die Ursache der unglücklichen Gespenstergeschichte ein nachts auf dem Hof umherlaufender Esel.

1886

24. 2. Aus dem Gebiet des Landkreises Dortmund werden die Landkreise Dortmund und Hörde gebildet.

Frühjahr. Die Oberpostdirektion in Düsseldorf genehmigt die Errichtung einer Fernsprechanlage im niederrheinisch-westfälischen Industriebezirk. →

1. 4. (Oberhausen-)Sterkrade bekommt eine eigenständige Verwaltung.

1. 4. Die bisher zum Amt Hattingen gehörenden Gemeinden Linden und Dahlhausen (Bochum) bilden ein neues Amt.

1. 7. Die Turner- und die Bürgerfeuerwehr in Unna vereinigen sich zur Freiwilligen Feuerwehr der Stadt.

1. 7. In Castrop wird das Wasserwerk für das nördliche westfälische Kohlenrevier in Betrieb genommen.

31. 7./1. 8. Die neue preußische Kreisordnung und die neue Provinzialordnung treten in Westfalen in Kraft.

24. 9. Das erste große Grubenunglück in Gelsenkirchen auf der Zeche Consolidation fordert 50 Todesopfer.

2. 10. Mit der Amtseinführung des Oberbürgermeisters Erich Zweigert wird das neue Essener Rathaus eingeweiht (→ 1886).

18. 10. Der Duisburger Centralbahnhof wird eingeweiht.

November. In Bottrop wird der Verein St. Barbara von Bergleuten oberschlesischer Abstammung gegründet. →

1. 11. In Gladbeck, das bisher nur einen Polizeidiener hatte, wird wegen der Bevölkerungszunahme zusätzlich ein berittener Gendarm stationiert.

1886. Der Bergisch-Märkische Bahnhof in Oberhausen wird mit dem Köln-Mindener zu einem Zentralbahnhof vereinigt.

1886. Die Herdbaufirma von Fried. Küppersbusch in Gelsenkirchen hat 60 Mitarbeiter. →

1886. Der städtische Schlachthof an der Rotthauser Straße in Gelsenkirchen wird in Betrieb genommen.

1886. In Essen wird eine Kläranlage errichtet, nachdem es zu einem Rechtsstreit mit der Gemeinde Altenessen gekommen ist. →

1886. Der Wittener Verein für Orts- und Heimatkunde wird gegründet.

1886. In der Stadt Essen werden für insgesamt 651 Neubauten Konzessionen erteilt; davon entfallen 98 auf Wohnhäuser und 233 auf gewerbliche Bauten.

GEBOREN:

29. 3. Essen: Bertha Krupp († 21. 9. 1957, Essen), Industrielle.

Bevölkerungsanstieg verändert Städte

1886. Essen und Bochum erhalten neue Rathäuser. Die Stadtverwaltung Essen bezieht einen lange geplanten Neubau am Markt, und in Bochum ergreift Oberbürgermeister Karl Bollmann eine günstige Gelegenheit zum Kauf des ehemaligen Hotels Soeding an der Alleestraße. In beiden Städten reichen jedoch die neuen Räumlichkeiten nicht aus, um den Verwaltungsapparat unterzubringen, der mit dem starken Bevölkerungsanstieg gewachsen ist.

Bevölkerungswachstum in den Städten (in 1000)

	1858	1885
Dortmund	22	78
Essen	17	65
Duisburg	12	48
Bochum	8	41
Oberhausen	–	30
Mülheim	12	24
Hamm	10	20
Gelsenkirchen	–	20
Recklinghausen	4	9

Das Bochumer Rathaus wird in den folgenden Jahren ständig ausgebaut, und wie in Essen müssen auch hier weitere Häuser für die städtischen Behörden angemietet werden, was zu einer starken Zersplitterung der Verwaltungen führt.

Mit der Einwohnerzahl der Städte nimmt auch die Zahl der Beamten je Einwohner zu; während 1850 z. B. in Essen auf jeden der vier Verwaltungsbeamten noch 2253 Einwohner entfielen, kommen 1885 auf jeden der 37 Beamten 1735 Einwohner. Zur besseren Versorgung der Bürger und zur Entlastung der Verwaltung wurde 1876 für Bochum ein eigener Stadtkreis gebildet.

Seit Mitte des Jahrhunderts entwickeln die Stadtverwaltungen neue Aufgabenbereiche. Neben den bereits bestehenden Einrichtungen der Armen- und Krankenpflege werden Wasserwerke (→ 1866) und Gasanstalten (→ 30. 1. 1855) für die Versorgung von Industrie und Haushalten sowie städtische Schlachthöfe (→ 29. 1. 1884) gebaut. Die öffentlichen Dienstleistungsbetriebe gelten als großer Fortschritt, da kleinere Gemeinden z. T. nicht einmal über gepflasterte Straßen verfügen, geschweige denn über öffentliche Versorgungsbetriebe.

Besonders Bochum, dessen Bevölkerung sich in weniger als 30 Jahren verfünffacht hat, bietet dem Betrachter ein völlig verändertes Bild. Der zweite Bürgermeister Carl Lange berichtet: »Wer die Stadt Bochum vor vielleicht zwanzig, dreißig, vierzig oder fünfzig Jahren mit ihren Zuständen und Einrichtungen kennengelernt hat, und wer sie heute besuchen und in ihr umsehen sollte, würde dieselben kaum wiedererkennen ... Neben dem alten Stadttheile ist ein neuer entstanden,

▷ *Repräsentativer Essener Rathausbau, für 1 Mio Mark errichtet*

▽ *Neues Bochumer Rathaus an der Alleestraße für die schnell wachsende Verwaltung*

der regelmäßige, herrliche Straßen mit großen, freien Plätzen besitzt, an welchen stattliche massive Neubauten ... sich befinden, die einen großstädtischen Eindruck hervorrufen. Es wird in der Stadt die Fabrication von Groß-Eisenwaaren ... schwunghaft betrieben, und die nächste Umgebung hat so erhebliche Kohlenbergwerke, daß die Belegschaften der einzelnen Zechen nicht bloß nach Hunderten, sondern nach Tausenden zählen. Es ist selbstredend, daß durch derartige Fabrications- und Arbeitsstätten sich eine bedeutende Zahl von Arbeitern nach der Stadt ziehen muß«.

Die enorme Entwicklung im Ruhrbergbau sowie in der Eisen- und Stahlindustrie erfaßt die gesamte Region entlang des Hellwegs. So belegt die Statistik eine Steigerung der Steinkohlenförderung von 1,9 Mio t im Jahr 1850 auf 22,3 Mio t 1880; die Roheisenproduktion wächst im gleichen Zeitraum von 11 500 t auf 1,4 Mio t. Der Ausbau der Schwerindustrie, der Tausende von Arbeitern in die Region zieht, ist die treibende Kraft des städtischen Wachstums im Revier.

Telefonnetz verbindet Städte im Revier

Frühjahr 1886. Die Kaiserliche Oberpostdirektion in Düsseldorf gibt Bedingungen zur Einrichtung eines Telefonnetzes für den niederrheinisch-westfälischen Industriebezirk bekannt. Interessierte Teilnehmer, meist aus Industriekreisen, sollen sich mit einer Investitionshilfe von insgesamt 50 000 Mark an den Baukosten des Fernsprechnetzes beteiligen. Als Gebühr für einen Telefonanschluß wird ein Betrag von 200 Mark jährlich bei fünfjähriger Vertragslaufzeit veranschlagt.
Es bedurfte intensiver Bemühungen der Industrie- und Handelskammern Mülheim, Essen und Duisburg sowie des Vereins für bergbauliche Interessen, die Oberpostdirektion zur Ausarbeitung von Plänen für ein Telefonnetz im Ruhrgebiet zu bewegen. Nach dem Vorbild der 1833 im oberschlesischen Industriebezirk errichteten Telefonanlage soll ein die

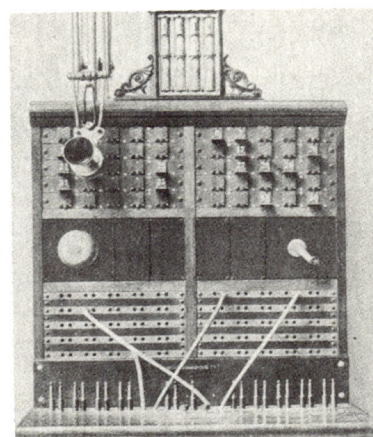

Eine Anlage der Fernsprechvermittlung, der sog. Klappenschrank

ganze Region überspannendes Netz von Überlandleitungen geschaffen werden. So kommt es am 15. November 1886 zum Anschluß von 273 Teilnehmern, verteilt auf die Vermittlungsämter Bochum (78), Dortmund (68), Essen (36), Ruhrort (31), Duisburg (28), Mülheim (25) und Oberhausen (7), in der Mehrzahl Zechen und Fabriken. Gewünschte Verbindungen zwischen den Fernsprechteilnehmern werden in diesen Vermittlungsstellen mittels Stöpselleitungen hergestellt. Hebt ein Teilnehmer den Hörer seines Apparates ab, so fällt im zuständigen Vermittlungsamt am sog. Klappenschrank eine Klappe herunter, die den Beamten auf den Telefonierwunsch des Teilnehmers aufmerksam macht. Ferngespräche sind unmöglich, selbst im Reviernetz bestehen anfangs noch Lücken. Die Gesprächszeit wird vom Amt auf je fünf Minuten begrenzt. Das Telefonieren ist durch die Dienstzeit der Postbeamten auf werktägliche Stunden zwischen sieben und 19 Uhr beschränkt, Mittagspausen abgerechnet.

Kläranlage für Essener Abwässer

1886. Die Stadt Essen nimmt eine Kläranlage zur Reinigung der Abwässer in Betrieb, die zwischen Lange- und Schlenhofstraße liegt.
Nach dem Vorbild der Städte Potsdam und Braunschweig werden in gemauerte Brunnen eiserne Zylinder eingehängt. Die Abwässer werden in die Brunnen geleitet, nachdem sie zuvor mit kalkhaltigen Chemikalien versetzt worden sind. Mit Druckluft wird das Wasser anschließend in den Zylindern langsam hochgepreßt, so daß die Verunreinigungen, die durch den Kalk gebunden worden sind, auf den Boden des Brunnens absinken.
Das gereinigte Wasser wird über einen Ablauf am oberen Ende des Zylinders in das Flüßchen Berne geleitet. Früher waren die Abwässer Essens ungereinigt in die Berne eingeleitet worden.

Küppersbusch: Schlosserwerkstatt expandiert zu einem industriellen Großunternehmen

1886. Drei Jahre nach Aufnahme der Serienproduktion von eisernen Küchenherden mit zwölf Mitarbeitern im Jahr 1883 beschäftigt die Firma Küppersbusch & Söhne in der Gemeinde Schalke bereits 60 Arbeiter (Abb.). Den Grundstein für den Ausbau des 1875 in der Kaiserstraße 55 als Schlosserwerkstatt gegründeten Unternehmens hatten die Söhne von Friedrich Küppersbusch noch im Gründungsjahr der Firma gelegt: Während ihr Vater sich auf die Herstellung von Vorhänge- und Türschlössern sowie Ofenreparaturen beschränkte, entwickelten die Söhne Karl und Robert die Idee, Herde fabrikmäßig herzustellen. Als Karl dem Vater die ersten Serienmodelle vorstellte, war Friedrich Küppersbusch hellauf begeistert: »Das sind ja Herde so schön wie Blumenkörbe, die kann man nicht nur an Private, sondern auch an Händler verkaufen!«

Ruhrpolen in Vereinen

November 1886. In Bottrop wird als erste polnische Organisation der katholische Verein St. Barbara (Górnośląski Związek św. Barbary) von 48 oberschlesischen Bergleuten gegründet. Die »Bottroper Volkszeitung« berichtet von der Gründungsversammlung und veröffentlicht die Vereinsmitteilungen in polnischer Sprache. Der St. Barbara-Verein Bottrop will wie die zahlreichen anderen polnischen Vereine im Ruhrgebiet religiöses und nationales Brauchtum der Polen pflegen. Die polnischen Vereine sind Ausdruck des nationalen Zusammengehörigkeitsgefühls und gehen zurück auf kirchlich-religiöse Ursprünge. Um 1890 beträgt der Anteil der Polen an der Gesamtbelegschaft im Oberbergamtsbezirk Dortmund 7,2%. Die ausländischen Zuwanderer haben Integrationsprobleme, da sie aus einem anderen Kulturkreis stammen und die deutsche Sprache oft nur unzureichend beherrschen. Bei der deutschen Bevölkerung stoßen die »Polacken« oft auf offene Ablehnung. Die polnische Minderheit sucht daher Geborgenheit in national geprägten Vereinen.

Die Gründungen konzentrieren sich auf das Kerngebiet der frühen polnischen Einwanderung im nordöstlichen Teil des Ruhrgebiets. Fast alle Vereine tragen die Namen katholischer Heiliger und Schutzpatrone. Mit dem demonstrativen Bekenntnis zum Katholizismus verteidigen die Ruhrpolen einen wichtigen Aspekt ihrer Volkszugehörigkeit. Jeder Verein ist bestrebt, ein eigenes, möglichst kostbares Vereinsbanner mit typischen Motiven des polnischen Katholizismus zu besitzen. Auf dem Banner des Bottroper St. Barbara-Vereins ist die Schwarze Madonna von Tschenstochau (Częstochowa) abgebildet.

Mitglieder eines polnischen Vereins mit Vereinsfahne

1883 ließ die preußische Regierung eine Erhebung zu Anzahl und Zielen der polnischen Vereinigungen im Ruhrgebiet durchführen. Die Behörden betrachten diese als unpolitisch und messen ihnen keine große Bedeutung zu. 1884 vermutete der Bochumer Landrat, daß »durch die Volksschulen, Verheirathungen und den fortwährenden Verkehr mit der deutschen Bevölkerung ohnehin auf die Dauer die Germanisierung der polnischen Elemente hier in der Gegend« eintreten werde.

Marienmünze für polnische Vereinsmitglieder (Westf. Landesmuseum)

1887

21. 2. Bei den Reichstagswahlen erhalten die Konservativen 15%, die Nationalliberalen 22,3%, das Zentrum 20,1% und die Sozialdemokraten 10,1% der abgegebenen Stimmen. Im Ruhrgebiet erhalten Nationalliberale und Fortschrittspartei die meisten Stimmen, die Sozialdemokratie bleibt eine kleine Splittergruppe.

1. 4. Die Stadt Hagen wird kreisfrei.

18. 9. Der im Vorjahr ins Leben gerufene Dortmunder Rennverein führt das erste Pferderennen durch. →

20. 9. Die städtische Gasanstalt in Hagen wird eröffnet.

6. 10. Der private Orchesterverein Dortmund gibt unter der Leitung von Georg Hüttner sein erstes Konzert. →

12. 10. Auf Schlagwettergruben werden durch eine Bergpolizeiverordnung Sicherheitslampen behördlich vorgeschrieben. →

13. 11. Mit der Einweihung der Duisburger Tonhalle wird eine Theatergemeinschaft von Düsseldorf und Duisburg ins Leben gerufen. →

27. 12. In Hagen wird die Accumulatoren-Fabrik Tudorschen Systems Büsche & Müller gegründet. →

1887. In Bochum wird die Industriebahnenfabrik Arthur Koppel gegründet (später Orenstein & Koppel AG).

1887. In Gelsenkirchen wird die Brauerei Glückauf, Fritz Schulte im Hofe, Pokorny und Comp. gegründet.

1887. Die Firma Fried. Krupp errichtet ein Kraftwerk zur Versorgung der Werkstätten und Fabrikanlagen. →

1887. In Bochum erscheint erstmals das »Rheinisch-Westfälische Tageblatt«.

1887. Eine Schlagwetterexplosion auf der Zeche Hibernia in Gelsenkirchen fordert 52 Menschenleben.

1887. Das Essener Stadtwappen erhält seine endgültige Form und wird verkleinert als Stadtsiegel eingeführt. →

GESTORBEN:

14. 7. Essen: Alfred Krupp (* 26. 4. 1812, Essen), Industrieller. →

GEBOREN:

1. 1. (Dortmund-)Aplerbeck: Wilhelm Canaris († 9. 4. 1945, KZ Flossenbürg), Admiral und Widerstandskämpfer.

30. 1. Bochum: Felix Wilhelm Beielstein († 29. 11. 1964, Essen), Schriftsteller.

10. 12. Recklinghausen: Jans Füting († 29. 9. 1964, Wadersloh bei Beckum), Lehrer und Mundartdichter.

Alfred Krupp stirbt in der Villa Hügel

14. Juli 1887. In der Villa Hügel in Essen stirbt Alfred Krupp im Alter von 75 Jahren. Er war am 26. April 1812 als Sohn des Gründers der Essener Gußstahlfabrik Friedrich Krupp geboren worden und hatte im Alter von 14 Jahren das Werk übernommen. Die Fabrik wird unter seiner Führung zum größten Industrieunternehmen Europas. Zeitungen des In- und Auslandes bezeichnen den Verstorbenen in Nachrufen als »den König unter den Geschützbauern«, »den Fürsten eines selbstgeschaffenen Staates im Staate«. Die Essener »Rheinisch-Westfälische Zeitung« schreibt: »Gewiß hat neben dem Erfinder des Zündnadelgewehrs niemand zur Vervollkommnung der Kriegswaffen so beigetragen wie Krupp. Eine unberechtigte Empfindlichkeit wäre es jedoch, ihm aus diesem Grund zu grollen.«

Wappen der Stadt Essen mit Fürstenkrone, Schwert und Doppeladler

Essener Geschichte im Stadtwappen

1887. Die Stadt Essen führt das heute noch gültige Stadtwappen ein. Es zeigt ein goldenes Schwert auf einem blauen Schild als Symbol für die Patrone der Münsterkirche Cosmas und Damian (→ 8. 7. 870). Auf einem zweiten schwarzgrundigen Schild ist der preußische Doppeladler abgebildet, da Essen seit Beginn des 19. Jh. zum preußischen Staat gehört. Über beiden Schilden ist eine Fürstenkrone zu sehen, die daran erinnert, daß Essen bis zum Beginn der preußischen Herrschaft ein Fürstentum war.

Neue Lampen erhöhen Grubensicherheit

12. Oktober 1887. Durch eine Bergpolizeiverordnung schreibt das Oberbergamt Dortmund auf allen Schlagwettergruben des Ruhrgebiets den Gebrauch von Sicherheitslampen vor. Bis dahin hatte die Bergbehörde es den einzelnen Grubenverwaltungen überlassen, Anordnungen über den Gebrauch von Sicherheitslampen zu treffen.

Ihre obligatorische Einführung ist ein Ergebnis der Arbeit einer 1881 berufenen Preußischen Schlagwetterkommission. Konstruktionsart und Handhabung des bergmännischen Geleuchts unter Tage sind Hauptursachen für den Ausbruch von Schlagwetterexplosionen.

Bis zur Einführung der Sicherheitslampe im Ruhrbergbau dienen Talgkerzen, Fackeln und offene Öllampen zur Erhellung des Arbeitsplatzes unter Tage. Die gebräuchlichste Lampe ist bis in die 80er Jahre des 19. Jh. die mit Rüböl gespeiste Öllampe, für deren Füllung und Instandhaltung der Bergmann selbst verantwortlich ist.

Erfunden wurde die Sicherheitslampe bereits 1815 von dem Engländer Sir Humphry Davy. Im Ruhrge-

Grubensicherheitslampe; ein Glaszylinder umgibt die offene Flamme

biet wurden die ersten Sicherheitslampen in den 40er Jahren des 19. Jh. durch den Bochumer Bergmeister Gottfried Heinrich Herold eingeführt. Obwohl zwischen 1861 und 1882 über 58% aller Explosionsunglücke im Ruhrrevier auf offene Lampen zurückzuführen waren, wurde ihr Gebrauch im Jahr 1883 erst auf 39 Gruben verboten. Im gleichen Jahr wurden von der Preußischen Schlagwetterkommission 133 der 196 Schachtanlagen des Ruhrgebiets als schlagwettergefährdete Gruben eingestuft.

Gegenüber der offenen Lampe ist bei der Sicherheitslampe die Flamme durch einen Glaszylinder und ein engmaschiges Drahtgeflecht geschützt. Die durch die Flamme entstehende Hitze steigt im Zylinder nach oben und tritt abgekühlt durch das Drahtgeflecht aus.

Die Sicherheitslampe dient unter Tage sowohl als Arbeitslampe als auch zum Ableuchten des Arbeitsplatzes auf Schlagwetter. Veränderungen der Flamme zeigen dem Bergmann den ungefähren prozentualen Gasgehalt der Luft an. Der Schutz der Flamme durch Glaszylinder und Drahtgeflecht verhindert den direkten Kontakt zwischen brennbaren Gasen und der Flamme, der eine Explosion auslösen würde. Aufgrund häufigen Glasbruchs oder Beschädigung des Drahtkorbes bietet die Sicherheitslampe jedoch keinen absoluten Schutz vor Explosionen. Erst die Einführung von elektrischen Lampen im Ruhrbergbau ab 1907 vermindert dieses Risiko.

Lebensgefahr durch Schlagende Wetter

Eine der größten Gefahren für Gesundheit und Leben der Bergleute unter Tage sind Schlagwetterexplosionen, die auf den Ruhrgebietszechen im 19. Jh. zahlreiche Menschenleben kosten.

Wenn die Kohle beim Abbau mit Luft in Berührung kommt, entweichen die in der Kohle eingeschlossenen gasförmigen Bestandteile wie Methan und Kohlenmonoxid. Dadurch wird die Zusammensetzung der Luft verändert, die normalerweise aus etwa 71% Stickstoff und 29% Sauerstoff besteht. Ein Ansteigen des Methangehaltes in der Luft wird als Schlagendes Wetter bezeichnet. Seine Intensität ist abhängig von der abgebauten Kohlenart und der Belüftung des Schachtes. Steigt der Methangehalt in der Luft auf 5–10% an, so kann ein Funke dieses Gemisch zur Explosion bringen. Je nach Stärke der Explosion können ganze Stollen einbrechen.

Klassische Klänge in Dortmunder Sälen

6. Oktober 1887. Der Dortmunder Orchesterverein unter der Leitung von Georg Hüttner gibt im Kühnschen Saal sein Antrittskonzert. Auf dem Programm stehen Ouvertüren und einige andere Opernstücke, darunter eine Rhapsodie von Franz Liszt, Soli für Cornet à Piston und Flöte sowie Streichquartette mehrerer Komponisten. Wie auch andere Kapellen arbeitet das Orchester am Rande des Existenzminimums. Hüttner bemüht sich daher um die Etablierung regelmäßiger Konzerte. 1892 wird auf dem Gelände der Kronenbrauerei ein großer Festsaal erbaut, in dem der Orchesterverein ab 21. Oktober desselben Jahres wöchentlich konzertiert. Die Freitags-Sinfoniekonzerte werden bald über die Stadt hinaus bekannt.

Georg Hüttner

Duisburger Tonhalle wird mit festlichen Konzerten eingeweiht

13. November 1887. *Mit einer dreitägigen Konzertreihe wird die Eröffnung der Duisburger Tonhalle an der Königsstraße (Abb.) gefeiert. Die erforderliche Bausumme von 400 000 Mark zur Errichtung des Konzerthauses war durch private Stiftungen wohlhabender Bürger der Stadt aufgebracht worden. Nach den Wünschen der Mäzene wurde das Podium des großen Saals der Tonhalle so angelegt, daß es sich auch für Theateraufführungen eignet. Da die Stadt kein eigenes Ensemble unterhalten kann, wird am 9. Mai 1889 ein Aufführungsvertrag mit dem Düsseldorfer Stadttheater abgeschlossen.*

Ankündigung der Castroper Pferderennen auf der Naturbahn bei Haus Goldschmieding, mit denen der Dortmunder Rennverein konkurriert

Renntag in Dortmund

18. September 1887. Auf dem Gelände am Schützenhof in Dortmund finden die ersten Pferderennen des 1886 gegründeten Dortmunder Rennvereins statt. Für den ersten Renntag sind verschiedene Konkurrenzen angesetzt: Zwei Flachrennen über 2000 m, ein Geländeritt über 3000 m, ein Hürdenrennen und ein weiteres Flachrennen. Teilnahmeberechtigt sind Pferde, deren Besitzer in Dortmund und Hörde wohnen; Vollblutpferde sind ausgeschlossen.

Der Rennverein hat Ehrenpreise ausgesetzt, dem Sieger des ersten Rennens winken 100 Mark, der zweite erhält 50 Mark. Ein Renntag mit Wettmöglichkeit findet erstmals am 10. Juni 1888 statt; trotz eines Umsatzes von 815 Mark müssen die Vereinsmitglieder noch einen Zuschuß aufbringen. Die Rennen der ersten Jahre finden auf verschiedenen Grasflächen in Dortmund statt, erst 1893 legt der Verein seine erste Bahn auf Gut Brünninghausen an.

Hagen wird Standort einer Akku-Fabrik

27. Dezember 1887. Adolph Müller gründet in Hagen die Akkumulatorenfabrik Büsche & Müller (ab 1890 Akkumulatorenfabrik AG). Das für den industriellen Aufschwung der Stadt bedeutende Unternehmen, in Wehringhausen an der Ennepe gelegen, lädt die ersten Akkumulatoren durch Dynamos, die von den Wasserrädern zweier Hammerwerke angetrieben werden.

Adolph Müller hatte das 1854 erfundene Verfahren zur Aufspeicherung elektrischer Energie bei dem Ingenieur Henri Tudor in Luxemburg kennengelernt, der 1885 einen Blei-Akkumulator zur Hausbeleuchtung gebaut hatte. Müller sicherte sich umgehend das Recht zur Herstellung und Lieferung von Tudor-Akkumulatoren.

Das Unternehmen wird 1962 in Varta AG umbenannt.

Krupp-Kraftwerk

1887. Die Firma Fried. Krupp in Essen errichtet ein Elektrizitätswerk (Abb.) zur Beleuchtung von Fabrikplätzen, Werkstätten und den Büros im Hauptverwaltungsgebäude.

Regionale Berichterstattung der Presse

Nachrichten, Neuigkeiten und Wissenswertes aus ihrer Umgebung erfahren die Bewohner des Ruhrgebiets vor der Jahrhundertwende vor allem aus den Lokalteilen der auflagenstarken Zeitungen. Weit verbreitet sind in den 80er und 90er Jahren des 19 Jh. der »Lokalanzeiger für die Kreise Dortmund und Hörde« sowie die »Rheinisch-Westfälische Zeitung« (RWZ), die sich im Untertitel »Kreisblatt für den Stadt- und Landkreis Essen und den Stadtkreis Dortmund« nennt.

Gemessen am Gesamtumfang nimmt die lokale und regionale Berichterstattung jedoch in beiden Blättern eine untergeordnete Stelle ein. Die jeweiligen, zwei- bis dreispaltigen Regionalteile sind eingebettet in Meldungen und Nachrichten aus dem gesamten Reich und aus dem Ausland.

Unter der Rubrik »Lokales und Provinzielles« (Dortmunder Lokalanzeiger) bzw. »Aus den Provinzen Rheinland und Westfalen (RWZ) erscheinen zusammenfassende Meldungen aus den einzelnen Städten. Nur durch Fettdruck der Ortsnamen am Anfang der Berichte werden die Nachrichten gegliedert. Wie auch im übrigen Teil der Zeitungen heben Überschriften nur selten einzelne Beiträge hervor. Markierungen von Texten durch Schlagzeilen sind allgemein nicht üblich.

Für Meldungen aus dem regionalen Wirtschaftsleben steht den Redakteuren die allgemeine Handelsspalte zur Verfügung. Dort werden Neuigkeiten aus Industrie, Handel und Verkehr der Region sowie die Börsenkurse der Getreide- und Rohstoffmärkte veröffentlicht.

Finanzielles Rückgrat der Blätter bilden Anzeigen, die auf den letzten anderthalb Seiten das Bild der Zeitungen beherrschen. In diesen Inseraten werben vorrangig Betriebe und Handeltreibende der Region um Kundschaft.

Den Inhalt der Regionalspalten füllt eine bunte Mischung von Meldungen über kulturelle, politische und soziale Ereignisse (Diebstähle, Gerichtsprozesse, skandalöse Begebenheiten, Verkehrsunfälle, Veranstaltungen verschiedener Art etc.).

In der Ausgabe vom 17. Oktober 1887 findet sich im Dortmunder Anzeiger der Bericht über einen »Schwarzfahrer«, der seit längerer Zeit täglich mit dem Zug von Gelsenkirchen nach Essen fuhr. Bis zu seiner Entdeckung durch einen »Revisor« konnte dieser Fahrgast dem Kontrolleur eine längst ungültige Monatskarte als Fahrausweis vorlegen.

Aus Hamm berichtet die Zeitung von einer amtlichen Verlautbarung des Oberlandesgerichts. In dieser wird »verkündet, daß preußische Gerichtshöfe nicht der Ort sind, um dort seine Rauchlust zu befriedigen«. Anlaß für diese Erklärung bot ein junger Mann, der am Tag zuvor beim unerlaubten Rauchen während einer Verhandlung aufgefallen war.

Weiter findet der Leser eine Notiz über eine Essener Stadtverordnetensitzung, auf der sich der Unternehmer Friedrich Grillo zur Erhöhung seiner Spende von 500 000 Mark zum Bau des Essener Stadttheaters bereit erklärt, »damit Essen ein Theater bekommt, welches denen in ... anderen Großstädten ebenbürtig sei«.

Zweimal täglich, in einer Morgen- und einer Nachmittagsausgabe, beliefert auch die »Rheinisch-Westfälische Zeitung« ihre Leser für vierteljährlich 4 Mark mit aktuellen Nachrichten.

Am 17. Oktober 1887 beherrscht der Bericht über den Fund einer Leiche an der Hafenbahn in Duisburg-Marientor die Regionalmeldungen. Der bislang nicht identifizierte Mann, es handelt sich sehr wahrscheinlich um einen Obdachlosen, hatte sich am Vortag an der betreffenden Stelle schlafen gelegt und war erfroren. »Die Kälte ist in diesen Tagen schon so groß, daß sich in den Morgenstunden auf der Ruhrbrücke Glatteis bildete und den Pferdebahnverkehr erheblich behinderte.«

Aus Witten wird an diesem Tag über die akute Wohnungsnot geklagt: »Trotzdem die Baulust in diesem Jahre wohl rege gewesen ist, hat sich doch immer mehr ein Mangel an Wohnungen für die arbeitende Bevölkerung herausgestellt und sind infolgedessen die Mieten für kleinere Wohnungen bedeutend gestiegen.«

1888

1. 1. Friedrich Wilhelm Ruhfus gründet die »Dortmunder Nachrichten«, ein »unabhängiges Organ für Jedermann« (ab 1890 »Generalanzeiger«).

März. Die Ruhr tritt über die Ufer. Vom Hochwasser am ärgsten betroffen sind Duisburg, Meiderich und Ruhrort. →

4./5. 3. Mit einem Festkonzert begeht der Essener Musikverein sein 50jähriges Jubiläum. →

23. 4. Jacob Stauder gründet in Essen die Stauder-Brauerei. →

6. 10. In Unna-Afferde wird eine Pflichtfeuerwehr gegründet.

15. 11. Mit der Eröffnung einer Stadt-Fernsprecheinrichtung wird Dortmund an das niederrheinisch-westfälische Telefonnetz angeschlossen.

21. 11. Die Dortmunder Liedertafel wird gegründet.

1888. Die Gemeinnützige Baugesellschaft AG zu Dortmund wird gegründet. Ihr Zweck ist die Beschaffung von Wohnraum für minderbemittelte Wohnungssuchende.

1888. In Bochum kosten 100 kg Kartoffeln 7,65 Mark, 1 kg Schweinefleisch 1,15 Mark. Der Schichtlohn eines Bergmanns beträgt etwa 3 Mark.

1888. Die von Hagen nach Dortmund verlegte Getreidebörse wird eröffnet.

1888. Die Spareinlagen bei den Essener Sparkassen betragen 42 Mio Mark, in Mülheim 6 Mio Mark und bei den Oberhausener Kassen 2 Mio Mark.

1888. Das Unnaer Wasserwerk wird fertiggestellt.

1888. Die Firma Krupp eröffnet in Essen eine werkseigene Haushaltungsschule für Frauen und Mädchen.

1888. In (Oberhausen-)Holten wird der katholische Friedhof an der Siegiesstraße angelegt.

1888. In (Oberhausen-)Sterkrade wird eine freiwillige Feuerwehr gegründet.

1888/89. In Mülheim werden eine Dampfstraßenbahn und ein Pferdeomnibus in Betrieb genommen.

1888/96. In Dortmund wird Schacht 2 der Zeche Adolf von Hansemann abgeteuft.

1888/96. Die Gewerkschaft Deutscher Kaiser errichtet in Duisburg die Zeche Friedrich Thyssen II/V.

GESTORBEN:

16. 4. Grafenberg bei Düsseldorf: Friedrich Grillo (* 20. 12. 1825, Essen), Industrieller. →

GEBOREN:

19. 3. Bottrop: Josef Albers († 25. 3. 1976, New Haven/Connecticut), Maler.

Hochwasserkatastrophe im Ruhrgebiet

März 1888. Die Ruhr tritt auf ihrer ganzen Länge über die Ufer und richtet in allen am Strom gelegenen Städten gewaltige Schäden an. Das plötzliche Ansteigen des Wasserstandes wird von der einsetzenden Schneeschmelze im Sauerland sowie den seit Tagen anhaltenden starken Regenfällen verursacht.

Besonders betroffen von den Überschwemmungen sind die Niederungen zwischen den Städten Ruhrort, Meiderich, Duisburg und Mülheim an der Ruhr. Nahe am Ruhrufer gelegene Gebiete dieser Städte gleichen Seen, aus denen nur noch die Dachfirste der Häuser und einzelne Baumspitzen hervorragen.

In Mülheim hat das Hochwasser die Gartenanlagen an der Ruhr völlig zerstört; die Straßen im Zentrum von der Delle bis zum Hotel stehen unter Wasser. Für die Stadt Rosenberg ist es die verheerendste Hochwasserkatastrophe seit der Überschwemmung im Jahr 1880.

Auch in Duisburg und Meiderich sind die Ruhrwiesen vom Wasser überflutet. Ruhrort wird von der Naturkatastrophe am schwersten betroffen. Dort hat sich nach Angaben des königlichen Hafenamtes der Pegelstand des Wassers innerhalb von drei Tagen von einem auf vier Meter erhöht. Der äußere Damm des Hafens ist gebrochen, so daß die Wassermassen ungehindert ins Hafenbecken eindringen können. Aufgrund der starken Strömungen gerät das holländische Seeschiff »Arche Noah« bei der Einfahrt in den Hafen in schwere Bedrängnis.

Die Hochwasserkatastrophe fordert zwei Menschenleben: Ein Mann ertrinkt, als sein Boot bei Styrum im Sturm kentert; in den Ruhrwiesen am Kaiserberg kommt ein Bauer bei dem Versuch zu Tode, sich mit einem selbstgebauten Floß aus den Fluten zu retten.

Hochwasser in Mülheim an der Ruhr, das häufig von Überschwemmungen heimgesucht wird; vorn l.: Feuerwehrmänner mit Rettungsleiter

Jubiläumsfeiern mit Musik und Tanz

4./5. März 1888. Mit der festlichen Aufführung verschiedener Werke von Johannes Brahms, Johann Sebastian Bach und Ludwig van Beethoven feiert der Essener Musikverein im städtischen Garten sein 50jähriges Jubiläum. Von den zahlreich erschienenen Festgästen, u. a. Regierungspräsident Freiherr von Berlepsch und der Essener Oberbürgermeister Erich Zweigert, wird besonders die Essener Erstaufführung der Neunten Symphonie von Beethoven stürmisch gefeiert.

Die Anfänge des Essener Musikvereins gehen zurück auf das Jahr 1838. Glanzpunkte in der bisherigen Vereinsgeschichte waren 1878 die Aufführung der Matthäus-Passion von Bach und 1885 ein Besuch von Brahms als Gastdirigent des Vereinsorchesters.

Von ganz anderer Art ist wenige Wochen später eine Feier in Bochum: Mit Festumzug, Löschübungen, Frühschoppen und einem Festball findet hier am 9. und 10. Juni das 26. Rheinisch-Westfälische Feuerwehrfest statt, gleichzeitig das 25jährige Jubiläum der Bochumer Freiwilligen Feuerwehr. In einem Gedicht feiern die Bochumer den Mut ihrer Feuerwehrleute: »Der Feuerwehrmann, der zum Brande stürmt, / Wo riesengroß oft die Gefahr sich türmt, / Ruft den Genossen zu, geschwärzt von Rauch / Beim Rettungswerke, kräftig sein ›Gut Schlauch‹.«

Unter den Festteilnehmern beim Feuerwehrfest von 1876 in Dortmund sind auch Abgeordnete der Freiwilligen Feuerwehr Bochum

Grillo stirbt nach schwerer Krankheit

16. April 1888. In Grafenberg bei Düsseldorf stirbt der Unternehmer Friedrich Grillo (→ 1872), nachdem er in den letzten Monaten seines Lebens in geistige Umnachtung verfallen war. In einem Nachruf würdigt der »Lokal Anzeiger für die Kreise Dortmund und Hörde« die Verdienste Grillos für die industrielle Entwicklung des Ruhrgebiets:

»Nicht nur unsere Stadt, sondern der ganze rheinisch-westfälische Industriebezirk betrauert in dem Dahingeschiedenen einen eifrigen Förderer und die von demselben ins Leben gerufenen großartigen Unternehmungen ... erleiden einen ... kaum überwindlichen Verlust.«

Friedrich Grillo (1825 – 1888), einer der Industriepioniere des Reviers

Stauderbrauerei in Altenessen eröffnet

23. April 1888. In (Essen-)Altenessen wird die Privatbrauerei Jacob Stauder ins Handelsregister eingetragen. In den folgenden Jahren vergrößert sich der Kundenkreis ständig, so daß sie 1906 schon 41 000 Hektoliter Bier absetzen kann.

1866 war der Vater des Firmengründers, ein bayerischer Bierbrauer namens Theodor Stauder, nach Essen gekommen. Er betrieb zunächst in der Steeler Straße in Essen eine kleine Hausbrauerei, die er zu Beginn der 70er Jahre in die Nachbargemeinde Altenessen verlegte. Mit der Eintragung ins Handelsregister übernimmt sein Sohn Jacob Stauder die Brauerei.

1889

25. 4. Eine Arbeitsniederlegung von 45 Schleppern auf der Zeche Präsident in Bochum löst den größten Bergarbeiterstreik des 19. Jahrhunderts aus. →

2. 5. August Thyssen übernimmt als Inhaber der Anteilsmehrheit den Vorsitz im Grubenvorstand der Gewerkschaft Deutscher Kaiser. →

14. 5. Eine Delegation von Dortmunder Bergleuten wird in Berlin von Kaiser Wilhelm II. empfangen. →

18. 5. Verhandlungen zwischen Unternehmern und Bergarbeitern in Essen beenden den Bergarbeiterstreik. →

24. 5. Das vom Reichstag verabschiedete Gesetz zur Alters- und Invaliditätsversicherung verbessert die soziale Absicherung der Arbeiterschaft. →

19. 6. Das erste Unnaer Schwimmbad an der Bornekampstraße wird eröffnet.

17. 8. In Duisburg findet ein Wettrennen zwischen einem Reiter und einem Radfahrer statt. Der Radfahrer gewinnt und zeigt damit, daß das neue Verkehrsmittel Fahrrad schneller als ein Reitpferd ist.

18. 8. Als Folge des Bergarbeiterstreiks vom Mai 1889 wird in (Dortmund-)Dorstfeld der »Verband zur Wahrung und Förderung der bergmännischen Interessen in Rheinland und Westfalen« gegründet. →

11. 11. Die aus der 1873 gegründeten Ritterbrauerei hervorgegangene Dortmunder Brauerei-Gesellschaft läßt sich ins Gesellschaftsregister eintragen.

1889. Die Steinkohlenzeche Amalia in (Bochum-)Laer gründet eine zecheneigene Benzolfabrik. →

1889. Auf der Zeche Consolidation in Gelsenkirchen wird die erste Seilförderung des Ruhrbergbaus eingerichtet.

1889. Auf der Zeche Nordstern bei Gelsenkirchen wird die erste Kettenförderung des Ruhrbergbaus eingeführt.

1889. Die Harpener Bergbau AG erwirbt den Besitz der »Société Anonyme Belge des Charbonnages« in Recklinghausen.

1889. In Gelsenkirchen wird die Aktiengesellschaft der Gelsenkirchener Gußstahl- und Eisenwerke, vormals Munscheid und Co., gegründet.

1889. Die 1847 in Berlin gegründete chemische Fabrik Theodor Goldmann verlegt ihre Produktion nach Essen.

GEBOREN:

18. 3. Holzwickede: Wilhelm Schleef († 9. 6. 1968, Dortmund-Sölde), Lehrer, Schriftsteller, Heimat- und Sprachforscher.

An der Ruhr wird gestreikt

25. April 1889. Auf Schacht 1 der Zeche Präsident bei Bochum kommt es am Morgen zu spontanen Arbeitsniederlegungen. 45 Schlepper, in der Mehrzahl Jugendliche, verweigern die Anfahrt und fordern höheren Lohn. Nachdem die Grubenverwaltung einer Lohnerhöhung zugestimmt hat, nehmen die Bergleute die Arbeit wieder auf.

Bereits wenige Tage später bricht auf Zeche Friedrich Ernestine in Essen ein wilder Streik aus. Wieder sind es jugendliche Schlepper und Pferdejungen, die Lohnforderungen stellen. Auch in diesem Fall gibt die Verwaltung der Zeche nach, die Streikenden kehren an ihre Arbeitsplätze zurück.

Die Unzufriedenheit der Ruhrbergarbeiter, die sich bereits früher in Streiks entladen hatte (→ 14. 9. 1868; 16. 6. 1872), geht zurück auf den kapitalistischen Ausbau des Ruhrbergbaus durch die preußischen Bergrechtsreformen (→ 24. 6. 1865). Mit der Übernahme der Bergbaubetriebe durch die Grubenbesitzer wurde der vormals privilegierte Bergknappe zum Lohnarbeiter, der vom Unternehmer rücksichtslos ausgebeutet wurde. Ab 1865 verschlechterten sich die Arbeitsbedingungen im Ruhrbergbau: Schon bei geringen Vergehen wie z. B. Schimpfen gegen Zecheneinrichtungen oder zu großem Lärm beim Einfahren drohten dem Bergmann harte Strafen in Form von Lohnabzügen. Hinzu kam der Ärger der Bergleute über zu geringen Einfluß in Knappschaftsangelegenheiten.

Angeheizt wurde die gereizte Atmosphäre seit 1867 durch einen konjunkturellen Aufschwung im Bergbau, der sich zwar in steigenden Kohlepreisen und Unternehmergewinnen äußerte, nicht jedoch in höheren Bergarbeiterlöhnen.

Vertreter des Bergbaulichen Vereins und Grubenbesitzer lehnen jedes Gespräch mit den Bergleuten über eine Verbesserung der Arbeitsbedingungen kategorisch ab.

Mit den Streiks Ende April 1889 gerät der Stein ins Rollen: Am 4. Mai streiken auf der Zeche Prosper II in Bottrop 500 Polen der Mittagschicht. Es kommt zu Tätlichkeiten zwischen Arbeitswilligen und Streikenden. Als einen Tag später nach Arbeitsniederlegungen auf der Zeche Hibernia in Gelsenkirchen Polizei mit Waffengewalt gegen jugendliche Bergarbeiter, die mehrere Gaststätten demoliert hatten, vorgeht, breitet sich der Streik wie ein Lauffeuer aus. Am 5. Mai treffen in einem Sonderzug aus Münster Truppen im Revier ein. Am 7. Mai werden in Gelsenkirchen drei Bergleute von Soldaten erschossen. Auch auf der Zeche Graf Moltke in Gladbeck kommt es zu Schießereien. Der Befehl von Kaiser Wilhelm II., schärfstens gegen die Streikenden vorzugehen, führt zu einer breiten Solidarisierung unter den Bergarbeitern. Auch Presse und Öffentlichkeit im Revier stellen sich hinter die Bergleute. Am 9. Mai befinden sich im gesamten Ruhrgebiet bereits rund 70 000 Bergarbeiter im Ausstand.

Trotz der Befehle des Kaisers entschließen sich auf einer Versammlung in (Dortmund-) Dorstfeld am 9. Mai Delegierte der bestreikten Zechen zu einem spektakulären Schritt: Eine gewählte Abordnung der Streikenden soll dem Kaiser persönlich die Beschwerden der Bergarbeiter vortragen!

Einen Tag später wird auf einer Delegiertenkonferenz aller Revierzechen in Bochum ein Zentralstreikkomitee gebildet. Die Zahl der Streikenden steigt auf 81 000.

Bis zur Gründung des Verbands zur Wahrung und Förderung der bergmännischen Interessen in (Dortmund-)Dorstfeld (→ 18. 8. 1889) bilden die sog. Kaiserdelegierten und das Bochumer Streikkomitee die organisatorische Spitze der Bergarbeiterbewegung. Aus lokalen, unkoordinierten Aktionen auf einzelnen Zechen ist innerhalb von 14 Tagen eine den gesamten Ruhrbergbau erfassende Protestbewegung geworden.

Forderungen der Streikenden

Im März und April 1889 finden im Ruhrrevier zahlreiche Bergarbeiterversammlungen statt, die zum Forum bergmännischen Protests werden. In Resolutionen fordern die Bergleute:

▷ 15% mehr Lohn für alle Bergarbeiter
▷ Achtstundenschicht unter Tage
▷ Keine Überschichten ohne entsprechendes Entgelt
▷ Mildere Strafbestimmungen
▷ Abschaffung des sog. Wagennullens (Abzug nicht vorschriftsmäßig gefüllter Wagen vom Lohn).

Kaiseraudienz für Bergarbeiterdelegation in Berlin

14. Mai 1889. In Berlin trifft die Dortmunder Delegation des zentralen Streikkomitees der Bergarbeiter ein. Die Bergleute Ludwig Schröder, Friedrich Bunte und August Siegel sind beauftragt, Kaiser Wilhelm II. die Forderungen der Streikenden in der Auseinandersetzung mit den Bergwerksbesitzern vorzutragen. Unmittelbar nach ihrer Ankunft wird ihnen mitgeteilt, daß die Audienz nicht länger als zehn Minuten dauern dürfe.

Im Fahnensaal des Schlosses, wo der Empfang stattfindet, bittet Ludwig Schröder als Sprecher der Abordnung den Kaiser um Unterstützung im Kampf um den Achtstundentag und angemessene Arbeitslöhne im Bergbau. Er beginnt seinen Vortrag mit den Worten: »Wir überbringen Eurer Majestät die Grüße von hunderttausenden Bergleuten und diese bitten um Eure Gnade. Sprechen Eure Majestät ein kaiserliches Wort so wird die Ruhe wieder hergestellt und Millionen von Tränen getrocknet...«. Wilhelm II. reagiert auf das vorgebrachte Anliegen zurückweisend. Mit befehlshaberischen Worten wirft er dem Streikkomitee vor, die 14tägige Kündigungsfrist der Arbeitsverträge mit den Arbeitgebern des Vereins für die bergbaulichen Interessen im Oberbergamtsbezirk Dortmund nicht eingehalten zu haben. Infolgedessen seien sie nicht nur vertragsbrüchig geworden, sondern hätten darüber hinaus sogar Arbeitswillige zum Streik gezwungen. Die entstandenen Unru-

Der spontane Entschluß der Delegiertenversammlung der streikenden Bergarbeiter in (Dortmund-)Dorstfeld am 9. Mai 1889, eine Abordnung zum Kaiser nach Berlin zu entsenden, um ihm die Wünsche und Beschwerden der Bergleute vorzutragen, wird im Ruhrgebiet als Sensation empfunden. Dessenungeachtet knüpft das Erscheinen der sog. Kaiserdelegierten vor dem Monarchen (Abb. links) an bergmännische Traditionen aus der Zeit des Direktionsprinzips an, in welcher König oder Kaiser als Inhaber des Bergregals und oberste Bergherren für die mit ständischen Privilegien versehenen Bergknappen natürliche Ansprechpartner in allen Fragen des bergmännischen Arbeitsverhältnisses gewesen waren. Mit August Siegel, Ludwig Schröder und Friedrich Bunte (Abb. unten v. l. n. r.) erscheinen drei Bergleute vor dem Kaiser, die aufgrund ihrer jahrelangen Tätigkeit in den örtlichen Knappenvereinsvorständen das Vertrauen der Mehrheit der Revierbelegschaften besitzen.

Berliner Protokoll

▷ Für die Arbeiter in den Steinkohlengruben des Oberbergamtsbezirks Dortmund wird die Achtstundenschicht als verbindliche Arbeitszeit festgelegt

▷ Überstunden sollen nur in Ausnahmefällen angesetzt werden, wenn unaufschiebbare Sicherungsarbeiten anstehen

▷ Eine Anhäufung von Überstunden muß zwischen der Grubenverwaltung und einem Ausschuß von Vertrauensmännern der Belegschaft abgestimmt werden

▷ Die Löhne der Bergleute sollen sich in angemessener Weise im Verhältnis zur Steigerung der Kohlenpreise erhöhen.

August Siegel

Ludwig Schröder

Friedrich Bunte

hen gingen aus diesen Gründen zu ihren Lasten.

Trotzdem sichert er den Bergleuten die Prüfung der Forderungen zu und fährt fort: »Sollten aber Ausschreitungen gegen die öffentliche Ruhe und Ordnung vorkommen, sollte sich ein Zusammenhang der Bewegung mit sozialdemokratischen Kreisen herausstellen, so würde Ich nicht im Stande sein, Eure Wünsche mit Meinem königlichen Wohlwol-

len zu erwägen, denn für Mich ist jeder Sozialdemokrat gleichbedeutend mit Reichs- und Vaterlandsfeind.«

Am selben Tag erklären sich die Abgeordneten aller Parteien des Reichstags bereit, die Wünsche und Darlegungen der »Kaiserdelegierten« anzuhören und sich als Vermittler bei Ausgleichsverhandlungen mit den Arbeitgebern zur Verfügung zu stellen. Abgeordnete der

Deutsch-Freisinnigen Partei initiieren das Gespräch mit dem Vorsitzenden des bergbaulichen Vereins und Reichstagsabgeordneten Friedrich Hammacher. Die Vereinbarungen dieser Verhandlung werden am 15. Mai 1889 im sog. Berliner Protokoll festgehalten.

Einen Tag später, am 16. Mai, empfängt der Kaiser eine Abordnung der im Bergbaulichen Verein organisierten Ruhrunternehmer.

Ausstand wird nach Teilerfolg beendet

18. Mai 1889. Die im Verein für die bergbaulichen Interessen im Dortmunder Oberbergamtsbezirk (→ 17. 12. 1858) zusammengeschlossenen Unternehmer veröffentlichen in Essen eine Erklärung zu den im Berliner Protokoll vom 15. Mai festgehaltenen Forderungen der im Ruhrgebiet streikenden Bergarbeiter. Der Verein akzeptiert die in Berlin ausgehandelten Forderungen nicht in vollem Umfang. Das Essener Protokoll sagt Lohnerhöhungen nach Wiederaufnahme der Arbeit zu, lehnt die Bildung von Vertrauensmänner-Ausschüssen aber ab. Es wird eine achtstündige Schichtzeit akzeptiert, die jedoch die Seil-

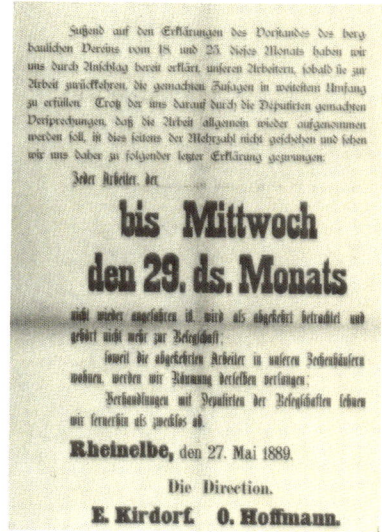

Zechenherren drohen der streikenden Belegschaft mit Entlassung

fahrt und die oft langwierigen Wege unter Tage bis zum Arbeitsplatz vor Ort nicht einschließt.

Auf einer Delegiertenversammlung aller streikenden Belegschaften am 19. Mai in Bochum werden die Vorschläge der Arbeitgeber akzeptiert. Als die Belegschaften am 21. Mai wieder einfahren wollen, fühlen sich nicht alle Zechengesellschaften an die Erklärung des Arbeitgebervereins gebunden. Einige Unternehmer verlangen die Wiederaufnahme der Arbeit unter den alten Bedingungen. Die daraufhin vom zentralen Streikkomitee proklamierte Fortsetzung des Ausstands scheitert jedoch an der Notlage der streikenden Arbeiter, die nicht länger ohne Einkommen bleiben können. Am 31. Mai wird der Streik offiziell beendet.

Die Berichterstattung der Arbeiter-Delegirten.

** Dortmund, 18. Mai.

Am Schützenhofe fand gestern nachmittag eine von mehr als 4000 Bergleuten besuchte Versammlung statt, in welcher die Herren Schröder und Bunte über die in Berlin erzielten Erfolge Bericht erstatteten. Mit Rücksicht auf den großen Andrang der Bergleute, für die kein Saal genügend Raum geboten haben würde, mußte die Versammlung in dem Garten abgehalten werden.

Herr Bunte eröffnete die Versammlung und teilte mit, die letztere sei deshalb einberufen, um darüber Beschluß zu fassen, ob die Bergleute mit den Schritten, die sie – die Deputierten – in Berlin gethan, einverstanden seien. Die Anwesenden würden bereits wissen, daß die Deputirten vom Kaiser empfangen worden seien, der auch eine Abordnung der Arbeitgeber empfangen und kräftig darauf eingewirkt habe, daß der Friede angebahnt werde. Redner forderte dann die Anwesenden auf, in ein dreifaches Hoch auf Se. Majestät, der sich so teilnehmend den Bergleuten gegenüber bewiesen, einzustimmen. Die Massenversammlung stimmte begeistert in den Ruf ein, sodaß es wie Sturmesbrausen durch den Waldesdom hallte.

Herr Schröder begrüßte sodann die Anwesenden mit einem kräftigen „Glück auf" und sprach seinen Dank aus für das ruhige und würdige Verhalten der Arbeiter auch während der Abwesenheit der Deputirten. Die Bergleute hätten sich durch ihr Verhalten die Sympathien der ganzen Welt erworben, und hoffe, daß dies auch in Zukunft so bleibe. Sodann dankte Herr Schröder der hiesigen und auswärtigen Bürgerschaft, die völlig auf seiten der Bergleute stehe und wünsche, daß den letzteren es bald besser gehe und der Bergmann so gestellt werde, daß er ein ordentliches Auskommen habe. Die Bürgerschaft habe auch, wenn es weiterer Anregung bedürfte, die Mittel bereit gestellt, damit die Deputation habe nach Berlin reisen können; ja es seien noch Gelder übrig geblieben für einen Fonds, der Verwendung finden könne, falls der Kampf gegen das allmächtige Kapital weiter geführt werden müsse. Redner bemerkte ferner, daß er und Genossen auch nach wie vor die schlichten Arbeiter bleiben würden, mit wenigem zufrieden, aber streitend für die gute Sache.

Wenn sie nicht den Frieden von Berlin mitbrächten, so läge das nicht an ihnen. Morgen finde in Dortmund (nicht in Essen, wie gestern irrtümlich gemeldet war) die Versammlung des Vereins für die bergbaulichen Interessen statt, von dieser würde es abhängen, ob der langersehnte Friede sei. Den Arbeiter-Deputirten sei es nicht um den augenblicklichen, sondern um dauernden Frieden zu thun gewesen, die Schließung eines Friedens im Augenblick würde nur ein Pflaster auf die Wunde gewesen sein. Um einen dauernden Frieden, um ein langes, segensreiches Zusammenwirken der Beteiligten sei es ihnen zu thun gewesen.

Der Klügste gebe ja nach; auch die Arbeiterdeputirten hätten nachgegeben soviel es eben möglich gewesen wäre. Es hätte ihnen nicht ergehen können, wie einer während des Streikes im Jahre 1859 nach Berlin gesandten Arbeiter-Deputation, die, wie man sich erzähle, nur bis Bielefeld gekommen, daselbst ausgegessen und für das vorhandene Geld Speck gekauft habe. (Große Heiterkeit.) Heutzutage ließe sich so etwas nicht mehr vertuschen, da sorgten schon die tausende von Zeitungen dafür, was auch ein Fortschritt der Zeit sei.

Redner berichtete sodann über den Empfang der Deputation bei Sr. Majestät dem Kaiser und über die Verhandlungen im Reichstagsgebäude mit Herrn Dr. Hammacher im Beisein der freisinnigen Abgeordneten Schmidt und Baumbach, worüber unsern Lesern ja das Nähere bekannt ist.

Se. Majestät sei, begleitet von einem Adjutanten, in großer Generalsuniform erschienen, im Nebenzimmer habe der Minister des Innern, Herr Herrfurth, gesessen. Im Fahnensaale, wo der Empfang stattfand, sei auch ein Stenograph anwesend gewesen. Die Worte, welche er, Herr Schröder, zu Sr. Majestät gesprochen, hätten die Zeitungen richtig wiedergegeben. Se. Majestät sei sehr zeitgemäß gewesen, habe allerdings auf den Kontraktbruch hingewiesen u. s. w., nicht aber habe der Schluß der Rede so gelautet, wie ihn die Zeitungen nach dem „Wolff'schen Telegraphenbureau" gebracht. Die Worte:

„Fahrt nun nach Hause, überlegt, was ich gesagt, und sucht auf Eure Kameraden einzuwirken, daß sie selben zur Ueberlegung zurückkehren. Vor allem aber dürft Ihr unter keinen Umständen solche von Eueren Kameraden, welche die Arbeit wieder aufnehmen wollen, daran hindern",

habe Se. Majestät nicht gesprochen. Der Schluß der Rede habe vielmehr gelautet:

„So lange Ihr Euch ruhig verhaltet, seid Ihr meines königlichen Schutzes und Wohlwollens sicher."

Die Hauptverhandlungen mit Herrn Dr. Hammacher im Beisein der beiden genannten Abgeordneten hätten am Mittwoch stattgefunden. Herr Schröder konstatirte, daß mit den Herren in Berlin besser zu verhandeln sei, als mit den Direktoren der Zechen. Herr Dr. Hammacher und die Abgeordneten hätten sich die Bergleute wärmstens Dank schuldig, wenn die Ausgleichsverhandlungen scheiterten, dann läge es nicht an diesen Herren.

Wenn nun den Forderungen zur Durchführung gelangten, dann würde man nur sagen können, es sei seitens der Bergleute offen und ehrlich vorgegangen worden. Die Grundlage, auf welcher verhandelt werden könne, sei gegeben. Es sei zu hoffen, daß eine bessere Zeit, ein Zusammengehen mit den Verwaltungen erzielt werde.

Herr Schröder verlas nun folgenden Beitrag, wie er in Berlin abgeschlossen worden ist.

Geschehen Berlin, den 15. Mai 1889. Nachdem an dem gestrigen Tage die von Seiner Majestät dem Kaiser empfangene Deputation der Bergleute aus den Steinkohlengruben im Oberbergamtsbezirk Dortmund, bestehend aus den unten bezeichneten Bergleuten, mit den unterzeichneten Reichstagsabgeordneten über den gegenwärtigen Streik Rücksprache genommen hatten, wurde auf Wunsch der Bergleute der Herr Reichstagsabgeordnete Dr. Hammacher ersucht, an einer diesbezüglichen Besprechung teilzunehmen. Herr Dr. Hammacher kam diesem Wunsche nach. Die Verhältnisse wurden in der eingehendsten Weise erörtert. Die Bergleute brachten ihre Beschwerden und Wünsche ausführlich zur Sprache.

Nachdem nun heute die Angelegenheit nochmals erörtert worden war, formulirten die Bergleute, nämlich: 1. Friedrich Bunte aus Dortmund, Zeche „Westfalia", 2. Ludwig Schröder aus Dortmund, Zeche „Kaiserstuhl", 3. August Siegel aus Dorstfeld, Zeche „Zollern", ihre Wünsche gegenüber dem Herrn Reichstagsabgeordneten Dr. Hammacher, dem Vorsitzenden des Vereins für die bergbaulichen Interessen im Oberbergamtsbezirk Dortmund, schließlich dahin:

§ 1. Die Verwaltung der Steinkohlengruben im Oberbergamtsbezirk Dortmund sollen sich verpflichten, ihre

---

Lokalpresse ergreift Partei für die Sache der Bergarbeiter

Seit Ausbruch des Bergarbeiterstreiks berichtet die Lokalpresse regelmäßig über den Fortgang der Ausstandsbewegung. Bereits vor Beginn des Streiks hatten Zeitungen wiederholt auf die Notwendigkeit einer Verbesserung der sozialen Lage der Bergarbeiter hingewiesen. Noch am 20. April 1889 ermunterte die Dortmunder »Tremonia« die Bergleute, »ihre berechtigten Forderungen beharrlich immer wieder an die Grubenvorstände zu richten«. Einen Streik zur Durchsetzung sozialer Verbesserungen lehnt das der Zentrumspartei nahestehende Blatt jedoch als »Verbrechen« ab.

Die Sympathie der Presse gilt vor allem der Kaiserdelegation (Abb.: Bericht der »Dortmunder Zeitung« vom 18. 5. 1889); die »Gelsenkirchener Zeitung« schreibt am 15. Mai 1889: »Das Ansehen der Streikenden ist nun doch ganz außerordentlich gehoben durch die Audienz beim Kaiser.« Als die Arbeitgeber jedes Eingehen auf die Streikforderungen verweigern, wird eine Fortsetzung des Streiks am 21. Mai auch in der »Tremonia« unterstützt. Die Arbeitgeber müssen sich die Frage gefallen lassen, ob sie »nicht nötig hätten, mit ihren Arbeitern . . . sich zu verständigen«.

Freier Bergarbeiterverband gegründet

18. August 1889. Im Anschluß an den größten Streik des 19. Jh. (→ 25. 4. 1889) wird auf einer Bergarbeiterversammlung in (Dortmund-)Dorstfeld in Anwesenheit von 200 Delegierten von 66 Zechen und 44 Knappenvereinen der Verband zur Wahrung und Förderung der bergmännischen Interessen in Rheinland und Westfalen gegründet, der später Alter Verband genannt wird. Der Verband beansprucht politische und konfessionelle Neutralität, ist aber sozialdemokratisch beeinflußt.

Durch die im Streik gewonnenen Erfahrungen waren die Ruhrbergleute zu der Überzeugung gelangt, daß eine umfassende Arbeiterorganisation nötig sei, um ein geschlossenes Vorgehen zu ermöglichen. Bisherige Organisationsversuche (→ 28. 7. 1872) waren sowohl am Widerstand der Behörden, als auch an konfessionellen und politischen Auseinandersetzungen der Bergleute untereinander gescheitert.

Der neugegründete Verband will daher weltanschaulich neutral sein. Das vorgelegte Statut war jedoch von den Dortmunder Delegierten Ludwig Schröder, Friedrich Bunte und August Siegel (→ 14. 5. 1889) und dem sozialdemokratischen Arbeiterführer Carl Wilhelm Tölcke (→ 1864) erarbeitet worden. Die christlich-sozialen Kräfte und katholischen Knappenvereine sehen ihre Positionen daher unzureichend repräsentiert. Vom ersten Tag an wird dem Verband vorgeworfen, sozialdemokratische Politik zu betreiben.

Die knappschaftliche Tradition, Konflikte durch Beschwerden und Petitionen an die Bergbehörden lösen zu wollen und auf den Kaiser als obersten Bergherrn zu vertrauen, wird von sozialdemokratischen Arbeiterführern abgelehnt. Das althergebrachte Vertrauen in die Überparteilichkeit der Obrigkeit erscheint ihnen genauso überholt wie das Tragen der Knappenuniform und der Stolz auf die Berufsbezeichnung »Bergmann« statt »Bergarbeiter«. Die Knappenvereine werden als »Luxusvereine« für Unterhaltung und Feste und als untaugliches Instrument gewerkschaftlicher Interessenvertretung kritisiert.

1890 schließt sich der Verband mit den Organisationen der anderen deutschen Bergbaugebiete zum Verband deutscher Bergleute mit Sitz in Bochum zusammen.

Lokal Ziegler in (Dortmund-)Dorstfeld (links), Ort der Verbandsgründung

Sozialgesetz regelt Versorgung im Alter

24. Mai 1889. Das preußische Gesetz zur Invaliden- und Altersversicherung ergänzt die Versorgung der Bergleute durch die Pensionskassen der Knappschaft.

Das neue Versicherungsgesetz sieht Zwangsmitgliedschaft für alle im Bergbau beschäftigten Personen über 16 Jahren vor. Die Beiträge entfallen zu gleichen Teilen auf Arbeitgeber und Arbeitnehmer. Voraussetzungen für den Bezug einer Rente sind dauernde Erwerbsunfähigkeit oder ein Alter von 70 Jahren. Außerdem muß für die Invalidenrente eine Versicherungszeit von fünf Jahren, für die Altersrente von 30 Jahren nachgewiesen werden. Die Höhe der Rente richtet sich nach der Versicherungsdauer und den geleisteten Beitragszahlungen.

Im Bergbau hat die Altersgrenze faktisch keine Bedeutung, da 90% der Bergleute bereits vor dem 70. Lebensjahr arbeitsunfähig werden. Das durchschnittliche Lebensalter bei Bewilligung der Invalidenrente liegt bei 52 Jahren.

Die Gewährung der Pensionen durch die Knappschaft ist an ähnliche Bedingungen geknüpft wie die Invalidenrente. Die Pension wird auf die Rente angerechnet.

Benzolgewinnung auf Bochumer Zeche

1889. Auf Zeche Amalia in (Bochum-)Laer wird eine zecheneigene Benzolfabrik nach dem Verfahren von Franz Brunck eingerichtet. Die erste Benzolgewinnungsanlage der Welt war 1887 auf Zeche Kaiserstuhl (Dortmund) in Betrieb gegangen. Brunck hatte dort das Destillationsverfahren zur Gewinnung von Teer und Ammoniak aus Kokereigasen weiterentwickelt.

Die hohen Preise für Benzol, das z. B. in der Farbenindustrie und bei der Produktion von Sprengstoff verwandt wird, machen die Anlage rasch rentabel. In den folgenden Jahren entstehen vor allem auf den von Dr. C. Otto & Comp. errichteten Kokereien eine Reihe von Benzolfabriken. Der Unternehmer Dr. C. Otto aus (Bochum-)Dahlhausen hatte 1881 durch die Entwicklung spezieller Öfen die Gewinnung von Nebenprodukten aus Kohle auf der Zeche Holland in Wattenscheid eingeleitet.

Thyssen übernimmt Grubengesellschaft

2. Mai 1889. Der Mülheimer Unternehmer August Thyssen übernimmt als neuer Inhaber der Anteilsmehrheit den Vorstandsvorsitz in der Grubengewerkschaft Deutscher Kaiser in Duisburg.

August Thyssen war am 17. Mai 1842 in Eschweiler bei Aachen geboren worden, wo sein Vater Friedrich Thyssen eine Drahtfabrik leitete. Nach dem Studium des Maschinenwesens in Karlsruhe gründete er mit belgischen Kompagnons das Bandeisenwalzwerk Thyssen, Foussoul & Co. in Duisburg. Da er unabhängig sein wollte, löste er 1871 den Gesellschaftsvertrag und stieg mit dem fünffachen Betrag seiner Einlage von 24 000 Mark aus dem Unternehmen aus. Gemeinsam mit seinem Vater legte er ein Walzwerk in Mülheim an der Ruhr an und gründete die Firma Thyssen und Co. In den folgenden Jahren baute er dieses Werk zielstrebig aus; er legte zwei Universalwalzwerke an, baute Reparatur- und Ersatzteilwerkstätten. Um die Unabhängigkeit seiner Betriebe auf Dauer zu sichern, kaufte Thyssen Beteiligungen an Zechen und Eisenwerken.

August Thyssen, neuer Chef im Vorstand von Deutscher Kaiser

Brauereien bilden Aktiengesellschaft

11. November 1889. Unter Nr. 576 wird im Gesellschaftsregister II beim Amtsgericht Dortmund die Dortmunder Brauereigesellschaft aufgenommen (ab 1905 Dortmunder Ritterbrauerei Aktiengesellschaft). Sie geht hervor aus der 1873 gegründeten Ritterbrauerei, die sich 1881 mit der Klosterbrauerei der Gebrüder Meininghaus vereinigt hatte, sowie aus der bereits 1774 gegründeten Lindenbrauerei.

Das neue Unternehmen war am 16. Juni 1889 beim 19. Stiftungsfest des Dortmunder Brauereivereins gegründet worden. Die an diesem Tag fusionierenden Brauereien waren schon zuvor etablierte Firmen ihrer Branche. Die 1881 gebildete Kloster- und Ritterbrauerei hatte 1888 einen Ausstoß von rund 80 000 Hektolitern. Die als Hausbrauerei gegründete Lindenbrauerei wurde durch den jetzigen Besitzer Heinrich Bömcke modernisiert.

Vom Stand zur Klasse

Die Bergarbeiter 1848 bis 1889

Arbeit und Leben haben sich in der zweiten Hälfte des 19. Jh. im Ruhrgebiet grundlegend verändert. Während sich die Zahl der Bergleute im Jahr 1849 auf rund 12 000 belief und etwa ein Viertel der Bewohner vom Bergbau lebte, gab es um 1890 bereits über 129 000 Bergleute, und rund 43% der Bevölkerung waren überwiegend oder völlig von der Bergarbeit abhängig.

In den kleinen Stollenzechen des Ruhrtals ging es noch recht gemütlich zu. Man arbeitete, unter bergamtlicher Kontrolle, kaum mehr als acht bis neun Stunden täglich. Bergarbeit war zwar Schwerstarbeit, aber sie stand noch nicht unter dem Diktat der Produktion um jeden Preis. Die Oberaufsicht über den Bergbau hatten die Bergämter in Essen und Bochum sowie das Oberbergamt in Dortmund. Sie regelten die Arbeitsverhältnisse, setzten die Löhne fest, beaufsichtigten über die Knappschaft auch die außerbetrieblichen Lebensverhältnisse der Bergleute und überhaupt alles, was mit dem Bergbaubetrieb zusammenhing. Es war Sache des Bergamts, die Interessen der Arbeiter und Unternehmer gegeneinander abzuwägen. Die Bergleute waren, so scheint es, im großen und ganzen damit zufrieden. Wer Anlaß zur Klage hatte, durfte sehr wohl hoffen, beim Bergamt Gehör zu finden.

Mit der Herrschaft der Bergämter ging es in den 50er Jahren zu Ende. Das große preußische Reformwerk, die in den Jahren zwischen 1851 und 1865 abgewickelte Bergrechtsreform, veränderte die Beziehungen zwischen Unternehmern, Arbeitern und Beamten im Bergbau grundlegend. Während die Bergleute bisher in ihren Lebensverhältnissen auf einem allerdings dürftigen Niveau immerhin abgesichert waren und sogar, als ständige, »eingeschriebene« Bergleute, ein Recht auf Arbeit genossen hatten, hielt nun der sog. freie Arbeitsvertrag Einzug auf den Zechen: Die Gestaltung der Arbeitsverhältnisse war der Übereinkunft zwischen Unternehmern und Arbeitern überlassen. Dies bedeutete, daß die Unternehmer für die nächsten Jahrzehnte, mit gewissen Einschränkungen, die Arbeitsverhältnisse zu diktieren vermochten. Die Einschränkungen leiteten sich in erster Linie von den der Bergbehörde verbliebenen bergpolizeilichen Aufsichtsrechten her. Im ganzen gilt aber, daß die Bergleute nunmehr, wie alle anderen Arbeiter seit den Gewerbereformen zu Beginn des 19. Jh., in ihren Arbeits- und Lebensverhältnissen dem Wachstum und den Krisen der Märkte ausgeliefert wurden.

Das war anfangs nicht sehr stark zu spüren, denn in den 50er Jahren setzte im Ruhrbergbau ein lang anhaltender wirtschaftlicher Aufschwung ein, der nur durch wenige Krisenjahre unterbrochen wurde, vielmehr zwischen 1867 und 1873 in die Blüteperiode der sog. »Gründerjahre« überging. Die neuen Grubenfelder nördlich des Ruhrtals wurden rasch erschlossen, und überall entstanden neue Zechen mit Belegschaften von nun zumeist schon über 500 Bergleuten. Der Bergmann blieb im konjunkturellen Aufschwung ein gefragter Fachmann, so daß die Löhne stiegen und der Lebensstandard verbessert werden konnte. Neue Bergleute strömten aus den ländlichen Regionen des Münsterlands, des Rheinlands und des Oberbergischen Raums, oft auch bereits aus entfernteren Gegenden, herbei. Zwischen 1849 und 1873, binnen eines Vierteljahrhunderts, versiebenfachten sich die Belegschaften. Die neuen Arbeiter kamen meistens als Ledige in das Revier und fanden als Schlaf- oder Kostgänger bei ansässigen Arbeitskollegen, Bauern und Handwerkern ein vorläufiges Unterkommen. Dennoch machte sich bald drängende Wohnungsnot bemerkbar. Dort, wo – wie in Essen mit Krupp – das Wachstum anderer Industrien den Arbeits- und Wohnungsmarkt zusätzlich anspannte, nahm sie rasch katastrophale Ausmaße an. Überhaupt waren es in dieser Zeit vor allem die außerbetrieblichen Lebensverhältnisse, die sich rasch und unwiderruflich veränderten.

Die Arbeit im Revier war gewiß außergewöhnlich schwer, und man gewöhnte sich nur langsam daran. Andererseits waren die Löhne recht gut, und der Verdienst war, ganz im Gegensatz etwa zur früheren Landarbeit, regelmäßig. Daß die schwere Arbeit die Gesundheit der Bergleute enorm beeinträchtigte, mochte gerade den jungen, zugewanderten Bergarbeiter wenig stören. Kleine Arbeitsunfälle waren alltäglich, und mit der zunehmenden Teufe der immer weiter verzweigten Strecken und Strebe nahm die Gefahr Schlagender Wetter zu. Schlimmer noch waren die schleichenden Berufskrankheiten, so etwa die Rheumaerkrankungen wegen der Grubennässe und Zugluft sowie die hochgefährlichen Staublungenerkrankungen. Hinzu kam die Tuberkulose als »Proletarierkrankheit«, die in erster Linie den schlechten Wohnverhältnissen und gewissen Mangelerscheinungen in der Ernährung »zu verdanken« war. Die Arbeitskraft des Bergmanns verbrauchte sich schnell. Wer das 50. Lebensjahr einigermaßen rüstig erreichte, konnte schon von Glück reden.

Die Bergleute haben sich dem Wandel der Arbeits- und Lebensverhältnisse keineswegs widerspruchslos gebeugt. Sehr klar haben sie vielmehr den Wandel der Rechtsbedingungen bergbaulicher Produktion als eine Verschlechterung ihrer Rechtsposition wahrgenommen. Das galt in erster Linie für die Reform des Knappschaftsrechts im Jahr 1854, mittels derer die Knappschaft von einer ursprünglich standesformenden Einrichtung zu einem bloßen Versicherungsinstrument umgestaltet wurde. Als die Reform einige Zeit später realisiert wurde, gab es in allen Bergrevieren des Ruhrgebiets breite Protestbewegungen, in denen vor allem Freizügigkeit der Bergleute bei der An- und Ablegung, bessere Leistungen der Knappschaft und ein präzise festgelegtes Mitbestimmungsrecht der Bergleute in einer Beschwerdenflut ohnegleichen gefordert wurden. Hierbei muß es erstmals zu revierübergreifenden Absprachen zwischen den Bergleuten gekommen sein. In die gleiche Zeit datieren erste organisatorische Zusammenschlüsse der Bergleute in Gestalt von Knappenvereinen, die anfangs ausschließlich im Rahmen der katholischen Kirchengemeinden gegründet wurden und oftmals unter dem Einfluß von jüngeren, den sozialen Problemen aufgeschlossenen Geistlichen standen. Die Beschwerdebewegungen der 50er und frühen 60er Jahre des 19. Jh. blieben weithin erfolglos. Daß die Bergleute sich mit diesem Mißerfolg zufriedengaben, hing sicherlich mit der gleichzeitigen Besserung ihrer materiellen Lebensbedingungen im Zuge des anhaltenden konjunkturellen Aufschwungs zusammen. Zu Streikbewegungen kam es nur ausnahmsweise, eher spontan, als Reaktion auf besondere Unzuträglichkeiten in einzelnen Betrieben.

Das sollte sich Ende der 60er Jahre ändern. Im Jahr 1867 nutzten zahlreiche Essener Bergleute in einer letzten großen Beschwerdebewegung noch einmal die Formen des alten Systems, um ihren Interessen in einer großen Kollektiveingabe Geltung zu verschaffen. Auch diese Bewegung blieb erfolglos – die Antwort waren Streiks, die bald unter den Einfluß der aufstrebenden politischen Arbeiterbewegung gerieten. Mit solchen Streiks verbanden sich immer Tendenzen zum langfristigen organisatorischen Zusammenschluß, wobei sich die Knappenvereine als untaugliche Instrumente erwiesen. Daß starker Einfluß seitens der politischen Arbeiterbewegung schädlich sein konnte, weil die antisozialistisch gesinnte Öffentlichkeit dann eher für die Sache der Unternehmer einzunehmen war, haben die Bergleute bald bemerkt. Der große, vornehmlich auf den Essener Raum konzentrierte Streik von 1872, der über mehrere Wochen dauerte und bereits eine beispielgebende Disziplin der Streikenden im Umgang miteinander und mit Behörden und Unternehmern zeigte, mündete erneut in einen ruhrgebietsweiten Organisationsversuch. Ein ähnlicher Versuch der Lassalleanischen Arbeiterpartei wenige Jahre zuvor war in den Ansätzen steckengeblieben, und auch die neue Organisation scheiterte am Einspruch der Behörden.

An Organisationsversuchen hat es auch in der Folgezeit nicht gefehlt. Sie standen nun allerdings unter ungünstigen Vorzeichen. Das konjunkturelle Klima verkehrte sich nach 1873 in eine über zwei Jahrzehnte anhaltende Phase von Strukturkrisen. Bis 1879 wurden die Belegschaften um rund 10% abgebaut, und es gab Arbeitslosigkeit im Ruhrgebiet; erst danach ging es, bei einer allerdings nach wie vor von Überproduktion gekennzeichneten Lage auf dem Kohlenmarkt, wieder aufwärts. Die Unternehmer nutzten die Krise zu Lohnkürzungen und Arbeitszeitverlängerungen, wogegen sich die Bergleute in mehreren, erbittert geführten Streiks zu wehren versuchten. Die junge Arbeiterbewegung geriet, kaum richtig formiert, in die Krise. Auch der Staat stellte sich vollends auf die Seite der Unternehmer und half kräftig in der Unterdrückung von Protestversuchen und organisatorischen Verbindungen mit. Einen Höhepunkt erreichten die Repressalien im Jahr 1878 mit dem Erlaß des Sozialistengesetzes, das bis 1890 in Kraft blieb und jegliche sozialistischen und gewerkschaftlichen Bestrebungen außerhalb der SPD-Reichstagsfraktion untersagte.

Die materielle Lage der Bergleute war in der zweiten Hälfte der 70er Jahre immer bedrückender geworden; das Blatt wendete sich langsam im folgenden Jahrzehnt. In den 80er Jahren wurde die Emscherregion für den Bergbau erschlossen. Hier entstanden nun Großschachtanlagen, die mit mehreren Tausend Belegschaftsmitgliedern das Bild des Ruhrgebiets in den folgenden Jahrzehnten zunehmend bestimmen sollten. Die neuen Bergleute, die nun hereinströmten, kamen von weither: Aus den ländlichen Regionen Ostpreußens und Schlesiens und besonders aus den polnischen Gebieten des Deutschen Reiches. Hunderttausende solcher ehedem ländlicher Arbeiter sind seit den 80er Jahren als ungelernte Arbeiter in die Schwerindustrie des Ruhrgebiets abgewandert. Das brachte neue, schwere Belastungen für die aufstrebenden Industriestädte, und es veränderte die Organisationsbedingungen der Arbeiterschaft grundlegend. Es wurde nun immer schwerer, alle materiellen Interessen unter ein Dach zu bringen und dabei den ethnischen und auch religiösen Differenzen gerecht zu werden. Unternehmer und Staat taten darüber hinaus alles, um solche Entwicklungen zu verhindern.

Das gelang nicht so recht gegenüber einem neuerlichen organisatorischen Zusammenschluß auf der Grundlage der Knappenvereine, der sich als »Rechtsschutzverein« seit Mitte der 80er Jahre dezidiert und mit gewissen Erfolgen um die Vertretung der knappschaftlichen Interessen der Bergleute bemühte. Das war freilich nicht genug. Das Streben der Arbeiter nach einer schlagkräftigen Organisation blieb auf der Tagesordnung, und andere Gewerbe gingen darin voran – trotz des Sozialistengesetzes und der harten, ungerechten, manchmal gar lächerlichen Verfolgungsmaßnahmen gegen jegliche Form von Arbeiterbewegung. Als der Ruhrbergbau seit 1888 erstmals wieder einen starken Aufschwung nahm, war das Streben der Bergleute nach einem höheren Anteil an den produzierten Werten nicht mehr zu halten. Im Frühjahr 1889 entfaltete sich eine Streikbewegung ohnegleichen, und die Ruhrbergleute nahmen darin einen prominenten Platz ein. Fast alle Belegschaften, rund 100 000 Bergleute, denen sich auch andere Bergreviere zum Teil anschlossen, traten im Mai 1889 in den Streik. Es ging um Verkürzung der Arbeitszeit, höhere Löhne, mehr Sicherheit in der Grube und vor allem auch um bessere Behandlung seitens der Vorgesetzten, Abbau des Strafwesens und ähnliches. Wieder verlief der Streik außerordentlich diszipliniert. Kennzeichnend war aber, daß sich die Bergleute, mit dem Ziel der Gewinnung der öffentlichen Meinung und des Staatsapparats für ihre Interessen, einer überkommenen Formhülse bedienten: Sie entsandten eine Delegation nach Berlin, um direkt beim Kaiser vorstellig zu werden. Die Kaiserdelegation blieb erfolglos, und auch der Streik selbst zeitigte keine unmittelbaren Erfolge; die Bergleute ließen sich vielmehr mit dem Versprechen gewisser Verbesserungen hinhalten. Immerhin reagierte der Staat in den folgenden Monaten: Die bergrechtlichen Verhältnisse wurden 1892 novelliert, wobei die Position der Arbeiter gestärkt wurde.

Ein anderes Ergebnis des Streiks war langfristig viel bedeutsamer: Endlich gelang es den Bergleuten, auf Dauer eine Gewerkschaft, den sog. »Alten Verband«, zu gründen. Die Organisation erfuhr anfänglich starken Zulauf, geriet aber bald in den Strudel innerer Auseinandersetzungen unter dem Eindruck einer neuerlichen Krise der Bergbauindustrie. Als es dann 1895 wieder aufwärts ging, war eine Konkurrenzorganisation neben den Alten Verband getreten. Unzufrieden mit den sozialistischen Neigungen dieser Organisation, hatten christlich-katholisch gesinnte Bergleute Ende 1894 einen eigenen Gegenverband, den Gewerkverein christlicher Bergarbeiter, gegründet. Daneben gab es noch einen bereits älteren, politisch dem Liberalismus zuneigenden, kleinen Bergarbeiterverband, und um die Jahrhundertwende gründeten die zugewanderten polnischen Bergleute ebenfalls eine eigene Organisation. Auf Jahrzehnte hinweg hatte sich die Bergarbeiterbewegung zersplittert und damit möglichen Einfluß verspielt. Unter diesen Umständen konnten die Unternehmer ihre Politik der Nichtanerkennung der Gewerkschaften, den sog. Herr-im-Hause-Standpunkt, bis in die Jahre des Ersten Weltkriegs durchsetzen.

Dennoch ist die Streikbewegung der Bergleute vom Jahr 1889 ein Fanal einer im Grunde erst künftigen Stärke gewesen. Sie hat die Öffentlichkeit wachgerüttelt und in großen Teilen für die Ziele der Bergleute eingenommen; sie hat im Staat und in den Behörden wenigstens vorübergehend ein neues sozialpolitisches Bewußtsein gefördert. Als ein Angelpunkt der Traditionsbildung ist sie in der Bergarbeiterbewegung bis auf unsere Tage lebendig geblieben.

Klaus Tenfelde

1890

23. 1. Eine Denkschrift des deutschen Innenministers befaßt sich mit den Arbeitsverhältnissen im Bergbau. →

20. 2. Obwohl die Sozialdemokraten bei den Wahlen zum 8. Deutschen Reichstag stimmenstärkste Partei werden, bleiben aufgrund der Wahlkreiseinteilung Zentrum, Konservative und Liberale in der Mehrheit.

1. 3. Das Knappschaftskrankenhaus Bergmannsheil in Bochum wird eröffnet. →

2. 3. Unterirdische Wasser dringen in die Gruben der Zeche Graf Moltke in Gladbeck ein. →

1. 5. Der 1. Mai wird erstmals international als Arbeiterkampftag begangen. →

4. 6. In Gelsenkirchen wird der überregionale Konsum-Verein Glückauf gegründet. →

2. 7. Beim Besuch einer Zirkusvorstellung in Oberhausen wird der Stahlarbeiter Klötzle in einem Streit tödlich verletzt. →

30. 9. Das Sozialistengesetz wird außer Kraft gesetzt (→ 21. 10. 1878).

November. Heinrich Kämpchen, Bergmann und Arbeiterdichter, steht an erster Stelle in den polizeilichen Überwachungslisten. →

23. 11. In Recklinghausen wird der Verein für Orts- und Heimatkunde gegründet. →

1890. Die Erweiterung des Ruhrorter Kaiserhafens macht eine Verlegung der Ruhrmündung notwendig. →

1890. Der Vergnügungssaal am Dortmunder Fredenbaum wird eröffnet. →

1890. Zahlreiche Lotterien erfreuen sich wachsender Beliebtheit in der Revierbevölkerung. →

1890. An der Schweizer Straße in Duisburg wird der Botanische Garten angelegt. →

1890. In Wanne-Eickel wird die Zeche Shamrock 3/4 errichtet (bis 1892) und in Recklinghausen die Zeche General Blumenthal. In Bergkamen wird der Schacht Grimberg I abgeteuft. →

1890/94. Dortmund hat eine Geburtenrate von 41,3 Neugeborenen auf 1000 Einwohner (Deutsches Reich: 36,2 Neugeborene). →

Um 1890. Viele Revierbewohner sind auf Nebenverdienste angewiesen. →

Um 1890. Der hohe Bedarf an Arbeitskräften im Revier löst eine starke Zuwanderung aus den preußischen Ostprovinzen des Deutschen Reiches aus. →

GEBOREN:

14. 1. Bottrop: Franz Große-Perdekamp († 30. 12. 1952, Essen), Kulturkritiker.

Verlegte Ruhrmündung und der Rhein bei (Duisburg-)Homberg; im Bildhintergrund Duisburger Industrieanlagen

Neue Ruhrmündung für Hafenausbau

1890. Im Zuge der Erweiterung des Ruhrorter Kaiserhafens wird durch den Bau eines Hafenkanals, der eine direkte Verbindung mit dem Rhein herstellt, die Verlegung der ursprünglichen Ruhrmündung um einige Kilometer nach Süden notwendig. Durch die neugeschaffene 130 m lange Kanalzufahrt, den sog. Hafenmund, ist nun die gesamte Ruhrorter Hafenanlage vom Rhein aus mit Schiffen zu befahren.

Der auf 75 m Breite erweiterte Kaiserhafen zweigt neben der Hafeneinfahrt von den alten Hafenteilen des Nord- und Südhafens ab. Die Wasserfläche des neuen Hafenbeckens umfaßt 51,3 ha bei einer Gesamtlänge von 7,5 km. Die südliche Befestigung des Kaiserhafens bildet eine 1000 m lange Kaimauer, deren Anlagen hauptsächlich der Verladung von Fertigeisen und dem Löschen von Erzen dient. Für die nördlich der Hafenanlagen liegenden Rheinischen Stahlwerke sind die ersten großen Verladebrücken mit 70 m Spannweite errichtet worden.

Neue Transporteinrichtungen erleichtern die Verladung von Kohle. Die mit der Eisenbahn zum Hafen beförderten Kohlewaggons werden auf hochgelegenen sog. Pfeilerbahnen über den Kohlemagazinen entladen. Von dort transportieren kleine Kippwagen den Brennstoff über Ladebühnen zu Schüttrinnen, mit deren Hilfe die Schiffe beladen werden. Trotz seines Ausbaus kann der Kaiserhafen den enorm anwachsenden Güterumschlag und ständig zunehmenden Schiffsverkehr schon bald nicht mehr bewältigen.

Gesamtgüterumschlag in Duisburg-Ruhrorter Häfen

Jahr	Anfuhr (in t)	Abfuhr (in t)
1880	752 515	2 764 400
1885	877 872	3 682 593
1890	1 425 711	4 754 320
1895	2 006 756	5 469 517
1900	3 850 117	8 579 077
1905	4 191 776	9 447 017
1910	5 467 648	13 905 715

Da die Produktions- und Förderkapazitäten der Ruhrindustrie ständig ausgebaut werden, können die vorhandenen Lagerplätze und Verladeeinrichtungen die Nachfrage bald nicht mehr befriedigen.

So befaßt sich die Hafenverwaltung wenige Jahre nach der Inbetriebnahme der neuen Hafenanlagen mit weiteren Ausbauplänen. Im Jahr 1903 wird mit dem Bau der Hafenbecken A, B und C begonnen. Die Erweiterung der Hafenzufahrt zum Rhein macht eine nochmalige Verlegung der Ruhrmündung notwendig.

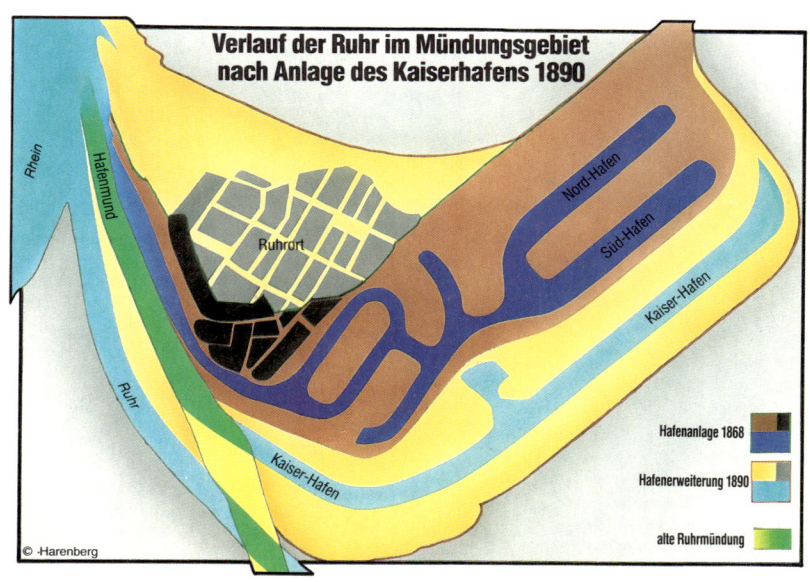

1890

Kämpchen steht auf schwarzen Listen

November 1890. Der Bergmann Heinrich Kämpchen, Sozialdemokrat und Arbeiterdichter (→ 1899) aus (Bochum-)Linden, steht wie schon im Juni des Vorjahres an erster Stelle in den sog. schwarzen Listen, polizeilichen Überwachungslisten, die im Rahmen der Verfolgung von Sozialdemokraten durch das Sozialistengesetz (→ 21. 10. 1878) angelegt worden sind. Obwohl das Sozialistengesetz am 30. September 1890 seine Gültigkeit verloren hat, steht Kämpchen zusammen mit anderen Arbeiterführern weiterhin unter Überwachung der Obrigkeit.

Heinrich Kämpchen hatte als 13jähriger auf Zeche Hasenwinkel mit der Arbeit unter Tage begonnen und kämpfte früh für eine Verbesserung der Arbeitsbedingungen der Bergleute. Er zählt zu den führenden Persönlichkeiten der Bochumer Sozialdemokratie. Nachdem er beim Bergarbeiterstreik (→ 25. 4. 1889) als Sprecher an die Spitze der Streikbewegung getreten war, wird er als »Frühinvalide« entlassen, kämpft aber weiter für die Bergleute.

Heinrich Kämpchen, Bergmann, Arbeiterdichter und engagierter Kämpfer für die Belange der Bergleute, steht unter Polizei-Überwachung

Heftiger Widerstand gegen Maifeiertag

1. Mai 1890. Auf Beschluß der 1889 auf einem Kongreß sozialistischer Parteien in Paris gegründeten Zweiten Internationale wird der 1. Mai erstmals als Arbeiterkampftag begangen. Hauptforderung auf den Mai-Demonstrationen ist die Einführung des Achtstundentages. Von den Unternehmern wird der 1. Mai als Ausdruck des Klassenkampfes erbittert bekämpft.

In den nächsten Jahren kommt es am 1. Mai regelmäßig zu Zusammenstößen zwischen Arbeitern und Polizei. So berichtet der Bergmann Wilhelm Rosenbaum aus Dortmund: »Bei der Maifeier hätten sie nicht immer so viel singen sollen! Das wäre richtiger gewesen ... Es war ja so: Rief der Gendarm: ›Ruhe!‹ dann fangen vorne wieder welche an zu singen. Dann geht das wieder: ›Ruhe!‹ Viele haben darauf gedrängt, daß die Polizei anfangen sollte. Das ist ja unsinnig, denn sie können doch nicht dagegen ankommen. Sicher, wenn es nicht anders geht, muß man mal zupacken. Ja, bei Demonstrationen, das war damals schlimm.«

Preußische Regierung glaubt nicht an Bergarbeiterelend

23. Januar 1890. Im »Lokalanzeiger für die Kreise Dortmund und Hörde« erscheint die kritische Darstellung einer vom Reichsinnenministerium veröffentlichten Untersuchung der Lebens- und Arbeitsverhältnisse deutscher Bergarbeiter. Kaiser Wilhelm II. hatte während des Streiks 1889 einer Delegation von Arbeitern aus dem Ruhrgebiet eine Untersuchung zur Prüfung ihrer Forderungen zugesichert (→ 25. 4. 1889). Die Dortmunder Zeitung wirft den Verfassern der Denkschrift arbeiterfeindliche Parteilichkeit vor (Auszüge aus dem redaktionell bearbeiteten Artikel):

»In Preußen lag die ganze Untersuchung in den Händen von Beamten, die zum Teil der Arbeiterfrage wenig wohlwollend gegenüberstehen ...

So stellt sich denn die ganze Denkschrift als eine, wenn auch nicht beabsichtigte, tendenziöse dar, die nicht einmal das Material einfach wiedergibt und dem Leser überläßt, sich selbst ein Urteil zu bilden, sondern den Aktenstoff ›verarbeitet‹ ... Immerhin ist die Denkschrift wichtig genug, um einige Ergebnisse derselben ausführlicher zu betrachten ...

Die Ursachen des Ausstandes werden in der Denkschrift darauf zurückgeführt, daß nach den Aussagen der Arbeiter an vielen Stellen des Ruhrbezirks zu niedrige Löhne gezahlt wurden und zu lange Schichten bzw. zu zahlreiche Überschichten gemacht werden mußten ...

In den sämtlichen 15 Revieren des Oberbergamtsbezirks Dortmund hat hiernach betragen der durchschnittliche Lohn eines Hauers ... 1. Quartal 1889 3,07 Mark, eines sonst unter Tage beschäftigten Arbeiters ... 2,40 Mark ... Es könnte auffallen, daß die vernommenen Bergleute ... die Richtigkeit dieser Angaben ... als der für die Bergwerke, auf denen sie angelegt sind, berechneten Einzeldurchschnittssätze, gestützt auf ihre Lohnbücher, anzweifeln ...

Hiermit steht im engsten Zusammenhang die im Verlauf des Ausstandes oft aufgeworfene Frage, ob die Löhne auskömmlich waren. Den nähern Beweis für die Behauptung, daß die Löhne zum Lebensunterhalt nicht ausreichen, sind die Arbeiter schuldig geblieben und es haben die Vernehmungen kein Material nach der Richtung ergeben, daß bei einem Teil der Belegschaft oder gar bei der Gesamtheit ein Notstand geherrscht habe ...

Ob der einzelne Arbeiter mit dem ins Verdienen gebrachten Lohne auskommt, ist außer der nach seinem Fleiße, seiner Arbeitskraft und Gesundheit verschieden ausfallenden Lohnhöhe noch von einer Menge anderer Umstände (Größe der Familie, Wirtschaftlichkeit der Ehefrau, etwaiger Verdienst der Kinder, Preis der Wohnung, Höhe der Lebensmittel und Steuern u. a. m.) abhängig ...

Dabei wird nicht außer acht zu lassen sein, daß ... bei einem erheblichen Teile der Belegschaften ... der bedauerliche Mißstand in Übung ist, nach den Sonn-, Fest- und Lohntagen eine Schicht zu feiern und sich neben dem Verlust des Verdienstes einer ... Strafe, welche mitunter bis zu 3 Mark beträgt, wissentlich auszusetzen ...

Dabei kann es keinem Zweifel unterliegen, daß die augenblicklichen Lohnsätze von einer etwaigen rückgängigen Bewegung auf dem Kohlenmarkt wesentlich beeinflußt werden würden.«

Lokalanzeiger für die Kreise Dortmund und Hörde vom 23. Januar 1890

Mit dem Sonderzug ins Kohlenrevier

Um 1890. Der hohe Arbeitskräftebedarf im Ruhrgebiet löst eine Masseneinwanderung aus den preußischen Ostprovinzen und Österreich aus. Bis 1900 siedeln sich mehr als 150 000 Zuwanderer im Revier an. Zechenbeauftragte stellen in den Dörfern Ost- und Westpreußens, Posens, Schlesiens und Sloweniens Arbeitergruppen zusammen, die zum Teil mit Sonderzügen ins Ruhrgebiet gebracht werden. Der zentral im Emscherland gelegene Bahnhof von Gelsenkirchen wird zur Verteilungsstelle für die neuen Arbeitskräfte aus dem Osten.

Meist sind die Zuwanderer nicht in der Lage, die Fahrtkosten selbst aufzubringen. Die Zechen gewähren ihnen einen Vorschuß für den Kauf der Fahrkarte, der später vom Lohn abgezogen wird.

Kleinbauern bringen z. T. Ziegen und Geflügel mit ins Ruhrgebiet. Die meisten Umsiedler führen jedoch nur wenige Habseligkeiten in Bündeln und Säcken mit sich.

Der Arbeitsvertrag ist oft mit einem Mietvertrag für eine Koloniewohnung gekoppelt. Die Zechen behalten einen Teil des Lohnes für Hausgeräte und Möbel ein, die auf ihre Vermittlung hin geliefert werden. Vielfach lassen sich die Zechenvertreter die Papiere der Arbeitswilligen vor deren Reiseantritt aushändigen, um die Einhaltung des Arbeitsvertrages sicherzustellen.

Polnische Ansichtskarte von Castrop, mit der Zuwanderer Grüße an die in Polen gebliebenen Freunde und Verwandten schicken

Hohe Geburtenrate im Industriegebiet

1890/94. Mit 41,3 Neugeborenen auf 1000 Einwohner hat Dortmund eine im Vergleich mit der Geburtenrate des gesamten Deutschen Reiches (36,2) überdurchschnittlich hohe Geburtenziffer. Wie auch in den anderen Städten des Ruhrgebiets bedeutet die anhaltende Zuwanderung aus anderen Teilen des Reiches sowie aus dem Ausland einen Zuwachs vor allem der jungen, d. h. zeugungs- und gebärfähigen Bevölkerungsgruppen. So stellen z. B. in Dortmund die 15- bis 40jährigen 43,4% (Männer) bzw. 40,7% (Frauen) der Einwohner. Umgekehrt ist die Sterblichkeit relativ niedrig; der Geburtenüberschuß sowie die große Zahl der Zuwanderer sind die wesentlichen Ursachen für das Bevölkerungswachstum.

Wassereinbruch legt Grubenbetrieb lahm

2. März 1890. Nur unter größten Anstrengungen gelingt es, auf der Zeche Graf Moltke in Gladbeck 70 Grubenpferde zu retten, als unterirdische Wasser mit ungeheurer Gewalt auf Flöz Blücher durchbrechen. Ein Chronist schildert den nächtlichen Wassereinbruch: »Noch in der Nacht vom 2. auf den 3. März 1890 wurde Zechen-Direktor Bergingenieur Albrecht geholt. Er versuchte, mit dem Betriebsführer und dem Schmiedemeister vom Schacht aus zu dem nach Norden stark ansteigenden Hauptquerschlag zu gelangen, obwohl das Füllort der zweiten Sohle bereits unter Wasser stand und man nur noch schwimmend hinkam. Die im zweiten östlichen Abteilungsquerschlag der zweiten Sohle etwas südlich vom Flöz Karl zum Schutz gegen Wassereinbrüche eingebaute Dammtür sollte geschlossen werden. Es gelang aber nur unvollkommen, weil die Tür nicht in Ordnung war. Die Wasser drangen bald wieder durch, so daß die Grube mehr und mehr ersoff.«

Auch in den folgenden Wochen gelingt es nicht, den Wasserfluß zu stoppen. Die Förderung kommt zum Stillstand, die Belegschaft wird von 1200 auf 206 Mann reduziert. Erst mit einer leistungsstarken Wasserhaltungsmaschine kann die Gefahr unterirdischer Überflutung endgültig gebannt werden.

Polizei soll gegen Kostgänger helfen

In Recklinghausen gibt es ähnlich wie in den anderen Städten des Ruhrgebiets nicht genug Wohnraum für die schnell wachsende Bevölkerung. Alleinstehende Arbeiter leben als Kostgänger oft zu mehreren Personen in einem Zimmer. Aus dem Zusammenleben vieler Menschen auf engstem Raum entstehen vielerorts Belästigungen und Streitigkeiten. Folgender Fall wird beim Recklinghäuser Polizei-Commissar Schmitz zur Anzeige gebracht:

»In dem von mir bewohnten Hause Nr. 161/3 vor dem Steinthor gelegen, hat auch der Kutscher N. 3 Zimmer inne. Eines dieser Zimmer wußte er sich unter dem Vorwand zu erschleichen: ›Er habe fast stets Besuch von seiner Familie und könne diese sonst nirgends schlafen lassen!‹ Benutzte aber dann dasselbe sofort zur Etablierung einer Kostgängerwirtschaft, wie sie schlimmer kaum gedacht werden kann.

Familie mit Kostgängern

Heute lagen z. B. die Kostgänger nur mit Hemd und Hose bekleidet in den Fenstern an der Straße und belästigten die Kirchgänger durch Ausrufe wie: ›Fräulein, sie verlieren ihren Rock‹ u.s.w. In dem kleinen Zimmer, das bei einer Länge von 3,90 Mtr. an einem Ende 1,35 Mtr. und am andern 3,50 Mtr. breit ist und eine Höhe von nicht ganz 3 Mtr. besitzt, hausen 4 Kostgänger. Das dieses nun offenbar den hier geltenden Polizei-Vorschriften widerspricht, so erlaube ich mir Ew. Wohlgeboren ganz ergebenst zu bitten, die Entfernung von wenigstens 2 der Kostgänger so bald als möglich polizeilicherseits geneigtest veranlassen zu wollen. Hochachtungsvoll ...«

Gewerkschaftlicher Konsumverein

4. Juni 1890. Als erste überregionale Einkaufs- und Verkaufsgenossenschaft des Ruhrgebiets wird in Gelsenkirchen der Konsumverein rheinisch-westfälischer Bergleute Glückauf e. G. gegründet. Die Genossenschaft ist personell und wirtschaftlich eng mit dem sozialdemokratischen Verband zur Wahrung und Förderung der bergmännischen Interessen in Rheinland und Westfalen (→ 18. 8. 1889) verbunden. Aufgabe des Unternehmens ist die Versorgung seiner Mitglieder – ausschließlich Bergarbeiterfamilien aus dem Ruhrrevier – mit Lebensmitteln und Grundbedarfsgütern. Trotz ständig steigender Mitgliedszahlen in der Gründungsphase reicht das aufgebrachte genossenschaftliche Kapital nicht aus, die zahlreichen Verkaufsstellen im östlichen Ruhrgebiet auf eine solide finanzielle Basis zu stellen. Auf dem Höhepunkt seiner Entwicklung 1893 unterhält der Verein für seine 3000 Mitglieder 13 Verkaufsstellen im Raum Gelsenkirchen, Bochum, Witten und Dortmund sowie zwei Bäckereien und eine Kaffeerösterei.

Neben den bergmännischen Konsumläden bestehen auch firmeneigene Geschäfte wie die Verkaufsanstalt der Gutehoffnungshütte in Oberhausen

Die hohen Kosten des weitmaschigen Versorgungsnetzes und die Auszahlung überhöhter Gewinnanteile belasten das Unternehmen schwer. Die kaufmännisch und organisatorisch unerfahrene bergmännische Genossenschaftsleitung vermag dieser Entwicklung keine entscheidenden Maßnahmen entgegenzusetzen. Geradezu selbstzerstörerisch ist der Entschluß, in den Konsumläden Alkohol auszuschänken: Oft müssen betrunkene Familienväter von ihren Frauen aus den Läden geholt werden; Frauen und Kinder meiden die Verkaufsstellen aus Furcht vor Belästigungen. 1894 meldet der Konsumverein Konkurs an; die Mitglieder werden mit je 50 Mark für die Verluste haftbar gemacht.

Nebentätigkeiten haben Konjunktur

Um 1890. In den Städten des Ruhrreviers werden vielfältige Nebenerwerbsmöglichkeiten angeboten. Die Arbeiterlöhne reichen nur zur Existenzsicherung, sofern keine außergewöhnlichen Belastungen auftreten; im Falle von Krankheit oder Invalidität ist die finanzielle Unterstützung unzureichend. Auch kinderreiche Familien mit nur einem Gehaltsbezieher sind auf zusätzliche Einkommensquellen angewiesen.

Frauen und Mädchen putzen, waschen, bügeln und nähen für bürgerliche Haushalte, Witwen bieten Mittag- und Abendtisch für berufstätige Herren an, junge Mütter stellen sich als Ammen für fremde Säuglinge zur Verfügung und Textilbetriebe vergeben Heimarbeiten wie das Stikken sog. Haussegen-Tücher.

Viele arbeitslose Männer und Invaliden versprechen sich einen hohen Nebenverdienst durch den Haustürverkauf fragwürdiger Produkte und Waren wie »amerikanischer elektromagnetischer Gichtkissen« und »pikanter Photographien und Alben für Junggesellen«.

Deftige Hausmannskost beliebt im Revier

Die Küche im Kohlenrevier ist westfälisch deftig. Das Schlachtfest zum Winterbeginn ist sehr verbreitet, da viele Bergleute Ziegen, Schweine und Kleinvieh in ihren Gärten halten. Fast jede Familie stampft drei Fässer ein: Sauerkraut, Schnippelbohnen und Stielmus. Eine Spezialität ist der Panhas, eine eingedickte Blutwurstbrühe; steif geworden, wird er scharf angebraten.

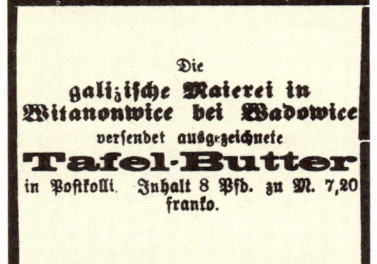

Werbeanzeige einer Kaffeerösterei   *Galizischer Butter-Versandhandel*

Bäcker Frenzel annonciert seine Geschäftseröffnung

Metzgerei Osthues empfiehlt sich der Kundschaft

Lotterien erfahren lebhaften Zuspruch

1890. In den Zeitungen des Ruhrgebiets findet sich eine Vielzahl von Inseraten, die für verschiedene Lotterien werben und auf die Ziehungen von Gewinnzahlen hinweisen. So bieten Lotteriegeschäfte und Bankhäuser z. B. im »Lokal-Anzeiger für die Kreise Dortmund und Hörde« Lose der Preußischen Lotterie, der Schloßfreiheit-Lotterie und der Metzer Dombau Geld-Lotterie an.

Bei Lospreisen zwischen 3 und 64 Mark, die auch als Halb- oder Viertellose erworben werden können, locken Höchstgewinne zwischen 50 000 und 500 000 Mark.

Seit 1740 gibt es in Preußen eine staatliche Lotterie, mit deren Erlösen die Staatskasse aufgefüllt wird. Daneben existieren Gewinnspiele, die große Bauprojekte und soziale Vorhaben finanzieren helfen sollen. Zum Verkauf der Lose werden in den Ruhrgebietsstädten zahlreiche Lotteriegeschäfte wie das von Ludwig Knabe am Ostenhellweg in Dortmund eröffnet, doch können Lose und Gewinnlisten auch postalisch angefordert werden.

Gruppenbild mit Grubenvorstand auf Zeche Ewald bei Herten

Stolz präsentiert sich der Grubenvorstand der Zeche Ewald bei Herten der Kamera des Fotografen (Abb.). Noch nicht lange haben die Zechenherren von Ewald Grund, stolz und zufrieden zu sein: Obwohl bereits im Winter 1872 mit Abteufarbeiten für den ersten Schacht begonnen worden war, konnte erst 1888 die regelmäßige Förderung aufgenommen werden. Technische Schwierigkeiten und ungünstige geologische Bedingungen verteuerten die Abteufarbeiten. Bis 1888 mußten die Gewerken regelmäßig Zubuße zahlen, ein Jahr vorher war eine Anleihe von 1 Mio Reichsmark aufgenommen worden. Zwei Jahre vor Entstehung dieses Bildes konnten erstmals Gewinne erzielt und unter den Gewerken aufgeteilt werden.

Heimatbewegung an Ruhr und Lippe

23. November 1890. In der Recklinghäuser Engelsburg wird der Verein für Orts- und Heimatkunde gegründet. Der Verein schließt sich dem am selben Tag und Ort ins Leben gerufenen Dachverband Heimatgebiet Vest an.

Mit der Gründung des Vereins verbunden ist die Einrichtung einer Sammlung von Altertümern, die den Grundstock für das spätere Vestische Museum bildet. Die Bestände – hauptsächlich aus Schenkungen, aber auch aus Vereinsgeldern erworben – sind zunächst in einer Bodenkammer des alten Rathauses am Markt untergebracht.

Auch in anderen Orten des Ruhrgebiets wächst die Besinnung auf die Geschichte der heimischen Region. Ebenfalls 1890 werden die Heimatmuseen in Dorsten, Hamm und Schwelm gegründet. 1896 wird in Duisburg eine Kommission zur Erhaltung und Sammlung der städtischen Altertümer gebildet. 1899 beginnt der Halterner Altertumsverein mit der Sammlung von Funden aus dem ehemaligen Römerlager.

Unfallkrankenhaus Bergmannsheil in Bochum eröffnet

1. März 1890. In (Bochum-)Wiemelhausen wird das Krankenhaus Bergmannsheil eröffnet. Das an der Hattinger Straße gelegene erste Berufsgenossenschafts-Krankenhaus des Deutschen Reichs wurde von der Westfälischen Berggewerkschaftskasse (→ 15. 4. 1864) errichtet und »zur unbeschränkten Benutzung als Krankenhaus für unfallverletzte Bergleute aus dem Bezirke ... und solche Knappschaftsmitglieder, welche einer chirurgischen Behandlung bedürfen« der Knappschafts-Berufsgenossenschaft übergeben.

Mit dem Unfallversicherungsgesetz von 1885 war die Behandlung von Unfallfolgen finanziell abgesichert worden, was die Einrichtung eines speziellen Krankenhauses erst ermöglichte. Im Bochumer Bergmannsheil werden auch Rentenansprüche der Bergleute an die Unfallversicherung geprüft.

Der erste Chefarzt ist Prof. Carl Löbker, der die medizinische Verantwortung trägt und gleichzeitig für die kaufmännische Verwaltung des Hauses zuständig ist. Ihm unterstehen zwei Assistenz- und Volontärärzte sowie acht Krankenpfleger, die im Krankenhaus wohnen müssen, um ständig erreichbar zu sein.

Schon im ersten Jahr wird die Kapazität des Krankenhauses von 118 auf 150 Betten erweitert; der rasch wachsende Betrieb macht bald einen Ausbau des Krankenhausgebäudes notwendig. Im 1892 begonnenen Erweiterungsbau befindet sich auch der nach einem Arzt benannte sog. Zandersaal, ein Behandlungsraum mit Geräten zur Bewegungstherapie für Unfallverletzte.

Krankenhaus Bergmannsheil in (Bochum-)Wiemelhausen zur Behandlung von Bergleuten

Prof. Carl Löbker, Chefarzt im Bergmannsheil, verantwortlich auch für kaufmännische Belange

Pflegepersonal des neu eröffneten Bochumer Unfall-Krankenhauses Bergmannsheil

Vergnügungszentrum Fredenbaum

1890. Mit der Eröffnung des großen Saalbaus wird der Dortmunder Fredenbaum zu einem Vergnügungszentrum von großstädtischem Zuschnitt. In dem neuen Gebäude können Großveranstaltungen wetterunabhängig abgehalten werden.
Die Anfänge des Fredenbaum reichen zurück bis in die 30er Jahre des 19. Jh. Eine Schenke am Eingang zum Westerholz mit Biergarten und Schützenwiese waren schon damals ein beliebtes Ausflugsziel.
Der neue Saalbau übertrifft mit seinen Ausmaßen viele andere berühmte Konzertsaalbauten im Deutschen Reich und gilt lange Zeit als »das Wunder Westfalens«. Der Fredenbaumsaal bietet eine Fläche von 1400 m² und kann durch Hinzunahme von Wintergarten und Nebensälen auf 2202 m² vergrößert werden (zum Vergleich: Die Stuttgarter Liederhalle umfaßt 1100 m², der Kölner Gürzenich 1172 m²).
Zu den Veranstaltungen gehören regelmäßige Konzerte der Kapelle des Dortmunder Musikanten und Originals Franz Giesenkirchen. Daneben stehen große Militärmusikkonzerte auf dem Programm. Alle großen Dortmunder Vereine, denen die Säle in der Innenstadt zu klein sind, feiern am Fredenbaum ihre Stiftungsfeste. Besonders eignet sich der Saal für die Feierlichkeiten der Gesangvereine, da er mit einer großen Orgel ausgestattet ist.

Saalbau des Dortmunder Fredenbaum, einem Vergnügungszentrum, das nicht nur von den Bewohnern Dortmunds gerne und häufig besucht wird

Im ersten Jahrzehnt seines Bestehens finden am Fredenbaum überwiegend Militärkonzerte statt. In den Sommermonaten kommen wöchentlich drei bis vier Regimentskapellen nach Dortmund. Abends sind die Anlagen mit ihrer Illumination das Ziel zahlreicher Spaziergänger. Großveranstaltungen werden meist mit einem Feuerwerk beendet.
Zu einem sensationellen Ereignis wird der Auftritt von Hagenbecks Völkerschau »Die größte Indienschau der Welt« im Jahr 1910. Hagenbeck – seit 1875 auf einer Welttournee, die es sonst nur in Hauptstädten zu sehen gibt – zeigt ein nachgebautes indisches Dorf mit typischen Häusern, indische Elfenbeinschnitzer und Teppichknüpfer, Zauberer, Fakire und die Kunst indischer Tempeltänzerinnen. Auch die Tierwelt des Subkontinents ist mit Elefanten und Zebus vertreten. Die täglich fünf Vorstellungen sind stets ein Riesenerfolg.
1912 wird auf dem Gelände der alten Schützenwiese ein Vergnügungspark eröffnet mit Kaffeegarten, Musikpavillon und Wasserrutschbahn.

Unterhaltung mit sehr viel Musik

In den Großstädten des Ruhrgebiets werden dem Publikum zahlreiche Unterhaltungsmöglichkeiten geboten. In der Tagespresse wie der »Rheinisch-Westfälischen Zeitung« annoncieren diverse Veranstalter und Etablissements, um Zuschauer und Zuhörer zu gewinnen. Zu den regelmäßigen Ereignissen im April 1890 gehören die Konzerte der Merkertschen Kapelle am Dortmunder Fredenbaum; sie finden dreimal pro Woche statt. Hin und wieder verstärkt sich die Kapelle durch die Tiroler Sängergesellschaft Arlberger aus Innsbruck. In Zieglers Wintergarten in Dortmund-Dorstfeld spielt der Orchesterverein; er erfreut sich »der lebhaftesten Anerkennung, namentlich das chronologische Potpourri ›Historische Märsche‹«. Eine Großveranstaltung ist der einwöchige Basar zugunsten zweier neuer Kirchen im Norden Dortmunds im Kühnschen Saal.
In Essen wird mit Regelmäßigkeit das Schauspiel gepflegt. Daneben treten die Konzerte mit dem Musikverein der Stadt. Am 27. April 1890 gibt die Tiroler- und Zithergesellschaft Edelweiß ein Sondergastspiel.

Saal im Dortmunder Fredenbaum, mit 1400 m² Fläche eine der größten Konzerthallen im Deutschen Reich, die als »das Wunder Westfalens« gilt

Der Garten des Fredenbaum in Dortmund, ein beliebtes Ziel für Spaziergänge, besonders wenn die Anlage in den Abendstunden beleuchtet ist

Zirkusbesuch endet mit Messerstecherei

2. Juli 1890. Gegen Abend kommt es in Oberhausen zu einem tödlichen Streit zwischen dem Bergmann Klein und dem Stahlarbeiter Klötzle. Mit den Worten: »Du hast meine Schwester beleidigt!« geht Klein bei einer Zirkusvorstellung plötzlich auf Klötzle los und verletzt ihn mit mehreren Messerstichen.
In zahlreichen anderen Kriminalfällen versucht die Staatsanwaltschaft, mit Steckbriefen in den Tageszeitungen Hinweise auf flüchtige Täter zu erhalten. So wird am 16. Juli desselben Jahres in der »Rheinisch-Westfälischen Zeitung« der Anstreicher Wischmann, »welcher flüchtig ist ... wegen Hausfriedensbruch« gesucht. »Alter: 23 Jahre, Haare: blond, Nase: gewöhnlich, Gesichtsfarbe: blühend, Sprache: deutsch«.

Naherholung in städtischen Grünanlagen

1890. Auf dem Duissernschen Berg in Duisburg, seit 1881 Kaiserberg, entsteht am Waldrand zur Schweizer Straße ein Botanischer Garten. Schon zuvor wurde die angrenzende Straße mit Ulmen bepflanzt und so ein Naherholungszentrum für die Duisburger Bürger geschaffen. Der städtische »Verschönerungsverein« hatte sich für den Ausbau der Wege in der Parkanlage und die Aufstellung von Parkbänken eingesetzt. In Bochum wird im gleichen Jahr der schon 1877 auf der ehemaligen Stadtweide errichtete öffentliche Park durch ein im Norden angrenzendes Grundstück erweitert. Im Jahr 1902 umfaßt das Stadtparkgelände eine Fläche von 30 ha. Den Mittelpunkt der Grünanlage bildet ein großer Teich, der in den Sommermonaten zum Kahnfahren und im Winter zum Eislaufen genutzt wird. Neben der Möglichkeit zur stadtnahen Erholung im Grünen bietet der Park auch Raum für kulturelle Veranstaltungen; von der städtischen Kapelle werden regelmäßig Stadtparkkonzerte veranstaltet.
Der Zugang zum umzäunten Parkgelände ist nur durch große, schmiedeeiserne Tore möglich, die bei Anbruch der Dunkelheit verschlossen werden. Der Aufenthalt von Liebespaaren nach Schließung der Grünanlagen in den Abendstunden ist strengstens untersagt. Der Park mit umfangreichen gärtnerischen Anlagen wird schnell zu einem vielbesuchten Erholungsgebiet.

Gondelteich im Bochumer Stadtpark, der als einer der »schönsten« Stadtgärten im gesamten Ruhrgebiet gilt

Große und kleine Angebote in Zeitungsanzeigen

Neben Anzeigen von ortsansässigen Kaufleuten, großen Lotteriegesellschaften sowie Theater- und Konzertveranstaltern werben auch Versandhändler und kleinere Geschäftsleute im Anzeigenteil des »Lokal-Anzeigers für die Kreise Dortmund und Hörde«. Verschiedene Heilmittel gegen Husten, Rheuma und andere Leiden werden ebenso zum Kauf angeboten wie Gesetzestexte und Lehrbücher.

1891

23. 1. Eine Kohlenstaub- und Schlagwetterexplosion auf der Zeche Hibernia kostet 57 Bergleuten das Leben.

Frühjahr. Der Mundartdichter Karl Prümer veröffentlicht seine »Chronika van Düöpm« (Dortmund). →

1. 4. Das Dortmunder Nordbad an der Westerbleichstraße wird eröffnet.

1. 4. Der nach dem Raiffeisenschen System begründete Unnaer Spar- und Darlehnskassen-Verein nimmt in der Klosterstraße 29 seine Arbeit auf.

15. 5. Papst Leo XIII. verkündet die Enzyklika »Rerum novarum«, die erste päpstliche Sozialenzyklika. →

1. 6. Von der Königlichen Regierung in Düsseldorf wird eine Polizeiverordnung zur Einhaltung der Sonntagsruhe erlassen. →

1. 7. (Oberhausen-)Osterfeld wird selbständige Gemeinde. →

27. 9. In Bochum erscheint erstmals der »Wiarus Polski«, (»Polnischer Landsmann«), eine Zeitung für polnische Bergleute und ihre Familien. →

2. 11. Die 1882 in Bochum gegründete Rheinische Hüttenschule wird an ihrem neuen Duisburger Standort eröffnet.

12. 11. Das Unnaer Bankhaus Heinrich Herbrecht bricht zusammen. Der Konkurs zieht zahlreiche Unternehmen der Stadt in Mitleidenschaft.

19. 11. Die katholische Herz-Jesu-Kirche in Hamm-Nordenfeldmark wird geweiht.

22. 11. Lambert Lensing gründet den Ortsverein der Zentrumspartei für den Reichstagswahlkreis Dortmund.

1. 12. In (Dortmund-)Hombruch konstituiert sich eine neue Kirchengemeinde. →

17. 12. Das neue Stahlwerk von August Thyssen in (Duisburg-)Bruckhausen nimmt den Betrieb auf.

25. 12. Der katholische Knappenverein in Feldhausen (Bottrop) folgt erstmals der neuen Mode, zu Weihnachten einen Tannenbaum aufzustellen. →

1891. In der Duisburger Tabakindustrie sind zu einem hohen Anteil Kinder und Jugendliche beschäftigt. →

1891. Auf dem evangelischen Friedhof an der Münsterstraße in Lünen findet die erste Beerdigung statt. →

1891. In Langschede (Fröndenberg) wird das Blechwalzwerk Hartmann & Wanke errichtet.

GESTORBEN:

9. 8. Horchheim: Louis Berger (* 28. 8. 1829, Witten), Industrieller und Politiker.

Papst äußert sich zur sozialen Frage

15. Mai 1891. In Rom verkündet Papst Leo XIII. die Enzyklika »Rerum novarum«; in diesem päpstlichen Lehrschreiben wird erstmals die soziale Frage behandelt und eine Einschränkung der wirtschaftlichen Freiheit im Interesse der Arbeiter verlangt. Der Arbeiterschaft wird das Recht auf Gründung eigener Organisationen zugesprochen. Leo XIII. folgt in seiner Enzyklika einer vor allem in der deutschen katholischen Kirche vertretenen Auffassung von der Pflicht des Staates, sich für die ausgebeuteten Arbeiter einzusetzen. In der Folgezeit werden auch im Ruhrgebiet christliche Arbeiterorganisationen wie der Gewerkverein christlicher Bergarbeiter (→ 26. 8. 1894) gegründet, die den Einfluß der katholischen Kirche sicherstellen sollen.

Polizei-Verordnung für Sonntagsruhe

1. Juni 1891. »Um den äußeren Störungen entgegenzutreten, welche eine würdige Feier der Sonn- und Feiertage beeinträchtigen,« wird von der Königlichen Regierung in Düsseldorf eine Polizeiverordnung für das niederrheinisch-westfälische Industriegebiet zur Einhaltung der Sonntagsruhe erlassen. Verboten sind alle gewerblichen und geräuschvollen Tätigkeiten wie Feldbestellung, Ernte, Auf- und Abladen von Fuhrwerken, Handwerks-, Fabrik- und Bauarbeiten. Der gewerbliche Verkehr ist während der vor- und nachmittäglichen Hauptgottesdienste einzuschränken. Alle Läden müssen während dieser Zeit geschlossen bleiben. Das Ausstellen von Waren und der Verkauf in »öffentlich auffälliger Weise« ist während des Tages untersagt.

Kinderarbeit durch Maschinen ersetzt

1891. In der Duisburger Tabakfabrik Arnold Böninger sind von 177 Arbeitern 59 im Alter zwischen 14 und 16 Jahren. Auch in der Textil- und Stahlindustrie sind Jugendliche unter 16 Jahren beschäftigt. Ihr Anteil an den Gesamtbelegschaften nimmt aber bis zur Jahrhundertwende fortlaufend ab.

Mit der Weiterentwicklung der Technik wird Kinderarbeit zunehmend durch maschinelle Produktion ersetzt. Gesetzliche Schutzbestimmungen (→ 1853) verursachen in den Betrieben zusätzliche Arbeiten wie das Führen von Arbeitsbüchern und Meldelisten für jugendliche Arbeiter. Da Kontrollen durch Fabrikinspektoren den Produktionsablauf stören, verzichten immer mehr Unternehmer auf Kinder als Arbeitskräfte.

Ausbau von Kirchen und Gemeinden

1. Dezember 1891. Nach jahrelangen Verhandlungen konstituiert sich in (Dortmund-)Hombruch eine neue Kirchengemeinde. Damit beginnt in Dortmund eine Flut von Gemeindeneubildungen, verbunden mit der Errichtung neuer Pfarrstellen und dem Bau neuer Kirchen und Gemeindehäuser. Ältere Kirchen werden vergrößert.

Das mit der Industrialisierung verbundene Bevölkerungswachstum stellt im gesamten Ruhrgebiet die Kirche vor eine schwierige Aufgabe. Die bis dahin überschaubaren und von dörflichen bzw. kleinstädtischen Strukturen geprägten Gemeinden unterliegen tiefgreifenden Veränderungen: Im Dortmunder Raum z. B. verzehnfacht sich die Zahl der evangelischen Gläubigen zwischen 1844 und 1914.

Die Anpassung der kirchlichen Einrichtungen an die neuen Bedingungen erfolgte zuerst bei den Gemeindefriedhöfen, die erweitert oder durch neue ergänzt wurden. Das Anwachsen der Bevölkerung machte bald die Schaffung neuer Gemeinden und Pfarrstellen notwendig. Bei den finanziellen Aufwendungen wie der Bereitstellung eines Pfarrhauses greifen nicht selten große Industrieunternehmen der Kirche unter die Arme, da sie in ihr einen Bundesgenossen im Kampf gegen die Sozialdemokratie sehen.

Lutherkirche, zweite evangelische Kirche Hagens, 1889 geweiht

Christuskirche in Bochum, eine der schönsten Kirchen Westfalens

Neue Urbanuskirche in (Gelsenkirchen-)Buer, 1893 fertiggestellt

Josephskirche in Hamm-Westen, im Zweiten Weltkrieg zerstört

Ruhrpolen lesen fromme Zeitungen

27. September 1891. *In Bochum erscheint zum erstenmal der »Poslaniec Katolicki« (Katholischer Bote) (Abb. unten), eine Zeitung für polnische Arbeiter im Ruhrgebiet. Sie steht unter dem Motto »Modl się i pracuj!« (»Bete und arbeite!«). Im gleichen Jahr gründete der polnische Geistliche Franciszek Liss den »Wiarus Polski« (Polnischer Landsmann) (Abb. oben), der sich zur bedeutendsten Zeitung der Ruhrpolen entwickelt. Der katholische Klerus im Ruhrgebiet regt eine Vielzahl von Zeitungsgründungen mit katholisch-polnischer Ausrichtung an, um die polnischen Bergarbeiter vor dem Einfluß der sozialdemokratischen Presse zu »schützen«. Angesichts der katholischen Konkurrenz verzichten die Sozialdemokraten auf das Erscheinen einer geplanten polnischen Arbeiterzeitung.*

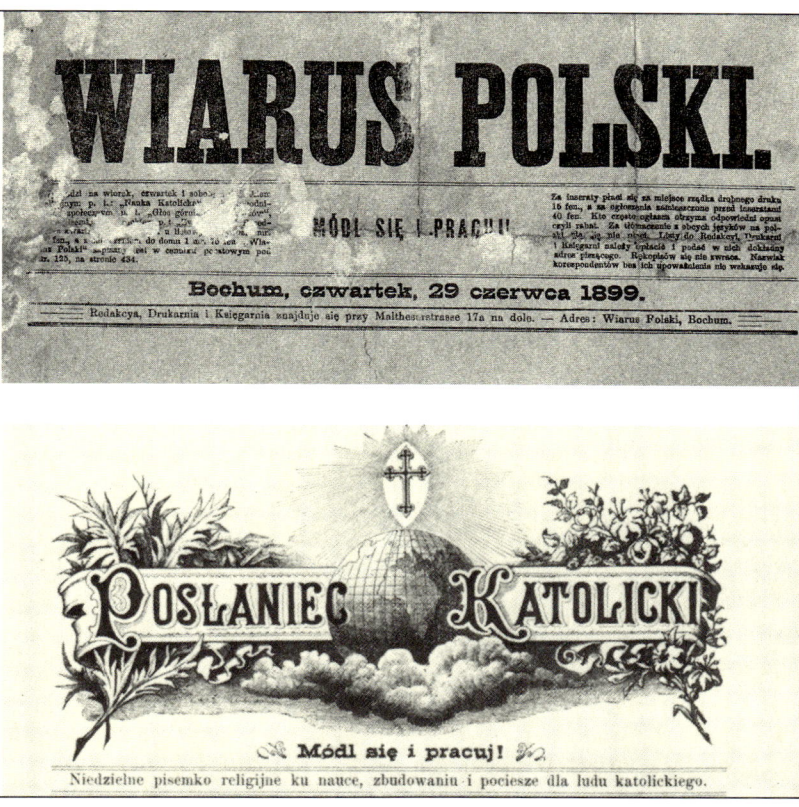

Neues Stahlwerk in Bruckhausen

17. Dezember 1891. Um 14 Uhr wird mit dem Abstich des Stahlofens III das Stahlwerk von August Thyssen in (Duisburg-)Bruckhausen nach zweijähriger Bauzeit in Betrieb genommen. Die gesamte Anlage besteht aus einem Stahlwerk mit sechs Siemens-Martin-Öfen von je 15 t Fassungsvermögen (→ 1869), einem Walzwerk und einer Fabrik für feuerfeste Steine, die zum Betrieb der Öfen benötigt werden. In den Öfen können Roheisen und Schrott verschmolzen werden.

August Thyssen begründete den Bau des Werkes vor dem Grubenvorstand der Gewerkschaft Deutscher Kaiser mit der effektiveren Ausnutzung der gewerkschaftseigenen Kohleförderung. Im Oktober 1891 kommentiert die »Ruhrorter Zeitung« die Arbeiten an der Großanlage: »Wie ein Märchen aus 1001 Nacht erscheint beinahe die Verwandlung der hiesigen Gegend.«

Karl Prümer schreibt Chronika van Düöpm

Frühjahr 1891. Der Dortmunder Mundartdichter Karl Prümer veröffentlicht seine »Chronika van Düöpm«, eine »Ernste und spassige Epistel«. Prümer erzählt darin die Historie seiner Stadt anhand einer Reihe kleiner Geschichten. Außer von den ›ollen Tiden‹ (alten Zeiten) berichtet er vom Aberglauben der Dortmunder und von ihren Sitten und Gebräuchen. Dazu gehören u. a. das Begraben des Backus am ›krummen Gonsdag‹ (Aschermittwoch) und das Eierkippen an Ostern.

Osterfeld wird zum selbständigen Amt

1. Juli 1891. Osterfeld (Oberhausen) scheidet aus dem Amtsverband Bottrop aus und bildet eine eigenständige Gemeinde. Der kommissarische Amtmann Werner Langeweg wird an diesem Tag in sein Amt eingeführt, das er am 27. Februar 1892 endgültig übernimmt.

Ebenfalls im Jahr 1891 wird der Osterfelder Rangier- und Sammelbahnhof für den Güterverkehr eingerichtet. Mit dem Ausbau auf 71 Gleise wird er zum größten Bahnhof seiner Art in Europa.

Beerdigungsbrauchtum in den Städten

Das schnelle Anwachsen der Bevölkerung im Ruhrgebiet durch eine überdurchschnittliche Geburtenrate (→ 1890/94) und hohe Zuwanderungsquoten stellt die Städte und Gemeinden vor das Problem, die zwangsläufig ebenfalls steigende Zahl der Toten angemessen bestatten zu können. Aus diesem Grund werden allerorten Friedhöfe erweitert und zahlreiche neu angelegt.

Das Beerdigungsbrauchtum unterliegt infolge des Verstädterungsprozesses der Region zwischen Ruhr und Lippe einigen Wandlungen im Vergleich zu den traditionellen dörflichen Gewohnheiten. So ist die verschwenderische Verwendung von Blumen an der Bahre und am Grab eine erst in der Stadt voll ausgeprägte Sitte, da ihr hier, wo Gärten eine Seltenheit sind, besondere Bedeutung zugemessen wird. Dazu gehört auch, daß anstelle von Erde zunehmend Blumen auf den in die Gruft gesenkten Sarg geworfen werden.

Auch in den Städten gibt es weiterhin traditionelle Formen nachbarschaftlicher Anteilnahme. Die Anwohner einer Straße stellen sich den Trauernden hilfsbereit zur Verfügung und wählen aus ihren Reihen die Sargträger sowie die Vorbeter. Sie helfen auch beim sog. »Leichenschmaus«, zu dem sich die Trauergemeinde anschließend bei Kaffee und Streuselkuchen versammelt. Verwandte oder Vereinskameraden leisten ebenfalls Unterstützung: Bergleute und andere Zechenangehörige begleiten einen Arbeitskameraden auf seinem letzten Weg.

Als Alternative bieten Beerdigungsunternehmen und Friedhofsverwaltungen gegen Bezahlung ihre Dienste an. Familien, die es sich leisten können, lassen einen Grabstein setzen, auf dem zusätzlich der Beruf des Verstorbenen, bei Bergleuten »Schlägel und Eisen«, eingraviert ist.

Leichenwagen des Gelsenkirchener Fuhrunternehmers Fritz Stein (r.)

Weihnachtsbäume kommen in Mode

25. Dezember 1891. Der katholische Knappenverein in Feldhausen (Bottrop) stellt zum ersten Mal einen Weihnachtsbaum im Vereinsheim auf. Für die Kinder der Vereinsmitglieder wird eine Feier veranstaltet, bei der jedes Kind eine Tüte mit Nüssen, Äpfeln und Gebäck erhält. Bisher war es in Bottrop wie im ganzen Vest Recklinghausen nicht allgemein üblich, Tannenbäume zu schmücken und Weihnachten als Fest der Kinder zu begehen. In den folgenden Jahren findet dieser Brauch weite Verbreitung.

Im katholischen Kreis Recklinghausen war Weihnachten bis weit in das 19. Jh. hinein ein ausschließlich kirchlich geprägtes Fest. Dem Weihnachtstag gingen die Fastenzeit und ein Abstinenztag (Heiligabend) voraus. Der Besuch der Frühmesse am Weihnachtsmorgen bildete den Höhepunkt des Festes. Nach dem Gottesdienst versammelten sich die Familien zu einem festlichen Frühstück mit Stuten und Kuchen. Die Bescherung der Kinder hatte bereits in der Nacht zum Nikolaustag stattgefunden. Die Paten, nicht die Eltern, überreichten Geschenke in Form von Gebäck und Kleidungsstücken.

Anzeigen in der Schwelmer Zeitung werben für Weihnachtsgeschenke und laden zur Vereinsfeier ein

Mit der Industrialisierung der Region ändert sich die Zusammensetzung der Bevölkerung. Zuwanderer aus verschiedenen deutschen Gebieten siedeln sich im Kreis Recklinghausen an. Protestanten aus Süddeutschland und Schlesien führen den Brauch des Christbaumschmückens ein. Auch die Sitte, in der Vorweihnachtszeit einen Adventskranz aufzustellen, ist protestantischen Ursprungs.

Mit dem Aufkommen des Baumes wird in den Familien die Bescherung der Kinder auf Weihnachten verlegt. Der Heilige Abend entwickelt sich zum großen Fest der Familie.

Im Ort Suderwich (nahe Recklinghausen) veranstalten die größeren Schulkinder am zweiten Weihnachtsfeiertag einen Umzug durch das Dorf, bei dem sie in der Gemeinde und auf den umliegenden Höfen volkstümliche Weihnachtslieder singen. Dafür erhalten sie Äpfel, Nüsse, getrocknete Pflaumen und Birnen.

Kinder sollen glücklich sein

Der Verlust dörflicher Geborgenheit und heimatlicher Verwurzelung in den Industrieregionen wird durch den Rückzug in den privaten Bereich der Familie ausgeglichen. Kinder werden als schutz- und fürsorgebedürftige Wesen entdeckt. Es mehren sich die Forderungen nach Abschaffung der Kinderarbeit und Verbesserung des Schulwesens. Friedrich Harkort hatte schon 1844 ähnliche Überlegungen in seinem Buch »Bemerkungen über die Hindernisse der Zivilisation und Emanzipation der untern Klassen« (→ 1844) angestellt: »Bewährt euch als wahre Christen, handelt im Sinne des Meisters: Lasset die Kindlein zu mir kommen, (...) Mühen und Arbeit entfremden dem Gemeinwesen nicht; allein das unwissende Kind des Armen, welches am Weihnachtsabend hungrig und frierend durch die erleuchteten Fenster der Reichen schaut – wird nicht Friede machen mit der Gesellschaft!«

Baustil in den Gründerjahren

Die sog. Gründerjahre (1870–90) mit ihrer stürmischen wirtschaftlichen Entwicklung sind auch im Ruhrgebiet von einer regen Bautätigkeit begleitet. Die Architektur entwickelt in dieser Zeit keinen neuen Stil, vielmehr läßt die Ehrfurcht vor der vaterländischen Geschichte und den alten Meistern eine historisierende Baukunst entstehen, in der die Elemente früherer Epochen wieder aufleben.

Die Bauwerke sind neubarock, neugotisch oder von der Neurenaissance geprägt. Häufig werden jedoch Elemente verschiedener Epochen in willkürlicher Mischung zusammengesetzt. Der Stil der Gründerzeit zeigt sich sowohl an Kirchen und öffentlichen Bauten als auch an Bürgerhäusern. Die Fassaden der eleganten Villen spiegeln oft die gesamte europäische Architekturgeschichte wider: Griechische Kapitelle, gotische Erker und barockes Schmuckwerk stehen einträchtig nebeneinander.

Haus Elfriedenhöhe des Bankiers E. Osthaus in Hagen

Wohnhaus des Verlegers Wilhelm Girardet in Essen

Villa »Haus Schede« in Wetter an der Ruhr

»Schulte-Witten«-Haus in (Dortmund-)Dorstfeld

1892

18. 1. In Ruhrort wird eine Stromschifferschule gegründet.

27. 2. Die Königliche Kanalkommission erläßt eine Allgemeine Verfügung zur Lage der Bauarbeiter beim Dortmund-Ems-Kanal. →

4. 5. In Oberhausen wird ein städtischer Schlachthof eröffnet.

24. 6. Die preußische Berggesetznovelle schreibt für jede Zeche eine Arbeitsordnung und Mitspracherecht der Arbeiter vor. →

17. 8. In Oberhausen werden Gebäudenumerierungen und Straßenbezeichnungen eingeführt.

20. 8. Der Ruderclub Witten wird gegründet, der erste Ruderverein im Raum des späteren Nordrhein-Westfalen.

16. 9. Das Stadttheater Essen, eine Stiftung von Friedrich Grillo, wird eröffnet. →

Oktober. Der letzte Unnaer Nachtwächter legt aus Altersgründen sein Amt nieder.

1. 10. Bochum erhält ein Landgericht, für das ein neuer Bau an der Stelle des alten Gymnasialgebäudes errichtet wurde. →

1. 10. In Hagen hält zum ersten Mal ein Schnellzug der Eisenbahn.

21. 10. Auf dem Programm des ersten Dortmunder Sinfoniekonzertes in der Kronenburg stehen u. a. Mozarts Jupiter-Symphonie, Rossinis Tell-Ouvertüre und Fragmente aus Wagners »Rheingold«. →

13. 11. In Dorsten wird ein Kolpinghaus eröffnet.

1892. Die Duisburger Getreidebörse wird gegründet. →

1892. Die Dortmunder Zeche Hansa wird von der Gelsenkirchener Bergwerks-Aktien-Gesellschaft übernommen.

1892. Ruhrort erhält eine städtische Badeanstalt.

1892. An der Essener Gußstahlfabrik wird ein Krupp-Denkmal enthüllt.

1892. Auf Zeche Mansfeld bei (Bochum-)Langendreer werden erste Versuche mit mit Preßluft betriebenen Bohrhämmern angestellt.

1892. Die Firma Krupp in Essen beginnt den Bau des Altenhofs, einer Siedlung für pensionierte Arbeiter. →

1892. Die Bürgerschaft der Stadt Dortmund muß erstmals Steuererklärungen über Einkünfte und Vermögen abgeben.

1892. In Kamen wird mit der Kanalisierung begonnen.

1892. In Unna wird das Königsborner Eisenwerk gegründet (ab 1933 Bestandteil der Westfälischen Maschinenbau-Gesellschaft).

Siedlung für Krupp-Pensionäre in Essen

1892. Friedrich Alfred Krupp beginnt in Essen mit dem Bau der Invalidensiedlung Altenhof. Sie gilt als sein Dank an die Werksangehörigen, die seinem Vater im gleichen Jahr ein Denkmal am Eingang der Gußstahlfabrik errichten.

Der Altenhof bietet 607 Wohnungen in kleinen, einstöckigen Einzel- und Doppelhäusern mit eingebauten Lauben, die ausgedienten oder invaliden Arbeitern kostenlos zur Verfügung gestellt werden. Die alten Ehepaare dürfen keine Familienangehörigen oder Untermieter in den Haushalt aufnehmen. Jedes der Häuschen hat zwei Zimmer, Küche, Keller, Trockenboden und einen kleinen Garten. Die Anlage gruppiert sich um einen 8,5 ha großen Park herum, ergänzend ist sie mit zwei Konsumanstalten, einer Ausgabestelle der Kruppschen Bücherhallen, einer Badeanstalt und einer Korbflechterei zur Beschäftigung der Pensionäre ausgestattet. Auch eine evangelische und eine katholische Kirche sind vorhanden.

Zehn verschiedene Grundrißtypen bringen Abwechslung in die Siedlung; geschlängelte Wege, malerische Gestaltung von Dachlinien und -aufbauten sowie zahlreiche Grünanlagen schaffen eine intime Atmosphäre. Im Zuge des Ausbaus bis 1914 werden zusätzlich ein Witwen- und ein Witwerhof angelegt, auch ein Erholungsheim fügt sich in die Anlage ein. Das Kaiserin-Auguste-Viktoria-Erholungshaus bietet neben einem Park samt Sportplatz auch eine Kegelbahn, Billardtische und eine Bibliothek.

Straßenzug der von Friedrich Alfred Krupp gebauten Siedlung »Altenhof« in Essen mit ihren abwechslungsreich gestalteten Dächern und Fassaden

Ehemalige Krupparbeiter bewohnen die Altensiedlung, deren Vorgärten und Lauben zum Verweilen und zu einem Schwätzchen am Zaun einladen

Mehr Mitsprache in Bergbaubetrieben

24. Juni 1892. Auf Initiative des preußischen Handelsministers Hans Hermann Freiherr von Berlepsch wird in einer Berggesetznovelle der Erlaß von Arbeitsordnungen auf allen Bergwerken vorgeschrieben.

Die Arbeitsordnung hat Bestimmungen über Arbeitszeit, Überschichten, Löhne, Kündigungsfristen und betriebliche Strafen zu enthalten. Außerdem muß der Grubenvorstand der Belegschaft vor Erlaß einer Arbeitsordnung Gelegenheit geben, sich dazu zu äußern – ein wichtiger Schritt auf dem Weg zu mehr betrieblicher Mitbestimmung.

Duisburger Börse für Getreidehandel

1892. In Duisburg wird eine Getreidebörse mit dem Ziel gegründet, auf den örtlichen Getreidehandel preisregulierend zu wirken. Während sich der Duisburger Hafen zu dem bedeutendsten Getreideumschlagplatz im westdeutschen Raum entwickelt (→ 1895), erreicht der Börsenhandel kaum Bedeutung. Der ortsansässige Direktimporthandel kauft seine Getreideprodukte vorzugsweise selbständig über die Amsterdamer und Londoner Börse ein. So kann die Duisburger Getreidebörse den örtlichen Handelskontoren keine großen Erträge einbringen.

Neues Landgericht im Kreis Bochum

1. Oktober 1892. Bochum erhält ein Landgericht, das einen an der Stelle des alten Gymnasialgebäudes an der Schillerstraße (später Diekampstraße) errichteten Neubau bezieht. Am 1. Oktober 1876 war die Stadt aus dem Kreisverband mit Witten und Hattingen ausgeschieden und hatte einen eigenen Kreis gebildet. In der Folge dieser Umbildung schloß das Bochumer Kreisgericht – mit 33 Richtern, drei Staats- und elf Rechtsanwälten nach Berlin das größte des Deutschen Reiches – seine Pforten; die Stadt behielt nur ein Amtsgericht.

Die östliche Hauptfassade des Essener Stadttheaters mit Hauptportal und Freitreppe im neo-klassizistischen Baustil der Gründerjahre

Seitenansicht des von dem Berliner Architekten Seeling entworfenen Theaterneubaus, Zeichen bürgerlicher Prachtentfaltung der Reviermetropole

Essener Stadttheater feierlich eröffnet

16. September 1892. Mit einer Festveranstaltung wird das fünf Jahre zuvor von dem Unternehmer Friedrich Grillo (→ 16. 4. 1888) gestiftete Essener Stadttheater eröffnet. Nach der Aufführung der Ouvertüre »Zur Weihe des Hauses« von Ludwig van Beethoven hält der Essener Oberbürgermeister Erich Zweigert eine Ansprache, in der er sich für die Stiftung des Theaters bedankt. Im Anschluß daran wird ein Festspiel aufgeführt, in dem »Vater Rhein« seine Zufriedenheit über die Aktivitäten seiner »Tochter Ruhr« zum Ausdruck bringt. Den Höhepunkt des Abends bildet das Schauspiel »Minna von Barnhelm« von Gotthold Ephraim Lessing. Direktor des Theaters ist Albert Berthold, der bis dahin das Vaudeville-Theater an der Essener Rottstraße geleitet hatte.

Die »Rheinisch-Westfälische Zeitung« schreibt über die Eröffnung: »Ein Meer von Licht überstrahlt den von kunstgeübten Händen herrlich geschmückten Raum, als sich die Pforten des Hauses geöffnet hatten, um den draußen Harrenden Einlaß zu gewähren. Die Eintretenden waren sicherlich überrascht von dem Glanz und von der Pracht, wie sie das Innere dem erstaunten Auge bot. Die Vorhalle hatte in den aus Palmengruppen leuchtenden Büsten des Kaisers und der Kaiserin einen neuen Schmuck erhalten, und auch in den Wandelräumen erfreuten Pflanzengebilde das Auge. Nach und nach füllte sich das Haus mit einer erwartungsvoll festlich gestimmten Menge.«

Vater Rhein staunt über Tochter Ruhr

16. September 1892. Bei der Einweihung des Essener Stadttheaters, einer Stiftung des Industriellen Friedrich Grillo, kommt ein eigens für diesen Anlaß gedichtetes Stück zur Aufführung. »Vater Rhein« kommt zur »Tochter Ruhr«, die ihm gemeinsam mit der »Kunst« die Vorzüge des Ruhrgebiets aufzeigt:

Vater Rhein: Und überall, wohin mein Blick geschauet / Erkannt ich wieder Stadt und Dorf und Land / Soviel auch dort zertrümmert und erbauet / Und umgestaltet durch der Zeiten Hand / Doch hier schau ich verwundert um im Kreise / Am Strande meiner ems'gen Tochter Ruhr / Der alte Fleiß, doch gänzlich neue Weise / Kaum kenn ich wieder Berg und Thal und Flur.

Tochter Ruhr: Wohl könnt auch ich mit grünem Kranz mich schmücken / Manch alte Eiche wächst auf meinen Höhn / Doch war's mein Stolz, ich wollt vor deinen Blicken / Im wöchentlichen Kleid der Arbeit stehn / Denn die Juwelen, die mir Gott gegeben / Wogegen Gold und Silber eitel Tand / Ich muß sie in dem Schweiß der Arbeit heben / Und Kohle sind und Eisen sie benannt ...

Kunst: Doch jetzt hat ein feiner, ein edler Sinn / Ein großes Herz geleitet / Mein Vater Rhein, o schau hin, o schau hin / Was dieser Prachtbau bedeutet / Von jetzt soll in dieser umgebenden Pracht / Das Volk meine Spiele sehn ...«

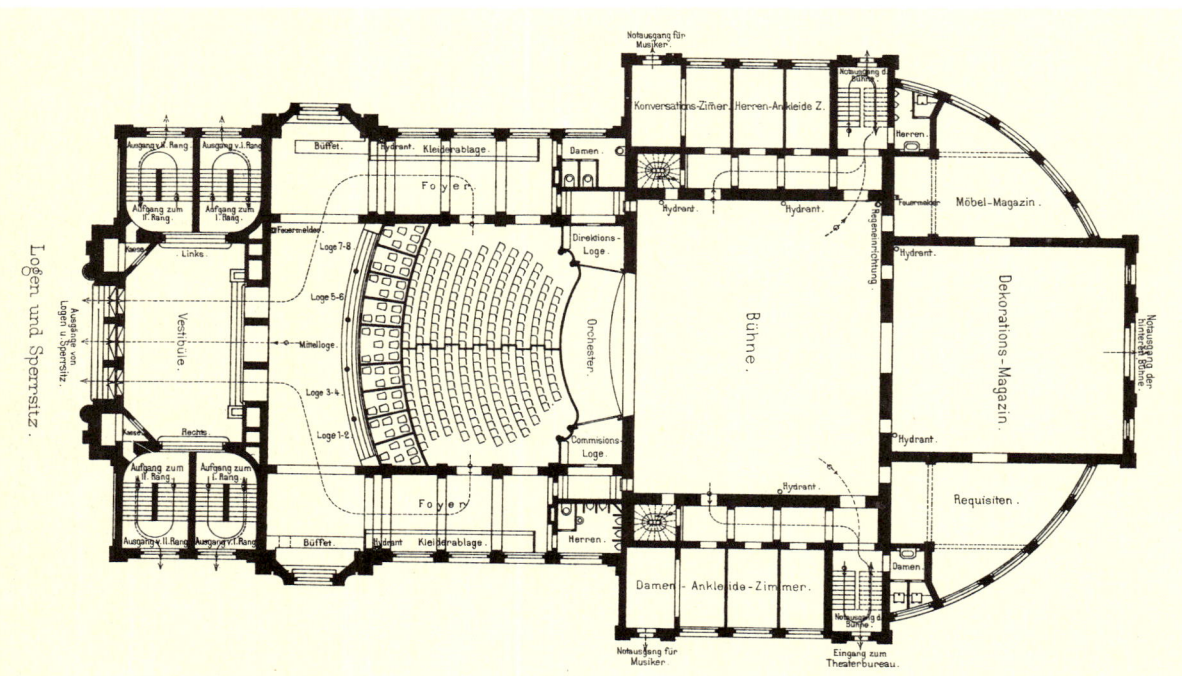
Grundriß des Stadttheaters mit 747 Zuschauerplätzen, Orchestergraben, Bühne und technischem Bereich (v. l. n. r.)

Staatlicher Vertrag für Kanalarbeiter

27. Februar 1892. Die Königliche Kanalkommission zu Münster erläßt eine arbeitsrechtliche Verfügung und einen Muster-Arbeitsvertrag für die beim Bau des Dortmund-Ems-Kanals beschäftigten Arbeiter (→ 5. 10. 1893). Obwohl die Staatsbauverwaltung die Kanalarbeiten an private Firmen vergibt, wird der Kanalbau als staatliches Unternehmen betrachtet. Die privaten Baufirmen unterstehen daher den Anweisungen der Behörden.

Der von der Kanalkommission vorgeschriebene Vertrag verpflichtet die Arbeiter zu Gehorsam gegenüber Arbeitgeber und Vorgesetzten. Bei Disziplinarverstößen wie unerlaubtem Verlassen der Baustelle sind Geldstrafen vorgesehen. Glücksspiel und Alkoholkonsum während der Arbeit führen zur fristlosen Kündigung. Fristlos entlassen wird auch, wer »zur Fortsetzung der Arbeit unfähig oder mit einer abschreckenden Krankheit behaftet« ist.

Der Arbeitsvertrag sieht aber auch ein Mitspracherecht der Arbeiter vor. Für Akkordarbeiten werden Bautrupps von Vorarbeitern zusammengestellt, mit denen die Unternehmen die arbeitsvertraglichen Bedingungen aushandeln. Die Vorarbeiter haften mit ihrem Lohn für unsachgemäß ausgeführte Arbeit.

Sinfoniekonzerte für das breite Publikum

21. Oktober 1892. Wöchentlich veranstaltet Georg Hüttner, der Leiter des Dortmunder Orchestervereins, im großen Saal der Kronenburg Sinfoniekonzerte für ein breites Publikum. Auf dem Programm des ersten von elf Freitagskonzerten stehen unter anderem Werke von Wolfgang Amadeus Mozart, Gioacchino Rossini sowie unterhaltsame Stücke von Peter Iljitsch Tschaikowski und Richard Wagner.

Aufgrund der guten Resonanz kann die geplante Reihe von elf Konzerten um weitere sechs ausgedehnt werden. Hüttners Orchester von 35 Musikern erhält dabei häufig die Unterstützung auswärtiger Dirigenten und Instrumentalisten. So treten später u. a. Max Reger, Richard Strauss und die Pianistin Elly Ney in der Kronenburg auf.

Hochzeitsfoto des Schriftsetzers Johann Speier aus der Gemeinde Buer inmitten zahlreicher Verwandtschaft

Hochzeit in Schwarz noch weit verbreitet

Ehe und Familie sind im 19. Jh. die einzige gesellschaftlich akzeptierte Form des Zusammenlebens, besonders für die arbeitende Bevölkerung. Während den Männern die Möglichkeit bleibt, allein als Kostgänger zu leben, steht den Frauen neben der Ehe keine Alternative offen. Die Löhne der Fabrikarbeiterinnen und Dienstmädchen sind zu niedrig, um davon leben zu können – sie heiraten, um versorgt zu sein.

Während die bürgerlichen Bräute in modischem Weiß heiraten, ist in den Unterschichten das schwarze Hochzeitskleid noch weit verbreitet. In der Regel bringt die Frau die Einrichtung in die Ehe ein. Was zur Ausstattung des Haushalts Jungvermählter gehört, listet eine Illustrierte für das »Häusliche Glück« auf: Als unbedingt notwendig sind darin Möbel wie Tisch, Stühle, Küchenschrank und Kleiderbrett genannt sowie Tisch- und Bettwäsche. Als Schlafstätte dient einfachen Leuten ein Bettkasten, der mit einem Strohsack gepolstert ist. Für den größeren Geldbeutel empfiehlt die Illustrierte Sprungfeder- und Roßhaarmatratzen samt federgefüllten Bettdecken und Kopfkissen.

Gemüsetonnen, Bügeleisen und ein Ofen gehören ebenfalls zur Grundausstattung. Haushaltsgeräte wie Wasch-, Mangel- und Nähmaschinen sind dagegen moderne Errungenschaften für den wohlhabenden Haushalt – sie sind, ebenso wie die Federbetten, unerschwinglich für eine Bergmannsfamilie.

Die verschiedenen Bevölkerungsschichten bleiben unter sich: So heiraten gerade die Bergleute meist Töchter aus Bergmannsfamilien. Die Zeitungsanzeigen hingegen spiegeln überwiegend den Heiratsmarkt der bürgerlichen Welt wider, in der Ehen oft Geschäftsverbindungen oder Prestigesache sind. Manche begüterte Familie »erlaubt sich«, die Verlobung oder Hochzeit ihrer Tochter mit einem jungen Herrn aus gutem Hause im Lokalteil der Zeitung bekanntzugeben.

Brautpaar beim Fotografen, beliebtes Hochzeitszeremoniell

Robert Eickelberg aus (Essen-)Kettwig mit Ehefrau Clara, 1877

1893

16. 2. Das Rheinisch-Westfälische Kohlensyndikat mit Sitz in Essen wird gegründet. →

4. 3. Dortmunder Bürger schließen sich zum Spar- und Bauverein Dortmund zusammen. →

Ostern. Die städtische Realschule in Unna wird eröffnet (später Pestalozzigymnasium).

1. 5. Friedrich Alfred Krupp vereinnahmt den Magdeburger Rüstungsbetrieb Gruson, nachdem er die Aktienmehrheit des Unternehmens erworben hat.

15. 6. Bei den Wahlen zum 9. Deutschen Reichstag verzeichnen die Sozialdemokraten erneut hohe Gewinne. Stärkste Fraktionen im Reichstag bleiben jedoch Zentrum, Konservative und Liberale. Im Ruhrgebiet gelingt es der Sozialdemokratie zwar, ihren Stimmenanteil zu verbessern, Zentrum und Liberale bleiben jedoch weiter tonangebend.

19. 8. Bei einer Schlagwetterexplosion auf der Dortmunder Schachtanlage Kaiserstuhl I kommen 62 Menschen ums Leben.

23. 8. In Essen verkehren auf den Linien nach Borbeck und Altenessen die ersten Straßenbahnen (→ 23. 11. 1894).

1. 9. Das »Duisburger Tageblatt« erscheint erstmals als »Duisburger General-Anzeiger«.

23. 10. In Hagen wird die Maschinen- und Werkzeugfabrik Vogel & Schemann gegründet. →

Dezember. Die Bauarbeiten am Dortmund-Ems-Kanal werden wegen Frost eingeschränkt. →

1893. Der Unternehmer Hugo Stinnes gründet die Hugo Stinnes OHG, die sich zu einer der größten deutschen Unternehmensgruppen in der Montanindustrie und in der Schiffahrt entwickelt.

1893. Die Essener Krupp-Werke stellen auf der Internationalen Weltausstellung in Chicago Waffen aus. →

1893. Von der Gesamtbelegschaft des Bergreviers Gelsenkirchen stammen 51% aus den preußischen Ostprovinzen oder aus dem Ausland.

1893/97. In Duisburg wird die Zeche Neumühl errichtet.

GESTORBEN:

5. 4. Karlsruhe: Wilhelm Lübke (* 17. 1. 1826, Dortmund), Kunsthistoriker.

GEBOREN:

27. 4. (Dortmund-)Hörde: Paul Heiling († 22. 2. 1961, Castrop-Rauxel), Kritiker, Schriftsteller und Maler.

6. 6. Mülheim an der Ruhr: Otto Pankok, Maler und Graphiker († 20. 10. 1966, Wesel).

Revierzechen bilden Verkaufskartell

16. Februar 1893. Drei Männer sind es, auf deren Initiative an diesem Tag in Bochum ein Vertrag zwischen der am 9. Februar gegründeten Aktiengesellschaft Rheinisch-Westfälisches Kohlensyndikat und 98 Bergwerksunternehmen des Ruhrgebiets geschlossen wird: Generaldirektor Robert Müser von der Harpener Bergbau Aktiengesellschaft in Dortmund, Anton Unckell, Geschäftsführer des Dortmunder Kohlen-Verkaufs-Vereins, und als treibende Kraft Emil Kirdorf, Generaldirektor der Gelsenkirchener Bergwerks-Aktien-Gesellschaft.

Inhalt des Syndikatsvertrags ist die gemeinschaftliche Regelung aller Fragen, die Förderung und Absatz der zum Syndikat gehörenden Zechen betreffen: Mit Wirkung vom 1. März 1893 verpflichten sich alle Mitgliedsunternehmen, dem Syndikat ihre gesamte Erzeugung an Kohle, Koks und Briketts zum Verkauf zur Verfügung zu stellen. Ausgenommen sind Mengen, die für zecheneigene Anlagen, z. B. Kokereien und Brikettfabriken, für Hausbrand und Deputatkohle benötigt werden. Ziel der Organisation ist eine Anpassung der Steinkohlenförderung im Ruhrgebiet an die Absatzlage und die Verhinderung von Wettbewerb unter den einzelnen Revierzechen.

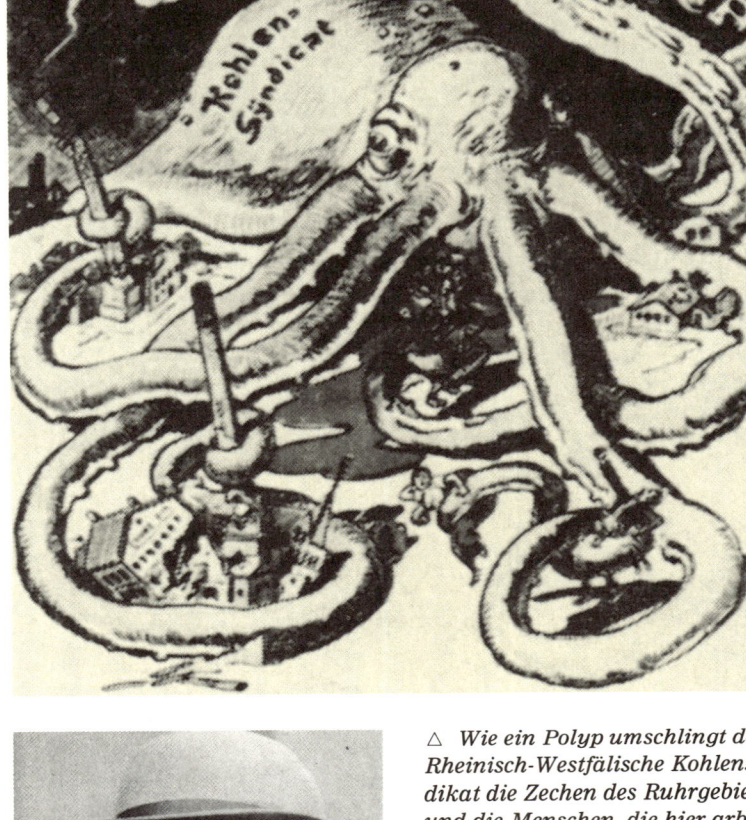

Die größten Syndikatskonzerne

	Beteiligungsquoten (in 1000 t)	%
Harpener Bergbau AG	2 992	8,91
GBAG Bergwerksgesellschaft	2 872	8,55
Hibernia	1 602	4,77
Zeche Zollverein	1 155	3,44
Arenbergsche AG für Bergbau und Hüttenbetrieb	1 113	3,32
Zusammen	9 734	28,99
Syndikat insg.	33 581	100,00

Die Fördermengen der einzelnen Unternehmen und damit die Beteiligung am Absatz und Verkaufserlös des Kohlensyndikats richten sich nach der Leistungsfähigkeit der Schachtanlagen. Entsprechend dieser Leistung vergibt das Syndikat Beteiligungsquoten.

Motiv für die Bildung eines Verkaufskartells im Ruhrbergbau sind die Erfahrungen aus der großen Wirtschaftskrise von 1873. Ein Überangebot auf dem Kohlenmarkt hatte in den Jahren nach 1873 zum Zusammenbruch zahlreicher kleiner Anlagen geführt, aber auch für viele in der sog. Gründerzeit neu errichtete Schachtanlagen eine erhebliche finanzielle Belastung dargestellt. Die Syndikatszechen fördern etwa 87% der Ruhrkohle.

Zur schärfsten Konkurrenz des Syndikats auf dem Kohlenmarkt entwickeln sich bis zur Wende des 19. Jh. die Hüttenzechen, d. h. Zechen, die sich im Besitz von Eisenhütten befinden und die einen Großteil ihrer Förderung selbst verbrauchen und nicht zum Syndikat gehören.

△ *Wie ein Polyp umschlingt das Rheinisch-Westfälische Kohlensyndikat die Zechen des Ruhrgebiets und die Menschen, die hier arbeiten. Besonders kleinere Anlagen erliegen in den folgenden Jahren der geballten Kraft der Syndikatskonzerne (Karikatur des »Wahren Jacob« vom 31. Mai 1904).*

◁ *Das Zechenkartell ist in herausragender Weise das Werk eines Mannes: Emil Kirdorf, Generaldirektor der Gelsenkirchener Bergwerks AG, dessen extrem autoritäre Vorstellungen vom Verhältnis Unternehmer – Arbeiter den Ruhrbergbau prägen.*

Während die Syndikatszechen Förderabsprachen unterliegen, gelingt es den Hüttenzechen bis 1903, ihre Förderung um 107% auf 7,7 Mio t zu steigern. Im gleichen Zeitraum erhöht sich die Förderung des Syndikats lediglich um 51,5% auf 53,8 Mio t. Erst 1903 treten die Hüttenzechen gegen das Zugeständnis unbeschränkter Kohlelieferungen an eigene Hütten und angeschlossene Konzerne dem Syndikat bei.

Kleinindustrie in der Metallbranche

23. Oktober 1893. In Hagen wird die Maschinen- und Werkzeugfabrik Vogel & Schemann gegründet, ein Jahr später beginnt die Maschinenbau AG Hans Alcke in Bochum mit der Produktion. Viele kleine und mittelständische Unternehmen arbeiten seit Mitte des 19. Jh. neben den großen Stahl- und Eisenkonzernen im Ruhrgebiet. Sie sind flexibler als Großbetriebe, da sie sich schneller auf spezielle Wünsche der Kundschaft einstellen können. Während die Großunternehmen hauptsächlich Massengüter wie Schienen, Stahlplatten und Rohre produzieren, befassen sich die kleineren Produzenten mit der Herstellung von Kleineisenteilen wie Flanschen, Draht und Schrauben sowie dem Bau von Spezialmaschinen vor allem für Zechen und Hüttenwerke.

Da die Klein- und Mittelbetriebe häufig nicht über ausreichende Kapitalreserven verfügen, haben sie stark unter konjunkturellen Einbrüchen zu leiden, von denen das Ruhrgebiet seit 1850 immer wieder betroffen ist (→ 1878). Zu Beginn der 90er Jahre sind bei vielen Betrieben die Folgen einer solchen Krise noch spürbar. So hat die Maschinenbau AG Union in Essen trotz eines Umsatzes von 1,3 Mio Mark im Jahr 1893 Verluste von 33 000 Mark zu verzeichnen. Auch die Maschinenfabrik R. W. Dinnendahl in (Essen-)Huttrop, die hauptsächlich Bergwerksbedarf herstellt, kann keine Gewinne verbuchen.

Etwas besser ist die Situation in den Werken, die sich mit der Herstellung und Verarbeitung von Spezialmetallen befassen. Die Zinkhütten Grillo in Oberhausen und (Duisburg-)Hamborn verringern ihre Belegschaft gegenüber dem Vorjahr um 26 auf 465 Arbeiter, steigern aber ihre Produktion im gleichen Zeitraum um 1% auf 5700 t Rohzink. In einer ähnlichen Situation befindet sich die Duisburger Kupferhütte, die seit 1881 hochwertigen Raffinadekupfer herstellt. Die wirtschaftliche Situation der Klein- und Mittelbetriebe des Metallgewerbes im Ruhrgebiet ist um so besser, je spezialisierter ihre Produktion ist.

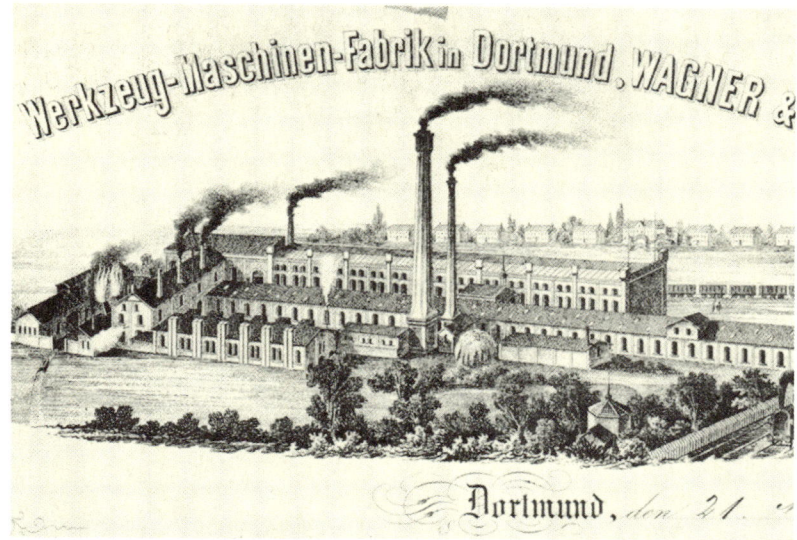

Briefkopf eines Rechnungsbogens der Dortmunder Werkzeugmaschinenfabrik Wagner & Co., eines der zahlreichen Mittelbetriebe im Revier

Baugenossenschaft gegen Wohnungsnot

4. März 1893. Dortmunder Bürger gründen auf Initiative des Vorzeichners Wilhelm Unverhau die Siedlungsgenossenschaft Spar- und Bauverein Dortmund. Der Verein will in Selbsthilfe die Wohnungsnot in Dortmund verringern.

Der große Bedarf an Wohnungen und Grundstücken im Ruhrgebiet hat Bodenspekulationen und Preiserhöhungen zur Folge. In Dortmunds Außenbezirken steigt der Grundstückspreis pro Hektar von 4300 Mark im Jahr 1884 auf 35 000 Mark im Jahr 1901. In den Städten fehlt das kapitalkräftige Bürgertum, das bei steigenden Preisen Mietshäuser bauen könnte.

Der Spar- und Bauverein vergibt aus den Spareinlagen seiner Mitglieder Kredite und ermöglicht so den Bau und Kauf von Wohnungen für Familien mit kleinen Einkommen. Die mit der Verwaltung der Genossenschaft verbundenen Kosten werden durch ehrenamtliche Arbeit von Mitgliedern gering gehalten.

Die Landesversicherungsanstalt Westfalen stellt zudem Kapital aus der Rentenversicherung (→ 28. 5. 1889) für genossenschaftliche Bauprojekte zur Verfügung.

Krupp erweitert Rüstungsproduktion

1893. Auf der Internationalen Weltausstellung in Chicago stellen die Essener Krupp-Werke ein Geschütz vor, das 1000 kg schwere Geschosse 1000 m weit feuert. Die Feuerkraft der Kanone läßt das Geschoß am Ziel noch Panzerplatten von 10 mm Stärke durchschlagen.

Unter der Leitung von Friedrich Alfred Krupp werden die Essener Produktionsanlagen für die Herstellung von Kanonen und Panzerungen erweitert. 1890 wurde ein Panzerplattenwalzwerk in Betrieb genommen, das hauptsächlich die im Ausbau befindliche Kriegsmarine des Deutschen Reiches beliefert.

Neben der Erweiterung der Essener Anlagen gliedert Alfred Krupp seinem Unternehmen mehrere Betriebe durch Aktienkäufe an. So vereinnahmt er 1893 die Magdeburg-Buckauer Maschinenfabrik und Eisengießerei Hermann Gruson, deren Aktienmehrheit er heimlich erworben hatte. Drei Jahre später übernimmt er die Kieler Germaniawerft zum Bau von Kriegsschiffen. Sie wird bis 1902 so umgebaut, daß auf ihr große Linienschiffe für die kaiserliche Flotte auf Kiel gelegt werden können. 1897 errichtet Krupp in (Duisburg-)Rheinhausen die Friedrich-Alfred-Hütte, die sich in den folgenden Jahren zum größten Stahlwerk Europas zur Verhüttung phosphorhaltiger Eisenerze nach dem englischen Thomas-Verfahren entwickelt.

Pavillon der Kruppschen Gußstahlwerke, Essen, mit verschiedenen Geschützen auf der Internationalen Weltausstellung in Chicago im Jahr 1893

Der dritte Krupp

Friedrich Alfred Krupp (Abb.) ist nach seinem Vater Alfred und dem Werksgründer Friedrich der dritte Krupp in der Leitung der Essener Gußstahlfabrik. Nach dem Tod seines Vaters übernahm er das Werk und baute die Anlagen mit Werkstätten, Walzwerken und Hochöfen weiter aus.

Tagelöhner beim Kanalbau

Dezember 1893. Die Bauarbeiten am Dortmund-Ems-Kanal werden während der kalten Wintermonate eingeschränkt, da bei Frost eine Fortsetzung der Ausschachtungsarbeiten nicht möglich ist. Die Unternehmer an den einzelnen Streckenabschnitten versuchen, ausländische Arbeiter mit anderen Aufgaben weiterzubeschäftigen, um sie für die nächste Saison zu halten; einheimische Arbeiter werden dagegen entlassen, da sie mit Sicherheit im Frühjahr zurückkehren.

Die Beschaffung von Arbeitskräften für den Kanalbau ist besonders in den Bergbaugebieten schwierig, da kein Potential einheimischer Arbeiter zur Verfügung steht. Deshalb werden deutsche und ausländische Wanderarbeiter angeworben.

1893/94 sind bei den Erdarbeiten am Kanal über 4500 Saisonarbeiter beschäftigt. Etwa 900 von ihnen stammen aus dem Ausland, wobei die Holländer die größte Gruppe bilden, gefolgt von den Italienern und Polen. Wie die kaiserliche Kanalkommission berichtet, sind es Angehörige jener »großen Klasse heimatloser, vagabondierender Personen, die in der offenen Jahreszeit von Baustelle zu Baustelle ziehen, meist nur vorübergehend in einen Arbeitsposten treten und von der Hand in den Mund leben, ohne für die Zukunft irgendwie zu sorgen.«

Die auf Schutz und Disziplinierung der Arbeiter ausgerichtete Sozialpolitik im Kaiserreich bewirkt eine umfangreiche Fürsorgeplanung der Kanalkommission für die Unterbringung und Lebenshaltung der Arbeiter. Durch Richtlinien für die Barakkenunterkünfte und Kontrollen der Verpflegung sowie der hygienischen Verhältnisse sollen die Arbeiter zufriedengestellt und Streiks vermieden werden.

Obwohl die staatliche Kommission auch die schwierige Situation der im Winter entlassenen Arbeiter erkennt, trifft sie dennoch keine Vorsorgemaßnahmen. Die Wohlfahrtspolitik des Staates beschränkt sich vor allem auf die Verhinderung von Ausständen der Arbeiter. Die Probleme der Entlassenen werden in den Berichten der Kommission heruntergespielt: Nur die »liederlichen Elemente«, die »ihren Verdienst alsbald nach Empfang zu vertrinken« pflegen, seien auf die Armenhilfe der Gemeinden angewiesen; die »ordentlichen Arbeiter« leben dagegen von ihren Ersparnissen, entweder daheim oder in der Nähe des Arbeitsplatzes, wo sie z. T. Kost und Logis gegen die Leistung von Gelegenheitsarbeit fänden. Über Ersparnisse verfügen jedoch nur wenige, da die Löhne, je nach Bauabschnitt und Jahreszeit, zwischen 1,50 und 4 Mark pro Tag für einen erwachsenen Handarbeiter liegen. Bei Kosten von bis zu 1,30 Mark pro Tag für Kost und Logis in den Baracken oder privaten Unterkünften bleibt wenig Spielraum für Rücklagen.

Aus einem Schreiben der Kanalkommission »Betrifft die Lage der Kanalarbeiter während des Ruhens der Bautätigkeit in der ungünstigen Jahreszeit« vom 5. Oktober 1890 (Abb. r.):

»Eine ernstere Notlage ist darauf im Allgemeinen nur für diejenigen liederlichen Elemente eingetreten, welche ihren Verdienst alsbald nach Empfang zu vertrinken pflegen, wohingegen die ordentlichen Arbeiter, soweit sie nicht in die Heimath verzogen sind, von ihren Ersparnissen lebten oder auch bei der Bevölkerung ... gegen Hilfeleistung bei häuslichen und landwirtschaftlichen Verrichtungen freie Unterkunft und Beköstigung finden ... Als geeignetes Mittel zur Verhütung von Notständen ist allein die thunlichst lange Aufrechterhaltung der Bauthätigkeit zu betrachten.«

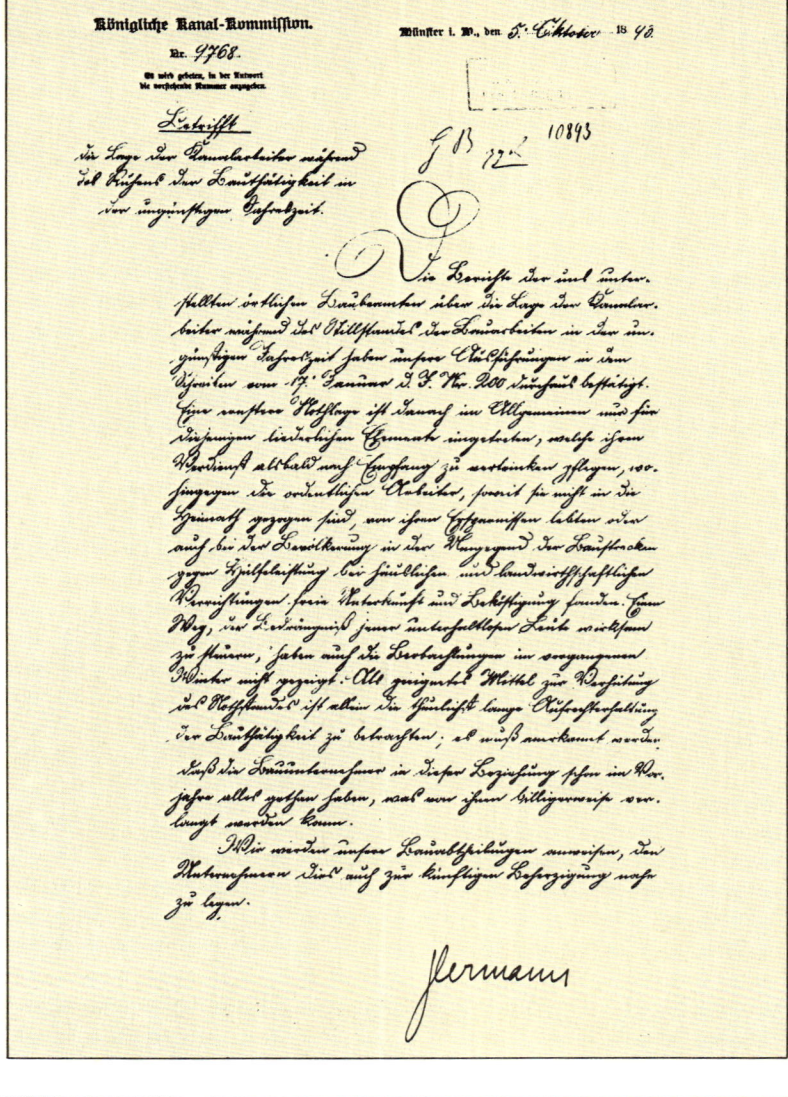

Arbeiter auf der Baustelle des Schiffshebewerks Henrichenburg am Dortmund-Ems-Kanal, 1895

Aufgrund mangelhafter sanitärer Anlagen und schlechten Trinkwassers tritt Cholera auf den Baustellen auf

1894

4. 3. Das Gladbecker St. Barbara-Hospital nimmt mit zunächst 10 Zimmern die Krankenpflege auf.

Mai. Recklinghäuser Geschäftsleute gründen die Creditbank Aktiengesellschaft mit einem Kapital von 500 000 Mark, die erste Privatbank der Stadt.

Juni. Der Radsportverein von Bochum unternimmt eine Ausflugsfahrt. →

26. 8. In Essen wird der Gewerkverein christlicher Bergarbeiter für den Oberbergamtsbezirk Dortmund gegründet. →

15./16. 9. In Unna findet der Parteitag der Sozialdemokraten für das westliche Westfalen statt.

20. 9. Die Gelsenkirchener Stadtverwaltung bezieht das neuerbaute Rathaus am späteren Machensplatz. →

11. 10. Die Gemeinde Meiderich wird zur Stadt erhoben.

23. 11. Die erste elektrische Straßenbahn Bochums verkehrt zwischen der Dorstener Straße und der Herner Vinckestraße. →

1894. Dortmund läßt an der Lippe bei Lünen Rieselfelder anlegen. →

1894. Die Firma Krupp in Essen beginnt mit der Errichtung der Siedlung Alfredshof in Essen-West.

1894. In Dinslaken wird ein Ortsverein der liberalen Hirsch-Dunckerschen Gewerkvereine gegründet.

1894. Peter Klöckner übernimmt den Aufsichtsratsvorsitz in der Eisen- und Stahlwerke Haspe AG bei Hagen.

1894. Auf der Zeche Deutscher Kaiser I in (Duisburg-)Hamborn wird die erste elektrische Wasserhaltung im Ruhrbergbau eingerichtet.

1894. Der Dortmunder Kaiser-Wilhelm-Hain wird fertiggestellt. →

1894. In Bochum wird der Bund der Polen in Deutschland (Zwiazek Polaków w Niemczech) gegründet. →

1894. In Essen wird die erste ständige Feuerwache neben dem Rathaus eingerichtet. 17 Feuermeldestellen werden im Stadtgebiet eingerichtet.

1894. Im Ruhrgebiet gibt es 110 genossenschaftliche Schnapskasinos mit 16 640 Mitgliedern, meist Bergarbeitern. →

1894. In Dortmund wird die Spedition Wilhelm Hemsoth gegründet, die sich zur größten der Stadt entwickelt.

1894. Als Verbindung zwischen Brandstraße und Kornmarkt wird in Essen die Glaspassage eröffnet, eine überdachte Geschäftsstraße. →

Start für elektrische Straßenbahnen

23. November 1894. Mit der Eröffnungsfahrt eines festlich geschmückten Triebwagens beginnt der regelmäßige Linienverkehr der ersten elektrischen Straßenbahn zwischen der Dorstener Straße in Bochum und der Herner Vinckestraße. Die Triebwagen verkehren im 15-Minuten-Takt und legen die 6,8 km lange Fahrstrecke in nur 25 Minuten zurück.

Der Beginn des elektrischen Straßenbahnbetriebs ist jedoch auch von Pannen und Protesten begleitet: Ein heftiges Gewitter am Eröffnungstag der Essener Straßenbahn machte zur Vermeidung von Kurzschlüssen die Stillegung des Betriebs für mehrere Stunden notwendig; das Maschinenhaus an der Grillostraße wurde durch Regen überflutet, die Stromversorgung unterbrochen.

Im Straßenverkehr werden die schienengebundenen Fahrzeuge als erhebliches »Verkehrshindernis« empfunden, da sie andere Verkehrsteilnehmer bei einer Begegnung zum Ausweichen zwingen. Von älteren Bürgern wird das »technische Wunder« oft als »Teufelswerk« beschimpft und der Betrieb der Bahnen mit Hexerei gleichgesetzt.

Auch öffentliche Institutionen protestieren gegen die Straßenbahnen. Die Königlich-Preußische Eisenbahnverwaltung in Elberfeld fürchtet die Konkurrenz des neuen Verkehrsmittels und legt beim Minister für öffentliche Angelegenheiten in Berlin Beschwerde ein. Erst mit der Auflage für die Straßenbahnbetreiber, die Spurweite der Gleisanlagen in Abweichung von der Normalspur der Eisenbahn (1,44 m) auf einen Meter zu begrenzen, werden die Bedenken der Eisenbahnverwaltung beseitigt. Der Verkehr von Straßenbahnen auf Gleisen der Staatsbahn ist damit ausgeschlossen. Die Post bemängelt Störungen ihres Fernsprechnetzes durch atmosphärische Entladungen der Oberleitungen.

Triebwagen der Essener Straßenbahn in der Kettwiger Straße, rechts die St. Johannes-Kirche, im Hintergrund links der Rathausturm (um 1900)

Erster elektrischer Straßenbahnwagen auf der neueröffneten Strecke Bochum – Herne

Elektrische Straßenbahn vor dem Ausflugslokal »Freischütz« im Schwerter Wald in der Nähe von Dortmund (1898/99)

Schon am 1. März des gleichen Jahres konnte die »Elektrische« in Dortmund den Betrieb aufnehmen. Ihr Streckennetz wird bis 1897 so weit ausgebaut, daß in allen Dortmunder Stadtteilen elektrische Bahnen verkehren können.

Die Einrichtung des neuen, schnellen Verkehrsmittels findet bei den Bürgern großes Interesse; der Betrieb der Bahnen rentiert sich für die Unternehmen. So konnte beispielsweise die am 23. August 1893 eröffnete Essener Straßenbahn schon am ersten Tag Einnahmen von 1100 Mark verbuchen.

Triebwagen der ersten elektrischen Straßenbahnlinie in Oberhausen mit dem bei allen Linien üblichen überdachten Führerstand

1894

Glasmosaik mit Stadtwappen über dem Hauptportal ziert das neue Gelsenkirchener Rathaus

20. September 1894. 19 Jahre nach Verleihung der Stadtrechte (→ 29. 11. 1875) wird am späteren Machensplatz in Gelsenkirchen das neuerbaute Rathaus (Abb. links) seiner Bestimmung übergeben.
Schmuckstück des von dem Kölner Architekten Heinrich Wiethase entworfenen Bauwerks ist ein Glasmosaik mit dem Gelsenkirchener Wappen über dem Hauptportal (Abb. rechts). In seiner Festrede zur Einweihung erklärt Bürgermeister Wilhelm Vattmann den Sinn des dargestellten Motivs: »Der Baumeister des Rathauses, Wiethase, wollte die Gestalten zweier Keulenträger zu Wappenhaltern machen. Ich dachte, mein Gott, wir haben hier gerade genug Knüppelträger und Schlägereien... So sehen Sie denn zwei andere Wappenträger, einen Bergmann und einen Hüttenmann.«
Seinem schlechten Ruf wird Gelsenkirchen noch am Abend des Einweihungstages gerecht, als ein gewisser Wilhelm Ritter wegen »öffentlichen Unfugs« in das Gefängnis im Rathauskeller eingeliefert wird.

Bergleute gründen neue Gewerkschaft

26. August 1894. Auf einem Bergarbeiterkongreß in Essen wird der Gewerkverein christlicher Bergarbeiter für den Oberbergamtsbezirk Dortmund gegründet. Auf seiner konstituierenden Versammlung sind 182 in der Mehrzahl katholische Arbeiter- und Knappenvereine aus dem Ruhrgebiet mit insgesamt 424 Delegierten vertreten.
Als Zweck des Gewerkvereins legt das noch am gleichen Tag von den Essener Delegierten angenommene Statut »die Hebung der moralischen und sozialen Lage der Bergarbeiter auf christlicher und gesetzlicher Grundlage und Anbahnung und Erhaltung einer friedlichen Übereinkunft zwischen Arbeitgeber und Arbeitnehmer« fest. Der Gewerkverein stellt sich hinter Kaiser und Reich und macht die Mitgliedschaft in einem christlichen Arbeiter- oder Knappenverein sowie ein Bekenntnis, »Gegner der sozialdemokratischen Grundsätze und Bestrebungen zu sein«, zur unabdingbaren

Hermann Köster, ab 1905 Vorsitzender des christlichen Gewerkvereins

Voraussetzung für die Aufnahme. Der Gewerkverein christlicher Bergarbeiter ist die Reaktion der konfessionell geprägten Teile der Ruhrbergarbeiterschaft auf die fünf Jahre vorher unter sozialdemokratischem Einfluß erfolgte Gründung des Alten Verbandes (→ 18. 8. 1889).

Polenbund gegen deutschen Einfluß

1894. Als Antwort auf Bestrebungen von deutscher Seite, die eingewanderten Polen in deutschen Parteien, Gewerkschaften und Vereinen zu organisieren, wird in Bochum der Bund der Polen in Deutschland gegründet.
Regionaler Schwerpunkt der Verbandstätigkeit sind die Provinzen Rheinland und Westfalen, insbesondere das Ruhrgebiet. Auf öffentlichen Versammlungen, in Broschüren und in der polnischen Seelsorge agitiert der Polenbund gegen Sozialdemokratie und freie Gewerkschaften, aber auch gegen christliche Gewerkvereine. Ziel des Verbandes ist es, das Nationalgefühl der polnischen Einwanderer zu erhalten und sie von jedem außerpolnischen Einfluß fernzuhalten.
Die Gründung einer eigenen polnischen Gewerkschaft (ZZP) im Jahr 1902 (→ 9. 2. 1902) trägt dazu bei, daß der Polenbund nur geringe Resonanz in der polnischen Arbeiterschaft findet.

»Hat ein Schwein nur drei Beine?«

Solange der Aufbau gewerkschaftlicher Interessenvertretungen im Bergbau noch in den Anfängen steckt, sind die Bergarbeiter den Schikanen ihrer Vorgesetzten ausgeliefert, wie der Bergmann Peter Molter in den 90er Jahren des 19. Jh. am eigenen Leib erfahren muß:

»Hier war es immer dasselbe, wenn an den Steiger der Zoll nicht bezahlt wurde, dann war es nicht zum Aushalten. Eine Kameradschaft von zehn Mann legte zusammen, jeder sollte drei Mark geben... Natürlich mußte am Lohntag etwas für den Steiger abfallen. Eine Kameradschaft lieferte dem Steiger eine frische Kuh. Da fragte der Steiger: ›Wo habt ihr denn das Kalb?‹... eine andere lieferte drei Schinken, da fragte er: ›Hat denn ein Schwein nur drei Beine?‹... [Die Steiger] spuckten den Leuten ins Gesicht, warfen sie mit dem Schichtenbuch... und die [Leute] mußten es ruhig hinnehmen.«

Polizei geht gegen Schnapskasinos vor

1894. Im nördlichen Ruhrgebiet um Dortmund, Recklinghausen und Oberhausen gibt es 110 genossenschaftlich organisierte Schnapskasinos mit 16 640 Mitgliedern, überwiegend Bergarbeitern. Ziele dieser Vereinigungen sind Pflege der Geselligkeit und Verkauf von preiswertem Bier und Branntwein an ihre Mitglieder. Von der Polizei werden solche Lokale als »Brutstätten der sozialdemokratischen und aufständischen Bewegungen« eingeschätzt und kontrolliert.

Die Schnapskasinos entstehen in der Nähe der Zechen, da Wirtschaften oft fern der Wohnsiedlungen gelegen sind und für Schichtarbeiter ungünstige Öffnungszeiten haben. Die Kasinos stellen ihre Räume auch für Versammlungen der Sozialdemokraten und der Gewerkschaften zur Verfügung.

Die Behörden versuchen wiederholt, die Lokale mit dem Argument schließen zu lassen, sie hätten verbotenerweise Alkohol an Nicht-Mitglieder ausgeschenkt. Daraufhin lassen die Vereine die Mitgliedsbücher in ihren Räumen liegen, so daß sich jeder bei einer Polizeikontrolle noch schnell nachtragen kann.

Eine Änderung der preußischen Gewerbeordnung ermöglicht es 1896 den Behörden, jeglichen Ausschank von Spirituosen in den Arbeiterkasinos zu verbieten.

Die »Destille« genannten Eckkneipen sind nach der Arbeit Orte der Entspannung und Kommunikation in den Arbeitervierteln der Ruhrgebietsstädte

»Alkoholkapitalismus«, Karikatur gegen firmeneigene Schnapskasinos

»Lohntag«, Arbeiterfrauen warten vor einer Eckkneipe auf ihre Männer

Fahrradfahren wird immer beliebter

Juni 1894. Anläßlich eines Sommerausflugs posieren die Herren des Bochumer Radfahrvereins von 1884 mit Rädern und Damen vor der Kamera; Pumphosen und Kappe gehören zur sportlichen Ausrüstung. Einige der Mitglieder fahren noch das Hochrad, dessen Vorderrad vergrößert ist, um bei direktem Antrieb höhere Geschwindigkeiten zu erzielen. Seit den 80er Jahren setzt sich jedoch das Niederrad mit Kette und Zahnkranz durch, die neuentwickelte Gummibereifung fängt die Stöße der holprigen Straßen ab.

Das Fahrrad hat sich seit den ersten unbeholfenen Versuchen (→ 1869) als Fortbewegungsmittel durchgesetzt und ist auch bei den Damen sehr beliebt. In den 90er Jahren wird das Radfahren zu einem verbreiteten Sport, in Bochum besteht bereits eine ausgebaute Bahn, auf der Radrennen ausgetragen werden. War Radfahren in frühen Jahrzehnten wegen des Zeit- und Geldaufwandes noch ein Privileg wohlhabender Schichten, so entwickelt es sich gegen Ende des 19. Jh. zu einem Volkssport, den sich auch Arbeiterfamilien leisten können.

Mitglieder des Radsportvereins Bochum, teils mit schwer zu beherrschenden Hochrädern, teils mit Nieder- oder Sicherheitsrädern (Foto vom Juni 1894)

Wasserreinhaltung auf Rieselfeldern

1894. Die Stadt Dortmund läßt zur Klärung häuslicher und gewerblicher Abwässer Rieselfelder an der Lippe bei Lünen anlegen. Das verunreinigte Wasser wird bei diesem Klärverfahren zum höchsten Punkt eines Feldes gepumpt; von dort aus läuft es hangabwärts über das Rieselfeld und versickert im Boden, der dadurch gedüngt wird. Durch natürliche Reinigungsvorgänge werden Verschmutzungen im Erdreich festgehalten, und das gesäuberte Wasser sickert ins Grundwasser ab. Wegen der Geruchsbelästigung werden Rieselfelder nicht in unmittelbarer Stadtnähe angelegt.

Firma Krupp baut weitere Siedlung

1894. Die Firma Fried. Krupp in Essen stellt den ersten Teil der Siedlung Alfredshof südlich der Kruppstraße und westlich der Hobeisenstraße in (Essen-)Holsterhausen fertig. Geplant waren eine aufgelockerte Bebauung und eine deutliche Unterscheidung von breiten Verkehrs- und schmalen Wohnstraßen. Die Bauvorschriften der zuständigen Bürgermeisterei Altendorf sahen jedoch einheitlich breite Straßen vor. Im Zentrum der Siedlung befinden sich Rasenplätze.

Kaiser-Wilhelm-Hain wird fertiggestellt

1894. Die Anlage des Kaiser-Wilhelm-Hains in Dortmund wird abgeschlossen. Seine Errichtung geht zurück auf eine Initiative von Dortmunder Bürgern, die am 17. Februar 1889 einen Verein mit dem Zweck gegründet hatten, »das Andenken an Kaiser Wilhelm I. durch Schaffung eines Hains mit Denkmal im Stadtbezirk zu ehren«. Nach Ankauf des Geländes auf dem Gebiet des späteren Westfalenparks wurde im Februar 1890 ein Wettbewerb für die gartenbauliche Gestaltung ausgeschrieben, den die Dortmunder Firma Louis Coers & Sohn für sich entscheiden konnte. Der erste Spatenstich erfolgte am 17. Juni desselben Jahres.

Ein Denkmal im Zentrum des Parks stellt den Kaiser in bequemer Haltung in einem Sessel sitzend dar.

Blick vom Turm des Essener Rathauses über die westliche Innenstadt; im Hintergrund die rauchenden Schornsteine der Kruppschen Gußstahlfabrik

Großstadt Essen um die Jahrhundertwende

1894. Zwischen Brandstraße und Kornmarkt in Essen wird eine mit Glas überdachte Einkaufspassage eröffnet, die Kaiserhalle (später Glaspassage). Die Stadt Essen, mit 88 754 Einwohnern zweitgrößte Stadt des Ruhrgebiets nach Dortmund, gilt mit ihren vielen Geschäften und Läden als attraktive Einkaufsstadt. Doch vor allem Industrie und Bergbau bestimmen das Leben und die Entwicklung der Stadt, die 1896 mit der Geburt des 100 000. Einwohners offiziell zur Großstadt und 1905 mit 231 000 Einwohnern zur größten Stadt im Ruhrgebiet wird.

In der Essener Innenstadt wird der Wandel von der mittelalterlichen Handels- und Handwerksstadt zur industriellen Großstadt nur mühsam nachvollzogen. Hier finden sich immer noch enge, verwinkelte Straßen mit schieferverkleideten Fachwerkhäusern wie z. B. in den Hagenstraßen, die eher dörflichen Charakter haben. Mit Neubauten und Straßendurchbrüchen wird versucht, die Stadt so umzugestalten, daß sie den Ansprüchen einer modernen Großstadt bezüglich Wohnen, Verkehr und Kultur genügt. 1893 nimmt Essen als erste Ruhrgebietsstadt eine elektrische Straßenbahn in Betrieb, und 1902 wird der neue Hauptbahnhof seiner Bestimmung übergeben. 1892 eröffnet das Stadttheater, 1902 der Saalbau und 1904 das Kunst- und Heimatmuseum der Stadt Essen.

Zahlreiche alte Häuser und Gebäude der Innenstadt, teilweise durch Bergschäden erheblich in Mitleidenschaft gezogen, müssen repräsentativen Neubauten weichen. Das Rheinisch-Westfälische Kohlensyndikat (→ 16. 2. 1893) bezieht einen Neubau an der Berthastraße, und die Essener Creditanstalt errichtet ein Bankgebäude im Renaissance-Stil an der Lindenallee. Am Rand der rund einen Quadratkilometer großen Innenstadt liegen ausgedehnte Industrieanlagen, von denen die Krupp-Werke die größten sind.

Kopstadtplatz in Essen; l. die Stände des Gemüsemarkts (Foto 1893)

1894

Blick in die Steeler Straße, l. o. Turm des Essener Rathauses (1890)

Glaspassage zwischen Brandstraße und Kornmarkt

Die Kettwiger Straße mit zahlreichen Lokalen und Geschäften, Zentrum der Innenstadt

Blick auf die Bungertstraße im noch dörflichen Werden

221

1895

5. 1. Louis Baare, Generaldirektor des Bochumer Vereins, tritt zugunsten seines Sohnes Fritz von der Leitung des Unternehmens zurück. →

7. 1. In Hagen fährt die erste elektrische Straßenbahn mit Akkumulatorenbetrieb.

20. 2. Der Emscherthaler Reiter- und Renn-Verein wird in (Gelsenkirchen-)Horst gegründet. →

1. 4. Die Eisenbahndirektion Essen wird gegründet. →

1. 5. In Oberhausen wird eine städtische Badeanstalt eröffnet.

16. 5. Das »Recklinghäuser Wochenblatt« geht zum täglichen Erscheinen über und nennt sich »Recklinghäuser Zeitung«. →

11. 6. Otto von Bismarck hält eine Rede vor 3000 Westfalen, die nach Hamburg gekommen sind, um ihm zu huldigen. →

August. Vor dem Schwurgericht in Essen findet der sog. Meineidsprozeß gegen führende Mitglieder des sozialdemokratischen Alten Verbandes statt.

Dezember. Fritz Thyssen wird in den Grubenvorstand der Gewerkschaft Deutscher Kaiser in Duisburg gewählt.

1895. Die Heilanstalt für Geisteskranke in (Dortmund-)Aplerbeck (später westfälisches Landeskrankenhaus) nimmt die Arbeit auf.

1895. In Herten eröffnet das St. Elisabeth-Hospital mit 30 Betten.

1895. Das Kaiser-Wilhelm-Hospital in (Dortmund-)Eving wird eröffnet.

1895. Carl Faber veröffentlicht »Streifzüge durch Alt-Bochum«.

1895. Die Essener Krupp-Werke kaufen die Kieler Germania-Werft zur Produktion von Kriegsschiffen.

1895. Aus dem 1883 in Essen gegründeten wissenschaftlichen Laboratorium geht die Chemisch-Physikalische Versuchsanstalt hervor. Sie gewinnt große Bedeutung für die Stahlbereitung (Nickel-Stahl).

1895. Der Mülheimer Turnverein beschließt eine Satzungsänderung, die eine Mehrheit von Sozialdemokraten oder Arbeiterturnern unter den Vereinsmitgliedern ausschließt.

1895. In Dortmund wohnen 111 232 Menschen. Dortmund ist damit Großstadt.

Um 1895. Auf Zeche Dorstfeld bei Dortmund wird die erste Schrämmaschine im Ruhrbergbau eingesetzt. →

Um 1895. Im Duisburger Hafen werden mehrstöckige Getreidespeicher erbaut. Der Duisburger Getreidehandel ist der größte im Ruhrrevier. →

Repräsentatives Verwaltungsgebäude der neuen Oberpostdirektion am Hiltropwall in der Dortmunder Innenstadt

Verwaltungszentren für Bahn und Post

1. April 1895. Im Zuge der Neuordnung ihrer Verwaltungsstruktur schafft die preußische Staatsbahn 20 neue Königliche Eisenbahndirektionen im gesamten Deutschen Reich. Durch Erlaß der Regierung vom 15. Dezember 1894 wird Essen dabei Verwaltungszentrum für das Streckennetz im Ruhrgebiet. Die Grenze des neuen Direktionsbezirks mit 941 Gleiskilometern bilden etwa die Orte Duisburg, Recklinghausen, Hamm, Unna, Witten, Hattingen, Kupferdreh und Ratingen.

Zur Unterbringung der gesamten Verwaltung wird am Bismarckplatz in Essen mit dem Bau eines mehrstöckigen, großangelegten Direktionsgebäudes begonnen. Drei Jahre später, im März 1898, kann die für den Wirtschaftsbereich Rhein-Ruhr wichtige Eisenbahnverwaltung dort ihren Betrieb aufnehmen.

Besonderes Augenmerk legt ihr erster Präsident Theodor Todt auf die rasche Entwicklung eines schnellen und reibungslosen Güterverkehrs. Schon in der Zeit von 1896 bis 1914 werden umfangreiche Umbauten und Modernisierungsmaßnahmen an 14 großen Verschiebebahnhöfen durchgeführt. Notwendige Streckenbegradigungen und Neuverlegungen stoßen oft auf Schwierigkeiten in dem durch Bergsenkungen aus dem Bergbau gefährdeten Gebiet.

Die neu entstandenen Verkehrszentren im Ruhrgebiet bewegen auch die Oberpostdirektion in Arnsberg, ihren Sitz am 1. August 1895 in die infrastrukturell gut erschlossene Industriestadt Dortmund zu verlegen. Der gesamte Personalbestand von 63 Beamten wechselt im Zuge der Verlegung seinen Wohnsitz vom Sauerland nach Dortmund. Der Direktionsbezirk umfaßt den südlichen Teil Westfalens, das östliche Ruhrgebiet, Teile des Sauer- und Siegerlandes sowie Bereiche der Soester Börde. Die Einweihung des neuen Direktionsgebäudes am Hiltropwall kann in Anwesenheit des Staatssekretärs für das Postwesen Heinrich Stephan zwei Wochen nach seiner Indienstnahme gefeiert werden.

In dem großen Gebäudekomplex sind zunächst neben der Direktionsverwaltung auch das Telegrafenamt und ein Postamt untergebracht. Wenige Jahre später wird der Postbetriebsdienst ausgegliedert, da die wachsenden Aufgaben der Oberpostdirektion eine Erweiterung des Personalbestandes erfordern.

Gebäude der Reichsbahndirektion am Bismarckplatz in Essen

Louis Baare und der Bochumer Verein

5. Januar 1895. Louis Baare, seit Ende 1854 Generaldirektor des Bochumer Vereins (→ 24. 1. 1854), legt sein Amt aus Altersgründen nieder. Unter seiner erfolgreichen Leitung war die Gußstahlfabrik zum zweitgrößten Stahlwerk im Deutschen Reich aufgestiegen. Nachfolger im Amt des Generaldirektors wird sein Sohn Fritz Baare.

Die Produktpalette des Bochumer Vereins hat sich unter Louis Baares Führung seit den 50er Jahren ständig erweitert. Neben Glocken und Kanonen produziert das Werk jetzt auch Eisenbahnmaterial wie Speichen, Radsätze, Achsen und Tragfedern. Hinzu kommen Turbinenwellen, Anker und anderes Zubehör für die Schiffahrt. Nicht nur das Stahlwerk ist während dieser Zeit kontinuierlich ausgebaut worden, die Aktivitäten der Aktiengesellschaft reichen weit über die Verarbeitung von Stahl hinaus. Sie besitzt Kohlezechen und Eisensteingruben sowie Hochofenanlagen und Quarzit- und Kalksteinbrüche, die das Material zum Bau der Öfen liefern. Von den Rohstoffen über die Verhüttung zu Roheisen und Rohstahl bis zum gegossenen und geschmiedeten Endprodukt liegt alles in einer Hand. Baare hinterläßt seinem Sohn ein finanziell konsolidiertes Unternehmen, dessen Aktienkapital sich seit der Gründung von 2,1 Mio Mark auf 21 Mio Mark verzehnfacht hat; der Wert der Aktien liegt 1895 bei 40 Mio Mark. Die Belegschaft ist seit 1854 von 200 auf 9000 Arbeiter gestiegen, das Betriebsgelände hat sich von 4 auf über 262 ha ausgedehnt und dominiert das Stadtbild Bochums.

Louis Baare hat sich auch als Politiker einen Namen gemacht. Er gehörte zu den Beratern von Reichskanzler Bismarck und machte sich mit einem Gesetzentwurf zur Reichsunfallversicherung um die Sozialpolitik verdient.

Louis Baare, scheidender Generaldirektor des Bochumer Vereins

Fritz Baare, Sohn Louis Baares aus zweiter Ehe, übernimmt die Fabrik

Ansicht des Bochumer Vereins für Gußstahlfabrikation, dessen Industrieanlagen das Stadtbild dominieren

Getreidehandel blüht in Duisburg

1895. Im Duisburger Hafen werden mehrstöckige Getreidespeicher errichtet, die früher benutzte Lagerschuppen ersetzen. Der Bau der neuen, bis zu 30 000 t fassenden Silos war notwendig geworden, da die bisherigen Lagerkapazitäten für den Duisburger Getreideumschlag, der sich in den letzten fünfzehn Jahren versiebenfacht hat, nicht mehr ausreichen. Über den Seehafen Rotterdam gelangen in diesem Jahr 350 882 t Getreide nach Duisburg, die ins Ruhrgebiet und nach Süddeutschland verkauft werden.

Seit die Firma Gebr. Heuser 1867 begann, russischen Weizen in Duisburg umzuschlagen, war der Handel mit Getreide stetig gewachsen. Zunächst hatten die in diesem Bereich tätigen Unternehmen nur Getreidelieferungen vermittelt und wenig Lagerraum benötigt. Zu Beginn der 80er Jahre des 19. Jh. siedelten sich aber große Mühlengesellschaften im Hafen an wie die Märkische Mühlen AG A. Rosiny & Cie. und die Walzenmühle-AG. Der Duisburger Hafen wird zum wichtigsten Getreidehafen im Ruhrgebiet.

Die Recklinghäuser Zeitung erscheint

16. Mai 1895. Das »Wochenblatt für den Kreis Recklinghausen« wird unter dem Namen »Recklinghäuser Zeitung« als erste Tageszeitung des Vests herausgegeben.

Seit dem 7. Mai 1831 war das »Wochenblatt für den Kreis Recklinghausen« regelmäßig erschienen. Gründer und langjähriger Herausgeber war der 1774 in München geborene und von Dortmund nach Recklinghausen übergesiedelte Buchdrucker Joseph Nepomuk Bauer. Während der bürgerlichen Revolution von 1848 (→ 18. 3. 1848) vertrat das Blatt die liberal-demokratischen Grundsätze des freisinnigen Bürgertums und forderte demokratische Reformen sowie kommunale Selbstverwaltung. Das Wochenblatt beantwortete die Frage, »warum die Fürsten nicht so'n schnellen Fortschritt lieben wie die Völker«, mit dem Hinweis, der Purpur werde aus Schnekken gewonnen.

Seinen bürgerlich-liberalen Standpunkt behält das Blatt auch als Tageszeitung bei.

Bismarck über Westfalen

11. Juni 1895. Otto von Bismarck hält eine Rede vor 3000 Westfalen, die in den Hamburger Sachsenwald gekommen sind, um ihm eine Huldigung darzubringen.

Der ehemalige Kanzler des Deutschen Reiches (1871–1890) erinnert daran, daß von allen politischen Parteien »die beiden extremen«, die Sozialdemokraten und das Zentrum, »nirgends schärfere Vertreter« gehabt hätten als gerade in Westfalen. Bismarck sagt, er habe in Westfalen mehr Gegner als Freunde gehabt; weder mit Georg Vincke, liberaler Politiker und Landrat von Hagen, noch mit dem Hammer Landrat Ernst von Bodelschwingh sei er politisch einverstanden gewesen, und der Bauernführer Burghard von Schorlemer-Alst habe ihn »hart und bitter angegriffen«. Dennoch nennt er die Vertreter der früheren Opposition jetzt »vollkräftige Männer« und »ehrliche Gegner«, wobei er auch den liberalen Industriellen Friedrich Harkort (Wetter/Ruhr), den er zu dessen Lebzeiten noch verunglimpft hatte, in dieses Urteil einschließt.

Bismarcks Rede schließt mit den Worten »Der Westfale bleibt immer Westfale!« Trotz der vielen politischen Gegner, die er unter ihnen fand, bauten ihm gerade die Westfalen um die Jahrhundertwende auf Bergen, Straßen und Plätzen patriotische Denkmäler.

Zu Kanzlerehren erbauter Bismarckturm in Dortmund

Pferderennsport in Horst

20. Februar 1895. Der Emscherthaler Reiter- und Rennverein wird in (Gelsenkirchen-)Horst gegründet. Der pferdesportbegeisterte Herr von Schloß Horst, Friedrich Leopold Reichsfreiherr von Fürstenberg, stellt den Vereinsgründern ein Gelände aus seinem Besitz zur Verfügung, auf dem schon im August der erste Renntag stattfindet. Die Flach- und Hindernisrennen sowie Trabfahrten bilden eine bunte Folge; zwei Rennen sind auf die Vereinsmitglieder beschränkt, aber auch sonst hat der erste Renntag rein lokalen Charakter.

Veranstaltungen, an denen Pferde von Besitzern der weiteren Umgebung teilnehmen, finden erstmals am 16. August 1896 statt. Neben Wettmöglichkeiten für die Besucher gibt es einen Vereinstotalisator, der allein den Mitgliedern vorbehalten und steuerlich begünstigt ist. Kartenverkauf und Totalisator bescheren dem Horster Rennverein schon in den ersten Jahren seines Bestehens gute Gewinne.

Mit der Ausweitung des Rennbetriebs kommen viele Besucher aus den umliegenden Städten nach Horst, die mit Pferdekutschen oder der elektrischen Straßenbahn anreisen. Stromausfälle machen die Straßenbahn jedoch zu einem unzuverlässigen Verkehrsmittel.

Emblem des Emscherthaler Reiter- und Renn-Vereins, später Gelsenkirchen-Horster Rennverein

Arbeit im Kohleflöz: Vortreiben von Bohrlöchern zum Sprengen der Kohle mit Handbohrer (l.), Abbau der anstehenden Kohle mit Hacke (r.)

Bergmann beim Zuschneiden von Stützbalken im Stollen

Vorarbeiten zum Abbau der Kohle; Einritzen eines Schräms

Streckenvortrieb: Bergleute bei der Bedienung eines Bohrwagens mit mehreren nebeneinander montierten Bohrmaschinen (1876)

Einfahrt: Bergleute und Steiger auf dem Förderkorb bei der Einfahrt in die Schachtanlage

Füllort der Zeche Shamrock in Herne um 1890; die Kohle wird von Schleppern auf Loren herangeschafft, ein Förderkorb transportiert sie per Seilzug an die Erdoberfläche

»Eine solche Arbeit ist die Hölle auf Erden«

1895. Mit dem probeweisen Einsatz einer Radschrämmaschine auf der Zeche Dorstfeld bei Dortmund beginnt für den Steinkohlenbergbau an der Ruhr die Mechanisierung der Abbauarbeit unter Tage. Bei der Schrämmaschine handelt es sich um eine sogenannte Zurichtungsmaschine, die das Kohleflöz durch Einritzen eines schräg verlaufenden Spalts (Schräm) für den anschließenden Abbau mit Hacke oder Abbauhammer vorbereitet.

Ohne maschinelle Hilfe stellt die Schrämarbeit vor Ort harte Anforderungen an die Hauer: Häufig in liegender Stellung muß der Bergmann das Kohleflöz mit dem Schrämeisen anritzen, bevor seine Kameraden die über dem Schräm stehende Kohle brechen können.

Wegen ihrer Größe, technische Mängel und unhandlicher Bedienung können die neuen Maschinen zunächst nur in regelmäßig gelagerten Flözen eingesetzt werden. Auf der Mehrzahl der Revierzechen bleibt die Tätigkeit der Kohlenhauer bis nach der Jahrhundertwende durch Handarbeit bestimmt. Zu den gefährlichsten Arbeiten, insbesondere in schlagwettergefährdeten Flözen, zählt das sogenannte Aufhauen eines schräg gelagerten, schmalen Flözes, der den Einsatz von Maschinen nicht lohnt. Beim Aufhauen wird das Kohleflöz von einer tiefer gelegenen Sohle aus zur nächsthöheren hin abgebaut. Der Bergmann Georg Werner schildert ein Aufhauen auf der im Ruhrrevier berüchtigten Schlagwetterzeche Hibernia in Gelsenkirchen: »Das Flöz war so dünn, daß es allgemein nicht abgebaut wurde. Es war nur 60 bis 70 cm dick. Das Flöz stieg mit ungefähr 7 bis 12 Grad an. Das Aufhauen, welches wir herstellten, wurde über 100 m lang. Nebengestein wurde nicht mitgenommen. Zu der durch die Enge bedingten unbequemen Körperhaltung kamen die gasige, warme Luft, schlechtes Licht und alle jene Schwierigkeiten, die darauf beruhen, daß man sich infolge der Enge gar nicht helfen kann. Die Kanalisationsröhren von einem Meter Durchmesser in den Städten sind Tanzsäle gegenüber einem solchen Aufhauen. Eine solche Arbeit ist die Hölle auf Erden.«

Auch beim Streckenvortrieb unter Tage setzen sich Maschinen nur langsam durch: Erst nach 1900 lösen Bohrmaschinen die bis dahin im Ruhrbergbau gebräuchlichen Handbohrer ab. Besonders in hartem Gestein benötigt der Bergmann zum Bohren eines Sprengloches oftmals mehr als eine Stunde. Häufig müssen einige Männer den Bohrer mit einem Fäustel in den Fels treiben, während einer das Bohrgestänge festhält und dreht. 1892 waren auf Zeche Mansfeld bei (Bochum-)Langendreer erste Versuche mit preßluftgetriebenen Abbauhämmern durchgeführt worden. Da die Bergleute Gelenkschäden infolge des Rückstoßes befürchten, bleibt auch hier Handarbeit wichtigstes Kennzeichen bergmännischer Arbeit vor 1900.

Die Arbeit unter Tage wird nur durch den Einsatz von Grubenpferden erleichtert; erst nach 1900 erfolgt eine Mechanisierung der Arbeit durch Seil- und Kettenförderung und Lokomotiven.

Förderwagen im Bremsberg, Transportweg der Kohle vom Flöz zur ausgebauten Fördersohle

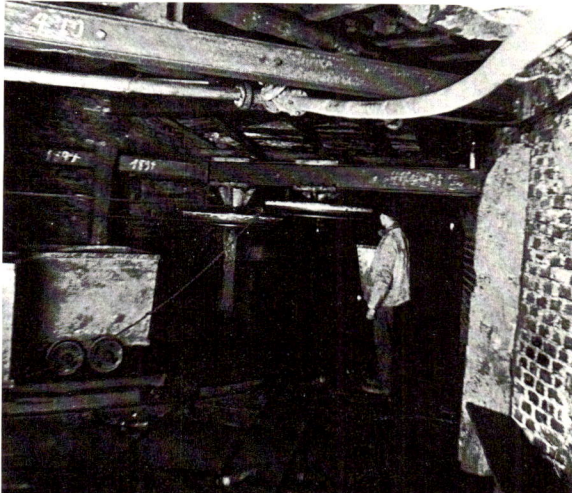
Kettenbahn auf Zeche Shamrock; die mechanische Förderung ersetzt seit 1900 Pferde im Ruhrbergbau

1896

13. 1. In Berlin wird die Bochum-Gelsenkirchener Straßenbahnen AG gegründet. →

4. 4. In Oberhausen geht die erste elektrische Straßenbahn der Stadt in Betrieb.

11. 5. In Recklinghausen wird der Städtische Schlacht- und Viehhof eröffnet.

2. 6. Die Kommission zur Erhaltung und Sammlung der Duisburger Altertümer hält ihre erste Sitzung ab.

10. 6. Essen wird Großstadt; als 100 000. Einwohner wird an diesem Tag in der Postallee Friedrich Wemhöner geboren, der Sohn eines Krupp-Schmieds.

7. 8. Das Ruhrorter Kaiser-Wilhelm-Denkmal an der späteren Schifferbörse wird enthüllt.

16. 8. Auf der Rennbahn in (Gelsenkirchen-)Horst finden die ersten Pferderennen statt.

1. 10. In Hagen wird die Zuckerwarenfabrik Gebrüder Becker gegründet (später Villosa). →

1. 10. Die Zeche Kaiser Friedrich in Dortmund beginnt mit der Förderung.

17. 10. Im Restaurant Germania in der Limbecker Straße findet die erste Filmvorführung in Essen statt. →

28. 10. Kaiser Wilhelm II. besucht überraschend Essen. Mit Friedrich Alfred Krupp erscheint er im Sitzungssaal des Essener Rathauses. →

28. 10. Das städtische Krankenhaus in Hamm wird eröffnet.

4. 11. Die Landwirtschafts- und Gartenbauschule Dortmund wird eröffnet.

1896. (Essen-)Kupferdreh wird eine selbständige Gemeinde.

1896. Die Duisburger Liebfrauenkirche wird geweiht.

1896. Die von Wilhelm Rinklake errichtete neugotische Marienkirche in Lünen wird geweiht. Der alte Bau ist 1895 abgebrochen worden. →

1896. Die (Dortmund-)Hörder Synagoge wird errichtet.

1896. Die Gemeinde Herten erhält eine Kanalisation.

1896. In Bochum wird der erste Schwimmverein gegründet. Die Stadt hat bereits eine städtische Schwimm- und Badeanstalt.

1896. In Hagen wird der Freie Turn- und Spielverein gegründet, der erste Arbeiterturnverein der Stadt (→ 1898).

1896. Fußballanhänger gründen den Verein Spiel und Sport Schalke 96.

1896/99. In Heisingen wird die Zeche Carl Funke errichtet.

1896/1901. Die Gewerkschaft Ver. Gladbeck bringt den ersten Schacht der späteren Schachtanlage Möller nieder.

Filmvorführungen in Revierstädten

17. Oktober 1896. Im Restaurant »Germania« an der Limbecker Straße in Essen findet die erste Filmvorführung im Ruhrgebiet statt. Am 5. November des gleichen Jahres eröffnet Louis Bogdan einen Kinematographen an der Schlenhofstraße.

Die meist von Arbeitern besuchten Filme sind nur wenige Minuten lang und zeigen Straßen- und Marktszenen, Jahrmarktsattraktionen und dokumentarische Aufnahmen von herausragenden Ereignissen und technischen Neuerungen. Vor und während der Aufführung gibt ein »Erklärer« dem Publikum Hinweise und Erläuterungen zum Verständnis des Gezeigten.

Die ersten Filme sind Attraktionen für das Publikum, da in ihnen zum ersten Mal Bewegung festgehalten ist und einmal geschehene Vorgänge beliebig oft angesehen werden können. Filmaufnahmegeräte und -vorführapparate wurden zu Beginn der 90er Jahre des 19. Jh. in Amerika von Thomas Alva Edison und in Frankreich von den Brüdern Louis Jean und Auguste Lumière entwickelt. Die erste Filmvorführung im Deutschen Reich fand bereits am 1. November 1895 im Varieté »Wintergarten« in Berlin statt. Nach der Filmpremiere in Essen entstehen auch in den anderen großen Ruhrgebietsstädten Kinematographen; in den kleineren Orten gastieren häufig Wanderkinos. Von einem solchen berichtet ein Artikel in der Schwelmer Zeitung vom Mai 1899: »Die augenblicklich im Kaisersaale des Herrn Karl Schneider am Neumarkt zur Vorführung gelangenden kinematographischen Darbietungen, sogenannte lebende Photographien, dürften zu dem besten gehören, was bisher auf diesem Gebiete geboten worden ist. Der Besuch der Vorstellungen, welche in den nächsten Tagen allabendlich von 8 Uhr ab stattfinden, kann nur empfohlen werden. Sehr interessant und lehrreich sind die Vorführungen auch für Schüler . . .«

Ankündigung von Kinovorführungen, »General Anzeiger für Essen«

Limbecker Str. 31, vormals Restaurant »Germania«, mit Kinosaal

Die Küche als Zentrum der Arbeiterwohnung

Im letzten Drittel des 19. Jh. hat sich im Ruhrgebiet eine Wohnform herausgebildet, die als typisches Merkmal familiärer Lebenszusammenhänge im Revier angesehen werden kann: Die Wohnung mit der Küche als Mehrzweck- und Gemeinschaftsraum. Diese sog. Wohnküche bildet den Mittelpunkt der Arbeiterwohnungen. Vor allem in den Häusern der werkseigenen Arbeitersiedlungen (Kolonien) bestehen die Wohnungen häufig nur aus der Küche und den Schlafräumen; die Toiletten liegen außerhalb der Häuser. Die Küche wird damit zum Ort aller häuslichen Verrichtungen und familiären Ereignisse.

Die Einrichtung einer Wohnküche besteht in der Regel aus industriell gefertigten, preisgünstigen Möbelstücken. Neben Schrank, Tisch, Stühlen und Herd gehört zum Inventar fast jeder Wohnküche. Auf dieser stehen Wassereimer, Schüssel und Kanne bereit, da die Wohnungen keinen eigenen Wasseranschluß besitzen und das benötigte Trinkwasser vom Flur geholt werden muß.

Bei der Planung von Grundrissen der Arbeiterwohnungen, vor allem in Hinblick auf die Wohnküche als zentralen Raum, haben im Ruhrgebiet die frühen Bergmannskotten als Vorbild gewirkt.

Wohnküche der Jahrhundertwende mit Sinnspruch über dem Eßtisch; r. neben dem Herd die Wasserbank (Museum der Stadt Lünen)

Kaiser Wilhelm und Friedrich A. Krupp

28. Oktober 1896. Der Deutsche Kaiser Wilhelm II. besucht überraschend die Stadtverordnetenversammlung im Essener Rathaus, nachdem er zuvor die Produktionsanlagen der Krupp-Werke besichtigt hat. Besuche deutscher Kaiser und Kronprinzen in Essen fanden 1853, 1861, 1865, 1877 und 1889 statt, sie galten jedoch fast immer der Kruppschen Fabrik.

Das Unternehmen, seit 1887 unter der Leitung von Friedrich Alfred Krupp, ist der größte Produzent von Rüstungsgütern im Deutschen Reich. Vor allem die Flottenbaupolitik von Wilhelm II., der die deutsche Kriegsmarine ausbauen läßt, um die Vorherrschaft Großbritanniens zur See zu durchbrechen, läßt die Beziehungen zwischen dem kaiserlichen Hof in Berlin und den Essener Krupp-Werken intensiver werden. Mit Unterstützung des Kaisers vergrößert Friedrich Alfred Krupp die Produktionsanlagen für den Waffenbau in den 90er Jahren des 19. Jh.:

▷ In Essen wird ein Werk zur Herstellung von Panzerplatten angelegt, wodurch Krupp zum größten Lieferanten von Panzerungen für die deutsche Kriegsmarine wird
▷ Die Mechanischen Werkstätten der Gußstahlfabrik werden erweitert; die berühmte Maschinenhalle 9 ist weltweit die größte Anlage ihrer Art
▷ Die Kieler Germaniawerft zum Bau von Kriegsschiffen wird in den Konzern eingegliedert.

Bereits 1893 hatte Friedrich Alfred Krupp die Magdeburger Gruson-Werke, die für ihre überlegenen Panzertürme und Granaten bekannt waren, seinem Konzern angegliedert, indem er durch Strohmänner alle erreichbaren Aktien des Konkurrenzunternehmens aufkaufen ließ.

Wilhelm II. und Friedrich Alfred Krupp haben neben den geschäftlichen Verbindungen auch ein enges persönliches Verhältnis. Bei der Beerdigung des Großindustriellen im Jahr 1902 sagt der eigens angereiste Kaiser: »Im Laufe der Jahre haben sich unsere Beziehungen so gestaltet, daß Ich Mich als einen Freund des Verewigten und seines Hauses bezeichnen darf.« Auch die Presse bezeichnet Krupp als einen Mann, »der mit dem kaiserlichen Hofe eng verbunden ist«.

△ Kaiser Wilhelm II. in der Tür des Sitzungssaals im Essener Rathaus, r. hinter ihm F. A. Krupp; Im Saal unter den verblüfften Ratsherren u. a. anwesend: Oberbürgermeister E. Zweigert (obere Stirnseite des Tisches, 7. v. l.), Beigeordneter v. Bruchhausen (r. neben Zweigert), Beigeordneter v. Waldthausen (obere Stirnseite des Tisches, 4. v. l.), Rentner L. Huyssen (linke Tischseite außen, 2. v. u), Bankier J. S. Hirschland (4. r. von der Tür, mit Brille), Kommerzienrat C. Funke (linke Tischseite, innen, 1. v. o.).

◁ Anläßlich des Besuchs der Kaiserin im Jahr 1896 verschönert Eingang der Hütte Phönix in Ruhrort; aus Sperrholz und Pappe wurde die repräsentative Kulisse eines altdeutschen Patrizierhauses errichtet, o. am Giebel ein kräftiger deutscher Adler, darunter schmieden ebenso kräftige deutsche Männer Eisen. Zunächst hatte der Kaiser selbst seinen Besuch auf der Hütte angekündigt. Als die Arbeiter mit einem Proteststreik drohen, beschränkt sich die Firmenleitung auf eine Besichtigung durch die Kaiserin.

Geschlossener Triebwagen der Bochum-Gelsenkirchener Straßenbahnen AG mit Fahrer und Schaffnern vor dem Betriebshof in Gelsenkirchen

Bogestra AG gegründet

13. Januar 1896. Mit Gründung der Bochum-Gelsenkirchener Straßenbahnen AG (Bogestra) in Berlin werden die finanziellen Voraussetzungen für den weiteren Ausbau des Straßenbahnnetzes zwischen Bochum und Gelsenkirchen geschaffen. Das Stammkapital der Gesellschaft in Höhe von 5 Mio Mark soll Bauausführung und Unterhalt des geplanten Streckennetzes sichern. Die Berliner Firma Siemens & Halske, die schon den Bau der ersten elektrischen Straßenbahnlinie in Bochum ausführte (→ 23. 11. 1894), erhält die Bau- und Betriebskonzession.

Neugotische Kirche St. Marien in Lünen

1896. Die mittelalterliche Marienkirche in der Altstadt von Lünen wird wegen Baufälligkeit abgerissen und durch eine neugotische Basilika mit Querhaus ersetzt. Verschiedene Kunstschätze werden aus der alten Kirche in das neue Bauwerk übertragen, wie z. B. die Lüner Madonna, eine Holzplastik aus dem 13. Jh., und ein Taufstein, der um 1270 angefertigt wurde.

Muttergottes in der Lüner Pfarrkirche Mariä Himmelfahrt, im Mittelalter als Gnadenbild verehrt

»Villosa«-Bonbons aus Hagener Fabrik

1. Oktober 1896. Die Brüder August und Wilhelm Becker gründen in (Hagen-)Eckesey eine Zuckerwarenfabrik. Die beiden Söhne eines Bäckermeisters können für ihr erstes Unternehmen eine gebrauchte Einrichtung (einen Herd, eine Kühlplatte, einen Wärmetisch und einen Tisch mit Walzenbock) erwerben. Im ersten Sortiment sind zunächst einfache Bonbonsorten, die gewalzt und geschnitten werden, wie z. B. Karamelbonbons.
Mit der Fortentwicklung des Unternehmens erweitert sich auch das Sortiment, Gummi- sowie Geleebonbons kommen hinzu. Jahrhundertealte Kräuterbücher dienen als Grundlage zur Herstellung von Extrakten für Hustenbonbons.
Ein neues Bonbon, »Villosa«, benannt nach der Frucht einer Hagebuttenart, die in der Füllung verarbeitet wird, findet rasch großen Anklang. Da der Name der Kundschaft sehr gut gefällt, nehmen die Brüder Becker ihn in ihren Firmennamen auf und machen ihn zum Markennamen ihrer Bonbons. Bereits 1907 können die Beckers in Hagen eine neue Fabrik einrichten, die im Laufe der Jahrzehnte erweitert wird.

Wie hier beim Barrenturnen dominiert häufig die Ästhetik gemeinsamer harmonischer Bewegungsabläufe über den sportlichen Kraftakt

Fußballmannschaft des Duisburger Sport-Clubs Preußen, hervorgegangen aus einer Schülermannschaft des Duisburger Realgymnasiums

Auch eine Art sportlicher Ertüchtigung: Das Steinestoßen

Reckturner bei Vorführung der Schwungstemme rücklings

Körperliche Ertüchtigung vereint mit tänzerischer Eleganz: Damenriege eines zeitgenössischen Turnvereins

Massenvorführungen von mehreren hundert Turnern, wie hier die sog. Allgemeinen Stabübungen, bilden häufig den Höhepunkt bei den seit 1869 veranstalteten Deutschen Turnfesten

Sportbegeisterung im Revier

Mitte der 90er Jahre gestalten viele Menschen im Ruhrgebiet ihre Freizeit mit sportlichen Aktivitäten. Die Palette der Sportarten ist bunter geworden, neben dem Fahrrad zieht auch das Fußballspiel viele Sportbegeisterte an; Seen, Flüsse und Kanäle werden an den freien Wochenenden von Ruderern bevölkert, und der Bau von Hallenbädern macht es möglich, nun auch im Winter zu schwimmen.

Diente der Sport in seinen Anfängen in erster Linie der körperlichen Ertüchtigung, so tritt in der zweiten Hälfte des 19. Jh. der Wettkampfgedanke in den Vordergrund. Schon bald nachdem die Sportler im Ruhrgebiet das Fußballspiel von den englischen und irischen Facharbeitern übernommen haben, bilden sie Mannschaften und gründen eigene Clubs. Um die Jahrhundertwende schließen sie sich zum Rheinisch-Westfälischen Spielerverband zusammen und beginnen mit der Austragung von regionalen Meisterschaften. 1902 wird der Deutsche Fußball-Bund ins Leben gerufen und mit der Austragung Deutscher Meisterschaften begonnen.

Der Radsport ist schon in den 90er Jahren ein Publikumsmagnet. Bereits 1895 gibt es die ersten Berufsrennfahrer, die neben den sog. Herrenfahrern um Meisterschaften auf Straßen und Bahnen kämpfen. In Bochum und Dortmund sind Schlackenbahnen von 400 m angelegt, Duisburg verfügt über eine Holzbahn. Auf der Dortmunder Bahn tragen die Radsportler 1898 erstmals Meisterschaften des Deutschen Radfahrerbundes aus, im gleichen Jahr findet der erste »Große Preis von Dortmund« um eine Prämie von 500 Mark statt.

Bahn- und Straßenradrennen sind bei allen Beteiligten sehr beliebt, hier der Start zum Endlauf um das Westdeutsche Derby 1902 in Köln

Trainingshalle eines Vereins, Wettkämpfe finden bei schönem Wetter im Freien statt

Rudern und Paddeln, Sonntagsvergnügen auf den Seen, Flüssen und Kanälen des Ruhrgebiets

Duisburger Turnverein 1848, 1896 zum ersten Mal zu Gast im Fußball-Mutterland England

1897

1. 1. Das Rheinisch-Westfälische Roheisensyndikat wird gegründet, eine Verkaufsvereinigung der Hochofenwerke. →

1. 2. Hagen erhält die Genehmigung zur Führung eines eigenen Stadtwappens. →

1. 4. Auf Betreiben des Amtmanns Schaefer erhält Herne Stadtrechte. →

11. 7. Auf der Ruhr bei Witten findet die »Prinz-Heinrich-Regatta« statt.

18. 10. Die Königlichen Maschinenbauschulen in Dortmund werden eröffnet.

8. 12. Das städtische Elektrizitätswerk an der Weißenburger Straße in Dortmund beginnt mit der Stromerzeugung (→ 25. 4. 1898).

13. 12. Fleischermeister Ludwig Schweisfurth eröffnet in Herten einen Fleischerladen, aus dem später die Wurst- und Fleischwarenfabrik Herta KG hervorgeht. →

1897. August Thyssen errichtet in Dinslaken ein Bandeisenwalzwerk, das in der Folgezeit Weltgeltung erlangt.

1897. Die Internationale Bohrgesellschaft AG Straßburg wird im Raum Hüls (Marl) auf Steinkohle fündig.

1897. In Castrop gründet die Rütgerswerke AG ein chemisches Werk zur Verarbeitung des in Kokereien anfallenden Steinkohlenteers.

1897. In Recklinghausen wird der Konzertverein unter Leitung des Gymnasiallehrers Heinrich Vockeradt gegründet.

1897. In (Duisburg-)Rheinhausen errichtet die Essener Firma Fried. Krupp die Friedrich-Alfred-Hütte, Europas größte Anlage zur Stahlgewinnung.

1897. Die Stadt Oberhausen erwirbt das 1861 gegründete Gaswerk des Unternehmens Grillo, Funke & Co.

1897. In Dortmund findet das erste Fußballspiel auf westfälischem Boden statt. Die Gegner sind der Dortmunder FC 95 und Schalke 96. →

1897. Die Firma Krupp eröffnet bei (Duisburg-)Rheinhausen einen eigenen Hafen.

1897. Die beiden Industriellen August Thyssen und Hugo Stinnes gründen den Mülheimer Bergwerksverein. →

1897. In Dortmund wird die Schiffahrts- und Speditionsgesellschaft Westfälische Transport AG gegründet.

1897/1901. In Lünen-Brambauer wird die Schachtanlage Minister Achenbach errichtet.

1897/1903. Die Gutehoffnungshütte teuft in Oberhausen die Zeche Sterkrade ab.

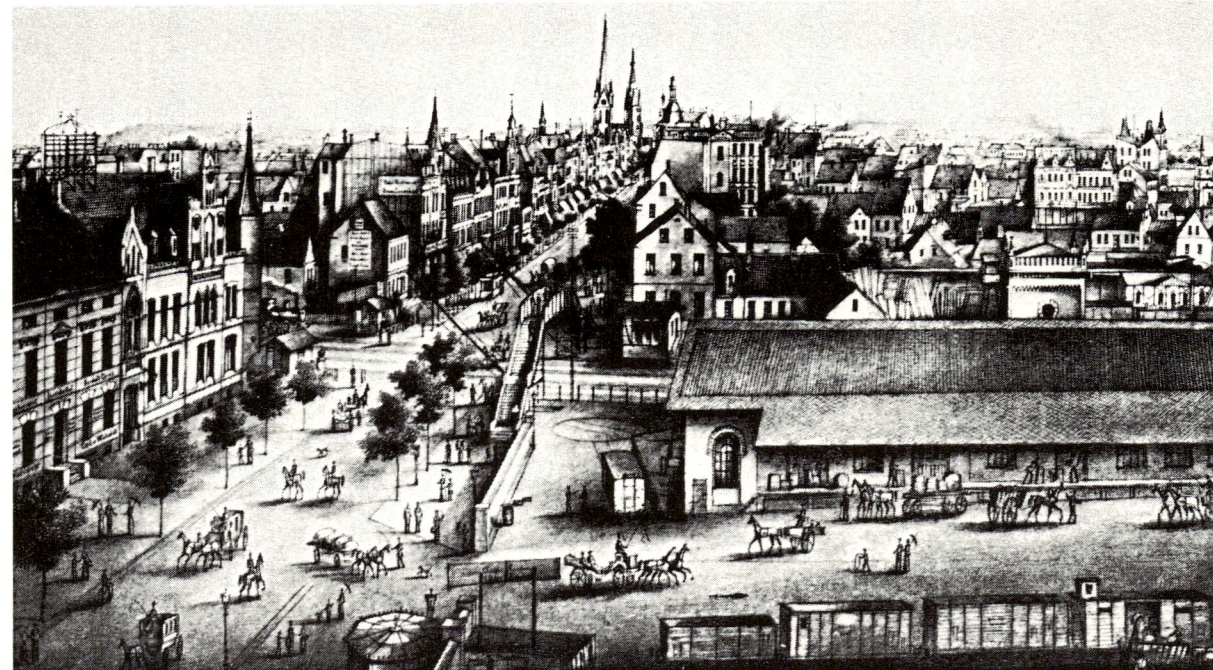

Die Gemeinde Herne um 1892, im Vordergrund der Bahnhof mit einer Fußgängerbrücke über die Bahngleise

Industriedorf Herne erhält Stadtrechte

1. April 1897. Nach energischen Bemühungen des Amtmanns Schaefer erhält die Gemeinde Herne Stadtrechte. Die Erhebung zur Stadt trägt dem sprunghaften Wachstum der Gemeinde von 999 Einwohnern im Jahr 1847 auf 19 000 im Jahr 1890 Rechnung.

Im Jahr der Stadtwerdung fördern in Herne vier Zechen, seit 1875 ist die Stadt Sitz der drittgrößten Bergwerksgesellschaft des Ruhrgebiets, der Hibernia (→ 6. 3. 1873). Zahlreiche Betriebe der eisenverarbeitenden Industrie haben sich seit den 70er Jahren des 19. Jh. in der Gemeinde niedergelassen.

Mit Ausnahme der Bahnhofstraße wird das Erscheinungsbild der Kohlenstadt Herne geprägt von schmucklosen Wohnsiedlungen zur Unterbringung der zahlreichen Arbeitskräfte aus Polen und den Ostprovinzen des Deutschen Reiches.

Die ungepflasterten Straßen, häufig nur Trampelpfade zwischen Zeche und Kolonie, versinken im Winter in Schlamm und Dreck.

Kleine Geschichte des Dorfes Herne

Als »Haranni« taucht der Name Herne zum ersten Mal um das Jahr 890 im Heberegister der Abtei Werden auf. Im 12. Jh. läßt sich das Geschlecht der Ritter von Strünkede in der Nachbarschaft des Ortes nieder. Als Gerichtsherren genießen sie bei den Bauern der Umgebung einen guten Ruf. »Ich will datt vam Torne to Strünkede hören« ist ein häufiger Wunsch der Bauern bei Rechtsstreitigkeiten. In den folgenden Jahrhunderten wird Herne mehrmals Schauplatz kriegerischer Auseinandersetzungen: 1389 wird das Dorf im Verlauf der Dortmunder Fehde (→ 20. 11. 1389) von Söldnern gebrandschatzt, während des Dreißigjährigen Krieges (→ 23. 5. 1618) plündern schwedische Truppen den Ort. Überregionale Bedeutung erlangt Herne erst 200 Jahre später: Als im März 1857 auf dem Hof des Bauern Sengenhoff mit den Abteufarbeiten für den ersten Schacht der Zeche Shamrock begonnen wird, ist der Grundstein für den Aufstieg Hernes gelegt.

Die Bahnhofstraße in Herne um 1910, lange Zeit die einzige gepflasterte Straße des im Ruhrgebiet als »Goldgräberstadt« verschrieenen Ortes

Die Eiche im Hagener Wappen, von Kaiser Wilhelm II. genehmigt

Hagen darf eigenes Wappen führen

1. Februar 1897. Die Stadt Hagen erhält durch den preußischen König und Deutschen Kaiser Wilhelm II. die Genehmigung, ein eigenes Stadtwappen zu führen. Die Stadtwerdung Hagens liegt über 150 Jahre zurück: Am 3. September 1746 hatte die preußische Regierung für den damaligen Flecken Hagen einen ordentlichen Magistrat angeordnet.
Der Aufstieg Hagens begann wie auch für andere Städte des Ruhrgebiets mit der Industrialisierung. Die ersten Dampfmaschinen wurden um 1820 in der Tuchindustrie aufgestellt. Den entscheidenden Anstoß zum Wachstum der Stadt brachte der Anschluß an das Bergisch-Märkische und an das Ruhr-Sieg-Eisenbahnnetz. Ende des 19. Jh. erreicht die Stadtkernbebauung annähernd das bis 1939 bestehende Ausmaß.

Langsamer Start im Dortmunder Fußball

1897. Der Dortmunder Fußball-Club von 1895, der älteste Fußballverein der Stadt, spielt im ersten großen Spiel auf westfälischem Boden gegen den SC Schalke 96. Nach anfangs reger Beteiligung läßt die Begeisterung der Dortmunder Fußballer nach. Erst zwei Jahre nach dem großen Spiel finden sich wieder genügend Spieler zusammen, von denen allerdings nur wenige aus Dortmund stammen. In dem Maschinenbauschüler Karl Lüdecke aus Berlin finden sie einen Mitspieler, der Erfahrung und Taktik ins Spiel bringt. Der Fußballsport erfreut sich keiner besonderen Wertschätzung, manche Außenstehende vergleichen den Fußtritt im Spiel mit dem achtlosen Tritt nach einem Hund.

Panorama der Mülheimer Innenstadt, 1915 vom Turm des Rathauses aufgenommen; deutlich erkennbar sind die engen Straßen und Gassen des Stadtkerns mit dem schiefen Turm der Petrikirche im Hintergrund

Mülheim entwickelt Großstadtcharakter

Nach ihrer Stadtwerdung im Jahr 1808 entwickelt die ehemalige Landgemeinde Mülheim um die Jahrhundertwende großstädtische Strukturen. Rege Bautätigkeit verändert das Stadtbild; neben 137 Fabrikbauten entstehen von 1880 bis 1900 rund 100 000 Wohngebäude. Öffentliche Bauträger folgen dieser Entwicklung: Die Stadt errichtet Schulgebäude, ein Gemeindegasthaus, das sog. Volksbrausebad, Friedhofsgebäude sowie Schlachthäuser; die Post baut am Viktoriaplatz ein neues Kaiserliches Postamt. Zur Verbesserung der Infrastruktur wird ein unterirdisches Entwässerungsprojekt eingeleitet und das zentrale Wasserwerk in Betrieb genommen.

Friedrichstraße mit Gründerzeitvillen und Mietshäusern

Mülheims berühmte Kettenbrücke über die Ruhr

Kohlenkamp, beliebte Geschäfts- und Flanierstraße

Partnerschaft von Thyssen und Stinnes

1897. Die beiden Industriellen Hugo Stinnes und August Thyssen gründen mit einem Anfangskapital von 6 Mio Mark den Mülheimer Bergwerksverein, in dem sie mehrere im Nordosten von Mülheim an der Ruhr liegende Zechen zusammenfassen. Hugo Stinnes betätigt sich als Sanierer der Gesellschaft, indem er gegen Widerstände aus der Arbeiterschaft die unrentablen Anlagen zugunsten der leistungsfähigen stillegt. Drei Jahre nach der Gründung verfügt die Gesellschaft über sieben Tiefbauanlagen, mehr als 90 Koksöfen und zwei Brikettfabriken; das Gesellschaftsvermögen beläuft sich auf 25 Mio Mark.

Die beiden Mülheimer Unternehmer arbeiten trotz des Altersunterschiedes von 27 Jahren lange Zeit gut zusammen. Im Jahr der Gründung des Mülheimer Vereins eröffnen sie die Rheinische Bank AG, die jedoch wegen großer Spekulationsverluste zwei Jahre später wieder geschlossen werden muß. 1899 übernehmen sie die Aktienmehrheit der Saar-Mosel-Bergwerksgesellschaft, die kurz vor dem Zusammenbruch steht. Auch hier ist Hugo Stinnes maßgeblich an der Sanierung beteiligt.

1902 kaufen Hugo Stinnes und August Thyssen die Mehrheit der Aktien des Rheinisch-Westfälischen Elektrizitätswerks in Essen, das sie in der Folgezeit zu einem mächtigen Versorgungsunternehmen ausbauen. Während Hugo Stinnes in den meisten der gemeinsamen Unternehmungen aktiv wird, betätigt sich August Thyssen in der Regel nur als Geldgeber, der durch Aktienkäufe seinen eigenen Konzern absichert. 1910 kommt es zum Bruch zwischen den beiden, als Hugo Stinnes ein Kanalbauprojekt bei Mülheim an der Ruhr vorantreibt, das den wirtschaftlichen Interessen Thyssens zuwiderläuft (→ 17. 11. 1910).

Aktie der Rheinisch-Westfälischen Elektrizitätswerk AG (RWE) von 1906, an deren Gründung Thyssen und Stinnes maßgeblich beteiligt sind

Roheisensyndikat zur Preiskontrolle

1. Januar 1897. Nahezu alle Hochofenwerke des Rheinlands und Westfalens vereinigen sich im Rheinisch-Westfälischen Roheisensyndikat. Gleichzeitig wird eine enge Verbindung zu den Eisensyndikaten des Siegerlandes und des lothringischen Raumes hergestellt. Das Roheisensyndikat ist eine Verkaufsorganisation der Eisenindustrie.

Roheisenproduktion und -verbrauch pro Kopf im Ruhrgebiet

Jahr	Produktion (in t)	Verbrauch (in kg)
1880	1 406 000	60,9
1882	1 742 000	77,9
1884	1 797 000	79,7
1886	1 755 000	72,6
1888	2 124 000	92,4
1890	2 199 000	99,9
1892	2 349 000	99,0
1894	2 546 000	103,7
1896	3 139 000	123,5
1897	3 366 000	133,3

Das Syndikat soll verhindern, daß die Roheisenpreise im wirtschaftlichen Wettbewerb der Hochofenwerke absinken und die Umsätze und Profite der Erzeuger dadurch geschmälert werden. Trotz steigendem Verbrauch an Eisen- und Stahlerzeugnissen befürchtet die Metallindustrie angesichts der starken Konjunkturschwankungen in der zweiten Hälfte des 19. Jh. einen Preisverfall für ihre Produkte. Über Preisabsprachen und die Einrichtung zentraler Verkaufsstellen versuchen die Unternehmer, dieser Entwicklung entgegenzuwirken. Schon 1886 wurde eine Vereinigung der rheinisch-westfälischen Hochofenwerke gegründet, die zwischen 1887 und 1891 zentrale Verkaufsstellen für die verschiedenen Stahl- und Eisensorten einrichtete. Dieser Zusammenschluß scheiterte jedoch bald, da sich unüberbrückbare Gegensätze zwischen Roheisenerzeugern und der weiterverarbeitenden Industrie auftaten. Die Erzeuger wollen für ihr Roheisen möglichst hohe Preise erlösen, während Maschinenbauunternehmen und andere eisen- und stahlverarbeitenden Betriebe an möglichst geringen Preisen interessiert sind. Erst mit der Gründung des Rheinisch-Westfälischen Roheisensyndikats gelingt es, die Preispolitik der Metallindustrie zu vereinheitlichen. Das Syndikat wird jedoch 1908 wegen wieder aufflammender Konflikte zwischen den beiden Interessengruppen aufgelöst.

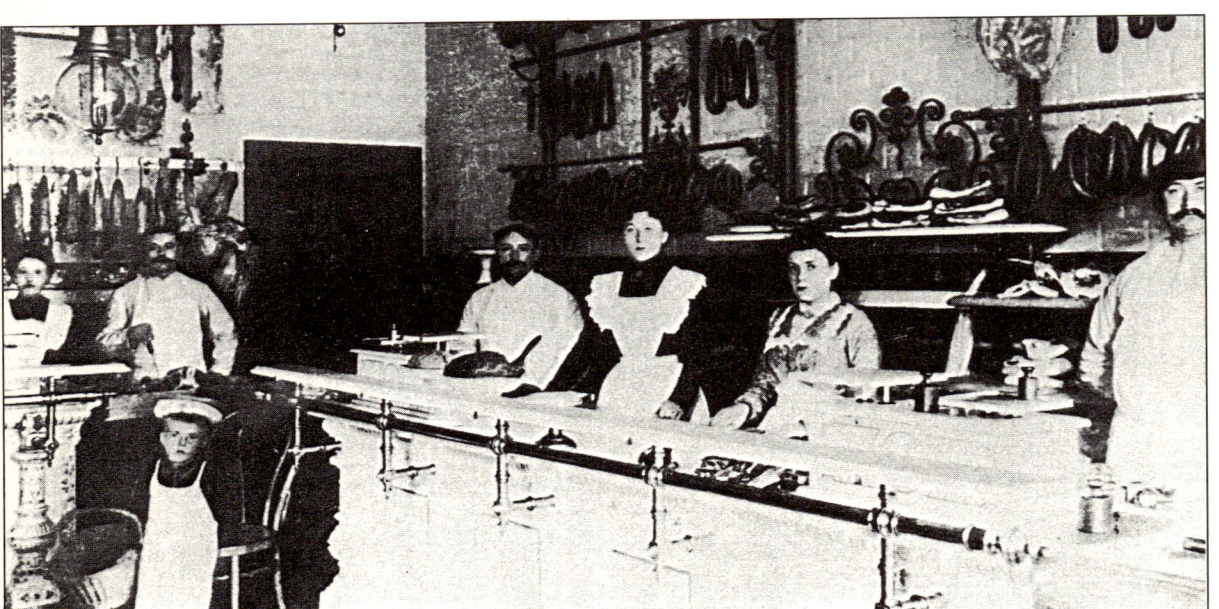

Meister Schweisfurth hat Erfolg mit Wurst und Schinken

13. Dezember 1897. *Der Fleischermeister Ludwig Schweisfurth eröffnet mit seiner Ehefrau Wilhelmine in Herten einen Fleischerladen (Abb.), aus dem die spätere Fleisch- und Wurstwarenfirma Herta KG hervorgeht. Das Ehepaar beginnt mit dem Verkauf fertiger Fleischereiprodukte. Im folgenden Jahr mietet Ludwig Schweisfurth ein kleines Schlachthaus und eröffnet einen Fleischereibetrieb. Deftige Wurstspezialitäten und luftgetrocknete westfälische Knochenschinken verschaffen der Metzgerei bald einen guten Ruf. Schon 1902 kann Schweisfurth seinen Betrieb durch ein eigenes Schlachthaus erweitern.*

1898

Februar. Eine Schlagwetterexplosion auf der Zeche Carolinenglück in Bochum fordert 116 Todesopfer. →

2. 4. Die Firma Küppersbusch und Söhne in Gelsenkirchen wird in eine Aktiengesellschaft umgewandelt. →

25. 4. In Essen wird das Rheinisch-Westfälische Elektrizitätswerk (RWE) gegründet. →

Mai. Ein Grubenbrand auf der Zeche Zollern in Dortmund fordert 44 Todesopfer. →

16. 6. Bei den Wahlen zum 10. Reichstag verzeichnet die Sozialdemokratie im Revier Stimmengewinne. Allerdings bleiben Zentrum und Liberale weiterhin führend.

12. 7. Die Bergpolizeiordnung schreibt die Berieselung der Untertage-Strecken auf Zechen vor, um Kohlenstaubexplosionen zu vermeiden. →

16. 8. Der Regierungspräsident in Düsseldorf lehnt die Stadterhebung der Industriegemeinden im Ruhrgebiet ab. →

1. 9. Der erste Dortmunder Arbeiter-Sportverein wird mit 23 Mitgliedern gegründet. →

Oktober. Oberhausen wird Standort der Deutschen Babcock & Wilcox Dampfkesselwerke AG. →

6. 10. Der Ruderclub »Hansa von 1898« wird in Dortmund ins Leben gerufen. →

1898. 13 Unternehmen des Ruhrbergbaus gründen mit Sitz in Bochum die Westdeutsche Benzol-Verkaufsvereinigung, seit 1942 ARAL AG.

1898. In (Dortmund-)Eving wird die Alte Kolonie Eving von den Zechen Minister Stein und Fürst Hardenberg errichtet. →

1898. Friedrich Springorum übernimmt die Leitung der Hoesch-Werke in Dortmund. →

1898. Der Sportverein Duisburg 98 wird gegründet. →

1898. Eine einzelne Fahrt mit der Essener Straßenbahn kostet zwischen 10 und 35 Pfennig. →

1898. Der sozialdemokratische »Westfälische Volks-Kalender für das arbeitende Volk« erscheint. →

GESTORBEN:

1. 3. Dortmund: Albert Hoesch (* 1847, Düren), Industrieller.

GEBOREN:

11. 9. Dortmund: Erich Grisar († 30. 11. 1955, Dortmund), Schriftsteller.

17. 10. (Herne-)Wanne: Josef Voß († 20. 9. 1961, Gelsenkirchen), Schriftsteller.

26. 1. Helsa (Kassel): Karl-Waldemar Ziegler († 11. 8. 1973, Mülheim an der Ruhr), Chemiker.

Große Gemeinden fordern Stadtrecht

16. August 1898. Ein Antrag der Gemeinde Altenessen auf Verleihung der Stadtrechte wird vom Regierungspräsidenten in Düsseldorf abgelehnt. In einem Schreiben begründet er seine Entscheidung, die für alle Gesuche ähnlich strukturierter Gemeinden im rheinisch-westfälischen Industriegebiet zwischen Oberhausen und Hamm gleichermaßen gilt: Durch Ansiedlung von Industriebetrieben in ländlichen Regionen entstanden, seien die Orte eher ein »Konglomerat von weit über das platte Land hin verstreuten Zechen, Arbeiterkolonien, einzelnen Häusern von Gruben ... ohne über bloße Ansätze zur geschlossenen Bebauung hinausgekommen zu sein.« Sie hatten kaum gepflasterte Straßen, keine Gehwege, selten Versorgungseinrichtungen wie Wasser- und Gaswerke und seien von Ackerflächen durchzogen.

Die Anträge zahlreicher Bürgermeister im Ruhrrevier auf Stadterhebung ihrer Gemeinden um 1890 beruhen vor allem auf der Hoffnung, durch Errichtung einer Stadtverwaltung den politischen Einfluß alteingesessener Großgrundbesitzer und Industrieunternehmer in den Gemeinderäten zu verringern.

Gründe für die ablehnende Haltung der Regierung sind ebenfalls politischer Natur: Die Orte sind mit weit über 20 000 Einwohnern so groß, daß sie im Fall der Stadterhebung u. a. eine von der Verwaltung des Landkreises unabhängige Polizeiverwaltung bekämen; damit wäre in wirtschaftlichen Krisenzeiten eine zentrale Kontrolle möglicher Unruheherde nicht mehr gewährleistet.

Einige dieser »Riesendörfer« wie Hamborn erhalten erst Stadtrechte, nachdem ihre Einwohnerzahl auf über 100 000 angewachsen ist; die meisten Orte werden zu Beginn des 20. Jh. in die bestehenden Großstädte eingemeindet; so werden Altendorf 1901 und Altenessen 1915 Essen zugeschlagen, und Meiderich kommt 1905 zu Duisburg.

Industriegemeinden im Revier

▷ Altenessen hat 1897 rund 22 400 Einwohner und wird am 1. April 1915 nach Essen eingemeindet

▷ In Borbeck leben 1898 ca. 50 000 Menschen; die Gemeinde wird am 1. April 1915 nach Essen eingemeindet

▷ Die Gemeinde Hamborn hat im Jahr 1895 rund 11 150 Einwohner und erhält am 1. Januar 1911 mit 102 800 Bewohnern Stadtrechte

▷ Meiderich wird am 11. Oktober 1894 mit über 20 000 Einwohnern zur Stadt erhoben.

Belegschaft der Borbecker Maschinenfabrik; die Gemeinde Borbeck wird 1915 nach Essen eingemeindet

Kokerei-Anlagen der Zeche Zollverein in Katernberg, das 1929 in die Stadt Essen eingemeindet wird

Provinzialstraße in der Gemeinde Marxloh, 1929 ins größere Duisburg eingemeindet

Rathaus und Kaiser-Wilhelm-Denkmal am Marktplatz der 1905 nach Duisburg eingemeindeten Stadt Meiderich

Stammzentrale der Rheinisch-Westfälischen Elektrizitätswerk AG (RWE) an der Viehoferstraße in Essen

Neue Elektrizitätswerke im Ruhrgebiet

25. April 1898. Der Gründungsvertrag für die Rheinisch-Westfälische Elektrizitätswerk-Aktiengesellschaft (RWE) in Essen wird unterzeichnet. Das neugegründete Unternehmen ist eine Tochtergesellschaft der Elektrizitäts-Actiengesellschaft vorm. Lahmeyer & Co., Frankfurt am Main. Dem Aufsichtsrat gehören unter anderen der Essener Oberbürgermeister Erich Zweigert und der Industrielle Hugo Stinnes (→ 1897) an.

Aufgabe des Unternehmens ist laut Vertrag die gewerbliche Erzeugung von elektrischer Energie und deren Verwertung im Großraum der Stadt Essen. Monopolrechte sichern der ehemaligen Lahmeyer-Gesellschaft die alleinige Versorgung der öffentlichen Verkehrswege mit elektrischen Anlagen, verpflichten das Unternehmen aber gleichzeitig, die Straßen mit sog. Speiseleitungen zum Anschluß privater Verbraucher an das Stromnetz zu versehen.

Das Stammwerk des RWE wird auf Veranlassung von Hugo Stinnes neben seiner eigenen Zechenanlage Victoria Mathias, die in einem eigens errichteten Kesselhaus den Dampf zum Betrieb der Stromturbinen erzeugt, an der Viehofer Straße in Essen errichtet. Am 1. April 1900 nimmt das Werk mit einer Leistung von 2000 Kilowatt den Betrieb auf.

Bereits am 1. Dezember 1897 konnte in Dortmund ein Elektrizitätswerk an der Weißenburger Straße – das erste westfälische Kraftwerk – die Stromversorgung aufnehmen. Die Erzeugung von hochgespanntem Strom ermöglicht die Lieferung von elektrischer Energie auch in Gebiete außerhalb der Stadt.

Das neue Kraftwerk der Stadt Bochum an der Spichernstraße beginnt 1898 mit der Lieferung von elektrischem Strom. Die Zahl der Abnehmer liegt in diesem Jahr bei 142.

Maschinenhalle des RWE mit Dampf- und Dynamomaschine in Essen; zwei Dampfmaschinen leisten 750 PS und zwei weitere rund 1500 PS

Dampfkesselwerke Babcock & Wilcox

Oktober 1898. Die in Berlin gegründete Deutsche Babcock & Wilcox Dampfkessel-Werke AG, Tochterfirma einer englischen Unternehmensgruppe, wählt das Industriezentrum Ruhrgebiet als Firmenstandort. Stammwerk wird die Werksanlage der ehemaligen Kesselfabrik C. Schäfer in Oberhausen. Mit der Produktion eines neuartigen Wasserkessels, der erstmals eine explosionssichere und damit auch wirtschaftliche Dampferzeugung ermöglicht, erlangt die Firma weltweite Bedeutung. Im ersten Geschäftsjahr beschäftigt das Unternehmen 30 Mitarbeiter; 1927 sind es bereits 1350 Arbeiter.

44 Todesopfer bei Brand auf Zollern

Mai 1898. Bei einem Grubenbrand auf der dritten Sohle der Zeche Zollern in Dortmund kommen in 275 m Tiefe 44 Bergleute ums Leben. Ursache für den Brand in der Maschinenkammer eines neben dem Hauptförderschacht verlaufenden Hilfsschachtes ist eine offene Grubenlampe. Da die Holzbühne, die den Hilfsschacht oben abschließt, mit ausgelaufenem Schmieröl bedeckt ist, kann sich der Brand in Sekundenschnelle ausbreiten. Bei den Löscharbeiten werden wegen der durch die Wetterverhältnisse bedingten Rauchentwicklung erstmals Atmungsapparate eingesetzt.

Schlagende Wetter fordern neue Opfer

Februar 1898. 116 Tote fordert eine Schlagwetterexplosion auf der Zeche Carolinenglück in Bochum. Leopold Barsch schildert in seinem im gleichen Jahr erscheinenden Buch »Schlägel und Eisen« eine solche Explosion: »Die schlagenden Wetter sind der Schrecken des Bergmannes ... Er sieht sich plötzlich im unterirdischen Gange mit furchtbarer Gewalt zur Seite geworfen und von einem Feuermeer umflammt. Wenn er nicht vom Stoß oder von den auf ihn geschleuderten Fels- oder Holzstücken zermalmt oder von den Flammen verbrannt ist, erwartet ihn der Erstickungstod in den der Explosion folgenden Gasen.«

Küppersbusch wird Aktiengesellschaft

2. April 1898. In einem Schreiben an den Präsidenten der Handelskammer in Bochum, Generaldirektor Frielinghaus, beantragt die Schalker Herd- und Ofenfabrik F. Küppersbusch & Söhne die Umwandlung der Firma in eine Aktiengesellschaft. Aus der kleinen Werkstatt in der Gemeinde Schalke, in welcher Friedrich Küppersbusch vor 23 Jahren mit der Produktion von Vorhänge- und Türschlössern begonnen hatte, ist inzwischen ein Großunternehmen mit 1300 Mitarbeitern geworden.

Die Firma verfügt über zwei Werke in (Gelsenkirchen-)Schalke und produziert im Jahr der Umwandlung in eine Aktiengesellschaft 66 000 Herde und Öfen. Neben Kohleherden baut Küppersbusch Gaskocher und Gasherde. Die zweite Niederlassung in der späteren Küppersbuschstraße verfügt über einen Bahnanschluß zur Entlastung des 40 Pferde umfassenden Fuhrparks.

Um die Jahrhundertwende erweitert das Unternehmen seine Produktion auf den Bau von Zentralheizungen, Waschkauen für Zechen sowie auf Einrichtungen für Großküchen. Als der Firmengründer Friedrich Küppersbusch 1907 stirbt, hinterläßt er seinen Söhnen, die sich tatkräftig am Ausbau der Produktionsanlagen in Schalke beteiligt hatten, ein blühendes Unternehmen: In ihrer Werbung bezeichnet sich die Firma als »Größte Special-Fabrik Deutschlands für Kochapparate aller Art«. Sie beliefert Armee und Marine sowie staatliche Behörden. Die Jahresproduktion steigert sich bis zum Ausbruch des Ersten Weltkrieges auf 80 000 Einheiten aus dem gesamten Produktangebot. Damit wird die Firma Küppersbusch & Söhne zur größten Fabrik für Herde und Öfen in Europa.

Mit Ausbruch des Ersten Weltkriegs 1914 stellt die Firmenleitung die Produktion auf Feldküchen um.

Friedrich Küppersbusch, Gründer der Schalker Herd & Ofen-Fabrik, einer der größten in Europa

Kochvergnügen mit Küppersbusch

Das Hotel Berliner Hof in Aachen gehört ebenso zu den Kunden der Firma Küppersbusch & Söhne wie das Rittergut Obslau in Aken an der Elbe und das Marienhospital in Altenessen. Die Liste der Abnehmer von Wasserbad-Kochkesseln, Kochherden, Dauerbrandöfen und Großküchenanlagen reicht um die Jahrhundertwende vom Privathaushalt über Klöster und Kurhäuser bis zu Offiziersküchen.

In Prospekten wirbt die Firma für ihre Produkte. Dankschreiben zufriedener Kunden dienen als Referenz: »In Kochen, besonders aber in Braten und Kochen hat der von Ihnen gelieferte Gasherd große Vorzüge, daß die Hitze stets eine gleichmäßige ist« (Hotel Monopol in Hilden, Rheinland, 8. Juli 1926).

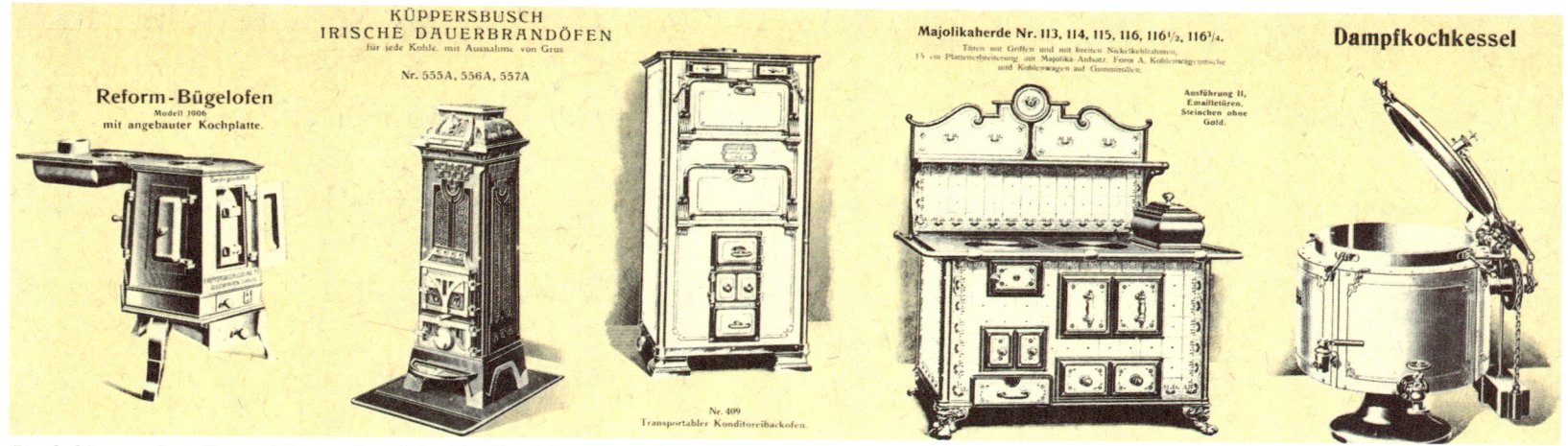

Produkte aus dem Hause Küppersbusch (v. l.): Bügelofen, Dauerbrandofen, Konditoreibackofen, Majolikaherd und Dampfkochkessel

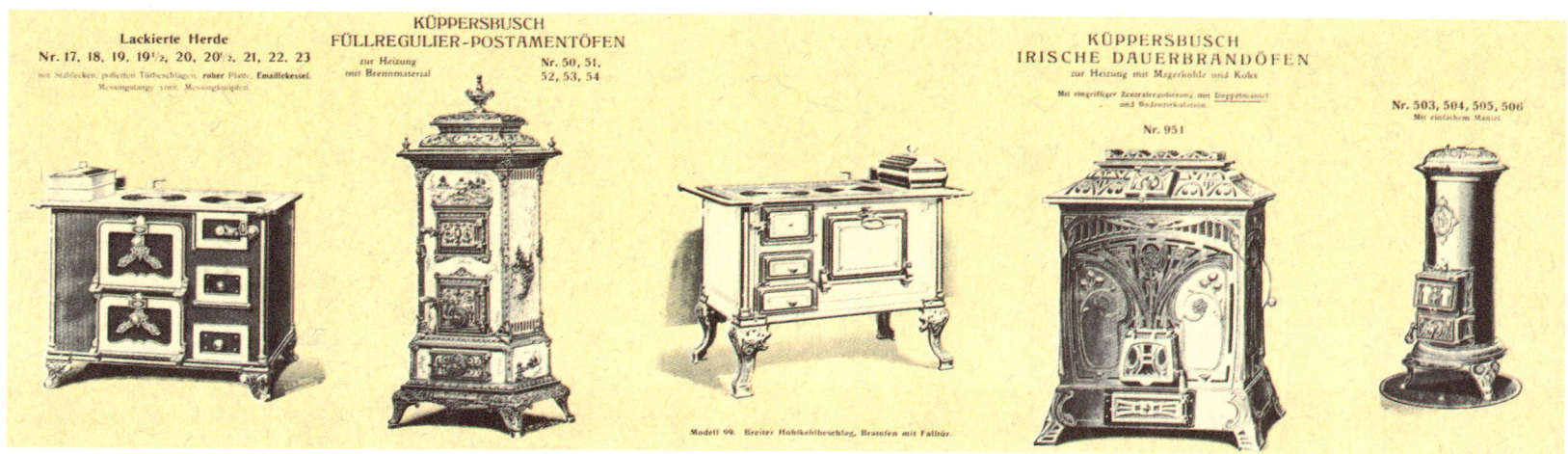

Weitere Ofenmodelle (v. l.): Herd, Füllregulier-Postamentofen, Bratofen, Dauerbrandofen mit Doppelmantel und einfachem Mantel

Alte Kolonie Eving in Dortmund setzt neue Maßstäbe für den Arbeitersiedlungsbau

1898. Die Zechen Minister Stein und Fürst Hardenberg lassen in Eving (bei Dortmund) die sog. »Alte Kolonie Eving« (Abb.) erbauen. Durch den ausgewogenen Wechsel von acht verschiedenen Haustypen entsteht ein lebendiges, abwechslungsreiches Straßenbild. Der Wechsel von Putz und Ziegelfeldern an den Fassaden, die Verwendung verschiedenfarbiger Steine sowie die Anwendung von sichtbarem und verschaltem Fachwerk verleihen den Gebäuden ein freundliches und individuelles Aussehen. Die Häuser sind für je vier Familien angelegt und unterkellert. Zu jedem Haus gehört ein Stallanbau. Die gesamte Siedlung weist dörfliche Züge auf und ist großzügig bepflanzt. Der österreichische Architekt Camillo Sitte (1843–1903) hatte 1889 gefordert, dem Städtebau eine künstlerische Gesamtkonzeption zugrundezulegen. Die »Alte Kolonie Eving« entspricht diesen Vorstellungen durch den lebendigen Wechsel von Straßen und Plätzen und den Verzicht auf phantasielose Aneinanderreihung von Häusern.

Hygiene unter Tage ist unzureichend

12. Juli 1898. Eine Bergpolizeiverordnung schreibt die Berieselung der Gruben mit Wasser vor, um Kohlenstaubexplosionen zu verhindern. Die Wirksamkeit der Maßnahme ist unter Fachleuten umstritten. Zudem verschlechtert die erhöhte Luftfeuchtigkeit die Arbeitsbedingungen unter Tage und bringt gesundheitliche Risiken mit sich.

In den 90er Jahren des 19. Jh. setzte sich die Erkenntnis durch, daß der überall im Stollen vorhandene, leicht entzündliche Kohlenstaub zusammen mit Gas oder Hitze Explosionen auslösen kann, deren Ursache früher einzig im Vorhandensein von Grubengas (Schlagwetter) gesehen wurde.

Die Explosion auf Zeche Carolinenglück (→ Februar 1898), die durch Grubengas und Kohlenstaub verursacht wurde, führt zur Einführung der Berieselung der Strecken.

Das in den Stollen eingeleitete Wasser löst Verschiebungen in den Flözen aus und näßt den Untergrund, auf dem die Hauer oft liegend ihre Arbeit verrichten. Die erhöhte Luftfeuchtigkeit, nicht selten bei Temperaturen um 30° C und darüber, erschwert die harte Arbeit.

Das warmfeuchte Klima begünstigt die Ausbreitung von Infektionen. Besonders die Wurmkrankheit (Ankylostomiasis) verbreitet sich um die Jahrhundertwende epidemisch unter den Bergleuten. Die Krankheit äußert sich in auffallender Blässe, Abgeschlagenheit, Schwindelgefühl, Gehbeschwerden und Blutarmut. In schweren Fällen kann sie tödlich verlaufen.

Vor 1900 sind keine festinstallierten Toiletten vor Ort vorgeschrieben, so daß sich die Exkremente mit dem Wasser schnell im Berg verteilen und Infektionen auslösen. Ein weiterer Ansteckungsherd sind Kauen, die mit Gemeinschaftsbassins ausgestattet sind (→ 1883).

In England und Frankreich lehnen die Bergbaubehörden die Wasserberieselung aus Gründen der Sicherheit und der Hygiene ab. Fachleute stellten fest, daß die Berieselung mit Gesteinsstaub zuverlässiger die Ausbreitung von Kohlenstaubexplosionen verhindert. Erst kurz vor dem Ersten Weltkrieg wird dieses Verfahren auch in den Zechen des Ruhrgebiets eingeführt.

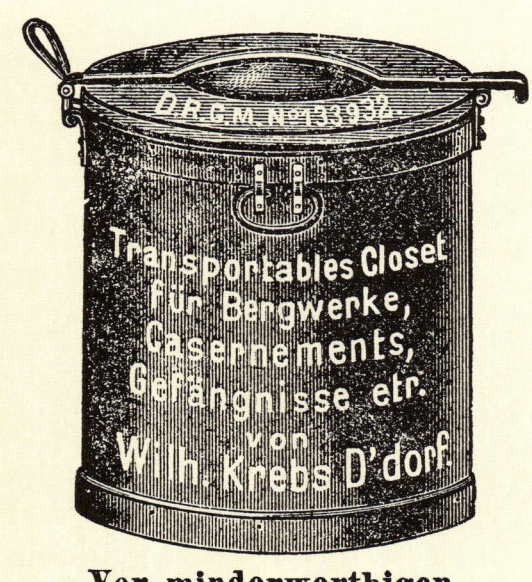

Werbeanzeige für einen Abortkübel (1901), wie er um die Jahrhundertwende in den Zechen des Ruhrgebiets aufgestellt wird; die Abortkübel stehen meist in den Strecken unter Tage und werden von den Bergleuten, die an den abgelegenen Abbaustellen arbeiten, nur ungern benutzt. Die Folge ist, daß Schlepper und Zimmerhauer weit weniger von Infektionen betroffen sind als die Hauer.

Friedrich Springorum (1858–1938) ist über 30 Jahre in der Leitung des Dortmunder Hoesch-Konzerns tätig

Springorum neuer Leiter bei Hoesch

1898. Der bisherige technische Direktor der Dortmunder Hoesch-Werke, Friedrich Springorum, übernimmt die Gesamtleitung des Werkes. Der 1858 als Sohn eines Hammerwerkbesitzers in (Ennepe-)Milspe geborene Friedrich Springorum sammelte nach dem Studium an der Technischen Hochschule Aachen bei mehreren Hütten Erfahrungen in der Stahlerzeugung. Sieben Jahre nachdem er die Leitung des Dortmunder Werkes übernommen hat, wird er Generaldirektor des Hoesch-Konzerns, dem er bis zur Fusionierung mit dem Köln-Neuessener Bergwerksverein 1930 vorsteht.

Rudersport auf dem Dortmunder Kanal

6. Oktober 1898. Im Restaurant »Zur Flotte« in Dortmund versammeln sich einige junge Männer zur Gründung eines Ruderclubs. Außer den Brüdern Carl und Gustav Cramer, die per Anzeige in der Dortmunder Zeitung Interessenten gesucht hatten, finden sich auch einige ihrer Freunde und die Mitglieder des bereits bestehenden Ruderclubs Union ein. Gemeinsam gründen sie den Ruderclub Hansa von 1898.
Im April des folgenden Jahres beginnt der Verein mit dem Rudersport auf dem Dortmund-Ems-Kanal; zunächst in den schweren Booten des Unternehmers Stoltefuß, der, obwohl selbst Mitglied, auf einer Miete von 12½ Pfennigen pro Mann und Stunde besteht. Als die Stadt Dortmund für die Schüler der höheren Schulen ein Bootshaus errichtet und zwei Gig-Vierer anschafft, beantragen die Clubmitglieder, die Einrichtung mitbenutzen zu dürfen. Sie erhalten die Erlaubnis dazu und können mit zwei gebrauchten, von einem Berliner Verein erstandenen Vierer-Rennbooten ein regelmäßiges Training aufnehmen.

Arbeiter gründen eigene Sportvereine

1. September 1898. Der erste Arbeiterturnverein in Dortmund wird mit 23 Mitgliedern gegründet. Schon ein Jahr später bestehen fünf Arbeitervereine im Stadtgebiet.
Nachdem in Dortmund im Jahr 1894 der sechste Kreis des deutschen Arbeiterturnerbundes (ATB) ins Leben gerufen worden ist, dauert es einige Zeit, bis die Arbeiter in diesem Verband eigene Sportvereine bilden. Einer der ersten ist der Freie Turn- und Spielverein Hagen von 1896, gefolgt vom Essener Radfahrverein Schwalbe.
Die sportlichen Organisationen der Arbeiter stoßen anfangs auf Widerstände: So stellt die Stadt Dortmund ihnen keine Turnhallen und Sportplätze zur Verfügung. Die Sportler sind auf Gastwirte angewiesen, deren Säle sie benutzen dürfen.
Arbeitersportvereine stehen in ständiger Konkurrenz zu den bürgerlichen Turnvereinen, allein bei großen Ereignissen wie dem 1898 in Hamburg stattfindenden Turnfest treten sie gemeinsam auf.

»Westfälischer Volks-Kalender für das arbeitende Volk« (Titelblatt, 1898)

Sozialdemokraten gewinnen an Boden

1898. »Der Ertrag der Arbeit gehört dem, der sie leistet!« Unter diesem Motto erscheint der sozialdemokratische »Westfälische Volks-Kalender für das arbeitende Volk«. Diese und andere Publikationen – so die seit 1890 wieder erscheinende »Westfälische Freie Presse« (→ 30. 6. 1875) – sollen die Organisierung der Arbeiterschaft im Ruhrgebiet festigen und ausbauen.
Nach der Aufhebung des Sozialistengesetzes 1890 verstärkten die Sozialdemokraten umgehend ihr Engagement im Revier. 1891 fand der erste westfälische Provinzialparteitag in Dortmund statt. Allerdings stieß die Parteiarbeit auf Schwierigkeiten, da es zu Querelen zwischen Westfalen und Rheinländern kam, die in konkurrierenden Parteizeitungen ihren Ausdruck fanden.
Behindert wurde die Sozialdemokratie auch durch die Anwendung der preußischen Vereinsgesetzgebung auf ihre Aktivitäten. Demnach konnte etwa ein Gewerkschaftsausflug als öffentlicher Aufzug behandelt und somit als polizeilich genehmigungspflichtig gelten.
Dennoch gewann die Sozialdemokratische Partei Deutschlands zunehmend an Boden. 1895 holte sie sich mit (Dortmund-)Hörde den ersten Reichstagswahlkreis. 1897 benannte sie Kandidaten für die Dortmunder Stadtverordnetenwahl.
Ab 1898 legen die Sozialdemokraten bei den Wahlen zum Deutschen Reichstag erheblich zu und gewinnen 1903 den Wahlkreis Bochum.

Fahrpreise der Essener Straßenbahn

1898. Für ihre Dauerfahrgäste bietet die Essener Straßenbahn Monatszeitkarten zum Kauf an. Der Preis für eine sog. Zeitkartenwertmarke liegt je nach gewünschter Fahrtstrecke zwischen 2 und 7,50 Mark. Eine einzelne Fahrt kostet 10 bis 35 Pfennig, je nach Länge der Strecke. Während die ersten 1,75 km 10 Pfennig kosten, erhöht sich der Fahrpreis für jeden zusätzlichen Kilometer um weitere 5 Pfennig. Bestimmte Haltestellen werden als Teilstreckengrenzen ausgewiesen. Lediglich »Kinder unter 6 Jahren [dürfen] auf dem Schoße« umsonst mitfahren. Diese Fahrpreise sind gemessen an den durchschnittlichen Einkommen der Benutzer wesentlich überhöht (z. B. verdient ein Bergmann zwischen 3 und 4 Mark am Tag). Eine Interessenvertretung der Essener Fahrgäste wendet sich in den Auseinandersetzungen um die Senkung der Fahrpreise für öffentliche Verkehrsmittel an den Minister für öffentliche Arbeiten.

Monatswertmarken für eine Zeitfahrkarte der Essener Straßenbahngesellschaft, deren Preise als überhöht gelten

1899

4. 1. Die Märkische Straßenbahn in Witten an der Ruhr wird feierlich in Betrieb genommen.

25. 1. Das Oberbergamt Dortmund erläßt eine Bergpolizeiverordnung, die deutsche Sprachkenntnisse zur Voraussetzung für die Arbeit im Bergwerk macht. →

1. 3. In Essen eröffnet die Kruppsche Bücherhalle, die erste Volksbücherei.

29. 3. Die neue Infanterie-Kaserne in Mülheim an der Ruhr wird eröffnet. →

1. 4. Das Chemische Untersuchungsamt in Dortmund wird eröffnet.

15. 4. In Essen wird der Ruhrtalsperrenverein gegründet. Er soll durch den Bau von Talsperren die Belieferung mit Wasser sicherstellen.

22. 4. Das Essener Orchester gibt sein erstes Konzert. →

27. 4. Unna bekommt ein Fernsprechnetz mit zunächst 44 Telefonanschlüssen.

23. 6. Im Bergrevier Herne kommt es zu einem vorwiegend von Polen getragenen Streik. Der Einsatz von Militär und Polizei führt zur Eskalation. →

11. 8. Kaiser Wilhelm II. eröffnet das Schiffshebewerk Henrichenburg und den Dortmunder Kanalhafen. →

14. 12. In Bochum wird die Emschergenossenschaft gegründet. Ihre Aufgabe ist die Reinigung der Abwässer im gesamten Emschergebiet. →

1899. Die Bochumer Bergschule bezieht ein neues Gebäude in der Herner Straße. →

1899. Paul Brandi, Beigeordneter der Stadt Essen, schildert seine Eindrücke von Essen. →

1899. Der Arbeiterdichter Heinrich Kämpchen veröffentlicht »Aus Schacht und Hütte«, die erste Sammlung seiner Lieder und Gedichte.

1899. In Oberhausen wird der erste polnische Turnverein »Sokol« (Falke) gegründet. →

1899. Die Firma Krupp in Essen errichtet die Werkssiedlung Friedrichshof.

1899. Der Bau folgender Zechen beginnt: Katharina/(Essen-)Altendorf (1901 beendet); Werne/Werne (1902 beendet); Ewald Fortsetzung/Oer-Erkenschwick (1903 beendet).

1899. In Essen wird ein Varieté-Theater eröffnet. →

GEBOREN:

23. 7. Schwelm: Gustav Heinemann († 7. 7. 1976, Essen), Politiker.

14. 10. Hamburg: Otto Burrmeister, († 20. 10. 1966, Recklinghausen), Mitbegründer der Ruhrfestspiele.

Ein kaiserliches Patent, ausgegeben am 28. April 1893, sichert die Erfindung eines »Schiffshebewerks mit Schraubenführung« von Friedrich Jebens aus Ratzeburg, die in Henrichenburg zum erstenmal verwirklicht werden kann

Kaiser eröffnet Schiffshebewerk

11. August 1899. Unter dem Jubel der schaulustigen Menge läuft kurz vor 7.00 Uhr morgens der kaiserliche Sonderzug in den Bahnhof von Rauxel ein, der Wilhelm II. zur Eröffnung des Schiffshebewerkes in Henrichenburg bringt. Wenig später geht der Monarch des Deutschen Reiches an Bord des am Dortmund-Ems-Kanal bereitliegenden Dampfers »Strewe« und fährt nordostwärts nach Henrichenburg. Zur Weiterreise nach Dortmund wird das Kaiserschiff im dortigen Schiffshebewerk zum 14 m höher liegenden Abschnitt des Kanals emporgetragen. Mit diesem Akt wird die neue Schiffahrtsstraße eröffnet.

Das Schiffshebewerk Henrichenburg ist das bedeutendste und mit seinen Entstehungskosten von 2,5 Mio Mark zugleich das teuerste Bauwerk des Dortmund-Ems-Kanals. Bereits im Herbst 1892 wurden durch die Königliche Kanalkommission in Münster fünf große deutsche Maschinenfabriken aufgefordert, Entwürfe und Kostenvoranschläge für ein entsprechendes Vorhaben einzureichen. Die Entscheidung zwischen den vorgelegten Plänen fiel aufgrund eines Gutachtens der Königlichen Akademie des Bauwesens zugunsten eines Schwimmerhebewerkes. Seine Ausführung wurde der Firma Haniel & Lueg in Düsseldorf übertragen. Die Bauarbeiten begannen im Frühjahr 1894.

Die Schwimmerhebekonstruktion bedeutet für den Schiffsverkehr die zeitlich günstigste Lösung. Eine Doppelschleusung – ein Schiff wird aufwärts, anschließend ein anderes abwärts befördert – dauert lediglich 25 Minuten.

Neben dem Schiffshebewerk in Henrichenburg wurden im Verlauf der insgesamt 287 km langen Kanalführung 20 Schleusenbauwerke, fünf Wehre in der Ems, drei Brückenkanäle über die Flüsse Lippe, Stever und Ems, vier Straßenunterführungen im Bereich hoher Kanaldämme, sieben Sicherheitstore, acht Eisenbahnbrücken, 197 Wege- und Fußgängerbrücken und 43 Diensthöfe errichtet. Die Gesamtkosten für den Kanalbau betrugen 79,43 Mio Mark, d. h., ein Kilometer der Kanalstrecke kostete ungefähr 320 000 Mark.

Kaiser Wilhelm II. verläßt mit seinem Gefolge die »Strewe«, die im Dortmunder Kanal vor Anker liegt; schon am Hafen wird er von der Dortmunder Bevölkerung herzlich begrüßt, die ihn auf seinem Weg in die Stadt begleitet

Wie das Schiffshebewerk bei Henrichenburg funktioniert

Die Notwendigkeit zum Bau des Henrichenburger Schiffshebewerkes ergibt sich aus der Streckenführung des Dortmund-Ems-Kanals. Die insgesamt 287 km lange künstliche Wasserstraße führt, beginnend im Dortmunder Hafen, zunächst knapp 16 km auf einer Höhe von 70 m über dem Meeresspiegel bis nach Henrichenburg. Dort schließt sie sich an die nur 56 m über dem Meeresspiegel liegende sog. Haupthaltung von Herne nach Münster an. Der Anschluß mit einem Höhenunterschied von 14 m wird durch ein Ab-/Aufstiegsbauwerk in Form eines Schwimmerhebewerks ausgeführt.

Das Henrichenburger Hebewerk besteht im wesentlichen aus einem Schiffstrog (Wasserkasten) mit einer Länge von 70 m, 8,60 m Nutzbreite und 2,50 m Wassertiefe, der in eine 70 m lange Fachwerkbrücke eingehängt ist. Der Trog wird durch Stützsäulen getragen, die auf fünf Schwimmern in mit Wasser gefüllten Brunnenschächten lagern. Der Auftrieb der Schwimmer entspricht genau der Last aus wassergefülltem Trog und dazugehöriger Stützkonstruktion. Die Summe des zu bewegenden Gewichts beläuft sich auf gut 3000 t: 1650 t Wassergewicht im Trog, 1400 t Eisengewicht des Kastens, der Schwimmer, Träger und Stützen.

Die Auf- bzw. Abwärtsbewegung des Schwimmersystems wird durch eine Veränderung der Wassermenge im Trog hervorgerufen. Wird der Trog etwas unterhalb des Wasserspiegels des höherliegenden Kanalstücks angefahren, läuft Wasser ein und bringt den Kasten durch das entstehende Übergewicht zum Absinken. Umgekehrt läuft Wasser aus, wenn der Trog am tieferliegenden Kanalstück über dem Wasserspiegel steht; durch das Untergewicht steigt der Kasten aufwärts.

Das Schwimmerhebewerk von Henrichenburg hat eine maximale Hubhöhe von 16 m und ist ausgelegt für Schiffe mit bis zu 600 t Tragfähigkeit. Das Einfahren eines Schiffes in das Hebewerk erfolgt durch senkrecht bewegliche Tore an den beiden Enden des Troges. Damit dabei kein Wasser entweicht, liegt der Kasten in Kanalhöhe.

Im Mai 1897 ist der Bau aller vier Torpfeiler schon abgeschlossen, während die Eisenkonstruktionen des Hebewerks für die Bauarbeiten am Trogkasten und Unterhauptwerk noch vollständig eingerüstet sind

Fünf mit Wasser gefüllte Brunnenschächte, sog. Schachtkörbe (hier bei den Betonierungsarbeiten im September 1894), tragen später die Schwimmer, auf denen der wassergefüllte Fahrtrog mit einer Hubhöhe von 16 m lastet

Kaiser in Dortmund zur Hafeneröffnung

11. August 1899. Von Henrichenburg kommend trifft Kaiser Wilhelm II. vormittags um 9.30 Uhr im Dortmunder Hafen ein, um persönlich an dessen feierlicher Eröffnung teilzunehmen. Die Stadt Dortmund hatte im Vorfeld des Besuches aufwendige Organisationsarbeit geleistet, um den Monarchen auf seinem Weg zum Empfang im alten Rathaus festlich willkommen zu heißen.

Der nur dreiviertelstündige Aufenthalt des Kaisers in der Stadt ist bis auf die Minute geplant. Nach dem Empfang am Hafen durch die Dortmunder Honoratioren besucht Wilhelm II. das Schwerindustrieunternehmen Dortmunder Union, den mit 5653 Beschäftigten größten Arbeitgeber des Stadtkreises. Die Union betreibt am neuen Hafen eine Schiffswerft. Anschließend fährt der Kaiser durch die mit Grün, Girlanden und Fahnen aufwendig geschmückte Stadt zum Rathaus.

In den vorangegangenen Monaten waren die Feststraßen gepflastert, die Kanalisierung vorangetrieben und heruntergekommene Häuser abgerissen worden. An der Ecke Mallinckrodt-/Münsterstraße wurde eine Statue aufgestellt, um den Blick in die noch unfertige dahinterliegende Straße zu verstellen. Am Marktplatz wurde eine noch nicht fertige Verbindungsmauer zum neuen Rathaus durch eine Bretterkonstruktion ersetzt. Gleich daneben machten die Organisatoren aus einem verrotteten Haus durch eine mit Fachwerk bemalte Kulisse ein stattlich wirkendes, mittelalterliches Bauwerk.

Die Feststraßen werden gesäumt von der in bestimmter Auswahl und Anordnung Spalier stehenden Bevölkerung. An der Mallinckrodtstraße sind 25 000 Schulkinder aufgestellt. Die zweite Reihe bilden diverse patriotische Vereine. Erst dahinter stehen die unorganisierten Schaulustigen.

Beim offiziellen Empfang der Stadt im Rathaus wird dem Gast ein Ehrentrunk aus dem vom Magistrat gestifteten Kaiserbecher gereicht. Nach einer kurzen Besichtigung fährt der Monarch anschließend zu dem nach seinem Großvater Wilhelm I. benannten Kaiser-Wilhelm-Hain (→ 1894). Um 12.45 Uhr verläßt der Kaiser mit dem Zug vom Südbahnhof aus die Stadt Dortmund.

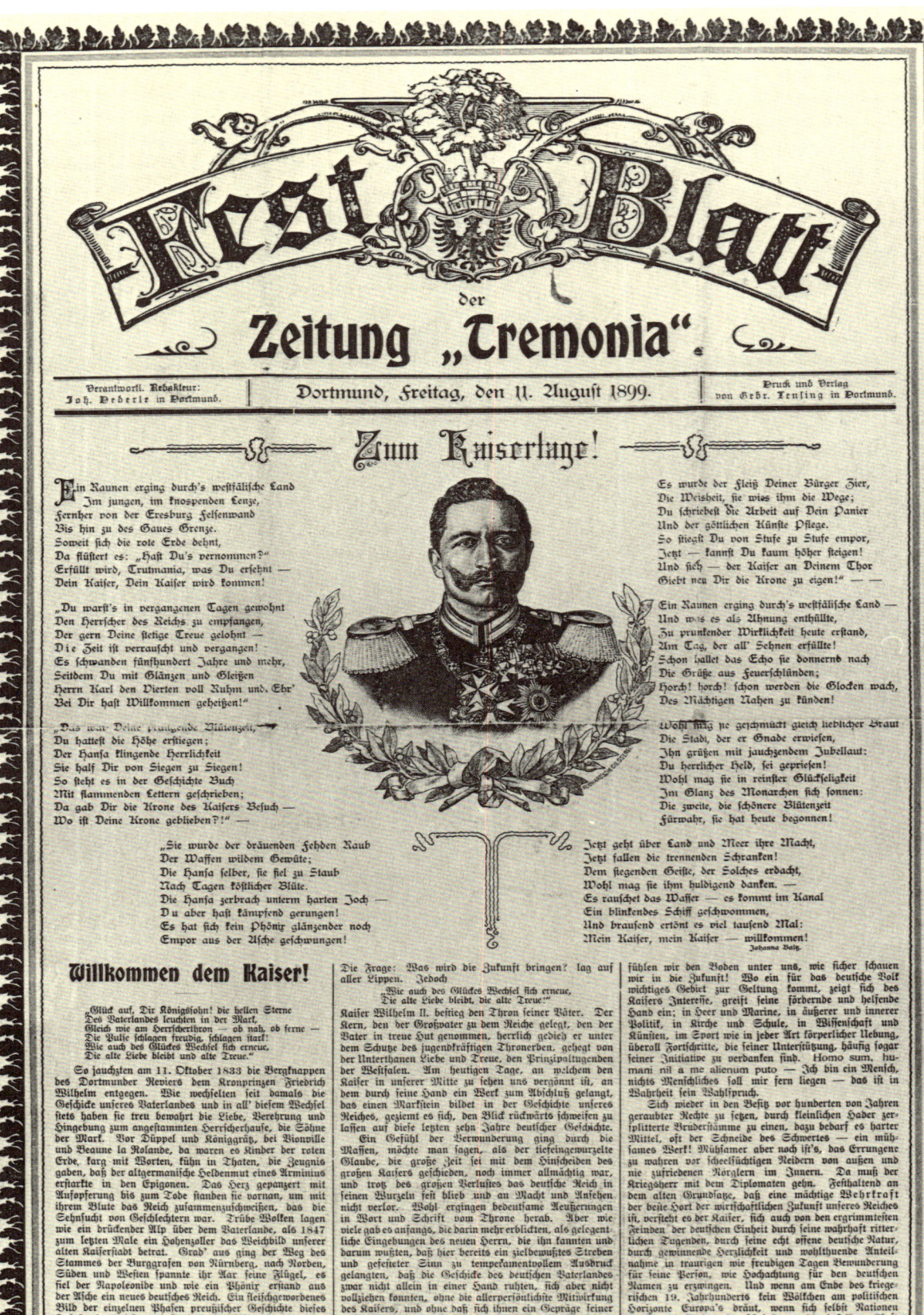

Die zum »Kaisertag« erscheinende Sonderausgabe der Zeitung »Tremonia« heißt den hohen Gast willkommen

1899

Eine feierliche Parade begleitet den Einzug von Kaiser Wilhelm II. (M., im Wagen sitzend) auf dem Dortmunder Marktplatz, wo er begrüßt wird

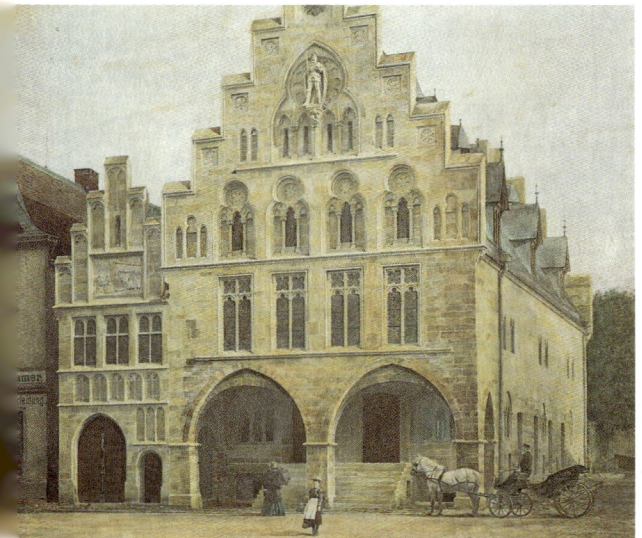

Für den Kaiserbesuch wurde das Rathaus restauriert

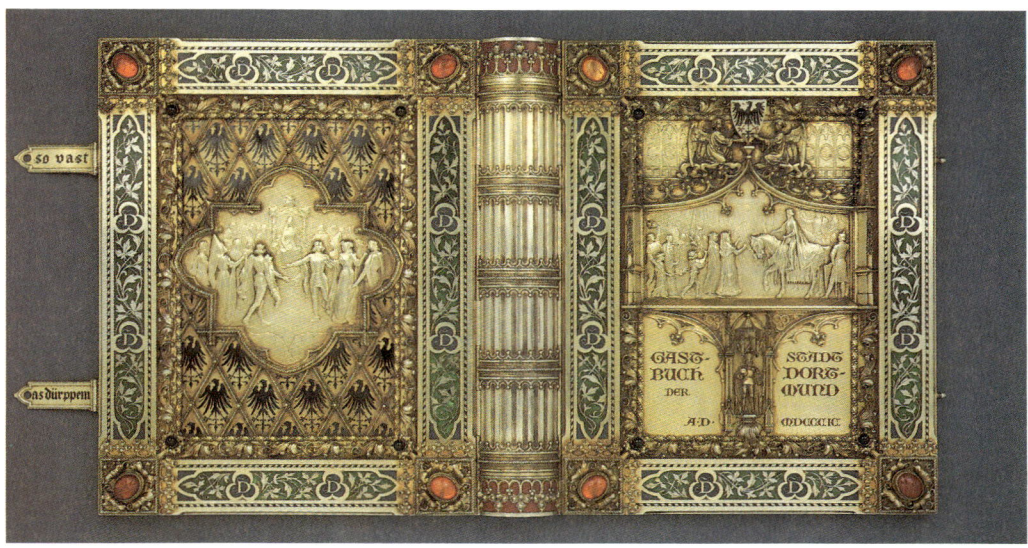

Das eigens anläßlich des Kaiserbesuchs gefertigte, prunkvolle Goldene Gästebuch der Stadt

Ruhrpolen gründen Sokol-Turnverein

1899. In Oberhausen wird von polnischen Zuwanderern der erste westdeutsche Ortsverband des in der Provinz Posen weit verbreiteten polnischen Turnvereins Sokol (Falke) gegründet. In den nächsten Jahren folgen weitere Vereinsgründungen in anderen Ruhrgebietsstädten.

Die Sokol-Vereine erregen das Mißtrauen der deutschen Polizei, die Übungsmärsche und Scheibenschießen als paramilitärische Ausbildung junger Polen betrachtet. Öffentliche Sokol-Veranstaltungen und Sportfeste werden im Ruhrgebiet verboten.

Herner Polenstreik nimmt blutiges Ende

23. Juni 1899. Auf der Herner Zeche von der Heydt treten ungelernte jugendliche Schlepper, Bremser und Pferdejungen überwiegend polnischer Herkunft in den Ausstand, um gegen eine Erhöhung ihrer Knappschaftsbeiträge um mehr als 100% zu protestieren. Innerhalb der nächsten Tage weitet sich der Streik auf andere Schachtanlagen im Herner Revier aus. Der Einsatz von Militär beendet die »Polenrevolte«. Das Ergebnis der blutigen Auseinandersetzungen sind vier Tote und 20 Schwerverletzte; ca. 190 Arbeiter werden entlassen.

Aufruf des »Wiarus Polski« vom 1. Juli 1899, Ruhe zu bewahren

Ohne Deutsch keine Arbeit auf dem Pütt

25. Januar 1899. Eine Bergpolizeiverordnung schreibt vor, fremdsprachige Arbeiter nur dann im Bergbau zu beschäftigen, »wenn sie genügend Deutsch verstehen, um mündliche Anweisungen ihrer Vorgesetzten und Mitteilungen ihrer Mitarbeiter richtig aufzufassen«. Die deutschen Gewerkschaften begrüßen diese Regelung als Sicherheitsmaßnahme. Polnische Vereinigungen protestieren gegen die Verordnung, da sie die willkürliche Auslegung ihrer Vorschriften und die Verdrängung der Polen aus dem Ruhrbergbau befürchten.

Essen bekommt ein eigenes Orchester

22. April 1899. Unter der Leitung des Musikdirektors Georg Hendrik Witte gibt das Städtische Orchester Essen sein erstes Konzert. Im großen Saal des Stadtgartens stehen u. a. Werke von Carl Maria von Weber, Camille Saint-Saëns, Christoph Willibald Ritter von Gluck, Franz Schubert und Richard Wagner auf dem Programm.

Das Städtische Orchester ist hervorgegangen aus der privaten Essener Kapelle, die ihrerseits 1863 aus der Berg- und Knappschaftskapelle entstanden war. Musikdirektor Witte, seit 1871 Dirigent des Essener Musikvereins, hatte bereits 1886 die Neuordnung der Orchesterverhältnisse in der Stadt angeregt. Den entscheidenden Anstoß zum Gründungsbeschluß des Stadtrates gab 1897 ein Gutachten Wittes.

Älteste erhaltene Aufnahme des Städtischen Orchesters Essen vor dem Kruppschen Kasino aus dem Jahr 1902

Emscher wird kanalisiert

14. Dezember 1899. Im Ständehaus Bochum bilden Vertreter der Emschergemeinden, des Ruhrbergbaus und der Industrie eine »Kommission zur Aufstellung eines generellen Entwässerungsprojekts für das Emschertal«.

In den 90er Jahren des 19. Jh. führte die massierte Ansiedlung von Industriebetrieben und Zechen sowie eine sprunghaft von 650 000 Einwohnern auf rund 4 Mio gestiegene Bevölkerungszahl im Emscher-Lippe-Gebiet zu erheblichen Abwasserproblemen. Der natürliche Emscherlauf, ein windungsreicher Flachlandfluß, zeigt sich den Anforderungen als Entwässerungsfluß nicht gewachsen. Bodensenkungen, hervorgerufen durch den Bergbau, führen zu zeitweiligen Überschwemmungen, bei denen sich die mitgeführten Schmutzstoffe in den Uferregionen ablagern. Dadurch wird das Emschergebiet zum Herd von Typhus-, Ruhr- und Malariaepidemien.

Um diesen Mißständen zu begegnen, faßt die Emscherkommission den Entschluß, den Fluß zu kanalisieren. Realisiert wird dieses Vorhaben von der am 14. Juli 1904 gesetzlich anerkannten Emschergenossenschaft.

Wasser aus Talsperren

15. April 1899. Im Essener Rathaus findet die Gründungsversammlung des Ruhrtalsperrenvereins statt. Besitzer von Wassertriebwerken an der oberen Ruhr und Betreiber von Wasserwerken am mittleren und unteren Flußlauf schließen sich in diesem privatrechtlichen Verein mit dem Ziel zusammen, den regelmäßigen Wasserengpässen in den sommerlichen Trockenzeiten gemeinsam zu begegnen.

Der Bau von Talsperren soll einerseits den durch das Anwachsen von Industrie und Bevölkerung enorm gestiegenen Wasserbedarf befriedigen, andererseits den Triebwerken ausreichend Fließwasser für die Stromerzeugung zur Verfügung stellen. Nach jahrelangen Vorbereitungen kann damit der Streit zwischen den Wasserwerken, die das Wasser aus der Ruhr in die Versorgungsgebiete pumpen, und den energieerzeugenden Wassertriebwerken beigelegt werden.

Die erfolgreiche Arbeit des Ruhrtalsperrenvereins belegt das im Jahr 1913 erlassene Ruhrtalsperrengesetz, das für alle Nutzer des Flußwassers die Mitgliedschaft im Verein zur Pflicht macht.

Aufmarsch der Infanterie-Bataillone auf dem Mülheimer Rathausmarkt vor zahlreichen schaulustigen Bürgern

Garnisonstadt Mülheim an der Ruhr

29. März 1899. In Mülheim an der Ruhr treffen zwei Bataillone des neu aufgestellten »Lothringischen Infanterieregiments 159« aus Wesel und Düsseldorf ein. Die Stadt wird damit offiziell Garnisonstadt. Auf dem Rathausmarkt nehmen die Infanteristen Aufstellung und werden von Oberbürgermeister Karl von Bock und Pollach begrüßt. Mehrere tausend Mülheimer Bürger haben sich eingefunden, um das Ereignis mitzuerleben. Nach der Begrüßungszeremonie ziehen die Bataillone durch die festlich geschmückte Stadt zur Kaserne in der Kaiserstraße.

Schon im Frühjahr 1893 faßte der Rat der Stadt den Plan, das Kriegsministerium um die Stationierung von Truppen zu bitten. Aufgrund der Heeresverstärkung der deutschen Armee sollten die Infanterieregimenter durch je ein viertes Bataillon erweitert werden. Als bekannt wurde, daß aus diesen vierten Truppenabteilungen neue Regimenter gebildet werden sollten, stellte der Mülheimer Oberbürgermeister Karl von Bock und Pollach einen Antrag an den Kriegsminister, eines dieser Regimenter in der Stadt zu stationieren. Dem Wunsch wurde am 2. November 1896 stattgegeben.

In Mülheim mußten nun die baulichen Voraussetzungen zur Unterbringung der Soldaten geschaffen werden. Am 30. Oktober 1897 wurde der Grundstein für die Kaserne gelegt. Nach anderthalbjähriger Bauzeit wurde das Gebäude im März 1899 fertiggestellt.

Der großzügig angelegte Kasernenkomplex besteht aus acht Blöcken. Gleich neben der Kaserne an der Kaiserstraße und der Weißenburger Straße liegen die Offizierswohnungen. Zwei Exerzierplätze befinden sich am Werdener Weg und nahe dem Uhlenhorst im Mühlenhorst im Mülheimer Stadtteil Saarn. Das für die Garnison erforderliche Lazarett kann erst am 1. Oktober 1902 eröffnet werden. Bis zu seiner Fertigstellung werden die Kranken des Regiments im evangelischen bzw. katholischen Krankenhaus der Stadt untergebracht.

Die neu eingerichtete Garnison Mülheim besitzt eine hohe Attraktivität für die wehrtaugliche Bevölkerung der umliegenden Region. Vor allem zahlreiche Mülheimer Bürger melden sich freiwillig zum Militärdienst in der heimischen Kaserne an der Kaiserstraße. Wehrpflichtige Rekruten der Bataillone stammen allerdings zum großen Teil aus dem Elsaß. Da die Angehörigen die einheimischen Rekruten zusätzlich mit Lebensmitteln versorgen, werden die Soldaten des in Mülheim stationierten Infanterieregiments in der Preußischen Armee auch »Henkelmann-Soldaten« genannt.

Feierliche Grundsteinlegung für die Gebäude der neuen Infanterie-Kaserne auf dem Dachfeld in Mülheim an der Ruhr am 30. Oktober 1897

Volle Kost oder volle Kost voll

Georg Werner, Bergmann im schlesischen Waldenburg, fährt mit einem Arbeitertransport ins Ruhrgebiet, um die dortigen Verdienst- und Weiterbildungsmöglichkeiten für Bergleute zu nutzen. Der Bruder eines seiner schlesischen Kollegen arbeitet auf der Zeche Dahlbusch in (Gelsenkirchen-)Rotthausen und hilft ihm bei der Suche nach Arbeit und Unterkunft. Georg Werner wird in Gelsenkirchen-Neustadt Kostgänger in der Familie eines polnischen Berginvaliden. In seinen Lebenserinnerungen erzählt er von dieser Zeit:

»Mein Schlafraum war die große Kammer. Hier schliefen wir, drei Kostgänger und der lange Franz, in zwei Betten. Diese zweischläfrigen Betten sind beinahe zwei Meter breit, so daß das Schlafen von zwei Personen in einem Bett etwas Selbstverständliches ist. Mir behagte es jedoch so wenig, daß ich, als zufälligerweise kurz nach meinem Hinkommen eine kleine Kammer im Hause frei wurde, diese sofort mietete und mir von Schlesien mein komplettes Bett schicken ließ. Gut fand ich mich mit der Veränderung in der Ernährung ab.

Das Essen war zwar sehr einfach, aber kräftig. Ein großes Stück Fleisch oder Speck war stets dabei. Ebenso hatte ich Butter und Belag in solcher Menge zur Verfügung, daß ich die gewohnten Rücksichten beim Zulangen fallenlassen konnte (...)

Ich war, wie man sagt, ›auf halber Kost‹. Man unterscheidet im Bergbau des Ruhrreviers drei Kostformen: ›halbe Kost‹, ›volle Kost‹ und ›volle Kost voll‹. Bei halber Kost war im Logispreis außer der Wohnung nur Mittagessen und Morgenkaffee enthalten. Dafür zahlte ich 28 Mark. Dagegen mußte man sich Brot und Zubehör selbst kaufen, was ungefähr ebensoviel erforderte. Bei ›voller Kost‹ deckte der Logispreis von etwa 50 bis 60 Mark alles. Bei ›voller Kost voll‹ war der Preis der gleiche, aber die Kostmutter einbegriffen.

Als Steiger habe ich später viel Gelegenheit gehabt, in die allerverschiedensten Kostverhältnisse Einblick zu gewinnen. Hierbei habe ich aber gefunden, daß ein Kosthaus mit ›voller Kost voll‹ eine seltene Ausnahme ist.«

Bergmann schreibt Lyrik

1899. Heinrich Kämpchen veröffentlicht seine Gedichtsammlung »Aus Schacht und Hütte«. Kämpchen, 1847 als Sohn eines Bergmanns in Essen geboren, arbeitete viele Jahre unter Tage. 1889 wurde er als Streikführer auf der Zeche Hasenwinkel ausgesperrt und erhielt Anfahrverbot auf Lebenszeit.

Proletariergebet

»Herr, wenn du bist, warum die Noth/Die grausige, die mich bedrückt? –/Warum der Hungerschrei nach Brod,/Der mir das Herz im Leib zerstückt? –
Mein Weib und Kind – du kennst sie ja –/Denn, wenn du bist, mußt du sie kennen –/Mit hohlen Wangen stehn sie da,/Auf denen Elendszähren brennen.
Sie fordern keinen leckern Tisch,/Sie wollen Brod nur um zu leben –/Und gibst du Andern Fleisch und Fisch,/Das nackte Brod mußt du uns geben.
Wir haben es so oft erfleht –/Du hast den Ruf so oft vernommen –/Daß uns der Zweifel am Gebet/Und deiner Macht will überkommen.
Nicht Glockenklang, nicht Orgelton/Gibt Sättigung, wenn wir verschmachten –/Und deine Lehre klingt wie Hohn,/Wenn unser Elend wir betrachten.
Ein Vater wird die Kinderschaar/Mit gleicher Liebe stets umfassen; –/Warum sind wir der Hülfe baar/Und arm und freudlos und verlassen?
Herr, wenn du bist, 's ist hohe Zeit/Um deine Liebe uns zu künden,/Die Güte und Gerechtigkeit, –/Sonst – wird der Zweifel überwinden!«

Beliebtes Essener Varieté Colosseum

1899. Am Kopstadtplatz in Essen eröffnet die Witwe Mathilde Wolff das Varieté-Theater Colosseum. Bei Eintrittspreisen zwischen 20 Pfennigen und 3 Mark haben 1394 Menschen im Theatersaal Platz, wo neben Varieté-Veranstaltungen auch Aufführungen auswärtiger Operettenensembles stattfinden. Im ersten Stock befindet sich das Kaiserkaffee, woran sich »intime Weinstuben« anschließen. Für musikalische Unterhaltung sorgt die hauseigene, 22köpfige Kapelle unter ihrem Dirigenten Blatzheim. Schnell wird das Colosseum überregional bekannt.

Bergschüler haben langen Arbeitstag

1899. Für den neubeginnenden zweijährigen Lehrgang an der Bochumer Bergschule melden sich etwa 1200 Bewerber. Die Bergschule hat zu diesem Zeitpunkt 600 bis 700 Schüler mit Klassenstärken von 40 bis 50 Mann.
Der Unterricht nimmt einen halben Tag ein, die andere Tageshälfte arbeiten die Schüler auf einer Zeche. Am Abend eines jeden Tages müssen die Schüler noch umfangreiche Hausaufgaben erledigen. Die Lehrer sind davon überzeugt, daß eine schwere Schulzeit die beste Vorbereitung auf den Steigerberuf ist.

Impressionen aus Essen

1899. Paul Brandi, vormals Amtsrichter in Alt-Landsberg bei Berlin, wird Erster Beigeordneter und stellvertretender Bürgermeister von Essen. Er schildert seine Eindrücke von der Stadt: »Der äußere Eindruck, den Essen bei meinem Dienstantritt auf mich gemacht hatte, bestätigte den Ruf, in welchem Essen damals in Deutschland stand, das heißt den einer wenig anmutenden Industriestadt. Die Enge der Altstadt, deren Radius einen Kilometer nicht überstieg, einerseits und das überschnelle Anwachsen der Einwohnerzahl andererseits hatten bisher eine moderne oder wenigstens sachgemäße Ausgestaltung des Stadtbildes unmöglich gemacht. (...) Bei dem großen Festessen trat mir zum erstenmal ... die in der Stadt herrschende bürgerlich liberale ... Gesellschafts- bzw. Geselligkeitsauffassung entgegen. (...) Überraschend war für mich als Beamtensohn das ... hohe Einkommen der führenden Klasse. Wenn auch die Witwe eines Großindustriellen mit einem Jahreseinkommen von über 800 000 Mark eine Ausnahmeerscheinung war, so waren doch Einkommen zwischen 200 000 und 500 000 Mark öfter vertreten, solche zwischen 100 000 und 200 000 Mark, gemessen an der Einwohnerzahl, sogar zahlreich zu nennen.«

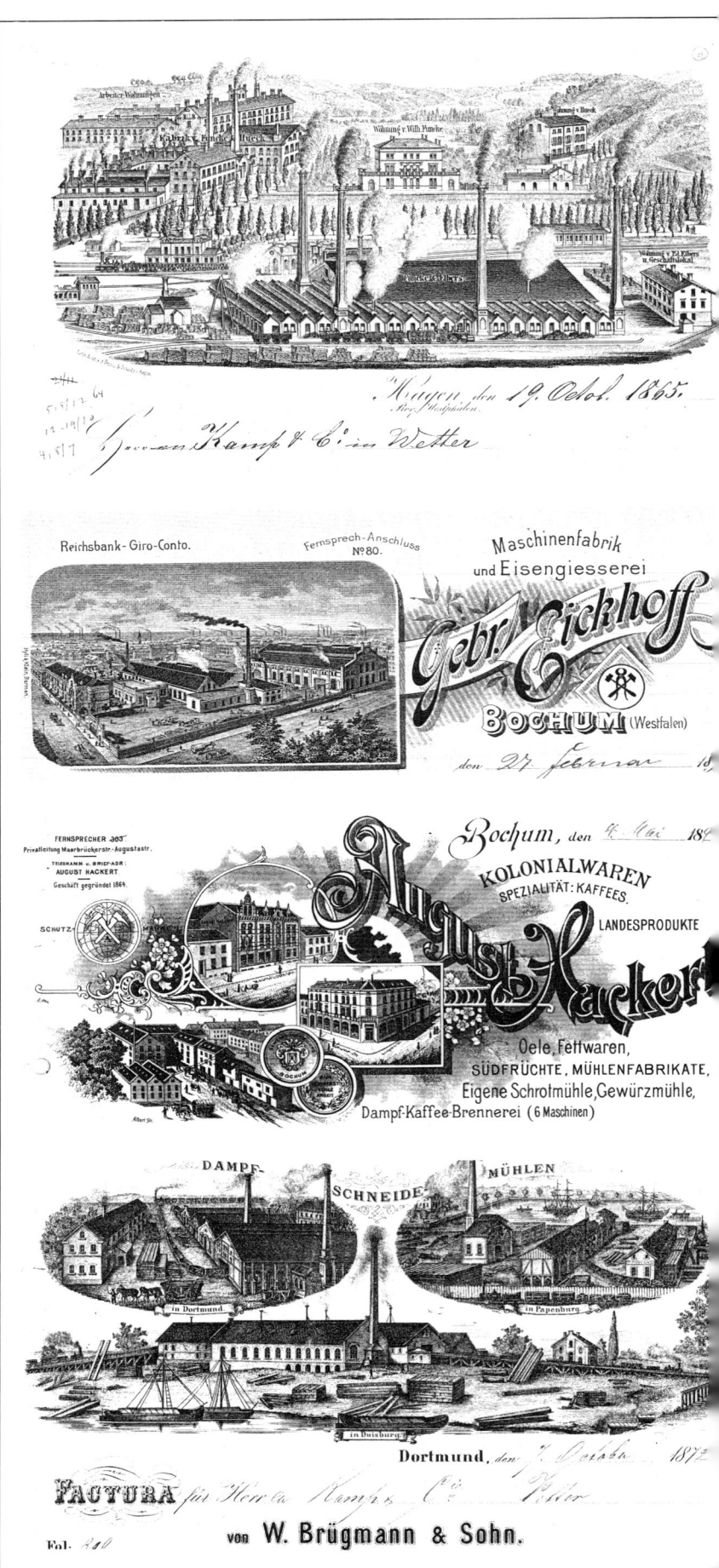

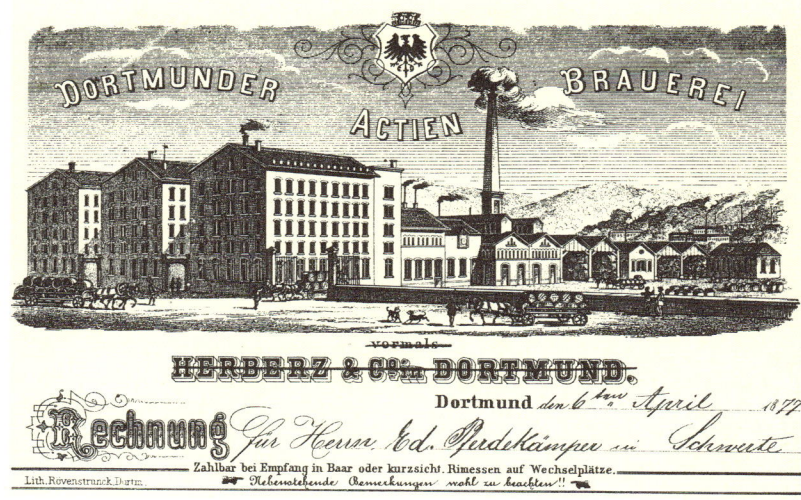

Briefköpfe als Werbung und Visitenkarte

Die seit Mitte des Jahrhunderts immer beliebter werdenden Lithographien auf Briefbögen und Rechnungen haben sich zu kleinen Kunstwerken entwickelt. Die Kopfleisten zeigen neben allegorischen Darstellungen der jeweiligen Branche auch aus Produkten zusammengestellte Stilleben sowie reich verzierte Firmenansichten und errungene Auszeichnungen.

Auf dem Briefkopf präsentiert sich das Unternehmen seiner Kundschaft. Die Dokumentation von Größe, Erfolg und Produktpalette auf der Korrespondenz ist zum Werbemittel geworden, zur Visitenkarte der Firma. Aufwendig und repräsentativ sind die Lithographien im Bereich der mittelständischen Wirtschaft gestaltet; bei Unternehmen im Maschinenbau, im Handel und bei den Brauereien sind sie besonders beliebt. Die Großunternehmen der Eisen- und Stahlindustrie verzichten in vielen Fällen auf großzügige Firmenporträts und Bergbaufirmen beschränken sich häufig auf Schlägel und Eisen als Illustration.

Anhand der Briefköpfe läßt sich der wirtschaftliche Wandel im Ruhrgebiet nachvollziehen, denn mit zunehmender Industrialisierung finden sich auf den Briefköpfen Zahnräder und Kesselhäuser als Zeichen wirtschaftlicher Entwicklung, die Zahl der Schornsteine nimmt zu, und die Eisenbahn als Symbol technischen Fortschritts rückt ins Bild. Bezeichnend für die Selbstporträts der Firmen ist, daß die Schornsteine immer rauchen. Das Streben der Unternehmen nach Repräsentation zeigt sich auch in der Architektur der abgebildeten Fabrikanlagen und Geschäftshäuser.

Der Stil bürgerlicher Villen und Landhäuser wird ebenso nachgeahmt wie der feudaler Schlösser und Burgen. Häufig stehen vor den Fabrikhallen Verwaltungsgebäude mit schön gestalteten Schauseiten. In der architektonischen Gestaltung der unternehmerischen Wohnhäuser kommt die Sehnsucht der Ruhrindustriellen nach adligem Lebensstil und gesellschaftlicher Repräsentation zum Ausdruck, die der politischen und wirtschaftlichen Macht entspricht, die sich die »Schlotbarone« im Verlauf des 19. Jh. angeeignet haben.

1900

12. 3. Eine Bergpolizeiverordnung schreibt auf allen Zechen die Einrichtung von Brausebädern vor. →

1. 4. In (Duisburg-)Hamborn wird eine selbständige Landbürgermeisterei eingerichtet.

5. 4. Die Gemeindevertretung Recklinghausen-Land berät über den Bau einer neuen Arbeitersiedlung (»Dreieckssiedlung«) in Hochlarmark. →

14. 4. Auf der Pariser Weltausstellung wird das Bier der Dortmunder Actien-Brauerei mit einer Goldenen Medaille ausgezeichnet. →

Herbst. An der Lessingstraße (später Lenzmannstraße) in Duisburg wird ein Konservatorium eröffnet. →

18. 10. Der Bismarck-Turm auf der Friedrich-Wilhelms-Höhe in Unna wird eingeweiht.

12. 12. Eine Bergpolizeiverordnung verbietet offene Lampen auf allen Gruben wegen der Gefahr Schlagender Wetter.

1900. Das Gaswerk in Herten wird errichtet. Bei der Straßenbeleuchtung löst die Gaslaterne die Petroleumlampen ab.

1900. An der Morgenstraße in Unna wird die Brauerei Fritz Rasche gegründet.

1900. Der Gastwirt Karl Wilhelm Stammen eröffnet das Restaurant Burg Horkenstein. →

1900. An der Stadtgrenze Mülheim/Oberhausen treffen die Straßenbahnen der beiden Städte zum ersten Mal aufeinander. →

1900. Die Gewerkschaft Deutscher Kaiser aus Duisburg und der Schalker Verein beginnen, Land und Erzgewinnungsrechte für Mangan im Kaukasus zu erwerben (→ 1902).

1900/1905. Bei Moers werden die Schachtanlagen Rheinpreussen 3 und 4 niedergebracht.

Um 1900. Die Brückstraße wird zu einem neuen Zentrum des Dortmunder Vergnügungslebens. →

Um 1900. Die ersten Zechen am Südrand des Bergbaugebiets an der Ruhr werden stillgelegt. Im Norden liegen ergiebigere Grubenfelder. →

Um 1900. In einem Aufruf an die Masuren wirbt die Schachtanlage Victor bei Rauxel um Arbeitskräfte (→ 1900).

GESTORBEN:

7. 7. Hamm: Adalbert Falk (* 10. 8. 1827, Metschkau in Niederschlesien), preußischer Jurist und Kulturpolitiker.

GEBOREN:

17. 2. Berlin: Bruno Gluchowski († 14. 11. 1985, Dortmund), Schriftsteller.

Stimmen zur Jahrhundertwende

Die Menschen im Ruhrgebiet gehen mit verhaltenem Optimismus ins neue Jahrhundert und sehen im Jahr 1900 keinen entscheidenden Schnitt im Fortgang der Dinge. Die technischen Errungenschaften der Vergangenheit geben Anlaß zum Stolz, während eine Lösung der Sozialen Frage für die Zukunft in Aussicht gestellt wird. Kommentar der »Dortmunder Zeitung« vom 27. Dezember 1899:

»Ja, wir sind gewiß berechtigt, das zum Abschluß kommende Jahrhundert ein großes zu nennen, reich an großen Männern, reich an gewaltigen Geistesthaten . . .

Eine von niemandem auch nur annähernd geahnte Ausdehnung haben die produktive Arbeit, Handel und Verkehr erhalten . . .

Wir haben daran zu denken, wie es zu Beginn mit den Wasserwegen kümmerlich stand, wie die Landverbindungen überall gehemmt und eingezäunt waren . . . Nur wenig mehr als zwei Menschenalter sind verstrichen, seit die erste Lokomotive über deutschen Boden fuhr, das Dampfschiff, der Telegraph, das Telephon, die Elektrizität usw. sind Schöpfungen des Jahrhunderts der Erfindungen . . . Welche außerordentlichen Schöpfungen sind hier vollendet, und wie wird das wunderbare von dem größeren übertroffen! . . . So ist die Vollendung des Durchstiches von Zentral-Amerika im neuen Jahrhundert zweifellos zu erwarten. Sollen wir daneben die jedem einzelnen zur Verfügung stehenden Fortbewegungsmaschinen erwähnen? Wir müssen es, wenn auch Fahrräder, Automobilwagen etc. Produkte der allerneuesten Zeit sind. Was ist hier nicht in verhältnismäßig winziger Zeit gelungen, und doch stehen wir erst am Anfang dieser Technik . . .«

Auszug einer Veröffentlichung der Generalversammlung des Verbandes zur Wahrung und Förderung der bergmännischen Interessen unter dem Vorsitzenden Friedrich Bunte (Dortmund):

»Der Verband ist eine Kampfesorganisation, ohne deshalb den Kampf gegen die Unternehmer als seinen Selbstzweck zu betrachten. Wo es nur eben angängig ist, werden wir uns bemühen, Vorteile für unsere Mitgliedschaft zu erzielen . . . Den Ausstand werden wir nur dann proklamieren, wenn alle Verhandlungsversuche scheitern . . . In Anlehnung an die Taktik der Unternehmer müssen wir zu unserer Selbsterhaltung auch unsere Forderungen vermittelst internationaler Aktion durchzusetzen versuchen.«

Der Essener Oberbürgermeister Erich Zweigert (1849 – 1906) im Vorwort zum Verwaltungsbericht der Stadt vom Juni 1902:

»Das abgelaufene Jahrhundert ist . . . weitaus die wichtigste Periode in der städtischen Entwicklung. Mit 3000 Einwohnern trat die Stadt [Essen] in das 19. Jh. ein, mit 185 000 hat sie es verlassen: ein Anwachsen, wie es selbst in unserem Zeitalter des Eisens und der Kohle fast nur in amerikanischen Städten angetroffen wird . . .

In dem letzten Drittel des vorigen Jahrhunderts war es besonders die öffentliche Gesundheitspflege, welche die Thätigkeit der Gemeinden in Anspruch genommen hat . . . Unsere Krankenhäuser und öffentlichen Schlachthöfe, unsere Kanalisationen und Wasserleitungen, unsere Straßenbauten und Bebauungspläne mit ihren öffentlichen Gärten und Parkanlagen und die vielen anderen im Interesse der öffentlichen Gesundheitspflege geschaffenen Einrichtungen beweisen, was die Selbstverwaltung auf diesem Gebiete zu leisten imstande gewesen ist. Was wird die Zukunft an neuen Aufgaben bringen? . . .

Die Wohnungsfrage ist heute bereits anerkannter Maßen eine kommunale Frage, und die dringend notwendige Besserung der Wohnverhältnisse wird nur gelingen, wenn die Gemeinden es als ihre Aufgabe erkennen, hier nicht nur ratend, sondern thatkräftig unter Aufwendung erheblicher öffentlicher Mittel einzugreifen . . . Aber neben der Wohnungsfrage sind es noch viele andere, auf die sich die sozialpolitische Tätigkeit der Gemeinden erstrecken kann und erstrecken wird . . . Ich nenne nur Volksbibliotheken und Lesehallen auf geistigem, Kaffeeküchen und Volksküchen auf leiblichem Gebiete, ferner die Fürsorge für die Beschäftigung vorübergehend arbeitsloser Personen, die wir jetzt, oft der Not gehorchend haben übernehmen müssen, und die Einrichtung kommunaler Arbeitsnachweisstellen . . . Hier werden die Aufgaben der Gemeinden im laufenden Jahrhundert zu suchen sein.«

»Die Gewerkschaften sollen . . . unparteiisch sein, das heißt sich keiner bestimmten politischen Partei anschließen. Die Erörterung parteipolitischer Fragen ist fernzuhalten, aber die Herbeiführung gesetzlicher Reformen auf dem Boden der bestehenden Gesellschaftsordnung zu erörtern . . . Es ist nicht zu vergessen, daß Arbeiter und Unternehmer gemeinsame Interessen haben . . . Darum soll die ganze Wirksamkeit der Gewerkschaften von versöhnlichem Geiste durchweht und getragen sein. Die Forderungen müssen maßvoll, aber fest . . . angewandt werden.«

Otto Hue (1868 – 1922), Redakteur der sozialdemokratischen »Bergarbeiterzeitung«, in seiner 1900 erschienenen Schrift »Neutrale oder parteiische Gewerkschaften«:

»Es ist nicht genug, daß die Neutralität im Statut ausgesprochen ist, sie muß tatsächlich gehandhabt werden. Wird allseitig in diesem Sinne gewirkt, dann mögen die verschiedenen Organisationen ruhig selbständig fortbestehen, wenn sie es für nötig halten. Aber eine Zersplitterung der proletarischen Kraft ist dann vermieden, da die gemeinsamen Zielen zustrebenden Berufsverbände sich sehr leicht verständigen können über die gemeinsam eingeschlagenen Wege. Wird das berufliche Interesse der Verbandsmitglieder an allererste Stelle gesetzt, so wüßte ich nicht, was die freien Verbände hindern sollte, mit den Christlichen oder Hirsch-Dunkerschen an einem Seile zu ziehen. Jetzt wirken die verschiedenen Verbände häufig gegeneinander und heben dadurch ihre Kraft auf.«

▷ *Titelseite der »Dortmunder Zeitung« vom 1. Januar 1900 zum Beginn des neuen Jahrhunderts*

Dortmunder Zeitung

1900

Jahrhundert-Nummer

Nr. 1
73. Jahrgang

Dortmund, Montag, den 1. Januar

Vor hundert Jahren.

Vorbemerkung. Das Jahr 1900. Gewiß ist es äußerlich in keiner Weise unterschieden von den Jahren, die im Laufe der Jahrhunderte und Jahrtausende dahingerollt sind in das Meer der Ewigkeit; aber für die kultivirte Menschheit bedeutet es einen wichtigen Zeitabschnitt, gleichsam einen Ruhepunkt in der jagenden Hast unserer Jahre, aus denen sich die Jahrzehnte des Menschenlebens zusammensetzen. So ist es denn auch natürlich, daß sich der Blick des denkenden Menschen vom Jahre 1900 rückwärts wendet zu dem gleichen Zeitabschnitte vor 100 Jahren, zum Jahre 1800. Die Frage „wie hat es im Jahre 1800 in der Welt ausgesehen", erschöpfend an dieser Stelle zu beantworten, kann nicht unsere Aufgabe sein. Wohl aber wollen wir versuchen, unseren Lesern, an jedem Tage des Jahres 1900 zurückblickend auf den gleichen Tag des Jahres 1800, ein Spiegelbild jener fernen Zeit vor 100 Jahren zu entrollen, ein Bild, das sich aus kleinen Mosaiks zu einem lebenswahren Gesamtbilde des Menschenlebens und Treibens wird zusammensetzen möge. Und wenn in diesem noch mancher Strich fehlen mag, um ein vollkommenes Gemälde des Jahres 1800 zu schaffen, so wird doch der Zweck dieser kleinen Zusammenstellung für jeden Tag des Jahres 1900 erreicht: den freundl. Leser anzuregen, zu vergleichen zwischen unserer Zeit und vergangener Zeit.

1. Januar.

Das Neu-Jahr 1800 scheint im äußerlichen nicht sonderlich von unserem Neujahren verschieden gewesen zu sein; nur etwas gemütlicher und fröhlicher, trotz aller Kriegswirren, ist man zu jener Zeit gewesen. In den Zeitungen jener Zeit (selbst die bedeutendsten erschienen durchaus nicht etwa täglich, die meisten einmal wöchentlich, das als größte Format ist ebenfalls ein mäßiges Quartformat) finden sich, wie heute Neujahrsgedichte und Betrachtungen, aber in Form und Inhalt wesentlich besser, als vielfach die heutige Dutzendware. Auch die empfohlenen Glückwünsche „an Freunde, Bekannte und Gönner" und zwar nicht nur von Krämern, sondern von Leuten aus den Kreisen der oberen Zehntausend sind vorhanden; in der „Vossischen" z. B. stattet ein Kriegskommissarius seine „unterthänigste Gratulation" öffentlich ab und ein Leutnant empfiehlt sich Verwandten und Bekannten „ganz gehorsamst", während ein Regimentschirurgus seine Hochzeit den Verwandten, Freunden und Bekannten „unter Verbittung der Glückwünsche (!) ganz ergebenst bekannt giebt. Der Prediger von der Petrikirche aber weiht das neue Jahrhundert damit ein, daß er bittet, seiner Gemeinde nichts ohne gleich bare Bezahlung zu verabreichen (wir sind nach Jahren „fortgeschrittener" und sehen unsere Frauen ins Blatt, wenn sie zu borgsüchtig). Ziemlich allgemein üblich waren die Neujahrsgeschenke, die nicht nur an Domestiken ec. sondern auch an höherstehende Personen verabreicht wurden. Den wüsten Radau, mit dem man namentlich in Großstädten das neue Jahr zu begrüßen pflegt, kannte man vor hundert Schwingung und Schwankung eines gewöhnlichen Sylvesters nur eine schwache Vorahnung ist, sollte eigentlich diesmal noch nicht kommen. Aber der Mensch ist der Herr der Erde, er hat sich in einem Maße unterworfen, wie nie zuvor, er fühlt sich in seinem Herrscherstolz und es ist, als wollte er in seinem Herrscherstolz eine Kraftprobe machen, — er befiehlt und: die Erde gehorcht. Mit einem hörbaren Ruck, mit vollem elektrischen Strom, mit Paukenschlag und Gläserklirren sausen wir in das neue Jahrhundert hinein!

An der vorigen Jahrhunderts-Neige sah der Dichter den Menschen „wie schön" mit seinem Palmenzweige stehen, das neue Jahrhundert, das zwanzigste, sieht ihn als lachenden Sieger in seine Hallen treten und nach seiner Laune schalten, ohne zu fragen, ob seine Zeit denn schon da ist.

Es ist natürlich nicht wahr, was wir schon soweit sind. Das wissen wir alle. Es versteht sich ja von selber. Ebenso wie das hundertste Pfennig dazu gehört, daß das Pfennighundert oder die Mark voll wird, ebenso gehört auch das hundertste Jahr zum Jahrhundert. Das neue Jahrhundert fängt erst übers Jahr an — wohlgemerkt: eigentlich! — denn wenn es sich das in der That unterfangen wollte, wir würden es einfach auslachen. Wir sind ein starknerviges Geschlecht, es ist uns gleichgiltig, was das Jahrhundert von uns denkt, wir sind ein schnellebendes, ein schnellebendes Geschlecht, und wir haben das alte Jahrhundert gründlich satt — weg damit! Die Zeit hat Flügel, aber uns ist sie noch zu schwerfällig, wir wollen mit der Blitz-Geschwindigkeit der Elektrizität vorwärts, wir wollen nichts versäumen. Fehlt noch ein Jahr? Gut, wir werfen es aus dem Handgelenk unserer Machtvollkommenheit hinzu: Sei voll, Jahrhundert!

Wer den Jahrhundertswechsel in seinem eigenen Leben markiren will, der muß es heute thun. Bringt er, um einem tiefgefühlten Bedürfnis abzuhelfen, eine Ansichtspostkarte „zum scheidenden und kommenden Jahrhundert" heute auf den Markt, so wird er Millionär, mögen auch die paar Besonnenen, die es in der Sylvesternacht gewagt haben, warnen und mahnen. Kommt es übers Jahr, so hat es zwar recht, aber es ist ein Narr, wer es vorgestern. Der heute einen Artikel für die Zeitung schreibt, um das neue Jahrhundert zu grüßen, der wird ein berühmter Mann, wie ich! wer am nächsten Sylvester damit kommt, und wenn Alcäus sein Vater und Sappho seine Mutter war, er bleibt doch ein elender Nachempfinder ein Stümper. Der siegphafte Mensch der modernen Zeit hat befohlen, so ist er einmal, und wer mit ihm leben will, der muß sich nach ihm richten.

Und schließlich ist es ein alter Satz: was ist, ist vernünftig. Warum auch nicht? Was ist ein Jahrhundert. Hundert Jahre, weiter nichts. Warum soll ich diese hundert Jahre, die ich brauche, nicht ebenso gut von Anfang 1800 bis Ende 1899 zählen dürfen, wie von Anfang 1801 bis Ende 1900? Ja, wer eigensinnig sein will, kann sein Jahrhundert von 1863 Die ganze Frage ist nicht so ängstlich, wie sie aussieht. Wir wissen ja gar nicht genau, wann Christus geboren wurde. Als der gute Skythe Dionysius, genannt der Kleine, Abt zu Rom, daran ging, das festzustellen, waren schon über 500 Jahre seit Christi verflossen, die direkte Erinnerung längst erloschen. Rechnung mußte helfen, die Angaben der Evangelien von gleichzeitigen Ereignissen und dergleichen mehr, und es giebt heute Gelehrte, die da meinen, daß der brave Abt sich um 5 oder gar 7 Jahre verrechnet habe, sodaß also die wirkliche Geburt Christi vielleicht im Jahre 7 „vor Christi Geburt" erfolgt wäre.

Erst zur Zeit Karls des Großen wurde die neue Aera einigermaßen Gemeingut. Vorher hatte man im Westen nach der Gründung Roms weiter östlich nach Olympiaden, weiterhin seit dem Siege der Seleukus, nach der Aera Nabonassars, nach dem Tode Alexanders, nach der Geburt Buddhas u. s. w. gerechnet und die letztgenannte Aera gilt noch heute im Osten — man weiß freilich auch nicht sicher, wann der Buddha zur Welt herniedergestiegen ist. Noch vor hundert Jahren, im Jahre 1792, wurde, wie wir uns nebenbei erinnern wollen, durch die französische Republik der Versuch gemacht, der Welt eine neue Aera zu bescheren.

Es ist alles Menschenwerk, alles Menschensatzung. Wäre der kleine Mönch zu Rom, der die heidnische Zeit mit seinem heidnischen Namen versöhnen wollte, auf die Idee gekommen, die Geburt Christi als den Ausgangspunkt einer neuen Aera vorzuschlagen, wäre dieser Vorschlag nicht durchgedrungen, so würden wir vielleicht heute noch nach der Gründung Roms zählen, die 753 Jahre vor Christi stattgefunden hat, wenns wahr ist, und wir hätten dann noch 47 Jahre auf den Anfang des neuen Jahrhunderts, des achtundzwanzigsten ab urbe condita, zu warten. Ähnlich wäre es, wenn wir die Zeitrechnung der Juden übernommen hätten, die jetzt seit der angeblichen Erschaffung der Welt 5660 Jahre zählen, etwas wenig freilich, aber immerhin herzlich.

Willkürlich ist der Anfang des Jahres, willkürlich der Anfang oder der Ausgangspunkt des Jahrhunderts und Menschenwerk ist der Begriff des Jahrhunderts selbst. Warum Jahrhundert? Doch aus keinem anderen Grunde, als weil der Mensch zehn Finger hat. Der Urmensch zählte, als er überhaupt schon zählen konnte, an den Fingern bis zehn, und wenn die Finger aufhörten, an den Zehen bis zwanzig. Den Rest davon haben wir noch bei den Griechen und Römern, die Worte eikosi und viginti ist uns ganz anders gegenüber als die Worte für dreißig, vierzig u. s. w. Das weist auf eine Urzeit hin, in der die Zehen der Füße noch zu Hülfe genommen wurden. Nun, in historischer Zeit finden wir schon die Zehnzahl als Grundlage des Zahlsystems durchgeführt, die Hände hatten zehn Finger und auf der zehn kamen wir auch zu den Begriffen der Potenzen von Zehn. So entstand der Begriff des Jahrhunderts. Hätten wir acht Finger, so würden wir unser Säkulum von 64 Jahren (die Bezeichnung würde dann natürlich eine andere sein), ebenso feiern wie die Natur es vorteilhafter, den einfach-symmetrischen Bau zu bevorzugen.

Dasselbe Prinzip spricht sich in den Schöpfungen der Menschenhand aus. Was ruhend feststehen soll, Biertonnen, Weinflaschen, Anschlagsäulen u. s. w., das machen wir mit Vorliebe rund, radial-symmetrisch; unsere Wage, ob Schubkarren oder Automobil, sind einfach-symmetrisch gebaut, und ebenso die Gebrauchsgegenstände, die in der menschlichen Hand wieder irgendwie als Werkzeug oder als tägliche Gebrauchsgegenstand dienen sollen.

Wie der Mensch also zu zwei Händen kommt, können wir leicht begreifen. Schwieriger ist es zu verstehen, warum wir gerade an jeder Hand fünf Finger haben. Wir würden uns mit vier oder sechs Fingern vielleicht auch ganz gut eingewöhnt haben. Die Fünfzahl ist in der Natur eine vielverbreitete Größe; sie findet sich z. B. regelmäßig bei den strahligebauten niederen Tieren, den Holothurien, Seesternen u. s. w.; aber weiter nach oben ist sie mehr und mehr verschleiert oder verschwunden. Sollte dies Teilungsprinzip nach der Fünf nun bei der Bildung der menschlichen Hand vielleicht mitgewirkt haben? Auch im Pflanzenreiche finden wir die Fünf oftmals, eine Menge Blüten ist nach der Fünfzahl gebaut oder läßt sich auf fünfzählige Formen zurückführen, und wer jetzt einen Apfel quer durchschneidet, sieht recht deutlich die Fünfzähligkeit des Kernhauses und der ganzen Frucht vor sich. Ja, sogar in der scheinbaren Unregelmäßigkeit der Anordnung der Laubblätter spielt, wie jeder Pflanzenfreund weiß, die „Zwei-Fünftel-Spirale" eine dominierende Rolle.

Hat nun vielleicht diese dominierende Stellung, die Fünf oder die Zehn in der belebten Natur unserer Erde einnimmt, ein Ausfluß gewisser natürlicher Bedingungen? Liegt es vielleicht an den Stoffen, die in der großen Zentrifuge erst gehörig durcheinander gerüttelt und sortirt worden sind, ehe der Neptun und der Uranus und der Saturn und schließlich auch unsere Erde sich ablösten? Haben die verschiedenen Sonnenkinder eine verschiedene Aussteuer mitbekommen, als die gütige Mutter sie ins selbständige Leben hinausschickte? Dann könnte es wohl sein, daß gerade die Stoffe, die der Erde vorzugsweise zusammensetzen, die Entwickelung des Teilungsprinzips nach der Fünf begünstigt, während die Marsmenschen vielleicht sechs Finger haben und die Venusmenschen vier. Oder liegt ein versteckter Zusammenhang vor mit der astronomischen Stellung der Erde im Sonnensystem, mit ihrem Abstand von der Sonne, ihrer Exzentrizität, der Schiefe ihrer Ekliptik, ihren säkularen Schwankungen? Dann wäre es denkbar, daß das Jahrhundert, die Konsequenz unserer zehn Finger, doch kein zufälliges Ding wäre, sondern daß da eine tiefe, für uns noch nicht erkennbare Beziehung zwischen der Mutter Erde und der Großmutter Sonne einerseits, wie auch zwischen der Mutter Erde und ihren Kindern andererseits sich versteckt läge. So würden vielleicht auch die uns in ihrer Ganzheit noch lange nicht bekannten „säkularen" Änderungen in den Bahnverhältnissen der Erde, die sicherlich auch

Der Verlauf der Ruhr bei Blankenstein, Gemälde von W. H. Rudolph (1807–1867); zu Anfang des 19. Jh. war die Landschaft zwischen Lippe und Ruhr noch idyllisch und unberührt und ein Jäger konnte mühelos manches Wild aufstöbern

Ruhrtal bei Hattingen, kolorierte Radierung (um 1820), vermutlich von Johann H. Beuler; auch die Dichter dieser Zeit bezeichnen das Ruhrtal als malerisch und romantisch verträumt

St. Antonii-Hütte bei Osterfeld (Oberhausen) um das Jahr 1850; die 1758 gegründete Eisenhütte wird oft als die Wiege der Ruhrindustrie bezeichnet

Vom »Ruhrland« zum »Ruhrgebiet«

Haus Martfeld bei Schwelm (Ausschnitt aus einem Ölgemälde von Gustav Lange (1837); seit 1839 im Besitz von Friederike von Elverfeld

Als Fürst Hermann von Pückler-Muskau im Jahr 1826 eine Reise durch das Ruhrtal unternimmt, findet er eine Landschaft vor, die sich, beinahe in einen Dornröschenschlaf versunken, noch weitgehend unberührt vom industriellen Zeitalter zeigt: »Nicht sattsehen konnte ich mich an der saftig frischen Vegetation, den prachtvollen Eich- und Buchenwäldern, die rechts und links die Berge krönen, zuweilen sich über die Straße hinzogen, dann wieder in weite Ferne zurückwichen ... Jedes Dorf umgibt ein Hain schön belaubter Bäume und nichts übertrifft die Üppigkeit der Wiesen ... Ich dachte lachend, daß, wenn einem prophezeit würde, an der Ruhr zu sterben, er sich hier niederlassen müsse, um auf eine angenehme Weise diese Prophezeiung zugleich zu erfüllen und zu entkräften.«

An der Wende zum 20. Jh. würde es Pückler bei einer nochmaligen Reise durchs Ruhrgebiet sicherlich bereuen, eine solche Prophezeiung ausgesprochen zu haben. Statt saftiger Wiesen und stiller Wälder bestimmen nun der Rhythmus der Maschinen in den Fabriken und die sich Tag und Nacht drehenden Räder der Fördertürme zahlloser Bergwerke das Leben an der Ruhr. Aus idyllischen Dörfern sind bedeutende Industriestädte geworden. Anfangs aus Irland, Belgien und Holland, ab den 80er Jahren des 19. Jh. von den äußersten Grenzen des Deutschen Reiches im Osten und aus Polen zugewandert, ermöglichen die im Revier lebenden Menschen, denen ihre Arbeit ohnehin keinen Blick für landschaftliche Schönheit ließe, mit der Arbeit ihrer Hände den industriellen Aufstieg des Ruhrgebiets und des Deutschen Reiches. Schon lange bezeichnet der Begriff Ruhrgebiet keine Landschaft mehr – er steht für einen industriellen Ballungsraum, der im Westen auf den linken Niederrhein übergreift, im Norden die Lippe erreicht und im Osten nach Unna und Hamm vorstößt.

Äcker, Wiesen und Wälder prägen die weitgehend unberührte Landschaft im Süden des Reviers entlang der Ruhr (Aquarell um 1840)

Ansicht von Duisburg aus südlicher Richtung um 1820, r. die Salvatorkirche; die Stadt erfreut sich bereits regen wirtschaftlichen Treibens, die Häfen von Duisburg und Ruhrort sind zentraler Umschlagplatz für Kohle, Getreide und andere Waren

Ansicht der Stadt Dortmund von der Nordseite her, Gemälde von Christian Zucchi (1811–1889); l. der Turm der Reinoldikirche, dahinter der Turm der Marienkirche, r. das Gebäude des Dortmunder Bahnhofs von 1847

1900

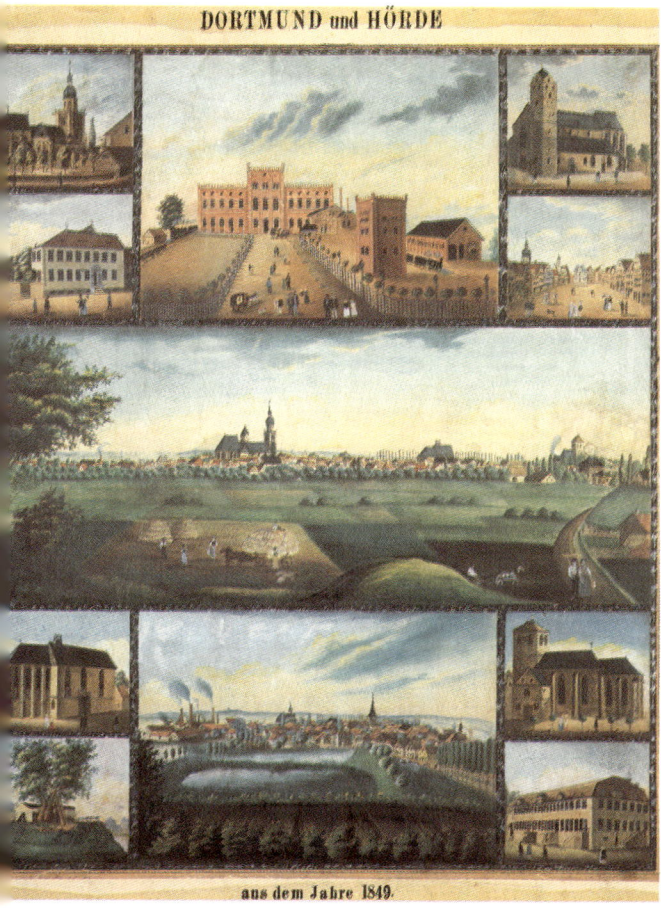

Fotografische Ansicht von Oberhausen, im Vordergrund der Marktplatz, hinten die Fabrikanlagen und rauchenden Schlote der Gutehoffnungshütte, die 1808 aus einem Zusammenschluß der Hütte Neu-Essen, der St. Antonii-Hütte, und der Hütte Gute Hoffnung hervorgegangen ist. Im 19. Jh. hat sich das Ruhrgebiet zum Zentrum der deutschen Stahlindustrie entwickelt

Ansichten von Dortmund und Hörde, Aquarell von W. Müller (um 1840); o. l. Reinoldikirche und Casino, o. M. Bahnhof, r. o. Marienkirche und Markt, M. Dortmund, u. l. kath. Kirche und Femlinde, u. M. Hörde, u. r. Petrikirche und Waisenhaus

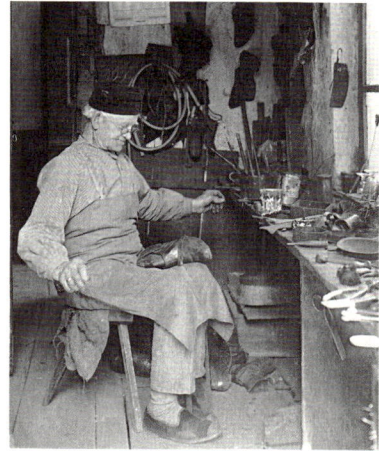

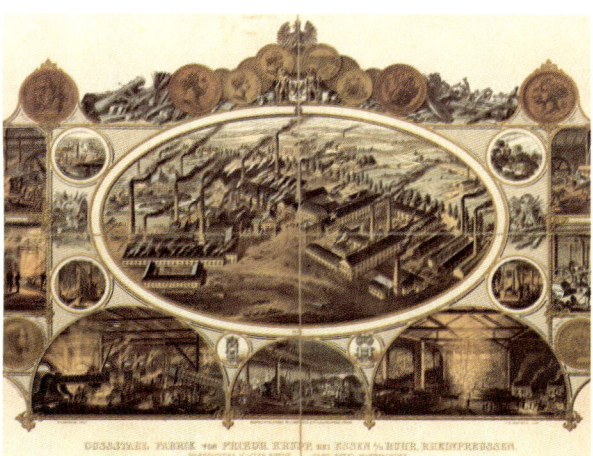

Schustermeister Hackmann in seiner Werkstatt in der Schwanenstr. in Duisburg; auch das Handwerk findet sein Auskommen im Revier

Ausschnitt aus einer Krupp-Werbeanzeige des Jahres 1857, in der Mitte die Anlagen der Gußstahlfabrik Fried. Krupp in Essen, umrahmt von verschiedenen Innenansichten der Kruppschen Werke

Übertageanlagen von Constantin 1 bei Bochum; die Zeche fördert seit 1857, 1893 beträgt die Belegschaft 2090 Beschäftigte; im selben Jahr gibt es im Oberbergamtsbezirk Dortmund 165 Schachtanlagen, darunter 16 mit mehr als 2000 Beschäftigten

Belegschaft des Reviers VII der Zeche Hannover 1/2 in (Bochum-)Hordel (1899), für das Gruppenfoto haben die Bergleute ihr Geleucht (Grubenlampen) und ihr Gezähe (Keilhauen, Schlägel u. a. Werkzeug) mitgebracht

Verladeeinrichtungen in den Duisburg-Ruhrorter Häfen, im Vordergrund ein Frachtschiff der Reederei Mathias Stinnes

Entstehung des Reviers

1900. Das Ruhrgebiet hat sich im Laufe des 19. Jh. von einer agrarisch strukturierten Region zu einem industriellen Ballungszentrum entwickelt. Lebten hier auf einer Fläche von 4500 km² um 1800 etwa 310 000 Menschen, so sind es um 1900 etwa 2,3 Mio. Die Ruhrgebietsstädte sind in diesem Zeitraum stark gewachsen. So stiegen die Einwohnerzahlen zwischen 1815 und 1900 in Essen von 4700 auf 120 000, in Dortmund von 4300 auf 140 000, in Duisburg von 4500 auf knapp 100 000 und in Bochum von 2100 auf 65 000. Einige Städte wie Gelsenkirchen, Herne, Castrop, Hamm und Oberhausen werden. Neben den beiden Hauptzweigen der Ruhrgebietsindustrie siedeln sich in dieser Region zahlreiche Unternehmen an, die sich auf Maschinenbau, die Produktion von Bergbaubedarf sowie die Weiterverarbeitung von Kohle, Stahl und deren Nebenprodukten spezialisiert haben. Gegen Ende des 19. Jh. lassen sich auch Unternehmen anderer Wirtschaftszweige im Ruhrgebiet nieder, wie chemische Werke und Glasfabriken.

Für die fortschreitende Industrialisierung spielt der Ausbau der Verkehrswege in der Ruhrregion eine bedeutende Rolle. Straßen, Schie-

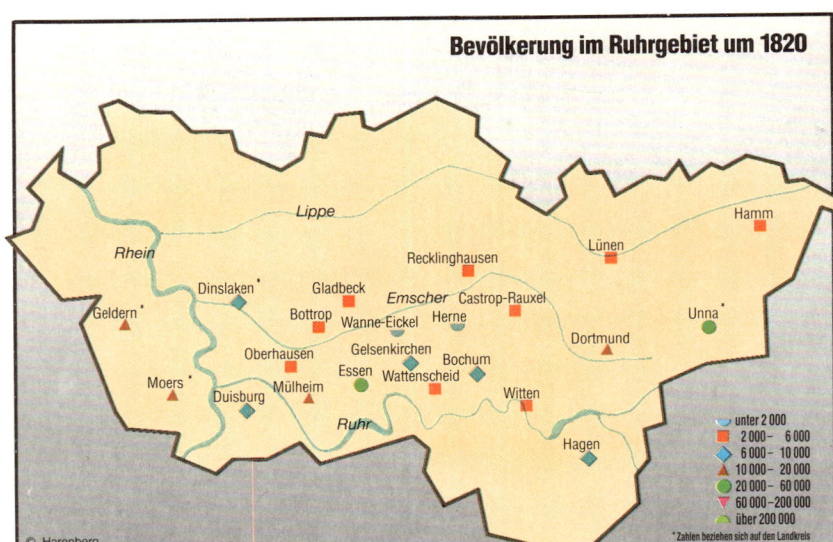

Bevölkerungsdichte im 19. Jh. (Einwohner/km²)*

	1810	1870	1900
Ruhrgebiet	68	202	538
Deutsches Reich	46	76	104
Großbritannien	54	114	161
Frankreich	51	65	70
Belgien	106	164	219
USA	6	7	10

* Die Angaben für die USA beziehen sich auf die Landesgröße zum angegebenen Zeitpunkt, bei allen anderen Ländern auf die Fläche um 1900

waren zu Beginn des 19. Jh. kleine Landgemeinden mit einigen hundert Einwohnern.

Großen Anteil am Wachstum der Bevölkerung hat die Zuwanderung osteuropäischer Arbeiterfamilien in der zweiten Jahrhunderthälfte. Waren 1880 nur 3,3% der Dortmunder Bevölkerung ostpreußischer, westpreußischer oder Posener Abstammung, so sind es 1900 schon 12,5%. Die Mehrzahl der Menschen im Ruhrgebiet ist in Industriebetrieben beschäftigt. Während hier 34% der hauptberuflich Erwerbstätigen arbeiten, sind im Bereich Handel und Verkehr 4,3% und in der öffentlichen Verwaltung und im privaten Dienstleistungssektor 1,7% der Erwerbstätigen beschäftigt.

Der industrielle Ausbau der Ruhrregion vollzog sich mit der Entwicklung von Bergbau und Metallindustrie. 1850 wurden im Ruhrgebiet 1,9 Mio t Steinkohle gefördert, 1870 bereits 11,5 Mio t und 1900 sind es 60 Mio t. Mit der Steigerung der Kohleförderung ging die Entwicklung der Eisen- und Stahlindustrie einher. Durch die Einführung neuer Verfahren kann die Roheisenerzeugung im Ruhrgebiet zwischen 1850 und 1900 von 11 500 t auf 3 Mio t gesteigert

nen, Wasserwege und das Netz des öffentlichen Nahverkehrs sind die Träger des Güter- und Personentransports. Rund 6000 km ausgebaute Bahnlinien sind um die Jahrhundertwende fertiggestellt; hinsichtlich Zuverlässigkeit, Schnelligkeit, Transportvolumen und flächenmäßiger Anbindung stellt die Eisenbahn das beherrschende Gütertransportmittel dar. Die Ruhrschiffahrt hatte für den Transport vor allem der Kohle seit ihrer Schiffbarmachung 1780 ein Jahrhundert lang große Bedeutung. 1860 werden auf dem Fluß 867 600 t Kohle verschifft. Mit zunehmender Dichte des Eisenbahnnetzes verliert die Ruhr als Schiffahrtsweg ihren Stellenwert. Dagegen entwickeln sich die Duisburg-Ruhrorter Häfen, in denen die Rheinschiffe be- und entladen werden, zum größten Warenumschlagplatz im Ruhrgebiet mit 14,4 Mio t (1900). Ein weiterer wichtiger Transportweg ist der 1899 fertiggestellte Dortmund-Ems-Kanal.

Die elektrische Straßenbahn, die Mitte der 90er Jahre die Pferdebahn ablöst, ermöglicht den Durchbruch des öffentlichen Nahverkehrs. Um 1900 beläuft sich das Schienennetz auf insgesamt 280 km.

Bevölkerung: *Das geradezu explosionsartige Wachstum der Bevölkerung im Ruhrgebiet macht sich vor allem in den Städten bemerkbar, die zu Beginn des Jahrhunderts z. T. noch kleine, dörflich geprägte Ortschaften waren (die Einwohnerzahlen der Städte und Gemeinden beziehen sich der Vergleichbarkeit wegen auf den jeweiligen Gebietsstand von 1956)*

1900

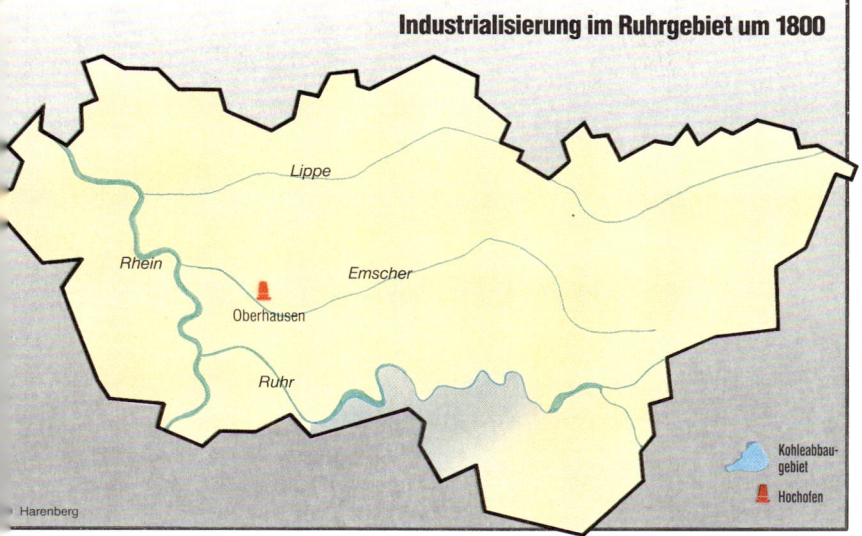

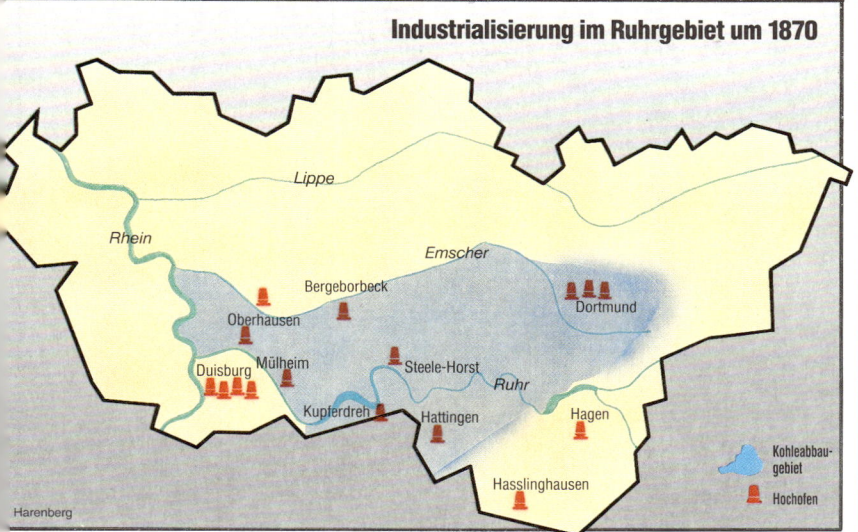

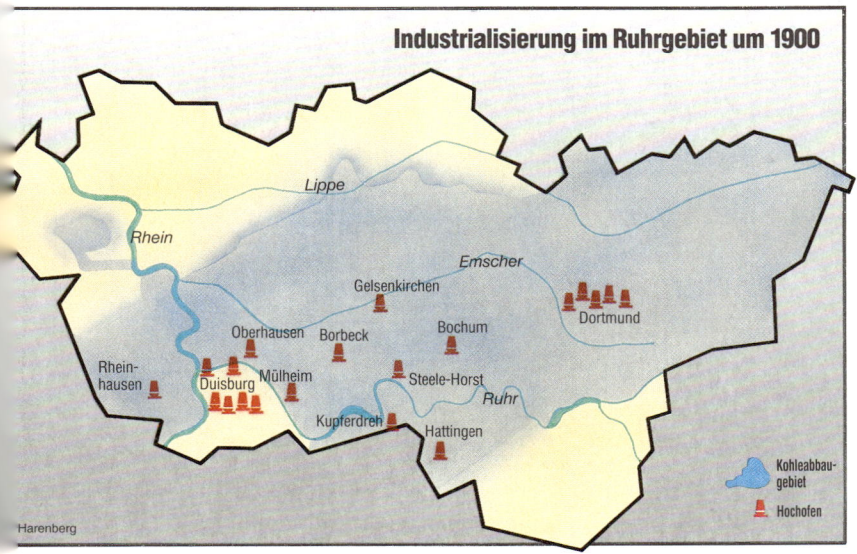

Industrie: Träger der Industrialisierung des Reviers sind Bergbau und Metallindustrie, die sich seit der Mitte des 19. Jh. sprunghaft entwickeln; mit der Ausdehnung des Kohleabbaugebiets nach Norden müssen die Zechen in größere Tiefen zu den kohleführenden Schichten vordringen; die Hochofenstandorte liegen meist an den Flüssen des Reviers

Verkehr: Die Entwicklung der Transportwege ist eng mit der Industrialisierung der Region zwischen Ruhr und Lippe verknüpft; Hauptverkehrswege sind Eisenbahnlinien und Flüsse, auf denen die Gütertransporte der Industrie abgewickelt werden; mit dem Ausbau eines inner- und außerstädtischen Straßennetzes wird erst in der zweiten Hälfte des 19. Jh. begonnen

Zeitaufnahme 1900: Schlaglichter auf das Leben im Revier

Das Ruhrgebiet hat sich zum schwerindustriellen Zentrum des Deutschen Reiches entwickelt. Aus der um die Mitte des 19. Jh. noch weitgehend agrarisch geprägten Region zwischen Ruhr und Lippe ist eine Industrielandschaft geworden, deren Erscheinungsbild maßgeblich von Zechen und Fabrikanlagen geprägt wird.

Bevölkerung
Im Ruhrgebiet leben etwa 2,3 Mio Menschen. Die Bevölkerung ist in der zweiten Hälfte des 19. Jh. im Vergleich zum Reichsgebiet besonders stark angewachsen, denn die Industrialisierung zieht Arbeitskräfte aus allen Teilen des Deutschen Reiches in die Region. So beträgt allein der Anteil der Bevölkerung aus den preußischen Ostprovinzen mehr als 10%. Da hauptsächlich Männer im arbeitsfähigen Alter zuwandern, herrscht ein Männerüberschuß, und es besteht ein Übergewicht in der mittleren Altersgruppe.

Wirtschaft
Die Bedeutung des Deutschen Reiches als industrielle Großmacht beruht wesentlich auf der Wirtschaft des Ruhrgebiets. Die Kruppschen Gußstahlwerke in Essen sind der größte Rüstungsbetrieb des Deutschen Reiches. Die Montanindustrie macht das Revier zu einem attraktiven Standort für Maschinenbaufirmen. Mit der Nebenproduktgewinnung aus Steinkohle (Benzol, Teer, Ammoniak) gewinnt die chemische Industrie auf Kohlebasis an Bedeutung. Das Rheinisch-Westfälische Kohlensyndikat, der Schalker Gruben- und Hüttenverein sowie die Bergwerksgesellschaft Hibernia sind herausragende Beispiele für die zunehmende Konzentration unternehmerischer Macht in den Händen weniger sowie für die Verflechtung von Industrie- und Bankkapital.

Soziale Frage
Arbeiterfamilien mit Kindern und nur einem Lohnempfänger leben unter dem Existenzminimum. Die Familien sind auf die Mitarbeit von Kindern und Ehefrauen angewiesen. Die technische Entwicklung und der Bedarf an qualifizierten Arbeitskräften haben die Kinderarbeit aus den Fabriken in den Bereich der Heimarbeit und in den Dienstleistungssektor verlagert, aber nicht aufgehoben. Die in den 80er Jahren des 19. Jh. in Kraft getretenen Gesetze zur Kranken-, Unfall- und Altersversicherung bieten eine gewisse soziale Absicherung. Die ausgezahlten Leistungen sind jedoch zu gering, um Familien mit Kindern in Notfällen den Lebensunterhalt zu sichern.

Soziale Konflikte
Im Ruhrbergbau, dem Zentrum schwerindustrieller Macht im Revier, stehen sich Unternehmer und Gewerkschaften in unversöhnlicher Feindschaft gegenüber. Seit den 70er Jahren des 19. Jh. entlädt sich die Unzufriedenheit der Bergarbeiter über niedrige Löhne und überlange Schichtzeiten in zahlreichen Streiks. Die energiepolitische Schlüsselstellung des Ruhrbergbaus für das Deutsche Reich und die herausragende Bedeutung der Eisen- und Stahlindustrie für die deutsche Rüstung verleihen den sozialen Konflikten an der Ruhr eine politische Dimension. Häufige Zusammenstöße zwischen Militär und Arbeitern bei Demonstrationen und Streiks verschärfen den Klassenkonflikt. Innerhalb der Arbeiterschaft verhindern Spannungen zwischen den verschiedenen Bevölkerungsgruppen (Ost- und Westpreußen, Masuren, Schlesier und Polen) oft die solidarische Wahrnehmung ihrer Interessen gegenüber den Unternehmern.

Lebenshaltung
Im Ruhrbergbau sind die Löhne höher, die Arbeitszeit kürzer und die Arbeitsbedingungen besser als in anderen Industriegebieten des Deutschen Reiches. Dennoch reichen die Löhne kaum zum Leben. Der Durchschnittsverdienst eines Bergarbeiters liegt bei 1320 Mark pro Jahr. Die Lebensmittelkosten für eine vier- bis fünfköpfige Familie betragen etwa 1000 Mark jährlich. Die notwendigen Aufwendungen für Miete, Kleidung, Heizung usw. sind vom Verdienst des Familienvaters nicht mehr aufzubringen. Kräftiges Essen mit Fett und Fleisch, wie die anstrengende Arbeit unter Tage es erfordert, können sich nur junge alleinstehende Arbeiter leisten.

Wohnen
Es besteht ein krasser Gegensatz zwischen großzügig angelegten bürgerlichen Villenvierteln und den von Arbeitern und Kleinbürgern bewohnten Bezirken. Trotz zahlreicher Werkssiedlungen und neuerrichteter Mietshäuser ist das Arbeiterwohnungsproblem ungelöst. Auf jede neue Wohnung kommen 20 bis 30 Wohnungssuchende. Besonders in den neuentstandenen Stadtteilen in der Nähe von Zechen und Industriebetrieben leben die Menschen äußerst beengt. Die sanitäre Ausstattung ist unzureichend. Mehrere Familien teilen sich oft eine Wasserstelle und einen Abort. In 10 bis 20% aller Haushalte werden ein Zimmer oder eine Schlafstelle an Kostgänger vergeben, da die Familien auf diese Zusatzeinnahme angewiesen sind.

Gesundheitswesen
Im Ruhrgebiet besteht ein ausgebautes Gesundheitswesen in Form von städtischen und kirchlichen Krankenhäusern in nahezu allen Gemeinden, regelmäßigen Schutzimpfungen sowie Hygienevorschriften für Arbeitsplatz und Wohnung. Zu Beginn des 19. Jh. waren nur die Kirchen in diesem Bereich tätig. Sie beschränkten sich ausschließlich auf die Pflege von Kranken. Im Zuge großer Typhus- und Cholera-Epidemien in den Ruhrgebietsstädten verstärken sich die Bemühungen zu Gesundheitsvor-

Sonntägliche Familienidylle auf dem Rasenplatz der Krupp-Siedlung Alfredshof in Essen-West, erbaut um 1900

Satirische Darstellung des Reviers in der Zeitschrift »Simplicissimus«

Alte »Kruppianer« in der werkseigenen Siedlung Alfredshof in Essen-West

sorge und zur Erforschung der Erkrankungsursachen. Ein Zeichen für die verbesserten hygienischen Bedingungen ist ein Ansteigen des Geburtenüberschusses in Westfalen von 0,8% im Jahr 1815 auf 2,2% im Jahr 1900. Gleichzeitig mit der Verbesserung der medizinischen Vor- und Fürsorge im Ruhrgebiet wird das Krankenversicherungswesen eingerichtet, das die ärztliche Versorgung nahezu aller Bevölkerungsschichten sicherstellt.

Bildung

In den größeren Städten können alle allgemeinbildenden Schulen (Volks-, Realschule, Gymnasium) besucht werden. Auch Mädchen können seit 1893 durch Besuch von Gymnasialkursen das Abitur erlangen. Zahlreich vertreten sind Gewerbeschulen, Bergschulen und ähnliche Bildungsinstitutionen. Die Errichtung einer Universität im Revier wird von der preußischen Regierung abgelehnt.
Aufgrund der Bevölkerungsballung herrscht Lehrermangel. Zu große Klassen und häufiger Unterrichtsausfall sind die Folge.

Kultur

Mit der Verstädterung hat auch das kulturelle Leben Einzug ins Revier gehalten. Insbesondere in den großen Städten wie Essen, Dortmund, Duisburg und Bochum gibt es Theaterensembles, die teils noch privat, teils schon in städtischer Obhut sind. Im Essener Stadttheater sind die 747 Plätze in der Spielzeit 1899/1900 durchschnittlich zu 63%, die Volksvorstellungen sogar zu 65% ausverkauft.
Das Konzertleben wird von ersten städtischen Orchestern sowie von zahlosen Privatkapellen, Gesangvereinen etc. geprägt. Sie treten bevorzugt in Konzertsälen und den zahlreichen Biergärten auf.
Die Entwicklung der Museumslandschaft steckt noch in den Anfängen. Die Sammlungen der vielerorts gegründeten Orts- und Heimatkundevereine ruhen zumeist noch auf Speichern und sind für die Öffentlichkeit kaum zugänglich.

Freizeit

Die Bevölkerung des Ruhrgebiets pflegt in ihrer Freizeit ein reges Vereinsleben. Hauptzweck der zahlreichen Berufs-, Sport- und sonstigen Vereine ist die Geselligkeit. Versammlungsabende z. B. der berufsständischen Gruppen dienen der Unterhaltung, dem gemeinsamen Gesang und reichlichem Biergenuß im Vereinslokal sowie der Planung von Festen. Zu den weiteren Aktivitäten der Vereine zählen auch weiterbildende Vorträge und das Laienspiel.

Infrastruktur und Versorgung

Gegen Ende des 19. Jh. sind das Wasserversorgungsnetz und die Kanalisation in den Ruhrgebietsstädten weitgehend ausgebaut. Um Engpässen in der Wasserversorgung entgegenzutreten, hat sich ein Verband der industriellen und kommunalen Großverbraucher (Ruhrtalsperrenverein) gegründet. Neben die Energieversorgung durch Gas tritt nun die Lieferung von elektrischer Energie. In den Städten ist der Energiebedarf durch Straßenbeleuchtung, elektrische Straßenbahnen und die Versorgung privater Haushalte gestiegen.

Kommunikation

Mit dem Ausbau eines funktionstüchtigen Verkehrswesens hat sich der Briefdienst der Reichspost zum bedeutenden Kommunikationsmittel entwickelt. Die Bahnpost verringert die Beförderungszeiten entscheidend. Öffentliche Briefkästen werden ebenso wie im gesamten übrigen Deutschen Reich auch in den größeren Städten des Reviers aufgestellt.
Der Telegraf ermöglicht den direkten Informationsaustausch. Zunächst nur für staatliche Zwecke eingerichtet, erleben die Telegrafenstationen nach ihrer Freigabe für die private Nutzung in den 60er Jahren des 19. Jh. eine lebhafte Nachfrage ihrer Dienste.

Das Telefon revolutioniert das Kommunikationswesen, hat aber aufgrund der hohen Benutzerkosten vorrangig für den geschäftlichen Verkehr Bedeutung.

Umwelt

Die natürliche Umwelt der Ruhrgebietsstädte ist durch die z. T. planlose Ansiedlung von Produktionsanlagen und den bedenkenlosen Umgang mit Abfallstoffen stark in Mitleidenschaft gezogen. Die Emscher und andere kleine Flüsse des Reviers sind von Abwässern derart verschmutzt, daß sie als Brutstätten für Typhus, Cholera, Ruhr und Malaria gelten. Auch die Ruhrgebietsluft ist stark belastet, da es keinerlei Beschränkung für die Freisetzung von Abgasen gibt; ein Bergarbeiter berichtet 1898, daß »man den Ruß in der Luft mit den Händen greifen kann«.

Neue Heimat im »Wilden Westen«

1900. Während im Jahr 1885 erst 30 100 Einwanderer aus Ostpreußen im Ruhrgebiet leben, sind es auf der Schwelle zum 20. Jh. bereits 166 700. Die Mehrzahl von ihnen sind Masuren. Seit den 80er Jahren des 19. Jh. wandern sie in großer Zahl aus der Seenlandschaft im äußersten Südosten der Provinz Ostpreußen ins Ruhrrevier ab.

Grund für den Massenzustrom fremder Arbeitskräfte ist die Hoffnung, im Industrierevier zwischen Ruhr und Emscher, Preußens »Wildem Westen«, Arbeit und eine neue Heimat zu finden. Arbeitslosigkeit durch Geburtenüberschuß und Modernisierungen in der Landwirtschaft, Verschuldung infolge der Notwendigkeit, sich nach den preußischen Agrarreformen in der ersten Hälfte des 19. Jh. von gutsherrlichen Diensten und Abgaben freizukaufen, verstärken den Wunsch der Ostpreußen, dem sozialen Elend ihrer alten Heimat zu entfliehen.

Verlockt von Versprechungen auf Werbeplakaten, machen sich vor allem die Masuren in Sammeltransporten und Sonderzügen auf den Weg ins ferne Revier. Gelsenkirchen, zentral in der Emscherzone gelegen, wird aufgrund seiner günstigen Bahnverbindungen zur Verteilerstelle des Einwandererstroms. Oft empfängt rauher Spott von Halbwüchsigen, die sich bei Ankunft eines Zuges aus Ostpreußen am Bahnhof einfinden, die Neuankömmlinge: Für die Jugendlichen sind es unzivilisierte »Waschbären«, die, ihre wenigen Habseligkeiten in einem buntkarierten Sack auf dem Rücken tragend, aus einer völlig fremden Welt in Gelsenkirchen eintreffen.

Groß ist häufig die Enttäuschung der aus ländlichen Gegenden stammenden Masuren über ihre neue Heimat: »Ich finde mich gar nicht zurecht; die Städte haben keine Grenzen hier, gehen eine in die andere über ... Hier regnet es Ruß vom Himmel. Darum halten sie auch alle Fenster so dicht zu ... Straßen, Häuser sehen überall gleich aus. Auch das, was in den Himmel ragt, die Schlote, die Zechentürme, die Kühltürme, die Hochöfen sehen überall gleich aus.«

Auf den Zechen gelten die Masuren zusammen mit den Polen als billige Arbeitskräfte, von den Einheimischen werden sie deshalb häufig angefeindet und pauschal als «Pollakken» beschimpft.

Um ihre nationale Eigenart zu bewahren, schließen sich die evangelischen Masuren von den katholischen Polen in eigenen Siedlungen ab. Ganze Stadtviertel erhalten die Namen ostpreußischer Ortschaften, so wird Gelsenkirchen um die Jahrhundertwende auch »Klein-Ortelsburg« nach einer Stadt in Ostpreußen genannt. Entsprechend ihrer Herkunft versuchen die Masuren in der neuen Heimat zusammenzubleiben: Die Neidenburger lassen sich im Raum Wattenscheid nieder, die Lötzener in Wanne und die Allensteiner im Raum Gelsenkirchen.

Faksimile des Aufrufs, mit dem die Rauxeler Zeche Victor mehrfach in Masuren um Arbeitskräfte wirbt; Übernahme der Fahrtkosten wird zugesichert

Arbeiter vor dem Eingang zur Zeche Victor in Rauxel; masurische Frauen tragen das traditionelle Kopftuch

Castroper Marktplatz, wo auch masurische Zuwanderer überschüssige Erzeugnisse ihrer Gärten verkaufen

---

Ganz wie ein Dorf im fernen Masuren

Auf Plakaten, die in Dorfwirtshäusern ausgehängt werden, werben die Revierzechen seit den 70er Jahren des 19. Jh. in den Ostprovinzen des Deutschen Reiches für das Ruhrgebiet. Bis zur Jahrhundertwende versucht die Zeche Victor in der Nähe der Gemeinde Rauxel mit dem Versprechen, daß sie im Revier die Lebensverhältnisse ihrer Heimat vorfänden, Masuren aus Ostpreußen als Arbeitskräfte anzuwerben:

»Masuren!
In rheinländischer Gegend, umgeben von Feldern, Wiesen und Wäldern, den Vorbedingungen guter Luft, liegt, ganz wie ein masurisches Dorf, abseits vom großen Getriebe des westfälischen Industriegebiets, eine reizende, ganz neu erbaute Kolonie der Zeche Victor bei Rauxel ... Zu jeder Wohnung gehört ein sehr guter und trokkener Keller, so daß sich die eingelagerten Früchte, Kartoffeln usw. dort sehr gut halten werden. Ferner gehört dazu ein Stall, wo sich jeder sein Schwein, seine Ziege oder seine Hühner halten kann. Endlich gehört zu jeder Wohnung ein Garten. So kann sich jeder sein Gemüse, sein Kumst [Kohl] und seine Kartoffeln, die er für den Sommer braucht, selbst ziehen ... Die ganze Kolonie ist von schönen breiten Straßen durchzogen, Wasserleitung und Kanalisation sind vorhanden. Abends werden die Straßen elektrisch beleuchtet ...

Masuren, es kommt der Zeche vor allem darauf an, ordentliche Familien in diese ganz neue Kolonie hineinzubekommen. Ja, wenn es möglich ist, soll diese Kolonie nur mit masurischen Familien besetzt werden. So blieben die Masuren ganz unter sich und haben mit Polen, Westpreußen usw. nichts zu tun. Jeder kann denken, daß er in seiner östlichen Heimat wäre ... Vorgetäuscht wird durch dieses Plakat nichts. Es beruht alles auf Wahrheit. Wer sich die Angelegenheit reiflich überlegt, sage dies seinem Wirt, bei dem das Plakat aushängt. Dieser schreibt dann an Herrn Wilhelm Royek in Harpen bei Bochum. Es werden dann in kurzer Zeit zwei Herren erscheinen, die das Nähere bekanntgeben werden ...«

Robertstraße in neuer Bergarbeiterkolonie in Hochlarmark; die Koloniestraßen bleiben oft ungepflasterte Sandwege

Duschen ersetzen Gemeinschaftsbad

12. März 1900. Nachdem bereits seit den 80er Jahren des 19. Jh. auf zahlreichen Revierzechen Duschen in den Waschkauen eingerichtet worden sind, schreibt eine Bergpolizeiverordnung die Installierung von Brausebädern auf allen Schachtanlagen verbindlich vor.
Der Bergmann Heinrich Boßler, seit 1879 auf Zeche Graf Moltke in Gladbeck beschäftigt, erinnert sich noch gut an die Zeiten vor Einführung der Brausebäder: »Es gab ein Wasserbecken von vielleicht 10 × 10 m. Wir stiegen hinein und wuschen uns. Man mag sich ausmalen, wie das Wasser aussah, nachdem Hunderte von Bergleuten darin gebadet hatten. Und wenn im Sommer das Wasser knapp war, wurde es nicht einmal täglich erneuert.«

Streit um Folgekosten im Siedlungsbau

5. April 1900. Die Gemeindevertretung von Recklinghausen-Land berät über die Ankündigung der Harpener Bergbau AG, im Industriedorf Hochlarmark noch eine weitere Werkssiedlung, die sog. Dreieckssiedlung, anlegen zu lassen. Die Gemeinde verlangt von der Firma die Errichtung einer evangelischen und einer katholischen Schule sowie einer Wohnung für einen Polizeidiener in der neuen Siedlung. Grubendirektor Karl Arndt lehnt die Forderungen der Gemeinde ab.
Das Ansiedlungsgesetz von 1876 verpflichtet Industrieunternehmen, die Werkskolonien bauen, den betroffenen Gemeinden die Folgekosten aus dem Siedlungsbau (z. B. Bau von Straßen und Schulen) zu erstatten. Die Bergbau AG kündigt jedoch an, auf den Siedlungsbau ganz zu verzichten, wenn die Gemeindeverwaltung nicht die Materialkosten für die Schulneubauten übernimmt. Um einer drohenden Wohnungsnot vorzubeugen, sieht sich die Gemeinde zum Nachgeben gezwungen.
Bei vielen ähnlichen Konflikten um den Ausbau der Infrastruktur in neuen Siedlungsgebieten setzen sich die mächtigen Bergbauunternehmen gegen die gesetzlichen Ansprüche der Kommunen durch.

Stellenausschreibung für einen kräftigen Polizisten in der Kolonie

Zechenstillegungen im Tal der Ruhr

Um 1900. Zahlreiche alte Zechen im Süden des Ruhrgebiets werden wegen Unwirtschaftlichkeit stillgelegt, wie die Essener Zeche Vereinigte Hoffnung und Secretarius Aak, die Zeche Steingatt in (Essen-)Kupferdreh oder die Bochumer Zeche Brockhauser Tiefbau.
Die stillgelegten Bergwerke beuteten die in der Nähe der Ruhr zutagetretenden Flöze aus, deren Vorkommen inzwischen erschöpft sind. Die nach Norden hin in größere Tiefen abfallenden Steinkohlenschichten können nur noch von modernen Tiefbauzechen erschlossen werden.

Straßenbahn weitet ihr Streckennetz aus

1900. Mit steigendem Fahrgastaufkommen werden die Streckennetze der Straßenbahnen in fast allen Ruhrgebietsstädten ausgebaut. Oft führen neu errichtete Linien genau bis an die Stadtgrenzen. So kann die Mülheimer Straßenbahn auf der Strecke Kahlenberg–Styrum bis zur Grenze Oberhausen verkehren.
Unter Beteiligung der Stadt Recklinghausen sowie der Gemeinden Herten und Wanne wird im Jahr 1899 eine Straßenbahngesellschaft mit dem Ziel gegründet, ein gemeinsames Betriebsnetz für den Linienverkehr zu schaffen.

Bauarbeiten für eine Straßenbahnlinie am Glückaufplatz in Wanne, im Hintergrund die Hauptstraße (1900)

Erstes Zusammentreffen der Oberhausener und der Mülheimer Straßenbahn an der gemeinsamen Stadtgrenze (1900)

1900

Schönes Ausflugslokal auf Burg Horkenstein

1900. *Der Wirt Karl Wilhelm Stammen eröffnet in der umgebauten Burg Horkenstein bei Dahlhausen (Bochum) ein Restaurant (Abb.). Die Burg ist ein beliebtes Ausflugsziel, von dem aus sich dem Betrachter ein weiter Blick über das Ruhrtal bietet. Zu Füßen der Burg liegt ein großer Findlingsblock, um den sich viele Sagen ranken. Der Volksmund sagt, der Teufel sei einst mit dem Block herbeigeeilt, um die neue Kirche von Niederwenigern zu zerstören; weil er mit der Last nicht über die Ruhr kam, habe er sie im Zorn fallengelassen. Rund um Bochum sprießen um 1900 zahlreiche Restaurants und Gartenlokale aus dem Boden, die gern besuchte Ziele sonntäglicher Familienausflüge sind.*

Neues Vergnügungsviertel in Dortmund

Um 1900. *Mit der Brückstraße (Abb.) hält das Dortmunder Vergnügungsleben Einzug auch in die Altstadt. Ein Varieté-Theater, Konzerthallen, Cafés mit und ohne Musikkapellen, Kinos, Restaurants und Stehbierhallen sorgen für abwechslungsreiche Unterhaltung. Bei aller Popularität leben die Varieté-Künstler in Dortmund in unsicheren sozialen Verhältnissen. Die ständig neuen Erwartungen des Publikums bewirken einen starken Konkurrenzdruck. Alle zwei bis vier Wochen wechseln die Theater ihr Programm und setzen die bisherigen Artisten auf die Straße. Nur die berühmtesten Künstler haben stets Anschlußverträge und entsprechend regelmäßiges Einkommen.*

Dortmunder Bier in Paris ausgezeichnet

14. April 1900. Bei der Weltausstellung in Paris wird das helle Export-Lagerbier der Dortmunder Actien-Brauerei, genannt Dortmunder Typ, mit der goldenen Medaille ausgezeichnet. Im September des Jahres macht die Brauerei ihren »verehrlichen Kunden und Freunden« dies in Zeitungsinseraten bekannt. Auch das Rheinisch-Westfälische Elektrizitätswerk aus Essen ist auf der Weltausstellung mit einem Stand vertreten, auf dem eine Dampfmaschine mit einer Leistung von 2000 Kilowatt gezeigt wird. Die gesamte Ausstellung steht im Zeichen der Elektrizität. Ein eigens errichtetes Kraftwerk versorgt das Ausstellungsgelände mit Strom, und in den Abendstunden werden Hallen, Pavillons und der elf Jahre zuvor auf dem Marsfeld erbaute Eiffelturm illuminiert.

Eine weitere Attraktion in Paris sind die Filmvorführungen von Auguste Lumière, der seine Erfindung erstmals einem großen Publikum vorstellt. Viel Beachtung finden auch Ausstellungsobjekte im Jugendstil, der sich in den folgenden Jahren zur Mode entwickelt.

Insgesamt 50 Mio Menschen besuchen die Weltausstellung in Paris, das als Hauptstadt für Kunst und Kultur, Mode und Vergnügen gilt. Im Katalog zur Weltausstellung wird sie als »das großartige Resultat, und die gewaltige Bilanz eines ganzen Jahrhunderts, des an Entdeckungen reichsten, an Wissenschaften wundersamsten Jahrhunderts, das jemals die ökonomische Ordnung des Universums revolutioniert hat«, bezeichnet.

Treppenhalle des kaiserlich-deutschen Pavillons auf der Pariser Weltausstellung von 1900 (Abb. in einem Sonderbericht des »Figaro Illustré«)

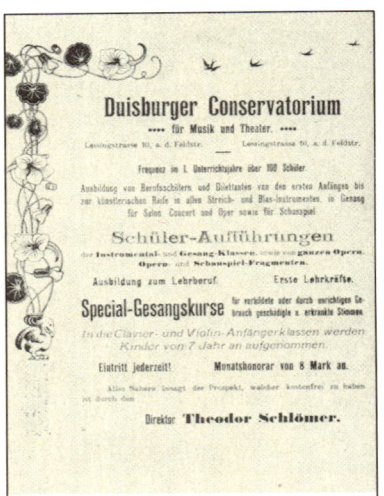

Musikhochschule

Herbst 1900. *In Duisburg eröffnet das Konservatorium an der Lessingstraße, der späteren Lenzmannstraße. Das private Unternehmen wird von Theodor Schlömer, ehemals Direktionsmitglied der Berliner Musikhochschule, geleitet. Im Unterrichtsangebot für Musiklehrer- und andere Studiengänge sind Theorie und Komposition sowie »Special-Gesangskurse« (Abb.).*

1901

10. 5. Die 1899 gegründete Straßenbahngesellschaft Recklinghausen-Herten-Wanne nimmt den Betrieb auf (ab 15. 5. 1915 Vestische Kleinbahnen GmbH).

15. 6. Hugo Stinnes gründet die Deutsch-Luxemburgische Bergwerks- und Hütten-Aktiengesellschaft.

27. 6. Der preußische Innenminister verfügt Erleichterungen bei der Eindeutschung polnischer Namen. →

1. 7. Das Wegegeld auf der Moers-Homberger Aktienstraße wird aufgehoben. →

31. 8. In Dortmund wird das Vergnügungszentrum Walhalla eröffnet.

13. 9. Anläßlich des achten Allgemeinen Deutschen Bergmannstages findet auf der Schachtanlage Rheinelbe in Gelsenkirchen eine große Feuerwehrübung statt. →

1. 10. Georg Hüttner und Carl Holtschneider gründen das Dortmunder Musikkonservatorium. →

16. 10. Robert Koch, Leiter des Berliner Instituts für Infektionskrankheiten, untersucht in Gelsenkirchen die Ursachen einer Typhusepidemie. →

31. 10. Die Schifferbörse in Ruhrort wird eingeweiht. →

8. 11. Die Dortmunder Hansa-Brauerei AG wird gegründet.

1901. Franz Lütgenau gründet in Dortmund einen Verein für Literatur und Kunst. →

1901. Die Mannesmann-Röhren-Werke aus Düsseldorf erwerben die Gewerkschaft Grillo, Funke & Co. in (Gelsenkirchen-)Schalke. →

1901. In den elf Essener Sparkassenfilialen übersteigen die Einlagen erstmals 100 Mio Mark. →

1901. Die Schächte Heinrich und Robert bei Hamm und die Zeche Heinrich in Wanne-Eickel werden abgeteuft.

1901. Der Turnverein Wattenscheid 01 wird gegründet.

1901. Die westfälische Firma Knäpper eröffnet in Hamm eine Pumpernickelfabrik.

GEBOREN:

22. 6. Duisburg: Luise Albertz († 1. 2. 1979, Oberhausen), SPD-Politikerin.

23. 6. Unna: Paul Verhoeven († 22. 3. 1975, München), Schauspieler und Regisseur.

28. 6. Essen: Alfred Müller-Armack († 16. 3. 1978, Köln), Nationalökonom und Soziologe.

12. 9. Duisburg: Ernst Pepping († 1. 2. 1981, Berlin), Komponist.

12. 12. Bochum: Paul Sethe († 21. 6. 1967, Hamburg), Publizist.

Aus Majcrzak wird Mayer

27. Juni 1901. Der Innenminister des Deutschen Reiches weist den Regierungspräsidenten in Münster an, bei Anträgen auf Eindeutschung polnischer Namen großzügig zu verfahren. Er hofft, »daß Namensänderungen der gedachten Art, welche die Verschmelzung des polnischen Elementes mit dem deutschen zu fördern geeignet sind, von seiten der Behörden jede Unterstützung und Erleichterung erfahren werden ...« Obwohl keine genauen Zahlen zu ermitteln sind, lassen sich für die Zeit von 1880 und 1935 mindestens 30 000 Anträge auf Eindeutschung slawischer Namen im Ruhrgebiet nachweisen. Die deutsche Regierung ist an der Germanisierung und Integration der Zuwanderer aus Polen und Masuren interessiert.

Die Vorurteile der einheimischen Bevölkerung gegen alles vermeintlich »Polnische« veranlaßt auch deutsche Zuwanderer aus den preußischen Ostprovinzen, »slawisch« klingende Namen abzulegen. Die Namensänderung soll Schwierigkeiten im Umgang mit Behörden und Diskriminierung der Kinder in der Schule verhindern helfen. Nicht selten wählen Träger polnischer Namen gängige deutsche Familiennamen wie Müller, Meier oder Schulze. Da diese Namen zur Kennzeichnung wenig geeignet sind, werden die Behörden angewiesen, auf Namensänderungen anderer Art hinzuwirken. So entstehen um die Jahrhundertwende lautlich vereinfachte Familiennamen, deren slawischer Ursprung noch erkennbar ist:

▷ Gresch statt Grzesch
▷ Maischach statt Majcrzak
▷ Pizolka statt Piszolka
▷ Friedetzki statt Frydecki
▷ Piecha statt Piechaczyk.

Weit verbreitet sind Neubildungen mit den Endungen -feld oder -berg: So wird z. B. Gizelski zu Gisberg und Janowski zu Janfeld.

Manche neuen Familiennamen sollen nach Angaben der Antragsteller Übersetzungen eines slawischen Namens sein:

▷ Florczak zu Floren (vom Vornamen Florian)
▷ Pawlowski zu Paulsen
▷ Prusinowski zu Preußmann
▷ Rybarczyk zu Reiber.

Feuerwehr auf Rheinelbe probt Ernstfall

13. September 1901. *Im Rahmen des achten Allgemeinen Deutschen Bergmannstages findet auf der Zeche Rheinelbe bei Gelsenkirchen eine Übung der Zechenfeuerwehr statt (Abb.). Die modern ausgerüstete Feuerwehr der Schachtanlage verfügt um die Jahrhundertwende über mehrere Mannschafts- und Gerätewagen sowie 14 Feuerspritzen und eine eigene Telegrafenstation.*

Während Grubenbrände in der Zeit bis 1900 selten auftreten, ist die Feuergefahr auf den Übertageanlagen weitaus größer. Zum einen stellen die häufig aus Holz errichteten Tagesanlagen der Zechen eine ständige Brandgefahr dar, zum anderen sind die Einrichtungen zur Nebenproduktgewinnung (Koks, Teer), aber auch die Füll- und Reinigungsräume für Benzinsicherheitslampen, gefährliche Brandherde.

Prof. Dr. Robert Koch, Bakteriologe, bei der Arbeit in seinem Labor

Prof. Robert Koch in Gelsenkirchen

16. Oktober 1901. Der berühmte Bakteriologe und Leiter des Instituts für Infektionskrankheiten in Berlin, Robert Koch, besucht Gelsenkirchen anläßlich einer Typhusepidemie.

Panne beim Empfang

Die führenden Herren der Stadt, Regierungspräsidenten, Medizinalräte, Kreis- und Landräte und der Oberbürgermeister stehen pünktlich zum würdigen Empfang des berühmten Gastes am Bahnhof bereit, doch der Zug fährt wieder ab, ohne daß die Begrüßungskommission ihres Amtes walten konnte. Koch ist, von den hohen Herren unbemerkt, bereits in sein Hotel gefahren. Als sich die städtischen Vertreter enttäuscht dort einfinden, sitzt der Professor schon in der Badewanne.

Robert Koch hält in Gelsenkirchen Vorträge zur Bekämpfung von Infektionskrankheiten und setzt sich für die Einrichtung einer Seuchenstation ein. Ende Oktober ist die Epidemie unter Kontrolle.

Der Gelsenkirchener Landrat Wilhelm Hammerschmidt greift die Erkenntnisse von Koch auf und gründet im November des gleichen Jahres den Verein zur Bekämpfung von Volkskrankheiten im Ruhrkohlengebiet. Dieser Verein ist der Träger des wenig später geschaffenen Gelsenkirchener Hygiene-Instituts.

Mannesmann auf dem Weg zum Konzern

1901. Zur Schaffung einer eigenen Rohstoffbasis entschließt sich die bis dahin ausschließlich stahlverarbeitende Mannesmannröhren-Werke AG in Düsseldorf mit Hütten- und Bergwerksbetrieben zu fusionieren. Dazu erfolgt 1906 der erste Schritt mit dem Aufkauf des Gußstahlwerkes Saarbrücken.

Mit Übernahme der Gewerkschaft Grillo-Funke & Co. in Gelsenkirchen-Schalke im Jahr 1911 beginnt die Entwicklung des Unternehmens zum sog. gemischten Hüttenbetrieb und wird für Mannesmann die erste Verbindung zum Ruhrkohlenbergbau geschaffen. Noch im gleichen Jahr kann außerdem die Zeche Königin Elisabeth in (Essen-)Frillendorf aufgekauft werden.

Den Brüdern Reinhard und Max Mannesmann, Söhnen eines Remscheider Feilenfabrikanten, gelang es 1885/86, durch Entwicklungen eines speziellen Schrägwalzverfahrens erstmals nahtlose Stahlrohre herzustellen. Das Patent auf dieses, die Rohrproduktion revolutionierende Verfahren wurde ins europäische Ausland und in die Vereinigten Staaten verkauft. Um 1886 nahmen Tochter- und Lizenzfirmen die Produktion auf. Am 16. Juli 1890 erfolgte die Gründung der Deutsch-Österreichischen Mannesmannröhren-Werke mit Sitz in Berlin.

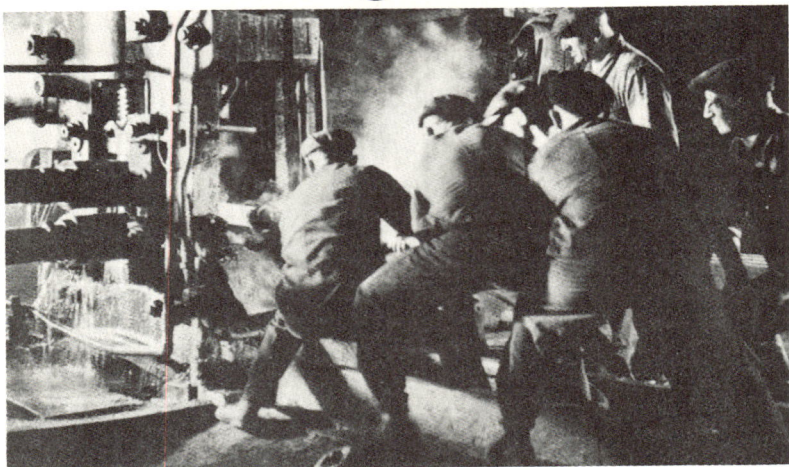

Handpilgerverfahren, von den Mannesmannröhren-Werken entwickelt zur Herstellung besonders dünnwandiger nahtloser Stahlrohre

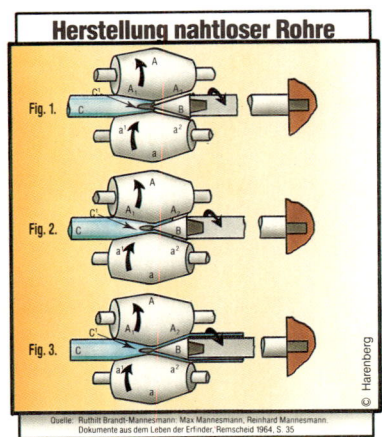

Beim sog. Schrägwalzverfahren zur Produktion nahtloser Röhren wird ein glühender Rundstahlstab zwischen zwei doppelkonische Walzen (A und a) geführt. Dabei weicht der Stahl zwischen den sich in gleicher Richtung drehenden Walzen spitzwinkelig nach innen (Fig. 2, C). Die dadurch entstehende Vertiefung wird beim Vorstoßen des Rundstahlstabes zum Hohlraum. Ein kegelförmiger Dorn (B) weitet den Hohlraum und glättet die Innenwände des nahtlosen Stahlrohres (Fig. 3).

Schifferbörse setzt Frachttarife fest

31. Oktober 1901. Die Schifferbörse in Ruhrort wird ihrer Bestimmung übergeben. Im Jahr 1899 entschloß sich die preußische Staatsregierung auf Anregung aus Schiffahrtskreisen, am Damm in Ruhrort, der bereits seit Jahrzehnten regelmäßiger Treffpunkt von Schiffern von Mittel- und Oberrhein ist, eine eigene Schifferbörse zu errichten.

Aufgabe der Börse ist es, das unkontrollierbare Maklerwesen zu beseitigen und den unmittelbaren Verkehr zwischen Schiffern und Frachtanbietern zu erleichtern. Eine spezielle Börsenordnung vereinfacht den Abschluß von Schiffsfracht- und Schleppgeschäften.

Durch amtliche Notierung und Vereinheitlichung der Frachttarife werden klare und übersichtliche Aufstellungen für das gesamte Frachtgeschäft geschaffen. Behördliche Stellen, Verfrachter und Spediteure, Reeder sowie Einzelschiffer können sich an Hand des sog. Kurszettels über Bewegungen am Frachtmarkt unterrichten. Bedeutung haben diese Tarifübersichten auch als Entscheidungshilfen für den Abschluß langfristiger Transportverträge.

Haupttransportgut in Ruhrort ist Kohle, während der Nachbarhafen Duisburg vom Getreidehandel lebt.

Schiffs- und Schlepperverkehr im Ruhrorter Hafen, rechts am Kai die Fachwerkfassade der neueingerichteten Schifferbörse (um 1900)

Private Aktienstraße frei von Wegegeld

1. Juli 1901. Die von einer privaten Aktiengesellschaft erbaute Moers-Homberger Straße, die spätere Homberger Straße, geht durch Kauf in den Besitz der Stadtgemeinden über. Dadurch wird der bisher mit Wegegeldern belegte Privatweg für den Verkehr frei passierbar.

Seit den 40er Jahren des 19. Jh. war der Straßenbau zum Teil eigens zu diesem Zweck gegründeten Aktiengesellschaften überlassen worden (→ 1818), die Wegezölle erhoben. Vor allem die zunehmende Konkurrenz der Bahn ließ im Güterverkehr die Einnahmen der sog. Chausseebau-Aktiengesellschaft bis zur Bedeutungslosigkeit sinken.

Konservatorium in Dortmund eröffnet

1. Oktober 1901. Unter reger Anteilnahme der Bürgerschaft der Stadt und der Provinzialbehörden wird das Dortmunder Musikkonservatorium eröffnet. Einen ersten Beweis des angestrebten künstlerischen Niveaus liefert das Eröffnungskonzert, bei dem die Lehrer der zukünftigen Ausbildungsklassen Gesangs- und Instrumentalstücke zur Aufführung bringen.

Bereits zu Beginn des ersten Semesters wird das Konservatorium von 100 Schülern besucht. Im Mittelpunkt stehen die Fächer Klavier, Violine und Gesang. Der Chor des neuen Instituts ist bemüht, auch nicht der Schule angehörende Sänger und Sängerinnen zu gewinnen. Die Stadt bewilligt 2000 Mark Zuschuß für mittellose Schüler.

Carl Holtschneider, Leiter des Dortmunder Konservatoriums

Gewinne für Banken und Sparkassen

1901. In den elf Sparkassen Essens übersteigen die Spareinlagen erstmals 100 Mio Mark, in den vier Mülheimer Kassen betragen sie 17,5 Mio Mark und in Oberhausen 5,7 Mio Mark. Die Sparzinsen liegen zwischen 2,5 und 4%. In den letzten 25 Jahren sind die Einlagen bei den Sparkassen des westlichen Ruhrgebiets um knapp 500% gestiegen, von 22,6 Mio auf 103,2 Mio Mark.

Während der 40er Jahre des 19. Jh. wurden in der ganzen Ruhrregion neue Sparkassen eingerichtet, »um den Fabrikarbeitern, Handwerkern, Dienstboten, Kranken- und Sterbeladen usw. Gelegenheit zu geben, ihr erspartes Geld sicher und rentbar unterzubringen«, wie ein Duisburger Landrat in dieser Zeit schrieb. Der Bestand der Sparkassen wird von den jeweiligen Gemeinden garantiert, die gleichzeitig die Kassengeschäfte überwachen.

Auch das Kreditbanken-Gewerbe erlebt ähnlich wie die Sparkassen in der zweiten Hälfte des 19. Jh. einen Aufschwung. Die bedeutendste Bank des Ruhrgebiets, die Essener Credit-Anstalt, erwirtschaftet 1901 bei einem Grundkapital von 30 Mio Mark und einem Umsatz von 2,2 Mrd Mark einen Reingewinn von 3,2 Mio Mark. 1871 von dem Industriellen Friedrich Grillo und dem Bankier Ludwig von Born gegründet, wird sie als Investitionsbank für verschiedene Revierunternehmen tätig.

Gebäude der 1865 gegründeten Sparkasse in (Hagen-)Boele; Sparkassen geben Bürgern die Möglichkeit, ihr Geld zinsbringend anzulegen

Während bis in die 70er Jahre viele Fabrik- und Zechenbesitzer ihre Aktivitäten noch mit eigenem Kapital oder Privatanleihen finanzierten, stellen seit dieser Zeit vor allem Bankhäuser aus Köln, Düsseldorf (Wuppertal-)Elberfeld sowie aus Frankreich und Belgien Kapitalien für die Industrie bereit. Im letzten Viertel des 19. Jh., als etwa 1% des gesamten preußischen Volkseinkommens in die Industrialisierung des Ruhrgebiets investiert wurde, konnte der Kapitalbedarf dieser Region allein von Großbanken gedeckt werden, bei denen es zunehmend zu Zusammenschlüssen kam. So konnte die Essener Credit-Anstalt ihr Bestehen nur durch eine enge Bindung an die Deutsche Bank im Jahr 1900 sichern.

Dortmunder widmen sich den Künsten

1901. Der freie Schriftsteller und Journalist Franz Lütgenau gründet in Dortmund den Verein für Literatur und Kunst. Die Mitglieder des neuen Zusammenschlusses versammeln sich allwöchentlich zu einem Vortrag über literarische oder künstlerische Themen.

Die Vorträge werden in der Regel von Vereinsmitgliedern gehalten, nur selten von prominenten Gästen. Die Themen sind stets aktuell, im Mittelpunkt steht die Vorstellung von literarischen Neuerscheinungen. Nach einem Vortrag wird über das Gehörte diskutiert. Neben der Behandlung einzelner Autoren widmet man sich auch Sachthemen wie Journalismus, Literaturkritik, Vortragskunst u. a.

Dieser Typus der Vortragsgesellschaft tritt neben die bereits seit dem 18. Jh. bestehenden bürgerlichen Lesegesellschaften, die im Laufe des 19. Jh. immer mehr zu Erholungs- und Vergnügungszirkeln geworden waren. Umgang mit Literatur pflegt man in diesen Kreisen nur noch im Laientheaterspiel. Zu einem Gründungsboom solcher literarischen Vortragsgesellschaften kommt es im Schillerjahr 1905. In Bochum wird die Gesellschaft für Literatur und Kunst gegründet.

Fischfangerträge aus dem Rhein bedroht

Im Rhein bei Wesel werden jährlich rund 2000 Lachse gefangen (Abb.), die ebenso beliebt sind wie die alljährlich im Frühjahr gefischten Aale. Auf Fäden gezogen und geräuchert, zählen sie zu den besonderen Spezialitäten der Region. Aufgrund der zunehmenden Verschmutzung des Rheinwassers und dem dadurch bedingten Rückgang der Fischbestände verringern sich die Erwerbsmöglichkeiten aus der Rheinfischerei in den nachfolgenden Jahren jedoch drastisch.

Walhalla-Palast in Dortmund eröffnet

31. August 1901. *An der Rheinischen Straße in Dortmund wird der Vergnügungspalast Walhalla (Abb.) eröffnet. Im Vorderhaus befinden sich Tagesrestaurant, Stehbierhalle und Läden; in den drei dahinter liegenden Sälen spielt sich das Konzert- und Varieté-Geschehen ab. Daneben gibt es noch eine Doppelkegelbahn. In einer extra erscheinenden »Walhalla-Zeitung« werden die einzelnen Darbietungen, die von 18 bis 23 Uhr stattfinden, angekündigt.*

1902

Februar. Die Direktion der Essener Krupp-Werke beschließt den Ausbau des Hüttenwerks in (Duisburg-)Rheinhausen.

21. 3. Der preußische Staat erwirbt von dem Fabrikanten August Thyssen die Zechen Gladbeck 1/2 und 3/4. Sie werden umbenannt in Möllerschächte und Rheinbabenschächte. →

1. 4. Die Gemeinden Hohenlimburg und Elsey (Hagen) werden zur Gemeinde Hohenlimburg vereinigt.

1. 4. Castrop wird zu einer vollberechtigten Stadt mit 14 447 Einwohnern erhoben. Das neugebildete Amt Rauxel hat 11 311 Einwohner.

April. Der Fußballverein Meidericher SV wird gegründet. →

3. 5. Das neue Rathaus der Stadt Duisburg wird eingeweiht. Im gleichen Jahr wird ein neuer Hauptbahnhof in Essen errichtet. →

30. 6. In Anwesenheit von Kronprinz Friedrich Wilhelm wird das Kaiser-Wilhelm-Denkmal auf der Hohensyburg bei Dortmund eingeweiht →

12. 7. Das Museum Folkwang in Hagen (später Karl-Ernst-Osthaus-Museum) wird eröffnet. →

9. 11. In Bochum wird die polnische Bergarbeitergewerkschaft ZZP gegründet. →

11. 12. Auf der Zeche Gneisenau in (Dortmund-)Derne kommen 13 Menschen bei einer Dynamitexplosion ums Leben.

25. 12. Am Burgwall in Dortmund eröffnet das Varieté Olympia-Theater. →

1902. Der Industrielle August Thyssen beteiligt sich an algerischen Erzgruben. →

1902. Hugo Stinnes und August Thyssen erwerben die Aktienmehrheit am Rheinisch-Westfälischen Elektrizitätswerk.

1902. Auf der Zeche Preußen II bei Lünen wird die erste elektrische Fördermaschine auf einem Schacht im Ruhrbergbau errichtet.

1902. Der RSV Mülheim wird gegründet, der später im Handball erfolgreich ist.

1902/1906. In Datteln errichtet eine dem Norddeutschen Lloyd und Krupp gehörende Gewerkschaft die Zeche Emscher-Lippe.

GESTORBEN:

22. 11. Essen: Friedrich Alfred Krupp (* 17. 2. 1854, Essen), Industrieller. →

GEBOREN:

7. 3. 1902. Essen: Heinz Rühmann, Schauspieler.

1. 6. 1902. Bochum: Siegfried Balke, CSU-Politiker.

Fassade des neuen Essener Hauptbahnhofs, der das alte Stationsgebäude, spöttisch »Holzbude« genannt, ersetzt

Städtewachstum fördert Bautätigkeit

3. Mai 1902. In der Reihe öffentlicher Neubauten, die durch großstädtische Entwicklung und steigende Bevölkerungszahl der Ruhrgebietsstädte erforderlich werden, steht das neue Duisburger Rathaus am Burgplatz. Zweitägige Feierlichkeiten begleiten den Einweihungsakt. Zu den Ehrengästen zählen drei preußische Minister, der Oberpräsident der Rheinprovinz und der Regierungspräsident aus Düsseldorf.

Öffentliche Neubauten um 1900

1902: Der Erweiterungsbau des Rathauses in (Oberhausen-)Sterkrade wird eröffnet.
1902: Das Duisburger Rathaus wird eingeweiht.
1902: Der Essener Hauptbahnhof wird eröffnet.
1904: Gelsenkirchen erhält einen neuen Bahnhof.
1905/06: Das Knappschaftskrankenhaus in Recklinghausen wird eröffnet.
1910: Der Mülheimer Hauptbahnhof wird seiner Bestimmung übergeben.

Neben Rathäusern, Postgebäuden und Krankenhäusern entstehen auch größere Bahnhöfe, die dem vermehrten Verkehrsaufkommen Rechnung tragen. So wird in Essen gegen Ende des Jahres 1902 der Hauptbahnhof mit einem Stationsgebäude und umbauten Vorplatz an der Kettwiger Straße fertiggestellt. Auch Mülheim erhält nach der Großstadtwerdung (→ 1908) einen repräsentativen Hauptbahnhof im Zentrum der Stadt. 1904 wird in Gelsenkirchen, der Anlaufstelle für den Zuwandererstrom ins Ruhrgebiet, der umgestaltete Bahnhofsvorplatz mit neuem Bahnhofsgebäude der Öffentlichkeit übergeben.

Abgerundet wird das moderne Erscheinungsbild der Revierstädte nach der Jahrhundertwende durch neu errichtete Schulen, durch Sportanlagen und Hallenbäder.

Das mit einem Kostenaufwand von 2,6 Mio Mark erbaute Duisburger Rathaus im Stil der deutschen Frührenaissance neben der Salvatorkirche

Zwischen Anpassung und Nationalstolz

9. November 1902. In Bochum wird auf Initiative des »Wiarus Polski«, der wichtigsten Zeitung der Ruhrpolen, die Polnische Berufsvereinigung (Zjednoczenie Zawodoz Polskie, ZZP) gegründet.

Die ZZP ist in erster Linie ein Bergarbeiterverband, steht aber grundsätzlich allen Polen offen. Die Gründung ist Ergebnis polnischer Abgrenzungspolitik gegenüber deutschen Institutionen. Die Ruhrpolen werden von ihren Vereinigungen und Zeitungen aufgefordert, sich der von der deutschen Regierung gewünschten »Germanisierung« zu widersetzen und die eigene Sprache und Volkskultur zu pflegen.

Die ZZP ist die dritte große Bergarbeitergewerkschaft nach dem sozialdemokratischen Alten Verband (→ 18. 8. 1889) und dem Gewerkverein christlicher Bergarbeiter (→ 26. 8. 1894). Die deutschen Gewerkschaften setzen sich nur halbherzig für die Belange der Ruhrpolen ein; entsprechende Vorbehalte bestehen auf polnischer Seite.

Das starke Nationalgefühl und die hohe Religiosität der Polen stehen im Widerspruch zur internationalistischen und antiklerikalen Politik der sozialdemokratischen Arbeiterführer.

Für den christlichen Gewerkverein stellt der polnische Katholizismus kein ideologisches Problem dar. Aufgrund seiner nationalen Ausrichtung auf Kaiser und Reich und seines mangelnden Verständnisses für die polnische Volkskultur scheint der Gewerkverein jedoch zahlreichen polnischen Arbeitern zur Vertretung ihrer Interessen ungeeignet. Bis zur Gründung der ZZP waren die polnischen Bergarbeiter in den Gremien der Knappschaftsältesten und Sicherheitsmänner auf den Zechen kaum vertreten. Mit wachsender Bedeutung der ZZP in den folgenden Jahren werden die Polen zunehmend in die Mitbestimmungsgremien einbezogen.

Die allmählich fortschreitende berufliche und gesellschaftliche Eingliederung der polnischen Bevölkerung wird von deutschen wie polnischen Vertretern radikal-nationaler Kreise ungern gesehen.

Die Forderungen nach Gottesdiensten in polnischer Sprache und polnischer Mitwirkung in den Kirchengemeinderäten werden von der »Bottroper Volkszeitung« als »hetzerisches Treiben« angeprangert.

Dagegen beklagt der »Wiarus Polski« seit 1898 in jeder Ausgabe, daß in den Familien der Zuwanderer oft Deutsch gesprochen werde und die im Ruhrgebiet geborenen Kinder ihre Muttersprache verlernten. Im August 1902 erscheinen im »Wiarus Polski« folgende Verse:
»An die Polinnen zum Schutze der Muttersprache!
Schande, Schande! der polnischen Tochter,/
Die nationale Tugend verachtet,/
Und deinen reinen Rosenmund/
Mit fremder Sprache oft besudelst.«
1911 wird den Polen erlaubt, ihre Kinder in polnischer Sprache auf die Beichte und erste Kommunion vorzubereiten. Polnischer Sprachunterricht in Schulen bleibt verboten.

Fahne eines polnischen St.-Barbara-Knappenvereins, benannt nach der Schutzpatronin der Bergleute

Trauerzug für den 1902 verstorbenen Friedrich Alfred Krupp in Essen

F. A. Krupp stirbt in der Villa Hügel

22. November 1902. Friedrich Alfred Krupp stirbt unerwartet im Essener Familiensitz, der Villa Hügel, dem ärztlichen Gutachten zufolge an Herzversagen. Der 1854 geborene Sohn von Bertha und Alfred Krupp, hatte die Essener Krupp-Werke seit dem Tod seines Vaters 1887 geleitet. In dieser Zeit stiegen die Belegschaftszahlen von 20 200 auf 42 600; der Gesamtumsatz konnte von 42,2 Mio Mark auf 101,4 Mio Mark gesteigert werden, wobei sich der Anteil der Rüstungsgüter von 19 Mio auf 42,7 Mio Mark erhöhte.

1875 war Friedrich Alfred Krupp in das Unternehmen seines Vaters eingetreten, 1882 hatte er die Prokura erhalten. Unter seiner Leitung wurden die Essener Werke um eine Panzerplattenfabrik und mehrere mechanische Werkstätten erweitert; gleichzeitig erfolgte der Aufkauf verschiedener Unternehmen der Rüstungs- und Metallindustrie.

Friedrich Alfred Krupp, seit 1882 mit Margarethe Freiin von Ende verheiratet, engagierte sich für die Flottenausbaupläne von Kaiser Wilhelm II., mit dem er persönlich befreundet war (→ 28. 10. 1896). 1893 errang er ein Reichstagsmandat, um das er sich 1887 vergeblich beworben hatte. Im Herbst 1902 griffen deutsche Zeitungen Meldungen der italienischen Presse auf, die über Krupps homosexuelle Neigungen berichteten. Diese Meldungen sowie das Gerücht, Krupp habe deswegen Selbstmord begangen, blieben unbestätigt.

Gladbecker Schächte wechseln Besitzer

21. März 1902. Auf Betreiben des Ministers für Handel und Finanzen Adolf Theodor von Möller wird in Preußen ein Gesetz erlassen, das die Regierung ermächtigt, fördernde Schachtanlagen und Grubenfelder von August Thyssen zu kaufen. Die Schächte Thyssen 1/2 und Professor 3/4 in Gladbeck und Rentfort gehen damit zusammen mit einer Reihe weiterer Grubenfelder in einer Gesamtgröße von 210 Mio m² für 58 Mio Mark in den Besitz des Preußischen Staates über, der sich bereits seit 1890 bemüht, im Ruhrgebiet Steinkohlenzechen zu erwerben.

Nach der Übernahme der Zechen durch Preußen werden die Gladbecker Schächte in Rheinbaben- und Möllerschächte umbenannt.

Algerien-Erze für Thyssen

1902. Der Industrielle August Thyssen erwirbt eine Beteiligung an den algerischen Quenza-Erzgruben, in denen manganhaltige Eisenerze abgebaut werden. In den nächsten zehn Jahren vergrößert er seinen Anteil an den Gruben, so daß er Anspruch auf ein Neuntel der Jahresförderung, aber mindestens 120 000 t hat. An den Quenza-Gruben sind neben August Thyssen die Essener Krupp-Werke, der Schalker Gruben- und Hüttenverein sowie bedeutende englische, französische und belgische Hüttenwerke beteiligt.

Deutsche Stahlunternehmer beteiligen sich zunehmend an ausländischen Erzfeldern, um ihre Rohstoffzufuhr abzusichern, da die deutschen Erzvorkommen fast vollständig ausgebeutet sind.

Erztransportanlagen der Krupp-Werke in Bilbao, Spanien

Zeitgenössische Postkarte der Hohensyburg mit Vignetten von Kaiser Wilhelm II. und Kaiserin Auguste Viktoria

Kaiserdenkmal Hohensyburg eingeweiht

30. Juni 1902. Auf der Hohensyburg im Ruhrtal südlich von Dortmund wird das Denkmal zu Ehren des 1888 verstorbenen Deutschen Kaisers Wilhelm I. eingeweiht. Die Wahl des Standortes soll eine Verbindung herstellen zwischen Wilhelm als dem ersten Kaiser des Zweiten Deutschen Kaiserreiches und Karl dem Großen, der 775 die Hohensyburg im Kampf gegen die Sachsen erobert und damit einen wichtigen Schritt auf dem Weg zur Gründung seines Imperiums, des ersten Reiches auf deutschem Boden, getan hatte (→ 775).

Die Errichtung des Kaiser-Wilhelm-Denkmals geht zurück auf eine Initiative der Dortmunder Stadtverordnetenversammlung vom 16. April 1888, eine Kommission »zur Prüfung der Frage wegen Errichtung eines Denkmals für seine Majestät den Hochseligen Kaiser und König Wilhelm« einzusetzen. Auf Anregung des Dortmunder Oberbürgermeisters Wilhelm Schmieding bildeten sich auch in mehreren anderen westfälischen Städten entsprechende Ausschüsse.

Bald entbrannte die Standortdebatte, in der sich zwei Alternativen herausbildeten: Die Hohensyburg und die Porta Westfalica bei Minden. Auch die Befürworter des letzteren Standortes führten historische Gründe an: An der Weser habe der Sachsenherrscher Widukind dem Franken Karl getrotzt und ein frühes Vorbild für den Kampf der Deutschen gegen Frankreich gegeben.

Am 15. März 1899 entschied der westfälische Provinziallandtag, das Denkmal auf der Porta zu bauen. Genau einen Monat später bildete sich in Dortmund ein Komitee der unterlegenen Partei, um nun ein eigenes Denkmal zu errichten. Als Entwurf wählte man den im Stil der Neugotik gehaltenen Plan des Hannoveraner Professors Hubert Stier.

Der neugotische Baustil soll dem Denkmal »vor allem auch einen deutschen Charakter« geben. Die Kunstrichtung der Neugotik, geistesgeschichtlich eng mit der Romantik verknüpft, soll Stier zufolge an die mittelalterliche Macht und Größe des Heiligen Römischen Reiches erinnern. So sollen Form, Inhalt und Standort des Denkmals patriotische Gesinnung vermitteln.

Großer Publikumsandrang herrscht anläßlich der Einweihung des Kaiser-Wilhelm-Denkmals auf der Hohensyburg im Süden von Dortmund

Brieftaubensport hat viele Freunde

Der Brieftaubensport hat besonders im Ruhrgebiet seit der Gründung der ersten Vereine in den 70er Jahren des 19. Jh. einen enormen Aufschwung genommen. Im ersten Jahrzehnt des neuen Jahrhunderts ist die Region bereits das Zentrum der deutschen Brieftaubenzucht mit der größten Konzentration von Vereinen. Ein Grund für diese Entwicklung sind die Zuwanderer aus den landwirtschaftlich geprägten Ostprovinzen des Deutschen Reiches, die in den Bergmannssiedlungen neben Kleinvieh auch Tauben halten.

Die in sog. Reisevereinigungen (→ 1881) zusammengeschlossenen Brieftaubenliebhaber veranstalten regelmäßig Wettflüge, bei denen sie ihre Vereinsmeister ermitteln. Die Tauben werden dazu vor dem Wettkampf registriert und mit einem numerierten Fußring versehen, außerdem erhalten sie eine Kennzeichnung auf dem Flügel. Per Bahn oder Pferdewagen in speziellen Reisekörben zum Auflaßort transportiert, werden die Tauben dort »geworfen«, d. h. der Reisebegleiter läßt sie fliegen.

Am heimatlichen Schlag warten die Züchter auf die Rückkehr ihrer Tiere. Ein Glöckchen am Einlaß des Taubenschlags zeigt die Ankunft einer Taube an, der dann sofort der Fußring abgenommen wird, um mit diesem in einer speziell dafür konstruierten »Konstatieruhr« die Ankunftszeit festzuhalten. Wenn alle Tauben eines Züchters zurück sind, wird die Uhr zu einer Uhrenkommission gebracht, die mittels Vergleich der Flugzeiten die Siegertaube ermittelt.

Nicht alle Tiere kehren wohlbehalten zurück, viele werden unterwegs von Habichten, Wanderfalken oder Sperbern erjagt. Trotz scharfer Proteste von Naturschützern setzen die Züchterverbände Prämien für den Abschuß von Greifvögeln aus, was dem Ansehen des Taubensports jedoch nicht schadet.

Die Botentaube hat seit der Belagerung von Paris (1871) eine bedeutende Stellung in der militärischen Nachrichtenübermittlung im Deutschen Reich erlangt und wird im Ersten Weltkrieg häufig eingesetzt.

Brieftaubeneinheit der französischen Armee (zeitgenössische Werbeanzeigen)

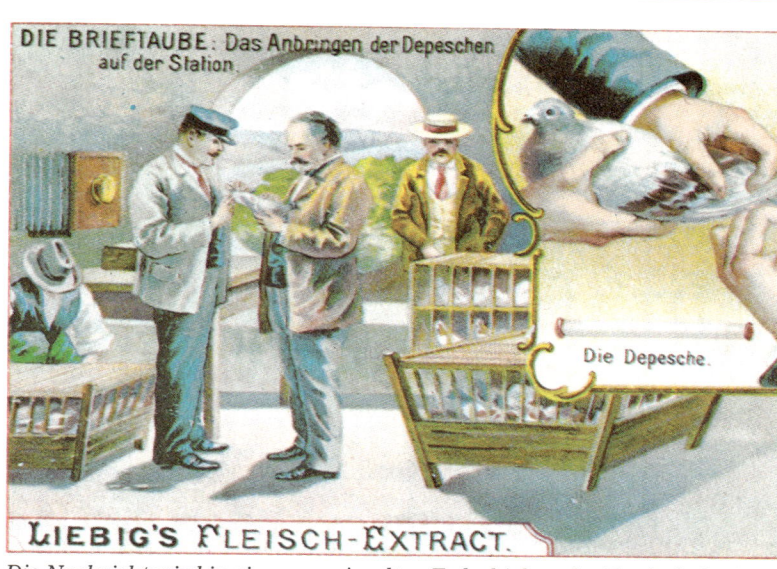
Die Nachricht wird in einem versiegelten Federkiel an der Taube befestigt

Das »Auflassen« der Tauben aus eigens konstruierten Reisekörben

Auch Ballonfahrer bedienen sich häufig der Taubenpost

Rückkehr der Tauben, deren Fluggeschwindigkeit bei etwa 100 km/h liegt

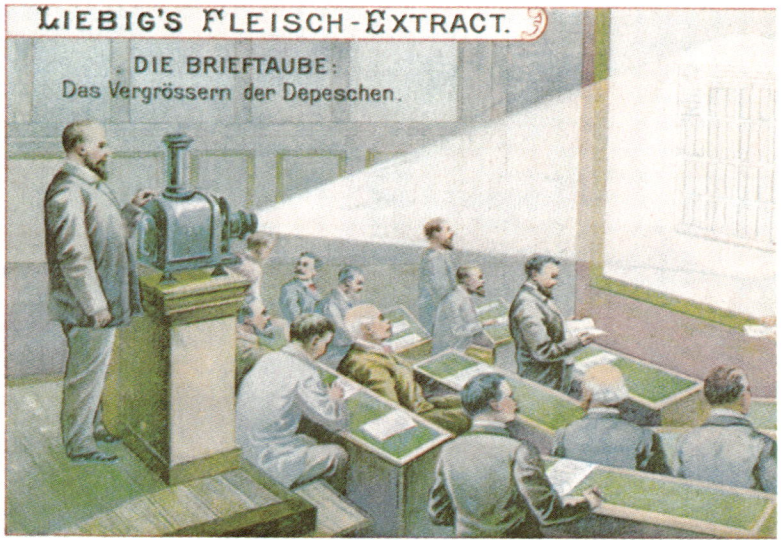
Vergrößerung einer mikrofotografisch verkleinerten Taubendepesche

Folkwang-Museum in Hagen eröffnet

12. Juli 1902. In Hagen wird das von Karl Ernst Osthaus gegründete Museum Folkwang eröffnet. Es umfaßt eine Gemäldesammlung, im wesentlichen außereuropäisches Kunstgewerbe und eine naturkundliche Abteilung.

Das neue Museum hat eine ungewöhnliche Baugeschichte hinter sich: Osthaus hatte 1897 den Plan zur Errichtung eines Museums gefaßt und den Berliner Baurat Carl Gérard, den Erbauer der väterlichen Villa in Hagen, mit der Ausführung beauftragt. Der im Januar 1900 fertiggestellte Rohbau zeigte ein dreiachsiges, dreigeschossiges Gebäude im Neorenaissancestil, wie es den Vorstellungen des Historisten Gérard entsprach.

Im Frühjahr 1900 las Karl Ernst Osthaus in der Zeitschrift »Dekorative Kunst« einen Aufsatz über das bisherige Werk des belgischen Architekten und Kunstgewerblers Henry van de Velde (1863–1957). Die Lektüre führte bei ihm einen völligen Sinneswandel herbei. Umgehend sagte er sich zu einem Besuch bei van de Velde in Brüssel an, um ihn für die weitere Betreuung des Museumsbaus zu gewinnen. Die erste Begegnung mit den praktischen Arbeiten des Belgiers in dessen Wohnhaus »Bloemewerf« wurde für Osthaus zum faszinierenden Erlebnis des neuen Jugendstils. Van de Velde willigte ein und übernahm die Innenausstattung des Museums. Rückschauend schreibt Osthaus 1918/19: »Die den Künstler bewegende Triebfeder war ... das Streben nach Harmonie ... [Die Details der Innenausstattung] folgern aus dem höheren Gesetz des Raumes, dessen Organe sie sind. Und diese Auffassung des Raumes ... als formaler Organismus ... war das wahrhaft befruchtende in van de Veldes Tat.«

Der Name »Folkwang« entstammt der altnordischen Mythologie, die Osthaus stark interessiert.

K. E. Osthaus

Eingangshalle des Folkwang-Museums mit Brunnen von George Minne

Außenansicht des Folkwang-Museums im Neorenaissance-Stil, starker Kontrast zum »modernen« Innenleben

Das von dem Belgier Henry van de Velde im Jugendstil gestaltete Musikzimmer im Museumsinnern

Stars gastieren im Varieté Olympia

25. Dezember 1902. Mit dem Olympia-Theater am Burgwall erhält Dortmund ein im Ruhrgebiet einmaliges Varieté-, Revue- und Operetten-Theater, das zu den führenden Häusern im Deutschen Reich gehört. Zugleich bekommt die Stadt ihren ersten richtigen Theaterbau, d. h. keinen Saal mit Tischen und Stühlen, in dem Verzehrzwang herrscht, sondern feste Klappsitzreihen im Parkett und zwei umfangreiche Ränge mit 1700 Plätzen.

Auf den Programmzetteln des Olympia-Theaters stehen die Namen der berühmtesten Künstler der Zeit: Der Chansonnier Otto Reutter, der »Universalkünstler« Sylvester Schäffer jr., der Zauberer Bellachini, die Clown-Trupps Fratellini und Rivel. Daneben gastieren der Zirkus Renz und der Dompteur Hagenbeck.

Bei den Bauarbeiten zu dem neuen Varieté hatte es Schwierigkeiten gegeben: Da es an der Stelle des alten städtischen Gaswerkes errichtet wurde, mußten Pioniere die schweren Fundamente des Vorgängergebäudes wegsprengen.

Meidericher Schüler entdecken Fußball

April 1902. Mehrere Schüler aus Meiderich bei Duisburg gründen einen Fußballclub, den Meidericher Spielverein (MSV). Schon vorher hatten sich die Jungen mit anderen Jugendlichen getroffen, um auf einer Wiese Mannschaftsspiele auszutragen. Sie lassen sich als Verein eintragen, als ein Spiel von einem Polizisten mit der Begründung unterbrochen wird, nur eingetragene Vereine dürften öffentlich spielen.

Obwohl die kickenden Schüler anfangs auf Ablehnung bei Eltern und Lehrern stoßen, entwickelt sich ihr Fußballspiel zum ernstgenommenen Sport. Nachdem die Meidericher im September dem Rheinisch-Westfälischen Spielerverband beigetreten sind, nehmen sie an Wettkämpfen teil. Die Spielbedingungen sind denkbar einfach, eine Umzäunung des Spielfeldes gibt es nicht, so daß sich die Zuschauer eng um das Feld drängen. Ein weißes Band, zwischen zwei Stöcke gespannt, dient als Tor. Einheitliche Trikots kann sich die Mannschaft in den ersten Jahren nicht leisten.

1903

25. 2. Das Gaswerk der Stadt Dinslaken nimmt seinen Betrieb auf. Am 15. 3. 1903 geht in der Gemarkung Eppinghoven das erste Wasserwerk für Dinslaken in Betrieb.

1. 4. Durch Zusammenschluß mit den Gemeinden Schalke, Heßler, Bulmke, Ückendorf, Bismarck und Hüllen wird Gelsenkirchen Großstadt. →

1. 4. (Hagen-)Hohenlimburg wird die Städteordnung verliehen.

16. 6. Bei den Wahlen zum elften Deutschen Reichstag erringen die Sozialdemokraten 81 Mandate und bilden hinter dem Zentrum mit 100 Mandaten die zweitstärkste Fraktion. Im Ruhrgebiet setzen sich in mehreren Wahlkreisen sozialdemokratische Kandidaten durch, so in Bochum, Gelsenkirchen, Hattingen, Witten (Otto Hue) und (Dortmund-)Hörde. Erstmals stellen die Polen im Revier eigene Kandidaten auf.

1. 7. Nach dem Tod von Friedrich Alfred Krupp wird das Kruppunternehmen in eine AG umgewandelt. →

1903. Im Geschäftsjahr 1902/03 setzt das Rheinisch-Westfälische Elektrizitätswerk erstmals mehr als 5 Mio Kilowattstunden Strom ab. Im Vorjahr belief sich der Gesamtabsatz auf 3,7 Mio Kilowattstunden.

1903. Die Stifts-Brauerei und das Bürgerliche Brauhaus in (Dortmund-)Hörde schließen sich zur Stifts-Brauerei Aktiengesellschaft zusammen.

1903. August Thyssen erwirbt Schloß Landsberg bei (Essen-)Kettwig und macht es zu seinem privaten Wohnsitz. →

1903. Die Harpener Bergbau AG läßt in (Dortmund-)Lütgendortmund eine Siedlung bauen. →

1903. Mit dem »Gesetz betreffend die Kinderarbeit in gewerblichen Betrieben« werden die Schutzbestimmungen für arbeitende Kinder auch auf Betriebe ausgedehnt, die nicht als Fabriken gelten.

1903. In (Hamm-)Werries wird die Zeche Maximilian abgeteuft.

1903/1905. In Waltrop errichtet der preußische Staat die gleichnamige Schachtanlage.

1903/1906. In (Gelsenkirchen-)Buer errichtet der preußische Staat die Zeche Bergmannsglück.

GEBOREN:

26. 4. (Dortmund-)Hörde: Alex Möller († 2. 10. 1985, Karlsruhe), SPD-Politiker.

2. 7. Dortmund: Walter Vollmer († 17. 2. 1965, Arnsberg), Bergmann und Schriftsteller.

Firma Krupp wird AG

1. Juli 1903. Als eines der letzten Großunternehmen des Ruhrgebiets werden die Essener Krupp-Werke in eine Aktiengesellschaft umgewandelt. Diese Änderung der Rechtsform ist von Friedrich Alfred Krupp, der ein Jahr zuvor gestorben ist (→ 22. 11. 1902), testamentarisch verfügt worden, um seine Familie in Zukunft vor zu großen wirtschaftlichen Risiken zu schützen. Bisher war stets ein Mitglied der Familie Krupp Alleininhaber des Unternehmens. Bei Mißwirtschaft, Zahlungsschwierigkeiten oder einer konjunkturellen Krise haftete der jeweilige Besitzer mit seinem persönlichen Vermögen. So hatte Alfred Krupp während einer Wirtschaftskrise in den 70er Jahren des 19. Jh. den gesamten Familienbesitz gegen einen Bankkredit verpfänden müssen (→ 1878). Durch die Umwandlung in eine Aktiengesellschaft entfällt die Haftung durch persönliches Eigentum.

Das gesamte Aktienkapital im Wert von 160 Mio Mark wird auf die 16jährige Bertha Krupp überschrieben. Da das Gesetz verlangt, daß ein Viertel des Aktienwertes in bar zu entrichten ist, zahlt Margarethe Krupp, die bis zur Volljährigkeit ihrer Tochter deren Rechte wahrnimmt, an einem der folgenden Tage bei der Essener Filiale der Deutschen Reichsbank 40 Mio Mark ein.

Das Werk wird auch in Zukunft weiterhin von einem Direktorium geleitet, das für sämtliche technischen und wirtschaftlichen Entscheidungen zuständig ist. Mit der Umwandlung in eine Aktiengesellschaft ist die Einsetzung eines Aufsichtsrats verbunden, der hauptsächlich mit Vertrauten und Freunden der Familie Krupp besetzt wird.

Alfred Krupp, der Großvater der Krupp-Erbin, hatte sich zeitlebens gegen eine Änderung der Rechtsform des Unternehmens gewehrt, da er befürchtete, die alleinige Entscheidungsgewalt über seine schwerindustrielles Unternehmen zu verlieren. In seinem Testament hatte er ausdrücklich verfügt, daß die Essener Fabrik stets in einer Hand bleiben müsse. Da die Aktien der Fried. Krupp AG im Besitz der Familie bleiben und nicht an der Börse gehandelt werden, wird diesem Wunsch entsprochen.

Bertha Krupp

Nach Eingemeindung endlich Großstadt

1. April 1903. 28 Jahre nach Verleihung der Städteordnung (→ 28. 11. 1875) rückt Gelsenkirchen durch Eingemeindung von Schalke, Heßler, Bismarck, Bulmke, Hüllen und Ückendorf mit 138 000 Einwohnern in die Reihe der deutschen Großstädte auf. Die Bemühungen um eine Vereinigung Gelsenkirchens mit den umliegenden Gemeinden gehen zurück in die 70er Jahre des 19. Jh.: Anläßlich der Stadtrechtsverleihung hatte sich der damalige Gemeindevorsteher Heinrich Herbert nachdrücklich für einen Zusammenschluß Gelsenkirchens mit der Nachbargemeinde Schalke ausgesprochen, um eine einheitliche kommunale Entwicklung beider Orte zu gewährleisten.

Da die Gemeinden bis jetzt selbständig gewachsen sind, stößt eine einheitliche Stadtplanung aufgrund des Gewirrs von Eisenbahnlinien, Straßen und Betriebsanlagen auf große Schwierigkeiten.

Heinrich Herbert

Schloß Landsberg wird Thyssen-Wohnsitz

1903. August Thyssen erwirbt Schloß Landsberg bei (Essen-)Kettwig als privaten Wohnsitz. Dem in weitläufigem Waldgebiet gelegenen Anwesen drohte bis zu seinem Ankauf durch den Großindustriellen der endgültige Verfall.

Im Jahr 1291 erstmals urkundlich erwähnt, fiel das von Graf Adolf V. von Berg als Schutzburg für die Stadt Ratingen errichtete Anwesen nach mehrmaligem Besitzerwechsel dem Landsberger Geschlecht zu. Aber auch diese Familie war nicht lange in der Lage, genügend Mittel zum Erhalt des Schlosses aufzubringen. Umfangreiche Restaurierungen und der Neubau des Wohnhauses durch August Thyssen sichern dauerhaft den Bestand des Landsitzes.

Schloß Landsberg, neuer Wohnsitz von August Thyssen

Arbeitszimmer des Großindustriellen

Einfache Mehrfamilienhäuser mit Mansarden an der Provinzialstraße in Lütgendortmund, ab 1903 für Arbeiter der Harpener Bergbau AG errichtet

Wohnraum für Arbeiter

1903. Die Harpener Bergbau AG läßt in Lütgendortmund entlang der Provinzialstraße eine Siedlung errichten. Die würfelförmigen Häuser haben zweieinhalb bis drei Stockwerke und ein ausgebautes Dachgeschoß. Konventionelle Reihensiedlungen dieser Art sind eine Reaktion auf die zunehmende Wohnungsnot im Ruhrgebiet (→ um 1884).

Die Jahre von der Jahrhundertwende bis zum Ersten Weltkrieg sind vom industriellen Aufschwung geprägt. Hunderttausende von Zuwanderern aus den preußischen Ostprovinzen, Polen und Österreich (→ 1890) werden in schnell aus dem Boden gestampften Kolonien untergebracht. Der große Wohnungsbedarf läßt im Massenwohnungsbau nur wenig Raum für fortschrittliche städteplanerische und architektonische Erwägungen.

Dennoch wird im Ruhrgebiet der Bau riesiger Mietskasernen mit bis zu sechs Stockwerken und mehreren Hinterhöfen, wie sie in Berlin entstehen, weitgehend vermieden. Die Zechengesellschaften besitzen große Teile des städtischen Bodens, den sie nur zum Bau niedriger Koloniehäuser nützen, um Bergschäden und daraus resultierende Schadensersatzforderungen zu vermeiden.

Reihenhaussiedlung an der Walbertstraße in (Dortmund-)Marten, um 1900 von der Harpener Bergbau AG errichtet; die starke Wohnungsnachfrage erfordert eine höhere Ausnutzung des Geländes durch möglichst dichte Bebauung

Bürger wohnen in Plüsch und Seide

Im Mittelpunkt bürgerlicher Wohnkultur steht zu Beginn des 20. Jh. das Wohnzimmer. Es dient der Familie als abendlicher Treffpunkt, wo Gespräche geführt werden oder musiziert wird, aber auch als repräsentativer Empfangssalon für Besuche.

Im bürgerlichen Wohnzimmer entfaltet sich in Wilhelminischer Zeit der Wunsch des Bürgertums nach aristokratischer Lebensführung. Mächtige Möbel, Statuen, Butzenscheiben, schwere Teppiche, Gobelins, Goldrahmen, Stuck und Plüsch vereinigen zahlreiche Stilrichtungen. So steht altdeutsches Geschirr neben dem Rokokospiegel, Raubtierfelle hängen hinter orientalischen Mohrstatuen. In diesen Räumen sind alle Gegenstände ihrer Funktionen entkleidet. Als »Lust am Unechten« charakterisiert der Kulturhistoriker Egon Friedell diese bürgerliche Prunksucht, die sich im Ruhrgebiet besonders in den Gründerzeitvillen der Industriellen dokumentiert: »Die exotische Palme im Erker ist imprägniert oder aus Papier, das leckere Fruchtarrangement im Tafelaufsatz aus Wachs oder Seife... An der Wand hängen trotzige Schwerter, die nie gekreuzt und stolze Jagdtrophäen, die nie erbeutet wurden... das Buttermesser ist ein türkischer Dolch, der Aschenbecher ein preußischer Helm, der Schirmständer eine Ritterrüstung...«

Streng getrennt vom repräsentativen Teil der Wohnung, wenngleich häufig nicht weniger prunkvoll möbliert, sind die Privaträume der Familie. Als Ausdruck prüder Sexualmoral wird besonders das eheliche Schlafzimmer als Zone des Unaussprechlich-Intimen tabuisiert und den Blicken von Kindern und Dienstpersonal entzogen.

Noch in Wilhelminischer Zeit formiert sich eine Gegenbewegung gegen den überladenen Wohnstil der Epoche. Vor allem im Bildungsbürgertum setzen sich allmählich nüchterne Wohnformen durch. Voll ausgeprägt erscheint die neue bürgerliche Wohnkultur in den 20er Jahren des 20. Jh. als »Neue Sachlichkeit«.

Harmonie von Damenmode und Interieur des bürgerlichen Salons

Idylle im Wohnzimmer, Junior mit Dampfmaschine (M.)

Frau eines Steigers in der »guten Stube« im Stil der Gründerzeit

Hausbibliothek des »Lindengutes«, eines Landsitzes in Essen

1903

Der Wintergarten in der Essener Villa Hügel, Sitz der Unternehmerfamilie Krupp, verwirklicht mit exotischen Pflanzen großbürgerliche Wohnträume

Muster-Wohnraum für Arbeiterwohnungen, der nach den Vorstellungen von Architekten auch den unteren Klassen bürgerliche Behaglichkeit bietet

Bürgerliches Wohnzimmer in Dortmund um 1905; hier kündigt sich bereits der sachlichere Stil des Wohnens ohne überladene Ornamentik an

Wilhelminisches Plüschsofa mit unvermeidlichem Spitzenüberwurf

Luxuriöse Empfangshalle im Obergeschoß der Kruppschen Villa Hügel in Essen, vom Nord-Salon aus gesehen; hier hält der Unternehmer, der auch gekrönte Häupter empfängt, zwischen Marmor und Bärenfell Hof wie ein Fürst

1904

15. 1. Das Duisburger Bethesda-Krankenhaus an der Heerstraße wird eröffnet.

4. 2. Ernst Robert Straube ist der 100 000. Einwohner von Duisburg.

1. 4. Die Orte Grumme, Hamme, Hofstede und Wiemelhausen werden nach Bochum eingemeindet. →

1. 4. In Dortmund werden die konfessionell gebundenen Schulsozietäten aufgelöst. →

1. 4. Die Gemeinden Beek, Stokkum und Laar werden mit Ruhrort vereinigt.

4. 5. Jugendliche gründen den Fußballverein Westfalia Schalke, den späteren FC Schalke 04. →

20. 6. Die Schwanentorbrücke in Duisburg wird als Klappbrücke eröffnet. →

11. 7. In Unna wird die Actien-Gesellschaft Unnaer Bank gegründet.

28. 7. Der preußische Staat erwirbt 46% der Aktien der Bergwerksgesellschaft Hibernia. Es beginnt der sog. Hibernia-Kampf. →

17./18. 9. Mit Aufführungen in beiden Städten werden die »Vereinigten Theater Dortmund-Essen« eröffnet. →

23. 9. Der neue Bahnhof in Gelsenkirchen wird in Betrieb genommen. →

1./2. 10. Mit zwei Konzerten wird der neue Essener Saalbau eingeweiht. →

18. 12. Jugendliche Fußballer gründen den Verein SC Rot-Weiß Oberhausen. →

1904. Die Stadt Gelsenkirchen erhält eine städtische Badeanstalt.

1904. In (Dortmund-)Bövinghausen wird die Zeche Zollern 2/4 fertiggestellt. →

1904. Der Bochumer Maschinenindustrielle und Erfinder Heinrich Flottmann erhält das Patent für den von ihm konstruierten Flottmann-Bohrhammer.

1904. Das Kaufhaus Althoff in Dortmund wird eröffnet (später Karstadt). →

1904. Die 1902 gegründete öffentliche Bücherhalle der Stadt Essen bezieht ein eigenes Gebäude an der Chausseestraße. →

1904. Der Maler Christian Rohlfs, seit 1902 in Hagen ansässig, vollendet sein Gemälde »Waldinneres«. →

GEBOREN:

12. 2. (Dortmund-)Hörde: Rudolf Platte († 18. 12. 1984, Berlin), Schauspieler.

21. 2. (Recklinghausen-)Hochlar: Erich Bödecker († 21. 2. 1971, Hochlar), Bildhauer.

Kampf um Hibernia-Aktien

28. Juli 1904. Wie eine Bombe schlägt die Meldung der Wolffschen Nachrichtenagentur ein, daß der preußische Staat 46% der Aktien der Bergwerksgesellschaft Hibernia erworben hat und beabsichtigt, das gesamte Unternehmen in seine Hand zu bringen.

Hintergrund für den Börsencoup ist das Bestreben des preußischen Staates, Einfluß auf die Absatz- und Preispolitik des Rheinisch-Westfälischen Kohlensyndikats (→ 16. 2. 1893) zu gewinnen. Die Bergwerksgesellschaft Hibernia gehört zu den mächtigsten Firmen im Syndikat. Gegen die Kaufabsicht des preußischen Staates formiert sich eine unternehmerische Abwehrfront mit Carl Behrens, Generaldirektor der Hibernia, an der Spitze.

Der Journalist Maximilian Harden beleuchtet die Motive der Zechenherren: »Denen ist's nicht nur ein Geldgeschäft. Sie kämpfen für ihr Werk, ihre Unabhängigkeit ... Was aber täten die Schöpfer der unterirdischen Industrie, wenn der Fiskus sie aus ihrer Lebensarbeit drängte? Sie wären entthronte Könige.«

Bergrat Carl Behrens, Leiter der Bergwerksgesellschaft Hibernia

Im August und Oktober 1904 gelingt es der Gruppe um Carl Behrens, die drohende Aktienmehrheit des Staates zu verhindern. Im Dezember 1904 schließen sich die Berliner Handelsgesellschaft und das Bankhaus S. Bleichröder mit dem Kohlensyndikat zur Herner Vereinigung von Hibernia-Aktionären zusammen, um die restlichen Aktien zu kaufen.

Bochum zählt jetzt 100 000 Einwohner

1. April 1904. Mit der Eingemeindung der Orte Grumme, Hamme, Hofstede und Wiemelhausen wird Bochum Großstadt. In den letzten 40 Jahren hat die Stadt ein Bevölkerungswachstum von etwa 500% erlebt, durch die Eingemeindung der Orte, die schon fast mit Bochum verwachsen sind, wird die Grenze von 100 000 Einwohnern überschritten. Die schon früher expandierten Städte Dortmund und Essen konnten diesen Sprung bereits Mitte der 90er Jahre vollziehen (→ 1894).

Wie die Stadt selbst, so verzeichnen auch die Gemeinden des Umlandes ein starkes Bevölkerungswachstum, meist parallel zur Ansiedlung von Industriebetrieben. Die jetzt zu Bochum gehörenden Gemeinden Hofstede und Grumme wuchsen seit 1875 um das Doppelte, Hamme um das Dreifache und Wiemelhausen um das Vierfache. Andere Ortschaften im Umkreis hatten ähnliche Wachstumsraten; in Langendreer wohnen über 20 000 Menschen, in Linden, Dahlhausen, Weitmar und Werne jeweils über 10 000.

Stadt Dortmund übernimmt Schulen

1. April 1904. Die bisher an die beiden Konfessionen gebundenen Dortmunder Volksschulen werden in Anstalten der Stadt umgewandelt. Die Verwaltung des Volksschulwesens wird einer städtischen Schuldeputation übertragen.

Die Unterrichtsgegenstände der Volksschulen sind zu dieser Zeit Religion, Deutsch, Rechnen, Zeichnen, Geschichte, Geographie, Naturkunde, Singen und daneben Turnen für die Jungen bzw. Handarbeitsunterricht für die Mädchen.

Problematisch ist die Durchsetzung der Schulpflicht. Bereits 1895 hatte die Regierung in Arnsberg eine verschärfte Verordnung über den Schulbesuch erlassen: »Zur Herbeiführung der Bestrafung der Schulversäumnisse hat der Lehrer am Samstag jeder zweiten Woche die in den vorhergehenden beiden Wochen eingeschriebenen Versäumnisse in ein Formular nach dem anliegenden Muster ... durch gewissenhafte Ausfüllung ... einzutragen.« Als Strafen wurden 50 Pf bis 2 Mark pro Tag bzw. – bei Zahlungsunfähigkeit – »verhältnismäßige Haft« eingeführt. Die Durchsetzung der Bestimmungen geschah durch eigens abgestellte Polizisten.

Zum Schulalltag gehört weiterhin die Züchtigung, die sich aber »in den Grenzen einer verständigen väterlichen Zucht halten [soll], damit das Ehrgefühl der Kinder nicht abgestumpft und denselben nicht die Lust und Liebe zur Schule genommen werde«. Am Kaisergeburtstag sagen die Schüler alljährlich das Gedicht »Der Kaiser ist ein lieber Mann, er wohnt in Berlin« auf.

Einrichtung einer Volksschule um die Jahrhundertwende mit Kanonenofen, erhöhtem Lehrerpult, Landkarte und »Rechenmaschine«

Kaufhaus Althoff in Dortmund

1904. Theodor Althoff eröffnet am Dortmunder Westenhellweg eine Filiale seiner Kaufhauskette (Abb.). Das neue Warenhaus ist – mit Ausnahme von Berlin – das größte seiner Art im Deutschen Reich. Auf einer Verkaufsfläche von 4000 m² werden ein umfassendes Sortiment an Textilien, Möbeln und Hausrat sowie die erste Lebensmittelabteilung in einem deutschen Kaufhaus geboten.

1912 wird die Dortmunder Filiale auf 8000 m² Verkaufsfläche erweitert, 1928 ein weiteres Warenhaus in Aplerbeck eröffnet.

Auch in anderen Städten des Ruhrgebiets sind bald Althoff-Häuser zu finden. In Recklinghausen öffnet das erste Warenhaus mit umfassendem Sortiment 1911 an der Westseite des Marktplatzes seine Pforten, nachdem es zuvor schon zwei noch auf Textilien beschränkte Geschäfte im Besitz von Althoff gegeben hatte. 1912 wird das Großstadt-Kaufhaus Althoff in Essen eröffnet; auf einer Verkaufsfläche von 10 000 m² beherbergt es 53 Fachabteilungen.

Theodor Althoff, ein gelernter Textilkaufmann, hatte 1885 das elterliche »Kurz-, Weiß- und Wollwaaren-Geschäft« in Dülmen übernommen und – nach mehreren Filialgründungen – 1889 mit der Einführung eines Zentraleinkaufs und einer Zentralmusterung den deutschen Einzelhandel revolutioniert.

Zugbrücke erweitert Schiffsdurchfahrt

20. Juni 1904. Im Duisburger Innenhafen am Schwanentor wird eine neue Zugbrücke für den Straßenverkehr zwischen Duisburg und Ruhrort freigegeben. Die auf zwei Brückenköpfen gelagerte Klappbrücke überspannt die Hafendurchfahrt mit einer Mittelöffnung von 16 m und zwei Seitenöffnungen über den Vorbrücken von je 15,5 m Breite. Brückenwärter bedienen den elektrischen Antrieb des Zugmechanismus, mit dessen Hilfe die Brückentafeln zur freien Schiffsdurchfahrt angehoben werden.

Die sog. Schwanentorbrücke ersetzt eine hölzerne Notbrücke mit nur 12 m Durchfahrtsbreite.

Bibliothek versorgt Bürger mit Lektüre

1904. Die vor drei Jahren gegründete städtische Bibliothek in Essen zieht von der Kettwigerstraße in ein eigenes Gebäude an der Chausseestraße um. Die mit öffentlichen Geldern finanzierte Bücherei hat einen Buchbestand von rund 4000 Bänden. Allen Essenern über 16 Jahren ist die Benutzung der Bücherei erlaubt, falls sie über eine gültige Leihkarte verfügen, die gegen Vorlage einer polizeilichen Meldebescheinigung oder eines Steuerzettels ausgestellt wird. Die Rückgabefrist für die Ausleihe beträgt drei Wochen. Ein Jahr nach dem Umzug der Essener Bücherei wird auch in Bochum eine Stadtbibliothek eröffnet.

Impressionistisches Gemälde »Waldinneres« von Christian Rohlfs

Christian Rohlfs arbeitet in Hagen

1904. Der seit 1902 in Hagen ansässige Maler Christian Rohlfs vollendet sein Gemälde »Waldinneres«. Rohlfs ist der erste aus einer Vielzahl von bildenden Künstlern, die Karl Ernst Osthaus, der Begründer des Museums Folkwang (→ 12. 7. 1902), nach Hagen holt. 1901 besuchte Rohlfs zum ersten Mal die Stadt, im darauffolgenden Jahr erhielt er die offizielle Einladung. Er bezog ein Atelier im ersten Stock des Folkwang-Museums und wird seitdem von Osthaus gefördert.

Rohlfs, 1849 in Niendorf (Schleswig-Holstein) geboren, wird später zu einem profilierten Vertreter des Expressionismus.

Dortmund und Essen bilden eine Theatergemeinschaft

17./18. September 1904. Mit Aufführungen des »Tannhäuser« von Richard Wagner in Dortmund und der »Entführung aus dem Serail« von Wolfgang Amadeus Mozart in Essen werden die »Vereinigten Stadt-Theater Dortmund – Essen« eröffnet. Mit der Dortmunder Aufführung wird zugleich das neue, von Martin Dülfer im Jugendstil erbaute Schauspielhaus am Hiltropwall eingeweiht.

Die Theatergemeinschaft Dortmund – Essen ist vor allem das Ergebnis der finanziellen Überanstrengung Dortmunds durch den Neubau seines Theaters. Aus Spargründen zog man es vor, kein eigenes Ensemble anzustellen. In der Öffentlichkeit wird die Zusammenlegung kontrovers diskutiert: Kritiker machen geltend, daß allein Dortmund mit seinem neuen Theater von der Gemeinschaft profitiere und Essen zu einer Filiale herabgewürdigt werde. Gleichwohl finden in den drei Spielzeiten des Bestehens der »Vereinigten Stadt-Theater« in Essen mehr Aufführungen als in Dortmund statt. Beide Städte besitzen jeweils einen eigenen Fundus und ein eigenes Orchester, während die Künstler gemeinsam engagiert werden. In Dortmund wohnt das Opern-, in Essen das Schauspielpersonal; entsprechend verteilen sich die Proben auf die beiden Städte. Alleiniger Intendant des Gemeinschaftstheaters wird Hans Gelling, der bisherige Direktor der Essener Bühne.

In der ersten Spielzeit dominiert die Oper; 1905/06 kommt auch das Schauspiel stärker zum Zuge.

Jugendstil-Neubau des Dortmunder Stadttheaters am Hiltropwall

Der Architekt Martin Dülfer

Essener Intendant Hans Gelling

Musikfest zur Feier des neuen Saalbaus

1./2. Oktober 1904. Zur Einweihung des Städtischen Saalbaus in Essen findet ein zweitägiges Musikfest statt. Höhepunkt ist die Aufführung der »Sinfonia domestica« von Richard Strauss am zweiten Abend unter persönlicher Leitung des Komponisten.

Der neue Saalbau war notwendig geworden, da der Vorgängerbau von 1864 den Anforderungen nicht mehr genügte: Einige Gebäudeteile waren verrottet, und ein altes Ärgernis war die Dachkonstruktion, die bei Regen durch den prasselnden Aufschlag des Wassers die Konzertaufführungen störte.

Ende 1898 schrieb die Stadt einen Architektenwettbewerb aus. Die Baukosten – 2 Mio Mark – wurden zu knapp einem Fünftel von wohlhabenden Bürgern getragen, den Löwenanteil übernahm die Stadt. Die Übergabe des neuen Hauses an die Bürgerschaft erfolgte bereits am 24. September 1904, umrahmt von Auftritten verschiedener Männergesangvereine.

Richard Strauss, als Gastdirigent angekündigt

Städtischer Saalbau, Essens neues kulturelles Zentrum

Imposant gestalteter Innenraum des Saalbaus in Essen

Jugendstilzeche Zollern erregt Aufsehen

1904. Als die Zeche Zollern 2/4 in Bövinghausen bei Dortmund nach sechsjähriger Bauzeit fertiggestellt wird, erregen die Tagesanlagen bei den Zeitgenossen Aufsehen und Bewunderung: »Da sieht man den majestätischen Aufbau, der mehr einem feudalen Schloßhof als einer Industriestätte ähnelt, sowie die Maschinenhalle, deren Größe und Schönheit die der meisten Prunksäle übertrifft und in der sich die elektrische Fördermaschine der Siemens-Schuckertwerke befindet, eine der geistreichsten Anwendungen der elektrischen Kraftübertragung.« Ebenso wie die erstmals auf der Düsseldorfer Industrie- und Gewerbeausstellung 1903 gezeigte Fördermaschine, eine der ersten elektrischen im deutschen Bergbau, gilt die gesamte Anlage der Zeche Betrachtern als technische Pioniertat und eine Meisterleistung der fortschrittlichen Industriearchitektur.

Von Anfang an als »Musterzeche« angelegt, soll Zollern 2/4 dem Willen der Gründerin, der Gelsenkirchener Bergwerks AG, entsprechend, zur Demonstration von unternehmerischer Macht, aber auch als vorbildliches Beispiel für moderne Arbeitsplatzgestaltung dienen.

Die einzelnen Zechengebäude veranschaulichen den architektonischen Stilwandel an der Schwelle zum 20. Jh. Von dem Gelsenkirchener Architekten Paul Knobbe entworfen, spiegelt sich in Lohnhalle und Pförtnerhaus noch der neugotische Stil wilhelminischer Verwaltungsbauten in rotem Backstein mit Giebeln und Spitzbogenfenstern. In Kontrast dazu steht die berühmte Maschinenhalle, gebaut nach Entwürfen von Reinhold Kron, Professor für Brückenbau an der Technischen Hochschule in Aachen: An die Stelle schwerer Stuck- und Gipskonstruktionen tritt hier eine lichte Stahlskelettbauweise, die im von Bruno Möhring, einem der führenden deutschen Jugendstilarchitekten, geschaffenen farbigen Glasdekor ihre gelungene Ergänzung findet.

Das Jugendstilportal am Eingang zur Maschinenhalle der Zeche Zollern

Innenraum der Maschinenhalle, v. r. die vielbeachtete elektrische Fördermaschine

Lichtdurchfluteter Treppenaufgang im Hauptverwaltungsgebäude

Werksuhr in der Maschinenhalle mit typischem Jugendstil-Dekor

Schalker Arbeiter gründen Fußballclub

4. Mai 1904. Jugendliche Arbeiter zwischen 14 und 16 Jahren aus der Schalker Hauergasse (Gelsenkirchen) gründen den Fußballverein Westfalia Schalke (später umbenannt in FC Schalke 04).

Mit dem Namen Westfalia wollen die Spieler der Straßenmannschaft, deren Eltern fast alle aus Masuren zugewandert sind, ihre Verbundenheit mit der neuen Heimat dokumentieren. Der Zutritt zum Spielerverband bleibt der jungen Mannschaft verwehrt mit der Begründung, Jugendliche könnten keine Vereinsträger sein. Die Schalker können als sog. »wilder« Verein nur mit anderen wilden Vereinen spielen und nicht an offiziellen Meisterschaften teilnehmen.

Bereits seit 1896 gibt es in Schalke eine Fußballabteilung im dortigen Turnverein, in der hauptsächlich Büroangestellte spielen. Arbeiter können diesem Verein nicht beitreten und schließen sich daher zu einer eigenen Mannschaft zusammen. Für ihren ersten Lederball müssen die Jungen lange sparen.

Verein für Fußballer auch in Oberhausen

18. Dezember 1904. In der Gaststätte Trenthammer am Schacht 4/5 der Rombacher Hütte in Oberhausen gründen 18 Fußballfreunde den Oberhausener Spielverein.

Jugendliche aus Oberhausen, Ruhrort, Laar und Buschhausen finden sich in diesem Verein zusammen, um der runden Lederkugel nachzujagen. Wie die Fußballpioniere anderer Städte treffen sie sich in den ersten Jahren auf buckligen Wiesen wie Hagmanns Feld in der Nähe des Schachtes 4/5 oder im Kaisergarten. In seinem ersten Geschäftsbericht klagt der Verein über mangelndes Interesse der Stadtverwaltung und der Gutehoffnungshütte, die den Fußballern wenig Entgegenkommen zeigen. Auch die sportlichen Erfolge lassen anfangs zu wünschen übrig: In 16 ausgetragenen Spielen erzielen die Oberhausener lediglich ein Torverhältnis von 31:61.

1908/09 jedoch steigt die Mannschaft im Rheinisch-Westfälischen Spielverband in die B-Klasse auf. 1931 benennt sich der Verein um in SC Rot-Weiß Oberhausen.

1904

Bahnhofsvorplatz als städtisches Zentrum

23. September 1904. Mit der Einweihung des neuen Empfangsgebäudes und einer Erweiterung der Bahnanlagen wird der umgestaltete Bahnhofsvorplatz zum repräsentativen Zentrum Gelsenkirchens. Da die Stadt seit den 80er Jahren des 19. Jh. zur Anlaufstelle für den Zuwandererstrom aus den Ostprovinzen des Deutschen Reiches in das Industriegebiet zwischen Ruhr und Emscher wurde, war ein Neubau des Bahnhofsgebäudes notwendig geworden.

Gelsenkirchener Chronik

1840: Ludwig von Oven stößt bei Probebohrungen in der Nähe des späteren Bahnhofs auf Steinkohle.
1847: Gelsenkirchen wird Bahnstation an der neu eröffneten Linie der Köln-Mindener Eisenbahn.
1855: William Thomas Mulvany teuft den ersten Schacht der Zeche Hibernia ab.
1871: Seit 1805 hat sich die Einwohnerzahl Gelsenkirchens versechzehnfacht (von 505 auf 7825).
1872: Friedrich Grillo gründet den Schalker Gruben- und Hüttenverein und die Aktiengesellschaft für chemische Industrie.
1873: In (Gelsenkirchen-)Schalke wird die Glas- und Spiegel Aktiengesellschaft, die vierte Säule der Gelsenkirchener Industrie, gegründet.
1875: Gelsenkirchen erhält die Stadtrechte.
1903: Durch Eingemeindungen wird Gelsenkirchen Großstadt mit 138 000 Einwohnern.

Trotz zahlreicher Neubauten (1894 Rathaus; 1899 Stadthalle; 1904 Badeanstalt) gilt Gelsenkirchen in den Augen der Zeitgenossen als »Kohlen- und Fabriknest«. Ein Nebeneinander von Industrieanlagen und ländlicher Idylle prägt das Stadtbild. Noch 1901 hat der nach (Gelsenkirchen-)Resse versetzte Pfarrer Heinrich Röttger Schwierigkeiten, seine Pfarrstelle zu finden: »Sie fahren mit der Straßenbahn und sagen dem Schaffner, Sie wollen zur Zeche Ewald Fortsetzung ... Das ist mitten im Wald. Sie müssen dann auf einen Schornstein zugehen, der aus dem Wald herausragt.« Lediglich die Bahnhofstraße zwischen Bahnhof und Neumarkt mit zahlreichen Geschäften hat städtischen Charakter.

Repräsentativer Bahnhofsvorplatz mit dem neu errichteten Bahnhofsgebäude in der Innenstadt von Gelsenkirchen

Stadtteil von Gelsenkirchen mit dem Walzwerk Grillo-Funke, das 1911 in den Besitz von Mannesmann übergeht

1905

7. 1. Nach der Weigerung der Zechenleitung, eine Schichtzeitverlängerung auf der Zeche Bruchstraße in Bochum-Langendreer zurückzunehmen, tritt die Belegschaft in einen Ausstand. →

Februar. Um mißliebige Bergleute auszusperren, führen zahlreiche Revierzechen Überweisungsscheine mit Angaben über Streikaktivitäten ein. →

9. 2. Eine Delegiertenkonferenz in Essen beschließt den Abbruch des seit 7. Januar andauernden Bergarbeiterstreiks. →

29. 3. Die Stadtverordneten von Moers beschließen den Kauf des Moerser Schlosses. →

1. 4. Körne wird nach Dortmund eingemeindet.

1. 7. Rüttenscheid wird nach Essen eingemeindet.

5. 7. Der französische Komponist Maurice Ravel zeigt sich während einer Rheinreise stark beeindruckt vom Duisburger Industriegebiet. →

5. 7. Die Gutehoffnungshütte in (Oberhausen-)Sterkrade übernimmt das offizielle Protektorat über den Männergesangverein Sterkrade. →

14. 7. Eine Novelle zum preußischen Berggesetz schreibt auf allen Zechen mit mehr als 100 Beschäftigten obligatorische Arbeiterausschüsse vor. →

1. 10. Die Städte Duisburg, Ruhrort und Meiderich werden zu einer Stadt vereinigt. →

1905. Die Städte Essen, Gelsenkirchen und Mülheim an der Ruhr erwerben Aktienpakete des RWE. →

1905. In Hagen wird das Stahlwerk Kabel C. Pouplier jr. gegründet.

1905. In Essen gibt es 134 Konfektionswarengeschäfte, 41 Schuhgeschäfte, 8 Möbelhäuser und 75 Haushaltswarenläden. →

1905/1906. Die Bergwerksgesellschaft Trier errichtet in Bockum-Hövel (bei Hamm) die Zeche Radbod.

1905/1911. In Hervest-Dorsten errichtet die Bergwerksgesellschaft Trier die Zeche Baldur.

GESTORBEN:

3. 1. Dortmund: Heinrich Wenker (*23. 2. 1825, Dortmund), Bierbrauer.

GEBOREN:

11. 3. Bochum: Wilhelm Herbert Koch († 29. 1. 1983, Bochum), Sportredakteur und Schöpfer des »Kumpel Anton« in der »Westdeutschen Allgemeinen Zeitung« (→ 4. 12. 1954).

22. 9. Altenbögge/Bönen: Fritz Winter († 1. 10. 1976, Herrsching am Ammersee), Maler.

Bergarbeiterstreik erschüttert Revier

7. Januar 1905. Als die Zechenleitung der Stinnes-Schachtanlage Bruchstraße in Bochum-Langendreer sich weigert, eine am 22. Dezember 1904 verfügte halbstündige Schichtzeitverlängerung zurückzunehmen, tritt die gesamte Morgenschicht in den Streik. Obwohl die Führer des Alten Verbandes, des christlichen Gewerkvereins, der Hirsch-Dunckerschen und der polnischen Gewerkschaft ihre Mitglieder am 8. Januar in verschiedenen Aufrufen von einem allgemeinen Ausstand abzuhalten versuchen, weitet sich der Streik in wenigen Tagen auf das gesamte Ruhrgebiet aus. Bis zum 11. Januar befinden sich 50 000 Bergarbeiter im Ausstand. Der Streik wird zur bislang größten Konfrontation zwischen den im Bergbaulichen Verein und dem Rheinisch-Westfälischen Kohlensyndikat zusammengeschlossenen Zechenunternehmern und der organisierten Ruhrbergarbeiterschaft.
Um den Einfluß auf die Mitgliederbasis nicht zu verlieren und eine einheitliche Kampfstrategie zu entwickeln, wählen die Delegierten der vier Bergarbeiterverbände auf einer gemeinsamen Ruhrgebietskonferenz am 12. Januar in Essen einen ständigen Siebenerausschuß als Streikleitung und formulieren in einem 14-Punkte-Programm ihre Forderungen an den Bergbaulichen Verein.

Während es in der Bevölkerung des Reviers zu zahlreichen Sympathiebekundungen für die Streikenden in Form von Geldspenden kommt, stehen sich vor den Zechentoren die von den Grubenverwaltungen aus Zechenbeamten rekrutierten Zechenwehren und die Ordnungsdienste der Streikenden in unversöhnlicher Feindschaft gegenüber.
Als der Bergbauliche Verein am 14. Januar die Forderungen der Siebenerkommission nach achtstündiger Schichtzeit einschließlich der Ein- und Ausfahrten, Verbot des Wagennullens, der Festsetzung von Minimallöhnen, Milderung des betrieblichen Strafsystems und der Errichtung von Arbeiterausschüssen ablehnt, ruft eine für den 16. Januar nach Essen einberufene zweite Revierkonferenz den Generalstreik aus. Vier Tage später spricht Otto Hue vom Vorstand des Alten Verbandes im Deutschen Reichstag über die soziale Not der Bergarbeiter und übermittelt der Reichsregierung deren Forderungen.

Polizisten bewachen die Tore der bestreikten Zechen im Ruhrgebiet, um Auseinandersetzungen zwischen Streikenden und Streikbrechern vorzubeugen

Arbeitsbedingungen im Ruhrbergbau

Als mit dem Ausbruch eines wilden Streiks auf der Zeche Bruchstraße in Bochum-Langendreer am 7. Januar 1905 der bis dahin größte Arbeitskampf im Ruhrbergbau beginnt, eskaliert ein Konflikt, dessen Ursachen bis zur Jahrhundertwende zurückreichen.
Nachdem seit dem Ende der 90er Jahre die Bergarbeiterlöhne im Ruhrgebiet gestiegen waren, fielen sie im zweiten Quartal 1902 auf 3,78 Mark und lagen damit um 0,46 Mark unter dem Stand des Jahres 1900. Im Zusammenhang mit steigenden Preisen für Speck und Schweinefleisch sorgte die soziale Not in den Bergarbeiterfamilien für wachsende Unruhe unter den Zechenbelegschaften. Die Unzufriedenheit der Bergarbeiter wurde verstärkt, als das Rheinisch-Westfälische Kohlensyndikat zum 1. Juni 1903 neun Kleinzechen im Ruhrtal stillegte. Von den Rationalisierungsmaßnahmen, welche die Bergleute mit Entlassung bedrohten, waren etwa 10 000 Belegschaftsmitglieder betroffen.
Zunehmend gereizter wurde die Stimmung auf den Zechen, als die Grubenverwaltungen sich 1903 weigerten, den von der Wurmkrankheit befallenen Bergleuten die Lohnausfälle zu bezahlen. Die Seuche war im gleichen Jahr von ausländischen Bergarbeitern eingeschleppt worden und konnte sich aufgrund der in den Gruben herrschenden mangelhaften hygienischen Verhältnisse schnell in den Belegschaften ausbreiten.

Hinzu kamen alltägliche Konflikte wie die Praxis der Nichtanrechnung unrein beladener Wagen (Wagennullen) und häufige Mißhandlungen durch Vorgesetzte.
Die Ankündigung einer Schichtzeitverlängerung auf Zeche Bruchstraße vom 1. Dezember 1904 an, ohne der Belegschaft Gelegenheit zu geben, sich entsprechend dem Preußischen Berggesetz zur Änderung der Arbeitsordnung zu äußern, führt zum Ausbruch der angestauten Unzufriedenheit: Nach einem Proteststreik am 5. und 6. Dezember zieht die Zechenleitung die Anordnung zunächst zurück. Am 22. Dezember erfolgt aber schon die erneute Ankündigung längerer Arbeitszeiten mit Wirkung vom 1. Februar 1905.

Novelle zum Berggesetz

14. Juli 1905. Mit dem »Gesetz, betreffend die Abänderung einzelner Bestimmungen des allgemeinen Berggesetzes« (→ 24. 6. 1865) zieht die preußische Regierung gesetzliche Konsequenzen aus dem Bergarbeiterstreik vom Januar 1905 und unterwirft die Betriebsverfassung des Bergbaus einer Neuordnung.

Inhalt der Berggesetznovelle:

▷ Begrenzung der Gesamtschichtdauer einschließlich Ein- und Ausfahrt auf 8 1/2 Stunden
▷ Abschaffung des Wagennullens
▷ Geldstrafen von bis zu 5,00 Mark monatlich bei unreiner Beladung der Kohlenwagen
▷ Obligatorische Einführung von Ausschüssen der Bergarbeiter auf allen Zechen mit mehr als 100 Beschäftigten.

Kern der Novelle zum preußischen Berggesetz ist die gesetzliche Einführung von Arbeiterausschüssen, die »das gute Einvernehmen innerhalb der Belegschaft und zwischen den Belegschaften und den Arbeitgebern zu erhalten oder wiederherzustellen« haben. Zur Überwachung der richtigen Beladung der Kohlenwagen sind von den Ausschüssen Vertrauensmänner zu wählen. Neben der Mitverwaltung der betrieblichen Unterstützungskassen wird den Arbeiterausschüssen das Recht zugestanden, sich mit Wünschen und Beschwerden der Bergarbeiter an die Grubenvorstände zu wenden. Nicht in ihren Zuständigkeitsbereich fällt eine Mitsprache bei Lohnfestsetzungen, häufigster Konfliktpunkt bei allen bisherigen Auseinandersetzungen zwischen Zechenleitungen und Belegschaften.

Da die Unternehmer in den folgenden Jahren überwiegend negativ auf Eingaben der Arbeiterausschüsse reagieren, erlangen die Belegschaftsvertreter nur geringe Bedeutung. Ihr Einfluß beschränkt sich auf die Durchsetzung materieller Verbesserungen, wie z. B. die Beschaffung zusätzlicher Lebensmittel im Winter oder die Einrichtung von Ausschankstellen für Milch und Mineralwasser auf den Zechen.

Reaktion der Arbeitgeber

Februar 1905. Während die preußische Regierung sich in der Novelle zum Berggesetz (→ 14. 7. 1905) bereit zeigt, auf die Forderungen der Bergarbeiter einzugehen, lehnen die Zechenherren an der Ruhr jedes Entgegenkommen ab.

»Schwarze Liste« mit den Namen mißliebiger Bergarbeiter

Wenige Tage nach Beendigung des Streiks vereinbaren die Werksverwaltungen zahlreicher Revierzechen eine Sperre gegen »mißliebige Elemente«: Beim Arbeitsplatzwechsel hat jeder Bergmann einen Überweisungsschein vorzulegen, der Vermerke über Streikaktivitäten (Kontraktbruch) enthält. Arbeit erhält nur, wer einen Unbedenklichkeitsvermerk vorweisen kann.

Trotz mehrerer Beschwerden der vier Bergarbeiterverbände beim Oberbergamt in Dortmund und beim Reichskanzler Bernhard Graf von Bülow halten die Zechenunternehmer am System der Aussperrung kontraktbrüchiger Bergarbeiter fest. Die Praxis der Überweisungsscheine wird vom Bergbaulichen Verein mit der Notwendigkeit begründet, den häufigen Arbeitsplatzwechsel auf den Ruhrgebietszechen zu unterbinden.

Um weiteren Protesten der Gewerkschaften den Boden zu entziehen, tauschen die Arbeitgeber in den folgenden Jahren geheime »Schwarze Listen« mit den Namen mißliebiger Bergleute untereinander aus.

Verkündigung des Generalstreiks in der Tonhalle Essen am 16. Januar 1905

»Vorläufig gehen wir nicht wieder zum Pütt«

Wenige Tage nach der Proklamation des Generalstreiks auf einer Revierkonferenz der Delegierten aller vier Bergarbeiterverbände in der Essener Tonhalle am 16. Januar 1905 schildert ein Augenzeuge in der Zeitschrift »Soziale Praxis« vom 2. Februar seine Eindrücke vom Streikgeschehen:

»Nach dem Empfang der Nachricht am Mittag des 16. Januar, daß sicherem Vernehmen nach sämtliche seitens der Revierkomitees am Donnerstag, dem 12. Januar, formulierten Forderungen vom Bergbaulichen Verein schlankweg abgelehnt seien, war ich schnellstens in Essen. In der Tonhalle tagten seit ein Uhr die Führer und etwa 150 Delegierte. Schon von weitem war das Lokal kenntlich. Über 100 Bergleute, frierend vor schneidender Kälte, vielfach an Meuniers Gestalten erinnernd, die Hände in den Hosentaschen versenkt, bleiche, blauarbige Gesichter mit deutschem oder slawischem Typus, standen auf dem Trottoir.

Düster, verschlossen, in spärlicher Zwiesprache harrte man. Erst die Bekanntgabe des drinnen mit brausendem Beifall proklamierten Generalstreiks löste die Spannung und trieb ein vielfaches ingrimmiges Bravo hervor. Dann eine lebhafte Unterhaltung, aber trotz der folgenschweren Entscheidung, doch auffallende Ruhe. Der Bergmann, besonders der westfälische, ist ernst, wortkarg und verschlossen, zurückhaltend, mißtrauisch, besonders gegen Fremde. In der Nähe tritt ein mir bekannter Berichterstatter an eine Gruppe. Wie er sie nach kurzem Gespräch verläßt, nähert sich ein Kamerad und warnt: ›Laßt Euch nicht ausfragen! Hier sind Spione und Aushorcher!‹

Am folgenden Tage wohnte ich einer Versammlung in einem anderen Revier bei. Dasselbe Bild; dieselbe Ruhe. Der Redner, ein erprobter Knappschaftsältester, ist äußerst vorsichtig in seinen Wendungen. Er fordert nicht auf zur sofortigen völligen Arbeitsniederlegung; er könnte sich in den Maschen des Gesetzes (Aufforderung zum Kontraktbruch) verstricken. ›Wollen wir weiter streiken?‹ Ein 3000 stimmiges Jawohl durchbraust den leichtgezimmerten, öden, trüberleuchteten Brettersaal. ›Gut, wenn Ihr weiterstreiken wollt, dann aber auch die Einigkeit festhalten! Verhaltet euch ruhig! Belästigt keinen Arbeitswilligen! Meidet den Alkohol!‹ Ein polnischer Redner tritt auf. In sich überstürzender lebhafter Sprache fordert er zur Einigkeit auf. ›Es handelt sich jetzt nicht mehr um Deutsche, um Polen, um Österreicher – Kameraden sind wir jetzt alle!‹ Dann wälzt sich der riesige Menschenstrom langsam in den dunklen Abend hinaus. Aber wird nicht der Hunger und die Kälte die Bergleute in die Gruben zurücktreiben? Ich trete an eine Gruppe von Streikenden heran: ›Was sagen eure Frauen?‹ ›Sie werden mit uns hungern. Vorläufig gehen wir nicht wieder zum Pütt.‹«

Streikabbruch nach Einlenken der Regierung

9. Februar 1905. »In Erwägung, daß der Herrenstandpunkt des Vereins für die Bergbaulichen Interessen durch diesen Kampf in nächster Zeit noch nicht gebrochen werden kann, und die Werksbesitzer nach wie vor Verhandlungen mit der Siebenerkommission ablehnten, in fernerer Erwägung, daß durch die Weiterführung des Kampfes das gesamte Wirtschaftsleben einer unermeßlichen Erschütterung ausgesetzt wäre, glauben wir, an die Opferwilligkeit der Bergarbeiter wie der Gesamtarbeiterschaft keine höheren Anforderungen stellen zu dürfen.«

Mit diesen Worten beginnt der von einer Delegiertenkonferenz sämtlicher Schachtanlagen des Ruhrreviers in Essen gegen den Widerstand einer kleinen Gruppe gefaßte Beschluß zum Abbruch des Bergarbeiterstreiks und zur Wiederaufnahme der Arbeit am 10. Februar. Auslösendes Moment für den Entschluß der Bergarbeiterdelegierten ist das Versprechen der Reichsregierung, die bestehende Berggesetzgebung zu reformieren sowie Vertreter der Unternehmer und der Arbeiter zu Verhandlungen zu empfangen. Hinzu kommt, daß die Finanzkraft der vier Bergarbeiterverbände aufgrund des seit vier Wochen andauernden Ausstandes nahezu erschöpft ist.

Da jeder weitere Streiktag die Gewerkschaften einem Zusammenbruch des Streiks, der dem Ansehen der Organisation erheblichen Schaden zufügen würde, näherbringt, bietet das Angebot der Regierung den Verbänden die Möglichkeit, den Ausstand auf seinem Höhepunkt mit der Solidarität von 200 000 Streikenden im Rücken erfolgreich zu beenden.

Im Vertrauen auf das Versprechen der Reichsregierung nehmen die Bergarbeiter auf der Mehrzahl der Revierschachtanlagen am 10. Februar die Arbeit wieder auf. Fünf Tage später meldet der Bergbauliche Verein, daß auf allen Zechen wieder normal gearbeitet werde.

Während die Reichsregierung hofft, durch ihr Entgegenkommen den Einfluß des sozialdemokratischen Alten Verbandes auf die Bergarbeiter zu schwächen, festigt die ablehnende Haltung der Zechenunternehmer das Bewußtsein der Bergarbeiterschaft, daß nur starke gewerkschaftliche Organisationen soziale Verbesserungen durchsetzen können.

Streikende Bergarbeiter warten vor dem Streikbüro in Essen, Januar 1905

»Lumpenparade« von Heinrich Kämpchen

Bei allen Bergarbeiterstreiks im Ruhrgebiet versuchen die Zechenunternehmer, die Kohleförderung mit Hilfe von Streikbrechern aus anderen Revieren oder mit arbeitswilligen Belegschaftsmitgliedern aufrechtzuerhalten. In seinem Gedicht »Lumpenparade« (1905) verurteilt der Bergarbeiterdichter Heinrich Kämpchen diese Versuche, die Solidarität der Bergarbeiter zu unterlaufen:

»Knappen, seht euch die Lumpen an/
die da kommen des Weges heran/
eskortiert von der Polizei/
Kameraden, herbei, herbei/
vorn im Zuge, ihr kennt ihn ja/
Stelzt der ›Lange‹ von Dingesda/
Ihm zur Seite, das ›Huhn‹ genannt/
trippelt der lahme Ferdinand/
Hinter den beiden folgen dann dicht/
›Wisper-Wilm‹ und das ›Affengesicht‹/
taugten noch nimmer in Kampf und Not/
leckten sich immer zu Lohn und Brot/ (...)
Ihnen folgen, in schönem Kranz/
›Pulver-Fritze‹ und ›Hagel-Franz‹/
Litten an Arbeitswut sonst nie/
jetzt mit den ›Braven‹ auch schuften sie/
Und so reihen sich Mann an Mann/
alles ›Defekte‹, im Zuge an/
keiner, der nicht von euch schon ›geeicht‹/
Mucker und Ducker, soweit es reicht/
Darum, Knappen, habet gut acht/
daß ihr sie wiedererkennt im Schacht!«

»Die Kohlen sind unrein, der Wagen wird genullt.«

Zeichenstift gegen Mißstände

In zahlreichen Karikaturen prangern insbesondere der Sozialdemokratie nahestehende Zeitschriften wie der »Simplicissimus« und »Der Wahre Jacob« die Arbeitsverhältnisse im Bergbau an. Hauptzielscheibe der Kritik ist die menschenverachtende Haltung der Zechenunternehmer. Daneben gelten die Angriffe der Karikaturisten der Willkür der Vorgesetzten, aber auch dem preußischen Staat.

»Der Kohlenkönig: ›Erst lassen Sie mal auf die Bande schießen, dann unterhandeln Wir vielleicht mit Ihnen, Herr von Bülow [Deutscher Reichskanzler]‹«; »Simplicissimus«-Karikatur

»Bei Stinnes: ›Wissen Sie, den Streik hätten wir bald hinter uns, wenn das Gesindel nicht so ans Hungern gewöhnt wäre.‹« »Simplicissimus«-Karikatur

1905

Weitverzweigte Welt unter Tage

Um die nördlich der Ruhr in der Emscherzone lagernden Kohlevorkommen erschließen zu können, ist der Ruhrbergbau seit Mitte des 19. Jh. gezwungen, in immer größere Tiefen vorzudringen (→ 1858). Zum Abbau der unter einer **Mergeldecke** zwischen **Schiefer-** und **Sandsteinschichten** verlaufenden **Steinkohleflöze** sind umfangreiche Grubenbaue erforderlich, wie sie in einem zeitgenössischen Querschnitt durch ein Steinkohlenbergwerk dargestellt sind (Abb.).

Zu den Lebensadern eines Bergwerks gehören die **Wetter- und Förderschächte** mit einem Durchmesser von 6–8 m. Über sie werden Menschen und Material zu den **Tiefbausohlen** transportiert. Darüber hinaus dienen sie der Bewetterung: **Ventilatoren** saugen verbrauchte und aufgeheizte Wetter an und sorgen über einen zweiten Schacht für die Zufuhr von Frischluft. Schließlich pumpen **Wasserhaltungsmaschinen** eindringendes Wasser von der tiefsten Sohle über Rohrleitungen durch den Schacht nach oben.

Von jeder Sohle führen **Querschläge** durch das Gestein zu den Flözen. An den Schnittpunkten von Querschlag und Kohleflöz zweigen rechtwinkelig **Strecken** in das Flöz ab. Ebenso wie die Querschläge werden sie durch **Türstockzimmerung** abgesichert. Um die zwischen zwei Strecken lagernde Kohle abbauen zu können, wird durch das Flöz eine Verbindung zwischen den beiden Strecken, ein sog. Aufhauen, hergestellt. Entlang dieser Verbindung wird die Kohle im **Streb** abgebaut. Ausgekohlte Flöze werden mit **Bergeversatz** verfüllt. Durch **Blindschächte** oder über **Bremsberge** wird die Kohle mit Hilfe eines **Dampfhaspels** zum Querschlag der nächsthöheren oder -tieferen Sohle gefördert. Der Weitertransport zum **Füllort** am Schnittpunkt von Querschlag und Förderschacht erfolgt mit **Lokomotiv-** oder **Pferdeförderung**. Durch die Förderschächte erreichen die Kohlenwagen die **Hängebank**, über der sich das **Fördergerüst** befindet. Von der Kohlenwäsche gelangt die Kohle schließlich zur **Verladung** oder zur **Kokerei**.

Meiderich und Ruhrort nach Duisburg eingemeindet

1. Oktober 1905. Die Eingemeindung der Städte Ruhrort und Meiderich nach Duisburg wird rechtskräftig. Als Großstadt mit der größten Binnenhafenanlage der Welt zählt das neue Duisburg damit 192 346 Einwohner.

Am 26. Juli genehmigte der Regierungspräsident in Düsseldorf den Stadtverbund. In der Begründung hieß es: »Alle drei Städte weisen infolge ihres Charakters als Hafenstädte immer mehr . . . gemeinschaftliche Lebenbedingungen auf . . . Daß der Gedanke [der Eingemeindung] endlich zur Ausführung gelangt, kann um so freudiger begrüßt werden, als eine Interessen- und Betriebsgemeinschaft der beiden großen Häfen wegen der fortgesetzt wachsenden Konkurrenz immer dringender notwendig wird.«

Blick auf zwei Bauwerke am Burgplatz: Das 1902 im gotischen Stil erbaute Rathaus, r. die Salvatorkirche

Die Straßenbahn überquert die Brücke am Duisburger Marientor, r. die Marienkirche

Weit und breit kein Automobil auf der von Fußgängern belebten Bau-Straße in Meiderich

Hafenbugsierboote vor Anker im Ruhrorter Hafen; im Hintergrund die Rheinbrücke

Stadt Duisburg im Lauf der Zeit

Um 738. In Duisburg wird vermutlich ein Königshof angelegt (→ Um 738).

883/884. Die Normannen halten Duisburg besetzt und zerstören die Stadt (→ 883/884).

10. Jh. Der Duisburger Königshof wird zur Pfalz ausgebaut.

Nach 1200. Der Rhein verlagert sich von Duisburg weg, und die Stadt verliert den unmittelbaren Rheinanschluß (→ Nach 1200).

1234. Zum ersten Mal werden Bürgermeister in Duisburg urkundlich erwähnt; die Stadt besitzt ein eigenes Siegel (→ 1234).

1407. Duisburg wird Mitglied der Hanse (→ 1356).

1513. Die Bauarbeiten an der Duisburger Salvatorkirche sind beendet (→ 1513).

1569. Der in Duisburg lebende Geograph und Astronom Gerhard Mercator veröffentlicht seine Weltkarte (→ Herbst 1569).

1655. Die Duisburger Universität wird im feierlichen Rahmen eröffnet (→ 14. 10. 1655).

1674. Von Duisburg aus besteht eine regelmäßige Schiffsverbindung nach Nimwegen, die sog. Börtschiffahrt (→ Frühjahr 1674).

1732. Das erste Ruhrorter Hafenbecken ist fertiggestellt (→ 1732).

1780. Der Ausbau der Ruhr zur Schiffahrtsstraße ist abgeschlossen. Der Ruhrorter Hafen entwickelt sich damit zum bedeutendsten Warenumschlagplatz im späteren Ruhrgebiet (→ 1780).

1828. Franz Haniel eröffnet in Ruhrort eine Werft zum Bau von Dampfschiffen (→ 1828).

1851. Die Niederrheinische Hütte nimmt den Betrieb auf (→ 1854).

1870. Das Unternehmen Rheinische Stahlwerke wird gegründet (→ Mai 1870).

1873. Duisburg wird zur kreisfreien Stadt.

1881. Die erste Duisburger Pferdebahn fährt von Duisburg nach Ruhrort (→ 1. 6. 1881).

1887. Die Tonhalle an der Königsstraße wird der Öffentlichkeit übergeben (→ 13. 11. 1887).

1890. Die Bauarbeiten am Ruhrorter Kaiserhafen sind abgeschlossen (→ 1890).

1894. Das Dorf Meiderich wird zur Stadt erhoben.

1902. Das neue Duisburger Rathaus wird eingeweiht (→ 3. 5. 1902).

1903. Der Ruhrorter Hafen wird zum letzten Mal erweitert.

Städte beteiligen sich an RWE-Kapital

1905. Zur Sicherung ihrer Absatzchancen gewährt die Rheinisch-Westfälische Elektrizitätswerk AG (RWE) den zu ihrem Versorgungsgebiet gehörenden Kommunen eine Beteiligung am Firmenkapital. Die Städte Essen, Gelsenkirchen und Mülheim erwerben zum ersten Mal Aktien des Unternehmens.

Zwar sind die kommunalen Verbände, vertreten durch den Essener Oberbürgermeister Erich Zweigert, schon seit Gründung des Unternehmens im Jahr 1898 (→ 25. 4. 1898) im Aufsichtsrat tätig, der Kauf eigener Kapitalanteile verwandelt den Charakter des bislang privatwirtschaftlichen Unternehmens jedoch zu einem »gemischt-kommunal-privatrechtlichen Betrieb.«

Die Initiative zum Aktienerwerb ging von den Mehrheitsaktionären des Unternehmens Hugo Stinnes und August Thyssen aus. Grund für dieses Angebot war das Bemühen, Wegerechte (Genehmigung zur Verlegung von Versorgungsleitungen) durch die Wandlung in ein kommunales Unternehmen sicherzustellen.

Moerser Schloß wird städtisches Museum

29. März 1905. Die Stadtverordnetenversammlung von Moers beschließt, das Moerser Schloß, das sich seit dem frühen 19. Jh. in Privatbesitz befindet, zu kaufen und es zu einem Heimatmuseum umzugestalten. Das Schloß war bis 1702 im Besitz des Hauses Oranien. 1908 wird das Grafschafter Museum eröffnet.

Das von der Stadt Moers angekaufte Schloß mit Museum (um 1913)

Mehr Geschäfte im Revier

1905. In den ständig wachsenden Städten des Ruhrgebiets steigt der Bedarf an Gütern für den täglichen Gebrauch wie Lebensmittel, Textilien, Möbel und Konsumgüter, die von einer zunehmenden Zahl von Geschäften und Warenhäusern vertrieben werden. Mit den Bergleuten und Industriearbeitern, die in die Revierstädte strömen, kommt auch eine große Zahl von arbeitslos gewordenen Handwerkern und Bauern, die sich als Kaufleute eine neue Existenz aufbauen wollen. Vor allem der steigende Lebensmittelbedarf der Revierbevölkerung wird von diesen Einzelhändlern gedeckt. Um sich einen festen Kundenstamm aufzubauen und zu erhalten, wird das »Anschreiben«, bei dem der Kunde bis zur nächsten Lohnauszahlung Kredit erhält, gängige Praxis. Wegen der größer werdenden Konkurrenz im Einzelhandel beginnen die Kaufleute, ihre Angebote in Zeitungsinseraten und auf Reklametafeln anzupreisen. Neben den kleinen Läden und Geschäften entstehen im Ruhrgebiet auch die ersten Warenhäuser, die, anders als die bestehenden Geschäfte, unterschiedlichste Artikel anbieten.

Ein Schuhgeschäft in der Innenstadt von Mülheim an der Ruhr mit großzügiger Schaufensterfront

Werksleitung fördert Betriebsgesangvereine

5. Juli 1905. Werkschöre und -orchester haben im gesamten Ruhrgebiet eine Tradition, die eng mit der Industrialisierung des Reviers seit 1850 verbunden ist. Ihr gemeinsames Kennzeichen ist ein besonderer Bezug zu dem jeweiligen Unternehmen, aus dessen Belegschaft sich die Sänger bzw. Musiker vorwiegend rekrutieren. Ihren Ausdruck findet diese Bindung vor allem in Auftritten bei werksgebundenen Anlässen wie Arbeiterfesten oder Firmenjubiläen.

Der Gesangverein der Gutehoffnungshütte in (Oberhausen-)Sterkrade, der später zu überregionaler Berühmtheit gelangt, wurde unter dem Namen Männergesangverein Sterkrade 1900 gegründet. 1906 schließt er sich mit dem schon seit 1850 bestehenden Gesangverein Frohsinn zum Sängerbund Gutehoffnungshütte Sterkrade zusammen.

Die Übernahme des offiziellen Protektorates über den Männergesangverein Sterkrade durch die Hüttenleitung bedeutet für den Chor vor allem eine gesicherte finanzielle Unterstützung. In den folgenden Jahren erlebt der Sängerbund einen raschen, von der örtlichen Presse aufmerksam verfolgten Aufschwung, denn jetzt kann ein ausgebildeter Chorleiter angestellt, können auswärtige Solisten eingeladen und Tourneen veranstaltet werden.

Die Mitgliederzahl steigt beachtlich an: War der Gesangverein Frohsinn in den 70er Jahren des 19. Jh. auf einen Kreis von durchschnittlich 16 bis 18 Sängern begrenzt, kann der Chor bis 1925 auf über 120 Sänger erweitert werden.

Hamborner Musik aus Feuer und Stahl

5. Juli 1905. Der französische Komponist Maurice Ravel passiert auf einer Rheinreise die Industrieanlagen an der Ruhrmündung. Überwältigt von den optischen und akustischen Eindrücken, die in schroffem Gegensatz zur Ruhe und Eintönigkeit der zuvor besichtigten holländischen Landschaft stehen, beschreibt er in einem Brief das Industriegebiet bei Duisburg:

»Nach einem schlammigen Tag auf einem sehr breiten Fluß zwischen trostlos flachen Ufern ohne Charakter, entdeckt man eine Stadt von Schloten, von Domen, die flammen und rötliche oder blaue Raketen ausspeien. Es ist Haum (Hamborn), eine gigantische Gießerei, in der Tag und Nacht 24 000 Menschen arbeiten... Wie soll ich Ihnen den Eindruck dieser Schlösser aus flüssigem Metall, dieser glühenden Kathedralen, der wunderbaren Symphonie von... Pfiffen, von furchtbaren Hammerschlägen schildern, der uns umhüllt. ... Wie musikalisch das alles ist. Ich habe die feste Absicht, es zu verwenden.«

Das Orchester der Gutehoffnungshütte in (Oberhausen-)Sterkrade

1906

Februar. In Hagen wird die Maschinenfabrik Reinery & Co. gegründet.

10. 3. Bei einem Grubenunglück im nordfranzösischen Courrières kommt es zum spektakulären Einsatz der Grubenwehr der Zeche Shamrock 1/2 aus Herne. →

2. 4. Dortmunder Bürger gründen die Gartenbaugesellschaft 1906, die sich um die Anlage von Schrebergärten bemüht. →

22. 4. – 2. 5. Bei Olympischen Zwischenspielen in Athen erringt der Turner Joseph Krämer vom TV Ückendorf (Gelsenkirchen) mehrere Siege und eine Goldmedaille im Tauziehen. →

2. 5. Das Kommunale Elektrizitätswerk Mark wird mit Sitz in Herdecke gegründet.

27. 5. Anläßlich des 42. Tonkünstlerfestes des Allgemeinen Deutschen Musikvereins wird in Essen Gustav Mahlers VI. Sinfonie uraufgeführt. →

13. 6. Der Wassersportverein Mülheim wird gegründet, dessen Ruderclub in späterer Zeit erfolgreich ist.

1. 7. Peter Klöckner gründet zusammen mit seinem Bruder in Duisburg die Eisenhandelsgesellschaft Klöckner & Co. →

20. 8. Rund 12 000 Menschen nehmen an der Generalversammlung der Katholiken Deutschlands in Essen teil.

1. 9. In Mülheim wird ein Vergnügungs- und Kulturzentrum eröffnet. →

10. 10. Der Hörder Bergwerks- und Hüttenverein und die Phoenix Aktiengesellschaft für Bergbau und Hüttenbetrieb in Dortmund fusionieren. →

15. 10. Kaiser Wilhelm II. ist Ehrengast bei der Hochzeit von Bertha Krupp und Gustav von Bohlen und Halbach in Essen. →

1906. Mit der Auflösung des Landkreises Bochum wird Herne kreisfreie Stadt.

1906. Die Essener Fried. Krupp AG beauftragt den Architekten Robert Schmohl mit dem Bau der Siedlung Dahlhauser Heide in (Bochum-)Hordel. →

1906. Auf Initiative des Bochumer Landrates Carl Gerstein wird das Elektrizitätswerk Westfalen AG gegründet.

1906. In Dortmund nimmt der Schacht 1 der Zeche Oespel die Förderung auf.

1906. Folgende Schächte werden abgeteuft: Prosper III in Bottrop (fertiggestellt 1907), Brassert in Marl (1910) und Lohberg in Dinslaken (1913).

GEBOREN:

19. 5. Hamm: Gerd Bucerius, Verleger der Wochenzeitung »Die Zeit«.

Metallindustrie fusioniert

10. Oktober 1906. Die Hörder Bergwerks- und Hütten-Verein AG wird mit der Phoenix AG für Bergbau und Hüttenbetrieb zusammengeschlossen. Um dem rapiden Preisverfall für Roheisen und Stahl wirksam zu begegnen, schließen sich viele Unternehmen der Eisen- und Stahlindustrie sowie des Steinkohlenbergbaus zusammen oder vergrößern einzelne Gesellschaften durch Erwerb kleinerer Fabriken ihre Produktionskapazitäten.

Seit 1870 konnten die Ruhrgebietsunternehmen der Eisen- und Stahlindustrie ihre Produktion um über 200% steigern. In diesem Jahr werden über 5 Mio t Roheisen erzeugt, fast viermal soviel wie die gesamte belgische Produktion und mehr als die Gesamterzeugung der französischen Hüttenwerke, die rund 3,3 Mio t umfaßt.

Das rapide Wachstum der Produktionszahlen hat aber einen Preisverfall für die Produkte der Metallindustrie zur Folge. Steigende Kohlepreise, die seit dem Zusammenschluß der Bergbauunternehmen des Ruhrgebiets im Rheinisch-Westfälischen Kohlensyndikat (→ 16. 2. 1893) zu verzeichnen sind, erschweren die Situation der Eisen- und Stahlunternehmen zusätzlich. Um unabhängig von der Preispolitik des Kohlensyndikats zu werden, erwerben die Unternehmen der Metallindustrie Zechen und versuchen, den Produktionsprozeß in ihren Gesellschaften zu vereinigen.

Firmenzusammenschlüsse

1904: Die Rheinischen Stahlwerke in Meiderich übernehmen die Duisburger Eisen- und Stahlwerke AG.

1904: Das Hattinger Unternehmen Henrichshütte wird von der Lokomotivfabrik Henschel und Sohn aus Kassel aufgekauft.

1905: Die Deutsch-Luxemburgische Bergwerks- und Hütten AG erwirbt die AG Bergwerksverein Friedrich-Wilhelms-Hütte in Mülheim an der Ruhr.

1906: Der Hörder Bergwerks- und Hütten-Verein fusioniert mit der Phoenix Aktiengesellschaft für Bergbau und Hüttenbetrieb.

Alteisen und Schrott fördern Eisenhandel

1. Juli 1906. Drei Tage nach Eintragung in das Handelsregister beim Amtsgericht Duisburg teilt der Ingenieur Peter Klöckner Geschäftsfreunden in einem Brief die Gründung der Eisenhandelsfirma Peter Klöckner & Co. mit.

Peter Klöckner

Zusammen mit seinem Bruder gelingt es ihm innerhalb weniger Jahre, auf der Grundlage von Roheisen, Walzwerksprodukten sowie Drahterzeugnissen ein florierendes Handelsunternehmen aufzubauen. Beim Zusammenschluß des deutschen Eisenhandels im Roheisenverband im Jahr 1910 erhält die Firma die zweitgrößte Handelsquote. Im Jahr 1913 erfolgt die Ausweitung des Handels auf Schrott und Alteisen, auf deren Einsatz die Stahlindustrie beim Siemens-Martin-Verfahren (→ 1869) angewiesen ist.

Shamrock Rettungstruppe in Courrières

10. März 1906. Um 7.00 Uhr morgens erschüttert eine gewaltige Explosion die Schachtanlage Salaumines in Courrières in Nordfrankreich. 1800 Bergleute arbeiten zu dieser Zeit in der Grube. Während sich in den nächsten Stunden die Angehörigen der Bergarbeiter vor dem Zechentor versammeln, gelingt es 647 eingeschlossenen Bergleuten, sich vor dem durch die Explosion entstandenen Grubenbrand in Sicherheit zu bringen. Da das Feuer inzwischen die Untertage-Anlagen auf einer Länge von 110 km zerstört hat, besteht kaum noch Aussicht auf Rettung für die übrigen 1153 eingeschlossenen Bergleute.

Als der Bergbauliche Verein in Essen dem französischen Grubenvorstand gegen Mittag telegrafisch Hilfe anbietet, akzeptieren die Franzosen trotz der zwischen dem Deutschen Reich und Frankreich bestehenden politischen Spannungen.

Am 12. März trifft eine aus 30 Mann bestehende Rettungstruppe der Zeche Shamrock 1/2 in Herne, verstärkt durch Mitglieder der Rheinelbe-Zechenfeuerwehr aus Gelsenkirchen, mit modernen Sauerstoffgeräten in Courrières ein. Ihre Hilfe wird von der französischen Bevölkerung als Sensation empfunden.

Feuer, giftige Schwaden und die Verwüstungen in der Grube erschweren die Rettungsarbeiten. Erst am 30. März gelingt es den Rettungsmannschaften, zu 13 verschütteten Bergleuten vorzudringen. Sie hatten sich von den Kadavern der Grubenpferde und Sickerwasser ernährt. Für 1140 Eingeschlossene in der Grube kommt jede Hilfe zu spät.

Das Titelblatt des »Le Petit Journal« illustriert die Rettungsaktion

Gedenkblatt der Bergwerksgesellschaft Hibernia für einen Retter

Gartensiedlungen beleben Großstädte

1906. In (Bochum-)Hordel wird nach Plänen des Essener Architekten Robert Schmohl die Siedlung Dahlhauser Heide, die sog. Kappeskolonie, gebaut. In Reaktion auf die im Ruhrgebiet verbreiteten Reihensiedlungen (→ 1903) versucht Schmohl, in Bochum ein neuartiges Siedlungskonzept zu verwirklichen. Dabei orientiert er sich an der in England entwickelten Idee der Gartenstadt. In den Jahren 1903/04 hatte sich Schmohl bereits beim Bau der Margarethensiedlung in (Duisburg-)Rheinhausen von gartenstädtischen Vorstellungen leiten lassen.

Der englische Stenotypist und Schriftsteller Ebenezer Howard veröffentlichte 1898 sein vielbeachtetes Buch »Garden Cities of Tomorrow« (engl.; »Gartenstädte von morgen«). Howard fordert eigenständige, von Grünanlagen durchsetzte Wohnsiedlungen in der Nähe übervölkerter Großstädte. Unkontrolliertes Wachstum der Stadtkomplexe soll durch landwirtschaftlich genutzte Grüngürtel vermieden werden, und Gartenstädte sollen die Größe von maximal 30 000 Einwohnern nicht überschreiten, um einen dörflichen Charakter zu bewahren.

Die Ideen, Grünzonen in Siedlungen einzuplanen sowie abwechslungsreiche und ansprechende Straßenbilder und Platzanlagen zu schaffen, werden in der Kappeskolonie in Bochum in die Wirklichkeit umgesetzt. Statt schachbrettartiger Anlagen werden »krumme Straßen« gebaut, die sich dem natürlichen Gelände anpassen. Sie unterstreichen den dörflichen Charakter der Siedlung. Bei den Gebäuden verwendet Schmohl besondere Aufmerksamkeit auf eine abwechslungsreiche Gestaltung der Häuserfronten und Fenster- und Dachkonstruktionen.

Bertha Krupp als Braut; nach einem Gemälde von Friedrich A. Kaulbach

Tiefgezogene Dächer, unterschiedliche Fensterfronten und fachwerkartige Balken lockern die Häuserfronten der Siedlung Dahlhauser Heide auf

Krupp-Hochzeit mit kaiserlichem Segen

15. Oktober 1906. In der Villa Hügel in Essen heiraten die 20jährige Bertha Krupp, Alleinerbin der Krupp-Werke, und der 16 Jahre ältere preußische Legationsrat Dr. Gustav von Bohlen und Halbach. Zu den Hochzeitsfeierlichkeiten erscheint auch Kaiser Wilhelm II. mit Mitgliedern des Kabinetts.

Wilhelm II., ein Freund von Berthas verstorbenem Vater Friedrich Alfred Krupp (→ 22. 11. 1902), sagt in seiner Festansprache:

»Möge es Ihnen, meine liebe Tochter, gelingen, das Werk auf der erreichten Höhe zu halten, auf die es gehoben worden ist, unserem deutschen Vaterland auch fernerhin Schutz- und Trutzwaffen zu liefern, welche in Fabrikation wie in Leistungen nach wie vor von keiner Nation erreicht werden.« Bertha und Gustav von Bohlen und Halbach hatten sich im Frühjahr des Jahres auf einer Italienreise, die Bertha gemeinsam mit ihrer Mutter und ihrer Schwester Barbara unternommen hat, im Vatikan kennengelernt; in der dortigen deutschen Botschaft war Gustav von Bohlen und Halbach zu dieser Zeit tätig.

Kaiser Wilhelm II. erlaubt dem Paar entgegen den üblichen Rechtsgepflogenheiten, daß der Geburtsname der Frau weiterhin von beiden geführt und der Name Krupp jeweils an den ältesten Sohn weitergegeben werden darf. Das Paar führt von nun an den Familiennamen Krupp von Bohlen und Halbach.

Erste Schrebergärten im Ruhrgebiet

2. April 1906. Eine Gruppe von Mitgliedern des Dortmunder Gartenbauvereins 1896 gründet eine Gartenbaugesellschaft mit dem Ziel, Land zu pachten und Schrebergärten anzulegen. Nachdem die Vorstandsmitglieder auch den Oberbürgermeister der Stadt für ihren Plan gewonnen haben, beginnen sie im Süden Dortmunds, an der Kohlgartenstraße, mit der Einrichtung der Gärten. Es ist eine der ersten Anlagen dieser Art im Ruhrgebiet. Die Dortmunder Gartenfreunde greifen damit eine Entwicklung auf, die aus den von Daniel G. M. Schreber eingerichteten Kinderbeeten und den Armengärten entstanden ist. Die Kinderbeete sollen der Gesundheit und Entwicklung der Kinder förderlich sein, während die Armengärten an arme Familien verpachtet werden, um deren Versorgungslage durch den Eigenanbau von Gemüse zu verbessern. Die Idee von Selbstversorgung armer und kinderreicher Familien findet in Dortmund so starken Anklang, daß bereits fünf Jahre später neues Land hinzugepachtet werden muß. Waren die Schrebergärten zunächst nur für minderbemittelte Familien gedacht, so zeigen bald auch bessergestellte Bürger großes Interesse an der Gartenarbeit.

Die erste Kleingartenanlage in Bochum (1908) geht auf die Initiative von Beamten zurück. In einem Aufruf zur Schaffung von Gärten in der Nähe des Ehrenfeldes wird auf die Förderlichkeit für die Gesundheit von Bürobeamten, gute Ernteaussichten und gefahrloses Spielen für Kinder hingewiesen.

Nicht allein der Freizeitgestaltung dienen die Schrebergärten im Bochumer Ehrenfeld; oft bereichern ihre Ernteerträge auch den Küchenplan

Kulturzentrum in Mülheim eröffnet

1. September 1906. Auf der Leineweberstraße in Mülheim wird die Centralhalle, ein Vergnügungs- und Kulturzentrum, eröffnet.

Der prunkvolle Neubau ist mit der modernsten Errungenschaft der Zeit, mit elektrischem Licht, ausgestattet. Aufführungen seiner Operettenbühne unter Leitung von Albert Metzen bilden bald eine Attraktion, die auch Besucher aus den Nachbarstädten anlockt.

Bis zum Bau der Stadthalle (→ 5. 1. 1926) ist die »C-Halle«, wie sie die Mülheimer nennen, der beliebteste Unterhaltungstreffpunkt der Stadt.

Mahler-Sinfonie in Essen uraufgeführt

27. Mai 1906. Unter der Leitung des Komponisten wird im Saalbau der Stadt Essen die VI. Sinfonie von Gustav Mahler uraufgeführt. Die Aufführung erfolgt im Rahmen des 42. Tonkünstlerfestes des Allgemeinen deutschen Musikvereins. Das ausführende Orchester ist das im Ruhrgebiet gastierende Städtische Orchester Utrecht.

Neben Gustav Mahler, der in dieser Zeit gefeierter Leiter der Wiener Hofoper ist, zählt auch Richard Strauss zu den Gästen des Tonkünstlerfestes und wirkt als Dirigent an dem Konzertprogramm mit.

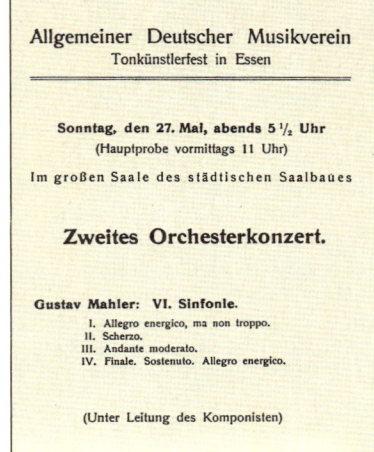
Veranstaltungsaushang für eine Aufführung des 42. Musikfestes

Medaille für Turner aus Gelsenkirchen

22. April bis 2. Mai 1906. Der Gelsenkirchener Joseph Krämer, Hauer auf Zeche Holland und bester Turner des TV Ückendorf, nimmt an den Olympischen Zwischenspielen in Athen teil. Er erringt dort zusammen mit seiner Mannschaft eine Goldmedaille im Tauziehen.

Das Tauziehen ist seit den ersten Spielen der Neuzeit 1896 in Athen olympische Disziplin. Weitere Wettkämpfe werden im Kugelstoßen, Steinstoßen, Diskus- und Hammerwerfen, Fechten, Schießen, Schwimmen und über verschiedene Laufdistanzen ausgetragen.

Ausflug ins Grüne mit Kind und Kegel

Der Sonntagsausflug gehört zum festen Programm der Familien im Ruhrgebiet. Das Flanieren im Stadtpark und Kahnpartien auf Teichen und Seen gehören ebenso dazu wie Wanderungen und Ausflugsfahrten. In der Umgebung der Städte sind viele Gaststätten und Gartenlokale verstreut, die sich als Ziel oder Rastplatz anbieten.

Die Bochumer finden z. B. im Süden ihrer Stadt eine reiche Auswahl. Im Ehrenfeld an der Königsallee liegt Haus Rechen, der ehemalige Adelssitz der Herren von Schell, jetzt im Besitz der Stadt Bochum. Das Herrenhaus ist zum Restaurant umgebaut und der Rechener Busch lädt zu Spaziergängen ein, während man auf dem Teich eine Bootsfahrt unternehmen kann. Zur Ruhr hinunter führt der Weg über Stiepel zur Restauration Frische. Von dort öffnet sich der Blick weit über das Ruhrtal mit Burg Blankenstein und Haus Kemnade. Das Weitmarer Holz ist ein weiteres beliebtes Ziel für Wanderer, dort steht ein großer Baum, der wegen seines seltsamen Wuchses »Kamelbaum« genannt wird. Über die Winzer Ruhrbrücke gelangen Spaziergänger Richtung Hattingen zum Gartenlokal Villa Riva; einige zieht es auch zur Isenburg.

Ein vielbesuchtes Ausflugsziel ist die Kaiseraue in Grumme, nördlich von Bochum. Dort beherbergt das im Park gelegene frühere Casino der Zechengewerkschaft Constantin jetzt ein Restaurant.

Ausflugsziel Burg Blankenstein an der Ruhr

Das Hellweger Gasthaus mit Kegelbahn und Garten

Der Brücherhof, Ausflugslokal in (Dortmund-)Hörde

Deftige Küche im Bochumer Gasthof »Zur Kanone«

Die Bierstadt Dortmund mit langer Tradition

Die Bongardstraße in Bochum lädt zum Bummel ein

1907

25. 1. Bei den Wahlen zum 12. Deutschen Reichstag sind im Ruhrgebiet die Sozialdemokraten in Bochum, Dortmund und Duisburg besonders stark, während sich in den Wahlkreisen Borken, Hamm und Moers das Zentrum durchsetzt. In Hagen dominiert die Volkspartei.

1. 2. Der Vorläufer des Sportvereins Rot-Weiß Essen wird gegründet. →

10. 4. Die Statuten der »Kranken-Unterstützungskasse der selbständigen Handwerker im Bezirk der Handwerkskammer zu Dortmund« (später Signal-Versicherung) werden endgültig verabschiedet. →

16. 4. Das Dortmunder Staatliche Gymnasium wird gegründet (das spätere Reinoldus-Gymnasium).

28. 7. Durch einen Lieferungsvertrag mit dem Dortmunder Elektrizitätswerk wird Unna an das Stromversorgungsnetz angeschlossen.

1. 10. Das Orchester der Stadt Hagen wird gegründet.

19. 10. Die Ruhrort-Homberger Brücke bei Duisburg wird feierlich eingeweiht.

1907. Die seit 1904 zwischen der GBAG, dem Schalker Gruben- und Hüttenverein sowie dem Aachener Hüttenverein existierende Interessengemeinschaft führt zur Fusion.

1907. Die Wunnerschen Bitumenwerke (später Ceresit-Werk) verlegen ihren Betriebssitz von Datteln nach Unna.

1907. Folgende Schächte werden abgeteuft: Hermann in Selm, Westerholt in (Gelsenkirchen-)Buer, Victoria in Lünen und Friedrich-Heinrich in Kamp-Lintfort.

1907. Die neuangelegte Hansastraße schafft einen breiten Durchbruch durch die Dortmunder Innenstadt. →

1907. Der Jugendstil-Architekt Henry van de Velde entwirft den Bebauungsplan für die Hagener Gartenstadt Hohenhagen. →

1907. Die Dortmunder Stadtbibliothek wird gegründet (ab 1932 Stadt- und Landesbibliothek).

1907. In Essen eröffnet die erste Mütterberatungsstelle.

GESTORBEN:

13. 11. Wiesbaden: Heinrich Mönting (*14. 5. 1812, [Gelsenkirchen-]Schalke), Industrieller.

GEBOREN:

12. 8. Unna: Hermann Schomberg († 17. 11. 1975, Hamburg), Schauspieler.

13. 8. Essen: Alfried Krupp von Bohlen und Halbach († 30. 7. 1967, Essen), Industrieller.

Die alte Reichsstadt im neuen Gewand

1907. Mit dem Durchbruch der Hansastraße durch die Dortmunder Innenstadt wird eine direkte Verbindung zwischen dem Bahnhof und dem Süd- bzw. Hiltropwall hergestellt. Bisher waren Brück- und Betenstraße die einzigen Nord-Süd-Achsen durch den Stadtkern.

Die Industrialisierung seit der Mitte des 19. Jh. hat das Dortmunder Stadtbild grundlegend verwandelt. Den Beginn der Entwicklung markiert der Anschluß der Stadt an das Eisenbahnnetz (→ 15. 5. 1847). 1856 war Dortmund mit 2284 Häusern (davon 1448 Wohnhäuser) über den alten Mauerring hinausgewachsen (1832: 1290 Häuser, davon 901 Wohnhäuser). Die ersten Neuansiedlungen lagen zwischen Burgtor und dem späteren Steinplatz sowie an Düppel- und Alsenstraße.

Zwischen 1858 und 1871 wurden amtliche Straßennamen eingeführt. Historische Straßen wie Osten- und Westenhellweg behielten ihre Namen. Neue Straßennamen wurden an gewohnheitsmäßige Benennungen angelehnt, so bei der Kuhstraße (»Kühestraße«).

Um die Jahrhundertwende leistete sich Dortmund, seit 1894 Großstadt, eine Reihe repräsentativer Bauten. 1895 wurde die Oberpostdirektion am Hiltropwall eröffnet (→ 1. 4. 1895), 1899 das neue Stadthaus an der Betenstraße bezogen. Im selben Jahr wurde schließlich das alte Rathaus (→ 1241) restauriert. 1900 wurde die Synagoge an der Hansastraße/Ecke Hiltropwall eingeweiht, vier Jahre später das Theater am Hiltropwall (→ 17./18. 9. 1904).

Blick auf Hansastraße und Hansaplatz (1907), die neue Nord-Süd-Verbindung durch die Innenstadt zwischen Hauptbahnhof und Hiltropwall

Alleeähnliche Gleisanlagen führen die »Elektrische« an dem 1910 eröffneten neuen Bahnhof vorbei

Um 1910 verschwinden die letzten alten Fachwerkhäuser in diesem Abschnitt der Brückstraße

Geschäft an Geschäft reiht sich am oberen Westenhellweg von Dortmund; im Hintergrund der Körnerplatz

Durch die schmale Geschäftsstraße Ostenhellweg (hier Ecke Schliepstraße) führt zweigleisig die Straßenbahn

Entwurfszeichnung für ein Krematorium in Hagen-Delstern (1907/08) von dem Architekten Peter Behrens

Entwurf zur Gartenstadt Hohenhagen

1907. Im Auftrag des Bauherrn Karl Ernst Osthaus erarbeitet der belgische Architekt und Kunstgewerbler Henry van de Velde einen Bebauungsplan für die Gartenstadt Hohenhagen in Hagen-Eppenhausen. Van de Veldes Entwurf ist Teil einer Konzeption, an der mit Peter Behrens und Johannes L. Mathieu Lauweriks zwei weitere führende Architekten der Zeit beteiligt sind.

Die Idee zur Anlage einer Gartenstadt vor den Toren der Industriestadt Hagen stammt von Karl Ernst Osthaus. 1906 erwarb er ein 80 Morgen großes, landschaftlich reizvoll gelegenes Gelände im Nordosten von Hagen. Ziel dieses Ankaufs war, so Osthaus, auf dem Areal »die Bestrebungen der modernen Gartenstadt- und Kunstbewegung zugleich« zu verwirklichen. »Auf künstlerisch gelöstem Bebauungsplan sollen hier Villen von größerem und kleinerem Maßstabe entstehen und die Erbauer sich untereinander verpflichten, ihre Entwürfe nur den genialsten Architekten unserer Zeit anzuvertrauen.«

Von den Plänen wird jedoch nur ein kleiner Teil verwirklicht: Der Hohenhof, Osthaus' eigene Villa, nach den Entwürfen van de Veldes; die Häuser Cuno, Schroeder und Goedecke von Behrens sowie die Straßenzeile Stirnband des Holländers Lauweriks. Der 1906/08 entstandene Hohenhof ist das bauliche Zentrum der Kolonie, in dem van de Velde die Idee vom Gesamtkunstwerk realisieren kann. Trotz einheitlicher Gestaltung bleibt jedoch die Raumaufteilung großbürgerlichen Repräsentationsbedürfnissen verpflichtet, wie überhaupt die Gesamtanlage als Ausdruck bürgerlicher Flucht aus der Enge großstädtischer Wohn- und Lebensformen zu sehen ist.

Osthaus begründet »Hagener Impuls«

Der »Hagener Impuls« als ein wichtiges Moment in der Kunstgeschichte zwischen 1900 und 1914, insbesondere auf dem Gebiet der Architektur, ist eng verbunden mit dem Namen Karl Ernst Osthaus. Osthaus, Sohn des Hagener Bankiers Ernst Osthaus und seiner Frau Selma, wird 1900 im Zusammenhang mit der Errichtung des von ihm initiierten Museums Folkwang (→ 12. 7. 1902) aufmerksam auf den belgischen Kunstgewerbler und Architekten Henry van de Velde und die künstlerischen Ideen des Jugendstils. Nach der Eröffnung des Museums, dessen Innenausstattung van de Velde besorgt, gelingt es Osthaus, eine Vielzahl bedeutender Künstler der Zeit nach Hagen zu holen und durch mäzenatische Unterstützung zu fördern. Zu den ersten gehört der Maler Christian Rohlfs (→ 1904). Richtungweisenden Charakter gewinnt die Gartenstadt Hohenhagen (→ 1907) mit der nach dem Vorbild der Darmstädter Künstlerkolonie Mathildenhöhe angelegten Straßenzeile Stirnband (1914 fertiggestellt). In Anlehnung an van de Veldes Vorstellung vom Gesamtkunstwerk läßt Osthaus die Siedlung als ein »Freilichtmuseum für moderne Baukunst, Malerei und Plastik« konzipieren, als »Experimentierfeld modernen Bauens«.

Der Hohenhof nach Entwürfen von Henry van de Velde, Wohnsitz von Karl Ernst Osthaus

Der Hohenhof von Westen aus gesehen, architektonisches Zentrum der Gartenstadt Hohenhagen

Eingangshalle des Hohenhofs, konsequent nach einheitlichen Prinzipien van de Veldes gestaltet

Versicherungen in Dortmund

10. April 1907. Mit der Verabschiedung eines Statutenentwurfs für eine »Kranken-Unterstützungskasse der selbständigen Handwerker im Bezirk der Handwerkskammer zu Dortmund« wird der Grundstein für die erste der drei später in Dortmund ansässigen Versicherungsgruppen gelegt, die Signal-Versicherung.

1907 stellt Dortmund mit 541 Beschäftigten 25,5% der Erwerbstätigen in der westfälischen Versicherungswirtschaft und ist der führende Standort in der Region. Der Anteil der Arbeitsplätze im Versicherungsgewerbe in der Dortmunder Wirtschaft beträgt allerdings nur 0,6% der Erwerbstätigen.

Die Entwicklung der Assekuranzen vollzog sich parallel zum wirtschaftlichen Aufstieg der Stadt seit etwa 1850. 1855 wurde mit der »Allgemeinen Unterstützungskasse für Gesellen und Gehilfen sowie für Fabrikarbeiter« der direkte Vorläufer der späteren Allgemeinen Ortskrankenkasse (AOK) gegründet. Daneben schufen Großunternehmen wie der Hörder Bergwerks- und Hüttenverein eigene Krankenkassen. Im Gegensatz zu den Krankenversicherungen, die in Dortmund selbst gegründet wurden, waren die privaten Sach- und Vermögensversicherungen nur mit auswärtigen Agenturen vertreten. 1873 hatten sich aber immerhin 33 Feuer- und 28 Lebensversicherungen in der Stadt etabliert.

Nach 1918 wächst die Dortmunder Versicherungsbranche durch Ansiedlung von Bezirksdirektionen auswärtiger Gesellschaften.

Anfänge des Clubs Rot-Weiß Essen

1. Februar 1907. Die Brüder Georg und Hermann Melches gründen in (Essen-)Vogelheim eine Fußballmannschaft, die zunächst auf Brielmanns Wiese spielt. Nach den ersten Jahren schaffen sie sich einen eigenen, mit Kesselasche ausgestreuten Platz zwischen den Bergehalden und Fördertürmen der Zeche Emil-Emscher. Als »Vereinslokal« dient die Waschküche der Familie Melches. Nach Zusammenschlüssen mit anderen Vereinen entsteht aus dieser Mannschaft 1923 der Sport-Club Rot-Weiß Essen.

1908

1. 1. Die Zeche Auguste-Viktoria in Marl wird von der Interessengemeinschaft chemischer Werke (später IG Farben) übernommen.
16. 1. Die Firma Math. Stinnes aus Mülheim an der Ruhr wird 100 Jahre alt. →
22. 1. Die im Verein für die bergbaulichen Interessen organisierten Zechenunternehmer des Ruhrreviers gründen in Essen den Zechenverband. →
9. 4. Mülheim an der Ruhr wird mit 100 000 Einwohnern zur Großstadt. →
20. 6. Die Gesamtanlage des Ruhrorter Hafens ist fertiggestellt.
1. 7. Der preußische Staat beginnt in Gladbeck mit den Abteufarbeiten für die Schachtanlage Zweckel.
9. 8. Im Essener Werk der Firma Fried. Krupp AG gründen Arbeiter einen Nationalen Metallarbeiter Verband. →
10. 10. Das Varieté-Theater wird in Bochum eröffnet. →
17. 10. In Recklinghausen wird das neue Rathaus am Erlbruch (nahe dem Kaiserwall) eingeweiht. →
12. 11. Auf der Zeche Radbod in Bockum-Hövel (bei Hamm) ereignet sich die bis dahin schwerste Schlagwetterkatastrophe des deutschen Bergbaus. →
1908. 75% der (Rheinberg-) Orsoyer Bevölkerung leben von der Zigarrenindustrie. →
1908. Auf der Bochumer Zeche Lothringen wird das weltweit erste Werk zur Fabrikation synthetischen Salpeters errichtet.
1908. Die Essener Krupp-Werke richten für die Ausbildung der Lehrlinge eigens eine Werkstatt ein. →
1908. Als Nebenanlage des Bergwerks Consolidation wird die in (Gelsenkirchen-)Feldmark gelegene Zeche Oberschuir errichtet.
1908. In Dinslaken findet einer der größten Rindermärkte Westdeutschlands statt. →
1908/1912. In Castrop-Rauxel wird das Bergwerk Ickern errichtet.

GEBOREN:

25. 2. Hamborn: Karl Heinz Stroux († 2. 8. 1985, Düsseldorf), Regisseur.
1. 7. Essen: Peter Anders († 10. 9. 1954, Hamburg), Sänger.
4. 10. Mülheim an der Ruhr: Fritz Hüser († 4. 3. 1979, Dortmund), Bibliothekar und Begründer der »Gruppe 61« (→ 31. 3. 1961).
13. 10. Essen: Hans Müller-Kray († 30. 5. 1969, Stuttgart), Dirigent.

Zechenverband gebildet

22. Januar 1908. Die im Bergbaulichen Verein (→ 17. 12. 1858) organisierten Zechenunternehmer des Ruhrgebiets schließen sich in Essen zum Zechenverband zusammen. Auf der konstituierenden Hauptversammlung wird Bergrat Eduard Kleine, Aufsichtsratsmitglied der Gelsenkirchener Bergwerks AG, zum ersten Vorsitzenden des Verbandes gewählt.

In seiner Eröffnungsansprache begründet Bergrat Kleine die Notwendigkeit eines Zusammenschlusses zur festen Arbeitgeberorganisation: »Ein Streik auf den Kohlenzechen namentlich hat eine ganz andere Bedeutung als die sonstigen Streiks. Denn jeder braucht Kohlen, und bei längerer Andauer des Streiks kommt fast die ganze Industrie zum Erliegen. Bei der heutigen sozialen Richtung ist aber jedesmal der Arbeitgeber der schuldige Teil...«

Dem Zechenverband treten 100 Revierzechen mit etwa 94% der Gesamtförderung des Ruhrgebiets bei. Während eines Streiks erhalten Verbandszechen Unterstützungszahlungen, soweit sie sich den Forderungen der Streikenden gegenüber unnachgiebig zeigen. Streikenden Bergarbeitern droht auf allen Verbandszechen eine dreimonatige Sperre, die Nichteinhaltung der 14tägigen Kündigungsfrist von seiten der Bergarbeiter wird mit einer sechsmonatigen Sperre bestraft.

Hans von Löwenstein vom Bergbauverein, Initiator des Verbandes

Arbeiterverein für Wirtschaftsfrieden

9. August 1908. Im Essener Gußstahlwerk der Firma Fried. Krupp wird unter Beteiligung von Arbeitern und Direktorium ein der Nationalliberalen Partei nahestehender »Nationaler Metallarbeiter Verband Essen« gegründet. Aus dem Verband geht vier Monate später die erste wirtschaftsfriedliche Vereinigung im Revier hervor, der »Nationale Arbeiterverein, Werk Krupp«.

Die wirtschaftsfriedliche Vereinigung geht vom Gedanken der Werksgemeinschaft aus. Das Vertrauensverhältnis zwischen Arbeiter und Arbeitgeber soll nicht durch Arbeitskämpfe zerstört werden. Die Arbeiter vertrauen darauf, daß ihnen wohlwollende, sozial aufgeschlossene Unternehmer ihnen in allen Fragen entgegenkommen.

Vorrangiges Ziel des Kruppschen Arbeitervereins ist es, den Einfluß der Nationalliberalen Partei auf die Arbeiterschaft zu verstärken sowie nichtorganisierte Arbeiter und streikgefährdete Unternehmer gegen die freien Gewerkschaften zu unterstützen.

Mülheim an der Ruhr wird zur Großstadt

9. April 1908. Im Jahr ihres 100jährigen Bestehens wird die Stadt Mülheim mit der Geburt des 100 000. Einwohners offiziell Großstadt. Der jüngste Mitbürger, Hermann Hans Höhborn, wird von der Mülheimer Bevölkerung gefeiert.

Mülheimer Stadtgeschichte

883/884. Die Burg Broich oberhalb der Ruhr wird angelegt.
1093. Mülheim wird als Gerichtsstätte zum ersten Mal erwähnt.
Um 1750. Mülheim ist zentraler Umschlagplatz für die Kohlenschiffahrt der Ruhr.
1808. Mülheim bekommt eine eigene Munizipalverwaltung und wird damit zur Stadt erhoben.

Das 100. Jubiläumsjahr und der Aufstieg zur Großstadt bieten nicht nur Anlässe zu umfangreichen Festprogrammen, sondern fördern auch den Entschluß zur Verbesserung des Stadtbildes, z. B. werden Straßen gepflastert und geteert.

Grubenkatastrophe auf Zeche Radbod

12. November 1908. Als gegen 4.20 Uhr morgens eine Schlagwetterexplosion die Untertageanlagen der Zeche Radbod bei Hamm in Brand setzt, befinden sich etwa 400 Bergleute in der Grube. Die meisten von ihnen sind mit Reparaturarbeiten in den Querschlägen der zweiten und dritten Sohle in 772 bzw. 850 m Tiefe beschäftigt. Nur wenigen Bergleuten gelingt es, vor den giftigen Nachschwaden der Detonation zu flüchten und die rettenden Förderkörbe zu erreichen, bevor das Feuer jeden weiteren Fluchtweg unpassierbar macht.

Einige Minuten nach der Explosion verständigt der Schachtsteiger Heinrich Niesel telefonisch Gustav Berg, den Betriebsführer der Nachtschicht: »Der diensttuende Beamte teilte mir mit, daß in der Grube etwas Furchtbares passiert sein müsse; denn die Verschlußdeckel des Ausziehschachtes II seien plötzlich hochgeschleudert worden, und ein dicker, schwarzer Schwaden dränge unaufhörlich heraus.«

Nachdem Zerstörungen am Förderschacht so weit beseitigt worden sind, daß Rettungsmannschaften gefahrlos einfahren können, kommen gegen 6.30 Uhr die ersten Rettungstrupps in die zweite und dritte Sohle. Den Rettern bietet sich ein Bild des Grauens: Über Berge von Leichen

Radbod kurz nach dem Unglück; als ab 10 Uhr morgens nur noch Leichen geborgen werden, kommt es unter den Angehörigen zu Verzweiflungsszenen

und Schwerverletzten dringen sie in die brennende Grube vor. Giftige Gase erschweren den Vormarsch.

Da die Brände unter Tage einen Großteil der Betriebsanlagen der Zeche zu zerstören drohen und gegen Abend kaum Aussicht besteht, noch Überlebende zu bergen, ordnet die Grubenleitung die Flutung der Untertageanlagen an. Gleichzeitig werden die Schachtdeckel verschlossen und der Lüftungsventilator abgestellt, um das Feuer zu ersticken; sämtliche Rettungarbeiten werden eingestellt.

Bei dem Unglück finden 348 Bergleute den Tod. Da die Bergbehörde vermutet, daß eine defekte Benzinsicherheitslampe die Explosion verursacht hat, werden auf Radbod als erster Revierzeche elektrische Sicherheitslampen vorgeschrieben.

Flammen züngeln von allen Seiten

Zu den wenigen Überlebenden der Grubenkatastrophe auf Radbod gehört der Hauer Alois Pinkava. Zum Zeitpunkt der Explosion befand er sich mit drei Kameraden im Querschlag auf der 870 m-Sohle, dem tiefsten Bereich der Grube. In einem Zeitungsbericht schildert er die Minuten nach der Explosion:

»Heiße Schwaden trieben uns den Schweiß aus allen Poren des Körpers. ›Eine Schlagwetter-Explosion! Wir sind verloren‹, stöhnte ich ... Wir tappten uns an der Wasserleitung, die auseinandergerissen war, aus dem Querschlag ... zum Füllort der dritten Sohle ... Auf dem Weg züngelten uns die Flammen von allen Seiten entgegen ... Aber wir mußten durch, nur vom Förderschacht konnte unsere Rettung kommen. Am Füllort: Auf einem Schlachtfeld kann es nicht schlimmer aussehen. Wir stolperten über zwei, drei Körper. Waren es Tote? Oder Schwerverletzte? Wir konnten uns nicht darum kümmern, hinter uns züngelten die Flammen und tönten fortgesetzt Detonationen ... Herzzerfleischende Schreie der Verwundeten ... einer von uns [sprang] ans Telephon ... um schnelle Hilfe zu fordern ...«

100 Jahre Schiffahrtsunternehmen Stinnes

16. Januar 1908. *Die Firma Math. Stinnes aus Mülheim an der Ruhr feiert ihr 100jähriges Bestehen (Abb.: Angestellte). 1808 hatte der Gründer des Unternehmens gemeinsam mit seinen drei Brüdern eine Kohlenhandlung eröffnet, die er in den folgenden Jahrzehnten so ausdehnte, daß er 37 Jahre später der größte Reeder Deutschlands war (→ 1845).*

Ausbildungswerkstatt bei Krupp in Essen

1908. *Bei Krupp in Essen wird eine Lehrwerkstatt zur Ausbildung von Schlosser- und Dreherlehrlingen eingerichtet (Abb.). Eine Lehrstelle bei Krupp erhalten nur Söhne von Werksangehörigen, die alle Volksschulklassen absolviert haben und nicht älter als 16 Jahre sind. Für einen zehnstündigen Arbeitstag erhalten sie zwischen 70 Pfennigen und 1,80 Mark.*

1908

Das nach 1265, 1500 und 1847 in den Jahren von 1905 bis 1908 errichtete vierte Rathaus von Recklinghausen

Stolzer Rathausbau in Recklinghausen

17. Oktober 1908. Das neue Rathaus in Recklinghausen wird nach dreijähriger Bauzeit offiziell eingeweiht. Vertreter des Staates, des Kreises, der Kirchen und der Bürgerschaft nehmen am Festakt im Rathaussaal und dem Festmahl im Restaurant »Deutscher Hof« teil. Zusammen mit anderen repräsentativen öffentlichen Bauten, die in dieser Zeit entstehen, zeugt das Rathaus vom Wohlstand und Selbstbewußtsein der Stadt.

Seit dem 1. April 1901 bildet Recklinghausen einen eigenen Stadtkreis und braucht keine Steuergelder mehr an den Landkreis abzuführen. In den folgenden Jahren setzte eine rege Bautätigkeit ein: Die Stadt wuchs unter Beibehaltung des mittelalterlichen Grundrisses über die historische Stadtumwallung hinaus. Vor allem im West- und Nordviertel entstanden neue Wohnsiedlungen und öffentliche Gebäude. 1905 wurde das Kreishaus am Herzogswall eingeweiht. 1907 war das Gebäude der Königlich-Preußischen Bergwerksdirektion an der Ecke Limperstraße/ Elper Weg fertiggestellt. Im gleichen Jahr nahm das neuerbaute Amtsgericht seine Arbeit auf.

Von Zeitgenossen wird aber besonders das im Stil der deutschen Renaissance erbaute Rathaus als imposantes Denkmal Recklinghäuser Bürgerstolzes empfunden.

Blick über den Recklinghäuser Wochenmarkt auf der Großen Geldstraße in die Breite Straße auf das Amtsgericht von 1879

Häuserzeilen der Kunibertistraße zwischen Markt und Kunibertitor

Einmündung Münsterstraße/ Herzogs- und Kurfürstenwall am Lohtor

---

Stadtgeschichte Recklinghausens

Um 800. Auf dem Gebiet des späteren Recklinghausen befindet sich ein karolingischer Königshof.

1017. Recklinghausen wird erstmals als »Ricoldinchuson« in einer Urkunde von König Heinrich II. erwähnt.

Um 1150. Die Kölner Erzbischöfe werden Landesherren über Stadt und Vest Recklinghausen.

1236. Der Kölner Erzbischof Heinrich von Molenark verleiht Recklinghausen volles Stadtrecht (→ 1236).

1296. Graf Everhard II. von der Mark erobert die Stadt und läßt die Stadtbefestigungen einebnen.

Recklinghäuser Wappen; der Schlüssel im Torbogen symbolisiert die einstige Zugehörigkeit zum Kölner Erzstift

1365. Der Kölner Erzbischof Walram von Jülich läßt Recklinghausen erneut befestigen (→ 24. 3. 1365).

1500. Bei einem großen Stadtbrand werden das Rathaus und Teile der Petruskirche zerstört (→ 4. 4. 1500).

1584. Ferdinand von Bayern erobert Recklinghausen.

1634. Recklinghausen wird zum wiederholten Mal von der Pest heimgesucht (→ 1634).

1803. Herzog Prosper Ludwig von Arenberg wird Landesherr über Recklinghausen.

1811. Ein napoleonisches Dekret unterstellt Stadt und Vest dem Großherzogtum Berg (→ 1. 4. 1811).

1814. Stadt und Vest Recklinghausen werden preußisch.

1869. Die Abteufarbeiten zum ersten Recklinghäuser Schacht Clerget beginnen.

1901. Recklinghausen wird kreisfreie Stadt.

1908. Die preußische Regierung genehmigt das Stadtwappen und die -farben Grün-Gold.

1908

Varieté-Theater »Apollo« (1908 eröffnet, später zum Stadttheater umgebaut) im Bochumer Stadtteil Ehrenfeld zwischen Königsallee und Fürstenstraße

Neues Theater in Bochum

10. Oktober 1908. Das private Apollotheater in Bochum-Ehrenfeld, zwischen Königsallee und Fürstenstraße gelegen, wird mit einem gemischten Programm von Düsseldorfer Künstlern feierlich eröffnet. Der von dem Bauunternehmer Clemens Erlemann errichtete Neubau bietet 1400 Zuschauern Platz und ist um vieles repräsentativer als das alte Stadttheater, das im Saal einer Gastwirtschaft an der Rottstraße untergebracht ist.

Varieté und »Spezialitäten« wie z. B. Havemanns Raubtierschau stehen auf dem Programm des neuen Theaters. Bereits ein Jahr nach der Eröffnung zieht die Stadt Bochum ihre Subventionen vom alten Theater ab und unterstützt das Apollo. Nun werden hier auch Oper, Operette und Schauspiel geboten. Die erste Vorstellung zeigt die Oper »Carmen« von Giuseppe Verdi mit Nora Köhler, der Tochter des Generaldirektors, in der Hauptrolle.

Wilhelm Stumpf, kunstbegeisterter Stadtrat und Kulturdezernent, bemüht sich um eine Verbesserung der Theaterlandschaft in Bochum. Auf sein Betreiben hin übernimmt die Stadt das Apollo im Jahr 1910 und baut es zum neuen Stadttheater um. Am 30. Dezember 1915 wird es mit einem Gastspiel des Düsseldorfer Schauspielhauses eröffnet.

Schwerindustrie am Niederrhein

1908. 75% der Bevölkerung von Orsoy sind in der ortsansässigen Zigarrenindustrie beschäftigt. In der Region zwischen Wesel und Moers sind kleine Handels-, Handwerks- und Fertigungsbetriebe vorherrschend, und erst langsam beginnt auch hier die Ansiedlung von Schwerindustrie – Jahrzehnte später als im übrigen Ruhrgebiet.

August Thyssen errichtete 1897 in Dinslaken ein Warmwalz- und Röhrenwerk, 1906 begannen die Abteufarbeiten für die Thyssen-Zeche Lohberg. Auch in Moers und Kamp-Lintfort werden die ersten Zechen angelegt, was ein sprunghaftes Wachstum der Städte auslöst.

Dinslaken berühmt für Großviehmarkt

1908. Auf dem Dinslakener Zuchtviehmarkt werden in diesem Jahr insgesamt 28 000 Stück Rinder, Kälber und Milchkühe sowie ungezählte Mengen Schweine und weiteres Kleinvieh aufgetrieben. Der Viehmarkt der Stadt ist damit die bedeutendste Einrichtung ihrer Art im Westen des Deutschen Reiches. Das angebotene Vieh kommt aus den Niederlanden, aus dem benachbarten Westfalen, aus Ostfriesland und Oldenburg und aus Ostpreußen. Als kurze Zeit später Dortmund eine große, moderne Viehhalle errichtet, in der wöchentlich Märkte stattfinden, wandert ein großer Teil der Händler dorthin ab.

1909

Februar. Die Emscher tritt in (Gelsenkirchen-)Horst über die Ufer und überschwemmt weite Ackerflächen. →

April. Der Rheinisch-Westfälische Automobilclub gibt eine Broschüre zum richtigen Verhalten im motorisierten Straßenverkehr heraus. →

15. 5. In Mülheim an der Ruhr öffnet das Solbad Raffelberg.

25. 7. Schüler finden am Ufer der Ruhr bei Fröndenberg einen großen römischen Münzschatz.

10. 8. Kaiser Wilhelm II. besucht Schwerte. →

10. 8. Karl Ernst Osthaus proklamiert in Hagen die private Gründung des Deutschen Museums für Kunst in Handel und Gewerbe (→ 1909).

2. 9. Die Straßenbahnlinie Gladbeck – (Gelsenkirchen-)Horst wird in Betrieb genommen.

20. 9. Das Luftschiff Z III macht einen Rundflug über das Ruhrgebiet. →

November. Erstmals sind Arbeiter in der Dortmunder Stadtverordnetenversammlung vertreten. →

19. 12. In Dortmund wird der Ballspiel-Verein Borussia 09 gegründet.

1909. Gustav Krupp von Bohlen und Halbach übernimmt den Vorsitz im Aufsichtsrat der Essener Krupp-Werke. Alfred Hugenberg wird Vorsitzender des Direktoriums. →

1909. Die Firma Alsberg (später WEKA GmbH) läßt sich mit einem Kaufhaus in Gelsenkirchen nieder.

1909. Ein Bericht der Handelskammer Essen gibt Aufschluß über den Warenumschlag an den Bahnhöfen des Bezirkes. →

1909. Der Westfälische Rennverein wird gegründet; er entwickelt sich zum Westdeutschen Traber-, Zucht- und Rennverein e. V.

1909. Der Bergmannssohn Paul Breder ist das erste Arbeiterkind auf dem Königlichen Gymnasium zu Bochum. →

1909. Mehr als ein Drittel der Bevölkerung in (Recklinghausen-)Hochlarmark ist polnischer Herkunft. →

1909. Das Mülheimer Kunstmuseum wird gegründet.

1909. Das von dem Fabrikanten Friedrich Lohmann gestiftete Märkische Museum in Witten wird eröffnet.

1909/1936. In (Duisburg-)Hamborn wird das Bergwerk Walsum errichtet.

GEBOREN:

7. 6. (Gelsenkirchen-)Horst: Heinrich Maria Denneborg, Schriftsteller.

Erste Arbeiter in Dortmunds Stadtrat

November 1909. Mit den Bergleuten Heinrich Bartels und Karl Schneider ziehen die ersten Arbeiter in die Dortmunder Stadtverordnetenversammlung ein. Sie werden als Vertreter der dritten und letzten Abteilung des preußischen Dreiklassenwahlrechts (→ 1861) gewählt. Im folgenden Jahr kommt es in Dortmund zu Protesten der Sozialdemokraten gegen das Dreiklassenwahlrecht. Tausende von Arbeitern fordern auf einer Demonstration das freie, gleiche und geheime Wahlrecht, da die preußische Regierung eine angekündigte Reform des alten Modus nicht in sozialdemokratischem Sinne durchführt.

Zeppelin-Luftschiff über Gelsenkirchen

20. September 1909. Bei einem Rundflug über das Ruhrgebiet überfliegt das Luftschiff Z III auch die Innenstadt von Gelsenkirchen. In den engen Straßen stauen sich die Menschen, um das Wunderwerk der Technik zu bestaunen.

Konstrukteur dieses dritten »Zeppelins« ist Ferdinand Graf von Zeppelin. 1891 hat der ehemalige Offizier mit dem Luftschiffbau begonnen. Im Jahr 1900 startete das erste nach seinen Plänen konstruierte lenkbare sog. Starrluftschiff Z I. 1909 gründet Zeppelin in Friedrichshafen am Bodensee die Luftschiffbau Z GmbH, die über 100 Zeppeline baut.

Luftschiff des Grafen Zeppelin über den Straßen von Gelsenkirchen

Hochwasser der Emscher im Februar 1909, Häuser und Äcker von Gelsenkirchen-Bismarck sind stark betroffen

Vom Hochwasser umspülte Siedlung zwischen Waghalsbrücke und dem Walzwerk Neu-Oberhausen

Hochwasserkatastrophe im Ruhrgebiet

Februar 1909. Fünf Jahre nach der bis dahin schwersten Hochwasserkatastrophe im Emschertal tritt der Abwasserfluß bei (Gelsenkirchen-)Horst erneut über die Ufer. Weite Ackerflächen gleichen einem See, ganze Stadtteile stehen unter Wasser. Die Naturkatastrophe fordert ein Menschenleben und richtet hohe Sachschäden an. Erste Kanalisierungsprojekte der Emschergenossenschaft (→ 14. 12. 1899) haben den Fluten der Emscher nicht Einhalt gebieten können.

Schlimmer noch als das Hochwasser selbst wirkt sich für die betroffene Bevölkerung der Region die von den Überschwemmungen ausgehende Seuchengefahr aus. Giftige Abwasserrückstände der Industrie und Fäkalien bedecken nach dem Rückgang des Wassers als übelriechender Schlamm die Wiesen. Das dort weidende Vieh verendet, Typhus und Malaria breiten sich aus. Wie im nördlichen Teil des Ruhrgebiets die Emschergenossenschaft, so bemüht sich im Süden der Ruhrtalsperrenverein (→ 15. 4. 1899) um die Eindämmung der alljährlichen Hochwasserfluten. Trotzdem tritt im Frühjahr 1909 auch die Ruhr durch heftige Regenfälle und die einsetzende Schneeschmelze über die Ufer. Auch hier breiten sich die Wassermassen mit verheerenden Folgen aus.

Automobilisten gefährden den Verkehr

April 1909. Um angesichts der zunehmenden Zahl von Kraftfahrzeugen einen geregelten Straßenverkehr zu gewährleisten, veröffentlicht der Rheinisch-Westfälische Automobilclub ein »Merkbüchlein zum richtigen Verhalten auf der Straße beim Automobil- und Wagenverkehr«.

Die dort gesammelten Vorschriften enthalten Gebote wie »Rechts ausweichen, links überholen!« oder »Fuhrwerke haben nach Möglichkeit die rechte Fahrbahn inne zu halten. Beim Begegnen ist nach der rechten Seite hin auszuweichen. Bei dem Überholen von Fuhrwerken hat das überholte Fuhrwerk nach der rechten Seite hin auszuweichen«. Verteilt werden diese Broschüren an Motorradfahrer, Automobilbesitzer, Pferdefuhrwerklenker und Schulklassen. Um den Gefahren des Straßenverkehrs zu begegnen, hatte der preußische Innenminister schon 1901 bestimmt, »daß Wettfahrten mit Kraftfahrzeugen auf öffentlichen Straßen ... nicht gestattet sind«.

Auch wenn der motorisierte Verkehr sich gegen Fuhrwerke, Fahrräder und Fußgänger noch gering ausnimmt, so bestimmt er doch wegen seiner höheren Geschwindigkeit zunehmend den Straßenverkehr. Häufigste motorisierte Transportmittel sind Motorräder und Lastkraftwagen. Der private Autoverkehr bleibt nur wenigen begüterten Personen vorbehalten. Lastkraftwagen verdrängen die langsameren Pferdefuhrwerke. So wird z. B. in der Thier-Brauerei Dortmund 1909 der traditionelle Kutschwagen durch einen LKW ersetzt.

Auch Brauereien stellen auf Motorfahrzeuge um: Mit Kettenantrieb und Eisenbereifung ausgestatteter Lastkraftwagen der Dortmunder Thier-Brauerei

A. Hugenberg leitet Krupp-Werke Essen

1909. Gustav Krupp von Bohlen und Halbach übernimmt den Vorsitz im Aufsichtsrat der Essener Krupp-Werke, während der frühere Geheime Finanzrat im preußischen Finanzministerium, Alfred Hugenberg, Vorstandsvorsitzender des Unternehmens wird. Im Vorstand werden alle wichtigen Entscheidungen für die Kruppschen Produktionsbetriebe getroffen, während der Aufsichtsrat die Unternehmensleitung kontrollieren soll.

Alfred Hugenberg, der bis 1918 bei den Krupp-Werken tätig ist, baut nach seinem Ausscheiden einen Medienkonzern auf, zu dem u. a. die Berliner Universum Film AG (Ufa) gehört. 1933 tritt er als Reichswirtschaftsminister und als Reichsernährungsminister in das erste Kabinett Adolf Hitlers ein.

A. Hugenberg

Kaffee und Zucker per Eisenbahn

1909. Auf den Bahnhöfen des Handelskammerbezirks Essen wird ein großer Teil der Waren umgeschlagen, die zur Versorgung der ständig wachsenden Ruhrgebietsbevölkerung notwendig sind. Immer größere Mengen an Nahrungsmitteln, Gebrauchsgütern und Baustoffen werden über die Bahnhöfe im südwestlichen Revier in die Industriestädte transportiert. In diesem Jahr werden hier folgende Frachtgüter angeliefert:

▷ 11 734 t Roggen, 1904 t Kaffee, 117 909 t Kartoffeln, 60 191 t Mehl, 37 390 t Obst und Gemüse, 11 289 t Zucker und 608 229 Schweine

▷ 4117 t Tonwaren, 24 534 t Petroleum, 11 838 t Papier und Pappe, 2133 t Wolle und 1171 t Garne

▷ 521 252 t Steine, 1472 t Dachpappe, 37 958 t Rundhölzer und 77 159 t Zement.

Über die Revierbahnhöfe werden auch Kohle und Stahl umgeschlagen. Als Abgänge werden 10 616 734 t Steinkohle, 1 315 186 t Koks und 1 166 030 t Briketts verzeichnet.

1909

Erster »Püttjunge« besucht Gymnasium

1909. Mit Mißbilligung wird der erste Bergarbeitersohn auf dem Königlichen Gymnasium zu Bochum von seinen Mitschülern zur Kenntnis genommen: Als am ersten Schultag der Klassenlehrer die Personalien der Sextaner ins Klassenbuch einträgt und der Schüler Paul Breder auf die Frage nach dem Stand des Vaters antwortet: »Bergmann«, geht eine murmelnde Unruhe durch die Klasse. In den ersten Wochen seiner Gymnasialzeit wird Paul außer von seinem Nebenmann von allen Mitschülern gemieden. Gelegentlich nennt man ihn geringschätzig »Klüngelskerl« oder »Püttjunge«.

Die Entscheidung der Eltern, den Sohn auf das Gymnasium zu schicken, war finanziell bedingt. Da er in jedem Fall eine höhere Schule besuchen sollte, erwies sich das Bochumer Gymnasium mit 130 Mark Schulgeld pro Jahr als die preiswerteste Lösung. Die Städtische Oberrealschule hätte dem Vater 230 Mark jährlich abverlangt.

Die übliche Schulform für Arbeiter- und Handwerkerkinder ist weiterhin die Volksschule. Hier finden sich kaum Kinder bessergestellter Familien. Nur Kinder, die den Lehrerberuf ergreifen sollen, besuchen zunächst die Volksschule und danach in der Regel ein Internat.

Gruppenfoto einer Bochumer Volksschulklasse mit ihrer Lehrerin

Bochumer Lehrerkollegium, es gibt erst wenige weibliche Lehrkräfte

Jugendliche gründen Borussia Dortmund

19. Dezember 1909. In der Gaststätte »Zum Wildschütz« am Borsigplatz im Dortmunder Hoesch-Viertel gründen 18 fußballbegeisterte Jugendliche aus der Jünglingssodalität der dortigen katholischen Dreifaltigkeitsgemeinde den Ballspielverein Borussia 09 (BVB).

Die jungen Leute sind in der Sportgruppe ihrer Kirchengemeinde auf den Widerstand des betreuenden Kaplans gestoßen, der das Fußballspiel als zu rauh ablehnt und auch in Kanzelpredigten dagegen Stellung bezieht. Der Kaplan erweitert das sonntägliche Kirchenprogramm, so daß die Jungen erst nach dem Nachmittagsgottesdienst spielen können. Als sie auch noch ihren Treffpunkt im »Wildschütz« aufgeben und in das neue Gemeindehaus umziehen sollen, verlassen die Fußballer die kirchliche Sportgruppe.

Die Borussia (lat.: Preußen) trägt in den ersten Jahren blau-weiß gestreifte Hemden mit schwarzen Hosen und spielt auf der Weißen Wiese an der Wambeler Straße. Durch die Aufnahme anderer »wilder« Vereine erlebt der BVB einen starken Mitgliederzuwachs; 1910 wird er in den Westdeutschen Spiel-Verband aufgenommen. Von 1913 an tragen die Fußballer vom Borsigplatz die Farben Schwarz und Gelb.

Polen in Hochlarmarker Zechenkolonie bleiben unter sich

1909. Polnisch sprechende Bergarbeiterfamilien aus Posen, Westpreußen und Schlesien stellen mehr als ein Drittel der Bevölkerung in der Gemeinde Hochlarmark (bei Recklinghausen). Neben der Sprachbarriere erschweren Mißtrauen und Vorurteile der deutschen Bevölkerung die Eingliederung der polnischen Minderheit in die insgesamt rund 3000 Einwohner zählende Gemeinde. Die Polen bleiben daher unter sich und pflegen ihr gesellschaftliches Leben in den polnisch-katholischen Vereinen.

Mit Ausnahme zweier Kolonialwarenhändler, eines Friseurs und eines Zigarrenhändlers arbeiten die polnischen Männer als Bergleute für die Harpener Bergbau AG auf der Zeche Recklinghausen.

Die polnischen Familien leben zumeist in der zecheneigenen Werkskolonie. Die Wohnungen dort sind billiger als die auf dem freien Markt angebotenen. Andererseits ist der Mietvertrag an den Arbeitsvertrag auf der Zeche gekoppelt. Arbeiter, die unangenehm auffallen oder sich gar an einem Streik beteiligen, riskieren, außer dem Arbeitsplatz auch die Wohnung zu verlieren. Die Harpener Bergbau AG beschäftigt einen ehemaligen preußischen Feldwebel, der im »polnischen Dorf« für strikten Gehorsam gegenüber der Zechenleitung sorgt.

Lieferwagen der Hochlarmarker Bäckerei »Polski«

Polnische Laienspielgruppe spielt »Genoveva«

Kaiser Wilhelm II. besucht Schwerte

10. August 1909. *Anläßlich der 300-Jahr-Feier der Eingliederung der Grafschaft Mark in das preußische Territorium besucht Kaiser Wilhelm II. auf der Durchreise zur Hohensyburg (→ 30. 6. 1902) Schwerte. Zum Empfang des Monarchen wird der Bahnhof der Stadt festlich geschmückt (Abb.). Bei der Aufstellung des Spaliers zu Ehren des Kaisers kommt es zu Streitigkeiten zwischen den verschiedenen Kriegervereinen von Schwerte um die Frage, wer in den vorderen Reihen stehen darf.*

Neue Museen eröffnet

1909. Mit dem Erwerb der Sammlung von Robert Rheinen beginnt die Geschichte des Städtischen Museums Mülheim an der Ruhr. Die von Rheinen gesammelten Stücke werden in der Schollenstraße 2 untergebracht und sind mittwochs und samstags zu besichtigen.

Die Anfänge der Sammlung Rheinen reichen zurück bis 1879, als dieser verschiedene Teile der Ausstattung der in diesem Jahr abgerissenen Paulikirche an der Delle erwarb. 1896 konnte er die erste lokalhistorische Ausstellung veranstalten.

1909 macht auch ein anderes Museum von sich reden: Der Bankier Karl Ernst Osthaus gründet in Hagen das Deutsche Museum für Kunst in Handel und Gewerbe. Er wird dabei vom Deutschen Werkbund finanziell unterstützt.

Robert Rheinen, Begründer des Museums in Mülheim an der Ruhr

Briefkopf des neuen Hagener Museums; der daran beteiligte Deutsche Werkbund ist die bedeutendste Organisation der Zeit im Bereich der Kunst

1910

9. 3. In (Dortmund-)Hörde wird die Gewerkschaft Admiral gegründet.

29./30. 3. In den Räumen der Dortmunder Pestalozzi-Overberg-Schule wird das Westfälische Schulmuseum eröffnet.

8. 6. Der Duisburger Mechaniker Karl Strack unternimmt auf der Wiese am Pulverweg in Duisburg einen Motorflug. →

18. 6. Das Gebäude der neuerrichteten Ruhrknappschaft in Bochum-Ehrenfeld wird bezogen. →

27. 6. Durch Zusammenfassung mehrerer Firmen entsteht die DEMAG (Deutsche Maschinenfabrik AG). →

1. 7. Der 2200 m lange Goldbergtunnel in Hagen wird eröffnet.

8. 8. In Essen bildet sich die Roheisen-Verband GmbH, ein Zusammenschluß von Eisen- und Stahlproduzenten des Deutschen Reiches.

13. 9. Im Altenhagener Feld wird an der Kölner Straße der neue Hagener Bahnhof eingeweiht. →

21. 10. In Duisburg-Ruhrort an der Laarer Apostelstraße wird ein Hallenschwimmbad eingeweiht. →

17. 11. August Thyssen wendet sich vor der Mülheimer Stadtverordnetenversammlung gegen ein von Hugo Stinnes verfolgtes Ruhr-Kanalprojekt. →

1. 12. Im Deutschen Reich wird eine Volkszählung durchgeführt. →

10. 12. Der neu angelegte Emscherkanal von Herne zum Rhein ist fertiggestellt. →

1910. Der Gewerkschafter und sozialdemokratische Reichstagsabgeordnete Otto Hue veröffentlicht den ersten Band seines historischen Werkes »Die Bergarbeiter«. →

1910. Es beginnen die Abteufarbeiten für folgende Schachtanlagen: Arenberg-Fortsetzung in Bottrop, Fürst-Leopold in Hervest-Dorsten und Diergardt in (Duisburg-)Rheinhausen.

1910. Die neue Rennbahn von (Gelsenkirchen-)Horst wird eingeweiht. →

1910. Sozialdemokratisch organisierte Bergarbeiter werden von SPD und Gewerkschaft zu ihren Lebens- und Arbeitsbedingungen sowie Wünschen und Hoffnungen befragt. →

1910. August Thyssen nimmt in (Duisburg-)Bruckhausen den ersten Elektrostahlofen in Betrieb.

GEBOREN:

2. 7. (Gelsenkirchen-)Buer: C. C. Bergius (eigentlich: Egon-Maria Zimmer), Verleger und Schriftsteller.

Zahl der Polen wächst weiter

1. Dezember 1910. Im gesamten Deutschen Reich wird eine Volkszählung durchgeführt, in deren Rahmen auch die Stärke der Bevölkerungsgruppen im Ruhrgebiet ermittelt wird, die aus überwiegend von der Landwirtschaft geprägten Regionen in Polen, Masuren, Ostpreußen und Westpreußen stammen.

Die Einwanderung aus diesen Regionen in das Industriegebiet an der Ruhr ist in den vergangenen Jahren ständig gestiegen, so daß z. B. der Anteil der polnischen Bevölkerungsgruppe an der Gesamtbevölkerung in Recklinghausen über 20%, in Gelsenkirchen bei fast 9% und in Oberhausen über 9,6% liegt.

Bevölkerung der Revierstädte

	1905	1910
Bochum	234 447	275 500
Bottrop	36 773	51 300
Castrop-Rauxel	31 463	34 200
Dortmund	379 950	442 400
Duisburg	197 282	345 200
Essen	465 066	552 400
Gelsenkirchen	219 501	273 000
Gladbeck	20 762	39 200
Hagen	109 272	126 600
Hamm	39 011	44 400
Herne	60 503	75 100
Lünen	20 597	29 600
Mülheim	93 599	115 000
Oberhausen	107 578	161 200
Recklinghausen	62 387	77 400

Polnischer Bevölkerungsanteil im Ruhrgebiet (1910)

Bochum	6 269	4,6
Dortmund	9 722	4,5
Duisburg	7 199	3,1
Essen	3 805	1,3
Gelsenkirchen	15 065	8,9
Mülheim	2 089	1,9
Oberhausen	8 641	9,6
Recklinghausen	12 404	23,1

(absolut und in % der Gesamtbevölkerung)

Der größte Teil der Einwanderer ist im Ruhrbergbau tätig. Von den insgesamt 342 249 Bergleuten stammen 50 566 aus Posen, 9051 aus Oberschlesien, 16 329 aus Westpreußen und 53 075 aus Ostpreußen; die Einwanderer aus den östlichen Gebieten stellen zusammen mehr als 36% der Bergleute im Ruhrgebiet.

Da sich Einheimische und polnische Einwanderer oft ablehnend und manchmal auch feindlich gegenüberstehen, bleibt die Zahl der Mischehen sehr gering; nur 3,1% der polnischen Männer sind mit deutschen Frauen verheiratet, während sogar nur 2% der polnischen Frauen mit deutschen Männern verheiratet sind. Insgesamt werden lediglich 3978 Mischehen zwischen den beiden Bevölkerungsgruppen gezählt.

Wovon Bergleute im Revier träumen

1910. Eine Umfrage unter sozialdemokratisch organisierten Bergarbeitern im gesamten Reichsgebiet untersucht die Lebensbedingungen und Wünsche der Arbeiter.

Im Mittelpunkt der Untersuchung stehen zwei Fragen: Was würden Sie tun, wenn Sie täglich genügend Zeit für sich hätten? Welche Dinge würden Sie anschaffen, wenn Sie das nötige Geld hätten?

Die Umfrage-Ergebnisse im Ruhrgebiet zeugen von dem erstaunlich hohen Bildungsbedürfnis der sozialdemokratischen Arbeiter. 27,16% der Befragten geben an, sich bei ausreichender täglicher Freizeit weiterbilden zu wollen. Fast 20% wünschen sich, an frischer Luft spazierengehen zu können. 14,19% würden sich in ihrer Freizeit für die SPD und die Gewerkschaft einsetzen. Nur 6,6% der Befragten würden zusätzliche Freizeit ihrer Familie widmen. Der Großteil der Bergarbeiterschaft besteht aus ledigen Männern zwischen 20 und 35 Jahren.

Als wichtigste Anschaffung wird von Ruhrbergleuten mit 18,76% gute Kleidung genannt. 17,16% der Befragten wünschen sich eine gute Wohnung. Fast ein Drittel der Bergarbeiter lebt als Untermieter oder Kostgänger (→ 6. 1. 1890, Mai 1899).

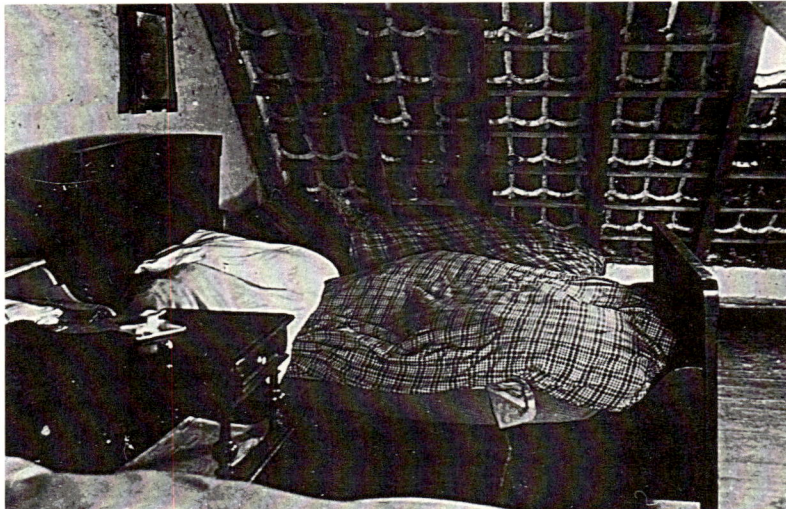

Schlafburschenplatz in der Duisburger Fasanenstraße; da sich viele Arbeiter kein eigenes Bett leisten können, teilen sie es mit ein oder zwei anderen

Eine Wohnungsinspektion und Bettenzählung im westlichen Ruhrgebiet (Essen, Duisburg, Mülheim, Oberhausen) um 1910 ergibt, daß sich jeweils zwei bis drei Kostgänger ein Bett teilen müssen.

Nahezu 10% der befragten Arbeiter träumen von der Anschaffung einer eigenen Bibliothek. Nur für 1,72% ist es ein unerfüllter Wunsch, sich richtig sattessen zu können. Die Wünsche der Familienväter werden deutlich in den Äußerungen eines 37jährigen Bergmanns: »Ich könnte mich mehr durch spazieren im Freien erholen und auch mehr lesen. Zuerst bessere Kost für mich und die Familie, dann bessere Kleidung und Schuhzeug, dann mehr Betten, daß die Kinder nicht zu dreien in einem Bette zu schlafen brauchen. Dann für mich und die Kinder aufklärend und veredelnd wirkende Bücher und Schriften.«

Kanalprojekt trennt Thyssen und Stinnes

17. November 1910. August Thyssen spricht sich vor der Mülheimer Stadtverordnetenversammlung gegen ein von Hugo Stinnes angeregtes Projekt aus, die Ruhr von Mülheim bis zur Rheinmündung so auszubauen, daß sie auch von größeren Transportschiffen befahren werden kann. Trotz des Einspruchs von Thyssen beschließt die Versammlung den Ausbau, wodurch der endgültige Bruch zwischen den beiden Unternehmern besiegelt wird.

Hugo Stinnes hatte zu Beginn des Jahres Pläne zum Ausbau der Ruhr vorbereitet, da er sich dadurch für seine Friedrich-Wilhelms-Hütte, die unmittelbar am Ruhrufer liegt, große Vorteile versprach. Ohne Absprache mit Thyssen sicherte er sich im geheimen die erforderliche Stimmenmehrheit im Stadtrat.

Thyssen, dessen Hütten nicht am Flußlauf liegen, sieht in den Plänen eine einseitige Förderung des Konkurrenzunternehmens. Gleichzeitig fühlt er sich von Stinnes, mit dem er u. a. bei der Gründung der Mülheimer Bergwerksgesellschaft (→ 1897) und des Rheinisch-Westfälischen Elektrizitätswerks (→ 25. 4. 1898) sehr erfolgreich zusammengearbeitet hat, hintergangen und betrogen.

Ruhrorter Hallenbad bietet jeden Komfort

21. Oktober 1910. Nach zweijähriger Bauzeit wird in Duisburg-Ruhrort an der Apostelstraße ein Hallenschwimmbad eröffnet. Das mit allen technischen Neuheiten (Bodenheizung, elektrische Beleuchtung, Lüftungsanlage) ausgestattete Bad wurde mit einem Kostenaufwand von rund 700 000 Mark erstellt. Neben zwei separaten Herren- und Damenschwimmhallen stehen den Badegästen auch Wannen- und Brausebäder zur Benutzung offen.

In der städtischen Badeordnung werden den Besuchern eindeutige Verhaltensregeln auferlegt. So heißt es: »In den Anstalten soll Ruhe herrschen. Insbesondere ist das Rauchen, Singen, Pfeifen, Schreien, Herumlaufen, Untertauchen anderer Personen und jeder Unfug untersagt.... Vor Benutzung des Schwimmbeckens muß sich jeder Badegast im Reinigungsraum mit geruchloser Seife gründlich waschen; die Vorhänge der Badezellen sind während des Aus- und Ankleidens zu schließen. (...) Hühneraugenoperationen dürfen in den Anstalten nicht vorgenommen werden.«

Luxuriöse Herrenschwimmhalle des neuen Hallenbades in Ruhrort

Otto Hue schreibt über Bergarbeiter

1910. Otto Hue, Sozialdemokrat und Bergarbeiterführer, veröffentlicht den ersten Band seines zweibändigen Werkes »Die Bergarbeiter. Historische Darstellung der Bergarbeiterverhältnisse von der ältesten bis in die neueste Zeit«. Damit legt er ein Standardwerk über die Geschichte der Bergarbeiter vor.

Hue schreibt im Vorwort zum zweiten Band: »Mögen vor allen Dingen die Bergarbeiter selbst aus dem Studium der Geschichte ihres Berufes lernen, daß sich der soziale Aufstieg der einst hochgeachteten Knappschaftsgenossen rascher vollziehen wird, wenn sie das Wort beherzigen: ›Vereinigt stehen wir, uneinig fallen wir.‹« In diesem Sinne hat sich Hue, ein gelernter Schlosser, seit seiner Jugend für die Probleme der Bergarbeiter eingesetzt, als Arbeiterzeitungsredakteur, im Vorstand des Alten Verbandes (→ 18. 8. 1889) und als Reichstagsabgeordneter der SPD.

Das über 3 Mio Mark teure Verwaltungsgebäude der Ruhrknappschaft in Bochum-Ehrenfeld

Bochum gewinnt Großstadtcharakter

18. Juni 1910. Das neue Gebäude der Ruhrknappschaft an der Pieperstraße in Bochum-Ehrenfeld wird eingeweiht. 600 Beamte betreuen hier künftig 300 000 Bergleute in Fragen der Krankenkasse, Invaliden- und Rentenversicherung. Damit ist in Ehrenfeld nach dem Apollotheater (→ 10. 10. 1908) ein weiterer repräsentativer Bau entstanden.

Im Süden Bochums, seit sechs Jahren Großstadt (→ 1. 4. 1904), ist unter maßgeblicher Beteiligung des Bauunternehmers Clemens Erlemann ein eleganter, großzügig angelegter Stadtteil entstanden. Viele Stadtbezirke sind durch elektrische Straßenbahnen mit der Innenstadt verbunden, und in den Straßen mit ihren reichhaltig verzierten Häuserzeilen herrscht geschäftiges Treiben; auch die ersten Autos fahren neben Pferdefuhrwerken.

Bereits vor zwei Jahren hat der Bochumer Verkehrsverein einen Führer herausgegeben, der einen Rundgang durch die Stadt mit ihren Sehenswürdigkeiten beschreibt. Dazu gehören nicht zuletzt das Kortebusch-Denkmal für den letzten Kuhhirten, die Propsteikirche sowie die Bergschule. Die Broschüre beginnt mit der Feststellung »Bochum ist eine Arbeiterstadt«, kommt am Ende jedoch zu dem Schluß: »So ist Bochum im ganzen eine Stadt, in der es sich leben läßt; und gar mancher, der hierher kam, hat sein vielleicht voreingenommenes, weniger günstiges Urteil bald berichtigen können«.

Luftaufnahme von Bochum-Ehrenfeld mit dem Apollo-Theater (M.)

Graf-Engelbert-Brunnen an der Friedrichstraße in der Innenstadt

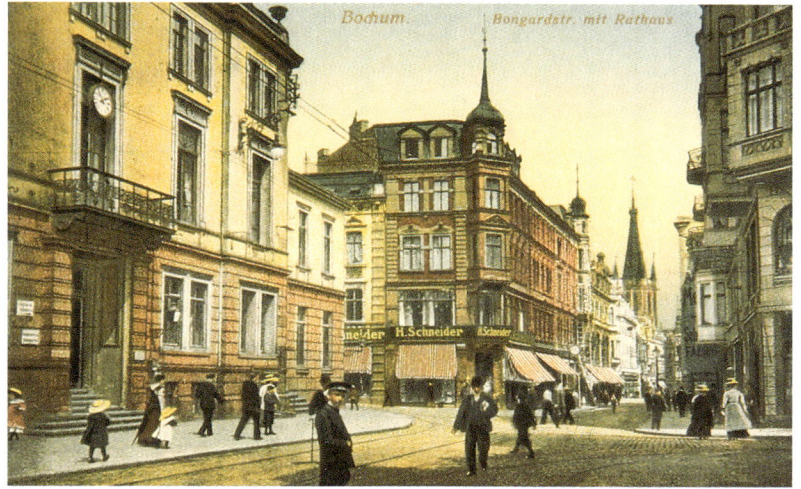
Bongardstraße, deren Kreuzung mit der Kortumstraße sich durch die Konzert-Cafés Corso und Zentral zu einem Mittelpunkt Bochums entwickelt

Drei Unternehmen gründen die DEMAG

27. Juni 1910. Die drei marktführenden Maschinenbaufabriken Märkische Maschinenbauanstalt Ludwig Stuckenholz AG in Wetter an der Ruhr, die Duisburger Maschinenbau AG und die Benrather Maschinenfabrik AG schließen sich zur Deutschen Maschinenfabrik AG (DEMAG) zusammen. Firmensitz des neuen Unternehmens ist Duisburg. Wolfgang Reuter, ehemals technischer Leiter der Duisburger Maschinenbau AG, wird erster Generaldirektor des Unternehmens.

Der Fusion ging ein Kooperationsvertrag der drei Firmen voraus, die gemeinsam für den Industriebedarf im Stahl- und Bergbau Hebewerkzeuge, Walzstraßen sowie Hafen- und Werftkräne herstellen. Rationalisierungen im Verkaufs-, Konstruktions- und Produktionsbereich verbessern die Leistungsfähigkeit der Unternehmensgruppe so entscheidend, daß die DEMAG bald Weltruf genießt. Zur Ergänzung des Lieferprogramms können in den 20er und 30er Jahren weitere Maschinenbauwerke angegliedert und Lizenzrechte erworben werden, die eine Produktion nicht nur einzelner Maschinen, sondern vollständiger Werksanlagen ermöglichen.

Neue Rennbahnen in Horst und Raffelberg

1910. In (Gelsenkirchen-)Horst und Mülheim-Raffelberg werden neuangelegte Pferderennbahnen eröffnet. Am 22. April verzeichnet Horst einen enormen Besucherandrang zum ersten Renntag auf der großzügig geplanten neuen Bahn mit ihren freitragenden Tribünen neben dem Horster Schloß. Auf dem Kurs, der sich durch lange Linien auszeichnet, werden hauptsächlich Hindernisrennen ausgetragen.

Die neue Rennbahn in Mülheim-Raffelberg, in einer Talmulde gelegen, zeigt von der Bodenbeschaffenheit her besondere Eignung für den Rennsport. Die »Illustrierte Westdeutsche Wochenschau« lobt die Aufmachung der Anlage als sehr geschmackvoll. Am 30. September findet ein großes Rennen um den Vereinigungspreis statt, ein anläßlich der Fusion des Mülheimer Rennvereins mit dem Duisburger Verein neugeschaffenes Hindernisrennen.

1910

Emscher bei Deusen unterhalb von Dortmund; der Fluß tritt häufig über die Ufer und vernichtet wertvolles Land

Emscher bei Herne-Baukau; nach dem Ausbau sind Überschwemmungs- und Versumpfungsgefahr gebannt

Versumpfung der Emscher gestoppt

10. Dezember 1910. Die aufgrund von Bergsenkungen immer mehr in einem Sumpfgebiet versickernde Emschermündung bei (Duisburg-)Alsum erhält bei Walsum einen künstlichen Abfluß zum Rhein. Die Freigabe der Neumündung schließt die Kanalisation des Abwasserflusses zwischen Duisburg und (Essen-)Karnap ab.

Die 1906 von der Emschergenossenschaft begonnenen Arbeiten an der Kanalisierung des offenen Flußlaufs von (Dortmund-)Hörde bis zum Rhein erfordern neben der Auslegung des Flußbettes mit Betonsohlschalen auch den Bau 55 neuer Brücken. Mechanische Kläranlagen an den Siedlungsschwerpunkten, sog. Emscherbrunnen, sollen Schlammrückstände in den Vorfluteinrichtungen (Staubecken) verhindern. Damit wird die Emscher als Vorfluter des Reviers selbständig reguliert, so daß ein ungehinderter Abfluß zum Rhein gewährleistet ist. Auf weiter Strecke wird der alte Flußverlauf beibehalten. Nur bei (Gelsenkirchen-)Horst und Oberhausen werden größere Verlegungen des Emscherbettes vorgenommen.

Emscher bei (Duisburg-)Beek während der aufwendigen Kanalisationsarbeiten; der Fluß dient den Anliegergemeinden zur Einleitung ihrer Abwässer

Duisburger Motorflugpionier Karl Strack

8. Juni 1910. Der Duisburger Flugpionier Karl Strack startet mit einem selbstgebauten Eindecker auf einer Wiese am Pulverweg, dem Gelände am späteren Stadttheater, zu seinem ersten Motorflug. Bei dem nur wenige Minuten dauernden Probeflug erreicht die Maschine eine Höhe von 3 m über dem Boden.

Schon zwei Jahre später gelingt es Strack jedoch mit Hilfe eines weiterentwickelten Motorentyps, das Duisburger Kaiserbergdenkmal in einer Höhe von 200 m zu umkreisen. Unterstützung erfährt Karl Strack bei diesen Flugexperimenten durch seinen Bruder Peter, mit dem er eine Flugschule in Duisburg-Neuenkamp eröffnet (→ 25. 5. 1912).

Auch auf dem Dortmunder Flugplatz Fredenbaum starten waghalsige Flugpioniere zu ersten Motorflügen wie in Duisburg Karl Strack; nach dem erfolgreichen Motorflug der Gebrüder Wright 1903 eifert alle Welt ihnen nach

Neuer Bahnhof im Altenhagener Feld

13. September 1910. In Hagen wird der neue Bahnhof an der Kölnerstraße im Altenhagener Feld eingeweiht. In zweieinhalb Jahren Bauzeit sind hier ein neues Empfangsgebäude mit Uhrturm und Anbauten für die Verwaltung entstanden.

Vertreter der Reichsbahndirektion, der Stadt Hagen sowie der Zivil- und Militärbehörden halten nach einem Rundgang beim anschließenden Festbankett zahlreiche Reden auf das neue Bauwerk.

Auch die Zeitungen würdigen das Ereignis als Markstein in den großen baulichen Veränderungen Hagens. Sowohl der »Hagener Anzeiger« als auch das »Westfälische Tageblatt« widmen dem Ereignis ganzseitige, illustrierte Berichte auf ihren Titelseiten.

Das großzügige Empfangsgebäude ist ebenso wie die anderen Bauten im barocken Stil gehalten. Die vier überdachten Eingangstüren führen in einen großen Saal, an dessen rechter Seite sich 15 Fahrkartenschalter, zwei Diensträume und ein Buchhändlerstand befinden. Gegenüber liegen die Gepäckabfertigung, Wartesäle, Damen- und Speisezimmer.

Die Halle ist in weißem, geschliffenem Muschelkalk und grünem Sandstein gehalten. Das »Westfälische Tageblatt« lobt besonders die Bahnhofsuhr, die von »einem Reigen auf- und absteigender Putten, die das Nahen und Schwinden der Zeit andeuten«, umrahmt ist. Darüber zeigt eine Wandmalerei den Sternenhimmel mit Tierkreiszeichen.

Der Hauptschmuck der Halle kann erst ein Jahr nach der Einweihung angebracht werden: Es ist eine von dem Hagener Künstler Jan Thorn Prikker entworfene Glasmalerei im großen Fenster an der Stirnseite des Saales, das Karl Ernst Osthaus, ein bekannter Kunstmäzen (→ 12. 7. 1902), gestiftet hatte. Auf dem Glasgemälde ist die »Huldigung der Gewerbe vor dem Künstler« dargestellt.

Trotz vielfacher Proteste der Bürger ist der neue Bahnhof im fruchtbaren Altenhagener Feld angelegt worden, wo die Hagener zuvor ihre dicksten Kartoffeln geerntet hatten.

Das Empfangsgebäude des Hagener Hauptbahnhofs, von Regierungsbaumeister Morin entworfen, gilt als »einer der schönsten aller neueren Bahnhöfe«

Große Schalterhalle des neuen Hagener Hauptbahnhofes mit verziertem Deckengewölbe, zahlreichen Fahrkartenschaltern (r.) und Gepäckannahme (l.)

Wartesaal für Reisende der 3. und 4. Klasse mit Netzplan der Reichsbahn (r.); die Ausstattung des Wartesaals der 1. und 2. Klasse ist luxuriöser

1911

24. 2. Die Schloßbrücke in Mülheim an der Ruhr wird dem Verkehr übergeben.

27. 2. Die Gemeinde Buer (später Gelsenkirchen) wird Stadt und scheidet 1912 aus dem Landkreis Recklinghausen aus.

18. 3. Der Essener Kaufmann Theodor Althoff eröffnet in Recklinghausen ein Warenhaus.

1. 4. Die ersten 85 Familien ziehen in die Essener Siedlung Margarethenhöhe ein. →

1. 4. Die selbständige Landbürgermeisterei (Duisburg-)Hamborn erhält die Stadtrechte. →

26. 9. An den höheren Schulen in Preußen wird die 45-Minuten-Stunde eingeführt. →

5. 10. Das Hagener Stadttheater wird eingeweiht.

7. 10. Bei einem Seilbruch auf der Zeche Fürst Hardenberg in (Dortmund-)Lindenhorst kommen neun Bergleute ums Leben.

29. 11. Im Saal der Stadthalle von Gelsenkirchen werden erstmals Theateraufführungen veranstaltet.

16. 12. Das Dortmunder Kunst- und Gewerbemuseum wird im ehemaligen Gebäude des Oberbergamts wiedereröffnet. →

1911. Das Märkische Museum der Stadt Witten zieht in einen eigens dafür errichteten Neubau an der Blücherstraße.

1911. Die Mannesmannröhren-Werke produzieren in ihrem Druckbehälter-Werk in Dinslaken erstmals Stahlflaschen aus nahtlosen Stahlrohren.

1911. Die Berliner Bank Disconto-Gesellschaft läßt sich in Essen nieder; drei Jahre später eröffnet sie an der Lindenallee ein repräsentatives Bankhaus.

1911. Der Duisburger Künstler Wilhelm Lehmbruck vollendet seine Skulptur »Die Kniende«. →

1911. Auf der Zeche Deutscher Kaiser in (Duisburg-)Hamborn und auf der Friedrich-Wilhelms-Hütte in (Duisburg-)Meiderich werden die ersten von Heinrich Koppers konstruierten Koksöfen in Betrieb genommen, die mit Gichtgas befeuert werden.

1911. Die Dortmunder Hoesch AG erwirbt die benachbarte Maschinenfabrik Deutschland; in den folgenden Jahren werden mehrere Verarbeitungsbetriebe an den Konzern angegliedert.

1911. Der Hammer »Fritz« der Firma Krupp in Essen wird durch eine hydraulische Schmiedepresse ersetzt. →

GESTORBEN:

1. 8. Sonnenberg/Wiesbaden: Konrad Duden (*3. 1. 1829, Gut Bossigt/Wesel), Philologe. →

GEBOREN:

3. 9. Hagen: Ernst Meister († 15. 6. 1979, Hagen), Schriftsteller.

Höheres Schulwesen hat großen Zulauf

26. September 1911. An den höheren Schulen, d. h. den Gymnasien, Realgymnasien und Oberrealschulen wird die auf 45 Minuten verkürzte Schulstunde eingeführt.

Der Bedarf an qualifizierten Schulabsolventen und die zunehmende Zahl von auf die höheren Schulen drängenden Schülern infolge des Wachstums der Bevölkerung machten schon in der Vergangenheit verschiedene Anpassungen des Bildungssystems an die neuen Erfordernisse notwendig. Seit 1900 berechtigen alle drei höheren Schulformen mit ihrem Abschluß zum Studium an einer Universität. In vielen Städten des Reviers wurden neue Schulen gegründet.

Gemeinde Hamborn erhält Stadtrechte

1. April 1911. Mit über 100 000 Einwohnern erhält das Dorf Hamborn Stadtrechte verliehen. Durch vermehrte Industrieansiedlung hat sich aus ländlichen, bäuerlichen Strukturen in wenigen Jahrzehnten eine große, ungeplant wachsende Arbeitergemeinde entwickelt.

Mit der Stadtwerdung scheidet Hamborn nach über 40jährigen Bemühungen um die eigene Verwaltungshoheit aus dem Kreis Dinslaken aus. Die neuen Stadtväter sehen sich in Planung und Verwaltung, vor allem in der Infrastruktur, vor große Aufgaben gestellt.

Hagen eröffnet sein Stadttheater

5. Oktober 1911. Mit einer Aufführung der Tragödie »Wallensteins Lager« aus der Wallenstein-Trilogie von Friedrich Schiller wird das Theater der Stadt Hagen eröffnet. Damit rückt Hagen nach Dortmund als zweite Stadt des westfälischen Ruhrgebiets in die Reihe der festen Theaterstädte auf. Erster Intendant ist Dr. Oskar Kaiser.

Der Kunstkritiker Emil Kaiser beschreibt das neue Haus als einen »Zweckmäßigkeitsbau, dessen Reiz weniger in der Ausbildung des architektonischen Details als in der übersichtlichen Gruppierung der Bauteile ... beruht«. Der Zuschauerraum faßt annähernd 1000 Personen.

Siedlung Margarethenhöhe in Essen erlangt Weltruf

1. April 1911. Der erste Bauabschnitt der Siedlung Margarethenhöhe in Essen, die in Anlage und Ausstattung international als vorbildlich gilt, ist fertiggestellt. 85 Familien beziehen ihre neuen Wohnungen zwischen Sommerburgstraße und Giebelstraße (später Steile Straße).

Der Bau der Siedlung wird aus Mitteln der Margarethe-Krupp-Stiftung für Wohnungsfürsorge finanziert. 1906 hatte die Essener Unternehmerwitwe anläßlich der Hochzeit ihrer Tochter Bertha (→ 15.10.1906) 1 Mio Mark und ein Baugelände von 50 ha für die Errichtung von »Wohnungen für die minderbemittelten Klassen« bereitgestellt.

Als minderbemittelt gelten Familien, die sich den Bau eines eigenen Hauses nicht leisten können. Im Unterschied zu vorher gebauten Kruppschen Siedlungen können sich auch Essener, die nicht bei der Firma Krupp arbeiten, um eine Wohnung auf der Margarethenhöhe bewerben. Um große Nebenkosten zu vermeiden, verzichtet der Architekt Georg Metzendorf auf aufwendige Planierarbeiten. Die Straßenzüge passen sich dem unebenen Gelände an. Durch die unregelmäßige Straßenführung wirkt die Siedlung wie ein natürlich gewachsenes Dorf.

An der Ausstattung der Häuser wurde nicht gespart. Zu jeder Wohneinheit gehören ein Garten und ein Bad sowie eine von der Wohnküche getrennte Spülküche. Eine Besonderheit der Margarethenhöhe ist die Kachelofen-Zentralheizung in jedem Haus, die gleichzeitig alle Räume

Giebelformen nach süddeutschem Vorbild und zahlreiche Blumenkästen prägen den Charakter der Margarethenhöhe

heizt und warmes Wasser bereitet. Vom Herd in der Wohnküche gelangt heiße Luft durch Kamine in die anderen Zimmer des Hauses. Eine in den Herd eingebaute Heizschlange erwärmt das Wasser, das in Bad und Küche geleitet wird.

Eine Gruppe englischer Fachleute für Wohnungsbau besichtigt im April 1911 die Margarethenhöhe. Die Gäste bezeichnen die Siedlung als eines der interessantesten Experimente im deutschen Arbeiterwohnungsbau. In der Folgezeit ist die Margarethenhöhe Ziel zahlreicher ähnlicher Besuche. Das Lob der Fachleute gilt neben der Aufteilung und dem Komfort der Häuser besonders der Anlage und dem dörflichen Charakter der Siedlung.

Nach der Fertigstellung des Projekts (1931) bietet die Margarethenhöhe mit Geschäften und Lokalen Wohn- und Lebensraum für rund 5000 Menschen. Großzügig angelegte Kinderspielplätze und Grünanlagen vermitteln »ein Stück Frieden im Großstadtlärm«, wie eine Essener Zeitung 1910, noch während der Bauarbeiten, begeistert feststellt.

Musterwohnzimmer eines Einfamilienhauses; die Möbel wurden nach Entwürfen Georg Metzendorfs angefertigt

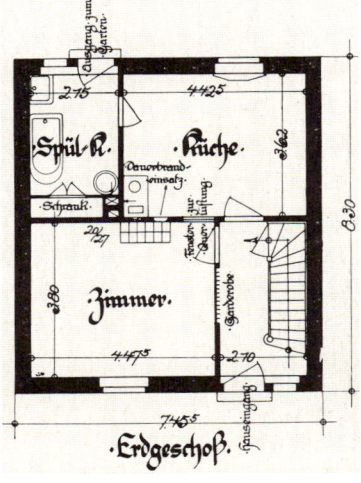

Hausgrundriß; aus der Spülküche gelangt man in den Garten

Von Architekt Metzendorf entworfene Wohnküche, ausgestellt im Musterhaus auf der Margarethenhöhe

Bebauungsplan für die Margarethenhöhe r. und l. der Sommerburgstraße; das Baugelände besteht noch aus Äckern und Wiesen

Kohlenbeheizter Kachelofen mit Kaminverbindungen in andere Räume

Kinderparadies Margarethenhöhe, wo es genug Sand zum Spielen gibt

Ansicht der schon begrünten Margarethenhöhe; r. u. originelles Brückenhaus über der Steilen Straße, das den Eingang zur Siedlung bildet

Arbeiterwohnungsbau ohne Schematismus

Am 1. 1. 1909 trat der Architekt Georg Metzendorf in den Dienst der Stadt Essen, um im Auftrag der Stadt und der Margarethe-Krupp-Stiftung für Wohnungsfürsorge die Siedlung Margarethenhöhe zu entwerfen.

Der Direktor der Kruppschen Bauabteilung, Robert Schmohl, selbst ein bekannter Architekt, hatte nach Gesprächen mit maßgeblichen deutschen Städteplanern den jungen Darmstädter Georg Metzendorf als Baumeister vorgeschlagen. Vor allem Metzendorfs Entwürfe für ein zweigeschossiges Kleinwohnhaus, mit denen dieser 1908 auf der Kunstausstellung in Darmstadt aufgefallen war, überzeugten Schmohl, der Nachwuchsarchitekt sei der richtige Mann für die Lebensaufgabe, den Bau der Margarethenhöhe zu betreuen.

Metzendorf will billig und zweckmäßig bauen, aber nicht auf Komfort verzichten: »Jede Wohnung soll eine zentrale Heizung, eine Lüftung, ein Bad und einen Garten haben.«

Im Hinblick auf Siedlungsanlage und Hausgestaltung orientiert Metzendorf sich an historischen Motiven. Straßenbilder des 18. Jh. sind sein Vorbild, dem die geometrisch strengen Platz- und Straßenanlagen am zentralen Marktplatz der Siedlung entsprechen. Die gewundenen Straßenführungen in den Randbereichen der Margarethenhöhe stehen in reizvollem Kontrast dazu. Straßen und Gäßchen dem unebenen Gelände anzupassen, sparte außerdem die hohen Kosten für aufwendige Erdarbeiten.

Georg Metzendorf wird am 25. September 1874 in Heppenheim (Bergstraße) geboren. Nach der Realschule macht er eine Maurerlehre, besucht dann die Baugewerbeschule Karlsruhe und die Technische Hochschule Darmstadt. 1905 eröffnet er ein Architekturbüro. Vom 1. Januar 1909 an baut er im Dienst der Stadt Essen die Margarethenhöhe. Nach dem Ersten Weltkrieg folgen zahlreiche Wohn- und Verwaltungsbauten. Metzendorf stirbt am 3. August 1934 in Essen.

Metzendorfs Entwürfe sind seit seiner Darmstädter Zeit eine deutliche Absage an triste Häuserzeilen und beklemmende Mietskasernen, wie sie um die Jahrhundertwende an den Randzonen der deutschen Großstädte entstehen. 1913 schreibt der Architekt über die Margarethenhöhe: »Dagegen soll jeder Bewohner in dieser Siedlung seinen individuellen Bedürfnissen gemäß leben können. Ich vermeide alles... was als eine Numerierung der Bewohner oder ein Einzwängen in ein Schema gedeutet werden könnte.«

Darüber hinaus folgte Metzendorf mit dieser Anlage den Vorstellungen des englischen Schriftstellers und Städteplaners Ebenezer Howard (→ 1906), der für die harmonische Einfügung von Siedlungen in landschaftliche Gegebenheiten plädierte.

Zur Gestaltung der Häuser zieht Metzendorf süddeutsche Handwerker hinzu, die nach seinen Anweisungen Laubengänge und Giebel mit Putz, Bruchstein und Schindeln liebevoll verzieren.

Trotz Kritik an der »süddeutschen Kleinstadtromantik« gilt die Margarethenhöhe als architektonisches Meisterwerk.

1911

Hammer Fritz weicht moderner Presse

1911. Im Essener Krupp-Stahlwerk wird der legendäre 25-Tonnen-Dampfhammer »Fritz« (→ 16.9.1861) abgebrochen und durch eine hydraulische Schmiedepresse ersetzt. Seinerzeit war der Dampfhammer der größte seiner Art im Deutschen Reich gewesen. Mit der wachsenden Nachfrage nach übergroßen Formstücken wie etwa Antriebswellen für Ozeanriesen oder Dampfmaschinen wurde es notwendig, nach neuen, rationellen Verfahren der Stahlformung zu suchen.

In den 70er Jahren des 19. Jh. begannen die Krupp-Werke mit dem Einsatz von hydraulischen Schmiedepressen, bei denen ein mit Wasserdruck getriebener Kolben die Werkteile unter einem Druck von bis zu 5000 t formt. Mit diesen Pressen, von denen im gesamten Krupp-Werk 123 arbeiten, lassen sich auch übergroße Werkstücke genauer als mit Dampfhämmern bearbeiten. Im Preßbau II der Kruppschen Gußstahlfabrik, der 1911 fertiggestellt wird, arbeiten vier dieser großen Pressen.

Preßbau II in der Kruppschen Gußstahlfabrik in Essen, wo vier hydraulische Pressen zur Formung übergroßer Werkstücke aus Stahl eingesetzt werden

Gebürtiger Weseler Konrad Duden stirbt

1. August 1911. Im Alter von 82 Jahren stirbt der von Gut Bossigt (nahe Wesel) stammende Philologe und Gymnasiallehrer Konrad Duden in Sonnenberg bei Wiesbaden.

Duden, Gymnasialdirektor in Soest, Schleiz und Bad Hersfeld, hatte sich besonders um die einheitliche Rechtschreibung der deutschen Sprache verdient gemacht.

Konrad Duden

1880 veröffentlichte er das wegweisende »Vollständige orthographische Wörterbuch der deutschen Sprache. Nach den neuen preußischen und bayerischen Regeln«. Das 187 Seiten umfassende Werk faßte erstmals die Rechtschreibregeln für den deutschen Sprachraum zusammen. Bis dahin pflegte z. B. jeder Verlag eine hausinterne Regelung für orthographische Zweifelsfälle.

Museum wiedereröffnet

16. Dezember 1911. Nach seinem Umzug in das ehemalige Oberbergamtsgebäude am Ostwall wird das Kunst- und Gewerbemuseum der Stadt Dortmund (→ 25.6.1883) feierlich wiedereröffnet. Das 1907 zum Preis von 350 000 Mark in städtischen Besitz übergegangene Gebäude war für weitere 150 000 Mark für die neue Verwendung hergerichtet worden. Im Erdgeschoß sind die vor- und frühgeschichtlichen Sammlungen untergebracht. Für die kirchlichen Denkmäler wurden eigens drei Kapellen eingerichtet. Im ersten und zweiten Obergeschoß befinden sich diverse Saal- und Zimmereinrichtungen sowie Hausrat; im dritten Stock werden die Sammlungen des Kunstgewerbes gezeigt.

Blick in die kunsthistorische Sammlung des Dortmunder Kunst- und Gewerbemuseums im ehemaligen Oberbergamtsgebäude am Ostwall

Lehmbrucks »Kniende«

1911. In Paris entsteht die zweite große Plastik des aus Duisburg stammenden Künstlers Wilhelm Lehmbruck: »Die Kniende«. Diese Arbeit, welche den Namen des Bildhauers weithin bekannt macht, stellt den Versuch Lehmbrucks dar, sich vorsichtig von der Darstellung der Idealvorstellung des menschlichen Körpers, wie sie in der Kunst der Griechen entwickelt und später von der Renaissance wiederentdeckt wurde, zu lösen.

Zum erstenmal in seinem Werk steigert Lehmbruck die Proportionen über das natürliche Maß. Die Skulptur des halbnackten Frauenkörpers aus getöntem Gips, 178 cm hoch, thematisiert nicht mehr das einfache, ruhige Dasein, sondern zeigt eine – wenngleich verhaltene – Bewegung. Die Ausdrucksgebärde der Knienden hat ihren Sinn allein in sich selbst; sie ist nicht in Beziehung zu etwas anderem gesetzt, wie z. B. das Knien vor einem Altar.

Was Lehmbruck in seiner Arbeit vor allem sucht, sind der Eigenwert einer plastischen Form, die Geschlossenheit des Umrisses und die Einfachheit des Ausdrucks.

Wilhelm Lehmbrucks lange umstrittene Skulptur »Die Kniende«

Anerkennung findet er in der Kunstöffentlichkeit seiner Zeit jedoch kaum. Ein Kritiker schreibt über eine spätere Figur Lehmbrucks (»Der Gestürzte«): »Dieser ... mit den unerhört langen Beinen, dem unerhört langen Hals wird wohl in irgendeiner Jahrmarktsbude sein verdientes Ende finden.«

1912

12. 1. Bei den Wahlen zum 13. Deutschen Reichstag werden die Sozialdemokraten stärkste Fraktion. Im Ruhrgebiet erhalten sie in Gelsenkirchen, Hattingen, Dortmund, (Dortmund-)Hörde, Hagen und Schwelm die meisten Stimmen. In Mülheim und Duisburg bleiben sie hinter den Nationalliberalen zweitstärkste Partei.

11. 3. 190 000 Ruhrbergleute treten für höhere Löhne in den Streik. →

25. 5. In (Gelsenkirchen-)Rotthausen wird ein Sportflugplatz eröffnet. →

8. 8. Kaiser Wilhelm II. nimmt an der Jahrhundertfeier der Firma Krupp im neuen Verwaltungsgebäude in Essen teil. →

8. 8. Bei einer Schlagwetterexplosion auf der Zeche Lothringen in Bochum verunglücken 110 Bergleute tödlich. →

18. 8. Die Deutschen Meisterschaften der Leichtathleten werden zum ersten Mal in Duisburg ausgetragen.

Herbst. Die Firma Boecker & Co. wird in die Gutehoffnungshütte Oberhausen eingegliedert.

7. 11. Das Duisburger Stadttheater wird eröffnet. →

1912. Robert Schmohl vollendet den Bau der Kolonie Beisenkamp in Datteln für die Arbeiter des Bergwerks Emscher-Lippe.

1912. Theodor Althoff eröffnet in Essen das größte Warenhaus der Stadt (→ 1904).

1912. In Hagen wird die Keks-, Waffel- und Zwiebackfabrik Brandt gegründet. →

1912. Für nichtrostende Chrom- und Nickel-Stähle, die in den Essener Krupp-Werken entwickelt worden sind, werden Patente ausgestellt.

1912. Der noch erhaltene Rest des Recher Busches im Süden von Bochum wird Ausgangspunkt für ein Erholungsgebiet.

1912. Der Essener Beigeordnete Robert Schmidt veröffentlicht die »Denkschrift betreffend Grundsätze zur Aufstellung eines General-Siedelungsplanes für den Regierungsbezirk Düsseldorf (rechtsrheinisch).« →

1912/13. Die Gutehoffnungshütte errichtet in (Oberhausen-)Osterfeld die Schachtanlage Jacobi.

Um 1912. In Dortmund entstehen zahlreiche Konzert-Cafés. →

GESTORBEN:

6. 3. Bochum: Heinrich Kämpchen (*23. 5. 1847), erster Bergmannsdichter des Ruhrgebiets (→ 1899).

GEBOREN:

29. 8. Hagen: Emil Schumacher, Maler und Grafiker.

Die aus den Nachbarregionen zusammengezogenen Militäreinheiten auf einer Patrouille in Herne; rund 500 Soldaten sollen die Streikbrecher in Dortmund, Hamm und Recklinghausen vor Übergriffen der Streikenden schützen

Streik bricht ergebnislos zusammen

11. März 1912. Im Ruhrgebiet legen 190 000 Bergarbeiter, mehr als die Hälfte der Belegschaften, die Arbeit nieder, nachdem die im Zechenverband (→ 22. 1. 1908) organisierten Unternehmer die Forderungen der Gewerkschaften zurückgewiesen haben. Obwohl die Zahl der Streikenden in den folgenden Tagen zunächst zunimmt, wird der Ausstand am 20. März angesichts des massiven Einsatzes von Polizei und Militär ergebnislos abgebrochen.

Im Unterschied zum Streik von 1905 (→ 7. 1. 1905) beteiligt sich der Christliche Gewerkverein (→ 26. 8. 1894) nicht an diesem Arbeitskampf. Initiiert und getragen wird der Streik vom sog. Dreibund, bestehend aus dem sozialdemokratisch orientierten Alten Verband (→ 18. 8. 1889), der Polnischen Berufsvereinigung ZZP (→ 9. 11. 1902) und dem nach seinen Gründern, den liberalen Arbeiterführern Max Hirsch und Franz Duncker, benannten Hirsch-Dunckerschen Gewerkverein.

Steigende Konjunktur und stetig wachsende Unternehmergewinne veranlassen die Bergarbeiterverbände im Frühjahr 1912, eine allgemeine Lohnerhöhung um 15% zu fordern. Außerdem verlangen sie die Einführung der Achtstundenschicht einschließlich der Seilfahrten und die Einführung paritätisch besetzter Schiedsgerichte.

In den Jahren nach 1905 hatte sich jedoch die Rivalität zwischen dem Alten Verband und dem Christlichen Gewerkverein verschärft. Der

Karikatur des sozialdemokratischen »Wahren Jakob« zum Streik

Gewerkverein distanziert sich von den Forderungen der anderen Gewerkschaften und ruft seine Mitglieder zur Weiterarbeit auf.

Vor den Zechentoren kommt es zu handgreiflichen Auseinandersetzungen zwischen den Streikenden und den zahlreichen Streikbrechern. Am 14. März rücken etwa 5000 Soldaten, darunter zwei Maschinengewehrabteilungen, zum Schutz der Streikbrecher in Dortmund, Hamm und Recklinghausen ein. Der Dreibund sieht sich gezwungen, den Streik ergebnislos zu beenden.

Die Spaltung der Bergarbeiterschaft in einen christlich-nationalen und einen sozialdemokratisch-liberalen Flügel bleibt bis zum Ausbruch des Ersten Weltkriegs bestehen.

Streikende Bergarbeiter flüchten vor Militärstreifen in Dortmund; nachdem ein Schießbefehl ergangen ist, feuern Soldaten in jede Menschenansammlung

Arbeiterbewegung – Familienangelegenheit

Streikende Arbeiter sind auf die Solidarität ihrer Familien angewiesen, da die Gewerkschaften meist nicht in der Lage sind, Streikgelder über einen längeren Zeitraum in ausreichender Höhe auszuzahlen. Streik bedeutet für die Familien oft Hunger und Not. Folgende Augenzeugenberichte und ein Artikel der »Recklinghäuser Zeitung« zum Streik von 1912 (→ 11. 3. 1912) zeigen, wie sich Frauen und Kinder auf ihre Weise am Bergarbeiterstreik beteiligen, um die Männer trotz zahlreicher Repressalien von Arbeitgebern und Polizei in ihrem Kampf zu unterstützen.

Als Meldeläufer beim Streik

»Mein Vater war Obmann der Ortsgruppe Buer-Erle des alten Bergarbeiter-Verbandes. Bei dem Bergarbeiterstreik 1912 gehörte er mit zu der Streikleitung. Wie schon . . . beschrieben, konnte oder wollte kein Wirt der Streikleitung zum Abhalten einer Versammlung ein Lokal zur Verfügung stellen. So waren die Arbeiter gezwungen, ihre Versammlung in einem Rohbau-Saal abzuhalten. Da kein Telefon vorhanden war und die Leitung über die Lage der einzelnen Schachtanlagen unterrichtet werden mußte, war ich als Meldeläufer eingesetzt und mußte den Bericht der Streikposten über die Lage an die Leitung weitergeben.

Ich hatte gerade wieder einen Bericht gemeldet, und eine große Zahl war versammelt, als es hieß: Soldaten kommen! Es waren Reiter. Sofort wurde die Versammlung abgebrochen, und die Arbeiter versuchten, sich zu wehren. Sie wurden aber gejagt.

Mein Vater nahm mich an die Hand und rannte mit noch anderen über eine Sumpfwiese. Hier verlor mein Vater noch einen Lederpantoffel. Als wir zu Hause ankamen, stand schon die Polizei da und erwartete ihn, um ihn festzunehmen . . .

Wegen der Zugehörigkeit zur Streikleitung konnte man ihm wohl nicht viel anhaben, aber wegen Widerstandes gegen die Staatsgewalt wurde er für ein paar Monate ins Gefängnis gesteckt. Als er da herauskam, stand er auf der schwarzen Liste [→ Februar 1905] und bekam auf keiner Schachtanlage eine Arbeit.

So blieb uns nichts anderes übrig, als nach Holland zu ziehen, wo er in Heerlen sofort Wohnung und Arbeit auf der Zeche Orange Nassau bekam. Kurz vor dem Kriege kamen wir wieder nach Deutschland. Mein Vater war einer der ersten, die eingezogen wurden, und ist dann am 13. Oktober 1914 gefallen.«

(Augenzeugenbericht von Paul Tilch, Bergarbeiter aus Gelsenkirchen.)

Pfeffer gegen Streikbrecher

»Hochlarmark, 19. April 1912. Die Ehefrau des Bergmanns Kasparski wurde von der Bochumer Strafkammer wegen Bedrohung Arbeitswilliger zu 50 Mark Geldstrafe verurteilt. Sie erzählte am 12. März der Frau eines Arbeitswilligen, daß von Wanne aus eine Kolonne Streikender ankommen werde, welche die Arbeitswilligen durch Gewaltmittel von der Arbeit fern halten würde. Den Arbeitswilligen würde Pfeffer in die Augen geworfen, die Köpfe abgeschnitten und die Fenster eingeworfen werden. Die betreffende Frau wurde eingeschüchtert und erklärte, wenn das wahr sei, lasse sie ihren Mann nicht zur Zeche gehen. Die Angeklagte bestritt die Absicht der Drohung, sie habe lediglich vorgehabt, in guter Meinung die betreffende Frau zu warnen.«

(»Recklinghäuser Zeitung« vom 20. 4. 1912.)

Maifeier als Ausflug ins Grüne

»1912, im Jahre des großen Bergarbeiterstreiks war ich gerade 13 Jahre alt und durfte schon manches Mal für die Sozialdemokraten Flugblätter unter die Türen schieben und, wenn der Vater krank war, die Zeitung des ›Alten Bergarbeiter-Verbandes‹ zu den Mitgliedern bringen. Mein Lehrer durfte hiervon natürlich nichts wissen. Mein Vater war in Hochlarmark Kassierer des Bergarbeiterverbandes und stand somit auf der Abschußliste, wenn der Streik verloren ging. – Und der Streik ging für die Bergarbeiter verloren. Das war nach dem großen Wahlsieg der SPD – sie war 1912 zur stärksten Partei im Reichstag geworden und hatte 110 Mandate erobert – eine herbe Enttäuschung.

Wir waren mit Oma, Vater, Mutter und sieben Kindern zehn Personen am Tisch und hatten nur einen Ernährer. Die unsicheren Zeiten gingen jedoch vorbei, und Vater verlor seinen Arbeitsplatz doch nicht. Unvergessen und tiefeingeprägt bleiben mir die Attacken, die die kaiserlichen Ulanen gegen die streikenden Kumpel ritten, wenn diese sich an bestimmten Punkten sammelten, um die Streikbrecher nach verfahrener Schicht in Empfang zu nehmen.

Ein anderes Erlebnis war die Maifeier in Recklinghausen-Süd, im Lokal der SPD ›Grullbad‹. Zum Lokal gehörte ein großes Gartenrestaurant, dadurch war es besonders für ein solches Treffen geeignet. Aus dem ganzen Vest Recklinghausen marschierten die Genossen mit ihren Familien, oft zehn Kilometer und mehr, zu dieser Maifeier. Die Genossen kamen nicht in geschlossenem Zug aus den anderen Orten an, das war verboten. Sie kamen vielmehr wie Spaziergänger in kleineren Gruppen. Wenn sich aber alle diese Gruppen aus Buer, Westerholt und Bertlich an einem bestimmten Punkt mit denen aus Herten und Hochlarmark trafen, um das letzte Stück gemeinsam zum ›Grullbad‹ zu gehen, so waren das Hunderte von Männern, Frauen und Kindern, die in . . . Gruppen ihrem gemeinsamen Ziel zustrebten.

Wenn dann . . . in der Gruppe mal ein rotes Taschentuch an einem Stock aufleuchtete, rannten die, die uns ›schützten‹, wie die Wilden darauf zu. Lachen und Pfeifen war dann meist die Antwort.

Damit der Weg unserer Gruppe nicht durch die Zechenkolonie führte, mußten wir über den damaligen Sandweg gehen [die spätere Salentinstraße], der damals einem Wanderpfad in der Haard glich. Die Polizei fürchtete, wir könnten, wenn wir durch die Zechenkolonie gehen würden, zu viele andere für uns interessieren und mitnehmen . . .

Danach gab es Dispute und Verärgerungen mit der Polizei, die die Redner hindern wollte, zu den Menschen zu sprechen. Aber irgendwie setzten sich doch die Redner durch. Es wurde eine herrliche Maifeier, die uns Kindern Freude brachte durch Sacklaufen, Stangenklettern und Preise und durch andere Unterhaltung.«

(Aus den Lebenserinnerungen eines Sozialdemokraten aus Hochlarmark, geboren 1899.)

Arbeit unter Tage bleibt gefährlich

8. August 1912. Bei einer Schlagwetterexplosion auf der Zeche Lothringen in Bochum werden 114 Bergarbeiter getötet. Obwohl 1908 die elektrische Grubenlampe eingeführt wurde und die Entwicklung von leichtentzündlichem Kohlenstaub durch die Berieselung der Gruben mit Wasser vermindert wird (→ 12. 7. 1898), erweisen sich dennoch die Vorsorgemaßnahmen häufig als unzureichend.

Massenunglücke im Bergbau

1898: Schlagwetterexplosion auf der Schachtanlage Carolinenglück in Bochum mit 116 Todesopfern (→ Februar 1898)

1898: Grubenbrand auf der Dortmunder Zeche Zollern mit 44 Toten (→ Mai 1898)

1906: Spektakulärer Einsatz der Rettungsmannschaft der Zeche Shamrock (Herne) bei der Grubenkatastrophe in Courrières/Nordfrankreich (→ 10. März 1906)

1908: Grubenunglück auf der Zeche Radbod bei Hamm mit 348 Toten (→ 12. November 1908).

Die größte Gefahr unter Tage stellen Schlagende Wetter dar. Sie bestehen aus einem Gemisch aus Methangas und Luft, das schon durch einen Funken explodieren kann.

Nach der größten Schlagwetterkatastrophe in der Geschichte des Ruhrbergbaus rüstete die Zeche Radbod bei Hamm 1908 erstmals die gesamte Belegschaft mit sicheren elektrischen Grubenlampen aus. Die Entwicklung elektrisch betriebener Ventilatoren verbesserte die Belüftung der Strecken.

Mit zunehmender Mechanisierung erhöht sich jedoch die Zahl der Unfälle durch Bedienungsfehler und infolge technischer Mängel. Besonders gefährlich ist der Einsatz von Sprengstoff zur Lösung der Kohle. Durch Sprengungen wird häufig auch der Streckenausbau in Mitleidenschaft gezogen.

Die Arbeit im Akkord verleitet die Hauer darüber hinaus zur Unvorsichtigkeit, da für Sicherungsarbeiten kein Entgelt gezahlt wird. Schlechte Beleuchtung, fallendes Gestein und die schweren Wagen sind Ursachen häufiger Unfälle und Verletzungen.

Sportflugzeug »Rumpler-Taube« in Gelsenkirchen — *Pilot mit Kappe und Schutzbrille* — *Waghalsige Flugkunststücke zur Platz-Eröffnung*

Flugsport findet begeisterte Anhängerschaft im Revier

25. Mai 1912. Der Flughafen (Gelsenkirchen)-Rotthausen, gleich neben der Trabrennbahn gelegen, wird mit einem Flugschautag eröffnet. Der Bau des Sportflughafens kam auf Initiative der Westdeutschen Fluggesellschaft mbH zustande, an der die Städte Gelsenkirchen und Essen sowie die Gemeinde Rotthausen beteiligt sind. Der Flugplatz und seine Einrichtungen sind großzügig bemessen. Neben einer festen Zuschauertribüne, einem Fliegerheim und dem Verwaltungstrakt wurden drei große Flugzeughallen errichtet.

Im gleichen Jahr, einen Monat später als in Gelsenkirchen und nur wenige Tage nach Gründung der Duisburger Ortsgruppe des Niederrheinischen Vereins für Luftschiffahrt, wird am 30. Juni ein weiterer Revier-Flughafen in Duisburg-Neuenkamp eröffnet. Auf dem Fluggelände hatten die Luftpioniere Strack schon Monate zuvor ein Flugzeugwerk und eine Pilotenschule aufgebaut (→ 8. 6. 1910).

Erster Generalsiedlungsplan Ruhrgebiet

1912. Der Essener Stadt-Beigeordnete Robert Schmidt veröffentlicht an der Technischen Hochschule in Aachen eine »Denkschrift betreffend Grundsätze zur Aufstellung eines General-Siedelungsplanes für den Regierungsbezirk Düsseldorf (rechtsrheinisch)« als Dissertation. Ursprünglich auf Initiative des Regierungspräsidenten in Düsseldorf von den Städten des Regierungsbezirks in Auftrag gegeben, dann aber aus politischen Gründen geheimgehalten, wird mit dieser Studie erstmals ein großes landesplanerisches Programm publiziert.

Angeregt durch städtebauliche Wettbewerbe für eine Neugestaltung des Raumes Groß-Berlin, entstand 1910 auch im Ruhrgebiet der Gedanke, zwischen Düsseldorf und Dinslaken, Essen und Elberfeld-Barmen einen »Nationalpark« zu schaffen. Verstanden wurde darunter die geordnete Planung, Erhaltung und Schaffung von Grünflächen, Spiel- und Sportplätzen, Wander- und (Haupt-)Verkehrswegen im industriellen Ballungsraum. Ein eigens zu diesem Zweck aufgestellter kommunaler Ausschuß hatte Robert Schmidt mit der Ausarbeitung entsprechender Pläne beauftragt. Schmidt geht jedoch in seiner Untersuchung weit über die ihm gestellte Aufgabe hinaus: Territorial faßt er das Gebiet zwischen Emscher und Ruhr als eine zusammenhängende Region auf, bezieht damit also den westfälischen Teil des Ruhrgebiets in seinen Generalsiedlungsplan mit ein. Inhaltlich beschränkt der Autor seine Arbeit nicht allein auf die regionale Planung von Grünflächen, sondern stellt ebenfalls Fragen zu Bebauungs- und Siedlungsproblemen. Als wesentliche Schwierigkeit sieht er dabei die korrekte Erfassung vorhandener Grünflächen in diesem Raum an. Dringend warnt sein Bericht vor der weiteren ungeplanten Zersiedlung aufgrund privater Interessen oder lokaler Erfordernisse und empfiehlt, noch vorhandene Grünflächen vor der Bebauung zu bewahren.

In der Frage der Durchführung eines Siedlungsplans rät Schmidt von der Bildung eines Zweckverbandes ab. Er empfiehlt vielmehr einen Interessenverband der beteiligten Kommunen, die sich freiwillig »dieser großen, schönen und erfolgversprechenden Arbeit« widmen werden. Lediglich die Gründung einer Zentralstelle zur gezielten Verfolgung der Generalidee, ausgestattet mit einer gewissen Kontrollfunktion, sieht er als notwendig an.

Auch wenn die Denkschrift zunächst aus politischen Gründen auf Ablehnung durch die Auftraggeber stößt, so bilden die Überlegungen des Autors doch die Grundlage für die spätere Aufgabenstellung des Siedlungsverbandes Ruhrkohlenbezirk, dessen erster Direktor Robert Schmidt wird (→ 5. 5. 1920).

Robert Schmidt, Direktor des Siedlungsverbandes Ruhrkohlenbezirk

Spätere Zwiebackfabrik der Brüder Carl und Fritz Brandt in Hagen

Carl Brandt stellt ersten Zwieback her

1912. Der Bäcker- und Konditormeister Carl Brandt beginnt in der Tillmannstraße in Hagen-Haspe mit der Herstellung von Zwieback und legt damit den Grundstein für die späteren Keks-, Waffel- und Zwiebackwerke C. & F. Brandt.

Brandt hatte den Zwieback in Amerika kennengelernt und will ihn nun auch in Deutschland zu einem Volksnahrungsmittel machen.

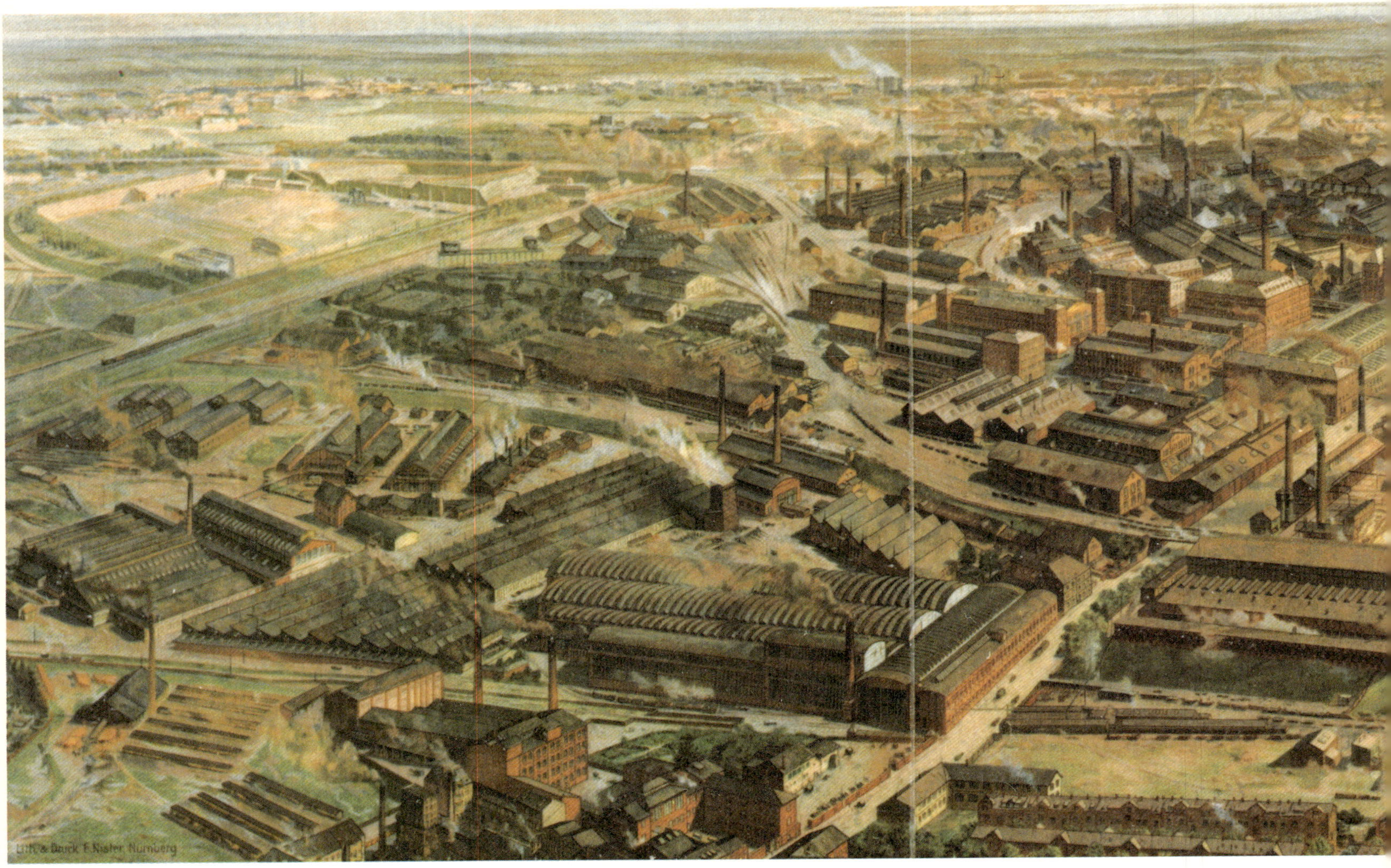

100 Jahre Kruppsche Gußstahlfabrik

8. August 1912. Im Rahmen der Feierlichkeiten zum 100jährigen Bestehen der Essener Krupp-Werke und des 100. Geburtstages von Alfred Krupp trifft Kaiser Wilhelm II. in Begleitung sämtlicher Generäle und Admiräle des Deutschen Reiches in der Villa Hügel ein. In seiner Ansprache betont Wilhelm II. das vertrauensvolle Verhältnis zwischen ihm und der Familie Krupp. Drei Tage dauert die Hundertjahrfeier, deren Abschluß ein mittelalterliches Schauturnier in zeitgenössischen Kostümen bilden soll. Gustav Krupp von Bohlen und Halbach hatte sich hierzu eigens eine Rüstung aus Kruppstahl anfertigen lassen. Als aber die Nachricht von einem Grubenunglück auf der Zeche Lothringen bei Bochum eintrifft, bei dem 110 Bergleute durch eine Schlagwetterexplosion getötet wurden (→ 8. 8. 1912), wird das Schauspiel abgebrochen.

Gustav Krupp von Bohlen und Halbach (r. am Pult) während seiner Ansprache beim Festakt anläßlich der Hundertjahrfeier der Firma Krupp im Lichthof des Turmhauses, des Hauptverwaltungsgebäudes der Firma in Essen; in der ersten Reihe der Zuhörer Kaiser Wilhelm II. in Uniform zwischen der Unternehmerwitwe Margarethe Krupp (r.) und ihrer Tochter Bertha (l.)

Ausweitung der Waffenproduktion

Die Produktion von Rüstungsgütern steigt bei den Essener Krupp-Werken im Zuge der militärischen Aufrüstung des Deutschen Reiches seit einigen Jahren ständig an. Seit 1904 ist die Krupp-Belegschaft von 47 500 auf 74 400 Beschäftigte angewachsen und wurden die Produktionsanlagen für den Kanonenbau und die Geschoßherstellung zielstrebig ausgebaut. 20 000 t Panzerplatten und 30 000 t Schiffs- und Kesselbleche werden pro Jahr in dem seit 1891 zweimal erweiterten Panzerplattenwerk produziert. In den Zünderwerkstätten und den Geschoßdrehereien werden jährlich eine halbe Million Geschosse unterschiedlicher Kaliber mit einem Gesamtgewicht von 10 000 t hergestellt.

1912

△ Gesamtansicht der Kruppschen Gußstahlfabrik im Jahr 1912; r. u. die IX. Mechanische Werkstatt, die damals größte zusammenhängende Werkshalle der Welt; l. M. der firmeneigene Güterbahnhof, von dem aus Gleise zu den einzelnen Werkstätten führen; die Kruppstraße verläuft diagonal von l. u. nach r. o.

◁ Die 1905 errichtete und 1907 bis 1910 erheblich erweiterte IX. Mechanische Werkstatt der Kruppschen Gußstahlfabrik dient zur Herstellung von Geschütztürmen für größte Kaliber. Zur Montage der sog. Panzertürme sind in den Boden der 31 300 m² umfassenden Werkshalle mehrere etwa 14 m tiefe Schächte eingebaut. In der Halle sind 23 Laufkräne mit insgesamt 994 t Tragkraft installiert. An 486 Werkzeugmaschinen werden einzelne Geschützteile bearbeitet. Die Werkstatt verfügt außerdem über Waschräume für rund 1600 Personen und einen großen Speisesaal.

1912

Vorderansicht des Duisburger Stadttheaters am König-Heinrich-Platz, das als eines der schönsten und modernsten Theater seiner Zeit gilt

Theater Duisburg eröffnet

7. November 1912. Anderthalb Jahre nach der Grundsteinlegung kann im Duisburger Theaterneubau am König-Heinrich-Platz die Eröffnungsvorstellung gegeben werden. Unter der Regie Bela Duschaks und Robert Lefflers erleben die Zuschauer die Aufführung des »Meistersinger-Vorspiels« von Richard Wagner mit Gisela Hawelka und »Wallensteins Lager« mit Erich Ponto. Der Zuschauerraum des Duisburger Theaters, das als eines der schönsten und modernsten seiner Zeit gilt, bietet Platz für insgesamt 1652 Besucher.

Infolge der auf 232 000 Einwohner gewachsenen Bevölkerung Duisburgs konnte die seit 1887 bestehende städtische Tonhalle als alleiniger Veranstaltungsort den Kulturaktivitäten einer Großstadt nicht mehr genügen. Das neue Stadttheater wurde nach Plänen des Dresdener Architekten Martin Dülfer auf Anregung einer privaten Bürgerinitiative, die sich zur Hälfte an den Baukosten von über 2,5 Mio Mark beteiligte, errichtet. Gleichzeitig verlängert Duisburg die Theaterehe mit dem Düsseldorfer Schauspielhaus um drei Jahre (→ 13. 11. 1887).

Konzert-Cafés im Herzen Dortmunds

Um 1912. Mit Neueröffnungen von zahlreichen Konzert-Cafés wird Dortmund seinem Ruf als Vergnügungsmetropole des Reviers gerecht. Unter den Ankündigungen der verschiedenen Etablissements in den Zeitungen der Stadt, die 1912 drei ganze Seiten füllen, dominiert die Sparte »Konzert«.

Die meisten Konzert-Cafés liegen in der Brückstraße, so auch die älteste der größeren Einrichtungen dieser Art, das »Café Metropol« (Ecke Reinoldistraße). 1911 eröffnet das »Café Palais« am Königswall seine Pforten. Café, Musik- und Billardsaal bieten rund 400 Plätze. 1912 wird mit dem »Elite-Café Löwenhof« eines der größten Cafés im Westen des Deutschen Reiches eröffnet.

Werbung für das Konzert-Café »Industrie« in Dortmunds Innenstadt

1913

20. 3. Die Stadtverordnetenversammlung in Bochum genehmigt ein neues Stadtwappen. →

24. 3. Die evangelische Petrikirche in Mülheim an der Ruhr wird nach ihrer Restaurierung eingeweiht. →

1. 4. Die Gemeinde Sterkrade bei Oberhausen wird mit 37 349 Einwohnern zur Stadt erhoben.

11. 5. Beim Endspiel um die Deutsche Fußballmeisterschaft unterliegt der Duisburger SV dem VfB Leipzig mit 1:3. →

3. 7. Die neue Pferderennbahn in (Dortmund-)Wambel wird eingeweiht. →

2. 8. In Dortmund wird der Grundstein zum Bau einer Gartenstadt gelegt. →

17. 8. Otto Fleiter vom VfvB Ruhrort wird in Breslau deutscher Meister im Stabhochsprung mit 3,50 m.

25. 9. Nach zweijährigen Bauarbeiten wird die Synagoge in Essen eingeweiht. →

Oktober. Im sog. Krupp-Prozeß werden mehrere Offiziere und ein Krupp-Direktor wegen Weitergabe bzw. Empfangs militärischer Geheimnisse zu Freiheitsstrafen verurteilt.

1913. Der Bau des Städtischen Schlachthofs in (Gelsenkirchen-)Heßler wird fertiggestellt.

1913. Die für die Trinkwasserversorgung des Ruhrgebiets wichtige Möhnetalsperre bei Soest ist fertiggestellt.

1913. Der Bergbau erschließt Kohlevorkommen am linken Niederrhein, nördlich der Lippe und im östlichen Revier. →

1913. In den Duisburg-Ruhrorter Häfen wird ein Gesamtumschlag von 27 Mio t erreicht. →

1913. Paul Zech veröffentlicht seine Gedichtsammlung »Das schwarze Revier«. →

1913. Im Jahresbericht der Handelskammer Essen bilden die Betriebe des Nahrungs- und Genußmittelgewerbes die größte Gruppe mit 917 von insgesamt 2900 Betrieben.

1913. Der in Essen lebende Chemiker Friedrich Bergius (Chemie-Nobelpreis 1931) erhält ein Patent für die Verflüssigung von Kohle. →

1913/16. Die Hüttenwerke Kayser AG aus Berlin errichtet in Lünen eine Kupferhütte.

1913/1920. Bei (Witten-)Herbede wird durch eine 1912 gegründete gleichnamige Gewerkschaft die Schachtanlage Herbede errichtet.

GESTORBEN:

18. 5. Herne: Georg Laverick (*1836, Kreis Durham, England), Maschinensteiger, Veteran des Ruhrbergbaus.

Militärgeheimnisse an Krupp verraten

Oktober 1913. Sieben Offiziere der deutschen Armee, die gegen Bestechungsgelder zwischen 13 000 und 50 000 Mark militärische Geheimnisse an die Berliner Vertretung der Firma Krupp weitergegeben hatten, werden im sog. Krupp-Prozeß zu sechs Monaten Haft und der unehrenhaften Entlassung aus dem Militärdienst verurteilt. In einem weiteren Prozeß wird ein Direktor der Firma Krupp mit vier Monaten Freiheitsentzug bestraft und ein zweiter zu einer Geldbuße von 1200 Mark verurteilt.

Zeugenvernehmung im Krupp-Prozeß (Gouache, Berliner Zeitung)

Im November 1912 waren dem Reichstagsabgeordneten Karl Liebknecht anonym Unterlagen zugespielt worden, aus denen hervorging, daß die Firma Krupp über geheime Informationen aus der deutschen Heeresleitung verfügt. Unter dem Codewort »Kornwalzer« waren Angaben über Bewaffnung, militärische Projekte im Planungsstadium und Preisangebote deutscher Rüstungsunternehmen an die Berliner Krupp-Vertretung und die Essener Zentralverwaltung gelangt. Liebknecht gab seine Informationen an die Öffentlichkeit, und durch polizeiliche Ermittlungen konnte festgestellt werden, daß mehrere Marine- und Artillerieoffiziere Geheimnisverrat begangen hatten.

Seit 1908 waren auf diesem Weg militärische Geheimnisse und Informationen über die Konkurrenz an das Essener Unternehmen gelangt.

Bergbau erschließt neue Grubenfelder

1913. Seit der Jahrhundertwende erschließt der Steinkohlenbergbau neue Kohlevorkommen am linken Niederrhein, nördlich der Lippe und im östlichen Ruhrgebiet. Zwei Entwicklungen sind für die Ausdehnung des Bergbaus über das engere Ruhrgebiet zwischen Ruhr und Emscher kennzeichnend: Zum einen der Übergang zu immer größeren Teufen, zum anderen die Konzentration der Förderung auf Großschachtanlagen bei gleichzeitiger Stillegung unrentabler Kleinbetriebe. Die größte Teufe im Ruhrbergbau erreichen in den Jahren 1909 und 1913 die Zechen Westfalen bei Ahlen und Sachsen östlich von Hamm. Aufgrund des mächtigen Deckgebirges stoßen die Abteufmannschaften hier in der Nordostspitze des Ruhrreviers erst bei 1050 bzw. 1085 m auf das Steinkohlengebirge.

Da mit zunehmender Teufe immer umfangreichere Untertageanlagen erforderlich sind, die hohe Investitionskosten verursachen, gehen die Bergbaugesellschaften dazu über, von einer Schachtanlage aus immer größere Grubenfelder abzubauen. Bei den in den neuen Bergbaurandgebieten nach 1900 errichteten Zechen handelt es sich mehrheitlich um Doppelschachtanlagen, bei denen aus zwei Schächten gleichzeitig von mehreren Sohlen gefördert werden kann. Bereits 1903 war der Anteil der kleineren Zechen im südlichen Ruhrgebiet an der Gesamtförderleistung aller Revierschachtanlagen auf 17,9% zurückgegangen. Die Zahl der großen Zechen mit mehr als 1 Mio t Jahresförderung steigt zwischen 1905 und 1913 von 5 auf 35. Von den 114 Mio t Gesamtförderung aller Revierzechen im Jahr 1913 entfallen auf diese 35 Anlagen etwa 50%. Aus den neuen Großschachtanlagen wird überwiegend Gasflamm- und Fettkohle gefördert; diese zur Verkokung geeigneten Kohlesorten haben bessere Absatzchancen als die im südlichen Ruhrrevier hauptsächlich geförderte Magerkohle.

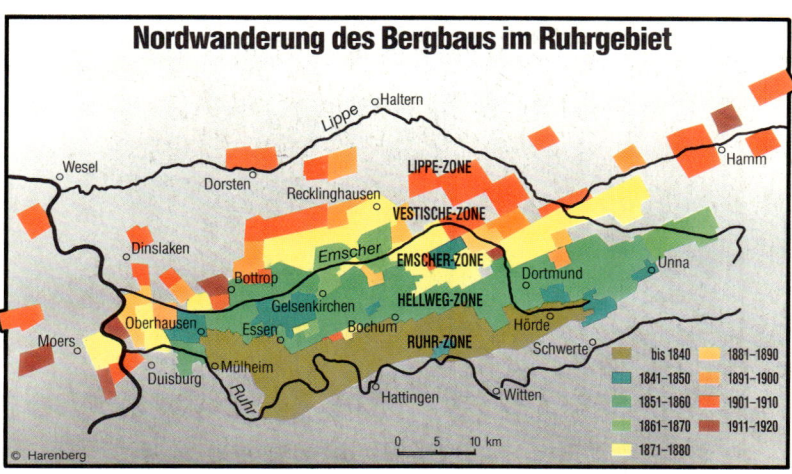

Gewerbelandschaft im Ruhrgebiet

1913. Mit 917 von insgesamt 2900 Betrieben ist das Nahrungs- und Genußmittelgewerbe die Branche mit den meisten Betrieben im Handelskammerbezirk Essen–Mülheim–Oberhausen. Die danach größte Gruppe stellt das Bekleidungs- und Reinigungsgewerbe mit 694 Unternehmen, während der Bergbau mit 37 Betrieben einen der letzten Ränge einnimmt. Umgekehrt ist das Verhältnis der verschiedenen Branchen aber, wenn man nicht von der Zahl der Betriebe, sondern den Belegschaftszahlen ausgeht. Hier führt der Bergbau mit über 74 000 Beschäftigten vor der eisenproduzierenden Industrie mit rund 60 000 Arbeitern und Angestellten. In der Bekleidungsbranche und im Nahrungsmittelgewerbe arbeiten dagegen nur jeweils rund 4000 Menschen.

Obwohl Bergbau und Metallindustrie in wirtschaftlicher Hinsicht in der Region das absolute Übergewicht haben, konnten sich in den vorangegangenen 50 Jahren zahlreiche kleine und mittlere Unternehmen anderer Industriezweige hier entfalten oder neu ansiedeln.

Eng verbunden mit dem Wachstum der führenden Industrien ist der Aufstieg der Steine- und Erdenindustrie. Hier nehmen vor allem die Produktion feuerfester Steine und die Glasherstellung eine herausragende Stellung ein. Im gesamten Industriebereich Steine und Erden arbeiten in 167 Betrieben des Bezirks 4396 Menschen. Auch in der Textilindustrie, die in Mülheim, Kettwig und Werden mit namhaften Unternehmen wie der Tuchfabrik Forstmann & Huffmann vertreten ist, arbeiten rund 4000 Beschäftigte. Besonders auffällig ist die Entwicklung der Lederindustrie und der Papierfabrikation in Mülheim.

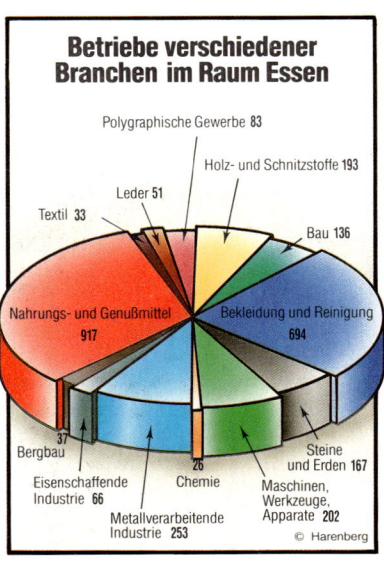

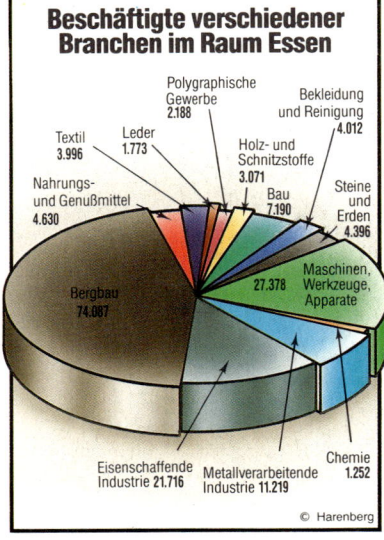

Benzin-Gewinnung aus heimischer Kohle

1913. Der in Essen lebende Chemieprofessor Friedrich Bergius erhält ein Patent für ein neuartiges Verfahren zur Gewinnung von Benzin aus Steinkohle. Dem 1884 in Breslau geborenen Bergius ist es erstmals gelungen, aus Kohle flüssigen Treibstoff herzustellen, wofür er 1931 den Chemie-Nobelpreis erhält. Da Steinkohle einen wesentlich geringeren Anteil an Wasserstoff hat als Benzin, versuchte Friedrich Bergius, zusätzlichen Wasserstoff an die Kohle anzulagern und sie so zu verflüssigen. Die Kohle wird dabei zu einem feinen Pulver zermahlen.

F. Bergius

Anschließend wird sie mit Schweröl und anderen Zusatzstoffen, sog. Katalysatoren, zu einem Brei vermischt. Dieser wird mit Wasserstoff unter einem Druck von 200 bar und einer Temperatur um 400–500° C zusammengebracht. Die Endprodukte dieses Vorgangs sind Benzin, Schweröl und Gase.

Bergius schafft eine der wissenschaftlich-technischen Voraussetzungen für die Entwicklung einer auf Kohle basierenden chemischen Industrie im Ruhrgebiet. Das von ihm nur im Laboratorium angewendete Verfahren wird zu Beginn der 20er Jahre von dem Chemieprofessor Mathias Pier für die Massenproduktion weiterentwickelt.

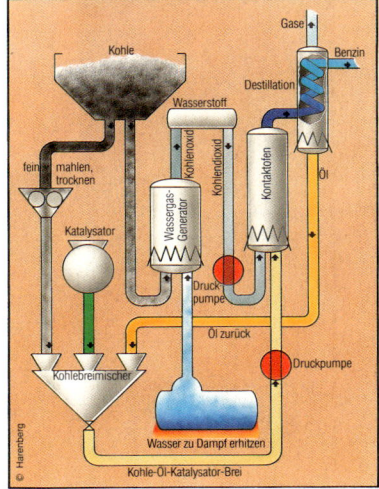

Talsperren sichern Ruhrwasserhaushalt

1913. Die Möhnetalsperre, zwischen Soest und Arnsberg gelegen, ist fertiggestellt. Das größte Bauwerk seiner Art im europäischen Raum ist mit 134 Mio m³ die elfte Talsperre im Verbandsgebiet des Ruhrtalsperrenvereins. Im Gegensatz zu allen zuvor errichteten Sperren, die von örtlichen Talsperrengenossenschaften der Wasserwerke und industriellen Nutzern gebaut worden sind, nahm der Ruhrtalsperrenverein den Bau der Wassersperre im Möhnetal 1908 selbst in Angriff.

Die Oberkante ihrer Sperrmauer hat über der Fundamentsohle eine Höhe von 40,3 m. In der Breite erstreckt sich das Bauwerk am Fuß der Sperre über 34,2 m und erreicht in der sog. Krone, dem Überweg auf der Mauer, 650 m Länge. Zum Abführen des aufgestauten Wassers bei gefülltem Staubecken dient ein Überlauf mit 105 Öffnungen von je 2,5 m Weite, so daß das überschüssige Wasser in Kaskaden einen gut 300 m breiten und 32 m hohen Wasserfall bildet.

Der aufgestaute Möhnesee hat eine Fläche von 1040 ha. Das Bauwerk konnte mit einem Kostenaufwand von 25 Mio Mark erstellt werden. Aufgrund ihrer hohen Staukapazität bildet die Möhnetalsperre das Rückgrat der Wasserversorgung im Ruhrgebiet.

Der Plan, für die Sicherstellung des Ruhrwasserhaushaltes entsprechende Stauinrichtungen zu erbauen, wurde mit Gründung des Ruhrtalsperrenvereins im Jahr 1899 gefaßt (→ 15. 4. 1899). Ziel dieses Vorhabens war es, bei reichlichen Niederschlägen das sich ansammelnde Wasser aufzustauen, um bei trockener Witterung eine mittlere Wasserführung aufrechterhalten zu können. Jährliche Überflutungen des Ruhrlaufes zur Zeit der Schneeschmelze im Sauerland, die von Witten bis Duisburg-Ruhrort große Schäden anrichteten, sollten die Talsperren ebenso verhindern wie den Wassermangel kleiner Triebwerkbesitzer am Flußverlauf in den Sommermonaten.

Der Bau von Talsperren wurde ab dem Jahr 1901 vorangetrieben und konnte im wesentlichen 1906 vollendet werden. Neben den zwei schon vor Verbandsgründung errichteten Sperren entstanden neun weitere Bauwerke.

Seine gesetzliche Grundlage erhält der Ruhrtalsperrenverein am 5. Juni 1913. Nach diesem Gesetz sind sämtliche Wasserwerke an der Ruhr und ihren Nebenflüssen in der Körperschaft des öffentlichen Rechts zwangsweise Mitglieder.

Seitenansicht der Staumauer der Möhnetalsperre, unterhalb der Mauerkrone die Überlauf-Öffnungen zum Ablassen des aufgestauten Wassers

Talsperren im Ruhr-Zuflußgebiet

Talsperre	Bauzeit
Heilenbecke b. Milspe	1894/96
Fuelbecke b. Altena	1894/96
Hasperbach b. Haspe	1901/04
Ennepe b. Schwelm	1902/04
Verse b. Lüdenscheid	1902/04
Glör b. Dahlerbrück	1903/04
Henne b. Meschede	1901/05
Jubach b. Volme	1904/06
Oester b. Plettenberg	1904/06
Lister b. Attendorn	1909/12
Möhne b. Soest	1908/13

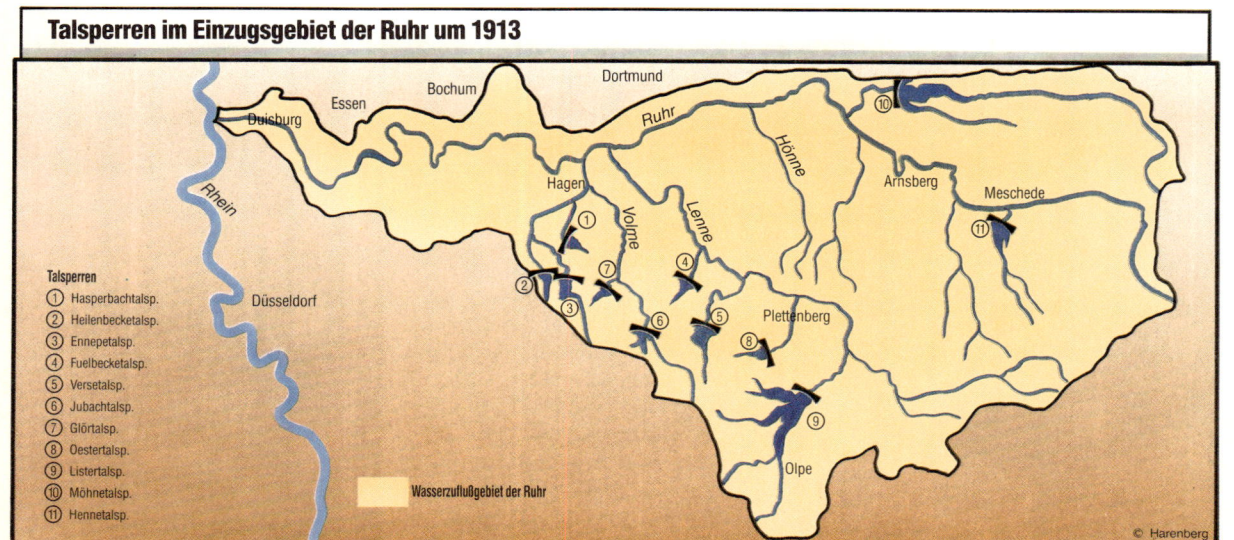

Talsperren im Einzugsgebiet der Ruhr um 1913

Talsperren:
1. Hasperbachtalsp.
2. Heilenbecketalsp.
3. Ennepetalsp.
4. Fuelbecketalsp.
5. Versetalsp.
6. Jubachtalsp.
7. Glörtalsp.
8. Oestertalsp.
9. Listertalsp.
10. Möhnetalsp.
11. Hennetalsp.

Rekordmarke im Warenumschlag

1913. In den seit 1905 unter gemeinsamer Verwaltung stehenden Duisburg-Ruhrorter Häfen wird ein Höhepunkt im Warenumschlag erreicht. Von den insgesamt 27,3 Mio t umgeschlagenen Gütern nimmt die Kohle rund 18 Mio t ein.

Großen Anteil an der Umschlagkapazität hat die dritte Hafenerweiterung des Ruhrorter Hafens, die 1908 abgeschlossen wurde. Durch Anlage von drei neuen Hafenbecken sowie der Schaffung eines 3400 m langen Hafenkanals entstand eine großzügig angelegte Hafenanlage.

Während der Ruhrorter Hafen vorwiegend Lager- und Transportleistungen erbringt, werden im Duisburger Teil vor allem Speditionsgeschäfte abgewickelt (→ 1895).

Dortmunder Bürger bauen Gartenstadt

2. August 1913. Unter Leitung des Essener Architekten Georg Metzendorf (→ 1. 4. 1911) beginnt in Dortmund der Bau der Gartenstadt. Bauherr ist die Gartenstadt Dortmund Genossenschaft m. b. H., eine Vereinigung Dortmunder Bürger mit dem Ziel der »Errichtung von Eigenhäusern in weiträumiger, gartenumhegter Siedlungsweise«. Der Bau der ersten 54 Häuser beginnt, nachdem die Stadt Dortmund ein geeignetes Gelände südlich des Westfalendamms zu niedrigen Preisen zur Verfügung gestellt hat. Dort entsteht eine »grüne« Eigenheimsiedlung mit dörflichem Charakter.

Neue Pferdebahn in Wambel eröffnet

3. Juli 1913. In (Dortmund-)Wambel wird die neue Pferderennbahn des Dortmunder Rennvereins eingeweiht. Die Bahn mit Flach- und Hinderniskurs ist in zwei Jahren Bauzeit auf einem von der Stadt Dortmund zur Verfügung gestellten Gelände erbaut worden.

Der Eröffnungstag bringt neben einem Festakt mit geladenen Gästen auch die ersten sechs Rennen; darunter die »Dortmunder Steeple-Chase«, ein Hindernisrennen nach englischem Vorbild, das als Traditionsrennen auf der neuen Bahn fortgeführt wird.

Synagoge für jüdische Gemeinde Essen

25. September 1913. An der Steeler Straße in Essen wird die neue Synagoge der jüdischen Gemeinde feierlich eingeweiht. Der massige Kuppelbau mit seiner kostbaren Innenausstattung ist das größte jüdische Gotteshaus nördlich der Alpen. Die von Edmund Körner entworfene Synagoge ist in ihrem äußeren Erscheinungsbild an den Tempel von Jerusalem angelehnt. Der Bau gliedert sich in Vorhof, Vorhalle und Synagoge, über der sich eine 26 m hohe Kuppel mit 29 m Spannweite erhebt. Im Innenraum finden 1400 Menschen Platz. Über dem Eingangsportal befindet sich ein Rundbogenfenster, in dem ein siebenarmiger Leuchter dargestellt ist, neben dem zwei Gesetzestafeln zu sehen sind. Sechs große Fenster, die symbolische Darstellungen der großen jüdischen Festtage zeigen, zieren den Innenraum. In der reichhaltig ausgestatteten Synagoge befindet sich neben vielen Kostbarkeiten die größte Essener Orgel mit 57 Registern.

Der Bau der neuen Synagoge war notwendig geworden, nachdem das bisherige Gotteshaus, das 1870 an der II. Weberstraße eingeweiht wurde, für die sprunghaft wachsende jüdische Gemeinde Essens nicht mehr ausreichte. Seit dem Ende des 19. Jh. waren etwa 70 000 Juden aus Rußland emigriert und hatten sich im Deutschen Reich niedergelassen. Die Essener Gemeinde ist zwischen 1870 und 1913 von 750 auf etwa 3700 Seelen angewachsen. Trotz des Anwachsens der Gemeinde beträgt der Anteil der Juden an der Essener Bevölkerung weniger als 1%. Die Gemeinde unterhält in der Stadt soziale und fürsorgerische Einrichtungen wie einen jüdischen Kindergarten, einen israelischen Schülerhort und ein Altersheim auf dem Pastoratsberg in (Essen-)Werden. In der Gemeinde gibt es Konflikte zwischen den modern eingestellten einheimischen Juden und den konservativen russischen Juden, die eigene Gottesdienste in der Synagoge abhalten und einen eigenen Rabbiner haben.

Die 1913 eingeweihte Synagoge, 1938 von nationalsozialistischen Terrorkommandos in Brand gesteckt, ab 1980 Mahnmal und Gedenkstätte

Die restaurierte Petrikirche auf dem Mülheimer Kirchenhügel

Restaurierung der Petrikirche beendet

24. März 1913. Am Ostermontag wird die restaurierte Petrikirche auf dem Kirchenhügel in Mülheim der Öffentlichkeit vorgestellt. In neuer Form und ausgestattet mit maßgeblicher Unterstützung der Düsseldorfer Kunstakademie, präsentiert das Presbyterium der Gemeinde ein Gotteshaus, das vor allem durch die Wandmalereien des 75jährigen Kunstprofessors Eduard von Gebhardt Berühmtheit erlangt.

Duisburger Kicker verlieren Endspiel

11. Mai 1913. Der Duisburger Spiel-Verein unterliegt im Endspiel um die Deutsche Fußballmeisterschaft in München dem VfB Leipzig mit 1:3 Toren. Vor 5000 Zuschauern schießt Heinrich Fischer in der zweiten Halbzeit das einzige Tor für die Duisburger; Kornelius Büscher sichert mit einem Eigentor den Sieg der Leipziger Mannschaft.

Der Duisburger Spiel-Verein nahm bereits in der zweiten Saison 1903/04 an der vom Deutschen Fußball-Bund 1902 erstmals anberaumten Deutschen Meisterschaft teil. Auch in den folgenden Jahren qualifizierte sich der Spiel-Verein mehrfach als Meister des Rheinisch-Westfälischen Spielverbandes für die Endrunde gegen die Meister der anderen Regionalverbände. 1908 standen die Duisburger Fußballer schon einmal im Endspiel; sie verloren in Berlin gegen eine Stuttgarter Auswahl mit 1:5 Toren.

Neues Bochumer Wappen

20. März 1913. Die Stadt Bochum erhält auf Beschluß der Stadtverordnetenversammlung ein neues Wappen: Ein schwarzes Buch auf blauem Grund mit einer dreitürmigen Mauerkrone. Auf Empfehlung der Preußischen Regierung ist das alte Wappen unter Heranziehung fachkundiger Historiker und Heraldiker geprüft, aber kaum geändert worden. Das Buch als Wahrzeichen der Stadt ist seit 1381 urkundlich bezeugt; obwohl es keine korrekte Deutung des Stadtnamens darstellt, entscheiden sich die Stadtverordneten, der Überlieferung treu zu bleiben. »Bochum« kann nach den Ausführungen des Stadthistorikers Franz Darpe »Buchenheim« bedeuten oder etymologisch, aus dem Keltischen abgeleitet, auf Wasser oder Sumpf hinweisen. Die Mauerkrone auf dem Siegel entspricht ebenfalls nicht ganz den historischen Tatsachen, denn die Stadt kam nie über eine Wall- und Grabenbefestigung hinaus.

Auch die Farben Schwarz und Blau sind nach Auskunft des Staatsarchivs Münster ›unheraldisch‹. Die Bochumer behalten jedoch die traditionellen Farben bei.

Stadtwappen von Bochum mit Buch und dreitürmiger Mauerkrone

Gedichte von Zech

1913. Der bekannte Arbeiterdichter Paul Zech veröffentlicht die Gedichtsammlung »Das schwarze Revier« (Abb.), in der er in expressionistisch-pathetischer Sprache und Sonettform das Leben des Industrieproletariats im Ruhrgebiet beschreibt.

1913

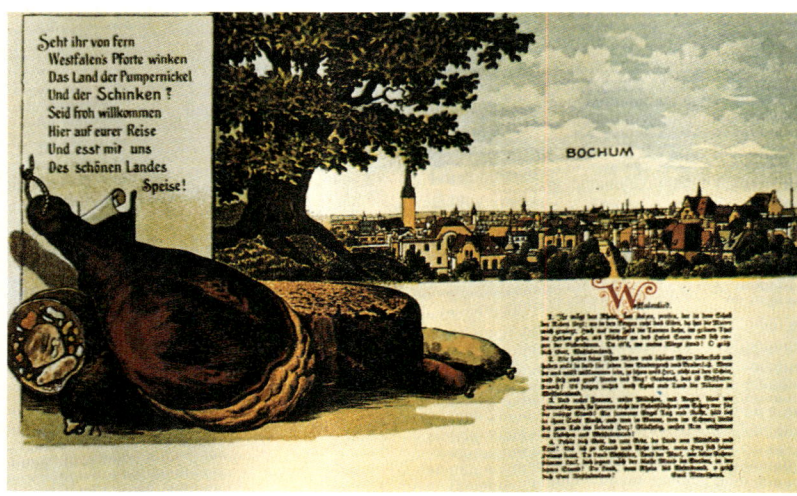
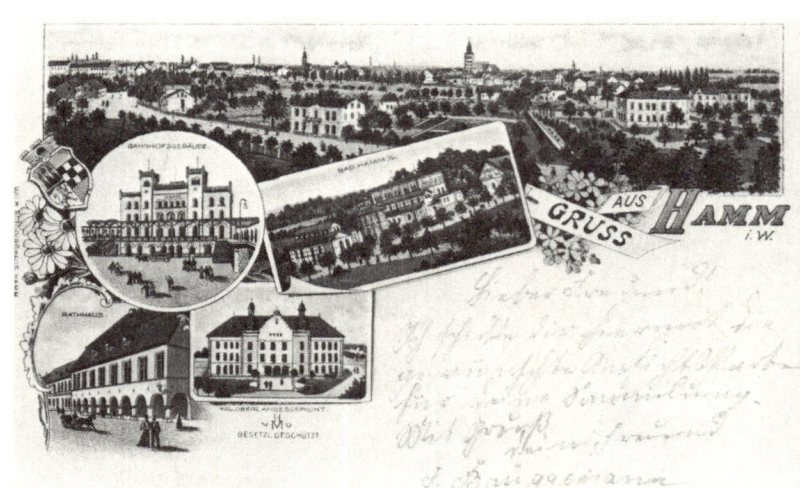

Grüße aus dem Ruhrgebiet

Die ersten Postkarten mit Ansichten aus dem Ruhrgebiet stammen aus den frühen 90er Jahren des vorigen Jahrhunderts. Die Post- oder »Correspondenz-Karte« ist zwar schon seit etwa 1870 in Gebrauch, ihr Siegeszug beginnt jedoch erst um 1900 mit der Fotolithographie und dem Lichtdruck. Große Städte grüßen ebenso wie kleine Ortschaften mit eindrucksvollen Gesamtansichten, einzelnen Bauwerken, Straßenzügen und Parkanlagen

1913

auf den Ansichtskarten. Weit verbreitet sind auch Bilder von Industrieanlagen und Zechen sowie sog. Lehr-Postkarten, die z. B. Bergarbeiter unter Tage zeigen. Daneben gibt es auch Erinnerungs-Karten, wie z. B. eine Aufnahme von Zechenbesitzern und Polizisten vor dem Werksgebäude anläßlich eines niedergeschlagenen Streiks.

Postkarten übermitteln Grüße ebenso an entfernt lebende Verwandte wie an nahe Freunde und zeugen oft anschaulicher als Briefe von den Erlebnissen und der Stimmung des Absenders.

1914

Juli. In Duisburg demonstrieren rund 4000 Sozialdemokraten gegen einen Krieg, in Essen sind es etwa 2000. →

12. 7. Auf dem Flugplatz (Gelsenkirchen-)Rotthausen beginnt die Flugwoche »Industriegebiet 1914«. →

1. 8. Auch im Ruhrgebiet wird die Mobilmachung angeordnet. Der kommandierende General des VII. Armeekorps übernimmt die Regierungsgewalt. →

August. Mit Kriegsbeginn steigen in allen Revierstädten die Lebensmittelpreise.

August. Geschäftsleute verweigern die Annahme von Papiergeld, Silbermünzen dagegen sind begehrt.

21. 8. August Thyssen reicht dem Reichskanzler Theobald von Bethmann Hollweg eine Denkschrift ein, in der er sich für die Annexion des französischen Erzbeckens von Longwy-Briey einsetzt (→ 1915).

26. 8. In Dortmund werden die ersten Kriegsküchen eingerichtet.

September. Der Hagener Oberbürgermeister Willi Cuno beschreibt die ungenügende Vorbereitung der Stadtverwaltung auf den Kriegsausbruch. →

10. 10. Ein Theater-Kommentar in der »Rheinisch-Westfälischen Zeitung« zeugt von der Kriegsbegeisterung auch im kulturellen Bereich. →

4. 11. In der »Rheinisch-Westfälischen Zeitung« erscheint ein offener Brief von Karl Ernst Osthaus an den belgischen Schriftsteller Maurice Maeterlinck. →

Dezember. Von 388 385 Mann Gesamtbelegschaft im Bereich des Allgemeinen Knappschaftsvereins Bochum wurden 117 846 Bergleute zum Militärdienst eingezogen.

1. 12. Der Rhein-Herne- und der Datteln-Hamm-Kanal werden eröffnet. Der Datteln-Hamm-Kanal zweigt in Datteln vom Dortmund-Ems-Kanal ab. →

1914. Die Bewohner des Ruhrgebiets werden in Zeitungsberichten über das Kampfgeschehen an den Kriegsfronten unterrichtet. →

1914. Nach Ausbruch des Krieges geht die Produktion in den Betrieben des Bergbaus und der Eisen- und Stahlindustrie des Reviers schlagartig zurück. →

1914. Mit Ausbruch des Ersten Weltkriegs wird das Recht auf Meinungsfreiheit auch im Ruhrgebiet eingeschränkt. →

GEBOREN:

24. 12. Hagen: Herbert Reineker, Schriftsteller, Drehbuchautor für Film und Fernsehen (»Der Kommissar«, »Derrick«).

Feierlicher Abmarsch von Kriegsfreiwilligen am Mobilmachungstag durch die Burgstraße in der Essener Innenstadt

Mobilmachung für den Ersten Weltkrieg

1. August 1914. Gegen 18 Uhr trifft ein Telegramm des Reichspostamtes zu Berlin im Arbeitszimmer des Bochumer Oberbürgermeisters ein. Wie anderen Stadtoberhäuptern wird auch ihm mitgeteilt: »Mobilmachung befohlen. Erster Mobilmachungstag der 2. August. Dieser Befehl ist sofort ortsüblich bekannt zu machen.« Kaiser Wilhelm II. hat an diesem Tag für das gesamte Deutsche Reich die allgemeine Mobilmachung befohlen und Rußland den Krieg erklärt. Damit hat der Erste Weltkrieg begonnen.

Ereignisse vor Kriegsausbruch

28. 6. Der österreichisch-ungarische Thronfolger Franz Ferdinand fällt in Sarajevo dem Attentat eines serbischen Nationalisten zum Opfer.

5./6. 7. Wilhelm II. stellt Österreich-Ungarn durch die Erklärung unbedingter Bündnistreue einen »Blankoscheck« für einen militärischen Konflikt mit Serbien aus.

25. 7. Nach einem unannehmbaren österreichisch-ungarischen Ultimatum ordnet Serbien die Mobilmachung an.

27. 7. Österreich-Ungarn erklärt Serbien den Krieg, um seine Position auf dem Balkan zu verteidigen.

30. 7. Das Russische Reich schreitet zur Gesamtmobilmachung.

31. 7. Wilhelm II. fordert Rußland ultimativ auf, die Mobilmachung zurückzuziehen.

1. 8. Frankreich macht um 16.30 Uhr mobil, das Deutsche Reich um 17 Uhr.

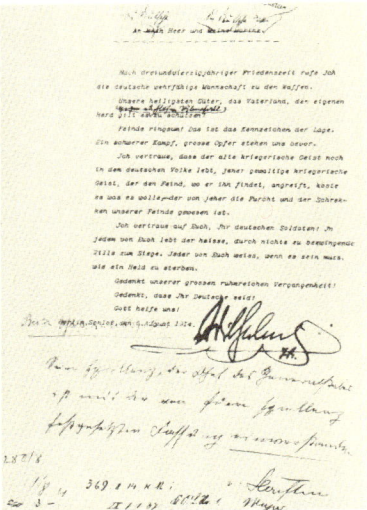

Appell von Wilhelm II. an »alten kriegerischen Geist« vom August 1914

Die Nachricht vom Kriegsausbruch verbreitet sich rasch, die Menschen sammeln sich vor den Plakaten und reißen sich um die Extrablätter. Junge Soldaten ziehen in den Krieg. An den Transportwaggons stehen Parolen wie: »In sechs Wochen sind wir wieder zurück. Lieb Vaterland magst ruhig sein, kein Franzose kommt über den Rhein.«

Die Vorahnung eines nahen Krieges hatte schon im Juli zu Hamsterkäufen von Lebensmitteln geführt, die Preissteigerungen zur Folge haben. Die ersten Vorsorgemaßnahmen werden getroffen; so erhalten z. B. mancherorts die Familien der einrückenden Bergleute von den Zechenverwaltungen einen Geldbetrag, u. a. werden sie bis Kriegsende von der Miete freigestellt.

In allen Revierstädten treibt es die Menschen am Tag der allgemeinen Mobilmachung auf die Straße wie hier vor dem Duisburger Stadttheater

Wucherpreise für Nahrungsmittel

August 1914. Nach der Mobilmachung kaufen Hausfrauen im Ruhrgebiet große Mengen an Lebensmitteln, um für bevorstehende Notzeiten gerüstet zu sein. Gefragt sind vor allem Graupen, Mehl, Kartoffeln und Fette. Aber auch hochwertige Nahrungs- und Genußmittel wie Zucker und Kaffee sind innerhalb weniger Tage in vielen Läden ausverkauft. Die Folge sind steigende Preise, vereinzelt werden Wucherpreise für Brot und Kartoffeln verlangt. Die städtischen Behörden erlassen Höchstpreisverordnungen für Grundnahrungsmittel und bewilligen Gelder für Volksküchen.

Kriegsangst führt zu Papiergeld-Panik

August 1914. Angesichts des Kriegsausbruchs verlieren die Menschen auch in den Städten des rheinisch-westfälischen Industriegebiets das Vertrauen zum Papiergeld. Es wird befürchtet, daß der Wert von Banknoten durch staatliche Überproduktion von Geld unter den aufgedruckten Wert fallen könnte. Gold- und Silbermünzen werden für wertbeständiger gehalten. Ein Sturm auf Banken und Sparkassen setzt ein. Auch in den Geschäften versuchen Kunden, sich Münzgeld zu verschaffen, indem sie kleine Einkäufe mit großen Geldscheinen bezahlen. Die Behörden verurteilen diese »unsinnige Geldpanik« und weisen darauf hin, daß die Währung in keiner Weise gefährdet sei.

Stadtverwaltungen sind unvorbereitet

September 1914. Die Verwaltungen der Städte stehen dem Ausbruch des Krieges weitgehend unvorbereitet gegenüber. So beschreibt der Hagener Oberbürgermeister Willi Cuno rückschauend: »Der Stadtverwaltung fehlte jede Einsicht über das, was zur Ernährung der Stadtbevölkerung nötig war und auf welchem Wege und durch wen es in die Stadt gelangte.« Eine angestrebte Zusammenarbeit mit dem Groß- und Einzelhandel scheitert, so Cuno, »an der Unfähigkeit der Geschäftswelt, die nur an die eigenen Interessen dachte«.

»Recklinghäuser Zeitung« vom 1. 8. 1914 mit der Bekanntgabe der allgemeinen Mobilmachung

Kindliche Neugier an den ausrückenden Soldaten – noch sind die Leiden des Krieges weit entfernt

Kriegsbegeisterung erfaßt das Ruhrgebiet

In den ersten Tagen und Wochen nach Kriegsausbruch erfaßt eine Woge nationalistischer Begeisterung auch den rheinisch-westfälischen Industriebezirk. Die »Recklinghäuser Zeitung« berichtet am 4. August über die Reaktionen der Menschen, die vor einem Schaukasten mit den Erfolgsmeldungen von der Front versammelt sind: »Stürmische Hochrufe auf Kaiser und Vaterland, begeisterte Hurras auf unsere wackeren Krieger brausten durch die Massen. In den Straßen herrschte wieder bis in die Nacht hinein bewegtes Leben.«
Der Andrang der Freiwilligen ist so groß, daß die Behörden zusätzliche Räume bereitstellen. Bereits nach wenigen Tagen ist der Bedarf an Freiwilligen gedeckt. Am Tag ihrer Einberufung ziehen die angehenden Soldaten in Scharen singend durch die Städte, begleitet von ihren Bräuten und Freundinnen. Der Abmarsch der Truppen wird von blumenschwenkenden Menschen bejubelt.
In den Schulen besprechen die Lehrer täglich die Zeitungsmeldungen von der Front und üben Kriegslieder wie »Fest steht die Wacht am Rhein« und »Ich hatt' einen Kameraden« ein. Die vaterländischen Frauenvereine sammeln Wolle, damit die Mädchen Socken für die Frontkämpfer stricken können, und die Schüler stellen kleine Päckchen für einrückende Soldaten zusammen.

2. Kompanie des Landwehr-Infanterie-Regiments 13 vor dem Kriegerdenkmal auf dem alten Markt in Unna kurz vor dem Abrücken

Kurzer Halt auf dem Weg zur Front

A. Schmidt vom Alten Verband

Krieg im Westen wird Stellungskrieg

1914. In der »Rheinisch-Westfälischen Zeitung« aus Essen werden die Anfangserfolge der deutschen Armee ausführlich gewürdigt, während Nachrichten von Niederlagen und Rückschlägen nicht veröffentlicht werden. Nach Ausbruch des Ersten Weltkriegs am 1. August nehmen die deutschen Truppen die Kampfhandlungen an zwei Fronten auf. An der Westfront marschieren sie in einer ausgreifenden Umfassungsbewegung durch belgisches Gebiet gegen Frankreich und dringen bis Anfang September weit auf französisches Territorium vor. In der Schlacht an der Marne vom 6. – 9. September bringen französische Truppen den deutschen Angriff zum Stehen. An diesem Frontabschnitt beginnt ein mehrjähriger Stellungskrieg mit großen Menschenverlusten und einem gewaltigen Einsatz von Kriegsmaterial. Nachdem der deutsche Angriff auf Frankreich gestoppt ist, rücken die deutschen Truppen gegen die belgische Stadt Antwerpen vor. Am 9. Oktober fällt die Stadt und sechs Tage später erreichen die deutschen Einheiten die belgische Küste bei Zeebrügge und Ostende. Die Gegenangriffe britischer und französischer Truppen führen auch in diesem Frontabschnitt zu einem Stellungskrieg, bei dem keine Seite durchgreifende Erfolge erzielen kann.

Auf dem osteuropäischen Kriegsschauplatz gelingt es den Truppen des Deutschen Reiches, die unter dem Kommando von General-Oberst Paul von Hindenburg kämpfen, Einheiten der russischen Armee in der Schlacht bei Tannenberg vom 26. – 30. August und in der Schlacht an den Masurischen Seen vom 6. – 15. September entscheidend zu schlagen. Im südlichen Abschnitt der Ostfront gelingt es den russischen Truppen, einen österreichischen Angriff auf Galizien und auf die Städte Lublin und Lemberg zu stoppen.

Großbritannien verhängt im November des Jahres eine Seeblockade über die Nordsee, um das Deutsche Reich von Importen über den Seeweg abzuschneiden.

Deutsche Infanterie-Einheit nach der Durchquerung Belgiens beim Vormarsch auf französisches Territorium Anfang September 1914

Kunstmäzen Osthaus verteidigt den Krieg

4. November 1914. In der »Rheinisch-Westfälischen Zeitung« erscheint ein offener Brief des Hagener Kunstmäzens Karl Ernst Osthaus an den belgischen Schriftsteller Maurice Maeterlinck (1862 – 1949). Osthaus antwortet darin auf die Vorwürfe, die Maeterlinck dem deutschen Volk als dem in seinen Augen Verantwortlichen für den Ausbruch des Krieges macht.

Mit polemischen Worten macht sich Osthaus zum Fürsprecher des Krieges, den er als Überlebenskampf der jungen deutschen Kultur sieht:

»Wir verleugnen den Militarismus nicht. . . . Mit reinen Händen haben wir zum Schwert gegriffen. . . . Blitz und Donner begleiten den Frühling, und Kriege sind die Gewitter der Geschichte. . . . Dichter sollten wissen, daß die menschliche Natur nie größer wächst als im Donner der Schlachten . . .

Begreifen Sie wirklich nicht, was sich in diesem Kampfe abspielt? Dort bedrohter Weltkram, weibisches Nichtvergessenkönnen und brutale Habgier – hier Verteidigung des Höchsten, was Menschen kennen, einer kaum geborenen, eben erst dem Lichte geschenkten Kultur.«

Schmerzen, Angst und Tod in der Schlacht von Longwy

Ein junger Soldat aus Essen, dessen Armee-Einheit am 22. August 1914 bei Longwy in Belgien gegen französische Truppen kämpfte, schreibt aus dem Lazarett einen Brief an seine Eltern:

»Reservelazarett Homburg in der Pfalz, den 24. August 1914.
Meine lieben Eltern!
Heiß war der Tag und blutig die Schlacht . . . Um 1 Uhr mittags kam unser Bataillon ins Gefecht. Die Franzosen waren an einem kleinen Dorf etwa 800 Meter uns gegenüber. Wir gingen vor und schlugen die Franzosen zurück. Jetzt standen wir zirka 600 Meter vor dem Feinde: da bekam ich einen Schuß durch den Tornister, welcher mich aber nicht verletzte . . . 500 Meter vor dem Feinde bekam ich einen Schrapnellschuß in den linken Unterkiefer. Ich blieb noch eine Viertelstunde liegen, da bekam ich einen Streifschuß am Arm, welcher mich nicht verletzte, sondern nur

Rast der deutschen Infanterie in einem Straßengraben bei Paris

meinen Rockärmel zerriß. Kurz darauf bekam ich eine Schrapnellkugel in das linke Kniegelenk . . . Noch kurze Zeit blieb ich liegen, dann schleppte mich zurück, denn ich lag dauernd im größten Artilleriefeuer. Nun kam ich an einen Platz, wo ich glaubte geschützt zu liegen, aber ich lag noch keine fünf Minuten . . . und ich war wieder im . . . Artilleriefeuer. Nun wich ich links aus und kam nach einer halben Stunde mühsamen Kriechens am Verbandsplatz an. Hier bekam ich an meinen beiden Verwundungen je einen Notverband. In der Nacht wurde ich mit anderen Verwundeten auf deutschen Boden, nach Deutschoth, gebracht. Hier blieben wir bis Sonntag mittag. Dann wurden wir nach hier gebracht, wo wir heute früh angekommen sind. Morgen werden mir die . . . Kugeln herausgenommen. Vorher wird eine Röntgenaufnahme gemacht, damit man sieht, wo die Kugeln sitzen.

Gehen kann ich vorläufig nicht, denn ich habe zuviel Schmerzen. Essen kann ich auch nur Suppen und Milch, weil ich den Mund nicht aufmachen kann . . . Es war die größte Schlacht, die bisher gewesen ist . . . Von unserem Regiment werden nur noch sehr, sehr wenige heil davon gekommen sein. Es kam dadurch, daß wir dauernd im Artilleriefeuer lagen . . . Es war ein schreckliches Jammern und Stöhnen der Verwundeten auf dem Schlachtfelde. Einem Offizier waren beide Arme und Beine durch eine Granate abgerissen worden. Er flehte einen Unteroffizier an, der neben ihm auch verwundet lag, er möchte ihn erschießen, was dieser aber selbstverständlich nicht tat. . . . Aber die Hauptsache ist, daß wir gesiegt haben . . . Mit herzlichen Grüßen und Küssen verbleibe ich
Euer Sohn.«

1914

Kanonenwerkstatt der Kruppschen Gußstahlfabrik in Essen (Gemälde von O. Bollhagen)

Rüstungsindustrie macht Gewinne

1914. Die Produktion in den Unternehmen des Bergbaus und der Stahlindustrie fällt unmittelbar nach dem Ausbruch des Krieges stark ab. So verzeichnet das Rheinisch-Westfälische Kohlensyndikat im August nur noch 33,35% der Vormonatsförderung, die großen Stahlwerke kommen in diesem Monat nur auf 30% und der Roheisenverband sogar nur auf 22% der Juliproduktion. Dieser Trend setzt sich auch im folgenden Jahr fort, und erst 1916 steigen die Produktionsziffern wieder an. So werden im Ruhrgebiet 1914 rund 98 Mio t Kohle gefördert, 1915 sind es 86 Mio t und 1916 94 Mio t. Eine ähnliche Entwicklung nimmt die Roheisenerzeugung, die 1914 auf 6,6 Mio t fällt, 1915 auf 5,1 Mio t und 1916 auf 5,7 Mio t ansteigt. Dieser Rückgang der Produktionszahlen auf durchschnittlich ein Drittel der Vorkriegswerte hat verschiedene Gründe:

▷ 40 bis 50% der Belegschaften aus den Ruhrunternehmen werden zu Beginn des Krieges zum Militärdienst eingezogen
▷ Da alle zur Verfügung stehenden Eisenbahnwaggons für Truppen-, Waffen- und Materialtransporte zu den verschiedenen Frontabschnitten benötigt werden, stehen der Industrie kaum Transportmöglichkeiten für Rohstoffanlieferung und Warenauslieferung zur Verfügung
▷ Durch die von der Reichsregierung verhängte generelle Ausfuhrsperre in den ersten Kriegswochen und den Seekrieg mit Großbritannien sind die internationalen Handelsmöglichkeiten stark eingeschränkt.

Trotz dieser Einschränkungen können die Unternehmen der deutschen Schwerindustrie hohe Gewinne erzielen. Die 16 wichtigsten Stahl- und gemischten Montanunternehmen, von denen ein großer Teil im Ruhrgebiet ansässig ist, können in den Jahren 1914 bis 1917 einen Reingewinn von 285 Mio Mark verbuchen. Die Essener Krupp-Werke steigern in den Kriegsjahren ihren Umsatz von 516 Mio auf 1,5 Mrd Mark, wobei der Anteil der Rüstungsgüter von 241 Mio auf 900 Mio Mark anwächst. Diese hohen Umsätze und Gewinne trotz sinkender Produktion erzielen die Unternehmen durch drastische Preiserhöhungen. Dem Mangel an Arbeitskräften begegnet die Reichsregierung durch die Bereitstellung von Kriegsgefangenen und Zivilinternierten (→ 1915).

Vereinzelte Proteste gegen Kriegspolitik

Juli 1914. Nachdem der Vorstand der SPD am 25. Juli zu Massenversammlungen gegen die drohende Kriegsgefahr aufgerufen hat, kommt es in mehreren Ruhrgebietsstädten zu Antikriegskundgebungen. In Essen protestieren etwa 2000 sozialdemokratische Arbeiter gegen die Politik der österreichisch-ungarischen Regierung. In Duisburg folgen etwa 4000 Menschen dem Aufruf der Sozialdemokratie. Dem großen Protestmarsch durch die Duisburger Innenstadt schließen sich vornehmlich Arbeiter und Jugendliche an.
Bis zur Kriegserklärung an Rußland durch die deutsche Reichsleitung am 1. August 1914 bleibt es jedoch bei vereinzelten Aktionen gegen den Krieg. Die an Massenhysterie grenzende Kriegsbegeisterung der Julitage erfaßt auch weite Teile der sozialdemokratischen Arbeiterschaft. Unter dem Einfluß der Kriegspropaganda in der Presse wird der Krieg gegen Rußland von der Mehrheit der Bevölkerung als ein Verteidigungskampf gegen das despotische System des Zarismus empfunden.
Am 4. August 1914 stimmt die sozialdemokratische Reichstagsfraktion den Kriegskrediten zu. Motive für diesen Kurswechsel sind zum einen die Furcht vor einer Zerschlagung der Partei bei mangelndem politischen Wohlverhalten, zum anderen die Hoffnung, von der Reichsregierung für ihre vaterländische Gesinnung mit der offiziellen Anerkennung als Vertreter der Arbeiterschaft belohnt zu werden.

Kriegsrecht engt Pressefreiheit ein

1914. Mit der Ausrufung des Kriegszustands im Deutschen Reich (→ 1.8.1914) setzen die Militärbehörden auch das Recht auf ungehinderte Meinungsfreiheit (Art. 27 der Preußischen Verfassung) außer Kraft. Vor allem die politische Presse der Sozialdemokratie hat mit den erlassenen Zensurbestimmungen zu kämpfen.
So erhält der Duisburger Redakteur Carl Minster die Genehmigung zur Herausgabe eines »Mitteilungsblattes des Sozialdemokratischen Vereins« nur unter Verhängung der Vorzensur. Verstöße können ein Erscheinungsverbot nach sich ziehen.

Theater wird zum Spiegel des Krieges

10. Oktober 1914. Ein Kommentar in der »Rheinisch-Westfälischen Zeitung« zur Aufführung der Oper »Rheingold« von Richard Wagner im Essener Stadttheater illustriert die Rolle der Kunst im Krieg:
»Den Gegensatz zwischen Schwarzalben und Lichtalben dieser heroischen Welt, die im Kampfe miteinander liegen, finden wir ihn nicht wieder in dem Ringen zwischen den dumpf andrängenden Barbarenhorden und dem in edler Hingebung an seine Muttererde sich stolz verteidigenden Germanentum? ... Wir werden einziehen in die Halle des Sieges, wie die Götter in Walhall.«

In den Kindertagen der Luftfahrt sind Flugwochen in allen Revierstädten beliebte Freizeitvergnügungen

Tollkühne Flieger in Gelsenkirchen

12. Juli 1914. Auf dem Flugplatz in (Gelsenkirchen-)Rotthausen beginnt die Flugschau »Industriegebiet 1914«. Eröffnet wird die Veranstaltung mit der Vorführung von militärischen Aufklärungsflügen und anderen Manövern für den Kriegsfall. Es folgen Flugzeugrennen auf Überlandstrecken nach Duisburg und Gelsenkirchen. Überdies werden Rundflüge mit Passagieren angeboten. Mutige Zuschauer können sich den Flugzeugführern und ihren Maschinen anvertrauen. Bei dieser Gelegenheit erreicht erstmals eine deutsche Frau mit einem Flugzeug die beachtliche Höhe von 3750 m.

1914

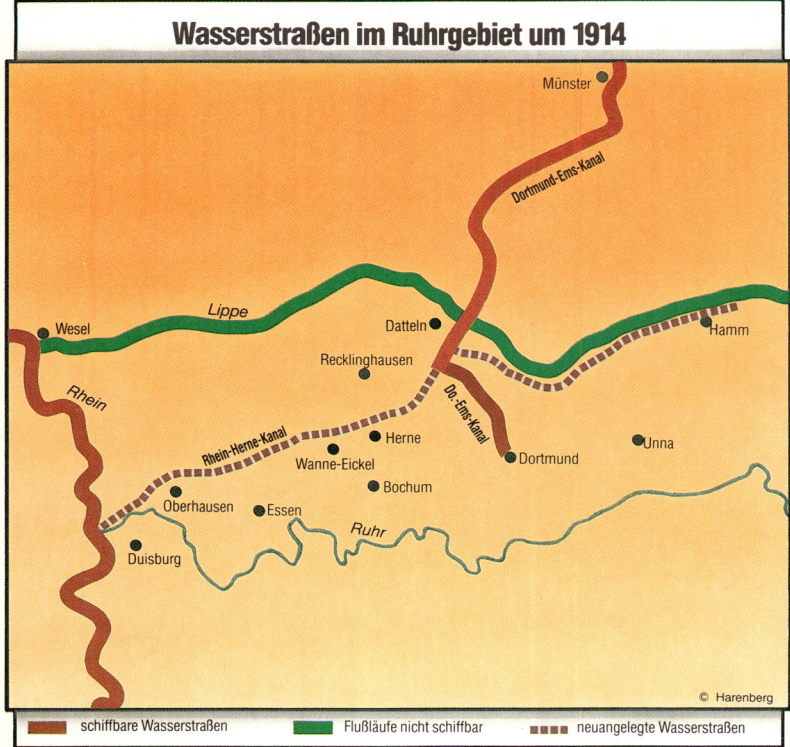

Neue Kanäle im Revier

1. Dezember 1914. Das letzte Teilstück des Rhein-Herne-Kanals wird dem Verkehr übergeben. Der künstliche Schiffahrtsweg zweigt beim Ruhrorter Hafen vom Rhein ab und zieht mit seiner 45,6 km langen Fahrrinne im Norden an Oberhausen, Altenessen und Gelsenkirchen vorbei nach Herne, um von dort in den 1899 fertiggestellten Dortmund-Ems-Kanal (→ 11. 8. 1899) überzuleiten. In weiten Strecken folgt der Kanal dem Lauf der Emscher. Den Aufstieg vom Mittelwasser des Rheins bei Ruhrort von 22,65 m auf 56 m überwindet die Schiffahrt mit Hilfe von sieben Schleusen. Bei einer Tiefe von 3,5 m und einer Breite der Sohle von 15 m ist der Kanal für Schiffe bis zu 1000 t Gewicht befahrbar.

Der Rhein-Herne-Kanal ist vorwiegend ein Schiffahrtsweg für Kohletransporte und besitzt in dieser Funktion die Bedeutung der verkehrsreichsten künstlichen Wasserstraße Europas. Eine Vielzahl von Kohlenzechen und Industriehäfen reihen sich an beiden Ufern. Die Häfen, unter ihnen ist der Wanner Hafen bei Herne der größte, sind meist im Besitz industrieller Unternehmen, die sich aufgrund der guten Schiffahrtsverbindung zur Nordsee, nach Süddeutschland und Holland im Herzen des Kohlenreviers ansiedeln. Unter diesen stellen namentlich die Zechen den größten Teil.

Im Jahr der Fertigstellung des Rhein-Herne-Kanals wird auch das erste Teilstück des Lippe-Seiten-Kanals, der sog. Datteln-Hamm-Kanal, für die Schiffahrt freigegeben. Er durchquert schleusenfrei den östlichen Teil des Ruhrgebiets. In der Höhe von Datteln zweigt er vom Dortmund-Ems-Kanal ab und zieht sich südlich der Lippe bis Hamm.

Schleppdampfer-Kapitän mit seiner Frau an Bord seines Schiffes

1915

Januar. In den Geschäften der Revierstädte wird Kriegsbrot verkauft, das mit Kartoffelzusatz gebacken ist.

13. 2. Der Ausschank von Trinkbranntwein an Sonn- und Feiertagen sowie den darauffolgenden Werktagen wird verboten.

19. 2. Der Verein für die bergbaulichen Interessen verfaßt eine Denkschrift mit Vorschlägen zur Aufrechterhaltung der Kohleförderung. →

13. 3. In Duisburg werden erstmals Brotkarten ausgegeben. →

April. Deutsche Firmen unter Führung der Dortmunder Union-Werke vollenden im Zusammenhang mit dem Bau der Bagdadbahn die Arbeit an der 800 m langen Euphrat-Brücke bei Dscherablus.

30. 6. Schulrektoren rufen Eltern dazu auf, ihre Kinder in Anbetracht der hohen Schuhpreise barfuß zur Schule zu schicken.

August. In (Duisburg-)Hamborn demonstrieren mehrere hundert Frauen für die Heraufsetzung der Kriegsunterstützung.

4. 9. Die Regierung in Arnsberg erläßt eine Verordnung über die Behandlung des Krieges in den Schulen ihres Bezirks. →

11. 11. Die Bochum-Gelsenkirchener Straßenbahnen AG gibt einen Rückgang der Fahrgastzahlen bekannt. →

23. 12. Der Reichstagsabgeordnete Matthias Erzberger (Zentrum) wird in den Grubenvorstand der Gewerkschaft Deutscher Kaiser gewählt. →

1915. Führende Industrielle aus dem Ruhrgebiet fordern in Denkschriften die Annexion der französischen und belgischen Industriegebiete. →

1915. In der Rüstungsindustrie im Ruhrgebiet beschäftigte Arbeiter halten ihre Eindrücke in Autobiographien fest. →

1915. Auf dem Bochumer Bahnhof treffen Züge mit Verwundeten für dortige Reservelazarette ein. →

1915. Auf dem Neumarkt in Gelsenkirchen wird das sog. »Schwert von Gelsenkirchen« errichtet. →

1915. Zahlreiche Jugendliche aus dem Ruhrgebiet werden in Jugendwehren vormilitärisch ausgebildet. →

1915. Bredeney, Haarzopf, Borbeck, Altenessen, Frintrop und Dellwig werden nach Essen eingemeindet.

GEBOREN:

23. 2. Recklinghausen: Heinrich Schirmbeck, Schriftsteller.

4. 9. Duisburg: Rudolf Schock († 13. 11. 1986, Düren-Gürzenich), Opern- und Liedersänger.

Sammelaktionen und Liebesgaben im Krieg

1915. Am Neumarkt in Gelsenkirchen wird das sog. »Schwert von Gelsenkirchen« aufgestellt. Ein 2,5 m hohes Holzschwert, das mit Nägeln zu unterschiedlichen Preisen benagelt werden kann. Ganze Vereine und Schulklassen leisten durch das Einschlagen von Nägeln eine Spende für den »Kriegerdank«. Die Behörden finanzieren damit Kriegs- und Kriegsfolgekosten. Solche Aktionen wie z. B. der »Bochumer Schmied« und der Dortmunder »Eiserne Reinoldus« finden in vielen Städten des Reviers statt.

Zur Unterstützung der Frontsoldaten, Kriegsgefangenen, Kriegsbeschädigten und anderer Gruppen wird immer wieder zur Sammlung von »Liebesgaben« aufgerufen. So schicken die Bochumer in diesem Jahr 5300 Weihnachtspakete an Verwundete in Frontlazaretten.

Halle mit dem 2,5 m hohen »Schwert von Gelsenkirchen« am Neumarkt

Dortmunder Nagelfigur des »Eisernen Reinoldus« im Ersten Weltkrieg

Brot und Lebensmittel nur auf Karten

13. März 1915. In Duisburg werden erstmals Brotkarten ausgegeben. Die Rationierungskarten werden nach einer vom Deutschen Reich erlassenen Bewirtschaftungsordnung im gesamten Ruhrgebiet eingeführt.

Ein Berichterstatter in Duisburg schreibt über den ersten Ausgabetag: »Der Wunsch, die ersten am Brotkorb (nicht etwa Schützengraben!) zu sein, verleitete gar manche Duisburger, sich mit kräftigen Ellbogen in den riesigen Schwarm der Brotempfänger zu stürzen und daselbst noch heillosere Verwirrung anzurichten, als stellenweise ohnehin schon herrschte. Verschiedene Dutzend zerbrochener Schirme, eine Anzahl früher einmal schön gewesener Damenhüte usw. bedeckten nach dem Kampf das Schlachtfeld.« Die Ausgabe von Bezugskarten zur Versorgung der Bevölkerung mit knappen Gütern gehört bald zum alltäglichen Leben: Die Abgabemengen für Butter und Fette, Eier, Milch, Fleisch, Zucker, Kartoffeln sowie Obst und Gemüse werden von der Verwaltung wöchentlich neu festgelegt und in den Zeitungen veröffentlicht. Auch Kohlen, Seife und andere Waren werden bewirtschaftet und je nach Vorrat verteilt.

Während die anderen Lebensmittel noch ausreichend vorhanden sind, stehen für die Brotherstellung nur geringe Mengen Mehl zur Verfügung; besonders Ende 1915 wird es knapp, als die Heeresleitung das gesamte Eisenbahnnetz für Truppentransporte benötigt und Lieferungen ausbleiben. In dieser Zeit wird ein Backverbot für Brötchen und Torten erlassen, um die Versorgung mit Brot sicherzustellen. Die Grundabgabemenge beträgt 3,5 Pfd., wobei Arbeiter je nach Tätigkeit eine Zulage von 1 bis 5 Pfd. erhalten. Der Wochenzettel für eine Person sieht etwa so aus: 3,5 Pfd. Brot, 9 Pfd. Kartoffeln, 70 g Butter, 100 g Margarine oder Fett und 200 g Zucker.

Reichsfleischkarte aus Castrop; Karten für verschiedene Lebensmittel werden auch noch lange nach Beendigung des Ersten Weltkriegs ausgegeben

Lebensunterhalt für Kriegerfamilien

August 1915. Der an Kriegsteilnehmer bzw. ihre Familien ausgezahlte Sold reicht oft nicht, um den Lebensunterhalt von Frauen und Kindern zu sichern. Im Sommer demonstrieren Hunderte Frauen in (Duisburg-)Hamborn für eine Erhöhung der Kriegsunterstützung.

Die Frau eines Kriegsteilnehmers mit vier Kindern erhält eine staatliche Unterstützung von 63 Mark monatlich. Die Grundkosten für Miete, Ernährung und Haushalt sind damit kaum gedeckt. In vielen Betrieben werden private Hilfsaktionen organisiert. Die Bergleute der Thyssen-Zechen spenden etwa 4% ihrer Löhne an Familien der zur Front einberufenen Kollegen.

Die Ruhrgebietsstädte bewilligen zusätzliche Mittel für bedürftige Familien, die über das Deutsche Rote Kreuz und die Volksküchen in Form von Geld- und Sachspenden verteilt werden. Städtische Arbeiter und Angestellte erhalten überdies während der Dauer ihres Kriegseinsatzes 25–50% ihres bisherigen Gehalts.

Propaganda in der Schule

4. September 1915. Wie auch andere staatliche Einrichtungen soll die Schule mitwirken am patriotischen Propagandafeldzug für den Krieg. In einem Erlaß der Königlichen Regierung in Arnsberg werden die Lehrer eingehend über die Behandlung des Krieges in den sog. Schulchroniken unterrichtet.

Die Schulchronik soll neben dem Engagement von Lehrern und Schülern an der »Heimatfront« die Auswirkungen des Krieges in den Orten des Regierungsbezirks und die Einstellung der Bevölkerung zur »vaterländischen« Sache dokumentieren. In ihr werden Zahlen über Eingezogene und Gefallene, wirtschaftliche Auswirkungen des Krieges, behördliche Maßnahmen, Beteiligung der Einwohner an der Kriegswohlfahrtspflege u. a. m. festgehalten.

Unterrichtsthemen sind die patriotische Erläuterung von Schlachtplänen und ein Geschichtsunterricht im Geiste der Nation. Beim Eintreffen von Siegesnachrichten wird anstelle des Unterrichts eine Feier angeordnet. Die Schüler sollen Lebensmittel, Textilien, Rohstoffe u. a. zur Versorgung der Bevölkerung und des Heeres sammeln.

Die Aufrechterhaltung des Schulbetriebs ist schwierig, da viele Lehrer einberufen werden. Stunden werden gestrichen, Klassen zusammengelegt und zur Aushilfe Frauen als Lehrerinnen herangezogen.

Generalfeldmarschall Paul von Hindenburg vor einer Oberschüler-Front

Wehrertüchtigung für Schulkinder

1915. Die seit Beginn des Krieges eingerichtete Jugendwehr ist eine Organisation zur Wehrertüchtigung von Schulkindern. Nur die Jungen nehmen an dieser vormilitärischen Erziehung teil und werden dazu von ihren Lehrern angehalten.

Die Jugendwehr trägt eine Uniform, was auf die Kinder einen besonderen Reiz ausübt: »Hast Du keinen Anzug mehr, gehst Du hin zur Jugendwehr, denn die schöne Uniform, die schützt Dich vor Kält' und Sturm.« Die Vorbereitung auf den späteren Militärdienst wird durch kriegsbezogenen Unterricht ergänzt. In der Turnstunde exerzieren die Schüler, in anderen Fächern lernen sie das Schätzen und Messen von Entfernungen, Größen, Richtungen und Mengen. Sie üben, sich mit Hilfe von Karten, Instrumenten und Merkzeichen im Gelände zurechtzufinden.

Schuljunge in der begehrten Uniform der Jugendwehr (M.)

Teil der Jugendwehr-Ausbildung sind Übungen im Gelände

Reservelazarette in Ruhrgebietsstädten

1915. Auf den Bochumer Bahnhöfen kommen insgesamt 1639 verwundete Soldaten an. Teile der Krankenhäuser und andere Einrichtungen im Raum Bochum sind als Lazarette eingerichtet. Während des Krieges treffen regelmäßig Züge mit Verwundeten ein, die in den Frontlazaretten nicht mehr untergebracht werden können.

Das Bochumer Reservelazarett hat fünf Hauptabteilungen mit Betten in Krankenhäusern und im Schützenhof sowie Einrichtungen in den umliegenden Gemeinden. Die Belegungskapazität von 2500 Verletzten wird in den letzten Jahren des Ersten Weltkriegs häufig erreicht.

In Bochum werden nicht nur Verletzte gepflegt; auf dem Schützenhof, einer Lazarettwerkstatt, erlernen Versehrte einen neuen Beruf. Reservelazarette sind in mehreren Ruhrgebietsstädten eingerichtet, so dient z. B. auch das Bootshaus der Villa Hügel in Essen der Unterbringung verletzter Soldaten, oft stehen die Betten jedoch auch in Turnhallen oder Sälen von Gaststätten.

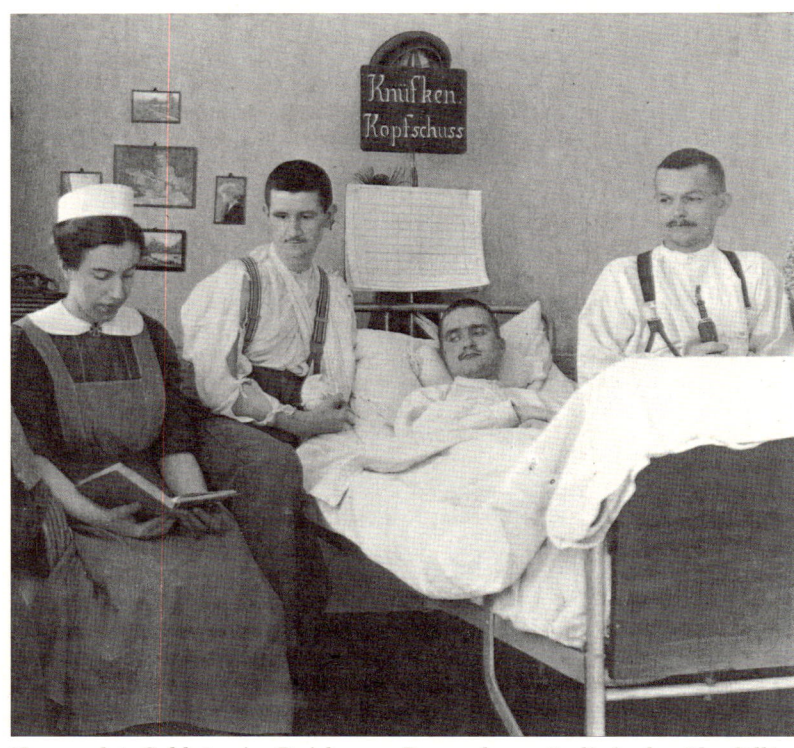

Verwundete Soldaten im Duisburger Reservelazarett, die in den überfüllten Feldlazaretten im Etappengebiet nicht versorgt werden konnten

Ruhrbergbau bittet um Kriegsgefangene

19. Februar 1915. Die im Bergbaulichen Verein (→ 17. 12. 1858) zusammengeschlossenen Ruhrindustriellen schlagen in einer Denkschrift an die Oberste Heeresleitung Maßnahmen zur Steigerung der Kohleproduktion vor. Es sollen keine weiteren Bergleute zum Kriegsdienst eingezogen werden. Darüber hinaus wollen die Zechenbesitzer Kriegsgefangene in den Gruben einsetzen. Ab März arbeiten 1600 französische Gefangene, meist gelernte Bergleute, im Ruhrbergbau und werden für ihre geleistete Arbeit bezahlt.

Seit Kriegsbeginn wurden 28% der Zechenbelegschaften zum Militär einberufen. Gleichzeitig erhöhte sich der Bedarf an Kohle und Kokereierzeugnissen. Ohne Importe aus England und Frankreich ist die deutsche Kriegsindustrie auf die nationale Produktion von Benzol, Teeröl und Schmieröl aus Kohle angewiesen. Die einzige Möglichkeit, die Fördermengen zu steigern, sehen die Unternehmer im Einsatz französischer Kriegsgefangener.

Fahrgastverluste zu Kriegsbeginn

11. November 1915. Einen Rückgang der Fahrgastzahlen vermelden die Bochum-Gelsenkirchener Straßenbahnenbetriebe (Bogestra AG). Während die Verkehrsbetriebe zu Kriegsbeginn 1914 (→ 1. 8. 1914) noch 25,4 Mio beförderte Personen zählten, werden im zweiten Kriegsjahr nur rund 24 Mio Fahrgäste ermittelt. Erhebliche Beeinträchtigungen des geordneten Fahrbetriebs, verursacht durch das Fehlen zum Krieg einberufener Schaffner und Fahrer, tragen die Hauptschuld an den Einnahmeverlusten im Nahverkehr. Insgesamt werden etwa 70% des Betriebspersonals zum Kriegsdienst eingezogen.

Erst die Schulung und Einstellung von Frauen als Wagenführerinnen und Schaffnerinnen kann 1916 die entstandene Situation verbessern (→ 1916). Mit ihrer Hilfe werden im Jahr 1917 die Zahlen der ersten Kriegsjahre mit 45,9 Mio Fahrgästen sogar weit überschritten. Vor allem die »Hamsterfahrten« der notleidenden Bevölkerung lassen 1918 die Zahl der Fahrgäste auf fast 50 Mio Personen anwachsen.

Lazarettwerkstatt für Kriegsversehrte

In der Bochumer Lazarettwerkstatt werden Kriegsverwundete zu verschiedenen Tätigkeiten ausgebildet; die Einrichtung verfügt u. a. über Korbmacher-, Schlosser- und Elektrowerkstätten.

Entsprechend ihren Verwundungen werden die ehemaligen Soldaten vom Arzt zu bestimmten Tätigkeiten zugelassen, die zu dem Bereich gehören sollen, in dem sie vor dem Krieg gearbeitet haben. So werden ehemalige Metallarbeiter in der Schlosserei und gelernte Elektromonteure in der Elektrowerkstatt eingesetzt, falls ihre Verwundungen es zulassen. Andere Lazarette richten für die Kriegsgeschädigten Schulen ein, in denen meist kaufmännische Kenntnisse vermittelt werden. Die meisten Kriegsinvaliden müssen jedoch nach ihrer Entlassung aus dem Lazarett Gelegenheitsarbeiten annehmen, oder sie werden Leierkastenmänner, da die Invaliditätsrenten nicht zum Leben reichen.

Schreinerei der Bochumer Lazarettwerkstatt, wo z. B. auch beinamputierte Soldaten ausgebildet werden

Eine Verwundetenschule ermöglicht die kaufmännische Ausbildung kriegsversehrter Soldaten in Duisburg

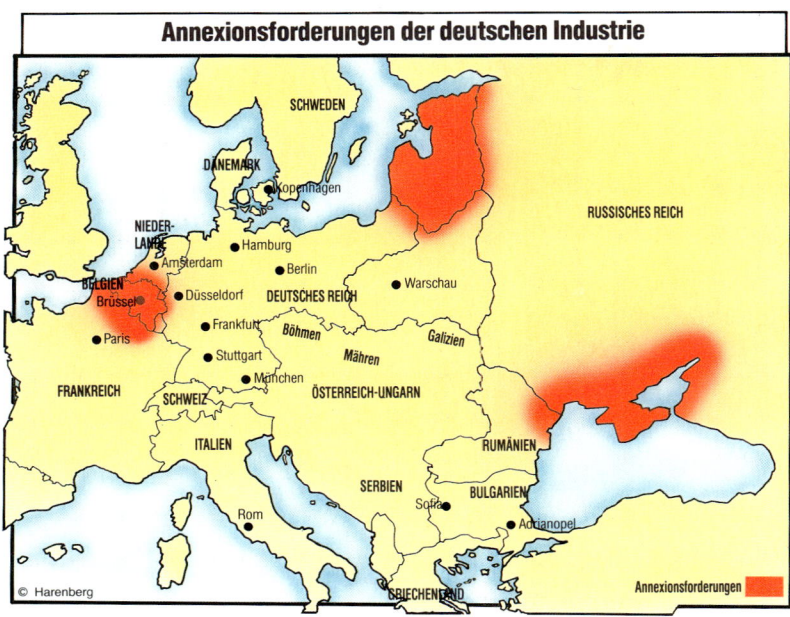

Annexionsforderungen der deutschen Industrie

Industrie für Annexionen

1915. Vertreter der deutschen Schwerindustrie fordern in Eingaben an die Reichsregierung die Inbesitznahme belgischer und nordfranzösischer Industriegebiete. Ihrer Auffassung nach ist eine Weltmachtstellung für das Deutsche Reich nur durch die Sicherung der Rohstoffbasis für die deutsche Schwerindustrie zu erreichen.

August Thyssen hatte als einer der ersten Ruhrgebietsindustriellen schon 1914 in einer Denkschrift verlangt, nach einem siegreichen Ende des Krieges dem Deutschen Reich das Erzbecken von Longwy-Briey in Frankreich und Teile der französischen Kanalküste sowie ganz Belgien einzuverleiben. Darüber hinaus forderte er die Inbesitznahme der baltischen Provinzen, der russischen Halbinsel Krim und des Kaukasus, da sich hier reiche Erz- und Manganfelder befinden. Er regte an, die vereinnahmten Erzvorkommen und Hüttenwerke unter der deutschen Eisenindustrie aufzuteilen.

Hintergrund dieser Forderungen ist die Abhängigkeit der deutschen Schwerindustrie von Erzimporten, da es im Deutschen Reich nur geringe und meist minderwertige Eisenerzvorkommen gibt. Diese Abhängigkeit vor allem von französischen Lieferungen war nach Beginn des Krieges deutlich geworden, als die französische Regierung den ausgedehnten deutschen Industrie- und Erzfelderbesitz auf ihrem Territorium beschlagnahmt hatte.

Schlechtes Arbeiten in Rüstungsfirmen

1915. Die Rüstungsproduktion in den Industriebetrieben des Ruhrgebiets läuft auf vollen Touren.

Arbeiter schildern in Autobiographien die schlechten Arbeitsbedingungen. Adam Scharrer, der bei Krupp in Essen an einer Riesendrehbank Kurbelwellen herstellt, klagt über die ungenügende Sicherheit: »Hier kann man auch den Heldentod fürs Vaterland sterben.«

Das Lohnniveau ist, wie in einer Hammer Fabrik, gering. Zu wirkungsvollen Protesten der Arbeiter kann es dort nicht kommen, da die Belegschaft alle 14 Tage wechselt.

Thyssen-Vertreter Matthias Erzberger

23. Dezember 1915. Der Reichstagsabgeordnete der Zentrumspartei Matthias Erzberger wird in den Grubenvorstand der Duisburger Gewerkschaft Deutscher Kaiser gewählt. Wegen seiner guten Kenntnisse und Verbindungen ist es Erzbergers Aufgabe, das Unternehmen zu beraten und zu vertreten. Matthias Erzberger, der zwei Jahre später den Thyssen-Konzern verläßt, unterzeichnet 1918 das Waffenstillstandsabkommen mit den alliierten Siegermächten des Ersten Weltkriegs und wird 1921 von Rechtsradikalen erschossen.

1916

1. 2. Der allgemeine Kriegsausschuß von Bochum bewilligt 2000 Mark für eine fahrbare Bücherei, die für die Soldaten an der Front zusammengestellt werden soll. →

25. 2. Die Stadt Bochum beschließt den Bau eines Ehrenfriedhofes. →

1. 3. Die Westfälische Lebensmittelversorgungsgesellschaft wird gegründet. →

11. 3. Goldankaufstellen in den Ruhrgebietsstädten sammeln Wertgegenstände zur Finanzierung von Kriegskosten. →

1. 5. Carl Minster gibt in Duisburg das »Mitteilungsblatt des Sozialdemokratischen Vereins Duisburg« (später »Der Kampf«) heraus.

3. 7. Mülheim und Essen betreiben den ersten städteverbindenden Straßenbahnverkehr. →

7. 7. Auf der Zeche Neu-Cöln in Essen-Borbeck bricht wegen der schlechten Lebensmittelversorgung ein Streik aus.

August/Oktober. In Dortmund und Recklinghausen finden Demonstrationen statt, mit denen Arbeiter auf ihre schlechte Lohn- und Lebensmittellage hinweisen wollen.

20. 8. In Bottrop wird das Operettentheater Königsfeld eröffnet. Auch in anderen Revierstädten besteht ein Bedürfnis nach leichter Unterhaltung. →

24. 9. Essen ist erstmals das Ziel von Luftangriffen. →

13. 10. Unna wird Garnison für das Ersatzbataillon des Reserve-Infanterie-Regiments Nr. 15. →

2. 12. Im Rahmen des sog. Hindenburgprogramms zur Steigerung der Rüstungsproduktion wird ein Gesetz über den Vaterländischen Hilfsdienst verabschiedet. →

21. 12. In Bochum wird die Bochumer Heimstätten GmbH gegründet.

Winter. Neben Lebensmitteln fehlen im Ruhrgebiet Seife, Petroleum und Brennspiritus.

1916. In den Ruhrgebietsstädten werden Kriegsküchen eingerichtet, in denen von ehrenamtlichen Helferinnen Essen ausgegeben wird. →

1916. Evangelische wie katholische Gottesdienste im Ruhrgebiet sind gut besucht. →

1916. Der Bochumer Verein für Bergbau und Gußstahlfabrikation erhöht seine Dividende auf 25% (1910: 10%).

1916. Frauen werden im Ruhrgebiet verstärkt in Industrie- und Bergbaubetrieben eingesetzt. →

1916. Die Eisenwarenfabrik Künstler & Co. errichtet ein Werk an der Schäferkampstraße in Holzwickede.

Straßenbahnen im Städteverbund

3. Juli 1916. Zwischen den Stadtzentren von Essen und Mülheim verkehrt erstmalig die Straßenbahnlinie 18. Trotz erheblicher Beeinträchtigung des geordneten Fahrbetriebs durch die Kriegswirren entschließen sich die Verkehrsbetriebe beider Städte zur Einrichtung des ersten Verkehrsverbunds im Ruhrgebiet. Die dazu notwendigen Fahrzeuge werden von beiden Betriebsgesellschaften gestellt.

Nach einem deutlichen Rückgang der Fahrgastzahlen zu Beginn des Ersten Weltkriegs wurden zunächst viele Straßenbahnverbindungen stillgelegt. Aber schon im zweiten Kriegsjahr 1915 konnte der wieder

Straßenbahn der Linie 18, der ersten Verbindung im Nahverkehr zwischen Essen und Mülheim

gestiegene Verkehrsbedarf nur durch die Einrichtung neuer Linien befriedigt werden. Bedeutung gewann dabei zunehmend der Verkehr von Stadt zu Stadt.

Mit der Einführung eines Gemeinschaftsverkehrs Essener und Mülheimer Straßenbahnen im Juli 1916 endet für viele Fahrgäste dieser Linie nicht nur das umständliche Umsteigen an den bisherigen Endstationen; auch der gelöste Fahrschein behält auf dem anderen Stadtgebiet seine Gültigkeit. Die Attraktivität des Verkehrsverbunds führt bald zu seiner Ausweitung. Im September 1921 wird eine Straßenbahnlinie von Gladbeck über Horst nach Essen eingerichtet, ab 1924 die Verbindung Essen – Oberhausen.

Frauenarbeit in Bergbau und Industrie

1916. Nach der Einberufung vieler männlicher Arbeiter zum Kriegsdienst und der Rückkehr ausländischer Arbeitnehmer in ihre Heimatländer herrscht in den meisten Wirtschaftsbereichen ein akuter Arbeitskräftemangel. Die verwaisten Arbeitsplätze der männlichen, an die Front eingezogenen Arbeiter werden von Frauen und Jugendlichen unter 16 Jahren eingenommen. Nach der Aufhebung fast sämtlicher Arbeitsschutzbestimmungen finden diese vor allem in der Rüstungsindustrie und in den Bergbaubetrieben Arbeitsmöglichkeiten. Aber auch Dienstleistungsbetriebe wie Post und Verkehrsgesellschaften sind auf den Arbeitseinsatz von Frauen als Bedienstete angewiesen, um den Betrieb wenigstens einigermaßen aufrechterhalten zu können. Ende 1916 sind auf der August Thyssen-Hütte in (Duisburg-)Bruckhausen von insgesamt 8700 Beschäftigten rund 1500 Frauen. Auf der Friedrich-Alfred-Hütte in (Duisburg-)Rheinhausen arbeiten zu Beginn des gleichen Jahres 825 weibliche Arbeitskräfte; deren Zahl steigt bis zum Ende des Jahres auf 1919 an.

Für die Arbeit im Bergbau werden die Arbeitnehmerinnen oft von Steigern persönlich angeworben. Auf der Zeche Graf Schwerin bei Castrop verrichten die Frauen Schwerstarbeit, schieben volle Kohlenwagen vom Schacht in die Kippvorrichtungen und sortieren am Leseband den Abraum aus, bevor die Kohle in der Wäscherei ganz von Verunreinigungen getrennt wird.

Auf anderen Zechen produzieren Frauen in Ziegeleien Mauerziegel für die Kokereiöfen im Akkord, reinigen, warten und bedienen Maschinen, arbeiten in Magazinen, auf Halden und an Kokslöschöfen. Schwer- und Schwerstarbeit, Nachtschicht und 12-Stundenschichten mit durchgehender Arbeitszeit sind die Regel. Im Oktober 1916 sind in den Dortmunder Bergbaubetrieben 2000 Frauen beschäftigt. Obwohl die Frauen eine den Männern vergleichbare Arbeitsleistung erbringen, verdienen sie im Durchschnitt nur die Hälfte.

Neben den Frauen strömen vor allem Jugendliche in den Ruhrbergbau und verrichten dort schwerste körperliche Arbeit. Ein weiteres Arbeitskräftepotential stellen Kriegsgefangene und von den Unternehmern angeworbene ausländische Arbeiter, zum Teil aus außereuropäischen Ländern. Die Kriegsgefangenen arbeiten in der Rüstungsindustrie und ersetzen ebenfalls auf den Zechen die zum Krieg eingezogenen Bergleute. Im Mannesmann-Röhrenwerk in (Duisburg-)Huckingen sind im März 1918 knapp 250 Gefangene, im Hüttenwerk Rheinhausen im gleichen Jahr 2937 ausländische Arbeiter, davon zur Hälfte Kriegsgefangene, beschäftigt.

Frauen beim Verladen der schweren Granaten-Rohlinge auf Eisenbahnwaggons am Gleis VIII der Grobblech-Zurichterei des Walzwerks Oberhausen

1,90 Mark am Tag für harte Arbeit

Da der Großteil der Männer im Ersten Weltkrieg zum Kriegsdienst eingezogen ist, werden Frauen auch zu schweren körperlichen Arbeiten eingesetzt, für die sie schlechter bezahlt werden als ihre männlichen Kollegen. Eine Frau aus (Recklinghausen-)Hochlarmark erzählt in ihren Lebenserinnerungen, wie sie als 19jährige an der Reichsbahn-Ausbesserungsstelle Recklinghausen und auf einer Zeche gearbeitet hat:

»... Dort habe ich in einer Rotte mit der Stopfhacke gearbeitet. Bei Wind und Wetter mußten wir zwölf Stunden, von morgens sechs bis abends sechs, arbeiten. Eineinhalb Stunden Mittagspause hab ich gehabt. Die ersten Wochen hatten wir Blutblasen an den Händen. Im Winter war einmal in Baukau ein Militärgüterzug entgleist. Wir wurden vom Platzmeister geholt und mußten die Sachen vom entgleisten Zug in einen anderen umladen. Erst spät in der Nacht sind wir nach Hause gekommen. Und das alles für einen Lohn von 1,90 Mark am Tag – ich war ja erst 19 Jahre alt.

Nach vier Jahren bei der Eisenbahn bin ich zur Zeche gegangen und hab dort zweieinhalb Jahre über Tage gearbeitet, hab die Wagen vom Förderkorb abgezogen, auf den Platten gedreht und zur Kippe geschoben. Aber viel mehr als auf der Bahn habe ich auch nicht verdient. Die Männer, mit denen wir zusammenarbeiteten, kriegten gut das Doppelte...«

Anlernen von Arbeiterinnen an Drehbänken und anderen Maschinen der Rüstungswerke

Frauen treten in den Waffenfabriken bei Krupp an die Stelle der Männer

Arbeiterinnen beim Anstreichen von Geschoßhülsen in einer Montagehalle der Gutehoffnungshütte AG, (Oberhausen-)Sterkrade

Reichstag billigt Hilfsdienstgesetz

2. Dezember 1916. Mit 235 gegen 19 Stimmen passiert das Gesetz über den Vaterländischen Hilfsdienst den Deutschen Reichstag. Es verpflichtet alle männlichen Deutschen zwischen 17 und 60 Jahren zur Arbeit in kriegswichtigen Betrieben. Jeder Stellenwechsel ist in Zukunft von der Zustimmung eines paritätisch von Arbeitgeber- und Gewerkschaftsvertretern besetzten Schlichtungsausschusses abhängig. In allen kriegswichtigen Betrieben einschließlich der Heeres- und Marineverwaltung mit mehr als 50 Beschäftigten dürfen Arbeiterausschüsse gewählt werden, um Lohn- und Arbeitskonflikte betriebsintern zu regeln. Gleichzeitig erkennt die Regierung die Gewerkschaften als kriegswichtige Organisationen an.
Zusammen mit der Einrichtung eines Kriegsamtes zur zentralen Munitions- und Waffenbeschaffung durch die Reichsregierung am 1. November 1916 ist das Hilfsdienstgesetz Bestandteil des sog. Hindenburgprogramms zur Steigerung der Rüstungsproduktion. Es unterstellt den gesamten Produktionsapparat einschließlich der Arbeitskräftebeschaffung einer zentralen staatlichen Lenkung. Gleichzeitig stellt es den Versuch dar, die Solidarität der Arbeiter mit der Kriegspolitik der Reichsregierung über sozialpolitische Zugeständnisse zu erkaufen.

Plakat, das die Regierung für Hunger und Krieg verantwortlich macht

Aufforderung zur Zeichnung von Kriegsanleihe trotz Hunger und Not

Hungerproteste im Revier

7. Juli 1916. Auf der Schachtanlage Neu-Cöln in Essen-Borbeck bricht aufgrund der schlechten Lebensmittelversorgung ein wilder Streik aus. Unter der Parole »Erst Speck, und dann fahren wir ein« kommt es in den folgenden Wochen auch auf zahlreichen anderen Zechen in Dortmund, Recklinghausen, Bochum, Gelsenkirchen und Buer zu spontanen Arbeitsniederlegungen aller Belegschaftsmitglieder. In Essen erfassen die Streiks im August die Krupp-Werke. Auch hier steht die »Magenfrage« im Mittelpunkt. Die streikenden Arbeiter verlangen, »daß sie im Lohn so gestellt werden müßten, Lebensmittel zu den Preisen einkaufen zu können, wie sie die wohlhabende Bevölkerung bezahle«. Nur vereinzelt werden auch politische Forderungen laut, so bei einem Streik auf der Zeche Emscher-Lippe in Datteln, wo die Streikenden eine sofortige Beendigung der Kriegshandlungen fordern.

Fliegerangriffe auf Essener Stadtgebiet

24. September 1916. Über dem Essener Stadtgebiet werden von feindlichen Flugzeugen mehrere Bomben abgeworfen, die aber keine großen Schäden verursachen. Ein Angriff im Juli des folgenden Jahres (→ 6./7. 7. 1917) kann mit Abwehrgeschützen, die im Raum Essen stationiert sind, verhindert werden.
Wegen ihrer geringen Tragfähigkeit führen die Kampfflugzeuge im Ersten Weltkrieg nur geringe Bombenlasten mit sich. Bei Angriffen auf feindliche Armee-Einheiten werden oft Pfeile eingesetzt, deren Spitzen schwerer als ihr Schaft sind. Treffen die senkrecht herabstürzenden Pfeile einen Menschen, so verursachen sie schwere Verwundungen, die tödlich sein können.

Bevölkerung sucht Trost in der Kirche

1916. In Zeiten von Not und Gefahr wenden sich Menschen stärker als sonst der Religion zu. Die Gottesdienste im Ruhrgebiet sind gut besucht. Geistliche beider Konfessionen unterstützen die nationale Kriegsbegeisterung. In manchen katholischen Kirchen wird gepredigt: »Wer die Generalbeichte ablegt und zur Generalkommunion geht, der kommt sofort in den Himmel, wenn ihn der Heldentod trifft.«

Kriegsküchen mildern alltägliche Not

1916. Vor dem Hintergrund der allgemein schlechten Versorgung der Bevölkerung während des Krieges werden in den Städten des Ruhrgebiets große Zentralküchen eingerichtet. Die Betriebsmittel für diese sog. Kriegsküchen stellen die Kirchen und das Rote Kreuz.
Täglich kann dort pro Person eine warme Mahlzeit, meist aus Kartoffel- oder Gemüsesuppe bestehend, für 20 bis 25 Pfennig pro Portion eingenommen werden. In Duisburg machen im Frühjahr 1916 bereits 10% der Bevölkerung von diesem Angebot Gebrauch. In Bochum steigt binnen eines Jahres die Ausgabe um das Zehnfache auf täglich 677 109 Liter. Im Winter 1917 reduziert sich die Nachfrage, als die Empfänger für die Mahlzeiten auch noch Lebensmittelmarken abgeben müssen.

Kriegsküche in der städtischen Badeanstalt in Gelsenkirchen, wo billige Suppen und Eintöpfe an die notleidende Bevölkerung ausgegeben werden

Büchersammlung für Frontsoldaten

1. Februar 1916. Der Allgemeine Kriegsausschuß in Bochum bewilligt 2000 Mark für eine fahrbare Bücherei, welche die Frontsoldaten mit Lesestoff versorgt. Die Bücher sollen von der Bevölkerung gespendet werden. Im Rahmen der »Reichsbuchwoche« werden auch in anderen Ruhrgebietsstädten die Bürger aufgefordert, Bücher zu spenden.
Der Dortmunder Magistrat inseriert aus Anlaß der reichsweiten Buchaktion in der »Rheinisch-Westfälischen Zeitung« vom 26. Mai: »Es ist eine Kriegspflicht der Daheimgebliebenen, ihrer Volksgenossen im Felde durch Versorgung mit guter geistiger Kost zu gedenken... Erwünscht ist Unterhaltungsliteratur jeder Art, auch belehrende Schriften sind sehr willkommen.«

»Der Feind liegt 60 Meter vor uns«

In Briefen und Tagebüchern schreiben viele Soldaten ihre Kriegserlebnisse nieder. So schildert ein Soldat aus Recklinghausen in seinen persönlichen Aufzeichnungen das Kampfgeschehen an einem Abschnitt der Westfront: »Die Stellung, in der wir nun waren, bestand aus einem fußtiefen Graben, auf dem vorderen Rand desselben waren Sandsäcke aufgebaut. Sobald es Tag wurde, begann ein wütendes Artilleriefeuer. Die Luft schwirrte von Geschossen und nochmals betonte unser Zugführer, daß wir ... aufpassen sollten auf den Feind, welcher 60 Meter vor uns lag.«

Ein Offizier, der in einem Lager für Kriegsgefangene eingesetzt ist, schreibt in einem Feldpostbrief an seine Familie in der Heimat: »Wir sind hier, die ganze Kompanie, in einer Stallbaracke, sonst für Pferde, untergebracht. Die Mannschaften liegen auf Strohsäcken im Stall, Mann an Mann, wir Unteroffiziere haben uns in den Stuben oben und unten häuslich niedergelassen.«

Malerische Feldpostkarten unterrichten die Familien zu Hause über den jeweiligen Stationierungsort

Abbildung der Einnahme einer belgischen Festung durch deutsche Truppen auf einer Propaganda-Feldpostkarte

Postkarten mit idyllischen Motiven schickt ein Soldat von der Westfront an seine Verwandten in Bochum

Heldengedenkstätten für Soldaten aus dem Ruhrgebiet

25. Februar 1916. Die Stadtverordnetenversammlung von Bochum genehmigt einen Entwurf zur Schaffung eines Ehrenfriedhofes. Die Kosten für Bepflanzungen, Kunstbauten u. a. in Höhe von 50 000 Mark sollen aus Sparkassenüberschüssen getragen werden. Wie in Bochum, so werden auch in anderen Revierstädten Ehrenmale und -friedhöfe errichtet, um den gefallenen Soldaten, die nicht in ihrer Heimat beerdigt werden können, die letzte Ehre zu erweisen. So hat die Stadt Dortmund mehrere Heldengedenkstätten und Ehrenmale, von denen das größte am Eingang des Kaiser-Wilhelm-Hains im Süden der Stadt steht.

In den ersten Monaten nach Kriegsbeginn veröffentlicht die »Rheinisch-Westfälische Zeitung« unter dem Stichwort »Deutsche Helden« lange Listen, in denen jeder Verwundete, Vermißte und Gefallene aus der Region namentlich erwähnt wird. Auch Soldaten, denen das Eiserne Kreuz oder eine Tapferkeitsmedaille verliehen wurde, werden in den Listen aufgeführt.

Im Oktober 1914 umfassen die aus dem »Reichsanzeiger« übernommenen Verlustlisten bereits mehrere Seiten und werden über die drei Tagesausgaben verteilt abgedruckt. Noch im selben Monat erscheinen aus Platzgründen nur noch die Regimenter, die Verluste zu verzeichnen haben, vollständige Gefallenenlisten liegen bei den örtlichen Geschäftsstellen der »Rheinisch-Westfälischen Zeitung« zur Einsicht bereit.

Gedenkfeier für die Gefallenen des Ersten Weltkriegs 1916 am »Schmied von Essen«, einer Nagelfigur zur Sammlung von Kriegsspenden

Gefallenen-Mahnmal am Werk Oberhausen der Gutehoffnungshütte

Kriegerdenkmal mit den Namen Gefallener im Ruhrpark, Oberhausen

Bevölkerung finanziert Kriegskosten

11. März 1916. Im Bochumer Rathaus eröffnet eine Goldankaufstelle der Reichsbank. Wie in anderen Städten des Ruhrgebiets wird die Bevölkerung aufgefordert, Gold in Form von Schmuckstücken und Münzen abzugeben, damit der Goldschatz der Reichsbank erhöht und die finanzielle Wehrkraft des Reiches gestärkt wird. Viele tausend Bürger folgen dem Aufruf, und so können bis 1918 1,5 Zentner Gold von der Bochumer Ankaufsstelle an die Reichsbank geliefert werden. Als Dank für ihre Hilfe erhalten die Menschen eine eiserne Gedenkmünze mit der Inschrift: »In eiserner Zeit – Gold gab ich zur Wehr, Eisen nahm ich zur Ehr«. Auch eiserne Ehrenketten werden bei höheren Ablieferungsmengen verliehen.

Zur Finanzierung des Krieges gibt die Reichsbank auch Kriegsanleihen aus, direkte Anleihen des Staates bei seinen Bürgern. Bis 1918 werden neun solcher Anleihen ausgegeben, die 55 % der gesamten Kriegskosten decken. Eine weitere Quelle von Geldmitteln zur Deckung der Kriegskosten ist das Kriegsgeld, das bereits seit August 1914 von der Reichsbank ausgegeben wird. Die 5- und 20-Mark-Scheine sind mit dem Aufdruck »Darlehenskassenschein« versehen und zeigen die Germania bzw. gekreuzte Zepter, Lorbeer und

Wegen der Bargeldknappheit drucken die Städte eigene Geldscheine; Gutschein der Stadt Castrop (u.), Notgeld aus (Oberhausen-)Osterfeld (o.)

Eichenzweig auf der Bildseite; sie haben den gleichen Wert wie die üblichen Reichskassenscheine. In Zeitungsankündigungen ist zu lesen, daß diese zusätzlichen Geldscheine durch Waren und Wertpapiere der Reichsbank gedeckt sind. Solche und ähnliche Maßnahmen führen zu einer starken Verschuldung des Reiches. Bis zum Ende des Krieges steigt die Gesamtschuld von 6,3 Mrd im Jahr 1914 auf 136 Mrd Mark.

Theaterbesuch dient der Zerstreuung

20. August 1916. Das große Bedürfnis der Bevölkerung nach leichter Unterhaltung veranlaßt Heinrich Königsfeld zur Eröffnung eines Operettentheaters in Bottrop. Auch in anderen Theatern des Ruhrgebiets stehen Operetten und Lustspiele hoch in der Zuschauergunst. Die Bottroper Volkszeitung greift anläßlich der Eröffnung des Operettentheaters Königsfeld das Thema »Theater im Krieg« auf und stellt fest: »Trotz der furchtbaren Schlachten, die gerade jetzt auf allen Kriegsschauplätzen toben, möchten wir nicht jeden Theaterbesuch ablehnen. Einige Stunden der Aufheiterung und Erholung darf sich der Mensch nach des Tages Arbeit auch im Theater gönnen ... Auch unseren Feldgrauen wird direkt hinter der Front Gelegenheit zum Theaterbesuch gegeben, sie werden daher wohl keinen Anlaß daran nehmen, wenn die Daheimgebliebenen ins Theater gehen.«

Allerdings soll das Theater nicht defätistisch sein, sondern, wenn es den Krieg auf die Bühne bringt, die Soldaten in einer »Heldengröße zeigen, wie sie die Geschichte nicht herrlicher kennt«.

Die Königsfelder Truppe bereist auch andere Städte im Ruhrgebiet, so z. B. Oberhausen.

Ersatzbataillon wird in Unna stationiert

13. Oktober 1916. Das bisher in Köln stationierte Ersatzbataillon des Reserve-Infanterie-Regiments Nr. 15 wird nach Unna verlegt. Damit ist dem langjährigen Bemühen der Stadt um die Errichtung einer Garnison Erfolg beschieden.

Beim Eintreffen des Bataillons auf dem Unnaer Bahnhof werden die Soldaten von den militärischen Traditionsvereinen empfangen und in die Stadt geleitet. Vor dem 1914 eingeweihten Rathaus begrüßen Magistrat und Stadtverordnetenversammlung die Neuankömmlinge.

Nachdem Unna 1873 seinen Status als Garnisonstadt verloren hatte, setzten seit Beginn des 20. Jh. verstärkt Bemühungen der Stadt um eine erneute Stationierung von Truppen ein. Im August 1914 war kurzzeitig die 2. Kompanie des Landwehr-Infanterie-Regiments Nr. 13 in Unna einquartiert.

Marsch des Reserve-Infanterie-Regiments durch die Unnaer Bahnhofstraße

Einkaufsgesellschaft für Lebensmittel

1. März 1916. Die Westfälische Lebensmittelversorgungsgesellschaft m.b.H. wird mit Sitz in Dortmund gegründet. Gesellschafter sind die 53 Kommunalverbände der Provinz Westfalen und etwa 150 Großhandelsfirmen der Lebensmittelbranche. Die Organisation soll einen vorteilhaften Bezug von Lebensmitteln und sonstigen Bedarfsgegenständen für die Gemeinden und den Großhandel ermöglichen.

Schon 1914 hatten die Bürgermeister der kreisfreien Städte eine Einkaufsgemeinschaft gebildet, um Lebensmittel und Getreidevorräte für die Kriegszeit anzulegen. Auch in anderen Städten des Ruhrgebiets werden Lebensmittel unter Aufsicht der Stadt bewirtschaftet, in Essen gibt es z. B. eine städtische Milchversorgung, Kartoffelverteilung, Wurstküche sowie städtische Fettlager.

1917

Januar. Die Bevölkerung des Ruhrgebiets leidet unter dem strengen »Kohlrübenwinter«. →

Januar. Im Bereich des Oberbergamts Dortmund ist die Zahl der jugendlichen Arbeiter unter 16 Jahren fünfmal so hoch wie zu Kriegsbeginn.

Januar/Februar. Bei Krupp in Essen legen insgesamt 40 000 Beschäftigte mehrfach die Arbeit nieder. →

26. 2. Die Herner Bergwerksgesellschaft Hibernia wird per Gesetz verstaatlicht. →

6./7. 7. Duisburg ist Ziel eines Luftangriffes; am 2. 10. fliegt ein feindliches Flugzeug einen Angriff auf Dortmund.

2. 10. Die Stadt Dortmund verleiht Generalfeldmarschall Paul von Hindenburg die Ehrenbürgerschaft der Stadt.

9.–16. 12. Bei der rheinischen Goldankaufswoche werden in Duisburg für 18 838 Mark Goldsachen, für 10 572 Mark Juwelen und für 1650 Mark Goldmünzen abgeliefert (→ 11. 3. 1916).

1917. Schwarz- und Schleichhändler erzielen für Mangelwaren Höchstpreise.

1917. In Bochum wird ein Sirenenalarm für den Fall von Fliegerangriffen eingerichtet.

1917. Die Zeitungen des Ruhrgebiets berichten über eine Vielzahl von Diebstählen und Überfällen, bei denen meist Lebensmittel gestohlen werden. →

1917. Die Glocken der Duisburger Liebfrauenkirche werden als Metallspende für die Rüstung beschlagnahmt. →

1917. Ein Ei kostet 55 Pfg (1914: 9 Pfg), ein Liter Milch kostet 56 Pfg (1914: 20 Pfg).

1917. Der Bau der Schachtschleuse als Ergänzung des Schiffshebewerks Henrichenburg wird vollendet.

1917. Der Mülheimer Unternehmer Hugo Stinnes gründet die AG für Seeschiffahrt und Überseehandel.

1917. Durch einen direkten Gleisanschluß erhält die Dortmunder Actien-Brauerei einen eigenen »Bierbahnhof«.

1917. In Stockum bei Hamm wird das Gerstein-Kraftwerk durch das Elektrizitätswerk Westfalen fertiggestellt.

1917. 11 000 Duisburger Schulkindern wird wegen der kritischen Ernährungslage ein Landaufenthalt ermöglicht. →

GEBOREN:

15. 1. Duisburg: Hans Caninenberg, Schauspieler.

16. 2. Hagen: Willi Weyer, FDP-Politiker und Sportfunktionär.

11. 3. Wanne-Eickel: Hildegard Wohlgemuth, Schriftstellerin.

Hunger und Not im Steckrübenwinter

Januar 1917. Die Versorgungslage im Ruhrgebiet hat sich durch kriegsbedingte wirtschaftliche Schwierigkeiten katastrophal verschlechtert. Der seit Kriegsbeginn dramatisch gesunkene Lebensstandard der Bevölkerung hat seinen Tiefpunkt erreicht. Die Versorgung mit Textilien und Brennmaterial ist nahezu völlig zusammengebrochen. Hunger und Krankheiten prägen den nach dem Hauptnahrungsmittel dieser Zeit benannten »Steckrübenwinter«.

Die Lebensmittelrationen sind seit 1914 ständig gesenkt worden und betragen 1917 nur noch die Hälfte des Energiebedarfs für mittelschwere Arbeit. Obwohl die Löhne während des Krieges gestiegen sind, bleiben sie hinter der allgemeinen Preisentwicklung zurück. So ist die Kaufkraft der im Bergbau Beschäftigten um ein Drittel unter das Vorkriegsniveau gesunken. Selbst für rationierte Lebensmittel sind die Preise seit 1914 um rund 140% gestiegen.

Das Deutsche Reich hatte darauf gebaut, im Falle eines Sieges seine Kriegskosten schnell wieder von den Gegnern eintreiben zu können. Je länger der Krieg aber dauert, umso weniger decken Steuern und Anleihen die hohen Ausgaben. Dem vermehrt gedruckten Geld steht keine entsprechende Gütermenge gegenüber. Das Geld verliert seinen Wert, und die Preise steigen.

Zudem gehen der Industrie aufgrund fehlender Importe die Rohstoffe aus. Es werden fast keine Güter für den zivilen Bedarf mehr produziert. Petroleum und Brennspiritus, unverzichtbar für die Wohnungsbeleuchtung, z. B. in den noch nicht voll elektrifizierten Regionen des Vests Recklinghausen, sind überhaupt nicht erhältlich.

Wegen Kohlenmangels müssen Schulen im Ruhrgebiet wochenlang geschlossen bleiben. Wenn der Unterricht stattfindet, fehlen den Schülern Tafeln, Hefte und Bücher. Kommunionkinder tragen am Weißen Sonntag 1917 einen Anzug aus Papier, dazu Papierschuhe mit Holzsohlen. Toilettenseife ist Mangel-

Graben nach übriggebliebenen Feldfrüchten; an den Wochenenden fahren die Städter aufs Land, um dort die Äcker nach Kartoffeln abzusuchen

Nur 25 g Margarine pro Woche für Bergleute

Im Hungerwinter 1916/17 kommt es im nördlichen Ruhrgebiet zu Streiks von Zechenbelegschaften, die gegen den Mangel an Brot, Kartoffeln und anderen Grundnahrungsmitteln protestieren.

Neben einer besseren Versorgung mit Lebensmitteln verlangen die Grubenarbeiter eine den steigenden Preisen angemessene Lohnerhöhung. Der Gewerkverein christlicher Bergarbeiter weist darauf hin, bei den Bergleuten nähmen die Preiserhöhungen für die Seife und das Grubenzeug viel mehr weg, als die ganze Lohnerhöhung ausmache.

Bergarbeiter in Langenbochum kritisieren, daß die Begriffe »Schwerarbeiter« und »Schwerstarbeiter« bei der Lebensmittelrationierung zu eng definiert seien und zudem kleinlich ausgelegt würden. So kommen zahlreiche Bergleute nicht in den Genuß der für die schwere körperliche Arbeit dringend erforderlichen Zulagen. Die wöchentliche Fettration pro Bergmann besteht zeitweise aus 25 Gramm Margarine. Auch die schlechte Qualität der wenigen verfügbaren Lebensmittel gibt immer wieder Anlaß zu Beschwerden. Die im Winter 1916/17 verteilten Kartoffeln sind häufig faul, das Puddingpulver ist ungenießbar, und die Graupen sind schimmlig. Besonders die Minderwertigkeit des Brotes wird beklagt. Ersatzstoffe aller Art, selbst Sägemehl und Baumrinden, werden mitgebacken. Die Familien versuchen zu überleben, indem sie Pilze, Bucheckern, Eicheln und Kräuter sammeln.

Angesichts der allgemeinen Mangelsituation haben einzelne Behörden und Betriebe wenig Möglichkeiten, wirksam zu helfen. Die Städte richten Volksküchen ein, in denen Suppe an notleidende Familien verteilt wird (→ 1916). Öffentliche Wärmehallen sollen über den Brennstoffmangel hinweghelfen. Zahlreiche Revierstädte geben überdies in Wäldern und Parks Bäume zum Abholzen frei.

Die Gewerkschaft Deutscher Kaiser stellt in Dinslaken eine Gemüsewaschanlage mit Schälmaschine und Dörranlage zum Verarbeiten großer Mengen von Futterrüben auf. Die getrockneten Rübenschnitzel werden als Kartoffel- und Mehlersatz an die Bevölkerung verteilt.

Unvermeidliche Folge von Unterernährung und Entkräftung sind Krankheiten. Während des berüchtigten sog. Steckrübenwinters grassiert im ganzen Industriegebiet eine Ruhrepidemie.

Schwarzmärkte und Hamsterfahrten

1917. Während zu Beginn des Krieges die Lebensmittelversorgung noch einigermaßen gesichert schien, bricht mit dem Hungerwinter 1916/17, dem sog. Steckrübenwinter (→ Januar 1917) die Versorgung der Bevölkerung weitgehend zusammen. Monatelang gibt es kein Fleisch zu kaufen, die Fettzuteilung wird auf ein Minimum reduziert.

In dieser Situation sind viele Menschen im Revier bemüht, sich neben den zu geringen Lebensmittelzuteilungen weitere Nahrungsmittel zu beschaffen. So entsteht an bestimmten Treffpunkten ein reger Tauschhandel – Schmucksachen und Gebrauchsgüter gegen Nahrungsmittel –, der sog. Schwarze Markt. Dort kann mancher Anbieter für ein Pfund Butter beispielsweise bis zu 30 Mark erzielen. So werden die ohnehin schmalen Lebensmittelreserven oft künstlich verknappt, um den Profit zu steigern.

Ein weiterer Weg, sich benötigte Lebensmittel zu besorgen, sind die sog. Hamsterfahrten. An den Wochenenden fahren die Stadtbewohner aus dem Ruhrgebiet ins nahe gelegene Münsterland, um für Geld oder Schmuck einige Kartoffeln, Mehl oder Fett zu ergattern.

Schlangestehen nach Lebensmitteln auf dem Dortmunder Hansaplatz; oft reichen die Rationen nicht aus

ware. Die zu hohen Preisen gehandelte Kriegsseife ist aus Ton hergestellt und verbreitet einen ekelerregenden Geruch.

Am meisten leidet die Bevölkerung jedoch unter dem Nahrungsmittelmangel. Wie keine andere deutsche Region hatte das Ruhrgebiet seit Ende des 19. Jh. seinen Getreidebedarf mit Einfuhren aus Rußland, Polen und Übersee gedeckt. Während des Krieges fehlen diese Importe. Auch gelingt es den Behörden nicht mehr, die Landwirtschaft mit den notwendigen Düngemitteln zu versorgen. Die Ernteerträge fallen. Rinder und Schweine werden seit 1916 wegen fehlender Futtermittel häufig notgeschlachtet.

Wie in der Industrie fehlen auch auf dem Land Arbeitskräfte. Frauen, Jugendliche und Alte bewirtschaften die Höfe. Ein Großteil der Pferde wurde vom Militär beschlagnahmt. Die Mechanisierung der Landwirtschaft ist seit 1914 rückläufig, da keine englischen Landmaschinen mehr eingeführt werden. Zu diesen Schwierigkeiten in der Landwirtschaft kam im Herbst 1916 eine besonders schlechte Kartoffelernte.

Die Menschen im Ruhrgebiet versuchen, durch Gemüseanbau und Kleinviehzucht die schlimmste Not zu überbrücken. In den Städten werden Kleinvieh und Geflügel auf Balkonen, in Kellern und Ställen untergebracht. Trotzdem leidet die Bevölkerung Hunger.

Hungersnot macht Hausfrauen erfinderisch

Menschentraube vor der Konsumanstalt der Kruppschen Gußstahlfabrik

Aus Viehfutter und Abfällen Eßbares herzustellen, wird im Hungerwinter 1916/17 zur überlebenswichtigen Aufgabe der Frauen und Mütter.

Mehl oder Getreide bekommt man nur zu Wucherpreisen auf dem Schwarzmarkt. In der Kaffeemühle wird Roggen zu grobem Schrot gemahlen und mit Wasser zu Brei gekocht. Wenn einmal Brot erhältlich ist, besteht es zu mindestens einem Drittel aus Kartoffel-, Mais- oder Sägemehl. Ansonsten gibt es Suppe aus Steckrüben, Salat aus Steckrüben und Steckrübenmarmelade, die mit Saccharin als Zuckerersatz gesüßt wird. Im Volksmund heißt diese Marmelade nach dem berühmten deutschen Generalfeldmarschall »Hindenburg-Butter«. Folgende Rezepte aus dem Steckrübenwinter sind aus (Recklinghausen-)Hochlarmark überliefert:

Kartoffelplätzchen
Saubergewaschene Kartoffelschalen werden durch den Fleischwolf gedreht. Falls vorhanden, werden ein Ei und ein Eßlöffel Grießmehl hinzugenommen. Das Ganze wird mit Salz abgeschmeckt und ohne Fett in der Pfanne gebraten.

Spinat aus Brennesseln
Junge Brennesseln werden gewaschen, kurz abgekocht und kleingehackt oder durch den Wolf gedreht. Falls vorhanden, runden Milch, Margarine oder eine Zwiebel den Geschmack des »Spinats« ab.

Rübenkraut
Rüben waschen, schnitzeln und im Waschkessel kochen. Abtropfen lassen und mittels eines groben, festen Tuchs auspressen. Den so entstandenen Saft durch langes Kochen eindicken. Wer Pech hat und beim Organisieren statt Zuckerrüben Runkeln erwischt, dessen Rübenkraut schmeckt nach der Herstellung bitter.

Sehnsucht nach Genüssen der Vorkriegszeit und bitterer Spott über die mangelhafte Versorgung sprechen aus folgendem »Rezept«:

Bürgerliches Kochrezept
Man nehme die Fleischkarte, wälze sie in der Eierkarte und brate sie in der Butterkarte schön braun. Die Kartoffelkarte und Gemüsekarte werden gekocht und die Mehlkarte hinzugesetzt.

Um schnell und intensiv zu kochen, lege man die Kohlenkarte und Spirituskarte darunter und zünde sie an.

Als Nachtisch brühe man die Kaffeekarte auf und füge die Milchkarte hinzu. Feinschmecker lösen die Zuckerkarte darin auf.

Kirchenglocken schmelzen für den Sieg

1917. Wegen wachsender Versorgungsschwierigkeiten sehen staatliche Verordnungen die Beschlagnahme »kriegswichtiger« Rohstoffe wie Metall, Gummi und Leder vor. Seit 1915 hat die Bevölkerung solche Materialien freiwillig gespendet. Gegen den Widerstand der Stadtverwaltungen verfügt das Generalkommando die Demontage und das Einschmelzen von Kirchenglocken und Denkmälern aus Bronze. So fallen z. B. die Glocken der Duisburger Liebfrauenkirche diesen Maßnahmen zum Opfer. Schulkinder sammeln Briefkastenschilder, Türklinken und Pumpenrohre. Hausbesitzer müssen kupferne Dachrinnen und Blitzableiter abliefern.

Geistliche und Gemeindemitglieder der Castroper Lutherkirche nehmen Abschied von den zum Einschmelzen vorgesehenen bronzenen Kirchenglocken

Frauen aus Bönen (Kreis Unna), die Kleidung und Wolle aus der Reichswollsachensammlung verarbeiten

In Duisburg werden alte Zeitungen gesammelt, um daraus Zellstoff für Verbandsmaterial zu gewinnen

Kriminalität steigt mit wachsender Not

1917. Beinahe täglich werden in den Ruhrgebietszeitungen Berichte über Eigentumsdelikte veröffentlicht, bei denen es meist um Diebstahl von Lebensmitteln, Lederwaren und Textilien geht.
So berichtet die »Rheinisch-Westfälische Zeitung« im Juli über die Festnahme mehrerer Essener Bergleute; sie hatten einen Viehwaggon am Schlachthof der Stadt aufgebrochen und an Ort und Stelle mehrere Schweine geschlachtet. In Bochum werden im gleichen Monat drei Diebe festgesetzt, die im Krankenhaus Bergmannsheil Lebensmittel entwendet hatten. Viele Menschen können nur noch durch Diebstähle von Lebensmitteln überleben.

Kinderlandverschickung

1917. Wegen der schwierigen Ernährungslage in den Städten werden Schulkinder in Landaufenthalte verschickt, da dort die Versorgung besser gewährleistet ist. Die Kinder sind in Familien untergebracht, wobei die Heimatstädte in der Regel Zuschüsse an die ländlichen Gemeinden zahlen, die Fahrtkosten tragen und für den Schulunterricht auf dem Land aufkommen.
In diesem Jahr nehmen in Duisburg 11 000 Kinder und in Bochum 8500 an der Kinderlandverschickung teil. Sie finden Aufnahme in den östlichen und nördlichen Provinzen, z. B. in Mecklenburg, Oldenburg, Pommern und Ostpreußen, aber auch im Süden, im Sauerland, in Hessen und Ravensberg.

Insbesondere die Kinder sind vom Krieg und seinen Folgen betroffen

Streikwelle erfaßt Ruhrgebietsstädte

Januar/Februar 1917. In den Essener Krupp-Werken kommt es zu wilden Streiks, bei denen etwa 40 000 Beschäftigte aus Protest gegen die schlechte Lebensmittelversorgung die Arbeit niederlegen.
In den nächsten Wochen erfaßt eine Streikwelle das rheinisch-westfälische Industriegebiet. Anfang März befinden sich fast 100 000 Berg- und Hüttenarbeiter im Ausstand. In zahlreichen Revierstädten kommt es zu spontanen Demonstrationen von Arbeiterfrauen gegen den Nahrungsmangel. Bereits Ende Februar greifen die Proteste über das Ruhrgebiet hinaus: In Barmen eskalieren am 26. Februar Protestmärsche in Krawallen und Plünderungen von Lebensmittelgeschäften.
Nach einer Kürzung der Brotration und der Reduzierung von Schwerstarbeiterzulagen kommt es im April zu weiteren Streiks im Revier.

Gewerkschaften gegen Streiks:

»Die Niederlegung der Arbeit würde uns nicht vorwärts bringen. Wenn wir jetzt nicht durchhielten, käme es noch so weit, daß wir nächstes Jahr denselben Zustand hätten ... Jetzt aber müßten wir wirken und nicht denken, daß wir verlieren würden. Wir müßten mutig sein und den Feinden zeigen, daß wir nicht niederzukämpfen seien. Unsere Brüder kämpften nun schon jahrelang unter den größten Entbehrungen, sollten wir ihnen nun durch unser Verhalten die Hoffnung auf einen endgültigen Sieg und Frieden nehmen, dies könnten und dürften wir nicht.« (Protokoll einer Rede des Gewerkschaftssekretärs Philipp Hermes vom Alten Verband in einer Streikversammlung auf der Zeche Auguste Victoria in Marl am 22. 4. 1917).

Wenngleich die Streikenden keine politischen Forderungen stellen, handelt es sich dennoch um politische Streiks: Solange der Hunger kriegsbedingt ist, ist jeder Hungerstreik ein Antikriegsstreik.
Um ihr Ansehen bei der Reichsregierung nicht zu gefährden, versuchen die Gewerkschaften auch im Revier, Streiks zu verhindern und über Verhandlungen mit Regierungsstellen materielle Verbesserungen für ihre Mitglieder durchzusetzen.

Britisches Motorflugzeug, Handley-Page V 1500; bei Angriffsflügen werden die mitgenommenen Bomben vom Piloten eigenhändig abgeworfen

Bomben auf Ruhrstädte

6./7. Juli 1917. In der späten Nacht wird Duisburg Ziel eines feindlichen Luftangriffs. Zwei Bomben verwüsten Gartenanlagen an der Kammerstraße, eine weitere richtet im Pfarrhaus an der Christuskirche erhebliche Zerstörungen an. Menschen kommen bei diesem Angriff nicht zu Schaden.

In der Nacht vom 2. auf den 3. Oktober des gleichen Jahres erscheint ein feindlicher Bomber über Dortmund. In kaum einer Minute werden neun Bomben auf das Stadtgebiet abgeworfen. Eine der Brandbomben beschädigt das Haus an der Rheinischen Straße 128 a. Bei dem Angriff wird ein Fronturlauber getötet und weitere fünf Hausbewohner erleiden schwere Verletzungen.

Obwohl diese Angriffe in den Kriegshandlungen des Ersten Weltkriegs die Ausnahme bilden, und die Ruhrgebietsstädte vor größeren Zerstörungen bewahrt bleiben, treffen die Behörden Luftschutzmaßnahmen. In Duisburg werden Fliegerabwehrgeschütze installiert, Sirenenwarnungen und eine allabendliche Verdunkelung eingeführt. Auch in Bochum entschließen sich die Luftschutzbeauftragten zur Einrichtung von Sirenenalarm bei drohenden Fliegerangriffen.

Regierung kauft Zechenkonzern

26. Februar 1917. Durch ein »Gesetz, betreffend den Erwerb der Aktien der Bergwerksgesellschaft Hibernia« geht das Herner Unternehmen in preußischen Besitz über.

Hintergrund ist der Ablauf des Vertrages über das Rheinisch-Westfälische Kohlensyndikat zum 31. Dezember 1917. Die preußische Regierung, Anteilseignerin der Hibernia, hatte ihre Zustimmung zu einer Vertragsverlängerung von der Übertragung sämtlicher Hibernia-Aktien an den Staat abhängig gemacht. Mit dem Verkauf des Unternehmens und seinem Verbleib im Kohlekartell bleibt dem Syndikat der Einfluß auf die Preis- und Absatzpolitik der Hibernia erhalten.

Hugo Stinnes steigt in Überseehandel ein

1917. Der Mülheimer Großindustrielle Hugo Stinnes gründet die Aktiengesellschaft für Seeschiffahrt und Überseehandel mit Sitz in Hamburg. Zweck des Unternehmens ist: »Seeschiffahrt jeder Art, Handel mit allen Erzeugnissen des Bergbaues, der Hüttenindustrie, der chemischen und elektrischen Industrie, [sowie] der Landwirtschaft ... Die Gesellschaft ist auch berechtigt, die Herstellung, Gewinnung und Verarbeitung von Waren ... aller Art in eigenen Betrieben vorzunehmen.« Stinnes will mit diesem Unternehmen seine Handelsorganisation von der nationalen Konjunktur unabhängig machen und eigene Rohstoffquellen in Übersee erschließen.

1918

30. 1. Auf 31 Zechen im östlichen Ruhrgebiet kommt es zum Streik. →

21. 3. Die Oberste Heeresleitung startet die letzte Großoffensive des Deutschen Reiches an der Front in Frankreich. →

Frühjahr. In den Revierstädten kommt es zu Prozessen wegen Schwarzhandel und Lebensmittelschiebereien. →

28. 3. Ein Wohnungsgesetz regelt die Erschließung von Bauland in den Gemeinden. →

18. 10. In Dortmund sterben 30 Menschen an der Grippe während einer Epidemie, die das gesamte Reichsgebiet betrifft. →

November/Dezember. Auch nach Beendigung des Krieges herrscht im Ruhrgebiet Mangel an Lebensmitteln und Verbrauchsgütern. →

8./9. 11. In den Ruhrgebietsstädten bilden sich Arbeiter- und Soldatenräte. →

11. 11. Die Waffenstillstandskommission unter Matthias Erzberger unterzeichnet ein entsprechendes Abkommen. →

13. 11. Eine wilde Streikbewegung erfaßt das westliche und mittlere Ruhrgebiet. →

29. 11. Die ersten heimkehrenden Frontsoldaten treffen in Dortmund und Essen ein. →

3. 12. Das Essener Arbeitsamt registriert eine steigende Zahl männlicher Arbeitsloser. →

4. 12. Auf einer Versammlung der Rheinischen Zentrumspartei in Köln wird die Bildung einer Rheinisch-Westfälischen Republik gefordert. →

1918. Die Umsätze der Firma Fried. Krupp in Essen sind gestiegen, die Erlöse aus der Rüstungsgüterproduktion erreichen einen Höchststand. →

1918. In der Ruhrindustrie werden nach dem Ende des Ersten Weltkriegs die Belegschaftszahlen drastisch verringert. →

1918. Im neugewählten Bochumer Stadtparlament sind erstmals auch Frauen vertreten. →

1918. In (Bochum-)Querenburg wird die Zeche Klosterbusch errichtet.

GESTORBEN:

22. 1. Köln: Julius Bachem (* 12. 7. 1845, Mülheim an der Ruhr), Zentrumspolitiker.

24. 11. Listernohl/Attendorn: Alexander Schnütgen (*22. 2. 1843, Steele/Essen), Kunstgelehrter und Kunstsammler.

GEBOREN:

10. 3. (Oberhausen-)Sterkrade: Josef Büscher († 19. 9. 1983, Gelsenkirchen), Schriftsteller.

20. 7. Hagen: Liselotte Funcke, FDP-Politikerin.

Letzte Offensive des deutschen Heeres

21. März 1918. Die Oberste Heeresleitung startet die letzte Großoffensive des Deutschen Reiches an der Front in Frankreich. Nach dem Friedensschluß von Brest-Litowsk (3. 3. 1918) wird nur noch an der westlichen Front gekämpft, wo die Offensive in der Picardie zwischen Arras und La Fère ein Loch in die alliierte Front reißen und die Briten von den Franzosen trennen soll. Die Aktion ist trotz großer Verluste der Deutschen zunächst erfolgreich, den Briten gelingt es jedoch, die Frontlinie wieder zu schließen. Weitere Angriffe bleiben erfolglos.

Die Deutsche Armee hat nicht mehr die Kraft, der nach Eintritt der USA wachsenden Übermacht der Alliier-

Durchhalteparolen vom Kaiser persönlich: Wilhelm II. besucht die Essener Krupp-Werke im September 1918

ten an Material und Truppen entgegenzutreten. Die Zahl der Gefallenen ist hoch, Rohstoff- und Transportprobleme sowie Treibstoffmangel und fehlende Pferde schwächen die Position des Deutschen Reiches. Obwohl die Angriffe erfolglos bleiben, berichten die Zeitungen auch im Ruhrgebiet weiterhin von Erfolgen und General Ludendorff wirbt mit patriotischen Parolen für zusätzliche Kriegsanleihen.

Mit der Alliierten Gegenoffensive am 18. Juli zeichnet sich ein Ende des Krieges ab. Der für die Truppen des Deutschen Reiches verheerende Ausgang der Schlacht von Amiens, (8. – 14. 8. 1918), auch als »schwarzer Tag des deutschen Heeres« bezeichnet, veranlaßt die Oberste Heeresleitung am 14. August, die Fortführung des Krieges offiziell für aussichtslos zu erklären.

Menschen hungern im Industriebezirk

Frühjahr 1918. In den Städten des Industrierviers finden zahlreiche Prozesse wegen Schwarzhandels (→ 1917) und Lebensmittelschieberei statt. Dadurch wird die Versorgung der Bevölkerung ebenso beeinträchtigt wie durch falsche Angaben bezüglich der Ernteflächen und Erträge bei der Erfassung der Nahrungsmittelversorgung. Bereits im Vorjahr war es wegen Kürzungen der Lebensmittelrationen zu Streiks gekommen (→ Januar/Februar 1917). Weil die Preise schneller stiegen als die Löhne der Arbeiter, kam es zu Versorgungsproblemen.

Die geplanten Rationen der städtischen Lebensmittelverteilung mit 7 Pfd. Kartoffeln, 75 g Margarine, 2 Eiern, 450 g Frisch- und Dosenfleisch, 4,5 Pfd. Brot pro Person und Woche sowie mit anderen Waren wie Gemüse, Fleischbrühenpulver, Graupen und Suppenmehl hätten ausgereicht, wenn sie tatsächlich in den Geschäften erhältlich gewesen wären. Nachdem jedoch die Organisation der Versorgung mit dem Ende der Kampfhandlungen zum Erliegen kommt, leiden viele Menschen an Unterernährung. Im rheinisch-westfälischen Industriebezirk ist die Lebensmittelknappheit spürbar, die Normalsätze der Rationierung decken 1918 den Bedarf eines erwachsenen Mannes an Eiweiß nur zu 25%, an Fett zu 19% und an Kohlehydraten zu 59%.

Die Bevölkerung ist geschwächt und anfälliger gegenüber Krankheiten und Epidemien. Es sterben vermehrt Menschen an Tuberkulose, z. B. in Bochum fast doppelt so viele wie 1915; auch Ruhr und Typhus treten häufiger auf. Die Sterblichkeit der Menschen über 60 Jahren liegt erheblich höher als 1915. Ebenso nimmt die Kindersterblichkeit der 6–15jährigen infolge der mangelnden Ernährung stark zu.

Angesicht der schlechten Situation im Bereich der Ernährung und der Gesundheit soll die Moral der Bevölkerung mit Durchhalteparolen gestärkt werden. Auch bei Einschränkungen im Personenverkehr appellieren Anzeigen an den Siegeswillen: »Wer reisen will, der frage sich vorher: ist deine Reise wichtiger als die Abfuhr der Kohle, oder als die Herstellung von Munition, oder als die Versorgung der Großstädte mit Lebensmitteln.«

Verkaufsstelle für Kohl aus werkseigenem Anbau in einem Kruppschen Konsumgeschäft in Essen

Hunger führt zu Kriminalität nach Kriegsende: Geplündertes Lebensmittelgeschäft in Buer, Anfang 1919

Wichtige Hilfe in bitterer Not: Kinderheim der Schwedenhilfe in der Varnhorststraße in Essen

Anwohner vor dem Wohnhaus einer Arbeitersiedlung in der Zechenstraße in Essen-Borbeck um 1914

Bergarbeiter für Frieden

30. Januar 1918. Auf 31 Zechen des östlichen Ruhrgebiets treten etwa 13 000 Bergarbeiter in den Streik. Zum ersten Mal seit Ausbruch des Ersten Weltkrieges stellen die Streikenden politische Forderungen nach Aufhebung des Belagerungszustandes und Einführung des allgemeinen Wahlrechts in Preußen.

Die Regierung geht hart gegen die Ausständischen vor: 520 Bergarbeiter werden mit 48stündiger Frist zum Militärdienst einberufen.

Zu einer weiteren Welle von Streiks kommt es im August 1918, als 60 000 Bergarbeiter im Essener Revier mit der Forderung nach sofortigem Friedensschluß die Arbeit niederlegen.

Grippewelle erfaßt Ruhrgebietsstädte

18. Oktober 1918. Zeitungen in Dortmund berichten von über 30 Todesfällen infolge von Grippeerkrankungen. Eine reichsweite Grippeepidemie hat damit auch die Bevölkerung des Ruhrgebiets erfaßt. In allen Städten des Reviers ist in den folgenden Wochen das öffentliche Leben stark eingeschränkt. Fehlendes Personal in den Fernsprechämtern behindert den Telefonverkehr, Schulen in Bottrop und Gladbeck bleiben geschlossen, in den Stadtverwaltungen fehlt ein Drittel des Personals. Schuld an der rasanten Ausbreitung der Grippewelle trägt vor allem die schlechte Versorgungslage in den Kriegsjahren. Fehlende Abwehrkräfte aufgrund starker Unterernährung und akuter Kalkmangel fördern insbesondere die Erkrankung von Heranwachsenden. In der »Rheinisch-Westfälischen Zeitung« vom 23. Oktober des Jahres rät ein Arzt daher, »100 Gramm kristallisiertes Calcium chloratum in sechs Liter Wasser aufzulösen und täglich zu jeder Mahlzeit zwei Eßlöffel davon einzunehmen«.

Not und Elend in den Revierstädten nach Kriegsende

November/Dezember 1918. Auch nach Beendigung des Kriegszustandes durch das Waffenstillstandsabkommen vom November des Jahres (→ 11. 11. 1918) herrscht im Ruhrgebiet weiterhin ein katastrophaler Mangel an Nahrungsmitteln und Gebrauchsgütern. Die in den Kriegsjahren verfügte Rationierung der Lebensmittel (→ 13. 3. 1915) bleibt vorerst bestehen. Im Vergleich zu den Vorjahren müssen die Zuteilungen bei steigenden Preisen sogar noch gekürzt werden.

Verschärft wird die Lage der Bevölkerung auch durch anhaltende Wohnungsnot. Eine schon in den letzten Kriegsjahren einsetzende Zuwanderung vor allem junger Bergleute ins Zentrum der Rüstungsindustrie läßt bei fehlender Bautätigkeit die Mietpreise ins Unerschwingliche steigen. In Essen fehlen allein 10 000 und in Dortmund etwa 2000 Wohnungen.

Ein Großteil der Ruhrgebietsbevölkerung ist verarmt: Die Menschen tragen abgerissene Kleidung und mit Leder, Gummi, Pappe oder Holz geflickte Schuhe.

Die bittere Not der Kriegsjahre mit ihrem Mangel an allen Gütern des täglichen Bedarfs hat die Gesichter der Menschen gezeichnet; lange Schlangen vor den Geschäften gehören Ende 1918 zum Straßenbild im Ruhrgebiet

Waffenstillstand beendet Krieg

11. November 1918. Die deutsche Waffenstillstandskommission unter Führung des Zentrumspolitikers Matthias Erzberger bringt die Verhandlungen mit den Siegermächten über das Ende der Feindseligkeiten zum Abschluß. Wenige Tage zuvor hat eine revolutionäre Regierung die Macht im Deutschen Reich übernommen (→ 8./9. 11. 1918). Am 10. November geht Kaiser Wilhelm II. ins Exil in die Niederlande. Noch im September hatte der Kaiser das Ruhrgebiet besucht und vor Arbeitern der Krupp-Werke in Essen ein letztes Mal Durchhalteparolen ausgegeben – obwohl die deutschen Truppen in der Schlacht bei Amiens (8. – 14. 8. 1918) entscheidend geschlagen worden waren.

Viele der im Verlauf des Krieges an den verschiedenen Fronten gefallenen deutschen Soldaten stammen aus dem Ruhrgebiet. So hat die Stadt Essen fast 15 000 Gefallene zu beklagen und Dortmund über 8000. Gelsenkirchen verzeichnet mehr als 7500, Duisburg über 6000 und Bochum fast 4000 Gefallene.

Fronttruppen kehren heim

29. November 1918. Die ersten heimkehrenden Frontsoldaten werden in Essen und Dortmund von der Bevölkerung jubelnd begrüßt. Nach der Unterzeichnung des Waffenstillstandsvertrags im Wald von Compiègne durch den Zentrumspolitiker Matthias Erzberger am 11. November des Jahres (→ 11. 11. 1918) durchziehen ganze Divisionen von Heimkehrern das Ruhrgebiet.

Die 4. Armee, welche bei Duisburg über den Rhein setzt, marschiert in endlosen Kolonnen über Oberhausen, Wesel und Bocholt weiter nach Westfalen. In Dortmund läuten beim Eintreffen der 5. Reserve-Division die Glocken sämtlicher Kirchen.

Ein Regimentstroß auf dem Rückmarsch beim Zug durch die Horster Straße in Buer, begleitet von den eher nachdenklichen Blicken der Passanten

Keine Arbeit für ehemalige Soldaten

3. Dezember 1918. In einer Mitteilung weist das Arbeitsamt Essen auf die bedrohlich steigende Arbeitslosigkeit vor allem männlicher Arbeitskräfte mit kaufmännischer Qualifizierung hin. So sind allein in Essen mehr als 400 männliche Angestellte arbeitslos gemeldet. Insbesondere heimkehrende Soldaten drängen auf diesen Arbeitsmarkt, in dem, anders als bei Berg- oder Industriearbeitern, auch keine Besserung in Sicht ist. Zum einen sind viele dieser bestehenden Arbeitsplätze während des Krieges notwendigerweise von Frauen eingenommen worden, andererseits verhalten sich die meisten Firmen bei der Einrichtung neuer Arbeitsstellen abwartend. Nach dem erst im Vormonat geschlossenen Waffenstillstand (→ 11. 11. 1918) steht ein endgültiger Friedensschluß, der die Wirtschaft beleben könnte, noch aus.

Um die größte Not der arbeitslosen Soldaten zu mildern, wird durch Regierungsbeschluß die Kriegsunterstützung für die Angehörigen einen halben Monat weiter gewährt.

Arbeiter- und Soldatenräte übernehmen die Macht

8./9. November 1918. In den Städten des Ruhrgebiets bilden sich revolutionäre Arbeiter- und Soldatenräte, von denen die militärische Gewalt und die Kontrolle über die Kommunalverwaltungen übernommen wird. Damit erreicht die am 29. Oktober mit der Meuterei der deutschen Hochseeflotte in Wilhelmshaven und Kiel begonnene sog. Novemberrevolution auch das rheinisch-westfälische Industriegebiet. Den Anstoß geben überall von auswärts in die Städte kommende Soldaten. In Dortmund, wo Militär stationiert ist, versammeln sich die anwesenden Soldaten am Nachmittag des 8. November im Gewerkschaftshaus und bilden einen Soldatenrat. Bald greift die Bewegung auf die Industriearbeiterschaft über, die jedoch, wie in Gelsenkirchen, mancherorts von den Ereignissen überrascht wird. In den frühen Morgenstunden des 9. November erscheinen auf der Zeche Alma mehrere Soldaten und erzwingen mit der Begründung, Flugblätter verteilen zu wollen, den Zugang zum Zechengelände. Daraufhin melden die Arbeiter der Zechenleitung, daß sie von bewaffneten Soldaten aufgefordert worden seien, nicht einzufahren.

Daß die Hochseematrosen auch im Inneren des Reiches Unterstützung finden, liegt in der allgemein verbreiteten tiefen Kriegsmüdigkeit und der massiven Kritik an der bestehenden militärischen, politischen und sozialen Ordnung und ihrer Repräsentanten begründet. Auch im Ruhrgebiet ist die blaue Uniform der Matrosen eher das Symbol für den Umsturz als die rote Fahne.

Die Ereignisse verlaufen fast überall nach dem gleichen Schema: Zunächst finden tumultuarische Umzüge und Befreiungen von Militär- und Zivilgefangenen statt. Nach der Bildung provisorischer Organisationen der Arbeiter und Soldaten konstituieren sich die Räte und übernehmen die politische und militärische Macht. Zum Schutz des Eigentums und der Wahrung der öffentlichen Ordnung werden Sicherheitswehren aufgestellt.

Der Dortmunder Arbeiter- und Soldatenrat setzt sich zusammen aus den Zentralvorständen von SPD und USPD für den Reichstagswahlkreis Dortmund-Hörde, den Ortsvorständen beider Parteien, der SPD-Stadtverordnetenfraktion, Gewerkschaftern, Abgesandten lokaler Räte des Wahlkreises, den Vertrauensleuten von Werksausschüssen sowie Soldatenvertretern. Die Vollzugsgewalt hat ein 15köpfiger Vorstand.

Wenn auch ohne einheitliche Konzeption, suchen die Räte überall dieselben Probleme zu bewältigen: Die Demobilisierung und die Überwindung der Kriegsfolgen, die Aufrechterhaltung der öffentlichen Ordnung und die Sicherstellung der Ernährung für die Bevölkerung.

Auf Anordnung des Essener Arbeiter- und Soldatenrates aufgestellte bewaffnete Sicherheitswehr im November 1918

Bewaffnete Posten der auf Anweisung des Dortmunder Arbeiter- und Soldatenrates nach dem 8. November 1918 gebildeten Sicherheitswehr vor dem Hauptpostamt in der Dortmunder Innenstadt

Revolutionäre Soldaten entfernen einem Offizier der kaiserlichen Armee die Schulterstücke

Arbeiter und Soldaten!

In Kiel, in Hamburg, Lübeck und in Bremen ist die Revolution einmarschiert. In Berlin, in Stuttgart, in München und in den sächsischen Industrie - Gebieten ist sie auf dem Marsch. Die Arbeiter und Soldaten haben sich zusammengetan und die Gewalt in ihre starken Hände genommen. Ueber die öffentlichen Gebäude wehen keck ihre roten Fahnen.

Arbeiter und Soldaten des Rheinlandes! Wollt Ihr Eure tapferen Brüder, wollt Ihr die rote Fahne im Stich lassen? Wollt Ihr feige und tatenlos zuschen, während dort um die Befreiung der Arbeiter von all der namenlosen Qual der heutigen Gesellschaftsordnung gerungen wird?

Arbeiter und Soldaten des Rheinlandes! Das wäre eine unauslöschliche Schande für Euch! Das darf, das kann nicht sein! Es heisst „Jetzt oder nie!" auch für Euch! Ehe die kapitalistischen Räuber sich verständigen, um auf Kosten der Arbeiterklasse aller Länder — namentlich auf Kosten der russischen sozialistischen Republik, jener gewaltigen Vorpostenstellung des internationalen Proletariats — die heilige Allianz der Kapitalherrschaft neu zu errichten, muss das grosse Werk der Befreiung getan sein.

Darum heraus aus Eurer verdammten Lauheit und Reserve, Arbeiter und Soldaten des Rheinlandes! Ihr habt fast fünf Jahre gemordet, geschuftet, gehungert, auf Befehl,

gegen Eure Interessen!

Zeigt, zeigt endlich auch einmal, dass Ihr auch für Eure Interessen zu handeln vermögt!

Kein Zögern, kein Schwanken darf es mehr geben! Ihr müsst in den Arbeitsausstand sofort eintreten, Arbeiter! **Ihr müsst sofort Arbeiter- und Soldatenräte wählen und Euch deren Beschlüssen allein unterordnen!**

Ihr müsst Euch der öffentlichen Gebäude, der Garnisonen, der Waffenvorräte, der Munition bemächtigen und als erste Tat die politischen Gefangenen, die gefangenen Soldaten befreien! Zeigt, dass die Stunde der Abrechnung endlich gekommen ist! Lasst Eure Brüder, die ohne Eure Hilfe verloren sind, die mit Eurer Hilfe rechnen, nicht im Stich!

Los! Auch hier im Rheinland auf die Schanzen für das grosse Werk der Befreiung der Arbeiterklasse, für unsere, für die soziale Revolution!

Aufruf zur Wahl von Räten

Revolutionäre Massenkundgebung in Elberfeld im Süden des Industriegebiets am 9. November 1918

Wilde Streiks erschüttern Ruhrrevier

13. November 1918. Auf der Zeche Gewerkschaft Deutscher Kaiser in Hamborn bricht ein wilder Streik aus. Auf Belegschaftsversammlungen fordern die Bergarbeiter Lohnerhöhungen und die Einführung der Siebeneinhalbstundenschicht.

Ursache für den Ausstand ist die Unzufriedenheit der Belegschaft mit den Ergebnissen der bisherigen Verhandlungen zwischen Vertretern der vier Bergarbeitergewerkschaften und dem Zechenverband. Zwar hatte der Zechenverband die Bergarbeiterverbände in einem offiziellen Gespräch am 18. Oktober 1918 erstmals als legitime Interessenvertretungen der Bergarbeiter anerkannt, Forderungen nach Lohnerhöhungen, Arbeitszeitverkürzung und Aufhebung der Schwarzen Listen (→ Februar 1905) jedoch abgelehnt. Erst unter dem Eindruck der revolutionären Ereignisse (→ 8./9. 11. 1918) und des Streiks geben die Unternehmer nach: Am 14. November bewilligt der Zechenverband die Achtstundenschicht unter Tage ab 18. November, die Abschaffung der Schwarzen Listen sowie Zuschläge für Sonn- und Feiertagsarbeit.

Obwohl Vertreter des Alten Verbands am 16. November zur Wiederaufnahme der Arbeit auffordern, breitet der Streik sich bis Anfang Dezember auf Zechen in Mülheim, Oberhausen, Sterkrade und Essen aus. Auf Belegschaftsversammlungen fordern die Streikenden jetzt neben Lohnerhöhungen mehr innerbetriebliche Mitbestimmung. Die Gewerkschaften hingegen hatten dem Zechenverband zugesichert, jeden Eingriff in die Betriebsverfassung des Bergbaus zu unterlassen.

Bis zum 11. Januar 1919 steigt die Zahl der Streikenden auf 80 000. Während die Belegschaften in Hamborn und Mülheim bei Nichterfüllung der Forderungen mit Sabotage und Gefangennahme von Direktoren drohen, beginnen die lokalen Behörden, die Streikbewegung mit Waffengewalt niederzuschlagen.

Appell der Bergarbeiterverbände zur Wiederaufnahme der Arbeit

Protestversammlung streikender Bergarbeiter der Mülheimer, Essener und Oberhausener Reviere auf dem Hamborner Neumarkt am 10. Dezember 1918

Verbände fordern Ruhe und Ordnung

Die Bergarbeitergewerkschaften sehen in den wilden Streiks eine Gefährdung ihrer Position als einzig legitime Interessenvertretungen der Bergarbeiter. In zahlreichen Aufrufen fordern die Verbände die Belegschaften daher im November und Dezember 1918 unter Hinweis auf den drohenden wirtschaftlichen Zusammenbruch dazu auf, Ruhe und Ordnung zu bewahren und auf die Ergebnisse zentraler Tarifverhandlungen zu vertrauen:

»Arbeiter, laßt Euch nicht betören! Arbeitet! Erhaltet Ruhe und Ordnung! Maßlos übertriebene Lohnforderungen und dadurch hervorgerufene Streiks legen nicht nur Euren Arbeitsbetrieb still, sondern erzeugen darüber hinaus Schwierigkeiten und Störungen... Ohne Kohle keine Transporte, ohne geregelten Verkehr keine Lebensmittel! Ihr liefert Euch selbst dem Hunger aus! Auch die Sozialisierung, die Ihr wünscht, und die die Regierung später, soweit sie möglich und für Euch und die Wirtschaft nützlich ist, durchführen will, wird durch wilde Streiks und Unordnung vereitelt. Wie sollen Betriebe sozialisiert werden, wenn sie schon vorher von der eigenen Arbeiterschaft entzwei geschlagen und unser gesamtes Wirtschaftsleben an den Rand des Zusammenbruchs gebracht wird.«

Veränderte Bedingungen für Industrie

1918. Nach dem Ende des Ersten Weltkriegs ändern sich die Bedingungen für die Ruhrgebietsindustrie grundlegend. Durch den Ausfall der Rohstoffzufuhren aus Frankreich, zahlreiche Arbeitsniederlegungen und Streiks sowie durch die französische Politik, deren Ziel die Schwächung der deutschen Industrie ist, gehen Produktions- und Umsatzzahlen stark zurück. Werden 1918 noch 5,8 Mio t Roheisen im rheinisch-westfälischen Industrierevier erzeugt, so sind es 1919 nur noch 3,8 Mio t; bei der Rohrstahlherstellung sind 1918 noch 8,8 Mio t Ausstoß zu verzeichnen, während es 1919 nur noch 5,3 Mio t sind. Insgesamt erreicht das Revier 1919 nur noch 50% der Vorkriegsproduktion.

Da für die Unternehmen bei Kriegsende die bevorstehende Entwicklung vorherzusehen ist, beginnen sie sofort mit der Verringerung ihrer Belegschaften. So wird bei den Essener Krupp-Werken die Zahl der Beschäftigten innerhalb weniger Wochen von über 140 000 auf rund 43 000 gesenkt, indem »werksfremde Arbeiter«, meist zwangsrekrutierte Hilfskräfte, mit zwei Wochenlöhnen und einer Eisenbahn-Freifahrkarte zur Heimreise bewegt werden. Die Belegschaften der chemischen Industrie erfahren die drastischsten Verringerungen: Waren 1917 noch 7419 Arbeiter in den Hydrierwerken und Chemiefabriken im Raum Essen beschäftigt, so sind 1919 nur noch 793 Menschen dort tätig.

Für die Unternehmen der Schwerindustrie stellt sich die Aufgabe, ihre Werke an die veränderten Bedingungen anzupassen und ihre Produkte konkurrenzfähig auf dem Weltmarkt anzubieten. Nur im Export hochwertiger Güter liegen Verdienstmöglichkeiten, da im Deutschen Reich wegen der allgemeinen Wirtschaftskrise und der sich verschärfenden Inflation kaum Gewinne zu erzielen sind. Eine Überlebenschance für die z. T. veralteten Betriebe mit zu großen Produktionskapazitäten sehen die Ruhrindustriellen in der Bildung großer Konzerne. Sie wollen darin die gesamte Produktion von der Rohstoffgewinnung bis zur Herstellung der Fertigprodukte zusammenfassen, die sog. vertikale Konzentration. Heinrich Jastrow, Direktor der Siemens-Schuckert-Werke, die sich mit der Rheinelbe-Union von Hugo Stinnes zusammenschließen (→ 1. 10. 1920), schreibt in einer Denkschrift: »Der Gedanke, daß nur ein enger Zusammenschluß wieder bergan führen kann, liegt so in der Luft, daß es von den meisten führenden Elementen unseres Wirtschaftslebens schon ganz gefühlsmäßig empfunden wird... Ein Wirtschaftsprogramm, das allen Interessen nachkommen kann, ist nur für einen vertikal integrierten Complex sämtlicher Industriezweige, von den Rohstoffen Kohle und Erz über Eisen und Stahl bis einschließlich zur Fertigindustrie aufzustellen. Erst in einer solchen Zusammenfassung wird es möglich sein, Ausfuhr und Einfuhr des Complexes, seine Handels- und Zahlungsbilanz so zu regeln, daß alle Interessen einen würdigen Ausgleich finden können.« Die Konzentration der Unternehmen in der Schwerindustrie ist so stark, daß 1921 über 82% der Produktion in der Hand von zwölf Konzernen liegt.

Während einige Unternehmen Zusammenschlüsse mit anderen Firmen vollziehen wie die Siemens-Rheinelbe-Schuckert-Union oder der Henschel-Konzern, der die Essener Steinkohlenbergwerke, die Hattinger Henrichshütte und Lokomotivfabriken in Kassel vereinigt, beginnen andere Industrielle mit Umgruppierungen und Rationalisierungen innerhalb ihrer Unternehmen. So faßt August Thyssen seine Betriebe in der Gewerkschaft Friedrich Thyssen und der August-Thyssen-Hütte zusammen (→ 1. 1. 1919).

Riesengewinne für Rüstungsindustrie

1918. Die Essener Krupp-Werke erwirtschaften im letzten Kriegsjahr einen Umsatz von 1,5 Mrd Mark bei einem Anteil an Kriegsmaterial in Höhe von 900 Mio Mark. Der Reingewinn, den das Unternehmen während des Krieges macht, wird auf rund 400 Mio Mark geschätzt. Dazu kommen Einnahmen aus Lizenzverkäufen ins Ausland, die erst in den folgenden Jahren bezahlt werden; so zahlt die englische Firma Vikkers, die Krupp-Granatenzünder in Lizenz für die britische Armee hergestellt hat, für jeden im britischen Frontabschnitt gefallenen deutschen Soldaten drei Pfund Sterling an das Essener Unternehmen.

Die Gewinne der Eisen- und Stahlindustrie sowie der Waffen- und Munitionsfabriken während des Ersten Weltkrieges sind für Behörden und die Öffentlichkeit kaum nachzuvollziehen. Um sich der hohen Kriegsgewinnbesteuerung zu entziehen, hatten die Unternehmen ihre Erlöse durch Abschreibungen, Erwerb von Immobilien u. a. verschleiert.

Preußen fördert sozialen Wohnungsbau

28. März 1918. Der preußische Landtag verabschiedet ein Wohnungsgesetz zur Förderung des Kleinwohnungsbaus und der Finanzierung gemeinnütziger Bauprojekte. Damit soll sich für die Nachkriegszeit vor allem im Ruhrgebiet abzeichnende katastrophale Wohnungsnot vermieden werden.

Seit Kriegsbeginn (→ 1. 8. 1914) ist der Wohnungsbau auch an Rhein und Ruhr fast völlig zum Erliegen gekommen. Die Landesversicherungsanstalten haben ihre Kapitalien für Kriegsanleihen zur Verfügung stellen müssen, statt sie wie vor dem Krieg für die Subventionierung von Baugenossenschaften zu nutzen (→ 4. 3. 1893). Die industriellen Unternehmer ließen, soweit sie neue Rüstungsarbeiter ansiedeln mußten, allenfalls provisorische Barackenlager errichten.

Das Wohnungsgesetz stärkt die Planungs- und Enteignungsrechte der öffentlichen Hand, um den Gemeinden die Errichtung von Arbeiterwohnungen zu erleichtern. Flachbebauung, Grünplanung und städtebauliche Verschönerung werden gefördert. Eine Staatsanleihe in Höhe von 20 Mio Mark finanziert gemeinnützige Bauvereinigungen.

Arbeiterwohnung in (Duisburg-)Meiderich im Jahr 1919; viele Arbeiterfamilien leben wegen des Wohnraummangels in nur einem Zimmer

Unruhen befördern Ruf nach Kleinstaat

4. Dezember 1918. In einer Resolution fordern Politiker der rheinischen Zentrumspartei alle politischen Kräfte in Rheinland und Westfalen dazu auf, an der Bildung einer selbständigen »Rheinisch-Westfälischen Republik« mitzuwirken. Einen Monat nach Bildung zahlreicher Arbeiter- und Soldatenräte auch in den Städten des Ruhrgebiets (→ 8./9. 11. 1918) soll damit der Versuch unternommen werden, die von Berlin und Preußen ausgehenden Unruhen und »revolutionären Umtriebe« einzugrenzen.

Schon auf einer Zusammenkunft von Zentrumsmitgliedern beim Kölner Oberbürgermeister Konrad Adenauer am 9. November des Jahres wurde über die Möglichkeit einer veränderten Stellung der Rheinlande im Reich und über die Bildung eines unabhängigen Wirtschaftsimperiums am Rhein beraten.

Vom Kaiserreich zum Bürgerkrieg
Bergbau und Arbeiterbewegung 1914 bis 1923

Seit der Wende zum 20. Jh. war das Ruhrgebiet die größte schwerindustrielle Ballungsregion Europas. Die Probleme der ethnischen Differenzierung der Bevölkerung, der Unfallhäufigkeit in den Bergwerken, der wirtschaftlichen Expansion schlechthin sowie der Ansiedlung und Bindung der Belegschaften an die Schachtanlagen machten nicht nur den Zechenverwaltungen zu schaffen. Es waren zugleich Kernprobleme der Bergarbeitergewerkschaften in deren Bestrebungen, durch möglichst weitgehende Organisierung der Belegschaften als kämpferische Interessenorganisationen den Unternehmern gegenüberzutreten und ihnen Zugeständnisse in der Gestaltung der Arbeits- und Lohnverhältnisse abzutrotzen. Im ganzen gesehen, waren die Gewerkschaften darin wenig erfolgreich.

Nach den Erfahrungen des Massenstreiks von 1905 versuchten die Unternehmer systematisch, die Ausbreitung der Gewerkschaften zu verhindern. Eine Art Versicherung gegen die Produktionsausfälle bei Streiks war schon 1890 entstanden; seither kursierten regelmäßig sog. Schwarze Listen zwischen den Zechenverwaltungen, mit denen die Anstellung bekanntermaßen streikwilliger Bergleute verhindert werden sollte. 1908 gründeten die Unternehmer den Zechenverband, der mit dem Ziel der Kontrolle des Arbeitsmarktes eine eigene Arbeitsvermittlung aufbaute.

Besonders wegen der Gegensätze zwischen ihren eigenen Organisationen sahen sich die Gewerkschaften in die Defensive gedrängt. Zu viel Energie ging in den anhaltenden Auseinandersetzungen zwischen den führenden Exponenten vor allem des christlichen und des sozialdemokratischen Lagers verloren. Nur vorübergehend, in den Jahren 1905/06, gelang es, eine verbändeübergreifende Solidarität zu stiften. Wie ein Fanal lenkte denn auch der große Streik der Ruhrbergarbeiter im Jahr 1905 die Aufmerksamkeit der deutschen Öffentlichkeit auf sich. Wieder einmal ging es um klassische Beschwerden der Bergarbeiter: Um einen gerechteren Lohn, um Arbeitszeitfragen und allgemeine Probleme des Arbeitsverhältnisses, um Knappschaftsbeschwerden und vieles andere, und wieder einmal antwortete der Staat, wie schon nach 1889, durch eine Reform des Bergrechts, mittels derer endlich die bisher fakultativen Arbeiterausschüsse auf den Gruben zur Pflicht gemacht wurden. Darin lag, wenn auch diese Ausschüsse fortan zunächst wenig Einfluß gewinnen konnten, ein erheblicher sozialpolitischer Fortschritt. Völlig gescheitert ist hingegen der im Jahr 1912 im Ruhrgebiet vom Alten Verband geplante und eröffnete Streik. An ihm mochte der christliche Gewerkverein nicht teilnehmen. Schon nach wenigen Tagen bröckelte die Solidarität der Bergarbeiter ab. Das Klima der sozialpolitischen Auseinandersetzungen war härter geworden. Bei im großen und ganzen langsam steigenden Reallöhnen schien der gewerkschaftliche Einfluß letztlich wenig auszurichten.

Der Kriegsausbruch 1914 hat die Bedingungen für die Organisation der Belegschaften und für den gewerkschaftlichen Kampf grundlegend verändert. Zunächst wurden die Belegschaften wegen der Einberufung vieler Bergleute deutlich dezimiert, aber der Kohlenmangel machte sich bald als eines der gravierendsten Rohstoffprobleme der kriegführenden Nation bemerkbar, so daß viele im Felde stehende Bergleute reklamiert und die Belegschaften durch neue, bergfremde Arbeiter aufgefüllt wurden. Auch zwangsrekrutierte ausländische Arbeiter mußten die Bergarbeit aufnehmen, zu schweigen von den Kriegsgefangenen. Überdies traten viele Jugendliche während der Kriegsjahre in das erwerbsfähige Alter, und in vielen Bereichen der Schwerindustrie – nicht hingegen unter Tage – wurden nun auch Frauen beschäftigt.

Die Gewerkschaften verpflichteten sich, nachdem ihre Führer sich innerhalb der sozialdemokratischen Reichstagsfraktion für eine Unterstützung des Krieges entschieden hatten, zur Einhaltung eines sog. »Burgfriedens«. Offene Kampfaktionen sollten während des Krieges nicht gestattet sein. Auch die Sozialdemokratie, die in der schwerindustriellen Erwerbslandschaft vor 1914 nur schwer hatte Fuß fassen können, bei Reichstagswahlen aber immerhin bereits einige Erfolge erzielt hatte und im Ruhrgebiet überwiegend ein reformistisches Gesicht trug, unterstützte den Burgfrieden, wies aber bald in ihren Reihen eine Anzahl erbitterter Kriegsgegner auf. In ihrem Kampf für die Interessen der Arbeiter sahen sich die Bergarbeitergewerkschaften nun, anders als früher, auf die Zusammenarbeit mit Militärs, Behörden und auch Unternehmern angewiesen. Auf dem Weg gemeinsamer Verbandseingaben konnten sie in Knappschaftsangelegenheiten, in der Sicherung der Ernährung und Anpassung der Löhne an die zunehmende Teuerung wichtige Erfolge erzielen. Ihre faktische Anerkennung gelang den deutschen Gewerkschaften Ende 1916 im sog. »Hilfsdienstgesetz«, mit dem vornehmlich der Arbeitskräftebedarf der deutschen Industrie gesichert werden sollte. Es gab zunehmend Berührungspunkte zwischen Unternehmern und Gewerkschaftsführern, und zumal gegen Ende des Krieges kam es wiederholt zu Verhandlungen. Dabei spielte eine wichtige Rolle, daß die Gewerkschaften spätestens seit 1917 sozusagen »von links« unter Druck gerieten: Wie in den Schlüsselindustrien der Kriegswirtschaft mehrte sich auch unter den bergbaulichen Belegschaften die Unzufriedenheit mit der langen Kriegsdauer, den zunehmenden Ernährungsproblemen und der relativen Machtlosigkeit der Arbeiterbewegung. Seit 1917 und besonders im Frühjahr 1918 ist es zu großen, von den Verbänden nicht gewünschten und nur schwer kontrollierten Streikaktionen gekommen. Dennoch traten nun immer mehr Bergleute den Gewerkschaften bei. Aber erst nach der Revolution vom November 1918 sollte die Beitrittsbewegung Dimensionen erreichen, die alles vorher Dagewesene in den Schatten stellten.

Wie andernorts sah das Ruhrgebiet in den Tagen der Revolution überall die Entstehung von Arbeiter- und Soldatenräten, die neben und über die Kommunalverwaltungen traten und neben der

Demobilmachung nach dem Waffenstillstand die schwerwiegenden Probleme der Übergangswirtschaft zu regeln beanspruchten. In diesen Räten haben die Flügel der bald in drei selbständigen Gruppen organisierten Arbeiterbewegung – die Mehrheitssozialisten, die unabhängigen Sozialisten und die Kommunisten – erbittert miteinander gestritten. Die gewerkschaftlichen Spitzenverbände konnten demgegenüber noch im November 1918 den Unternehmern wichtige Zugeständnisse abtrotzen. Gegenüber den revolutionären Kräften, die am linken Flügel der Arbeiterbewegung zunehmend Resonanz gewannen, erschien die Unterstützung der klassischen Gewerkschaftsorganisationen den Unternehmern noch als das geringere Übel. Im Bergbau konnte, neben kräftigen Lohnerhöhungen und anderen sozialpolitischen Zugeständnissen, bald der Sieben-Stunden-Tag durchgesetzt werden, während die Verhandlungen über eine Sozialisierung des Kohlenbergbaus nach endlosen Auseinandersetzungen schließlich scheiterten. Das zeichnete sich schon im Frühjahr 1919 ab, und die Enttäuschung vieler Bergleute über das Steckenbleiben der Revolution ließ eine syndikalistisch orientierte Opposition an Einfluß gewinnen. Die Syndikalisten im Ruhrgebiet suchten, ausgehend von kleinen Einheiten, die Bergarbeiter in einem hierarchisch gestaffelten Rätesystem zu organisieren und hatten darin vor allem im westlichen Ruhrgebiet vorübergehend großen Erfolg.

Zu den wichtigen Rahmenbedingungen, unter denen sich nunmehr ein regelrechter Bürgerkrieg im Ruhrgebiet abzeichnete, gehörte der große, durch die Reparationsforderungen der Alliierten noch gemehrte Kohlenmangel der unmittelbaren Nachkriegszeit. Im Zusammenhang der inflationären gesamtwirtschaftlichen Entwicklung trug der Nachfrageboom immerhin zu einem raschen Abbau der Nachkriegsarbeitslosigkeit bei; zu Beginn des Jahres 1920 herrschte im Ruhrbergbau bereits wieder Vollbeschäftigung. Aber der Schein trog. Die Bergleute lebten unter Bedingungen, die mit der unmittelbaren Vorkriegszeit keineswegs vergleichbar waren. Bei verkürzter Arbeitszeit schienen die Löhne zwar hoch, aber real blieb wegen der stoßartig steigenden Lebensmittelpreise weniger übrig. Schlimmer war noch, daß die Lebensmittelversorgung überhaupt durch die nun schubweise voranschreitende Inflation gestört und gefährdet wurde. Auch die sonstigen Lebensbedingungen hatten sich bedrohlich verschlechtert. Wenn schon früher die Arbeiterwohnungen in der Regel durch Kinder und Schlafgänger überfüllt gewesen waren, so erreichte die Wohnungsnot nunmehr unbeschreibliche Ausmaße. Zu den Folgen der unerträglichen Wohnbedingungen und der schlechten Ernährungsverhältnisse gehörte eine starke Zunahme der Mangelkrankheiten in den frühen 20er Jahren.

Wie sehr sich gerade die Bergarbeiter des Ruhrgebiets von den Erfolgen der Revolution enttäuscht sahen, sollte sich im Frühjahr 1920 erweisen. Die Bergarbeiterverbände waren gerade mit den Unternehmern zu einem Übereinkommen gelangt, wonach die weiter große Kohlennachfrage auch durch Überschichten befriedigt werden sollte, als in Berlin ein finstersreaktionärer Putsch gegen die demokratisch gewählte Regierung den wesentlichsten Kern der Errungenschaften von 1918, die demokratische Weimarer Verfassung, zunichte zu machen drohte. Der sog. Kapp-Putsch veranlaßte einen großen Teil der Arbeiter im Ruhrgebiet zur revolutionären Sammlung der Kräfte. Die Ausrufung des Generalstreiks gegen die Putschisten mündete in die Formierung einer Roten Armee, der es gelang, binnen weniger Tage die im Ruhrgebiet stationierten Ordnungskräfte zu entwaffnen.

Unter Zusammenwirken führender Militärs auch mit sozialdemokratischen Politikern ist die Rote Armee durch Wehrmachts- und Freikorps-Truppen zurückgedrängt und schließlich zerschlagen worden. Das hat zahlreiche Opfer unter den Arbeitern gekostet und hat, auf mittlere Sicht, die radikalen Kräfte in den Belegschaften eher gestärkt. Die Sozialdemokraten im Revier verloren an Einfluß, und auch die Bergarbeitergewerkschaften erlitten schwere Einbußen, von denen sie sich nur zögernd ab etwa 1924 wieder erholen konnten.

Dabei expandierte der Ruhrbergbau kräftig weiter. Bei anhaltender Nachfrage wurde im Jahr 1922 der Höchststand der Belegschaften mit über 500 000 Bergarbeitern erreicht. Die nun immer stärkere Inflation machte freilich viele Erfolge gewerkschaftlicher Kampfmaßnahmen zunichte. Die Arbeitsgemeinschaft, die die Gewerkschaften mit den Unternehmern eingegangen waren, blieb nur mühsam beieinander; die Ansätze zur Konsensbildung zwischen beiden Seiten standen auf tönernen Füßen. Sobald es die machtpolitische Konstellation ermöglichte, trat die Unternehmerseite an, um Zugeständnisse rückgängig zu machen.

So standen die folgenden Jahre bis zur Ruhrbesetzung von 1923 unter dem Eindruck stetiger Wechselbäder, die eng mit den Schüben der inflationären Geldentwertung verbunden waren. Zur Versorgung mit dem Allernotwendigsten reichte es nicht, ein regelmäßiges Lohneinkommen zu beziehen; ein Großteil der Versorgung vollzog sich nunmehr über Schwarze Märkte, auf denen gekauft und getauscht wurde. Im Jahr 1923 suchte dann der außenpolitische Druck, der auf dem Deutschen Reich seit dem Diktatfrieden von Versailles lastete, das Ruhrgebiet heim. Das Revier galt der französischen Siegermacht als »produktives Pfand«, das den Deutschen abzunehmen sei, sobald sie ihren Reparationsverpflichtungen nicht bzw. nicht im erwarteten und festgelegten Umfang nachkämen. 1923 besetzten dann französische und belgische Truppen das Ruhrgebiet. So beeindruckende Zeugnisse der nationalen Solidarität gegen die Besetzer diese Entwicklung auch brachte, so unaufhaltsam steuerte die Finanz- und Wirtschaftspolitik des Reiches infolge der Besetzung in die Katastrophe. Die Löhne reichten nicht zum Unentbehrlichsten, und die Versorgung mit Grundnahrungsmitteln stockte oder versiegte. Blanke Not griff in diesen Monaten um sich, und diese Not zermürbte auch den Widerstandswillen der Bevölkerung gegen die Besatzer.

Der Zeitraum von 1914 bis 1923 sah das Ruhrgebiet in einer tiefen strukturellen Anpassungskrise von der Kriegs- zur Friedenswirtschaft unter inflationären Bedingungen, und die politischen Erschütterungen im Übergang von der alten Ordnung zur Republik taten ein übriges, um die Lebensverhältnisse, die gewachsenen Loyalitäten und Wertorientierungen in Frage zu stellen. Immer noch nahm die Bevölkerung im Ruhrgebiet rasch zu, wenn auch die Zuwanderung seit Beginn der 20er Jahre versiegte – von den polnischen Bergarbeitern nahmen viele die ihnen durch die Friedensbedingungen gewährte Option zur Weg- oder Rückwanderung wahr. Die Hoffnungen zu Beginn des Krieges, der auch von vielen Arbeitern mit patriotischen Erwartungen verfolgt worden ist, waren im Kriegsverlauf der Enttäuschung durch Entbehrung gewichen; die Hoffnungen, die sich mit der Revolution verbunden hatten, sind durch eine mutlos gewordene und immer schärfer zersplitterte Arbeiterbewegung enttäuscht worden. Das waren Wechselbäder, wie sie niemals zuvor und auch später nicht das Ruhrgebiet heimgesucht haben. Zu den bittersten Erfahrungen hatte gehört, daß es die eigene Arbeiterpartei gewesen war, die im Frühjahr 1920 maßgeblich zur Befriedung des Reviers beigetragen hatte. Nach 1924 ist dem Ruhrgebiet die Atempause eines konjunkturellen Aufschwungs vergönnt gewesen, der nach 1929 in eine neue, wieder völlig anders geartete Wirtschaftskrise, an deren Ende die nationalsozialistische Diktatur stand, mündete.

Klaus Tenfelde

1919

1. 1. Die Gewerkschaft Deutscher Kaiser wird von August Thyssen in (Duisburg-)Hamborn neu organisiert. →

11. 1. Der Essener Arbeiter- und Soldatenrat besetzt die Räume des Zechenverbandes und des Rheinisch-Westfälischen Kohlensyndikats. →

19. 1. Bei den Wahlen zur verfassunggebenden deutschen Nationalversammlung können SPD, Zentrum und Deutsche Demokratische Partei eine Mehrheit erringen. →

20. 1. Bei der Fried. Krupp AG in Essen beginnt die Umstellung der Produktion. →

6. 2. Eine Gesamtkonferenz der Arbeiter- und Soldatenräte des Ruhrgebiets in Essen droht mit Generalstreik. →

15. 2. Das Freikorps Lichtschlag besetzt bei seinem Vormarsch ins Ruhrgebiet Hervest-Dorsten. →

22. 2. Die Reichsregierung erläßt für den Ruhrbergbau eine Verordnung zur Einrichtung von Arbeitskammern. →

30. 3. Eine Schachtdelegiertenkonferenz von 195 Revierzechen in Essen beschließt die Gründung einer Allgemeinen Bergarbeiter Union. →

31. 3. Reichsregierung und preußische Regierung verhängen den Belagerungszustand über das Ruhrgebiet. →

15. 4. Saladin Schmitt inszeniert die erste Aufführung des neugegründeten Bochumer Schauspielensembles. →

Mai. Bochums Stadtorchester gibt das erste Konzert. →

28. 6. Im Spiegelsaal von Schloß Versailles wird der Friedensvertrag zwischen dem Deutschen Reich und den Alliierten unterzeichnet. →

21. 7. Die preußische Staatsregierung verleiht der Landgemeinde Bottrop und dem Amt Gladbeck Stadtrechte. →

25. 10. Zwischen dem Zechenverband und den Bergarbeitergewerkschaften wird der erste Tarifvertrag geschlossen. →

1919. Das Bochumer Heimatmuseum zieht in das ehemalige Herrenhaus Rechen. →

Ende 1919. In Mülheim an der Ruhr wird die Siedlung Papenbusch erbaut. →

GESTORBEN:

25. 3. Berlin: Wilhelm Lehmbruck (*4. 1. 1881, Meiderich/Duisburg), Bildhauer und Grafiker des Expressionismus. →

GEBOREN:

9. 11. Essen: Heinrich Reiß, evangelischer Theologe, Präses der Evangelischen Kirche von Westfalen ab 1977.

Essener Räte verkünden Sozialisierung

11. Januar 1919. In einer eigenmächtigen Aktion besetzt der aus Mitgliedern der Mehrheitssozialdemokratie (MSPD), der Unabhängigen Sozialdemokraten (USPD) und der KPD bestehende Essener Arbeiter- und Soldatenrat die Diensträume des Zechenverbandes und des Rheinisch-Westfälischen Kohlensyndikats in Essen. Auf einem Flugblatt bezeichnen die Räte ihre Initiative als »Sieg des Sozialismus«: »Die Zentrale der kapitalistischen Ausbeutung und die Zwingburg der zechenherrlichen Gewalt sind damit in die Hände des Volkes übergegangen ... Bergarbeiter, der erste Schritt auf dem Weg zum Zukunftsstaat ist also getan. Nehmt geschlossen die Arbeit wieder auf!«

Zwei Tage später beschließt eine Konferenz der Arbeiter- und Soldatenräte des gesamten Ruhrgebiets in Essen konkrete Maßnahmen zur Durchführung der Sozialisierung: Der Essener Landrichter Ernst Ruben wird zum Volkskommissar für die Sozialisierung gewählt. Ihm zur Seite stellen die Räte eine aus Vertretern von MSPD, USPD, KPD und der Bergarbeitergewerkschaften zusammengesetzte Neunerkommission zur Überwachung von Zechenverband und Kohlensyndikat.

Der Aufruf des Essener Arbeiter- und Soldatenrats vom 15. Januar 1919 fordert die Verstaatlichung des Bergbaus und regt die Wahl von Betriebsräten an

Bis zum 1. Dezember 1919 sind auf allen Revierschachtanlagen Zechenräte zu wählen, die den Belegschaften Mitspracherechte in Form einer Kontrolle der Lohnlisten, der Förderziffern sowie der finanziellen Gesamtlage des Betriebes sichern sollen. An der Spitze der Räteorganisation soll ein Zentralzechenrat die Oberaufsicht über den gesamten Ruhrbergbau übernehmen.

Bereits einen Tag nach der Verkündung dieses Sozialisierungsmodells am 14. Januar 1919 gehen die seit Wochen (→ 13. 11. 1918) anhaltenden Streiks schlagartig zurück. Zwei Tage später befinden sich noch 902 Bergarbeiter im Ausstand. Die rasche Wiederaufnahme der Arbeit ist Ausdruck der Zufriedenheit der Bergarbeiter mit der Initiative des Arbeiter- und Soldatenrates.

Räte zwischen Parteien und Freikorps

Zu den bestimmenden innenpolitischen Faktoren der ersten Revolutionsmonate zählen im Ruhrgebiet bis Anfang Februar 1919 die Arbeiter- und Soldatenräte. Aus Mitgliedern der Unabhängigen Sozialdemokratie, der KPD und der Mehrheitssozialdemokratie bestehend, wobei letztere in den meisten Räten über eine Mehrheit verfügen, üben sie in der ersten Phase der Novemberrevolution in allen Revierstädten die vollziehende Gewalt aus (→ 8./9. 11. 1918). Vertreter der bürgerlichen Parteien treten im November und Dezember 1918, soweit sie nicht als Minderheitsfraktionen in örtlichen Arbeiter- und Soldatenräten vertreten sind, politisch kaum in Erscheinung. Erst im Vorfeld der Wahlen zur Nationalversammlung (→ 19. 1. 1919) melden sich liberale und Zentrumspolitiker zu Wort.

Nach den Kommunalwahlen im März 1919 ziehen demokratisch gewählte Vertreter aller politischen Parteien in die Gemeindevertretungen ein. Die im November 1918 als Kontrollorgane des kaiserlichen Verwaltungsapparates eingesetzten Räte verlieren damit ihre Legitimation.

Der Versuch der Arbeiter- und Soldatenräte, über eine Unterstützung der Sozialisierungsbewegung im Ruhrbergbau (→ 11. 1. 1919) die Verankerung des Rätegedankens in der Wirtschaft zu erreichen, endet in der Entsendung von Truppen ins Ruhrgebiet. Seit Mitte Februar 1919 üben Freikorpsverbände mit Billigung der Reichsregierung im Ruhrgebiet eine Terrorherrschaft aus; die Auflösung der Arbeiter- und Soldatenräte erfolgt in vielen Fällen mit Waffengewalt. Mitglieder der lokalen Räteorganisationen werden von Freikorps-Söldnern verhaftet, gefoltert und umgebracht. Die Kräfte der Arbeiterbewegung sind diesen paramilitärischen und militärischen Verbänden hilflos ausgeliefert.

Angehörige des Freikorps Lichtschlag in Dortmund

Kampf für die Sozialisierung des Bergbaus scheitert

Zwischen Februar und April 1919 erschüttern mehrere Streikbewegungen im Ruhrbergbau das rheinisch-westfälische Industriegebiet. Ursache aller Streiks ist die ablehnende Haltung von Bergarbeitergewerkschaften und Reichsregierung gegenüber der Essener Sozialisierungsinitiative (→ 11. 1. 1919). Nach blutigen Zusammenstößen zwischen Streikenden und Freikorps-Verbänden im Februar und März eskaliert die Bewegung schließlich Ende März 1919 in der Verhängung des Belagerungszustands über das Ruhrgebiet und der Entsendung von Regierungstruppen.

Rätekonferenz stellt Berlin Ultimatum

6. Februar 1919. Eine Gesamtkonferenz der Arbeiter- und Soldatenräte des rheinisch-westfälischen Industrierreviers verlangt von der Reichsregierung ultimativ die Anerkennung der Neunerkommission als Kontrollorgan für den Ruhrbergbau und der seit Mitte Januar auf den Revierzechen gewählten Zechenräte. Für den Fall der Nichterfüllung der Forderungen bis zum 15. Februar droht die Konferenz mit der Ausrufung des Generalstreiks.

Dem Ultimatum sind mehrwöchige Verhandlungen zwischen Vertretern der Bergarbeitergewerkschaften, der Reichsregierung und Vertretern der Bergbauindustrie in Berlin vorausgegangen. In allen Besprechungen hatten Vertreter der Regierung jede Anerkennung der Neunerkommission als oberstem Gremium der Sozialisierung verweigert und die nach dem sog. Essener Modell (→ 11. 1. 1919) gewählten Zechenräte für illegal erklärt. Stattdessen hatte die Regierung auf den zentralen Weg der Gesetzgebung in der Sozialisierungsfrage verwiesen. Auf Drängen der Gewerkschaftsvertreter, die im Falle unbefriedigender Verhandlungsergebnisse in Berlin um ihren Einfluß auf die streikende Mitgliederbasis fürchteten, hatte die Regierung lediglich der Einsetzung von drei Reichsbevollmächtigten für die Sozialisierung zugestimmt. Otto Hue vom Alten Verband, Albert Vögler als Unternehmer- und Bergrat Röhrig als Regierungsvertreter sollten »alle wirtschaftlichen Vorgänge auf dem Gebiet der Kohleförderung« überwachen.

Ohne auf die Forderungen des Ultimatums der Rätekonferenz vom 6. Februar einzugehen, läßt die Reichsregierung am 10. Februar Truppen im nördlichen Ruhrgebiet aufmarschieren. Die Lage im Ruhrrevier spitzt sich zu, als der Kommandeur des VII. Armeekorps, General Oskar von Watter, noch am gleichen Tag den Generalsoldatenrat in Münster durch Truppen des Freikorps Lichtschlag verhaften läßt.

Frhr. Oskar von Watter, Kommandeur des VII. Armeekorps in Münster

Freikorps marschiert ins Ruhrgebiet ein

15. Februar 1919. Söldner des Freikorps Lichtschlag besetzen Hervest-Dorsten. Die Truppen gehen mit äußerster Brutalität gegen demonstrierende Arbeiter vor, dringen gewaltsam in Bergarbeiterwohnungen ein und mißhandeln zahlreiche Arbeiter. Eiligst aufgestellte Sicherheitswehren sind machtlos gegenüber Artillerie und Gasgranaten. Mehrere Arbeiter- und Soldatenrätekonferenzen in Essen und Mülheim am 13., 14. und 18. Februar rufen den Generalstreik aus. Am 19. Februar befinden sich im gesamten Ruhrgebiet etwa 120 000 Bergarbeiter im Streik. Am 23. des Monats beginnen Freikorpseinheiten, den Streik mit Waffengewalt zu zerschlagen. Die schlecht ausgerüsteten Arbeiterwehren sind gegen Kavallerie und Artillerie der Truppen machtlos.

Regierung verhängt Belagerungszustand

31. März 1919. Reichsregierung und preußische Regierung verhängen den Belagerungszustand über das Ruhrgebiet. Einen Tag vorher hatten 475 Vertreter von 195 Revierzechen auf einer Schachtdelegiertenkonferenz in Essen der Regierung in Berlin ein erneutes Generalstreikultimatum gestellt. Bis zum 1. April sollten u. a. folgende Forderungen erfüllt werden:
▷ Sofortige Einführung der Sechsstunden-Schicht unter Tage
▷ 25 Prozent Lohnerhöhung
▷ Anerkennung der Essener Zechenräte
▷ Freilassung aller politischen Gefangenen

Massenkundgebung streikender Bergarbeiter in Dortmund; die Ruhrbergleute fordern mit der Rätekonferenz die Sozialisierung des Bergbaus

▷ Auflösung und Entwaffnung der Freikorps-Verbände
▷ Bezahlung der Streikschichten.

Weiterhin hatte die Konferenz mit nur acht Gegenstimmen den Austritt aus den Bergarbeitergewerkschaften und die Gründung einer Allgemeinen Bergarbeiter Union beschlossen (→ 30. 3. 1919).

Trotz der Ankündigung zweier Sozialisierungsgesetze durch die Reichsregierung am 3. und 4. März 1919 war es bereits seit dem 7. des Monats zu erneuten Streiks im Ruhrgebiet gekommen.

In Aufrufen verurteilen die Bergarbeitergewerkschaften, die kaum noch Einfluß auf den Gang der Ereignisse haben, den Generalstreik als Werk bolschewistischer Elemente. Daß diese Einschätzung des Bergarbeiterprotests falsch ist, zeigt sich auf dem Höhepunkt des Streiks am 10. April, als mit 290 000 Streikenden etwa 75% der Ruhrbergarbeiterschaft die Generalstreikforderungen der Räte unterstützen.

Am 7. April ernennt die Reichsregierung den Redakteur der Bielefelder Zeitung »Volkswacht«, Carl Severing, zum Reichskommissar für das Ruhrgebiet. Einen Tag später rücken Regierungstruppen in Bochum ein, Severing läßt die Lebensmittelzufuhr ins Revier stoppen und die Neunerkommission verhaften.

Veröffentlichung des Alten Bergarbeiterverbandes zur Sozialisierung

Bergarbeiter Union in Essen gegründet

30. März 1919. Auf einer Schachtdelegiertenkonferenz in Essen (→ 31. 3. 1919) beschließen die Delegierten von 195 Revierzechen die Gründung einer neuen Bergarbeitergewerkschaft, der Allgemeinen Bergarbeiter Union, und den Austritt aus den traditionellen Gewerkschaften. Motiv für die Abkehr der Bergarbeiter von ihren alten Organisationen ist die Unzufriedenheit mit der bisherigen Tarifpolitik der Verbände. Sowohl Alter Verband und christlicher Gewerkverein als auch die polnische Berufsvereinigung und der Hirsch-Dunckersche Bergarbeiterverband, die am 18. Oktober 1918 vom Zechenverband als legitime Interessenvertreter der Bergarbeiter anerkannt worden waren (→ 13. 11. 1918), hatten seit November 1918 versucht, jede Streikbewegung im Bergbau zu unterdrücken. Nachdem die Bergarbeiterverbände ab Februar 1919 den Einsatz von Militär gegen Streikende befürwortet hatten, war die Unzufriedenheit der Mitgliederbasis tiefem Mißtrauen gegenüber der sog. Arbeitsgemeinschaftspolitik zwischen Gewerkschaften und dem Zechenverband gewichen.

Ein Bergmann berichtet über die Gründung der Union:

»Anfangs haben die Verbände unseren Streik unterstützt, es erschienen Flugblätter mit der Losung: ›Wir halten durch!‹ Aber eine Stunde später hieß es: ›Wir fangen Montag wieder an zu arbeiten!‹ Da war der Verdruß groß, dadurch kam die Union hoch ... Die Union hat die Einheit der Kumpel wiederhergestellt. In der Union waren wir auf Recklinghausen II fast alle. Die paar, die nicht reinwollten, wurden reingedrängt. Die alten Verbände? Von denen sah man kaum noch was. Nur Steiger und die, die Steiger werden wollten und zur Bergschule gingen, blieben abseits.«

Bei den Betriebsrätewahlen im Ruhrbergbau im Frühjahr 1921 wird die unter kommunistischem Einfluß stehende Allgemeine Bergarbeiter Union mit 26% der abgegebenen Stimmen nach dem sozialdemokratischen Alten Verband die zweitstärkste gewerkschaftliche Gruppierung auf den Revierzechen.

Erster Tarifvertrag im Steinkohlenbergbau

25. Oktober 1919. Nach 15tägigen Verhandlungen wird in den Morgenstunden in den Räumen des Zechenverbandes in Essen zwischen Vertretern der Bergbauunternehmen und der vier Bergarbeiterverbände der erste Manteltarifvertrag für den rheinisch-westfälischen Steinkohlenbergbau unterzeichnet. Das Abkommen enthält Lohn-, Arbeitszeit- und Urlaubsregelungen für die etwa 400 000 Beschäftigten im Ruhrbergbau.

Grundlage für den Tarifvertrag bildet die Anerkennung der Gewerkschaften als einzig legitime Belegschaftsvertreter durch den Zechenverband am 18. Oktober 1918. Damals hatten die Gewerkschaften unter dem Eindruck des nahen Kriegsendes und einer drohenden sozialen Revolution den Bergbauunternehmern erste Zugeständnisse in der Lohn- und Arbeitszeitfrage abringen können (→ 13. 11. 1918). Hatte der Zechenverband zunächst am 14. November 1918 der Einführung der Achtstunden-Schicht unter Tage zugestimmt, so sahen sich die Zechenunternehmer bald unter dem Eindruck der wilden Streikbewegung im Ruhrrevier zu weiteren Kompromissen genötigt. Dabei entsprangen Lohnerhöhungen im Dezember 1918 und Januar 1919 sowie eine zweimalige Verkürzung der Schichtzeiten für die Untertage-Arbeiter im April 1919 zuerst auf siebeneinhalb und dann auf sieben Stunden nicht der sozialpolitischen Einsicht der Arbeitgeber, sondern dem wachsenden Druck der Zechenbelegschaften.

Zwar zielten die Forderungen der Ruhrbergarbeiterschaft seit Januar 1919 auf eine Sozialisierung des Bergbaus, jedoch hofften sowohl Gewerkschaften wie auch Unternehmer, die Bergarbeiter mit Zugeständnissen bei Löhnen und Arbeitszeitregelungen zufriedenzustellen. Zentrale Verhandlungsmaxime des Zechenverbandes war es, angesichts der Sozialisierungsbewegung im Ruhrbergbau um jeden Preis die innerbetriebliche Machtposition der Unternehmer zu erhalten. Die Verordnung der Reichsregierung über die Wahl von Betriebsräten in den Bergbaubetrieben vom 13. März 1919, die den Räten lediglich beratende Stimme in sozialen Fragen einräumte, stellte in dieser Hinsicht keine Gefährdung der unternehmerischen Position dar. Ebensowenig konnten die beiden am 3. und 4. März des Jahres im Reichstag verabschiedeten Sozialisierungsgesetze die Betriebsverfassung des Bergbaus erschüttern: In dem Sozialisierungsrahmengesetz wurde lediglich ein Recht auf Arbeit festgeschrieben und die Regierung zur Sozialisierung bestimmter Industrien ermächtigt.

Das Gesetz zur Sozialisierung der Kohlenwirtschaft sah die Zusammenfassung des Bergbaus in zwei Organisationen, dem Reichskohlenrat und dem Reichskohlenverband, vor. 1920 eingerichtet, entwickelt sich der paritätisch aus Unternehmern, Gewerkschaften und Kohlenhandel zusammengesetzte Reichskohlenrat zu einem sozialpolitischen Beratungsorgan. Wirtschaftliche Bedeutung erlangt hingegen der im gleichen Jahr gegründete Reichskohlenverband. Als Zusammenschluß der Unternehmen, in dem das Rheinisch-Westfälische Kohlensyndikat die Mehrheit besitzt, obliegt ihm das Recht der Preisfestsetzung.

Von den Bergarbeitergewerkschaften werden Betriebsräte, Sozialisierungsgesetze und zentrale tarifliche Vereinbarungen bis hin zum Manteltarifvertrag als gewerkschaftliche Erfolge der Novemberrevolution gefeiert. Die Versuche der Zechenbelegschaften, in den Streik- und Protestbewegungen zwischen Januar und April 1919 mit der Forderung nach Sozialisierung mehr betriebliche Mitbestimmung in Form einer Mitsprache bei der Leitung der Bergbaubetriebe durchzusetzen, waren von allen Gewerkschaften erbittert bekämpft worden. Ohne sich mit den Ursachen der Sozialisierungsbewegung, die tief in der autoritären Betriebsverfassung des Bergbaus wurzeln, je auseinanderzusetzen, verurteilen die Verbände sie als Werk radikaler Elemente.

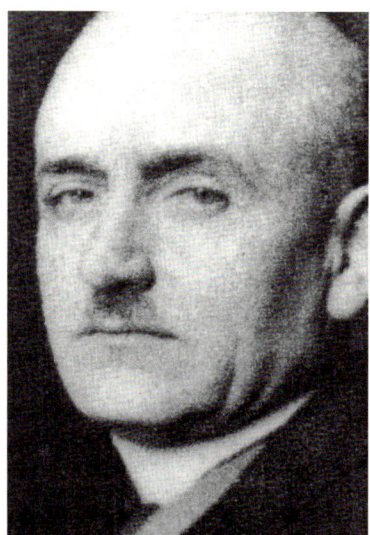

Heinrich Imbusch, Vorsitzender des christlichen Gewerkvereins

Auszug aus dem ersten Tarifvertrag im Ruhrbergbau (erste Seite)

Frauen als SPD-Wählerpotential

Wahlaufruf der Zentrumspartei

Massenprotest gegen den Versailler Vertrag auf dem Essener Burgplatz

MSPD siegt bei Wahlen

19. Januar 1919. Bei den Wahlen zur verfassunggebenden Nationalversammlung kann die katholische Zentrumspartei in Essen, Recklinghausen und Oberhausen die meisten Stimmen auf sich vereinigen. Die Mehrheitssozialdemokraten (MSPD) gewinnen in Bochum, Dortmund, Duisburg und Gelsenkirchen. Auf Reichsebene wird die MSPD mit 37,9% der abgegebenen Stimmen stärkste Partei.

Trotz der revolutionären Entwicklung im Deutschen Reich (→ 8./9. 11. 1918) können die bürgerlichen Parteien ihre Position behaupten. In der Nationalversammlung gibt es nur geringe Verschiebungen gegenüber der letzten Reichstagswahl vor dem Ersten Weltkrieg im Jahr 1912. Die MSPD mit 163 Sitzen, das Zentrum mit 91 Sitzen und die Deutschen Demokratische Partei (DDP) schließen sich zu einem Regierungsbündnis, der sog. Weimarer Koalition, zusammen. In der Opposition bleiben die aus der Nationalliberalen Partei hervorgegangene Deutsche Volkspartei (DVP) und die Deutschnationale Volkspartei (DNVP), in der sich konservativ-monarchistische Gruppierungen zusammengeschlossen haben, sowie die unabhängigen Sozialdemokraten (USPD), die lediglich 7,6% der Stimmen erringen können. Erstmals sind bei dieser Wahl auch Frauen zugelassen, die genau wie die Männer mindestens 20 Jahre alt sein müssen, um an der Wahl teilnehmen zu dürfen. Die Wahlbeteiligung liegt mit 83% sehr hoch.

Die Wahlen finden unter bürgerkriegsähnlichen Zuständen statt, in deren Verlauf Karl Liebknecht und Rosa Luxemburg aus der Führungsspitze der Kommunistischen Partei Deutschlands (KPD) von Soldaten in Berlin ermordet werden; die KPD nimmt aus Protest gegen die Morde nicht an den Wahlen teil. Wegen der anhaltenden Kämpfe in Berlin wird die Nationalversammlung in die thüringische Stadt Weimar verlegt, wo am 11. Februar Friedrich Ebert, Vorsitzender der MSPD, zum ersten Reichspräsidenten gewählt wird.

Die Wahlen zur verfassunggebenden Nationalversammlung am 19. Januar 1919 in %							
	USPD	SPD	Zentrum	DDP	DVP	DNVP	Sonstige
Bochum	2,23	40,48	28,87	12,71	15,71	–	–
Dortmund	3,0	47,05	26,96	8,3	14,69	–	–
Duisburg	–	36,04	30,83	8,3	12,12	12,71	–
Essen	7,41	31,27	39,53	6,84	–	14,95	–
Gelsenkirchen	3,76	55,66	31,72	4,44	4,42	–	–
Oberhausen	–	36,87	38,03	4,64	16,8	3,66	–
Recklinghausen	0,38	37,21	44,92	8,24	7,4	1,85	–
Deutsches Reich	7,6	37,9	19,7	18,5	4,4	10,3	1,6

Der Vertrag von Versailles

28. Juni 1919. Die Reichsminister Hermann Müller und Johannes Bell unterzeichnen im Spiegelsaal des Versailler Schlosses den Friedensvertrag mit den Siegermächten des Ersten Weltkriegs. Seit dem 18. Januar hatte in Paris eine Friedenskonferenz mit den Staatsoberhäuptern von Frankreich, England, den USA und Italien getagt und die insgesamt 440 Artikel des Vertragswerks ausgehandelt.

Inhalt des Versailler Vertrags

▷ Abtretung von Elsaß-Lothringen an Frankreich, von Posen und Westpreußen an Polen sowie sämtlicher Kolonien
▷ Autonomiebestimmungen für das Saargebiet und Danzig
▷ Volksabstimmungen über die künftige Staatsangehörigkeit in Nordschleswig, Ostpreußen und Oberschlesien
▷ Aufhebung der allgemeinen Wehrpflicht und Verringerung der Truppen auf 100 000 Mann
▷ Übernahme der alleinigen Verantwortung für den Kriegsausbruch
▷ Verpflichtung zu Reparationszahlungen zur Wiedergutmachung der durch den Krieg entstandenen Schäden.

Erst am 7. Mai des Jahres wurde der Vertrag der sechsköpfigen deutschen Delegation übergeben. Trotz massiver deutscher Einsprüche gegen die Bestimmungen zur Übernahme der alleinigen Kriegsschuld durch das Deutsche Reich und die

Mitglieder der deutschen Friedensdelegation in Versailles, Mai 1919

Reparationszahlungen sowie die Strafbestimmungen zur Auslieferung des deutschen Kaisers und führender Generäle an die Siegermächte wurde der Vertragstext nicht geändert. Aus Protest gegen die harten Friedensbedingungen tritt der deutsche Reichskanzler Philipp Scheidemann zurück. Die Nationalversammlung nimmt am 22. Juni den Vertrag an, macht aber deutlich, daß dies nur unter dem Druck der Siegermächte geschieht. Diese hatten mit einer Besetzung des Deutschen Reiches im Falle einer Ablehnung des Vertrags gedroht. Verbunden mit der Unterzeichnung des Vertrags ist eine Vereinbarung über die Besetzung des Rheinlands durch alliierte Truppen als Bürgschaft für die Einhaltung des Vertrags. Die Reparationen werden 1921 auf 132 Mrd Goldmark festgelegt.

Motorräder und Bestecke statt Kanonen

20. Januar 1919. Zwei Monate nach dem Ende des Ersten Weltkrieges nehmen die Essener Krupp-Werke die Friedensproduktion auf. Waren in einem Großteil der mechanischen Werkstätten, der Stahlherstellungs- und Verarbeitungsbetriebe in den vergangenen Jahren Geschütze, Gewehre, Zünder und Geschosse gefertigt worden, so wird nun die Produktion auf Güter wie Landwirtschafts- und Textilmaschinen, Bagger, Kurbelwellen, Motorräder, Registrierkassen, Additionsmaschinen, Filmkameras, Schreibmaschinen, optische und chirurgische Instrumente, Tafelgeschirr, Besteckwalzen usw. umgestellt.

Aus dem korrosionsbeständigen und geschmacksneutralen V2A-Stahl der Krupp-Werke werden künstliche Gebisse für verwundete Soldaten hergestellt, die in einer eigens eingerichteten Klinik behandelt werden.

Gustav Krupp von Bohlen und Halbach setzt für Produktvorschläge Prämien aus und veranstaltet einen Ideenwettbewerb in seinen Werken. Im Juni 1919 schließt er mit den Preußischen Staatsbahnen einen Vertrag über die Lieferung von 2000 Lokomotiven und Waggons ab, da das durch den Krieg stark in Mitleidenschaft gezogene Eisenbahnwesen wiederhergestellt werden soll. Die Jungfernfahrt der ersten Lokomotive aus den Essener Krupp-Werken wird mit einem Pfeifsignal, das Gustavs zwölfjähriger Sohn Alfried

Erste nach Kriegsende in den Essener Krupp-Werken fertiggestellte Lokomotive (Dezember 1919), festlich geschmückt zur Jungfernfahrt

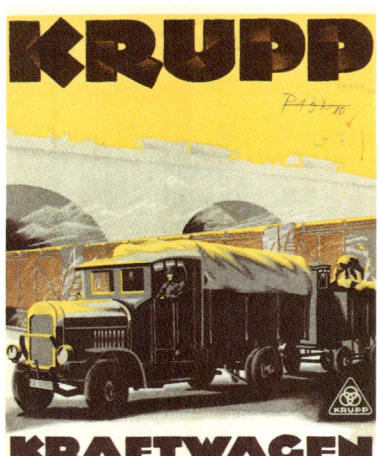

Auch Lastkraftwagen gehören zur Kruppschen Friedensproduktion

betätigt, im Dezember des Jahres feierlich gestartet. Die Essener Krupp-Werke erwirtschaften mit der Geräteproduktion bis zum Ende des Jahres 36 Mio Mark Gewinn. Die »Essener Allgemeine Zeitung« berichtet im März 1920 über den Wandel: »Es gibt keinen Kanonenkönig Krupp mehr ... Nichts läßt mehr erkennen, daß hier vor eineinhalb Jahren noch die größte Waffenschmiede der Welt war. Seine gewaltigen Maschinenhallen sind darauf eingerichtet, die größte Kraftmaschine zu bauen wie die diffizilste Schreib- und Rechenmaschine ... Wie aus einem bösen Traum erwacht, reckt und dehnt sich der Essener Gigant und stellt sich mit beiden Füßen fest auf die heimische Erde.«

Neuorganisation des Thyssen-Konzerns

1. Januar 1919. Die schwierige wirtschaftliche Situation der Stahlindustrie veranlaßt August Thyssen angesichts mangelnder Rohstoffzufuhr, zahlreicher Streiks und wachsenden Absatzrückgangs, seine Unternehmensgruppe in mehrere selbständige Kapitalgesellschaften umzuwandeln. Die beginnende Diskussion um die Verstaatlichung des Bergbaus (→ 11. 1. 1919) führt dazu, daß Thyssen vor allem Zechen und Stahlunternehmen trennt.

Aus den bis dahin in der Gewerkschaft Deutscher Kaiser zusammengefaßten Produktionsbereichen werden die Zechen ausgegliedert und in Gewerkschaft Friedrich Thyssen umbenannt. Unter dem Namen August-Thyssen-Hütte führen die stahlverarbeitenden Betriebe, hier insbesondere die Hütte Bruckhausen bei Duisburg und das Walzwerk in Dinslaken, ihren Betrieb weiter. Hauptanteilseigner der neuen Gewerkschaft Friedrich Thyssen ist die Thyssen-Hütte. Die Kapitalbindung des Bergbaubereichs an die Hütte ändert jedoch nichts an seiner juristischen Selbständigkeit.

Zeitgleich mit der Trennung von Bergbau und Hüttenbetrieb entläßt der Konzern zwei weitere Abteilungen in die Eigenständigkeit: In Mülheim wird die Schachtbau Thyssen GmbH gegründet, und aus der Gas- und Wasserwerkabteilung entsteht die Niederrheinische Gas- und Wasserwerke GmbH.

Amt Gladbeck darf sich Stadt nennen

21. Juli 1919. Das Amt Gladbeck erhält Stadtrechte. Die neue Stadtverordnetenversammlung wählt den Amtmann Michael Jovy zum Ersten Bürgermeister.

Schon vor dem Ersten Weltkrieg hatte sich Gladbeck darum bemüht, die Bezeichnung »Stadt« tragen zu dürfen. Der Krieg und die ihm folgenden politischen Unruhen hatten die Entscheidung verzögert.

Gladbeck bemüht sich noch im gleichen Jahr um den Status einer kreisfreien Stadt, mit dem größere finanzielle Unabhängigkeit verbunden ist. 1921 scheidet die Stadt aus dem Landkreis Recklinghausen aus. Die kreisfreie Stadt Gladbeck hat zu diesem Zeitpunkt 57 706 Einwohner.

Haus Rechen wird Heimatmuseum

1919. Eine »Sammlung von Altertümern aus Bochum und Westfalen«, die vom Schuldirektor Bernhard Kleff in Bochum zusammengetragen wurde, wird im neuen städtischen Heimatmuseum, in Haus Rechen untergebracht.

Der alte Adelssitz der Herren von Schell an der Königsallee war nach der Jahrhundertwende in den Besitz der Stadt übergegangen und bildet nun einen passenden Rahmen für die alten Möbel, Lampen, Münzen und anderen Ausstellungsstücke. Rektor Kleff betreut die Sammlung und erweitert sie ständig; er übernimmt auch den Vorsitz des 1921 in Bochum gegründeten Vereins für Heimatkunde.

Thyssen-Siedlung in Mülheim an der Ruhr

Ende 1919. Östlich des Mülheimer Thyssen-Werkes wird mit dem Bau einer Siedlung für die Stammbelegschaft der Fabrik begonnen. Bauherr ist die Gemeinnützige Baugesellschaft Am Papenbusch, deren Mitglieder der Thyssenkonzern und die Stadt Mülheim sind. Auf einem 90 Morgen großen Gelände, das August Thyssen ein Jahr zuvor der Gesellschaft überschrieben hatte, entstehen 90 zweigeschossige Häuser entlang der Straße Am Papenbusch und vier weiteren Stichstraßen. Nach Entwürfen des Architekten Franz Hagen besitzt jedes Haus pro Wohnung vier bis fünf Zimmer und eine im angebauten Stallgebäude untergebrachte Toilette.

Bergbau richtet Arbeitskammern ein

22. Februar 1919. Im Bergbau werden Arbeitskammern eingerichtet, die laut Erlaß der Reichsregierung »an den Vorarbeiten für eine umfassende Beeinflussung des Bergbaus durch das Reich und für eine Beteiligung der Volksgesamtheit an seinen Erträgen« mitwirken sollen. Die Kammern sind zu gleichen Teilen aus Vertretern der Arbeitgeber und der Arbeitnehmer zusammengesetzt. In Erwägung, durch Arbeitskammern die Arbeiterbewegung »in die gesellschaftliche Ordnung einzuordnen« (Reichskanzler Theobald von Bethmann Hollweg), hatte die Reichsregierung schon 1908 einen ähnlichen Gesetzentwurf vorgelegt.

Saladin Schmitt Intendant in Bochum

15. April 1919. In einer Inszenierung von Saladin Schmitt bringt das am 1. April gegründete Bochumer Ensemble Franz Grillparzers Trauerspiel »Des Meeres und der Liebe Wellen« auf die Bühne. Unter der Leitung seines ersten Intendanten Schmitt wird das Bochumer Stadttheater zu einem Haus von internationalem Ruf.

Schon in der ersten Aufführung sieht die Presse, »daß der junge Spielleiter sich bei seinen theatralischen Bemühungen kaum von Aktualität, Konvention und Unterhaltungsbedürfnissen leiten lassen wollte, er konfrontierte sein Publikum sogleich mit höchsten Ansprüchen... Und schon bei dieser ersten Inszenierung traten die besonderen Merkmale der Regieprinzipien Saladin Schmitts klar hervor. Es wurde eine Verschmelzung von Stil- und Illusionsbühne angestrebt.«

Die erste Spielzeit bringt dem Publikum insgesamt 14 Stücke, d. h. fast wöchentlich eine Premiere. Das Interesse der Zuschauer, anfangs ähnlich stark wie von seiten der Presse, läßt jedoch schnell nach und wandelt sich um in Ablehnung der Arbeit Schmitts. Demgegenüber loben bald auch die überörtlichen Zeitungen die Aufführungen des neuen Theaters.

Saladin Schmitt, 1883 in Bingen als Sohn eines Weinkaufmanns geboren, war nach seinem Studium zunächst Assistent des Kölner Theaterwissenschaftlers Max Martersteig. Gleichzeitig schrieb er Theaterkritiken für verschiedene Zeitungen der Domstadt, wo er auch eine Schauspielausbildung absolvierte. 1906/07 bekam er sein erstes Engagement als Regisseur und Dramaturg in (Wuppertal-)Elberfeld. 1913 ging er als Oberspielleiter an das Stadttheater von Freiburg im Breisgau. 1916 übernahm er die Leitung des Deutschen Theaters in Brüssel. 1918 bewarb sich Schmitt auf Initiative des Kulturdezernenten der Stadt Bochum, Wilhelm Stumpf, um eine neu zu schaffende Position als Oberregisseur, um Stumpf bei der Organisation von Gastspielen in Bochum zu entlasten. Da die bisher regelmäßig gastierenden Essener Bühnen jedoch durch Eröffnung eines zweiten Theaters, der Städtischen Volksbühne, die Nachbarstadt nicht mehr versorgen konnten, entschloß sich die Stadt zur Gründung eines eigenen Ensembles. Aus finanziellen Gründen wurde ein ausschließliches Schauspieltheater geschaffen.

Saladin Schmitt (1883 – 1951), erster Intendant des Bochumer Ensembles

Bochum erhält ein Qualitätsorchester

Mai 1919. Mit Werken von Christoph Willibald Gluck, Carl Maria von Weber und Felix Mendelssohn-Bartholdy stellt sich das neue Symphonieorchester der Stadt Bochum dem Publikum vor. Das Orchester soll auch für die Aufführung von Schauspielmusiken bei den Inszenierungen des neuen Theaterintendanten Saladin Schmitt (→ 15. 4. 1919) eingesetzt werden.

Die Initiative zu der Gründung des Orchesters ging von dem Bochumer Kulturdezernenten Wilhelm Stumpf aus. Die Wahl des neuen musikalischen Leiters mußte durch Losentscheid getroffen werden, nachdem das Probedirigieren der beiden Bewerber eine eindeutige Entscheidung nicht zuließ. Das Los sprach zugunsten des zuvor in Leipzig tätigen Rudolf Schulz-Dornburg.

Wilhelm Stumpf

Duisburger Bildhauer Lehmbruck verübt in Berlin Selbstmord

25. März 1919. Der aus Duisburg stammende Künstler Wilhelm Lehmbruck scheidet im Monat seiner Ernennung zum Mitglied der Preußischen Akademie der Künste in Berlin freiwillig aus dem Leben. Trotz tiefster Lebensängste und starker Depressionen, die den Bildhauer Lehmbruck in seinen letzten Lebensjahren quälten, sind seine späten Werke künstlerisch die reifsten und vollkommensten. Skulpturen, wie »Die Kniende« (→1911), »Der Gestürzte« von 1915/16 oder sein letztes großes Werk »Der sitzende Jüngling« begründen den Ruf des Bildhauers, dem nur der Künstler Ernst Barlach zu seiner Zeit gleichkommt. Am 4. Januar 1881 in Duisburg-Meiderich als Sohn eines Bergarbeiters geboren, verbringt Lehmbruck die ersten künstlerischen Schaffensjahr nach einem Studium an der Kunstgewerbeschule in Düsseldorf (1895 – 99) als Bildhauergehilfe. Ein Studium an der Kunstakademie Düsseldorf bei Karl Janssen bringt ihn 1901 bis 1907 mit sozialen Thematiken künstlerischer Arbeiten von Käthe Kollwitz, Émile Zola und Gerhart Hauptmann in Kontakt. Ein Staatsankauf der Skulptur »Badende« für die Akademie ermöglicht Lehmbruck eine erste Italienreise im Jahr 1905, auf der er sich mit den Skulpturen der griechischen Antike und italienischen Renaissance auseinandersetzt.

W. Lehmbruck

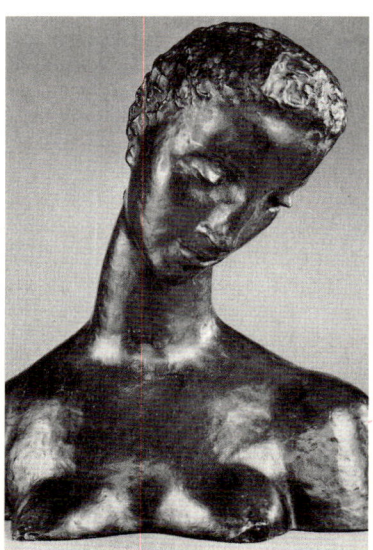
Gesenkter Frauenkopf (1911)

Mädchen mit aufgestütztem Bein

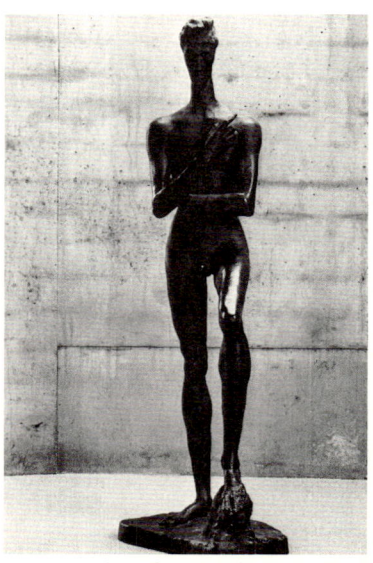
Emporsteigender Jüngling (1913/14)

1920

18. 2. Zechenverband und Bergarbeitergewerkschaften schließen zum ersten Mal ein Überschichtabkommen für den Ruhrbergbau ab.

13. 3. Ein Generalstreik der Arbeiter im Ruhrgebiet vereitelt den Kapp-Putsch. →

15. 3.–10. 5. Im Zuge der Niederschlagung des Kapp-Putsches kommt es im Ruhrgebiet zur Bildung einer Roten Ruhr-Armee. →

19. 3. Bei Kämpfen zwischen Bürgerwehr und Roter Ruhr-Armee am Essener Wasserturm werden zahlreiche Menschen getötet.

Frühjahr. Im Ruhrbergbau finden die ersten Betriebsrätewahlen statt. →

1. 5. In Dortmund besteht die erste Ortsgruppe der NSDAP im Ruhrgebiet. →

5. 5. Als Kommunalverband für das Ruhrgebiet wird der Siedlungsverband Ruhrkohlenbezirk gegründet. →

16. 5. Eine Delegiertenkonferenz der Arbeiter- und Knappenvereine in Bochum berichtet über steigende Mitgliederzahlen nach einer Stagnation während des Krieges.

20. 5. Unter französischer Aufsicht beginnt die Demontage in den Essener Krupp-Werken.

6. 6. Die Wahlen zum ersten Reichstag bringen der »Weimarer Koalition« empfindliche Stimmenverluste. →

1. 7. Die Gemeinden Menden und Raadt werden in den Stadtkreis Mülheim eingemeindet.

14. 8. In Essen wird der »Große Preis von Essen« ausgetragen, ein Rennen der Radprofis.

1. 10. Unter maßgeblicher Beteiligung des Mülheimer Unternehmers Hugo Stinnes wird die Siemens-Rheinelbe-Schuckert-Union gegründet.

27. 11. Der Flugverkehr zwischen Essen und Berlin wird eröffnet. →

1920. Hugo Stinnes zählt zu den erfolgreichsten Unternehmern im Revier. →

1920. Die Bevölkerung am Niederrhein versorgt sich mit geschmuggelten Lebensmitteln aus den Niederlanden. →

1920. Die Brüder Johann und Wilhelm Seppelfricke gründen an der Schalker Straße in Gelsenkirchen eine Firma zur Herstellung von Armaturen.

1920/27. In Rheim bei Reepelen (Kreis Moers) errichtet die Rheinpreussen AG die Pattbergschächte. →

GEBOREN:

5. 6. Herne: Kurt Edelhagen († 8. 2. 1981, Köln), Jazzmusiker und Orchesterleiter.

Generalstreik vereitelt Putschversuch

13. März 1920. Vertreter des Allgemeinen Deutschen Gewerkschaftsbundes (ADGB) und anderer Gewerkschaften sowie die Unabhängige Sozialdemokratische Partei Deutschlands (USPD), die Sozialdemokratische Partei Deutschlands (SPD) und die Kommunistische Partei Deutschlands (KPD) rufen zum Generalstreik auf, um den Kapp-Putsch zu vereiteln. Zwei Tage später liegt die gesamte deutsche Wirtschaft still, der Verkehr ruht und auch die Ministerialbürokratie verweigert die Arbeit. Die Arbeiter des Ruhrgebiets leisten bewaffneten Widerstand und streiken auch nach der Niederschlagung des Putsches weiter (15. 3. – 10. 5. 1920).

Im Ruhrgebiet formieren sich nach Bekanntwerden des Kapp-Putsches Aktions-Ausschüsse, in denen sich ADGB, USPD, SPD, KPD und mancherorts auch DDP (Deutsche Demokratische Partei) und Zentrum auf der Basis gemeinsamer Minimalforderungen zusammenfinden: Niederwerfung des Militärputsches, Sicherung der Republik und Sicherung der erreichten Arbeiterrechte (Anerkennung der Gewerkschaften als Tarifpartner und Achtstundentag). Nachdem diese Forderungen mit dem Ende des Putsches gegenstandslos geworden sind, folgen die gemäßigten Gruppen der Aufforderung zum Abbruch des Streiks.

Im Gegensatz zu Zentrum, DDP und nichtsozialistischen Gewerkschaften sowie SPD, verlangen die übrigen sozialistisch orientierten Arbeiterorganisationen und -parteien die Fortsetzung des Kampfes gegen die rechtsgerichteten Kräfte, die Sicherheitspolizei und die Reichswehr, die im Ruhrgebiet noch in weiten Teilen vorherrschend sind.

Forderungen der Arbeiter

▷ Verstaatlichung des Kohlenbergbaus und Enteignung der Zechenbesitzer
▷ Entwaffnung und Bestrafung der Putschisten
▷ Säuberung der Reichswehr und der Verwaltungen von »reaktionären Persönlichkeiten«
▷ Demokratisierung der Verwaltungshierarchie
▷ Schaffung von Sozialgesetzen zur vollen wirtschaftlichen und sozialen Gleichberechtigung.

Ähnlich diesem Aufruf des Berliner Arbeiter- und Soldatenrates erfolgt auch im Ruhrgebiet die Proklamation des Generalstreiks. Die Arbeiter treten in einen Streik und leisten bewaffneten Widerstand. Angeschlossen haben sich alle Gewerkschaftsverbände, die sozialdemokratischen Parteien und die KPD. Auch von demokratisch orientierten Parteien sowie dem Zentrum wird der Kampf gegen die rechtsgerichteten Kräfte des Kapp-Putsches im Revier unterstützt.

Kapp-Putsch erschüttert Weimarer Republik

13. März 1920. Der sog. Kapp-Putsch, der zur Bildung der Roten Ruhr-Armee führt, beginnt mit dem Einmarsch der Marinebrigade Ehrhardt und anderer Freikorpstruppen unter General Walter Freiherr von Lüttwitz in Berlin. Die Reichswehr stellt sich dem Putsch nicht entgegen. Reichspräsident Friedrich Ebert und die Regierung weichen über Dresden nach Stuttgart aus. Wolfgang Kapp, ehemaliger Generallandschaftsdirektor von Ostpreußen und Kopf der Putschisten, läßt sich zum Reichskanzler ausrufen. Er erklärt die bisherige Regierung für abgesetzt und löst die Nationalversammlung auf.

Hintergrund des Kapp-Putsches ist die Unzufriedenheit militanter Rechtskreise mit der Republik. Sie hatten sich im Sommer 1919 schon zu einer »Nationalen Vereinigung« zusammengeschlossen und planten die Wiedererrichtung der Monarchie. Auslöser der Ereignisse ist eine Anordnung der Regierung, die zahlreichen noch bestehenden militärischen Einheiten und Freikorps aufzulösen. Infolge der Arbeitsverweigerung der Berliner Beamtenschaft und des von den Gewerkschaften ausgerufenen Generalstreiks im gesamten Deutschen Reich bricht der Putsch am 17. März 1920 erfolglos zusammen.

Wolfgang Kapp, Putsch-Führer

Ruhr-Armee gegen Rechts

15. März bis 10. Mai 1920. Die Arbeiter des Ruhrgebiets leisten bewaffneten Widerstand gegen Freikorps, die im Zuge des Kapp-Putsches auf die Städte des Industriebezirks marschieren. Sie kämpfen auch nach dem Zusammenbruch des Putsches weiter, um ihren Forderungen nach einer Säuberung der Reichswehr von reaktionären Kräften, nach einer Demokratisierung der Verwaltung und nach einer forcierten Sozialgesetzgebung Nachdruck zu verleihen.

Die Rote Armee der Arbeiter erringt die Macht im Ruhrgebiet und erreicht den Abschluß eines Abkommens mit der Reichsregierung. Der Aufstand wird danach jedoch vollständig niedergeschlagen.

Das Bielefelder Abkommen

Die Reichsregierung verspricht in diesem Abkommen, als Gegenleistung für einen Waffenstillstand folgende Punkte zu erfüllen:
▷ Die Auflösung aller der Verfassung nicht treu gebliebenen konterrevolutionären Formationen und ihre Ersetzung durch Formationen aus den Kreisen der zuverlässigen republikanischen Bevölkerung
▷ Die Entwaffnung und Bestrafung der Putschisten sowie Straffreiheit für die Arbeiter
▷ Die sofortige Inangriffnahme der Sozialisierung der dazu reifen Wirtschaftszweige.

Die Bewaffnung der Arbeiter erfolgt in den Tagen nach dem Putsch. Ein Teil der Gewehre ist noch von der Revolutionszeit 1919 her im Besitz der Arbeiter. Gut bewaffnet, können Arbeiter aus Hagen und Witten am 15. März eine auf dem Bahnhof Wetter unter der schwarz-weiß-roten Flagge des Kaiserreiches einfahrende Batterie des Freikorps Lichtschlag überwinden. Die Soldaten werden gefangengenommen und ihre Waffen beschlagnahmt. Eine weitere Kompanie des Freikorps trifft gegen 19.00 Uhr des gleichen Tages auf dem Bahnhof in Herdecke ein. Scharen von Arbeitern, die durch Sirenenalarm in ihren Städten herbeigerufen werden, besetzen die Höhen von Herdecke. Die Reichstruppen kapitulieren am Morgen des 16. März nach heftigen Kampfhandlungen.

In der Nacht vom 15. auf den 16. März führt der Kommandeur des Freikorps, Hauptmann Lichtschlag, einen mit Minenwerfern und Maschinengewehren bestückten Panzerzug in den Güterbahnhof Dortmund-Süd, von wo aus Lichtschlag gegen das Zentrum des Arbeiteraufstandes in Hagen vorrücken will. Die Dortmunder Eisenbahner verweigern ihm jedoch die Weiterfahrt. Während die Stadtverwaltung versucht, die Bevölkerung zur Duldung der durch die Stadt ziehenden Freikorpssoldaten zu bewegen, da diese nur für »Ruhe und Ordnung« sorgen, sind bereits Arbeitermassen unterwegs nach Dortmund. Die Rote Armee mit Arbeitern aus dem Raum Hagen, Witten, Selm, Bochum und Hörde ist bereits weit über 10 000 Mann stark. Der am 17. März beginnende Kampf um Dortmund endet mit dem Sieg der Roten Ruhr-Armee, die von dort aus weiter nach Wattenscheid und Essen zieht. Am 22. März befindet sich das ganze Ruhrgebiet in ihren Händen.

Die Reichsregierung sieht sich dem Druck der Roten Armee auf der einen Seite und der reaktionären Kräfte der Reichswehr auf der anderen Seite ausgesetzt und versucht, mit den Aufständischen zu verhandeln. An der Bielefelder Konferenz vom 23. März unter der Leitung des sozialdemokratischen Reichskommissars Carl Severing nehmen nur Vertreter der Arbeiter aus dem Raum Hagen teil, während Dortmund, Oberhausen, Mülheim, Duisburg u. a. nicht vertreten sind. In Bielefeld wird ein Waffenstillstandsabkommen geschlossen, unter der Bedingung, daß die Reichswehr ihre Belagerung des Ruhrgebiets aufgibt. Auch die politischen Forderungen der Arbeitervertreter sind in das Abkommen einbezogen.

Die Bewegung der Arbeiter hat jedoch keine zentrale Führung und reagiert nicht geschlossen mit einem Abbruch der Kampfhandlungen. Auf der anderen Seite wird auch die Belagerung durch die Reichswehr nicht aufgegeben. Am 28. März stellt die Regierung den Arbeitern das Ultimatum, die Rote Armee bis zum 30. März 12.00 Uhr aufzulösen. Nachdem dies nicht geschieht, marschiert am 2. April die Reichswehr ins Ruhrgebiet ein und schlägt den Aufstand innerhalb einer Woche brutal nieder.

Mit improvisierten Straßenbarrikaden versuchen die kämpfenden Parteien, eroberte Stadtbezirke überall in den Revierstädten zu verteidigen

Mitglieder eines Stoßtrupps verteidigen das Duisburger Rathaus

In den Straßen Dortmunds patrouillieren Rotgardisten

Gegen die aufständischen Rotarmisten formieren sich auch die Bürger in den Ruhrgebietsstädten, hier die Duisburger Einwohnerwehr (1919/20)

Eine Gruppe der Roten Armee aus dem Bergischen Land lagert bis zum nächsten Kampfeinsatz vor dem Gasthaus Müller in (Duisburg-)Laar

Nur notdürftig bewaffnet sammeln sich die Mitglieder der Roten Ruhr-Armee zum Sammeltransport auf beschlagnahmten Lastwagen zum »Fronteinsatz«

Nach Eroberung von militärischen Depots verfügt die Rote Ruhr-Armee auch über Maschinengewehre und andere schwere Kampfgeschütze

»Im Stechschritt, marsch«, heißt die Parole für die zahlreichen Freiwilligen der Roten Armee auf ihrem Weg durch die Straßen der Ruhrgebietsstädte

In langen Marschkolonnen ziehen die Truppen durch die belebten Straßen der Dortmunder Innenstadt

Stinnes schafft größten Elektromontankonzern

1. Oktober 1920. Unter Federführung von Hugo Stinnes wird aus den in der Rheinelbe-Union zusammengeschlossenen Unternehmen der Deutsch-Luxemburgischen Bergwerks- und Hütten-Aktiengesellschaft (Deutsch-Lux) und der Gelsenkirchener Bergwerks-Aktien-Gesellschaft (GBAG) einerseits und dem Siemens-Schuckert Konzern andererseits die Siemens-Rheinelbe-Schuckert-Union (SRSU) gebildet. Der Vertrag für diese Interessengemeinschaft wird auf 80 Jahre abgeschlossen und läuft bis zum 30. September 2000.

Schon im Laufe des Jahres hatte Hugo Stinnes mehrere spektakuläre Transaktionen getätigt. So war es ihm gelungen, in der Rheinelbe-Union seinen Hauskonzern, die Deutsch-Lux, mit der GBAG zusammenzufassen. Infolge des Ersten Weltkriegs hatte die Deutsch-Lux einen großen Teil ihrer Produktionsstätten verloren. Auf den vor allem in Nordfrankreich liegenden Anlagen wurden 1 Mio t Steinkohle und 750 000 t Roheisen produziert, das waren 60% der Gesamtproduktion des Konzerns. Durch Entschädigungszahlungen für diese von Frankreich enteigneten Förder- und Produktionsanlagen war jedoch die Deutsch-Lux in den Besitz großer Geldsummen gekommen, die es angesichts der inflationären Entwicklung im Deutschen Reich möglichst schnell und gewinnbringend zu investieren galt. Das Unternehmen, dem durch die Enteignungen vor allem die Kohlenbasis entzogen war, bildete eine Interessengemeinschaft mit der GBAG, die ebenfalls große Verluste infolge des Krieges hinnehmen mußte. Die Dachgesellschaft für die Gemeinschaft wird Rheinelbe-Union genannt, da die Zeche Rheinelbe Kernstück der GBAG ist und das von Friedrich Grillo (→ 1872) gegründete Eisenwerk Union in Dortmund eine der wichtigsten Produktionsstätten der Deutsch-Lux darstellt.

Nach diesem Zusammenschluß gelingt es Hugo Stinnes, die Aktienmehrheit an dem Bochumer Verein für Bergbau und Gußstahlfabrikation AG zu erwerben. Der Großspekulant Hugo Herzfeld hatte in aller Stille die Anteilsmehrheit an dem Unternehmen zusammengekauft und es an Hugo Stinnes, der ihm das beste Angebot unterbreitete, weiterveräußert. Stinnes gliederte den Bochumer Verein, bei dem 22 000 Arbeiter beschäftigt waren, in die Rheinelbe-Union ein.

Der Vorteil der so vergrößerten Interessengemeinschaft besteht darin, daß ihre Produktionsstätten nahe beieinander liegen, so daß Kosten für den Transport von Kohle zu den Hochöfen und von Roheisen zu den weiterverarbeitenden Betrieben fast völlig entfallen. Darüber hinaus wird in dem Unternehmen die gesamte Fertigung von den Ausgangsprodukten Kohle und Erz bis zur Endverarbeitung in Werften, Lokomotivfabriken und Maschinenbauanlagen zusammengefaßt.

Da Stinnes neben Kohle und Stahlindustrie auch großes Interesse an der Elektroindustrie hat – er gründete das Rheinisch-Westfälische Elektrizitätswerk (→ 1898) –, begann er bald mit den beiden größten deutschen Elektrokonzernen zu verhandeln, der Allgemeinen Elektrizitätsgesellschaft (AEG) und dem Siemens-Schuckert Konzern. Seine Bemühungen führen zur Bildung einer Interessengemeinschaft mit dem Siemens-Schuckert Konzern, dessen Muttergesellschaft 1847 von Werner Siemens und Gustav Halske in Berlin gegründet worden war.

Unter der Leitung von Stinnes, Carl Friedrich von Siemens und Emil Kirdorf, dem Generaldirektor der GBAG, werden die beteiligten Unternehmen in der SRSU zusammengefaßt. Die einzelnen Unternehmen behalten weitgehend ihre Eigenständigkeit, doch werden alle Aktivitäten untereinander abgesprochen und aufeinander abgestimmt. Die Verteilung der Gewinne erfolgt zu gleichen Teilen unter den beteiligten Gesellschaften. Für den Siemens-Schuckert Konzern gibt es keine wirtschaftlich zwingenden Gründe, dem Zusammenschluß zuzustimmen, doch versprechen sich die Konzernherren bessere Produktions- und größere Absatzmöglichkeiten durch die Bildung der SRSU. Carl Friedrich von Siemens begründet den Zusammenschluß: ». . . Wir können uns nicht mehr beschränken auf die Fortschritte, die im Rahmen unseres eigensten Arbeitsgebiets erzielbar sind, wir müssen die Verbindung herstellen zwischen den einzelnen Zweigen des technischen Lebens . . .«

Der Konzernchef Hugo Stinnes

Der König der Ruhr: Konzernchef Stinnes

1920. Hugo Stinnes, der 1870 geborene Nachfahre des Mülheimer Großreeders Mathias Stinnes (→ 1845), versetzt zu Beginn der 20er Jahre die Finanz- und Wirtschaftswelt immer wieder in Erstaunen. Er erwirbt zahllose Beteiligungen und Aktienpakete der unterschiedlichsten Unternehmen und errichtet so ein für die Außenstehenden unüberschaubares Imperium von Zechen, Metallunternehmen, Maschinenbaufirmen, Papierfabriken, Zeitungen, Schiffahrtsgesellschaften u. a.; »König der Ruhr« nennt ihn sein Biograph Gaston Raphael.

Buchtitel des Werkes von Paul Ufermann und Carl Hüglin über Stinnes

Mehrarbeit für Bergleute

18. Februar 1920. Der Zechenverband und die Bergarbeitergewerkschaften im Ruhrgebiet schließen zum ersten Mal ein Überschichtabkommen für den Bergbau ab. Mit dieser Vereinbarung, die wie ein späteres Abkommen (→ 1922) die Versorgungslage der Arbeiter verbessern soll, wird die von den Belegschaften seit einem Jahr gestellte Forderung nach der Sechsstunden-Schicht im Bergbau hinfällig.

Die Bergleute fordern eine Schichtverkürzung, seit mit der allgemeinen Einführung des Achtstundentages das traditionelle Arbeitszeitprivileg für die körperlich schwerarbeitenden Knappen verlorenging. Durch eine Verkürzung der Schichten auf sechs Stunden sollte dieser Verlust wieder ausgeglichen werden. Nachdem die Reichsregierung sich im Versailler Vertrag zu Reparationen auch in Form von Kohlelieferungen verpflichtet hat, besteht wenig Aussicht auf Verkürzungen der Arbeitszeit. Daher versuchen die Gewerkschaften, die notwendig werdenden Überschichten zumindest durch einen entsprechenden Ausgleich in der Entlohnung und Ernährung zu erreichen. Neben einem Überschichtzuschlag von 100% wird ihnen auch eine Erhöhung der seit Kriegszeiten rationierten Brot- und Fettzuteilungen zugestanden.

Erste Ortsgruppe der NSDAP im Ruhrgebiet

1. Mai 1920. Die wenige Tage zuvor gegründete Dortmunder Ortsgruppe der Nationalsozialistischen Deutschen Arbeiterpartei (NSDAP) hat bereits 23 Mitglieder. Die Ortsgruppe Dortmund ist die erste NSDAP-Ortsgruppe im Ruhrgebiet und zugleich der erste Ableger der Partei außerhalb Bayerns.

Gründer und erster Leiter der Dortmunder Ortsgruppe ist der spätere Reichspostminister Wilhelm Ohnesorge. Dem Parteiausschuß gehören zu einem großen Teil Postbedienstete an; Arbeiter sind kaum zu finden. Die Dortmunder Parteiangehörigen führen Aufnahmegebühren und auch Mitgliedsbeiträge an die Münchner Zentrale ab.

Die politische Alltagsarbeit der Gruppe hat eher Vereinscharakter: Man trifft sich zu regelmäßigen Sprechabenden, an denen aus nationalsozialistischen oder völkisch-nationalen Schriften vorgelesen oder aus den eigenen Reihen Vorträge gehalten werden.

Neben der Ortsgruppe Dortmund gibt es 1920/21 im Ruhrgebiet nur vereinzelte NSDAP-Mitglieder bzw. lediglich Interessenten. Im Juni 1920 fordert ein Bochumer in München Unterlagen zur Ortsgruppengründung an, doch kommt der Plan nicht zur Ausführung. 1922 bilden sich Gruppen in Hagen und Hattingen.

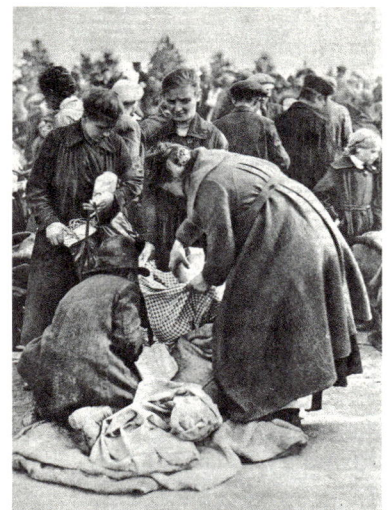
Schwarzhandel mit Schmuggelware (Essener »Wochenschau«)

Schmuggel floriert am Niederrhein

1920. Die Bevölkerung des Ruhrgebiets leidet seit Kriegsende unter Versorgungsschwierigkeiten (→ November/Dezember 1918). Vor allem am Niederrhein nützen die Bewohner der grenznahen Orte die Möglichkeit, in den Niederlanden Kaffee, Kakao, Biskuits und Obst zu kaufen. In großem Umfang werden solche Mangelwaren wie auch Zigarren und Zigaretten über die deutsch-holländische Grenze geschmuggelt und auf den zahlreichen Schwarzmärkten des Reviers verkauft.

Erste Betriebsrätewahlen

Frühjahr 1920. Im Ruhrbergbau finden die ersten Betriebsrätewahlen statt. Ein am 4. Februar in Kraft getretenes Gesetz sieht die Wahl von Vertretern durch alle Angehörigen eines Betriebes vor. Die Betriebsräte sind für soziale Fragen zuständig und dürfen über alle den Dienstvertrag und die Tätigkeit der Arbeitnehmer berührenden Betriebsvorgänge Aufschluß verlangen. In die Betriebsräte werden überwiegend Gewerkschafter gewählt, wobei im Ruhrbergbau eine Mehrheit von 45,7% der Stimmen auf Vertreter des Alten Bergarbeiterverbandes entfällt. Die syndikalistischen Organisationen erringen 27% und der christliche Gewerkverein 18,9%. Mit der Schaffung der gesetzlich vorgeschriebenen Arbeitnehmervertretungen wird eine Mitbestimmung der Beschäftigten für alle Betriebe verpflichtend; im Bergbau bestehen Arbeiterausschüsse bereits seit 1891. Die Weimarer Verfassung erkennt die Gewerkschaften als Interessenvertretung der Arbeiter an und enthält einen umfangreichen Katalog sozialer Grundrechte.

Siedlungsverband Ruhrkohlenbezirk soll Revier ordnen

5. Mai 1920. Die von der deutschen Reichsregierung einberufene Preußische Landesversammlung verabschiedet unter Zustimmung aller betroffenen Kommunen des Deutschen Reiches das Gesetz zur Bildung eines besonderen Verbandes für Siedlungsfragen im rheinisch-westfälischen Industriegebiet. Damit ist der Grundstein des Siedlungsverbandes Ruhrkohlenbezirk (SVR) gelegt. Er ist der erste Raumordnungsverband auf regionaler Ebene.

Die Gründung des Verbandes, dessen erster Direktor Robert Schmidt wird (→ 1912), folgt der Notwendigkeit, im Ruhrgebiet nach dem Ausgang des Krieges die Kohleproduktion unverzüglich zu steigern. Dieser Umstand macht die in diesem Ausmaß wohl einmalige Neuansiedlung von 150 000 Bergarbeiterfamilien erforderlich. Dadurch auftretende etwaige Probleme der Wohnraumbeschaffung und Infrastruktur soll der Verband lösen helfen.

Als selbstverwaltete Körperschaft kann der Siedlungsverband Ruhrkohlenbezirk weitreichend in Planungsvorhaben der Kommunen eingreifen. Er koordiniert die Maßnahmen und Pläne der Städte im Straßenbau, der Flächennutzung und der Verkehrspolitik. Die Grenzen des Verbandsgebietes umfassen mit 3690 qkm ein meist dicht besiedeltes Gebiet, in dem etwa 3,58 Mio Einwohner leben.

Im wesentlichen ist dies das Ruhrgebiet; doch umfaßt es auch jene noch ländlichen Bereiche, von denen Politiker und Verbandsfunktionäre annehmen, daß die Industrialisierung bald auch sie erreicht. Aus dem SVR geht 1979 der Kommunalverband Ruhrgebiet (→ 1. 10. 1979) hervor.

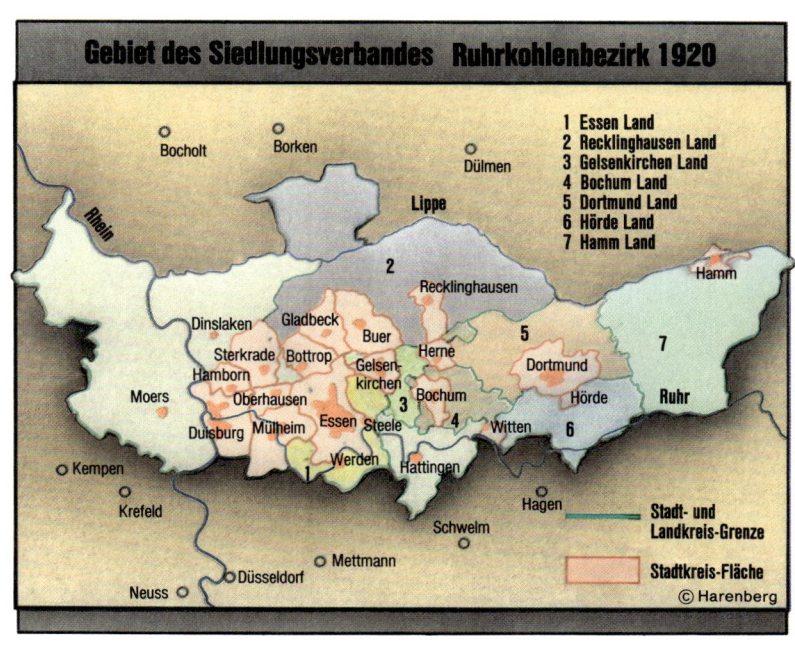

Neue Trinkhallen und Seltersbuden

In den Innenstädten des Reviers werden in zunehmendem Maße sog. Trinkhallen oder Seltersbuden errichtet. Diese Buden sind kunstvoll verzierte vier- oder achteckige Holzhäuschen (Abb. Mitte), die nach allen Seiten hin offen sind. Die Trinkhallen gehen auf die Initiative von Mineralwasserfabrikanten zurück, die sich durch den Straßenverkauf einen größeren Absatz ihrer Produkte erhoffen. Die Behörden befürworten die Errichtung von Seltersbuden, um dem hohen Alkoholkonsum, besonders in der Arbeiterschaft, entgegenzuwirken. Neben »Knickerwasser«, mit und ohne Geschmack, kann man an den Buden auch Kautabak, Zigarren, Zigaretten sowie Kaffee und Tee kaufen.

Eröffnung der Fluglinie Essen – Berlin

27. November 1920. *Die Deutsche Luft Reederei (DLR) nimmt den regelmäßigen Flugverkehr zwischen Essen und Berlin auf. Dieser sog. Flugdienst Essen-Berlin ist die erste überregionale, städteverbindende Luftverkehrslinie des Ruhrgebiets, die nach dem Ersten Weltkrieg eingerichtet wird. Der Flugdienst übernimmt vor allem den Transport eiliger Postsachen zwischen dem rheinisch-westfälischen Industriegebiet und der Reichshauptstadt (Abb.). 1917 von der Allgemeinen Electrizitäts-Gesellschaft Berlin gegründet, baut die DLR, ein Vorläufer der Deutschen Luft Hansa AG (1926), seit 1919 einen planmäßigen Linienluftverkehr im Deutschen Reich auf.*

Stimmenverluste bei den Gemäßigten

6. Juni 1920. Der Deutsche Reichstag, die von der Weimarer Verfassung von 1919 vorgesehene Legislative, wird zum ersten Mal gewählt. Eine aus den Wahlen zur verfassunggebenden Nationalversammlung hervorgegangene Regierung (→ 19. 1. 1919), die sog. Weimarer Koalition, die seither die Regierungsgeschäfte führte, muß bei den Wahlen zum Reichstag erhebliche Stimmenverluste hinnehmen.

Die Koalition aus SPD, DDP und Zentrum erhält nur noch knapp die Hälfte der Mandate; die Parteien stellen 205 von 459 Abgeordneten, 124 weniger als 1919. Die USPD dagegen kann ihre Stimmen nahezu vervierfachen. DNVP und DVP, die beiden Rechtsparteien, verdoppeln ihren Anteil. Am 25. Juni bilden DDP, DVP und Zentrum ein Minderheitskabinett unter dem Zentrumspolitiker Konstantin Fehrenbach als Reichskanzler, das von der SPD toleriert wird. Die SPD bleibt stärkste Einzelfraktion, scheidet aber aus der Regierung aus. Erst 1928 kommt es wieder zu einer von der SPD getragenen Regierung (→ 20. 5. 1928). Die linken wie die rechten Parteien des Spektrums zersplittern in immer kleiner werdende Gruppen.

Die SPD und auch die DDP, beides Volksparteien, haben in dieser Wahl über die Hälfte ihrer Stimmen verloren. Viele unzufriedene Arbeiter haben die USPD gewählt, besonders im Ruhrgebiet, wo SPD und DDP 1919 stark waren. Die USPD wird damit zur zweitstärksten Fraktion im Parlament. Die KPD hat ebenfalls Wähler von der SPD übernommen; sie zieht nun mit vier Abgeordneten ins Parlament ein. Die DVP und auf dem rechten Flügel die DNVP verzeichnen beträchtliche Stimmengewinne von 5% und 10%.

Die Arbeiter verloren das Vertrauen zu ihrer traditionellen Partei, als die von der SPD getragene Weimarer Koalition während des Kampfes der Ruhr-Armee mit der Reichswehr kooperierte. Ein weiterer Grund für den Vertrauensverlust sind die nicht erfüllten Hoffnungen aus der revolutionären Zeit, wie z. B. auf Verstaatlichung des Kohlenbergbaus.

Die Reichstagswahl vom 6. Juni 1920 in %

* Christliche Volkspartei

	KPD	USPD	SPD	Zentrum	DDP	DVP	DNVP	CVP*	Sonstige
Bochum	0,9	16,4	21,5	32,5	2,4	19,6	4,4	–	2,3
Dortmund	1,0	28,0	19,0	24,0	3,5	19,8	1,9	–	2,8
Duisburg	7,9	17,0	15,9	24,7	5,5	16,9	10,3	–	1,8
Essen	1,4	26,8	11,6	33,7	3,2	13,0	8,3	0,8	1,2
Gelsenkirchen	5,1	26,4	12,1	30,2	1,9	17,5	2,9	–	3,8
Oberhausen	11,0	10,6	16,9	30,0	3,5	17,0	4,8	–	6,2
Recklinghausen	3,9	11,1	17,5	34,9	3,1	12,3	2,3	–	14,9
Deutsches Reich	2,1	17,9	21,7	13,6	8,3	13,9	15,1	–	7,4

Knappenvereine mit politischen Zielen

16. Mai 1920. Anläßlich eines Delegiertentages in Bochum stellen die katholischen Arbeiter- und Knappenvereine fest, daß nach stagnierenden Mitgliederzahlen während des Ersten Weltkrieges die Zahl der Organisierten wieder steigt.

Die im letzten Drittel des 19. Jh. im Ruhrgebiet gegründeten konfessionellen Arbeitervereine hatten unter den katholischen Arbeitern großen Anklang gefunden, da sie das gesellige Leben innerhalb der Pfarrgemeinden bereicherten. Anfang des 20. Jh. erhielt die Bewegung durch den Einsatz von Anton Gilsing (Arbeitersekretär des Bochumer Bezirksverbandes) neuen Schwung. Gilsing begann mit der Agitation für sozialpolitische Ziele und versuchte durch die Verbreitung von Flugblättern und einer »Arbeiter-Zeitung« die Knappenvereine in eine Massenorganisation der katholischen Industriearbeiter umzuformen. Seine Bemühungen, die ihren ersten Ausdruck in steigenden Mitgliederzahlen fanden, erlitten durch den Ersten Weltkrieg einen Rückschlag.

Erste Kraftomnibusse im Nahverkehr

Die Vestische Kleinbahnen GmbH setzt 1920 die ersten Kraftomnibusse im Personenverkehr ein (Abb.). Von Recklinghausen aus werden vor allem die ländlichen Teile im Vest mit dem neuen Verkehrsmittel erschlossen. Vielfach ersetzen die mobilen und kostengünstigeren Omnibusse stillgelegte Straßenbahnlinien. Fortschritte in der Bereifungstechnik und die Konstruktion leistungsfähiger Fahrzeuge bewegen von 1925 an auch andere Städte zum Einsatz von Autobussen. In Dortmund, Essen und Duisburg finden sie vorzugsweise im städteverbindenden Nahverkehr Verwendung. Post, Bundesbahn und besondere kommunale Betriebsgesellschaften betreiben Omnibuslinien im Überlandverkehr.

Großes Essener Radrennen

14. August 1920. In Essen wird der »Große Preis von Essen«, ein Fliegerrennen der Radprofis, ausgetragen. Fliegerrennen sind Sprints über kurze Strecken, ohne Schrittmacher, bei denen je zwei Fahrer gegeneinander starten. In Essen siegt Walter Rütt, Weltmeister der Sprinter von 1913, der in diesem Monat sein 20jähriges Bahnjubiläum feiert. Die Rennen der Flieger sind sehr beliebt und zählen ebenso zu den Publikumsmagneten wie Steher- und Sechstagerennen. Der Radsport allgemein erfreut sich großer Beliebtheit, auch Querfeldeinrennen, Einer- und Mannschaftfahren auf der Straße ziehen viele Zuschauer an.

Start zum Großen Preis von Essen für Flieger; die Radsportler Stabe (1), Rütt (2), Lorenz (3) und Schürmann (4) mit ihren Betreuern vor der Tribüne

1921

5. 1. Die Essener Kriminalpolizei macht eine Bande von Eisenbahnräubern dingfest, die Züge im nördlichen Ruhrgebiet beraubt hatten (→ Januar 1921).

17./23. 2. Durch einen Straßenbahnerstreik kommt der öffentliche Nahverkehr im rheinisch-westfälischen Industriegebiet völlig zum Erliegen.

8. 3. Französische und belgische Truppen besetzen die Rheinhäfen Duisburg, Ruhrort und Düsseldorf wegen ausstehender Reparationen. →

11. 3. Die Essener Gerichtsverfahren gegen die Mitglieder der Roten Ruhr-Armee, die in die Kämpfe am Wasserturm 1920 verwickelt waren, enden mit einem Freispruch für alle Angeklagten.

6. 4. In (Dortmund-)Bövinghausen wird die Firma Uhde gegründet. →

5. 5. Die Londoner Alliiertenkonferenz fordert die schnelle Erfüllung des Friedensvertrags und droht mit der Besetzung des ganzen Ruhrgebiets. →

20. 6. Bei einer Schlagwetterexplosion in der Zeche Mont Cenis in Herne kommen 85 Bergleute ums Leben.

25. 9. Mit Aufführungen des »Don Carlos« von Friedrich Schiller und des »Parsifal« von Richard Wagner werden die Vereinigten Stadttheater Bochum-Duisburg eröffnet. →

Oktober. Seit Inkrafttreten des Versailler Vertrages und der Schaffung eines polnischen Nationalstaats haben schätzungsweise über 150 000 Polen das Ruhrgebiet verlassen. →

5. 10. Die Deutsche Friedensgesellschaft verabschiedet bei einem Kongreß in Essen eine Resolution, in der sie die Abschaffung der Reichswehr fordert.

26. 10. In Duisburg wird die Klöckner Reederei und Kohlenhandel GmbH gegründet. →

1921. Im Ruhrgebiet betätigen sich zahlreiche rechtsradikale Organisationen, die eine Abschaffung des Versailler Vertrages und des Reichstags fordern.

1921. In Bochum wird die Städtische Gemäldegalerie gegründet. Sie wird zunächst in Räumen der Ammoniak-Verkaufsvereinigung untergebracht. →

1921. In Duisburg wird der Duisburger Turn- und Sportverein gegründet. →

GEBOREN:
11. 5. Essen: Hildegard Hamm-Brücher, FDP-Politikerin.

GESTORBEN:
25. 3. Meran: Karl Ernst Osthaus (*15. 4. 1874, Hagen), Kunstmäzen (→ 12. 7. 1902; 1907, 1909).

Alliierte drohen mit Ruhrbesetzung

5. Mai 1921. Die in London über die Reparationszahlungen des Deutsches Reiches verhandelnden Alliierten fordern die Regierung in Berlin zur Zahlung von 1 Mrd Goldmark binnen vier Tagen auf. Bei Nichterfüllung drohen sie mit der Besetzung des gesamten Ruhrgebiets.

Auf der vorausgegangenen Konferenz in Paris im Januar 1921 hatten die Siegermächte des Ersten Weltkrieges die deutsche Gesamtschuld auf 226 Mrd Mark festgesetzt, die in einem Zeitraum von insgesamt 42 Jahren abzuzahlen seien. Außerdem beanspruchten sie 12% des Wertes der deutschen Ausfuhr.

Franzosen wollen Revierkohle

Die Verknüpfung des Ruhrgebiets mit der Reparationsproblematik ergibt sich vor allem aus dem Interesse Frankreichs an der deutschen Kohle. Nachdem die Franzosen durch den Versailler Vertrag Lothringen mit seinen reichen Erzvorkommen zurückgewonnen hatten, ist ihr Bedarf an Kohle zur Verhüttung stark gestiegen. Damit kommt der Zahlung der deutschen Reparationen, die neben finanziellen Leistungen auch durch Sachgüter – und diese bestehen in der Hauptsache aus Kohle – erfolgen kann, aus französischer Sicht eine besondere Bedeutung zu. Zur Sicherstellung seiner Ansprüche, untermauert mit dem Argument des Schutzes seiner Grenze, hatte Frankreich bereits im Februar 1919 die Besetzung des Ruhrgebiets verlangt.

Da die alliierten Forderungen für das Deutsche Reich unerfüllbar waren, lehnte die Regierung die Pariser Beschlüsse ab. Bald darauf marschierten französische, belgische und englische Truppen in Düsseldorf, Duisburg und Ruhrort ein.

Nachdem Ende April die deutsche Schuldsumme auf 132 Mrd Goldmark reduziert wurde, bedeutet das Londoner Ultimatum wiederum eine annähernd unerfüllbare Forderung. Treibende Kraft des Beschlusses ist Frankreich, das seine Hand auf die Ruhrkohle legen will.

Da der in London aufgestellte Zahlungsplan von Berlin angenommen wird, kann die Ruhrbesetzung jedoch noch einmal vereitelt werden.

Duisburg als Pfand der Siegermächte

8. März 1921. Fast zwei Jahre nach Unterzeichnung des Versailler Friedensvertrages (→ 28. 6. 1919) überfliegen am frühen Vormittag französische Erkundungsflugzeuge das Duisburger Stadtgebiet. Schon um die Mittagszeit rückt das französische Infanterieregiment 168 über die Ruhrorter Brücke zunächst in Ruhrort, dann in die Duisburger Altstadt ein. Soldaten besetzen das Rathaus und die Dienstgebäude von Post und Bahn. Bis zum Abend des ersten Tages der Besetzung sind 1600 Franzosen und 700 Belgier in der Stadt stationiert. Drei Tage später wird die Zahl auf 5000 Mann erhöht. Etwa zur gleichen Zeit wird auch Düsseldorf besetzt.

Der Einmarsch in die beiden Städte, von den Alliierten als Sanktionsmaßnahme gedacht, ist unmittelbare Folge der Pariser Konferenz der Siegermächte vom 29. Januar des Jahres 1921. Dort erzielten Belgier, Franzosen und Engländer Einigkeit über den Umfang der deutschen Reparationsleistungen. Auf Beschluß der Alliierten belief sich der zu zahlende Betrag auf 226 Mrd Goldmark, die in 42 Jahresraten abgegolten werden sollten. Für den Fall, daß das Deutsche Reich diese Forderungen nebst der Beschlagnahme von 12% des deutschen Ausfuhrwertes nicht bis zum 7. März des Jahres anerkennen sollte, wurden am 1. März von London aus Sanktionsmaßnahmen angekündigt. Nach Ablehnung der Forderungen von deutscher Seite kommt es dann am 8. März 1921 zur Besetzung von Düsseldorf und Duisburg. Darüber hinaus erheben die Alliierten eine Ausfuhrabgabe auf deutsche Waren, richten zwischen dem besetzten Gebiet und dem übrigen Reich eine Zollgrenze ein und beschlagnahmen die deutschen Zolleinnahmen.

Französische Soldaten vor dem Duisburger Rathaus; rund 5000 Soldaten halten das Stadtgebiet besetzt

Französische und belgische Soldaten prägen das Stadtbild Duisburgs, hier vor dem späteren Postamt II

Mit der Besetzung des Duisburger Raums sichert sich Frankreich in Bezug auf das übrige Ruhrgebiet eine Schlüsselstellung. Von dort aus ist sowohl die Kontrolle der wichtigsten Handelszentren an Rhein und Ruhr gewährleistet als auch mit der Überwachung der Duisburg-Ruhrorter Hafenanlagen die genaue Registrierung des gesamten Exports von Kohle, Stahl und Fertigprodukten des Reviers möglich. Darüber hinaus bildet Duisburg einen idealen Brückenkopf, von dem ausgehend sich das gesamte Ruhrgebiet gegebenenfalls vereinnahmen läßt.

Die Anwesenheit der alliierten Truppen erschwert das Leben in der besetzten Stadt. So wird die Versammlungsfreiheit aufgehoben, Zeitungen unterliegen einer Vorzensur, für Personen über zwölf Jahren wird die Ausweispflicht eingeführt. Der Zugverkehr zwischen besetztem und unbesetztem Gebiet kommt fast vollständig zum Erliegen. Die Überquerung der Rheinbrücken wie der Hochfelder Brücke ist nur mit Sondergenehmigung der Militärbehörden erlaubt; Verstöße werden mit Gefängnisstrafen von mehreren Monaten geahndet.

Polen kehren in die Heimat zurück

Oktober 1921. Nach Schätzungen deutscher Behörden haben seit Inkrafttreten des Versailler Vertrages Anfang 1920 (→ 28. 6. 1919), mit dem ein polnischer Nationalstaat geschaffen wurde, 100 000 bis 150 000 Polen das Revier verlassen.

Das preußische Handels- und Gewerbeministerium sieht die Abwanderungswelle mit Besorgnis, da sich unter den polnischen Rückkehrern eine große Anzahl qualifizierter Bergarbeiter befindet. Appelle an die Polen, im Ruhrgebiet zu bleiben, haben jedoch keinen nennenswerten Erfolg. Die Aussicht, in der neugeschaffenen polnischen Republik zu leben und zu arbeiten, übt auf die überwiegend patriotisch eingestellten Polen große Anziehungskraft aus. Zur Abwanderung tragen auch die politischen Unruhen, Streiks und der Nahrungsmittelmangel bei, die in den Jahren unmittelbar nach dem Ersten Weltkrieg das Leben im Ruhrgebiet erschweren.

Nach der Niederlage Napoleons 1815 war Polen durch die Friedensvereinbarungen auf dem Wiener Kongreß zwischen Preußen und Rußland aufgeteilt worden. 1916 hatte das Deutsche Reich im deutsch besetzten russischen Teil Polens das Königreich Polen ausgerufen, um einen Pufferstaat gegen Rußland zu schaffen.

Nach dem Zusammenbruch des Deutschen Kaiserreiches (→ 8./9. 11. 1918) wurde in Polen eine unabhängige Republik proklamiert. Der Vertrag von Versailles bestätigte nach mehr als 100 Jahren polnischer Zerrissenheit die Schaffung eines polnischen Nationalstaats unter Einbeziehung der Provinz Posen und des größten Teils von Westpreußen. Die Frage, ob die strittigen Gebiete Oberschlesien und Allenstein in Ostpreußen deutsch oder polnisch werden sollten, wurde im Juli 1920 und im März 1921 durch Volksabstimmung in diesen Regionen entschieden. Polen erhält den Teil Oberschlesiens mit den wichtigsten Bodenschätzen und Industrieanlagen, während der masurische Bezirk Allenstein deutsch bleibt.

Masurische Frauen im Revier, die sich selbst als Urpreußen betrachten

Ostpreußen soll deutsch bleiben

Die genauen Grenzen der nach dem Ersten Weltkrieg geschaffenen polnischen Republik (→ Oktober 1921) wurden gemäß dem Versailler Vertrag (→ 28. 6. 1919) durch Volksabstimmungen festgelegt. Auch Polen und Masuren, die im Ruhrgebiet lebten, aber aus den strittigen Gebieten Oberschlesiens und Ostpreußens stammen, gehören in ihren Geburtsorten zu den Stimmberechtigten. Während die »Ruhrpolen« die Schaffung eines polnisches Staates begrüßen, setzen sich die Masuren für die Zugehörigkeit der Bezirke Allenstein und Marienwerder zum Deutschen Reich ein. In den masurischen Kolonien des Reviers wird Geld gesammelt, um Landsleute zur Abstimmung in die Heimat schicken zu können.

Klöckner gründet Handelsgesellschaft

26. Oktober 1921. Peter Klöckner gründet in Duisburg die Klöckner Reederei und Kohlenhandel GmbH (KRK). Das neugegründete Unternehmen erschließt der bislang vorwiegend im Eisen- und Erzhandel tätigen Klöckner-Gesellschaft (→ 1. 7. 1906) zwei weitere Geschäftsbereiche: Feste Brennstoffe und Verkehr. Da mit Kohlenhandel auch der Transport dieses Rohstoffes verbunden ist und dieser aus Kostengründen vorwiegend auf dem Wasserweg abgewickelt wird, beginnt das Unternehmen mit dem Aufbau einer Binnenschiffahrtsflotte. Zum Teil durch Neubau von Schiffen, teils durch Ankauf ist die Klöckner-Flotte schon nach kurzer Zeit auf allen deutschen und europäischen Schiffahrtswegen im Einsatz.
Mit der Besetzung des Ruhrgebiets durch französische Truppen (→ 11.1. 1923) und dem dadurch bedingten Ausfall der Ruhrkohle für das Reichsgebiet, beginnt für Klöckner das Importgeschäft mit englischer Kohle. Einen Rekord im Export von Ruhrkohle erreicht der Handel 1926 infolge eines großen englischen Bergarbeiterstreiks. In diesem Jahr werden 1,3 Mio t Kohle nach Großbritannien ausgeführt.

Millionenbeute bei Eisenbahnüberfällen

Januar 1921. Im Ruhrgebiet häufen sich Überfälle organisierter Banden auf Eisenbahnzüge. Der Polizei von Bottrop, Osterfeld, Frintrop und Borbeck gelingt es am 5. Januar, 22 Personen festzusetzen, die in den vergangenen Monaten an zahlreichen Überfällen beteiligt waren. Einzelne Bandenmitglieder sprangen dabei auf fahrende Güterzüge auf und warfen an verabredeten Stellen Frachtgüter aus den Waggons, die von ihren Komplizen abtransportiert wurden. Größere Mengen Schuhe, Stoffe, Wäsche und Garne fielen in ihre Hände. Der Schaden betrug mehrere Millionen Mark.
Auch der Dortmunder Polizei gelingt es, zwei Eisenbahnräuber dingfest zu machen. Sie wurden im Dortmunder Hauptbahnhof in einem Nachtzug festgenommen. Während der Fahrt waren sie an dem Zug entlanggeklettert und hatten schlafende Reisende ausgeraubt.

Chemische Fabrik Uhde

6. April 1921. Die Firma Friedrich Uhde, Chemische Fabrik, wird mit Sitz in (Dortmund-)Bövinghausen gegründet. Als Zweck des Unternehmens wird in das Handelsregister die Herstellung von Farben für das graphische Gewerbe eingetragen, doch die eigentlichen Ambitionen Uhdes zielen auf den Bau von Anlagen für die chemische Industrie.
Bereits 1906 hatte der Ingenieur Uhde als Mitarbeiter eines Bochumer Unternehmens für die Chemischen Werke Lothringen eine Anlage zur Herstellung von Salpeter und dessen Weiterverarbeitung zu Ammonnitrat konstruiert. Das Verfahren erwies sich jedoch langfristig für die Auftraggeber als unwirtschaftlich. Uhde, der seine Idee einer Ammoniak-Synthese (Verbindung von Wasserstoff und Stickstoff) mit einem anderen als dem verbreiteten Haber-Bosch-Verfahren nicht aufgeben wollte, machte sich selbständig. 1925 erteilt ihm die Gewerkschaft Mont Cenis in (Herne-)Sodingen den Auftrag zum Bau einer Stickstoffanlage (→ 1925). Damit erhält das junge Dortmunder Unternehmen seinen ersten großen Auftrag.

Friedrich Uhde, Ingenieur und Gründer des Unternehmens

Duisburger Fußball sehr erfolgreich

1921. Der Duisburger Fußballclub von 1899 und der Turnverein von 1848 verschmelzen zu einem neuen Verein, dem Duisburger Turn- und Sportverein 1848/99. Solche Fusionen sind eine Möglichkeit, die Mitgliederstärke eines Vereins zu erhöhen und damit auch seine finanziellen Verhältnisse zu verbessern. Genügend Mitglieder und zahlende Zuschauer hat der Duisburger Spielverein, der die Stadt in den ersten beiden Jahrzehnten des 20. Jh. zur Fußballhochburg im Ruhrgebiet macht. Der Verein spielt in der höchsten Landesliga, der sog. Zehnerliga des Westdeutschen Spiel-Verbandes. Achtmal sind die Duisburger bisher Landesmeister geworden und haben die Ausscheidungsrunden um die Deutsche Meisterschaft erreicht. Bis zum Jahre 1929 erringt keine andere Ruhrgebietsmannschaft außer Duisburg den Westdeutschen Meistertitel.

Cranger Kirmes war früher ein Pferdemarkt

Die alljährlich am 10. August stattfindende Kirmes in Crange bei Herne ist das größte Volksfest im Ruhrgebiet. Zahlreiche Besucher strömen von weit her an die Emscher, um sich auf dem Jahrmarkt mit seinen Schaubuden und Karussels zu amüsieren.
Schon vor vielen hundert Jahren fand an einer Biegung der Emscher (Krang: Windung) ein Warenmarkt mit Volksfest statt. Auf dem seit dem Mittelalter bestehenden Pferdemarkt am Laurentiustag, wo Wildpferde, die »Emscherbrücher Dickköppe«, verkauft wurden, hatten nur die Händler und Kaufinteressenten Zutritt, Familienangehörige und Schaulustige mußten am anderen Ufer der Emscher warten. Dort entstand der Warenmarkt, der auch viel fahrendes Volks anzog: Taschenspieler und Seiltänzer unterhielten die Menschen mit ihren Kunststücken; der Markt entwickelte sich zum Volksfest.
Obwohl der Pferdemarkt mit der Zeit an Bedeutung verlor, vor rund 100 Jahren wurde das letzte Wildpferd aus dem Emscherbruch verkauft (→ 1825), blieb das Volksfest ein beliebter Treffpunkt.

Vorführung eines Pferdes auf der Cranger Kirmes

Ursprung der Cranger Kirmes ist der Pferdehandel

1921

Bochumer Theaterehe mit Duisburg

25. September 1921. »Die Städte Bochum und Duisburg verbinden sich zu einer Theatergemeinschaft in der Weise, daß in Bochum das Schauspiel und in Duisburg die Oper eingerichtet und beide zu regelmäßigen Gastspielen untereinander ausgetauscht werden.« So lautet § 1 des im Januar 1921 von den beiden Städten geschlossenen Vertrages über ein Gemeinschaftstheater, das mit einer Aufführung des »Parsifal« von Richard Wagner in Duisburg und des »Don Carlos« von Friedrich Schiller in Bochum eröffnet wird. Die neue Theatergemeinschaft unter der Leitung des Bochumer Intendanten Saladin Schmitt (→ 15. 4. 1919) spricht eine Bevölkerung von fast 500 000 Menschen an. Um auch die Arbeiterschaft als Publikum zu gewinnen, werden über extra gegründete Vereinigungen wie die »Sängervereinigung Schlägel und Eisen« verbilligte Karten ausgegeben. Durch Presseberichte über die Leistungen Schmitts werden die Aufführungen der Theatergemeinschaft zum Anziehungspunkt auch für die benachbarten Städte.

Bereits die erste Inszenierung von Wagners »Parsifal« findet den einhelligen Beifall der Presse, wobei das Bühnenbild von Johannes Schröder in seiner Abkehr von Bayreuther Traditionen als Beginn einer Reformbühne gesehen wird.

Die Erfolge Schmitts entfremden sein Theater jedoch zusehends den breiten Schichten der Bevölkerung. Der Spielplan, in dem weitgehend Klassiker vertreten sind, berücksichtigt kaum die Bedürfnisse des einfachen Publikums.

Gegen Ende der 20er Jahre sind die Vorstellungen zu weniger als 50% besucht. 1935 wird die Theatergemeinschaft aufgelöst.

Von Zeitgenossen wird das von dem gebürtigen Hamburger Johannes Schröder für den Duisburger »Parsifal« entworfene Bühnenbild als Sensation empfunden. Durch Stilisierung der Szenerie des 1. Aktes »Der heilige See« zum Ornament bricht Schröder mit den Sehgewohnheiten der Wagner-Gemeinde.

Städtische Galerie in Bochum eröffnet

1921. Auf Anregung des für Kulturangelegenheiten zuständigen Stadtrats Wilhelm Stumpf wird in Bochum eine Städtische Gemäldegalerie eröffnet. Stumpf regte bereits die Gründung eines Kunstvereins in Bochum an, der in zurückliegenden Jahren erste kleine Kunstausstellungen in einem Seitenflügel des alten Knappschaftsgebäudes an der Viktoriastraße veranstaltete.

Von der kommunalen Gemäldegalerie erhofft sich Stumpf, sie möge »den Kunstsinn unserer schwerarbeitenden Bevölkerung beleben und bilden«. Die Galerie bezieht zunächst Räume der Ammoniak-Verkaufsvereinigung an der Wittener Straße. 1926 kauft die Stadt eine ehemalige Bürgervilla an der oberen Kortumstraße, die »Villa Nora«, die das neue Domizil der Städtischen Gemäldegalerie wird.

Wilh. Stumpf

Künstler malen den Arbeitsalltag

Zu den bekanntesten Malern, die sich künstlerisch mit dem Revier auseinandersetzen, gehört der vom Expressionismus bestimmte Conrad Felixmüller. 1920 wird dem gebürtigen Dresdener der Sächsische Staatspreis verliehen. Statt die finanzielle Zuwendung im Sinne des Stifters zu verwenden und sich in Rom an den Meisterwerken der abendländischen Kunst zu schulen, reist er zu einem Studienaufenthalt ins Ruhrgebiet.

Im Stil der neuen Sachlichkeit malen Gerta Overbeck-Schenk und Max Schulze-Sölde. Gerta Overbeck-Schenk, die von 1922 bis 1931 als Kunsterzieherin in Dortmund tätig ist, wohnt hier unter Arbeitern, deren Milieu Vorlage für viele ihrer Bilder wird. Ihre Werke suchen, wie ihre Kinderbilder, Bereiche, in denen es noch eine heile Welt gibt. Max Schulze-Sölde lebt nach dem Weltkrieg und Gefangenschaft in Hamm, wo er aus Solidarität mit den Bergleuten zeitweise selbst unter Tage arbeitet.

»Zeit der Technik« (um 1925) von Max Schulze-Sölde aus Dortmund, der nach abgeschlossenem Jurastudium zu malen begann (Städtische Kunsthalle Recklinghausen)

»Ruhrrevier II« (1920) von Conrad Felixmüller, einem der profiliertesten Maler des deutschen Expressionismus (Westfälisches Landesmuseum, Münster)

1922

22. 1. Der Westdeutsche Spiel-Verband beschließt auf einer Wahlversammlung in Duisburg die Trennung von Amateuren und Profis im Fußball.

April. Auf einer Wasserbau- und Binnenschiffahrtsausstellung in Essen stellen u. a. die Dortmunder Union, Krupp und DEMAG ihre Produkte aus.

30. 4. Bei strömendem Regen wird auf der Gelsenkirchener Galopprennbahn Horst-Emscher die diesjährige Rennsaison eröffnet.

24. 6. Über 100 000 Menschen nehmen an Demonstrationen in verschiedenen Ruhrgebietsstädten aus Protest gegen die Ermordung des Reichsaußenministers Walther Rathenau teil. →

2. 7. Die Länderspiel-Begegnung der Fußball-Nationalmannschaften von Deutschland und Ungarn in Bochum endet mit einem 0:0 Unentschieden. →

18. 7. Vom Verbot verfassungsfeindlicher Vereinigungen durch das Republikschutzgesetz sind auch zahlreiche rechte Organisationen im Ruhrgebiet betroffen.

29. 7. Der preußische Landtag erläßt auf Anregung des Siedlungsverbandes Ruhrkohlenbezirk das Gesetz zur Erhaltung des Baumbestandes sowie zur Erhaltung und Freigabe von Uferwegen im Interesse der Volksgesundheit.

30. 8. Hugo Stinnes und der Senator der zerstörten nordfranzösischen Gebiete, Marquis de Lubersac, schließen ein Abkommen über langfristige Sachlieferungen der deutschen Industrie an Frankreich. →

20. 9. Die Stadtverordnetenversammlung von (Duisburg-)Hamborn beschließt die Errichtung eines selbständigen Stadttheaters (→ 25. 7. 1924).

29. 10. Das von Hagen nach Essen verlegte Folkwang-Museum wird eröffnet. →

November. Die Inflationsrate ist so stark gestiegen, daß ein US-Dollar 7000 Mark kostet, während er vor einem Jahr noch 270 Mark wert war.

27. 11. Frankreich droht wegen ausstehender deutscher Reparationszahlungen mit der Besetzung des Ruhrgebiets.

1922. Mit 544 961 Mann erreichen die Belegschaftszahlen im Ruhrbergbau den höchsten Stand seiner Geschichte. →

GEBOREN:

26. 8. Gelsenkirchen: Richard Limpert, Schriftsteller.

GESTORBEN:

19. 4. Essen: Otto Hue (* 2. 11. 1868, Hörde), Sozialdemokratischer Gewerkschafter.

Stinnes schließt Reparationsvertrag

30. August 1922. Der Mülheimer Industrielle Hugo Stinnes und der französische Senator Marquis de Lubersac schließen einen Vertrag über langfristige Sachlieferungen zum Aufbau der im Krieg zerstörten Gebiete Nordfrankreichs. Dieser private Reparationsvertrag sieht Wiedergutmachungsleistungen in Form von Aufbauarbeiten vor, die durch Lieferung von Baumaterialien ohne Belastung des deutschen Devisenhaushaltes zu erbringen sind.

Stinnes folgt mit dem Abschluß dieses Vertrages einem Versuch des Wiederaufbauministers Walther Rathenau im sog. Wiesbadener Abkommen vom 6. Oktober 1921, durch das Angebot von Sachleistungen die Geldzahlungen des Deutschen Reiches herabzusetzen.

Das Anliegen dieser Reparationsverträge wird aber von weiten Teilen der deutschen Wirtschaft nicht akzeptiert. National gesonnene Kräfte sehen in diesem Handel mit Frankreich, verbunden mit der Leistung überzogener Wiedergutmachungsforderungen (→ 5. 5. 1921), das rückhaltlose Eingeständnis deutscher Kriegsschuld. Auch in französischen Kreisen wird die Lieferung von Baustoffen durch den deutschen Industriellen mit gemischten Gefühlen betrachtet. Einerseits Hilfestellung beim Aufbau, führt diese Lieferung jedoch andererseits in Frankreich auch zu Unterbeschäftigung und Auftragsmangel der eigenen Zulieferindustrie in der Baubranche. Dem Unternehmer Stinnes ermöglicht das Abkommen einen Zugriff auf die baustofferzeugende Industrie. Mit der Ausführung der Lieferung von Baumaterialien wird per Vertrag die Essener Hoch- und Tiefbau AG, ein dem Stinneskonzern zugehöriges Unternehmen, beauftragt.

»Die Zeit der Romantik ist vorbei. Der Friedensengel sieht jetzt so aus.« Karikatur aus dem »Simplicissimus«. Der Industrielle Stinnes in ungewohnter Rolle als »Friedensbote« leistet einen Beitrag zur Wiedergutmachung an Frankreich mit dem Hintergedanken, sich einen Zugriff auf die französische Industrie zu sichern.

Ermordung Rathenaus löst Empörung und Proteste im Revier aus

24. Juni 1922. *Nach dem in den Vormittagsstunden verübten Mordanschlag auf den Reichsaußenminister Walther Rathenau durch die rechtsradikale Organisation Consul kommt es auch im Ruhrgebiet noch am selben Tage zu gewaltigen Protestdemonstrationen und Trauerkundgebungen. In Bochum, Essen, Gelsenkirchen, Buer und Wanne nehmen bis zu 70 000 Personen an Kundgebungen teil. Einem Aufruf des Allgemeinen Deutschen Gewerkschaftsbundes zum 24stündigen Generalstreik am 28. Juni folgen in Duisburg und Mülheim rund 65 000 Arbeitnehmer. Bei der Trauerfeier im Reichstag (Abb.) prangert Reichskanzler Joseph Wirth (Zentrum) die republikfeindliche Hetze der nationalistischen Rechten an und spricht den berühmten Satz: »Der Feind steht rechts.«*
Hintergrund des Mordes bilden die Spannungen zwischen rechten und linken Parteien. Die Politik Rathenaus wird dabei von den erstarkenden nationalsozialistischen Kräften als »Erfüllungshilfe der Blutsaugerpolitik der Siegermächte« angeprangert.

Überschichten sichern Kohleförderung

1922. Die Belegschaftszahlen im Ruhrbergbau erreichen die Rekordhöhe von 544 961 Beschäftigten. Obwohl die jährliche Pro-Kopf-Förderleistung seit 1915 um etwa 40% gesunken ist, gelingt es den Revierzechen durch die Aufstockung der Belegschaften in diesem Jahr erstmals, mit 96 Mio t Jahresförderung an den Stand der Produktion im letzten Kriegsjahr 1918 anzuknüpfen.
Ursachen für den Rückgang der Produktivität sind die seit Kriegsausbruch unterlassenen Reparatur- und Ausbauarbeiten unter Tage, die zahllosen Streiks in den Jahren 1918 bis 1920 und die Verkürzung der Schichtzeiten. Hinzu kommt die anhaltend schlechte Ernährungslage der Bergleute, die durch zusätzliche Brot- und Fettrationen nur unzureichend aufgefangen werden kann.
Um die Schichtleistung der Untertage-Arbeiter zu erhöhen, war bereits am 18. Februar 1920 ein Überschichtabkommen für den Ruhrbergbau abgeschlossen worden: Gegen die Zusicherung eines Zuschlags von 100 Prozent und einer besseren Versorgung mit Brot und Fett hatten die Bergarbeitergewerkschaften sich mit einer Verlängerung der Schichtzeiten unter Tage um zweimal wöchentlich dreieinhalb Stunden einverstanden erklärt.

Förderung und Belegschaften:

	Förderung (in 1000 t)	Belegschaft
1913	114 226	400 243
1914	98 075	370 573
1915	86 502	282 866
1916	94 273	360 371
1917	99 028	400 645
1918	95 712	403 347
1919	70 982	399 800
1920	88 097	469 781
1921	93 849	542 496
1922	96 683	544 961

Den wirtschaftspolitischen Hintergrund für das Überschichtabkommen bildet die im Versailler Vertrag (→ 28. 6. 1919) verankerte Verpflichtung des Deutschen Reiches zu Kohlelieferungen an die Siegermächte des Ersten Weltkrieges: An Frankreich und Belgien sind 10 Jahre lang jährlich 7 bzw. 8 Mio t Kohle zu liefern, an Italien im gleichen Zeitraum zwischen 4,5 und 8,5 Mio t. Den deutschen Reparationsverpflichtungen hatte 1920 ein Eigenverbrauch an Kohle von etwa 140 Mio t gegenübergestanden, während die Gesamtförderung im deutschen Steinkohlenbergbau im gleichen Jahr 131 Mio t betragen hatte. Im Kohleabkommen von Spa hatte sich das Deutsche Reich darüber hinaus zu weiteren Kohlelieferungen verpflichtet.
Am 24. August 1922 kommt es zum Abschluß eines zweiten Überschichtabkommens für den Ruhrbergbau. Da sich die Wettbewerbssituation der deutschen Kohle auf dem Inlandsmarkt durch billige Kohleimporte seit 1921 verschlechtert hat, sind die Zechenunternehmer jedoch nicht mehr ohne weiteres bereit, Mehrarbeit mit Lohnerhöhungen zu vergüten. Gegen die Zusicherung von einer Überstunde täglich gewähren sie lediglich einen Lohnzuschlag von 50 Prozent. Dem Zechenverband gelingt damit die faktische Rückkehr zur achtstündigen Vorkriegsarbeitszeit. Die durch die Inflation ab 1922 beschleunigte Erhöhung der Lebensmittelpreise hingegen kann durch die Lohnerhöhung nicht aufgefangen werden.

Rudolf Schulz-Dornburg, erster Leiter der Essener Folkwangschule

Sammlung Folkwang kommt nach Essen

29. Oktober 1922. Mit der Eröffnung des Museums Folkwang in den Zwillingsvillen der Brüder Karl und Hans Goldschmidt in Essen geht ein über einjähriger Rechtsstreit um das Erbe des im Vorjahr gestorbenen Museumsgründers Karl Ernst Osthaus (→ 12. 7. 1902) zu Ende.
Laut testamentarischem Wunsch des Verstorbenen sollte das Museum, eine bedeutende Sammlung französischer und deutscher Malerei und Plastik, als Ganzes erhalten bleiben und von seinen Erben entsprechend veräußert werden.
Während die Stadt Hagen versuchte, über Zuschüsse von Seiten des Deutschen Reiches, des Preußischen Staates, der Provinz Westfalen und privater Förderer den Verbleib des Museums in der Stadt zu sichern, offerierte der Testamentsvollstrecker die Sammlung der Stadt Essen zum Erwerb. Den geforderten Kaufpreis von 10 Mio Mark wollte zwar nicht die Stadt aufbringen, aber Oberbürgermeister Hans Luther konnte das Rheinisch-Westfälische Kohlensyndikat zur Unterstützung gewinnen. Als der bevorstehende Verkauf im Oktober 1921 in Hagen bekannt wurde, versuchte die Stadt, sich mit einem eigenen Angebot einzuschalten. Der Testamentsvollstrecker trat jedoch mit einem infolge der Inflation inzwischen auf 15 Mio Mark erhöhten Preis erneut an Essen heran, das im März 1921 das Museum erwarb. Gerichtliche Schritte der Stadt Hagen blieben erfolglos.

Erstes Fußball-Länderspiel in Bochum

2. Juli 1922. Die Fußball-Nationalmannschaften von Deutschland und Ungarn trennen sich beim Länderspiel in Bochum unentschieden (0:0). Es ist das erste und, neben der Begegnung zwischen Deutschland und Italien in Duisburg (→ 23. 11. 1924), einzige internationale Spiel im Ruhrgebiet bis Ende der 20er Jahre. Das Spiel findet in Bochum statt, da der Turn- und Sportverein Bochum mit Unterstützung der Stadt an der Castroper Straße ein großes Stadion errichten konnte. Der Rasenplatz und die Aschenbahn sind von flachen Erdwällen umgeben, eine Tribüne gibt es nicht. Trotz der vergleichsweise schlechten Sichtverhältnisse in der dichtgedrängten Masse der Zuschauer sehen sich 35 000 Menschen das Spiel an. Damit ist die Hälfte des Fassungsvermögens des Stadions erreicht.
Das wenig mitreißende Spiel, die »Rheinisch-Westfälische Zeitung« widmet ihm nur drei Zeilen in der Montagsausgabe vom 3. Juli, ist bereits die 39. internationale Begegnung der vom Deutschen Fußballbund (DFB) seit 1908 aufgestellten Nationalmannschaft. Der DFB wurde 1902 gegründet und setzt sich aus zunächst 30 kleinen, oft lokalen Verbänden zusammen. 1922 zählen u. a. der Baltenverband, die Verbände Brandenburg, Süd- und Südostdeutschland, Mitteldeutschland, Westdeutschland sowie Norden-Nordwest und Norddeutschland zum Deutschen Fußballbund.
Die Spieler für Deutschland rekrutieren sich 1922 hauptsächlich aus den Mannschaften der Spielvereinigung Fürth und des 1. FC Nürnberg.

Fußball-Länderspiel Deutschland gegen Ungarn im Stadion des TuS Bochum, das wenig Zuschauerkomfort, aber viel Atmosphäre bietet

1923

9. 1. Das Rheinisch-Westfälische Kohlensyndikat verlegt seinen Sitz nach Hamburg. →

10./11. 1. Französische und belgische Truppen marschieren ins Ruhrgebiet ein. →

14. 2. In Essen kommt es bei einer Aufführung des »Wilhelm Tell« von Friedrich Schiller zu einem Eklat. →

März. Die Bevölkerung baut in selbst gegrabenen Stollen Kohle für den Eigenbedarf ab. →

2. 3. Französische und belgische Truppen übernehmen den Betrieb der Eisenbahnen im Ruhrgebiet. →

7. 3. Die französische Besatzungsmacht verlangt Verzeichnisse von Taubenschlägen im Ruhrgebiet. →

10. 6. Nach der Erschießung zweier französischer Soldaten kommt es zur sog. Dortmunder Bartholomäusnacht. →

Sommer. Die französischen Besatzungstruppen richten Volksküchen ein. →

6. 8. Inflation herrscht auch auf den Rennbahnen, ein Programm kostet in (Dortmund-)Wambel 10 000 Mark. →

26. 9. Reichskanzler Gustav Stresemann verkündet den Abbruch des passiven Widerstands. →

22. 10. Die Duisburger Ortsgruppe des separatistischen »Rheinischen Unabhängigkeitsbundes« übernimmt die Herrschaft in der Stadt. →

15. 11. Der Zechenverband gibt die Stillegung aller Gruben und die Kündigung sämtlicher Belegschaften bekannt. →

23. 11. Ein Vertrag zwischen Vertretern der Ruhrindustrie und der Interalliierten Kommission für den Bergbau (MICUM) regelt die Reparationslieferungen an Frankreich. →

1923. Die Inflation im Deutschen Reich erreicht ihren Höhepunkt. →

1923. Die französische Besatzungsmacht zensiert die Zeitungen im Ruhrgebiet. →

1923. Otto Wohlgemuth gründet die Künstlervereinigung »Ruhrland«. →

1923. Der Ingenieur Philipp Rappaport entwirft einen Besiedlungsplan für Marl. →

1923. Der jüdische Turnverein Hakoah wird gegründet. →

1923. Die »Studiengesellschaft für die rheinisch-westfälische Schnellbahn« beginnt mit ihrer Arbeit. →

GEBOREN:

6. 3. Koblenz: Jürgen von Manger (»Adolf Tegtmeier«).

7. 11. Dortmund-Hombruch: Franz Kurowski, Schriftsteller.

Französische Truppen mit Artilleriegeschützen am Essener Hauptbahnhof bei der Besetzung der Innenstadt

Französische Armee besetzt Ruhrgebiet

10./11. Januar 1923. Von den Brückenköpfen Düsseldorf und Duisburg aus besetzen französische und belgische Truppen mit insgesamt 60 000 Soldaten das Ruhrgebiet. Die besetzte Zone reicht im Norden bis zur Lippe, im Osten bis Dortmund und Lünen und endet im Süden zwischen Ruhr und Wupper.

Der französische Ministerpräsident Raymond Poincaré folgt damit seiner Ankündigung vom Dezember 1922, das Industrierevier als »produktives Pfand« zu besetzen, weil sich das Deutsche Reich mit den nach dem Versailler Friedensvertrag (→ 28. 6. 1919) zu zahlenden Reparationslieferungen an Frankreich im Rückstand befindet. Die Bevölkerung im Ruhrgebiet reagiert auf den Einmarsch mit passivem Widerstand (→ 26. 9. 1923).

An der Besetzung nehmen französische Truppen aller Waffengattungen teil. Neben Kanonen und Panzerfahrzeugen führen sie wie im Krieg Feldküchen, Munitions- und Lazarettwagen mit sich. 2054 französische Soldaten nehmen die Stadt Dortmund in Besitz, während Militärflugzeuge den Einmarsch aus der Luft sichern. Französische Truppen besetzen von Werden aus das Essener Stadtgebiet. Bei Schloß Hugenpoet nahe Kettwig geht schwere Artillerie in Stellung.

Die Truppen werden in Gasthäusern und Schulen einquartiert, die mit Stacheldrahtzäunen gegen Angriffe gesichert werden. Noch am gleichen Tag wird über das besetzte Gebiet der Belagerungszustand verhängt. Plakate in deutscher und französischer Sprache verkünden der Bevölkerung eine Ausgangssperre zwischen 7.00 Uhr abends und 7.00 Uhr morgens. Für die Besatzungszone werden besondere Paß- und Einreisebestimmungen erlassen.

Personen, deren Anwesenheit »die Sicherheit der Truppen zu gefährden« droht, werden auf Anordnung der französischen Generalität aus dem Ruhrgebiet ausgewiesen. Von dieser Maßnahme sind zahlreiche Bürgermeister und Polizeipräsidenten betroffen, die jede Zusammenarbeit mit den Besatzern verweigern. Ziel des französischen Einmarsches ist es, Lieferungen von Kohle und Stahl aus dem Ruhrgebiet nach Frankreich zu sichern. Die französische Regierung läßt dazu Bergwerke und Hüttenbetriebe besetzen.

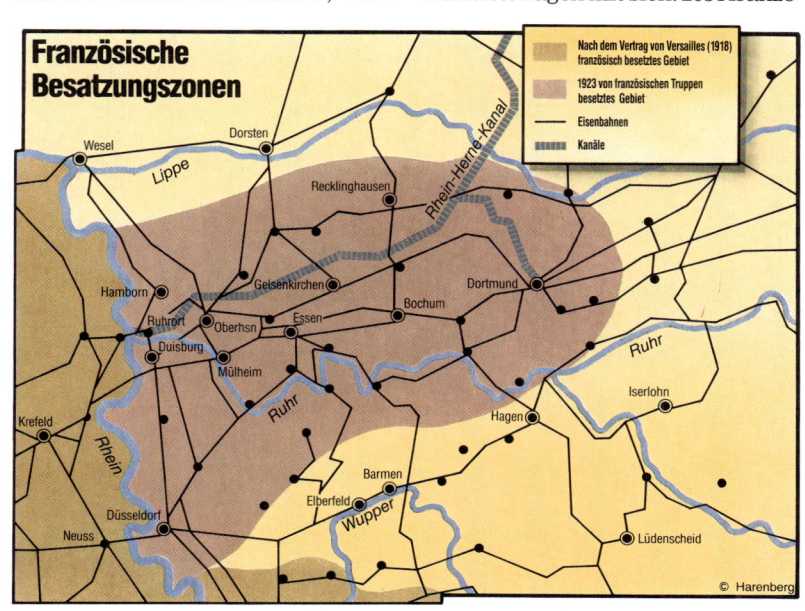

1923

Kinder aus dem Ruhrgebiet auf dem Dortmunder Hauptbahnhof, bereit zur Abreise ins unbesetzte Deutsche Reich; viele Eltern nutzen angesichts der ungewissen Lage die Möglichkeit, ihre Kinder in sichere »Ferienlager« zu schicken

Die französische Besatzung hat dem Magistrat folgendes mitgeteilt:

1. **Für jeden Gewaltakt, der gegen ein Mitglied der französischen Besatzung vorgenommen wird, wird der z.Zt. verhaftete Oberbürgermeister erschossen ohne Rücksicht auf die ausserdem noch festzusetzenden Strafmassnahmen.**
2. **Von heute (12. 3.) nachmittags 4 Uhr ab darf der Verkehr der Bevölkerung nur auf der Mitte der Strasse erfolgen. Es ist der Bevölkerung verboten, die Hände in der Tasche zu halten; die Arme müssen vielmehr so getragen werden, dass das Innere der Hände sichtbar ist.**
3. **Von heute abend 7.30 Uhr ab bis morgen früh 6 Uhr ist der Verkehr auf den Strassen nur denjenigen Personen gestattet, die mit einem besonderen Nachtausweis versehen sind.**
4. **Von abends 10 Uhr ab müssen alle Lichter in den Häusern ausgelöscht sein.**
5. **Jegliche Ansammlung auf der Strasse und jede Versammlung auch am Tage wird mit Waffengewalt auseinandergetrieben.**
6. **Der Bevölkerung ist es strengstens verboten, Waffen im Besitz zu haben. Wer mit solchen angetroffen wird, wird sofort vor ein Kriegsgericht gestellt.**

Sollte jemand noch im Besitze von Waffen sein, so können dieselben auf dem Polizeirevier I zu Buer-Mitte abgegeben werden.

Vorstehendes wird im Interesse der Bevölkerung veröffentlicht

Buer, den 12. März 1923.

Der Magistrat: Ruhr.

Vom Militärgouvernement eingesetzte französische Zeitungsverkäufer bieten in Hörde die Zeitung des französischen Nachrichtendienstes an; deutsche Tageszeitungen werden zensiert oder mußten ihr Erscheinen ganz einstellen

Nach Zusammenstößen zwischen Soldaten und deutscher Bevölkerung verhängen die französischen Behörden in Buer drakonische Maßnahmen, um Ruhe und Ordnung aufrechtzuerhalten; der Bürgersteig bleibt für Franzosen reserviert

Plakat aus Dortmund, das sich sowohl an die französischen Truppen als auch an die deutsche Bevölkerung wendet

Hof der Feuerwache in Bochum, wo sich im Mai Mitglieder der Bochumer Stadtverwaltung verschanzten, während das Gebäude von Kommunisten belagert wurde

In Duisburg stationierte belgische Besatzungssoldaten posieren hinter ihrem Maschinengewehr für die Kamera des Fotografen; Duisburg ist schon seit 1921 besetzt

Von französischen Soldaten verwüstetes Büro in einem Lokomotivschuppen am Oberhausener Hauptbahnhof; wie alle Soldaten gehen auch die Franzosen nicht gerade sorgfältig mit dem von anderen Nationen erbeuteten Eigentum um

Französische Panzer besetzen den Bahnhof (Essen-)Kray-Nord; Straßen und Schienenwege rasch unter Kontrolle zu bekommen, ist für die Besatzer notwendig, um den Transport von Kohle und Holz nach Frankreich sicherzustellen

Illegaler Zigarettenhandel am Bochumer Hauptbahnhof; Inflation und französische Besatzung führen zu rechtlosen Verhältnissen, in denen Schmuggel und Schwarzhandel eine blühende Konjunktur erleben und offen betrieben werden

Alltag während der Besetzung

Auch unter französischer Besatzung geht das Leben im Ruhrgebiet weiter. Trotz Ausgangsverboten und zahlreicher Übergriffe der Militärbehörden paßt sich die Bevölkerung dem veränderten Alltag an. Französische Sprachkenntnisse sind jetzt nützlich. Doch in den Zeitungen der Besatzungstruppen erscheinen auch Artikel in deutscher Übersetzung. Vereinzelt entwickeln sich sogar Liebesbeziehungen zwischen französischen Soldaten und deutschen Frauen, die als unerwünschte Verbrüderung mit dem Feind offiziell von deutscher wie französischer Seite streng verurteilt werden.

Von der französischen Militärverwaltung eingesetzter Regimentsschreiber im Rathaus von Hattingen

Französischer Gendarm mit einer deutschen Freundin aus Essen; solche Liebespaare werden ungern gesehen

Die sog. Diebesbörse in Essen an der Teichstraße, Ort für Schwarzmarkt- und Hehlergeschäfte; die meisten deutschen Polizisten wurden ins unbesetzte Gebiet ausgewiesen

Französische Soldaten beim Versuch, den von Deutschen im Rhein-Herne-Kanal versenkten Kohlenkahn Schürmann 2 zu heben, um ihn für Kohlentransporte zu benutzen

Ursachen der französischen Ruhrbesetzung

Die Ursachen für den Ruhrkonflikt liegen in der Regelung der Reparationsfrage im Friedensvertrag nach dem Ersten Weltkrieg (→ 28. 6. 1919). Der Versailler Vertrag hatte das Deutsche Reich und seine Verbündeten als Urheber des Weltkrieges für alle entstandenen Schäden haftbar gemacht und zu Wiedergutmachungsleistungen verpflichtet, wobei die endgültige Höhe der deutschen Zahlungen noch nicht festgelegt worden war. Für den Fall, daß Deutschland den auferlegten Reparationsverpflichtungen »absichtlich« nicht nachkäme, waren Sanktionsmaßnahmen vorgesehen. Die Paragraphen 17 und 18 des Vertrages erlaubten wirtschaftliche, finanzielle oder andere Zwangsmaßnahmen.

Auf der Pariser Konferenz im Januar 1921 veranschlagten die Alliierten zum erstenmal die Endsumme der Reparationsschuld mit 226 Mrd Goldmark, zahlbar in 42 Jahresraten, zusätzlich 12% des deutschen Außenhandelsbilanz-Überschusses. Die deutsche Reichsregierung lehnte diese Forderungen als unerfüllbar ab. Französische und belgische Truppen besetzten daraufhin die rheinischen Brückenköpfe Düsseldorf, Duisburg und Ruhrort (→ 8.3. 1921). Einem Ersuchen der Reichsregierung in Berlin um Vermittlung des Völkerbundes wurde nicht entsprochen. Mit den Vereinbarungen der Londoner Alliiertenkonferenz vom Mai 1921 verringern die USA, Großbritannien und Frankreich die deutschen Wiedergutmachungsleistungen auf 132 Mrd Goldmark, die in Jahresraten zu 2 Mrd Mark nebst 26% der deutschen Exporterlöse abgegolten werden sollten (→ 5. 5. 1921). Aufgrund der schwierigen wirtschaftlichen Situation in der Nachkriegszeit konnte das Deutsche Reich die im Jahr 1921 fällige Rate nur zur Hälfte aufbringen. Der Versicherung der Reichsregierung, daß die Reparationsforderungen die deutsche Zahlungsfähigkeit übersteigen, schenkte

Raymond Poincaré (1860 – 1934), französischer Ministerpräsident

die französische Regierung keinen Glauben, zumal sie sich darauf berief, daß das Vermögen der deutschen Industrie nicht zur Begleichung der Kriegsschuld herangezogen worden sei.

Frankreich war darauf angewiesen, mit den Wiedergutmachungsleistungen seine eigenen Kriegsschulden, die zum großen Teil amerikanischen Anleihen entstammten, zu begleichen. Noch im Juli 1921 lag die französische Verschuldungssumme gegenüber den Vereinigten Staaten bei 3,6 Mrd Dollar (15 Mrd Goldmark). Der durch den Krieg entstandene Sachschaden belief sich auf rund 57 Mrd Goldmark. Gegen Ende 1922 war die französische Staatsverschuldung so angewachsen, daß deren Zinsen nur mit Hilfe weiterer Anleihen aufgebracht werden konnten. Die französische Großindustrie hingegen war stark an deutschen Lieferungen von Holz und Kohle interessiert.

Die nachgiebige Haltung des amtierenden französischen Ministerpräsidenten Aristide Briand gegenüber Deutschland auf der Londoner Konferenz 1921 nutzten seine politischen Gegner zum Sturz der Regierung im Januar 1922. Angelastet wurden Briand vor allem die Herabsetzung der Reparationsleistungen und der Verzicht auf die Besetzung des Ruhrgebiets. Sein Nachfolger im Amt, Raymond Poincaré, war fest entschlossen, »an allen Rechten Frankreichs, die sich aus dem Versailler Vertrag ergeben haben, festzuhalten« (Regierungserklärung 16. 1. 1922), und lehnte jeden Versuch ab, die deutschen Leistungen zu begrenzen. Im Mai 1922 empfahl der Vorsitzende des französischen Finanzausschusses als beste Lösung des Reparationsproblems eine direkte Kontrolle der Ruhrindustrie. Ende 1922 wies Poincaré einen erneuten deutschen Antrag auf Zahlungsaufschub ab und gab die baldige Besetzung der Ruhrregion als »produktives Pfand« bekannt. Als im Januar 1923 die deutsche Regierung mit der Lieferung von Kohle und Holz im Rückstand ist, besetzen von Duisburg aus französische und belgische Truppen das Ruhrgebiet.

Französische Truppen in Hattingen; die Besetzung des Ruhrgebiets erfolgte aufgrund ausstehender Reparationszahlungen des Deutschen Reiches

Industrie bringt sich in Sicherheit

9. Januar 1923. Das Rheinisch-Westfälische Kohlensyndikat verlegt seinen Sitz von Essen nach Hamburg, einen Tag bevor französische und belgische Truppen das Ruhrgebiet besetzen (→ 10./11. 1. 1923). Damit ist den Besatzungstruppen der Zugriff auf die Organisationszentrale des Ruhrbergbaus entzogen, in der alle Daten über Kohleförderung, Haldenbestände, Belegschaften u. a. zentral erfaßt werden. Da mit der bevorstehenden Besetzung des Ruhrgebiets und umfangreichen Beschlagnahmungen durch französische Behörden zu rechnen war, verlegen außer dem Kohlensyndikat auch zahlreiche andere Unternehmen ihre Zentralen in Städte, die nicht von der Besetzung bedroht sind. So hatte schon im Frühjahr 1921 eine außerordentliche Generalversammlung der Gutehoffnungshütte AG (GHH) die Verlegung des Unternehmenssitzes nach Nürnberg beschlossen, »wenn die Besetzung des Ruhrreviers erfolgt ist oder in sicherer Aussicht steht« (Paul Reusch, Vorstandsvorsitzender des Konzerns). Anfang Januar werden Waggonladungen von Akten und Materialien, die nicht in die Hände der Besatzungstruppen fallen sollen, aus dem Revier in die neuen Unternehmenszentralen transportiert.

Die Regierungen Frankreichs und Belgiens hatten eine Besetzung des Ruhrgebiets beschlossen, nachdem es ihrer Auffassung nach zu Verzögerungen bei den Reparationszahlungen gekommen war, die das Deutsche Reich nach dem Ende des Ersten Weltkriegs an die Siegermächte zu leisten hatte. Vor allem die französische Hüttenindustrie hatte ein Interesse an Kohlelieferungen aus dem Ruhrgebiet, um ihre Produktion weiter auszubauen.

Während Firmensitze ins unbesetzte Reichsgebiet verlegt werden, beteiligen sich führende Ruhrindustrielle am Widerstand gegen die Besatzungsmächte. So verweigern Fritz Thyssen und leitende Kräfte des Ruhrbergbaus jegliche Zusammenarbeit mit französischen Behörden, ehe sie gegen Ende des Jahres mit diesen Verträge über Sachlieferungen abschließen (→ 23. 11. 1923). Im Rahmen der Widerstandsmaßnahmen kommt der Betrieb auf vielen Zechen und Hüttenwerken im Revier vollständig zum Erliegen.

Passiver Widerstand wird abgebrochen

26. September 1923. Wegen der katastrophalen Wirtschaftslage (→ Sommer 1923, → 1923) verkündet Reichskanzler Gustav Stresemann den Abbruch des passiven Widerstands gegen die belgisch-französische Besetzung des Ruhrgebiets.

Die deutsche Reichsregierung hatte als Antwort auf die Ruhrbesetzung (→ 11. 1. 1923) zur Arbeitsverweigerung aufgerufen, um den Abtransport von Kohle nach Frankreich zu verhindern. Mehrere Verordnungen legalisierten den passiven Widerstand und sorgten dafür, daß seine Opfer finanziell entschädigt wurden. Ausgewiesene Beamte bezogen weiter ihr Gehalt, und stillstehenden Zechen wurden die Lohngelder von der Regierung erstattet. Die Kohleförderung im Ruhrgebiet sank gegenüber 1922 um 57 %.

Im Laufe des Jahres gelang es den Besatzungsbehörden, die Revierzechen mit eigenen Arbeitern zu betreiben. Die Kosten des passiven Widerstands erwiesen sich dagegen für die deutsche Reichsregierung als eine untragbare Belastung.

Arbeiter aus Duisburg demonstrieren für eine Beibehaltung des passiven Widerstandes gegen die Besetzung des Ruhrgebiets durch Frankreich und Belgien

Die wirtschaftliche Not ließ den anfänglichen Widerstandswillen der Bevölkerung rasch erlahmen. Die unterernährten und entkräfteten Bergleute nutzten die Arbeitsverweigerung als willkommene Erholungspause: »Wo du eine Kiste siehst, da laß dich nieder, der passive Widerstand, der kommt nie wieder.« Vereinzelte Sabotageakte von nationalistisch beeinflußten Jugendlichen bleiben erfolglos, verschärfen jedoch die Spannungen zwischen Bevölkerung und Besatzern.

Franzosen töten sieben Dortmunder

10. Juni 1923. In der »Dortmunder Bartholomäusnacht« werden sieben Männer von den Franzosen erschossen, nachdem sie eine von der Besatzungsmacht verhängte Ausgangssperre überschritten hatten. Der Name »Bartholomäusnacht« soll Parallelen ziehen zu der Ermordung von über 10 000 Hugenotten in Frankreich am 24. August 1572, dem Bartholomäustag.

Am Abend des 9. Juni waren zwei französische Adjutanten von Unbekannten in der Beurhausstraße erschossen worden. Die Franzosen nehmen daraufhin je zwei Beamte von Polizei und Stadtverwaltung als Geiseln und verhängen ab 21 Uhr ein Ausgangsverbot.

Da der 10. Juni jedoch ein Sonntag ist und viele Dortmunder Bürger bereits an ihren Ausflugszielen weilen, erfährt ein Großteil der Betroffenen nicht rechtzeitig von der Ausgangssperre. Infolgedessen kehren zahlreiche Ausflügler erst nach Beginn der Sperrzeit in die Stadt zurück und werden von französischen Patrouillen angegriffen.

Besatzungstruppen übernehmen die Reichsbahn

2. März 1923. Die französischen Militärbehörden richten im besetzten Ruhrgebiet eine eigene Eisenbahnverwaltung ein, die sog. Regiebahn. Für die Beschäftigten bei der Reichsbahn bedeutet dies eine weitgehende Einschränkung ihrer Dienstbefugnisse sowie die Verpflichtung zur Durchführung aller von Franzosen und Belgiern geforderten außerplanmäßigen Dienste. Einig in der Ablehnung dieser Zwangsverwaltung, folgen deshalb viele Eisenbahner dem Aufruf der Reichsregierung zum passiven Widerstand (→ 26. 9. 1923). Rund 25 000 Bedienstete der Bahn, die ihren Dienst nicht mehr korrekt versehen, werden daraufhin von den Militärbehörden in den unbesetzten Teil des Deutschen Reiches ausgewiesen.

Um größeren Schwierigkeiten beim Abtransport der dringend benötigten Kohle nach Frankreich zuvorzukommen, setzen die Alliierten deshalb eigene Eisenbahntruppen auf den militarisierten Strecken ein. Fehlende Sprachkenntnisse, Unkenntnis der Strecken- und Bahnhofspläne, die von den deutschen Eisenbahnern bereits beim Verlassen der Dienststellen entfernt worden waren, führen jedoch zu einer Häufung von Unfällen und Fehlleitungen. Das französische Personal kann nur wenige Strecken unterhalten und wird zudem durch Sabotage an Maschinen und Gleisen behindert. So können im Januar/Februar des Jahres nur ganze zwei Tagesförderungen Ruhrkohle nach Frankreich transportiert werden.

Erst am 15. November 1924 erfolgt nach dem Abschluß des Dawes-Plans (→ 31. 7. 1925) die Auflösung der französischen Eisenbahnregie. Die Betriebshoheit wird an die Deutsche Reichsbahn zurückgegeben.

Französischer Soldat als Bewachung für einen Güterzug, mit dem Steinkohle aus dem besetzten Ruhrgebiet als Reparationsleistung nach Frankreich transportiert wird

Entgleisung eines Güterzuges in Dortmund-Eving im Dezember 1923; nachdem französische Stellen die Leitung der Eisenbahn übernehmen, kommt es oft zu solchen Unfällen

1923

13 Tote und 52 Verletzte bei einem blutigen Zwischenfall in den Essener Krupp-Werken

Vor der Zentralverwaltung der Essener Krupp-Werke kommt es am Karsamstag zu einem blutigen Zwischenfall, als 12 französische Soldaten auf Arbeiter schießen. Die Franzosen sind auf das Werksgelände gekommen, um eine Bestandsaufnahme im werkseigenen Fuhr- und Wagenpark vorzunehmen. Während sie in der Zentralgarage des Unternehmens die abgestellten Fahrzeuge zählen, ertönen plötzlich alle Werkssirenen, ein Signal für die Belegschaft, die Arbeit einzustellen. Die Arbeiter sammeln sich vor der Garage (Abb. l.). Die Situation verschärft sich zusehends, da die Arbeiterschaft den Soldaten der französischen Besatzungsarmee ohnehin feindlich gegenübersteht und nun Beschlagnahmungen von Fahrzeugen des Werks vermutet. Der Leutnant, der den französischen Trupp befehligt, eröffnet das Feuer auf die Menge, als diese gegen die Garage vorrückt. 13 Menschen, darunter fünf Lehrlinge, kommen ums Leben, und 52 Arbeiter werden verletzt. Dieser Vorfall heizt die gespannte Atmosphäre im Ruhrgebiet weiter an. In den folgenden Tagen werden mehrere französische und belgische Soldaten in Essen überfallen, ein Franzose kommt bei einem Anschlag im Essener Hauptbahnhof ums Leben. Die deutsche Presse, aber auch englische und amerikanische Zeitungen verurteilen das Verhalten der französischen Soldaten aufs schärfste. Zu den Trauerfeiern für die toten Kruppianer kommen über 300 000 Menschen nach Essen (Abb. r.).

Katastrophale Ernährungslage im Revier

Sommer 1923. Mit dem Beginn der französisch-belgischen Besetzung (→ 10./11. 1. 1923), die das Ruhrgebiet von seinem Umland abschneidet, wird die Versorgungslage im Revier kritisch. Bauern, die im besetzten Gebiet leben, leiden unter Beschlagnahmungen durch die Besatzer und »Selbstversorgungsaktionen« der hungernden Stadtbevölkerung. Um die größte Not zu lindern, richten die französischen Stellen in den Städten öffentliche Suppenküchen ein.

Zunehmende Arbeitslosigkeit und Inflation (→ 1923) steigern seit Kriegsende die Not der Bevölkerung. Die Arbeitslosenunterstützungen decken kaum das Existenzminimum. Der tägliche Pro-Kopf-Verbrauch an Fleisch beträgt in (Gelsenkirchen-)Buer 22 Gramm. Der Milchverbrauch in Bochum ist gegenüber 1913 um 60% zurückgegangen. Aus den Städten des besetzten Reviers ziehen Menschen auf Hamsterfahrten in die landwirtschaftliche Umgebung von (Gelsenkirchen-)Buer und ins Ruhrtal.

Die Bauern haben jedoch kein Interesse daran, Fleisch, Butter und Getreide gegen nahezu wertloses Papiergeld abzugeben. Sachwerte wie Teppiche, Möbel und Schmuck sind gefragt. Ein Teil der Landwirte hält Lebensmittel zurück, um höhere Preise zu erzielen. Es kommt zu Plünderungen und Schlägereien auf den Bauernhöfen und Feldern. Im Oktober 1923 berichtet ein Augenzeuge nach einer Fahrt von Bochum nach Hagen, »derartige Scharen von Menschen, die hungern und herumziehen«, habe er noch niemals zuvor gesehen.

Hungernde Deutsche vor dem Eingang eines französischen Lagers an der Essener Lordstraße, einer der Suppenküchen der Besatzungstruppen

»Tell«-Aufführung sorgt für Eklat

14. Februar 1923. Eine Aufführung des »Wilhelm Tell« von Friedrich Schiller am Essener Stadttheater endet mit einem Eklat. Als auf der Bühne der Rütli-Schwur gesprochen wird, erhebt sich das Publikum und spricht die Worte nach: »Wir wollen sein ein einzig Volk von Brüdern ... und uns nicht fürchten vor der Macht der Menschen.« Anschließend singen die Zuschauer das Deutschlandlied.

Am nächsten Morgen fahren fünf französische Panzer vor dem Theater vor. Das Haus wird geräumt und von den Besatzungstruppen in eine Kaserne umgewandelt. In den Gängen und im Parkett werden Schlafplätze für die Soldaten eingerichtet. Intendant Stanislaus Fuchs wird zum Offizer der Sturmtruppe beordert. Im Verhör verteidigt er die Aufführung des »Wilhelm Tell« und appelliert an den französischen Sinn für Patriotismus. Das Theater bleibt jedoch bis auf weiteres geschlossen; auch die Einschaltung des Oberstkommandierenden in Düsseldorf bringt keinen Erfolg.

Separatisten in Duisburg

22. Oktober 1923. In den frühen Morgenstunden besetzen 150 Anhänger der Separatistenbewegung mehrere öffentliche Gebäude in der Duisburger Innenstadt. Nachdem in vielen rheinischen Städten von Aachen bis Koblenz Separatistengruppen die »Rheinische Republik« ausgerufen haben, weht am Morgen des 23. Oktober deren grün-weiße Fahne auch am Giebelfenster des Duisburger Rathauses. Mit Unterstützung der französischen und belgischen Besatzungsmächte betreiben die Aufständischen ihre Politik der Loslösung des Rheinlandes vom Deutschen Reich.

In Duisburg wurde ihr Vorgehen von der Ortsgruppe des Rheinischen Unabhängigkeitsbundes vorbereitet. Dieser Bund genießt zwar allgemein kaum die Unterstützung der Bürger, steht aber unter dem Schutz der Besatzungsmächte. So entwaffnen französische Soldaten in der Nacht zum 23. Oktober die örtliche Schutzpolizei, um den Separatisten die Erstürmung des Rathauses zu ermöglichen. Einen Tag später residiert dort ein neuer Oberbürgermeister, der Beamte, die nicht mit ihm zusammenarbeiten, entläßt. Teile der legitimen Verwaltung versehen jedoch weiter ihren Dienst in Meiderich, da sich der Einflußbereich der separatistischen Bewegung im wesentlichen auf die Duisburger Stadtmitte beschränkt.

Durch die Gründung einer eigenen »Rheinischen Bank« und die Ausgabe von Notgeld versuchen die neuen Machthaber, Einfluß auf das tägliche Leben zu gewinnen. Mit der wiederholten Beschlagnahme von Lebensmitteln für den eigenen Bedarf erwecken sie jedoch den Unmut der Bevölkerung und ernten bei den Besatzern Mißtrauen. Schon im November macht sich, nach massiver Intervention der Briten, die das Rheinland nicht den Franzosen überlassen wollen, ein Stimmungswandel der Besatzungsmächte gegenüber den Separatisten bemerkbar. Am 29. November beenden Franzosen und Belgier die Herrschaft der Duisburger Separatisten.

Flugblatt der separatistischen »Rheinischen Regierung«, die Unabhängigkeit für das Rheinland anstrebt

Formular der separatistischen Bewegung aus Duisburg, die mit Unterstützung der Besatzungsmächte versucht, die Bevölkerung hinter sich zu bringen

Bergarbeiter streiken gegen hohe Preise

Der KPD-Funktionär Fritz Selbmann schildert in seiner Autobiographie seine Erlebnisse als Teilnehmer des großen Bergarbeiterstreiks im Mai 1923:

»In der letzten Maiwoche [kam es] zum ersten großen Bergarbeiterstreik nach der Ruhrbesetzung. Zum ersten Mal sprach ich ... in einer Belegschaftsversammlung. ... Offenbar hatte ich die richtigen Argumente, und die Männer in ihrer schwarzen Grubenkleidern und mit den Grubenlampen am Hosenbund schienen mir zu vertrauen... Es war ein Streik eigener Art; er wurde nicht um Lohnerhöhung, sondern gegen die unaufhörlich steigenden Preise geführt. Von Arbeitsniederlegung im gewohnten Sinne konnte nicht die Rede sein, denn wir standen ohnedies im passiven Widerstand... Auf unserer Schachtanlage mit 3000 Mann Belegschaft und einer normalen Tagesförderung von 2000 Tonnen wurden jetzt nicht mehr als 200 Wagen, das waren 120 Tonnen Kohle, gefördert.

Die neue Art zu streiken bestand darin, daß ein Teil der Grubenleute den Notbetrieb in Gang hielt, die anderen aber in langen Zügen in die Stadt marschierten, um gegen die Geldentwertung und die hohen Preise zu protestieren...

Es blieb nicht beim Protestieren, als die Züge von den einzelnen Schachtanlagen, bei denen sich auch Tausende Bergarbeiterfrauen befanden, in der Innenstadt [von Bottrop] ankamen. Am Rathaus wurde wieder geredet, und am Ende konstituierte sich ein Kontrollausschuß, aber noch während der Reden machten wir, die jüngeren und wohl auch politisch aufgeklärteren Teilnehmer, uns an die praktische Arbeit.

Wir zogen in kleinen Trupps – die meisten von uns trugen Hackenstiele, die traditionelle friedliche Waffe revoltierender Bergleute ... – in die Lebensmittelgeschäfte in den zum Rathaus führenden Seitenstraßen und setzten die Preise herunter. Die herabgesetzten Preise schrieben wir auf die schwarzen Preistafeln und drohten den Geschäftsleuten ein wenig mit dem Hackenstiel, damit sie nicht auf den Gedanken kamen, nach unserem Abzug die Preistafeln wieder zu ändern. Sie versprachen hoch und heilig, meistens etwas blaß und stotternd, es nicht zu tun. Wir konnten ihnen glauben. Noch immer saß den Bürgern die Angst vor dem Bergmann fest in den Knochen, wenn dieser seinen Schacht verließ... Gegen Abend, als alle Geschäfte besucht, alle Preise reduziert waren und die Arbeiterfrauen bis spät in die Nacht hinein billig einkauften, strebten die Aktionen dann ihrem Höhepunkt zu. Wir besetzen das Rathaus, warfen die paar kommunalen Polizisten hinaus, und ehe ich mich versah, hatte ich eine rote Armbinde um, einen Gummiknüppel in der Hand und stand vor dem Rathaus Wache. In der Nacht und am anderen Tage erfuhren wir, daß sich die gleichen Ereignisse in anderen Städten abgespielt hatten ... und so redeten wir uns einen Augenblick ein, daß wir ganz richtig die Macht erobert hätten.

Es war aber doch nur der Schein der Macht, den wir in Händen hatten. Wir hatten die Rathäuser besetzt, weil niemand da war, der uns daran hindern konnte, weil die örtlichen Machthaber des bürgerlichen Staates keine brauchbare Polizei zur Hand hatten und weil die wirklichen Inhaber der Macht im Ruhrgebiet, die französischen Generäle, in unseren Preisregulierungen noch keine Gefahr für ihre Besatzungspolitik sahen...

Und auch diese Scheinmacht währte nur so lange, wie der Streik auf den Zechen dauerte, und dessen Dauer richtete sich nach dem allgemeinen Streik im Ruhrgebiet und im Reich. So endete diese Episode im Klassenkampf gegen Ende des Monats Mai nach einwöchiger Dauer. Wir kehrten in unsere Schachtanlagen und zu den gewohnten Formen des passiven Widerstandes zurück. Die Bürgermeister, Beigeordnete und Polizeidiener besetzten wieder ihre Posten in den Rathäusern, und die Preise kletterten wieder – und mit noch größerer Vehemenz als früher – in die Höhe und holten sogar mit einem Sprung den Rückstand gegenüber der Geldentwertung auf, den wir ... erzwungen hatten.«

Verarmung und wachsender Reichtum durch Inflation

1923. Im Laufe des Jahres erreicht die Inflation im Deutschen Reich ihren Höhepunkt; ein amerikanischer Dollar, der im Juli noch den Gegen-

Ursachen der Inflation

In der Wirtschaft eines Landes steht der Geldmenge, die insgesamt im Umlauf ist, ein Güterwert gegenüber, der sich aus allen Sachwerten wie Produktionsanlagen, Warenbeständen, Grundstücken u. a. ergibt, die sich im Land befinden. Geldmenge und Güterwert müssen in einem angemessenen Verhältnis zueinander stehen, um die Volkswirtschaft stabil zu halten. Wird nun die Geldmenge vergrößert, ohne daß der Güterwert wächst, so spricht man von einer Inflation. Die Folge ist, daß für den gleichen Geldbetrag weniger Waren gekauft werden können. Während ein Verbraucher 1914 für 100 Mark etwa 50 kg Schweinefleisch kaufen konnte, bekommt er Mitte 1923 für den gleichen Betrag nur noch 10 g. Betroffen von einer Inflation sind hauptsächlich die Besitzer von Sparguthaben, deren Wert mit steigender Inflationsrate sinkt, während Sachvermögen wie Immobilien, Schmuck, Fabrikanlagen u. a. ständig im Wert steigen. Die Vermehrung der Geldmenge wird im Falle der Inflation von 1923 von der deutschen Reichsregierung vorgenommen, um die Staatsverschuldung abzubauen.

wert von 100 000 Mark hat, steigt bis November auf den Wert von 4,2 Billionen Mark. Der Preis für ein Kilogramm Roggenbrot steigt im gleichen Zeitraum von 1895 Mark auf 233 Mrd Mark, für ein Kilogramm Rindfleisch von 40 000 Mark auf über 4 Billionen Mark. In Dortmund kostet eine Tonne Kohle im November 13 Billionen Mark.

Unternehmer und Spekulanten legen alles Bargeld, über das sie verfügen, in Sachwerten an und erwerben so große Besitztümer. Beim Mittelstand und in der Arbeiterschaft, die nur über kleine Sparguthaben bei den Sparkassen verfügen, führt die Geldentwertung zu Verarmung, da deren Ersparnisse ihren Wert sehr schnell verlieren. Arbeiter und Angestellte erhalten ihren Lohn in Kartons und Waschkörben, da auch deren Löhne an die inflationäre Ent-

Schon geringe Summen des wertlosen Papiergeldes können während der Inflation nur waschkörbeweise transportiert werden, große Beträge in Möbelwagen

Wie andere Städte gibt auch die Stadt Herne Notgeldscheine aus, da die Reichsbank mit dem Druck von Banknoten in der Inflationszeit nicht nachkommt

wicklung angepaßt werden; so erhält ein Bergmann im November des Jahres einen Schichtlohn von 3,267 Mrd Mark. Da das Geld beinahe stündlich an Wert verliert, werden von den Lohngeldern sofort Lebensmittel und andere wichtige Güter gekauft. Mit der Einführung der Rentenmark am 15. November 1923 wird die Inflation beendet. 4,2 Billionen Mark werden zu einer Rentenmark verrechnet.

Die Inflation hatte mit der hohen Verschuldung des Deutschen Reiches während des Ersten Weltkriegs begonnen. Bei Kriegsende belief sich diese auf 51 Mrd Mark. Um die Wirtschaft nach dem verlorenen Krieg wieder anzukurbeln und gleichzeitig einen Teil der Schulden zurückzuzahlen, begann die deutsche Reichsregierung, große Mengen neuer Papiergeldscheine in Umlauf zu bringen. Durch die Reparationszahlungen, die von den alliierten Siegermächten gefordert wurden, und durch die Besetzung des Ruhrgebiets (→ 10./11. 1. 1923) steigt die Verschuldung jedoch wieder an, während die Einnahmen aufgrund der schlechten wirtschaftlichen Situation sinken. Der wachsende Schuldenberg und die ständige Vergrößerung der Geldmenge verschärfen die Inflation derart, daß im November 1923 die wirtschaftliche Ordnung nur noch durch die Einführung der Rentenmark vor dem Zusammenbruch zu bewahren ist.

Gutschein der Gutehoffnungshütte über 100 Mio Mark; viele Unternehmen bezahlen Löhne und Rechnungen auf dem Höhepunkt der Inflation mit Gutscheinen, da allein der Transport der hohen Geldbeträge große Probleme birgt

Industrie zahlt Reparation

23. November 1923. Führende Industrielle des Bergbaus und der Industrie aus dem Ruhrgebiet verpflichten sich, einen Teil der Kohleförderung sowie die gesamte Reichskohlensteuer als Reparationsleistungen direkt an die alliierten Siegermächte abzuführen. Diese sog. MICUM-Verträge sind nach der Mission Interalliée de Controle des Usines et des Mines benannt, der interalliierten Kontrollkommission für Hütten- und Bergwerke. Die Ruhrindustrie übernimmt mit diesem Vertrag Reparationsverpflichtungen des Deutschen Reiches gegenüber den Siegermächten des Ersten Weltkriegs. Die deutsche Reichsregierung erstattet den Unternehmern die Zahlungen in Form von Anleihen und Steuererleichterungen.

Die MICUM-Verträge legen fest, daß 25% der im Ruhrgebiet geförderten Kohle und 35% des hier erzeugten Kokses zuzüglich des Kohlenbedarfs der Besatzungstruppen und der alliierten Dienststellen abzuführen sind. Die Reichskohlensteuer in Höhe von 15 Mio Dollar, die auf die Förderung im Revier entfällt, ist direkt an die Siegermächte zu zahlen. Darüber hinaus wird jede nach dem Vertragsabschluß verkaufte Tonne Kohle mit 10 französischen Franc besteuert, auf Kohlenlieferungen ins Ausland und ins unbesetzte Reichsgebiet werden zusätzliche Abgaben erhoben. Auch von den Nebenprodukten des Bergbaus wie Teer, Schwefel, Ammoniak, Pech und Benzol sind vertraglich festgelegte Mengen abzuliefern. Die französische Eisenbahn ist mit jeder angeforderten Menge Kohle zu versorgen, die im Gegensatz zu den anderen Lieferungen von französischer Seite bezahlt wird. Alles in allem verliert die Ruhrindustrie durch diese Vereinbarungen rund 50% ihrer gesamten Produktion.

Die Vereinbarungen kommen unter dem Druck der Besetzung des Ruhrgebiets durch französische und belgische Truppen (→ 10./11. 1. 1923) zustande. Diese hatten kurz nach dem Einmarsch einen großen Teil der vorhandenen Kohlevorräte beschlagnahmt und so die Produktion in den Hüttenwerken zum Erliegen gebracht. Nachdem der Widerstand, mit dem sich Bevölkerung und Industrie im Revier gegen die Besetzung zur Wehr setzen, im September zusammenbricht (→ 26. 9. 1923), beginnen die ersten Verhandlungen mit den Besatzungsmächten. Noch im Oktober verweigert Fritz Thyssen die Zahlung der Kohlensteuer und die kostenlose Lieferung von Kohle an die Alliierten. Er schreibt in einem Brief an den französischen General Degoutte: »Ich bin als Privatmann nicht berechtigt, mit dem Vertreter einer fremden Nation über eines der wichtigsten Rechte eines souveränen Staates, nämlich über das Recht der Besteuerung, zu verhandeln.« Doch auch er unterzeichnet wenig später den MICUM-Vertrag, um in seinen stilliegenden Hüttenwerken die Produktion wieder aufnehmen zu können.

Anwohner beim provisorischen Tagebau von Kohle südlich von Essen

Zechenverband schließt Revierzechen

15. November 1923. Per Anschlag verkündet der Zechenverband die Stillegung aller Revierzechen und die fristlose Entlassung sämtlicher Belegschaften. Mit dieser Form der Aussperrung reagieren die Unternehmer auf den Widerstand der vier Bergarbeitergewerkschaften und des Reichsarbeitsministeriums gegen den Versuch einer Schichtzeitverlängerung von Seiten des Zechenverbandes wenige Wochen zuvor: Ohne Absprache mit den Gewerkschaften hatten die Zechenunternehmer am 8. Oktober eine Verlängerung der Arbeitszeit unter Tage auf 8½ und über Tage auf 12 Stunden ohne Lohnausgleich angeordnet. Erst nach einer Intervention der Gewerkschaften bei der Reichsregierung, die angesichts der katastrophalen wirtschaftlichen Situation des Deutschen Reiches einen Arbeitskonflikt fürchtet, hatte der Zechenverband sein Arbeitszeitdiktat zurückgezogen.

In erneuten Verhandlungen zwischen Regierung, Zechenverband und Gewerkschaften gelingt es den Unternehmern jedoch, sich durchzusetzen: Am 29. November stimmen die Bergarbeiterverbände einem Überschichtabkommen zu. Die tägliche Schichtzeit der Bergleute unter Tage wird auf 8 Stunden ohne Extravergütung verlängert.

Die im Zechenverband organisierten Unternehmer legen ihre Abbaubetriebe wie die Zeche Holland 1/2 in (Bochum-)Wattenscheid vorübergehend still

Kohleabbau im Stollenbetrieb

März 1923. Dortmunder Arbeiter bauen im Südwesten Dortmunds, in der „Bolmke", im Stollenbergbau Kohle für den Eigenbedarf ab. Die Kohleförderung in Dortmund ist während des passiven Widerstands gegen die Ruhrbesetzung (→ 26. 9. 1923) von 12,2 Mio t im Jahr 1913 auf 4,9 Mio t gesunken. Die Folge ist akuter Brennstoffmangel. Viele Familien haben keine Möglichkeit mehr, zu kochen und zu heizen. Zahlreiche Gewerbebetriebe müssen die Arbeit einstellen. Die Dortmunder greifen daher zur Selbsthilfe und treiben 20 bis 30 m tiefe Stollen in die Erde, um die dicht unter der Oberfläche liegende Kohle abzubauen.

Besatzungsmacht zensiert Zeitungen

1923. Mit einer Verordnung zur Regelung der Presse, Theater- und Lichtspielaufführungen sowie anderer Kundgebungen gleicher Art haben die französischen Besatzer eine Handhabe zur Kontrolle der Presse geschaffen; die »Zeitungen, Abhandlungen oder Veröffentlichungen usw., die ... geeignet sind, die öffentliche Ordnung zu stören oder die Sicherheit oder das Ansehen der Besatzungstruppen zu beeinträchtigen, sind verboten und können gegebenenfalls ... beschlagnahmt werden.« Von dieser Verordnung machen die Franzosen reichlichen Gebrauch, sie zensieren einen großen Teil der Artikel in den Zeitungen, so daß diese nicht erscheinen können.

Brieftauben unter fremder Kontrolle

7. März 1923. Die Verordnung Nr. 22 der französischen Besatzungsmacht fordert von der Bevölkerung genaue Verzeichnisse der Taubenschläge unter Angabe der Taubenzahl und Beschreibung der einzelnen Tiere. Außerdem werden die zur Abrichtung der Tiere stattfindenden Übungsflüge in das unbesetzte Gebiet verboten. Mit dieser und ähnlichen Beschränkungen, wie z. B. dem Verbot von Radioapparaten, wird versucht, jeden Kontakt des Ruhrgebiets mit dem unbesetzten Teil des Deutschen Reiches zu verhindern.

Schnellbahn soll Revierstädte verbinden

1923. Zur Entwicklung neuer Nahverkehrskonzepte gründen Vertreter der Städte Köln, Düsseldorf, Duisburg und weiterer betroffener Kommunen unter Beteiligung des Siedlungsverbandes Ruhrkohlenbezirk die »Studiengesellschaft für die rheinisch-westfälische Schnellbahn«. Unter Ausschluß der Reichsbahn werden erste konkrete Pläne für eine von Köln nach Dortmund verlaufende Schnellbahnlinie erarbeitet. Noch im Herbst des Jahres wird die Erlaubnis zum Beginn allgemeiner Vorarbeiten erteilt. Im Januar 1924 vergibt das preußische Staatsministerium die Konzession zum Bau und Betrieb dieser Bahn.

Die dem Ministerium vorgelegten Pläne sehen vor, die Elektrische Städtebahnlinie kreuzungsfrei, teils unterirdisch, teils als Damm-, Einschnitt- oder Hochbahn verlaufen zu lassen. Von Dortmund über Essen und Duisburg nach Düsseldorf führend, soll von dort die Verbindung der Bahn zu der in Köln bereits verkehrenden Rheinuferbahn hergestellt werden. Vorgesehene Fahrgeschwindigkeiten bis zu 130 km/h sollen die Gesamtfahrzeit zwischen Köln und Dortmund auf nur 77 Minuten reduzieren.

Im Laufe der folgenden drei Jahre werden die einzelnen Linien festgelegt, die technische Ausgestaltung, Betriebsgrundlagen und ein Kostenvoranschlag erarbeitet. Der Kostenaufwand wird auf 340 Mio Mark geschätzt. Finanzielle Bedenken, wirtschaftliche Einsprüche der Reichsbahn und der Binnenschiffahrt lassen das Stadtbahnprojekt jedoch noch in der Planungsphase scheitern. Am 30. November 1927 beschließt die Reichsbahn, ihre vorhandenen Strecken auszubauen und einen eigenen Schnellbahnverkehr im Ruhrgebiet einzurichten.

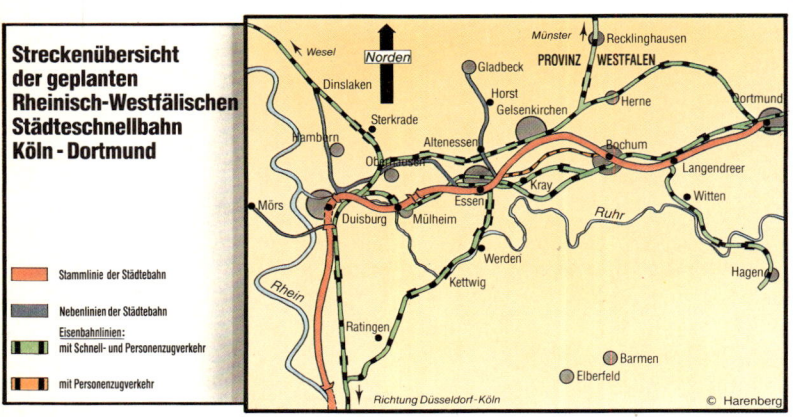

Otto Wohlgemuth (1884–1965), Gründer des Ruhrlandkreises

Bergmann gründet »Ruhrlandkreis«

1923. Der gelernte Eisengießer und Bergmann Otto Wohlgemuth gründet den »Ruhrlandkreis«, eine Vereinigung von Schriftstellern und Malern, die zum größten Teil im Revier leben und arbeiten. Als Ziel der Gruppe formuliert Wohlgemuth, »dem seelischen Gehalt unserer Industrielandschaft die merkwürdig ergreifende Schönheit abzugewinnen«, d. h. den Kontrast zwischen der zerstörten Umwelt und den trostlosen Lebensverhältnissen der Bevölkerung des Ruhrgebiets einerseits und ihrer inneren Stärke und Heimatliebe andererseits künstlerisch zu gestalten.

Zu den Autoren des »Ruhrlandkreises« gehören neben Wohlgemuth u. a. Christoph Wieprecht, Kurt Kläber, Paul Klose, Erich Sieburg, Wilhelm Haas und Karl Vaupel. Hinzu kommen die Maler Hermann Kätelhön und Hermann Peters.

Die erste Veröffentlichung ist die 1923 von Otto Wohlgemuth herausgegebene Anthologie »Ruhrland – Dichtungen werktätiger Menschen«. Das Vorwort endet mit der Widmung: »Dem deutschen Volke eine Mahnung, eine Erinnerung daran, daß bei uns an der Ruhr ein Ungeheures im Gange ist.« 1924 erscheint der erste und einzige Jahrgang des »Ruhrland-Almanach«. Ein weiteres Forum finden die Autoren des Kreises in Kulturzeitschriften der Region wie dem in Bochum erscheinenden »Schacht« oder dem Essener »Hellweg«.

Rappaport plant Marl als grüne Stadt

1923. Die Gemeinde Marl beauftragt den Ingenieur und späteren Direktor des Siedlungsverbandes Ruhrkohlenbezirk, Philipp Rappaport, mit der Ausarbeitung eines Bebauungsplans für den Marler Raum. Seit Ansiedlung des Bergbaus 1905 sind zahlreiche Arbeitskräfte nach Marl gezogen. Die Einwohnerzahlen sind von 2761 im Jahr 1905 auf 15 225 im Jahr 1923 gestiegen. Die Gemeinde will die Fehlentwicklungen vermeiden, die sich in der Expansionsphase der Gründerjahre in den benachbarten Industriestädten ergeben haben. Das Durcheinander von Industrie- und Wohngebieten soll durch einen Besiedlungsplan verhindert werden.

Rappaport legt bei der Gesamtplanung besonderen Wert auf die »wohlüberlegte Trennung von Industrie- und Wohngebieten«. Er rechnet dabei mit einer Erweiterung der in Marl bestehenden Schachtanlagen, nicht aber mit der Ansiedlung neuer Industriezweige. 120 000 Menschen sollen in Vorstädten wohnen, die durch Grünflächen von den Industriezentren getrennt sind. Trotz späterer Änderungen hat der Plan wegweisende Bedeutung für die Entwicklung der Marler Stadtplanung.

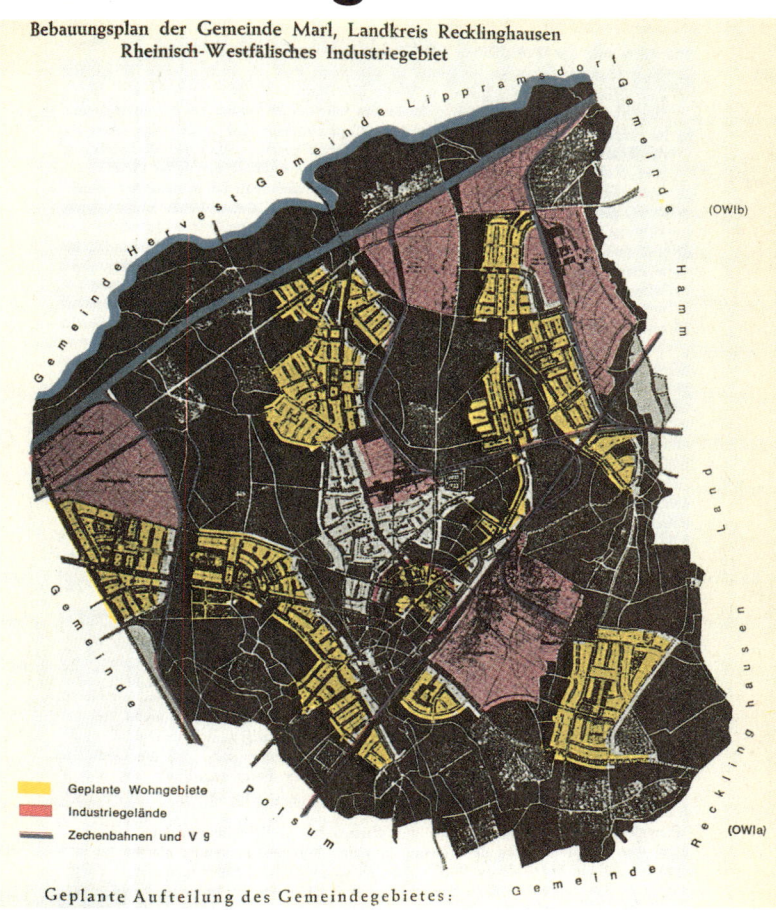

1924

Jüdischer Verein Hakoah

1923. Der jüdische Sportverein Hakoah (hebr.: Kraft) wird in Essen gegründet. Der Zusammenschluß jüdischer Bürger auch außerhalb des religiösen Bereichs ist eine Reaktion auf zunehmende antisemitische Strömungen im Deutschen Reich. Der Essener Verein steht in der Tradition der national-jüdischen Turn- und Sportbewegung, die 1921 einen Weltverband ins Leben rief. Dieser Verband sieht seine Ziele ebenso wie nicht-jüdische Verbände, z. B. die Deutsche Jugendkraft und der Wandervogel, auf den Gebieten Weltanschauung, Kultur und Politik. Die Leibesübungen sind dabei nur Mittel der Erziehung.

Hakoah erlebt in den ersten Jahren seines Bestehens einen starken Zustrom, so daß er nach zwei Jahren 730 Mitglieder, darunter fast 200 aktive Sportler, vereint. Neben Waldlauf, Turnen, Fußball und Boxen gibt es Abteilungen für Schwimmen, Tennis und Fechten. Der Verein soll eine Stärkung der Essener jüdischen Gemeinde bewirken, aber auch Vorurteile abbauen helfen. So schreibt ein Mitglied in der Vereinszeitung von 1924, daß man dem »Vorurteil von der körperlichen Minderwertigkeit der Juden« durch eine Zusammenfassung jüdischer Sportler begegnen müsse.

Erich Levi, Boxtrainer im Hakoah, Deutscher Amateurmeister 1924

Inflation auf Rennbahn

6. August 1923. Ein Rennprogramm für die Veranstaltung der Pferderennbahn Dortmund-Wambel kostet 10 000 Mark. Auch die Rennpreise erreichen infolge der Inflation astronomische Höhen; so setzt der Mülheimer Rennverein für drei Renntage zu Pfingsten Preise in Höhe von insgesamt 60 Mio Mark aus. In der Notsituation schließen sich das Kartell Westdeutscher Rennvereine und der Verein Westdeutscher Rennbahnbesitzer zu einer Notgemeinschaft zusammen, um Geldmittel für Rennpreise zusammenzutragen und Veranstaltungen gemeinsam auszurichten. Um Transportkosten einzusparen, werden die Pferde zu Fuß von einer Rennbahn zur nächsten geführt.

Jagdrennen auf der Rennbahn in Dortmund-Wambel, der neben (Gelsenkirchen-)Horst und Mülheim-Raffelberg wichtigsten Bahn im Ruhrgebiet (1927)

17. 1. Zechen- und Stahlarbeiter aus (Duisburg-)Hamborn gründen den Bandoneon-Verein »Gut-Ton«.

14. 2. Hausbesitzer werden gesetzlich zur Zahlung einer Hauszinssteuer verpflichtet, die den gemeinnützigen Wohnungsbau finanzieren soll.

Frühjahr. Bei den Betriebsrätewahlen im Ruhrbergbau erhält die Allgemeine Bergarbeiter Union über 30% der abgegebenen Stimmen. →

2. 5. Nach der Weigerung der Zechenbelegschaften, die neue Achtstundenschicht unter Tage zu verfahren, werden im Ruhrbergbau 400 000 Bergarbeiter ausgesperrt. →

4. 5. Bei den Wahlen zum zweiten Deutschen Reichstag erzielen die radikalen Parteien (Kommunisten, völkisch-nationalsozialistische Gruppen) große Gewinne. – Bei den am selben Tag stattfindenden Stadtverordnetenwahlen wird die KPD in Dortmund mit 20% der Stimmen stärkste Partei. →

21. 7. Konrad Adenauer und seine Frau Auguste unternehmen mit August Thyssen eine Grubenfahrt auf der Zeche Lohberg bei Dinslaken. →

23. 7. Die Dortmunder Stadtsparkasse bezieht ihr neues Gebäude an der Hansastraße. →

25. 7. Die Theatergemeinschaft (Duisburg-)Hamborn-Oberhausen-Gladbeck wird gegründet. →

1. 8. Das Deutsche Reich übernimmt die Kosten für die Reparationslieferungen des Ruhrbergbaus.

7. 9. Bei den ersten internationalen Wettkämpfen des Turn- und Sportvereins Bochum im Stadion an der Castroper Straße startet der berühmte Sprinter Hubert Houben. →

22. 10. Die französischen Besatzungstruppen verlassen die Stadt Dortmund. →

23. 11. In einem Fußball-Länderspiel unterliegt die deutsche Nationalmannschaft im Duisburger Wedau-Stadion Italien mit 0:1 Toren. →

1924. Die Werke der August-Thyssen-Hütte werden mit großem Aufwand modernisiert. →

1924. Hagen 05 gewinnt die erste Deutsche Meisterschaft im Feld-Handball innerhalb des Westdeutschen Spielerverbandes.

GEBOREN:

9. 3. Bochum: Peter Scholl-Latour, Journalist und Buchautor.

GESTORBEN:

10. 4. Berlin: Hugo Stinnes (* 12. 2. 1870, Mülheim an der Ruhr), Industrieller. →

Massenaussperrung auf Revierzechen

2. Mai 1924. Die im Zechenverband zusammengeschlossenen Grubenbesitzer sperren 400 000 Arbeiter des Ruhrbergbaus aus. Die vier Bergarbeitergewerkschaften Alter Verband, Polnische Berufsvereinigung ZZP, Hirsch-Dunckerscher Gewerkverein und der Gewerkverein christlicher Bergarbeiter hatten ihre Mitglieder dazu aufgerufen, die von den Unternehmern geforderte Verlängerung der Arbeitszeit zu verweigern und nach Auslaufen des letzten Überschichtabkommens für das Ruhrrevier (→ 15. 11. 1923) ab 1. Mai wieder die siebenstündige Schicht unter Tage zu verfahren.

Schichtlöhne und Arbeitszeiten

Jahr	Schichtzeit einschl. Ein- u. Ausfahrt	Schichtlohn für Hauer
1913	10 – 12 Std.	6,47 Mark
ab 18. 11. 1918	8 Std.	13, 47 Mark
ab 1. 4. 1919	7 1/2 Std.	23,06 Mark
ab 1. 11. 1919	7 Std.	23,06 Mark
ab 1. 5. 1924	8 Std.	6,97 Rentenmark

Am 31. März hatte der Zechenverband den bestehenden Tarifvertrag gekündigt und eine Rückkehr zur Vorkriegsarbeitszeit zur Voraussetzung für Lohnerhöhungen gemacht. Nach der Beendigung der Inflation (→ 1923) und der politischen Unruhen der Nachkriegsjahre wollen die Zechenverwaltungen ihre Machtposition wiederherstellen.

Die Schiedssprüche der staatlichen Schlichter sehen Ende April neben einer Lohnerhöhung um 15% die Verlängerung der Schichtzeiten um eine Stunde vor. Auf den Protest der Bergarbeiterverbände hin erfolgt die Massenaussperrung.

Die Gewerkschaften verurteilen die Aussperrung als antisozial und arbeiterfeindlich. Aufgrund ihrer schlechten finanziellen Situation können sie aber keinen längeren Arbeitskampf gegen den vereinten Widerstand von Unternehmern und Regierung führen. Ende Mai 1924 akzeptieren die Bergarbeiterverbände mit dem Schiedsspruch der staatlichen Schlichter eine Verlängerung der Arbeitszeit auf acht Stunden. Die Durchsetzung der Achtstundenschicht gegen den erklärten Willen der Verbände bedeutet das endgültige Aus für die seit November 1918 (→ 13. 11. 1918) bestehende Arbeitsgemeinschaft zwischen Unternehmern und Gewerkschaften.

KPD-Erfolge im Reich und an der Ruhr

4. Mai 1924. Gewinner der Wahlen zum zweiten Deutschen Reichstag sind die extremen Parteien am linken und rechten Rand des Parteienspektrums. Während auf Reichsebene sowohl KPD als auch DNVP und völkisch-nationalsozialistische Gruppen einen starken Stimmenzuwachs verbuchen, ist in den Revierstädten die KPD eindeutige Wahlsiegerin. Ihre Stimmengewinne liegen hier weit über dem Reichsdurchschnitt. Die rechtsextremen Gruppierungen bleiben an der Ruhr Randerscheinungen.

Die Stimmengewinne der radikalen Parteien gehen auf Kosten der Sozialdemokratie und der bürgerlichen Parteien. Die größten Verluste sowohl im Reich als auch an der Ruhr hat die SPD zu verzeichnen, wobei in SPD-Hochburgen wie Bochum und Dortmund der Stimmenrückgang besonders stark ist, während im übrigen Ruhrgebiet die Verluste der SPD geringfügig unter dem Reichsdurchschnitt liegen. Die weitgehende Schwächung der Parteien der Weimarer Koalition führt am 3. Juni zur Bildung einer Minderheitsregierung unter dem Zentrumspolitiker Wilhelm Marx.

Kommunistisches Propagandaplakat aus dem Wahlkampf 1924

Die Wahlen zum zweiten Reichstag fallen im Ruhrgebiet mit den Kommunalwahlen zusammen. Sie spiegeln das Ergebnis der Reichstagswahl. Zum erstenmal in der Geschichte der Partei zieht die KPD auf breiter Front in die Stadtparlamente der Ruhrgebietsstädte ein. Insgesamt werden am 4. Mai in den neun Großstädten Bochum, Dortmund, Duisburg, Essen, Gelsenkirchen, Herne, Mülheim, Oberhausen und Recklinghausen 132 kommunistische Stadtverordnete gewählt, in der Mehrzahl Arbeiter, darunter 29 Bergleute und 20 Metallarbeiter. Unter den 132 Gemeindevertretern sind 20 Frauen. In Dortmund, Duisburg, Gelsenkirchen, Herne und Mülheim stellen die KPD-Stadträte jeweils die stärkste Fraktion.

Ursachen für die Wahlniederlage der gemäßigten Parteien sind die katastrophale Wirtschaftslage des Deutsches Reichs und die bevorstehende Unterzeichnung des Dawes-Plans (→ 31. 7. 1925), gegen den von der republikfeindlichen Rechten als »zweites Versailles« agitiert wird. Der überdurchschnittliche Wahlerfolg der KPD im Ruhrgebiet muß zudem vor dem Hintergrund der Mai-Aussperrung im Ruhrbergbau (→ 2. 5. 1924) und dem von den Unternehmern betriebenen Sozialabbau (→ 15. 11. 1923) gesehen werden.

Anfang Juni 1924 werden die neu gewählten Stadtverordneten von den Bürgermeistern der Revierstädte offiziell in die Stadtparlamente eingeführt und auf die Regeln parlamentarischer Arbeit verpflichtet. Dabei kommt es zu zahlreichen Zwischenfällen: In Dortmund erscheint die kommunistische Ratsfraktion mit roten Handschuhen, die sie dem Bürgermeister als Fehdehandschuhe vor die Füße wirft. In Gelsenkirchen waschen sich die kommunistischen Stadtverordneten in mitgebrachten Schüsseln demonstrativ von jeder Berührung mit bürgerlichen Politikern rein. In anderen Parlamenten versuchen die Kommunisten, mit einer Flut von Anträgen die parlamentarische Arbeit lahmzulegen oder Wortbeiträge anderer Fraktionen durch Absingen der Internationale zu verhindern. Von vielen ihrer Anhänger wird das Verhalten der KPD in den Stadtparlamenten und im Reichstag, wo es zu ähnlichen Szenen kommt, als »Radaupolitik« empfunden.

Bei den vorgezogenen Reichstagswahlen am 7. Dezember 1924 büßt die KPD besonders im Ruhrgebiet Stimmen ein. Vor dem Hintergrund eines sich abzeichnenden wirtschaftlichen Aufschwungs ist die SPD Gewinnerin der Wahl, wenngleich ihr Stimmenanteil im Ruhrrevier weiterhin unter dem Reichsdurchschnitt bleibt. Das Zentrum behauptet sich an der Ruhr als stärkste politische Kraft.

Die Reichstagswahl vom 4. Mai 1924 in %

	KPD	USPD	SPD	Zentr.	DDP	DVP	DNVP	NSDAP	1	2	3	4	5	Sonst.
Bochum	25,2	0,7	12,2	28,0	3,0	12,3	12,1	–	–	–	1,4	–	–	5,1
Dortmund	30,8	2,3	15,5	19,9	3,2	16,5	5,8	–	–	–	1,0	–	–	5,0
Duisburg	22,9	0,9	14,6	23,2	3,3	13,2	12,1	–	–	–	5,4	–	–	4,4
Essen	25,4	0,7	11,4	30,1	2,8	9,3	9,8	–	–	–	6,1	–	–	4,4
Gelsenkirchen	35,1	1,0	8,9	28,0	2,3	13,5	7,2	–	–	–	0,6	–	–	3,4
Oberhausen	24,0	1,0	12,7	31,7	2,6	11,6	8,8	–	–	–	3,8	–	–	3,8
Recklinghausen	22,0	1,5	11,1	31,8	3,4	8,1	9,5	–	–	–	1,2	–	–	11,4
Deutsches Reich	12,6	–	20,5	13,4	5,7	9,2	19,5	6,5	2,4	1,1	–	3,2	2,0	3,9

1 = Wirtschaftspartei 2 = Dt. Hannov. Partei 3 = Völkischsozialer Block 4 = Bayr. Volkspartei 5 = Landbund

Die Reichstagswahl vom 7. Dezember 1924 in %

	KPD	USPD	SPD	Zentr.	DDP	DVP	DNVP	NSDAP	1	2	3	4	5	Sonst.
Bochum	16,3	0,4	19,6	30,1	3,7	12,4	12,4	–	1,0	2,1	–	–	–	2,0
Dortmund	15,5	1,1	28,8	22,5	6,7	14,5	7,0	–	0,8	1,1	–	–	–	2,0
Duisburg	12,7	0,7	21,8	26,2	4,2	14,0	14,4	–	1,4	2,8	–	–	–	1,2
Essen	18,6	0,3	15,8	33,3	3,6	10,8	11,2	–	2,6	0,4	–	–	–	2,9
Gelsenkirchen	19,9	0,6	17,2	29,7	3,4	15,5	9,4	–	0,6	0,3	–	–	–	3,4
Oberhausen	13,8	0,5	18,7	33,0	3,3	11,6	11,0	–	1,3	4,6	–	–	–	2,2
Recklinghausen	17,0	0,3	18,9	34,3	4,2	8,7	8,9	–	1,0	0,1	–	–	–	6,6
Deutsches Reich	9,0	–	26,0	13,6	6,3	10,1	20,5	3,0	–	3,3	0,9	3,8	1,6	1,9

1 = Nationalsozialist. Freiheitsbew. 2 = Wirtsch. Part. d. Dt. Mittelstandes 3 = Dt. Hannov. Partei 4 = Bayr. Volkspartei 5 = Landbund

Radikale Opposition siegt bei Rätewahlen

Frühjahr 1924. Bei den Betriebsrätewahlen im Ruhrbergbau erhält die linksradikale Allgemeine Bergarbeiter Union über 30% der Stimmen und wird vor Altem Verband und dem christlichen Gewerkverein zur stärksten Organisation.

Im Erfolg der Union spiegelt sich der Unwille der Belegschaften über das Festhalten aller Bergarbeiterverbände am Prinzip zentraler tariflicher Vereinbarungen. Ihr Scheitern war im November 1923 deutlich geworden, als es dem Zechenverband unter Mißachtung des Tarifvertrags gelungen war, gegen gewerkschaftlichen Widerstand auf den Revierzechen die Vorkriegsarbeitszeit wiedereinzuführen (→ 15. 11. 1923).

Steuer zur Belebung des Wohnungsbaus

14. Februar 1924. Mit Erlaß der 3. Steuernotverordnung durch die Reichsregierung werden Hausbesitzer mit Mietwohnungseigentum auch im Ruhrgebiet zur Abgabe einer sog. Hauszinssteuer herangezogen. Aus den so gewonnenen Mitteln soll zur Linderung allgemeiner Wohnungsnot der gemeinnützige Wohnungsbau gefördert werden. Begründet wird die Einführung der Hauszinssteuer mit den enormen Inflationsgewinnen der Hausbesitzer durch die Hypothekenschulden (70–80%) in der Zeit der Geldentwertung (→ 1923).

Modernisierung im Thyssen-Konzern

1924. In den Werken der August-Thyssen-Hütte werden umfangreiche Neubau- und Modernisierungsarbeiten durchgeführt, um die veralteten Produktionsanlagen auf den neuesten technischen Stand zu bringen. Wegen der steigenden Roheisenproduktion wird eine neue Gießhalle errichtet, nachdem die Hochöfen des Werks in den letzten Jahren erweitert wurden. Auch die firmeneigenen Kokereien werden so erweitert, daß sie in diesem Jahr 1,1 Mio t Koks gegenüber 0,6 Mio t im Jahr 1919 liefern. Durch die Modernisierung wird die August-Thyssen-Hütte wieder zu einem der modernsten deutschen Hüttenwerke.

Neues Haus für Stadtsparkasse Dortmund

23. Juli 1924. *Die Dortmunder Stadtsparkasse bezieht den Neubau an der Hansastraße/Ecke Weberstraße (Abb.). Das Herz des neuen Gebäudes bildet der als Rundbau ausgeführte Kassensaal. Die verschiedenen Geschäftsräume verteilen sich auf eine Nutzfläche von 2500 m². In zwei Stockwerken, tief in den Boden versenkt, sind Stahlkammern, Schrankfächer und Silberkammern untergebracht.*
Die Baukosten wurden durch die Inflation bis Ende 1923 in die Höhe getrieben, obwohl frühzeitig alle Baumaterialien eingekauft worden waren. Rechnete man bei der Grundsteinlegung 1922 noch mit 250 Mio Mark, so waren es am Ende über 189 Billionen Papiermark.

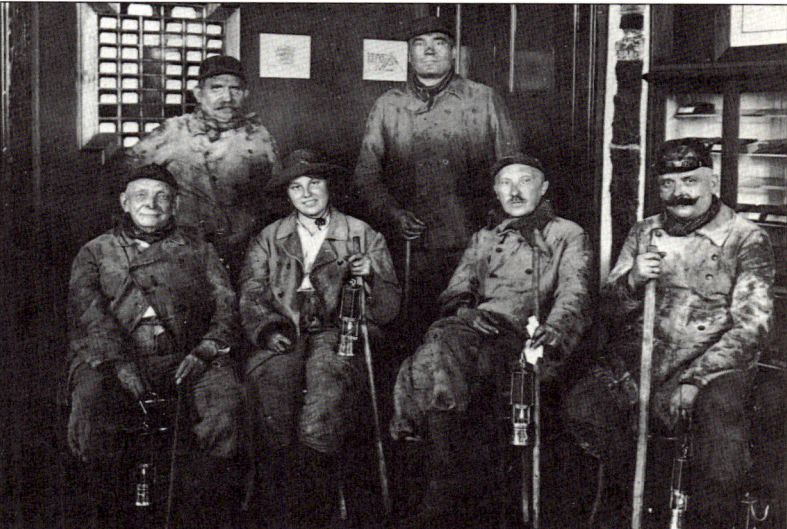

Grubenfahrt mit Adenauer und Thyssen

21. Juli 1924. *August Thyssen fährt gemeinsam mit Frau Auguste Adenauer und Konrad Adenauer, dem Oberbürgermeister der Stadt Köln (Abb. sitzend v. l. n. r.), auf der Zeche Lohberg bei Dinslaken zu einer Grubenfahrt ein. Es ist die letzte Grubenfahrt von August Thyssen, der zwei Jahre später im Alter von 84 Jahren stirbt (→ 4. 4. 1926).*
Konrad Adenauer ist Verfechter einer von Preußen unabhängigen westdeutschen Republik (→ 4. 12. 1918). Er möchte das katholische Rheinland von der seit dem 19. Jh. bestehenden Herrschaft des evangelischen Preußen befreit sehen. Ähnliche Forderungen gibt es auch in einflußreichen Kreisen der Ruhrindustriellen.

Besatzungstruppen beginnen Rückzug

22. Oktober 1924. Die französischen Besatzungstruppen verlassen Dortmund, nachdem die Reichsregierung im August auf einer Konferenz in London dem Dawes-Plan zugestimmt hat. Der von dem amerikanischen Finanzpolitiker Charles Gates Dawes ausgearbeitete Plan regelt die Frage der deutschen Reparationszahlungen an die Siegermächte des Ersten Weltkriegs neu und gewährt dem Deutschen Reich einen großzügigen Auslandskredit.

Bis November kehren die Ruhrzechen und die Eisenbahn unter deutsche Verwaltung zurück. Die letzten französischen Soldaten verlassen 1925 das Ruhrgebiet (→ 31. 7. 1925).
Die politische Entspannung macht sich auch in den übrigen Städten bemerkbar, die weiterhin besetzt sind. Die Menschen im Ruhrgebiet arrangieren sich mit den Besatzern und versuchen, das Beste aus der Situation zu machen. Ein leitender Beamter des preußischen Innenministeriums schildert 1924 seine Reiseeindrücke aus dem Ruhrgebiet:
»Die Gegend bekommt einen immer stärker französischen Stempel, und die Bevölkerung gewöhnt sich immer mehr daran . . . Überall . . . Deutsche in freundschaftlichem Verkehr mit Franzosen. . . . Schließlich geben die Franzosen nicht nur Arbeit, sondern auch billige Lebensmittel. Der Franc steht . . . tief unter der Mark, und man bekommt in den französischen Läden alles zu einem Viertel der deutschen Preise. Die Schlangen, die es im vorigen Jahr vor . . . deutschen Bäckereien und Metzgereien gab, stehen nun vor . . . französischen [Läden] an.«

Neun Monate nach der Räumung Dortmunds rücken die letzten französischen Besatzungstruppen Ende Juli 1925 über die Alfredstraße aus Essen ab

Hugo Stinnes in Berlin gestorben

10. April 1924. Hugo Stinnes stirbt im Alter von 55 Jahren nach einer Operation an der Gallenblase. Zuvor hatte er seinen Besitz an seine Söhne übergeben.

Der viel bewunderte, aber auch umstrittene Großindustrielle war 1870 in Mülheim an der Ruhr geboren worden. Im Alter von 22 Jahren eröffnete er eine Kohlenhandlung und begann, eine eigene Handelsflotte aufzubauen. Gemeinsam mit August Thyssen gründete er fünf Jahre später den Mülheimer Bergwerksverein (→ 1897), in dem er mehrere Unternehmen des Ruhrbergbaus zusammenfaßte. In den folgenden Jahren erwarb Stinnes immer wieder wirtschaftlich angeschlagene Unternehmen, sanierte sie und formte daraus ein riesiges Konzernimperium.
Die kommunistische Zeitung »Rote Fahne« beschrieb Stinnes in einem Gedicht: »Alles hat er schon am Bandel/Autos, Werften, Kohlenhandel/Grandhotels, Parteien, Minister/Alles schluckt er, alles frißt er/Von dem Rohstoff bis zur Zeitung/Alles unter seiner Leitung.«

Theatergemeinschaft bleibt Episode

25. Juli 1924. Die Städte Oberhausen, Gladbeck und (Duisburg-)Hamborn schließen sich zu einer Theatergemeinschaft zusammen, nachdem die beiden erstgenannten Städte bereits im Jahr 1921 eine Kooperation eingegangen waren.

Durch die Vereinigung sollen die infolge des ungenügenden Publikumsinteresses notwendigen Zuschüsse für die Bühnen begrenzt werden.

Die »Hamborner Volkszeitung« kommentiert die Situation in der jungen Theaterstadt Hamborn, die auch für die beiden anderen Städte typisch ist: »Unsere Stadtverwaltung wird bei der allgemeinen Wirtschaftsnot wohl kaum noch in der Lage sein, Zuschüsse zu gewähren. Also muß sich unser Theater selbst unterhalten. Die Rentabilität unseres Theaters nun steht und fällt mit der Besucherzahl; und die war in der verflossenen Spielzeit beschämend gering. Woran lag das? Hamborn ist eine Arbeiterstadt, den größten Teil seiner Bevölkerung stellt der Arbeiterstand, und der hat im großen und ganzen im Theater gefehlt. So entstanden klaffende Lücken, leere Häuser, die der Mittelstand ... auch nicht füllen konnte. Zudem übt das Duisburger Stadttheater (→ 25. 9. 1921) auf den anspruchsvollen Theaterbesucher eine viel zu starke Anziehungskraft aus.«

Die Bevölkerung besucht in ihrer Freizeit lieber Kinos und kann im wesentlichen nur durch Operetten für das Theater gewonnen werden. Daß der Intendant der Gemeinschaftsbühne, Willi Grunwald, diese Sparte weiter vernachlässigt, führt zur scharfen Kritik der beteiligten Städte. Da auch nach der Theaterehe die Besucherzahlen stagnieren, wird der Vertrag 1925 aufgelöst.

Schmucklose Fassade des Oberhausener Stadttheaters (1924), das ebenso wie seine Partner in der Theaterehe mit leeren Rängen zu kämpfen hat

Italien siegt 1:0 im Wedau-Stadion

23. November 1924. Im ausverkauften Duisburger Wedau-Stadion sehen 40 000 Zuschauer das Fußball-Länderspiel zwischen Deutschland und Italien. Die deutsche Mannschaft verliert nach einem temperamentvollen und tempreichen Spiel mit 0:1 Toren. Nachdem die Deutschen in der ersten Halbzeit mehrere Torchancen vergaben, schießt der italienische Mittelstürmer Janni zu Beginn der zweiten Halbzeit das Siegtor für seine Mannschaft.

Die Spieler der deutschen Mannschaft kommen fast ausschließlich aus süddeutschen Vereinen. Unter ihnen ist auch Josef Herberger vom SV Waldhof, später Trainer der deutschen Nationalmannschaft.

Auf regionaler Ebene wird auch im Ruhrgebiet guter Fußball geboten. Der um die Jahrhundertwende gegründete Duisburger Spielverein stellt hier die dominierende Mannschaft, er sichert sich mehrfach den westdeutschen Meistertitel und nimmt an den Endkämpfen zur Deutschen Meisterschaft teil. Gegner sind dort so renommierte Vereine wie der 1. FC Nürnberg und der Hamburger SV.

Bandoneon-Orchester

17. Januar 1924. In (Duisburg-)Hamborn wird das Bandoneon-Orchester »Gut-Ton« gegründet. Die Musiker, vor allem Bergleute, aber auch Stahlarbeiter, treffen sich in ihrer Freizeit. Das Bandoneon, verwandt dem Akkordeon, erfreut sich in den 20er Jahren des 20. Jh. besonders in weiten Teilen der Arbeiterschaft (Abb.: Hochlarmarker Bandoneonclub) großer Beliebtheit.

Borbecker Halblang

Die Schuljungen im Revier tragen den »Borbecker Halblang« (Abb.). Die abgelegten, aber noch brauchbaren Hosen der Väter werden von den Müttern für die Söhne zurechtgeschnitten. Zu große Taillenweiten werden mit Hosenträgern ausgeglichen, und die Jungen wachsen regelrecht aus den Hosen heraus. Der Name dieser »Mode« geht auf den Essener Stadtteil Borbeck zurück.

Houben startet in Bochum

7. September 1924. *Hubert Houben (Abb. l.), einer der großen deutschen Sprinter nach dem Ersten Weltkrieg, startet bei den ersten internationalen Wettkämpfen des Turn- und Sportvereins Bochum im Stadion an der Castroper Straße. Der aus Krefeld stammende Leichtathlet startet für die Krefelder Preußen, wechselt aber später zum Bochumer Turn- und Sportverein.*

1925

1. 1. Die Vereinigten Elektrizitätswerke Westfalen GmbH (VEW) entstehen. →

9. 1. Die August-Thyssen-Hütte erhält von dem New Yorker Bankhaus Dillon, Read & Co. eine Anleihe in Höhe von 12 Mio US-Dollar. →

15. 1. Der parteilose Hans Luther, ehemals Essener Oberbürgermeister und bis dahin Reichsfinanzminister, wird Reichskanzler. →

11. 2. Ein Grubenunglück auf der Zeche Minister Stein in Dortmund fordert 136 Todesopfer. →

1. 4. In Essen wird die Gartengaststätte »Bauer Barkhoff« eröffnet. →

6. 6. In Duisburg findet die Jahrtausendfeier der Rheinlande statt. →

31. 7. Die letzten französischen Truppenverbände verlassen das Ruhrgebiet. →

31. 8. An der Stadtgrenze von Essen nach Mülheim an der Ruhr beginnen die Arbeiten zum Bau des Flughafens Essen/Mülheim. →

18. 9. Der Sender Dortmund der Westdeutschen Funkstunde AG wird offiziell an die Oberpostdirektion übergeben. →

28. 11. Die Dortmunder Westfalenhalle wird eingeweiht. →

29. 11. Essen feiert den Tenor Richard Tauber in »Hoffmanns Erzählungen« von Jacques Offenbach. Taubers Gastspiele in der Spielzeit 1925/26 zählen zu den Sternstunden der Essener Oper.

1925. In der dritten Generation übernehmen Max und Richard König den Vorstand der König-Brauerei in Duisburg. →

1925. Die Gelsenkirchener Glasindustrie erhält neuen Auftrieb durch die Gründung des DELOG-Werks (Deutsche Libbey-Owens-Gesellschaft für maschinelle Glasherstellung). →

1925. In Bochum entsteht das »Regiment Ruhr« der Sturm-Abteilung der NSDAP.

1925. Die Bergwerksgesellschaft Hibernia gründet gemeinsam mit der Gewerkschaft Mont Cenis in Sodingen bei Herne die Gasverarbeitungs GmbH. →

1925. Der gebürtige Bottroper Josef Albers wird zum »Bauhaus-Meister« des nach Dessau übergesiedelten Bauhauses ernannt. →

1925. Im Zuge einer Rationalisierungswelle im Ruhrbergbau werden 34 Zechen stillgelegt. →

GEBOREN:

6. 5. Moers: Hanns Dieter Hüsch, Kabarettist.

25. 9. Bochum: Hans Hermann Matthöfer, SPD-Politiker.

Besatzungsmächte räumen das Revier

31. Juli 1925. Die letzten französischen und belgischen Truppenverbände verlassen das Ruhrgebiet. Aus Essen ziehen die noch verbliebenen Soldaten des 171. Infanterieregiments ab. Duisburgs Stadtgebiet wird am 25. August vollständig geräumt. In den Vormittagsstunden rücken die dort stationierten Belgier in kleinen Abteilungen Richtung Homberg ab. Wenige Monate später ziehen sich die alliierten Truppen auch aus den linksrheinischen Gebieten zurück. In allen betroffenen Städten feiert die Bevölkerung die neugewonnene Freiheit. Spontan werden die Kirchenglocken geläutet, die Häuser mit der schwarz-weiß-roten Fahne des Kaiserreiches geschmückt. Mit dem Bekanntwerden der endgültigen Rückzugsvereinbarung zwischen den Alliierten und dem Deutschen Reich finden in zahlreichen Revierstädten Befreiungsfeiern statt.

Die Voraussetzungen für die Bereitschaft vor allem der französischen Regierung, das besetzte Gebiet aufzugeben, wurden durch die Vorschläge des amerikanischen Generals und Finanzpolitikers Charles Gates Dawes zur abschließenden Lösung der Reparationsfrage geschaffen. Auf der Londoner Alliierten-Konferenz vom 16. Juli bis 16. August 1924, die in ihrer Schlußphase unter deutscher Beteiligung stattfand, erlangten Reichskanzler Wilhelm Marx und Außenminister Gustav Stresemann mit ihrer Zustimmung zu den amerikanischen Reparationsvorschlägen die Zusicherung Frankreichs, nach Inkrafttreten der Vereinbarung mit der Räumung der besetzten Gebiete zu beginnen. Innerhalb eines Jahres sollte die Aktion abgeschlossen werden. Frankreich versprach weiterhin, ehemalige Widerständler gegen die Besatzungsmacht freizulassen; das Deutsche Reich sicherte im Gegenzug Separatisten und sog. Kollaborateuren Straffreiheit zu. Am 22. Oktober 1924 wurde als erster Raum der Stadt- und Landkreis Dortmund freigegeben (→ 22. 10. 1924).

Vor allem die sich auf Reparationsfragen beziehenden Bestandteile des Dawes-Plans gaben den Ausschlag für das Zustandekommen der Abzugsvereinbarungen. Nur die nüchterne Berücksichtigung der realen Zahlungsfähigkeit des Deutschen Reiches, wie sie von Dawes vorgeschlagen wurde, ermöglichte der deutschen Regierung die Zustimmung zum Vertragswerk: Dieses sah keine endgültige Summe der Reparationsleistungen vor, sondern setzte mögliche Zahlungen des Deutschen Reiches in Relation zu seiner wirtschaftlichen Gesundung. Der Dawes-Plan ging – im Gegensatz zu bisherigen Reparationsverträgen (→ 5. 5. 1921) – von wesentlich geringeren Jahresraten aus: Für das erste Tilgungsjahr 1925 werden Zahlungen in Höhe von 1 Mrd Goldmark vereinbart, bis 1929 sollen sie auf 2,5 Mrd ansteigen. Zur Finanzierung gewährt die US-Regierung einen Kredit von 800 Mio Goldmark.

Die Vorschläge des Dawes-Planes sind auf wirtschaftspolitische Überlegungen der USA zurückzuführen: Das Deutsche Reich mit seinem hohen Kapital- und Warenbedarf nach den Zerstörungen des Ersten Weltkriegs gilt als günstiges Exportland für die USA, denen sich damit auch die übrigen europäischen Märkte öffnen. An der Nahtstelle von Ost und West soll ein starkes Deutsches Reich außerdem als Bollwerk gegen den Bolschewismus dienen. Am 29. August 1924 von der deutschen Regierung angenommen, trat der Vertrag am 1. September in Kraft und gab den Ausschlag für die endgültige Räumung des Ruhrgebiets.

Abmarsch der französischen Besatzungstruppen in langen Marschkolonnen durch die Schloßstraße in Mülheim an der Ruhr in Richtung Schloßbrücke

Feier aus Anlaß des Abzuges der letzten französischen Soldaten vom Duisburger Stadtgebiet am 30. August 1925 vor dem Stadttheater

1925

Reichskanzler Hans Luther, ehemaliger Oberbürgermeister von Essen

Essener OB Luther neuer Reichskanzler

15. Januar 1925. Der ehemalige Oberbürgermeister von Essen, Hans Luther, stellt als neuer Reichskanzler sein Kabinett in Berlin vor. Luther, der 1879 in Berlin als Sohn eines Holzkaufmanns geboren wurde, hatte zwischen 1918 und 1924 das Amt des Essener Oberbürgermeisters inne. In dieser Zeit war er maßgeblich an der Bewältigung des Ruhrkampfes (→ 15. 3. 1920) und der Besetzung des Ruhrgebiets durch französische und belgische Truppen (→ 10./11. 1. 1923) beteiligt.

Luther gilt als geschickter Verhandlungsführer und kenntnisreicher Jurist, der seine Fähigkeiten für Essen nutzbringend einsetzte, als er das Folkwang-Museum nach Essen holte (→ 29. 10. 1922). Mit Hilfe bedeutender Stiftungen aus privaten Kreisen erwarb er die Kunstsammlung des Hagener Mäzens Karl Ernst Osthaus für die Stadt Essen.

Während seiner Essener Amtszeit war Luther außerdem an der Gründung des Siedlungsverbandes Ruhrkohlenbezirk beteiligt (→ 5. 5. 1920), einer überkommunalen Planungsstelle für das Ruhrgebiet. Im Dezember 1922 wurde Luther zum Reichsminister für Ernährung und Landwirtschaft ernannt und im Oktober 1923 zum Reichsfinanzminister. Er war verantwortlich für die Einführung der Rentenmark im Deutschen Reich (→ 1923).

Luther bleibt bis Mai 1926 Reichskanzler, 1930 wird er Präsident der Deutschen Reichsbank.

Strukturkrise im Steinkohlenbergbau

1925. Im Zuge eines Abbaus von Förderkapazitäten und der Konzentration der Kohleförderung auf rentable Großzechen werden im Ruhrgebiet 34 Schachtanlagen mit einer Jahresförderung von 6,3 Mio t stillgelegt. Zwischen 1920 und 1926 schließen 73 Zechen; 46 000 Bergleute verlieren ihren Arbeitsplatz. Waren bis 1923 ausschließlich Kleinzechen im südlichen Ruhrgebiet, deren Förderleistung für einen ertragreichen Abbau nicht ausreichte, stillgelegt worden, so erreicht die Stillegungswelle in diesem Jahr auch größere Schachtanlagen im mittleren Ruhrgebiet. In Gelsenkirchen wird auf den Zechen Hibernia und Nordstern 3/4 die Förderung eingestellt, in Ruhrort und Moers werden jeweils zwei Schächte der Großanlagen Westende und Rheinpreußen stillgelegt.

Die Notwendigkeit einer sog. negativen Rationalisierung in Form einer Reduzierung der Steinkohleförderung ergibt sich aus einem Strukturwandel auf dem Energiemarkt. Mit dem Bau von Kraftwerken an Isar und Inn und der Umwandlung von Wasserkraft in elektrische Energie geht dem Ruhrbergbau in Süddeutschland ein Absatzmarkt verloren. Die Umstellung von Teilen der Industrie und zahlreicher Haushalte auf Braunkohle als billigem Energieträger erschwert zusätzlich die Wettbewerbssituation der Ruhrkohle. Weiterhin eingeschränkt werden ihre Absatzchancen seit 1919 durch den Verlust der Eisenhütten in Elsaß-Lothringen aufgrund der Bestimmungen des Versailler Vertrages (→ 28. 6. 1919). Der Ausbau des holländischen Bergbaus nach dem Ersten Weltkrieg verschärft zudem die internationale Konkurrenz. Erst im Zuge eines siebenmonatigen Ausfalls der englischen Kohle auf dem Weltmarkt infolge eines am 1. Mai 1926 ausbrechenden Bergarbeiterstreiks kommt es im Ruhrbergbau zur Konjunkturbelebung.

Förderanlagen der Zeche Oberhausen, sechs Jahre nach der ersten Strukturkrise im Bergbau auf dem Höhepunkt der Weltwirtschaftskrise 1931 stillgelegt

Amerikanische Dollar für die Industrie

9. Januar 1925. Um drei Uhr morgens unterzeichnen Vertreter der August-Thyssen-Hütte und des amerikanischen Bankhauses Dillon, Read & Co. einen Kreditvertrag für den Revierkonzern in Höhe von 12 Mrd Dollar. Bei einer Laufzeit von fünf Jahren und einer Verzinsung von 7% wird Konzernbesitz im Wert von 17 183 500 Dollar als Sicherheit von seiten des Kreditnehmers in das Geschäft eingebracht.

Seit Herbst 1923 ist im Deutschen Reich ein großer Mangel an Finanzkapital eingetreten, nachdem die Reichsregierung durch die Einführung der Rentenmark den Verfall der deutschen Währung gestoppt hatte. Da kapitalkräftige Unternehmer während der Inflation alle Bargeldbestände in Sachwerten angelegt hatten und die deutsche Wirtschaft infolge des Krieges und der Krise noch sehr schwach ist, suchen zahlreiche Industrieunternehmen im Ruhrgebiet ausländische Geldgeber. Sie wenden sich dabei vor allem an amerikanische Banken, weil im europäischen Ausland der Erste Weltkrieg noch nicht vergessen ist. Die Geldbeträge in Millionenhöhe benötigen sie für die Modernisierung und den Ausbau ihrer Werke, wodurch sie wieder international konkurrenzfähig werden wollen.

Auch der Unternehmer Hugo Stinnes nimmt 1926 amerikanisches Kapital in Anspruch (r. seine Unterschrift unter einem Anleihevertrag)

Schweres Unglück auf Minister Stein

11. Februar 1925. Bei einem schweren Grubenunglück auf der Zeche Minister Stein in Dortmund-Eving sterben 136 Bergleute. Die Opfer stammen zum größten Teil aus der Zechenkolonie Kirdorf nahe dem Schacht III in Obereving, auf dessen erster bis dritter Sohle sich die Katastrophe ereignet.

In Kirdorf ist fast jedes Haus betroffen, in einigen Familien gibt es sogar mehrere Tote – Vater und Söhne. Die bangenden Angehörigen erhalten die ganze Nacht über von der Zechenleitung keinerlei Auskunft. Stattdessen wird die Polizeikette vor dem Zechentor verstärkt, das bald von Tausenden erregter Menschen bedrängt wird.

Ein Zeuge des Unglücks berichtet: »Das war zehn oder viertel zehn abends. Ich hatte auch Mittagsschicht, ich war auch unten. Und dann fingen die Sirenen an zu heulen. Ich hab' gar nicht gewußt, daß dies wegen dem Unglück war. Erst als ich zum Schacht kam, da haben die lauter Bahren runtergefördert, und wir konnten dann rausfahren.

Mitglied der Rettungsmannschaft birgt einen verletzten Bergmann

Und als wir rauskamen, da war ein Volk da, ganz Dortmund-Eving war da. Die Nachbarn und alle, die rissen einem fast die Ärmel aus: ›Haste unsern Karl gesehen, haste den oder den gesehen?‹«

Die Leichen können erst nach und nach in den folgenden Tagen geborgen werden. Lediglich sechs Verunglückte werden gerettet.

Kunstdüngerfabrik auf Koksgrundlage

1925. Die Bergwerksgesellschaft Hibernia gründet gemeinsam mit der zum Röchling Konzern gehörenden Gewerkschaft Mont Cenis in Sodingen bei Herne die Gasverarbeitungs GmbH (Gaveg).

Ziel der Gaveg ist es, überschüssige Kokereigase, die bisher abgefackelt wurden, zur Herstellung von synthetischem Ammoniak zu nutzen. Grundstoffe für die Ammoniakherstellung sind Stickstoff und Wasserstoff. Während Stickstoff durch Destillation aus Luft gewonnen wird, entsteht Wasserstoff unter hohem Druck mit Hilfe von Katalysatoren aus Koksgas. Ammoniak dient als Grundstoff zur Düngemittelherstellung und bildet gleichzeitig die Basis für Harnstoff, aus welchem ebenfalls Düngemittel, aber auch Kunststoffe, hergestellt werden.

Nachdem die preußische Staatsbank der neuen Gesellschaft eine Investitionshilfe in Höhe von 28 Mio RM zur Verfügung gestellt hat, beginnt die Gaveg 1926 mit dem Bau von zwei Großanlagen zur Ammoniakherstellung in Sodingen und Wanne-Eickel.

Neue Flachglashütte in Gelsenkirchen

1925. Ein Brüsseler Unternehmen für maschinelle Glasherstellung gründet in (Gelsenkirchen-)Rotthausen eine Tochtergesellschaft. Die DELOG (Deutsche Libbey-Owens-Gesellschaft für maschinelle Glasherstellung) wird auf einem Grundstück der Zeche Dahlbusch erbaut, die sich an dem neuen Unternehmen finanziell beteiligt. Die Zeche wird ihre überschüssigen Kokereigase als Heizmaterial in der Glashütte nutzbringend verwenden. Die DELOG entwickelt sich innerhalb kurzer Zeit zum größten deutschen Produzenten von Glasscheiben.

Glas wird aus Quarzsand, Soda und verschiedenen anorganischen Zusätzen unter hohen Temperaturen zusammengeschmolzen und noch warm in die gewünschte Form gebracht; es wird dabei geblasen, gewalzt oder gepreßt. Die DELOG stellt ihr Flachglas zunächst mit einer Schmelzwanne und zwei modernen Libbey-Owens-Maschinen her, weitet ihre Produktion jedoch rasch aus. 1970 fusioniert sie mit anderen Gesellschaften zur Flachglas AG.

Tausendjahr-Feier

6. Juni 1925. *Noch während der Ruhrbesetzung feiert die Bevölkerung der Rheinprovinz die tausendjährige Zugehörigkeit zum Reich. So wie in Duisburg (Abb.) wird auch andernorts mit Umzügen und Vorträgen an den Reichsanschluß der Provinz unter König Heinrich I. erinnert.*

NSDAP-Kampforganisation in Bochum

1925. In Bochum entsteht das SA-Regiment Ruhr, eine der ersten paramilitärischen Kampfgruppen der NSDAP im Ruhrgebiet. Das Regiment ist zunächst identisch mit der SA Bochum, wo sich bereits seit 1924 die ersten SA-Männer sammeln. Sie verstehen sich als »propagandistische Kernschar« der nationalsozialistischen Bewegung. Eines der ersten Mitglieder der Gruppe ist der spätere Gauleiter Josef Wagner.

1926 hat das SA-Regiment bereits 60 Mitglieder, knapp zwei Jahre später sind es 120 Männer. Rund um Bochum entstehen, wie im übrigen Ruhrgebiet, weitere SA-Kompanien, u. a. in den Orten Gelsenkirchen, Wattenscheid, Herne, Hattingen, Blankenstein, Sprockhövel, Witten und Annen.

Schon seit 1921 gibt es Sturmabteilungen der NSDAP, die ein braunes Hemd, Hakenkreuz-Armbinde und Rangabzeichen, ein Koppel mit Schulterriemen und Schaftstiefel als Uniform tragen. Ihre Aufgabe ist neben dem Saal- und Versammlungsschutz der Partei auch die Demonstration der Schlagkraft der NSDAP durch Aufmärsche und blutige Auseinandersetzungen mit den politischen Gegnern. Adolf Hitler verkündete: »Wir haben dem Marxismus beizubringen, daß der künftige Herr der Straße der Nationalsozialist ist, genau so, wie er einst der Herr des Staates sein wird.« 1924 gründet die Kommunistische Partei einen eigenen Kampfbund, den Rotfrontkämpferbund. Im gleichen Jahr entsteht die Kampforganisation der Sozialdemokratie, das Reichsbanner Schwarz-Rot-Gold.

»Regiment Ruhr« der NSDAP-Sturmabteilung (SA) in Bochum, Gruppenfoto um 1925, mit dem späteren Gauleiter Josef Wagner (vordere Reihe 3. v. l.)

Westfalenhalle eröffnet

28. November 1925. Mit einer großen Festveranstaltung wird die Dortmunder Westfalenhalle eröffnet. Die neue, in nur sechs Monaten errichtete Halle ist der größte freitragende Hallenbau Europas.

Die bis auf die Fundamente ganz in Holz ausgeführte Baukonstruktion wurde von dem Breslauer Architekten Moshamer und dem Dortmunder Stadtbaurat Wilhelm Delfs entworfen. Die Ausführung der Bauarbeiten lag in den Händen der Firma Carl Tuchscherer, Berlin – Breslau. Die Arena im Inneren der Halle umfaßt 90 m in der Länge und 50 m in der Breite, d. h. annähernd die Fläche eines Fußballfeldes. Sie ist umgeben von einem festbestuhlten Rang mit 5000 Klappsitzen. Bei Boxkämpfen und ähnlich publikumswirksamen Veranstaltungen kann das Fassungsvermögen mit 10 000 Sitz- und 6000 Stehplätzen noch erheblich erweitert werden.

Die Halle birgt ferner große Wandelgänge, einen großen Festsaal, eine Reithalle und geräumige Terrassen. Zu der Gesamtanlage gehören außerdem der 1926 fertiggestellte Westfalenpark und das Sportstadion Rote Erde (→ 13. 6. 1926).

Als Zweck des neuen Riesenbaus nennt die Satzung die Aufgabe, »den deutschen Sport in allen seinen Zweigen zu pflegen und zu fördern und zu diesem Zwecke Darbietungen zu veranstalten, welche der Befriedigung des Bedürfnisses nach körperlicher Ertüchtigung und nach Erholung dienen«.

Sportveranstaltungen haben in der Tat einen besonderen Rang im Programm der Westfalenhalle. Besondere Berühmtheit erlangt das 1926 erstmals durchgeführte Sechs-Tage-Rennen (→ 4. 3. 1926) auf der die gesamte Innenarchitektur der Halle prägenden Radrennbahn. Sie ist 200 m lang, 6 m breit und in den Kurven um 3,70 m überhöht. Neben dem Sport ziehen aber immer wieder auch Zirkusgastspiele und Theateraufführungen (→ 1. – 5. 11. 1928) die Menschen in die Arena. Darüber hinaus wird sie zum Ort politischer Großveranstaltungen.

Die Eröffnungsfeier findet in Gegenwart von rund 2000 Abgeordneten aller Dortmunder Sportvereine statt. Verschiedene Sportdarbietungen gliedern den Ablauf des Festprogramms: Turnvorführungen, verschiedene Laufdisziplinen, Hochsprung und Kugelstoßen, Boxen, Ringen und Gewichtheben, Volkstanz und Radsport. Für attraktive musikalische Auflockerung sorgen der Dortmunder Männergesangverein, der Volkschor und die Dortmunder Orchestervereinigung.

Eintrittskarte zur Eröffnungsfeier der Dortmunder Westfalen-Halle am 28. November, bei der auch ein vielseitiges Sportprogramm geboten wird.

In seiner Eröffnungsansprache sagt Oberbürgermeister Ernst Eichhoff: »Die Wirkungen der Westfalenhalle werden ausstrahlen weit über Dortmunds Grenzen hinaus! Die Westfalenhalle gehört nicht nur der Stadt Dortmund. Sie ist eine wertvolle Gabe für ganz Westfalen, für den ganzen Westen!«

In ähnlich überschwenglichen Worten wird der neue Bau in der Eröffnungsfestschrift unter der Überschrift »Die Westfalenhalle – Westfalens Stolz« gefeiert: »Draußen, knapp vor den Toren Dortmunds, erhebt sich der mächtige Bau der Westfalenhalle, ein imposantes Werk deutschen Unternehmungsgeistes, deutscher Tatkraft. Weithin schweift der Blick von den herrlichen Terrassen über das Emschertal zu den sanft geschwungenen Höhenzügen des Ardeygebirges, weithin in die Westfalenlande, glänzen des Abends die hell erleuchteten Riesenfenster des imposanten Glas-Palastes. Ein stolzes Denkmal, ein Lug-ins-Land des deutschen Sports. . . . Man spricht so viel von Amerikanismus; hier wurde das ›Land der unbegrenzten Möglichkeiten‹ durch deutsche Arbeit und deutsche Tüchtigkeit übertrumpft. . .«

Außenansicht der neuen Westfalenhalle, konstruiert aus Holz und Glas

Innenraum der Halle ohne sichtbehindernde Säulen; sechs weitgeschwungene Bögen aus gepreßten Holzbalken tragen die Last der Kuppel

1925

Paul Bering (Sportjournalist) über die Halle: »Köln ist eine Fabrik, Brüssel eine Garage und Paris eine Bahnhofshalle neben diesem ... Bauwerk!«

Geräumige Arena der Dortmunder Westfalenhalle; die feste Bestuhlung mit 5000 Klappsitzen kann auf 10 000 Sitzplätze erweitert werden

Stadtbaurat Delfs

Die architektonische Gestaltung der Westfalenhalle oblag neben dem Breslauer Architekten Moshamer dem Dortmunder Stadtbaurat Wilhelm Delfs (Abb.). Delfs ist seit 1922 Dezernent der städtischen Bauämter und behält dieses Amt bis 1937. 1945 übernimmt er diese Position erneut, bis er 1951 in den Ruhestand tritt.

Geschäftsführung

Der erste Geschäftsführer der Westfalenhalle ist Ferry Ohrtmann (Abb.). Nach dem Zweiten Weltkrieg wird Wilhelm Wortelmann erster Leiter der wiedereröffneten Halle (→ 2./3. 2. 1952). Im folgenden Jahr übernimmt Helmut Körnig die Geschäftsführung, die er bis 1972 innehat; unter Körnig wird die Anlage ausgebaut.

Sender Dortmund der Post übergeben

18. September 1925. Der Rundfunksender Dortmund, eine Nebenstelle der 1924 in Münster gegründeten Westdeutschen Funkstunde AG, wird offiziell der Oberpostdirektion Dortmund übergeben. Das Studio befindet sich in der Nicolaistraße 5; die Sendeanlagen liegen auf einer Anhöhe nahe der Zeche Dorstfeld. Schon einen Tag vor der Übergabe sorgt der Dortmunder Sender für eine übertragungstechnische Sensation: Er strahlt live eine Ansprache von Reichspräsident Paul von Hindenburg in Bochum aus und bietet damit ca. 15 000 Zuhörern im Sendebereich die erste Rundfunkübertragung einer öffentlichen Kundgebung im Deutschen Reich.
Livesendungen und Reportagen vor Ort werden bald zu einem Markenzeichen der Dortmunder Sendestelle. Sie berichtet von Straßenfesten und Sportereignissen, aus Flugzeugen und Kohlengruben.

Energieverbund in Dortmund gebildet

1. Januar 1925. In Dortmund gründen die Vertreter der Energieversorgungsunternehmen im östlichen Ruhrgebiet die »Vereinigte Elektrizitätswerke Westfalen GmbH« (VEW). Das Unternehmen geht aus der Fusion der Dortmunder und Bochumer Versorgungsunternehmen mit dem Westfälischen Verbandselektrizitätswerk hervor. Größere Wirtschaftlichkeit bei der Stromproduktion durch die gleichmäßige Auslastung der Werke im Energieverbund sollen dem neuen Unternehmen helfen, weitere Absatzmärkte zu erschließen. Noch im gleichen Jahr kann deshalb auch das Versorgungsgebiet der VEW bis in die Provinz Hannover ausgedehnt werden. Im Emsland werden mit dem Kreis Lingen und seinen Gemeinden langfristige Lieferverträge geschlossen. Am 31. März 1928 tritt der Kreis Meschede seine drei Energieunternehmen an die VEW ab.

Flughafen Mülheim fördert Wirtschaft

31. August 1925. In Mülheim wird an der Stadtgrenze zu Essen ein mehrere hundert Morgen großer Flughafen für den zivilen Luftverkehr freigegeben. Das wegen seiner Höhenlage im Gegensatz zu den Flughäfen im Rheintal fast durchgehend nebelfreie Fluggelände wird von den Städten Essen und Mülheim gemeinsam unterhalten.
Als Anfang der 20er Jahre der planmäßige zivile Luftverkehr im Deutschen Reich immer mehr an Bedeutung gewann, schlossen sich die Revierstädte Essen, Mülheim, Duisburg, Oberhausen, Bochum u. a. zur Luftverkehrsgesellschaft Ruhrgebiet AG (LURAG) mit Sitz in Essen zusammen. Ziel der Gesellschaft sollte es sein, im Wirtschaftsraum Ruhrgebiet einen internationalen Luftverkehrshafen zu bauen. Bis zum Zweiten Weltkrieg ist der Mülheimer Flughafen der bedeutendste im gesamten Ruhrrevier.

»Fabrik B«, Ölgemälde auf Glas des Bottroper Malers Josef Albers (1925)

Josef Albers wird »Bauhaus-Meister«

1925. Der 1888 in Bottrop geborene Maler Josef Albers wird zum »Bauhaus-Meister« ernannt. Albers hatte von 1920 bis 1923 am Bauhaus, einer 1919 von dem Architekten Walter Gropius gegründeten Hochschule für Gestaltung, studiert. Seit 1923 leitet Albers als Bauhaus-Lehrer die Werkstatt für Glasmalerei, 1928 wird er auch Leiter der Möbelwerkstatt. Nach der Schließung des Bauhauses 1933 geht er in die USA.

Duisburger Brauerei setzt auf Abholer

1925. Max und Reinhard König übernehmen in der dritten Generation die König-Brauerei in (Duisburg-)Beeck bei Ruhrort. Die Enkel des Firmengründers Theodor König, der das Familienunternehmen 1858 zur Zeit des ersten industriellen Aufschwungs aus der Taufe hob, leiten umfangreiche Maßnahmen zur Absatzerweiterung ein. Im Fuhrpark der Brauerei ersetzen erste Lastkraftwagen die Pferdekutschen, die Betriebsanlagen werden modernisiert und auf einen höheren Bierausstoß vorbereitet. Mit der Umstellung des Versandes auf Selbstabholer kann die Bierproduktion auf 100 000 Hektoliter im Jahr 1929 gesteigert werden. 1926 wird das »König-Pilsener« aus Duisburg auf der Großen Ausstellung für Gesundheitspflege, Soziale Fürsorge und Leibesübungen (GESOLEI) ausgezeichnet.

Kaffeegarten »Bauer Barkhoff« auf Essener Margarethenhöhe eröffnet

1. April 1925. *Der Essener Jungbauer Wilhelm Barkhoff baut den an der Sommerburgstraße gelegenen Pachthof zu einer Gartengaststätte aus. Barkhoffs Onkel hatte seine Äcker 1904 an die Essener Unternehmerwitwe Margarethe Krupp verkauft, die das Gelände für den Bau von Wohnungen nutzen wollte. In den folgenden Jahren konnte die Familie zunächst das Gut im Pachtverhältnis bewirtschaften. Die schnelle Ausdehnung der seit 1910 im Bau befindlichen Siedlung Margarethenhöhe (→ 1. 4. 1911) beendete die landwirtschaftliche Nutzung des Hofes.
Auf einen Vorschlag des für die Stadt Essen tätigen Architekten Georg Metzendorf hin wird aus dem Bauernhof der Kaffeegarten »Bauer Barkhoff« (Abb.). Barkhoff veranstaltet für seine Gäste Rundfahrten mit dem Ponywagen; später kommen zur Freude der Essener Großstadtkinder Gänse, Tauben, Enten und Ziegen als Attraktionen hinzu.*

1926

5. 1. Die neue Stadthalle in Mülheim an der Ruhr wird feierlich eingeweiht. →

19. 1. Der Lippeverband zur Reinhaltung der Gewässer wird gegründet. →

4. 3. In der Westfalenhalle findet das erste Dortmunder Sechs-Tage-Rennen statt. →

1. 4. Im Zuge einer kommunalen Gebietsreform in Preußen, werden die Städte Wanne-Eickel, Castrop-Rauxel und Wattenscheid gebildet. →

1. 4. Die Stahlwerke des Deutschen Reichs, Frankreichs, Belgiens und Luxemburgs gründen mit Sitz in Luxemburg die Internationale Rohstahlgemeinschaft, ein Kartell, durch das die Erzeugung von Stahl beschränkt und Preissenkungen verhindert werden sollen.

16. 4. Die Flughafen GmbH Dortmund wird gegründet.

5. 5. Die Rheinelbe-Union, die Thyssen-Gruppe, die Phoenix-Gruppe und die Rheinischen Stahlwerke schließen sich zu den Vereinigten Stahlwerken zusammen, dem größten Montanunternehmen Europas. →

14. 5. In Dortmund wird das Westfälisch-Niederrheinische Institut für Zeitungsforschung eröffnet. →

13. 6. Die Kampfbahn »Rote Erde« im Volkspark Dortmund wird eingeweiht. →

15. 6. Adolf Hitler besucht Bochum und hält eine Rede vor Parteigenossen. →

25. 7. Das große Sportgelände in der Wedau (Duisburg) wird eröffnet (→ 13. 6. 1926).

11. 10. In Essen wird die Ruhrgas AG gegründet. →

3. 12. Adolf Hitler spricht in Essen vor 200 geladenen Vertretern der Ruhrindustrie über »Neue Wege zur Macht«.

1926. Am Kaiser-Wilhelm-Institut in Mülheim an der Ruhr entwickeln die Chemiker Franz Fischer und Hans Tropsch das später sog. Fischer-Tropsch-Verfahren zur Herstellung synthetischer Kohlenwasserstoffe. →

GESTORBEN:

4. 4. Schloß Landsberg/Essen: August Thyssen (*17. 5. 1842, Eschweiler), Industrieller. →

GEBOREN:

9. 2. Essen: Heinz Drache, Schauspieler.

3. 3. Essen: Günter Müggenburg, Fernsehjournalist

23. 4. Essen: Ruth Leuwerik, Schauspielerin.

25. 5. Bayreuth: Max von der Grün, Bergmann, Schriftsteller und Gründungsmitglied der Gruppe 61 (→ 31. 3. 1961).

Kommunalreform zieht neue Grenzen

1. April 1926. Nach dem preußischen Gesetz über die Neuregelung kommunaler Grenzen im rheinisch-westfälischen Industriebezirk vom 26. Februar 1926 werden im Ruhrgebiet neue Zusammengehörigkeiten von Städten und Gemeinden festgelegt. Die Verwaltungsreform soll der unterschiedlichen wirtschaftlichen Entwicklung der verschiedenen Regionen Rechnung tragen und neu entstandene ökonomische Einheiten zusammenfassen.

Regionen, die den Städten wirtschaftlich zugeordnet sind, werden nun auch verwaltungstechnisch an sie gebunden. Die Eingemeindungen sollen eine bessere Planung bei Industrieansiedlungen und Infrastrukturmaßnahmen ermöglichen und die Verwaltung rationalisieren. Außerdem können öffentliche Einrichtungen wie Schulen und Krankenhäuser über ein höheres Steuereinkommen in größeren Einheiten besser unterhalten werden.

Manche Absicht der Kommunalreform stellt sich später als eine Fehleinschätzung heraus. Oft kommen Steuermehreinnahmen besonders dem Hauptort zugute, während die anderen Gemeinden vernachlässigt und zu Vororten degradiert werden. Die Rationalisierung der Verwaltung geht auf Kosten der Bürgernähe; die Bürger finden kommunale Dienststellen nur noch im z. T. weit entfernten zentralen Ort, mit dem die Einwohner sich vielfach nicht identifizieren können.

Beispiele neuer Zugehörigkeiten

Bochum: Eingemeindet werden die Orte Hordel, Riemke, Bergen, Weitmar, Altenbochum sowie Teile anderer Gemeinden.

Recklinghausen: Neu hinzu kommen Suderwich, Hochlarmark, Stuckenbusch, Hochlar, Bockholt, Speckhorn, Börste, Röllinghausen, Berghausen und Essel-Süd.

Wanne-Eickel: Aus den aufgelösten Gemeinden Eickel, Wanne und Röhlinghausen entsteht die neue Stadt Wanne-Eickel.

Castrop-Rauxel: Bövinghausen, Merklinde, Frohlinde, Dingen, Ickern, Habinghorst, Bladenhorst, Castrop und Rauxel werden zu einer neuen Stadt zusammengefaßt.

Wattenscheid: Die Gemeinden des ehemaligen Amtes Wattenscheid (Günningfeld, Leithe, Sevinghausen, Westenfeld, Höntrop, Eppendorf und Wattenscheid) bilden zusammen eine eigene Stadt.

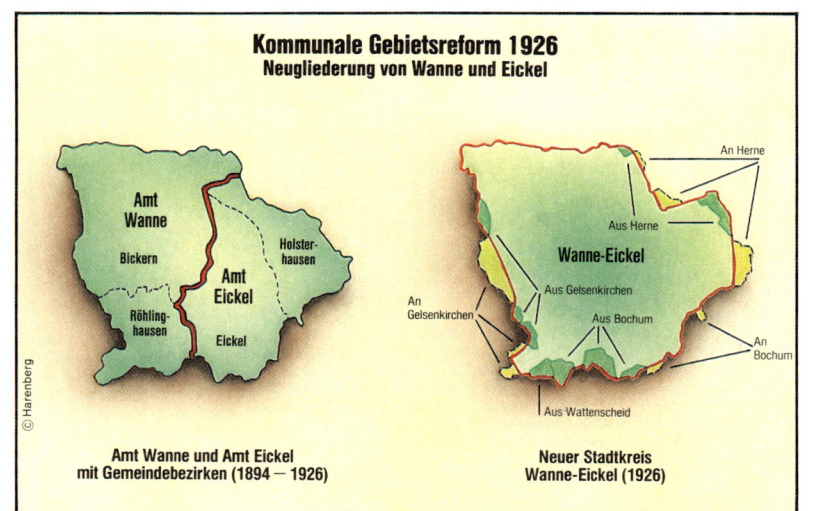

Kommunale Gebietsreform 1926
Neugliederung von Wanne und Eickel

Amt Wanne und Amt Eickel mit Gemeindebezirken (1894 – 1926)

Neuer Stadtkreis Wanne-Eickel (1926)

Adolf Hitler besucht das Ruhrgebiet

15. Juni 1926. Adolf Hitler, Führer der 1925 neugegründeten NSDAP, besucht erstmals Bochum, um dort eine Rede zu halten. Hitler hatte nach einem versuchten Staatsstreich im November 1923 eine Haftstrafe verbüßen müssen und beginnt nun, die Schar seiner Anhänger wieder um sich zu sammeln.

Die Parteigeschichte der NSDAP-Ortsgruppe Bochum berichtet über die Vorbereitungen zu diesem Ereignis: »Mit allen Mitteln wird geworben. Öffentlich geht das nicht, denn die Versammlung muß als eine Mitgliederversammlung aufgezogen werden, weil dem Führer durch Herrn Severing [preußischer Innenminister] in Preußen das öffentliche Auftreten verboten war. Deshalb wurden alle, die an der Kasse erschienen, sogleich in die NSDAP aufgenommen.« So kommen auch der spätere Kreisleiter Ernst Riemenschneider und Otto Leopold Piclum, ab 1933 Oberbürgermeister von Bochum, zur NSDAP.

Ein Polizeibericht über die Veranstaltung im evangelischen Gemeindehaus, an der neben Hitler auch Josef Goebbels teilnimmt, schätzt die Teilnehmerzahl auf etwa 1000 Personen. Anwesend sind auch die Ortsgruppen der NSDAP aus Herne, Recklinghausen, Mengede, Buer, Gelsenkirchen und Witten. Das Protokoll der Bochumer Polizei gibt auch Hitlers Rede wieder.

Hitler spricht davon, daß keiner der heutigen Machthaber die nationalsozialistische Bewegung aufhalten könne, und fährt fort:

»Ich sehe die Stadt Bochum zum erstenmal, und bin erstaunt, hier eine derartige Sympathie für den Gedanken der nationalsozialistischen deutschen Arbeiter-Bewegung zu finden. Über kurz oder lang muß das jetzige morsche Staatsgebilde zusammenbrechen. An seine Stelle wird die nationalsozialistische Bewegung den Grundstock zur Vereinigung aller deutschen Schwestern und Brüder legen.«

Adolf Hitler wirbt auf Versammlungen für seine neue NSDAP

Vereinigte Stahlwerke

5. Mai 1926. Vier große Montanunternehmen, die Rheinelbe-Union, die Thyssen-Gruppe, die Phoenix-Gruppe und die Rheinstahl AG, schließen sich zum größten europäischen Hütten- und Bergwerkskonzern zusammen, der Vereinigte Stahlwerke AG. Schon seit 1919 gibt es in der deutschen Eisenindustrie Bestrebungen, führende Unternehmen dieses Bereichs zusammenzuschließen. Hintergrund dieser Pläne ist die schlechte Situation der Metallindustrie, die auf dem internationalen Markt mit den Hüttenwerken aus Frankreich, Belgien, Luxemburg, Großbritannien und den USA nicht konkurrieren kann. Große Teile der Produktionsanlagen liegen still oder können nicht voll ausgenutzt werden. Um die dringend erforderliche Rationalisierung und Modernisierung verwirklichen zu können, planen die führenden Unternehmen der Branche die Bildung einer Produktionsgemeinschaft.

Ein erstes Treffen von Vertretern betroffener Werke findet im Juli 1925 statt. Während die Gutehoffnungshütte AG, die Klöckner AG und die Mannesmann AG nicht an dieser Zusammenkunft teilnehmen, scheiden die Hoesch AG und die Krupp-Werke erst im Verlauf der Verhandlungen aus. Ihnen ist die Selbständigkeit ihrer Unternehmen wichtiger als ein Zusammenschluß und seine wirtschaftlichen Vorteile. Die verbleibenden vier Großunternehmen bringen fast ihren gesamten Besitz in die neugegründete Aktiengesellschaft ein, die mit einem Kapital von 800 Mio RM ausgestattet ist. Ihre Beteiligungen an den Vereinigten Stahlwerken richten sich nach dem eingebrachten Besitz; so erhält die Rheinelbe-Union 39,5%, die Thyssen-Gruppe und die Phoenix je 26% und die Rheinstahl AG 8,5%.

Das neue Unternehmen, das weltweit nur noch von dem amerikanischen Eisenkonzern United States Steel Corporation an Größe übertroffen wird, hat eine Belegschaft von über 250 000 Arbeitern und Angestellten. Es produziert rund 40% des insgesamt im Deutschen Reich hergestellten Eisens und fördert über 20% der deutschen Kohle.

Albert Vögler, Vorstandsvorsitzender der Vereinigte Stahlwerke AG

Anlage der Dortmunder Union; dieses Stahlwerk, dessen Generaldirektor Albert Vögler ist, geht mit in die neugegründete Vereinigte Stahlwerke AG ein

Chemie macht aus Koks Seife und Wachs

1926. Die beiden Chemiker Franz Fischer (1877–1947) und Hans Tropsch (1889–1935) entwickeln am Kaiser-Wilhelm-Institut für Kohleforschung in Mülheim an der Ruhr das nach ihnen benannte Verfahren zur Herstellung synthetischer Kohlenwasserstoffe. Beim sog. Fischer-Tropsch Verfahren entsteht aus einer Synthese von Kohlenoxyd und Wasserstoff ein Synthesegas, welches die Grundsubstanz für verschiedene Kohlenwasserstoffe bildet. Bei Temperaturen zwischen 220 und 340° C wird das Synthesegas anschließend über Kobaltkatalysatoren geleitet. Dabei entstehen verschiedene Arten von Kohlenwasserstoffen: Gase, Benzin, Öle und Paraffine. Wichtigste Produkte sind die Paraffine, aus denen Fettsäuren gewonnen werden können, welche die Grundlagen zur Herstellung von Seifen, Wachs, Schuhcreme, Salben und Schmierölen bilden.

Da der zur Synthesegasherstellung benötigte Wasserstoff aus Kokereigas gewonnen werden kann, stößt das neue Verfahren auch auf Interesse beim Ruhrbergbau.

Geheimrat Franz Fischer (1877–1947) (l.) und sein Mitarbeiter Hans Tropsch (1889–1935) (r.), Chemiker in Mülheim an der Ruhr und Entwickler des nach ihnen benannten chemischen Verfahrens

Ruhrgas AG versorgt nicht nur das Revier

11. Oktober 1926. 90% der im Rheinisch-Westfälischen Kohlensyndikat zusammengeschlossenen Zechen gründen die Aktiengesellschaft für Kohleverwertung mit Sitz in Essen, deren Aufgabe es ist, das in den Kokereien anfallende Leuchtgas zu sammeln und zu vertreiben. Zwei Jahre später wird die Gesellschaft in Ruhrgas AG umbenannt.

Das Unternehmen bereitet schon in den Kokereien des Reviers das überschüssige Gas auf, reinigt es und bringt es unter hohem Druck in das firmeneigene Rohrleitungsnetz, mit dessen Bau 1927 begonnen wird und das 1938 bereits 1280 km lang ist. Trotz anfänglicher Widerstände kommunaler Gaswerke kann die Ruhrgas AG ihr Netz ständig ausbauen; 1928 werden sogar Hannover und 1929 Köln an das Versorgungssystem angeschlossen, das weit über das Ruhrgebiet hinausreicht.

Bis zur Gründung der Ruhrgas AG hatten viele Städte und Gemeinden in eigenen Werken Gas für die Straßen- und Hausbeleuchtung sowie zu Heizzwecken hergestellt.

Einer der Reichsten im Deutschen Reich

4. April 1926. August Thyssen stirbt im Alter von 84 Jahren auf seinem Familiensitz, Schloß Landsberg bei Kettwig. 1842 war Thyssen als Sohn des kaufmännischen Leiters eines Drahtwalzwerks in Kohlscheid bei Aachen geboren worden. Ausgangspunkt seines Aufstiegs zum Konzernbesitzer war seine Wahl in den Grubenvorstand der Duisburg-Hamborner Zechengewerkschaft Deutscher Kaiser (→ 2. 5. 1889). Sechs Jahre später begann er mit der Errichtung eines ersten Hüttenwerks in Bruckhausen bei Duisburg, der späteren August-Thyssen-Hütte. August Thyssen baute seinen Konzern, in dem Zechen mit Kokereien und Gasfabriken sowie Eisen- und Stahlwerke vereinigt sind, zielstrebig aus und brachte ihn stets auf den neuesten technischen Stand.

August Thyssen

Wasserwirtschaft an der Lippe gesichert

19. Januar 1926. Unter Beteiligung des Reiches wird auch für das Lippegebiet durch ein Preußisches Gesetz eine Wasserwirtschaftliche Genossenschaft gegründet. Im sog. Lippeverband finden sich als Genossenschafter die Gemeinden und Städte der Region, Betreiber von Wasserwerken und Deichverbände zusammen. Zur leichteren Abstimmung liegt die Verwaltung des Verbandes in den Händen der 1899 gegründeten Emschergenossenschaft (→ 14. 12. 1899).

Die Ausdehnung des Bergbaus in der Lipperegion und die damit verbundene Zunahme von Siedlungen und Industrieflächen lassen wie zuvor schon an der Emscher (→ 10. 12. 1910) große Abwasserprobleme erwarten. Vorsorglich soll durch den Schutz und die Förderung der Landschaftskultur die Wasserversorgung im Lippegebiet gesichert werden. Der Hochwasserschutz und die Regulierung der Abwässer stellen den Verband angesichts vielfach verwilderter Uferzonen in der Folgezeit vor große Schwierigkeiten.

Mülheim erhält Stadthalle

5. Januar 1926. Mit der Aufführung der 7. Sinfonie von Anton Bruckner unter Leitung des Generalmusikdirektors Paul Scheinpflug übergibt die Stadt Mülheim ihr neues Kulturzentrum, die am Ruhrufer gelegene Stadthalle, der Öffentlichkeit. Nach nur dreijähriger Bauzeit konnten die Arbeiten an dem repräsentativen Festhaus abgeschlossen werden. Die von dem Architekten Hans Großmann gestaltete Fassade ist trotz strenger Gliederung mit ihren Rundbögen betont schwungvoll angelegt. Die Innenarchitektur setzt Akzente im Stil der Neuen Sachlichkeit, dem führenden architektonischen Stilprinzip der Zeit. Viel Wert wurde auf das Detail gelegt, so z. B. auf die wandhohen Mosaiken des niederländischen Künstlers Jan Thorn Prikker. Zahlreiche private Geldgeber hatten sich an der Finanzierung beteiligt.

Neuerbaute Stadthalle in Mülheim an der Ruhr; seit 1905 hatten sich auch private Geldgeber an der Finanzierung des ehrgeizigen Bauprojekts beteiligt

Dortmunder Institut für Presseforschung

14. Mai 1926. Im Rahmen der Jahrestagung des niederrheinisch-westfälischen Zeitungsverlegervereins wird im Festsaal der Dortmunder Stadtbibliothek das zeitungswissenschaftliche Forschungsinstitut eröffnet. Träger der Einrichtung sind der Verlegerverein, die Stadt Dortmund und die Universität Münster. Der geistige Vater der Gründung ist der Dortmunder Bibliotheksdirektor Erich Schulz. Seine Bücherei hatte bereits 1907 mit der dokumentarischen Sammlung von Presseveröffentlichungen begonnen. Gesammelt wurden und werden alte und neue Zeitungen (zunächst mit dem Schwerpunkt Westfalen), Flugblätter und andere mit der Pressegeschichte in Zusammenhang stehende Druckmedien.

Das Forschungsinstitut tritt durch die Herausgabe eigener Mitteilungen sowie durch Ausstellungen zur Geschichte des Zeitungswesens an die Öffentlichkeit.

Im Zweiten Weltkrieg verliert das Institut durch Bombenzerstörungen 65% seines Bestandes.

Verzicht auf Schnörkel und Ornamente beim »Neuen Bauen«

Die als Folge des Ersten Weltkriegs im Ruhrgebiet entstandene Wohnungsnot gehört zu den drängendsten Problemen der städtischen Verwaltungen. Aus wirtschaftlichen Erwägungen und beeinflußt durch neue Maßstäbe im Wohnungsbau, wenden sich Architekten vom Einfamilien-Doppelhaus der Zechensiedlungen ab und errichten Mehrfamilienhäuser in Flachbauweise. In Duisburg, Gelsenkirchen und Dortmund entstehen in den Jahren 1926 bis 1928 Siedlungen, die unterschiedlichen zeitgemäßen Stilrichtungen des sog. »Neuen Bauens« entsprechen. Die Architekten der Siedlung Leuteninsel in Dortmund-Kaiserbrunnen, Dietrich und Karl Schulze, orientieren sich an den ausdrucksstarken abstrakten Formen der expressionistischen Malerei. Charakteristisch für die 1928 im Auftrag der Dortmunder gemeinnützigen Siedlungsgesellschaft erstellten Komplexe sind die auffällig vorspringenden Dreieckserker.

Führende europäische Architekten lehnen den verschnörkelten, ornamentreichen Jugendstil ab und bauen der neuen Technik des Eisenbetons entsprechende würfelförmige Blöcke mit glatten und wenig gegliederten Flächen. Maßstäbe für diese neue Richtung liefern die 1917 gegründete holländische Künstlergruppe »De Stijl« und die 1919 vom Architekten Walter Gropius in Weimar gegründete Hochschule für Gestaltung, die sich seit 1925 »Bauhaus« nennt.

In Orientierung an diesen Vorbildern wird 1926 in Duisburg-Wanheimerort die Dickelsbachsiedlung für kinderreiche Familien mit geringem Einkommen errichtet.

Das Projekt stößt auf heftige öffentliche Kritik, da die gleichförmigen Baureihen mit ihren flachen Dächern vielfach als reizlos und eintönig empfunden werden.

Dickelsbachsiedlung in Duisburg, von Kritikern als »Mietskasernen in horizontaler Richtung« verspottet

Wilhelm-Ketteler-Straße in der Dickelsbachsiedlung, Straße und Bürgersteige mit Ziegelsteinpflaster

Rote Erde doppelt geweiht

13. Juni 1926. Die Kampfbahn »Rote Erde« in Dortmund wird zum zweiten Mal eingeweiht. Die bürgerlichen Sportverbände und das Arbeitersport- und Kulturkartell konnten sich wegen weltanschaulicher Gegensätze nicht auf eine gemeinsame Eröffnungsfeier einigen. Das neue Stadion erlebt daher zweimal eine offizielle Einweihungszeremonie, am 6. und am 13. Juni.

Die zweite Veranstaltung wird von der Presse als Triumph des Arbeitersports gewertet. Die eindrucksvolle Feier, eingeleitet mit einem Festzug der 6000 Teilnehmer durch die Stadt, bietet im Eröffnungsprogramm neben Massenfreiübungen der Sportler auch eine lebende Schachpartie, bei der die weißen Figuren den französischen Adel, die schwarzen die Arbeiter und Bauern während der französischen Revolution darstellen – Schwarz siegt. Das sportliche Rahmenprogramm zeigt ein großes Schau- und Werbeschwimmen im städtischen Schwimmbad.

Weniger aufsehenerregend ist die Eröffnung des Wedau-Stadions in Duisburg am 25. Juli. Die große, 40 000 Zuschauer fassende Arena wurde mit Unterstützung der Stadt Duisburg auf einem von der Fried. Krupp AG gestifteten Gelände errichtet und verfügt über einen Rasenplatz für Ballspiele sowie über eine Aschenbahn.

Schaugymnastik zur Einweihungsfeier des Duisburger Wedau-Stadions

Erstes Sechstagerennen

4. März 1926. In der Dortmunder Westfalenhalle fällt der Startschuß zum ersten Sechstagerennen. Damit hat das Fieber der seit der Jahrhundertwende ausgetragenen, sechs Tage und Nächte dauernden Radrennen auch das Ruhrgebiet erfaßt. Begeisterte Zuschauer feiern unter Gebrüll und Getöse jede Nacht die Serienspurts ihrer Stars. Die Fahrer starten in Zweier-Mannschaften, die während der gesamten Rennzeit, d. h. Tag und Nacht, auf der Bahn bleiben. Nur für die notwendigen Ruhepausen darf jeweils ein Fahrer die Bahn verlassen. In bunter Folge werden Sprints und Steherrennen ausgefahren, für die verschiedene Firmen Preise stiften. Die Mannschaft, die in der Gesamtwertung die meisten Runden hinter sich gebracht hat, ist Sieger.

Ehrung der aus Berlin stammenden Sieger des Dortmunder Sechstagerennens; Willy Rieger und Fritz Knappe (M.) legten in sechs Tagen und Nächten bei einem Stundenmittel von knapp 25 km/h in der Westfalenhalle 3592 km zurück

Ansprechender Verkaufsraum der Metzgerei Hoff in Mülheim an der Ruhr, Duisburger Str. 115; die Ladentheke entspricht dem Zeitgeschmack

Reisebüro in der Essener »Börse« (1931), dem arkadengeschmückten Backsteinbau in der Nähe des Essener Hbf., ab 1927 »Haus der Technik«

Lebensmittelgeschäft der Firma Heinr. Hill (1930) im späteren Bartmannschen Ausstellungsraum an der Bahnhofstr. in Bönen (später Kr. Unna)

1926

Gut sortierte Filiale der Konsumanstalt Deutsch-Lux in Bochum (1927), in der Werbung als »picksauber und beispiellos billig« angepriesen

Konsumanstalt des Bochumer Vereins an der Alleestraße (1925); der Konsum bietet von Wurst bis zu Putzmitteln Artikel für den täglichen Bedarf

Einzelhandel profitiert von Konjunktur

Die zweite Hälfte der 20er Jahre bringt dem Ruhrgebiet einen kurzen konjunkturellen Aufschwung, der insbesondere dem Handel sowie dem Dienstleistungsbereich zugute kommt. Gewerbezweige außerhalb von Bergbau und Eisenindustrie wie das Textilgewerbe, die Nahrungs- und Genußmittelindustrie und vor allem der Einzelhandel gewinnen an Bedeutung. Allein 1927 nimmt die Zahl der im Essener Einzelhandel Beschäftigten um 2200 zu. Bei einer Zählung im Bezirk der Industrie- und Handelskammer Essen folgt 1928 nach Bergbau sowie Eisen- und Stahlindustrie der Handel mit insgesamt fast 24 000 Beschäftigten.

Neben einer Vielzahl von privaten Einzelhandelsgeschäften entstehen zahlreiche neue Filialen von Lebensmittelketten. Zu den bedeutendsten Ketten gehören die 1907 gegründete Einkaufsgemeinschaft deutscher Kaufleute, EDEKA, und der seit 1921 bestehende Zusammenschluß mittelständischer Einzelhändler zur REWE. In den Innenstädten entwickeln sich Einkaufszentren wie die Kettwiger Straße in Essen oder die Königstraße in Duisburg. Auch die Bochumer Kortumstraße, die Bahnhofstraße in Gelsenkirchen und der Westenhellweg in Dortmund laden mit zahlreichen Geschäften zum Schaufensterbummel ein.

Fruchtsamen- u. Mehlhandlg. Sonderfeld, Bahnhofstr. 67, Oberhausen

Textilhandlung Gebr. Heymann an der Marktstr., Oberhausen

Für einen Wettbewerb dekoriertes Schaufenster eines Lebensmittelgeschäfts in Oberhausen

Metzgerei Jacobs in der Bochumer Bongardstr. (1929), wo auch heiße Würstchen angeboten werden

Kinderparadies in Duisburg am Sonnenwall: Filiale des Spielwarengeschäfts Roskothen (1928)

1927

Mai. In Oberhausen wird das Niederrheinstadion eingeweiht.

11.–17. 6. Das Bochumer Stadttheater veranstaltet eine Shakespeare-Woche. →

8. 7. Die Stadt Mülheim an der Ruhr eröffnet den fahrplanmäßigen Personenschiffahrtsverkehr mit schmucken Ausflugsschiffen, der sog. Weißen Flotte. →

16. 7. Durch das Reichsgesetz über die Arbeitsvermittlung und Arbeitslosenversicherung wird die Arbeitslosenversicherung als Zwangsversicherung eingeführt.

7. 10. Der Bau des Mülheimer Stadthafens Rhein-Ruhr wird vollendet. →

8. 10. In Essen eröffnet die Fachschule für Musik, Tanz und Sprechen, die spätere Folkwangschule, den Lehrbetrieb. →

15. 10. Mit der Einweihung des Konzertsaales sind die Bauarbeiten am Hans-Sachs-Haus in Gelsenkirchen im wesentlichen abgeschlossen. →

28. 10. Mehrere Steinkohle-Zechengesellschaften gründen in Essen die Kohlechemie AG (ab 18. 4. 1928: Ruhrchemie AG mit Sitz in Oberhausen). →

1927. Der Siedlungsverband Ruhrkohlenbezirk gibt die Denkschrift »Walderhaltung im Ruhrkohlenbezirk« heraus.

1927. Im Ruhrgebiet werden zahlreiche Konsum- und Baugenossenschaften gegründet. →

1927. In der ehemaligen Essener Börse wird das Haus der Technik als Außenstelle der Technischen Hochschule Aachen eingerichtet.

1927. Die Ruhr-NSDAP hält in der Stadt Essen ihren zweiten Parteitag ab.

1927. Die Siemens-Schuckertwerke AG errichtet in Mülheim an der Ruhr ein Werk vornehmlich zur Erzeugung von Dampf- und Wasserkraftturbinen.

1927. In Castrop-Rauxel wird die Gewerkschaft Victor Chemische Werke gegründet.

1927. Die Bauarbeiten am Hengsteysee, dem ersten Ruhr-Stausee, werden beendet. →

1927. Die Stadt Gladbeck kauft die Wasserburg Wittringen und läßt dort das vom Verein für Orts- und Heimatkunde unterhaltene Museum einrichten.

GEBOREN:

13. 2. Witten: Hugo Ernst Käufer, Bibliothekar und Schriftsteller.

23. 8. Recklinghausen: Walter Giller, Schauspieler.

2. 10. Essen: Uta Ranke-Heinemann, Theologin.

17. 10. Hamm: Friedrich Hirzebruch, Mathematiker.

Titelseite einer Ausgabe des »Konsumgenossenschaftlichen Volksblattes«

Darstellung einer Utopie: Die GEG als allumfassendes Wirtschaftsimperium

Mitglieder der GEG werden auf die Genossenschaft eingeschworen

Genossenschaftliche Selbsthilfeprojekte

1927. In den 20er Jahren werden im Ruhrgebiet eine Vielzahl von Konsum- und Wohnungsbaugenossenschaften gegründet. Allein in Duisburg bestehen etwa 40 Baugenossenschaften, von denen rund 20 innerhalb von sieben Jahren zwischen 1920 und 1927 entstanden sind.

In Wohnungsbaugenossenschaften werden die vereinigten Wohnungssuchenden ihr eigener Bauherr und Vermieter. Ziel der Genossenschaften ist nicht, möglichst hohe Gewinne durch eingesetztes Kapital zu erzielen, sondern die Selbstversorgung der Mitglieder mit Wohnraum zu gewährleisten.

Baugenossenschaften sind in der zweiten Hälfte der 20er Jahre entscheidende Träger des Wohnungsbaus im Ruhrgebiet. Mangel an Baumaterial und Kapitalknappheit hatten während des Ersten Weltkriegs und der Inflationsjahre bis 1925 die private Bautätigkeit unrentabel werden lassen. Um der wachsenden Wohnungsnot entgegenzuwirken, griff der Staat mit Mietfestsetzungen und Mieterschutzbestimmungen in den freien Wohnungsmarkt ein (→ 28. 3. 1918). Staat und Kommunen fördern darüber hinaus die genossenschaftlich organisierte Selbsthilfe durch Bereitstellung von preisgünstigem Bauland sowie öffentlichen Krediten und Bürgschaften für Hypotheken. Wohnungssuchende, die durch Gemeinsamkeiten kultureller, politischer oder beruflicher Art verbunden sind, schließen sich zu Baugenossenschaften zusammen und planen Wohnungsprojekte für den eigenen Bedarf.

Baugenossenschaften in Duisburg von 1920 bis 1927

Eigenheim, Merkator, Ruhrorter Hafen, Kriegerheimstätten-Gesellschaft Duisburg-Beeck, Bau- und Siedlungsverein Hamborn, Gemeinwohl, Bauverein Wedau, Ansiedlungsgenossenschaft Duisburg, die Handwerker-Baugenossenschaft der Bürgermeisterei Angerhausen, der Bauverein Duisburger Kriegsbeschädigter, die Baugenossenschaft der Kinderreichen.

Neben christlich oder sozialdemokratisch orientierten Arbeitervereinen bilden sich auch Zusammenschlüsse mittelständischer Gruppen zur Errichtung von Eigenheimen und Beamtenbaugenossenschaften.

Große Konsumgesellschaften wie die sozialdemokratische GEG (Großeinkaufsgesellschaft Deutscher Consumvereine) und die von christlichen Vereinen gegründete GEPAG (Großeinkaufs- und Produktions-Aktiengesellschaft) übernehmen zunehmend auch die Funktion von Bauvereinen. Sie beteiligen sich an Baugenossenschaften und stellen den Genossenschaftsmitgliedern günstige Darlehen zur Verfügung.

Zahlreiche Lieferwagen des Konsumvereins Eintracht stehen am zentralen Warenlager in Essen für die Transporte in die einzelnen Filialen bereit

Ärger bei Festakt in Gelsenkirchen

15. Oktober 1927. Bei der Einweihung des Konzertsaales des neu erbauten Hans-Sachs-Hauses in Gelsenkirchen erregt die von dem Gelsenkirchener Studienrat Ernst Weineck verfaßte Festschrift den Unwillen der geladenen Gäste. Weineck hatte sein Werk mit folgender Einleitung begonnen: »Gelsenkirchen! Du Vielgescholtene unter den Städten! Ob Deines rußgeschwärzten Gewandes, Deines spärlichen Grüns, Deiner rauchgeschwärzten Luft! Du wunderliches Gemisch aus Westfalen und Rheinländern, Nord- und Süddeutschen, Ost- und Westpreußen, Polen und Masuren, Niggern und Indianern...« In einer Stadtverordnetenversammlung vom 4. November des Jahres distanziert sich Oberbürgermeister Carl von Wedelstaedt im Namen der gesamten Stadtverwaltung von der umstrittenen Festschrift.

In den folgenden Jahren bleibt das 1921 als Bürohaus und Sitz der Stadtverwaltung geplante Hans-Sachs-Haus Gegenstand zahlreicher Debatten der Stadtverordnetenversammlung. Thema aller Auseinandersetzungen sind die enormen Baukosten. Waren ursprünglich 2,8 Mio RM als Gesamtkosten veranschlagt worden, so belaufen sich die Kosten in der endgültigen Ausbauphase im Juli 1928 bereits auf etwa 5 Mio RM.

Bergbau investiert Kapital in Chemie

28. Oktober 1927. Mit dem Ziel der Herstellung von synthetischem Ammoniak aus Kokereigas (→ 1925) gründen die Fried. Krupp AG, die Gutehoffnungshütte, der Köln-Neuessener Bergwerksverein und die beiden Bergbaugesellschaften Concordia und Harpen in Essen das Unternehmen Kohlechemie AG.

Anfang 1928 beginnen in (Oberhausen-)Holten die Bauarbeiten für eine Ammoniakfabrik. Die Anfangskapazität der Anlage wird auf 25 000 t Ammoniak pro Jahr veranschlagt. Am 18. April 1928 verlegt das Unternehmen seinen Sitz nach Oberhausen und ändert den Firmennamen in Ruhrchemie AG. Nach Erweiterung der Gesellschaft noch im gleichen Jahr auf 28 Zechen wird die Produktion auf die Herstellung von Salpeter und Schwefelsäure ausgeweitet.

△ *Der expressionistische Klinkerbau mit abgerundeten Ecken, von Alfred Fischer entworfen und erbaut, bietet Raum für Stadtverwaltung, private Bürogemeinschaften und einen Hotelbetrieb*
◁ *Bau eines Flügels an der Munckelstr.; im Vordergrund die Gastwirtschaft Heuser*

Hengsteysee klärt Ruhr

1927. Nach fast zweijähriger Bauzeit können die Arbeiten am Hengstey-Stausee bei Hagen vom Ruhrverband nun abgeschlossen werden. Durch diese Staustufe soll vorrangig die natürliche Selbstreinigung der Ruhr gefördert werden. So erleichtert die Verlangsamung der Fließgeschwindigkeit des Flusses das Absinken mitgeführter Schwebestoffe.

Das große Walzenwehr der Großkläranlage am Ende des Stausees; das Wehr staut das Wasser der Ruhr zu einem großen See, der rund 3 Mio m³ Wasser faßt

Ruhrhafen verheißt Wirtschaftserfolge

7. Oktober 1927. In Anwesenheit des Reichsverkehrsministers werden in Mülheim an der Ruhr der Stadthafen Rhein-Ruhr und der neue Ruhrschiffahrtsweg im feierlichen Rahmen dem Verkehr übergeben. Das neue Hafengelände verheißt der Stadt wirtschaftlich glanzvolle Perspektiven. Mit einem Kostenaufwand von 29,7 Mio RM erstellt, soll das 1,8 Mio m² große Industriegebiet zur Ansiedlung neuer Betriebe beitragen und den an der Ruhr gelegenen Betrieben bessere Voraussetzungen für den Transport ihrer Güter verschaffen.

Die Pläne zum Bau eines Schiffahrtskanals reichen weit in die Vergangenheit. Nach dem Rückgang der Kohletransporte auf der Ruhr, durch die Mülheim in den Jahren 1830 bis 1860 zu einem bedeutenden Güterumschlagplatz geworden war, wollte ein 1886 gegründeter Kanalverein der Ruhrschiffahrt wieder zu neuem Aufschwung verhelfen. Erst im Jahr 1913 wurden die Kanalisierungspläne auf Initiative des Mülheimer Großindustriellen Hugo Stinnes wiederbelebt: Die Stadtverordnetenversammlung faßte den Beschluß, eine Großschiffahrtsstraße vom Verbindungskanal zwischen dem unteren Ruhrlauf und dem Rhein-Herne-Kanal bis zur alten Schleuse in Mülheim zu bauen.

Weiße Flotte sticht bei Mülheim »in See«

8. Juli 1927. Mit den ersten beiden Schiffen ihrer »Weißen Flotte« nimmt die Stadt Mülheim an der Ruhr gemeinsam mit dem Rheinisch-Westfälischen Wasserwerk den planmäßigen Personenschiffahrtsverkehr an der Ruhr auf.

In den folgenden zwei Jahren können weitere fünf der großzügigen Motorboote, die bis zu 140 Passagieren Platz bieten, angeschafft werden. Ein großes Doppeldeck-Ausflugsschiff, das den Namen »Oberbürgermeister Dr. Lembke« trägt, ermöglicht der weißen Schiffahrtslinie, einen mehrtägigen Ausflugsverkehr bis zum Rhein einzurichten.

Bald wird der zunächst auf den Namen Ruhrbastei getaufte Wasserbahnhof weit über die Grenzen Mülheims hinaus als Hafen der »Weißen Flotte« bekannt.

Saladin Schmitt inszeniert Shakespeare

11. bis 17. Juni 1927. Im Rahmen der »Deutschen Shakespeare-Woche Bochum« bringt das Schauspielensemble der Stadt unter der Leitung von Saladin Schmitt sämtliche Königsdramen des berühmten englischen Dichters auf die Bühne.

Der Shakespeare-Zyklus in der Inszenierung von Schmitt gilt als bühnengeschichtliche Meisterleistung. Erstmals wird dem Publikum die gesamte Reihe der Königsdramen im Zusammenhang gezeigt. Zuletzt hatte Franz von Dingelstedt 1864 in Weimar einen ähnlichen Versuch unternommen, dabei jedoch auf die Dramen »König Johann« und »Heinrich VIII.« verzichtet.

Die Reihenfolge der Aufführungen orientiert sich an dem zeitlichen Ablauf der englischen Geschichte. Ausstattung und Kostüme sind im Stil der Zeit gehalten, in der die Handlung der Stücke jeweils spielt.

Mit der Bochumer Shakespeare-Woche knüpft der Intendant eine enge Verbindung zwischen der Stadt und der Deutschen Shakespeare-Gesellschaft in Weimar. 1937 findet eine zweite Shakespeare-Woche statt, 1943 wird Schmitt Präsident der Gesellschaft. Nach dem Krieg wird die Stadt Bochum Sitz der Deutschen Shakespeare-Gesellschaft West.

Die Aufführung der Shakespeare-Dramen ist der erste einer Reihe von Klassikerzyklen, mit denen Schmitt dem Publikum ein systematisches Bild der dramatischen Weltliteratur vermitteln will. Er faßt dabei die Inszenierungen mehrerer Spielzeiten zusammen und bereichert diese mit zwei Premieren. 1928 bringt er verschiedene Werke von Johann Wolfgang von Goethe auf die Bühne, 1934 das gesamte dramatische Werk von Friedrich Schiller.

Hans Hinrich verkörpert in einer Bochumer Aufführung Heinrich IV.

Inszenierung des Shakespeare-Dramas »Richard II.« mit Willi Busch

Folkwang-Schule in Essen gegründet

8. Oktober 1927. Im Saalbau der Stadt Essen findet die Gründungsfeier der Folkwang-Schule für Musik, Tanz und Sprechen statt. Die Gründer der neuen Ausbildungsstätte sind der Essener Operndirektor Rudolf Schulz-Dornburg, der Choreograph Kurt Jooss und der Musikerzieher Ludwig Weber. Sie werden in ihrer Arbeit von dem Essener Oberbürgermeister Franz Bracht maßgeblich unterstützt.

Die Folkwang-Schule soll im Geiste des Gründers des gleichnamigen Museums, Karl Ernst Osthaus (→ 12. 7. 1902), wirken, nach dessen Tod das Folkwang-Museum nach Essen gekommen war (→ 29. 10. 1922). Osthaus hatte geschrieben:

»Jede Zeit schafft sich die Schule, die sie braucht. . . . Die neue, eine Zeit des qualitativen Schaffens, wird sich die Schule der Harmonie, . . . der seelischen Vertiefung schaffen müssen. . . . Aller Unterricht wird darauf eingestellt sein, den Schüler nicht gelehrt oder ›berufstüchtig‹, sondern schöpferisch zu machen.«

Schmeling boxt in vollbesetzter Westfalenhalle

19. Juni 1927. *Der Deutsche Meister im Halbschwergewicht, Max Schmeling, boxt in der Dortmunder Westfalenhalle um die Europameisterschaft der Profis. Er gewinnt den Kampf, als sein Gegner, der Belgier Fernand Delarge, in der 14. Runde das Handtuch wirft. Delarge ist von Schmelings harten rechten Haken so stark mitgenommen, daß der Kampf für ihn aussichtslos geworden ist.*

Geboxt wird nach internationalen Regeln über 15 Runden mit sechs Unzen schweren Handschuhen (180 g) und weichen Bandagen. Der Kampftag mit weiteren Fights in anderen Gewichtsklassen ist ein großes Ereignis in der Westfalenhalle. Die zahlreichen Zuschauer feiern den neuen Europameister Schmeling mit frenetischem Beifall (Abb.: Schmeling [2. v. l.] und Delarge [3. v. r.] vor dem Kampf).

Treffen der Amateurartisten in Buer

1927. *In (Gelsenkirchen-)Buer findet ein Treffen des Internationalen Artistenverbandes »Sicher wie Jold« statt. An den Fahnen, vielfach mit Totenkopfemblem, erkennt man die teilnehmenden Sektionen aus Buer, Bochum und Düsseldorf (Abb.).*

Die Amateurartisten des Ruhrgebiets pflegen ihre Liebhaberei in einem regen Vereinsleben. Die Unzahl von Medaillen, Bändern und Auszeichnungen, die manche auf Brust und Bauch zur Schau stellen, zeugt vom Stolz der Freizeitartisten auf ihre Künste. Unter ihnen sind Zauberkünstler, Jongleure und artistische Sportler. Die Sportler bauen Pyramiden, schlagen Salti und tanzen auf dem Seil – neben anderen Freizeitaktivitäten, z. B. in Schützen- und Gesangsvereinen, eine vergleichsweise anstrengende Erholung vom Alltag.

1928

9. 1. In der Villa Hügel in Essen findet das erste Treffen der »Ruhrlade« statt, einer Vereinigung führender Industrieller. →

13. 2. Mit der Geburt von Theresia Floren erreicht Hagen die 100 000-Einwohner-Grenze und wird damit Großstadt. →

1. 4. Castrop-Rauxel wird kreisfreie Stadt. →

17. 5. Der Volkspark bei Haus Wittringen in Gladbeck wird eingeweiht. →

18. 5. In Essen findet eine Protestdemonstration von Pensionären der Krupp-Werke statt, die höhere Renten fordern. →

20. 5. Die Wahlen zum vierten Deutschen Reichstag bringen Gewinne für die Sozialdemokraten, die rechten Parteien müssen Verluste hinnehmen. →

6. 7. Mit der »Neuen Front – Wochenblatt der Werktätigen« aus Essen erscheint die erste nationalsozialistische Zeitung im Ruhrgebiet.

24. 7. Die Westfälische Ferngas-Aktiengesellschaft Dortmund wird gegründet.

Oktober. In Essen findet erstmals eine Lichtwoche statt. →

17. 10. Mit der Eröffnung der Strecke Dortmund-Werne-Münster erhält Werne einen direkten Eisenbahnanschluß. →

1. 11. Im Ruhreisenstreit werden rund 240 000 Arbeiter der Eisen- und Stahlindustrie von Arbeitgebern ausgesperrt. →

1.–5. 11. Auf seiner Welttournee gastiert Max Reinhardt mit einer Inszenierung des »Jedermann« von Hugo von Hofmannsthal in der Dortmunder Westfalenhalle. Im selben Jahr zeigt Reinhardt hier auch den »Wilhelm Tell« von Friedrich Schiller. →

1928. Im Berliner Albertus Verlag erscheint das Buch »Der Gigant an der Ruhr«, eine umfassende Fotodokumentation des rheinisch-westfälischen Industriegebiets. →

1928. In Essen-Vogelheim wird eine 200 000 Jahre alte Steinklinge gefunden, die älteste Spur menschlichen Lebens im Ruhrgebiet.

1928. In dem Roman »Brennende Ruhr« schildert Karl Grünberg den Widerstand der Arbeiter im Revier gegen den Kapp-Putsch 1920. →

1928/29. Die Hibernia AG errichtet in (Herne-)Wanne-Eickel ein Stickstoffwerk.

GESTORBEN:

8. 2. Heidelberg: Theodor Curtius (*27. 5. 1857, Duisburg), Chemiker.

3. 11. Berlin: Klara Ratzka, geb. Ernst (*4. 9. 1872, Hamm), Schriftstellerin.

240 000 Metallarbeiter ausgesperrt

1. November 1928. 240 000 Arbeiter in der Metallindustrie des Ruhrgebiets werden von den Arbeitgebern ausgesperrt, nachdem ihre Gewerkschaften Lohnerhöhungen von 15 Pfennig gefordert hatten.

Der deutsche Metallarbeiter-Verband (DMV), der Christliche Metallarbeiterverband, und der Hirsch-Dunckersche Gewerkverein Deutscher Metallarbeiter regten nach Verkündigung der Aussperrung durch die Arbeitgeber am 13. Oktober 1928 ein Schlichtungsverfahren an. Den dort gefällten Schiedsspruch von 6 Pfennig Lohnerhöhung pro Arbeitsstunde lehnten die Arbeitgeber grundsätzlich ab, zum einen wegen der schlechten wirtschaftlichen Lage und zum anderen, weil sie die Abschaffung des gesetzlich verankerten Schlichtungsverfahrens anstreben. Somit wird zum ersten Mal seit Einführung des staatlichen Schlichtungswesens im Jahr 1916 ein Schiedsspruch von einer der beiden Tarifparteien kompromißlos abgelehnt. Nach der Ablehnung des Schlichtungsspruchs tritt die Aussperrung in Kraft. Die finanzielle Lage der ausgesperrten Metallarbeiter verschlechtert sich zusehends, so daß die Regierung beschließt, die Arbeiter zu unterstützen. Am 3. Dezember wird die Aussperrung aufgehoben, nachdem ein neuer Schiedsspruch Lohnerhöhungen von 1 bis 6 Pfennig vorsieht.

Nach gescheiterten Lohnverhandlungen stehen während der Aussperrung der Metallarbeiter auch die Beschäftigten bei Krupp vor geschlossenen Toren

Geheimbund Ruhrlade

9. Januar 1928. In der Essener Villa Hügel findet die erste Zusammenkunft der sog. Ruhrlade statt, einer Runde von zwölf führenden Vertretern der Schwerindustrie des Ruhrgebiets. Neben Gustav Krupp von Bohlen und Halbach und Fritz Thyssen zählt auch Paul Reusch, Generaldirektor der Gutehoffnungshütte AG, zu den Mitgliedern der Ruhrlade. Bei mehreren geheimen Treffen werden aktuelle politische und wirtschaftliche Themen erörtert sowie Unternehmensaktivitäten aufeinander abgestimmt. Bis 1930 verteilt die Ruhrlade 1,5 Mio RM an Spenden unter den bürgerlichen Parteien des Deutschen Reiches.

Generaldirektor Paul Reusch (1868 – 1925), Mitglied der Ruhrlade

Hoher Wahlsieg für Sozialdemokraten

20. Mai 1928. Bei den Wahlen zum vierten Deutschen Reichstag erringt die SPD ihren größten Sieg seit den Wahlen zur Nationalversammlung (→ 19. 1. 1919). Neuer Reichskanzler einer aus SPD, DDP, DVP und Zentrum gebildeten Regierung wird der Sozialdemokrat Hermann Müller. Im Ruhrgebiet bleiben die Ergebnisse der SPD weit unter dem Reichsdurchschnitt.

Bahnlinie verbindet Werne mit Revier

17. Oktober 1928. Die Deutsche Reichsbahn nimmt auf der Strecke Dortmund – Münster den fahrplanmäßigen Personenverkehr auf. Damit erhält auch die Stadt Werne im Landkreis Lüdinghausen einen direkten Anschluß an das Ruhrgebietsnetz der Reichsbahn.

Das ehemalige Solbad Werne, dessen Heilquelle 1874 bei Kohlebohrungen entdeckt wurde (1905 wieder versiegt), entwickelte sich mit dem beginnenden Kohleabbau um die Jahrhundertwende von einer ländlichen Kleinstadt zur Industriegemeinde; 1922 lebten im Stadt- und Amtsbezirk Werne 12 000 Menschen.

Die Reichstagswahl vom 20. Mai 1928 in %

	KPD	SPD	Zentr.	DDP	DVP	DNVP	NSDAP	1	2	3	4	5	Sonst.
Bochum	16,2	24,3	26,2	1,9	12,1	8,6	2,3	5,3	–	–	–	–	3,1
Dortmund	12,8	37,1	18,8	4,6	13,9	5,6	0,6	2,0	–	–	–	–	4,6
Duisburg	16,7	24,9	23,9	3,2	11,3	12,5	1,7	3,6	–	–	–	–	2,2
Essen	21,2	17,7	28,4	2,7	6,6	8,7	3,4	6,0	–	–	–	–	5,3
Gelsenkirchen	25,1	20,1	22,9	2,1	10,5	5,6	1,0	7,3	–	–	–	–	5,4
Oberhausen	15,4	19,9	30,7	3,1	11,9	9,3	1,3	3,5	–	–	–	–	4,9
Recklinghausen	18,6	19,8	27,1	1,9	6,0	8,7	1,1	10,2	–	–	–	–	6,6
Deutsches Reich	10,6	29,8	12,1	4,9	8,7	14,2	2,6	–	1,6	1,9	3,1	4,5	6,0

© Harenberg 1 = Reichspart. d. Dt. Mittelstandes 2 = Deutsche Bauernpartei 3 = Landvolk 4 = Bayrische Volkspartei 5 = Wirtschaftspartei

Hagen bekommt 100 000. Einwohner

13. Februar 1928. Die Stadt Hagen überschreitet die Grenze von 100 000 Einwohnern.

Das Erreichen der magischen Zahl nimmt die örtliche Presse zum Anlaß für eine Kolumne in Prosa und Gedichtform, in der es u. a. heißt: »Erheben Sie sich von Ihrem Sessel, setzen Sie eine feierliche Miene auf, wie sie der Bedeutung des Augenblicks angebracht ist, umgürten Sie sich mit dem ganzen Stolz eines echten Großstädters und erfüllen Sie Ihr Herz mit Begeisterung eines echten märkischen Sauerländers. ... Die jüngste Großstadt des Reiches erstand. / Hagen, die Pforte zum Sauerland. / 100 000, wie stolz das klingt, / 100 Mille, wie das bezwingt!«

Demonstrationen für höhere Renten

18. Mai 1928. Ehemalige Arbeiter und Angestellte der Essener Krupp-Werke demonstrieren für eine Anpassung ihrer Altersbezüge an die wirtschaftlichen Gegebenheiten.

Noch vor dem Ausbruch der Weltwirtschaftskrise (→ 28. 10. 1929) haben die Renten durch Inflation und hohe Teuerungsraten stark an Wert verloren. Die ehemaligen Kruppianer können mit den verbleibenden Mitteln kaum die notwendigsten Dinge für ihren Lebensunterhalt bezahlen, so daß sie auf die Unterstützung von Kindern und Verwandten angewiesen sind. In ihrer Verzweiflung wenden sie sich an die Firmenleitung, an die Stadt Essen und an die Reichsregierung.

Ehemalige Mitglieder der Firma Krupp fordern höhere Renten für einen gesicherten Lebensabend

Castrop-Rauxel wird kreisfreie Stadt

1. April 1928. Die Stadt Castrop-Rauxel scheidet aus dem Landkreis Dortmund aus und wird kreisfreie Stadt mit 53 399 Einwohnern.

1926 waren im Zuge der Gebietsreform (→ 1. 4. 1926) die Stadt Castrop und das Amt Rauxel nach langwierigen Verhandlungen zur Stadt Castrop-Rauxel vereint worden. Der Siedlungsverband Ruhrkohlenbezirk (→ 5. 5. 1920) hatte zunächst die Bildung zweier Großgemeinden, Neu-Castrop im Süden und Neu-Rauxel im Norden, empfohlen. Die neue Stadt Castrop wäre jedoch gegenüber dem stärker industrialisierten Norden das finanziell schwächere Gebilde gewesen. Castrop widersetzte sich daher diesem Plan.

Hochofenanlagen bestimmen vielerorts das Bild, hier Gelsenkirchen

Großkokerei der Zeche Nordstern am Ufer des Rhein-Herne-Kanals

Düstere Bilder aus dem Industrierevier

Landwirtschaft und Industrie liegen im Revier noch dicht nebeneinander

1928. Im Berliner Albertus-Verlag erscheint die Foto-Dokumentation »Der Gigant an der Ruhr«, die in eindrucksvollen Momentaufnahmen ein zeitgenössisches Bild des Ruhrreviers, seiner Städte und Landschaften, seiner Menschen und ihrer Arbeit vermittelt.

»Es ist eine Kulturlandschaft von seltsamem Ausdruck. In rascher Abwechslung ziehen die Werke der Hütten und Zechen an uns vorüber, mit ihren schwarzen Bergehalden, überragt von den Türmen der Fördergerüste und von qualmenden Schloten, an denen lange Rauchfahnen hängen. Dazwischen die Siedlungen, kleine Ortschaften und große Städte mit dunklen Häusern und Scharen von Arbeitern. Und hier und da, von allen Seiten schon eingeengt, Felder und Wiesen mit verstreuten Bäumen, die nicht mehr recht wachsen wollen und aus denen ein Bauernhof wie in eine fremde Welt schaut.« Mit diesen Worten bereitet der Essener Historiker Hans Spethmann den Leser auf die Eindrücke vor, die ihn in 300 Fotografien erwarten. Es ist eine seltsam ferne, entrückte Welt, in die das Buch den Betrachter führt. Etwas Düsteres, Schwermütiges lastet auf allen Bildern, eine Faszination, der sich der Leser nur schwer entziehen kann.

Neuer Volkspark mit altem Herrenhaus

17. Mai 1928. In Gladbeck wird der Volkspark Wittringen eingeweiht. Die Stadt hat das aus dem 17. Jh. stammende Herrenhaus Wittringen samt 450 Morgen Ländereien während der Inflation 1922 gekauft und zu einem Erholungspark hergerichtet. Umfangreiche Maßnahmen waren notwendig, das durch Bergschäden versumpfte Gelände wieder trockenzulegen.

Das halb verfallene Herrenhaus wurde in seinem früheren Zustand mit Nachbildungen der wertvollen Stuckdecken wiederaufgebaut; die Küche und der Schloßbrunnen blieben vollständig erhalten. Neben dem historischen Haus bietet der Park Garten- und Sportanlagen.

Das seit dem von 1924 bis 1928 erfolgten Umbau als Heimatmuseum genutzte alte Wittringer Herrenhaus aus dem Jahr 1706, in idyllischer Parklage mit angrenzendem Landschafts- und Stadtgarten gelegen

Essener Lichtwochen locken Kundschaft

Oktober 1928. In der Essener Innenstadt findet zum ersten Mal eine Lichtwoche statt. Die Straßen sind mit Lichterketten geschmückt, die am Abend zum Bummel vorbei an Schaufenstern und Auslagen einladen. Auch in der Folgezeit werden solche Lichtwochen veranstaltet, die neue Kunden in die Essener Innenstadt locken sollen.

Zusätzlich zur Lichtwoche wird in den 30er Jahren auf dem Burgplatz ein Weihnachtsmarkt aufgebaut, wo Süßigkeiten und kleine Geschenkartikel verkauft werden. Nach dem Zweiten Weltkrieg werden 1950 erstmals wieder Lichtwochen veranstaltet, wo leuchtende Bilder zu verschiedenen Themen gezeigt werden.

Panorama des größten Industrieunternehmens Essens, der Krupp-Werke

Das Rheinisch-Westfälische Elektrizitätswerk neben der Zeche Gustav

Eine Allee führt zur Zechengewerkschaft Holland in Gelsenkirchen

Der Duisburg-Ruhrorter Binnenhafen mit seinen gigantischen Ausmaßen

1928

Reinhardt-Bühne im Revier

1. bis 5. November 1928. Der berühmte Theaterregisseur Max Reinhardt (1873–1943) macht in der Dortmunder Westfalenhalle Station: Im Rahmen seiner Welttournee wird seine Inszenierung des Mysterienspiels »Jedermann« von Hugo von Hofmannsthal mit Alexander Moissi in der Titelrolle gezeigt.

Im selben Jahr zeigt die Max-Reinhardt-Bühne »Wilhelm Tell« von Friedrich Schiller mit Heinrich George, Attila Hörbiger, Eduard von Winterstein, Claus Clausen, Theodor Loos, Günter Stark u. a. Mit diesem Ereignis verbindet sich eine Anekdote: Wenn der Landvogt Geßler – gespielt von Heinrich George – den Bühnentod gestorben ist, tragen Mitglieder des Männergesangvereins »Cäcilia« den gewichtigen Schauspieler von der Bühne. Nach der letzten Vorstellung schleppen sie ihn direkt zur Theke im Wandelgang, um sich von ihm einen ausgeben zu lassen. George hatte das bisher immer abgelehnt, und er behauptet auch jetzt, kein Geld dabei zu haben. Daraufhin erklärt die Frau hinter der Theke: »Das macht nichts. Sie haben hier Kredit« – und George gibt zwölf halbe Liter aus.

Arbeiter spielen Propagandatheater

1928. Das proletarische Agitprop-Theater erlebt auch im Ruhrgebiet einen Boom, nachdem die sowjetische Truppe »Blaue Blusen« eine Tournee durch das Deutsche Reich gemacht hat. In Essen führen Arbeiter eine Krupp-Revue auf; wenig später finden sich in Dortmund die »Roten Wühler« (Abb.) zusammen. Große Erfolge erzielen auch gastierende Ensembles aus Berlin, so die »Roten Raketen« in Duisburg und Hamborn und 1928 die »Kolonie links« in verschiedenen Städten.

Roman »Brennende Ruhr«

1928. Der Arbeiterschriftsteller Karl Grünberg (1891–1972) veröffentlicht »Brennende Ruhr – Roman aus der Zeit des Kapp-Putsches«. Er widmet das Buch »den namenlosen Helden des Ruhrkrieges 1920«. Grünberg, der sein Werk nicht aus eigener Erfahrung, sondern aufgrund von Quellenstudien geschrieben hat, entfaltet ein facettenreiches Bild der (lokal-)historischen Begebenheiten und der politischen Motive zentraler Führergestalten, so bei der Hauptfigur, dem Werkstudenten Sukrow. Der Autor, selbst Mitglied der KPD, setzt sich dabei auch kritisch mit dem Verhalten der SPD-Führung auseinander.

In seinem Nachwort zur zweiten Auflage des Romans 1948 erläutert Grünberg, warum er die Form des Romans wählte: Zum einen hoffte er, damit die Zensur zu umgehen; zum anderen glaubte er, mit schöngeistiger Literatur die Massen besser ansprechen zu können.

1929

Januar/Februar. Der Rhein ist für Wochen zugefroren. →

17. 1. Im Essener Kino Ufa-Palast wird einer der frühesten deutschen Tonfilme erstmals aufgeführt.

8. 3. In Berlin wird durch Zusammenschluß von vier Gesellschaften die Vereinigte Elektrizitäts und Bergwerks AG (VEBA) gegründet.

4. 5. In der Hansastraße in Dortmund eröffnet das Großkaufhaus Defaka.

1. 6. Die Pädagogische Akademie Dortmund wird eröffnet. →

23. 6. Das Finale um die Westmeisterschaft gewinnt der FC Schalke 04 gegen den Meiderischer Spielverein mit 2:1.

29. 6. In Essen beginnt die Große Ruhrländische Gartenbau-Ausstellung (GRUGA). →

1. 8. Das Gesetz über die kommunale Neugliederung des rheinisch-westfälischen Industriebezirks tritt in Kraft. →

4. 10. Der aus Duisburg stammende DVP-Politiker Julius Curtius wird Reichsaußenminister als Nachfolger des verstorbenen Gustav Stresemann.

23. 10. Das von Berlin nach Dortmund verlegte Arbeitsphysiologische Institut der Kaiser-Wilhelm-Gesellschaft wird eingeweiht. →

25. 10. Der Schwarze Freitag an der New Yorker Börse markiert den Beginn einer Weltwirtschaftskrise.

Ende des Jahres. Infolge von Zechenstillegungen wurden seit 1924 etwa 60 000 Bergleute im Ruhrgebiet entlassen.

1929. Georg Werner veröffentlicht das Buch »Ein Kumpel. Erzählung aus dem Leben der Bergarbeiter«.

1929. In Dortmund wird an der Hansastraße der »Emelka-Palast« eröffnet, das eleganteste Filmtheater der Stadt. →

1929. In Recklinghausen wird eine Trabrennbahn eröffnet.

1929. Der Anteil der Hand- und Schießarbeit bei der Kohlegewinnung ist von 97,8% (1913) auf 4% gesunken.

1929. Die Silikose (Steinstaublunge) wird als Berufskrankheit von Bergleuten anerkannt.

GESTORBEN:

4. 11. Kronberg im Taunus: Karl von den Steinen (*7. 3. 1855, Mülheim an der Ruhr), Forschungsreisender, Ethnologe und Arzt.

GEBOREN:

20. 3. Castrop-Rauxel: Josef Reding, Schriftsteller.

25. 10. Dortmund: Peter Rühmkorf, Schriftsteller.

Revier spürt Krise der Weltwirtschaft

25. Oktober 1929. Der Zusammenbruch der New Yorker Börse am sog. Schwarzen Freitag und die sich anschließende Weltwirtschaftskrise wirken sich auch auf die vielfach mit amerikanischen Krediten arbeitenden Unternehmen im Revier aus (→ 9. 1. 1925). In der deutschen Industrie waren wegen der hohen deutschen Zinsen in den vergangenen Jahren viel amerikanisches Kapital angelegt worden. Nach dem Börsenkrach von New York werden diese Kredite kurzfristig aus der deutschen Wirtschaft abgezogen, die dadurch sofort in Zahlungsschwierigkeiten gerät. Die Folge sind Massenentlassungen und Unternehmenszusammenbrüche. So sinkt die Zahl der Beschäftigten im Ruhrbergbau zwischen 1929 und 1932 von 352 966 auf 190 000, die Steinkohlenförderung fällt von 123 Mio t auf 73 Mio t, und die Rohstahlerzeugung im Revier geht um rund 60% zurück.

Die krisenhafte Entwicklung im Deutschen Reich und insbesondere im Ruhrgebiet verschärft sich zusehends. So schreiben die Handelskammern des Reviers in einem Konjunkturbericht vom Oktober des Jahres 1931: »Ein schweres Vierteljahr ist beschlossen. Mehr als einmal lag in diesen drei Monaten das Schicksal von Volk und Wirtschaft auf des Messers Schneide.« Bereits drei Monate später heißt es in einem Bericht: »Was sich in diesen Monaten vor unseren Augen an wirtschaftlichem Geschehen abspielt, darf kaum mehr als wirtschaftliches Leben bezeichnet werden.«

Kalter Winter läßt Rhein zufrieren

Januar/Februar 1929. Eine lang andauernde Kälteperiode mit extrem niedrigen Temperaturen läßt den Niederrhein bei Duisburg für mehrere Wochen zufrieren. Eisschollen, die sich meterhoch durch den Druck des nachfließenden Wassers auftürmen, bieten der Bevölkerung ein seltenes Naturschauspiel. Weit weniger erfreulich ist die Situation für die betroffene Schiffahrt. In den Häfen ruht der gesamte Schiffsverkehr. Wirtschaftliche Einbußen bedrohen die Existenz vieler Schiffer, die auf den zugefrorenen Wasserstraßen festliegen.

Städte streiten um Selbständigkeit

1. August 1929. Das vom Preußischen Landtag zwei Tage zuvor angenommene Nachfolgegesetz über die Neuregelung des rheinisch-westfälischen Industriegebiets tritt in Kraft. Damit ist der zweite Schritt einer seit Beginn der 20er Jahre bestehenden Planung vollendet, durch welche die rasch wachsenden Revierstädte mit neuem Hinterland versehen werden sollen (→ 1. 4. 1926).

Der typische Charakter alter Siedlungskerne soll dabei erhalten bleiben; es geht nicht um eine Erweiterung des städtischen Kerns, sondern um die verwaltungstechnische Angliederung des Umlandes. Dadurch wird der städtischen Industrie eine weitere Ausdehnung ermöglicht und zusätzlicher Siedlungsraum geschaffen. Die festgelegten Eingemeindungen und Zusammenfassungen sind nicht überall im Sinne der Betroffenen. 19 Städte und Kreise klagen vor dem Staatsgerichtshof; die Klage wird jedoch abgelehnt.

Überall hatte zuvor ein zähes Ringen zwischen den Städten und Gemeinden um die Kommunalreform stattgefunden, besonders dort, wo selbständige Städte zusammengefaßt werden sollten. Ein Beispiel sind die heftigen Kämpfe zwischen den Städten Duisburg und Hamborn: Duisburgs Oberbürgermeister Karl Jarres hatte für eine Ruhrmündungsstadt plädiert, die neben Hamborn und einem Teil des Düsseldorfer Landkreises auch linksrheinische Gemeinden, vor allem Rheinhausen, eingliedern sollte. Dagegen standen die Interessen der linksrheinischen, großindustriell geprägten

Industriekulisse Hamborns, trotz erheblicher Widerstände 1929 mit Duisburg und einigen linksrheinischen Gemeinden zu einer Stadt zusammengefaßt

Region ebenso wie die der Stadt Hamborn, die in jüngster Vergangenheit eine starke Wachstumsphase hatte. Der Duisburger Argumentation, die auf die engen wirtschaftlichen Verflechtungen des Umlandes mit der in der Stadt ansässigen Industrie hinwies, wurde schließlich stattgegeben. Das neue Gebilde aus Duisburg, Hamborn und einem Teil des Düsseldorfer Landkreises (später Duisburg-Süd) erhält als Zugeständnis an Hamborn den Namen »Duisburg-Hamborn«. Neuvorschläge wie »Duisborn« oder »Ruhrmünde« wurden nicht in Erwägung gezogen. Wegen postalischer Probleme muß seit 1935 auf diese Regelung verzichtet werden.

Daß die Diskussion um die Kommunalreform mit ihrem Inkrafttreten noch nicht beendet ist, zeigt ein 1931 in Hamborn verbreitetes Flugblatt mit folgendem Gedicht: »Alles hat man Dir genommen,/Nur die Lieb' zur Heimat nicht./Doch es muß bald wiederkommen,/Dies sei uns're heil'ge Pflicht./Los von Duisburg sei die Losung,/Ruf es aus in alle Welt:/Los von Duisburg die Parole,/Solange uns die Brust noch schwellt.« Ein ähnliches Tauziehen hatte es auch um die Zugehörigkeiten der Städte Sterkrade, Oberhausen, Bottrop, Osterfeld und Mülheim gegeben. Hier wird die »GHH-Stadt« (Gutehoffnungshütte-Stadt) gebildet, die Oberhausen, Sterkrade und Osterfeld wegen ihrer Verbindung mit der Hütte zu Groß-Oberhausen zusammenfaßt. Mülheim und Bottrop bleiben selbständig. Bochum, Essen und Dortmund gliedern sich wie schon bei früheren Gebietsreformen einen weiteren Kreis von Städten und Gemeinden an.

Veränderungen durch Gebietsreform

Im Zuge der Neugliederung der Kommunen gelten ab 1. August 1929 folgende Veränderungen:

▷ **Bochum:** Hiltrop, Gerthe, Harpen, Werne, Laer, Langendreer, Querenburg, Stiepel, Linden und Dahlhausen werden u. a. eingemeindet

▷ **Dortmund:** Barop, Kirchhörde, Wellinghofen, Berghofen, Schüren, Aplerbeck, Syburg, Sölde, Teile von Somborn u. a. kommen zu Dortmund

▷ **Essen:** Karnap, Stoppenberg, Kray, Steele, Überruhr, Heisingen, Kupferdreh, Werden (Land- und Stadtkreis) und Roßkothen werden u. a. Essener Stadtteile

▷ **Groß-Duisburg:** Duisburg, Hamborn und Teile des Düsseldorfer Landkreises

▷ **Groß-Oberhausen:** Sterkrade, Osterfeld und Oberhausen

▷ **Ennepe-Ruhr-Kreis:** Der Kreis entsteht aus den Städten Hattingen, Herbede, Herdecke, Schwelm, Wetter, Breckerfeld, Haßlinghausen, Hattingen-Land und Amt Volmarstein

▷ **Kreis Dinslaken:** Zu dem Kreis gehören ab 1929 die Gemeinden des Amtes Gahlen, die amtsfreie Gemeinde Voerde und die Städte Dinslaken und Walsum.

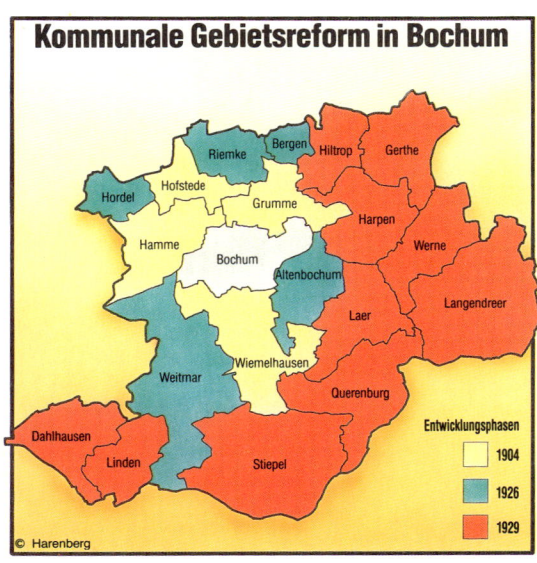

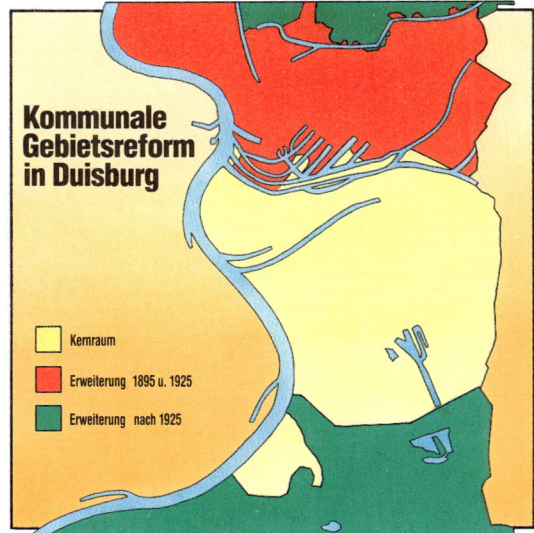

1929

Luftaufnahme der Großen Ruhrländischen Gartenbau-Ausstellung (GRUGA) mit der Dahlienarena in Essen

Große Gartenbauausstellung in Essen

29. Juni 1929. In Essen wird die Große Ruhrländische Gartenbauausstellung (Gruga) vor 600 geladenen Gästen eröffnet. Die Ausstellung dauert bis zum 13. Oktober und geht anschließend in den Besitz der Stadt. Für die Gruga wird ein brachliegendes Gelände zwischen den Messehallen an der Norbertstraße und dem Botanischen Garten hergerichtet. Die Ausstellungsgesellschaft erhält von der Stadt einen Kredit über 1 Mio RM, außerdem stellt Essen Mittel aus der produktiven Erwerbslosenförderung zur Verfügung: Etwa 800 Arbeitslose sind zwei Jahre mit der Umwandlung des sumpfigen, unebenen Geländes beschäftigt. Sie bewegen insgesamt 84 000 m³ Erdreich und verlegen 4 km Eisenrohre für die aufwendigen Bewässerungsanlagen.

Die zunächst für Mitte Mai geplante Eröffnung der Gartenbauausstellung scheitert an dem langen und ungewöhnlich harten Frost im vorausgegangenen Winter, durch den Setzlinge im Wert von 100 000 RM erfroren; erst im April kann mit der Anpflanzung von Blumen, Stauden, Gehölzen und Gemüsen begonnen werden. Dennoch wird die Ausstellung ein voller Erfolg. Insgesamt kommen rund 2 Mio Besucher nach Essen in die »Gruga-Stadt«. Journa-

Titelseite des GRUGA-Eröffnungsprogramms von Jo Piper, Essen

listen aus dem In- und Ausland, die zu einer Vorabbesichtigung eingeladen wurden, sorgen für Publicity; mit Bildern und Filmen wird auch im Ausland für die große Blumenschau in der Industriestadt geworben. Die Veranstalter können am Ende 600 000 RM in bar an die Stadt zurückzahlen; für den verbleibenden Rest des Kredites erhält Essen die gesamten Anlagen und Bauten,

Die Ausstellung in Zahlen:
Gelände: 30 ha
Dauer: 106 Tage
Besucher: 2 Mio
Bepflanzung: 130 000 Sommerblumen, 70 000 Rosen, 12 000 Dahlien

die der Bevölkerung als Park zugänglich gemacht werden.
Die Ausstellung belebt das städtische Wirtschaftsleben und erhöht Essens Attraktivität als Messestadt. Am Rande der Gruga finden 31 Verbandstagungen im Zusammenhang mit der Ausstellung statt, sieben weitere Verbände verlegen ihren Tagungsort nach Essen, um ihren Mitgliedern den Gruga-Besuch zu ermöglichen. Sonderzüge aus Belgien und Holland bringen ebenfalls zahlreiche Gäste. Unter den Eintragungen im Gästebuch finden sich neben dem Schirmherrn, Reichspräsidenten Paul von Hindenburg, auch so bekannte Namen wie der des Schauspielers Willy Fritsch und des Dichters Gerhart Hauptmann.
Zu den Attraktionen der Ausstellung zählen die Dahlienarena, kleine Mustergärten mit tragenden Orangenbäumen und das Grugabähnchen mit seiner Dampflokomotive.

Dortmund wird Sitz der Lehrerakademie

1. Juni 1929. Im früheren Landratsamt, Luisenstraße 11, wird die Pädagogische Akademie Dortmund eröffnet. Gleichzeitig erfolgt die Grundsteinlegung für den Neubau eines Akademiegebäudes am Hindenburgdamm (später Rheinlanddamm/Ecke Lindemannstraße), das am 4. Oktober 1930 bezogen wird.
Die Gründung geht zurück auf einen Beschluß des Preußischen Staatsministeriums, die Ausbildung der Volksschullehrer durch die Einführung einer zweijährigen Fachausbildung zu reformieren.
Die Wahl des Standortes Dortmund erfolgte wegen des seit 1910 hier bestehenden Westfälischen Schulmuseums. Nach dem Zweiten Weltkrieg wird die Dortmunder Akademie durch die Angliederung der Abteilungen anderer Orte (Hamm, Essen, Duisburg, Hagen) zur größten Pädagogischen Hochschule in der Bundesrepublik Deutschland.

Wie Arbeit auf die Gesundheit wirkt

23. Oktober 1929. In Anwesenheit von Reichsinnenminister Carl Severing (SPD) wird das von Berlin nach Dortmund verlegte Institut für Arbeitsphysiologie der Kaiser-Wilhelm-Gesellschaft zur Förderung der Wissenschaften eröffnet. Die an dem von der Stadt erbauten Gebäude vorbeiführende Straße wird nach dem ebenfalls anwesenden Präsidenten der Kaiser-Wilhelm-Gesellschaft, Adolf von Harnack (1851–1930), benannt.
Das Institut war 1913 von dem Berliner Physiologen Max Rubner gegründet worden und zunächst in der dortigen Universität untergebracht. Die Arbeitsphysiologie beschäftigt sich mit Bau, Funktion und Energiehaushalt des menschlichen Organismus im Hinblick auf die Berufsarbeit. Sie erforscht z. B. die Atmungs- und Stoffwechselvorgänge und die Ermüdungs- und Abnutzungserscheinungen unter verschiedenen Arbeitsbedingungen. Ziel der Untersuchungen ist die bestmögliche Gestaltung des menschlichen Arbeitskrafteinsatzes und der einzelnen Schritte im Arbeitsprozeß.
Zu den Geldgebern der Forschungseinrichtung zählen u. a. Arbeitgeberverbände und Gewerkschaften.

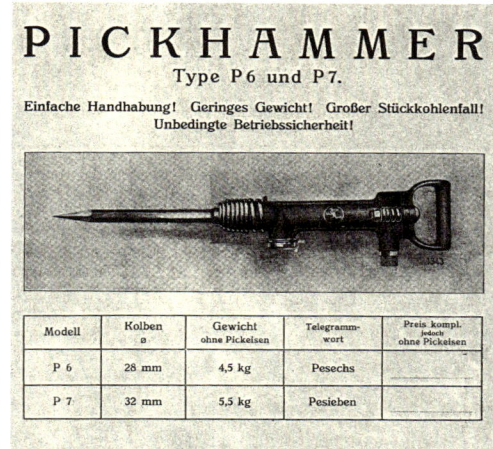
Abbauhammer-Prospekt der Fa. Flottmann

Elektro-Lokomotive zum schnelleren Kohletransport

Schrämmaschine der Zeche Prosper 2 (1925)

Abbau von Arbeitsplätzen durch Mechanisierung unter Tage

1929. Seit 1913 ist der Anteil der Hand- und Schießarbeit an der Kohlegewinnung im Ruhrbergbau von 97,8% auf 4% zurückgegangen. Statt durch Keilhaue und Sprengungen in der Kohle werden im Januar 1929 84% der Förderung mit Abbauhämmern gewonnen, weitere 6% mit Schrämmaschinen. Die von der Firma Flottmann in Herne 1906 entwickelten Preßluftabbauhämmer erlangen weit über den Ruhrbergbau hinaus Berühmtheit. Der Ruf »Gib' mal den Flottmann 'rüber« wird unter Tage zum geflügelten Wort. Dennoch ist der mechanische Abbauhammer bei den Hauern nicht beliebt: Der Hammerrückschlag führt zu Gelenkerkrankungen und Muskelschädigungen. In der Untertageförderung kommen gegen Ende der 20er Jahre verstärkt Fahrdraht- und Diesellokomotiven zum Einsatz, die den Abtransport der Kohle in größeren Förderwagen ermöglichen. Durch die Modernisierung der Abbau- und Fördereinrichtungen konzentriert sich der Kohleabbau auf immer weniger Betriebspunkte, an denen sich die Förderung jedoch erhöht. Soziale Folge dieser sog. positiven Rationalisierungsmaßnahmen ist ein Abbau der Belegschaften im Ruhrbergbau von 545 000 im Jahr 1922 auf 353 000 im Jahr 1929.

Emelka-Palast in Dortmund eröffnet

1929. In der Dortmunder Hansastraße eröffnet der »Emelka-Palast« im Westfalenhaus. Das Filmtheater ist noch größer als der bereits seit Mitte der 20er Jahre bestehende »Ufa-Palast« und repräsentiert einen weiteren Filmkonzern. Große Kinosäle, in denen die jeweils neuesten Produktionen der Konzerne gezeigt werden, gibt es auch in einigen anderen Ruhrgebietsstädten, denn das Kino ist eine gern besuchte Abendunterhaltung. In den Filmpalästen werden aber auch Schauspiel-, Tanz- und Varietévorführungen geboten. Der Emelka-Palast ist das wohl eleganteste Filmtheater in Dortmund. Die Flure sind mit dicken Teppichen ausgelegt, und der große Innenraum mit seiner Empore hat eine buntverzierte Holzverkleidung.
Neben der Konkurrenz der großen können auch kleine Kinos weiterbestehen. Sie zeigen die erfolgreichsten Filme noch viele Wochen, nachdem die Kinopaläste sie längst wieder abgesetzt haben.

△ Anzeige des Ufa-Filmpalastes am Viehofer Platz in Essen für die Erstaufführung von einem der ersten deutschen Tonfilme am 17. Januar 1929; in dem Inserat heißt es weiter: »Der Film spricht: ›Als ich vor nunmehr drei Jahrzehnten das Licht der Welt erblickte, nannte man mich lebende Photographie... da merkte ich, daß mir das wichtigste Mittel der Verständigung fehlte: die Sprache! Und ich bat... mir die Sprache zu geben...‹«

◁ Bochumer Lichtburg an der Ecke Königsallee/Oskar-Hoffmann-Straße, einer der luxuriösen Filmpaläste, die während der 20er Jahre in vielen Städten errichtet werden, da auch das gehobene Publikum den Film als Unterhaltungsmedium für sich entdeckt hat

1930

18.–20. 1. In Essen findet eine Konferenz der kommunistischen Revolutionären Gewerkschaftsopposition statt, in deren Verlauf es in mehreren Revierstädten zu Massendemonstrationen kommt. →

1. 3. Das Oberhausener Rathaus an der Schwartzstraße auf dem Galgenberg wird eingeweiht. →

10. 3. Das Gesetz über Bergmannssiedlungen verbietet die bisher übliche Koppelung von Arbeits- und Mietverträgen.

25. 3. Das Bochumer Bergbau-Museum wird gegründet. →

3./4. 5. Der NSDAP-Gau Westfalen führt im Dortmunder Fredenbaumsaal seinen Gauparteitag durch.

Juni. Nach Kündigung des Tarifvertrages in der nordwestdeutschen Metallindustrie kommt es im Revier zu Streiks.

1. 6. Am Essener Kornmarkt wird das Denkmal »Wachsames Hähnchen« enthüllt.

9. 8. In der Villa Elbers in Hagen wird das städtische Christian-Rohlfs-Museum eingeweiht (ab 1932 in der Villa Post).

14. 9. Bei den Reichstagswahlen verbessert die NSDAP ihre Mandatszahl sensationell von zwölf auf 107 Sitze (18,3%). →

20. 9. Unna wird als Nachfolgerin von Hamm Kreisstadt. Das neu errichtete Kreishaus wird dem Landrat übergeben.

1930. Im Revier verlieren immer mehr Menschen ihre Arbeit; so sind in Essen über 60 000 und in Dortmund über 40 000 erwerbslos. →

1930. Die zu den Vereinigten Stahlwerken gehörende Ruhrstahl AG wird mit Sitz in Witten gegründet.

1930. Die Gelsenkirchener Bergwerks AG bringt die Essener Steinkohlenbergwerke AG in ihren Besitz.

1930. Im Berliner S. Fischer Verlag veröffentlicht Heinrich Hauser seine Ruhrgebietsreportagen »Schwarzes Revier«.

1930. Hans Marchwitza veröffentlicht seinen Roman »Sturm auf Essen«, der im Ruhrgebiet zur Zeit des Kapp-Putsches (1920) spielt.

1930. Die Ruhrknappschaft errichtet in Hamm ein Genesenheim (später Knappschaftskrankenhaus).

1930. Die Bergwerksgesellschaft Hibernia errichtet das Stickstoffwerk Scholven in Gelsenkirchen.

GEBOREN:

9. 1. Essen: Ernst Dieter Lueg, Fernsehjournalist.

18. 1. Recklinghausen: Bernhard Doerdelmann, Schriftsteller.

Arbeiterschaft an der Ruhr wählt rot

14. September 1930. Mit 6,4 Mio Stimmen, die der Partei 107 Mandate im neu gewählten Reichstag sichern, wird die NSDAP über Nacht zweitstärkste Reichstagsfraktion hinter der SPD. Noch zwei Jahre zuvor war die Partei Adolf Hitlers mit 2,6% der Stimmen und 12 Mandaten bei den Reichstagswahlen nicht über den Status einer Splittergruppe hinausgekommen. Weitere Gewinnerin der Reichstagswahl ist auf dem linken Flügel die KPD, die mit 77 Abgeordneten, 23 mehr als im letzten Reichstag, ins Parlament einzieht. Verliererin der Wahlen zum fünften Deutschen Reichstag ist die SPD, die nunmehr über zehn Abgeordnetensitze weniger verfügt.

Mit Lautsprecherwagen und Flugblättern mobilisiert die Sozialdemokratie im Ruhrrevier in den Wahlkämpfen des Jahres 1930 ihre Anhängerschaft

Die NSDAP im Ruhrgebiet:

Nach der Haftentlassung Adolf Hitlers wird die NSDAP für das Ruhrgebiet am 25. Februar 1925 in Hagen neu gegründet. Ein Jahr später erfolgt die Zusammenfassung der Gaue Westfalen und Rheinland-Nord zum Gau Ruhr der NSDAP. In den folgenden Jahren überzieht die Partei das Ruhrgebiet mit einem Netz von Ortsgruppen, die jedoch häufig nur eine Handvoll Mitglieder zählen. Noch Ende 1930 entfallen von 31 000 NSDAP-Mitgliedern in Westfalen nur 8300 auf den Bezirk Essen, der den größten Teil des Ruhrgebiets umfaßt. Um die Gebiete Rheinland und Westfalen mit dem Ruhrgebiet organisatorisch und propagandistisch besser erfassen zu können, wird der Gau Ruhr 1931 in die Gaue Westfalen-Nord, Westfalen-Süd und Essen aufgeteilt.

Während der Stimmenzuwachs der KPD im Ruhrgebiet deutlich über dem Reichsdurchschnitt liegt, bleiben die Ergebnisse der NSDAP in den Revierstädten weit hinter dem Reichsergebnis zurück. Der größte Erfolg gelingt den Nationalsozialisten in Hattingen mit 31,3% der abgegebenen Stimmen. Am schlechtesten schneidet die Hitler-Partei in Städten mit hohem Arbeiteranteil ab, während die KPD hier ihre besten Ergebnisse erzielt. Vor dem Hintergrund der Wirtschaftskrise kommen die Wähler der NSDAP vornehmlich aus der unteren Mittelschicht. Es sind kleine Angestellte, Beamte und Selbständige, die den

Franz Riesener, Reichstagsabgeordneter der Zentrumspartei

Parolen der Nationalsozialisten Glauben schenken, daß das »jüdisch-marxistische« Bankkapital und die internationale Finanzwelt schuld am wirtschaftlichen Zusammenbruch seien, und die aus Furcht vor einem Absinken ins Proletariat, aber auch aus Angst vor der Stärke der KPD die NSDAP wählen. Hinzu kommt in weiten Kreisen des Kleinbürgertums die Enttäuschung über den verlorenen Glanz des Kaiserreichs, die im Haß auf die Weimarer Demokratie gipfelt.

Blutiger Wahlkampf:

Nachdem Schlägertrupps der SA schon seit 1926, ebenso wie in Hamburg und Berlin, auch im Ruhrgebiet wiederholt in »rote« Arbeiterviertel einmarschiert sind, um die eigene Stärke zu demonstrieren und den politischen Gegner einzuschüchtern, kommt es ab August 1930 immer häufiger zu blutigen Zusammenstößen zwischen Kommunisten und Nationalsozialisten. Die Endphase des Reichstagswahlkampfes ist von zahlreichen Schlägereien und Saalschlachten zwischen Rotfrontkämpferbund, sozialdemokatischem Reichsbanner und SA gekennzeichnet, die auf allen Seiten Tote und Verletzte fordern.

Die Reichstagswahl vom 14. September 1930 in %

	KPD	SPD	Zentr.	DVP	DNVP	NSDAP	1	2	3	4	5	6	Sonst.
Bochum	19,4	20,1	19,8	6,5	4,2	17,6	3,7	1,1	0,1	5,3	–	–	2,2
Dortmund	20,2	28,4	17,4	8,6	3,9	8,3	3,7	2,5	0,1	3,8	–	–	3,1
Duisburg	25,1	15,0	20,2	4,6	5,5	18,0	3,7	1,4	0,1	3,4	–	–	3,0
Essen	24,5	13,9	27,1	3,8	3,8	14,5	1,4	4,4	1,4	0,1	–	–	3,1
Gelsenkirchen	26,5	13,9	23,6	8,7	6,2	10,4	3,7	1,0	0,1	3,0	–	–	2,9
Oberhausen	17,0	11,9	28,4	6,7	5,5	20,5	3,1	1,0	0,1	2,9	–	–	2,9
Recklinghausen	23,4	13,4	26,1	4,0	7,3	9,5	4,9	0,9	0,2	4,9	–	–	5,4
Deutsches Reich	13,1	24,5	11,8	4,5	7,0	18,3	–	3,8	2,5	3,9	3,0	0,0	4,4

1 = Reichspart. d. Dt. Mittelstandes 2 = Deutsche Staatspartei 3 = Deutsches Volksrecht 4 = Chr. sti. sozialer Volksdienst 5 = Wirtsch. Partei 6 = Bayr. Volksp.

KPD berät in Essen revolutionäre Taktik

18. bis 20. Januar 1930. In Essen findet ein von 1142 Delegierten aus dem Ruhrgebiet besuchter Bezirkskongreß der kommunistischen Revolutionären Gewerkschaftsopposition statt. Während des Kongresses kommt es in mehreren Revierstädten zu Demonstrationen gegen Hunger und Arbeitslosigkeit.

Hauptthemen der Tagung sind die revolutionäre Strategie der KPD und die Taktik der Massenmobilisierung. Dabei geht die Führung der KPD davon aus, daß angesichts der Wirtschaftskrise und der sich abzeichnenden Massenarbeitslosigkeit eine proletarische Revolution im Deutschen Reich kurz bevorstehe. Um der kommunistischen Machtergreifung eine Massenbasis zu sichern, komme es besonders darauf an, die Industriearbeiterschaft an der Ruhr für den revolutionären Kampf zu mobilisieren. Die »Ruhrkumpels« werden auf dem Kongreß zu einer Hauptstütze der KPD erklärt. Bei den Betriebsrätewahlen im Ruhrbergbau hatte die Revolutionäre Gewerkschaftsopposition 1929 erstmals eigene Listen aufgestellt und 10% der Mandate erhalten. Um die Basis auszuweiten, werden KPD-Mitglieder aufgerufen, in die freien und christlichen Gewerkschaften zu gehen, um die Arbeiter für die Revolution zu mobilisieren.

Arbeitslosigkeit im Revier wächst

1930. Die Zahl der Arbeitslosen im Deutschen Reich ist auf 3 Mio angestiegen (Abb.: Titelseite aus »Volk und Zeit«, 1930).

Auch die Industriestädte des Ruhrgebiets haben hohe Arbeitslosenziffern mit steigender Tendenz zu verzeichnen; so sind in Bochum 24 398 Menschen ohne Arbeit, in Dortmund 43 621, in Duisburg 38 860, in Essen 60 185, in Mülheim 9717, in Gelsenkirchen 26 862, in Oberhausen 12 862 und in Hagen 15 502.

Zahlreiche Dauerarbeitslose erhalten keine Arbeitslosenunterstützung, da die erst 1927 gegründete Arbeitslosenversicherung nur für 26 Monate Unterstützung gewährt, falls ein Arbeitsloser mindestens für den gleichen Zeitraum Beiträge entrichtet hat. Die Zahlungen werden nur in Ausnahmefällen verlängert, so daß viele Erwerbslose auf die Wohlfahrtsfürsorge der Gemeinden angewiesen sind. In Revierstädten, deren Schwerindustrie von der anhaltenden Weltwirtschaftskrise stark betroffen ist, machen sich unter den Arbeitslosen zunehmend Verzweiflung und Apathie breit. Insbesondere die arbeitslosen Frauen und Jugendlichen melden sich nicht mehr bei den Arbeitsämtern, da sie die Hoffnung auf einen Arbeitsplatz aufgegeben haben.

Repräsentatives Rathaus in Oberhausen

1. März 1930. Das Oberhausener Rathaus an der Schwartzstraße auf dem Galgenberg ist fertiggestellt. Die Fachwelt feiert das monumentale Bauwerk als Musterbeispiel moderner Behördenbaukunst. Das Bauwerk mit der imposanten Rathausfront wird von Fachleuten als eines der schönsten Rathäuser im Deutschen Reich eingestuft.

Infolge des raschen Bevölkerungszuwachses der Industriestadt, mitbedingt durch die Eingemeindung von Altstaden, Teilen von Dümpten und Styrum im Jahr 1910 sowie fünf Jahre später durch Hinzunahme von Teilen der Gemeinden Fintrop, Borbeck und Dellwig, stieg Oberhausen in die Reihe der Ruhrgebietsgroßstädte auf.

Am 18. Oktober 1927 beschloß die Stadtverwaltung, einen Neubau für die Amtsgeschäfte der Stadt zu errichten. Die Zusammenlegung der Städte Sterkrade, Osterfeld und Oberhausen zur »Dreier-Großstadt« im Zuge der Kommunalreform 1929 (→ 1. 8. 1929) schaffte die kommunalen Voraussetzungen für die Errichtung eines der stattlichsten öffentlichen Bauwerke des Reviers.

Fassade des nach Entwürfen von Gustav Freytag erbauten Rathauses. Um die Auswirkungen von Bergschäden gering zu halten, sind die quaderförmigen Baublöcke unabhängig voneinander konstruiert. Im mittleren Block ist der Ratssaal untergebracht.

Bergbau-Museum in Bochum gegründet

25. März 1930. Die Westfälische Berggewerkschaftskasse (→ 15. 4. 1864) und die Stadt Bochum schließen einen Vertrag über die Gründung und zukünftige gemeinsame Unterhaltung eines »Geschichtlichen Bergbau-Museums«.

Den Grundstock der Sammlung bilden Modelle, die als Anschauungsmaterial für die Ausbildung von Bergleuten an den Bergschulen der Westfälischen Berggewerkschaftskasse verwendet wurden. Hinzu kommen Exponate des 1868 in Berlin gegründeten Museums für Bergbau und Hüttenwesen, das 1917 aufgelöst worden war.

Gegenstand des Bergbau-Museums ist nicht nur der Steinkohlenbergbau des Ruhrgebiets, sondern die Gewinnung auch anderer Bodenschätze wie Erz, Salz etc.

1931

1. 1. Um nach gescheiterten Tarifverhandlungen Lohnsenkungen durchzusetzen, kündigt der Zechenverband sämtlichen Belegschaften der Revierzechen. →

1. 1. Die Rheinisch-Westfälische Elektrizitätswerk AG in Essen (RWE) und die Vereinigten Elektrizitätswerke Westfalen in Dortmund (VEW) bilden eine Betriebsgemeinschaft.

2. 1. Nach der vom Zechenverband verfügten Massenkündigung aller Zechenbelegschaften kommt es im linksrheinischen Revier und im Vest Recklinghausen zu wilden Streiks. →

11. 1. Nach dem Abbruch des Bergarbeiterstreiks wird in Duisburg auf Initiative der Revolutionären Gewerkschaftsopposition der kommunistische Einheitsverband der Bergarbeiter Deutschlands gegründet. →

28. 5. Bei Auseinandersetzungen zwischen Kommunisten und Nationalsozialisten in Hagen werden drei Menschen getötet und mehrere verletzt.

1. 6. Der Wesel-Datteln-Kanal wird als zweites Teilstück des Lippe-Seiten-Kanals eröffnet. →

28. 6. Das von einem Propeller angetriebene Schienenfahrzeug des Ingenieurs Franz Kruckenberg, der sog. Schienen-Zepp, fährt durch Duisburg.

22. 8. Das Gebäude der Duisburger Hauptpost wird eröffnet.

17. 9. Der Dortmunder Polizeipräsident untersagt alle öffentlichen Kundgebungen der Nationalsozialisten. →

27. 9. Auf Initiative der KPD findet in Essen ein »Volkstrauertag der Hunderttausend« als Demonstration gegen die wachsene soziale Not statt.

10. 10. Der Zentrumspolitiker und Reichskanzler Heinrich Brüning stellt sein zweites Kabinett vor. Er regiert mit Unterstützung der SPD. →

1931. In Gelsenkirchen wird die Künstlersiedlung Halfmannshof gegründet. →

1931. Die SPD ist die stärkste Partei im Reichstag, nicht aber im Ruhrgebiet. (→ 16. 10. 1931).

1931. Immer mehr Arbeitslose im Ruhrgebiet werden Wohlfahrtsempfänger, so in Gelsenkirchen 53,9% der gemeldeten Erwerbslosen. →

1931. Im Rowohlt Verlag erscheint »Union der festen Hand - Roman einer Entwicklung« von Erik Reger. Das Werk erzählt die Geschichte des Ruhrgebiets seit dem Ersten Weltkrieg. →

1931. Franz Radziwill malt das Bild »Der Streik«. →

GEBOREN:

29. 7. Wesel: Otti Pfeiffer, Schriftstellerin.

Zechenverband kündigt allen Bergleuten

1. Januar 1931. Nach dem Scheitern der Tarifverhandlungen im Ruhrbergbau am 29. Dezember 1930 kündigt der Zechenverband sämtlichen Belegschaften zum 15. Januar. Ziel der Massenkündigung ist es, unter Ausnutzung des tariflosen Zustands mit den Bergarbeitern neue Einzelarbeitsverträge mit niedrigeren Löhnen abzuschließen.

Der Lohnkonflikt hatte sich Anfang Dezember angekündigt, nachdem der Zechenverband angesichts der wachsenden Haldenbestände einer vom Reichsarbeitsministerium geforderten Senkung der Kohle- und Kokspreise am 1. Dezember zugestimmt hatte. Als Gegenleistung sollte der Reichsarbeitsminister in seiner Funktion als staatlicher Schlichter im Falle eines Scheiterns der anstehenden Tarifverhandlungen Lohnkürzungen verfügen.

Nach dem Abbruch der Verhandlungen zwischen Zechenverband und Gewerkschaften hatte sich Reichsarbeitsminister Adam Stegerwald jedoch geweigert, einem Lohnabbau um 8% zuzustimmen, solange der Zechenverband nicht bereit wäre, die Zahl der Feierschichten auf den Revierzechen zu reduzieren.

Unter dem Eindruck der daraufhin erfolgten Massenkündigung und eines Streiks greift die Reichsregierung am 10. Januar zum Mittel der staatlichen Zwangsschlichtung: Ein Schiedsspruch verfügt Lohnkürzungen um 6% sowie die Rücknahme der Kündigungen. Obwohl beide Parteien ihn ablehnen, ist der Schiedsspruch verbindlich.

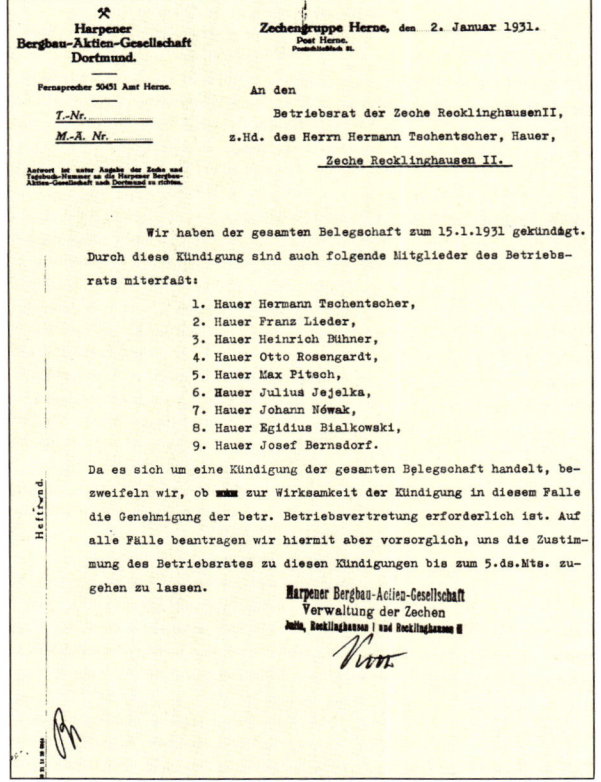

Kündigungsschreiben der Zechenverwaltung der Harpener Bergbau-Actien-Gesellschaft an den Betriebsrat der Zeche Recklinghausen II. In Reaktion auf die Massenentlassungen, die von den Zechenverwaltungen des Ruhrgebiets als Druckmittel nach gescheiterten Tarifverhandlungen eingesetzt werden, treten besonders die kommunistisch orientierten Bergarbeiter spontan in Streik. Ein Schiedsspruch beendet den Arbeitskampf.

Soziales Elend durch Massenarbeitslosigkeit

1931. Infolge der Wirtschaftskrise (→ 29. 10. 1929) steigen die Arbeitslosenzahlen im Ruhrgebiet. So hat sich z. B. in Bochum die Zahl der Arbeitssuchenden seit 1929 verfünffacht.

Am 5. Oktober 1931 verkürzt die Reichsanstalt für Arbeit die Unterstützungsdauer für Arbeitslose von 26 auf 20 Wochen. Im Juli wurden bereits die Unterstützungen je nach Lohnklasse um bis zu 14,3% gekürzt. Mit diesen Sparmaßnahmen verlagert die Reichsregierung die finanzielle Belastung der Massenarbeitslosigkeit auf die Städte, da immer mehr Erwerbslose auf die Unterstützung durch die kommunalen Wohlfahrtsämter angewiesen sind. 1931 sind rund 54% der Gelsenkirchener Arbeitslosen Wohlfahrtsempfänger, im folgenden Jahr sind es in Duisburg 75%. Die Leistungen der kommunalen Sozialfürsorge sind so bemessen, daß sie nach Abzug von Miete und Heizkosten nur noch für den Kauf von Grundnahrungsmitteln ausreichen. Doch selbst diese Sätze werden wegen der zunehmenden Finanznot der Städte im Herbst 1931 noch gekürzt.

Eine vierköpfige Familie erhält im November 1931 in Duisburg eine Wohlfahrtsunterstützung von wöchentlich 20,50 RM, von der Miete, Heizung, Kleidung und Lebensunterhalt bestritten werden müssen. Etwa 8,40 RM bleiben der Familie wöchentlich für den Kauf von Nahrungsmittel. Die Ernährung mit Brot, Kartoffeln, billigen Hülsenfrüchten sowie täglich insgesamt 50 g Speck und 1/4 l Milch kostet für eine vierköpfige Familie zur gleichen Zeit etwa 11,50 RM. Not und Verzweiflung treiben die Arbeitslosen zu zahlreichen Demonstrationen und Hungermärschen.

Im Winter 1931 können viele Familien ihre Wohnungen nicht beheizen, da Kohlen für sie unerschwinglich geworden sind. Arbeitslose Bergleute erhalten keine Deputatkohle mehr. Die Menschen behelfen sich mit Kohlenschlamm, einem Abfallprodukt der Zechen, obwohl er viel Qualm und wenig Wärme entwickelt. Zahlreiche Jugendliche stehlen Kohlebrocken von Halden und Güterzügen.

Arbeitslose im Revier 1931

Stadt	absolute Anzahl	Anteil in v. H. d. Bev.
Bochum	34 166	10,9%
Dortmund	67 564	12,8%
Duisburg	60 513	13,9%
Essen	71 166	11,0%
Gelsenkirchen	34 134	10,3%
Hagen	20 635	14,4%
Mülheim/Ruhr	15 631	12,0%
Oberhausen	20 339	10,5%

Bergarbeiterstreik ohne Erfolg beendet

2. Januar 1931. Als Reaktion auf die vom Zechenverband einen Tag zuvor verfügte Massenkündigung aller Zechenbelegschaften kommt es auf mehreren Schachtanlagen im linksrheinischen Revier und im Vest Recklinghausen zu wilden Streiks. Unter Führung von KPD-Funktionären und Mitgliedern der kommunistischen Revolutionären Gewerkschaftsopposition besetzen in den Morgenstunden Erwerbslose die Tore der Schachtanlagen.
Während Alter Verband und christlicher Gewerkverein die spontane Arbeitsniederlegung als Werk kommunistischer Hetzer verurteilen, weiten die Streiks sich in den darauffolgenden Tagen auf das gesamte östliche und mittlere Ruhrgebiet aus. Auf den linksrheinischen Zechen Diergardt und Neumühl liegt die Streikbeteiligung bei über 50%. Drei Tage lang befinden sich etwa 75 000 Bergarbeiter im Ausstand.
Die KPD erhofft sich von dem Bergarbeiterstreik eine Signalwirkung auf die deutsche Arbeiterschaft. Bereits Anfang Dezember hatte der Essener KPD-Bezirkssekretär Erich Reihenhauer erklärt: »Durch einen siegreichen Kampf der revolutionären Ruhrkumpels würden der

Streikversammlung auf der Straße (1931); der Streik bleibt erfolglos, der staatliche Schiedsspruch setzt schließlich Lohnkürzungen um 6% fest

Kampfelan und die Widerstandskraft des übrigen deutschen Proletariats enorm anwachsen.«
Am 4. Januar kommt es zu ersten Zusammenstößen zwischen Arbeitswilligen und kommunistischen Streikposten. Bei Schlägereien auf Zechenplätzen gehen Streikende und arbeitswillige Bergleute mit Steinen und Flaschen aufeinander los. In Marl eskalieren Auseinandersetzungen zwischen Polizei und Kommunisten: Ein Bergmann wird erschossen, mehrere Polizisten und Demonstranten werden verletzt. Am 5. Januar beginnt die Streikfront abzubröckeln. Auf einigen Zechen, so auf Bergmannsglück in Buer und auf Zweckel in Gladbeck, werden alle Bergleute entlassen, die mehr als drei Schichten gestreikt haben. Am 8. Januar befinden sich noch 663 Bergleute auf Zeche Lohberg bei Dinslaken und de Wendel bei Hamm im Ausstand. Am Tage der Verbindlichkeitserklärung des Schiedsspruchs, am 12. Januar, fahren alle Revierbelegschaften vollzählig an.

Einheitsverband im Bergbau gegründet

11. Januar 1931. Unmittelbar nach dem erfolglosen Abbruch des Bergarbeiterstreiks gründen 1268 Delegierte von 134 Revierschachtanlagen in Duisburg den Einheitsverband der Bergarbeiter Deutschlands. Die Gründung einer weiteren Bergarbeitergewerkschaft erfolgt auf Initiative der Reichsleitung der Revolutionären Gewerkschaftsopposition. Eine treibende Kraft des neuen Verbandes ist der kommunistische Bergarbeiterfunktionär Albert Funk, der auf der Gründungsversammlung in Duisburg zum ersten Vorsitzenden des Einheitsverbandes gewählt wird.
Ziel der KPD-Bezirksleitung Ruhr ist es, den Verband im Interesse einer breiten proletarischen Mobilisierung (→ 18. – 20. 1. 1930) in kürzester Zeit zur Massenorganisation auszubauen. Bereits wenige Monate später zählt der kommunistische Einheitsverband mit 20 000 Mitgliedern annähernd halb so viele Mitglieder wie der Alte Verband. Mit einer Gesamtmitgliederzahl aller kommunistischen Verbände von etwa 75 000 ist die KPD jedoch weit von ihrem Ziel einer »massenhaften revolutionären Gewerkschaftsbewegung in Deutschland« entfernt.

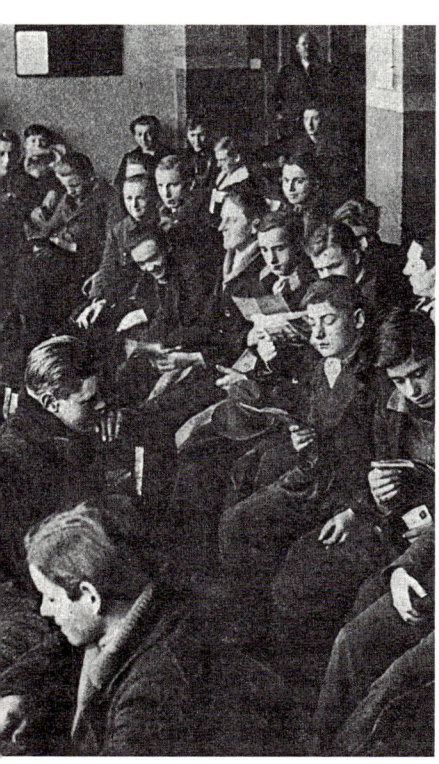

In den Städten des Ruhrgebiets sind über 10% der Bevölkerung arbeitslos; sie stehen Schlange vor den Schaltern der Arbeitsämter und viele von ihnen sind auf die Wohlfahrtsunterstützung der Städte angewiesen, da die Dauer der Arbeitslosenunterstützung gekürzt wurde. L. junge Männer im Warteraum eines Arbeitsamtes. Die im Ruhrgebiet ohnehin knappen Arbeitsplätze für Frauen werden noch rarer: O. l. eine Traube von Stenotypistinnen vor einem Büro, das nur eine Stelle ausgeschrieben hat (1931). Besonders Familienväter sind betroffen, die Wohlfahrtsgelder reichen kaum zur Ernährung der Familien. O. r. eine Gruppe von Arbeitslosen, die sich vor ihren Schlafunterkünften aufhalten. Bei den Bauarbeiten zur Anlage des Baldeneysees, die im Juli 1931 im Essener Süden beginnen, werden insgesamt rund 10 000 Arbeitslose eingesetzt.

Nationalsozialisten auf dem Vormarsch

17.9.1931. Die Polizeipräsidenten im Ruhrgebiet reagieren auf die zunehmende aggressive Propagandatätigkeit und den Mitgliederzuwachs der NSDAP mit Versammlungsverboten und verstärkter Überwachung der Nationalsozialisten.

In Dortmund werden alle öffentlichen Versammlungen der NSDAP verboten, nachdem es zu gewalttätigen Ausschreitungen zwischen der SA (→ 1925) und den Kampfbünden anderer Parteien gekommen ist. Die Entwicklung der NSDAP von einer kleinen radikalen Rechtsgruppe zur massenwirksamen Großpartei ist jedoch durch Polizeiverordnungen nicht aufzuhalten.

Seit die Nationalsozialisten bei den preußischen Landtags- und Kommunalwahlen 1929 einzelne Erfolge erringen konnten, verzeichnet die Partei einen wachsenden Zustrom von Mitgliedern. Die sich verschlechternde wirtschaftliche Lage (→ 1931) trägt zur Radikalisierung der Bevölkerung bei. Die NSDAP ist bestrebt, diesen Trend durch Agitation auf zahlreichen öffentlichen Veranstaltungen zu verstärken.

Zwischen Juli und September hält allein die NSDAP-Ortsgruppe Essen 190 Versammlungen ab, die von insgesamt etwa 105 000 Menschen besucht werden. Die Mitgliederzahlen der Hitler-Partei steigen z. B. in Duisburg von 250 im Mai 1929 auf 3000 im Juli 1931, in Oberhausen von 120 Mitgliedern im März 1929 auf 1800 im September 1931.

Jugendliche Dauerarbeitslose ohne Anspruch auf Unterstützung, erwerbslose Arbeiter und Handwerker sowie die wachsende Gruppe der Akademiker ohne Chance auf Ausübung ihres Berufes erhoffen sich von den Nationalsozialisten eine radikale Verbesserung ihrer Verhältnisse. Die von den Polizeibehörden angesichts des massiven Auftretens der NSDAP geäußerten Besorgnisse finden bei der Regierung kein Gehör. Am 19. 2. 1931 erklärt der preußische Innenminister Carl Severing:
»Die angedrohte Versammlungswelle der Nationalsozialisten kann uns nur ein Lächeln abnötigen. Wir müssen die Hypnose von dem unaufhaltsamen Vordringen, von der bevorstehenden Machtausübung der Nationalsozialisten brechen.«

NSDAP-Ortsgruppe von Essen-Breilsort vor ihrem Parteibüro; die Partei verzeichnet seit 1929 einen ständigen Anstieg der Mitgliederzahlen

Von einer Sekte zur organisierten Partei

Aus der am 27. Februar 1925 neu gegründeten NSDAP, die zunächst klein und sektenähnlich strukturiert war, hat sich eine straff durchorganisierte Partei entwickelt, die wegen der anhaltenden Wirtschaftskrise enormen Zulauf zu verzeichnen hat.

Am 22. Februar 1925 hatte in Hamm ein Treffen der Führer von rechtsradikalen Organisationen aus dem Ruhrgebiet stattgefunden, bei dem ein Zusammenschluß der verschiedenen Gruppierungen in der zu gründenden NSDAP verabredet wurde. Die ersten Aktivitäten der Partei unter der Führung von Gregor Strasser, Franz Pfeffer von Salomon, Karl Kaufmann und Joseph Goebbels wurden eingeschränkt durch die französischen Besatzungstruppen, die öffentliche Parteiveranstaltungen verboten. Nach dem Abzug der Besatzer (→ 31. 7. 1925) erlebte die NSDAP wegen der nationalistischen Grundstimmung in der Bevölkerung kurzfristig starken Zulauf, der mit der Beruhigung der wirtschaftlichen Lage in der Folgezeit aber schnell nachließ. In den Jahren 1926 bis 1929 verstärkte die NSDAP ihre Aktivitäten, wobei sie aber nur auf wenig Resonanz stieß. Gleichzeitig entstand die straffe Organisation der Partei, ihrer Ortsgruppen und der regionalen Führungsgremien. Die Partei, die in dieser Zeit unter chronischem Geldmangel litt, versuchte mit allen Mitteln, ihre finanziellen Grundlagen durch verstärkte Spendenaktionen und massives Vorgehen gegen säumige Beitragszahler zu sichern.

Seit 1926 besuchte Hitler mehrfach das Ruhrgebiet, wobei er auch Kontakte zu Ruhrindustriellen aufnahm. Erst mit der Wirtschaftskrise und dem sprunghaften Anstieg der Arbeitslosenzahlen kann die rechtsradikale Partei sich eine Massenbasis verschaffen.

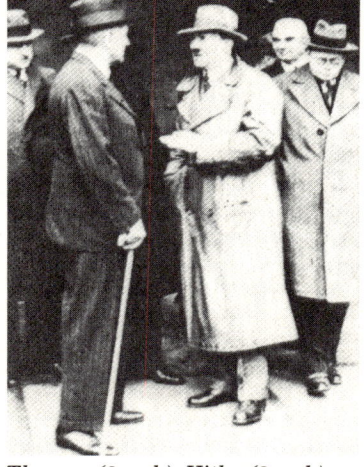
Thyssen (2. v. l.), Hitler (3. v. l.)

Zentrumspartei und Weimarer Republik

10. Oktober 1931. Der Zentrumspolitiker und Reichskanzler Heinrich Brüning stellt sein zweites Kabinett vor. Er mußte seine Präsidialregierung, die von der starken SPD-Fraktion parlamentarisch toleriert wird, auf Druck des Reichspräsidenten Paul von Hindenburg umbilden. Mit Hilfe dieser Regierung, die sich als »Fachkabinett« versteht, kann Brüning seine Notverordnungspolitik zur Bewältigung der Wirtschaftskrise in Angriff nehmen.

Die Zentrumspartei, 1870/71 durch den Zusammenschluß der katholischen Abgeordneten im preußischen Landtag entstanden, ist in allen Regierungskoalitionen der Weimarer Republik vertreten. Bis 1933 stellt sie in 9 von 20 Kabinetten den Regierungschef. Das Zentrum stand zwar nicht hinter der Revolution (→ 8./9. 11. 1918), wagte aber gleichwohl den Sprung von der Monarchie zur Demokratie und wurde zur tragenden parlamentarischen Kraft der Republik. Das Zentrum bleibt auf katholische Wähler, vornehmlich aus kleinbürgerlichen Schichten, beschränkt. Im Ruhrgebiet kann die Partei auch katholische Arbeiter an sich binden und erhält bei Wahlen meist den größten Stimmenanteil.

SPD auf Reichsebene und im Ruhrgebiet

16. Oktober 1931. Nach dreitägiger Debatte lehnt der Deutsche Reichstag alle gegen das neue Kabinett von Heinrich Brüning gestellten Mißtrauensanträge ab. Unterstützt wird die Minderheitsregierung vor allem von der stärksten Fraktion, der SPD, obwohl die wirtschaftspolitischen Vorstellungen der Sozialdemokraten sich stark von denen der bürgerlichen Pateien unterscheiden. Trotz Stimmenverlusten konnte die SPD ihre vergleichsweise gute Position auf Reichsebene bewahren: Sie stellte in allen Reichstagen seit 1920 die stärkste Fraktion. Im Ruhrgebiet kann das Zentrum die meisten Wählerstimmen auf sich vereinigen, während die SPD in manchen Städten schlechtere Ergebnisse als die KPD erzielt. In Essen, Gelsenkirchen und Recklinghausen erhält die KPD bei den Reichstagswahlen 1930 sogar über 10% mehr Stimmen als die SPD.

Schnellbahn-Projekt der Reichsbahn hofft auf Schienenzeppelin als Triebwagen

28. Juni 1931. *Auf seiner Probefahrt von Berlin nach Hannover passiert der sog. Schienenzeppelin (Abb. r.) auch die Städte entlang der Linie durchs Ruhrgebiet. In Bochum (l.), Mülheim und Duisburg drängen sich Schaulustige in den Bahnhöfen, um die Jungfernfahrt des propellergetriebenen Schnelltriebwagens mitzuerleben.*

Das von dem Luftschiffbauer Franz Kruckenberg konstruierte Schienenfahrzeug wurde zunächst als Hängeschnellbahn entwickelt. Da sich für den Bau einer Versuchsstrecke keine Geldgeber fanden, verlegte Kruckenberg seine Konstruktion auf die Schiene. Das Interesse der Reichsbahn, die sich dem Entwicklungsprojekt gegenüber zunächst ablehnend verhält, erweckt der von einem 550 PS starken Benzinmotor getriebene Triebwagen erst mit der Planung eines städteverbindenden Schnellverkehrs. Mit einer Höchstgeschwindigkeit von 230 km in der Stunde scheint sich der »Schienen-Zepp« als geeignetes Personentransportmittel anzubieten. Die Entwicklung bis zur Serienreife erreicht das futuristisch anmutende Fahrzeug jedoch nicht. Der Propellerantrieb am Heck verursacht zuviel Turbulenzen, die sich vor allem in den Bahnhöfen als störend erweisen: Bei den Probefahrten werden den anwesenden Ehrengästen die Hüte von den Köpfen geweht und die Frisuren der Damen derangiert; das Gefährt wirbelt außerdem viel Staub auf. Die Verbesserung konventioneller Dampf- und Dieseltriebwagen ermöglicht der Deutschen Reichsbahn am 2. Oktober 1932 die Einführung eines Ruhr-Schnellverkehrs zwischen Essen und Dortmund.

Lippe-Seiten-Kanal von Wesel bis Hamm

1. Juni 1931. Das letzte Teilstück des Lippe-Seiten-Kanals auf der Strecke Wesel – Datteln, der sog. Wesel-Datteln-Kanal, ist fertiggestellt. Der 107 km lange Lippe-Kanal ermöglicht der Binnenschiffahrt eine freie Fahrt von Wesel bis Hamm.

Die Wasserstraße erschließt den Norden des Reviers für Massengutfrachten und schafft die direkte Anbindung an die Rheinschiffahrt. Oberhalb von Datteln besteht von dem schon 1914 eröffneten Datteln-Hamm-Kanal eine Verbindung zum Dortmund-Ems-Kanal (→ 1. 12. 1914). Der Lippe-Seitenkanal ist neben dem Rhein-Herne-Kanal die zweite bedeutende, im nördlichen Ruhrgebiet gelegene Wasserstraße zwischen dem Rhein und Dortmund. Seine Abmessungen halten mit 2,5 m Tiefe, einer Sohlenbreite von 8 m und 30 m am Wasserspiegel einem Vergleich mit dem 1899 eröffneten Dortmund-Ems-Kanal stand (→ 11. 8. 1899). Auf dem neuen Kanal können Schiffe mit einer Last von 600 bis 800 t verkehren. Bei Hamm entsteht durch die Verlegung des Lippe-Flusses ein städtischer Hafen, während östlich der Stadt eine Schleuse die Verbindung zum Lippe-Seiten-Kanal und der Lippe schafft.

Durch seine Anbindung an Rhein und Lippe trägt der Lippe-Seiten-Kanal auch zum gleichmäßigen Wasserstand im gesamten westdeutschen Kanalnetz bei.

Bauarbeiten an der großen Kammer der Schleuse Datteln am Lippe-Seiten-Kanal, dessen letztes Teilstück (Wesel – Datteln) 1931 fertiggestellt wird

Dichtes Kanalnetz im Industrierevier

Das rheinisch-westfälische Industriegebiet verfügt über ein breites Netz künstlicher Wasserstraßen. Kanäle erfüllen neben der Eisenbahn wichtige Zubringer- und Verteilerfunktionen für die Schwerindustrie. Sie stellen die Verbindung zum Nordseehafen Emden sowie nach Berlin, Mitteldeutschland und Osteuropa her.

Der Dortmund-Ems-Kanal war schon 1899 betriebsbereit. Für Frachter bis zu 600 t Ladung schiffbar, erreicht er nicht ganz die Bedeutung des 1914 eingeweihten Rhein-Herne-Kanals, auf dem selbst Schiffe mit einer Kapazität über 1000 t rund 28 Industriehäfen ansteuern können. Ein 1927 fertiggestellter Rhein-Ruhr-Kanal verbindet Mülheim mit den Duisburg-Ruhrorter Häfen. Der Lippe-Seiten-Kanal vollendet das dichte Kanalnetz des industriellen Ballungsraumes.

Herrenhaus Halfmannshof (l.) und die erste Künstlergeneration (r.), Architekten, Maler, Puppenspieler, u. a.: stehend v. l. K. Schmitz-Hohenschutz, O. Prinz, H. Nietsch, H. M. Denneborg, sitzend v. l. J. Arens, L. Schwickert, W. Spürkel

Die Künstlersiedlung Halfmannshof

1931. Auf Initiative des Sozialdezernenten der Stadt, Friedrich Wendenburg, wird in Gelsenkirchen die Künstlersiedlung Halfmannshof gegründet. Die Stadt Gelsenkirchen hatte den Hof des Bauern Halfmann inÜckendorf 1926 erworben.

Die Idee zur Einrichtung einer Künstlerkolonie in dem alten, 1486 erstmals urkundlich erwähnten Anwesen war schon 1929/30 mit Plänen zur Errichtung einer keramischen Werkstatt geboren worden. Ende 1931 wird mit dem Ausbau der Remise und der Scheune zu Wohnräumen und Ateliers sowie dem Ausbau des Dachgeschosses des bereits 1805 errichteten Herrenhauses begonnen. Der Schriftsteller Heinrich Maria Denneborg, seit 1935 Mitglied der Künstlersiedlung Halfmannshof, beschreibt die Anfänge der Kolonie:

»[Der Wohlfahrtsdezernent hatte] den Einfall, den Halfmannshof zu einer Künstlersiedlung umzubauen. Der Oberbürgermeister riet händeringend ab. Künstler auf solch einem Raum beieinander anzusiedeln! Schlimmer als ein Irrenhaus. Der Dezernent beharrte: er sei lange genug Arzt in solch einer Anstalt gewesen. Zudem habe er seine eigene Vorstellung von der werdenden Künstlersiedlung. Beileibe keine reine Malersiedlung, sondern Künstler aus allen Sparten. Nicht nur Intellektuelle, überhaupt freie und angewandte Künste neben- und beieinander. Nicht nur Ateliers, sondern auch Werkstätten.«

Als erste Künstler beziehen 1932 der Maler Josef Arens, der Bildhauer Hubert Nietsch und die Architekten Otto Prinz und Ludwig Schwickert die Kolonie. Im selben Jahr kommen die Weberinnen Berta Arens und Lisbeth Pieper und die Modezeichnerin Elle Lindner. Zum kulturellen Leben der Siedlung gehören Kunstausstellungen, Musikabende, Lesungen und Hoffeste.

Gemälde »Der Streik« von Franz Radziwill

1931. Während im Januar des Jahres im Ruhrgebiet 75 000 Bergarbeiter in den Ausstand treten, malt der Künstler Franz Radziwill (1895 – 1983) das Bild »Der Streik«.

Die im Titel des Gemäldes angedeuteten konkreten sozialen Bezüge sind im Werk Radziwills eher eine Ausnahme. Auch in diesem Bild fehlen Hinweise auf die Gegenwart. Bemerkenswert ist die Darstellung des Themas Streik, ohne im Bild einen Arbeiter zu zeigen. Einziges Indiz einer Arbeitsniederlegung ist die verlassene, durch Sperrbock und Drahtverhau gesicherte Baustelle im Vordergrund. Die Eindringlichkeit des Bildes erzielt Radziwill durch einen übersteigerten Realismus.

Das Gemälde »Der Streik« von Franz Radziwil, entstand während des erbitterten Arbeitskampfes der Ruhrbergarbeiter im Januar des Jahres 1931 (Westfälisches Landesmuseum für Kunst- und Kulturgeschichte, Münster)

Erik Regers »Union der festen Hand«

1931. Erik Reger (d. i. Hermann Dannenberger; 1898 – 1954) veröffentlicht »Union der festen Hand. Roman einer Entwicklung«. Er schildert darin den Weg des Ruhrgebiets in der Zeit von 1918 bis 1928 am Beispiel der Stahlwerke Risch-Zander, die – kaum verschlüsselt – für das Essener Stahlunternehmen Krupp stehen, dessen Pressereferent Reger bis 1927 war.

Im Panorama der Figuren des Romans sind leicht die Führer der Schwerindustrie des Reviers zu erkennen: Risch-Zander steht für die Krupp-Dynastie, Wirtz für Stinnes, Schellhaase jun. für Thyssen. Sie gründen in der fiktiven Handlung gemeinsam die »Union der festen Hand«, um ihre Position im Klassenkampf besser durchsetzen zu können. Ihr Gegenspieler ist der Kranführer Adam Griguszies als Vertreter des Proletariats, für Reger der positive Held, der schließlich dem »Abbau« klassenbewußter Arbeiter durch die »Union der festen Hand« zum Opfer fällt. Der Tanz um das Sonnenwendfeuer im letzten Kapitel des Buches weist auf den bereits deutlich spürbaren Einfluß völkisch-nationaler Gruppen in Deutschland hin.

Der Roman wird in der Presse lebhaft diskutiert; die »Weltbühne« feiert das Werk als »besten deutschen Industrieroman«. Reger wird dafür der bedeutende Kleistpreis verliehen.

Im selben Jahr erscheint die Reportagensammlung »Kohlenpott 1931« des in Dortmund geborenen Journalisten Georg Schwarz (1896 – 1943). Schwarz entwirft ein Bild der verschiedenen Städte des Reviers, wobei es ihm allerdings nicht um eine Zusammenstellung von Stadtporträts, sondern um das Ruhrgebiet als Ganzes geht. Seine Hoffnung gilt dem Zusammenwachsen der Region zu einer »Ruhrstadt«. Entsprechend äußert er sich wiederholt lobend über den Siedlungsverband Ruhrkohlenbezirk (→ 5. 5. 1920).

Gleichwohl sieht Schwarz den weiten Weg zur ersehnten Einheit, wenn er Beispiele borniertel Provinzialität oder Mängel, etwa im Verkehrswegenetz, aufzeigt. Erik Reger, der wie Schwarz journalistisch erfahrene Autor der »Union der festen Hand«, kritisiert das Buch als »bis zum Rande gefüllt ... mit Binsenweisheiten und dem statistischen Material, das die Presseämter geben.«

1932

10. 3. Adolf Hitler spricht erstmals in der Dortmunder Westfalenhalle. →

Frühjahr. Mit 120 000 Arbeitslosen allein im Ruhrbergbau erreicht die Arbeitslosigkeit im Revier ihren Höhepunkt.

Juli. In den letzten Tagen des Reichstagswahlkampfes kommt es zu schweren Auseinandersetzungen zwischen Kommunisten und Sozialdemokraten auf der einen und SA und SS auf der anderen Seite. →

24. 7. Ein Reichstreffen der katholischen Sportjugendorganisation »Deutsche Jugendkraft« findet im Dortmunder Stadion Rote Erde statt.

31. 7. Bei den Reichstagswahlen wird die NSDAP stärkste Fraktion. Bei erneuten Reichstagswahlen am 6. 11. muß sie Verluste hinnehmen, bleibt aber weiterhin stärkste Fraktion. →

10. 8. Die Vertreter der Stadtparlamente des Ruhrgebiets beschließen in Herne eine Eingabe nach Berlin, in der sie zur Linderung der kommunalen Finanznöte eine »Ruhrhilfe« fordern. →

15. 8. In einer Denkschrift fordert der Zechenverband einen vollständigen Sozialabbau im Bergbau und Löhne am Rande des Existenzminimums.

September. Infolge der wachsenden Armut kommt es in Dortmund verstärkt zu Zwangsräumungen von Wohnungen. →

1. 9. Der Deutsche Katholikentag in Essen wird eröffnet. Er steht unter dem Motto »Christus in der Großstadt«. →

Herbst. Auf Betreiben der Vereinigten Stahlwerke AG werden drei gemeinnützige Wohnungsbaugesellschaften gegründet. →

14. 10. In Wattenscheid plündern Erwerbslose nach einer Demonstration den Markt. →

1932. Führende Vertreter der Ruhrindustrie unterstützen die NSDAP und fordern Hitlers Ernennung zum Reichskanzler. →

1932. Der Ausbau der Straßenverbindung zwischen Duisburg und Unna zum Ruhrschnellweg ist beendet. →

1932. Infolge der Wirtschaftskrise sinkt die Kohleförderung im Ruhrgebiet auf 73,3 Mio t (Stand von 1905/06). Die Zahl der Beschäftigten ist seit 1929 um 160 000 auf 190 000 gesunken. →

1932. Die schlechte wirtschaftliche Lage im Deutschen Reich führt zu Umsatzeinbrüchen bei den Stadtsparkassen. →

1932. In Duisburg-Duissern sterben mehr als 200 Menschen an Diphtherie. →

GEBOREN:

21. 11. Essen: Heinrich Lummer, CDU-Politiker.

Starke Gewinne für KPD im Ruhrgebiet

31. Juli 1932. Mit 230 Mandaten wird die NSDAP stärkste Fraktion im neu gewählten sechsten Deutschen Reichstag; die KPD gewinnt zwölf Sitze hinzu. Im Ruhrgebiet bleibt der Stimmenzuwachs der NSDAP unter dem Reichsdurchschnitt, während die KPD in den Revierstädten überdurchschnittliche Gewinne verzeichnen kann.

Das Anwachsen der radikalen Parteien auf der Linken und Rechten macht die Bildung einer parlamentarischen Mehrheitsregierung aus Sozialdemokraten und bürgerlichen Parteien unmöglich. Als der Reichstag am 12. September 1932 eine Notverordnung des Minderheitskabinetts unter Franz von Papen aufhebt, löst Reichspräsident Paul von Hindenburg das Parlament auf.

Am 6. November des gleichen Jahres finden erneut Wahlen statt. Während die KPD ihr Ergebnis vom Juli nochmals verbessert, büßt die NSDAP 34 Mandate ein. Im Ruhrgebiet liegen ihre Verluste unter dem Reichsdurchschnitt. Der KPD gelingt in den Städten Gelsenkirchen und Dortmund erstmals der Sprung über die 30%-Marke.

Die Reichstagswahl vom 31. Juli 1932 in %

	KPD	SPD	Zentr.	DVP	DNVP	NSDAP	1	2	3	4	5	6	Sonst.
Bochum	20,8	19,2	21,8	1,2	3,9	29,4	0,4	0,3	2,0	–	–	–	1,0
Dortmund	27,9	23,7	18,6	1,4	4,9	19,6	0,3	0,6	1,9	–	–	–	1,1
Duisburg	26,9	13,6	22,4	1,2	5,8	27,5	0,2	0,2	1,1	–	–	–	1,1
Essen	25,1	12,7	30,7	0,7	4,0	24,0	0,5	0,2	1,5	–	–	–	0,6
Gelsenkirchen	29,8	13,1	24,9	1,9	4,3	23,0	0,4	0,2	1,3	–	–	–	1,1
Oberhausen	23,4	10,2	31,8	1,4	5,8	24,9	0,2	0,1	1,4	–	–	–	0,8
Recklinghausen	24,1	12,6	28,9	1,3	5,1	23,8	0,5	0,2	1,6	–	–	–	1,9
Deutsches Reich	14,5	21,6	12,5	1,2	5,9	37,4	–	1,0	1,0	0,4	3,2	0,3	1,0

1 = Reichspart. d. Dt. Mittelstandes 2 = Deutsche Staatspartei 3 = Christl. sozialer Volksdienst 4 = Wirtsch. Partei 5 = Bayr. Volksp. 6 = Landbund

Die Reichstagswahl vom 6. November 1932 in %

	KPD	SPD	Zentr.	DVP	DNVP	NSDAP	1	2	3	4	5	6	Sonst.
Bochum	22,1	17,5	21,7	1,8	5,7	27,2	0,3	0,2	2,6	–	–	–	0,9
Dortmund	31,3	20,3	18,2	1,8	6,8	17,7	0,2	0,4	2,1	–	–	–	1,2
Duisburg	28,9	12,6	21,5	1,9	7,5	24,7	–	0,2	1,2	–	–	–	1,5
Essen	25,4	11,7	31,0	1,4	6,2	21,5	0,3	0,1	1,8	–	–	–	0,6
Gelsenkirchen	31,1	12,6	24,7	2,2	6,2	19,6	0,3	0,2	1,9	–	–	–	1,1
Oberhausen	25,2	10,4	31,0	1,9	7,4	21,2	0,1	0,1	1,5	–	–	–	1,2
Recklinghausen	25,3	11,7	28,8	1,9	6,2	21,6	0,2	0,1	1,9	–	–	–	2,3
Deutsches Reich	16,9	20,4	11,9	1,9	8,9	33,1	–	1,0	1,2	0,4	3,1	0,3	0,9

1 = Reichspart. d. Dt. Mittelstandes 2 = Deutsche Staatspartei 3 = Christl. Sozialer Volksdienst 4 = Dt. Bauern Partei 5 = Bayr. Volkspartei 6 = Landbund

Hitlers Wahlkampfrede in der Westfalenhalle

10. März 1932. Höhepunkt der Wahlkampfveranstaltungen der NSDAP zur Reichspräsidentenwahl im Ruhrgebiet ist eine Kundgebung in der Dortmunder Westfalenhalle, bei der Adolf Hitler, Hermann Göring und der Gauleiter Josef Wagner vor rund 18 000 Menschen sprechen. Bei der Wahl tritt Hitler gegen den amtierenden Reichspräsidenten Paul von Hindenburg an, gegen den er im zweiten Wahlgang unterliegt.

Nach der Eröffnungsrede von Gauleiter Wagner kündigt Göring an, daß am Wahltag ein Urteil über die bisherige Politik gesprochen werde. Die »Rheinisch-Westfälische Zeitung«, im Besitz des NSDAP-Mitglieds und späteren Oberbürgermeisters von Essen, Theodor Reismann-Grone, beschreibt Hitlers Auftritt: »Dann kam Hitler: Umgeben von seiner engeren Begleitung unter langandauernden Beifallsrufen der Massen. Zuerst eine ruhige, tiefe Stimme, dann wachsende Erregung. Leidenschaftlichkeit.«

In seiner Rede geht Hitler auf die Ausgangslage bei der Reichspräsidentenwahl ein; Zentrum und SPD unterstützen bei dieser Wahl den konservativen Hindenburg, um einen Sieg der NSDAP zu verhindern. »Dank meiner Arbeit ist die Sozialdemokratie zu Füßen des Marschalls [Hindenburg] gezwungen worden ... Ich bedaure, daß das Schicksal mich nicht schon 10 Jahre früher geboren werden ließ und daß es mich nicht schon 10 Jahre früher in die politische Arena geschickt hat. Dann stellen Sie sich vor, was wäre aus Deutschland geworden, wenn ich zehn Jahre früher gelebt und gekämpft hätte und die Sozialdemokratie schon im Jahre 1917 so zu Füßen des Generalfeldmarschalls gezwungen hätte.« Zu dem allgemein verbreiteten Vorwurf, daß Hitler über kein politisches Programm verfüge, sagt er: »Es wird jetzt nicht über mein Programm entschieden, sondern jetzt wird gerichtet über das Programm der anderen und über ihre Leistungen.«

Adolf Hitler bei einer Wahlkampfveranstaltung in Dortmund (1933)

Diphtherie-Epidemie im Duisburger Raum

1932. In Duisburg-Duissern grassiert die Diphtherie. Mehr als 200 Menschen fallen der Epidemie zum Opfer. Der Krankheitsherd wird in der Arbeitersiedlung am Werthakker in Duissern lokalisiert, wo die Ernährungs- und Wohnverhältnisse besonders schlecht sind. Unterernährung und der Mangel an Brennmaterial schwächen die Widerstandskräfte der Bevölkerung. Intensive ärztliche Bemühungen haben wenig Erfolg. Ein Lehrer aus Duisburg kritisiert: »Solange die Stadt hier nicht andere Wohnverhältnisse schafft, werden alle Anstrengungen erfolglos sein.«

Tumult und Proteste bei Zwangsräumung

September 1932. In Dortmund kommt es bei Zwangsräumungen in der Lessing- und in der Düppelstraße zu gewalttätigen Auseinandersetzungen zwischen Anwohnern und Polizei. Die betroffenen Mieter hatten infolge von Arbeitslosigkeit und Kurzarbeit die Wohnungen nicht länger bezahlen können. Für noch ausstehende Mietzahlungen sollten Möbel gepfändet werden. Eine Menschenmenge von mehreren hundert Personen erzwingt in der Lessingstraße vom Vermieter die Herausgabe der Pfandstücke. Auch in der Düppelstraße kommt es zu Ausschreitungen.

Plünderungen nach Demonstration

14. Oktober 1932. In Wattenscheid plündern etwa 150 Menschen den Wochenmarkt, nachdem die Stadtverwaltung die Wohlfahrtsunterstützung für Oktober nur zum Teil ausgezahlt hat. Wegen der hohen Arbeitslosenzahlen ist die Stadt nicht in der Lage, die vollen Wohlfahrtssätze zu gewähren. Als Erwerbslose vor dem Rathaus eine Hungerdemonstration veranstalten, läßt die Stadtverwaltung den Platz von der Polizei räumen. Die Demonstranten fliehen vor den Polizeiknüppeln zum Gertrudisplatz, wo sie auf dem Wochenmarkt Stände mit Wurst und Gemüse plündern.

Umsatzverluste bei Stadtsparkassen

1932. An den schlechten Jahresbilanzen der städtischen Sparkassen läßt sich die wirtschaftliche Not der Bevölkerung ablesen. Überstieg die Zahl der bei der Stadtsparkasse Dortmund neu eingerichteten Sparkonten 1928 die Zahl der Auflösungen noch um rund 17 000, so werden 1932 15 000 mehr Sparbücher aufgelöst als neu eingerichtet. Die Durchschnittseinlagen pro Sparkonto sinken im gleichen Zeitraum von 863 RM auf 451 RM. Die Umsätze verschlechtern sich gegenüber dem Vorjahr um 140 Mio RM. 60% aller Wohnhäuser in Dortmund sind mit Hypotheken belastet.

Beerdigungszug für eines der zahlreichen Opfer der Straßenkämpfe gegen die Nationalsozialisten in Essen

Aufmarsch zu einer Demonstration in Dortmund; der Wahlkampf spielt sich zum großen Teil auf den Straßen ab

Mit Gummiknüppel und Bierflaschen

Bereits im Vorfeld der Reichspräsidentenwahl vom 13. März 1932 kommt es zu blutigen Ausschreitungen. Als die Gladbecker NSDAP am 4. März im »roten« Ortsteil Zweckel eine Kundgebung ansetzt, marschieren vor dem Versammlungslokal mehrere hundert Sozialdemokraten und Kommunisten auf, um gegen die Veranstaltung zu demonstrieren. Ein Augenzeuge berichtet:

»Kaum auf der Bühne, legt der ›Reichsredner‹ los. Auch die Zweckeler Bevölkerung müsse zur Kenntnis nehmen, daß die NSDAP existiere ... Sollte einer der roten Bonzen es wagen, in dieser Versammlung das Maul aufzureißen, werde er umgehend an die Luft befördert ... Es folgten die ersten Proteste. Ein sozialdemokratischer Kumpel schwang sich auf die Schultern seiner Nebenmänner und rief mit voller Stimmstärke in den aufkeimenden Tumult, die Zweckeler Kumpels seien nicht gewohnt, alles zu schlukken, was man ihnen zum Fraß vorwerfe und am allerwenigsten ließen sie sich von einem faschistischen Krawallmacher das Maul verbinden. Er beantragte deshalb eine Abstimmung, ob eine Diskussion stattfinden solle. Die Antwort des ›Reichsredners‹: Schmeißt den Kerl raus! Damit begann die Tragödie. Die SA drängte mit Gummiknüppeln und Bierflaschen in den Saal. Die Zweckeler Kumpel leisteten Widerstand. Es entwickelte sich eine wüste Saalschlacht ...«

Straßenschlachten überschatten Wahl

Juli 1932. Die letzten zehn Tage des Reichstagswahlkampfes (→ 31. 7. 1932) fordern in Preußen 24 Todesopfer, 285 Menschen werden bei Auseinandersetzungen zwischen Kommunisten und Sozialdemokraten auf der einen und SA und SS auf der anderen Seite z. T. schwer verletzt. In den Arbeitervierteln der Ruhrgebietsstädte, in denen die KPD über eine feste Anhängerschaft verfügt, eskalieren Schlägereien von Angehörigen des Rotfrontkämpferbundes mit SA-Trupps zu tagelangen Straßenschlachten. Auch die SPD beteiligt sich mit ihren Kampforganisationen Reichsbanner und Eiserne Front, einem Zusammenschluß von Sozialdemokraten mit Gewerkschaftern, Arbeitersportlern und Naturfreunden, an den Kämpfen gegen die Nationalsozialisten.

War es bereits im Vorfeld der Wahlen zum fünften Deutschen Reichstag zu schweren Ausschreitungen gekommen (→ 14. 9. 1930), so entwickelt sich der jetzige Wahlkampf zum blutigsten in der bisherigen Geschichte der Weimarer Republik. Begünstigt werden die Konfrontationen durch die Aufhebung des Uniform- und SA-Verbots durch Reichskanzler Franz von Papen am 14. Juni 1932: Die Straße wird zum Tummelplatz der uniformierten Kampfverbände von KPD, SPD und NSDAP, die preußische Polizei sieht den Auseinandersetzungen tatenlos zu.

Allein in Dortmund kommt es im Juni und Juli 1932 zu 150 Zusammenstößen zwischen roten und braunen Organisationen. In Herne steigern sich die Kämpfe Ende Juni zu mehrtägigen Straßenschlachten.
Auf dem Höhepunkt des Wahlkampfes wird in Gelsenkirchen-Buer am 19. Juli ein Reichsbanner-Mann während einer nächtlichen Plakatklebeaktion von einem SA-Angehörigen erschossen. Der Mörder kommt mit einer kleinen Gefängnisstrafe davon. Nach der Machtübernahme der Nationalsozialisten wieder auf freiem Fuß, wird er von Adolf Hitler in einer offiziellen Feierstunde in Gladbeck persönlich für seine »mutige Tat« beglückwünscht.

Arbeitslosigkeit erreicht Höhepunkt

Frühjahr 1932. Im Ruhrgebiet erreichen die Arbeitslosigkeit und das Elend der Bevölkerung ihren Höhepunkt. Allein im Ruhrbergbau gibt es über 120 000 Arbeitslose. In einigen Revierstädten, z. B. in Dortmund, ist fast die Hälfte aller Berg- und Hüttenarbeiter erwerbslos. Mit den niedrigen Wohlfahrts- und Erwerbslosenunterstützungen können die Familien kaum überleben.

Aufgrund seiner auf die Kohle- und Stahlproduktion konzentrierten Wirtschaft ist das Ruhrgebiet von der Arbeitslosigkeit besonders stark betroffen. Schon vor der Weltwirtschaftskrise (→ 25. 10. 1929) hatten Bergbau und Hüttenindustrie unter dem Druck zunehmender Konkurrenz ihre Belegschaften stark abgebaut. Koks-, Stahl- und Eisenerzeugung gingen seit 1929 nochmals um mehr als die Hälfte zurück.

Strukturelle Besonderheiten in der Zusammensetzung der Ruhrgebietsbevölkerung verschärfen die sozialen Folgen der Massenarbeitslosigkeit. Im Reichsdurchschnitt sind in Großstädten 50,3% der Bevölkerung erwerbstätig. Im Ruhrgebiet liegt der Anteil niedriger, in Bottrop z. B. bei 36,5%, in Wanne-Eickel bei 37,8% und in Gelsenkirchen bei 38,7%. Das bedeutet, daß im Ruhrgebiet von jedem Erwerbstätigen mehr Personen abhängig sind als in anderen Regionen des Deutschen Reiches. Jede Entlassung hat daher Hunger und Not für ganze Familien zur Folge. Nach einer vom Duisburger Generalanzeiger Ende 1932 veröffentlichten Untersuchung bleiben einem Vier-Personen-Haushalt pro Kopf etwa 30 Pfennig zur täglichen Ernährung. Das reicht kaum für Brot und Kartoffeln und nur selten für Margarine und Malzkaffee. Die Sterbestatistiken belegen die Folgen von Unterernährung und Entkräftung. In Duisburg stirbt jeder Fünfte an Erkrankungen der Atemwege wie Lungenentzündung und Tuberkulose.

Arbeitslose in Duisburg stehen vor einem Werkstor Schlange

Wohlfahrtskosten belasten Gemeinden

10. August 1932. In einem Schreiben an die Reichsregierung fordern elf Gemeinden des Ruhrreviers eine »Ruhrhilfe« zur Linderung ihrer Finanznot. Unterzeichner der Eingabe sind die Städte Bochum, Bottrop, Castrop-Rauxel, Dortmund, Gelsenkirchen, Gladbeck, Herne, Recklinghausen, Wanne-Eickel, Wattenscheid und Witten.

Mit dem sprunghaften Anwachsen der Arbeitslosenzahlen seit 1929 waren die Bedingungen für den Bezug von Arbeitslosengeld von der Reichsregierung verschärft worden. Infolge kürzerer Unterstützungsdauer und niedrigerer Unterhaltssätze waren seitdem immer mehr Arbeitslose zu Wohlfahrtsempfängern der Gemeinden geworden. Diese hatten daraufhin ihre Wohlfahrts-, Schul- und Verwaltungsausgaben drastisch gesenkt. Herne verzichtete z. B. seit 1930 auf sämtliche kulturellen Veranstaltungen.

Die Reichsregierung macht eine Finanzhilfe für die Kommunen vom Nachweis weiterer Kürzungen im Wohlfahrtsetat abhängig.

Wirtschaftsführer zeigen großes Interesse an Hitler

1932. Das Ruhrgebiet ist von der weltweiten Krise besonders stark betroffen, da seine Wirtschaft einseitig auf Kohle und Stahl ausgerichtet ist. Deren Produktions- und Förderzahlen sinken in diesem Jahr auf den tiefsten Stand seit 25 Jahren, der nur während des Ruhrkampfes (→ 15. 3. – 10. 5. 1920) und der Besetzung des Ruhrgebiets durch französische Truppen (→ 10./11. 1. 1923) erreicht wurde; so werden in diesem Jahr nur 73 Mio t Kohle gefördert sowie 4,6 Mio t Rohstahl und 3,4 Mio t Roheisen erzeugt. Da über 60% der Beschäftigten in den Bereichen Kohle und Stahl tätig sind, steigen die Arbeitslosenzahlen ständig an, und die Sorge um die notwendigsten Dinge des alltäglichen Lebens bestimmt die Situation der Menschen. Viele sehen die einzige Hoffnung in der radikalen NSDAP Adolf Hitlers, deren Mitgliederzahlen erstmals die Millionengrenze überschreiten.

Auch die Unternehmer, die für die anhaltende Krise die in ihren Augen unfähige Reichsregierung verantwortlich machen, wenden sich mit Interesse der NSDAP zu. So spricht auf Einladung Fritz Thyssens am 27. Januar Adolf Hitler vor 600 Industrievertretern im Düsseldorfer Industrieclub. In seiner Rede macht er die Demokratie für die politische und wirtschaftliche Krise, in der sich das Deutsche Reich befindet, verantwortlich: »Es ist ein Widersinn, wirtschaftlich das Leben auf dem Gedanken der Leistung, des Persönlichkeitswertes, damit praktisch auch der Autorität der Persönlichkeit aufzubauen, politisch aber diese Autorität der Persönlichkeit zu leugnen und das Gesetz der größeren Zahl, die Demokratie, an dessen Stelle zu schieben.« Unter den Industriellen des Reviers findet Hitler vor allem bei Fritz Thyssen und Emil Kirdorf von der GBAG Unterstützung, aber auch Paul Silverberg, Generaldirektor der Rheinischen Braunkohle AG und jüdischer Herkunft, ist ein Verehrer Hitlers.

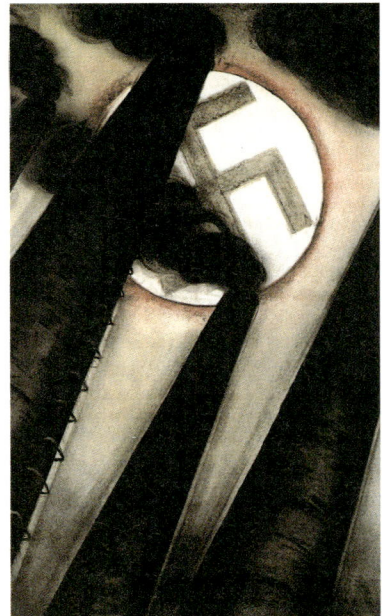

Die Nationalsozialisten werben mit aggressiven Propagandaplakaten

Emil Kirdorf (l.), Industrieller und Vositzender des Zechenverbandes, mit Adolf Hitler (r.); die stärker werdende NSDAP bemüht sich um die Industrie

1932

Ausbau des Ruhrschnellwegs erleichtert Städteverbindung im Ruhrgebietsverkehr

1932. Der Ausbau einer durchgehenden Straßenverbindung vom westlichen Ruhrgebiet bis nach Unna ist fertiggestellt. Der 70 km lange sog. Ruhrschnellweg (Abb. l.) führt von Duisburg über Essen, Bochum und Dortmund ins östliche Industrierevier. Vor allem im Hinblick auf die zu erwartende weitere Zunahme des motorisierten Verkehrs wurde im Jahr 1926 mit den Bauarbeiten an diesem Straßenzug begonnen. Im dichtbesiedelten Ruhrgebiet ist dies der erste bedeutende »Schnellweg«, der eigens für den städteverbindenden Straßenverkehr geschaffen wurde.

Durch die sich in nördliche Richtung verlagernde industrielle Entwicklung des Ruhrbergbaus hatte der alte Hellweg (→ Um 800), der als Verkehrsverbindung das Ruhrgebiet von West nach Ost durchquert, mehr und mehr seine Bedeutung verloren. Stattdessen floß der Städteverkehr nun über eine nördlichere und unzureichende Straßenverbindung, welche nach der Gründung des Siedlungsverbandes Ruhrkohlenbezirk (→ 5. 5. 1920) als Hauptverkehrsstraße in das Verzeichnis der Verbandsstraßen aufgenommen wurde. Eine Verkehrszählung führte noch im Jahr 1926 den Beweis über die hervorragende Verkehrsbedeutung dieser Städteverbindung.

Für die Planung und Auslegung der großräumigen Schnellstraße erarbeitete der Siedlungsverband Ruhrkohlenbezirk auf der Grundlage entsprechender Verordnungen Fluchtlinien, die den exakten Verlauf des Verkehrsbandes innerhalb der Bebauungslinien der betroffenen Städte und Gemeinden festlegten. Als Ausbauquerschnitt wählten die Planer eine dreispurige Fahrbahn von 9 m Breite mit seitlichen Geh- und Radwegen (Abb. r.). Ein Reichsgesetz zur Neuregelung des Straßenwesens und der Straßenverwaltung erklärt schließlich unter anderem auch den Ruhrschnellweg am 26. März 1934 zur Reichsstraße.

Letzter Reichstreff katholischer Jugend

24. Juli 1932. Im Dortmunder Stadion Rote Erde findet das Reichstreffen der katholischen Sport-Jugendorganisation »Deutsche Jugendkraft« (DJK) statt. Zu den prominenten Rednern auf dieser letzten kirchlichen Großveranstaltung vor der nationalsozialistischen Machtergreifung gehört der Ex-Reichskanzler Heinrich Brüning.

Die »Deutsche Jugendkraft« war 1920 in Würzburg mit dem Ziel gegründet worden, die Leibesertüchtigung im katholischen Vereinswesen zu fördern. Politisch der Zentrumspartei nahestehend, der auch im Ruhrgebiet große Teile der katholischen Arbeiterschaft angehören, steht die DJK in erheblichem Widerspruch zu den Nationalsozialisten. Nach der Machtergreifung der Nationalsozialisten wird die Jugendorganisation verboten (→ Ab Ende Januar 1933).

71. Katholikentag in Essen

1. September 1932. Mit einem Pontifikalamt wird die 71. Generalversammlung der deutschen Katholiken im Essener Münster eröffnet. Der Essener Katholikentag steht unter dem Motto »Christus in der Großstadt«. Sein Präsident Bernhard Otto aus Berlin erörtert in der Eröffnungsveranstaltung Formen eines christlichen Lebens in der modernen Industriegesellschaft. Nach seinen Erläuterungen soll in einer »Zeitenwende, die gebieterisch nach neuen Lebensformen drängt«, der christliche Glaube lähmendem Pessimismus und fehlendem Gemeinsinn entgegenwirken. Die Überwindung »unzulänglicher Wirtschaftsformen« wird angesichts der Wirtschaftskrise als wichtige Aufgabe gesehen.

Reichstreffen der »Deutschen Jugendkraft« in Dortmund; l. neben dem Mikrophon Ex-Reichskanzler H. Brüning

Stahlwerke gründen Wohngesellschaften

Herbst 1932. Der Wohnungsbestand der Vereinigten Stahlwerke AG (→ 5. 5. 1926) wird neu gegliedert. Im Auftrag des Konzerns werden die Rheinische Wohnstätten AG, die Rheinisch Westfälische Wohnstätten AG und die Westfälische Wohnstätten AG als gemeinnützige Wohnungsbaugesellschaften gegründet. Sie übernehmen, nach regionalen Gesichtspunkten abgegrenzt, die konzerneigenen Wohnungen.

Nach Zusammenschluß von sieben Stahlfirmen zu den Vereinigten Stahlwerken wurden insgesamt 60 000 aus Werksmitteln erbaute Wohnungen in den neuen Konzern eingebracht. Die Übertragung der Wohnungen auf selbständige Gesellschaften ermöglicht eine rationale Bewirtschaftung. Die Gesellschaften gewinnen in der Folgezeit große Bedeutung für den Wohnungsbau.

Das Ruhrgebiet im Nationalsozialismus

1933 bis 1945

Am Durchschnitt des Deutschen Reiches gemessen, konnte sich die NSDAP im Ruhrgebiet vor der Machtergreifung 1933 nur auf eine geringe Wählerschaft und Mitgliederbasis stützen, deren Mehrheit sich zudem aus den Mittelschichten und nicht aus der im Revier starken Industriearbeiterschaft rekrutierte. Diese Schwäche suchten die NSDAP und die oft sozial deklassierten Angehörigen der SA durch Provokationen, Umzüge und Schlägereien wettzumachen, bei denen sie vor 1933 aber in den meisten Fällen gegen kommunistische Selbstschutzstaffeln oder das sozialdemokratische Reichsbanner unterlagen.

Die Schwerindustrie des Reviers, die seit dem »Ruhreisenstreit« von 1928 offensiv für Lohnabbau, die Beschneidung staatlicher Sozialleistungen, die Beseitigung der Zwangsschlichtung in Tarifauseinandersetzungen und eine generelle Einschränkung des kollektiven Tarifvertragssystems eintrat, unterstützte zu Beginn der 30er Jahre zunehmend die extrem rechten Parteien DNVP und NSDAP, deren Bestrebungen auf die Zerstörung der Weimarer Republik zielten. Die schnelle Nazifizierung von Teilen des akademisch gebildeten Managements trug nach 1933 in dieser Region ebensosehr zur Funktionsfähigkeit des NS-Systems bei wie auch die Bereitwilligkeit der Verwaltungseliten in den Städten und Gemeinden, mit den in bürokratischen Angelegenheiten meist unerfahrenen Nationalsozialisten zu kollaborieren.

1933 gelang es den Nationalsozialisten und ihren deutschnationalen Verbündeten, die in einigen Ruhrgebietsstädten die Polizeipräsidenten stellten, die sozialdemokratische und die starke kommunistische Arbeiterbewegung ohne größere Gegenwehr zu verbieten oder in die Illegalität abzudrängen. Das katholische Zentrum und die christliche Gewerkschaftsbewegung, die in dieser Region eine ihrer Hochburgen besessen hatte, entschlossen sich hingegen zur freiwilligen Selbstauflösung. Nachdem sie ihre Interessenvertretungsformen wie Gewerkschaften, Betriebsräte und Tarifkommissionen verloren hatten, waren die Arbeiter fortan weitgehend auf die individuelle Wahrnehmung ihrer wirtschaftlichen Interessen verwiesen, was die Tendenzen zur Vereinzelung verstärkte, die sich schon zu Beginn der 30er Jahre infolge der dauerhaft hohen Arbeitslosigkeit abgezeichnet hatten.

Die Ankurbelung der Rüstungsproduktion, die in der Eisen- und Stahlindustrie des Ruhrgebiets schon 1933/34 zu einer regen Investitionstätigkeit führte, wirkte sich seit 1936 auch belebend auf den Steinkohlenbergbau aus. Hier wurden die Förderkapazitäten jedoch nicht durch eine Verbesserung der Kapitalausstattung und technische Neuerungen, sondern durch einen extensiven Raubbau gesteigert, zumal die Rüstungsplaner den Kohlepreis zugunsten anderer Branchen niedrig hielten und so die Gewinnchancen des Bergbaus schmälerten.

Gleichwohl profitierten Unternehmen wie die Krupp-Werke oder die Vereinigten Stahlwerke von der NS-Aufrüstungspolitik, zumal die Kohlechemie, welche die Abhängigkeit der deutschen Rüstungsproduktion von Rohstoffimporten verringern sollte, in den 30er Jahren stark expandierte. Wenn auch einzuräumen ist, daß der unternehmerische Entscheidungsspielraum infolge des staatlichen Vierjahresplanes 1936 stark eingeschränkt wurde und nationalsozialistische Organisationen in die innerbetriebliche Sozialpolitik eingriffen, blieb der unternehmerische Führungsanspruch in den zentralen betrieblichen Sphären letztlich weitgehend unangetastet. Wie der Krupp-Prozeß vor dem Nürnberger Kriegsverbrechertribunal und neuere Forschungen zur nationalsozialistischen Rüstungspolitik im Ruhrgebiet insgesamt zeigen, war die Schwerindustrie dieser Region zudem mit der Übernahme ausländischer Betriebe sowie der Ausbeutung von Kriegsgefangenen, Zwangsarbeitern und KZ-Häftlingen in starkem Maße in die Verbrechen des nationalsozialistischen Systems verstrickt.

Die Rüstungskonjunktur, die bis in die ersten Kriegsjahre einen – gemessen an der Weltwirtschaftskrise – zufriedenstellenden Lebensstandard gewährleistete, förderte in der Arbeiterschaft des Reviers das Streben nach Konsum und neuen Freizeitangeboten wie etwa den Ausflügen und Reisen, die von der NS-Organisation »Kraft durch Freude« veranstaltet wurden sowie eine stärkere Hinwendung zum Familienleben und zur Privatsphäre. Hierdurch verloren Nachbarschaftlichkeit und Belegschaftszusammengehörigkeit für das Arbeiterleben an Gewicht.

Die Zunahme beruflicher Aufstiegschancen, der Dschungel der NS-Organisationen, der Dienst in Wehrmacht oder Waffen-SS sowie – während des Krieges – die Zerstörung gewachsener Wohnviertel und die Evakuierungen führten innerhalb der Ruhrgebietsbevölkerung zu sozialen Differenzierungen und Annäherungen, die vielfach die Grenzen der traditionellen, schichtenspezifisch und sozialkulturell gegeneinander abgesetzten Milieus und Lebenswelten sprengten. In der jüngeren Generation wurden die Klassengegensätze nun nicht mehr mit der Selbstverständlichkeit als unüberbrückbar erfahren, wie dies während der 20er und frühen 30er Jahre der Fall gewesen war.

Während des Zweiten Weltkriegs leistete zudem die massenhafte industrielle Beschäftigung von Kriegsgefangenen und Fremdarbeitern, die vom NS-Regime nach »rassischen« und nationalen Gesichtspunkten aufgespalten wurden, einen gewichtigen Beitrag zur Auflockerung des strikt nach »oben« und »unten« unterscheidenden Gesellschaftsbildes in der Arbeiterschaft an der Ruhr. Denn der »Ausländereinsatz« bot den deutschen Belegschaften mannigfache und oft genug auch akzeptierte Erleichterungen und Aufstiegschancen. Dabei waren die Lebens- und Arbeitsverhältnisse der Ostarbeiter und sowjetischen Kriegsgefangenen, die am unteren Ende der rassistischen Hierarchie standen, vor allem im Bergbau unerträglich; Mißhandlungen und Todesfälle erreichten dort ein geradezu unvorstellbares Ausmaß.

Die sozialen Auflösungserscheinungen wirkten umso nachhaltiger, als die illegale kommunistische und sozialistische Opposition trotz ihres im Vergleich zu anderen Regionen erheblichen Umfangs keine Chance besaß, der nationalsozialistischen »Volksgemeinschafts«-Ideologie wirksam entgegenzusteuern.

Der KPD gelang es 1933 trotz gewisser Anlaufschwierigkeiten, ihr komplexes Organisationsgefüge in die Illegalität hinüberzuretten. Die hierarchisch ausgerichtete Untergrundtätigkeit der Kommunisten, die innerhalb des Reviers ihre Schwerpunkte in den Bergarbeitervierteln besaßen, forderte enorme Opfer, da sie der Gestapo vielfältige Eingriffsmöglichkeiten bot. Bis 1935 existierte kaum eine der unter Mühen zusammengesetzten Bezirks- und Ortsleitungen der KPD länger als drei Monate. Die dennoch erstaunlich umfangreiche illegale Tätigkeit der Kommunisten gründete in der Hoffnung auf einen in absehbarer Zeit möglichen Sieg der proletarischen Revolution über das NS-Regime.

Nach zwei Jahren nationalsozialistischer Diktatur verflog 1935 jedoch die illusorische Erwartung eines nahen Umsturzes. Ein Großteil der kommunistischen Kader befand sich in Gefängnissen und Konzentrationslagern. Infolge der Rüstungskonjunktur wurden zahlreiche kommunistische Regimegegner, die infolge der Weltwirtschaftskrise arbeitslos geworden waren, wieder in den Arbeitsprozeß eingebunden, was häufig schon aus zeitlichen Gründen die Fortführung der Untergrundarbeit ausschloß. Zugleich erkannte die kommunistische Parteiführung in einer realistischen Einschätzung der Machtverhältnisse, daß mit einem baldigen Ende des NS-Regimes nicht zu rechnen sei, was wiederum vielen Illegalen die Hoffnung auf schnellen Erfolg und die Motivation für die riskante Oppositionstätigkeit raubte.

Der bisherige Aktivismus trat zurück zugunsten politischer Abstinenz, individueller Aufrechterhaltung der Gesinnung oder der Bewahrung des Zusammenhalts im kleinen Kreis. Damit hatte man sich dem Oppositionskonzept genähert, das die im Ruhrgebiet zahlenmäßig schwächeren sozialdemokratischen Regimegegner schon 1933 vertraten. Von wenigen Ausnahmen abgesehen, verzichteten sie auf den Aufbau größerer Organisationsnetze. Sie vertrauten eher auf einen lockeren Zusammenhalt, etwa in Gesangvereinen oder Sterbekassen, wo man einen Zugriff der Gestapo unterlaufen wollte. Seit 1934 wurden allerdings illegale Schriften des sozialdemokratischen Exil-Parteivorstands ins Ruhrgebiet geschmuggelt und dort in kleinen Zirkeln studiert. 1935/36 gelang es der Gestapo, das Verteilernetz für diese Schriften zu zerstören.

In der Isolierung der Regimegegner aus der Arbeiterbewegung äußerte sich die für das NS-System typische Atomisierung des Alltagslebens: Die in den Arbeitervierteln des Reviers traditionell lebendige Kommunikation wurde entpolitisiert; die in der Arbeiterbewegung verwandten marxistischen Begrifflichkeiten durften nicht mehr benutzt werden und verblaßten auf diese Weise allmählich auch als gedankliche Kategorien.

Anders als bei der Arbeiterbewegung konnte von einer politischen, auf den Sturz des NS-Regimes gerichteten Gegnerschaft der Kirchen auch im Ruhrgebiet keine Rede sein. Die Opposition aus katholischen Pfarreien und evangelischen Bekenntnisgemeinden, die sich oft aus einem konservativen Beharren auf den überkommenen Glaubenssätzen speiste, konzentrierte sich in vielen Fällen darauf, den kirchlichen Raum gegen nationalsozialistische Übergriffe zu verteidigen. Gleichwohl gelang es der NS-Kirchenpolitik, die karitativen Aktivitäten, die Freizeit- und Vereinstätigkeit in den Pfarrgemeinden soweit einzuschränken, daß gerade das im Ruhrgebiet sehr lebendige, die Arbeiterschaft ansprechende katholische Milieu an Anziehungskraft verlor.

Der Einfluß des NS-Systems auf die Bevölkerung des Ruhrgebiets kann nicht allein auf Unterdrückung und geschickte Manipulation zurückgeführt werden. Der aufrüstungsbedingte Aufschwung, der vielfach als Phase »besserer Jahre« gewertet wurde, der Führer-Mythos, nachdem Hitler über den Querelen des Alltags zu thronen schien, die außenpolitischen »Erfolge« des Deutschen Reiches und der Glaube an einen militärischen Sieg während der ersten Kriegsjahre waren geeignet, dem Regime selbst in der Arbeiterschaft des Reviers zumindest eine passive Duldung zu sichern. Zahlreiche Jugendliche ließen sich überdies von der modernen Technik und den neuen Massenmedien faszinieren, begrüßten anfangs die NS-Organisationen als Entlastung gegenüber familiärem, schulischem und kirchlichem Druck und maßen dem sozialen Aufstieg, der nicht selten über die Institutionen des Regimes vermittelt wurde, größere Bedeutung zu, als dies die Elterngeneration getan hatte.

Dennoch zeigte die Industriearbeiterschaft des Ruhrgebiets insgesamt wenig Bereitschaft zur aktiven Unterstützung des NS-Regimes. Sogar in der Periode der Rüstungskonjunktur gab es eine erhebliche Unzufriedenheit über die nach wie vor beengte soziale Lage, über gesellschaftliche Ungleichheiten und über das Fehlen einer effektiven Arbeiterinteressenvertretung. Unter den Jugendlichen griffen Renitenz und Protest gegen den eintönigen Drill in der Hitler-Jugend um sich. Oppositionelle Jugend-Cliquen wie die Edelweißpiraten, die sich mit eigenen Liedern und Losungen, dem Edelweiß-Abzeichen und auffallender Kleidung von der HJ absetzten und den Konflikt mit ihr nicht scheuten, beeinflußten die Arbeiterjugendlichen des Reviers.

Bombenangriffe, Versorgungsengpässe und wachsender Leistungsdruck in den Betrieben riefen während der zweiten Kriegshälfte im Ruhrgebiet bei der Mehrheit der Bevölkerung Verdrossenheit und die Hoffnung auf ein baldiges Kriegsende hervor. Die Verschärfung des nationalsozialistischen Terrors erstickte jedoch jeden Protest gegen das Regime im Keim. Lediglich die Evakuierung der Ehefrauen aus den bombengefährdeten Städten erzeugte in der Arbeiterschaft eine Abwehrhaltung bis hin zur Obstruktion, da den Männern nun die Möglichkeit genommen wurde, die deprimierende Kriegswirklichkeit im Schoß der Familie zumindest teilweise zu vergessen.

Der Sieg der Alliierten im Frühjahr 1945 eröffnete auch dem Ruhrgebiet die Chance zu einem demokratischen Neubeginn, wobei hier infolge der geballten Macht des Großkapitals nicht nur von der Arbeiterbewegung die – letztlich nicht verwirklichte – Forderung nach einer Sozialisierung der Schlüsselindustrien besonders akzentuiert wurde. Angesichts unübersehbarer Kontinuitätselemente in den wirtschaftlichen Eigentumsverhältnissen, in Bürokratie und Führungseliten, aber auch angesichts der Tatsache, daß die Bevölkerung der Region ihre Erfahrungen und Prägungen durch das NS-System nicht einfach abstreifen konnte, erweist sich die Behauptung, es habe 1945 eine »Stunde Null« gegeben, häufig als Versuch, einer tiefergehenden Auseinandersetzung mit dem Nationalsozialismus auszuweichen.

Es darf schließlich nicht verschwiegen werden, daß die nationalsozialistischen Bestrebungen, sogenannte »Gemeinschaftsfremde« wie Sinti und Roma, Homosexuelle, Behinderte, Kranke und sozial Unangepaßte mit terroristischen Mitteln aus der »Volksgemeinschaft« auszugrenzen, im Ruhrgebiet ebenso wie andernorts weithin geduldet und vielfach begrüßt wurden. Und selbst falls die Existenz der Vernichtungslager im Osten großenteils unbekannt geblieben sein sollte, ist es doch bezeichnend für die Verstrickung auch des Ruhrgebiets in das NS-System, daß die Entrechtung, Isolierung, Enteignung und Deportation der Juden weder bei den führenden Positionsinhabern noch in der Bevölkerung der Region auf merklichen Protest gestoßen sind.

Michael Zimmermann

1933

30. 1. Anläßlich der Ernennung Hitlers zum Reichskanzler organisieren die Nationalsozialisten in den Revierstädten »spontane« Siegesfeiern.

Ab Ende Januar. Unmittelbar nach der sog. Machtergreifung beginnen die Nationalsozialisten mit der Gleichschaltung des politischen und gesellschaftlichen Lebens.

17. 2. Mit dem sog. Schießerlaß des kommissarischen Innenministers Hermann Göring beginnt im gesamten Deutschen Reich der Terror der Nationalsozialisten gegen den politischen Gegner. →

23. 2. Vor Beginn einer Wahlkundgebung der SPD in Essen kommt es zu Schlägereien mit SA- und SS-Trupps.

März. Im Ruhrgebiet werden Straßen und Plätze nach NS-Politikern umbenannt. →

5. 3. Bei den Wahlen zum achten Deutschen Reichstag erringen die Nationalsozialisten nur 43,9% der Stimmen. →

1. 4. Der Aufruf zum Boykott jüdischer Kaufleute führt zu Ausschreitungen gegen jüdische Kaufhäuser und Geschäfte. →

20. 4. Anläßlich seines Geburtstages erhält Adolf Hitler die Ehrenbürgerrechte zahlreicher Revierstädte. →

2. 5. SA- und SS-Trupps stürmen die Zentrale des Alten Verbandes in Bochum. →

30. 5. Gustav Krupp von Bohlen und Halbach kündigt die sog. Hitler-Spende an.

21. 6. Im Ruhrgebiet wie im gesamten Deutschen Reich finden Bücherverbrennungen statt. →

14. 7. Das Gesetz über Widerruf von Einbürgerungen und Aberkennung der deutschen Staatsangehörigkeit wird erlassen. →

14. 7. Das Gesetz gegen die Neubildung von Parteien bestimmt die NSDAP zur einzigen Partei im Deutschen Reich. →

14. 10. In der Essener Gruga wird die Funkausstellung Essen 1933 eröffnet. →

1933. Die Schwerindustrie im Revier verzeichnet wieder Produktionssteigerungen.

1933. Die Bauarbeiten am Baldeneyer Stausee im Essener Süden werden abgeschlossen.

1933. SA und SS legen in den Revierstädten »wilde KZ« an, wo politische Gegner gefoltert werden.

1933. Im Geschäftsbericht für das abgelaufene Jahr stellt die Bergwerksgesellschaft Hibernia sich hinter die Machtübernahme der Nationalsozialisten. →

1933. Die Essener Firma Krupp baut den ersten luftgekühlten Dieselmotor für Automobile. →

Der Dortmunder »Generalanzeiger« vom 21. April 1933, einen Tag nach Besetzung der Redaktion durch SA-Trupps

Nationalsozialisten ergreifen die Macht

30. Januar 1933. Mit der Ernennung des Führers der Nationalsozialistischen Deutschen Arbeiterpartei (NSDAP), Adolf Hitler, zum Reichskanzler durch den Reichspräsidenten Paul von Hindenburg erringt die NSDAP die Macht im Deutschen Reich. Eine Koalition von NSDAP und Deutschnationaler Volkspartei (DNVP) bildet die neue Regierung. Ihr gehören neben drei nationalsozialistischen acht konservative, deutsch-nationale Minister an.

In den Städten an der Ruhr organisieren die Ortsgruppen der NSDAP »spontane« Siegesfeiern zum Tag der sog. Machtergreifung. So verteilen ihre Anhänger Flugblätter in ganz Bochum, um die Bevölkerung ausreichend über das Ereignis zu informieren. In aller Eile werden begeisterte Mitläufer zusammengetrommelt, die einen Siegeszug durch die Stadt inszenieren. Auch in Duisburg veranstalten NSDAP und Stahlhelm-Gruppen große Fackelzüge und Siegeskundgebungen. Für die Mitgliederbasis der NSDAP kommt die Ernennung Hitlers zum Reichskanzler überraschend. Die allgemeine Stimmung unter der Anhängerschaft war bis dahin eher verhalten und pessimistisch als siegessicher. Bei den letzten Wahlen zum Deutschen Reichstag am 6. 11. 1932 (→ 31. 7. 1932) hatte die Partei 34 Mandate eingebüßt.

Der Machtwechsel wird nicht nur von organisierten Festkundgebungen begleitet: In vielen Städten des Ruhrgebiets kommt es zu Auseinandersetzungen zwischen Nationalsozialisten und Kommunisten. Bei einem Feierzug der Nationalsozialisten in Dortmund kommt es zu spontanen Gegendemonstrationen sozialdemokratischer und kommunistischer Arbeiter. Die KPD ruft die Arbeiterschaft zum Generalstreik auf.

Als nach der Gleichschaltung der Dortmunder Stadtverwaltung am 8. März die Hakenkreuzfahne am Rathaus aufgezogen wird, klärt der zuständige Kreisleiter die Anwesenden über das parlamentarische Selbstverständnis der NSDAP auf: »Wir wissen, daß wir in Dortmund die schwarz-rote Koalition zum Teufel jagen. Und wenn uns die Dortmunder Bevölkerung auch nicht die ganze Vollmacht geben sollte, so werden wir dieser Koalition doch ein Ende machen.«

Stationen der Machtergreifung

30. 1. Adolf Hitler wird durch den Reichspräsidenten Paul von Hindenburg zum Reichskanzler ernannt.

1. 2. Der Reichstag wird aufgelöst; Neuwahlen werden für den 5. März angesetzt.

27. 2. Nach dem Brand des Reichstagsgebäudes verschärft die NSDAP ihr Vorgehen gegen Kommunisten und Sozialdemokraten.

28. 2. Mit der »Verordnung zum Schutz von Volk und Staat« werden die Grundrechte und Verfassungsnormen der Weimarer Republik außer Kraft gesetzt.

5. 3. Bei den Wahlen zum achten Deutschen Reichstag erringt die NSDAP trotz massiver Wahlbeeinflussung durch Terror nicht die gewünschte absolute Mehrheit der Stimmen (43,9%) (→ 5. 3. 1933).

23. 3. Adolf Hitler legt das sog. Ermächtigungsgesetz vor, das der Regierung vier Jahre lang das Recht einräumt, Gesetze ohne Mitwirkung des Reichstags und des Reichsrates zu erlassen. Es wird vom Reichstag mit einer Zweidrittelmehrheit angenommen.

7. 4. Das Gesetz zur »Gleichschaltung der Länder mit dem Reich« wird erlassen.

14. 7. Ein Gesetz »Gegen die Neubildung von Parteien« tritt in Kraft (→ 14. 7. 1933).

Inszenierung der Machtergreifung: Das Hissen der Hakenkreuzfahne auf dem Dortmunder Rathaus vor etwa 5000 Menschen am 8. März 1933

Nationalsozialistischer Terror gegen politische Gegner

17. Februar 1933. Hermann Göring, kommissarischer Reichsinnenminister und Polizeiminister von Preußen, verpflichtet die preußische Polizei in einem Erlaß, zu den »nationalen Verbänden (SA, SS und Stahlhelm) das beste Einvernehmen herzustellen«, den Linken gegenüber jedoch, »wenn nötig, rücksichtslos von der Waffe Gebrauch zu machen«. Damit beginnt der Terror gegen die politischen Gegner der Nationalsozialisten.

Diese Maßnahme gehört, wie die Entlassung aller republikanischen Polizeipräsidenten, in die Reihe der nationalsozialistischen Bestrebungen, machtpolitisch wichtige Bereiche in ihre Gewalt zu bekommen. Wenige Tage nach dem sog. »Schießerlaß« vom 17. Februar ordnet Göring wegen »zunehmender Ausschreitungen von linksradikaler, insbesondere [von] kommunistischer Seite«, eine Verstärkung der preußischen Polizei durch den Einsatz von Hilfspolizisten an. Mitglieder von SA, SS und Stahlhelm werden in die Ordnungspolizei eingegliedert und dürfen in ihren alten Uniformen antreten. Eine Armbinde mit der Aufschrift »Hilfspolizei« macht sie zu staatlichen Polizeiorganen.

In Essen-Borbeck umstellen 1782 SA-Männer und 173 Polizisten ein ganzes Viertel und nehmen alle »Staatsfeinde« fest. Die »National-Zeitung« spricht von dem Ereignis als einem »vollen und durchschlagenden Erfolg dank der engen und kameradschaftlichen Zusammenarbeit zwischen Polizei und SA« gegen die »Feinde des Staates«. Hermann Görings Anweisung an die Essener Polizei lautet überdies: »Polizeibeamte, die in Ausübung der Pflicht von der Schußwaffe Gebrauch machen, werden ohne Rücksicht auf die Folgen . . . von mir gedeckt. Wer hingegen in falscher Rücksichtnahme versagt, hat strafrechtliche Folgen zu gewärtigen.«

Die Aufstellung der Hilfspolizei bedeutet den Anfang des NS-Terrors. Mit der am 28. 2. erlassenen »Notverordnung zum Schutz von Volk und Staat« werden verfassungsmäßige Grund- und Freiheitsrechte aufgehoben und der Terror legalisiert.

Schon am 2. März meldet der »Bochumer Anzeiger« unter der Überschrift »Polizeiaktion gegen KPD«: »Aufgrund zentraler Anweisungen wurden in den Nachmittagsstunden des 28. Februar im Polizeipräsidialbezirk Bochum zahlreiche polizeiliche Durchsuchungen bei Funktionären der Kommunistischen Partei vorgenommen, bei denen verschiedenes Material gefunden und beschlagnahmt wurde.«

Wenig später, nach den Reichstagswahlen vom 5. März, beginnt auch die Verfolgung der Sozialdemokraten. Sie fallen dem Terror zum Opfer, den Hermann Göring in seiner Rede vom 10. März in Essen entfesselt, wo er der SA zuruft: »Jahrelang haben wir dem Volke gesagt: Ihr dürft abrechnen mit den Verrätern, wir stehen zu unserem Wort, und es wird abgerechnet!« Noch in der Nacht ziehen SA-Trupps durch die Städte des Ruhrgebiets und verhaften Sozialdemokraten. Heinrich König z. B., ein Bochumer Sozialdemokrat, wird mit seinen Söhnen nach einem Schußwechsel gefangengenommen und schwer mißhandelt; mit ihm werden etwa 60 Bochumer ins Polizeipräsidium gebracht. Oft werden die Verhafteten in wilde Konzentrationslager gebracht, wie z. B. die stillgelegte Zeche Gibraltar Erbstollen bei Bochum-Stiepel. Auch die sog. Sturmlokale der SA, wie die Herkuleswache auf einer Essener Zeche und andere besetzte Gebäude, dienen den SA-Trupps als Folterkammern für ihre »Verhöre«. Mit brutalsten Methoden werden die politischen Gegner dort mißhandelt und gezwungen, ihrer Überzeugung abzuschwören.

Von SA durch die Straßen getriebene städtische Angestellte in Oberhausen-Sterkrade am 30. März 1933

SS-Wachmannschaft der Herkuleswache in Essen, Ort grausamer Mißhandlungen des politischen Gegners

Verhaftung des Zentrumsabgeordneten und Gewerkschaftlers Hirtsiefer am 1. September 1933 in Essen

Aufmarsch von Bochumer SS-Verbänden mit weißer Armbinde als Hilfspolizisten (Februar 1933)

Mit bloßen Händen müssen politische Gefangene Sowjetsterne von Hauswänden kratzen

Trotz Terror keine Mehrheit für NSDAP

5. März 1933. Bei den Wahlen zum achten Deutschen Reichstag verfehlt die NSDAP mit 43,9% der abgegebenen Stimmen ihr Wahlziel einer absoluten Mehrheit. Trotz massivem Terror durch SA und SS können Kommunisten und Sozialdemokraten etwa ein Drittel der Wählerstimmen auf sich vereinigen.

In den Städten des Ruhrreviers kann die NSDAP zwar einen dem Reichsergebnis vergleichbaren Stimmenzuwachs verzeichnen, ihr Ergebnis liegt jedoch um 10% unter dem Reichsdurchschnitt. Wie schon bei den Reichstagswahlen in den Jahren 1928, 1930 und 1932 gelingt es der Partei Hitlers nicht, in der Industriearbeiterschaft des Ruhrreviers Fuß zu fassen. Allerdings muß die KPD im Vergleich zum Reichsergebnis an der Ruhr etwa doppelt so hohe Verluste hinnehmen, während die SPD ein dem Reichsergebnis vergleichbares Resultat erzielt, welches lediglich ihre traditionelle Schwäche im Revier widerspiegelt.

Ursache für das schlechtere Abschneiden der KPD im Ruhrgebiet ist eine Welle von Verhaftungen führender KPD-Funktionäre, die den Organisationsapparat der Partei entscheidend schwächen und von der das Revier als KPD-Hochburg weitaus stärker betroffen ist als andere Gebiete des Deutschen Reiches. Darüber hinaus stieß die Bekämpfung der Sozialdemokraten als »Sozialfaschisten« durch die KPD-Führung, die erst nach der Machtergreifung Hitlers am 30. Januar 1933 allmählich von einer Einheitsfrontstrategie abgelöst wurde, vor allem an der Ruhr auf Unverständnis.

Die am 12. März 1933 im Ruhrgebiet stattfindenden Kommunalwahlen bestätigen in der Mehrzahl der Revierstädte das regionale Ergebnis der Reichstagswahl. Mit Ausnahme von Mülheim an der Ruhr gelingt es der NSDAP in keiner größeren Stadt des Industriereviers, die 40%-Hürde zu überwinden. In Städten mit hohem Arbeiteranteil, wie Bottrop und Gladbeck, liegt sie unter 30%.

Noch bevor die neu gewählten Stadtverordnetenversammlungen Mitte März zu ihren ersten Sitzungen zusammentreten, befinden sich die meisten KPD-Abgeordneten in Schutzhaft, auf der Flucht oder im Untergrund. In den Ratssitzungen verhindern SA-Trupps jede Mitarbeit der SPD-Abgeordneten.

Am 6. März 1933 hissen die Nationalsozialisten auf dem Bochumer Rathaus die Hakenkreuzfahne, Symbol der Machtergreifung in der Kommune

Hakenkreuzfahne weht vom Rathaus

Am Tag nach der Reichstagswahl veranstaltet die NSDAP im Revier Siegeskundgebungen, in deren Verlauf auf öffentlichen Gebäuden Hakenkreuzfahnen gehißt werden. In der Ausgabe vom 7. März 1933 berichtet der »Bochumer Anzeiger« über die Vorgänge am Vortag:

»Die Fahnen waren in der Nacht ohne Zutun und Wissen der betreffenden Behörden angebracht worden. Am Rathause hatte man die Fahne über dem Haupteingang angebracht ... Von hier wurde sie um 12.30 Uhr wieder weggenommen und am Fahnenstock auf dem Rathausvorbau ... gehißt. Eine den Rathausplatz dicht besetzt haltende Menge verfolgte die Vorgänge mit lautem Beifall. Nachmittags nach 4 Uhr setzte man noch eine schwarzweißrote Fahne neben die Hakenkreuzfahne.«

Kommunalwahlen im Ruhrgebiet vom 12. März 1933 in %

	KPD	SPD	Zentrum	DVP	NSDAP	Chr. Soz. Volksd.	Kampffr. S.-W.-R.	Dt. Staats P.	Sonstige
Bochum	11,17	15,49	23,33	1,04	39,53	2,18	6,56	0,3	0,4
Bottrop	20,3	7,2	31,9	–	26,8	3,7	3,76	–	6,34
Dortmund	18,37	19,8	19,64	1,1	30,47	2,13	6,86	0,66	0,97
Duisburg	14,8	11,63	24,08	1,18	37,2	1,06	8,92	0,2	0,93
Essen	13,76	10,0	34,2	0,81	33,5	1,37	6,36	–	6,03
Gelsenkirchen	15,16	9,35	22,8	1,15	39,2	4,18	5,73	0,2	2,23
Gladbeck	12,7	14,2	26,2	–	27,0	–	7,21	–	12,69
Hagen	17,4	10,9	19,2	1,47	38,4	3,89	7,41	–	1,33
Hamm	4,83	11,2	33,9	–	39,2	2,82	6,93	–	1,12
Herne	20,5	13,7	21,1	–	33,6	3,0	7,87	–	0,23
Mülheim	11,8	11,9	17,3	1,62	42,4	2,2	12,6	–	0,18
Oberhausen	9,9	8,63	32,6	1,36	32,9	1,13	7,45	–	5,94
Recklinghausen	12,9	8,82	27,2	0,26	35,9	4,34	6,94	–	3,64

Die Reichstagswahl vom 5. März 1933 in %

	KPD	SPD	Zentr.	DVP	DNVP	NSDAP	1	2	3	4	5	6	Sonst.
Bochum	16,3	16,4	21,3	1,3	–	36,3	0,3	1,9	6,2	–	–	–	0,0
Dortmund	23,1	20,8	18,4	1,4	–	27,0	0,7	1,9	6,7	–	–	–	0,0
Duisburg	21,3	12,3	21,6	1,1	–	33,8	0,2	1,1	8,6	–	–	–	0,0
Essen	19,9	10,8	30,1	0,8	–	30,6	0,3	1,4	6,1	–	–	–	0,0
Gelsenkirchen	23,0	11,9	23,6	1,4	–	32,3	0,3	1,5	6,0	–	–	–	0,0
Oberhausen	17,0	9,8	31,7	1,3	–	31,6	0,1	1,2	7,3	–	–	–	0,0
Recklinghausen	18,9	10,3	26,7	1,1	–	34,1	0,3	1,4	7,2	–	–	–	0,0
Deutsches Reich	12,3	18,3	11,2	1,1	8,0	43,9	0,9	1,0	–	0,3	2,7	0,2	0,1

1 – Deutsche Staatspartei 2 – Christl. Sozialer Volksdienst 3 – Kampffront Schwarz-Weiß-Rot 4 – Dt. Bauernpartei 5 – Bayr. Volkspartei 6 – Landbund

Schläger verhindern SPD-Kundgebung

23. Februar 1933. Im Vorfeld einer Wahlveranstaltung der Essener SPD mit dem Reichstagsabgeordneten Philipp Scheidemann als Redner kommt es auf dem Viehofer Platz zu schweren Ausschreitungen. Zahlreiche Besucher werden vor dem Kundgebungssaal von SA- und SS-Rollkommandos brutal zusammengeschlagen. Essens Polizeipräsident verbietet die Veranstaltung.

1933

Anbringung eines neuen Straßenschildes an der in Adolf-Hitler-Straße umbenannten Kettwiger Straße in Essen durch Mitglieder der NSDAP

Neue Straßennamen

März 1933. In verschiedenen Städten des Ruhrgebiets werden Straßen und Plätze nach Politikern und Leitfiguren der NSDAP umbenannt. In vielen Fällen wird gezielt versucht, die Erinnerung an Repräsentanten der Weimarer Republik und der Arbeiterbewegung auszulöschen.

In Dortmund erhalten folgende Straßen einen neuen Namen: Rathenauallee in Adolf-Hitler-Allee, Stresemannstraße in Göringstraße, Republikplatz in Horst-Wessel-Platz, Lassallestraße in Zierothstraße, und die Ernst-Mehlich-Straße wird in Adolf-Höh-Straße umbenannt.

In Herne wird aus dem Rathausplatz der Adolf-Hitler-Platz, aus der Bebelstraße die Hermann-Göring-Straße, aus der Otto-Hue-Straße die Schlageterstraße, aus dem Rathenau-Platz der Josef-Wagner-Platz. Als der Gauleiter Josef Wagner später in Ungnade fällt, wird der zuvor nach ihm benannte Platz wiederum umbenannt (Hans-Schemm-Platz).

Im Mai finden auch in Essen umfangreiche Umbenennungen von Straßen und Plätzen statt. Die Friedrich-Ebert-Straße heißt nun Schlageterstraße, der Rüttenscheider Platz Horst-Wessel-Platz.

Neues Straßenschild für den Burgplatz in Essen nach seiner Umbenennung

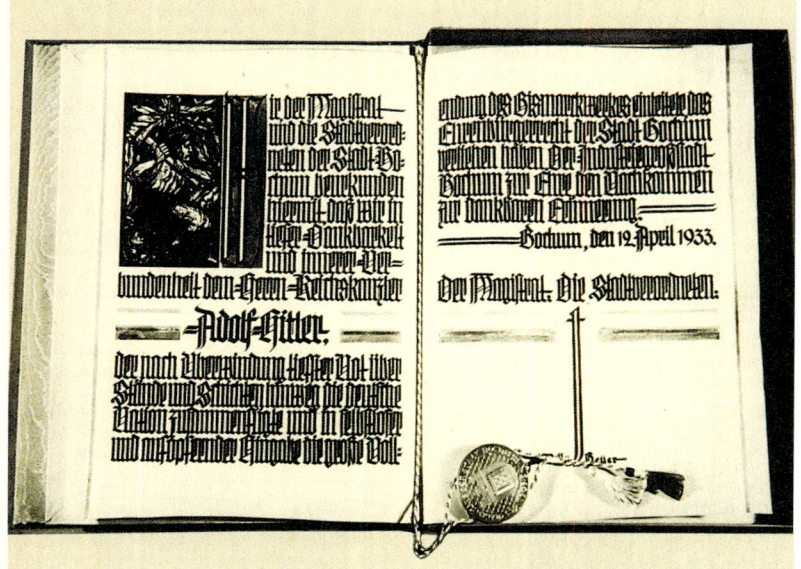
Urkunde, mit der die Stadt Bochum wie viele andere deutsche Städte den nationalsozialistischen Führer Adolf Hitler zu ihrem Ehrenbürger macht

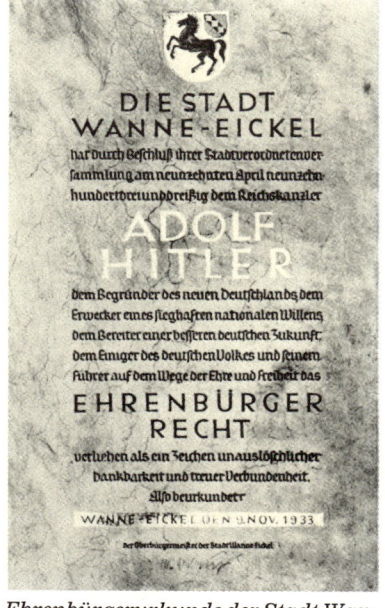
Ehrenbürgerurkunde der Stadt Wanne-Eickel für Adolf Hitler von 1933

Ehrenbürgerrechte für Adolf Hitler

20. April 1933. Aus Anlaß des Geburtstages von Adolf Hitler ernennen verschiedene Revierstädte den Führer und Reichskanzler zu ihrem Ehrenbürger. Hagen hatte bereits am 6. April Hitler und Reichspräsident Paul von Hindenburg die Ehrenbürgerwürde verliehen.

In seinem Antrag auf die Verleihung der Ehrenbürgerwürde führt der NSDAP-Gauleiter Josef Wagner vor den Bochumer Stadtverordneten aus: »Bochum ist eine Arbeiterstadt. Adolf Hitler ist das Kind des arbeitenden Volkes. Und es muß gerade für uns in Bochum eine besondere Ehre sein, zum Ausdruck zu bringen, daß die Arbeiterstadt mitten im Ruhrgebiet sich innerlich verbunden fühlt mit diesem Manne.«

Funkausstellung für Radiowerbung

14. Oktober 1933. Mit der Funkausstellung Essen 1933 soll der für die nationalsozialistische Propaganda besonders wichtige Rundfunk auch im Ruhrgebiet populär gemacht werden. Bei der Berliner Funkausstellung im August 1933, die unter dem Motto »Der Rundfunk dem Volke!« stand, war der erste Volksempfänger der Öffentlichkeit vorgestellt worden.
In seinem Geleitwort zur Essener Ausstellung sagt Joseph Goebbels, Reichsminister für Propaganda: »Der Rundfunk ist erster und einflußreichster Mittler zwischen geistiger Bewegung und Volk, zwischen Idee und Menschen.«
Die nationalsozialistischen Machthaber streben zudem eine straffe Organisation der Hörerschaft im Reichsverband deutscher Rundfunkteilnehmer an, der eine Dienststelle in Duisburg eröffnet (Abb.).

Undeutscher Geist ging in Flammen auf
Eindrucksvolle Kundgebung auf dem Hansaplatz / Begeisterte Beteiligung der Dortmunder Bevölkerung / Ansprachen der Pgg. Goldmann, Dr. Woelbing, Kaiser, Polizeipräsident Schepmann, Eilers und des Hitlerjugendführers Sürenhagen

Schlagzeile aus dem Dortmunder »Generalanzeiger« vom 31. Mai 1933, einen Tag nach der dortigen Verbrennung von Werken mißliebiger Schriftsteller

Bücherverbrennung auf dem Platz des 21. März (Gerlingplatz) in Essen, wo der »Scheiterhaufen des Undeutschen« aufgetürmt wurde; die geleerten Büchereien der Stadt werden mit nationalsozialistischen Schriften wieder gefüllt

»Geschreibsel« geht in Flammen auf

21. Juni 1933. In Essen verbrennen Mitglieder der NSDAP Bücher bedeutender Schriftsteller.
Richard Euringer, der neue nationalsozialistische Leiter der Stadtbücherei, sagt in einer Ansprache: »Die Proleten haben nicht etwa das gelesen, was ihre Seele verlangte, sondern etwas, was ihnen die Drahtzieher der marxistischen Internationale zuschoben, um aus ihnen ein willfähriges Objekt zu machen ... Dieses Geschreibsel wird nun heute in Flammen aufgehen.«
Die Verbrennungen von Werken mißliebiger Autoren finden in allen Städten des Reviers statt, wo diese Bücher aus den Bibliotheken entfernt und durch nationalsozialistische Schriften ersetzt werden.

Nationalsozialistische Gleichschaltung beginnt sofort

Ab Ende Januar. Mit der Besetzung politischer und gesellschaftlicher Schlüsselpositionen sichern die Nationalsozialisten ihre Machtstellung. Durch Terror und unter Umgehung von Rechtsvorschriften besetzt die NSDAP wichtige Posten in den Verwaltungen. Die demokratischen Parteien werden verboten oder lösen sich unter dem Druck der Ereignisse selbst auf. Parallel verläuft die Gleichschaltung in allen kulturellen und gesellschaftlichen Bereichen. Kunst und Literatur, die nicht der NS-Ideologie entsprechen, werden verboten und zerstört.

SA-Männer und Polizisten vor dem am 10./11. 3. 1933 besetzten Gewerkschaftshaus des Alten Bergarbeiterverbandes an der Wiemelhauser Str. in Bochum

Vereins- und Verbandswesen

Mit der offiziellen Zwangsauflösung der Arbeitersportvereine beginnt die Gleichschaltung des Sports im Dritten Reich. Auch andere Vereine und Verbände werden ab April nach und nach zerschlagen oder werden zur Selbstauflösung gezwungen. Die Gleichschaltung erstreckt sich auf alle Bereiche des gesellschaftlichen Lebens, so melden z. B. die Bochumer Zeitungen im April, Mai und Juni 1933 die Gleichschaltung des Gastwirtsgewerbes, der Bäcker-, Fleischer- und der Schuhmacherinnung, der Lehrervereine, der Bürgerschützen sowie der Männergesang- und Schrebergartenvereine. Vereine, die als »marxistisch« eingestuft sind, werden aufgelöst und ihr Vermögen beschlagnahmt; so zerschlägt die Gestapo in Dortmund 30 Gesangvereine. Konfessionelle Organisationen wie die Deutsche Jugendkraft (DJK), Eichenkreuz und der CVJM (Christlicher Verein Junger Männer) werden erst später in das nationalsozialistische System einbezogen. Am 23. Juli 1935 wird ihnen jegliche Betätigung sportlicher und volkssportlicher Art untersagt. Bis zum Jahr 1936 ist das gesamte Vereins- und Verbandswesen zerschlagen und in die neugeschaffenen nationalsozialistischen Organisationen eingegliedert.
Der Sport wird seit 1934 von oben nach unten gegliedert, die Jugendverbände gehen 1936 in die Hitlerjugend oder den Bund deutscher Mädel über; ob Frauen, Männer, Motorradfahrer oder Musiker, für alle gibt es NS-Organisationen.

Auflösung oder Gleichschaltung

Der Bochumer Fritz Claus erzählt von seinem Orchester der Arbeiterjugend im Januar 1933: »Da kam eines Tages ein Mann in Zivil mit einem SA-Mann und einem SS-Mann. Sie ließen mich rufen und fragten: ›Sind Sie der Leiter der Musikgruppe?‹ Ich sagte ›Ja!‹, ›Sie sind Naturfreunde?‹ ›Ja.‹ ›Sie wissen, daß Sie verboten werden? Ihre Instrumente sind beschlagnahmt. Geben Sie alles, einschließlich Notenmaterial und Notenständer ab! Das alles bleibt hier, Sie können nach Hause gehen!« Die Musiker treten daraufhin dem schon gleichgeschalteten Sauerländischen Gebirgsverein (SVG) bei.

Presse

Die ersten Beschränkungen des Rechts auf freie Meinungsäußerung bringt die von Reichspräsident Paul von Hindenburg einen Tag nach dem Reichstagsbrand erlassene »Notverordnung zum Schutz von Volk und Staat« vom 28. Februar 1933. Schon einige Tage zuvor werden Teile der sozialdemokratischen und der kommunistischen Presse verboten.
Am 1. März folgt eine weitere Notverordnung gegen »Verrat am deutschen Volke und hochverräterische Umtriebe«, deren dehnbare Begriffe den Nationalsozialisten einen breiten Deutungsspielraum lassen. Am 13. März wird das neue Ministerium für Volksaufklärung und Propaganda unter der Leitung von Joseph Goebbels gegründet.
Die endgültige Gleichschaltung wird durch das sog. Schriftleitergesetz vom 4. Oktober 1933 vollzogen, das die Erlaubnis zu journalistischer Arbeit von politischen und rassischen Kriterien abhängig macht. Es werden Berufslisten eingeführt; eine Streichung von der Liste kommt einem Berufsverbot gleich.
Zu den spektakulärsten Zeitungsbeschlagnahmungen der Nationalsozialisten gehört die Übernahme des »Dortmunder Generalanzeigers«, der größten Tageszeitung im Deutschen Reich außerhalb Berlins. Am 20. April 1933, dem 44. Geburtstag von Adolf Hitler, erscheint die Titelseite des Blattes mit der Schlagzeile: »Dem Kanzler zum Gruß«. Neben dem Text steht eine karikierende Zeichnung Hitlers. Wenige Stunden nach dem Erscheinen der Zeitung ruft Goebbels beim Dortmunder Polizeipräsidenten an und moniert die »Beleidigung des Führers«. Noch am selben Tag werden die Geschäftsräume des »Generalanzeigers« in der Reinoldistraße in Dortmund sowie Redaktion und Druckerei an der Bremer Straße von SA- und SS-Trupps besetzt.
Bereits am 21. April erscheint das Blatt mit dem Hakenkreuz im Kopf und mit dem Aufmacher »Der ›General-Anzeiger‹ im Dienst der nationalsozialistischen Revolution«.

Gebäude der 1933 verbotenen kommunistischen Zeitung »Ruhr-Echo«

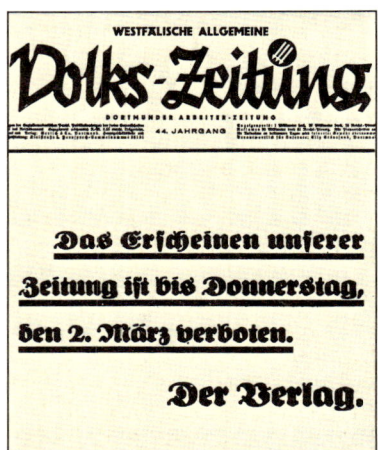

Titel der Dortmunder SPD-Zeitung nach ihrem Verbot am 26. 2. 1933

Letzte Ausgabe der kommunistischen Zeitung »Der Kämpfer«

Schulen

Das »Gesetz zur Wiederherstellung des Berufsbeamtentums« vom 7. April 1933 gibt den Nationalsozialisten die Möglichkeit zur Entlassung mißliebiger Lehrer. Betroffen sind jüdische Beamte und solche, »die nach ihrer bisherigen politischen Betätigung nicht die Gewähr dafür bieten, daß sie jederzeit rückhaltlos für den nationalen Staat eintreten«. Der Einfluß der NSDAP auf die Lehrerverbände begann schon vor der sog. Machtergreifung: Im November 1931 wurde eine Bezirksgruppe des Nationalsozialistischen Lehrerbundes (NSLB) in Dortmund gegründet. Im Frühjahr 1933 beginnt die Gleichschaltung der übrigen Vereine. Ihre Leiter werden in Hetzkampagnen diffamiert und entlassen.
Am 21. Mai findet der Erste Westfälische Erziehertag in der Dortmunder Westfalenhalle statt, um die Angliederung der anderen Lehrerverbände an den NSLB zu beschleunigen. Bei der erneuten Tagung im November kann bereits der Abschluß gefeiert werden. Der preußische Kultusminister Bernhard Rust erkennt den NSLB als einzig legitime Lehrervertretung an. Dieser Auffassung schließt sich bald auch das Regierungspräsidium in Arnsberg an.

Kultur

Die Gleichschaltung des kulturellen Lebens beginnt mit der Einrichtung des Goebbels-Ministeriums für Volksaufklärung und Propaganda. Laut einer Verordnung vom 30. Juni 1933 ist das Ministerium zuständig »für alle Aufgaben der geistigen Einwirkung auf die Nation, der Werbung für Staat, Kultur und Wirtschaft, der Unterrichtung der in- und ausländischen Öffentlichkeit über sie und der Verwaltung aller diesem Zweck dienenden Einrichtungen«.
Am 22. September wird das Gesetz über die Bildung der Reichskulturkammer erlassen. Alle im Kultursektor Tätigen sind zwangsweise Mitglieder dieser ebenfalls unter der Leitung von Goebbels stehenden Institution. In der neuen Kammer gehen verschiedene, in den vorangegangenen Monaten gegründete Zwangsorganisationen auf, so die Reichskartelle der Musiker und der bildenden Künstler sowie der Reichsverband deutscher Schriftsteller. Neben der Reichskulturkammer schränken neuerlassene Gesetze die Freiheit der Künste ein.

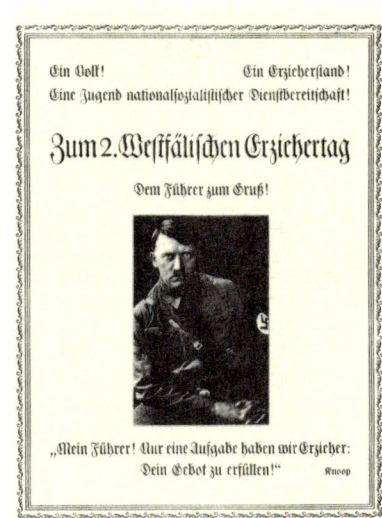
Programm zum 2. Westfäl. Erziehertag in Dortmund im November 1933

Frontsoldaten

Der Bund der Frontsoldaten, Stahlhelm, erhält nach der Gleichschaltung aller Parteien auch in Duisburg verstärkten Zulauf ehemaliger Frontkämpfer, insbesondere aus dem Zentrum und von der KPD. Trotz zunehmendem Druck können sich die 2000 Mitglieder bis zum Frühjahr 1934 der Eingliederung in die SA-Standarte widersetzen.

Am 18. 4. 1933 besetztes Gewerkschaftshaus, Kampstr., Dortmund

Gewerkschaften

Mit der Besetzung der Gewerkschaftshäuser und der Verhaftung der führenden Funktionäre gelingt dem NS-Regime ein entscheidender Schlag gegen die Arbeiterbewegung. Massiver Terror durch SA und SS, aber auch die versuchte Anbiederung der Gewerkschaftsführungen an die Machthaber, ersticken an der Basis jeden Widerstand.

Hakenkreuzfahnen am Rathaus von Borbeck nach der Machtübernahme

Provinziallandtage

Im Frühjahr 1933 beginnen die Nationalsozialisten, die landschaftliche Selbstverwaltung aufzulösen.
Die preußische Verfassung von 1920 garantierte die demokratische Wahl der Provinziallandtage durch die Einwohner aller in den Provinzialverbänden zusammengeschlossenen Stadt- und Landkreise. Die Provinziallandtage hatten Mitspracherecht bei der staatlichen Gesetzgebung. Die Provinzialverbände Rheinland und Westfalen übernahmen viele Aufgaben der regionalen Verwaltung, so z. B. in der Sozial- und Gesundheitsfürsorge, im Kredit- und Versicherungswesen, in der Landschaftsplanung und in der Versorgungswirtschaft.
Im März 1933 treten neugewählte Provinziallandtage zusammen. Im Rheinland wie in Westfalen setzen die Nationalsozialisten die Wahl von NSDAP-Funktionären zu Vorsitzenden der Provinziallandtage durch. Danach werden die Landtage nicht mehr einberufen. Ein Gesetz vom 17. Juli 1933 ersetzt die gewählten Organe der Kommunalverbände durch von den Kreisen ernannte Vertreter. Am 15. Dezember 1933 werden die Provinziallandtage und damit die landschaftliche Selbstverwaltung gesetzlich aufgelöst. Die Provinzialverbände bleiben lediglich als Verwaltungsapparate bestehen.
Der Siedlungsverband Ruhrkohlenbezirk, der zunächst aufgelöst werden sollte, wird 1936 nach dem Führerprinzip umgebildet und muß einige Kompetenzen an die Provinzialverbände abtreten.

Gelsenkirchens Oberbürgermeister Karl Böhmer (M.) und Stadtverordnete

Öffentliche Kommunalverwaltung

Mit dem »Gesetz zur Wiederherstellung des Berufsbeamtentums« vom 7. April werden die Verwaltungen der Revierstädte durch die Nationalsozialisten gleichgeschaltet. Nachdem vielerorts die Stadtverordnetenversammlungen schon vollständig in der Hand der NSDAP sind, beginnen nun Säuberungen innerhalb der städtischen Beamtenschaft. Kommunale Bedienstete jüdischer Herkunft werden ebenso aus den Rathäusern und Ämtern entfernt wie solche Beamte, die den neuen Machthabern durch politische oder gesellschaftliche Aktivitäten aufgefallen sind und nicht hinter dem neuen Regime stehen.

Nazis stürmen Gewerkschaftszentralen

2. Mai 1933. In den frühen Morgenstunden stürmen etwa 60 mit Gewehren und Pistolen bewaffnete SA- und SS-Männer die Hauptverwaltung des Alten Bergarbeiterverbandes in Bochum. Die anwesenden Funktionäre werden in Schutzhaft genommen. Auch in allen anderen Städten des Deutschen Reiches werden an diesem Morgen die Gewerkschaftshäuser gestürmt, leitende Funktionäre verhaftet und das gesamte Vermögen der Arbeiterorganisationen beschlagnahmt.

An die Stelle der gewählten Gewerkschafter treten NS-Kommissare, die von einem »Aktionskomitee zum Schutz der deutschen Arbeit« unter Leitung von Robert Ley, Stabsleiter der politischen Abteilung der NSDAP, eingesetzt werden. Am 10. Mai 1933 gibt Adolf Hitler die Gründung der Deutschen Arbeitsfront bekannt, die zukünftig den Platz der zerschlagenen Gewerkschaftsorganisationen einnimmt.

Die Hauptverwaltung des Alten Verbandes in Bochum war bereits in der Nacht auf den 11. März zum erstenmal von einem SA-Rollkommando

Kundgebung zum »Tag der nationalen Arbeit« am 1. Mai 1933 auf dem Kaiser-Friedrich-Platz in Bochum (umbenannt in Platz der SA, später Imbuschplatz)

gestürmt worden. Dabei war ein großer Teil der Einrichtung zerstört, die Akten verwüstet und der Verbandsvorsitzende Fritz Husemann verhaftet worden. Auch in Gelsenkirchen, Castrop-Rauxel, Duisburg, Hamborn, Oberhausen, Dortmund und Herne hatten SA-Trupps schon im März und April Haussuchungen in den Gewerkschaftszentralen durchgeführt und anwesende Funktionäre in Haft genommen.

Die Führung des Alten Verbandes versuchte bis zuletzt, einer Zerschlagung der Organisation durch Loyalitätsbekundungen gegenüber dem NS-Regime zu entgehen: Bereits einen Tag nach den Reichstagswahlen (→ 5. 3. 1933) hatte der Vorstand sich von der SPD distanziert.

Gewerkschaftler im Keller erschlagen

Karl von Berk, Hauer auf der Zeche Westende in Duisburg-Meiderich, erinnert sich an die Zerschlagung des Alten Bergarbeiterverbandes:

»Dann der 2. Mai 1933, Hausdurchsuchung. Ich hatte Mittagsschicht, meine jüngere Schwester hat mir diese Vorgänge erzählt. Der Führer der Kolonne, der SS-Mann Langhorst ... fuchtelte – während die anderen unsere Schränke durchsuchten – mit der Pistole herum ... Alles wurde mitgenommen, Bücher, Broschüren und – ich war ja noch Unterkassierer – das Geld und die noch vorhandenen Beitragsmarken ...

Unmittelbar nach dem 2. Mai 1933 erhielten wir die Nachricht, das Gewerkschaftshaus in Duisburg-Ruhrort sei besetzt; vier Gewerkschaftssekretäre, Rodenstock, Schlösser, Birk und Rentmeister, wurden ... im Keller des Gewerkschaftshauses erschlagen.«

Ausschaltung der Parteien auch im Revier vollzogen

14. Juli 1933. Mit Erlaß des »Gesetzes gegen die Neubildung von Parteien« werden allen Personen, die dennoch Parteigründungen vorbereiten, hohe Zuchthausstrafen angedroht. Durch Gewalt, Resignation, Verbot und Selbstauflösung sind damit auch im Ruhrgebiet alle politischen Parteien mit Ausnahme der NSDAP beseitigt. Als sichtbares Zeichen der vollzogenen Gleichschaltung weist Reichsinnenminister Wilhelm Frick in einer Verfügung alle Staatsbeamten an, den Parteigruß »Heil Hitler« als »allgemein deutschen Gruß zu verwenden«.

Unmittelbar in der Folge des Reichstagsbrandes war bereits am 23. Februar 1933 die Kommunistische Partei (KPD) mit einem offiziellen Verbot belegt worden. Ihre Funktionäre befanden sich in Haft oder waren rechtzeitig emigriert. Jede weitere Tätigkeit für die Partei wird als Landesverrat geahndet.

Allein schon aufgrund dieses Verbots verfügt die NSDAP z. B. im Duisburger Stadtparlament zusammen mit der deutschnationalen Kampffront plötzlich über die absolute Mehrheit der Ratssitze. Die Deutsche Volkspartei (DVP) löste sich im gesamten rheinisch-westfälischen Industriegebiet am 8. April selbst auf. Ihren Mitgliedern wurde der Beitritt zur NSDAP nahegelegt. Diese Maßnahmen besiegelten das Ende einer bereits funktionsunfähigen Partei; Massenaustritte und der Wunsch nach Selbstauflösung führten am 4. Juli zur reichsweiten Auflösung der DVP.

Die Sozialdemokratische Partei Deutschlands (SPD) wurde schon am 22. Juni vom nationalsozialistischen Innenminister zur volks- und staatsfeindlichen Partei erklärt. Aber schon zuvor waren Abgeordnete in der Wahrnehmung ihrer politischen Rechte behindert worden.

Die Deutschnationale Volkspartei (DNVP) löste sich am 27. Juni selbst auf. Das Zentrum folgte diesem Beispiel. In Duisburg legten seine Mitglieder schon Anfang April ihre Mandate in der Stadtverordnetenversammlung nieder.

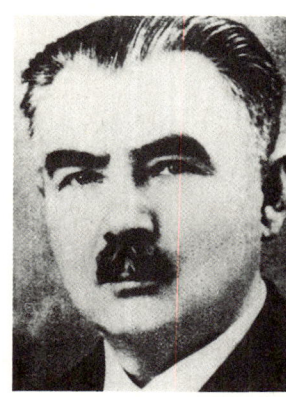

Heinrich König (1886 – 1943), Vorsitzender der Bochumer Sozialdemokraten, auf der Flucht nach Frankreich von der Gestapo verhaftet und in Bochum ermordet

Albert Funk (1894 – 1933), kommunistischer Reichstagsabgeordneter, im Recklinghäuser Polizeigefängnis grausam gefoltert und zum Selbstmord gezwungen

Fritz Husemann (1873 – 1935), Vorsitzender des Alten Verbandes und Landtagsabgeordneter der SPD, ermordet im Konzentrationslager Esterwegen

Heinrich Pieper (1881 – 1960), SPD-Stadtverordneter in Dortmund, 1933 in »Schutzhaft« genommen und 1936 zu acht Monaten Gefängnis verurteilt

SA-Posten vor einem jüdischen Textilgeschäft, der potentielle Kunden vom Betreten des Ladens abhalten soll

Beim reichsweiten Boykott jüdischer Geschäfte grenzt sich der Laden neben der Schauburg an der Horster Straße in Buer mit deutschen Waren für Deutsche von der örtlichen jüdischen Konkurrenz ab

Boykott jüdischer Läden

1. April 1933. Auf Anweisung der Parteileitung organisieren NSDAP-Ortsgruppen einen Boykott gegen jüdische Geschäfte, Warenhäuser, Anwaltskanzleien und Arztpraxen. SA und SS beziehen Posten vor jüdischen Geschäften und zwingen die Inhaber zur »freiwilligen« Schließung der Läden. Begründet wird der Boykott mit dem Vorwurf, jüdische Greuelpropaganda über die Nationalsozialisten habe die Ehre des deutschen Volkes verletzt.

Im Ruhrgebiet hatten schon vor dem offiziellen Boykottaufruf Aktionen gegen jüdische Geschäfte stattgefunden. Am 23. März erzwangen SA und SS die Schließung des Kaufhauses Alsberg in Gelsenkirchen. Am 28. März wurden in Recklinghausen vor jüdischen Einzelhandelsgeschäften und dem der Essener Karstadt AG gehörenden Kaufhaus Althoff Schilder mit der Aufschrift »Kauft nicht bei Juden« aufgestellt. Kunden, die dennoch boykottierte Geschäfte betraten, wurden von SA-Posten am Eingang fotografiert.
In Zeitungen erscheinen Artikel gegen einzelne jüdische Rechtsanwälte und Ärzte. So bezeichnet die »National-Zeitung«, Organ des Gaus Westfalen-Nord der NSDAP, den polnischen Zahnarzt Leo Rosen aus Waltrop als unerwünschten Ausländer und verlangt seine Ausweisung. Am 3. April gibt die Karstadt AG in Essen offiziell das Ausscheiden der jüdischen Mitglieder aus dem Aufsichtsrat bekannt.

Ausbürgerung von Juden

14. Juli 1933. Das »Gesetz über den Widerruf von Einbürgerungen und die Aberkennung der deutschen Staatsangehörigkeit« tritt in Kraft. Es richtet sich vor allem gegen Juden, die nach dem 9. November 1918 aus den östlichen Reichsprovinzen zugewandert sind und die deutsche Staatsangehörigkeit erworben haben. In Recklinghausen werden aufgrund des Gesetzes auf Antrag des Polizeipräsidenten zwei ostjüdische Familien ausgebürgert.
Die Nationalsozialisten sind an der möglichst raschen und vollständigen Abschiebung oder Auswanderung der jüdischen Bevölkerung interessiert. Das Reichswirtschaftsministerium schließt im August mit jüdischen zionistischen Stellen das sog. Haavara-Abkommen (hebr.; Transfer), das die Auswanderung deutscher Juden nach Palästina regelt.
In der Folgezeit fördert die Regierung jedoch die Ausbürgerung ehemals polnischer Juden sowie Auswanderungen nicht im ursprünglich geplanten Ausmaß, da das Deutsche Reich für die nächsten Jahre noch auf die wirtschaftliche Tätigkeit der jüdischen Bevölkerung angewiesen ist. Zudem fehlen bisher eindeutige Kriterien zur Bestimmung der »rassischen Zugehörigkeit«.

Das offizielle Plakat mit dem Aufruf des »Zentral-Komitees zur Abwehr der jüdischen Greuel- und Boykotthetze« zum reichsweiten Boykott jüdischer Geschäfte, Warenhäuser, Rechtsanwälte und Ärzte am 1. April 1933 ist unterzeichnet von Julius Streicher, dem Gauleiter von Franken und Herausgeber des nationalsozialistischen Kampfblattes »Der Stürmer«. Der Boykott wird nicht von der Reichsregierung, sondern von den Ortsgruppen der NSDAP unter Mitwirkung von SA und SS durchgeführt.

Hitler (l. u.) vor dem Düsseldorfer Industrieclub, daneben Göring, am Mikrophon Fritz Thyssen (27. Januar 1932)

Spendenfonds der Industrie für Hitler

30. Mai 1933. Gustav Krupp von Bohlen und Halbach kündigt in seiner Funktion als Präsident des Reichsverbandes der deutschen Industrie (RDI) die Einrichtung der sog. Hitlerspende an, mit der deutsche Unternehmer die Nationalsozialisten unterstützen wollen.

Krupp schreibt in der Anküdigung zur Hitlerspende, es werde »beabsichtigt, für die weitesten Kreise der deutschen Wirtschaft einschließlich der Landwirtschaft und der Bankenwelt eine Sammlung einzuleiten, die dem Führer der NSDAP unter dem Namen ›Hitlerspende‹ zur Verfügung gestellt werden soll, um durch sie die vielfach getrennt vor sich gehenden Sammlungen der verschiedenen NSDAP-Organisationen und des Stahlhelms zu ersetzen. Es ist beschlossen worden, ein Kuratorium ... einzusetzen; den Vorsitz des Kuratoriums habe ich auf einstimmigen Wunsch der Spitzenverbände angenommen, geleitet von dem Willen, an diesem Werk, das einen Dank für den Führer im Namen der ganzen Nation darstellen soll, mit ganzer Kraft mitzuwirken.«

Zwei Tage später unterzeichnet G. Krupp die Spende; in dem zugehörigen Dokument heißt es: »Die Höhe des von den einzelnen Unternehmen zu leistenden Beitrages errechnet sich wie folgt: Der Jahresbeitrag beträgt im allgemeinen 5 vom Tausend der Jahreslohn- und Gehaltssumme des Jahres 1932, aber nicht unter 6 Reichsmark.«

Die Spendengelder, zu denen Krupp allein 6 Mio RM beiträgt, kommen nicht nur den Parteiorganisationen der NSDAP zugute, sondern sie schützen auch die Geldgeber vor den Sammelaktionen nationalsozialistischer Gruppen, die z. T. mit massivem Druck Geschäftsleute zu Spenden gezwungen hatten.

In den Kreisen der Großindustrie gibt es unterschiedliche Meinungen zu den neuen Machthabern. Eine Gruppe um Fritz Thyssen und Emil Kirdorf hatte die NSDAP schon vor deren Machtübernahme unterstützt und sich im November 1932 in einer Eingabe an Reichspräsident Paul von Hindenburg für eine Ernennung Hitlers zum Reichskanzler ausgesprochen. Andere betrachten die Nationalsozialisten als brauchbares Werkzeug, um die eigenen wirtschaftlichen und politischen Interessen verwirklichen zu können, während eine kleine Gruppe um Paul Reusch, dem Generaldirektor der Gutehoffnungshütte AG, Hitler zurückhaltend gegenübersteht.

Hibernia sichert NS-Regime Loyalität zu

Im Geschäftsbericht für das Jahr 1933 bekundet die Bergwerksgesellschaft Hibernia ihr Einverständnis mit der vom nationalsozialistischen Regime in Deutschland errichteten Diktatur:

»Das beherrschende Ereignis des abgelaufenen Jahres 1933 war die nationale Revolution, die sich zu ihrem Beginn mit überwältigender Wucht vollzog, die nationalsozialistische Bewegung zur Macht führte und in der Übertragung der politischen Führung an den Volkskanzler Adolf Hitler gipfelte. Die von ihm gebildete Regierung ging, nach langen Jahren trostlosen Niedergangs, alsbald mutig und kraftvoll an das gewaltige Werk des Wiederaufbaus. Nach außen nahm sie den Kampf auf um die Wiedererringung der nationalen Unabhängigkeit ... im Innern überwand sie ... das morsche Regierungssystem eines auf verantwortungslosen Mehrheiten aufgebauten Parlamentarismus ... Sie vernichtete schonungslos alles, was politisch und wirtschaftlich trennend zwischen den Gliedern unseres Volkes gestanden hatte, insonderheit den vom marxistischen Sozialismus entwickelten ... Gedanken des Klassenkampfes mit seinen Organisationen, den Gewerkschaften, und setzte an die Stelle das Einigende, um ... alle Kräfte der Nation freizumachen für die vorliegenden schweren Aufgaben.«

Aufschwung kein Erfolg der NSDAP

1933. Die Wirtschaft im Ruhrgebiet, insbesondere die Metallindustrie, kann ihre Produktion gegenüber dem Vorjahr enorm steigern; so werden im Revier 29% mehr Roheisen und 30% mehr Rohstahl erzeugt als 1932. Die Gütererzeugung insgesamt wächst um 7%, und die Kohleförderung liegt um 5% über den Ergebnissen des Vorjahres.

Die Belebung der Wirtschaft hat ihre Ursache vor allem in den Arbeitsbeschaffungsprogrammen der Reichsregierungen im Jahr 1932, die mit Milliardenaufwand Straßen-, Kanal- und Eisenbahnbau gefördert hatten. Die nationalsozialistische Reichsregierung, die seit dem 30. Januar im Amt ist, profitiert von dieser Entwicklung, ohne für den Aufschwung verantwortlich zu sein.

Dieselwagen in Serie von Krupp-Werken

1933. Die Essener Krupp-Werke bauen den weltweit ersten luftgekühlten Dieselmotor als Automobilantrieb und nehmen im folgenden Jahr die Serienproduktion dieselgetriebener Kraftfahrzeuge auf. Die luftgekühlten Wagen sind vor allem in Ländern mit extremen Temperaturen sehr gefragt. 1897 war der Dieselmotor von Rudolf Diesel in Zusammenarbeit mit den Krupp-Werken entwickelt worden. Der Motortyp eignete sich bislang nicht für die Verwendung im Auto.

In den Krupp-Werken entwickelter luftgekühlter Dieselmotor

1933

Stauwehr des Baldeneysees mit Kraftwerk kurz vor Beendigung der Bauarbeiten; zwischen den Ruhrhöhen im Essener Süden entsteht ein neues Freizeitgebiet

Baldeneysee von über 100 000 Arbeitslosen angelegt

1933. Ohne feierliche Eröffnung wird der Baldeneysee im Süden Essens seiner Bestimmung übergeben. Im Februar wird mit dem Probestau begonnen, im Mai nimmt das Kraftwerk des Stauwehrs die Stromproduktion auf, und ab Juni fahren die ersten Boote der »Weißen Flotte« über den neuangelegten Stausee, die bis zum Ende des Jahres schon über eine halbe Million Fahrgäste zum Preis von 20 Pfennig pro Rundfahrt befördert haben.

ner warmen Mahlzeit mit Schüppe und Spaten das Seebecken gegraben und das Stauwehr errichtet.
Ähnlich wie zuvor der Hengsteysee (→ 1927) wurde der Baldeneysee zur Reinhaltung der Ruhr angelegt. Durch das Anstauen des Flusses wird dessen Fließgeschwindigkeit so verringert, daß sich Schmutzpartikel, die der Fluß wegen der vielen Abwassereinleitungen der Anliegerstädte mit sich führt, am Grund absetzen können. Der See entwickelt sich schnell zum Sport- und Freizeitgebiet für die Revierbevölkerung.

Der Baldeneysee in Zahlen

Länge	9,2 km
Mittlere Breite	350 m
Größte Breite	650 m
Wasserfläche	2,7 km²
Fassungsvermögen	9 Mio m³
Beim Bau bewegtes Erdreich:	
Mutterboden	1,2 Mio m³
Kies	350 000 m³
Fels	100 000 m³

Der See war in zwei Jahren Bautätigkeit im Rahmen einer großen Arbeitsbeschaffungsmaßnahme angelegt worden. Über 100 000 arbeitslose Essener hatten bei einem Tagesverdienst von 1 RM bis 1,80 RM und ei-

In zweijähriger Bauzeit schachten Arbeitslose im Rahmen einer Arbeitsbeschaffungsmaßnahme mit Hacke und Schaufel bei einem Tagesverdienst zwischen 1 RM und 1,80 RM den Baldeneysee im Essener Süden aus

1934

20. 1. Das Gesetz zur Ordnung der nationalen Arbeit gibt dem Ruhrbergbau eine neue Sozialordnung und hebt die Mitbestimmung der Arbeiter auf. →

16. 3. In Dortmund findet die zweite außerordentliche Tagung der 33. Westfälischen Provinzialsynode statt. →

21. 3. An der Reichsautobahnbaustelle Duisburg-Dortmund wird die »Arbeitsschlacht 1934« eröffnet. →

26. 3. Das neue Gebäude des Duisburger Hauptbahnhofs wird eröffnet. →

April. Der Ausbau des Essener Hafens wird vollendet. →

1. 4. In Recklinghausen wird ein Büro der Geheimen Staatspolizei mit Außenstellen in Gelsenkirchen, Buer, Gladbeck und Bottrop eingerichtet. →

12. 5. Der Duisburger Tierpark auf dem sog. Kaiserberg wird für das Publikum geöffnet. →

28. 5. Die Stadt Unna beschließt den Bau einer SS-Kaserne an der Iserlohner Straße. Die Grundsteinlegung erfolgt am 26. 8.

16. 6. Das Oberlandesgericht Hamm verurteilt 17 Angehörige der Revolutionären Gewerkschaftsopposition wegen Vorbereitung zum Hochverrat zu Gefängnisstrafen. →

24. 6. Der Fußballclub FC Schalke 04 wird mit einem 2:1-Sieg gegen den 1. FC Nürnberg im Berliner Post-Stadion Deutscher Fußballmeister. →

3. 7. Das Gesetz zur Ordnung des deutschen Siedlungswesens sieht die Förderung ländlicher Stadtrandsiedlungen für Erwerbslose vor. →

1934. Die Flugwetterwarte Essen-Mülheim an der Ruhr wird in den neu eingerichteten Reichswetterdienst übernommen. →

1934. Das Museum für Natur- und Völkerkunde in Essen erhält die Bezeichnung Ruhrlandmuseum. →

1934. Wegen politischer Differenzen bricht der Fotograf Albert Renger-Patzsch seine Lehrtätigkeit an der Folkwangschule Essen ab. →

1934. Beim 100-km-Rennen der Steher in Leipzig gewinnt der Dortmunder Erich Metze die Weltmeisterschaft. →

1934. Das Gebäude der Essener Hauptpost wird seiner Bestimmung übergeben. →

1934/36. Die Essener Steinkohlenbergwerke AG errichtet auf dem Grubenfeld Monopol in (Bergkamen-)Weddinghofen die Schachtanlage Grimberg 3/4. →

1934/38. Auf der Zeche Adolf von Hansemann in Dortmund wird die Großschachtanlage Gustav Knepper niedergebracht. →

Reichsautobahn schafft ein Netz wichtiger Straßenverbindungen

21. März 1934. *In Duisburg am Kaiserberg beginnen die Bauarbeiten an der Reichsautobahn Köln-Hannover (Abb.). Überall im Deutschen Reich soll durch Autobahnvorhaben der am 25. August 1933 gegründeten Reichsautobahn-Gesellschaft ein Netz auch militärisch-strategisch wichtiger Straßen entstehen. Die Verminderung der Arbeitslosigkeit über die Beschäftigung von Arbeitern überall da, wo »ohne die Unterstützung von maschinellen Hilfsmitteln gearbeitet werden kann«, ist bewußte Nebenabsicht der Initiative. Wie überall wird auch der Autobahnbau in Duisburg von Propaganda (»Das was wir hier bauen, verdanken wir dem Führer«) begleitet. 1935 beschäftigt der Autobahnbau etwa 100 000 Arbeiter.*

Mitbestimmung gesetzlich abgeschafft

20. Januar 1934. Das Gesetz zur Ordnung der nationalen Arbeit regelt das Arbeitsrecht und schafft jede Form der Mitbestimmung in den Betrieben ab. Die neue Sozialordnung entspricht der Forderung der Ruhrindustriellen nach Stärkung ihrer Position gegenüber den Arbeitervertretungen. Die Befugnisse der Deutschen Arbeitsfront (DAF) werden eingeschränkt.

Nach der Zerschlagung der Gewerkschaften (→ 2. 5. 1933) waren ihre Mitglieder Anfang Mai 1933 in die, Arbeitgeber und Arbeitnehmer gleichermaßen umfassende, Deutsche Arbeitsfront zwangsübergeführt worden. Die Nationalsozialisten betrachteten die DAF als Verwirklichung der Volksgemeinschaft, in der die alten Klassengegensätze aufgehoben sind. Die fachliche Gliederung der DAF entsprach den ehemaligen Gewerkschaften.

Die Nationalsozialistische Betriebszellen-Organisation (NSBO), die bereits 1931, wenn auch mit geringem Erfolg, bei den Betriebsratswahlen im Ruhrgebiet kandidiert hatte, verlor alle Kompetenzen als Vertreterin von Arbeitnehmerinteressen.

Die Institution der »Treuhänder der Arbeit« ersetzte die Tarifautonomie der Sozialpartner. Die von der Reichsregierung ernannten Treuhänder hatten, ähnlich den staatlichen Schlichtern in der Weimarer Republik, die Aufgabe, die Rahmenbedingungen von Arbeitsverträgen zu regeln und den Arbeitsfrieden aufrechtzuerhalten.

Das Gesetz zur Ordnung der nationalen Arbeit erweitert die Befugnisse der Treuhänder. Sie überwachen in Zukunft die Arbeit der Vertrauensräte, sorgen für die Durchführung der Betriebsordnung und setzen Tarifordnungen fest. Hauptaufgabe der Vertrauensräte als Vertretung der Belegschaften ist die »Förderung des Betriebszwecks«.

Ihnen ist untersagt, sich für »Sonderinteressen« der Arbeiter einzusetzen. Vertrauensräte haben keine Mitbestimmungsrechte, sondern lediglich beratende Funktion. Der als »Betriebsführer« bezeichnete Direktor des jeweiligen Unternehmens ist gleichzeitig Vorsitzender des Vertrauensrats. Die Kandidatenliste für die Vertrauensrätewahlen darf nur im Einvernehmen mit dem Betriebsführer aufgestellt werden, der mißliebige Kandidaten ablehnen kann. Die Betriebsführer haben gemäß § 2 des neuen Arbeitsrechts die alleinige Entscheidungsbefugnis im Betrieb, werden aber in einem moralischen Appell aufgefordert, sich in allen Fällen »für das Wohl der Gefolgschaft« einzusetzen.

Die Ruhrindustriellen waren an der Ausarbeitung des Gesetzes zur Ordnung der nationalen Arbeit entscheidend beteiligt und zeigen sich äußerst zufrieden mit dem Gesetz. Die Funktionäre der Deutschen Arbeitsfront, die auf Möglichkeiten zur betrieblichen Mitbestimmung gehofft hatten, sind enttäuscht, verkünden aber auf zahlreichen Massenveranstaltungen im Ruhrgebiet, nunmehr sei der Arbeiter zum »Träger des Staates« geworden.

Gestapo-Büros gefürchtet

1. April 1934. In Recklinghausen und anderen Städten des Ruhrgebiets werden Büros und Außenstellen der Geheimen Staatspolizei (Gestapo) eingerichtet. Diese staatlichen Organe zur Überwachung der Bevölkerung sind bald bekannt für ihre brutalen Verhörmethoden.
Der Reichsführer SS Heinrich Himmler übernimmt die reichsweite Kontrolle über die Organisation. Die Gestapo soll die »innere Sicherheit« des Dritten Reiches garantieren und agiert ohne Bindung an Recht und Gesetz. Ohne übergeordnete Kontrollinstanz kann sie Personen in Schutzhaft nehmen und in Gefängnissen und Konzentrationslagern festhalten; sie kann Gefangene unter dem Vorwand verschärfter Vernehmung foltern sowie im Rahmen einer »Sonderbehandlung« hinrichten.
Gefürchtete Vernehmungsstätten der Gestapo im Ruhrgebiet sind z. B. das Polizeipräsidium in der Bochumer Uhlandstraße und die Dortmunder Polizeiwache an der Steinstraße, die sog. Steinwache. Gründe zur Festnahme von Personen sind neben dem »Verdacht staatsfeindlicher Umtriebe« auch das Anheften und Verbreiten von Flugblättern, Waffenbesitz sowie die Zugehörigkeit zur KPD oder SPD.
Wie der Keller der Dortmunder Steinwache haben die meisten Stützpunkte der Geheimen Staatspolizei einen Vernehmungsraum und eine Dunkelzelle für ihre »Verhöre«. Im Gefängnis der Steinwache sind im Frühjahr 1933 ständig 350 bis 400 Menschen inhaftiert, obwohl nur für 180 Platz ist. Psychischer Druck wird wahlweise durch Einzelhaft oder Zusammenpferchen auf engstem Raum ausgeübt; brutale Mißhandlungen während der Vernehmungen sind üblich.
Eine Bochumerin, die ihren Personalausweis verloren hat und deswegen der Spionage verdächtigt wird, berichtet von ihrem Aufenthalt bei der Gestapo: »Sie haben mir nicht geglaubt und sagten dann zu mir: ›Du kannst es Dir überlegen, wir werden Dich einsperren‹. Ich kam in eine Zelle direkt an der Tür, so daß ich alles mitkriegte, was passierte ... In den Zellen daneben kamen die Leute hin bevor sie ins KZ kamen. Die kriegten am Tag vorher die Haare abgeschnitten im Flur, das habe ich oft gesehen ... Und anderntags kamen dann große Autos und sie wurden abgeholt ... Und nachts, da habe ich mir die Ohren zugehalten. Da wurden die ganze Nacht die Männer geschlagen, von den SS-Leuten mit dem Knüppel ... und dann so um 6.00 Uhr ... ging es wieder los: Da mußten die Gefangenen jeden Morgen die Eisentreppe ein paarmal rauf und runter und oben stand ein SS-Mann mit der Peitsche und unten einer.«

Zwischen nackten Steinwänden Warten auf die nächste Vernehmung ...

Milde Urteile im Hochverratsprozeß

16. Juni 1934. Wegen Vorbereitung zum Hochverrat verurteilt das Oberlandesgericht Hamm 17 Angehörige der KPD-nahen Revolutionären Gewerkschaftsopposition (RGO) zu Gefängnisstrafen zwischen 12 und 21 Monaten. Fünf Angeklagte werden freigesprochen. Bei den Verurteilten handelt es sich mehrheitlich um Mitglieder des 1931 von der RGO gegründeten Bergarbeiter-Einheitsverbands (→ 11. 1. 1931). Sie werden für schuldig befunden, illegale Versammlungen abgehalten und Flugblätter gegen das NS-Regime verbreitet zu haben.
In ihrer Strafzumessung unterschreiten die Richter das am Oberlandesgericht Hamm später übliche Strafmaß bei Hochverratsvergehen. So verhängt das Gericht bei Hochverratsprozessen in den folgenden Jahren durchweg Zuchthausstrafen zwischen drei und sechs Jahren. Als strafmildernde Umstände verweist das Gericht in seiner Urteilsbegründung auf die Geständnisse der Angeklagten, ihre lange Erwerbslosigkeit und Auszeichnungen, die einige von ihnen als Kriegsteilnehmer erhalten haben.

Muttertag im Mai

Mit Plakaten (Abb.) werben die Nationalsozialisten dafür, den zweiten Sonntag im Mai als Feiertag der Mutter zu begehen. Im Weltbild der NSDAP bestehen Wert und Sinn der Frau in ihrer Gebärfähigkeit. Einmal im Jahr soll den Müttern für ihre aufopferungsvolle Tätigkeit gedankt werden.

Bekennende Kirche leistet Widerstand

16. März 1934. Auf der außerordentlichen Tagung der westfälischen Provinzialsynode in Dortmund, der beschlußfassenden Versammlung der evangelischen Landeskirche, kommt es nach Auseinandersetzungen um das 1933 erlassene Bischofsgesetz, das die Umgestaltung der Kirche nach NS-Prinzipien vorschreibt, zur Spaltung der evangelischen Kirche Westfalens.
Die Mehrheit der Provinzialsynode widersetzt sich unter ihrem gewählten Präses Karl Koch der Ernennung evangelischer Bischöfe und lehnt die Vermischung von christlichem und völkischem Denken ab. Nach Auflösung der Versammlung durch die Gestapo konstituiert sich am gleichen Tag die 1. Westfälische Bekenntnissynode der Bekennenden Kirche in Westfalen in Abgrenzung zur nationalsozialistisch orientierten Glaubensbewegung Deutsche Christen. Bedeutendster Vertreter der Bekennenden Kirche wird der aus Westfalen stammende Berliner Pfarrer Martin Niemöller.
Die katholische Kirche hatte sich in dem am 20. Juli 1933 zwischen dem Vatikan und dem Deutschen Reich geschlossenen Reichskonkordat mit dem NS-Regime arrangiert. Das Konkordat sichert ihre Rechte und verpflichtet sie zur politischen Neutralität. Dennoch gibt es auch katholischen Widerstand gegen das nationalsozialistische Regime.
In der Folgezeit werden zahlreiche Geistliche beider Konfessionen, die sich dem NS-Regime widersetzen, verhaftet und umgebracht.

Flugzettel für drei Gottesdienste der evangelischen Bekennenden Kirche »in der Passionszeit 1934« in mehreren Dortmunder Kirchen, März 1934

Neuer Bahnhof in Duisburg eingeweiht

26. März 1934. Im Duisburger Bahnhofsviertel wird die Einweihung eines neuen, großzügig angelegten Hauptbahnhofs gefeiert.

Nach umfangreichen Vorplanungen konnten innerhalb eines Jahres die Bauarbeiten an dem Gebäude abgeschlossen werden. Die benachbarte Hauptpost, deren Neubau am 22. August 1931 eingeweiht wurde, bildet nun mit dem Hauptbahnhof eine geschlossene Gebäudefront.

Schon im Jahr 1913 legten die Stadtväter Duisburgs erste Pläne für ein Bahnhofsgebäude vor, das den Erfordernissen des gestiegenen Bahnbetriebs angemessen schien. Der Ausbruch des Ersten Weltkrieges und die wirtschaftlich schlechten Nachkriegsverhältnisse verhinderten zunächst die Realisierung des Projekts. So dauerte es zwei Jahrzehnte, bis in Duisburg mit den Bauarbeiten für das neue Bahnhofsgebäude begonnen werden konnte.

Hafenausbau in Essen vollendet

April 1934. Der Ausbau des Essener Stadthafens am Rhein-Herne-Kanal wird vollendet und der Schifffahrtsbetrieb eröffnet.

Die gesamte Hafenanlage besteht aus einem Stichhafen von 412 m Länge und 85 m Breite, einem Parallelhafen mit 170 m Länge und 35 m Breite sowie einem großen Industriegelände, auf dem sich mittlere Industriebetriebe und Kleinunternehmen ansiedeln sollen. Am Ostufer des Stichhafens haben die Dortmunder Westfälische Transport AG und die Duisburger Rhenus Transportgesellschaft mbH ein Lagerhaus errichtet, dessen Ausstattung die Lagerung von Nahrungsmitteln und Getreide erlaubt.

Pläne zur Errichtung eines Stadthafens lagen in Essen schon seit 1905 vor, um dem heimischen Handel und der Industrie einen kostengünstigen Wasserweg zum Rhein zur Verfügung zu stellen.

Tierpark Duisburg bietet Attraktionen

12. Mai 1934. Auf dem westlichen Ausläufer des Rheinischen Schiefergebirges, dem sog. Kaiserberg, wird der Duisburger Tierpark eröffnet.

Mit 130 000 Reichsmark als Startkapital, aufgebracht von den Mitgliedern des am 11. August 1933 gegründeten privaten »Duisburg-Hamborner-Tierparkverein e.V.«, präsentiert der Zoologische Garten seinen Besuchern einen Kragenbär, Meerkatzen, Rhesus- und Javaneraffen, Waschbären, einen Leoparden und sogar einen Löwen. Trotz der Tatsache, daß die Stadtväter dem Verein zweieinhalb Morgen Gelände zur Verfügung stellen, reicht das Geld zunächst nur für eine Reihe einfacher Drahtzaungehege und ein paar kanonenofenbeheizte Holzbuden. Über 325 000 zahlende Besucher pro Jahr ermöglichen jedoch schon 1935/37 den Bau fester Anlagen, darunter die Errichtung des Großaquariums »Haus der 1000 Fische«.

Siedlungsstellen für Selbstversorger

3. Juli 1934. Mit dem Gesetz zur Ordnung des deutschen Siedlungswesens fördert die Reichsregierung die Errichtung aufgelockerter ländlicher Siedlungen am Rand der Großstädte. Solche »Heimstättensiedlungen« sollen die »Boden-, Heimat- und Volksverbundenheit« von Arbeitern verstärken.

Im Vordergrund der Bauplanung steht der Gedanke der Eigenversorgung durch intensiven Gartenbau auf der eigenen Parzelle. Auf die Qualität der Wohnungen, die weit hinter dem sanitären und technischen Standard von Genossenschaftssiedlungen (→ 1927) zurückbleiben, wird weniger Wert gelegt.

Im Ruhrgebiet erhoffen sich die Gauheimstättenämter von der Aktion die »Beseitigung gefährlicher Brutstätten für Unzufriedenheit und offenen Aufruhr« durch Vergabe von Siedlerstellen an Arbeitslose und Kurzarbeiter.

Bergmannskleidung auf der Leine, irgendwo im Industrierevier (1930)

Vom Zugriff der Industrie verschont: Landschaft bei Essen (1929)

Bilder des Reviers von Renger-Patzsch

Albert Renger-Patzsch

1934. Albert Renger-Patzsch (1897 – 1966), Fotograf der Neuen Sachlichkeit und einer der bedeutendsten deutschen Lichtbildner, hat über weite Strecken seines Schaffens eine enge Verbindung zum Ruhrgebiet. Seine erste Anstellung erhielt er 1922 als Leiter des Bildarchivs des Hagener Folkwang- und Auriga-Verlages. Als erste Veröffentlichung erschien 1925 eine Bildserie über das Chorgestühl des Klosters Cappenberg.

1928 zog Renger-Patzsch in die Essener Gartensiedlung Margarethenhöhe. Die Stadt ermöglichte ihm die Einrichtung von Arbeitsräumen im Museum Folkwang, und er begann nun mit der Dokumentation des Industrireviers.

1933 erhielt Renger-Patzsch an der Folkwangschule in Essen einen Lehrauftrag für bildmäßige Fotografie. Die Einflußnahme der Nationalsozialisten auf seine Arbeit veranlaßt ihn jedoch 1934 zur Aufgabe dieser Position.

Seit 1934 ein häufiges Bild: Die siegreichen Schalker mit Kuzorra (4. v. r.) und Szepan (2. v. r.) in Gelsenkirchen

Schalke 04 erstmals Deutscher Meister

24. Juni 1934. Der FC Schalke 04 wird vor 45 000 Zuschauern im Berliner Post-Stadion durch einen 2:1-Sieg über den 1. FC Nürnberg erstmals Deutscher Fußballmeister. In der ersten Halbzeit haben beide Mannschaften gute Chancen, können jedoch keine Tore erzielen. Nachdem Nürnberg gleich zu Beginn der zweiten Halbzeit ein Treffer gelingt, stürmen die Schalker ununterbrochen, aber lange Zeit erfolglos. Erst in den letzten fünf Minuten entscheiden Fritz Szepan und Ernst Kuzorra mit zwei Toren das Spiel für die Schalker Mannschaft.

Der FC Schalke 04 feiert nicht nur sportliche Erfolge, sondern war 1930 auch in einen Skandal verwickelt. Der Westdeutsche Spieler-Verband, ein Amateurverband, sperrte die Spieler der ersten Mannschaft, weil sie mehr als die erlaubten 5 RM Spesen erhalten hatten. Das Urteil wurde jedoch revidiert, und ab 1. Juni 1931 durften die Schalker wieder mitspielen. Zum ersten Spiel nach der Sperre drängten 70 000 Zuschauer in die für die Hälfte dieser Menge ausgelegte Glückauf-Kampfbahn; kleine Jungen saßen sogar auf den Toren, um den 1:0-Sieg ihrer Mannschaft über Fortuna Düsseldorf zu bejubeln.

Sieg für Schalker Knappen in letzter Minute

Über das Endspiel um die Deutsche Fußballmeisterschaft wird in der »Rheinisch-Westfälischen Zeitung« ausführlich berichtet:

»Ja, das wird ein Spiel! Musterkombinationen leiten ein. Die Spieler scheinen von dem Getöse nicht angesteckt. Groß in Schwung sind beide Stürmerreihen ... Aber so leicht fallen die Tore nicht ... Schalke kombiniert ideenreicher ... die Nürnberger ... zweckmäßiger. Sind sie am Ball, dann wird nicht lange gefackelt, dann geht es auf dem kürzesten Wege gerade zum Tor ... Das Spielgeschehen diktieren in erster Linie Urban, Kuzorra, Rothardt und Tibulski auf Schalker Seite und Friedel, Schmitt, Dehm und der ewig junge Popp bei Nürnberg, während Szepan noch nicht groß ins Spiel kommen kann.«

Nach der Pause wird das Spiel unvermindert lebhaft fortgesetzt, besonders nachdem Nürnberg in den ersten zehn Minuten ein Tor erzielt. Die Schalker stürmen nun ununterbrochen: »Minutenlang kommt Nürnberg nicht mehr aus dem Strafraum heraus. Die ganze Mannschaft ist hinten, und Schalke drängt und drängt ... nichts gelingt. Unbeschreiblich ist das Schlachtenglück gegen Schalke ... Minute für Minute verrinnt. Schalkes Anhang schreit sich die Kehlen heiser ... Noch zwölf Minuten! Urban schießt wieder am Tor vorbei. Die Überlegenheit ist so drückend, daß ganz Berlin wie ein Mann hinter Schalke steht. Und dann hagelt Schuß auf Schuß ... Noch fünf Minuten ... Man ist resigniert, gibt schon auf, doch da passiert's! Wundervoll kommt der Eckball Rothardts herein, Szepan steigt hoch, und man faßt es beinahe nicht: Von seinem blonden Kopf landet der Ball wirklich im Tor! ...«

Nürnberg versucht noch einmal einen Gegenstoß, doch der umkämpfte Ball gerät an Ernst Kuzorra: »Da ist er schon im Strafraum ... schießt, und placiert rollt das Leder in allerletzter Minute ins Netz ... Und da ist schon der Schlußpfiff. Aus! Deutscher Fußballmeister 1933/34 ist Schalke 04 in buchstäblich letzter Minute.«

Metze Weltmeister im Steherrennen

1934. Der Dortmunder Erich Metze gewinnt in Leipzig die Weltmeisterschaft der Steher. Er ist einer der erfolgreichsten deutschen Radprofis der 30er Jahre und erst vor kurzem zum Bahnsport gestoßen; hier feiert er nun wie zuvor auf der Straße einen Erfolg nach dem anderen.

Erich Metze begann seine Karriere 1928 und siegte als Amateur bei Straßenrennen auf Anhieb 15mal. 1930 wurde er Profi und errang bei der ersten Deutschlandrundfahrt einen Etappensieg. 1931 wurde er Sieger der Deutschlandrundfahrt, im gleichen Jahr konnte er als bester Deutscher bei der Tour de France den achten Platz belegen.

Trotz dieser Erfolge zog es den Dortmunder zum Bahnradsport, wo er im Windschatten des Schrittmachers seine Erfolgsserie fortsetzt. Metze wird fünfmal Deutscher Meister der Steher, erringt 1938 ein zweites Mal die Weltmeisterschaft und ist bei zahlreichen anderen internationalen Rennen erfolgreich. 1940 zieht er sich bei einem Rennen in der Berliner Deutschlandhalle einen zweifachen Schädelbasisbruch zu.

Erich Metze, von dem Sportjournalisten und Sechstageansager Sigmund Durst (Sidu) aus Hochachtung vor dem täglichen Trainingspensum des Dortmunders als »Mann der 100 Kilometer« bezeichnet, gilt als weltbester Steher seiner Zeit. Am 28. Juli 1952 stirbt Metze im Alter von 43 Jahren an den Folgen eines schweren Sturzes bei seinem offiziellen Abschiedsrennen auf der steilen Erfurter Radrennbahn. Er wird in Witten-Annen beigesetzt.

Sieger Erich Metze am 17. 1. 1937 in der Berliner Deutschlandhalle

1935

29. 1. Die Aufführung des NS-Schauspiels »Wittekind« von Edmund Kiß im Stadttheater Hagen sorgt für einen aufsehenerregenden Skandal. →

1. 4. Auch in den Gesundheitsämtern des Ruhrgebiets werden Beratungsstellen für Erb- und Rassenpflege eingerichtet (→ 15. 9. 1935).

Anfang Juni. Durch großangelegte Verhaftungsaktionen der Gestapo wird die sozialdemokratische Untergrundorganisation im Ruhrgebiet zerschlagen. →

Juni. In Dortmund werden die Kasernenbauten am Westfalendamm angelegt. →

23. 6. Schalke 04 gewinnt in Köln die Deutsche Fußballmeisterschaft mit 6:4 gegen den VfB Stuttgart.

26. 6. Das Reichsarbeitsdienstgesetz verpflichtet alle 18- bis 25jährigen Deutschen beiderlei Geschlechts zu einem halbjährigen Arbeitsdienst. →

22. 7. Die Bergwerksgesellschaft Hibernia errichtet in Gelsenkirchen die Hydrierwerk Scholven AG. →

Juli/August. Um die schlimmste soziale Not zu lindern, erhalten die Ruhrbergleute finanzielle Zuwendungen und Lebensmittelgutscheine. →

September. Im Ruhrgebiet finden 5500 Jugendliche keine Lehrstelle.

14. 9. Auf dem Nürnberger Reichsparteitag formuliert Adolf Hitler das Ideal der deutschen Jugend. →

15. 9. Der Nürnberger NSDAP-Parteitag beschließt die sog. Nürnberger Gesetze. →

Herbst. Mit der Verlegung der Seseke in den östlichen Innenstadtbereich und dem Abschluß von Eindeichungsmaßnahmen an der Lippe wird Lünen gegen Hochwasser gesichert.

16. 10. Das Gelsenkirchener Stadttheater wird mit einer Aufführung von Johann Wolfgang von Goethes Trauerspiel »Egmont« eröffnet. →

1935. Gustav Kilian und Heinz Vopel, Radrennfahrer aus Dortmund, feiern Erfolge bei Sechstagerennen in den USA.

GESTORBEN:

15. 4. KZ Esterwegen: Fritz Husemann (* 19. 9. 1873, Leopoldsthal (Lippe)), Vorsitzender des Alten Bergarbeiterverbandes. →

27. 5. Jena: Otto Schott (* 17. 12. 1851, Witten), Chemiker.

GEBOREN:

15. 4. Duisburg-Hamborn: Hildegard Maria Binder, Schriftstellerin.

19. 7. Essen: Gerd Albrecht, Dirigent.

SPD-Gruppe Germania

Anfang Juni 1935. Mit einer großangelegten Verhaftungsaktion gelingt der Geheimen Staatspolizei (Gestapo) die Zerschlagung des Kerns der sozialdemokratischen Untergrundbewegung Germania. Ne-

Lieferwagen der »Germania«

ben der Duisburger Zentrale werden in Gelsenkirchen, Essen, Mülheim, Oberhausen, Düsseldorf und in mehreren Städten des Niederrheins bei Gestapo-Razzien insgesamt 55 Personen festgenommen.

Nach dem Verbot der Sozialdemokratischen Partei Deutschlands (SPD) im Juni 1933 (→ 14. 7. 1933) beschlossen im Mai 1934 führende Funktionäre, unter ihnen der SPD-Parteisekretär Hermann Runge, die Zentrale ihrer weitreichenden, illegalen Organisation an Rhein und Ruhr in der Duisburg-Hamborner Brotfabrik Germania einzurichten. Der Besitzer dieser Fabrik, SPD-Mitglied August Kordahs, hatte den heruntergewirtschafteten Betrieb im Herbst 1933 günstig erworben. Durch die Einstellung mehrerer Genossen gelang es, von der Brotfabrik aus die Untergrund-Nachrichtenblätter des im Prager Exil tätigen Parteivorstands der SPD (Sopade) in weiten Teilen des Ruhrgebiets und am Niederrhein zu verbreiten.

Fahrer der Brotfabrik verteilten mit ihren Lieferwagen regelmäßig die Schriften an ihre Parteifreunde. Ein Mülheimer Genosse, Angehöriger der weitverzweigten, illegalen Eisenbahnergewerkschaft, stellte den Kontakt zur Internationalen Transportarbeiter-Föderation her, über deren Netz ein wesentlicher Teil der Untergrundschriften eingeschleust wurde. So übergaben Matrosen Schriftgut, das auf dem Seeweg über Rotterdam kam, im Ruhrorter Hafen an Mittelsmänner. Andere Transporte erledigten Kontaktpersonen, die als Kaffee-, Versicherungs- oder als Seifenvertreter getarnt, regelmäßig Duisburg bereisten. Neben der »Sozialistischen Aktion« wurden auch zahlreiche Tarnschriften vertrieben. Im Tabakkiosk am Duisburger Hauptbahnhof befand sich ein »stiller Briefkasten«, wo stets in Zigaretten- und Steichholzschachteln versteckte Mitteilungen auf ihre Abholer warteten.

Letztes Bild des ermordeten Gewerkschafters Fritz Husemann

Fritz Husemann im KZ umgebracht

15. April 1935. Fritz Husemann, seit 1919 Vorsitzender des Alten Bergarbeiterverbandes und von 1924 bis 1933 Reichstagsabgeordneter der SPD, wird im Konzentrationslager Esterwegen ermordet.

An den Beisetzungsfeierlichkeiten in Bochum nehmen mehrere tausend Gewerkschafter und Sozialdemokraten teil. Noch am gleichen Tag nimmt die Gestapo zahlreiche Teilnehmer in »Schutzhaft«.

Illegale Schriften der Widerstandsbewegung

Größte Bedeutung im Kampf der Widerstandsbewegung gegen die nationalsozialistischen Machthaber haben Druck und Verbreitung illegaler Flug- und Klebezettel. Mit ihrer Hilfe kann der faschistischen Propagandamaschinerie, die sich in Wortwahl und Ausdruck den Anschein einer »sozialistischen« Einstellung zu geben versucht, entgegengearbeitet werden. So tauchen immer wieder Anschläge und Wurfblätter auf, in denen nicht nur offen zum Widerstand aufgerufen wird, sondern mit denen – vielfach geschickt als Mitteilungsblätter von SA, SS oder NSDAP getarnt – die Bevölkerung gezielt über die wahren Absichten und Ziele des NS-Regimes aufgeklärt werden soll.

Illegale Druckerei der Bekennenden Kirche in Essen

Zeitung des Widerstandes

Flugzettel August 1934

Arbeitsdienst marschiert mit Spaten

26. Juni 1935. Ein neues Reichsgesetz sieht eine sechsmonatige Arbeitsdienstpflicht für alle Deutschen beiderlei Geschlechts zwischen 18 und 25 Jahren vor. Mit Hilfe des Arbeitsdienstes soll die Arbeitslosigkeit abgebaut und die Jugend ideologisch geschult werden. Zu diesem Zweck wird mit dem Reichsarbeitsdienst (RAD) eine nationalsozialistische Organisation geschaffen.

Die Arbeitsdienstverpflichteten, zunächst hauptsächlich Männer, werden in Lagern untergebracht. Sie erhalten eine Uniform, freie Verpflegung, ein geringes Taschengeld und werden zu Notstandsarbeiten wie dem Bau von Autobahnen und der Ödland-Kultivierung herangezogen. Der Arbeitsdienst ist keine Erfindung der Nationalsozialisten. Schon am 5. Juni 1931 hatte die Regierung Heinrich Brüning unter dem Eindruck der Massenarbeitslosigkeit einen freiwilligen Arbeitsdienst für Jugendliche geschaffen, der ab 1932 unter der Leitung des von Adolf Hitler berufenen Beauftragten für den Arbeitsdienst, Konstantin Hierl, steht. Hierl baut 1935 den RAD auf, der »durch Handarbeit zur nationalsozialistischen Arbeitsauffassung« erziehen soll. Als »Schule der Nation« beschreibt später die Parteigeschichte der NSDAP Gau Westfalen Süd den RAD: »Hier, in der Gemeinschaft von morgens früh bis abends spät, wo sie dann aus allen Schichten unseres Volkes zusammenkommen, sollten sie sich nach dem Wort des Führers gegenseitig wieder kennen- und achtenlernen, der Arbeiter der Stirn und der Arbeiter der Faust und umgekehrt«.

Für Jugendliche besteht schon 1934 eine sog. Landjahrpflicht. Ein Großteil der Schulentlassenen wird zu einem achtmonatigen Arbeitsdienst

Schulentlassene Mädchen bei der Abfahrt vom Bochumer Hauptbahnhof zum Arbeitsdienst in der Landwirtschaft

in der Landwirtschaft einberufen. Dieses Landjahr dient ebenso der Entlastung des Arbeitsmarktes wie der nationalsozialistischen Indoktrination. Ziel ist es, »erbbiologisch gesunde und wertvolle Jugendliche zu schulen und mit dem Bauerntum in Verbindung zu bringen«.

Der Reichsarbeitsdienst wird ab 1938 z. T. durch militärisch bestimmte Hilfsdienste überlagert, z. B. durch den Bau des Westwalls (militärisches Befestigungssystem von Aachen bis Basel). Nach Kriegsbeginn (→ 1939) wird der RAD ganz den Erfordernissen der Kriegsführung untergeordnet und als Bautruppe in der Wehrmacht eingesetzt. Zu der vormilitärischen Ausbildung gehören beim Arbeitsdienst schon 1934 das Paradieren und Exerzieren in Uniform, mit Spaten statt Gewehr. Die Ableistung dieser

Ausmarsch von Reichsarbeitsdienst-Männern mit geschultertem Spaten

Dienstpflicht ist Voraussetzung für die Zulassung zur Universität; Mädchen, die hauptsächlich in die Landwirtschaft vermittelt werden, dürfen erst nach dem Arbeitsdienst mit einer Berufsausbildung beginnen. Ledige Arbeiter unter 25 Jahren müssen ihren Arbeitsplatz oft an arbeitslose Familienväter abgeben und werden selbst in den RAD vermittelt. Eine große Zahl von Arbeitslosen wird auf diese Weise »von der Straße geholt« und beschäftigt. So wird bei vielen Menschen der Eindruck erweckt, die NSDAP habe die Wirtschaftskrise bewältigt.

Hilfsmaßnahmen für Kumpel an der Ruhr

Juli/August 1935. Alle Ruhrbergleute, die zwischen Juli 1933 und Juni 1935 mehr als drei Feierschichten monatlich verfahren haben, erhalten aus Mitteln der Nationalsozialistischen Volkswohlfahrt Lebensmittelgutscheine und einmalige finanzielle Beihilfen.

Hintergrund für die Aktion ist die wachsende Unzufriedenheit der Zechenbelegschaften mit der Lohnentwicklung, die seit 1933 aufgrund zahlreicher Feierschichten, erhöhter Sozialabgaben und häufiger Sammlungen zugunsten der Deutschen Arbeitsfront und des Winterhilfswerkes hinter der Teuerungsrate zurückgeblieben ist. Um die Wettbewerbschancen der teuren Ruhrkohle auf dem Weltmarkt nicht noch weiter zu verschlechtern, hatte die Reichsregierung sich gegen Lohnerhöhungen ausgesprochen.

Wehrmacht und SS-Truppe im Revier

Juni 1935. Die erste Einheit der sog. SS-Verfügungstruppe »Kradschutzkompanie 2, Germania« bezieht eine neu erbaute Kasernenanlage in Unna. Auf Anregung der Schutzstaffel SS der NSDAP in Düsseldorf war erst im August des vergangenen Jahres die Grundsteinlegung zum Bau einer SS-Führerschule auf dem Gelände des städtischen Sportplatzes an der Iserlohner Straße erfolgt. Noch während der Bauarbeiten erwarb das Reich weiteres umliegendes Gelände, die SS-Schule wurde zu einem großangelegten Kasernenkomplex umgestaltet. Eine ähnlich rege Bautätigkeit entfalten Wehrmachtstellen in den Städten des Ruhrgebiets. So wird am 6. April 1937 im Rahmen der Rheinlandbesetzung (→ 7. 3. 1936) eine neuerrichtete Kaserne in Duisburg mit einem Flakregiment besetzt.

»Jugendliche hart wie Kruppstahl«

14. September 1935. Vor über 50 000 Mitgliedern der Hitlerjugend hält Hitler beim Parteitag der NSDAP in Nürnberg eine Rede über die Ziele nationalsozialistischer Erziehung:

»Heute, da sehen wir mit Freude nicht mehr den bier- und trinkfesten, sondern den wetterfesten jungen Mann, den harten jungen Mann ... In unseren Augen da muß der deutsche Junge der Zukunft schlank und rank sein, flink wie Windhunde, zäh wie Leder und hart wie Kruppstahl ... Wir werden uns so stählen, daß jeder Sturm uns stark findet. Wir werden aber auch nicht vergessen, daß die Gesamtsumme aller Tugenden und aller Kräfte nur dann wirksam werden, wenn sie einem Willen und einem Befehl untertan ist ...«

Lünen besiegt die Geißel Hochwasser

Herbst 1935. In Lünen wird die Verlegung der Seseke, die die Stadt bisher westlich umfloß, in den östlichen Teil der Innenstadt abgeschlossen. Das Projekt war Anfang der 30er Jahre zusammen mit Arbeiten zur Eindeichung der Lippe in Angriff genommen worden, um die Gefahr von Hochwasser für die Stadt zu bannen. In den vergangenen Jahrhunderten war Lünen immer wieder von Überflutungen heimgesucht worden.

Die Regulierung der Lippe und ihrer Nebenflüsse hat nicht nur als Maßnahme zum Hochwasserschutz Bedeutung, sondern erlaubt auch die wirtschaftliche Nutzung des Wassers. Mit dem Einzug der Industrialisierung im letzten Viertel des 19. Jh. war die Verbesserung der Wasserversorgung ein dringendes Anliegen geworden.

Nürnberger Gesetze und »Rassehygiene«

15. September 1935. Die auf dem Reichsparteitag der NSDAP in Nürnberg erlassenen Gesetze, das »Reichsbürgergesetz« und das »Gesetz zum Schutze des deutschen Blutes und der deutschen Ehre« erklären die deutschen Juden zu Staatsbürgern minderen Rechts und verordnen der nationalsozialistischen Rassenideologie gemäß die Abgrenzung von Juden und »Ariern«.

Maßnahmen zur »Rassehygiene«

Zum 1. April 1935 werden in allen deutschen Gesundheitsämtern Beratungsstellen für Erb- und Rassenpflege eingerichtet. Ihre Aufgabe ist es, erbkranke Personen zu ermitteln und zur Sterilisation in die zuständigen Krankenhäuser einzuweisen. Gemäß der nationalsozialistischen Ideologie soll durch die »künstliche Unfruchtbarmachung Minderwertiger« die Entstehung »lebensunwerten Lebens« verhindert werden, das als Gefährdung für die »rassische Gesundheit« der Deutschen gilt. Das Essener Gesundheitsamt überprüft alle Bürger, die ein Aufgebot beim Standesamt bestellen, auf Alkoholismus, Tuberkulose, Schwachsinn und andere sog. »Ehehindernisse«.
Besonders Arbeitslose und Mitglieder kinderreicher Familien mit geringer Schulbildung sind von den Zwangssterilisationen betroffen. Die systematische Ermordung der Insassen psychiatrischer Kliniken ab 1939 ist die konsequente Fortführung dieser menschenverachtenden »rassehygienischen« Maßnahmen.

Geschlechtliche Beziehungen ehelicher oder außerehelicher Art zwischen Juden und Ariern, das sind »Staatsangehörige deutschen oder artverwandten Blutes«, werden als »Rassenschande« mit Zuchthaus belegt. Außerdem dürfen Juden nun keine arischen weiblichen Angestellten unter 45 Jahren mehr in ihrem Haushalt beschäftigen.
In der Durchführungsverordnung zum Reichsbürgergesetz bestimmt der sog. Arierparagraph die Rassenzugehörigkeit. Als »Jude« wird demnach bezeichnet, wer von mindestens drei der Rasse oder dem religiösen Bekenntnis nach jüdischen Großeltern abstammt.

Erstes eigenes Theater

16. Oktober 1935. Mit einer Aufführung von Johann Wolfgang von Goethes »Egmont« wird in der Stadthalle das Gelsenkirchener Stadttheater eröffnet. In den Ausstellungshallen auf dem Wildenbruchplatz findet aus Anlaß der Eröffnung der ersten eigenen städtischen Bühne ein großes, drei Tage dauerndes Volksfest statt.
Die Schaffung eines Theaters für Schauspiel, Operette und Oper war von der Gelsenkirchener Stadtverwaltung in einer Pressemitteilung am 23. Mai 1935 bekanntgegeben worden. Um dem Ensemble eine finanzielle Grundlage zu verschaffen, waren Schauspiel- und Operettengastspiele in anderen Revierstädten zugesichert worden.
Die Theatergeschichte Gelsenkirchens reicht zurück ins Jahr 1875, als der Gastwirt Heinrich Schulte-Uechting für sein Lokal »Flora« erstmals Schauspielertruppen für kurzfristige Gastspiele engagierte. Von 1881 bis 1914 prägte Franz Genesius als Direktor des von ihm gegründeten Theaters (→ 20. 11. 1881) das Kulturleben der Stadt.

Eine Karikatur verdeutlicht die veränderte Situation der Gelsenkirchener Theaterschaffenden; von der Wanderbühne bis zum festen Haus

Benzin aus Kohle

22. Juli 1935. Die Bergwerksgesellschaft Hibernia gründet in Gelsenkirchen die Hydrierwerk Scholven AG. Noch im gleichen Jahr beginnt das Unternehmen mit dem Bau einer Kohleverflüssigungsanlage nach dem Bergius-Hydrierverfahren (→ 1913).
Die erste Ausbaustufe des Werkes ist auf eine Jahreskapazität von 125 000 t Benzin ausgelegt. Verarbeitet wird Gasflammkohle aus den Hibernia-Zechen, die sich aufgrund ihrer Zusammensetzung besonders gut zur Verflüssigung eignet. Der für die Hydrierung benötigte Wasserstoff wird aus Koks und den in den Kokereien der Hibernia anfallenden Koksgasen gewonnen. Um 1 t Autobenzin zu erzeugen, werden 2 t Steinkohle und 5 t Koks und Koksgas verarbeitet. Am 7. Juli 1936 ist die Anlage soweit fertiggestellt (Abb.), daß im Hydrierwerk Scholven das erste Benzin gewonnen wird.

NS-Theaterstück sorgt für Skandal

29. Januar 1935. Etwa 30 junge Katholiken stören eine Aufführung des Schauspiels »Wittekind« von dem NS-Autor Edmund Kiß im Hagener Stadttheater, um damit gegen die auf der Bühne gezeigte Darstellung Karls des Großen als »Sachsenschlächter« zu protestieren.
Bereits nach der Uraufführung des Werkes am 24. Januar hatte es massiven Widerspruch von katholischer Seite gegeben, die in dem Stück eine gezielte Verunglimpfung des Frankenkönigs und seiner Christianisierungspolitik sah. Die von Kiß geübte Kritik an Karl dem Großen erfolgt ganz im Sinne nationalsozialistischer Ideologie des heldenhaften Germanentums. Diese Ideologie ist in seinem »Wittekind« personifiziert in der Titelfigur des Sachsenführers. Reichspropagandaminister Joseph Goebbels hatte den Besuch des Stückes ausdrücklich empfohlen.
Trotz weiterer Protestaktionen von seiten der katholischen Kirche wird das Werk weiterhin aufgeführt.
Außer von Theaterstücken, die nationalsozialistisches Gedankengut verbreiten sollen, werden die Spielpläne in den 30er Jahren von Lustspielen und Operetten beherrscht.

1936

7. 3. Die deutsche Wehrmacht marschiert in das entmilitarisierte Rheinland ein. →

27. 3. Der Führer und Reichskanzler Adolf Hitler besucht die Essener Krupp-Werke. →

19.–26. 4. In Dortmund wird eine Pfitzner-Woche veranstaltet. Der Komponist Hans Pfitzner dirigiert einige seiner musikalischen Werke selbst.

20. 4. Datteln, Herten und Marl werden zu Städten erhoben. →

9. 5. Das Kaufhaus der jüdischen Gebrüder Alsberg in Duisburg wird von Helmut Horten übernommen.

22. 5. In Duisburg wird die Hochfeld-Rheinhausener Straßenbrücke, Admiral-Graf-Spee-Brücke genannt, durch Reichspropagandaminister Joseph Goebbels eröffnet.

13.–15. 6. Recklinghausen begeht die 700-Jahr-Feier zum Gedenken an die 1236 verliehenen Stadtrechte. →

August. Die XI. Olympischen Sommerspiele werden in Berlin ausgetragen. →

18. 10. Reichsminister Hermann Göring wird mit der Durchführung des Vier-Jahres-Plans beauftragt, von dem auch die Ruhrgebietsindustrie betroffen ist. →

Dezember. Das Teilstück der Reichsautobahn Düsseldorf/Nord-Oberhausen (Duisburg/Nord) wird für den Verkehr freigegeben.

1. 12. Mit dem Gesetz über die Hitlerjugend (HJ) wird die Jugendorganisation der NSDAP zur zentralen Organisation der »körperlich-geistigen und sittlichen Erziehung der Jugend« zur Staatsjugend. →

Weihnachten. Alle Zechen des Ruhrgebiets zahlen erstmals ihren Belegschaften eine Weihnachtsgratifikation. Die Löhne bleiben weiterhin auf dem Stand von 1933. →

1936. Die Gelsenkirchener Bergwerks AG gründet in Gelsenkirchen die Gelsenberg Benzin AG. →

1936. Die Ruhrchemie AG nimmt in Oberhausen-Holten eine Fischer-Tropsch-Anlage zur Herstellung synthetischen Benzins in Betrieb. →

1936. Die Wittener Tage für neue Kammermusik finden erstmals statt. →

1936–38. Der Lebensstandard der Arbeiter im Ruhrgebiet verbessert sich aufgrund stabiler Lebensmittelpreise, liegt aber weiterhin unter dem Niveau des Jahres 1930.

GEBOREN:

28. 3. Essen: Jürgen Lodemann, Schriftsteller.

In langen Kolonnen marschieren Soldaten der deutschen Wehrmacht ins entmilitarisierte Rheinland und ins Ruhrgebiet ein; begeisterter Jubel der Bevölkerung begleitet den Einzug, welchen die Siegermächte tatenlos hinnehmen

Wehrmacht marschiert ins Rheinland

7. März 1936. Berittene Truppenverbände der deutschen Wehrmacht besetzen am frühen Morgen die entmilitarisierten Gebiete des Rheinlandes. Die Reichsregierung verletzt mit dem Marschbefehl klare Bestimmungen des am 1. Dezember 1925 in London geschlossenen Locarno-Paktes, durch den sich das Deutsche Reich gegenüber Frankreich verpflichtet hatte, die im Versailler Vertrag festgelegten deutschen Westgrenzen sowie die entmilitarisierte Rheinlandzone zu achten. Unter dem Vorwand, die französische Seite habe durch ein Verteidigungsbündnis mit der Sowjetunion am 2. Mai 1935 Deutschlands Verpflichtung zur Einhaltung des Locarno-Paktes aufgehoben, stellt der Führer und Reichskanzler Adolf Hitler mit der Rheinlandbesetzung die »volle Souveränität des Reiches über sein gesamtes Territorium bis unmittelbar an die Grenzen Frankreichs, Belgiens und Hollands« wieder her. Der ausschließlich defensive Charakter des französisch-sowjetischen Vertragswerkes spricht jedoch gegen die nur vorgeschobene Argumentation Hitlers.

Rheinland 1919–1939

8. 3. 1921. Französische und belgische Truppen besetzen die Brückenköpfe Düsseldorf, Duisburg und Ruhrort (→ 8. 3. 1921).

10./11. 1. 1923. Von Duisburg aus wird das Ruhrgebiet von französischen und belgischen Truppen eingenommen (→ 10./11. 1. 1923).

25. 8. 1925. Als letztes Sanktionsgebiet des rheinischen Industriebezirks wird Duisburg von den alliierten Truppen geräumt (→ 31. 7. 1925).

7. 3. 1936. Truppenverbände der deutschen Wehrmacht besetzen entgegen den Bestimmungen des Locarno-Paktes die entmilitarisierten Gebiete des Rheinlands.

Begeisterter Jubel der rheinischen Bevölkerung begleitet den Einzug der Soldaten. Am 6. April 1937 ziehen auch in Duisburg schwere und leichte Stammbatterien des Flakregiments 54 in die neuerbaute Kaserne am Neuenhof ein. Sofort beginnt das Militär mit dem Bau von Befestigungsanlagen.

Note Hitlers zur Rheinland-Besetzung

Zur Begründung der Besetzung des nach den Locarno-Verträgen entmilitarisierten Rheinlands durch deutsche Truppen überreicht die Reichsregierung den Siegermächten am 7. März 1936 folgende Note (Auszug):

»Frankreich hat die ihm von Deutschland immer wieder gemachten freundschaftlichen Angebote und friedlichen Versicherungen unter Verletzung des Rheinpaktes mit einem ausschließlich gegen Deutschland gerichteten militärischen Bündnis mit der Sowjet-Union beantwortet. Damit hat der Rheinpakt von Locarno aber seinen inneren Sinn verloren und praktisch aufgehört zu existieren. [...] Die deutsche Regierung ist nunmehr gezwungen, der durch dieses Bündnis neugeschaffenen Lage zu begegnen, ... die dadurch verschärft wird, daß der französisch-sowjetische Vertrag seine Ergänzung in einem ... Bündnis-Vertrag zwischen der Tschechoslowakei und der Sowjet-Union gefunden hat. Im Interesse des primitiven Rechts eines Volkes auf Sicherung seiner Grenzen und zur Wahrung seiner Verteidigungsmöglichkeiten hat daher die deutsche Reichsregierung mit dem heutigen Tage die volle ... Souveränität des Reiches in der entmilitarisierten Zone des Rheinlandes wieder hergestellt.«

Kriegsfähige Wirtschaft in vier Jahren

18. Oktober 1936. Hermann Göring wird zum Beauftragten für den Vier-Jahres-Plan ernannt, in dem auf Geheiß Hitlers vorgesehen ist, daß die deutsche Armee in vier Jahren »einsatzfähig« und die deutsche Wirtschaft in der gleichen Zeit »kriegsfähig« ist.

In den folgenden Monaten werden in den Städten des Ruhrgebiets wie im ganzen Deutschen Reich größere Vorräte an Nahrungsmitteln und Brennstoff angelegt sowie Bezugsscheine für den lebenswichtigen Bedarf der Bevölkerung im Kriegsfall gedruckt. In den Industriebetrieben des Reviers werden Erhebungen durchgeführt, um deren Leistungsfähigkeit und Fertigungsmöglichkeiten zu ermitteln.

Die Schwerindustrie ist für die Produktion von Rüstungsgütern vorgesehen. Im Dezember des Jahres informiert Göring in Berlin führende Industrielle, darunter Gustav Krupp von Bohlen und Halbach, über die wichtigsten Ziele des Vier-Jahres-Plans: »... der Kampf, dem wir uns nähern, erfordert ein gewaltiges Ausmaß an Produktionskraft. Ein Einschränken der Wiederaufrüstung ist überhaupt nicht vorstellbar. In diesem Fall gibt es nur Sieg oder Untergang ... Wenn wir gewinnen, wird das Unternehmertum reichlich entschädigt werden.«

Mit dem Plan sollen alle Bereiche der Wirtschaft koordiniert werden, um das Ziel der »Kriegsfähigkeit« in der gesetzten Frist zu erreichen. Neben der Umstellung der Produktion auf Rüstungsgüter und synthetische Treibstoffe, die absolute Priorität genießt, verlangt die nationalsozialistische Führung darüber hinaus, sämtliche Bereiche der deutschen Wirtschaft unabhängig von Einfuhren jeder Art zu machen.

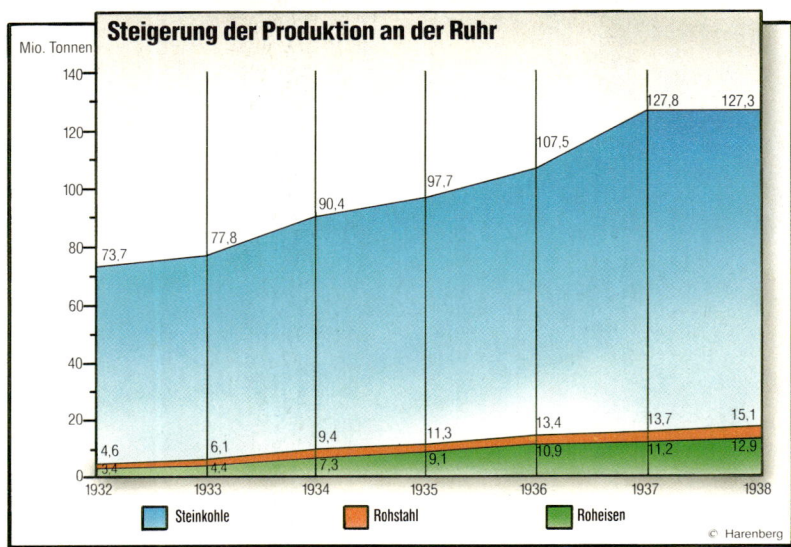

Erstmalige Zahlung von Weihnachtsgeld

Weihnachten 1936. Auf Anregung des Geheimen Bergrats und Vorsitzenden des Zechenverbandes (→ 12. 1. 1908) Ernst Brandi gewähren die Bergwerksgesellschaften ihren Belegschaften erstmals eine Weihnachtsgratifikation. Die Unternehmer ziehen derartige, einmalige Sonderzuwendungen der von den Arbeitern geforderten Erhöhung des Schichtlohns vor.

Die Zahlung von Weihnachtsgeld bietet den Firmen mehrere Vorteile. Im Gegensatz zu Lohnerhöhungen sind Sonderzahlungen nicht rechtlich verpflichtend und können jederzeit wieder eingeschränkt werden. Einmalige Gratifikationen sind billiger als eine generelle Erhöhung der Schichtlöhne und erlauben es den Betriebsführern dennoch, ihre soziale Gesinnung zu demonstrieren.

Die Höhe der Beträge ist unterschiedlich. Das Weihnachtsgeld für ledige Bergleute liegt zwischen 3 RM (Zeche Langenbrahm in Essen) und 20 RM (Zeche Friedrich der Große in Herne). Der Schichtlohn für Hauer beträgt im Durchschnitt 7,80 RM.

Unzufriedenheit trotz leicht verbessertem Lebensstandard

Die Furcht vor sozialen Konflikten hat die Behörden veranlaßt, durch Mietsenkungen und Zulagen die Lebensbedingungen der Arbeiter im Ruhrgebiet zu verbessern.

1935 berichtete die Gestapo Dortmund, daß »die Arbeiter nicht mehr den Deutschen Gruß anwenden, sondern beim Erheben des rechten Arms ausrufen ›Heil 3,50 Mark‹ oder ›Kartoffeln 3,75 Mark‹, worauf mit einer ähnlichen Bemerkung, etwa ›Erbsen 50 Pfennige‹ geantwortet wird.«

Die Preise für Grundnahrungsmittel waren bei gleichbleibenden Löhnen von 1934 bis 1935 stark gestiegen, für Margarine z. B. um 66%, für Speiseöl um 35%. Fetter Speck war 1935 um 14% teurer als im Vorjahr, und Kartoffeln kosteten um ein Drittel mehr.

Ab 1936 stabilisieren sich die Lebensmittelpreise, da die Regierung nun strenge Preiskontrollen durchführt. Den Bergleuten bleibt über den Kauf des Lebensnotwendigen hinaus etwas Geld für Genußmittel und Vergnügen übrig. In Essen steigt der Bierkonsum pro Kopf von 49,5 l im Jahr 1936 auf 54 l im Jahr 1937, bleibt aber immer noch hinter dem Wert von 1930 (75,3 l) zurück. Auch die Zahl der Kinobesucher nimmt im Revier stetig zu. Regelmäßiger Genuß von frischem Obst, Gemüse, Milch und Eiern ist jedoch für die meisten Arbeiterhaushalte unerschwinglich. Im Zeitraum 1936 bis 1938 ist etwa ein Sechstel der Ruhrbergleute von gerichtlichen Pfändungen betroffen, weil sie die Raten für Kleidungsstücke, Hausrat und Möbel nicht aufbringen können. Obwohl sich einzelne Arbeiterhaushalte den Luxus eines Radios oder einer Waschmaschine leisten, herrscht im Ruhrgebiet insgesamt Unzufriedenheit mit den Lebensumständen. Häufig kommt es zu Engpässen in der Versorgung.

Bauarbeiter bei der Essenspause in Duisburg

Ein Auto bleibt für die Arbeiter noch unerschwinglich

Besuch Hitlers im Essener Krupp-Werk

27. März 1936. Adolf Hitler besucht die Essener Krupp-Werke in Begleitung von Rudolf Heß, Joseph Goebbels und Robert Ley. Vor 10 000 Belegschaftsmitgliedern spricht er in der Lokomotivenhalle des Werks. Nachdem er seine Ansprache beendet hat, ertönen die Werkssirenen, die an einen Vorfall während der Besetzung des Ruhrgebiets durch französische Truppen erinnern sollen, wobei 13 Kruppianer den Tod gefunden hatten (→ 1923). Gustav Krupp von Bohlen und Halbach erklärt dazu: »Nach der Machtübernahme durch Adolf Hitler hatte ich die Genugtuung, dem Führer melden zu können, daß Krupp nach geringer Anlauffrist für die Wiederwehrhaftmachung des deutschen Volkes ohne Lücken in seinen Erfahrungen bereitstehe – das Blut der Kameraden vom Karsamstag 1923 war nicht umsonst geflossen.«

Die Essener Krupp-Werke hatten seit der Machtübernahme durch die Nationalsozialisten die Produktion von Rüstungsgütern stark gesteigert. So wuchs der Anteil von Kriegsmaterial am Gesamtumsatz zwischen 1932 und 1934 von 7 Mio RM auf über 40 Mio RM. Hitler gibt in diesem Jahr dem Krupp-Werk den Auftrag, ein Geschütz zu konstruieren, das in der Lage ist, die schweren Befestigungsanlagen Frankreichs zu durchschlagen (→ 1942). Hitler hatte die Kruppsche Fabrik zum ersten Mal im Juni 1934 besucht, als er sich aus Anlaß der Hochzeit des Gauleiters Joseph Terboven in Essen aufhielt.

Parademärsche, militärische Spiele und Drill gehören in der HJ zum Bestandteil des Erziehungsprogramms

Gesten der Männlichkeit: Eine HJ-Gruppe am Rande einer NS-Großkundgebung in Bochum

HJ wird zentrale Jugendorganisation

1. Dezember 1936. Die Hitlerjugend (HJ), die Jugendorganisation der NSDAP-Kampfverbände, wird durch ein Reichsgesetz zur zentralen Jugendorganisation erhoben. Alle früheren Jugendorganisationen sind jetzt in ihr gleichgeschaltet (→ 26. 5. 1933). Die Jugendlichen zwischen 10 und 18 Jahren werden in der HJ, wie es in § 2 des Gesetzes heißt, »zum Dienst am Volk und zur Volksgemeinschaft erzogen«, also nach dem vom Führer und Reichskanzler Adolf Hitler gezeichneten Bild des »nationalsozialistischen Menschen« geformt.

NS-Jugendorganisationen

Jungvolk und Jungmädelbund	10 – 14 Jahre
Hitlerjugend	14 – 18 Jahre
Bund Deutscher Mädel	14 – 18 Jahre
Glaube und Schönheit	18 – 21 Jahre

Die Freizeit der Jugendlichen ist bis ins Kleinste organisiert, Schulungsunterricht, Heimabende und Zeltlager gehören ebenso wie auch die sportliche Ertüchtigung zum Leben der jungen Menschen.
Für die Aufnahme ins Jungvolk müssen die sog. Pimpfe die »Schwertworte«, d. h. die nationalsozialistischen Grundbegriffe, aufsagen, das Horst-Wessel-Lied mit allen Strophen rezitieren, Kartenlesen, an Geländeübungen teilnehmen und bei Altpapier-, Schrott- und anderen Sammlungen mitmachen. Hinzu kommen sportliche Leistungsanforderungen. Schon die Pimpfe lernen das Verlegen von Fernsprechkabeln und schießen mit Kleinkalibergewehren. Militärischer Drill und die Uniform ziehen die Jugendlichen ebenso an wie Kameradschaft im Zeltlager, Geländespiele, Wanderungen und Lagerfeuerromantik.
Die vormilitärische Erziehung wird in der HJ fortgesetzt, die Palette der Aktivitäten wird hier vielfältiger: Es gibt eine Motor-HJ, eine Marine-HJ, ein HJ-Segelfliegerkorps und eine Elitetruppe, den sog. Streifendienst, die den Führerpersönlichkeiten und technisch versierten Jugendlichen vorbehalten ist. Das Führerprinzip ist die oberste Maxime der HJ.
Die Mädchen werden in gleicher Weise in militärischen Formen erzogen und müssen sportliche Leistungen zeigen, als wichtigstes Ziel gilt hier jedoch die Vorbereitung auf ihre Rolle als Hausfrau und Mutter. Um die Mädchen auch nach dem 18. Lebensjahr noch an eine nationalsozialistische Gemeinschaft zu binden, ersetzt die Organisation »Glaube und Schönheit« den BDM bis zum 21. Lebensjahr. Dort werden die Mädchen und jungen Frauen in sog. »weiblichen« Unterrichtsfächern wie Körperkultur, Gesundheitslehre und Haushaltskunde unterwiesen. Ab 1936 gibt es einen »Staatsjugendtag«, am Samstag gehen die Kinder nicht mehr in die Schule, sondern zur Hitlerjugend.

Adolf Hitler fordert in Essen verstärkte Rüstungsproduktion

Körperliche Ertüchtigung spielt auch im BDM eine wichtige Rolle; nicht Kraft, sondern Anmut und Grazie werden bei Mädchen angestrebt

Herten, Datteln, Marl zu Städten erhoben

20. April 1936. Anläßlich des Geburtstags von Führer und Reichskanzler Adolf Hitler erhalten Datteln, Marl und Herten Stadtrechte. Gemäß der Gemeindeordnung von 1935 dürfen sich nur solche Gemeinden »Stadt« nennen, die nach Struktur, Siedlungsform, Gebietsumfang und Einwohnerzahl städtisches Gepräge aufweisen. Zusätzliche Rechte sind mit der Ernennung zur Stadt nicht verbunden.

Für Datteln kommt die Erhebung zur Stadt so überraschend, daß keine entsprechenden Feierlichkeiten vorbereitet werden können. Erst im Juni findet eine Festwoche statt, die mit einem Reit-, Spring- und Fahrturnier des Reitervereins in Datteln-Natorp eröffnet wird.

Marl erhält die Stadtwerdungsurkunde verspätet, so daß erst im September/Oktober eine Festwoche mit sportlichen Veranstaltungen, Theateraufführungen und Heldenehrungen veranstaltet werden kann.

Recklinghausen begeht 700-Jahr-Feier

13. bis 15. Juni 1936. Recklinghausen begeht die 700-Jahr-Feier zum Gedenken an die Verleihung der erweiterten Stadtrechte durch den Kölner Erzbischof Heinrich von Molenark im Jahr 1236 (→ 1236). Höhepunkt der Feierlichkeiten ist ein historischer Festzug durch die mit Girlanden und Plakaten (Abb.) geschmückte Innenstadt. Über 50 Gruppen in historischen Kostümen erinnern an unterschiedliche Epochen und Ereignisse aus der wechselvollen Geschichte der Stadt.

Erstmals Wittener Kammermusiktage

1936. Auf Initiative des Komponisten Robert Ruthenfranz (1905–1970) werden erstmals die Wittener Musiktage veranstaltet. Sie entwickeln sich bald zu einem Forum der Pflege moderner Kammermusik. Schon beim ersten Festival sind namhafte zeitgenössische Komponisten vertreten, darunter Heinrich Kaminski, Hugo Distler und Joseph Haas. Auch Werke weniger bekannter Komponisten werden aufgeführt; für sie sind die Musiktage ein Forum, um bekannt zu werden und Verleger für ihre Werke zu finden. Robert Ruthenfranz, der Begründer der Wittener Kammermusiktage, ist ein Sohn der Stadt. Er studierte am Konservatorium in Dortmund (→ 1. 10. 1901) und war von 1930 bis 1932 werdender Kapellmeister am Hagener Stadttheater.

1964 übernimmt die Stadt Witten die Kammermusiktage. Ab 1968 ist der Westdeutsche Rundfunk für die Programmgestaltung zuständig.

Neue Großanlage zur Kohlehydrierung

1936. Als Tochterunternehmen der Gelsenkirchener Bergwerks AG wird die Gelsenberg Benzin AG gegründet. Ziel des Unternehmens ist nach dem Gründungsstatut die »Herstellung von Treibstoffen und Ölen und anderen auf Kohlebasis beruhenden Erzeugnissen«. Die geplante Kohleverflüssigungsanlage soll nach dem Bergius-Hydrierverfahren arbeiten, bei dem Benzin aus Steinkohle durch Synthese von Kohle und Wasserstoff zu Kohlenwasserstoff unter starkem Druck und bei hohen Temperaturen gewonnen wird (→ 1913).

Im Frühjahr 1937 beginnen in Gelsenkirchen-Horst die Bauarbeiten für das Hydrierwerk. Die Anfangskapazität der Anlage wird auf 150 000 t Benzin jährlich berechnet. Nach Inbetriebnahme des Werkes soll die Kapazität auf 400 000 Jahrestonnen ausgebaut werden.

Ebenso wie die ein Jahr zuvor gegründete Hydrierwerk Scholven AG (→ 22. 7. 1935), verfügt auch die Gelsenberg Benzin AG durch ihre Muttergesellschaft über eine ausreichende Rohstoffbasis. Noch im Jahr der Unternehmensgründung beginnt auf der zur Gelsenkirchener Bergwerks AG gehörenden und seit 1925 stillgelegten Schachtanlage Nordstern 3/4 in der Nachbarschaft des Hydrierwerkes die Förderung von Gasflammkohle. Sie bildet die Basis des Hydrierprozesses. Die zur Destillation von Wasserstoff benötigten Koksgase bezieht die Gelsenberg AG aus Kokereien.

Den Hydrierwerken der Hibernia und der Gelsenkirchener Bergwerks AG kommt im Rahmen nationalsozialistischer Wirtschaftspolitik herausragende Bedeutung zu: Die Erzeugung von Treibstoff aus heimischer Steinkohle verringert die Abhängigkeit von ausländischen Importen. Vier Wochen vor Kriegsausbruch werden am 3. August 1939 die ersten 1000 t Benzin von der Gelsenberg Benzin AG ausgeliefert.

Waggon mit den ersten 1000 t Benzin aus den Hydrieranlagen der Gelsenberg Benzin AG am 3. August 1939 auf dem werkseigenen Schienenanschluß

Ruhrchemie nutzt Synthese-Verfahren

1936. Die Ruhrchemie AG in Oberhausen-Holten nimmt eine Fischer-Tropsch Anlage zur Herstellung von synthetischem Treibstoff aus Steinkohle in Betrieb. Im ersten Produktionsjahr werden in der Anlage 10 000 t Benzin und Schweröle hergestellt, ihre endgültige Kapazität ist auf 75 000 t jährlich ausgelegt.

Die Ruhrchemie AG hatte die Lizenz für das Fischer-Tropsch Verfahren (→ 1926) am 27. Oktober 1934 von der Mülheimer Studien- und Verwertungsgesellschaft mbH erworben. 1935 wurde als Schwesterfirma die Ruhrbenzin AG gegründet, die die Oberhausener Anlage betreibt.

1936 gehen drei weitere Fischer-Tropsch Werke in Betrieb: Bei der Braunkohlen AG in Ruhland, der Gewerkschaft Victor in Castrop-Rauxel und der Rheinpreußen AG in Homberg. Obwohl als Treibstoffwerke konzipiert, liegt ihr Schwerpunkt auf der Produktion von Fetten und Ölen; für die Benzinversorgung erlangen sie kaum Bedeutung: Während die Gesamtkapazität aller deutschen Hydrierwerke in den 40er Jahren bei 3,7 Mio t liegt, produzieren die Fischer-Tropsch Werke lediglich 0,2 Mio t Treibstoff.

Ruhrgebiet feiert begeistert seine Olympiasieger

August 1936. An den Olympischen Sommerspielen, die vom 2. bis zum 16. August in Berlin stattfinden, nehmen zahlreiche Sportler aus dem Ruhrgebiet teil. Einige von ihnen erringen auch Medaillen und werden bei ihrer Heimkehr in den Städten des Ruhrgebiets begeistert gefeiert. Die erfolgreichen Athleten kommen aus Bereichen des Sports, die im Ruhrgebiet bereits populär sind: Leichtathletik, Boxen und Gewichtheben sowie Handball, Wasserball und Hockey.

Unter den Leichtathleten gewinnt die Duisburgerin Anni Steuer über 80 m Hürden die Silber-Medaille. Die Zielfotografie entscheidet über die ersten Plätze, da vier Läuferinnen mit einer Zeit von 10,7 sec gestoppt werden. Gold geht an die Italienerin Trebisonda Valla.

Bei den Männern erringt der Bochumer Erich Borchmeyer, der schon 1932 in Los Angeles dabei war, eine Bronze-Medaille zusammen mit der 4 × 100-m-Staffel. Mit 41,2 sec sind die Deutschen nur eine Zehntelsekunde langsamer als die italienische Mannschaft. Die Staffel der USA gewinnt Gold mit 39,8 sec.

Auch in den Kraftsportarten sind Revierathleten mehrfach vertreten. Der Boxer Willi Kaiser aus Gladbeck gewinnt die Gold-Medaille im Fliegengewicht, sein Kamerad Michael Murach aus Gelsenkirchen-Schalke erhält Silber im Mittelgewicht. Die deutsche Box-Staffel erringt drei weitere Medaillen in den acht olympischen Gewichtsklassen. Bei den Gewichthebern sind die beiden Essener Karl Jansen und Adolf Wagner mit je einem dritten Platz erfolgreich: Jansen im Leichtgewicht mit 327,5 kg und Wagner im Mittelgewicht mit 352,5 kg. Wagner muß trotz gleicher gestemmter Kilozahl den zweiten Rang seinem Teamkameraden Rudolf Ismayr überlassen, der das geringere Körpergewicht auf die Waage bringt.

In den Mannschaftssportarten sind an der Gold-Medaille im Feld-Handball drei Duisburger beteiligt: Hans Kaiser (Endspiel) sowie Günter Ortmann und Edgar Reinhardt (Vorrunde). Harald Hoffmann aus Essen ist der erste olympische Feldhockey-Spieler aus dem Ruhrgebiet. Das deutsche Team erzielt im Endspiel gegen Indien das einzige Tor, das die Inder während des Turniers hinnehmen müssen, und erringt die Silber-

Goldmedaille im Fliegengewicht der Boxer: Willi Kaiser, Gladbeck

Karl Jansen, Bronze-Gewinner im Leichtgewicht der Gewichtheber

Bochumer Bronzemedaillengewinner E. Borchmeyer (4 × 100-m-Staffel)

Medaille. Ebenfalls Silber gewinnen die Wasserballer, unter denen wiederum zwei Duisburger Sportler sind: Paul Klingenburg und Hans Schneider. Sogar im olympischen Segelwettbewerb erringt mit Alfried Krupp von Bohlen und Halbach ein Ruhrgebietler eine Medaille. Krupp trägt als Mitglied der Crew von Hans Howaldt eine Bronze-Medaille in der Acht-Meter-Klasse nach Hause.

Die Planung für die Sommerspiele, die nach der Nominierung Berlins von einem nationalen olympischen Ausschuß in Angriff genommen worden war, ging 1934 in die Hände eines neugeschaffenen Gremiums unter Leitung des NS-Reichssportführers Hans von Tschammer und Osten über. Die Spiele gelten als Demonstration der Größe und Stärke des Dritten Reichs, und die Erfolge der deutschen Sportler werden von Rundfunk und Zeitungen propagandistisch ausgeschlachtet.

Auch im Ruhrgebiet ist die Begeisterung zu spüren. Menschenmassen erwarten die Helden der Nation bei ihrer Rückkehr in die Heimat. Für den Gold-Medaillengewinner im Boxen, Willi Kaiser, muß die Polizei seiner Heimatstadt Gladbeck einschreiten, um ihm einen Weg durch die Menge zu bahnen. Nach den entbehrungsreichen Jahren der Wirtschaftskrise erfaßt das Gefühl »Wir sind wieder wer« die Menschen. Da im Internationalen Olympischen Komitee Bedenken gegen Berlin als Austragungsort bestanden – vor allem wegen des nationalsozialistischen Antisemitismus – machte Adolf Hitler »Zugeständnisse«. Um die wertvolle Propaganda nicht in letzter Minute wieder zu verlieren, werden auch zwei Sportler jüdischer Abstammung für die deutsche Mannschaft nominiert. Allerdings ist die Rücksichtnahme auf das ausländische Publikum im Ruhrgebiet weniger deutlich. Während in Berlin und Umgebung die antisemitischen Schilder und Transparente entfernt werden und auch das Hetzblatt »Der Stürmer« aus den Läden verschwindet, übt man im Revier kaum vergleichbare Zurückhaltung.

Die Duisburgerin Anni Steuer (r.) auf dem Weg zur Silber-Medaille über 80 m Hürden im Berliner Olympia-Stadion; erst das Zielfoto entscheidet über die Reihenfolge der vier Läuferinnen, die mit 10,7 sec gestoppt werden

1937

3. 3. Die Deutsche Arbeitsfront zeigt in einer Ausstellung in Gelsenkirchen vorbildliche Betriebseinrichtungen. →

1. 5. Dem Bochumer Verein wird die Bezeichnung »Nationalsozialistischer Musterbetrieb« verliehen. →

Sommer. Im Rahmen der NS-Gemeinschaft »Kraft durch Freude« werden Rheinfahrten organisiert. →

26. 6. Schalke 04 wird durch einen 2:0-Sieg über den 1. FC Nürnberg in Berlin Deutscher Fußballmeister. →

3. 8. Reichsminister Hermann Göring läßt die öffentlichen Kunstsammlungen überprüfen und alle Werke der »entarteten Kunst« entfernen. →

11. 8. Alfried Krupp von Bohlen und Halbach wird zum Wehrwirtschaftsführer ernannt. →

4. 9. Der Exilvorstand der sozialdemokratischen Partei Deutschlands (Sopade) berichtet, daß 88% der Schulkinder in Rheinland-Westfalen unterernährt sind. →

20. 9. In Essen wird die Steinkohlen-Elektrizitäts-Aktiengesellschaft (Steag) gegründet. →

27. 9. Adolf Hitler und der italienische Duce Benito Mussolini besuchen die Krupp-Werke in Essen. →

1937. In Dortmund werden zahlreiche Schulen auf die Namen von durch die Nationalsozialisten verehrten Persönlichkeiten umbenannt. →

1937. In den Städten des Ruhrgebiets gibt es eine vielfältige jugendliche Gegenkultur zur staatlich organisierten Jugendarbeit. →

1937. Der Radrennfahrer Walter Lohmann aus Bochum wird in Kopenhagen Weltmeister der Steher. →

1937. Dortmund und Essen sind Zentren des Kraftsports im Revier. →

1937. Fritz Springorum übergibt die Leitung der Dortmunder Hoesch-Werke an Erich Tgahrt. →

1937. Im Dinslakener Bandeisenwalzwerk der August Thyssen-Hütte geht die erste deutsche Breitband-Warmstraße in Betrieb. →

GEBOREN:

8. 2. Duisburg: Manfred Krug, Schauspieler, Jazzvokalist und Chansonsänger.

21. 4. Hagen: Werner Kaltefleiter, Sozialwissenschaftler und Politologe.

16. 8. Dortmund: Dieter Schwarzenau, Journalist.

31. 12. Duisburg: Nicolas Born († 7. 12. 1979, Hamburg), Schriftsteller.

KdF-Werbung für Sparkarten zur Urlaubs-Finanzierung

Plakat für den Sparfonds zum Volkswagenkauf von KdF

Mit Kraft durch Freude in den Urlaub

Sommer 1937. Im Rahmen der Nationalsozialistischen Gemeinschaft »Kraft durch Freude« (KdF) werden auch in den Städten des Ruhrgebiets Ausflugsfahrten und Veranstaltungen angeboten. KdF organisiert preiswerte Urlaubsreisen, Kurzausflüge und unterhaltende Abende sowie Theaterbesuche und wird als sichtbarer Beweis für die Schaffung der nationalsozialistischen Volksgemeinschaft gefeiert.

Seit die KdF-Gemeinschaft im Rahmen der Deutschen Arbeitsfront (→ 20. 1. 1934) ins Leben gerufen wurde, propagiert sie das Ziel, Urlaubsfahrten für Arbeiter selbstverständlich zu machen: »KdF überholt jede Arbeitskraft von Zeit zu Zeit, genauso wie man den Motor eines Kraftwagens nach einer gewissen Kilometerzahl überholen muß.« Laut KdF soll jeder deutsche Arbeiter (damit ist in nationalsozialistischer Terminologie jeder Berufstätige gemeint) einmal im Jahr zehn Tage in den Urlaub fahren dürfen – wenn möglich mit seiner Familie.

Der Reiseveranstalter der KdF, das Amt für Reisen, Wandern und Urlaub (RWU), hat fast alle anderen Veranstalter von Billigreisen vom Markt verdrängt und bietet Urlaubsfahrten sowie Kurzausflüge an, wobei die Kreuzfahrten auf KdF-Schiffen nach Madeira und in die norwegischen Fjorde zu den besonderen Attraktionen zählen. Obwohl diese Reisen vergleichsweise billig sind und Zuschüsse aus der Kasse der Deutschen Arbeitsfront erhalten, können sich einfache Arbeiter nicht daran beteiligen. Für die untersten Schichten sind nur die ein- bis höchstens dreitägigen Kurz- und Wanderfahrten erschwinglich. Auch wenn die Fernreisen nicht für jedermann bezahlbar sind, so erhöhen die Bemühungen um die Freizeitgestaltung der arbeitenden Bevölkerung doch das Prestige des Regimes.

Beteiligung an KdF	
Kurz- und Wanderfahrten	6,8 Mio
Längere Urlaubsreisen	120 000
Preise für Fahrten mit KdF	
Wanderausflug von Bochum nach Hösel	0,95 RM
Fahrt zum Großen Preis von Deutschland	4,70 RM
Rheinfahrt von Bochum aus	4,60 RM
14 Tage Ostsee oder Bayern	50,00 RM

Vorführung von Volkswagen in Bochum; KdF-Aktion im Zusammenhang mit dem Versprechen des NS-Regimes, jeder Deutsche könne bald ein Auto haben

Schulkinder leiden an Unterernährung

4. September 1937. In den zwischen 1934 und 1940 vom Exilvorstand der verbotenen Sozialdemokratischen Partei Deutschlands (Sopade) herausgegebenen Berichten wird der schlechte Gesundheitszustand der Schulkinder in Rheinland-Westfalen geschildert und die Arbeit der Nationalsozialistischen Volkswohlfahrt kritisiert.

Nach Informationen der Sopade ergab eine von Regierungsstellen durchgeführte Untersuchung, daß 88% der Schulkinder unterernährt sind. Die Hälfte der Kinder kommt ohne Brote zur Schule, und ein Teil von ihnen erhält kein Frühstück. Diese Zahlen wurden nicht veröffentlicht. Die Fürsorge-Organisation NSV (Nationalsozialistische Volkswohlfahrt) leitete jedoch eine propagandawirksame Hilfsaktion ein. Alle Kinder erhalten täglich ein Brötchen und 1/4 l Milch. Die Sopade kommentiert: »Als ob es das vor Hitler nicht schon längst gegeben hätte... die Kommunen taten aber viel mehr, und die sozialistische Arbeiterwohlfahrt leistete ganz in der Stille Außerordentliches. Jetzt muß erst die Unterernährung festgestellt werden, ehe geholfen wird.«

Die Versorgungslage in der Region ist seit Jahren schlecht (→ Juli/August 1935). Fleisch und Fett sind oft gar nicht zu bekommen, Obst und Milch nur zu hohen Preisen.

Nationalsozialistischer Drill auch bei Schulkindern, die vor dem Schulgebäude in Viererreihen mit dem sog. Hitler-Gruß an ihren Lehrern vorbeiziehen

Schule im Griff der NSDAP

1937. Mit der Umbenennung höherer Schulen in Dortmund machen die Nationalsozialisten auch symbolisch ihren Anspruch auf Gestaltung des Bildungswesens geltend: So werden z. B. das Staatliche Gymnasium in Schlageter-Oberschule und die Oberrealschule in Ludendorff-Oberschule umbenannt.

Schon der Grundschulunterricht ist auf die Anschauungen der NSDAP ausgerichtet. Im ersten Schuljahr lernen die Jungen und Mädchen (Grundschullehrplan für Groß-Dortmund, 1937): »Adolf Hitler ist ein Freund aller deutschen Kinder«; im vierten Schuljahr: »1. Mai. Führer und Gefolgschaft gehören untrennbar zusammen. . . . Das Ruhrgebiet ist Deutschlands Waffenschmiede.« Großen Einfluß auf die Schule nimmt die Hitlerjugend: Schüler, die Mitglied der HJ sind, werden samstags in ihrer HJ-Gruppe erzogen; die wenigen Nicht-Mitglieder haben normalen Unterricht. Die Einbindung der Kinder in die HJ führt zur Nachlässigkeit bei den Hausaufgaben, was einen allgemeinen Leistungsabfall nach sich zieht.

»Entartete Kunst« wird beschlagnahmt

3. August 1937. Aus den öffentlichen Kunstsammlungen in Preußen werden alle Werke der »Entarteten Kunst« entfernt. Betroffen ist u. a. das Museum Folkwang in Essen (→ 29. 10. 1922).

Christian Rohlfs

Die Liste der Künstler, die die »entarteten« Werke geschaffen haben, liest sich wie ein Who's who der klassischen Moderne: Max Beckmann, Braque, Cézanne, Chagall, Dix, Feininger, Heckel, Kirchner, Klee, Marc, Matisse, Munch, Nolde, Rohlfs, Schlemmer, Schmidt-Rottluff u. v. a. Wenige Wochen zuvor war in München die Wanderausstellung »Entartete Kunst« eröffnet worden. Hier wurde u. a. »Die Kniende« von Wilhelm Lehmbruck (→ 1911) gezeigt. Die Werke der als »entartet« eingestuften Künstler werden zum größten Teil 1938 bei einer öffentlichen Auktion in Luzern ins Ausland versteigert oder verbrannt. Schon 1933 war in einer Kunstzeitschrift ein Artikel erschienen, der in »Erzeugnissen mit weltbürgerlichen und bolschewistischen Vorzeichen« einzig den Wert sah, »als Heizmaterial öffentliche Gebäude zu erwärmen«.

Jugendliche Gegenkultur zu HJ und BDM

1937. Unter Jugendlichen entsteht eine vielfältige Oppositionsbewegung gegen die staatlich verordnete Jugendkultur in der Hitlerjugend (HJ) und dem Bund deutscher Mädel (BDM) (→ 1. 12. 1936).

Tausende junger Leute empfinden den Zwang zu militärischem Drill und immergleichen, streng nach Geschlechtern getrennten Heimabenden in HJ und BDM als unerträglich. In spontan gegründeten Gruppen pflegen sie einen eigenen, unreglementierten Lebensstil.

In mehreren Revierstädten bilden Jugendliche aus Arbeiterkreisen Gruppen der »Edelweißpiraten« wie die «Fahrtenstenze« in Essen oder die »Kittelbachpiraten« in Oberhausen. Sie treffen sich zu Wochenendfahrten in die umliegenden Naherholungsgebiete, wo sie zelten, singen, diskutieren und auch gelegentlich Kontrollgruppen des HJ-Streifendienstes »verkloppen«. Unter den bürgerlichen Jugendlichen aus der Mittelschicht entwickelt sich die sog. Swing-Bewegung. Ihre Anhänger hören in Clubs und Lokalen den verbotenen Swing und Jazz.

Mussolini und Hitler besuchen Krupp

27. September 1937. Im Rahmen eines Staatsbesuches trifft der italienische Ministerpräsident und Duce Benito Mussolini, begleitet von Adolf Hitler, in Essen ein, um die Krupp-Werke zu besichtigen. Amtlichen Angaben zufolge stehen 700 000 Menschen an ihrem Weg vom Essener Hauptbahnhof zum Krupp-Gelände Spalier. Das Hotel Handelshof ist mit dem Spruchband versehen worden: »Herzlich willkommen in der Waffenschmiede des Reiches.«

Bei Krupp besichtigen die Gäste vor allem die Geschütz- und Panzerproduktion. Der Besuch Benito Mussolinis dient der Bekräftigung der Achse Berlin – Rom, dem Beistandsvertrag zwischen dem nationalsozialistischen Deutschen Reich und dem faschistischen Italien.

Treffpunkt der Dortmunder »Edelweißpiraten«, die Gaststätte »Haus Nierenburg« in der Nähe der Hohensyburg, des Hengsteysees und der 50-Pf-Wiese

Nationalsozialistische Musterbetriebe

1. Mai 1937. Am Gewerkschaftstag, dem »Tag der Arbeit«, wird dem Stahlunternehmen Bochumer Verein die Auszeichnung »Nationalsozialistischer Musterbetrieb« verliehen. Zum erstenmal zeichnet die Reichsregierung 30 Betriebe aus, die eine nach den Prinzipien der NSDAP vorbildliche Arbeits- und Sozialpolitik betreiben.

Organisiert wird dieser Wettbewerb von der Deutschen Arbeitsfront (DAF) (→ 20. 1. 1934). Ein Unteramt der DAF ist die auf dem Gebiet der betrieblichen Arbeitsbedingungen tätige NS-Gemeinschaft »Schönheit der Arbeit«. Im Rahmen dieser Aktion erhalten nach einer Verfügung vom 29. August 1936 solche Betriebe eine Ehrenurkunde oder die »Goldene Fahne« eines Musterbetriebs, die sich besonders um die Verbesserung der Arbeitsbedingungen bemüht haben. Dieser Wettbewerb steigert durch angenehmere Arbeitsumgebung (Schaffung von Aufenthaltsräumen, Begrünung des Werksgeländes, Verbesserung der sanitären Anlagen) nicht nur die Produktivität, sondern auch die Disziplin der Belegschaft.

Neben dem Bochumer Verein werden in diesem Jahr die Bochum-Gelsenkirchener Straßenbahnen AG und die Bochumer Schlegel Scharpenseel Brauerei ausgezeichnet.

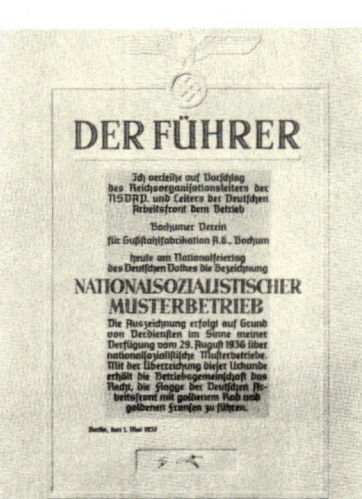

△ *Hermann Göring besichtigt unter Führung des Generaldirektors Walter Borbet eine der wichtigsten Waffenschmieden im Deutschen Reich, den Bochumer Verein, der wenig später als nationalsozialistischer Musterbetrieb ausgezeichnet wird; auch Hitler ist bei dem Stahlunternehmen zu Gast und läßt sich die Produktionsanlagen erläutern.*

◁ *Am »Tag der Arbeit«, dem 1. Mai 1937, erhält der Bochumer Verein die Auszeichnung eines »Nationalsozialistischen Musterbetriebs«. 1938 wird auch die Vereinigte Elektrizitätswerke Westfalen AG (VEW) in Dortmund ausgezeichnet.*

Modernes Walzwerk in Dinslaken eröffnet

1937. Die zur Thyssengruppe gehörende Bandeisenwalzwerk AG in Dinslaken nimmt die erste Breitband-Warmstraße im Deutschen Reich in Betrieb. In der Walzanlage, mit einem Aufwand von 6,8 Mio RM errichtet, können monatlich rund 50 000 t Metall verarbeitet werden. Das zu bearbeitende Metall wird in Öfen auf eine Temperatur von rund 1000 °C gebracht, ehe es zu Bandeisen von bis zu 12,8 cm Breite und einer Stärke herab bis zu 1,7 mm gewalzt wird. Durch die neue Technik können vier Fünftel der bisher benötigten Arbeitskräfte eingespart werden.

F. Springorum gibt Hoesch-Leitung ab

1937. Fritz Springorum gibt die Leitung der Dortmunder Hoesch-Werke aus gesundheitlichen Gründen an Erich Tgahrt ab, der zuvor Generaldirektor der Neunkirchener Eisenwerk GmbH war. Springorum, der den Vorsitz im Aufsichtsrat übernimmt, hatte seit 1925 die Hoesch-Werke geleitet. Ähnlich wie bei den Unternehmerfamilien Baare beim Bochumer Verein und Reusch bei der Gutehoffnungshütte hatte er die Nachfolge seines Vaters in der Unternehmensleitung angetreten.

DAF-Ausstellung zu Schwarz-Weiß-Kauen

3. März 1937. Die Deutsche Arbeitsfront (DAF; → 20. 1. 1934) zeigt in Gelsenkirchen eine Ausstellung mit vorbildlichen Betriebseinrichtungen auf Zechen. Die DAF-Unterorganisation »Schönheit der Arbeit« setzt sich mit dieser Aktion für »menschenwürdige Arbeitsstätten und gesunde und ordentliche Wasch- und Aufenthaltsräume« für Bergarbeiter ein.

Die Kritik gilt vor allem den Waschkauen, in denen die Privatkleidung der Bergleute durch Kohlenstaub und Wasserschwaden aus den Brauseräumen verschmutzt und durchfeuchtet wird. Die DAF propagiert die Einrichtung gut belüfteter und hygienischer sog. Schwarz-Weiß-Kauen, in denen die Straßenkleider sauber und trocken in einem »Weiß-Raum« aufbewahrt werden. In einem davon getrennten »Schwarz-Raum« wird die Arbeitskleidung an- und abgelegt. Da die Unternehmer die Kosten für bessere sanitäre Einrichtungen auf den Zechen scheuen, hat die DAF wenig Erfolg mit ihren Bemühungen.

Bergleute in der Kaue; die Kleidung hängt an Haken unter der Decke

Krupps erhalten Hitler-Auszeichnung

11. August 1937. Alfried Krupp von Bohlen und Halbach wird von Adolf Hitler zum Wehrwirtschaftsführer ernannt. Auch sein Vater Gustav erhält den Titel des Wehrwirtschaftsführers. Beide unterzeichnen eine »Erklärung über politische Einstellung«, in der es heißt: »Ich erkläre hiermit, daß ich rückhaltlos auf dem Boden der nationalsozialistischen Staatsauffassung stehe...« Alfried Krupp von Bohlen und Halbach, der zukünftige Erbe des Krupp-Imperiums, hatte drei Jahre zuvor sein Studium der Eisenhüttenkunde an den Technischen Universitäten Aachen, Berlin und München abgeschlossen. Nach einem Volontariat bei der Dresdner Bank in Berlin ist er seit Oktober 1936 in der Hauptverwaltung des Essener Unternehmens in der Abteilung für Rüstungsproduktion tätig.

Erfolgreiche Fußballer des FC Schalke 04, Gewinner der Deutschen Meisterschaft und des DFB-Vereinspokals

Erstes Doppel für Schalker Mannschaft

26. Juni 1937. Mit einem 2:0-Sieg über den 1. FC Nürnberg im Endspiel um die Deutsche Meisterschaft und dem Gewinn des Vereinspokals des Deutschen Fußballbundes in der gleichen Saison durch einen Sieg über Fortuna Düsseldorf schafft der FC Schalke 04 zum erstenmal das sog. ›Doppel‹, die beiden höchsten deutschen Fußballtitel.

Beim Endspiel um die Deutsche Meisterschaft vor 100 000 Zuschauern im Berliner Olympiastadion erringt Schalke seinen dritten Meistertitel (nach 1934 und 1935) in folgender Aufstellung: Hans Klodt, Hans Bornemann, Otto Schweißfurth, Rudi Gellesch, Otto Tibulski, Walter Berg, Ernst Kalwitzki, Fritz Szepan, Ernst Pörtgen, Ernst Kuzorra und Adolf Urban. Im Pokalendspiel gegen Fortuna Düsseldorf, das am 9. Januar 1938 in Köln vor 70 000 Zuschauern ausgetragen wird, treten die ›Kumpels‹ aus Gelsenkirchen in fast gleicher Besetzung an. Szepan und Kalwitzki schießen die Schalker Tore zum 2:1-Endstand. Die Spieler von Schalke werden überall, wo sie auftauchen, umjubelt und gefeiert.

Schalker Kreisel schafft sie alle

Die Erfolge des FC Schalke 04 beruhen nicht zuletzt auf der besonderen Spieltaktik der Mannschaft, dem sog. »Schalker Kreisel«. Mit »Kreisel« wird das Kombinationsspiel der Schalker bezeichnet; schnelle, präzise geschlagene Flachpässe, die dem englischen Fußball abgeschaut wurden, verbinden sich zu raffinierten Spielzügen.

Lange Jahre des Aufstiegs haben die Spieler der Schalker Mannschaft zu einer Einheit werden lassen und enge, oft freundschaftliche Beziehungen zwischen ihnen geschaffen; ein beinahe blindes Verständnis untereinander führt die vor allem von Fritz Szepan aufgebauten Kombinationen der Königsblauen zum Erfolg.

Auf dem Schalker Markt feiern die Gelsenkirchener immer wieder die Siege ihrer »Kumpels«. Menschenmassen drängen sich zur Begrüßung der Stars in den Straßen, und die Häuser sind mit blau-weißen Fahnen geschmückt. Trotz guter Angebote von Profi-Vereinen bleiben alle Schalker Spitzenspieler ihrem Verein treu.

Radsporterfolge von Lohmann und Bautz

1937. Der Bochumer Radprofi Walter Lohmann wird bei den Titelkämpfen in Kopenhagen Weltmeister der Steher. Der Titel ist der bisher größte Erfolg des Bochumers und wird in den Lokalzeitungen mit entsprechenden Schlagzeilen gefeiert. Wie sein Freund und Rivale Erich Metze (→ 1934) begann Lohmann Ende der 20er Jahre als Straßenfahrer. Nach dem Wechsel zur Bahn feierte er seinen ersten großen Sieg 1933, als er zusammen mit dem Kölner Viktor Rausch das 30. Berliner Sechstagerennen gewann. Es war das letzte Sechstagerennen vor dem Zweiten Weltkrieg, denn 1935 wurden diese Rennen vom nationalsozialistischen Reichsbund für Leibeserziehung als »sportunwürdiges Spektakel« verboten.

Walter Lohmann startet daraufhin bei Sechstagerennen im Ausland,

Radrennfahrer Walter Lohmann

fährt aber seit 1936 im Deutschen Reich auch Steherrennen. Wegen seines geringen Gewichts nennen ihn die Kollegen »Luft«. Er gilt als bester Steher der Welt.

Seinen größten Erfolg feiert 1937 auch der Dortmunder Erich Bautz:

Erich Bautz bei der Tour de France

Bei der 31. Tour de France trägt er über 710 km drei Tage lang das Gelbe Trikot des Spitzenreiters. Das Ziel erreicht er trotz zahlreicher Defekte als Neunter. Im gleichen Jahr ist er auch Champion der deutschen Straßen-Radprofis.

Kraftsportzentren Dortmund und Essen

1937. Neben dem Radsport nimmt besonders der Kraftsport Mitte der 30er Jahre einen hohen Stellenwert ein. So ist Dortmund eine Hochburg der Ringer und bis 1957 die einzige Stadt im Ruhrgebiet, die Deutsche Mannschaftsmeister in dieser Sportart hervorbringt. Essen gehört zu den Zentren der Gewichtheber.

Die Dortmunder Ringer sind mit den Mannschaften des SC 04 Dortmund-Hörde und des ASV Heros Dortmund mehrfach bei den Deutschen Meisterschaften erfolgreich.

Im Gewichtheben wird der ASV 1888 Essen dreimal Deutscher Mannschaftsmeister (1935, 1936 und 1938). Die Stadt bringt auch international erfolgreiche Athleten hervor: Karl Jansen, Adolf Wagner und Hans Gottschalk erringen Medaillen bei Welt- und Europameisterschaften sowie bei der Olympiade 1936.

1938

11. 3. Das Richtfest für den Bau des Heereszeugamts für die Panzerwaffe in der Stadt Unna wird begangen.

17. 4. Der Reichssender Köln überträgt erstmals ein Hafenkonzert von der Mühlenweide in Duisburg-Ruhrort. →

26. 4. In der Essener Gruga wird die Reichsgartenschau eröffnet.

9. 5. In Marl wird die Chemische Werke Hüls GmbH als Unternehmen der IG Farben und der Bergwerksgesellschaft Hibernia gegründet. →

3. 7. Im Wiederholungsspiel um die Deutsche Fußballmeisterschaft in Berlin unterliegt Schalke 04 gegen Hannover 96 mit 3:4.

16. 7. Anläßlich der Beerdigung des Industriellen Emil Kirdorf erscheint Adolf Hitler in Gelsenkirchen. →

Herbst. Die großen Stahlunternehmen des Ruhrgebiets werden gezwungen, Fachpersonal für die staatseigenen Reichswerke Hermann Göring in Salzgitter bereitzustellen. →

28. 9. Durch einen Geheimbefehl der Deutschen Reichsregierung werden auch die Ruhrgebietsstädte aufgefordert, sich auf einen Mobilmachungsfall vorzubereiten. →

13. 10. Der Führer und Reichskanzler Adolf Hitler besucht die Krupp-Werke in Essen.

9./10. 11. In der sog. Reichskristallnacht finden in den Ruhrgebietsstädten zahllose Übergriffe auf jüdische Bürger und Einrichtungen der jüdischen Gemeinden statt. →

30. 12. Der Gemeinde Waltrop wird das Recht verliehen, die Bezeichnung Stadt zu führen.

1938. Die Vereinigte Aluminiumwerke AG nimmt in Lünen eine neue Aluminiumhütte in Betrieb.

1938. Vom Siedlungsverband Ruhrkohlenbezirk wird der erste »Generalverkehrsplan für den Ruhrkohlenbezirk« herausgegeben.

1938/43. Die der Bergbau AG Ewald-König Ludwig gehörende Gewerkschaft Haus Aden errichtet in (Bergkamen-)Oberaden die Zeche Haus Aden.

GESTORBEN:

8. 1. Hagen: Christian Rohlfs (*22. 11. 1849, Groß Niendorf/Kreis Segeberg), Maler und Grafiker.

16. 2. Berlin: Otto zur Linde (*26. 4. 1873, Essen), Schriftsteller.

13. 7. Mülheim an der Ruhr: Emil Kirdorf (*8. 4. 1847, Mettmann/Düsseldorf), Industrieller (→ 16. 7. 1938).

Selbstschutz dient Kriegsvorbereitung

28. September 1938. Aufgrund von Befürchtungen, die international zugespitzte Lage im seit März andauernden Sudetenkonflikt könne zum Kriegsausbruch führen, erläßt die Reichsregierung einen Geheimbefehl, dem zufolge sich auch die Ruhrgebietsstädte auf den Mobilmachungsfall einzurichten haben. In der Duisburger Flak-Garnison werden daraufhin verstärkt Übungen zur Abwehr feindlicher Flugzeuge durchgeführt. Nacht für Nacht erhellen die Lichtkegel der Abwehrgeschütze den Himmel der Garnisonsstadt, in der schon im Rahmen der Rheinlandbesetzung (→ 7. 3. 1936) am 6. April 1937 erste Flak-Batterien stationiert worden waren.

Gründe für verstärkte Anstrengungen im Luftschutz liegen in der kriegsvorbereitenden Außenpolitik der Reichsregierung. Am 13. März des Jahres hatte Hitler Österreichs »Anschluß ans Reich vollzogen«. Als Konrad Henlein, Führer der sudetendeutschen Partei, am 24. April die Selbstverwaltung der unter tschechoslowakischer Herrschaft stehenden sudetendeutschen Gebiete forderte, befürchtete das Ausland, die deutsche Regierung bereite den Einmarsch in die Ostgebiete vor.

Tatsächlich werden von der Wehrmacht militärische Vorbereitungen unternommen. Zunächst kann der Einmarsch in östliche Gebiete durch den Zuspruch des Sudetenlandes an das Deutsche Reich im Münchner Abkommen vom 29. September 1938 verhindert werden. Trotzdem beginnt die Regierung auch in den Städten des Ruhrgebiets mit verstärkten Luftschutzübungen, um die Zivilbevölkerung auf einen möglichen »Ernstfall« vorzubereiten. Unter dem Motto »Luftschutz ist Selbstschutz« wird die Bevölkerung in Verdunkelung, Feuerschutz und Befehlsübermittlung ausgebildet. In Duisburg errichtet der Reichsluftschutzbund in zunehmendem Maße Bunker. Keller in Schulen und anderen öffentlichen Gebäuden erhalten Schutzraumausstattungen. Obwohl der Duisburger Hafen als Standort von Großmühlen bereits über eine Reihe großer Getreidespeicher verfügt, werden noch fünf weitere dieser sog. Brotschränke des Ruhrgebiets gebaut, darüber hinaus Turnhallen und Säle aller Art beschlagnahmt und mit Getreidevorräten gefüllt. Auch gelegentliche Besuche von Flotteneinheiten auf dem Rhein bei Duisburg tragen zur psychologischen Vorbereitung der Bevölkerung auf den Ernstfall bei.

Den Haupteingang zur neuen Kasernenanlage für Schutzstaffel-Einheiten in Unna versperren schwere, ornamental gestaltete Eisentore

Angst vor neuem Krieg wird immer stärker

In der Bevölkerung des Ruhrgebiets breitet sich zunehmend die Angst vor einem neuen großen Krieg aus. Jüngster Anlaß ist der Einmarsch deutscher Truppen in das Sudetenland am 1. Oktober 1938. In den »Deutschland-Berichten der Sozialdemokratischen Partei Deutschlands (Sopade)« berichtet eine Stimme aus Dortmund:

»Der furchtbaren Spannung der Tage um den 1. Oktober herum ist eine große Entspannung erfolgt. Aber niemand vermag so recht an eine längere Zeit der Ruhe zu glauben. Das Volk beobachtet die immer umfangreicheren Rüstungen, es fragt sich, wohin das führen soll. Das Geraune über neue Absichten des Führers hört nicht auf. Man denkt in erster Linie an die völlige Wiedereinfügung Danzigs in das Deutsche Reich und an die Kolonien. Daß die Vermutungen immer neue Nahrung finden, dafür sorgen schon gewisse Naziführer. So hat der Gauleiter Wagner ... bereits klar ausgesprochen, daß es keine Ruhe gäbe ...: ›Nun gibt es Menschen, ... denen dieser Weg zu gefährlich war. ... Des Risikos werden wir in der Politik nie entbunden sein. Risikolose Politik gibt es nur dann, wenn man Verzicht leistet, ein großes wachsendes, freies Volk zu sein, das gleichzeitig mitbestimmend in die Weltgeschichte einzugreifen entschlossen ist. ... Der Marsch in die Freiheit ist ja nie etwas anderes gewesen als der Marsch auf den Trümmern des Versailler Vertrages. ...
Wir riskieren das Äußerste, d. h. es gibt gar nichts, was uns zurückscrecken könnte, wovor wir Angst hätten. ... Es kommt mehr denn je darauf an, unserm Volk die notwendige seelische Härte und männliche Entschlossenheit zur eigensten Natur zu machen, wenn es sein muß, alles zu riskieren und durchzustoßen.‹

Die Bevölkerung empfindet ganz genau, daß es eigentlich Frankreich war, das den Ausbruch des Krieges in diesem Jahr verhindert hat. ... Doch ist man beinahe in allen Kreisen davon überzeugt, daß der Friede von München [in dem die Westmächte der Annexion des Sudetenlandes stattgeben] kein Dauerfriede sein wird, daß man vielmehr jetzt eigentlich nur noch Kinder erzieht, damit sie einstmals auf die Schlachtbank geführt werden sollen.

Man traut der ganzen Sache nicht im Geringsten, aber man ist auch zufrieden, daß es vorläufig noch einmal vorbeigegangen ist.«

Einheitliche Verkehrsplanung gefordert

1938. Der Siedlungsverband Ruhrkohlenbezirk (SVR) (→ 5. 5. 1920) veröffentlicht in Essen seinen ersten »Generalverkehrsplan für den Ruhrkohlenbezirk«.
Er enthält im Rahmen einer Bestandserhebung alle für die künftige Verkehrsplanung, vor allem des öffentlichen Nahverkehrs, notwendigen grundlegenden Erkenntnisse. Die Voraussetzungen zur Erstellung dieses Gesamtverkehrsplanes wurden schon im Jahr 1929 mit der Bildung einer Arbeitsgemeinschaft geschaffen, der unter Federführung des SVR alle wichtigen Nahverkehrsträger angehörten. Aufgabe dieser Kommission war es, ohne Rücksicht auf vorhandene, einzelne Verkehrsträger, einen Plan der Verkehrswege und -mittel zu erstellen. Die Notwendigkeit einer Gesamtplanung des Verkehrswesens ergibt sich aus der dichten Folge von Städten im industriellen Ballungsraum des Reviers. Der öffentliche Nahverkehr unterliegt hier besonderen Bedingungen. So sind z. B. Straßenbahn- und Omnibuslinien, die bis zu drei Städte durchfahren, keine Seltenheit. Auch die Eisenbahn erfüllt durch ein dichtes Netz von Anschlußgleisen die Funktion eines flächendeckenden Verkehrsmittels im Ruhrgebiet. Die Zahl der Arbeitnehmer, deren Wohnung und Arbeitsplatz in verschiedenen Gemeinden liegen, nimmt im Unterschied zu anderen Großstädten des Reiches immer mehr zu.
Unter diesen Umständen darf die Verkehrsplanung nicht allein Aufgabe einer einzelnen Stadt oder eines Verkehrsträgers sein. Im Vorwort des Generalverkehrsplanes heißt es deshalb auch: »Die Beobachtung der Auflockerung der Besiedlung – nach Norden im Zuge der industriellen Entwicklung, nach Süden unter Loslösung der Wohnstätte von der Arbeitsstätte – stärkt die Überzeugung, daß das Ruhrgebiet als eine große Einheit gesehen werden muß, bei deren Betreuung der Städtebau der Landesplanung weitgehend anzupassen ist. . . . Ein solcher Raum kann ausreichend und zu tragbaren Fahrpreisen nur von einem Verkehr bedient werden, der straffster Vereinheitlichung zustrebt: einer Vereinheitlichung über die Grenzen hinweg, . . . aber auch in der Nutzung der verschiedensten Verkehrsmittel und Verkehrswege«.

Verkehrswege im SVR-Gebiet

Wasserstraßen	250 km
Reichsbahnstrecken	1585 km
Kleinbahnstrecken	50 km
Industriebahnstrecken	1120 km
Straßenbahnstrecken	1130 km
Reichsautobahnen (inkl. Nordtangente bis Hamm)	105 km
Verbandsstraßen	1160 km
Durchgangsstraßen	rd. 5000 km

Sonntagskonzert in Duisburger Häfen

17. April 1938. Am Hafenmund in Duisburg-Ruhrort findet an der Mühlenweide das erste offizielle Hafenkonzert statt. Unter großem Beifall der Besucher spielt eine Bergmannskapelle bekannte Volkslieder. Das musikalische Ereignis wird vom Reichssender Köln, dessen Programmgestaltung wie die der übrigen Rundfunkstationen seit 1933 dem Reichspropagandaministerium unterstellt ist, ins rheinisch-westfälische Industriegebiet übertragen.
In der Folge werden die Konzerte in unregelmäßigen Abständen wiederholt. Bekannte Rundfunksprecher, unter ihnen Bernhard Ernst, Toni Maus, Hermann Probst und Wilhelm Böckenholt, übernehmen die Moderation dieser Veranstaltungen. Durch den Ausbruch des Krieges (→ 1. 9. 1939) finden die Übertragungen ein abruptes Ende. Erst am 11. März 1952 wird die Tradition der Hafenkonzerte wiederaufgenommen.

BUNA – Der Stoff aus dem die Reifen sind

9. Mai 1938. In Frankfurt am Main unterzeichnen die Unternehmen IG Farben und die Bergwerksgesellschaft Hibernia einen Gesellschaftsvertrag zur Gründung der Chemische Werke Hüls GmbH. Ziel des Unternehmens ist die Herstellung von synthetischem Kautschuk für die Reifenproduktion.
Im sog. Lichtbogenverfahren wird aus Kohlenwasserstoff Acetylen erzeugt, welches in Verbindung mit Acetaldehyd und Butylenglykol den Hauptbaustein der Kautschuksynthese, Butadien, liefert. Zur Herstellung des Endprodukts sind weitere chemische Reaktionen erforderlich, bei denen Natrium als Katalysator eingesetzt wird. Aus den Anfangsbuchstaben der Stoffe Butadien und Natrium entsteht der Name des neuen Produkts: BUNA.
Die Zusammenarbeit der IG Farben mit der Hibernia ergibt sich aus dem zur Herstellung von Synthese-Kautschuk erforderlichen Produktionsprozeß: Die Chemischen Werke Hüls beziehen die Kohlenwasserstoffe aus dem Hibernia-Hydrierwerk Scholven, im Gegenzug beliefert Hüls die Hydrieranlage mit Wasserstoff, der als Nebenprodukt beim Lichtbogenverfahren anfällt.

Lange Menschenschlangen säumen den Weg Adolf Hitlers zu den Trauerfeierlichkeiten anläßlich der Beisetzung des Industriellen Emil Kirdorf

Hitler-Förderer Kirdorf tot

16. Juli 1938. Zu den Trauerfeierlichkeiten für den am 13. Juli im Alter von 91 Jahren verstorbenen Industriellen Emil Kirdorf auf der Zeche Rheinelbe erscheint Adolf Hitler in Gelsenkirchen.
Kirdorf, von 1892 bis 1926 Generaldirektor der Gelsenkirchener Bergwerks AG und 1893 Mitbegründer des Rheinisch-Westfälischen Kohlensyndikats, verkörperte am extremsten Vorstellungen autoritären Unternehmertums. Zeit seines Lebens erbitterter Gegner von Sozialdemokratie und Gewerkschaften, verurteilte er die Weimarer Republik als »Pöbelherrschaft«. 1927 trat Kirdorf der NSDAP bei und unterstützte in den folgenden Jahren die Pläne Hitlers zur Zerschlagung der Arbeiterbewegung und Erschließung neuer Rohstoffquellen.

Ruhrindustrie gegen deutsche Eisenerze

Herbst 1938. Die großen Stahlunternehmen des Ruhrgebiets müssen Fachpersonal für das staatseigene Eisen- und Verhüttungsunternehmen Reichswerke AG Hermann Göring in Salzgitter bereitstellen. Von Hoesch sind vier Fachkräfte beteiligt, von der Gutehoffnungshütte sieben sowie je zwei von Mannesmann und der August-Thyssen-Hütte in Duisburg.
Göring hatte als Beauftragter für den Vier-Jahres-Plan (→ 18. 10. 1936) darauf gedrungen, die Einfuhr hochwertiger schwedischer Erze zu senken und in den Hochöfen nur noch deutsche Erze zu verarbeiten. Die Stahlindustriellen des Reviers hatten dieser Forderung erheblichen Widerstand entgegengesetzt, da die deutschen Erze einen wesentlich geringeren Eisenanteil als die schwedischen Importe haben und meist feucht und klebrig sind. Ihre Verarbeitung beansprucht die Hochöfen aufs äußerste und ist zudem erheblich teurer als die der Schwedenerze. Göring, der sich in seinen Plänen von der Ruhrindustrie boykottiert fühlt, gründet in Salzgitter die Reichswerke, die dort gewonnene Erze verarbeiten und bei der Materialzuteilung bevorzugt werden.

1938

Dortmunder Synagoge, die im Oktober 1938 aus angeblich verkehrstechnischen Gründen abgerissen wurde

Ausgebrannt und zerstört: die Bochumer Synagoge in der Huestraße

Brand der Essener Synagoge in der Steeler Straße am Tag nach den Ausschreitungen der Reichskristallnacht

Terror gegen Juden in der Kristallnacht

9./10. November 1938. Wie überall im Reichsgebiet gehen in der Reichskristallnacht auch in den Städten des Ruhrgebiets die Synagogen und Einrichtungen der jüdischen Gemeinden in Flammen auf. Jüdische Geschäfte werden von nationalsozialistischen Terrorkommandos geplündert und zerstört, jüdische Bürger aus ihren Wohnungen geholt, mißhandelt und verhaftet. In Lünen werden sogar drei Juden von SA- und SS-Männern ermordet; über 700 Essener und über 60 Duisburger Juden werden in »Schutzhaft« genommen und schon bald darauf in Konzentrationslager eingeliefert. Den Vorwand für die Terroraktionen der Reichskristallnacht, so genannt wegen der zahllosen zersplitterten Fensterscheiben jüdischer Läden, lieferte das Attentat eines 17jährigen jüdischen Polen auf den deutschen Gesandtschaftsrat in Paris, Ernst vom Rath.

Die Essener Tageszeitungen berichten über das Geschehen in der Stadt: »Infolge der Erregung [über das Attentat] kam es in der Nacht zum Donnerstag und am Donnerstagvormittag in allen Stadtteilen zu spontanen Kundgebungen gegen die Juden. Nachts gegen 3.00 Uhr fing die Synagoge an der Steeler Straße Feuer. Die Feuerlöschpolizei war mit mehreren Löschzügen sofort zur Stelle, mußte sich jedoch angesichts des ausgedehnten Brandherdes auf den Schutz der nachbarlichen Gebäudlichkeiten beschränken.«

Im Gegensatz zur Darstellung in den Tageszeitungen sind die Aktionen gegen die Juden aber nicht spontan, sondern geplant. Die Polizei erhält Anweisungen, nicht einzuschreiten. Ein Fernschreiben an die Duisburger Polizeireviere vom 10. November, 0.22 Uhr, besagt: »Auf Veranlassung des Höheren SS-Führers Weitzel ist damit zu rechnen, daß ab sofort Aktionen gegen Juden unternommen werden. Hiergegen ist nicht einzuschreiten. Die Aktionen sind ... zu unterstützen.«

»Ich glaubte, nicht atmen zu dürfen«

9./10. November 1938. Die Essener Jüdin Beate Alice Stern de Neumann schildert ihre Erlebnisse in der Nacht vom 9. auf den 10. November 1938, der »Reichskristallnacht«, in der auf Anweisung der Parteileitung der NSDAP Synagogen sowie jüdische Geschäfts- und Wohnhäuser von Nationalsozialisten geplündert und zerstört werden:

»Ich bin durch grelle Hilferufe und Scheibengeklirr aufgewacht. Ich wohnte mitten in der Stadt Essen. Ringsum waren eine ganze Reihe von jüdischen Geschäften und Wohnungen. Ein Hin- und Herrennen von Männern in schweren Stiefeln auf dem Straßenpflaster und großer Lärm von zerschlagenen Fensterscheiben. Der Lichtschein und Rauch der brennenden Synagoge war von weitem sichtbar. Vor Schrecken und Furcht habe ich geglaubt, nicht atmen zu dürfen, und gefürchtet, daß jeden Moment die SA- und SS-Männer in unsere Wohnung kommen, alles zerstören und meine Angehörigen und mich umbringen würden ... In der Nacht zum 10. November und am folgenden Tag wurden in Essen jüdische Männer, jung und alt, sowohl von Polizisten als auch von SA- und SS-Männern verhaftet ... Noch am Nachmittag sind halbwüchsige Jugendliche mit Karren voll geplünderter, gestohlener Gegenstände in der Stadt Essen gesehen worden.«

Hetzparole »Juda verrecke« an einer Synagogenwand, solche Schmierereien sind im Jahr 1938 bereits Alltag

Zerstörtes jüdisches Geschäft nach der Kristallnacht, Plünderungen werden von der Polizei nicht verhindert

1939

3. 2. Reichsminister und Führerstellvertreter Rudolf Heß vollzieht in Dortmund den ersten Spatenstich zum Bau einer Gemeinschaftssiedlung für 20 000 Menschen.

24. 3. Das Reichsernährungsministerium stellt 50 000 Ferkel zur Verfügung, die zum Preis von 20 RM an Bergleute abgegeben werden. →

24. 3. Das Reichsarbeitsministerium garantiert den Ruhrbergleuten eine bessere Versorgung mit Fett und Speck. →

1. 4. Die Arbeitsschichten im Ruhrbergbau werden über und unter Tage um jeweils 45 Minuten verlängert. →

26. 4. Mit einem Festakt nimmt die erste Westfälische Schauspielschule in Bochum ihre Arbeit auf.

30. 4. Die letzte Nummer der »Dortmunder Zeitung« erscheint.

14. 5. Am Muttertag werden in Essen 1912 Muttertagskreuze in Bronze, 2292 in Silber und 4449 in Gold verteilt. →

18. 6. Im Berliner Olympiastadion gewinnt Schalke 04 mit einem 9:0-Sieg gegen Admira Wien seine vierte Deutsche Fußballmeisterschaft. →

4. 7. Die Auswanderung deutscher Juden erreicht ihren Höhepunkt. →

28. 8. Für Fleisch, Fett, Seife, Schuhe, Hausbrandkohle u. a. lebenswichtige Konsumgüter wird die Bezugscheinpflicht eingeführt. →

31. 8. Fritz Thyssen widersetzt sich der Aufforderung Hermann Görings, an einer Reichstagssitzung teilzunehmen, und spricht sich in einem Telegramm gegen den Krieg aus.

September. Zum Schutz der Rheinübergänge werden in Duisburg zahlreiche schwere Flakbatterien aufgestellt. →

September. Die ersten Reservisten aus dem Ruhrgebiet werden einberufen. →

1. 9. Über den Rundfunk erfährt die Bevölkerung des Ruhrgebiets am frühen Morgen vom Ausbruch des Zweiten Weltkriegs. →

1939. Der Umsatz der Essener Krupp-Werke ist seit 1933 von 365 Mio auf 1 Mrd Reichsmark gestiegen.

1939. Die Dortmunder Radprofis Gustav Kilian und Heinz Vopel sind bei Rennen in den USA erfolgreich.

1939. Der 1933 eingeführte Eintopfsonntag wird weiterhin eingehalten. →

GEBOREN:

10. 9. Dortmund: Hans Sotin, Sänger (Baß).

Aufklärung der Bevölkerung über die jüngsten Ereignisse: Vor dem Rathaus von Gelsenkirchen-Buer werden die deutschen Truppenbewegungen beim Überfall auf Polen auf einer eigens aufgestellten Europakarte nachvollzogen

Sorge im Revier bei Kriegsausbruch

1. September 1939. »Seit 4 Uhr 45 wird zurückgeschossen.« Mit diesen Worten beginnt Adolf Hitler am frühen Vormittag vor dem eiligst zusammengerufenen Reichstag seine Ausführungen zur Rechtfertigung des nächtlichen Überfalls auf Polen. Die Rede Hitlers wird im gesamten Deutschen Reich über Lautsprecher übertragen. Wie in der Dietrich-Eckart-Straße in Essen drängt sich die Menge in allen Orten vor den Radiogeschäften. Viele Gesichter drücken Sorge und Angst aus.

Vor dem Reichstag begründet Hitler den Angriff auf Polen mit voraufgegangenen polnischen Grenzverletzungen. Die sog. Grenzzwischenfälle waren allerdings von deutscher Seite inszeniert worden: Unter der Leitung des SS-Obergruppenführers Reinhard Heydrich hatten SS-Männer in polnischen Uniformen in den letzten Augusttagen Überfälle auf schlesische Zollstationen und den Sender Gleiwitz unternommen.

Am 3. September erklären Frankreich und England, das am 25. August einen Beistandspakt mit Polen unterzeichnet hat, dem Deutschen Reich den Krieg.

Die gleichgeschaltete Presse versucht das Bild einer geschlossen hinter dem Krieg stehenden »Volksgemeinschaft« zu vermitteln. So schreibt die Essener »Rheinisch-Westfälische Zeitung« in ihrer Abendausgabe vom 1. September 1939: ». . . und es gibt keine Entmutigung, geschweige denn eine Panik. Das deutsche Volk ist ein einziger, stählerner Block; keine Not kann ihn zermürben, kein Schlag ihn sprengen; er kann nur härter werden.« Entgegen der offiziellen Propaganda war es jedoch bereits in den letzten Augusttagen überall im Deutschen Reich zu Hamsterkäufen gekommen. Daß die NS-Behörden auf den Krieg vorbereitet waren, zeigt die frühzeitige Ausgabe von Lebensmittelkarten: In Gelsenkirchen und Duisburg wurden die Gutscheine schon Ende August verteilt.

Reservisten an die Front

September 1939. Wenige Tage nach dem Kriegsausbruch erhalten die ersten Reservisten im Ruhrgebiet ihren Einberufungsbefehl. Scharen von Männern in Zivil, mit dem Befehl im Koffer, werden von ihren Frauen, Freundinnen und Müttern zum Bahnhof begleitet.

Zur Durchführung der Kriegspolitik des Führers und Reichskanzlers Adolf Hitler müssen rasch starke Streitkräfte geschaffen werden. Der ursprüngliche Reichswehrkader, der 1939 rund 2,6 Mio Mann im Heer, 400 000 Soldaten der Luftwaffe und 50 000 Marinesoldaten zählt, wächst bis 1944 unter Hinzunahme der Waffen-SS und aller verfügbaren wehrfähigen Männer auf 9 Mio Mann an.

Angehörige verabschieden die zur Front abrückenden Soldaten

Abwehrgeschütze sichern Brücken

September 1939. Zum Schutz von industriellen Anlagen und besonders der Rheinübergänge werden in Duisburg zahlreiche schwere Flakbatterien sowie eine Reihe leichter Geschütze stationiert. Die Flugabwehrgeschütze werden an markanten Punkten der Stadt in Stellung gebracht, z. B. auf dem Dach des St. Nikolaus-Schifferkinderheims in Duisburg-Ruhrort.

Nach Beendigung des Polenfeldzuges werden in Duisburg von Oktober 1939 bis Mai 1940 zahlreiche Truppenteile stationiert. KdF führt in der Truppenbetreuung Theaterveranstaltungen, Filmvorführungen und Kameradschaftsabende durch.

Deutsche Wirtschaft braucht mehr Kohle

1. April 1939. Aufgrund einer »Verordnung des Beauftragten für den Vierjahresplan zur Erhöhung der Förderleistung und des Leistungslohnes im Bergbau« vom 2. März 1939 treten auf allen Revierschachtanlagen neue Arbeitszeiten in Kraft: Die tägliche Schichtzeit unter Tage wird von 8 auf 8 3/4 Stunden verlängert, die Arbeitszeit über Tage ebenfalls um 45 Minuten auf 9 3/4 Stunden. Im Falle einer Steigerung der täglichen Förderleistung sollen die Ruhrbergleute Leistungsprämien erhalten.

Ein Bergmann erinnert sich:

»Es war lautlose Stille in der Kaue. Die meisten hatten mit einer halben Stunde gerechnet. Aber dreiviertel Stunden, das war hart. Hännes Westrich – wir waren seit 1928 durch unsere gemeinsame Gewerkschaftsarbeit befreundet – rief in ärgerlichem Ton zu mir herüber: ›Welch ein Rückschritt.‹ Wir standen noch zusammen, als der Obmann Köhler auf uns zutrat und ironisch bemerkte: ›Na, ihr beiden, das schmeckt euch wohl nicht?‹ Worauf ich mit etwas belegter Stimme erwiderte: ›Da haben unsere Väter schon vor hundert Jahren für den Acht-Stunden-Tag gekämpft, ihn erst 1918 erreicht, und jetzt, in einer Ansprache von nur fünf Minuten, ist alles weggeputzt – ohne Diskussion.‹«

Grund für die Schichtzeitverlängerung ist die energiepolitische Bedeutung der Kohle: 1937 deckte die heimische Steinkohle 90% des deutschen Energiebedarfs. Seit Mitte der 30er Jahre erfordert der Ausbau der Kohlechemie in den Hydrierwerken, in der Stickstoff- und Kunststoffindustrie (BUNA) immer größere Mengen Kohle. Ziel nationalsozialistischer Wirtschaftspolitik ist die Unabhängigkeit der deutschen Rüstungsindustrie von Rohstoffimporten im Kriegsfall.
Als im Herbst 1939 im Ruhrrevier erstmals Sonntagsschichten ohne Zuschläge verfahren werden, artikulieren die Bergleute ihren Protest mit Kreide auf den Kohlewagen: »Das Schaf, das Pferd, die Kuh / Die haben ihre Sonntagsruh' / Nur der Kumpel, das doofe Schwein / Fährt sonntags ohne Prozente ein.«

Zwangsbewirtschaftung setzt Grenzen

28. August 1939. *Schon vor Kriegsausbruch geben die neuerrichteten Ernährungsämter der Stadtverwaltungen im Ruhrgebiet erste Lebensmittelkarten aus. Grundnahrungsmittel werden nur noch gegen Vorlage des entsprechenden Abschnitts einer Bezugskarte abgegeben. Erwachsene und Kinder erhalten, nach Alter gestaffelt, ihre Zuteilungsmarken. Daneben gibt es u. a. Zulagekarten für Schwerstarbeiter, werdende Mütter, Kranke usw.*

Schlange vor dem Lebensmittelladen in der Eduard-Lucas-Str. in Essen

Lebensmittelkarten

Dezember 1939. Die reguläre Lebensmittelzuteilung wird auf Rationen mit 1500 Kilokalorien pro Person am Tag begrenzt. Bezugsscheine gestatten den Verbrauch von folgenden Nahrungsmitteln je Woche:
▷ 2400 Gramm Mehl
▷ 500 Gramm Fleisch und Käse
▷ 294 Gramm Fette und Käse
▷ 250 Gramm Zucker und Marmelade
▷ 100 Gramm Kaffee-Ersatz.
1,75 Liter Milch und 1 Ei vervollständigen die Wochenration.

Kleidung bevorratet

1. November 1939. Das schon im August eingerichtete Wirtschaftsamt legt den sog. Normalstand an Textilien fest. Zur Normalausstattung eines erwachsenen Mannes gehören demnach:
▷ 2 vollständige Anzüge
▷ 2 Arbeitsanzüge
▷ 1 Regenmantel
▷ 1 Wintermantel
▷ 3 Hemden
▷ 3 Unterhosen
▷ 2 Nachthemden
▷ 6 Taschentücher
▷ 6 Paar Socken.
Nur bei Unterschreitung dieses Mindestbestandes können nach vorheriger Überprüfung an den Verbraucher Bezugskarten zum Erwerb neuer Kleidungsstücke ausgegeben werden. Gegen die Abgabe festgelegter Abschnitte dieser Bezugsscheine kann der Einzelne frei wählen, welche Textilien er kaufen will.

Verkehr beschränkt

20. September 1939. Durch die bevorzugte Versorgung der kämpfenden Truppe mit Treibstoff wird der (private) Kraftfahrzeugverkehr mit Beginn des Krieges erheblichen Beschränkungen unterworfen.
Nur etwa 15% des Bestands an Automobilen darf überhaupt noch genutzt werden. So bleiben von 1153 Fahrzeugen, die vor dem Krieg in Duisburg registriert waren, nur 175 in Betrieb. Für lebenswichtige Fahrten werden Bezugsscheine, die sog. Roten Winkel, als Tankausweiskarten ausgegeben. Laufende Kontrollen des Verkehrs durch die Polizei sollen die Einhaltung der Vorschriften garantieren.
Auch für die als notwendig erachteten Fahrten verringern sich die Benzinzuteilungen ständig. Mancher findige Autobesitzer hilft sich mit der Umstellung seines Fahrzeugs auf Holzvergaserantrieb. Andere greifen auf das Pferdegespann, den »Hafermotor« zurück. Im öffentlichen Omnibusverkehr führt der Treibstoffmangel ebenfalls zu erheblichen Einschränkungen.

Kohlen sind knapp

Winter 1939. Schon im ersten Kriegsjahr zeigt der enorm gestiegene Brennstoffbedarf der Rüstungsindustrie seine Wirkung. Ausgerechnet im Zentrum des Bergbaus fehlt es an Hausbrandmaterial. Anders als in ländlichen Regionen fällt der Ersatz von Kohle durch Holz schwer. So lassen die Menschen des Reviers nichts unversucht, an das begehrte Heizmaterial zu gelangen. Der »Kohlenklau« breitet sich aus. Mit Tips zur Brennstoffeinsparung, z. B. nur einen Teil der Wohnungen zu heizen, versuchen öffentliche Stellen, den zahlreichen Diebstählen vorzubeugen.

Plakat Nr. 29 der Reichspropagandaleitung zu Sparmaßnahmen

Plakat gegen illegale Lebensmittelbeschaffung, Hamstern und Tauschhandel; Vergehen gegen die Kriegsbewirtschaftung können schwer bestraft werden

Thyssen bricht mit Nationalsozialisten

31. August 1939. In einem Telegramm an Reichstagspräsident Hermann Göring weigert sich der Unternehmer Fritz Thyssen, der Aufforderung zur Teilnahme an der nächsten Reichstagssitzung Folge zu leisten. Statt dessen schreibt er: »Ich bin gegen den Krieg. Durch einen Krieg wird Deutschland auch in Abhängigkeit von Rußland auf dem Gebiet der Rohstoffe gelangen und dadurch seine Stellung als Weltmacht verlieren.« Mit diesem Telegramm ist der Bruch zwischen Fritz Thyssen und dem NS-Regime endgültig vollzogen.

Fritz Thyssen

Schon im November des Vorjahres hatte er sein Amt als Preußischer Staatsrat aus Protest gegen die Behandlung des Regierungspräsidenten von Düsseldorf, der wegen jüdischer Herkunft von den Nazis verfolgt wurde, niedergelegt. Zwei Tage nach der Absendung des Telegramms flieht Thyssen in die Schweiz. Im November 1939 wird er aus der NSDAP ausgeschlossen, und im Dezember wird sein gesamter Besitz zugunsten des Deutschen Reiches beschlagnahmt. Ende 1940 liefern die französischen Behörden Thyssen an die Gestapo aus.

Mütter mit ihren Kindern bei einer Mutterkreuzverleihung um 1935; die Kreuze tragen die Inschrift »Das Kind adelt die Mutter« (Ruhrlandmuseum, Essen)

Frauen als Mütter geehrt

14. Mai 1939. Zum Muttertag wird erstmals kinderreichen Frauen das »Ehrenkreuz der deutschen Mutter« für ihre Verdienste um die Vermehrung des deutschen Volkes verliehen. In Essen erhalten 1912 Frauen das Mutterkreuz in Bronze für vier und mehr Kinder. 2292 Ehrenkreuze für mehr als sechs und 4449 Kreuze in Gold für mehr als acht Kinder werden vergeben.

Da es nach der Erfahrung der Nationalsozialisten viel leichter ist, »zeugungswillige Männer als Mütter für kinderreiche Familien« zu finden, propagiert die Regierung mit großem Aufwand ein Bild der Frau, die erst als Hausfrau und Mutter ihre wahre Bestimmung findet. Propagandaminister Joseph Goebbels greift dabei auch zu biologisch fragwürdigen Vergleichen aus der Tierwelt: »Die Frau hat die Aufgabe, schön zu sein und Kinder zur Welt zu bringen... Die Vogelfrau putzt sich für den Mann und brütet für ihn die Eier aus.«

Während häufiges Gebären mit Orden belohnt wird, gelten Frauen am Arbeitsplatz wenig und werden schlechter bezahlt als ihre männlichen Kollegen.

Juden verlassen auch das Ruhrgebiet

4. Juli 1939. Die »Reichsvereinigung der Juden in Deutschland« (RVJD) wird gegründet und dem Reichsinnenminister Hermann Göring unterstellt. Ihre wichtigste Aufgabe ist die »Auswanderung der Juden aus Deutschland ... mit allen Mitteln zu fördern«. Die Vereinigung ist außerdem für jüdisches Schulwesen und die Wohlfahrtsarbeit zuständig. Die Auswanderung der deutschen Juden erreicht im Sommer 1939 ihren Höhepunkt. Nach vorliegenden Zahlen aus dem nördlichen Ruhrgebiet wandern etwa zwei Drittel der Emigranten nach Übersee, vor allem in die USA, aus. Ein Drittel bleibt in Europa, wobei die Niederlande und Großbritannien die bevorzugten Ziele sind. Familien, die für die USA keine Einreisebewilligung erhalten und nicht nach Palästina übersiedeln wollen, weichen auf Ziele wie Schanghai oder Kuba aus, die für die Einreise kein Visum verlangen. Jüdische Bürger müssen vor der Ausreise große Teile ihres Vermögens als »Reichsfluchtsteuer« entrichten.

Immer mehr jüdische Bürger werden von den nationalsozialistischen Machthabern zur Auswanderung gezwungen. Mit der wenigen Habe, die ihnen noch geblieben ist, verlassen sie aufgrund zunehmender Schikanen das Deutsche Reich.

Ferkelbeschaffung für Ruhrbergleute

24. März 1939. Das Reichsernährungsministerium stellt 50 000 Ferkel zur Verfügung, die zu günstigen Bedingungen an Bergarbeiter abgegeben werden. Mit dieser sog. Ferkelbeschaffungsaktion will das Ministerium angesichts der bevorstehenden Arbeitszeitverlängerung eine regierungsfreundliche Stimmung unter den Bergarbeitern schaffen. Die Ruhrbergleute zahlen 20 RM pro Ferkel, die Differenz zum Marktpreis von 30 bis 35 RM übernimmt der Staat. Die Gemeinden werden angewiesen, die Schlachthofgebühren zu senken, und das Reichsjustizministerium erklärt ein Schwein zur »unpfändbaren Sache«.

Eintopf sorgt für Volksgemeinschaft

1939. Die städtischen Behörden achten unvermindert auf die Einhaltung der Eintopfsonntage. Seit 1933 darf an jedem ersten Sonntag eines Monats nur Eintopf gekocht werden; auf öffentlichen Plätzen wird auch Suppe aus städtischen Großküchen verteilt. Der Eintopfsonntag soll die »neue Volksgemeinschaft« demonstrieren, bei der ohne Standesunterschiede »die ersten Vertreter von Behörden, der Industrie, der Geistlichkeit und des ... Bürgertums mit den Volksgenossen gemeinsam am Mittagstisch« sitzen.

Sonderlieferungen für Bergarbeiter

24. März 1939. Das Reichsarbeitsministerium folgt einer Anregung der Bergwerksunternehmen und garantiert eine monatliche Zuteilung von 1 kg Schmalz für verheiratete und 3/4 kg für ledige Bergleute. Die Zechengesellschaften setzen sich für eine bessere Versorgung ihrer Arbeiter ein, da sie angesichts der Lebensmittelknappheit im Revier und einer bevorstehenden Schichtzeitverlängerung (→ 1. 4. 1939) befürchten, die Unzufriedenheit der Belegschaften könnte sich in Proteststreiks äußern.

Nur wenige Bergleute machen jedoch von diesem Angebot Gebrauch, da das Schmalz zu den hohen Preisen abgegeben wird, die auch im Einzelhandel verlangt werden.

1939

Traumsieg über Admira

18. Juni 1939. Die Mannschaft des FC Schalke 04 erringt mit einem 9:0-Sieg über den Endspielgegner Admira Wien erneut die Deutsche Fußballmeisterschaft. Die im Berliner Olympiastadion vor 100 000 Zuschauern ausgetragene Begegnung wird später oft als Schalkes bestes Spiel bezeichnet, als Fußball in Vollendung; »wir haben sie schwindelig gespielt« freut sich der Star der Mannschaft, Ernst Kuzorra.

Österreich war im Jahr zuvor in das Deutsche Reich »eingegliedert« worden; seine Fußballvereine spielten folglich mit um die Deutsche Meisterschaft, in der es mit dem Spiel Schalke gegen Admira zum ersten »Groß-Deutschen« Finale kommt.

Auf Schalker Seite spielen Hans Klodt, Hans Bornemann, Otto Schweißfurth, Rudi Gellesch, Otto Tibulski, Walter Berg, Hermann Eppenhoff, Fritz Szepan, Ernst Kalwitzki, Ernst Kuzorra und Adolf Urban. ›Kalli‹ Kalwitzki, sonst auf der Außenstürmerposition, hat gegen Wien seinen großen Tag als Mittelstürmer – er schießt fünf Tore. Tibulski verwandelt einen Elfmeter, und Kuzorra, Szepan und Urban erzielen die restlichen Treffer. Die Schalker spielen ihre überlegene Taktik aus: Der »Kreisel« verhindert durch gekonntes Paßspiel oft minutenlang jeglichen Ballkontakt des Gegners und deklassiert die Wiener zu Fußball-Lehrlingen.

Gustav Kilian (l.) gibt seinem Partner Heinz Vopel (r.) bei der Ablösung auf der Bahn Schwung; die Dortmunder sind in den USA erfolgreich

Kilian-Vopel in den USA

1939. Mit Siegen bei den Sechstagerennen in Milwaukee und San Francisco (USA) setzen die Dortmunder »Sechstagekaiser« Gustav Kilian und Heinz Vopel ihre Erfolgsserie im Ausland fort. Seit die Sechstagerennen von der nationalsozialistischen Reichssport-Organisation als »sportunwürdiges Spektakel« verboten wurden, verdienen die beiden Radprofis ihr Geld in den USA.

Die Dortmunder gewinnen jedes Jahr mehrere Sechstagerennen in verschiedenen Städten und werden von den amerikanischen Rennveranstaltern umworben. Besonders die ausgewanderten Europäer wollen ›ihre‹ Mannschaft sehen. Kilian-Vopel sind mit 29 Siegen in den 30er Jahren das beste Team der Welt und gelten als unschlagbar. Aber auch getrennt, mit jeweils amerikanischen Partnern, gewinnen sie manches Rennen. Obgleich die ›Six Days‹ im Dritten Reich verboten sind, werden die beiden Dortmunder für ihre Erfolge von Reichspropagandaminister Josef Goebbels mit dem »Wilhelm-Gustloff-Preis« für hervorragende Leistungen ausgezeichnet.

Wie bei vielen Sportlern unterbricht der Zweite Weltkrieg auch für Kilian-Vopel eine große Karriere. Nach dem Krieg gewinnen sie nur noch vereinzelt Rennen. Kilian bleibt dem Radsport als Trainer treu.

1940

1. 1. Die sechs Duisburger Verkehrsgesellschaften schließen sich zur Duisburger Verkehrsgesellschaft (DVG) zusammen.

März. Generalfeldmarschall Hermann Göring ruft zur »Metallspende des deutschen Volkes« auf. Im Ruhrgebiet werden Gegenstände aus Blei, Kupfer und Bronze gesammelt. →

Frühjahr. Auf der Zeche Nordstern in Gelsenkirchen-Horst kommen die ersten Fremdarbeiter aus Polen zum Einsatz. →

April. Im Rahmen des deutsch-italienischen Kohlenabkommens passieren täglich 65 Kohlenzüge die deutsche Grenze.

1. 4. Im gesamten Deutschen Reich wird erstmals die Sommerzeit eingeführt.

Mai/Juni. Die britische Luftwaffe greift erstmals Industriezentren im Ruhrgebiet an und eröffnet damit den Luftkrieg. →

9. 5. Für deutsche Juden wird eine generelle Ausgangsbeschränkung erlassen. Sie gilt von April bis September zwischen 21 und 5 Uhr, von Oktober bis März zwischen 20 und 6 Uhr.

21. 7. Mit einem 1:0-Sieg über den Dresdner SC vor 95 000 Zuschauern in Berlin gewinnt der FC Schalke 04 seine fünfte Deutsche Meisterschaft.

17. 9. Durch Erlaß des Reichsjugendführers Baldur von Schirach wird in den Luftschutzwarnzonen für die 14- bis 18jährigen Mitglieder der HJ an allen Sonntagvormittagen Dienst angesetzt.

6. 10. In Essen wird die Ausstellung »Heimat und Technik« feierlich eröffnet.

30. 10. Die Jahrestagung der Forschungsausschüsse des Bergbauvereins in Essen steht unter dem Motto »Leistungssteigerung durch Forschung«.

1940. Die langfristigen Schulden der drei Montankonzerne Klöckner, Gutehoffnungshütte und Hoesch belaufen sich auf 185,5 Mio RM.

1940. Das Hydrierwerk Gelsenberg in Gelsenkirchen-Horst wird bombardiert (→ Mai/Juni 1940).

1940. Josef Michels veröffentlicht den Bergarbeiterroman »Flammen im Emscherbruch«.

GESTORBEN:

24. 2. Essen-Kupferdreh: Ludwig Kessing (*14. 8. 1869, Essen-Überruhr), Bergmann und Arbeiterdichter.

5. 10. Duisburg: Peter Klöckner (*8. 11. 1863, Koblenz), Schwerindustrieller. →

GEBOREN:

14. 4. Dortmund: Erika Doerdelmann-Kolbe, Schriftstellerin.

17.4. Oberhausen: Siegfried Jerusalem, Sänger (Tenor).

Erste Luftangriffe auf Industriestädte

Mai/Juni 1940. Zum ersten Mal wird das Ruhrgebiet von Bombenangriffen britischer Luftwaffenverbände heimgesucht. Die Standorte großer Industrieanlagen sind bevorzugte Zielpunkte der zunächst bei Tage geflogenen Einsätze.

Am 13. Mai fallen die ersten Bomben über Duisburger Stadtgebiet. Acht von ihnen treffen die Duisburger Kupferhütte, richten aber nur leichte Schäden an. Ein Angriff auf das Hydrierwerk Gelsenberg Benzin AG in Gelsenkirchen-Horst verursacht hingegen so schwere Zerstörungen, daß die Anlage für drei Wochen außer Betrieb gesetzt werden muß. Der größte Gasometer der Welt am Rhein-Herne-Kanal kann nach einem Bombentreffer im Juni nur noch vollständig demontiert und verschrottet werden.

Die Essener Bevölkerung muß bis zum Jahresende 1940 insgesamt 33 Angriffe durchstehen; auch Hamm und Unna werden von den ersten Bombenangriffen getroffen.

Erklärte Ziele der britischen Bomber sind zunächst nicht die Wohngebiete der Industriestädte, sondern Bahnanlagen und Fabriken. Da jedoch Tagesangriffe, bei denen diese Anlagen genauer zu orten sind, wegen hoher Verluste bald eingestellt werden müssen, erfolgen die Bombenangriffe in der Folge bei Nacht und dadurch ziemlich unpräzise. Flakfeuer und Industriedunst bereiten den britischen Piloten über dem Ruhrgebiet zusätzlich erhebliche Navigationsschwierigkeiten.

Durch Bombenangriffe beschädigtes Wohnhaus in Oberhausen

1940

Metallspende für die Rüstungsindustrie

Propagandaplakat in Betrieben

Aufruf zu privaten Metallspenden

März 1940. In einem Appell fordert Ministerpräsident und Generalfeldmarschall Hermann Göring das deutsche Volk zu einer großangelegten Metallspende auf. Alle entbehrlichen Gegenstände aus Kupfer, Bronze, Messing, Zinn, Blei oder Nickel sollen in »nationaler Opferbereitschaft« für Rüstungszwecke zur Verfügung gestellt werden. Jeder Spender erhält auf Anordnung des Reichspropagandaministers Joseph Goebbels eine auf seinen Namen ausgestellte Urkunde als Dank des Reiches.
Zuvor, am 23. Februar, war ein ähnlicher Aufruf schon an Ämter und öffentliche Einrichtungen ergangen. So lieferten auch im Ruhrgebiet Verwaltungs- und Schulträger, staatliche Krankenhäuser und andere öffentliche Dienststellen metallhaltige Gegenstände unentgeltlich ab. Im Duisburger Rathaus wurden bei dieser Gelegenheit u. a. acht Kronleuchter, vier Wandleuchter, zehn Laternen und drei Türklinken abmontiert. Auf diese Weise können allein in Duisburg bis zum Oktober des Jahres über 324 607 kg Buntmetall verschiedener Sorten gesammelt werden.
Da gerade Messing und Bronze zu den begehrten Metallen gehören, ergeht in der Folge ein Erlaß, nach dem die Gemeinden verpflichtet sind, auch bronzene Denkmäler zu demontieren und abzuliefern.

Arbeitskräfte aus besetzten Gebieten

Frühjahr 1940. Ein Transport mit polnischen Arbeitern trifft auf der Zeche Nordstern in Gelsenkirchen-Horst ein. Der größte Teil von ihnen wird im großen Saal des katholischen Gesellenhauses an der Vereinsstraße untergebracht. Der Rest findet in Schulen und Barackenlagern Unterkunft. Die Polen werden unter Bewachung zur Arbeit geführt, jeder Kontakt mit der deutschen Bevölkerung ist ihnen untersagt.
War der Arbeitseinsatz von ausländischen Zivilpersonen in der deutschen Wirtschaft zu Anfang des Krieges noch überwiegend freiwillig auf der Basis regulärer Arbeitsverträge erfolgt, so werden seit Anfang 1940 in den besetzten Gebieten zunehmend Zwangsmaßnahmen angewendet, um den Arbeitskräftebedarf der Rüstungsindustrie, aber auch der Landwirtschaft, zu decken.
Für die Bewohner der besetzten polnischen Gebiete hatte der Generalgouverneur Hans Frank bereits am 17. November 1939 die allgemeine Arbeitspflicht angeordnet. In einem Schreiben an den Bevollmächtigten für den Arbeitseinsatz, Fritz Sauckel, spricht sich Hermann Göring im April 1940 für Zwangsmaßnahmen aus: »Alle Bedenken müssen hinter der Notwendigkeit zurücktreten, die durch die umfangreichen Einberufungen zur Wehrmacht entstehenden Lücken auf jeden Fall auszufüllen, um eine Schädigung der Rüstungswirtschaft zu vermeiden. Hierbei wird ein zwangsweiser Einsatz von Arbeitskräften aus den besetzten Gebieten nicht außer Betracht bleiben können...« Im Generalgouvernement Polen werden die Bezirksbehörden angewiesen, täglich Transporte mit Arbeitsdienstpflichtigen zusammenzustellen. Entziehen sich Zivilpersonen der Dienstverpflichtung, werden ersatzweise die Familienangehörigen herangezogen, denen bei Arbeitsunfähigkeit die Überstellung in ein Konzentrationslager droht. Bei Nichterfüllung des Arbeitskräftesolls führt die deutsche Wehrmacht in einzelnen polnischen Orten Strafaktionen durch, die Bewohner werden »ins Reich« verschleppt.

In den folgenden Jahren werden in den Rüstungsbetrieben des Ruhrgebiets (Bergbau, Stahlindustrie, Hydrierwerke) sowohl zwangsverpflichtete Zivilarbeiter aus den von der deutschen Wehrmacht besetzten Ländern als auch Kriegsgefangene eingesetzt. Lebens- und Arbeitsbedingungen der Zwangsarbeiter hängen von ihrer Nationalität ab: Sog. Westarbeiter aus Frankreich und Belgien gelten den deutschen Behörden und Bewachern noch als zivilisierte Menschen, während Polen und ab 1942 Russen, gleich ob zwangsverpflichtete zivile Arbeiter oder Kriegsgefangene, lediglich als Arbeitstiere angesehen werden.

Polnische Fremdarbeiter auf Zeche Nordstern in Gelsenkirchen-Horst in Begleitung eines Wachmanns, Kontakte zu Deutschen sind verboten

Peter Klöckner stirbt in Duisburg

5. Oktober 1940. Im Alter von 76 Jahren stirbt in Duisburg der Industrielle Peter Klöckner.
Am 8. November 1863 in Koblenz als Sohn eines Schiffbaumeisters geboren, wurde Klöckner nach einer kaufmännischen Lehre 1898 Teilhaber einer Niederlassung bei der Firma Carl Spaeter in Duisburg, des zu seiner Zeit bedeutendsten Unternehmens im Eisenhandel. 1906 gründete Peter Klöckner mit seinem Bruder Florian in Duisburg

Peter Klöckner

die erste eigene Firma, die sich auf den Handel mit Eisen und Schrott spezialisierte (→ 1. 7. 1906). In den 20er Jahren vergrößerten weitere Unternehmensgründungen den Klöcknerschen Besitz: 1921 war Klöckner mit der Gründung einer eigenen Reederei in den Kohlenhandel eingestiegen (→ 26. 10. 1921), 1923 fusionierten der Georgs-Marien-Bergwerks- und Hüttenverein in Osnabrück, die Eisen- und Stahlwerke Haspe bei Hagen, die Mannstaedt-Werke in Troisdorf und die Düsseldorfer Eisen- und Drahtindustrie zur Klöckner AG. Zwei Jahre später, im Jahr 1925, erfolgte schließlich in Köln die Gründung der Humboldt-Deutz-Motorenwerke (Klöckner-Humboldt und Deutz).

1941

19. 3. Der Kohlenbergbau und der Kohlenhandel werden zur »Reichsvereinigung Kohle« zusammengeschlossen.

Frühjahr. In einer sog. Ost-West-Aktion werden 15 000 Bergleute aus Oberschlesien ins Ruhrgebiet zwangsverpflichtet.

25. 5. Der Bau der Sport- und Erholungsanlagen der Stahlwerke Hoesch AG in Dortmund wird vollendet. →

12. 6. Britische Bomber greifen Bochum und Duisburg an. Das Oberkommando der Wehrmacht spricht in seinem Bericht von »Verlusten und Verletzten« sowie »stärkeren Zerstörungen an Wohnhäusern«. →

20. 6. Durch das Codewort »Dortmund« wird der zwei Tage später beginnende Angriff gegen die UdSSR eingeleitet. →

25. 6. In einem Aktenvermerk des Leiters der Auslandsabteilung des Otto-Wolff-Konzerns, Reichard, werden u. a. die Direktoren der Fried. Krupp AG und der Hoesch AG als Verwaltungschefs der Schwerindustrie in den besetzten Gebieten der UdSSR vorgesehen.

6./7. 7. Britische Bomber greifen in der Nacht Dortmund an. Das Oberkommando der Wehrmacht meldet »stärkere Zerstörungen in Wohnvierteln«.

6.–13. 7. Im Bochumer Stadttheater findet die Christian-Dietrich-Grabbe-Woche statt. →

1. 9. Mit der Verpflichtung zum Tragen eines Judensterns wird die Freizügigkeit für Juden aufgehoben. →

6./7. 9. Die britische Luftwaffe fliegt einen Angriff gegen den Raum Bochum. Laut Wehrmachtsbericht erleidet die Zivilbevölkerung »einige Verluste an Toten und Verletzten«.

Winter. Eine anhaltend kalte Witterung führt zu weiteren Beschränkungen in der Lebensmittelversorgung. →

11. 12. Adolf Hitler gibt den Beginn des Kriegs gegen die USA bekannt.

19. 12. Adolf Hitler appelliert an das deutsche Volk, Wintersachen für die Soldaten an der Ostfront zu spenden. →

24. 12. In seiner Weihnachtsansprache verspricht Reichspropagandaminister Joseph Goebbels im Rundfunk, daß das Deutsche Reich »größer, schöner und erhabener aus diesem Krieg hervorgehen« werde.

1941. An den Fronten des Zweiten Weltkriegs sterben über 460 000 Soldaten der deutschen Wehrmacht. →

1941. Im Ruhrgebiet zeugen Graffiti gegen Adolf Hitler und den Krieg vom antifaschistischen Widerstand. →

Britische Bomber über dem Revier

12. Juni 1941. Die Industriestädte Bochum und Duisburg werden Ziele schwerer Angriffe durch britische Bomber. Der deutsche Wehrmachtsbericht gibt dazu bekannt: »Der Feind warf in der letzten Nacht an mehreren Orten Nord- und Westdeutschlands Spreng- und Brandbomben. In Köln, Duisburg und Bochum entstanden stärkere Zerstörungen an Wohngebäuden. Industrie- und Bahnanlagen wurden nur unerheblich beschädigt. Die Zivilbevölkerung erlitt Verluste an Toten und Verletzten.«

Codewort Dortmund für Rußlandfeldzug

20. Juni 1941. Durch das Codewort »Dortmund« wird der zwei Tage später beginnende Angriff der deutschen Wehrmacht auf die Sowjetunion, das »Unternehmen Barbarossa«, ausgelöst. Durch den Einsatz von rund 150 Divisionen der Wehrmacht mit mehr als 3 Mio Soldaten soll die Rote Armee in einem Blitzkrieg noch vor Einbruch des Winters geschlagen werden.
Die Moskauer Führung ist, obwohl die deutschen Kriegsvorbereitungen nicht unbemerkt geblieben waren, von dem Angriff überrascht.

Große Verluste bei deutschen Einheiten

1941. Bei den Kämpfen an den verschiedenen Fronten fallen 464 524 Soldaten der deutschen Wehrmacht. 389 967 Truppenangehörige werden vermißt oder sind in Gefangenschaft geraten. Am 22. Juni 1941 überschreiten deutsche Truppen die sowjetische Grenze, ohne daß eine formelle Kriegserklärung ausgesprochen worden wäre.
Die Angriffsaktivitäten bei der Schlacht um Moskau werden am 8. Dezember wegen Erschöpfung der deuschen Truppen und wegen des Winters abgebrochen.

Durch Bombentreffer zerstörtes Wohn- und Geschäftshaus in Duisburg, Ecke Sonnenwall/Friedrich-Wilhelm-Platz

Bei britischen Luftangriffen getroffene, schwer beschädigte Werkshalle der Fried. Krupp AG in Essen

Weitere Rationierung der Lebensmittel

Winter 1941. Anhaltend kalte Witterung verschlimmert die Versorgungsprobleme der Bevölkerung im Ruhrgebiet. Selbst Grundnahrungsmittel wie Kartoffeln können nicht in ausreichendem Maße zur Verfügung gestellt werden.
Wie schon im Kriegswinter 1916/17 (→ Januar 1917) muß die Bevölkerung auf Steckrüben zurückgreifen. Die öffentliche Zuteilung der begehrten Kartoffeln wird neu geregelt: Sonderbezugsscheine über 300 g Brot wöchentlich sollen das bislang vorgesehene Kilogramm Kartoffeln ersetzen. »Verbraucher, die bereits im Besitz der gelben Sonderkarte 56/64 Ausgleich für Speisekartoffeln sind, erhalten den neuen roten Sonderbezugsausweis nur gegen Abgabe der Sonderkarte 56/64«. Personen, die noch über Einkellerungskartoffeln bis zu drei Zentnern verfügen, sind vom Sonderbezug der Brotrationen ausgeschlossen.
Fleisch ist auf dem offiziellen Markt eine Seltenheit geworden. Stundenlanges Anstehen vor der Pferdemetzgerei garantiert nicht immer für Erfolg. Oftmals können nicht alle Verbraucher bedient werden. Verbotenes »Schwarzschlachten« wird als Kriegswirtschaftsverbrechen mit der Todesstrafe geahndet. Um die Schweinemast zu intensivieren, betreibt in Duisburg die Nationalsozialistische Volkswohlfahrt (NSV) mit Hilfe ganzer Schulklassen den Anbau von Mais auf allen freien Flächen im Stadtgebiet.
Trotzdem muß im Frühjahr 1942 die Fleischration in Duisburg wie auch andernorts drastisch reduziert werden. Pro Woche erhält jede erwachsene Person nur noch 300 g Fleisch; der Fettverbrauch wird auf 200 g wöchentlich beschränkt. Am 23. März 1942 schränken die Zuteilungsstellen die Lebensmittelrationen weiter ein. Gleichzeitig verbreiten Zeitungen Rezepte, die trotz Mangel an Zutaten die Bereitung wohlschmeckender Mahlzeiten ermöglichen sollen. So geben die Tips »Mutter wirtschaftet mit 300 Gramm« Hinweise für die Gestaltung des »neuen Küchenzettels für Fleischrationen«.
Um Fleisch für die warmen Speisen aufzusparen, soll für andere Mahlzeiten weitgehend auf Fleischkonsum verzichtet werden: »Wurst wird als Brotaufstrich möglichst wenig gekauft, im Sommer – wenn es Radieschen, Tomaten und anderen beliebten Brotbelag gibt – am besten gar nicht. Jetzt werden die Frühstücksbrote an Stelle von Wurst mit Brotaufstrichen wie Streckbutter und Hefeaufstrich belegt.«

Kennzeichnung und Verbote für Juden

1. September 1941. Die »Polizeiverordnung über die Kennzeichnung der Juden« verpflichtet jüdische Bürger, wie im Mittelalter einen »Judenstern« zu tragen. Gleichzeitig wird ihnen das Recht auf Freizügigkeit abgesprochen. Jüdischen Familien werden bestimmte abgegrenzte Häuser und Wohnviertel zugewiesen.

Die unfreiwillige Konzentration der Juden auf bestimmte Viertel hatte im Ruhrgebiet bereits 1939 begonnen. Seit Kriegsbeginn (→ 1. 9. 1939) unterliegt die jüdische Bevölkerung zudem einer nächtlichen Ausgangssperre, ihre Radios und Telefone wurden beschlagnahmt. Juden erhalten keine Kleiderkarten und dürfen nur in bestimmten Geschäften zu Sonderzeiten einkaufen.

Im Mai 1941 wies der zuständige Kriminalsekretär der Geheimen Staatspolizei (Gestapo) die Stadtverwaltung von Recklinghausen an, die Juden in »rein jüdischen Häusern zusammenzufassen«. Im Herbst 1941 leben die Recklinghäuser Juden in 44 Zimmern und 5 Mansarden. Sie müssen sich mit 11 Küchen begnügen, die z. T. in den Gängen der Wohnungen eingerichtet sind. In Datteln werden jüdische Familien aus der Stadt ausgewiesen und in eine etwa 2,5 km vor dem Ort gelegene Baracke »umgesiedelt«.

Graffiti gegen Hitler und Krieg

1941. Mitglieder des antifaschistischen Widerstands bemalen in Dortmund Hauswände und Brücken mit Parolen gegen Hitler und den Krieg. Auch in den anderen Städten des Ruhrgebiets sind diese Zeichen der Auflehnung zu finden.

Schon seit 1933 sind Graffiti ein Medium, die Menschen zum Widerstand aufzurufen. Die Schreiber gehen ein hohes Risiko ein, erwischt und bestraft zu werden. Jede Aktion bedarf einer sorgfältigen Vorbereitung und Durchführung: Tagsüber werden Mauern oder Zäune ausgeguckt, an die man in der Nacht, geschützt von Aufpassern, die Parolen malen kann. Pinsel und Farben werden anschließend weggeworfen, um keine Beweismittel zu hinterlassen. Die Farbe wird mit salziger Heringsbrühe haltbar gemacht.

Im Rahmen der Aktionen des Winterhilfswerks sammeln freiwillige Helfer in Essen Lebensmittel, Schuhe und warme Kleidung für Bedürftige

Socken für die Ostfront

19. Dezember 1941. Der Oberbefehlshaber der Deutschen Wehrmacht, Führer und Reichskanzler Adolf Hitler, appelliert an die Bevölkerung, für die Soldaten an der Ostfront zum Schutz gegen den extrem kalten russischen Winter warme Woll- und Spinnstoffkleidung zu spenden. Die Nationalsozialistische Frauenschaft hält ihre Mitglieder auch im Ruhrgebiet zum Stricken warmer Wollkleidung an.

Schon in den Vorkriegsjahren war im Winter 1933/34 das Winterhilfswerk (WHW) als Einrichtung der Nationalsozialistischen Volkswohlfahrt (NSV) gegründet worden. Unter dem Motto »Keiner soll hungern und frieren« mußten alle Erwerbstätigen »freiwillig« Lohnabzüge in Kauf nehmen. Plaketten an den Wohnungstüren bezeugten die Opferbereitschaft der »Spender«. Straßensammlungen und sog. Eintopfsonntage (→ 1939), bei denen der gegenüber einem Sonntagsbraten gesparte Betrag gespendet wurde, ergänzten die Aktion.

Zeichen der Auflehnung in Dortmund (1941 von der Gestapo fotografiert)

Hoesch-Park bietet Sport und Erholung

25. Mai 1941. Die Sport- und Erholungsanlagen der Firma Hoesch in Dortmund sind fertiggestellt. Der Bau der parkähnlichen Anlage am Rande des Werksgeländes war in den 30er Jahren begonnen worden. Zwei Arenen mit Fußballfeldern und Leichtathletikbahnen befinden sich im Mittelpunkt des Hoesch-Parks, umgeben von mehreren weiteren Sportplätzen, vier Tennisplätzen und einer Rollschuhbahn.

Ein Freibad mit von Bäumen umgebener Liegewiese bietet an heißen Tagen Erholung. Für die Kinder der Werksangehörigen stehen Kindergarten, Spielplätze und Planschbecken zur Verfügung.

»Ost-West-Aktion« im Bergbau erfolglos

Frühjahr 1941. Um dem chronischen Arbeitskräftemangel im wichtigsten deutschen Bergbaugebiet abzuhelfen, werden etwa 15 000 Bergleute aus Oberschlesien in einer sog. Ost-West-Aktion ins Ruhrgebiet zwangsversetzt. In den folgenden Monaten kommt es zu zahlreichen Beschwerden der Schlesier über zu niedrige Löhne und miserable Unterbringung. Am 22. Juni 1941 ordnet das Arbeitsamt Kattowitz die Rückkehr der Bergleute an.

Theater ist geprägt von Nazi-Idiologie

6. bis 13. Juli 1941. Die »Christian-Dietrich-Grabbe-Woche« im Bochumer Stadttheater unter der Leitung von Saladin Schmitt (→ 15. 4. 1919) bringt das Werk eines Dichters auf die Bühne, der u. a. aufgrund seines Dramas »Die Hermannsschlacht« als patriotisch gilt. Auch an anderen Bühnen inszenieren die Intendanten immer noch lieber die als vaterländisch verstandenen Werke der Klassiker als die Propagandastücke von nationalsozialistischen Autoren.

Trotzdem bleiben die Theater dem Geist der Zeit verpflichtet. Der Intendant des Essener Schauspiels, Karl Bauer, will erreichen, daß »wir unter den Theatern an erster Stelle stehen, die dazu bestimmt sind, Wesen und Charakter des deutschen Menschen neu zu formen«.

1942

Januar. Erste Transporte mit zwangsrekrutierten ausländischen Arbeitskräften für Krupp treffen in Essen ein.

27. 1. Etwa 1000 Juden aus dem Regierungsbezirk Arnsberg werden von Dortmund aus nach Riga deportiert. →

21. 3. Die Verordnung zum Schutz der Rüstungswirtschaft tritt in Kraft. Beim Einsatz der Arbeitskräfte und bei der Verteilung von Rohstoffen und Materialien soll die Rüstungswirtschaft Vorrang erhalten.

April. Sabotageakte häufen sich: Im Raum Dortmund führen Anschläge auf Stromleitungen zu Betriebseinschränkungen. Im Juli wird ein Bergwerksschacht in Herten-Langenbochum durch Sabotage schwer beschädigt.

20. 4. Das Programm des Generalbevollmächtigten für den Arbeitseinsatz, Fritz Sauckel, verpflichtet Frauen zum Arbeitseinsatz in rüstungswichtigen Industriebetrieben. →

1./2. 6. 726 britische Flugzeuge werfen 1 235 t Bomben auf Essen, Duisburg und Oberhausen. 32 britische Flugzeuge werden abgeschossen. Weitere Angriffe auf Städte des Ruhrgebiets folgen das ganze Jahr über.

1. 7. Die illegal arbeitende KPD meldet nach Moskau, daß feste Beziehungen zu den Städten Essen, Duisburg, Gelsenkirchen, Recklinghausen, Moers, Bottrop u. a. bestehen.

5. 7. Der FC Schalke 04 wird zum sechsten Mal Deutscher Fußballmeister. →

1./2. 8. In der Bochumer Ufatonhalle wird der neue Zarah-Leander-Film »Die große Liebe« uraufgeführt.

Oktober. In das neuerrichtete KZ-Außenlager Duisburg-Ratingsee in Meiderich werden 400 Häftlinge aus dem KZ Sachsenhausen eingeliefert. →

Oktober. In den von Bombenangriffen betroffenen Städten werden die Zuteilungen von Kaffee, Tabakwaren, Spirituosen und Süßigkeiten erhöht.

7. 12. Die Gestapo zerschlägt in Essen und Duisburg insgesamt 14 Gruppen der Edelweißpiraten mit 384 Mitgliedern. →

1942. Bei den Essener Krupp-Werken wird das 80-cm-Eisenbahngeschütz Dora gebaut, das größte Geschütz aller Zeiten. →

1942/57. Der Krupp-Konzern errichtet in Kamp-Lintfort das Bergwerk Rossenray. Die Abteufarbeiten müssen wegen des Krieges unterbrochen werden.

GESTORBEN:

24. 9. Essen: Christoph Wieprecht (*15. 10. 1875, Essen), Arbeiterdichter.

Riesengeschütz »Dora« der Krupp-Werke an der Ostfront

1942. Das in den Essener Krupp-Werken hergestellte Eisenbahngeschütz »Dora« (Abb.) wird bei der Bombardierung Sewastopols auf der sowjetischen Halbinsel Krim eingesetzt. Hitler hatte den Bau des Geschützes bei einer Besichtigung der Werke sechs Jahre zuvor in Auftrag gegeben (→ 27. 3. 1936). Bei einem Gesamtgewicht von 1465 t und einer Rohrlänge von über 40 m hat das Geschütz eine Reichweite von rund 130 km. Es muß auf zwei Eisenbahngleisen gleichzeitig transportiert werden. Während die Krupp-Belegschaft die Kanone »Dicker Gustav« nennt, erhält sie von den Artilleristen den Namen »Dora«.

Frauen in der Industrie

20. April 1942. Eine Verordnung des Gauleiters und Generalbevollmächtigten für den Arbeitseinsatz, Fritz Sauckel, verpflichtet Frauen zum Arbeitseinsatz in kriegswichtigen Industriebetrieben.

Seit 1940 zwingt der Arbeitskräftemangel in der deutschen Industrie die Regierung dazu, ihren Standpunkt, die Berufung der Frau liege vor allem in der Mutterschaft, aufzugeben. Zunächst werden unverheiratete Frauen zur Berufsarbeit ermuntert, ab 1942 werden auch Familienmütter dienstverpflichtet. Frauen werden auch zu körperlich schweren Arbeiten in der Produktion eingesetzt, erhalten aber niedrigere Löhne als ihre männlichen Kollegen.

In den Chemischen Werken Hüls in Marl arbeiten Frauen täglich zwölf Stunden. Alle drei Wochen haben sie dafür vier Tage frei. Sie arbeiten für einen Stundenlohn von rund 40 Pfennigen, während männliche Facharbeiter für die gleiche Arbeit etwa 70 Pfennig erhalten.

Sulfatabfüllung in der Duisburger Kupferhütte, Juni 1940

Erste Deportation von Juden nach Riga

27. Januar 1942. Von Dortmund aus geht der erste größerer Transport von Juden zum Ghetto in Riga ab. Eine Woche zuvor war auf der sog. Wannsee-Konferenz in Berlin die »Endlösung« der Judenfrage beschlossen worden.

Die ca. 1000 betroffenen Personen kommen aus dem Regierungsbezirk Arnsberg, zum größten Teil aus Dortmund selbst. Die Menschen waren bereits seit Tagen in der als Sammelstätte dienenden Gaststätte »Zur Börse« in der Steinstraße zusammengezogen worden. In der Nacht vor der Deportation wurde ein Jude von der Gestapo erschossen, nachdem er einen Schreikrampf bekommen hatte. Am Morgen des 27. Januar werden die zum Abtransport Bestimmten in völlig verschmutzte und ungeheizte Waggons gebracht und ins Ghetto deportiert.

KZ-Außenlager in Duisburg-Meiderich

Oktober 1942. Auf dem Duisburg-Meidericher Bahnhof treffen unter starker Bewachung der SS mehrere Waggons mit etwa 1000 Häftlingen ein. Es handelt sich um Gefangene, die wenige Tage zuvor im Konzentrationslager Sachsenhausen für die Aufstellung einer sog. I. SS-Baubrigade ausgewählt wurden. In Meiderich angekommen, wird die Brigade aufgeteilt: 400 Männer bleiben im praktisch über Nacht errichteten KZ-Außenlager Ratingsee bei Duisburg; die übrigen 600 Häftlinge werden in ein Zweiglager nach Düsseldorf-Stommeln gebracht.

Die Lagerbedingungen sind unerträglich. In vier Behelfsbaracken mit unzureichenden sanitären Anlagen untergebracht, leiden die Häftlinge ebenso unter dem Hunger wie unter den Schikanen und Schlägen der Bewacher. Stacheldraht umzäunt das Gelände, SS-Wachkommandos patrollieren ständig und machen bei

Duisburger KZ-Häftlinge bei Aufräumarbeiten nach einem Luftangriff

Fluchtversuchen rücksichtslos von der Schußwaffe Gebrauch. In der Nacht beleuchten Scheinwerfer das Lager, von dem große Teile der Duisburger Bevölkerung meinen, es handele sich um ein ganz »normales« Arbeitslager. Durch die systematische nationalsozialistische Beeinflussung macht sich kaum jemand Gedanken darüber, was in dem Lager vorgeht. Zudem sind die meisten mit der Behebung von Kriegsschäden beschäftigt.

Mit Aufräumungs- und dringenden Instandsetzungsarbeiten werden auch die Häftlinge der Baubrigaden aus den KZ-Außenlagern »beschäftigt«. Auf regelrechten Himmelfahrtskommandos sind die Gefangenen bei ihren Arbeitseinsätzen nach schweren Luftangriffen in den Trümmern schutzlos der Gefahr noch unentdeckter Bomben- und Granatenblindgänger ausgesetzt.

Gestapo zerschlägt »Edelweiß«-Gruppen

7. Dezember 1942. In Essen und Duisburg verhaftet die Gestapo 384 Jugendliche. Sie gehören verschiedenen Gruppen der »Edelweißpiraten« an, die von der Gestapo seit Monaten beobachtet worden waren.

In einem Bericht des Reichssicherheitshauptamtes vom 15. März 1943 heißt es: »Seit 1 ½ Jahren machten sich in verschiedenen rheinischen und westfälischen Städten wilde Jugendgruppen bemerkbar, die sich als ›Edelweißpiraten‹ bezeichnen und durch... lässige Kleidung und Haltung... auffielen und Anstoß erregten. Verschiedene Angehörige dieser Gruppen trugen weiße Strümpfe, kurze Lederhose, buntes Fahrtenhemd, Halstuch und als äußeres Kennzeichen ein Edelweiß.«

Entscheidender Grund für die Verhaftungsaktion der Gestapo ist die Feindschaft der »Edelweißpiraten« zur Hitlerjugend. Um sich dem militärischen Drill der HJ zu entziehen und sich einen Freiraum außerhalb der Kontrolle des NS-Regimes zu schaffen, hatten sich viele Jugendliche in eigenen lockeren Organisationen zusammengeschlossen.

Die Opposition der »Edelweißpiraten« ist ohne klare politische Zielvorstellungen. Zwar gibt es seit 1942 Kontakte zur KPD, jedoch erscheinen vielen Kommunisten die Aktionen der »Edelweißpiraten« (Schlägereien mit HJ und SA, Graffiti an Hauswänden, z. B. »Nieder mit den Nazi-Banditen«) als abenteuerlich, unbedacht und anarchistisch.

Hannes Saddeler zu den Aktivitäten der »Edelweißpiraten« in Oberhausen: »Wir sind alles Jungs aus Arbeiterfamilien, wir arbeiten auf der Zeche oder im Betrieb, und wenn wir Feierabend haben... dann ziehen wir uns bunt an und fahren ins Grüne, das ist Erholung.«

Feldpostpäckchen für Soldaten an der Front

Briefe und Päckchen halten den Kontakt zwischen der »Heimatfront« und den Soldaten aufrecht. Besonders zu Weihnachten werden in Zeitungen Ratschläge für die Zusammenstellung der 1000 g schweren Päckchen veröffentlicht. Mit jedem Kriegsjahr nehmen die Versorgungsschwierigkeiten zu, so daß es langen Schlangestehens bedarf, um z. B. Zutaten für Plätzchen zur »Soldatenweihnacht« zu ergattern. Der »Westfälische Beobachter« macht Rezeptvorschläge: »Wenn es manchmal auch schwierig ist, die geeigneten Zutaten zusammenzustellen, es wird schon langen, denn es ist ja nicht viel, was wir schicken können... Eine kleine Auswahl von Kleingebäck mit und ohne Fett und Ei wird die Überlegungen etwas erleichtern.«

In den Antwortbriefen von der Front wird die Kriegsmüdigkeit der Soldaten nur zwischen den Zeilen deutlich, da sie die Postzensur fürchten müssen. So heißt es in zwei Briefen von der Ostfront 1942: »Euer Päckchen kam gerade zur rechten Zeit, denn mein Stimmungsbarometer war... auf den Nullpunkt gelangt.« »... ein jeder weiß, daß der endgültige Sieg so schnell wie möglich für uns die einzige Möglichkeit zu einer Rückkehr in die Heimat bringt.«

Deutsche Landser vor Stalingrad

Beschwerlicher Vormarsch deutscher Einheiten in der Ukraine

1942

Kino stärkt Kriegsmoral

1./2. August 1942. In der Bochumer Ufatonhalle feiert ein begeistertes Publikum das neue Zarah-Leander-Melodram »Die große Liebe«.
Unter der Regie von Rolf Hansen führen bekannte Schauspieler, darunter Grethe Weiser, Paul Hörbiger und Viktor Staal in diesem Film den Beweis, daß wahre Liebe und Ehe auch unter den harten Bedingungen des Krieges Bestand haben. Das Lied von Hanna (Zarah Leander) »Ich weiß, es wird einmal ein Wunder geschehn... und ich weiß, daß wir uns wiedersehn«, wird zum Schlager.
Um die Gunst der Zuschauer zu erlangen, sind die Dialoge der nationalsozialistischen Filmproduktionen einfach gehalten und die Inhalte auf die Gefühle der Zuschauer abgestimmt. Ganz in diesem Sinne präsentiert die Universum-Film AG einen Film mit dem Anschein besonderer Authentizität: An Schauplätzen in Xanten und am Niederrhein entstand nach einer Novelle von Otto Ludwig das Epos »Zwischen Himmel und Erde«.
Mit der Produktion derartiger Spielfilme setzt die NS-Propaganada auf die Publikumswirksamkeit des Ki-

Standfoto aus dem Ufa-Film »Die große Liebe« mit Zarah Leander (r.)

nos. Die Filme verharmlosen das Grauen kriegerischer Auseinandersetzung und sollen Opferbereitschaft und Moral der Bevölkerung an der »Heimatfront« stärken. Selbst vor der stilisierten Darstellung eines Bombenangriffes auf Lübeck im Film »Die Degenhardt« schreckt die Propaganda des NS-Regimes in der Schlußphase des Krieges zur Stärkung des Durchhaltewillens nicht zurück.

Schalke zum sechsten Mal Deutscher Meister

5. Juli 1942. Der FC Schalke 04 gewinnt durch einen 2:0-Sieg über Vienna Wien im Endspiel um die Deutsche Fußballmeisterschaft in Berlin (Abb.: Tibulski vom FC Schalke 04; M.) zum sechsten Mal den begehrten Titel. Die Schalker stehen auch im Endspiel um den DFB-Pokal, können aber ihren Doppel-Triumph von 1937 (→ 26. 6. 1937) nicht wiederholen und verlieren gegen den TSV 1860 München. Für ihren sechsten Meistertitel erhalten die Spieler den Ehrenring der Stadt Gelsenkirchen. Der Siegeszug des Schalker Fußballs ist mit dem Sieg über Wien zunächst beendet; erst 1958 erringt Schalke 04 wieder eine Meisterschaft.

1943

16. 1. Bei einem Grubenbrand auf der Dortmunder Zeche Kaiserstuhl I kommen 42 Bergleute ums Leben.

11. 2. Schüler ab 15 Jahren werden als »Luftwaffenhelfer« zum Kriegsdienst herangezogen. →

Ab 1. 3. In den Übertagebetrieben der Revierzechen werden Frauen eingesetzt.

5. 3. In der Nacht zum 6. März beginnt die britische Luftwaffe eine neue Großoffensive gegen das Ruhrgebiet. 369 Bomber werfen 125 000 Stabbrandbomben und 80 Minen auf Essen, fast 500 Menschen werden getötet. →

12. 4. Beim Versuch eines Wehrmachtsoffiziers, einen offenbar desertierten Soldaten zu verhaften, kommt es in Dortmund zu Tumulten.

Mai/Juni. Aufgrund von Flächenbombardements der Alliierten werden die Luftschutzmaßnahmen im Revier verstärkt. →

17. 5. Die Bombardierung des Staudamms der Möhnetalsperre fordert weit über 1000 Menschenleben. →

Sommer. Von der Nationalsozialistischen Volkswohlfahrt und dem Hilfswerk Mutter und Kind werden aufgrund ständiger Bombardierungen Kinder und Mütter evakuiert. →

10. 7. Die britische Luftwaffe setzt die Großoffensive gegen das Ruhrgebiet fort. 1304 t Bomben fallen auf Bochum und Gelsenkirchen.

16. 8. Aus Protest gegen die Einführung von Zeitnehmern kommt es in der Kleineisenzeugfabrik der Friedrich-Alfred-Hütte in (Duisburg-)Rheinhausen zum Streik. →

September. Das Deutsche Wohnungshilfswerk errichtet Siedlungen aus einfachen Behelfsheimen, um die Wohnungsnot in den bombardierten Städten zu lindern. →

Oktober. In Dortmund wird eine Gemeinschaft zum Abhören feindlicher Rundfunksender aufgedeckt. →

12. 11. Durch die Verkündung der sog. »Lex Krupp« wird das Unternehmen von einer Aktiengesellschaft wieder zu einem Familienunternehmen. →

Ende 1943. Im Ruhrbergbau arbeiten etwa 80 000 Zwangsarbeiter aus Kriegsgefangenenlagern und den besetzten Gebieten. →

1943. Das Rheinisch-Westfälische Institut für Wirtschaftsforschung in Essen wird gegründet.

GEBOREN:

15. 2. Korbach/Waldeck: Elke Heidenreich, Journalistin und freie Schriftstellerin, bekannt als »Else Stratmann«.

Feindsenderhören ist weit verbreitet

Oktober 1943. Die Gestapo verhaftet in Dortmund 14 Personen, die eine Gemeinschaft zum Abhören ausländischer Rundfunksender gebildet hatten. Diese »hochverräterischen Umtriebe« sind seit 1939 verboten und werden seit 1941 auch mit dem Tode bestraft. Der Volksgerichtshof verurteilt sogar Personen, die nicht selbst Feindsender gehört haben, sondern sich nur durch andere über den Inhalt der verbotenen Sendungen informiert haben.
Trotz der drakonischen Strafen ist das Hören unerlaubter Sender weit verbreitet. Sie werden entweder von Emigranten betrieben oder – wie die Deutsche Welle der BBC London – senden unter ihrer Mitarbeit.
Die nationalsozialistischen Sicherheitsorgane versuchen, das illegale Rundfunkhören außer durch Strafandrohung und Verfolgung auch durch technische Maßnahmen zu unterbinden: Da die weit entfernten ausländischen Sender auf Kurzwellen senden, werden Empfangsgeräte bzw. Empfangsteile für diese Frequenzen verboten, beschlagnahmt oder ausgebaut.

Spontaner Streik in Kleineisenwerk

16. August 1943. Aus Protest gegen die Einführung von Zeitnehmern zur Verschärfung des Akkords tritt die 60köpfige Belegschaft der Kleineisenzeugfabrik der Friedrich-Alfred-Hütte in (Duisburg-)Rheinhausen in den Streik. Die Arbeitsniederlegung erfolgt spontan, dauert 50 Minuten und endet erfolglos. Zwei Tage später erscheint Gestapo auf dem Werksgelände. Nach stundenlangen Verhören werden drei Personen festgenommen, ihre Rädelsführerschaft läßt sich jedoch nicht zweifelsfrei nachweisen.
In den geheimen Lageberichten des Sicherheitsdienstes der SS häufen sich seit Frühjahr 1943 Berichte über den wachsenden Unmut der Bevölkerung des Ruhrreviers angesichts der langen Kriegsdauer und der schwindenden Aussichten auf den »Endsieg«. Spontane Arbeitsniederlegungen sind ebenso Ausdruck dieser weitverbreiteten Unzufriedenheit wie Sabotageakte, politische Witze und das Nachlassen des Hitler-Grußes in der Öffentlichkeit.

Ein Bomberverband der amerikanischen Luftwaffe über einer Großstadt des rheinisch-westfälischen Industriegebiets

Schwere Luftangriffe auf das Revier

5. März 1943. Die britische Luftwaffe fliegt einen Großangriff auf Essen, bei dem rund 80 Minen, 1000 Sprengbomben, 125 000 Stabbrandbomben und 17 000 Phosphorbrandbomben abgeworfen werden. 461 Menschen werden bei dem Angriff getötet und 1593 verletzt. 50 000 Essener werden obdachlos, da 3000 Häuser zerstört und weitere 2000 schwer beschädigt worden sind.

Eine Frau aus Essen-Huttrop, die sich während des Bombardements im Keller ihres Hauses aufhält, beschreibt das Geschehen: »In das Schießen der Flak donnern die ersten Bombenaufschläge ganz in der Nähe. Und dann hält es sich dran, eine Bombe nach der anderen. Es heult und kracht. Bald ist kaum noch Flak zu hören. Alle Augenblicke erschüttert eine Luftmine das Haus; bis in den Keller bebt alles. Wenn man hoffte, es wäre bald ruhiger, kam wieder eine neue Welle. Wir haben gebetet und geweint.«

Die Bomben zerstören das Münster, die Marktkirche und das Rathaus von Essen sowie große Teile der Innenstadt und der nördlich davon gelegenen Wohn- und Industrieviertel. Auf den Angriff, gegen den die um Essen stationierten Flakeinheiten machtlos sind, folgt ein Feuersturm, der ganze Straßenzüge verwüstet.

Im Laufe des Jahres ist Essen noch fünfmal Ziel britischer Großangriffe; auch auf die anderen großen Industriestädte des Ruhrgebiets fliegt die britische Luftwaffe Angriffe, so z. B. am 5. Mai auf Dortmund, am 13. Mai auf Duisburg, am 10. Juli auf Bochum und Gelsenkirchen. Die Luftangriffe richten sich nicht nur gegen die Rüstungsbetriebe im Revier, sondern in der Hauptsache gegen die Zivilbevökerung. Deren Moral und Glauben an die nationalsozialistischen Machthaber und die Propaganda vom »Endsieg« sollen durch die fortgesetzten Bombenangriffe nachhaltig erschüttert werden.

Die britische Luftwaffe setzt 1943 erstmals ein neues Fernleitsystem ein, da bei den bisherigen Angriffen viele Bomben u. a. wegen schlechter Sicht und hoher Windgeschwindigkeiten ihre Ziele verfehlten. Mit Hilfe dieses Fernleitsystems können Mosquito-Flugzeuge die anvisierten Ziele mit Bomben, aus denen farbiger Rauch entweicht, exakt markieren. Die Besatzungen der nachfolgenden Bomberstaffeln sind dadurch in der Lage, ihre Bombenladungen genau über den gewünschten Zielen abzuwerfen.

Britisches Flugblatt mit der Ankündigung weiterer schwerer Luftangriffe auf das Rüstungszentrum Ruhrgebiet vom 26. Juni 1943

Propagandastimme der Alliierten

Nach einem britischen Großangriff auf Essen im März (→ 5. 5. 1943) findet die Bevölkerung überall verstreut Flugschriften der deutschen Widerstandsbewegung »Weiße Rose« aus München, die mit Hilfe eigens konstruierter Flugblattbomben von den britischen Bomberverbänden abgeworfen wurden. Unter dem Titel »Ein Deutsches Flugblatt« erläutert ein britischer Vorspann den Zweck dieser Propagandamaßnahme gegen das nationalsozialistische Regime: »Wir sehen nicht ein, warum die Vernünftigen und Anständigen in Deutschland nicht zu Wort kommen sollen. Deswegen werfen die Flieger der R.A.F. (Royal Air Force) zugleich mit ihren Bomben jetzt dieses Flugblatt . . . das die Gestapo natürlich sofort konfisziert hat, in Millionen von Exemplaren über Deutschland ab.«

Verantwortlich für derartige Aktionen ist eine britische Propagandabehörde, die bereits vor Kriegsausbruch von der englischen Regierung ins Leben gerufen wurde. Im Rahmen der psychologischen Kriegführung erarbeitet diese Stelle sowohl »weiße« (wahrheitsgetreue) Meldungen als auch »schwarzes« Material, frei erfundene Berichte, die mittels Flugblättern oder ins Deutsche Reich reichenden Geheimsendern Verwirrung im Feindland schaffen sollen.

Als besonders gelungene Aktion dieser schwarzen Propaganda gilt der sog. Mölders-Brief. Werner Mölders, Held der Deutschen Luftwaffe und Träger des Eisernen Kreuzes, kommt 1941 nach seinem 101. Luftsieg bei einem Unfall ums Leben. Britische Flugblätter verbreiten daraufhin unter der deutschen Bevölkerung die Nachricht, der gläubige Katholik Mölders sei einem, von der NSDAP geführten, antireligiösen Feldzug zum Opfer gefallen. Solche Einzelaktionen werden von einer kontinuierlichen, wahrheitsgetreuen Berichterstattung ergänzt.

1943

Gladbeck. *Beim schwersten von 20 Angriffen in diesem Jahr trifft in der Nacht zum 28. Mai eine Sprengbombe das Krankenhaus (Abb.), 99 Menschen werden getötet. Weitere 79 Menschen werden in dieser Nacht verletzt, acht Wohnhäuser zerstört und 200 schwer beschädigt.*

Dortmund. *Beim ersten großen Luftangriff in der Nacht zum 6. Mai 1943 werden 693 Menschen getötet, 1218 Wohnhäuser und 88 Industrieanlagen zerstört; 40 000 Dortmunder sind obdachlos. Zahlreiche Kulturdenkmäler, darunter das alte Rathaus, werden schwer beschädigt.*

Bochum. *Die idyllische Altstadt und zahlreiche Wohngebiete fallen von Mai bis Juli 1943 den Angriffen alliierter Bomberverbände zum Opfer. Im Juni wird auch das erst 1931 fertiggestellte neue Rathaus getroffen. Große Teile der Innenstadt liegen in Trümmern, hier die Christstraße mit Blick auf das beschädigte Knappschaftsgebäude. Bis 1944 werden über 100 000 Bochumer, vor allem Frauen und Kinder, aus der durch die alliierten Luftangriffe gefährdeten Stadt evakuiert.*

Mülheim an der Ruhr. *Eine gespenstische Kulisse bietet die Innenstadt in der Nacht vom 22. auf den 23. Juni 1943. 250 britische Bomber fliegen gegen 2 Uhr morgens den bislang schwersten Angriff auf Mülheim. Es ist der elfte innerhalb von zwölf Tagen. Da die bisherigen Angriffe nur wenig Schaden angerichtet haben, mißachten viele Mülheimer Bürger die Sirenenwarnung und versäumen es, rechtzeitig die Luftschutzkeller aufzusuchen, die allerdings, häufig nur notdürftig hergerichtet, kaum ausreichenden Schutz gegen das massive britische Bombardement bieten. Allein in dieser Nacht fallen 450 Mülheimer den Bomben zum Opfer, bis zum Ende des Krieges fordert der intensive Luftkrieg der Alliierten in der Stadt insgesamt 1116 Menschenleben.*

Essen. Am Morgen nach dem britischen Angriff vom 5. März 1943 bieten weite Teile Essens ein trostloses Bild der Zerstörung. »Gottseidank, wir leben noch, obwohl wir glaubten, am 5. März nicht mehr gesund aus dem Luftschutzkeller zu kommen. Wir haben dort eine qualvolle Stunde gehabt«, faßt eine Überlebende ihre Eindrücke der Unglücksnacht zusammen. Aber auch für die Besatzungen der angreifenden Maschinen sind die Angriffe eine nervliche Zerreißprobe, besonders im von Flak überzogenen Revier: »Schrecklich! Rauch und Feuer, Scheinwerfer und das Aufleuchten von Blitzlichtbomben mischten sich mit den akustischen Eindrücken des Motorendröhnens und dem permanenten Gefühl der Angst zu einem bleibenden Eindruck«, so ein britischer Pilot.

Duisburg. Vielen Überlebenden ergeht es nach den nächtlichen Luftangriffen der Alliierten wie hier den Bewohnern der Ratingsee-Siedlung in Duisburg nach den britischen Angriffen vom 27. April und 13. Mai 1943, bei denen weite Teile der Duisburger Altstadt fast vollkommen zerstört werden. Ziel der massierten Angriffe ist »die fortschreitende Zerstörung und Zerstreuung des deutschen Militär-, Industrie- und Wirtschaftssystems«.

Gelsenkirchen. Die ersten Phosphorbomben im März lassen die Innenstadt in Flammen aufgehen, nachdem die Stadt schon 1941/42 wiederholt Angriffsziel der alliierten Bomber gewesen war. Im Herbst 1943 werden auch die letzten Schulen geschlossen und die Kinder nach Bayern evakuiert.

Flutkatastrophe an der Möhnetalsperre

17. Mai 1943. In den frühen Morgenstunden bombardieren britische Flugzeuge die Staumauer der Möhne-Talsperre. Eine riesige Flutwelle aus rund 100 Mio m³ Wasser stürzt die Täler von Möhne und Ruhr hinab und reißt weit über 1000 Menschen in den Tod.

Die Bilanz des Schreckens im einzelnen: 1284 Tote und Vermißte; 101 völlig zerstörte Wohn- und Bauernhäuser, weitere 967 Gebäude sind mehr oder weniger leicht beschädigt; 11 total zerstörte und 114 beschädigte Fabriken; 7 zerstörte Eisenbahn- und 18 zerstörte Straßenbrücken; 40 km² gänzlich oder teilweise unbrauchbares Ackerland und große Verluste im Viehbestand. In Mitleidenschaft gezogen sind auch zahlreiche Verkehrswege und Versorgungseinrichtungen (Kraft-, Wasserwerke).

Die Planungen der britischen Luftwaffe für eine Bombardierung deutscher Talsperren reichen bis zum Beginn des Zweiten Weltkrieges zurück. Erste Konzepte wurden sogar schon 1938 für den Fall eines Krieges entwickelt. Die wichtigsten Ziele der Operation waren:

▷ Das Abschneiden von wesentlichen Wasserversorgungen für Industrie und Privathaushalte
▷ Die Überflutung und Beschädigung industrieller Anlagen, Eisenbahnen, Wasserstraßen usw. im Flußtal
▷ Die Schädigung der Binnenschiffahrtswege durch Reduzierung der für ihre Aufrechterhaltung notwendigen Wassermengen.

Geborstene Staumauer der Möhnetalsperre am 17. Mai 1943, wenige Stunden nach dem erfolgreichen Rollbombenangriff britischer Lancaster-Bomber

Die Möhne-Talsperre, angelegt zur Vermeidung winterlicher Überflutungen und für die Stromerzeugung, war für die Briten vor allem als Energie- und Wasserlieferant der Industrie von Interesse.

Die technisch schwierige Bombardierung von Staumauern wurde der britischen Luftwaffe möglich durch den Einsatz von sog. Rollbomben. Das Prinzip dieser Bombe beruht, vergleichbar dem Hüpfen eines Kieselsteins auf dem Wasser, auf der Tragfähigkeit der Oberflächenspannung des Wassers: Die Bombe wird vor dem Abwurf in eine Rotation von ca. 500 Umdrehungen pro Minute entgegen der Flugrichtung versetzt. Beim Auftreffen auf die Wasseroberfläche entfalten sich dadurch Reibungsenergien, die einen Rückstoß, d. h. eine Sprungbewegung, bewirken und ein frühes Abtauchen der Bombe verhindern.

Rotationsgeschwindigkeit und Abwurfpunkt (700–1400 m von der Staumauer entfernt) sind so berechnet, daß der Drall der Bombe direkt vor der Mauerkrone soweit nachgelassen hat, daß sie absinkt. Ein auf 9,70 m Wassertiefe eingestellter Druckzünder bringt den Sprengstoff dann zur Explosion.

Bei dem britischen Angriff auf die Möhne-Talsperre findet erst die fünfte Rollbombe ihr Ziel. Ihre Sprengladung von etwa 3 t reißt ein 75 m breites Loch in die Staumauer.

Dichte Nebelwand geht Flut voraus

Ein Augenzeuge aus Schwerte berichtet von der Flutkatastrophe:

»Zwischen 2 und 3 Uhr gingen in unserer Nachbarschaft die Feuerwehrleute von Haus zu Haus, weckten die Leute und machten uns auf ein evtl. Hochwasser aufmerksam. Die Nachbarn eilten teilweise auf die Straßen und fragten sich geängstigt: ›Was ist denn bloß geschehen? Hochwasser kann doch unmöglich sein! Es hat doch gar nicht geregnet.‹ Niemand fand dazu eine Erklärung. Langsam sickerte die Kunde durch, daß die Möhnetalsperre gerissen sei . . . Die Tiere wurden von den Weiden geholt. Die Keller wurden teilweise ausgeräumt; die Gartengeräte aus den Gärten geholt. Voraus ging eine dichte Nebelwand und verdeckte so die mit grollendem Getöse sprunghaft anströmende Wasserflut in teilweiser Höhe von ca. 2,50 m. Verschiedene wurden im Bett vom Wasser überrascht. Die Nachbarn flüchteten in die oberen Stockwerke und mußten zusehen, wie das Wasser mit der gewaltigen Kraft ganze Bäume, Dachstühle, tote und lebende Tiere und allerlei Geröll mit sich führte . . .

An der niedrigsten Stelle in der Mühlenstraße 14 war der Wasserstand 3,80 m.«

Durch die Flutwelle nach dem britischen Angriff auf den Möhne-Staudamm zerstörte Brücke über die Ruhr bei Dellwig-Drüpplingsen, die sog. Kuhbrücke

Hellpothstr. in Schwerte am Morgen nach der Zerstörung des Möhnedamms; neben über 1000 Deutschen finden auch 54 Briten bei dem Angriff den Tod

 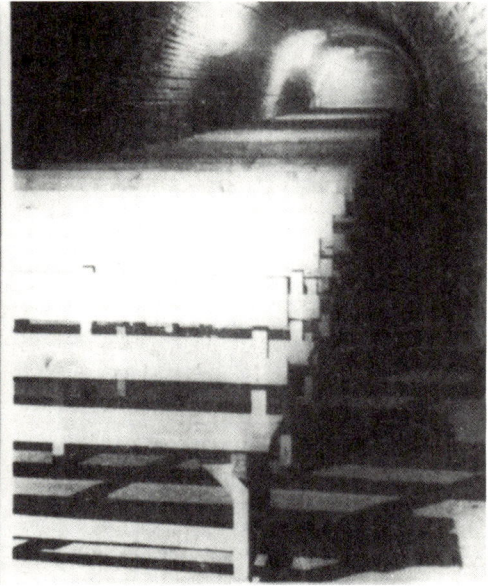

Großer Bunker unter dem Essener Hauptbahnhof; in den Stollen stehen Bänke für die schutzsuchenden Menschen (r.); der Bunker, der als einer der sichersten der Stadt gilt, muß nach schweren Bombenangriffen repariert werden (l.)

Mehr Zivilschutz gegen Bombenterror

Mai/Juni 1943. Mit verstärkten Luftangriffen versuchen die Alliierten, die Kriegsmoral der deutschen Bevölkerung zu erschüttern. Vor allem die Städte des Ruhrgebiets werden zu Zielgebieten großflächiger Bombardements. Bombenabwürfe über Dortmund, Duisburg, Bochum und Gelsenkirchen richten verheerende Schäden an. Gebäude, die den Sprengbomben standhalten, fallen dem Flammenmeer zum Opfer, das von den abgeworfenen Brandbomben ausgelöst wird. Essen wird im Laufe des Jahres fünfmal das Opfer schwerer alliierter Luftangriffe.

In den besonders gefährdeten Gebieten des Reviers werden die Luftschutzmaßnahmen verstärkt. Acht Stollen, die in Duisburg mit bergmännischer Methode in Schlackenhalden und in den Kaiserberg getrieben werden, dienen der Einrichtung von Notkrankenhäusern. Selbst in notdürftig gesicherten Kellerräumen sucht die Bevölkerung Schutz. Mit dem Einbau von Luftschleusen soll das Eindringen von Kampfgas verhindert werden; gegen die Splitterwirkung von Granaten hilft nur das Zumauern der Kellerfenster. In Flugblättern wird die Bevölkerung zum verstärkten Selbstschutz aufgerufen: Bei Gefahr sind die Luftschutzräume unverzüglich aufzusuchen; wer bei Fliegeralarm die Verdunkelungsvorschriften mißachtet, »gefährdet nicht nur sich selbst, sondern ... verwirkt sein Recht auf Achtung, Rücksicht und Hilfe von Seiten der Volksgemeinschaft.« Selbstorganisierte Feuerwachen sollen sicherstellen, daß Brände schon im Entstehen gelöscht werden. Wasservorräte, Sandsäcke, Feuerpatschen und Gasmasken stehen für den Einsatz in allen größeren Betrieben und Verwaltungen bereit.

Mütter und Kinder werden evakuiert

Sommer 1943. Zum Schutz vor zunehmenden Luftangriffen leitet das Hilfswerk »Mutter und Kind« als Organisation der Nationalsozialistischen Volkswohlfahrt (NSV) die umfassende Evakuierung vor allem von Frauen mit kleinen Kindern ein. Mit der Verschickung großer Teile der Zivilbevölkerung aus dem Ruhrgebiet in die weniger gefährdeten ländlichen Regionen Süddeutschlands sowie nach Böhmen und Mähren weiten die NS-Behörden ihre schon 1941 aufgenommene Kinderlandverschickung aus. So werden in Duisburg und Dortmund allgemeinbildende Schulen geschlossen und in ländliche Gebiete verlegt.

Hitlererlaß ändert Erbrecht für Krupp

12. November 1943. Im Reichsgesetzblatt Nr. 99 wird der Erlaß Hitlers über das Familienunternehmen Krupp, die sog. Lex Krupp, öffentlich bekanntgegeben. Durch den Erlaß wird es möglich, Alfried Krupp von Bohlen und Halbach zum Alleinerben des Unternehmens zu machen, obwohl die geltenden gesetzlichen Bestimmungen das Einsetzen von Alleinerben verbieten, falls der Erblasser mehrere Nachkommen hat. Um die Krupp-Werke nicht unter den erbberechtigten Kindern aufteilen zu müssen, hatten Gustav und Bertha Krupp von Bohlen und Halbach diese Ausnahmeregelung bei den nationalsozialistischen Machthabern zur Sicherung der Einheit des Krupp-Imperiums durchgesetzt.

Behelfsheime für obdachlose Familien

September 1943. Das »Deutsche Wohnungshilfswerk« errichtet sog. Behelfsheime für Familien, die durch Bombenangriffe obdachlos geworden sind. Die Wohnungen werden in Siedlungsform unter Mithilfe der Betroffenen gebaut. In Größe und Ausstattung ähneln die Heime Gartenlauben. Mit 20 qm Wohnfläche, teilweise ohne Anschlüsse für Strom, Wasser und Kanalisation sowie unzureichend gegen Kälte und Feuchtigkeit isoliert, bieten die Behelfsheime keinen Ersatz für feste Wohnungen.

Jugendliche werden Luftwaffenhelfer

11. Februar 1943. Einer Anweisung der obersten Militärbehörde folgend, stellen die Luftgaukommandos »Heimatflak (= Flugabwehrkanonen) mit Behelfspersonal« auf. Neben russischen Kriegsgefangenen werden auch Schüler ab 15 Jahren als sog. Luftwaffenhelfer zum Kriegsdienst eingezogen. Die Luftwaffenhelfer besuchen weiter, wenn auch eingeschränkt, den Unterricht an Oberschulen und Gymnasien. Sie haben in der Hitlerjugend (→ 25. 4. 1936) in den vergangenen Jahren erste militärische Kenntnisse erworben. Die Jungen bedienen die Scheinwerfer, die Meßgeräte und leichtere Geschütze.

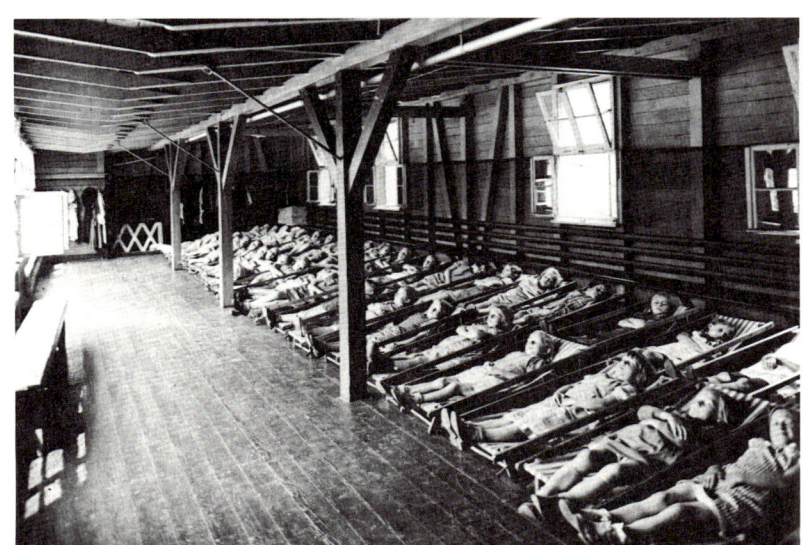

Kinder beim Mittagsschlaf auf der Terrasse eines Erholungsheimes; aus dem ständigen Angriffen ausgesetzten Revier werden Kinder in Sicherheit gebracht

1943

Zwangsarbeit im Bergbau

Ende 1943. Seit Dezember 1942 hat sich die Zahl der auf den Zechen des Ruhrgebiets beschäftigten Zwangsarbeiter auf 80 000 verdoppelt. In der Mehrzahl handelt es sich um russische Kriegsgefangene, der Rest sind Gefangene anderer Nationalitäten, vor allem Polen, Belgier und Franzosen, aber auch verschleppte Zivilpersonen, unter ihnen zahlreiche Frauen und Kinder.

Die Fremdarbeiter werden in Schulen, Gemeindesälen und Wohnbaracken untergebracht. Die Barackenlager sind von Stacheldraht umgeben, in den meisten Fällen liegen sie in direkter Nachbarschaft der Betriebe. Die Unterkünfte sind überbelegt, die sanitären Einrichtungen mangelhaft. Hygiene-Artikel wie Seife fehlen häufig völlig. Ungeziefer und Infektionskrankheiten sind in allen Lagern an der Tagesordnung. Ebenso unzureichend ist die Lebensmittelversorgung. Eine ehemalige Zwangsarbeiterin berichtet: »Was wir zu essen bekamen, war von Anfang an sehr schlecht. Morgens haben wir Brot und Suppe bekommen. Drei Pfund Brot wurden auf sieben Personen verteilt und dazu ein Teller Suppe. Das war unsere einzige Mahlzeit, bis wir um 17 Uhr 30 von der Arbeit zurückkamen.«

Sowohl in den Lagern als auch auf dem Weg zur Arbeit und in den Betrieben sind die Zwangsarbeiter zahlosen Mißhandlungen durch SS-Bewacher, aber auch durch deutsche Belegschaftsmitglieder ausgesetzt. Willi Braukmann, 1943 Hauer

Schulung von Kriegsgefangenen bei der Harpener Bergbau AG

auf Zeche Nordstern in Gelsenkirchen-Horst, erinnert sich: »Es gab vor allem junge Steiger, auch einige Rutschenmeister und Wärter, die sich sehr hervortaten und Gefangene als letzten Dreck betrachteten. Ich möchte ein einziges Beispiel anführen: Ein am Fuß verletzter Russe wurde mittels Transportband zum Stapel befördert. Als er dort ankam, wurde er nicht abgeladen und mit dem Stapelkorb zur Hauptförderstrecke gebracht, sondern man ließ ihn in den Kohlenbunker fallen, in dem er von der nachfallenden Kohle zugeschüttet wurde.«

Bringen Gefangene nicht die geforderte Leistung, werden sie oft von Bewachern und Vorgesetzten mit Gummischläuchen und Eisenrohren zu Tode geprügelt.

Französische Kriegsgefangene auf der Lennebrücke in Hohenlimburg (bei Hagen) auf dem Weg zur Arbeit in den Hohenlimburger Rüstungsbetrieben

1944

27. 2. Im Asphaltierwerk II des Hörder Vereins in Dortmund streikt die gesamte Belegschaft gegen eine Erhöhung der Panzerplattenproduktion.

22. 4. Der erste große Bombenangriff auf die Stadt Hamm fordert 234 Todesopfer.

19. 7. Nach schweren Luftangriffen auf die Hydrierwerke Scholven und Gelsenberg in Gelsenkirchen kommt die Produktion bis Kriegsende vollständig zum Erliegen. →

9. 8. Sondergerichte in Essen und Dortmund verurteilen mehrere Personen u. a. wegen Diebstahls zum Tode. →

10. 8. Joseph Goebbels untersagt alle öffentlichen Veranstaltungen »nicht kriegsgemäßen Charakters« (Musiktage, Ausstellungen usw.).

25. 9. Ein Erlaß Adolf Hitlers über den Deutschen Volkssturm ordnet die Erfassung aller waffenfähigen Männer zwischen 16 und 60 Jahren an.

6. 10. Beim vierten Großangriff der Royal Air Force gegen Dortmund kommen über 1000 Menschen ums Leben, 60 000 werden obdachlos.

14./15. 10. Durch einen nächtlichen Luftangriff wird die Duisburger Innenstadt zerstört.

4. 11. Bochum erleidet den schwersten von insgesamt 150 größeren Bombenangriffen während des Krieges. →

6. 11. Beim schwersten Luftangriff des Zweiten Weltkrieges auf Gelsenkirchen werden weite Teile der Stadt zerstört. →

11. 11. Die britische Luftwaffe fliegt erneut einen Großangriff gegen Dortmund.

2. 12. Beim zweiten Großangriff alliierter Bomber auf Hagen sterben 590 Menschen.

6. 12. Der Generaldirektor der Vereinigten Stahlwerke, Albert Vögler, wird von Hitler zum Generalbevollmächtigten der Ruhrwirtschaft ernannt. →

1944. In den Essener Krupp-Werken findet ein Kriegsberufswettkampf statt. →

1944. Im Lokomotivausbesserungswerk Schwerte-Ost wird ein Nebenlager des KZ Buchenwald eingerichtet.

Ende 1944. Soldaten auf Fronturlaub stellen fest, daß sich das Leben im Ruhrgebiet kaum mehr von dem an der Front unterscheidet. →

GESTORBEN:
28. 2. Erlangen: Heinrich Flottmann (*24. 12. 1875, Bochum), Industrieller und Erfinder.

GEBOREN:
19. 12. Herne: Heinz-Günther Prager, Bildhauer.

»Es war beinahe wie an der Front«

Ende 1944. Zum Jahresende erhalten zahlreiche Soldaten, die z. T. bis zu zwei Jahre lang nicht mehr zuhause gewesen sind, Heimaturlaub. In Augenzeugenberichten wird das Erschrecken über die Zustände im zerbombten Ruhrgebiet deutlich. Die Männer haben nur geringe Bewegungsfreiheit. Der Urlaubsschein wird nur für den Heimatort ausgestellt. Unerlaubter Aufenthalt an anderen Orten wird streng bestraft. Da die Soldaten verpflichtet sind, auch im Urlaub Uniform zu tragen, müssen sie ständig damit rechnen, von Polizisten der Feldgendarmerie kontrolliert zu werden.

Fronturlaub im Jahr 1944

Ein 1922 geborener Bergmann aus Recklinghausen-Hochlarmark beschreibt seinen Heimaturlaub im Winter 1944: »Gekocht wurde nicht ... Da die meisten Kinder und viele Frauen evakuiert waren, wurde für die alleinstehenden Männer in einem Gasthaus gekocht ...

Es gab keine Ruhe, es war beinahe wie an der Front. Die oberen Räume unserer Wohnung waren nicht bewohnbar. Ein Granatsplitter war durch das Dach gekommen, hatte die Decke zerstört und ein großes Loch in die Wand zur Nachbarwohnung gerissen ... Ein Kellerraum war abgestützt worden, und dort standen zwei ... Holzpritschen, auf denen man zur Not schlafen konnte, wenn die Bomberverbände der Alliierten die Bevölkerung in Ruhe ließen, und das war selten genug. So ging denn mein letzter Urlaub als Soldat zu Ende. Wer den Krieg heil überleben würde, die zu Hause oder ich – wer konnte das sagen? Die Chancen waren für beide Teile nicht gut.«

Zum Teil treffen die Männer ihre evakuierten Familien gar nicht zuhause an. In anderen Fällen bringen Fronturlauber kein Verständnis für die Versorgungsschwierigkeiten und die Probleme ihrer Frauen auf. Der Sicherheitsdienst der SS berichtete bereits 1943: »Der Frontsoldat zeigt im Urlaub oft kein Verständnis für die ... häuslichen Dinge und bleibt interesselos gegenüber den täglichen Sorgen der Heimat. Daraus ergibt sich häufig ein Auseinanderleben der Ehen.«

Das während eines alliierten Großangriffs auf Gelsenkirchen zerstörte Werksgelände der Gelsenberg Benzin AG

70 000 Obdachlose in Bochums Zentrum

4. November 1944. Am Abend zwischen 19.00 und 20.00 Uhr fliegen etwa 700 britische Bomber den schwersten von insgesamt 150 größeren Luftangriffen auf Bochum. Das Ruhrgebiet als Ballungszentrum und Waffenschmiede ist eines der Hauptangriffsziele der alliierten Streitkräfte, wobei Bochum die ersten schweren Angriffe im Mai und Juni 1943 erlebte.

Das Bombardement im November 1944 richtet sich besonders auf den Bochumer Verein, der mit mehr als 10 000 Spreng- und über 130 000 Brandbomben belegt wird. Das Werksgelände und die umliegenden Wohn- und Geschäftsviertel werden völlig zerstört, die Stadt brennt lichterloh. Im Bombenhagel kommen 1300 Menschen ums Leben, 70 000 werden obdachlos.

Frauen mit Kleinkindern, Schüler und Obdachlose waren bereits nach Pommern, in den Sudetengau oder ins Sauerland evakuiert worden. In der Stadt geblieben sind nur die in der Rüstungsindustrie dienstverpflichteten Männer und Frauen, die in Bunkern und Bergwerksstollen zu überleben suchen.

Gelsenkirchener Innenstadt brennt

6. November 1944. »Achtung, Achtung! Mitteilung an alle! Starke feindliche Bomberverbände befinden sich auf dem Anflug auf Gelsenkirchen!« Mit dieser Warnung kündigt der Rundfunk um 13.55 Uhr die bevorstehende Bombardierung Gelsenkirchens durch britische und amerikanische Geschwader an.

Wenige Minuten später beginnt der Angriff mit Brand- und Sprengbomben. Bereits während der ersten Angriffswelle fällt die Stromversorgung in der Stadt aus, so daß Luftschutzwarnungen nicht mehr möglich sind. Kurz darauf bricht infolge schwerer Zerstörungen des Leitungsnetzes die Wasserversorgung zusammen. Da kein Löschwasser zur Verfügung steht, können Brände sich mit rasender Geschwindigkeit ausbreiten. Ihr Qualm verdunkelt trotz der frühen Nachmittagsstunden den Himmel.

Um 19.25 Uhr erfolgt ein weiterer Großangriff. Weite Teile der Gelsenkirchener Altstadt sowie der Vororte Schalke, Hüllen und Bulmke werden zerstört. Allein 1000 Sprengbomben treffen die Werksanlagen des Schalker Vereins.

Dortmund erleidet weiter Großangriffe

6. Oktober 1944. Beim schwersten Bombenangriff dieses Jahres auf Dortmund kommen 1015 Menschen ums Leben, weitere ca. 60 000 Einwohner werden obdachlos. Dieser vierte von insgesamt acht Großangriffen auf die Stadt während des Zweiten Weltkrieges dauert etwa 40 Minuten. Es werden 160 000 bis 170 000 Bomben abgeworfen, die 1838 Brände verursachen.

Diesem Angriff – es war der 812. Alarm – war in diesem Jahr bereits ein Großangriff am 23. Mai vorausgegangen, dem 541 Menschen zum Opfer fielen. Am 11. und 29. November folgen zwei weitere Angriffe, bei denen 256 Menschen umkommen.

Wer nicht zum Luftschutzdienst eingeteilt ist, sucht während des Bombenhagels Sicherheit in den Luftschutzräumen der Häuser oder in den öffentlichen Bunkern. Neben verschiedenen Hochbunkern gibt es weiträumige Erdbunker. Der größte Dortmunder Erdbunker zieht sich als riesiger Tunnel 96 Stufen unter der Erde vom Hauptbahnhof bis in die Nähe des Stadttheaters unter dem Wall hin; er bietet über 100 000 Menschen Platz.

Bomben lähmen Treibstoffindustrie

19. Juli 1944. Nach einem schweren Luftangriff alliierter Bomberverbände muß die Produktion im Hydrierwerk Scholven in Gelsenkirchen-Buer eingestellt werden. Bereits wenige Wochen zuvor hatte ein Großangriff auf das Gelände der Gelsenberg Benzin AG in Gelsenkirchen-Horst so starke Schäden angerichtet, daß die Hydrieranlagen stillgelegt werden mußten.

Während Gelsenberg seit 1940 das Ziel englischer und amerikanischer Luftangriffe war, ist Scholven bis jetzt von Bombardements verschont geblieben: Kurz nach Kriegsbeginn hatte man die Werksanlagen mit Tarnmatten überzogen und im Norden des Firmengeländes Attrappen von Fabrikanlagen errichtet. Das Werk selbst war durch Flakstellungen gesichert worden.

Bis Ende August 1944 bleiben Gelsenberg und Scholven das Ziel pausenloser alliierter Bomberangriffe, durch die alle Reparaturarbeiten verhindert werden. Durch den Produktionsausfall in den beiden Gelsenkirchener Werken büßt die deutsche Kriegswirtschaft etwa 20% ihrer Treibstoffkapazitäten ein.

Angriffe auf die Industrie

8./14. März: Anlagen der Chemischen Werke Hüls, Marl
13. Juni: Gelsenberg Benzin AG, Gelsenkirchen-Horst
19. Juli: Hydrierwerk Scholven, Gelsenkirchen-Buer
23./24. Oktober: Werke der Fried. Krupp AG, Essen
4. November: Firmengelände des Bochumer Vereins, Bochum
6. November: Schalker Verein, Gelsenkirchen
11. November: Hoesch Benzin AG, Dortmund.

Das Ruhrgebiet als Zentrum der Kohle- und Stahlproduktion des Deutschen Reiches ist seit 1940 Ziel alliierter Luftangriffe. 1943 erklärten die Westmächte die Luftoffensive gegen Städte und Industrieanlagen zum Hauptbestandteil ihrer Kriegsführung: Das großflächige Bombardement ganzer Wohnviertel soll die Moral der Zivilbevölkerung zermürben, die verstärkten Angriffe auf Industrieanlagen die deutsche Rüstungsindustrie lahmlegen.

Stahlmagnat Vögler mit Hitlervollmacht

6. Dezember 1944. Albert Vögler, Generaldirektor des größten europäischen Stahlkonzerns, der Vereinigte Stahlwerke AG, wird von Hitler zum Generalbevollmächtigten der Ruhrgebietswirtschaft ernannt. Er wird ermächtigt, »alle ihm notwendig erscheinenden Entscheidungen auf dem Gebiet der Rüstungs- und Kriegsproduktion des Rhein-Ruhr-Gebietes ...« zu treffen.

Der 1877 als Sohn eines Steigers in Essen geborene Albert Vögler war 1915 Generaldirektor der Deutsch-Luxemburgischen Bergwerks- und Hütten AG von Hugo Stinnes geworden und wurde später auch Generaldirektor der Vereinigte Stahlwerke AG (→ 5. 5. 1926).

Vögler, einer der wichtigsten Manager der Ruhrindustrie, engagierte sich schon früh für die Nationalsozialisten und forderte in einer Eingabe an Reichspräsident Paul von Hindenburg im Jahr 1932 Hitlers Ernennung zum Reichskanzler. Nach dem Einmarsch der amerikanischen Truppen ins Ruhrgebiet 1945 begeht Vögler Selbstmord.

Todesurteil für Ladendieb

9. August 1944. Sondergerichte in Essen und Dortmund verurteilen mehrere Angeklagte wegen Unterschlagung und kleinerer Diebstähle zum Tode oder zu schweren Zuchthausstrafen. Nachdem die Unabhängigkeit der Gerichte 1933 abgeschafft wurde, ist die Rechtsprechung im Deutschen Reich ein Erfüllungsinstrument der Staatsinteressen.

Seit 1933 eingerichtete Sondergerichte fällen in Schnellverfahren ohne gründliche Voruntersuchung unangemessen harte Urteile. In die Zuständigkeit der Sondergerichte fallen Vergehen wie Hoch- und Landesverrat, Angriffe gegen den Führer, Wehrmittelbeschädigung und Wirtschaftssabotage. Häufig genügt schon der Verdacht auf staatsfeindliche Haltung, um einen Angeklagten zum Tode zu verurteilen. Die Sondergerichte haben nach einer Anweisung von Reichspropagandaminister Joseph Goebbels die Aufgabe, »nicht vom Gesetz auszugehen, sondern von dem Entschluß, der Mann [muß] weg«.

Das Dortmunder Sondergericht verurteilt einen Bergmann aus Wattenscheid zum Tode, der nur unregelmäßig zur Arbeit ging und stattdessen auf der Gelsenkirchener Trabrennbahn Wetten abschloß. Er verschaffte sich durch Ladendiebstähle Lebensmittel, um seine Familie zu ernähren. In Essen wird ein Arbeitsloser hingerichtet, der seit seinem 17. Lebensjahr häufig wegen Diebstahlsdelikten im Gefängnis war.

»Jammerpforte«, Eingang zum Untersuchungsgefängnis in Dortmund

Ansporn zu höherer Leistung im Betrieb

1944. In den Industrieunternehmen des Reviers werden Kriegsberufswettkämpfe veranstaltet, um die Leistungsbereitschaft der Beschäftigten zu erhöhen und um die Produktionszahlen und die Materialqualität zu steigern.

Die nationalsozialistische Führung hatte schon in den 30er Jahren Berufswettkämpfe durchgeführt, in denen Arbeiter und Angestellt, die besondere Leistungen erbracht hatten, ausgezeichnet wurden. Gleichzeitig wurden Leistungswettbewerbe ganzer Firmen durchgeführt und Auszeichnungen wie »Nationalsozialistischer Musterbetrieb« (→ 1937) verteilt, um die Belegschaften zu höheren Leistungen anzuspornen.

Seit Kriegsausbruch werden Wettbewerbe dieser Art verstärkt durchgeführt. Die nationalsozialistischen Machthaber wollen damit der nachlassenden Einsatzbereitschaft in der Bevölkerung entgegenwirken. Unter dem Eindruck alliierter Flächenbombardements und strenger Lebensmittelrationierungen wächst der Unmut der Bevölkerung.

Leben in Bunkern wird Kriegsalltag

Ununterbrochene schwere Luftangriffe englischer Bomberstaffeln auf die Ruhrgebietsstädte zermürben die Bevölkerung. Nacht für Nacht schrecken die Menschen in Bochum, Duisburg oder Gelsenkirchen bei Fliegeralarm aus dem Schlaf. Essen hält dabei mit 311 zumeist nachts erfolgten Warnungen einen traurigen Rekord.

Das öffentliche Leben kommt weitgehend zum Erliegen. Rathäuser, Kirchen und Krankenhäuser sind vielfach zerstört; Schulgebäude, die noch intakt sind, werden zu Sammelunterkünften umfunktioniert. Wer noch ein (eigenes) Dach über dem Kopf hat, muß den Ausfall der Strom-, Wasser- und Gasversorgung hinnehmen. Aus öffentlichen Notbrunnen versorgt sich die ausgebombte Bevölkerung mit Trinkwasser; Kerzen sind eine Kostbarkeit.

Die zur Verfügung stehenden Notunterkünfte reichen bald nicht mehr aus. So müssen in Duisburg nach dem bislang schwersten Angriff am 14./15. Oktober allein 56 000 Personen umquartiert werden. Bewohner noch erhaltener Häuser sind nach behördlicher Anweisung zur Einquartierung Obdachloser verpflichtet. Allein denen, die keine Bleibe gefunden haben, dienen die Bunkeranlagen unter denkbar schwersten Bedingungen als neue Unterkunft. Oft aber hausen Menschen mit dem letzten geretteten Hab und Gut in den Kellern ihrer weitgehend zerstörten Häuser. An die Ausbesserung der in Mitleidenschaft gezogenen Wohnungen ist kaum zu denken; Dachpappe oder gar Fensterglas sind nicht mehr aufzutreiben. Überall sichern Menschen in den Trümmern noch Reste von Holz und andere als Baumaterial zu verwendende Gegenstände. Das alltägliche Leben spielt sich für große Teile der Bevölkerung in der Nähe von Bunkern ab. Vor allem Frauen und Kinder übersiedeln in die Luftschutzräume. Eine betroffene Frau berichtet: »Dort sind dann oft bis zu zwölf Babys und Kleinkinder auf schmalen Feldbetten untergebracht. Irgendein Kind schreit immer.« Aber auch familiäre Feierlichkeiten wie etwa Hochzeiten finden in den Bunkern statt. In acht Duisburger Luftschutzkellern sind Krankenhausanlagen eingerichtet worden, die über eigene Strom- und Wasseranschlüsse verfügen. Den dort tätigen Ärzten ist es selbst bei Luftangriffen möglich, Operationen vorzunehmen.

Mit wichtigen Papieren und Geld im Notgepäck verbringen Frauen und Kinder Schreckensnächte im Bunker

Auch bei der Hochzeitsfeier im Luftschutzkeller dient die Hakenkreuzfahne (Hintergrund) als Dekoration

Der alltägliche Widerstand gegen die Nationalsozialisten

Auch in den Städten des Ruhrgebiets gibt es eine Vielzahl von Gruppen und Einzelpersonen, die sich gegen die Terrorherrschaft der Nationalsozialisten zur Wehr setzen. Ihr Widerstand ist nicht spektakulär, sondern spielt sich oft im Verborgenen ab.

Die Menschen im Widerstand verteilen Flugblätter, in denen über die wahren Kriegsziele, die Grausamkeit in Gefängnissen und KZs und die tatsächlichen Verluste der deutschen Truppen an den Kriegsfronten informiert wird (→ 1935); sie verstoßen bewußt gegen menschenunwürdige Gesetze, hören verbotene ausländische Radiosender (→ Oktober 1943) und agitieren hinter vorgehaltener Hand gegen das Regime; sie begehen kleine Sabotageaktionen, indem sie Maschinen in ihren Betrieben beschädigen; sie treffen sich trotz massiver Bedrohung mit Glaubens- und Gesinnungsgenossen.

Solche Aktivitäten werden von den Nationalsozialisten verfolgt und hart bestraft, so daß z. B. Personen, die einen Witz über Hitler erzählen, mit Haft rechnen müssen und solche, die Flugblätter verteilen, noch härtere Strafen zu befürchten haben, wenn sie gefaßt werden.

Unter den Beteiligten am Widerstand stellen die ehemaligen Mitglieder der 1933 verbotenen Kommunistischen Partei Deutschlands (KPD) und der Sozialdemokratischen Partei Deutschlands (SPD) die größte Gruppe. Sie waren wegen ihrer politischen Einstellungen die ersten, gegen die sich nach der Machtübernahme der NSDAP Terrormaßnahmen richteten.

Der Widerstand, den eine zweite große Gruppe dem Regime leistet, ist religiös begründet. Katholiken und Protestanten wehren sich gegen die Versuche der NSDAP, die Kontrolle über die Kirchen auszuüben; kleinere religiöse Gruppen wie die Zeugen Jehovas sind u. a. wegen ihrer Weigerung, Kriegsdienst zu leisten, Verfolgungen ausgesetzt. Daneben gibt es eine Vielzahl von Einzelpersonen und Gruppen, die sich aus persönlicher Betroffenheit vom Terror der nationalsozialistischen Machthaber zu aktivem Widerstand gegen das Regime entschließen.

Johanna Melzer, für die KPD im Dortmunder Untergrund tätig

Hilde Dorenkamp versteckte in Dortmund eine russische Gefangene

Heinz Baumeister, Gründer der Dortmunder »Widerstand«-Bewegung

Schwerpunkt der Aktionen im Ruhrgebiet ist das Verteilen von Flugblättern, die häufig aus Holland kommen und in den Revierstädten verbreitet werden. In den Gruppen wird genau überlegt, wann, wo und wie die Verteilung vonstatten gehen soll, um das Risiko des Entdecktwerdens so gering wie möglich zu halten. Wenn sich eine gute Gelegenheit bietet, bringen die Verteiler ihre Informationen aber auch spontan an die Adressaten, wie der Essener Ernst von Asselt schildert: »Es war schon dunkel, als ich mit einer Handvoll Flugblätter in der Tasche durch die Kruppstraße ging ... da sah ich an der Ecke Harkortstraße das Fenster einer Werkstatt der Kruppschen Gießerei offenstehen. Ein Gedanke fuhr mir durch den Kopf, und die Flugblätter juckten mir in den Fingern. Nachdem ich überlegend stehengeblieben war, faßte ich den Entschluß, sie in das offenstehende Fenster zu werfen. In Höhe der Werkstatt befand sich eine Straßenbahnhaltestelle ... Es dauerte nicht lange, da sah ich eine sich nähernde Straßenbahn aus Richtung Stadtmitte. Als sie kurz vor der Haltestelle war, lief ich zu dem ... Fenster, warf die Flugblätter in die Werkstatt, spurtete zurück zur Haltestelle und stieg in die bereits anfahrende Bahn.«

Wie gefährlich diese Tätigkeit ist, erleben viele, die beim Verteilen der Flugblätter erwischt werden. Der Dortmunder Hans Kalt wird wegen Verfassens von Flugschriften zu vier Jahren Zuchthaus verurteilt, Max Heitland, ebenfalls aus Dortmund, verbringt lange Jahre in Gefängnissen und in KZs, weil er mehrfach zur Gründung freier Gewerkschaften aufgerufen hat. Der Essener Krupp-Arbeiter Karl Lomberg, der sich an den Widerstandsaktionen der sog. Zielasko-Gruppe, die im Ruhrgebiet aktiv ist, beteiligt, wird 1944 zum Tode verurteilt. Auch die Gläubigen verschiedener Bekenntnisse sind dem ständigem Terror der Gestapo ausgesetzt. Der Bottroper Pater Johannes Unterberg wird sogar ins KZ Sachsenhausen gebracht, wo er später umkommt, als er sich weigert, Namen und Adressen der Teilnehmer an seinen Exerzitien an die Gestapo weiterzugeben.

Pfarrer Heinrich Held (Essen)

Maria Kreulich (Essen)

Willi Meyer-Buer (Gelsenkirchen)

Franz Vogt (Bochum)

1945

21. 2. Die britische Luftwaffe fliegt schwere Bombenangriffe auf Dortmund und Duisburg; in den folgenden Wochen werden die Fliegerangriffe auf Ruhrgebietsstädte verstärkt.

24. 3. Mit dem Vorstoß britischer Truppen über den Rhein bei Wesel beginnt der Kampf um den sog. Ruhrkessel. →

25. 3. Der englische Premierminister Winston Churchill besucht die britischen Truppen bei Wesel und setzt auf das östliche Rheinufer über. →

30. 3. Die Gestapo erschießt im Dortmunder Rombergpark 42 Menschen. →

1. 4. Britische und amerikanische Truppenverbände schließen eine ringförmige Frontlinie um das Ruhrgebiet, den sog. Ruhrkessel. →

7. 4. Amerikanische Truppenverbände dringen auf Essener Stadtgebiet vor, am 12. 4. besetzen sie Duisburg und einen Tag später Dortmund. →

14. 4. In Duisburg wird auf einer ersten Sitzung des alliierten Militärrates ein Katalog für die Behebung von Kriegsschäden aufgestellt. →

15. 4. Auf einer der ersten Betriebsrätekonferenzen nach dem Zweiten Weltkrieg wird in Gelsenkirchen-Buer die Gründung einer Bergarbeiter-Einheitsgewerkschaft beschlossen. →

16. 4. Die alliierten Militärbehörden beginnen mit der Reorganisation der städtischen Verwaltungen. →

Mai. In den Städten des Ruhrgebiets sind 96–97% des vor dem Krieg vorhandenen Wohnraums beschädigt oder zerstört.

7./8. 5. Vertreter des deutschen Oberkommandos unterzeichnen in Reims (Frankreich) die bedingungslose Kapitulation. →

12. 5. In Dortmund erscheint die von der 12. amerikanischen Heeresgruppe herausgegebene »Ruhr Zeitung«. →

August. Die ersten Schulen in den Städten des Ruhrgebiets werden wieder geöffnet. →

7. 9. Die britische Besatzungsmacht verhaftet 44 Mitglieder des Rheinisch-Westfälischen Kohlensyndikats. →

28. 12. Die britische Militärregierung führt in den Revierstädten die Schulspeisung ein. →

1945. Nach dem Ende des Zweiten Weltkriegs ist die Zahl der Opfer im Ruhrgebiet kaum feststellbar; allein bei Bombenangriffen sind über 35 000 Menschen ums Leben gekommen. →

GESTORBEN:

9. 4. KZ Flossenbürg: Wilhelm Canaris (*1. 1. 1887, Dortmund-Aplerbeck), Admiral.

Pioniereinheiten der Alliierten überqueren mit Booten und Behelfsbrücken den Rhein in west-östlicher Richtung

Alliierte überqueren Rhein bei Wesel

24. März 1945. Unter dem Oberkommando des britischen Feldmarschalls Bernard Law Montgomery überschreiten Truppen der 1. kanadischen, der 2. britischen und der 9. US-Armee im Schutz alliierten Artilleriefeuers den Rhein bei Wesel und Rheinberg in west-östlicher Richtung. Sie werden unterstützt durch britische und amerikanische Fallschirmjäger, die östlich des Rheins im Diersfordter Wald, nordwestlich von Wesel, landen. Die alliierten Truppen stoßen von Wesel aus nach Osten über Dorsten und Lippstadt vor, während amerikanische Truppen vom Rheinübergang bei Remagen aus das Ruhrgebiet von Süden her umschließen.

Anfang März hatte sich die deutsche Heeresgruppe B vor den starken Verbänden der Alliierten auf das rechte Rheinufer zurückgezogen. Da die deutsche Führung den Befehl zum Rückzug verzögerte, erreichten die Amerikaner bei Remagen eher das Westufer als das deutsche Heer. Die deutschen Generäle vermuteten, daß die Alliierten einen zweiten Rheinübergang nördlich der Ruhrmündung planten. Zur Irreführung der deutschen Truppen veranstalteten die Amerikaner bei Uerdingen erfolgreiche Täuschungsmanöver mit aufblasbaren Gummipanzern und -kanonen. In den Tagen vor der Rheinüberquerung wurden zudem alle Truppenbewegungen auf dem westlichen Ufer durch eine künstliche Nebelwand getarnt.

Letzte Bombenangriffe am Niederrhein

Nach amerikanischem Artilleriebeschuß und nächtlicher Bombardierung im Zuge der Rheinüberschreitung durch alliierte Truppen sind 97% der bebauten Fläche Wesels vollständig zerstört (Abb.).

Xanten und Wesel waren bereits im Februar bei Kämpfen am Niederrhein Ziele schwerer Luftangriffe. Ein amerikanischer Kriegsberichterstatter kommentiert den Zustand der Stadt: »Wenn Deutsche das in Wesel überlebt haben, dann müssen sie ... [noch lange] damit beschäftigt sein, einen Weg durch die Trümmerberge zu graben.«

Die Vorbereitungen für die Rheinüberquerung der Alliierten begannen am 21. März mit amerikanischen Luftangriffen auf vermutete deutsche Luftwaffenstützpunkte. Dorsten wurde dabei zu 70%, Dinslaken in den folgenden Tagen zu 80% zerstört.

Die britische Royal Air Force flog zur gleichen Zeit Angriffe auf zivile Anlagen. 1900 t Bomben wurden auf die Eisenbahnanlagen bei Oberhausen-Sterkrade und Industriebetriebe bei Bottrop und Dortmund abgeworfen. Alle wichtigen Verkehrsknotenpunkte in der Umgebung des geplanten Landegebiets der alliierten Truppen wurden bombardiert.

Ruhrkessel bei Lippstadt geschlossen

1. April 1945. Alliierte Truppen, die von Remagen aus durch das Sieger- und Sauerland das Ruhrgebiet von Süden her umschließen, treffen bei Lippstadt mit Teilen der 2. Britischen und der 9. US-Armee zusammen, die von Wesel aus die nördliche Frontlinie über Dorsten und Hamm bis Lippstadt halten. Damit ist der Ruhrkessel geschlossen. In den nächsten Tagen stoßen alliierte Truppen von Norden und Süden aus ins Ruhrgebiet vor. Am 17. April kapitulieren die letzten deutschen Truppen bei Düsseldorf.

Mehr als 325 000 deutsche Soldaten mit 24 Generälen sind im Ruhrkessel eingeschlossen. Die meisten Wehrmachtssoldaten ergeben sich erleichtert und ohne Widerstand zu leisten. Einzelne SS-Gruppen versuchen noch einige Tage lang, den alliierten Vormarsch aufzuhalten.

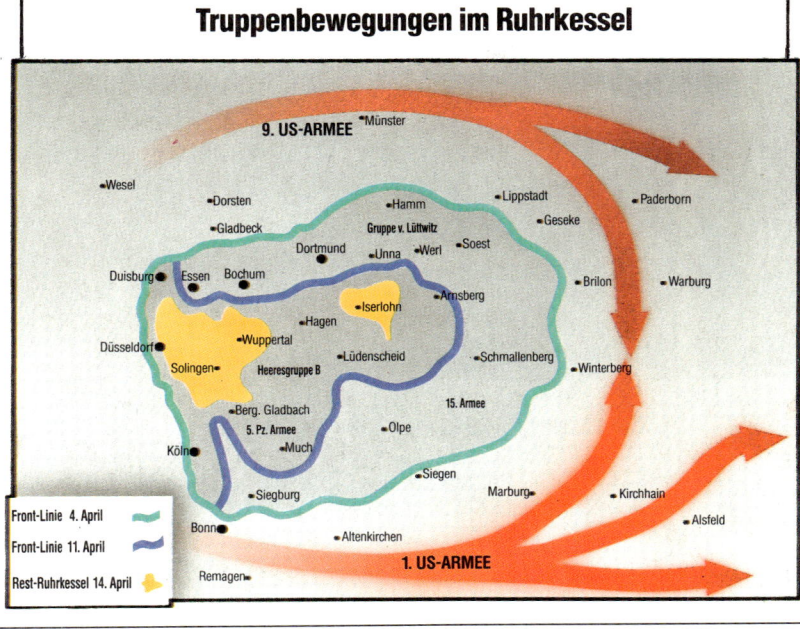

Truppenbewegungen im Ruhrkessel

Gestapo-Massaker im Rombergpark

30. März 1945. Im Dortmunder Rombergpark werden 42 Menschen von der Gestapo erschossen. Zwischen dem 7. März und dem 12. April werden bei zehn solcher Massenhinrichtungen etwa 300 Menschen ohne Gerichtsverfahren umgebracht.

Die meisten Erschießungen finden im Rombergpark statt, weitere in der Bittermark und auf dem Eisenbahngelände in Hörde. Zu den Opfern der Exekutionen zählen Mitglieder des Widerstands, aber auch sowjetische Zwangsarbeiter und Angehörige anderer Nationen.

Mit den Gefangenenerschießungen wollen die Nationalsozialisten ein Aufflackern des Widerstands angesichts des Näherrückens der Front verhindern und zudem solche Personen beseitigen, die nach Kriegsende Zeugen des Terrors sein könnten.

Politik der verbrannten Erde folgt dem letzten Aufgebot

In der Schlußphase des offensichtlich bereits verlorenen Krieges erläßt Adolf Hitler den Befehl, in den Gebieten, die vor dem Feind geräumt werden müssen, »alle militärischen, Verkehrs-, Nachrichten-, Industrie- und Versorgungsanlagen« zu zerstören. Diesem sog. Nero-Befehl zufolge (der römische Kaiser Nero ließ im Jahre 64 n. Chr. einen großen Teil der Stadt Rom niederbrennen) soll den vorstoßenden Alliierten nur noch »verbrannte Erde« überlassen werden.

Den Einheiten des Aufgebots der letzten Stunde, dem sog. Volkssturm, die dem Befehl Hitlers zur völligen Zerstörung der Industrieanlagen nachzukommen versuchen, wird im Ruhrgebiet ein breiter Widerstand aus der Arbeiterschaft entgegengesetzt. Nur in Herten gelingt ein vereinzelter Anschlag. Auf der Zeche Ewald 1/2 fallen die Fördermaschinen mehreren Sprengsätzen zum Opfer.

Versuche der Vernichtung von Produktionseinrichtungen betreiben die örtlichen Gau- und Kreisleitungen der NSDAP in fast allen Städten des Reviers. In Gelsenkirchen und Wanne-Eickel können geplante Anschläge auf die Zechen Wilhelmine Victoria und Unser Fritz nur in letzter Minute aufgedeckt und verhindert werden. Zum Schutz ihrer Betriebsanlagen stellt die Werksleitung der Zeche Friedrich der Große in Herne eigens eine Werksmannschaft zusammen, der es gelingt, anrückende Pionier- und SS-Sprengtrupps an Zerstörungen zu hindern. In Bottrop wird der Sprengbefehl der Gauleitung zur Vernichtung des Schachts Prosper 3 durch den vorherigen Ausbau aller funktionstüchtigen Teile der Anlage unterlaufen. Auch die angeordnete Sprengung der Duisburger Stadtwerke kann rechtzeitig durch den Einsatz der Belegschaftsangehörigen verhindert werden.

Vielfach sind es gerade illegale Arbeiterkomitees, die dafür sorgen, daß Volkssturmgruppen an der Ausführung von Sabotageakten gehindert werden. Gruppen von ihnen retten in Gelsenkirchen die Schachtanlagen Nordstern, Bergmannsglück, Graf Bismarck und Scholven vor der Zerstörung durch nur mangelhaft bewaffnete Volkssturmangehörige.

Die letzten Aufgebote Wehrtüchtiger waren aufgrund eines Befehls Hitlers vom 25. September 1944 aufgestellt worden. Alle waffenfähigen Männer zwischen 16 und 20 sollten einen »Deutschen Volkssturm« bilden. So wurden in Duisburg am 12. November 1944 Kinder und alte Männer auf dem Waldfriedhof vereidigt. Den Umgang mit der Waffe vermittelten ehemalige Wehrmachtsangehörige und genesende verwundete Soldaten.

Die Kampfkraft dieser mangelhaft ausgebildeten Sturmtruppen ist gering. Es fehlt darüber hinaus an Waffen und Munition. In der Mehrzahl der Ruhrgebietsstädte beschränkt sich ihre Tätigkeit weitgehend auf den Bau provisorischer Panzersperren und die Verschanzung vor den anrückenden alliierten Truppenverbänden.

Das letzte Aufgebot des »Führers«

Hilfloser Versuch, aus Gerümpel eine Panzersperre zu errichten

Infanterie der 9. US-Armee bei der Überquerung einer der vielen Kriegsbrücken am Niederrhein

Winston Churchill, britischer Premierminister (M.), auf einem Landungsboot südlich von Wesel

Britischer Lastensegler mit Nachschubgütern nach geglückter Landung östlich des Rheins

Churchill besucht Truppen bei Wesel

25. März 1945. Der britische Premierminister Winston Churchill setzt in einem Landungsboot der britischen Truppen südlich von Wesel auf das östliche Rheinufer über. Am Vortag war er von London zum Hauptquartier des britischen Feldmarschalls Bernard Law Montgomery bei Venlo geflogen, um das Luftlandeunternehmen der britischen und amerikanischen Einheiten (→ 24. 3. 1945) zu beobachten.
Churchill hatte darauf bestanden, den historischen Augenblick der Rheinüberquerung an Ort und Stelle mitzuerleben, obwohl Feldmarschall Montgomery und der amerikanische General Dwight David Eisenhower dies zunächst als zu gefährlich abgelehnt hatten. Nach seinem Besuch auf dem Ostufer gratuliert der britische Premierminister begeistert General Eisenhower: »Mein lieber General Eisenhower, die Deutschen sind geschlagen. Jetzt haben wir sie, jetzt sind sie fertig!«
Am Vortag hatte Churchill von einem Aussichtpunkt südlich von Xanten die Landung britischer Fallschirmjäger im Diersfordter Wald nahe Wesel beobachtet. Die Luftlandeeinheiten hatten die Aufgabe, die Landtruppen bei der Rheinüberquerung zu unterstützen. Gegen zehn Uhr vormittags sprangen mehr als 3800 britische Fallschirmjäger aus etwa 350 m Höhe über dem östlichen Rheinufer ab.

Die deutsche Flugabwehr war überrascht worden und reagierte mit Verspätung. Dennoch gelang es der Flak (= Flugabwehrkanonen), etwa 40 der 400 eingesetzten Flugzeuge zu treffen. Zahlreiche Fallschirmjäger, die in der Luft ein gutes Ziel für deutsche Scharfschützen abgaben, wurden erschossen.
Den Fallschirmjägern folgten Lastensegler, die insgesamt 285 Jeeps und Lastwagen sowie 66 Kanonen am rechten Rheinufer absetzten. Bei diesem größten Luftlandeunternehmen der Geschichte – insgesamt landen 20 707 alliierte Soldaten – wurden 347 britische Piloten und Fallschirmjäger getötet, 731 Soldaten wurden bei dem Unternehmen verletzt.

Truppenstatistik der Alliierten

Die 21. alliierte Armeegruppe, die unter dem Kommando von Feldmarschall Bernard Law Montgomery das Ostufer des Rheins eroberte (→ 24. 3. 1945), besteht aus ca. 1,3 Mio Soldaten, darunter 1703 Niederländer, 5982 Tschechen, 6696 Belgier, 14 915 Polen, 182 316 Kanadier, 328 913 Amerikaner und 744 361 Briten. Sie verfügen über 5481 Geschütze mit 118 000 t Munition und Zubehör. Beim gleichzeitigen Luftlandeunternehmen wurden insgesamt 3184 Flugzeuge und Lastensegler eingesetzt.

Einmarsch der Amerikaner bedeutet Ende des Krieges

7. April 1945. Das Ende des Krieges ist zum Greifen nahe: In der Nacht zum 7. April dringen die ersten amerikanischen Truppenverbände auf Essener Stadtgebiet vor. Die deutschen Einheiten leisten nur noch schwachen Widerstand; zwei Tage später räumen sie die Stadt.
Am 10. April erreichen die US-Soldaten die Essener Innenstadt. Auf ihrem Weg befreien sie die noch in Lagern internierten Zwangsarbeiter, die ihren Rachegefühlen freien Lauf lassen und Geschäfte plündern.
Ein Augenzeuge schildert die Atmosphäre am 11. April: »Die gewohnte Ordnung ist verschwunden. Zusammenhanglos erlebt man Trümmer, Rauch, unverständliche Stimmen. Leute stehen untätig in Gruppen herum, klettern über sinnlos gewordene Panzersperren, stehlen abhängenden Leitungsdraht ... Reihen von grauen, festgefügten Panzern und Lastwagen mit dem großen weißen Stern der Alliierten kommen vorbei, halten an, fragen nach dem Weg, fahren ruhig weiter, unbehelligt und ohne jemanden zu behelligen.« Als letzte Revierstadt wird am 13. April Dortmund von amerikanischen Truppen besetzt.

Soldaten des 784. US-Panzer-Bataillons beim Einmarsch in das stark zerstörte Gelsenkirchen am 10. April 1945

Aufklärungsabteilung einer amerikanischen Armee-Division in den Trümmern eines Essener Straßenzuges

Alliierte Regierung kontrolliert Revier

7./8. Mai 1945. In Reims, dem Hauptquartier des Oberbefehlshabers der alliierten Streitkräfte in Europa, US-General Dwight D. Eisenhower, unterzeichnen Vertreter des deutschen Oberkommandos die bedingungslose Kapitulation der deutschen Streitkräfte. Einen Tag später wird die Unterzeichnung im sowjetischen Hauptquartier in Berlin wiederholt. Schon einen Monat vor der Unterzeichnung war das Ruhrgebiet von alliierten Truppen eingenommen und die großen Städte den amerikanischen Streitkräften übergeben worden (→ 7. 4. 1945). So werden Essen und Bochum seit 10. April, Duisburg seit dem 12. April und Dortmund seit dem 13. April von US-Truppenverbänden kontrolliert.

Bestimmungen der Kapitulation

Vertreter des Oberkommandos der deutschen Wehrmacht unterzeichnen die Kapitulationsurkunde in Reims und Berlin; die wichtigsten Bestimmungen lauten:
▷ Übergabe aller unter deutschem Befehl stehenden Land-, See- und Luftstreitkräfte an die Oberbefehlshaber der Siegermächte
▷ Einstellung aller Kampfhandlungen um 23.01 Uhr am 8. Mai 1945
▷ Verbot der Zerstörung von Waffen, Schiffen, Flugzeugen und anderem Kriegsgerät sowie technischer Anlagen, die zur Kriegsführung benutzt werden können
▷ Verpflichtung des deutschen Oberkommandos, alle Befehle der zuständigen alliierten Befehlshaber weiterzugeben und deren Durchführung genau zu überwachen.

Die amerikanischen Besatzer ernennen zunächst neue Bürgermeister in den Revierstädten (→ 16. 4. 1945). Gleichzeitig werden die Nationalsozialisten aus den Verwaltungen entfernt und in Haft genommen.
Nach der Aufteilung Deutschlands in Besatzungszonen übernehmen die Briten u. a. das Ruhrgebiet. Die Aufgabe der britischen Militärregierung ist es, die öffentliche Ordnung aufrechtzuerhalten und die Rückkehr zu normalen Verhältnissen einzuleiten, indem z. B. die Versorgungs- und Verkehrseinrichtungen wieder hergerichtet werden.

Menschen kehren zurück in zerstörte Städte

Unmittelbar nach Kriegsende strömen die Bewohner des Ruhrgebiets zurück in ihre Städte. Viele von ihnen waren während der Bombenangriffe aus dem Industriebezirk geflohen. Auch die Kinder kehren aus der Kinderlandverschickung heim und treffen auf völlig zerstörte Städte.
Obwohl im Vergleich zum Kriegsbeginn nur noch etwa die Hälfte der Einwohner in den Städten lebt, herrscht akuter Wohnraummangel. In Bochum z. B. sind von über 90 000 Wohnungen vor dem Krieg nur noch 25 000 erhalten, die für 170 000 Menschen ausreichen müssen. In anderen Städten ist die Situation ähnlich, in Essen sind es noch 110 000 Wohnungen von ehemals 205 000, in denen 285 000 Menschen Platz finden sollen. Kaum eine dieser Wohnungen ist unbeschädigt geblieben, oft ist nur ein Raum benutzbar.
In den meisten Städten sind nur knapp 4% der Häuser völlig unbeschädigt geblieben, wobei Gladbeck zu den glücklichen Ausnahmen zählt; trotz Bombenangriffen blieben hier rund 80% der Häuser unversehrt.
Da täglich mehr Menschen in das Ruhrgebiet strömen – sowohl heimkehrende Soldaten und Zivilisten als auch Flüchtlinge aus dem Osten –, wird der Wohnraum immer knapper. Die Bevölkerung haust in notdürftig hergerichteten Wohnungen, Notbauten, Schuppen, Luftschutzbunkern und Kellerräumen. Vielerorts fehlen sanitäre Anlagen, die hygienischen Verhältnisse begünstigen die Verbreitung von Epidemien.
Neben den Wohngebieten sind auch andere Bereiche des städtischen Lebens von den Kriegszerstörungen betroffen. Der Verkehr ist stark eingeschränkt, da nur noch wenige Autos und Lastwagen vorhanden und die Straßen zum größten Teil zerstört sind. Außer Dienst- und Arztwagen werden zudem alle anderen Fahrzeuge wegen Treibstoffmangels stillgelegt. Der öffentliche Nahverkehr hat erhebliche Verluste an Omnibussen und Triebwagen hinnehmen müssen, die elektrischen Oberleitungen sind zum großen Teil zerstört. Die Schienen können notdürftig repariert werden, so daß z. B. in Essen eine Dampflokomotive die Straßenbahn ziehen kann.
Weitere Verluste haben Schulen, Kirchen und öffentliche Einrichtungen zu verzeichnen. In Bochum z. B. sind von 122 Schulen nur zwei unversehrt geblieben, die restlichen sind ganz oder teilweise zerstört. Auch von den Kirchen sind meist nur noch Trümmer übrig, während von den neun Krankenhäusern Bochums nur eines zerstört wurde. Die Straßen des Ruhrgebiets sind nachts völlig dunkel, für die zerstörten Straßenlaternen kann erst nach und nach Ersatz geschaffen werden.
Wasser-, Gas- und Elektrizitätsversorgung sind stark eingeschränkt, Pumpwerke, Kraftwerke, Umspannstationen und Leitungen haben Schaden genommen. So sind Gasrohre häufig so stark beschädigt, daß bis zu 60% Verlust auftritt, wodurch ständige Explosionsgefahr besteht. Auch eine Müllabfuhr gibt es in den Revierstädten nicht, so daß Abfälle auf Trümmergrundstücken und an Straßenecken abgeladen werden. Die Versorgung der ständig wachsenden Bevölkerung in den völlig zerstörten Ruhrgebietsstädten mit Lebensmitteln bereitet die größten Probleme; so schreibt ein Essener am 23. April: »Heute habe ich meine letzten Kartoffeln verbraucht ... das wird eine schwierige Zeit werden bis die Frühkartoffeln soweit sind – vorausgesetzt, daß sie nicht gestohlen werden.«

Bomben auf das Revier

Stadt	Luftangriffe	Sprengbomben	Brandbomben
Bochum	225	22 000*	531 000*
Bottrop	105	11 500	30 000*
Castrop-Rauxel		11 415	20 298
Dortmund	137	25 000*	500 000*
Duisburg	299	30 698	727 685
Essen	272	32 511	1 401 957
Gelsenkirchen	184	55 035	663 491
Gladbeck	109	10 606	25 281
Herne	64	2 698	4 843
Mülheim	160	8 870	290 481
Oberhausen	161	25 010	395 045
Recklinghausen		12 000*	150 000*
Wanne-Eickel	92	3 000*	461 000*
Wattenscheid	22	1 241	85 440*
Witten	91	1 977	103 845
gesamt		253 561	5 390 366

* geschätzt

Das durch Luftangriffe zerstörte Dortmund nach dem Ende des Krieges

Stadtverwaltungen in alliierten Händen

16. April 1945. Die alliierten Militärbehörden beginnen mit der Reorganisation der Stadtverwaltungen. In verschiedenen Städten, so in Bochum, Duisburg und Gelsenkirchen, werden kommissarische Oberbürgermeister ernannt und ein kollegiales Leitungsgremium für die verschiedenen Bereiche der Verwaltung eingesetzt. Die neue Administration bleibt aber auf allen Gebieten an die Weisungen der Besatzungsmächte gebunden.

Nachdem die Städte von amerikanischen Truppen besetzt worden waren (→ 7.4.1945), ging die zivile Kommandogewalt im Ruhrgebiet bald auf die britischen Militärs über. Die Grenzen der Besatzungszonen waren bereits im Februar 1945 auf der Konferenz der Alliierten in Jalta festgelegt worden.

In den ersten Monaten sind die Beziehungen zwischen englischen Offizieren und deutschen Beamten von einem deutlichen Sieger-Besiegte-Verhältnis geprägt, die Anweisungen sind in knappem Befehlston gehalten. Im Alltag der gemeinsamen Problembewältigung findet man aber zusehends zu kooperativen Formen der Zusammenarbeit.

General Lucius D. Clay (US-Militärgouverneur, l.) und General Brian Robertson (britischer Oberbefehlshaber, M.) im Gespräch mit Ruhrbergleuten

Erste Sitzung der neuen Dortmunder Stadtvertretung

Engl. Oberkommandant vor der Ratsversammlung Essen

Neues Personal in Amtsstuben

Bei dem personellen Neuaufbau der städtischen Verwaltungen hat für die britische Militärregierung im Prinzip die Entnazifizierung absoluten Vorrang. Die dringende Notwendigkeit der Wiederherstellung einer kommunalen Infrastruktur in den größtenteils zu Steinwüsten zerbombten Städten des Ruhrgebiets läßt diese Überlegungen jedoch mancherorts in den Hintergrund treten. Wo nicht sofort ein politisch unbelasteter und fachlich qualifizierter Beamter oder Politiker gefunden werden kann, bleiben vorübergehend Amtsträger der NS-Zeit in den entsprechenden Verwaltungspositionen.

Während Sozialdemokraten und Kommunisten, darunter auch die Mitglieder der sog. Antifa-Ausschüsse (Angehörige des antifaschistischen Widerstands, die sich zu Ortsausschüssen überall zusammenschließen), frühzeitig bei der Militärregierung um Beteiligung an der Verwaltung nachsuchen, bevorzugen die Kommandanten bürgerliche Politiker. Die meisten (Ober-)Bürgermeister im Ruhrgebiet sind zunächst frühere Mitglieder der Zentrumspartei. Den einzigen kommunistischen Bürgermeister gibt es in Witten.

Zahl der Kriegs- und NS-Opfer nicht mehr feststellbar

1945. Nach dem Ende des Zweiten Weltkriegs und der nationalsozialistischen Terrorherrschaft sind auch im Ruhrgebiet zahllose Opfer zu beklagen. An den Fronten des Kriegs waren 1 911 300 Soldaten der deutschen Wehrmacht gefallen, von denen rund 15 500 aus Dortmund, 12 300 aus Duisburg, 4800 aus Oberhausen und 2400 aus Herne stammen. Eine ähnlich hohe Zahl Wehrmachtsangehöriger gilt als verschollen oder befindet sich noch in Kriegsgefangenschaft.

Der Bombenkrieg, der sich vor allem gegen die großen Industriestädte des Ruhrgebiets richtete, hatte auch unter der Zivilbevölkerung große Opfer gefordert. So kamen in den Reviermetropolen rund 35 000 Menschen bei den Luftangriffen alliierter Bombergeschwader ums Leben; eine noch viel größere Zahl wurde verletzt. Viele Städter, die mit dem Beginn der Bombardements in weniger bedrohte Regionen des Deutschen Reichs geflohen waren, sind verschollen, und die Zahl der unter Trümmern verschütteten Menschen ist nicht zu ermitteln.

Auch das nationalsozialistische Regime forderte eine Vielzahl von Opfern in den Städten des Reviers. Ihre genaue Zahl läßt sich nach dem Ende der NS-Herrschaft nicht mehr feststellen. Juden, Christen, Zigeuner, politisch Andersdenkende, Homosexuelle und andere dem Regime mißliebige Personen waren häufig in Nacht-und-Nebel-Aktionen verschleppt, gefoltert und ermordet worden, ohne daß darüber Buch geführt worden wäre. Vorhandene Unterlagen über Hinrichtungen und Ermordungen waren oft von den nationalsozialistischen Amtsträgern beim Einmarsch der alliierten Truppen vernichtet worden.

Nicht zu rekonstruieren ist die Zahl von Zwangsarbeitern und Kriegsgefangenen, die unter unmenschlichen Bedingungen in Revierunternehmen eingesetzt wurden (→ Ende 1943), wobei viele den Tod fanden. Schätzungen zufolge fielen etwa 2650 Essener dem Nazi-Terror zum Opfer, wovon etwa 2500 jüdischer Herkunft waren, doch sind diese Angaben ähnlich ungenau wie die Zahlen aus den anderen Revierstädten.

Bombenopfer im Ruhrgebiet

	Angriffe	Tote
Bochum	225	4 095
Bottrop	105	719
Castrop-Rauxel	–	398
Dortmund	137	6 000
Duisburg	299	5 730
Essen	272	7 500
Gelsenkirchen	184	3 092
Gladbeck	109	872
Herne	64	419
Mülheim	160	1 301
Oberhausen	161	2 300
Recklinghausen	–	393
Wanne-Eickel	92	1 074
Witten	91	711
Gesamt:		34 897

Ein Wohnraum, den zwei Familien sich teilen

Trümmer in der Essener Innenstadt

Schuttbeseitigung in Mülheim per Schienenbahn

Feuerstelle zwischen den Trümmern vor dem Essener Hbf., März 1945

Kinder putzen Ziegelsteine zum Wiederaufbau ihrer Schule in Gladbeck

Ruhrgebietsbewohner überleben in Trümmern

14. April 1945. Auf einer ersten Sitzung des alliierten Militärrates in Duisburg, an der auch Vertreter von Industrie- und städtischen Versorgungsbetrieben teilnehmen, wird

Erste Maßnahmen zur Kriegsschädenbehebung

▷ Anschluß der städtischen Elektrizitätswerke an das RWE-Netz
▷ Zügige Instandsetzung der zentralen Gasversorgung
▷ Notdürftige Reparatur von Straßen und Brücken nach Ruhrort und Mülheim für den Lastkraftwagen-Verkehr
▷ Instandsetzung der Schienenwege für Eisen- und Straßenbahn
▷ Wiederaufnahme der Produktion in wichtigen Zulieferbetrieben
▷ Regelung der Ernährungsfrage
▷ Arbeitszeitbeschränkung für alle Beschäftigten auf 6 Stunden täglich zur Schaffung von freier Zeit für Gartenbau, Hausreparatur und Nahrungsbeschaffung.

ein Dringlichkeitskatalog für die Behebung von Kriegsschäden in der Ruhrregion aufgestellt.

Neben einer Bestandsaufnahme der Zerstörungen gelingt den Beteiligten die Einigung auf ein Bündel von Maßnahmen, mit deren Hilfe der Bevölkerung in angemessener Zeit wieder ein geregeltes Alltagsleben ermöglicht werden soll.

Der durch die Kriegsauswirkungen verursachte Nahrungsmittelmangel, das Fehlen ausreichender Kleidung, Wohnungen und öffentlicher Transportmittel überfordert die Versorgungsstellen der Großstädte selbst bei allergrößten Bemühungen. Unklare oder sich widersprechende Auflagen und Richtlinien der alliierten Militärregierung behindern die Behörden zusätzlich in ihren Anstrengungen, den Versorgungsmängeln abzuhelfen. Die Bürger der Ruhrgebietsstädte sind deshalb zur Selbsthilfe aufgerufen.

In dem noch verbliebenen Wohnungen richten sich die Menschen auf engstem Raum ein. Bis zu zwei Erwachsene und sechs Kinder leben auf einer Wohnfläche von wenig mehr als zwölf m². Die Räume sind durch die zerstörten Dächer den Un-

Mangel in der Nachkriegszeit

Anzeigen in den »Duisburger Mitteilungen«, verdeutlichen die Not der ersten Nachkriegsmonate: »Arme Flüchtlinge verloren vor dem Duisburger Hauptbahnhof ihr letztes Hab und Gut: 1 Strohtasche, 1 Handtasche mit 2 Sparkassenbüchern, 600 RM bar und einige brauchbare Gegenstände. Bitte den Finder, diese Gegenstände, welche für ihn unbrauchbar sind, gegen Belohnung abzugeben.« Ein verzweifelter Bibliothekar inseriert: »Gut erhaltene Unterhaltungsromane zu kaufen gesucht. Bitte um Zurückgabe der entliehenen Bücher.«

bilden der Witterung preisgegeben; Pappkartons und zertrümmerte Dachziegel schaffen hier erste Abhilfe. Selbst Keller und Erdlöcher sowie Bunker werden zu notdürftigen Behausungen umfunktioniert.

Darüber hinaus mangelt es meist an jeglichem Mobiliar: Betten sind reiner Luxus, wer einen Ofen besitzt, kann den nötigen Brennstoff nur selten herbeischaffen. In vielen Städten versuchen »Altmöbelstellen« mit Gegenständen, die man aus den Trümmern geborgen hat, durch Leihgaben die Not etwas zu lindern. Der völlige Zusammenbruch der Lebensmittelversorgung zu Kriegsende veranlaßt viele Menschen, zwischen den Trümmerhaufen auf jeder denkbaren Freifläche Gemüse anzubauen. Oftmals wachsen mitten in den Mauern Kohl, Kartoffeln und Tabakspflanzen. Im Juni des Jahres werden die Flüsse Rhein und Ruhr für den allgemeinen Fischfang freigegeben. Aber auch diese Maßnahme kann die Ernährungslage nicht wesentlich verbessern.

Chefreporter Richard Kraske und Fotograf Friedrich Schleu auf dem Weg zur Zeitungsredaktion

Dortmunder Bürger kaufen die »Ruhr-Zeitung«, um die neuesten politischen Nachrichten zu erfahren

Schulen müssen von vorn anfangen

August 1945. In den Städten des Ruhrgebiets beginnt die Wiedereröffnung der zum größten Teil seit 1943 geschlossenen Schulen. Mancherorts, wie in Duisburg und Gladbeck, dauert es aber noch bis Oktober, bevor der Unterrichtsbetrieb aufgenommen wird.

Der schulische Neubeginn muß mit zahlreichen Schwierigkeiten fertig werden: Es gibt kaum ein Gebäude, das nicht zerstört oder zweckentfremdet wurde und wird, z. B. als Lager für Zwangsarbeiter oder zur Unterbringung ausgebombter städtischer Dienststellen sowie von Einheiten der Polizei oder der Wehrmacht. Jetzt werden stehengebliebene Schulen als Lazarette oder als Übergangswohnungen genutzt.

Die schulpflichtigen Kinder waren im späteren Verlauf des Krieges evakuiert worden; in Essen machten sie ein Drittel der Bevölkerung aus, die 1943/44 die Stadt verließ.

In Herne begann schon Ende Mai 1945 die Erfassung aller schulpflichtigen Kinder und Jugendlichen.

An allen Orten fehlt es an geeigneten, d. h. nicht nationalsozialistisch belasteten Lehrkräften, mit denen die von den Alliierten beabsichtigte demokratische Umerziehung des deutschen Volkes und seiner Jugend verwirklicht werden könnte.

Zeitung füllt Informationsvakuum

12. Mai 1945. In den Städten des Ruhrgebiets erscheint die erste Ausgabe der von den Amerikanern in Essen herausgegebenen »Ruhr-Zeitung«. Das bis zum 6. Mai 1946 wöchentlich erscheinende Blatt wird am 10. Juli 1945 von der britischen Besatzungsbehörde übernommen. Die mit vier Lokalausgaben in einer Gesamtauflage von 440 000 Stück erscheinende Zeitung wird in der Druckerei von Lambert Lensing in Dortmund (→ 1. 3. 1949) hergestellt. Überall darben die Menschen nicht nur nach Brot und den anderen Mitteln zur physischen Existenzsicherung, sondern auch nach Informationen. Die repressive Nachrichtenpolitik der Nationalsozialisten hat ein großes Informationsvakuum hinterlassen. Zudem suchen viele nach Grundlagen für neue Werte, mit denen sie ihre seelische »Stunde Null« überwinden können.

Die »Ruhr-Zeitung« ist für die alliierten Besatzungsmächte aber auch ein wichtiges Medium, um die betroffenen Bürger über ihre Politik in Kenntnis zu setzen. Die Zeitung ergänzt die in den verschiedenen Städten jeweils bald nach Übernahme der Regierungsgewalt herausgegebenen offiziellen Bekanntmachungen, in denen die amtlichen Verlautbarungen sämtlicher militärischer und ziviler Dienst- und Verwaltungsstellen veröffentlicht werden. Die Themen in der ersten Ausgabe der »Ruhr-Zeitung« sind ganz von der existentiellen Notsituation der Nachkriegszeit geprägt. Ein Artikel widmet sich der kritischen Ernährungslage und berichtet von dem geplanten Neuaufbau eines Rationierungssystems für Lebensmittel.

Ruhrindustrie unter britischer Kontrolle

7. September 1945. Wegen Unterstützung des Nationalsozialismus verhaften die britischen Militärbehörden in Essen 44 Mitglieder des Rheinisch-Westfälischen Kohlensyndikats. Wenige Wochen später nehmen sie weitere 116 führende Vertreter des Bergbaus und der Eisen- und Stahlindustrie an der Ruhr ohne Rücksicht auf ihre Zugehörigkeit zur NSDAP fest. Am 22. Dezember erfolgt die Beschlagnahme der Bergbaugesellschaften durch die britische Besatzungsmacht und die Übernahme der Verfügungsgewalt über die Schachtanlagen durch die im Juli 1945 gegründete »North German Coal Control«.

Rechtsgrundlage für die überraschende Aktion ist die alliierte Direktive Nr. 52 vom 20. September 1945, die u. a. eine Sperre und Kontrolle von deutschem Vermögen er-

Englischer Offizier heftet die Beschlagnahmeverfügung der britischen Militärbehörden an das Eingangstor einer Schachtanlage im Ruhrgebiet

möglicht. Als die Briten am 20. August 1946 auch die Werke der Eisen- und Stahlindustrie des Reviers beschlagnahmen, sichern sie sich die völlige Befehlsgewalt über das Wirtschaftspotential des Ruhrgebiets.

Gleichzeitig soll die Beschlagnahme dokumentieren, daß es den Siegermächten des Zweiten Weltkrieges mit der Zerschlagung der unternehmerischen Machtkonzentration im Deutschen Reich ernst ist.

Betriebsräte fordern Einheitsverband

15. April 1945. Fünf Tage nach der Besetzung von Gelsenkirchen durch Einheiten der 9. US-Armee findet in Gelsenkirchen-Buer eine erste Betriebsrätekonferenz mit Vertretern von 120 Zechen und drei chemischen Betrieben aus der näheren Umgebung statt. Alle Anwesenden, darunter Anhänger der früheren freien und christlichen Gewerkschaften, sprechen sich für den Aufbau einer Einheitsgewerkschaft aus, in der jede Branche mit einem Verband vertreten sein soll.

Die Delegierten beschließen die Wahl von antifaschistischen Betriebsräten. Auf einer Konferenz am 29. April sind 56 Zechen mit 360 Betriebsräten vertreten. Als erster Verband der geplanten Einheitsgewerkschaft nimmt am 1. Mai die Gruppe Bergbau in Gelsenkirchen-Buer ihre Tätigkeit auf.

Wiederaufbau im Ruhrgebiet

Der Wiederaufbau des Ruhrgebiets nach dem Zweiten Weltkrieg, der eng verbunden war mit dem Wiederaufbau von Bergbau und Stahlindustrie, gliedert sich grob in zwei Phasen. Da sind einmal die harten Jahre von 1945 bis 1948. Sie standen ganz unter dem Eindruck der gewaltigen Kriegszerstörungen, des Hungers, der Wohnungsnot sowie der ersten mühsamen Schritte zu einem Neuanfang. Hier schwebte noch das Damoklesschwert der Demontage, der Entflechtung der Montanindustrie, der von den Besatzungsmächten aufgezwungenen Produktionsbeschränkungen, einer sich auflösenden Währung sowie eines wirtschaftlichen Chaos über dem Ruhrgebiet. Danach folgten die zehn Jahre des eigentlichen Wiederaufbaus sowie der bevölkerungsmäßigen und wirtschaftlichen Expansion. Sie endeten 1957, als auch die ersten Zeichen der Bergbaukrise sichtbar wurden.

Beginnt man mit dem Zusammenbruchsjahr 1945, so hat kaum ein anderer Raum Deutschlands unter dem Zweiten Weltkrieg und seinen Nachwirkungen so zu leiden gehabt wie das Ruhrgebiet. Bedingt durch die zahlreichen Bombenangriffe sowie die Endkämpfe im Jahr 1945 war zum Kriegsende fast die Hälfte des Wohnungsbestandes der Ruhrstädte zerstört, in Dortmund und Duisburg sogar rd. zwei Drittel. In vielen Städten hatte nur ein Viertel der Wohnungen den Krieg unversehrt überstanden. In Westdeutschland fand man die Stadt Dortmund, gemessen am Wohnungsverlust, nach Köln und Hamburg an dritter Stelle. Innerhalb des Ruhrgebiets waren es vor allem die Großstädte der Hellwegzone, die wegen ihrer Industrie- und Bebauungsdichte von den Bomberkommandos heimgesucht worden waren. Nördlich der Emscher betrugen demgegenüber die Wohnungsverluste, mit Ausnahme von Gelsenkirchen, »nur« rd. ein Viertel der Wohnungsbausubstanzen der Vorkriegsjahre. Herne überstand den Krieg sogar mit überraschend geringen Einbußen.

Dies hatte auch Auswirkungen auf den Bevölkerungsstand. 1939 zählte Essen noch fast 665 000, Dortmund rd. 538 000 und Duisburg fast 434 000 Einwohner, im Mai 1945 lebten in Essen nur noch ca. 310 000, in Dortmund ca. 304 000 und in Duisburg etwa 165 000 Menschen. Aber auch Orte, die weniger zu leiden hatten oder bei denen das Verbleiben eines großen Teils der Bevölkerung auch im Krieg notwendig gewesen war, wie etwa die Bergbaustädte in der Mitte und im Norden des Reviers, hatten durch Abwanderung und Evakuierung ein Viertel bis ein Drittel ihrer Einwohner verloren.

Auch die für das Revier typische industrielle Produktion war 1945 aufgrund der Zerstörungen und zerbombten Verkehrswege, Energieleitungen und Versorgungssysteme fast vollständig zum Erliegen gekommen. Einen funktionierenden Kapitalmarkt sowie eine effizient arbeitende Bauwirtschaft gab es nicht mehr, von einem deutschen Absatzmarkt konnte nicht mehr die Rede sein. Reparaturen nahmen bis 1948 häufig mehr als die Hälfte der Belegschaften und Betriebskapazitäten in Anspruch. Es fehlte überall an Rohstoffen, Energie und Lebensmitteln für die Arbeitskräfte.

Nach Schätzungen von Industrie- und Handelskammern erreichte das industrielle Produktionsvolumen weiter Teile des Ruhrgebiets Ende 1946 erst ein knappes Drittel des Standes von 1936. Gleichzeitig kam es zu einem schnellen Rückfluß der Evakuierten und Kriegsgefangenen sowie zu einem gewaltigen Zuzug von Flüchtlingen. Da der eigentliche Wohnungsneubau erst ab 1949 einsetzte, verschärften sich in den ersten Nachkriegsjahren die Wohnungsnot sowie die Ernährungsfrage rapide. Besonders schlimm waren die Jahre 1946/47. Die Geldentwertung schritt voran, und der Schwarzmarkt blühte auf. Ein Brot kostete, wenn es zu haben war, 25 RM, ein Pfund Speck 200 RM, ein Pfund Kaffee 300 bis 400 RM. Wegen der schlechten Ernährungslage kam es im Winter 1947 im gesamten Ruhrgebiet immer wieder zu Protesten und Warnstreiks. Über Sonderzuteilungen versuchte man, zumindest die Bergarbeiter zu beruhigen.

Erschwerend für den industriellen Wiederaufbau traten nach dem Zweiten Weltkrieg Produktionsbeschränkungen, Demontagen und Entflechtungsbemühungen der Besatzungsmächte hinzu. So wurde Deutschland in ergänzenden Durchführungsbestimmungen zum Potsdamer Abkommen im März 1946 zunächst nur eine Erzeugung von 5,8 Mio Tonnen Stahlblöcken pro Jahr zugestanden. Diese Quote wurde zwar im August 1947 im Bereich der britischen und amerikanischen Zone auf 10,7 Mio Tonnen aufgestockt, wirkte sich aber auf den Wiederaufbau der Stahlindustrie im Ruhrgebiet aus. Als dann noch am 16. Oktober 1947 die Demontageliste veröffentlicht wurde, löste sie an der Ruhr eine tiefe Schockwirkung aus. Wichtige Schlüsselindustrien des Reviers waren hiervon betroffen, und die Auswahl der Betriebe erfolgte häufig ohne Rücksicht auf Verbundeffekte. Nach wissenschaftlichen Schätzungen wurde eine im Gebiet der heutigen Bundesrepublik im Jahr 1945 noch vorhandene Rohstahlkapazität von rd. 11,2 Mio Tonnen (zum Vergleich: 18 Mio Tonnen Rohstahlerzeugung im Jahr 1938 im jetzigen Bundesgebiet) durch die Demontagen um rd. 3,5 Mio Tonnen vermindert, wobei es häufig die modernen Anlagen waren, die demontiert wurden. Das galt z. B. für das Hüttenwerk Borbeck der Fried. Krupp AG, Essen, das vollkontinuierliche und damals modernste europäische Breitbandwalzwerk in Dinslaken und das noch sehr neue Hüttenwerk der August Thyssen AG in Hamborn.

Auch der Ruhrgebietsbergbau erfuhr einen tiefen kriegsbedingten Einschnitt. Mit 33,4 Mio Tonnen erreichte seine Förderung 1945 nur noch ein Niveau, welches weitgehend dem Stand der Mitte der 60er Jahre des vergangenen Jahrhunderts entsprach. Aufbereitungsanlagen und Brikettfabriken waren zum größten Teil vernichtet. Besonders betroffen waren die Kokereien; die Kokserzeugung sank auf ein Viertel der Produktion von 1939 ab. Da die unterirdischen Anlagen den Bombenkrieg im Vergleich zur Stahlindustrie jedoch besser überstanden hatten, konnte nach Reparatur der Übertageanlagen mit der Produktion an einigen Stellen relativ schnell begonnen werden. So wurde auf Consol 3/4/9 in Gelsenkirchen die Steinkohlenförderung bereits am 7. Mai 1945 wieder aufgenommen.

Da ganz Europa unter schwerstem Kohlenmangel litt und dem Bergbau eine Schlüsselstellung im europäischen Wiederaufbau zugemessen wurde, blieb der Ruhrbergbau von Beschränkungen durch die Militärregierung weitgehend verschont. Einzig die staatlich festgesetzten Kohlenpreise durften bis 1948 nicht erhöht werden. Im Gegensatz zur Stahlindustrie unterlag der Ruhrbergbau damit keinerlei Produktionsbeschränkungen und war auch im Potsdamer Abkommen ausdrücklich von Demontagen ausgenommen worden. Gehemmt wurde er jedoch durch die Entflechtungsmaßnahmen der Besatzungsbehörden, die vor allem zum Ziel hatten, den engen Verbund zwischen Kohlenbergbau und Hüttenindustrie zu lockern und zu lösen. Im Zuge dieser Politik wurde z. B. die Gelsenkirchener Bergwerks AG wieder zu einem reinen Zechenunternehmen.

Trotz seiner relativen Besserstellung gegenüber anderen Wirtschaftszweigen stieg das Fördervolumen des Bergbaus aber zunächst nur schleppend an. 1946 erreichte man erst eine Förderung von 50,5 Mio Tonnen (1944 noch 111 Mio Tonnen), 1949 waren es bereits rd. 96 Mio Tonnen. Insbesondere versuchte man, die Produktion über einen Mehreinsatz von Arbeitskräften zu erhöhen. Die Gesamtbelegschaft stieg daher von 276 000 (1945) auf rd. 355 000 Beschäftigte im Jahr 1949 (1938: rd. 320 000 an. Immer noch machten sich aber die Kriegsfolgen in einer unzureichenden Leistungssteigerung bemerkbar. So hatte man während des Krieges vielfach notwendige Ausrichtungsarbeiten und Reparaturen unterlassen, mancherorts mußte man wegen der Kohlennot auf schlechte Flöze zurückgreifen, und die schnelle Aufstockung der Belegschaften brachte zahlreiche unerfahrene Arbeiter in die Zechen. Die Unterernährung, die Anfälligkeit für Krankheiten und die aufgrund der Inflation sinkende Arbeitsmoral ließen die Zahl der Fehlschichten ansteigen, und aufgrund der Kriegsverluste fehlten insbesondere die jungen Leute in den leistungsfähigsten Jahrgängen.

Um die Mitte des Jahres 1948 setzte jedoch der zweite Abschnitt der eigentlichen Wiederaufbauphase ein. Es begann mit der Währungsreform, der Marshallplanhilfe und der Lockerung der Bewirtschaftung. In zähen Verhandlungen konnten restliche Demontagen gestoppt werden, Ende 1950 liefen sie auch bei Krupp aus. Der Korea-Krieg ließ weltweit die Nachfrage nach Kohle und Stahl ansteigen. Diese beiden traditionellen Produktionsbereiche wurden darum wieder recht schnell zu den tragenden Wirtschaftssäulen des Reviers.

Dies hatte auch Auswirkungen auf die Bevölkerungsentwicklung. Trotz Wohnungsengpässen wurde bereits 1950 der Bevölkerungsstand der Vorkriegszeit wieder überschritten, von 1950 bis 1956 wuchs die Bevölkerung des Ruhrgebiets schneller, von 1956 bis 1960 etwa im gleichen Ausmaß wie im übrigen Bundesgebiet. Duisburg, Gelsenkirchen, Recklinghausen und Bochum erreichten, bezogen auf den Gebietsstand der Nachkriegszeit, 1960 bzw. 1961 ihre höchsten Einwohnerzahlen, Herne bereits im Jahr 1958. Zum Zeitpunkt der bundesweiten Volkszählung am 6. Juni 1961 wies das Ruhrgebiet (in den Grenzen des heutigen Kommunalverbandes Ruhrgebiet) fast 5,7 Mio Einwohner (13. September 1950: fast 4,6 Mio) auf.

Die industrielle Entwicklung erreichte, gemessen an der Beschäftigtenzahl, im Jahr 1957 ihren Höhepunkt. Damals fanden rd. 994 000 Menschen in der Industrie Brot und Arbeit, sieben Jahre später (1964) waren es nur noch rd. 893 000. Im Jahr 1956 überschritt der Bergbau mit einer Förderung von knapp 125 Mio Tonnen seinen Produktions- und ein Jahr später seinen Beschäftigungsgipfel. 1957 beschäftigte der Bergbau des Reviers 159 000 Menschen mehr als 1938. Danach ging es in diesem Bereich jedoch bergab. Am 22. Februar 1958 verfuhren 16 000 Bergleute in Essen, Bochum, Mülheim und Unna die erste Feierschicht; die Kohlenkrise hatte begonnen. Sinkende Heizölpreise machten der Kohle zu schaffen, gleichzeitig drang die amerikanische Kohle in revierferne Gegenden vor. Der Absatz stockte, die Kohlenhalden wuchsen, und die Belegschaften wurden abgebaut. Damit sank der Anteil der Beschäftigten im Steinkohlenbergbau an der Gesamtzahl der Beschäftigten im Ruhrgebiet von 1951 bis 1963 von 28% auf 17%. Hiervon am stärksten betroffen waren Bochum und Wattenscheid.

Anders sah es noch in der Stahlindustrie aus. Diese konnte die Fesseln des Potsdamer Abkommens abstreifen und im August 1951 auch offiziell die Stahlquote von 11,5 Mio Tonnen überschreiten. Sie blieb bis Anfang der 60er Jahre ein entscheidender Wachstumsmotor des Reviers. Die Erzeugung von Rohstahlblöcken lag 1964 um rd. 70% über dem Niveau von 1938 bzw. um fast 100% über jenem von 1954. Die Roheisenproduktion des Ruhrgebiets stieg von 1954 bis 1964 um rd. 85% und vereinigte damit rd. drei Viertel der Roheisenproduktion Westdeutschlands auf sich. Im gleichen Zeitraum wuchs die Beschäftigtenzahl der Hochofen-, Stahl- und Walzwerke um rd. 28%. Krisenerscheinungen machten sich erst Mitte der 60er Jahre bemerkbar.

Das Ruhrgebiet blieb in den 50er Jahren eine Industrieregion. Anfang der 60er Jahre fanden in der Industrie (inkl. Bergbau) noch fast 60% der Beschäftigten ihren Arbeitsplatz. Der größte Teil dieser Erwerbsmöglichkeiten hing hierbei aber direkt oder indirekt von Kohle und Stahl ab. Diese beiden traditionellen Wirtschaftsbereiche waren die entscheidenden Motoren des Wiederaufbaus gewesen. Sie prägten demzufolge auch das regionale Arbeitsplatzangebot der 50er und 60er Jahre. Bedingt durch die hohen körperlichen Anforderungen richtete es sich hauptsächlich an die Männer, garantierte dafür aber auch überdurchschnittliche Entlohnung. Demzufolge waren von 100 Erwerbstätigen des Ruhrgebiets Anfang der 60er Jahre noch fast drei Viertel männlichen Geschlechts (Bundesrepublik demgegenüber nur rd. 63%), der Durchschnittsverdienst der Arbeitnehmer lag aber um rd. 10% über dem Bundesniveau. Gemessen am Leistungsvolumen (Bruttoinlandsprodukt) je Einwohner nahm das Revier unter den Regionen der Bundesrepublik bis in die 70er Jahre Spitzenpositionen ein. Bezogen auf das schulische Ausbildungsniveau konnte in keinem anderen Raum Westdeutschlands so gut verdient werden wie im Ruhrgebiet. Fast drei Viertel der abhängig Beschäftigten waren noch Arbeiter, relativ wenig Arbeitsplätze gab es hingegen für Angestellte und Beamte. Die Folge war wiederum, daß das Revier weitgehend von »außen« verwaltet wurde.

Es wurden während der 50er Jahre auch schon gewisse Anzeichen einer Umstrukturierung sichtbar. Insgesamt blieb ihr Struktureffekt aber bescheiden. So drängte mit der Verarbeitung von Erdöl und Erdgas die Chemische Industrie vor. Es kam auch zur Ansiedlung zahlreicher west- und ehemaliger ostdeutscher Textilbetriebe (etwa in Gelsenkirchen). Ähnliche Entwicklungen konnte man im Bereich der Elektroindustrie beobachten. Es handelte sich vor allem um Verlagerungen aus Berlin oder um Neugründungen von Unternehmen, die ihre Betriebe in Mitteldeutschland verloren hatten. Die eigentliche Strukturkrise des Ruhrgebiets begann aber erst nach dem Wiederaufbau, d. h. ab den 60er Jahren.

Paul Klemmer

1946

Januar. Liberale Verbände der Nordrheinprovinz gründen in Opladen (Rheinland) die Freie Demokratische Partei. →

17. 1. Die britischen Militärbehörden erlassen eine Verordnung zur Einrichtung von deutschen Entnazifizierungsausschüssen. →

8. 2. Nach dem Bruch des Emscher-Deiches bei Essen-Karnap kommt es zu einer Hochwasserkatastrophe. →

20. 2. Eine Grubenkatastrophe auf der Zeche Grimberg bei Bergkamen fordert über 400 Menschenleben. →

20. 3. Als erste Lokalzeitung im Ruhrgebiet nach Ende des Zweiten Weltkriegs erscheint die »Westfälische Rundschau«. →

27. 3. Die alliierten Siegermächte verkünden den Potsdamer Industrieplan. Er sieht eine Reduzierung der deutschen Rohstahlerzeugung vor. →

14. 4. Der erste Güterzug der »Schweizer Spende« trifft in Gelsenkirchen ein. →

17. 7. in Berlin gibt die Kontrollkommission der britischen Militärregierung ihren Beschluß zur Gründung des Landes Nordrhein-Westfalen bekannt. →

14. 8. Bei einer Razzia im Bulmker Park in Gelsenkirchen wird der größte Schwarzmarkt Westdeutschlands ausgehoben.

20. 8. Die britische Militärregierung beschlagnahmt das Eigentum der Eisen- und Stahlindustrie.

13. 10. Die Kommunalwahlen sind die ersten freien Wahlen nach dem Ende der nationalsozialistischen Herrschaft. →

1. 11. Das von Paderborn nach Castrop-Rauxel verlegte Westfälische Landestheater nimmt den Spielbetrieb auf.

8./9. 12. Auf der ersten Generalversammlung der Bergarbeiter in der britischen Besatzungszone in Herne wird der Industrieverband Bergbau gegründet. →

1946. Die Bevölkerungszahl im Ruhrgebiet ist im Vergleich zum Vorjahr um annähernd 80% angestiegen. →

1946. Das Vagabundentum von Kindern und Jugendlichen, die durch den Krieg ihre Eltern verloren haben, findet seinen Niederschlag in einem Anstieg der Kriminalitätsrate. →

1946. 33 der insgesamt 92 katholischen und evangelischen Kirchen in Essen sind durch den Krieg total zerstört; 46 weitere sind beschädigt. →

1946. Vor allem Frauen beteiligen sich in den Ruhrgebietsstädten an der Beseitigung von Trümmern. →

Auf ihren Plakaten macht die Sozialdemokratie im Kommunalwahlkampf des Jahres 1946 Front gegen Schwarzhandel und Schiebertum

Wahlzettel der KPD in Essen neben einem Plakat aus der NS-Zeit

Hoher SPD-Sieg bei Kommunalwahlen

13. Oktober 1946. Aus den ersten Stadtverordnetenwahlen im Ruhrgebiet seit 17 Jahren geht die SPD in den meisten Gemeinden als Siegerin hervor. Zweitstärkste Partei wird die 1945 von ehemaligen Zentrumspolitikern als interkonfessionelle Volkspartei gegründete Christlich-Demokratische Union. Mit Ausnahme von Bottrop, wo ein KPD-Mitglied zum zweiten Bürgermeister gewählt wird, besetzen in allen Städten Sozial- und Christdemokraten die Spitzenpositionen.

Begünstigt worden ist das im Vergleich zu den Wahlen in der Weimarer Republik sensationelle Ergebnis der SPD durch die britischen Militärbehörden: Um den Aufbau einer parlamentarischen Demokratie nach westlichem Muster zu gewährleisten, hatten die Briten nach dem Zusammenbruch des NS-Regimes bei der Neuorganisation der Kommunalverwaltungen neben bürgerlichen Politikern Sozialdemokraten bevorzugt und Vertreter der KPD weitgehend ausgeschlossen.

Ergebnis der Kommunalwahlen
(in % der abgegebenen Stimmen)

	KPD	SPD	Zentrum	CDU	FDP
Bochum	14,3	41,9	1,8	41,7	0,3
Dortmund	12,6	46,3	2,4	35,1	3,6
Duisburg	14,2	34,8	6,2	39,5	5,2
Essen	12,1	34,2	11,2	38,9	3,6
Gelsenkirchen	17,9	37,9	11,5	27,3	5,4
Oberhausen	10,5	34,5	22,7	31,9	–
Recklinghsn.	17,1	33,2	6,6	41,9	1,2

G. Heinemann, Essener Oberbürgermeister

Oberbürgermeister Fritz Henßler, Dortmund

Gelsenkirchens OB Robert Geritzmann

Mülheims OB Wilhelm Diederichs

Neugründung der Parteien

Januar 1946. In Opladen (Rheinland) gründen liberale Kreisverbände der Nordrheinprovinz die Freie Demokratische Partei. Schon im November des Vorjahres war in Westfalen eine Liberal-Demokratische Partei für die gesamte britische Zone gebildet worden. Erst im Dezember 1948 gelingt auf einem Parteitag in Heppenheim bei Mannheim der Zusammenschluß aller liberalen Gruppierungen der Westzonen zur Freien Demokratischen Partei (FDP). Als die britische Verwaltung im Spätsommer 1945 auf Orts- und Kreisebene Parteigründungen zuließ, konstituierten sich wieder einige große Parteien der Weimarer Republik. Eine vollkommen neue Partei wurde am 14. Dezember 1945 mit der Christlich-Demokratischen Union gegründet.

Parteien der britischen Zone

Zentrum: Katholisch, bürgerliche Partei der Mitte
CDU: Christlich-Demokratische Union, bürgerlich, interkonfessionell
SPD: Sozialdemokratische Partei, republikanisch
FDP: Freie Demokratische Partei, liberal
KPD: Kommunistische Partei, antifaschistisch

Land aus Nordrhein und Westfalen

17. Juli 1946. Die Kontrollkommission der britischen Militärregierung gibt in Berlin den Beschluß zur Zusammenfassung der Provinzen Nordrhein und Westfalen bekannt. Als Alternative zur Bildung des Landes Nordrhein-Westfalen war von den Alliierten auch die Errichtung einer eigenständigen Ruhrgebietsverwaltung erwogen worden. Mit der Ernennung des Zentrumspolitikers Rudolf Amelunxen zum Ministerpräsidenten und der Regierungsbildung am 29. August gehören die Pläne der französischen Militärverwaltung, das Ruhrgebiet zu internationalisieren, der Vergangenheit an.

Menschen strömen in die Städte zurück

1946. Infolge des Bevölkerungsrückstroms, der unmittelbar nach Kriegsende eingesetzt hatte, ist die Einwohnerzahl im Ruhrgebiet seit 1945 um fast 80% gestiegen. Vertriebene, zurückkommende Evakuierte, heimkehrende Kriegsgefangene – alle suchen in den zerbombten Revierstädten ein besonders rar gewordenes Gut: Wohnungen.

Schon im Herbst 1945 hatte man dem Problem durch die Verhängung von Zuzugssperren beikommen wollen, so im September in Oberhausen, im Oktober in Gelsenkirchen, Essen und Bochum. In Essen durften nur ehemalige Kriegsgefangene, Ehefrauen und minderjährige Kinder von Essener Bürgern sowie Personen mit anerkannten Mangelberufen in die Stadt. Die Zuzugsgenehmigung erhielt auch, wer Wohnraum in Selbsthilfe erstellen wollte. Fehlende Kontrollmöglichkeiten verurteilten diese Maßnahmen jedoch zum Scheitern.

Bevölkerungsentwicklung
* geschätzt

Stadt	1945	1946
Bochum	161 590	246 477
Bottrop	38 000*	80 724
Castrop-Rauxel	46 724	58 292
Dortmund	220 000*	436 491
Duisburg	165 176	356 408
Essen	285 192	524 728
Gelsenkirchen	150 034	265 793
Gladbeck	48 000*	61 497
Herne	68 000*	97 389
Mülheim a. d. R.	88 000*	132 370
Oberhausen	96 000*	174 117
Recklinghausen	50 000*	89 787
Wanne-Eickel	44 327	73 756
Wattenscheid	30 000*	59 525
Witten	40 000*	69 384
gesamt	1 531 043	2 726 738

Rationierungen sollen die Wohnungsnot lindern: Bei der Vergabe werden Räume ab einer bestimmten Größe wie zwei Zimmer bewertet und entsprechend für zwei Personen berechnet. Doch selbst wo Wohnraum schnell wieder instandgesetzt wird – in Gelsenkirchen 10 000 Wohnungen innerhalb eines Jahres –, steigt die Zahl der Personen pro Wohnung auf über fünf (1939: 3,4) und sinkt der durchschnittliche Wohnraum pro Person auf fast 4 m². Nicht selten sind auch Fälle, wo sich acht bis zehn Personen auf weniger als 12 m² Raum zusammendrängen. Wer Glück hat, bewohnt eine der wenigen nicht oder nur leicht beschädigten Wohnungen. Verbreiteter sind Unterkünfte in ehemaligen Vorrats- und Kohlenkellern, die oftmals die einzig nutzbaren Räumlichkeiten der Hausruinen sind. Auch Bunker werden für manche Familie zur jahrelangen Bleibe.

Ein großer Teil der in die Städte strömenden Menschen sind Vertriebene und Flüchtlinge, vor allem aus den ehemaligen Ostgebieten des Deutschen Reiches. Wegen der starken Zuwanderung wird in Unna ein Flüchtlingsausschuß gebildet.

Ankunft von Flüchtlingsfamilien auf dem Gelsenkirchener Hauptbahnhof

Die sog. Trümmerfrauen leisten beim Wiederaufbau schwerste Arbeit

Trümmerfrauen beim Wiederaufbau

1946. Die schweren kriegsbedingten Zerstörungen der Ruhrgebietsstädte lassen sich nicht allein durch offizielle Bautrupps und Aufräumkommandos bewältigen. Es fehlt überall an Arbeitskräften und notwendigen Maschinen. Da sich große Teile der männlichen Bevölkerung noch in Kriegsgefangenschaft befinden, sind es vor allem Frauen, die oft mit bloßen Händen Trümmerhaufen beseitigen und erste Instandsetzungen vornehmen. In Gelsenkirchen können auf diese Weise schon im ersten Jahr nach dem Krieg rund 10 000 Wohnungen wieder bewohnbar gemacht werden.

Nach groben Schätzungen umfassen die Trümmerberge in Essen 15 Mio m³. Auch in Dortmund säumen riesige Trümmerhaufen (etwa 11 Mio m³) die Straßen. Von den ausgebrannten Ruinen der Häuser sind in Duisburg 6 und in Gelsenkirchen 3 Mio m³ Schutt, meist Stein für Stein, abzutragen. Gefahr droht den sog. Trümmerfrauen dabei durch einstürzende Gebäudeteile, vor allem bei stürmischem Wetter.

Oft haben Sprengbomben ganze Wohnblocks aufgetrennt, so daß selbst noch intakte Wohnungen aus Sicherheitsgründen abgerissen werden müssen. In besonders betroffenen Vierteln schaffen Räumtrupps schmale Fahrbahnen zur Abfuhr der Steinmassen; auch notdürftig reparierte Straßenbahnen werden für den Transport benutzt.

Entnazifizierungsausschüsse umstritten

17. Januar 1946. Nach Erlaß einer Verordnung des alliierten Kontrollrates vom 12. Januar 1946 über die »Entfernung von Nationalsozialisten aus Ämtern und verantwortlichen Stellungen« erteilt die britische Militärregierung für ihre Zone eine Anweisung zur Einrichtung von deutschen Entnazifizierungsausschüssen. Die Ausschüsse konstituieren sich auf Bezirks- und Kreisebene. Ihre Mitglieder werden von den deutschen Behörden ernannt.

Die Untersuchung der nationalsozialistischen Vergangenheit erfolgt mittels detaillierter Fragebögen. Untersuchte Personen werden in fünf Kategorien eingeteilt: Hauptschuldige, Belastete, Minderbelastete, Mitläufer und Entlastete. Je nach Einstufung hat der Betreffende mit Sanktionen durch die Militärregierung (Inhaftierung, Berufsverbot) zu rechnen. Da für den Wiederaufbau benötigte Berufsgruppen (Ärzte, Bauern, Bergleute) nur oberflächlich überprüft werden und viele den begehrten »Persilschein« zu Unrecht erhalten, sind die Entnazifizierungsgremien sehr umstritten.

Deutsche Gefangene, bewacht von US-Soldaten; auch Männer in Zivilkleidung sind verdächtig und müssen sich den Untersuchungsausschüssen stellen

Erste Lieferung der »Schweizer Spende«

14. April 1946. Der Schweizer Jurist Alfred Ledermann trifft mit dem ersten Güterzug der »Schweizer Spende« in Gelsenkirchen ein. Diese gemeinsame Hilfsaktion mehrerer Schweizer Organisationen stellt in einem neuerrichteten Barackendorf Nahrungsmittel und Kleidung vor allem für Kinder zur Verfügung, die noch nicht schulpflichtig sind. Durch pädagogische Betreuung, Spiele und Feste vermittelt Ledermann den Kindern auch »seelische Kalorien« und Lebensfreude.

Gegen den Widerstand seiner Landsleute wirbt Ledermann um Hilfe für die hungernden deutschen Kinder. Bis 1948 fließen rund 35 Mio Schweizer Franken in Form von Hilfsgütern in deutsche Notstandsgebiete.

Schweizer Apfelspende gegen Vitaminmangel bei Kindern

Von Schweizern gebautes Barackendorf in Gelsenkirchen

Für mehr Hilfe zur Selbsthilfe

Im Februar 1947 beschreibt Alfred Ledermann, der Hauptorganisator der »Schweizer Spende«, in Bern die zukünftigen Ziele der Hilfsaktion:

A. Ledermann

»Die Sommerpläne müssen auf den kommenden Winter eingestellt werden, der für das Ruhrgebiet ebenso schlimm sein wird wie der vergangene… Die Hilfe der Schweizer Spende muß noch in vermehrtem Maß die Selbsthilfe fördern im Hinblick darauf, daß diese eines Tages an die Stelle unserer Hilfe treten muß. Wir müssen… die materielle Hilfe mit der geistigen verbinden… junge Ausländer der Notgebiete in unsere Aufgabe eingliedern, die dann eines Tages ohne uns selbst… weiter arbeiten.«

Überleben durch »Fringsen«, Hamstern und Schwarzmarkt

Lebensmittelknappheit und der früh einsetzende harte Winter (→ Januar/Februar 1947) zwingen die Bevölkerung im Ruhrgebiet, Brennmaterial, Kleidung, Möbel und Nahrung auch auf illegalen Wegen zu beschaffen.

Selbst der Kölner Erzbischof, Kardinal Josef Frings, befürwortet das »Kohlenklauen« von Güterzügen, wenn auf andere Weise kein Heizmaterial zu bekommen ist. Zahlreiche Kinder und Jugendliche sind im Ruhrgebiet damit beschäftigt, Kohlen zu »fringsen«.

Hunderte von Menschen versuchen täglich, auf den vollbesetzten Zügen ins Münsterland und an den Niederrhein einen Platz zu erobern. Auf dem Land tauschen die Städter gegen Wertgegenstände Kartoffeln, Speck, Gemüse und Eier ein. Wer nichts mehr zum Tauschen besitzt, sucht auf den Feldern nach Resten, die bei der Ernte vergessen wurden.

Das »Hamstern« ist ebenso bei Strafe verboten, wie der Einkauf auf dem schwarzen Markt, den es in jeder Stadt gibt. Nicht jeder kann jedoch die Schwarzmarktpreise bezahlen. In Gelsenkirchen kosten ein Pfund Butter »schwarz« 180 RM, ein drei Pfund schweres Brot 60 RM. Eine Zigarette wird mit 6 RM, ein Schluck Schnaps mit 10 RM gehandelt. Der Großteil der Bevölkerung kann sich mit einem monatlichen Nettolohn von etwa 140 RM solchen Luxus nicht leisten. Der Schwarzmarkt floriert aber trotz Wucherpreisen und Razzien.

Razzia der Polizei auf dem schwarzen Markt in Gelsenkirchen-Bulmke

Wer bei der Rückreise von einer Hamsterfahrt in eine Razzia der Polizei gerät, verliert nicht nur die Hamsterware, sondern muß auch mit einer Bestrafung rechnen. Deputatkohle der im Bergbau Beschäftigten ist ein begehrtes Tauschgut und wird für manche Familie die Grundlage der Existenz.

Deichbruch bei Essen löst Hochwasser aus

8. Februar 1946. Nach tagelangen Regenfällen bricht in den späten Abendstunden der Emscherdeich bei Essen-Karnap. Da Telefone fehlen, können die Behörden im angrenzenden Gelsenkirchener Stadtteil Horst nicht rechtzeitig alarmiert werden. 7000 Menschen werden in ihren Häusern von den Wassermassen eingeschlossen. Als die Pumpstationen an der Emscher versagen, steigt das Wasser in einigen Straßen, besonders um den Bahnhof Horst-Süd, bis zu den Hausdächern, wo die Menschen auf Rettung warten.

Zur Evakuierung der Eingeschlossenen werden Ruderboote vom benachbarten Berger See eingesetzt. Der Versuch, mit Flößen aus Grubenholz zu den überschwemmten Häusern vorzudringen, scheitert, da das feuchte Holz nicht trägt.

Nach 14 Tagen gelingt es mit Hilfe der Belegschaft der Zeche Nordstern, die auch Pumpen zur Verfügung stellt, den Dammbruch zu reparieren.

Fronleichnamsfest in zerbombten Städten

Am zweiten Donnerstag nach Pfingsten finden in vielen Ruhrgebietsstädten Fronleichnamsprozessionen der katholischen Gemeinden statt. Im ersten Nachkriegsjahr führen die Prozessionen durch die Trümmerlandschaften der zerstörten Städte wie der Zug am Beiseweg in der Essener Innenstadt (Abb.). Eine geweihte Hostie wird in einer Monstranz feierlich durch die Straßen getragen, und an vier, am Straßenrand aufgestellten Altären werden Texte aus den Evangelien gesungen.

Priester betteln für ihre Gemeinden

1946. Von den insgesamt 92 katholischen und evangelischen Kirchen in Essen sind 33 total zerstört und 46 mehr oder weniger stark beschädigt. Ähnlich ist die Situation in den anderen Ruhrgebietsstädten; so sind u. a. die Duisburger Salvatorkirche, die Bochumer Propsteikirche, der Xantener Dom sowie die Dortmunder Reinoldikirche und die Petrikirche bei Bombenangriffen zerstört oder beschädigt worden.

Zahlreiche Kirchengemeinden im Revier sind durch den nationalsozialistischen Terror und die Luftangriffe, vor denen viele Bewohner geflüchtet waren, fast vollständig aufgelöst. Die Priester sind neben ihrer seelsorgerischen Tätigkeit damit beschäftigt, sich um die notleidenden Menschen zu kümmern, indem sie u. a. in ländlichen Gebieten um Lebensmittel für ihre Gemeinden betteln. Erst mit der Verbesserung der Situation im Revier normalisiert sich das Leben in den Gemeinden.

Schwere Kindheit in den Trümmern der Revierstädte

Die Wirren und Leiden der Nachkriegszeit treffen eine Bevölkerungsgruppe besonders hart, deren Unschuld an dieser Zeit der Not am unzweifelhaftesten ist: die Kinder. Viele von ihnen haben ein oder sogar beide Elternteile verloren. Selbst wo die Familien vollständig sind, müssen die Kinder mit allen Kräften zu deren Versorgung mit Nahrungsmitteln und anderen lebenswichtigen Gütern beitragen.

Vollwaisen versuchen nicht selten, durch Diebstähle ihr Überleben zu sichern. Die Jugendkriminalität nimmt z. T. organisierte Formen an. Manche Erwachsene beuten Kinder als billige Arbeitskräfte aus. Der Besuch der schon Mitte 1945 wiedereröffneten Schulen wird für viele zur Nebensache. Ausbildungsplätze sind kaum zu bekommen. Für sinnvolle Freizeitbeschäftigungen fehlen alle Mittel, selbst wenn die Häuserruinen aus kindlicher Sicht zu Abenteuerspielplätzen werden.

Aus Krieg und Gefangenschaft zurückkehrende Väter sind oft für die Kinder – und manchmal selbst für ihre Frauen – Fremde geworden.

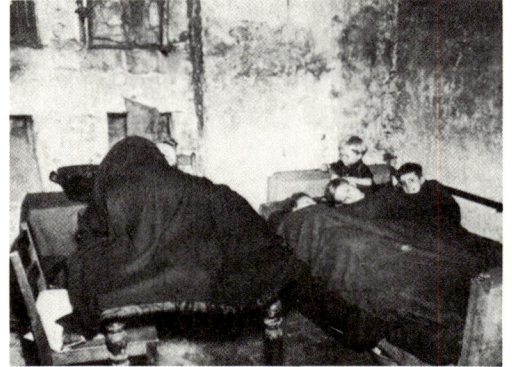
Ein Bett für vier Kinder in einem Notquartier

Hungerödem

Gespielt wird mit allem, was greifbar ist

Kinderspiele im überschwemmten Gelsenkirchen-Horst

Begehrte Schulspeisung in zerbombten Klassenräumen

Industrieverband Bergbau gegründet

8./9. Dezember 1946. 321 Delegierte nehmen an der Versammlung zur Gründung des Industrieverbands Bergbau für die britische Besatzungszone in Herne teil.

August Schmidt

Zum Vorsitzenden dieser Bergarbeitergewerkschaft wird der frühere zweite Vorsitzende des von dem nationalsozialisten Regime zerschlagenen Alten Bergarbeiterverbandes (→ 2. 5. 1933), der Sozialdemokrat August Schmidt, gewählt. Der KPD-Kandidat Willi Agatz verfehlt nur knapp die Mehrheit der abgegebenen Stimmen.

Willi Agatz

Einstimmig fordern die Delegierten des Gründungskongresses die Überführung des deutschen Bergbaus in Gemeineigentum. Die Bergarbeiter sollen an der Verwaltung des Bergwerksvermögens und der Leitung der Betriebe beteiligt werden.

Zerstörte Werkshalle der Westfalenhütte in Dortmund

Werk II der Gutehoffnungshütte in Oberhausen-Sterkrade

Industrieplan reduziert Stahlerzeugung

27. März 1946. Die alliierten Siegermächte verkünden für die amerikanische, britische und sowjetische Besatzungszone den Potsdamer Industrieplan. Er sieht eine Begrenzung der deutschen Rohstahlproduktion auf 5,5 Mio t jährlich vor. 1938 hatte die Rohstahlerzeugung aller Hütten des Deutschen Reiches bei 21,8 Mio t gelegen, davon waren 15 Mio t auf das Revier entfallen.

Die Reduzierung der Stahlwerkskapazitäten um 75% ist wesentlicher Bestandteil alliierter Wirtschaftspolitik im besetzten Nachkriegsdeutschland. Ihr Hauptziel ist die Zerschlagung der wirtschaftlichen Macht der Schwerindustrie durch Entflechtung der Bergbauunternehmen und der Eisen- und Stahlindustrie (→ 17. 1. 1947). Die Beschlagnahme der Zechengesellschaften durch die britische Militärregierung (→ 7. 9. 1945) war ein erster Schritt in diese Richtung. Motiv der Siegermächte ist die Absicht, Deutschland in Zukunft die Möglichkeit der Kriegführung zu nehmen. Als sagenumwobene »Waffenschmiede des Reiches« gilt das Ruhrgebiet den Alliierten dabei als Inbegriff deutschen Weltmachtstrebens und als Symbol unkontrollierbarer unternehmerischer Machtkonzentration.

Da die Siegermächte jedoch gleichzeitig entschlossen sind, die Wirtschaftskraft des besiegten Deutschland für den europäischen Wiederaufbau zu nutzen, und die Stahlindustrie neben dem Bergbau zu den rohstoff- und energiepolitischen Schlüsselindustrien zählt, erweist sich die Reduzierung der deutschen Stahlkapazitäten bereits ein Jahr später als unhaltbar: Am 29. August beschließen die Alliierten in einem Revidierten Industrieplan unter Einbeziehung der französischen Besatzungszone die Verdoppelung der deutschen Hüttenkapazität auf 11,1 Mio Jahrestonnen.

Über 400 Todesopfer auf Zeche Grimberg

20. Februar 1946. In der Mittagszeit erschüttert eine Schlagwetterexplosion die Schächte 3/4 der Zeche Grimberg in Bergkamen. Durch den enormen Luftdruck werden die Förderkörbe in die Schachtgerüste katapultiert. Über 400 Bergleute kommen ums Leben.

Erst 1944 hatte eine Schlagwetterkatastrophe auf Grimberg 107 Todesopfer gefordert. Bei Fachleuten gilt die Grube als extrem schlagwettergefährdet. Eine von der britischen Militärregierung eingesetzte Kommission deckt Mißstände im Untertagebetrieb auf: Mangelnde Kontrolle der Wetterführung, unzureichende Abfuhr des Kohlenstaubs und schlechter Grubenausbau. Schuld an den Mängeln sind auch die britischen Militärbehörden, die Sicherheitsarbeiten zugunsten der Kohleförderung zurückstellen.

Erstes Lizenzblatt »Westfälische Rundschau«

20. März 1946. Mit der »Westfälischen Rundschau« in Dortmund erscheint die erste von den britischen Besatzungsbehörden zugelassene Zeitung eines deutschen Verlegers im Ruhrgebiet. Am 26. April erscheint die erste Ausgabe der Hagener »Westfalenpost«; am 13. Juli folgt die erste Nummer der »Neuen Ruhr-Zeitung« in Essen.

Die Vergabe der Lizenzen erfolgt nach dem Grundsatz, nur parteiorientierte Zeitungen zuzulassen. Die Lizenzen werden aber nicht den Parteien selbst, sondern Mitgliedern aus ihren Reihen erteilt. Lizenzträger für die »Westfälische Rundschau«, ein Organ der SPD, sind der spätere Dortmunder Oberbürgermeister Fritz Henßler, Paul Sattler und Heinrich Sträter.

Der Inhalt der Zeitung muß die Zustimmung des britischen Kontroll-Offiziers finden, die Gefahr eines Lizenzentzuges ist ständig gegeben. Die Auflagenhöhe des Blattes wird zunächst nach dem Ergebnis der jeweiligen Partei bei der Reichstagswahl im November 1932 (→ 31. 7. 1932) festgelegt. Die »Westfälische Rundschau« startet mit einer Auflage von 145 000 Exemplaren, die jedoch rasch auf 335 000 Stück gesteigert werden kann.

In den Räumen der »Westfälischen Rundschau«; Chefredakteur Poller (r.)

1947

Januar/Februar. Ein extrem kalter Winter macht Brennmaterial zur lebenswichtigen Mangelware. Die Bevölkerung im Ruhrgebiet friert und hungert.

1. 1. Britische und US-Zone werden als Bizone zu einem einheitlichen Wirtschaftsgebiet zusammengeschlossen. →

17. 1. Die englische Regierung genehmigt die »Operation Severance« (engl.: Trennung), mit der die Entflechtung der Ruhrkonzerne eingeleitet wird.

28./29. 1. Auf der ersten Zonenkonferenz des Industrieverbands Bergbau fordern die Delegierten die Sozialisierung des Bergbaus. →

16. 2. Als Anreiz zur Leistungssteigerung wird im Ruhrbergbau ein mit Lebensmittel-Sonderrationen verbundenes Punktesystem eingeführt. →

1. 3. Im Zuge der Entflechtung der Ruhrkonzerne ziehen in die Vorstände mehrerer Aktiengesellschaften im Ruhrgebiet erstmals Belegschaftsmitglieder ein.

April. Essener Bürger demonstrieren mit ihren Kindern gegen die Beschlagnahmung von Wohnräumen durch die britische Besatzungsmacht.

3. 4. Die Welle von Hungerstreiks im Ruhrgebiet erreicht mit dem Ausstand von über 300 000 Bergarbeitern ihren Höhepunkt. →

15. 5. Auf der Rennbahn in Dortmund-Wambel findet nach fünfjähriger Pause wieder ein Rennen statt. →

28. 6.–2. 7. Ursprung der Ruhrfestspiele ist ein Dankgastspiel der Hamburger Bühnen für eine Steinkohlenlieferung der Zeche König Ludwig 4/5 in Recklinghausen. →

25. 7. Im Ruhrbergbau werden erstmals Care-Pakete verteilt. →

19. 11. Als Leitungsinstanz für den westdeutschen Kohlenbergbau wird in Essen auf Anweisung der amerikanischen und britischen Militärbehörden die Deutsche Kohlenbergbau Leitung gegründet.

1947. Josef Michels veröffentlicht den Roman »Schlagende Wetter«, eingeleitet mit der Widmung: »Meinen Eltern und den Bergarbeitern meiner Heimat Essen-Borbeck ein herzliches Glückauf!«.

1947. Die Stadt Hagen stiftet den Karl-Ernst-Osthaus-Preis für deutsche Künstler.

1947. Olga Eckstein aus Oer-Erkenschwick wird zum sechsten Mal Deutsche Meisterin im Turmspringen. →

1947. Der Dortmunder Radrennfahrer Erich Bautz gewinnt die Deutschlandrundfahrt. →

Öffentliche Wärmehalle im Haldenbunker der Essener Zeche Ludwig, wo sich Kinder und Erwachsene aufwärmen

Harter Winter bringt Hunger und Kälte

Januar/Februar 1947. Im Ruhrgebiet verschlechtert sich die ohnehin unzureichende Lebensmittelversorgung dramatisch, da infolge lang anhaltenden Frostes Transportmöglichkeiten ausfallen. Außer Lebensmitteln fehlen Kleidung, Schuhwerk und Heizmaterial.

Während große Mengen von Nahrungsgütern in den Seehäfen bereitliegen und zu verfaulen drohen, leidet die Bevölkerung im Ruhrgebiet Hunger. Flüsse und Kanäle sind zugefroren, Eisenbahn- und Straßennetz sind in Deutschland zum größten Teil zerstört, und es stehen nicht genügend Lastwagen, Lokomotiven und Waggons für einen Transport auf dem Landweg zur Verfügung.

Die tatsächlichen Lebensmittel-Zuteilungen liegen deutlich unter den vorgesehenen Kalorienmengen und erreichen z. T. kaum den Wert von

Kalorienwerte der vorgesehenen täglichen Rationen pro Person

Zeit	Essen	übriges brit. Bes.-Gebiet
16. 9. – 13. 10. 46	1442	1530
14. 10. – 10. 11. 46	1245	1542
11. 11. – 8. 12. 46	1396	1547
9. 12. – 5. 1. 47	1334	1529
6. 1. – 2. 2. 47	1085	1515
3. 2. – 2. 3. 47	1272	1564
3. 3. – 30. 3. 47	1130	1564

850 Kilo-Kalorien (kcal) pro Tag, Schwerstarbeiter erhalten höchstens 1350 kcal. Die von einem Erwachsenen bei wenig Bewegung und sitzender Tätigkeit benötigte Nahrungsmenge entspricht dem Energiewert von 2300 bis 2500 kcal. Bei schwerster körperlicher Arbeit besteht ein Bedarf von etwa 4000 kcal.

Die »Schweizer Illustrierte Zeitung« berichtet 1947 über den Industriearbeiter B. in Gelsenkirchen: »Die tägliche Ration beträgt für B. derzeit 950 Kalorien. Sein Mittagsmahl ... besteht aus einer fettfreien Erbsensuppe. Ein amerikanischer Experte, der einen Monat lang von dieser Ration lebte, nahm 25 Pfund ab.«

Seit Kriegsende besteht großer Mangel an fett- und eiweißhaltiger Nahrung wie Fleisch, Eiern und Frischmilch. Gemüse und Obst sind nicht zu bekommen. Die Bevölkerung ernährt sich von Kartoffeln, Brot und Hülsenfrüchten. Im Winter 1946/47 fehlen jedoch auch diese Grundnahrungsmittel. Der früh einsetzende Frost hat die Kartoffelernte beeinträchtigt. In Essen ist kein Brot mehr erhältlich, auch Kinder und Säuglinge können nicht mehr mit Milch versorgt werden.

Nach einer Untersuchung der Essener Stadtverwaltung hat zudem fast die Hälfte der Schulkinder keine Schuhe. Es fehlt an Wäsche und Kleidung. In Bochum stehen einem Bedarf von 9500 Wintermänteln 676 in den Geschäften angebotene Mäntel gegenüber. Stoffe werden nur zu Wucherpreisen auf dem Schwarzmarkt verkauft.

»Fringsen«, eine Selbsthilfemaßnahme der frierenden Bevölkerung; von vorbeifahrenden Lastwagen werden die benötigten Kohlen und Briketts stibitzt

Ruhrgebiet gehört zur neuen Bizone

1. Januar 1947. Die Entscheidung der USA und Großbritanniens vom 2. Dezember 1946, nach der die Besatzungszonen beider Siegermächte aus Versorgungsgründen zu einem vereinigten Wirtschaftsgebiet zusammengeschlossen werden sollen, tritt in Kraft. Das britisch besetzte Ruhrgebiet gehört damit als Teil des 1946 gebildeten Landes Nordrhein-Westfalen zur sog. Bizone.

Die USA, die weniger an der Ausbeutung des besetzten Landes als vielmehr an seinem Wiederaufbau interessiert sind, haben so den ersten Schritt zur Lösung der Versorgungsprobleme gemacht; die Bizone überwindet durch weiträumigere Planung und Verwaltung bereits vor der Währungsreform die Stagnation im Industriegütersektor.

Der 1946 neugeschaffene nordrhein-westfälische Landtag faßt Anfang 1947 Beschlüsse, in denen er sich einstimmig für eine gemeinwirtschaftliche Ordnung ausspricht. Unterstützt wird die Forderung nach Sozialisierung durch Streiks der Bergleute im Ruhrgebiet. Während die Briten diesen Forderungen positiv gegenüberstehen, da sie darin die beste Leistungsmotivation für die Arbeiterschaft sehen, treten die US-Amerikaner entschieden für eine privatwirtschaftliche Ordnung ein.

Hungerdemonstration von Essenern auf dem Burgplatz

Gelsenkirchener protestieren gegen Ernährungssabotage

Höhepunkt der Streikwelle im Revier

3. April 1947. Die seit Wochen anhaltende Welle von Hungerdemonstrationen und Proteststreiks erreicht ihren Höhepunkt. Nach einem Beschluß der Ruhrrevierkonferenz des Industrieverbands Bergbau vom Vortage legen an diesem Morgen rund 300 000 Bergarbeiter im gesamten Revier die Arbeit nieder. Ihnen folgen in zahlreichen Ruhrgebietsstädten die Angestellten aus den Stadtverwaltungen.

Auf Protestversammlungen oder in Protestmärschen durch die Innenstädte fordern die Streikenden eine verbesserte Lebensmittelversorgung und die Beteiligung der Gewerkschaften an der Verteilung der Lebensmittel. Außerdem wird in Resolutionen die Entfernung aller undemokratischen Kräfte aus Politik und Verwaltung verlangt: »Rücksichtslose Beseitigung aller dieser Elemente aus ihren Stellungen und Ämtern und schärferes Durchgreifen der Justiz gegen alle diejenigen, die aus der allgemeinen Not der Menschen noch Geschäfte machen wollen.«

Von der Mehrheit der Streikenden wird die Ernährungslage auch als Folge einer mangelhaften Demokratisierung angesehen. In der Ruhrbergarbeiterschaft bündelt sich die angestaute Unzufriedenheit in der Forderung nach Sozialisierung des Bergbaus (→ 28./29. 1. 1947) und nach Entfernung aller nationalsozialistisch belasteten Vorgesetzten, die von der Militärregierung im Interesse einer reibungslosen Kohleförderung auf ihren Posten belassen worden waren.

Care-Pakete als Leistungsanreiz im Bergbau

25. Juli 1947. Im Ruhrbergbau werden erstmals Care-Pakete als Leistungsanreiz für die Bergleute eingesetzt. Care (engl.; Fürsorge) ist eine private US-amerikanische Organisation (Cooperative for American Remittances to Europe = Kooperative für amerikanische Hilfslieferungen an Europa), die seit 1946 Lebensmittelpakete nach Europa verschickt.

Im Bergbau werden die Hilfspakete als besonderer Anreiz zur Steigerung der Produktivität verwendet. Die Bergleute einer Schachtanlage erhalten die zusätzliche Lebensmittelration, wenn sie innerhalb von vier Wochen den höchsten Nachkriegsförderstand im Vergleich zu Mai/Juni 1945 erreichen. Die Care-Pakete lindern im Hungerwinter 1946/47 einen kleinen Teil der Not. So kann die Arbeiterwohlfahrt in Gelsenkirchen bereits im Herbst 1946 über 400 Pakete verteilen, jedes über 20 kg schwer und gefüllt mit den wichtigsten Grundnahrungsmitteln. Bis 1960 spendet die Organisation Waren im Wert von 300 Mio DM.

Dortmunder Bergleute erhalten Care-Pakete einer Hilfsorganisation aus den USA; die schlechte Lebensmittelversorgung im Ruhrgebiet wird durch die Sendungen, die u. a. wichtige Grundnahrungsmittel enthalten, ein wenig gemildert.

Bezugsscheine allein machen nicht satt

16. Februar 1947. Um die Bergarbeiter durch Sonderrationen zu erhöhten Leistungen anzuspornen, führt die britische Militärregierung im Ruhrbergbau ein Punktesystem ein. Die Durchschnittsverdienste der Bergleute (Hauer, Schlepper etc.) werden in Punkte umgerechnet, für die, entsprechend den auf Bezugsscheinen ausgewiesenen Mengen, Lebensmittel und Konsumgüter eingetauscht werden können. Die Zechenbelegschaften stehen dem Punktesystem skeptisch gegenüber; viele Bergarbeiter fürchten seinen Mißbrauch als Antreiberinstrument. Da nach wie vor unzureichende Transport- und Verkehrsmöglichkeiten eine ausreichende Lebensmittelzufuhr ins Ruhrgebiet verhindern, kann der Bergmann für seine Punkte nur in wenigen Fällen auch mehr Waren kaufen.

Zerschlagung großer Revierkonzerne

17. Januar 1947. Die britische Regierung genehmigt die »Operation Severance« (Operation Trennung), die Maßnahmen zur Entflechtung der großen Stahlunternehmen des Ruhrgebiets vorsieht.

Da die alliierten Siegermächte in den großen, monopolähnlichen Gesellschaften der Metallindustrie eine Wirtschaftsmacht sehen, die für die aggressive Politik der Nationalsozialisten mitverantwortlich war, streben sie eine vollständige Zerschlagung dieser Unternehmen an.

Bei den vorgesehenen Entflechtungsmaßnahmen sollen aus den großen Konzernen wie den Vereinigten Stahlwerken oder der Gutehoffnungshütte kleine Betriebe herausgelöst werden, während ein Teil der Produktionsanlagen durch Demontage (→ 27. 2. 1948) zerstört oder abtransportiert werden soll. Die Hütten- und Stahlwerke des Reviers sollen nur noch einen Bruchteil ihrer früheren Kapazitäten behalten dürfen. Außerdem soll der Verbund von Kohle und Stahl in einer Gesellschaft alliierten Vorstellungen zufolge aufgelöst werden, da die wirtschaftliche Macht der Ruhrunternehmen maßgeblich darauf beruhte. Bis zum Frühjahr 1948 werden in einer ersten Entflechtungswelle aus den großen Gesellschaften insgesamt 25 selbständige Stahlunternehmen gebildet wie die Hüttenwerke Ruhrort-Meiderich AG, die Gußstahlwerke Witten AG und die Gußstahlwerke Gelsenkirchen AG. Die neuen Gesellschaften sind mit einem Kapital von je 100 000 RM ausgestattet. In den Aufsichtsräten und Vorständen sitzen neben den Unternehmensvertretern auch Vertreter der Arbeiter und Angestellten.

Dinkelbach leitet Entflechtung

Das bisherige Mitglied des Vorstandes der Vereinigte Stahlwerke AG, Heinrich Dinkelbach (Abb.), wird von der Kontrollbehörde der britischen Besatzungsmacht zum Leiter der Treuhandverwaltung ernannt, deren Aufgabe die Entflechtung der großen Ruhrkonzerne ist. Gerüchten zufolge soll Dinkelbach schon vor dem Ende des Zweiten Weltkriegs über gute Kontakte zu britischen Stellen verfügt haben.

Ruhrbergarbeiter für Sozialisierung

28./29. Januar 1947. Auf der ersten Zonenkonferenz des Industrieverbands Bergbau bekräftigen die Delegierten mit großer Mehrheit die auf dem Gründungskongreß im Dezember 1946 (→ 8./9. 12. 1946) verabschiedete Resolution zur Sozialisierung des Bergbaus.

Wie Meinungsumfragen bestätigen, stößt die Forderung nach Sozialisierung bei der Mehrheit der Bevölkerung der westlichen Besatzungszonen auf Zustimmung. Um soziale Gerechtigkeit gewährleisten zu können, müsse die politische Demokratisierung Deutschlands durch wirtschaftliche Demokratie ergänzt werden. Der Ruhrbergbau sei als erster Industriezweig reif für die Sozialisierung. Die zunehmende Gleichsetzung von Sozialisierung mit Kommunismus im Zuge des Kalten Krieges führt jedoch gegen Ende der 40er Jahre zum Scheitern der Sozialisierungsbewegung.

Erste Ruhrfestspiele nach dem Motto »Kunst gegen Kohle«

28. Juni bis 2. Juli 1947. Die drei Bühnen der Hansestadt Hamburg – Staatsoper, Deutsches Schauspielhaus und Thalia-Theater – gastieren mit mehreren Aufführungen im Städtischen Saalbau von Recklinghausen, um damit ihren Dank dafür auszudrücken, daß sie im Winter 1946/47 von der Recklinghäuser Zeche König Ludwig 4/5 Kohlen zur Beheizung ihrer Theaterhäuser bekommen hatten. Wegen der großen Resonanz dieser Aktion »Kunst gegen Kohle« entwickeln sich aus diesem ursprünglich nur einmaligen Gastspiel die Ruhrfestspiele Recklinghausen.

Der Verwaltungschef des Hamburger Schauspielhauses, Otto Burrmeister, war Ende 1946 mit mehreren Lastwagen ins Ruhrgebiet gefahren, um Kohle zur Beheizung der Theaterhäuser zu bekommen. Alle Versuche, auf legalem Weg, d. h. mit Geld und Bezugsscheinen Kohlen zu besorgen, waren fehlgeschlagen. Die Bühnenhydrauliken drohten einzufrieren; die Schauspieler traten in den Streik, und Proben mußten abgebrochen werden.

Auf der Zeche König Ludwig 4/5 in Recklinghausen Suderwich wurde Burrmeister mit seinen Begleitern über alle Erwartung freundlich aufgenommen: Nach einer stärkenden Bewirtung aus Care-Paketen »organisierte« der Betriebsrat Stanislaus Jendrowiak, unterstützt von Bergleuten und der Betriebsleitung, die Kohleverladung hinter dem Rücken der Engländer. Neben dem Dankgastspiel kommt es auch zu direkten Kontakten zwischen den Schauspielern und den Bergleuten.

Recklinghäuser Kumpels bewirten die Schauspieler mit Erbsensuppe

Theaterstücke als Dank für Kohle; Plakat der Aufführungen 1947

Wasserspringerin

1947. *Olga Eckstein vom Neptun Erkenschwick (Abb.) gewinnt zum sechsten Mal in Folge die Deutsche Meisterschaft im Wasserspringen. Dem gleichen Verein gehört auch die von 1947 bis 1952 erfolgreiche Turmspringerin Paula Tatarek an.*

Neubeginn auf der Wambeler Rennbahn

15. Mai 1947. Nach fünfjähriger Unterbrechung findet auf der Pferderennbahn in Dortmund-Wambel erstmals wieder ein Rennen des Dortmunder Rennvereins statt. 28 000 Besucher sehen die Ausscheidung auf der Bahn, die nach der Kapitulation von britischen Besatzungstruppen belegt worden war. Zuvor hatten die Briten dort schon Rennen veranstaltet.

Erich Bautz noch immer erfolgreich

1947. Der Dortmunder Radprofi Erich Bautz gewinnt das »Grüne Band vom Rhein«, eine Auszeichnung für die beste Leistung in mehreren, gemeinsam gewerteten Straßenrennen und kann damit an seine sportlichen Erfolge in den 30er und 40er Jahren anknüpfen.
Seinen größten Triumph feierte Bautz 1937, als er bei der 31. Tour de France zwei Etappen gewann und drei Tage lang im Gelben Trikot des Spitzenreiters fuhr; im gleichen Jahr errang er auch erstmals den Titel des deutschen Straßenmeisters. Auch bei Steherrennen war der Dortmunder erfolgreich.

1948

Januar. Im Ruhrgebiet legen Industriearbeiter wegen der schlechten Versorgungslage die Arbeit nieder.

31. 1. Wegen der katastrophalen Versorgungslage verbreiten sich im Ruhrgebiet Krankheiten. So werden in Bochum 4266 Fälle von Tuberkulose registriert.

2. 2. Die Ernährungskrise erreicht ihren Höhepunkt. Für eine Versorgungsperiode von 28 Tagen werden nur noch 7500 g Brot, 450 g Fleisch und Fisch sowie 75 g Fett ausgegeben.

27. 2. Die August-Thyssen-Hütte wird zur Demontage freigegeben. →

31. 3. Bis zu diesem Tag hat die Bochumer Feuerwehr 652 Sprengbomben, 1181 Granaten aller Kaliber und andere Blindgänger freigelegt und entschärft.

3. 4. In Bochum erscheint die erste Ausgabe der »Westdeutschen Allgemeinen Zeitung«. →

20./21. 6. In den Westzonen wird die Währungsreform durchgeführt, die Umstellung von Reichsmark auf Deutsche Mark. →

30. 6. Den Chemischen Werken Hüls in Marl wird die Produktion von BUNA verboten. Die BUNA-Anlage wird teilweise demontiert.

31. 7. Alfried Krupp von Bohlen und Halbach wird in Nürnberg zu 12 Jahren Gefängnis verurteilt. →

28. 12. Die Alliierten unterzeichnen das Ruhrstatut, das Kontrollmaßnahmen über Kohleförderung und Stahlproduktion im Ruhrgebiet vorsieht. →

1948. Die Bochumer Ausstellung »Expressionismus in Bochum, Malerei und Plastik vor 1933« erregt über die Grenzen der Stadt hinaus Aufsehen.

1948. In Recklinghausen wird die Künstlervereinigung »Junger Westen« gegründet.

1948. Die Essener Folkwangschulen ziehen in das kaum beschädigte Gebäude der Werdener Abtei.

1948. Der Niederrheinische Traber-, Zucht- und Rennverein wird in Dinslaken gegründet.

1948. Erstmals nach dem Krieg wird die Deutsche Fußballmeisterschaft wieder ausgetragen. Keine der Mannschaften aus dem Ruhrgebiet kann sich dafür qualifizieren.

GESTORBEN:

10. 11. Heidelberg: Julius Curtius (*7. 2. 1877, Duisburg), Jurist und DVP-Politiker, Reichswirtschaftsminister 1926 – 1929, Reichsaußenminister 1929 – 1931.

Streikwelle gegen Hunger

Januar 1948. In mehreren Städten des Ruhrgebiets kommt es während des ganzen Monats zu Proteststreiks der Industriearbeiter gegen die schlechte Ernährungslage.
Am 9. Januar ruft der Ortsausschuß des Deutschen Gewerkschaftsbundes (DGB) in Essen zu einer fünftägigen Arbeitsruhe auf, an der sich 16 500 Arbeiter aus allen Essener Betrieben mit Ausnahme des Bergbaus beteiligen. 12 000 Streikende versammeln sich auf dem Burgplatz zu einer Protestkundgebung, die von 400 berittenen Polizisten bewacht wird. Die Versammlungsredner wenden sich gegen die bevorzugte Versorgung der Bergarbeiter auf Kosten der übrigen Bevölkerung und fordern Sonderlieferungen von Lebensmitteln ins Revier.
In der nächsten Zeit folgen ähnliche Streiks und Kundgebungen in Duisburg, Mülheim, Bochum und Gelsenkirchen. Die alliierten Militärbehörden sichern zusätzliche Hilfen und eine gerechtere Verteilung der Lebensmittel zu.

Gefängnisstrafe für Krupp

31. Juli 1948. Alfried Krupp von Bohlen und Halbach, Alleinbesitzer der Essener Krupp-Werke, wird im Nürnberger Kriegsverbrecher-Prozeß zu zwölf Jahren Gefängnis verurteilt, sein gesamtes Vermögen wird eingezogen.
In der Urteilsbegründung heißt es: »Die nahen Beziehungen zwischen der Firma Krupp auf der einen und den Regierungsbehörden ... auf der anderen Seite, liefen auf ein richtiges Bündnis hinaus. Die Kriegshandlungen der Firma Krupp basierten zum Teil auf Ausraubung anderer Länder und auf Ausmerzung und Mißhandlung breiter Massen fremder Zwangsarbeiter.« Das Urteil wird später auf drei Jahre Haft herabgesetzt (→ 3. 2. 1951), und Krupp erhält seinen Besitz zurück. Ein Verfahren gegen Gustav Krupp findet aufgrund dessen schlechter Gesundheit nicht statt.

Alfried Krupp von Bohlen und Halbach auf der Anklagebank vor dem Alliierten Gerichtshof in Nürnberg

Demontage im Revier

27. Februar 1948. Britische Behörden geben die August-Thyssen-Hütte in Duisburg zur Demontage frei. Im Zuge der alliierten Politik in der unmittelbaren Nachkriegszeit soll die Wirtschaftsmacht der großen Revierunternehmen durch Demontage und Entflechtungsmaßnahmen (→ 17. 1. 1947) gebrochen werden. Aus den großen Stahlbetrieben werden wichtige Produktionsanlagen entfernt, um deren Produktionsmöglichkeiten und Kapazitäten einzuschränken.
Auf der August-Thyssen-Hütte werden u. a. ein Hochofen, ein Thomas-, ein Siemens-Martin- und ein Elektrostahlwerk sowie drei Blockwalzwerke und ein Feinblechwalzwerk ganz oder teilweise demontiert; insgesamt werden 109 000 t Anlagenteile abtransportiert oder verschrottet. Es ist vorgesehen, die abgebauten Fertigungsanlagen zum Teil in anderen Ländern wie der Sowjetunion wieder aufzubauen.
Gegen die Demontagepolitik werden zunehmend Proteste laut. Belegschaften, Gewerkschaften, Industrievertreter, Politiker und Kirchen wenden sich gegen die Zerstörung der Industrieanlagen im Revier, da ein Wiederaufbau Deutschlands dadurch verhindert wird. Auch maßgebliche Kreise in den USA wenden sich gegen die Demontage.

Neue Zeitung für das Ruhrgebiet

3. April 1948. Im Ruhrgebiet erscheint die erste Ausgabe der »Westdeutschen Allgemeinen Zeitung« (WAZ). Die Journalisten Erich Brost und Jakob Funke gründen das Blatt in Bochum unter der Lizenz der britischen Militärregierung. Es ist die erste Zeitung, die im gesamten Ruhrgebiet sowie angrenzenden Gebieten erscheint.

Unter der Überschrift »Zum Neubeginn« schreibt Brost in der ersten Ausgabe (Abb.): »Die Westdeutsche Allgemeine Zeitung ist die erste deutsche Zeitung in der britischen Besatzungszone, die für die Verbreitung in einem ganzen Land bestimmt ist und von keiner Partei, Wirtschaftsgruppe oder weltanschaulichen Richtung abhängig ist.«

Neben politischer Berichterstattung pflegt die Zeitung vor allem Reportagen, die sich mit Ereignissen und Problemen aus dem Ruhrgebiet beschäftigen; außerdem bietet sie einen umfangreichen Sportteil, in dem der Fußball einen besonderen Stellenwert einnimmt.

Erich Brost, Chefredakteur und Lizenzträger der neuen Zeitung, war vor dem Zweiten Weltkrieg Redakteur der sozialdemokratischen »Danziger Volksstimme« und SPD-Abgeordneter im Danziger Parlament. Er lebte während des Dritten Reiches im Ausland und kehrte 1945 nach Deutschland zurück.

Jakob Funke, Mitherausgeber und Verlagsleiter der WAZ, hatte zuvor als Redakteur für den »Essener Anzeiger« gearbeitet und war von 1941 bis zum Ende des Krieges Zweigstellenleiter des Deutschen Nachrichtenbüros. Bis zur Gründung seiner eigenen Zeitung war er als freier Journalist tätig.

Bereits im Dezember 1948 hat die junge WAZ eine Auflage von 312 000 Exemplaren erreicht; 1953 zieht die Redaktion nach Essen in ein neues Verlagshaus. Ein Jahr später erwirbt die WAZ die »Essener Allgemeine Zeitung«, die erste einer Reihe kleinerer Zeitungen, die im Laufe der Jahre aufgekauft werden. Durch Kooperation mit anderen Regionalzeitungen entsteht in den folgenden Jahrzehnten Deutschlands größte regionale Zeitungskombination mit einer Wochenendauflage von 1,4 Mio Exemplaren im Jahr 1987.

WESTDEUTSCHE ALLGEMEINE ZEITUNG
UNABHÄNGIGES ORGAN FÜR NORDRHEIN-WESTFALEN

Nr. 1 / 1. Jahrgang — Samstag, 3. April 1948 — Einzelpreis 20 Rpf.

Heute: Ruhr u. Marshall-Plan (Seite 2) · Sowjets spielen deutsch-nationales Thema (Seite 3)

Krise konzentriert sich auf Berlin
Der Interzonenverkehr von Russen unbehindert — Alliierter Nachschub per Flugzeug

Von unserem Lo-Berichterstatter BERLIN, 2. April

Die endgültigen Maßnahmen der Westmächte als Antwort auf die russische Forderung nach Kontrolle des Verkehrs durch die Sowjetzone sind bis Freitag abend nicht bekanntgegeben worden. Die Proteste der Westmächte werden Marschall Sokolowski übermittelt.

Die West-Mächte warten ab, nachdem der britische Generalmajor Brownjohn eine Unterredung mit dem stellvertretenden sowjetischen Gouverneur General Lukjantschenko hatte. Die russische Haltung in dieser Unterredung war nach britischer Betrachtung „nicht feindlich, aber fest".

Fracht ganz normal

Aus britischer Quelle wird bekannt, daß der Frachtverkehr aus den Westzonen nach Berlin wie üblich verlaufe. In den letzten 24 Stunden und 6000 bis 7000 t Kohlen in Berlin angekommen und 5000 t sind unterwegs. Ferner trafen in Berlin aus den Westzonen 80 bis 40 Waggons mit Lebensmitteln für die Berliner Bevölkerung ein, während 100 Waggons sind im Anrollen.

Nachrichten, daß der Bahnstrang Stendal–Berlin heilsgebiet sei und daß Flugzeuge der Westmächte von russischen Jägern „umkreist" worden seien, wurden britischerseits dementiert. Ausdrücklich wurde hinzugefügt, daß keine Zwischenfälle ereignet hätten. Im Laufe des Freitags trafen auch sechs amerikanische Flugzeuge mit Lebensmitteln in Berlin ein.

Der russische Rundfunk in Berlin unterstrich am Freitag abend besonders, daß der Interzonenverkehr für Deutsche nicht die geringste Unterbrechung erfahren hätte und daß im Sommerzug der Abfertigung im Grenzposten Marienborn schneller gewesen sei als sonst.

Polizei an den Grenzen konzentriert

Zur Verstärkung der Polizeikontrolle an der russischen Zonengrenze haben die Länder Sachsen und Brandenburg größere Polizeikräfte als die Länder Mecklenburg, Sachsen-Anhalt und Thüringen abgegeben. Diese Länder waren nicht in der Lage, aus eigenen Kräften jede Grenzkontrolle in vollem Umfange durchzuführen.

In Thüringen wurden sämtliche größeren Polizeimannschaften an die Zonengrenze verlegt und in den größeren Städten wie Weimar, Jena, Gotha und Erfurt sind die männlichen Polizisten fast völlig aus den Straßenbild verschwunden und die Verkehrspolizistinnen werden jetzt auch im Streifendienst eingesetzt.

Der aus russischer lizenzierte „Berliner Zeitung" unterrichtet am Freitag, aus der in der englischen Zone eine gewisse Elsa Zuter nach der Bauhen einer Spezialaktion nach Bautzen gesandt worden, nachdem sie folgende Instruktionen erhalten hatte: „Berauben Sie und töten Sie Antifaschisten und verbreiten Sie dann das Gerücht, daß dieses die russischen Kommunisten getan hätten."

Westliche Sektoren werden isoliert

Der Transportoffizier der sowjetischen Zentralkommandantur in Berlin kündigte an, daß am kommenden Montag genaue Einzelheiten bekanntgegeben werden, wie sich künftig der Warenverkehr zwischen den sowjetischen Sektor und den übrigen Sektoren Berlins abspielen soll.

Am Donnerstagmorgen erschien plötzlich an den Hauptübergängen vom russischen Sektor russische Militärpolizei, teilweise von deutschen Polizisten begleitet, und kontrollierte, ob jedes Lastfahrzeug die nötigen Papiere für die Warenausfuhr besitze.

Transporte beschlagnahmt

Die russischen Maßnahmen wurden so überraschend in Kraft gesetzt, daß in den ersten Stunden erhebliche Schwierigkeiten sich ergaben. So wurden Lebensmitteltransporte von der deutschen Magistrat zurückgehalten bzw. beschlagnahmt. Auch am Freitag waren in einzelnen Stellen Kontrollen deutscher Polizisten im Gange.

Die „Tägliche Rundschau", das Blatt der sowjetischen Militäradministration, beschuldigte die sozialdemokratischen Magistratsmitglieder, Stadtrat Ernst Reuter, Stadtrat Ernst Füßlsch und Stadtrat Gustav Klingelhöfer, illegale Abtransporte aus dem sowjetischen Sektor nach den westlichen Sektoren begünstigt zu haben.

Amerikas Europahilfe tritt sofort in Kraft
Marshall-Plan vom Senat und Repräsentantenhaus gebilligt

WASHINGTON, 2. April

Der Marshall-Plan ist nach kurzer Annahme durch den Senat am Mittwoch abend vom Repräsentantenhaus von 329 gegen 74 Stimmen gebilligt worden ist, wurde am Freitag vom gemeinsamen Konferenzausschuß des Senats und des Repräsentantenhauses als endgültiger Gesetzentwurf genehmigt.

Präsident Truman unterzeichnete die Bewilligung von 5 Mill. Dollar als Überbrückungshilfe für Oesterreich, Frankreich und Italien.

Die Gesamtauslandshilfe soll mit 6,098 Milliarden Dollar in 4¼ Jahren durchgeführt werden. Für die ersten 12 Monate sind für Europa 5,3 Mill. Dollar vorgesehen.

Griechenland und die Türkei erhalten 275 Mill. Dollar für militärische Unterstützung. Die chinesische Regierung wird mit 463 Mill. Dollar unterstützt.

Das Gesetz, das nun von Präsident Truman zu unterzeichnen ist und dann sofort in Kraft tritt, ermächtigt die Wiederaufbau- und Finanzierungskorporation, sofort eine Anleihe von einer Milliarde Dollar zur Verfügung zu stellen, um die Europahilfe ingang zu bringen.

Durch die Zwischenhilfe für Oesterreich, Frankreich und Italien treffen die ersten Lieferungen in Italien noch vielleicht vor den Wahlen ein. Die Überbrückungshilfe sollen im April Nahrungsmittel, Brennstoffe und Rohmaterialien nach Frankreich für 69 Mill. Dollar, nach Italien für 35 Mill. Dollar und nach Oesterreich für 13,5 Millionen Dollar geliefert werden.

Spanien wird nicht beteiligt

Entgegen dem am Dienstag gefaßten Beschluß des Repräsentantenhauses, Spanien in den Marshall-Plan einzubeziehen, wurde bei der endgültigen Beschlußfassung durch Senat und Repräsentantenhaus eine Beteiligung Spaniens abgelehnt. Vorher hatten Präsident Truman und Außenminister Marshall eine Einbeziehung Spaniens abgelehnt.

(ap/reuter)

USA erhöhen ihren Militärhaushalt

WASHINGTON, 2. April

Das neue Verteidigungsprogramm der USA sieht eine zusätzliche Erhöhung des Militärhaushalts für 1948/49 auf 3 Milliarden Dollar vor. (dpd)

Bizonen-Vorschläge bis 10. 4. fertig
Sofortige Weiterleitung nach Paris — Erhardt erhofft mehr Kalorien

Von unserem Vo-Berichterstatter FRANKFURT, 2. April

Von den Wirtschaftssachverständigen der Militärbehörden und der bizonalen Verwaltungen wird gegenwärtig der endgültige Entwurf für den deutschen Einschluß der Doppelzone in den Marshall-Plan ausgearbeitet. Diese Vorschläge sollen bis zum 10. April den beiden Oberbefehlshabern vorgelegt und dann sofort nach Paris weitergeleitet werden.

Sowohl der Vorsitzende des Verwaltungsrates, Dr. Pünder, als auch der Direktor der Verwaltung für Wirtschaft, Dr. Erhardt, lehnten es am Freitag vor der Presse ab, nähere Angaben über den Inhalt des letzten deutschen Vorschlages zu machen, da sie an die Schweigepflicht gebunden seien.

In seinen Hauptpunkten beziffert dieser deutsche Vorschlag, ein Jahres-Einfuhrbedarf der Bizone auf 2,25 Milliarden Dollar und den Export auf 660 Millionen.

Frankfurt will Kohle einführen

Außerdem will Frankfurt die Kohleneinfuhr von 5 Millionen To. mit der Begründung vorsehen, daß bis April der Ruhrkohle nicht genügend Kohle für die dringlichen Bedürfnisse der eigenen Wirtschaft verbleibt. Auf Wunsch der Militärbehörden dürften die Hauptpunkte des deutschen Vorschlags bei der Einschaltung der Bizone in den Marshall-Plan in stufenweise Form beruhen wird.

Wie Dr. Erhard vor der Presse feststellte, ist zu hoffen, daß die Einschaltung der Bizone in den Marshall-Plan in stufenweisem Verfahren, spürbar vor allem auf dem Gebiete der Ernährung. Ein Funktionieren des Marshall-Planes ist eine Ernährung von mindestens 1800 Kalorien dringende Voraussetzung.

Wichtige Erklärung Robertsons am 7. April im Landtag erwartet

Von unserem Sta-Berichterstatter DÜSSELDORF, 2. April

Auf die fünftägige Sitzung des Landtags von Nordrhein-Westfalen, die vom 5. bis 7. April stattfindet, fällt das Interesse der britischen Besatzungsmacht. General Sir Brian Robertson, am 7. April ankommt. Man vermutet in politischen Kreisen, daß sein Erscheinen wohl mit der veränderten weltpolitischen Lage und Deutschland in irgendeiner Form beruhen wird.

Die ganze Bizone vertreten

Aus Anlaß der Robertson-Erklärung wurden zu dieser Mittwoch-Sitzung des Landtags außer den diplomatischen Korps die Landtagspräsidenten, Ministerpräsidenten, Fraktionsführer, Vertreter der Gewerkschaften, der Wirtschaftskammern, der Kirche und sämtliche Mitglieder der Zonenbeiräte sowie des Wirtschaftsrates der britischen Zone geladen.

Pakenham wieder im Ruhrgebiet

Von unserem Sta.-Berichterstatter DÜSSELDORF, 2. April

Der britische Deutschland-Minister, Lord Pakenham, der am Donnerstag hier zu einem 24stündigen Besuch eintraf, hatte an Vormittag Besprechungen mit General Bishop u. a. Ministerpräsident Arnold, Innenminister Menzel und Sozialminister Dr. Amelunxen. Anschließend konferierte er mit führenden britischen Herren und deutschen Wirtschaftlern. Nach einem kurzen Besuch beim Sozialminister traf er auf Schloß Kittligen mit Ministerpräsident Arnold und Dr. Adenauer zusammen. Über den Inhalt der Besprechungen wurde nichts bekannt.

Das von Ministerpräsident Arnold verfaßte Manifest einer deutschen Nationalversammlung habe auf Lord Pakenham einen starken Eindruck gemacht, verlautet aus Kreisen, die dem Ministerpräsidenten nahestehen. Die Unterhaltungen über das Manifest gingen weiter.

Zum Neubeginn

Die „Westdeutsche Allgemeine Zeitung", die am heutigen Tage zum ersten Mal erscheint, ist die erste deutsche Zeitung in der britischen Besatzungszone, die für die Verbreitung in einem ganzen Land bestimmt ist und von keiner Partei, Wirtschaftsgruppe oder weltanschaulichen Richtung abhängig ist.

Sie sieht es als ihre Aufgabe an, Leser so objektiv wie möglich an, die wichtigsten Ereignisse in West-Deutschland und in ihrer Heimat unterrichten und durch eigene Stellungnahme zur Gestaltung einer freiheitlichen, sozialen und europäischen Gemeinschaft zu helfen. Sie will dabei insbesondere die Interessen der Bevölkerung des rheinisch-westfälischen Industriegebietes rücksichtslos vertreten und ihre Stimme zu außen tragen.

Die „Westdeutsche Allgemeine Zeitung" wird nicht zuletzt auch eine Plattform für die freien Austausch der verantwortungsbewußten Meinungen zu wichtigen Streitfragen bieten. Sie erwartet deshalb die Mitarbeit aus ihrer Leserschaft.

»Westdeutsche Allgemeine Zeitung«
Redaktion

Nerven in Helmstedt gespannt
Grenzgänger und Autos stauen sich an der Zonengrenze

Von unserem Sch-Berichterstatter HELMSTEDT, 2. April

Helmstedt hat heute alle Erscheinungen eines Sensationsortes voll Charakter. Es liegt eine gewisse Spannung in der Luft, aber sie entlädt sich in gemächlichen Kundgebungen an der Peripherie, wo ein Schlagbaum mitten in Deutschland zwei Welten trennt, wird das Bild lebhafter und bewegter.

In langer Kolonne warten dort die Besitzer eines Interzonen-Passes, meist mit schwerem Gepäck belastet, auf den Abstimmungsstempel. Einzelne Grenzgänger kommen von „drüben" her. Man bestürmt sie mit den Fragen: „Was ist drüben los? — Wie steht es jenseits an? — Wie kann man die Sperre hinüber wagen?"

Alliierte schlechter behandelt

Die sonderbaren Grenzmaßnahmen, die seit dem 1. April durchgeführten Grenzsperrmaßnahmen der Russen richten sich in erster Linie gegen die Engländer und Amerikaner. Mitunter warten sie an den Schlagbäumen rasch abgefertigt; Wagen der Alliierten müssen warten und werden wesentlich schärfer kontrolliert. Seit dem 1. April hat kein einziger russischer oder amerikanischer Zug mehr passiert.

Der Blick in die russische Zone ist verwehrt. Indes lassen Berichte der Grenzgänger, auch wenn man sich mit dem Schluß zu, daß seit zwei Tagen in Grenzgebiet eine gewisse Panikstimmung herrscht.

Berichten von den Ammerstädten Magdeburg, Halle usw. staunen aus die Massen derer, die in die Westzone wollen. Maßnahmen der Russen schüren die Panik.

Rote Häuser

Die einheimische Polizei ist zumeist abgezogen. Ihre Stelle nehmen Polizeitruppen aus den weiten Hinterland ein, zumeist durchsetzt von rasch eingestellten Hilfspolizisten in Zivil. Die Häuser, in denen die russischen Soldaten untergebracht sind, sind grell rot angestrichen. Mitunter ergreifen die Russen auch Verkehrsmaßnahmen, die eine weitere Verkehrsbehinderung darstellen.

Französische Zone baut vor

waz BERLIN, 2. April

Der Anschluß der französischen Zone an eine bizonale Währungsreform für den Fall, daß eine gesamtdeutsche Währungsreform nicht erreicht werden kann, kündigt sich „Kurier" zu bestätigen. Das französische lizenzierte Blatt berichtet, es seien bereits Vorkehrungen für den Anschluß der drei Landesbanken der französischen Zone als Zentralbank der Bizone getroffen worden.

Sowjet-Frühjahrsmanöver in der Ostzone

Von unserem Lo-Berichterstatter BERLIN, 2. April

Zahlreiche Truppen-Transporte Frankfurt (Oder) nach Thüringen deutet der Berliner „Kurier" als Vorläufer sowjetischer Frühjahrs-Manöver. Die Transporte enthalten zahlreichen Waldläufern seien Anlagen mittelschwerer Panzer beobachtet worden, die in großen Holzkisten auf Güterwagen herangebracht werden.

Regierungsumbildung vor dem Abschluß

waz DÜSSELDORF, 2. April

Die durch den Anschluß der KPD-Minister von Nordrhein-Westfalen notwendig gewordene Regierungsumbildung soll bei der Landtagssitzung am 5. April abgeschlossen werden. Wie die Wiederaufnahme eines neuen Vertreters der SPD, dem das Landwirtschaftsministerium besetzt werden. Gange soll die FDP, wieder in die Regierung aufnehmen, die offenbar rechten Flügel der CDU ausgeschlossen.

Finnisches Kabinett wurde einberufen

HELSINKI, 2. April

Wegen der im Stocken geratenen Bündnis-Verhandlungen in Moskau hat der finnische Staatspräsident Paasikivi für Freitagabend das Kabinett und zwei zurückgerufene Mitglieder der finnischen Delegation zu hören.

Finnland versucht aussuhanden, indem es sich selbst darüber entschieden, ob es in der Zonenlage sich bedroht fühlt.

Taylor konferierte mit General Franco

MADRID, 2. April

Nach der Ablehnung des Marshall-Planes für Spanien hat der persönliche Vertreter Präsident Trumans beim Vatikan, Myron Taylor, eine einheitsstündige Unterredung mit General Franco.

Europa-Appell des Reviers

Von unserem He-Berichterstatter ESSEN, 2. April

„Die Ruhr ruft Europa" ist das Motto einer Kundgebung, die der Oberbürgermeister von Essen, Dr. Heinemann, im Namen der Landeshauptstadt der Ruhrgroßstädte auf den 6. April nach Essen einberufen hat. Auf der Kundgebung werden der Vorsitzende des vereinigten Gewerkschaftsbundes in der britischen Zone, Dr. h. c. Hans Böckler, der Beauftragte des Landes Nordrhein-Westfalen beim Frankfurter Wirtschaftsrat, Dr. Karl Spiecker, sowie Ministerpräsident Karl Arnold sprechen.

Dr. Heinemann

Dr. Pünder grüßt W.A.Z.

Der Vorsitzende des Verwaltungsrates schreibt:

„Es ist mir ein Bedürfnis, der „Westdeutschen Allgemeinen Zeitung" zum Anlaß ihrer ersten Ausgabe von Frankfurt aus einen herzlichen Willkommensgruß zuzurufen. Diese neue Zeitung hat die große Aufgabe, die Bevölkerung des rheinisch-westfälischen Industriegebietes auf überparteilicher Basis über alle wichtigen Ereignisse deutscher Politik zu unterrichten.

Die Aufgabe ist deshalb so besonders groß, weil dieses Gebiet die Herzkammer Deutschlands ist und das Riesenheer der dort tätigen Menschen einen Anspruch auf letztmögliche Befriedigung seiner pressemäßigen Bedürfnisse hat. Auch ich bin mir in meiner neuen Arbeit als Vorsitzender der Verwaltungsrates der überragenden Bedeutung des rheinisch-westfälischen Industriegebietes nur zu bewußt.

In diesem Sinne erhoffe ich auch eine besonders gute Zusammenarbeit mit der „Westdeutschen Allgemeinen Zeitung".

Frankfurt, den 2. April 1948.

Dr. Hermann Pünder

Palästina — umkämpftes Land

Der Sicherheitsrat der Vereinten Nationen will nochmals Araber und Juden zu einer Waffenruhe auffordern. Bis zum 15. April wird eine Sondersitzung der UNO einberufen. Inzwischen gehen die Kämpfe weiter.

Währungsreform löst Kaufrausch aus

20./21. Juni 1948. Durch die Währungsreform in den drei Westzonen wird die Deutsche Mark als neues Zahlungsmittel eingeführt. Die Neuordnung des Geldwesens war notwendig geworden, da der durch die nationalsozialistische Kriegswirtschaft entstandenen riesigen Menge umlaufenden Geldes nur ein geringes Warenangebot gegenüberstand.

Währungsreform 1948

Die Währungsreform besteht im wesentlichen aus vier Gesetzen:
▷ Mit dem Gesetz zur Neuordnung des deutschen Geldwesens wird die DM-Währung eingeführt. Jeder Bewohner der drei Westzonen erhält im Umtausch gegen 60 RM ein sog. Kopfgeld von 40 DM sowie später weitere 20 DM
▷ Das Emissionsgesetz verleiht der im März 1948 gegründeten Bank deutscher Länder das Recht zur Geldnotenausgabe. Ihr Gesamtumlauf wird auf 10 Mrd DM begrenzt
▷ Durch das Umstellungsgesetz werden alle Guthaben im Verhältnis von 10:1 abgewertet. Regelmäßige Leistungen wie Löhne, Gehälter, Renten, Pensionen und Mieten sowie Aktien werden im Verhältnis 1:1 umgestellt
▷ Aufgrund des Festkontengesetzes werden die Spargutaben noch einmal abgewertet, so daß Altsparer für 100 RM nur noch 6,50 DM bekommen.

Weil die Ladenbesitzer in Erwartung der Währungsreform monatelang Waren gehortet hatten, sind die Geschäfte schlagartig mit lang Ersehntem gefüllt.
Da Ludwig Erhard (CDU), der Direktor für Wirtschaft in der Trizonenverwaltung, bereits am 20. Juni 1948 die Bewirtschaftung und Preisbindung weitgehend aufgehoben hatte, setzt unter den Verbrauchern ein wahrer Kaufrausch ein. Für besonders begehrte Produkte wie Obst und Gemüse schnellen die Preise in die Höhe; im zweiten Halbjahr 1948 steigen die Lebenshaltungskosten um 17%. Erst gegen Ende des Jahres beruhigen sich die Preise etwas.
Für Waren wie Mäntel, Anzüge, Seife und Schuhe müssen die Menschen weiterhin Schlange stehen.

Kundenschlange vor der Stadtsparkasse Gelsenkirchen am Tag der Währungsreform; Sparguthaben werden abgewertet, von 100 RM bleiben 6,50 DM

Jeder Deutscher erhält ein sog. Kopfgeld von 40 DM; damit sind unmittelbar nach dem Kriegsende angeblich gleiche Startchancen für alle gegeben

Unmittelbar nach der Währungsreform am 20. Juni sind die Schaufenster wieder mit Waren gefüllt, die es ohne Bezugsscheine zu kaufen gibt

Deutschland lehnt das Ruhrstatut ab

28. Dezember 1948. Frankreich, Großbritannien, die Benelux-Staaten und die USA geben den Entwurf eines Ruhrstatuts bekannt, das die europäische Sicherheit gewährleisten und die wirtschaftliche Zusammenarbeit der europäischen Staaten fördern soll. Darin ist die Gründung einer internationalen Ruhrbehörde vorgesehen, in der die beteiligten Staaten vertreten sind. Nach der Bildung einer deutschen Regierung kann auch sie Vertreter in die Behörde entsenden.
Die wichtigste Aufgabe der internationalen Ruhrbehörde ist die Kontrolle der Kohle-, Koks- und Stahlproduktion des Ruhrgebiets und deren Verteilung.

WAZ-Kommentar

»Die Rechnungen, die die Westmächte uns zur Zeit vorlegen, sind alt, das Bedenkliche ist, daß man sie in Häufung wieder vorgeholt hat, von der Überbetonung des föderalistischen Schwächungsprinzips bis zur internationalen Ruhrkontrolle. Wir wollen in diesem Zusammenhang gar nicht nach den Programmen schauen, die man vom Osten her zu bieten hat ... Seit 1945 ist unsere einzige Hoffnung der Kontakt mit dem Westen, so wenig Gegenliebe er auch zur Zeit für uns bereit haben mag. Wundern wir uns nicht zu sehr über die Zurückhaltung. Ein Volk, das bei Vermeidung des Krieges heute zu den maßgebenden Nationen der Welt gehören könnte, aber seine Regierung nicht zu hindern wußte, durch totale Überspannung des staatlichen Machtprinzips in die totale Ohnmacht hinabgerissen zu werden, erscheint nicht ohne weiteres als zuverlässiger Partner für politische Aufgaben, zu deren Durchführung Festigkeit und maßvolles Verhalten gehören.« (31. 12. 1948)

Am 28. April des folgenden Jahres wird das Abkommen unterzeichnet, und im Juli 1949 nimmt die Ruhrbehörde ihre Arbeit auf.
In Deutschland wird das Ruhrstatut entschieden bekämpft. Politiker aller Parteien empfinden die Regelungen als repressiv, da alle Entscheidungsgewalt über die Ruhrgebietswirtschaft bei den Alliierten liegt.

1949

Januar. Essener Demontagearbeiter verweigern mit Belegschaftsmitgliedern die Demontage des Bochumer Vereins.

1. 3. Die erste Ausgabe der »Ruhr-Nachrichten« erscheint in Dortmund. →

1. 4. Die Gemeinden Milspe und Voerde schließen sich zur Stadt Ennepetal zusammen.

14. 4. In Gelsenkirchen wird der Ruhr-Zoo eröffnet. →

9. 5. Mit der Geburt der 100 000. Einwohnerin wird Recklinghausen Großstadt. →

10. 7. Im Endspiel um die Deutsche Fußballmeisterschaft in Köln unterliegt Borussia Dortmund dem VfR Mannheim 2:3. →

14. 8. Aus den Wahlen zum ersten Deutschen Bundestag geht die CDU als Siegerin hervor. →

20. 9. Gustav Heinemann wird als Innenminister in das erste Kabinett Konrad Adenauers berufen. Er war zuvor Oberbürgermeister von Essen und Justizminister von Nordrhein-Westfalen.

22. 9. Essen wird Verwaltungssitz des in Frankfurt gegründeten Stifterverbandes für die deutsche Wissenschaft. →

24. 9. Der neue Bochumer Intendant Hans Schalla bringt als erste Inszenierung William Shakespeares »Maß für Maß« auf die Bühne. →

13. 11. Im Dortmunder Hot Club, dessen Ehrenpräsident Duke Ellington ist, findet das 1. Jazzkonzert statt. →

24. 11. Die Verkündigung eines Demontagestopps durch die Alliierten beendet den Kampf der Belegschaft der Gelsenberg Benzin AG um das Werk. →

15. 12. Die Bundesrepublik Deutschland richtet für die Angelegenheiten des Marshallplans ein eigenes Bundesministerium ein; zuständiger Minister wird der aus Essen stammende Franz Blücher (FDP) (→ 16. 12. 1949).

1949. Peter von Zahn veröffentlicht seine Reportagen »Schwarze Sphinx. Bericht von Rhein und Ruhr 1949«. →

1949. Otto Wohlgemuth veröffentlicht »Des Ruhrlandes Rauch – Gedichte und Bilder eines Bergmannes«.

GESTORBEN:

21. 10. Würgassen/Beverungen: Johannes Bell (*23. 9. 1868, Essen), Zentrumspolitiker, Minister in mehreren Kabinetten der Weimarer Republik, Vizepräsident des Reichstags 1920–1926, Mitunterzeichner des Versailler Vertrags 1919.

GEBOREN:

6. 3. Bottrop: Werner Streletz, Schriftsteller.

Überall im Ruhrgebiet kommt es 1949 zu Massenprotesten gegen die Demontage von Stahl- und Chemiewerken

Stopp der Demontage rettet Gelsenberg

24. November 1949. Nach seiner Rückkehr von Verhandlungen mit den alliierten Hohen Kommissaren der internationalen Ruhrbehörde verkündet Bundeskanzler Konrad Adenauer vor dem Bundestag einen Demontagestopp. Im Gegenzug zu dem Beitritt der Bundesrepublik Deutschland zum Ruhrstatut (→ 28. 12. 1948) hatten sich die Westalliierten zwei Tage zuvor im sog. Petersberger Abkommen bereit erklärt, 20 Werke der chemischen sowie der Eisen- und Stahlindustrie von der Demontageliste zu streichen.

Für die 1300 Mitarbeiter der Gelsenberg Benzin AG in Gelsenkirchen-Horst bedeutet die Entscheidung das Ende eines zähen Ringens um das Überleben ihres Werkes. Seit am 17. Mai 1949 ein Bautrupp der Essener Demontagefirma Sulzbach in Begleitung einer britischen Kommission auf dem Firmengelände erschienen war, hatte die Öffentlichkeit des Reviers mit gespannter Aufmerksamkeit den Kampf der Gelsenberg-Belegschaft verfolgt. Am 13. April hatten die Alliierten im Washingtoner Abkommen die Erzeugung von Benzin, Öl und Schmieröl aus Kohle verboten. Nach Bekanntgabe des Demontagestopps bleibt das Verbot der Kohlehydrierung in Kraft. Gelsenberg stellt die Produktion auf die Verarbeitung von Rohöl um. Die damit verbundene Abhängigkeit von amerikanischen Importen ist der Preis für den Bestand des Unternehmens.

Ein Belegschaftsmitglied von Gelsenberg erinnert sich an den Tag des Demontagestopps: »Auf dem Werk gab es natürlich ... nur noch Freude. Wir sind rausgezogen und haben ... die Fahnen aufgehängt, um zu zeigen, daß nun alles vorbei war.«

Ein Sieg mit zahlreichen Einschränkungen

In ihrer Ausgabe vom 25. November 1949 nimmt die »Westdeutsche Allgemeine Zeitung« zum Demontagestopp Stellung:

»Worin besteht nun der Erfolg, wenn man einmal von dem Preis absieht, der bezahlt werden mußte und dessen Folgen bei der europäischen Gesamtsituation schwer zu beurteilen sind und auch verschieden gewertet werden. Bei den Stahlwerken ist die Rettung der August-Thyssen-Hütte ... von besonderer Bedeutung. Für die Ruhr ... hat der Demontagestopp für die Hydrier- und Synthesewerke sein besonderes Gewicht. Weniger vielleicht der geretteten Arbeitsplätze wegen, als wegen der Wichtigkeit dieser Werke für die deutsche Wirtschaft ... Doch dürfen uns diese ... Überlegungen nicht darüber hinwegtäuschen, daß das Kommuniqué noch manche Frage offen läßt. So müssen z. B. bei allen Werken der Synthese-Industrie wie der Stahlindustrie die bereits abgebauten Werksteile abtransportiert werden. Auch dürfen die Werke nur mit Genehmigung der Sicherheitsbehörde wieder aufgebaut werden ... Für die Synthese-Werke enthält das Kommuniqué die Bestimmung, daß die bestehenden Produktionsverbote und -beschränkungen für bestimmte Erzeugnisse nicht berührt werden. ...«

Das Ruhrgebiet als Spielball internationaler Interessen?

»Schwarze Sphinx« – unter diesem Titel erscheinen 1949 im Rowohlt Verlag drei Reportagen aus der Feder Peter von Zahns, die im September 1948 vom Nordwestdeutschen Rundfunk gesendet wurden. Engagiert und kritisch schildert Peter von Zahn, Leiter der Abteilung Wort beim NWDR, in diesen Momentaufnahmen die soziale, wirtschaftliche und politische Situation an Rhein und Ruhr:

»Die Experimente auf dem Versuchsfeld Europas jagen sich seit vier Jahren wie noch nie.
Demontagen werden: befohlen, bekämpft, angehalten, fortgesetzt, gestoppt, wieder aufgenommen, gemildert, verstärkt.
Die Werke der Stahlindustrie werden: beschlagnahmt, stillgelegt, entflochten, angetrieben, isoliert, Treuhändern übergeben, versuchsweise zu neuen Verbänden zusammengesetzt.
Der Bergbau wird: gehätschelt, gehemmt, forciert, isoliert, subventioniert, vielleicht reprivatisiert, vielleicht sozialisiert. Die alte Besitzerschicht wird: interniert, angeklagt, verurteilt, freigesprochen, wieder eingesetzt, auf die Enteignung vorbereitet, auf Entschädigung vertröstet.
Die Gewerkschaften: umschmeichelt man, läßt sie links liegen, schaltet sie ein, schaltet sie aus, fährt sie an, braucht sie.
Die Arbeitsdirektoren: verlacht, angefeindet, um Hilfe gebeten.
Das Produktionsniveau der Industrie wird: umkämpft, festgenagelt, losgeklemmt, erhöht, nicht erreicht, überschritten.
Das Ruhrgebiet wird: umworben, verhandelt, paralysiert, angepeitscht, kapitalisiert, internationalisiert, sozialisiert, kontrolliert.
Der Ausgang dieser Experimente ist zweifelhaft. Der fein eingespielte Organismus des Ruhrgebiets knarrt und quietscht in allen Gelenken, soweit sie nicht gebrochen sind. Er leidet unter Kreislaufstörungen und Atemnot. Unter zu wenig Kohle und zu viel Fragebogen, unter zu wenig Erz und zu viel gefährlichen Therapien. Er leidet unter falschen Diagnosen. Aber er scheint alle Pferdekuren, alle giftigen Anpeitschungsmittel mit seiner robusten Gesundheit zu überstehen. Er arbeitet unter Streckverbänden. Allerdings kann er nur mit Hilfe der ständigen Blutübertragung aus Amerika die Schäden ausgleichen, die durch Abzapfung und Abschnürung des Lebenssaftes entstehen. Seine Bewohner arbeiten unter Bedingungen, die kein anderes Land Europas ertragen möchte. Aber sie arbeiten. Sie arbeiten emsig. In all diesem Durcheinander arbeiten sie, als könne ihnen nichts geschehen. Man rechnet mit ihrer Leistung wie mit Tonnen und Kilowatt. Sie verhalten sich offenbar wie feste Größen. Sind es, wie die Franzosen Grund zu glauben haben: Roboter?
Diese Rasse ist doppelgesichtig. Dieser Schlag ist unheimlich. Eben jagte sein Anblick noch Schrecken ein, – plötzlich erfüllt er mit Mitleid…
Im Ganzen bildet es ein beunruhigendes Problem, dieses energiebeladene, vulkanische Land nördlich der Ruhr. Wenn seine Kräfte wild wachsen, so ist es eine Gefahr für die Nachbarn. Stranguliert man es, so ist es eine Gefahr für die Nachbarn. Denn es liegt im Herzen eines Erdteils, der auf volle Tätigkeit angewiesen ist, auf Austausch und Arbeitsteilung. Er kann keine abgeschnürten, brandigen Organe in seinem Inneren dulden. Dieser Erdteil muß alle Kräfte anspannen, um sich dereinst, jenseits des fernen Horizonts von 1952, ohne amerikanische Hilfe über Wasser halten zu können. Er ist auf hohe Lebensmittel- und Rohstoffeinfuhren angewiesen und bezahlt sie mit seiner Bewohner Erfindungsreichtum und Fleiß. Er ist dicht, und vergleicht man ihn mit seinem kontinentalen Hinterland: zu dicht besiedelt. Was ist dieses Europa anderes als ein erweitertes Ruhrgebiet? Die Probleme sind die gleichen.
Die alten, ehrwürdigen Länder Europas gehen durch ein experimentelles Stadium. Unter der hohen, vibrierenden Spannung zwischen den beiden großen Weltmächten, unter dem heftigen Druck der Not brechen die Isolierungswände zwischen den Völkern. Mit eifersüchtigem Widerstreben, aber von jenseits des Ozeans vorwärtsgestoßen, bequemt man sich dem Verschmelzungsprozeß an. Das Ruhrgebiet, in dem nur die Amerikaner Verwandtes wittern, ist ein störender Faktor. Es wird gebraucht, aber die Angst vor seinen unheimlichen Kräften ist zu groß. Und so ersinnt man Fesseln (unter dem Decknamen Kontrolle), welche die Kräfte lähmen, auf die man angewiesen ist. Man hofft, das Maultier lenksamer zu machen, indem man ihm die Hinterbeine fesselt. Aber Maultiere lenken sich am besten, wenn man ihnen einen Zaum über den Kopf wirft. Kontrolle ist Leitung von Köpfen und Kräften, nicht Strangulierung. Das Ruhrgebiet muß unter das Zaumzeug einer europäischen Kontrolle gebracht werden. Seine eingeborenen Machthaber müssen lernen, am Zügel zu gehen. Sie müssen lernen, sich als Treuhänder gewaltiger europäischer Kräfte zu fühlen: In einem Prozeß der Verschmelzung, den das Revier an der Ruhr bereits erfahren hat, als Verbundwirtschaft. Darin ist das Industriegebiet seiner weiteren europäischen Umgebung

Peter von Zahn, Autor der Reportagen über die »Schwarze Sphinx«

überlegen und voraus: Es hat Verbundwirtschaft. Auf dem Gebiet der Energie wie des Verkehrs, der Finanzen wie der Köpfe.
Das neue Experiment heißt also: aus dem Ruhrgebiet eine Keimzelle europäischer Verbundwirtschaft zu machen. Die Hochspannungskabel, die mit embryonalen Ausnahmen überall in Europa an den Grenzen abreißen: verlängern. Die Ferngasrohre: nach allen Seiten über die Grenzen ziehen. Die Wasserkräfte – gemeinsam ausbauen und bewirtschaften. Aber auch: Zollschranken niederreißen, Pässe verbrennen. Zwischen Lüttich und Aachen darf es eben so wenig Barrieren geben, wie zwischen Oberhausen und Duisburg. Das Ruhrgebiet wird die Kraftzentrale einer europäischen Verbundwirtschaft sein, oder es wird zusammen mit Westeuropa zurücksinken in das Dahindämmern eines Fellachendorfes.
Wenn das waghalsige Experiment gut geht, so wird das Ruhrstatut die Magna Charta einer europäischen Gemeinwirtschaft. Es gefällt Ihnen nicht? Dann laufen Sie nicht dagegen Sturm, sondern helfen Sie mit, es zu verbessern. Denken Sie an die Entfernung, die in vier Jahren zurückgelegt worden ist. Vom Morgenthau-Plan über das Columbus-Ei des Quai d'Orsay, die russischen Daumenschrauben bis zur Londoner Ruhrkonferenz. Das Statut, das dort geboren wurde, ist nicht vollkommen. Wie sollte es? Aber ein schlechtes Ruhrstatut ist besser als gar keins. Deshalb liegt noch ein weiter Weg vor uns. Von dem Augenblick, da zum erstenmal deutsche Vertreter in der internationalen Behörde ihre Plätze einnehmen, bis zu jenem fernen, sehr fernen Datum, an dem die nordfranzösischen, belgischen und holländischen Industriegebiete mit dem Rheinisch-Westfälischen zusammengewachsen sind zu einer einzigen Werkstatt des Friedens. Erst dann wird man das Gleichnis nicht mehr im Munde führen von der gefährlichen schwarzen Sphinx, die lauernd auf der Kohle liegt. (…)
Der spinnt ja, werden Sie sagen. Phantasien eines Laien. Der Kumpel schüttelt mißtrauisch seinen Kopf. Er glaubt schon lange nichts mehr. Mein Freund NN, der bereits einhalb acht Uhr morgens am Schreibtisch sitzt, knapp telefoniert, keine Zeit fürs Theater hat und eminent tüchtig ist, der lächelt überlegen und möchte am liebsten ein Plakat finanzieren mit der Schlagzeile »HÄNDE WEG VOM RUHRGEBIET«. NN gehört zu den leitenden Köpfen dieses Dschungels aus Eisen, das über Dutzenden versunkener, verkohlter Dschungel gewachsen ist. Wie leicht könnte er dafür sorgen, daß die Leute in die Hände klatschen vor Vergnügen darüber, was dieses Land leisten kann für einen raffinierten Frieden in Europa.
Das Maultier muß eben am Kopf aufgezäumt werden.«

Ausland befriedigt über Wahlausgang

14. August 1949. Bei den Wahlen zum ersten Deutschen Bundestag erringt die CDU 139 von 402 Mandaten, dicht gefolgt von der Sozialdemokratie mit 131 Sitzen. Weit abgeschlagen werden die Kommunisten, die sich bei 5,6% der abgegebenen Stimmen mit 15 Mandaten im ersten frei gewählten deutschen Parlament seit 17 Jahren begnügen müssen.

Im Ruhrgebiet schneidet die SPD deutlich besser ab als im Durchschnitt aller drei westlichen Besatzungszonen, während die Christdemokraten im Revier schlechter wegkommen. Dagegen gelingt es dem Zentrum in seinen Vorkriegshochburgen Gelsenkirchen, Essen und Oberhausen, an die Stärke der Weimarer Republik anzuknüpfen.

Der Ausgang der Wahl, die von der CDU unter Führung von Konrad Adenauer unter dem Motto »Christentum gegen Sozialismus« geführt wurde, wird von den Westalliierten positiv beurteilt. Äußerst befriedigt äußert sich das westliche Ausland über das schlechte Abschneiden der Kommunisten. Der amerikanische Politiker und Bankier John Jay McCloy erklärt noch am Wahlabend: »Seitens der USA möchte ich die Einwohner Westdeutschlands zu dem Beweis guten Staatsbürgertums ... beglückwünschen.«

Wahlwerbung der Sozialdemokratie im Bundestagswahlkampf des Jahres 1949 vor der deprimierenden Trümmerkulisse des Zweiten Weltkriegs

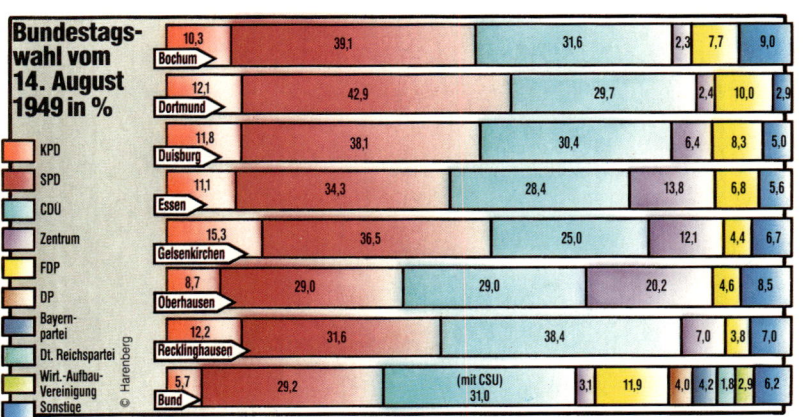

Recklinghausen hat 100 000 Einwohner

9. Mai 1949. Mit der Geburt der 100 000. Einwohnerin wird Recklinghausen Großstadt. Das Baby, das für seine Heimatstadt so große Bedeutung hat, heißt Ilse-Katharine Liesenfeld. Vater und Großvater Liesenfeld arbeiten auf der Zeche König Ludwig in Recklinghausen.

Die Stadt verdankt ihr schnelles Wachstum in den vergangenen 80 Jahren vor allem dem Bergbau. Am 11. Juni 1869 begann die französisch-belgische »Société Anonyme Belge des Charbonnages d'Herne-Bochum« mit den Abteufarbeiten für die erste Zeche, die ab 1875 förderte. 1872 entstand Schacht I der nach dem bayerischen Monarchen benannten Zeche König Ludwig. Recklinghausen II wurde in den Jahren 1882/83 abgeteuft.

Der Pütt zog zahlreiche Arbeiter mit ihren Familien in das ehemals beschauliche Ackerbürgerstädtchen im Vest. 1870 lebten 4665 Menschen in Recklinghausen, 1900 waren es bereits 34 019. Durch Zuwanderungen, vor allem aus den preußischen Ostprovinzen des Deutschen Reiches, stieg die Einwohnerzahl Recklinghausens auf 65 114 im Jahr 1922. Seit Ende des Zweiten Weltkriegs haben mehr als 10 000 Flüchtlinge hier eine neue Heimat gefunden.

Schalla neuer Intendant in Bochum

24. September 1949. Mit einer Inszenierung der Komödie »Maß für Maß« von William Shakespeare debütiert Hans Schalla als Intendant des Bochumer Stadttheaters. Drei Monate zuvor hatte sein Vorgänger Saladin Schmitt mit der Romanze »Cymbeline« desselben Dichters zum letzten Mal Premiere.

Auch unter Schalla bleibt Shakespeare der am meisten gespielte Klassiker der Bochumer Bühne. Im Gegensatz zu Schmitt löst sich der neue Intendant jedoch von der klassischen Schlegel/Tieckschen Übersetzung und stützt sich grundlegend auf eigene Bearbeitungen.

Auch die Inszenierungen selbst bedeuten eine Absage an Schmitts historisierende Illusionsbühne. Seinen neuen Stil begründet Hans Schalla wie folgt: »Das Illusionstheater ist eine höchst unproduktive Anmaßung gegenüber der Vorstellungskraft der Zuschauer wie der Darsteller. Es überwuchert und erdrückt durch hypertrophische Aufmachung im Dekorativen den Kern der Dichtung, ihre eigentliche dramatische Substanz und Sendung.« Dagegen setzt Schalla einen knappen Darstellungsstil ohne Statisterie im herkömmlichen Sinn.

Saladin Schmitt (1919–1949 Intendant des Schauspielhauses Bochum)

Hans Schalla (1949–1972 Intendant des Bochumer Schauspielhauses)

Erste Ausgabe der »Ruhr-Nachrichten«

1. März 1949. In Dortmund erscheint die erste Ausgabe der »Ruhr-Nachrichten«. Die Herausgabe der bereits seit 1946 geplanten Zeitung hatte sich verzögert, da die britische Militärregierung dem Verleger Lambert Lensing bisher eine Lizenz verweigert hatte.

Das Zögern der Besatzungsmacht bei der Zulassung der »Ruhr-Nachrichten« wurzelte in der Tatsache, daß die zuletzt von Lensing verlegte »Tremonia« (→ 1. 1. 1876) bis 1945 erschienen war: Das Nicht-Verbot der Zeitung hatte die Briten mißtrauisch gemacht; Lensing war zudem als Mitglied des »Stahlhelms« in die SA übernommen worden.

Die »Ruhr-Nachrichten« verstehen sich als Organ der Christlich-Demokratischen Union (CDU), aber auch – anknüpfend an die »Tremonia«-Tradition – als Stimme des katholischen Bevölkerungsanteils.

Marshallplan – Grundstein für das Wirtschaftswunder

Plakat zur Marshallplan-Hilfe aus dem Jahr 1949

Wiederaufbau mit Marshallplan-Hilfe

16. Dezember 1949. Unter dem Titel »Weg für eine Milliarde Kredit frei«, berichtet die WAZ von der Unterzeichnung des Marshallplan-Abkommens am 15. Dezember in Bonn durch den amerikanischen Hohen Kommissar John Jay McCloy und Bundeskanzler Konrad Adenauer. Mit dem Abkommen tritt die Bundesrepublik dem »European Recovery Program« (ERP) bei, einem Programm, das Hilfeleistungen der USA für den wirtschaftlichen Wiederaufbau in Europa vorsieht.

Die Hilfeleistungen erfolgen hauptsächlich in Form von Rohstoff- und Lebensmittelgeschenken sowie Krediten der USA an die europäischen Staaten, die sich verpflichten, den Gegenwert der materiellen Hilfe in der jeweiligen Landeswährung in einen Fonds bei ihrer Zentralbank einzubezahlen; aus diesem Fonds werden Kredite an die nationale Wirtschaft vergeben. Die Bundesrepublik verpflichtet sich zur sofortigen Bereitstellung des Gegenwertes bereits geleisteter Hilfe in Höhe von 500 Mio Dollar, wodurch dem Fonds rund eine Milliarde DM für Investitionskredite zugeführt werden.

Die Investitionshilfen sollen in die Energiewirtschaft, die Landwirtschaft und den Wohnungsbau fließen; von den 312 Mio DM, die für verschiedene Industriezweige vorgesehen sind, wird der Bergbau voraussichtlich 150 Mio DM erhalten. Mit diesen Mitteln werden auch im Ruhrrevier Modernisierungsmaßnahmen im Bergbau und die Abteufung neuer Schächte finanziert; ein Teil wird in den Bau von Bergarbeiterwohnungen investiert. Das ERP oder auch die Marshallplan-Hilfe, so genannt nach dem amerikanischen General George C. Marshall, ist die wirtschaftliche Ergänzung zur »Containment«-Politik der USA (containment, engl.: Eindämmung) zur Begrenzung der sowjetischen Einflußsphäre. Bis 1957 fließen insgesamt 1,7 Mrd Dollar an Marshallplangeldern in die Bundesrepublik.

Der Bau von Wohnungen für die dringend benötigten Bergleute kann mit Hilfe von Marshallplangeldern in Recklinghausen verwirklicht werden

Wirtschaft fördert Forschung und Lehre

22. September 1949. 61 Fach- und Spitzenverbände unterzeichnen den Aufruf für eine Gemeinschaftsaktion der Wirtschaft zur Unterstützung der Wissenschaft im »Stifterverband für die deutsche Wissenschaft«; der Sitz des Verbandes wird Essen, den Vorsitz übernimmt Richard Merton. Der Satzungsauftrag des in Frankfurt am Main gegründeten Verbandes lautet auf »Förderung der Wissenschaft und Technik in Forschung und Lehre sowie Förderung des wissenschaftlichen und technischen Nachwuchses.«

Schon 1920 war unter dem Vorsitz des Industriellen Carl Friedrich von Siemens ein Stifterverband der Wirtschaft gegründet worden, durch den Industrie und Handel einen finanziellen Beitrag an der wissenschaftlichen Forschung übernahmen. Bis zum Beginn des Zweiten Weltkriegs stellte der Verband jährlich rund 300 000 RM für Forschungsstipendien, aber z. B. auch für eine Grönland-Expedition zur Verfügung.

Ehrenpräsident Duke Ellington

13. November 1949. Das Westdeutsche All-Star-Quintett mit Glen Buschmann (Klarinette und Altsaxophon) bestreitet das 1. Jazz-Konzert im Hot Club Dortmund. Der Club war im Januar 1949 gegründet worden; am 9. Februar fand die erste Session statt.

Der Hot Club bekommt Ende des Jahres einen berühmten Ehrenpräsidenten: Den Pianisten, Komponisten und Orchesterleiter Duke Ellington. Der amerikanische Musiker übernimmt die Präsidentschaft nach einem Konzert im wiedereröffneten »Capitol«.

Duke Ellington

Der Dortmunder Jazz-Club leistet Pionierarbeit bei der Etablierung dieser unter den Nationalsozialisten als »entartet« geltenden und auch nach 1945 zunächst auf Unverständnis stoßenden Musik. Formationen wie das Siggi-Gerhard-Swingtett und die Dark-Town-Stompers beginnen hier ihre Karriere.

1949

Begeisterung der Oberhausener Fans nach dem 1:0-Sieg von Rot-Weiß Oberhausen über Preußen Münster auf heimischem Platz (7. November 1949)

Westmeister im Endspiel

10. Juli 1949. Im Endspiel um die zweite Deutsche Fußballmeisterschaft nach dem Krieg unterliegt Borussia Dortmund dem VFR Mannheim mit 2:3 Toren. Die Borussen hatten sich als Meister der im Vorjahr neugeschaffenen Oberliga-West für die Endrunde qualifiziert.
Nachdem 1947 und 1948 in der britischen Besatzungszone noch die sog. Zonenmeisterschaften ausgetragen wurden, bilden die westdeutschen Vereine 1948 eine Oberliga, wie sie in den Bereichen Süd, Südwest und Berlin bereits besteht. Die Meister der Oberligen nehmen an der Deutschen Meisterschaft teil, außerdem können sich auch zweit- und drittplazierte Mannschaften in besonderen Ausscheidungsspielen für die Teilnahme qualifizieren.

Oberliga-West von 1949

Borussia Dortmund	1
Rot-Weiß-Essen	2
STV-Horst-Emscher	3
Preußen Münster	4
Rot-Weiß Oberhausen	5
Hamborn 07	6
Vohwinkel 80	7
Alemannia Aachen	8
Spvgg. Erkenschwick	9
Rhenania Würselen	10
Fortuna Düsseldorf	11
Schalke 04	12
Sportfreunde Katernberg	13

Ruhr-Zoo in Gelsenkirchen

14. April 1949. Auf dem Gelände des ehemaligen Bismarckhains, einem Waldstück zwischen Alt-Gelsenkirchen und Buer in unmittelbarer Nähe des Bahnhofs Gelsenkirchen-Bismarck, wird der Ruhr-Zoo eröffnet. Die Gründung des Tierparks geht auf einen Vertrag zwischen der Stadt Gelsenkirchen und der Großtierhandlung L. Ruhe aus Alfeld an der Leine zurück. Während die Stadtverwaltung sich zur Errichtung der Zooanlagen verpflichtet sowie die Unterhaltskosten für Gehege und Gebäude des Parks übernimmt, stellt die Tierhandlung dem Ruhr-Zoo Tiere und Pflegepersonal zur Verfügung.
Der Gelsenkirchener Zoo dient als Zwischenstation für Tiere vielfältiger Arten, die von der Firma L. Ruhe erworben und vor ihrem Weiterverkauf an andere Tierparks in aller Welt im Ruhr-Zoo eingewöhnt, tierärztlich betreut und zu Gruppen zusammengestellt werden.
Für die Gelsenkirchener, aber auch für Besucher aus den Nachbarstädten, wird der zwischen jahrhundertealten Bäumen liegende Zoo zum beliebten Ausflugsziel. Vor allem die am Eingang hockenden Papageien und die Elefantendame »Birma« bilden für Generationen von Kindern aus der Umgebung die Hauptattraktionen des Ruhr-Zoos.

1950

März. Die Essener Lichtburg, eines der größten Kinos der Bundesrepublik Deutschland, wird wiedereröffnet.

1. 3. Auch im Ruhrgebiet wird die Rationierung von Lebensmitteln aufgehoben.

2. 3. Im Beisein von Bundespräsident Theodor Heuss wird in Duisburg-Huckingen der erste neue Hochofen der Mannesmann AG nach dem Zweiten Weltkrieg angeblasen.

Frühjahr. Die Rheinisch-Westfälische Wohnstätten AG errichtet die ersten Pestalozzi-Dörfer für Berglehrlinge. →

18. 6. Bei den Wahlen zum nordrhein-westfälischen Landtag erhält die SPD 44,6% der Stimmen, die CDU 28,2%, die FDP 13,5% und die KPD 8,1%.

18. 6. Durch Volksentscheid wird die Verfassung des Landes Nordrhein-Westfalen gebilligt.

21. 6.–30. 7. Im Rahmen der Ruhrfestspiele Recklinghausen wird erstmals eine Kunstausstellung in der neueröffneten Städtischen Kunsthalle gezeigt: »Deutsche und französische Kunst der Gegenwart – Eine Begegnung«. →

3. 7. Die Duisburg-Rheinhausener Straßenbrücke, die größte Stahlbogenbrücke Europas, wird dem Verkehr übergeben. →

24. 8. Die englische Stadt Portsmouth wird Partnerstadt von Duisburg. →

13. 9. In der Bundesrepublik Deutschland wird erstmals eine Volkszählung durchgeführt. →

15. 10. Der Berufsboxer Heinz Neuhaus boxt unentschieden in Dortmund beim Kampf um die Deutsche Meisterschaft im Schwergewicht gegen Titelträger Hein ten Hoff. →

29. 12. Das wiederaufgebaute Essener Opernhaus wird mit Richard Wagners »Die Meistersinger von Nürnberg« eröffnet. →

1950. Steigender Arbeitskräftebedarf im Zuge der seit 1945 andauernden Kohleknappheit führt zur Anwerbung von Neubergleuten für den Bergbau. →

1950. In der Dortmunder Industrie- und Handelskammer wird ein Studio des Nordwestdeutschen Rundfunks eingerichtet.

1950. Die Mannschaft von Uhlenhorst Mülheim wird erstmals Deutscher Feldhockey-Meister.

GESTORBEN:

16. 1. Blühnbach bei Salzburg (Österreich): Gustav Krupp von Bohlen und Halbach (*7. 8. 1870 Den Haag/Niederlande), Industrieller. →

GEBOREN:

1. 9. Duisburg: Berndt Mosblech, Schriftsteller.

Mehr Einwohner als vor dem Krieg

13. September 1950. In der Bundesrepublik Deutschland wird erstmals eine Volkszählung durchgeführt. Das Ruhrgebiet gehört zu den Regionen mit dem stärksten Bevölkerungszuwachs seit 1946.
Während des Zweiten Weltkriegs war die Bevölkerung durch Kriegstote und Rückgang der Geburtenziffern stark dezimiert worden. Nun verzeichnet das Ruhrgebiet für die Jahre 1946 bis 1950 eine Zunahme der Bevölkerung um 17,7%. Lebten im Jahr 1946 3 869 496 Menschen im Revier, so wird mit 4 554 397 Einwohnern im Jahr 1950 der Vorkriegsstand erstmals übertroffen (1939: 4 353 792 Einwohner).
Neben dem natürlichen Bevölkerungswachstum durch steigende Geburtenziffern hat vor allem die große Zahl der Flüchtlinge und Vertriebenen zur Steigerung der Einwohnerzahlen beigetragen.

Gustav Krupp tot

16. Januar 1950. *Auf einem Landgut in Blühnbach bei Salzburg stirbt Gustav Krupp von Bohlen und Halbach (Abb.). 1870 in Den Haag geboren, schlug er nach dem Studium der Rechts- und Staatswissenschaften die diplomatische Laufbahn ein. 1906 heiratete er Bertha Krupp (→ 15. 10. 1906) und übernahm 1909 den Aufsichtsratsvorsitz der Essener Werke, die er zu einem der größten Rüstungsunternehmen Europas ausbaute.*

Neue Rheinbrücke

3. Juli 1950. *Eine 756 m lange Rheinbrücke zwischen Duisburg und Rheinhausen wird für den Verkehr freigegeben (Abb.). Das neue Brückenbauwerk stellt eine direkte Verbindung vom linken Rheinufer nach Duisburg-Hochfeld wieder her, die im März 1945 durch die Sprengung der Admiral-Graf-Spee-Brücke unterbrochen worden war. Bauherren der Brücke sind die beiden Städte Duisburg und Rheinhausen; gemeinsam gründeten sie zuvor die Rheinbrückengesellschaft Duisburg-Rheinhausen GmbH.
Die beeindruckende Stahlbogenkonstruktion der Duisburg-Rheinhausener Brücke trägt eine kopfsteingepflasterte zweispurige Fahrbahn, an deren Seiten Wege für Fußgänger verlaufen.*

Ruhrbergbau sucht junge Arbeitskräfte

1950. Seit 1946 ist im Ruhrbergbau ein Verjüngungsprozeß der Zechenbelegschaften in Gang gekommen, der zu einer Verdoppelung des Anteils der 14- bis 25jährigen an der Gesamtbelegschaft geführt hat. Merklich zurückgegangen ist der Anteil der älteren Bergleute: Nur etwa ein Drittel der Ruhrbergarbeiterschaft ist noch älter als 40 Jahre, vier Jahre zuvor waren es noch knapp 50%.

Die veränderte Altersstruktur der Belegschaften ist das Ergebnis einer seit 1946 laufenden Werbekampagne um neue Arbeitskräfte für den Bergbau. Akut geworden war das Arbeitskräfteproblem bei Kriegsende. Der hohe Anteil von Zwangsarbeitern während des Krieges hatte nach dem Einmarsch der alliierten Truppen ins Ruhrgebiet im Frühjahr 1945 zu einer Halbierung der Zechenbelegschaften geführt. Die verbleibenden deutschen Bergleute waren in der Mehrzahl überaltert und durch den kriegsbedingten jahrelangen Raubbau an ihrer Gesundheit körperlich ausgezehrt.

Die von den Siegermächten im Interesse eines raschen Wiederaufbaus geforderte Steigerung der Kohleförderung konnte nur mit zusätzlichen jungen Arbeitskräften in Gang gesetzt werden. Während die britische Militärregierung durch Sonderzulagen und Einführung eines Punktesystems (→ 16. 2. 1947) materielle Anreize für die unattraktive Schwerstarbeit des Bergmanns zu schaffen sucht, appellieren die Revierzeitungen in Inseraten an die nationale Verantwortung anderer Arbeitergruppen: »Kannst Du bei Deiner augenblicklichen Arbeit sagen, daß Deutschlands Wiederherstellung von Dir abhängt? Wenn du Bergmann wärst, könntest Du es sagen.«
Für die seit 1947 in den Bergbau strömenden Neubergleute, häufig arbeitslose Stahl- und Bauarbeiter, Vertriebene und Flüchtlinge, sind die ersten Stunden unter Tage oft ernüchternd: »Komm da rein, schon läuft die Brühe an mir herunter, habe noch keinen Schlag getan. Streb nennt sich der Laden. Affenhitze und die Kaffeepulle schon leer ... Über mir kriecht ein nackter Mensch, über mir, das heißt so schräg hoch wie an einem Berghang. Der Nackte rappelt verbissen an der Kohlenwand, einzelne Brocken lösen sich ... Meine Fresse, wie soll ich denn an die Kohlenwand, über die verdammte bockende Rutsche muß ich den Abbauhammer halten. Ich falle bald um, meine Arme sind wie Blei«, so die Schilderung eines »Neu-Kumpels« im Revier am Anfang der 50er Jahre.

Ankunft von Neubergleuten im Ruhrgebiet; zwischen 1945 und 1958 geben etwa eine halbe Million Männer ihren erlernten Beruf zugunsten des Bergbaus auf

Pestalozzi-Dörfer für Berglehrlinge

Frühjahr 1950. Die Rheinische und Rheinisch-Westfälische Wohnstätten AG eröffnen in Dinslaken-Lohberg und Bochum-Weitmar die ersten deutschen Pestalozzi-Dörfer für Berglehrlinge. In Anlehnung an Gedanken des bekannten Schweizer Pädagogen Johann Heinrich Pestalozzi (1746 – 1812) sollen in diesen Dörfern heimat- und elternlose deutsche Jugendliche in familiärer Geborgenheit leben und arbeiten.
Pestalozzi plädierte für eine Unterbringung von Waisenkindern in Ersatzfamilien. In den Pestalozzi-Dörfern leben, diesem Vorbild entsprechend, jeweils sechs vertriebene Jugendliche oder Kriegswaisen in einer häuslichen Gemeinschaft mit den Pestalozzi-Eltern, einem Bergmannsehepaar. Als Wohnform wählte man die dorfähnliche Kleinsiedlung. Die Jungen teilen sich zwei Schlafzimmer im Obergeschoß der Siedlungshäuser. Im Erdgeschoß befinden sich der gemeinsame Wohn-Eß-Raum, die Küche und Schlafzimmer für die Eltern.
Von dem Modell profitierten der Ruhrbergbau, der Arbeitskräfte braucht, wie die Jugendlichen, die oft zum ersten Mal Geborgenheit und Eigenverantwortung in einer Familie kennenlernen. Bis 1957 werden im Ruhrgebiet 22 Pestalozzi-Dörfer mit insgesamt 3254 Ausbildungsplätzen eingerichtet.

1950

Kunsthalle Recklinghausen eröffnet

21. Juni bis 30. Juli 1950. *In der neueröffneten Städtischen Kunsthalle Recklinghausen wird im Rahmen der Ruhrfestspiele die Ausstellung »Deutsche und französische Kunst der Gegenwart – Eine Begegnung« gezeigt. Die Kunsthalle (Abb.) ist ein ehemaliger Bunker.*
Das Recklinghäuser Kunstleben war bereits 1948 mit der Gründung der Künstlervereinigung »Junger Westen« erwacht. Im selben Jahr wurde der gleichnamige Kunstpreis gestiftet.

Essener Opernhaus wiederaufgebaut

29. Dezember 1950. *In Gegenwart zahlreicher Ehrengäste wird die wiederaufgebaute Essener Oper (Abb.) eröffnet. Bereits am Abend desselben Tages findet mit den »Meistersingern von Nürnberg« von Richard Wagner die erste große Vorstellung statt.*
Aus Kostengründen hatte sich die Stadt für den Wiederaufbau des alten Hauses entschlossen. Ein neuerbautes Opernhaus hätte weit über 10 Mio DM gekostet; die jetzige Lösung kam mit etwa 1,9 Mio DM aus.

Städtefreundschaft besiegelt Frieden

24. August 1950. Dem Beispiel vieler Städte im Ruhrgebiet folgend, beschließt Duisburg mit der Hafenstadt Portsmouth im Süden Großbritanniens eine Städtepartnerschaft.

Castrop-Rauxel

Wakefield

Den Grundstein für dieses Zeichen der europäischen Verständigung legten der ehemalige britische Stadtkommandant C.A.G. Hutchinson und Duisburgs Oberbürgermeister August Seeling.
Als wohl eine der ersten Städte im Ruhrgebiet nahm Gelsenkirchen mit der nordenglischen Stadt Newcastle upon Tyne 1948 freundschaftliche Kontakte auf. Zwischen Essen und der britischen Stadt Sunderland sowie Castrop-Rauxel und Wakefield bestehen seit 1949 Verbindungen; Sheffield und Bochum begründen 1950 eine Städtepartnerschaft.

Heinz Neuhaus boxt unentschieden

15. Oktober 1950. Mit Publikumsprotesten endet in dem Dortmunder Stadion Rote Erde der Kampf um die Deutsche Meisterschaft im Schwergewicht der Berufsboxer: Der Ringrichter urteilt »Unentschieden« zwischen Heinz Neuhaus (Dortmund) und Hein ten Hoff (Oldenburg), der Titelträger bleibt. Während des zwölf Runden dauernden Kampfes hat ten Hoff nur selten deutlich die Oberhand, und er übersteht manchen Schlagabtausch nur mit Mühe. Er kann weder seine überlegene Reichweite, noch sein besseres boxerisches Können gegen den Lokalmatador Neuhaus ausspielen. Der Dortmunder boxt »mit Herz und Faust, leider nicht mit dem Kopf, nicht mit einer bestimmten Marschroute«, schreibt der Sportreporter der WAZ; Neuhaus hat dann die größten Vorteile, wenn er den technisch überlegenen Titelverteidiger »mit wilden Schlägen« herausfordert. Von diesen Schlägen gehen viele in die Luft, etliche treffen jedoch den überraschten ten Hoff.
Die 40 000 Besucher im ausverkauften Stadion rasen vor Begeisterung, besonders, wenn klare Vorteile für den Dortmunder erkennbar sind: Sie wollen Heinz Neuhaus siegen sehen. Nach Verkündung des »Unentschieden« durch das Kampfgericht machen sie ihrer Enttäuschung lautstark Luft. Die Fotografen stürmen den Ring, und Neuhaus läßt sich vom pfeifenden Dortmunder Publikum feiern, während ten Hoff leicht angeschlagen den Ring verläßt.
Boxkämpfe sind Anfang der 50er Jahre ein großer Publikumsmagnet, wobei es den Zuschauern weniger um sportliches oder ästhetisch schönes Boxen geht als um harte Auseinandersetzungen. Auch das Rahmenprogramm der Meisterschaft zeigt solche Kämpfe, so berichtet die WAZ z. B. vom Kampf der Schwergewichtler Herbert Wiese und Günter Nürnberg, die beiden Boxer hätten sich gegenseitig »vermöbelt«.

Heinz Neuhaus (l.) und Hein ten Hoff (r.) beim Boxkampf um die Deutsche Schwergewichts-Meisterschaft im Dortmunder Stadion »Rote Erde«

Bildende Kunst im Ruhrgebiet

Zu Beginn der 50er Jahre gewann das Ruhrgebiet als eine Region der deutschen Kunstszene mehr und mehr Kontur. Dies vor allem durch die Aktivitäten einer Gruppierung von jungen Künstlern, die sich seit 1948 unter dem Namen »Junger Westen« in der Öffentlichkeit bekannt gemacht hatte. 1947 bereits hatte in Recklinghausen Franz Große-Perdekamp, ein Jugendfreund von Josef Albers, eine erste Nachkriegsausstellung zu einem Sammlungsversuch von Künstlern der Region genutzt: »Junge Künstler zwischen Rhein und Weser« wurde so zum Impetus für die Gründung des »Jungen Westen« und zum Motor für eine Neubelebung künstlerischen Enthusiasmus in den Städten des Reviers.

Und doch beleuchten die regional-geografischen Begriffe, unter denen hier eine Kunstszene zu fassen versucht wird, auch das Problem künstlerischer Existenz in der Region. Denn wo lag und liegt eigentlich das Besondere dieser Gegend »zwischen Rhein und Weser«, des »Westens« im Sinne der alten deutschen Topografie? In den zurückliegenden Jahrhunderten jedenfalls war das so umrissene Gebiet kein einheitlicher Kulturraum; die Einflüsse in Baukunst und Kunst stammen sowohl aus dem Rheinland wie aus Westfalen, ja aus den Niederlanden. In profaner und sakraler Architektur, in Altarwerken und Goldschmiedekunst, in der Porträt- und Landschaftsmalerei finden sich zwar viele Einzelleistungen bedeutender Künstler; aber kaum einer von ihnen stammt aus den Städten an der Ruhr, die meisten haben in dieser Region lediglich für eine Zeit gearbeitet.

Für lange Jahrhunderte war das, was wir heute Ruhrgebiet nennen, bäuerliches Gebiet mit eingestreuten kleineren und mittleren Städten ohne große Besonderheiten. Das änderte sich erst, als sich das Land »zwischen Rhein und Weser« verwandelte, als in die Natur und die Idylle der Kleinstädte die Industrie eindrang: Neue Landschaften entstanden mit andersartigen Bewohnern, phantastische Konglomerate von dampfenden Türmen, laufenden Rädern, lärmenden Hämmern. Erst mit der Industrialisierung wurde die Gegend zur Region, zu einem eigenen Sinnzusammenhang; und hier schließlich setzte das Interesse der Künstler an, hier fanden sie den inhaltlichen Zusammenhang, der über das geografische Ensemble zwischen zwei Flüssen hinauswies. Erik Reger hat das 1931 in seinem Roman »Union der festen Hand« so beschrieben: »Aber alle, sie alle wurden von dem Pittoresken angezogen, genau wie die Menschen jener Tage, wo die Natur sich in das ›Revier‹ verwandelt hatte; und so wie damals, als die Maler die ersten Walzwerke malten: ungestüm, abenteuerlich, der Rauch schießt wild zum Himmel, die Arbeiter sind in ungeheurer Aufregung – so war es auch jetzt nichts anderes als der barocke, suggestiv wirkende Begriff von Tempo und Betrieb, der sich mit den Fortschritten auf technischem Gebiet verband.«

Die Faszination des Exotischen in der menschlichen Arbeit und ihren Ausformungen führte die Künstler in das sich stürmisch entwickelnde Industriegebiet. Erste Beispiele für die Beschäftigung mit dem Bild der Technik sind Alfred Rethels »Harkortsche Fabrik auf Burg Wetter«, um 1834 gemalt, sowie Carl Schütz' Lithographie des »Walzwerk Hoesch in Lendersdorf bei Düren« von 1838. Noch ist es der Blick von außen, den die Künstler einnehmen; die Fabriken werden gesehen wie in den topografischen Darstellungen der Reiseliteratur. Feuer und Qualm, Schornsteine und Transportfahrzeuge erzählen von menschlicher Arbeit, die Menschen selber jedoch tauchen nur als Staffagefiguren in den Darstellungen auf, Entfernungen und Größenverhältnisse verdeutlichend. Noch sind die Künstler auf Distanz, und jetzt wie später kommen sie auch aus den Akademiestädten ins Ruhrgebiet, aus Düsseldorf, Dresden, München oder Berlin.

Adolph Menzel und Constantin Meunier sind die Künstler, deren Darstellungen menschlicher Arbeit in Bergwerk und Stahlwerk beispielgebend werden für die vielen deutschen Künstler, die um die Jahrhundertwende im Ruhrgebiet tätig werden. Menzels »Eisenwalzwerk« (1875) mit seiner großangelegten Darstellung eines arbeitsteiligen Schaffensprozesses oder sein »Besuch des Aufsichtsrates im Hüttenwerk« von 1900 setzten mit ihrer provozierenden Gegenüberstellung von Besitzenden und Arbeitenden hohe Maßstäbe für die Gestaltung der Arbeitswirklichkeit. Gleiches läßt sich von Meuniers Bergarbeitergestalten sagen, in denen die Vertrautheit des belgischen Bildhauers mit dem Leben seiner dargestellten Figuren unmittelbar greifbar wird. Von den vielen Künstlern, die sich an Ansichten des Ruhrgebiets oder Darstellungen der Arbeitswelt im Revier versuchten, blieben aber viele allzu unverbindlich oder unterlegten ihren Figuren das allzu hohe Pathos des »Hohenliedes der Arbeit«.

Heinrich Kley und Eugen Bracht etwa blieben in ihren Ansichten von Produktionsstätten bei der Abschilderung des durch Rauch, Dampf und Feuer dynamisierten Außenanblicks. Maler wie Arthur Kampf monumentalisierten ihre Arbeiterfiguren, wie etwa in dem 1912 entstandenen »Im Walzwerk«, das zwar das Miteinander in der Arbeit in den Vordergrund stellt, die nur physische Arbeit jedoch durch die starke Betonung der Körperlichkeit verabsolutiert. Solche und ähnliche Darstellungen geben noch wenig von der Besonderheit der Region wieder, sieht man einmal von der Wiedererkennbarkeit der geschilderten Orte und Produktionsstätten ab; sind doch ähnliche Schilderungen zu dieser Zeit auch in den Industriegebieten Oberschlesiens, Belgiens oder Frankreichs entstanden. Ein wirklich neuer Schritt wurde erst dadurch getan, daß – inspiriert durch die Werke von Hans Baluschek und Käthe Kollwitz – die bildenden Künstler die Porträtwürdigkeit der Arbeiter der Region entdeckten und formulierten. Christian Rohlfs' »Klingenschmied« von 1902 ist ein frühes Beispiel dafür; der Schmied, losgelöst von seiner Arbeit, aufgerichtet dem Betrachter gegenüber: ganz Individuum und Persönlichkeit.

Mit Karl Ernst Osthaus, einem jungen Bankierssohn aus Hagen, kam um die Jahrhundertwende die internationale Moderne ins Revier. Sein Glaube an die erzieherische und bildende Kraft der Kunst war gewachsen aus dem Erleben der Stillosigkeit der bürgerlichen Salonkunst des späten 19. Jh.: »In allen Ländern wucherte der Schund auf den Mistbeeten des Liberalismus. Das Unternehmertum hatte die Kunst aus der Architektur und dem Gewerbe verdrängt. Scheinwesen und Rohheit vernichteten die Kunst der Völker. Wo konnte sich dieser Abstieg hüllenloser offenbaren als in den Städten, die der modernen Industrie ausschließlich ihr Dasein verdanken...« In einem Vortrag formulierte Osthaus 1903 sein Credo: »Es ist auch mein letztes Ziel, die Bildung allen zu bringen, auch meine feste Überzeugung, daß ohne diese Mitwirkung der Kunst, die wichtigsten Fragen des sozialen Lebens unlösbar sind.« 1900 begann Osthaus, die Planungen für ein Museum im »kunstverlassenen Industriebezirk an der Ruhr« in die Tat umzusetzen: Er berief den belgischen Architekten Henry van de Velde, die Arbeiten am just begonnenen Bau des Museums Folkwang fortzuführen. Osthaus holte Künstler wie Christian Rohlfs, Bruno Taut und Johan Thorn Prikker nach Hagen, das Museum und sein Schöpfer wurden zum Anziehungspunkt für Maler, Bildhauer und Architekten: Milly Steger, Peter Behrens, Emil Nolde seien genannt. Mit seinen Ankäufen moderner Kunst – darunter Renoir, van Gogh, Gauguin, Cézanne, Matisse, Rohlfs und Nolde – setzte der Sammler Maßstäbe für die Region, die hier noch für lange Zeit auf Widerstände stießen.

Nach Krieg und Revolution begann in den 20er Jahren allmählich, eine Szene junger Kunst im Revier zu entstehen. Die Künstlervereinigung »Ruhrland« (gegründet 1923) versuchte, im Zusammenschluß von Künstlern und Literaten Leben und Arbeit im Ruhrgebiet zum Thema zu machen. Ergebnis der Arbeit sind unter anderem die Jahrbücher »Die Ruhr« (1925, 1926) und die Anthologie »Antlitz der Zeit – Sinfonie moderner Industriedichtung« von 1926. Zeitschriften wie der »Hellweg«, »Der Schacht« oder »Der Scheinwerfer« schufen Foren für den intellektuellen und künstlerischen Disput. Junge Künstler aus dem Revier studierten an der Düsseldorfer Akademie, den Werkkunst- und Kunstgewerbeschulen in Dortmund und Wuppertal oder der 1927 neu begründeten Folkwang-Schule. Junge Künstler durchreisten das Revier und machten es zu ihrem Thema: Erinnert sei an Conrad Felixmüller, Willi Borutta oder Richard Geßner, die der Darstellung der Region neue, expressive und tief empfundene Elemente hinzufügten, die von der sozialen und politischen Zerrissenheit der Zeit sprechen. Die Bildhauerei in der Region wurde wesentlich angeregt durch den Kreis um den Essener Folkwang-Lehrer Will Lammert, zu dem Ende der 20er Jahre der junge Fritz Cremer gehörte. Gleiches gilt für das Kunsthandwerk in Essen, das von der Goldschmiedin Elisabeth von Treskow neue Impulse erfuhr. Karl Rössing leitete bis zum Beginn der 30er Jahre die Holzschneideklasse der Folkwang-Schule; ihr entstammte ein so begabter Illustrator wie Heinz Kiwitz. Engere Verbindungen entwickelten sich mit dem Bauhaus, der Düsseldorfer und Berliner Akademie. In den Ausstellungen des Essener Folkwang-Museums machte die Region Bekanntschaft mit den Werken Klees, Kogans, Kandinskys, Molzahns, Moholy-Nagys und des Bauhauses. Auf eigenem Boden nahmen Versuche zu, eine sozial engagierte Kunst zu entwickeln, wie die Gründung der Essener Gruppe der ASSO belegt. In der bildenden Kunst, wie in den Schwesterkünsten, begann mehr und mehr die Teilhabe der Künstler im Ruhrrevier an der Entwicklung der jungen, neuen Kunst, befördert und getragen durch viele, die hier nicht genannt werden können.

Mit dem Machtantritt der Nationalsozialisten wurde das eben Begonnene nachdrücklich zerschlagen. Die Kunstschulen und Museen wurden unter Kuratel gestellt; viele der Künstler verloren ihre Arbeitsmöglichkeiten, wurden entlassen, verhaftet, verfolgt. Josef Albers, Will Lammert, Heinz Kiwitz, Kurt Lewy gingen wie viele andere ins Exil. Der Dortmunder Emil Stumpp wurde von der braunen Justiz zu Tode gebracht. Andere zogen sich in die Stille der »inneren Emigration« zurück, in die hinein und aus der heraus kein Weg mehr führte. Für zwölf lange Jahre versank eine gerade gewachsene Szene in dunkle Bedeutungslosigkeit, begleitet vom Marschtritt der Künstler, die sich und ihre Arbeit dem neuen Regime unterordneten.

Der Neuanfang 1945 war geprägt vom ruinösen Zustand der Ausstellungsinstitute und Museen im Revier, dem völligen Fehlen öffentlicher oder privater Förderung der Kunst und von Galerien, die sich der Kunstvermittlung angenommen hätten. In den zerbombten Städten entwickelte sich nur langsam die Grundlage für ein neues Kulturleben. Für viele Künstler sollte der Neuanfang nicht nur ein historisch-politischer, sondern vor allem auch ein künstlerisch-moralischer sein. So wurde für viele Kulturschaffende der »Kulturbund zur Demokratischen Erneuerung Deutschlands« – im englischen Exil von deutschen Antifaschisten gegründet – die erste gemeinsame Organisation, die die Bewahrung der humanistischen und fortschrittlichen Traditionen zu ihrem Ziel machte. Die Teilnehmerliste der ersten Landesausstellung des Kulturbundes, 1947 in Düsseldorf, liest sich denn auch wie ein Programm eines Neubeginns: Peter Böckstiegel, Gustav Deppe, Ernst Hermanns, Hermann Kreidt, Adolf Luther, Ewald Mataré, Karel Niestrath, Theo Otto, Otto Pankok, Heinrich Siepmann und Emil Schumacher nahmen unter anderen teil.

Die Gruppe »Junger Westen« setzte solche Aufbruchstimmung fort. Ihr engerer Kern – Gustav Deppe, Thomas Grochowiak, Emil Schumacher und Hans Werdehausen – zielte auf die »Gestaltung des Lebensgefühls des Industrieraumes«, mit Hilfe eines »Trends zu einem geometrischen Purismus«. Besonders hervorzuheben ist der universelle Wirkungsanspruch der Gruppe: Man wollte Verbindung mit der Sphäre der Produktion mit einem Institut schaffen, in dem die »Industrie als umfassende Gesamtaufgabe, vom Städtebau, Verkehrstechnik und -planung bis zur maschinellen Produktion und Gestaltung der täglichen Gebrauchsgegenstände« reichen sollte. Bis Ende der 50er Jahre blieb die Gruppe überörtlich wirksam, nicht zuletzt durch den Kontakt mit den Ruhrfestspielen und der Recklinghäuser Kunsthalle.

In den 60er Jahren wirkten aus Düsseldorf vor allem die Künstler der Gruppe ZERO ins Revier. Otto Piene, Heinz Mack und Günther Uecker organisierten 1963 im Gelsenkirchener Halfmannshof eine größere ZERO-Ausstellung. Yves Kleins Ausgestaltung des Gelsenkirchener Musiktheaters, Aktionen und Skulpturen von Günther Uecker in Gelsenkirchen und Dortmund sorgten für größere Öffentlichkeit. 1969 trat eine neue Gruppe jüngerer Künstler, die »B 1«, als Ausstellungskollektiv mit programmatischen Absichten auf: »B 1 ist auf fabrikation und industrie eingestellt ... die umwelt an der B 1 wird von B 1 mitgeprägt«. Aber schon 1972, anläßlich der Ausstellung »Szene Rhein-Ruhr«, wird das Scheitern der Gruppe konstatiert. Trotzdem bleiben ihre Initiatoren – Ewerdt Hilgemann, Ferdinand Spindel, Helmuth Bettenhausen, Friedrich Gräsel, Kuno Gonschior, Günther Dohr, Bernd Damke, Günther Tollmann, Franz Rudolf Knubel – bis heute maßgebend für viele neue Entwicklungen in der Kunstszene des Reviers.

Josef Albers, Otto Pankok, Fritz Winter und Emil Schumacher bleiben bislang wohl die bekanntesten Künstler, die das Revier hervorgebracht hat. In ihrem Werk wird der Anspruch auch auf internationale Geltung sichtbar, dem sich die Kunst im Ruhrgebiet auch in Zukunft wird stellen müssen.

Ulrich Krempel

1951

29. 1. Aus dem Werk des Dortmund-Hörder-Hüttenvereins wird in einer der letzten Demontageaktionen im Ruhrgebiet die größte deutsche Schmiedepresse entfernt und nach England gebracht. →

3. 2. Alfried Krupp von Bohlen und Halbach wird vom amerikanischen Hochkommissar John J. Mc Cloy begnadigt und aus der Haft entlassen; die Einziehung seines Vermögens wird aufgehoben. →

April. Als Reaktion auf die sich verschärfende Energiekrise beschließt der Gemeinschaftsausschuß der deutschen gewerblichen Wirtschaft eine Investitionshilfe für den Bergbau. →

21. 5. Das Gesetz über die Montanmitbestimmung wird im Bundestag verabschiedet. →

8. 6. Im neuen Essener Opernhaus stellt sich erstmals das Folkwang-Tanztheater unter der Leitung von Kurt Joos vor.

1. 9. Aus der Gutehoffnungshütte AG werden die Oberhausener Hüttenbetriebe und das Drahtwerk Gelsenkirchen ausgegliedert. →

25. 9. In Dortmund findet eine große Protestdemonstration gegen die geplante Wiederbewaffnung der Bundesrepublik Deutschland statt. →

30. 11. Die Konsumgenossenschaft Neuland eröffnet an der Rappaportstraße in Marl den ersten Selbstbedienungsladen im Vest Recklinghausen. →

18. 12. Der neue Stadtverordnetensitzungssaal im wiederhergestellten Teil des Bochumer Rathauses wird eingeweiht.

23. 12. Die bundesdeutsche Mannschaft besiegt in Essen die Fußballnationalmannschaft von Luxemburg 4:1.

1951. Die Dortmunder Stadtverwaltung legt den ersten Wiederaufbau-Bericht unter dem Titel »Von der toten zur lebendigen Stadt« vor.

1951. Mit 10,1 Mio t Gütern wird in den Duisburg-Ruhrorter Häfen wieder mehr als ein Drittel des Warenumschlags der Vorkriegsjahre erreicht.

1951. Die Chemischen Werke Hüls errichten bei Witten-Herbede die Kleinstzeche Michel, um die eigene Kohleversorgung sicherzustellen.

1951. Der Xantener Domschatz wird der Öffentlichkeit zugänglich gemacht.

GESTORBEN:

8. 2. Buenos Aires: Fritz Thyssen (*9. 11. 1873, Mülheim an der Ruhr), Industrieller.

14. 3. Bochum: Saladin Schmitt (*18. 9. 1883, Bingen), Regisseur und Intendant (→ 15. 4. 1919).

Dortmunder Wiederaufbau-Bericht

1951. Unter dem Titel »Von der toten zur lebendigen Stadt« legt die Stadt Dortmund ihren ersten Wiederaufbau-Bericht vor.

Der Haus- und Wohnungsbestand in Dortmund war durch die Bombenangriffe im Zweiten Weltkrieg zu fast 70% zerstört oder so stark beschädigt worden, daß er unbewohnbar war. Bedeutete dies einerseits massive Wohnungsnot (→ 1946), so nahmen die Stadtplaner andererseits die Gelegenheit wahr, lange vorgesehene Veränderungen im Stadtbild vorzunehmen. Im Oktober 1947 beschloß die Dortmunder Stadtvertretung einstimmig: »Der starke Zerstörungsgrad der Innenstadt bietet die einmalige Gelegenheit weitgehender baulicher Auflockerung und Sanierung. Die Stadtvertretung hält es für notwendig, das gesamte Stadtgebiet [gemeint sind nur Alt-Dortmund und Hörde] zum Neuordnungsgebiet zu erklären.«

Im Zentrum der neuen Stadtplanung standen Eingriffe in das alte Straßensystem zugunsten einer besseren Verkehrsführung. Die Innenstadt wurde durch die Verlegung des noch aus dem Mittelalter stammenden Verkehrskreuzes nach Norden und Osten entlastet: Der Verkehr fließt jetzt über die wesentlich verbreiterten Straßenzüge Kampstraße – Brüderweg und Kleppingstraße – Kuckelke. Das neue Verkehrskreuz findet im Westen (Rheinische Straße) und Osten (Hamburger Straße) Anschluß an den Hellweg und im Norden (Bornstraße) und Süden (Ruhrallee) Verbindungen zum Fernstraßennetz. Der damit vom Durchgangsverkehr befreite Osten-/Westenhellweg erhält den Charakter einer reinen Einkaufsstraße.

Andere Straßen wurden begradigt und erweitert. Innenstadttangenten mit Querverbindungen sollen weitere Entlastung schaffen, so im Westen der ausgebaute Straßenzug Lindemannstraße – Möllerstraße – Lange Straße – Sedanstraße (später Brinkhoffstraße) – Schützenstraße.

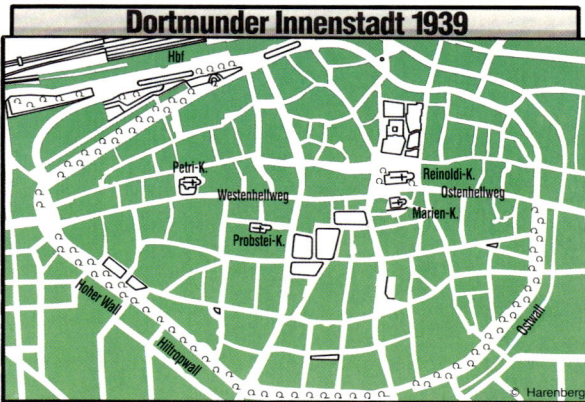

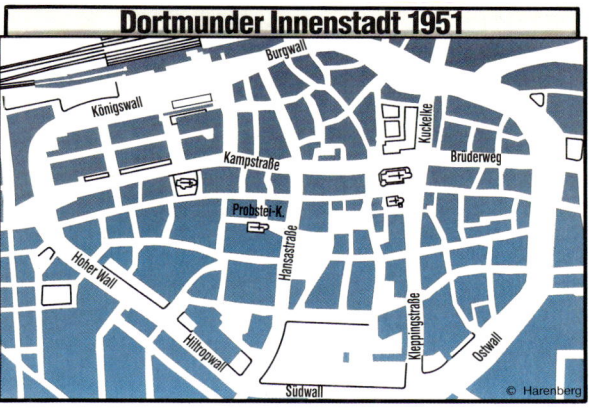

Oben: Grundriß der Dortmunder Innenstadt um 1939; vor dem Zweiten Weltkrieg gab es neben engen Gassen mit alten Fachwerkhäusern auch schon breite Geschäftsstraßen mit modernen Großbauten.
Unten: Das wiederaufgebaute Dortmund; Kuckelke und Kleppingstraße sowie die Hansastraße im Westen bilden die neuen Nord-Süd-Achsen. Die Ost-West-Achse führt durch Kampstraße und Brüderweg. Der Hellweg erhält den Charakter einer reinen Einkaufsstraße.

Die Bebauung des Stadtkerns ist geprägt von einer starken Konzentration des Grundbesitzes. Die früher ca. 1800 Grundstückseinheiten reduzieren sich auf rund 800. Am Hellweg, der Hohen-, Kamp- und Hansastraße entstehen neue Großbauten der Kaufhäuser, Banken und Versicherungen, welche die Anwohner verdrängen und so die Innenstadt »entvölkern«.

Proteste gegen Wiederbewaffnung

25. September 1951. In Dortmund demonstrieren mehrere tausend Menschen gegen die geplante Wiederaufrüstung der Bundesrepublik Deutschland. Im Herbst 1950 hatte Bundeskanzler Konrad Adenauer den alliierten Siegermächten des Zweiten Weltkriegs die Aufstellung einer bundesrepublikanischen Armee als Beitrag zur Verteidigung Westeuropas angeboten.
Gegen die Wiederaufrüstung regt sich sofort Widerstand in Teilen der Bevölkerung, die noch unter dem Eindruck des sechs Jahre zuvor beendeten Krieges steht.

Bereits am 8. Januar 1950 von der KPD organisierte Protestkundgebung gegen die Wiederaufrüstung der Bundesrepublik auf dem Dortmunder Hansaplatz

1951

Arbeiter des Ruhrbergbaus bei der Urabstimmung über einen Streik zur Durchsetzung der Mitbestimmung

Verhandlungen über die Montanmitbestimmung, an der Stirnseite des Tisches Bundeskanzler K. Adenauer

Gewerkschaften sind zufrieden

Mit der Verabschiedung der Montanmitbestimmung im Deutschen Bundestag am 21. Mai 1951 sieht die Industriegewerkschaft Bergbau eine der wesentlichsten Forderungen in der Geschichte der Bergarbeiterbewegung in Deutschland erfüllt: Die Beteiligung der Zechenbelegschaften an der Leitung der Bergbaubetriebe und die Mitbestimmung in allen betrieblichen und sozialen Fragen. Auf einer außerordentlichen Generalversammlung der IG Bergbau am 30. Januar 1951 in Essen nimmt der Vorsitzende des Deutschen Gewerkschaftsbundes, Hans Böckler, zum Erreichten Stellung:

»Was hier vorliegt ... ist nicht die volle Erfüllung der Wünsche der Arbeitnehmerschaft ... Aber ein Anfang ist gemacht. Wenn ihr wollt, dann dürft ihr sogar sagen, ein recht guter Anfang ist gemacht, da in den beiden Wirtschaftsgruppen, die von je bei der deutschen Arbeitnehmerschaft ihren besonderen Ruf hatten, die erste Bresche geschlagen wurde. Und nun versteht es sich am Rande, daß es nur mit der innerbetrieblichen Regelung, die hier versucht wird, für die beiden Wirtschaftsgruppen sein Bewenden nicht haben kann; denn andere Gruppen werden nachfolgen ... Die ganze Wirtschaft wollen wir ja umformen, neu aufbauen, nachdem sie vollständig zerschlagen am Boden lag ...«

Bundestag beschließt Mitbestimmung

21. Mai 1951. Der Deutsche Bundestag verabschiedet mit großer Mehrheit gegen die Stimmen der Freien Demokraten (FDP) und der Deutschen Partei (DP) das »Gesetz über die Mitbestimmung der Arbeitnehmer in den Aufsichtsräten und Vorständen der Unternehmen des Bergbaus und der Eisen und Stahl erzeugenden Industrie«.

Unter dem Vorsitz von Bundeskanzler Konrad Adenauer hatten sich Vertreter der Arbeitgeber, des Deutschen Gewerkschaftsbundes, der IG Metall und der IG Bergbau am 25. Januar 1951 auf ein gemeinsames Modell zur Montanmitbestimmung verständigt. Die Einigung war zustande gekommen, nachdem sich im November 1950 über 95% der Belegschaften der Eisen- und Stahlindustrie und Anfang Januar 1951 knapp 93% der Bergarbeiter in einer Urabstimmung für einen Streik zur Durchsetzung der Mitbestimmung ausgesprochen hatten.

In der endgültigen Regelung erhalten Arbeitgeber und Belegschaftsvertreter jeweils die Hälfte der Aufsichtsratssitze. Die Arbeitnehmervertreter werden auf Vorschlag der Gewerkschaften und der Betriebsräte von den Belegschaften gewählt. Der neutrale elfte Mann wird von Arbeitgeber- und Gewerkschaftsvertretern gemeinsam ernannt. Der paritätisch besetzte Aufsichtsrat wählt den dreiköpfigen Unternehmensvorstand: Während für den kaufmännischen und technischen Direktor eine einfache Mehrheit genügt, bedarf der für tarif- und sozialpolitische Fragen zuständige Arbeitsdirektor der Zustimmung der Mehrheit der Gewerkschaftsvertreter.

Wirtschaft bewilligt Investitionshilfe für Bergbau

April 1951. Unter dem Eindruck einer sich verschärfenden Energiekrise legt der Gemeinschaftsausschuß der deutschen gewerblichen Wirtschaft, ein seit 1950 bestehender Zusammenschluß industrieller Spitzenverbände, einen Investitionshilfe-Plan vor. Kern der Investitionshilfe ist es, dem deutschen Bergbau finanzielle Mittel zur Modernisierung seiner Anlagen, zum Abteufen neuer Schächte und für den Wohnungsbau zur Verfügung zu stellen. Seit 1945 hat sich die Steinkohlenförderung in Deutschland vervierfacht, wobei auf den Ruhrbergbau ein Anteil von etwa 90% entfällt; die im Rahmen des Ruhrstatuts (→ 28. 12. 1948) von den Alliierten geforderte Kohle und der wachsende Bedarf der im Aufbau befindlichen deutschen Nachkriegswirtschaft übersteigen jedoch bei weitem die einheimischen Förderkapazitäten. Seit mit Ausbruch des Zweiten Weltkrieges notwendige Modernisierungs- und Reparaturarbeiten als ineffektiv gestoppt worden waren und Kohle um jeden Preis mit billigen Arbeitskräften gefördert wurde, hatte der Ruhrbergbau den Anschluß an den hohen technischen Standard anderer Bergbaureviere im westlichen Ausland (z. B. Belgien) verloren.

Eine der zahlreichen Kleinstzechen im Revier, die von Unternehmen angelegt werden, um den dringenden Bedarf an Kohle zu decken. Die Chemischen Werke Hüls errichten bei Herbede an der Ruhr die Kleinstzeche Michel, die bis März 1954 das Werk versorgt.

Im März 1951 forderte die von der britischen und amerikanischen Militärregierung 1947 eingesetzte Deutsche Kohlenbergbau-Leitung ein Sofortprogramm für den Bergbau: Insgesamt wurden 2,3 Mrd DM für die Vollmechanisierung der Schachtanlagen, eine Vergrößerung der Kraftwerke, die Modernisierung der Über-Tage-Anlagen und den Bergarbeiterwohnungsbau veranschlagt.

Durch die von der gewerblichen Industrie organisierte Investitionshilfe fließen schließlich insgesamt 228,2 Mio DM in die Kassen der Bergbaubetriebe. Die im gleichen Jahr von der Bundesregierung in einem Investitionshilfegesetz gewährten Sonderabschreibungen für die Bergbauunternehmen und die Lockerung der Kohlepreisbindung führen den Steinkohlenbergbau des Ruhrgebiets ab 1952 zum ersten Mal seit den 30er Jahren in die Gewinnzone.

Die demontierte 10 000-t-Schmiedepresse der Dortmund-Hörder-Hüttenverein AG vor dem Abtransport durch britische Besatzungstruppen

Letzte Demontageaktion

29. Januar 1951. In einer letzten Demontageaktion der britischen Besatzungsmacht im Ruhrgebiet wird die 10 000 t-Schmiedepresse vom Werksgelände des Dortmund-Hörder-Hüttenvereins entfernt, um nach England gebracht zu werden.
Die WAZ berichtet: »Kurz vor 18 Uhr trat der vier Meter breite und drei Meter hohe massive Stahlkoloß seine Fahrt nach dem Kanalhafen in Essen an ... Beim Einbiegen in die Rheinische Straße, die von Hunderten von Menschen eingesäumt war, begannen von der nahe gelegenen St. Annakirche die Glocken zu läuten. Der Klang wurde zum Trauergeläut für die größte deutsche Schmiedepresse, die nun endgültig für Deutschlands Industrie verloren ist.« Am 1. Februar wird die Schmiedepresse nach Liverpool verschifft.
Im Rahmen der alliierten Demontagemaßnahmen waren im Ruhrgebiet u. a. sechs Hochöfen, 47 Siemens-Martin-Öfen und 69 Elektrostahlöfen abgerissen worden. Ebenso wie modernste Walz- und Fertigungsanlagen wurden sie abgebaut und ins Ausland gebracht.

GHH-Entflechtung in vier Unternehmen

1. September 1951. Gegen den Widerstand der Unternehmensleitung werden die Oberhausener Hüttenbetriebe und das Drahtwerk Gelsenkirchen im Rahmen der Maßnahmen zur Entflechtung der Ruhrkonzerne (→ 17. 1. 1947) aus der Gutehoffnungshütte Oberhausen AG (GHH) ausgegliedert. Ein Jahr später wird auf Anweisung der britischen Behörden die Bergbau AG Neu-Hoffnung gegründet, in der ehemals zur GHH gehörende Zechen zusammengefaßt werden.
Die neuen Gesellschaften sind selbständige Unternehmen, doch werden die früheren GHH-Aktionäre mit Aktien der Neugründungen entschädigt. Nur das Stimmrecht der Großaktionäre aus der Familie Haniel wird beschränkt.
Die Produktion des ehemaligen GHH-Konzerns, die vor der Entflechtung alle Stufen von der Rohstoffgewinnung bis zur Herstellung der Endprodukte umfaßte, ist durch die Aufteilung des Unternehmens in insgesamt vier Gesellschaften aufgespalten; damit ist das Hauptziel der alliierten Entflechtungspolitik erreicht. Die neuen Produktionsstätten liegen z. T. unmittelbar nebeneinander und sind über gemeinsame Versorgungs- und Transporteinrichtungen miteinander verbunden.

Alfried Krupp (l.) nach seiner Entlassung, r. sein Bruder Berthold

Alfried Krupp aus Haft entlassen

3. Februar 1951. Alfried Krupp von Bohlen und Halbach wird nach knapp sechs Jahren Haft entlassen, nachdem der amerikanische Hochkommissar für Deutschland, John McCloy, seine Begnadigung vier Tage zuvor unterzeichnet hatte. Alfried Krupp war im Rahmen der Nürnberger Kriegsverbrecher-Prozesse (→ 31. 7. 1948) zu zwölf Jahren Haft verurteilt worden, sein Besitz wurde beschlagnahmt. Beide Maßnahmen sind nun im Rahmen der Begnadigung aufgehoben.

Jeder Kunde sein eigener Verkäufer

30. November 1951. Die Konsumgenossenschaft Neuland eröffnet mit ihrer neuen Filiale an der Rappaportstraße in Marl den ersten Selbstbedienungsladen im Vest Recklinghausen.
Am Ladeneingang stehen rund 50 Körbe und Einkaufswagen bereit, mit denen die Kunden einkaufen können. Die Waren werden in Wandregalen präsentiert, in der Mitte des Geschäftsraums stehen drei ovale Regale mit weiteren Waren.
Rosinen, Haferflocken und Reis sind wie andere ehemals lose Waren in durchsichtige Zellophantüten abgepackt, in ordentlichen Stapeln aufgebaut und mit Preisschildern versehen. Wurstwaren, Butter, Gebäck, Gemüse und Obst werden noch von einer Verkäuferin abgewogen.
Große Spiegel an den Wänden und die übersichtliche Anordnung der Stände sollen verhindern, daß Kunden die Aufforderung zur Selbstbedienung falsch verstehen und Lebensmittel heimlich in Mänteln oder Taschen verschwinden lassen. Auf dem Weg zum Ausgang passieren die Kunden zwei moderne Registrierkassen. Die Kassiererinnen addieren in kürzester Zeit die Preise der Waren im Einkaufskorb. Am Abend rechnen die Kassen automatisch die Tageseinnahmen aus.

Kundin im ersten Marler Selbstbedienungsladen nach amerikanischem Vorbild; die Kunden sammeln die Waren in praktischen Einkaufswagen

Industrieller Thyssen stirbt in Argentinien

8. Februar 1951. Der aus Mülheim stammende Industrielle Fritz Thyssen stirbt in Buenos Aires (Argentinien) im Alter von 77 Jahren an den Folgen eines Herzschlags.
1873 war Thyssen als Sohn des Konzerngründers August Thyssen geboren worden. Im Jahre 1926 hatte er den Aufsichtsratsvorsitz im größten europäischen Stahlkonzern eingenommen, der Vereinigte Stahlwerke AG (→ 5. 5. 1926).
Fritz Thyssen, langjähriges Mitglied der NSDAP und einer der maßgeblichen Förderer Hitlers, brach 1939 mit dem Nationalsozialismus und floh ins Ausland (→ 31. 8. 1939). 1940 geriet er jedoch in Gestapohaft und wurde bis zum Kriegsende in verschiedenen Gefängnissen festgehalten. 1948 aus amerikanischer Gefangenschaft entlassen, wanderte er nach Südamerika aus.

1951

Freizeit in den Fünfziger Jahren

Die 50er Jahre sind die Zeit des Wiederaufbaus, die Not der ersten Nachkriegsjahre ist überwunden, und die Lebensverhältnisse verändern sich zum Besseren. Die Menschen haben wieder mehr Freizeit und können sich mehr leisten.

Im Ruhrgebiet zählen Kinobesuche, Sport, Taubenzucht und Schrebergärten zu den beliebtesten Freizeitbeschäftigungen. Auch Theatervorstellungen werden gern besucht. Besondere Publikumsmagneten sind Fußballspiele, speziell die Lokalderbys, und Boxveranstaltungen. Die Jugend veranstaltet Seifenkistenrennen, tanzt Rock'n Roll oder fährt Motorrad – eine Vorliebe, die derartige Ausmaße annimmt, daß 1956 eine Ergänzung zur Straßenverkehrsordnung erlassen wird, die das Herumfahren mit Motorrädern ohne nachweisbares Ziel verbietet.

Der Nachholbedarf ist groß, nicht nur an hochwertigen Lebensmitteln und Konsumgütern, wie z. B. modernen Möbeln und modischer Kleidung, sondern auch an Unterhaltung. Schon 1945 begannen die ersten Theater, wieder Stücke aufzuführen, und unmittelbar nach Freigabe der ersten Filme sind die Kinos gefüllt mit Menschen, die sich in ihren zerstörten Städten von den Alltagssorgen ablenken lassen möchten. Es ist der Anfang eines Kino-Booms, der bis Mitte der 50er Jahre anhält, und besonders auch das Publikum in den Großstädten des Ruhrgebiet erfaßt.

Die immer liebevoll und individuell gestaltete Gartenlaube bildet den Mittelpunkt in jedem Schrebergarten

Seifenkistenrennen zählen auch im Ruhrgebiet zu den beliebten, weil preiswerten Freizeitvergnügen

Die typische »Schmalztolle« nach dem Vorbild amerikanischer Rockstars gehört in den 50er Jahren nicht nur auf Tanzveranstaltungen zum zeitgemäßen Erscheinungsbild der männlichen Jugend, der sog. Halbstarken

Am Wochenende treffen sich Züchter und Liebhaber der »Rennpferde des kleinen Mannes« zum Taubenwettfliegen in fast allen Städten des Reviers

Einen besonderen Wert auf korrekte Kleidung legen die Spaziergänger am Sonntag bei ihrer Promenade durch Stadtpark und Naherholungsanlagen

1952

2./3. 2. Bundespräsident Theodor Heuss weiht die neue Westfalenhalle in Dortmund ein. →

22. 2. Bei den Winterspielen in Oslo erringt das Dortmunder Eiskunstlaufpaar Baran/Falk die Goldmedaille. →

9. 3. Heinz Neuhaus, Schwergewichtsboxer aus Dortmund, erringt in der Westfalenhalle die Europameisterschaft gegen den Belgier Karel Sys. →

29. 4. Der Deutsche Bundestag ratifiziert das Gesetz zur Eingliederung der Bundesrepublik in die Europäische Gemeinschaft für Kohle und Stahl (EGKS). →

9. 5. Mit einer Ratssitzung im städtischen Saalbau wird die 1100-Jahrfeier der Stadt Essen eröffnet.

11. 5. Bei einer Demonstration gegen die Wiederbewaffnung in Essen werden ein Demonstrant erschossen und mehrere schwer verletzt.

16. 5. Das Lastenausgleichsgesetz für die Vertriebenenhilfe tritt in Kraft. →

27. 6. Bei einer Schlagwetterexplosion auf der Zeche Adolf von Hansemann in Dortmund-Mengede kommen fünf Bergleute ums Leben, 25 werden verletzt.

28. 6. In Dortmund wird die erste Lotterie für den Wiederaufbau der St. Reinoldi-Kirche veranstaltet. →

26. 7. Die Strandbäder am Essener Baldeneysee werden wegen der starken Verbreitung von Kinderlähmung geschlossen.

11. 11. Mit dem Gesetz über den Deutschen Wetterdienst wird das Wetteramt Essen-Mülheim zur nordrhein-westfälischen Vertretung der Bundesanstalt Deutscher Wetterdienst. →

1952. Auch im Ruhrgebiet wird auf Modenschauen die neue Linie der französischen Mode vorgestellt.

1952. Im Ruhrbergbau ist die Zahl der Todesfälle durch Silikose dreimal so hoch wie die Häufigkeit der tödlichen Unfälle unter Tage. →

1952. Bochum erhält eine neue Stadtbücherei an der Albertstraße; auch ein städtisches Hallenbad wird errichtet.

1952. In Dortmund wird das Institut für Spektrochemie und angewandte Spektroskopie gegründet, das sich mit dem Nachweis von Giften und Schadstoffen in der Umwelt befaßt.

1952. Die Bundesbahn und die Vestischen Straßenbahnen unterhalten Sonderzüge für die Pendler zu den Chemischen Werken in Marl-Hüls. →

1952. Die Gemeinde Fröndenberg (Kreis Unna) erhält die Bezeichnung Stadt.

Hilfe für die Vertriebenen

16. Mai 1952. Mit einer Schlußabstimmung beschließt der Deutsche Bundestag ein Lastenausgleichsgesetz für Vertriebene aus den ehemals deutschen Ostgebieten. Daraus resultierende Entschädigungszahlungen sollen die größte Not der Betroffenen lindern helfen.

Die Zuwanderung von Vertriebenen und Flüchtlingen nach Ende des Weltkriegs in die Städte des Ruhrgebiets stellte angesichts der immensen Kriegslasten ein erhebliches Problem für die Kommunen dar. Allgemeine Wohnungsnot und fehlende Beschäftigungsmöglichkeiten zwangen die Verwaltungen zur vorläufigen Unterbringung der Zuwanderer in Massenaufnahmelagern. Nach einem Beschluß des Alliierten Kontrollrates sollte die britische Zone schon 1945 eineinhalb Millionen Deutsche aus Polen und den Ostgebieten aufnehmen. Bis 1946 gelangten rund 700 000 Flüchtlinge nach Nordrhein-Westfalen. 1950 betrug in Duisburg der Anteil der Vertriebenen mit 24 539 Personen rund 6% der Bevölkerung. Die höchsten Zuwanderungsgewinne verzeichnen Marl (Dezember 1950: 75%) und das Vest Recklinghausen mit 58,1% Vertriebenen an der Gesamtzahl der Zuwanderungen im Jahr 1952.

Empfang von Heimatvertriebenen am Bahnhof in Gladbeck durch den Leiter des Flüchtlingsamtes (M.), der ihnen die Übergangsquartiere zuweist

Polizei in Essen tötet Protestler

11. Mai 1952. Bei einer Protestveranstaltung gegen die Wiederbewaffnungspläne der Regierung Adenauer in Essen kommt es zu blutigen Auseinandersetzungen. Ein Demonstrant wird getötet und mehrere Menschen werden verletzt, als die Polizei beginnt, die kurz zuvor verbotene Kundgebung aufzulösen.

Die Demonstration in Essen, zu der die kommunistische Jugendorganisation Freie Deutsche Jugend (FDJ) aufgerufen hatte und zu der über 30 000 Menschen gekommen waren, findet vor der Gruga statt. Die Auseinandersetzungen beginnen, als die Polizei nach Steinwürfen von Demonstranten Schußwaffen einsetzt.

Silikose nimmt bei Ruhrbergleuten zu

1952. Im Ruhrbergbau ist die Zahl der tödlich verlaufenden Silikosefälle dreimal so hoch wie die Häufigkeit der tödlichen Unfälle unter Tage. Die seit 1929 verzeichnete stetige Zunahme der Erkrankungen ist z. T. auch auf verbesserte medizinische Diagnosemethoden zurückzuführen. Ärzte vermuten aber auch einen Zusammenhang mit der Zunahme des Abraums bei der Kohlegewinnung. Entsprechend dem Gesteinsanteil an der geförderten Kohle ist der Anteil des Gesteinsstaubs am Kohlestaub seit 1932 von 10% auf 20% gestiegen. Quarzhaltige Staubteilchen greifen die Lunge an und bilden so die Silikose.

Bundestag stimmt Montanunion zu

29. April 1952. Der Bundestag ratifiziert das Gesetz zur Eingliederung der Bundesrepublik Deutschland in die Europäische Gemeinschaft für Kohle und Stahl (EGKS). Fast auf den Tag genau vor einem Jahr, am 18. April 1951, hatten die Außenminister der Bundesrepublik, Frankreichs, Belgiens, Italiens, der Niederlande und Luxemburgs im Uhrensaal des Quai d'Orsay in Paris den Vertrag zur Gründung der EGKS unterzeichnet. Er tritt am 23. Juli 1952 in Kraft.

Der Plan zum wirtschaftlichen Zusammenschluß geht zurück auf die Initiative des französischen Außenministers Robert Schumann. Die Unterzeichnung des Gründungsvertrages der EGKS durch sechs europäische Nationen vor einem Jahr war ein erster Schritt in diese Richtung. Damals hatte die WAZ die grundlegende Bedeutung des Schumann-Plans betont: »Die Idee des Schumann-Planes ist eine in erster Linie politische Idee, die jetzt auf einen wirtschaftlichen Fragenkomplex Anwendung findet ... [Seine] Bedeutung liegt darin, daß sich sechs europäische Regierungen dazu entschlossen haben, das große Experiment der wirtschaftlichen Integration ihrer Länder zu beginnen.« Inhalt des Vertrages ist die Schaffung eines gemeinsamen Marktes für Kohle und Stahl zwischen den Unterzeichnerstaaten, der Abbau von Zöllen sowie eine gemeinsame Preis- und Absatzpolitik.

Wetteramt Essen – 40 Jahre Tradition

11. November 1952. Mit dem Gesetz über den Deutschen Wetterdienst wird die Grundlage über eine einheitliche Organisation des Wetterdienstes in der Bundesrepublik Deutschland geschaffen. Das Wetteramt Essen-Mülheim am Flughafen wird zur nordrhein-westfälischen Vertretung der Bundesanstalt Deutscher Wetterdienst in Offenbach. Die wetterdienstliche Tradition in Essen begann schon 1913 mit der Gründung eines städtischen Observatoriums an der Schillerstraße. Als 1934 der Reichswetterdienst gegründet wurde, übernahm die Wetterwarte am Flughafen die Aufgaben des Observatoriums.

Täglich mit Bahn und Bus zur Arbeit

1952. Die Chemische Werke Hüls GmbH in Marl transportiert täglich mit Bussen, Straßenbahnen und Sonderzügen ihre Belegschaft aus Wohnorten, die bis zu 80 km entfernt sind. Die Chemischen Werke gehören mit einer Gesamtbelegschaft von über 8000 Beschäftigten zu den größten Arbeitgebern im Vest Recklinghausen. 6334 Werksangehörige leben im Stadt- und Landkreis Recklinghausen, die anderen reisen täglich aus dem übrigen Ruhrgebiet und dem südlichen Münsterland nach Marl. Die Bundesbahn hat für die Pendler drei Sonderzüge eingesetzt. Nach Schätzungen hat nur einer von 100 Arbeitern ein Auto, zwei von 100 besitzen ein Motorrad.

Lotterie zum Aufbau der Reinoldi-Kirche

28. Juni 1952. Auf dem Platz vor der Dortmunder St. Reinoldi-Kirche beginnt die erste, bis zum 7. August dauernde Lotterie zugunsten des Wiederaufbaus des größten Gotteshauses der Stadt.
Als Hauptgewinne winken ein nagelneuer »Hansa 1800«, der Volkswagen Standard, zwei Lloyd-Limousinen, zwei »Tempo«-Lieferdreiräder sowie Dutzende chromblinkender Fahrräder. Bereits am ersten Tag werden soviel Lose verkauft, daß sie, aneinandergereiht, von der Reinoldi-Kirche bis unmittelbar zur Hohensyburg reichen würden.
1953 bis 1955 finden weitere Lotterien statt. Am 3. Juni 1956 wird die fertiggestellte Kirche eingeweiht.

Die noch im Bau befindliche Dortmunder Westfalenhalle; die neue Mehrzweckhalle soll die 1944 zerstörte Halle aus Holz und Glas ersetzen

Bei Kaffee und Kuchen führt das Essener Modehaus Overbeck & Weller seine neuen Frühjahrsmodelle unter freiem Himmel am Baldeneysee vor

Großer Besucherandrang herrscht bei der Eröffnung der Westfalenhalle; das Eröffnungsprogramm kann mit vielen Attraktionen aufwarten

Wespentaille ist gefragt

1952. Modenschauen, die den Zuschauerinnen zu Kaffee und Kuchen einen Eindruck der neuesten französischen Entwürfe vermitteln, erfreuen sich im Ruhrgebiet zunehmender Beliebtheit.
Im Sommer 1952 tendieren die französischen Modemacher zu sehr beschwingten, weiten Röcken mit extrem schmaler Taille, die durch breite Gürtel betont wird. Die Ärmel sind kurz oder halblang gepufft, manchmal plissiert, jedoch immer weit und bauschig; bevorzugt werden zarte Pastellfarben.
Frauen, die nicht gerade die 45-cm-Taille eines Star-Mannequins aufweisen oder sich den Luxus einer neuen Sommergarderobe nicht leisten können, finden in Zeitungen und Illustrierten zahlreiche Anregungen zur modischen Verwandlung älterer Kleidungsstücke.
Praktisch und beliebt ist der Trick, einteilige Kleider zu teilen. Der Rock erhält ein Bündchen, aus dem Oberteil läßt sich ein Bolero arbeiten, unter dem auch ältere Blusen noch aufgetragen werden können. Ist ein Kostüm an den Kanten abgestoßen oder zu eng geworden, läßt sich aus der Jacke noch eine flotte Weste arbeiten, die etwaige Fettpölsterchen an der Taille dezent überdeckt.

Mit den Eröffnungsfeierlichkeiten wird das Olympische Jahr eingeleitet

Blick in die weite Kuppel; Stahlbetonträger ermöglichen die freitragende Konstruktion der Halle

Die Westfalenhalle, am Ruhrschnellweg gelegen, wird bald zum weithin bekannten Wahrzeichen Dortmunds

Neue Westfalenhalle öffnet ihre Tore

2./3. Februar 1952. In Dortmund wird die unter der Leitung des Architekten Walter Höltje neuerbaute Westfalenhalle eröffnet. Die Veranstaltungshalle kann für die verschiedensten Erfordernisse hergerichtet werden und wird künftig zum Schauplatz großer Sport- und Showereignisse.

Die neue Westfalenhalle wurde am Ruhrschnellweg, an der Stelle der 1944 abgebrannten Holzhalle, errichtet. Die Stahlbetonkonstruktion, deren 100 × 80 m großer, ellipsenförmiger Innenraum ohne sichtbehindernde Pfeiler von einer weiten Kuppel überdacht ist, wird von der Fachpresse übereinstimmend als »modernes Amphitheater« gepriesen. Andere Attribute sind »Arena der Sensationen« und auch »Koloß aus Stahl und Glas«. Im Volksmund wird die neue Mehrzweckhalle gern nach dem ersten Geschäftsführer als »Wortelmanns Käseglocke« bezeichnet.

Die Eröffnungsreden am Samstag, dem 2. Februar, halten Dortmunds Oberbürgermeister Fritz Henßler und der Ministerpräsident von Nordrhein-Westfalen Karl Arnold. Auf dem Programm stehen weiterhin ein Schaulaufen der aus Dortmund stammenden Welt- und Europameister im Eiskunstlauf, Ria Falk-Baran und Paul Falk, sowie ein Eishockeyspiel des Deutschen Meisters Preußen Münster gegen die Grashoppers Zürich.

Am Sonntag leitet Bundespräsident Theodor Heuss in seiner Ansprache vor 5000 geladenen Ehrengästen das Olympische Jahr 1952 ein; es folgt eine Vorführung verschiedener Sportarten unter dem Motto »Olympia ruft«.

Die Eröffnung der modernen Arena wird trotz kleiner Pannen ein großer Erfolg. So hatte z. B. der Ansager den Zuschauern des Eishockeyspiels versprochen, sie dürften jeden verschlagenen Puck als Souvenir behalten, mit der Konsequenz, daß im letzten Spieldrittel alle Pucks in den Zuschauerreihen verschwunden waren. Um das Spiel beenden zu können, mußten die Schiedsrichter das Publikum um Rückgabe wenigstens eines Pucks bitten. In den folgenden Jahren erlebt die Dortmunder Halle zahlreiche Sportveranstaltungen.

1952

Olympische Spiele in Oslo und Helsinki

22. Februar 1952. Die aus Dortmund stammenden Eiskunstläufer Paul Falk und Ria Falk-Baran erringen bei den Olympischen Winterspielen in Oslo die Gold-Medaille im Paarlaufen. Im gleichen Jahr gewinnen sie, wie schon 1951, die Europa- und Weltmeisterschaften.

Nicht ganz so erfolgreich wie die Eiskunstläufer sind die Sportler aus dem Ruhrgebiet, die an den Olympischen Sommerspielen in Helsinki teilnehmen. Nachdem die Olympiaden 1940 und 1944 nicht stattfanden und deutschen Sportlern 1948 in St. Moritz und London die Teilnahme verweigert wurde, geben die Spiele von 1952 den westdeutschen Sportlern erstmals wieder Gelegenheit zum internationalen Vergleich.

Die deutsche Mannschaft erringt in Helsinki nur wenige Silber- und Bronze-Medaillen, einige davon können Athleten aus dem Ruhrgebiet erkämpfen. So erringt Michael Scheuer aus Duisburg eine Bronze-Medaille im Einer-Kajak, Werner Lueg aus Gevelsberg ist im 1500-m-Lauf mit einer Bronze-Medaille erfolgreich; mit 3:45,4 sec ist er nur zwei Zehntel langsamer als seine Konkurrenten aus Luxemburg und den USA, die Lueg im Endspurt noch auf der Ziellinie abfangen. Bei den Damen gewinnt die Dinslakenerin Maria Sander-Dogmalla mit einem dritten Platz über 80-m-Hürden eine Bronze-Medaille, außerdem erläuft sie mit der Staffel über 4 × 100-m eine Silber-Medaille. Günter Haase aus Oer-Erkenschwick erreicht Bronze im Turmspringen.

Insgesamt erringt die deutsche Mannschaft bei den Sommerspielen, an denen erstmals auch Athleten aus dem Ostblock teilnehmen, nur sieben silberne und 16 bronzene Medaillen, alle kämpfen jedoch getreu dem Grundsatz »Dabeisein ist alles«.

Die glücklichen Goldmedaillengewinner Paul Falk und Ria Falk-Baran werden bei ihrer Ankunft auf dem Düsseldorfer Bahnhof herzlich empfangen

Heinz Neuhaus neuer Box-Europameister

9. März 1952. Der Schwergewichtsboxer Heinz Neuhaus (Dortmund) gewinnt nach einem packenden Kampf gegen den Belgier Karel Sys in der Dortmunder Westfalenhalle den Titel des Europameisters seiner Gewichtsklasse.

Die WAZ berichtet am folgenden Tag unter der Schlagzeile »Wildes Kämpfen triumphiert über Technik«: »... Karel Sys boxte nicht nur, er kämpfte auch, er schlug sich wie ein Berserker, er verteidigte seine Europameisterschaft sozusagen mit Klauen und Zähnen – und so wurde bei der kämpferischen Einstellung beider Boxer ein Erlebnis aus dem Kampf.« Neuhaus griff ununterbrochen an, der schnelle, technisch überlegene Sys wich jedoch geschickt aus, so daß Neuhaus oft, von der Wucht seiner eigenen Schläge mitgerissen, in den Seilen landete. »Nach der 15. Runde war man auf das Ergebnis gespannt. Der bessere Boxer war ohne Zweifel Sys, der größere Kämpfer und wuchtigere Schläger Neuhaus. Ein nicht vorstellbarer Jubel dröhnte durch die Halle, als Vasberg (der Ringrichter) auf Neuhaus zeigte.«

Nicht alle Beteiligten sind mit dieser Entscheidung einverstanden; der Manager des Belgiers kündigt einen Einspruch bei der Europäischen Boxunion an. Sogar Max Schmeling, der vor 25 Jahren den Titel des Europameisters gewann (→ 19. 7. 1927), hält die Entscheidung für nicht vertretbar. Der französische Ringrichter erläutert, er habe Regelverstöße des Belgiers nicht verwarnt, sondern mit Punktabzug geahndet. Dadurch wurde der offensivere Neuhaus Sieger nach Punkten.

Einen bis zuletzt spannenden Kampf bieten die Schwergewichtsboxer Heinz Neuhaus (r.) und Karel Sys (l.) dem Publikum in der Westfalenhalle

1953

10. 1. Nach gescheiterten Tarifverhandlungen im Ruhrbergbau beschließt der Hauptvorstand der IG Bergbau in Bochum den Streik. →

6. 2. Mit der Oper »Fidelio« von Ludwig van Beethoven wird das Theater der Stadt Marl eröffnet.

23. 2. Bottrop wird mit 100 000 Einwohnern Großstadt.

4. 3. Nach fast zweijährigen Verhandlungen tritt eine alliierte Anordnung in Kraft, der »Plan für die Entflechtung, Abtrennung und Verteilung von Vermögenswerten der Firma Fried. Krupp, Essen«.

7. 3. Alban Bergs Oper »Lulu«, 1937 in Zürich uraufgeführt, hat in Essen ihre Premiere in Deutschland. →

1. 5. Der Dortmunder Tierpark wird eröffnet.

1. 5. Im ersten Fußballpokal-Endspiel des DFB besiegt Rot-Weiß Essen Alemannia Aachen in Düsseldorf mit 2:1.

4. 5. Die Bochumer Volkssternwarte an der Schillerschule wird der Öffentlichkeit übergeben.

10. 5.–30. 9. In der Villa Hügel wird der Essener Münsterschatz ausgestellt.

18. 6. Im Zuge der Entflechtung der deutschen Schwerindustrie wird die vormals zur Gruppe Gelsenkirchen der GBAG gehörende Rheinelbe Bergbau AG gegründet.

31. 8. Nach langjährigen Verhandlungen mit der Deutschen Bundesbahn erhält die Stadt Bochum einen neuen Bahnhof (→ 30. 5. 1957).

6. 9. Aus den Wahlen zum zweiten Deutschen Bundestag geht die CDU/CSU als eindeutige Siegerin hervor. →

23. 9. In Bochum wird das neue Schauspielhaus eröffnet.

16. 10. Auf der Zeche Mathias Stinnes I/II/V in Essen-Karnap wird der größte und leistungsstärkste Förderturm der Welt in Betrieb genommen.

1. 11. Berthold Beitz wird Generalbevollmächtigter des Unternehmers Alfried Krupp von Bohlen und Halbach. →

1953. An der Mellinghoferstraße und der Dinkelbachhöhe in Mülheim an der Ruhr beginnt der Bau einer Großsiedlung für Stahlarbeiter der Phoenix Rheinrohr AG und der Eisenwerke Mülheim-Meiderich AG.

1953. Aus Mitteln des Marshall-Plans wird in Dortmund-Scharnhorst eine Bergarbeitersiedlung mit 1300 Wohnungen gebaut. →

1953. In Mülheim an der Ruhr wird die Jugendmusikschule gegründet.

1953. Zahlreiche Siebenbürger Sachsen ziehen nach Herten.

Wohnungen für Bergleute

1953. In Dortmund-Scharnhorst werden unter Einsatz von Mitteln aus dem Marshall-Plan (→ 16. 12. 1949) die ersten 800 Wohneinheiten einer Siedlung für Bergarbeiterfamilien errichtet.

Bis 1957 entstehen in der Großsiedlung Scharnhorst 1300 Wohneinheiten. Es werden fast ausschließlich Einfamilienhäuser gebaut.

Nach dem Zweiten Weltkrieg waren von 144 000 Wohnungen in Dortmund 102 000 vollständig zerstört oder schwer beschädigt (→ 1951). In den folgenden Jahren unternahm die Stadt große Anstrengungen, um durch Instandsetzung und Neubau ausreichend Wohnraum zu schaffen. Der Ruhrkohle kommt beim wirtschaftlichen Wiederaufbau der Bundesrepublik Deutschland große Bedeutung zu. Zur Erhöhung der Kohleförderung wird die Errichtung von Wohnungen für Bergleute als die volkswirtschaftlich wichtigste Aufgabe im Ruhrgebiet angesehen. Mit amerikanischen Fördermitteln und Geldern aus einer Kohlenabgabe wurden 1951 und 1952 Sonderprogramme für den Bergarbeiterwohnungsbau erstellt, in deren Rahmen auch die Großsiedlung Scharnhorst errichtet wird.

Im Windschatten eines ausgedehnten Industriegeländes mit den Hoesch-Hüttenwerken, den Zechen Kaiserstuhl II und Scharnhorst, einem Zementwerk u. a. wird diese Siedlung in einem Gebiet angelegt, das für Wohnzwecke nicht sonderlich geeignet ist. Bei der Behebung der dringendsten Wohnungsnot sind jedoch die Verfügbarkeit von Finanzierungsmitteln und Bauland, gleich in welcher Lage, sowie die möglichst rasche Durchführung der Siedlungsmaßnahmen die wichtigsten Gesichtspunkte. Wohnumweltbedingungen oder ein städtebauliches Konzept zur Trennung von Industrie- und Wohnanlagen stehen in den Jahren des Wiederaufbaus nicht zur Diskussion. Immerhin bemüht man sich um eine aufgelockerte Bebauung und die Einbeziehung von Grünflächen in die Siedlung. Das weiträumige Stadtgebiet Dortmunds bietet dazu ideale Voraussetzungen.

Sozialer Wohnungsbau in Dortmund 1948–1952

	Wohneinheiten	Anteile in %
Wiederaufbau		
allgemeiner Wohnungsbau	5 791	43,8
f. Bergarbeiter	2 786	21,1
f. Stahlarbeiter	1 083	8,2
f. Umsiedler	3 323	25,1
f. Bundesbahn u. -post	230	1,8
Neubau		
allgemeiner Wohnungsbau	2 502	20,6
f. Bergarbeiter	6 037	49,7
f. Stahlarbeiter	1 732	14,3
f. Umsiedler	1 780	14,7
f. Bundesbahn u. -post	82	0,7
Insgesamt	25 346	

Siedlung »Dinkelbachhöhe« in Mülheim mit Wohnungen für Stahlarbeiter

Spielplatz der Siedlung »Am Kuhlenkamp« in Bochum-Weitmar (1952/53)

Zeitgemäßes Wohnen mit Badezimmer und Raumsparküche

Die großen Wohnungsbaugesellschaften bemühen sich, die sanitäre Ausstattung der Wohnungen zu verbessern. Hatten über 88 % aller vor dem Krieg errichteten Wohnungen für Berg- und Hüttenarbeiter kein Bad, so werden 1952 knapp 96 % aller neugebauten und wieder instandgesetzten Mietwohnungen mit einer Badewanne und einem WC ausgestattet.

Die große Wohnküche der Vorkriegszeit hat ausgedient. In Neubauten sind die Küchen nur noch wenige Quadratmeter groß. Sie werden mit platzsparenden Anbaumöbeln eingerichtet.

Wohnzimmer in einer modernen Werkswohnung

Praktische Kleinküche

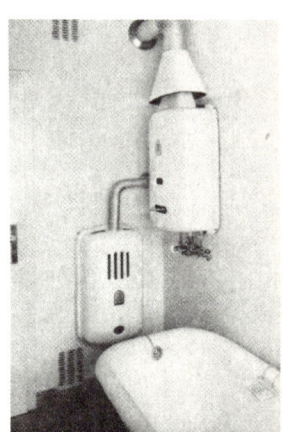

Moderner Baderaum

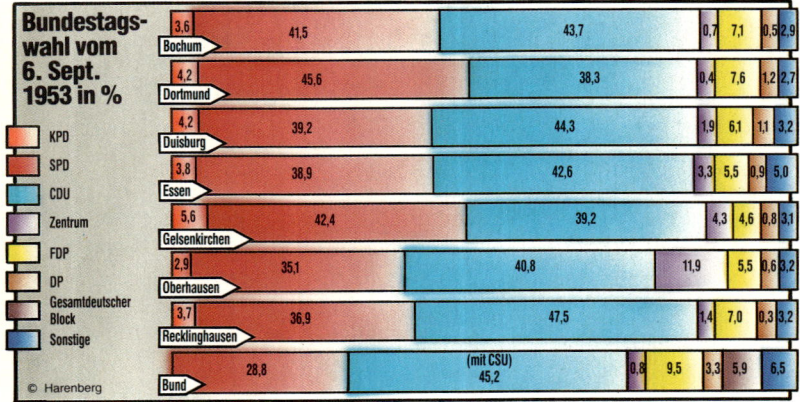

SPD im Ruhrgebiet vor CDU

6. September 1953. Die Wahlen zum zweiten Deutschen Bundestag enden mit einem hohen Wahlsieg für die CDU/CSU. Die Partei des amtierenden Bundeskanzlers Konrad Adenauer verbessert ihren Mandatsanteil im neuen Parlament um 104 auf 243 Sitze. Eindeutiger Verlierer ist die Sozialdemokratie. Zwar kann sie ihren Mandatsanteil um 20 auf 151 Sitze steigern, im Vergleich zur CDU/CSU bleibt ihr Zuwachs an Sitzen jedoch äußerst gering.

Erfreulicher gestaltet sich der Wahlausgang für die SPD im Ruhrgebiet, wo die Partei, ohnehin weit über dem Bundesdurchschnitt, in einigen Städten kräftig zulegt und in Dortmund ihr bislang bestes Ergebnis erzielt. Die CDU hingegen bleibt im Revier unter ihrem bundesweiten Ergebnis. Der Wahlausgang signalisiert der Koalition aus CDU/CSU, FDP und Deutscher Partei die Zustimmung der Mehrheit der Bundesdeutschen zur Politik der Westintegration der Bundesrepublik.

Mit Jacob Kaiser aus Essen und Heinrich Lübke aus Rees/Dinslaken als Minister für gesamtdeutsche Fragen sowie für Ernährung, Land- und Forstwirtschaft sind zwei CDU-Politiker aus dem Ruhrgebiet im neuen Kabinett vertreten.

IG Bergbau erzwingt kürzere Schichtzeit

10. Januar 1953. Nach den gescheiterten Verhandlungen mit dem Unternehmensverband Ruhrbergbau über eine Verkürzung der Schichtzeit für die Arbeit unter Tage im Ruhrbergbau von acht auf siebeneinhalb Stunden beschließt der Hauptvorstand der IG Bergbau in Bochum den Streik. Falls in einer erneuten Verhandlungsrunde am 16. Januar in der Arbeitszeitfrage keine Einigung erzielt werde, soll nach dem Willen der Bergarbeitergewerkschaft ab 19. Januar auf allen Revierzechen die Arbeit ruhen.

Gerüchte, wonach es auf der Schachtanlage Friedrich-Heinrich in Kamp-Lintfort bereits zu spontanen Arbeitsniederlegungen gekommen sei, werden von der IG Bergbau energisch dementiert. Am 16. Januar kommt es bei der in Bonn stattfindenden Gesprächsrunde zu einer Einigung zwischen Unternehmern und Gewerkschaft. In Anwesenheit von Bundeskanzler Konrad Adenauer und Bundeswirtschaftsminister Ludwig Erhard stimmen die Unternehmer der Einführung einer Siebeneinhalbstundenschicht unter Tage im Ruhrbergbau bei vollem Lohnausgleich ab 1. April 1953 zu.

B. Beitz, neuer Chef bei Krupp

Beitz wird Krupps Bevollmächtigter

1. November 1953. Berthold Beitz, der Generalbevollmächtigte von Alfried Krupp von Bohlen und Halbach, nimmt seine Arbeit bei den Krupp-Werken auf. Der 1913 geborene Sohn eines Bankkassierers war Generaldirektor der Iduna-Germania-Lebensversicherungsgesellschaft. Der branchenfremde Beitz soll den Konzern wiederaufbauen.

Villa Hügel nun öffentlich

10. Mai bis 30. September 1953. *Mit einer Ausstellung des Essener Münsterschatzes sowie von Kunstwerken aus Kirchen-, Museums- und Privatbesitz wird die Villa Hügel, bis 1945 Wohnsitz der Familie Krupp, der Öffentlichkeit zugänglich gemacht. Insgesamt strömen 401 690 Besucher in die Ausstellung in der alten Residenz des Stahlkönigs (Abb.: Ausstellungsplakat).*

Bochums neues Theater

23. September 1953. *Das neue Schauspielhaus in Bochum wird mit der Premiere des von Intendant Hans Schalla inszenierten Shakespeare-Dramas »Richard III.« eröffnet. Das neue Theater wurde unter Verwendung der Bausubstanz des alten Theaters an gleicher Stelle erbaut (Abb.). Intendant Schalla erklärt, das Haus sei mit seinen künstlerischen Möglichkeiten einzigartig für Westeuropa.*

Alban Bergs »Lulu« in Essen

7. März 1953. *Die 1937 in Zürich uraufgeführte Oper »Lulu« von Alban Berg wird in Essen zum ersten Mal auf einer deutschen Bühne gezeigt; Vertreter der in- und ausländischen Presse sind dabei anwesend. Aufgrund des großen Erfolges wird die Essener Oper mit diesem Werk zum »Holland-Festival« in Amsterdam und Den Haag im Juli 1953 eingeladen (Abb.: Figurinen der Oper »Lulu«).*

1954

19.–31. 1. Zum ersten Mal hält sich eine Abordnung der englischen Stadt Sheffield in Bochum auf. Seitdem finden öfter gegenseitige Besuche in Bochum und Sheffield statt.

18. 3. Erstmals seit 22 Jahren werden auf den Zechen des Ruhrgebiets Feierschichten verfahren. →

17.–25. 4. In der Dortmunder Westfalenhalle findet eine Ausstellung »Die Frau und ihre Welt« statt, die als weibliches Arbeitsfeld wieder den häuslichen Bereich proklamiert.

1. 5. Die Maifeiern der Gewerkschaften stehen unter dem Zeichen der Forderung nach der Fünf-Tage-Woche.

27. 6. Bei den Landtagswahlen in Nordrhein-Westfalen wird die SPD stärkste Partei. →

30. 6. Die im Zweiten Weltkrieg zerstörte Freilichtbühne von Mülheim an der Ruhr wird mit einer Aufführung von Georges Bizets Oper »Carmen« wiedereröffnet.

4. 7. Mit einem 3:2-Sieg über Ungarn wird die Bundesrepublik Deutschland in Bern Fußballweltmeister. →

7. 8. Die Wasserballmannschaft von Rote Erde Hamm wird erstmals Deutscher Meister im Wasserball. →

27. 10. Unter dem Motto »Kulturfilm-Weg zur Bildung« werden in Oberhausen die ersten Westdeutschen Kulturfilmtage veranstaltet. →

11. 11. Der äthiopische Kaiser Haile Selassi I. besucht die Essener Villa Hügel. →

13. 11. Auf dem Flughafen Essen/Mülheim wird die erste Sportfallschirmspringer-Schule der Bundesrepublik Deutschland eröffnet.

4. 12. In der WAZ erscheint die erste Geschichte vom »Kumpel Anton«. →

4. 12. Das Essener Ruhrlandmuseum wird wiedereröffnet.

1954. Das neue Dortmunder Stadthaus wird fertiggestellt.

1954. Das Skulpturenmuseum in Marl wird gegründet (Oktober 1979).

1954. Der Italiener Nello Olivier eröffnet in Datteln die erste italienische Eisdiele der Stadt.

GESTORBEN:

25. 3. Bethel (Bielefeld): Gertrud Bäumer (* 12. 9. 1873, Hagen-Hohenlimburg), Frauenrechtlerin und Schriftstellerin.

10. 9. Hamburg: Peter Anders (* 1. 7. 1908, Essen), Sänger (Tenor).

GEBOREN:

28. 7. Gelsenkirchen: Gerd Faltings, Mathematiker.

Der äthiopische Kaiser Haile Selassi I. (3. v. l.) als Gast in der Villa Hügel

Kaiserbesuch in Villa Hügel

11. November 1954. Der äthiopische Kaiser Haile Selassi I. besichtigt im Rahmen eines sechstägigen Staatsbesuchs in der Bundesrepublik Deutschland das Hüttenwerk Rheinhausen und ist Gast in der Essener Villa Hügel. Haile Selassi ist der erste ausländische Monarch, der nach dem Zweiten Weltkrieg die Bundesrepublik offiziell besucht.

Den Besuch des Kaisers in der Villa Hügel schildert Rolf Buttler in der WAZ wie folgt: »Mehr als 200 Industrielle blickten zur Tür, und im gemessenen Schritt, geleitet von Alfried Krupp, trat unter einem weißgelben Baldachin her, durch ein Spalier von Bergknappen mit brennenden Grubenlampen, zum erstenmal nach über 35 Jahren ein Kaiser über die Schwelle der Kruppschen Villa Hügel.«

Filmfestival in Oberhausen

27. Oktober 1954. In Oberhausen werden die ersten Westdeutschen Kulturfilmtage eröffnet. Das Filmfestival unter Leitung des städtischen Volkshochschulleiters Hilmar Hoffmann stellt den Versuch dar, der qualitativen Verflachung des kommerziellen Unterhaltungsfilms die Förderung des auch künstlerisch anspruchsvollen Films entgegenzusetzen. Mit der umfassenden Präsentation avantgardistischer und experimenteller Produktionen hoffen die Veranstalter, ein deutliches Signal zum Umdenken in der deutschen Filmindustrie zu setzen.

Zur Aufführung gelangt u. a. der englische Beitrag »Opus 65«, aus Frankreich laufen Produktionen wie Jean Mitrys »Pacific 231«. Als Vertreter des deutschen Kulturfilms zeigt Alfred Ehrhardt seine Produktion »Spiel der Spiralen«. Walt Disneys Produktion »Im Tal der Biber« sowie Tierfilme von Eugen Schumacher und Heinz Sielmann ergänzen das umfangreiche Filmangebot.

Eröffnung der Kulturfilmtage

Viertägige Diskussionsforen bieten dem (Fach-)Publikum darüber hinaus die Möglichkeit, in Arbeitsgruppen über die Themenschwerpunkte des Festivals (»Heimat und Welt«, »Wissenschaft und Forschung«, »Bildende Künste im Film« und »Der Film in der Erwachsenenbildung und Jugenderziehung«) Erfahrungen auszutauschen.

Erste Feierschichten treffen Kumpel hart

18. März 1954. »Mensch, Kerle, wo wer' ich jetzt die Rate für meine Maschine hernehmen?« Mit diesen Worten kommentiert ein Jungbergmann von der Zeche Dorstfeld in Dortmund die ersten Feierschichten im Ruhrbergbau seit 22 Jahren. 18 000 Bergleute sind im Dortmunder und Bochumer Revier von den wegen Absatzmangel erzwungenen Feierschichten betroffen.

Im Laufe dieses Jahres werden auf den Revierzechen etwa 500 000 Feierschichten verfahren, im Durchschnitt 1,3 Schichten pro Belegschaftsmitglied. Für den einzelnen bedeutet jede nicht verfahrene Schicht eine durchschnittliche Einbuße von 16,35 DM Brutto. »Damals, zu Kaisers Zeiten, verdienten wir ... sechs Mark pro Schicht. Dafür konnten wir drei Zentner Kartoffeln kaufen. Und ... 24 mal konnten wir uns dafür die Haare schneiden lassen. Heute kostet der Zentner Kartoffeln acht Mark und mehr und einmal Haare schneiden 1,25 DM. Rechnen Sie sich das aus ...«, so ein Steiger der Zeche Dorstfeld.

Als sich die Auftragslage gegen Ende des Jahres bessert, geht die Zahl der Feierschichten zurück.

Stimmenverluste für Regierungsparteien

27. Juni 1954. Die Wahlen zum nordrhein-westfälischen Landtag enden mit einer Schlappe für die regierende Koalition aus CDU und Zentrum unter dem christdemokratischen Ministerpräsidenten Karl Arnold. Die Düsseldorfer Regierungsparteien büßen zusammen zehn Mandate ein und verlieren die absolute Mehrheit der Sitze im neu gewählten Landtag. Ihnen stehen 76 Mandate der Sozialdemokraten und 25 der FDP gegenüber.

Die CDU bleibt zwar stärkste Fraktion im Landtag, muß aber empfindliche Einbußen in zahlreichen Revierstädten hinnehmen. In Bochum, Wattenscheid sowie Castrop-Rauxel, Duisburg, Mülheim und Oberhausen verliert sie die Mehrheit an die Sozialdemokraten.

Am 27. Juli 1954 wählt der nordrhein-westfälische Landtag mit den Stimmen von CDU, Zentrum und FDP Karl Arnold zum neuen Ministerpräsidenten des Landes.

Rahn schießt Siegtor zur Fußball-WM

4. Juli 1954. Der Essener Nationalspieler Helmut Rahn schießt das Siegtor zum 3:2, mit dem die deutsche Fußballnationalmannschaft im Endspiel gegen Ungarn erstmals die Fußballweltmeisterschaft gewinnt. Die WAZ bringt einen ganzseitigen Bericht über das Fußballspiel in Bern unter der Schlagzeile: »Rahn dribbelt, täuscht, schießt: Deutschland ist Weltmeister!«

In der ersten Halbzeit des Spiels steht es bereits nach acht Minuten 2:0 für die Ungarn, wenig später schießen Max Morlock vom 1. FC Nürnberg und Helmut Rahn von Rot-Weiß Essen die Tore zum Ausgleich. Das temporeiche Spiel läuft mit guten Chancen für beide Seiten bis weit in die zweite Halbzeit, ohne daß ein weiteres Tor fällt; erst kurz vor Schluß gelingt Rahn der zweite Treffer, der für die deutsche Nationalmannschaft den Sieg bringt. In der WAZ berichtet der Essener später: »So ist das im Fußball: Drauf mit dem Fuß und dann hinein mit dem Ball, wenn die Chance da ist. Ich wußte beide Male, daß der Ball im Netz landen würde.«

Der Sonderzug, der die deutsche Nationalelf am nächsten Tag nach Hause bringt, wird im ersten Bahnhof auf deutschem Boden, in Singen, von einer begeisterten Menschenmenge empfangen.

△ *Fünf Minuten vor dem Abpfiff gelingt Helmut Rahn der entscheidende Treffer zum Sieg über die Ungarn*

▷ *(v. l. n. r.) Bundestrainer Herberger, F. Walter, Turek, Eckel, Rahn, O. Walter, Liebrich, Posipal, Schäfer und Kohlmeyer*

Wasserballmeister Rote Erde Hamm

7. August 1954. Die Mannschaft des Sportvereins Rote Erde Hamm erringt in Hannover erstmals die Deutsche Meisterschaft im Wasserball. Mit 8:2 Punkten steht sie in der Schlußtabelle an erster Stelle vor dem Duisburger SV 98 (7:3), den Wasserfreunden 98 Hannover (6:4), Bayern 07 Nürnberg (5:5), dem SSF Barmen (3:7) und München 99 (1:9).

Mit zwei klaren Siegen in der Endrunde, 5:2 gegen den SSF Barmen und 6:0 gegen München 99, kann Hamm sich den Titel sichern, während die Wasserfreunde Hannover gegen den Tabellenletzten München 99 mit 1:4 verlieren und damit nur den dritten Platz belegen.

Hamm ist neben Duisburg eine Hochburg des Wasserballs. In Duisburg ist außer der Mannschaft des SV 98, die zwischen 1932 und 1962 insgesamt siebenmal den Meistertitel gewinnt, auch der Amateur-Schwimm-Club Duisburg mit fünf Deutschen Meisterschaften (zwischen 1957 und 1968) erfolgreich.

Rote Erde Hamm bleibt nach dem Erfolg in Hannover eine Spitzenmannschaft im Wasserball und kann sich bis 1975 elfmal den Meistertitel sichern. Wasserballer aus den Vereinen in Hamm und Duisburg spielen auch häufig in der deutschen Nationalmannschaft.

Erste Geschichte aus dem Leben von »Kumpel Anton«

4. Dezember 1954. In der Wochenendbeilage der WAZ erscheint die erste Geschichte von »Kumpel Anton«. Schöpfer dieser Figur ist Wilhelm Herbert Koch, Sportredakteur bei der WAZ.

In den fast 1500 Geschichten, die Koch in den folgenden annähernd 30 Jahren verfaßt, haucht er Kumpel Anton, Ämil Cervinski, unser dicke Tante Matta, dat klein doof Hildegaat, dat schnelle Ingritt u.v.a. ein unverwechselbares Leben ein. Der gebürtige Bochumer, der selbst einige Jahre unter Tage gearbeitet hat, hält in seinen humorvollen und von gesundem Menschenverstand getragenen Geschichten zum ersten Mal den »Slang« der Menschen an Ruhr und Emscher fest, wie er in der Verschmelzung der verschiedenen Mundarten und Dialekte der Einheimischen und Zuwanderer seit Ende des 19. Jh. entstanden ist.

Kumpel Anton an einer Laube

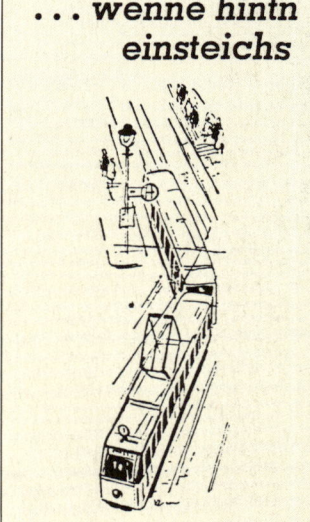

Kumpel Anton »inne Strahssenbahn«, erschienen am 4. 12. 1954 in der WAZ

Reviersprache – Ursprung und Eigenart

Mit dem Wort »Ruhrgebietssprache« werden in der Regel Kumpel Anton und Adolf Tegtmeier, neuerdings auch Else Stratmann assoziiert. Es gilt als Synonym für eine Sprache, die einer bestimmten Bevölkerungsschicht zu eigen ist, nicht immer ganz korrekt und daher bestens geeignet, Komik aus ihr zu beziehen. Die eingangs erwähnten Personen, besser gesagt, ihre Schöpfer, setzen die vereinfachende Formel »Ruhrgebietsdeutsch = komische Sprache« ganz bewußt ein, um ihre Effekte zu erzielen. Das ist möglich, weil die Region an Ruhr und Emscher in der bundesrepublikanischen Kulturlandschaft lange Jahre nur eine untergeordnete Rolle gespielt hat und außer Kohle und Stahl keine anderen Exportschlager kannte. Damit zusammen hing auch die Einschätzung des Ruhrgebiets als niveauloser Gegend, die außer schwerindustriellen Produkten und ihren gutverdienenden Erzeugern weiter nichts vorzuweisen hat – keine Bilderbuchlandschaft, keine Baudenkmäler oder andere Sehenswürdigkeiten.

Das Ruhrgebiet glauben alle zu kennen: Lange Jahre galt es als industrielles Ballungszentrum, die Städte grau und ohne eigenes Gesicht. Bei den Bewohnern dieser Städte handelt es sich um arbeitsame Menschen, die ihrer schweren Tätigkeit am Hochofen und im Kohleflöz nachgehen. Doch das Ruhrgebiet kennen in Wirklichkeit nur wenige: Hierher verirren sich selten Touristen, und Ruhrgebietsbewohner lernt man am ehesten im Urlaub an der Nordsee oder im Bayerischen Wald kennen.

Genauso ist es mit der Sprache, die alle zu kennen glauben. Über Jürgen von Manger, der als Adolf Tegtmeier die größten Erfolge erzielte, lacht die ganze Nation. Dieser radebrechende Kumpel, der sich in seinen großangelegten Satzlabyrinthen hoffnungslos verirrt und in einem Meer falscher oder falsch verwendeter Wörter und Begriffe unterzugehen scheint, entspricht mit seiner Sprache offensichtlich genau den Vorstellungen, die man von den typischen Ruhrgebietsbewohnern hat.

Die Journalistin Elke Heidenreich, die als Else Stratmann mit scharfer Zunge über Gott und die Welt – besonders die der europäischen Adelshäuser – herzieht, erfreut sich mit ihrer großen Ruhrgebietsklappe wachsender Beliebtheit. Darüber hinaus ist die Einschätzung der Sprache des Ruhrgebiets immer gleich: Ihre Sprecher sind ein Volk von »dat«- und »wat«-Sagern, verwechseln schlimmstenfalls »mir« und »mich« und sind auch sonst grammatikalisch nicht ganz auf der Höhe. Der Mühe, die Ruhrgebietssprache näher kennenzulernen, unterziehen sich nur wenige. Sie müßten dazu allerdings auch ein wenig eintauchen in die Geschichte des Ruhrgebiets und Abschied nehmen von einer ganzen Reihe von Vorurteilen, die mit dieser Sprache verbunden sind. So wie diese Gegend vor rund 100 Jahren ihren Aufschwung vom verschlafenen westfälischen Landstrich zum gigantischen Industriezentrum nahm, so hat sich auch die Ruhrgebietssprache entwickelt, vom westfälischen Platt zur heutigen Umgangssprache, die jeder, der hier aufgewachsen ist, in irgendeiner Form spricht.

Vorurteil Nummer eins: Das Ruhrgebiet als das Land von »dat« und »wat«. Stimmt. Hinzuzufügen ist jedoch, daß der Ruhrgebietler sich mit dieser sprachlichen Eigenart in bester Gesellschaft befindet. Die zweite, hochdeutsche Lautverschiebung, bei der sich eine Reihe von Konsonanten änderte, unter anderem auch t zu s, hat den Raum der niederdeutschen Mundarten nicht erfaßt, so daß sich »dat« und »wat« heute in allen Dialekten nördlich des Hunsrück findet und somit nun wirklich keine ruhrgebietstypische Ausdrucksweise darstellt.

Vorurteil Nummer zwei: Die Ruhrgebietssprache ist das Produkt der Mischung aus einer Vielzahl von Dialekten. Dies trifft nicht zu. Zwar sind mit der Entwicklung der Montanindustrie Arbeitskräfte aus fast allen Gegenden des damaligen Deutschen Reiches, insbesondere aus den ostdeutschen Gebieten, ins Ruhrgebiet gekommen, doch sahen sich die Einheimischen deswegen nicht veranlaßt, ihr Plattdeutsch nun plötzlich gegen eine andere Sprachform zu tauschen. Sie dachten auch nicht daran, sich mit den Einwanderern auf irgendeine andere Weise als im westfälischen Platt zu verständigen. Dies ist durchaus nicht als Arroganz zu werten, vielmehr ist es ganz normal, wenn erwartet wird, daß neu Hinzugezogene sich der ortsüblichen Sprachform anpassen. Im Laufe mehrerer Generationen hat sich allerdings ein Sprachwandel vollzogen. Das eine oder andere Wort aus anderen Dialektgebieten hat auch Eingang gefunden in die neue Ruhrgebietssprache, von einer Mischung kann jedoch nicht die Rede sein.

Vorurteil Nummer drei: Das Ruhrdeutsch ist eine Kürzelsprache, entstanden, um die Verständigung am Arbeitsplatz zu ermöglichen. Natürlich erfordert ein Arbeitsplatz an einem Hochofen oder in einer Werkstatt mit großer Lärmentwicklung eine besondere Form der Verständigung; aber selbstverständlich herrschen dort andere Sprachgewohnheiten als im heimischen Wohnzimmer. Es ist nicht abzustreiten, daß gewisse Besonderheiten des Westfälischen, zum Beispiel das Zusammenziehen mehrerer Wörter, eine Kürzelsprache begünstigten. Wer jedoch glaubt, der Ruhrgebietsbewohner beschränke sich in seinen häuslichen Unterhaltungen auf diese reduzierte Sprache, dem kann eine gewisse Arroganz nicht abgesprochen werden. Es ist nämlich durchaus möglich, auch komplizierte Sachverhalte mit Wortzusammenziehungen darzustellen, die Menschen im Ruhrgebiet beweisen es täglich in den verschiedensten Situationen und an den unterschiedlichsten Orten, neuerdings auch in Chefetagen und an Universitäten, und das mit einigem Erfolg.

Nein, aus diesen Vorurteilen besteht die Sprache des Ruhrgebiets nicht, und sie ist auch nicht so enstanden, wie es gern dargestellt wird, auch wenn es so schön einfach und glaubwürdig ist, diese Legende aufrechtzuerhalten. Andere Umstände sind es, die dazu beigetragen haben, daß die hiesige Sprachform sich heute so darstellt, wie sie ist. Es sind die gleichen, die auch in anderen urbanen Gebieten die angestammten Dialekte aufgeweicht haben.

Nicht nur im Ruhrgebiet, sondern im ganzen damaligen Deutschen Reich begannen die Menschen gegen Ende des 19. Jh., sich von ihren Dialekten zu lösen und an hochsprachlichen Formen zu orientieren. Sie mußten dies tun, denn es entstanden neue Medien wie das Telefon, das die direkte Kommunikation über größere Entfernungen erlaubte. Auch Zeitungen fanden durch neue Drucktechniken weitere Verbreitung, als es zuvor möglich gewesen war, und die allgemeine Schulpflicht vermittelte die Grundlagen der hochdeutschen Schriftsprache. Für das Ruhrgebiet müssen als weiterer Faktor die vielen Einwanderer beachtet werden. Darüber hinaus kann man einen Zeitraum von rund 40 Jahren annehmen, in dem alle Dialekte zunächst nebeneinander standen und sich anfangs zögernd, dann aber immer rascher zur umfassenden, uns bekannten Ruhrgebietssprache entwickelten – ein Vorgang, der sich von Generation zu Generation stärker erkennen läßt. Gegen Ende der 20er Jahre unseres Jahrhunderts finden sich die ersten Dokumente, die dem Ruhrgebiet eine eigene Sprache zuordnen.

Von diesem Zeitpunkt an nimmt die Ruhrgebietssprache nach der Meinung der Sprach- und Heimatpfleger ihren Platz im unteren Bereich einer Wertskala ein, auf der Hochsprache und reiner Dialekt ganz oben plaziert sind. Die einen bemängeln, sie sei nicht korrekt und deshalb auch nur die Ausdrucksweise der unteren Bevölkerungsschicht, die anderen bedauern, daß nicht länger der eigentliche Dialekt, das westfälische Platt, gesprochen wird und sich stattdessen eine Umgangssprache entwickelt hat, die nur noch Anklänge an das Plattdeutsche erahnen läßt. All diese selbsternannten Sprachpfleger, denen das Ruhrdeutsche eher eine Unsprache denn eine adäquate Ausdrucksweise zu sein scheint, machen jedoch den Fehler, von »der« Ruhrgebietssprache zu reden, die es so aber nicht gibt. Die Ruhrgebietssprache klingt überall anders, je nachdem, wo und von wem sie gesprochen wird, sogar die jeweilige Situation wirkt sich verändernd auf die Sprache aus. Wer hier aufgewachsen ist, kann selten verleugnen, wo er herkommt, der Tonfall verrät ihn, auch wenn er sich gewählt auszudrücken versteht und keine Fehler macht.

Es gibt also nicht »die« Ruhrgebietssprache, wohl aber einige Gemeinsamkeiten, die für alle Sprecher Gültigkeit haben. Die Aussprache der Vokale a-e-i-o-u zum Beispiel ist allen zwischen Duisburg und Dortmund gemein. Spätestens wer »Gelsenkiirchen« sagt und dabei das i so merkwürdig ausdehnt und zerquetscht ausspricht, ist eindeutig als Ruhrgebietler identifizierbar. Nicht zuletzt eine Vernachlässigung des r führt zu dieser breiten Aussprache, die den »Berg« zum »Beach«, die »Gurke« zur »Guoke« und den »Garten« zum »Gaaten« macht.

Nicht nur das r wird gern verschluckt, auch andere Konsonanten müssen sich einiges gefallen lassen. Das j in »jetzt« wird zu g in »gezz« geändert, das t fällt am Ende eines Wortes oft ganz weg, etwa in »nich«, wenn es nicht gar zu »nix« umgewandelt wird, ebenso wie das g, das generell zu ch wird, wenn es sich etwa um »Kriech« oder »Tach« handelt. Das ei wird meistens zu ai und langgedehnt ausgesprochen, was sich dann so anhört: »Daine Nerven möchtich haam« oder »Main Gott nä«, womit auch gleich die Aussprache des e in bestimmten Fällen angesprochen ist. Das tonlose, silbentragende e, das vielen Germanisten eigentlich mißfällt, gibt es in der Ruhrgebietssprache nicht mehr: »Leben« wird zu »Leem«, »sieben« zu »siem«.

Doch nicht nur einzelne, mehrsilbige Wörter werden auf diese Weise verkürzt, auch aus mehreren Wörtern läßt sich mühelos ein einziges neues machen. So kann aus »zeig mir das einmal« ganz einfach »zeichma« werden, aus »noch nicht einmal« »nonimma«, »hast du« wird zu »hasse« und »machst du« zu »machsse«. Es gibt auch einige Begriffe aus dem Polnischen und der Fachsprache der Bergleute, die sich bis heute erhalten haben, auch wenn sie vielfach einen Bedeutungswandel erlebt haben. Ausgenommen das Wort »Kumpel« vielleicht, wird man auf diese Ausdrücke in anderen Dialekten schwerlich stoßen, weil sie nun wirklich aus der hiesigen Arbeitswelt stammen. Wer außer den Ruhrgebietsbewohnern weiß schon, was ein »Mottek« ist? Hierzulande bekommt jeder, der danach fragt, einen Hammer in die Hand gedrückt. So haben die polnischen Einwanderer ihre Spuren hinterlassen ebenso wie die Bergleute, die der Ruhrgebietssprache neben dem schon erwähnten Kumpel auch den Rohrspatz (der so herrlich schimpfen kann) und den Schmierprinz (das ist der Stammhalter, der nicht mehr ganz sauber nach Haue kommt) beschert haben. Auch das Jiddische hat einige Worte beigesteuert: Das so wichtige »malochen« z. B. und das keineswegs geringere »achielen«, denn wer arbeitet, der soll auch gut essen, ein Grundsatz, den die Ruhrgebietsbewohner stets beherzigt haben, denn das Wortfeld »essen«, besonders jedoch »trinken« ist reich besetzt und kennt nahezu unzählige Varianten.

Schließlich sei noch auf zwei kleine Wörter hingewiesen, die in der Ruhrgebietssprache unentbehrlich sind: »ej« und »ne«. Das »ej« existiert in verschiedenen Formen, deren Gebrauch davon abhängt, welche Sprechsituation vorliegt. In einer normalen Unterhaltung wird es kurz ausgesprochen, ein Anruf aus einiger Entfernung läßt es langgedehnt erscheinen. »Ne« wird als Fragepartikel, auf das nur eine Bestätigung erfolgen kann, an einen Satz angehängt, eine Verballhornung des hochdeutschen »nicht wahr«, etwa wie »dat hasse doch gezz vastanden, ne?«

Grammatikalische Besonderheiten finden sich für die Ruhrgebietssprache in fast jedem Bereich, sei es die Mehrzahlbildung, der Gebrauch der Adjektive oder der Zeitformen bei den Verben, immer gibt es eine ruhrgebietstypische Anwendung, die andere Dialekte nicht oder nicht in dieser Form kennen.

Vielen Leuten paßt schon der Tonfall der Sprache nicht. Vorlaut seien sie, die Ruhrgebietsbewohner, und machten sich manches doch wohl etwas zu einfach. Nur weil sie komplizierte Sachverhalte in ihrer Sprache vereinfacht darstellen können, heißt das jedoch nicht, sie wüßten es nicht besser. Der vielzitierte gesunde Menschenverstand ist hier so gut vertreten wie anderswo, und auch die Meinungsvielfalt kommt zu ihrem Recht. Wenn Kritiker der Ruhrgebietssprache bestimmte Ausdrucksmöglichkeiten absprechen, mag das noch zutreffen, aber bestimmte, »abgehobene« Inhalte kann man ihr nicht absprechen. Sie ist für alle Themen bestens geeignet und keineswegs nur das Kleine-Leute-Deutsch, als das sie gern bezeichnet wird.

Das haben in den letzten Jahren zunehmend auch die Ruhrgebietsbewohner erkannt. Die langanhaltende Diskussion um ihre Sprache hat gezeigt, daß die Ruhrgebietler nicht länger gewillt sind, ihre Ausdrucksweise herabwürdigen zu lassen. An der Diskussion darüber, ob das Ruhrgebietsdeutsch nun ein Dialekt, eine Art Umgangssprache oder gar ein übler Slang ist, haben sich alle Bevölkerungsschichten beteiligt – und ihre Sprache vehement verteidigt. Nach dem Motto: »Alle reden, wie ihnen der Schnabel gewachsen ist – wir auch!" wurde ein Emanzipationsprozeß ausgelöst, der die Ruhrgebietsbewohner selbstbewußt genug werden ließ, sich ihrer Sprache nicht länger zu schämen und sie gegen die zahlreichen Spötter zu verteidigen.

Ob nun schön oder nicht, so ist sie nun mal, diese Sprache. Wer se schomma gehöat hat, der muß selps zugeem, datse gaa nich so schlecht is, wie se imma alle tun. Wat dem einen sein Honoratioren-Schwäbisch, dat is den Leuten aussm Kohlenpott ihr gefleechtet Ruhrdeutsch!

Elisabeth Fekeler-Lepszy

Kleines Lexikon der Ruhrgebietssprache

abdackeln
Wenig geschmeichelte Bezeichnung für eine nicht sehr elegante Gangart; wird auch benutzt, wenn jemand unverrichteter Dinge wieder weggeht: »Gestern wasse gaanich zu Hause, als die Rita kaam, da isse dann widda abgedackelt.«

abgezockt
clever, mit allen Wassern gewaschen sein: »Dat is'n ganz Abgezockten, der verkauft Kühlschränke anne Eskimos.«

anköttein
sich einschmeicheln: »Brauchs dich gaanich ankötteln, kriss gezz sowieso kein Eis.«

Apparillo
Maschine, großer Gegenstand

Blötsch
Beule: »Wat hasse denn da fürn Blötsch, bisse vor'n Schrank gelaufen?«

aus'm Kreuz leiern
jemandem mit Mühe und Überredungskunst etwas abringen, was dieser nur ungern hergibt

Bolzen
starkes Stück: »Da hasse dir ja widder 'n Bolzen geleistet, da krisse nix für!«

Brummsuse
(meist weibliche) Person, die nicht sehr gut gelaunt ist: »Mann, wat bisse heute für 'ne Brummsuse, ich happ dir doch gaanix getan!«

Butter bei die Fische
zur Sache, Fraktur reden: »Gezz ma Butter bei die Fische – ich gipp dir noch fünf Riesen für dein Gebrauchten.«

Dämlack
dummer Mensch, Trottel

döppen
jemanden untertauchen (im Schwimmbad): »Los komm, wir döppen die Kirsten!«

dösig
etwas beschränkt sein: »Dat gippt hiesige und dösige – du bis auch nich von hier!«

Döskopp
trotteliger Mensch

Doppelte
Butterbrot, aus zwei aufeinandergelegten Schnitten: »Aufe Abeit nimm ich imma zwei Doppelte mit.«

fisseln
leicht regnen: »Brauchs kein' Schiam mitneem, is bloß am fisseln.«

Fitsch
ein gutes Geschäft: »Mitte Schuhe habbich'n Fitsch gemacht – die warn umme Hälfte runtergesetzt.«

fitschen
schnell laufen: »Fitsch ma eem nachen Supermarkt, ich happ dat Salz vagessen!«

friemeln
basteln, etwas Verzwicktes probieren: »Echt staak, dein Pullover!« »Jau, aba da habbich auch lange dran rumgefriemelt!«

Gedöns
Umstände machen, übertreiben: »Gezz mach hier kein Gedöns, dat Essen reicht auch für einen mehr!«

gehopst wie gesprungen
das ist egal

geschenkt
nicht der Rede wert, überflüssig

Graf Koks
Angeber, Wichtigtuer

Gulpopo
Gulasch

herumbölken
laut schimpfen, jemanden anschreien: »Hasse gehört, wie der Betzdorf widda rumgebölkt hat? Da muß ja vielleicht wat los gewesen sein!«

hibbelig
nervös: »Gezz sei doch nicht so hibbelig, komms schonn nich zu spät!«

Hippengestell
große, besonders dünne Frau

ipsig
klein, unscheinbar: »Dat Schild is aba ipsich, dat sieht doch keiner!«

Kackschiß
Schimpfwort, ärgerlicher Ausruf

kakeln
besprechen, sich unterhalten, meist aber klatschen: »Nä, Essen is nonich fertich, die Mutta is schonn seit ne Stunde mitte Döring am kakeln.«

Kappeskopp
Trottel, dummer Mensch

auf Keife
Ratenzahlungen, etwas anschreiben lassen

Kiki
Junge, meistens frech und vorlaut

kikileicht
eine Sache ist so einfach, daß auch ein Kind sie mühelos schafft: »Kanze dat denn schonn?« »Kla, is doch kikileicht!«

Kletschkopf
(auch Klitschkopf) fettiges, ungewaschenes Haar

Kloppe kriegen
eine Tracht Prügel kriegen

Klümmchen
Bonbon(s)

kniepig
geizig

Kniffte
Butterbrot

Köttelbecke
in alten Bachläufen geführter Abwasserkanal (Köttel = Exkremente; Becke oder Beke = Flüßchen, niederdeutsch)

Kotten
Arbeitsstelle: »Valeecht hamse euch? Dann hasset gezz aba weit nachen Kotten, ne?«

Krampe
jemand, der schlechte Leistungen zeigt: »Kuck dir die Krampe von Walter an! Wat der widda macht!«

Kröpper
Taube(n)

Kumpel
Bergmann, ursprünglich Arbeitskamerad (aus der Bergmannssprache), heute auch ein netter Typ: »Der Gert is'n tofften Kumpel.«

labern
reden, sich unterhalten: »Wat kommse denn so spät, hasse dich widda festgelabert?«

Lala
Radio, Musik

lila mit lala
unvorteilhafte, geschmacklose Farbkombination: »Die Wollinski sieht ja widda aus – wie lila mit lala getupft!«

karierte Maiglöckchen
alles, was nicht oder nur sehr schwer zu beschaffen ist: »Also für manche Kunden müßtet karierte Maiglöckchen geem.«

Malessen
Schwierigkeiten: »Der Ernst hat widda Malessen mit sein Kreuz.«

Maloche
Arbeit: »Auffe Maloche war heut widda ganz schön viel zu tun.«

malochen
arbeiten

Matka
(polnisch = Mutter) unvorteilhaft oder nachlässig gekleidete Frau, in der Regel nicht ganz schlank: »Hasse gesehn, wie die Kaminski rumläuft? Wie sonne Matka!«

den Molli machen
sich aufspielen, aufregen ohne Grund: »Nu mach ma nich den Molli hier, bis nich bei deine Thekensteher!«

Mottek
Hammer

moppern
nörgeln, mit etwas unzufrieden sein: »Nu mopper hier nich rum, so schlecht schmecket auch widda nich, wo die Elke doch dat erste ma ganz alleine gekocht hat!«

motzen, motzig
launisch sein, schimpfen (aus der Bergmannssprache): »Mann, wat bistu heute motzich, wat habbich dir denn eigntlich getan?«

Nuckelpinne
kleines, altes Auto: »Wat is dat denn? Noch ne ältere Nuckelpinne konnze dir wohl nich kaufen, wat?«

Nulpe
dummer, langweiliger Mensch

Oschi
relativ großer Gegenstand

Ösken
kleines, freches Kind

pannig
unsinnig, blöd: »Ich wasch doch gezz nich dat Auto, wo et gleich reechnet, ich bin doch nich pannich.«

Paselacken
Ausländer, Asoziale

Petzel
Pudelmütze, kleiner Hut

Pfingstochse
Mensch, der farbenfroh gekleidet ist

Pillepup
Kleinigkeit, Nichtigkeit: »Wat willze schon widda? Komm doch nich weegn jeden Pillepup an!«

Pimpernelle
die Pimpernelle(n) kriegen = zuviel kriegen, etwas nicht mehr aushalten können

Pittermesser
kleines Gemüsemesser

plästern
stark regnen: »Mann, wat is dat heute am plästern!«

Plünnen
Kleidung, Siebensachen: »Der muß'n Geld haam für seine Plünnen; allet von Lakotz un so!«

pöhlen
Fußball spielen, im Hinterhof, ohne Regeln und mit weniger Spielern

pröttig
verstimmt, ungehalten: »Gezz sei doch nich so pröttich, bloß weil ich den dösigen Hochzeitstach vagessen happ!«

Püttrologe
Bergmann

Pullefaß
(findet nur für Kinder Anwendung) Badewanne: »Wie sießt du denn aus? Gezz abba app innet Pullefaß!«

Pustekuchen
Ausdruck für etwas, das man nicht bekommt: »Ich dachte, dat gipt heute Bratkartoffeln, abba wat wa? Pustekuchen!«

rammdösig
verwirrt, nervös

Rasenhängebank
Grab: »Wenne so weitermachs mitte Überschichten, liechsse bald unter de Rasenhängebank!«

Ratzeputz
zu kurzer Haarschnitt

raustun
bezahlen, Geld locker machen: »Wenne uns einladen willz, musse schomma wat raustun!«

Renne
Fußgängerzone

schäbbig
nicht schön, gemein

auf Schalke gehen
feste Redewendung für den Besuch eines Fußballspiels des Gelsenkirchener FC Schalke 04

Schicht
Einteilung der Arbeitszeit (aus der Bergmannsprache), auch: »Schicht am Schacht« als Ende der Arbeitszeit

schickern, schicker
trinken bzw. betrunken: »Wiede nach Hause gekommen bis, weisse wohl gaanich, wat? Kein Wunda, hattes ja wohl auch ordntlich geschickert!«

Schlunzkopp
unordentlicher Mensch

Schmacht
Hunger

Schmachtlappen
großer, dünner Mann

Schmierprinz
kleines Kind, das sich schmutzig gemacht hat (aus der Bergmannssprache)

schnafte
merkwürdig, komisch: »Wat has du denn da an? Dat sieht ja vielleicht schnafte aus!«

Schnüff haben
Lust haben: »Kommse mit ein trinken? Nä, habbich kein Schnüff drauf.«

Schote
(erfundene) dumme Geschichte: »Erzähl mir hier bloß keine Schoten, ich weiß schon, wode gezz ers herkomms.«

von den Socken sein
erstaunt sein: »Alle Neune! Da bisse vonne Socken, wa?«

Spökes machen
Unsinn machen, harmlose Streiche spielen, etwas nur zum Spaß machen: »Brauchse doch nich zu heuln, ich hab doch nur Spökes gemacht!«

Tacken
Zehnpfennigstück, ein kleines bißchen, ein winziges Stückchen: »Ej, machma nen Tacken schneller!«

den Teufel tun
typische Antwort, wenn der Befragte keine Lust (Zeit) hat, eine Bitte zu erfüllen: »Wat soll ich? Dir Knifften schmiern? Den Teufel wert' ich tun!«

Umdrehung
Alkoholgehalt eines Getränks: »Den Sprit kannze alleine trinken, der hat ja bloß 32 Umdrehungen.«

sich verdrücken
weggehen (aus der Bergmannssprache): »Inne Disco wa Sonntachaamt nix los, da habbich mich widda vadrückt.«

verkinschen
verkalken, vergessen: »Frach donnich schonn widda, wie spät et is, du bis wohl schonn am vakinschen?«

verkasematuckeln
verkonsumieren; genau erklären

verklickern
jemandem etwas beibringen, erklären: »Hasse dat deine Eltern schon vaklickat, datte gezz heiraten muss?«

verschissen haben
bei jemandem verspielt haben: »Brauchs mir gaanix mehr erzäln, du has bei mir vaschissen!«

verschütt gehen
verschwinden, verlieren: »Mann, mir is schon widda 'n Feuerzeuch vaschütt gegangen.«

Vertelleken
kurze Unterhaltung: »'N Schrebagaaten is wat Tofftet; kannze aams so schön am Zaun 'n Vatelleken machen.«

voran machen
sich beeilen: »Nu mach ma voran, gleich fänktat Kinno an!«

Wulle-Wulle
Bezeichnung für das Kaufhaus Woolworth

einen Zahn zulegen
sich beeilen, etwas schneller machen: »Wenne um acht inne Schule sein willz, musse schomma 'n Zahn zulegn.«

auf den Zeiger gehen
lästig sein: »Dat is gezz schonn dat dritte Mal; du geess mir langsam aufen Zeiger!«

zusammenbrechen
erstaunt sein: »Wat is dat denn? Ich brech zusammen!«

1955

8. 1. In Marl wird die »insel« eröffnet, das erste Zentrum für Erwachsenenbildung in der Bundesrepublik. →

22. 1. Nach einer gegen die Montanmitbestimmung gerichteten Äußerung des Generaldirektors der Gutehoffnungshütte, Hermann Reusch, treten über 800 000 Berg- und Hüttenarbeiter in den Streik. →

10./11. 3. Der Komponist Paul Hindemith dirigiert das Bochumer Symphonikerorchester. →

15.-21. 3. In Bochum findet eine »Woche amerikanischer Dramatik« statt. →

Mai. In Hagen und im Ennepe-Ruhr-Kreis bricht eine Typhusepidemie aus. →

12. 5. Bei einer Rettungsaktion für drei verschüttete Bergleute auf der Zeche Dahlbusch in Gelsenkirchen-Rotthausen wird erstmals die sog. Dahlbuschbombe eingesetzt. →

5. 6. Ein Hubschrauberlandeplatz für die Fluglinie Duisburg-Brüssel wird an der Aakerfähre in Duisburg eröffnet. →

5. 6. Der Wittener Boxer Erich Schöppner gewinnt bei den Amateur-Europameisterschaften in Berlin die Goldmedaille. →

10. 6. Bei den Ruhrfestspielen Recklinghausen spielt Will Quadflieg unter der Regie von Karl Heinz Stroux den »Hamlet« in dem Shakespeare-Drama. →

26. 6. Rot-Weiß Essen gewinnt in Hannover die deutsche Fußballmeisterschaft mit einem 4:3-Sieg über den 1. FC Kaiserslautern. →

11. 7. Mit einem Festakt in der Duisburg-Hamborner August-Thyssen-Hütte wird die erste Warmbreitbandstraße der Bundesrepublik Deutschland in Betrieb genommen. →

15./16. 7. In Duisburg findet in Anwesenheit von Bundespräsident Theodor Heuss die Ausstellung »Deutscher Binnenschiffahrtstag« statt. →

Herbst. In den Städten des Reviers treffen viele Spätheimkehrer aus sowjetischer Kriegsgefangenschaft ein. →

23. 9. Mit einer Aufführung von Wolfgang Borcherts Heimkehrerstück »Draußen vor der Tür« wird in der Aula der Bochumer Berufsschule eine zweite Bühne des Stadttheaters eröffnet.

1955. Die Siedlergemeinschaft der Kleinsiedlung Dortmund-Brechten für Bergleute wird Bundes- und Landessieger im Wettbewerb »Die beste Kleinsiedlung«. →

GESTORBEN:
30. 11. Dortmund: Erich Grisar (* 11. 9. 1898, Dortmund), Schriftsteller.

»Ich brauche einen Kompaß, um mich zurechtzufinden«

Herbst 1955. Auch in den Städten des Ruhrgebiets treffen die Spätheimkehrer aus der sowjetischen Kriegsgefangenschaft ein (Abb.: Tombola zugunsten von Spätheimkehrern). Ihre Rückkehr ist ein Ergebnis der Verhandlungen von Bundeskanzler Konrad Adenauer in Moskau im September dieses Jahres. Die ehemaligen Gefangenen kehren in ein Land zurück, das ihnen fremd geworden ist: Während sie interniert waren, hat sich ihre Heimat zu einer modernen Industriegesellschaft gewandelt. Ein Dortmunder Heimkehrer stellt fest: »Ich brauche einen Kompaß, um mich in dem neuen Dortmund zurechtzufinden.«

Streik für Mitbestimmung

22. Januar 1955. 820 000 Berg- und Hüttenarbeiter an Rhein und Ruhr, im Aachener Revier und in Niedersachsen legen für 24 Stunden die Arbeit nieder. Der Anlaß für diesen Streik ist eine Äußerung von Hermann Reusch, Generaldirektor der Gutehoffnungshütte in Oberhausen: »Das Mitbestimmungsgesetz für Eisen und Kohle ist das Ergebnis einer brutalen Erpressung durch die Gewerkschaften.« Im gleichen Atemzug warnt er auch vor einer Ausdehnung der Montanmitbestimmung (→ 21. 5. 1951). Noch unter dem Eindruck der gewerkschaftlichen Kampfbereitschaft passiert jedoch am 7. Juni 1956 ein Ergänzungsgesetz den Bundestag, welches die Anwendung der Montanmitbestimmung sichert.

Arbeiter der Gutehoffnungshütte fahren zu einer Demonstration gegen die Äußerungen Generaldirektor Reuschs, der das Mitbestimmungsgesetz als »brutale Erpressung« geißelte. Die Unternehmer lehnen insbesondere die Anwesenheit von Arbeitsdirektoren in Firmenvorständen ab.

Verschüttete mit Torpedo gerettet

12. Mai 1955. Gegen 21.45 Uhr wird der letzte der drei Bergleute geborgen, die seit 125 Stunden auf der Gelsenkirchener Zeche Dahlbusch verschüttet waren.

Die drei verdanken ihre Rettung einer neu entwickelten torpedoförmigen Rettungsglocke. Seit Sonntagmittag hatte die Bohrmannschaft versucht, zwischen der 900 m tiefen elften Sohle und dem 45 m höher gelegenen Füllort von Flöz Wilhelm, wo die drei Eingeschlossenen auf Rettung warteten, eine Verbindung herzustellen. Sobald die Öffnung groß genug gewesen war, hatte man die Verschütteten durch das Bohrloch mit Kaffee, belegten Brötchen, Milch, Apfelsinen, mit Wolldecken und Taschenlampen versorgt. Am Donnerstagnachmittag hatte die Öffnung einen Durchmesser von 460 mm, das Bohrgestänge konnte entfernt und der Seilzug für die Rettungsglocke montiert werden. Einer nach dem anderen verließen die drei in der später sog. Dahlbuschbombe ihr unterirdisches Gefängnis.

Der Lloyd, preiswertes Modell in den 50er Jahren

Glücklicher Gewinner einer BMW Isetta

Motorräder zählen zu den Statussymbolen der Zeit

Stolz auf den eigenen Kraftwagen

Ausflug mit dem neuen VW Käfer

Auch im Revier steigt die Zahl der PKW

Der Motorroller ist beliebt

Auch der Arbeiter im Revier spart auf ein eigenes Auto

Der Besitz eines eigenen Automobils wird in den 50er Jahren nach den Entbehrungen des Krieges und der Nachkriegszeit zum sichtbaren Zeichen wiedererlangten Wohlstands. 1955 sind im Ruhrgebiet 349 566 Kraftfahrzeuge gemeldet; insgesamt 1 308 304 Kraftwagen verkehren in Nordrhein-Westfalen, gut 5 Mio auf den Straßen der Bundesrepublik Deutschland.
1955 werden rund zwei Drittel der im Ruhrgebiet registrierten Fahrzeuge gewerblich genutzt. 130 394 Automobile sind dagegen der ganze Stolz privater PKW-Besitzer.
Gängigstes Fabrikat der unteren Preisklasse ist der Volkswagen-Käfer. Zur Luxusklasse gehören BMW 501, Mercedes 300 und andere Modelle von Daimler-Benz. Für die meisten Beschäftigten im Revier bleibt der eigene Wagen jedoch auf Jahre hinaus ein Wunschtraum: Das durchschnittliche Jahreseinkommen eines Bergarbeiters beträgt rund 5400 DM; ein VW kostet 4710 DM, ein Ford Taunus 7550 DM.

Hubschrauberlinie Ruhrgebiet – Belgien

5. Juni 1955. Die belgische Fluggesellschaft Sabena eröffnet auf einem rund 9 ha großen Gelände in der »Ruhrau« an der Aakerfähre in Duisburg einen Hubschrauberflugplatz.
Mit Maschinen, die Platz für sechs Personen bieten, befördert Sabena Passagiere zunächst von hier über Eindhoven bis Brüssel. Im Frühjahr 1957 wird der Flugdienst mit größeren Helikoptern für zwölf Personen bis nach Dortmund erweitert.
Auch wenn mit diesen Maschinen nur bei klarer Sicht geflogen werden kann, ist die Linie in den ersten Jahren ihres Bestehens oft auf Wochen im voraus ausgebucht.

Bundespräsident lobt Binnenschiffer

15./16. Juli 1955. Prominenter Gast des in Duisburg stattfindenden Deutschen Binnenschiffahrtstages ist Bundespräsident Theodor Heuss. In seiner Ansprache im Duisburger Stadttheater äußert das Staatsoberhaupt seinen höchsten Respekt vor dem Aufbau der Flußschiffahrt in den schweren Nachkriegsjahren: »Nach 1945 schien die Situation der deutschen Binnenschiffahrt schier aussichtslos. Wir wollen nicht vom ›deutschen Wunder‹ reden, aber die Binnenschiffahrt hat eine große Leistung vollbracht.«
Ihr Wiederaufbau erfolgte ohne staatliche Subventionen.

Typhus-Epidemie im Kreis Ennepe-Ruhr

Mai 1955. In Hagen tritt eine Typhus-Epidemie auf, an der im Laufe von sechs Wochen auch 600 Menschen im Ennepe-Ruhr-Kreis erkranken. Das Gelsenkirchener Hygiene-Institut, das langjährige Erfahrung in der Bekämpfung von Seuchen hat (→ 16. 10. 1901), untersucht die Ursache der Infektionen.
Nach wenigen Tagen wird der Krankheitsherd im Brunnen auf dem Nachbargelände einer Molkerei in Hagen ausfindig gemacht. Da das infizierte Brunnenwasser zur Reinigung von Milchflaschen verwendet wurde, verbreitete sich die Seuche im gesamten Landkreis.

Hindemith dirigiert Bochums Orchester

10./11. März 1955. Unter der Leitung von Paul Hindemith spielt das Bochumer Symphonieorchester ein schon 1925 in dieser Stadt uraufgeführtes Klavierkonzert des Komponisten sowie seine »Heitere Symphonie – Sinfonia serena«. Die neunte Symphonie von Franz Schubert ergänzt das Programm.
Mit dem Hindemith-Gastspiel kann das Bochumer Ensemble einen Höhepunkt seines künstlerischen Schaffens in der Nachkriegszeit verzeichnen. Das 64 Musiker umfassende Orchester setzt die erfolgreiche Arbeit des im Mai 1919 gegründeten Ensembles fort (→ Mai 1919).

Volksbildungswerk »die insel« in Marl

8. Januar 1955. In Anwesenheit des nordrhein-westfälischen Kultusministers Werner Schütz wird in Marl das Volksbildungswerk »die insel« eingeweiht. Als erste Stadt in der Bundesrepublik Deutschland besitzt Marl damit ein Haus für Erwachsenenbildung.

In der »insel« sind wichtige Institutionen in der Erwachsenenbildung räumlich und organisatorisch unter einem Dach vereint. Neben dem Weiterbildungswerk beherbergt das vom Architekten Günter Marschall entworfene Volksbildungsheim die Stadtbücherei und einen Lesesaal. Mehr als 500 Tageszeitungen und Zeitschriften des In- und Auslands liegen im Lesesaal aus.

Volkshochschularbeit findet in Marl seit 1946 unter dem Namen »die insel« statt. Die kritische Auseinandersetzung mit Zeitfragen und die intensive Beschäftigung mit den Massenmedien machen »die insel« weit über Marl hinaus bekannt. Seit 1952 werden Veranstaltungen zu Fernsehsendungen angeboten.

Schönste bundesdeutsche Kleinsiedlung

1955. Die Siedlergemeinschaft der Kleinsiedlung Dortmund-Brechten (Abb.) für Bergleute der Dortmunder Bergbau AG wird im Bundeswettbewerb um »Die beste Kleinsiedlung« Landessieger von Nordrhein-Westfalen und zugleich Bundessieger.

Als vorbildlich erkennt das Preisgericht die Pflege und Ausgestaltung der Gemeinschafteinrichtungen und Grünanlagen an. Liebevoll gepflegte Blumenrabatten und Spielflächen für Kinder lockern die Anlage auf und geben jeder Straße ein individuelles Gepräge. Die schlichten eineinhalbgeschossigen Häuser verstärken den dörflichen Eindruck.

Erich Schöppner ist Europameister

5. Juni 1955. Der Wittener Erich Schöppner gewinnt die Europameisterschaft der Box-Amateure in Berlin. Im Endkampf besiegt der Deutsche Meister im Halbschwergewicht einen Boxer aus der DDR.

Die »Westdeutsche Allgemeine Zeitung« berichtet von diesem Boxkampf: »Das Merkwürdige unserer ganzen politischen Lage kam in diesem Kampf zum Ausdruck, als zwei

Erich Schöppner

Deutsche im Endkampf um die Europameisterschaft standen. Schöppner zeigte überhaupt keine Angst vor dem hochfavorisierten Nietzschke, griff sofort wuchtig an, verstand es stets, dem weitaus größeren Hallenser den Raum zum Schlagen zu nehmen, und kam in jeder Runde mit wuchtigen Haken ins Ziel.« Schöppner gewinnt klar nach Punkten.

Ruhrfestspiele mit großem Programm

10. Juni 1955. Die erste Premiere der 9. Ruhrfestspiele Recklinghausen ist die Tragödie »Hamlet« von William Shakespeare in der Inszenierung von Karl Heinz Stroux. Die Titelrolle spielt Will Quadflieg.

Neben dieser eigenen Inszenierung der Ruhrfestspiele gastieren bis zum 14. Juli u. a. das Burgtheater Wien mit »Kabale und Liebe« von Friedrich Schiller unter der Regie von Adolf Rott; die Städtischen Bühnen Frankfurt am Main mit dem »Kaukasischen Kreidekreis« von Bertolt Brecht in der Inszenierung des Autors und von Harry Buckwitz; das Schiller- und Schloßpark-Theater Berlin mit Peter Lotars »Das Bild des Menschen«, in einer Inszenierung von Karl Heinz Stroux.

Zum weiteren Programm gehören ein Konzert der Münchner Philharmoniker, die Ausstellung »Das Bild des Menschen in Meisterwerken europäischer Kunst« sowie das IV. Europäische Gespräch »Gewerkschaften und Parlament« unter der Leitung von Eugen Kogon. Der Norddeutsche Rundfunk erstellt erstmals einen Dokumentarfilm über das kul-

Will Quadflieg als Hamlet bei den 9. Ruhrfestspielen Recklinghausen

turelle Angebot der Ruhrfestspiele. Trotz oder gerade wegen dieses großen Veranstaltungsreigens kommt Werner Tamms in der WAZ zu dem kritischen Urteil: »Die Festspiele 1955 erweckten in einer Reihe von Darbietungen eher den gefährlichen Eindruck der Routine als den des kühnen geistigen und künstlerischen Anspruchs« – des Anspruchs, »Kulturtage der Arbeit« zu sein.

Schalla inszeniert neue Theaterstücke

15. bis 21. März 1955. Das Bochumer Schauspielhaus veranstaltet eine »Woche amerikanischer Dramatik«. Zur Aufführung kommen Werke von Arthur Miller, Thornton Wilder, Robert E. Sherwood, Tennessee Williams, Eugene O'Neill und John Patrick.

Mit diesem Bühnenzyklus knüpfen Intendant Hans Schalla (→ 24. 9. 1949) und Chefdramaturg Hans Peter Doll an die Tradition von Schallas Vorgänger Saladin Schmitt an, der dem Publikum allerdings nicht Bühnenwerke der Gegenwart, sondern die großen Klassiker präsentiert hatte (→ 11. – 17. 6. 1927).

Die »Woche amerikanischer Dramatik« ist die erste einer Reihe von Bochumer Festwochen zur zeitgenössischen Bühnenliteratur. Bei der »Französischen Woche 1956« werden Werke von Jean Giraudoux, Jean Paul Sartre, Henry de Montherlant, Paul Claudel, Eugène Ionesco und Jean Anouilh gezeigt. Bei den »Tagen zeitgenössischer deutscher Dramatik« greift das Schauspielhaus mangels bemerkenswerten Nachwuchses auf ältere Autoren zurück.

Packende Szene vor dem Essener Tor

Rot-Weiß Essen ist Deutscher Meister

26. Juni 1955. Die Mannschaft von Rot-Weiß Essen wird mit einem 4:3-Sieg über den 1. FC Kaiserslautern vor 76 000 Zuschauern im Niedersachsen-Stadion in Hannover erstmals Deutscher Fußballmeister. Eine begeisterte Menge begrüßt die Spieler am Essener Hauptbahnhof.

1956

19. 1. Essen wird Bischofssitz für das neugegründete Ruhrbistum. →

9. 4. Die Radio- und Fernsehwerke Graetz KG gründen eine Niederlassung in Bochum.

26. 4. Die Unnaer Kaserne wird durch die belgischen Besatzungstruppen wieder an die Bundesrepublik Deutschland zurückgegeben. →

17. 5.–15. 9. Die Ausstellung »Werdendes Abendland an Rhein und Ruhr« in der Villa Hügel in Essen zieht 271 000 Besucher an. →

25. 5.–3. 6. In der Dortmunder Westfalenhalle findet die Austellung »Wohne und lebe zeitgemäß« statt. →

24. 6. Borussia Dortmund gewinnt im Berliner Olympiastadion die Deutsche Fußballmeisterschaft mit einem 4:2-Sieg gegen den 1. FC Kaiserslautern.

21. 7. Das Ikonenmuseum in Recklinghausen wird der Öffentlichkeit übergeben. →

30. 9. Die »Deutsche Oper am Rhein« wird mit Giuseppe Verdis Oper »Falstaff« in Duisburg eröffnet. →

28. 10. Bei den Kommunalwahlen in Nordrhein-Westfalen erleidet die CDU schwere Verluste, die SPD erzielt erhebliche Gewinne.

Dezember. In Dortmund kommt es zu massiven Krawallen sog. Halbstarker. →

8. 12. Bei den zu Ende gehenden Olympischen Sommerspielen in Melbourne (Australien) gewinnen Sportler aus dem Ruhrgebiet Gold-, Silber- und Bronzemedaillen. →

9. 12. Das endgültig fertiggestellte Dortmunder Museum am Ostwall wird eröffnet. →

1956. Die Kohlekonjunktur in der Bundesrepublik Deutschland erreicht ihren Höhepunkt nach dem Ende des Zweiten Weltkriegs. →

1956. Mit dem Underberg-Jagdrennen wird auf der Galopprennbahn Gelsenkirchen-Horst ein später international bedeutendes Hindernisrennen aus der Taufe gehoben.

1956. Als erste deutsche Brauerei der Nachkriegszeit wird die Dortmunder Union-Brauerei AG Hektoliter-Millionär. →

1956. Die Beliebtheit des Kinos erreicht auch im Ruhrgebiet ihren Höhepunkt; die 72 Essener Kinos werden von 14,7 Mio Menschen besucht.

1956. Die Scholven Chemie AG beschließt die Errichtung einer Erdölraffinerie in Gelsenkirchen-Buer. →

1956. In Dortmund-Rahm entsteht die Großsiedlung Gartenstadt Jungferntal.

Bergleute, deren Arbeit sich durch Modernisierung verändert, nach der Schicht

Bergleute beim »Buttern« in einer Pause unter Tage; die Förderung pro Mann ist seit 1945 von etwa 140 t pro Jahr auf rund 300 t gestiegen

Konjunkturhöhepunkt für Ruhrkohle

1956. Mit knapp 125 Mio Jahrestonnen erreicht die Steinkohlenförderung an der Ruhr ihren Höchststand seit dem Ende des Zweiten Weltkrieges. Zwischen 1945 und 1956 hat sich die Förderung der Revierzechen vervierfacht, ohne daß die Belegschaftszahlen in gleichem Maße gewachsen wären. Die Steigerung seiner Produktivität verdankt der Bergbau im Revier den ab 1949 durch Marshallplan und Investitionshilfen bereitgestellten finanziellen Mitteln (→ 16. 12. 1949; April 1951). Sie hatten den Bergbauunternehmen an der Ruhr längst fällige Modernisierungen und Neuanlagen ermöglicht.

Ruhrbergbau seit 1945

Jahr	Förderung (in 1000 t)	Belegschaft
1945	33 386	234 432
1946	50 452	251 086
1947	66 337	291 197
1948	81 106	325 556
1949	96 289	344 832
1950	103 329	358 077
1951	110 630	368 042
1952	114 418	382 459
1953	115 551	397 043
1954	118 712	394 095
1955	121 106	391 743
1956	124 627	393 831

Im Rekordjahr 1956 erreicht der Ruhrbergbau die Grenzen seiner Kapazität. Im Wirtschaftswunderland Bundesrepublik wird chronische Kohleknappheit zur Begleiterscheinung einer allgemeinen Hochkonjunktur. Da die heimische Steinkohle den Energiebedarf der Industrien, vor allem des Eisen- und Stahlsektors, allein nicht mehr decken kann, drängt zunehmend Importkohle aus den USA, Jugoslawien und der CSSR auf den deutschen Markt. Der Anteil der Ruhrkohle an der deutschen Energieversorgung geht zwischen 1954 und 1957 von 81% auf 65% zurück.

Vertrag zur Bildung des Bistums Essen

19. Januar 1956. Der päpstliche Gesandte in der Bundesrepublik Deutschland, Erzbischof Aloysius Muench und der nordrhein-westfälische Ministerpräsident Fritz Steinhoff unterschreiben einen Vertrag über die Gründung des Bistums Essen. Das neu zu gründende Bistum umfaßt die Städte Bochum, Bottrop, Duisburg, Essen, Gelsenkirchen, Mülheim und Oberhausen sowie die Landkreise Ennepe-Ruhr und Altena (Sauerland). Zum ersten Bischof wird der Weihbischof und Domdechant von Paderborn, Franz Hengsbach, ernannt, der mit der offiziellen Errichtung des Bistums (→ 1. 1. 1958) in sein Amt als erster »Ruhrbischof« eingeführt wird.

Bundeswehr übernimmt Unnaer Kaserne

26. April 1956. Durch einen symbolischen Flaggenwechsel, den Austausch der schwarz-gelb-roten Fahne des Königreichs Belgien – seit 1946 waren belgische Besatzungstruppen stationiert – gegen die Fahne der Bundesrepublik Deutschland (Abb.), kommt die Unnaer Kaserne an der Iserlohner Straße wieder in deutsche Hände. Im Juni/Juli desselben Jahres treffen die ersten Truppen der Bundeswehr ein.

»Wohne und lebe zeitgemäß« gibt Ratschläge fürs Heim

25. Mai – 3. Juni 1956. Mehr als 100 000 sehen in der Dortmunder Westfalenhalle die Ausstellung »Wohne und lebe zeitgemäß«. Auf 8000 m² Ausstellungsfläche bieten Einrichtungshersteller aus Japan, Schweden, Dänemark und Italien Anregungen zum modernen Wohnen. Besondere Attraktion ist die »Küche der Nationen«, in der Köche und Köchinnen aus sieben Ländern Gerichte nach Art ihrer Heimat zubereiten und Kostproben an Besucher verteilen.

Die WAZ berichtet ausführlich vom Tag der Ausstellungseröffnung: »Die Vorsitzende der Arbeitsgemeinschaft Dortmunder Frauenverbände, Rechtsanwältin Hildegard Gethmann, erinnerte an die Zeit der Jahrhundertwende, da viele Arbeiter aus der Geborgenheit einer ländlichen Heimat in die oft elenden Quartiere der Industriezentren geströmt waren und man mit Recht von der Verlorenheit des Menschen in der Großstadt gesprochen habe. Heute habe auch der Großstadtmensch ein echtes Reservat, sein Heim.«

Neben einigen zeitgemäß mit Clubsesseln, Tütenlampen und Nierentischen ausgestatteten Musterwohnzimmern bietet die getreue Nachbildung einer Wohnstube der Jahrhundertwende den direkten Vergleich von moderner und vergangener Wohnkultur.

Mit beginnendem Wohlstand sind auch die Ansprüche an den Wohnkomfort gestiegen. Die Enge der Neubauwohnungen macht jedoch Mehrzweck- und Verwandlungsmöbel notwendig. Es werden Schlafsofas vorgestellt, die tagsüber repräsentatives Sitzmöbel und nachts Doppelbett sind.

In der Küche dominieren raumsparende Einbaumöbel. Zahlreiche Hersteller bieten elektrische Helfer für die Hausfrau an. Noch während der Ausstellung werden mehr als 200 Kühlschränke verkauft. Vielbestaunt werden zudem ein Tauchsieder, der auch ein Reisebügeleisen beheizen kann, sowie ein batteriebetriebener Trockenrasierer.

Wirtschaftlich ist die Ausstellung ein Erfolg. Einige Firmen erreichen höhere Umsätze als auf der Hannover-Messe. Ein Möbelhaus erzielt einen Umsatz von rund 400 000 DM.

Wohnraum mit Korbsesseln und Tütenlampen

Moderne, raumsparende Einbauküche in zeitgemäßen Pastellfarben

Service im Design der 50er Jahre

Die Dortmunder Ausstellung vermittelt aktuelle Wohn- und Lebensformen

Radio- und Fernsehempfang in einem

Spielplatz und Mietwohnungen für Mitarbeiter des Bochumer Vereins an der Kaulbachstraße in Bochum-Weitmar

Wohn- und Schlafstädte auf der Wiese

1956. Nach einem neuen städtebaulichen Konzept werden im Ruhrgebiet auf freien Flächen an den Rändern der Städte Großsiedlungen errichtet, die den Charakter von Trabantenstädten haben.

Die Westfälische Wohnstätten AG baut in Dortmund-Rahm die Gartenstadt Jungferntal mit insgesamt 1800 geplanten Wohnungen, 560 davon in Eigenheimen. Die Rheinische Wohnstätten AG errichtet in Mülheim an der Ruhr eine Wohnstadt für 1335 Haushalte im Gebiet Mellinghofer Straße/Dinkelbachhöhe. Auch hier entstehen neben Wohnhochhäusern 500 Wohnungen in Ein- und Zweifamilienhäusern. In Bochum-Weitmar baut die Rheinisch-Westfälische Wohnstätten AG eine Großsiedlung mit insgesamt 1150 Wohneinheiten.

Die neuerrichteten Wohn- und Schlafstädte liegen weit entfernt von den jeweiligen Stadtzentren und sind oft nur schlecht an den öffentlichen Nahverkehr angebunden. Die Familienväter fahren mit dem Auto oder dem Moped zur Arbeit, während Hausfrauen und Mütter nur wenig Möglichkeiten haben, die Siedlung zu verlassen. Sie sind als »grüne Witwen« auf die vorhandenen Versorgungseinrichtungen angewiesen. Kinder und Jugendliche verbringen ihre Freizeit in der Siedlung.

In Dortmund-Jungferntal entstehen mehrere Ladenzentren und ein Marktplatz nach Fertigstellung des ersten Bauabschnitts von 855 Wohnungen. Am Rande des Siedlungsgeländes wird eine Kirche errichtet. Zu allen Großsiedlungen gehören Schulen, Kindergärten, Jugendheime und mehrere Sportanlagen.

In Bochum-Weitmar beziehen 600 Wohnungen im Rahmen eines Versuchsprogramms ihre Wärme von einem zentralen Fernheizwerk. Die Bochumer Siedlung zeichnet sich ferner durch ein öffentliches Waschzentrum aus, in dem 800 Familien monatlich zwischen 15 und 30 kg Trockenwäsche reinigen können.

Brauereien erleben Wiederaufschwung

1956. Als erste deutsche Brauerei der Nachkriegszeit überschreitet die Dortmunder Union-Brauerei AG die Ausstoßgrenze von 1 Mio Hektolitern. Den Aktionären des »Bier-Millionärs« kommt dieses Produktionsergebnis durch eine gegenüber dem Vorjahr um 3% auf 12% gesteigerte Dividende zugute.

Länger als andere Branchen hatte die Dortmunder Brauindustrie unter den Folgen des Zweiten Weltkrieges zu leiden. Bis 1948 erlaubte die Militärregierung nur die Herstellung von alkoholfreien Getränken. Arbeitskräfte wurden laufend abgezogen, Rohstoffe waren knapp.

Ab Juni 1948 konnten die Brauereien ein Leichtbier mit 1,7% Stammwürze und einem Alkoholgehalt von 0,5% (normal: 11–12% Stammwürze; um 4% Alkohol) herstellen, das auf Brotmarken zu beziehen war. Das Leichtbier fand jedoch kaum Absatz. Der Ausstoß der Brauereien sank 1948/49 auf ein Viertel des letzten Vorkriegsjahres.

Hauszeitschrift der Union Brauerei feiert den Millionenausstoß

Ab Sommer 1949 durfte wieder Vollbier auf den Markt gebracht werden. Der Bierpreis blieb allerdings infolge der erst 1950 aufgehobenen Biersteuer weiterhin hoch.

In den 50er Jahren beginnt dann endlich ein überdurchschnittliches Wachstum: Zwischen 1950 und 1960 verdreifacht sich der Ausstoß; die Dortmunder Brauereien produzieren annähernd jedes zehnte in Deutschland getrunkene Glas Bier.

Jugend-Krawalle

Dezember 1956. Kehrseite des Wirtschaftswunders: Auch in den Städten des Ruhrgebiets kommt es zu »Rock'n' Roll«-Krawallen von Jugendlichen. In Dortmund machen 4000 Mädchen und Jungen die Straßenzüge um das »Capitol«-Kino unsicher, in dem der Film »Außer Rand und Band« mit Rockstar Bill Haley gezeigt wird (Abb.: »Halbstarke« vor dem Dortmunder »Capitol«-Kino).

Die Wurzeln der Jugendrebellion liegen in den desolaten Verhältnissen einer Kindheit in Trümmern und den konservativen Wertvorstellungen der Adenauer-Ära.

Scholven steigt ins Heizölgeschäft ein

1956. Der Vorstand der Scholven Chemie AG in Gelsenkirchen-Buer beschließt den Bau einer Erdölraffinerie zur Herstellung von Heizöl. Zwei Jahre später nimmt die von der Firma Lummus Nederland N.V. gelieferte und auf eine Anfangskapazität von 1,5 Mio Jahrestonnen ausgelegte Anlage den Betrieb auf. Scholven-Vorstandsmitglied Walther Dürrfeld begründet im gleichen Jahr den Einstieg eines Bergbau-Tochterunternehmens (→ 22.7.1935) ins Heizölgeschäft: »Bereits im Jahr 1956 stieg in der Bundesrepublik neben dem Bedarf an Motorkraftstoffen auch die Nachfrage nach Heizöl als einer modernen und bequemen Energiequelle so stark, daß mit der gesamten Mineralölindustrie auch die Scholven Chemie AG sich der neuen Marktsituation nicht länger verschließen konnte...«
1958 werden in der Gelsenkirchener Raffinerie 883 000 t Rohöl verarbeitet, ein Jahr später steigt die Kapazität der Anlage auf 1,84 Mio t.

Ausstellungserfolg in der Villa Hügel

17. Mai bis 15. September 1956. In der Villa Hügel in Essen wird die Ausstellung »Werdendes Abendland an Rhein und Ruhr« gezeigt. Pro Tag kommen durchschnittlich 2220 Besucher in die Villa.
In seinem Vorwort zum Katalog der Ausstellung schreibt Bundespräsident Theodor Heuss: »Es ist für viele Deutsche, und ich bekenne, daß ich in meiner Jugend auch zu diesen vielen gehörte, ein fremder Gedanke gewesen, im Ruhrgebiet nach Zeugnissen früher Geschichte und Kunst Umschau zu halten. Köln – ja, auch mit Dortmunds Namen war das Wissen um seine frühe Bedeutung für das Rechtswesen der ›Roten Erde‹ verbunden. Aber daß das Stift Essen einmal eine geistig-kirchliche Mitte bedeutet hatte, und nicht bloß nach Kohle, Eisen, Stahl bewertet werden dürfe, ist mir erst, nun freilich schon vor Jahrzehnten, aufgegangen, als mein Weg mich dorthin führte.«
1954 war der Gemeinnützige Verein Villa Hügel e. V. gegründet worden, um »die Villa Hügel zu einem in seiner Bedeutung über die Grenzen von Essen hinausreichenden Kulturzentrum zu gestalten«.

Ikonenmuseum

21. Juli 1956. *Das Ikonenmuseum in Recklinghausen (Abb.) wird eröffnet. Diese einzige Sammlung ihrer Art außerhalb der orthodoxen Länder gibt einen umfassenden Überblick über die Ikonenmalerei und die Kleinkunst der Ostkirchen. Die Stadt Recklinghausen hatte 1955 mit Unterstützung des Landes Nordrhein-Westfalen anläßlich der Ausstellung »Ikonen aus westdeutschem Privatbesitz und Klöstern« die beiden bedeutendsten Privatsammlungen dieser meist auf Holz gemalten Kultbilder sowie zahlreiche Einzelstücke aus Privatbesitz erworben.*

Oper am Rhein

30. September 1956. *Eine neue kulturelle Gemeinschaftseinrichtung der Stadttheater Duisburg (Abb.) und Düsseldorf, die »Deutsche Oper am Rhein«, nimmt mit der Oper »Falstaff« von Giuseppe Verdi unter der musikalischen Leitung von Arthur Grüber den Spielbetrieb auf. Mit dieser ersten Spielzeit realisiert sich ein Vorhaben, das am 2. April des Vorjahres mit dem Ziel geschlossen wurde, größtmögliche künstlerische Leistung mit einem begrenzten Etat von 1,4 Mio DM (im ersten Jahr) zu erbringen. Ein gemeinsam gebildetes Ensemble soll die Bühnen beider Städte bespielen.*

Dortmunder Museum

9. Dezember 1956. *Mit der Ausstellung »Spielzeug aus vergangenen Zeiten« präsentiert sich das Dortmunder Museum am Ostwall, das während des Zweiten Weltkriegs ausgebrannt war, nach Abschluß des Wiederaufbaus erstmals im neuen Gewand. Aus dem roten Backsteinbau der Vorkriegszeit ist ein um einen großen, gedeckten Lichthof angelegtes, mit gelbgetöntem holländischem Klinker verblendetes Gebäude (Abb.) geworden. Schon seit 1949 waren in den bereits provisorisch hergerichteten Räumen Ausstellungen deutscher und ausländischer Gegenwartskunst gezeigt worden.*

1956

Ein kleiner Koalabär als Glücksbringer; Meinrad Miltenberger (Herdecke) (l.) und Michael Scheuer (Duisburg) nach ihrem Sieg im Zweier-Kajak

Medaillen in Melbourne

8. Dezember 1956. In Melbourne/Australien gehen die Olympischen Sommerspiele zu Ende. Im Verlauf der 16 Tage dauernden Wettbewerbe erringen Sportler aus dem Ruhrgebiet mehrere Medaillen.

Zu den großen Erfolgen von Ruhrgebietssportlern zählt die Goldmedaille der Dortmunderin Ursula Happe, die bei den Schwimmwettkämpfen über 200 m Brust souverän gewinnt. Die Schwimmerin ist bereits 30 Jahre alt und Mutter von zwei Kindern. Weitere große Leistungen zeigen die Kanuten: Michael Scheuer (Duisburg) und Meinrad Miltenberger (Herdecke) erringen Gold im Zweier-Kajak über 1000 m; Scheuer ist außerdem mit einer Bronzemedaille im Einer-Kajak über 10 000 m erfolgreich. Der Lüner Theo Kleine kann mit seinem Team-Kameraden Fritz Briel im Zweier-Kajak auf der 10 000-m-Distanz Silber erkämpfen.

Fünf Revierspieler sind an der Bronzemedaille der deutschen Hockey-Mannschaft beteiligt: Alfred Lücker (Essen), Hugo Dollmeister, Helmut und Wolfgang Nonn sowie Karl-Heinz-Schmidt (alle Mülheim).

Bei den in Stockholm stattfindenden Reitwettbewerben erreicht die Duisburgerin Anneliese Küppers in der Mannschaftswertung der Dressurreiter eine Silbermedaille.

Ursula Happe, Goldmedaillengewinnerin bei den olympischen Schwimmwettkämpfen in Melbourne, wird bei ihrer Ankunft in Dortmund begeistert begrüßt

1957

13. 5. In Dortmund wird die erste Impfung gegen Kinderlähmung durchgeführt. →

30. 5. In den neuerbauten Bochumer Bahnhof fährt der erste Zug ein. →

1.–8. 6. In Dortmund finden die Auslandskulturtage statt. →

2. 6. Der Ruhr-Schnellverkehr der Deutschen Bundesbahn wird zwischen Hamm und Düsseldorf aufgenommen. →

14. 6. Im Zuge einer Welle von Protestdemonstrationen gegen die atomare Bewaffnung der Bundeswehr findet in Gelsenkirchen eine Großkundgebung von Atomwaffengegnern statt.

23. 6. Borussia Dortmund gewinnt zum zweiten Mal in Folge die Deutsche Fußballmeisterschaft. →

20. 7. Bundesverkehrsminister Hans Christoph Seebohm (DP) übergibt die Teilstrecke der Autobahn Wuppertal – Kamen vom Kamener Kreuz bis zur Anschlußstelle Unna dem öffentlichen Verkehr. →

15. 9. Aus den Wahlen zum dritten Deutschen Bundestag geht die CDU/CSU mit einer absoluten Mehrheit von 50,2% der Stimmen hervor. →

1. 10. Das Amt Datteln feiert sein 100jähriges Bestehen. →

7. 10. Die Bochumer Schul- und Volkssternwarte empfängt Signale des sowjetischen Satelliten »Sputnik«. →

4. 11. Das Dortmunder Museum am Ostwall erwirbt die umfangreiche Sammlung moderner deutscher Kunst des Bochumer Industriellen Karl Gröppel (1883–1962).

1957. In Bochum wird unter der Leitung von Heinz Kaminski das Institut für Weltraumforschung eingerichtet (→ 7. 10. 1957).

1957. In Wesel wird die Rhein-Lippe-Hafen Wesel/Dinslaken GmbH gegründet, die im Mündungsgebiet der Lippe einen Hafen anlegen soll.

1957. Bei den Europameisterschaften im Rudern in Duisburg siegt der Vierer ohne Steuermann des Essener Turn- und Fechtclubs.

1957. Die städtische Kunstsammlung Gelsenkirchen in der Villa Horster Straße 7 wird eröffnet.

1957. Auf der Galopprennbahn in Gelsenkirchen-Horst wird zum erstenmal der Aral-Pokal ausgetragen. →

GESTORBEN:

22. 1. Bad Reichenhall: Claire Waldoff (*21. 10. 1884, Gelsenkirchen), Kabarettistin.

21. 9. Essen: Bertha Krupp (*29. 3. 1886, Essen), Industrielle. →

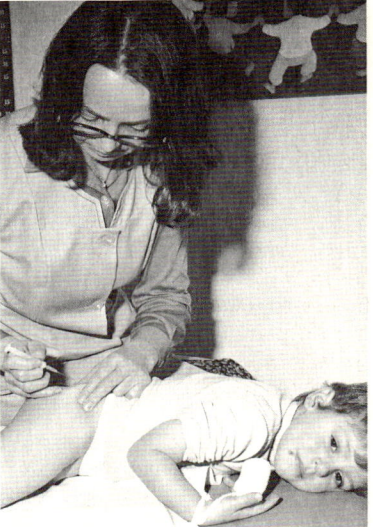

Schutzimpfung, die beste Vorbeugung gegen Kinderlähmung (Polio)

Impfaktion gegen Kinderlähmung

13. Mai 1957. In Dortmund beginnt die erste Impfaktion gegen Kinderlähmung, zu der insgesamt 18 000 Kinder der Geburtsjahrgänge 1954 und 1955 aufgerufen sind. Die Impfung ist kostenlos; eine dreimalige Injektion schützt zuverlässig vor einer Erkrankung. Die Kosten von 60 000 DM übernimmt das Land Nordrhein-Westfalen.

Amt Datteln wird 100 Jahre alt

1. Oktober 1957. Zu seinem 100jährigen Bestehen wird dem Amt Datteln das Recht verliehen, ein eigenes Wappen zu führen.

1857 waren Datteln und Waltrop, die vorher vereinigt waren, zu selbständigen Ämtern erklärt worden. Das neugegründete Amt Datteln umfaßte die Gemeinden Datteln, Ahsen und Flaesheim mit insgesamt 4400 Einwohnern. Noch im Jahr 1900 waren es 5124 Einwohner und, bedingt durch die stürmische industrielle Entwicklung, 24 263 im Jahr 1925. Seit der Kommunalreform von 1926 (→ 1. 4. 1926) gehört auch Oer-Erkenschwick zum Amt Datteln mit damals 37 245 Einwohnern.

Wappen Datteln

Massenprotest gegen Atomwaffen

14. Juni 1957. Im Zuge einer Welle von Protestdemonstrationen gegen die von der Bundesregierung geplante atomare Bewaffnung der Bundeswehr findet auf dem Hauptmarkt in Gelsenkirchen eine Großkundgebung »Für Abrüstung – gegen atomare Waffen« statt.

In Anwesenheit des Gelsenkirchener SPD-Landtagsabgeordneten und späteren Gelsenkirchener Bürgermeisters Hubert Scharley fordert der Hauptredner, Professor Franz Rauhut aus Würzburg, eine weltweite Einstellung aller Atomwaffentests und appelliert an den Internationalen Bund Freier Gewerkschaften, der Forderung durch Warnstreiks Nachdruck zu verleihen. Wenige Monate zuvor hatte das sog. Göttinger Manifest 18 führender Atomwissenschaftler der Bundesrepublik Deutschland in weiten Teilen der Öffentlichkeit für Aufsehen gesorgt: In einer an die Bundesregierung gerichteten gemeinsamen Erklärung vom 12. April 1957 hatten u. a. Otto Hahn, Werner Heisenberg, Max Born und Carl-Friedrich von Weizsäcker vor einer Ausrüstung deutscher Truppen mit Atomwaffen gewarnt und jede Beteiligung an atomarer Forschung zu militärischen Zwecken abgelehnt.

Großdemonstration von Atomwaffengegnern auf dem Essener Burgplatz

Spartanische Einfachheit, aber »Bombensicherheit« verspricht den Anwohnern der Siedlung Ratingsee in Duisburg-Meiderich die Luftschutzröhre. Nach Einbau ins Erdreich bleiben lediglich Belüftungsrohre und ein Notausstieg sichtbar.

SPD auch im Revier weit abgeschlagen

15. September 1957. Unter dem Motto »Keine Experimente« erringt die regierende CDU/CSU unter Bundeskanzler Konrad Adenauer bei den Wahlen zum dritten Deutschen Bundestag einen sensationellen Wahlsieg. 50% der abgegebenen Stimmen sichern der Partei des Wirtschaftswunders 270 Sitze im neuen Parlament und damit die absolute Mehrheit. Weit abgeschlagen folgt die Sozialdemokratie, die ihren Mandatsanteil geringfügig um 18 auf 169 Sitze ausbauen kann.

Auch im Ruhrgebiet ist die CDU die Siegerin der Wahl. Zwar liegen die Ergebnisse der SPD in den Revierstädten weit über dem Bundesdurchschnitt, mit Ausnahme von Gelsenkirchen, Essen II, Wanne-Eickel, Wattenscheid, Dortmund und Ennepe-Ruhr-Kreis gehen jedoch sämtliche Wahlkreise an die Direktkandidaten der CDU. Die vor 1933 im Revier tonangebende katholische Zentrumspartei sinkt mit dieser Bundestagswahl endgültig zur Bedeutungslosigkeit herab. Ihr Wählerpotential wird fast vollständig von der CDU aufgesogen.

Der Wahlkampf war von der CDU/CSU mit erbitterter Härte geführt worden. Unter Hinweis auf den beispiellosen wirtschaftlichen Aufschwung der Bundesrepublik in den 50er Jahren hatte die Partei Adenauers eine SPD-Regierung als den Untergang Deutschlands bezeichnet. Zwei Tage nach der Wahl befaßt sich die WAZ in einem Kommentar mit dem Erfolg der CDU, der »in erster Linie auf die Persönlichkeit Konrad Adenauers, den weite Kreise des Volkes als ihren unwandelbaren Führer zu betrachten gewöhnt sind« zurückzuführen sei.

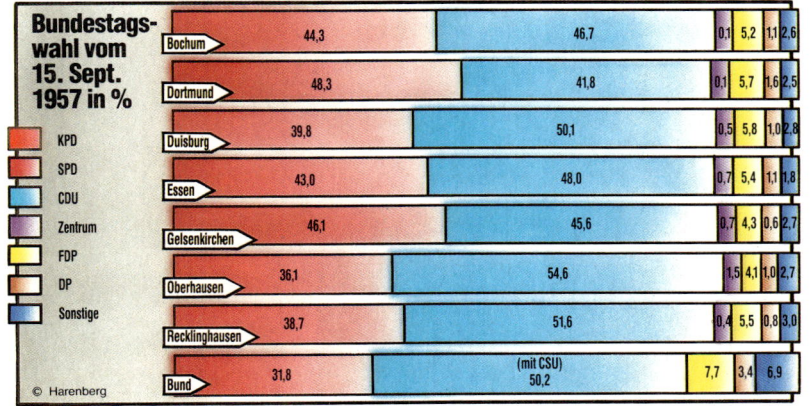

Sputnik-Signale in Bochum empfangen

7. Oktober 1957. Die Bochumer Schul- und Volkssternwarte empfängt deutliche Funksignale des sowjetischen Erdsatelliten »Sputnik«, der am 4. Oktober gestartet wurde und bei seinen Erdumkreisungen auch regelmäßig das Ruhrgebiet überfliegt. Die Signale werden in einer 1956 eingerichteten Beobachtungs- und Meßstation der Volkssternwarte im Privathaus des Ingenieurs Heinz Kaminski in Bochum-Sundern empfangen. Die Sternwarte auf dem Dach der Schillerschule – eine große drehbare Beobachtungskuppel – ist im Mai 1953 der Öffentlichkeit übergeben worden. Neben Schülern sind auch viele Erwachsene unter den Interessierten, die Instrumente, Vortragsraum, Fachbibliothek und -labor nutzen. Aus diesen eher volksbildenden und schulpädagogischen Anfängen entwickelt sich später das Institut für Weltraumforschung, das ab 1960 von Heinz Kaminski geleitet wird.

Heinz Kaminski

Die reichste Frau im Deutschen Reich

21. September 1957. Bertha Krupp stirbt im Alter von 71 Jahren in der Essener Villa Hügel.

Die 1886 geborene Tochter von Friedrich Alfred und Margarethe Krupp hatte nach dem Tod ihres Vaters (→ 22. 1. 1902) den gesamten Besitz der Familie geerbt und war dadurch zur reichsten Frau des Deutschen Reichs geworden. Vier Jahre später heiratete sie den preußischen Legationsrat Gustav von Bohlen und Halbach (→ 15. 10. 1906). Nach Bertha Krupp wurde das schwerste Geschütz des Ersten Weltkriegs, das in Essen gebaut wurde, die »Dicke Bertha« genannt.

Obwohl sie meist im Hintergrund stand, war Bertha Krupp an vielen geschäftlichen Entscheidungen beteiligt; so soll sie Berthold Beitz, den Generalbevollmächtigten des Firmeninhabers, vor dessen Verpflichtung (→ 1. 11. 1953), in genauen Augenschein genommen haben.

Tangente vernetzt Revierautobahnen

20. Juli 1957. Ein 10 km langes Teilstück der Autobahn Wuppertal-Kamen (A 1) zwischen Kamener Kreuz (Abb.) und Bundesstraße 1 wird für den Verkehr freigegeben. Die auch als Ruhrtangente bezeichnete, neu angelegte Strecke verbindet die beiden Hauptverkehrsadern im Ruhrgebiet, den Ruhrschnellweg und die Autobahn vom Ruhrgebiet nach Hannover (A 2).
Schon vor Kriegsausbruch lagen baureife Pläne für diese Verbindung vor. Vereinzelt schon realisierte Brücken und Erdbauwerke konnten aber mit Ausnahme des Ruhrdurchstichs bei Herdecke im Zuge der Wiederaufnahme des Bauvorhabens im Jahr 1955 keine Berücksichtigung mehr finden. Neuere Erkenntnisse, z. B. über Trassenführung und Fahrbahnbreite, machten eine grundsätzliche Neuplanung notwendig. Ein Verkehrsfinanzgesetz vom 6. April 1955 ermöglichte dem Landschaftsverband Westfalen-Lippe schließlich, mit den Bauarbeiten zu beginnen.

Hauptbahnhof jetzt in der Innenstadt

30. Mai 1957. Nachmittags um 16.23 Uhr begrüßt der Bochumer Oberbürgermeister Fritz Heinemann feierlich den ersten Zug, der in den neuerbauten Bochumer Hauptbahnhof einfährt. Dem Heizer und dem Lokführer des ersten fahrplanmäßigen Zuges werden Blumensträuße überreicht; eine offizielle Einweihung des neuen Gebäudes erfolgt aber erst Anfang Juli.
Für rund 20 Mio DM wurde der Hauptbahnhof, der bisher am Rand der Innenstadt lag, in das Stadtzentrum integriert. Das neue, großzügig angelegte Gebäude mit seinen weitläufigen, teilweise überdachten Bahnsteigen steht an einem neuen Straßenring, der den Innenstadtbereich umschließt. Die Neuordnung der Innenstadt verleiht der Stadt Bochum wieder ein Gesicht mit großstädtischem Gepräge, wie Oberbürgermeister Fritz Heinemann feststellt; einen Beitrag dazu leisten u. a. auch die Neubauten der Ruhrknappschaft und des Stadttheaters.

Elektrische Bahnen im Schnell-Verkehr

2. Juni 1957. Nach dreijähriger Bauzeit kann mit Beginn des Sommerfahrplans zwischen Hamm und Düsseldorf ein elektrischer Zugbetrieb aufgenommen werden.
Die speziell für den Einsatz im Ruhrgebiet entwickelten Triebwagen ET 30 ermöglichen mit ihrer erhöhten Anfahrtsbeschleunigung und den gegenüber herkömmlichen Dampf- oder Dieselloks gesteigerten Höchstgeschwindigkeiten eine erhebliche Verkürzung der Fahrtzeiten. Rund vier Jahre später verkehren auch auf der Strecke von Dortmund über Gelsenkirchen und Oberhausen nach Duisburg die schnellen Vorläufer der späteren S-Bahnen.
Schon bald nach dem Krieg (Mitte 1948) hatte eine Studiengesellschaft für die Elektrifizierung des Rhein-Ruhr-Eisenbahnverkehrs mit der Ausarbeitung der verkehrstechnischen und wirtschaftlichen Grundlagen des Ruhr-Schnellbahn-Verkehrs begonnen. Schließlich bewilligte das Land Nordrhein-Westfalen eine Finanzhilfe von 90 Mio DM zur Realisierung des Projekts.

Der neue Bochumer Hauptbahnhof, der lange als der modernste und schönste der Bundesrepublik gilt, eröffnet bessere Möglichkeiten für den Ausbau des innerstädtischen Verkehrsnetzes. Der alte Bahnhof hatte sich als Hindernis für eine großzügige städtebauliche Weiterentwicklung erwiesen.

1957

Glückliche Mannschaft des BV 09 Borussia Dortmund nach dem Endspiel um die deutsche Fußballmeisterschaft

Borussen wieder Deutscher Meister

23. Juni 1957. Mit einem 4:1-Sieg über den Hamburger Sport-Verein gewinnt der BV 09 Borussia Dortmund zum zweiten Mal die Deutsche Fußballmeisterschaft. Schon im Vorjahr hatte die Mannschaft diesen Titel mit einem Sieg über den Karlsruher Sportclub gewonnen.

Die Dortmunder Mannschaft:

Heinz Kwiatkowski	Tor
Wilhelm Burgsmüller	Verteidiger
Herbert Sandmann	Verteidiger
Elwin Schlebrowski	Mittelfeld
Max Michallek	Mittelfeld
Helmut Bracht	Mittelfeld
Wolfgang Peters	Sturm
Alfred Preißler	Sturm
Alfred Kelbassa	Sturm
Alfred Niepieklo	Sturm
Helmut Kapitulski	Sturm

Die WAZ bringt in ihrer Montagsausgabe drei Seiten Berichte rund um das Spiel im Hannoveraner Niedersachsen-Stadion. Wilhelm H. Koch kommentiert: »Der HSV ist in Hannover nicht mit fliegenden Fahnen untergegangen, sondern einen fußballerischen Strohtod mit Schlaftabletten und Wärmeflaschen gestorben. Das war der spielerisch und moralisch schwächste Gegner, den die Dortmunder in den Endrunden ... vor sich gehabt haben.«

Seeler (HSV) gegen Sandmann (BVB)

Alfred Kelbassa schießt in der 16. Minute das erste Tor für Dortmund, dem ein rascher Gegentreffer der Hamburger folgt. In der 24. und 25. Minute gelingen den Borussenstürmern Kelbassa und Niepieklo zwei weitere Treffer zum 3:1. Von diesem Moment an beherrschen die Dortmunder das Spiel: Sie kombinieren, bauen Angriffe auf und schießen »ihr ganzes Repertoire an Fußballfeuerwerk ab«, wie Koch schreibt. In der zweiten Halbzeit sind die Hamburger nur für kurze Zeit spielbestimmend, ab der 10. Minute werden sie in die Defensive gedrängt.

Szene aus dem Spiel zwischen Hamburger Sport-Verein und BV 09 Borussia Dortmund, der zum zweiten Mal Deutscher Meister wird

Erste Dortmunder Auslandskulturtage

1. bis 8. Juni 1957. In Dortmund finden die ersten Auslandskulturtage statt; sie sind Schweden gewidmet. In über 30 Veranstaltungen wie Theater-, Film- und Ballettaufführungen sowie Vorträgen, Konzerten und Ausstellungen wird ein Querschnitt durch das geistige Schaffen des nordischen Landes geboten. Oberbürgermeister Dietrich Keuning (SPD) formuliert als Ziel der in Zukunft jährlich stattfindenden Auslandskulturtage, »den weltweiten wirtschaftlichen Beziehungen unserer heimischen Industrie eine entsprechende weltoffene Geisteshaltung zur Seite zu stellen.«
Der schwedische Botschaftsrat Gunnar Granberg stellt fest: »So umfassend ist seit 1945 kein nordisches Land in der Bundesrepublik Deutschland vorgestellt worden.«

Hochdotierte Preise im Pferderennsport

1957. Auf der Galopp-Rennbahn in Gelsenkirchen-Horst wird erstmals der »Aral-Pokal« ausgetragen. Dieses Rennen, das von der Aral-AG gestiftet wird, entwickelt sich wegen seiner hohen Dotierung zum interessantesten in Horst gestarteten Preis. Von der Industrie werbewirksam gestiftete Preise steigern auch das internationale Interesse an den anderen Rennbahnen des Ruhrgebiets.
Zu den überregional bekannten Rennen zählt z. B. der englische Klassiker St. Leger, der seit 1950 in Dortmund-Wambel ausgetragen wird. In Mülheim-Raffelberg finden die alljährlichen Ausscheidungsrennen um den Preis der Diana statt.
Neben dem Galoppsport gehören Trabrennen, z. B. in Dinslaken oder Recklinghausen, zu den beliebten Rennsportveranstaltungen.

Wichtige Galopp-Rennpreise auf Bahnen im Ruhrgebiet:

Gelsenkirchen-Horst
Aral-Pokal, Großer Preis von Gelsenkirchen, Underberg-Jagdrennen
Dortmund-Wambel
Großer Preis von Dortmund, Deutsches St. Leger
Mülheim-Raffelberg
Preis der Diana, Orakel der Zwei- und Dreijährigen

1958

1. 1. Dr. Franz Hengsbach wird feierlich in sein Amt als erster Bischof des Bistums Essen eingeführt. →

11. 1. Der Dortmunder Berufsboxer Willy Quatuor wird in Dortmund Deutscher Meister im Federgewicht.

22. 2. Mit Feierschichten auf mehreren Revierzechen setzt im Ruhrbergbau eine Kohlekrise ein. →

1. 4. Der Rat der Stadt Essen beschließt die Einrichtung des Ruhr-Kollegs, einer Institution zur Erlangung des Abiturs auf dem zweiten Bildungsweg.

18. 5. Schalke 04 wird in Hannover mit einem 3:0-Sieg über den Hamburger SV Deutscher Fußballmeister.

13. 6. Eine nach Plänen des Architekten Hans Scharoun errichtete Schule in Lünen wird eröffnet. →

2. 7. In Dortmund wird das Haus der Bibliotheken am Hansaplatz eröffnet. →

4. 7. An der Steeler Straße in Essen wird das neue Hauptbad eingeweiht.

6. 7. Die Landtagswahlen in Nordrhein-Westfalen enden mit einem überwältigenden Sieg der CDU. Sie erringt die absolute Mehrheit.

Anfang September. Im neuen BUNA-Werk der Chemischen Werke Hüls beginnt die Produktion von synthetischem Kautschuk.

1. 9. Der Bau der Essener Grugahalle wird vollendet. →

27. 9. In Essen-Kray nimmt die Kohleforschungsanstalt ihre Arbeit auf.

November. Der Unternehmer Klaus Steilmann beginnt in seiner neugegründeten Textilfabrik in (Bochum-)Wattenscheid mit der Fertigung von Damenmänteln und Kostümen.

2. 12. Die Konsumanstalt Krupp eröffnet an der Rüttenscheider Straße in Essen ihren ersten Supermarkt nach amerikanischem Vorbild. →

1958. Die Essener Krupp-Werke erzielen erstmals in der Geschichte des Unternehmens einen Umsatz von über 4 Mrd DM; die August-Thyssen-Hütte in Duisburg erwirtschaftet mehr als 1 Mrd DM. →

1958. Der Divisionsstab der 7. Panzergrenadierdivision wird von Lippstadt nach Unna verlegt.

1958. Der Schriftsteller Heinrich Böll und der Fotograf Karl Chargesheimer veröffentlichen den Band »Im Ruhrgebiet«.

1958. In Bochum wird die vom Waldorfschulverein getragene Rudolf-Steiner-Schule Ruhrgebiet e. V. gegründet.

Inthronisation des neuen Ruhrbischofs Franz Hengsbach in der neuen Kathedrale, dem alten Münster von Essen

Essen – Sitz des neuen Ruhrbischofs

1. Januar 1958. In der Essener Münsterkirche wird die offizielle Errichtung des Bistums Essen, des sog. Ruhrbistums, feierlich begangen. Gleichzeitig wird der erste Ruhrbischof, Franz Hengsbach, in sein Amt eingeführt. Zum Bistumsgebiet, in dem 1,3 Mio Katholiken leben, gehören die Städte Bochum, Bottrop, Duisburg, Essen, Gelsenkirchen, Mülheim und Oberhausen sowie der Ennepe-Ruhr-Kreis und der Sauerland-Kreis Altena.

Die Gründung des Bistums war in einem Vertrag zwischen der katholischen Kirche und dem Land Nordrhein-Westfalen (→ 19. 1. 1956) vereinbart und in einer Bulle des Papstes Pius XII. vom 23. Februar 1957 verkündet worden. Der Papst hatte sich schon in seiner Eigenschaft als päpstlicher Gesandter in den 20er Jahren um die Schaffung eines eigenen Bistums in der bevölkerungsreichen Ruhrregion bemüht.

Der neue Ruhrbischof sagt in seiner Ansprache vor insgesamt 15 000 Gläubigen: »So, wie einst die ersten Christenboten in dem hier in Werden entstandenen Heliand den Menschen dieses Landes Christus in einer Sprache verkündeten, die sie verstehen konnten, so wollt ihr, daß auch Christus heute so verkündigt werde, daß sein Wort eine Antwort wird auf die brennenden Fragen Eures heutigen Lebens.«

Langjährige Bemühungen um Ruhrbistum

Mit der Gründung des Bistums Essen erleben jahrzehntelange Bestrebungen innerhalb der katholischen Kirche, die Industrieregion des Ruhrgebiets organisatorisch zusammenzufassen, einen erfolgreichen Abschluß. Seit 1821 war das Gebiet des späteren Ruhrbistums auf die drei Diözesen Köln, Münster und Paderborn aufgeteilt. Mit der Industrialisierung und der starken Zuwanderung vor allem polnischer Katholiken in diese Region wuchsen die katholischen Kirchengemeinden besonders stark an.

Mitte der 20er Jahre des 20. Jh. wurde erstmals intensiv über die Errichtung eines eigenständigen Bistums im Revier verhandelt, wofür sich vor allem der päpstliche Nuntius in Berlin, Eugenio Pacelli, der spätere Papst Pius XII., stark einsetzte. Die Pläne scheiterten nicht zuletzt am Widerstand der betroffenen Diözesen; erst 30 Jahre später wird das Vorhaben verwirklicht.

Ruhrbischof Franz Hengsbach

Erster Ruhrbischof Franz Hengsbach

Franz Hengsbach wurde am 10. September 1910 in Velmede am Oberlauf der Ruhr als ältestes von acht Kindern geboren. Sein Vater war Bauer und Küster in der dortigen Kirchengemeinde. Nach dem Abitur und dem Studium in Paderborn und Freiburg wurde er am 13. März 1937 zum Priester geweiht. Seine erste seelsorgerische Tätigkeit nahm er in der Gemeinde St. Marien in Herne-Baukau auf. 1953 wurde Hengsbach in Paderborn zum Bischof geweiht, wo er bis zu seiner Ernennung zum Ruhrbischof tätig war.

Feierschichten läuten Bergbaukrise ein

22. Februar 1958. 16 000 Bergleute der Zechen Katharina und Theodor Heinrich in Essen, Dahlhauser Tiefbau in Bochum, Rosenblumendelle/Wiesche in Mülheim und Alter Hellweg in Unna verfahren an diesem Morgen die ersten Feierschichten. Für weite Teile der deutschen Öffentlichkeit kommt dieses erste Anzeichen einer Krise im Steinkohlenbergbau völlig überraschend. Noch ein Jahr zuvor hatte es kaum Haldenbestände im Revier gegeben, am Vorabend der Krise sind es bereits 12,3 Mio t, etwa 10% der Jahresförderung. Seit dem Ende des Zweiten Weltkrieges war die ständige Kohleknappheit Kennzeichen des bundesdeutschen Wirtschaftswunders. Energieexperten und Bergbauunternehmen waren sich bis zum Ausbruch der Krise darin einig gewesen, daß die heimische Steinkohle stets der Eckpfeiler der bundesdeutschen Energieversorgung bleiben sollte. Entgegen dem Optimismus der Fachleute hatten sich jedoch seit einigen Jahren Veränderungen auf dem internationalen Energiemarkt vollzogen. Seit die Ruhrkohle sich 1951 und 1956 als unfähig erwiesen hatte, den heimischen Energiebedarf zu decken (→ April 1951; → 1956), drohte ihr durch Importkohle und Öl eine starke Konkurrenz zu erwachsen.

Im Sommer 1956 hatte Bundeswirtschaftsminister Ludwig Erhard »eine grundsätzliche Lösung des Problems der künftigen Energiebedarfsdeckung durch eine Förderung wettbewerblicher Kräfte auf dem Energiemarkt« angekündigt. Im gleichen Jahr verlängerte die Bundesregierung die Laufzeit für Kohleimportverträge von 18 Monaten auf drei Jahre. Da seit 1956 außerdem die internationalen Seefrachtraten sanken, wurde die Einfuhr billiger amerikanischer Kohle für die deutschen Verbraucher attraktiv. Durch das Auftreten der Golfstaaten auf dem Erdölmarkt gerieten zudem ab Mitte der 50er Jahre infolge eines Überangebots an Öl die Preise ins Rutschen. Im Gegensatz zu den USA, Frankreich und Großbritannien öffnete die Bundesregierung dem Öl aus dem Nahen Osten durch Beseitigung der Heiz- und Mineralölzölle den deutschen Energiemarkt. Als die Unternehmen an der Ruhr 1957 die Kohlepreise erhöhten, weitete sich die Preisschere endgültig zugunsten der konkurrierenden Energieträger.

12,3 Mio t Steinkohle, etwa 10% der Jahresförderung, liegen im Ruhrgebiet auf Halde; mit Einsatz der Bergbaukrise wachsen die Halden weiter

Beteiligte uneinig über Krisenkonzept

Im Zuge der Absatzkrise im deutschen Steinkohlenbergbau kommt es gegen Ende des Jahres 1958 zu ersten Entlassungen. Zwar sind von der Stillegung der Zeche Lieselotte bei Hattingen am 30. September nur 113 Bergleute betroffen, im Verein mit der steigenden Zahl von Feierschichten im Ruhrbergbau vermittelt die erste krisenbedingte Zechenschließung jedoch einen Vorgeschmack auf die weitere Entwicklung.
Bereits wenige Wochen zuvor hatte Hans Werner von Dewall, ein Vorstandsmitglied der Bergwerksgesellschaft Hibernia, auf einer Besprechung mit Regierungs- und Gewerkschaftsvertretern im Bundeskanzleramt Stillegungen von Zechen nicht grundlegend ausgeschlossen. Ebenso wie die Zechenunternehmer appelliert auch die IG Bergbau in Bonn an die volkswirtschaftliche Verantwortung der Bundesregierung und fordert Maßnahmen zur Begrenzung billiger Kohle- und Ölimporte. Die Bundesregierung votiert dagegen im Interesse einer billigen Energieversorgung für ein freies Spiel der Kräfte auf dem Energiemarkt.

Hochkonjunktur bei Stahl läßt Konzerne wachsen

1958. Das Essener Unternehmen Fried. Krupp erzielt erstmals in seiner Geschichte einen Umsatz von über 4 Mrd DM; die Belegschaft ist zum ersten Mal seit dem Zweiten Weltkrieg wieder auf über 100 000 Beschäftigte angewachsen. Auch die Hamborner Thyssenhütte mit 12 200 Beschäftigten erzielt einen Rekordumsatz von über 1 Mrd DM. Während sich im Bergbau die ersten Krisenerscheinungen zeigen (→ 22. 2. 1958), verzeichnen die Eisen- und Stahlunternehmen des Ruhrgebiets wachsende Produktions- und Umsatzzahlen. Seit 1953 konnte die Roheisenerzeugung um fast 50% und die Rohstahlerzeugung von 13,7 Mio t auf 17,2 Mio t gesteigert werden.
In der seit Anfang der 50er Jahre anhaltenden Hochkonjunktur gliedern sich die großen Stahlunternehmen des Ruhrgebiets wieder zahlreiche Produktions- und Fertigungsbetriebe an. So erwirbt die August-Thyssen-Hütte in dieser Zeit u. a. die Deutsche Edelstahlwerke AG, die Niederrheinische Hütte AG und die Erin Bergbau AG. Die Maßnahmen der Entflechtung nach dem Zweiten Weltkrieg (→ 17. 1. 1947) werden so z. T. wieder rückgängig gemacht.

Werksanlagen der Hoesch-Westfalenhütte in Dortmund; auch Hoesch profitiert von der Stahlkonjunktur

1958

Selbstbedienungskonsum
2. Dezember 1958. *An der Rüttenscheider Straße in Essen eröffnen die Kruppschen Konsumanstalten die erste Filiale, die nach amerikanischem Vorbild als Selbstbedienungsladen eingerichtet ist (Abb.). In dem Supermarkt bedienen die Kunden sich selbst aus Regalen mit fertig abgepackten Waren.*

Haus der Bibliotheken
2. Juli 1958. *Nach zweijähriger Bauzeit wird das neue »Haus der Bibliotheken« in Dortmund eröffnet. Das 5,6 Mio DM teure Gebäude (Abb.) beherbergt die Stadt- und Landesbibliothek, das Institut für Zeitungsforschung (→ 14. 5. 1926) sowie die Hauptverwaltung und die Zentrale der Stadtbücherei.*

Schulbau von Scharoun
13. Juni 1958. *In Lünen wird die Geschwister-Scholl-Schule eröffnet. Der Entwurf zu dem Gebäudekomplex (Abb.) stammt von dem Architekten Hans Scharoun (1893 – 1972). Die Sechsecke enthalten Klassenräume, im Längstrakt sind Pausenhallen, Lehrer- sowie weitere Klassenzimmer untergebracht.*

Essener Grugahalle jetzt vollendet

1. September 1958. Die neuerbaute Essener Grugahalle wird der Öffentlichkeit übergeben, eine feierliche Einweihung mit olympischem Festprogramm findet erst am 25. Oktober statt. Die Veranstaltungshalle auf dem Essener Messegelände wurde für 14 Mio DM an der Stelle der im Zweiten Weltkrieg zerstörten Messehalle V errichtet.

Das Fundament der alten Ausstellungshalle blieb beim Bau der neuen Konstruktion aus Kostengründen erhalten. Mit ihren schräg aufragenden Tribünenflügeln erinnert die Halle an einen riesigen asymmetrischen Schmetterling. Die Stahlkonstruktion des Daches überspannt eine freie Fläche von 80 × 80 m, ohne sichtbehindernde Säulen. Der Innenraum kann durch Vorhänge mehrfach unterteilt werden und bietet 2500 bis 8000 Besuchern Platz.

Zum Veranstaltungsprogramm der Grugahalle zählen Sportveranstaltungen, Konzerte und Shows, aber auch Kongresse und politische Veranstaltungen finden hier statt. In den ersten Jahren können die Essener ihre Halle auch zum Eislauf nutzen; das Kühlsystem funktioniert jedoch nach kurzer Zeit nicht mehr.

In seiner Eröffnungsrede würdigt der Essener Oberbürgermeister Wilhelm Nieswandt die Halle als zentralen Punkt des kulturellen, sportlichen und gesellschaftlichen Lebens der Stadt und des Ruhrgebiets.

△ *Elegant und graziös wirkt die Essener Grugahalle mit ihren weitgespannten Tribünenflügeln. Sie bietet Raum für kulturelle und sportliche Veranstaltungen jeder Art.*

◁ *Hinter der neuerrichteten Halle lockt der Grugapark fast das ganze Jahr über mit verschwenderischer Blütenpracht.*

Schalke 04 neuer Deutscher Meister

18. Mai 1958. Mit einem 3:0-Sieg über den Hamburger Sport-Verein im Endspiel um die Deutsche Fußballmeisterschaft in Hannover erringt die Mannschaft des FC Schalke 04 erstmals seit 1942 wieder den Meistertitel. Zum vierten Mal in Folge gewinnt damit eine Mannschaft aus dem Ruhrgebiet die Deutsche Fußballmeisterschaft: 1955 hatte Rot-Weiß Essen den Titel geholt, 1956 und 1957 war die Dortmunder Borussia Meister.

Der Sieg der Schalker über Hamburg ist hart erkämpft, denn die Norddeutschen spielen wesentlich besser und sind kampffreudiger als im Endspiel

B. Klodt

gegen Dortmund (→ 23. 6. 1957). Der Sportredakteur der WAZ, Wilhelm H. Koch kommentiert: »Es war zwar ein Spiel mit Tempo und Einsatz, aber es war auch kein erstklassiges Spiel. Schalke fand nicht zu der Leistung wie in den Vorrundenspielen. Es fehlte die Souveränität, die absolute Klasse. Die Spannung war ebenfalls schnell dahin, als Schalke nach dreißig Minuten bereits 2:0 führte und der HSV nicht den Weg fand, den Vorsprung zu verkürzen.«

Sport im Ruhrgebiet: Spiel und Schauspiel

Nirgendwo in Deutschland gibt es so viele Sportvereine wie an Rhein und Ruhr, nirgends sind so viele Athleten und Jugendliche auf den Sportplätzen zu finden, und nirgendwo bringen es so viele zur Meisterschaft. Wenn der nordrhein-westfälische Ministerpräsident alljährlich die Besten beglückwünscht, kommen so viele Menschen zu ihm wie beim Neujahrsempfang zum Bundespräsidenten. Leistungs- und Breitensport sind im Ruhrgebiet so wichtig geworden, weil hier so viele Menschen dicht nebeneinander leben und der Sport scheinbar mühelos soziale Schranken und Grenzen übersprungen hat.

Im Industriegebiet berührt der Sport beinahe alle Gebiete des öffentlichen Lebens. Er beeinflußt das religiöse und das familiäre Leben, er prägt die Freizeit vieler Menschen, beeinflußt Handel und Wandel; er gehört zu den größten Haus- und Grundbesitzern des Landes, der Sport engagiert sich im Baugewerbe und trägt zur Auslastung öffentlicher Verkehrsbetriebe bei. Er beschäftigt Angestellte und Arbeiter, zahlt Steuern und Postgebühren, hat umfangreiche Vermögenswerte zu erhalten, und wenn er auch nicht gerade selbst Straßen baut, so bauten und bauen Land und Städte sie doch nicht zuletzt seinetwegen.

Sportliche Betätigung hat im Ruhrgebiet, wie in ganz Deutschland, ihren Ursprung in der von Turnvater Friedrich Ludwig Jahn zu Beginn des 19. Jh. initiierten Turnbewegung, die im Zeichen politischer Ziele stand und die Errichtung eines deutschen Nationalstaates anstrebte. Gegen Ende des 19. Jh. entwickelte sich der leistungsorientierte Wettkampfsport, und gleichzeitig entstanden die ersten Arbeitervereine, Solidargemeinschaften, die den Zusammenhalt der Arbeiterklasse fördern sollten. Die Bildung eigener Vereine war außerdem notwendig, da die alteingesessenen bürgerlichen Turnvereine keine Arbeiter aufnahmen. Um die Jahrhundertwende wurden die ersten Fußballvereine gegründet, die bald darauf ihren Siegeszug durch das Revier antraten.

Zunächst war der Duisburger SpV die Nr. 1 im Revier, dann entwickelte sich ein anderer Club zur Institution im Ruhrgebiet: Der FC Schalke 04. Der »Mythos Schalke«, das ist die Geschichte eines Arbeitervereins, der in den ersten Jahrzehnten des 20. Jh. die damals dominierende Rolle der bürgerlichen Vereinswelt durchbrochen hat. Die »Knappen« haben es mit ihren Erfolgen im Kampf um die Deutsche Meisterschaft zwischen 1934 und 1942, stellvertretend für die Menschen einer ganzen Stadt und einer Region, geschafft, den Traum des kleinen Mannes, einmal ganz oben zu stehen, zu verwirklichen.

Der FC Schalke 04 hatte als sog. »wilder« Verein 1904 mit dem Fußballspiel begonnen, erst als seine Erfolge nicht mehr zu übersehen waren, nahm der Deutsche Fußball-Bund den Club auf und ließ ihn an Meisterschaften teilnehmen.

Schalke wurde über die Grenzen des Ruhrgebiets hinaus bekannt und hat bis heute auch außerhalb des Reviers ungezählte Anhänger. Bezeichnend ist, daß jeder Fußballfreund in Deutschland den Vorort Schalke, nur wenige außerhalb des Reviers aber die dazugehörige Stadt Gelsenkirchen kennen, die im Vereinsnamen stets weggelassen wird (»FC Gelsenkirchen-Schalke 04« lautet der korrekte, aber nie benutzte Name). Nirgendwo in der Bundesrepublik Deutschland bedeutet ein Fußballverein so viel wie in Gelsenkirchen. Fußball in Schalke ist ein wesentlicher Bestandteil allen öffentlichen Lebens dieser Stadt an der Emscher.

Die Verbindung von Kohlenpott und Schalker Fußball, geschaffen von Männern wie Szepan, Kuzorra und Tibulski, hat das besondere Verhältnis zwischen Publikum und Mannschaft entstehen lassen. Die Zuschauer identifizieren sich mit den Spielern und feiern die Siege der Mannschaft als seien es ihre eigenen. Aussagen wie »Schalke, das ist mein Leben«, aber auch die Verbindung zwischen Arbeit und Freizeit, die sich im Gleichklang von »Auf Zeche gehen« und »Auf Schalke gehen« spiegelt, belegen die persönliche Bindung der Bevölkerung an ihren Club.

Die Faszination des Schalker Fußballs ist unvermindert, trotz zahlreicher Skandale und wechselnder Erfolge, trotz der Tatsache, daß nur wenige der Kicker heute noch aus Gelsenkirchen-Schalke stammen und die kickenden Kumpels von hochbezahlten Profis abgelöst wurden. Kraft seines, von den großen Idolen der 30er Jahre ererbten Rufes läßt Schalke auch heute noch ein starkes Gemeinschaftsgefühl unter seinen Anhängern entstehen.

Geldbriefe alter Damen und Sparschweine kleiner Jungen, die im Frühjahr 1987 in der Vereinszentrale von Schalke eingegangen sind und den Club vor dem Konkurs retten sollten, zeigen die unverminderte Anteilnahme und Begeisterungsfähigkeit der Fans. »Schalke darf nicht sterben« lautet auch heute die Devise.

Der »Mythos Schalke« steht beispielhaft für jene Faszination, die der Fußball in allen Revierstädten ausübt. Ein ebenfalls geschichtsträchtiger Verein ist der BV 09 Borussia Dortmund, dessen Fußballer als »die Schwarz-Gelben vom Borsigplatz« Karriere gemacht haben. Lokalpatriotismus herrscht auch, wenn der VfL Bochum, der MSV Duisburg, Rot-Weiß Essen oder Rot-Weiß Oberhausen spielen. König Fußball regiert heute wie vor 50 Jahren das Ruhrgebiet, und die Zugehörigkeit eines Vereins zur Bundesliga ist mehr denn je eine Prestigefrage für die Städte und ihre Bürger. Mancher finanzielle Kopfstand wurde und wird für den Erhalt der Bundesligalizenzen oder für den Einkauf teurer Spieler vollführt, und Jahr für Jahr flammt die Diskussion um die wirtschaftliche Situation der Vereine wieder auf.

In jüngerer Vergangenheit kämpft der Fußball mit einem Phänomen, das im Ballungsraum Ruhrgebiet wie auch anderswo auftritt: Die Radikalisierung einiger Fanclubs, die mit rechtsradikalen und ausländerfeindlichen Aktionen sowie durch Schlägereien mit anderen Fanclubs von sich reden machen. Wenn die Mitglieder der Borussenfront, »Fans« des BVB, zu einem Auswärtsspiel ihrer Mannschaft fahren, sind sie ständig von einem Trupp Polizisten umgeben. Die Schalker Anhänger werden auf dem Weg zum

Stadion durch einen Sicherheitsring aus Polizisten abgeschirmt und bis zum Eingang eskortiert. Dies ist allerdings keine nur ruhrgebietsspezifische Wucherung des Fußballsports.

Fußball und sonst nichts? Eine Frage, die leicht zu beantworten ist: In den 30er Jahren war Dortmund eine Radsporthochburg und brachte zahlreiche große Sportler hervor, auf Bahn und Straße; darunter waren so bekannte Namen wie Erich Metze, Erich Bautz und Walter Lohmann, aber auch die »Sechstage-Kaiser« Gustav Kilian und Heinz Vopel. Nicht umsonst wurde die Westfalenhalle, eine der größten Sporthallen ihrer Zeit, 1925 in Dortmund errichtet und nach der Zerstörung im Zweiten Weltkrieg schnellstens wiederaufgebaut. Sie war und ist mit ihrer 200 m langen Bahn (lange Zeit die längste Holzbahn der Welt) traditionsreicher Schauplatz unzähliger Steher- und Sechstagerennen.

Die Faszination der Sechstagerennen mit ihrer Mischung aus Show, Sport, Unterhaltung und Jahrmarktatmosphäre ist ungebrochen. In den 50er Jahren wurden die Radsportereignisse durch Boxveranstaltungen ergänzt, und Ruhrgebietssportler wie der kämpferische Heinz Neuhaus, der »Stilist« Erich Schöppner und später auch Willi Quatuor feierten unter dem Jubel des boxbegeisterten Publikums große Siege.

Auch die Leichtathleten haben großen Anteil am Sportgeschehen im Ruhrgebiet: angefangen bei Josef Krämer, dem ersten Olympiasieger (1906), zieht sich die Reihe der erfolgreichen Athleten bis hin zu so bekannten Namen wie Annegret Richter (zwei Gold- und eine Silbermedaille bei den Olympischen Spielen 1976 in Montreal), Willi Wülbeck (Sieger im 800-m-Lauf bei den Weltmeisterschaften in Helsinki 1983) und Karl Hans Riehm (Silbermedaille bei den Olympischen Spielen 1984 in Los Angeles).

Auch im Wassersport waren immer wieder erfolgreiche Sportler aus dem Ruhrgebiet vertreten. Die Schwimmer aus den Schwimmsport-Hochburgen des Ruhrgebiets Gladbeck und Bochum sind bei internationalen Wettbewerben häufig auf vorderen Plätzen, Detlef Lewe (Kanuweltmeister 1966 und Olympische Medaillen 1968 und 1972) steht stellvertretend für zahlreiche Kanuten, und auch der sog. »Ruhrpott-Vierer«, ein Boot mit vier Rudersportlern aus Dortmund und Witten, das 1983 die Weltmeisterschaft gewann, ist nur ein Beitrag unter vielen.

Die Ringer, so z. B. die Männer der erfolgreichen Vereine ASV Heros Dortmund und des KSV Witten, konnten und können ebenfalls auf eine große Anhängerschaft im Ruhrgebiet zählen.

Während in den 50er und 60er Jahren die Feldhockey-Mannschaft des Uhlenhorst Mülheim und die Wasserballer der Roten Erde Hamm Erfolge feierten, sind in den 70er und 80er Jahren die Volleyball-Damen des VC Schwerte, die Basketballer des SSV Hagen und das Handball-Team des TuSEM Essen ebenso wie die mehrfachen Deutschen Meister im Tischtennis aus Duisburg, Bochum und Essen, stellvertretend seien hier nur Wilfried Liek und Ursula Kamizuru (geb. Hirschmüller) genannt, ins Rampenlicht gerückt.

Sport im Ruhrgebiet heißt nicht mehr nur Fußball, sondern bedeutet eine breite Palette von Sportarten, die in den verschiedenen Leistungszentren in Bochum, Dortmund, Kamen und Duisburg, darunter herausragend das Bundesleistungszentrum in Duisburg-Wedau, gezielt gefördert werden.

Westfalenhalle und Gruga-Halle, die großen Stadien in Gelsenkirchen, Bochum und Dortmund sowie zahlreiche weitere Sportstätten, die das Ruhrgebiet mit einem dichten Netz überziehen, unterstreichen in ihrer Häufung die Sportbegeisterung des Reviers. Ein Aspekt unter vielen, der zur Bewerbung des Ruhrgebiets als Austragungsort für Olympische Spiele geführt hat.

Trotz des reichhaltigen Angebots an Sportstätten wird das Ruhrgebiet von Veranstaltern großer Sportereignisse oft stiefmütterlich behandelt. So finden z. B. selten große Fußball-Länderspiele in den Stadien des Ruhrgebiets statt, die sog. Schlagerspiele werden meist an München, Frankfurt, Berlin oder Hamburg vergeben. Massive Sympathiewerbung, u. a. durch den Kommunalverband Ruhrgebiet, soll da Abhilfe schaffen.

Die Bedeutung des Sports als Werbe- und Wirtschaftsfaktor ist auch in den Amtsstuben der Städte erkannt worden. Als beispielsweise der Deutsche Fußball-Bund daran ging, die Bundesliga zu gründen, eine Spitzenklasse von damals 16 Vereinen, waren die großen Städte des Reviers sogleich bereit, zugunsten »ihrer« Vereine tief in die Kasse zu greifen. Damit bürdeten sie sich eine Last auf, die angesichts der allgemeinen Finanzkrise der Kommunen und Vereine in jüngster Zeit besonders schwer wiegt. Die Städte Gelsenkirchen, Bochum und Dortmund sind zwar durch die Einrichtungen für die Fußball-Weltmeisterschaft 1974 reich mit auswärtigen Zuschüssen gesegnet worden, müssen heute jedoch die Kosten für die Erhaltung der großen Stadien tragen. Die z. T. astronomischen Summen, die im Fußball als Ablösegelder gezahlt werden oder die mancher Sportler durch Werbeverträge kassiert, machen deutlich, daß es nicht mehr nur um den Spaß am Spiel geht, sondern damit erhebliche finanzielle Interessen verbunden sind.

Sport im Ruhrgebiet, das heißt aber auch Breitensport, sei es in den rund 3600 Vereinen oder sei es in privater Intitiative. Während die Vereine z. T. über rückläufige Mitgliederzahlen klagen, haben Lauftreffs und Hobbygruppen im Zuge der Gesundheits- und Fitnesswelle neben den traditionellen Thekenmannschaften weiteren Aufschwung erfahren, auch der Betriebssport erfreut sich immer größerer Beliebtheit – Trainingshallen und -plätze in den Städten sind häufig ausgebucht. Als modisches Beiwerk verpackt, verkauft sich Sport neuerdings auch gut in Form von Fitness-, Bodybuilding- und Tanz-Studios, die allenthalben aus dem Boden sprießen und zahlreiche Kundschaft finden.

Dennoch besteht die Befürchtung, daß die Menschen im Ruhrgebiet bald ein Volk von Zuschauern statt eines Volkes von Sportlern sein werden. Bei allem Engagement für den Sport stellt sich die Frage, ob die Erbauer von Sportstätten, die Geldgeber und Kommunalverwaltungen, ja selbst die Vereine dabei nicht mehr an die Zuschauer und ihre Eintrittsgelder denken als an die Förderung der Gesundheit der Bevölkerung.

Diese Befürchtung ist nicht unbegründet, denn wie überall, so hat auch im Industriegebiet der Sport für viele Menschen nicht mehr den ursprünglichen Sinn. Sie verlangen nicht mehr nach dem Spiel, sondern nach dem Schauspiel. Der Sport versetzt sie in Spannung, sogar in Begeisterung, aber auch in helle Empörung – nur viel zu selten in sportliche Bewegung. Die Sportbegeisterung mancher Bewohner der Region reicht eigentlich nur bis zur Seitenlinie am Spielfeldrand. Bis dorthin allerdings pilgern die Menschen in Scharen, sie bezahlen oft viel Geld dafür und geben ihren freien Nachmittag hin. Der Spieltrieb bewegt sie zwar dabeizusein, sich zu empören, sich zu begeistern, zu wetten – nur nicht dazu, mitzumachen. 22 spielen Fußball, 40 000 schauen zu.

Die Besonderheit der Situation des Sports im Ruhrgebiet liegt in der einmaligen Mischung aus Spaß am Spiel und Spaß am Schauspiel. Sport zwischen – größtenteils stillgelegten – Fördertürmen und Hochöfen bringt Massen auf die Beine, schafft eine seltene Nähe zwischen Sportlern und Publikum, ist vielfältig verästelt und mannigfach in seinen Erscheinungen. Er reicht quer durch alle Gesellschaftsschichten. Wegen seiner mannigfachen Bezüge zu Kultur, Wirtschaft und allen anderen Feldern menschlichen Beisammenseins ist Sport im Ruhrgebiet – sichtbarer als anderswo – nicht allein ein Phänomen hochleistender Muskeln.

Horst Vetten

1959

3. 2. Die deutschen Bergbaureviere schließen sich in Essen zur Notgemeinschaft deutscher Steinkohlenbergbau GmbH zusammen. →

11. 4. Erich Schöppner aus Dortmund verteidigt in Dortmund erfolgreich seinen im April errungenen Europameistertitel im Halbschwergewicht der Profi-Boxer.

30. 4. Die Bundesgartenschau in Dortmund wird eröffnet. →

30. 4. In der Essener Grugahalle findet die zweite »Löwen«-Verleihung von Radio Luxemburg mit Peter Frankenfeld als Conférencier statt. →

1. 5. Bei gleichzeitiger Rückkehr zur Achtstundenschicht unter Tage wird im Bergbau die Fünf-Tage-Woche eingeführt. →

5. 5. Zwischen dem Ruhrgebiet und Süddeutschland wird eine durchgehend elektrifizierte Eisenbahnstrecke eröffnet. →

5. 5. Das neue Gebäude des Hammer Oberlandesgerichts wird eröffnet. →

14. 5.–4. 10. 140 000 Besucher zählt die Ausstellung »5000 Jahre Kunst aus Indien« in der Villa Hügel in Essen.

22. 5. In der Essener Grugahalle wird auf der größten Leinwand der Welt der Film »Windjammer« gezeigt. →

Sommer. Durch Hitze und Trockenheit wird im Ruhrgebiet das Trinkwasser knapp. →

26. 7. Hilde Urbaniak aus Dortmund gewinnt bei den Kanu-Weltmeisterschaften in Genf die Goldmedaille im Slalom. →

26. 9. Mit einem Marsch auf Bonn demonstrieren 60 000 Bergarbeiter gegen die Energiepolitik der Bundesregierung. →

7. 10. Albert Schweitzer besucht Dortmund. →

29. 10. Die Stadtverordnetenversammlung in Bochum richtet ein Arbeitsteam für Wirtschaftsförderung ein. →

2.–4. 12. Die 1957 gegründete Philharmonia Hungarica siedelt nach Marl über. →

13. 12. Bei einer Gasexplosion in einem dreistöckigen Haus in Dortmund-Aplerbeck kommen 26 Menschen ums Leben. →

15. 12. Der Neubau der Städtischen Bühnen in Gelsenkirchen wird eröffnet. →

27. 12. Schwarz-Weiß-Essen gewinnt durch einen 5:2-Sieg gegen Borussia Neunkirchen in Kassel den DFB-Vereinspokal.

1959. In Essen werden je 33% der gesamten Groß- und Einzelhandelsumsätze des Ruhrgebiets getätigt. →

1959. Das Wahrzeichen Bochums, die Propsteikirche, ist wiederaufgebaut. →

Fast sechs Stunden ziehen die Bergleute durch Bonn; der Zutritt zur Regierungs-Bannmeile wird ihnen verwehrt

»Wirtschaftliches Stalingrad« im Revier

26. September 1959. Auf Druck der Zechenbelegschaften des Ruhrreviers organisiert die IG Bergbau einen Protestmarsch nach Bonn. 60 000 Bergarbeiter demonstrieren unter dem Motto »Sicherheit statt Chaos« gegen die Energiepolitik der Bundesregierung.

Im Juni 1959 hatte die Zahl der seit Februar 1958 verfahrenen Feierschichten die Fünf-Millionen-Grenze überschritten. Am 30. Juni war die Großschachtanlage Friedrich Thyssen 4/8 in Duisburg-Hamborn stillgelegt worden. Die Ankündigung weiterer Stillegungen verschärfte die Situation. Seit Januar des Jahres organisierte die IG Bergbau in Bochum, Dortmund, Essen, Oberhausen, Gladbeck und Hamm Massenkundgebungen, mit denen die Gewerkschaft die Öffentlichkeit aufzurütteln suchte: »Ein wirtschaftliches Stalingrad bereitet sich vor... Eingekesselt sind diesesmal treue Bergarbeiter, die in schwerster Stunde nach dem Zusammenbruch, ausgehungert und verelendet zu ihrem Volke standen und von der Kohle her den Aufstieg der Wirtschaft ermöglichten... Verraten und verkauft auf internationalen Kohle- und Energiemärkten...«, so der Vorsitzende der IG Bergbau, Heinrich Gutermuth, auf einer Kundgebung in Bochum am 25. Januar 1959. Ohne auf die Forderungen der Gewerkschaft nach Drosselung der Kohle- und Ölimporte einzugehen, entschließt sich die Bundesregierung unter dem Druck der Proteste Anfang Oktober 1959 zur Zahlung eines Härteausgleichs für Bergarbeiter, die seit Februar 1958 von Feierschichten betroffen sind.

Notgemeinschaft im deutschen Bergbau

3. Februar 1959. Die Bergbaureviere Aachen, Niedersachsen, Ruhr und Saar schließen sich in Essen zur Notgemeinschaft deutscher Steinkohlenbergbau GmbH zusammen. Ziel der Organisation ist die Ablösung von Einfuhrverträgen über amerikanische Kohle durch deutsche Lieferverträge. Die Notgemeinschaft verpflichtet sich, den von ihren Verträgen zurücktretenden amerikanischen Exporteuren und Reedern ihre Verluste zu ersetzen. Den deutschen Verbrauchern soll inländische Kohle zum niedrigeren Weltmarktpreis angeboten und die Preisdifferenz ausgeglichen werden.

Fünf-Tage-Woche für Bergarbeiter

1. Mai 1959. Im Bergbau tritt die Fünf-Tage-Woche in Kraft. Die Reduzierung der Zahl der wöchentlichen Arbeitstage ist mit einer Verlängerung der täglichen Schichtzeiten um jeweils eine halbe Stunde verbunden. Der von den Gewerkschaften geforderte volle Lohnausgleich wird etappenweise gewährt. Angesichts der Krisenstimmung in den Bergbaurevieren versucht die IG Bergbau, das Verhandlungsergebnis als Erfolg hinzustellen, die Verlängerung der Schichtzeiten und die lange Laufzeit des Tarifvertrages bis 1962 stoßen jedoch bei den Belegschaften auf heftige Kritik.

Arbeitsteam fördert Industrieansiedlung

29. Oktober 1959. Um der Kohlekrise durch konstruktive Maßnahmen zu begegnen, wird in Bochum ein städtisches Arbeitsteam für Wirtschaftsförderung gegründet. Das Team soll auswärtige Unternehmen von den Vorteilen einer Ansiedlung in Bochum überzeugen und durch Förderung einer vielfältigeren Industriestruktur die wirtschaftlichen Probleme der Stadt überwinden helfen. Der größte Erfolg des Arbeitsteams, das aus Beamten der Stadtverwaltung besteht, ist die Ansiedlung eines Zweigwerkes des Automobilherstellers Adam Opel-AG (→ 10. 10. 1962).

Wasserknappheit durch Trockenheit

Sommer 1959. Die seit Monaten anhaltende Trockenheit schafft besonders in den industriellen Ballungszentren der Bundesrepublik für die Wasserwirtschaft große Versorgungsprobleme. In den Großstädten an Rhein und Ruhr müssen die Kommunen schon im Frühsommer das Rasensprengen und Autowaschen untersagen. Als auch im Herbst die erhofften Niederschlagsmengen nicht erreicht werden, gehen selbst die Wasservorräte der Ruhrtalsperren zu Neige. Die Region lebt von ihren letzten Reserven. Der Ruhrverbands- und Ruhrtalsperrenvereinsdirektor Hans Werner Koenig erklärt: »Wir treiben Wasserpolitik auf des Messers Schneide. Wir geben aus den Talsperren, auf den Kubikmeter genau berechnet, nur so viel Wasser ab, wie das von der Talsperre versorgte Gebiet benötigt.«

Seit Jahren schon hatten Wasserwirtschafts-Experten vor den möglichen Auswirkungen eines trockenen Sommers angesichts des enorm gestiegenen Wasserverbrauchs der Ruhrregion gewarnt. Der private Verbrauch stieg, bedingt durch den Einbau sanitärer Anlagen und die Anschaffung von Waschmaschinen in immer mehr Haushalten seit 1951 von 190 auf 210 Liter pro Person und Tag. Die meist ungeklärte Rückführung der Abwässer in die Oberflächengewässer, die Bebauung wasserwirtschaftlich wichtiger Gebiete und der steigende Verbrauch der Industriebetriebe belasten den Trinkwasserhaushalt zusätzlich. Hinzu kommt das Absinken des Grundwasserspiegels in der Ruhrregion.

Dünnes Rinnsal im ausgetrockneten Bett der Edertalsperre bei Bad Wildungen, ansonsten beliebtes Ausflugsziel für Wassersportler der Umgebung

Explosionsunglück

13. Dezember 1959. *Bei einer Leuchtgasexplosion in Dortmund-Aplerbeck kommen 26 Menschen ums Leben. Durch die Detonation stürzen zwei Häuser in der Marsbruchstraße (Abb.) in sich zusammen und begraben die meisten Bewohner unter sich. Der Rat der Stadt stellt 50 000 DM zur Verfügung.*

Bundesgartenschau – ein Meer von Blüten

30. April 1959. Bundespräsident Theodor Heuss eröffnet die Bundesgartenschau in Dortmund. Bis Mitte Oktober erfreuen sich Millionen von Besuchern an der mit den Jahreszeiten wechselnden Blütenpracht im neuen, auf dem Gelände des ehemaligen Kaiser-Wilhelm-Hains (→ 1894) und der dahinterliegenden Buschmühle errichteten Westfalenpark. Eine besondere Attraktion ist der 220 m hohe Fernsehturm »Florian«, aus dessen drehbarem Restaurant in 138 m Höhe ein herrlicher Blick über das Gartenschaugelände und das Dortmunder Panorama möglich ist.

Bereits vor zehn Jahren war bei den Dortmunder Stadtvätern die Idee zur Ausrichtung einer Bundesgartenschau aufgekommen. Sie gehört in den Zusammenhang der Planung eines großzügigen Grüngürtels im Rahmen des Wiederaufbauprogramms (→ 1951).

Die Gestaltung des Westfalenparks oblag dem städtischen Gartenbaudirektor Konrad Glocker. Auf einer Fläche von 600 000 m² erlebt das Publikum ein Blütenmeer aus aller Herren Länder – japanische Azaleen ebenso wie Blumen von den Ufern des Ganges und des Kongo.

◁◁ *Auf Plakaten wirbt ein Kumpel für die Bundesgartenschau im Dortmunder Westfalenpark.*
◁ *Bis Oktober zieht es Millionen von Besuchern zu der farbenprächtigen Blütenschau aus allen Kontinenten.*
▷ *Besonders beliebt sind Fahrten auf den Fernsehturm »Florian«, mit Blick ins Sauerland.*

Essen – Die Einkaufsstadt im Revier

1959. Unter den Ruhrgebietsstädten hat sich Essen in den 14 Jahren seit dem Ende des Zweiten Weltkriegs zur größten Einkaufs- und Handelsstadt entwickelt. Je 33% aller Umsätze des Groß- und Einzelhandels im Ruhrgebiet werden in Essen getätigt.

Essener Einzelhandelsumsätze	
1950	32,4 Mrd DM
1951	39 Mrd DM
1952	40 Mrd DM
1953	45 Mrd DM
1954	46 Mrd DM
1955	50,6 Mrd DM
1956	57,6 Mrd DM
1957	62 Mrd DM
1958	66,7 Mrd DM
1959	72,6 Mrd DM

Seit der Währungsreform (→ 20./21. 6. 1948) und dem Ende der Bewirtschaftungsmaßnahmen durch die alliierten Siegermächte des Zweiten Weltkriegs im Jahr 1950 ist der Einzelhandelssektor in der Ruhrgebietswirtschaft ständig angewachsen. Die Geschäfte und Läden hatten zunächst eine große Nachfrage nach lebensnotwendigen Waren wie Nahrungsmitteln, Kleidung und Möbeln zu befriedigen. Mit dem wirtschaftlichen Aufschwung und dem wachsenden Wohlstand stieg in den 50er Jahren jedoch auch das Bedürfnis nach Konsum- und Luxusgütern bei den Ruhrgebietsbürgern.

Der Kennedyplatz im Herzen der Einkaufsmetropole Essen von Süden aus, im Hintergrund die beiden Kaufhäuser Cramer & Meermann und Boecker

Der Boom im Einzelhandelsbereich ist so stark, daß in der zweiten Hälfte der 50er Jahre ein Fachkräftemangel auftritt. Dieser Umstand beschleunigt die Einrichtung von Selbstbedienungsgeschäften, die in vielen Revierstädten in dieser Zeit eröffnet werden. Die Einzelhändler orientieren sich immer stärker an den USA, wo u. a. mit aggressiven Werbemethoden und Einkaufszentren außerhalb der innerstädtischen Ballungszentren um die Gunst der Verbraucher gekämpft wird.

Die Stadt Essen mit ihrer herausragenden Stellung unter den Revierstädten hat 1959 den südlichen Teil der Kettwiger Straße zur Fußgängerzone umgestaltet und wirkt damit beispielhaft für viele bundesrepublikanische Städte. In diesem Jahr gibt es im Industrie- und Handelskammerbezirk Essen, zu dem auch Oberhausen und Mülheim gehören, rund 8500 Einzelhandelsunternehmen, in denen 14,8% der Beschäftigten der Region tätig sind.

Die »Einkaufsstadt Essen« hat mit ihrer Vielzahl an Fachgeschäften und Warenhäusern eine hohe Attraktivität: Rund 30% der Käufer in Essener Geschäften kommen aus den benachbarten Revierstädten. Die Geschäftsleute der Essener Innenstadt haben sich schon 1950 in einer Werbegemeinschaft zusammengeschlossen, um durch Veranstaltungen wie die Essener Lichtwochen noch mehr Kunden in ihre Läden zu locken.

Bochumer Kirche wieder aufgebaut

1959. Das im Zweiten Weltkrieg zerstörte Wahrzeichen Bochums, die Propsteikirche am Unteren Markt, ist wiederaufgebaut. Die Kunstschätze der Kirche, eine spätgotische geschnitzte und bemalte Beweinungsgruppe, ein gotisches Kruzifix, ein Reliquienschrein und der romanische Taufstein aus dem 12. Jh., sind erhalten geblieben.

Auf dem alten Marktplatz vor der Kirche wird drei Jahre später eine Nachbildung des im Krieg eingeschmolzenen Kortebusch-Denkmals zur Erinnerung an den letzten Kuhhirten der Stadt aufgestellt. Das Viertel um die Propsteikirche war das Kernstück der ersten Siedlung auf Bochumer Gebiet.

Die wiederaufgebaute Propsteikirche am Unteren Markt in Bochum

Goldene Monstranz, einer der Kunstschätze der Propsteikirche

Neubau des Hammer Oberlandesgerichts

5. Mai 1959. Der Neubau des Oberlandesgerichts Hamm wird eröffnet. Das frühere Gebäude war durch den personellen Zuwachs des Gerichts nach 1945 zu eng geworden: Während bei seiner Wiedereröffnung nach dem Krieg fünf Zivilsenate und ein Strafsenat tätig waren, arbeiteten im Jahr 1953 immerhin bereits 18 Zivil- und drei Strafsenate in Hamm.

Schon 1951 hatte man versucht, Grundstücke im Süden des alten Gebäudes zu erwerben, um dort einen Erweiterungsbau zu errichten. Nach dem Scheitern dieses Plans kaufte die Justizverwaltung 1953 das neue Grundstück von der Stadt, die ihrerseits das Gebäude des alten Oberlandesgerichts zum Rathaus umbaute. Der Grundstein des neuen Oberlandesgerichts wurde aus diesem Vorgängerbau entnommen.

Das Oberlandesgericht Hamm war 1945 wie alle Gerichte vorübergehend von der britischen Militärregierung geschlossen worden. In zwei nach den Bombenschäden notdürftig hergerichteten Sälen tagten die Gerichte der Besatzungsmacht. Noch im selben Jahr nahmen aber die Land- und die meisten Amtsgerichte im Bezirk des Oberlandesgerichts ihre Arbeit wieder auf, und am 1. Dezember 1945 wurde auch dieses Gericht wieder eröffnet. 1946 wurde es dem damals noch kommissarischen Justizminister von Nordrhein-Westfalen unterstellt.

Elektrozug von Hamm bis Remagen

5. Mai 1959. In Anwesenheit von Bundeskanzler Konrad Adenauer eröffnet Verkehrsminister Hans-Christoph Seebohm am Vormittag die elektrische Bahnstrecke von Düsseldorf über Köln nach Remagen. Vom Kölner Hauptbahnhof aus beginnt die Jungfernfahrt des ersten Elektrotriebwagens auf der bis nach Hamm führenden Linie.

Der Streckenabschnitt von Hamm nach Düsseldorf konnte bereits im Jahr 1957 dem Verkehr übergeben werden (→ 2. 7. 1957). Nach Plänen der nordrhein-westfälischen Landesregierung soll zum Anschluß an das süddeutsche Streckennetz auch die Strecke von Dortmund nach Duisburg elektrifiziert werden.

Neubau der Städtischen Bühnen in Gelsenkirchen zählt zu den modernsten Theatern Europas

15. Dezember 1959. *Vor 1000 geladenen Gästen aus Verwaltung, Wirtschaft und Kultur wird der Neubau der Städtischen Bühnen Gelsenkirchen (Abb.) feierlich seiner Bestimmung übergeben. Das zu den modernsten Bühnenbauten Europas zählende neue Haus erlebt am Abend seine Eröffnungspremiere mit dem »Sommernachtstraum« von William Shakespeare. In dem 18 Mio DM teuren Theater sind 15 000 m³ Beton, 1400 t Stahl und 4500 m² Glas verbaut worden. Es umfaßt ein Großes Haus mit 1050 Zuschauerplätzen und ein Kleines Haus, das 350 Besucher aufnehmen kann. Als Spielfläche kann auch das Foyer des Großen Hauses genutzt werden. Der Kritiker Albert Schulze-Vellinghausen lobt den ganz auf Nachahmung alter Stile verzichtenden Bau: »Ich kenne aus heutiger Architektur keinen vergleichbar festlichen Raum. Da ist dem Geist unserer Gegenwart Leichtigkeit entlockt.« Als künstlerisch beispielhaft gelten die blauen Schwammreliefs des Franzosen Yves Klein im Foyer des Großen Hauses.*

Marl wird Exil für ungarische Musiker

2. bis 4. Dezember 1959. Die von ungarischen Musikern im Exil gegründete Philharmonia Hungarica findet ihre neue Heimat in Marl. In dem Orchester hatten sich 1957 auf Initiative des Dirigenten Zoltan Rozsnyai verschiedene Musiker zusammengeschlossen, die nach dem ungarischen Volksaufstand im Oktober 1956 ihr Land verlassen hatten. Durch Vermittlung des in Ungarn geborenen Dirigenten des Minneapolis Symphony Orchestra, Antal Dorati, gewann die Philharmonia Hungarica die finanzielle Unterstützung zahlreicher Stiftungen.

Mit den zunächst auf 100 Tage begrenzten Mitteln wurde das Flüchtlingsorchester in Baden bei Wien untergebracht. Die ersten Konzerte wurden zu überragenden Erfolgen. Die unterstützenden Organisationen drängten jedoch auf eine baldige feste Ansiedlung. Nachdem Pläne zur Übersiedlung nach Australien oder in die USA gescheitert waren, folgte man einem Angebot der aufstrebenden, bislang orchesterlosen Ruhrgebietsstadt Marl.

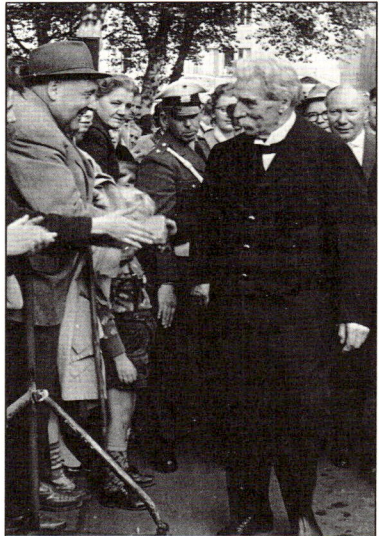

Schweitzer-Besuch

7. Oktober 1959. *Der evangelische Theologe und Arzt Albert Schweitzer (Abb.) besucht Dortmund. In der St.-Reinoldi-Kirche findet eine musikalische Feier zu seinen Ehren statt. Hier hatte Schweitzer 1928 an der Orgel gesessen, um ein fachmännisches Urteil über das neue Instrument abzugeben.*

RTL verleiht »Löwen« in der Grugahalle

30. April 1959. In der Essener Grugahalle werden zum zweiten Mal die »Löwen« von Radio-Télé-Luxembourg (RTL) verliehen. Diese Auszeichnung für die Stars der Hitparade des Senders findet damit erstmals in großem Rahmen statt. Die ersten »Löwen« waren am 17. März 1959 in Frankfurt bei einer Pressekonferenz im »Frankfurter Hof« überreicht worden.

In der Grugahalle wird auch zum ersten Mal nach Gold, Silber und Bronze unterschieden. Die Entscheidung über den Sieger liegt beim Publikum: Mit einem sog. Applausometer wird die Intensität des Beifalls für den jeweils auftretenden Star gemessen. Die Zuschauer in der ausverkauften Halle erklatschen den »Goldenen Löwen« für Peter Kraus und sein Lied »Sugar Baby«; Silber geht an Conny (Froboess) mit »I love you baby«, Bronze an die Nilsen Brothers mit »Tom Dooley«. Conférencier der Veranstaltung ist Peter Frankenfeld, unverwechselbar durch sein Markenzeichen, die großkarierte Jacke.

Riesenleinwand in Essener Grugahalle

22. Mai 1959. In der Essener Grugahalle findet die Premiere des Films »Windjammer« statt; für die Premiere wurde die größte Leinwand der Welt aufgebaut.

Die Leinwand ist 32 m breit, 17 m hoch und gekrümmt. Die darauf projizierten Bilder vermitteln dem Zuschauer den Eindruck, an der Fahrt des Windjammers, einer Weltreise des norwegischen Segelschulschiffs »Christian Radich«, tatsächlich teilzunehmen. Der Film ist im neuartigen Cinerama-Verfahren aufgenommen; er wurde von drei Kameras gedreht und wird von drei Projektoren gleichzeitig auf die überdimensionale Leinwand geworfen.

Das Echo auf diesen optisch besonders reizvollen Film ist groß. In den Jahren 1959, 1962 und 1965 wird in der mit 2500 Plätzen ausgestatteten Halle ein Rekord von insgesamt 650 000 Besuchern gezählt. Ähnliche Erfolge kann der 1961 produzierte Film »Die sieben Weltwunder« verzeichnen, der den Zuschauer in eine Flugreise versetzt und über Pyramiden und Wasserfälle führt.

Box-Profi Schöppner Sieger nach Punkten

11. April 1959. Der Wittener Erich Schöppner, seit Dezember 1958 Europameister im Halbschwergewicht der Profi-Boxer, kann seinen Meistertitel im Kampf gegen den italienischen Herausforderer Rocco Mazzola erfolgreich verteidigen. Die 12 000 Zuschauer in der Dortmunder Westfalenhalle sind allerdings mit der Entscheidung des Ringrichters nicht einverstanden: Ein gellendes Pfeifkonzert übertönt den Beifall für Erich Schöppner, denn – so die WAZ in ihrem Bericht über den Kampf – »Mazzola hat Schöppner verdammt schlecht aussehen lassen«. Der Wittener konnte zwar mehr Treffer landen und gewinnt daher verdient nach Punkten, der defensiv boxende Mazzola bot Schöppner jedoch keine Möglichkeit, sein Können auszuspielen.

Erich Schöppner

Weltmeistertitel für Dortmunder Kanutin

26. Juli 1959. Die Dortmunderin Hilde Urbaniak gewinnt bei den Weltmeisterschaften der Kanuten in Genf den Endlauf im Kanu-Slalom. Die Kanufahrerin kann in Genf erstmals aus dem Schatten ihrer deutschen Teamkameradinnen Rosemarie Biesinger (Eßlingen) und Inge Waltemathe (Lippstadt) herausfahren; sie bezwingt ebenfalls die starke Konkurrenz aus der DDR.

Hilde Urbaniak

Unter dem Titel »Hilde ist Weltmeisterin« berichtet die WAZ in ihrer Ausgabe vom 27. Juli über den Titelgewinn: »Zum deutschen Aufgebot gehörte die balancesichere und schneidige Dortmunderin nicht zum ersten Mal, aber daß ihr auf Anhieb der Weltmeistertitel zufallen würde, das hatte sie sich wohl kaum träumen lassen. Herzlichen Glückwunsch Hilde, und – ahoi!«

1960

15. 1. Die Fachschule für das Gaststätten- und Hotelgewerbe im Dortmunder Rombergpark wird offiziell eröffnet.

9. 3. Der Grundstein für das Großsiedlungsprojekt »Neu-Lanstrop« in Dortmund mit 1400 Wohnungen wird gelegt.

15. 4. Das Mahnmal für die Opfer des Nationalsozialismus in der Dortmunder Bittermark wird enthüllt.

30. 4. Die Städtische Kunstgalerie Bochum, die sich vor allem der Pflege moderner Kunst widmet, wird in der umgebauten Villa Marckhoff an der Kortumstraße eröffnet.

18. 7. Robert Pferdmenges, Aufsichtsratsvorsitzender der Duisburger August-Thyssen-Hütte, gibt die Gründung der Fritz-Thyssen-Stiftung bekannt; in die Stiftung zur Förderung der Wissenschaft werden große Teile des Thyssenschen Familienvermögens eingebracht.

3.–8. 7. Die 7. ordentliche Generalversammlung der IG Bergbau in Dortmund beschließt die Änderung des Namens der Organisation in IG Bergbau und Energie.

6. 8. Das im Zweiten Weltkrieg zerstörte Dortmunder Südbad wird neueröffnet. →

25. 8.–11. 9. Bei den Olympischen Spielen in Rom erringen auch Sportler aus dem Ruhrgebiet Medaillen. →

5. 11. Auf einer Protestversammlung gegen die atomare Aufrüstung in Gelsenkirchen spricht Kirchenpräsident Martin Niemöller.

5.–13. 11. Unter der Schirmherrschaft des nordrhein-westfälischen Arbeits- und Sozialministers Konrad Grundmann veranstaltet der Kreisverband der Siebenbürger Sachsen in Herten eine Kulturwoche.

18.–27. 11. In der Dortmunder Westfalenhalle findet die erste Internationale Schulausstellung (Interschul) statt.

Dezember. Bei Bauarbeiten im Gartengelände Nonnenkamp 61 in Herten-Disteln wird eine in Lugdunum (Lyon) geprägte Münze aus der Zeit des römischen Kaisers Nero gefunden (54 – 68 n. Chr.).

1960. Das neue Rathaus von Lünen wird seiner Bestimmung übergeben.

1960. Der Plan zur Errichtung eines Zweigwerkes der Ford-Automobilwerke in Herten scheitert am Widerstand von Zechenunternehmen.

1960. Die Industriegewerkschaft Bergbau gibt die Anthologie »Wir tragen ein Licht durch die Nacht – Gedichte aus der Welt des Bergmanns« heraus (→ 31. 3. 1961).

Revier-Erfolge in Rom

25. August bis 11. September 1960. Bei den 17. Olympischen Sommerspielen in Rom, wo zum zweiten Mal eine gesamtdeutsche Mannschaft antritt, sind unter den Revierathleten besonders die Wassersportler erfolgreich.

In den Ruderwettbewerben gewinnen die Gelsenkirchener Heinz Renneberg und Bernhard Knubel mit ihrem Steuermann Klaus Zerta Gold im Zweier mit Steuermann vor den Favoriten aus der Sowjetunion und dem Boot der USA. Im Vierer mit Steuermann ist Jürgen Litz aus Essen Schlagmann des deutschen Bootes, das die Goldmedaille erringt; ebenfalls Gold erreicht der Dortmunder Klaus Bittner im Achter ohne Steuermann.

Bei den Kanuten sind Friedhelm Wentzke (Dortmund) und Paul

Manfred Kinder von der erfolgreichen 4×400 m-Staffel der Herren

Der siegreiche »Zweier mit«: Renneberg, Knubel, Zerta und Trainer Vawald (v. l. n. r.) bei den Olympia-Vorbereitungen auf dem Dortmund-Ems-Kanal

Lange (Oberhausen) in der 4×500 m-Kajak-Staffel unter den Medaillengewinnern. Unter den Kanu-Damen gewinnt die Dortmunderin Ingrid Hartmann zusammen mit ihrer Teamkameradin Therese Zenz im Zweier-Kajak Silber.

Zwei Sportler aus dem Ruhrgebiet sind als Staffel-Läufer erfolgreich. Manfred Kinder aus Dortmund erspurtet die Silbermedaille mit der 4×400 m-Staffel der Herren; Walter Mahlendorf (Bochum) gehört zur siegreichen 4×100 m-Staffel, die mit so bekannten Läufern wie Armin Hary, Martin Lauer und Bernd Cullmann die Goldmedaille erkämpft. Unter den Ringern gewinnt der Wittener Günter Maritschnigg die Silbermedaille im Weltergewicht.

Walter Mahlendorf (l.) mit seinem Teamkameraden Martin Lauer

1960

Neue Schwimmhalle in Dortmund eröffnet

6. August 1960. Das Dortmunder Südbad an der Ruhrallee (Abb.) wird eröffnet. Der 6,6 Mio DM teure Neubau ersetzt die nach Luftangriffen im Zweiten Weltkrieg zerstörte Schwimmhalle.
Die Ausmaße des Hauptbeckens entsprechen mit 50 m Länge und 20 m Breite den internationalen Wettkampfvorschriften. In seiner Eröffnungsansprache reimt Oberbürgermeister Dietrich Keuning (SPD), früher selbst aktiver Schwimmer im Freien Sportverein 98: »Ein Taugenichts fürwahr, wer nicht taucht das ganze Jahr.«
Zur Freigabe des Bades für den Publikumsverkehr stehen am folgenden Tag bereits um sieben Uhr morgens 50 Wasserratten Schlange.

Kunstgalerie in Bochum

30. April 1960. In Bochum wird eine städtische Kunstgalerie eröffnet. Sie ist in der ehemaligen Patriziervilla »Markhoff« untergebracht und soll internationale Kunst nach 1945, vor allem osteuropäische Künstler, präsentieren. Das neue Haus stellt junge Künstler aus Malerei, Grafik und Bildhauerei vor, aber auch Arbeiten aus dem Kunsthandwerk, der industriellen Gestaltung und der Fotografie. Museumsdirektor wird der Geschäftsführer des Westfälischen Kunstvereins, Peter Leo.

Die Kunstsammlung der Stadt Bochum war nach dem Zweiten Weltkrieg zunächst im Lichthof des Bergbau-Museums, später im Hotel Metropol ausgestellt worden. Der Plan einer eigenen Kunstgalerie konnte lange Zeit aus finanziellen Gründen nicht verwirklicht werden, bis man sich in der Stadtverwaltung für den Ausbau der Villa Markhoff am Goetheplatz entschied. Geldmangel hatte auch 1957 den Ankauf der Privat-Sammlung des Bochumers Karl Gröppel verhindert.

Innenansicht der Kunstgalerie, die nach Zwischenstationen im Bochumer Bergbau-Museum und im Hotel Metropol in der Villa Markhoff eine endgültige Heimstatt findet und vornehmlich osteuropäische Kunst nach 1945 präsentiert

1961

31. 3. Auf Initiative des Dortmunder Bibliotheksdirektors Fritz Hüser schließen sich Schriftsteller der Arbeitswelt, Journalisten und Kritiker zur »Dortmunder Gruppe 61« zusammen. →

28. 4. Der SPD-Politiker Willy Brandt sagt auf einem Wahlkongreß seiner Partei in Bonn: »Der Himmel über dem Ruhrgebiet muß wieder blau werden!« →

15. 5.–3. 8. Die Ausstellung »5000 Jahre ägyptische Kunst« zieht 133 800 Besucher zur Villa Hügel in Essen.

6. 6. Zum zweiten Mal wird in der Bundesrepublik Deutschland eine Volkszählung durchgeführt. Das bevölkerungsreichste Bundesland ist Nordrhein-Westfalen. →

24. 6. Borussia Dortmund unterliegt dem 1. FC Nürnberg beim Endspiel um die Deutsche Fußballmeisterschaft in Hannover mit 0:3 Toren.

10. 7. Das Autobahnteilstück der Hollandlinie (A 3), vom Oberhausener Kreuz bis zur Anschlußstelle der Bundesstraße 58 bei Wesel, wird eröffnet. →

17. 9. Bei den Wahlen zum vierten Deutschen Bundestag verzeichnen CDU/CSU empfindliche Verluste, FDP und SPD erzielen Gewinne.

30. 10. Das Bochumer Institut für Satelliten- und Weltraumforschung wird seiner Bestimmung übergeben. →

11. 11. Hans Kalbfell, Schwergewichtsboxer aus Essen, verliert den Kampf um die Deutsche Meisterschaft in der Dortmunder Westfalenhalle gegen Erich Schöppner.

20. 11. In den Essener Krupp-Werken findet die 150-Jahr-Feier des Traditionsunternehmen statt. →

24. 11. Der Kultusminister des Landes Nordrhein-Westfalen, Werner Schütz, eröffnet in der alten Synagoge in Essen die Design-Dauerausstellung des Industrieform e. V.

10. 12. Der Kulturpreis der Stadt Dortmund wird erstmals an die Schriftstellerin Nelly Sachs verliehen und trägt fortan ihren Namen. →

1961. Die amerikanischen Jazz-Interpreten Louis Armstrong und Mahalia Jackson treten im Rahmen der Essener Jazz-Tage in der Grugahalle auf. →

1961. Anläßlich der Sendung des Liedes »Gelsenkirchen« von Georg Kreisler kommt es zu einer heftigen Kontroverse zwischen der Stadt und dem Norddeutschen Rundfunk.

GESTORBEN:

20. 9. Gelsenkirchen: Josef Voß (*17. 10. 1898, Herne-Wanne), Schriftsteller.

Volkszählung mit vielen Fragezeichen

6. Juni 1961. Das Statistische Bundesamt in Wiesbaden führt in der gesamten Bundesrepublik eine Volkszählung durch. Auch im Ruhrgebiet werden zehn Jahre nach der letzten Zählung (→ 13. 9. 1950) im Rahmen einer Totalerhebung alle Haushalte sowie öffentliche, industrielle und landwirtschaftliche Arbeitsstätten erfaßt. Für die Aktion stehen 650 000 Zähler zur Verfügung.
Ein Gesetz vom 22. Februar des Jahres sanktioniert die Zählung, deren Kostenaufwand mit 127 Mio DM beziffert wird. Der Staat gibt damit 2,27 DM für jede gezählte Person aus; die Erhebung wird als Teil einer von den Vereinten Nationen veranlaßten weltweiten Bevölkerungsstatistik durchgeführt.

(Teil)ergebnisse der Zählung

Stadt	Einw. (1000)	Fläche (qkm)	Einw. je qkm
Bochum	441	121	2978
Bottrop	120	42	2650
Dortmund	645	271	2363
Duisburg	663	143	3510
Essen	749	188	3857
Gelsenkirch.	383	104	3665
Hagen	230	87	2237
Hamm	162	24	2848
Herne	220	30	3769
Mülheim	186	88	2106
Oberhausen	257	77	3334

Nach dem Volkszählungsgesetz ist jeder Haushaltsvorstand verpflichtet, vier Grundfragebögen auszufüllen, 17 Fragen werden an Erwerbstätige, an Arbeitslose zehn Fragen gestellt. Der Familienvorstand eines Vier-Personenhaushalts, der zwei Verdiener zählt, hat allein 58 Fragen zu beantworten. Ist er Eigentümer eines Hauses oder von Grundbesitz, kommen noch 23 Zusatzfragen hinzu. Jede der 34 detaillierten Fragen nach Namen, Geburtsdaten, Familienstand, Religion, Zuzug, zweitem Wohnsitz, Unterhaltsquellen, Arbeitgeber, Beschäftigung etc. muß nach Paragraph 9 des Volkszählungsgesetzes vom Zähler mit absoluter Verschwiegenheit behandelt werden. Dennoch artikuliert sich Mißtrauen in weiten Teilen der Bevölkerung. Die Verweigerung der Beantwortung wird mit Bußgeldern bis zu 10 000 DM geahndet.

1961

150 Jahre Krupp

20. November 1961. *Auf dem Gelände der Essener Krupp-Werke findet vor 2000 geladenen Gästen ein Festakt zum 150. Jahrestag des von Friedrich Krupp gegründeten Unternehmens statt (→ 20. 11. 1811). Eigens zu diesem Anlaß ist eine 76 m lange, 35 m breite und 17,5 m hohe Traglufthalle (Abb.) aufgestellt worden, die sich auch über das Stammhaus spannt, in dem der Firmengründer mit der Produktion von Gußstahl begann. Unter den Gästen befinden sich Altbundespräsident Theodor Heuss sowie Bundeswirtschaftsminister Ludwig Erhard. Beide fordern in Festansprachen eine Aufhebung von Auflagen, die dem Unternehmensbesitzer Alfried Krupp von Bohlen und Halbach von den alliierten Siegermächten am 4. März 1953 gemacht wurden. Krupp verpflichtete sich darin, seinen gesamten Montanbesitz zu verkaufen und sich in diesem Wirtschaftsbereich nicht mehr zu betätigen. Bislang wurden jedoch kaum Unternehmensteile veräußert.*

SPD-Erfolg im Ruhrgebiet

17. September 1961. Bei den Wahlen zum vierten Deutschen Bundestag muß die regierende CDU/CSU empfindliche Verluste hinnehmen. Sie büßt 28 Sitze im neu gewählten Parlament ein und verliert die absolute Mehrheit. Gewinner der Wahlen sind FDP und SPD.

Im Ruhrgebiet gelingt es den Sozialdemokraten, die bei der Bundestagswahl 1957 an die CDU verlorenen Wahlkreise Moers, Duisburg, Mülheim, Essen I/II, Bochum, Herne, Castrop-Rauxel und Recklinghausen-Stadt zurückzuerobern. Sie ziehen mit 190 Abgeordneten in den vierten Bundestag ein, darunter 15 Ruhrgebietsvertreter.

Der Erfolg der Sozialdemokraten bedeutet eine Mißtrauensbekundung an die Adresse der Bundesregierung: Zechensterben und Massenentlassungen, welche die Existenz der Region bedrohen, werden im Revier einer Energiepolitik angelastet, die dem Öl langfristig den Vorzug gegenüber der heimischen Steinkohle als Energiequelle gibt.

Ruß verdunkelt Himmel

28. April 1961. Willy Brandt, Regierender Bürgermeister von Berlin und Kanzlerkandidat der SPD, sagt bei einer Kundgebung in Bonn: »Erschreckende Untersuchungsergebnisse zeigen, daß im Zusammenhang mit der Verschmutzung von Luft und Wasser eine Zunahme von Leukämie, Krebs, Rachitis und Blutbildveränderungen sogar schon bei Kindern festzustellen ist . . . Der Himmel über dem Ruhrgebiet muß wieder blau werden!«

Die Luftverschmutzung, die vor allem von Stahl- und Kraftwerken verursacht wird, ist so stark, daß auf manchen Revierstraßen die Sichtweiten nachts zwischen fünf und zehn Metern liegen. Bei den Bürgern im Ruhrgebiet rufen die Belastungen der Luft schwere gesundheitliche Schäden hervor; so hat sich die Zahl der Lungenkrebserkrankungen in Oberhausen seit 1952 verdoppelt. Die Industrie lehnt aus Kostengründen den Bau umweltfreundlicher Anlagen ab, da z. B. ein entstaubter Stahlofen um 25% teurer als eine herkömmliche Anlage ist. Der Wiener Satiriker Georg Kreisler beschreibt in einem Lied über Gelsenkirchen die Situation: »Lieblich schweben durch die Luft schwarze Dämpfe, und mit heiterem Gesang nimmt man Kohlen in Empfang. Wer zu lang dort lebt, bekommt beim Atmen leichte Krämpfe, aber wer lebt dort schon lang?«

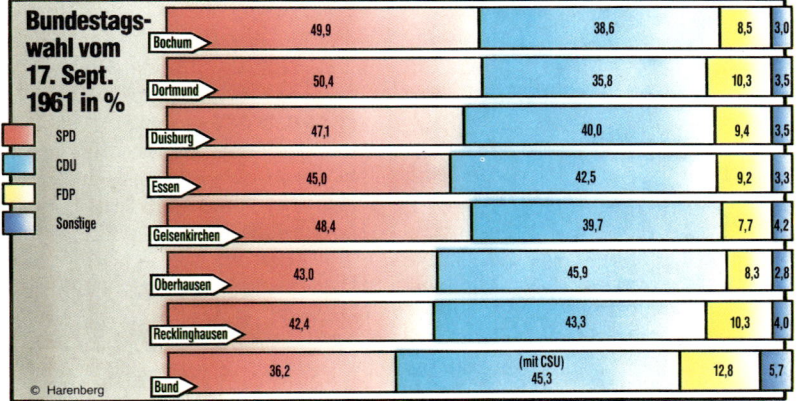

Bundestagswahl vom 17. Sept. 1961 in %

	SPD	CDU	FDP	Sonstige
Bochum	49,9	38,6	8,5	3,0
Dortmund	50,4	35,8	10,3	3,5
Duisburg	47,1	40,0	9,4	3,5
Essen	45,0	42,5	9,2	3,3
Gelsenkirchen	48,4	39,7	7,7	4,2
Oberhausen	43,0	45,9	8,3	2,8
Recklinghausen	42,4	43,3	10,3	4,0
Bund	36,2	45,3 (mit CSU)	12,8	5,7

© Harenberg

SPIEGEL-Titel vom 9. August 1961

Dortmund stiftet Nelly-Sachs-Preis

10. Dezember 1961. Die Stadt Dortmund verleiht den ersten von ihr gestifteten Kulturpreis an die Dichterin Nelly Sachs (1891–1970), deren Namen die Auszeichnung fortan trägt. In der Verleihungsurkunde für die in Berlin geborene und 1950 nach Schweden geflohene jüdische Schriftstellerin, die im Jahr 1966 in Stockholm auch den Nobelpreis für Literatur erhält, heißt es: »Die Stadt ehrt mit dieser Auszeichnung eine Dichterin, die sich durch ihr lyrisches Werk als Hüterin deutscher Sprache und Kultur erwiesen und auch im fremden Land die Beziehungen zu unserem Volk wachgehalten hat.« Mit der Benennung des Kulturpreises nach seiner ersten Trägerin will die Stadt Dortmund »die einmalige Bedeutung der Dichterin auf dem Gebiet der Literatur anerkennen und ihre menschliche Haltung würdigen, die in vorbildlicher Weise Versöhnung und Toleranz ausdrückt.«

Nelly Sachs

Weitere Autobahn in Richtung Holland

10. Juli 1961. Mit einem großen Volksfest wird die Eröffnung des 17,5 km langen Autobahnteilstücks (A3) vom Oberhausener-Kreuz bis zur Anschlußstelle der Bundesstraße 58 bei Wesel gefeiert. Mit den Worten »Wir wollen ein Straßennetz schaffen, das Europa dient« gibt Bundesverkehrsminister Hans-Christoph Seebohm die neue Autobahn für den Verkehr frei.
Bedeutung erlangt das Oberhausener-Kreuz vor allem als Schnittstelle mit der Autobahn Berlin – Köln (A 2). Der Weiterbau der Autobahn in Richtung Holland soll auf einer Strecke von insgesamt 65 km bis zum 1. Juli 1965 abgeschlossen werden. Ihren vollen Verkehrswert wird die Strecke jedoch erst mit dem für 1963 geplanten Anschluß an den linksrheinischen Raum und mit der Verlängerung über das Oberhausener-Kreuz hinaus bis zum Ruhrschnellweg erhalten.

Arbeitskreis für Arbeiterliteratur

31. März 1961. In Dortmund schließen sich Schriftsteller des Arbeitslebens, Journalisten und Kritiker zu einem Arbeitskreis für die Auseinandersetzung mit der industriellen Arbeitswelt, der »Dortmunder Gruppe 61« zusammen.
Die Gründung erfolgt auf Initiative des Dortmunder Büchereidirektors und Leiters des Archivs für Arbeiterdichtung und Soziale Literatur, Fritz Hüser. 1959 hatte der Autor Max von der Grün Hüser aufgesucht, und es wurden erste Pläne zur Bildung einer Arbeitsgruppe über Themen der Industriearbeit gefaßt. Im selben Jahr wandte sich der Gewerkschafter Walter Köpping an das Archiv, um eine Anthologie alter und neuer Bergarbeitergedichte zusammenzustellen. Aus dem Kreis der Autoren dieser 1960 unter dem Titel »Wir tragen ein Licht durch die Nacht« erschienenen Sammlung rekrutiert sich ein Großteil der »Dortmunder Gruppe 61«.

Fritz Hüser

Miß Universum

16. Juli 1961. *In Miami-Beach (USA) wird die 24jährige Marlene Schmidt aus Hattingen zur Miß Universum gekürt (Abb.). Die blonde Schönheit floh 1960 aus der DDR.*

Weltraumforschung in Bochumer Institut

30. Oktober 1961. In Bochum wird eine Meßstation des Instituts für Satelliten- und Weltraumforschung in Betrieb genommen. Es ist der erste für diesen Forschungsbereich errichtete Bau in der Bundesrepublik Deutschland.
Das Institut hat sich aus der Schul- und Volkssternwarte Bochum unter der Leitung des Ingenieurs Heinz Kaminski entwickelt. Bereits im Jahr 1957 hatte Kaminski mit einer im Keller seines Hauses untergebrachten Meßstation die ersten Funk-Signale des Satelliten Sputnik empfangen. Die neue Station verfügt u. a. über Laboratorien für den Empfang von Ultrakurz-, Kurz- und Dezimeterwellen, über eine feinmechanische Werkstatt und ein Kartenzimmer mit Fernschreiber.
Private Unternehmer und die Stadt Bochum haben die finanziellen Mittel für den Bau der Station bereitgestellt. 1960 beschloß die Stadt den Bau eines Zeiss-Planetariums.

Heinz Kaminski

Kalbfell verliert gegen Schöppner

11. November 1961. Im Kampf um die Deutsche Schwergewichts-Meisterschaft der Profi-Boxer in der Dortmunder Westfalenhalle unterliegt der Hagener Hans Kalbfell dem Titelverteidiger Erich Schöppner aus Witten nach Punkten.
Kalbfell, der seit 1955 im Profi-Lager boxt und bisher zweimal den Deutschen Meistertitel im Schwergewicht errang (1957 und 1959), macht gegen seinen früheren Sparringspartner Schöppner keine gute Figur. Der mehrfache Europameister im Halbschwergewicht aus Witten, der als eines der besten deutschen Boxtalente gilt, ist schneller und beweglicher als sein Gegner. Der WAZ-Berichterstatter Wilhelm H. Koch hält es der Freundschaft beider Boxer zugute, daß Kalbfell nach der 15. Runde noch steht. Der Hagener beendet seine Karriere in diesem Jahr; von insgesamt 36 Profi-Kämpfen hat er lediglich 9 verloren.

Louis »Satchmo« Armstrong, Weltklasse-Trompeter aus New Orleans

Jazz-Stars in der Essener Grugahalle

1961. In der Essener Grugahalle finden zum dritten Mal die Essener Jazz-Tage statt. Bekannte amerikanische Solisten sind zu Gast, wie der Trompeter und Sänger Louis Armstrong und die Sängerin Mahalia Jackson. Die Gruga präsentiert in den 50er und 60er Jahren die besten Jazzer der Welt.
Bereits 1959 war Ella Fitzgerald, die »First Lady of Jazz«, in Essen und nahm neben anderen Größen wie Oscar Peterson und Bud Powell die Ovationen des Publikums entgegen.

Jazz-Stars in der Grugahalle

1959: Ella Fitzgerald, Roy Eldridge, Ray Brown, Oscar Peterson, Bud Powell, Buck Clayton, Oskar Pettiford, Kenny Clarke, Lucky Thompson, Martial Solal, Humphrey Lyttleton
1960: Champion Jack Duprée, Gerry Mulligan, Coleman Hawkins, Muggsy Spanier, Quincy Jones
1961: Louis Armstrong, Mahalia Jackson, Dave Brubeck

In späteren Jahren gastieren Künstler wie Nat King Cole, Ray Charles und Count Basie mit Solokonzerten in der Essener Grugahalle; Konzerte mit einer Star-Besetzung wie zwischen 1959 und 1961 finden jedoch nicht mehr statt. Die Essener Jazz-Tage entwickeln sich nicht zu einer festen Einrichtung wie das im Jahr 1972 erstmals veranstaltete New-Jazz-Festival in Moers.

Max von der Grün: Schreiben im Ruhrgebiet

Wenn ich aus dem Fenster meines Arbeitszimmers sehe, blicke ich auf das 15 km Luftlinie entfernte Schloß Cappenberg, in dem der Freiherr vom und zum Stein lange Jahre wohnte und arbeitete; unter anderem schuf er dort die »Preußische Selbstverwaltung«. Nicht die schlechteste Aussicht hier im Ruhrgebiet. Als ich 1951, der Not gehorchend, von Oberfranken ins Ruhrgebiet übersiedelte, wußte ich, mit Ausnahme einiger Städtenamen, nichts über die Region. Ich hielt sie, schließlich trug ich im Koffer die Vorurteile mit mir, für kulturfremd und von der Literatur nicht einmal angehaucht; klar, wo Fabriken, Stahlwerke und Zechen das Bild einer Landschaft prägen, bleibt für Literatur kein Platz. Natürlich war ich belesen, aber es dauerte ein paar Jahre, bis ich Zugang zu jener Gattung Literatur fand, die wir heute mit »Literatur der industriellen Arbeitswelt« bezeichnen. Der damalige Dortmunder Büchereidirektor, der unvergessene Fritz Hüser – er war auch ein weitberühmter Archivar –, hatte in Jahrzehnten ein in der Welt einmaliges Archiv aufgebaut, das nach seinem Tode seinen Namen erhielt. Das »Fritz-Hüser-Institut« hat seinen Sitz in Dortmund und wird derzeit von Dr. Noltenius geleitet.

Erst durch die Begegnung – ich glaube, es war 1959 – mit Fritz Hüser und seinem Archiv erhielt ich Einblick, was sich im Ruhrgebiet kulturell bewegte, daß die Region nicht aus Fabriken und zersiedelter Landschaft besteht, sondern daß sie beachtliche literarische Exponate hervorgebracht hat; vorweg ein Buch, das mir persönlich eine neue Welt erschloß: Der 1931 erschienene Roman »Union der festen Hand« von Erik Reger. Dieser Roman sieht prophetisch spätere Entwicklungen voraus: Faschismus, ungezügeltes Profitstreben, Fusionierungen und den Niedergang einer Monopolindustrie, die dieser Industrieregion ihren Stempel aufdrückte: Kohle und Stahl.

Schon im letzten Jahrzehnt des vorigen Jahrhunderts gab es im Ruhrgebiet literarische Gruppierungen und auch proletarisches Theater, nur wurde es von der bürgerlichen Presse völlig ignoriert, weil in Wirtshaussälen gespielt wurde und vor einem Publikum, das gerade begann, die Literatur für sich zu entdecken. Der Arbeiter fing an zu lesen, weil er begriff, daß Unwissenheit die Ausbeutung förderte. Vor diesem Hintergrund ist es nur zu verständlich, daß sich gerade im Ruhrgebiet immer wieder literarische Gruppierungen bildeten – und nach kurzer Zeit auch wieder von der Bildfläche verschwanden, auch deshalb, weil es in dieser Region niemals ein kulturelles Zentrum gab. Wer etwas auf sich hielt, den zog es nach Berlin oder München, auch jene zog es fort, die glaubten, in Berlin bewege sich etwas, im Ruhrgebiet dagegen herrsche kultureller Stillstand.

In den 20er Jahren etablierte sich hierzulande eine Gruppe, die sich »Werkleute auf Haus Nyland« nannte, zu der auch Josef Winkler gehörte, der Verfasser von »Der tolle Bomberg«. Nach dem Zweiten Weltkrieg – relativ spät – konstituierte sich aus damals schreibenden Arbeitern die »Dortmunder Gruppe 61«, zu deren Gründern ich selbst mit Fritz Hüser und Walter Köpping gehörte und der damals völlig unbekannte Leute beitraten, wie etwa Günter Wallraff. Aus dieser Gruppe heraus, noch unter dem Eindruck der 68er Studentenbewegung, gründeten Autoren neue literarische Zirkel, die dann »Werkkreis Literatur der Arbeitswelt« hießen (1970); diese »Werkstätten« sind mittlerweile nicht mehr auf das Ruhrgebiet beschränkt.

Wenn man die Literaturgeschichte dieser Region seit Mitte des vorigen Jahrhunderts verfolgt – eine zusammenhängende gibt es meines Wissens leider nicht –, dann wird deutlich, daß alle literarischen Exponate mehr oder minder mit Emanzipation des Arbeiters zu tun haben und mit Gleichberechtigung der Frau, die schon vor 100 Jahren gefordert worden war, und natürlich mit sozialen Problemen – wie etwa der Forderung nach dem Acht-Stunden-Tag –, natürlich mit Gewerkschaften, mit »Maloche« schlechthin. Wie könnte es auch anders sein in einer Region, die ausschließlich von Arbeit und Industrie geprägt wurde, wo es keine Universitäten gab, denn bis 1961 wirkte die dem letzten deutschen Kaiser, Wilhelm II., zugeschriebene Weisung nach, daß im Ruhrgebiet weder Kasernen noch Universitäten errichtet werden dürften, denn Studenten sollten nicht mit dem aufrührerischen Geist der Proleten in Berührung kommen, soldatische Disziplin könne eben durch dieses Proletariat untergraben werden.

Von alledem habe ich tröpfchenweise erfahren, als ich von Franken nach Dortmund kam, und diese Erfahrung war für mich eine abenteuerliche, denn ich entdeckte eine klassenkämpferische Literatur, eine klassenbewußte, eine der Leiden, der Not, der Ausbeutung, der Armut und der großen Hoffnung auf bessere Zeiten; es war eine Literatur ohne Schnörkel, ohne Sprachspielereien, sie war konkret und direkt.

In bin in den vergangenen Jahren oft gefragt worden, warum ich im Ruhrgebiet wohnen bleibe und nicht in eine schönere Gegend ziehe oder in eine reizvollere Stadt; darauf habe ich stets die gleiche Antwort gegeben: Es gibt in der Bundesrepublik vergleichsweise kein geschlosseneres Industrie- und Wohngebiet, wo die soziale Wirklichkeit augenfälliger und transparenter ist. Ich brauche nicht langwierig zu recherchieren und erfragen, was sich in den Betrieben tut, das erfahre ich ungefragt in der Kneipe oder von den Menschen meiner Umgebung. Ein Glücksfall für einen Schriftsteller, dem die politischen, sozialen und gesellschaftlichen Probleme seines Landes nicht gleichgültig sind.

Auf diesem wirtschaftlichen und sozialen Hintergrund sind meine Romane und Filme entstanden – und nicht nur die meinen, auch z. B. die Reportagen von Günter Wallraff, die Gedichte von Lilo Rauner und viel von vielen mehr.

Bergleute waren auch immer, so exotisch das klingen mag, kreative Menschen, musische, sie haben im stillen Kämmerlein geschrieben, wenige, wie etwa Heinrich Kämpchen, hatten das Glück, daß ihre Gedichte auch gedruckt wurden; wer nicht heimlich über Erlebtes und Erlittenes schrieb, der zimmerte, malte oder schnitzte Skulpturen für seinen Garten.

Das ist keine von oben aufgesetzte Kultur, das ist eine naive, aus dem innersten Bedürfnis heraus kommende Kreativität, die noch nicht untergegangen ist, die durch das später einsetzende Wohlstandsdenken lediglich zeitweise verschüttet worden war. Das alles habe ich in den 36 Jahren, die ich nun hier lebe, erfahren, ich habe viel von diesen Menschen für mich und meine Literatur gelernt, von ihrem Erfindungsreichtum, der plastischen, bildreichen Sprache. Gibt es eine bessere Schule für Schriftsteller? Mir zumindest ist keine bekannt.

Literatur steht ständig in einem Spannungsfeld zwischen Hofsängertum auf der einen Seite und Nestbeschmutzung auf der anderen, deshalb hat es Literatur in dieser Region aus dieser Region immer schwer gehabt und wird es künftig auch haben, denn wenn ich die Meßlatte Wahrhaftigkeit an die Literatur anlege, komme ich zwangsläufig mit jenen in Konflikt, die Konflikte gerne unter den Teppich kehren, soziale Spannung in sozialen Frieden ummünzen wollen, weil sie eine heile Welt brauchen. Meine Güte, wir haben nun mal keine Alpen und auch kein Meer, das zu besingen sich lohnt, wir haben das nicht vorzuweisen, wir haben Koks-, Kohle- und Bergehalden, die weiß Gott alles andere als schön in die Landschaft ragen, aber wenn man das frei ausspricht, dann geht irgendwo ein Oberbürgermeister hoch und protestiert, daß nun die Nestbeschmutzung aufhören müsse: Schreibt doch mal was Schönes, es ist nicht alles grau in grau, wir haben auch Grün. Stimmt, haben wir. Und dicke Luft.

Als ich 1951 ins Ruhrgebiet kam, fielen mir schon nach wenigen Tagen zwei Gruppen von Menschen auf, deren Verhalten mir fremd war, weil ich es aus meiner fränkischen Heimat nicht kannte: Da waren Männer, die in Gruppen zu vier und sieben Mann täglich den gleichen Weg spazierengingen, mit Krückstöcken und auch mit Hunden. Das waren die Invaliden, die »Ausgesonderten«, die Silikosekranken. Die anderen standen sonntags in ihren Gärten und starrten mit Ausdauer in den Himmel, das waren die Brieftaubenzüchter, die »Taubenvadders«, die auf die Rückkehr ihrer auf Reise geschickten Tauben warteten. Ich machte eine völlig neue Erfahrung, und beide Gruppen sind für mich dann auch literarisch interessant geworden, ich konnte sie aus meiner Literatur nicht mehr ausklammern, denn dann hätte ich ein Stück Wirklichkeit des Ruhrgebiets geleugnet.

In der Kneipe gibt es die einzig wahre Demokratie, hatte mir einmal ein evangelischer Pfarrer gesagt, und ich habe ihn dabei dumm angesehen, aber im nachhinein mußte ich ihm recht geben. Auch dies eine neue Erfahrung, die Kneipen, diese unverwechselbaren Orte, wo Menschen am Tresen stehen, ihr Bier trinken und endlos palavern. Sie stehen am Tresen nebeneinander, in Einer-, Zweier- oder sogar Dreierreihen, sie stehen eine Stunde, zwei und drei und noch länger, und würde man die Männer fragen, warum sie sich nicht setzen, bekäme man garantiert von den meisten zur Antwort: Weil wir keine Zeit haben.

Das ist das Unverwechselbare.

Manchmal werde ich gefragt, woher ich meine Stoffe, die Menschen in meinen Romanen und Filmen nehme; ich antworte dann wahrheitsgemäß: Von der Straße, vor allem aus der Kneipe, denn dort spielt sich das ab, was Goethe einmal beschrieb: Nichts Menschliches soll mir fremd sein.

Ich glaube schon, daß jede Region ihre Besonderheiten hat, sei es nun die Sprache (einen Dialekt hat das Ruhrgebiet nicht, höchstenfalls einen Slang), seien es Umgangsnormen, landschaftliche Prägungen oder sonstwelche Merkmale. Was hat das Ruhrgebiet? Ich bin nach meiner gemachten Erfahrung überzeugt, daß man von außen kommend, als Fremder sich hier langsam einleben muß, dann erst ist man fähig, nicht nur den Wald, sondern auch die Bäume zu sehen: Ich rede von der Offenheit der Menschen, dem »Geradeheraus«, ich rede von ihrer Lauterkeit. Das ist es, was mich beeindruckte, für meine Literatur mitbestimmend war – und ist. Da wird nicht taktiert, da wird »Tacheles« geredet, auch wenn es manchmal schmerzt, aber man weiß wenigstens, woran man ist, man braucht nicht mehr zu hinterfragen, nicht mißtrauisch zu werden, nicht zu fürchten, hintergangen worden zu sein.

Jeder Mensch, vor allem der kreative Mensch, braucht seinen Nährboden, aus dem er kommt, auf dem er leben kann; ich fand diesen Nährboden hier, in einer Region, die nicht immer zu Unrecht verteufelt oder einfach mitleidig belächelt wurde. Natürlich hätten wir gerne, was Kurt Tucholsky einmal ironisch formulierte: So wohnen, daß man vorne raus die Alpen hat und nach hinten raus die See; aber das ist ja das Entscheidende, daß die Menschen hier das gar nicht anstreben. Als Anfang der 50er Jahre ein Bildband »Ruhrgebiet« erschien, mit Bildern von Chargesheimer und Texten von Heinrich Böll, da erhob sich ein wütendes Geschrei, als hätten beide Autoren versucht, das Ruhrgebiet von der Landkarte zu tilgen. Als ich mir das Buch dann besorgte, es mir ansah und las, konnte ich die Erbitterung, mit der das Buch angefeindet worden war, nicht begreifen, denn für mich war es eine Liebeserklärung an das Revier und seine Menschen, wie man sie besser nicht hätte zum Ausdruck bringen können, denn es war ein wahrhaftiges Buch und ein überaus ehrliches dazu.

Es ist schon etliche Jahre her, da war eine Tagung von Hörspielautoren in Dortmund, eingebunden war eine Werksbesichtigung bei Hoesch, und anschließend sagte mir ein junger Kollege auf dem Werkshof, wobei er mit dem rechten Arm einen Halbkreis schlug und auf das Werk deutete: Das da, das gibt nichts her. Das ist nichts für die Literatur. Ich war über sein voreiliges Urteil tief erschrocken, denn hinter den Mauern der Fabrik verdienten immerhin 20 000 Menschen ihr Brot, verdienten ihr Geld, um sich und ihre Familien zu ernähren. Das waren nicht nur 20 000 Existenzen, das waren, hochgerechnet, 80 000 Lebensläufe.

Diese Region hat im Jahrhundert lang gesellschaftliche und wirtschaftliche Umwälzungen erfahren, und sie sind nicht abgeschlossen, man braucht nur täglich aufmerksam die Zeitungen zu lesen; eine ganze Stadt kann arbeitslos werden, wie etwa Hattingen, wenn das Stahlwerk schließt, in Dortmund hat die letzte Zeche dichtgemacht (Minister Stein). Da gilt es für einen Autor zu hinterfragen, menschliche Schicksale aufzuspüren. Als ich ins Ruhrgebiet kam, galt für uns der Kohlenpott als »Goldener Westen«, heute läuft diese Region Gefahr, zum Armenhaus der Republik zu werden. Das alles spielt sich vor meiner Haustür ab, und die Diskussionen in den Kneipen werden heftiger und bitterer. Ich stehe hilflos dabei und höre zu, und auch mich packt die Verbitterung. Aber ich kann sie wenigstens in Literatur umsetzen.

So habe ich Literatur immer verstanden, und das Ruhrgebiet bietet einem Schriftsteller die allerbesten Stoffe an, weil hier alles kompakt, gedrängt und dennoch durchschaubar vor der Haustür liegt. Das nennt man Glücksfall.

Ein Schriftsteller – nicht nur er – braucht Heimat. Das kann sein Geburtsort sein oder eine Region, die er sich, wenn auch nicht ganz freiwillig, zum Leben ausgesucht hat; ohne Heimat, ohne Bindung ist ein Schriftsteller nur ein Klöppler von Texten. Mir ist das Ruhrgebiet Heimat geworden, und als ich einmal laut darüber nachdachte, von hier wegzuziehen, da drängte mich meine Frau, ein Haus zu bauen. Auch eine Methode, Menschen seßhaft zu machen. Und ich habe es noch keine Minute bereut.

Max von der Grün

1962

Ende Januar. Im Raum Dortmund/Lünen/Castrop-Rauxel sind rund 6000 Italiener, Spanier und Griechen beschäftigt. →

1. 2. Oberhausen feiert das 100jährige Jubiläum seines Bestehens. →

16. 2.–1. 5. 100 000 Besucher strömen in die Villa Hügel in Essen, um die Ausstellung »7000 Jahre Kunst in Iran« zu sehen. →

27./28. 2. Während der 8. Westdeutschen Kurzfilmtage in Oberhausen engagieren sich 26 Filmemacher mit der Unterzeichnung des »Oberhausener Manifestes« für den »Neuen deutschen Film«. →

9. 3. Eine Schlagwetterexplosion auf der Zeche Sachsen in (Hamm-)Heessen fordert 29 Todesopfer. →

22. 3. Im Ruhrgebiet wird zum erstenmal eine freiwillige Schluckimpfung gegen Kinderlähmung durchgeführt. →

14. 6. Nach gescheiterten Tarifverhandlungen wird ein drohender Streik im Ruhrbergbau nur durch Vermittlung der Bundesregierung abgewendet. →

24. 8. In der Dortmunder Westfalenhalle wird die Ausstellung »Fertigbau in Theorie und Praxis« eröffnet. →

31. 8. Das neue Schiffshebewerk Henrichenburg wird in Betrieb genommen. →

2. 9. Die neue Duisburger Mercatorhalle wird eröffnet. →

6. 9. Während eines Staatsbesuchs besichtigt der französische Präsident Charles de Gaulle die Thyssenhütte in Duisburg. →

21. 9. Die Gelsenkirchener Trabrennbahn in Nienhausen feiert ihr 50jähriges Jubiläum.

10. 10. Das Bochumer Opel-Werk wird offiziell eröffnet. Bereits Ende des Jahres beschäftigt es über 9000 Mitarbeiter. →

11. 10. In den Essener Messehallen wird der 1. Internationale Caravan-Salon eröffnet. →

1962. Mülheim an der Ruhr stiftet den Mülheimer Ruhrpreis für Kunst und Wissenschaft.

1962. Die Benzol-Verkaufsvereinigung Aral AG mit Sitz in Bochum wird zur Aral AG. →

1962. Max von der Grün veröffentlicht seinen Roman »Männer in zweifacher Nacht«.

1962. Jürgen von Manger alias Adolf Tegtmeier hat Premiere im Deutschen Fernsehen. →

1962. Bei den Leichtathletik-Europameisterschaften in Belgrad erringt Paul Schmidt vom OSV Hörde (Dortmund) die Bronze-Medaille im 800 m-Lauf, Helmut Janz vom VFL Gladbeck gewinnt Bronze über 400 m Hürden.

Luftaufnahme des neuen Werkes der Adam Opel AG in Bochum-Laer, hier werden die Karosserieteile zusammengesetzt

Opel-Zweigwerk in Bochum eröffnet

10. Oktober 1962. Der Rüsselsheimer Automobilhersteller Adam-Opel-AG eröffnet ein Zweigwerk in Bochum. Die Ansiedlung dieser neuen Branche geht auf die Initiative des Bochumer Arbeitsteams für Wirtschaftsförderung zurück.

Das in den Stadtteilen Bochum-Laer und -Langendreer errichtete Zweigwerk wird mit der Schlüsselübergabe an den Vorstandsvorsitzenden Nelson J. Stork formell eröffnet. Noch am gleichen Tag laufen die ersten Kraftwagen des Typs Opel-Kadett vom Band. In Werk I in Laer wird die Karosserie des Kadett auf neuartigen Preß-Schweiß-Straßen zusammengesetzt, die in Langendreer (Werk II) hergestellten Fahrgestelle und Motoren werden in der Laerer Endmontagehalle eingebaut. Für rund 1,1 Mrd DM hat Opel die beiden Werke in knapp zwei Jahren errichtet. Die Stadt Bochum mußte sich zuvor verpflichten, etwa 100 Mio DM zu investieren, um die Versorgung des neuen Betriebs mit Strom, Gas und Wasser sowie seine Anbindung an das Schienen- und Straßennetz zu gewährleisten. 1962 finden bereits 9355 Menschen Arbeit im Opel-Werk, bei vollem Zweischichtbetrieb auf den Fertigungsstraßen soll die Belegschaft auf 13 600 steigen. Das notwendige Fachwissen wird den Mitarbeitern durch ein Trainingsprogramm vermittelt.

In Anbetracht des Verlustes von rund 20 000 Arbeitsplätzen im Bergbau während der letzten fünf Jahre ist die Ansiedlung der Automobilindustrie in Bochum ein voller Erfolg der städtischen Wirtschaftsförderung. Die Bochumer Initiative wird bereits bei Bekanntwerden der Pläne in der Presse positiv kommentiert. Das Düsseldorfer Handelsblatt schreibt am 23. Mai 1960: »Opel geht ins Revier – das ist zweifellos ein Wort für die durch Zechenstillegungen beunruhigten Bergleute und erst recht eines für die um ihr Gewerbesteueraufkommen besorgte Stadt Bochum.« Zulieferbetriebe aus der mittelständischen Wirtschaft und dem Handwerk sollen vom Aufbau des Werkes profitieren.

Produktion des Opel-Kadett läuft gut

Der Opel-Kadett (Abb.) ist ein neu entwickelter Fahrzeugtyp der Adam Opel-AG, der sieben Wochen vor der Eröffnung des Zweigwerkes in Bochum erstmals der Öffentlichkeit vorgestellt und ausschließlich in Bochum gefertigt wird. 1962 werden von dem rasch populär werdenden zweitürigen Mittelklassewagen bereits 50 000 Stück produziert; die Produktion steigt 1963 auf 100 000 und Ende 1964 auf 350 000 Fahrzeuge.

Drohender Streik im Revier abgewendet

14. Juni 1962. Nach gescheiterten Tarifverhandlungen im Ruhrbergbau sprechen sich in einer Urabstimmung 97% der Zechenbelegschaften für gewerkschaftliche Kampfmaßnahmen ab 27. Juni zur Durchsetzung ihrer Forderungen aus.
Die Abstimmung über einen Streik war eine Woche zuvor auf einer Funktionärskonferenz der IG Bergbau und Energie in Dortmund von 1 500 Delegierten beschlossen worden. Gleichzeitig hatte die Mehrheit der Anwesenden sich für eine Erhöhung der gewerkschaftlichen Forderungen ausgesprochen: Statt der vom Hauptvorstand der Bergarbeitergewerkschaft vorgeschlagenen sieben Prozent mehr Lohn sollte eine zehnprozentige Lohnerhöhung durchgesetzt werden. Ein harter Arbeitskampf kündigt sich an.
Da die Bundesregierung angesichts der schleppenden Konjunktur einen Streik im krisengeschüttelten Ruhrgebiet fürchtet, versucht sie, zwischen den Tarifparteien zu vermitteln. Mit Erfolg: Am 25. Juni einigen sich die Kontrahenten auf eine achtprozentige Lohnerhöhung.

De Gaulle spricht vor Thyssen-Belegschaft

6. September 1962. *Am dritten Tag seines Staatsbesuchs in der Bundesrepublik trifft der französische Staatspräsident Charles de Gaulle (Abb.) in Duisburg ein. Er folgt damit einer Einladung von Bundeskanzler Konrad Adenauer, im Rahmen der eingeleiteten Verständigungspolitik das in den letzten Jahrzehnten belastete deutsch-französische Verhältnis zu verbessern. Diesem Wunsch entsprechend, begrüßt de Gaulle die Belegschaft der August-Thyssen-Hütte anläßlich einer Betriebsbesichtigung des Stahlwerks mit den Worten: »Wie Sie in Deutschland und wir in Frankreich wirken, streben wir beide einem und demselben Ziele zu: den freien Menschen Frieden, Würde und Glück zu gewähren. Welch eine Revolution im Vergleich zur Vergangenheit.«*

Gastarbeiter strömen ins Ruhrgebiet

Ende Januar 1962. Mangel an Arbeitskräften veranlaßt viele Firmen, Arbeiter im Ausland anzuwerben. Im Raum Dortmund/Lünen/Castrop-Rauxel sind bereits rund 6000 sog. Gastarbeiter beschäftigt, darunter Italiener, Spanier und Griechen. Mit 1635 Arbeitslosen ist in Dortmund der niedrigste Stand der Nachkriegszeit erreicht. Auf jeden Arbeitssuchenden kommen mehr als fünf offene Stellen. In der Eisen- und Metallindustrie, besonders im Waggon- und Fahrzeugbau, fehlen die nötigen Arbeitskräfte, um Aufträge aus Südamerika und Afrika zu erfüllen. Auch die Bauwirtschaft ist auf Gastarbeiter angewiesen.
Die ausländischen Arbeiter stammen aus ländlichen und strukturschwachen Gebieten ihrer Heimat, in denen sie keine Arbeit finden können. Sie verbringen elf Monate des Jahres in der Bundesrepublik, schicken Geld nach Hause und sehen ihre Familien meist nur zu Weihnachten. Unter dem Titel »Lauter, aber nicht schlechter« berichtet die WAZ über die Lage der Gastarbeiter: »Diejenigen unter ihnen, die bereits Monate oder Jahre in der Bundesrepublik sind, möchten sehen, erleben und Kontakte zu ihrer Umwelt finden. Diesem verständlichen Wunsch stehen manche Schwierigkeiten entgegen: Sprachprobleme, unterschiedliche Lebensauffassungen und ein gerütteltes Maß von Vorurteilen.«
Oft nutzen deutsche Vermieter die Unkenntnis der Gastarbeiter aus und verlangen Wuchermieten für menschenunwürdige Unterkünfte. Schlechte Verpflegung und niedrige Löhne schaffen Konflikte zwischen Gastarbeitern und Arbeitgebern.

Italienische Gastarbeiter beim Skatspiel nach Feierabend in ihrer Unterkunft, viele möchten ihre Familien in die Bundesrepublik holen

Neues Etikett für altes Unternehmen

1962. Die Benzol-Verkaufs-Vereinigung Aral Aktiengesellschaft ändert ihren Namen in Aral AG. Der Ursprung des Unternehmens geht zurück auf das Jahr 1898: Am 28. November dieses Jahres hatten sich 13 Bergbauunternehmen des Ruhrgebiets in Bochum zur Westdeutschen Benzol-Verkaufs-Vereinigung zusammengeschlossen. Nach dem Ersten Weltkrieg hatte die Vereinigung mit dem Aufbau eines eigenen Tankstellennetzes begonnen. Der aus Aromaten (Benzol) und Aliphaten (Benzin) hergestellte Kraftstoff erhielt den Namen Aral. Als ab 1962 das aus Kokereigasen gewonnene Benzol aus dem Kraftstoff verschwindet, wird der Firmenname auf Aral AG verkürzt.

Altes und neues Warenzeichen

Bauausstellung zeigt Fertighäuser

24. August 1962. Im Dortmunder Westfalenpark beginnt die Ausstellung »Fertigbau in Theorie und Praxis«, auf der neue Bautechniken präsentiert werden, die das Bauwesen rationalisieren sollen. 18 Fertighäuser, aus vorfabrizierten Teilen errichtet, geben Beispiele für zeit- und kostensparendes Bauen.
Nach Ansicht von Fachleuten ist die Bauwirtschaft mit herkömmlichen Verfahren den Anforderungen der Hochkonjunktur nicht gewachsen, zumal nicht genügend Arbeitskräfte zur Verfügung stehen. Durch Rationalisierung und Mechanisierung soll die Leistung des einzelnen Arbeiters erhöht werden.
Im Winter können Baufach- und Bauhilfsarbeiter an geschützten Arbeitsplätzen mit der Vorfertigung von Bauteilen beschäftigt werden. Die eigentliche Bauzeit wird durch den Einsatz solcher Fertigbauteile erheblich verkürzt, und es werden weniger Arbeitskräfte gebraucht, die aber das ganze Jahr über gleichmäßig beschäftigt sind.

1962

Neue Heimstatt für Duisburgs Kulturleben

2. September 1962. *Unter den Duisburger Kulturstätten kann die neue Stadthalle, die Mercatorhalle (Abb.), einen besonderen Rang beanspruchen. Schon beim Eröffnungskonzert mit der 7. Sinfonie von Anton Bruckner am Vorabend der offiziellen Einweihung erntet insbesondere die Akustik des großen Saales, der jederzeit zur Kongreßhalle umgewandelt werden kann, die Bewunderung der geladenen Ehrengäste.*
Die mit einem Kostenaufwand von 12,5 Mio DM errichtete neue städtische Mehrzweckhalle ist eine würdige Nachfolgerin der 1887 an gleicher Stelle erbauten und im Krieg zerstörten Tonhalle. Die Stadt verleiht der Einrichtung den Namen des im 16. Jh. in Duisburg lebenden Geographen und Wissenschaftlers Gerhard Mercator (→ Herbst 1569).

Schiffshebewerk senkt Transportkosten

31. August 1962. *Nur wenige Steinwürfe vom 1899 eröffneten Schiffshebewerk Henrichenburg entfernt (→ 11. 8. 1899), übergibt Bundesverkehrsminister Hans-Christoph Seebohm einen neuen Schiffslift am Dortmund-Ems-Kanal in Waltrop dem Verkehr. Mit einem Kostenaufwand von 38 Mio DM entstand in mehr als dreijähriger Bauzeit ein elektronisch gesteuertes Bauwerk (Abb.), mit dessen Hilfe nun auch die bis zu 1350 t Ladung fassenden »Europaschiffe« ihre Lasten vom Industrierevier bis in die großen Nordseehäfen transportieren können. Im Gegensatz zu dem alten Hebewerk überbrückt die Binnenschiffahrt mit Hilfe der neuen Anlage den Höhenunterschied zwischen oberem und unterem Dortmund-Ems-Kanal in nur 17 statt bislang 23 Minuten.*

Oberhausen feiert 100. Geburtstag

1. Februar 1962. Die Bevölkerung von Oberhausen feiert das 100jährige Bestehen der Gemeinde. Anläßlich des Jubiläums ruft die Stadtverordnetenversammlung eine Reihe von Stiftungen ins Leben: Verdienten Bürgern der Gemeinde soll in Zukunft ein Ehrenring oder die sog. Glück-Auf-Medaille überreicht werden. Ihr soziales Engagement unterstreichen die Stadtväter durch die Einrichtung einer Altenpflegestiftung. Unbestrittenes Glanzlicht der Feierlichkeiten bildet jedoch der Bau einer am 1. September des Jahres eröffneten neuen Stadthalle.
Auf dem Boden des heutigen Stadtgebiets von Oberhausen befand sich einst die Wiege der Ruhrindustrie. Die 1758 in Betrieb genommene St. Antonii-Hütte, Vorgängerin der Gutehoffnungshütte, war der erste Eisenverhüttungsbetrieb im Revier. Durch eine preußische Kabinettsorder wurde die Gemeinde Oberhausen 1861 gegründet; am 1. Februar 1862 übernahm der erste Bürgermeister die Amtsgeschäfte.

Caravan und Camping

11. Oktober 1962. Auf dem Essener Ausstellungsgelände findet zum ersten Mal der Internationale Caravan-Salon statt, bei dem Hersteller von Wohnanhängern, Reisemobilen und Mobilheimen die neuen Modelle für die Reisesaison 1963 vorstellen. Der Caravan-Salon, der in diesem Jahr von 34 000 Menschen besucht wird, ist die zweite regelmäßig stattfindende Reisemesse in Essen. Seit 1958 veranstaltet der Deutsche Camping-Club e. V. alljährlich die Deutsche Camping-Ausstellung, auf der ebenfalls Zelte, Wohnwagen und Sportartikel gezeigt werden.

Internationaler Caravan-Salon in den Essener Messehallen; neben Wohnanhängern und Campingzubehör werden Boote und Sportartikel gezeigt

Impfung gegen Kinderlähmung

22. März 1962. Alle Kinder über sechs Monaten und Erwachsenen unter 40 Jahren sind zur ersten Schluckimpfung gegen Kinderlähmung aufgerufen. In Bochum, Oberhausen und Dortmund nehmen 90% aller Schulkinder an der Impfaktion teil. Allein in Dortmund schlucken 280 000 Menschen einen mit Impfstoff beträufelten Zuckerwürfel.
Gegen eine eingetretene Infektion mit Kinderlähmung oder Polio gibt es kein Heilmittel. Die Krankheit führt zur Lähmung einzelner Muskelgruppen oder der gesamten Muskulatur bis zum Atemstillstand. Betroffen sind vor allem Kinder unter sechs Jahren. In zunehmendem Maße wurden in den vorangegangenen Jahren im Ruhrgebiet Infektionen von Jugendlichen und Erwachsenen beobachtet. 1961 erkrankten in Dortmund 80 Menschen an Polio. Mit der Schluckimpfung werden dem Körper abgeschwächte Erreger über den Verdauungstrakt zugeführt. Die Geimpften werden so gegen die gefährlichen Viren immun.

1962

Tegtmeier zum ersten Mal im Fernsehen

1962. Adolf Tegtmeier hat Premiere im deutschen Fernsehen. Die von dem Schauspieler Jürgen von Manger geschaffene Figur entwickelt sich zum Inbegriff des Kumpels aus dem Kohlenpott und dessen Denk- und Sprechweise.

»Adolf Tegtmeier«, so die »Frankfurter Allgemeine Zeitung«, »ist der mitteilsame Mensch schlechthin. Er hat immer etwas zu erzählen, und er denkt dabei ohne Kupplung und Bremse ... Nichts wird dieser Tegtmeier ›ordentlich‹ zu Ende führen: Er kann nicht, weil er sich gedanklich viel zu oft ins Abstrakte und damit in die ›höheren Gefilde‹ der Sprache versteigt, ihm aber doch stets nur der Sprachschatz seiner kleinen Umwelt zur Verfügung steht.«

Zu den bekanntesten Geschichten von Adolf Tegtmeier gehört »Der Schwiegermuttermörder«, in der er als selbiger vor Gericht steht (ungekürzter Auszug): »Richter: ›Und was haben Sie dann weitergemacht, mit der Leiche?‹
Tegtmeier: ›Ja ... das sind aber nun Fragen ... was man eigentlich gar nicht mehr gerne erinnert wird ... –

Dann hab ich sie im Keller getragen ... und hab ich sie gesägt.‹
Richter: ›Was haben Sie?‹
Tegtmeier: ›Weil unser Bollerwagen ... mußte ich die Feststellung machen, daß sie nicht ganz draufpaßte ... und mußte ich ... äh ... also, ich hatte dann drei Fuhren ... und hab ich sie im Rhein-Herne-Kanal ... getan – und da war sie weg! Aber ich möchte es nochmal hinweisen, daß das bei mir Notwehr war, und durch

Jürgen von Manger

Hans Jürgen Julius Emil Fritz von Manger, am 6. März 1923 in Koblenz geboren, machte 1941 am Gymnasium in Hagen sein Abitur. Nach ersten Erfahrungen als Statist an der Oper und einer Schauspiel- und Gesangsausbildung arbeitete er als Darsteller an den Bühnen in Hagen (1945–47), Bochum (1947–50) und Gelsenkirchen (seit 1950), zuletzt als Erster Charakterkomiker. Von 1954 bis 1958 studierte er daneben an den Universitäten Köln und Münster Rechts- und Staatswissenschaften.

die Beleidigungen, und daß ich beschädigt bin – sechs Jahre fern der Heimat, was man für ein Schicksal erduldet hat! – daß das von diese Sache herrührt. Ich war ja schon paarmal zur Untersuchung weg, inne Landesanstalt, und dadurch haben wir das auch schriftlich, sogar von den ganz berühmten Professor, der da die Bekloppten ... alles macht. »Bescheinige« – schön mit Stempel und ›Friedrich-Wilhelm‹ drunter!‹«

Papas Kino ist tot, es lebe der Film!

27./28. Februar 1962. Eine Gruppe junger Filmautoren, darunter Peter Schamoni, Edgar Reitz und Alexander Kluge, propagiert auf den 8. Westdeutschen Kurzfilmtagen in Oberhausen unter dem Motto »Papas Kino ist tot« einen neuen deutschen Film. In ihrer Kampfansage an die alte Traumfabrik, einer in ihren Augen abgewirtschafteten Filmindustrie,

Alexander Kluge

fordern sie, mit experimentellen Ideen dem deutschen Film endlich wieder zu internationalem Ansehen zu verhelfen: »Wir haben ... konkrete geistige, formale und wirtschaftliche Vorstellungen.« Michael Lentz bemerkt am 2. März in der WAZ dazu: »Eine gute Idee ... Bleibt nur die Frage: Haben die Mitglieder der Gruppe, ... wirklich das Format, ... den ›neuen deutschen Film‹ zu schaffen?«

Trinkhallen gehören zum Ruhrgebiet wie Kohle und Stahl

Es gibt sie in allen Wohnvierteln des Reviers, an Fabrik- und Zechentoren, in der Nähe von Schulen und an Straßenecken – die »Klümpkesbuden« oder Trinkhallen.

An der Bude kann man jedoch neben Klümpkes (= Bonbons) fast rund um die Uhr nahezu alle Dinge des täglichen Bedarfs kaufen: Zeitungen, Tabak, Strümpfe, Brötchen, Milch, Schulhefte u. v. a.

An »ihrer« Bude trinken Männer nach Feierabend ein Bier im Stehen und essen dazu einen Brathering aus dem Glas. Kinder geben immer zumindest einen Teil ihres Taschengeldes an der Bude aus, wobei die Wahl zwischen zweimal Brausepulver für fünf Pfennig oder einer Wundertüte für zehn Pfennig oft schwerfällt. Hausfrauen treffen sich bei kleinen Einkäufen oder auf einen Kaffee und ein Schwätzchen am nächsten Kiosk.

Die Trinkhallen sind Treffpunkte und auch Informationszentren der Wohnviertel. Sie entstanden Ende des 19. Jh., als Mineralwasserfabrikanten den Absatz ihrer Getränke durch Straßenverkauf erhöhen wollten. Die Behörden unterstützten die Einrichtung von »Seltersbuden«, um den Alkoholkonsum, besonders bei den Arbeitern, einzudämmen. 1898 gab es im Ruhrgebiet knapp 300 Trinkhallen, an denen neben Selterswasser »mit und ohne Geschmack« Kautabak, Zigarren, Zigaretten, Kaffee und Tee anboten wurden.

Die Trinkhallen überstanden Notzeiten und Weltkriege, Inflation und Arbeitslosigkeit. Kaum ein Trinkhallenpächter oder -besitzer ist reich geworden; doch eine Bude sicherte auch in Notzeiten manchem Berginvaliden und seiner Familie einen bescheidenen, aber sicheren Lebensunterhalt.

Die langen Öffnungszeiten (oft von sieben Uhr morgens bis ein Uhr nachts) kommen den Schichtarbeitern entgegen, bedeuten aber, daß die Ehefrau oder die Familie am Schalterfenster mithelfen muß.

Kioske gehören zum Bild des Ruhrgebiets

Trinkhalle als Mittelpunkt einer Wohnsiedlung

1963

12./13. 1. Der Dortmunder Radsportler Karl-Heinz Marsell gewinnt das internationale Steherrennen in der Westfalenhalle.

26. 1. In der Kunsthalle Recklinghausen wird die Ausstellung »Westfalens Beitrag zum 20. Jahrhundert« eröffnet. →

5. 3. Sechs Mitglieder des Vereinsvorstands von Schalke 04 stehen wegen Steuerhinterziehung vor Gericht. →

29. 6. Borussia Dortmund gewinnt in Stuttgart die letzte deutsche Fußballmeisterschaft vor Einführung der Bundesliga mit 3:1 gegen den 1. FC Köln.

15.–21. 7. In Essen findet das 22. Deutsche Turnfest statt. →

24. 8. Zum ersten Spieltag der Fußballbundesliga kommen 282 000 Zuschauer. Unter den 16 Vereinen befinden sich drei Reviervereine: Meidericher SV, FC Schalke 04 und Borussia Dortmund. →

1. 9. Mit Unterstützung der Bundesregierung gründen die Bergbauunternehmen des Ruhrgebiets den Rationalisierungsverband Ruhrbergbau.

26. 10. Bundesverteidigungsminister Kai Uwe von Hassel übergibt einen bei Datteln neu errichteten Raketenstützpunkt der NATO. →

18. 11. Mit der Fertigstellung des Teilstücks zwischen Dortmund-Brackel und Dortmund-Sölde ist der Ruhrschnellweg zwischen Essen und Unna vierspurig befahrbar. →

1. 12. Die Landesanstalt für Immissionsschutz nimmt in Essen ihre Arbeit auf. →

10. 12. Karl Waldemar Ziegler, seit 1943 Direktor des Max-Planck-Institutes für Kohleforschung in Mülheim an der Ruhr, erhält den Chemienobelpreis. →

31. 12. Mit der Stillegung der Dortmunder Zeche Dorstfeld erreicht die Krise im Steinkohlenbergbau an der Ruhr einen vorläufigen Höhepunkt. →

1963. Die Essener Folkwangschule erhält den Rang einer Hochschule.

1963. Am Rhein-Herne-Kanal in Bottrop wird ein Rastplatz des Neandertalers entdeckt. →

1963. Max von der Grün veröffentlicht den Roman »Irrlicht und Feuer«.

1963. Die Gelsenberg Benzin AG beginnt mit der Erdölförderung in Libyen. →

GESTORBEN:

23. 1. Witten-Annen: Wilhelm Lennemann (*24. 11. 1875, Witten-Annen), Lyriker, Erzähler, Laienspieldichter.

20. 6. Duisburg: Hans Rehberg (*25. 12. 1901, Posen), Schriftsteller.

Nach 9jähriger Bauzeit fertiggestellt: Der Ruhrschnellweg (hier in Bochum), Verkehrsachse quer durchs Revier

Freie Fahrt auf dem Ruhrschnellweg

18. November 1963. Nach neuneinhalbjähriger Bauzeit kann das letzte, 3,5 km lange Teilstück des Ruhrschnellwegs zwischen den Dortmunder Anschlußstellen Brackel und Sölde für den Verkehr freigegeben werden. Mit der Eröffnung durch Bundesverkehrsminister Hans-Christoph Seebohm ist der autobahnähnliche Ausbau der Schnellstraße abgeschlossen.

Schon zu Beginn des Jahres 1954 war das Straßenbauprojekt aufgrund erheblicher Zunahmen der Verkehrszahlen in Angriff genommen worden. Von Essen ausgehend, wurden die insgesamt 52,7 km der zentralen Ost-West-Verkehrsverbindung des Reviers auf vier Fahrspuren erweitert. Zur Anbindung an das allgemeine Straßennetz schufen die Straßenbauer nicht weniger als 14 neue Anschlußstellen, vier davon an Bundesstraßen sowie sechs an Landstraßen. Ein durchschnittlicher Abstand der einzelnen Auffahrten untereinander von nur 2,4 km und die dichte Wohnbebauung entlang der Strecke erforderten die Anlage extrem kurzer Beschleunigungsspuren, die sich in der Folge für manchen Autofahrer als unfallträchtige Gefahrenstellen erweisen.

Mit einigen Zahlen läßt sich der ungeheure Aufwand des Projekts umreißen: Insgesamt war der Bau von 37 Straßen-, zehn Eisenbahn- und sechs Fußgängerbrücken erforderlich. Im Zuge der Bauarbeiten mußten rund 6,5 Mio m³ Erdmassen verschoben, 860 000 m² Fahrbahnunterbau und 700 000 m² Asphaltdecke erstellt werden – all dies unter Aufrechterhaltung des auf der Strecke fließenden Verkehrs. Der Verkehrssicherheit dienen an besonders gefährlichen Stellen der kurvenreichen Straße auf den Seitenstreifen errichtete Leitplanken. Um die Blendgefahr in Biegungen zu verringern, sind zudem im Bereich der Dorstener Straße bei Bochum Blendschutzzäune montiert worden.

Der Ausbau nötigte aber auch die beteiligten Stadtplaner zu kreativen Bestleistungen: Bei der Trassenfestlegung wurden modernste Entwürfe eingebracht und der Straßenverlauf den Geländeverhältnissen angepaßt. Die verkehrstechnisch erforderliche Flächenerweiterung des Straßenzugs machte den Erwerb von mehr als 400 Grundstücksparzellen notwendig. 44 Gebäude mußten weichen, für rund 200 Familien Ersatzwohnraum beschafft werden.

Vierspuriger Ruhrschnellweg am Westfalenpark im Dortmunder Süden; im Vordergrund eine der zahlreichen Fußgängerbrücken aus Spannbeton

Kraftfahrzeugzunahme

Jahr	NRW	Ruhrgebiet
1949	293 035	72 793
1950	471 808	115 167
1951	607 162	149 846
1952	759 917	196 319
1953	1 000 926	264 373
1954	1 171 487	310 106
1955	1 308 304	349 566
1956	1 450 568	395 703
1957	1 585 736	445 052
1958	1 706 734	493 212
1959	1 803 389	527 375
1960	2 003 893	586 784
1961	2 227 146	654 480
1962	2 475 345	730 774
1963	2 677 524	793 277

Bergbaukrise erreicht Höhepunkt

31. Dezember 1963. Mit der Stillegung der zu der Harpener Bergbau AG gehörenden Schachtanlage Dorstfeld in Dortmund erreicht die Bergbaukrise an der Ruhr ihren vorläufigen Höhepunkt. Allein in diesem Jahr wurde auf 13 Revierzechen die Förderung eingestellt. Betroffen sind etwa 10 000 Beschäftigte. Seit Ausbruch der Kohlekrise vor fast sechs Jahren (→ 22. 2. 1958) sind im Ruhrgebiet 33 Schachtanlagen mit einer Förderkapazität von 10,3 Mio Jahrestonnen stillgelegt worden.

In dieser Zeit ist der Anteil der heimischen Steinkohle an der deutschen Energieversorgung von 70% auf 56% zurückgegangen. Versuche der Bundesregierung, durch Einfuhrbeschränkungen für Kohle und Mineralöl den Konkurrenzdruck für die Ruhrkohle zu mildern, sind fehlgeschlagen. In einem Spitzengespräch zwischen Vertretern von Mineralölkonzernen und dem Unternehmensverband Ruhrbergbau am 31. Juli 1962 in Bonn hatte sich die Mineralölindustrie zudem geweigert, den geplanten Ausbau der bundesdeutschen Raffineriekapazitäten zu bremsen und der heimischen Kohle im Stromversorgungsbereich Liefervorteile einzuräumen. Auf Initiative des Bundeswirtschaftsministeriums schlossen sich die Zechenunternehmen des Reviers am 1. September 1963 zu einem Rationalisierungsverband zusammen. Ziel des Verbandes ist die Anpassung der Kohleförderung an die Absatzlage: Durch Konzentration der Förderung auf die ertragreichsten Anlagen und Stillegung unrentabler Betriebe erhoffen sich Unternehmen und Regierung eine verbesserte Konkurrenzfähigkeit der deutschen Kohle. Die Finanzierung der Rationalisierung aus Steuergeldern stößt bei der SPD auf heftige Kritik: »Was uns hier angeboten wird, ist die primitivste Form der Sozialisierung, nämlich die Sozialisierung der Verluste.«

»Der Mohr hat seine Schuldigkeit getan, der Mohr kann gehen«, Karikatur zur Bergbaukrise aus dem »Industriekurier« vom 16. Februar 1963

Chemie-Nobelpreis

10. Dezember 1963. Karl Waldemar Ziegler, seit 20 Jahren Leiter des Max-Planck-Instituts für Kohleforschung in Mülheim an der Ruhr, nimmt aus der Hand des schwedischen Königs Gustav VI. Adolf in Stockholm den Nobelpreis für Chemie entgegen (Abb.). Ziegler ist zusammen mit seinem italienischen Kollegen Giulio Natta für Forschungen auf dem Gebiet der Kunststoffe ausgezeichnet worden.

»Umweltinstitut« nimmt Arbeit auf

1. Dezember 1963. In Essen-Bredeney nimmt die neugegründete Landesanstalt für Immissionsschutz und Bodennutzung ihre Arbeit auf; sie ist durch die Zusammenlegung des Instituts für Luftreinhaltung in Essen und der Landesanstalt für Bodennutzung in Bochum entstanden. Um die Landesanstalt nach Essen zu holen, hatte die Stadt eigens ein Grundstück erworben, auf dem Laboratorien und Forschungsstätten erbaut wurden.

Das Institut, aus dem der Bereich der Bodennutzung 1976 ausgegliedert wird, forscht vor allem auf dem Gebiet der Luftreinhaltung, ermittelt Umfang und Wirkung von Luftverunreinigungen und erstellt Maßnahmenkataloge zur Bekämpfung der Verschmutzung; daneben werden in der Landesanstalt neuartige Meßverfahren entwickelt und Untersuchungen über Geräusch- und Lärmschutz angestellt.

Gelsenberg beginnt mit Erdölförderung

1963. Die Gelsenberg Benzin AG beginnt in Libyen mit der Erdölförderung. Das Tochterunternehmen der Gelsenkirchener Bergwerks AG hatte die Lizenz für Ölbohrungen 1958 vom amerikanischen Mineralölkonzern Mobil Oil erworben. Als Gegenleistung hatte die Gelsenberg Benzin AG sich verpflichtet, die Hälfte ihres für die Raffinerien in Gelsenkirchen-Horst benötigten Öls von der Mobil Oil zu beziehen.

Die Zusammenarbeit zwischen Gelsenberg und Mobil Oil begann 1950. Nachdem die Kohlehydrierung in Deutschland von den Alliierten verboten worden war, mußten die Hydrierwerke im Ruhrgebiet sich neue Rohstoffquellen erschließen. In einem Vertrag verpflichtete sich Mobil Oil, Gelsenberg mit Rohöl zu versorgen, wofür das Revierunternehmen den Amerikanern eine Beteiligung von 50% am Lieferrecht für die Aral AG (→ 1962) einräumte.

Frühgeschichtliche Spuren in Bottrop

1963. Bei Arbeiten am Rhein-Herne-Kanal in Bottrop stoßen Arbeiter auf Spuren von Neandertalern. Klingen, Schaber und Spitzen lassen Rückschlüsse auf einen Rastplatz zu.

Faustkeile der Neandertaler aus dem Fund am Rhein-Herne-Kanal

Raketenstellungen in Datteln errichtet

26. Oktober 1963. Bundesverteidigungsminister Kai-Uwe von Hassel unterstellt in einer Feierstunde die in Datteln stationierten Flugabwehrbataillone mit insgesamt 9000 Soldaten der NATO. Die Truppen sind mit Raketen des Typs Nike-Herkules ausgerüstet. Zusammen mit Batterien der Verbündeten sollen die Raketenstellungen das Ruhrgebiet gegen Luftangriffe sichern.

Im Frühjahr hatten Bundeswehreinheiten aus Unna-Königsborn und amerikanische Soldaten Kasernen in Datteln bezogen. Bis Juni wurden die Raketen auf dem Stimberg und dem Kapellenberg aufgestellt.

Im Anschluß an die Feierstunde besichtigten zahlreiche Dattelner beim ersten »Tag der offenen Tür« die Kasernen. Die Mitglieder der Dattelner Schützengilden pflegen rasch freundschaftliche Beziehungen zu den Soldaten und beteiligen sie ab 1967 am Königsschießen.

Borussia schießt erstes Bundesligator

24. August 1963. Der erste Spieltag in der neueingerichteten Fußball-Bundesliga endet mit zwei Siegen und einer Niederlage für die drei Lizenzvereine aus dem Ruhrgebiet: Der Meidericher Spiel-Verein (Duisburg) gewinnt 4:0 gegen den Karlsruher SC, Schalke 04 spielt 2:0 gegen den VfB Stuttgart und Borussia Dortmund (BVB) unterliegt Werder Bremen mit 2:3 Toren. Das erste

Bundesliga 1963
(Tabellenstand nach Ende der ersten Saison)

Verein	Punkteverhältnis
1. 1. FC Köln	45:15
2. MSV Duisburg	39:21
3. Eintracht Frankfurt	39:21
4. Borussia Dortmund	33:27
5. VfB Stuttgart	33:27
6. Hamburger SV	32:28
7. 1860 München	31:29
8. Schalke 04	29:31
9. 1. FC Nürnberg	29:31
10. Werder Bremen	28:32
11. Eintracht Braunschweig	28:32
12. 1. FC Kaiserslautern	26:34
13. Karlsruher SC	24:36
14. Hertha BSC	24:36
15. Preußen Münster	23:37
16. 1. FC Saarbrücken	17:43

Szene aus dem Spiel Borussia Dortmund gegen Werder Bremen (2:3)

Siegreicher Auftakt für die Schalker Knappen beim 2:0 gegen Stuttgart

Bundesligator schießt Friedhelm Konietzka für den BVB in der ersten Minute des Spiels.

Die Delegierten des Deutschen Fußballbundes hatten die Einführung einer Elite-Liga, wie sie in den europäischen Nachbarländern bereits bestand, am 28. Juli 1962 beschlossen. Gleichzeitig mit der Einrichtung der 16 Vereine umfassenden Bundesliga wird auch der Profifußball offiziell eingeführt. Vertragsspieler der bisherigen Oberligen erhielten inoffiziell bereits mehr als die erlaubten 400 DM für ihren Verdienstausfall. Mit der neuen Liga werden die Fußballer zu Lizenzspielern und erhalten anfangs Monatsgehälter von bis zu 1500 DM.

Vereine, die sich um eine Bundesliga-Lizenz für die erste Spielzeit bemühen, müssen über ein Stadion für mindestens 40 000 Zuschauer verfügen, einen Jahresumsatz von 400 000 DM vorweisen können und in den letzten zehn Jahren zu den leistungsstärksten Clubs in der Bundesrepublik gehört haben.

Schalke-Vorstand steht vor Gericht

5. März 1963. Vor der ersten Großen Strafkammer des Essener Landgerichts beginnt der Prozeß gegen sechs Vorstandsmitglieder des FC Schalke 04. Die Mitglieder des Gelsenkirchener Vereinsvorstands haben sich wegen Steuerhinterziehung vor Gericht zu verantworten.
Der Verein hatte aus Geldnot eine sog. »schwarze Kasse« angelegt, aus der Zahlungen an Spieler vorgenommen wurden. Das Essener Landgericht verurteilt die Angeklagten wegen Hinterziehung von 80 000 DM an Vergnügungs- und Lohnsteuern zu Geldstrafen und Freiheitsentzug, wobei die Freiheitsstrafen zur Bewährung ausgesetzt werden.
Schalke hat in diesem Jahr aufgrund früherer sportlicher Erfolge eine Lizenz für die neue Bundesliga erhalten, befindet sich jedoch gleich zu Beginn der Saison, vor allem aufgrund der hohen Spielergehälter, in finanziellen Schwierigkeiten.

Namhafte Künstler aus dem Ruhrgebiet

26. Januar 1963. In der Städtischen Kunsthalle Recklinghausen wird die Ausstellung »Westfalens Beitrag zum 20. Jahrhundert« eröffnet, in der auch zahlreiche Werke von Künstlern aus dem Ruhrgebiet zu sehen sind. Gezeigt werden u. a. Arbeiten von folgenden Künstlern:
▷ Hubert Berke aus Gelsenkirchen
▷ Hermann Blumenthal aus Essen
▷ Gustav Deppe aus Witten
▷ Günter Drebusch aus Witten
▷ Thomas Grochowiak, Organisator dieser Ausstellung
▷ Bernhard Hoetger aus Dortmund-Hörde
▷ Otto Pankok aus Mülheim an der Ruhr
▷ Wilhelm Schmurr aus Hagen
▷ Emil Schumacher aus Hagen
▷ Heinrich Siepmann aus Mülheim an der Ruhr
▷ Hans Werdehausen aus Bochum.

Otto Pankok   Th. Grochowiak

Für die Ausstellung wurden nur die Künstler berücksichtigt, »deren Schaffen den künstlerischen Tendenzen unseres Jahrhunderts zugewandt war oder ist und die im Leben der europäischen Gegenwartskunst eine beachtliche Position bezogen haben...« (Grochowiak).

Grochowiak, »Fördermaschinist«, 1950 (Kunsthalle Recklinghausen)

Turnfest in Essen lockt zahlreiche Gäste

15. bis 21. Juli 1963. *In Essen findet das 22. Deutsche Turnfest statt. Es ist das erste der seit 1860 veranstalteten Turnfeste in einer Stadt des Ruhrgebiets. Rund 40 000 Teilnehmer, darunter auch Sportler aus dem Ausland, beteiligen sich an den Wettkämpfen (Abb.). Die WAZ berichtet täglich auf einer Sonderseite über das Geschehen in den verschiedenen Sportarten. Mit einem Festzug von 35 000 Sportlern durch die Essener Innenstadt und einer Kundgebung auf der Festwiese der Gruga mit 110 000 Teilnehmern findet das Fest einen würdigen Ausklang.*

1964

26. 2. In der ausverkauften Dortmunder Westfalenhalle finden die Eiskunstlauf-Weltmeisterschaften statt. →

27. 3. Bei einer Explosion in der Hoesch-Westfalenhütte in Dortmund werden sechs Menschen getötet und 21 verletzt.

27. 3. Bei Reparaturarbeiten am Förderkorb auf der Zeche Sachsen in (Hamm-)Heessen verunglücken zehn Bergleute tödlich, darunter auch fünf Gastarbeiter aus der Türkei.

9. 5. Am Ende der ersten Bundesligasaison belegen der MSV Duisburg den zweiten, Borussia Dortmund den vierten und Schalke 04 den achten Platz.

29. 5. Die elektrifizierte Eisenbahnstrecke Hagen-Unna-Hamm wird eröffnet.

5. 6. Das Wilhelm-Lehmbruck-Museum in Duisburg wird feierlich eröffnet. →

8. 6. In einem Bunker an der Zwickauer Straße in Dortmund probt das Bundesamt für Zivilschutz das Überleben nach einem Atomschlag.

22. 6. Die Mannschaft des Uhlenhorst Mülheim wird zum sechsten Mal Deutscher Meister im Feld-Hockey.

18. 7. Die Ruhrland-Halle in Bochum wird eröffnet (→ 1964).

10.–24. 10. Bei den Olympischen Spielen in Tokio erringen Sportler aus dem Ruhrgebiet Medaillen. →

31. 10. Der Rationalisierungsverband Ruhrbergbau meldet 31 Großzechen im Ruhrgebiet zur Stillegung an. →

1. 11. Die ersten Hagener Musiktage werden eröffnet.

6. 11. Das Zeiss-Planetarium in Bochum wird eröffnet (→ 1964).

2. 12. Die Pädagogische Hochschule in Hamm nimmt ihre Lehrtätigkeit auf.

26. 12. Der Klutertberg bei Ennepetal wird zum Naturschutzgebiet erklärt. →

1964. Bruno Gluchowski veröffentlicht seinen ersten Roman »Der Durchbruch«.

1964. Der Adolf-Grimme-Preis (Marl), eine Auszeichnung für hervorragende deutsche Fernsehsendungen, wird erstmals verliehen. →

1964. Die German Blue Flames aus Gelsenkirchen-Buer belegen bei einem Beat-Festival in Recklinghausen den ersten Platz. →

GESTORBEN:

29. 9. Wadersloh bei Beckum: Jans Füting (*10. 12. 1887, Recklinghausen), Lehrer und Mundartdichter.

29. 11. Essen: Felix Wilhelm Beielstein (*30. 1. 1887, Bochum), Schriftsteller.

Protestdemonstration von Bergleuten in Herne gegen befürchtete Zechenstillegungen im Herner Revier im Zuge von Rationalisierungsmaßnahmen

Neue Zechenstillegungen

31. Oktober 1964. Auf der Grundlage eines vom Deutschen Bundestag im Juli 1963 verabschiedeten Gesetzes zur Förderung der Rationalisierung im Steinkohlenbergbau meldet der Rationalisierungsverband Ruhrbergbau 31 Großschachtanlagen und 20 Kleinzechen mit einer Gesamtförderkapazität von 26 Mio t und etwa 64 000 Beschäftigten zur Stillegung an. Allein im Essener Revier sind über 10 000 Bergleute der Zechen Victoria-Mathias, Helene, Langenbrahm, Friedrich-Joachim und Amalie von der Stillegungsaktion betroffen. Unter dem Eindruck von Massenprotesten beschließt die Bundesregierung, eine Genehmigungsfrist für Diesel-, Rohöl- und Heizölimporte einzuführen.

Adolf-Grimme-Preis erstmals verliehen

1964. In Marl wird zum ersten Mal der Adolf-Grimme-Preis des Deutschen Volkshochschulverbandes verliehen. Die Auszeichnung für hervorragende deutsche Fernsehsendungen wird in Zukunft jährlich vergeben; sie ist mit keinerlei Geldzuwendungen verbunden und hat rein ideellen Charakter. Der Adolf-Grimme-Preis gilt bald als der bedeutendste Fernsehpreis der Bundesrepublik Deutschland.

Die preisgekrönten Produktionen sollen laut Wettbewerbsbestimmungen »ein Thema in qualifizierter, allgemeinverständlicher und in einer den Fernsehteilnehmer ansprechenden Weise darstellen; eine fernseheigene Qualität besitzen; in Form, Inhalt oder Methode Modelle für künftige Produktionen darstellen können«. Über die Preisvergabe entscheiden unabhängige Jurys, in denen Journalisten, Medienwissenschaftler, Kulturexperten und Vertreter der Weiterbildung sitzen.

Adolf Grimme, der Namensgeber des neuen Preises, hatte als niedersächsischer Kultusminister von 1946 bis 1948 den Aufbau des deutschen Volkshochschulwesens nach dem Krieg entscheidend geprägt.

Medaillenränge für Ruhrgebietssportler

10. bis 24. Oktober 1964. Während der Olympischen Sommerspiele in Tokio erreichen mehrere Wassersportler, ein Reiter und ein Ringer aus dem Ruhrgebiet Medaillenränge. Kajaksportler aus Duisburg, Dortmund und Oberhausen gewinnen eine Silber- und eine Bronzemedaille. Der Ruderer Klaus Bittner aus Hamm ist Mitglied der Mannschaft, die im Achter ohne die Silbermedaille erringt. Bei den Militarywettkämpfen der Reiter kann Fritz Ligges aus Dortmund zweimal Bronze erreichen. Der Wittener Klaus-Jürgen Rost gewinnt die Silbermedaille im Leichtgewicht der Ringer.

Fritz Ligges auf Donkosak im Military-Wettbewerb

K.-J. Rost (r.) im Kampf gegen Enio Dimov (Bulgarien)

Zwei moderne Bauwerke in Bochum: Das Zeiss-Planetarium und die Ruhrland-Halle

1964. Mit der Fertigstellung des Planetariums an der Castroper Straße (Abb. links) und der Ruhrland-Halle am Ruhrschnellweg (Abb. rechts) hat Bochum im Zuge des Stadtausbaus zwei moderne Bauwerke erhalten, die das Gesicht der Großstadt prägen. Beide Gebäude wurden nach Plänen des städtischen Hochbauamtes errichtet. Das Zeiss-Planetarium wird am 6. November eingeweiht, es dient anschaulichen Demonstrationen zur allgemeinen Himmelskunde. In seiner 20 m weiten Kuppelwölbung kann mit Hilfe eines speziellen Projektionsapparates der Sternenhimmel dargestellt werden. Das Planetarium ist in der Lage, nahezu alle natürlichen Vorgänge am gestirnten Himmel in wirklichkeitsgetreuer Illustration zu demonstrieren, außerdem können die Bewegungen von Satelliten nachvollzogen werden. Für die Besucher der Vorführungen sind dreh- und schwenkbare Sessel installiert. Die Baukosten betrugen 3,15 Mio DM, wobei der Edelstahl für das Kuppeldach vom Bochumer Verein gestiftet wurde. Bereits im Sommer 1964, am 18. Juli, wird die Ruhrland-Halle feierlich mit Ansprachen der städtischen Honoratioren und einem sportlich-kulturellen Rahmenprogramm eröffnet. Die Halle liegt neben dem Stadion und ist als Mehrzweckhalle für Veranstaltungen jeder Art eingerichtet. Die Tribüne faßt 1866 Zuschauer; eine dreiteilige, hydraulisch versenkbare Bühne bietet viel Platz, z. B. für das große Bochumer Symphonieorchester, das in den ersten Jahren in der Ruhrland-Halle spielt. Die Akustik entspricht den höchsten philharmonischen Ansprüchen, wie Gerhard Zehnter in seinem »Führer durch Bochum« feststellt. Insgesamt hat die Halle 4000 Sitzplätze, die bei den zahlreichen Veranstaltungen aus Sport und Kultur oft ausverkauft sind. Neben Sportwettkämpfen z. B. im Boxen oder Hallenhandball finden in der Ruhrlandhalle auch Operettenabende, Bälle und Fernsehshows statt.

Museum für Lehmbruck

5. Juni 1964. Ein großer Festakt in der Aula des Duisburger Steinbart-Gymnasiums bildet den Auftakt im Rahmen der Eröffnung eines neuen Museums der Stadt. Dem Bildhauer und berühmten Sohn der Stadt Wilhelm Lehmbruck zu Ehren hat Duisburg im Kant-Park an der Düsseldorfer Straße eine nach ihm benannte Kunsthalle erbauen lassen, in deren Mittelpunkt eine sehr umfangreiche Sammlung von Werken des 1881 in Duisburg-Meiderich geborenen Künstlers steht (→ 25. 3. 1919).

Nach Entwürfen seines ebenfalls künstlerisch tätigen Sohnes Manfred Lehmbruck entstand mit einem Kostenaufwand von 6 Mio DM ein großzügiges und architektonisch klar strukturiertes Gebäude. Für das Vermächtnis seines Vaters schuf der Architekt einen eigenen Trakt von quadratischem Grundriß, dessen geschwungene Sichtbetonwände mit verglasten Durchbrüchen den Blick auf einen plattierten Skulpturenhof für moderne Plastiken im Kant-Park freigeben. Hohe Glaswände, die fast den gesamten Baukörper umgeben, schaffen Licht und Raum für die Gemälde, Zeichnungen und Plastiken Lehmbrucks und für die Werke der städtischen Gemäldesammlung.

Skulptur von Henry Moore im Hof des Lehmbruck-Museums

Festival im Ruhrge»beat«

1964. Unter dem Namen »Vestisches Gitarrenfestival« findet Anfang des Jahres in Recklinghausen das erste Beatfestival statt. Den unter neun Bands ausgetragenen Wettbewerb können die Blue Flames aus Gelsenkirchen für sich entscheiden, die in der Folgezeit zur erfolgreichsten Amateur-Beatgruppe des Ruhrgebiets aufsteigen.

Kurz nach ihrem Festival-Erfolg nehmen die Blue Flames ihre erste Single beim Gelsenkirchener Format-Label auf. Noch im selben Jahr werden sie von Ariola unter Vertrag genommen, wo im April 1965 in der neuen Liverpool Beat-Serie ihre erste Langspielplatte erscheint. Für den Vertrag mit Ariola müssen sie ihren Namen auf German Blue Flames erweitern, um nicht mit der bekannten englischen Gruppe Georgie Fame & his Blue Flames verwechselt zu werden; diese hatte nämlich bei der Namensgebung der Gelsenkirchener Band Pate gestanden. Im ganzen Ruhrge»beat« formieren sich Mitte der 60er Jahre fast täglich neue Bands (z. B. Beat-Boys, Beats, Black Stones, Carl and the Futures, Dakotas, Dominants, German Beatles, Keeps, Levis-Boys, Navajos, Rangers, Ravells, Rickets, United Six, White Magics u. v. a.).

H. Lißbeck (l.) und U. Feldhege, Mitglieder der German Blue Flames

1964

Kilius/Bäumler beim Schaulaufen in der Dortmunder Westfalenhalle

Das Weltmeisterpaar Kilius/Bäumler mit den begehrten Goldmedaillen

Traumpaar in Dortmund

26. Februar 1964. Mit ihrer Kür im Endkampf um die Weltmeisterschaft der Eiskunstläufer in der Dortmunder Westfalenhalle verteidigt das deutsche Meisterpaar Marika Kilius und Hans-Jürgen Bäumler erfolgreich seinen Weltmeistertitel gegen die sowjetischen Olympiasieger Ludmilla Belousowa und Oleg Protopopow.
Bei den Olympischen Winterspielen in Innsbruck Anfang des Monats hatten Kilius/Bäumler nur die Silbermedaille erringen können. Der Münchner Manfred Schnelldorfer, der in Innsbruck Gold gewann, liegt auch in Dortmund wieder auf dem ersten Platz und gewinnt somit die Weltmeisterschaft.
Die Zuschauer in der ausverkauften Westfalenhalle spenden tosenden Beifall für die Kür des deutschen Paares, das, wie die WAZ in der Überschrift zu ihrem Bericht schreibt, »noch russischer als die Russen« läuft. In der Schlußkür bieten Kilius/Bäumler eine Darbietung voller Harmonie.

Ennepetaler Höhle unter Naturschutz

26. Dezember 1964. *Der Klutertberg bei Ennepetal wird wegen der in ihm befindlichen Kalksteinhöhlen (Abb.) zum Naturschutzgebiet erklärt. Ennepetal ist die höhlenreichste Stadt der Bundesrepublik und hat mit der 5500 m langen Kluterhöhle die zweitlängste im Bundesgebiet. Das Höhlensystem ist bekannt für seine fossilen Korallen; wegen der reizarmen Luft wird die Kluterhöhle auch zur Asthmatherapie genutzt.*

1965

12. 4. Um die Kapitalbasis der Gesellschaft zu verbessern, beschließt die Hauptversammlung der VEBA AG eine Teilprivatisierung des Unternehmens. →

29. 4. Anläßlich der Bundesgartenschau wird das alte Gruga-Gelände in Essen auf 70 ha erweitert und zu einem der attraktivsten deutschen Freizeitparks ausgebaut. →

22. 5. Borussia Dortmund gewinnt mit einem 2:0-Sieg über Alemannia Aachen in Hannover den DFB-Pokal.

23. 5. In Anwesenheit von Willy Brandt, dem Regierenden Bürgermeister von Berlin, wird in Gelsenkirchen die Berliner Brücke eingeweiht. →

25. 5. Die britische Königin Elisabeth II. und ihr Mann Prinz Philip, Herzog von Edinburgh, besuchen Duisburg. →

11. 6. Das neuerbaute Ruhrfestspielhaus in Recklinghausen wird eingeweiht. →

30. 6. Die Ruhr-Universität Bochum wird offiziell eröffnet. →

31. 7. Die Fußball-Bundesliga wird von 16 auf 18 Mannschaften aufgestockt; damit steigt Schalke 04 nicht ab. →

August. Zwischen dem Land Nordrhein-Westfalen und der Deutschen Bundesbahn wird ein Rahmenvertrag über den viergleisigen Ausbau eines 110 km langen S-Bahn-Netzes abgeschlossen (→ 23. 9. 1983).

12. 9. Die Rolling Stones treten in der Essener Grugahalle auf.

17. 9. In Dinslaken wird das Kaufhaus Hertie eröffnet.

19. 9. Bei den Wahlen zum fünften Deutschen Bundestag bleibt die CDU/CSU trotz erheblicher SPD-Gewinne stärkste Partei. →

31. 10. Die Ausstellung »Aus der Gemäldesammlung der Familie Krupp« in der Villa Hügel in Essen geht zu Ende. 123 000 Besucher kamen in den ehemaligen Sitz der Familie Krupp.

10. 12. Auf der außerordentlichen Hauptversammlung des Bochumer Vereins wird die Verschmelzung des Unternehmens mit den Krupp-Hüttenwerken bekanntgegeben. →

1965. Die Einwohnerzahl des Ruhrgebiets erreicht mit 5 605 093 ihren Höchststand.

1965. Bruno Gluchowski veröffentlicht den Bergarbeiterroman »Der Honigkotten«.

GESTORBEN:

17. 2. Arnsberg: Walter Vollmer (*2. 7. 1903, Dortmund), Bergmann und Schriftsteller.

15. 8. Hattingen: Otto Wohlgemuth (*30. 3. 1884, Hattingen), Arbeiterdichter und Gründer der Künstlervereinigung »Ruhrland« (→ 1923).

Krupp hält Mehrheit am Bochumer Verein

10. Dezember 1965. Mit 1 137 199 Stimmen bei 16 866 Gegenstimmen und 2090 Enthaltungen billigt die Hauptversammlung der Aktionäre des Bochumer Vereins für Bergbau und Gußstahlfabrikation AG einen Fusionsvertrag mit der Fried. Krupp Hüttenwerke AG in Rheinhausen. Durch diesen Zusammenschluß entsteht das zweitgrößte Stahlunternehmen der Bundesrepublik nach der August-Thyssen-Hütte-Gruppe.
Um den Ankauf der Aktienmehrheit des Bochumer Vereins ohne Komplikationen zu verwirklichen, hatten Alfried Krupp von Bohlen und Halbach, Axel Wenner-Gren, ein schwedischer Finanzier, und Berthold Beitz, Generalbevollmächtigter des Krupp-Imperiums, über Mittelsmänner kleinere Aktienpakete erworben; seit 1958 verfügten sie so schon über 75% der Aktien des Bochumer Vereins, den Berthold Beitz vor der Transaktion für einen Fußballclub gehalten haben soll.

Teil-Privatisierung des VEBA-Konzerns

12. April 1965. Die ordentliche Hauptversammlung der Vereinigten Elektrizitäts- und Bergwerks-Aktiengesellschaft (VEBA) beschließt, das Grundkapital des Unternehmens um 375 Mio auf 825 Mio DM zu erhöhen. Finanziert werden soll die Kapitalaufstockung durch Ausgabe sog. Inhaber-Aktien an interessierte Privatleute.
Um den Bezieherkreis der neuen Aktien auf Kleinaktionäre zu beschränken, wird das Recht zum Erwerb der VEBA-Papiere von der Höhe des Einkommens abhängig gemacht. Die Obergrenze bildet bei Ledigen ein Jahreseinkommen von 14 000 DM, bei Ehepaaren 28 000 DM.
Die Teil-Privatisierung des im Bundesbesitz befindlichen Energie-Konzerns stößt nicht auf ungeteilte Zustimmung. Während die Bundesregierung die Ausgabe von VEBA-Aktien als Beitrag zur privaten Vermögensbildung in Arbeitnehmerhand befürwortet, verurteilen SPD und Deutscher Gewerkschaftsbund die Aktion als Verschleuderung staatlicher Gelder. Hintergrund für die Teil-Privatisierung bilden geplante größere Investitionen der VEBA im Kraftwerksbereich.

Ruhr-Universität Bochum wird eröffnet

30. Juni 1965. Mit einem Festakt im städtischen Schauspielhaus wird die Ruhr-Universität Bochum eröffnet. Seine Eröffnungsansprache beschließt der Ministerpräsident des Landes Nordrhein-Westfalen, Franz Meyers, mit der Widmung der neuen Hochschule an »alle Lehrenden und Lernenden zur Wahrung der Würde und Freiheit aller Menschen«.

Prof. Greeven

Ruhr-Universität im April 1965 mit den ersten beiden Institutsgebäuden

Den Festvortrag hält der erste Rektor der Ruhr-Universität, der evangelische Theologe Professor Dr. Heinrich Greeven. Musikalisch umrahmt wird die Feierstunde vom Orchester der Stadt Bochum.

Mit der Ruhr-Universität wird das Ruhrgebiet erstmals seit der Industrialisierung Sitz einer allgemeinen wissenschaftlichen Hochschule.

Von dem deutschen Reichskanzler Otto von Bismarck ist die Äußerung überliefert, daß es im Ruhrgebiet weder Kasernen noch Universitäten geben dürfe. Von Offizieren wie von Studenten fürchtete er kritische Stimmen und Unruhen, die der Arbeitsproduktivität dieser für das Reich so wichtigen Industrieregion nur abträglich sein könnten.

Gleichwohl war der Bedarf an qualifizierten Führungskräften für das Revier offenkundig. 1890 wurden erste Stimmen laut, die die Gründung einer Technischen Hochschule im Ruhrgebiet forderten. In den folgenden Jahrzehnten wurden verschiedene Vorstöße in die gleiche Richtung unternommen, die jedoch ohne jeglichen Erfolg blieben.

Die Diskussion flammte unmittelbar nach dem Ende des Zweiten Weltkrieges wieder auf. Im September 1945 legte der Provinzialverband Westfalen eine Denkschrift zur Errichtung einer Technischen Hochschule in Westfalen vor. 1948 wurde ein entsprechender Antrag vor den nordrhein-westfälischen Landtag gebracht. Auch in den 50er Jahren blieb das Thema im Gespräch.

1960 wurden im Landeshaushalt Vorarbeitskosten zur Errichtung einer »Hochschule als wissenschaftliche Forschungs- und Lehrstätte im westfälischen Raum« bewilligt. Noch im selben Jahr entbrannte die Diskussion um den günstigsten Standort. Allerdings ging es jetzt nicht mehr um die jahrzehntelang geforderte Technische Hochschule, sondern um eine Universität.

In den früheren Plänen galt allgemein Dortmund als am besten geeigneter Hochschulort. Noch im März 1960 bemühte sich die Stadt, durch ein kostenloses Grundstücksangebot mögliche Konkurrenten aus dem Felde zu schlagen.

Da die neue Universität vor allem eine Regionalhochschule werden sollte, wurde Dortmund jetzt seine Randlage im östlichen Ruhrgebiet zum Verhängnis. Für die Wahl des Standorts Bochum sprach seine Lage im Herzen des Reviers.

Chronologie der Gründung

Mai 1960: Der Landtag von Nordrhein-Westfalen regt die Gründung einer Universität im Ruhrgebiet an.

18. 7. 1961: Der Landtag beschließt die Gründung der Universität in Bochum.

2. 7. 1962: Ministerpräsident Franz Meyers legt den Grundstein für das erste Gebäude.

3. 12. 1962: Der Gründungsausschuß legt die »Empfehlungen zum Aufbau der Ruhr-Universität Bochum« vor.

15. 2. 1963: Der Architektenwettbewerb wird abgeschlossen. Der 1. Preis geht an die Düsseldorfer Architekten Hentrich/Petschnig, deren Entwurf mit Plänen des Staatshochbauamtes koordiniert wird.

2. 1. 1964: Auf dem Campus in Querenburg beginnen die Bauarbeiten.

21. 1. 1965: Das Richtfest für die ersten Hochbauten wird in Querenburg gefeiert.

30. 4. 1965: Professor Dr. Heinrich Greeven wird zum ersten Rektor der Ruhr-Universität gewählt.

30. 6. 1965: Die Ruhr-Universität wird feierlich eröffnet.

2. 11. 1965: In acht geisteswissenschaftlichen und einzelnen naturwissenschaftlichen Abteilungen wird der Vorlesungsbetrieb aufgenommen. Zur Verfügung stehen zwei Institutsgebäude mit 2450 Plätzen in 25 Hörsälen.

Modell der Bochumer Ruhr-Universität nach den Plänen des Düsseldorfer Architektenbüros Hentrich/Petschnig und des Staatshochbauamtes

1965

Queen in Duisburg

25. Mai 1965. *Als letzter Station während ihres Deutschlandaufenthaltes stattet Königin Elisabeth II. von Großbritannien der Stadt Duisburg einen Besuch ab. Gemeinsam mit Prinzgemahl Philip besichtigt die Queen Produktionsanlagen der Mannesmannröhren-Werke in Duisburg-Huckingen. Etwa 120 000 begeisterte Duisburger Bürger säumen die Straßen auf dem Weg des königlichen Paares zur anschließenden Hafenrundfahrt. Duisburgs Oberbürgermeister August Seeling begleitet die hohen Gäste. Mit der Eintragung in das Goldene Buch der Stadt und einem Staatsempfang in der Mercatorhalle (Abb.) durch den Ministerpräsidenten Nordrhein-Westfalens, Franz Meyers, endet das Besuchsprogramm.*

Bundesgartenschau in Essener Gruga

29. April 1965. Bundespräsident Heinrich Lübke eröffnet auf dem Gelände der Essener Gruga vor 6000 geladenen Gästen die Bundesgartenschau. Die bereits 1929 eröffnete Gruga (→ 29. 6. 1929) ist mit einem Kostenaufwand von 57 Mio DM umgebaut und auf das Doppelte ihrer ursprünglichen Fläche erweitert worden. Ein Team von Gartenbaufachleuten gestaltete das Gelände so um, daß aus dem Blumenparadies ein Freizeit- und Erholungspark wurde. Neben Gartenanlagen wie der berühmten Dahlienarena, dem Rosen- und dem Staudengarten, dem Rhododendrontal und mehreren Sonderschauen finden sich Sport- und Freizeiteinrichtungen wie ein modernes Schwimmbad und Tennisplätze in der neuen Gruga.

Aussichtsturm nahe dem Haupteingang, Wahrzeichen des Gruga-Parks

300 000 Frühlingsblüher und 100 000 Zwiebelblumen sind für die Bundesgartenschau gepflanzt worden, von denen wegen des anhaltenden Regens der vergangenen Wochen allerdings nur ein Teil in Blüte steht. 30 000 Menschen besuchen am Eröffnungstag trotz strömenden Regens die Ausstellung.

Die WAZ berichtet in ihrer Wochenendbeilage am 24. April: »Ein Drittel der 80 Hektar großen Fläche ist zu einem vielgestaltigen Gartenwohnraum der Zukunft geworden, der sich den Menschen aus grauer Städte Mauern erfrischend zum gelösten Tun und Lassen anbietet ... Sie lädt jedermann zu Tennis, Tischtennis, Kleingolf, Rollschuhlauf, Ballspielen aller Art ein, bietet ihm Platz zum Verweilen in einem ... Lesegarten an, erklärt das Schachspielen mit halbmeterhohen Figuren zu einem ... Bewegungsspiel ...«

Berlins Regierender Bürgermeister Willy Brandt (l.) in Gelsenkirchen

Gelsenkirchener Geschenk an Berlin

23. Mai 1965. In Anwesenheit des Regierenden Bürgermeisters von Berlin, Willy Brandt, übergibt der Gelsenkirchener Oberbürgermeister Hubert Scharley die Berliner Brücke ihrer Bestimmung. Die Stahlhochstraße beendet die Verkehrsstockungen vor der Glückauf-Schranke in Gelsenkirchen-Schalke. Zum Gedenken an die geteilte ehemalige Reichshauptstadt wurde die Brücke nach Berlin benannt. Brandt bedankt sich mit den Worten: »Das ist ein Geschenk an Berlin, das in Gelsenkirchen bleibt.«

Weitere Gewinne für SPD im Ruhrgebiet

19. September 1965. Trotz starker Stimmengewinne für die SPD unter ihrem Vorsitzenden Willy Brandt bleibt die CDU stärkste Partei im neu gewählten fünften Deutschen Bundestag. Im Ruhrgebiet hält der bei der letzten Bundestagswahl eingeleitete Negativtrend für die regierende Union weiter an. Mit wenigen Ausnahmen gehen alle Revierwahlkreise an die SPD.

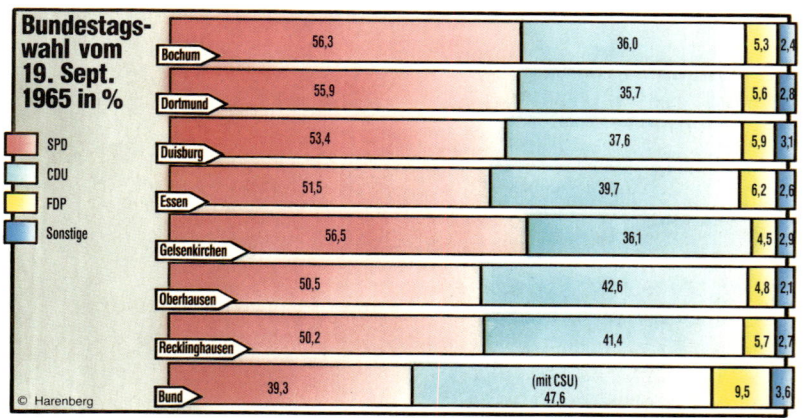

Bundestagswahl vom 19. Sept. 1965 in %	SPD	CDU	FDP	Sonstige
Bochum	56,3	36,0	5,3	2,4
Dortmund	55,9	35,7	5,6	2,8
Duisburg	53,4	37,6	5,9	3,1
Essen	51,5	39,7	6,2	2,6
Gelsenkirchen	56,5	36,1	4,5	2,9
Oberhausen	50,5	42,6	4,8	2,1
Recklinghausen	50,2	41,4	5,7	2,7
Bund	39,3	(mit CSU) 47,6	9,5	3,6

1965

Das Festspielhaus

1. Haupteingang
2. Eingangshalle
3. Kohlebrocken
4. Kartenstelle
5. Treppe zum Parkett
6. Zugang Werkstatt-Theater
7. Erfrischungsraum
8. Werkstatt-Theater
9. Presseraum
10. Wandelgang
11. Kleiner Festsaal
12. Rang-Foyer
13. Regiezone
14. Oberrang-Foyer
15. Zuschauerraum
16. Hauptbühne
17. Beleuchterbrücken (Zuschauerraum)
18. Kostümwerkstätten
19. Geschäftsführung und Verwaltung (hinter der Bühne)
20. Bühnendekoration (im Schnürboden hängend)
21. Arbeitsgalerien
22. Rechte Seitenbühne
23. Schreinerei
24. Bühnenturm
25. Park
26. Rundweg
27. Plastik von Henry Moore „Die Liegende Nr. 5"
28. Bühnenbetriebshof

Festspielhaus – Daten und Fakten

Bauzeit: 3 Jahre
Baukosten: 22,974 Mio DM
Bebaute Fläche: 6342 m²
Umbauter Raum: 130 490 m³
Größte Höhe: 34,20 m
Plätze: Theater 1049
    Großer Festsaal 504
    Kleiner Festsaal 200
    Presseraum 100
Großes Foyer: 36 m lang
    17,50 m breit
    8,60 m hoch
Zuschauerhaus: 29 m breit
Entfernung Bühne – letzte Sitzreihe: Parkett 18 m, Rang 24 m
Bühne: 25 m breit, 16,50 m tief
Orchesterraum: 110 m² (für 85 Musiker)
Bühnenöffnung: normal 13 m breit, 7 m hoch
    max. 17,50 m × 8,50 m
Kulisse: max. 9,50 m hoch
Scheinwerfer: 300
Lautsprecher-Anlage

Ruhrfestspiele endlich im eigenen Haus

Aus der Festrede des DGB-Chefs

Auf der Eröffnungsfeier ergreift auch der Vorsitzende des Deutschen Gewerkschaftsbundes, Ludwig Rosenberg, das Wort. Der DGB ist gemeinsam mit der Stadt Recklinghausen Träger der Ruhrfestspiele:

»Ist alles, was wir schufen, nur dem Materiellen verhaftet? Gilt es nur, weniger zu arbeiten, mehr zu verdienen? War dies das Motiv jener Bergarbeiter, die Kohle freiwillig förderten, damit in Hamburg die Theater spielen konnten – in einer Zeit, da Millionen Menschen in kalten, fensterlosen Ruinen fronten? War das der Grund, weshalb Schauspieler zu den Bergleuten kamen und ihnen in dürftig hergerichteten Hallen ihre Kunst darboten...?
Die unsterbliche Sehnsucht der Menschen nach dem Schönen, Edlen, Guten ist stärker als materielle Not... Das Ideal einer gerechten, schönen, friedlichen Welt – das ist auch die Antwort auf die Frage: Was haben Gewerkschaften mit Kultur und Kunst zu tun?! Weil ohne Kultur und ohne die Gnade der Kunst wahres Menschentum unmöglich ist.«

11. Juni 1965. Im neuen Haus nahe der Cäcilienhöhe im Stadtgarten werden die 19. Ruhrfestspiele Recklinghausen eröffnet. Mit dem neuen Gebäude erhalten die Festspiele ein eigenes Theater. Seit 1947 hatte man sich mit dem Städtischen Saalbau behelfen müssen.
Bereits 1951 plante die Stadt Recklinghausen die Errichtung eines großen Festspielhauses. 1956 wurde ein Wettbewerb für Architekten ausgeschrieben, den das Recklinghäuser Architektenbüro Gantefüher/Hannes für sich entscheiden konnte. Versuche, auch international bekannte Architekten wie Alvar Aalto, Mies van der Rohe und Walter Gropius zu beteiligen, schlugen fehl.
Die Stimmen über den Festspielneubau sind gemischt. Der Berliner Generalintendant und profilierte Ruhrfestspielinszenator Gustav Rudolf Sellner sieht in dem Gebäude »etwas Nichtprotzig-Repräsentatives, gerade jene Beiläufigkeit, in der heute ernsthafte künstlerische Arbeit zustandekommen sollte. Das Haus springt nicht, wie andere heute errichtete Theaterbauten, den Zuschauer an, sondern zieht ihn zu sich hin und läßt ihm Zeit zur Konzentration.«
Demgegenüber meint die Tageszeitung »Die Welt«: »Man bekommt Alpträume.... Warum... dieses Pathos, diese große Geste, diese Manifestation von Macht in diesem Bau?« Die »Süddeutsche Zeitung« bemängelt: »Geheimnisvolle Hallen und Gänge... nur wenig, woran das Auge sich festhalten könnte.«
Beifall findet hingegen der Zuschauerraum: »Überraschend intim und in der warmen Farbgebung sogar unprätentiös festlich«, stellt der Feuilletonist Hans Schwab-Felisch fest. Gelobt wird auch die theatertechnische Ausstattung.
Die Kosten für das neue Festspielhaus in Höhe von knapp 23 Mio DM teilen sich die Stadt Recklinghausen, das Land Nordrhein-Westfalen, der DGB, der Bund sowie die Vereinigung »Freunde der Ruhrfestspiele« einschließlich des Landschaftsverbandes Westfalen-Lippe.

Das neue Ruhrfestspielhaus im Stadtgarten von Recklinghausen

Glücklicher Klassenerhalt für Schalke

31. Juli 1965. Die Delegierten des außerordentlichen Bundestages des Deutschen Fußball-Bundes (DFB) in Barsinghausen befürworten mit 95:29 Stimmen eine Aufstockung der Fußball-Bundesliga von 16 auf 18 Vereine. Diese Entscheidung, die im Zusammenhang mit dem Ausschluß von Hertha BSC Berlin gefällt wird, bringt für den FC Schalke 04, der in der eben zu Ende gegangenen Fußballsaison abgestiegen war, unerwartet den Klassenerhalt.

Hertha BSC hatte gegen DFB-Statuten verstoßen, indem der Verein mehr Handgeld und höhere Grundgehälter als erlaubt zahlte, um gute Spieler an sich zu binden. Nach einer Bücherprüfung durch den DFB erfolgt der Zwangsabstieg für Hertha – ein Gnadengesuch wurde abgelehnt. Der DFB hatte sich nach dem Ausschluß des Berliner Vereins für den Absteiger Karlsruher SC als neuen 16. Verein entschieden, was jedoch Proteste nach sich zog.

Der Vorsitzende des Westdeutschen Fußball-Verbandes setzt sich auf dem zur Klärung dieser Angelegenheit einberufenen außerordentlichen Bundestag des DFB für Schalke ein. Auf seinen Antrag hin wird die Bundesliga auf 18 Vereine aufgestockt. Die Delegierten entscheiden sich für Schalke 04 und Tasmania 1900 Berlin; Tasmania, als Geste gegenüber Berlin in die erste Liga aufgenommen, steigt noch in der gleichen Saison wieder ab.

Schalke ist in der Folge zwar häufig abstiegsgefährdet, muß aber erst in den 80er Jahren die Bundesliga zweimal für jeweils eine Saison verlassen (1980/81 und 1982/83).

Die Ereignisse rund um den außerordentlichen DFB-Bundestag von 1965 werden in der Presse viel diskutiert. Die WAZ spricht von einem »Sympathie-Votum für Schalke«. In Schalkes Heimat Gelsenkirchen wird die Wiederaufnahme in die Bundesliga groß gefeiert. Der Schalker Markt ist mit blau-weißen Fahnen geschmückt, die Gaststätten sind prall gefüllt mit Schalkefans, die diesen Glücksfall feiern.

Begeisterte Fußball-Anhänger bei einer abendlichen Feier anläßlich des Klassenerhalts von Schalke 04 in einer Kneipe am Schalker Markt

Schalke schrieb Fußballgeschichte

1904: Eine Gruppe junger Bergleute gründet in Gelsenkirchen-Schalke den Verein Westfalia Schalke (später Schalke 04)

20er Jahre: Die Mannschaft spielt in der höchsten Klasse des Westdeutschen Spiel-Verbandes und belegt zweite und dritte Plätze

1930: Schalkes erster Skandal – der Verein verletzt das Amateurstatut, indem er den Spielern mehr Geld als erlaubt zahlt; die erste Mannschaft wird für kurze Zeit gesperrt

1934: Schalke 04 gewinnt zum ersten Mal die deutsche Fußball-Meisterschaft

1937: Das erste Doppel – die Mannschaft erringt die Deutsche Meisterschaft und den DFB-Pokal

1958: Schalke erringt zum siebten Mal die Deutsche Fußball-Meisterschaft

1963: Aufnahme in die neugeschaffene Bundesliga und Affäre wegen Steuerhinterziehung des Schalke-Vorstands

1971: Schalke ist in den Bundesligaskandal verwickelt

Klüngelskerl-Fuhrwerke in den Straßen des Ruhrgebiets

Durch die Straßen der Ruhrgebietsstädte fahren mit Pferdefuhrwerken, Dreirad- oder Kleinlastkraftwagen die »Klüngelskerle«, im Amtsdeutsch »Rohproduktenhändler«. Sie kündigen den Bewohnern ihr Kommen an, indem sie auf kleinen, fünftönigen Metallflöten eigentümliche Tonfolgen spielen, die weder ein Lied noch eine Melodie sind. Als Überbleibsel aus der Zeit der fliegenden Straßenhändler sammeln sie alte Kleider, Trödel oder Metallgegenstände.

Seit die großen Stahlwerke auch Schrott verarbeiten und Buntmetalle immer teurer werden, kaufen die Klüngelskerle alte Kupferrohre, rostige Bettgestelle, verrottete Küchenherde u. a. auf. Vor allem die Kinder in den Siedlungen sammeln weggeworfene Drahtreste und Rohrstücke, um sie dem Klüngelskerl, wenn er das nächste Mal durch ihre Straße kommt, für ein paar Pfennige zu verkaufen. Allein in Essen gibt es 300 solcher »Rohproduktenhändler«.

Schrott und Alteisen sind schon lange begehrte Rohstoffe (Schrottplatz in Dortmund, 1929)

Altwarentransport mit dem Opel-Blitz in den ersten Jahren nach dem Zweiten Weltkrieg

Mit wachsendem Wohlstand floriert auch der Handel mit Altwaren und Schrottwagen

Hochschulen im Ruhrgebiet

Kurz vor der Jahrtausendwende ist das Ruhrgebiet dabei, seine Struktur wieder einmal zu verändern. Daran haben die fünf neuen Universitäten und die alten Hochschulen der Region in Bochum und Dortmund, in Duisburg und Essen sowie in Witten, Gelsenkirchen und Hagen beträchtlichen Anteil. Sie bilden eine eindrucksvolle Hochschullandschaft, die an Dichte und Vielfalt in weiten Teilen Europas ihresgleichen sucht.

Mitte der 80er Jahre waren mehr als 100 000 Studierende an den Hochschulen der Region eingeschrieben, davon fast 30 000 an der Universität Bochum und über 17 000 an der Universität Dortmund. Über 6000 Professoren, Dozenten und wissenschaftliche Angestellte sind an den Hochschulen in Forschung und Lehre tätig, und etwa 8000 Angestellte und Arbeiter sorgen für reibungslose Verwaltung und Technik der neuen und alten Denkfabriken der Region. Die Hochschulen erfüllen damit nicht nur ihren bildungspolitischen Auftrag; sie sind zu einem beachtlichen Wirtschaftsfaktor geworden, und sie haben eine große gesellschaftspolitische Bedeutung für die Umstrukturierung der alten Industrielandschaft zwischen Duisburg und Hamm.

Die Gründung der neuen Universitäten war eine imponierende Kraftanstrengung des Landes Nordrhein-Westfalen. Drei hochschul- bzw. regionalpolitische Zielsetzungen wurden damit verfolgt: Die »soziale Öffnung für bislang bildungsferne Schichten«, die »regionale Öffnung und damit die Erschließung zusätzlicher Bildungsreserven« und die »inhaltliche Öffnung durch differenzierte und gestufte Studienangebote«. Alle diese Ziele wurden in sehr kurzer Zeit eingelöst. Die neuen Universitäten im Ruhrgebiet haben solchen sozialen Gruppen den Zugang zum Hochschulstudium erleichtert, die bislang keine Chance hatten, eine akademische Ausbildung zu erhalten. Mehr als 20% der Studierenden an den Hochschulen der Region kommen aus Arbeiterfamilien.

Was die Rekrutierung ihres technischen Nachwuchses anbelangt, waren die Unternehmen und Betriebe der Region jahrelang auf die Technischen Universitäten in Aachen oder Hannover, in Clausthal-Zellerfeld oder Braunschweig angewiesen. Die Söhne und Töchter der Familien der regionalen Oberschicht studierten dort – oder aber Jura, Betriebswirtschaft, Medizin oder Kunst in Bonn, Münster, Köln oder in Düsseldorf.

Für manche waren die Profile der neuen Hochschulen zu wenig auf die spezifischen Bedürfnisse der Wirtschaft der Region ausgerichtet: Zuviel Geisteswissenschaften, zuviel Soziologie, Politik und Lehrerausbildung lautete die Kritik an den neuen Hochschulen. Andererseits konnten sich Studiengänge im Ruhrgebiet nicht etablieren, die hier selbstverständlich vermutet werden: Es gibt zwar eine Fachhochschule Bergbau, aber keine Fakultät für Bergingenieure an einer der neuen Universitäten. Die Stahlforschung ist auch nach Gründung der neuen Hochschulen in Aachen geblieben, und trotz mancher Anläufe gelang es dem Gründungsrektor der Universität Dortmund nicht, eine Fakultät für Brauwesen an der Technischen Universität in Dortmund einzurichten, obwohl sich dies an diesem Standort sozusagen zwangsläufig angeboten hätte. Umgekehrt ist an den neuen Hochschulen in der Region manche neue, zukunftsorientierte Disziplin eingerichtet worden, die an den traditionellen Universitäten bislang keine Chance hatte, etabliert zu werden, darunter z. B. Informatik, Raumplanung, Journalistik oder Statistik.

Aber auch manche traditionelle Disziplin zeigte sich innovativ: Das Bochumer Modell der Medizinerausbildung ist über die Region hinaus bekannt und beispielhaft. An der Universität Dortmund werden Architekten und Bauingenieure gemeinsam ausgebildet, ein sehr erfolgreicher Versuch, zwei Berufsfelder schon während der Ausbildung miteinander zu verknüpfen. Auch im Maschinenbau, in den Wirtschafts- und in den Sprachwissenschaften wurde Neuland betreten, wurden Grenzen überschritten und Lücken gefunden. Es waren Interdisziplinarität und Praxisbezug, die die neuen Universitäten des Ruhrgebiets schnell über die Grenzen der Region hinaus bekannt gemacht haben.

Als die im Jahr 1983 neu gegründete Privatuniversität in Witten/Herdecke ihren Betrieb aufnahm, wurde das breite Spektrum der Hochschullandschaft noch um eine besondere Variante reicher. Diese Universität hat es sich zum Ziel gesetzt, ihre Studenten, beispielsweise in den Fächern Medizin, Zahnmedizin und Wirtschaftswissenschaften, unter »Voraussetzung und Weiterentwicklung eines umfassenden Grundwissens« (»Studium fundamentale«) auszubilden.

Die Universitäten des Ruhrgebiets haben in nur wenig mehr als 20 Jahren einen festen Platz in der Hochschullandschaft der Bundesrepublik Deutschland gefunden. Eingebunden in ein großes Netz von internationalen Forschungsprojekten und Partnerschaften mit Hochschulen in Europa, Amerika, Afrika und Asien, sind sie inzwischen auch international anerkannt.

Doch es vergingen mehr als zwei Jahrzehnte, bis die neuen Denkfabriken auch von ihrem regionalen Umfeld akzeptiert wurden, und sie brauchten diese Zeit, bis sie ein eigenes Profil und Selbstverständnis gefunden hatten. Da gab es Bedingungen und Ereignisse, die dies erschwerten: Die Studentenrevolte der späten 60er Jahre machte den Neubeginn an den jungen Universitäten sehr schwer. Die längst fällige Demokratisierung und Öffnung der Hochschulen sowie die Auflösung der verkrusteten Hochschulstrukturen hat die Gruppen an den Hochschulen viel Kraft und Zeit gekostet, hat Vorurteile und Nach-Urteile ausgelöst, die das Verhältnis von Gesellschaft und Wirtschaft zu den Universitäten der Region lange Zeit sehr belastet haben. So gibt es noch immer Berührungsängste, die Hochschulen als das zu akzeptieren, was sie auch sind: Motor der Entwicklung einer Region und Zentren der gesellschaftlichen und technologischen Innovation. Die personelle Verknüpfung von Hochschule und Gesellschaft konnte daher auch nicht von heute auf morgen geschehen.

Viele Wissenschaftler, die den ehrenvollen Ruf an eine der Universitäten im Revier angenommen haben, konnten sich von ihrem alten Wohnort außerhalb des Ruhrgebiets nicht trennen. Und das blieb nicht ohne Folgen. Der Distanz fiel das gesellschaftliche Leben zum Opfer, die Vereinbarung zum gemeinsamen Mittagessen, die »Abendeinladung«. Alles mußte langfristig geplant und abgesprochen werden. Die für die personelle Integration so wichtigen spontanen Kontakte fanden nicht statt. Aber auch die eingesessene Gesellschaft der Region tat sich schwer, in dem Dreieck von Wirtschaft, Politik und Wissenschaft neue Kontakte zu entwickeln und zu pflegen. Daran konnten selbst die sehr aktiven »Freundesgesellschaften« nichts ändern, die bei der Integration von Hochschule und Gesellschaft eine wichtige Rolle spielen.

Mehr als 20 Jahre dauerte es, bis die Verknüpfung von Arbeitsplatz, Wohnort und regionalem Bewußtsein gelang. Dies lag wohl auch daran, daß die Bedeutung traditioneller Mechanismen zur Verknüpfung von Hochschule und Gesellschaft von den jungen, demokratisch regierten Universitäten unterschätzt wurden. Die alten, revierfernen Hochschulen lockten die einflußreichen Herren (kaum je eine Dame) mit Lehraufträgen, mit Ehrendoktoren und Honorarprofessuren. Damit zurrten sie die Bande fest, die Technische Hochschulen brauchen, um Forschung und Technik erfolgreich zu betreiben.

Eine andere Facette der kritischen, distanzierten Einstellung zu Universitäten in der Region spiegelt sich in der Reserviertheit der Gewerkschaften wider, die seit Jahrzehnten die Entwicklung der Region entscheidend mitbestimmen. Die Universität als kritischer Ort, als Ort gesellschaftlicher Auseinandersetzungen, als Ort der Innovation, hat nicht die Anerkennung derjenigen gefunden, die sich von den lokalen Universitäten berufliche Aufstiegschancen erhofften, die sie also als berufliche Qualifizierungsanstalten am Ort für die Realisierung von Aufstiegswünschen ansahen. Die immer wieder geforderte Verbrüderung von Arbeiterklasse und Intelligenz hat auch im Ruhrgebiet nicht stattgefunden.

Ohne Zweifel sind die Hochschulen seit Beginn der 80er Jahre zu einem entscheidenden stabilisierenden Wirtschaftsfaktor der immer wieder von Krisen geschüttelten Region geworden. Als sich Ende der 60er Jahre abzuzeichnen begann, daß Kohle und Stahl und Energie und Bier die Zukunft der Region nicht zu sichern vermögen, kamen die neuen Universitäten – und mit ihnen die alten Hochschulen – immer mehr ins Blickfeld der Bewohner, der Wirtschaftsmanager und der Kommunalpolitiker.

Die Bemühungen, das Forschungspotential der neuen Universitäten auch für die Umstrukturierung der Region zu nutzen, sind nach den Erfolgsmeldungen aus Kalifornien, Pittsburgh und Boston erheblich intensiviert worden. Die Universität am Ort, in der neue Informations- und Kommunikationstechniken entwickelt und neue Werkstoffe erforscht oder neue Anwendungsmöglichkeiten der Mikroelektronik in Energietechnik und Umweltschutz gesucht werden, ist für die kommunale Wirtschaftspolitik wichtig geworden. Sie hat zu dem Zeitpunkt lokale Anerkennung gefunden, als die politischen Blütenträume der späten 60er Jahre platzten und der Zeitgeist der 80er Jahre die Wende, auch an den Hochschulen, mit sich brachte.

So soll beispielsweise der neue Technologiepark auf dem Gelände der Universität Dortmund Silicon-Valley-Träume auch im Ruhrgebiet wahrmachen. War der stadtferne Standort der Universität Dortmund noch vor zehn Jahren als krasser Planungsfehler bezeichnet worden, hatte er sich im nachhinein als Glücksfall erwiesen. Der Standort auf der grünen Wiese machte es plötzlich möglich, den Zukunftstraum der Wirtschaftsförderer von der räumlichen Integration von Wirtschaft und Universität zu realisieren. Was die Landschaftsplaner und Architekten konzipiert haben, kann sich sehen lassen. Der Technologiepark läßt erahnen, wie Industrie- und Gewerbegebiete der Zukunft aussehen werden.

Wie sieht es überhaupt mit der räumlichen Integration aus? Als die neuen Universitäten Bochum, Dortmund, Essen und Duisburg geplant wurden, lagen den Architekten und Planern Zahlen für Flächenbedarf und Raumbedarf vor, die heute maßlos erscheinen. Die damals für den Bau der Universitäten geforderten großen, frei verfügbaren Flächen gab es zu jener Zeit vor allem an den südlichen Rändern der Revierstädte. Dort wurden die ersten beiden Universitäten in Bochum und Dortmund dann auch errichtet. Flächen, die heute im Ruhrgebiet als Brachflächen nur mühsam umgewandelt werden können, weil keine Nachfolge-Nutzer da sind, standen aus vielerlei Gründen nicht zur Diskussion. Die Großkonzerne der Montanindustrie sahen damals keinen Anlaß dafür, ihre nicht mehr benötigten Flächen für die Errichtung der geplanten Universitäten anzubieten. Vielleicht konnten sich aber auch Universitätsbauer und Hochschulgremien eine Universität auf einem alten Zechengelände nicht vorstellen und auch nicht, wie aus alten Industriehallen Versuchshallen werden können. So wurden Flächen für Universitätsstandorte ausgesucht, die nur sehr wenig mit den Städten zu tun hatten, in deren Grundbücher sie eingetragen sind. Es waren Flächen, die auch die Architekten davon befreiten, sich von der baulichen Umgebung anregen zu lassen. Den Planern und Architekten der 60er Jahre ist kein Vorwurf zu machen, sie hielten sich an die Ausschreibungen und Sachzwänge sowie an die Versprechungen der Wissenschaftsadministration, die, was den Ausbau der Universitäten anging, den Maßstab verloren hatte. So kamen zu den Großkonzernen im Revier die Großuniversitäten hinzu, Produktionsstätten der Aus- und Weiterbildung, Bürobauten für die Erledigung von Bildungsarbeiten.

Was hat die Planer und Wissenschaftsverwaltung seinerzeit veranlaßt, so große Universitäten zu realisieren? Eine Antwort darauf ist der Traum von der Interdisziplinarität und die Hoffnung, daß durch die Anhäufung von vielen Disziplinen an einem Ort der wissenschaftliche Kontakt zwischen diesen Disziplinen gefördert werde. Doch auch dieser schöne Traum ging in den auf- und nebeneinandergestapelten Wissenschaftsbüros nicht in Erfüllung. Der »genius loci« läßt auf sich warten.

Trotzdem: Die Hochschulen haben das Ruhrgebiet in mehr als zwei Jahrzehnten sehr verändert: Studentenbuden und -heime, Studentenkneipen und Stiftungshäuser der Burschenschaften, Wissenschaftsläden und wissenschaftliche Buchhandlungen zeugen von den neuen Bedürfnissen der neuen Bewohner der Region. Die Hochschulseite hat in der regionalen Presse einen festen Platz, und neue Zeitschriften für studentische Leser ergänzen die regionale Medienlandschaft. Das Kulturangebot der Region wäre ohne die neuen Besucherschichten nur halb so groß. Studentenbühnen und Kommunales Kino, Jazz und alternative Kulturzentren leben von den neuen Kopfarbeitern des Reviers. Selbst die politischen Gewichte in den Stadtbezirken haben sich grundlegend geändert. Dort wo die Studentendichte besonders groß ist, haben »Die Grünen« ihre Hochburgen, und dort ist die Traditionspartei des Reviers von internen Flügelkämpfen zerrissen. In manch einem Gemeinderat, aber auch im Landtag sitzen inzwischen Angehörige der Universitäten und vertreten die Interessen von Wissenschaft und Bildung. Dies ist fast schon selbstverständlich.

Für die notwendige Umstrukturierung des Ruhrgebiets vor Eintritt in das nächste Jahrtausend sind die neuen Universitäten gerade noch rechtzeitig gegründet worden. Ohne sie sähe die Zukunft der Region sehr düster aus.

Klaus R. Kunzmann

1966

19. 2. Tausende von Menschen protestieren in Gelsenkirchen gegen die von der Deutschen Erdöl AG geplante Stillegung der Zeche Graf Bismarck. →

3. 3. Das Große Haus der Städtischen Bühnen Dortmund wird mit der musikalischen Komödie »Der Rosenkavalier« von Richard Strauss und Hugo von Hofmannsthal eröffnet. →

17. 3. Beim Internationalen Reit- und Springturnier in der Dortmunder Westfalenhalle siegt Fritz Ligges aus Dortmund im »Großen Preis der Bundesrepublik«. →

1. 4. Für die allgemeinbildenden Schulen der Bundesrepublik beginnt zum letzten Mal das neue Schuljahr zur Osterzeit. →

5. 5. Als erste deutsche Mannschaft gewinnt Borussia Dortmund in Glasgow den Fußball-Europapokal der Pokalsieger durch einen 2:1-Sieg nach Verlängerung gegen den FC Liverpool. →

1. 6. Der Direktor des Duisburger Zoos, Wolfgang Gewalt, versucht vergeblich, einen Belugawal zu fangen, der sich im Rhein zwischen Duisburg und Wesel aufhält. →

14. 6. Bergkamen, am 1. Januar 1966 durch Vereinigung von Bergkamen, Heil, Oberaden, Rünthe und Weddinghofen entstanden, wird Stadt. →

25. 6. 17 000 Fans feiern den Auftritt der Beatles in der Essener Grugahalle. →

Juli. Das letzte im Ruhrbergbau unter Tage eingesetzte Grubenpferd »Tobias« erhält sein Gnadenbrot. →

10. 7. Mit einer Schlappe für die CDU enden die Landtagswahlen in Nordrhein-Westfalen. →

1. 9. Als erstes Kommunales Kino der Bundesrepublik nimmt das »Cinema 66«, das spätere »Zelluloid«, seinen Spielbetrieb in Essen auf. →

1. 10. Hoesch AG und Dortmund-Hörder Hüttenunion AG schließen sich unter dem Namen Hoesch zusammen. →

13. 10. Das Bochumer Kammerspielhaus wird eröffnet. →

5. 12. Die Ruhrtalbrücke und die Bundesstraße B 288, die spätere A 52, werden eingeweiht.

1966. Die Fußballmannschaft von Rot-Weiß Essen steigt in die Bundesliga auf.

1966. Günter Wallraff veröffentlicht die Fabrikreportagen »Wir brauchen Dich – Als Arbeiter in deutschen Industriebetrieben«.

GESTORBEN:

21. 10. Wesel: Otto Pankok (* 6. 6. 1893, Mülheim an der Ruhr), Maler und Grafiker.

Vereidigung des neuen nordrhein-westfälischen Ministerpräsidenten Heinz Kühn (r.) durch den Landtagspräsidenten van Nes Ziegler am 8. 12. 1966

SPD stärkste Partei in NRW

10. Juli 1966. Mit 49,5% der abgegebenen Stimmen und 99 Mandaten wird die SPD bei den nordrhein-westfälischen Landtagswahlen zur stärksten politischen Kraft. Die regierende CDU unter ihrem Ministerpräsidenten Franz Meyers landet abgeschlagen mit einem Stimmenanteil von 42,8% auf dem zweiten Platz, gefolgt von der FDP mit 7,9% der abgegebenen Stimmen.

Ursache für die Niederlage der Union ist ihre sinkende Anziehungskraft als Partei des Wirtschaftswunders angesichts einer sich verstärkenden Rezession. Der große Erfolg der SPD im Revier (64,1% in Gelsenkirchen, 61,3% in Duisburg) hat seinen Grund außerdem in der Bergbaukrise, die das Vertrauen der Bevölkerung in die wirtschaftspolitische Kompetenz der CDU minderte. Am 8. Dezember 1966 wird Heinz Kühn mit den Stimmen von SPD und FDP als erster Sozialdemokrat zum Ministerpräsidenten gewählt.

Vereinigung von Hoesch und DHHU

1. Oktober 1966. Die beiden Dortmunder Stahlunternehmen Hoesch AG und Dortmund-Hörder-Hüttenunion AG (DHHU) schließen sich zusammen, wobei die Hoesch AG die aufnehmende Gesellschaft ist. Im Zusammenhang mit dieser Transaktion schließen die beteiligten Firmen einen Rahmenvertrag mit dem niederländischen Stahlkonzern Koninklijke Nederlandsche Hoogovens en Staalfabrieken NV (Hoogovens) in Ijmuiden, der im Besitz eines 43%-Anteils der DHHU ist. In diesem Vertrag wird eine enge Zusammenarbeit bei Produktion, Verkauf und Forschung vereinbart.

Das neue Unternehmen ist durch die Vereinigung der Produktionsstätten der beiden größten örtlichen Stahlhersteller in der Lage, kostengünstiger zu produzieren; weiterhin können Transport- und Vertriebswege gemeinsam genutzt und der Roherzeinkauf koordiniert werden.

Angesichts der schwieriger werdenden Lage für Stahl auf dem Weltmarkt spricht der Aufsichtsratsvorsitzende der Hoesch AG, Hans Janberg, vor der Hauptversammlung der Hoesch-Aktionäre, die über den Zusammenschluß entscheidet, von einer Phase der »industriellen Revolution«, in der Unternehmenskonzentration unumgänglich ist.

Schwarze Fahnen über Gelsenkirchen

19. Februar 1966. »Gelsenkirchen darf kein Armenhaus werden« und »Denkt an die Frauen und Kinder« mahnen Transparente, die an diesem Morgen von Teilnehmern einer großen Protestversammlung in Gelsenkirchen-Erle entrollt werden. Dazwischen verdunkeln immer wieder schwarze Fahnen das Bild der vieltausendköpfigen schweigenden Menge. Anlaß für die Demonstration ist die beabsichtigte Schließung der Zeche Graf Bismarck zum 30. September dieses Jahres. Etwa 40 000 Arbeitsplätze hängen direkt oder indirekt von Graf Bismarck ab. Die Nachricht, daß die zur amerikanischen TEXACO gehörende Deutsche Erdöl AG (DEA) beabsichtige, auf ihrer Schachtanlage Graf Bismarck die Förderung einzustellen, war im Revier wie eine Bombe eingeschlagen. Die Anlage gehört zu den ertragreichsten Revierzechen, in den letzten zwei Jahren wurden 70 Mio DM in ihre Modernisierung investiert. Da die Bundesregierung die zur Anpassung der Kohleförderung an die Absatzlage gewährten Stillegungsprämien von der Förderleistung der stillzulegenden Anlage abhängig macht, fließen der DEA Millionenbeträge zu.

Die Stillegung offenbart das Scheitern der Energiepolitik der Regierung: Ursprünglich als Anreiz zur forcierten Stillegung unrentabler Betriebe gedacht, ermöglicht die Koppelung der Prämie an die Förderleistung einen gewinnbringenden Rückzug aus dem Bergbau.

Demonstrationszug gegen die geplante Schließung der Bismarck-Schächte in Gelsenkirchen-Erle am 19. 2. 1966

1966

Stadttheater Dortmund, von Fachleuten als einer der schönsten Theaterneubauten der Nachkriegszeit gerühmt

Neues Stadttheater Dortmund eröffnet

3. März 1966. Mit einem Festakt vor 1100 geladenen Gästen, darunter der nordrhein-westfälische Ministerpräsident Franz Meyers (CDU), wird das neue Dortmunder Stadttheater unter seinem Intendanten Wilhelm Schüchter eröffnet. In seiner Begrüßungsansprache bezeichnet Oberbürgermeister Dietrich Keuning (SPD) den Neubau am Hiltropwall als »Krönung des Wiederaufbaus« der Stadt. Eine Aufführung des »Rosenkavalier« von Richard Strauss beschließt die feierliche Eröffnung.

W. Schüchter

Das 37,3 Mio DM teure, nach Entwürfen der Architekten Heinrich Rosskotten und Edgar Tritthart errichtete neue Haus war in achtjähriger Bauzeit fertiggestellt worden. Kritiker loben vor allem die architektonische Grundidee mit dem Schalendach. Da das Haus repräsentativen Ansprüchen genügen soll, werden die Kosten nicht als verschwendet angesehen. Eine Dortmunder Hausfrau fällt ihr eigenes Urteil: »Gut, daß ich diese gewaltigen Glasflächen nicht sauberzuhalten brauche!«

Die Dortmunder Bühnen hatten nach dem Zweiten Weltkrieg im St. Michaels-Bau in Dortmund-Aplerbeck und in einem Saalbau in Dortmund-Marten spielen müssen. 1947 zog das Schauspiel in den Saal der Pädagogischen Akademie, 1958 in die Aula der Käthe-Kollwitz-Schule.

Einmalige Opernhausdichte im Ruhrgebiet

Mit der Eröffnung des neuen Dortmunder Theaterbaus bekommt das Ruhrgebiet eine weitere Musiktheaterbühne. Die Dichte von Opern- und Mehrspartenhäusern im Revier ist konkurrenzlos: Außer in Dortmund kann der Besucher seiner Leidenschaft für Verdi, Wagner und alle anderen Klassiker des Repertoires in Duisburg (→ 30. 9. 1956), Essen (→ 29. 12. 1950), Gelsenkirchen (→ 15. 12. 1959) sowie in Hagen und Oberhausen nachgehen.

Wie die Vielfalt des Angebots so gehört zur Opernlandschaft Ruhrgebiet auch das Nebeneinander der verschiedenen kommunalen Bühnen. Theatergemeinschaften, wie es sie vor 1945 gegeben hatte (→ 17./18. 9. 1904; 25. 9. 1921; 25. 7. 1924), kamen, wenn man von dem Zusammenschluß der Duisburger Oper mit der Düsseldorfer Bühne zur Deutschen Oper am Rhein absieht, bislang nicht zustande. 1967 kommt es zu einer Kooperation zwischen Bochum und Gelsenkirchen: Bochums Schauspieltruppe versorgt Gelsenkirchen mit Sprechtheater, während dessen Opernensemble seine Inszenierungen auch auf die Bühne der Nachbarstadt bringt.

Die Popularität der Oper beim Publikum ist ungebrochen; die Besucherzahlen von Oper und Schauspiel halten sich die Waage. In der Fachwelt dagegen wird vom Niedergang des Musiktheaters gesprochen – Anlaß für die WAZ, anläßlich der Eröffnung des Dortmunder Opernhauses unter dem Titel »Die Oper ist tot – es lebe die Oper!« ein »Kleines Plädoyer für das heutige Musiktheater« von Bernhard Schaub zu veröffentlichen. Gegen den landläufigen Vorwurf, die Oper sei gegenüber dem Schauspiel geistig rückständig, da sie fast nur ein Standard-Repertoire von bewährten Klassikern auf die Bühne bringe, stellt der Autor eine lange Liste der zeitgenössischen und avantgardistischen Komponisten, die zahlreiche Werke für das Musiktheater geschrieben haben.

Schuljahrsänderung sorgt für Verwirrung

1. April 1966. Zum letzten Mal beginnt das Schuljahr an den allgemeinbildenden Schulen zur Osterzeit. Ab 1967 fängt das neue Schuljahr jeweils im Herbst an.

Die Umstellung erfolgt nach dem Willen der Kultusminister der Bundesländer auf zwei verschiedenen Wegen. In Nordrhein-Westfalen, und damit auch im Ruhrgebiet, wird die Schaltzeit in zwei Kurzschuljahre geteilt: Vom 1. April bis zum 30. November 1966 und vom 1. Dezember 1966 bis zum 31. Juli 1967. Mit der neuen Regelung soll der Schuljahresanfang bundesweit vereinheitlicht werden; in Bayern beginnt das neue Schuljahr bereits seit dem Jahr 1941 im Herbst.

Die Anpassung an den in fast ganz Europa verbreiteten Herbstbeginn stößt wegen des komplizierten Umstellungsverfahrens auf Proteste bei allen Beteiligten.

Schon 1941 war der Schuljahresbeginn vom Frühjahr auf den Herbst verlegt worden. Nach 1945 wurde diese Regelung jedoch in allen Bundesländern mit Ausnahme Bayerns wieder rückgängig gemacht.

Erstes Kommunales Kino in Essen

1. September 1966. Im städtischen Jugendzentrum an der Papestraße in Essen nimmt eines der ersten Kommunalen Kinos der Bundesrepublik Deutschland seinen Spielbetrieb auf. Unter der Leitung von Hans Peter Hüster versucht ein Kreis filminteressierter Mitarbeiter, ehrenamtlich im »Cinema 66« (ab 1970 »Zelluloid«) ein ausgewähltes Programm filmhistorisch, künstlerisch oder erzieherisch wertvoller Produktionen zu gestalten.

Dem Essener Beispiel folgend, richten auch andere Städte des Ruhrgebiets kommunale Spielstellen ein. In Duisburg wird 1967 im Rahmen der Volkshochschularbeit eine kommunale Kinoarbeit aufgenommen, aus der sich 1970 die Spielstätte »filmforum« entwickelt. Von diesem Filmkreis veranstaltete Filminformationstage mit ausgewählten westdeutschen Produktionen geben schließlich den Anstoß zur Etablierung einer seit 1977 jedes Jahr stattfindenden Duisburger Filmwoche (→ 28. 3. – 3. 4. 1977).

Zoodirektor jagt weißen Wal im Rhein

1. Juni 1966. *Der Direktor des Duisburger Zoos, Wolfgang Gewalt, versucht vergeblich, einen etwa fünf Meter langen und 35 Zentner schweren weißen Belugawal zu fangen, der sich aus der Nordsee in den Niederrhein zwischen Götterswickerhamm und Duisburg verirrt hat (Abb.). Die WAZ berichtet: »Das Tier ›pfiff‹ seinen Verfolgern etwas. Es tauchte immer nur kurz auf und blies verächtlich einen meterhohen Wasserstrahl in die Luft. Alle Fangversuche mit Rettungsnetzen und Betäubungspistole blieben erfolglos.« Zahlreiche Tierschützer protestieren gegen die Jagd auf den weißen Wal, der in den folgenden Tagen rheinaufwärts bis Koblenz schwimmt. Zwei Wochen nach den ersten Fangversuchen kehrt das Tier abgemagert und erschöpft in die Nordsee zurück.*

Letzte Schicht für Grubenpferd »Tobias«

Juli 1966. *Während Tausende von Grubenpferden im Ruhrbergbau nach ihrer »Pensionierung« den Weg zum Pferdeschlachter gingen, erwartet »Tobias« von der Recklinghäuser Schachtanlage General Blumenthal (Abb.) ein besseres Schicksal. Das letzte Grubenpferd im Ruhrbergbau erhält sein Gnadenbrot auf der zum Kotten eines Grubensteigers gehörenden Weide in der Nähe von Recklinghausen.*
Die letzte Schicht von »Tobias« ist Anlaß für eine Feier. Der Betriebsratsvorsitzende würdigt besondere Verdienste: »Du kamst selten in mein Büro, richtig verstanden habe ich dich nie. Mehr als neun Loren zogst du nie. Versuchte man dir auch nur eine mehr anzuhängen, dann bliebst du stehen. Man hätte dich totschlagen können.«

Grugahalle: 17 000 Fans im Beatles-Fieber

25. Juni 1966. Mit verklärtem Gesichtsausdruck und vor Aufregung geröteten Wangen fällt ein Teenager in der Grugahalle in Ohnmacht – einer von 17 000 vornehmlich jungen Besuchern des restlos ausverkauften Konzertes der Beatles in Essen. Der Junge bleibt nicht das einzige Opfer der an Hysterie grenzenden Begeisterung der Fans: Ingesamt 13mal muß der ärztliche Notdienst zu Hilfe gerufen werden.
Der Vorverkauf für das Essener Gastspiel der Pilzköpfe aus Liverpool, weltweit eines der letzten Live-Konzerte des Quartetts, hatte genau 2 Stunden und 15 Minuten gedauert; dann waren alle Karten weg. Zu den beiden Auftritten um 17 und um 21 Uhr sind die Fans z. T. mit Sonderzügen angereist. Die Auftritte der britischen Stars dauern jeweils 25 Minuten; den Rest des Programms bestreiten Vorgruppen.

Wahre Begeisterungsstürme entfesseln die Beatles während ihrer beiden knapp halbstündigen Konzerte

Paul McCartney, George Harrison, John Lennon und Ringo Starr (v. l. n. r.) auf der Bühne der Grugahalle

Bochums Schauspiel erhält zweite Bühne

13. Oktober 1966. Mit der Eröffnung des neuen Kammerspielhauses erhält das Bochumer Schauspiel eine zweite Bühne. Der Entwurf für den 6,75 Mio DM teuren Bau stammt von dem Architekten Gerhard Graubner, der auch den Neubau des gleich nebenan gelegenen Großen Hauses (→ 23. 9. 1953) konzipiert hatte. Beide Gebäude sind verbunden durch den Verwaltungstrakt, in dem auch erweiterte Künstlergarderoben ihren Platz finden. Während beim Großen Haus die vertikale Gliederung des Baukörpers vorherrscht, ist der neue Kammerspielbau bestimmt von horizontalen Linien.
Die Eröffnungsinszenierung, die Uraufführung der Komödie »Herostrat« von Maximilian Schell, findet wenig Zustimmung. Die WAZ kommentiert die Aufführung: »›Herostrat‹ ist der dritte dramatische Versuch des ehrgeizigen Schauspielers . . . Bei den ersten beiden Entwürfen war er klüger: Er ließ sie in der Schublade liegen. Wäre er doch auch hier so verfahren!«

1966

Europa-Pokalsieger 1966; die Torschützen: Libuda (u. l.) und Held (o. r.)

Europa-Pokal für Borussia

5. Mai 1966. Die Mannschaft des BV 09 Borussia Dortmund gewinnt mit einem 2:1-Sieg über den FC Liverpool in Glasgow den Europa-Pokal der Pokalsieger. Es ist die erste deutsche Mannschaft, die diesen seit 1960 veranstalteten Pokalwettkampf, den die nationalen Pokalsieger gegeneinander austragen, für sich entscheiden kann.

Die Borussen gewinnen das spannende Spiel erst in der Verlängerung: Siegfried Held schießt in der 62. Minute das Tor zum 1:0; die Engländer können jedoch ausgleichen, und erst Reinhard Libudas Treffer in der zweiten Halbzeit der Verlängerung bringt den Sieg. Neben den Torschützen spielen in der Dortmunder Mannschaft: Hans Tilkowski (Tor), Gerd Cyliax, Theo Redder, Dieter Kurrat, Wolfgang Paul, Rudi Assauer, Alfred Schmidt, Willi Sturm und Lothar Emmerich. Sowohl die Dortmunder Schlachtenbummler in Glasgow als auch die Fans am Bildschirm feiern den Triumph ihrer Mannschaft.

Großer Preis für Ligges

17. März 1966. Am dritten Tag des 14. Internationalen Reit- und Springturniers in der Dortmunder Westfalenhalle gewinnt der aus Dortmund stammende Spring- und Dressurreiter Fritz Ligges den »Großen Preis der Bundesrepublik«. Auf seiner Stute Finette absolviert er die 16 Sprünge des Parcours fehlerlos und erhält 3000 DM Siegprämie.

Ligges gewann bereits 1961 und 1962 die Deutsche Meisterschaft in der Military, 1964 war er bei den Olympischen Spielen in Tokio in der Einzel- und Mannschaftswertung mit einer Bronzemedaille erfolgreich. Seit Mitte der 60er Jahre spezialisiert sich der Dortmunder mehr auf das Springreiten und feiert nun in der Westfalenhalle seinen ersten großen Erfolg in dieser Disziplin.

Das fünftägige Dortmunder Reitturnier ist mit 15 000 DM das höchstdotierte Hallenspringen in der Bundesrepublik. In diesem Jahr fehlt jedoch die internationale Konkurrenz, neben 126 deutschen nehmen nur 21 ausländische Reiter teil.

F. Ligges, Sieger beim Großen Preis des Bundesrepublik, mit Trophäen

1967

1. 1. In der Metallindustrie tritt die 40-Stunden-Woche bei vollem Lohnausgleich in Kraft.

22. 1. Die Dortmunder St.-Petri-Kirche wird nach dem Wiederaufbau eingeweiht.

13. 3. Als Gesprächsrunde zwischen Regierung, Gewerkschaft und Unternehmern beginnt in Bonn die Konzertierte Aktion Kohle zur Lösung der Bergbaukrise im Revier. →

1. 4. Alfried Krupp von Bohlen und Halbach gibt die Umwandlung der Krupp-Werke in eine Kapitalgesellschaft zum 1. Januar 1968 bekannt. →

6. 7. Das Friedensdorf Oberhausen, eine Einrichtung zur Aufnahme von Kindern aus Kriegsgebieten, wird gegründet. →

24. 8. Die unterirdische Verbindungsstrecke zwischen den Hibernia-Zechen General Blumenthal in Recklinghausen und Shamrock in Wanne-Eickel wird fertiggestellt. →

5. 10. Die erste Teilstrecke der Essener U-Bahn mit der Haltestelle Saalbau wird eröffnet. →

5. 10. Dieter Kemper, Radprofi aus Dortmund, gewinnt als erster Deutscher nach dem Krieg das Sechstagerennen in der Dortmunder Westfalenhalle. →

10. 10. In der Dortmunder Trabantenstadt Scharnhorst mit Wohnungen für 17 000 Menschen wird Richtfest gefeiert. →

November. Seit Mitte 1966 haben rund 135 000 Personen das Ruhrgebiet verlassen und sind in andere Gebiete der Bundesrepublik gezogen.

23. 11. In Duisburg-Neumühl legt Ministerpräsident Heinz Kühn den Grundstein zum größten Sanierungsvorhaben der Bundesrepublik. →

1967. Als Gegenleistung für die Kündigung eines langfristigen Liefervertrages über Rohöl erhält der amerikanische Mobil-Oil-Konzern von der Gelsenberg Benzin AG eine Beteiligung von 28% an der Aral AG. →

1967. Helga Masthoff aus Essen steht auf Platz 1 der Rangliste des deutschen Tennis. →

1967. Willi Quatuor, Berufsboxer aus Dortmund, erringt in Tokio die Weltmeisterschaft im Superleichtgewicht gegen P. Fuji aus den USA.

GESTORBEN:

17. 5. Schloß Hugenpoet bei Kettwig: Paul Henckels (*9. 10. 1885, Hürth/Landkreis Köln), Schauspieler.

21. 6. Hamburg: Paul Sethe (*12. 12. 1901, Bochum), Publizist.

30. 7. Essen: Alfried Krupp von Bohlen und Halbach (*13. 8. 1907, Essen), Industrieller.

Konzertierte Aktion Kohle bringt Erfolg

13. März 1967. Als Gesprächsrunde zwischen Vertretern der Zechenunternehmer, der IG Bergbau und Energie sowie der Landesregierungen von Nordrhein-Westfalen und des Saarlandes findet in Bonn die erste Sitzung der Konzertierten Aktion Kohle statt. Ziel der auf Initiative von Bundeswirtschaftsminister Karl Schiller (SPD) zustandegekommenen Kohlerunde ist die Erarbeitung eines Gesamtkonzeptes zur Überwindung der Bergbaukrise.

Mit dem Mittel der Konzertierten Aktion greift der Staat erstmals seit Ausbruch der Krise ordnend in einen Prozeß ein, den die Bundesregierung bislang den Selbstheilungskräften der von ihr propagierten freien Marktwirtschaft überlassen hatte. Anders als sein Vorgänger Ludwig Erhard ist Wirtschaftsminister Schiller gewillt, eine Lösung notfalls mit staatlichen Zwangsmaßnahmen durchzusetzen.

Krisenstrategien im Bergbau

Zwei Neuordnungskonzepte für den deutschen Bergbau stehen im Sommer 1967 zur Diskussion: Der von der IG Bergbau und Energie am 16. Dezember 1966 vorgelegte Entwurf einer Deutschen Ruhrkohlengesellschaft sieht die Übertragung des gesamten Bergwerksbesitzes an eine zu gründende Einheitsgesellschaft vor. Die Zechenunternehmen hingegen plädieren im sog. Rheinstahlplan vom 9. Juli 1967 für eine zeitlich befristete Verpachtung des Bergwerksvermögens an eine Gesamtgesellschaft unter Ausklammerung der Kraftwerkswirtschaft, des Boden- und Wohnungsbesitzes.

Erstes Ergebnis der Kohlerunde ist Anfang Mai 1967 ein Drei-Phasen-Plan der Bundesregierung, der u. a. Abnahmegarantien der Stromerzeuger für Kohle und eine Neuordnung der Bergbauunternehmen vorsieht. Unter dem Druck eines am 15. Mai 1968 in Kraft getretenen Kohlegesetzes, welches im Falle einer Nichteinigung zwischen Gewerkschaft und Zechenunternehmern die Streichung sämtlicher Subventionen androht, einigen sich alle Beteiligten am 14. Juni 1968 im sog. Bonner Papier auf die Gründung einer Einheitsgesellschaft (→ 18. 7. 1969).

Tausende von entlassenen Bergleuten im Ruhrgebiet ohne berufliche Perspektive und Hoffnung

Zu Anfang des Jahres 1967 sind im Ruhrgebiet 64 000 Menschen arbeitslos, darunter 12 000 Bergleute. Bis zum Frühjahr 1968 kommen infolge von Zechenstillegungen 30 000 weitere arbeitslose Kumpel hinzu.

Das Zechensterben wirft die Ruhrbergleute zurück auf den Lebensstandard von 1950. Verdiente ein Hauer im Steinkohlenbergwerk monatlich 920 DM, so muß er mit einer Arbeitlosenunterstützung von 510 DM auskommen. Nach Abzug der Miete, der Stromrechnung und der Abzahlungsraten bleiben der Familie noch 300 DM zum Leben. Das bedeutet Rückkehr zu Eintopfsuppe, Blut- und Grützwurst, Rübenkraut und Margarinestullen. Die Eckkneipen in der Nähe der Zechensiedlungen bleiben abends leer. Die Wirte klagen, daß sie nur noch halb soviel Bier ausschenken wie früher.

Viele Familien müssen ihr Auto oder Teile der Wohnungseinrichtung verkaufen, da sie die monatlichen Raten nicht mehr aufbringen können. Ein Sachbearbeiter des Arbeitsamts Essen berichtet: »Ständig kommen Leute zu mir und bitten um Vorschüsse, weil sie sonst ihre Teilzahlungsverpflichtungen nicht mehr erfüllen können, und dann würden die ...

Klubgarnitur, der Fernsehapparat oder Geschirrspülschrank abgeholt.« Bergmann ist ein Beruf ohne Zukunft geworden. Dennoch lassen sich nur etwa 1200 Bergleute umschulen (Abb.: Umschulungsmaßnahmen). Die meisten lehnen es ab, mit 40 oder 45 Jahren noch einmal als Lehrling anzufangen, obwohl das Arbeitsamt ihnen während der Ausbildungszeit 90% ihres früheren Verdienstes zahlen würde.

Anders denken die ehemaligen Hauer, die sich im Knappschaftskrankenhaus in Bottrop zu Krankenpflegern ausbilden lassen. »Kranke wird es immer geben«, begründet einer von ihnen seine Berufswahl. Grubensteiger werden in von der Gewerkschaft organisierten Kursen zu Datenverarbeitungs-Fachleuten umgeschult. In Gelsenkirchen werden aus ehemaligen Bergleuten Verwaltungsangestellte für Sparkassen, Banken oder die Ruhruniversität Bochum. Die Schachtanlagen, die noch in Förderung stehen, haben Schwierigkeiten, den beruflichen Nachwuchs zu sichern. 1966 wurden 4329 Berglehrlinge gesucht, aber nur 389 junge Leute wollten Bergmann werden, unter ihnen 150 junge Türken.

Krupp nicht länger Ein-Mann-Firma

1. April 1967. Anläßlich einer Jubilarfeier in der Essener Villa Hügel gibt der Alleininhaber der Krupp-Werke, Alfried Krupp von Bohlen und Halbach, die Umwandlung des Unternehmens in eine Kapitalgesellschaft bekannt. Der Familienbesitz wird dazu einer gemeinnützigen Stiftung vermacht. Geführt wird das Unternehmen von der Fried. Krupp GmbH, die in den Besitz der Stiftung überführt wird. Die Erträge der Stiftung, die nach dem Firmengründer Friedrich Krupp benannt wird, sollen Forschungsinstituten und Universitäten zugute kommen.

Die Umwandlung des Unternehmens war notwendig geworden, als wegen der krisenhaften Wirtschaftsentwicklung die Verbindlichkeiten des Krupp-Konzerns auf über 3 Mrd DM angestiegen waren. Die Bundesregierung, das Land Nordrhein-Westfalen und 28 Banken entschlossen sich zu einer Hilfsaktion für das Traditionsunternehmen, stellten jedoch die Bedingung, das Ein-Mann-Unternehmen Krupp in eine Kapitalgesellschaft umzuwandeln. Der Krupp-Erbe Arndt von Bohlen und Halbach, der 29 Jahre alte Sohn Alfrieds, mußte daher auf sein Erbe verzichten, erhält jedoch eine Jahresrente von rund 2 Mio DM.

Im März des Jahres hatten Bundeswirtschaftsminister Karl Schiller, Bundesfinanzminister Franz-Josef Strauß und Bankenvertreter ein Sofortprogramm für das Unternehmen verkündet. Die Bundesregierung erteilte eine Bürgschaft über 300 Mio DM, das Land Nordrhein-Westfalen bürgte für weitere 150 Mio DM, und ein Zusammenschluß von Banken gab Krupp 100 Mio DM Exportkredit. Das Essener Unternehmen ist nach der Umwandlung nicht länger ein Familienunternehmen, und der Name Krupp, der durch gesetzliche Erlasse (→ 12. 11. 1943) an den Firmenbesitz gebunden war, erlöscht somit als Familienname.

A. Krupp von Bohlen und Halbach, Sohn Arndt und Bankenvertreter

Alfried Krupp in Essen verstorben

30. Juli 1967. In Essen stirbt der 1907 geborene Industrielle Alfried Krupp von Bohlen und Halbach.  Wenige Monate zuvor hatte er die Umwandlung des Familien-Unternehmens zugunsten einer Stiftung bekanntgegeben (→ 1. 4. 1967).

Alfried Krupp Alfried hatte 1943 die Leitung der Essener Werke übernommen (→ 12. 11. 1943). Nach dem Ende des Zweiten Weltkriegs in amerikanischer Haft (→ 31. 7. 1948), stand er seit 1953 der Firma wieder vor.

1967

Bergwerksverbund in 700 m Tiefe durch Europas längsten Tunnel

24. August 1967. Der Durchbruch für die Verbindungsstrecke zwischen den beiden Hibernia-Zechen General Blumenthal in Recklinghausen und Shamrock in Wanne-Eickel wird vollzogen. 700 m unter Tage feiern Bergleute beider Zechen den Durchstich. Mit 8,8 km ist die unterirdische Verbindungsstrecke (Abb.) länger als der Tauerntunnel in den Alpen, mit 8,5 km Europas längster Straßentunnel. Von November an wird durch die Verbindungsstrecke die auf General Blumenthal geförderte Kohle zur Zeche Shamrock transportiert, wo sie von einer modernen Förderanlage zu Tage gebracht wird. Die Verbindung mehrerer Zechen unter Tage ist Teil eines Maßnahmenkataloges zur Überwindung der Bergbaukrise (→ 13. 3. 1967). Durch Zusammenlegung unrentabler Einzelanlagen zu Großanlagen soll die Steinkohlenförderung rationalisiert werden. Die Konzentration der Förderung und Aufbereitung der Kohle in einem Zechenverbund erspart den Bergwerksgesellschaften die hohen Kosten für den Bau mehrerer Tagesbetriebsanlagen. 1971 entsteht z. B. bei Moers aus den vorher selbständigen Schachtanlagen Pattberg, Rheinpreussen und Rossenray das Verbundbergwerk Rheinland, eines der größten Steinkohlenbergwerke der Welt.

US-Konzern Mobil Oil erhält Aral-Anteile

1967. Der amerikanische Mineralölkonzern Mobil Oil erhält eine Beteiligung von 28% an der Bochumer Aral AG. Weitere 56% entfallen jeweils zur Hälfte auf die Gelsenkirchener Bergwerks AG und die Bergwerksgesellschaft Hibernia. Mit 15% am Aral-Unternehmen wird die Wintershall AG beteiligt, die als Gegenleistung ihr Gasolin-Tankstellennetz in die Gesellschaft einbringt. Nur noch 1% verbleibt bei den Benzol-Lieferanten aus dem Bergbau, auf deren Initiative die Gründung der Aral AG zurückgeht.

Hintergrund für die Neuordnung der Besitzverhältnisse bei Aral ist ein Abkommen zwischen der Gelsenkirchener Bergwerks AG und der Mobil Oil: Im Gegenzug für die Entlassung aus einer vertraglichen Bindung aus dem Jahr 1950, welche Rohöllieferungen der Mobil Oil an die Gelsenberg Benzin AG, ein Tochterunternehmen der Gelsenkirchener Bergwerks AG, zum Inhalt hatte, räumen die Gelsenkirchener dem amerikanischen Konzern einen Teil ihrer Aral-Beteiligung ein.

Grundsteinlegung zur Sanierung in Duisburg-Neumühl

23. November 1967. Der nordrhein-westfälische Ministerpräsident Heinz Kühn und der Duisburger Oberbürgermeister August Seeling legen in Duisburg-Neumühl den Grundstein zum größten Sanierungsvorhaben der Bundesrepublik. Das Projekt sieht für die kommenden 15 Jahre den Abbruch von 5300 alten und die Errichtung von 9800 neuen Wohnungen in dem vom Bergbau geprägten Stadtteil im Duisburger Norden vor.

Nach Stillegung der Zeche Neumühl im Jahr 1962 wurde eine großangelegte Flächensanierung des Stadtteils geplant. Auf dem ehemaligen Zechengelände wollte die Stadt neue Betriebe ansiedeln und die alte Bebauung durch Neubauten ersetzen. 1963 erwarb die Stadt Duisburg das gesamte Zechengelände, um Bauspekulationen privater Unternehmer auszuschließen und eine für das Ruhrgebiet modellhafte Gesamtsanierung durchzuführen.

Von den Plänen, an Stelle der alten Zechensiedlungen eine Trabantenstadt mit Wohnhochhäusern zu errichten, nahm die Stadt nach Protesten der Anwohner Abstand. Der im Bebauungsplan vorgesehene Abriß der Zechensiedlungen wurde jedoch zunächst nur verschoben.

In den folgenden Jahren kämpfen mehrere Bürgerinitiativen um den Erhalt der vor der Jahrhundertwende entstandenen Siedlungshäuser. Die Bewohner fürchten, die Lebens- und Wohnqualität der Siedlung mit ihren Ställen und Gärten und den in Jahrzehnten gewachsenen sozialen Bindungen durch die geplante Kahlschlagsanierung und eine Neubebauung zu verlieren. Es dauert bis 1975, bis der Landeskonservator rund 120 Zechenhäuser am Bergmannsplatz als typische Beispiele für Gartenstadtsiedlungen der Jahrhundertwende (→ 1906) unter Denkmalschutz stellt.

Bergmannshäuser im Duisburger Stadtteil Neumühl, durch die Sanierungspläne vom Abriß bedroht

Nach dem architektonischen Kahlschlag erinnert in Neumühl nichts mehr an die Bergbauvergangenheit

Do-Scharnhorst feiert Richtfest

10. Oktober 1967. Die Trabantenstadt Scharnhorst im Nordosten von Dortmund feiert Richtfest für die ersten Wohnblöcke. Der Bau des neuen Vorortes mit über 5000 Wohnungen auf einer Fläche von mehr als 1 Mio m² ist eines der größten geschlossenen Siedlungsprojekte in der Bundesrepublik und das größte in Nordrhein-Westfalen.

Die Planung für die Großsiedlung umfaßt neben der Schaffung von Wohnraum für 17 000 Menschen die Errichtung eines Schulzentrums, eines Bezirkshallenbades und zweier Kirchen für beide Konfessionen. Zwei Großspielplätze und eine Kindertagesstätte runden das Ortsbild ab. Alle Einrichtungen, die für den Kontakt der Bevölkerung sorgen, liegen im Kern der Siedlung; vom Zentrum bis zur Grenze des Stadtteils sind es maximal 700 m.

Die Gesamtkosten für das Projekt einschließlich des Nahversorgungszentrums betragen 400 Mio DM. An dem Vorhaben sind acht Wohnungsbaugesellschaften unter Federführung der Neuen Heimat beteiligt.

Friedensdorf hilft Opfern der Kriege

6. Juli 1967. Eine unabhängige, überparteiliche und überkonfessionelle Bürgerinitiative »Aktion Friedensdorf e. V.« gründet in Oberhausen ein Dorf, dessen Einrichtungen Kindern aus Kriegsgebieten Zuflucht bieten sollen.

In ihrem Gründungsaufruf bekennen die Initiatoren: »Wir wollen Kindern, die irgendwo in der Welt in Not geraten sind und um die sich niemand kümmern kann, helfen. Wir verfolgen mit der Aktion Friedensdorf aber noch ein wichtigeres, wenn auch ferner liegendes Ziel: ... Wir wollen mit der Aktion ... unserer Jugend helfen, sich einzuüben in eine neue Lebenshaltung, die Krieg und Kriegsvorbereitung nicht mehr als ›Vater aller Dinge‹, sondern als ›Vater allen Übels‹ erkennt.«

Auf einem Gelände, das ein Industrieunternehmen aus Oberhausen zur Verfügung stellt, kann schon bald mit dem Bau der ersten Häuser des Dorfes begonnen werden. Aus finanziellen Gründen entstehen die vorerst nur als Provisorium gedachten Gebäude an der Pfeilstraße in Leichtbauweise. Ohnehin gehen die Mitglieder der Initiative zunächst davon aus, daß die im Dorf aufgenommenen Kinder nach ihrer Genesung wieder in ihre Heimatländer zurückkehren können.

Schon im Februar 1968 treffen die ersten schwerverletzten Kinder aus Vietnam im Friedensdorf ein. Aufgrund der Eskalation des Indochina-Konflikts beschließt die »Aktion Friedensdorf« schon bald eine Erhöhung der Bettenkapazitäten. Nachdem im Jahr 1969 die Bauarbeiten in einem zweiten Bauabschnitt fortgesetzt werden, finden weitere 68 schwerverletzte Kinder Unterkunft im Dorf. 1972 folgen nochmals 38 Kriegsopfer im Kindesalter. Ein Rehabilitationszentrum, das mit Hilfe privater Spenden errichtet werden kann, übernimmt die Aufgabe, viele Patienten an den Gebrauch von Prothesen zu gewöhnen.

Pfarrer Berghaus (1. v. l.) und der FDP-Vorsitzende Erich Mende (2. v. l.) bei der feierlichen Eröffnung des Friedensdorfes Oberhausen am 25. Oktober 1968

Ruhrpark-Einkaufszentrum

Das Ruhrpark-Einkaufszentrum in Bochum (Abb.) verzeichnet seit seiner Eröffnung im November 1964 ständig steigende Besucherzahlen. 1967 sind es 4 Mio, 1969 werden bereits 9 Mio gezählt. Das breit gefächerte Angebot, die verkehrsgünstige Lage und bequeme Parkmöglichkeiten locken zahlreiche Käufer aus der Umgebung an. Das Shopping-Center wurde nach amerikanischem Vorbild errichtet; neben der Schaffung neuer Arbeitsplätze bringt das Einkaufszentrum auch eine Entlastung des innerstädtischen Verkehrs mit sich.

Sechstagesieger Kemper

5. Oktober 1967. *Mit Dieter Kemper gewinnt erstmals seit 1929 wieder ein Dortmunder das Sechstagerennen in der Westfalenhalle (Abb.). In einem spannenden Finale können Kemper und sein Aachener Partner Horst Oldenburg ihre Konkurrenten Klaus Bugdahl (Wiesbaden) und Patrick Sercu (Belgien) auf den zweiten Platz verweisen. Der Dortmunder ist auch bei Steherrennen und im Straßenradsport erfolgreich und steht am Ende seiner Karriere (1978) an elfter Stelle der Weltrangliste der erfolgreichsten Radsportler.*

Helga Mastoff Nr. 1 im Tennis

1967. Helga Masthoff (Abb.), Tennisspielerin der Damen-Riege des Essener-Turn- und Fechtclubs (ETUF), steht erstmals auf dem ersten Platz der Deutschen Rangliste. Sie kann diese Spitzenposition bis 1976 halten und gewinnt während dieser Zeit zahlreiche Einzelmeisterschaften und Turniere.

Die Tennisriege des ETUF besteht seit 1900 und hat mit Helga Masthoff bereits zum zweiten Mal eine überragende Spielerin hervorgebracht: In den 30er Jahren gehörte Hilde Krahwinkel zur Weltspitze.

1968

1. 1. Das Gesetz zur Neugliederung des Landkreises Unna tritt in Kraft. →

18. 1. Ein Sozialplan der Bundesregierung sieht u. a. zehn Jahre Wohnrecht für ehemalige Bergleute in den Werkswohnungen vor.

4. 2. Rudi Dutschke, einer der führenden Köpfe des Sozialistischen Deutschen Studentenbunds, erscheint zu einer Vortragsveranstaltung in Essen. →

14. 3. Der Ministerpräsident des Landes Nordrhein-Westfalen legt das Entwicklungsprogramm Ruhr vor. →

11. 5. 14 000 Menschen versammeln sich in der Dortmunder Westfalenhalle, um bei einer Kundgebung des DGB gegen die Notstandsgesetze zu protestieren. →

15. 5. Mit dem Gesetz zur Anpassung und Gesundung des deutschen Steinkohlenbergbaus und der deutschen Steinkohlenbaugebiete schafft die Bundesregierung die gesetzliche Grundlage für eine Neuordnung der Bergbauwirtschaft.

12. 6. Der nordrhein-westfälische Ministerpräsident Heinz Kühn (SPD) eröffnet in Dortmund das Forschungsinstitut für Kinderernährung, das weltweit erste Institut dieser Art.

12. 6. Der Kölner Berufsboxer Jupp Elze erleidet bei einer K.o.-Niederlage in einem Europameisterschaftskampf in der Dortmunder Westfalenhalle gegen den Italiener Carlos Duran schwere Hirnverletzungen. →

13. 8. Der Löwenpark des Grafen Westerholt in Gelsenkirchen wird für die ersten Besucher geöffnet. →

September. Am Dattelner Hafen findet erstmals das Kanalfestival statt.

12.–27. 10. Auch Sportler aus dem Ruhrgebiet können bei den Olympischen Spielen in Mexiko Medaillen gewinnen.

8. 11. Die Pädagogische Hochschule Ruhr, Abteilung Duisburg, wird ihrer Bestimmung übergeben.

12. 11. In Essen wird das Deutsche Plakatmuseum eröffnet. →

16. 12. Die Universität Dortmund wird eröffnet. →

1968. In der Essener Grugahalle findet erstmals die Internationale Sport- und Rennwagenausstellung statt.

1968. Erika Runge veröffentlicht ihre dokumentarischen »Bottroper Protokolle«. →

GESTORBEN:

9. 6. Dortmund-Sölde: Wilhelm Schleef (*18. 3. 1889, Holzwickede), Lehrer, Schriftsteller, Heimat- und Sprachforscher.

Rufe „Auf nach Bonn!" blieben ohne Resonanz

Großer DGB-Protest ohne Krawalle

Beifall der 14 000 für Gewerkschaftsführer Brenner, Tacke, Kluncker

Die Redner sprachen zwar markig und laut in die Mikrofone, aber ansonsten verlief die DGB-Kundgebung gegen die Notstandsgesetze am Samstagvormittag in der Westfalenhalle ruhig und diszipliniert. Befürchtungen, daß auch andere gegen die Notstandsgesetzgebung opponierende Gruppen bei dieser Kundgebung ihr Süppchen kochen würden, waren unbegründet. vorbereiteten Entschließung Kenntnis, die allen Parlamentsabgeordneten zugeleitet wird und in der der DGB erneut vor der Verabschiedung einer zusätzlichen Notstandsgesetzge-

Schlagzeile der Westdeutschen Allgemeinen Zeitung zur Dortmunder Großkundgebung gegen die Notstandsgesetze

Proteste gegen die Notstandsgesetze

11. Mai 1968. Bei einer Großkundgebung des Deutschen Gewerkschaftsbundes (DGB) in der Dortmunder Westfalenhalle protestieren 14 000 Menschen gegen die von der Bundesregierung geplante Notstandsgesetzgebung; auch in anderen Ruhrgebietsstädten kommt es, ähnlich wie im gesamten Bundesgebiet, zu Demonstrationen und Protestveranstaltungen gegen das Gesetzesvorhaben.

Die Regelungen der Notstandsgesetze sehen eine Änderung des Grundgesetzes dahingehend vor, daß in einem Spannungsfall oder einem Verteidigungsfall, sog. Fällen des inneren oder äußeren Notstandes, die Regierung mit Sondervollmachten ausgestattet und Grundgesetzregelungen außer Kraft gesetzt werden können.

Während die Bundesregierung betont, es gehe bei dem Gesetzesvorhaben allein »um Vorsorge für den Schutz des Lebens und der Freiheit der Bürger, um die Erhaltung und Verteidigung der Demokratie gegen ihre Feinde von innen und außen«, befürchten die Kritiker, daß die vorgesehenen Regelungen Möglichkeiten des Mißbrauchs eröffnen. Vor allem Gewerkschaften und Studenten sowie Schülergruppen sind an den Protestaktionen gegen die Notstandsgesetze beteiligt.

Die Notstandsgesetzgebung

Die am 30. Mai verabschiedete Notstandsverfassung sieht Änderungen und Zusätze zum Grundgesetz vor. So kann der Bundestag mit Zustimmung des Bundesrates den Verteidigungsfall feststellen, falls das Bundesgebiet mit Waffengewalt angegriffen wird oder ein Angriff unmittelbar bevorsteht. Ist der Bundestag nicht rechtzeitig in der Lage zusammenzutreten, um eine solche Entscheidung zu treffen, so übernimmt der sog. Gemeine Ausschuß mit Mitgliedern des Bundestags und des Bundesrats diese Aufgabe.

Die Streitkräfte der Bundesrepublik können den Gesetzen zufolge sowohl in einem Verteidigungsfall als auch in einem Spannungsfall, der im Gesetz nicht genauer definiert ist, zur Unterstützung der Polizei eingesetzt werden. Außerdem können die Bundesbürger dienstverpflichtet werden; weitere Regelungen sehen unter bestimmten Umständen Einschränkungen des Brief-, Post- und Fernmeldegeheimnisses vor.

In einem von 200 Professoren unterzeichneten Aufruf gegen das Gesetzesvorhaben heißt es: »Erheben wir unsere Stimme gegen die Pläne einer Regierung, die unter Täuschung der Öffentlichkeit sich diktatorische Gewalt erschleichen will; die bereit ist, die Bundeswehr gegen das eigene Volk einzusetzen.«

Am 30. Mai wird das umstrittene Gesetzespaket dennoch mit 384 gegen 100 Stimmen bei einer Enthaltung im Bundestag angenommen.

Dutschke in Essen

4. Februar 1968. *In der vollbesetzten Aula der Maschinenbauschule in Essen referiert Rudi Dutschke (Abb. l.), einer der führenden Köpfe des Sozialistischen Deutschen Studentenbunds (SDS), über die innenpolitische Lage der Bundesrepublik und die politischen Ziele der Studentenbewegung. Am gleichen Tag nimmt er gemeinsam mit dem Vorsitzenden der SPD-Fraktion im Düsseldorfer Landtag, Johannes Rau, in der Wattenscheider Stadthalle an einer öffentlichen Diskussionsveranstaltung teil.*

Hilfen für Ruhrregion

14. März 1968. Der Ministerpräsident von Nordrhein-Westfalen, Heinz Kühn, legt auf einer Landespressekonferenz in Düsseldorf das Entwicklungsprogramm Ruhr vor, das Investitionen von insgesamt 25 Mrd DM im Ruhrgebiet vorsieht.

Wichtige Straßenbauvorhaben im Entwicklungsprogramm Ruhr

▷ Bundesautobahn (A 44) Unna – Kassel (172 Mio DM)
▷ Bundesautobahn (A 31) Velbert – Mülheim – Oberhausen nach Emden (100 Mio DM)
▷ Bundesautobahn (A 43) Münster – Wuppertal im Bereich des Ruhrgebiets (173 Mio DM)
▷ Bundesautobahn (A 57) Neuß – Moers – Alpen (105 Mio DM)
▷ Ruhrschnellweg Essen – Duisburg einschl. Rheinbrücke (109 Mio DM)
▷ Bundesstraße 8 Duisburg – Wesel (49 Mio DM)
▷ Bundesstraße 224 Dorsten – Bottrop – Gladbeck (86 Mio DM)

Strukturwirksame Maßnahmen, u. a. zum Ausbau des Verkehrsnetzes, zur Schaffung neuer Arbeitsplätze und zum Wohnungsbau, sollen die Krisenlage an der Ruhr bis spätestens 1973 beheben.

Neben dem Ausbau der Autostraßen sieht das Programm ein neues Stadtbahnnetz für 1,6 Mrd DM mit einheitlichen Tarifen im gesamten Revier vor. Um die Verödung der Stadtkerne und die Zersiedlung der Randbereiche aufzuhalten, will das Land 90 Mio DM für Wohnungsbau in den Innenstädten aufwenden.

Bis 1973 soll, vor allem in den Räumen Dinslaken – Oberhausen, Bottrop – Herne und Dortmund – Lünen, die Luftverschmutzung um 75 % verringert werden. Die geschätzten Kosten hierfür betragen 130 Mio DM. Südlich der Ruhruniversität Bochum wird für 85 Mio DM der Kemnader Stausee als Wassersportparadies entstehen. Mehrere über das Revier verteilte Freizeitparks mit Spiel- und Sportanlagen sowie Schwimmbädern werden den Großstädtern Erholung bieten.

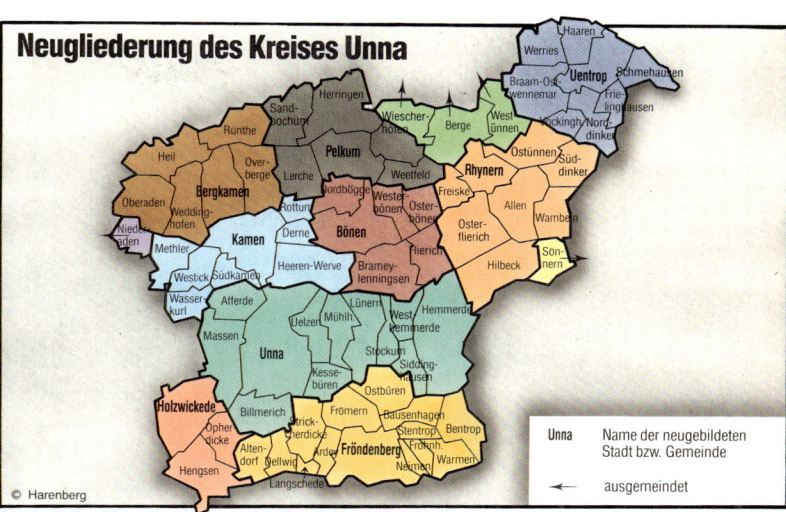

Kreis Unna wird völlig neu gegliedert

1. Januar 1968. Das Gesetz zur Neugliederung des Kreises Unna tritt in Kraft. Die bislang 67 Orte werden in neun Großgemeinden zusammengefaßt: Bergkamen, Bönen, Fröndenberg, Holzwickede, Kamen, Pelkum, Rhynern, Uentrop und Unna (Karte).

Die Zersplitterung des Kreises hatte bisher seine planvolle Entwicklung behindert. Allein 45 der früheren Klein- und Kleinstgemeinden hatten weniger als 1000 Einwohner; das jetzt nach Kamen eingemeindete Derne z. B. hatte nur 69 Bürger. Mit einem bescheidenen Jahresetat von lediglich 20 900 DM (= 300 DM pro Einwohner) mußte die Gemeinde ihre vielfältigen Aufgaben wie die Instandhaltung der Straßen oder den Feuerschutz wahrnehmen.

Studenten stören Einweihung der Uni Dortmund

16. Dezember 1968. In Gegenwart zahlreicher Ehrengäste, darunter auch Bundespräsident Heinrich Lübke und der nordrhein-westfälische Ministerpräsident Heinz Kühn, wird mit einer Feierstunde im Opernhaus die Dortmunder Universität eröffnet. Durch die neue Hochschule mit Schwerpunkt auf den Natur- und Ingenieurwissenschaften sowie Wirtschafts- und Sozialwissenschaften geht der seit der Einweihung der Königlichen Maschinenbauschulen (1897) währende Traum der Stadt Dortmund von der Errichtung einer (Technischen) Hochschule in Erfüllung.

Bei der Eröffnungsfeier kommt es zu einem Zwischenfall, als sich der Kultusminister des Landes Nordrhein-Westfalen, Fritz Holthoff, von seinem Kabinettskollegen Hermann Kohlhase entschuldigen läßt, da er von einer Mexikoreise nicht rechtzeitig habe zurückkehren können. Daraufhin stimmt eine Gruppe von ca. 40 geladenen Studenten der Pädagogischen Hochschule eine Weihnachtslied-Umdichtung an: »Stille Macht, heilige Macht/Holthoff schläft, einsam wacht/Nur die große Studentenschaft./Hier bei uns ist sie schon versklavt./Holet sie aus Schmeißers Saft/Holet sie aus Schmeißers Saft!« (Prof. Martin Schmeißer ist der erste Rektor der Dortmunder Universität.)

Als Ministerpräsident Kühn den »pseudo-revolutionären Gesangverein« zur Ruhe ermahnt, die Studenten aber weitere Lieder folgen lassen und Transparente entrollen, greift Polizei ein und entfernt, teilweise unter Anwendung von Gewalt, die Störer. Da jedoch keiner der Beteiligten in Gewahrsam genommen wird, treffen die Studenten bei der abendlichen Stehparty in der Halle des Aufbau- und Verfügungszentrums der Universität erneut mit den Vertretern aus Landes- und Kommunalpolitik zusammen, wo diese sich Diskussionen zum Thema Hochschulreform stellen. Die Konzeption der Universität Dortmund ist bereits ein Kind der Neuerungsbestrebungen; die Studentenschaft hatte an der Arbeit des Gründungsausschusses mitgewirkt. In seiner Festansprache drückt Ministerpräsident Kühn seine Erwartung aus, daß die Dortmunder Hochschule bei der Studien- und Verwaltungsreform Schrittmacherdienste leisten werde.

Blick auf die Baustelle der Dortmunder Universität, 12 Abteilungen mit 127 Lehrstühlen sind geplant

Heinz Kühn, Ministerpräsident des Landes NRW (1. v. l.) und Martin Schmeißer, Rektor der Universität Dortmund (1. v. r.)

Sozial-»Protokolle« von Erika Runge

1968. Die Schriftstellerin Erika Runge (* 1939) veröffentlicht ihre dokumentarischen »Bottroper Protokolle«, worin durch die unkommentierte Aneinanderreihung von Interviews – mit einem Pfarrer, einer Hausfrau, einem Rektor, einem Verkäufer, einer Putzfrau, einem Beat-Sänger und einer kaufmännischen Angestellten – beispielhaft eine soziale Topographie des Ruhrgebiets entworfen wird.

Die zentrale Bedeutung der Zechen für das Leben der Anwohner macht Erika Runge dadurch deutlich, daß sie deren Ansichten thematisch um die Stillegung eines Bergwerks gruppiert. Die »Protokolle« gipfeln in der Aufzeichnung der entscheidenden Belegschaftsversammlung. Zu ihrer Sozialreportage äußert die Autorin: »Ich wollte schreiben, aber mir fehlten die Worte.... Aus dem Mangel an Sprachfähigkeit wurde: Zuhören. Und anstatt von meinen eigenen Wünschen und Sorgen zu sprechen, identifizierte ich mich mit der schmerzlichen Fülle der Sorgen und Wünsche einer ganzen Klasse, brachte sie zur Sprache.«

Großwildsafari in Gelsenkirchen-Buer

13. August 1968. *Mehr als 100 Gäste besuchen am Tag der Eröffnung den Löwenpark des Grafen von Westerholt in Gelsenkirchen-Buer. In dem 2,7 ha großen Gehege, das die Besucher in ihren Autos oder in Bussen durchqueren, wurden 40 Löwen ausgesetzt. Auf den Trubel am Eröffnungstag reagieren die Wüstenkönige, die sich schnell im Westerholtschen Park einlebten, eher gelangweilt (Abb.).*

Polizisten halten sicherheitshalber Großwildmunition bereit, doch Besuchern, die vorschriftsmäßig im Wagen bleiben, kann bei der Emschersafari nichts geschehen. Zwei bis zu 4 m hohe Drahtzäune verhindern ein Ausbrechen der Tiere aus dem Gehege. Am Ein- und Ausgang befindet sich eine Sicherheitsschleuse mit zwei Toren.

Erste Ausstellung im Plakatmuseum Essen

12. November 1968. Mit der Ausstellung »Französische Meisterplakate des 19. Jh.« wird das von dem Stifterverein »pro plakat e. V.« gegründete Deutsche Plakatmuseum in Essen eröffnet. Mit etwa 60 000 historischen und zeitgenössischen Exponaten entwickelt es sich neben einer Sammlung in Warschau zum bedeutendsten europäischen Museum seiner Art. Schwerpunkte sind französische Plakate von 1875 bis 1908, polnische Plakate von 1945 bis 1965, Varieté- und Zirkusplakate sowie zeitgenössische, z. B. Pop-Plakate.

Boxer Elze stirbt an Hirnverletzung

12. Juni 1968. Bei einem Boxkampf gegen den Europameister im Mittelgewicht, Carlos Duran (Italien), in der Dortmunder Westfalenhalle gibt der Deutsche Meister Jupp Elze den Kampf in der 15. Runde auf und bricht in seiner Ringecke bewußtlos zusammen. Acht Tage später stirbt er an den Folgen einer im Kampf erlittenen Gehirnverletzung.

Olympische Spiele in Mexikos Höhenluft

12. bis 27. Oktober 1968. Bei den Olympischen Spielen in Mexico-City gewinnen drei Sportler aus dem Ruhrgebiet eine Medaille.

Der Schwerter Kanu-Weltmeister von 1966, Detlef Lewe, erringt im Einer-Kanadier über 100 m eine Silbermedaille; Gold gewinnt der Ungar Tibor Tatai, Bronze der Sowjetrusse Witali Galkow. Ebenfalls Silber schafft Claus Schiprowski aus Recklinghausen mit 5,40 m im Stabhochsprung; auch seine beiden Konkurrenten überspringen die gleiche Höhe: Der US-Amerikaner Robert Seagren erringt Gold, weil er weniger Versuche benötigte, der DDR-Sportler Wolfgang Nordwig kommt auf den 3. Platz. Bei den Schwimmwettkämpfen erreicht Michael Holthaus aus Bochum über 400 m Lagen Bronze. Er kann nach einem harten Kampf in die Gruppe der drei favorisierten US-Schwimmer eindringen. Mexikos dünne Höhenluft macht den Sportlern oft Probleme.

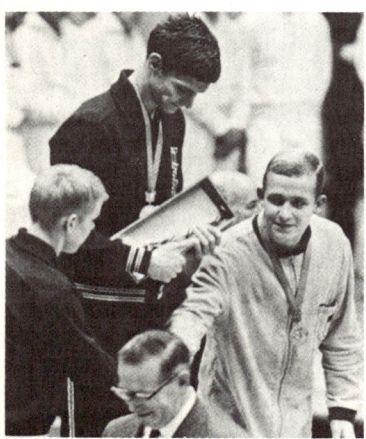

Schwimmer Michael Holthaus

Detlef Lewe im Einer-Kanadier

Stabhochspringer C. Schiprowski

Essener Messe zeigt schnelle Autos

1968. In der Essener Grugahalle wird erstmals eine internationale Sport- und Rennwagenausstellung eröffnet. Sie wird in der Folgezeit eine der größten Messen dieser Art in der Bundesrepublik.

Zwei Jahre nach der ersten Ausstellung wird die Motor-Show im Herbst 1970 zum Gedenken an den in diesem Jahr verstorbenen Rennfahrer in Jochen Rindt-Show umbenannt. Neben alten und neuen Sport- und Rennwagen werden auch Motorräder vorgestellt. International erfolgreiche Rennfahrer aus Vergangenheit und Gegenwart sind auf dieser Messe zu Gast, nicht zuletzt dank der internationalen Kontakte von Nina Rindt, die an der Gestaltung der Ausstellungen teilnimmt.

Neben der Renn-Prominenz und den PS-starken Formel-I-Wagen sind die chromglänzenden Oldtimer ebenfalls große Anziehungspunkte für das Publikum, sei es ein Benz aus dem 19. Jh., ein MG aus den 50er Jahren oder der legendäre Mercedes-Sportwagen mit »Flügeltüren«.

Die Bergbaukrise im Revier

Es gibt wohl nur wenige Ereignisse, die das Selbstbewußtsein der Menschen im Ruhrgebiet mehr erschüttert haben als die Kohlekrise am Ende der 50er Jahre. Mehr als ein Jahrhundert lang hatte sich ein wesentlicher Teil des wirtschaftlichen und sozialen Erfolges des Ruhrgebiets auf die Kohle gegründet, ihretwegen hatte sich die Stahlindustrie zwischen Duisburg und Dortmund angesiedelt, ihre Förderanlagen bestimmten das Bild der Landschaft, ihre Fördermengen waren der Gradmesser für den Wohlstand nicht allein im Ruhrgebiet. Im Kohlenbergbau waren spezifische Lebensweisen, waren Solidarität und Identität der Menschen entstanden, hier war in langen und entbehrungsreichen Kämpfen die Basis für die machtvolle Gewerkschaftsbewegung gelegt worden, hier waren politische und soziale Fortschritte erkämpft worden, die zum Vorbild wurden für andere Branchen und Regionen. Die ganze Region lebte vom Kohlenbergbau: Nicht nur die meisten Menschen bezogen daher direkt oder indirekt ihr Einkommen – selbst heute noch geht man davon aus, daß ein Arbeitsplatz im Bergbau einen weiteren nach sich zieht –, auch die Städte und Kreise im Ruhrgebiet waren abhängig von den Steuereinnahmen, die ihnen in den 50er Jahren reichlich aus dem Bergbau zuflossen. Als die Kohle in die Krise kam, mußte es vielen so erscheinen, als zöge man dem ganzen Ruhrgebiet die Existenzgrundlage, ja: die Daseinsberechtigung unter den Füßen weg.

Was im Februar des Jahres 1958 mit den ersten Feierschichten für 16 000 Bergleute begann, war für alle im Ruhrgebiet völlig unerwartet gekommen. Gerade noch hatte im Jahr zuvor die Hohe Behörde der Montanunion vom Ruhrbergbau gefordert, die Förderkapazität in den nächsten Jahren um mehr als 40 Mio t zu erhöhen, noch steckte der Bergbau in einer neuen Expansionsphase, in der 50 neue Tagesschächte abgeteuft worden waren, gerade noch waren Arbeits- und Einkommensbedingungen der Beschäftigten im Bergbau verbessert worden und hatten die Bergleute dorthin gebracht, wohin sie zu gehören glaubten, nämlich an die Spitze der Einkommensskala, da brach die Krise mit einer Geschwindigkeit und Heftigkeit aus, auf die niemand vorbereitet war. Die Haldenbestände an Kohle, die es bis 1957 praktisch nicht gegeben hatte und die im Durchschnitt der 50er Jahre weniger als 1% der Jahresförderung betragen hatten, wuchsen im ersten Halbjahr 1958 um das Siebenfache. Im April mußten sogar 13% der Monatsförderung auf Halde gelegt werden. Am Ende des Jahres 1958, als nicht einmal mehr Feierschichten ausreichten, um die Absatzlage einigermaßen unter Kontrolle zu halten, kam es sogar zu den ersten Entlassungen. Für das Ruhrgebiet, seine Wirtschaft und Politik, waren diese Vorgänge unvorstellbar und unerhört, man konnte sich einfach nicht vorstellen, daß die Blüte der Kohle vorbei sein sollte und vielleicht nur mit der wirtschaftlichen Ausnahmesituation des Wiederaufbaus zu erklären war. Man war nicht bereit, die Krise als den Auftakt für langfristige und langwierige Strukturprobleme im Revier zu verstehen.

Schließlich hatten die wirtschaftlichen Chancen für das Ruhrgebiet in den Jahren nach dem Kriegsende zunächst gar nicht so schlecht ausgesehen. Die Produktstruktur der Ruhrwirtschaft entsprach genau dem, was für den ökonomischen und sozialen Wiederaufbau unbedingt notwendig war – Kohle, Stahl, Energie. Die Kohleförderung war schon von den Alliierten bevorzugt worden, nicht zuletzt durch größere Essensrationen für die Beschäftigten, aber auch durch politischen Druck auf die Unternehmen, den gewerkschaftlichen Forderungen nach Mitbestimmung nachzugeben. Ganz Westeuropa brauchte die Kohle aus dem Ruhrgebiet, und ganz Westeuropa sollte auch an ihr teilhaben können; die ersten Schritte zur wirtschaftlichen Einigung Europas sind 1952 in der Montanunion gegangen worden, durch die das »Ruhrstatut«, mit dem die Alliierten seit 1948 die Produktion und Verteilung von Kohle und Koks streng kontrollierten, durch eine gleichberechtigte internationale Vertragslösung ersetzt wurde.

Und entsprechend hoch waren die Wachstumsraten ausgefallen: Zwischen 1950 und 1958 war die Kohleförderung um fast ein Fünftel gesteigert worden und hatte 1956 mit 125 Mio t ihren Höchststand erreicht. Aber auch die Stahlindustrie sollte nach 1950 ihren Teil vom Wachstumskuchen abgekommen: Nicht nur, daß für den Wiederaufbau von Industrie, Verkehr und Wohnungen der Stahl aus dem Ruhrgebiet gebraucht wurde, nicht nur, daß sich ein steigender privater Konsum in einem steigenden Verbrauch von Stahl ausdrückte, auch der »Korea-Boom« hatte seinen Teil zur guten Konjunktur im Ruhrgebiet beigetragen. Manche Kommentatoren sind sogar der Meinung, daß der »Kalte Krieg« die entscheidende Voraussetzung für den Wiederaufstieg der westdeutschen und insbesondere der Ruhrwirtschaft gewesen war. Der sich verschärfende Ost-West-Konflikt führte tatsächlich zu einer stärkeren Einbindung der Bundesrepublik in das westliche Bündnis, denn schließlich brauchte man vor allem die Wirtschaftskraft des Ruhrgebiets, auch wenn die Stahlindustrie im Ruhrgebiet keine Rüstungsgüter herstellen durfte. Zwischen 1950 und 1958 erhöhte sich die Eisen- und Stahlproduktion im Ruhrgebiet um mehr als drei Viertel. Und wieder – wie am Ende des 19. Jh. – zog es viele Menschen ins Revier: In den 50er Jahren wanderten fast eine Million Menschen ein; und wieder mußte man Arbeitskräfte aus dem Ausland anwerben, da selbst durch den Zustrom von Flüchtlingen das heimische Arbeitskräftepotential nicht ausreichte.

Zunächst also zahlte es sich aus, daß man an der überkommenen Wirtschaftsstruktur festhielt, daß man sie nach 1945 in fast der gleichen Weise wieder aufbaute, wie sie vor 1939 bestanden hatte. Was immer man im Rückblick auch davon halten mag, die Zeitgenossen empfanden die vorrangige Konzentration von Wirtschaft und Wirtschaftspolitik auf die Montanindustrie als einen großen Vorzug. Das »Wirtschaftswunder« war im Ruhrgebiet praktisch sofort fühlbar geworden: Höhere Löhne, bessere Arbeitsbedingungen, starke Gewerkschaften und ein rascher Wiederaufbau der zerstörten Städte, die nun viel von ihrer alten Enge und Düsternis des 19. Jh. verloren. Aber es fehlte auch nicht an warnenden Stimmen: Bereits Anfang der 50er Jahre lagen die Wachstumsraten der Ruhrwirtschaft im Vergleich zwischen den Bundesländern unter dem Durchschnitt. Man benötigte zum »Wirtschaftswunder« zwar Kohle und Stahl, aber die eigentliche wirtschaftliche Dynamik vollzog sich an anderen Orten in der Bundesrepublik, etwa in Süddeutschland, wo man die Gunst der Stunde nutzte und sich eine moderne, auf neuen Wirtschaftszweigen – wie der Automobilindustrie oder der Elektrotechnik – aufbauende Struktur schuf. Die Verschiebungen in der Energieversorgung – hin zur Importkohle und zum billigen Erdöl – waren schließlich weniger die Ursache als vielmehr der Auslöser der Kohlekrise im Ruhrgebiet.

Was bis Mitte der 60er Jahre folgte, traf die wirtschaftliche Struktur des Ruhrgebiets härter als die Demontage: Zwischen 1958 und 1964 wurden 35 Zechen mit einer Jahresproduktion von 11,6 Mio t und 53 000 Arbeitsplätzen stillgelegt; 1966 arbeiteten nur noch halb so viele Beschäftigte im Ruhrbergbau wie 1950. In den meisten Städten an der Ruhr fand zwischen 1957 und 1961 wirtschaftliches Wachstum nicht mehr statt, und man mußte froh sein, wenigstens den erreichten Stand zu halten – manche Ruhrgebietsstädte wie Herne, Wattenscheid oder Bottrop fanden sich, gemessen an ihrer Wirtschaftskraft, in der Nachbarschaft unterentwickelter ländlicher Räume wieder, und in Castrop-Rauxel war das Bruttosozialprodukt sogar rückläufig – und das inmitten einer Bundesrepublik, die im Durchschnitt immer noch hohe und höchste Wachstumsraten aufwies. So wie sie über anderthalb Jahrhunderte von der Monostruktur profitiert hatte, war die Region nun der Strukturkrise ausgeliefert.

Die Reaktion von Wirtschaft und Politik im Ruhrgebiet auf die Kohlekrise und ihre Folgen war zunächst und über lange Zeit defensiv: Man versuchte mit allen Mitteln, das Überleben der alten Strukturen zu sichern. Die Unternehmen sprachen von »verfälschten Wettbewerbsbedingungen« und forderten eine Rücknahme der »überhöhten Sozialslasten«. Man wollte sich nicht den neuen Marktbedingungen anpassen, sondern forderte von der Politik nichts weniger als die Rückkehr zu den guten, alten Zeiten, als man die Kohle nicht mühsam verkaufen mußte, sondern sie fast nach Belieben den Kunden zuteilen konnte. Man wollte die Sicherung der Märkte durch Verträge mit der heimischen Elektrizitätswirtschaft und die Einschränkung der Öl- und Kohleimporte durch Zölle und Quoten. Ansonsten hoffte man auf kalte Winter, die den Kohleverbrauch wieder in die Höhe treiben sollten. Ein Strukturwandel, eine Strukturerneuerung durch Ansiedlung und Entwicklung von neuen Produkten, Unternehmen oder Branchen fand in jenen Jahren jedoch nicht statt, ganz im Gegenteil: Gelände für Industrieansiedlungen wurde vom Bergbau nicht oder nur unter ausgesprochen unattraktiven Bedingungen bereitgestellt, auch weil man die Konkurrenz von Betrieben mit höherem Lohnniveau und entsprechende Konsequenzen für die eigene Lohnstruktur fürchtete.

So wurde der strukturelle Wandel zu einer Zeit verpaßt, da Wachstumspotentiale und -dynamik noch groß genug waren, daß man sie auch hätte ins Ruhrgebiet lenken können. Mit einer Strategie des Abwartens und der Beharrung jedoch war die öffentliche Meinung Mitte der 60er Jahre nicht mehr zufriedenzustellen: Der Protest gegen das Zechensterben erfaßte 1966 die ganze Region, es kam zu Demonstrationen und zur Entsendung von Delegationen nach Düsseldorf und Bonn. In den Kirchen wurden Bittgottesdienste abgehalten, und die Unternehmensvorstände sahen schon die öffentliche Ruhe und Ordnung in akuter Gefahr. Es war nicht zuletzt die Krise an der Ruhr, die 1966 zu Bildung der Großen Koalition in Bonn und zum Sturz der CDU-geführten Regierung in Düsseldorf führte, weil die Poltik der Hoffnung auf die Marktkräfte offensichtlich im Ruhrgebiet erfolglos war.

Die neuen Regierungen im Bund und im Land Nordrhein-Westfalen hatten eine ganze Menge an Arbeit im Ruhrgebiet vor sich: Nicht nur, daß die Kohlekrise und die sozialen Folgen gelöst werden mußten, die Auswirkungen der Monostruktur gingen weit über den wirtschaftlichen Bereich hinaus. Am Anfang der 60er Jahre gab es im Ruhrgebiet immer noch keine Universität, von der aus innovatorische Impulse auf die Wirtschaftsstruktur und eine bildungspolitische Begleitung des Strukturwandels hätten ausgehen können. Erst 1965 nahm die »Ruhruniversität« in Bochum ihren Betrieb auf, vier weitere Universitäten und Gesamthochschulen sollten in den 70er Jahren folgen.

Aber es ging nicht allein um die Hochschulen, überhaupt war das Qualifikationsniveau der Beschäftigten ein Engpaßfaktor für die wirtschaftliche und strukturelle Entwicklung. Vor allem der Bergbau mußte sich Versäumnisse in der Vergangenheit vorhalten lassen: Ein relativ hoher Anteil seiner Beschäftigten hatte die Volksschule nicht mit dem achten Schuljahr abgeschlossen und verfügte auch nicht über eine abgeschlossene Lehre – und das zu einem Zeitpunkt, da die hohe Qualifikation der Beschäftigten, das »Humankapital«, zu einer wichtigen Quelle für wirtschaftliches Wachstum geworden war. Die Liste der Probleme, die einer politischen Lösung harrten, war allerdings noch länger: Es fehlte im Ruhrgebiet an einem System für den öffentlichen Nahverkehr, es galt, die jahrzehntelangen Versäumnisse im Freizeitbereich aufzuarbeiten, es ging um dringende Maßnahmen der Landschaftspflege und des Umweltschutzes, denn allmählich drangen die Probleme und Gefährdungen der natürlichen Umwelt in das öffentliche Bewußtsein – schon am Ende der 60er Jahre wurde in einer Umfrage immerhin die Verschmutzung der Umwelt ebenso häufig als wichtigstes Problem in der Entwicklung des Ruhrgebiets genannt wie die Schwierigkeiten auf dem Arbeitsmarkt.

Die Strukturprobleme des Ruhrgebiets waren mit rein marktwirtschaftlichen Maßnahmen nicht mehr zu lösen, sie hatten am Ende der 60er Jahre eine Dimension angenommen, die ein massives Eingreifen des Staates erforderte. Und so, wie das Ruhrgebiet Vorreiter bei der Industrialisierung im 19. Jh. gewesen war, war es nun die erste Region, für die der Staat mit einem umfassenden Entwicklungsprogramm die wirtschaftliche Verantwortung für die Modernisierung übernahm. Das »Entwicklungsprogramm Ruhr« von 1968 und das daraus entwickelte »Nordrhein-Westfalen-Programm '75« waren die ersten Schritte weg von einem reaktiven Krisenmanagement, hin zu einer bewußten und gezielten Gestaltung der gesellschaftlichen und wirtschaftlichen Entwicklung; wie immer man auch ihren Erfolg im einzelnen einschätzen mag, sie schufen die Voraussetzung dafür, daß das Ruhrgebiet seine Chancen zum strukturellen Wandel besser wahrnehmen kann, als man in den 50er und 60er Jahren befürchten mußte. Aber fast wichtiger noch als die politischen Programme und Maßnahmen waren die Veränderungen, die sich allmählich im Bewußtsein der Menschen im Ruhrgebiet abspielten. Ganz langsam begann man, sich aus der Abhängigkeit von Kohle und Stahl zu lösen und nach neuen Wegen in der wirtschaftlichen Entwicklung zu suchen. Die neuen Universitäten, die neuen Kultureinrichtungen, die neuen Unternehmen trugen ihren Teil zu dieser Veränderung bei.

So wie das Jahr 1838 vielleicht die Geburt des Ruhrgebiets als Industrieregion markiert, war das Jahr 1958 nicht nur der Beginn einer Krise, sondern auch der Beginn einer Chance zur strukturellen Erneuerung für das Ruhrgebiet.

Andreas Schlieper

1969

5. 3. Der SPD-Politiker und frühere Essener Oberbürgermeister Gustav Heinemann, Bundesjustizminister seit 1966, wird mit den Stimmen von SPD und FDP als Nachfolger von Heinrich Lübke zum Bundespräsidenten gewählt (→ 28. 9. 1969).

1. 4. Die Hauptverwaltung der Kraftwerk-Union, einer Tochtergesellschaft der Siemens AG und der AEG, nimmt in Mülheim ihre Tätigkeit auf. →

25. 4. In Dortmund wird die Bundesgartenschau »Euroflor« eröffnet. Sie dauert bis zum 12. Oktober.

30. 5. Das Autobahnkreuz Duisburg-Kaiserberg (»Spaghetti-Knoten«) ist fertiggestellt. →

2. 6. Die Städtepartnerschaft zwischen Dortmund und Leeds wird begründet.

18. 7. Im Grundvertrag zwischen der Bundesrepublik Deutschland, den Bergbau-Altgesellschaften und der Ruhrkohle AG schließen sich 18 Unternehmen mit 85% der Steinkohlenförderung des Ruhrgebiets zu einer Gesamtgesellschaft zusammen. →

1. 8. In Dortmund und anderen Städten des Ruhrgebiets werden Gesamtschulen eingerichtet. →

2. 9. In den Betrieben der Dortmunder Hoesch Werke streiken mehrere tausend Arbeiter für höhere Löhne. →

28. 9. Mit 42,7% der abgegebenen Stimmen erzielt die SPD bei den Wahlen zum sechsten Deutschen Bundestag ihr bisher bestes Ergebnis bei Bundestagswahlen. →

22. 10. Unter dem Motto »Eine Stadt fährt in die Zukunft« beginnt der Bau der Dortmunder Stadtbahn (→ 2. 6. 1984).

11. 11. Die anthroposophische Modellklinik in Herdecke bei Witten nimmt die ersten Patienten auf. →

1969. Die Schwerter Profileisenwalzwerk AG und die Hoesch Walzwerke AG Hohenlimburg (Hagen) schließen sich zur Hoesch Werke Hohenlimburg-Schwerte AG zusammen.

1969. Die Dortmunder Industrie- und Handelskammer wandelt das 1941 gegründete Westfälische Wirtschaftsarchiv in eine Stiftung um.

1969. Rot-Weiß-Oberhausen und Rot-Weiß-Essen steigen in die Fußball-Bundesliga auf.

1969. Fritz Hüser gibt die Anthologie »Texte Texte – Prosa und Gedichte der Gruppe 61« heraus (→ 31. 3. 1961).

GESTORBEN:

30. 5. Stuttgart: Hans Müller-Kray (* 13. 10. 1908, Essen), Dirigent.

Vertrag zur Ruhrkohle AG unterzeichnet

18. Juli 1969. Vertreter von 18 Bergbauunternehmen des Ruhrreviers setzen in Essen ihre Unterschriften unter einen Vertrag, in welchem sie sich verpflichten, ihr Bergbauvermögen in eine Einheitsgesellschaft einzubringen.

Die unterzeichnenden Unternehmen repräsentieren 85% der Steinkohlenförderung des Ruhrgebiets. Vertragspartner sind die Bundesrepublik Deutschland, von der die Bürgschaften für die Schulden der alten Gesellschaften übernommen werden, und die am 27. November 1968 als zukünftige Einheitsgesellschaft des Ruhrbergbaus gegründete Ruhrkohle AG (RAG). Ziel der Gesamtgesellschaft ist die Anpassung der Produktionskapazitäten an die Absatzmöglichkeiten. Am 31. Oktober 1969 treten sechs weitere Bergbauunternehmen der RAG bei, deren Anteil an der Revierförderung dadurch auf 94% steigt. Die Gründung einer Einheitsgesellschaft für den gesamten deutschen Bergbau scheiterte an Unstimmigkeiten über die Beteiligungsquoten der Einzelunternehmen am Kapital der Gesamtgesellschaft sowie an den Regelungen über das Ausmaß der betrieblichen Mitbestimmung.

Am 28. Oktober 1971 erfolgt die organisatorische Gliederung der RAG in die sechs Betriebsgesellschaften Niederrhein, Oberhausen, Gelsenkirchen, Herne/Recklinghausen, Dortmund und Westfalen.

Unterzeichnung des Vertrages über die Gründung der Ruhrkohle AG in Essen durch Bundeswirtschaftsminister Karl Schiller (sitzend, 3. v. l.)

SPD stellt Kanzler und Staatsoberhaupt

28. September 1969. Zum ersten Mal in der Geschichte der Bundesrepublik Deutschland überschreitet die SPD bei Bundestagswahlen die 40-Prozent-Marke. Vier Wochen später, am 21. Oktober, wählt der Bundestag mit den Stimmen von SPD und FDP Willy Brandt zum Kanzler einer sozialliberalen Koalition. Die CDU/CSU wechselt nach 20 Regierungsjahren zum ersten Mal auf die Oppositionsbank.

Mit 42,7% der abgegebenen Stimmen verbessert die SPD ihr Ergebnis der letzten Bundestagswahl um 3,4 Prozentpunkte. Sie zieht mit 224 Abgeordneten in den sechsten deutschen Bundestag ein. Stärkste Partei im neugewählten Parlament bleibt trotz eines leichten Stimmenrückgangs die CDU/CSU, die drei Mandate einbüßt. Trotz Regierungsbeteiligung sind die Freien Demokraten die Verlierer der Wahl. Sie büßen 19 Sitze ein und schaffen mit 5,8% der abgegebenen Stimmen knapp den Sprung in den Bundestag. In den Städten des Ruhrgebiets ist die Sozialdemokratie unangefochtene Siegerin: Mit Essen-Süd und Dinslaken/Moers fallen auch die letzten beiden Wahlkreise des Reviers, die bislang von der CDU gehalten wurden, an die SPD.

Nachdem der FDP-Vorsitzende Walter Scheel sich für ein Wahlbündnis mit der SPD eingesetzt hatte, war am 5. März Gustav Heinemann (SPD), Justizminister im Kabinett der Großen Koalition unter Kurt-Georg Kiesinger, mit den Stimmen von FDP und SPD zum Bundespräsidenten gewählt worden.

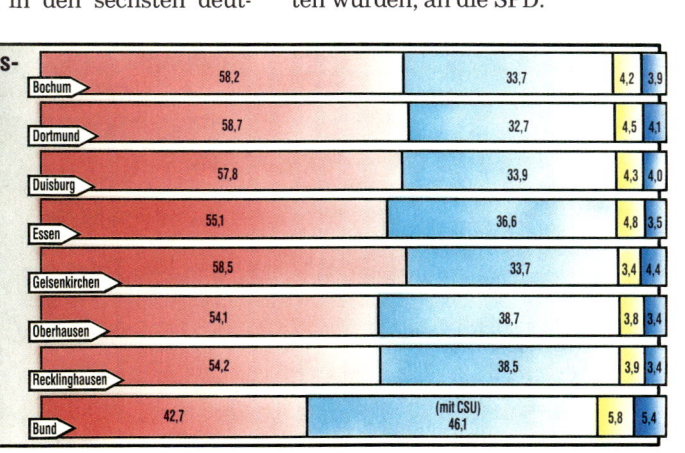

Bundestagswahl vom 28. Sept. 1969 in %	SPD	CDU	FDP	Sonstige
Bochum	58,2	33,7	4,2	3,9
Dortmund	58,7	32,7	4,5	4,1
Duisburg	57,8	33,9	4,3	4,0
Essen	55,1	36,6	4,8	3,5
Gelsenkirchen	58,5	33,7	3,4	4,4
Oberhausen	54,1	38,7	3,8	3,4
Recklinghausen	54,2	38,5	3,9	3,4
Bund	42,7	46,1 (mit CSU)	5,8	5,4

Bundespräsident Gustav W. Heinemann (1899 – 1976), von 1946 bis 1949 Oberbürgermeister von Essen

Kraftwerk-Union in Mülheim gegründet

1. April 1969. Die Kraftwerk-Union (KWU), eine gemeinsame Tochtergesellschaft der Elektrokonzerne Siemens und AEG, nimmt ihren Sitz in Mülheim an der Ruhr.
Das Aufgabengebiet des neugegründeten Unternehmens umfaßt die Entwicklung, Fertigung und den Vertrieb von Dampf- und Gasturbinen, Turbogeneratoren und Generatoranlagen. Die Planung, der Bau und der Vertrieb kompletter Wärme- und Kernkraftwerksanlagen bildet einen besonderen Schwerpunkt im Lieferprogramm.
Mit der Ansiedlung der KWU im Mülheimer Hafengebiet gelingt es der Stadt, ein Unternehmen von Weltrang zu gewinnen. Die für den Kühlwasserbedarf und schnellen Transport günstige Lage an der Ruhr beeinflußte maßgeblich die Standortwahl der Unternehmensleitung. Am 14. Juli des Jahres findet die Unterzeichnung eines Grundstücksvertrags zwischen der Stadt und der KWU statt; am 20. März 1970 wird der Grundstein zum ersten Werksneubau gelegt.

Streikende Stahlarbeiter vor der Hauptverwaltung der Hoesch AG in Dortmund; die Arbeiter der Westfalenhütte fordern 30 Pfg mehr Lohn

Streiks für bessere Löhne

2. September 1969. Mit einem Ausstand von 12 000 Stahlarbeitern der Dortmunder Westfalenhütte beginnt eine Serie von Streiks in der Stahlindustrie und im Bergbau, die von den Gewerkschaften nicht gebilligt werden. Als die Firmenleitung der Hoesch AG, zu der die Westfalenhütte gehört, der Forderung nach einer Lohnerhöhung von 30 Pfennig pro Stunde nachgibt, treten auch die Belegschaften anderer Revierunternehmen trotz noch gültiger Tarifverträge in den Ausstand.

Erste Gesamtschulen auch im Ruhrgebiet

1. August 1969. Die integrierte Gesamtschule der Stadt Dortmund nimmt ihren Unterrichtsbetrieb auf; der erste Jahrgang (5. Schuljahr) umfaßt acht Klassen. Auch in anderen Orten des Ruhrgebiets, so in Oberhausen, Gelsenkirchen und Fröndenberg (Kreis Unna), wird die neue Schulform eingeführt.
Die Gesamtschule, in ihrer Konzeption auf die Idee der Einheitsschule aus dem 19. Jh. zurückgehend, ist in den 60er Jahren ein ständiger Zankapfel der Bildungspolitik. Während SPD und FDP die neue Schulform unterstützen, plädieren die Unionsparteien für die Beibehaltung des alten dreigliedrigen Schulsystems (Haupt-, Realschule, Gymnasium).
Der Unterricht an den Gesamtschulen findet in sog. Grund- und Leistungskursen statt. Während in den Grundkursen alle Schüler eines Jahrgangs gemeinsam lernen, sind die Leistungskurse nach drei bis fünf Anforderungsgruppen unterschieden, in die die Schüler, dem Stand ihres Wissens entsprechend, eingestuft werden.

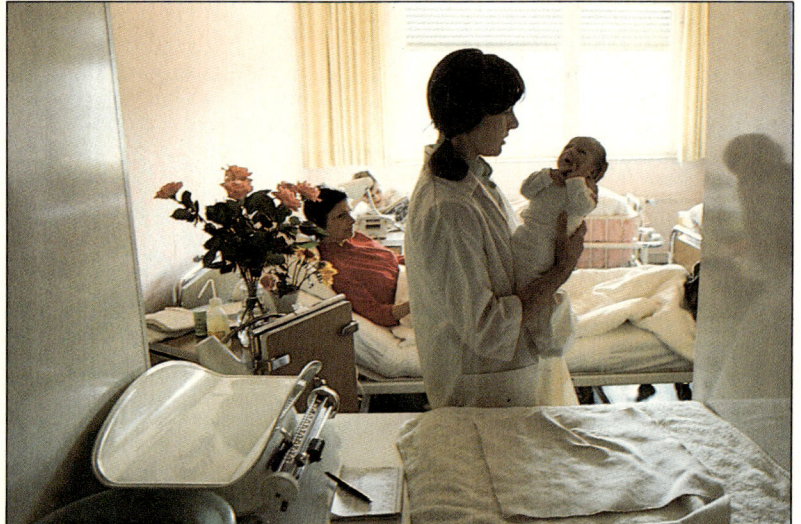

Gemeinschaftskrankenhaus Herdecke

11. November 1969. *Das Gemeinschaftskrankenhaus Herdecke bei Witten, das von einem gemeinnützigen Verein unter Verzicht auf öffentliche Mittel gegründet wurde, nimmt die ersten Patienten auf.*
In Herdecke wird eine anthroposophische, an den Lehren des Pädagogen und Philosophen Rudolf Steiner orientierte Medizin betrieben, die den menschlichen Organismus als Einheit aus körperlichem und seelisch-geistigem Bereich versteht. Im Mittelpunkt stehen, bei modernsten Behandlungsmethoden, die Patienten und nicht die Erfordernisse der Apparate-Medizin. Freundliche Farben und holzverschalte Decken in den Zimmern (Abb.) fördern das Wohlergehen der Kranken.

Autobahnkreuz ähnelt Spaghetti-Knoten

30. Mai 1969. *Ein Autobahnkreuz, das in Konstruktion und Umfang in Europa ohne Beispiel ist, kann in Duisburg am Kaiserberg für den Verkehr freigegeben werden. Luftbilder, die anläßlich der Einweihung von vielen Zeitungen im Revier veröffentlicht werden, zeigen das fast unüberschaubare Gewirr unter- und übereinandergeführter Straßen und Brückentrassen (Abb.). Treffend bezeichnet der Volksmund diese verkehrstechnische Großtat als Spaghetti-Knoten. Zusammen mit dem im Osten vorgelagerten Duisburger Kreuz verteilt das 70 Mio DM teure Kreuzungsprojekt den Verkehr in und aus Richtung Niederlande, Niederrhein, den Großräumen Düsseldorf, Köln und Krefeld.*

1970

1. 1. Altendorf-Ruhr (später Burgaltendorf) wird nach Essen eingemeindet.

1. 2. In Essen wird ein deutsch-sowjetischer Vertrag über die Lieferung von sowjetischem Erdgas gegen Großröhren abgeschlossen. →

28. 2. In Essen wird die »Ruhrwerkstatt für Literatur der Arbeitswelt« gegründet. →

5.–12. 4. Der amerikanische Prediger Billy Graham tritt in Dortmund auf. →

18. 4. Mit den Aufführungen »Quodlibet« von Peter Handke und Rainer Werner Faßbinders »Pre-Paradise, sorry now« wird das avantgardistische Antitheater »Studio M« in der Duisburger Mercatorhalle eröffnet.

21. 4. Die VEBA AG gründet die VEBA Kraftwerke Ruhr GmbH mit Sitz in Gelsenkirchen. →

Mai. In Bergkamen wird mit der Galerie Sohle 1 die erste kommunale Bildergalerie in der BRD eröffnet.

4. 6. Der Revierpark Gysenberg in Herne wird eröffnet. →

3. 8. In der Dortmunder Westfalenhalle beginnt die erste Kinderferienparty. →

27. 8. In der Essener Grugahalle wird erstmals das Hippie-Musical »Hair« gezeigt.

25. 9. In Essen wird der Ruhrschnellweg-Tunnel, mit 1020 m die längste unterirdische Straßenführung der Bundesrepublik, in Betrieb genommen. →

16. 10. Die Rheinbrücke in Duisburg-Neuenkamp wird dem Verkehr übergeben. →

1970. Die Deutsche Libbey-Owens Gesellschaft für maschinelle Glasherstellung AG (Delog) und die Deutsche Tafelglas AG fusionieren zur Flachglas AG mit Sitz in Gelsenkirchen-Rotthausen. →

1970. Seit 1961 ist jeder zehnte Arbeitsplatz im Ruhrgebiet verlorengegangen (insgesamt 219 000). Besonders stark betroffen ist die Emscherregion; hier sind z. B. 31,7% der Arbeitsplätze in Bottrop und 24,8% in Herne verlorengegangen.

1970. In Dortmund bildet sich die Amateurtruppe »Initiative Theater Dortmund«. →

1970. Mit dem Deutschen Theater Berlin, Staatstheater der DDR, wirkt erstmals ein DDR-Ensemble an den Ruhrfestspielen Recklinghausen mit.

1970. Der KSV Witten 07 wird zum ersten Mal Deutscher Mannschaftsmeister im Ringen. →

1970. Bei den Hallen-Europameisterschaften in Wien sind Leichtathleten aus Dortmund, Bochum und Wattenscheid erfolgreich.

Ost-West-Geschäft mit Gas und Röhren

1. Februar 1970. Im Essener Hotel Kaiserhof unterzeichnen Vertreter der Ruhrgas AG, der Mannesmann-Export GmbH und der Deutschen Bank AG einerseits sowie Vertreter von zwei sowjetischen Staatsbetrieben und der sowjetischen Außenhandelsbank andererseits den sog. Erdgas-Röhren-Vertrag.
Das deutsch-sowjetische Abkommen umfaßt folgende Übereinkünfte:
▷ Mannesmann liefert in der Zeit von Juli 1970 bis Dezember 1972 1,2 Mio t Großröhren an die Sowjetunion zum Bau einer Gasleitung von 2000 km Länge
▷ Die Sowjetunion liefert ab Oktober 1973 innerhalb von 20 Jahren 52 Mrd m³ Erdgas im Wert von 2,5 Mrd DM an die Ruhrgas AG
▷ Ein Bankenkonsortium unter Führung der Deutschen Bank stellt der Sowjetunion zur Finanzierung der Röhrenlieferungen einen Kredit in Höhe von 1,2 Mrd DM zur Verfügung, der mit den Einnahmen aus den Gaslieferungen zurückgezahlt werden soll.
Der Vertrag über das bisher größte Ost-West-Geschäft wird im Beisein

Unterzeichnung des Erdgas-Röhren-Vertrags im Essener Hotel Kaiserhof; 2. v. l.: Herbert Schelberger, Vorstandsvorsitzender der Ruhrgas AG

des deutschen Wirtschaftsministers Karl Schiller und des sowjetischen Außenhandelsministers Nikolai S. Patolitschew unterschrieben. Neben den ungewöhnlich günstigen Kreditbedingungen für die Sowjetunion, die bei einer Kreditlaufzeit von elf Jahren nur wenig mehr als 6% Zinsen zu zahlen hat, wird von Kritikern des Vertrages bemängelt, daß die Bundesrepublik sich in Abhängigkeit von der UdSSR begäbe. Die WAZ schreibt zu dem Erdgas-Röhren-Geschäft: »Interessant [an dem Vertrag] ist vielmehr das Vertrauen in die Sicherheit der sowjetischen Lieferungen, denn immerhin wird die Ruhrgas AG . . . [Erdgas-]Lieferverträge mit deutschen Abnehmern abschließen . . .«

Neuordnung bei der VEBA

21. April 1970. Im Rahmen einer Neuordnung der Vereinigten Elektrizitäts- und Bergwerks Aktiengesellschaft (VEBA) wird in Herne die VEBA Kraftwerke Ruhr GmbH mit Sitz in Gelsenkirchen gegründet.
Zur jüngsten VEBA-Tochter gehören die Kraftwerke Scholven, Westerholt, Datteln und Shamrock mit einer Gesamtstromleistung von 7,5 Mio kWh. Die Anlagen werden aus der zur VEBA gehörenden Hibernia AG ausgegliedert, die Hibernia selbst wird aufgelöst, ihr Firmenname nach 97 Jahren (→ 6. 3. 1873) aus dem Handelsregister gelöscht.
»Ein leuchtender Stern verlischt am Industriehimmel des Ruhrgebiets« – mit diesen Worten kommentiert das Düsseldorfer »Handelsblatt« das Ende der Hibernia.
Neben der Kraftwerkswirtschaft erhält der VEBA-Konzern durch die Auflösung der Hibernia ihre Beteiligungen an der Aral AG (→ 1967), der Ruhrstickstoff AG und der Phenol-Chemie GmbH. Ihr Aktienkapital wird in die am 16. Juli 1969 in Gelsenkirchen gegründete VEBA-Chemie AG eingebracht.

Nach Abschluß der Neuordnung verfügt der VEBA-Konzern über ein Stammkapital von 825 Mio DM. Die Hauptsäulen des Unternehmens bilden u. a. die Preußische Elektrizitäts AG mit Sitz in Hannover und die VEBA Kraftwerke Ruhr GmbH.

Anlagen des Kraftwerks Scholven der VEBA Kraftwerke Ruhr GmbH

Spitzenposition mit Glas und Kunststoff

1970. Aus dem Zusammenschluß der Deutschen Libbey-Owens-Gesellschaft für maschinelle Glasherstellung AG (Delog; → 25. 10. 1925) und der Deutschen Tafelglas AG (Detag) entsteht die Flachglas AG mit Sitz in Gelsenkirchen-Rotthausen. In den nächsten Jahren entwickelt sich das Unternehmen mit Tochter- und Beteiligungsgesellschaften in der Bundesrepublik, den Vereinigten Staaten, in Brasilien, Österreich und den Niederlanden zu einem der führenden europäischen Hersteller von Tafelglas.
Die Produktpalette der Flachglas AG umfaßt neben Sicherheits- und Isolierglas auch diverse Kunststoffe wie Polydet und Thermodet auf Glasfaserbasis. Aufgrund seiner hohen Witterungsbeständigkeit findet Polydet u. a. beim Fahrzeugbau (Wohnwagen), im Kühlsektor (Kühltheken) und im Straßenverkehr (beleuchtete Schilder) Verwendung. Thermodet hingegen wird vornehmlich im Innenbereich als Grundstoff für Waschbecken und Raumverkleidungen verwendet.

Erster Revierpark bei Herne eröffnet

4. Juni 1970. »Ehrengäste des Freizeitparks werden ins Wellenbad gebeten« – unter dieser Überschrift berichtet die WAZ von der Eröffnung des Revierparks Gysenberg bei Herne. Der Park, der erste seiner Art im Revier, ist ein Gemeinschaftsprojekt der Stadt Herne und des Siedlungsverbands Ruhrkohlenbezirk. Vor 10 000 Besuchern, die sich rund um das beheizbare Wellenbad versammelt haben, beginnen die Einweihungsfeierlichkeiten mit einer Ansprache von Oberbürgermeister Robert Brauner. Anschließend folgt ein buntes Programm, bei dem 400 Sportler verschiedener Sportarten vielfältige attraktive Nutzungsmöglichkeiten des Revierparks anschaulich demonstrieren.

Auf dem ca. 21 ha großen Gelände befinden sich neben dem Wellenbad ein für 350 Personen angelegtes Freizeithaus und eine Eissporthalle, die auch für andere Zwecke genutzt werden kann. Weiterhin verteilen sich Minigolfanlagen, Bogenschießstände, eine Ponyreitbahn, ein Go-Cart-Kurs, Ruderteiche und Picknickplätze in den Grünanlagen. Bis 1971 sind noch Ballspielplätze, eine Sommerbob-Bahn sowie ein Märchen- und Abenteuerwald geplant; weitere Freizeiteinrichtungen kommen später noch hinzu.

Der Freizeitpark geht unmittelbar in ein 53 ha großes Waldgelände über, in dem sich auch ein Tierpark befindet. Das Naherholungszentrum kostete 18,4 Mio DM und wird von der Revierpark Gysenberg GmbH geleitet. Diese Gesellschaft, deren Träger die Stadt Herne und der Siedlungsverband sind, veranstaltet im Park auch ein Freizeitprogramm mit Kunst, Kultur und Unterhaltung. Bereits in den ersten Tagen nach der Eröffnung finden Beat- und Popkonzerte statt. Der Revierpark Gysenberg wird, ebenso wie die später eröffneten Parks, von den Menschen im Ruhrgebiet rasch angenommen und verzeichnet hohe Besucherzahlen.

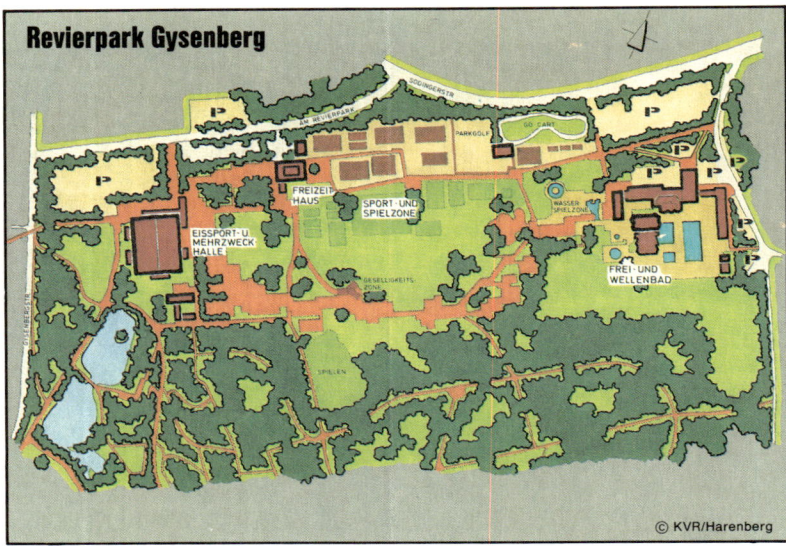

Amateurtheater mit politischen Zielen

1970. Mit der »Initiative Theater Dortmund« (später Dortmunder Lehrlingstheater) wird eine der ersten politisch engagierten freien Theatergruppen im Ruhrgebiet gegründet. In den 70er Jahren bilden sich zahlreiche Amateurtruppen mit dem Anspruch, auf der Bühne gesellschaftliche Probleme bewußt zu machen und so verändernd in die Wirklichkeit einzugreifen.

Die »Initiative Theater Dortmund« war aus einem vorwiegend von Schülern und Studenten gebildeten Arbeitskreis zum Thema »Kann Theater politisch sein?« hervorgegangen, der sich im Rahmen einer vom städtischen Jugendamt durchgeführten Studienfahrt zusammengefunden hatte. Aus kulturpolitischen Forderungen, z. B. nach inhaltlichen Angeboten auch aus der Arbeitswelt und nach erschwinglichen Eintrittspreisen, erwuchs bald der Wunsch, ein eigenes, bewußt parteiergreifendes Theater zu machen. Das erste selbstgeschriebene Stück setzt sich kritisch mit der Lehrlingsausbildung auseinander.

Neuer Tunnel in Essen

25. September 1970. *In Anwesenheit von Bundespräsident Gustav Heinemann wird in Essen der neue Autobahntunnel (Abb.) des Ruhrschnellwegs für den Verkehr freigegeben. Der Tunnel, dessen Trasse auf einer Länge von 1020 m den Autoverkehr der Bundesstraße 1 unterirdisch durch den Stadtkern leitet, führt zu einer erheblichen Verkehrsentlastung der Essener Innenstadt. Die Baukosten für die Unterführung betragen 40 Mio DM.*

Billy Graham in Dortmund

5. bis 12. April 1970. *Der amerikanische Baptisten-Prediger Billy Graham (Abb.), der den Beinamen »Maschinengewehr Gottes« trägt, tritt an sieben aufeinanderfolgenden Abenden im Rahmen einer Evangelisations-Aktion in der Dortmunder Westfalenhalle auf. Seine anfeuernden Predigten werden über gemietete Fernsehkanäle in 36 europäische Städte live aus der stets voll besetzten Westfalenhalle übertragen.*

Kinderferienparadies

3. August 1970. *In der Dortmunder Westfalenhalle beginnt die erste, in der Bundesrepublik bisher einmalige Kinderferienparty. Bis zum 21. August bilden die Hallen III und IV einen abwechslungsreichen, riesigen Spielplatz (Abb.) für diejenigen Kinder, die in den großen Schulferien nicht in Urlaub fahren. Schon am ersten Tag tummeln sich 7000 Kinder bei Ballspielen, im Verkehrskindergarten oder vor dem Kasperletheater.*

Werkkreis Literatur der Arbeitswelt

28. Februar 1970. Im Jugendzentrum Essen wird die »Ruhrwerkstatt für Literatur der Arbeitswelt« gegründet. Die neue Vereinigung sieht ihre Aufgabe in der vornehmlich sprachlichen »Darstellung der Situation abhängig Arbeitender und der wirksamen Verbreitung der so

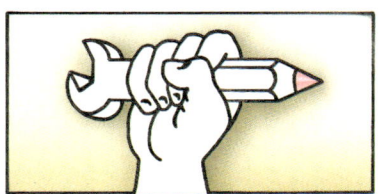

Signet des Werkkreises

entstehenden Arbeit. Auf diese Weise versucht der Werkkreis, die menschlichen und materiell-technischen Probleme als gesellschaftliche bewußt zu machen. Er will dazu beitragen, die gesellschaftlichen Verhältnisse im Interesse der abhängig Arbeitenden zu verändern.« (§ 2 der Satzung). Der Werkkreis Literatur versteht sich als Fortsetzung der Dortmunder Gruppe 61 (→ 31. 3. 1961).

Ringer aus Witten erstmals Meister

1970. Die Mannschaft des Kraft-Sport-Vereins Witten 07 gewinnt zum erstenmal die Deutsche Mannschaftsmeisterschaft im Ringen. In den 70er und 80er Jahren erkämpfen die Wittener Ringer noch mehrfach die Mannschaftsmeisterschaft, aber auch zahlreiche Einzeltitel bei nationalen und internationalen Meisterschaften sowie Medaillen bei Olympischen Spielen.

Zu den erfolgreichsten Athleten des 1907 von Arbeitern gegründeten Vereins zählt Klaus Jürgen Rost, der bereits 1964 bei den Olympischen Spielen in Tokio eine Silbermedaille errang; er wird bis 1973 insgesamt 15mal Deutscher Meister und erringt mehrfach internationale Titel. Ähnlich erfolgreich ist Karl-Heinz Helbing, der 1976 in Montreal olympische Bronze gewinnt und zehn Deutsche Meistertitel in seiner jeweiligen Gewichtsklasse erringt.

Vorläufer Wittens als Ringerhochburg war Dortmund, wo der ASV Heros Dortmund zwischen 1949 und 1957 siebenmal die Deutsche Mannschaftsmeisterschaft gewann.

Einsamkeit und Anonymität eines Neubauviertels, wo sich Nachbarn oft nicht kennen

Fröhliche Geselligkeit bei einer Senioren-Veranstaltung in den Freizeiträumen des Revierparks Nienhausen (Gelsenkirchen)

Modelle für einen erfüllten Lebensabend

Der Anteil der alten Menschen an der Gesamtbevölkerung nimmt im Ruhrgebiet durch Rückgang der Geburtenziffern stetig zu. In den Jahren 1959 bis 1968 sind zudem zahlreiche Menschen im arbeitsfähigen Alter infolge der Bergbaukrise in andere Wirtschaftsregionen abgewandert.

Die wachsende Gruppe der alten Menschen bei steigender Lebenserwartung in das öffentliche Leben zu integrieren, wird in den Großstädten, wo schon jeder siebte Einwohner älter als 65 Jahre ist, eine immer wichtigere Aufgabe.

Die Stadt Dortmund beschreitet neue Wege, um ihren alten Mitbürgern einen erfüllten Lebensabend zu ermöglichen und sie aus ihrer Isolation zu befreien.

Die Altentagesstätte »Wilhelm-Hansmann-Haus«, die am 5. Juni 1970 in Dortmund eröffnet wird, ist die erste Einrichtung dieser Art in der Bundesrepublik. Hier können alte Menschen in zahlreichen Gruppenräumen Kurse besuchen, Interessengruppen bilden und Geselligkeit finden.

In Wattenscheid wird 1974 eine Wohnsiedlung für ältere Menschen eröffnet, die gleichfalls Modellcharakter hat. Statt in herkömmlichen Altersheimen lieblos »aufbewahrt« zu werden, können alte Menschen hier in 120 komfortablen Wohnungen ein selbständiges Leben führen, ohne auf Betreuung verzichten zu müssen.

Rentner-Skatrunde am Mühle-Tisch in einem Freizeitpark des Reviers; bei schönem Wetter treffen sich hier die »Stammgäste« des Parks

Blütenpracht, Stille und Erholung im weitläufigen Gruga-Park (Essen)

1971

28. 1. Die erste moderne Eissporthalle im Ruhrgebiet wird in den Sportanlagen von Duisburg-Wedau eröffnet. →

5. 3. Im Rahmen der »Aktion Roter Punkt« versammeln sich in der Dortmunder Innenstadt etwa 100 Personen, um gegen Preiserhöhungen von 40% im städtischen Nahverkehr zu protestieren. →

1. 5. Das Institut für Landes- und Stadtentwicklungsforschung des Landes Nordrhein-Westfalen mit Sitz in Dortmund wird gegründet.

7. 6. Die WAZ berichtet über die ersten Enthüllungen im Fußball-Bestechungsskandal um die Vereine Schalke 04 und Arminia Bielefeld. →

1. 8. Mit Inkrafttreten des Gesetzes über die Errichtung von Fachhochschulen in Nordrhein-Westfalen werden in Bochum, Dortmund, Duisburg und Hagen Fachhochschulen gegründet. →

14. 8. Der VfL Bochum steigt in die Fußball-Bundesliga auf, Rot-Weiß-Essen steigt erneut ab. →

25. 10. Die Autobahn »Sauerlandlinie« (A 45) wird mit der Eröffnung des Teilstücks Dortmund (Anschluß B 1) – Lüdenscheid fertiggestellt.

16. 12. Der zwei Wochen zuvor entführte Essener Großkaufmann Theo Albrecht wird gegen Zahlung eines Lösegeldes von 7 Mio DM von den Kidnappern freigelassen. →

1971. Rund 10 400 Aussiedler, die aus der Volksrepublik Polen kommen, finden im Ruhrgebiet eine neue Heimat.

1971. In Sprockhövel wird das IG Metall-Bildungszentrum gegründet, eine zentrale gewerkschaftliche Bildungsstätte für die gesamte Bundesrepublik Deutschland.

1971. Der Bottroper Literat und Kleinverleger Josef Wintjes veröffentlicht regelmäßig ein Verzeichnis der Alternativ- und Undergroundpresse. →

1971. Durch Zusammenschluß der Schachtanlagen Pattberg und Rheinpreussen (Moers) sowie Rossenray (Kamp-Lintfort) wird das Verbundbergwerk Rheinland gebildet.

1971. In einer Dattelner Schule wird eine Übergangsklasse für Gastarbeiterkinder mit 50 Schülern eingerichtet.

1971. Bei den Europameisterschaften der Leichtathleten in Helsinki sind Hermann Köhler aus (Bochum-)Wattenscheid und Annegret Irrgang aus Dortmund erfolgreich.

GESTORBEN:

21. 2. Hochlar/Recklinghausen: Erich Bödecker (* 21. 2. 1904, Hochlar), Bildhauer.

Demonstration der »Aktion Roter Punkt« in der Essener Innenstadt aus Protest gegen die drastische Erhöhung der Fahrpreise bei Bus und Straßenbahn

Proteste lähmen Verkehr

5. März 1971. Seit den frühen Mittagsstunden blockieren Mitglieder der Fahrgastinitiative »Aktion Roter Punkt« den Straßenbahnverkehr im Bereich der Dortmunder Reinoldikirche. Aus Protest gegen die seit Monatsbeginn um 40% erhöhten Fahrpreise im öffentlichen Nahverkehr setzen Gruppen unterschiedlicher Größe trotz zahlloser vorläufiger Festnahmen durch die Polizei die Aktionen und Blockaden während des ganzen Tages fort.

Der »Rote Punkt«, das Symbol der Protestwelle, steht nicht nur für die Forderung nach Rücknahme der Tariferhöhungen: Überall auf den Straßen, auch auf vereinzelt eingerichteten »Autobahnhöfen«, findet man PKW, deren Fahrer mit dem roten Punkt hinter der Windschutzscheibe signalisieren, daß sie zur kostenfreien Mitnahme von Personen bereit sind. Die »Aktion Roter Punkt« soll die Rücknahme der Preiserhöhung erzwingen.

Entführter Chef von Aldi wieder frei

16. Dezember 1971. Zwei Wochen nach seiner Entführung wird der Essener Großkaufmann Theo Albrecht, gemeinsam mit seinem Bruder Karl Besitzer der Aldi-Lebensmittel-Märkte, gegen die Zahlung von 7 Mio DM Lösegeld freigelassen. Theo Albrecht war am 29. November auf dem Weg von der Hauptverwaltung seiner Firma in Herten zu seiner Wohnung in Essen von zwei bewaffneten Männern entführt und in einem Versteck gefangengehalten worden.

Theo Albrecht

In mehreren Briefen an die Familie Albrecht, an die Essener Staatsanwaltschaft und an den Ministerpräsidenten des Landes Nordrhein-Westfalen, Heinz Kühn, stellten die Kidnapper ihre Millionenforderung. Der Essener Ruhrbischof Franz Hengsbach wurde auf Wunsch der Familie des entführten Unternehmers als Vermittler eingeschaltet. Die Täter werden 1972 gefaßt und zu je achteinhalb Jahren Freiheitsentzug verurteilt. Der Großteil des Lösegeldes bleibt jedoch verschwunden.

Landeshilfen für Umsiedler aus Polen

1971. Von den insgesamt 13 000 Aussiedlern aus der Volksrepublik Polen, die im Laufe des Jahres über das Durchgangswohnheim Unna-Massen nach Nordrhein-Westfalen kommen, finden rund 10 400 im Ruhrgebiet eine neue Heimat.

Um den Aussiedlern familiengerechte Unterkünfte bieten zu können, beschließt die Landesregierung das Landesaufnahmegesetz. Danach werden den Gemeinden 50% der Kosten für die Errichtung von Übergangsheimen vom Land erstattet. In fast allen Revierstädten entstehen Übergangswohnheime für die polnischen Umsiedler, die sich in der Bundesrepublik niederlassen. Über ein Programm des Landes Nordrhein-Westfalen, mit dem der Bau von Wohnungen für rund 21 000 Menschen finanziert wird, soll verhindert werden, daß die Umsiedler länger als zwölf Monate im Übergangsheim bleiben müssen. Trotz dieser Hilfsmaßnahmen fällt es vielen polnischen Aussiedlern schwer, sich in der neuen Umgebung zurechtzufinden. Hinzu kommen häufig Sprach- und Verständigungsprobleme und Schwierigkeiten bei der Suche nach einem Arbeitsplatz.

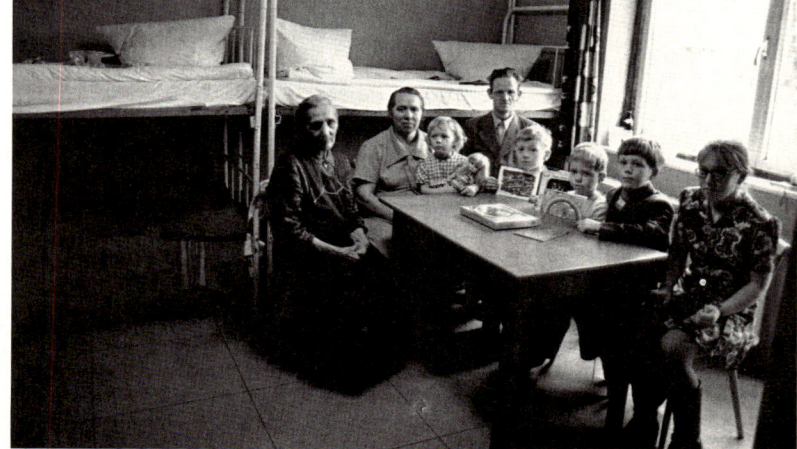

Aussiedlerfamilie im nordrhein-westfälischen Durchgangslager Unna-Massen; der Start in der neuen, ungewohnten Umgebung ist nicht leicht

Eissporthalle Duisburg-Wedau eröffnet

28. Januar 1971. *In Duisburg-Wedau wird die Eissporthalle Duisburg (Abb.) als erste Anlage ihrer Art im Ruhrgebiet eröffnet. Die allseitig geschlossene und völlig überdachte Halle bietet auf zwei Bahnen das ganze Jahr über eine Eisfläche von 2300 m² für Hobby-Schlittschuhläufer, Eishockey- und Kunstlaufturniere sowie Eisrevuen. Auf den Zuschauertribünen finden bei Veranstaltungen 4843 Personen Platz. Ein Schlittschuhverleih mit Schleiferei hilft Besuchern aus, die keine eigenen Schlittschuhe besitzen. Im Restaurant und an der Pistenbar können die Läufer sich stärken. Die Beschallungsanlage sorgt mit 2000 W für den richtigen Sound bei der regelmäßig stattfindenden Eisdisko.*

Bottroper Vertrieb für Alternativ-Presse

1971. *Josef Wintjes (Abb.), Bottroper Literat und Kleinverleger, gibt unter dem Titel »Ulcus Molle« ein Verzeichnis verschiedener Projekte der Alternativ- und Underground-Presse heraus, das die Titel von Büchern und Zeitschriften sowie von Comics und Broschüren enthält, die zumeist in den Buchhandlungen nicht zu finden sind.*
Im »Ulcus Molle« werden auch Nachrichten über Kleinverlage und alternative Projekte veröffentlicht. Wintjes verfaßt Rezensionen und druckt Diskussionsbeiträge, Anzeigen und Adressenverzeichnisse ab. Ein regelmäßiger Abonnentenkreis von 750 Beziehern sorgt für das wirtschaftliche Überleben der sechsmal jährlich erscheinenden Hefte.

Schmiergeldaffäre bei Schalke 04

7. Juni 1971. Kurz nach Beendigung der Fußball-Bundesligasaison 1970/71 werden Gerüchte um eine Bestechungsaffäre veröffentlicht, in die Arminia Bielefeld und Schalke 04 verwickelt sein sollen.

Jürgen Neumann, ein ehemaliger Spieler von Arminia Bielefeld, bringt die Diskussion um Schmiergeldzahlungen an Schalke ins Rollen: Schalker Spieler hätten 40 000 DM erhalten; das Spiel vom 17. April 1971, bei dem Schalke 0:1 gegen die abstiegsgefährdete Arminia verlor, soll manipuliert worden sein.

Laut Neumann überbrachte ein ehemaliger Schalker in den Diensten von Arminia, Waldemar Slomiany, das Geld – Präsident Günter Siebert und der Schatzmeister von Schalke hätten davon gewußt. Der Gelsenkirchener Verein strengt 1972 eine Verleumdungsklage gegen Neumann an, die jedoch zurückgezogen wird, als der Geldbote Slomiany behauptet, die 40 000 DM für sich behalten zu haben. Im Prozeß gegen den Bielefelder Vorstand schwören die Angeklagten, Schalker Spieler hätten Geld erhalten.

Jürgen Neumann

Waldemar Slomiany

Günter Siebert

Das »gekaufte« Tor: Gerd Roggensack (M.) von Arminia Bielefeld erzielt kurz vor Spielende den entscheidenden Treffer zum 1:0 über Schalke 04

VfL Bochum jetzt Bundesligaverein

14. August 1971. Der VfL Bochum 1848 beendet seinen ersten Spieltag in der Fußballbundesliga mit einem 1:0-Sieg über Eintracht Braunschweig. Der Verein belegt am Ende der ersten Saison den neunten Platz und hält sich in den folgenden Jahren im mittleren und unteren Drittel der Tabelle.

Seit den 50er Jahren hatte sich der Bochumer Club mehrfach in der Oberliga West bzw. der 1963 geschaffenen Regionalliga West plazieren können. Der Aufstieg in die erste Liga im Sommer 1971 war mit einem Auto-Korso durch die Bochumer Innenstadt gefeiert worden.

Rot-Weiß-Essen, 1969 aufgestiegen, ist in dieser Saison nicht mehr dabei, wie schon 1966, als die Essener bereits nach einer Saison wieder abgestiegen waren, reichen die Leistungen auch diesmal nicht für den Klassenerhalt. In den 70er Jahren steigt Rot-Weiß Essen noch zweimal auf, kann sich aber nicht behaupten. Abstiegsgefährdet ist auch Rot-Weiß-Oberhausen; der Club ist von 1969 bis 1972 in der ersten Liga vertreten.

1971

Bergschäden an einem Wohnhaus, die Risse ziehen sich oft durch tragende Wände, so daß Gebäude wegen Einsturzgefahr geräumt werden müssen

Auch Baudenkmäler wie diese evangelische Kirche in Moers-Kapellen sind häufig betroffen und müssen dann mit Gerüsten gestützt werden

Der Erdboden im Revier sinkt ab

Der Kohlenbergbau im Ruhrgebiet verursacht Schäden an Gebäuden, Verkehrswegen und Naturflächen durch sog. Bergsenkungen. Beim Abbau der Kohle enstehen unterirdische Hohlräume, die im Laufe der Jahre unter dem Druck der darüberliegenden Erdschichten zusammenbrechen. An der Erdoberfläche senkt sich der Boden – besonders dort, wo die Schächte nicht mit Abraummaterial verfüllt werden –, was oft weitreichende Folgen hat.

So zeigen unzählige Häuserwände in den Revierstädten Risse, was in vielen Fällen zum Abbruch der Gebäude führt, da ein Aufenthalt in ihnen zu gefährlich ist. Straßen und Eisenbahngleise verformen sich bei Bodensenkungen, unbebaute Gebiete versumpfen, weil der Grundwasserpegel im absinkenden Gelände ständig steigt wie z. B. im Gelsenkirchener Emscherbruch.

In extremen Fällen sinken ganze Stadtkerne um mehr als 10 m ab wie die Gelsenkirchener Innenstadt. Andere Zentren erscheinen dagegen wie auf Hügeln gebaut; auf einen Abbau der Kohle unter ihnen wurde verzichtet, um größere Schäden zu vermeiden, so daß nur das Umland absank.

In manchen Fällen werden Bergsenkungen aber bewußt herbeigeführt. So ist der Duisburger Hafen durch systematischen Kohleabbau in 15 Jahren um 1,5 m abgesenkt worden, um ihn an das tiefer gelegene Rheinbett anzupassen.

Tiefe Risse in Straßenbelägen infolge der Absenkungen des Untergrunds verursachen hohe Folgekosten

Ausbesserungsarbeiten an beschädigten Fundamenten; oft werden Keller undicht und ziehen Grundwasser

Bergschäden verursachen oft erhebliche Bodensenkungen, z. T. sinken Gebiete bis zu 10 m tief ab

1972

14. 1. Nach über 100jährigem Bestehen hört der Dortmunder Hoesch-Konzern auf, ein deutsches Unternehmen zu sein. Er fusioniert mit der niederländischen Stahlfabrik Hoogovens in Ijmuiden. →

17. 3. Der Deutsche Fußballbund sperrt Spieler des FC Schalke 04 für die Nationalelf wegen des Verdachts der Bestechlichkeit. Am 4. Juni wird gegen vier Schalker Spieler Anklage erhoben.

Mai. In Moers findet zum ersten Mal das Internationale New Jazz Festival statt. →

Mai. In Wattenscheid formiert sich eine Bürgerinitiative »Selbständiges Wattenscheid« gegen die Eingemeindung der Stadt nach Bochum.

1. 5. In Duisburg nimmt der erste Umweltschutzbeauftragte einer Ruhrgebietsstadt seine Tätigkeit auf. →

13. 5. Im Naherholungsgebiet »Sechs-Seen-Platte« in Duisburg wird das Strandbad am Wolfssee eröffnet. →

1. 7. Durch einen 5:0-Sieg über den 1. FC Kaiserslautern in Kaiserslautern wird der FC Schalke 04 Sieger im DFB-Pokal.

1. 7. Die Dortmunder Union-Brauerei und die Berliner Schultheiss-Brauerei fusionieren. →

14. 7. Das Deutsche Rosarium im Dortmunder Westfalenpark ist fertiggestellt. →

1. 8. Mit einer Feierstunde im Saalbau wird die Gesamthochschule Essen eröffnet. →

26. 8. Bei den Olympischen Spielen in München erringen auch Sportler aus dem Ruhrgebiet Medaillen. →

22. 9. Peter Zadek bringt seine erste Inszenierung als neuer Intendant des Bochumer Schauspielhauses auf die Bühne. →

19. 11. Bei den Wahlen zum siebten Deutschen Bundestag wird die sozialliberale Koalition bestätigt. →

Dezember. In Essen-Kupferdreh wird eine Taubenklinik eingerichtet. →

1972. In Dinslaken wird vom niederrheinischen Traber-, Zucht- und Rennverein die erste Synthese-Kautschuk-Rennbahn der Welt in Betrieb genommen.

1972. Eine Gruppe von Studenten der Fachhochschule Bielefeld setzt sich für die Erhaltung der Kolonie Eisenheim in Oberhausen-Osterfeld ein. →

1972. Die Anlage des Geologischen Gartens in Bochum auf dem Gelände der alten Zeche Friederica wird vollendet.

1972. Der Film »Laß jucken, Kumpel« von Franz Marischka läuft in den Kinos an.

Verfügungsbau der Gesamthochschule Essen, in der Gladbecker Straße am Nordrand der Innenstadt, Bauzustand vom August 1973; die Universität wird am 1. August 1972 mit einer Feierstunde im Essener Saalbau eröffnet

Gesamthochschule Essen gegründet

1. August 1972. Mit einem Festakt im städtischen Saalbau feiert die Stadt in Anwesenheit des nordrhein-westfälischen Ministerpräsidenten Heinz Kühn die Gründung der Gesamthochschule Essen. Zuvor hatte sich unter Vorsitz des kommissarischen Rektors Professor Dr. Walter Kröll der Gründungssenat für die neue Hochschule zu seiner ersten Sitzung zusammengefunden. Schon im Wintersemester 1972/73 rechnet die Hochschulleitung mit fünf- bis sechstausend Studenten.

Als am 24. Oktober des Jahres der erste Spatenstich zum Bau eigener Gebäude vorgenommen wird, hat der ordentliche Studienbetrieb bereits begonnen. In den Räumen der nun in die Gesamthochschule integrierten ehemaligen Pädagogischen Hochschule, der Fachhochschule und des Fachbereichs Gestaltung an der Folkwangschule sind Studenten und Verwaltung bis zur Fertigstellung des Neubaus untergebracht.

Landesweit sieht die eingeleitete Hochschulreformpolitik die Einrichtung von insgesamt fünf dieser neuartigen, integrierten Gesamthochschulen vor. Auch in Siegen, Wuppertal, Paderborn und Duisburg soll es in Zukunft ein Bildungsangebot geben, das bei unterschiedlichsten Zugangsvoraussetzungen (z. B. Abitur oder Fachhochschulreife) größtmögliche Chancengleichheit für die Studierenden schafft. Im Mittelpunkt steht eine größere Durchlässigkeit der Studiengänge und eine praxisorientierte Ausbildung der Studenten. Diese können die beabsichtigte Studiendauer (Kurz- oder Langzeitstudien) durch die Wahl zwischen praxis- oder theorieorientierten Inhalten in ein und demselben Studienfach bestimmen und zwischen verschiedenen Abschlüssen wählen. Alle Hochschulen sind mit vollen akademischen Rechten (Promotions- und Habilitationsmöglichkeit) ausgestattet. Am 7. August des Jahres nimmt die integrierte Gesamthochschule in Duisburg ihren Studienbetrieb auf. 2700 Studierende der gleichzeitig aufgelösten Pädagogischen Hochschule und der Fachhochschule setzen ihr Studium an der neuen Hochschule fort. In den folgenden Jahren soll das Studienangebot erweitert werden. Duisburg wird damit 154 Jahre nach Schließung seiner ersten Universität (→ 18. 10. 1818) wieder Hochschulstadt.

Grundsteinlegung für die Gesamthochschule Duisburg; das Studienangebot soll, über die Veranstaltungen der bisherigen Pädagogischen Hochschule und der Fachhochschule hinaus, um die Diplomabschlüsse in Mathematik, Naturwissenschaften, Sozial- und Wirtschaftswissenschaften sowie um Lehramtsstudiengänge für berufsbildende Schulen erweitert werden

»Stahlehe« Hoesch AG – Hoogovens

14. Januar 1972. Der Aufsichtsrat der Dortmunder Hoesch AG beschließt die Fusion des Unternehmens mit dem niederländischen Stahlkonzern Koninklijke Nederlandsche Hoogovens en Staalfabrieken NV (Hoogovens) in Ijmuiden. Der Sitz des neuen Unternehmens mit dem Namen European Steel (Estel) wird das niederländische Arnheim. Am 17. Mai bestätigen die Hoesch-Aktionäre auf der Hauptversammlung den Fusionsbeschluß.

Die Hoesch AG bringt in das neue Unternehmen eine Produktionskapazität von 7 Mio t Rohstahl und eine Belegschaft von rund 52 000 Arbeitern und Angestellten ein, während Hoogovens eine Kapazität von 4,5 Mio t Rohstahl und 23 000 Mitarbeiter in die »Stahlehe« einbringt, an der beide mit je 50% beteiligt sind. Die Estel ist damit das drittgrößte europäische Stahlunternehmen nach der British Steel Corporation und der August-Thyssen-Hütte sowie gleichzeitig der siebtgrößte Stahlproduzent der Welt.

Schon seit mehreren Jahren bestand zwischen dem niederländischen und dem Dortmunder Unternehmen eine enge Zusammenarbeit, die im Zuge der Dortmund-Hörder-Hüttenunion AG (→ 1. 10. 1966), an der Hoogovens eine 43%-Beteiligung hielt, zustandegekommen war. Wegen der Verschlechterung der Lage auf dem internationalen Stahlmarkt hatten beide seit 1970 über eine »Vertiefung der Zusammenarbeit« verhandelt. Durch den Zusammenschluß werden die jeweiligen Standortvorteile der Partner verbunden. Hoogovens verfügt über ein modernes Hüttenwerk an der Nordseeküste, wo Rohstahl wegen der geringeren Frachtkosten für die aus Übersee kommenden Erze günstiger als in Dortmund produziert werden kann. Die Hoesch AG liegt dagegen mit ihren weiterverarbeitenden Werken mitten zwischen den Großverbrauchern von Eisen- und Stahlprodukten an Rhein und Ruhr. Friedrich Harders, Vorstandsvorsitzender der Hoesch AG, nennt den Zusammenschluß »einen guten Weg in die Zukunft«.

Hafenanlagen des niederländischen Stahlkonzerns Hoogovens, Ijmuiden

Eine Werkshalle der Dortmunder Hoesch AG, die insgesamt 52 000 Arbeiter und Angestellte beschäftigt und jährlich 7 Mio t Rohstahl produziert

Umweltbeauftragte in Revierstädten

1. Mai 1972. In Duisburg nimmt der erste Umweltschutzbeauftragte einer Ruhrgebietsstadt seine Tätigkeit auf; noch im gleichen Jahr wird auch in Gelsenkirchen eine derartige Umweltschutz-Stelle in der Stadtverwaltung eingerichtet.

Die Umweltschutzbeauftragten der Städte werden in Zukunft an allen Planungsverfahren beteiligt, um diese aus biotechnischer und ökologischer Sicht zu beurteilen; sie haben darüber hinaus Gewerbebetriebe und die von diesen verursachten Umweltverunreinigungen zu überprüfen. Ein weiterer wichtiger Tätigkeitsbereich der Umweltschutzbeauftragten ist die Entgegennahme und Überprüfung von Beschwerden aus der Bevölkerung über auffällige Umweltbelastungen.

Sozialliberaler Wahlsieg

19. November 1972. Unterstützt von zahlreichen Sympathiekundgebungen unter dem Motto »Willy muß Kanzler bleiben«, erringt die regierende SPD/FDP-Koalition unter Bundeskanzler Willy Brandt bei den vorgezogenen Wahlen zum siebten Deutschen Bundestag einen überwältigenden Wahlsieg. Am 27. April 1972 war ein konstruktives Mißtrauensvotum der CDU/CSU gegen die sozialliberale Regierung gescheitert.

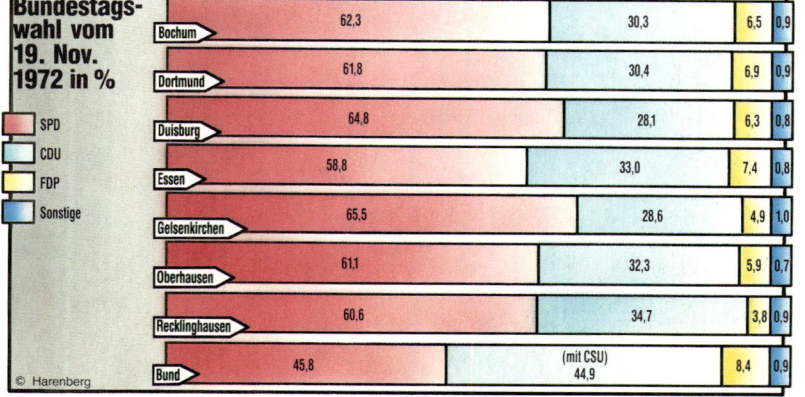

Verwaltungsgebäude der Dortmunder Union-Brauerei, Rheinische Straße

Union fusioniert mit Schultheiss-Brauerei

1. Juli 1972. Die Dortmunder Union-Brauerei AG fusioniert mit der Schultheiss-Brauerei AG in Berlin. Schon seit 1970 waren immer größere Aktienpakete der Union-Brauerei an auswärtige Konzerne gegangen; über die Hamburger Zigarettenfirma Reemtsma und die Bayerische Hypotheken- und Wechselbank kommen sie jetzt zur Schultheiss-Brauerei.

Anteile Dortmunder Brauereien

Das Kapital der meisten Dortmunder Großbrauereien befindet sich zumindest teilweise in auswärtigen Händen. Schon in den 30er Jahren war der maßgebliche Aktienanteil an der Stifts-Brauerei in Hörde von der Essener Brauerei Carl Funke AG (später Stern-Brauerei Carl Funke AG) und der Familie Funke erworben worden.

Die Ritterbrauerei AG gehört schon seit längerer Zeit zu 52% der Schultheiss- und zu 37% der Union-Brauerei. Die Ritterbrauerei hatte 1971 sämtliche Anteile der kleinsten Dortmunder Brauerei, der Bergmann-Brauerei, übernommen.

Am 1. Oktober desselben Jahres kam die Hansa-Brauerei mehrheitlich zur Dortmunder Actien-Brauerei; beide gehören zum Bielefelder Oetker-Konzern. Ganz im Besitz von Dortmunder Familien befinden sich nur noch die privaten Bierbrauereien Kronen und Thier.

Freizeitangebote im Naherholungsgebiet

13. Mai 1972. Im Duisburger Erholungsgebiet »Sechs-Seen-Platte« eröffnet das Wolfssee-Strandbad. Das Freibad mit 400 m Sandstrand und großer Liegewiese bereichert das Freizeitangebot in der Huckinger Mark. Die Segelmöglichkeiten, Bootsverleih und Campingplätze, mit denen die bislang fertiggestellten Seen aufwarten können, locken ebenso viele Erholungssuchende an, wie die weitläufigen Wanderwege des Freizeitgebiets. Ein über 30 m hoher Aussichtshügel, der bei guter Sicht den Blick bis zu den Ausläufern des bergischen Landes gestattet, entstand durch die Ablagerung von Trümmer- und Bauschutt. Parkplätze in ausreichender Zahl sorgen auch an Wochenenden für geordnete Verkehrsverhältnisse.

Die »Sechs-Seen-Platte« entstand durch den seit 1912 durchgeführten Abbau von Sand und Kies in dem Waldgebiet. Im Jahr 1960 erwarb die Stadt Duisburg das Privatgelände und erschloß es zu einem großzügigen Freizeit- und Erholungsgebiet.

Eine weitere Erholungsmöglichkeit vor allem für die Bewohner des mittleren Ruhrgebiets bietet der Revierpark Nienhausen, an der Stadtgrenze Essen-Gelsenkirchen gelegen. Träger dieser im September 1972 eröffneten Einrichtung sind die Städte Gelsenkirchen und Essen sowie der Siedlungsverband Ruhrkohlenbezirk. Der 32 ha große Park lädt mit seinen weitläufigen Spazierwegen, einem Freizeithaus, Freiflächen für Tennis, Großschach, Kinderspielplätzen und anderen Einrichtungen zu vielfältigen Aktivitäten ein. Wer es sportlich liebt, findet sowohl im beheizten Frei- und Wellenbad als auch im Aktivarium mit Sauna, Solarium und Konditionsraum Gelegenheit zu körperlicher Entspannung. Regelmäßige Großveranstaltungen und Kursangebote erweitert die Freizeitmöglichkeiten des Revierparks.

Abendliche Segel-Idylle auf der »Sechs-Seen-Platte«; das Duisburger Freizeit- und Erholungsgebiet zieht Besucher aus dem ganzen Revier an

Taubenklinik wird in Essen eröffnet

Dezember 1972. Der Verband Deutscher Brieftaubenliebhaber eröffnet in Essen-Kupferdreh eine Taubenklinik. Leiter der auf die Heilung und Pflege kranker Tauben spezialisierten Klinik ist der Tierarzt Dr. Jürgen Raddei.

Der Taubensport entwickelt sich immer mehr zu einem Hochleistungssport, die Tiere werden auf Schnelligkeit gezüchtet und mit speziellen Futterzusätzen ernährt. Erfolgreiche Wettflieger sind kostbar und empfindlich geworden. Die Taubenklinik mit Pflegestation, Speziallabor, Operationssaal und Röntgenzimmer hat daher bald viele »Patienten«. Die gefiederten Kranken werden meist mit besonderen Postpaketen in die Klinik geschickt.

Die Zahl der Brieftaubenzüchter geht auch im Ruhrgebiet, wo seit 1908 die meisten Vereine beheimatet sind, zurück. In modernen Wohnblocks ist wenig Platz für einen Taubenschlag, die Jugend entwickelt neue Interessen, und die Bergbaukrise vermindert die Zahl der Bergleute, die traditionell die Hauptgruppe der Taubenzüchter stellten.

Museum für Rosen im Westfalenpark

14. Juli 1972. Der Landwirtschaftsminister von Nordrhein-Westfalen, Diether Deneke, übergibt dem Verein Deutscher Rosenzüchter das erste bundesdeutsche Rosenmuseum in der Ausstellungshalle des Dortmunder Westfalenparks. Das sog. Rosarium präsentiert neben 35 000 Rosenblüten unterschiedlichster Schnittrosenarten auch eine Lilienschau.

Die WAZ berichtet ausführlich von dem Ereignis, bei dem »ein Stückchen von Dortmunds Kohle- und Stahlimage ... zu Grabe getragen« wird. Dortmund ist jetzt »Stadt der Rosen und der Bier-Tulpen«, eine »blumige Oase im Revier«. Die Besonderheit der Schau sind eine blaue Rose, die den Namen »Trick 17« trägt, und zahlreiche dornenlose Arten.

Rosa gallica I.

Das »Heim« des Arbeiters in der Kolonie Eisenheim

Charakteristische Häuserzeile in Eisenheim

Gegen die Zerstörung von Siedlungen

1972. Der Stadtplaner und Dozent der Fachhochschule Bielefeld, Roland Günter, setzt sich zusammen mit seinen Studenten für die Erhaltung der Arbeiterkolonie Eisenheim in Oberhausen (→ 1844) ein. Der Film und die Dokumentation der Projektgruppe »Rettet Eisenheim!« über die vielfältigen Lebens- und Wohnqualitäten der Kolonie werden zum Vorbild zahlreicher ähnlicher Initiativen zur Rettung von Zechensiedlungen im Revier (→ 1974).

Sanierung statt Abriß – Demonstration für den Erhalt von Eisenheim

Erstes New Jazz-Festival in Moers

Mai 1972. Im Hof des Moerser Schlosses findet das erste Internationale New Jazz-Festival statt (Abb.). Die Initiative zu dem in Zukunft jährlich stattfindenden Treffen mit dem Programmschwerpunkt Free Jazz war von dem 1968 eröffneten Jazzclub »Die Röhre« ausgegangen. Aufgrund des zunehmenden Publikumsandrangs muß das Festival 1975 auf das Gelände des Freizeitparks ausweichen. Ab 1982 dient die Eissporthalle als Hauptveranstaltungsstätte.

Extremer Lehrermangel im Industriegebiet

Der bundesweite Lehrermangel ist im Ruhrgebiet besonders stark: Die Industrieregion gilt im Hinblick auf die Lebensqualität als unattraktiv. In Gelsenkirchen sind fast dreimal so viele Stellen zu besetzen wie im Durchschnitt des Landes Nordrhein-Westfalen; an den Grundschulen ist jede dritte Planstelle unbesetzt. Die Stadt bemüht sich u. a. durch ein Extra-Preisausschreiben um Anwerbung von Junglehrern (Abb.: Demonstration von Lehrern und Schülern gegen Lehrermangel).

Olympiasieger in München

26. August 1972. In München beginnen die 20. Olympischen Sommerspiele. Zehn Sportler aus dem Ruhrgebiet gewinnen Medaillen in den verschiedenen Wettkämpfen.

Bei den Leichtathleten erringt die Dortmunderin Annegret Richter mit der 4 × 100 m-Staffel die Goldmedaille. Der Bochumer Klaus Ehl gewinnt mit der Herren-Staffel Bronze über die gleiche Distanz. Der Kanute Detlef Lewe (Schwerte), der schon 1968 Silber gewann, erreicht diesmal nur Bronze im Einer-Kanadier. Bei den Ruderwettbewerben holen Joachim-Werner Ehrig aus Essen und der Marler Wolfgang Plottke im Vierer ohne Steuermann die bronzene Medaille. Ebenfalls Bronze gewinnt die Schwimmerin Jutta Weber (Hamm) mit der 4 × 100 m-Staffel im Freistil. Der Mülheimer Boxer Peter Hussing erringt die Bronzemedaille im Schwergewicht.

Mit ihren Mannschaften erfolgreich sind die beiden Dortmunder Reiter Lutz Gössing (Bronzemedaille in der Military) und Fritz Ligges (Gold im Preis der Nationen). Werner Kraessmann aus Dortmund und Ulrich Klaes (Essen) gehören zum siegreichen deutschen Hockeyteam.

Zadeks Debüt in Bochum

22. September 1972. Mit der Uraufführung der Revue »Kleiner Mann – was nun?« nach dem gleichnamigen Roman von Hans Fallada in der Bearbeitung von Tankred Dorst stellt sich Peter Zadek als neuer Intendant des Bochumer Schauspielhauses mit überzeugendem Erfolg dem Publikum vor.

Schon diese erste Inszenierung läßt Zadeks originellen Stil erkennen; die WAZ kommentiert: »Diese Uraufführung ist eine ermutigende Ouvertüre. Sie ist das Versprechen eines erfahrenen Theatermannes mit enormer Phantasie, der sowohl den großen Apparat als auch das Detail beherrscht, der sich hervorragend auf Teamwork und Schauspielführung versteht, der für dürre Ideologien und sterile Ausdrucksformen nichts übrig hat.«

Durch relativ niedrige Eintrittspreise und Einführung einer Wahlmiete – die Abonnenten erhalten ein Heft mit zehn Gutscheinen, mit denen sie für jede beliebige Vorstellung verbilligte Karten erwerben können – gelingt es Zadek, die Ränge seines Hauses stets voll zu besetzen. Schon zu den Proben für die erste Inszenierung hatte er kostenlos Arbeiter vom Bochumer Verein und von den Opelwerken eingeladen. Zadek wurde 1926 in Berlin geboren. 1933 emigrierte er mit seinen Eltern nach England, wo er nach dem Besuch des St. John Baphst College in Oxford und u. a. der Schauspielschule des Old Vic Theatre in London als Theater- und Fernsehregisseur arbeitete. 1958 kehrte er in die Bundesrepublik zurück. Als freier Regisseur gewann er bald die Aufmerksamkeit der Fachwelt. 1963 bis 1967 war er Schauspieldirektor des Bremer Theaters.

Annegret Richter, Gold mit 4 × 100 m-Staffel

Peter Hussing (Mülheim) Schwergewichtsboxer

Lutz Gössing, Bronzegewinner der Military

Szene aus der Zadek-Inszenierung von »Kleiner Mann – was nun?«

Stadttheater im Ruhrgebiet
Die Sehnsucht der Arbeiterstädte nach Bürgerkultur

Einen Applauskoffer wünschte er sich, um den Bochumer Applaus mit nach Wien zu nehmen. So jedenfalls stellte sich der österreichische Schriftsteller Thomas Bernhard die reumütigen Abschiedsworte des Intendanten vor und schrieb darüber eine Szene mit dem Titel: »Claus Peymann verläßt Bochum und geht als Burgtheaterdirektor nach Wien.« Hätten die Kofferkonstrukteure einen Publikumskoffer erfunden, so hätten sich die meisten der Bochumer Theaterzuschauer sicher gern von Peymann einstecken lassen, insgeheim aber wünschten sie sich, ihr scheidender Intendant möge das Burgtheater an die Bochumer Königsallee holen, wo er sich mit seinem Ensemble zwischen 1979 und 1986 den Ruf erspielt hatte, der seiner Berufung nach Wien vorauseilte. Hatte nicht das Bochumer Publikum bewiesen, daß diese Stadt der Ort sei, wo die von Kaiser Josef II. begründete Tradition des »Teutschen Nationaltheaters« wirklich lebendig war?

Tatsächlich haben die Bochumer allen Grund, stolz auf ihr Theater zu sein, denn es ist einzigartig im Dickicht der Städte zwischen Ruhr und Emscher. In dieser Stadtlandschaft, in der es keine Hoftheater und kaum Bürgertheater des 19. Jh. gab, begründeten sie eine Theatertradition, deren künstlerische Erfolge sich heute mit denen der in 210 Jahren zu einem gigantischen Mythos gewachsenen Wiener Burg vergleichen können. Geboren wurde diese Tradition allerdings aus der Not: Als Bochum 1919 ein eigenes Ensemble für das im zweiten Kriegsjahr eröffnete »Neue Stadttheater« zusammenstellte, empfahl es sich, aus wirtschaftlichen Gründen auf den Vorschlag des ersten Intendanten, Saladin Schmitt, einzugehen und ausschließlich Schauspieler zu engagieren. Diese Beschränkung hat sich bis heute als Segen für die künstlerische Arbeit erwiesen: Als 1980 zu Claus Peymanns erster Bochumer Inszenierung einer der größten deutschen Bühnenbildner die Zuschauer in seine Rätselwelt lockte, als die Kritiker von Karl-Ernst Herrmanns »inszeniertem Raum« schwärmten, der mit seinen kaltrosaglänzenden Wänden, mit seiner unheilverpsrechenden Eleganz ebensosehr Zustandsbeschreibung unserer Republik war wie Gehäuse für Goethes »Torquato Tasso«, 1980 also hätte sich das Dortmunder Schauspiel ein solches Bühnenbild nicht leisten können. Obwohl der Etat der Städtischen Bühnen Dortmund in dieser Jubiläumsspielzeit zum 75jährigen Bestehen fast doppelt so hoch war wie der Bochumer, hätten die Kosten für Karl-Ernst Herrmanns Ausstattung das Dortmunder Schauspiel ruiniert.

Während nämlich der Bochumer 18,8-Millionen-Etat ausschließlich dem Schauspiel zugute kam, verteilten sich die 35,8 Dortmunder Millionen auf die traditionellen drei Sparten: Oper, Ballett und Schauspiel. Den Löwenanteil davon erhielt das »Große Haus«, das Musiktheater, dessen verkupferter Kuppelbau neben dem Fernsehturm zum Wahrzeichen der Stadt geworden ist. Auch die Entscheidung für dieses Theater ist der Not der Nachkriegsjahre abgetrotzt, sie fiel jedoch nicht nach dem Ersten, sondern nach dem Zweiten Weltkrieg. Im Gegensatz zu der kleineren Nachbarstadt Bochum hatte Dortmund schon vor dem Ersten Weltkrieg sein erstes Stadttheater: Seit 1887 hatten angesehene Bürger dafür gesammelt, »daß die Stadt Dortmund ein ihrer wirtschaftlichen Bedeutung entsprechendes und würdiges Theatergebäude erhalte«, und als dann am 17. September 1904 der wuchtige Jugendstilbau eröffnet wurde, verstand es sich von selbst, daß dort Schauspiele *und* Opern gezeigt wurden.

Der Hang zum repräsentativen Musiktheater überdauerte die Zerstörungen des Krieges: Der Wiederaufbau begann mit einem Provisorium neben der Ruine des 1944 ausgebombten Stadttheaters. In den 50er Jahren entschloß sich die Stadt, nicht weiter an der Ruine herumzuflicken, sondern ein völlig neues Haus zu errichten, um Platz für die Oper zu schaffen. Mitte der 50er Jahre war dann die Entscheidung für das eigenwillige Modell eines Düsseldorfer Architektenteams gefallen, das den Zuschauerraum mit einer kuppelüberwölbten Glasfront von den übrigen Bauteilen abhob. Doch dem kühnen Entschluß zur großen Oper folgten bald kleinmütige Anpassungen an die überkommenen Vorstellungen vom Stadttheater mit seinem gemischten Dreispartenbetrieb. Edgar Tritthart, einer der Architekten, beschreibt den Leidensweg vom Wettbewerbsentwurf zur Ausführung: »Nachdem ein eingehender Kostenvoranschlag aufgestellt war, herrschte allgemeine Bestürzung über die Höhe der Baukosten. Durch radikale Sparmaßnahmen verlor der Entwurf eine seiner wesentlichen ›Ideen‹, er näherte sich dem Typus des deutschen Nachkriegstheaters. Alles wurde bescheidener.«

Bei aller Bescheidenheit klammerte sich die Stadt allerdings an die Vorstellung von einer großen Oper. Für das Schauspiel blieb nur das Provisorium, das zwar an den neuen Verwaltungstrakt und an das 1966 eröffnete Große Haus als »Kleines Haus« angegliedert wurde, das jedoch ohne den notwendigen Umbau ein von Anfang an mit schlechten Gewissen behandeltes Anhängsel blieb: In regelmäßigen Abständen wurde im Rat der Stadt die Frage aufgeworfen, ob es nicht besser sei, auf ein eigenes Schauspielensemble zu verzichten.

Die Not, die Finanzklemme bei der Subvention des Theaters, ist in den beiden reichsten Städten des Ruhrgebiets, in Dortmund und Essen, immer am größten gewesen. Sie allein leisten sich (noch) den Luxus, in ihren Stadttheatern ein Schauspiel- und Opernrepertoire anzubieten, während die kleineren Städte, Gelsenkirchen, Oberhausen und Hagen, ihre Schauspieltruppen aufgelöst haben und sich auf Musiktheater beschränken. Duisburg, immerhin die drittgrößte Stadt der Region, hat sein eigenes Stadttheater aufgegeben und gemeinsam mit der Stadt Düsseldorf den Musiktheaterverbund »Deutsche Oper am Rhein« gegründet.

An Vorschlägen zur Einsparung hat es auch in Essen und Dortmund nie gemangelt, doch hatte Dortmund wie Essen einen Ruf als Zentrum des Ruhrgebiets zu verlieren, der nicht zuletzt einen wirtschaftlichen Vorteil sichert. So haben beide Städte ihre Dreispartenbetriebe über alle Schließungsvorschläge hinweg in die 80er Jahre gerettet. Mitte der 80er Jahre wurden in Essen und in Dortmund neue Generalintendanten und neue Schauspieldirektoren eingestellt. Mutig waren vor allem die Entscheidungen, Hansgünther Heyme in Essen und Guido Huonder in Dortmund als Leiter des Schauspiels zu berufen, denn beide Regisseure gelten nicht gerade als Unterhaltungskünstler. Ihre Berufung war ein Signal, daß der Kampf um den Fortbestand, der ja auch ein Kampf ums Publikum ist, nicht mit den Mitteln eines gedankenarmen Allerweltstheaters geführt werden sollte.

Doch nachdem die beiden Theatermacher angetreten waren, zeigte sich bald, daß jedem von ihnen beim Aufbruch in ein neues Zeitalter die traditionsreiche Vergangenheit des übernommenen Schauspielhauses im Weg stand. In Dortmund bedeutete man Huonder, er möge bei seiner Spielplangestaltung, die Außergewöhnliches von Pasolini und Arroyo nach Dortmund brachte, doch bitte auch den Geschmack der zahlreichen Abonnenten aus Ostwestfalen berücksichtigen, der Provinz, für die das Dortmunder Schauspielhaus im Mittelpunkt liegt. In Essen wurde das Theatergebäude Hemmnis und Ansporn zugleich für den 1985 berufenen Hansgünther Heyme. Es ist der Grillo-Bau, benannt nach seinem Stifter, Friedrich Grillo, der es mit seiner Schenkung ermöglichte, daß Essen 1892 als erste Stadt im Ruhrgebiet ein Stadttheater mit einem eigenen Ensemble eröffnen konnte.

Das 1943 zerstörte Gebäude wurde nach dem Krieg am alten Platz und in Anlehnung an die alte Form wiederaufgebaut, doch in der Not der frühen Jahre fiel alles nüchterner und sparsamer aus. In dem 1950 wiedereröffneten Grillo-Bau fehlte es Oper, Ballett und Schauspiel gleichermaßen an Raum. So entstand schon in den 50er Jahren der Plan zu einem eigenständigen Opernhaus, doch erst 1988 wird Essen das 1959 entworfene moderne Prachtgebäude des finnischen Architekten Alvar Aalto einweihen.

Damit der zur Zeit der Hochkonjunktur beschlossene Bau nicht zu einem 135-Millionen-Mark-Mißverständnis in einer kulturellen Wüste wird, schlägt Heyme der Stadt vor, den ohnehin renovierungsbedürftigen Grillo-Bau in ein variables Raumtheater umzuwandeln und so auch dem Sprechtheater eine neue Chance zu geben. Heyme, der selbst Schillers Dramen schon auf das Unbürgerlichste entstaubt hat, könnte dadurch, wenn die Stadt mitspielt, der Sprung aus dem bürgerlichen Schauspielhaus gelingen, das Essen wie andere Ruhrgebietsstädte als Erbe des bildungsbeflissenen 19. Jh. übernommen hat.

Der Traum von der bürgerlichen Kultur beherrschte die Arbeiterstädte an der Ruhr vom Anbeginn ihres Aufstiegs. Selbst die Kunst, die sie gegen Kohle tauschten, war die große bürgerliche Kunst: Die Recklinghäuser Ruhrfestspiele, die aus einer Winterhilfsaktion der Kumpel für die Hamburger Staatstheater im bitterkalten Winter 1946/47 entstanden, verstanden sich in ihren glanzvollsten Jahren als eine Art »Olympiade des deutschen Theaters«. Die Krise dieser von den Gewerkschaften mitgetragenen Einrichtung liegt auch darin begründet, daß sie jahrelang zwischen geborgtem Glanz bürgerlicher Hochkultur und einem Anspruch auf eigenständiges Arbeitertheater unentschlossen hin- und herschwankte. Mit einem eigenen Festspielgebäude war deshalb für die Ruhrfestspiele ebensowenig gewonnen wie für die Städte mit ihren eigenen Theatern.

Selbst kleine Städte wie Gelsenkirchen übernahmen damit meistens nur die Ansprüche der alten Bürgertheater: »Klassikervorstellungen, die wohl die allerbesten Bildungsveranstaltungen sind«, forderte eine Gelsenkirchener Zeitung 1920. Doch erst 1935 hat Bochums kleinere Nachbarstadt sich den Traum vom eigenen Stadttheater erfüllt, hat dann über die Zerstörungen des Krieges hinweg daran festgehalten und ihn 1959 mit einem glasgleißenden Gebäude aufs Neue verwirklicht, bis die vom städtischen Haushalt eng begrenzte Realität Mitte der 60er Jahre das Stadttheater alten Typs zur Unmöglichkeit machte. Mit der Gründung des »Musiktheaters im Revier« schuf die Stadt die Voraussetzungen für das außergewöhnliche Jahrzehnt des Intendanten Claus Leininger: Von 1977 bis 1987 waren in Gelsenkirchen durchdachte oder auch provokante Inszenierungen zu sehen, wie sie selten sind auf Opernbühnen, die bei ihrem Streben nach Schönklang die Regie vielfach zum musealen Stellwerk reduzieren.

In die von Flugplänen und hohen Gagen beherrschte Weltelite der Klangkultur schöner Stimmen ist jedoch nicht nur dem Gelsenkirchener Musiktheater mit seinem 29-Millionen-Etat (1985) der Aufstieg versperrt, sondern auch den ehrgeizigen Opernhäusern in Essen und Dortmund. Selbst wenn man den Gesamtetat der Bühnen in beiden Reviergroßstädten für 1985/86 zusammenrechnet, liegt die Summe noch deutlich niedriger als der Etat der Bayerischen Staatsoper München im selben Zeitraum.

Auch in einer Phase des Umbruchs, da in Dortmund die letzte Zeche schließt und sich die Revierstädte darauf besinnen, daß Kultursubventionen auch Investitionen in eine neue Zukunft sein können, bleibt der Traum von der großen Oper zwischen Emscher- und Ruhrschnellweg ein falscher Traum. Selbst Essen, die einzige Stadt, deren Einwohnerzahl noch nicht unter 600 000 geschrumpft ist, stößt mit seinem riesigen Opernneubau ständig an die Grenzen seiner Möglichkeiten.

Ein Patentrezept gibt es nicht für das Überleben der Theater zwischen Moers und Dortmund. Vieles ist abhängig von Persönlichkeiten, wie das von Roberto Ciulli gegründete Theater an der Ruhr, das in der Mülheimer Stadthalle eine Art Hausrecht hat und sich mit seinem 2,5-Millionen-Etat bei nur 620 000 Mark Zuschüssen innerhalb weniger Jahre einen internationalen Ruf erspielt hat. Auch das Geheimnis des kontinuierlichen Bochumer Erfolges besteht letztlich in einer Theatertradition, die seit jeher von starken Persönlichkeiten geprägt wurde.

Im Rückblick scheinen die Bochumer Intendanten als Regisseure jeweils den perfekten Ausdruck für den Stil ihrer Zeit gefunden zu haben: Saladin Schmitt erfüllte mit seinem vom George-Kreis inspirierten feierlichen Klassikerinszenierungen die Sehnsüchte der Bochumer nach bürgerlicher Kultur, tendierte dabei allerdings von Anbeginn an zum heroischen Monumentalstil eines nationalistischen Theaters. Gegen Pathos und Schwulst der Ära Schmitt setzte der 1949 zum Intendanten berufene Hans Schalla einen ganz eigenen Stil: Mit den kargen, abstrahierenden Bühnenbildern Max Fritzsches und seinen »ganz aufs Wort gestellten« Inszenierungen prägte Schalla wie Gustav Gründgens und Karlheinz Stroux das Theater der 50er Jahre.

Der Aufbruch von 1968 kam mit den anarchischen Shakespeare-Aufführungen Zadeks auf die Bühne, der in fünf Jahren (1972 bis 1977) als Intendant mit der Tradition des Stiltheaters abrechnete. Intellektualisiert und verdichtet zur gebrochenen Reflexion des Gegenwärtigen im Vergangenen, spiegelte sich die Politisierung des Theaters nach 1968 in den Klassikerinszenierungen Claus Peymanns wieder. Die stürmische Liebe der Bochumer, mit der sie diesen Intendanten gleichsam umarmten, war eine Reaktion auf seinen Stil: In ironischer Brechung tauchten hier noch einmal die längst ausgehöhlten Bildungsideale auf, die Bochumer erlebten eine spätzeitlich-paradoxe Verwirklichung ihres alten Traums – unbürgerliches Bürgertheater.

Nach dem Wechsel von Claus Peymann an das Wiener Burgtheater übernahm 1986 der bisher als freier Regisseur tätige Frank Patrick Steckel die anspruchsvolle Aufgabe, die Arbeit seiner Vorgänger am Bochumer Schauspiel weiterzuführen.

Frank Busch

1973

1. 3. Das Rhein-Ruhr-Zentrum, das größte überdachte Einkaufszentrum der Bundesrepublik, wird an der Stadtgrenze von Essen nach Mülheim eröffnet. →

1. 5. Das Westfälische Freilichtmuseum Technischer Kulturdenkmale bei Hagen-Selbecke wird eröffnet. →

1. 5. In Dortmund wird die Zentralstelle für die Vergabe von Studienplätzen eingerichtet. →

August. In rund 20 Betrieben der nordrhein-westfälischen Stahlindustrie kommt es zu wilden Streiks. →

4. 8. In Gelsenkirchen wird das neu errichtete Parkstadion mit einem Spiel zwischen dem FC Schalke 04 und Feyenoord Rotterdam eingeweiht. →

7. 10. Ein Eisenbahnunglück im Bahnhof Marl-Sinsen fordert 6 Tote und 42 Verletzte. →

23. 10. Vor dem Hintergrund der Ölkrise kauft die Bundesrepublik Deutschland dem RWE für 641 Mio DM die Beteiligung an der Gelsenberg Benzin AG in Höhe von 51,3% ab.

2. 11. Jugendliche besetzen ein zum Abbruch bestimmtes Haus in Dortmund, um es als Jugendzentrum zu nutzen. →

23. 11. Ein von der Bundesregierung verhängter »Anwerbestopp« beendet die Vermittlung ausländischer Arbeiter in die Bundesrepublik. →

25. 11. Im Ruhrgebiet wie in der gesamten Bundesrepublik Deutschland besteht wegen der anhaltenden Ölkrise ein Sonntagsfahrverbot für Kfz. →

1973. 75 000 Besucher sehen die Ausstellung »Der Weltraum für den Frieden« in der Dortmunder Westfalenhalle, die bislang größte Dokumentation sowjetischer Weltraumforschung und -praxis im Westen.

1973. In Marl wird das Adolf-Grimme-Institut gegründet. Dieses Medieninstitut des deutschen Volkshochschulverbandes konzipiert und organisiert u. a. die Verleihung des Adolf-Grimme-Preises (→ 1964).

1973. Rot-Weiß Oberhausen steigt nach vier Jahren Fußball-Bundesliga wieder ab.

1973. Die Ausstellung »Pompeji – Leben und Kunst in den Vesuvstädten« zieht 240 000 Besucher in die Villa Hügel nach Essen.

1973. Dieter Kemper und andere setzten die Radsporttradition in Dortmund fort. →

GESTORBEN:
11. 8. Mülheim an der Ruhr: Karl Waldemar Ziegler (*26. 11. 1898, Helsa/Landkreis Kassel), Chemiker, Chemienobelpreisträger 1963 (→ 10. 12. 1963).

Anwerbestopp für ausländische Arbeiter

23. November 1973. Wegen einer durch die Ölkrise bedingten möglichen Gefährdung von Arbeitsplätzen in der Bundesrepublik verhängt die Bundesregierung einen Anwerbestopp für Gastarbeiter, die nicht aus Ländern der Europäischen Gemeinschaft (EG) kommen. Im Ruhrbergbau wie einer Reihe anderer Wirtschaftszweige führt diese Regelung zu Schwierigkeiten bei der Besetzung von Arbeitsplätzen, für die keine inländischen Kräfte zu gewinnen sind. Seit mehreren Jahren in der Bundesrepublik lebende Ausländer sollen nach dem Willen der Bundesregierung stärker als bisher eingegliedert werden.

Lese- und Schreibunterricht für türkische Frauen und Kinder in einer Gelsenkirchener Schule, wichtige Vorstufe zur gesellschaftlichen Integration

W. Arendt zum Anwerbestopp

Minister Arendt tritt den von der CDU/CSU-Opposition geäußerten Befürchtungen um die Arbeitsplätze deutscher Arbeitnehmer entgegen: »Es handelt sich dabei um eine vorsorgliche Maßnahme zur Eindämmung der Ausländerbeschäftigung. Für die in unserem Lande beschäftigten Menschen besteht kein Anlaß zu ernster Besorgnis.«

Seit Ende der 60er Jahre kommt der Großteil der ausländischen Arbeitnehmer nicht mehr aus den früheren »Gastarbeiterländern« Italien, Griechenland oder Spanien (→ Ende Januar 1962), sondern vor allem aus der Türkei. So sank die Zahl der im Ruhrbergbau beschäftigten Italiener von 3327 im Jahr 1962 auf 698 im Jahr 1969. Im gleichen Zeitraum stieg die Zahl türkischer Bergarbeiter im Revier von 1541 auf 5664. Seit 1970 werden zunehmend Bergarbeiter aus Südkorea angeworben.

Auch für die Bauwirtschaft und den Gastronomiebereich kommt der Anwerbestopp für Arbeiter aus Nicht-EG-Ländern dem völligen Verzicht auf zusätzliche Gastarbeiter gleich. Die Integrationsbemühungen der Städte zur Eingliederung ausländischer Arbeitnehmer und ihrer Familien weisen große regionale Unterschiede auf, die z. T. auf die unterschiedliche Konzentration von Ausländern in den Ballungsräumen des Reviers zurückzuführen sind. Einige Städte, z. B. Recklinghausen, haben die Eingliederung ausländischer Mitbürger bisher kaum als Problem wahrgenommen. In einigen kleineren Städten, so in Datteln, findet dagegen eine intensive Ausländerarbeit statt. 1971 wurde hier die erste Übergangsklasse für Gastarbeiterkinder eingerichtet, in der Ausländerkindern die notwendigen Sprachkenntnisse zur Teilnahme am Unterricht deutscher Regelschulen vermittelt werden.

Auch Duisburg mit einem Ausländeranteil von fast 10% bietet ausländischen Kindern und Jugendlichen Schul- und Ausbildungshilfen.

Wie auch in anderen Städten sind die ausländischen Familien, besonders die Türken, in Duisburg auf bestimmte Stadtteile konzentriert. So entwickelt sich Duisburg-Hüttenheim in den folgenden Jahren zum »türkischen Stadtteil«. Diskutiert wird, ob es nicht angemessen ist, in solchen Stadtteilen und in Gemeinden mit einem hohen Ausländeranteil den seit langem dort ansässigen ausländischen Mitbürgern das kommunale Wahlrecht einzuräumen und sie damit an politischen Entscheidungsprozessen zu beteiligen.

Fremd unter Fremden: Ein spanischer Gastarbeiter in einem Barackenlager für ausländische Arbeitnehmer

Anschlag in einer Diskothek im Ruhrgebiet: Statt Eingliederung wird hier offene Feindschaft deutlich

1973

Sonntag ohne Auto

25. November 1973. *Spaziergänger und Rollschuhläufer auf den Autobahnen, vereinzelte Pferdekutschen und zahlreiche Radfahrer auf den Hauptverkehrsstraßen verändern am ersten autofreien Sonntag in der Bundesrepublik Deutschland auch das gewohnte Straßenbild im Revier (Abb.: Verkehrsknotenpunkt Helbingstraße in Essen). Ursache des allgemeinen Fahrverbots für Privatkraftfahrzeuge an insgesamt vier Sonntagen ist die von den ölexportierenden Ländern ausgelöste Ölkrise (Preiserhöhung und teilweiser Lieferboykott). Das generelle Fahrverbot kann nur in äußerst dringenden Einzelfällen mit Hilfe von Ausnahmegenehmigungen umgangen werden.*

Zentrale Studienplatzvergabe Dortmund

1. Mai 1973. In Dortmund nimmt die »ZVS – Zentralstelle für die Vergabe von Studienplätzen – Rechtsfähige Anstalt des öffentlichen Rechts« ihre Arbeit auf. Die Länge ihres Namens entspricht ihrer Bedeutung: Die ZVS, eingerichtet aufgrund eines Vertrages der Ministerpräsidenten der Länder, ist zuständig für die Verteilung von Zigtausenden von Bewerbern in den aufgrund des sog. Numerus Clausus zugangsbeschränkten Studienfächern auf die bundesweit an den Hochschulen vorhandenen Plätze.

Aufgaben der ZVS

Die Zentralstelle für die Vergabe von Studienplätzen (ZVS) ist eine zentrale Einrichtung für die gesamte Bundesrepublik. Alle deutschen und ausländischen Studenten, die an einer Hochschule im Bundesgebiet studieren wollen, müssen sich hier um den Zugang zu den einer Zulassungsbeschränkung unterworfenen Studienfächern bewerben. Die Zulassungsbegrenzung, der sog. Numerus Clausus, war 1972 für sämtliche Studiengänge eingeführt worden, da die Hochschulen den Andrang der Bewerber nicht mehr individuell bewältigen konnten. Die Zugangsberechtigung ist seitdem abhängig von dem Durchschnitt der Abiturnoten des Bewerbers. Wer bei der ersten Bewerbung keinen Studienplatz erhält, kann durch Wartezeiten (bis zu sechs Jahren) Punkte gutmachen. Zugelassen werden pro Semester etwa 60% der Erstbewerber; das verbleibende Kontingent stellen Bewerber von der Warteliste. 1978 wird der Numerus Clausus auf einige wenige Fächer beschränkt.

Die Dortmunder Zentralstelle, personell ausgestattet mit 126 Planstellen und fast ebensovielen nebenamtlichen Mitarbeitern, muß schon beim ersten Antragsverfahren weit über 100 000 Bewerbungen bearbeiten. Viermal am Tag wird die Post waschkörbeweise abgeholt. Um der Papierflut Herr zu werden, ist modernste Bürotechnik (EDV, Mikroverfilmung etc.) im Einsatz.

Die computergerechten Antragsformulare werden für manchen Bewerber zur ersten Hürde. Selbst Hans Ehnert, Sprecher der ZVS, konzediert: »Jemand, der zum ersten Mal so einen Fragebogen sieht, ist etwas überrascht.« Fehlerhafte Anträge werden mit Nicht-Zulassung bedacht, was den Verlust eines Semesters zur Folge hat.

Bearbeitung einer wahren Flut von Anträgen auf einen Studienplatz in der Dortmunder Zentralstelle, Karl-Marx-Straße 24 im Juli 1973

Teuerungsrate löst Metallerstreik aus

August 1973. In zahlreichen metallverarbeitenden Betrieben im Ruhrgebiet und in anderen Teilen der Bundesrepublik Deutschland kommt es zu Arbeitsniederlegungen der Belegschaften, die angesichts der rapiden Preissteigerungen in den vergangenen Monaten einen Teuerungsausgleich fordern.

So legen die Beschäftigten im Gelsenkirchener Küppersbusch-Werk am 21. August die Arbeit nieder, um eine Lohnerhöhung von 40 Pfennig pro Stunde für Arbeiter und von 70 DM pro Monat für die Angestellten durchzusetzen. Einen Tag später tritt auch die Belegschaft der Bochumer Opelwerke in den Ausstand, um ihrer Forderung nach einer Teuerungszulage für die Arbeiter Nachdruck zu verleihen. Die Streiks, an denen über 70 000 Arbeiter im ganzen Bundesgebiet beteiligt sind, enden in fast allen Fällen mit innerbetrieblichen Vereinbarungen.

Hintergrund der von den Gewerkschaften nicht unterstützten Streiks ist die Preissteigerung, die den Lohnzuwachs von 8,5%, der im geltenden Tarifvertrag vom Frühjahr mit den Arbeitgebern vereinbart worden war, längst überholt hat. Viele Arbeitnehmer verdienen real weniger als im Vorjahr, während die Unternehmensgewinne durch kräftige Preiserhöhungen z. T. noch gesteigert wurden.

Freilichtmuseum in Hagen wird eröffnet

1. Mai 1973. Das Westfälische Freilichtmuseum Technischer Kulturdenkmale im Mäckingerbachtal bei Hagen-Selbecke wird eröffnet. Seit 1963 errichtet hier der Landschaftsverband Westfalen-Lippe ein Landesmuseum für Technik- und Handwerksgeschichte.

In einem 2,5 km langen Abschnitt des Mäckingerbachtales findet der Besucher eine umfassende Schau über die technikgeschichtliche Entwicklung des selbständigen Handwerks und des vorindustriellen Zeitalters. Die meisten Werkstätten werden regelmäßig zu Demonstrationszwecken in Betrieb gesetzt.

Westfälisches Freilichtmuseum Technischer Kulturdenkmale Hagen, idyllisch im grünen Mäckingerbachtal bei Hagen-Selbecke gelegen

Einkaufsparadies Rhein-Ruhr-Zentrum

1. März 1973. Auf dem Gelände der ehemaligen Stinnes-Zeche Humboldt an der Stadtgrenze Essen/Mülheim öffnet das Rhein-Ruhr-Zentrum seine Pforten.

Auf 51 000 m² Verkaufsfläche präsentiert das Einkaufszentrum dem Kunden neben drei Warenhäusern und 50 Einzelhandelsgeschäften eine Ladenstraße, die mit Grün- und Ruhezonen, Springbrunnen, Cafés und Restaurants auch nach Geschäftsschluß zum Schaufensterbummel einlädt. 4400 kostenlose Parkplätze und die verkehrsgünstige Lage am Ruhrschnellweg verschaffen dem Zentrum ein Einzugsgebiet mit 2,8 Mio Einwohnern.

Das neue Rhein-Ruhr-Zentrum in Mülheim-Heißen, größtes Einkaufszentrum der Bundesrepublik Deutschland, überdacht und vollklimatisiert

50 000 Zuschauer im neuen Parkstadion

4. August 1973. Vor 50 000 Zuschauern wird das neuerbaute Parkstadion in Gelsenkirchen mit einem Spiel der Inter-Toto-Runde zwischen dem FC Schalke 04 und Feyenoord Rotterdam eröffnet. Nur wenige Autominuten von der Stätte ihrer einstigen Erfolge, der altehrwürdigen Glückauf-Kampfbahn am Schalker Markt, entfernt, unterliegen die Schalker den Gästen aus Holland knapp mit 1:2 Toren.

Bereits einen Tag vor der sportlichen Premiere waren etwa 20 000 Schaulustige zum Tag der offenen Tür in die rechtzeitig zur Fußballweltmeisterschaft 1974 fertiggestellte Arena geströmt.

Insgesamt 70 000 sportbegeisterte Zuschauer finden Platz im weiten Rund des großzügig angelegten Parkstadions zwischen Gelsenkirchen und Buer

Jugendliche fordern freies Jugendheim

2. November 1973. Rund 50 Jugendliche besetzen das zum Abbruch bestimmte Haus Oesterholzstraße 91 in Dortmund. Auf Spruchbändern an der Hausfassade fordern sie die Einrichtung eines Jugendzentrums in dem Gebäude.

In den bereits bestehenden, meist konfessionell gebundenen Jugendheimen fühlen die Jugendlichen sich reglementiert, Diskotheken sind ihnen nach eigenem Bekunden »zu laut und ungemütlich«. Die Hausbesetzer fordern von der Stadt Dortmund 100 000 DM für die Einrichtung eines Jugendzentrums, das ihren Bedürfnissen entspricht. Die Dortmunder Bevölkerung reagiert mit Geldspenden auf die Forderungen der jungen Leute.

Am 12. November wird das Haus aufgrund einer Anzeige des Hausbesitzers, des katholischen Vincenz-Waisenheim e. V., von einem Polizeiaufgebot geräumt, anschließend demonstrieren rund 500 Jugendliche in der Dortmunder Innenstadt für ein freies Jugendzentrum.

Große Radsportler aus Dortmund

1973. Der Dortmunder Rad-Profi Dieter Kemper gewinnt die Welt- und Europameisterschaften der Steher auf der Winterbahn und setzt damit seine erfolgreiche Karriere fort. Kemper zählt zu den Spitzenradsportlern aus Dortmund.

Der mehrfache Deutsche Stehermeister Ehrenfried Rudolph, der 1970 die Weltmeisterschaft in dieser Disziplin gewann, knüpft ebenso an die Erfolge der Dortmunder Fahrer früherer Zeiten an wie Erni Claußmeyer, der auf der Bahn, zusammen mit der deutschen Mannschaft, die im gleichen Jahr ausgetragene Weltmeisterschaft in der Vierer-Verfolgung errang. Der Allround-Fahrer Dieter Uebing, vom RC Ennepetal nach Dortmund gewechselt, feierte im Jahr 1971 mit der Vize-Weltmeisterschaft im Querfeldeinrennen seinen größten Erfolg.

Die Dortmunder Radsporttradition begründeten so bekannte Fahrer wie Erich Bautz, Erich Metze und die Sechstagekaiser Gustav Kilian und Heinz Vopel, die in den 30er Jahren und auch nach dem Zweiten Weltkrieg große Siege errangen.

1974

13. 3. Das Mülheimer City-Center und die zur Fußgängerzone umgestaltete Schloßstraße werden eröffnet. →

15. 3. Seit 1970 ist im Bereich Bochum, Herne, Wanne-Eickel und Wattenscheid die Zahl der Lehrstellen für Jungen um 65,9%, für Mädchen um 71,3% zurückgegangen.

21. 3. Die Firmen Krupp, Korf Stahl und Salzgitter AG sowie Vertreter der Sowjetunion schließen in Moskau einen Vertrag über die Lieferung eines Stahlwerks für die sowjetische Industriestadt Kursk.

2. 4. Mit einem Spiel zwischen Borussia Dortmund und Schalke 04 wird das Dortmunder Westfalenstadion eröffnet. →

8. 5. Der Landtag Nordrhein-Westfalen verabschiedet den Beschluß zur Zusammenfassung von Bochum und Wattenscheid.

18. 5. Der Revierpark Vonderort wird eröffnet. →

26. 5. Die erste Betriebsstufe des S-Bahnverkehrs Rhein-Ruhr wird auf den Strecken S 1 (Duisburg-Großenbaum – Essen – Bochum) und S 3 (Oberhausen – Essen – Hattingen) aufgenommen (→ 23. 9. 1983).

7. 7. Die Bundesrepublik Deutschland wird in München mit einem 2:1-Sieg über die Niederlande zum zweiten Mal nach 1954 Fußballweltmeister. Mehrere Spiele des WM-Turniers haben im Ruhrgebiet stattgefunden (→ 2. 4. 1974).

17. 7. Die Regierung des Iran erwirbt 25,04% der Fried. Krupp Hüttenwerke AG. →

21. 9. Das Journalistenzentrum des Deutschen Instituts für publizistische Bildungsarbeit in Hagen wird eröffnet. →

23. 10. Der Marler Stern, eine zweigeschossige, überdachte Ladenpassage mit zwei Wohnhochhäusern in der Innenstadt von Marl ist fertiggestellt.

1974. Die Kultur Kooperative Ruhr mit Sitz in Dortmund wird ins Leben gerufen. →

1974. Der SSV Hagen erringt die Deutsche Meisterschaft im Basketball.

1974. Eine Studie des Rheinisch-Westfälischen Instituts für Wirtschaftsförderung untersucht die industriellen Entwicklungsbedingungen im Rhein-Ruhr-Gebiet. →

1974. Die Bürgerinitiative Flöz Dickebank protestiert erfolgreich gegen den geplanten Abriß der Siedlung in Gelsenkirchen-Ückendorf. →

1974. Bei den Europameisterschaften der Leichtathleten in Rom sind Sportler aus Dortmund und (Bochum-)Wattenscheid erfolgreich.

Wasserverschmutzung

Immer wieder kommt es zu Verschmutzungen der Flüsse und Wasserstraßen im Revier. In die ohnehin stark belasteten Wasserwege leiten viele Industriebetriebe, kleine Gewerbeunternehmen und die Schiffahrt z. T. unerlaubt Abwässer, Altöl, Laugen, Säuren und andere Giftstoffe ein, deren reguläre Entsorgung mit hohen Kosten verbunden ist. Rhein- und Kanalschiffer entleeren ihre Abwassertanks in die Wasserwege und werden nur in den seltensten Fällen entdeckt (Abb.). Autofahrer wechseln das Öl ihrer Wagen an Kanalufern und schütten Schmierstoffe ins Wasser. Solche Delikte sabotieren die Bemühungen der Wasserwirtschaftsverbände um Reinhaltung der Flüsse.

Iran erwirbt Krupp-Anteile

17. Juli 1974. Der Krupp-Konzern gibt bekannt, daß der Staat Iran eine Beteiligung von 25,04% an der Fried. Krupp Hüttenwerke AG erworben hat. Der Kaufpreis für das Aktienpaket wird nicht bekanntgegeben, doch wird er in Fachkreisen auf rund 280 Mio DM geschätzt.

Seit 1973 waren Verhandlungen mit iranischen Regierungsvertretern geführt worden; am 12. Juli 1974 hatten Berthold Beitz, Aufsichtsratsvorsitzender der Krupp GmbH, zu der die Hüttenwerke gehören, und der iranische Wirtschafts- und Finanzminister Hushang Ansari einen entsprechenden Vertrag unterzeichnet.

Die Fried. Krupp Hüttenwerke AG erzielte 1973 mit einem Umsatz von 2,6 Mrd DM etwa 30% des Krupp-Weltumsatzes. Das Unternehmen benötigt das iranische Kapital, um dringende Investitionen tätigen zu können. In Kruppianer-Kreisen machen Scherze die Runde, in denen von einer Umbenennung der Krupp-Hütte in Farah-Diba-Hütte die Rede ist.

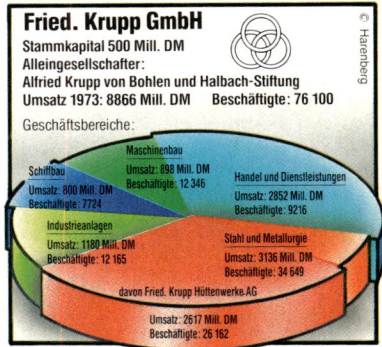

M. Reza Pahlewi, Schah von Iran

Iran steigt mit seinen Ölmillionen bei Krupp-Hüttenwerken ein
Essener Konzern vereinbarte weltweite technische Kooperation

Nicht nur die regionale Presse widmet der iranischen Beteiligung am Krupp-Konzern mit Schlagzeilen wie dieser große Aufmerksamkeit (WAZ, 17. 7. 1974)

Trübe Perspektiven für Industrierevier

1974. In Essen erscheint eine vom Rheinisch-Westfälischen Institut für Wirtschaftsförderung herausgegebene Studie zur wirtschaftlichen Entwicklung des Ruhrgebiets. Ihre Daten basieren auf Untersuchungen, die zwischen 1969 und 1973 in Zusammenarbeit mit dem Nederlands Economisch Institut in Rotterdam durchgeführt wurden.

Wer arbeitet wo?

	Wachstum (1969–1973)	Beschäftigtenanteil in % Bundesgebiet	Ruhrgebiet
Bergbau	+ 0,45	3,3	23,8
Eisenschaffende Industrie	+ 0,85	5,0	21,3
Mineralölverarbeitung	+ 2,4	0,4	0,9
Chemische Industrie	+ 1,7	7,0	5,3
Maschinenbau	+ 0,8	13,8	9,9
Kunststoffindustrie	+ 4,0	1,8	0,9
Elektrotechnik	+ 1,3	12,5	5,7

Den Ergebnissen der Studie zufolge muß im Revier in den nächsten Jahren mit weiteren Arbeitsplatzverlusten im Bergbau und in der Eisen- und Stahlindustrie gerechnet werden. Dem Schrumpfungsprozeß in den traditionellen schwerindustriellen Sektoren des Reviers stehen dagegen kaum Arbeitsplätze in den Expansionsindustrien wie z. B. Elektrotechnik, Kunststoff und Mineralölverarbeitung gegenüber, die den Verlust ausgleichen könnten.

Bewohner kämpfen für Flöz Dickebank

1974. Eine Bürgerinitiative protestiert gegen den geplanten Abriß der Siedlung Flöz Dickebank in Gelsenkirchen-Ückendorf, die 1873 als Siedlung Ottilienau von der Zeche Rheinelbe errichtet worden war.
Die Rheinisch-Westfälische Wohnstätten AG, Eigentümerin der Siedlung, wollte 61 Häuser abreißen lassen, um dort mit Hilfe von Landesmitteln 750 neue Wohnungen zu bauen, für die sie erheblich höhere Mieten hätte verlangen können.
Eine von der Bürgerinitiative durchgeführte Umfrage ergab, daß 95% der Bewohner in der Siedlung bleiben wollen. Gelsenkirchens Oberstadtdirektor Heinz Meya erreicht in Verhandlungen mit der Wohnstätten AG, daß ein Großteil der Häuser erhalten bleibt.

Bottroper Park für Sport und Erholung

18. Mai 1974. Die erste Hälfte der Freizeitanlage Revierpark Vonderort wird bei Bottrop eröffnet. Das Gemeinschaftsprojekt der Stadt Bottrop und des Siedlungsverbands Ruhrkohlenbezirk ist das dritte dieser Art neben Gysenberg (Herne) und Nienhausen (Gelsenkirchen/Essen). Der Revierpark bietet Erholung sowie Sport- und Spielmöglichkeiten im Grünen für die ganze Familie.
Im Juli 1975 wird der zweite Teil des Parks der Öffentlichkeit übergeben. Auf 32 ha verfügt die Anlage nun über ein Freizeithaus, eine Badezone und verschiedene Sport- und Spielflächen; das Angebot wird im Laufe der Jahre ständig erweitert. Zur zweiten Eröffnung reisen Indianer aus Kanada an, die das Festprogramm exotisch bereichern.

Journalistenschule Haus Busch in Hagen

21. September 1974. Auf dem ehemaligen Rittersitz Haus Busch in Hagen wird das Journalistenzentrum des Deutschen Instituts für publizistische Bildungsarbeit eröffnet. In der neuen Bildungsstätte werden u. a. Kurse für angehende Zeitungsredakteure (Volontäre) und Seminare zu den verschiedenen Arbeitsfeldern von Zeitungs-/Zeitschriftenredaktionen (z. B. Lokaljournalismus) veranstaltet.
Der alte Rittersitz war mit einem Kostenaufwand von 1,4 Mio DM, unterstützt vom Land Nordrhein-Westfalen und der Stadt Hagen, zu einem bestens ausgestatteten Bildungszentrum umgestaltet worden. Das Institut arbeitet eng mit dem Fachbereich Journalismus an der Universität Dortmund zusammen.

Alternative Kultur bildet Kooperative

1974. Die Kultur Kooperative Ruhr, ein Zusammenschluß von Einzelpersonen und Gruppen, die mit den unterschiedlichen Medien (Theater, Musik, Malerei/Grafik, Foto, Film, Literatur) im kulturellen Bereich arbeiten, wird mit Sitz in Dortmund gegründet. Sie will die nach eigener Aussage »gerade im Ruhrgebiet vorhandene kulturelle Isolation« durchbrechen.
Neben allgemeinem Erfahrungsaustausch und Kontaktpflege werden u. a. Workshops veranstaltet und gemeinsame Auftritte organisiert. Besondere Zielgruppe der Aktivitäten sind die arbeitende Bevölkerung und die Jugend. Zu den Mitgliedern der Kultur Kooperative gehören die Werkstätten des Werkkreises Literatur der Arbeitswelt (→ 28. 2. 1970).

WM-Spiel Holland – Brasilien im neuen Dortmunder Westfalenstadion

WM-Endrunden-Spiel Brasilien – Zaïre im Gelsenkirchener Parkstadion

Fußball-WM-Spiele finden im neuen Westfalenstadion statt

2. April 1974. Mit einem Spiel der beiden Rivalen aus dem Revier, Borussia Dortmund und Schalke 04, wird das neuerbaute Dortmunder Westfalenstadion eröffnet. Schalke gewinnt das Spiel mit 3:0, was jedoch die Volksfeststimmung in der nahezu ausverkauften Arena nicht wesentlich trübt.
Das neue Stadion faßt 54 000 Zuschauer und ist zu 80% überdacht; die zum Eröffnungsspiel erschienenen 50 000 Zuschauer und Ehrengäste verfolgen das Spielgeschehen aus unmittelbarer Nähe ohne störende Leichtathletik-Bahnen.

Nach der ersten Bewährungsprobe finden im Westfalenstadion vier Spiele der in diesem Jahr stattfindenden Fußball-Weltmeisterschaften statt. Auch das im Vorjahr eingeweihte Parkstadion in Gelsenkirchen (→ 4. 8. 1973) ist Austragungsort von Spielen der WM-Endrunde. In Gelsenkirchen treten die Mannschaften von Jugoslawien, Zaïre, Brasilien, den Niederlanden, Argentinien und der DDR an.
Die Nationalmannschaften der Niederlande und der Bundesrepublik qualifizieren sich für das Endspiel am 7. Juli im Münchner Olympiastadion. Vor 80 000 Zuschauern gewinnt die deutsche Mannschaft den Weltmeistertitel mit 2:1 Toren. »Mit Können und noch mehr Glück«, so betitelt der WAZ-Sportredakteur seinen Bericht über den deutschen Sieg. In der Meistermannschaft spielt kein Mitglied eines Ruhrgebietsvereins, die beiden Schalker Helmut Kremers und Norbert Nigbur kommen wider Erwarten nicht zum Einsatz.
Die Aufstellung der Nationalelf im Endspiel lautet: Josef (Sepp) Maier, Hans-Hubert (Berti) Vogts, Franz Beckenbauer, Georg Schwarzenbeck, Paul Breitner, Uli Hoeneß, Rainer Bonhof, Wolfgang Overath, Jürgen Grabowski, Gerd Müller und Bernd Hölzenbein.

WM-Spiele in Dortmund

14. Juni 1974:	
Zaïre – Schottland	0:2
19. Juni 1974:	
Holland – Schweden	0:0
23. Juni 1974:	
Bulgarien – Holland	1:4
3. Juli 1974:	
Holland – Brasilien	0:2

1974

Innenstadt kämpft um Käufergunst

13. März 1974. In der Innenstadt von Mülheim an der Ruhr öffnet nach fünfjährigen Bauarbeiten ein Einkaufszentrum seine Pforten. Einzelhandelsgeschäfte, darunter ein großes Warenhaus, Restaurants und Cafés ermöglichen im sog. City-Center den bequemen und angenehmen Einkaufsbummel bei jeder Witterung. Zugleich bildet das Center die überdachte Verbindung zwischen Hauptbahnhof und der Schloßstraße.

Die neugestaltete Schloßstraße präsentiert sich, befreit vom Autoverkehr, nebst Kohlenkamp, Löhberg und Viktoriastraße als neuer Geschäftsmittelpunkt der Stadt Mülheim. Auf engstem Raum (400 m Länge und 200 m Breite) konkurrieren größere Warenhäuser und Fachgeschäfte mit zum Teil exklusiven Angeboten von der Textil- bis zur Lebensmittelbranche um die Gunst der Käufer.

Noch in den 50er Jahren war die Planung in den Innenstädten überwiegend auf den motorisierten Verkehr ausgerichtet; dem Auto wurde in den oft engen Straßenzügen der Stadtzentren absoluter Vorrang eingeräumt. Nur so sahen die Stadtväter den Zustrom der Käufermassen gesichert. Die Zunahme des Verkehrs mit seinen Folgeerscheinungen (verstopfte Straßen, Mangel an Parkflächen) veränderten aber bald das Käuferverhalten, zumal vor den Toren der Städte große Einkaufszentren entstanden, die mit kostenlosen Parkplätzen, einem breiten Sortiment und Billigangeboten den Käufern bequeme Einkaufsmöglichkeiten boten.

Die Einrichtung von Fußgängerzonen ist die Antwort der Innenstädte auf diese Herausforderung. Der bequeme Einkauf in den fußläufigen Straßen, ausreichende Parkmöglichkeiten am Zentrumsrand sowie eine attraktive Gestaltung der verkehrsberuhigten Zonen mit Blumen, Springbrunnen und der Einrichtung von Straßencafés sollen die Kunden zum ausgedehnten Einkaufsbummel einladen. Vorreiter dieser Entwicklung im Revier sind die Einkaufsstädte Essen und Bochum. Daneben sollen durch Straßenmusik, Theaterveranstaltungen sowie Trödelmärkte die Innenstädte belebt werden.

Die Kettwiger Straße in Essens Innenstadt gehört zu den ersten Einkaufsstraßen und Fußgängerzonen im Revier

Mit ihren vielen Nebenstraßen bildet die Schloßstraße den Geschäftsmittelpunkt von Mülheim an der Ruhr

In Hagen laden die zahlreichen Geschäfte auf der Elberfelder Straße zum ausgiebigen Einkaufsbummel ein

Tante-Emma-Läden droht der Konkurs

Seit Anfang der 60er Jahre leidet der Einzelhandel im Ballungsraum Ruhrgebiet unter dem harten Verdrängungswettbewerb, der von neuen Großmärkten, sog. Discountern ausgeht. Der kleine »Tante-Emma-Laden« kann dieser Konkurrenz wenig entgegensetzen.

So verschlechtert sich durch die Abwanderung der Käufermassen in die großen Einkaufszentren, trotz steigender Umsatzzahlen im Einzelhandel, die rein zahlenmäßige Versorgung der Bevölkerung mit Einzelhandelsgeschäften drastisch. Während sich die Geschäftsflächen in den Städten des Siedlungsverbandes Ruhrkohlenbezirk (SVR) von 1968 bis 1974 real um mehr als ein Drittel erhöhten, nahm z. B. in der »Einkaufsstadt« Essen die Zahl der Verkaufsstellen im gleichen Zeitraum um rund 450 Einzelhandelsbetriebe ab.

Dieser Trend spiegelt sich auch in den Beschäftigungsverhältnissen wider. Zwischen 1961 und 1970 ging die Zahl der Angestellten im Essener Einzelhandel um rund 18% zurück. Auf der anderen Seite erhöht sich aber für das Personal die zu betreuende Geschäftsfläche ständig; waren es im Jahr 1968 noch rund 19 m², so muß ein Verkäufer 1974 bereits 35 m² versorgen.

Die Bochumer Kortumstraße vereint auf einigen hundert Metern alle wichtigen Kaufhäuser der Stadt

Der Westenhellweg in Dortmund bietet vielfältige Einkaufsmöglichkeiten

Straßencafés laden auch in Duisburg die Käufer zum Verweilen ein

1975

1. 1. Die kommunale Neugliederung des Ruhrgebiets tritt in Kraft (→ 6. 12. 1975).

4. 3. Das Essener Unternehmen Hochtief AG hat die Arbeiten an dem vom Staudammbau bedrohten Tempel im ägyptischen Kalabsha abgeschlossen. →

4. 5. Bei den Landtagswahlen in Nordrhein-Westfalen bleibt die CDU stärkste Partei. Am selben Tag finden auch Kommunalwahlen statt.

19. 6. Das Fördergerüst vor dem Bochumer Bergbaumuseum wird zur Besichtigung freigegeben.

27.–29. 6. In Bochum findet gleichzeitig mit dem Auslandskulturfestival Kemnade der erste Ausländerkongreß in der Bundesrepublik statt. →

16. 7. In einem Betriebspachtvertrag übernimmt die VEBA AG sämtliche Beteiligungen der Gelsenberg Benzin AG. →

1. 9. Die Neue Heimat und die Klöckner Werke AG unterzeichnen in Kamen die Verträge zur Sanierung und Privatisierung einer Bergwerks-Kolonie. →

16. 9. Das Verwaltungsgericht Düsseldorf stoppt aus Gründen des Umweltschutzes den Ausbau des Steinkohlekraftwerks Voerde. →

17. 9. Das restaurierte Schloß Broich in Mülheim an der Ruhr wird wieder der Öffentlichkeit zugänglich gemacht. →

30. 9. Vor dem Essener Landgericht beginnt der Prozeß im Bestechungsskandal um den FC Schalke 04 (→ 9. 1. 1976).

4. 10. Der Studienbetrieb an der Fernuniversität Hagen wird aufgenommen. →

6. 12. Ein Urteil des nordrhein-westfälischen Verfassungsgerichtshofes in Münster erklärt den Zusammenschluß von Gladbeck, Bottrop und Kirchhellen für nichtig. →

18. 12. Der Emscherschnellweg (A 42) ist bis zur Sauerlandlinie (A 45) fertiggestellt.

Dezember. Ringfrei Mülheim wird Deutscher Mannschaftsmeister im Boxen.

1975. Der DBC Bochum wird erstmals Deutscher Mannschaftsmeister im Billard.

1975. Seit 1973 sind die Arbeitslosenzahlen in den Revierstädten stark angestiegen; in Essen von 4307 auf 12 017, in Bochum von 3917 auf 12 481, in Dortmund von 5470 auf 14 549. →

GESTORBEN:

22. 3. München: Paul Verhoeven (*23. 6. 1901, Unna), Schauspieler und Regisseur.

17. 11. Hamburg: Hermann Schomberg (*12. 8. 1907, Unna), Schauspieler.

Feucht-fröhliche Stimmung in Gladbeck nach dem erfolgreichen Protest gegen die Eingemeindungspläne

Auch in Wattenscheid formiert sich der Protest gegen den Verlust der Selbständigkeit zugunsten Bochums

Urteil beendet Streit um »Glabotki«

6. Dezember 1975. Durch ein Urteil des nordrhein-westfälischen Verfassungsgerichtshofes in Münster wird der mit dem kommunalen Neugliederungsgesetz vom 1. Januar des Jahres in Kraft getretene Zusammenschluß von Gladbeck, Bottrop und Kirchhellen zur neuen Stadt Bottrop für nichtig erklärt. Während das Aus für »Glabotki« in Bottrop bedauert wird, nehmen die Bürger von Gladbeck und Kirchhellen das Urteil mit Jubel auf.

In ihrer Ausgabe vom 8. Dezember berichtet die WAZ ausführlich über die ausgelassene Stimmung in den beiden Gemeinden nach Bekanntwerden der richterlichen Entscheidung: »Wieviel Bier in Gladbeck und Kirchhellen am Wochenende getrunken wurde, wird wohl niemand genau feststellen können ... Nachdem die Meldung aus Münster ... eingetroffen war, fielen sich die Bürger in die Arme. Spontane Einladungen für den Samstagabend erfolgten, Küßchen wurden verteilt, manch ein Bürger vergoß Freudentränen, und Lautsprecherwagen fuhren durch die Stadt ... In der Gemeinde Kirchhellen war ›der Teufel los‹ ... In einer Wirtschaft stimmte eine Trauergemeinde nach Bekanntwerden des Urteils den Choral ›Großer Gott, wir loben Dich‹ an.«

Mit dem Urteilsspruch des Münsteraner Gerichtshofes endet eine jahrelange Auseinandersetzung zwischen dem Land Nordrhein-Westfalen und der Stadt Gladbeck, die im August 1975 in einer Verfassungsbeschwerde beim Oberverwaltungsgericht Münster gegen die zum 1. Januar des Jahres erfolgte Zusammenlegung der Gemeinden Gladbeck, Bottrop und Kirchhellen gipfelte.

Kommunale Neuordnung

Im Zuge der Neuregelung der kommunalen Grenzen im Ruhrgebiet zum 1. Januar 1975 verliert Wattenscheid trotz erheblicher Proteste der Einwohner seine Selbständigkeit durch Eingemeindung nach Bochum, Wanne-Eickel kommt zu Herne, Gladbeck, Bottrop und Kirchhellen werden zu einer Stadt vereinigt, Kettwig wird Essen zugeschlagen. Den größten Zugewinn verzeichnet Duisburg, dessen Stadtgebiet um die Orte Rheinhausen, Walsum, Homberg, Baerl und Rumeln-Kaldenhausen erweitert wird. Die Nachbarstadt Mülheim erhält Teile von Mintard und Breitscheid. Dortmund erhält Holzen, Lichtendorf und Teile der Gemeinde Buchholz. Aus den Kreisen Dinslaken, Moers und Rees entsteht mit Wirkung vom 1. Januar 1975 der neue Kreis Wesel.

Nachdem der Zusammenschluß der drei Städte im sog. Nikolausurteil vom 6. Dezember 1975 für verfassungswidrig erklärt worden ist, tritt am 1. Juli 1976 ein Änderungsgesetz in Kraft. Gladbeck bleibt danach selbständige Stadt, verliert aber seine Kreisfreiheit durch Eingliederung in den Landkreis Recklinghausen. Kirchhellen bleibt Teil der kreisfreien Stadt Bottrop.

In ihrer Urteilsbegründung zugunsten der Selbständigkeit Gladbecks verweisen die Münsteraner Richter auf die Eigenständigkeit der Städte Bottrop und Gladbeck. Die Empfehlung des Gerichts, Bottrop stattdessen nach Essen und Gladbeck nach Gelsenkirchen einzugemeinden, da hier engere Verflechtungen bestünden, führt erneut zu Bürgerprotesten in beiden Städten, bis durch das Änderungsgesetz vom Juli 1976 der Streit um die kommunale Neugliederung beigelegt wird.

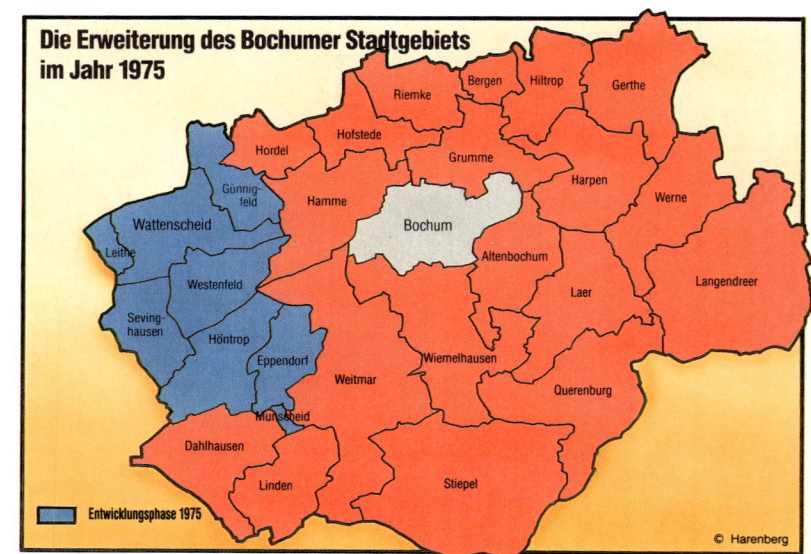

Dichtes Netz von Revierautobahnen

18. Dezember 1975. Die Autobahn 42 im nördlichen Revier wird dem Verkehr übergeben. Als Emscherschnellweg führt sie von der Anschlußstelle der Sauerlandlinie (A 45) bei Dortmund bis zur Stadtautobahn Duisburg (A 57). Am gleichen Tag rollt auch der erste Verkehr über die neue Autobahnlinie von Duisburg nach Venlo (A 2).

Beide Trassen sind Teil eines Schnellstraßen-Programms, das den noch Ende der 60er Jahre spürbaren Mangel an einer ausreichenden Erschließung des Ruhrgebiets für den Straßenverkehr beheben soll. Ein dichtes Schnellstraßennetz ist hier für den regionalen Individualverkehr (Arbeitspendel- und Versorgungsverkehr) von Bedeutung und für die Anbindung des Großwirtschaftsraumes Ruhr an die anderen Industrieräume der Bundesrepublik Deutschland und Europas.

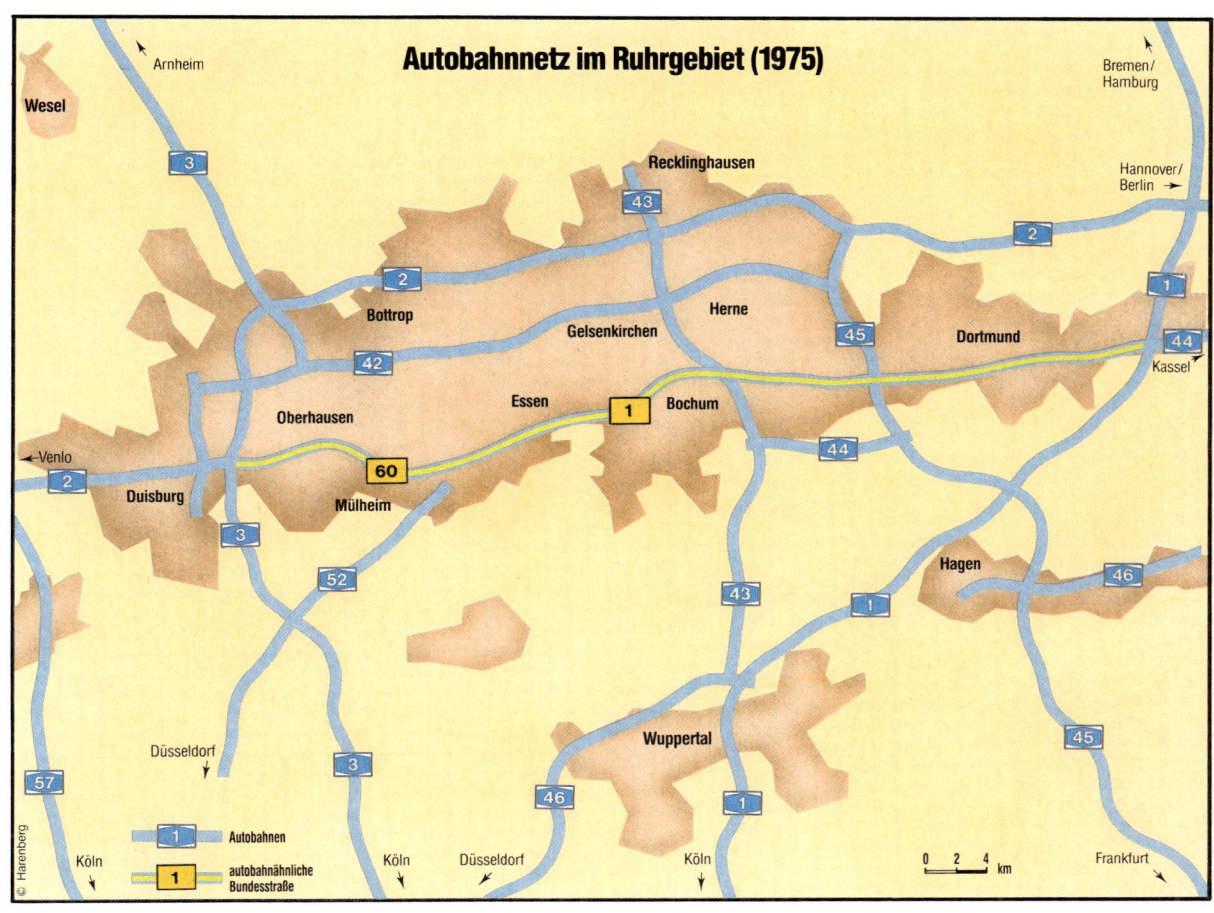

Schnellstraßen im Revier (1975)

Ost-West-Verbindungen:

A 1: Autobahn Köln – Kamener Kreuz, Verbindung des östlichen Reviers mit dem bergischen und rheinischen Raum

A 2: Überregionale Verbindung durch das nördliche Revier von Venlo über Oberhausen – Dortmund nach Hannover

A 42: Emscherschnellweg als nördliche Autostraße von Duisburg nach Dortmund

A 44: Verlängerung der B 1 (Ruhrschnellweg) nach Osten von Unna bis Kassel

A 52: Autobahnverbindung zwischen Essen und Düsseldorf

B 1: Innerregionale Verkehrsverbindung der Städtereihe Duisburg – Oberhausen – Mülheim – Essen – Bochum – Dortmund (Hellwegzone; spätere A 430)

Nord-Süd-Verbindungen:

A 3: Westliche Trasse durch Duisburg und Oberhausen vom holländischen Raum bis ins Rhein-Main-Gebiet über Köln

A 43: Verbindung der mittleren Revierstädte Bochum – Herne – Recklinghausen von Wuppertal nach Münster

A 45: Östliche Tangente, stellt als Sauerlandlinie die Verbindung zwischen dem Dortmunder Raum und dem Siegerland sowie Frankfurt her.

Industriedenkmal Fördergerüst

19. Juni 1975. Der 68 m hohe Förderturm (Abb.) der stillgelegten Dortmunder Zeche Germania, der vor dem Bergbaumuseum in Bochum aufgebaut wurde, wird als Industriedenkmal zur Besichtigung freigegeben. Bochums Oberbürgermeister Heinz Eikelbeck weiht das neue Denkmal auf der 50 m hoch gelegenen Seilscheibenbühne ein, zu der ein Aufzug hinaufführt. Über Treppen gelangen die Besucher auf die 12 m höher gelegene Plattform.

Museumsfachleute und Stadtverwaltungen beginnen, stillgelegte Fördertürme und Industrieanlagen im Revier als Denkmäler der Arbeit früherer Generationen zu betrachten. Anfang September findet in Bochum ein Kongreß für Industriearchäologie statt, auf dem sich 80 Experten aus 20 Ländern mit der Erhaltung technischer Denkmäler befassen. Der Förderturm wird als Wahrzeichen des Bergbaumuseums in das Kongreßemblem aufgenommen.

Stahlkrise führt zu ersten Entlassungen

1975. Die Zahl der Arbeitslosen ist im Ruhrgebiet seit 1973 von 34 759 auf 96 956 angestiegen; in vielen Revierstädten ist für diesen Zeitraum ein Anstieg der Arbeitslosigkeit um nahezu 30% zu verzeichnen.

Hintergrund der Verschlechterung auf dem Arbeitsmarkt ist ein drastischer Rückgang der Stahlproduktion, der von der allgemeinen Krise der Weltwirtschaft und der anhaltenden Flaute in der Automobil- und Baubranche verursacht wird.

Nach einem Boom in der Metallindustrie, die ihre Rohstahlproduktion allein im Ruhrgebiet zwischen 1971 und 1974 von 25,7 auf 32,2 Mio t steigern konnte, sinkt in diesem Jahr die Produktion auf 24,3 Mio t. In den vergangenen Jahren hatten die deutschen Produzenten vor allem im Exportgeschäft hohe Gewinne erzielen können, doch gehen hier die Umsätze allein im ersten Vierteljahr 1975 um 2% zurück. Die Folge dieser Entwicklung, die ihre Ursache in der Ölkrise 1973 hat, ist eine Drosselung der Produktion, die zu Kurzarbeit und Entlassungen führt.

Fernuni Hagen nimmt Betrieb auf

4. Oktober 1975. Mit einer Festveranstaltung im Theater der Stadt nimmt die Gesamthochschule Fernuniversität Hagen ihren Studienbetrieb auf. Gemäß dem im Vorjahr vom nordrhein-westfälischen Landtag beschlossenen Gesetz zur Errichtung der Fernuniversität soll die neue Hochschule zur Entlastung der bestehenden Hochschulkapazitäten beitragen, an der Studienreform mitwirken und ein neues Weiterbildungsangebot schaffen.

Im Unterschied zu normalen Hochschulen findet der Lehrbetrieb der Fernuniversität nicht in Hörsälen statt, sondern die Lehrmittel, die sog. Studienbriefe, werden den Studenten per Post zugesandt. Ergänzt wird der Lehrbetrieb durch sog. Studienzentren, in denen zur Vorbereitung auf spätere Prüfungen begleitende Veranstaltungen und Übungen durchgeführt werden. Die Studienzentren befinden sich in zahlreichen Städten; im Ruhrgebiet werden sie in Gelsenkirchen, Bottrop, Castrop-Rauxel, Hamm, Marl, Oberhausen und Wesel eingerichtet.

Bunkersprengung

Ein während des Zweiten Weltkriegs errichteter Hochbunker in Castrop-Rauxel muß einer innerstädtischen Schnellstraße Platz machen. Mit 300 kg Sprengstoff wird der 45 m hohe Beton-Koloß zu Fall gebracht (Abb.). Ein vorher ausgebaggertes Erdbett dämpft die Wucht des Aufpralls.

Ausländerfest und Kongreß in Bochum

27.–29. Juni 1975. In Bochum beginnt der erste Ausländerkongreß in der Bundesrepublik Deutschland, der zeitgleich mit der »Kemnade 75 International«, einem Volksfest von und mit ausländischen Arbeitnehmern, veranstaltet wird.

Fachleute aus Politik und Sozialarbeit beschäftigen sich auf dem Solidaritätskongreß in mehreren Arbeitsgruppen mit Rechtsstellung, Bildungschancen und der Wohnsituation ausländischer Arbeiter und ihrer Familien in der Bundesrepublik. Sie fordern eine bessere Eingliederung ausländischer Mitbürger in das öffentliche Leben sowie das aktive und passive Kommunalwahlrecht für Ausländer.

Im ehemaligen Bochumer Rittersitz Haus Kemnade füllen währenddessen die Klänge der Volksmusik und die Düfte von Nationalgerichten aus Jugoslawien, Griechenland, Portugal und der Türkei den Innenhof. Auch auf dem Fest wird die Hoffnung geäußert, daß aus ausländischen Arbeitern gleichberechtigte Kollegen werden.

Vom Mieter zum Eigentümer in der Kolonie

1. September 1975. *1200 Bewohner von Zechenkolonien in Kamen und Bergkamen erhalten die Chance, Eigentümer der von ihnen gemieteten Häuser zu werden. Für 33 Mio DM verkauft die Klöckner Werke AG die um die Jahrhundertwende entstandenen Häuser (Abb.) an das von der Neuen Heimat in Essen eingerichtete Institut für Bodenordnung, das Sanierung und Privatisierung der Häuser übernimmt. Die monatliche Belastung der Mieter, die Eigentümer ihrer Häuser werden wollen, ist nach Auskunft des Essener Instituts geringer als vergleichbare Mieten im sozialen Wohnungsbau. 90% der Bewohner begrüßen die Erhaltung und Modernisierung der Siedlungen.*

Neu-Wulfen – Musterstadt mit Mängeln

Ein Großteil der Wohnungen in der von der Treuhandstelle für Bergmannswohnstätten errichteten sog. Meta-Stadt in der Großsiedlung Neue Stadt Dorsten-Wulfen (Abb.) ist bezugsfertig. Viel Beachtung findet die neuartige Konstruktion des Baukomplexes: In den Rahmen eines riesigen Stahlgerüstes werden mit Glaswolle und Rigipsplatten verkleidete Metallwände eingehängt. Dieses flexible Prinzip soll problemlos An- und Umbauten ermöglichen. Die ersten Mieter klagen jedoch bald über unzureichende Schallisolierung, undichte Fensterfronten und Nässe in den Wohnungen. 1986 wird wegen zahlreicher baulicher Mängel der Abriß des Musterprojekts beschlossen (→ 14. 5. 86).

Schloß Broich für 4 Mio DM renoviert

17. September 1975. Burg und Schloß Broich in Mülheim an der Ruhr werden nach Beendigung der Restaurierungsarbeiten zur Besichtigung freigegeben. Mit mehr als 4 Mio DM hat die Stadt das Mitte des 17. Jh. errichtete Schloß renoviert und eine 1000 Jahre alte spätkarolingische Burg innerhalb der Schloßmauern ausgraben und restaurieren lassen.

Die Stadt benutzt ein Kaminzimmer und ein Wappenzimmer aus dem frühen 19. Jh. zu Repräsentationszwecken. Die anderen Räume des Schlosses werden der Volkshochschule als Seminarräume und Werkstätten zur Verfügung gestellt.

Hochtief versetzt ägyptischen Tempel

4. März 1975. In einem Festakt übergibt der bundesdeutsche Staatssekretär Hans-Georg Sachs der ägyptischen Regierung den Tempel von Kalabsha, der von dem Essener Bauunternehmen Hochtief AG in zweijähriger Arbeit um 34 km verlegt worden war. Der Tempel war vom Hochwasser des Assuan-Staudamms bedroht und wurde mit Mitteln der Bundesregierung auf ungefährdetes Gebiet versetzt.

Die Hochtief AG hat sich in der ganzen Welt durch die Abwicklung von Großbauprojekten wie Staudämmen, Flughäfen und Kraftwerken einen Namen gemacht.

Gericht entscheidet gegen Kraftwerk

16. September 1975. Eine Entscheidung des Verwaltungsgerichts Düsseldorf stoppt zunächst den Ausbau des Kohlekraftwerks Voerde bei Dinslaken. Das Gericht begründet seinen Beschluß mit der erwarteten Umweltbelastung, vor allem durch Schwefeldioxid, die über den gesetzlichen Grenzwerten liegt.

Umweltschützer befürchten aufgrund der zunehmenden Luftverschmutzung eine steigende Zahl von Krebserkrankungen im Raum Duisburg – Dinslaken. Um das Kraftwerk dennoch bauen zu können, beschließt die Landesregierung, für die kommenden Jahre höhere Abgaswerte zuzulassen.

Anlage von Schloß Broich nach Abschluß der Restaurierungsarbeiten, im Vordergrund der freigelegte Ringwall mit spätkarolingischen Burgresten

Durch das Wasser des Assuan-Staudamms bedrohter Tempel von Kalabsha, der von der Essener Baufirma Hochtief um 34 km versetzt wurde

Stillgelegte Baustelle des Steinkohlekraftwerks Voerde, das zum größten Kohlekraftwerk der Bundesrepublik Deutschland ausgebaut werden soll

VEBA übernimmt Gelsenberg Anlagen

16. Juli 1975. Die Hauptversammlung der Gelsenberg Benzin AG beschließt die Eingliederung des Unternehmens in die VEBA AG und die Übernahme aller Beteiligungen und Aktivitäten der Gelsenberg durch die VEBA-Töchter VEBA Chemie AG und VEBA Kraftwerke Ruhr AG.

Noch im gleichen Jahr wird der Beschluß von der Deutschen Schutzvereinigung für Wertpapierbesitz angefochten, da die VEBA AG es beim Erwerb der Gelsenberg-Aktien versäumt habe, den Alt-Aktionären wahlweise an Stelle von VEBA-Aktien Bargeld als Entschädigung anzubieten. Damit liege ein Verstoß gegen das deutsche Aktienrecht vor. In der Folge kommt es statt

R. v. Benningsen

einer förmlichen Eingliederung in den VEBA-Konzern, der seit 24. Januar 1975 über 96% der Gelsenberg-Aktien verfügt, lediglich zum Abschluß eines Pachtvertrages zwischen der VEBA Chemie AG und der Gelsenberg Benzin AG. Das Horster Unternehmen bleibt selbständig, seine Umsatzzahlen gehen jedoch in die Bilanzen der VEBA AG ein, die dadurch mit 25 Mio DM Jahresumsatz 1975 zum umsatzstärksten Unternehmen in der Bundesrepublik Deutschland wird.

Der neue VEBA-Besitz

▷ Raffinerie Gelsenkirchen-Horst
▷ Olefinanlage Münchsmünster
▷ Turbinentanker
▷ 50% der Erdölraffinerie Neustadt GmbH & Co, 50% verbleiben bei der Mobil Oil AG
▷ 25% der Erdöl-Raffinerie Speyer Elf-Gelsenberg oHG, 75% werden von der Elf-Mineralöl GmbH, Tochter des französischen Konzerns Elf, gehalten.

Hintergrund der versuchten Eingliederung von Gelsenberg in den VEBA-Konzern, der sich zu 40% in Bundesbesitz befindet, ist das Bestreben der Regierung, sich nach der Ölkrise von 1973 größeren Einfluß auf die Mineralölversorgung zu sichern.

1976

9. 1. Die siebte Große Strafkammer des Landgerichts in Essen verurteilt acht Spieler des Fußballclubs FC Schalke 04 wegen Meineids. →

13. 2. Die Verfassungsbeschwerde der Stadt Wattenscheid gegen die Eingemeindung nach Bochum wird vom Verfassungsgerichtshof Nordrhein-Westfalen zurückgewiesen.

13. 2. Eine Bürgerinitiative setzt in der Bochumer Siedlung Rosenberg die Einrichtung einer Tempo-30-Zone zur Verkehrsberuhigung durch. →

24./25. 4. In der Dortmunder Westfalenhalle findet eine Internationale Rassehund-Zuchtschau statt. →

Mai. Seit Jahresbeginn sind im Durchgangslager Unna-Massen rund 5000 Aussiedler, vor allem aus Polen und der UdSSR, eingetroffen. →

1.—8. 5. Die Stadt Mülheim an der Ruhr veranstaltet die Mülheimer Theatertage »Stücke«. →

21. 5. Das Forum Castrop-Rauxel, ein Tagungs- und Ausstellungskomplex, wird offiziell eröffnet. →

1. 7. Die Stadt Bottrop und die Gemeinde Kirchhellen werden zur kreisfreien Stadt Bottrop zusammengelegt. →

17. 7.—1. 8. Bei den Olympischen Spielen in Montreal erringen Sportler aus dem Ruhrgebiet Gold-, Silber- und Bronzemedaillen. →

5. 9. In Bottrop wird das Weiterbildungszentrum »Quadrat« mit dem Museum für Ur- und Ortsgeschichte, dem Medienzentrum und der Modernen Galerie eröffnet.

3. 10. Bei den Wahlen zum achten Deutschen Bundestag wird die sozialliberale Koalition bestätigt. →

2. 12. In Herne werden die ersten Tage der alten Musik eröffnet. →

1976. In Witten-Herbede wird die letzte Kleinzeche des Reviers stillgelegt.

GESTORBEN:

25. 3. New Haven/Connecticut: Josef Albers (* 19. 3. 1888, Bottrop), Maler (→ 1925).

25. 5. Dortmund: Max Brandes (* 27. 9. 1881, Bad Salzuflen), Orthopäde, Gründer und Leiter (1921—1950) der Orthopädischen Klinik in Dortmund.

7. 7. Essen: Gustav Heinemann (* 23. 7. 1899, Schwelm), Politiker, Bundespräsident 1969—1974.

1. 10. Herrsching am Ammersee: Fritz Winter (* 22. 9. 1905, Altenbögge/Bönen), Maler und Grafiker.

Gold in der 470er Jollenklasse erringt Harro Bode mit seinem Teamkameraden Hübner, r. sein Boot (G 3145)

Erfolgreiche Athleten in Montreal

17. Juli bis 1. August 1976. Bei den Olympischen Spielen in Montreal (Kanada) sind Athleten aus dem Ruhrgebiet besonders erfolgreich. Die Dortmunderin Annegret Richter gewinnt drei Medaillen und feiert in Montreal einen der größten Triumphe ihrer Laufbahn.

Neben Inge Helten (Dortmund) und Annegret Kroninger (Bochum) ist Annegret Richter eine der drei Sportlerinnen aus dem Ruhrgebiet, die zusammen mit Elvira Possekel die Silbermedaille in der 4×100 m-Staffel erringen. Über 100 m erreicht Annegret Richter die Goldmedaille, Inge Helten läuft als Dritte ein und gewinnt Bronze. Nach ihrem Lauf über 200 m steht Annegret Richter zum dritten Mal auf dem Siegerpodest, sie erhält zum zweiten Mal Silber.

Bei den Boxern ist Reinhard Skricek aus Gelsenkirchen mit einer Bronzemedaille in der Gewichtsklasse bis 67 kg erfolgreich. Der Wittener Ringer Karl-Heinz Hebing kann im Weltergewicht Bronze erkämpfen, er ist damit der einzige bundesdeutsche Medaillengewinner im Ringen. Je eine Bronzemedaille erringen Hartmut Wenzel aus Essen als Steuermann des Vierer mit im Ruderwettbewerb und Michael Kraus aus Gladbeck in der 4×100 m-Staffel der Schwimmer. Auch bei den Seglern ist diesmal ein Sportler aus dem Ruhrgebiet auf dem Siegertreppchen. Harro Bode (Essen) gewinnt zusammen mit Frank Hübner in der 470er Klasse die Goldmedaille.

Bei ihrer Heimkehr werden die Athleten stürmisch gefeiert.

Empfang des »Goldmädchens« Annegret Richter in Dortmund:

»Blumen, Fähnchen, Händeklatschen! Ein beinahe verlegenes Mädchen, das artig für einen begeisterten Empfang dankt. Nicht wie eine Karnevalsprinzessin, sondern ganz Olympiasiegerin auf dem Treppchen, der die Lautsprecherworte: ›... and olympic champion‹ nachwehen. Die schnellste Frau der Welt ließ sich nach den ersten brausenden Bravo-Rufen auf dem Hof der Thier-Brauerei von ihrem Ehemann und Sportskameraden die gerahmten Medaillen reichen und zeigte sie stolz ihren Fans. Dortmund hat Annegret Richter, seine grazile Olympiasiegerin, wieder!« (Westdeutsche Allgemeine Zeitung)

In der 4×100 m-Staffel der Frauen erringen die Sportlerinnen des bundesdeutschen Teams (l.) vor den Läuferinnen der DDR die Silbermedaille

Bundesliga-Spieler jetzt verurteilt

9. Januar 1976. Die siebte Große Strafkammer des Essener Landgerichts verurteilt acht Fußballspieler wegen eidlicher und uneidlicher Falschaussage vor Gericht.

Die acht Spieler, 1971 alle bei Schalke 04, hatten im Zusammenhang mit dem Bundesliga-Bestechungsskandal (→ 7. 6. 1971) vor Gericht als Zeugen ausgesagt. In ihren Äußerungen zu den Schmiergeldzahlungen hatten sie nachweislich falsch ausgesagt.

Klaus Fischer, Herbert Lütkebohmert, Rolf Rüssmann, Jürgen Sobieray und Reinhard Libuda, alle noch bei Schalke 04, sowie Michael Galbierz (SV Wuppertal), Jürgen Wittkamp (Borussia Mönchengladbach) und Klaus Senger (Rot-Weiß Essen) werden zu Strafen zwischen 4200 und 9960 DM verurteilt.

Der Deutsche Fußballbund entzieht daraufhin am 24. März 1976 vier Spielern, die in den Bestechungsskandal verwickelt waren, die Lizenz. Klaus Fischer, Herbert Lütkebohmert, Rolf Rüssmann und Jürgen Sobieray sollen vor dem 1. Januar 1977 keine neue Lizenz erhalten.

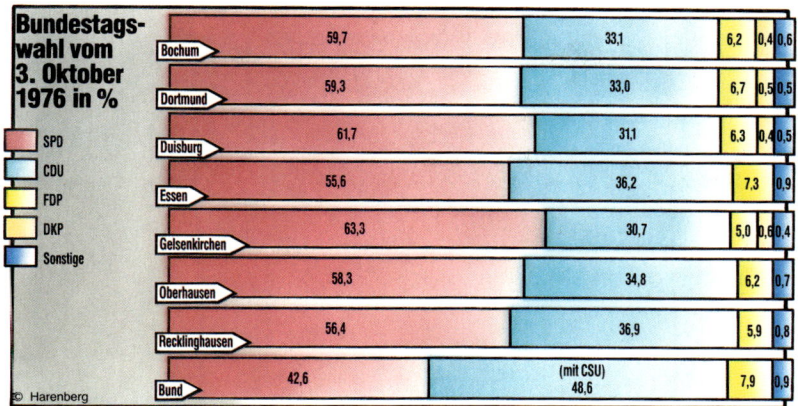

Knapper Sieg für Koalition

3. Oktober 1976. Bei den Wahlen zum achten Deutschen Bundestag müssen die Parteien der sozialliberalen Koalition unter Bundeskanzler Helmut Schmidt Verluste hinnehmen. Bei einem Stimmenanteil von 42,6% büßt die SPD 16 Mandate im neu gewählten Parlament ein und erhält 214 Sitze, die Fraktion der Freien Demokraten schrumpft um zwei auf 39 Sitze. Wahlsieger ist die CDU/CSU unter Oppositionsführer Helmut Kohl. Sie wird erneut stärkste Fraktion im Deutschen Bundestag mit 244 Sitzen.

Das Ergebnis der Bundestagswahl spiegelt sich im Ruhrgebiet. Zwar bleibt die CDU mit Ausnahme der ländlichen Wahlkreise Hamm, Lünen, Essen-Süd und des Landkreises Recklinghausen eine 30-Prozent-Partei, immerhin kann sie in allen SPD-Hochburgen leichte Gewinne verzeichnen. Die Sozialdemokraten hingegen büßen durchweg Stimmen ein. Trotz eines Koalitionsangebotes der CDU an die FDP bekräftigen die Vorsitzenden der Regierungsparteien ihre Absicht, die sozialliberale Koalition fortzuführen.

Probleme beginnen nach der Umsiedlung

Mai 1976. Seit Jahresbeginn sind im Durchgangslager Unna-Massen fast 5000 Aussiedler aus der Volksrepublik Polen und der UdSSR eingetroffen. Viele von ihnen haben Verwandte im Ruhrgebiet, wo sie Wohnung und Arbeit finden wollen.

Facharbeiter des Eisen- und Metallgewerbes sowie Gastronomiefachkräfte finden schnell eine Anstellung. Von Unternehmern werden die Aussiedler wegen ihrer hohen Arbeitsmoral und ihrer Bescheidenheit geschätzt. Nicht jeder kann jedoch einen Arbeitsplatz finden, der seiner in der UdSSR oder Polen erworbenen Berufsqualifikation entspricht. Zeugnisse und Diplome werden häufig in der Bundesrepublik nicht anerkannt.

Bei jüngeren Umsiedlern sind oft unzureichende Deutschkenntnisse ein Problem. Einsamkeit und Heimweh sowie das Gefühl, als Menschen zweiter Klasse behandelt zu werden, erschweren vielen Aussiedlern die Eingewöhnung in der neuen Heimat und lassen den Westen als längst nicht mehr »golden« erscheinen wie vor der Umsiedlung.

Tempo 30-Erlaß soll Unfallgefahr senken

13. Februar 1976. Für die Straßen der dichtbewohnten Rosenberg-Siedlung in Bochum-Harpen verfügt die Stadtverwaltung eine Herabsetzung der zulässigen Höchstgeschwindigkeit auf 30 km/h. Damit kann die Bürgerinitiative »Rosenberg-Verein« endlich den Erfolg ihrer Bemühung um verkehrsberuhigende Maßnahmen in dem Stadtteil vermelden. Nach fünf schweren Verkehrsunfällen, bei denen im Vorjahr Kinder im Alter von sechs bis acht Jahren Opfer zu schnell fahrender Kraftfahrzeuge geworden waren, hatten sich besorgte Eltern zu Protesten bei der Stadt entschlossen.

Auch die Städte und Gemeinden Essen, Mülheim, Hattingen, Heiligenhaus und Herdecke beteiligen sich im Herbst an einem Großversuch zur Verkehrsberuhigung in Wohngebieten. Betonschwellen, versetzt angelegte Parkbuchten, Einbahnstraßen und Sackgassen sollen die nun als »Wohn- und Spielstraßen« ausgewiesenen Verkehrswege vom Durchgangsverkehr befreien.

Forum Castrop-Rauxel nach einem Entwurf von Arne Jacobsen; das Bühnenhaus mit seiner unverwechselbaren Dachform ist mit Schiefer verkleidet

Forum Castrop-Rauxel

21. Mai 1976. Das Forum Castrop-Rauxel, ein Tagungs- und Ausstellungszentrum mit Rathaus, Stadthalle, Europahalle, Tiefgarage und Restaurant, wird offiziell eröffnet. Die nach Entwürfen des dänischen Architekten Arne Jacobsen errichtete Stadthalle überragt die anderen Gebäude auf dem Forum. Verschiebbare Wände in der Halle erlauben Variationen der Saalgröße zwischen 440 m² und 660 m². Ein 55 m frei überspannendes, geschwungenes Dach schmückt das Bühnenhaus und verleiht dem Forum eine unverwechselbare elegante Silhouette.

Letzte Kleinzeche

1976. Die letzte Kleinzeche im Revier, die Zeche Egbert in Herbede, wird stillgelegt. 1970 förderte die winzige Anlage (Abb.) zusammen mit den Zechen Glückstern in Bredenscheid-Stüter und Ringeltaube in Witten etwa 45 000 t Kohle. Eine letzte Blüte erlebten die Kleinzechen zur Zeit der Kohleknappheit nach 1945.

1976

Hundeausstellung: z. T. tragen die Besitzer passende Kostüme, l. ungarische Hirtenhunde und Piroschka

Rassehund-Zuchtschau in Dortmund

24./25. April 1976. Die Internationale Rassehund-Zuchtschau in der Dortmunder Westfalenhalle findet mit rund 1300 teilnehmenden Hunden und etwa 7000 Besuchern ein unerwartet starkes Interesse. Die ein Jahr später erstmals in Dortmund stattfindende Europasieger-Zuchtschau entwickelt sich im Laufe der Jahre zur größten und meistbesuchten Veranstaltung dieser Art in Europa. Auf den überall in Europa ausgerichteten Zuchtschauen werden sog. Anwartschaften an die vorgestellten Rassehunde vergeben. Hat ein Hund vier solcher Anwartschaften bei Schauen in drei verschiedenen Ländern erhalten, so kann er am Europasieger-Wettbewerb teilnehmen und den höchsten Hunde-Titel, das »Internationale Schönheits-Championat«, erringen. Dieser und andere Titel, wie z. B. der Titel des Europasiegers des Jahres, werden in Dortmund jeweils an den schönsten Rüden und die schönste Hündin einer Rasse vergeben. Während 1976 rund 1300 Hunde vorgestellt werden, kommen zehn Jahre später bereits 4000 Hunde mit ihren Besitzern aus ganz Europa in die Westfalenhalle.

Konzerttage im Kulturzentrum

2. Dezember 1976. Im Kulturzentrum der Stadt Herne beginnen die ersten »Tage alter Musik«. Im Mittelpunkt der vier Tage dauernden Veranstaltung steht die Orgel: Ihr gelten eine Ausstellung historischer sog. Positive (Kleinorgeln) sowie einige Orgelkonzerte. In den folgenden Jahren entwickeln sich die »Tage alter Musik« – sie finden jeweils vom ersten Donnerstag im Dezember bis zum darauffolgenden Sonntag statt – zu einer Einrichtung von internationalem Ansehen.
Das neue Kulturzentrum am Rand der Herner City war am 15. September des Jahres eröffnet worden. Der für 32 Mio DM errichtete Bau ist eine Kombination von Stadthalle und Kulturforum mit Stadtbücherei, Volkshochschule und Medienzentrum – in dieser Form einmalig in der Bundesrepublik. Der trapezförmig angelegte Mehrzwecksaal erlaubt eine variable Raumgestaltung mit bis zu 1200 Sitzplätzen, bei Konferenzausstattung 464 Plätzen. Zudem beherbergt das Haus Sitzungssäle, Diskothek und Restaurant.

Urlaubsvergnügen an Kanalufern

Autofahrer, die an heißen Sommertagen, aus Alt-Gelsenkirchen kommend, auf der Kurt-Schumacher-Straße Richtung Norden nach Gelsenkirchen-Buer fahren, haben sich inzwischen an den Anblick gewöhnt, der sich ihnen Jahr für Jahr beim Überqueren der Brücke über den Rhein-Herne-Kanal bietet: Ebenso wie in anderen Revierstädten verbringen zahlreiche Gelsenkirchener Familien, unbeeindruckt von Verkehr und Lärm, die sonnigen Wochenenden an den Ufern des Kanals.
Sie bringen Luftmatratzen, Campingstühle, Tische und natürlich auch kühle Getränke, kurz alles, was für einen Wochenendurlaub notwendig ist, mit. Beliebt sind in jedem Jahr trotz wiederholter Warnungen der Wasserschutzpolizei das Anschwimmen vorbeifahrender Schiffe oder der Sprung von einer der zahlreichen Kanalbrücken. Dabei kommt es immer wieder zu Unfällen, die den Urlaubsspaß überschatten.

Erholsames Wochenende am Kanal   *Picknick mit Förderturm*

Angler am Rhein-Herne-Kanal in der Nähe von Oberhausen

Dramatikerpreis in Mülheim vergeben

1. bis 8. Mai 1976. Unter der Bezeichnung »Stücke« ruft das Sekretariat für gemeinsame Kulturarbeit in Nordrhein-Westfalen, eine neugegründete Kooperation von zunächst 14 Kommunen zur Organisation und Finanzierung überregional bedeutender Veranstaltungen, die Mülheimer Theatertage ins Leben. Ziel der jährlich im Frühjahr stattfindenden Veranstaltung soll die Förderung des zeitgenössischen Dramas sein.
Zu diesem Zweck lädt ein unabhängiges Fachgremium bis zu sieben der besten Uraufführungen deutschsprachiger Autoren in der laufenden Theatersaison zum Wettbewerb nach Mülheim ein. Mit maßgeblicher Beteiligung des Publikums ermittelt eine Jury das beste »Stück« unter den aufgeführten Gastspielen, dessen Autor den Mülheimer Dramatikerpreis erhält. Erster Preisträger dieser Veranstaltung wird Franz Xaver Kroetz mit seinem Drama »Das Nest«, aufgeführt vom »Theater am Neumarkt« aus Zürich. Die begehrte Auszeichnung ist von den Veranstaltern mit 10 000 DM dotiert.

Denkmäler des Arbeitens und Wohnens

Architektur im Ruhrgebiet

Das Ruhrgebiet ist eine der interessantesten Baulandschaften Deutschlands und zweifellos eine der verkanntesten. Mit dem Odium von Dreck und Ruß behaftet, erschließt sich das Ruhrgebiet nicht auf den ersten Blick, doch wer bewußt hinsieht, entdeckt eine eigenständige Kulturlandschaft von unwahrscheinlicher Vielfalt. Wer eine Straße wie die alte Hellwegtrasse in Dortmund befährt, findet einen fesselnden Abriß der Architekturgeschichte vom Mittelalter bis heute aufgeschlagen: Romanische Dorfkirchen mit Fachwerkbauten des alten Dorfkerns, Kotten und Bauernhäuser, darunter aufwendige Hofanlagen mit neoklassizistischen »Herrenhäusern« von Bauern, die durch Landverkauf an die Zeche zu Geld kamen, in unmittelbarem Nebeneinander Bürgerhäuser der Gründerzeit und sozialer Wohnungsbau der 50er Jahre, Geschäfts- und Verwaltungsbauten, die Plastikfassade des Supermarktes neben den ionischen Gußsäulen des Tante-Emma-Ladens, Arbeiterkolonien, dazwischen überall Grün und landwirtschaftlich genutzte Flächen, in Blickweite stets Industriehallen, Schlote, Fördergerüste – selten eine Idylle, immer aber interessant in Qualitäten und auch Fehlleistungen.

Ebenso wie diese optisch erlebbare Vielfalt des Ruhrgebiets häufig aus Unkenntnis oder Vorurteil nicht als Qualität erkannt wird und daher bislang weder Wertschätzung noch Schonung erhielt, fielen bis vor wenigen Jahren weitgehend unbeachtet die Dokumente der Industriegeschichte, Architekturen wie Arbeitersiedlungen gleichermaßen, der Spitzhacke zum Opfer. Ein unkritisch übernommener Kulturbegriff und normierte bürgerliche Wohnvorstellungen wurden ohne weiteres auf die Siedlung übertragen – eine verkürzte Perspektive, die weder die vorhandenen Wohnqualitäten noch die hier entwickelte Kultur einer sehr menschlichen Art des Zusammenlebens zu erkennen vermochte, vom spekulativen Umgang mit der Ware Wohnung einmal abgesehen.

Heute ist der Umdenkungsprozeß in vollem Gange, nicht zuletzt dank der Arbeiterinitiativen und Mietergruppen, die sich erfolgreich gegen die Umwandlung ihrer alteingelebten Quartiere in anonyme Wohnmaschinen wehren konnten.

In ehemaligen Bergbauzentren wie Essen oder Bochum ist die Bergbaugeschichte abgeschlossen: Hier macht es die Wertschätzung der Arbeit früherer Generationen zur Pflicht, der Nachwelt Zeugen dieser Arbeit zu erhalten. Zeugnisse, welche die Geschichte der Region und ihrer Menschen, ihrer Konflikte und Fortschritte in Erinnerung halten. Was menschliche Arbeitskraft und Erfindergeist an Produktivkräften freisetzten, welche technischen Kenntnisse und materiellen Mittel zur Verfügung standen, welche Auseinandersetzungen ausgetragen wurden oder weiter bestehen, unter welchen Bedingungen der Produktionsprozeß stattfand, wie die Beteiligten lebten und arbeiteten: Die Maschinenhalle, das Schachtgebäude, der Förderturm vermögen zu solchen Fragen Anlaß geben und Auskunft bereithalten. In den Industriedenkmälern und Arbeitersiedlungen manifestiert sich die Geschichte des Ruhrgebiets. Sie vermitteln Zugang zum besseren Verständnis seiner traditionsreichen Erscheinungs- und Lebensform.

Das Land Nordrhein-Westfalen und die Denkmalpflege haben diese Aufgabe erkannt. Bezeichnend für dieses neue kulturelle Selbstverständnis war 1986 die Unterschutzstellung einer kompletten Bergbau-Großanlage, der Zeche Zollverein in Essen, durch das Land. Freilich ist damit das Problem der Erhaltung eines Industriebaus noch nicht gelöst; die Fragen der Trägerschaft, der Finanzierung und der sinnvollen neuen Nutzung sind Hürden, an denen auch der beste Wille scheitern kann. Zu diesen objektiv vorhandenen Problemen treten gelegentlich Vorbehalte psychologischer Natur; der Arbeitsplatz unter Tage z. B. war ja kein Ort der ungetrübten Daseinsfreude, sondern häufig genug der Schauplatz bitterer Tribute, die der Bergmann seinem Beruf zu zollen hatte.

So sehr der Krieg auch den Bestand an Industriedenkmälern gelichtet hat, mehr noch fiel dem stürmischen Wiederaufbau und dem Zwang zur Modernisierung zum Opfer. So bietet einzig der Bergbau die Möglichkeit, die vollständige Entwicklung einer Branche von den Anfängen bis heute zu dokumentieren, vom primitiven Kohleschürfen an der Oberfläche bis zum modernen Großbetrieb. Anders als die standortgebundene Eisenindustrie, deren ständige Modernisierung den Ersatz der alten Anlagen durch neue erforderte und die aus diesem Grunde auch nicht über einen nennenswerten Bestand an Denkmälern verfügt, rückte der Bergbau im Laufe seiner Entwicklung von der Ruhr über den Hellweg und die Emscher zur Lippe nach Norden vor, die kleineren, unrentablen Anlagen jeweils hinter sich lassend. Daher spielt der Bergbau aufgrund der Zahl, der Aussagequalität und des Alters seiner Denkmäler unbestritten die führende Rolle auf dem Gebiet der Industriedenkmalpflege im Revier.

Die Dokumente des frühen Bergbaus finden sich in den Seitentälern der Ruhr, wo aufgrund der oberflächennahen Flöze der Bergbau seinen Anfang nahm. Zahlreiche Objekte im Raum zwischen der Hohensyburg in Dortmund und Kettwig zeigen die frühen Betriebsformen des Bergbaus vom Schürfloch an der Erdoberfläche bis zum Stollenbergwerk. Mit großem Engagement werden diese Stätten von Vereinen und Kommunen erforscht, kartiert, restauriert und in Form von Wanderwegen der Öffentlichkeit zugänglich gemacht. Der von der Stadt Witten angelegte Bergbaulehrpfad im Muttental gibt exemplarisch mit Stollenmundlöchern, Verladerampen, Kohlenbahn und zutage tretenden Flözen Einblick in Betriebsformen vom 18. Jh. bis in die Nachkriegsnotzeiten des 20. Jh. Am Eingang des Muttentales sind Tagesbauten einer der ersten Tiefbauzechen im Ruhrtal erhalten: Zwei Betriebsgebäude, ein großer quadratischer Kamin und das Maschinenhaus der Zeche Vereinigte Nachtigall. Wie das Maschinenhaus der Zeche Friderika in Wetter und das Schachtgebäude der Zeche Wallfisch in Witten gehören sie zu den wenigen, weitgehend unverändert erhaltenen Bauten des Bergbaus aus der ersten Hälfte des 19. Jh. Material und Bauform sind landschaftstypisch, dem Bauern- und Bürgerhaus der Zeit entlehnt: Schlichtes Bruchsteinmauerwerk, Eckverquaderung mit geriefelter Oberfläche, Rundbogenfenster in Ziegelmauerwerk und flachgeneigte Dächer.

Seit der Jahrhundertmitte errichtete der Bergbau in der Hellwegzone und darüber hinaus Anlagen, die bereits als industrielle Großbetriebe anzusprechen sind. Prägendes Element der Tagesbauten wird der sog. Malakoffturm, der meterdick gemauerte Förderturm. Dreizehn dieser Türme existieren noch. Besonders eindrucksvoll Schacht Carl in Essen-Altenessen, abgeteuft 1855. Der Turm ummantelte das hölzerne Fördergerüst, das über 1 m starke Mauerwerk hatte die Erschütterungen des Maschinenbetriebes zu tragen. Der 22 m hohe Turm wird symmetrisch von zwei Flügelbauten flankiert, die Wasserhaltungs- und Fördermaschinen aufnahmen. Imposanter noch die Zeche Hannover in Bochum-Hordel, eine »Musteranlage« ihrer Zeit, erbaut vor 1860. Das Maschinenhaus wurde von zwei 30 m hohen Malakofftürmen (erhalten ist nur der Turm für die Wetterführung, der Förderturm wurde 1938 abgebrochen und durch eine moderne Anlage ersetzt) flankiert, in der Mittelachse von einem 60 m hohen Schornstein überragt. Symmetrie und reicher Bauschmuck in neuromanischer Formensprache vermitteln einen hohen Repräsentationsanspruch, feudale Leitbilder scheinen durch. Es ist eine sprechende Architektur, die über Geschmack, Leitvorstellungen und Selbstdarstellung der Bauherren Auskunft gibt. Das Maschinenhaus birgt die älteste, am Ort noch erhaltene Dampffördermaschine von 1892.

Von den Zechenbauten im historistischen Gewand der Zeit von 1850 bis 1914 sind die meisten bedeutsamen Schöpfungen der Kohlenkrise seit 1957 zum Opfer gefallen: Zeche Jakobi in Oberhausen, das »Versailles« unter den Bergwerken, Zeche Scharnhorst in Dortmund, Zeche Alma in Gelsenkirchen und viele andere. Dennoch ist ein wertvoller überschaubarer Bestand an Tagesbauten dieser Epoche übriggeblieben, der in eindrucksvollen Beispielen Architektur, Technik und Sozialgeschichte der Wilhelminischen Zeit dokumentiert: Zeche Bonifatius in Essen, die Schachtanlagen Oberschuir und Holland in Gelsenkirchen, Hansemann und Westhausen in Dortmund, die Zeche Waltrop und die Zeche Rheinpreussen in Duisburg, um nur einige zu nennen. Die in den Jahren 1898/99 errichtete Lohnhalle der Zeche Hansemann zeigt einen im Industriebau nur selten anzutreffenden Rückgriff auf ein historisches Vorbild; das Uenglinger Tor in der Hansestadt Stendal aus der ersten Hälfte des 15. Jh. stand hier Pate.

Ein Schlüsselbauwerk dieser Epoche ist die Zeche Zollern 2/4 in Dortmund-Bövinghausen, erbaut 1902 bis 1904, stillgelegt 1965. In ihrer architektonischen Konzeption und Durchbildung, in ihren dem Schloßbau entlehnten Repräsentationsformen, im Übergang von der historischen Formensprache der Neugotik zur konstruktiven Moderne des Stahlskelettbaus, in Jugendstildekor, in der Musterstellung der Zechentor, in der Gestaltung der Arbeitsplätze über Tage und in der Maschinenzentrale mit der ersten großen Elektro-Fördermaschine zeigen sich, so deutlich ablesbar und aussagefähig wie nur selten, die mannigfaltigen Aspekte von Architektur- und Kunstgeschichte sowie von Politik, Technik, Wirtschafts- und Sozialgeschichte vereint.

In den 20er Jahren entwickelte die Architektengemeinschaft Schupp/Kremmer die »Bergbauarchitektur« ihrer Zeit schlechthin. Die Zeche Zollverein 12 in Essen, erbaut 1928, zeigt unter dem Stichwort »Funktionalismus« eine bis dahin nicht gekannte Synthese von Erfüllung betrieblicher Forderungen und architektonischer Gestalt. Sie wirkte geradezu bahnbrechend bis in die 50er Jahre hinein, wo die Schachtanlage Pluto in Herne noch einmal die gleiche nüchterne Formensprache aufnahm.

Neben den Denkmälern des Bergbaus beherbergt das Ruhrgebiet natürlich eine Fülle von Dokumenten anderer Branchen, der Versorgung, der Verwaltung und des Verkehrs. Sie alle machen die spezifische Lebens- und Arbeitskultur des Ruhrgebiets aus, zusammen mit den Arbeitersiedlungen, deren Vielzahl und Vielfältigkeit hier nur am Rande gestreift werden kann.

Der Vorstoß der Zechen nach Norden in die Emscher- und Lippezone machte in großem Maßstab den Bau von Wohnungen für die hauptsächlich aus dem deutschen Osten und Polen zuströmenden Arbeitskräfte erforderlich. Es entstand der das Ruhrgebiet prägende Siedlungstyp der »Kolonie«: Wie an der Schnur aufgereiht gleichartige Backsteinhäuser für zwei bis vier Familien, meist eineinhalbgeschossig, mit eigenem Eingang für jede Wohnung sowie Stall und Gartenland. Diese Wohnform entsprach den Bedürfnissen der aus agrarischen Gebieten stammenden Arbeiterschaft. Die Kolonie Eisenheim in Oberhausen war die erste Siedlung dieser Art im Ruhrgebiet, errichtet ab 1844.

Ab 1898 wurde in Dortmund-Eving die »Alte Kolonie« als eine Siedlung neuen Typs gebaut. Die einförmige Aneinanderreihung gleicher Häuser wurde ersetzt durch eine bereits städtebaulich gestaltete Straßenführung, die gleichartigen Fassaden abgelöst durch eine Vielzahl von Haustypen ganz unterschiedlicher Gestaltung in Backstein, Putz und vorgeblendetem Fachwerk. Ein rechteckiger Platz in der Mitte der Siedlung mit einem Gemeinschaftshaus weist Infrastruktureinrichtungen wie Waschhaus, Baderäume, Kleinkinderschule und einen parkähnlichen Garten auf, auch ein Kinderspielplatz fehlte nicht.

Die nächste Phase des Arbeiterwohnungsbaus verwirklichte Gestaltungsideen der von England ausstrahlenden Gartenstadtbewegung. Es entstanden zahlreiche Kolonien als »Gartenstädte«, so Dahlhauser Heide in Bochum, Beisenkamp in Datteln u. a. m. Der Grundriß zeigt eine städtebaulich sehr sorgfältig durchgearbeitete Topografie mit kurviger Straßenführung, platzartigen Erweiterungen, Hofbildungen und der Einbeziehung vorhandenen Baumbestandes. Stets ist für überraschende und wechselvolle Blickführung gesorgt, Gestaltungsideal ist das »Malerische«. Dem entspricht die Architektur, die im Detail das Malerische und Kleinmaßstäbliche verwendet, im ganzen jedoch durch ausgewogene Proportionen und maßvolle Wiederholung gleicher Elemente Wohnbereiche von hoher architektonischer Qualität schafft. Der Gestaltungsqualität entspricht ein fortschrittlicher, zweckmäßiger Grundriß. Das architektonische Leitbild der Gartenstadt-Siedlung liefern Kleinstadt und Dorf; jedoch die Gefahr falscher, »bodenständiger« Idylle bahnt sich hier bereits an.

Die 20er Jahre sahen noch einige gute Lösungen im Gewand der »Neuen Sachlichkeit«, wie in Duisburg-Wanheimerort oder die Vittinghoff-Siedlung in Gelsenkirchen, doch die Wohnqualität der Gartenstadt-Siedlungen wurde nicht mehr erreicht. Die Not der Zeit erlaubte den Rückzug auf das Minimum im Wohnbereich, durch Enge und Materialeinsparungen klafften Wohnwert und durchaus vorhandene Gestaltqualitäten auseinander. Die Befriedigung der Minimalbedürfnisse wurde zum Programm erhoben.

Durch die Gründung des Rheinischen und des Westfälischen Industriemuseums werden einige der bedeutenden Industriedenkmäler der Region erhalten und sinnvoll genutzt. Jeweils am authentischen Standort – Zechen in Dortmund, Bochum, Witten und Duisburg, Zinkwalzwerk in Oberhausen, Schiffshebewerk Henrichenburg, Deilbachtal in Essen – werden die Lebens- und Arbeitsverhältnisse der Menschen im Industriezeitalter erforscht und dargestellt, wird das vielseitige kulturelle Erbe des Ruhrgebiets der Öffentlichkeit zugänglich gemacht.

Helmut Bönninghausen

1977

Januar. Im neuen Reiseprogramm der Deutschen Bundesbahn werden erstmals Kurzreisen aus dem ganzen Bundesgebiet ins Revier angeboten.

7. 1. Als Beilage zur WAZ erscheint die erste Nummer der »Bunten Wochenzeitung« BWZ.

30. 1. Die Dortmunderin Dagmar Lurz gewinnt bei den Eiskunstlauf-Europameisterschaften in Helsinki die Silbermedaille. →

28. 3.–3. 4. In Duisburg findet das erste Filmfestival, die »Duisburger Filmwoche«, statt. →

2. 5. Die Zeitungen des Ruhrgebiets berichten über einen bislang geheimen Vertrag, in dem sich eine Bergkamener Bürgerinitiative gegen die Zahlung von 1,5 Mio DM verpflichtet, keine gerichtlichen Schritte gegen ein geplantes Kraftwerk zu unternehmen. →

9. 5. Mildred Scheel weiht das Westdeutsche Tumorzentrum Essen am Klinikum ein, eine der größten internationalen Krebsforschungsstätten.

1. 8. Die finanzielle Situation der Stadt Duisburg ist so schlecht, daß ihre Rücklagen nur noch für drei Tage reichen. →

18. 8. Die Ruhrkohle AG gibt die Stillegung von fünf Revierkokereien bekannt. →

7. 10. In Marl wird das Weiterbildungszentrum »neue insel« im Einkaufszentrum Marler Stern eröffnet.

7. 10. 14 Mitglieder der Bürgerinitiative für den Erhalt der Rheinpreussen-Siedlung in Duisburg-Homberg treten vor dem Duisburger Rathaus in einen Hungerstreik. →

29. 11. Auf der Zeche Hansa in Dortmund-Huckarde wird die erste Hydrogrube Westeuropas in Betrieb genommen. →

10. 12. Über 15 000 Jugendliche demonstrieren in Essen gegen die wachsende Jugendarbeitslosigkeit. →

1977. Der Gladbecker Schwimmer Michael Kraus wird Europameister über 200 m Delphin. Gerald Mörken aus Dortmund gewinnt über 100 m und 200 m Brust sowie mit der Staffel über 4×100 m Lagen.

1977. Im Hallenhandball wird eine einteilige Bundesliga eingeführt, Phönix Essen und der TuS Wellinghofen (Dortmund) steigen dadurch ab.

1977. Die Volleyballerinnen des 1. VC Schwerte gewinnen die Deutsche Meisterschaft der Damen, Juniorinnen und der Jugendklassen (Mädchen A, B und C). →

1977. Im Ruhrgebiet werden neue Freizeit- und Kultureinrichtungen geschaffen. →

Die Kokerei in Bergkamen ist von der Krise in der Stahlindustrie betroffen; nach Beschluß der Ruhrkohle AG soll der Betrieb stillgelegt werden

Stahlkrise weitet sich aus

18. August 1977. Wegen der anhaltenden Stahlkrise beschließt der Vorstand der Ruhrkohle AG, bis Ende 1978 fünf Kokereien mit einer Jahreskapazität von zusammen 3,8 Mio t stillzulegen, wodurch in den betroffenen Revierstädten Duisburg, Unna, Recklinghausen, Kamp-Lintfort und Bergkamen rund 1655 Arbeitsplätze verlorengehen.

Die Krise in der Stahlindustrie hat weite Teile der Ruhrgebietswirtschaft erfaßt, da auch die Zulieferindustrien und der Handel vom Rückgang der Stahlproduktion und der Beschäftigtenzahlen betroffen sind. Seit 1974 ist im Revier die Rohstahlerzeugung von 32,2 Mio t auf 21,5 Mio t gesunken; die Zahl der Erwerbstätigen im produzierenden Gewerbe und im Handel ist von 1,6 Mio auf 1,4 Mio gefallen. Eine Ursache der Stahlflaute liegt in der Konkurrenz ausländischer Erzeuger, die ihre Produkte billiger als deutsche Produzenten anbieten können.

Duisburg verhängt totalen Ausgabestop

1. August 1977. Der Kämmerer und Stadtdirektor Duisburgs, Wolfram Dumas, verfügt wegen der angespannten Finanzlage der Stadt eine »hauswirtschaftliche Sperre«, den totalen Ausgabestop. Die Rücklagen Duisburgs in Höhe von 22 Mio DM reichen nur noch aus, um die laufenden Ausgaben der Stadt für drei Tage zu bestreiten.

Den in der Bundesrepublik bislang einmaligen Vorgang kommentiert die WAZ am 4. August: »Eine in den letzten Jahren unvermindert anhaltende ausgabenfreudige Politik der sozialdemokratischen Ratsmehrheit in Duisburg, verbunden mit der anhaltend schlechten wirtschaftlichen Lage der in Duisburg dominierenden Eisen- und Stahlindustrie, lassen die jetzt erfolgte ›Notbremsung‹ so überraschend nicht erscheinen«. Eine der Ursachen für die Duisburger Finanzmisere liegt in der Krise der Stahlindustrie (→ 1975), die rund 40% der Gewerbesteuerzahlungen für den Stadthaushalt leistet. Die Verschuldung pro Einwohner liegt in Duisburg bei über 2000 DM, ein Betrag, der in anderen Großstädten des Ruhrgebiets noch nicht erreicht wird. So hat Recklinghausen 944 DM Pro-Kopf-Verschuldung, Herne 1000 DM, Essen 1560 DM und die Stadt Dortmund 1720 DM.

Proteste gegen Jugendarbeitslosigkeit

10. Dezember 1977. 15 000 Jugendliche demonstrieren in der Essener Innenstadt für das Recht auf Arbeit. Mit der allgemeinen Arbeitslosigkeit nimmt auch die Anzahl der Jugendlichen ohne Ausbildungs- und Arbeitsplatz im Ruhrgebiet erheblich zu.

1970 waren bei den Arbeitsämtern im Revier insgesamt 1164 Männer und Frauen unter 20 Jahren arbeitslos gemeldet. 1977 sind bereits 12 485 Jugendliche arbeitslos, darunter 7442 Frauen, die besonders schwer einen Ausbildungsplatz finden.

Freie Lehrstellen meldet allein die Ruhrkohle AG (RAG), die 1976 von 5000 angebotenen Ausbildungsplätzen 918 nicht besetzen konnte. Die RAG führt dies auf das schlechte Image des Bergbaus zurück, der seit der Kohlekrise an Attraktivität verloren hat. Zudem bleibt die Arbeit unter Tage trotz technischer Erleichterungen gefährlich und gesundheitsschädlich. Für Mädchen und junge Frauen bietet die RAG nur wenige Lehrstellen im kaufmännischen Bereich an.

Auf der abschließenden Kundgebung der Essener Demonstration fordert die Landesvorsitzende der Gewerkschaft Erziehung und Wissenschaft, Ilse Brusis, die Politiker auf, Maßnahmen zur Eindämmung der Jugendarbeitslosigkeit zu ergreifen. Man könne von jungen Menschen nicht erwarten, daß ein Staat, der die materielle Existenz nicht sichern könne, auch noch geliebt werde.

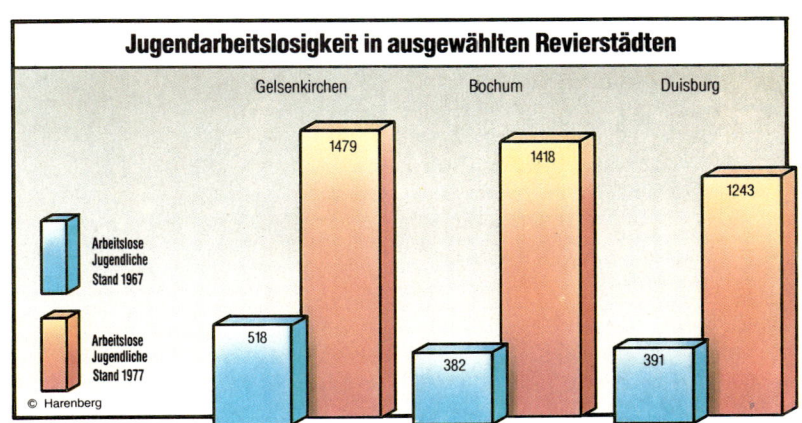

Freizeitangebote von Römern bis Rock

1977. Vielfältige kulturelle Angebote gestalten die Freizeitmöglichkeiten im Ruhrgebiet. Museen in großer Zahl haben breiten Anteil daran. Unter anderem vermitteln einige in neuerer Zeit eröffnete Ausstellungen einen besonders intensiven Einblick in die Geschichte der Industrieregion:

Seit dem 8. Juni 1977 können Besucher des Archäologischen Parks in Xanten auf den Spuren der Römer wandeln. Schon 1974 wurde in einem ersten Ausgrabungsabschnitt mit den Nachforschungen begonnen und wenig später schon die Rekonstruktion der römischen Siedlung in Angriff genommen. Als Ort der Denkmalspflege und Freizeitgestaltung bietet das Areal zahlreiche Attraktionen, darunter ein Amphitheater. Noch nicht abgeschlossene Ausgrabungen ermöglichen den Einblick in archäologische Forschungsprojekte.

Am 30. April 1977 eröffnet das Eisenbahnmuseum in Bochum-Dahlhausen. Dieses größte deutsche Museum seiner Art findet vor allem durch einen Museumszug Beachtung, der sich aus sieben Personenwagen und einer Dampflokomotive zusammensetzt. Schon im ersten Jahr befördert der Zug zu besonderen Anlässen insgesamt mehr als 60 000 Besucher. Besonderes Augenmerk widmet das Eisenbahnmuseum deshalb auch der betriebsfähigen Erhaltung seiner umfangreichen Sammlung von Originalfahrzeugen.

Etwas kurios mutet das Innere des Mülheimer Büromuseums im Rathausturm an, das am 29. April 1977 eröffnet wird. In einer Zeit fortschreitender Modernisierung und Rationalisierung wird hier versucht, das Bild vergangener Amtsstuben lebendig zu halten.

Besondere Aufmerksamkeit findet seit 1977 ein ganz anderes kulturelles Ereignis in Essen: Am 23. Juli wird in der Grugahalle das erste Musikfestival „Rockpalast" veranstaltet. 5000 Besucher in der Halle und 20 Mio Musikbegeisterte an den Rundfunkgeräten verfolgen ein fünfstündiges Konzert mit bekannten Rockstars, darunter Rory Gallagher aus Irland, das live vom WDR über Fernsehen und Hörfunk verbreitet wird.

Rekonstruktion von Teilen eines römischen Tempels im Archäologischen Park von Xanten; Xanten war Sitz eines römischen Legionslagers sowie der 73 ha großen Stadt Colonia Ulpia Traiana (um 100 n. Chr. gegründet)

Ein Schienen-Straßen-Bus des Eisenbahnmuseums in Bochum-Dahlhausen; das Museum bemüht sich besonders um den Erhalt historischer Schienenfahrzeuge und dokumentiert damit Eisenbahngeschichte

Ein rekonstruiertes Stadttor im Archäologischen Park von Xanten; die mit Türmen gesicherten Tore befinden sich an den Längsseiten der Stadtmauern

Blick über die weiten Grünflächen im Ruhrtal zwischen Bochum und Witten, im Hintergrund der ehemalige Rittersitz Haus Kemnade aus dem 17. Jh.

Vielfältige Möglichkeiten für Erholung und Freizeit bietet der Revierpark Nienhausen in Gelsenkirchen Kindern und Erwachsenen

Von großer Publikumswirksamkeit sind die Rockpalastveranstaltungen des Westdeutschen Rundfunks in der Essener Grugahalle; das einmal jährlich stattfindende Festival wird vor allem von Jugendlichen begeistert gefeiert

Auch zwischen den »Rockpalast«-Nächten ist die Grugahalle häufig Schauplatz von Gastspielen internationaler Pop- und Rockgrößen wie Carlos Santana, der auf Europa-Tourneen mehrmals in Essen Station macht

Kanufahrer im Dattelner Hafen während des alljährlich im Frühherbst stattfindenden Kanalfestivals; das seit 1968 jeweils an einem Septemberwochenende stattfindende Fest kann mit einigen Attraktionen aufwarten: Einem Lampionkorso auf dem Kanal sowie dem gefragten Galaabend im Festzelt

Auch das Campen an der Ruhr gehört zu den beliebten Freizeitvergnügen der Revierbevölkerung, die im südlichen Ruhrgebiet Erholung sucht; hier der Blick von der Ruhrtal-Autobahnbrücke bei Mintard, im Vordergrund ein Boot der berühmten Mülheimer Schiffahrtslinie »Weiße Flotte«

Gymnastische Übungen auf einem Sportplatz in Gelsenkirchen-Buer

Boxkämpfe bilden immer noch eine große Attraktion im Ruhrgebiet

Ruhe, Erholung und Entspannung suchen die Bewohner des Reviers vor allem in den zahlreichen Revierparks; ausgedehnte Wasserflächen bieten dort vielfach reizvolle Ansichten und Gelegenheit zum preiswerten Wassersport für Freizeitkapitäne, besonders an sonnigen Wochenenden

Das Folkwang-Museum in Essen bietet mit interessanten Wechselausstellungen und Vorträgen zu Themen der bildenden Kunst immer wieder Möglichkeiten zur sinnvollen Freizeitgestaltung und Weiterbildung; hier bemüht sich eine städtische Museumspädagogin um den interessierten Nachwuchs

1977

Millionen-Abfindung für Klageverzicht

2. Mai 1977. Die WAZ berichtet über einen Vertrag der Essener Steinkohlen-Elektrizitäts-Aktiengesellschaft (Steag) mit einer Bergkamener Bürgerinitiative, der eine Zahlung von 1,5 Mio DM für die »unwiderrufliche und rechtswirksame Rücknahme« aller Einsprüche gegen ein dort von der Steag geplantes Kraftwerk vorsieht. Die Sprecher der Initiative, von der aus Gründen des Umweltschutzes Einspruch gegen den Kraftwerksbau erhoben worden war, handelten unter Vermittlung des Bergkamener Stadtdirektors Herbert Brüggemann und des ersten Beigeordneten Berthold Linke Abfindungen von 20 000 DM für jedes Initiativen-Mitglied und 40 000 DM für sich selbst aus.

Das Bekanntwerden der Übereinkunft löst in Bergkamen Unruhe aus, die Initiativen-Sprecher werden als Erpresser bezeichnet. Zwei Jahre später gibt das Oberlandesgericht Hamm die Zahlungen frei.

Hungerstreik für Siedlung Rheinpreussen

7. Oktober 1977. *14 Mitglieder einer Bürgerinitiative zur Erhaltung der Siedlung Rheinpreussen in Duisburg-Homberg treten vor dem Duisburger Rathaus in einen fünftägigen Hungerstreik (Abb.). Eine Frankfurter Bank, die das Verfügungsrecht über die Siedlung besitzt, hatte den Abbruch der alten Häuser angekündigt. Erst im Februar 1979 und nach einem weiteren Hungerstreik der Bewohner kauft die Stadt Duisburg die Siedlung und rettet sie vor dem Abriß.*

Sporterfolge mit Ball und Schläger

1977. Die Volleyballerinnen des 1. VC Schwerte gewinnen die Deutschen Meisterschaften der Damen, Juniorinnen und Jugendklassen. Dieser und ähnliche Erfolge in den 70er und 80er Jahren machen den VC Schwerte zum erfolgreichsten Club im bundesdeutschen Damen-Volleyball. Neben Volleyball erfreuen sich auch andere Ballsportarten zunehmender Beliebtheit im Revier.

So sind in den 70er Jahren die Handball-Mannschaften des TuS Wellinghofen (Dortmund) und des Phönix Essen sehr erfolgreich. Wellinghofen stellt seit 1967 eine Bundesliga-Mannschaft; wie der Bundesligist Phönix Essen steigt Wellinghofen jedoch 1977 ab. Das Handballteam des RSV Mülheim spielte in den 60er Jahren ebenfalls in der höchsten Klasse. In den 80er Jahren betreten mit TuSEM Essen, OSC Thier Dortmund und TuRa Bergkamen neue Ruhrgebietsmannschaften die Bundesligaszene. Der Essener Verein ge-

Kohlegewinnung mit Wasserdruck auf Zeche Hansa in Dortmund

Kultusminister Girgensohn (l.) und OB Krings (M.) auf der Filmwoche

Die Dortmunder Silbermedaillengewinnerin Dagmar Lurz in Helsinki

Das erfolgreiche Volleyball-Team der Damen vom 1. VC Schwerte

Erste Hydrogrube nimmt Betrieb auf

29. November 1977. Die Ruhrkohle AG startet auf der Dortmunder Zeche Hansa einen Versuch zur hydromechanischen Kohlegewinnung. Dabei wird die Kohle unter hohem Druck durch einen Wasserstrahl aus dem Flöz gebrochen. Trotz schlechter Lagerungsverhältnisse wird der Betrieb auf der ersten Hydrogrube Westeuropas bis November 1980 aufrechterhalten.

Filmfestival trägt Arbeitscharakter

28. März bis 3. April 1977. Mit einer Werkschau von Dokumentarfilmen aus der Arbeitswelt wendet sich die erste Duisburger Filmwoche 1977 vorrangig an ein ausgewähltes Fachpublikum. In der Mercatorhalle diskutieren Filmemacher und Gewerkschafter 45 Filmproduktionen im Hinblick auf die Wirklichkeitsnähe und eine adäquate Darstellung betrieblicher Probleme.

Dagmar Lurz feiert ersten EM-Erfolg

30. Januar 1977. Bei den Eiskunstlauf-Europameisterschaften in Helsinki gewinnt die Dortmunderin Dagmar Lurz erstmals eine Silbermedaille. Die Eisläuferin wird in diesem Jahr auch Deutsche Meisterin und belegt bei den Weltmeisterschaften den dritten Platz. 1978 und 1979 erringt sie wieder EM-Silber, 1980 wird sie WM-Zweite und gewinnt Bronze bei der Olympiade.

winnt 1986 die Deutsche Meisterschaft. Im Basketball stellt der SSV Hagen die erfolgreichste Mannschaft des Reviers, 1974 wird Hagen Deutscher Meister, 1975 Pokalsieger. Auch im Tischtennis und Badminton ist das Ruhrgebiet erfolgreich. So spielt z. B. der mehrfache Deutsche Tischtennis-Meister Wilfried Lieck für Bochum und Essen; die mehrfachen Deutschen Meisterinnen Agnes Simon, Marta Hejma und Ursula Hirschmüller stammen aus Duisburg. Badminton-Hochburgen sind Bochum und Mülheim.

1978

9. 1. Die europäische Kommission in Brüssel beschließt Kredite in Höhe von 370 Mio DM für die Ruhrwirtschaft.

26. 1. In einem vom nordrhein-westfälischen Arbeits- und Sozialministerium herausgegebenen »Luftreinhalteplan-West« wird der Raum Duisburg-Oberhausen-Mülheim als die Region der Bundesrepublik Deutschland mit der höchsten Luftverschmutzung bezeichnet.

20. 2. Eine Fraueninitiative richtet in Duisburg das erste Frauenhaus des Reviers ein. →

1. 3. Das Volksbegehren »Kooperative Schule« in Nordrhein-Westfalen endet mit der Rücknahme des Gesetzentwurfs durch die Landesregierung. →

April. Einem Bericht des DGB zufolge bilden Unna, Kamen und Hamm die Schwerpunkte der Neonazi-Bewegung in Nordrhein-Westfalen.

3. 4. Auf dem Gelände der Ruhrchemie AG in Oberhausen-Holten nimmt eine Großversuchsanlage zur Herstellung von Gas aus Kohle den Betrieb auf.

24.–29. 4. Die 24. Westdeutschen Kurzfilmtage Oberhausen veranstalten die Retrospektive »Das Ruhrgebiet im Film«. →

12. 5. Die IG Metall kündigt den Manteltarif für die nordrhein-westfälische Metallindustrie und fordert die 35-Stunden-Woche.

2. 6.–17. 9. Bei der Ausstellung »Götter – Pharaonen« erlebt die Villa Hügel in Essen mit 485 000 Besuchern einen Rekordandrang. →

16. 6. Die VEBA AG gibt auf einer Pressekonferenz den Verkauf von Teilen ihrer Raffineriekapazitäten und ihrer Gelsenberg-Beteiligungen an die Deutsche BP AG bekannt. →

23. 6. Eine Sturmbö richtet in Recklinghausen erhebliche Zerstörungen an.

1. 8. Bundeskanzler Helmut Schmidt trifft 6000 Namensvettern in der Essener Grugahalle. →

9. 7. Vor der Rekordkulisse von 20 000 Zuschauern wird auf der Trabrennbahn Gelsenkirchen-Nienhausen das mit 200 000 DM dotierte 32. Elite-Rennen ausgetragen.

7. 9. An der B 1 (Ruhrschnellweg) beginnt der Bau von Lärmschutzwänden. →

1978. Seit 1975 haben jedes Jahr 20 000 Menschen das Ruhrgebiet verlassen. →

GESTORBEN:

3. 3. Essen: Otto Steinert (*12. 7. 1915, Saarbrücken), Fotograf.

16. 3. Köln: Alfred Müller-Armack (*28. 6. 1901, Essen), Nationalökonom und Soziologe.

Revier bald menschenleer

1978. Nach einer vom Siedlungsverband Ruhrkohlenbezirk veröffentlichten Untersuchung haben seit 1975 jedes Jahr 20 000 Menschen das Ruhrgebiet verlassen. Die Zahl der Abwanderungen übersteigt die Zahl der Zuzüge, zudem sterben mehr Menschen als geboren werden.

Zu-/Abwanderung 1978

Stadt/Kreis	Zu-/Abnahme
Bochum	– 3688
Dortmund	– 4821
Duisburg	– 9013
Essen	– 6049
Gelsenkirchen	– 3889
Hagen	– 2213
Hamm	– 349
Herne	– 2369
Mülheim an der Ruhr	– 1726
Oberhausen	– 1534
Ennepe-Ruhr-Kreis	– 1397
Kreis Recklinghausen	– 2033
Kreis Unna	+ 2650
Kreis Wesel	+ 1626

Bei einer Fortschreibung dieser Entwicklung wäre das Ruhrgebiet in 75 Jahren menschenleer.

In den 50er Jahren nahm die Bevölkerung im Revier erheblich zu, in den 60er Jahren verlangsamte sich diese Entwicklung. Im Zusammenhang mit der Bergbaukrise verließen von 1966 bis Ende 1967 113 388 Menschen das Ruhrgebiet. Nach einer kurzen Stabilisierung um 1970 ist der fortlaufende Bevölkerungsschwund seit 1971 ein Anzeichen für die Strukturkrise im Revier.

Zwischen 1960 und 1976 gingen im Bergbau mehr als 240 000 Arbeitsplätze verloren. Der Arbeitsplatzverlust in der Industrie betrug 140 000 zwischen 1970 und 1976.

Neben dem Rückgang an Arbeitsplätzen bewegt aber auch die schlechte Wohnqualität der Ruhrgebietsstädte viele Menschen, aus der Kernzone in ländliche Umkreise des Reviers zu ziehen. So verzeichnen die Kreise Wesel und Unna seit Jahren eine Bevölkerungszunahme.

Schallschutzwände am Ruhrschnellweg

7. September 1978. Mit der Überschrift »B 1 erhält Lärmschutz« kündigt die WAZ den Anwohnern der Schnellstraße zwischen Duisburg und Dortmund den Bau von Lärmschutzwänden an, die von den Betroffenen schon seit Jahren gefordert wurden. Zahlreiche Abschnitte der B 1, die durch dicht besiedelte Gebiete führen, werden mit zwei bis fünf Meter hohen Lärmschutzwänden versehen (Abb.), die aus einem Betonkern bestehen, der mit schallschluckendem Material verkleidet ist.
Schon seit September 1977 werden am Emscherschnellweg, der A 42, Schallschutzmauern errichtet, da auch diese Autobahn streckenweise durch Wohngebiete führt. Eine Anwohnerin berichtet der WAZ über die Verhältnisse vor dem Bau der Lärmschutzwände: »Unser Wohnzimmer konnten wir kaum benutzen. Der Lärm war unerträglich.« Im Unterschied zu den Betroffenen äußern sich viele Autofahrer abfällig über die meist unansehnlichen Wände, deren Aussehen erst in den folgenden Jahren durch Bepflanzungen und Bemalungen verbessert wird.

Protest gegen »Koop« in der Essener Grugahalle am 9. Februar 1977

Volksbegehren stoppt Koop-Schule

1. März 1978. Das von einer Bürgerinitiative angestrengte Volksbegehren gegen die Einführung der Kooperativen Schule in Nordrhein-Westfalen endet mit einem im Umfang aller abgegebenen Stimmen nicht erwarteten Erfolg. Daraufhin zieht die regierende SPD/FDP-Koalition in Düsseldorf ihre im Vorjahr verabschiedete Novelle zum Schulverwaltungsgesetz zurück.

Das Kernstück dieser geplanten »Koop«-Schule war die Einführung einer in anderen Bundesländern bereits bestehenden Orientierungsstufe. Diese zweijährige Schulstufe sollte sich an die vierjährige Grundschulzeit anschließen und Eltern und Lehrern die Möglichkeit geben, ohne Zeitdruck über die weitere Schullaufbahn ihrer Kinder bzw. Schüler zu entscheiden. Nach der Orientierungsstufe wären die Schüler dann auf das traditionelle dreigliedrige Schulsystem (Hauptschule, Realschule, Gymnasium) verteilt worden. Die Kritiker sahen in der kooperativen Schule einen »Schleichweg zur sozialistischen Einheitsschule« (CDU) und eine »Zerschlagung des Gymnasiums« (Deutscher Philologenverband).

Auch im Ruhrgebiet ist der Prozentsatz der Unterzeichner des Volksbegehrens überraschend hoch: So tragen sich in den sozialdemokratisch regierten Städten Essen 20,16%, Duisburg 18,24% und Dortmund 14,35% der Berechtigten in die Listen der Bürgeraktion ein.

Zufluchtsstätte für mißhandelte Frauen

20. Februar 1978. Die Duisburger Fraueninitiative »Frauen helfen Frauen e. V.« eröffnet in einem der Stadt gehörenden Haus das erste Frauenhaus im Revier, eine Zufluchtsstätte für mißhandelte Frauen und ihre Kinder.

Genaue Zahlen zu Fällen körperlicher Mißhandlung in der Ehe liegen nicht vor, da die betroffenen Frauen häufig aus Angst und Scham verschweigen, daß sie von ihren Ehemännern geschlagen werden. Wie aber die Erfahrung im Frauenhaus zeigt, kommen die mißhandelten Frauen aus allen sozialen Schichten. Besonders für Frauen mit kleinen Kindern und ohne eigenes Einkommen ist das Frauenhaus oft der einzig mögliche Zufluchtsort. Die Mitarbeiterinnen des Hauses unterstützen die Frauen bei der Wohnungssuche sowie bei Behördengängen und helfen ihnen bei der Wiedereingliederung ins Berufsleben.

Das Problem innerfamiliärer Gewalt gegen Frauen findet erst in den folgenden Jahren die Aufmerksamkeit einer breiten Öffentlichkeit.

Plötzliche Sturmbö verwüstet Stadtteil

23. Juni 1978. Während eines sommerlichen Gewitters bricht um 11.40 Uhr eine Sturmbö von nicht meßbarer Geschwindigkeit über Recklinghausen herein. Die 200 m breite und 7 km lange Windhose richtet in der Stadt innerhalb von wenigen Minuten große Zerstörungen an.

Bei der städtischen Feuerwehr wird Großalarm ausgelöst, als sich in die Dachstühle der reihenweise aufgedeckten Häuser ein wahrer Sturzregen ergießt. Gerade dem starken Regen ist es aber zu verdanken, daß es nur bei Sachschäden, die sich allerdings in Millionenhöhe bewegen, bleibt und keine Menschenleben zu beklagen sind: Die vom Gewitter überraschten Menschen hatten rechtzeitig vor dem Regen Schutz in Hauseingängen und Gebäuden gesucht. Eine von herabstürzenden Dachziegeln schwer- und mehrere leichtverletzte Personen, so lautet die Bilanz der Rettungsdienste.

Auf den Straßen bietet sich allerdings ein Bild verheerender Verwüstungen: Entwurzelte Bäume haben parkende Autos unter sich begraben; Berge von Dachziegeln und zerstörten Fensterscheiben türmen sich vor allem im am schwersten betroffenen Stadtteil König-Ludwig. Nach Mitteilungen des Wetteramtes Essen-Mülheim beruht das Unwetter auf sog. Gewitterzellen, aus denen sich unter bestimmten meteorologischen Verhältnissen orkanartige Böen entwickeln können.

Verwüstungen durch die orkanartige Bö im Stadtteil König-Ludwig

BP/VEBA-Geschäft mit Hindernissen

16. Juni 1978. Auf einer Pressekonferenz gibt die VEBA AG den Verkauf von Teilen ihrer Raffineriekapazitäten an die Deutsche BP AG, eine Tochter der British Petroleum Company, bekannt. Gleichzeitig kündigt sie den Verkauf von Gelsenberg-Anteilen an der Ruhrgas AG, die von der VEBA am 21. September des Jahres übernommen werden, an BP an. Im Gegenzug sichert BP der VEBA jährliche Rohöllieferungen bis zum Jahr 2000 zu.

Motiv für den Handel ist bei BP der Wunsch, im größten Ferngasunternehmen der Bundesrepublik Fuß zu fassen. Die VEBA möchte durch den Verkauf von Raffinerien ihren Mineralölbereich sanieren.

Gegen den Einstieg von BP als letztem freien Anbieter auf dem deutschen Erdgasmarkt bei der Ruhrgas AG, deren Anteile Esso, Shell, TEXACO und Mobil Oil halten, werden kartellrechtliche Bedenken geltend gemacht. Auf Drängen der beiden Konzerne genehmigt das Bundeswirtschaftsministerium jedoch am 5. März 1979 den BP/VEBA-Handel.

Film-Dokumente des Reviers

24. bis 29. April 1978. *Die Retrospektive »Das Ruhrgebiet im Film« bildet den Schwerpunkt der 24. Westdeutschen Kurzfilmtage in Oberhausen. Mit dieser Werkschau wird die Filmgeschichte im Ruhrgebiet dokumentiert. Gezeigt werden 44 Filme, darunter die »Beerdigung der 120 Opfer der Grubenkatastrophe auf der Zeche Lothringen« in Bochum (2 min.) aus dem Jahr 1912 (Abb.: Diskussionsforum nach Filmvorführung).*

»Pharaonen« in Essen

2. Juni bis 17. September 1978. *Rekordandrang in der Villa Hügel in Essen: 485 000 Besucher wollen die Ausstellung »Götter – Pharaonen« sehen, die 185 zu einem großen Teil erstmals außerhalb Ägyptens gezeigten Exponate der Museen in Alexandria und Kairo (Abb.) präsentiert. Die Ausstellungsstücke, darunter Darstellungen aller wichtigen Herrscher, sind mit einem zweistelligen Millionenbetrag versichert.*

Essener Schmidt-Treffen

1. August 1978. *Bundeskanzler Helmut Schmidt trifft rund 6000 seiner Namensvettern beim Schmidt-Treffen in der Essener Grugahalle (Abb.). Die Schmidts, Schmitts und Schmieds schunkeln und klatschen zum »Schmidt-Schunkel-Walzer«. Der Kanzler hält eine mit Sprichworten gespickte Rede, in der er feststellt: »Wir Schmidts haben Beispiele dafür gegeben, daß man harte Sachen mit harter Arbeit bewältigen kann.«*

Das Industrierevier als Kulturlandschaft
Kulturelles Leben im Ruhrgebiet

In den Ballungsräumen der industriellen Moderne war »Kultur« niemals selbstverständlich. Schon 1912 entwickelte der spätere Gründer des Siedlungsverbandes Ruhrkohlenbezirk, Robert Schmidt, in seiner folgenreichen »Denkschrift zur Aufstellung eines General-Siedelungsplanes« sein Programm, diese Industrielandschaft zu einem »Kunstwerk (...) zu formen, dessen Aufbau ohne Zerstörungen (...) fortschreitend möglich ist.« Dieses das industrielle Revier prägende Bewußtsein der Machbarkeit – auch im Bereich kultureller Entwicklung – gilt nicht nur für die kapitalkräftigen Stifter, die sich »Kultur« leisten konnten und wollten, wie den Essener Fabrikanten Friedrich Grillo, der seiner Heimatstadt schon 1887 einen Theaterbau zum Geschenk anbot. Anspruchsvoller waren kulturelle Gründungen, die sich auch konzeptionell der kulturellen Not industrieller Entfremdung stellen wollten und sich von kultureller »Begegnung« eine Umwertung des sozialen Lebens versprachen. Ein Zeichen dafür setzte der Hagener Bankier Karl Ernst Osthaus, der seine Vision einer menschlichen Erneuerung der Industriegesellschaft in kulturelle Impulse umsetzte. Das Bewußtsein, daß Kultur zum Politikum werde, brachte Essens Bürgermeister Hans Luther zur Neueröffnung des Folkwang-Museums 1920 auf die prägnante Formel: »Wo Arbeit ist, da gehört auch Kultur hin«.

Kommunale Kulturpolitik im industriellen Städteschwarm an Rhein und Ruhr hat sich diesem Anspruch immer wieder gestellt. So präsentiert sich hier ein beachtlich dichter Besatz kultureller Infrastruktur. Ausgestattet mit den Vorzeigestücken bildungsbürgerlicher Stadtkultur, mit Theatern und Museen, Oper und Ballett, kann das Ruhrgebiet sich auch im Vergleich mit traditionellen Kulturzentren sehen lassen. Doch eine auf »Rathaushorizonte« fixierte Kulturpolitik bleibt problematisch, wenn durch sie genau jene Mittel, Interessen und Aufmerksamkeiten gebunden werden, die oberhalb der kommunalen Ebene zur Entwicklung einer regionalen »Skyline« beitragen könnten – und die unterhalb eines cityfixierten Urbanitätsanspruchs, also in den sozialen Räumen von Stadtteil und Wohnquartier, von Alltag und Arbeitswelt, ein kulturelles Leben »vor Ort« fördern könnten.

Antwort auf die kulturelle Herausforderung des Ruhrgebiets suchten auch die »Ruhrfestspiele«. Mit dem – nicht nur symbolischen – Tauschgeschäft »Kunst gegen Kohle« wollten die dabei Beteiligten Zeichen setzen für den Aufbruch kultureller Erneuerung. Gerade an den »Ruhrfestspielen« entzündeten sich kulturpolitische Richtungskämpfe. Umstritten war, ob im Sinne einer »Kultur für Alle« nun auch die Arbeiter an das Kulturerbe bürgerlicher Klassik herangeführt werden sollten oder aber, ob im Sinne einer »Kultur der Arbeit« die spezifischen Probleme und Ziele der Industriearbeiterschaft ihr kulturelles Forum finden sollten.

Aber auch die oft beachtlichen Anstrengungen und Erfolge kommunaler Kulturpolitik entwickelten regionale Ausstrahlung. Besonders wahrgenommen wurde die Theaterlandschaft mit ihren großen Häusern in Bochum, Essen, Dortmund, in denen eine »Ära« Zadek, Peymann oder Heyme jeweils Ansprüche anmeldete, wie sie gegenüber einem nur lokalen Publikum gewiß schwer zu verantworten sind. Hinzu kommen beachtliche Projekte des Musiktheaters von Dortmund über Gelsenkirchen bis zur Duisburg-Düsseldorfer Deutschen Oper am Rhein. Experimentellen Mut entwickelt das Theaterleben gerade auch in den Nischen des Ballungsrandes, etwa mit Holk Freytags engagierten Arbeiten im kleinen Moerser »Schloßtheater«. Daß auch »freies Theater« im industriellen Ballungsraum sich entfalten kann, zeigt Roberto Ciullis »Theater an der Ruhr« in Mülheim.

Die Auseinandersetzung mit moderner Kunst findet Kristallisationspunkte in den musealen Zentren von Dortmund, Bochum, Essen und Duisburg. Wie fruchtbar künstlerische Präsentation sich mit kultureller Animation und sozialer Aktion verbinden kann, zeigt beispielhaft der Bergkamener Bilderbazar um die Kommunale Galerie »sohle 1«. Die kulturelle Aktivität und Produktivität des öffentlichen Festes entwickelte sich in soziokulturellen Feldern wie Unnas »Summertime«. Die Öffnung der öffentlichen Bibliotheken für literarische Kulturarbeit bewährte sich etwa in den Gladbecker Krimitagen. Im Verbund von Bibliotheken, Volkshochschulen und freien Initiativen entwickelten sich aktive »Szenen« literarischen Schaffens. Neue Präsentations-, Publikations- und Diskussionsformen eröffnen sich über ein dichtes Netzwerk von Textwerkstätten, Literaturbüros, Werkkreisen, literarischen Frühschoppen und Litfaßsäulen. Neue Wege sucht Unna mit der Berufung eines »Stadtschreibers«.

Auch die Musikszene zeigt Vielfalt und Farbe: Alte Musik in Herne, neue Musik in Witten und »New Jazz« in Moers markieren ein musikalisches Spektrum, das in dieser Verdichtung und Vernetzung seine je besonderen »Fans« von weither anzieht.

Zum kulturellen Leben eines Raumes gehört auch die öffentliche Bewußtheit seiner Geschichte. Entgegen manchen Vorurteilen vom Geschichtsverlust des Industriezeitalters werden im Ruhrgebiet die Spuren geschichtlichen Erinnerns besonders gepflegt. Dem historisch Interessierten präsentiert sich das Revier als eine Geschichts- und Museumslandschaft mit anspruchsvollen und eigenwilligen Projekten und Initiativen: Das Spektrum spannt sich von den stummen Abdrücken vorgeschichtlichen Lebens bis zu den offenen Wunden zeitgeschichtlicher Betroffenheit.

Eine Reise ins Vergangene könnte beginnen beim Bottroper Museum für Ur- und Frühgeschichte mit seinen von Bergleuten der Emscher-Zechen geborgenen Schätzen. Im Altertum und Mittelalter gründet Geschichtsbewußtsein am Niederrhein: Die Aufbereitung des Römerkastells Xanten zum archäologischen Freizeitpark lädt dazu ein, Baden mit Bildung zu kombinieren. Nicht weit davon liegt die Bergbaustadt Kamp-Lintfort mit denkmalpflegerischen und musealen Initiativen rund um den Kamper Berg, von dem im hohen Mittelalter die Reformbewegung der Zisterzienser weit nach Europa ausstrahlte – nicht nur als Glaubenszeugnis, sondern auch im Gründergeist einer neuen »Kultur der Arbeit«. An frühe Blütezeiten von Handwerk und Handel erinnern die hanseatischen Traditionen von Dortmund bis Duisburg.

Vor allem aber industrielle Modernität bleibt im Revier in ihrer Geschichtlichkeit gegenwärtig. Das diesen Raum prägende Vermächtnis, aber zugleich auch Verhängnis expansiver und explosiver Industrialisierung wird deutlich in den informativen industriegeschichtlichen Sammlungen des Bergbau-Museums Bochum oder des Ruhrland-Museums Essen.

Eine besondere Aufforderung zur Aneignung von Geschichte bedeuten im Revier die von technischer Verwertbarkeit längst geräumten Werks- und Maschinenhallen von Kohle und Stahl. Einst waren sie als »Kathedralen der Arbeit« sinnfälliger Ausdruck industrieller Souveränitäts- und Modernitätsansprüche, nun jedoch eröffnen diese »Industrieruinen« neue Möglichkeiten des infrastrukturellen Ausbaus: Dabei geht es nicht nur um ein museales Aufbereiten »industriearchäologischer« Monumente, vielmehr wird die nun ungenutzte Monumentalität altindustrieller Hallen-Architektur zum »Experimentierfeld« für kulturelle Alternativen im Großformat. Hier liegt für das Ruhrgebiet eine besondere Chance historisch engagierter Kulturarbeit. Gerade die großräumigen Produktionsstätten von Kohle und Stahl, die einmal als »eherne Gehäuse« industriell organisierter Arbeitsdisziplin zugleich prägend wurden für eine ruhrgebietstypische Solidaritätserfahrung der Arbeiterbewegung, können auch heute sozialer wie politischer Kultur einen Rahmen geben. In ihrem Großformat könnten sie – nun im Sinne kultureller Produktivität – kollektivem Handeln und solidarischem Erleben einen Freiraum öffnen. Projekte und Perspektiven eines kulturellen »Umfunktionierens« des industriellen Erbes zeichnen sich ab mit der musealen Aneignung der Jugendstil-Maschinenhalle Zollern 2/4 in Dortmund-Bövinghausen, mit der kommunikativen Kultur im Umfeld der alten Zeche Carl im Essener Norden und mit noch weitgehend offenen Plänen zur Rettung der in ihrer funktionalen Modernität einmal richtungsweisenden und stilbildenden Stahlbaukonstruktion der Zeche Zollverein 12 aus dem Jahr 1932.

Wie sehr auch die jüngste Zeitgeschichte das Revier mit Betroffenheit, aber auch mit Schuld gezeichnet hat, zeigt die alte Essener Synagoge, nun Mahnmal der Erinnerung an Verfolgung und Widerstand. Betroffenheit von Geschichte wird dort spürbar, wo die eigene Beteiligung erinnert wird. Gerade die Verstrickung lebensgeschichtlichen Schicksals mit der »großen« Geschichte von Wirtschaft und Gesellschaft wird aufgearbeitet in Projekten kollektiver Erinnerungsarbeit, welche geschichtliches Leiden und Handeln in der Lebensnähe von Stadtteil und Wohnquartier lebendig hält. Die kulturelle Bedeutung einer solchen »Geschichte von unten«, wie sie heute gerade in den Arbeiterquartieren des Reviers lebendig wird, zeigt sich an den Konsequenzen, die geschichtliche Identitätssuche für sozialräumliche Solidarität und soziokulturelle Aktivität gewinnen kann. »Kohle war nicht alles ...« als Bilanz einer von den Bewohnern selbst aufgearbeiteten Stadtteilgeschichte von Recklinghausen-Hochlarmark wird so auch für die Gegenwart richtungsweisend und verpflichtend.

Daß Krisen zur Chance werden können, wenn wir uns ihnen in öffentlicher Verantwortung zu stellen suchen, zeigt gegenwärtig der unter dem Programmtitel »Kultur 90: Forderungen der Gesellschaft an die kommunale Kulturpolitik« anlaufende Such- und Lernprozeß: auch Kulturpolitik muß sich gefordert sehen, wenn Modernisierung im Revier rückläufig wird und die eingefahrene Normalität des Arbeitslebens nicht mehr alle trägt, aber auch wenn weitere Modernisierungswellen auf uns zurollen – etwa mit den neuen Medien und ihren noch unabsehbaren Folgen für private, öffentliche wie kulturelle Kommunikation. Im Auf und Ab solcher Modernisierungskrisen wachsen das Bedürfnis und die Bereitschaft, Systemprobleme auch als Sinnfragen zur Sprache zu bringen und »Lebenssinn« (Identität) wie »Gemeinsinn« (Solidarität) in vielfältigen kulturellen Ausdrucksformen sinnfällig begreifbar und so auch verhandlungsfähig zu machen.

Wir wollen »Kultur nicht als Sahne auf dem Kuchen, sondern als Hefe im Teig dieser Gesellschaft«, so der Ministerpräsident Johannes Rau 1979 zur Förderung von »kulturellem Leben« im Rahmen des »Aktionsprogramms Ruhr«. Damit war auch in offizieller Programmsprache der Perspektivenwechsel vollzogen: Als Auftrag kultur- und gesellschaftspolitischer Verantwortung erschien nicht nur künstlerisches Schaffen, sondern auch kulturelles Leben. Auch die bewußte Planung und Gestaltung des Alltags war nun als »Kultur« anzuerkennen.

»Sahne auf dem Kuchen« – sind das die Highlights der kulturellen »Skyline« – vom guten alten Grillo-Theater bis zur neu entstehenden Aalto-Oper? Auch dazu muß eine Region wie das Ruhrgebiet sich gefordert sehen. »Szene« verweist demgegenüber auf »kulturelles Leben«, das sich entwickelt im »Schatten« der großen Formate. In der Brache von Kohle und Stahl, die nach dem Rückfluten der industriellen Wachstumswellen zurückblieb, öffnen sich nun »Spielräume« für kulturelle Initiativen. Kulturpolitik an der Ruhr kommt damit in Zugzwänge und Beweislasten: Ihre Spielräume aktiver Gestaltung verengen sich, wenn gerade im kulturpolitischen Feld nicht nur öffentliches Geld, sondern auch öffentliche Macht – mit der Aufkündigung kultureller Gemeinsamkeiten – knapp zu werden beginnen. Zugleich weiten sich die Aufgaben und verschärfen sich die Herausforderungen, wenn mit den 90er Jahren des 20. Jh. nicht nur krisenhafte Verschiebungen der Arbeitsgesellschaft, sondern auch neue Vernetzungen der Medienlandschaft auf uns zukommen. In dieser kritisch werdenden Scherenbewegung zwischen gesteigertem Problemdruck und sich verknappenden Handlungsmitteln wird Kulturpolitik sich darauf besinnen müssen, daß der Reichtum eines sozialen Raumes auch daran zu erkennen ist, wie sich »kulturelles Leben« über die Lebendigkeit der kulturell aktiven freien Träger und Vereinigungen, Szenen und Initiativen entwickeln wird.

Gerade im geselligen, kulturellen und auch sportlichen Vereinswesen des Ruhrgebiets zeigt sich ein für das Industrierevier typisches Bedürfnis nach gemeinschaftlicher Nähe. Die Fest- und Vereinskultur entwickelte sich als Gegengewicht zu einer hier besonders spürbaren Abhängigkeit von großen Systemen und abstrakten Mächten. Als Solidaritäts-Symbol gewinnt dann auch der Ruhrgebiets-Fußball mythischen Kultwert – solange noch der Verein »vor Ort« seine Wurzeln hat.

In all diesen durch »Gemeinschaft« geprägten Arbeits- und Lebensformen liegen besondere Stärken, aber auch besondere Schwächen des Reviers: die Beschwörung von Harmonie scheut oft Konflikte, Probleme werden weggekehrt, die Erinnerung an die heroischen Zeiten der Arbeitsgesellschaft verstellt den Blick auf die Zukunft. Demgegenüber könnte kulturelle Sprachfähigkeit Wachheit und Bewußtsein stiften – nicht nur um Krisen kritischer zu sehen, sondern auch um die Identität, Aktivität und Solidarität des Reviers auch in die Zukunft hinein lebendig zu halten. Verstehen wir »Kultur« als »den beständigen Versuch des Menschen, sich selbst verständlich zu werden« (so Humboldt an Schiller auf der Epochenschwelle von 1800), so gilt dies gewiß auch für Selbstverständigung im Schatten der Zukunft »2000«. Auch dies macht Kultur im Revier zum »Politikum«.

Eckart Pankoke

1979

10. 1. Der seit 44 Tagen andauernde »Ruhreisenstreik« endet mit einem Tarifabschluß. →

17. 1. Im Ruhrgebiet und am Niederrhein wird erstmals in der Geschichte der Bundesrepublik Smogalarm ausgerufen. →

20.–24. 3. In Dortmund wird das erste Frauenforum im Revier veranstaltet. →

Mai. Der Block F des Kraftwerkes Scholven geht in Betrieb. →

5. 5. In Dortmund öffnet der Revierpark Wischlingen. →

8./9. 5. In Castrop-Rauxel findet eine Ruhrkonferenz statt. →

16. 5. Zum ersten Mal berichtet das Fernsehen live aus dem Untertagebetrieb einer Zeche. →

20. 5. Die Aufstellung der Skulptur »Terminal« von Richard Serra in Bochum sorgt für heftige Diskussionen. →

8. 6. Der Debütfilm des Dortmunder Filmemachers Adolf Winkelmann, »Die Abfahrer«, startet im Revier.

21. 7. Das Bochumer Ruhrstadion wird mit einem Spiel des Vfl Bochum gegen Wattenscheid 09 eingeweiht. →

Oktober. Das Skulpturenmuseum Marl bezieht den Glaskasten am Rathaus der Stadt. →

1. 10. Durch ein Gesetz entsteht aus dem Siedlungsverband Ruhrkohlenbezirk der Kommunalverband Ruhrgebiet. →

7. 11. Das neue Essener Rathaus, mit 106,31 m das höchste der Bundesrepublik, wird seiner Bestimmung übergeben. →

17. 11. In Recklinghausen-Hochlarmark wird die Ausstellung »Kohle war nicht alles . . .« eröffnet. →

1. 12. Mit der Inszenierung von William Shakespeares »Maß für Maß« wird die Spielzeit des Bochumer Schauspielhauses unter seinem neuen Intendanten Claus Peymann eröffnet. →

1979. Bei den Weltmeisterschaften der Gewichtheber in Saloniki wird Rolf Milser aus Duisburg Meister im Stoßen; im gleichen Jahr wird der Mülheimer Amateurboxer Peter Hussing Europameister im Superschwergewicht. →

GESTORBEN:

1. 2. Oberhausen: Luise Albertz (* 22. 6. 1901, Duisburg), SPD-Politikerin.

15. 6. Hagen: Ernst Meister (* 3. 9. 1911, Hagen), Schriftsteller.

7. 12. Hamburg: Nicolas Born (*31. 12. 1937, Duisburg), Schriftsteller.

4. 3. Dortmund: Fritz Hüser (* 4. 10. 1908, Mülheim an der Ruhr), Bibliothekar und Begründer der Gruppe 61 (→ 31. 3. 1961).

Ruhrkonferenz mit Vertretern aus Politik und Wirtschaft am 8./9. Mai 1979 in der Stadthalle von Castrop-Rauxel

Tagung berät Revierhilfen

8./9. Mai 1979. In der Stadthalle von Castrop-Rauxel findet eine zweitägige »Ruhrkonferenz« statt. In dieser Gesprächsrunde, an der auch Vertreter des Bundes und des Landes Nordrhein-Westfalen teilnehmen, wird über gezielte Revierhilfen beraten, mit denen die Strukturprobleme der Wirtschaft gelöst und die Arbeitsplätze gesichert werden können. Ziel der Konferenz ist die Bereitstellung eines finanziellen Sonderprogramms für das Ruhrgebiet in Höhe von mehreren Milliarden Mark.

An der Konferenz nehmen 150 Politiker, Wissenschaftler sowie Vertreter von Gewerkschaften, Unternehmen und anderen Interessengruppen teil. In den zahlreichen Reden und Referaten wird immer wieder die Leistungskraft des Ruhrgebiets beschworen. Ministerpräsident Johannes Rau meint: »Wir sind hier nicht am Krankenbett des Reviers, wir sind in der Werkstatt.«

»Das Wort ›Revier‹«, so die WAZ in ihrem Bericht, »ertönt so oft, daß es einem schon nach kurzem in den Ohren klingelt. Auch das Hohelied vom fleißigen, schaffenden Menschen durchweht viele Beiträge.« »Tacheles« redet demgegenüber der Dortmunder Oberbürgermeister Günter Samtlebe (SPD): » Es geht jetzt ausschließlich ums Geld. Ich nehme die Liebeserklärungen an, aber wer bezahlt?«

Demonstrative Eintracht zeigen die Konferenzteilnehmer in der Frage der zukünftigen Rolle der Kohle in der Region. Unter dem Beifall der Versammlung prophezeit der Chef der Ruhrkohle AG, Karlheinz Bund: »Wir können damit rechnen, daß die Bedeutung der Kohle wächst, und müssen eine Ausweitung der Förderung ins Auge fassen.«

In seinem Resümee der Ruhrkonferenz prophezeit Ministerpräsident Rau dem Revier einen technologischen »Sprung nach vorn«.

Ministerpräsident Johannes Rau (r.) (SPD) auf der Ruhrkonferenz

»Aktionsprogramm Ruhr« 1979 – 1984

Das »Aktionsprogramm Ruhr« der nordrhein-westfälischen Landesregierung, das in seinen Grundzügen bereits auf der Ruhrkonferenz (→ 8./9. 5. 1979) vorgelegt worden war und in der endgültigen Form am 12. September 1979 der Öffentlichkeit vorgestellt wird, sieht Sonderhilfen für das Revier in Höhe von 6,94 Mrd DM vor.

An vorderster Stelle stehen Maßnahmen gegen die Arbeitslosigkeit; hierfür sollen zusätzlich 1 Mrd DM ausgegeben werden. 705 Mio DM sollen der Reinhaltung der Luft und dem Lärmschutz zugute kommen. Im Verbund mit der Forschung an den Universitäten sollen neue Technologien entwickelt werden; hierfür stellt der Bund 125 Mio DM bereit.

Das Land steuert 250 Mio DM zur Sicherung der Arbeitsplätze in der Eisen- und Stahlindustrie bei. Weitere 35 Mio DM sollen – bei Bedarf – für die Gründung neuer Forschungsinstitute im Ruhrgebiet zur Verfügung gestellt werden; auch hier hat der Bund zusätzlich 109 Mio DM für ein Institut »Humanisierung des Arbeitslebens« in Dortmund zugesagt.

Neue Aufgaben für Kommunalverband

1. Oktober 1979. Der Kommunalverband Ruhrgebiet (KVR) wird Rechtsnachfolger des Siedlungsverbandes Ruhrkohlenbezirk, der fast 60 Jahre im Revier tätig war. Im Rahmen des zweiten Gesetzes zur sog. Funktionalreform, welches der nordrhein-westfälische Landtag am 6. September des Jahres beschlossen hat, bilden nun die Städte und Kreise im Ruhrgebiet von Hamm bis Wesel, zwischen Haltern und Ennepe-Ruhr-Kreis den neuen Gemeindeverbund. Der Stadt Hagen und dem Kreis Kleve ist der Beitritt mit einer Frist von acht Wochen freigestellt. Die enge Aufgabenstellung des bisherigen Verbandes hatte die Reform notwendig gemacht. Mit ständigen Ausnahmeregelungen waren die weit über Siedlungsfragen hinauswachsenden Aufgaben nicht mehr zu bewältigen gewesen.

So besteht die bedeutendste Veränderung des Verbandes auch in der Tatsache, daß aufgrund der neuen Rechtsordnung dem Kommunalverband zusätzliche Zuständigkeiten in Übereinstimmung mit den Kommunen jederzeit zugesprochen werden können. Das Dienstleistungsangebot des KVR umfaßt die Bereiche Freiflächensicherung, Freizeitwesen, Abfallwirtschaft, Vermessung und Kartographie, Öffentlichkeitsarbeit für die Region und umfassende Planung im Bereich der Wohnumfeldverbesserung.

Hochlarmark stellt seine Geschichte vor

17. November 1979. In Recklinghausen-Hochlarmark wird die von Bewohnern des Stadtteils erarbeitete Ausstellung »Kohle war nicht alles...« eröffnet. In den folgenden Wochen kommen fast 10 000 Besucher. Eine Stimme von vielen: »Man hat das alles so mitgekriegt, und deshalb interessiert man sich dafür.« Die Ausstellung dokumentiert die Entwicklung Hochlarmarks von der vorindustriellen Zeit bis zur Gegenwart. Sie war aus einem Volkshochschulkurs mit dem Titel »Wissen Sie noch? Hochlarmarker erzählen von früher« erwachsen, in dem sich ca. 18 Bewohner des Stadtteils zusammengefunden hatten. Die Fülle des Materials ließ die Idee einer Ausstellung entstehen.

Vom ersehnten blauen Himmel über der Ruhr ist während des ersten Smog-Alarms im Revier, wie hier in der Essener Innenstadt, wenig zu sehen

Smog-Alarm im Revier

17. Januar 1979. Zum ersten Mal in der Geschichte des Reviers wird in mehreren Ruhrgebietsstädten Smog-Alarm ausgelöst, da an mehr als drei Meßstationen die Schwefeldioxid-Konzentration in der Luft länger als drei Stunden über 0,8 mg pro Kubikmeter Luft liegt.

Die WAZ kommentiert das Ereignis am 18. Januar: »Alles geschieht einmal zum ersten Mal. Beim Smog-Alarm kann man aber annehmen, daß er in früheren Zeiten öfter gegeben worden wäre, wenn die Gefahren bekannt und die heute gültigen Gesetze bereits erlassen worden wären.«

Nach acht Stunden wird die Alarm-Stufe 1, bei der Autofahrer aufgefordert werden, nur in dringenden Fällen ihre Fahrzeuge zu benutzen, wieder aufgehoben, da ein aufkommender Wind die gefährlichen Verunreinigungen in der Luft wegbläst.

Smog, ein Begriff, der aus der Kombination der Wörter Smoke (engl; Rauch) und Fog (engl; Nebel) gebildet wurde, entsteht bei sog. austauscharmen Wetterlagen: Warme Luft legt sich wie eine Glocke über die tiefen, kalten und verbrauchten Luftschichten und verhindert deren Aufsteigen (→ 18. 1. 1985).

5000 Frauen beim ersten Frauenforum

20. bis 24. März 1979. In der Pädagogischen Hochschule Dortmund findet das erste Frauenforum im Revier statt, eine Woche zur politischen und beruflichen Weiterbildung, die von Frauen für Frauen aus dem Ruhrgebiet organisiert wird. Mit finanzieller Unterstützung von Bund und Land bieten die Veranstalterinnen, Frauen aus der Frauenbewegung, den Gewerkschaften und Hochschulen, ein breites Programm an Diskussionen, Referaten, Autorinnenlesungen sowie Filmen an. Rund 5000 Frauen aller Altersgruppen nehmen an den Veranstaltungen des Forums teil, darunter viele, die sich vorher noch nie auf ähnliche Frauenveranstaltungen gewagt haben. Im Themenbereich »Frau und Arbeit« geht es um Probleme wie Teilzeitarbeit, Frauen in Männerberufen oder die Hochschule als Arbeitsplatz für Frauen.

Themen aus Recht, Politik, Gesundheit, Wohnen werden ebenso bearbeitet wie persönliche Erfahrungen mit »Lebenssituationen und Lebensphasen«: Hausgeburt, Sexualität und Verhütung, Wechseljahre, Probleme alleinstehender Mütter.

Eine Gruppe männlicher Pädagogen übernimmt während des Frauenforums die Kinderbetreuung.

Der große Erfolg der Veranstaltung ermutigt die Organisationsgruppe, das Frauenforum im Revier zu einer jährlichen Einrichtung zu machen.

Höchstes Rathaus in der Bundesrepublik

7. November 1979. *Das neue Essener Rathausgebäude (Abb.), mit 106,31 m das höchste in der Bundesrepublik, wird seiner Bestimmung übergeben. In dem 189 Mio DM teuren Bauwerk, das von dem Architekten Theodor Seifert entworfen wurde, sind in vierjähriger Arbeit 60 000 m³ Beton, 3185 Fenster und 360 km Stromkabel verarbeitet worden. Der nordrhein-westfälische Ministerpräsident Johannes Rau sagt in seiner Eröffnungsansprache zu den anwesenden Beamten und Ratsmitgliedern: »Sorgen Sie dafür, daß dies eine Einrichtung wird, in der normale Bürger ohne Pfadfinderprüfung zurechtkommt!«*

Gesamtansicht des Kraftwerks Scholven der VEBA Kraftwerke Ruhr, größtes Steinkohlenkraftwerk Europas

Kraftwerk Scholven im weiteren Ausbau

Mai 1979. Nach vierjähriger Bauzeit geht der 740-Megawatt-Steinkohleblock F des Kraftwerks Scholven in Gelsenkirchen-Buer in Betrieb. Scholven gehört mit fünf Kraftwerksblöcken, in denen ausschließlich heimische Steinkohle verarbeitet wird, zum größten Kraftwerkskomplex der VEBA-Kraftwerke Ruhr (→ 21. 4. 1970).
Neben Scholven betreibt das Tochterunternehmen der VEBA AG in Dortmund das Kraftwerk Knepper, benannt nach einem früheren Generaldirektor der Gelsenkirchener Bergwerks AG, sowie weitere Kraftwerke in Datteln, Gelsenkirchen-Hassel, Bochum-Weitmar, Herne und Recklinghausen. Stromabnehmer sind RWE und VEW, die Deutsche Bundesbahn sowie Bergbau- und Industriebetriebe.

Streik um kürzere Wochenarbeitszeit

10. Januar 1979. Bei einer Urabstimmung unter den seit 44 Tagen streikenden Metallarbeitern in Nordrhein-Westfalen, Bremen und Osnabrück stimmen rund 54% für die Annahme der am 7. Januar ausgehandelten Kompromißlösung und eine Beendigung des Streiks.
Am 28. November 1978 hatte der Streik der Stahlarbeiter mit der Forderung nach der Einführung der 35-Stunden-Woche begonnen. Die Arbeitgeber hatten Lohnerhöhungen von 3% und sechs Wochen Urlaub angeboten. Nachdem zunächst 37 000 Stahlarbeiter, die meisten davon im Revier, in den Streik traten, sperrten die Arbeitnehmer mehr als 65 000 Beschäftigte aus.
Auch die Einschaltung des nordrhein-westfälischen Arbeits- und Sozialministers Friedhelm Farthmann als Schlichter brachte keine Annäherung. Erst Anfang Januar handelten Vertreter der Gewerkschaft Metall und des Arbeitgeberverbandes Eisen und Stahl einen Kompromiß aus, der Lohnerhöhungen von 4%, zwei Tage zusätzlichen Urlaub und mehr Freischichten für die Arbeiter der Nachtschichten vorsieht. Unter den Streikenden macht sich Unmut über das Ergebnis breit, da ihrer Meinung nach der geforderte Einstieg in die 35-Stunden-Woche nicht durchgesetzt wurde.

Nur wenig Zeit für das Privatleben bleibt den Kontischichtlern in den Stahlwerken an Rhein und Ruhr

Arbeitsalltag im Stahlwerk, geprägt von harter körperlicher Anstrengung (Thyssen-Hütte in Duisburg)

Zwischen Kontischicht und Sinterstaub

»Was Kontischicht wirklich bedeutet, daß spürst du erst richtig, wenn du zu Hause bist und nichts mehr läuft«, sagt ein Duisburger Krupp-Arbeiter zu dem in der Stahlindustrie üblichen Schichtsystem. Da Hochöfen und die angeschlossenen Produktionsanlagen abends nicht einfach abgeschaltet werden können, wird in den Stahlwerken kontinuierlich gearbeitet. Die Arbeiter haben sieben Tage lang eine Schicht, dann zwei Tage frei, und danach wird die Schicht gewechselt. Lediglich einmal im Monat haben die Kontischichtler ein freies Wochenende.
Die Belastung am Arbeitsplatz ist zusätzlich zu diesem Schichtsystem, das völlig im Gegensatz zum Bio-Rhythmus des menschlichen Körpers steht, extrem hoch. Hitze, Lärm und Staub sind Kennzeichen der Arbeit im Stahlwerk.
Günter Wallraff beschreibt in seinen »Industriereportagen« einen Arbeitsplatz in der Duisburger August-Thyssen-Hütte: »In der Fabrik gibt es keinen Morgen und keinen Abend. Hier ist immer Nacht. Eine Nacht, auf die kein Tag folgt. In den Ziegelsteinmauern fehlen die Fenster. Gitterförmige Luftlöcher sind an einigen Stellen eingelassen. Dahinter schimmert ein Stück Himmel, wenn es draußen hell ist, und es glitzt und flimmert, wenn die Sonne dahintersteht. Das ist der pulvrige Metallstaub – Sinter genannt – der hier überall ist. Er wabbert unter jedem Schritt, klebt auf der Haut, dringt in Nasenlöcher und Augen ein.«
Durch Einführung neuer Techniken in der Stahlerzeugung und -verarbeitung konnten die körperlichen Belastungen der Stahlarbeiter zwar in vielen Fällen gesenkt werden, dennoch sind die Anforderungen nach wie vor sehr hoch.

1979

Claus Peymann in Bochum

1. Dezember 1979. Am Bochumer Schauspielhaus beginnt die erste Spielzeit unter dem neuen künstlerischen Direktor Claus Peymann (Abb. r.). Seinen Einstand als Regisseur gibt der Nachfolger von Peter Zadek (→ 22. 9. 1972), vormals Schauspieldirektor in Stuttgart, am 11. Januar 1980 mit der Inszenierung des »Torquato Tasso« von Johann Wolfgang von Goethe.

Bochumer »Terminal«

20. Mai 1979. Am Bochumer Hauptbahnhof wird die Schmiedestahlskulptur »Terminal« des Amerikaners Richard Serra aufgestellt. Das 12 m hohe und 100 t schwere Kunstwerk (Abb.), auf Beschluß des Stadtrates für 350 000 DM angekauft, erregt die Gemüter der Bochumer Bürger. Neben dem hohen Preis ärgert die Öffentlichkeit das »ungepflegte Äußere« des rostigen Denkmals.

ZDF berichtet live aus Zeche

16. Mai 1979. Eine Fernsehpremiere besonderer Art: Zum ersten Mal können die Zuschauer eine Live-Sendung aus dem Untertagebetrieb eines Bergwerkes verfolgen. Das ZDF interviewt anläßlich der 300. Sendung von »Bilanz« den Ruhrkohle-Chef Karlheinz Bund in 800 m Tiefe auf der 4. Sohle des Schachtes »Franz« der Zeche Walsum in Duisburg-Walsum (Abb.: Probeaufnahmen).

Revierparks in Dortmund und Duisburg

5. Mai 1979. In Dortmund wird mit Wischlingen der vierte Revierpark des Ruhrgebiets eröffnet; der fünfte und letzte Park, Mattlerbusch in Duisburg, kann wenig später fertiggestellt werden. Die Freizeitanlagen sind alle in Zusammenarbeit der jeweiligen Stadt mit dem Kommunalverband Ruhrgebiet erbaut worden, das Land Nordrhein-Westfalen half mit Zuschüssen. Die Revierparks bieten preiswerte Sport-, Spiel- und Erholungsmöglichkeiten für die ganze Familie und sind als Naherholungszentren sehr beliebt.

Wischlingen, zu dessen Eröffnung auch der nordrhein-westfälische Ministerpräsident Johannes Rau anwesend ist, liegt im Dortmunder Westen zwischen den Stadtteilen Dorstfeld, Marten und Rahm. Auf 35 ha stehen dem Besucher 2500 m² Badefläche, Saunen, Solarien, Tennisanlagen, eine Eishalle und andere Einrichtungen zur Verfügung. Der Duisburger Park Mattlerbusch ist ähnlich ausgestattet und bietet neben Wellenbad, Boccia-Bahn und Wasserspielplatz auch die Möglichkeit zum Ponyreiten.

Die Revierparks mit ihren zahlreichen Möglichkeiten der Freizeitgestaltung, besonders die Sportanlagen und Schwimmbäder, werden von der Bevölkerung rasch angenommen, nicht zuletzt wegen ihrer verkehrsgünstigen Lage und Kinderfreundlichkeit. Mit dem Auto oder öffentlichen Verkehrsmitteln zu erreichen, sind die Parks nie weiter als 20 Minuten von den Zentren der Städte entfernt. Die Nutzung der Einrichtungen ist preiswert, sie bedürfen jedoch regelmäßiger Zuschüsse.

Für Kinder gibt es im Rahmen des Veranstaltungsangebots Spielaktionen, aber auch zahlreiche regelmäßig geöffnete Einrichtungen, wie z. B. Spiel-, Bastel- und Werkkurse, die unter fachkundiger Anleitung in den Mehrzweckräumen stattfinden. Jugendlichen bieten die Revierparks mit Musikveranstaltungen von der Disko im Freibad bis zum Popkonzert sowie Autorenlesungen und Theateraufführungen interessante Alternativen zum bestehenden Freizeitangebot, die von allen Altersgruppen rege genutzt werden.

Revierpark Wischlingen

Skulpturenmuseum »Glaskasten« Marl

Oktober 1979. Mit dem »Glaskasten« erhält das Skulpturenmuseum Marl einen Ausstellungsraum, in dem Kleinskulpturen der Sammlung oder Wechselausstellungen gezeigt werden können.

Die Stadt Marl hatte bereits 1954 mit dem Erwerb von Groß- und Kleinplastiken begonnen. Einen Ausbau der Sammlung brachten die 1970 und 1972 veranstalteten Ausstellungen »Marl – Stadt und Skulptur«, mit denen die Aufstellung von Außenplastiken im Stadtkern, hauptsächlich um den Stadtsee herum, begann. Mit Hilfe des Landes Nordrhein-Westfalen wurde der Bestand später durch Ankäufe von Klassikern wie Hans Arp, Max Ernst und Kurt Schwitters ergänzt.

Die Architektur des »Glaskastens« mit seinen durchsichtigen Wänden soll eine Fortsetzung der Offenheit des Außenskulpturenmuseums in das neue Gebäude hinein ermöglichen. Der Einblick von außen ist jederzeit möglich; bis 23 Uhr werden die Exponate angestrahlt.

Laut einer Umfrage steht die Marler Bevölkerung dem Skulpturenmuseum zu 50% grundsätzlich positiv oder zumindest tolerant gegenüber.

Ruhrstadion eingeweiht

21. Juli 1979. In Bochum wird das Ruhrstadion, im Nordosten der Innenstadt neben der Ruhrlandhalle gelegen, mit einem Fußballspiel des VfL Bochum gegen Wattenscheid 09 vor 35 000 Zuschauern eröffnet. Zur feierlichen Einweihung der vollständig überdachten Arena singen die Fischer-Chöre, außerdem spielen vier internationale Showbands im Rahmenprogramm. Im Anschluß an Eröffnungsansprachen und musikalische Unterhaltung folgt ein kleines Lokalderby zwischen dem Bundesligisten VfL Bochum 1848 und dem in der zweiten Fußball-Bundesliga spielenden TV Wattenscheid 09. Das Spiel endet erwartungsgemäß mit einem 3:0-Sieg für Bochum.
Die Stadt Bochum hatte in der Vergangenheit durch den Bau zahlreicher kleiner Sportanlagen in den verschiedenen Stadtteilen den Breitensport gefördert. Im November 1975 beschlossen die Stadtverordneten schließlich den Umbau des Fußballstadions in der Innenstadt, das jetzt zu den schönsten Stadien der Bundesrepublik zählt.
Der Bochumer Oberbürgermeister Heinz Eikelbeck bemerkt gegenüber der WAZ: ». . . wenn auch heute kein Sonnenschein lacht, dann mag das zwar für die Jahreszeit bedauerlich sein, wir aber brauchen ihn nicht unbedingt. In Bochum steht zukünftig keiner mehr im Regen.«

Sportzentrum Ruhrstadion

Kosten des Stadions: 26 Mio DM
Steh- und Sitzplätze: 49 217
Ausstattung: Rasenheizung (1986), Anzeigetafeln (1987)
Trainingsplätze: 1 Kunststoff-, 3 Naturrasenplätze

Der VfL Bochum 1848 hofft, mit Hilfe des neuen, attraktiven Stadions und steigender Zuschauerzahlen aus der, wie die WAZ schreibt, »finanziellen Traufe« möglichst schnell wieder herauszukommen.

Als reine Fußballarena konzipiert, bietet das komplett überdachte Bochumer Ruhrstadion den 49 000 Zuschauern hautnahe Bundesliga-Atmosphäre

Athleten aus dem Revier

1979. Der Duisburger Rolf Milser gewinnt bei den Weltmeisterschaften der Gewichtheber in Saloniki (Griechenland) mit 212,5 kg im Stoßen die Goldmedaille in der Klasse bis 90 kg Körpergewicht. Im gleichen Jahr wird der Amateurboxer Peter Hussing aus Mülheim an der Ruhr Europameister im Superschwergewicht. Die beiden gewichtigen Sportler sind die erfolgreichsten Schwerathleten aus dem Ruhrgebiet in den 70er Jahren.
Rolf Milser gewinnt bei Europa- und Weltmeisterschaften insgesamt acht Gold-, sieben Silber- und eine Bronzemedaille; seinen letzten großen Erfolg feiert er im Jahr 1984 mit einer Goldmedaille bei den Olympischen Spielen in Los Angeles (USA). Der Boxer Peter Hussing erringt mit dem Sieg über den Ungarn Ferenc Somodi 1979 in Varna (Bulgarien) seine erste Europameisterschaft. Bei den Olympischen Spielen 1972 in München gewann er Bronze.

1980

1. 1. Im Ruhrgebiet tritt der Verkehrsverbund Rhein-Ruhr (VRR) in Kraft. →

18. 1. Der SPD-Städtebaukongreß in Dortmund befaßt sich mit Wohnungsnot und Wohnungsspekulation im Revier. →

10. 2. Der Duisburger Zoo importiert zum zweiten Mal Jacobitas aus Feuerland. →

27. 2. In Oberhausen geht das von der Thyssen Niederrhein AG errichtete größte deutsche Elektrostahlwerk in Betrieb. →

27. 3. Warnstreiks im öffentlichen Dienst führen zu Behinderungen im Nahverkehr. →

23. 4. In Dortmund wird der sog. Jahrhundert-Vertrag zwischen der Vereinigung Deutscher Elektrizitätswerke und dem Gesamtverband des deutschen Steinkohlenbergbaus abgeschlossen. →

23. 4. Im Verkehrsausschuß des Bundestages einigen sich SPD und FDP auf einen Ausbaustopp der Autobahn Düsseldorf – Bochum – Dortmund. →

8. 6. Ein freiwilliger »autofreier« Sonntag findet im Ruhrgebiet nur wenig Beachtung. →

28. 7. Die Stadt Dortmund läßt fast 60 alte Platanen an der B 1 (Kreuzung Ophoff) fällen. →

27. 8. In Gladbeck wird die erste »Roller-Rink-Skate-Bahn« im Ruhrgebiet eröffnet. →

31. 8. Der Kommunalverband Ruhrgebiet veranstaltet den »Tag des Radfahrens«. →

6. 9. Die Uraufführung des Theaterstücks »Der Weltverbesserer« von Thomas Bernhard in der Inszenierung von Claus Peymann wird vom ZDF live aus den Bochumer Kammerspielen übertragen. →

13. 9. Der Kemnader Stausee im Süden Bochums wird für die Öffentlichkeit freigegeben. →

28. 9. Auf der Fulerumer Straße in Essen wird ein spurgeführter Bus eingesetzt. →

25. 9. In der Herner »Lichtburg« wird der Film »Theo gegen den Rest der Welt« von Peter F. Bringmann uraufgeführt. →

5. 10. Bei den Wahlen zum neunten Deutschen Bundestag erhalten die Koalitionsparteien SPD und FDP 42,9% bzw. 10,6% der Stimmen. →

9. 11. Die Essener Synagoge wird mit der Ausstellung »Widerstand und Verfolgung in Essen 1933 – 1945« als Gedenkstätte für die Opfer des Nationalsozialismus eröffnet. →

28. 11. 70 000 Menschen fordern auf einer Großkundgebung in Dortmund die Errichtung eines neuen Hoesch-Stahlwerks. →

1980. Die Essener Ruhrgas AG liefert über ihr Netz insgesamt 43,5 Mrd m³ Gas.

Kongreß verhandelt Wohnungsprobleme

18. Januar 1980. Auf dem in Dortmund stattfindenden Städtebaukongreß der SPD beraten Delegierte aus Bund und Land über die Wohnungsnot im Ruhrgebiet und die Zukunft des sozialen Wohnungsbaus.
Nach einer von der SPD durchgeführten Umfrage suchen in Bochum 7000 Menschen eine Wohnung, in Dortmund 8000, in Duisburg 6000, in Gelsenkirchen 3100, in Mülheim 2250 und in Oberhausen 2000. Es fehlen vor allem preiswerte Wohnungen für Familien mit Kindern und für alte Menschen. Wirtschaftlich schwächere Bevölkerungsgruppen können die Mieten für Sozialwohnungen, die in den letzten Jahren u. a. durch Fehlplanungen bei den gemeinnützigen Wohnungsunternehmen extrem gestiegen sind, oft nicht mehr aufbringen.
Wohnungsspekulation im Zusammenhang mit Altbausanierung ist ein weiteres Problem im Revier, sei es, daß Privatunternehmer alte

»Wege zur menschlichen Stadt« – Motto des SPD-Städtebaukongresses

Mietwohnungen in teure Eigentumswohnungen umwandeln oder daß sich Wohnungsgesellschaften an Sanierungsmaßnahmen bereichern. Der Dortmunder Oberbürgermeister Günter Samtlebe findet dazu deutliche Worte: »Da haben die Leute, die 20 und 30 Jahre in Zechenhäusern gewohnt haben, auf eigene Kosten und in eigener Arbeit ein Bad installiert. Und dann kommt der Bauträger der sog. Sanierungsmaßnahme, läßt das Bad rausreißen und für viel Geld ein neues Bad einbauen. Und der Mieter zahlt dann die ganze Chose . . .«

Absatzgarantie für Kohle

23. April 1980. Vertreter der Vereinigung Deutscher Elektrizitätswerke und des Gesamtverbandes des deutschen Steinkohlenbergbaus unterzeichnen in Dortmund den zweiten Kohle-Strom-Vertrag. In dem von den Beteiligten als Jahrhundertvertrag bezeichneten Abkommen verpflichtet sich die deutsche Elektrizitätswirtschaft gegenüber dem Bergbau zur jährlichen Verstromung steigender Mengen heimischer Kohle in ihren Kraftwerken bis zum Jahr 1995.

Die den Stromerzeugern durch den Einsatz teurer deutscher Kohle entstehenden Mehrkosten sollen durch eine von öffentlichen wie privaten Stromkunden aufzubringende Ausgleichsabgabe, den sog. Kohlepfennig, finanziert werden. Den Kraftwerksbetreibern sollen dadurch Verluste ersetzt werden, die durch den Verzicht auf billige Importkohle, Erdöl und Erdgas zugunsten heimischer Kohle bei der Stromerzeugung entstehen. Bei der Berechnung des Kohlepfennigs werden, ausgehend von zunächst 35 Mio Jahrestonnen Steinkohle, für 23,8 Mio t die jeweiligen Weltmarktpreise für schweres Heizöl, für die restlichen 11,2 Mio t diejenigen für preisgünstigere Importkohle zugrunde gelegt.

Bereits drei Jahre zuvor war es zwischen dem deutschen Steinkohlenbergbau und der Elektrizitätswirtschaft zum Abschluß eines ähnlichen Vertrages gekommen. In dem am 10. Mai 1977 ebenfalls in Dortmund unterzeichneten Abkommen war der Einsatz von jährlich 33 Mio t heimischer Kohle vereinbart worden, allerdings mit einer Laufzeit von nur zehn Jahren. Kern beider Vereinbarungen ist der Kohlepfennig, der allen Stromerzeugern seit 1975 als Entschädigung für den Einsatz der ohne diese Subvention nicht wettbewerbsfähigen deutschen Kohle gezahlt wird.

Sowohl bei den Kraftwerksbetreibern als auch bei der gewerblichen Wirtschaft sind die Kohle-Strom-Verträge von Anfang an umstritten. Zwar gleicht der Kohlepfennig die Differenz zwischen billigen Kohle- und Ölimporten aus, die durch den Einsatz von Kohle erhöhten Umweltschutzinvestitionen wie Entstickung und Entschwefelung von Rauchgasen treiben den Strompreis jedoch zusätzlich in die Höhe.

Die gewerbliche Wirtschaft steht dem Jahrhundertvertrag skeptisch gegenüber, weil sie im Unterschied zu den Stromversorgungsunternehmen auf dem internationalen Markt im Interesse der Konkurrenzfähigkeit ihrer mit teurem Kohlestrom erzeugten Produkte, die durch den Kohlepfennig entstehenden Mehrkosten nicht auf den Preis ihrer Erzeugnisse umlegen kann.

Als einen »großen Wurf« bezeichnet hingegen Karlheinz Bund, Vorstandsvorsitzender der Ruhrkohle AG, den Vertrag, da er bis zur Jahrtausendwende etwa 100 000 Arbeitsplätze im deutschen Bergbau sichert.

Unterzeichnung des zweiten Kohle-Strom-Vertrages zwischen Elektrizitätswirtschaft und Steinkohlenbergbau in Dortmund am 23. April 1980

Ruhrbergbau stellt wieder mehr deutsche Kumpel ein

Der Ruhrbergbau verzeichnet erstmals seit 1974 wieder mehr Neueinstellungen als Abgänge. Gleichzeitig nimmt der Anteil der Ausländer an den Zechen-Belegschaften ab. Seit 1957 wurde die Zahl der im Bergbau Beschäftigten von 607 000 auf 181 000 reduziert; von 173 Schachtanlagen blieben 40 in Betrieb. Durch Rationalisierungsmaßnahmen und Mechanisierung wurde gleichzeitig die Schichtleistung verdoppelt bis vervierfacht.

Die Zechengesellschaften bejahen ausdrücklich den Anspruch des unter Tage arbeitenden Bergmanns auf eine Spitzenstellung in der Lohnskala der Industriearbeiter und werben verstärkt um deutschen Nachwuchs für den Bergbau. Mit 13,7% der Gesamtbelegschaft sind auf den Zechen nicht mehr Ausländer tätig als im Durchschnitt der übrigen Industrie. Bei den unter Tage arbeitenden Beschäftigten ist der Ausländeranteil jedoch höher. Auf manchen Zechen kommt mehr als ein Drittel der Kumpel vor Ort aus der Türkei. Neben Türken und Deutschen sind Südkoreaner unter Tage beschäftigt, die seit 1970 von der Ruhrkohle AG angeworben wurden. Sie arbeiten unter den ungünstigsten Bedingungen, da ihre Arbeitserlaubnis nur für einen bestimmten Betrieb gilt und sie bei Kündigung oder im Krankheitsfall sofort in ihre Heimat abgeschoben werden.

Bergleute einer Bergkamener Zeche

Kumpel im Revier – längst kein krisenfester Job mehr

Schichtwechsel auf der Zeche Osterfeld in Oberhausen

Neues Stahlwerk für Dortmund gefordert

28. November 1980. 70 000 Menschen, darunter 27 000 Stahlarbeiter, demonstrieren in Dortmund unter dem Motto »Stahlwerk jetzt« für den Erhalt des Stahlstandorts Dortmund. Wie am 29. Oktober bekannt geworden war, hatte der deutsch-niederländische Stahlkonzern Estel, zu dem die Dortmunder Hoesch-Werke gehören, den angekündigten Neubau eines Blasstahlwerks auf unbestimmte Zeit verschoben.

In Dortmund wird nun der Abbau weiterer Arbeitsplätze im Metallbereich befürchtet, der auch Wirkungen in anderen Wirtschaftszweigen der Stadt zeigen würde. Die Zahl der Arbeitsplätze, die durch eine Aufgabe des Stahlstandortes Dortmund direkt und indirekt bedroht sind, wird auf rund 40 000 geschätzt. Der Dortmunder Lokalteil der WAZ kommentiert die Ereignisse am 31. Oktober: »Dortmunds Lebensnerv, der schon im Bergbau langsam zerfasert, ist bedroht ... Dortmund soll das Opfer von 10 000 Arbeitsplätzen bringen, ein Opfer, das die Stadt nicht kampflos bringen kann und bringen wird.« Der Bau des Stahlwerks in Dortmund ist wegen der wachsenden Verluste des deutsch-niederländischen Stahlkonzerns verschoben worden, obwohl die nordrhein-westfälische Landesregierung bereits einen 250 Mio DM-Zuschuß für das 550 Mio DM teure Projekt zugesagt hatte. Allein die Hoesch-Werke hatten in den ersten neun Monaten des Jahres einen Verlust von rund 365 Mio DM zu verzeichnen. Angesichts der anhaltenden Stahlkrise werden in der Konzernführung Überlegungen angestellt, die Stahlproduktion ganz in die niederländischen Stahlwerke an der Nordseeküste zu verlegen und in Dortmund nur noch die weiterverarbeitenden Betriebe zu belassen.

Demonstration von Stahlwerkern in Dortmund für den Bau eines neuen Hoesch-Stahlwerks zur Sicherung von Arbeitsplätzen am 28. November 1980

Thyssen-Hütte wird modernisiert

27. Februar 1980. Die Thyssen Niederrhein AG nimmt in Oberhausen das größte und modernste Elektrostahlwerk der Bundesrepublik Deutschland in Betrieb. Die Anlage ist als Ersatz für ein veraltetes Siemens-Martin-Werk mit einem Kostenaufwand von 140 Mio DM gebaut worden, wobei allein rund 21 Mio DM für eine Abgasentstaubungsanlage aufgewendet wurden. Durch die Nutzung vorhandener Hallen und Einrichtungen konnten die Kosten gegenüber einem völligen Stahlwerksneubau um knapp 100 Mio DM verringert werden.

Autofreier Sonntag Schlag ins Wasser

8. Juni 1980. Nur wenig Beachtung findet ein von den großen Naturschutzverbänden ausgerufener freiwilliger »autofreier« Sonntag. Spätestens am Nachmittag herrscht auf allen Straßen wieder der normale Wochenendverkehr.

In verschiedenen Städten kommt es vormittags zu Fahrrad-Demonstrationen; so fordern in Mülheim an der Ruhr 50 Radler mehr Radwege. In Recklinghausen folgen 2000 Bürger dem Aufruf der Stadt zu einem Volkswandertag – sie reisen aber mit dem Auto an. In Dortmund beschränkt sich die Resonanz auf Anrufe besorgter Autofahrer bei der Polizei: Sie wollen erfahren, ob sie ungehindert fahren dürfen.

Ruhrgas AG – Vom Kokerei- zum Erdgas

1980. Die Essener Ruhrgas AG, eines der größten Gasversorgungsunternehmen Westeuropas und zweitgrößter Primärenergielieferant in der Bundesrepublik Deutschland, hat ihre Gaslieferungen innerhalb der vergangenen 10 Jahre von 9,4 Mrd m³ auf 43,5 Mrd m³ gesteigert. Das Gas, zu 95% Erdgas, wird durch ein Leitungsnetz von 7500 km zu den Verbrauchern transportiert.

Das von mehreren Zechengesellschaften 1926 gegründete Unternehmen (→ 11. 10. 1926) betrieb zunächst die Versorgung der Städte und der Industrie im Ruhrgebiet mit dem in Kokereien anfallenden Leuchtgas. Sehr schnell erweiterte die Ruhrgas AG ihr Leitungsnetz, das 1936 über 1100 km lang war und zahlreiche Städte in ganz Nordwestdeutschland verband. Während des Zweiten Weltkriegs wurden die Anlagen der Ruhrgas AG schwer beschädigt, doch wurden sie so schnell wieder aufgebaut, daß bereits 1948 erstmals Gas in die benachbarten Niederlande exportiert werden konnte.

Seit 1954 vertreibt die Ruhrgas AG auch Erdgas, das als natürlicher Rohstoff in der Bundesrepublik Deutschland und später in wesentlich größerem Umfang auch in anderen Staaten gefördert wird.

Über die Lieferung großer Mengen Erdgas aus der Sowjetunion wird 1970 der sog. Erdgas-Röhren-Vertrag (→ 1. 2. 1970) abgeschlossen, an dem das Essener Unternehmen maßgeblich beteiligt ist. 1980 schließt die Ruhrgas AG gemeinsam mit anderen westeuropäischen Gasunternehmen einen Vertrag mit Nigeria, der die Lieferung von 8 Mrd m³ Erdgas vorsieht.

Hauptverwaltungsgebäude der Ruhrgas AG in Essen, eines der größten Gasversorgungsunternehmen Westeuropas; das Unternehmen, das hauptsächlich mit Erdgas handelt, deckt rund 12% des Primärenergieverbrauchs und rund 14% des Gesamtenergieverbrauchs auf dem Wärmemarkt der Bundesrepublik Deutschland.

Warnstreiks lähmen Busse und Bahnen

27. März 1980. Um der Forderung der Gewerkschaft ÖTV nach einem Lohnzuschlag von 180 DM monatlich bei den laufenden Tarifverhandlungen Nachdruck zu verleihen, kommt es in zahlreichen Revierstädten zu Warnstreiks. Straßenbahn- und Busverkehr werden für Stunden lahmgelegt. In Essen warten morgens etwa 60 000 Fahrgäste vergeblich auf Busse und Bahnen. In Bochum, Gelsenkirchen, Herne, Witten und Castrop-Rauxel sind etwa 40 000 Schüler und Berufspendler betroffen. Die öffentlichen Arbeitgeber verurteilen die Streiks und drohen mit Gehalts- und Lohnkürzungen sowie Entlassungen.

Mit einer Fahrkarte durch das Revier

1. Januar 1980. Zum Null-Tarif befördert der Verkehrsverbund Rhein-Ruhr (VRR) seine Fahrgäste am ersten Tag des Gemeinschaftsbetriebs. So sollen die Bürger am Neujahrstag Gelegenheit haben, sich mit dem neuen Verkehrssystem vertraut zu machen. Schnell-, Untergrund- und Stadtbahnen sowie Busse und Straßenbahnen von 20 öffentlichen Nahverkehrsbetrieben der Region, darüber hinaus Nahverkehrszüge der Deutschen Bundesbahn, verkehren zukünftig zwischen Wesel und Unna, Recklinghausen und Wuppertal unter dem Dach des schon 1978 gegründeten VRR nach aufeinander abgestimmten Fahrplänen.

Aber der Vorteil einer schnelleren Verbindung erfordert von den Kunden auch gewisse Umstellungen: Ein neuartiges Verkehrszonensystem, sog. Waben, gliedert die Beförderungstarife. Fahrkarten, die nun im gesamten VRR-Netz gültig sind, erhält der Fahrgast in der Regel nur noch an Vorverkaufsstellen oder eigens dafür aufgestellten Automaten.

Neuer Straßentunnel statt alter Platanen

28. Juli 1980. *Gegen den Widerstand der Bevölkerung läßt die Stadt Dortmund in der Nacht fast 60 alte Platanen fällen, um an der Kreuzung Ophoff/B1 Platz für den Bau eines Straßentunnels zu schaffen. Naturschützer sammeln 18 000 Unterschriften gegen die Abholzung und errichten hölzerne Kreuze als Denkmäler für die gefällten Bäume (Abb.). In einer weiteren nächtlichen Aktion gelingt es der Stadt am 23. Oktober, nochmals 51 Bäume abholzen zu lassen. Das Holzfäller-Kommando geht laut WAZ-Bericht mit solcher Hektik vor, daß auch vier Laternen-Pfähle samt Leuchten der Kreissäge zum Opfer fallen.*

Dü-Bo-Do-Planung vorerst gestoppt

23. April 1980. In einer Vorabsprache einigen sich Vertreter von SPD und FDP im Verkehrsausschuß des Bundestages darauf, die Autobahn Düsseldorf–Bochum–Dortmund (A44, Dü-Bo-Do) nicht weiterzubauen. Betroffen von dieser Entscheidung ist nicht nur die von Bochum nach Hattingen geplante Teilstrecke östlich von Velbert, sondern auch das westliche Teilstück in Richtung Düsseldorf. Die beiden bislang fertiggestellten Abschnitte bei Velbert sowie zwischen Bochum und Witten sollen in die örtlichen Straßennetze eingeliedert werden. Die Aufhebung der Baupläne ist auch ein Erfolg unzähliger Bürgerinitiativen, die sich gegen die zunehmende Zerstörung von Landschaftsschutz- und Naherholungsgebieten zur Wehr gesetzt haben. Nachdem die FDP bei den Kommunalwahlen mit einer »Anti-Dü-Bo-Do-Kampagne« erhebliche Stimmengewinne erzielen konnte, lehnen auch die Stadtparlamente betroffener Gemeinden das Bauvorhaben ab.

Alte Synagoge Essen wird Gedenkstätte

9. November 1980. Die Alte Synagoge Essen wird als Mahn- und Gedenkstätte mit der Ausstellung »Widerstand und Verfolgung in Essen 1933–1945« eröffnet. Die Stadt Essen richtete das Gebäude als »historisch-politisches Dokumentationsforum« her, um an das Geschehen in Essen während des Nationalsozialismus zu erinnern. In den ersten vier Monaten besuchen über 40 000 Menschen die Ausstellung.

Die 1913 erbaute Synagoge war in der Reichskristallnacht (→ 9./10. 11. 1938) von nationalsozialistischen Kommandos angesteckt worden und ausgebrannt. Trotzdem hatte das Bauwerk als eines der wenigen in der Essener Innenstadt die Luftangriffe des Zweiten Weltkriegs (→ 5. 3. 1943) fast ohne weitere Schäden überstanden. Nach 1945 stand die Synagoge lange Zeit leer und wurde seit der Renovierung 1961 vom Verein Industrieform für eine Industrie-Design-Ausstellung genutzt. Bei einem Brand 1979 wurde das Gebäude stark beschädigt und die Design-Ausstellung ins Kennedyhaus im Essener Zentrum verlegt.

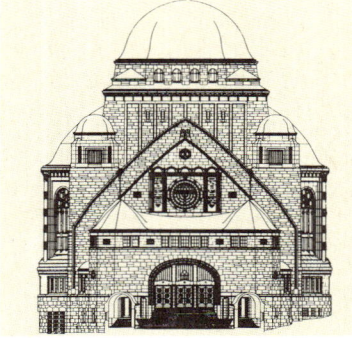

Alte Synagoge Essen, Gedenkstätte im ehemaligen jüdischen Gotteshaus

Automatischer Spurbus auf der 1,2 km langen Versuchsstrecke in Essen

CDU/CSU verfehlt absolute Mehrheit

5. Oktober 1980. Mit 44,5% der abgegebenen Stimmen verfehlt die CDU/CSU mit Kanzlerkandidat Franz-Josef Strauß bei den Wahlen zum neunten Deutschen Bundestag ihr Ziel einer absoluten Mehrheit. Zwei Tage später kommentiert die WAZ: »Trost kann die Union allenfalls darin finden, daß mit diesem Wahlergebnis das Experiment Strauß ein für allemal beendet ist.«

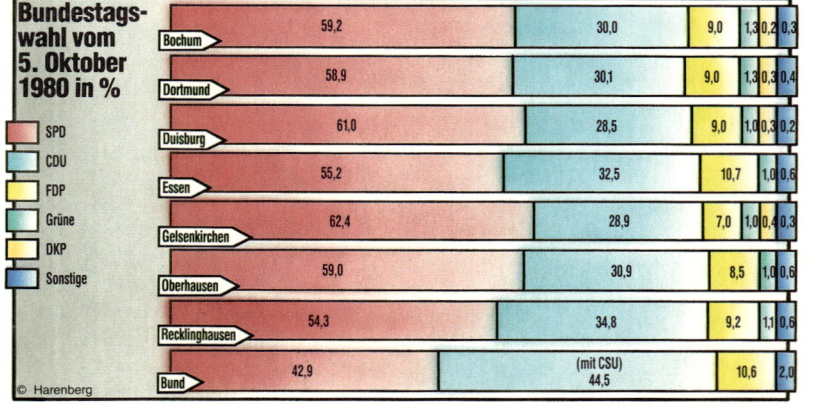

Bundestagswahl vom 5. Oktober 1980 in %

	SPD	CDU	FDP	Grüne	DKP	Sonstige
Bochum	59,2	30,0	9,0	1,3	0,2	0,3
Dortmund	58,9	30,1	9,0	1,3	0,3	0,4
Duisburg	61,0	28,5	9,0	1,0	0,3	0,2
Essen	55,2	32,5	10,7	1,0		0,6
Gelsenkirchen	62,4	28,9	7,0	1,0	0,4	0,3
Oberhausen	59,0	30,9	8,5	1,0		0,6
Recklinghausen	54,3	34,8	9,2	1,1		0,6
Bund	42,9	(mit CSU) 44,5	10,6	2,0		

Omnibus verkehrt auf eigenen Gleisen

28. September 1980. Ein neuentwickelter Spurbus wird in Essen probeweise im Linienverkehr eingesetzt. Auf einer eigenen Betontrasse automatisch geführt, verkehrt er auf der Fulerumer Straße, unbehindert von Ampeln und Individualverkehr. Im Bedarfsfall kann der Bus aber auch auf Straßen, wo eine Trassenführung ausgeschlossen ist, konventionell eingesetzt werden.

Gefahrloses Vergnügen

27. August 1980. *Auf der ersten »Roller-Rink-Skate-Bahn« des Ruhrgebiets im Glückauf-Einkaufszentrum am Gladbecker Marktplatz (Abb.) können begeisterte Skatefahrer diesem neuen Sport ungehindert nachgehen, ohne, wie es sonst häufig auf öffentlichen Plätzen der Fall war, Passanten zu gefährden.*

Mit dem Rad unterwegs

31. August 1980. *Bürger des Reviers »von Acht bis Achtzig« lädt der Kommunalverband Ruhrgebiet (KVR) am ersten »Tag des Radfahrens« zur gemeinsamen Tour durch das östliche Ruhrgebiet ein (Abb.). Die Aktion soll nicht zuletzt auf die Gefährdung der Radfahrer im Verkehr aufmerksam machen.*

Erholung am Kemnader See

13. September 1980. *Mit einem großen Seefest wird die Eröffnung des Kemnader Stausees (Abb.) an der Stadtgrenze Bochum-Hattingen – Witten gefeiert. Der fünfte Ruhrstausee soll mit seiner Wasserfläche von 125 ha den Kern des künftigen Freizeit-, Sport- und Naherholungszentrums Kemnade bilden.*

Delphine für Duisburg

10. Februar 1980. Der Direktor des Duisburger Zoos, Wolfgang Gewalt, bringt von seiner zweiten Expedition aus dem argentinischen Pazifik vor der Küste Feuerlands fünf Jacobita-Delphine für das Duisburger Delphinarium mit.

Ein Jahr zuvor hatte Gewalt bereits sechs der schwarzweißen Meeressäuger in Argentinien gefangen. Die Duisburger landeten damals kurzfristig im Gefängnis, da sie keine Fanglizenz hatten. Auch diesmal scheute Gewalt keine Risiken, um die seltenen Tiere zu fangen.

Von den bei der ersten Expedition gefangenen Tieren hatte nur eines den Transport und die Umstellung überlebt. Auch diesmal stirbt der erste Delphin nach wenigen Tagen. Den Kritikern seiner Tierfangpraxis erklärt Gewalt, entgegen allen Anzeichen seien die Lebensbedingungen im Duisburger Zoo für die Delphine geeigneter als die ihrer gewohnten heimischen Gewässer.

Jacobitas im Duisburger Zoo; die in argentinischen Küstengewässern beheimateten schwarzweißen Meeressäuger können in Gefangenschaft nur unter besonderen Bedingungen überleben, so muß das speziell gereinigte Wasser eine konstante Temperatur von 7 °C haben und einen immer gleichbleibenden Salzgehalt aufweisen.

B. Minetti als »Der Weltverbesserer« in den Bochumer Kammerspielen

Minetti in Bernhards »Weltverbesserer«

6. September 1980. Live aus den Bochumer Kammerspielen überträgt das ZDF die Uraufführung des Theaterstücks »Der Weltverbesserer« von Thomas Bernhard in der Inszenierung von Claus Peymann. Die Hauptrolle des mit hellsichtigem Altersstarrsinn in seinem Krankenstuhl räsonierenden Greises spielt Bernhard Minetti. Ihn wie auch seine Partnerin Edith Heerdegen wählt die Zeitschrift »Theater heute« zu »Schauspielern des Jahres«. Der »Spiegel« feiert das Ereignis als »Pilgerziel für Theaterfans«.

Marius Müller-Westernhagen (l.) als Theo und Guido Gagliardi als Enno

»Theo gegen den Rest der Welt«

25. September 1980. »Theo gegen den Rest der Welt«, ein Film von Peter F. Bringmann nach dem Buch von Matthias Seelig, wird in der »Lichtburg« in Herne uraufgeführt. Marius Müller-Westernhagen spielt darin den Fernfahrer Theo Gromberg aus Herne, dessen 38-Tonner, beladen mit schwarzer Fracht, geklaut wird und den er nach einer Jagd durch halb Europa schließlich auch in Neapel nicht wiederfindet. Für seine Hauptrolle in diesem Film erhält Marius Müller-Westernhagen den Ernst-Lubitsch-Preis.

1981

1.1. In Dortmund nimmt das Forschungsinstitut für Transporttechnik und Warendistribution der Fraunhofer-Gesellschaft seine Tätigkeit auf. →

23.–24.1. Eine Auftaktveranstaltung zum internationalen Jahr der Behinderten findet in Dortmund statt. →

13.2. Die englische Rockgruppe Pink Floyd gastiert in der Dortmunder Westfalenhalle. 10 000 Fans sehen die »Jahrhundert-Show« »The Wall«. →

21.2. Beim Fußballspiel Borussia Dortmund gegen FC Schalke 04 im Dortmunder Westfalenstadion kommt es zu Ausschreitungen von Fußball-Fans. →

März. In Essen wird der Verein »Pro Ruhrgebiet« gegründet. →

4.5. Die Diözese Essen beteiligt sich an einem Lebensmitteltransport für Polen. →

14.5. Die Karstadt AG mit Sitz in Essen feiert ihr 100jähriges Bestehen. →

11.6. In Dortmund wird der Film »Jede Menge Kohle« des Dortmunder Regisseurs Adolf Winkelmann uraufgeführt. →

13.6. Nach Abschluß der 18. Bundesligasaison belegen Borussia Dortmund den siebten, VfL Bochum den neunten und MSV Duisburg den zwölften Platz. FC Schalke 04 landet auf Rang 17 und steigt ab. →

28.6. Die ARD zeigt den ersten »Tatort«-Krimi mit Kommissar Schimanski aus Duisburg. →

1.7. Der Ausbau der Sportschule Wedau in Duisburg ist abgeschlossen. →

9.9. Das Bundesarbeitsgericht in Kassel gibt einer Klage von 29 Frauen der Heinze Fotolaborbetriebe in Gelsenkirchen auf gleichen Lohn wie ihre männlichen Kollegen statt. →

9.9. Mit einem Konzert wird die neue Stadthalle von Hagen eingeweiht. →

21.9. Der Dortmunder Modellversuch studierender Senioren wird auf einer Pressekonferenz der Öffentlichkeit vorgestellt. →

19.11. Mit dem Theaterstück »Lulu« von Franz Wedekind findet die erste Premiere des Theaters an der Ruhr in der Mülheimer Stadthalle statt. →

20.11. Die Ruhrgas AG und die sowjetische Außenhandelsorganisation Sojus-Gasexport unterzeichnen in Essen ein Abkommen über die Lieferung von 10,5 Mrd m³ Erdgas in die Bundesrepublik ab 1984. →

1981. Im Ruhrgebiet sterben 15 442 Menschen mehr als geboren werden. →

GESTORBEN:

26.1. Duisburg: Peter Poelzig (*6.8.1906, Breslau), Architekt.

Heinze-Frauen in Kassel siegreich

9. September 1981. Ein vielbeachtetes Urteil des Bundesarbeitsgerichts in Kassel beendet einen dreijährigen Rechtsstreit zwischen der Firma Heinze Fotolaborbetriebe in Gelsenkirchen und 29 dort beschäftigten Mitarbeiterinnen. Entgegen dem Spruch des Landesarbeitsgerichts Hamm vom September 1979 geben die Kasseler Richter der Klage der Heinze-Frauen auf Zahlung der gleichen außertariflichen Zulagen, die ihre männlichen Kollegen für gleiche Arbeit erhalten, statt.

Lied der Heinze-Frauen:

»Wir haben ein Recht auf Arbeit,
Keiner schiebt uns weg!
Wir wollen den gleichen
Lohn haben,
Keiner schiebt uns weg!
Der Heinze wird sich wundern,
Keiner schiebt uns weg!
Wir stehen fest zusammen,
Keiner schiebt uns weg!
Am Ende werden wir siegen,
Keiner schiebt uns weg!«

Feier der glücklichen Gelsenkirchener Heinze-Frauen nach dem erfolgreichen Kampf um Lohngleichheit vor dem Bundesarbeitsgericht in Kassel

Begonnen hatte die Auseinandersetzung 1978, als die Firma Heinze, bis dahin ein reiner Frauenbetrieb, erstmals männliche Mitarbeiter einstellte. Zusätzlich zu der für alle gleichen Grundvergütung erhielten die in der Nachtschicht eingesetzten männlichen Kollegen eine außertarifliche Zulage. Da auch Frauen hin und wieder ohne Lohnzuschlag in der Nachtschicht arbeiteten, entschlossen sich 29 Mitarbeiterinnen nach Rücksprache mit Vertretern der IG Druck und Papier, die Gleichstellung vor Gericht zu erstreiten. Unterstützt wurde der Kampf der Heinze-Frauen von einer breiten Sympathiewelle der Gewerkschaften und von Angehörigen zahlreicher anderer Betriebe.

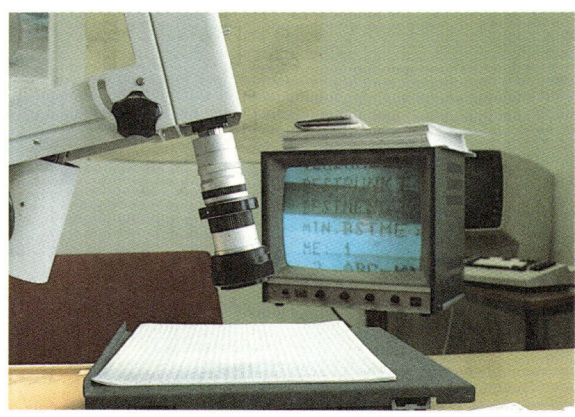

Mehr Teilnahme am kulturellen Leben ermöglicht ein neuartiges Lesegerät für sehr stark Sehbehinderte

Berufsausbildung als wichtiges Mittel sozialer Integration: Ausbildung Taubstummer an einer Drehbank

Auftakt zum UNO-Jahr der Behinderten

23./24. Januar 1981. In der Dortmunder Westfalenhalle findet eine bundesweite Auftaktveranstaltung zum internationalen Jahr der Behinderten statt. Unter dem Motto des von den Vereinten Nationen ausgerufenen Aktionsjahres »Einander verstehen, miteinander leben« soll das Treffen Behinderte, Nichtbehinderte und Politiker miteinander ins Gespräch bringen. Showeinlagen, Theateraufführungen und eine Sportveranstaltung bilden den Rahmen für informative Werkstattgespräche und offizielle Festansprachen.

Gleich zu Beginn der wohlorganisierten Großveranstaltung kommt es zum politischen Eklat: Eine etwa 100 Personen starke Aktionsgemeinschaft gegen das UNO-Jahr stört mit Zwischenrufen und dem Ausrollen von Transparenten die Eröffnungsrede von Bundespräsident Karl Carstens. Der Protest der Gruppe richtet sich gegen eine nur scheinbare Problembewältigung, die nichts an den gegebenen Lebensbedingungen der Betroffenen im Alltag ändere.

Gründung eines Forschungsinstituts

1. Januar 1981. Das Fraunhofer-Institut für Transporttechnik und Warendistribution in Dortmund nimmt seine Arbeit auf. Die Forschungen gelten u. a. der Lösung von Problemen der Logistik und des Transportwesens durch Rationalisierung, Automatisierung und EDV.

Öffentliche Forschung im Revier

▷ Max-Planck-Institute für Systemphysiologie und für Ernährungsphysiologie in Dortmund sowie für Kohleforschung und für Strahlenchemie in Mülheim an der Ruhr
▷ Fraunhofer-Institute für Transporttechnik und Warendistribution in Dortmund und für Mikroelektronik in Duisburg
▷ Bundesanstalt für Arbeitsschutz und Unfallforschung in Dortmund
▷ Forschungsinstitut für Kinderernährung in Dortmund
▷ Landesanstalt für Immissionsschutz in Essen.

Neuer Verein will Ruhrgebiet fördern

März 1981. Mit Sitz in Essen wird der gemeinnützige Verein »Pro Ruhrgebiet« gegründet. Zweck des Vereins ist gemäß seiner Satzung »die Aufklärung über das wirkliche Bild des Ruhrgebietes; die Steigerung des Interesses am Ruhrgebiet in anderen Regionen und bei der eigenen Bevölkerung; die Stärkung der Zusammenarbeit innerhalb des Ruhrgebietes und des Ruhrgebietes mit anderen Regionen; die Förderung landeskundlicher, sozialkultureller, künstlerischer, sportlicher und wissenschaftlicher Aktivitäten sowie die Förderung innovativer Kräfte im Ruhrgebiet«.
Zur Wahrnehmung seiner Aufgaben veranstaltet »Pro Ruhrgebiet« z. B. auch die Talenteschau »Marktplatz Ruhrszene« (→ 16. 4. 1982). Daneben führt der Verein Aufklärungs- und Werbekampagnen durch, die auf das vielfältige Angebot der Region in den Bereichen Kultur, Freizeit u. ä. aufmerksam machen. Dasselbe Ziel verfolgt das aktive Engagement in den Medien, z. B. die Förderung des lokalen Rundfunks.

Die Dortmunder »Stadtkrone« bekommt unverwechselbares Profil

Dortmund, zweitgrößte Stadt im Ruhrgebiet und Metropole Westfalens, signalisiert seine Bedeutung auch im Stadtbild: Erreicht man, von Westen kommend, über die Bundesstraße 1 (Ruhrschnellweg) Dortmunder Stadtgebiet, bieten sich dem Auge nach Passieren der Universität und der Westfalenhalle mit ihren weitläufigen Ergänzungsbauten rechter Hand verschiedene moderne Hochhauskomplexe dar (Abb.). Die Reihe wird eröffnet durch das 1981 eingeweihte Hauptverwaltungsgebäude der Signal-Versicherung, das 1984 mit einer Goldplakette im Bundeswettbewerb »Industrie und Handwerk im Städtebau« ausgezeichnet wird. Anschließend folgt der ebenfalls 1981 fertiggestellte Neubau der Oberpostdirektion. Daneben liegt das Domizil von IBM, an dessen Rückseite das Haus der Westfälischen Hypotheken-Bank steht. Der letzte »Zacken« in der sog. Stadtkrone ist die Hauptverwaltung der VEW. Sehenswert ist auch das Gebäude der Kassenärztlichen Vereinigung etwas weiter am Dortmunder Westfalendamm.

Seit 100 Jahren Karstadt-Kaufhäuser

14. Mai 1981. Die Karstadt AG mit Sitz in Essen-Bredeney feiert ihr 100jähriges Bestehen. 1881 hatte Rudolph Karstadt unter dem Namen seines Vaters in Wismar/Mecklenburg das »Tuch-, Manufactur- und Confectionsgeschäft C. Karstadt« gegründet. 1884 eröffnete er die erste Filiale in Lübeck.

Der zweite Karstadt-Gründervater, Theodor Althoff, übernahm 1885 das »Kurz-, Weiß- und Wollwaarengeschäft« seines Vaters in Dülmen. In den folgenden Jahren bauten beide ihre Unternehmen zielstrebig aus, so daß Rudolph Karstadt 1912 das erste Großstadt-Warenhaus für den norddeutschen Raum in Hamburg in Betrieb nehmen konnte, während Theodor Althoff das größte westdeutsche »Provinzialkaufhaus« mit 53 Fachabteilungen in Essen eröffnete, nachdem er in mehreren Städten, u. a. in Dortmund, Filialen gegründet hatte (→ 1904).

1918 erwarb Althoff eine Beteiligung an der Rudolph Karstadt KG, und 1920 fusionierten beide Firmen, die zusammen über 44 Verkaufshäuser verfügten. 1931 betrieb das Unternehmen 58 Filialen unter dem Namen Karstadt und 14 unter dem Namen Althoff, die zusammen einen Umsatz von 200 Mio RM erzielten. Nach dem Ende des Zweiten Weltkriegs erfolgte der schnelle Wiederaufbau; so konnten 1956 erstmals über eine Mrd DM in den 49 Karstadt- und 51 Kepa-Häusern des Konzerns umgesetzt werden. 1963 erhielt das Unternehmen seinen endgültigen Namen Karstadt AG, und 1969 bezog es seine Essener Hauptverwaltung. 1980 ist der Karstadt-Konzern mit 155 Filialen, die ein Sortiment von über 200 000 Artikeln anbieten, das größte Einzelhandelsunternehmen außerhalb der USA.

Hauptverwaltung der Karstadt AG in Essen; 1980 setzte der Konzern auf einer Verkaufsfläche von 1,245 Mio m² Waren im Wert von 9,6 Mrd DM um

Wenn Katlewski zur Säge greift

11. Juni 1981. »Jede Menge Kohle«, nach den »Abfahrern« aus dem Jahr 1979 der zweite Film des Dortmunder Regisseurs und Fachhochschulprofessors Adolf Winkelmann, erlebt im Dortmunder Film-Casino seine Welturaufführung. In Breitwand und Dolby-Stereo schildert Winkelmann auf unterhaltsame und vergnügliche Art den Versuch eines Ruhrpott-Typen namens Katlewski, gespielt von Delle Quandt (Abb.), sich aus Konsumzwängen und spießbürgerlichen Wertvorstellungen zu befreien. Als diese Versuche fehlschlagen, greift Katlewski zur Gewalt, und damit tritt der zweite Hauptdarsteller des Films in Aktion: Eine Motorsäge. Vor den entsetzten Augen von Mutter, Schwester und Schwager beseitigt Katlewski den Wohlstandballast. Tische, Stühle, die Schrankwand, nichts hält der Kraft der Säge stand.
Freikarten zur Premiere gab's bereits am Vormittag – einzige Bedingung: eine mitgebrachte Säge.

Hagener Stadthalle kostete 40 Millionen

9. September 1981. Die neue Hagener Stadthalle wird mit einem Konzert des städtischen Orchesters der Öffentlichkeit übergeben. Mit 40 Mio DM Baukosten ist das in der Bürgerschaft kontrovers diskutierte Mammut-Projekt mehr als doppelt so teuer wie ursprünglich geplant. Die immense Kostensteigerung liegt nach Auskunft des Presseamtes an den »Sonderwünschen der Ratsmitglieder hinsichtlich technischer und baulicher Ausstattung: Ein anläßlich der Eröffnung herausgegebener Prospekt schwärmt: »Für jeden der insgesamt 2000 Sitzplätze war die beste Übertragungstechnik gerade gut genug. Von allen Plätzen läßt sich ohne Nackenstarre verfolgen, was auf Podest, Bühne, Podium geschieht. Die Beleuchtung zeigt den Unterschied zwischen Rüschenkleid in Pink und Gürtel in Lack oder Malve. Und auch nach zwei Stunden Veranstaltung atmen Sie ... reine, frische Sauerländer Luft.«
Neben dem Hauptsaal beherbergt die Stadthalle eine kleine Halle, Seminarräume, acht Bowlingbahnen u. a.

Ein Hilfs-Konvoi für Polens Bevölkerung

4. Mai 1981. Beladen mit 54 t Lebensmitteln sowie 4 t Medikamenten im Wert von 560 000 DM startet ein erster LKW-Konvoi der Essener Caritas nach Polen. Diese erste Hilfslieferung von dringend benötigten Grundnahrungsmitteln, darunter Milchpulver, Grieß, Mehl, Fette, Fleisch- und Wurstwaren, soll in den schlesischen Industriestädten Gorzow (Landsberg), Szczecin (Stettin) und Swidnica (Schweidnitz) die größte Not der polnischen Bevölkerung lindern helfen.
Nach der umfangreichen Berichterstattung der letzten Wochen in den Medien über die drastischen Folgen der polnischen Arbeiterstreiks auf die Ernährungslage des Landes hat besonders im Ruhrgebiet aufgrund vielfacher persönlicher Beziehungen eine große Welle der Hilfsbereitschaft eingesetzt. Neben vielen privat verschickten Paketen gehen bei den kirchlichen Hilfswerken und dem Deutschen Roten Kreuz große Mengen an Sach- und Geldspenden ein. Der nächste Hilfstransport ist schon für Anfang Juni vorgesehen.

Mehr Senioren im Revier

1981. Im Ruhrgebiet sterben im Laufe des Jahres 15 442 Menschen mehr als geboren werden. Dieser sog. Sterbefallüberschuß entfällt zu 89,6% auf die kreisfreien Städte des Reviers. Das Durchschnittsalter der Bevölkerung in den Ballungszentren steigt; nach Ansicht von Experten hält diese Entwicklung an.

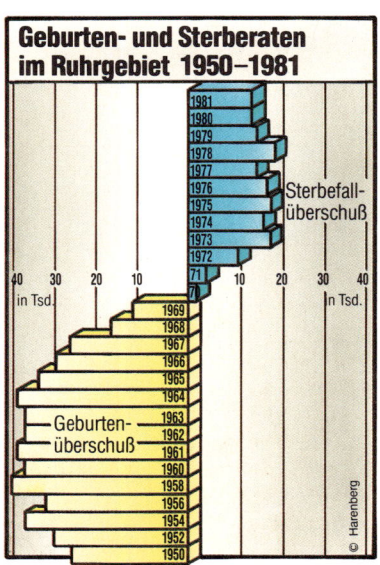

Ein Rückgang der Geburtenziffern wird seit Ende der 60er Jahre in der gesamten Bundesrepublik beobachtet. Da ein Zusammenhang mit der breiten Anwendung empfängnisverhütender Medikamente zu bestehen scheint, sprechen Fachleute vom »Pillenknick«. Im Ruhrgebiet übersteigen 1970 erstmals die Sterbefallziffern die Geburtenzahlen.
Neben dem durch den »Pillenknick« verursachten Rückgang des natürlichen Bevölkerungswachstums leidet das Revier zudem seit Beginn der Kohlekrise 1958 unter der Abwanderung junger arbeitsfähiger Einwohner in andere Wirtschaftsräume. Seit 1961 (→ 6. 6. 1961) nimmt der Anteil alter Menschen in den Großstädten deutlich zu.
Um die Jahrhundertwende zeichnete sich das Revier durch besonders hohe Geburtenüberschüsse aus (→ 1890/94). Vor allem junge Menschen wanderten zu und gründeten Familien. Noch um 1930 lag die Anzahl der jährlichen Geburten pro 1000 Einwohner im Großstadtdurchschnitt des Deutschen Reiches bei 13,0, in Bottrop aber z. B. bei 22,5.

Ältere Semester

21. September 1981. *Auf einer Pressekonferenz wird der Modellversuch für studierende Senioren in Dortmund vorgestellt. Den 70 Teilnehmern des Studiengangs (Abb.) werden in vier Semestern Kenntnisse in Psychologie, Soziologie, Pädagogik und Gerontologie (Altersforschung) vermittelt. Die Ausbildung soll zur Betreuung älterer Menschen befähigen.*

Treffpunkt Teestube in der Zeche in Bochum *Innenansichten der beliebten Kneipe im Bochumer Kommunikationszentrum »Die Zeche«*

In alten Zechen lebt die selbstverwaltete Kulturarbeit

Die Gründung von Kultur- und Bürgerzentren in stillgelegten Zechen und Fabrikanlagen dient nicht nur dem Erhalt von Industriedenkmälern, sondern hilft auch dem Mangel an öffentlichen Freizeiteinrichtungen im Revier ab. Selbstverwaltete Initiativgruppen geben dazu vielfach den entscheidenden Anstoß.

Am 6. November eröffnet in Bochum das Kommunikationszentrum »Die Zeche«. Das Industriegebäude der ehemaligen Zeche Prinz-Regent wurde mit einem Kostenaufwand von 2,5 Mio DM renoviert. Für Großveranstaltungen steht eine Halle zur Verfügung, die bis zu 1000 Personen faßt. Galerie und Café sind in der ursprünglichen Schlosserei der 1960 stillgelegten Schachtanlage eingerichtet.

Bereits im Mai desselben Jahres bezog die Essener Bürger-Initiative Zeche Carl e.V. die Waschkaue und das einstige Casinogebäude des ehemaligen Bergwerks Zeche Carl in Altenessen. Auf 30 000 m² Fläche soll mitten in einem traditionellen Arbeiterviertel mit städtischer Unterstützung ein selbstverwaltetes Jugend- und Kulturzentrum entstehen. Mit einem Angebot offener Kinder- und Jugendarbeit, Gesprächskreisen für ältere Mitbürger, Musik- und Theaterveranstaltungen, einem Café und Kneipenbetrieb beabsichtigen die Initiatoren, ein lebendiges Bürgerzentrum vor Ort zu etablieren.

Ruhrort-Tatort löst große Proteste aus

28. Juni 1981. In der ARD wird die erste Folge der neuen Tatort-Serie »Duisburg-Ruhrort« ausgestrahlt. Neuer Filmkommissar dieser vom WDR produzierten Ruhrgebietsfolge ist Horst Schimanski, dargestellt von Götz George.

Im Gegensatz zu seinem äußerst korrekten Vorgänger, dem Essener Kommissar Haferkamp (Hans-Jörg Felmy), spielt Götz George einen burschikosen, oftmals draufgängerischen Kriminalbeamten, der sich – wenn nötig – auch mit der Faust durchsetzt, die Kneipen der »Szene« wie seine Westentasche kennt und oft Gefahr läuft, der Attraktivität schöner Frauen zu erliegen. Ganz anders ist sein Kollege Christian Thanner (Eberhard Feik). Er versucht, steng orientiert an den Dienstvorschriften, den Übereifer des ihm freundschaftlich verbundenen »Schimi« in Grenzen zu halten. Mit dem neuen Schauplatz Duisburg wählte die zuständige WDR-Redaktion bewußt einen Drehort, an dem sich unterschiedlichste Fälle, andersartige Milieus und Tätergruppen ansiedeln lassen. Die Stadt mit

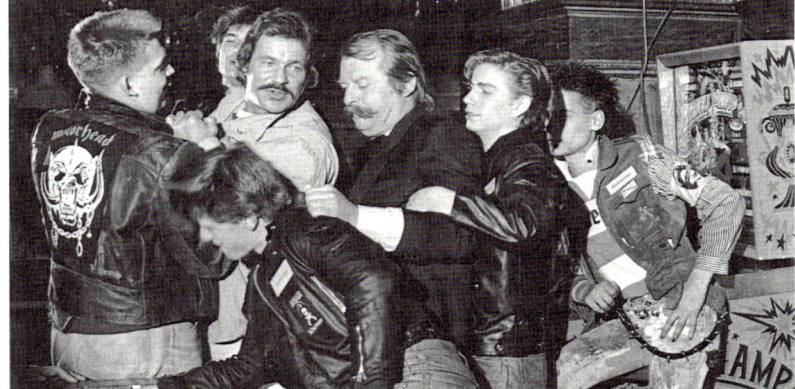

Götz George (l. in heller Jacke) als Kommissar Schimanski in Schwierigkeiten; Eberhard Feik (r.) gibt Rückendeckung als Kollege Thanner

ihren rund 550 000 Einwohnern bietet neben ihrem Ruhrgebietscharakter auch rheinländische Merkmale. Nicht zuletzt gibt es den Hafen Ruhrort, den größten Binnenhafen der Welt, der schon für die erste Geschichte die Szenerie bietet.

Zwischen Waffenschmuggel und Ehebruch entwickelt sich ein spannender Krimi, dessen zwei Leichen bei den Zuschauern (vor allem in Duisburg) für weniger Aufregung sorgen als die Darstellung des Ruhrorter Milieus. Die WAZ berichtet von etwa 100 Anrufen beim Sender noch während der Ausstrahlung, in denen die Duisburger Bürger ihren Unmut äußern: »Finstere Gestalten, dunkle Ecken, miese Wohnverhältnisse. Das stimmte hinten und vorne nicht. ... Wie kann man nur so an der Realität vorbeidrehen. ... Es war unverschämt, die Schifferfrauen als Flittchen darzustellen.«

Theater an der Ruhr mit neuem Konzept

19. November 1981. Mit der Aufführung des Schauspiels »Lulu« von Frank Wedekind in der Mülheimer Stadthalle feiert das »Theater an der Ruhr« seine erste Premiere.

Unter maßgeblicher Beteiligung der Stadt Mülheim wurde das selbständige Theater am 18. Dezember des Vorjahres gegründet.

Eine städtische Bürgschaft in Höhe von 900 000 DM sichert für den Anfang die Lebensfähigkeit der 20köpfigen Truppe unter der künstlerischen Leitung von Roberto Ciulli und Helmut Schäfer. Beide betreiben gemeinsam mit der Stadt als Gesellschafter das Theatermodell mit dem Ziel, in enger Zusammenarbeit mit dem Publikum (öffentliche Proben, Symposien und Seminare) pro Spielzeit zwei Produktionen in Mülheim auf die Bühne zu bringen. Von ihrem Domizil aus, dem ehemaligen Kurhausgebäude im Raffelbergpark, wollen die Theatermacher aber durchaus auch (zur finanziellen Absicherung des Theaterbetriebs) als Tourneetruppe anderen Bühnen ihre Aufführungen anbieten.

Revier-Derby führt zu Ausschreitungen

21. Februar 1981. Beim »Revier-Derby« Schalke 04 gegen Borussia Dortmund kommt es im Dortmunder Westfalenstadion zu Ausschreitungen fanatischer Anhänger. In der Nordkurve des Stadions reißen Schalker-Fans einen Teil der Umzäunung nieder.

Auch nach dem Spiel (Endergebnis 2:2) richten rivalisierende Fußballrowdies in einer Gaststätte der Innenstadt und an Straßenbahnen erhebliche Sachschäden an. 18 Personen werden vorübergehend festgenommen. Durch ähnliche Vorkommnisse in anderen Stadien vorgewarnt, hatten 130 Polizeibeamte die Schalker Fans schon vor dem Spiel am Hauptbahnhof durchsucht und dabei Schlagwerkzeuge sichergestellt.

Die zerstörte Abzäunung im Dortmunder Stadion nach Beendigung des Spiels Schalke 04 gegen Borussia Dortmund

Fußball, für viele »Fans« das wöchentliche Ventil für angestauten Frust und Aggressionen

Leistungszentren für den Sport in Duisburg und Kamen

1. Juli 1981. Der Ausbau der Sportschule Wedau, im Sportpark von Duisburg-Wedau gelegen, ist abgeschlossen. Die seit 1929 bestehende Sportschule gehört neben der 1949 entstandenen Sportschule Kaiserau (Kamen), die ebenfalls 1981 ausgebaut wird, zu den einzigen speziellen Schulen im Ruhrgebiet, in denen Talente aller Sportarten gefördert werden.

Der Sportpark Duisburg-Wedau beherbergt u. a. das Bundesleistungszentrum für den Kanu-Sport; die große Regatta-Bahn, die als eine der besten der Welt angesehen wird, bietet den Rudersportlern gute Trainingsmöglichkeiten. Hinzu kommen mehrere Leichtathletik- und Fußballarenen, ein Schwimmstadion und eine Eissporthalle.

Die Sportschule Kaiserau, die sich besonders dem Fußball widmet, hat neben jungen Talenten auch häufig die deutsche Fußball-Nationalmannschaft zu Gast. Kleinere Leistungszentren bestehen in Bochum-Wattenscheid und Dortmund.

Das im Park gelegene Gebäude der Sportschule Duisburg-Wedau (o. l.); hier werden Talente aller Sportarten gefördert
Die Regatta-Bahn im Sportpark Duisburg-Wedau (u. l.) ist international bekannt; so wurde die Bahn, die weltweit als eine der besten gilt, im Jahr 1979 zum Austragungsort der Kanu-Weltmeisterschaft
Sportschule des Leistungszentrum Kaiserau (oben); die schon seit 1929 bestehende Einrichtung wird 1981 ebenfalls ausgebaut; das Sportzentrum widmet sich besonders den jungen Fußballtalenten

1982

7. 1. In Herten nimmt das Rohstoffrückgewinnungszentrum, das vom Kommunalverband Ruhrgebiet finanziert wird, den Probebetrieb auf.

10. 2. In Bochum wird mit dem Abriß der BO-Fabrik begonnen, einer seit Dezember 1981 besetzten Fabrikhalle.

5. 3. Eine Explosion zerstört den zur Stillegung vorgesehenen Hochofen IV des Schalker Vereins in Gelsenkirchen.

9. 4. Beim Ostermarsch Ruhr '82 protestieren mehrere zehntausend Menschen gegen die geplante Stationierung von Atomwaffen in der Bundesrepublik.

16. 4. In der Dortmunder Westfalenhalle beginnt der vom Verein »Pro Ruhrgebiet« veranstaltete Marktplatz Ruhrszene.

September. Bei den Leichtathletik-Europameisterschaften in Athen sind viele Athleten aus dem Ruhrgebiet erfolgreich.

8. 11. In Duisburg brennt bei Dunkelheit nur noch jede zweite Straßenlaterne; durch diese Maßnahme sollen pro Jahr 1,4 Mio DM eingespart werden.

10. 11. Claus Peymann inszeniert am Bochumer Schauspielhaus »Die Hermannsschlacht«.

12. 11. In Dortmund wird ein Brauereimuseum eröffnet.

12. 11. Die nordrhein-westfälische Landesregierung gibt den Beschluß zum Kauf der alten Hauptpost in Gelsenkirchen bekannt.

16. 11. Auf einer außerordentlichen Aktionärsversammlung der Hoesch AG in Dortmund wird die Trennung des Unternehmens von dem holländischen Stahlkonzern Estel Hoogovens bekanntgegeben.

2. 12. Die Krupp-Stahl AG gibt die Schließung ihres Stahlwerks in Rheinhausen bekannt.

3. 12. Infolge einer scherzhaften Einblendung in der Fernsehserie »Kottan ermittelt«, daß in Duisburg ein Ufo gelandet sei, blockiert eine Vielzahl von Anrufern die Telefonleitungen der Duisburger Polizei.

1982. Die Zahl der Erwerbstätigen im Dienstleistungssektor ist seit 1970 um 8.5% gestiegen, die Beschäftigtenzahlen in Industrie und Gewerbe sind um fast 10% gesunken.

1982. Von fast allen Revier-Unternehmen im Metallbereich werden Rationalisierungsmaßnahmen angekündigt.

GESTORBEN:

8. 2. Köln: Kurt Edelhagen (* 5. 6. 1920, Herne), Jazzmusiker.

10. 3. Mülheim an der Ruhr: Hugo Stinnes junior (* 16. 10. 1897, Mülheim an der Ruhr), Industrieller.

Beschäftigte der Krupp Stahl AG während der Demonstration vor der Villa Hügel in Essen-Bredeney

Vor allem Frauen beteiligen sich an der Protestaktion gegen den geplanten Arbeitsplatzabbau bei Küppersbusch

Protest und Unmut wegen Entlassungen

1982. Nahezu alle größeren Metallunternehmen im Revier kündigen im Laufe des Jahres Stillegungen und Entlassungen in ihren Betrieben an. Überall regt sich der Protest der Belegschaften, die die »Sparmaßnahmen« nicht hinnehmen wollen. 2000 Werksangehörige des Thyssen-Betriebs Schalker Verein in Gelsenkirchen protestieren am 12. Januar gegen die Stillegung des letzten Hochofens der Stadt. 2500 Kruppianer demonstrieren vor der Essener Villa Hügel gegen die Schließung der Walzwerksanlagen im Duisburg-Rheinhausener Hüttenwerk. Auch auf der Hattinger Henrichshütte, bei Thyssen in Duisburg und bei der Firma Küppersbusch in Gelsenkirchen werden Entlassungen angekündigt. Die WAZ kommentiert die besorgniserregende Entwicklung am 14. Dezember: »Ein Schrumpfungsprozeß, der kein Ende nehmen will. Am deprimierendsten daran ist, daß die Hiobsbotschaften nur Zipfel für Zipfel gelüftet werden ... Es ist hohe Zeit, daß die Stahlmanager ihre Karten auf den Tisch legen.«

Mit einer Protestkundgebung machen die Arbeiter des Schalker Vereins in Gelsenkirchen auf ihre Situation aufmerksam. Der vermehrte Abbau von Arbeitsplätzen in der Stahlbranche hat erhebliche Konsequenzen für das Revier.

Stahlehe Hoogovens und Hoesch getrennt

16. November 1982. Mit großer Mehrheit billigen die Aktionäre der Hoesch AG die Auflösung der seit zehn Jahren bestehenden »Stahlehe« zwischen Hoesch und dem niederländischen Stahlkonzern Koninklijke Nederlandsche Hoogovens en Staalfabrieken NV (Hoogovens) (→ 14. 1. 1972). Hoesch strebt den Zusammenschluß mit Krupp Stahl an, da es sich in dem Zusammenschluß mit dem niederländischen Unternehmen benachteiligt fühlte. Ein Hoesch-Aktionär bezeichnet die Trennung von Hoogovens als »vorgezogenes Weihnachtsgeschenk«.

Krupp legt Walzwerk in Rheinhausen still

2. Dezember 1982. Die Unternehmensleitung der Krupp Stahl AG in Bochum beschließt, ihre Walzwerksanlagen in Duisburg-Rheinhausen stillzulegen und die Belegschaft um rund 3600 Arbeiter zu verringern. Begründet wird die Maßnahme mit dem Nachfragerückgang und dem Preisverfall für Walzwerkserzeugnisse. Die Unternehmensleitung macht die Bundesregierung für diese Entwicklung verantwortlich, da die deutschen Stahlproduzenten gegen die häufig subventionierten Produkte anderer europäischer Anbieter nicht konkurrieren können.

Explosion zerstört letzten Hochofen

5. März 1982. Mitten in der Nacht hallt der Donner einer schweren Explosion durch das Revier: Im Hochofen IV des Schalker Vereins in Gelsenkirchen-Bulmke ist eine Mauer gebrochen, 200 t glühender Koks und flüssiges Eisen ergießen sich in das Kühlbecken des Ofens, der vollkommen zerstört wird. Im April des vorigen Jahres hatte der Thyssen-Konzern die Stillegung des letzten Hochofens zwischen Duisburg und Dortmund bekanntgegeben. Am 28. April 1983 werden seine Reste gesprengt, 900 Beschäftigte verlieren ihren Arbeitsplatz.

Revierstädte sparen angesichts der Krise

8. November 1982. In Duisburg brennt nachts außer in der Innenstadt und in einigen Stadtbezirken nur noch jede zweite Straßenlaterne. Die Verwaltung der Stadt, die schon seit Jahren hoch verschuldet ist (→ 1. 8. 1977), will durch diese Maßnahme den kommunalen Haushalt um 1,4 Mio DM entlasten.

Verwaltungen und Ratsgremien der Revierstädte, die sich wegen der anhaltenden Wirtschaftskrise in großen Finanznöten befinden, nutzen die unterschiedlichsten Möglichkeiten, um Ausgaben zu senken:

▷ In Dortmund steuern die Dezernenten ihre Dienstfahrzeuge selbst und verzichten auf einen Chauffeur, wodurch 300 000 DM pro Jahr eingespart werden
▷ Die Schließung von sechs der elf Standesämter bedeutet für die Stadt Essen eine Ersparnis von 365 000 DM im Jahr
▷ An den Kreuzungen in Duisburg sind nachts nur 257 der 410 Ampeln eingeschaltet, wodurch die jährlichen Stromkosten um rund 40 000 DM verringert werden

Ein bald ungewohntes Bild: Die hellerleuchtete Duisburger Innenstadt

▷ In Mülheim an der Ruhr erhalten die Ratsmitglieder nur noch im Ausnahmefall ihre Unterlagen auf dem Postweg zugestellt, was die städtische Portokasse um 5000 DM entlastet.

Die wachsende Arbeitslosigkeit im Revier verringert die Einnahmen der Kommunen und erhöht die Ausgaben im sozialen Bereich.

Arbeitsmarkt im Wandel

1982. Die Beschäftigungsstruktur im Revier, in dem traditionell Kohle und Stahl vorherrschten, wandelt sich. Der Bereich öffentlicher und privater Dienstleistungen wächst und umfaßt bereits 30% aller Arbeitsplätze. Der Anteil der in Industrie und Handwerk Beschäftigten ging dagegen von 58,4% im Jahr 1970 auf 49,8% zurück.

Die in den 60er Jahren einsetzende Strukturkrise des Reviers führte allein zwischen 1961 und 1970 zu einem Gesamtverlust von 190 000 Arbeitsplätzen, vor allem im Steinkohlenbergbau und in der Stahlindustrie. Die überdurchschnittlich hohen Arbeitslosenquoten im Revier – 11,8% gegenüber 9,1% im Bundesdurchschnitt (1982) – beruhen auf der fortbestehenden Abhängigkeit von der Montanindustrie.

Neben der von Fachleuten geforderten Ansiedlung neuer Industriezweige kann die weitere Expansion des Dienstleistungssektors dem Ruhrgebiet zukünftig Arbeitsplätze sichern. Zusammen mit Handel und Verkehr umfassen der staatliche und kommunale Bereich sowie der Sektor privater Dienstleistungen bereits 48,8% der Arbeitsplätze.

Mit der Ausweitung des Dienstleistungssektors im Ruhrgebiet nimmt der weibliche Beschäftigungsanteil zu, liegt aber immer noch unter dem Bundesdurchschnitt. So sind in Gelsenkirchen 31,6% aller sozialversicherungspflichtigen Arbeitnehmer Frauen, während ihr Anteil im Bundesgebiet 39,4% beträgt.

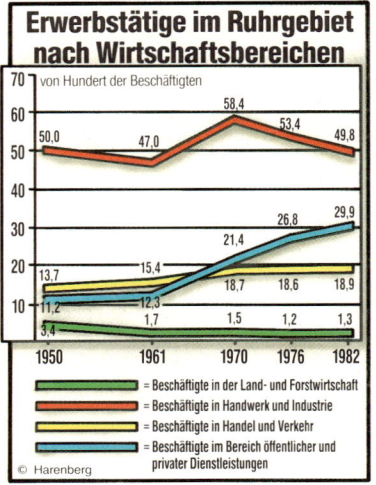

Halbtrockener Weißwein – auf einer Abraumhalde gereift

Auf der Pattberghalde in Moers werden im Juli 1982 65 Rebstöcke gepflanzt, die in drei Jahren erstmals Trauben für die Weinherstellung tragen sollen. Der 65 m hohe Südhang dieser Abraumhalde scheint Fachleuten gut geeignet, da die Reben auf dem mergel- und schieferhaltigen Boden und durch die Sonneneinstrahlung gut gedeihen können. Im Herbst des Jahres werden auf der Bergehalde der Schachtanlage Haus Aden bei Bergkamen 75 kg Trauben gelesen und u. a. zu einem halbtrockenen Weißwein verarbeitet. 30 Liter Wein, dessen Trauben an 99 Rebstöcken gereift waren, werden auf Flaschen gezogen und an Gäste verschenkt.

Die riesigen Bergehalden, die das äußere Erscheinungsbild des Reviers maßgeblich mitbestimmen, entstehen durch das Anschütten des mit der Kohle zutage geförderten Erdreichs. Mit einer Tonne Kohle kommt rund eine halbe Tonne Abraum an die Erdoberfläche, wo er auf Halden gelagert wird. In den frühen Tagen des Bergbaus lagen die Halden stets in der Nähe der Zechen, doch seit den 70er Jahren wird die Lagerung des Bergematerials auf wenige Großhalden konzentriert. So wird in diesem Jahr im Raum Herten eine Halde geplant, die sich über einer Grundfläche von 160 ha rund 100 m hoch erhebt. Das angeschüttete Material wird z. T. wieder in die ausgebeuteten Flöze gebracht, um die entstandenen Hohlräume zu verfüllen; ein anderer Teil des Materials wird zum Straßenbau verwendet.

Trotzdem bleiben große Haldenbestände übrig, die mit Sträuchern und Bäumen wie z. B. Birken und Robinien bepflanzt werden. Zum einen werden dadurch Verwehungen des Abraums und ein Abrutschen der Hänge verhindert, zum anderen werden neue Grünflächen geschaffen, die einen nachhaltigen Einfluß auf die Luftqualität haben. Guy Capart, ein belgischer Landschaftsarchitekt, sagte 1972 auf einer Fachtagung über die Halden im Ruhrgebiet: »Wenn sie [die Halden] begrünt sind, werden diese künstlichen, in den Industriezentren häufig anzutreffenden Hügel echte und riesige Luftreiniger«.

Aufschüttung einer Bergehalde in Herten

Durch Bepflanzung entstehen neue Grünflächen

Aktionen gegen die NATO-Nachrüstung

9. April 1982. Rund 400 000 Menschen nehmen an den erstmals seit zwölf Jahren wieder stattfindenden Ostermärschen im gesamten Bundesgebiet teil. Einer der Märsche führt mitten durch das Ruhrgebiet, wo die Demonstranten mit vereinzelten Transparenten an Hauswänden begrüßt werden, wie z. B. »Der Bergmann von der 7. Sohle hat für Raketen keine Kohle«. Die Ostermärsche richten sich, ähnlich wie eine Vielzahl von Veranstaltungen, gegen die am 12. Dezember 1979 von den Mitgliedstaaten der NATO beschlossene Stationierung amerikanischer Mittelstreckenraketen in Europa, die sog. Nachrüstung.

Am 11. September des Jahres findet im Bochumer Ruhrstadion eine Großveranstaltung unter dem Motto »Künstler für den Frieden« statt. Über 200 namhafte Künstler treten zugunsten der Friedensbewegung auf, die sich gegen die atomare Aufrüstung wendet. Harry Belafonte, André Heller, Miriam Makeba, Udo Lindenberg, Hanns Dieter Hüsch u. a. spielen vor über 100 000 Zuschauern. Neben den Großveranstaltungen wenden sich Rüstungsgegner in einer Vielzahl von lokalen Veranstaltungen und Aktionen gegen die Nachrüstung; so blockieren Pfingsten rund 200 Menschen einen Raketenstützpunkt bei Datteln.

△ *Nach einer zwölfjährigen Pause wird die Tradition der Ostermärsche in der Bundesrepublik wieder aufgenommen. Diese Märsche für den Frieden stoßen auch im Ruhrgebiet auf große Resonanz. Mehrere zehntausend Menschen beteiligen sich am Ostermarsch Ruhr '82 und demonstrieren gegen die geplante Stationierung von amerikanischen Mittelstreckenraketen*

◁ *Harry Belafonte (hier umringt von seinen Fans) ist einer der Künstler der Großveranstaltung »Künstler für den Frieden«; rund 100 000 Menschen nehmen an diesem Friedensfest im Bochumer Ruhrstadion teil*

Müllzentrum Herten nimmt Betrieb auf

7. Januar 1982. In Herten nimmt das Rohstoff-Rückgewinnungszentrum Ruhr (RZR) den Probebetrieb auf. Das vom Kommunalverband Ruhrgebiet (KVR) finanzierte Projekt ist mit einem Kostenaufand von rund 300 Mio DM in gut dreijähriger Bauzeit fertiggestellt worden; 395 000 t Haus-, 57 000 t Industrie- und 3000 t Krankenhausmüll sollen hier jährlich vernichtet werden.

In dem 161 m langen, 24 m breiten und 41 m hohen Gebäudekomplex werden aus dem angelieferten Hausmüll Papier, Kunststoffe, Holz und Textilien aussortiert und zu einem neuartigen Industriebrennstoff, genannt Eco-Brikett, verarbeitet. Die notwendige Energie wird in einer Müllverbrennungsanlage gewonnen; dabei entstehende Wärme wird in das Fernwärmenetz der anliegenden Städte eingespeist.

Der Bau des RZR wurde von Protesten und Klagen der Anwohner begleitet, die in der Müllverarbeitungsanlage, die zudem neben Europas größter Mülldeponie liegt, eine »Monster-Giftgasküche« sehen, wie es der Sprecher einer Bürgerinitiative ausdrückt. Die Betreiber dagegen beteuern, daß sie »mit den Schadstoffen, die ständig gemessen werden, unter den vom Gesetzgeber geforderten Grenzen liegen«.

Dortmunder Braukunst

12. November 1982. *An der Märkischen Straße in Dortmund eröffnet ein Museum, das auf 1600 m² Ausstellungsfläche Baugerätschaften von den Anfängen 1266 bis zur modernen Flaschenabfüllanlage zeigt. Alte Fuhrfässer, Bierpumpen und Gärbottiche (Abb.) lassen Biergeschichte lebendig werden.*

Besetzte Gebäude geräumt

10. Februar 1982. *In Bochum wird das in einem besetzten Fabrikgebäude eingerichtete Kulturzentrum BO-Fabrik polizeilich geräumt (Abb.). Ähnlich ergeht es am 29. 9. den Besetzern des Dortmunder Heidehofs. Sie hatten in dem ehemaligen IG Metall-Schulungsheim ein Kulturzentrum eingerichtet.*

Alte Post bleibt erhalten

12. November 1982. *Mit dem Kauf des Hauptpostgebäudes in Gelsenkirchen durch die Landesregierung endet die Auseinandersetzung zwischen der Stadt und einer Bürgerinitiative um den Erhalt des letzten historischen Bauwerks im Umfeld des neu gestalteten Bahnhofsvorplatzes (Abb.).*

»Marktplatz Ruhrszene« in Dortmund

16. April 1982. *In der Dortmunder Westfalenhalle II startet der erste »Marktplatz Ruhrszene« (Abb.: Markttreiben). Auf drei Bühnen und in über 60 Marktständen tummeln sich zwei Tage lang die Talente der Amateur-Kulturszene des Reviers. Die meist jungen Künstler zeigen Musikalisches, Literarisches, Gemaltes und Kleinkunst bis hin zur aggressiven Politschau. Insgesamt rund 6000 Aktive und Besucher finden sich zu dieser von dem Verein »Pro Ruhrgebiet« (→ März 1981) organisierten Veranstaltung zusammen. Bei einer Kür der Besten durch Publikumsentscheid am Ende des zweiten Tages macht sich der Heimvorteil der Dortmunder Lokalmatadoren bemerkbar.*

Peymann inszeniert die »Hermannsschlacht«

10. November 1982. *»Die Hermannsschlacht« von Heinrich von Kleist in der Inszenierung von Claus Peymann hat Premiere am Bochumer Schauspielhaus (Abb.: Szene mit G. Voss [l.] und K. Dene). Bis April 1986 wird das Stück 86mal gezeigt; insgesamt 43 400 Zuschauer in Bochum sowie über 20 000 Besucher bei auswärtigen Gastspielen wollen das wegen seines »vaterländischen« Gehaltes bisher als unspielbar geltende Drama sehen. ZDF und ORF schneiden die Inszenierung für das Fernsehen mit. Peymann begründet in einem Interview sein Interesse an dem Stück: »Ich habe ... in der ›Hermannsschlacht‹ so etwas wie das Modell eines Befreiungskrieges gesehen, mit all seinen Widersprüchen.«*

Leichtathleten aus dem Ruhrgebiet

September 1982. Bei den Leichtathletik-Europameisterschaften in Athen plazieren sich auch zahlreiche Sportler aus dem Ruhrgebiet auf den Medaillenrängen.

Hartmut Weber vom OSC Thier Dortmund gewinnt Gold im 400-m-Lauf; zusammen mit Thomas Giesing von LAZ Rhede und zwei Teamkameraden ist er auch in der Staffel über 4×400 m mit einer Goldmedaille erfolgreich. Der gebürtige Duisburger Jürgen Hingsen erreicht bei diesen Europameisterschaften im Zehnkampf den zweiten Platz hinter seinem Rivalen, dem Engländer Daley Tompson. Der Zweimetermann Hingsen hat seine schwache Stelle im Stabhochsprung, überbietet aber in diesem Jahr erstmals den Weltrekord, indem er bei den Deutschen Meisterschaften 8727 Punkte erzielt. In Mailand finden auch 1982 die Hallen-Europameisterschaften statt, bei denen zwei Damen von der LG Ahlen-Hamm Silber gewinnen, Gaby Bußmann über 400 m und Karin Hänel im Weitsprung.

Die Leichtathleten des Ruhrgebiets konzentrieren sich hauptsächlich in Dortmund und Bochum-Wattenscheid, wo sich Zentren der Talentförderung herausgebildet haben.

Vom TV Wattenscheid kommen auch der Europameister im Speerwurf von 1978 (Prag), Michael Wessing, und der Hammerwerfer Karl Hans Riehm, der 1978 Dritter der Europameisterschaft war und 1984 in Los Angeles (USA) eine olympische Silbermedaille gewinnt. Silvia Hollmann vom OSC Thier Dortmund gewinnt bei der EM 1987 Silber über 400 m Hürden.

Sorgte für abendliche Aufregung: die Krimi-Parodie »Kottan ermittelt«

Ufo hält Duisburger Polizisten in Atem

3. Dezember 1982. Anrufer blockieren die Telefone der Duisburger Polizei, als in der ZDF-Kriminalkomödie »Kottan ermittelt« als dramaturgischer Gag die Einblendung »Unbekanntes Flugobjekt in Duisburg gelandet« erscheint. Als das ZDF darauf einblendet: »Das unbekannte Flugobjekt ist nicht gelandet«, wollen weitere Anrufer wissen, wo es hingeflogen sei.

Jürgen Hingsen, erfolgreicher Zehnkämpfer

Hartmut Weber, Europameister im 400-m-Lauf 1982

Michael Wessing, Speerwerfer aus Wattenscheid

Das Ruhrgebiet als Museumslandschaft

»Nirgends wären Museen notwendiger als in den immer gewaltiger anwachsenden Industriestädten, und doch sind sie nirgends seltener« (K. E. Osthaus, 1903). Diese Worte eines der bedeutendsten Museumsgründer um 1900 im Ruhrgebiet beleuchten eindringlich die Situation in einer Region, in der die Entwicklung des geistigen und kulturellen Lebens in den neuentstandenen städtischen Ballungsräumen mit ihrer rasch wachsenden Bevölkerung der zunehmenden Industrialisierung und wirtschaftlichen Prosperität nicht Schritt gehalten hatte.

Mit dem Erstarken der neuen Großstädte an der Ruhr wuchs jedoch zugleich bei deren Bürgern die Einsicht in die zwingende Notwendigkeit eines persönlich-mäzenatischen Engagements für Aufgaben, die nicht den übermächtigen Arbeitsbereich, sondern den Lebensbereich »Stadt« und damit das Gemeinwohl betrafen. Osthaus' richtungsweisendes Lebenswerk, das damals in Hagen entstehende Folkwang-Museum, gilt heute sinnentsprechend als Symbol für die Reaktion dieser neuen Schicht von kulturbewußten Bürgern, Kaufleuten und Industriellen auf die negativen Auswirkungen der fortschreitenden Industrialisierung, als erfolgreicher Versuch einer ersten nachhaltigen kulturpädagogischen Einwirkung auf die arbeitenden Menschen des Reviers.

Solche und ähnliche Vorhaben zielten eindeutig »auf die kulturelle Hebung des industriellen Westens, dessen Entwicklung ich miterlebte und dessen geistige Verwahrlosung ich stark empfand« (K. E. Osthaus). Gefordert war vom Museum also nicht die anderenorts traditionell übliche kulturelle Repräsentanz, sondern der Einsatz für eine neue menschliche Lebensqualität.

Wenn sich heute das Ruhrgebiet nicht nur als Industrie- und Wirtschaftsregion, sondern zugleich als reiche und vielgestaltige Museumslandschaft versteht, dann sicher nicht zuletzt durch das Verdienst solcher weitsichtiger Bürger der sog. Gründerzeit und ihrer Nachfolger nach dem Zweiten Weltkrieg. Mag auch die Ausrichtung und Gewichtung damals entstehender kultureller Schwerpunkte infolge lokaler Interessenlagen örtlich nach Kunst, Musik oder Theater verschieden sein, so verbindet doch alle Gründungen jener Zeit die soeben zitierte »gemeinnützige Verpflichtung gegenüber dem öffentlichen Leben«. Kein Fürstenhaus hat im Ruhrrevier Pate für ein Museum gestanden, keine höfische Tradition den Weg gewiesen. Die Museen des Ruhrgebiets sind kommunale Institute, Gründungen ihrer Bürger, nicht selten im Grundstock hervorgegangen aus den sammlerischen Initiativen oder Stiftungen Einzelner – damals wie heute.

Nicht zuletzt dadurch unterscheidet sich die museale Struktur des Ruhrgebiets erheblich von der anderer deutscher Länder oder Regionen. Hier ist im Verlaufe des letzten Jahrhunderts eine ganz spezielle Museumslandschaft entstanden, deren Gründungsgeschichte und ausgeprägte Eigentümlichkeiten nur aus dem besonderen Charakter dieser in vielfacher Hinsicht ungewöhnlichen Landschaft selbst zu erklären sind.

In den elf Ruhr-Großstädten: Bochum, Bottrop, Dortmund, Duisburg, Essen, Gelsenkirchen, Hagen, Hamm, Herne, Mülheim und Oberhausen sowie den Kreisen Ennepe-Ruhr, Recklinghausen, Unna und Wesel existieren heute etwa 37 öffentliche Museen sowie eine Reihe kleinerer, auch privater Spezialsammlungen und Ausstellungsinstitute, von denen einige weit über ihren lokalen Umkreis hinaus bekannt geworden sind, ja internationales Ansehen genießen. Eine derartige Museumsdichte, zumal auf so geringem Raum, ist nicht nur in der Bundesrepublik mehr als ungewöhnlich, für das Revier jedoch kennzeichnend. Wir werden bei der Betrachtung der Nachkriegsgeschichte, der zweiten Museums-Gründerzeit im Ruhrgebiet, darauf zurückkommen.

Die erste, an Umfang noch recht bescheidene Periode von Museumsgründungen setzte in den 90er Jahren des vergangenen Jahrhunderts ein. Sie ging allerdings nicht von den rasch anwachsenden Zentren von Industrie und Bergbau aus, deren Museen meist erst nach 1900 datieren, sondern von den Kommunen mit alter städtischer oder landschaftsbezogener Tradition wie Dortmund, Hamm oder Recklinghausen.

Ein besonderes Merkmal der neuen Museen war, daß im Mittelpunkt des Interesses nicht, wie man hätte erwarten dürfen, die bildende Kunst stand. Sie spielte erst bei den Gründungen nach 1900 eine gewichtige Rolle. Auch die Technik fand im Lande des Bergbaus, der Hochöfen und der verarbeitenden Industrie keinen Platz in den Sammlungen. Es ging den Menschen jener Zeit vielmehr um Vermächtnispflege altertumskundlicher sowie regional- oder lokalgeschichtlicher Natur unter Einbeziehung naturwissenschaftlicher Aspekte (Geologie, Paläontologie, Botanik, Zoologie). Selbst K. E. Osthaus plante damals noch die Gründung einer naturwissenschaftlichen Sammlung. Allgemeines Ziel war offensichtlich die Erweckung eines historischen Bewußtseins sowohl bei den eigenen Bürgern wie bei den zahlreichen Zuwanderern durch Erforschung und Präsentation der lokalen oder regionalen geschichtlichen wie naturkundlichen Fakten, Zusammenhänge und Traditionen vor dem Hintergrund wachsender sozialer und politischer Mündigkeit des städtischen Bürgertums.

Die Vorarbeit dazu leisteten zahlreiche private Historische und Museums-Vereine, in denen sich die geschichtsbewußt Denkenden in einem neuen Gefühl des Stolzes organisiert hatten. Sie sind z. T. noch heute für die lokale Museumsarbeit unersetzlich. Erstaunlich die Feststellung, daß so naheliegende, übergreifende Themen wie Industrie-, Technik- oder Wirtschaftsgeschichte in jener Zeit nicht aufgegriffen wurden. Man suchte offensichtlich in Natur, Geschichte und Kunst eher einen Ausgleich oder eine Distanz zur täglichen Arbeit. So sind die großen Museen des industrie- und technikgeschichtlichen Bereiches nicht im Ruhrgebiet entstanden. Eine Ausnahme macht lediglich das Deutsche Bergbaumuseum in Bochum, dessen Gründungsvertrag allerdings erst im Jahr 1930 unterschrieben wurde.

Zu Beginn des neuen Jahrhunderts tritt eine Änderung ein: Die junge, revolutionäre europäische Kunst fand gerade im Ruhrgebiet unerwartete Resonanz durch engagierte Sammler und Kunstfreunde. Es ist daher kaum verwunderlich, wenn Städte wie Duisburg, Essen oder Hagen ihre Museumsneugründungen um und nach 1900 nicht mehr auf den historischen Bereich beschränkt wissen wollten, sondern vielmehr nachdrücklich auf die Darstellung der schöpferischen Leistungen ihrer eigenen Zeit setzten. Männer wie K. E. Osthaus (Hagen), August Hoff (Duisburg) oder Ernst Gosebruch (Essen) folgten ihrer Überzeugung, daß man die zeitgenössische Kunst als selbstverständlichen Bestandteil des Lebens ansehen, sie in das öffentliche Bewußtsein integrieren müsse, um durch sie Einsichten vermitteln sowie eine geistige Ebene zur Selbst- und Welterfahrung schaffen zu können. Früher als anderswo wurde so die junge europäische Kunst im Ruhrgebiet heimisch. Sie ist es bis heute geblieben.

Die hohe Blüte gerade der bedeutenden Kunstmuseen im Ruhrgebiet bis 1933 bestätigte die Intentionen ihrer Gründer und fand nachdrückliche Resonanz bei der Bevölkerung. Sie standen an Umfang und Qualität vergleichbaren Sammlungen in den »klassischen« deutschen Kunstmetropolen nicht nach und wurden durch ein ebenso nachdrückliches wie fortdauerndes Engagement der Bürger und Städte für »ihr« Museum beim Ausbau der Bestände sogar stärker als anderswo gefördert.

Dies für das Ruhrgebiet typische Mäzenatentum mußte sich nach Ende des Zweiten Weltkrieges noch einmal und in weitaus höherem Maße als zu Beginn des Jahrhunderts beweisen. Die geradezu tödlichen Verluste, die zahlreiche auf die Kunst ihrer Zeit ausgerichtete Museen wie z. B. die in Duisburg, Essen oder Hagen durch die Beschlagnahme und Vernichtung ihrer Sammlungen infolge der Aktion »Entartete Kunst« getroffen hatten, und die weitgehende Kriegszerstörung der Museumsbauten im Ruhrgebiet bedingten nach 1945 in fast allen Städten einen Neubeginn. Mit dem Wiederaufbau setzte eine zweite, intensivere und umfassendere Phase von Museumsneugründungen als die der 90er Jahre ein und zwar oft schon, bevor sich das wirtschaftliche Leben in den Ruhrgebietsstädten wieder endgültig konsolidiert hatte – ein Zeichen für Pioniergeist und Lebensmut. Die Städte und ihre Bürger waren gefordert, sich unter meist schwierigen äußeren Umständen für das zu engagieren, was damals nicht nur eine dringliche Verpflichtung, sondern eine absolute Lebensnotwendigkeit schien: Arbeit und Kultur im weitesten Sinne enger und bewußter als je zuvor miteinander zu verbinden, das Museum im naturwissenschaftlich-technischen Zeitalter als Stätte einer ebenso aktiven wie fruchtbaren geistigen Auseinandersetzung mit Vergangenheit und Gegenwart zu nutzen. Dies schien am ehesten durch die Konzentration der Sammlungen und Ausstellungen auf das lebhafte schöpferische Klima der Nachkriegszeit möglich, wobei exemplarische Beispiele der soeben zitierten Verschwisterung von Arbeit und Kultur (Ruhrfestspiele Recklinghausen) als ruhrgebietstypische Leistungen begriffen wurden.

Auf diese Weise sind eine Reihe neugegründeter Institutionen zu den traditionellen Museumszentren des Ruhrgebiets hinzugekommen, sei es nun als Sammlungs- oder anfangs »nur« als Ausstellungsstätten, aus denen sich nicht selten später ebenfalls Museen entwickelten. Städte wie Oberhausen (1947), Gelsenkirchen (1957), Bochum (1960) oder Marl (1970), die man bisher nur aus dem Zusammenhang mit Bergbau, Stahl und Industrie kannte, traten als aktive Partner in eine sich lebhaft entwickelnde Kulturlandschaft ein, an der sich auch neugegründete Universitäten mit ihren gestifteten Sammlungen (Bochum 1967 und 1971) beteiligten. Andere Städte wie z. B. Recklinghausen (1890/1925), Dortmund (1883/1949), Hamm (1890) und Bottrop (1934) hatten schon vor dem Zweiten Weltkrieg recht bedeutende historische oder naturkundliche Museen besessen, die jetzt durch Erweiterungen, Um- oder Neubauten zusätzlich für die Kunst des 20. Jh. erschlossen wurden.

Diese zweite Gründungsperiode nach 1945, die wir bereits erwähnten, verlieh dem Ruhrgebiet ein neues geistiges Profil. Es entwickelte sich innerhalb des Landes Nordrhein-Westfalen, vereint mit dem Rheinland, zu einer der aktivsten, reichsten und vielfältigsten Museumslandschaften der Welt. Ein geradezu flächendeckender Bestand an Museen und international renommierten, auch privaten Ausstellungszentren (Villa Hügel, 1953) ergänzte sich mit den neugegründeten oder wiederhergestellten Theatern und Konzerthallen zu einem engen Netz kultureller Brennpunkte von bemerkenswerter Aktivität und Qualität, die im In- wie Ausland nachdrückliches Interesse und Beachtung fanden. Auch die Künstler reagierten auf die Veränderungen des geistigen Klimas. K. E. Osthaus hatte bereits um 1900 in Hagen versucht, im Umkreis seines heranwachsenden Museums Künstler anzusiedeln, um dem Hause eine tragfähige Grundlage zu geben: Die Idee des sich aus der steten Auseinandersetzung mit dem schöpferischen Menschen erneuernden, dynamischen und »unmusealen« Museums. Sein Wunsch wurde erst nach dem Kriege für das Ruhrgebiet Wirklichkeit. Zahlreiche bildende Künstler ließen sich, angeregt durch das intensive Leben, hier nieder und gaben dem Ruhrgebiet im Wechselspiel mit Museen, Galerien und Ausstellungsinstituten ein verändertes Gesicht.

Wenn diese Entwicklung auch nicht allerorten die auf Dauer erhoffte kulturelle Breiten- und Spitzenwirkung erreichte oder behielt, so hat sich doch – im Gesamten gesehen – im Ruhrgebiet der Nachkriegszeit eine ebenso vielgestaltige wie durch ihre jeweilige Gründungsgeschichte individuell geprägte Museumslandschaft fest etabliert. Das betrifft nicht allein die zweifellos bedeutenden Kunstmuseen, sondern auch die altertums-, natur- und heimatkundlichen Institute. Gerade sie haben in den letzten Jahren eine besonders bemerkenswerte Entwicklung durch Erschließung und Nutzung ihrer Bestände unter modernen Gesichtspunkten durchgemacht und sind darin durch die stetig wachsende Anteilnahme zunehmend wieder historisch interessierter Bevölkerungsschichten bestätigt worden. Eine lebhafte Ausstellungstätigkeit, der Ausbau der museumspädagogischen Aktivitäten, die Integration der Museen mit ihrem Anschauungs- und Archivmaterial in den Schulunterricht sowie eine vor dem Zweiten Weltkrieg nur bei wenigen Instituten anzutreffende Bereitschaft zur Öffnung gegenüber einem breiteren Publikum haben zweifellos das ihre zu der heute auch im Bewußtsein der eigenen Bevölkerung so positiven Situation der Museen im Revier beigetragen.

Daß sich das Ruhrgebiet nun auch in zunehmenden Maße mit der Aufarbeitung und Darstellungen der eigenen Sozial-, Technik- und Industriegeschichte beschäftigt, ist allerdings erst das Ergebnis eines Sinneswandels in jüngerer Vergangenheit, der mit dem sog. »Zechensterben«, der Schließung oder Verlagerung eines Großteils der ehemals die Landschaft beherrschenden Förderanlagen und der Schrumpfung der Stahlindustrie einsetzte. Es wird noch eines langen Entwicklungs- und Förderungsprozesses und mehr als nur der Willenserklärungen bedürfen, um das bisher Versäumte nachzuholen. Auf Denkmalspflege und Museen kommt damit eine gemeinsame, bedeutende Aufgabe zu, die sich vielerorts in den sachlichen Bereichen überschneidet, zumal sich eine deutliche Tendenz abzeichnet, derartige neue Museen in den ehemaligen, architektonisch wie technikgeschichtlich wichtigen Arbeitsstätten zu etablieren (Dortmund, Oberhausen, Essen).

Paul Vogt

1983

25. 1. Drei von der Bundesregierung eingesetzte »Stahlmoderatoren« legen in Düsseldorf ein Konzept zur Neuordnung der deutschen Stahlindustrie vor. →

6. 3. Bei den Wahlen zum zehnten Deutschen Bundestag erringen die Unionsparteien einen eindeutigen Sieg. →

14. 4. Im Opel-Werk in Bochum läuft der fünfmillionste Opel vom Fließband. →

21. 4. Als Gemeinschaftsunternehmen der VEBA Oel AG und der Petróleos Venezuela S.A. wird in Düsseldorf die Ruhr Oel GmbH gegründet. →

30. 4. Mit der Universität Witten/Herdecke wird die erste staatlich anerkannte Hochschule in freier Trägerschaft in der Bundesrepublik eröffnet. →

Mai. Der DFB entzieht dem VfL Bochum und Rot-Weiß-Essen wegen zu hoher Verschuldung die Lizenz. →

22. 6. Bei Bodenuntersuchungen in einer Neubausiedlung in Dortmund-Dorstfeld wird eine Verseuchung des Bodens festgestellt. →

25. 6. Das nach dem Bottroper Maler Josef Albers benannte Josef-Albers-Museum in Bottrop wird eröffnet (→ 26. 11. 1983).

19. 8. In Duisburg entsteht die Peter-Klöckner-Stiftung. →

25. 8. In Werne-Langern beginnen die Abteufarbeiten für den Schacht Romberg der Zeche Haus Aden bei Bergkamen. →

3. 9. In Duisburg-Wedau werden die Weltmeisterschaften der Ruderer ausgetragen. →

18. 9. In Essen wird das neue Museumszentrum der Stadt eröffnet (→ 26. 11. 1983).

23. 9. Die 19 Kilometer lange neue S-Bahnstrecke zwischen Bochum und Dortmund wird in Betrieb genommen. →

15. 11. In Essen wird mit dem Bau des neuen Opernhauses nach einem Entwurf des finnischen Architekten Alvar Aalto begonnen. →

26. 11. Das Dortmunder Museum für Kunst und Kulturgeschichte zieht in die Hansastraße. →

1983. Mit 707 Siegen überbietet der Recklinghäuser Trabrennfahrer Heinz Wewering den bisherigen Weltrekord. →

1983. Schalke 04 steigt erneut aus der Fußball-Bundesliga ab.

GESTORBEN:

19. 9. Gelsenkirchen: Josef Büscher (*10. 3. 1918, Oberhausen-Sterkrade), Schriftsteller.

29. 1. Bochum: Wilhelm Herbert Koch (*11. 3. 1905, Bochum), Sportredakteur und Schöpfer des »Kumpel Anton« in der WAZ (→ 4. 12. 1954).

Neue Schächte im nördlichen Revier

25. August 1983. Auf dem Nordfeld des Bergwerks Haus Aden in Werne-Langern beginnen die Abteufarbeiten für den Schacht Romberg. Mit 5500 Mitarbeitern und einer täglichen Kohleförderung von 12 000 t gehört Haus Aden zu den modernsten Bergwerken der Ruhrkohle AG. Auf eine Teufe von etwa 1000 m angelegt, soll der neue Schacht ausschließlich zur Seilfahrt genutzt werden. Zusammen mit zwei Wetterschächten ist er Teil eines von der Ruhrkohle AG geplanten Anschlußbergwerks, mit dem neue Lagerstätten erschlossen werden sollen, nachdem die Kohlevorräte im ursprünglichen Grubenfeld der Zeche Haus Aden zur Neige gehen.

Die auf der alten Schachtanlage vorhandenen technischen Kapazitäten der Über-Tage-Anlagen werden weiter genutzt: Während die Bergleute auf dem kürzesten Weg zu ihren Arbeitsplätzen gelangen, wird die abgebaute Kohle unter Tage per Bahn vom Nordfeld zum alten Standort in Bergkamen-Oberaden transportiert und dort erst zutage gefördert, aufbereitet und versandt.

Von Umweltschützern wird der inmitten des Cappenberger Waldes abgeteufte Schacht Romberg heftig bekämpft, ebenso wie ein im gleichen Jahr von der Gewerkschaft Auguste Victoria im Naturschutzgebiet Hohe Mark geplantes Anschlußbergwerk.

Luftaufnahme des Landschaftsschutzgebietes Cappenberger Wald, v. r. die Baustelle des Wetter- und Seilfahrtschachtes Romberg der Ruhrkohle AG

VEBA erhält Rohöl vom Orinoko-Becken

21. April 1983. In Anwesenheit des venezolanischen Energieministers Calderon Berti unterzeichnen Vertreter der VEBA Oel AG und der staatlichen venezolanischen Ölgesellschaft Petróleos de Venezuela S. A. in Düsseldorf eine Vereinbarung zur Gründung der Ruhr Oel GmbH. Zweck der Unternehmensgründung ist die Verarbeitung von 5 Mio t venezolanischem Rohöl jährlich.

Während die VEBA Oel AG ihre Hydrierwerke in Gelsenkirchen-Scholven und -Horst sowie den Hafen Bottrop und das Tanklager Duisburg in die neue Gesellschaft einbringt, übernimmt die Petróleos de Venezuela die Hälfte der Baukosten in Höhe von 250 Mio DM zur Errichtung eines sog. Hydrocrackers im Werk Scholven.

Da es sich bei den unter dem Orinoko-Becken lagernden venezolanischen Ölen überwiegend um Schweröle mit hohen Sandanteilen handelt, die eine zähe, teerartige Masse bilden, ist der Bau einer speziellen Verarbeitungsanlage zur Beseitigung der Rückstände nötig.

Hydrocracker im Werk Scholven der Ruhr Oel GmbH; beim »Cracking« werden die Rückstände des teerartigen venezolanischen Schweröls beseitigt

1983

Fünfmillionster Opel

14. April 1983. Im Bochumer Opel-Werk läuft der fünfmillionste Kadett (Abb.) vom Band, ein Kadett GTE. Das seit 1979 gebaute Modell ist Anfang 1983 das meistverkaufte Auto in der Bundesrepublik. Täglich laufen im Bochumer Werk 1132 Wagen vom Band.

Türkisches Hüttenheim

In Duisburg-Hüttenheim leben 6000 Menschen, darunter 2400 Türken in einem von Deutschen gemiedenen, ausschließlich türkischen Wohnviertel. Hier wird kaum deutsch gesprochen, es gibt türkische Läden und eine Moschee (Abb.: Türkische Familie).

Wettbewerb bunter Fassaden

Im seit 1973 alljährlich stattfindenden Fassadenwettbewerb des Kommunalverbands Ruhrgebiet werden die schönsten Wandbilder an Giebeln und Hausfassaden prämiert. Farbenfrohe Kunstwerke beleben ehemals triste, graue Straßenzüge (Abb.).

S-Bahn schafft schnelle Verbindung an Rhein und Ruhr

23. September 1983. Nach zehnjähriger Bauzeit wird die 19 km lange Schnellbahnstrecke (S-Bahn) der Deutschen Bundesbahn (DB) zwischen den Hauptbahnhöfen von Dortmund und Bochum in Betrieb genommen. Diese neue S-Bahn-Strecke ist das letzte Teilstück der Linie S 1 von Düsseldorf über Duisburg, Essen und Bochum nach Dortmund. Mit rund 79 km zählt sie zu den längsten S-Bahn-Linien im Land Nordrhein-Westfalen.

S-Bahn Streckennetz 1983

Linie S1:
Düsseldorf – Duisburg – Essen – Bochum – Dortmund
Linie S3:
Oberhausen – Essen – Hattingen
Linie S6:
Essen – Kettwig – Ratingen – Düsseldorf – Langenfeld (Rheinl.)
Linie S7:
Solingen – Ohligs – Düsseldorf Hbf – Düsseldorf-Flughafen

Nach Angaben der Deutschen Bundesbahn wohnen mehr als 70 000 Menschen im unmittelbaren Einzugsgebiet des neuen Streckenabschnitts Bochum–Dortmund; 36 000 werden als Benutzer der neuen Linie erwartet, für die unter anderem sieben neue S-Bahnstationen gebaut wurden. Bereits nach wenigen Monaten bestätigen sich die geschätzten Zahlen: Die im 20-Minuten-Takt verkehrenden Züge befördern täglich rund 33 000 Fahrgäste. Wegen der raschen Verbindung wird die Bahn besonders gerne von Berufspendlern genutzt.

Die Geschichte der S-Bahn, deren Streckennetz sich im Verkehrsverbund Rhein-Ruhr (VRR) auf 157 km beläuft, geht bis auf das Jahr 1965 zurück. In diesem Jahr schlossen das Land Nordrhein-Westfalen und die Bundesbahn ein Rahmenabkommen zur Einrichtung eines Schnellbahnnetzes, das 1968 im Entwicklungsprogramm Ruhr (→ 14. 3. 1968) konkretisiert wurde. Schon im gleichen Jahr nahm die Linie S 6 von Düsseldorf über Ratingen nach Essen den Betrieb auf; sechs Jahre später wurde der erste Streckenabschnitt der Linie S1 eröffnet.

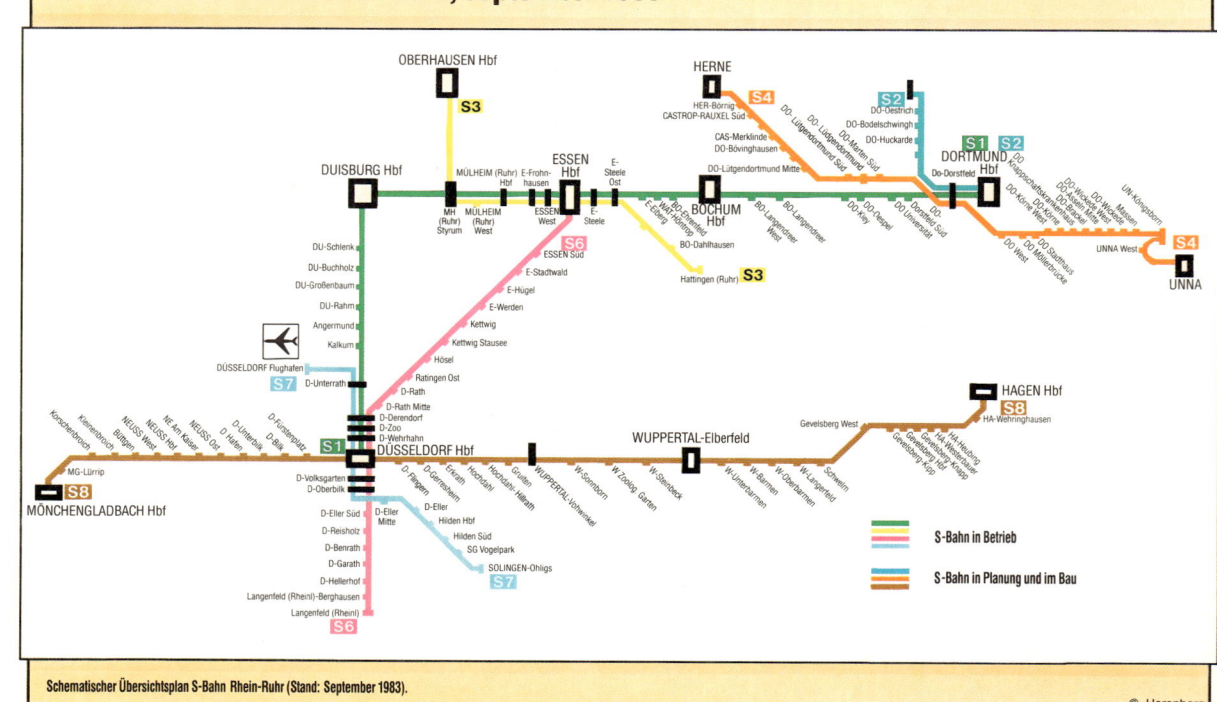

Schematischer Übersichtsplan S-Bahn Rhein-Ruhr (Stand: September 1983).

Wohnsiedlung auf verseuchtem Boden

22. Juni 1983. Bei Untersuchungen des Erdbodens einer Neubausiedlung in Dortmund-Dorstfeld wird eine Verseuchung mit bis zu 8 g Benzol pro kg Erdreich festgestellt. Auf dem mit 192 Eigenheimen bebauten Gelände stand bis 1963 eine Kokerei; nach ihrer Stillegung hatte die Stadt Dortmund das Grundstück erworben und an die späteren Hausbesitzer in Parzellen verkauft.

Schon beim Aushub der Baugruben 1981 waren Geruchsbelästigungen festgestellt worden, woraufhin das Erdreich teilweise ausgetauscht wurde. Bei den neuesten Messungen stellt ein Gutachter der Universität Düsseldorf ein zwanzigfach erhöhtes Krebsrisiko für die Bewohner des mit Kokerei-Rückständen verseuchten Siedlungsgeländes fest.

Die Stadt Dortmund erklärt sich nach langwierigen Verhandlungen nur zum Rückkauf einiger Häuser bereit, während sie das Siedlungsgebiet bei Erhalt der Eigenheime sanieren will. Die Hauseigentümer, deren Häuser nicht zurückgekauft werden, protestieren gegen dieses Vorhaben, da ihnen ein weiteres Verbleiben in ihren Eigenheimen zu gefährlich erscheint und ihre Häuser wegen der Bodenbelastung nur weit unter Wert zu verkaufen sind. Auch in anderen Revierstädten wird das Vorhandensein sog. Altlasten festgestellt, Grundstücke, die mit Giftschlämmen, Arsen, Benzol oder Schwermetallen verseucht sind. So ergeben Messungen auf einem früheren Zinkhütten-Gelände in Essen-Bergeborbeck Belastungen von bis zu 1000 mg Quecksilber pro kg Erde, und in Herne werden in einer Reihenhaus-Siedlung gesundheitsgefährdende Benzpyren-Werte im Boden ermittelt. Vor allem Kinder, die auf den Grünflächen rund um diese Siedlungen spielen, sind durch die Giftstoffe gefährdet.

Schätzungen ergeben 1987, daß es allein in Nordrhein-Westfalen über 10 000 Atlasten gibt, die mehrheitlich in der stark industrialisierten Zone des Ruhrgebiets liegen. Verfahren zur Ermittlung und Beseitigung des verseuchten Bodens, der Gefahren für Leben und Gesundheit der Bewohner birgt, befinden sich noch im Entwicklungsstadium, und die Folgen sind kaum abzuschätzen.

Fachleute bei der Entnahme von Bodenproben in der Siedlung Dortmund-Dorstfeld; die Proben ergeben eine hochgradige Verseuchung des Grundes

Umweltgefahren durch Altlasten

Als Altlasten werden Bodenverunreinigungen bezeichnet, die durch ehemalige Fabrikationsanlagen, Mülldeponien oder Kriegseinwirkung verursacht werden. Das Erdreich dieser Altlasten ist mit umweltschädigenden und z. T. giftigen Stoffen wie Öl, Benzol, Arsen oder Quecksilber verseucht. Diese und ähnliche Bodenbelastungen sind in mehrfacher Hinsicht gefährlich:

▷ Durch den direkten Kontakt mit dem Erdreich können Giftstoffe direkt in den Körper aufgenommen werden

▷ Durch Niederschläge können die Verunreinigungen über das Grundwasser ins Trinkwasser gelangen

▷ Schadstoffe können an die Luft abgegeben werden

▷ Pflanzen, die auf verseuchten Böden wachsen, können Giftstoffe aufnehmen, die so in die Nahrungsmittelkette gelangen.

Zur Sanierung wird der belastete Boden meist abgetragen und in Sondermülldeponien gelagert oder mit undurchlässigem Material isoliert.

Neuordnung für Stahl

25. Januar 1983. Drei unabhängige Wirtschaftsfachleute, die sog. Stahlmoderatoren, legen ein Konzept zur Neuordnung und Sanierung der deutschen Stahlindustrie vor. Die Stahlproduzenten Thyssen und Krupp Stahl sollen dem Vorschlag zufolge in der Gruppe Rhein zusammengefaßt werden, Hoesch, Peine-Salzgitter und Klöckner in einer Gruppe Ruhr. Von der Zusammenlegung und Rationalisierung versprechen sich die Moderatoren Einsparungen von rund 100 DM pro Tonne Stahl; die Neuordnung bedürfte allerdings eines staatlichen Zuschusses von rund 3 Mrd DM.

Die Stahlwerke sind wegen eines weltweiten Überangebots an billigem Stahl z. T. nur zur Hälfte ausgelastet. In den EG-Nachbarländern werden die Verluste der Erzeuger staatlich subventioniert; folglich verringern dortige Produzenten nicht ihre Überkapazitäten und bringen ihren billigen, staatlich finanzierten Stahl weiter auf den Markt, wogegen die deutschen Hersteller nicht konkurrieren können.

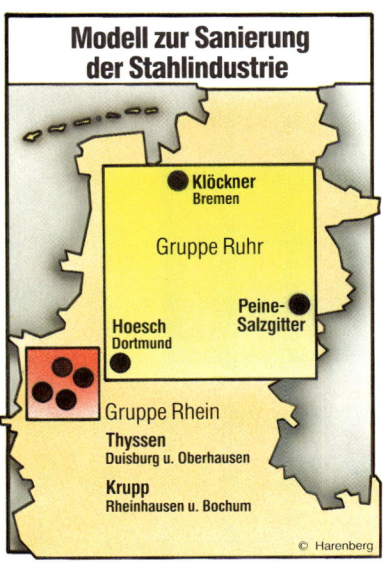

SPD-Verluste im Revier

6. März 1983. Fünf Monate nach dem Ende der sozialliberalen Koalition in Bonn am 1. Oktober 1982 erringt die CDU/CSU bei den vorgezogenen Wahlen zum Deutschen Bundestag einen eindeutigen Wahlsieg; sie erreicht 48,8% der abgegebenen Stimmen. Die Sozialdemokraten büßen 25 Mandate ein und ziehen mit 193 Abgeordneten ins Parlament ein. Zum ersten Mal im Bundestag vertreten sind die Grünen; sie erhielten 27 Sitze. Im Ruhrgebiet entsprechen die Stimmenverluste der SPD etwa ihrem bundesweiten Rückgang. Auch hier ist die Union mit einem Stimmenzuwachs von rund 4% die Gewinnerin der Wahl.

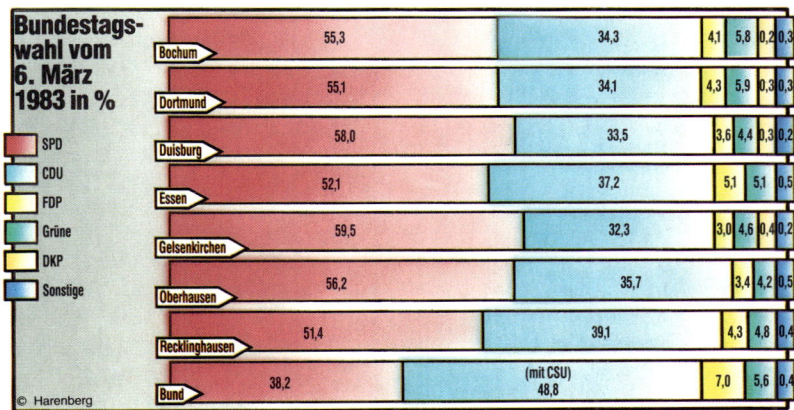

Erste deutsche Privat-Uni in Witten

30. April 1983. Mit einem Festakt in der Wittener Stadthalle wird die Privat-Universität Witten/Herdecke eröffnet. Sie ist bundesweit die erste staatlich anerkannte Hochschule in freier Trägerschaft. Mit 26 Studentinnen und Studenten, die aus rund 6000 Bewerbern ausgewählt worden sind, beginnt nun der Studienbetrieb in der medizinischen Fakultät. 1984 nehmen die Bereiche Zahnheilkunde und Wirtschaftswissenschaften ihren Lehrbetrieb auf; in den folgenden Jahren werden weitere Fakultäten eingerichtet.

Konrad Schily

Die neue Universität erhält keinerlei staatliche Zuschüsse, sondern finanziert sich über fördernde Mitglieder, Vermögenszuwendungen und Spenden. Geldgeber sind u. a. große Stiftungen wie die VW-Stiftung, die Krupp-Stiftung, die Zeit-Stiftung und die Stiftung der Deutschen Bank. Einkünfte bringen auch der Verkauf von High-Tech-Dienstleistungen an Unternehmen, Beratertätigkeiten sowie die Arzthonorare für Behandlungen in den medizinischen Fakultäten. Dem Kuratorium der Hochschule gehören zahlreiche Industrielle und Bankfachleute an.

Eröffnungsfeierlichkeiten der ersten bundesdeutschen Universität in freier Trägerschaft am 30. April 1983 im Wittener Städtischen Saalbau

In Forschung und Lehre strebt die Universität Witten/Herdecke eine enge Verbindung von Theorie und Praxis an. Die Wissenschaften sollen mit besonderer Berücksichtigung ihrer gesellschaftlichen Auswirkungen betrieben werden. Zum Vorsitzenden des Vorstandes wird Dr. Konrad Schily gewählt.

Die Trägerschaft von Hochschulen

Die Hochschulen in der Bundesrepublik, d. h. die wissenschaftlichen, die Fach-, Gesamt- sowie Kunst- und Musikhochschulen, sind staatliche Einrichtungen. Im Rahmen der von Bund und Ländern erlassenen Gesetze verwalten sie sich selbst; die Grundordnungen (Verfassungen, Satzungen) bedürfen der Genehmigung des Landes. Das Aufsichtsrecht des Staates ist z. T. darauf beschränkt, die Rechtmäßigkeit des Handelns der Hochschule zu überprüfen; in der Haushalts- und Personalverwaltung kontrolliert der Staat aber auch seine Zweckmäßigkeit. Die laufenden Ausgaben der Hochschulen werden zum größten Teil von den Ländern getragen; der Bund beteiligt sich lediglich an Planung und Finanzierung von Investitionen und unterstützt häufig durch Sonderprogramme die Forschung.

Hochkonjunktur für Museen im Revier

26. November 1983. Das Dortmunder Museum für Kunst und Kulturgeschichte bezieht das Gebäude an der Hansastraße. Im Laufe des Jahres waren schon das Museumszentrum der Stadt Essen und das Josef-Albers-Museum im 1976 eröffneten Bottroper »Quadrat« fertiggestellt worden.

Das Dortmunder Museum für Kunst und Kulturgeschichte war nach der Zerstörung seines früheren Domizils (→ 16. 2. 1911) im Zweiten Weltkrieg in Schloß Cappenberg (Selm/Kreis Unna) untergebracht worden, bevor es nun mit der Eröffnung im Haus der Stadtsparkasse an der Hansastraße (→ 23. 7. 1924) wieder in die Stadt zurückkehrt. Zu der 18,6 Mio DM teuren Umgestaltung des Gebäudes hatten die nordrhein-westfälische Landesregierung, der Landschaftsverband Westfalen-Lippe und das Regierungspräsidium in Arnsberg wesentliche Mittel beigesteuert.

42 Mio DM hat das neue Museumszentrum der Stadt Essen gekostet. Nach der Neueröffnung des Museums Folkwang (→ 29. 10. 1922) und der Städtischen Galerie am 18. September 1983 wird es im folgenden Jahr mit der Einweihung des neuen Ruhrlandmuseums komplett.

Bedeutende Museen

Bochum: Deutsches Bergbau-Museum, Eisenbahnmuseum Bochum-Dahlhausen. **Bottrop:** Josef-Albers-Museum, Museum für Ur- und Ortsgeschichte. **Dortmund:** Museum am Ostwall, Museum für Kunst und Kulturgeschichte, Westfälisches Industriemuseum (mit den verschiedenen Außenstellen). **Duisburg:** Wilhelm-Lehmbruck-Museum, Rheinisches Industriemuseum (ab 1984, mit verschiedenen Außenstellen). **Essen:** Museum Folkwang, Ruhrlandmuseum (ab 1984), Deutsches Plakatmuseum, Alte Synagoge, Villa Hügel. **Hagen:** Karl-Ernst-Osthaus-Museum, Westfälisches Freilichtmuseum Technischer Kulturdenkmale. **Marl:** Skulpturenmuseum Glaskasten. **Recklinghausen:** Ikonenmuseum. **Xanten:** Archäologischer Park.

Dortmund. *Innenansicht des Museums für Kunst und Kulturgeschichte im Gebäude der ehemaligen Sparkasse in der Hansastraße. Neben einer Sammlung städtischer Altertümer bis hin zum Dortmunder Goldfund bietet das Museum außer einer Gemäldesammlung eine Übersicht über die Entwicklung europäischen Kunsthandwerks. Prunkstücke der Sammlung sind Jagdfliesen nach Kupferstichen von Johann-Elias Ridinger, Porzellan aus Meißen sowie zahlreiche Glas-, Silber- und Eisenarbeiten.*

Lob und Tadel für neue Essener Oper

Das einem Baumstamm nachempfundene Modell der Essener Oper nach Entwürfen des am 11. Mai 1976 verstorbenen Architekten Alvar Aalto

15. November 1983. Der Essener Oberbürgermeister Horst Katzor setzt mit dem ersten Spatenstich das Signal zum Bau des neuen Opernhauses in Essen, des größten in der Bundesrepublik Deutschland.

Alvar Aalto

Die Pläne für das von vielen als »Jahrhundertwerk« bezeichnete Opernhaus stammen von dem finnischen Architekten Alvar Aalto aus dem Jahr 1959. Der damals geschätzte Bauaufwand von 30 bis 50 Mio DM und die zu erwartenden Betriebskosten veranlaßten Rat und Verwaltung der Stadt immer wieder, das Projekt zu vertagen.

Nach der U-Bahn und dem neuen Rathaus (→ 7. 11. 1979) ist der Neubau des Opernhauses das drittgrößte Bauprojekt in Essen seit rund 15 Jahren. Die Kosten für den Rohbau des Theaters, das 1100 Zuschauer fassen wird, belaufen sich auf etwa 24 Mio DM, während die Gesamtkosten 134 Mio DM betragen werden.

Der Theaterbau, der zur Spielzeit 1988/89 fertiggestellt sein soll, erfährt neben der Begeisterung der Opernliebhaber auch viel Kritik. Zum einen wird er von vielen angesichts der wirtschaftlichen Krise für unangemessen gehalten, manchen erscheint er mit Blick auf die leistungsstarken Opernhäuser in den Nachbarstädten sogar als überflüssig. Andere halten die architektonische Form des Baus, der von der »Nierentisch-Ära« geprägt ist, für hoffnungslos veraltet.

Klöckner-Stiftung in Duisburg gegründet

19. August 1983. In Duisburg wird die gemeinnützige Peter-Klöckner-Stiftung gegründet. Im ersten Jahr ihrer Tätigkeit fördert sie Projekte aus den Bereichen Kultur, Wissenschaft und Forschung sowie Medizin, Bildung und Ausbildung. Sämtliche Projekte werden auf Initiative der Stiftung oder gemeinsam mit ihr entwickelt.

Mit ihren Mitteln aus Dividenden des Klöckner-Konzerns ermöglicht die Stiftung u. a. den Erwerb einer Mappe mit Arbeiten von Ernst Ludwig Kirchner für das Duisburger Wilhelm-Lehmbruck-Museum. Weitere Gelder fließen in die Finanzierung der Salvator-Konzerte in Duisburg. Das Evangelische Krankenhaus Bethesda erhält Mittel für den Neubau der »Physikalischen Therapie«. Im Fachbereich Wirtschaftswissenschaft der Gesamthochschule wird ein gemeinsames Forschungsprojekt mit der Universität Warschau über »Gesamtprobleme in Marktwirtschaften und Planwirtschaften« gefördert.

Essen. Zu den Attraktionen des Museumszentrums an der Goethestraße zählt das 1984 eröffnete Ruhrlandmuseum mit einer Dauerausstellung zur industriellen Entwicklung des Ruhrgebiets, die in beispielhafter Weise Sozial- und Wirtschaftsgeschichte mit Alltagskultur verknüpft. Schwerpunkte der im benachbarten Gebäudekomplex untergebrachten Sammlung Folkwang bilden Werke des französischen Impressionismus sowie Beispiele expressionistischer Malerei aus dem deutschen und französischen Raum.

Bottrop. Neben einer Sammlung frühgeschichtlicher Funde und Zeugnisse zur Lokalgeschichte im Museum für Ur- und Ortsgeschichte widmet sich das Bottroper Quadrat in der Modernen Galerie schwerpunktmäßig dem Konstruktivismus. Eine umfassende Josef-Albers-Sammlung zeigt Druckgrafiken, Lithographien und Zeichnungen des gebürtigen Bottropers sowie sechs Originale des Ölbilder-Zyklus »Huldigungen an das Quadrat«, mit dem Josef Albers als Maler international Beachtung fand.

1983

Lizenzentzug für Bochum

Mai 1983. Nach der alljährlichen Geschäftsprüfung entzieht der Deutsche Fußball-Bund (DFB) dem Bundesligisten VfL Bochum und den Zweitliga-Vereinen Rot-Weiß Essen und SV Darmstadt 98 die Lizenz. Die Clubs sind durch den Einkauf zu teurer Spieler bei zu geringen Einnahmen hoch verschuldet.
Der DFB hat außerdem 17 weitere Profclubs der insgesamt 38 Vereine in der Ersten und Zweiten Liga mit Auflagen bedacht, um der ständig steigenden Verschuldung der Fußballvereine entgegenzuwirken.
Unter der Überschrift «Millionenschulden für das umstrittene Vergnügen» kommentiert die WAZ die Diskussion um die Entscheidung des DFB. Kritisiert wird die Argumentation des betroffenen VfL Bochum, der Club sei ein wichtiger Bestandteil der städtischen Imagepflege. Ihr hält die WAZ Schalkes Abstieg aus der Bundesliga 1981 entgegen, der auch nicht zum Untergang Gelsenkirchens geführt habe. Der VfL wie auch die beiden Zweitligisten können ihre Finanzen bis zum Beginn der nächsten Saison wieder sanieren – der Lizenzentzug wird rückgängig gemacht.

Viele Trabrennsiege für Heinz Wewering

1983. Der Trabrennfahrer Heinz Wewering aus Recklinghausen überbietet in diesem Jahr mit 707 Siegen bei weitem den in den USA aufgestellten bisherigen Rekord bei Traber- und Pacer-Rennen.
Nach Eddy Freundt, Horst Bandemer und Rolf Dautzenberg gewann Wewering als vierter Deutscher die Europameisterschaft (1978 und 1979). Zu seinen größten Siegen zählen auch die Titelgewinne im Deutschen Traber-Derby in Berlin 1981 und 1983. Wewering fährt bei vielen internationalen Rennen an der Spitze mit und wurde mehrfach zum Fahrer des Jahres gewählt.

Heinz Wewering, erfolgreicher Trabrennfahrer aus Recklinghausen

Sieg für Ruhrpott-Vierer

3. September 1983. Bei den Ruderweltmeisterschaften auf der Regatta-Bahn in Duisburg-Wedau gewinnen vier Ruderer aus Dortmund und Witten im sog. »Ruhrpott-Vierer« eine Goldmedaille. Mit den Goldmedaillen im Einer und im Doppel-Vierer sowie Bronze im Doppel-Zweier erreicht der Deutsche Ruderverband das beste Ergebnis seit der WM 1962. Die »vier aus dem Revier« (WAZ) sind die größte Sensation.

Der sog. »Ruhrpott-Vierer« mit Albert Hedderich, Raimund Hörnemann, Dieter Wiedemann und Michael Düsch (v. l. n. r.), Goldmedaillengewinner bei den Ruderweltmeisterschaften in Duisburg-Wedau am 3. September 1983.

1984

1. 1. Gelsenkirchen setzt als erste Stadt im Revier eine kommunale Frauenbeauftragte ein. →
31. 1. Die Belegschaft der Hattinger Mönninghoff-Werke besetzt die Produktionsstätten. →
23. 2. Auf Initiative von Berthold Beitz wird die Kulturstiftung Ruhr gegründet. →
10. 3. Die WAZ startet in den Ruhrgebietsstädten die Aktion »Ein Baum für meine Stadt«. →
14. 4. In Hamm wird die Landesgartenschau eröffnet. →
23. 4. In Gelsenkirchen findet ein Benefiz-Spiel zugunsten der Familien der Opfer eines Grubenunglücks auf der Zeche Consolidation statt. →
14. 5. In Bochum beginnt der erste einer Reihe von Rezeptschwindel-Prozessen. →
2. 6. Die Dortmunder Stadtbahn wird auf der Strecke Schützenstraße – Hacheney eröffnet. →
2. 6. In Essen beginnt das erste bundesweite Treffen von Pseudo-Krupp-Initiativen. →
23. 6. Die Latein-Formation des Tanzsportclubs Kongreß Gelsenkirchen erringt zum viertenmal die Europameisterschaft. →
28. 7.–12. 8. Bei den Olympischen Sommerspielen in Los Angeles gewinnen Reviersportler Medaillen. →
17. 8. Die Revierstädte planen eine gemeinsame Bewerbung für die Ausrichtung von Olympischen Sommerspielen. →
16.–26. 8. In der Dortmunder Westfalenhalle findet die vierte Skat-Weltmeisterschaft statt. →
17. 8. Als erstes Bundesland stellt Nordrhein-Westfalen Haushaltsmittel für die Unterstützung von Arbeitsloseninitiativen zur Verfügung. →
2. 9. In der Galerie Schloß Oberhausen findet die erste »Biennale an der Ruhr« statt. →
22. 10. Klaus Steilmann, Bochum-Wattenscheider Textilhersteller, erhält auf der IGEDO in Düsseldorf den Internationalen Mode-Marketing-Preis. →
1984. In den Städten des Ruhrgebiets konnten seit 1964 die Staubniederschläge um etwa 50% reduziert werden. →
1984. Steigende Ladenmieten in den Innenstädten begünstigen die Ausbreitung von Kaufhäusern und Ladenketten. →
1984. Herbert Grönemeyer veröffentlicht die LP »4630 Bochum«. →
1984. Ein KVR-Gutachten deckt Defizite des Reviers in Forschung und Entwicklung auf. →

GESTORBEN:
18. 12. Berlin: Rudolf Platte (* 12. 2. 1904, Dortmund), Schauspieler.

Ruhrgebiet bewirbt sich für Olympia

17. August 1984. Die Städte des Ruhrgebiets planen eine gemeinsame Bewerbung für die Ausrichtung Olympischer Sommerspiele für 1996 oder einen späteren Termin. Eine Arbeitsgruppe, die sich aus Vertretern der Städte und des Kommunalverbands Ruhrgebiet (KVR) zusammensetzt, soll die erforderlichen Unterlagen erarbeiten und Kontakt zum Nationalen Olympischen Komitee (NOK) aufnehmen.
In der Begründung der Bewerbungspläne werden besonders die hohe Dichte an Sportstätten im Ruhrgebiet und seine günstigen regionalen und überregionalen Verkehrsanbindungen genannt. Eine später vom KVR zur Bewerbung erstellte Broschüre nennt als weitere Vorzüge das günstige Klima der Region, die Aufgeschlossenheit der Bevölkerung gegenüber Ausländern und ihre Sportbegeisterung.
Um den Bedingungen des Internationalen Olympischen Komitees zu genügen, müßten nur wenige Sportstätten erweitert bzw. vollkommen neu errichtet werden.
Bis auf eine Basketball- und Volleyballhalle, ein Schwimmstadion, eine Radsportbahn und eine Ringerhalle sind alle Sporteinrichtungen bereits vorhanden. Das Gelsenkirchener Parkstadion, in dem Eröffnungs- und Schlußfeier stattfinden sollen, müßte um 30 000 Plätze erweitert werden; außerdem wäre dort zentral ein Olympisches Dorf zu errichten. Die Baukosten sollen hauptsächlich aus Bundes- und Landesmitteln bestritten werden.
Viele Wettkampfstätten im Ruhrgebiet, wie z. B. die Duisburger Regattabahn, waren bereits Schauplatz erfolgreicher internationaler Großveranstaltungen. Von der Ausrichtung Olympischer Spiele versprechen sich die Planer einen beachtlichen wirtschaftlichen Erfolg. Zahlreiche Zuschauer werden aus dem Ballungszentrum selbst, aus dem restlichen Bundesgebiet sowie aus den angrenzenden Staaten Belgien und den Niederlanden erwartet. Die größten Einnahmen sollen jedoch mit dem Verkauf von Fernsehrechten erzielt werden. Angesichts der in Los Angeles 1984 erwirtschafteten 215 Mio Dollar Überschuß scheint die Hoffnung auf eine positive Bilanz der Olympischen Spiele im Ruhrgebiet durchaus berechtigt zu sein.

1984

Ansicht des Gelsenkirchener Parkstadions nach der geplanten Erweiterung mit stilisiertem Förderturm, gekrönt von der olympischen Flamme

Ansicht des Westfalenparks im Dortmunder Süden mit Sportanlagen (Luftbildfreigabe durch den Regierungspräsidenten in Münster, Nr. 7655/80)

Bei internationalem Wettkämpfen bewährt: Regattabahn Duisburg-Wedau (Luftbildfreigabe durch den Regierungspräsidenten in Münster, Nr. 1623/85)

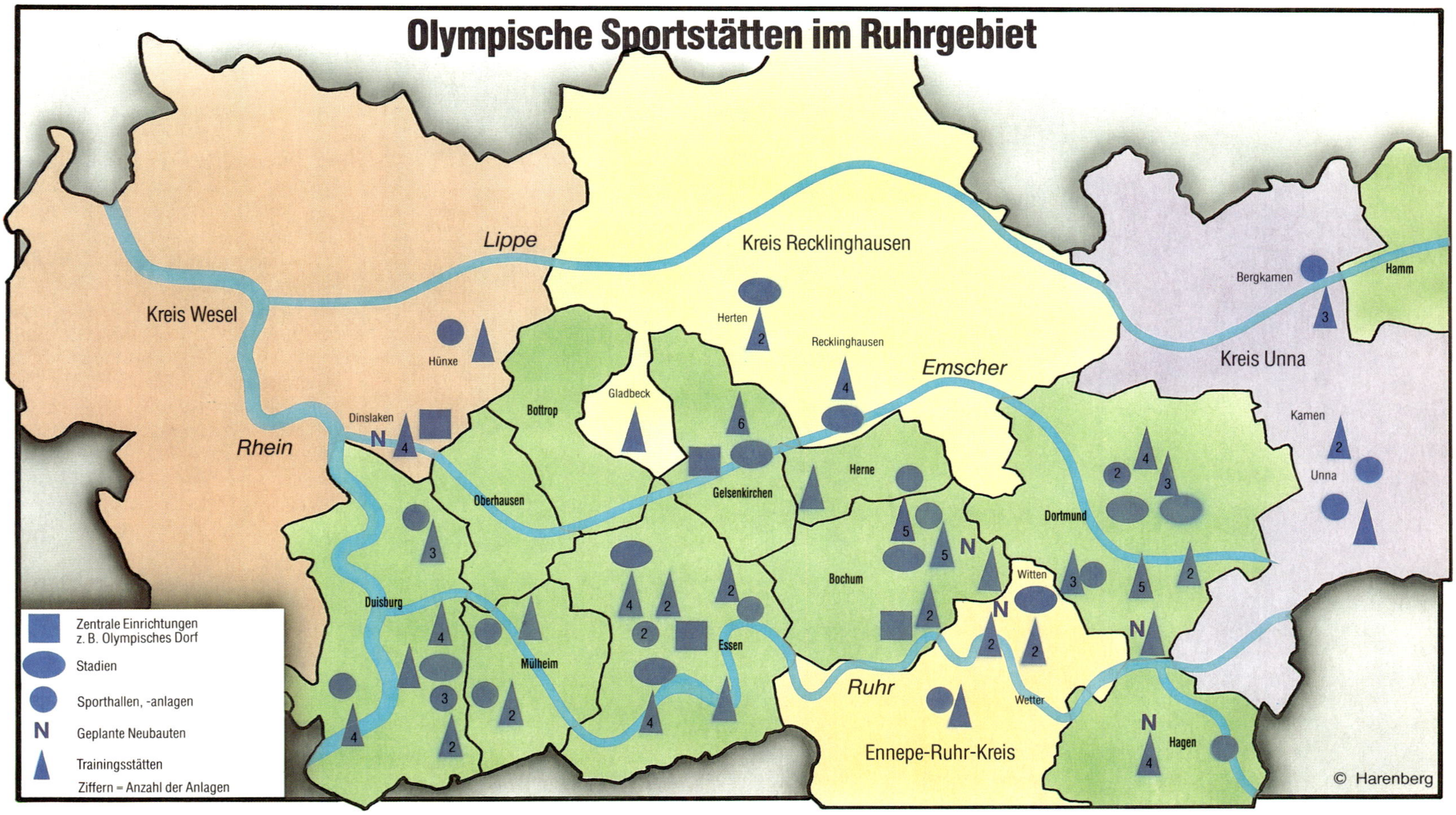

Olympische Sportstätten im Ruhrgebiet

90 000 DM für Arbeitsloseninitiativen

17. August 1984. Als erstes Bundesland stellt Nordrhein-Westfalen Fördermittel in Höhe von 90 000 DM für Arbeitsloseninitiativen und -zentren zur Verfügung. Im Ruhrgebiet gibt es rund 250 Vereine und Initiativen, die vor allem Langzeit-Arbeitslose und Jugendliche ohne Beschäftigung aus ihrer sozialen Isolation befreien und ihnen praktische Hilfen anbieten wollen.

Mit 272 920 Arbeitslosen liegt das Ruhrgebiet bei einer Quote von 14,4% weit über dem Bundesdurchschnitt von 8,9% Arbeitslosen.

Neben Kirchen, Gewerkschaften, Wohlfahrtsverbänden und Volkshochschulen unterhalten auch Selbsthilfegruppen von Arbeitslosen Cafés und Zentren, in denen Gesprächskreise und Weiterbildungsmöglichkeiten angeboten werden. Die »Kurve«, eine Einrichtung des Katholischen Jugendwerks in Oberhausen, veranstaltet für 55 Schulabgänger in vier Werkstätten ein handwerkliches Übergangstraining, das die Chancen bei der Lehrstellensuche verbessern soll. Die »Werkkiste« in Duisburg ist eine Kontakt- und Informationsstelle, die Schulabgängern bei der Lehrstellen- und Wohnungssuche hilft.

Solche Initiativen und Einrichtungen vermitteln vor allem arbeitslosen Jugendlichen, woran es ihnen außer einem Arbeitsplatz am meisten fehlt: Selbstbewußtsein und soziale Kontakte.

Reimut Jochimsen, nordrhein-westfälischer Wirtschaftsminister (4. v. r.), bei der Überreichung eines Schecks an die Oberhausener Jugendberufshilfe

Arbeitslose im August 1984

Arbeitsamtsbezirk	gemeldete Arbeitslose	prozentualer Anteil
Bochum	30 154	14,8%
Dortmund	44 317	16,3%
Duisburg	32 988	16,0%
Essen	32 146	14,0%
Gelsenkirchen	25 325	14,6%
Hagen	28 126	13,3%
Hamm	18 016	12,8%
Oberhausen	18 477	12,6%
Recklinghausen	26 035	14,0%
Wesel	17 336	12,2%

Frauenbeauftragte in Gelsenkirchen

1. Januar 1984. Als erste Stadt im Ruhrgebiet bestellt Gelsenkirchen eine Frauenbeauftragte und richtet ein kommunales Frauenbüro ein mit der Zielsetzung, »die Bemühungen um eine gleichberechtigte Teilhabe von Frauen in allen Lebensbereichen zu verstärken«.

Zu den Aufgaben des Büros gehört die alljährliche Erstellung eines Frauenberichts und eines Frauenförderplans, in denen Diskriminierungen aufgezeigt und Empfehlungen zur Verbesserung der Lage von Mädchen und Frauen gegeben werden. So fordert der erste Bericht, verstärkt die Einrichtung von Ausbildungsplätzen für Frauen in sog. Männerberufen zu fördern und Frauen für solche Berufe zu motivieren. Daneben unterhält die Frauenbeauftragte Sprechstunden für ratsuchende Bürger/-innen, erstellt Pressemitteilungen zu Frauenfragen und pflegt Kontakte zu Frauenorganisationen, Unternehmen und Gewerkschaften. In der Folgezeit werden in weiteren Städten Frauenbüros eingerichtet.

Belegschaft hält Werksgelände besetzt

31. Januar 1984. *Die Belegschaft der Hattinger Flanschenfabrik Mönninghoff-Gottwald GmbH besetzt die Produktionsanlagen (Abb.), nachdem sich die Banken weigern, weitere Kredite zur Verfügung zu stellen. Das Unternehmen war schon im Mai 1983 in Zahlungsschwierigkeiten geraten, die mit einer Kreditzusage von 20 Mio DM überwunden werden konnten. Die 800 Beschäftigten des Unternehmens wollen den Konkurs des Werks nicht hinnehmen, zumal genügend Aufträge vorliegen. Auch nachdem der Konkursverwalter die Schließung des Betriebs verkündet, bleiben die Arbeiter im Werk, das sie erst räumen, als am 23. Februar weitere Kredite zur Verfügung gestellt werden.*

Forschung im Revier hängt weit zurück

1984. Ein im Auftrag des Kommunalverbandes Ruhrgebiet erstelltes Gutachten über Forschung und Entwicklung im Revier weist Defizite der Region im Vergleich zum gesamten Bundesgebiet nach.

Als einen Indikator ziehen die Gutachter den Anteil der Beschäftigten in Forschung und Entwicklung an der Gesamtzahl der Erwerbstätigen heran. Verglichen mit dem Bundesdurchschnitt liegen die Zahlen für das Ruhrgebiet beim Personal um 30%, bei den Aufwendungen (Personalkosten) um 10% niedriger. Auch im Hinblick auf den Zufluß von Finanzmitteln liegt das Revier hinten: Bei einem Einwohneranteil von 9% an der bundesrepublikanischen Gesamtbevölkerung im Jahr 1978 flossen zum selben Zeitpunkt nur etwa 1% der Bundesmittel für außeruniversitäre Forschungseinrichtungen ins Ruhrgebiet. Günstiger ist das Bild allerdings bei der Projektförderung (1982: 8,8%).

Eine führende Forschungsintensität zeigt das Ruhrgebiet nur im Energie- und Montanbereich.

Marketing-Preis für Steilmann-Konzern

22. Oktober 1984. Anläßlich der 143. Internationalen Modemesse IGEDO in Düsseldorf erhält Klaus Steilmann, Chef von Europas größtem Textilunternehmen, für seine Verkaufserfolge in der Modebranche den »Internationalen Mode-Marketing-Preis« der Stadt Düsseldorf.

Der Steilmann-Konzern hat sein Stammhaus in Bochum-Wattenscheid, wo Klaus Steilmann vor 26 Jahren mit der Produktion von Damenmänteln begann. 1984/85 beschäftigt das Unternehmen fast 7000 Menschen und erzielt einen Jahresumsatz von mehr als 1 Mrd DM. Zu den Abnehmern seiner Produkte zählen Einzelhandelskonzerne, wie C & A, Peek & Cloppenburg, Karstadt und Kaufhof. Wie die WAZ schreibt, hat Steilmann ein »schlafwandlerisches Gespür für Modemaschen, die bei breitesten Käuferschichten ankommen«.

Dieses Gespür hat den gelernten Einzelhandelskaufmann, der 1958 mit 40 Näherinnen und geringem Eigenkapital begann, zu seinem raschen Erfolg geführt.

Revierluft besser – aber noch Probleme

1984. Die Staubbelastung der Ruhrgebietsluft ist in den letzten 20 Jahren um rund 54% verringert worden. Die Qualität der Luft über dem Revier, das jahrzehntelang als Inbegriff einer rußgeschwärzten Industrieregion galt, deren Bewohner in der rauch- und staubgeschwängerten Luft kaum atmen können, ist durch die Bemühungen der Städte erheblich verbessert worden.

Mit der Landesanstalt für Immissionsschutz (→ 1. 12. 1963) konnte hier eine Institution mit dem größten vollautomatischen Luft-Überwachungsnetz der Welt angesiedelt werden. Darüber hinaus sind in vielen Kommunen Umweltschutzbeauftragte tätig (→ 1. 5. 1972), die Gewerbebetriebe, Industrieanlagen und andere mögliche Umweltverschmutzer überwachen und nach neuen Möglichkeiten der Minderung von Umweltbelastungen suchen. So konnte z. B. seit 1974 der Staubregen, der pro Tag auf 1 m² Boden im Ruhrgebiet niedergeht, in Duisburg von 0,39 g auf 0,25 g und in Gelsenkirchen von 0,30 g auf 0,21 g verringert werden.

Trotz dieser Erfolge sind die Probleme der Luftverschmutzung im Ruhrgebiet nicht gelöst. So werden nicht nur in industrienahen Gebieten immer noch hohe Belastungen durch Schwefeldioxid, Kohlenmonoxid, Fluor und andere Stoffe gemessen, die bei Anwohnern häufig schwere Gesundheitsschäden hervorrufen. Allein im Essener Stadtteil Borbeck in der Nähe eines Aluminium-Werks sind seit 1979 rund 400 Fälle von Pseudo-Krupp bei Kindern festgestellt worden, eine Erkrankung, die ihre Ursache in den schlechten Luftverhältnissen hat. Die Auflagen für die Industrie werden von vielen Revierbürgern für nicht ausreichend gehalten; außerdem gibt es Unternehmen, die trotz strenger Regelungen ihre Abgase ungereinigt in die Umwelt abgeben.

Bürgerinitiative, die sich für Maßnahmen gegen Pseudo-Krupp einsetzt

Tödliche Bedrohung durch Pseudo-Krupp

2. Juni 1984. In der Essener VHS treffen sich 50 Elterninitiativen, um auf den für Kinder lebensgefährlichen, durch Luftverschmutzung verursachten Erstickungshusten Pseudo-Krupp hinzuweisen.

Dortmunder feiern erste U-Bahn-Linie mit Volksfest

2. Juni 1984. Ein großes Volksfest begleitet die Feierlichkeiten im Rahmen der Eröffnung einer ersten U-Bahn-Strecke in Dortmund. 15 Jahre nach dem Beschluß des Stadtrates zum Bau eines Untergrundbahn-Netzes kann der Verkehr zwischen der Schützenstraße und Hacheney aufgenommen werden. Etwa 30 000 Fahrgäste nutzen die Gelegenheit zu einer ersten Probefahrt, diesmal noch zum Nulltarif. Die Fahrtzeit mit der U-Bahn verringert sich auf dieser Linie gegenüber der Straßenbahn um die Hälfte.

Doch auch das Stadtbild profitiert vom U-Bahnbau. Noch in diesem Jahr sollen die bislang von Straßenbahnen befahrenen Strecken (Ruhrallee, Märkische-, Kleppingstraße) in Alleen umgestaltet und für Fußgänger und Radfahrer mehr Verkehrsraum geschaffen werden.

Der U-Bahn-Bau steht in Zusammenhang mit einer generellen Verkehrsentwicklungsplanung. Mit einem Kostenaufwand von 740 Mio DM realisiert Dortmund als vierte Stadt des Verkehrsverbunds Rhein-Ruhr (VRR) ein U-Bahnprojekt.

U-Bahn-Strecken im Revier

Essen: 18,9 km langes Netz
Bochum: 2 km zwischen Bergmannsheil und Ruhrstadion
Dortmund: 8,3 km zwischen Hacheney und Schützenstraße
Gelsenkirchen: 1,7 km zwischen Hauptbahnhof und Musiktheater.

U-Bahn unter dem Essener Hauptbahnhof; die Stadt verfügt über das längste U-Bahn-Netz

Unterirdischer Bahnhof der neu eingerichteten U-Bahn-Linie unter der Dortmunder Innenstadt

Gelsenkirchener U-Bahn-Station der Verbindungsstrecke zwischen Hauptbahnhof und Musiktheater

Einzelhandel verläßt Fußgängerzonen

1984. Die steigenden Mieten in den Fußgängerzonen der Innenstädte zwingen mittelständische Einzelhändler, in Randlagen der Einkaufszonen auszuweichen. Das Bild der Innenstädte wird von Kaufhäusern und den Filialen großer, z. T. internationaler Ladenketten bestimmt.

In Essen sind in den vergangenen zehn Jahren die Spitzenmieten um 280% gestiegen. Für Geschäftslagen in der Fußgängerzone zwischen Hauptbahnhof und Kennedy-Platz beträgt die monatliche Ladenmiete etwa 190 DM pro m². Aber auch in den Randlagen der Innenstädte steigen die Preise. Am teuersten ist Dortmund mit 80 DM pro m². In anderen Städten liegen die Randlagenmieten zwischen 30 und 55 DM. Abgesehen von den Fachabteilungen der Kaufhäuser gibt es aufgrund der hohen Mieten in den Innenstädten kaum noch Lebensmittelgeschäfte. Hinzu kommt, daß die Einzelhändler ihren Kunden folgen, die zunehmend aus den Stadtzentren wegziehen. Die Innenstädte sind keine Wohngebiete mehr, in denen Kunden den täglichen Bedarf im Laden an der Ecke decken.

Nach Ladenschluß sind die Stadtzentren menschenleer, von neun Uhr morgens bis abends um halb sieben bieten sie jedoch auf engem Raum ein Konsumparadies, das »Kauferlebnisse« verspricht.

Diese werden den Kunden von »benetton«, »Deichmann« und »McDonald's« in Mülheim und Gelsenkirchen auf die gleiche Weise geboten wie in Hamburg und München.

Boutique-Filiale des italienischen Familienimperiums »benetton«; Hemden und Pullover werden erst gefärbt, wenn die aktuellen Modefarben bekannt sind

Schnellrestaurant der amerikanischen Firma »Mc Donald's« in Essen, die ein engmaschiges Netz von Filialen in der ganzen Bundesrepublik unterhält

Schuhgeschäft »Deichmann« in Dortmund; Filialen des Unternehmens gibt es in fast allen Ruhrgebietsstädten

Filiale der Parfümerie-Kette »Douglas«, die mit großem Werbeeinsatz und Sonderangeboten Verbraucher anzieht

Konkurrenz durch große Ladenketten

Die erste Hälfte der 80er Jahre bringt für den Einzelhandel im Revier magere Erträge. Hohe Arbeitslosigkeit und stagnierende oder sinkende Einkommen dämpfen die Kauflust. Allenfalls Luxusgüter für den »gehobenen Bedarf« werden vermehrt von denjenigen gekauft, die es sich leisten können.

Seit den 70er Jahren nimmt die Zahl der Einzelhandelsgeschäfte im Ruhrgebiet stetig ab. Vor allem kleine Lebensmittel-Läden, sog. Tante-Emma-Läden, können nur selten im Konkurrenzkampf mit Ladenketten bestehen. Schon wegen der geringeren Menge der im Großhandel einzukaufenden Waren sind die Preise im Laden um die Ecke höher als im großen Supermarkt. Zu steigenden Ladenmieten und wachsendem Konkurrenzdruck durch Verbrauchermärkte und Filialketten kommen Nachwuchssorgen, da jungen Verkäufern in größeren Betrieben bessere Gehälter geboten werden.

Eine von der Industrie- und Handelskammer (IHK) Essen alle zehn Jahre durchgeführte Handels- und Gaststättenzählung ergab 1979, daß zwischen 1968 und 1978 die Zahl der Einzelhandelsgeschäfte in Essen um 16,6% und in Oberhausen um 16,8% gesunken ist. Mit 9,5% verzeichnete der Einzelhandel in Mülheim an der Ruhr den geringsten Rückgang.

Nach Ansicht von Fachleuten wird der selbständige Einzelhandel vor allem im Nahrungsmittelbereich auch in Zukunft an Marktbedeutung verlieren. Eine Chance kann für die kleinen Geschäfte allenfalls in einer stärkeren Spezialisierung liegen. Der Händler, der sich auf Delikatessen oder hochwertiges Gemüse und Obst konzentriert, findet in mittelständischen Wohngegenden schnell einen treuen Kundenkreis. Durch eine Lockerung der starren Ladenschlußzeiten käme der Einzelhandel nach Ansicht mancher Branchenvertreter den Verbrauchern einen weiteren Schritt entgegen.

WAZ-Aktion für mehr Grün

10. März 1984. »Ein Baum für meine Stadt«, unter diesem Motto ruft die WAZ ihre Leser zu Geldspenden und aktiver Mithilfe bei Baumpflanzaktionen in den Revierstädten auf. Allein bis Oktober gehen auf Sonderkonten 193 000 DM ein. Die Bürger können die Stellen für die zu pflanzenden Bäume angeben, beim Pflanzen mithelfen (Abb.) und Patenschaften für die Jungpflanzen übernehmen. Wegen des großen Erfolgs wird die Aktion in den folgenden Jahren fortgesetzt.

Elefant von 34 m Höhe

14. April 1984. Ein »sommerlanges Fest in Grün und Freizeit« versprechen die Veranstalter der neueröffneten ersten nordrhein-westfälischen Landesgartenschau in Hamm. Hauptattraktion auf dem für fast 40 Mio DM umgebauten Gelände der seit 63 Jahren brachliegenden Zeche Maximilian ist der 34 m hohe gläserne Elefant (Abb.), die ehemalige Kohlenwäsche des Bergwerks. Schon am ersten Wochenende bilden sich vor den 15 Kassenhäuschen lange Besucherschlangen.

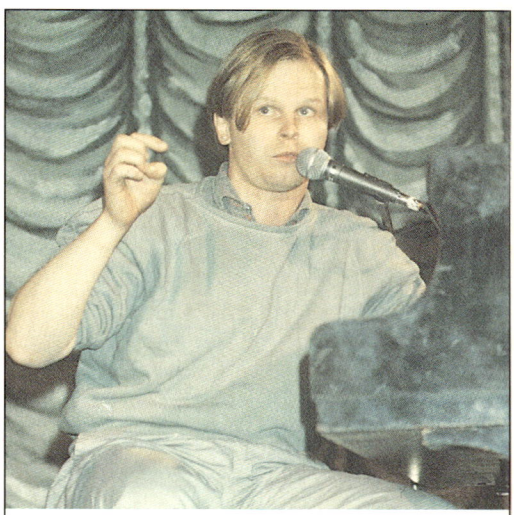

Liebeserklärung auf LP

1984. Mit seiner Langspielplatte »4630 Bochum« gelingt dem Sänger, Pianisten und Schauspieler Herbert Grönemeyer ein großer Hit; das als Single ausgekoppelte Lied »Männer« ist der erfolgreichste deutschsprachige Musiktitel des Jahres. Herbert Grönemeyer (Abb.), 1956 in Göttingen geboren, aber im wesentlichen in Bochum aufgewachsen, widmet den Titelsong seiner LP dem Ort seiner Jugend; es heißt darin u. a. »Bochum, ich häng' an dir, ... du Blume im Revier«.

Krankenscheine und Rezepte gefälscht

14. Mai 1984. Die erste Strafkammer des Landgerichts Bochum fällt das Urteil im ersten von zwei parallel geführten Prozessen gegen Ärzte wegen fortgesetzten Betrugs der Krankenkassen. Ein angeklagter Urologe wird zu vier Jahren Haft, seine in der Praxis arbeitende Mutter zu zwei Jahren auf Bewährung verurteilt. Ein Berufsverbot spricht die Kammer nicht aus.

Diesem vor Gericht verhandelten Fall von Rezeptschwindel und Falschabrechnungen folgen weitere Ermittlungen und Prozesse gegen 65 Mediziner, 48 Apotheker und 229 Arzt- und Apothekenhelferinnen. Wie der verurteilte Urologe sollen sie Krankenscheine mit nichterbrachten Leistungen angereichert, den Krankenkassen in Rechnung gestellt und mit auf Namen von Patienten ausgestellten, gefälschten Rezepten bei Apotheken Waren nach Wunsch bezogen haben.

Außerdem steht ein Bochumer Arzt-Ehepaar unter dem Verdacht, auch Privatpatienten überhöhte Rechnungen ausgestellt zu haben.

Kulturstiftung Ruhr in Essen gegründet

23. Februar 1984. Auf Inititiave des Krupp-Aufsichtsratsvorsitzenden Berthold Beitz wird in Essen die Kulturstiftung Ruhr gegründet. Mit ihren Mitteln soll das Revier als einheitliche Kulturlandschaft dargestellt und belebt werden.

Krupp-Chef Berthold Beitz, Initiator der Kulturstiftung Ruhr

Ausstellung zeigt Künstler des Reviers

2. September 1984. Eine umfassende Bestandsaufnahme der Arbeit bildender Künstler des Reviers zeigt die erste »Biennale an der Ruhr« in der Städtischen Galerie Schloß Oberhausen. Präsentiert werden rund 200 Werke von 53 Künstlern.

»Biennale«-Skulptur vor der Gedenkhalle von Schloß Oberhausen

Schalke spielt für Unglücksopfer

23. April 1984. 20 000 Zuschauer strömen in die Glückauf-Kampfbahn nach Gelsenkirchen-Schalke, um das von Rolf Rüssmann organisierte Wohltätigkeitsspiel zugunsten der fünf Opfer eines Grubenunglücks auf der Zeche Consolidation am 16. Februar des Jahres zu verfolgen. Alle kommen, mit denen sich in Schalke die Erinnerung an große Fußball-Zeiten verbinden: Ernst Kuzorra, Berni Klodt, Otto Schweißfurth, Rudi Gellesch und Ötte Tibulski. »Das ist Alt-Schalke! Da kommen sie alle mit Kind, Kegel und Bier«, so der spontane Ausruf von Ex-Präsident Günter Siebert.

Als die Mitglieder der Meistermannschaft von 1958 mit Kapitän Berni Klodt das Vereinslied »Blau und Weiß« anstimmen, stehen manchem Fan die Tränen in den Augen. Das anschließende Spiel der Schalker Pokalsiegermannschaft von 1972 gegen eine Stadtauswahl gewinnen die Schalker mit 2:0 Toren. An Spenden und Eintrittsgeldern für die Familien der Unglücksopfer kommen 150 000 DM zusammen.

1984

Rolf Milser aus Duisburg, Gewichtheber im Mittelschwergewicht, beim Reißen; mit insgesamt 385 kg gewinnt er in Los Angeles olympisches Gold

Medaillen in Los Angeles

28. Juli bis 12. August 1984. Bei den Olympischen Spielen in Los Angeles (USA), die von den Ostblock-Staaten boykottiert werden, erringen Sportler aus dem Ruhrgebiet insgesamt dreizehn Medaillen.

Je eine Goldmedaille gewinnen der Gewichtheber Rolf Milser aus Duisburg und die Kugelstoßerin Claudia Losch aus Herne. Silber gewinnen Jürgen Hingsen (Duisburg/Zehnkampf), Karl Hans Riehm (Bochum/Hammerwurf), Dirk Korthals (Gladbeck/Schwimmstaffel 4 × 200 m Freistil) und Barbara Schüttpelz (Essen/Einer Kajak). Die Essener Kajakfahrerin erreicht außerdem zusammen mit Josefa Idem aus Hamm Bronze im Zweier-Kajak.

Zu den Bronzemedaillen-Gewinnern gehören: Heike Schulte-Mattler (Oberhausen), Gabriele Bußmann (Hamm) und Ute Thimm (Bochum) mit ihrer vierten Läuferin Heidi-Elke Gaugel in der 4 × 400 m-Staffel, der Boxer Manfred Zielonka (Mülheim) im Halbmittelgewicht und die Wattenscheiderin Regina Weber in der rhythmischen Sportgymnastik.

Regina Weber, Bronzegewinnerin in rhythmischer Sportgymnastik

Vierter EM-Erfolg für Tanz-Formation

23. Juni 1984. Die Latein-Formation des Tanz-Sport-Clubs Kongreß aus Gelsenkirchen gewinnt bei den Europameisterschaften im Formationstanz in der Essener Grugahalle zum vierten Mal in Folge den EM-Titel der Professionals. 1982 hatte die Formation ihr erfolgreichstes Jahr, sie errang verschiedene internationale Meisterschaften und die Weltmeisterschaft. Die aus Essen, Gelsenkirchen und Velbert stammenden Tänzer wechseln zusammen mit ihrem Trainer im Jahr 1984 zum Tanzsportzentrum Velbert.

Skat-WM in der Westfalenhalle

16. bis 26. August 1984. Bei der vierten Skat-Weltmeisterschaft, die diesmal in der Dortmunder Westfalenhalle ausgetragen wird, gewinnt Bernhard Gosing, ein 72jähriger Rentner aus Kamen, den Titel des Vize-Weltmeisters und 10 000 DM Siegprämie. Ebenso wie der Weltmeister, der aus Ahaus in Westfalen stammt und 15 000 DM kassiert, ist der Kamener als Einzelkämpfer angetreten. Andere Skat-Asse treten bei der Weltmeisterschaft in Teams an und werden oft aus den Werbeetats finanzkräftiger Firmen unterstützt.

1985

13. 1. Hansgünther Heyme wechselt als Schauspieldirektor vom Württembergischen Staatstheater Stuttgart an das Essener Schauspielhaus. →

18. 1. Im Ruhrgebiet wird erstmals Smog-Alarm der Stufe III ausgerufen. →

3. 4. Der »Ölkönig von Wanne-Eickel«, Erhard Goldbach, wird wegen Steuerhinterziehung in Höhe von 145 Mio DM vom Bochumer Landgericht zu zwölf Jahren Haft verurteilt. →

6. 5. Das Technologiezentrum Dortmund auf dem Gelände der Universität wird eröffnet. →

12. 5. Bei den Landtagswahlen in Nordrhein-Westfalen erreicht die SPD mit 52,1% die absolute Mehrheit. →

1. 6. Das Kabelpilotprojekt Dortmund nimmt den Sendebetrieb auf. →

4. 6. Das Dortmunder Schöffengericht verurteilt ein Mitglied des Fanclubs von Borussia Dortmund, »Borussenfront«, wegen Tätlichkeiten gegen türkische Bürger zu einem Jahr Haft. →

28. 6. Die Spielbank in Dortmund-Hohensyburg wird glanzvoll eröffnet. →

30. 6. Der KBC Duisburg wird durch einen 1:0-Sieg über die Mannschaft von Bayern München in Duisburg Deutscher Meister im Damen-Fußball. →

5. 8. Nach Angaben des nordrhein-westfälischen Verkehrsministeriums sollen 126 Projekte zur Verkehrsberuhigung durchgeführt werden. →

1. 9. Der Kommunalverband Ruhrgebiet startet eine Anzeigen-Kampagne zur Image-Verbesserung des Reviers. →

20. 9. Im sog. St. Georg-Prozeß wird der Gründer und ehemalige Leiter des Gelsenkirchener Sozialwerks wegen Untreue zu achteinhalb Jahren Gefängnis verurteilt. →

26. 9. An den Bochumer Kammerspielen wird »Solo für Tana« von Uwe Jens Jensen mit Liedern von Tana Schanzara uraufgeführt. →

26. 9. Die Düsseldorfer Landesregierung erklärt den Orsoyer Rheinbogen bei Kamp-Lintfort zum Naturschutzgebiet und beendet damit Auseinandersetzungen um mögliche Industrieansiedlungen. →

21. 10. Die Sozialreportage »Ganz unten« von Günter Wallraff erscheint. →

GESTORBEN:

2. 8. Düsseldorf: Karl Heinz Stroux (* 25. 2. 1908, Hamborn), Regisseur.

2. 10. Karlsruhe: Alex Möller (* 26. 4. 1903, Dortmund), SPD-Politiker.

Klarer SPD-Sieg bei Wahlen zum Landtag

12. Mai 1985. Mit 52,1% der abgegebenen Stimmen erringt die SPD unter ihrem Ministerpräsidenten Johannes Rau bei den Wahlen zum nordrhein-westfälischen Landtag erstmals die absolute Mehrheit im Land Nordrhein-Westfalen.

Für die CDU mit Bernhard Worms als Spitzenkandidaten ist es die schwerste Niederlage ihrer Geschichte. Mit einem Stimmenanteil von 36,5% verfehlt sie klar ihr Ziel einer Ablösung der SPD-Regierung.

B. Champignon, Dortmund, SPD   *H. Heinemann, Dortmund, SPD*

W. Lauer, Duisburg, SPD   *B. Decking, Dortmund, CDU*

W. Heimes, Essen, CDU   *F. Schaumann, Dortmund, FDP*

Die Grünen scheitern mit einem Stimmenanteil von 4,6% knapp an der Fünf-Prozent-Klausel, während den Freien Demokraten mit 6,0% der Wählerstimmen der Sprung in den Landtag gelingt. Im Revier sinkt die CDU in der Mehrzahl der Wahlkreise unter die 30-Prozent-Marke, die SPD hingegen stabilisiert sich zwischen 60 und 65%.

An der B1, hier in Essen, hindert die Verkehrspolizei Autofahrer an der Einfahrt in durch Smog besonders stark belastete Sperrbezirke, in denen generelles Fahrverbot herrscht

Am 20. Januar sinkt die Schadstoffkonzentration soweit, daß wieder Teile des Essener Stadtpanoramas zu erkennen sind

Höchste Smog-Alarm-Stufe im Revier

18. Januar 1985. Für das westliche Ruhrgebiet, zu dem die Städte Essen, Duisburg, Oberhausen, Bottrop und Mülheim gehören, wird Smog-Alarm der höchsten Alarm-Stufe III ausgelöst, während im östlichen Revier in den Städten Dortmund, Gelsenkirchen, Herne, Hagen, Bochum sowie den Kreisen Recklinghausen, Unna und Ennepe-Ruhr die Smog-Alarm-Stufe II gilt.

Am Vortag war mit dem Inkrafttreten einer neuen Smog-Alarm-Verordnung zunächst für das östliche Ruhrgebiet, später auch für das westliche Ruhrgebiet, die Vorwarnstufe I ausgelöst worden, da die Belastung der Luft an mehreren Meßstationen über 0,6 mg Schwefeldioxid pro m³ lag. Die Situation in den Revierstädten verschlimmerte sich in den folgenden Stunden derart, daß die Alarm-Stufe III im westlichen Ruhrgebiet schnell erreicht ist, bei der ein generelles Fahrverbot für nahezu alle Kraftfahrzeuge und Einschränkungen in der Industrieproduktion wirksam werden. Am Sonntag, den 20. Januar, sind die Schwefeldioxid-Werte so weit gesunken, daß die Alarm-Stufen II und III aufgehoben werden können. Einen Tag später gibt das nordrhein-westfälische Gesundheitsministerium eine vollständige Smog-Entwarnung für das gesamte Ruhrgebiet.

Smog, ein Begriff, der aus den englischen Wörtern Smoke und Fog für Rauch und Nebel gebildet wurde, war zuletzt vor sechs Jahren im Revier so stark aufgetreten, daß Alarm ausgelöst wurde (→ 17. 1. 1979). Bei bestimmten windarmen Wetterlagen kann Smog entstehen, wenn sich über bodennahe Kaltluft eine warme Luftschicht legt, die wie eine Glocke wirkt. Da die kalte Luft schwerer als die warme ist, kann erstere nicht aufsteigen, so daß sich Industrie-, Auto- und Heizungsabgase sowie andere Luftverunreinigungen in ihr sammeln. Solche Wetterlagen werden austauscharm genannt, weil

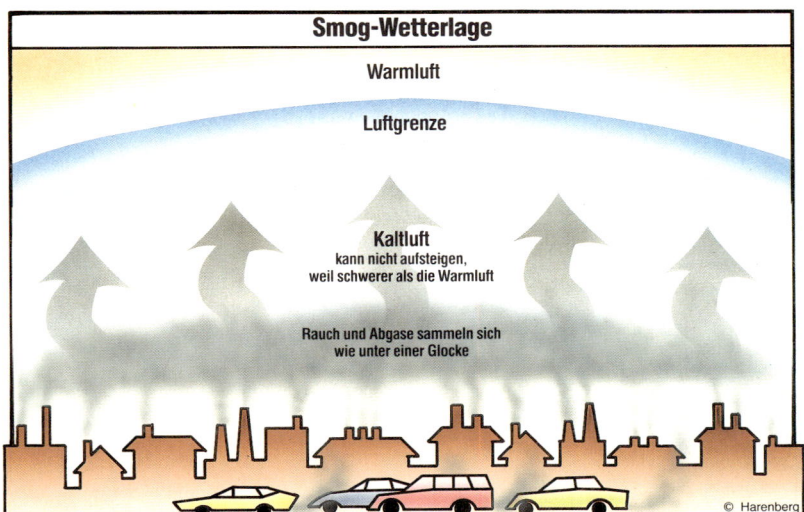

die Luft in Bodennähe nicht durch Frischluft ersetzt wird; erst durch aufkommenden Wind, der die Luftschichten miteinander verwirbelt, starke Niederschläge oder Temperaturänderungen kann die stark gesundheitsgefährdende Smog-Situation beseitigt werden.

Für den Smog-Alarm-Fall besteht in Nordrhein-Westfalen ein genauer Vorschriftenkatalog, der Grenzwerte und Maßnahmen für die verschiedenen Alarmstufen festlegt. Da bei Alarmstufe II zu bestimmten Tageszeiten und bei Alarm-Stufe III generell ein Fahrverbot für Kraftfahrzeuge in bestimmten Stadtbezirken gilt, wirken die Innenstädte im Revier mit ihren menschenleeren Straßen und Geschäften wie ausgestorben. Unter den Bürgern macht sich häufig Unmut über Fahrverbote und andere Einschränkungen breit. Viele versuchen zu Beginn des Alarms, eine Ausnahmegenehmigung für die Benutzung ihrer Kraftfahrzeuge zu erhalten.

Freude am Smog-Alarm haben lediglich die Kinder, denn die meisten Schulen im Revier werden geschlossen, um die Kinder nicht den hohen Luftbelastungen auszusetzen und einer drohenden Überlastung des Nahverkehrs vorzubeugen.

Drei Stufen des Smog-Alarm-Plans

Steigt die Belastung der Luft mit Schwefeldioxid (SO_2) und anderen Verunreinigungen in bestimmten Regionen Nordrhein-Westfalens, zu denen auch das Ruhrgebiet gehört, über bestimmte Grenzwerte, so wird Smog-Alarm ausgelöst.

Smog-Alarm-Stufe I: Die sog. Vorwarnstufe tritt bei einer Luftbelastung von 0,6 mg SO_2 pro m³ Luft in Kraft. Den Bürgern wird empfohlen, nicht mit Kraftfahrzeugen zu fahren und Raumheizungen zu reduzieren. In Großfeuerungsanlagen sollen schwefelarme Brennstoffe eingesetzt werden.

Smog-Alarm-Stufe II: Steigt die Belastung auf 1,2 mg SO_2 pro m³ Luft, so gilt in bestimmten, stark belasteten Stadtbezirken ein zeitlich begrenztes Fahrverbot von 6 bis 10 Uhr und von 15 bis 20 Uhr. Menschen mit Herz-, Kreislauf- und Atemwegserkrankungen wird empfohlen, sich in geschlossenen Räumen aufzuhalten.

Smog-Alarm-Stufe III: Erreicht der SO_2-Gehalt der Luft einen Wert von 1,8 mg pro m³, wird in Sperrbezirken generelles Fahrverbot verhängt, von dem es nur in wenigen Fällen Ausnahmen gibt, z. B. für Kranken- und Feuerwehrwagen. Industriebetriebe mit hohem Schadstoff-Ausstoß können geschlossen werden oder müssen ihren Betrieb drosseln.

1985

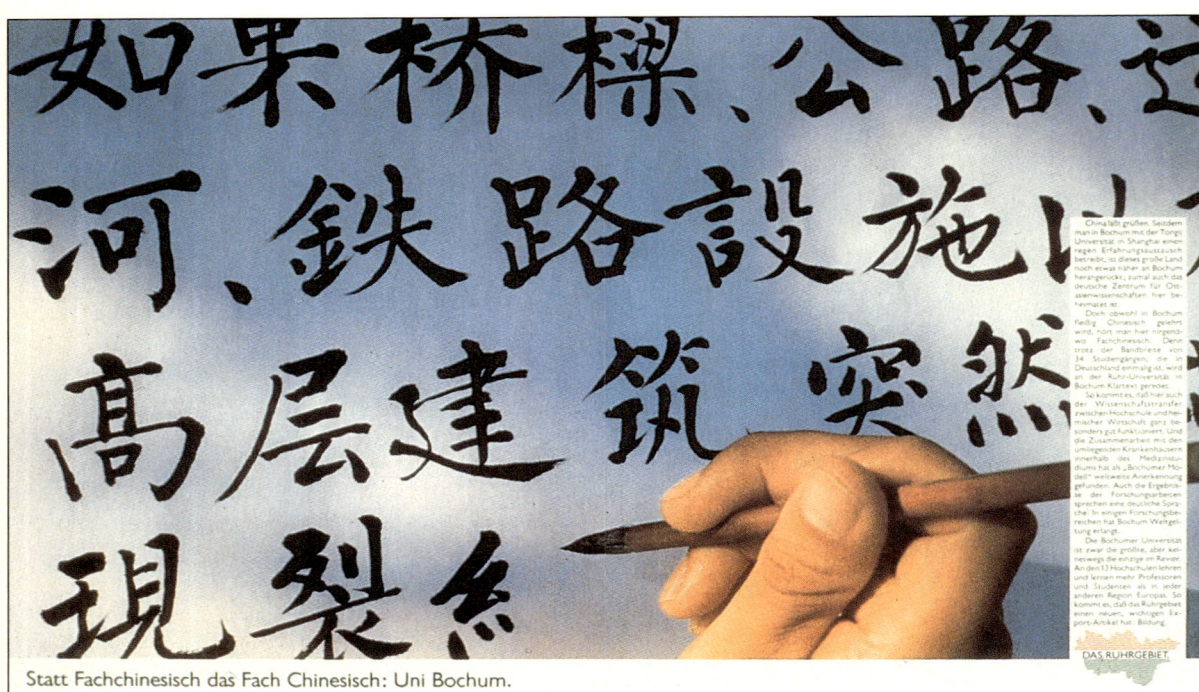

Statt Fachchinesisch das Fach Chinesisch: Uni Bochum.

Werbemotto: »Das Ruhrgebiet. Ein starkes Stück Deutschland.«

1. September 1985. »Das Ruhrgebiet. Ein starkes Stück Deutschland.« – So lauten Motto und Signet einer großangelegten Anzeigen-Kampagne des Kommunalverbandes Ruhrgebiet, die ab sofort Millionen bundesdeutscher Illustriertenleser die Schokoladenseite des Reviers vor Augen führen soll (Abb.: Anzeige).

Eine Image-Verbesserung der Region zwischen Ruhr und Lippe ist dringend notwendig, wie eine Umfrage unter 2000 repräsentativ ausgewählten Bundesbürgern bewiesen hat: Von den Befragten außerhalb des Ruhrgebiets würden nur 1% »sehr gern dort leben«, 60% dagegen »auf keinen Fall«.

»Silicon-Valley« auch im Ruhrgebiet

6. Mai 1985. In unmittelbarer Nachbarschaft zur Dortmunder Universität wird das erste Technologie-Zentrum im Ruhrgebiet eröffnet. Auf 4000 m² in der in sieben Monaten für 10,7 Mio DM errichteten Halle haben sich rund 30 Unternehmen, überwiegend aus dem Bereich der Elektronik, niedergelassen; damit sind bereits bei der Eröffnung alle Einrichtungen ausgebucht.

Die Gründung des Technologie-Zentrums erfolgte aufgrund einer gemeinsamen Intiative der Stadt und der Industrie- und Handelskammer Dortmund, der Landes- und der Bundesregierung sowie der Universität.

Lange Haftstrafe im Sozialwerk-Prozeß

20. September 1985. Nach 162 Verhandlungstagen endet vor dem Essener Landgericht der Prozeß um den größten Skandal in der Geschichte der freien Wohlfahrtspflege der Bundesrepublik. Wegen Untreue und Betrugs verurteilt das Gericht den ehemaligen Leiter des Gelsenkirchener Sozialwerks St. Georg, Johannes Hennemeyer, zu achteinhalb Jahren Freiheitsstrafe. Das Gericht sieht es als erwiesen an, daß Hennemeyer weit über 2 Mio DM aus Mitteln des Sozialwerks, einer gemeinnützigen Einrichtung zur Betreuung geistig Behinderter, in die eigene Tasche gewirtschaftet hat.

Die Kugel rollt im Casino Hohensyburg

28. Juni 1985. Höhepunkt der Eröffnungsgala mit mehr als 1000 geladenen Gästen in der Spielbank Dortmund-Hohensyburg ist der Auftritt von Weltstar Sammy Davis jr. Beim Startschuß für den Publikumsverkehr am folgenden Tag drängen weit über 6000 Besucher in das Casino, um bei Roulette, Black Jack, Baccara oder an einarmigen Banditen ihr Glück zu versuchen.

Der 72-Millionen-Bau ist in einem Umkreis von 45 Autominuten für 9 Mio Menschen erreichbar. Der künftige Bruttospielertrag wird auf jährlich 60 Mio DM geschätzt.

Obwohl die Stadt Dortmund mit 15% am Umsatz beteiligt ist, fragen einige Kritiker nach der Notwendigkeit des gläsernen Glückstempels angesichts einer regionalen Arbeitslosenquote von fast 17%.

Durch günstige Angebote – im sog. kleinen Spiel ist der Gast mit je einer Mark für Einsatz und Eintritt dabei – bemüht sich die Casino-Betreiberin, die Westdeutsche Spielbanken-Gesellschaft, um Popularität.

Imposanter Glaspalast des Spielcasinos Dortmund-Hohensyburg, der dritten Spielbank in Nordrhein-Westfalen nach Aachen und Bad Oeynhausen

12 Jahre Haft für Wanner »Ölkönig«

3. April 1985. In einem Prozeß vor dem Bochumer Landgericht gegen den Mineralölkaufmann Erhard Goldbach wird der als »Ölkönig von Wanne-Eickel« bekannte Unternehmer wegen Steuerhinterziehung in Höhe von 145 Mio DM zu zwölf Jahren Haft verurteilt. In einem ersten Verfahren war Goldbach schon 1983 wegen Betrugs zu sechseinhalb Jahren Haft verurteilt worden.

Goldbach unterhielt bis 1979 ein Netz von über 100 Tankstellen, wo er den Kraftstoff meist zwei Pfennig pro Liter billiger anbot als andere Mineralölgesellschaften.

Das Kapital für dieses kostspielige Geschäft beschaffte er sich durch Steuerhinterziehung und Betrug.

»Ganz unten« im Menschenhandel

21. Oktober 1985. Im Kölner Verlag Kiepenheuer und Witsch erscheint Günter Wallraffs Buch »Ganz unten«, in dem der Autor die Ausbeutung und Entwürdigung ausländischer Arbeitnehmer durch illegale Leiharbeitsfirmen in Nordrhein-Westfalen aufdeckt. In der Maske des Türken Ali Levent Sinirlioglu arbeitete G. Wallraff zwei Jahre lang für Arbeitsvermittler, die vor allem ausländische Arbeiter beschäftigen und keine Steuern und Sozialabgaben zahlen.

Staatsanwaltschaft ermittelt gegen Leiharbeitsfirmen

Bereits 1980 errechnete die Bochumer Schwerpunktstaatsanwaltschaft für Wirtschaftskriminalität einen jährlichen Gesamtschaden von 492 Mio DM für Finanzämter und Träger der Sozialversicherung durch illegale Praktiken von Leiharbeitsfirmen allein im Raum Bochum. Zahlreiche kleinere Firmen, vor allem im Baugewerbe, sehen sich zu unversteuerter Leiharbeit gezwungen, um konkurrenzfähig zu bleiben. Von 1980 bis 1986 leiteten die Bochumer Staatsanwälte 929 Verfahren wegen »Arbeitnehmerüberlassung« ein. In 192 Fällen wurden Strafbefehle und Geldstrafen in einer Höhe von insgesamt 1,5 Mio DM zugunsten der betrogenen Staatskasse verhängt.

Günter Wallraff bei einer Präsentation seines Buches »Ganz unten«; einen Teil des Erlöses stiftet der Autor dem Fonds »Ausländersolidarität«

Getarnt mit dunklen Kontaktlinsen, Toupet und Schnurrbart und nur gebrochen deutsch sprechend, hatte Günter Wallraff sich als Ali von der Firma Vogel-Industriemontage KG (der Firmeninhaber Hans Vogel wird im Buch als Herr Adler bezeichnet) anwerben und an die Oberhausener Remmert Industriereinigung GmbH ausleihen lassen. Alfred Remmert setzte seine Leute für Säuberungsarbeiten, u. a. in Anlagen der Duisburger Thyssen-Stahl AG, ein.
Nach Wallraffs Bericht erhielten die türkischen Leiharbeiter weder Helme noch Atemschutzmasken und wurden oft in 24-Stunden-Schichten ohne jede Unterbrechung zu extrem gesundheitsschädlichen Arbeiten gezwungen. Von dem im Werkvertrag mit Thyssen vereinbarten Stundenlohn von DM 52 erhielten Verleiher Remmert DM 27 und Vogel 25 DM. 9 DM zahlte der Sub-Unternehmer Vogel unversteuert an seine Arbeiter aus, die weder renten- noch krankenversichert waren.
Auf Wallraffs Veröffentlichung hin ermitteln Steuerfahndung und Landesarbeitsamt gegen die im Buch genannten Firmen.
Innerhalb eines halben Jahres werden fast zwei Millionen Exemplare von »Ganz unten« verkauft, Übersetzungen in zahlreiche europäische Sprachen sind geplant.

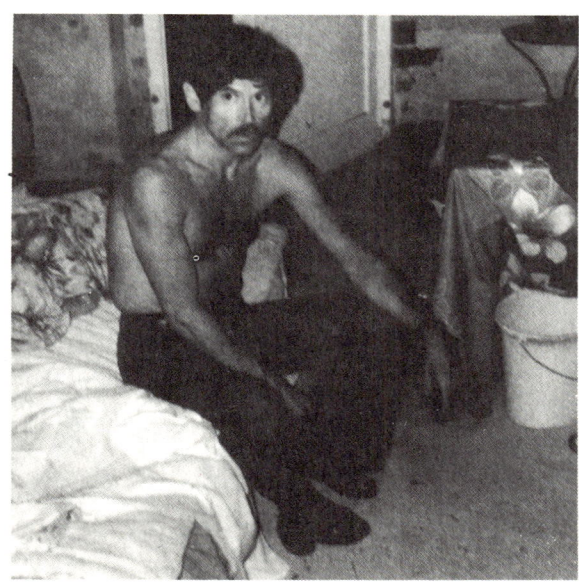
Wallraff als »Ali« in seiner primitiven Unterkunft

»Ali« (1. v. r.) mit türkischen Arbeitskollegen

Rechtsradikale in Fußball-Fanclubs

4. Juni 1985. Der 31jährige Siegfried Borchardt, Anführer des rechtsradikalen Dortmunder Fußball-Fanclubs »Borussenfront« und Landtagskandidat der neofaschistischen Freiheitlichen Arbeiterpartei (FAP), wird von einem Schöffengericht zu einer Freiheitsstrafe von einem Jahr verurteilt. Borchardt, der den Beinamen »SS-Siggi« trägt, war im August 1983 maßgeblich an Ausschreitungen gegen ein türkisches Kulturzentrum in Dortmund beteiligt. In Fanclubs von Fußballvereinen werden zunehmend rechtsradikale Tendenzen festgestellt.

Siegfried Borchardt beim Verlassen des Gerichts nach der Verhandlung

Keine Industrie im Orsoyer Rheinbogen

26. September 1985. Die nordrhein-westfälische Landesregierung beschließt, den Orsoyer Rheinbogen bei Rheinberg, ein Gelände, das zur Ansiedlung eines petrochemischen Werks und anderer Industrieanlagen vorgesehen war, dauerhaft unter Naturschutz zu stellen.
Anwohner hatten sich jahrelang gegen die Planungen zur Wehr gesetzt. Ein Bürger kommentiert die Nachricht über die Ablehnung der Industrieansiedlung: »Die Düsseldorfer Entscheidung bedeutet Frischluft für Duisburg!« In dem »bedeutsamen Feuchtgebiet« am Rhein ist nur der Bau einer Schachtanlage für den nach Norden wandernden Ruhrbergbau zugelassen.

1985

Produktion des Dortmunder Country- und Western Clubs im Offenen Kanal vom 11. Dezember 1985

Hoesch-Stahlarbeiter am 28. Juni 1985 im Offenen Kanal aus Anlaß des Streiksiegs der Metaller 1984

Auf dem Weg ins neue Medienzeitalter

1. Juni 1985. »Hurra, wir senden« – unter diesem Motto startet der Dortmunder Kabelfunk mit einer Live-Übertragung vom Alten Markt. Zur Geburtstagsparty haben sich zahlreiche prominente Gäste eingefunden: Das Spektrum reicht von den Operetten-Stars Rudolf Schock und Karl Ridderbusch bis zu Rockstar Herbert Grönemeyer und »Bürgerschreck« Nina Hagen.

Die Einrichtung des Funkhauses an der Lindemannstraße geht zurück auf einen 1978 von den Ministerpräsidenten der Länder gefaßten Beschluß, an vier Standorten in der Bundesrepublik Kabelpilotprojekte durchzuführen. Noch im selben Jahr bestimmte die nordrhein-westfälische Landesregierung Dortmund als Versuchsort, das damit an die Seite von Berlin, Ludwigshafen/Mannheim und München trat. Alle Versuche dienen vorrangig wissenschaftlichen Zwecken: Es sollen die gesellschaftlichen Auswirkungen der Kabelangebote auf die Familien, auf die etablierten Medien, auf Wirtschaft und Arbeitsmarkt sowie technische, rechtliche und finanzielle Aspekte erforscht werden.

Wer kann empfangen?

Der Empfang des Fernsehprogramms vom Kabelfunk Dortmund ist nur bei Anschluß an das (Kupfer-)Kabelnetz innerhalb des Versuchsgebietes möglich. Das Versuchsgebiet wird – grob – begrenzt von der Mallinckrodtstraße (Norden) sowie der Von-der-Goltzstraße (Osten), dem Westfalenpark (Süden), der Universität (Südwesten) und dem Gelände des Güterbahnhofs Dortmunder Feld (Westen). Der Hörfunk ist auf der UKW-Frequenz 87,8 MHz im gesamten Stadtgebiet zu empfangen.

Das Kabelpilotprojekt Dortmund, angelegt auf drei Jahre, ist der einzige Versuch dieser Art, der in der Verantwortung der öffentlich-rechtlichen Rundfunkanstalten liegt. Entsprechend gibt es kein Programm privater Anbieter. Zuständig für das Programmangebot ist hauptsächlich der Westdeutsche Rundfunk (WDR); das Zweite Deutsche Fernsehen (ZDF) steuert außer seinem Hauptprogramm einen Musikkanal (Kanal 12) und das Satellitenprogramm 3Sat (Kanal 13) bei.

Das spezifische Programm des Dortmunder Kabelfernsehens umfaßt die Kanäle 4 bis 11 sowie den Kabeltext auf Kanal 20. Auf Kanal 4 gibt es täglich außer samstags ab 19 Uhr aktuelle Nachrichten, Reportagen, Interviews und Kommentare aus Dortmund; um 19.35 Uhr folgt wochentags das Magazin »Stadtjournal«, ein Feature zu ausgewählten Themen oder eine »Stippvisite« bei interessanten Einrichtungen in der Stadt. Ab 20.50 Uhr heißt es dann »Dabei in Dortmund« mit einer Direktübertragung oder Aufzeichnung interessanter öffentlicher Veranstaltungen. Kanal 6 bietet täglich drei Stunden »Sport und Information«, darunter auch speziell Sport- und Freizeitveranstaltungen im Großraum Dortmund. Kanal 11, der sog. Offene Kanal, ist Video-Produktionen von Dortmunder Bürgern vorbehalten.

G. Thomalla (l.) vom Westfälischen Blindenverein mit Th. Schmidt (Deutscher Paritätischer Wohlfahrtsverband) beim Schneiden des Films »Anders Sehen«

Revierstädte werden verkabelt

Durch die nach dem Regierungswechsel in Bonn 1982 verstärkten Investitionen der Deutschen Bundespost in den Bereich der neuen Medien- und Kommunikationstechniken schreitet auch das Ruhrgebiet auf dem Weg in die sog. Informationsgesellschaft voran.

Laut einer Prognose der Bundespost und des Prognos-Instituts sollen im Jahr 2000 rund 20% aller Haushalte im Bundesgebiet Kabel- bzw. Satellitenfernsehen empfangen können und voraussichtlich 15% an das Bildschirmtextsystem (Btx) angeschlossen sein.

Im März 1987 sind in dem Fernmeldeamtsbereich Dortmund 15 452 Wohneinheiten verkabelt, im Fernmeldeamtsbereich Duisburg 14 630 und im Essener Fernmeldeamtsbereich 11 360. Btx-Anschlüsse gibt es in Dortmund 897, davon 55 Anbieter, in Duisburg 570 und in Essen 550. Hinzu kommen sonstige Datenanschlüsse, darunter der elektronische Fernschreiber Teletex und das Fernkopiersystem Telefax.

Von den sog. Neuen Medien – es sind dies die vor allem aus den Entwicklungen der Mikroelektronik resultierenden Kommunikationsmittel – beschäftigen besonders Hörfunk und Fernsehen über Kabel und Satellit die öffentliche Diskussion. Da mit diesen Medien die Frage nach der Zulassung von privaten Programmanbietern verknüpft ist, warnen Kritiker vor einem gefährlichen Ausufern des Angebots bei gleichzeitiger Qualitätsminderung durch Kommerzialisierung.

Der Einsatz der Neuen Medien wird auch in seinen Auswirkungen auf die Beschäftigungsstruktur kontrovers diskutiert. Während die Gewerkschaften durch Rationalisierungen zahlreiche Arbeitsplätze gefährdet sehen, erhoffen sich die Kommunalpolitiker z. B. vom Ausbau des elektronischen Kommunikationsnetzes eine erhöhte Attraktivität des Reviers für die Ansiedlung von neuen Unternehmen in der Region.

Wohnqualität durch Verkehrsberuhigung

5. August 1985. Das nordrheinwestfälische Verkehrsministerium veröffentlicht ein Programm zur Verkehrsberuhigung in den Wohnbereichen von 94 Städten des Landes. Für insgesamt 126 Projekte steht ein Gesamtetat von 120 Mio DM zur Verfügung. Unter den 94 Städten, die in dieses Förderprogramm aufgenommen werden, befinden sich auch 14 Kommunen aus dem Ruhrgebiet. Unter anderem werden Datteln, Dorsten, Essen, Mülheim, Gelsenkirchen, Hattingen und Recklinghausen mit Landesmitteln unterstützt.

Ziel des Programms ist die Einschränkung des motorisierten Verkehrs in Wohngebieten. Begrünungsaktionen, Anlage von Radwegen und die Einrichtung regelrechter »Wohn- und Spielstraßen« bilden die Schwerpunkte des Vorhabens. Die Verminderung der Luftverschmutzung durch weniger Abgase und das Absinken des Lärmpegels verbessern zusätzlich die Wohnqualität in verkehrsberuhigten und begrünten Zonen.

Heyme wird Chef des Essener Schauspiels

13. Januar 1985. Der Verwaltungsrat des Essener Theaters wählt Hansgünther Heyme zum neuen Schauspielchef. Heyme, der sein Amt am 1. Dezember antritt, ist seit 1979 als Nachfolger von Claus Peymann (→ 1. 12. 1979) Direktor des Stuttgarter Schauspiels.

H. Heyme

Die WAZ lobt die Verpflichtung des in der baden-württembergischen Landeshauptstadt stark umstrittenen Heyme als »gute Entscheidung«: »Hansgünther Heyme hat ... das Format, jenes Großstadt-Theater zu gewährleisten, das der Reviermetropole ansteht. Denn der ebenso phantasiebegabte wie intellektuell geprägte Regisseur hat seit seiner legendären »Tell«-Inszenierung durch kühne Klassiker-Deutungen ... ein Stück ... Nachkriegstheaters mitgeschrieben.«

Tana Schanzara – die »Perle vom Pott«

26. September 1985. Großer Auftritt für Tana Schanzara in den Bochumer Kammerspielen: In der Szenenfolge »Solo für Tana« von Uwe Jens Jensen mit von ihr selbst begesteuerten Liedern spielt die »Duse von der Emscher« (WAZ) die herzlich-resolute Trinkhallenbesitzerin Tana Jendrinski.

Tana Schanzara

In insgesamt 49 Vorstellungen mit einer Platzausnutzung von 99,5% plaudert sie im breiten Kohlenpott-»Slang« über die Zumutungen der großen Politik ebenso wie über kleine Sorgen des Alltags.

In die am Schluß der Aufführung nicht enden wollenden Ovationen des Publikums stimmt auch Hans Jansen in der WAZ mit ein: »Nee, war datt 'n schönen Abend. Ährlich. Tana is die Perle vom Pott. Also, nix wie hin, Leute!«

Duisburger Damen sind Fußballmeister

30. Juni 1985. Im Finale um die Deutsche Meisterschaft im Damenfußball gewinnt die auf heimischem Platz antretende Elf des KBC Duisburg mit 1:0 Toren gegen die Mannschaft des FC Bayern München.

Offermann, KBC

Die WAZ berichtet vom Ausgang des Spiels vor 6000 Zuschauern: »Riesenjubel brauste auf, Sektkorken knallten, und die Mädchen fielen sich überglücklich in die Arme.« Nachdem die erste Halbzeit torlos verlief, hatten die Duisburgerinnen in der zweiten Spielhälfte mehrere große Chancen; doch erst in der 75. Minute gelang ihnen der ersehnte Torerfolg.

Der Kaßlerfelder BC Duisburg nimmt seit zehn Jahren an den Deutschen Damenfußball-Meisterschaften teil, die im Jahr 1974 zum ersten Mal ausgetragen wurden.

Kneipenlandschaft im Revier zwischen Kir Royal und Pils

Neben den zahllosen Eckkneipen in den Revierstädten, in denen allabendlich Skat »gekloppt« und »geklönt« wird, wozu es »Gedecke« von Pils und Korn gibt, findet sich eine Vielzahl unterschiedlicher Lokale für das jüngere Publikum. Ein Großteil dieser Kneipen entsteht mit dem jeweiligen Zeitgeist für die verschiedenen Modeströmungen der Yuppies, Popper, Grufties, New Waver, Punker und Freaks, und viele verschwinden so plötzlich wie sie aufgetaucht sind; manche halten sich aber auch über Jahre. So gibt es Kneipen, in denen ständig lautstark Musik gespielt wird, andere, die zum Klönen einladen, und wieder andere, wo häufig Musikgruppen und Kleinkunstdarsteller auftreten. Die Neon-Kneipe, die im chromglänzenden Technik-Design gestaltet ist, wo zu Cool Jazz und Funk-Musik Cocktails, Soft-Drinks und Kir Royal angeboten werden, findet sich ebenso in zahlreichen Städten des Ruhrgebiets wie die Gammelkneipe, in der sich die »Szene« zu politischen Diskussionen oder einer Partie Backgammon trifft, um dabei gemütlich Pils, Alt oder Kaffee zu »schlabbern«.

Das Bochumer »Treibhaus« im Neon-Stil der 80er Jahre, eine der Schicki-Micki-Adressen im Revier

Café im Dortmunder Stadttheater, allseits beliebter, modern gestalteter Treffpunkt zahlreicher Besucher vor und nach den Theatervorstellungen

Musik und Kleinkunst in eher bürgerlich anmutender Atmosphäre jenseits aktueller Modeströmungen bietet die »Lokalität Kenkenberg« in Gelsenkirchen

1986

6. 2. In Essen wird die Zeitschrift »Revier-Kultur« vorgestellt.

26. 2. In Duisburg wird bekannt, daß der Kunstsammler Lothar-Günther Buchheim die vorgesehene Eingliederung seiner Gemäldesammlung in das Wilhelm-Lehmbruck-Museum zurückgezogen hat. →

3. 3. Auf der Zeche Prosper-Haniel in Bottrop wird der erste Förderberg des Ruhrbergbaus in Betrieb genommen. →

6. 3. 60 000 Menschen demonstrieren gegen eine geplante Änderung des § 116 Arbeitsförderungsgesetz in Dortmund. →

27. 3. Die Hertie-Kaufhäuser in Dortmund, Castrop-Rauxel und Wanne-Eickel werden wegen Unrentabilität geschlossen. →

14. 5. Gutachter empfehlen der Stadt Dorsten den Abriß der »Metastadt« in Dorsten-Wulfen wegen schwerer Bauschäden. →

19. 5. Vier Tage vor Abschluß der Bundesligasaison sichert sich TuSEM Essen erstmals den Titel eines Deutschen Hallenhandballmeisters.

25. 5. Der Dortmunder Rennverein feiert sein 100jähriges Bestehen. →

30. 5. Der Thorium-Hochtemperaturreaktor in Hamm-Uentrop, aus dem am 4. Mai radioaktives Gas ausgetreten war, wird abgeschaltet. →

Juli. Nach einer Untersuchung der Universität Bochum leben immer mehr Revierbürger an oder unter der Armutsgrenze. →

20. 8. Beim Austritt von Giftgas in einem Duisburger Werk der Mannesmann Demag AG werden 42 Menschen verletzt. →

1. 9. Der Regisseur Frank-Patrick Steckel wird Nachfolger von Claus Peymann als Chef des Bochumer Schauspielhauses. →

18. 9. Ein Airbus der Deutschen Lufthansa wird auf den Namen »Recklinghausen« getauft. →

8. 10. Das nordrhein-westfälische Kultusministerium erteilt der »Freien Schule Bochum« für ein Jahr die Genehmigung, den Lehrbetrieb aufzunehmen. →

20. 11. Das Bochumer Heusner-Viertel, ein seit Jahren von ca. 300 Menschen besetztes Sanierungsgebiet, wird von der Polizei geräumt und abgerissen. →

1986. 334 000 Besucher zählt die Ausstellung »Barock in Dresden« in der Villa Hügel. →

GESTORBEN:

8. 5. München: Arndt von Bohlen und Halbach (* 24. 1. 1938, Berlin), letzter Angehöriger der Kruppdynastie.

13. 11. Düren-Gürzenich: Rudolf Schock (* 4. 9. 1915, Duisburg), Opern- und Liedersänger.

Demonstration von Bauern und Anwohnern des Hochtemperaturreaktors in Hamm-Uentrop, die eine sofortige Stillegung des Atomkraftwerks fordern

Atomreaktor abgeschaltet

30. Mai 1986. Nach Bekanntwerden eines Zwischenfalls im Thorium-Hochtemperaturreaktor (THTR) in Hamm-Uentrop vom 4. Mai veranlaßt das nordrhein-westfälische Wirtschaftsministerium die vorübergehende Stillegung der Anlage. Bei einer routinemäßigen Spülung des Reaktorsystems war durch ein verklemmtes Ventil das radioaktiv verseuchte Kühlgas Helium entwichen. Messungen, die im nahen Umkreis des Reaktors Spitzenwerte bis zu 50 000 Becquerel pro m² ergaben, führen die Meßingenieure des Unternehmens nicht auf den Störfall, sondern auf die Katastrophe im sowjetischen Kernkraftwerk Tschernobyl zurück. Die Betreibergesellschaft des THTR, die Hochtemperatur-Kraftwerk GmbH, betrachtet den Störfall selbst als ein nicht meldepflichtiges Ereignis. Die Leitung des Unternehmens argumentiert: »Zu keiner Zeit wurden die Grenzwerte überschritten.«

Unfall mit Giftgas fordert 38 Verletzte

20. August 1986. Nach einem Giftgasunfall in den Duisburger Werken der Mannesmann Demag AG müssen 38 Belegschaftsmitglieder im örtlichen Bethesda-Krankenhaus behandelt werden. Die Mitarbeiter eines Reparaturtrupps waren bei Schleifarbeiten an einem Rohr durch den Austritt größerer Mengen Trichloräthylen verletzt worden. Dieses Lösungsmittel, das sich unter Einwirkung von Hitze zum gefährlichen Kampfgas Phosgen entwickeln kann, findet als Reinigungsmittel für Öle und Fettrückstände in der Metallindustrie Verwendung. Schon vor Monaten hatten Mitarbeiter des Unternehmens die Werksleitung auf unangenehme Geruchsbelästigungen aufmerksam gemacht. Bei Schweißarbeiten zur Verbesserung der Abzugsvorrichtungen an einer Trichloräthylen-Reinigungsanlage kam es schließlich zur Verpuffung des auf mindestens 80 °C erhitzten Lösungsmittels. Nach Auskunft der Unternehmensleitung konnte bei anschließenden Messungen im Werk aber kein Phosgen nachgewiesen werden. Die Duisburger Staatsanwaltschaft ermittelt gegen das Unternehmen aufgrund des Verdachts der Körperverletzung und des Verstoßes gegen Umweltschutzbestimmungen.

Teure Bauruine in Dorsten-Wulfen

14. Mai 1986. Zwei Gutachtergruppen aus München und Dorsten-Wulfen empfehlen wegen gravierender Bauschäden der Stadt Dorsten und dem Landesminister für Stadtentwicklung Christoph Zöpel den Abriß der Metastadt in der Großsiedlung Neue Stadt Wulfen.

Die von der Essener Treuhandstelle für Bergmannswohnstätten 1975 errichtete Metastadt war lange Zeit als ein einmaliger städtebaulicher Versuch gefeiert worden, Stahl im Wohnungsbau zu verwenden. In ein tragendes Stahlskelett wurden Bauteile eingefügt und von insgesamt 60 000 Schrauben zusammengehalten. Es entstanden Wohnungen unterschiedlicher Größe mit individuellen Grundrissen, Ladenlokale, Büros und ein Kindergarten.

Schon bald nach dem Einzug der Mieter 1975 zeigten sich die ersten Mängel der flexiblen Konstruktion. Durch das Flachdach des neunstöckigen Gebäudes tropfte Wasser. Fenster und Wände waren unzureichend isoliert. Ging eine Fensterscheibe zu Bruch, mußte der gesamte Flügelrahmen erneuert werden. In den schnell verschmutzten Außenfassaden zeigten sich Risse. Seit Anfang des Jahres steht diese »Tropfsteinhöhle des sozialen Wohnungsbaus«, wie eine Illustrierte schreibt, leer, nachdem auch Mietnachlässe die letzten der ursprünglich 500 Bewohner nicht zum Bleiben bewegen konnten.

Die von Stadt und Land beauftragten Gutachter stellen zudem schwere Rostschäden am Stahltragwerk fest. Die Kosten für eine vollständige Sanierung des Baukomplexes werden auf 10,2 Mio DM geschätzt, während der Abriß nur 1,3 Mio DM kosten wird.

Auch viele andere Häuser der Neuen Stadt Wulfen stehen leer. Wer anderswo eine Wohnung finden kann, meidet die anonymen Wohnsilos dieser Trabantenstadt.

Abrißreife, elf Jahre alte Metastadt der Großsiedlung Neue Stadt Wulfen

Mehr Menschen an Armutsgrenze

Juli 1984. Nach einer Untersuchung der Universität Bochum leben immer mehr von der anhaltenden Massenarbeitslosigkeit betroffene Revierbürger von einem Monatseinkommen in Höhe der Sozialhilfe und damit an der Grenze zur Armut. Nach Schätzungen trifft dies allein in Bochum auf 40 000 Menschen zu, fast 10% der Bevölkerung. So gibt es dort Arbeitslosenfamilien mit zwei Kindern, die mit 1032 DM im Monat auskommen müssen. Not herrscht besonders unter alten Menschen, Erwerbsunfähigen, kinderreichen Familien und Alleinerziehenden. Angesichts leerer Stadtkassen sind die Sozialämter überfordert.

Hertie-Kaufhäuser werden geschlossen

27. März 1986. Der Kaufhauskonzern Hertie schließt seine Warenhäuser in Dortmund, Castrop-Rauxel und Herne 2 (Wanne-Eickel). Nach Angaben des Konzerns haben die drei Häuser von 1979 bis 1984 ein Minus von rund 49 Mio DM gemacht. Neben dem Verlust einer attraktiven Einkaufsmöglichkeit – in Castrop-Rauxel und Herne 2 war Hertie das einzige Kaufhaus am Ort – bedeuten die Schließungen den Verlust von Arbeitsplätzen: In Dortmund sind dies 400, in Castrop-Rauxel 237, in Herne 200.
Ende Juli bzw. Ende Oktober schließen auch die beiden zum Hertie-Konzern gehörenden Wertheim-Warenhäuser in Essen und Bochum mit insgesamt 620 Beschäftigten.

Demonstration von Mitarbeitern des Hertie-Kaufhauses in Dortmund

Taufe eines Airbus der Lufthansa auf den Namen »Recklinghausen« am 18. 9. 1986 in Düsseldorf

Ehrengäste beim Verlassen der »Recklinghausen« nach einem Probeflug am Tag der Flugzeug-Taufe

Airbus »Recklinghausen«, Dampfer »Essen«

18. September 1986. Die Stadt Recklinghausen übernimmt die Patenschaft für einen Airbus der Deutschen Lufthansa. Ähnlich wie andere Städte in der Bundesrepublik sind auch die Ruhrgebietsstädte oftmals Namensgeber und Paten für Flugzeuge und Schiffe. So flog seit 1966 eine Boeing 707 unter dem Namen »Bochum«, nach ihrer Außerdienststellung wurde 1982 eine DC 10 der Deutschen Lufthansa auf diesen Namen getauft. Darüber hinaus war Bochum bis 1971 Pate eines Minenlegers der deutschen Marine.
Die Tradition, Flugzeugen und Schiffen die Namen von Städten zu geben, die damit auch zu Paten werden, ist sehr alt. So wurde das erste von sieben Schiffen mit dem Namen »Essen«, ein Hochseedampfer, 1874 von der Kruppschen Reederei in Dienst gestellt. Die letzte »Essen« ist ein Container-Frachter der Hapag Lloyd AG, der im September 1980 seinen Namen erhielt. Während des Zweiten Weltkriegs übernahmen viele Städte Patenschaften für U-Boote der deutschen Kriegsmarine. So hatte Duisburg die Schirmherrschaft über U 73 übernommen, dessen Crew von der Stadt mit Zeitschriften, Büchern und anderen Kleinigkeiten beschenkt wurde. Städtepatenschaften über Schiffe und Flugzeuge sind oft mit gegenseitigen Besuchen, Glückwünschen zu »Geburtstagen« u. ä. verbunden.

Schnellboot »Bussard«, durch Patenschaft mit Kamp-Lintfort verbunden

Feierliche Taufe einer Boeing 707 der Lufthansa auf den Namen »Bochum«

DGB-Protest gegen Änderung des § 116

6. März 1986. In Dortmund nehmen rund 60 000 und in Hagen rund 10 000 Menschen an Demonstrationen im Rahmen der vom Deutschen Gewerkschaftsbund (DGB) bundesweit organisierten Protestkundgebungen gegen die von der Bundesregierung geplante Änderung des § 116 Arbeitsförderungsgesetz teil.

Der DGB hatte in den letzten Jahren verstärkt große Unternehmen bestreikt; dadurch hatte er gleichzeitig Zulieferbetriebe getroffen, die ihre Produktion stillegen mußten, wenn das Großunternehmen als Abnehmer ausfiel. Die betroffenen Belegschaften erhielten bisher in solchen Fällen Kurzarbeitergeld von der Bundesanstalt für Arbeit.

Die Änderung des Streikparagraphen, die am 20. März im Bundestag verabschiedet wird, sieht die Abschaffung solcher Zahlungen vor. Der DGB sieht darin einen unzulässigen Eingriff in das Streikrecht.

F.-P. Steckel neuer Bochumer Intendant

1. September 1986. Neuer künstlerischer Direktor des Bochumer Schauspielhauses wird der aus Berlin stammende, bisher als freier Regisseur tätige Frank-Patrick Steckel. Er löst den an das Wiener Burgtheater wechselnden Claus Peymann (→ 1. 12. 1979) ab. Schon bei seiner Verpflichtung 1984 hatte Steckel das Problem angesprochen, eine Bühne zu übernehmen, »wo man höchstens alles schlechter machen kann«.

Die Presse lobt die Entscheidung der Bochumer Kulturpolitiker. Die WAZ schreibt: »In Steckel hat man rechtzeitig einen vergleichsweise jungen Regisseur gefunden, der sich . . . durch seine bisherige Arbeit an so wichtigen Stätten wie dem Hamburger Schauspielhaus und der Berliner Schaubühne . . . qualifiziert hat.«

Der neue Intendant will mit seiner Arbeit keinen Bruch gegenüber dem erfolgreichen Schaffen seines Vorgängers vollziehen.

Erster Förderberg

3. März 1986. *Auf der Bottroper Zeche Prosper-Haniel wird ein in der Geschichte des Ruhrbergbaus einmaliges Projekt vollendet: In 270 m Tiefe gelingt der Durchschlag, der die 786 m-Sohle über einen 3,6 km langen schrägen Tunnel (Abb.) mit Übertage-Anlagen der Zeche Prosper II verbindet, um Kohle und Material zutage zu fördern.*

Schulmodell erhält Prüfungserlaubnis

8. Oktober 1986. Das nordrheinwestfälische Kultusministerium erteilt der »Freien Schule Bochum« nach fünfjährigem Rechtsstreit eine vorläufige offizielle Unterrichts- und Prüfungserlaubnis.

Die alternative Schule erhält für ein Jahr die Genehmigung, 14 Kinder nach den Rahmenrichtlinien für Gesamtschulen zu unterrichten. Zur Deckung ihrer Personalkosten wird die Modellschule mit rund 90 000 DM subventioniert. Die wohl kleinste Gesamtschule der Bundesrepublik Deutschland darf künftig Haupt- und Fachoberschulabschlüsse sowie Berechtigungen zum Besuch der gymnasialen Oberstufe vergeben.

Seit 1981 arbeitete die Schule ohne die Genehmigung des Kultusministeriums. Die pädagogische Konzeption der Einrichtung baut auf freiwillige Unterrichtsteilnahme, »Jahresbriefe« als Ersatz für Zeugnisse und Mitwirkung der Schüler.

Buchheim-Sammlung nicht nach Duisburg

26. Februar 1986. *Die Stadt Duisburg erhält Nachricht, daß die Expressionisten-Sammlung des Schriftstellers, Verlegers und Sammlers Lothar-Günther Buchheim nicht im Erweiterungsbau des Wilhelm-Lehmbruck-Museums ihren Platz finden wird. Nach einer Mitteilung der Ehefrau Buchheims hat sich der Sammler dazu entschlossen, seinen Kunstbesitz anderweitig zu vergeben, da die Stadt seinem Verlangen nach strikter Trennung von neuem und altem Museumstrakt nicht nachgekommen sei und weitere von Buchheim gewünschte Verpflichtungen in Gestaltungsfragen abgelehnt habe.*

Ein Vertrag zwischen beiden Parteien vom Februar 1983 hatte die Unterbringung der expressionistischen Werke aus Buchheims Besitz im neuen, eigens zu erbauenden Museumsteil vorgesehen. Stattdessen wird Anfang 1987 eine Joseph-Beuys-Ausstellung (Abb.) eingerichtet, die aus 15 ständigen Leihgaben der Berliner Sammlung Marx besteht.

100 Jahre Pferderennen in Dortmund

25. Mai 1986. Der Dortmunder Rennverein feiert sein 100jähriges Bestehen. Er zählt zu den renommiertesten und ältesten Rennvereinen im Ruhrgebiet und betreibt mit der 1981 gebauten Allwetterbahn (Abb.) die erste Pferdesport-Anlage dieser Art in Europa.

Der seit dem Bau der Rennbahn in Dortmund-Wambel bestehende Hinderniskurs (→ 3. 7. 1913) mußte 1981 einer innerhalb der Grasbahn angelegten Sandbahn weichen. Der Sandkurs ist mit einer straßenähnlichen, wasserdurchlässigen Tragschicht unterlegt, so daß die Bahn bei jedem Wetter benutzt werden kann; eine Flutlichtanlage macht Rennveranstaltungen auch vom Tageslicht unabhängig. Die beträchtlichen Kosten für die Investitionen in die Rennbahn wurden von der Stadt Dortmund und dem Land Nordrhein-Westfalen mitgetragen.

Der Dortmunder Rennverein unterhält auch eine weithin bekannte Trainingszentrale, in der Galopper ihren letzten Schliff erhalten.

1987

8. 1. Medizinische Untersuchungen weisen Benzol im Blut von Dortmunder Schulkindern nach. →

14. 1. Oberbürgermeister mehrerer Revierstädte erörtern auf einer Konferenz in Dortmund neue Konzeptionen für den öffentlichen Nahverkehr. →

20. 1. In einigen Städten des Reviers wird die Smog-Vorwarnstufe ausgelöst.

25. 1. Bei den Wahlen zum 11. Deutschen Bundestag behält die Koalition aus CDU/CSU und FDP trotz erheblicher Verluste die Regierungsmehrheit. →

29.–31. 1. 60 000 Menschen strömen an drei Tagen in die Dortmunder Westfalenhalle zur Tauben-Olympiade. →

2. 2. Auf einer turbulenten Mitgliederversammlung im Gelsenkirchener Hans-Sachs-Haus wird Günter Siebert zum neuen Präsidenten des FC Schalke 04 gewählt. →

19. 2. In Hattingen wird die Stillegung von zwei Hochöfen und der Grobblechstraße auf der Henrichshütte bekannt, wodurch 2900 Arbeitsplätze verlorengehen. →

März. Die Finanzmisere der kommunalen Haushalte zwingt zahlreiche Revierstädte zu drastischen Einsparungen. →

23. 3. Äußerungen von Bundeswirtschaftsminister Martin Bangemann zur Kohle- und Stahlindustrie lösen im Ruhrgebiet Empörung aus. →

31. 3. Mit Minister Stein wird die letzte Dortmunder Zeche nach 112 Jahren stillgelegt. →

31. 3. Der Verein »Pro Ruhrgebiet« erhebt das Pferd zum Symboltier für das Revier. →

2. 5. Papst Johannes Paul II. macht auf seiner Reise durch die Bundesrepublik für 14 Stunden Station im Ruhrgebiet. →

4. 5. In der Spielbank Hohensyburg bei Dortmund beginnen die Dreharbeiten zur neuen WDR-Fernsehspielserie »Dortmunder Roulette«. →

15. 5. In Duisburg findet die »Regionale Stahlkonferenz Rhein-Ruhr-Sieg« statt, an der Vertreter der Revierstädte, der Gewerkschaften, der Unternehmen, der Bundes- und der Landesregierung teilnehmen, um Auswege aus der Stahlkrise zu suchen. →

18. 5. Die Städte Gelsenkirchen, Bottrop und Gladbeck vereinbaren die Gründung eines Lokalfunks Emscher-Lippe. →

22. 5. Bundesarbeitsminister Norbert Blüm wird mit 592 von 612 Stimmen der Delegierten zum neuen Vorsitzenden des CDU-Landesverbandes Nordrhein-Westfalen gewählt. →

Musiktheater im Revier, Gelsenkirchen; der Bestand der renommierten Opernbühne ist durch die schwierige Finanzlage der Stadt gefährdet

Revierstädte in Finanznot

März 1987. Wachsende Ausgaben und sinkende Einnahmen belasten die Haushalte der Revierstädte mit hohen Defiziten. Die Kommunen sehen sich gezwungen, Sparmaßnahmen zu ergreifen.

Die überdurchschnittlich hohe Arbeitslosigkeit – Castrop-Rauxel hat mit 19% die höchste Arbeitslosenquote im Revier – belastet den Sozialhaushalt der Städte, da immer mehr Langzeit-Arbeitslose ohne ausreichende Unterstützung durch die Bundesanstalt für Arbeit die von den Städten finanzierte Sozialhilfe in Anspruch nehmen müssen. Die sinkende Kaufkraft der Bevölkerung wirkt sich negativ auf die Umsätze der einheimischen Wirtschaft aus. Besonders in den von der Stahlkrise (→ 19. 2. 1987) betroffenen Städten führt zudem die Schließung von Unternehmen oder Unternehmenszweigen zu einem Rückgang der Gewerbesteuer-Einnahmen. Der Haushalt von Oberhausen weist z. B. trotz Sonderhilfen des Landes Nordrhein-Westfalen einen Fehlbetrag in Höhe von 48 Mio DM auf.

Angesichts der Finanzkrise veröffentlichen die Städte rigide Sparpläne. Der Rat der Stadt Gelsenkirchen erwägt, die Mittel für das Musiktheater zu halbieren, Zuschüsse für soziale Einrichtungen zu kürzen und Personaleinsparungen bei der Feuerwehr vorzunehmen.

Die Stadt Bochum (30 Mio DM Defizit) will die kommunalen Zuschüsse für die renommierte Westfälische Schauspielschule streichen und erhofft Landesmittel, die den Bestand der Schule sichern sollen.

Auch Castrop-Rauxel, das 1985 mit einem Gewerbesteuer-Aufkommen von 241 DM pro Einwohner das Schlußlicht in der Liste der bundesdeutschen Städte bildete, ist zu Einsparungen im sozialen und kulturellen Bereich gezwungen.

Leichte SPD-Gewinne im roten Ruhrgebiet

25. Januar 1987. Bei den Wahlen zum elften Deutschen Bundestag müssen sowohl CDU/CSU als auch SPD Verluste hinnehmen. Gewinner der Wahl sind die FDP und die Grünen. Im Ruhrgebiet entsprechen die Einbußen der Union ihrem bundesweiten Abschneiden, während die SPD hier mit Ausnahme u. a. der Wahlkreise Moers und Mülheim leichte Gewinne verzeichnen kann.

Städte fördern Kulturarbeit

Massive Kürzungen der städtischen Haushalte im Revier haben seit Beginn der 80er Jahre in zunehmendem Maße auch die Kulturaktivitäten der Kommunen eingeschränkt. Allenthalben verspüren Opernhäuser, Stadttheater, Volkshochschulen und andere Kultureinrichtungen die Folgen leerer Haushaltskassen.

Vor diesem Hintergrund bietet ein von der Stadt Dortmund eingerichtetes kulturelles Förderungsmodell, mit dem freie Initiativen bei der Ausrichtung von Kulturprojekten finanziell unterstützt werden, eine neue Perspektive. Unter Aufwendung recht geringer Mittel (1985 wurden 42 Initiativen mit insgesamt 226 100 DM gefördert) sichert das Modell ein breites Kulturangebot.

Nach einem Bericht, den das Kulturamt Anfang Januar 1987 vorlegt, haben sich im Jahr 1985 48 Gruppen mit Projekten aus den Bereichen Theater, Musik, Bildung, Kunst, Literatur, Film, Video und Fotografie um städtische Mittel beworben. Bei den Bewilligungen lag der Theaterbereich mit 13 Projekten, gefolgt von der Musiksparte, eindeutig an der Spitze. Mit den zur Verfügung gestellten Mitteln finanzierten Künstler und freie Gruppen Musik- und Theaterveranstaltungen sowie Ausstellungen.

Der sog. kulturelle Feuerwehrfonds der Stadt Dortmund hat inzwischen beispielhafte Funktion für die Kulturarbeit auch in anderen Revierstädten.

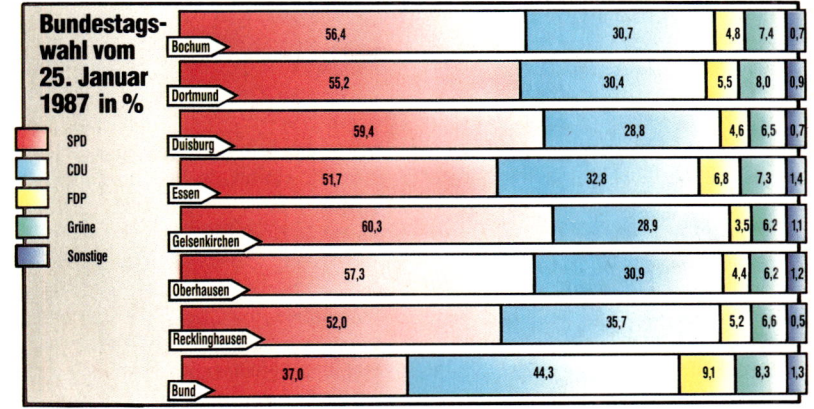

Demonstration in Oberhausen gegen den Abbau von rund 3000 Stahl-Arbeitsplätzen; vorn Arbeiter in Schutzkleidung

Protestdemonstration gegen die Stillegungspläne der Thyssen AG im Stahlstandort Hattingen, an der sich neben den Arbeitern der Henrichshütte zahlreiche Einwohner beteiligen

Stahlwerks-Stillegungen in Hattingen und Oberhausen

19. Februar 1987. Der Vorstand der Thyssen Stahl AG gibt an diesem „Schwarzen Donnerstag" die endgültige Stillegung von zwei Hochöfen und einer Grobblechstraße auf der Henrichshütte in Hattingen bekannt. Die Unternehmensleitung will die Produktion drastisch einschränken und Restkapazitäten aus Kostengründen nach Duisburg verlagern, wodurch 2900 der insgesamt 4700 Arbeitsplätze auf der Henrichshütte verlorengehen werden; für die Thyssen-Mitarbeiter, die durch dieses Konzept ihren Arbeitsplatz verlieren, ist kein Sozialplan, wie er bislang in der Stahlindustrie üblich gewesen ist, vorgesehen.

Für die Stadt Hattingen bedeuten die Stillegungspläne den Verlust jedes vierten Arbeitsplatzes und des größten Teils der vorhandenen Lehrstellen; die Arbeitslosenquote, die im Januar des Jahres bei 14,8% lag, wird dann im Raum Hattingen voraussichtlich bis auf rund alarmierende 30% ansteigen.

Die Pläne der Thyssen Stahl AG, mit deren Umsetzung noch im Laufe des Jahres begonnen wird, stoßen auf heftigen Widerstand der Belegschaften; in den Tagen nach Bekanntwerden der Stillegungen finden in Hattingen zahlreiche Protestveranstaltungen statt, bei denen sich die gesamte Bevölkerung hinter die Stahlarbeiter stellt. Kaufleute und Beschäftigte des Handels und der Stadtverwaltung machen auf die Folgen für die Stadt aufmerksam. Wie das Rheinisch-Westfälische Institut für Wirtschaftsforschung in Essen berechnet hat, sind von jedem Stahlarbeitsplatz 1,7 weitere Arbeitsplätze abhängig.

Die Stillegungspläne der Tyssen Stahl AG betreffen aber nicht nur die Hattinger Henrichshütte; auch die Walzdraht- und die Profilstraße der Oberhausener Werke des Unternehmens sollen die Produktion einstellen. Hier wird mit dem Verlust von rund 3000 Arbeitsplätzen gerechnet. Auch in Oberhausen formiert sich der Protest gegen das Vorhaben der Unternehmensleitung in allen Bevölkerungsgruppen. Von den Verantwortlichen wird die Aufrechterhaltung der Produktion oder die Bereitstellung neuer Arbeitsplätze gefordert, da für einen großen Teil der von Entlassung bedrohten Arbeiter keine Chance besteht, auf dem schlechten Stellenmarkt im Revier eine Arbeit zu finden.

»Es war nett bei euch die letzten 125 Jahre«

Günter Wüllner

F. van den Mond

D. K. Rohwedder

Günter Wüllner, Bürgermeister von Hattingen, äußert sich in einem Interview, das die WAZ am 25. März 1987 veröffentlicht, zur Situation der Stadt, nachdem der Verlust von 2900 Arbeitsplätzen auf der Henrichshütte bekannt geworden ist: »Keine Stadt im Ruhrgebiet ist so abhängig vom Stahl wie Hattingen. Von den rund 19 000 Beschäftigten in Hattingen sind 4700 auf der Henrichshütte. Es war erschütternd, wie man uns mit 27 Zeilen mitgeteilt hat, daß von diesen Arbeitsplätzen 2900 fallen sollen und daß man nur noch mit 1800 in der Weiterverarbeitung rechnet. Der Thyssen-Vorstand hat auch hierzu keine Garantie abgegeben. Hattingen hat schon von 1980 bis 1986 eine Menge Arbeitsplätze verloren... Jetzt ist die Schallgrenze erreicht. Alles, was darüber hinausgeht, geht an den Lebensnerv unserer Stadt.«

Der Oberhausener Oberbürgermeister Friedhelm van den Mond fordert im gleichen Interview die Firmenleitungen auf, Verantwortung für die Region an der Ruhr zu übernehmen: „Es kann durchaus sein, daß die Unternehmen sich zurückziehen müssen, weil kein Markt für den Stahl da ist. Aber auf einmal soll mit affenartiger Geschwindigkeit die Kommunalpolitik für Ersatzarbeitspläne zuständig sein. Ich meine, da muß ein Unternehmenskonzept vorhanden sein. Aber kann man einfach sagen: Hier ziehen wir uns zurück, im übrigen war es nett hier bei euch in den letzten 125 Jahren – das war's denn?«

Die Hintergründe für den erneuten Konjunktureinbruch in der Stahlindustrie, der – wie schon bei der Stahlkrise in den 70er Jahren – Massenentlassungen zur Folge hat, umreißt Detlev Karsten Rohwedder, Vorstandsvorsitzender der Hoesch AG, in einem »Spiegel«-Interview: »Es vagabundieren gewaltige Stahlmengen in der Welt. Sie kommen aus jungen Stahlländern, aus Brasilien oder Korea, und landen in Europa, wo ohnehin zuviel Stahl gekocht wird. Wir schleppen... Überkapazitäten von 20 Millionen Tonnen mit uns herum...«

Suche nach Auswegen aus der Stahlkrise

In der Stahlindustrie des Ruhrgebiets droht in den kommenden Jahren der Verlust von rund 20 000 Arbeitsplätzen durch Stillegung zahlreicher Produktionsstätten. Die Stahlunternehmen machen für die krisenhafte Entwicklung die Politik der Bundesregierung und der Europäischen Gemeinschaft (EG) verantwortlich. Sie bemängeln die »Tatenlosigkeit« der politischen Instanzen angesichts einer Überflutung des internationalen und des deutschen Marktes mit Stahl, der zu Dumpingpreisen angeboten wird. Die Regierungen stahlproduzierender Länder wie Brasilien und Korea, aber auch EG-Partnerländer, subventionieren ihre nationale Stahlproduktion derart, daß der Stahl zu einem Preis angeboten werden kann, der unter den Herstellungskosten liegt. Hier fordern die deutschen Stahlproduzenten einen wirksamen Schutz seitens der Bundesregierung. Ein Ausweg aus der andauernden Krise wird zudem nur in einer Einschränkung der Stahlherstellung und in der Umstellung der Produktion auf hochwertige Stahlprodukte gesehen.

Folge dieser Veränderungen sind Massenentlassungen sowie Betriebsstillegungen, insbesondere im Ruhrgebiet. Städte wie Hattingen, Oberhausen und Duisburg, deren Wirtschaft sich seit über einem Jahrhundert an Bergbau und Metallindustrie ausrichtet, verlieren einen großen Teil der Arbeitsplätze. Wie ein Sog ziehen die verlorengehenden Stahlarbeitsplätze Arbeitsplatzverluste in Handel und Gewerbe nach sich, ganzen Revierstädten droht der Kollaps.

Angesichts dieser Situation sind die Industriestädte im Ruhrgebiet, das Land Nordrhein-Westfalen, die Bundesregierung, Gewerkschaften und Stahlunternehmen auf der Suche nach Lösungsmöglichkeiten, um die soziale Verelendung und Veröding der Ruhrregion zu verhindern. Auf einer Stahlkonferenz Ende März 1987 in Bonn, an der Vertreter der Bundesregierung, der Gewerkschaften und der Stahlunternehmen teilnehmen, sagt die Regierung Finanzhilfen zu, mit denen Ersatzarbeitsplätze geschaffen werden sollen. Die Mittel sollen aber nur auf die »Notsituation und eine Übergangszeit beschränkt« zur Verfügung gestellt werden und keine dauerhafte Lösung darstellen. Gleichzeitig werden Verhandlungen mit der EG-Kommission in Brüssel angestrebt, die zu einer schärferen Überwachung des geltenden Subventions-Verbotes für Stahl innerhalb der Europäischen Gemeinschaft beitragen sollen.

Die Gewerkschaften, vertreten durch die IG-Metall, fordern von den Stahlunternehmen »... ihre Kahlschlag-Konzepte zurückzunehmen und immer dann, wenn ein Beschäftigungsabbau unvermeidlich ist, für Ersatzarbeitsplätze zu sorgen.«

Die Schaffung neuer Arbeitsplätze durch Investitionen der Stahlindustrie an den bisherigen Standorten ist ein zentrales Anliegen der Arbeitnehmerorganisationen, die für die Krise auch die Unternehmen und deren Management verantwortlich machen.

Die betroffenen Revierstädte fordern in Übereinstimmung mit den Gewerkschaften zudem ein bundesweites Hilfsprogramm zur Schaffung neuer Arbeitsplätze; da das Ruhrgebiet maßgeblich am Wiederaufbau der Bundesrepublik nach dem Zweiten Weltkrieg mitgewirkt hat, habe es einen legitimen Anspruch auf Hilfe auch aus nicht betroffenen Bundesländern und von der Regierung.

Die Stahlunternehmen, die Betriebsstillegungen und Massenentlassungen für unvermeidbar halten, schlagen zur »Abfederung« der sozialen Folgen dieser Maßnahmen die Gründung einer Stahlstiftung vor. In einem Stiftungskonzept sehen die beteiligten Unternehmen Krupp, Thyssen, Hoesch und Mannesmann für alle bis Ende 1989 Entlassenen eine »Aufbesserung des Lebensunterhalts um durchschnittlich 20 000 DM verteilt auf einen Zeitraum von längstens fünf Jahren« vor; die Zahlungen sollen zusätzlich zum Arbeitslosengeld bzw. zur Arbeitslosenhilfe geleistet werden. Im Rahmen der Stiftung werden außerdem Weiterbildungs- und Qualifikationsmaßnahmen für die Stahlarbeiter finanziert.

Letzte verfahrene Schicht auf der Schachtanlage Minister Stein in Dortmund; vorn r. einer der beiden Wagen mit der letzten geförderten Kohle

Minister Stein stillgelegt

31. März 1987. »Verdammt, und wie schön das manchmal war«, mit diesen Worten kommentiert ein pensionierter Bergmann an diesem Morgen die Schließung der letzten Dortmunder Zeche Minister Stein im Stadtteil Eving. Als kurz darauf die letzten beiden Kohlenwagen, nach alter Tradition weiß gestrichen, ans Tageslicht kommen, drängen sich etwa 1000 Dortmunder Bürger, überwiegend ehemalige Angehörige von Minister Stein, deren Verwandte und Freischichtler auf der schmalen Plattform der Hängebank unter dem Fördergerüst. Als die letzten Kumpel den Förderkorb verlassen, werden sie von einer Bergmannskapelle begrüßt, hier und da regt sich eine Hand zum Beifall für die Männer mit den schwarzen Gesichtern.

175 Mio t Kohle wurden in der 112jährigen Geschichte der Schachtanlage auf Minister Stein gefördert. Zuletzt waren es 8500 t täglich, 1500 t weniger als um die Jahreswende 1986/87, als die tägliche Steinkohlenförderung mit 10 000 t eine Rekordmarke erreichte.

Von den 3000 Belegschaftsmitgliedern machten bereits nach Bekanntwerden des Stillegungsbeschlusses im September des Vorjahres 530 von der Möglichkeit des vorzeitigen Ruhestands Gebrauch. Nach der Schließung wollen weitere 200 in die »Anpassung« gehen. 2150 Bergleute werden auf andere Gruben »umgesetzt«, z. B. auf die 21 km entfernte Zeche Haard oder auf Fürst Leopold im 45 km entfernten Wulfen.

Perspektiven im Bergbau

Trotz einer im Jahrhundertvertrag (→ 23. 4. 1980) durch die deutsche Stromwirtschaft garantierten Förderabnahme von 45 Mio t Steinkohle jährlich bis 1995, mußte die Gesamtbelegschaft im deutschen Steinkohlenbergbau seit 1983 um 21 000 Mann auf 164 000 Mann reduziert werden. 1986 ging die Steinkohlenförderung aller deutschen Reviere um 8 auf 79 Mio t zurück, lediglich 41,6 Mio t konnten in der Stromwirtschaft abgesetzt werden. 1987 wird mit einem weiteren Förderrückgang um 5 Mio t gerechnet. Fallende Ölpreise, niedriger Dollarkurs, billige Importkohle und sinkende Nachfrage der inländischen Stahlindustrie befördern die heimische Steinkohle weiter ins energiepolitische Abseits. Hinzu kommt der wachsende Widerstand aus den Bundesländern mit hohem Kernenergieanteil an der Stromversorgung gegen eine gemeinschaftliche Subventionierung der Bergbaureviere an Ruhr und Saar über den Kohlepfennig. Weitere Zechenstillegungen scheinen auch in naher Zukunft unvermeidbar.

Die Schließung von Minister Stein hat weitere Folgen: Aufträge für 145 Mio DM vergab das Bergwerk jährlich an kleine und mittlere Firmen aus dem Dortmunder Raum – empfindlicher Aderlaß für eine Stadt in einer ohnehin wirtschaftlich angeschlagenen Region.

Ministeräußerung löst Empörung aus

23. März 1987. Die in der Tageszeitung »Die Welt« zitierte Äußerung von Bundeswirtschaftsminister Martin Bangemann (FDP), er halte Subventionen für die Förderung von Steinkohle und die Stahlproduktion langfristig nicht für sinnvoll, lösen bei Politikern, Unternehmern und Gewerkschaften im Ruhrgebiet helle Empörung aus.

Im Anschluß an eine Wahlkampfveranstaltung der FDP in Darmstadt hatte Wirtschaftsminister Bangemann zur Situation von Kohle und Stahl u. a. erklärt: »Aber wir werden diese Industriezweige nicht am Leben erhalten können, weil sie nicht mehr lebensfähig sind und damit die ganze Wirtschaft der Bundesrepublik gefährdet ist.«

Wirtschaftsverbände und Gewerkschaften protestieren entschieden gegen die Leichenrede auf die Kohle- und Stahlindustrie. Vertreter der Ruhrkohle AG nennen die Äußerungen des Ministers »eine Ohrfeige für den Bergbau und die Bergleute«.
Bundeskanzler Helmut Kohl versucht, die Wogen zu glätten, indem er einen Katalog von Hilfsmaßnahmen für die Bergbau- und Stahlindustrie ankündigt.
Die Bergleute der Gelsenkirchener Zeche Hugo sind dennoch weiterhin beunruhigt. Acht Vertreter der Belegschaft fahren am 26. März direkt nach der Frühschicht nach Bonn, um selbst von Kanzler Kohl zu erfahren, ob ihre Arbeitsplätze in naher Zukunft gefährdet sind.
Doch der Regierungschef hat keine Zeit für die Kumpels mit den geschwärzten Gesichtern, da er am gleichen Tag den jugoslawischen Ministerpräsidenten Mirkulic empfängt. Enttäuscht und tief besorgt kehren die Bergleute nach Gelsenkirchen zurück: »Wir glauben, daß der Kanzler denkt, was Bangemann ausgesprochen hat. Jetzt geht es uns erst richtig ans Leder.«

Bergleute der Gelsenkirchener Zeche Hugo in Bonn, wo sie verbindliche Auskünfte über die zukünftige Kohlepolitik der Regierung einholen wollen

Handeln aller Beteiligten für das Revier

Das Ruhrgebiet steht angesichts des Niederganges von Bergbau und Stahlindustrie inmitten eines tiefgreifenden Strukturwandels. Während manche im Ruhrgebiet schon das »Armenhaus Deutschland« sehen, betrachten andere es als »eine der leistungsfähigsten Regionen Europas« (Friedhelm Farthmann, SPD). Prognosen, die dem Ruhrgebiet einen Wandel mit positivem Ausgang voraussagen, sehen die notwendige Voraussetzung für eine derartige Entwicklung aber in Aktivitäten aller beteiligten politischen und wirtschaftlichen Institutionen.
Der Prozeß der Entindustrialisierung des Reviers und des Vordringens von Dienstleistungsunternehmen läßt sich an Untersuchungen der zuständigen Industrie- und Handelskammern (IHK) ablesen. So stellt die IHK Dortmund für das Jahr 1986 eine Rekordzahl bei Neugründungen von Firmen in ihrem Kammergebiet fest; 829 neue Firmen sind in das Handelsregister eingetragen worden, während nur 616 gelöscht worden sind. Rund 45% der neuen Unternehmen sind im Dienstleistungssektor tätig. Die IHK Essen ermittelt in einer Untersuchung zur Wirtschaftsentwicklung im Kammerbezirk zwischen 1977 und 1985 einen Rückgang von Arbeitsplätzen im industriellen Bereich um 24% in Essen, um 27% in Oberhausen und um 17% in Mülheim.
Da eine Entwicklung weg von den industriellen Großunternehmen hin zu Klein- und Mittelbetrieben hauptsächlich im Dienstleistungsbereich, aber auch in Handel und Gewerbe allgemein als realistisch und auch wünschenswert betrachtet wird, fordern Wirtschaftsfachleute vor allem eine aktive Gewerbeförderung durch die Kommunen in der Region.
In der Zusammenarbeit der Revierstädte, die bislang häufig in Konkurrenz zueinander standen, wenn es um die Ansiedlung neuer Unternehmen ging, wird eine wichtige Bedingung für die Gesundung der Region gesehen. Verbesserung von Standortqualitäten und die erneute Nutzbarmachung der zahlreichen Industriebrachen sind wichtige Voraussetzungen für die Ansiedlung neuer Produktionsstätten und den Ausbau vorhandener Betriebsanlagen.
Auch die Universitäten und Hochschulen im Revier sollen zur Gesundung der Region beitragen. Durch den Aufbau von sog. Technologie-Parks, in denen Forschungsstellen der Hochschulen eng mit kleinen Unternehmen zusammenarbeiten, sollen neue Technologien bis zur Produktionsreife entwickelt werden.
Das Dortmunder Technologie-Zentrum, wo zu Beginn des Jahres 37 Unternehmen mit 200 Beschäftigten arbeiten, gilt als Vorbild für die Förderung innovativer junger Betriebe im Ruhrgebiet.

Biedenkopf gibt Landesvorsitz ab

22. Mai 1987. Bundesarbeitsminister Norbert Blüm wird mit großer Mehrheit von den Delegierten des CDU-Landesverbandes Nordrhein-Westfalen zum neuen Landesvorsitzenden der Partei gewählt.
Der bisherige Vorsitzende Kurt Biedenkopf hatte auf eine erneute Kandidatur verzichtet, da er nicht auf die ungeteilte Unterstützung der Basis vertrauen konnte.
Der neue Vorsitzende Norbert Blüm, der bei der letzten Bundestagswahl in seinem Dortmunder Wahlkreis erfolglos kandidiert hatte, wird mit 512 Ja-Stimmen bei 17 Gegenstimmen und 12 Enthaltungen gewählt.

Höchstpreise für gefiederte Sportler

29. bis 31. Januar 1987. Drei Tage lang gehören die Dortmunder Westfalenhallen den Taubenzüchtern und ihren gefiederten Lieblingen. Über 2000 Spitzentauben ziehen während der Tauben-Olympiade 60 000 Besucher in die Hallen.
Im Wettbewerb der besten Tauben aus 20 Ländern machen die »Olympioniken« aus der Tschechoslowakei das Rennen, gefolgt von ihren Konkurrenten aus der Bundesrepublik und Rumänien. Höhepunkt der Veranstaltung ist eine Versteigerung zugunsten der »Aktion Sorgenkind«, bei der Interessenten bis zu 9000 DM für einen einzelnen der schnellen Wettflieger bieten.

Schulkinder haben Benzol im Blut

8. Januar 1987. Untersuchungen des Aachener Instituts für Hygiene und Arbeitsmedizin ergeben bei 27 von 100 Schülern im Stadtteil Dortmund-Scharnhorst Veränderungen des Blutbildes, die von Fachleuten auf eine Vergifung durch Benzol zurückgeführt werden.
Die Menschen in Scharnhorst leben im Windschatten der Kokerei Gneisenau im benachbarten Stadtteil Derne, wo im August 1986 erhöhte Luftbelastungen durch Kohlenwasserstoffe, u. a. durch Benzol, festgestellt wurden. Eine Vergiftung mit Benzol führt zur Abnahme der weißen Blutkörperchen und damit zu höherer Infektionsanfälligkeit.

1987

Papst Johannes Paul II. während seiner Rede zur Arbeitslosigkeit auf der Zeche Prosper Haniel in Bottrop

Papst Johannes Paul II. im Ruhrgebiet

2. Mai 1987. Während seines fünftägigen Aufenthalts in der Bundesrepublik macht Papst Johannes Paul II. auch Station im Ruhrgebiet. Er besucht die Städte Bottrop, Essen und Gelsenkirchen.
Um 11.35 Uhr wird der Papst in Bottrop auf Zeche Prosper/Haniel vom Vorsitzenden der Ruhrkohle AG begrüßt. Nach Begegnungen mit Vertretern der Arbeitgeber und Arbeitnehmer hält der Heilige Vater eine vielbeachtete Ansprache, in der er besonders auf die Probleme der Arbeitslosigkeit im Revier eingeht. Sein Besuch in Essen in Begleitung von Ruhrbischof Franz Hengsbach ist kurz und lockt bei naßkaltem Wetter nur wenige Schaulustige auf die Straße. Auf dem Essener Burgplatz richtet Johannes Paul ein Grußwort an die Gläubigen.
Höhepunkt und Glanzlicht des Besuches ist der Auftritt des Papstes vor 100 000 Menschen im Gelsenkirchener Parkstadion, wo er eine Heilige Messe zelebriert. 5000 Sänger und Sängerinnen des Bistums präsentieren eine eigens für den Anlaß komponierte Papsthymne.
Die Altarkonstruktion, eine Nachbildung eines Förderturms aus großen Kreuzen, wird statt von Altarlichtern von Grubenlampen erleuchtet. Der »goldene« Zeremonienkelch, aus Kruppstahl gefertigt, ist eine Stiftung des Krupp-Hüttenwerks in Bochum.

Johannes Paul II. im »Papamobil« bei der Ankunft im Parkstadion

Wie in Gelsenkirchen sind die Veranstalter auch in Bottrop bemüht, dem Ereignis einen für das Ruhrgebiet typischen Anstrich zu geben. Die Auszubildenden von Prosper/Haniel fertigten ein 13 m hohes Kreuz aus Grubenholz und schmückten die Zechenwand mit einer aus Stahl geschmiedeten Heiligen Barbara, der Schutzpatronin der Bergleute. In Bottrop laufen die Förderscheiben während des Besuches, obwohl an diesem Tag nicht gearbeitet wird: Es stehen ohnehin schon genug Räder still, meint der Bergwerksdirektor.

Nur wenig Zeit läßt das dichtgedrängte Besuchsprogramm Johannes Paul II. für hautnahe Kontakte zu den Gläubigen wie hier auf dem Essener Burgplatz

Papst fordert Arbeit für alle

In seiner Ansprache auf Zeche Prosper/Haniel in Bottrop geht der Papst besonders auf die schwierige Arbeitsmarktsituation im Ruhrgebiet und ihre sozialen Folgen ein:
»Unverschuldete Arbeitslosigkeit wird zum gesellschaftlichen Skandal, wenn die zur Verfügung stehende Arbeit nicht gerecht verteilt und der Ertrag der Arbeit nicht auch dazu verwandt wird, neue Arbeit für möglichst alle zu schaffen. Hier ist Solidarität aller gefordert, derjenigen, die über Kapital und Produktionsmittel verfügen, und derer, die bereits Arbeit haben.
Das biblische Wort »Wer zwei Gewänder hat, der gebe eines davon dem, der keines hat« gilt auch für die Arbeit. Ohne Opfer und Kompromisse kann die Arbeitslosigkeit wohl kaum wirksam bekämpft werden.«
Auch die Probleme der Jugendarbeitslosigkeit und der Ausländer werden von Johannes Paul bedacht: »Für Jugendliche ist es eine unerträgliche Belastung, wenn sie nach Abschluß der Schule keine Möglichkeit beruflicher Ausbildung haben. Das kann sie in eine schwere Lebenskrise führen, aus der sie ohne unverzügliche konkrete Hilfe und Solidarität der Gesellschaft nicht herausfinden. Ausreichende und zukunftssichere Ausbildungsplätze sind das Gebot der Stunde.
Unter den arbeitslosen Jugendlichen haben es oft die Ausländer besonders schwer. Die ausländischen Arbeitnehmer haben durch ihre Arbeitskraft viel zum wirtschaftlichen Erfolg in eurem Land beigetragen und leisten auch heute noch unverzichtbare Dienste. Die Kirche kennt eigentlich keine Fremden... Dieses kirchliche Selbstverständnis ist die stärkste Wurzel der Integrationskraft, die sich hier im Ruhrgebiet – einem Schmelztiegel der Völker – in den verschiedenen Phasen der Industrialisierung hervorragend bewährt hat. Die Lebenskraft des Ruhrgebiets ist die Solidarität.«

Turbulente Nacht im Hans-Sachs-Haus

2. Februar 1987. Erst spät in der Nacht wird die Hoffnung der Mehrheit der 1092 Anwesenden zur Gewißheit: Gegen Ende einer turbulenten Mitgliederversammlung, die streckenweise eher einer Karnevalssitzung ähnelte, wird Günter Siebert, unterstützt von lautstarken Ovationen, im Hans-Sachs-Haus in Gelsenkirchen zum neuen Präsidenten des FC Schalke 04 gewählt.

Günter Siebert

»Ich schaffe Schalke, oder Schalke schafft mich«, kommentiert Siebert, der dem Traditionsclub bereits in den Jahren 1967/76 und 1978/79 vorgestanden hatte, seine Wahl in der Nachfolge des Ende 1986 zurückgetretenen Hans-Joachim Fenne. Auf den neugewählten Präsidenten wartet eine Schuldenlast des Vereins in Höhe von 5,2 Mio DM, die in den nächsten Monaten auf über 7 Mio anwächst.

Neue Fernsehserie aus dem Revier

4. Mai 1987. In der bei Tag mit schwarzem Molton verdunkelten Spielbank Hohensyburg Dortmund beginnt die erste Drehphase für drei von sechs Folgen einer neuen Fernsehspielserie mit dem vorläufigen Titel »Dortmunder Roulette«. In dieser WDR-Serie werden melancholische und unterhaltsame Geschichten von Menschen aus Nordrhein-Westfalen erzählt, die sich an den Spieltischen begegnen: Zahnarztgattin und Student, Boutiquebesitzerin und Kunsthändler, Studienrätin und Schornsteinfeger. Sympathische Leute aus dem Ruhrgebiet, nicht Glitzer und Glamour à la Monte Carlo stehen im Mittelpunkt. Als Garanten für den Erfolg der Serie stehen der Autor Jost Krüger und beliebte Schauspieler wie Hannelore Hoger, Rosel Zech, Hildegard Krekel und Diether Krebs.

Diether Krebs

Attraktive Lösungen für den Nahverkehr

14. Januar 1987. In einer gemeinsamen Entschließung im Anschluß an eine Konferenz über die Entwicklung des öffentlichen Nahverkehrs bekunden die Oberbürgermeister mehrerer Revierstädte ihre Absicht, durch massive Streichungen im Stadtbahnbau freiwerdende Mittel für die Steigerung der Attraktivität des Straßenbahn- und Busverkehrs einzusetzen.

OB Samtlebe

Statt aufwendiger Tunnelprojekte soll in Zukunft mehr Wert auf eine dichte Zugfolge und den Ausbau kreuzungsfreier Straßenbahnstrecken gelegt werden. Die Teilnehmer der Konferenz, unter ihnen Heinz Eikelbeck (Bochum), Eleonore Güllenstern (Mülheim), Günter Samtlebe (Dortmund) und Sabine Zech (Hamm), erhoffen sich von diesen Maßnahmen eine deutliche Zunahme des Fahrgastaufkommens.

Mediengesetz ebnet Privatfunk den Weg

18. Mai 1987. Vertreter der Städte Gelsenkirchen, Bottrop und Gladbeck vereinbaren die Gründung eines privatrechtlichen, lokalen Hörfunks »Emscher-Lippe«. Nach der Regionalisierung des öffentlich-rechtlichen WDR und dem Kabelpilotprojekt in Dortmund (→ 1. 7. 1985) soll nun schon im Frühjahr 1988 das nördliche Revier einen Lokalfunk erhalten. Entsprechende Verhandlungen der Kommunen mit der WAZ und anderen Verlagen, die sich am Projekt interessiert zeigen, sind bereits aufgenommen worden.

Werner Kuhlmann, als Gelsenkirchener OB am Privatfunk beteiligt

Den Weg zu einem privaten Lokalfunk ebnet das am 19. Dezember 1986 von nordrhein-westfälischen Landtag beschlossene Landesmediengesetz. Kern dieses Gesetzes ist ein sog. Zwei-Säulen-Modell: Eine Betreibergesellschaft (vergleichbar einem Herausgeber) sorgt für den Produktionsapparat des Senders; darüber hinaus obliegt ihr die Verwaltung des Werbeetats, aus dem sich der private Sender ausschließlich finanzieren muß. Den Betreibern gegenüber steht eine Programmgesellschaft, zusammengesetzt aus Vertretern gesellschaftlich relevanter Gruppen und kommunalen Teilhabern. Diese treten gemeinsam als Lizenzträger auf und sollen ausschließlich die inhaltlichen Richtlinien des Senders bestimmen können. Eine gleichzeitige Zugehörigkeit zur Betreiber- wie Programmgesellschaft ist gemäß den Bestimmungen des neuen Landesmediengesetzes nicht zulässig.

Das Revier – Rennpferd oder lahmer Gaul?

31. März 1987. Zum Abschluß des vom Verein »Pro Ruhrgebiet« (→ März 1981) veranstalteten Wettbewerbs »Ein Tier fürs Revier« wählt eine Jury aus mehr als 1200 Einsendungen das Pferd als »sympathischen Werbeträger« für die Ruhrregion aus.

Nach Ansicht der Veranstalter verkörpert das Huftier die charakteristischen Eigenschaften des Reviers: Dynamik, Vorwärtsdrang, Stolz, Ausdauer, Partnerschaft, aber auch Genügsamkeit.

Das symbolische Pferd mußte sich gegen einen ganzen Zoo anderer Vorschläge durchsetzen. Spitzenreiterin unter den Einsendungen war die Taube als reviertypisches »Rennpferd des kleinen Mannes« und Friedenssymbol, dicht gefolgt vom »putzigen und fleißigen« Maulwurf, der zwar sein Betätigungsfeld mit dem Bergmann teilt, aber von der Jury wohl deshalb abgelehnt wurde, weil er bekanntlich blind ist. Das Ruhrgebiet jedoch braucht in den nächsten Jahren Weitblick, den einige Einsender z. B. treffend in der langhalsigen Giraffe verkörpert sahen.

Die WAZ berichtet über andere originelle Vorschläge wie einen Karl Chamäleon, der mit seinen Augen in alle Richtungen blicken kann und grün wird, um sich der Umwelt anzupassen.

Horst Hrubesch, Fußballtrainer bei Rot-Weiß Essen, plädierte für ein besonders großes Tier: »Im Elefanten sehe ich die geballte Kraft von Industrie und Menschen.«

Auch die milchspendende, doch genügsame und zähe »Bergmannskuh«, die Ziege, weist nach Ansicht von Wettbewerbsteilnehmern charakteristische Eigenschaften des Reviers auf ebenso wie die anpassungsfähige, kluge Ratte und der feuerspeiende, aber dennoch freundliche Drache.

Der Pleitegeier, den ein arbeitsloser Lehrer aus Dortmund vorschlug (»haben die keine anderen Sorgen«) hatte allerdings laut WAZ ebensowenig Chancen wie die rote Filzlaus, die ein Bochumer Rentner angesichts der traditionell SPD-beherrschten Rathäuser als Wappentier sehen wollte.

»Max, das Grubenpferd« – Entwurf für das Ruhrgebietssymbol

Anhang

Industrieller Ballungsraum Ruhrgebiet

Mit etwa 5,2 Mio Einwohnern auf einer Fläche von 4432 km² zählt das Ruhrgebiet zu den größten Industrierevieren der Welt. 72% der deutschen Steinkohle werden hier gefördert, 56% des deutschen Stahls verhüttet. Ein dichtes Netz von Autobahnen und Schnellstraßen, von Eisenbahnlinien und Kanälen überzieht den Ballungsraum zwischen Rhein, Ruhr und Lippe. Mit den Duisburger Rheinhäfen verfügt das Revier über eine hervorragende Verbindung nach Rotterdam, dem größten Seehafen der Welt; der Güterbahnhof in Hamm ist einer der größten Verschiebebahnhöfe Europas.

Geographisch gliedert sich das Revier in mehrere Zonen:

Den südlichsten Teil des Ruhrgebiets bildet, angrenzend an das niederbergische Hügelland, die Ruhr-Zone. Dem Verlauf des Ruhrtals folgend, gilt sie als Kernland des Ruhrgebiets und als Wiege des Ruhrbergbaus, jenes Industriezweigs, der bis in die jüngste Vergangenheit das Gesicht des Reviers prägte.

Nördlich des Ruhrtals schließt sich die Hellweg-Zone an. Sie reicht von Duisburg im Westen an der Mündung der Ruhr in den Rhein bis nach Unna, weit östlich der Emscherquelle. Links und rechts der einst idyllischen Emscherniederungen bilden Emscher- und Vestische Zone den industriellen Kern des Reviers.

Unterbrochen von Wiesen, Wäldern und weiten Ackerflächen bildet die Lippe-Zone den nördlichen Abschluß des Ruhrgebiets im Übergang zur Münsterländischen Bucht. Im Südwesten grenzen die Ausläufer des Ruhrgebiets an das Rheinische Schiefergebirge.

Geologisch gesehen zählt der Raum zwischen Rhein, Ruhr und Lippe zu einem Steinkohlengürtel, der sich von Wales über Nordfrankreich und Belgien bis nach Polen zieht. Da die kohleführenden Erdschichten im südlichen Ruhrtal bis an die Erdoberfläche reichen, konnte hier bereits seit dem Mittelalter mit primitivsten Mitteln Steinkohle abgebaut werden. Als es im ersten Drittel des 19. Jh. mit moderner Technik gelang, in tiefere Erdschichten vorzudringen, begann der Aufstieg der Region zum wirtschaftlichen Zentrum Deutschlands und zu einer der führenden Industrieregionen der Welt. Da der Bergbau und in seinem Gefolge die Eisen- und Stahlindustrie einen nie zu stillenden Bedarf an Arbeitskräften hatten, wurde das Revier schnell auch zum Schmelztiegel der verschiedensten Völker. Kamen bis zur Jahrhundertwende Schlesier, Ost- und Westpreußen, Masuren und Polen, so waren es nach dem Zweiten Weltkrieg, als das Ruhrgebiet als Teil der aufstrebenden Bundesrepublik erneut zum wichtigsten Wirtschaftsraum wurde, vor allem Italiener, Jugoslawen, Griechen, Spanier, Marokkaner, Koreaner und Türken, die in der Riesenstadt Ruhrgebiet Arbeit und oft eine neue Heimat fanden.

Seit wenigen Jahrzehnten ist der Mythos der nie versiegenden industriellen Kraft des Reviers brüchig geworden. Bergbau- und Stahlkrise, Zechen- und Hüttenstillegungen, Arbeitsplatzverlust und sozialer Abstieg, neue Energien und Technologien an neuen Standorten zehren nicht nur an der Wirtschaftskraft, sondern auch am Selbstbewußtsein einer Region, deren bisherige Geschichte auch vom Glauben an ihre immerwährende wirtschaftliche Bedeutung geprägt war.

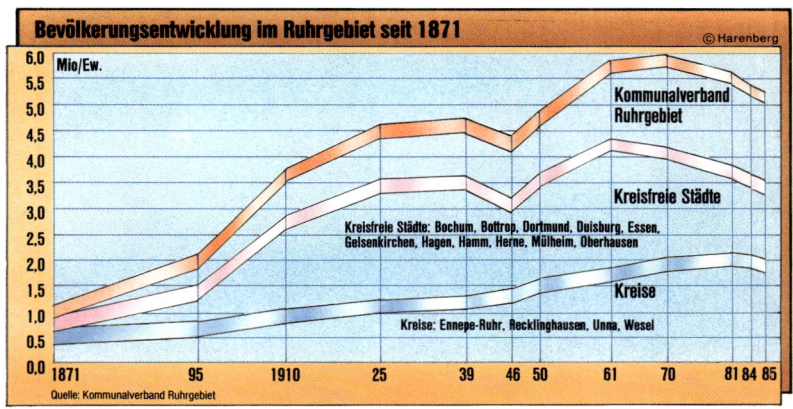

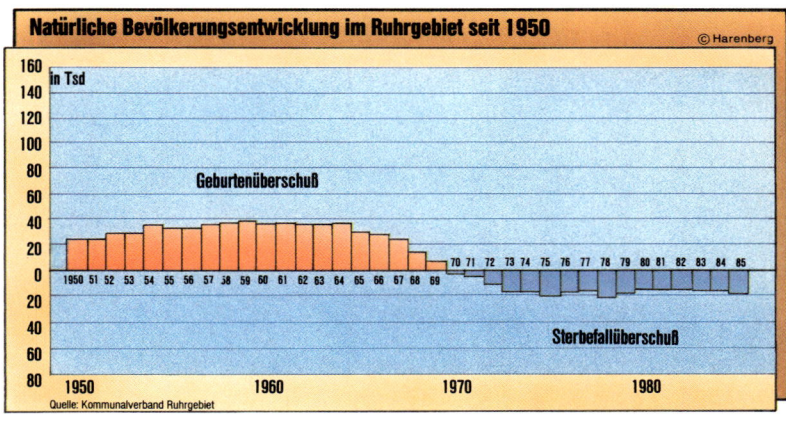

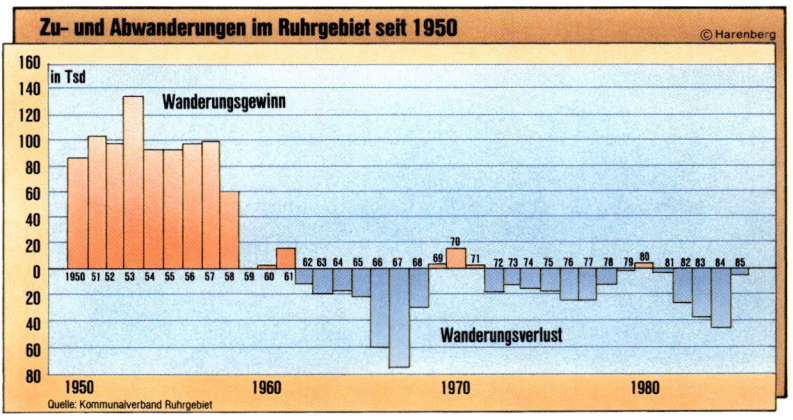

Anhang

Einwohner und Siedlungsdichte im Ruhrgebiet 1818–1987

		1818[1]	1871	1885	1905	1925	1939	1950	1956	1961	1968	1976	1982	1.1.1987[5]
Bochum	Einwohner (E)	2107	21192	40767	118467	157330	305485	289804	345517	361382	346886	412889	393799	408000
	Fläche km² (F)	6,2	6,2	6,2	27,4	27,4	121,4	121,4	121,4	121,4	121,4	145,3	145,3	145,3
	Einwohner/km² (D)	339,8	3418,1	6575,3	4323,6	5741,9	2516,4	2387,2	2846,1	2976,8	2857,4	2841,6	2710,2	2808,9
Bottrop	E	2214	5396	9755	34284	77315	83385	93268	106144	111548	109694	115722	113712	112261
	F	36,9	36,9	36,9	36,9	37,0	42,1	42,1	42,1	42,1	42,1	136,5	100,6	100,6
	D	60	146,2	264,4	929,1	2089,6	1980,6	2215,4	2521,2	2649,6	2605,6	847,8	1130,3	1115,9
Dortmund	E	4289	44420	78435	175577	321743	542261	507349	623889	641480	646527	623677	599521	573538
	F	27,7	27,7	27,7	30,8	74,9	271,5	271,5	271,5	271,5	271,5	279,8	280,2	280,2
	D	154,8	1603,6	1748,6	5700,6	4295,6	1997,3	1868,7	2297,9	2362,7	2381,3	2229,0	2139,6	2046,9
Duisburg	E	5364	30533	47517	192346	272798	434646	410783	484109	502993	466169	581971	546566	528651
	F	37,5	37,5	37,5	40,2	70,6	143,3	143,3	143,3	143,3	143,3	233,1	233,0	233,0
	D	145,7	814,2	1267,1	4784,7	3864,0	3033,1	2866,6	3378,3	3510,1	3253,1	2496,7	2345,8	2268,9
Essen	E	4496	51513	65064	231360	470524	666743	605411	697884	726550	702703	670221	638812	622715
	F	9,2	9,2	9,2	24,5	98,2	188,4	188,4	188,4	188,4	194,8	210,1	210,3	210,3
	D	488,7	5599,2	7072,2	9443,3	4791,5	3539,0	3213,4	3704,3	3856,4	3607,3	3190,0	3037,6	2961,1
Gelsenkirchen	E	505	7825	20289	147005	207200	317568	315460	375561	382689	355298	317980	297493	286484
	F	2,6	2,6	2,6	30,8	36,5	104,4	104,4	104,4	104,4	104,4	104,8	104,8	104,8
	D	194,2	3009,6	7803,5	4772,9	5676,7	3041,8	3021,6	3597,3	3665,6	3403,2	3034,2	2849,5	2733,6
Hagen	E	2500	13400	29600	77600	99700	151800	146400	177896	195527	202259	226301	214069	208787
	F	17,4	17,4	17,4	32,9	32,9	87,7	87,7	87,7	87,7	90,4	159,4	160,3	160,3
	D	143,7	770,1	1701,1	2358,7	3030,4	1730,9	1669,3	2028,5	2229,5	2237,4	1419,7	1335,4	1302,5
Hamm	E	4688	16924	22520	38429	50040	59035	59866	67216	70641	84277	171765	170307	176568
	F	22,6	22,6	22,6	22,6	22,6	24,8	24,8	24,8	24,8	45,0	225,9	226,0	226,0
	D	207,4	748,8	996,5	1700,4	2214,2	2380,4	2414,0	2710,3	2848,4	1872,8	760,4	753,6	781,3
Herne	E	749	4417	9906	48405	65608	94649	111591	116507	113207	102665	188357	178911	172279
	F	8,0	8,0	8,0	8,0	17,0	30,0	30,0	30,0	30,0	30,0	51,4	51,4	51,4
	D	93,6	552,1	1238,3	6050,6	3859,3	3155,0	3719,7	3883,6	3773,6	3422,2	3664,5	3480,8	3351,7
Mülheim an der Ruhr	E	4985	14267	24465	93599	127400	137540	149581	169869	185708	189512	187677	177909	172284
	F	8,0	8,0	8,0	56,6	78,5	88,2	88,2	88,2	88,2	88,2	91,2	91,2	91,2
	D	623,1	1783,4	3058,1	1653,7	1622,9	1559,4	1695,9	1926,0	2105,5	2148,7	2057,9	1950,8	1889,0
Oberhausen	E	–	12805	20321	52166	105436	191842	202808	242640	256773	251584	234580	227364	224156
	F	–	13,1	13,1	13,1	23,5	77,0	77,0	77,0	77,0	77,0	77,0	77,0	77,0
	D	–	977,5	1551,2	3982,1	4486,6	2491,5	2633,9	3151,2	3334,7	3267,3	3046,5	2952,8	2911,1
Ennepe-Ruhr-Kreis[2]	E	33111	83680	95170	135018	162027	172832	216903	242089	256076	263605	349599	342459	336107
	F	413,7	413,7	413,7	413,7	413,7	413,7	413,7	413,7	413,7	398,7	408,0	408,0	408,0
	D	80	202,3	230,0	326,4	391,7	417,8	524,3	585,2	619,0	661,2	856,9	839,4	823,8
Kreis Recklinghausen[2]	E	28920	33843	37766	79943	176499	191555	245743	288769	316541	353147	633265	628066	622299
	F	714,0	714,0	714,0	714,0	714,0	714,0	714,0	714,0	714,0	715,2	760,0	760,0	760,0
	D	40,5	47,4	52,9	112,0	247,2	268,3	344,2	404,4	443,3	493,8	833,2	826,4	818,8
Kreis Unna[2]	E	26886	45315	53021	93862	134686	142048	189006	210293	225724	226360	376818	390195	391151
	F	453,4	453,4	453,4	453,4	453,4	453,4	453,4	453,4	453,4	425,4	542,0	542,0	542,0
	D	59,3	99,9	116,9	207,0	297,1	313,3	416,9	463,8	497,8	532,1	695,3	719,9	721,6
Kreis Wesel[3]	E	37609	98066	111334	167037	264163	291992	347763	419500	477522	348413	409219	415382	434834
	F	979,2	979,2	979,2	979,2	979,2	979,2	979,2	979,2	979,2	1042,0	1042,0	1042,0	1042,0
	D	38,4	100,1	113,7	170,6	269,8	298,2	355,2	428,4	487,7	355,8	392,7	398,6	417,3
Ruhrgebiet[4] insgesamt	E	158423	483596	665930	1685098	2692469	3783381	3891736	4567883	4824361	4649099	5500041	5334565	5270114
	F	2736,4	2749,5	2749,5	2884,1	3079,4	3739,1	3739,1	3739,1	3739,1	3726,6	4466,5	4432,0	4432,0
	D	57,9	175,9	242,2	584,3	874,3	1011,8	1040,8	1221,7	1290,2	1247,5	1231,4	1203,6	1189,1
Deutsches Reich/ Bundesrepublik Deutschland	E	25071397	41058804	46855704	60605183	63179000	90030765	50000000	51115900	55400000	61500000	61442000	61546000	61020000
	F	540599,3	540599,3	540599,3	540742,6	540857,5	680747,6	245393,1	245393,1	248667	248667	248667	248667	248667
	D	46,4	75,9	86,7	112,1	116,8	132,3	203,8	208,3	222,8	247,3	247,1	247,5	245,4

[1] In der Provinz Rheinland fand die Volkszählung bereits 1816 statt
[2] Die Angaben vor 1956 beziehen sich auf den späteren Gebietsstand von 1956; die Angaben danach beziehen sich auf den jeweils aktuellen Gebietsstand
[3] Kreis Wesel entstand 1975 durch Zusammenlegung der Kreise Moers, Rees und Dinslaken; alle Angaben vor 1975: Summe aus den drei Kreisen für den Gebietsstand von 1956
[4] Ab 1.10.1979 Verbandsgebiet des Kommunalverbands Ruhrgebiet; Angaben vor 1979: Summe aus aufgeführten Kreisen und Städten
[5] Für Ennepe-Ruhr-Kreis, Kreis Recklinghausen und Kreis Unna aktuellster Stand bei Redaktionsschluß Juni 1987: 30. 6. 1986

Anhang

Bevölkerung im Ruhrgebiet nach Altersklassen

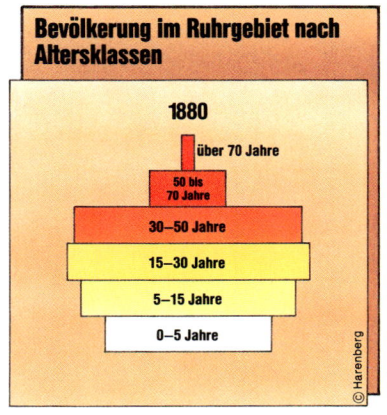

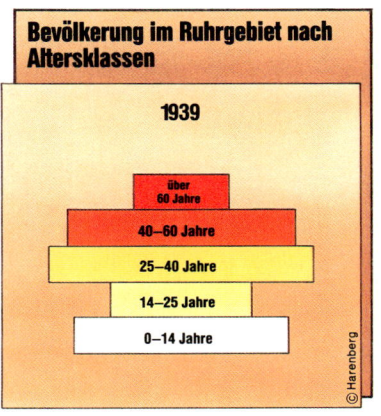

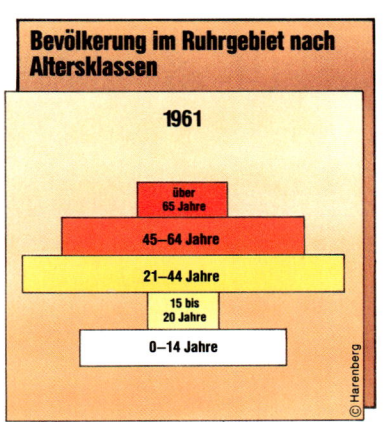

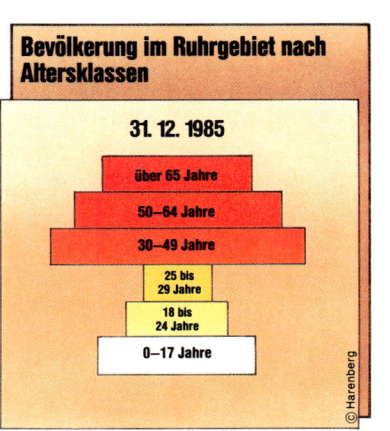

Polen in ausgewählten Ruhrgebietsstädten um 1900 (absolut und in % der Gesamtbevölkerung)

Gebietseinheit	1890 absolut	%	1900 absolut	%	1905 absolut	%	1910 absolut	%
Bochum Stadt	1 120	2,4	1 841	2,8	4 673	3,9	6 269	4,6
Bochum Land	2 038	2,7	11 095	8,4	13 054	11,3	10 834	9,0
Dinslaken	242	0,3	1 188	1,6	1 304	2,1	2 288	2,9
Dortmund Stadt	626	0,7	3 803	2,7	5 701	3,2	9 722	4,5
Dortmund Land	1 699	2,2	10 787	7,3	18 423	10,2	26 024	12,2
Hörde Stadt	177	1,1	703	2,8	1 052	3,7	1 466	4,5
Hörde Land	338	0,5	1 355	1,5	1 571	1,6	2 268	2,1
Duisburg Stadt	74	0,1	484	0,5	4 224	2,2	7 199	3,1
Hamborn Stadt	27	0,6	3 055	9,4	10 493	15,6	17 432	17,1
Essen Stadt	211	0,3	1 657	1,4	2 601	1,1	3 805	1,3
Essen Land	1 887	1,2	9 049	3,2	12 035	4,9	17 699	6,4
Gelsenkirchen Stadt	1 930	6,9	1 880	5,1	13 889	9,4	15 065	8,9
Gelsenkirchen Land	7 064	7,1	24 542	13,1	16 923	14,1	25 383	17,7
Buer Stadt	553	5,0	4 115	14,4	4 895	12,2	7 259	11,8
Hamm Stadt	11	0,04	66	0,2	145	0,4	198	0,5
Hamm Land	183	0,3	737	1,0	1 005	1,2	1 982	2,0
Hattingen	492	0,8	1 784	2,2	2 418	2,7	3 238	3,3
Herne Stadt	2 121	15,2	3 452	12,4	4 521	13,6	12 364	21,6
Mülheim Stadt	12	0,04	176	0,5	1 276	1,4	2 089	1,9
Oberhausen Stadt	668	2,6	2 743	6,5	4 898	9,4	8 641	9,6
Recklinghausen Stadt	716	5,1	6 389	18,8	9 250	20,8	12 404	23,1
Recklinghausen Land	3 988	5,8	15 495	12,3	23 777	13,3	40 847	15,7
Witten Stadt	195	0,7	1 098	3,3	1 253	3,5	1 693	4,5

Ausländer im Ruhrgebiet 1976–1984 (absolut und in % der Gesamtbevölkerung)

Gebietseinheit	1976 absolut	%	1978 absolut	%	1981 absolut	%	1984 absolut	%	Zu- bzw. Abnahme 1976–1984 absolut	%
Bochum	21 508	5,3	21 528	5,3	26 576	6,7	24 358	6,3	2 850	13,3
Bottrop	11 106	9,7	7 155	6,2	7 668	6,7	7 106	6,3	−4 000	−36,0
Dortmund	45 399	7,4	45 034	7,3	56 581	9,3	52 662	9,0	7 263	16,0
Duisburg	62 462	11,2	63 426	11,2	76 727	13,8	66 495	12,6	4 033	6,5
Essen	32 327	4,9	31 269	4,7	35 695	5,5	34 887	5,6	2 560	7,9
Gelsenkirchen	24 599	8,0	25 769	8,3	31 334	10,4	29 348	10,1	4 749	19,3
Hagen	20 190	9,1	20 864	9,4	23 958	11,0	20 709	9,9	519	2,6
Hamm	11 370	6,6	12 245	7,1	15 161	8,8	13 430	8,0	2 060	18,1
Herne	13 902	7,6	14 353	7,8	17 681	9,7	15 455	8,9	1 553	11,2
Mülheim a. d. Ruhr	11 079	6,1	11 236	6,1	12 828	7,1	11 168	6,4	89	0,8
Oberhausen	16 524	7,2	16 562	7,2	18 462	8,1	17 236	7,7	712	4,3
Kreisfreie Städte insgesamt	270 466	7,4	269 441	7,3	322 671	9,0	292 854	8,4	22 388	8,3
Ennepe-Ruhr-Kreis	23 530	6,8	23 596	6,8	26 526	7,7	22 886	6,8	−644	−2,7
Kreis Recklinghausen	28 000	4,5	33 465	5,3	42 924	6,8	40 634	6,5	12 634	45,1
Kreis Unna	22 173	5,8	24 046	6,3	28 585	7,4	26 808	6,9	4 635	20,9
Kreis Wesel	27 441	6,6	27 527	6,7	31 860	7,6	29 574	7,2	2 133	7,8
Kreise insgesamt	101 144	5,7	108 634	6,1	129 895	7,3	119 902	6,8	18 758	18,5
Ruhrgebiet insgesamt	371 610	6,9	378 075	7,0	452 566	8,4	412 756	7,9	41 146	11,1
Nordrhein-Westfalen	1 204 829	7,1	1 228 440	7,2	1 435 157	8,4	1 324 183	7,9	119 354	9,9
Bundesrepublik Deutschland	3 948 300	6,4	3 981 100	6,5	4 629 729	7,5	4 363 600	7,1	415 300	10,5

Ausländer im Ruhrgebiet 1.1.1986 (Stand bei Redaktionsschluß Juni 1987)

Gebietseinheit	Insgesamt	Griechen	Italiener	Jugoslawen	Portugiesen	Spanier	Türken	Sonstige Nationalität
Bochum	24 533	1 232	2 146	2 117	350	1 334	10 097	7 257
Bottrop	7 280	451	337	444	198	136	4 348	1 366
Dortmund	51 381	3 813	3 873	6 773	1 488	2 498	19 426	13 510
Duisburg	65 768	1 892	4 376	5 714	337	1 797	39 711	11 941
Essen	36 150	2 020	2 540	4 793	463	2 262	11 999	12 073
Gelsenkirchen	29 037	407	1 787	2 045	342	1 353	19 517	3 586
Hagen	20 645	3 129	3 393	2 388	965	463	6 442	3 865
Hamm	13 774	171	516	1 412	76	81	8 769	2 749
Herne	15 850	979	1 004	663	44	205	9 981	2 974
Mülheim a. d. Ruhr	11 181	288	1 021	1 654	373	261	4 170	3 414
Oberhausen	17 421	569	2 145	2 259	122	447	7 834	4 045
Kreisfreie Städte insgesamt	293 020	14 951	23 138	30 262	4 758	10 837	142 294	66 780
Ennepe-Ruhr-Kreis	22 740	2 209	3 811	2 748	1 610	366	7 291	4 705
Kreis Recklinghausen	40 495	2 759	1 783	2 917	175	411	24 094	8 356
Kreis Unna	26 069	683	2 059	1 590	923	352	15 491	4 971
Kreis Wesel	29 721	742	1 728	4 598	104	673	12 828	9 048
Kreise insgesamt	119 025	6 393	9 381	11 853	2 812	1 802	59 704	27 080
Ruhrgebiet insgesamt	412 045	21 344	32 519	42 115	7 570	12 639	201 998	93 860
Nordrhein-Westfalen	1 319 774	94 524	142 328	131 560	31 844	55 407	486 893	377 218
Bundesrepublik Deutschland	4 378 900	280 600	531 300	591 000	77 000	152 800	1 401 900	1 344 300

Anhang

Erwerbstätige nach Wirtschaftsbereichen 1882–1982[1]

Gebietseinheit	1882 abso-lut	1882 in % der Erwerbs-tätigen	1907 abso-lut	1907 in %	1925 abso-lut	1925 in %	1939 abso-lut	1939 in %	1950 abso-lut	1950 in %	1961 abso-lut	1961 in %	1970 abso-lut	1970 in %	1976 abso-lut	1976 in %	1982 abso-lut	1982 in %
Erwerbstätige insgesamt																		
Ruhrgebiet	391 000	100,0	1 088 000	100,0	1 730 000	100,0	1 784 000	100,0	1 863 000	100,0	2 340 000	100,0	2 200 600	100,0	2 057 500	100,0	2 034 800	100,0
Deutsches Reich / Bundesrepublik Deutschland (BRD)	17 542 000	100,0	26 827 000	100,0	32 009 000	100,0	34 545 000	100,0	22 074 000	100,0	26 527 000	100,0	26 343 000	100,0	25 752 000	100,0	26 774 000	100,0
Land- und Forstwirtschaft																		
Ruhrgebiet	67 000	17,1	87 000	8,0	96 000	5,5	94 000	5,3	81 000	4,3	53 000	2,3	33 800	1,5	24 000	1,2	27 300	1,3
Deutsches Reich/BRD	8 236 000	47,0	9 883 000	36,8	9 762 000	30,5	8 945 000	25,9	5 114 000	23,2	3 587 000	13,5	2 402 000	9,1	1 612 000	6,3	1 346 000	5,0
Handwerk und Industrie (mit Bergbau)																		
Ruhrgebiet	264 000	67,5	794 000	73,0	1 125 000	65,0	1 106 000	62,0	1 192 000	64,0	1 439 000	61,5	1 285 700	58,4	1 098 400	53,4	1 013 900	49,8
Deutsches Reich/BRD	6 283 000	35,8	11 256 000	42,0	13 239 000	41,4	14 581 000	42,2	9 823 000	44,5	12 795 000	48,2	13 005 000	49,4	11 741 400	45,6	11 724 000	43,8
Steinkohlenbergbau																		
Ruhrgebiet	88 718		303 089		409 404		288 091		358 077		295 632		198 943		152 109 Stand (1977)		125 824 Stand (1985)	
Handel und Verkehr																		
Ruhrgebiet	39 000	10,0	146 000	13,4	300 000	17,3	335 000	18,8	320 000	17,2	471 000	20,1	410 600	18,7	383 200	18,6	384 700	18,9
Deutsches Reich/BRD	1 570 000	9,0	3 478 000	13,0	5 274 000	16,5	6 067 000	17,6	3 443 000	15,6	5 081 000	19,1	4 634 000	17,6	4 620 000	17,9	4 728 000	17,7
Öffentliche und private Dienstleistungen / Sonstige Bereiche																		
Ruhrgebiet	21 000	5,4	61 000	5,6	209 000	12,2	249 000	13,9	270 000	14,5	377 000	16,1	470 500	21,4	551 900	26,8	608 900	29,9
Deutsches Reich/BRD	1 453 000	8,2	2 210 000	8,2	3 734 000	11,6	4 952 000	14,3	3 694 000	16,7	5 064 000	19,2	6 303 000	23,9	7 780 000	30,2	8 976 000	33,5

[1] Aktuellster Stand bei Redaktionsschluß Juni 1987

Arbeitslose nach Arbeitsamtsbezirken 1962–1986[1]

Ausgewählte Arbeitsamtsbezirke	1962	1963	1964	1965	1966	1967 insg.	1967 in % d. Erw.	1968	1969	1970	1971	1972	1973 insg.	1973 in %	1974 insg.	1974 in %	1975 insg.	1975 in %	1976 insg.	1976 in %
Bochum	1 759	2 536	2 608	2 076	2 721	9 943	4,0	6 642	2 544	1 491	2 109	3 895	5 637	2,5	11 873	5,4	12 624	5,7	12 356	5,7
Dortmund	1 699	2 212	2 664	2 030	3 551	9 488	3,0	7 167	2 774	1 697	2 585	4 909	7 128	2,5	12 763	4,5	16 528	5,9	16 633	5,9
Duisburg	965	1 898	1 321	1 204	1 878	4 120	2,1	2 301	1 650	1 188	2 065	2 992	4 515	2,6	6 220	3,7	9 499	5,7	10 079	6,2
Essen	1 938	1 855	1 740	1 571	2 796	7 722	2,7	5 354	2 949	1 553	2 125	3 737	6 302	2,6	10 783	4,5	12 815	5,4	13 528	5,8
Gelsenkirchen	1 519	1 925	2 785	2 222	4 096	10 599	4,9	8 391	2 958	1 885	2 510	3 917	6 503	3,3	11 300	5,9	13 112	6,9	12 713	6,8
Hagen	841	1 252	949	893	1 471	3 680	1,6	2 684	1 060	822	1 588	3 225	4 227	1,9	8 624	4,0	10 845	5,0	9 536	4,4
Hamm	702	650	655	898	1 388	2 696	2,4	2 017	1 309	936	1 205	1 599	3 291	2,9	5 843	5,2	6 542	5,8	6 588	5,8
Moers/Dinslaken[2]	545	840	958	754	1 033	3 496	1,7	2 007	1 123	702	1 157	2 145	3 759	2,1	6 501	3,7	9 308	5,3	9 183	5,2
Oberhausen	889	1 247	1 164	910	1 584	4 700	2,7	3 774	1 769	1 112	1 711	2 437	3 804	2,4	5 896	3,7	7 814	5,0	7 866	5,1
Recklinghausen	836	1 009	1 144	863	1 263	4 588	2,9	3 159	1 979	1 339	1 520	2 531	4 899	3,1	8 395	5,3	9 904	6,2	9 168	5,7
Wesel[2]	–	–	–	–	–	–		–	–	–	–	–	–		–		–		–	
Ruhrgebiet insg.	11 732	15 489	16 055	13 474	21 845	61 350	3,0	43 603	20 160	12 762	18 640	31 520	50 450	2,5	89 132	4,6	110 287	5,7	108 734	5,6
Bundesrepublik Deutschland	91 383	104 507	100 266	84 974	112 726	341 078	1,6	174 467	100 477	79 338	146 713	194 660	485 631	2,2	945 916	4,2	1 223 396	5,3	1 089 935	4,8

Ausgewählte Arbeitsamtsbezirke	1977 insg.	1977 in %	1978 insg.	1978 in %	1979 insg.	1979 in %	1980 insg.	1980 in %	1981 insg.	1981 in %	1982 insg.	1982 in %	1983 insg.	1983 in %	1984 insg.	1984 in %	1985 insg.	1985 in %	30.11.1986 insg.	30.11.1986 in %
Bochum	14 243	6,6	14 794	6,9	12 752	6,0	13 176	6,3	18 993	9,0	25 680	12,3	29 021	14,0	29 961	14,7	30 448	15,1	30 371	15,2
Dortmund	17 821	6,4	18 464	6,7	15 561	5,7	19 535	7,1	29 269	10,6	37 696	13,7	43 126	15,7	44 299	16,3	44 596	16,6	42 378	16,0
Duisburg	11 969	7,5	12 203	7,9	10 022	6,6	14 955	7,0	20 393	9,6	27 164	12,8	33 276	15,8	32 928	16,0	31 379	15,6	31 113	15,7
Essen	14 968	6,4	15 712	6,5	13 112	5,5	14 589	6,2	19 881	8,5	26 867	11,5	29 890	12,9	32 199	14,0	35 015	15,4	32 516	14,5
Gelsenkirchen	13 858	7,5	14 524	8,0	11 720	6,5	12 571	7,0	17 162	9,7	22 692	12,9	25 208	14,4	25 579	14,8	26 481	15,5	25 548	15,1
Hagen	10 271	4,8	10 932	5,0	9 788	4,5	11 811	5,5	17 863	8,2	22 306	10,4	27 305	12,8	27 004	12,8	25 916	12,4	23 350	11,3
Hamm	6 782	6,0	7 017	6,2	6 115	5,4	8 598	6,2	12 876	9,2	15 763	11,2	18 186	12,9	18 206	13,0	18 901	13,5	17 213	12,3
Moers/Dinslaken[2]	10 531	5,9	10 276	5,8	–	–	–	–	–	–	–	–	–	–	–	–	–	–	–	–
Oberhausen	9 783	6,3	9 530	6,2	7 795	5,1	8 603	5,7	11 363	7,6	15 328	10,3	17 538	11,8	18 453	12,6	19 236	13,2	19 571	13,6
Recklinghausen	10 109	6,3	9 804	6,1	8 309	5,2	10 828	5,8	16 139	8,6	20 995	11,2	25 071	13,4	25 771	13,8	25 885	13,9	24 750	13,4
Wesel[2]	–	–	–	–	10 167	5,1	8 102	5,7	11 591	8,2	14 869	10,5	16 930	11,9	17 139	12,0	17 364	12,2	17 311	12,2
Ruhrgebiet insg.	121 522	6,3	124 510	6,4	105 341	5,5	122 768	6,3	175 530	9,0	229 360	11,8	265 551	13,8	271 539	14,2	275 221	14,6	264 121	14,1
Bundesrepublik Deutschland	1 090 708	4,8	1 006 721	4,4	866 783	3,8	1 118 302	4,8	1 703 862	7,3	2 223 352	9,1	2 348 986	9,5	2 325 183	9,4	2 347 129	9,4	2 067 690	8,3

[1] Laut Landesarbeitsamt bei Redaktionsschluß Juni 1987
[2] Bis einschließlich 1978: Arbeitsamtsbezirk Moers-Dinslaken (Wesel enthalten); ab 1979: Arbeitsamtsbezirk Wesel (Moers-Dinslaken enthalten)

Flächennutzung im Ruhrgebiet 1893–1985 (in %)*

	1893	1927	1952	1960	1970	1980	1985
Landwirtschaftliche Flächen	67,5	61,5	59,2	58,7	53,7	47,4	45,3
Wald, Holzungen	20,3	18,6	15,5	15,0	15,9	16,9	17,0
Wasserflächen	1,4	2,0	2,2	2,4	2,5	2,7	2,9
Besiedelte Flächen	6,9	14,0	19,8	23,2	27,1	32,2	34,1
Sonstige Flächen	3,9	3,9	3,3	0,7	0,8	0,8	0,7

* Ausgewählte Flächennutzungen in Näherungswerten; Stand bei Redaktionsschluß Juni 1987

Flächennutzung im Ruhrgebiet (in km²)*

	Gesamt-fläche	Gebäude- und Frei-flächen	Betriebs-fläche	Erholungs-fläche	davon Grün-anlagen	Verkehrs-fläche	Landwirt-schafts-fläche	Wald-fläche	Wasser-fläche	Sonstige Fläche
Bochum	145,38	54,73	8,04	6,95	5,11	20,70	43,71	6,73	1,29	3,21
Bottrop	100,59	21,30	4,70	2,48	1,76	9,24	39,28	20,42	1,51	1,66
Dortmund	280,20	90,76	10,36	8,73	5,04	40,23	95,00	26,10	4,93	4,10
Duisburg	232,82	70,37	15,93	10,05	5,47	32,86	58,59	18,40	21,40	5,22
Essen	210,31	82,68	1,46	12,37	9,07	29,56	52,38	20,91	6,48	4,47
Gelsenkirchen	104,85	44,38	5,70	8,45	5,85	15,64	19,92	5,64	2,95	2,17
Hagen	160,35	31,72	2,45	2,91	1,86	14,83	37,67	65,89	3,58	1,30
Hamm	226,03	38,10	2,55	5,87	3,74	18,40	137,01	17,49	4,96	1,66
Herne	51,39	23,39	1,13	2,51	1,91	9,38	9,93	1,53	2,38	1,15
Mülheim a. d. Ruhr	91,27	25,82	3,27	2,86	1,84	11,83	29,43	14,27	2,12	1,67
Oberhausen	77,03	30,17	4,58	3,26	2,31	14,23	12,66	8,36	2,02	1,76
Ennepe-Ruhr-Kreis	408,12	67,57	3,00	3,58	2,04	27,04	176,17	121,05	6,27	3,44
Kreis Recklinghausen	759,91	124,91	10,96	10,59	4,84	61,07	332,83	192,85	22,69	4,01
Kreis Unna	542,52	82,77	6,38	5,70	3,49	42,23	329,35	61,29	9,23	5,17
Kreis Wesel	1042,00	99,24	11,22	9,05	3,10	53,49	653,56	171,00	32,00	12,44
Ruhrgebiet	4432,77	887,91	92,18	95,36	57,43	400,73	2027,49	751,93	123,81	53,38

* Stand 1985 (Angaben bei Redaktionsschluß Juni 1987); eventuelle summarische Ungenauigkeiten ergeben sich durch Rundungen

Steinkohlenförderung im Ruhrgebiet und ausgewählten europäischen Ländern 1860–1985 (in Mio t)*

	Ruhr-gebiet (%)***	Deutsches Reich/ Bundesrepublik Deutschland	Groß-britannien	Frank-reich	Belgien
1860	4,3 (34,7)	12,4	85,4	8,3	9,6
1865	8,5 (39,0)	21,8	99,7	11,6	11,8
1870	11,6 (43,9)	26,4	112,2	13,3	13,7
1875	16,7 (44,7)	37,4	135,5	17,0	15,0
1880	22,4 (47,7)	47,0	149,3	19,4	16,9
1885	28,9 (49,6)	58,3	162,0	19,5	17,4
1890	35,5 (50,6)	70,2	184,5	25,6	20,4
1895	41,3 (52,1)	79,2	192,7	27,6	20,5
1900	60,1 (55,0)	109,3	228,8	32,7	23,5
1905	66,7 (55,0)	121,3	239,9	35,2	21,8
1910	89,1 (59,0)	151,1	268,7	37,6	23,9
1915	86,5 (58,9)	146,9	257,3	18,9	14,2
1920	88,1 (62,6)	140,8	233,1	24,3	22,4
1925	104,3 (71,6)	145,6	247,1	47,1	23,1
1930	107,2 (68,8)	155,9	247,8	53,9	27,4
1935	97,7 (67,5)	144,7	225,8	46,2	26,5
1939	130,2 (65,5)	198,8**	235,0	49,1	29,8
1940	129,2 (53,5)	241,6**	227,9	39,3	25,5
1945	33,4 (85,6)	39,0	185,7	33,3	15,8
1950	103,3 (82,1)	125,8	219,8	50,8	27,3
1955	121,1 (81,8)	148,1	225,2	55,3	30,0
1960	115,4 (81,8)	142,3	196,7	56,0	22,5
1965	110,9 (82,1)	135,1	190,5	51,3	19,8
1970	91,1 (81,8)	111,4	144,6	37,4	11,4
1975	75,8 (82,0)	92,4	127,8	22,4	7,5
1981	70,0 (79,1)	88,5	125,3	18,6	6,1
1985	64,0 (72,1)	88,8	90,8	15,1	6,2

* Stand bei Redaktionsschluß Juni 1987
** Zahlen wegen Gebietsänderungen nur bedingt vergleichbar
*** Prozentualer Anteil des Ruhrgebiets an der deutschen Steinkohlenförderung

Rohstahlerzeugung im Ruhrgebiet und in ausgewählten europäischen Ländern 1913–1985 (in Mio t)*

	Ruhr-gebiet	Deutsches Reich/ Bundesrepublik Deutschland	Groß-britannien	Frank-reich	Belgien
1913	10,1	17,2	7,8	4,7	2,5
1919	5,3	7,0	7,9	–	0,3
1925	9,9	12,1	7,5	7,5	2,6
1935	11,3	16,1	10,0	6,3	3,0
1938	15,1	21,8	10,6	6,2	2,3
1951	10,4	16,1	15,9	9,8	5,1
1955	16,4	24,6	20,1	12,6	5,9
1960	23,6	34,1	24,7	17,3	7,2
1965	24,6	36,8	27,4	19,6	9,2
1970	28,5	45,0	28,3	23,8	12,6
1975	24,3	40,4	20,4	21,5	11,6
1980	25,2	43,8	11,3	23,2	12,3
1985	22,8	40,5	15,7	18,8	10,7

* Stand bei Redaktionsschluß Juni 1987

Anhang

Zechen im Ruhrgebiet

Ort	Zeche	Gründung*	Förderung** (in 1000 t)	Belegschaft**	Stillegung
Bergkamen					
	Monopol	*1967*	2351	3797	–
– Oberaden	Haus Aden	1938	3902	7228	–
– Weddinghofen	Grimberg 3/4	1934	(1972 → Haus Aden, Bergkamen-Oberaden)		
Bochum					
– Altenbochum	Heinrich Gustav	1856	(1929 → Robert Müser, Bochum-Werne)		
– Dahlhausen	Ver. Dahlhauser Tiefbau	1858	287	915	1965
	Gewerkschaft Neuruhrort	1943	40	160	1960
	Hasenwinkel	1856	–	–	1919
– Gerthe	Lothringen	1872	894	4115	1967
– Grumme	Constantin	1850	1666	3817	1967
– Hamme	Carolinenglück	um 1845	488	426	1964
	Präsident	um 1841	400 (1913)	–	1943
– Hofstede	Hannibal	1848	(1959 → Hannover [Bergwerke Bochum], Bochum-Hordel)		
– Hordel	Hannover	1857	(1958 → Hannover/Königsgrube, Bochum-Hordel)		
	Hannover/Königsgrube	*1958*	(1959 → Hannover [Bergwerke Bochum], Bochum-Hordel)		
	Hannover (Bergwerke Bochum)	*1959*	2159	2920	1973
– Laer	Agricola 2	–	21	45	1962
	Amalia	1873	(1929 → Robert Müser, Bochum-Werne)		
	Dannenbaum	1859	(1958 → Prinz Regent, Bochum-Weitmar)		
	Engelsburg	1873	422	1175	1961
	Jacob	1859	(1929 → Robert Müser, Bochum-Werne)		
– Langendreer	Bruchstraße	1872	538	1313	1962
	Mansfeld	1830	357	917	1963
– Linden	Baaker Mulde	1855	(1899 → Friedlicher Nachbar, Bochum-Linden)		
	Friedlicher Nachbar	1868	420	1272	1961
– Querenburg	Klosterbusch	1918	302	981	1961
– Stiepel	Brockhauser Tiefbau	1873	–	–	1887
	Ver. Gibraltar Erbstollen	1919	120	480	1925
– Wattenscheid	Centrum	1859	(1924 → Fröhliche Morgensonne, Bochum-Wattenscheid)		
	Fröhliche Morgensonne	1874	672	2130	1963
	Holland	1856	1511	2325	1974
	Morgenstern	–	18	37	1963
	Neu-Mecklingsbank	1948	47	127	1963
	Ver. Maria Anna und Steinbank	um 1860	300	–	1904
	Zollstraße	1949	21	54	1963
– Weitmar	Flora	–	45	59	1967
	Prinz-Regent	1870	858	3349	1960
	Ver. General und Erbstollen	1873	235 (1910)	–	1928
– Werne	Caroline	1856	(1929 → Robert Müser, Bochum-Werne)		
	Neu-Iserlohn	1856	(1955 → Robert Müser, Bochum-Werne)		
	Prinz von Preußen	1856	(1929 → Robert Müser, Bochum-Werne)		
	Robert Müser	*1929*	1023	1932	1968
	Siebenplaneten	1870	(1955 → Robert Müser, Bochum-Werne)		
– Wiemelhausen	Julius Philipp	1875	–	–	1905
Bönen					
– Altenbögge	Königsborn 2/5	1887	600	427	1966
	Königsborn	1874	983	1458	1981
Bork					
	Hermann	1907	530	–	1926
Bottrop					
	Arenberg-Fortsetzung	1910	385 (1912)	–	1930
	Franz Haniel	1921	(1965 → Jacobi/Franz Haniel, Oberhausen-Osterfeld)		
	Prosper	1856	(1973 → Prosper-Haniel, Bottrop)		
	Prosper-Haniel	*1973*	3069	4782	–
	Rheinbaben	1898	(1938 → Möller-Rheinbaben, Gladbeck)		
Castrop-Rauxel					
	Erin	1866	1423	2510	1983
	Graf Schwerin	1873	600	1209	1967
	Ickern	1908	(1921 → Victor-Ickern, Castrop-Rauxel)		
	Teutoburgia	1907	–	–	1925
	Victor	1871	(1921 → Victor-Ickern, Castrop-Rauxel)		
	Victor-Ickern	*1921*	1759	3393	1973
Datteln					
	Emscher-Lippe	1902	1117	1784	1972
Dinslaken					
– Lohberg	Lohberg	1906	2833	4277	–
Dorsten					
	Baldur	1905	–	–	1931
– Hervest-Dorsten	Fürst Leopold/Wulfen	1910	2042	3149	–
Dortmund					
	Kaiserstuhl	1873	931	1925	1966
	Scharnhorst	1872	–	–	1931
– Aplerbeck	Ver. Schürbank und Charlottenburg	um 1840	–	–	1925

Anhang

Zechen im Ruhrgebiet

Ort	Zeche	Gründung*	Förderung** (in 1000 t)	Belegschaft**	Stillegung
– Barop	Glückauf Tiefbau	1840	–	–	1924
	Kaiser Friedrich	1888	–	–	1925
– Bodelschwingh	Westhausen	1872	560 (1950)	–	1955
– Bövinghausen	Zollern 2/4	1898	600 (1950)	–	1955
– Derne	Gneisenau	1873	–	–	1985
	Kurl	um 1859	–	–	1931
	Tremonia	1869	–	–	1931
– Dorstfeld	Dorstfeld	1849	518	2006	1963
– Eving	Minister Stein	1871	2132	2384	1987
– Hörde	Admiral	1910	112 (1914)	–	1925
	Glückaufsegen	1846	300 (1914)	–	1926
	Holstein	1874	364	–	1928
	Schleswig	1855	197	–	1925
– Huckarde	Hydro-Hansa	1856	402	1375	1980
– Kirchlinde	Zollern 1/3	1857	500 (1950)	–	1955
– Kley	Oespel	1856	356	1057	1962
– Lindenhorst	Fürst Hardenberg	1872	(1960 → Minister Stein, Dortmund-Eving)		
– Löttringhausen	Gottessegen	1891	234	767	1963
– Marten	Germania	1855	1358	2452	1971
– Mengede	Adolf von Hansemann	1873	924	1969	1967
– Schüren	Freie Vogel und Unverhofft	1843	400 (1914)	–	1925
– Sölde	Freiberg	–	124 (1905)	–	1912
	Ver. Margarethe	1856	217	–	1926
Duisburg					
– Beeck	Rönsberghof	1909	–	–	1930
– Hamborn	Beeckerwerth	1916	856	1857	1963
	Friedrich Thyssen 1/6	1871	–	–	1928
	Friedrich Thyssen 2/5	1888	1539	2357	1976
	Friedrich Thyssen 3/7	1889	–	–	1932
	Friedrich Thyssen 4/8	1899	574	2074	1959
	Neumühl	1893	917	2454	1962
– Homberg	Rheinpreussen	1857	–	–	1925
– Laar	Westende	1856	750	1475	1968
– Meiderich	Ruhr und Rhein	1857	–	–	1890
– Rheinhausen	Diergardt	1910	287	429	1968
	Mevissen	1912	723	1585	1973
– Walsum	Walsum	1909	3129	4448	–
– Wehofen	Wehofen	1909	–	–	1928
Essen					
	Graf Beust	1840	570 (1913)	–	1929
	Hercules	1857	444 (1904)	–	1925
	Sälzer und Neuack	1807	(1934 → Sälzer-Amalie, Essen-Bergeborbeck)		
	Victoria Mathias	1840	260	1627	1965
	Ver. Hoffnung und Secretarius Aak	1863	125 (um 1880)	–	1897
– Altendorf	Altendorf	1845	–	–	1914
	Katharina	1899	710	1711	1972
	Neuglück	1917	42 (Durchschnitt)	–	1925
	Theodor	1934	(1964 → Heinrich, Essen-Überruhr)		
– Altenessen	Anna-Emil	1845	(1911 → Emil-Emscher, Essen-Altenessen)		
	Emil-Emscher	1873	(1967 → Emil-Fritz, Essen-Altenessen)		
	Emil-Fritz	1903	2354	3541	1973
	Fritz-Heinrich	1872	(1967 → Emil-Fritz, Essen-Altenessen)		
	Helene	1870	692	1323	1965
	Carl	1856	(1929 → Emil-Fritz, Essen-Altenessen)		
– Bergeborbeck	Carolus Magnus	1868	409 (1929)	1000 (1910)	1951
	Sälzer-Amalie	1843	1213	3402	1966
– Borbeck	Kronprinz	1834	–	–	1842
	Neu-Cöln	1845	510 (1929)	–	1931
	Neu-Wesel	1841	(20er Jahre des 20. Jh. → Wolfsbank und Christian Levin, Essen-Borbeck)		
	Wolfsbank	1843	(1954 → Sälzer-Amalie, Essen-Bergeborbeck)		
	Christian Levin	1845	223	662	1960
– Frillendorf	Königin Elisabeth	1847	(1928 → Friedrich Joachim, Essen-Schonnebeck)		
– Heidhausen	Hermann	1948***	26	71	1964
– Heisingen	Ver. Pörtingsiepen	1872	(1967 → Ver. Pörtingsiepen/Carl Funke, Essen-Heisingen)		
	Friedrich Wilhelm	1896	(1903 → Carl Funke, Essen-Heisingen)		
	Gottfried Wilhelm	1907	(→ Ver. Pörtingsiepen, Essen-Heisingen)		
	Heisingen Tiefbau	1871	(1903 → Carl Funke, Essen-Heisingen)		
	Carl Funke	1896	(1967 → Ver. Pörtingsiepen/Carl Funke, Essen-Heisingen)		
	Ver. Pörtingsiepen/ Carl Funke	*1967*	904	2171	1973
– Karnap	Mathias Stinnes	1871	1401	2601	1972
– Katernberg	Zollverein	1848	(1983 → Nordstern/Zollverein, Gelsenkirchen-Horst)		
– Kettwig	Rudolf	–	32	87	1966
– Kray	Bonifacius	1857	847	1610	1967
	Wilhelm Emil	1910	–	–	1956
– Kupferdreh	Adler	1906	300 (1911)	–	1930
	Prinz Friedrich	1920	(1931 → Carl Funke, Essen-Heisingen)		
	Steingatt	–	129	705	1903

Anhang

Zechen im Ruhrgebiet

Ort	Zeche	Gründung*	Förderung** (in 1000 t)	Belegschaft**	Stillegung
– Rellinghausen	Jungmann	1946	21	49	1959
	Langenbrahm	1835	407	1371	1966
	Ludwig	1864***		(1950 → Langenbrahm, Essen-Rellinghausen)	
– Schonnebeck	Friedrich Joachim	1872***	366	992	1966
– Steele	Deimelsberg	1887***	200 (1901)	–	1929
	Eiberg	1857	–	–	1914
	Eintracht-Tiefbau	1856***	–	–	1925
	Robert	1917***	78	328	1925
	Wohlverwahrt	1939	37	161	1962
– Stoppenberg	Friedrich Ernestine	1871	105	265	1963
– Überruhr	Heinrich	1847	559	2188	1968
	Gewalt	1810***	–	–	1886
	Gottvertraut	1922***	0,55 (Durchschnitt)	9	1925
	Ver. Charlotte	1832	–	–	1910
– Werden	Pauline	1880	91 (1899)	–	1916
– West	Neuschölerpad	–	–	–	1874
	Ver. Hagenbeck	1853	–	–	1928
Gelsenkirchen					
	Alma	1870	157 (1873)	–	1931
	Consolidation	1863	3253	4370	–
	Graf Bismarck	1869	2647	6755	1966
	Hibernia	1855	–	–	1925
	Rheinelbe	1855	–	–	1927
	Wilhelmine Victoria	1856	653	1935	1961
– Buer	Bergmannsglück	1903		(1960 → Westerholt, Gelsenkirchen-Buer)	
	Hugo	1873	3023	5029	–
	Scholven	1908	859	1577	1963
	Westerholt	1907	2486	3891	–
– Horst	Nordstern	1858		(1983 → Nordstern/Zollverein, Gelsenkirchen-Horst)	
	Nordstern/Zollverein	1983	2207	3879	1986
	Nordstern	1986	–	–	–
– Rotthausen	Dahlbusch	1853	945	2462	1966
Gevelsberg					
– Silschede	Ver. Trappe	1848***	120	–	1925
Gladbeck					
	Graf Moltke	1873	1084	1807	1971
	Mathias Stinnes 3/4	1902		(1965 → Mathias Stinnes, Essen-Karnap)	
	Möller	1896		(1938 → Möller-Rheinbaben, Gladbeck)	
	Möller-Rheinbaben	1938	1352	3138	1967
– Zweckel	Zweckel	1908		(1929 → Scholven, Gelsenkirchen-Buer)	
Haltern					
	Haltern 1/2	1980		(→ General Blumenthal, Recklinghausen)	
Hamm					
– Bockum-Hövel	Radbod	1905	1288	2231	–
– Heessen	Sachsen	1912	795	1800	1976
– Herringen	Heinrich Robert	1901	3336	5216	–
– Werries	Maximilian	1903	–	–	1921
Hattingen					
	Lieselotte	1948***	24	113	1958
– Albringhausen	Neuwülfingsburg	1952***	46	133	1967
– Bredenscheid	Hoffnungsthal/Johannessegen	1899	100 (Durchschnitt)	–	1925
– Dumberg-Höfe	Neuglück	–	47	142	1963
– Hammerthal	Neu-Plessbach	1919	78	321	1962
– Niederholthausen	Aurora	1939	93	261	1965
– Niederstüter	Petrus Segen	1942	37 (1958)	–	1963
Herne					
	Friedrich der Große	1870	2121	2698	1978
	Providence (von d. Heydt)	1864		(1928 → Recklinghausen, Recklinghausen)	
– Sodingen	Mont-Cenis	1871		(1963 → Constantin, Bochum-Grumme)	
– Wanne-Eickel	Königsgrube	1856		(1958 → Hannover/Königsgrube, Bochum-Hordel)	
	Pluto	1857	1076	1550	1976
	Shamrock	1857	1539	2821	1967
	Unser Fritz	1871		(1976 → Consolidation, Gelsenkirchen)	
Herten					
	Ewald	1872	3253	3897	–
– Langenbochum	Schlägel und Eisen	1875	1708	3101	–
Holzwickede					
	Caroline	1854	106	–	1951
Kamen					
	Grillo	1873		(1967 → Monopol, Bergkamen)	
	Grimberg 1/2	1890		(1967 → Monopol, Bergkamen)	
Kamp-Lintfort					
	Friedrich Heinrich	1907	2593	3999	–
	Rossenray	1942		(1971 → Rheinland, Moers-Rheinkamp-Repelen)	

Anhang

Zechen im Ruhrgebiet

Ort	Zeche	Gründung*	Förderung** (in 1000 t)	Belegschaft**	Stillegung
Lünen					
	Preußen	1873	–	–	1929
	Victoria	1907	830	926	1964
– Brambauer	Minister Achenbach	1897	2036	4556	–
	Minister Achenbach 3/4	1909	461	594	1968
Marl					
	Auguste Victoria	1900	2800	5800	–
	Brassert	1906	572	1118	1972
Moers					
– Hochstraß	Rheinpreussen 4	1900		(1962 → Rheinpreussen 9, Moers-Rheinkamp-Utfort)	
– Rheinkamp-Repelen	Pattberg	1920		(1971 → Rheinland, Moers-Rheinkamp-Repelen)	
	Rheinland	*1971*	5079	8536	–
– Rheinkamp-Utfort	Rheinpreussen 5/9	1900		(1962 → Rheinpreussen 9, Moers-Rheinkamp-Utfort)	
	Rheinpreussen 9	1962		(1971 → Rheinland, Moers-Rheinkamp-Repelen)	
Mülheim an der Ruhr					
	Humboldt	1856***	150	–	1929
	Rosenblumendelle	um 1855		(Um 1930 → Rosenblumendelle/Wiesche, Mülheim an der Ruhr)	
	Wiesche	um 1850		(Um 1930 → Rosenblumendelle/Wiesche, Mülheim an der Ruhr)	
	Rosenblumendelle/Wiesche	um *1930*	668	1822	1966
	Sellerbeck	1819	120 (1890)	–	1905
Neukirchen-Vluyn					
	Niederberg	1912	2744	4089	–
Oberhausen					
	Concordia	1851***	1403	3113	1968
	Hugo Haniel	1895	–	–	1931
	Oberhausen	1854	–	–	1931
	Roland	1852***	287	–	1928
	Vondern	1898	–	–	1932
– Alstaden	Alstaden	1857	373	690	1972
– Osterfeld	Jacobi	1912		(1965 → Jacobi/Franz Haniel, Oberhausen-Osterfeld)	
	Jacobi/Franz Haniel	*1965*	1926	2837	1974
– Sterkrade	Osterfeld	1873	2110	3982	–
	Sterkrade	1897	–	–	1933
Oer-Erkenschwick					
	Ewald-Fortsetzung	1899	1073	1717	1978
	Haard	1978	1426	2267	–
Recklinghausen					
	General Blumenthal	1873	2525	4273	–
	König Ludwig	1872	1001	3553	1965
	Recklinghausen	1864	1416	2472	1974
Sprockhövel					
	Alte Haase	1883	233	842	1966
	Elisabethenglück	1927***	45 (1958)	–	1962
	Kleine Windmühle	1919***	50 (1927)	–	1930
– Hiddinghausen	Barmen	1898***	–	–	1924
	Ulrich	1951***	40	94	1966
Unna					
	Alter Hellweg	1856	354	1568	1961
– Massen	Massener Tiefbau	1854	520	–	1925
Waltrop					
	Waltrop	1903	772	1308	1979
Werne					
	Werne	1899	1113	1416	1975
Witten					
	Ver. Hamburg und Franziska	1837	317	1236	1925
– Annen	Ver. Wiendahlsbank	um 1850	300	–	1924
– Bommern	Helene Gertrud	1920***	5	–	1925
	Helene Nachtigall	um 1880		(1890 → Ver. Nachtigall, Witten-Bommern)	
	Ver. Nachtigall	1832***	1	–	1928
– Herbede-Durchholz	Blankenburg	1874	–	–	1925
	Egbert	–	2	5	1976
	Herbede	1913	359	871	1972
	Tinsbank	1923	–	–	1940
– Herbede	Vereinigte Gideon	–	14 (1950)	–	1956
– Waldegge	Allgäu 3	–	9	43	1959
– Esborn	Esborn	–	26	87	1961
– Stockum	Am Katloh 1/2	–	39	141	1962

Erläuterungen:
* Beginn der Abteufarbeiten für den ersten Tiefbauschacht
** Jahresfördermenge und Belegschaft im Jahr vor der Stillegung; bei fördernden Zechen: Fördermenge und Beschäftigte Ende 1986
*** Jahr der Förderaufnahme
→ Verbund mit anderer Zeche oder Übernahme von Grubenfeldern bei gleichzeitiger Teilstillegung alter Betriebsanlagen bzw. Nutzung als Wetter- oder Seilfahrtschacht
1958 Datum des Zusammenschlusses mehrerer Zechen

Anhang

Kreisfreie Revierstädte – gestern und heute

Bochum

Einwohner	408 994 Stand: 1.1.1987
Stadtfläche	145,4 km²
Einwohnerdichte	2 812 Einwohner/km²

Ergebnisse der Kommunalwahl 1984

SPD	55,1 %
CDU	28,6 %
Die Grünen	9,3 %

Partnerstädte
Sheffield (Großbritannien)
Oviedo (Spanien)
Donezk (UdSSR)

Geschichte der Stadt Bochum

Um 890 Bochum ist ein königlicher Reichshof am Hellweg. Die umliegenden Höfe und Bauernschaften sind als Besitz der Abtei Werden urkundlich belegt.
1321 Graf Engelbert von der Mark verleiht der Freiheit Bochum Stadtrechte.
1426 Mit dem Beitritt zum märkischen Städtebündnis ist Bochum als Stadt endgültig anerkannt. Bochumer Kaufleute treiben auch im Ausland Handel.
1517 Durch einen Brand wird die Stadt völlig vernichtet. Der Wiederaufbau dauert fast 100 Jahre.
1835 Bochum erhält eine Straßenbeleuchtung, die von den Bürgern gefordert wurde.
1854 Die Gußstahlfabrik Mayer & Kühne wird in die Aktiengesellschaft »Bochumer Verein für Bergbau und Gußstahlfabrikation umgewandelt.
1873 In Bochum treibt der städtische Kuhhirte zum letzten Mal das Vieh auf die Weide. Bochum wandelt sich von einer Ackerbürger- zur Industriestadt.
1895 Der Bochumer Verein ist zum zweitgrößten deutschen Stahlunternehmen gewachsen.
1904 Durch Eingemeindungen erreicht Bochum die Einwohnerzahl von 100 000 und wird damit Großstadt.
1929 Das ehemalige Amt Wattenscheid wird nicht nach Bochum eingemeindet, sondern bildet die Stadt Wattenscheid.
1957 Bochum erhält einen neuen Bahnhof in der Innenstadt.
1964 Das Zeiss-Planetarium an der Castroper Straße wird eröffnet.
1965 Die Ruhr-Universität Bochum öffnet ihre Pforten.
1975 Mit der Eingemeindung von Wattenscheid nach Bochum scheitert die Bürgerinitiative selbständiges Wattenscheid.

Stadtteile (Jahr der Eingemeindung)
Altenbochum (1926), Bergen (1926), Dahlhausen (1929), Eppendorf (1975), Gerthe (1929), Grumme (1904), Günnigfeld (1975), Hamme (1904), Harpen (1929), Hiltrop (1929), Höntrop (1975), Hofstede (1904), Hordel (1926), Laer (1929), Langendreer (1929), Leithe (1975), Linden (1929), Munscheid (1975), Querenburg (1929), Riemke (1926), Sevinghausen (1975), Stiepel (1929), Wattenscheid (1975), Weitmar (1926), Werne (1926), Westenfeld (1975), Wiemelhausen (1904).

Oberbürgermeister seit 1900

Fritz W. G. Graff	1900–1925
Otto Ruer	1925–1933
Otto Leopold Piclum	1933–1943
Friedrich Hesseldiek	1943–1945
Ferdinand Bahlmann	1945
Franz Geyer	1945–1946
Willi Geldmacher	1946–1952
Fritz Heinemann	1952–1969
Fritz Claus	1969–1974
Heinz Eikelbeck	seit 1975

Bottrop

Einwohner	112 261 Stand: 1.1.1987
Stadtfläche	100,6 km²
Einwohnerdichte	1 116 Einwohner/km²

Ergebnisse der Kommunalwahl 1984

SPD	49,9 %
CDU	33,6 %
GAL	6,6 %
DKP	8,5 %

Partnerstädte
Tourcoing (Frankreich)
Blackpool (Großbritannien)

Geschichte der Stadt Bottrop

Um 1092 Der Name Bortthorpe erscheint erstmals in einem Heberegister der Abtei Werden.
1230 Der Deutsche Orden gründet die Kommende Welheim. Sie entwickelt sich zum größten Grundherrn im Osten des Kirchspiels Bottrop.
1432 Der Kölner Erzbischof Dietrich von Moers stellt allen Besuchern des Michaelismarktes in Bottrop einen Schutzbrief aus.
1598 Während der spanisch-niederländischen Kriege (1579–1648) wird die Kommende Welheim zerstört.
1782 Die erste Volkszählung in Bottrop ergibt 1 661 Einwohner.
1863 Auf der ersten Bottroper Zeche Prosper I beginnt die Kohleförderung.
1888 Die Einwohnerzahl der Landgemeinde Bottrop steigt auf 10 000.
1919 Mit 72 000 Einwohnern erhält Bottrop Stadtrechte und scheidet aus dem Landkreis Recklinghausen aus.
1967 Die Zeche Rheinbaben wird stillgelegt.
1975 Im Zuge einer kommunalen Neugliederung werden Bottrop, Gladbeck und Kirchhellen zu einer Stadt zusammengefaßt.
1976 Nach Auflösung von »Glabotki« kommt es zum Zusammenschluß von Bottrop und Kirchhellen.

Stadtteile (Jahr der Eingemeindung)
Ohne Jahresangabe: Stadtteil gehört seit der Stadtwerdung zum Stadtgebiet
Batenbrock, Boy, Ebel (1929), Eigen, Fuhlenbrock, Kirchhellen (1976), Vonderort (1929).

Oberbürgermeister seit der Stadtwerdung

Erich Baur	1920–1933
Emil Irrgang	1933–1934
Günther Graf von Stosch	1935–1941
Otto Overdrevermann (kommissar. Oberbürgermeister)	1941–1942
Emil Irrgang (kommissar. Oberbürgermeister)	1942–1943
Robert Hoffmann	1943–1945
Franz Reckmann	1945–1946
Wilhelm Tenhagen	1946–1949
Ernst Wilczok	1949–1961
Bernhard Roghmann	1961–1964
Ernst Wilczok	1964–1974
Hans Wuwer (Beauftragter für die Aufgaben des Rates und des Oberbürgermeisters)	1975
Theo Knorr (Beauftragter für die Aufgaben des Rates und des Oberbürgermeisters)	1975
Ernst Wilczok	seit 1975

Dortmund

Einwohner	573 538 Stand: 1.1.1987
Stadtfläche	280,2 km²
Einwohnerdichte	2 047 Einwohner/km²

Ergebnisse der Kommunalwahl 1984

SPD	55,4 %
CDU	30,7 %
Die Grünen	10,7 %

Partnerstädte
Amiens (Frankreich)
Leeds (Großbritannien)
Rostow am Don (UdSSR)
Novi Sad (Jugoslawien)
Netanya (Israel)
Buffalo (USA)

Geschichte der Stadt Dortmund

Um 890 In einem Heberegister der Abtei Werden wird Dortmund erstmals urkundlich erwähnt.
9./10. Jh. Zwischen 928 und 1068 besuchen insgesamt 27mal deutsche Könige bzw. Kaiser die Pfalz Dortmund.
1074 Dortmund zählt zu den wichtigsten Zollstädten des Reiches.
1145 Vermutlich erhält Dortmund erstmals reichsstädtische Privilegien.
Um 1200 Dortmund hat eine Flächenausdehnung von ca. 80 ha, die bis zum Beginn der Industrialisierung unverändert bleibt.
1293 König Adolf von Nassau gewährt der Stadt Dortmund das Braurecht.
1296 Die Verleihung des Bürgerrechts an den Bergmann Konrad aus Schüren ist der erste Hinweis auf Steinkohlenbergbau in Dortmund.
1343 Die Dortmunder Hansekaufleute sind auf dem Höhepunkt ihres internationalen Einflusses.
1388/1389 In der sog. Großen Dortmunder Fehde kann die Stadt ihre Reichsfreiheit erfolgreich verteidigen.
1400 Durch die sog. Große Revolution erhält der Dortmunder Rat eine neue Zusammensetzung.
1570 Mit der Anerkennung der lutherischen Lehre durch den Rat der Stadt setzt sich in Dortmund endgültig die Reformation durch.
1803 Dortmund kommt zu Oranien-Nassau und verliert seine Reichsfreiheit.
1840 Auf der Zeche Glückauf-Tiefbau in Barop wird der erste Dortmunder Tiefbauschacht abgeteuft.
1841 Mit der Hermannshütte in Hörde nimmt das erste Unternehmen der Schwerindustrie im Dortmunder Raum seinen Betrieb auf.
1843 Mit der Einführung der untergärigen Braumethode beginnt die Tradition des Dortmunder »Hellen«.
1875 Dortmund wird kreisfreie Stadt.
1899 Der Dortmunder Hafen und der Dortmund-Ems-Kanal werden eingeweiht.
1925 Der erste Bau der Dortmunder Westfalenhalle wird eröffnet.
1945 Die Bombenangriffe des Zweiten Weltkriegs haben die Dortmunder Innenstadt zu 93 % zerstört.
1968 Die neu gegründete Universität Dortmund wird eröffnet.

Stadtteile (Jahr der Eingemeindung)
Aplerbeck (1929), Asseln (1928), Barop (1929), Benninghofen (1929), Berghofen (1929), Bodelschwingh (1928), Bövinghausen (1928), Brackel (1918), Brechten (1928), Brünninghausen (1928), Buchholz (1975), Derne (1928), Deusen (1914), Dorstfeld (1914), Eichlinghofen (1929), Ellinghausen (1928), Eving (1914), Grevel (1928), Hörde (1928), Holthausen (1928), Holzen (1975), Hombruch (1929), Huckarde (1914), Husen (1928), Kemminghausen (1914), Kirchderne (1928), Kirchhörde (1929), Kirchlinde (1928), Kley (1928), Körne (1905), Kurl (1928), Lanstrop (1928), Lichtendorf (1975), Lindenhorst (1914), Lütgendortmund (1928), Marten (1928), Mengede (1928), Nette (1928), Oespel (1928), Oestrich (1928), Rahm (1914), Scharnhorst (1918), Schüren (1929), Sölde (1929), Sölderholz (1929), Somborn (1929), Syburg (1929), Wambel (1918), Wellinghofen (1929), Westerfilde (1928), Wickede (1928), Wischlingen (1914)

Oberbürgermeister seit 1900

Wilhelm Schmieding	1886–1910
Ernst Eichhoff	1910–1933
Willi Banike	1934–1945
Hermann Ostrop	1945–1946
Wilhelm Hansmann	1946
Herbert Scholtissek	1946
Fritz Henßler	1946–1953
Dietrich Keuning	1954–1969
Heinrich Sondermann	1969–1973
Günter Samtlebe	seit 1973

Duisburg

Einwohner	528 651 Stand: 1.1.1987
Stadtfläche	232,8 km²
Einwohnerdichte	2 271 Einwohner/km²

Ergebnisse der Kommunalwahl 1984

SPD	57,8 %
CDU	30,1 %
Die Grünen	8,6 %

Partnerstädte
Portsmouth (Großbritannien)
Durham (Großbritannien)
Calais (Frankreich)
Wuhan (China)
Lomé (Togo)

Geschichte der Stadt Duisburg

Um 738 In Duisburg wird vermutlich ein Königshof angelegt.
883/884 Normannen halten Duisburg besetzt und richten in der Stadt erhebliche Zerstörungen an.
10. Jh. Der Duisburger Königshof wird zur Pfalz ausgebaut.
Nach 1200 Der Rhein verlagert sich von Duisburg weg; die Stadt verliert den unmittelbaren Rheinanschluß.
1234 Zum erstenmal werden Bürgermeister in Duisburg urkundlich erwähnt; die Stadt besitzt ein eigenes Siegel.
1290 Die Reichsstadt Duisburg wird an den Grafen Dietrich VIII. von Kleve verpfändet.
1407 Duisburg tritt der Hanse bei.
1513 Die Bauarbeiten an der Duisburger Salvatorkirche sind beendet.
1569 Der in Duisburg lebende Geograph und Astronom Gerhard Mercator veröffentlicht seine Weltkarte.
1655 Die Duisburger Universität wird feierlich eröffnet.
1674 Duisburg unterhält eine regelmäßige Schiffsverbindung nach Nimwegen, die sog. Börtschiffahrt.
1732 Das erste Ruhrorter Hafenbecken ist fertiggestellt.
1780 Der Ausbau der Ruhr zur Schiffahrtsstraße ist abgeschlossen. Damit entwickelt sich der Ruhrorter Hafen zum bedeutendsten Warenumschlagplatz im späteren Ruhrgebiet.
1828 Franz Haniel eröffnet in Ruhrort eine Werft zum Bau von Dampfschiffen.
1851 Die Niederrheinische Hütte nimmt den Betrieb auf.
1873 Duisburg wird kreisfreie Stadt.
1887 Die Tonhalle an der Königsstraße wird der Öffentlichkeit übergeben.
1905 Die Städte Duisburg, Meiderich und Ruhrort schließen sich zusammen.
1908 Die Gesamtanlage des Ruhrorter Hafens ist fertiggestellt.
1912 Im neuen Duisburger Stadttheater beginnt die erste Spielzeit.
1921 Duisburg wird von französischen und belgischen Truppen besetzt.
1944 Luftangriffe alliierter Bomberverbände richten in Duisburg schwere Zerstörungen an.
1964 Das Wilhelm-Lehmbruck-Museum wird eröffnet.
1972 Mit Gründung einer Gesamthochschule erhält Duisburg wieder den Status einer Universitätsstadt.

Stadtteile (Jahr der Eingemeindung)
Ohne Jahresangabe: Stadtteil gehört seit der Stadtwerdung zum Stadtgebiet
Alsum (1929), Teile von Angermund (1929), Baerl (1975), Beeck (1929), Binsheim (1975), Bissingheim (1929), Bruckhausen (1929), Buchholz (1929), Duissern, Ehingen (1929), Eichelskamp (1929), Essenberg (1975), Eppinghoven (1975), Fahrn (1929), Friemersheim (1975), Großenbaum (1929), Hamborn (1929), Hochemmerich (1975), Hochfeld, Hochheide (1975), Homberg (1975), Huckingen (1929), Hüttenheim (1929), Kaßlerfeld, Laar (1929), Teile von Lintorf (1929), Marxloh (1929), Meiderich (1905), Mündelheim (1929), Neudorf, Neuenkamp, Neumühl (1929), Rahm (1929), Rheinhausen (1975), Rheinkamp (1975), Ruhrort (1905), Rumeln-Kaldenhausen (1975), Serm (1929), Schmidthorst (1929), Schwelgern (1929), Stockum (1929), Walsum (1975), Wanheim-Angerhausen (1902), Wanheimerort, Wedau (1929), Wehofen (1975).

Oberbürgermeister seit 1900

Karl Lehr	1879–1914
Karl Jarres	1914–1933
Ernst Kelter	1933–1934
Just Dillgardt	1934–1937
Hermann Freytag	1937–1945
Heinrich Weitz	1945–1947
Leo Storm	1947–1948
August Seeling	1948–1969
Arnold Masselter	1969–1974
Ernst Ermert	1975–1975
Josef Krings	seit 1975

Essen

Einwohner	622 715 Stand: 1.1.1987
Stadtfläche	210,3 km²
Einwohnerdichte	2 961 Einwohner/km²

Ergebnisse der Kommunalwahl 1984

SPD	52,3 %
CDU	35,6 %
GAL	8,8 %

Partnerstädte
Sunderland (Großbritannien)
Tampere (Finnland)
Grenoble (Frankreich)

Geschichte der Stadt Essen

796 Der friesische Missionar Liudger erwirbt Land an der Ruhr, auf dem die Abtei Werden errichtet wird.
835 Altfried, Bischof von Hildesheim, baut am heutigen Burgplatz die St. Quintinskapelle und gründet 852 ein Damenstift.
1039–1058 Im Stift Essen regiert die Äbtissin Theophanu, die das Münster erweitern und den Münsterschatz vervollkommnen läßt.
1041 König Heinrich III. bestätigt Essen das Marktrecht.
1244 Essen wird erstmals urkundlich als Stadt belegt.
1275 Nach einem Großbrand wird die Essener Münsterkirche in ihrer heutigen Form wieder aufgebaut.
1317 Erstmals wird Kohle in Essen erwähnt.

Anhang

1336 An die Spitze der Stadt Essen treten zwei von den Bürgern gewählte Bürgermeister.
1563 In Essen wird die Reformation eingeführt.
1620 Die Essener Schmiede produzieren rund 14 000 Gewehre und Pistolen.
1775 Zacharias Baedeker übernimmt die Essendische Zeitung.
1803 Nachdem die Fürstentümer Essen und Werden an Preußen gefallen sind, werden die geistlichen Herren entmachtet.
1811 Friedrich Krupp gründet die Gußstahlfabrik.
1864 In der Kruppschen Gußstahlfabrik arbeiten 22 % der Einwohner Essens.
1896 Essen wird mit 100 000 Einwohnern Großstadt.
1929 Nach zahlreichen Eingemeindungen gehören bis auf Kettwig und Burgaltendorf alle Nachbargemeinden zur Stadt Essen.
1931–1933 Im Zuge eines großen Arbeitsbeschaffungsprogramms wird der Baldeneysee angelegt.
1933–1945 Über 2 500 Essener Juden fallen dem nationalsozialistischen Terror zum Opfer.
1945 Die Essener Innenstadt ist nach dem Zweiten Weltkrieg zu 90 % zerstört.
1958 In Essen wird der Bischofssitz des Ruhrbistums eingerichtet.
1972 Die Gesamthochschule Essen wird eröffnet.
1979 Essen erhält ein neues Rathaus, das mit 106,31 m das höchste Rathaus im Bundesgebiet ist.
1983 Mit dem ersten Spatenstich beginnen die Bauarbeiten für das neue Aalto-Theater.

Stadtteile (Jahr der Eingemeindung)
Altendorf (1901), Altenessen (1915), Bedingrade (1915), Bergeborbeck (1915), Bergerhausen (1910), Bochold (1915), Borbeck (1915), Bredeney (1915), Burgaltendorf (1970), Byfang (1929), Dellwig (1915), Fischlaken (1929), Freisenbruch (1929), Frillendorf (1929), Frintrop (1915), Frohnhausen (1901), Fulerum (1910), Gerschede (1915), Haarzopf (1915), Heidhausen (1929), Heisingen (1929), Holsterhausen (1901), Horst (1919), Huttrop (1908), Karnap (1929), Katernberg (1929), Kettwig (1975), Kray (1929), Kupferdreh (1929), Leithe (1929), Margarethenhöhe (1905), Rellinghausen (1910), Rüttenscheid (1905), Schönebeck (1915), Schonnebeck (1929), Schuir (1915), Stadtwald (1910), Steele (1929), Stoppenberg (1929), Überruhr-Hinsel (1929), Überruhr-Holthausen (1929), Vogelheim (1915), Werden (1929).

Oberbürgermeister seit 1900

Erich Zweigert	1886–1906
Wilhelm Holle	1906–1918
Hans Luther	1918–1924
Franz Bracht	1924–1932
Heinrich Maria Martin Schäfer	1932–1933
Theodor Reismann-Grone	1933–1937
Just Dillgardt	1937–1945
Hugo Rosendahl	1945–1946
Heinz Renner	1946
Gustav Heinemann	1946–1949
Josef Aust	1949
Hans Touissaint	1949–1956
Wilhelm Nieswandt	1956–1969
Horst Katzor	1969–1984
Peter Reuschenbach	seit 1984

Gelsenkirchen

Einwohner	286 484 Stand: 1.1.1987
Stadtfläche	104,8 km²
Einwohnerdichte	2 733 Einwohner/km²

Ergebnisse der Kommunalwahl 1984

SPD	58,7 %
CDU	29,0 %
Die Grünen	9,4 %

Partnerstädte
Newcastle upon Tyne (Großbritannien)
Zenica (Jugoslawien)

Geschichte der Stadt Gelsenkirchen
1027 Die Essener Äbtissin Sophia stiftet auf dem Herrenland des Brockhofes eine dem heiligen Georg geweihte Kirche.
Um 1150 In einem Heberegister der Abtei Werden taucht der Name Gelsenkirchen erstmals in seiner ursprünglichen Form »Geilistirinkirkin« auf.
1282 Eine vom Ritter Arnold von der Horst angestrebte Stadtgründung im Norden des Kirchspiels Gelsenkirchen scheitert am Widerstand des Kölner Erzbischofs Siegfried von Westenburg.
1448 Der Kölner Erzbischof Dietrich von Moers verleiht dem Dorf Buer den Status einer Freiheit mit Sonderrechten.
1654 Nach dem Schatzungsregister des Amtes Bochum gehört Gelsenkirchen zu den ärmsten Gemeinden im Amtsbereich.
1840 Ludwig von Oven wird auf dem Wiehagen in Gelsenkirchen auf Steinkohle fündig.
1858 Die erste, von dem Iren William Thomas Mulvany 1855 gegründete Gelsenkirchener Zeche Hibernia nimmt die Kohleförderung auf.
1875 Gelsenkirchen erhält Stadtrechte.
1872 Der Industrielle Friedrich Grillo gründet den Schalker Gruben- und Hüttenverein.
1936 Die Gründung der Hydrierwerke Scholven (1935) und Gelsenberg Benzin AG (1936) macht Gelsenkirchen zu einem wichtigen Standort der Treibstoffindustrie.
1945 Nur etwa 10 % des Gelsenkirchener Wohnbestandes sind nach 184 Luftangriffen des Zweiten Weltkrieges unbeschädigt.
1966 Die Zeche Graf Bismarck, eine der modernsten und rentabelsten Anlagen des Reviers, wird stillgelegt.
1976 Seit 1961 ist die Einwohnerzahl Gelsenkirchens um knapp 20 % gesunken.

Stadtteile (Jahr der Eingemeindung). Ohne Jahresangabe: Stadtteil gehört seit der Stadtwerdung zum Stadtgebiet
Beckhausen (1928), Bismarck (1903), Buer (1928), Bulmke-Hüllen (1903), Erle (1928), Feldmark (1923), Hassel (1928), Heßler (1903), Horst (1928), Neustadt, Resse (1928), Resser-Mark (1928), Rotthausen (1923), Schalke (1903), Schalke-Nord (1903), Scholven (1928), Ückendorf (1903).

Oberbürgermeister seit 1900

Theodor Machens	1900–1918
Carl von Wedelstaedt	1919–1928
Emil Zimmermann	1928–1933
Karl Böhmer	1933–1945
Emil Zimmermann	1945
Robert Geritzmann	1946–1963
Hubert Scharley	1963–1969
Josef Löbbert	1969–1975
Werner Kuhlmann	seit 1975

Hagen

Einwohner	208 787 Stand: 1.1.1987
Stadtfläche	160,4 km²
Einwohnerdichte	1 302 Einwohner/km²

Ergebnisse der Kommunalwahl 1984

SPD	48,7 %
CDU	36,5 %
Die Grünen	9,8 %

Partnerstädte
Bruck an der Mur (Österreich)
Liévin (Frankreich)
Montluçon (Frankreich)
Kouvola (Finnland)
Smolensk (UdSSR)

Geschichte der Stadt Hagen
Anf. d. 11. Jh. Hagen wird erstmals urkundlich erwähnt.
1746 Hagen erhält Stadtrechte.
1887 Hagen wird kreisfreie Stadt.
1928 Hagen wird mit dem Überschreiten der Grenze von 100 000 Einwohnern Großstadt.
1945 Die Hagener Mittelstadt ist durch die Bombenangriffe im Zweiten Weltkrieg zu fast 77 % zerstört.

Stadtteile (Jahr der Eingemeindung)
Altenhagen (1901), Ambrock (1901), Bathey (1929), Berchum (1975), Boele (1929), Dahl (1975), Delstern (1901), Eckesey (1901), Eilpe (1876), Elsey (1975), Emst (1901), Eppenhausen (1901), Fley (1929), Garenfeld (1975), Halden (1929), Haspe (1929), Haßley (1929), Helfe (1929), Henkhausen (1975), Hengstey (1929), Herbeck (1929), Hohenlimburg (1975), Holthausen (1929), Kückelhausen (1929), Nahmer (1975), Reh (1975), Rummenohl (1975), Vorhalle (1929), Wehringhausen (1876), Westerbauer (1929).

Oberbürgermeister seit 1900

August Prentzel	1888–1900
Willi Cuno	1901–1927
Alfred Fincke	1927–1929
Cuno Raabe	1930–1933
Heinrich Vetter	1933–1945
Ewald Sasse	1945–1946
Fritz Steinhoff	1946–1956
Helmut Turck	1956–1963
Fritz Steinhoff	1963–1964
Lothar Wrede	1964–1971
Rudolf Loskand	seit 1971

Hamm

Einwohner	176 568 Stand: 1.1.1987
Stadtfläche	226,0 km²
Einwohnerdichte	781 Einwohner/km²

Ergebnisse der Kommunalwahl 1984

SPD	49,2 %
CDU	41,6 %
GAL	6,6 %

Partnerstädte
Neufchateau (Frankreich)
Bradford (Großbritannien)
Mazatlán (USA)
Santa Monica (USA)
Chattanooga (USA)

Geschichte der Stadt Hamm
1226 Graf Adolf von Altena-Mark gründet Hamm.
1279 Graf Eberhard von der Mark bestätigt Hamm seine in einer – gefälschten – Urkunde von 1213 niedergeschriebenen Stadtrechte.
1469 Hamm wird als Hansestadt genannt.
1820 Hamm wird Sitz des Oberlandesgerichts für die Grafschaft Mark.
1901 Hamm bildet einen eigenen Stadtkreis.
1945 Insgesamt 55 Luftangriffe während des Zweiten Weltkrieges haben dem Hammer Stadtbild schweren Schaden zugefügt.

Stadtteile (Jahr der Eingemeindung)
Berge (1968), Bockum-Hövel (1975), Heessen (1975), Mark (1939), Pelkum (1975), Rhynern (1975), Uentrop (1975), Westtünnen (1968), Wiescherhöfen (1968).

(Ober-)Bürgermeister seit 1900

Richard Matthaei	1892–1920
Josef Schlichter	1920–1933
Erich Deter	1933–1945
Emil Haarmann	1945
Josef Schlichter	1945–1946
Ferdinand Poggel	1946–1952
Heinz Diekmann	1952–1954
Heinrich Langes	1954–1956
Werner Figgen	1956–1964
Günter Rinsche	1964–1979
Werner Figgen	1979–1984
Sabine Zech	seit 1984

Herne

Einwohner	172 279 Stand: 1.1.1987
Stadtfläche	51,4 km²
Einwohnerdichte	3 352 Einwohner/km²

Ergebnisse der Kommunalwahl 1984

SPD	56,7 %
CDU	28,0 %
Die Grünen	8,8 %

Partnerstädte
Hénin-Beaumont (Frankreich)
Wakefield (Großbritannien)

Geschichte der Stadt Herne
Um 890 Als »Villa Haranni« wird Herne im Heberegister der Abtei Werden zum ersten Mal erwähnt.
Um 1142 Das Geschlecht der Ritter von Strünkede läßt sich unweit der Emscher auf dem Gebiet der späteren Stadt Herne nieder.
1389 Dortmunder Söldner plündern während der sog. Großen Dortmunder Fehde (1388/89) das Dorf Herne.
1486 Das Märkische Schatzbuch nennt für Herne 52 Familien.
1757 In seiner »Westphälischen Geschichte« charakterisiert Johann Diederich von Steinen Herne als »Flecken« in »fruchtbarer und angenehmer« Umgebung.
1856 Unter der Leitung des Iren William Thomas Mulvany beginnen die Abteufarbeiten für die erste Herner Zeche Shamrock.
1880 Seit 1847 hat sich die Einwohnerzahl Hernes verzehnfacht. Die Gemeinde zählt 10 000 Einwohner.
1897 Herne erhält Stadtrechte.
Um 1918 30 % der Einwohner Hernes geben das Polnische als ihre Muttersprache an.
1945 Bei den 64 Luftangriffen während des Zweiten Weltkrieges auf Herne sind 419 Menschen ums Leben gekommen.
1978 Als letzte Herner Zeche stellt Friedrich der Große/Mont Cenis die Förderung ein.

Stadtteile (Jahr der Eingemeindung)
Baukau (1908), Börnig (1928), Crange (1975), Eickel (1975), Holsterhausen (1975), Holthausen (1928), Röhlinghausen (1975), Horsthausen (1908), Sodingen (1928), Unser Fritz (1975), Wanne (1975).

Oberbürgermeister seit 1900

Hermann Schäfer	1897–1907
Karl Büren	1907–1913
Georg Sporleder	1913–1925
Curt Heinrich Täger	1925–1933
Albert Meister	1933–1942
Hugo Peiter	1943–1945
Hermann Meyerhoff	1945–1946
Heinrich Crämer	1946
Hermann Kleine	1946–1948
Josef Walter	1948–1951
Robert Brauner	1951–1974
Manfred Urbanski	1975–1984
Wilhelm Pohlmann	seit 1984

Mülheim an der Ruhr

Einwohner	172 284 Stand: 1.1.1987
Stadtfläche	91,3 km²
Einwohnerdichte	1 887 Einwohner/km²

Ergebnisse der Kommunalwahl 1984

SPD	51,0 %
CDU	31,3 %
Die Grünen	12,8 %

Partnerstädte
Darlington (Großbritannien)
Tours (Frankreich)
Kuusankoski (Finnland)

Geschichte der Stadt Mülheim an der Ruhr
883/884 Als Festung gegen eindringende Normannen wird die Burg Broich angelegt.
1093 Mülheim findet in einer Urkunde erstmals als Gerichtsstätte Erwähnung.
1214 Zisterzienserinnen gründen in (Mülheim-)Saarn ein Kloster.
1808 Die Gemeinde Mülheim wird zur Stadt erhoben.
1808 Mathias Stinnes gründet in Mülheim eine Schiffahrts- und Handelsgesellschaft.
1904 Mülheim wird kreisfreie Stadt.
1908 Mit der Geburt des 100 000. Einwohners steigt Mülheim zur Großstadt auf.
1927 Der Mülheimer Stadthafen Rhein-Ruhr kann seiner Bestimmung übergeben werden.
1943 Bombenangriffe der Alliierten zerstören die Innenstadt von Mülheim.
1969 Die Kraftwerk-Union, eine Tochtergesellschaft von AEG und Siemens, errichtet ihren Firmensitz in Mülheim.
1973 Das Rhein-Ruhr-Zentrum, größtes überdachtes Einkaufszentrum der Bundesrepublik, wird auf dem Gelände der ehemaligen Zeche Humboldt in Mülheim eröffnet.

Stadtteile (Jahr der Eingemeindung)
Broich (1904), Teile von Breitscheid (1975), Dümpten (1910), Eppinghofen (1878), Fulerum (1910), Heißen (1910), Holthausen (1904), Ickten (1929), Mellinghofen (1878), Menden (1920), Teile von Mintard (1929 und 1975), Raadt (1929), Roßkothen (1929), Saarn (1904), Selbeck (1929), Speldorf (1904), Teile von Styrum (1904 und 1910), Winkhausen (1910).

Oberbürgermeister seit 1900

Karl von Bock und Polach	1895–1902
Paul Lembke	1904–1928
Alfred Schmidt	1930–1933
Wilhelm Heinrich Maerz	1933–1936
Edwin Hasenjäger	1936–1945
Gustav Langweg	1945–1946
Josef Poell	1945–1946
Werner Hoosmann	1945–1946
Josef Poell	1945–1946
Edwin Hasenjäger	1945–1946
Wilhelm Diederichs	1946–1948
Heinrich Thöne	1948–1969
Heinz Hager	1969–1974
Dieter aus dem Siepen	1974–1982
Eleonore Güllenstern	seit 1982

Oberhausen

Einwohner	224 156 Stand 1.1.1987
Stadtfläche	77,03 km²
Einwohnerdichte	2 910 Einwohner/km²

Ergebnisse der Kommunalwahl 1984

SPD	59,3 %
CDU	31,1 %
Bunte Liste	6,7 %

Partnerstädte
Middlesbrough (Großbritannien)
Saporoschje (UdSSR)

Anhang

Geschichte der Stadt Oberhausen

- 947 Die Bauerschaften Lirich und Lippern werden erstmals urkundlich erwähnt.
- 1315 In einer Urkunde finden sich die ältesten Belege für eine feste Burg am Emscherübergang in der Lipperheide (Düker de Overhusa).
- 1758 Franz Ferdinand Freiherr von Wenge gründet die St. Antonii-Hütte; damit wird Oberhausen zur Wiege der Eisenhüttenindustrie im Revier.
- 1782 Freiherr von Wenge errichtet die Hütte Gute Hoffnung.
- 1791 Eine weitere Hütte, Neu-Essen, wird von Gottlob Jacobi in Betrieb genommen.
- 1808 Die drei Oberhausener Hüttenwerke schließen sich zur Hüttengewerkschaft und Handlung Jacobi, Haniel & Huyssen zusammen.
- 1847 Die Köln-Mindener-Eisenbahn erschließt das Oberhausener Gebiet für weitere Industrieansiedlungen; der Bahnhof in der Lipperheide bildet den Mittelpunkt weiterer Besiedlung.
- 1862 Durch Zusammenfassung mehrerer Bauerschaften entsteht die Landgemeinde Oberhausen.
- 1874 Oberhausen erhält Stadtrechte.
- 1901 Die Stadt Oberhausen wird kreisfrei.
- 1915 Oberhausen gehört mit 100 000 Einwohnern zu den Großstädten im Revier.
- 1929 Sterkrade und Osterfeld werden nach Oberhausen eingemeindet.
- 1930 Das neue Oberhausener Rathaus gilt als eines der bedeutendsten expressionistischen Bauwerke Deutschlands.
- 1954 In Oberhausen finden die ersten Westdeutschen Kulturfilmtage statt.
- 1967 Von der Oberhausener Friedensdorf-Initiative wird ein Wohn- und Rehabilitationszentrum für Kinder aus Konfliktregionen der Welt gegründet.

Stadtteile (Jahr der Eingemeindung)
Ohne Jahresangabe: Stadtteil gehört seit der Stadtwerdung zum Stadtgebiet
Alstaden (1910), Teile von Buschhausen (1909), Teile von Dümpten (1910), Holten (1929), Lippern, Lirich, Osterfeld (1929), Sterkrade (1929), Teile von Styrum (1910).

(Ober-)Bürgermeister seit 1900

Otto Wippermann	1894–1906
Berthold Otto Havenstein	1906–1930
Wilhelm Heuser	1930–1937
Wilhelm Gelberg	1938–1940
Ernst Bollmann	1942–1945
Wilhelm Thyssen	1945–1946
Karl Haendly	1945–1946
Georg Kaessler	1945–1946
Karl Feih	1945–1946
Luise Albertz	1946–1948
Otto Aschmann	1948–1952
Otto Pannenbecker	1952–1956
Luise Albertz	1956–1979
Friedhelm van den Mond	seit 1979

Die Kreise des Ruhrgebiets – gestern und heute

Ennepe-Ruhr-Kreis

Einwohner 336 107 Stand: 30.6.1986
Kreisfläche 408,1 km²
Einwohnerdichte 822 Einwohner/km²

Kreisstadt: Schwelm

Kreistag seit 1984
SPD 40,0 %
CDU 24,0 %
Die Grünen 7,0 %

Geschichte des Ennepe-Ruhr-Kreises
Nach dem Zusammenschluß am 1. August 1929 änderte sich die Zusammensetzung des Ennepe-Ruhr-Kreises im Laufe der Jahre mehrfach im Zuge von Verwaltungsumbildungen. Seine heutige Form erlangte der Kreis mit dem Beitritt der Stadt Witten am 1. Januar 1975.

Kreisangehörige Städte und Gemeinden

Schwelm
Einwohner 29 958 Stand: 30.6.1986
Stadtfläche 20,5 km²
Einwohnerdichte 1 460 Einwohner/km²

Ergebnisse der Kommunalwahl 1984
SPD 48,1 %
CDU 35,2 %
Die Grünen 9,5 %
FDP 7,3 %

Geschichte der Stadt Schwelm
- 1559 Die Einwohner des „Flecks Swelhem" (Schwelm) bitten den Herzog von Kleve um die Gewährung von Marktrechten.
- 1848 Die Schwelmer Bürgerversammlung tritt erstmals zusammen.
- 1929 Schwelm wird Kreisstadt des aus den Kreisen Schwelm, Hattingen und Teilen des Landkreises Hagen gebildeten Ennepe-Ruhr-Kreises.

Breckerfeld
Einwohner 7 695 Stand: 30.6.1986
Stadtfläche 58,65 km²
Einwohnerdichte 131 Einwohner/km²

Ergebnisse der Kommunalwahl 1984
SPD 36,3 %
CDU 48,6 %
Die Grünen 8,7 %
FWG 8,2 %

Partnerstadt Gençay (Frankreich)

Ennepetal
Einwohner 33 556 Stand: 30.6.1986
Stadtfläche 57,39 km²
Einwohnerdichte 587 Einwohner/km²

Ergebnisse der Kommunalwahl 1984
SPD 41,6 %
CDU 35,6 %
GAL 8,8 %

Partnerstadt Vilvoorde (Belgien)

Gevelsberg
Einwohner 30 494 Stand: 30.6.1986
Stadtfläche 26,27 km²
Einwohnerdichte 1 160 Einwohner/km²

Ergebnisse der Kommunalwahl 1984
SPD 51,1 %
CDU 31,6 %
DKP 12,4 %

Partnerstadt Vendôme (Frankreich)

Hattingen
Einwohner 55 064 Stand: 30.6.1986
Stadtfläche 71,37 km²
Einwohnerdichte 770 Einwohner/km²

Ergebnisse der Kommunalwahl 1984
SPD 48,1 %
CDU 33,2 %
Die Grünen 8,4 %
DKP 6,0 %

Herdecke
Einwohner 24 495 Stand: 30.6.1986
Stadtfläche 22,38 km²
Einwohnerdichte 1 088 Einwohner/km²

Ergebnisse der Kommunalwahl 1984
SPD 49,5 %
CDU 26,9 %
Die Grünen 8,6 %
UWG 12,1 %

Sprockhövel
Einwohner 23 901 Stand: 30.6.1986
Stadtfläche 47,76 km²
Einwohnerdichte 500 Einwohner/km²

Ergebnisse der Kommunalwahl 1984
SPD 49,2 %
CDU 35,1 %
Die Grünen 9,7 %
FDP 5,8 %

Partnerstadt
S. Kirkby a. Moorthorpe (Großbritannien)

Wetter
Einwohner 28 754 Stand: 30.6.1986
Stadtfläche 31,44 km²
Einwohnerdichte 908 Einwohner/km²

Ergebnisse der Kommunalwahl 1984
SPD 54,6 %
CDU 30,7 %
Die Grünen 10,1 %

Witten
Einwohner 102 190 Stand: 30.6.1986
Stadtfläche 72,33 km²
Einwohnerdichte 1 412 Einwohner/km²

Ergebnisse der Kommunalwahl 1984
SPD 56,3 %
CDU 28,0 %
Die Grünen 12,0 %

Partnerstädte
Beauvais (Frankreich)
Barking (Großbritannien)
Mallnitz (Österreich)
Dagenham (Großbritannien)

Landräte des Kreises seit 1930

Wilhelm Hansmann	1930–1931
Neugebauer	1931–1933
Hahnholz	1933–1939
Heinrich Reich	1939–1945
Willi Vahle	1945–1946
Walter Freitag	1946–1949
Otto Hühn	1949–1960
Kurt Fedde	1960–1968
Rolf Meyer	1968–1979
Friedhelm Ottinger	1979–1985
Friedhelm Felsch	seit 1986

Kreis Recklinghausen

Einwohner 622 299 Stand: 30.6.1986
Kreisfläche 759,89 km²
Einwohnerdichte 818,9 Einwohner/km²

SPD 51,6 %
CDU 34,6 %
Die Grünen 9,6 %

Kreisstadt: Recklinghausen

Geschichte des Kreises Recklinghausen
Der Kreis Recklinghausen wurde 1816 als Teil des Regierungsbezirks Münster gebildet. In seiner heutigen Form entstand der Kreis am 1.7.1976 durch die Eingliederung der ehemals kreisfreien Städte Recklinghausen, Castrop-Rauxel und Gladbeck.

Kreisangehörige Städte und Gemeinden

Recklinghausen
Einwohner 117 634 Stand: 30.6.1986
Stadtfläche 66,4 km²
Einwohnerdichte 1 771,6 Einwohner/km²

Ergebnisse der Kommunalwahl 1984
SPD 52,2 %
CDU 34,1 %
Die Grünen 9,7 %

Partnerstädte
Douai (Frankreich)
Preston (Großbritannien)
Dordrecht (Niederlande)
Akko (Israel)

Geschichte der Stadt Recklinghausen
- Um 800 Auf dem Gebiet des späteren Recklinghausen befindet sich ein karolingischer Königshof.
- 1236 Der Kölner Erzbischof Heinrich von Molenark verleiht Recklinghausen volles Stadtrecht.
- 1803 Herzog Prosper Ludwig von Arenberg wird Landesherr über Stadt und Vest Recklinghausen.
- 1869 Die Abteufarbeiten zum ersten Schacht der Zeche Clerget beginnen.
- 1901 Recklinghausen wird kreisfreie Stadt.
- 1926 Im Zuge der kommunalen Neuregelung erweitert die Stadt ihr Areal von rund 26 auf 66 km², die Einwohnerzahl steigt von 61 004 auf 86 106.
- 1974 Mit Stillegung der Zeche Recklinghausen 2 endet die Kohleförderung auf Recklinghäuser Gebiet.

Castrop-Rauxel
Einwohner 76 255 Stand: 30.6.1986
Stadtfläche 51,66 km²
Einwohnerdichte 1 476,1 Einwohner/km²

Ergebnisse der Kommunalwahl 1984
SPD 54,3 %
CDU 32,2 %
GAL 10,1 %

Partnerstädte
Vincennes (Frankreich)
Wakefield (Großbritannien)
Delft (Niederlande)
Kuopio (Finnland)

Datteln
Einwohner 36 174 Stand: 30.6.1986
Stadtfläche 66,08 km²
Einwohnerdichte 547,4 Einwohner/km²

Ergebnisse der Kommunalwahl 1984
SPD 53,1 %
CDU 33,0 %
Die Grünen 11,4 %

Partnerstadt
Cannock (Großbritannien)

Dorsten
Einwohner 73 467 Stand: 30.6.1986
Stadtfläche 171,54 km²
Einwohnerdichte 428,3 Einwohner/km²

Ergebnisse der Kommunalwahl 1984
SPD 39,1 %
CDU 46,7 %
Die Grünen 9,1 %

Partnerstädte
Dormans (Frankreich)
Crawley (Großbritannien)
Ernée (Frankreich)
Waslala (Nicaragua)

Gladbeck
Einwohner 76 601 Stand: 30.6.1986
Stadtfläche 35,90 km²
Einwohnerdichte 2 133,7 Einwohner/km²

Ergebnisse der Kommunalwahl 1984
SPD 55,2 %
CDU 29,6 %
Die Grünen 6,8 %
DKP 6,7 %

Partnerstädte
Schwechat (Österreich)
Marq-en-Baroeul (Frankreich)
Enfield (Großbritannien)

Haltern
Einwohner 32 056 Stand: 30.6.1986
Stadtfläche 157,82 km²
Einwohnerdichte 203,1 Einwohner/km²

Ergebnisse der Kommunalwahl 1984
SPD 27,6 %
CDU 47,8 %
Die Grünen 10,5 %
Wählergemeinschaft Haltern 12,3 %

Partnerstadt
St. Veit a. d. Glan (Österreich)

Herten
Einwohner 67 928 Stand: 30.6.1986
Stadtfläche 37,31 km²
Einwohnerdichte 1 820,6 Einwohner/km²

Ergebnisse der Kommunalwahl 1984
SPD 54,8 %
CDU 33,5 %
Die Grünen 8,4 %

Partnerstadt
Arras (Frankreich)

Marl
Einwohner 87 591 Stand: 30.6.1986
Stadtfläche 87,39 km²
Einwohnerdichte 1 002,3 Einwohner/km²

Ergebnisse der Kommunalwahl 1984
SPD 52,7 %
CDU 32,1 %
Die Grünen 11,0 %

Partnerstadt
Creil (Frankreich)

Oer-Erkenschwick
Einwohner 27 233 Stand: 30.6.1986
Stadtfläche 38,84 km²
Einwohnerdichte 701,2 Einwohner/km²

Ergebnisse der Kommunalwahl 1984
SPD 64,7 %
CDU 22,1 %
Die Grünen 10,3 %

Partnerstädte
Halluin (Frankreich)
North-Tyneside (Großbritannien)

Waltrop
Einwohner 27 360 Stand: 30.6.1986
Stadtfläche 46,97 km²
Einwohnerdichte 582,5 Einwohner/km²

Ergebnisse der Kommunalwahl 1984
SPD 53,8%
CDU 34,0%
Die Grünen 7,6%

Partnerstädte
Herne Bay (Großbritannien)
Cesson Sévigné

Landräte des Kreises seit 1900
Felix Graf von Merveldt 1893–1913
Robert Bürgers 1913–1919
Erich Klausener 1919–1924
Max Hesker 1924–1927
Max Schenking 1927–1933
Kurt Matthaei 1933
Josef Rieth 1933–1935
Otto Ehrensberger 1935–1938
Kurt von Borries 1938–1939
Hans Reschke 1939–1945
Fritz Niemeyer 1945–1946
Anton Hoppe 1946–1956
Willi Steinhörster 1956–1961
Peter Heckmann 1961
Theodor Liesenklas 1961–1964
Peter Heckmann 1964–1966
Franz Becker 1966–1975
Helmut Marmulla seit 1975

Kreis Unna
Einwohner 391 151 Stand: 30.6.1986
Kreisfläche 542,5 km²
Einwohnerdichte 721 Einwohner/km²

Kreisstadt: Unna
Kreistag seit 1984
SPD 51,4%
CDU 35,1%
Die Grünen 10,0%

Partnerkreis
Kreis Kirkless (Großbritannien)

Geschichte des Kreises Unna
Der Landkreis Hamm verlegte 1930 seinen Sitz nach Unna und führte fortan den Namen Kreis Unna. Durch eine Neugliederung des Kreises Unna wurden 1968 die bislang 67 Orte in neun Großgemeinden zusammengefaßt.

Kreisangehörige Städte und Gemeinden

Unna
Einwohner 58 986 Stand: 30.6.1986
Stadtfläche 88,5 km²
Einwohnerdichte 667 Einwohner/km²

Ergebnisse der Kommunalwahl 1984
SPD 49,6%
CDU 35,1%
GAL 9,9%
FDP 5,4%

Partnerstädte
Palaiseau (Frankreich)
Waalwijk (Niederlande)

Geschichte der Stadt Unna
1032 Unna wird erstmals urkundlich erwähnt.
1290 Unna besitzt städtische Rechte.
1549 Unna wird gemeinsam mit Hamm zur Prinzipalstadt über die märkischen Hansestädte erhoben.
1930 Unna wird Sitz des gleichnamigen Landkreises.

Bergkamen
Einwohner 47 790 Stand: 30.6.1986
Stadtfläche 44,8 km²
Einwohnerdichte 1 067 Einwohner/km²

Ergebnisse der Kommunalwahl 1984
SPD 57,8%
CDU 29,1%
Die Grünen 10,8%

Bönen
Einwohner 17 322 Stand: 30.6.1986
Gemeindefläche 38 km²
Einwohnerdichte 456 Einwohner/km²

Ergebnisse der Kommunalwahl 1984
SPD 62,4%
CDU 23,9%
Die Grünen 7,3%
FDP 6,4%

Partnerstadt
Billy-Montigny (Frankreich)

Fröndenberg
Einwohner 19 996 Stand: 30.6.1986
Stadtfläche 56,2 km²
Einwohnerdichte 356 Einwohner/km²

Ergebnisse der Kommunalwahl 1984
SPD 48,2%
CDU 38,0%
FDP 6,4%
FBL 7,4%

Partnerstadt
Bruay-en-Artois (Frankreich)

Holzwickede
Einwohner 16 439 Stand: 30.6.1986
Gemeindefläche 22,4 km²
Einwohnerdichte 734 Einwohner/km²

Ergebnisse der Kommunalwahl 1984
SPD 53,8%
CDU 36,4%
FDP 7,3%

Partnerstadt
Louviers (Frankreich)

Kamen
Einwohner 44 409 Stand: 30.6.1986
Stadtfläche 40,9 km²
Einwohnerdichte 1 086 Einwohner/km²

Ergebnisse der Kommunalwahl 1984
SPD 56,5%
CDU 26,5%
GAL 13,1%

Partnerstädte
Montreuil-Juigné (Frankreich)
Ängelholm (Schweden)

Lünen
Einwohner 84 197 Stand: 30.6.1986
Stadtfläche 51,1 km²
Einwohnerdichte 1 425 Einwohner/km²

Ergebnisse der Kommunalwahl 1984
SPD 53,7%
CDU 35,0%
Die Grünen 9,5%

Partnerstädte
Salford (Großbritannien)
Zwolle (Niederlande)

Schwerte
Einwohner 48 240 Stand: 30.6.1986
Stadtfläche 56,2 km²
Einwohnerdichte 858 Einwohner/km²

Ergebnisse der Kommunalwahl 1984
SPD 48,8%
CDU 35,9%
Die Grünen 11,5%

Partnerstädte
Allouagne (Frankreich)
Béthune (Frankreich)
La Buissière (Frankreich)
Violaines (Frankreich)
Hastings (Großbritannien)
Cava dei Tirreni (Italien)

Selm
Einwohner 25 583 Stand: 30.6.1986
Stadtfläche 60,4 km²
Einwohnerdichte 424 Einwohner/km²

Ergebnisse der Kommunalwahl 1984
SPD 43,7%
CDU 45,6%
UWG 10,5%

Werne
Einwohner 28 189 Stand: 30.6.1986
Stadtfläche 76 km²
Einwohnerdichte 371 Einwohner/km²

Ergebnisse der Kommunalwahl 1984
SPD 35,7%
CDU 52,9%
Die Grünen 9,2%

Partnerstädte
Bailleul (Frankreich)
Lytham St. Annes (Großbritannien)

Landräte des Kreises seit 1930
Hans Bentlage 1925–1933
Wilhelm Tengelmann 1933
Heinrich Klosterkemper 1933–1937
Johannes Grotjan 1937–1945
Hubert Biernat 1946–1950
Heinrich Renninghoff 1950–1959
Karl Greune 1959–1960
Hubert Biernat 1961–1964
Jürgen Girgensohn 1964–1970
Fritz Böckmann seit 1970

Kreis Wesel
Einwohner 434 834 Stand: 1.1.1987
Kreisfläche 1 042 km²
Einwohnerdichte 417,3 Einwohner/km²

Kreistag seit 1984
SPD 47,7%
CDU 37,6%
Die Grünen 8,6%
FDP 5,1%

Partnerkreis
Kreis Durham (Großbritannien)

Kreisstadt: Wesel

Geschichte des Kreises Wesel
Der Kreis Wesel entstand im Rahmen der kommunalen Neugliederung am 1.1.1975 durch Zusammenschluß der Kreise Dinslaken, Moers und Rees.

Kreisangehörige Städte und Gemeinden

Wesel
Einwohner 60 027 Stand: 1.1.1987
Stadtfläche 72,19 km²
Einwohnerdichte 230,4 Einwohner/km²

Ergebnisse der Kommunalwahl 1984
SPD 41,0%
CDU 43,6%
Die Grünen 8,2%
FDP 7,2%

Partnerstädte
Felixstowe (Großbritannien)
Hagerstown (USA)

Geschichte der Stadt Wesel
1142 Weseler Kaufleute vereinbaren urkundlich mit den Bürgern von Rees gegenseitige Zollbefreiung.
1241 Junggraf Dietrich von Kleve erhebt Wesel zur Stadt.
1407 Wesel tritt der Hanse bei.
1809 Elf Offiziere des aufständischen preußischen Majors Ferdinand von Schill werden in der französisch besetzten Festung Wesel hingerichtet.
1945 Nach dem Zweiten Weltkrieg ist die Stadt zu 97% zerstört.

Alpen
Einwohner 10 542 Stand: 1.1.1987
Gemeindefläche 59,54 km²
Einwohnerdichte 177,1 Einwohner/km²

Ergebnisse der Kommunalwahl 1984
SPD 36,7%
CDU 57,5%
Die Grünen 5,9%

Dinslaken
Einwohner 63 340 Stand: 1.1.1987
Stadtfläche 47,68 km²
Einwohnerdichte 1 328,4 Einwohner/km²

Ergebnisse der Kommunalwahl 1984
SPD 51,5%
CDU 34,2%
Die Grünen 9,7%

Partnerstadt
Agen (Frankreich)

Hamminkeln
Einwohner 23 509 Stand: 1.1.1987
Gemeindefläche 164,36 km²
Einwohnerdichte 143 Einwohner/km²

Ergebnisse der Kommunalwahl 1984
SPD 34,2%
CDU 53,6%
FDP 12,2%

Partnerstädte
Sedgefield (Großbritannien)
Salza Irpina (Italien)

Hünxe
Einwohner 13 276 Stand: 1.1.1987
Gemeindefläche 106,80 km²
Einwohnerdichte 124,3 Einwohner/km²

Ergebnisse der Kommunalwahl 1984
SPD 44,4%
CDU 34,7%
Die Grünen 11,3%
FDP 9,6%

Kamp-Lintfort
Einwohner 38 534 Stand: 1.1.1987
Stadtfläche 63,12 km²
Einwohnerdichte 610,5 Einwohner/km²

Ergebnisse der Kommunalwahl 1984
SPD 55,7%
CDU 31,6%
Freie Bürgergemeinschaft 9,8%

Partnerstadt
Chester-le-Street (Großbritannien)

Moers
Einwohner 100 715 Stand: 1.1.1987
Stadtfläche 67,67 km²
Einwohnerdichte 1 488,3 Einwohner/km²

Ergebnisse der Kommunalwahl 1984
SPD 57,9%
CDU 29,2%
Die Grünen 8,3%

Partnerstädte
Bapaume (Frankreich)
Maisons-Alfort (Frankreich)
Knowsley (Großbritannien)

Neukirchen-Vluyn
Einwohner 26 239 Stand: 1.1.1987
Stadtfläche 43,47 km²
Einwohnerdichte 603,6 Einwohner/km²

Ergebnisse der Kommunalwahl 1984
SPD 46,8%
CDU 40,1%
Die Grünen 9,3%

Rheinberg
Einwohner 26 591 Stand: 1.1.1987
Stadtfläche 75,15 km²
Einwohnerdichte 353,8 Einwohner/km²

Ergebnisse der Kommunalwahl 1984
SPD 38,6%
CDU 39,1%
Die Grünen 5,2%
Freie Bürgerinitiative 6,5%
Unabhängige Fraktionsgemeinschaft 6,1%

Schermbeck
Einwohner 12 713 Stand: 1.1.1987
Gemeindefläche 110,69 km²
Einwohnerdichte 114,9 Einwohner/km²

Ergebnisse der Kommunalwahl 1984
SPD 29,7%
CDU 56,4%
Die Grünen 8,0%
FDP 5,9%

Sonsbeck
Einwohner 6 941 Stand: 1.1.1987
Gemeindefläche 55,28 km²
Einwohnerdichte 125,6 Einwohner/km²

Ergebnisse der Kommunalwahl 1984
SPD 22,3%
CDU 60,3%
Die Grünen 7,9%
FDP 9,5%

Voerde
Einwohner 35 772 Stand: 1.1.1987
Stadtfläche 53,48 km²
Einwohnerdichte 668,9 Einwohner/km²

Ergebnisse der Kommunalwahl 1984
SPD 54,2%
CDU 27,7%
Die Grünen 10,3%
FDP 7,8%

Partnerstadt
Alnwick (Großbritannien)

Landrat des Kreises
seit 1975 Werner Röhrich

Anhang

Hochschulen

Bochum
Ruhr-Universität, Universitätsstraße 150.
Gründungsjahr: 1962; Eröffnung: 1965.
Rektoren seit der Gründung:
Hans Wenke (1962–1965)
Heinrich Greeven (1965–1967)
Kurt H. Biedenkopf (1967–1969)
Hans Faillard (1969–1971)
Siegfried Grosse (1971–1973)
Günter Ewald (1973–1975)
Peter Meyer-Dohm (1975–1979)
Knut Ipsen (seit 1979).

Fachhochschule Bochum (mit Abteilung Gelsenkirchen), Universitätsstraße 150.
Gründungsjahr: 1971.
Rektoren seit der Gründung:
Fritz Türck (1972–1976)
Rolf Königsbüscher (1976–1980)
Wolfgang L. Rüdiger (seit 1980).

WBK-Fachhochschule Bergbau, Herner Straße 45.
Gründungsjahr: 1971.
Rektoren seit der Gründung:
Wolfgang Höhne (1972–1976)
Ernst Beier (1976–1985)
Wilfried Ufer (seit 1985).

Evangelische Fachhochschule Rheinland-Westfalen-Lippe, Immanuel-Kant-Straße 18–20.
Gründungsjahr: 1971.
Rektoren seit der Gründung:
Gerd Blätgen (1971–1972)
Wilhelm Overdick (1972–1976)
Hans-Alwin Wilcke (1976–1980)
Martin Neufelder (1980–1982)
Wolfgang Sander (seit 1982).

Dortmund
Universität Dortmund, August-Schmidt-Straße 4.
Gründungsjahr: 1965; Eröffnung: 1968.
Rektoren seit der Gründung:
Martin Schmeißer (1965–1976)
Erich de Kaat (1976–1978)
Paul Velsinger (seit 1978).

Fachhochschule Dortmund, Sonnenstraße 96.
Gründungsjahr: 1971.
Rektoren seit der Gründung:
Hans Büchner (1971–1972)
Werner Strombach (1972–1978)
Gerald Koeniger (seit 1979).

Staatliche Hochschule für Musik Westfalen-Lippe, Institut Dortmund, Hansastraße 7.
Gründungsjahr: 1972; Nachfolgeinstitut des 1901 gegründeten Dortmunder Konservatoriums.
Dekane seit der Gründung:
Fritz Büker (1972–1979)
Wolfgang Benfer (seit 1979).

Duisburg
Universität Duisburg – Gesamthochschule – Lotharstraße 65.
Gründungsjahr: 1972.
Rektoren seit der Gründung:
Helmut Schrey (1972–1975)
Werner Schubert (1975–1979)
Adam Weyer (1979–1986)
Gernot Born (seit 1986).

Staatliche Hochschule für Musik Ruhr, Institut Duisburg, Düsseldorfer Straße 19.
Gründungsjahr: 1972.
Dekane seit der Gründung:
Karl Otto Schauerte (1972–1981)
Alfred Fackert (seit 1981).

Essen
Universität – Gesamthochschule – Essen, Universitätsstraße 2.
Gründungsjahr: 1972.
Rektoren seit der Gründung:
Walter Kröll (1972–1978)
Peter Neumann-Mahlkau (1979–1983)
Horst Gentsch (1983–1984)
Fritz Steimle (seit 1984).

Staatliche Hochschule für Musik Ruhr – Folkwang Hochschule für Musik, Theater und Tanz, Klemensborn 39.
Gründungsjahr: 1927.
Direktoren seit der Gründung:
Rudolf Schulz-Dornburg/Max Fiedler (1927–1931/32)
Hermann Erpf (1932–1943)
Anton Hardörfer (1943–1956)
Heinz Dressel (1956–1968)
Friedhelm Onkelbach (1968–1971)
Heinz von Dessauer (1971–1973)
Werner Krotzinger (seit 1973).

Gelsenkirchen
Fachhochschule für Öffentliche Verwaltung Nordrhein-Westfalen (mit Abteilungen Dortmund, Duisburg, Hagen), Haidekamp 73.
Gründungsjahr: 1976.
Leiter seit der Gründung:
Ernst Pappermann (1976–1979)
Dieprand von Richthofen (seit 1980).

Hagen
Fernuniversität – Gesamthochschule – Hagen, Feithstraße 142.
Gründungsjahr: 1974; Eröffnung: 1975.
Rektoren seit der Gründung:
Otto Peters (1974–1984)
Ulrich Battis (seit 1984).

Fachhochschule Hagen, Haldener Straße 182.
Gründungsjahr: 1971.
Rektoren seit der Gründung:
Willibald Joest (1972–1984)
Jürgen Brandenburg (seit 1984).

Witten
Universität Witten/Herdecke, Ruhrstraße 70.
Gründungsjahr: 1983.
Vorstandsvorsitzender seit der Gründung:
Konrad Schily.

Theater

Bochum
Schauspielhaus Bochum – Bochumer Ensemble, Königsallee 15.
Spielstätten: Schauspielhaus und Kammerspiele, Königsallee 15.
Typ: Sprechtheater.
Eröffnungsjahr: 1919.
Intendanten seit der Eröffnung:
Saladin Schmitt (1919–1949)
Hans Schalla (1949–1972)
Peter Zadek (1972–1977)
Claus Peymann (1979–1986)
Frank Patrick Steckel (seit 1986).

Castrop-Rauxel
Westfälisches Landestheater, Europaplatz 10.
Spielstätten (Castrop-Rauxel): Stadthalle und Studio der Stadthalle, Europaplatz.
Typ: Landesbühne, Sprechtheater mit Schauspiel, Kinder- und Jugendtheater.
Eröffnungsjahr: 1933 (seit 1946 in Castrop-Rauxel).
Intendanten seit der Eröffnung:
Josef Hamblock (1933–1936)
Franz Hoss (1936–1944)
Erwin Beudel (1946–1948)
Erich Paul (1948–1952)
Walter Falk (1952–1963)
Jürgen Brock (1963–1968)
Hans Dieter Schwarze (1968–1972)
Frieder Weber (1972–1979)
Herbert Hauck (seit 1979).

Dinslaken
Landestheater Burghofbühne im Kreis Wesel, Ziegelstraße 87.
Spielstätten: Stadthalle, Althoffstraße; Ernst-Barlach-Gymnasium, Scharnhorststraße 2; Amphitheater Birten/Xanten.
Typ: Landesbühne, Sprechtheater mit Schauspiel, Kinder- und Jugendtheater.
Eröffnungsjahr: 1951.
Intendanten seit der Eröffnung:
Kathrin Türks (1951–1983)
Egmont Elschner (1984–1987)
Wolfgang Brehm (seit 1987).

Dortmund
Städtische Bühnen, Kuhstraße 12.
Spielstätten: Opernhaus, Hansastraße; Schauspielhaus und Studio, Hiltropwall; Kinder- und Jugendtheater, Ostwall.
Typ: Mehrspartentheater mit Musiktheater, Ballett, Schauspiel, Kinder- und Jugendtheater.
Eröffnungsjahr: 1904.
Intendanten seit der Eröffnung:
Hans Gelling (1904–1907)
Alois Hofmann (1907–1913)
Hans Bollmann (1913–1919)
Johannes Maurach (1919–1922)
Karl Schäffer (1922–1927)
Richard Gsell (1927–1933)
Bruno Bergmann (1933–1934)
Georg Hartmann (1934–1937)
Peter Hoenselaers (1937–1944)
Willem Hoenselaers (1945–1947)
Herbert Junkers (1947–1950)
Paul Walter Jacob (1950–1962)
Hermann Schaffner (1962–1965)
Wilhelm Schüchter (1966–1974)
Dieter Geske (1974–1975)
Paul Hager (1975–1983)
Dieter Geske (1983–1985)
Horst Fechner (seit 1985).

Duisburg
Deutsche Oper am Rhein – Theatergemeinschaft Düsseldorf-Duisburg: Theater der Stadt Duisburg, König-Heinrich-Platz.
Spielstätte (Duisburg): Theater der Stadt, König-Heinrich-Platz.
Typ: Musiktheater.
Eröffnungsjahr: 1956; Eröffnung Theater Duisburg 1912.
Intendanten seit der Eröffnung:
Hermann Juch (1956–1964)
Grischa Barfuss (1964–1986)
Kurt Horres (seit 1986).

Essen
Theater und Philharmonie Essen GmbH, II. Hagen 2.
Spielstätten: Opernhaus und Casa Nova, Theaterplatz; Rathaus-Theater, City-Center; Humboldt-Aula, Varnhorststraße.
Typ: Mehrspartentheater mit Musiktheater, Ballett, Schauspiel, Kinder- und Jugendtheater.
Eröffnungsjahr: 1892.
Intendanten seit der Eröffnung:
Albert Berthold (1892–1894)
Louis Ockert (1894–1900)
Hans Gelling (1900–1907)
Georg Hartmann (1907–1912)
Johannes Maurach (1912–1918)
Willy Becker (1918–1920)
Paul Trede (1920–1921)
Stanislaus Fuchs (1921–1933)
Alfred Noller (1933–1940)
Karl Bauer (1940–1958)
Erich Schumacher (1958–1974)
Jürgen-Dieter Waidelich (1974–1978)
Ulrich Brecht (1978–1983)
David Esrig (1983–1984)
Ilka Boll (1984)
Manfred Mützel (1984–1985)
Dieter Wilhelmi (1985–1986)
Hermann Hartwich (1986)
Manfred Schnabel (seit 1986).

Gelsenkirchen
Musiktheater im Revier, Kennedyplatz.
Spielstätten: Großes und Kleines Haus, Kennedyplatz.
Typ: Musiktheater mit Oper, Operette, Musical, Ballett, Kinder- und Jugendtheater.
Eröffnungsjahr: 1935.
Intendanten seit der Eröffnung:
Curt Franz Braun (1935–1944)
Erich Paul (1945–1947)
Hein Heuer (1947–1949)
Hans Meissner (1949–1953)
Gustav Deharde (1953–1958)
Hans Hinrich (1958–1966)
Günter Roth (1966–1971)
Günter Könemann (1971–1977)
Claus Leininger (1977–1986)
Mathias Weigmann (seit 1986).

Hagen
Städtische Bühne, Elberfelder Straße 65.
Spielstätten: Opernhaus; Schloß Hohenlimburg.
Typ: Musiktheater mit Ballett, Kinder- und Jugendtheater.
Eröffnungsjahr: 1911.
Intendanten seit der Eröffnung:
Oscar Kaiser (1911–1914)
Franz Ludwig (1914–1922)
Richard Dornseiff (1923–1926)
Hanns Hartmann (1926–1930)
Paul Smolny (1930–1932)
Hermann Bender (1933–1944)
Klaus Nettstraeter (1945–1947)
Hermann Werner (1947–1973)
Manfred Schnabel (seit 1973).

Moers
Schloßtheater, Kastell 6.
Spielstätten: Kammertheater im Schloß; Freilichtbühne im Schloßhof; Kapelle an der Rheinberger Straße.
Typ: Sprechtheater, Kinder- und Jugendtheater, Jugendforum.
Eröffnungsjahr: 1975.
Intendant seit der Eröffnung:
Holk Freytag.

Mülheim an der Ruhr
Theater an der Ruhr im Raffelbergpark, Akazienallee 61.
Spielstätten: Theater im Raffelbergpark; Stadthalle, Schloßbrücke.
Typ: Sprechtheater mit Abstecherbetrieb.
Eröffnungsjahr: 1981.
Intendant seit der Eröffnung:
Roberto Ciulli.

Oberhausen
Theater Oberhausen, Ebertstraße 82.
Spielstätten: Großes Haus und Studio, Sedanstraße.
Typ: Musiktheater, Schauspiel-, Kinder- und Jugendtheater »tip« – theater im pott.
Eröffnungsjahr: 1920.
Intendanten seit der Eröffnung:
Philipp Müller-Walden (1920–1921)
Julius Winkelmann (1921–1922)
Roland Müller-Stein (1922–1923)
Willi Grunwald (1924–1925)
Ernst Hellbach-Kühn (1925–1931)
Schmiedhammer (1931–1933)
Hermann Klenke (1933–1934)
Heinrich Voigt (1934–1936)
Curt Gerdes (1936–1938)
Kinner von Dressler (1938–1940)
Fritz Kranz (1940–1943)
Josef Heckhausen (1945–1948/49)
Paul Smolny (1949–1950)
Alfred Kruchen (1950–1959)
Christian Mettin (1959–1969)
Ernst Seiltgen (1969–1973)
Direktorium Baalke/Lateika/Kreis/Schickel (1973–1978)
Fritzdieter Gerhards (seit 1978).

Recklinghausen
Ruhrfestspiele – Ensemble der Ruhrfestspiele, Otto-Burrmeister-Allee 1.
Spielstätten: Festspielhaus, Otto-Burrmeister-Allee; Theater im Depot, Castroper Straße 12.
Typ: Festspielorganisation und Sprechtheater mit Abstecherbetrieb.
Eröffnungsjahr: 1947 (eigenes Ensemble seit 1981).
Einen Intendanten gibt es nicht; für die Programmgestaltung verantwortlich sind die beiden Geschäftsführer der Ruhrfestspiele, von denen der DGB und die Stadt Recklinghausen jeweils einen stellen. Von 1949 bis 1965 fungierte Otto Burrmeister, Verwaltungschef des Hamburger Schauspielhauses und Mitbegründer der Ruhrfestspiele, als Künstlerischer Leiter.

Orchester

Bochum
Bochumer Symphoniker, Königsallee 178.
Spielstätten: Schauspielhaus Bochum, Königsallee 15; Auditorium maximum der Ruhr-Universität, Universitätsstraße 150; Museum Bochum, Kortumstraße 147; Stadthalle Wattenscheid, Saarlandstraße 40.
Typ: Sinfonieorchester A.
Gründungsjahr: 1919.
Leiter seit der Gründung:
Rudolf Schulz-Dornburg (1919–1925)
Leopold Reichwein (1926–1928)
Klaus Nettsträter (1939–1944)
Hermann Meißner (1945–1956)
Franz-Paul Decker (1956–1964)
Yvon Baarspul (1964–1970)
Othmar Mága (1970–1981)
Gabriel Chmura (1982–1988)
Eberhard Kloke (ab 1988).

Dortmund
Philharmonisches Orchester, Kuhstraße 12.
Spielstätten: Opernhaus, Hansastraße; Schauspielhaus, Hiltropwall.
Typ: Opern- und Sinfonieorchester A.
Gründungsjahr: 1887.
Leiter seit der Gründung:
Georg Hüttner (1887–1919)
Wilhelm Sieben (1920–1951)
Rolf Agop (1952–1962)
Wilhelm Schüchter (1962–1974)
Marek Janowski (1975–1979)
Hans Wallat (1979–1985)
Klaus Weise (seit 1985).

Duisburg
Duisburger Sinfoniker, Neckarstraße 1.
Spielstätten: Mercatorhalle und Theater der Stadt, König-Heinrich-Platz; Wilhelm-Lehmbruck-Museum, Düsseldorfer Straße 51.
Typ: Opern- und Sinfonieorchester A.
Gründungsjahr: 1877.
Leiter seit der Gründung:
Hermann Brandt (1877–1893)
Walter Josephson (1899–1920)
Paul Scheinpflug (1920–1928)
Eugen Jochum (1930–1932)
Otto Volkmann (1933–1945)
Richard Hillenbrand (1945–1946)
Georg Ludwig Jochum (1946–1970)
Walter Weller (1971–1972)
Miltiades Caridis (1975–1981)
Lawrence Foster (1982–1986)
Alexander Lazarew (ab 1988).

Essen
Philharmonie Essen, II. Hagen 2.
Spielstätten: Städtischer Saalbau, Huyssenallee 53; Opernhaus, Theaterplatz; Folkwang-Museum, Goethestraße 41.
Typ: Opern- und Sinfonieorchester A.
Gründungsjahr: 1899.
Leiter seit der Gründung:
Georg Hendrik Witte (1899–1911)
Hermann Abendroth (1911–1916)
Max Fiedler (1916–1933)
Johannes Schüler (1933–1936)
Albert Bittner (1936–1943)
Gustav König (1943–1975)
Heinz Wallberg (seit 1975).

Folkwang-Kammerorchester, Zweigertstraße 28–30.
Spielstätte: Villa Hügel, Auf dem Hügel.
Typ: Kammerorchester mit Jahresverträgen.
Gründungsjahr: 1958.
Leiterin: Elke Gröndahl.

Gelsenkirchen
Philharmonisches Orchester, Musiktheater, Kennedyplatz.
Spielstätten: Großes und Kleines Haus, Kennedyplatz; Hans-Sachs-Haus, Ebertstraße.
Typ: Opern- und Sinfonieorchester B.
Gründungsjahr: 1934.
Leiter seit der Gründung:
Hero Folkerts (1934–1937)
Richard Heime (1937–1950)
Ljubomir Romansky (1950–1977)
Uwe Mund (1977–1988).

Buersches Kammerorchester, Kerkenkamp 22 (Marl).
Spielstätte: Aula des Max-Planck-Gymnasiums, Goldbergstraße 91 (Gelsenkirchen).
Typ: Kammerorchester (Streichorchester).
Gründungsjahr: 1958.
Leiter: Erich Herrmann.

Hagen
Städtisches Orchester, Elberfelder Straße 65.
Spielstätten: Stadthalle Hagen, Wasserloses Tal 2; Karl-Ernst-Osthaus-Museum, Hochstraße 73.
Typ: Opern- und Sinfonieorchester A.
Gründungsjahr: 1907.
Leiter seit der Gründung:
Robert Laugs (1907–1919)
Hans Weisbach (1919–1926)
Richard Richter (1926–1930)
Hans Herwig (1933–1944)
Hans Liebe (1944–1945)
Klaus Nettsträter (1946–1949)
Berthold Lehmann (1949–1970)
Heinz Rockstroh (1970–1971)
Reinhard Schwarz (1971–1978)
Michael Halász (seit 1978).

Hagener Kammerorchester, Sperberweg 19.
Spielstätte: Stadthalle Hagen, Wasserloses Tal 2.
Typ: Kammerorchester.
Gründungsjahr: 1948.
Leiter: Fritz-Werner Körfer.

Hagener Barockorchester, Freiheit 5 (Wetter).
Spielstätte: Aula der Ricarda-Huch-Schule, Voswinkelstraße 1 (Hagen).
Typ: Kammerorchester.
Gründungsjahr: 1953.
Leiter: Christian Ulbrig.

Marl
Philharmonia Hungarica, Am Theater 1.
Spielstätte: Theater der Stadt, Am Theater 1.
Typ: Sinfonieorchester A.
Gründungsjahr: 1957 (seit 1959 in Marl).
Leiter seit der Gründung:
Zoltan Rozsnyai (1957–1960)
Miltiades Caridis (1960–1968)
Alois Springer (1968–1974)
Reinhard Peters (1974–1979)
Uri Segal (1979–1985)
Gilbert Varga (seit 1985)

Moers
Niederrheinisches Kammerorchester, Kranichstraße 13 (Neukirchen-Vluyn).
Spielstätten: Kulturzentrum Rheinkamp, Kopernikusstraße 8/9; Moerser Schloßhof, Kastell 9; Städtische Musikschule, Filderstraße 126.
Typ: Kammerorchester.
Gründungsjahr: 1967.
Leiter: Norbert Thomas.

Mülheim an der Ruhr
Mülheimer Kammerorchester, Hermann-Albertz-Straße 65 (Oberhausen).
Spielstätten: Stadthalle Mülheim, Schloßbrücke; Kloster Saarn; Petrikirche, Am Kirchenhügel.
Typ: Kammerorchester
Gründungsjahr: 1949.
Leiter: Orlando Zucca.

Oberhausen
Orchester des Theaters, Ebertstraße 82.
Spielstätte: Theater Oberhausen, Ebertplatz.
Typ: Drei-Sparten-Orchester (Oper, Operette, Musical) mit Haustarifvertrag gemäß D.
Gründungsjahr: 1923.
Leiter seit der Gründung:
Bruno Weyersberg (1923–1924)
Meyer-Giesow (1924–1925)
Werner Trenkner (1933–1935)
Franz Swieting (1935–1937)
Werner Trenkner (1937–1945; 1947–1951)
Karl Köhler (1951–1965)
Kurt Richter (1965–1970)
Roland Bader (1970–1974)
Theo Buchner, Peter Pflüger (1974–1978)
Edwin Scholz (1978–1981)
Dietfried Bernet (1981–1984)
Antoni Wicherek (seit 1984)

Recklinghausen
Westfälisches Sinfonieorchester, Dorstener Straße 16.
Spielstätten: Städtischer Saalbau, Dorstener Straße 16; Festspielhaus, Otto-Burrmeister-Allee; Bürgerhaus Süd, Körnerplatz.
Typ: Sinfonieorchester B (mit Zulage).
Gründungsjahr: 1955.
Leiter seit der Gründung:
Hans Herwig (1955–1958)
Hubert Reichert (1958–1973)
Siegfried Landau (1973–1975)
Karl Anton Rickenbacher (1976–1985)
Walter Gillessen (seit 1985).

Witten
Junge Deutsche Philharmonie, Braubachstraße 12 (Frankfurt am Main).
Spielstätte: Städtischer Saalbau, Berger Straße 25.
Typ: Sinfonie-, Oratorien- und Kammerorchester; Ensemble moderne (Ensemble der Gesellschaft für Neue Musik)
Gründungsjahr: 1974.
Leiter: Karsten Witt.

Museen

Bergkamen
Stadtmuseum Bergkamen, Jahnstraße 31 (Oberaden).
Typ: Kulturgeschichtliches Museum, Heimatmuseum, Stadthistorisches Museum.
Sammlungsschwerpunkt: Grabungsfunde aus dem Römerlager in Oberaden.
Eröffnungsjahr: 1965.
Leiterin: Barbara Strobel.

Sohle 1, In der City 201.
Typ: Kunstgalerie.
Eröffnungsjahr: 1970.
Leiter: Dieter Treeck.

Bochum
Deutsches Bergbaumuseum, Am Bergbaumuseum 28.
Typ: Technikgeschichtliches Museum.
Eröffnungsjahr: 1930.
Leiter: Hans Günther Conrad.

Museum Bochum – Kunstsammlung, Kortumstraße 147.
Typ: Kunstmuseum, Kunstgalerie.
Sammlungsschwerpunkt: Werke mittel- und osteuropäischer Künstler.
Eröffnungsjahr: 1960; Erweiterungsbau 1983.
Leiter: Peter Spielmann.

Museum Bochum – Wasserburg Haus Kemnade, An der Kemnade 10 (Hattingen).
Typ: Kulturgeschichtliches Museum, Heimatmuseum, Stadt- und Kulturhistorische Sammlung.
Sondersammlung: Historische und Volksmusik-Instrumente (Sammlung Grumbt).
Eröffnungsjahr: 1973.
Leiter: Peter Spielmann.

Museum Bochum – Bauernhausmuseum, An der Kemnade 10 (Hattingen).
Typ: Kulturgeschichtliches Museum, Heimatmuseum.
Eröffnungsjahr: 1973.
Leiter: Peter Spielmann.

Museum Bochum – Helfs Hof, In den Höfen 37 (Wattenscheid).
Typ: Kulturgeschichtliches Museum, Heimatmuseum.
Eröffnungsjahr: 1968.
Leiter: Peter Spielmann.

Kunstsammlungen der Ruhr-Universität, Universitätsstraße 150.
Typ: Kunstmuseum, Archäologisches Museum.
Sammlungsschwerpunkte: Antike Kunst des Mittelmeerraumes; antike und mittelalterliche Münzen; moderne Kunst nach 1945.
Eröffnungsjahr: 1975.
Leiter: Norbert Kunisch (Antike Kunst); Thomas Fischer (Münzen); Max Imdahl (Moderne Kunst).

Eisenbahnmuseum Bochum – Dahlhausen, Dr.-C.-Otto-Str. 191.
Typ: Technikgeschichtliches Museum, Verkehrsgeschichtliches Museum, Freilichtmuseum.
Eröffnungsjahr: 1977; Erweiterungsbau 1985.
Leiter: Harald Vogelsang.

Westfälisches Industriemuseum, Zeche Hannover I/II/V, Hannoverstraße (Hordel).
Typ: Industriemuseum, Technik- und Sozialgeschichtliches Museum.
Sammlungsschwerpunkt: Im Aufbau; z. Z. nur Außenbesichtigung möglich.
Leiter: Helmut Bönninghausen.

Bottrop
Quadrat Bottrop – Moderne Galerie und Josef-Albers-Museum, Im Stadtgarten 20.
Typ: Kunstmuseum, Kunstgalerie.
Sammlungsschwerpunkt: Moderner Konstruktivismus.
Eröffnungsjahr: 1976/1983.
Leiter: Ulrich Schumacher.

Quadrat Bottrop – Museum für Ur- und Ortsgeschichte, Im Stadtgarten 20.
Typ: Kulturgeschichtliches Museum, Naturkundemuseum, Archäologisches Museum, Stadthistorisches Museum.
Sammlungsschwerpunkt: Funde aus der europäischen Würmeiszeit.
Eröffnungsjahr: 1934; Erweiterungsbau 1976.
Leiter: Arno Heinrich.

Breckerfeld
Heimatmuseum, Frankfurter Straße 40.
Typ: Kulturgeschichtliches Museum, Heimatmuseum.
Eröffnungsjahr: 1985.
Leiter: Otmar Scholl.

Castrop-Rauxel
Museum für Stadtgeschichte, Ringstraße 29 (Altes Rathaus).
Typ: Kulturgeschichtliches Museum, Heimatmuseum.
Eröffnungsjahr: 1966.
Leiter: Harri Sühmann.

Datteln
Hermann-Grochtmann-Museum, Lohstraße 20a.
Typ: Kulturgeschichtliches Museum, Heimatmuseum.
Eröffnungsjahr: 1936; z. Z. Umbau und Neukonzeption.
Leiter: N. N.

Dinslaken
Museum Dinslaken im Voswinkelhof, Brückstraße 31.
Typ: Kulturgeschichtliches Museum, Regionales Volkskundemuseum, Technikgeschichtliches Museum.
Eröffnungsjahr: 1955.
Leiterin: Traute Winkler.

Dorsten
Museum Schloß Lembeck.
Typ: Schloßmuseum, Kulturgeschichtliches Museum, Heimatmuseum, Kunstmuseum, Kunstgalerie.
Eröffnungsjahr: 1954.
Leiter: Andreas Otte.

Heimatmuseum, Am Markt.
Typ: Heimatmuseum.
Eröffnungsjahr: 1890.
Leiter: Wolfgang Müller.

Tüshaus-Mühle, Weseler Straße 433.
Typ: Technik- und Handwerksgeschichtliches Museum.
Eröffnungsjahr: 1984.
Leiter: Wolfgang Müller.

Dortmund
Museum am Ostwall, Ostwall 7.
Typ: Kunstmuseum, Kunstgalerie.
Sammlungsschwerpunkte: Expressionismus; Kunst der 60er Jahre; moderne Plastik.
Eröffnungsjahr: 1949.
Leiter: Eugen Thiemann.

Museum für Kunst und Kulturgeschichte, Hansastraße 3.
Typ: Kulturgeschichtliches Museum, Archäologisches Museum, Kunstmuseum, Kunstgalerie, Kunstgalerie (im Studio).
Sammlungsschwerpunkte: Allgemeine Kulturgeschichte; Kunsthandwerk.
Eröffnungsjahr: 1883; Wiedereröffnung 1983.
Leiter: Gerhard Langemeyer.

Museum im Westpark – Ständige Ausstellung »Widerstand und Verfolgung in Dortmund 1933–1945«, Ritterhausstraße 34.
Typ: Kulturgeschichtliches Museum, Stadthistorische Sammlung.
Eröffnungsjahr: 1985.
Leiter: Gerhard Langemeyer.

Westfälisches Schulmuseum, Leopoldstraße 16–20 (Umzug geplant).
Typ: Kulturgeschichtliches Museum, Stadthistorisches Museum.
Eröffnungsjahr: 1910; z. Z. Neukonzeption.
Leiter: Helmut Teiner.

Deutsches Kochbuchmuseum, Buschmühle im Westfalenpark.
Typ: Kulturgeschichtliches Museum.
Eröffnungsjahr: 1988.
Leiter: Gerhard Langemeyer.

Anhang

Galerie Torhaus Rombergpark (Brünninghausen).
Typ: Kunstgalerie.
Eröffnungsjahr: 1969.
Leiter: Michael Hoppe.

Museum für Naturkunde, Münsterstraße 271.
Typ: Naturkundemuseum.
Besondere Bestände: 150 000 Insekten, 35 000 Herbarbögen, 30 000 Minerale, Gesteine und Versteinerungen.
Eröffnungsjahr: 1912; Neubau 1980.
Leiter: Wolfgang Homann.

Brauerei-Museum, Märkische Straße 85.
Typ: Technikgeschichtliches Museum.
Eröffnungsjahr: 1982.
Leiter: Wolfgang Homann.

Westfälisches Industriemuseum, Zentrale und Verwaltungssitz, Zeche Zollern II/IV, Grubenweg 3 (Bövinghausen).
Typ: Industriemuseum, Technik- und Sozialgeschichtliches Museum.
Eröffnungsjahr: Im Aufbau; Besichtigung der Maschinenhalle nach Vereinbarung.
Leiter: Helmut Bönninghausen.

Ständige Ausstellung Hafen und Schiffahrt, Sunderweg 130.
Typ: Verkehrsgeschichtliches Museum.
Eröffnungsjahr: 1972.
Leiter: Rainer Pubanz.

Kriminalmuseum, Hohe Straße 128.
Typ: Ständige Polizeiausstellung, Lehrmittelfallsammlung.
Eröffnungsjahr: 1955.
Leiter: Fridjof Weidner.

Duisburg

Wilhelm-Lehmbruck-Museum der Stadt Duisburg, Düsseldorfer Straße 51.
Typ: Kunstmuseum, Kunstgalerie.
Sammlungsschwerpunkte: Gesamtwerk Wilhelm Lehmbrucks (1881–1919); internationale Bildhauerkunst des 20. Jh.
Eröffnungsjahr: 1896; Neubau 1964.
Leiter: Christoph Brockhaus.

Städtische Sammlungen Rheinhausen, Händelstraße 6.
Typ: Kunstgalerie.
Spezialsammlungen: Hehl-Sammlung (Keramiken); Sammlung Deneke (Kunst des 17.–20. Jh.)
Eröffnungsjahr: 1952; Neubau 1971.
Leiter: Christoph Brockhaus.

Museum Haus Königsberg, Mülheimer Straße 39.
Typ: Kulturgeschichtliches Museum, Stadthistorisches Museum für Königsberg.
Eröffnungsjahr: 1968.
Leiter: Heinz Cremers.

Niederrheinisches Museum der Stadt Duisburg, Friedrich-Wilhelm-Straße 64.
Typ: Kulturgeschichtliches Museum.
Sammlungsschwerpunkte: Vor- und Frühgeschichte; provinzialrömische Archäologie.
Eröffnungsjahr: 1902; Wiedereröffnung 1969.
Leiter: Gernot Tromnau.

Museum der Deutschen Binnenschiffahrt Duisburg-Ruhrort, Dammstraße 11.
Typ: Technikgeschichtliches Museum, Verkehrsgeschichtliches Museum.
Besondere Exponate: Museumsschiffe, Radschleppdampfer »Oscar Huber« und Eimerkettendampfbagger »Minden«.
Eröffnungsjahr: 1979.
Leiter: Gernot Tromnau.

Naturwissenschaftliches Museum, Am See 22 (Wedau).
Typ: Naturkundemuseum, Heimatmuseum.
Eröffnungsjahr: 1945; Wiedereröffnung 1980.
Leiter: Herbert Haase.

Haus der Naturfreunde, Düsseldorfer Straße 565.
Typ: Naturkundemuseum.
Eröffnungsjahr: 1975.
Leiter: Friedrich Elsposch.

Haniel Museum, Franz-Haniel-Platz 3 (Ruhrort).
Typ: Kulturgeschichtliches Museum, Industriegeschichtliches Museum.
Eröffnungsjahr: 1968.
Leiter: Karl Dlugos.

Rheinisches Industriemuseum, Zeche Rheinpreußen, Baumstraße (Homberg).
Typ: Industriemuseum, Wirtschafts-, Technik- und Sozialgeschichtliches Museum.
Eröffnungsjahr: Im Aufbau; z. Z. nur Außenbesichtigung möglich.
Leiter: Walter Sölter.

Essen

Museen der Stadt Essen – Museum Folkwang, Goethestraße 41.
Typ: Kunstmuseum, Kunstgalerie.
Sammlungsschwerpunkte: Malerei und Plastik des 19. und 20. Jh.; Spezialsammlung Graphik des 19. und 20. Jh.
Eröffnungsjahr: 1922; Erweiterung und Neubau 1983.
Leiter: Paul Vogt.

Museen der Stadt Essen – Städtische Galerie, Goethestraße 41.
Typ: Kunstgalerie.
Eröffnungsjahr: 1983.
Leiter: Herbert Rickmann.

Museen der Stadt Essen – Deutsches Plakatmuseum, Rathenaustraße 2.
Typ: Kulturgeschichtliches Museum.
Eröffnungsjahr: 1968.
Leiter: Frieder Mellinghoff.

Museen der Stadt Essen – Ruhrlandmuseum, Goethestraße 41.
Typ: Kulturgeschichtliches Museum, Industrie- und Sozialgeschichtliches Museum, Naturkundemuseum.
Sammlungsschwerpunkt: Industrie- und Sozialgeschichte des Ruhrgebiets.
Eröffnungsjahr: 1904; Neubau 1984.
Leiter: Heinz Reif.

Museen der Stadt Essen – Museum Altenessen (Archäologie und Geschichte), Altenessener Straße 273.
Typ: Archäologisches Museum, Historisches Museum.
Eröffnungsjahr: 1984.
Leiter: Erich Schumacher.

Museen der Stadt Essen – Mineralienmuseum, Kupferdreher Straße 141.
Typ: Naturkundemuseum.
Eröffnungsjahr: 1984.
Leiter: Heinz Reif.

Museen der Stadt Essen – Alte Synagoge – Ständige Ausstellung »Widerstand und Verfolgung in Essen 1933–1945«, Steeler Straße 29.
Typ: Kulturgeschichtliches Museum, Stadthistorisches Museum.
Eröffnungsjahr: 1980.
Leiterin: Angela Genger.

Museen der Stadt Essen – Museum für Stadtgeschichte, Goethestraße 41 (Kontaktadresse).
Typ: Kulturgeschichtliches Museum, Stadtgeschichtliche Sammlung.
Eröffnungsjahr: Im Aufbau.
Leiter: N. N.

Villa Hügel – Kulturstiftung Ruhr.
Typ: Ausstellungsstätte.
Eröffnungsjahr: 1953.
Leiter: Jürgen Schultze.

Münsterschatzkammer, Burgplatz 2.
Typ: Schatzkammer.
Eröffnungsjahr: 1959.
Leiter: Alfred Pothmann.

Schatzkammer der Propsteigemeinde St. Ludgerus, Brückstraße 54 (Werden).
Typ: Schatzkammer.
Eröffnungsjahr: 1979.
Leiter: Heinrich Engel.

Markt- und Schaustellermuseum, Berliner Platz 24.
Typ: Kulturgeschichtliches Museum.
Eröffnungsjahr: 1982.
Leiter: Erich Knocke.

Haus Industrieform Essen, Kennedyplatz 7.
Typ: Design-Ausstellungsinstitut.
Eröffnungsjahr: 1955.
Leiter: Ulrich Kern.

Gaseum, Huttropstraße 60.
Typ: Technikgeschichtliches Museum.
Eröffnungsjahr: 1985.
Leiter: Heino Stens.

Rheinisches Industriemuseum, Anlagen im Deilbachtal, Eisenhammerweg (Kupferdreh).
Typ: Industriemuseum, Wirtschafts-, Technik- und Sozialgeschichtliches Museum.
Eröffnungsjahr: Im Aufbau; z. Z. nur Außenbesichtigung möglich.
Leiter: Walter Sölter.

Foto-Museum, Haus Horst 1.
Typ: Kulturgeschichtliches Museum, Technikgeschichtliches Museum.
Eröffnungsjahr: 1987.
Leiter: Hans-Dieter Abring.

Fröndenberg

Heimatstube, Kirchplatz 2 (Stiftsgebäude).
Typ: Heimatstube.
Eröffnungsjahr: 1980.
Leiter: Franz Lueg.

Kettenschmiede-Museum, Auf dem Sodenkamp.
Typ: Technikgeschichtliches Museum.
Eröffnungsjahr: Im Aufbau.
Leiter: N. N.

Gelsenkirchen

Städtisches Museum Gelsenkirchen, Kunstsammlung, Horster Straße 5–7.
Typ: Kunstmuseum, Kunstgalerie.
Sammlungsschwerpunkt: Europäische Kunst seit 1870.
Eröffnungsjahr: 1957; Erweiterungsbau 1984.
Leiter: Reinhold Lange.

Städtisches Museum Gelsenkirchen, Natur- und Kulturgeschichtliche Sammlung, Horster Straße 5.
Typ: Kulturgeschichtliches Museum, Naturkundemuseum.
Eröffnungsjahr: 1925; Erweiterungsbau 1984.
Leiter: Reinhold Lange.

Gladbeck

Museum der Stadt Gladbeck, Burgstraße 64.
Typ: Kulturgeschichtliches Museum, Stadthistorisches Museum.
Eröffnungsjahr: 1928.
Leiter: Wolfgang Schneider.

Städtische Galerie im Rathauspark, Bottroper Straße.
Typ: Kunstgalerie.
Eröffnungsjahr: 1984.
Leiter: Wolfgang Schneider.

Hagen

Karl-Ernst-Osthaus-Museum, Hochstraße 73.
Typ: Kunstmuseum, Kunstgalerie.
Sammlungsschwerpunkt: Deutsche Kunst seit 1900; etwa 300 Arbeiten von Christian Rohlfs (1849–1938).
Eröffnungsjahr: 1902; Erweiterungsbau 1974.
Leiter: Johann Heinrich Müller.

Stadthistorisches Museum, Hochstraße 71.
Typ: Kulturgeschichtliches Museum, Historisches Museum.
Eröffnungsjahr: 1987.
Leiter: Stephan Schölzel.

Museum Hohenlimburg, Schloß Hohenlimburg.
Typ: Schloßmuseum, Kulturgeschichtliches Museum, Stadthistorisches Museum.
Eröffnungsjahr: 1927.
Leiter: Stephan Schölzel.

Westfälisches Freilichtmuseum Technischer Kulturdenkmale Hagen, Mäckingerbach (Selbecke).
Typ: Technikgeschichtliches Museum.
Eröffnungsjahr: 1973.
Leiter: Fritz Helmut Sonnenschein.

Haltern

Römisch-Germanisches Museum, Goldstraße 1.
Typ: Archäologisches Museum.
Sammlungsschwerpunkt: Grabungsfunde aus dem Römerlager bei Haltern.
Eröffnungsjahr: 1899; Neubau geplant.
Leiter: Georg Nockemann.

Hamm

Städtisches Gustav-Lübcke-Museum, Museumsstraße 2.
Typ: Kunstmuseum, Kunstgalerie, Kulturgeschichtliches Museum, Archäologisches Museum, Stadthistorisches Museum.
Eröffnungsjahr: 1890; Neubau geplant.
Leiter: Hans Wille.

Regionales Eisenbahn-Museum Maximilian-Park, Grenzweg 76.
Typ: Technikgeschichtliches Freilichtmuseum.
Eröffnungsjahr: 1985.
Leiter: Karl-Heinz Silber.

Hamminkeln

Heimathaus, Hohestraße 1 (Dingden).
Typ: Kulturgeschichtliches Museum, Heimatmuseum, Handwerksgeschichtliches Museum.
Eröffnungsjahr: 1987.
Leiter: Josef Hülsken.

Hattingen

Kulturgeschichtliches Museum »Bügeleisen-Haus« mit Burgruine Isenberg, Haldenplatz 1.
Typ: Kulturgeschichtliches Museum, Heimatmuseum, Freilichtmuseum Isenberg.
Eröffnungsjahr: 1970/1975.
Leiter: Heinrich Eversberg.

Heimathaus Hattingen im Alten Rathaus, Untermarkt 2.
Typ: Kulturgeschichtliches Museum, Stadtgeschichtliches Museum, Heimatmuseum.
Eröffnungsjahr: 1932; Wiedereröffnung 1956.
Leiter: Harri Petras.

Herne

Emschertal-Museum – Schloß Strünkede, Karl-Brandt-Weg 5.
Typ: Schloßmuseum, Kulturgeschichtliches Museum, Archäologisches Museum, Stadthistorisches Museum.
Eröffnungsjahr: 1926.
Leiter: Alexander von Knorre.

Emschertal-Museum – Heimat- und Naturkundemuseum Wanne-Eickel, Unser-Fritz-Straße 108.
Typ: Wirtschaftsgeschichtliches Museum, Heimat- und Naturkundemuseum.
Eröffnungsjahr: 1926.
Leiter: Alexander von Knorre.

Emschertal-Museum – Städtische Galerie im Schloßpark Strünkede, Karl-Brandt-Weg 2.
Typ: Kunstgalerie.
Eröffnungsjahr: 1961.
Leiter: Alexander von Knorre.

Herten

Heimatkabinett Westerholt, Freiheit 1.
Typ: Heimatstube.
Eröffnungsjahr: 1954.
Leiter: Heinz Wener.

Heimatsammlung Siebenbürger Volksgut, Hermannstädter Platz.
Typ: Wanderausstellung.
Eröffnungsjahr: 1959; z. Z. archiviert, periodische Ausstellung.
Leiter: Max von Felbert.

Hünxe

Otto-Pankok-Museum, Otto-Pankok-Weg 4 (Drevenack).
Typ: Kunstmuseum.
Bestand: Sammlung von Werken Otto Pankoks (1893–1966).
Eröffnungsjahr: 1968.
Leiterin: Eva Pankok.

Kamen

Städtisches Museum Kamen, Markt 1 (Altes Rathaus).
Typ: Kulturgeschichtliches Museum, Stadthistorisches Museum.
Eröffnungsjahr: 1985.
Leiter: Jürgen Kistner.

Kamp-Lintfort

Ordensgeschichtliches Museum, Abteiplatz.
Typ: Kulturgeschichtliches Museum.
Eröffnungsjahr: 1987.
Leiter: Hans Hüneborn.

Lünen

Museum der Stadt Lünen, Schloß Schwansbell.
Typ: Kulturgeschichtliches Museum.
Eröffnungsjahr: 1937; Wiedereröffnung 1966.
Leiter: Wingolf Lehnemann.

Marl

Skulpturenmuseum Glaskasten (mit Skulpturenpark), Creiler Platz (Rathaus).
Typ: Kunstmuseum, Kunstgalerie.
Eröffnungsjahr: 1979.
Leiter: Uwe Rüth.

Stadt- und Heimatmuseum, Am Volkspark 6 (Alt-Marl).
Typ: Kulturgeschichtliches Museum, Stadthistorisches Museum, Heimatmuseum.
Eröffnungsjahr: 1933.
Leiter: Uwe Rüth.

Ikarus Flugmuseum, Hülssstraße 301 (Loemühle).
Typ: Technikgeschichtliches Museum.
Eröffnungsjahr: 1986.
Leiter: Günter Kurfiss.

Moers

Grafschafter Museum im Moerser Schloß, Kastell 9.

Anhang

Typ: Schloßmuseum, Kulturgeschichtliches Museum.
Eröffnungsjahr: 1904.
Leiterin: Christine Knupp-Uhlenhaut.

Städtische Galerie Peschkenhaus, Meerstraße 1.
Typ: Kunstgalerie.
Eröffnungsjahr: 1972.
Leiterin: Christine Knupp-Uhlenhaut.

Mülheim an der Ruhr
Städtisches Kunstmuseum, Leineweberstraße 1.
Typ: Kunstmuseum, Kunstgalerie.
Sammlungsschwerpunkt: Deutsche Kunst des 20. Jh.
Eröffnungsjahr: 1909; Umbau 1969.
Leiterin: Karin Stempel.

Heimatmuseum »Tersteegenhaus«, Teinerstraße 1.
Typ: Kulturgeschichtliches Museum, Heimatmuseum.
Eröffnungsjahr: 1909.
Leiterin: Karin Stempel.

Büromuseum der Stadt Mülheim an der Ruhr, Friedrich-Ebert-Straße 43 (Rathaus).
Typ: Kulturgeschichtliches Museum, Technikgeschichtliches Museum.
Eröffnungsjahr: 1977.
Leiter: Lothar Kronenberg.

Neukirchen-Vluyn
Heimatmuseum, Von-der-Leyen-Platz 1 (Vluyn).
Typ: Kulturgeschichtliches Museum, Heimatmuseum.
Eröffnungsjahr: 1976.
Leiter: Wilhelm Maas.

Oberhausen
Städtische Galerie Schloß Oberhausen mit Ludwig-Institut für Kunst der DDR, Sterkrader Straße 46.
Typ: Kunstmuseum, Kunstgalerie.
Sammlungsschwerpunkt: Kunst nach 1945.
Eröffnungsjahr: 1947.
Leiter: Bernhard Mensch.

Rheinisches Industriemuseum, Zentrale, Fabrik Altenberg Zink, Hansastraße 18.
Typ: Industriemuseum, Wirtschafts-, Technik- und Sozialgeschichtliches Museum.
Eröffnungsjahr: Im Aufbau; z.Z. nur Außenbesichtigung möglich.
Leiter: Walter Sölter.

Recklinghausen
Städtische Kunsthalle, Große-Pferdekamp-Straße 25–27.
Typ: Kunstmuseum, Kunstgalerie.
Sammlungsschwerpunkt: Internationale Kunst nach 1945.
Eröffnungsjahr: 1950.
Leiterin: Brigitte Kaul.

Vestisches Museum, Hohenzollernstraße 12.
Typ: Kulturgeschichtliches Museum.
Eröffnungsjahr: 1922.
Leiterin: Brigitte Kaul.

Ikonen-Museum, Kirchplatz 2.
Typ: Kunstmuseum.
Bestand: Ikonen und Kleinkunst der Ostkirchen.
Eröffnungsjahr: 1956.
Leiterin: Brigitte Kaul.

Schwelm
Museum Haus Martfeld, Hauptstraße 150.
Typ: Kulturgeschichtliches Museum, Historisches Museum, Stadthistorisches Museum.
Eröffnungsjahr: 1890.
Leiter: Gerd Helbeck.

Schwerte
Ruhrtal-Museum, Brückstraße 14.
Typ: Kulturgeschichtliches Museum, Archäologisches Museum, Stadthistorisches Museum.
Spezialsammlung: Postgeschichte.
Eröffnungsjahr: 1933.
Leiter: Gerhard Hallen.

Selm
Schloß Cappenberg.
Typ: Ausstellungsstätte.
Eröffnungsjahr: 1983.
Leiter: Thomas Hengstenberg.

Sprockhövel
Heimatstube Hauptstraße 13 (Niedersprockhövel).
Typ: Heimatstube.
Sondersammlung: Bergbaugeschichte.
Eröffnungsjahr: 1981.
Leiter: Ludger Haverkamp.

Unna
Hellweg-Museum, Burgstraße 8.
Typ: Kulturgeschichtliches Museum, Heimatmuseum, Stadthistorisches Museum.
Eröffnungsjahr: 1928.
Leiter: Dieter Fölster.

Waltrop
Heimatmuseum Waltrop, Theodor-Heuss-Straße 1.
Typ: Kulturgeschichtliches Museum, Heimatmuseum.
Eröffnungsjahr: 1964.
Leiter: Heinz Sehrbrock.

Westfälisches Industriemuseum, Historisches Schiffshebewerk Henrichenburg, Am Hebewerk (Oberwiese).
Typ: Industriemuseum, Verkehrsgeschichtliches und Kanalschiffahrtsmuseum.
Eröffnungsjahr: Im Aufbau; z.Z. nur Außenbesichtigung möglich.
Leiter: Helmut Bönninghausen.

Werne
Altes Amtshaus – Karl-Pollender-Stadtmuseum Werne, Kirchhof 13.
Typ: Kulturgeschichtliches Museum, Stadthistorisches Museum.
Eröffnungsjahr: 1962.
Leiterin: Heidelore Fertig-Möller.

Wesel
Städtisches Museum, Galerie im Zentrum und Schill-Kasematten, Ritterstraße 14.
Typ: Kunstmuseum, Kunstgalerie.
Eröffnungsjahr: 1936/1975/1980.
Leiter: Werner Arand.

Heimatmuseum Bislich, Dorfstraße 24.
Typ: Heimatmuseum.
Eröffnungsjahr: 1983.
Leiter: Heinz Bienen-Scholt.

Witten
Märkisches Museum – Städtische Kunstsammlung, Husemannstraße 12.
Typ: Kunstmuseum, Kunstgalerie.
Sammlungsschwerpunkt: Deutsche Malerei und Graphik seit 1900.
Eröffnungsjahr: 1886; z.Z. Neubau.
Leiter: Wolfgang Zemter.

Heimatmuseum, Ruhrstraße 69.
Typ: Kulturgeschichtliches Museum, Heimatmuseum.
Eröffnungsjahr: 1886; z.Z. Neubau.
Leiter: Wolfgang Zemter.

Bethaus im Muttental, Zentrale Informationsstelle des Bergbaukundlichen Lehr- und Wanderpfades im Muttental, Nachtigallstraße (Bommern).
Typ: Berbaugeschichtlicher Lehrpfad.
Eröffnungsjahr: 1973.
Leiterin: Elfriede Schneider.

Westfälisches Industriemuseum, Zeche Nachtigall, Nachtigallstraße (Bommern).
Typ: Industriemuseum, Bergbau- und Sozialgeschichtliches Museum.
Eröffnungsjahr: Im Aufbau; z.Z. nur Außenbesichtigung möglich.
Leiter: Helmut Bönninghausen.

Hebezeug-Museum, Windenstraße 2–4 (Heven).
Typ: Technikgeschichtliches Museum.
Eröffnungsjahr: 1977.
Leiter: Johann Diederich Neuhaus.

Windenfabrik J. D. Neuhaus, Windenstraße (Heven).
Typ: Technikgeschichtliches Museum.
Besondere Exponate: Transmissionsgetriebene Maschinen.
Eröffnungsjahr: 1985.
Leiter: Johann Diederich Neuhaus.

Xanten
Archäologischer Park Xanten, Wadter Straße (Am Amphitheater).
Typ: Archäologisches Freilichtmuseum.
Bestand: Freigelegte Reste und wiederhergestellte Bauten der römischen Colonia Ulpia Traiana.
Eröffnungsjahr: 1977.
Leiter: Gundolf Precht.

Regionalmuseum Xanten, Kurfürstenstraße 7–9.
Typ: Kulturgeschichtliches Museum, Archäologisches Museum.
Eröffnungsjahr: 1877; Wiedereröffnung 1974; Erweiterungsbau 1983.
Leiterin: Hilde Hiller.

Domschatzkammer, Kapitel 21.
Typ: Schatzkammer.
Eröffnungsjahr: 1951; z.Z. Umbau.
Leiter: Herbert van Bebber.

Heimat- und Wallfahrtsmuseum Marienbaum, Emil-Underberg-Straße 3.
Typ: Kulturgeschichtliches Museum, Heimatmuseum.
Eröffnungsjahr: 1969.
Leiter: Gerhard Alsters.

Anhang

Revierparks

Gysenberg (Herne)
Eröffnung: 4.6.1970

Einrichtungen:
- Frei- und Wellenbad mit temperiertem Wasser, Sport- und Spielanlagen, Mutter-und-Kind-Bereich, Bade- und Parkrestaurant, Activarium mit Sauna, Solarium, Konditionsraum, Milchbar, Solebecken, überdachtem Wellenbecken, Mittelmeergarten
- Freizeithaus mit Mehrzwecksaal, Gruppen-, Club-, Gymnastik- und Werkräumen, Umkleide-, Dusch- und Toilettenräumen, Restaurant, Verwaltung, Information, Geräteausgabe
- Eissport- und Mehrzweckhalle mit 4000 Sitz- und Stehplätzen, Restaurant und Kegelbahnen
- Geselligkeitszone mit Promenade, Kinderspielplätzen, Rollschuh- und Rodelbahn, Schach-, Dame- und Mühlespielen, Tischtennis, Boccia, Sitz- und Ruheplätzen, Musikpavillon
- Wasserspielplatz mit Wasserrutschen, Spielgerüsten, Planschbecken
- Sport- und Spielzone mit Anlagen für Ball-, Kugel- und Wurfspiele, Hart- und Rasensportfelder, Tennisplätze, Bereich für Go-Cart, Gartenkegeln, Parkgolf, Kinderautos

Besucherzahlen:
(Freibad und Activarium)
1970	167 890
1975	333 235
1980	514 761
1985	603 653
1986	622 311

Nienhausen (Gelsenkirchen/Essen)
Eröffnung: 1972

Einrichtungen:
- Freizeithaus mit Restaurant, Bühne, Saal, Halle, Mehrzweck-, Gruppen- und Werkräumen, Leseraum und Lesegarten, Umkleide-, Dusch- und Toilettenräumen, Verwaltung, Information, Geräteausgabe
- Frei- und Wellenbad mit temperiertem Wasser, Mutter-und-Kind-Bereich, Activarium mit Sauna, Solarium, Konditionsraum, Schwimmhalle, Baderestaurant u.a., Geselligkeitsbereich mit Promenade, Kinderspielplätzen, Schach-, Dame- und Mühlespielen, Tischtennis, Kneippgarten, Sitz- und Ruheplätzen
- Wasserspielplatz mit Wasserbecken, Spielgerüsten, Spielelementen
- Sport- und Spielzone mit Anlagen für Ball-, Kugel- und Wurfspiele, Hart- und Rasenplätzen. Tennisplätze für jedermann, Rodelberg
- Bereich für Parkgolf, Elektoautos und Boote, Kindereisenbahn, Restaurant

Besucherzahlen:
(Freibad und Activarium)
1972	129 500 (nur Freibad)
1975	383 538
1980	269 195
1985	211 239
1986	222 663

Vonderort (Oberhausen)
Eröffnung: 18.5.1974

Einrichtungen:
- Freizeithaus mit Restaurant, Mehrzwecksälen, Gesellschaftszimmern, Umkleide- und Toilettenräumen, Verwaltung
- Frei- und Wellenbad mit temperiertem Wasser, Sport- und Spielanlagen, Mutter-und-Kind-Bereich, Activarium mit Wärmehalle, Schwimmkanal nach außen, Sauna, Solarium, Fitnessraum, Baderestaurant
- Jedermannsportbereich mit Kunststoff-, Rasen- und Tennisplätzen, Tennisanlagen mit Flutlicht, Rollschuhbahn, Spielplätzen für Kinder, Turngarten, Bocciabahnen, Tischtennisplatten, Umkleidegebäude mit Kiosk und Toiletten, Promenade
- Wasserspielplatz mit Teich, Insel, Steg, Planschbecken, Felsquellen und Matschbereichen
- Hügelspielplatz mit Kletternetz, Aussichtsturm, Riesenrutsche, Sandspiele
- Bauspielplatz mit Spielholz, Werkstatt, Flächen zum Bauen, Werken, Spielen
- Spielplatz für jung und alt mit Rodelhügel, Geschicklichkeitsspielen
- Geselligkeitsbereich mit Promenade, Sitz- und Ruheplätzen, Gartenspielen
- Veranstaltungsplatz am See, Zeltpavillon, Teich, Flächen zum Feiern, Tanzen, Musizieren
- Eishalle

Besucherzahlen:
(Freibad und Activarium)
1975	357 116
1980	389 969
1985	237 007
1986	249 756

Wischlingen (Dortmund)
Eröffnung: 5.5.1979

Einrichtungen:
- Zentraler Gebäudekomplex mit Eingangshalle, Mehrzwecksaal und -räumen, Werkräumen, Bedienungs-, Selbstbedienungs- und Terrassenrestaurant, Kegelbahnen, Umkleide- und Toilettenräumen, Schwimmhalle, Activarium mit Sauna und Solarium, Cafeteria, Verwaltung und Information
- Freibad mit Badeplatte, temperiertem Wasser, Umkleiden, Spiel- und Liegewiesen
- Spiel- und Sportbereich mit Kunststoff-, Rasen- und Tennisplätzen, Tennisanlage, Rodelhügel, Spielplätzen für Kinder
- Überdachte Spielplätze, Tischtennisplätze, Umkleide- und Sanitärräume, Kiosk
- Erlebnis- und Geselligkeitsbereich mit Promenaden, Gartenspielen, Spielplätzen, Sitz- und Ruheplätzen
- Parksee mit Uferpromenade, Wasserspielplatz, Bootfahren, Sitzplätzen am Wasser Haus Wischlingen
- Eishalle mit zwei Eisflächen, Pistenbar, Discobeleuchtung

Besucherzahlen:
(Freibad und Activarium)
1980	231 618
1985	237 665
1986	275 815

Mattlerbusch (Duisburg)
Eröffnung: 9.6.1979

Einrichtungen:
- Zentraler Gebäudekomplex mit Forum, Mehrzwecksaal, Bedienungs- und Terrassenrestaurant, Cafeteria, Wellenbadhalle, Umkleiden und Toiletten, Saal, Sauna, Solarium, Kegelbahnen, Verwaltung, Information
- Freibad in Kombination mit der Wellenbadhalle mit temperiertem Wasser, Mutter-und-Kind-Bereich, Liege- und Spielwiesen, Sommerumkleiden
- Mattlerhof mit Bauernstube, Mehrzweckräumen für Spiel und Werken, Tierhaltung, Ponyreiten
- Erlebnis- und Geselligkeitsbereich mit Promenaden, Gartenspielen, Kinderspielplatz, Wasserspielplatz, Tischtennis, Boccia, Sitz- und Ruheplätzen
- Spiel- und Sportbereich mit Kunststoff-, Rasen- und Tennenplätzen, Tennisanlage, Spielplätze für Kinder, Rodel- und Aussichtsberg, Umkleidekiosk
- Verschiedene Spielräume unterschiedlicher Thematik und Charakteristik

Besucherzahlen:
(Freibad und Activarium)
1980	250 660
1985	327 470
1986	348 341

Sport

Deutsche Fußballmeisterschaften

Deutsche Meister seit 1903
1903	VfB Leipzig
1905	Union 92 Berlin
1906	VfB Leipzig
1907	Freiburger FC
1908	Viktoria Berlin
1909	Phönix Karlsruhe
1910	Karlsruher FV
1911	Viktoria Berlin
1912	Holstein Kiel
1913	VfB Leipzig
1914	SpVgg Fürth
1920	1. FC Nürnberg
1921	1. FC Nürnberg
1922	kein Meister
1923	Hamburger Sport-Verein
1924	1. FC Nürnberg
1925	1. FC Nürnberg
1926	SpVgg Fürth
1927	1. FC Nürnberg
1928	Hamburger Sport-Verein
1929	SpVgg Fürth
1930	Hertha BSC Berlin
1931	Hertha BSC Berlin
1932	Bayern München
1933	Fortuna Düsseldorf
1934	**FC Schalke 04**
1935	**FC Schalke 04**
1936	1. FC Nürnberg
1937	**FC Schalke 04**
1938	Hannover 96
1939	**FC Schalke 04**
1940	**FC Schalke 04**
1941	Rapid Wien
1942	**FC Schalke 04**
1943	Dresdner SC
1944	Dresdner SC
1948	1. FC Nürnberg
1949	VfR Mannheim
1950	VfB Stuttgart
1951	1. FC Kaiserslautern
1952	VfB Stuttgart
1953	1. FC Kaiserslautern
1954	Hannover 96
1955	**Rot-Weiß Essen**
1956	**Borussia Dortmund**
1957	**Borussia Dortmund**
1958	**FC Schalke 04**
1959	Eintracht Frankfurt
1960	Hamburger Sport-Verein
1961	1. FC Nürnberg
1962	1. FC Köln
1963	**Borussia Dortmund**
1964	1. FC Köln
1965	Werder Bremen
1966	TSV 1860 München
1967	Eintracht Braunschweig
1968	1. FC Nürnberg
1969	FC Bayern München
1970	Borussia Mönchengladbach
1971	Borussia Mönchengladbach
1972	FC Bayern München
1973	FC Bayern München
1974	FC Bayern München
1975	Borussia Mönchengladbach
1976	Borussia Mönchengladbach
1977	Borussia Mönchengladbach
1978	1. FC Köln
1979	Hamburger Sport-Verein
1980	FC Bayern München
1981	FC Bayern München
1982	Hamburger Sport-Verein
1983	Hamburger Sport-Verein
1984	VfB Stuttgart
1985	FC Bayern München
1986	FC Bayern München
1987	FC Bayern München

Mannschaften aus dem Ruhrgebiet in den Endrunden um die Meisterschaft:

1904
Der Duisburger Spiel-Verein scheidet in der Zwischenrunde aus.
Vorrunde:
Duisburger Spiel-Verein – FV Kassel 6 : 3
Zwischenrunde:
VfB Leipzig – Duisburger Spiel-Verein 3 : 2

1905
Der Duisburger Spiel-Verein scheidet in der Vorrunde aus.
Vorrunde:
Karlsruher FV – Duisburger Spiel-Verein 1 : 0

1908
Der Duisburger Spiel-Verein scheidet in der Zwischenrunde aus.
Vorrunde:
Duisburger Spiel-Verein – Eintracht Braunschweig 1 : 0
Zwischenrunde:
Stuttg. Kickers – Duisburger Spiel-Verein 5 : 1

1910
Der Duisburger Spiel-Verein scheidet in der Vorrunde aus.
Vorrunde:
Karlsruher FV – Duisburger Spiel-Verein 1 : 0

1911
Der Duisburger Spiel-Verein scheidet in der Vorrunde aus.
Vorrunde:
Holstein Kiel – Duisburger Spiel-Verein 0 : 0

1913
Duisburg unterliegt im Endspiel dem VfB Leipzig.
Vorrunde:
Duisburger Spiel-Verein – Stuttg. Kickers 2 : 1
Zwischenrunde:
Duisburger Spiel-Verein – Holstein Kiel 2 : 1
Endspiel:
VfB Leipzig – Duisburger Spiel-Verein 3 : 1
Mannschaftsaufstellung des Duisburger Spiel-Vereins:
Otto Bruckschen, Hermann Klinkers, Adam Schäfer, Kornelius Buscher, Heinz Ludewig, Willi Schütten, Sebastian Quatram, Anton Bongartz, Heinrich Fischer (1 Tor), Hermann Steinhauer, Walter Fischer.

1914
Der Duisburger Spiel-Verein scheidet in der Zwischenrunde aus.
Vorrunde:
Duisburger Spiel-Verein – Altonaer FC 93 4 : 1
Zwischenrunde:
VfB Leipzig – Duisburger Spiel-Verein 1 : 0
(Von 1915–1919 wurden keine Spiele um die Deutsche Meisterschaft ausgetragen)

1921
Der Duisburger Spiel-Verein scheidet in der Zwischenrunde aus.
Vorrunde:
Duisburger Spiel-Verein – Hamburger Sport-Verein 2 : 1
Zwischenrunde:
Vorwärts Berlin – Duisburger Spiel-Verein 2 : 1

1924
Der Duisburger Spiel-Verein scheidet in der Zwischenrunde aus.
Zwischenrunde:
1. FC Nürnberg – Duisburger Spiel-Verein 3 : 1

1925
Der Duisburger Spiel-Verein scheidet in der Vorschlußrunde aus. Schwarz-Weiß Essen scheidet in der Zwischenrunde aus.
Vorrunde:
Duisburger Spiel-Verein – Alemannia Berlin 2 : 1
Schwarz-Weiß Essen – FC Viktoria Forst. 2 : 1
Zwischenrunde:
FSV Frankfurt – Schwarz-Weiß Essen 3 : 1
Duisburger Spiel-Verein – Altonaer FC 93 2 : 0
Vorschlußrunde:
1. FC Nürnberg – Duisburger Spiel-Verein 3 : 0

1926
Der Duisburger Spiel-Verein scheidet in der Vorrunde aus.
Vorrunde:
Hamburger Sport-Verein – Duisburger Spiel-Verein 3 : 1

1927
Der Duisburger Spiel-Verein und der FC Schalke 04 scheiden in der Vorrunde aus.
Vorrunde:
Kickers 1900 Berlin – Duisburger Spiel-Verein 5 : 4 n. V.
TSV 1860 München – FC Schalke 04 3 : 1

1928
Der FC Schalke 04 scheidet in der Vorrunde aus.
Vorrunde:
Hamburger Sport-Verein – FC Schalke 04 4 : 2

1929
Der FC Schalke 04 scheidet in der Zwischenrunde aus.
Vorrunde:
FC Schalke 04 – Wacker Leipzig 5 : 1
Zwischenrunde:
Hertha BSC – FC Schalke 04 4 : 1

1930
Der FC Schalke 04 scheidet in der Zwischenrunde aus.
Vorrunde:
FC Schalke 04 – Arminia Hannover 6 : 2
Zwischenrunde:
1. FC Nürnberg – FC Schalke 04 6 : 2

1931
Der Meidericher Spiel-Verein scheidet in der Vorrunde aus.
Vorrunde:
TSV 1860 München – Meidericher Spiel-Verein 4 : 1

648

Anhang

1932
Der FC Schalke 04 scheidet in der Vorschlußrunde aus.
Vorrunde:
FC Schalke 04 – SuBC Plauen 5 : 4 n. V.
Zwischenrunde:
FC Schalke 04 – Hamburger Sport-Verein 4 : 2
Vorschlußrunde:
Eintracht Frankfurt – FC Schalke 04 2 : 1

1933
Der FC Schalke 04 verliert das Endspiel gegen Fortuna Düsseldorf.
Vorrunde:
FC Schalke 04 – Viktoria Berlin 4 : 1
Zwischenrunde:
FC Schalke 04 – FSV Frankfurt 1 : 0
Vorschlußrunde:
FC Schalke 04 – TSV 1860 München 4 : 0
Endspiel:
Fortuna Düsseldorf – FC Schalke 04 3 : 0
Mannschaftsaufstellung des FC Schalke 04:
Hermann Mellage, J. Wohlgemuth, Ferdl Zajons, Otto (Ötte) Tibulski, Hans Bornemann, Valentin Valentin, H. Rosen, Fritz Szepan, Hermann Nattkämper, Ernst Kuzorra, Emil Rothardt.

1934
Der FC Schalke 04 gewinnt das Endspiel gegen den 1. FC Nürnberg.
Gruppe II:
FC Schalke 04 – VfL Benrath 0 : 1, 2 : 0
FC Schalke 04 – Werder Bremen 5 : 2, 3 : 0
FC Schalke 04 – TV Eimsbüttel 4 : 1, 2 : 3
Vorschlußrunde:
FC Schalke 04 – SV Waldhof 5 : 1
Endspiel:
FC Schalke 04 – 1. FC Nürnberg 2 : 1
Mannschaftsaufstellung des FC Schalke 04:
Hermann Mellage, Hans Bornemann, Ferdl Zajons, Otto (Ötte) Tibulski, Valentin Valentin, Ernst Kalwitzki, Adolf Urban, Hermann Nattkämper, Ernst Kuzorra, Emil Rothardt.

1935
Der FC Schalke 04 gewinnt die Deutsche Meisterschaft.
Gruppe II:
FC Schalke 04 – TV Eimsbüttel 4 : 0, 1 : 2
FC Schalke 04 – Hannover 96 3 : 2, 4 : 1
FC Schalke 04 – SC Stettin 9 : 1
Vorschlußrunde:
FC Schalke 04 – Polizei Chemnitz 3 : 2
Endspiel:
FC Schalke 04 – VfB Stuttgart 6 : 4
Mannschaftsaufstellung des FC Schalke 04:
Hermann Mellage, Hans Bornemann, Hermann Nattkämper, Otto (Ötte) Tibulski, Fritz Szepan, Valentin Valentin, Ernst Kalwitzki, Rudi Gellesch, Ernst Pörtgen, Ernst Kuzorra, Adolf Urban.

1936
Der FC Schalke 04 spielt um den dritten Platz.
Gruppe I:
FC Schalke 04 – Polizei Chemnitz 2 : 1, 2 : 3
FC Schalke 04 – Berliner SV 92 4 : 0, 3 : 2
FC Schalke 04 – Hindenburg Allenstein 4 : 1, 7 : 0
Vorschlußrunde:
1. FC Nürnberg – FC Schalke 04 2 : 0
Spiel um den dritten Platz:
FC Schalke 04 – Vorwärts-Rasensport Gleiwitz 8 : 1

1937
Der FC Schalke 04 wird Deutscher Meister.
Gruppe II:
FC Schalke 04 – Werder Bremen 5 : 1, 2 : 1
FC Schalke 04 – Hertha BSC 2 : 1, 2 : 1
FC Schalke 04 – Viktoria Stolp 8 : 0, 12 : 0
Vorschlußrunde:
FC Schalke 04 – VfB Stuttgart 4 : 2
Endspiel:
FC Schalke 04 – 1. FC Nürnberg 2 : 0
Mannschaftsaufstellung des FC Schalke 04:
Hans Klodt, Hans Bornemann, Otto Schweißfurth, Rudi Gellesch, Otto (Ötte) Tibulski, Walter Berg, Ernst Kalwitzki, Fritz Szepan, Ernst Pörtgen, Ernst Kuzorra, Adolf Urban.

1938
Der FC Schalke 04 verliert das Endpiel gegen Hannover 96.
Gruppe II:
Berliner SV 92 – FC Schalke 04 1 : 1, 0 : 0
Dessau 05 – FC Schalke 04 0 : 6, 1 : 6
FC Schalke 04 – VfR Mannheim 1 : 2, 2 : 2
Vorschlußrunde:
FC Schalke 04 – Fortuna Düsseldorf 1 : 0
Endspiel:
Hannover 96 – FC Schalke 04 3 : 3 n. V., Wiederholung 4 : 3 n. V.
Mannschaftsaufstellung des FC Schalke 04:
Hans Klodt, Ernst Sontow, Hans Bornemann, Rudi Gellesch, Otto (Ötte) Tibulski, Walter Berg, Ernst Kalwitzki, Fritz Szepan, Ernst Pörtgen, Ernst Kuzorra, Willi Mecke.

1939
Der FC Schalke 04 wird Deutscher Meister.
Gruppe IV:
FC Schalke 04 – Kasseler SC 6 : 1, 3 : 1
FC Schalke 04 – Wormatia Worms 1 : 0, 1 : 2
FC Schalke 04 – Vorwärts-Rasensport Gleiwitz 2 : 1, 4 : 0
Vorschlußrunde:
FC Schalke 04 – Dresdner SC 3 : 3 n. V., 2 : 0
Endspiel:
FC Schalke 04 – Admira Wien 9 : 0
Mannschaftsaufstellung des FC Schalke 04:
Hans Klodt, Hans Bornemann, Otto Schweißfurth, Rudi Gellesch, Otto (Ötte) Tibulski, Walter Berg, Hermann Eppenhoff, Fritz Szepan, Ernst Kalwitzki, Ernst Kuzorra, Adolf Urban.

1940
Der FC Schalke 04 wird Deutscher Meister.
Gruppe III:
FC Schalke 04 – Mühlheimer Spiel-Verein 5 : 0, 8 : 2
SC Kassel 03 – FC Schalke 04 2 : 5, 0 : 16
FC Schalke 04 – Fortuna Düsseldorf 0 : 0, 1 : 1
Vorschlußrunde:
FC Schalke 04 – SV Waldhof 3 : 1
Endspiel:
FC Schalke 04 – Dresdner SC 1 : 0
Mannschaftsaufstellung des FC Schalke 04:
Hans Klodt, Hans Bornemann, Heinz Hinz, B. Füller, Otto (Ötte) Tibulski, Herbert Burdenski, Hermann Eppenhoff, Fritz Szepan, Ernst Kalwitzki, Ernst Kuzorra, X. Schuh.

1941
Der FC Schalke 04 unterliegt im Endspiel gegen Rapid Wien.
Gruppe IIb:
FC Schalke 04 – Hannover 96 4 : 0, 6 : 1
FC Schalke 04 – Borussia Fulda 4 : 0, 2 : 1
Entscheidungsspiel:
FC Schalke 04 – Hamburger Sport-Verein 3 : 0, 0 : 1
Vorschlußrunde:
FC Schalke 04 – VfL Köln 99 4 : 1
Endspiel:
Rapid Wien – FC Schalke 04 4 : 3
Mannschaftsaufstellung des FC Schalke 04:
Hans Klodt, Hans Bornemann, Otto Schweißfurth, B. Füller, Otto (Ötte) Tibulski, Rudi Gellesch, Herbert Burdenski, Fritz Szepan, Hermann Eppenhoff, Ernst Kuzorra, Heinz Hinz.

1942
Der FC Schalke 04 gewinnt die Deutsche Meisterschaft.
Vorrunde:
FC Schalke 04 – 1. FC Kaiserslautern 9 : 3
Zwischenrunde:
FC Schalke 04 – SS Straßburg 6 : 0
Vorschlußrunde:
FC Schalke 04 – Kickers Offenbach 6 : 0
Endspiel:
FC Schalke 04 – Vienna Wien 2 : 0
Mannschaftsaufstellung des FC Schalke 04:
Heinz Flotho, Heinz Hinz, Otto Schweißfurth, Hans Bornemann, Otto (Ötte) Tibulski, Herbert Burdenski, Ernst Kalwitzki, Fritz Szepan, Hermann Eppenhoff, Ernst Kuzorra, Adolf Urban.

1943
Der FC Schalke 04 scheidet in der Zwischenrunde aus.
1. Vorrunde:
FC Schalke 04 – SV Kassel 8 : 1
Vorrunde:
FC Schalke 04 – Wilhelmshaven 05 4 : 1
Zwischenrunde:
Holstein Kiel – FC Schalke 04 4 : 1

1944
Der FC Schalke 04 scheidet in der Vorrunde aus, und der KSG Duisburg in der Zwischenrunde aus.
Ausscheidungsspiele:
FC Schalke 04 – TuS Neuendorf 5 : 0
KSG Duisburg – Köln-Sülz/VfL 99 2 : 0
Vorrunde:
KSG Duisburg – FC Schalke 04 2 : 1
Zwischenrunde:
LSV Hamburg – KSG Duisburg 3 : 0
(Von 1945–1947 wurden keine Spiele um die Deutsche Meisterschaft ausgetragen.)

1949
Borussia Dortmund verliert das Endspiel gegen den VfR Mannheim.
Vorrunde:
Berliner SV 92 – Borussia Dortmund 0 : 5
Zwischenrunde:
Borussia Dortmund – 1. FC Kaiserslautern 0 : 0 n. V., 4 : 1
Endspiel:
VfR Mannheim – Borussia Dortmund 3 : 2 n. V.
Mannschaftsaufstellung von Borussia Dortmund:
Günther Rau, Heinz Ruhmhofer, Erwin Halfen, Willi Buddenberg, Paul Koschmieder, Erich Schanko, Herbert Erdmann, Max Michallek, Edmund Kasperski, Alfred Preißler, Friedel Ihbel.

1950
Borussia Dortmund und Rot-Weiß Essen und der STV Horst-Emscher scheiden in der Vorrunde aus.
Vorrunde:
SpVgg Fürth – STV Horst-Emscher 3 : 2
VfR Mannheim – Borussia Dortmund 3 : 1
1. FC Kaiserslautern – Rot-Weiß Essen 2 : 2 n. V., 3 : 2 n. V

1951
Der FC Schalke 04 scheidet in Gruppe I aus.
Gruppe I:
FC Schalke 04 – FC St. Pauli Hamburg 1 : 2, 1 : 0
FC Schalke 04 – SpVgg Fürth 0 : 0, 2 : 1
FC Schalke 04 – 1. FC Kaiserslautern 0 : 1, 3 : 2

1952
Der FC Schalke 04 scheidet in Gruppe I aus.
Rot-Weiß Essen scheidet in Gruppe II aus.
Gruppe I:
1. FC Saarbrücken – FC Schalke 04 4 : 1, 4 : 2
1. FC Nürnberg – FC Schalke 04 2 : 2, 4 : 2
FC Schalke 04 – Hamburger Sport-Verein 3 : 0, 2 : 8
Gruppe II:
VfB Stuttgart – Rot-Weiß Essen 5 : 3, 2 : 3
Rot-Weiß Essen – VfL Osnabrück 2 : 3, 2 : 0
Rot-Weiß Essen – Tennis Borussia Berlin 2 : 4, 2 : 1

1953
Borussia Dortmund scheidet in der Gruppe II aus.
Gruppe II:
VfB Stuttgart – Borussia Dortmund 1 : 2, 2 : 1
Borussia Dortmund – Hamburger Sport-Verein 4 : 1, 4 : 3
Borussia Dortmund – Union 06 Berlin 4 : 0, 2 : 0

1955
Der SV Herne-Sodingen scheidet in der Gruppe I aus, und Rot-Weiß Esssen wird Deutscher Meister.
Gruppe I:
1. FC Kaiserslautern – SV Herne-Sodingen 2 : 2, 2 : 2
Hamburger Sport-Verein – SV Herne-Sodingen 1 : 0, 1 : 1
SV Herne-Sodingen – Viktoria 89 Berlin 5 : 1, 3 : 2
Gruppe II:
Rot-Weiß Essen – TuS Bremerhaven 4 : 0, 1 : 1
Rot-Weiß Essen – Kickers Offenbach 3 : 1, 4 : 1
Rot-Weiß Essen – Wormatia Worms 1 : 1, 3 : 1
Endspiel:
Rot-Weiß Essen – 1. FC Kaiserslautern 4 : 3
Mannschaftsaufstellung von Rot-Weiß Essen:
Fritz Herkenrath, Joachim Jänisch, Willi Köchling, Paul Jahnel, Heinz Wewers, Willi Grewer, Helmut Rahn, Franz Islacker, August Gottschalk, Johannes Röhrig, Berni Termath.

1956
Borussia Dortmund wird Deutscher Meister.
Der Rot-Weiß Essen scheidet in der Gruppe I aus.
Gruppe I:
Karlsruher SC – FC Schalke 04 3 : 0, 3 : 2
FC Schalke 04 – 1. FC Kaiserslautern 3 : 1, 4 : 4
FC Schalke 04 – Hannover 96 4 : 0, 3 : 1
Gruppe II:
Borussia Dortmund – Hamburger Sport-Verein 5 : 0, 1 : 2
Borussia Dortmund – VfB Stuttgart 4 : 1, 2 : 0
Borussia Dortmund – Viktoria 89 Berlin 1 : 1, 6 : 0
Endspiel:
Borussia Dortmund – Karlsruher SC 4 : 2
Mannschaftsaufstellung von Borussia Dortmund:
Heinz Kwiatkowski, Wilhelm Burgsmüller, Herbert Sandmann, Elwin Schlebrowski, Max Michallek, Helmut Bracht, Wolfgang Peters, Alfred Preißler, Alfred Kelbassa, Alfred Niepieklo, Helmut Kapitulski.

1957
Der Duisburger Spiel-Verein scheidet in der Gruppe I aus. Borussia Dortmund gewinnt die Deutsche Meisterschaft.
Gruppe I:
Hamburger Sport-Verein – Duisburger Spiel-Verein 1 : 1
Duisburger Spiel-Verein – 1. FC Nürnberg 2 : 2
Duisburger Spiel-Verein – 1. FC Saarbrücken 3 : 1
Gruppe II:
Borussia Dortmund – Kickers Offenbach 2 : 1
Borussia Dortmund – 1. FC Kaiserslautern 3 : 2
Borussia Dortmund – Hertha BSC Berlin 3 : 1
Endspiel:
Borussia Dortmund – Hamburger Sport-Verein 4 : 1
Mannschaftsaufstellung von Borussia Dortmund:
Heinz Kwiatkowski, Wilhelm Burgsmüller, Herbert Sandmann, Elwin Schlebrowski, Max Michallek, Helmut Bracht, Wolfgang Peters, Alfred Preißler, Alfred Kelbassa, Alfred Niepieklo, Helmut Kapitulski.

1958
Der FC Schalke 04 wird Deutscher Meister.
Gruppe II:
FC Schalke 04 – Karlsruher SC 3 : 0
FC Schalke 04 – Eintracht Braunschweig 4 : 1
FC Schalke 04 – Tennis Borussia Berlin 9 : 0
Endspiel:
FC Schalke 04 – Hamburger Sport-Verein 3 : 0
Mannschaftsaufstellung des FC Schalke 04:
Manfred Orzessek, Helmut Sadlowski, Günther Brocker, Karl Borutta, Otto Laszig, Günther Karnhof, Willi Koslowski, Heinz Kördel, Günter Siebert, Manfred Kreuz, Berni Klodt.

1959
Westfalia Herne scheidet in Gruppe II aus.
Gruppe II:
Kickers Offenbach – Westfalia Herne 2 : 1, 4 : 1
Hamburger Sport-Verein – Westfalia Herne 4 : 2, 1 : 3
Westfalia Herne – Tasmania Berlin 1 : 0, 0 : 2

1960
Westfalia Herne scheidet in Gruppe I aus.
Gruppe I:
Hamburger Sport-Verein – Westfalia Herne 4 : 3, 2 : 1
Karlsruher SC – Westfalia Herne 5 : 4, 2 : 3
Borussia Neunkirchen – Westfalia Herne 1 : 2, 2 : 1

1961
Borussia Dortmund unterliegt im Endspiel gegen den 1. FC Nürnberg.
Gruppe I:
Borussia Dortmund – Eintracht Frankfurt 0 : 1, 2 : 1
Borussia Dortmund – Hamburger Sport-Verein 7 : 2, 5 : 2
Borussia Dortmund – 1. FC Saarbrücken 2 : 2, 3 : 4
Endspiel:
1. FC Nürnberg – Borussia Dortmund 3 : 0
Mannschaftsaufstellung von Borussia Dortmund:
Heinz Kwiatkowski, Wilhelm Burgsmüller, Rolf Thiemann, Dieter Kurrat, Lothar Geißler, Wolfgang Peters, Alfred Kelbassa, Alfred Schmidt, Jürgen Schütz, Friedhelm Konietzka, Gerd Cyliax.

1962
Der FC Schalke 04 scheidet in der Gruppe I aus.
Gruppe I:
FC Schalke 04 – Borussia Neunkirchen 3 : 2
Tasmania Berlin – FC Schalke 04 1 : 1
1. FC Nürnberg – FC Schalke 04 3 : 1

1963
Borussia Dortmund wird Deutscher Meister.
Gruppe II:
Borussia Dortmund – TSV 1860 München 4 : 0, 2 : 3
Borussia Dortmund – Borussia Neunkirchen 0 : 0, 5 : 2
Borussia Dortmund – Hamburger Sport-Verein 3 : 2, 1 : 0
Endspiel:
Borussia Dortmund – 1. FC Köln 3 : 1
Mannschaftsaufstellung von Borussia Dortmund:
Bernhard Wessel, Wilhelm Burgsmüller, Lothar Geißler, Helmut Bracht, Wolfgang Paul, Dieter Kurrat, Reinhold Wosab, Alfred Schmidt, Jürgen Schütz, Friedhelm Konietzka, Gerd Cyliax.

Ab 1963 wird der Deutsche Meister in einer Bundesliga ermittelt.
Von 1964–1986 wurde keine Ruhrgebietsmannschaft Deutscher Meister.

Anhang

Fußball-Bundesliga

Zahl der Spiele, Tore, Punkte

1963/64

1.	1. FC Köln	30	78:40	45–15
2.	**MSV Duisburg**	**30**	**60:36**	**39–21**
3.	Eintracht Frankfurt	30	60:41	39–21
4.	**Borussia Dortmund**	**30**	**73:57**	**33–27**
5.	VfB Stuttgart	30	48:40	33–27
6.	Hamburger Sport-Verein	30	69:60	32–28
7.	TSV 1860 München	30	66:50	31–29
8.	**FC Schalke 04**	**30**	**51:53**	**29–31**
9.	1. FC Nürnberg	30	45:56	29–31
10.	Werder Bremen	30	53:62	28–32
11.	Eintracht Braunschweig	30	36:49	28–32
12.	1. FC Kaiserslautern	30	48:69	26–34
13.	Karlsruher SC	30	42:55	24–36
14.	Hertha BSC Berlin	30	45:65	24–36
15.	Preußen Münster	30	34:52	23–37
16.	1. FC Saarbrücken	30	44:72	17–43

1964/65

1.	Werder Bremen	30	54:29	41–19
2.	1. FC Köln	30	66:45	38–22
3.	**Borussia Dortmund**	**30**	**67:48**	**36–24**
4.	TSV 1860 München	30	70:50	35–25
5.	Hannover 96	30	48:42	33–27
6.	1. FC Nürnberg	30	44:38	32–28
7.	**MSV Duisburg**	**30**	**46:48**	**32–28**
8.	Eintracht Frankfurt	30	50:58	29–31
9.	Eintracht Braunschweig	30	42:47	28–32
10.	Borussia Neunkirchen	30	44:48	27–33
11.	Hamburger Sport-Verein	30	46:56	27–33
12.	VfB Stuttgart	30	46:50	26–34
13.	1. FC Kaiserslautern	30	41:53	25–35
14.	Hertha BSC Berlin	30	40:62	25–35
15.	Karlsruher SC	30	47:62	24–36
16.	**FC Schalke 04**	**30**	**45:60**	**22–38**

Die Bundesliga wird um zwei Vereine aufgestockt.

1965/66

1.	TSV 1860 München	30	80:40	50–18
2.	**Borussia Dortmund**	**34**	**70:36**	**46–21**
3.	FC Bayern München	34	71:38	47–21
4.	Werder Bremen	34	76:40	45–23
5.	1. FC Köln	34	74:41	44–24
6.	1. FC Nürnberg	34	54:43	39–29
7.	Eintracht Frankfurt	34	64:46	38–30
8.	**MSV Duisburg**	**34**	**70:48**	**36–32**
9.	Hamburger Sport-Verein	34	64:52	34–34
10.	Eintracht Braunschweig	34	49:49	34–34
11.	VfB Stuttgart	34	42:48	32–36
12.	Hannover 96	34	59:57	30–38
13.	Bor. Mönchengladbach	34	57:68	29–39
14.	**FC Schalke 04**	**34**	**33:55**	**27–41**
15.	1. FC Kaiserslautern	34	42:65	26–42
16.	Karlsruher SC	34	35:71	24–44
17.	Borussia Neunkirchen	34	32:82	22–46
18.	Tasmania Berlin	34	15:108	8–60

1966/67

1.	Eintracht Braunschweig	34	49:27	43–25
2.	TSV 1860 München	34	60:47	41–27
3.	**Borussia Dortmund**	**34**	**70:41**	**39–29**
4.	Eintracht Frankfurt	34	66:49	39–29
5.	1. FC Kaiserslautern	34	43:42	38–30
6.	FC Bayern München	34	62:47	37–31
7.	1. FC Köln	34	48:48	37–31
8.	Bor. Mönchengladbach	34	70:49	34–34
9.	Hannover 96	34	40:46	34–34
10.	1. FC Nürnberg	34	43:50	34–34
11.	**MSV Duisburg**	**34**	**40:42**	**33–35**
12.	VfB Stuttgart	34	48:54	33–35
13.	Karlsruher SC	34	54:62	31–37
14.	Hamburger Sport-Verein	34	37:53	30–38
15.	**FC Schalke 04**	**34**	**37:63**	**30–38**
16.	Werder Bremen	34	49:56	29–39
17.	Fortuna Düsseldorf	34	44:66	25–43
18.	**Rot-Weiß Essen**	**34**	**35:53**	**25–43**

1967/68

1.	1. FC Nürnberg	34	71:37	47–21
2.	Werder Bremen	34	68:51	44–24
3.	Bor. Mönchengladbach	34	77:45	42–26
4.	1. FC Köln	34	68:52	38–30
5.	FC Bayern München	34	68:58	38–30
6.	Eintracht Frankfurt	34	58:51	38–30
7.	**MSV Duisburg**	**34**	**69:58**	**36–32**
8.	VfB Stuttgart	34	65:54	35–33
9.	Eintracht Braunschweig	34	37:39	35–33
10.	Hannover 96	34	48:52	34–34
11.	Alemania Aachen	34	52:66	34–34
12.	TSV 1860 München	34	55:39	33–35
13.	Hamburger Sport-Verein	34	51:54	33–35
14.	**Borussia Dortmund**	**34**	**60:59**	**31–37**
15.	**FC Schalke 04**	**34**	**42:48**	**30–38**
16.	1. FC Kaiserslautern	34	39:67	28–40
17.	Borussia Neunkirchen	34	33:93	19–49
18.	Karlsruher SC	34	32:70	17–51

1968/69

1.	FC Bayern München	34	61:31	46–22
2.	Alemania Aachen	34	57:51	38–30
3.	Bor. Mönchengladbach	34	61:46	37–31
4.	Eintracht Braunschweig	34	46:43	37–31
5.	VfB Stuttgart	34	60:54	36–32
6.	Hamburger Sport-Verein	34	55:55	36–32
7.	**FC Schalke 04**	**34**	**45:40**	**35–33**
8.	Eintracht Frankfurt	34	46:43	34–34
9.	Werder Bremen	34	59:59	34–34
10.	TSV 1860 München	34	44:59	34–34
11.	Hannover 96	34	47:45	32–36
12.	**MSV Duisburg**	**34**	**33:37**	**32–36**
13.	1. FC Köln	34	47:56	32–36
14.	Hertha BSC Berlin	34	31:39	32–36
15.	1. FC Kaiserslautern	34	45:47	30–38
16.	**Borussia Dortmund**	**34**	**49:54**	**30–38**
17.	1. FC Nürnberg	34	45:55	29–39
18.	Kickers Offenbach	34	42:59	28–44

1969/70

1.	Bor. Mönchengladbach	34	71:29	51–17
2.	FC Bayern München	34	88:37	47–21
3.	Herta BSC Berlin	34	67:41	45–23
4.	1. FC Köln	34	83:38	43–25
5.	**Borussia Dortmund**	**34**	**60:67**	**36–32**
6.	Hamburger Sport-Verein	34	57:54	35–33
7.	VfB Stuttgart	34	59:62	35–33
8.	Eintracht Frankfurt	34	54:54	34–34
9.	**FC Schalke 04**	**34**	**43:54**	**34–34**
10.	1. FC Kaiserslautern	34	44:55	32–36
11.	Werder Bremen	34	38:47	31–37
12.	**Rot-Weiß Essen**	**34**	**41:54**	**31–37**
13.	Hannover 96	34	49:61	30–38
14.	**Rot-Weiß Oberhausen**	**34**	**50:62**	**29–39**
15.	**MSV Duisburg**	**34**	**35:48**	**29–39**
16.	Eintracht Braunschweig	34	40:49	28–40
17.	TSV 1860 München	34	41:56	25–43
18.	Alemania Aachen	34	31:83	17–51

1970/71

1.	Bor. Mönchengladbach	34	77:35	50–18
2.	FC Bayern München	34	74:36	48–20
3.	Hertha BSC Berlin	34	61:43	41–27
4.	Eintracht Braunschweig	34	52:40	39–29
5.	Hamburger Sport-Verein	34	54:63	37–31
6.	**FC Schalke 04**	**34**	**44:40**	**36–32**
7.	**MSV Duisburg**	**34**	**43:47**	**35–33**
8.	1. FC Kaiserslautern	34	54:57	34–34
9.	Hannover 96	34	53:49	33–35
10.	Werder Bremen	34	41:40	33–35
11.	1. FC Köln	34	46:56	33–35
12.	VfB Stuttgart	34	49:49	30–38
13.	**Borussia Dortmund**	**34**	**54:60**	**29–39**
14.	Armina Bielefeld	34	34:53	29–39
15.	Eintracht Frankfurt	34	39:56	28–40
16.	**Rot-Weiß Oberhausen**	**34**	**54:69**	**27–41**
17.	Kickers Offenbach	34	49:65	27–41
18.	**Rot-Weiß Essen**	**34**	**48:68**	**23–45**

1971/72

1.	FC Bayern München	34	101:38	55–13
2.	**FC Schalke 04**	**34**	**76:35**	**52–16**
3.	Bor. Mönchengladbach	34	82:40	43–25
4.	1. FC Köln	34	64:44	43–25
5.	Eintracht Frankfurt	34	71:61	39–29
6.	Hertha BSC Berlin	34	46:55	37–31
7.	1. FC Kaiserslautern	34	59:53	35–33
8.	VfB Stuttgart	34	52:56	35–33
9.	**VfL Bochum**	**34**	**59:69**	**34–34**
10.	Hamburger Sport-Verein	34	52:52	33–35
11.	Werder Bremen	34	63:58	31–37
12.	Eintracht Braunschweig	34	43:48	31–37
13.	Fortuna Düsseldorf	34	40:53	30–38
14.	**MSV Duisburg**	**34**	**36:51**	**27–41**
15.	**Rot-Weiß Oberhausen**	**34**	**33:66**	**25–43**
16.	Hannover 96	34	54:69	25–43
17.	**Borussia Dortmund**	**34**	**34:83**	**20–48**
18.	Armina Bielefeld	34	0:0	0–0
		34	41:75	19–49

Arminia Bielefeld wurde die Lizenz entzogen. Alle Spiele für den Verein nicht gewertet.

1972/73

1.	FC Bayern München	34	93:29	54–14
2.	1. FC Köln	34	66:51	43–25
3.	Fortuna Düsseldorf	34	62:45	42–26
4.	Wuppertaler SV	34	62:49	40–28
5.	Bor. Mönchengladbach	34	82:61	39–29
6.	VfB Stuttgart	34	71:65	37–31
7.	Kickers Offenbach	34	61:60	35–33
8.	Eintracht Frankfurt	34	58:54	34–34
9.	1. FC Kaiserslautern	34	58:68	34–34
10.	**MSV Duisburg**	**34**	**53:54**	**33–35**
11.	Werder Bremen	34	50:52	31–37
12.	**VfL Bochum**	**34**	**50:68**	**31–37**
13.	Hertha BSC Berlin	34	53:64	30–38
14.	Hamburger Sport-Verein	34	53:59	28–40
15.	**FC Schalke 04**	**34**	**46:61**	**28–40**
16.	Hannover 96	34	49:65	26–42
17.	Eintracht Braunschweig	34	33:56	25–43
18.	**Rot-Weiß Oberhausen**	**34**	**45:84**	**22–46**

1973/74

1.	FC Bayern München	34	95:53	49–19
2.	Bor. Mönchengladbach	34	93:52	48–20
3.	Fortuna Düsseldorf	34	61:47	41–27
4.	Eintracht Frankfurt	34	63:50	41–27
5.	1. FC Köln	34	69:56	39–29
6.	1. FC Kaiserslautern	34	80:69	38–30
7.	**FC Schalke 04**	**34**	**72:68**	**37–31**
8.	Hertha BSC Berlin	34	56:60	33–35
9.	VfB Stuttgart	34	58:57	31–37
10.	Kickers Offenbach	34	56:62	31–37
11.	Werder Bremen	34	48:56	31–37
12.	Hamburger Sport-Verein	34	53:62	31–37
13.	**Rot-Weiß Essen**	**34**	**56:70**	**31–37**
14.	**VfL Bochum**	**34**	**45:57**	**30–38**
15.	**MSV Duisburg**	**34**	**42:56**	**29–39**
16.	Wuppertaler SV	34	42:65	25–43
17.	Fortuna Köln	34	46:79	25–43
18.	Hannover 96	34	50:66	22–46

1974/75

1.	Bor. Mönchengladbach	34	86:40	50–18
2.	Hertha BSC Berlin	34	61:43	44–24
3.	Eintracht Frankfurt	34	89:49	43–25
4.	Hamburger Sport-Verein	34	55:38	43–25
5.	1. FC Köln	34	77:51	41–27
6.	Fortuna Düsseldorf	34	66:55	41–27
7.	**FC Schalke 04**	**34**	**52:37**	**39–29**
8.	Kickers Offenbach	34	72:62	38–30
9.	Eintracht Braunschweig	34	52:42	36–32
10.	FC Bayern München	34	57:63	34–34
11.	**VfL Bochum**	**34**	**53:53**	**33–35**
12.	**Rot-Weiß Essen**	**34**	**56:68**	**32–36**
13.	1. FC Kaiserslautern	34	56:55	31–37
14.	**MSV Duisburg**	**34**	**59:77**	**30–38**
15.	Werder Bremen	34	45:69	25–43
16.	VfB Stuttgart	34	50:79	24–44
17.	Tennis Borussia Berlin	34	38:89	16–52
18.	Wuppertaler SV	34	32:86	12–56

Seit dieser Saison drei Absteiger.

1975/76

1.	Bor. Mönchengladbach	34	66:37	45–23
2.	Hamburger Sport-Verein	34	59:32	41–27
3.	FC Bayern München	34	72:50	40–28
4.	1. FC Köln	34	62:45	39–29
5.	Eintracht Braunschweig	34	52:48	39–29
6.	**FC Schalke 04**	**34**	**76:55**	**37–31**
7.	1. FC Kaiserslautern	34	66:60	37–31
8.	**Rot-Weiß Essen**	**34**	**61:67**	**37–31**
9.	Eintracht Frankfurt	34	79:58	36–32
10.	**MSV Duisburg**	**34**	**55:62**	**33–35**
11.	Hertha BSC Berlin	34	59:61	32–36
12.	Fortuna Düsseldorf	34	47:57	30–38
13.	Werder Bremen	34	44:55	30–38
14.	**VfL Bochum**	**34**	**49:62**	**30–38**
15.	Karlsruher SC	34	46:59	30–38
16.	Hannover 96	34	48:60	27–41
17.	Kickers Offenbach	34	40:72	27–41
18.	Bayer Uerdingen	34	28:69	22–46

1976/77

1.	Bor. Mönchengladbach	34	58:34	44–24
2.	**FC Schalke 04**	**34**	**77:52**	**43–25**
3.	Eintracht Braunschweig	34	56:38	43–25
4.	Eintracht Frankfurt	34	86:57	42–26
5.	1. FC Köln	34	83:61	40–28
6.	Hamburger Sport-Verein	34	67:56	38–30
7.	FC Bayern München	34	74:65	37–31
8.	**Borussia Dortmund**	**34**	**73:64**	**34–34**
9.	**MSV Duisburg**	**34**	**60:51**	**34–34**
10.	Hertha BSC Berlin	34	55:54	34–34
11.	Werder Bremen	34	51:59	33–35
12.	Fortuna Düsseldorf	34	52:54	31–37
13.	1. FC Kaiserslautern	34	53:59	29–39
14.	1. FC Saarbrücken	34	43:55	29–39
15.	**VfL Bochum**	**34**	**47:62**	**29–39**
16.	Karlsruher SC	34	53:75	28–40
17.	Tennis Borussia Berlin	34	47:85	22–46
18.	**Rot-Weiß Essen**	**34**	**49:103**	**22–46**

1977/78

1.	1. FC Köln	34	86:41	48–20
2.	Bor. Mönchengladbach	34	86:44	48–20
3.	Hertha BSC Berlin	34	59:48	40–28
4.	VfB Stuttgart	34	58:40	39–29
5.	Fortuna Düsseldorf	34	49:36	39–29
6.	**MSV Duisburg**	**34**	**62:59**	**37–31**
7.	Eintracht Frankfurt	34	59:52	36–32
8.	1. FC Kaiserslautern	34	64:63	36–32
9.	**FC Schalke 04**	**34**	**47:52**	**34–34**
10.	Hamburger Sport-Verein	34	61:67	34–34
11.	**Borussia Dortmund**	**34**	**57:71**	**33–35**
12.	FC Bayern München	34	62:64	32–36
13.	Eintracht Braunschweig	34	43:53	32–36
14.	**VfL Bochum**	**34**	**49:51**	**31–37**
15.	Werder Bremen	34	48:57	31–37
16.	TSV 1860 München	34	41:60	22–46
17.	1. FC Saarbrücken	34	39:70	22–46
18.	FC St. Pauli	34	44:86	18–50

1978/79

1.	Hamburger Sport-Verein	34	78:32	49–19
2.	VfB Stuttgart	34	73:34	48–20
3.	1. FC Kaiserslautern	34	62:47	43–25
4.	FC Bayern München	34	69:46	40–28
5.	Eintracht Frankfurt	34	50:49	39–29
6.	1. FC Köln	34	55:47	38–30
7.	Fortuna Düsseldorf	34	70:59	37–31
8.	**VfL Bochum**	**34**	**47:46**	**33–35**
9.	Eintracht Braunschweig	34	50:55	33–35
10.	Bor. Mönchengladbach	34	50:53	32–36
11.	Werder Bremen	34	48:60	31–37
12.	**Borussia Dortmund**	**34**	**54:70**	**31–37**
13.	**MSV Duisburg**	**34**	**43:56**	**30–38**
14.	Hertha BSC Berlin	34	40:50	29–39
15.	**FC Schalke 04**	**34**	**55:61**	**28–40**
16.	Arminia Bielefeld	34	43:56	26–42
17.	1. FC Nürnberg	34	36:67	24–44
18.	Darmstadt 98	34	40:75	21–47

1979/80

1.	FC Bayern München	34	84:33	50–18
2.	Hamburger Sport-Verein	34	86:35	48–20
3.	VfB Stuttgart	34	75:53	41–27
4.	1. FC Kaiserslautern	34	75:53	41–27
5.	1. FC Köln	34	72:55	37–31
6.	**Borussia Dortmund**	**34**	**64:56**	**36–32**
7.	Bor. Mönchengladbach	34	61:60	36–32
8.	**FC Schalke 04**	**34**	**40:51**	**33–35**
9.	Eintracht Frankfurt	34	65:61	32–36
10.	**VfL Bochum**	**34**	**41:44**	**32–36**
11.	Fortuna Düsseldorf	34	62:72	32–36
12.	Bayer Leverkusen	34	45:61	32–36
13.	TSV 1860 München	34	42:53	30–38
14.	**MSV Duisburg**	**34**	**43:57**	**29–39**
15.	Bayer Uerdingen	34	43:61	29–39
16.	Hertha BSC Berlin	34	41:61	29–39
17.	Werder Bremen	34	52:93	25–43
18.	Eintracht Braunschweig	34	32:64	20–48

1980/81

1.	FC Bayern München	34	89:41	53–15
2.	Hamburger Sport-Verein	34	73:43	49–19
3.	VfB Stuttgart	34	70:44	56–22
4.	1. FC Kaiserslautern	34	60:37	44–24
5.	Eintracht Frankfurt	34	61:57	38–30
6.	Bor. Mönchengladbach	34	68:64	37–31
7.	**Borussia Dortmund**	**34**	**69:59**	**35–33**
8.	1. FC Köln	34	54:55	34–34
9.	**VfL Bochum**	**34**	**53:45**	**33–35**
10.	Karlsruher SC	34	56:63	32–36
11.	Bayer Leverkusen	34	52:53	30–38
12.	**MSV Duisburg**	**34**	**45:58**	**29–39**
13.	Fortuna Düsseldorf	34	57:64	28–40
14.	1. FC Nürnberg	34	47:57	28–40
15.	Arminia Bielefeld	34	46:65	26–42
16.	TSV 1860 München	34	49:67	25–43
17.	**FC Schalke 04**	**34**	**43:88**	**23–45**
18.	Bayer Uerdingen	34	47:79	22–46

1981/82

1.	Hamburger Sport-Verein	34	95:45	48–20
2.	1. FC Köln	34	72:38	45–23
3.	FC Bayern München	34	77:56	43–25
4.	1. FC Kaiserslautern	34	70:61	42–26
5.	Werder Bremen	34	61:52	42–26
6.	**Borussia Dortmund**	**34**	**59:40**	**41–27**
7.	Bor. Mönchengladbach	34	61:51	40–28
8.	Eintracht Frankfurt	34	83:72	37–31
9.	VfB Stuttgart	34	62:55	35–33
10.	**VfL Bochum**	**34**	**52:51**	**32–36**
11.	Eintracht Braunschweig	34	61:66	32–36
12.	Arminia Bielefeld	34	46:50	30–38
13.	1. FC Nürnberg	34	53:72	28–40
14.	Karlsruher SC	34	50:68	27–41
15.	Fortuna Düsseldorf	34	48:73	25–43
16.	Bayer Leverkusen	34	45:72	25–43
17.	SV Darmstadt 98	34	46:82	21–47
18.	**MSV Duisburg**	**34**	**40:77**	**19–49**

1982/83

1.	Hamburger Sport-Verein	34	79:33	52–16
2.	Werder Bremen	34	76:38	52–16
3.	VfB Stuttgart	34	80:47	48–20
4.	FC Bayern München	34	74:33	44–24
5.	1. FC Köln	34	69:42	43–25
6.	1. FC Kaiserslautern	34	57:44	41–27
7.	**Borussia Dortmund**	**34**	**78:62**	**39–29**
8.	Arminia Bielefeld	34	46:71	31–37
9.	Fortuna Düsseldorf	34	63:75	30–38
10.	Eintracht Frankfurt	34	48:57	29–39
11.	Bayer Leverkusen	34	43:66	29–39
12.	Bor. Mönchengladbach	34	64:63	28–40
13.	**VfL Bochum**	**34**	**43:49**	**28–40**
14.	1. FC Nürnberg	34	44:70	28–40
15.	Eintracht Braunschweig	34	42:65	27–41
16.	**FC Schalke 04**	**34**	**48:68**	**22–46**
17.	Karlsruher SC	34	39:86	21–47
18.	Hertha BSC Berlin	34	43:67	20–48

Anhang

1983/84
1. VfB Stuttgart 34 79:33 48–20
2. Hamburger Sport-Verein 34 75:36 48–20
3. Bor. Mönchengladbach 34 81:48 48–20
4. Bayern München 34 84:41 47–21
5. Werder Bremen 34 79:46 45–23
6. 1. FC Köln 34 70:57 38–30
7. Bayer Leverkusen 34 50:50 34–34
8. Arminia Bielefeld 34 40:49 33–35
9. Eintracht Braunschweig 34 54:69 32–36
10. Bayer Uerdingen 34 66:79 31–37
11. SV Waldhof Mannheim 34 45:58 31–37
12. 1. FC Kaiserslautern 34 68:69 30–38
13. **Borussia Dortmund** 34 54:65 30–38
14. Fortuna Düsseldorf 34 63:75 29–39
15. **VfL Bochum** 34 58:70 28–40
16. Eintracht Frankfurt 34 45:61 27–41
17. Kickers Offenbach 34 48:106 19–49
18. 1. FC Nürnberg 34 38:85 14–54

1984/85
1. FC Bayern München 34 79:38 50–18
2. Werder Bremen 34 87:51 46–22
3. 1. FC Köln 34 69:46 40–28
4. Bor. Mönchengladbach 34 77:53 39–29
5. Hamburger Sport-Verein 34 58:49 37–31
6. SV Waldhof Mannheim 34 47:50 37–31
7. Bayer Uerdingen 34 57:52 36–32
8. **FC Schalke 04** 34 63:66 34–34
9. **VfL Bochum** 34 52:54 34–34
10. VfB Stuttgart 34 79:59 33–35
11. 1. FC Kaiserslautern 34 56:60 33–35
12. Eintracht Frankfurt 34 62:67 32–36
13. Bayer Leverkusen 34 52:54 31–37
14. **Borussia Dortmund** 34 51:65 30–38
15. Fortuna Düsseldorf 34 53:66 29–39
16. Arminia Bielefeld 34 46:61 29–39
17. Karlsruher SC 34 47:88 22–46
18. Eintracht Braunschweig 34 39:79 20–48

1985/86
1. FC Bayern München 34 82:31 49–19
2. Werder Bremen 34 84:31 49–19
3. Bayer Uerdingen 34 63:60 45–23
4. Bor. Mönchengladbach 34 65:51 42–26
5. VfB Stuttgart 34 69:45 41–27
6. Bayer Leverkusen 34 63:51 40–28
7. Hamburger Sport-Verein 34 57:51 40–28
8. SV Waldhof Mannheim 34 41:44 33–35
9. **VfL Bochum** 34 55:57 32–36
10. **FC Schalke 04** 34 53:58 29–39
11. 1. FC Kaiserslautern 34 49:54 30–38
12. 1. FC Nürnberg 34 51:54 29–39
13. 1. FC Köln 34 46:59 29–39
14. Fortuna Düsseldorf 34 54:78 29–39
15. Eintracht Frankfurt 34 35:49 28–40
16. **Borussia Dortmund** 34 49:65 28–40
17. 1.FC Saarbrücken 34 39:68 21–47
18. Hannover 96 34 43:92 18–50

1986/87
1. FC Bayern München 34 67:31 53–15
2. Hamburger Sport-Verein 34 69:57 47–21
3. Bor. Mönchengladbach 34 74:44 43–25
4. **Borussia Dortmund** 34 70:50 40–28
5. Werder Bremen 34 65:54 40–28
6. Bayer Leverkusen 34 56:38 39–29
7. 1. FC Kaiserslautern 34 64:51 37–31
8. Bayer Uerdingen 34 51:49 35–33
9. 1. FC Nürnberg 34 62:62 35–33
10. 1. FC Köln 34 50:53 35–33
11. **VfL Bochum** 34 52:44 32–36
12. VfB Stuttgart 34 55:49 32–36
13. **FC Schalke 04** 34 50:58 32–36
14. SV Waldhof Mannheim 34 52:71 28–40
15. Eintracht Frankfurt 34 42:53 25–43
16. FC Homburg 34 33:79 21–47
17. Fortuna Düsseldorf 34 42:91 20–48
18. BW 90 Berlin 34 36:76 18–50

Oberliga West (1948–1963)

In den Oberligen: Nord, West, Süd, Südwest und Berlin werden die Regionalmeister ermittelt; die Oberliga ist gleichzeitig Qualifikationsrunde zur Teilnahme an der Deutschen Meisterschaft.
1963 wird mit der Einführung der Bundesliga eine Regionalliga anstelle der Oberliga eingeführt (ab 1974 gibt es dann die Zweite Bundesliga).

1948
1. **Borussia Dortmund**
2. **Sportfreunde Katernberg** (Essen)
3. **STV Horst-Emscher**
4. **Hamborn 07** (Duisburg)
5. **Rot-Weiß Oberhausen**
6. **FC Schalke 04**
7. Fortuna Düsseldorf
8. **Spvgg. Erkenschwick**
9. Alemania Aachen
10. Preußen Dellbrück (Viktoria Köln)
11. Vohwinkel 80
12. VfR Köln
13. **VfL Witten**
14. –
15. –
16. –

1949
1. **Borussia Dortmund**
2. **Rot-Weiß Essen**
3. **STV Horst-Emscher**
4. Preußen Münster
5. **Rot-Weiß Oberhausen**
6. Hamborn 07
7. Vohwinkel 80
8. Alemania Aachen
9. **Spvgg. Erkenschwick**
10. Rhenania Würselen
11. Fortuna Düsseldorf
12. **FC Schalke 04**
13. Sportfreunde Katernberg (Essen)
14. –
15. –
16. –

1950
1. **Borussia Dortmund**
2. **Preußen Dellbrück** (Viktoria Köln)
3. **Rot-Weiß Essen**
4. **STV Horst-Emscher**
5. 1. FC Köln
6. Bayer Leverkusen
7. **Spvgg. Erkenschwick**
8. Preußen Münster
9. **Hamborn 07** (Duisburg)
10. Duisburger Spiel-Verein
11. **Rot-Weiß Oberhausen**
12. Alemania Aachen
13. Rhenania Würselen
14. Vohwinkel 80
15. Arminia Bielefeld
16. FV Duisburg 08

1951
1. **FC Schalke 04**
2. Preußen Münster
3. **Borussia Dortmund**
4. 1. FC Köln
5. Fortuna Düsseldorf
6. Preußen Dellbrück (Viktoria Köln)
7. **Hamborn 07** (Duisburg)
8. **Rot-Weiß Essen**
9. Rheydter SV
10. **STV Horst-Emscher**
11. **Spvgg. Erkenschwick**
12. **Sportfreunde Katernberg** (Essen)
13. **Rot-Weiß Oberhausen**
14. Borussia Mönchengladbach
15. Alemania Aachen
16. **Duisburger Spiel-Verein**

1952
1. **Rot-Weiß Essen**
2. **FC Schalke 04**
3. Alemania Aachen
4. **Borussia Dortmund**
5. 1. FC Köln
6. Bayer Leverkusen
7. Preußen Münster
8. **Meidericher Spiel-Verein** (Duisburg)
9. **Sportfreunde Katernberg** (Essen)
10. Sportfreunde Katernberg (Essen)
11. **Schwarz-Weiß Essen**
12. Fortuna Düsseldorf
13. **STV Horst-Emscher**
14. **Spvgg. Erkenschwick**
15. Rheydter SV
16. **Duisburger Spiel-Verein**

1953
1. **Borussia Dortmund**
2. 1. FC Köln
3. **Rot-Weiß Essen**
4. **Meidericher Spiel-Verein** (Duisburg)
5. Alemania Aachen
6. **FC Schalke 04**
7. Preußen Münster
8. Preußen Dellbrück (Viktoria Köln)
9. Fortuna Düsseldorf
10. Bayer Leverkusen
11. **SV Sodingen** (Herne)
12. **STV Horst-Emscher**
13. **Schwarz-Weiß Essen**
14. Borussia Mönchengladbach
15. **Sportfreunde Katernberg** (Essen)
16. **Spvgg. Erkenschwick**

1954
1. 1. FC Köln
2. **Rot-Weiß Essen**
3. **FC Schalke 04**
4. Preußen Münster
5. **Borussia Dortmund**
6. **Schwarz-Weiß Essen**
7. Bayer Leverkusen
8. **VfL Bochum 1848**
9. Alemania Aachen
10. Preußen Dellbrück (Viktoria Köln)
11. **Meidericher Spiel-Verein** (Duisburg)
12. Borussia Mönchengladbach
13. Preußen Dellbrück (Viktoria Köln)
14. **SV Sodingen** (Herne)
15. Rheydter SV
16. **STV Horst-Emscher**

1955
1. **Rot-Weiß Essen**
2. **SV Sodingen** (Herne)
3. Bayer Leverkusen
4. **Duisburger Spiel-Verein**
5. **Borussia Dortmund**
6. **FC Schalke 04**
7. Fortuna Düsseldorf
8. 1. FC Köln
9. Preußen Münster
10. Preußen Dellbrück (Viktoria Köln)
11. Alemania Aachen
12. **Schwarz-Weiß Essen**
13. **Westfalia Herne**
14. Borussia Mönchengladbach
15. **Meidericher Spiel-Verein** (Duisburg)
16. **VfL Bochum 1848**

1956
1. **Borussia Dortmund**
2. **FC Schalke 04**
3. Alemania Aachen
4. **Duisburger Spiel-Verein**
5. **Rot-Weiß Essen**
6. Fortuna Düsseldorf
7. 1. FC Köln
8. **Schwarz-Weiß Essen**
9. **SV Sodingen** (Herne)
10. Wuppertaler SV
11. Borussia Mönchengladbach
12. Preußen Münster
13. **Westfalia Herne**
14. Preußen Dellbrück (Viktoria Köln)
15. Bayer Leverkusen
16. **VfL Bochum 1848**

1957
1. **Borussia Dortmund**
2. **Duisburger Spiel-Verein**
3. 1. FC Köln
4. **FC Schalke 04**
5. Alemania Aachen
6. **Borussia Dortmund**
7. **Meidericher Spiel-Verein** (Duisburg)
8. **Rot-Weiß Essen**
9. Wuppertaler SV
10. **VfL Bochum 1848**
11. **Westfalia Herne**
12. Preußen Dellbrück (Viktoria Köln)
13. Preußen Münster
14. **SV Sodingen** (Herne)
15. **Schwarz-Weiß Essen**
16. Borussia Mönchengladbach

1958
1. **FC Schalke 04**
2. 1. FC Köln
3. Alemania Aachen
4. **Meidericher Spiel-Verein** (Duisburg)
5. **Borussia Dortmund**
6. Preußen Münster
7. **Rot-Weiß Essen**
8. Fortuna Düsseldorf
9. Preußen Dellbrück (Viktoria Köln)
10. **Duisburger Spiel-Verein**
11. **Rot-Weiß Oberhausen**
12. **Westfalia Herne**
13. **SV Sodingen** (Herne)
14. **VfL Bochum 1848**
15. Wuppertaler SV
16. **Hamborn 07** (Duisburg)

1959
1. **Westfalia Herne**
2. 1. FC Köln
3. Fortuna Düsseldorf
4. **VfL Bochum 1848**
5. **Borussia Dortmund**
6. **Rot-Weiß Essen**
7. Preußen Münster
8. **Meidericher Spiel-Verein** (Duisburg)
9. **Duisburger Spiel-Verein**
10. Alemania Aachen
11. **FC Schalke 04**
12. **Rot-Weiß Oberhausen**
13. Borussia Mönchengladbach
14. **SV Sodingen** (Herne)
15. **SV Sodingen** (Herne)
16. **STV Horst-Emscher**

1960
1. 1. FC Köln
2. **Westfalia Herne**
3. **Borussia Dortmund**
4. **FC Schalke 04**
5. **Duisburger Spiel-Verein**
6. **Rot-Weiß Essen**
7. Preußen Dellbrück (Viktoria Köln)
8. **Meidericher Spiel-Verein** (Duisburg)
9. Alemania Aachen
10. Preußen Münster
11. **VfL Bochum 1848**
12. **Hamborn 07** (Duisburg)
13. **Rot-Weiß Oberhausen**
14. Borussia Mönchengladbach
15. Fortuna Düsseldorf
16. **Schwarz-Weiß Essen**

1961
1. 1. FC Köln
2. **Borussia Dortmund**
3. **FC Schalke 04**
4. **Rot-Weiß Oberhausen**
5. **Westfalia Herne**
6. Borussia Mönchengladbach
7. **Hamborn 07** (Duisburg)
8. Alemania Aachen
9. Preußen Münster
10. Preußen Dellbrück (Viktoria Köln)
11. **Meidericher Spiel-Verein** (Duisburg)
12. **TSV Marl-Hüls**
13. **Duisburger Spiel-Verein**
14. **SV Sodingen** (Herne)
15. **Rot-Weiß Essen**
16. **VfL Bochum 1848**

1962
1. 1. FC Köln
2. **FC Schalke 04**
3. **Rot-Weiß Oberhausen**
4. **Schwarz-Weiß Essen**
5. **Meidericher Spiel-Verein** (Duisburg)
6. **Westfalia Herne**
7. Preußen Münster
8. **Borussia Dortmund**
9. Fortuna Düsseldorf
10. Preußen Dellbrück (Viktoria Köln)
11. Alemania Aachen
12. **Hamborn 07** (Duisburg)
13. Borussia Mönchengladbach
14. **TSV Marl-Hüls**
15. **SV Sodingen** (Herne)
16. **Duisburger Spiel-Verein**

1963
1. 1. FC Köln
2. **Borussia Dortmund**
3. **Meidericher Spiel-Verein** (Duisburg)
4. Preußen Münster
5. Alemania Aachen
6. **FC Schalke 04**
7. **Schwarz-Weiß Essen**
8. Preußen Dellbrück (Viktoria Köln)
9. Bayer Leverkusen
10. **Rot-Weiß Oberhausen**
11. Borussia Mönchengladbach
12. **Hamborn 07** (Duisburg)
13. Fortuna Düsseldorf
14. **Westfalia Herne**
15. Wuppertaler SV
16. **TSV Marl-Hüls**

DFB-Vereins-Pokal

Die Sieger seit 1935:
1935 1. FC Nürnberg
1936 VfB Leipzig
1937 FC Schalke 04
1938 Rapid Wien
1939 1. FC Nürnberg
1940 Dresdner Sport-Club
1941 Dresdner sport-Club
1942 TSV 1860 München
1943 Vienna Wien
1953 Rot-Weiß Essen
1954 VfB Stuttgart
1955 Karlsruher SC
1956 Karlsruher SC
1957 FC Bayern München
1958 VfB Stuttgart
1959 Schwarz-Weiß Essen
1960 Borussia Mönchengladbach
1961 Werder Bremen
1962 1. FC Nürnberg

Anhang

1963 Hamburger Sport-Verein
1964 TSV 1860 München
1965 Borussia Dortmund
1966 FC Bayern München
1967 FC Bayern München
1968 1. FC Köln
1969 FC Bayern München
1970 Kickers Offenbach
1971 FC Bayern München
1972 FC Schalke 04
1973 Borussia Mönchengladbach
1974 Eintracht Frankfurt
1975 Eintracht Frankfurt
1976 Hamburger Sport-Verein
1977 1. FC Köln
1978 1. FC Köln
1979 Fortuna Düsseldorf
1980 Fortuna Düsseldorf
1981 Eintracht Frankfurt
1982 FC Bayern München
1983 1. FC Köln
1984 Bayern München
1985 Bayer Uerdingen
1986 FC Bayern München

Endspiele, an denen Mannschaften aus dem Ruhrgebiet teilnahmen:
(mit den Paarungen der Schlußrunden)

1935
Vorrunde:
FC Schalke 04 – Hannover 96 6 : 2
Zwischenrunde:
FC Schalke 04 – VfL Benrath 4 : 1
Vorschlußrunde:
FC Schalke 04 – FC Freiburg 6 : 2
Endspiel:
1. FC Nürnberg – FC Schalke 04 2 : 0
(8. 12. in Düsseldorf)

1936
Vorrunde:
FC Schalke 04 – VfB Stuttgart 0 : 0 n. V.
Wiederholung 6 : 0
Zwischenrunde:
FC Schalke 04 – Werder Bremen 5 : 2
Vorschlußrunde:
FC Schalke 04 – FC Schweinfurt 3 : 2
Endspiel:
VfB Leipzig – FC Schalke 04 2 : 1
(3. 1. 1937 in Berlin)

1937
Vorrunde:
FC Schalke 04 – Eintracht Braunschweig
1 : 0 n. V.
Zwischenrunde:
FC Schalke 04 – Berliner SV 92 3 : 1
Vorschlußrunde:
FC Schalke 04 – SV Waldhof 2 : 1
Endspiel:
FC Schalke 04 – Fortuna Düsseldorf 2 : 1
(9. 1. 1938 in Köln)

1941
Vorrunde:
Schwarz-Weiß Essen – FC Schalke 04 1 : 5
Zwischenrunde:
FC Schalke 04 – Austria Wien 4 : 1
Vorschlußrunde:
FC Schalke 04 – Holstein Kiel 6 : 0
Endspiel:
Dresdner SC – FC Schalke 04 2 : 1
(2. 11. in Berlin)

1942
Vorrunde:
FC Schalke 04 – Westende Hamborn 4 : 1
Zwischenrunde:
Dessau 05 – FC Schalke 04 0 : 4
Vorschlußrunde:
FC Schalke 04 – Werder Bremen 2 : 0
Endspiel:
TSV 1860 München – FC Schalke 04 2 : 0
(15. 11. in Berlin)

1953
1. Hauptrunde:
Rot-Weiß Essen – Jahn Regensburg 5 : 0
2. Hauptrunde:
Rot-Weiß Essen – VfL Osnabrück 2 : 0
Zwischenrunde:
Rot-Weiß Essen – Hamburger Sport-Verein 6 : 1
Vorschlußrunde:
Rot-Weiß Essen – SV Waldhof 3 : 2
Endspiel:
Rot-Weiß Essen – Alemania Aachen 2 : 1
(1. 5. in Düsseldorf)

1955
1. Hauptrunde:
FC Schalke 04 – Jahn Regensburg 1 : 1 n. V.
Wiederholung 6 : 3
2. Hauptrunde:
FC Schalke 04 – Schweinfurt 05 1 : 1 n. V.
Wiederholung 1 : 0

Zwischenrunde:
FC Schalke 04 – Bremerhaven 93 2 : 0
Vorschlußrunde:
FC Schalke 04 – Kickers Offenbach 2 : 1
Endspiel:
Karlsruher SC – FC Schalke 04 3 : 2
(21. 5. in Braunschweig)

1959
Ausscheidungsspiel:
Hertha BSC Berlin – Schwarz-Weiß Essen 3 : 6
Vorschlußrunde:
Hamburger Sport-Verein – Schwarz-Weiß Essen 1 : 2 n. V.
Endspiel:
Schwarz-Weiß Essen – Borussia Neunkirchen 5 : 2
(27. 12. in Kassel)

1963
Vorrunde:
Borussia Dortmund – Sportfreunde Saarbrücken 4 : 2
Zwischenrunde:
Borussia Dortmund – TSV 1860 München 3 : 1
Vorschlußrunde:
Borussia Dortmund – Werder Bremen 2 : 0
Endspiel:
Hamburger Sport-Verein – Borussia Dortmund 3 : 0
(14. 8. in Hannover)

1965
1. Hauptrunde:
Preußen Münster – Borussia Dortmund 0 : 1
2. Hauptrunde:
Tennis Borussia Berlin – Borussia Dortmund 1 : 2
Zwischenrunde:
Eintracht Braunschweig – Borussia Dortmund 0 : 2
Vorschlußrunde:
Borussia Dortmund – 1. FC Nürnberg 4 : 2
Endspiel:
Borussia Dortmund – Alemania Aachen 2 : 0
(22. 5. in Hannover)

1968
1. Hauptrunde:
VfL Bochum – Karlsruher SC 3 : 2
2. Hauptrunde:
VfL Bochum – VfB Stuttgart 2 : 1
Zwischenrunde:
VfL Bochum – Borussia Mönchengladbach 2 : 0
Vorschlußrunde:
VfL Bochum – FC Bayern München 2 : 1
Endspiel:
1. FC Köln – VfL Bochum 4 : 1
(9. 6. in Ludwigshafen)

1969
1. Hauptrunde:
Rot-Weiß Oberhausen – FC Schalke 04 2 : 3 n. V.
2. Hauptrunde:
FC Schalke 04 – SV Alsenborn 3 : 1
Zwischenrunde:
FC Schalke 04 – Alemania Aachen 2 : 0
Vorschlußrunde:
1. FC Kaiserslautern – FC Schalke 04 1 : 1 n. V.
Wiederholung 1 : 3
Endspiel:
FC Bayern München – FC Schalke 04 2 : 1
(14. 6. in Frankfurt)

1972
1. Hauptrunde:
FC Schalke 04 – Hertha BSC Berlin 3 : 1, 0 : 3
(Zweites Spiel gegen Hertha verloren gewertet wegen Einsatz eines gesperrten Spielers)
2. Hauptrunde:
Borussia Mönchengladbach – FC Schalke 04 2 : 0, 0 : 1
Zwischenrunde:
Borussia Mönchengladbach – FC Schalke 04 2 : 0, 0 : 1
Vorschlußrunde:
1. FC Köln – FC Schalke 04 4 : 4, 2 : 5 n. V.
Endspiel:
FC Schalke 04 – 1. FC Kaiserslautern 5 : 0
(1. 7. in Hannover)

1975
1. Hauptrunde:
Blumenthaler SV – MSV Duisburg 1 : 3
2. Hauptrunde:
MSV Duisburg – 1. FC Nürnberg 3 : 0
3. Hauptrunde:
FC Bayern München – MSV Duisburg 2 : 3
4. Hauptrunde:
MSV Duisburg – Altona 93 7 : 0
Zwischenrunde:
Werder Bremen – MSV Duisburg 0 : 2
Vorschlußrunde:
MSV Duisburg – Borussia Dortmund 2 : 1 n. V.
Endspiel:
Eintracht Frankfurt – MSV Duisburg 0 : 1
(21. 6. in Hannover)

Europa-Pokal der Pokalsieger

An dem seit 1961 ausgetragenen Wettbewerb nahmen aus dem Ruhrgebiet zwei Mannschaften teil:
1965/66: Borussia Dortmund
1966/67: Borussia Dortmund
1969/70: FC Schalke 04
1972/73: FC Schalke 04

Sieger seit 1960
1960/61 AC Florenz
1961/62 Atletico Madrid
1962/63 Tottenham Hotspur
1963/64 Sporting Lissabon
1964/65 West-Ham London
1965/66 Borussia Dortmund
1966/67 FC Bayern München
1967/68 AC Mailand
1968/69 Slovan Preßburg
1969/70 Manchester City
1970/71 Chelsea London
1971/72 Glasgow Rangers
1972/73 AC Mailand
1973/74 1. FC Magdeburg
1974/75 Dynamo Kiew
1975/76 RSC Anderlecht
1976/77 Hamburger Sport-Verein
1977/78 RSC Anderlecht
1978/79 FC Barcelona
1979/80 FC Valencia
1980/81 Dynamo Tiflis
1981/82 FC Barcelona
1982/83 FC Aberdeen
1983/84 Juventus Turin
1984/85 FC Everton London
1985/86 Dynamo Kiew
1986/87 Ajax Amsterdam

Spiele der Ruhrgebietsmannschaften

1965/66
Die Mannschaft von Borussia Dortmund gewinnt den Europa-Pokal der Pokalsieger im Endspiel am 5. Mai 1966 in Glasgow mit 2 : 1 n. V. gegen den FC Liverpool.
1. Runde:
Folriana LA Valetta – Borussia Dortmund 1 : 5, 0 : 8
Achtelfinale:
Borussia Dortmund – Armeeklub Sofia 3 : 0, 2 : 4
Viertelfinale:
Atletico Madrid – Borussia Dortmund 1 : 1, 0 : 1
Halbfinale:
West-Ham United – Borussia Dortmund 1 : 2, 1 : 3
Endspiel:
Borussia Dortmund – FC Liperpool 2 : 1 n. V.
Mannschaftsaufstellung von Borussia Dortmund:
Rudolf Assauer, Gerd Cyliax, Lothar Emmerich, Siegfried „Siggi" Held, Dieter Kurrat, Reinhard Libuda, Wolfgang Paul, Theo Redder, Alfred Schmidt, Wilhelm Sturm, Hans Tilkowski.

1966/67
Borussia Dortmund nimmt als Vorjahressieger noch einmal teil und scheidet im Achtelfinale aus.
Achtelfinale:
Glasgow Rangers – Borussia Dortmund 2 : 1, 0 : 0

1969/70
Da der FC Bayern München in diesem Jahr sowohl den DFB-Pokal als auch die Landesmeisterschaft gewinnt, und somit am Europa-Pokal der Landesmeister teilnimmt, spielt der Finalgegner im DFB-Pokal, FC Schalke 04, im Europa-Pokal der Pokalsieger mit.
1. Runde:
Shamrock Rovers – FC Schalke 04 2 : 1, 0 : 3
Achtelfinale:
IFK Norrköping – FC Schalke 04 0 : 0, 0 : 1
Viertelfinale:
Dynamo Zagreb – FC Schalke 04 1 : 3, 0 : 1
Halbfinale:
FC Schalke 04 – Manchester City 1 : 0, 1 : 5
Endspiel:
Manchester City – Gornik Zabrze 2 : 1

1972/73
Der FC Schalke 04 hat sich als DFB-Pokalsieger für den Wettbewerb qualifiziert und scheidet im Viertelfinale aus.
1. Runde:
FC Schalke 04 – Slavia Sofia 2 : 1, 3 : 1
Achtelfinale:
Cork Hibernian – FC Schalke 04 0 : 0, 0 : 3
Viertelfinale:
FC Schalke 04 – Sparta Prag 2 : 1, 0 : 3
Endspiel:
AC Mailand – Leeds United 1 : 0

Europa-Pokal der Landesmeister

Sieger seit 1956
1956 Real Madrid
1957 Real Madrid
1958 Real Madrid
1959 Real Madrid
1960 Real Madrid
1961 Benfica Lissabon
1962 Benfica Lissabon
1963 AC Mailand
1964 Inter Mailand
1965 Inter Mailand
1966 Real Madrid
1967 Celtic Glasgow
1968 Manchester United
1969 AC Mailand
1970 Feyenood Rotterdam
1971 Ajax Amsterdam
1972 Ajax Amsterdam
1973 Ajax Amsterdam
1974 FC Bayern München
1975 FC Bayern München
1976 FC Bayern München
1977 FC Liverpool
1978 FC Liverpool
1979 Nottingham Forest
1980 Nottingham Forest
1981 FC Liverpool
1982 Aston Villa
1983 Hamburger Sport-Verein
1984 FC Liverpool
1985 Juventus Turin
1986 Steaua Bukarest
1987 FC Porto

Ausscheidungsspiele, an denen Mannschaften aus dem Ruhrgebiet teilnahmen:

1955/56
Die Mannschaft des Deutschen Meisters Rot-Weiß Essen scheidet im Achtelfinale aus.
Achtelfinale:
Rot-Weiß Essen – Hibernian Edinburgh 0 : 4, 1 : 1

1956/57
Die Mannschaft des Deutschen Meisters Borussia Dortmund scheidet im Achtelfinale aus.
1. Runde:
Borussia Dortmund – Spora Luxemburg 4 : 3, 1 : 2, 7 : 0
Achtelfinale:
Manchester United – Borussia Dortmund 3 : 2, 0 : 0

1957/58
Die Mannschaft des Deutschen Meisters Borussia Dortmund scheidet im Viertelfinale der Endrunde aus.
Achtelfinale:
Borussia Dortmund – Armeeklub Bukarest 4 : 2, 1 : 3, 3 : 1
Viertelfinale:
Borussia Dortmund – AC Mailand 1 : 1, 1 : 4

1958/59
Die Mannschaft des Deutschen Meisters FC Schalke 04 scheidet im Viertelfinale aus.
1. Runde:
Kopenhagen BK – FC Schalke 04 3 : 0, 2 : 5, 1 : 3
Achtelfinale:
Wolverhampton Wanderers – FC Schalke 04 2 : 2, 1 : 2
Viertelfinale:
Atletico Madrid – FC Schalke 04 3 : 0, 1 : 1

1963/64
Die Mannschaft des Deutschen Meisters Borussia Dortmund scheidet im Halbfinale aus.
1. Runde:
Lyn Oslo – Borussia Dortmund 2 : 4, 1 : 3
Achtelfinale:
Benfica Lissabon – Borussia Dortmund 2 : 1, 0 : 5
Viertelfinale:
Dukla Prag – Borussia Dortmund 0 : 4, 3 : 1
Halbfinale:
Borussia Dortmund – Inter Mailand 2 : 2, 0 : 2

In den folgenden Jahren hat keine Mannschaft aus dem Ruhrgebiet an dem Europa-Pokal der Landesmeister teilgenommen.

Anhang

UEFA-Pokal
Der Wettbewerb wurde 1955 als Messe-Pokal begründet, an dem nur Mannschaften der Messestädte teilnahmen; schon in der zweiten Spielzeit 1959/60 übernehmen Klubmannschaften die Vertretung der Städte, ab 1963 sind nur noch Klubmannschaften vertreten. Den Pokal stiftet die Union Européenne de Football Association (Europäische Fußball Union).

Pokalsieger seit 1958
1958 Stadtelf Barcelona
1960 FC Barcelona
1961 AS Rom
1962 FC Valencia
1963 FC Valencia
1964 Real Saragossa
1965 Ferencvaros Budapest
1966 FC Barcelona
1967 Dinamo Zagreb
1968 Leeds United
1969 Newcastle United
1970 Arsenal London
1971 Leeds United
1972 Tottenham Hotspur
1973 FC Liverpool
1974 Feyenood Rotterdam
1975 Borussia Mönchengladbach
1976 FC Liverpool
1977 Juventus Turin
1978 PSV Eindhoven
1979 Borussia Mönchengladbach
1980 Eintracht Frankfurt
1981 Ipswich Town
1982 IFK Göteborg
1983 RSC Anderlecht
1984 Tottenham Hotspur
1985 Real Madrid
1986 Real Madrid
1987 IFK Göteborg

Endrundenspiele der Mannschaften aus dem Ruhrgebiet:

1964/65
Borussia Dortmund scheidet in Gruppe II der ersten Endrunde aus.
Gruppe II
Borussia Dortmund – Girondins Bordeaux 4 : 1, 0 : 2
Manchester United – Borussia Dortmund 4 : 0, 6 : 1

1975/76
Der MSV Duisburg scheidet in der zweiten Runde aus.
1. Runde:
MSV Duisburg – Paralinni Famagusta 7 : 1, 3 : 2
2. Runde:
MSV Duisburg – Levsky/Spartak Sofia 3 : 2, 1 : 2

1976/77
Der FC Schalke 04 scheidet im Achtelfinale aus.
1. Runde:
FC Porto – FC Schalke 04 2 : 2, 2 : 3
2. Runde:
Sportul Bukarest – FC Schalke 04 0 : 1, 0 : 4
Achtelfinale:
RWD Molenbeck – FC Schalke 04 1 : 0, 1 : 1

1977/78
Der FC Schalke 04 scheidet in der zweiten Runde aus.
1. Runde:
AC Florenz – FC Schalke 04 0 : 0, 1 : 2
2. Runde:
1. FC Magdeburg – FC Schalke 04 4 : 2, 3 : 1

1978/79
Der MSV Duisburg scheidet im Halbfinale aus.
1. Runde:
MSV Duisburg – Lech Posen 5 : 0, 5 : 2
2. Runde:
FC Carl Zeiss Jena – MSV Duisburg 0 : 0, 0 : 3
Achtelfinale:
Racing Straßburg – MSV Duisburg 0 : 0, 0 : 4
Viertelfinale:
Honved Budapest – MSV Duisburg 2 : 3, 2 : 1
Halbfinale:
MSV Duisburg – Borussia Mönchengladbach 1 : 1, 0 : 1

1982/83
Borussia Dortmund scheidet in der ersten Runde aus.
Borussia Dortmund – Glasgow Rangers 0 : 0, 0 : 2

Fußball-Europameisterschaften

Europameister seit 1960
1960 Sowjetunion
1964 Spanien
1968 Italien
1972 Deutschland
1976 Tschechoslowakei
1980 Deutschland
1984 Frankreich

Spiele der Deutschen Nationalmannschaft und Nationalspieler aus dem Ruhrgebiet:

EM 1959/60
Die deutsche Mannschaft hat sich nicht für die Endrunde qualifiziert.

EM 1963/64
Die deutsche Mannschaft hat sich nicht für die Endrunde qualifiziert.

EM 1966/68
Die deutsche Mannschaft ist in der Qualifikationsrunde in Gruppe IV (Jugoslawien, Deutschland, Albanien) ausgeschieden.

Nationalspieler:
Siegfried (Siggi) Held (Borussia Dortmund)

Gruppe IV:
Jugoslawien – Deutschland 1 : 0, 1 : 3
Deutschland – Albanien 6 : 0, 0 : 0

EM 1970/72
Die deutsche Mannschaft gewinnt im Endspiel am 16. 6. 1972 in Brüssel gegen die Sowjetunion mit 3 : 0.

Nationalspieler:
Siegfried (Siggi) Held (Borussia Dortmund)

Gruppe VIII:
Deutschland – Polen 0 : 0, 3 : 1
Deutschland – Türkei 1 : 1, 3 : 0
Deutschland – Albanien 2 : 0, 1 : 0
Viertelfinale:
England – Deutschland 1 : 3, 0 : 0
Endturnier
Halbfinale:
Belgien – Deutschland 1 : 2
**Endspiel:
Deutschland – Sowjetunion 3 : 0**

EM 1974/76
Die deutsche Mannschaft unterliegt im Endspiel um den Titel am 20. 6. 1976 in Belgrad der ČSSR nach Elfmeterschießen mit 3 : 5.

Nationalspieler:
Hans Bongartz (FC Schalke 04)
Bernhard Dietz (MSV Duisburg)
Ronald (Ronni) Worm (MSV Duisburg)

Qualifikation
Gruppe VIII:
Deutschland – Griechenland 1 : 1, 2 : 2
Deutschland – Bulgarien 1 : 0, 1 : 1
Deutschland – Malta 8 : 0, 1 : 0
Viertelfinale:
Spanien – Deutschland 1 : 1, 0 : 2
Endturnier
Halbfinale:
Jugoslawien – Deutschland 2 : 4 n. V.
Endspiel:
ČSSR – Deutschland 2 : 2 (2 : 2), 2 : 1) n. V.
(ČSSR 5 : 3 Sieger nach Elfmeterschießen)

EM 1978/80
Die deutsche Mannschaft gewinnt am 22. Juni in Rom die Europameisterschaft im Endspiel gegen Belgien mit 2 : 1.

Nationalspieler:
Bernhard Dietz (MSV Duisburg)

Qualifikation
Gruppe VII:
Malta – Deutschland 0 : 0, 0 : 8
Türkei – Deutschland 0 : 0, 0 : 2
Wales – Deutschland 0 : 2, 1 : 5
Endturnier
Gruppe I:
Deutschland – ČSSR 1 : 0
Deutschland – Holland 3 : 2
Deutschland – Griechenland 0 : 0
**Endspiel:
Deutschland – Belgien 2 : 1**

EM 1982/84
Die deutsche Mannschaft scheidet im Endturnier in Gruppe II (Deutschland, Portugal, Rumänien, Spanien) aus.

Qualifikation
Gruppe VI:
Nordirland – Deutschland 1 : 0, 1 : 0
Albanien – Deutschland 1 : 2, 1 : 2
Türkei – Deutschland 0 : 3, 0 : 5
Österreich – Deutschland 0 : 0, 0 : 3
Endturnier
Gruppe II:
Deutschland – Portugal 0 : 0
Deutschland – Rumänien 2 : 1
Deutschland – Spanien 0 : 1

Fußball-Weltmeisterschaften

Weltmeister seit 1930
1930 Uruguay
1934 Italien
1938 Italien
1950 Uruguay
1954 Deutschland
1958 Brasilien
1962 Brasilien
1966 England
1970 Brasilien
1974 Deutschland
1978 Argentinien
1982 Italien
1986 Argentinien

Endrundenspiele der Deutschen Nationalmannschaft und Nationalspieler aus dem Ruhrgebiet:

WM 1930 in Uruguay
Die deutsche Mannschaft kann sich nicht für die Endrunde qualifizieren.

WM 1934 in Italien
Deutschland spielt um den 3. Platz.

Nationalspieler:
Willy Busch (Duisburg 99)
Fritz Szepan (FC Schalke 04)

Achtelfinale:
Deutschland – Belgien 5 : 2
Viertelfinale:
Deutschland – Schweden 2 : 1
Vorschlußrunde:
Deutschland – ČSSR 1 : 3
Spiel um den 3. Platz:
Deutschland – Österreich 3 : 2

WM 1938 in Frankreich
Deutschland scheidet im Achtelfinale aus.

Nationalspieler:
Rudolf Gellesch (FC Schalke 04)
Fritz Szepan (FC Schalke 04)

Achtelfinale:
Deutschland – Schweiz 1 : 1 n. V., 2 : 4

WM 1950 in Brasilien
Die deutsche Mannschaft nimmt nicht teil.

WM 1954 in der Schweiz
Deutschland gewinnt das Endspiel gegen Ungarn am 4. Juli in Bern mit 3 : 2 und wird damit Weltmeister.

Nationalspieler:
Bernhard Klodt (FC Schalke 04)
Heinz Kwiatkowski (Borussia Dortmund)
Helmut Rahn (Rot-Weiß Essen)

Gruppe II:
(Deutschland, Türkei, Ungarn, Südkorea)
Deutschland – Türkei 4 : 1
Ungarn – Deutschland 8 : 3
Entscheidungsspiel:
Deutschland – Türkei 7 : 2
Viertelfinale:
Deutschland – Jugoslawien 2 : 0
Vorschlußrunde:
Deutschland – Österreich 6 : 1
**Endspiel:
Deutschland – Ungarn 3 : 2**

WM 1958 in Schweden
Deutschland spielt um den 3. Platz.

Nationalspieler:
Fritz Herkenrath (Rot-Weiß Essen)
Erich Juskowiak (Rot-Weiß Oberhausen)
Alfred Kelbassa (Borussia Dortmund)
Bernhard Klodt (FC Schalke 04)
Heinz Kwiatkowski (Borussia Dortmund)
Helmut Rahn (Rot-Weiß Essen)
Alfred Schmidt (Borussia Dortmund)
Heinz Wewers (Rot-Weiß Essen)

Gruppe I:
(Deutschland, Nordirland, Argentinien, ČSSR)
Deutschland – Argentinien 3 : 1
Deutschland – ČSSR 2 : 2
Deutschland – Nordirland 2 : 2
Viertelfinale:
Deutschland – Jugoslawien 1 : 0
Vorschlußrunde:
Schweden – Deutschland 3 : 1
Spiel um den 3. Platz:
Frankreich – Deutschland 6 : 3

WM 1962 in Chile
Deutschland scheidet im Viertelfinale aus.

Nationalspieler:
Willi Koslowski (FC Schalke 04)
Hans Nowack (FC Schalke 04)
Willi Schulz (FC Schalke 04)

Gruppe B:
(Deutschland, Chile, Schweiz, Italien)
Deutschland – Italien 0 : 0
Deutschland – Schweiz 2 : 1
Deutschland – Chile 2 : 0
Viertelfinale:
Deutschland – Jugoslawien 0 : 1

WM 1966 in England
Deutschland verliert im Endspiel am 30. Juni in London gegen England 2 : 4 n. V.

Nationalspieler:
Lothar Emmerich (Borussia Dortmund)
Siegfried (Siggi) Held (Borussia Dortmund)
Werner Krämer (MSV Duisburg)
Hans Tilkowski (Borussia Dortmund)

Gruppe B:
(Deutschland, Schweiz, Argentinien, Spanien)
Deutschland – Schweiz 5 : 0
Argentinien – Deutschland 2 : 1
Deutschland – Spanien 2 : 1
Viertelfinale:
Deutschland – Uruguay 4 : 0
Halbfinale:
Deutschland – Sowjetunion 2 : 1
**Endspiel:
England – Deutschland 4 : 2 n. V.**

WM 1970 in Mexiko
Deutschland spielt um den 3. Platz.

Nationalspieler:
Klaus Fichtel (FC Schalke 04)
Siegried (Siggi) Held (Borussia Dortmund)
Reinhard Libuda (FC Schalke 04)

Gruppe IV:
(Deutschland, Peru, Marokko, Bulgarien)
Marokko – Deutschland 1 : 2
Bulgarien – Deutschland 2 : 5
Peru – Deutschland 1 : 3
Viertelfinale:
Deutschland – England 3 : 2 n. V.
Halbfinale:
Deutschland – Italien 3 : 4 n. V.
Spiel um den 3. Platz:
Deutschland – Uruguay 1 : 0

WM 1974 in Deutschland
Deutschland gewinnt die Weltmeisterschaft mit einem 2 : 1-Sieg über Holland im Endspiel am 7. Juli in München.

1. Finalrunde
Gruppe I:
(Deutschland, Chile, Australien, DDR)
Deutschland – Chile 1 : 0
Australien – Deutschland 0 : 3
DDR – Deutschland 1 : 0
2. Finalrunde
Gruppe B:
(Deutschland, Jugoslawien, Schweden, Polen)
Jugoslawien – Deutschland 0 : 2
Deutschland – Schweden 4 : 2
Polen – Deutschland 0 : 1
**Endspiel:
Deutschland – Holland 2 : 1**

WM 1978 in Argentinien
Deutschland scheidet in der 2. Finalrunde aus.

Nationalspieler:
Rüdiger Abramczik (FC Schalke 04)
Bernhard Dietz (MSV Duisburg)
Klaus Fischer (FC Schalke 04)
Rolf Rüßmann (FC Schalke 04)

1. Finalrunde
Gruppe II:
(Deutschland, Tunesien, Mexiko, Polen)
Deutschland – Polen 0 : 0
Deutschland – Mexiko 6 : 0
Deutschland – Tunesien 0 : 0
2. Finalrunde
Gruppe A:
(Deutschland, Italien, Holland, Österreich)
Deutschland – Italien 0 : 0
Deutschland – Holland 2 : 2
Österreich – Deutschland 3 : 2

653

Anhang

WM 1982 in Spanien
Deutschland unterliegt im Endspiel gegen Italien am 11. Juli in Madrid mit 1 : 3.
1. Finalrunde
Gruppe II:
(Deutschland, Österreich, Algerien, Chile)
Deutschland – Algerien 1 : 2
Deutschland – Chile 4 : 1
Deutschland – Österreich 1 : 0
2. Finalrunde
Gruppe B:
(Deutschland, England, Spanien)
Deutschland – England 0 : 0
Deutschland – Spanien 2 : 1
Halbfinale:
Deutschland – Frankreich 3 : 3 n. V.
(Deutschland 5 : 4-Sieger im Elfmeterschießen)
Endspiel:
Italien – Deutschland 3 : 1

WM 1986 in Mexiko
Deutschland unterliegt gegen Argentinien am 29. Juni in Mexico-City mit 2 : 3.
1. Finalrunde
Gruppe E:
(Deutschland, Uruguay, Schottland, Dänemark)
Uruguay – Deutschland 1 : 1
Deutschland – Schottland 2 : 1
Dänemark – Deutschland 2 : 0
Achtelfinale:
Marokko – Deutschland 0 : 1
Viertelfinale:
Deutschland – Mexiko 0 : 0 n. V.
(Deutschland 4 : 1-Sieger im Elfmeterschießen)
Halbfinale:
Frankreich – Deutschland 0 : 2
Endspiel:
Argentinien – Deutschland 3 : 2

Olympia-Sieger aus dem Ruhrgebiet (Gold/Silber/Bronze)

Olympische Zwischenspiele 1906 in Athen
Leichtathletik:
Joseph Krämer (Gelsenkirchen)
Tauziehen, Gold

Olympische Sommerspiele 1908 in London
Leichtathletik:
Otto Trieloff (Duisburg)
400-m-Staffel, Silber

Olympische Sommerspiele 1928 in Amsterdam
Ringen:
Eduard Sperling (Dortmund)
Leichtgewicht, Silber

Olympische Sommerspiele 1932 in Los Angeles
Leichtathletik:
Erich Borchmeyer (Bochum)
4 x 100 m-Staffel, Silber
Arthur Jonath (Bochum)
100-m-Lauf, Bronze, 4 x 100-m-Staffel, Silber
Ringen:
Eduard Sperling (Dortmund)
Leichtgewicht, Silber

Olympische Sommerspiele 1936 in Berlin
Boxen:
Willi Kaiser (Gladbeck)
Fliegengewicht, Gold
Michael Murach (Gelsenkirchen)
Weltergewicht, Silber

Gewichtheben:
Karl Jansen (Essen)
Leichtgewicht, Bronze
Adolf Wagner (Essen)
Mittelgewicht, Bronze
Handball:
Die deutsche Mannschaft gewinnt Gold
Spieler aus dem Ruhrgebiet:
Hans Keiter (Mülheim)
Günter Ortmann (Duisburg)
Edgar Reinhard (Mülheim)
Hockey:
Die deutsche Mannschaft gewinnt Silber
Spieler aus dem Ruhrgebiet:
Harald Huffmann (Essen)
Leichtathletik:
Anni Steuer (Duisburg)
80-m-Hürdenlauf, Silber
Segeln:
Alfried Krupp v. Bohlen und Halbach (Essen)
8-m-Klasse, Bronze
Wasserball:
Die deutsche Mannschaft gewinnt Silber
Spieler aus dem Ruhrgebiet:
Paul Klingenberg (Duisburg)
Hans Schneider (Duisburg)

Olympische Winterspiele 1952 in Oslo
Eiskunstlauf:
Paul Falk/Ria Falk-Baran (Dortmund)
Paarlauf, Gold

Olympische Sommerspiele 1952 in Helsinki
Kanusport:
Michael Scheurer (Duisburg)
Einer-Kajak 10 000 m, Bronze
Leichtathletik:
Werner Lueg (Gevelsberg)
1500-m-Lauf, Bronze
Schwimmen:
Günter Haase (Erkenschwick)
Turmspringen, Bronze

Olympische Sommerspiele 1956 in Melbourne
(Reiterspiele in Stockholm)
Hockey:
Die deutsche Mannschaft gewinnt Bronze
Spieler aus dem Ruhrgebiet:
Hugo Dollheiser (Mülheim)
Alfred Lücker (Essen)
Helmut Nonn (Mülheim)
Wolfgang Nonn (Mülheim)
Karl Heinz Schmidt (Mülheim)
Kanusport:
Theo Kleine (Lünen)
Zweier-Kajak 10 000 m, Silber
Meinrad Miltenberger (Herdecke)
Zweier-Kajak 1000 m, Gold
Michael Scheuer (Duisburg)
Einer-Kajak 10 000 m, Gold
Reiten:
Anneliese Küppers (Duisburg)
Dressur-Mannschaft, Silber
Schwimmen:
Ursula Happe (Dortmund)
200-m-Brust, Gold

Olympische Sommerspiele 1960 in Rom
Kanusport:
Ingrid Hartmann (Duisburg)
Zweier-Kajak 500 m, Silber
Paul Lange (Oberhausen)
Kajak-Staffel 4 x 500 m, Gold
Friedhelm Wentzke (Castrop-Rauxel)
Kajak-Staffel 4 x 500 m, Gold
Leichtathletik:
Manfred Kinder (Dortmund)
4 x 400-m-Staffel, Silber
Ringen:
Günter Maritschnigg (Witten)
Weltergewicht, Silber

Rudern:
Klaus Bittner (Hamm)
Achter ohne, Gold
Jürgen Litz (Essen)
Vierer mit, Gold
Bernhard Knubel (Gelsenkirchen)
Zweier mit, Gold
Heinz Renneberg (Gelsenkirchen)
Zweier mit, Gold
Klaus Zerta (Gelsenkirchen)
Zweier mit, Gold

Olympische Sommerspiele 1964 in Tokio
Kanusport:
Heinz Büker (Oberhausen)
Zweier-Kajak 1000 m, Silber
Berni Schulze (Duisburg)
Vierer-Kajak 1000 m, Silber
Friedhelm Wentzke (Castrop-Rauxel)
Vierer-Kajak 1000 m, Silber
Leichtathletik:
Walter Mahlendorf (Bochum)
4 x 100-m-Staffel, Gold
Reiten:
Fritz Ligges (Dortmund)
Military Einzel, Bronze; Military Mannschaft, Bronze
Ringen:
Klaus Rost (Witten)
Leichtgewicht, Silber
Rudern:
Klaus Bittner (Hamm)
Achter ohne, Silber

Olympische Sommerspiele 1968 in Mexiko
Kanusport:
Detlef Lewe (Dortmund)
Einer-Kanadier 1000 m, Silber
Leichtathletik:
Manfred Kinder (Dortmund)
4 x 400-m-Staffel, Bronze
Claus Schiprowski (Recklinghausen)
Stabhochsprung, Silber
Schwimmen:
Michael Holthaus (Bochum)
200-m-Lagen, 400-m-Lagen, Bronze

Olympische Sommerspiele 1972 in München
Boxen:
Peter Hussing (Mülheim)
Schwergewicht, Bronze
Hockey:
Die deutsche Mannschaft gewinnt Gold
Spieler aus dem Ruhrgebiet:
Werner Kaessmann (Dortmund)
Ulrich Klaes (Essen)
Kanusport:
Detlef Lewe (Dortmund)
Einer-Kanadier 1000 m, Bronze
Leichtathletik:
Klaus Ehl (Wattenscheid)
4 x 100-m-Staffel, Bronze
Annegret Richter (Dortmund)
4 x 100-m-Staffel, Gold
Reiten:
Lutz Gössing (Dortmund)
Military Mannschaft, Bronze
Fritz Ligges (Dortmund)
Preis der Nationen, Gold
Rudern:
Wolfgang Plottke (Marl)
Vierer ohne, Bronze
Schwimmen:
Jutta Weber (Hamm)
4 x 100-m-Freistil, Bronze

Olympische Sommerspiele 1976 in Montreal
Boxen:
Reinhard Skricek (Gelsenkirchen)
Weltergewicht, Bronze

Leichtathletik:
Ingeborg Helten (Dortmund)
100-m-Lauf, Bronze; 4 x 100-m-Staffel, Silber
Annegret Kroninger (Bochum)
4 x 100-m-Staffel, Silber
Annegret Richter (Dortmund)
100-m-Lauf, Gold; 200-m-Lauf, Silber; 4 x 100-m-Staffel, Silber
Reiten:
Gabriela Grillo (Duisburg)
Dressur Mannschaft, Gold
Rudern:
Hartmut Wenzel (Essen)
Vierer mit, Bronze
Schwimmen:
Michael Kraus (Gladbeck)
4 x 100-m-Staffel, Bronze
Segeln:
Harro Bode (Essen)
470er Klasse, Gold

Olympische Winterspiele 1980 in Lake Placid
Eiskunstlauf:
Dagmar Lurz (Dortmund)
Damen Einzel, Bronze

Olympische Sommerspiele 1984 in Los Angeles
Boxen:
Manfred Zielonka (Mülheim)
Halbmittelgewicht, Bronze
Gewichtheben:
Rolf Milser (Duisburg)
bis 100 kg, Gold
Handball:
Die deutsche Mannschaft gewinnt Silber
Spieler aus dem Ruhrgebiet:
Jochen Fraatz (Essen)
Thomas Happe (Essen)
Dirk Rauin (Essen)
Thomas Springel (Essen)
Hockey:
Die deutsche Mannschaft gewinnt Silber
Spieler aus dem Ruhrgebiet:
Dirk Brinkmann (Duisburg)
Carsten Fischer (Duisburg)
Kanusport:
Josefa Idem (Hamm)
Zweier-Kajak 500 m, Bronze
Barbara Schüttpelz (Marl)
Zweier-Kajak 500 m, Bronze
Leichtathletik:
Gabriele Bußmann (Haltern)
4 x 400-m-Staffel, Bronze
Jürgen Hingsen (Duisburg)
Zehnkampf, Silber
Claudia Losch (Wanne-Eickel)
Kugelstoßen, Gold
Karl Hans Riehm (Wattenscheid)
Hammerwurf, Silber
Heike Schulte-Mattler (Oberhausen)
4 x 400-m-Staffel, Bronze
Ute Thimm (Bochum)
4 x 400-m-Staffel, Bronze
Reiten:
Fritz Ligges (Dortmund)
Preis der Nationen, Bronze
Schwimmen:
Dirk Korthals (Gladbeck)
4 x 200-m-Freistil-Staffel, Silber
Turnen:
Regina Weber (Wattenscheid)
Rhythmische Sportgymnastik, Bronze
Wasserball:
Die deutsche Mannschaft gewinnt Bronze
Spieler aus dem Ruhrgebiet:
Santiago Chalmovsky (Duisburg)
Rainer Hoppe (Duisburg)
Thomas Loeb (Gelsenkirchen)
Werner Obschernikat (Duisburg)
Rainer Osselmann (Duisburg)
Jürgen Schröder (Hamm)
Dirk Theismann (Hamm)

Anhang

Lufttemperatur im Ruhrgebiet 1912–1986

(Angaben in °C; gemessen 2 m über dem Erdboden)

Jahr	Jan	Feb	Mär	Apr	Mai	Jun	Jul	Aug	Sep	Okt	Nov	Dez	Jahresmittel
1912	2,8	5,6	8,0	8,4	12,3	15,7	18,9	15,3	10,8	8,6	5,3	6,5	9,8
1913	3,3	4,4	8,3	9,0	13,1	14,7	14,5	15,2	14,0	12,0	8,3	3,2	10,0
1914	−1,0	6,5	5,7	10,8	11,4	14,4	18,0	18,0	13,4	10,0	5,0	5,6	9,8
1915	2,6	3,5	3,4	7,8	13,5	16,5	15,8	16,2	13,8	7,8	2,6	5,8	9,1
1916	5,4	3,2	4,9	9,2	13,7	12,9	16,1	17,2	13,8	10,7	6,0	2,8	9,7
1917	−2,0	1,5	2,3	4,7	16,0	19,2	17,4	17,3	16,2	8,6	6,0	−0,4	8,7
1918	3,8	4,4	5,0	8,8	14,3	12,7	16,6	16,6	13,9	9,4	5,0	6,2	9,8
1919	2,2	1,6	4,6	6,8	13,0	15,6	14,4	17,0	16,0	7,2	2,4	3,9	8,7
1920	4,3	6,3	8,6	10,4	13,8	15,6	17,5	15,2	14,1	9,5	4,3	2,2	10,2
1921	6,3	3,1	7,5	8,7	14,5	14,7	18,8	17,9	15,1	14,2	1,7	2,6	10,4
1922	−0,3	2,1	5,1	6,7	15,7	16,9	16,5	16,8	13,0	6,8	5,1	5,2	9,1
1923	4,2	3,9	7,2	8,5	11,7	12,5	20,3	17,0	14,3	11,9	4,2	0,9	9,7
1924	1,3	0,3	4,4	7,6	15,1	16,5	17,7	15,1	15,2	11,6	5,7	5,0	9,7
1925	4,9	5,8	3,3	9,4	15,2	16,0	19,0	17,3	12,1	10,3	3,2	2,8	9,9
1926	2,9	7,6	6,1	11,4	11,5	14,6	18,4	17,2	16,5	8,8	8,1	2,3	10,6
1927	4,0	3,7	7,8	8,5	12,3	14,4	18,0	17,5	15,1	11,0	4,4	−0,4	9,7
1928	4,4	5,1	5,6	8,8	11,4	14,8	18,8	17,1	13,5	10,6	7,7	2,1	10,0
1929	−1,4	−5,0	5,3	6,2	14,5	15,0	18,4	17,7	17,6	10,7	7,5	6,1	9,4
1930	6,0	2,2	6,1	9,8	12,9	19,3	16,8	17,4	14,3	10,8	7,8	3,2	10,6
1931	2,9	1,3	3,3	7,9	15,6	16,8	17,6	16,2	11,5	9,3	7,8	2,3	9,4
1932	4,5	0,8	3,5	8,1	13,6	16,1	18,6	20,3	15,6	10,1	5,8	4,6	10,1
1933	0,8	2,9	8,0	9,1	12,5	15,6	18,9	18,1	15,2	10,5	4,2	−2,0	9,5
1934	2,9	3,2	5,6	12,0	13,8	16,9	18,9	17,3	17,3	11,9	5,8	8,0	11,1
1935	2,3	4,4	5,8	8,9	11,8	17,9	18,7	17,8	14,8	10,0	8,1	3,1	10,3
1936	5,7	2,9	7,9	6,3	13,7	17,4	17,4	17,5	14,8	8,4	5,5	4,0	10,1
1937	3,9	3,6	5,7	9,5	15,8	16,8	17,8	17,9	14,4	12,1	5,3	1,9	10,4
1938	4,5	3,6	9,5	6,6	12,1	17,0	17,4	18,6	16,0	10,4	9,9	1,0	10,6
1939	5,3	4,9	4,5	10,4	12,5	17,6	18,3	18,6	14,8	7,8	8,2	1,3	10,4
1940	−5,7	0,1	6,0	10,1	14,1	17,7	17,1	16,3	14,0	9,7	7,8	0,5	9,0
1941	−1,8	3,0	5,9	7,8	10,9	18,1	20,3	15,9	14,7	10,2	5,2	4,5	9,6
1942	−4,8	−3,6	5,1	10,1	13,5	15,8	16,8	19,4	16,6	13,2	5,7	5,6	9,5
1943	4,0	5,0	8,2	11,7	14,9	15,3	19,0	18,6	15,0	12,2	5,3	2,0	10,9
1944	5,8	1,2	3,4	11,6	13,0	15,0	17,7	21,1	14,2	10,2	6,2	2,9	10,2
1945	−1,6	6,7	8,2	10,8	15,4	17,5	19,1	16,6	15,2	11,8	5,0	3,9	10,7
1946	1,0	4,5	5,3	11,9	14,4	15,1	19,0	16,9	15,4	9,4	6,7	0,1	10,0
1947	−0,8	−4,5	4,9	10,8	16,1	19,0	20,3	20,8	18,1	10,3	7,2	3,9	10,5
1948	6,0	2,9	8,4	11,1	14,5	16,8	17,5	17,6	15,4	10,6	6,7	4,9	11,0
1949	4,4	5,0	4,7	12,1	13,3	15,5	18,7	18,1	18,4	12,7	6,0	5,0	11,2
1950	2,2	6,4	7,5	8,3	14,6	19,3	18,8	18,9	14,1	10,0	6,6	−0,4	10,5
1951	4,6	4,8	4,5	8,6	13,1	16,4	18,3	18,0	16,3	9,3	9,2	5,6	10,7
1952	2,6	2,6	5,7	12,6	14,5	16,4	19,1	18,6	11,9	9,0	3,5	2,0	9,9
1953	1,5	2,4	6,1	10,7	14,9	17,0	18,2	17,9	15,1	12,8	8,2	6,4	10,9
1954	−0,6	0,7	7,2	8,1	14,2	16,7	15,3	17,1	14,9	12,6	7,7	5,7	10,0
1955	1,4	0,6	2,7	9,7	11,7	16,2	18,8	18,5	15,4	9,9	6,8	5,3	9,8
1956	2,5	−6,3	6,3	6,9	14,3	13,8	17,9	15,2	15,6	10,2	5,2	5,8	9,0
1957	3,7	6,4	9,5	9,6	11,4	18,1	19,2	16,5	13,4	11,6	6,5	3,3	10,8
1958	2,8	4,6	2,5	7,2	14,2	16,0	17,9	18,8	17,0	11,3	5,9	5,3	10,3
1959	2,2	2,6	8,7	11,7	14,4	18,0	20,7	19,1	16,1	11,8	6,4	5,1	11,4
1960	2,8	4,2	7,1	10,2	15,2	17,6	16,5	17,0	14,2	11,5	8,0	2,9	10,6
1961	1,8	7,2	7,9	12,1	11,8	17,3	16,5	17,5	19,0	13,0	5,5	2,4	11,0
1962	3,8	2,3	2,2	9,6	10,9	15,8	16,0	16,8	14,1	11,4	4,2	−0,7	8,9
1963	−5,7	−2,6	5,7	10,6	13,0	17,5	18,9	17,1	15,2	10,2	9,4	−0,7	9,0
1964	0,4	4,1	3,1	10,5	16,6	18,5	19,7	18,0	16,3	9,1	6,6	2,8	10,5
1965	2,9	1,0	5,1	8,7	13,5	17,1	16,1	16,8	14,7	10,8	3,3	4,6	9,6
1966	0,4	6,3	5,4	10,7	15,2	18,7	16,9	17,3	15,0	12,7	4,4	4,1	10,6
1967	3,9	5,2	7,1	8,3	14,5	16,6	20,9	18,3	15,9	13,2	5,8	2,7	11,0
1968	1,7	1,9	6,8	11,9	12,7	17,4	18,3	18,2	15,7	13,0	5,8	0,7	10,3
1969	4,9	0,4	3,0	9,4	14,8	16,8	20,4	18,7	15,9	13,5	7,3	−1,2	10,3
1970	2,0	1,4	3,5	7,0	14,6	19,5	17,6	19,2	16,1	11,3	9,0	2,9	10,3
1971	3,9	4,3	3,6	10,5	16,7	15,9	20,2	19,4	14,5	11,5	5,5	6,0	11,0
1972	1,4	5,2	7,8	8,7	12,9	15,3	18,8	16,8	12,5	9,7	6,3	4,8	10,0
1973	3,2	3,4	6,2	7,0	13,8	18,3	18,6	19,5	15,8	9,3	6,0	3,4	10,4
1974	6,4	5,3	7,3	10,2	12,9	15,8	16,6	18,0	14,5	7,5	7,3	7,4	10,8
1975	7,2	4,2	5,4	8,9	12,6	16,0	19,4	21,1	17,1	9,8	5,9	3,2	10,9
1976	3,9	3,8	4,0	8,8	14,5	19,1	20,9	17,9	14,5	12,0	7,2	1,9	10,7
1977	3,3	5,9	8,1	7,5	12,9	16,1	17,9	17,1	13,5	12,8	7,2	5,1	10,6
1978	3,3	1,4	6,8	8,3	13,3	16,0	16,5	16,2	14,0	11,1	6,3	2,6	9,6
1979	−2,2	−0,3	5,1	8,4	13,4	17,2	17,1	16,4	14,5	11,6	6,2	6,0	9,4
1980	0,7	5,5	5,6	9,1	13,4	16,3	17,1	18,7	16,6	10,1	5,1	3,9	10,2
1981	3,1	3,0	9,9	9,8	14,8	16,4	18,0	18,0	16,1	9,6	6,9	0,7	10,5
1982	1,6	4,0	6,3	8,7	14,3	17,9	20,6	18,7	17,7	12,3	9,2	4,3	11,3
1983	6,5	1,0	6,6	10,5	12,5	18,5	22,0	19,9	15,4	11,4	6,5	4,8	11,3
1984	4,0	3,2	5,0	9,2	12,3	15,5	17,7	19,1	14,2	12,7	9,2	4,8	10,6
1985	−3,1	−0,7	5,0	9,6	14,9	14,9	19,4	17,3	15,0	11,0	3,0	6,7	9,4
1986	2,9	−3,8	5,4	7,2	15,4	17,7	18,9	17,6	12,3	12,5	8,8	5,2	10,0
langjähriger Mittelwert	2,9	−3,4	6,4	9,7	14,2	17,0	18,7	18,2	15,5	11,3	6,7	4,8	10,7

Sonnenscheindauer im Ruhrgebiet 1923–1986

(Angaben in Stunden)

Jahr	Jan	Feb	Mär	Apr	Mai	Jun	Jul	Aug	Sep	Okt	Nov	Dez	Jahressumme
1923	27,0	40,6	102,4	167,1	132,0	60,8	212,6	212,1	129,5	71,5	50,3	37,3	1243,2
1924	83,3	51,7	111,7	87,1	209,5	216,7	173,4	107,1	96,6	104,4	65,6	39,8	1346,9
1925	46,8	37,9	68,2	81,9	207,2	205,3	177,0	122,4	95,1	92,7	55,1	34,6	1224,2
1926	44,2	13,5	121,7	170,0	160,7	138,0	183,6	159,1	128,1	71,0	69,8	22,3	1282,0
1927	36,6	54,7	77,9	63,6	256,9	140,4	164,5	185,8	118,0	94,7	16,0	64,7	1273,8
1928	29,0	53,7	137,7	125,6	188,4	203,5	248,9	140,2	192,3	74,5	32,4	31,5	1457,7
1929	39,2	118,5	103,0	118,0	240,5	167,1	207,4	175,8	155,3	70,2	58,1	47,1	1500,2
1930	96,6	108,0	102,4	121,5	148,4	295,4	148,7	209,8	91,8	95,0	26,0	52,3	1495,9
1931	19,0	53,3	184,2	147,7	203,1	229,8	165,8	184,0	116,0	143,5	72,4	34,2	1553,0
1932	53,7	94,3	151,8	106,9	162,9	219,8	176,7	244,5	135,3	77,0	73,9	109,3	1606,1
1933	82,4	78,8	181,2	118,1	166,8	230,2	234,1	252,6	183,7	114,8	37,6	67,4	1747,7
1934	57,9	38,1	87,5	201,7	235,2	254,0	273,1	181,5	168,8	92,3	36,8	37,7	1664,6
1935	16,3	58,0	162,4	106,7	202,2	231,1	245,6	221,6	157,0	114,9	60,8	32,7	1609,0
1936	47,8	89,0	120,5	100,6	200,7	242,3	149,4	179,3	129,0	75,2	37,0	62,3	1433,1
1937	69,5	35,6	59,3	54,8	209,5	228,0	176,3	155,7	154,2	118,2	41,6	34,5	1337,2
1938	17,5	112,8	134,6	124,2	188,6	209,6	196,8	171,8	145,0	99,3	49,8	49,6	1499,6
1939	27,0	79,1	112,9	144,5	217,7	282,9	197,2	178,4	126,8	73,3	49,5	37,0	1526,3
1940	101,1	72,4	96,9	148,1	223,1	247,6	148,3	157,5	122,5	98,8	57,4	37,1	1504,8
1941	33,8	42,8	118,1	194,0	145,8	212,3	225,6	114,6	155,1	81,8	67,4	21,8	1373,1
1942	69,3	38,3	147,6	225,3	160,3	240,4	142,8	223,1	149,7	79,0	24,2	52,8	1552,8
1943	55,9	58,4	175,3	167,2	251,9	159,6	231,7	168,6	153,6	140,4	41,5	38,7	1642,8
1944	14,2	60,9	76,9	142,8	219,2	144,7	126,3	262,6	137,7	92,6	18,5	39,2	1335,6
1945	36,2	38,6	104,1	168,4	204,5	230,3	262,7	140,6	131,7	101,3	42,2	33,7	1494,3
1946	80,3	26,4	78,9	243,5	208,8	183,3	209,6	152,0	140,2	83,9	46,9	57,8	1511,6
1947	87,6	73,5	77,4	188,8	206,8	252,8	272,6	302,1	156,5	174,7	18,0	18,5	1829,3
1948	41,1	86,5	160,9	150,2	219,1	179,8	142,0	136,6	107,4	93,5	56,8	88,4	1462,3
1949	64,0	102,1	148,9	170,1	150,9	147,2	200,9	179,5	160,7	134,8	63,3	27,5	1549,9
1950	71,1	46,7	91,7	106,5	171,0	224,9	211,9	175,0	60,4	89,9	19,5	23,2	1291,8
1951	13,0	32,1	75,6	154,0	182,1	146,8	141,0	127,2	110,2	173,0	28,2	47,9	1231,1
1952	10,7	25,2	72,2	166,1	157,3	146,1	158,5	130,5	89,4	63,1	44,6	32,3	1096,0
1953	19,5	52,7	111,6	203,0	200,0	171,0	150,1	187,7	169,1	68,9	65,8	35,8	1435,2
1954	75,5	76,7	101,7	184,7	230,3	147,7	92,6	102,9	108,4	73,9	66,8	18,0	1279,2
1955	36,7	58,0	133,0	144,6	164,9	199,8	170,1	155,0	135,3	110,2	64,3	33,2	1405,1
1956	37,4	96,4	118,7	106,3	175,2	87,0	120,1	146,7	123,3	64,6	69,9	35,3	1180,9
1957	49,0	36,8	124,7	191,6	214,2	249,0	154,4	155,8	92,8	87,8	31,0	25,8	1412,9
1958	40,7	50,8	101,1	135,3	166,0	160,3	146,9	165,3	160,9	81,8	30,2	29,6	1268,9
1959	47,9	94,8	131,6	159,5	233,6	233,6	255,0	202,7	270,1	152,6	59,6	40,1	1881,1
1960	21,6	60,9	108,1	164,6	171,7	185,8	135,6	111,9	108,2	49,3	43,2	24,8	1185,7
1961	41,7	72,1	113,1	83,1	137,2	199,7	104,6	138,2	128,2	107,6	43,7	44,8	1214,0
1962	33,0	47,6	81,8	112,2	93,2	174,8	100,1	151,7	135,7	104,6	33,9	29,9	1098,5
1963	42,0	52,3	97,8	135,1	139,5	194,9	206,8	120,5	117,3	121,0	60,9	68,6	1356,7
1964	44,3	62,7	94,0	120,0	202,2	186,4	190,3	159,1	176,6	102,7	33,6	34,7	1406,6
1965	24,0	40,9	134,9	87,7	147,0	168,6	99,1	169,7	137,1	185,5	65,9	14,0	1274,4
1966	56,9	33,9	59,6	106,0	234,1	167,1	131,1	196,2	120,5	84,7	27,0	16,9	1234,0
1967	27,7	72,3	97,8	176,9	188,2	180,8	220,2	171,5	114,2	94,6	66,7	8,0	1418,9
1968	29,8	48,7	105,1	198,3	143,9	155,8	199,0	137,8	119,7	68,5	61,6	30,9	1299,1
1969	31,2	58,1	96,8	170,6	135,0	159,3	176,6	162,3	169,5	129,0	42,2	25,7	1356,3
1970	49,4	29,1	84,4	79,6	151,4	222,8	147,1	180,0	144,9	79,6	68,6	24,3	1261,2
1971	57,9	59,0	87,0	154,6	205,9	123,6	251,0	186,0	169,9	135,5	46,9	30,4	1507,7
1972	62,9	58,7	169,2	102,2	145,3	129,7	154,7	167,6	114,8	152,0	35,3	98,8	1391,2
1973	26,3	49,5	97,8	105,3	200,9	239,7	191,2	255,0	142,2	102,1	56,7	49,7	1516,4
1974	43,5	63,1	79,8	208,3	159,7	177,7	130,6	206,4	132,8	54,1	34,3	21,6	1311,9
1975	51,8	128,9	73,2	99,9	185,0	170,4	196,0	248,0	131,0	108,6	74,4	32,5	1499,7
1976	34,1	75,5	152,7	192,9	183,1	252,9	198,9	216,4	96,3	106,6	34,5	48,6	1592,5
1977	35,3	61,7	115,2	116,8	204,5	93,8	147,0	104,0	115,2	126,1	34,7	37,9	1192,2
1978	39,5	57,7	61,6	137,7	138,8	143,4	151,4	155,0	65,2	77,3	76,2	42,8	1146,6
1979	33,2	43,6	85,2	127,4	195,4	153,8	116,7	132,8	151,4	113,3	76,5	17,3	1246,6
1980	49,7	77,9	61,0	143,6	256,3	138,5	120,7	147,8	158,7	90,4	49,9	40,1	1334,6
1981	24,6	73,8	78,0	129,5	175,2	117,4	125,2	131,6	145,1	69,0	51,1	21,9	1142,4
1982	72,0	102,1	110,8	169,0	206,5	156,0	222,7	165,7	158,4	76,3	55,0	22,2	1516,7
1983	33,8	84,5	72,4	117,7	108,0	201,3	231,5	216,8	114,4	111,4	87,6	66,8	1446,2
1984	40,5	82,8	108,7	170,4	90,1	130,8	180,4	165,3	69,0	82,6	63,2	46,6	1229,5
1985	28,4	121,6	65,5	129,6	175,3	131,8	197,3	190,5	131,8	121,1	52,2	31,6	1376,7
1986	33,2	97,9	78,2	99,3	207,1	242,6	195,1	172,7	126,3	104,0	74,5	45,1	1476,0
langjähriger Mittelwert	45,0	64,6	107,3	141,8	184,8	186,7	178,8	172,8	134,1	100,3	50,5	39,7	1406,4

Anhang

Niederschlag im Ruhrgebiet 1888–1986

(Angaben in mm = l/m)

Jahr	Jan	Feb	Mär	Apr	Mai	Jun	Jul	Aug	Sep	Okt	Nov	Dez	Jahres-summe
1888	45,7	69,6	137,2	52,6	24,5	64,6	150,2	88,6	22,2	115,9	67,5	25,2	864,0
1889	25,0	72,9	67,3	30,7	83,3	39,5	126,8	111,6	97,8	43,9	40,3	50,1	789,2
1890	97,7	1,8	25,6	54,9	96,8	74,4	144,2	142,5	7,3	102,6	143,9	2,4	894,1
1891	60,6	8,9	105,4	64,2	60,8	142,0	116,7	53,8	20,4	38,2	19,6	104,4	795,0
1892	66,8	51,9	29,2	24,0	38,6	78,3	50,2	60,2	129,7	57,8	40,5	51,4	678,6
1893	35,9	107,2	33,3	2,3	31,7	31,4	107,9	53,7	77,2	96,5	91,0	33,3	701,4
1894	50,7	86,2	39,4	54,3	27,7	102,1	126,6	147,4	87,8	110,6	42,6	60,5	935,9
1895	71,8	19,2	72,3	51,6	70,9	68,0	122,8	79,1	18,5	83,4	71,7	102,1	831,4
1896	40,1	13,6	95,5	64,8	22,9	61,7	116,7	85,8	67,4	83,9	43,3	38,1	733,8
1897	46,8	79,1	69,4	80,9	129,0	105,0	71,3	68,1	53,2	49,6	50,3	59,5	862,2
1898	28,9	119,4	68,3	44,0	112,5	71,4	110,9	39,6	28,0	73,6	24,2	65,3	786,1
1899	94,8	26,7	25,9	103,5	105,2	33,5	76,1	13,6	103,3	27,8	43,4	43,9	697,7
1900	92,5	56,6	31,4	42,7	35,2	126,5	91,9	149,8	21,3	100,5	31,8	97,3	877,5
1901	55,3	39,8	77,1	80,2	7,4	57,2	17,6	70,3	115,7	109,2	86,3	71,5	787,6
1902	70,0	35,1	70,7	32,7	110,5	89,9	72,3	77,3	58,1	96,3	15,3	88,4	816,6
1903	37,0	43,0	53,6	90,0	80,7	35,1	112,1	67,7	79,4	89,7	94,1	19,1	801,5
1904	51,8	66,6	64,9	42,9	32,5	68,2	40,8	73,2	27,0	44,1	56,4	65,2	633,6
1905	56,5	56,3	114,4	72,0	49,1	112,5	97,3	57,8	64,3	125,5	70,5	31,2	907,4
1906	82,2	41,7	90,5	43,2	94,4	65,8	54,6	93,0	41,2	64,6	66,0	74,2	811,4
1907	43,3	54,2	59,4	19,8	96,6	87,5	92,0	94,8	36,9	37,8	46,4	55,4	724,1
1908	51,9	76,0	41,5	76,9	74,4	53,8	77,3	117,5	91,9	4,0	53,8	27,8	746,8
1909	35,7	94,7	44,9	53,2	30,6	58,4	114,9	84,5	95,7	45,0	60,0	94,4	812,0
1910	67,6	81,1	21,3	50,0	51,7	130,4	152,9	94,6	75,2	11,4	78,4	66,3	880,9
1911	22,1	58,2	54,0	39,4	42,2	79,5	16,4	25,3	35,6	74,0	50,3	71,4	568,4
1912	76,2	46,3	77,8	47,7	53,2	96,7	27,3	133,9	85,4	69,3	90,6	90,7	895,1
1913	66,9	25,6	88,1	38,6	47,0	81,4	90,1	17,6	55,2	54,0	62,0	87,4	713,9
1914	45,7	28,3	98,4	30,3	72,4	91,5	92,9	102,7	59,7	82,6	36,7	72,6	813,8
1915	87,6	41,3	51,2	44,2	28,9	11,8	99,8	97,7	32,2	25,0	49,6	117,9	687,2
1916	93,4	75,7	64,1	54,9	44,8	55,4	84,9	83,2	66,9	85,2	35,6	67,7	811,8
1917	56,0	11,9	45,0	67,4	26,4	153,3	101,5	125,2	28,7	112,3	62,9	29,7	820,3
1918	81,2	60,6	21,9	34,3	62,8	52,4	72,5	97,3	170,7	77,6	31,1	118,6	881,0
1919	33,7	38,2	66,3	68,0	20,6	66,0	127,9	58,0	51,2	44,1	113,0	142,9	829,9
1920	118,6	47,8	19,5	65,4	72,8	29,7	113,1	167,2	78,3	18,2	20,9	33,3	784,8
1921	125,8	18,4	32,4	31,2	51,3	58,4	30,7	36,4	41,5	29,7	22,5	68,1	546,4
1922	61,8	73,3	44,9	73,5	25,3	29,7	60,2	62,2	103,3	55,0	66,5	79,8	735,5
1923	63,6	59,7	46,6	28,7	158,4	82,5	60,6	88,2	55,9	150,6	63,8	53,0	911,6
1924	30,5	50,3	31,9	74,5	70,5	51,6	108,1	237,4	115,4	40,4	39,7	45,3	895,6
1925	126,5	60,8	70,9	44,0	81,8	47,7	38,5	54,7	148,9	49,9	67,9	117,2	908,8
1926	85,8	114,1	67,2	33,1	103,8	90,4	140,5	85,9	62,0	160,4	82,7	57,5	1083,4
1927	50,6	50,3	66,3	103,6	31,8	98,9	135,1	111,1	71,4	21,0	73,0	43,9	857,0
1928	73,6	71,2	17,0	59,0	71,4	115,7	70,3	105,5	20,0	100,5	113,6	59,1	876,6
1929	19,0	12,3	6,1	45,5	17,3	53,5	36,8	38,1	23,5	134,0	49,1	95,0	530,2
1930	46,7	29,5	38,5	55,6	65,9	43,0	114,8	104,8	81,7	115,1	147,2	38,9	881,7
1931	111,9	60,4	38,6	75,1	95,2	66,5	119,1	142,5	38,4	40,5	23,6	50,9	862,7
1932	58,8	15,5	39,9	89,4	73,4	33,8	45,9	36,3	102,1	152,5	26,2	23,4	697,2
1933	23,3	55,5	36,6	23,4	94,3	126,8	52,0	38,8	66,1	48,1	59,1	11,0	635,0
1934	65,8	15,9	37,4	78,9	45,4	87,0	59,4	37,0	29,5	56,7	36,0	67,1	616,1
1935	77,3	74,8	33,5	114,1	40,9	83,8	31,7	46,2	78,5	89,7	42,3	52,0	764,8
1936	83,5	49,8	15,7	143,7	29,1	66,1	87,6	108,9	103,3	54,6	64,8	64,1	871,2
1937	112,1	123,9	70,4	83,6	40,5	80,4	53,4	43,0	43,4	13,0	27,7	47,9	739,3
1938	132,1	40,0	26,3	34,5	85,0	36,5	47,4	132,0	42,4	78,6	62,8	47,3	764,9
1939	89,4	35,8	71,9	51,4	39,9	51,1	121,1	55,9	72,9	98,7	131,2	36,9	856,2
1940	36,2	33,4	104,1	43,1	45,2	89,5	96,3	49,1	63,5	32,2	182,3	116,1	891,0
1941	38,6	42,9	80,9	13,9	60,3	40,0	31,9	144,4	44,8	124,4	34,4	102,7	759,2
1942	41,5	23,7	43,4	36,0	66,1	47,1	123,6	13,5	44,9	62,5	55,4	41,0	598,7
1943	49,7	47,0	23,6	55,6	60,9	74,4	39,8	130,7	47,0	19,0	78,6	42,8	669,1
1944	108,0	45,8	57,7	19,8	59,3	136,5	125,0	13,2	44,2	76,7	130,8	85,5	902,5
1945	49,7	83,8	21,3	79,0	74,2	95,1	75,8	145,6	35,4	45,7	47,6	49,6	802,8
1946	38,6	167,0	33,8	16,7	52,4	113,1	62,5	85,6	74,8	31,2	43,3	39,1	758,1
1947	28,7	17,2	87,3	67,3	55,8	55,2	32,5	25,7	32,8	7,5	100,9	108,3	619,2
1948	124,8	78,4	22,0	67,0	59,9	84,8	176,4	77,1	41,8	32,1	31,8	24,3	820,4
1949	25,5	34,0	53,0	28,5	47,5	117,4	45,5	53,3	111,9	34,7	91,6	95,4	738,3
1950	36,7	94,9	16,7	91,1	70,3	61,4	89,7	63,1	73,8	42,2	112,0	61,4	813,3
1951	89,1	52,2	75,0	55,2	80,0	110,5	57,2	84,6	71,1	6,6	106,9	69,4	857,8
1952	127,6	67,9	60,5	21,3	33,0	93,7	86,4	140,7	92,3	57,6	109,0	83,5	973,5
1953	30,3	87,9	19,2	61,7	33,0	117,9	115,0	77,2	30,2	18,6	6,4	48,2	645,6
1954	90,7	31,7	47,8	35,3	63,7	72,3	141,3	126,3	63,7	114,2	38,1	92,7	917,8
1955	76,5	64,0	65,9	36,5	108,7	64,3	54,8	72,1	74,6	43,8	20,4	84,6	766,2
1956	90,5	22,1	63,7	46,2	50,2	125,0	133,8	144,2	124,9	130,9	58,0	54,1	1043,6
1957	54,9	118,9	77,6	6,7	64,4	51,0	104,0	94,0	180,3	30,5	47,3	54,6	884,2
1958	84,0	125,4	27,4	38,9	115,4	77,4	121,3	118,6	58,9	74,4	37,4	73,3	947,4
1959	84,4	8,1	33,0	32,2	37,0	69,1	63,3	42,6	4,0	52,0	26,4	61,6	513,7
1960	76,9	39,4	17,8	60,2	78,6	30,1	96,9	213,2	68,6	158,0	119,4	113,2	1072,3
1961	83,6	84,1	57,7	132,0	63,9	143,0	139,3	69,7	60,5	85,3	85,8	113,1	1118,0
1962	88,1	83,8	56,0	77,1	103,9	12,4	85,6	79,9	58,5	16,7	33,6	110,7	806,3
1963	28,2	10,3	39,5	50,2	111,7	54,7	76,9	86,0	61,9	89,1	13,1	675,6	
1964	15,3	43,2	27,9	56,9	47,1	54,4	33,0	65,1	91,2	68,5	89,5	71,4	663,5
1965	121,5	20,1	49,4	118,6	79,5	89,3	181,8	70,5	44,3	39,6	88,1	199,1	1101,8
1966	61,2	90,9	100,7	63,6	71,4	112,8	144,5	62,1	35,3	74,8	93,7	206,7	1117,7
1967	50,8	73,5	76,7	59,9	95,7	67,3	51,9	79,7	57,2	85,9	88,8	109,1	896,5
1968	104,3	22,8	56,8	14,6	98,7	138,7	79,6	137,1	151,7	95,2	41,5	37,1	978,1
1969	46,4	64,2	43,9	85,8	86,2	67,8	46,6	148,9	30,4	17,6	84,2	14,9	736,9
1970	59,7	148,7	76,3	117,7	42,3	35,4	162,2	30,1	75,7	103,6	72,6	45,1	969,4
1971	56,4	42,7	31,4	55,4	53,0	186,5	53,9	50,3	35,4	28,4	106,9	31,6	731,9
1972	15,9	17,3	53,3	62,6	95,8	101,2	63,2	70,1	90,4	15,3	72,2	21,7	679,0
1973	33,0	89,8	28,3	75,1	66,8	18,9	78,9	27,7	27,1	89,4	60,9	74,4	670,3
1974	68,3	41,5	84,6	18,5	57,9	84,1	106,0	47,3	88,5	128,9	109,3	113,7	948,6
1975	72,2	20,2	82,6	61,4	31,7	141,1	92,8	41,4	105,1	22,3	50,2	25,8	746,8
1976	120,7	21,6	24,8	16,7	61,3	23,5	60,8	33,2	37,0	38,2	75,4	41,2	554,4
1977	54,1	71,7	38,7	82,5	66,3	69,7	68,7	80,6	28,5	25,2	111,8	51,2	749,0
1978	44,9	30,2	96,1	28,5	75,2	110,3	81,5	75,1	81,6	30,5	17,5	113,3	784,7
1979	36,9	61,1	129,5	56,9	70,5	62,9	89,2	106,6	34,2	20,1	81,3	102,8	852,0
1980	46,7	55,1	46,4	50,3	25,4	88,0	168,1	69,4	55,7	44,2	53,3	60,3	762,9
1981	109,2	33,9	108,8	21,5	52,3	119,7	77,7	56,6	64,8	130,8	110,1	89,3	974,7
1982	58,4	19,2	57,4	28,1	77,5	122,7	26,2	135,0	33,5	79,7	49,7	63,2	750,6
1983	103,6	40,9	70,4	63,4	119,1	58,2	19,3	27,0	55,4	29,7	58,0	50,5	695,5
1984	121,0	69,4	17,3	42,4	188,2	54,3	94,8	48,4	139,1	110,0	33,0	34,1	952,0
1985	69,5	16,3	62,1	82,4	67,4	145,8	132,5	95,1	56,1	16,5	62,1	83,7	889,5
1986	130,9	7,8	96,2	112,3	65,4	93,1	49,5	39,9	53,3	94,9	57,0	120,9	921,2
langjähriger Mittelwert	67,3	54,2	55,8	56,0	65,0	79,4	87,3	82,7	65,6	66,1	65,5	68,4	813,4

Extreme Wetterdaten im Ruhrgebiet

1. August 1917: Am „nassesten" Tag im Ruhrgebiet werden in der Bochumer Wetterwarte 97,9 mm Niederschlag gemessen; das ist der höchste Wert seit Beginn der Niederschlagsmessungen 1888. Der langjährige Niederschlagsdurchschnitt für den Monat August beträgt 82,7 mm.

26. Januar 1932: Mit 1049,6 hPA (Hektopascal) wird der höchste Luftdruckwert seit Beginn der regelmäßigen Luftdruckmessungen der Bochumer Wetterwarte festgestellt; der langjährige Luftdruck-Durchschnittswert für den Monat Januar beträgt 1016 hPa.

27. Januar 1942: Am „kältesten" Tag im Ruhrgebiet mißt die Bochumer Wetterwarte mit – 20,3 °C ist die niedrigste Lufttemperatur seit Beginn der regelmäßigen Temperaturmessungen 1912; die langjährige Durchschnittstemperatur für den Monat Januar beträgt 2,9 °C.

27. Juni 1947: Am „wärmsten" Tag im Ruhrgebiet mißt die Bochumer Wetterwarte mit 36,3 °C die höchste Lufttemperatur seit Beginn der regelmäßigen Temperaturmessungen 1912; die langjährige Durchschnittstemperatur für den Monat Juni beträgt 17,0 °C.

29. November 1965: Mit 970,7 hPA (Hektopascal) wird der niedrigste Luftdruckwert seit Beginn der regelmäßigen Messungen der Bochumer Wetterwarte 1922 festgestellt; der langjährige Luftdruck-Durchschnittswert für den Monat November beträgt 1015,1 hPa.

3. Januar 1976: Die stärksten Windböen, die seit Beginn der Windmessungen der Bochumer Wetterwarte 1922 festgestellt werden, erreichen um 3.36 Uhr eine Geschwindigkeit von 40,3 m/sec (Windstärke 13); die langjährige Durchschnittsgeschwindigkeit des Windes beträgt für den Monat Januar 4,7 m/sec (Windstärke 3).

Angaben zum Wetter im Ruhrgebiet nach Aufzeichnungen und Messungen der Wetterwarte der Westfälischen Berggewerkschaftskasse, Bochum.

Personenregister

Das Personenregister enthält alle in diesem Buch genannten Personen (nicht berücksichtigt sind Eintragungen aus dem Anhang). Die Jahreszahlen hinter den Personennamen geben die Lebensdaten an, Herrschafts- oder Amtszeiten sind mit einem * gekennzeichnet. Bei Herrschern sind zuerst die deutschen Könige bzw. Kaiser genannt. Die übrigen Herrscher und Angehörigen regierender Häuser oder Adelsgeschlechter sind alphabetisch nach den Ländern ihrer Herkunft aufgeführt. Namensgleiche Personen sind chronologisch geordnet. Kursive Zahlen verweisen auf Abbildungen.

A

Aalto, Alvar (1898 – 1976) 531, 560, 609
Abbe, Ernst 181
Abbio 15
Adalbert, Erzbischof von Bremen 21
Adenauer, Konrad (1876 – 1967) 330, *363*, 468, 470, 471, 477, 478, 486, *493*, 501, 511, *520*
Adolf II., Graf von der Mark († 1347) 33, 38, 39, 40
Adolf IV., Graf von Kleve und Mark, ab 1417 Herzog von Kleve (1394 – 1448) 34, 38, 39
Adolf V., Graf von Berg (1259 – 1296) 265
Adolf von Nassau, deutscher König (1255? – 1298) 30, 31, 32
Adolf von Schaumburg (um 1256 – 1315) 26
Adolf, Graf von Altena-Isenberg 29
Adolf, Graf von Moers 46
Agapitus I., Papst (535 – 536*) 19
Agatz, Willi (1904 – 1957) *461*
Agnes von der Vierbecke 34, *37*
Agricola, Georgius (eigentlich Georg Bauer) (1494 – 1555) 46, 48
Albers, Josef (1888 – 1976) 194, *370*, 475, 476, 572
Albert, Wilhelm A. J. 126
Albertus Magnus (eigentlich Albert von Bollstädt) (1193 – 1280) 32
Albertz, Luise (1901 – 1979) 257, 585
Albrecht I. von Österreich, deutscher König (1255 – 1308) 30, 33
Albrecht, Karl 552
Albrecht, Theo 552
Alfrick 21
Almbrecht 27
Altfrid, Bischof von Hildesheim 16, 18
Altfried, Bischof von Münster, 5. Abt von Werden († 849) 18
Althoff, Theodor 269, 595
Amelunxen, Rudolf (1888 – 1969) 457
Anders, Peter (1908 – 1954) 285, 487
Aniane, Benedikt von (um 750 – 821) 16, 17
Anouilh, Jean (*1910) 495
Ansari, Hushang 564

Arbogast, römischer Heerführer († 394) 11
Arenberg, Herzog Prosper Ludwig von (1785 – 1861) 104, 287
Arendt, Walter (* 1925) 561
Arens, Berta 392
Arens, Josef 392
Arminius, Cheruskerfürst († 19) 9, 11, *12*
Armstrong, Louis (»Satchmo«) (1900 – 1971) 516
Arndt, Ernst Moritz (1769 – 1860) 97
Arndt, Karl 255
Arnold I., Erzbischof von Köln (1137 – 1151) 22
Arnold, Karl (1901 – 1958) 483, 487
Arp, Hans (1887 – 1967) 588
Ascherfeld, Peter Heinrich 69
Assauer, Rudi (* 1944) 538
Asselt, Ernst von 447
Averbecke, Adrian von 45

B

Baare, Fritz 223
Baare, Louis (1821 – 1897) 116, *223*
Bach, Johann Sebastian (1685 – 1750) 194
Bachem, Julius (1845 – 1918) 95, 325
Baden, Jakobe von 49, 51
Baedecker, Diedrich 186
Baedeker, Diedrich 133
Baedeker, Eduard 124
Baedeker, Gottschalk Dietrich (1778 – 1841) 58, 62, 65, 73, 124
Baedeker, Julius 124, 185
Baedeker, Karl (1801 – 1859) 73, 128
Baedeker, Zacharias Dietrich 65, 70
Baegert, Derick (um 1440 – 1515) 42
Baegert, Jan (1465 – 1530) 42, 43
Balduin, Erzbischof von Trier (1285 – 1354) 33
Balke, Siegfried (* 1902) 260
Baluschek, Hans (1870 – 1935) 475
Bandemer, Horst 610
Bangemann, Martin (* 1934) 625, 628
Barkhoff, Wilhelm *370*
Barlach, Ernst (1870 – 1938) 338
Barsch, Leopold 234
Bartels, Heinrich 288
Basie, William (»Count«) (* 1904) 516
Bauer, Joseph Nepomuk 223
Baumeister, Heinz *447*
Bäumer, Gertrud (1873 – 1954) 162, 487
Bäumler, Hans-Jürgen (* 1942) 528
Bautz, Erich 425, 465, 563
Bebel, August (1840 – 1913) 143, 171
Becher, Johann (1635 – 1682) 103
Beckenbauer, Franz (* 1945) 565
Becker, August 228
Becker, Hermann Heinrich (1820 – 1885) *8*, *152*
Becker, Wilhelm *168*, 228
Beckmann, Max (1884 – 1950) 423

Beethoven, Ludwig van (1770 – 1827) 194, 212, 484
Behrens, Carl 268
Behrens, Peter (1868 – 1940) 284, 476
Beielstein, Felix Wilhelm (1887 – 1964) 191, 526
Beitz, Berthold (* 1913) 486, 501, 528, 564, 615
Belafonte, Harry (* 1927) 601
Bell, Johannes (1868 – 1949) 149, 336, 468
Belousowa, Ludmilla (* 1935) 528
Bereider, Joreß 45
Berg, Alban (1885 – 1935) *486*
Berg, Derik 44
Berg, Walter 425, 432
Berger, Louis (1829 – 1891) 86, 208
Berghaus 541
Bergius, C. C. (eigentlich Egon-Maria Zimmer) (* 1910) 291
Bergius, Friedrich (1884 – 1949) 305
Berke, Hubert (1908 – 1979) 525
Berlepsch, Hans Hermann Freiherr von (1843 – 1926) 194, 211
Bernhard, Thomas (* 1931) 559, 593
Berswordt, Hermann von 51
Berswordt, Lambert 34
Berthold, Albert 212
Berti, Calderon 605
Bessemer, Henry (1813 – 1898) 136, 151, 176
Bethmann Hollweg, Theobald von (1856 – 1921) 337
Bettenhausen, Helmuth (* 1935) 476
Beuth, Peter Christian Wilhelm (1781 – 1853) 72
Beving, Fritz 500
Biedenkopf, Kurt (* 1930) 628
Biesinger, Rosemarie 513
Bismarck, Otto Fürst von (1815 – 1898) 108, 124, 145, 150, 154, 169, 172, 175, 223, 224
Bittner, Klaus 513, 526
Bizet, Georges (1838 – 1875) 487
Blücher, Gebhard Leberecht von (1742 – 1819) 73
Blüm, Norbert (* 1935) 625, 628
Blumenthal, Hermann (1905 – 1942) 525
Bock und Pollach, Karl von 243
Böckenholt, Wilhelm 427
Böckler, Hans (1875 – 1951) 478
Böckstiegel, Peter 476
Bode, Harro 572
Bödecker, Erich (1904 – 1971) 268, 522
Bodelschwingh, Ernst von (1867 – 1881) 224
Bodelschwingh, Gerd von 43
Bogdan, Louis 226
Bohlen und Halbach, Arndt von (1938 – 1986) 539, 622
Bohlen und Halbach, Berthold von (* 1913) *479*
Bohlen und Halbach, Gustav von (→ Krupp von Bohlen und Halbach, Gustav) 281
Boleskó, Karl 178
Böll, Heinrich (1917 – 1985) 504, 518
Bollmann, Karl 189
Bömcke, Heinrich 198
Bonhof, Rainer (* 1952) 565
Böninger, Arnold 208

Bönsch, Joseph 149
Borbet, Walter *424*
Borchert, Wolfgang (1921 – 1947) 493
Borchmeyer, Erich *421*
Bork, Karl von 406
Born, Ludwig von 140, 158, 160, 259
Born, Max (1882 – 1970) 501
Born, Nicolas (1937 – 1979) 422, 585
Born, Wilhelm von 140
Bornemann, Hans 425, 432
Borutta, Willi 476
Boyen, Hermann von (1771 – 1848) 81
Bracht, Eugen (1842 – 1921) 475
Bracht, Franz (1877 – 1933) 378
Bracht, Helmut 503
Brahms, Johannes (1833 – 1897) 185, 194
Brandes, Max 572
Brandi, Ernst 418
Brandi, Paul 244
Brandt, Carl 301
Brandt, Hermann *171*, *174*
Brandt, Willy (* 1913) 515, 530, 547, 556
Braque, Georges (1882 – 1963) 423
Braukmann, Willi (1903 – 1982) 444
Braun, Georg 47
Brauner, Robert 550
Brecht, Bertolt (1898 – 1956) 495
Breitenbach, Wilhelm 120
Breitner, Paul (* 1951) 565
Breuer, Heinrich 105
Briand, Aristide (1862 – 1932) 354
Briel, Fritz 500
Bringmann, Peter F. (* 1946) 593
Brinkhoff, Fritz 162
Brockhaus, Friedrich Arnold (1772 – 1823) 65, 84, 86
Brockhoff, Wilhelm Anton 78
Brost, Erich (* 1903) 466
Brown, Raymond Matthews (»Ray«) (* 1926) 516
Brubeck, David W. (»Dave«) (* 1920) 516
Bruckner, Anton (1824 – 1896) 373
Bruegel, Pieter, d. Ä. (1525 – 1569) 42
Brügman, Heinrich Leonhard 162
Brun I., Erzbischof von Köln (um 925 – 965) 19
Brunck, Franz 198
Brüning, Heinrich (1885 – 1970) 390, 396, 415
Brusis, Ilse (* 1937) 577
Bruyn, Bartholomäus, der Ältere (1493 – 1555) 45
Bry, Johann Theodor de 53
Bucerius, Gerd (* 1906) 280
Buchheim, Lothar-Günther (* 1918) 624
Buckwitz, Harry (* 1904) 495
Bülow, Bernhard Heinrich Martin Fürst von (1849 – 1929) 274
Bund, Karlheinz (* 1925) 585, 588, 590
Bunte, Friedrich *196*, 198, *246*
Burgsmüller, Wilhelm (* 1932) 503
Burrmeister, Otto (1899 – 1966) 238, 464
Busch, Willi 378

Büscher, Josef (1918 – 1983) 325, 605
Büscher, Kornelius 307
Buschmann, Glen 471
Bußmann, Gaby 602, 616
Buttler, Rolf 487

C

Canaris, Wilhelm (1887 – 1945) 191, 448
Caninenberg, Hans (* 1917) 322
Capart, Guy 600
Cappenberg, Gottfried II., Graf von (um 1096 – 1127) 21, 22, 33
Cappenberg, Otto von 23, 33
Carstanjen, Konrad Jakob 68
Carstens, Karl (* 1914) 594
Cézanne, Paul (1839 – 1906) 423, 476
Chagall, Marc (1887 – 1985) 423
Champignon, Bodo *616*
Chargesheimer, Karl-Heinz (eigentlich Karl-Heinz Hargesheimer) (1924 – 1972) *504*, 518
Charles, Ray (* 1932) 516
Childerich I., Frankenkönig († 482) 9
Chlodewig, Frankenkönig 10
Chlodio, Frankenkönig († um 455) 11
Chlodwig I., Frankenkönig (um 466 – 511) 11
Chlothar I., Frankenkönig (um 500 – 561) 14
Christian, Herzog von Braunschweig (1566 – 1633) 49, 52
Churchill, Winston (1874 – 1965) 450
Ciulli, Roberto 560, 583, 597
Civilis, Gajus Julius, batavischer Adliger 11
Clarke, Kenneth Spearman (»Kenny«) (* 1914) 516
Clauberg, Johann (1622 – 1665) 54, 55
Claudel, Paul (1868 – 1955) 495
Claus, Fritz 404
Clausen, Claus 382
Claußmeyer, Erni 563
Clay, Lucius D. (1897 – 1978) *452*
Clayton, Wilbur (»Buck«) (* 1911) 516
Clemens August von Bayern, seit 1723 Kurfürst von Köln (1700 – 1761) 50
Clemens Romanus, hl. 16
Cole, Nat (»King«) (eigentlich Nathaniel Coles) (1917 – 1965) 516
Corputius, Johannes (1542 – 1611) 46
Cort, Henry (1740 – 1800) 89
Cosack, Joseph 116
Cosmas und Damian 18
Coulsen, William 116, 124
Cramer, Carl 237
Cramer, Gustav 237
Cremer, Fritz 476
Cremer, Joseph 176
Crüwell, Wilhelm 117
Cullmann, Bernd (* 1949) 513
Cuno, Willi (1860 – 1951) 311
Curtius, Friedrich Wilhelm 86, *158*
Curtius, Julius (1877 – 1948) 171, 382, 465

Personenregister

Curtius, Theodor (1857–1928) 123, 379
Cyliax, Gerd (* 1934) 538

D

Dagobert I., der Gute, Frankenkönig (um 605–639) 14
Damian (→ Cosmas und Damian)
Damke, Bernd 476
Darby, Abraham 72
Darpe, Franz 307
Daun-Oberstein, Philipp von, Erzbischof von Köln 42
Dautzenberg, Rolf 610
Davidis, Henriette (1810–1876) 73, *106*, 170
Davis, Sammy, jun. (* 1925) 618
Davy, Humphry (1778–1829) 192
Dawes, Charles Gates (1865–1951) 363, 365
Decking, Brunhild *616*
Dehmen, Carl 67
Delarge, Fernand 378
Delfs, Wilhelm 368, *369*
Demmler, August 187
Deneke, Diether (* 1918) 557
Denneborg, Heinrich Maria (* 1909) 288, 392
Deppe, Gustav (* 1913) 476, 525
Détillieux, Charles 163
Dewall, Hans Werner von 505
Diederichs, Wilhelm *457*
Diepholz, Irmgard von, Äbtissin des Stifts Essen (1489–1505*) 41, 42, 46, 55
Diergardt, Friedrich Heinrich Freiherr von 165
Diesel, Rudolf (1858–1913) 408
Dietrich II. von Moers, Erzbischof von Köln (1414–1463*) 38, 39
Dietrich VI., Graf von Kleve 27, 30
Dietrich, Graf von der Mark (1393–1398*) 34
Dietrich, Graf von Limburg 27
Dingelstedt, Franz von 378
Dinkelbach, Heinrich 464
Dinnendahl, Franz (1775–1826) 65, *77*, 78, 80, 83, 86, 90, 107, 108
Diokletian, Gajus Aurelius Valerius, römischer Kaiser (um 243–316) 18
Dionysius, hl. 16
Disney, Walt (1901–1966) 487
Distler, Hugo (1908–1942) 420
Dix, Otto (1891–1969) 423
Doerdelmann, Bernhard (* 1930) 386
Doerdelmann-Kolbe, Erika 432
Dohr, Günther (* 1936) 476
Dollmeister, Hugo 500
Dorati, Antal (* 1906) 512
Dorenkamp, Hilde *447*
Dorst, Tankred (* 1925) 558
Douwermann, Heinrich (um 1480–um 1544) 41, 46
Drache, Heinz (* 1926) 371
Drebusch, Günter (* 1925) 525
Dreier, Reinhold († 1521) 46
Drusus Germanicus, Nero Claudius (38–9 v.Chr.) 9
Duden, Heinrich, Abt von Werden (1573–1601) 46
Duden, Konrad (1829–1911) 86, *298*
Dülfer, Martin 270, 304
Dumas, Wolfram 577
Duncker, Franz (1822–1888) 299
Dupré, Champion Jack 516
Duran, Carlos 544
Dürrfeld, Walther 499
Durst, Sigmund 413
Duschak, Bela 304
Dutschke, Rudolf (»Rudi«) (1940–1979) *542*

E

Eberhard, Herzog von Franken († 939) 19
Ebert, Friedrich (1871–1925) 336, 339
Eckel, Horst (* 1932) 488
Eckstein, Olga *465*
Edelhagen, Kurt (1920–1982) 599
Edison, Thomas Alva (1847–1931) 226
Eduard III., König von England (1312–1377) 33
Ehl, Klaus 558
Ehrhardt, Alfred 487
Ehrig, Joachim-Werner 558
Eichhoff, Ernst 368
Eikelbeck, Heinz (* 1926) 569, 589, 630
Eisenhower, Dwight David (1890–1969) 450, 451
Elbers, Eduard 120
Eldridge, Roy (* 1911) 516
Elisabeth II., Königin von England (* 1926) 530
Ellington, Edward Kennedy (»Duke«) (1899–1974) *471*
Elverfeld, Friederike von 248
Elze, Joseph (Jupp) (1939–1968) 544
Emmerich, Lothar (* 1941) 538
Ende, Jakob am 54
Ende, Margarethe Freiin von 261
Endemann, Wilhelm 124
Engelbert II., Graf von der Mark († 1328) 33
Engelbert III., Graf von der Mark (1347–1391) 34, 36, 37
Engelbert, Abt von Werden 19
Engelbert, Erzbischof von Köln (um 1185–1225) 25, 27, *29*
Engels, Friedrich (1820–1895) 143
Eppenhoff, Hermann 432
Erasmus von Rotterdam (1466–1536) 26
Erhard, Ludwig (1897–1977) 467, 486, 505, 515, 538
Erlemann, Clemens 288, 293
Ermbrecht 27
Ernst, Bernhard 427
Ernst, Herzog von Bayern, ab 1583 Erzbischof von Köln (1554–1612) 26, 48
Ernst, Max (1891–1976) 588
Erzberger, Matthias (1875–1921) 317, 326
Euringer, Richard 403
Everhard, Graf von der Mark (1277–1308) 25, 30, 31
Everhard, Graf von Berg-Altena-Mark († 1180) 25
Ewald, schwarzer und weißer († um 695) 14
Ezzo, lothringischer Pfalzgraf 21

F

Faber, Carl 222
Falk, Adalbert (1827–1900) 246
Falk, Paul (* 1921) 483, 484
Falk-Baran, Ria (* 1922) 483, 484
Fallada, Hans (eigentlich Rudolf Ditzen) (1893–1947) 558
Faltings, Gerd 487
Farthmann, Friedhelm (* 1930) 587, 628
Fassbinder, Rainer Werner (1945–1982) 549
Fehrenbach, Konstantin (1852–1926) 344
Feik, Eberhard *597*
Feininger, Lyonel (1871–1956) 423
Felixmüller, Conrad (1897–1977) 348, 476
Felmy, Hans-Jörg (* 1931) 597
Fenne, Hans-Joachim 630
Ferdinand II., Erzherzog von Österreich (1578–1637) 52
Ferdinand, Herzog von Bayern († 1608) 46, 48, 51, 287
Fiege, Moritz W. B. 174
Fischer, Alfred (1881–1950) *377*
Fischer, Carl (1841–1906) 149
Fischer, Franz (1877–1947) *372*
Fischer, Heinrich 307
Fischer, Johann Christian 63

Fischer, Klaus (* 1949) 573
Fischer, Laurenz 150
Fitzgerald, Ella (* 1918) 516
Fleiter, Otto 304
Fleitmann, Theodor (1828–1904) 154
Florus, römischer Schriftsteller 9
Flottmann, Heinrich (1875–1944) 168, 268, 444
Frank, Hans (1900–1946) 433
Frantzen, Eduard 147, 148
Franz I. Stephan, deutscher König und römisch-deutscher Kaiser (1708–1765) 62
Freiligrath, Ferdinand (1810–1876) 106
Freundt, Eddy 610
Freyse, Karl 96, 117
Freytag, Gustav (1816–1895) 387
Freytag, Holk 583
Frick, Wilhelm (1877–1946) 406
Friedrich I. Barbarossa, deutscher König und römisch-deutscher Kaiser (1122–1190) 22, 23, 24, 29
Friedrich I., Erzbischof von Köln (1100–1131) 22, 23
Friedrich I., König von Preußen (1657–1713) 59
Friedrich II., der Große, König von Preußen (1712–1786) 50, 63, 64, *65*, 66, 69
Friedrich II., deutscher König und römisch-deutscher Kaiser (1194–1250) 27, 28, 29
Friedrich III. von Saarwerden, Erzbischof von Köln (1370–1414*) 36
Friedrich V. von der Pfalz, König von Böhmen (1596–1632) 49, 52
Friedrich Wilhelm I., König von Preußen (1688–1740) 59, 60, *65*, 67, 78
Friedrich Wilhelm II., König von Preußen (1744–1797) 69
Friedrich Wilhelm III., König von Preußen (1770–1840) 73, 76, 79, 80, 81, 85, 88
Friedrich Wilhelm IV., König von Preußen (1795–1861) 99, 103, 174
Friedrich Wilhelm von Brandenburg, der Große Kurfürst (1620–1688) 50, 52, 54, 55, 56, 65
Friedrich Wilhelm, preußischer Kronprinz 93
Friedrich, Graf von Berg-Altena-Isenberg (1173–1199) 27, 29
Friedrich, Graf von Werl-Arnsberg, der Streitbare († 1124) 10, 23, 25
Frings, Josef (1887–1978) 459
Fritsch, Willy (1901–1973) 384
Fritzsche, Max 560
Froboess, Cornelia (* 1943) 512
Fuji, P. 538
Funcke, Lieselotte (* 1918) 325
Funcke, Wilhelm (1820–1896) 120
Funk, Albert († 1933) 389
Funke, Friedrich 145, 160
Funke, Jakob 466
Fürstenberg, Franz von 70
Fürstenberg, Friedrich Leopold Reichsfreiherr von 224
Füting, Jans (1887–1964) 191, 526

G

Gagliardi, Guido *593*
Galba, Servius Sulpicius, römischer Kaiser (4 v. Chr.–69 n. Chr.) 13
Galbierz, Michael 573
Galen, Christoph Bernhard von, Fürstbischof von Münster (1650–1678*) 50
Galen, Jan van, niederländischer Admiral (1604–1653) 51
Galkow, Witali 544
Gallagher, Rory (* 1949) 578

Gallus, Carolus 46
Gaugel, Heidi-Elke 616
Gauguin, Paul (1848–1903) 476
Gaulle, Charles de (1890–1970) 520
Gebhardt, Eduard von 307
Gelisz 45
Gellesch, Rudi 425, 432, 615
Gelling, Hans *270*
Genesius, Franz 180, 416
Georg I., König von England (1660–1727) 63
George, Götz (* 1938) *597*
George, Heinrich (1893–1946) 382
Gérard, Carl 264
Gerfried, Bischof von Münster, 3. Abt von Werden († 839) 16, 18
Gerhard von der Mark (1413–1461) 39, 41
Gerhard, Herzog von Jülich-Berg (1437–1475) 38
Geritzmann, Robert 457
Germanicus, Gajus Julius Cäsar, römischer Oberkommandierender am Rhein (15 v. Chr.–19 n. Chr) 9, 11, *12*
Gerstein, Carl (1864–1924) 280
Geßner, Richard 476
Gethmann, Hildegard 497
Gewalt, Wolfgang (* 1928) *537*, *593*
Giesenkirchen, Franz 113, 206
Giesing, Thomas 602
Gillter, Walter (* 1927) 376
Gilsing, Anton 344
Girardet, Wilhelm (1838–1918) 144, 210
Giraudoux, Jean (1882–1944) 495
Girgensohn, Jürgen (* 1924) *580*
Gleichen, Sophia von, Äbtissin des Stifts Essen (1459–1489*) 42
Glocker, Konrad 510
Gluchowski, Bruno (1900–1985) 246, 526, 528
Gluck, Christoph Willibald Ritter von (1714–1787) 242, 338
Godefried, normannischer König 17
Goebbels, Joseph (1897–1945) 371, 390, *403*, 417, 419, 431, 432, 433, 434, 444, 446
Goethe, Johann Wolfgang von (1749–1832) 68, 105, 378, 416, 588
Gogh, Vincent van (1853–1890) 476
Goldbach, Erhard 618
Goldschmidt, Hans 350
Gonschior, Kuno (* 1935) 476
Göring, Hermann (1893–1946) 393, 400, 418, *424*, 431, 433
Göring, Peter 116
Gosebruch, Ernst 604
Gosing, Bernhard 616
Gottfried III., Graf von Werl-Arnsberg (1235–1282) 25
Gottschalk, Hans 425
Götze, Graf, kaiserlicher Feldmarschall 51
Grabowski, Jürgen 565
Graham, Billy (* 1918) *550*
Gräsel, Friedrich 476
Grauberg, Gunnar 503
Graubner, Gerhard 537
Greeven, Heinrich (* 1906) 529
Gregor VIII., Papst († 1187) 48
Greve, Max 132
Grillo, Friedrich (1825–1888) 86, 145, 149, 150, *158*, 159, 163, 177, 179, 183, 193, 194, *195*, 212, 259, 272, 342, 560, 583
Grillparzer, Franz 338
Grimm, Jacob (1785–1863) 97
Grimme, Adolf (1889–1963) 526
Grisar, Erich (1898–1955) 233, 493
Grochowiak, Thomas 476, 525
Grönemeyer, Herbert *615*, 620
Gropius, Walter (1883–1969) 370, 373, 531
Gröppel, Karl 500, 514

Große-Perdekamp, Franz (1890–1952) 201, 475
Großmann, Hans 373
Grüber, Arthur 499
Grün, Max von der (* 1926) 371, 516, 519, 523
Grünberg, Karl (1891–1972) 382
Gründgens, Gustav (1899–1963) 560
Grundmann, Konrad 513
Gruner, Justus von (1777–1820) 80
Güldenpfenning, Arnold (1830–1908) 144
Güllenstern, Eleonore (* 1940) 630
Günther, Daniel Ernst 68
Gustav II., Adolf, König von Schweden (1594–1632) 49
Gustav VI. Adolf, König von Schweden (1882–1973) 524
Gutermuth, Heinrich (1898–1977) 509

H

Haas, Joseph (1879–1960) 420
Haas, Wilhelm 360
Haase, Günter 484
Hache, Gustav (1868–1886*) 160
Hagen, Franz 337
Hagen, Nina (* 1953) 620
Hahn, Otto (1879–1968) 501
Hahne, Carl 114
Haile Selassie I., Kaiser von Äthiopien (1892–1975) 487
Haley, Bill (eigentlich William John Clifton) (1925–1981) 498
Haller, Johannes 45
Halske, Gustav 342
Hamm-Brücher, Hildegard (* 1921) 345
Hammacher, Friedrich (1824–1904) 80, 86, *126*, *142*, 196
Hammerschmidt, Wilhelm 257
Handke, Peter (* 1942) 549
Hänel, Karin 602
Haniel, Franz (1779–1868) 65, 72, 77, 89, 93, 125, *126*, 149
Haniel, Gerhard (1774–1834) 65, 77
Hansemann, Adolf von (1827–1903) 158, 163
Hansen, Rolf 438
Happe, Ursula (* 1926) 500
Hardenberg, Karl August Fürst von (1750–1822) 72
Harders, Friedrich 556
Harkort, Friedrich (1793–1880) 68, *77*, 83, 89, 91, 97, 98, 99, 108, 111, 122, 132, 136, 177, 180, 210, 224
Harnack, Adolf von (1851–1930) 384
Harnisch, Christian Wilhelm (1787–1864) 147
Harrison, George (* 1943) *537*
Hartmann, Ingrid 513
Harvey, Nicholas Oliver 89
Hary, Armin (* 1937) 513
Hasenclever, Ferdinand (1769–1831) 79
Hasenclever, Wilhelm (1837–1889) *143*
Hassel, Kai-Uwe von (* 1913) 524
Hauptmann Gerhart (1862–1946) 338, 384
Hauser, Heinrich 386
Hawelka, Gisela 304
Hawkins, Coleman (1904–1969) 516
Hebing, Karl-Heinz 572
Heckel, Erich (1883–1970) 423
Heerdegen, Edith (1913–1982) *593*
Heger, Joseph 104
Heidenreich, Elke (* 1943) 438, 489
Heimes, Wilfried (* 1927) 616
Heine, Heinrich (1797–1856) *105*
Heinemann, Fritz 502
Heinemann, Gustav, W. (1899–1976) 238, 457, 468, *547*, 550, 572

Personenregister

Heinemann, Hermann (* 1928) 616
Heinrich I., deutscher König (um 875–936) 10, 19
Heinrich II., deutscher König und römisch-deutscher Kaiser (973–1024) 21
Heinrich III., deutscher König und römisch-deutscher Kaiser (1017–1056) 21
Heinrich III., König von England (1207–1272) 35
Heinrich IV., deutscher König und römisch-deutscher Kaiser (1050–1106) 21
Heinrich IV., König von Frankreich (1553–1610) 49
Heinrich V., deutscher König und römisch-deutscher Kaiser (1086–1125) 10, 22
Heinrich VI., deutscher König und römisch-deutscher Kaiser (1165–1197) 27
Heinrich VII., deutscher König (1211–1242) 27, 29
Heinrich VIII., König von England (1491–1547) 61
Heinrich von Lothringen und Brabant 27, 31
Heinrich, Herzog der Franken 17
Heinrich, ostfränkischer Herzog 16
Heinsberg, Philipp von, Erzbischof von Köln (1167–1191*) 22
Heintzmann, Heinrich (1778–1858) 111
Heintzmann, Johann Friedrich (1716–1764) 64, 111
Heisenberg, Werner (1901–1976) 501
Heitland, Max 447
Hejma, Marta 580
Held, Heinrich (1868–1938) 447
Held, Siegfried (* 1942) 538
Heldring, von 74
Helbing, Karl-Heinz 551
Heller, André (* 1946) 601
Helling, Karl (1893–1961) 214
Helten, Inge 572
Hemsoth, Wilhelm 217
Henckels, Paul (1885–1967) 538
Hengsbach, Franz (* 1910) 496, 504, 552
Hengstenberg, Rudolph 152
Henlein, Konrad (1898–1945) 426
Hennemeyer, Johannes 618
Henßler, Fritz (1886–1953) 457, 461, 483
Herberger, Josef (»Sepp«) (1997–1977) 364, 488
Herbert, Heinrich 265
Herberz, Heinrich 150
Herbrecht, Heinrich 208
Heribert, Erzbischof von Köln (999–1021) 21
Hermann II., Erzbischof von Köln 21
Hermann von Wied, Erzbischof von Köln (1477–1552) 26
Hermanns, Ernst (* 1914) 476
Hermes, Philipp 324
Herold, Gottfried Heinrich 192
Herrmann, Karl-Ernst 559
Herzfeld, Hugo 342
Heß, Rudolf (* 1894) 419, 429
Heuss, Theodor (1884–1963) 472, 483, 494, 499, 510, 515
Heydrich, Reinhard (1904–1942) 429
Heyme, Hansgünther (* 1935) 560, 583, 621
Hicking, Gustav 160
Hierl, Konstantin 415
Hildigrim I., Bischof von Chalons-sur-Marne, 2. Abt von Werden († 827) 16, 18
Hildigrim II., Bischof von Halberstadt, 6. Abt von Werden († 886) 16, 18
Hilger, Ewald 160
Himmler, Heinrich (1900–1945) 411
Hindemith, Paul (1895–1963) 494
Hindenburg, Paul von (1847–1934) 312, 315, 370, 384, 390, 393, 399, 402, 404, 408, 446
Hingsen, Jürgen (* 1958) 602, 616
Hinrich, Hans 378
Hinsberg, Arndt von 43
Hirsch, Max (1832–1905) 299
Hirschmüller, Ursula 580
Hirzebruch, Friedrich 376
Hitler, Adolf (1889–1945) 289, 367, 371, 393, 394, 395, 399, 402, 415, 417, 419, 423, 424, 426, 427, 429, 432, 434, 435, 444
Hobrecker, Johann Caspar 86
Hobrecker, Wilhelm 86
Hochstaden, Konrad von, Erzbischof von Köln (1238–1261*) 25, 28, 29, 30, 144
Hoeneß, Ulrich (* 1952) 565
Hoesch, Albert (1847–1898) 153, 233
Hoesch, Eduard 108
Hoesch, Leopold (1820–1899) 153, 173
Hoesch, Victor (1824–1888) 153
Hoetger, Bernhard 525
Hoff, August 604
Hoffmann, Harald 421
Hoffmann, Hilmar 487
Höfken, Gustav 97
Hogenberg, Franz († um 1590) 47
Hoger, Hannelore (* 1941) 630
Holbein, Hans, d. J. (1497/98–1543) 44
Hollmann, Silvia 602
Holte, Beatrix von, Äbtissin des Stifts Essen (1292–1327*) 33
Holthaus, Michael 544
Holthoff, Fritz (* 1915) 543
Höltje, Walter 483
Holtwickede, Reinold 44
Hölzenbein, Bernd (* 1946) 565
Hörbiger, Attila (1896–1987) 382
Hörbiger, Paul (1894–1981) 438
Hörde, Albert von 30
Horst, Ritter von der 22, 36
Horten, Helmut (* 1909) 417
Höschen, Matthias 95
Houben, Hubert 364
Hövel, Wilhelm von 117
Howaldt, Hans 421
Howard, Ebenezer 281, 297
Hrubesch, Horst (* 1951) 630
Huck, Heinrich 421
Hübner, Frank 572
Hue, Otto (1868–1922) 136, 246, 265, 273, 292, 334, 349
Hugenberg, Alfred (1865–1951) 289
Hüglin, Carl 342
Huicking, Gustav 120
Hülsmann, Peter 78
Huonder, Guido 560
Hüsch, Hanns Dieter (* 1925) 365, 601
Husemann, Fritz (1873–1935) 406, 414
Hüser, Fritz (1908–1979) 285, 516, 517, 547, 585
Hussing, Peter 558, 589
Hüster, Hans Peter 536
Hutchinson, C. A. G. 474
Hutsman, Benjamin 83
Hüttner, Georg 192, 213
Huyssen, Arnold 58
Huyssen, Heinrich 72, 77
Huyssen, Heinrich Arnold (1779–1870) 117

Idem, Josefa 616
Imbusch, Heinrich (1878–1945) 335
Innozenz III., Papst (1160/61–1216) 27
Innozenz IV., Papst (um 1195–1254) 27
Ionesco, Eugéne (* 1909) 495
Irrgang, Annegret 552
Isabella von Brasilien 132
Isenbeck, Albert 62
Isenburg, Friedrich von 25
Ismayr, Rudolf 421

J

Jackson, Mahalia (1911–1972) 516
Jacobi, Gottlob 77
Jacobsen, Arne 573
Jakob, Philipp 78
Janberg, Hans 535
Jansen, Hans 621
Jansen, Karl 421, 425
Janssen, Karl 338
Janz, Helmut 519
Jarres, Karl (1874–1951) 383
Jastrow, Heinrich 330
Jendrowiak, Stanislaus 464
Jenner, Edward (1749–1823) 79
Jensen, Uwe Jens 621
Jerusalem, Siegfried 432
Jochimsen, Reimut (* 1933) 611
Johann Friedrich, Kurprinz von Sachsen 26
Johann I., Herzog von Kleve (1419–1481) 39, 41
Johann II., Herzog von Kleve und Mark (1481–1521) 41, 42
Johann III., Herzog von Jülich-Kleve-Berg (1511/21–1539) 26
Johann Sigismund, Kurfürst von Brandenburg (1572–1620) 51
Johann von Hoya, Fürstbischof von Münster (1529–1575) 26
Johann Wilhelm, Herzog von Jülich-Berg-Kleve-Mark (1592–1609*) 49, 51
Johannes Paul II., Papst (* 1920) 629
Jones, Quincy (* 1933) 516
Jooss, Kurt (1901–1979) 378, 477
Jott, Jan Wilhelm 61
Jovy, Michael 337

K

Kabeisemann, Wilhelm 111
Kaiser, Emil 295
Kaiser, Hans (1914–1982) 421
Kaiser, Jacob (1881–1961) 486
Kaiser, Oskar 295
Kaiser, Willi 421
Kalbfell, Hans 516
Kalt, Hans 447
Kaltefleiter, Werner (* 1937) 422
Kalwitzki, Ernst 425, 432
Kaminski, Heinrich 420
Kaminski, Heinz (* 1921) 501, 516
Kämpchen, Heinrich (1847–1912) 95, 202, 244, 275, 299
Kampmann, Moritz 62
Kandinsky, Wassily (1866–1944) 476
Kapitulski, Helmut (* 1934) 503
Kapp, Wolfgang (1858–1922) 339
Karl der Große (768–814) 14, 15, 16, 17, 33, 41, 71, 262
Karl III., der Dicke, deutscher König und römisch-deutscher Kaiser (839–888) 17
Karl IV., deutscher König und römisch-deutscher Kaiser (1316–1378) 33, 34, 36
Karl Martell, fränkischer Hausmeier (714–747) 9, 14, 15
Karl V., deutscher König und römisch-deutscher Kaiser (1500–1558) 26
Karl X. Philipp, König von Frankreich (1757–1836) 69
Karl, Graf von Artois (→ Karl X. Philipp, König von Frankreich)
Karstadt, Rudolph 595
Kätelhön, Hermann 360
Katzor, Horst (* 1918) 609
Käufer, Hugo Ernst (* 1927) 376
Kaufmann, Karl (1900–1969) 390
Kaulbach, Friedrich August (1850–1920) 281
Kechel, Gebrüder 83
Kelbassa, Alfred 503
Kempen, Heinrich von, Theologe († 1578) 46
Kemper, Dieter 541, 563
Kerckhoff, Wilhelm 166
Kessing, Ludwig (1869–1940) 150, 432
Keuning, Dietrich 503, 514, 536
Kiesinger, Kurt-Georg (* 1904) 547
Kilian, Gustav 414, 432, 563
Kilius, Marika (* 1943) 528
Kinder, Manfred 513
Kirchner, Ernst-Ludwig (1880–1938) 423
Kirdorf, Emil (1847–1938) 163, 177, 214, 342, 395, 408, 427
Kiß, Edmund 416
Kissing, Gustav 149
Kiwitz, Heinz 476
Klaes, Ulrich 558
Kläger, Kurt 360
Klee, Paul (1879–1940) 423, 476
Kleff, Bernhard 337
Klein, Yves (1928–1962) 476, 512
Kleine, Eduard (1837–1914) 285
Kleine, Theo 500
Kleist, Heinrich von (1777–1811) 602
Klemens XIV., Papst (1705–1774) 65
Kley, Heinrich 475
Klingenburg, Paul 421
Klöckner, Florian (1868–1947) 433
Klöckner, Peter (1863–1940) 177, 217, 280, 347, 433
Klodt, Bernhard (»Berni«) (* 1926) 506, 615
Klodt, Hans 425, 432
Klönne, August 175
Klose, Paul 360
Kluge, Alexander (* 1932) 522
Knappe, Fritz 374
Knobbe, Paul (1867–1956) 271
Knubel, Bernhard 513
Knubel, Franz Rudolf (* 1938) 476
Koch, Gisbert 54
Koch, Karl 411
Koch, Robert (1843–1910) 257
Koch, Wilhelm Herbert (1905–1983) 273, 466, 488, 503, 506, 516, 605
Kogon, Eugen (* 1903) 495
Kohl, Helmut (* 1930) 607, 628
Kohlhase, Hermann (* 1906) 543
Kohlmeyer, Werner (1924–1974) 488
Kollwitz, Käthe (1867–1945) 338, 475
Kolping, Adolf (1813–1865) 114
Konietzka, Friedhelm 525
König, Heinrich (1886–1943) 400
König, Ludwig 128
König, Max (1868–1941) 370
König, Reinhard 370
König, Theodor Heinrich (1825–1891) 158, 370
Königsfeld, Heinrich 321
Konrad II., deutscher König und römisch-deutscher Kaiser (um 990–1039) 10, 21
Konrad III., deutscher König und römisch-deutscher Kaiser (1093–1152) 24
Konrad V., Graf von Dortmund 33
Konrad von Soest (um 1370–um 1424/25) 34, 38
Köpping, Walter (* 1923) 516, 517
Kordahs, August 414
Körner, Edmund 307
Körnig, Helmut 369
Korte, Heinrich 188
Korthals, Dirk 615
Kortum, Karl Arnold (1745–1824) 50, 58, 70, 86
Köster, Hermann 218
Kotzebue, August von (1761–1819) 94
Krahwinkel, Hilde 541
Kramer, August 114
Krämer, Joseph 282
Kraske, Richard 454
Kraus, Michael 572, 577
Kraus, Peter (* 1939) 512

Kray, Hans Müller (1908–1969) 285
Krebs, Diether (* 1947) 630
Kreidt, Hermann 476
Kreisler, Georg (* 1922) 514, 515
Krekel, Hildegard 630
Kremers, Helmut (*1949) 565
Kreulich, Maria 447
Krings, Josef (* 1926) 580
Kroetz, Franz Xaver (* 1946) 574
Kröll, Walter 555
Kron, Reinhold 271
Kroninger, Annegret 572
Kruckenberg, Franz 391
Krug, Manfred (* 1937) 422
Krüger, Christian Leonhard 86
Krüger, Ferdinand (1843–1915) 183
Krüger, Heinrich 129
Krüger, Jost 630
Krupp (Kruipe), Arnd († 1624) 46, 51
Krupp von Bohlen und Halbach, Alfried (1907–1967) 421, 424, 443, 465, 479, 486, 487, 515, 528, 539
Krupp von Bohlen und Halbach, Bertha (1886–1957) 189, 265, 281, 302, 443, 472, 500, 501
Krupp von Bohlen und Halbach, Gustav (1870–1950) 281, 289, 302, 337, 379, 408, 418, 419, 432, 443, 465, 472, 501
Krupp, Alfred (1812–1887) 80, 91, 92, 103, 107, 108, 111, 113, 122, 132, 136, 139, 142, 145, 150, 151, 155, 157, 161, 162, 164, 169, 171, 174, 186, 191
Krupp, Arnold (1662–1734) 58
Krupp, Bertha (→ Krupp von Bohlen und Halbach, Bertha)
Krupp, Friedrich (1787–1826) 66, 72, 73, 77, 83, 86, 90, 98, 103, 144, 515, 539
Krupp, Friedrich Alfred (1854–1902) 115, 133, 187, 211, 214, 215, 227, 260, 261, 265, 281, 501
Krupp, Friedrich Jodocus (1706–1757) 58, 61, 69
Krupp, Georg Dietrich (1657–1742) 58
Krupp, Helene Amalie (1732–1810) 58, 69, 77, 80, 83, 98
Krupp, Margarethe (1854–1931) 302, 370, 501
Krupp, Mathias (1621–1673) 54
Krupp, Therese (1790–1850) 103
Kuhlmann, Werner (* 1921) 630
Kühn, Heinz (* 1912) 535, 540, 542, 543, 552, 555
Kühne, Eduard 116, 137
Kunibert, Erzbischof von Köln (um 626–nach 648) 14
Kunth, Gottlob Johann Christian (1757–1829) 107
Küppers, Anneliese 500
Küppersbusch, Friedrich (1832–1907) 189, 190, 235
Küppersbusch, Karl (1858–1922) 190
Küppersbusch, Robert (1859–1944) 190
Kurowski, Franz 351
Kurrat, Dieter (* 1942) 538
Kuzorra, Ernst (* 1905) 413, 425, 432, 615
Kwiatkowski, Heinz (* 1926) 503

L

Lambach, Johann († 1586) 44
Lammert, Will 476
Lange, Carl 189
Lange, Friedrich Albert (1828–1875) 112, 129, 140, 144
Lange, Gustav 248
Lange, Paul 513
Lange, Peter 60
Langeweg, Werner 209
Lassalle, Ferdinand (1825–1864) 143
Lauer, Martin 513
Lauer, Waltraud (* 1926) 616

Personenregister

Lauweriks, Johannes, L. Mathieu (1864 – 1932) 284
Laverick, Georg (1836 – 1913) 304
Leander, Zarah (1907 – 1981) 438
Ledermann, Alfred 459
Leffler, Robert 304
Lehmbruck, Manfred (* 1913) 527
Lehmbruck, Wilhelm (1881 – 1919) 179, 298, 333, 338, 423, 527
Leidenfrost, Johann Gottlieb (1715 – 1794) 68
Leininger, Claus (* 1931) 560
Lemberg, Tidemann 33
Lennemann, Wilhelm (1875 – 1963) 168, 523
Lennon, John (1940 – 1980) 537
Lensing, Heinrich 170
Lensing, Lambert (1851 – 1928) 170, 208, 454, 470
Lentz, Michael 522
Leo III., Papst (795 – 816*) 10
Leo X., Papst (1475 – 1521) 43
Leo XIII., Papst (1810 – 1903) 208
Leo, Peter 514
Leonhard, Ferdinand 114
Lessing, Gotthold Ephraim (1729 – 1781) 212
Leuwerik, Ruth (* 1926) 371
Levi, Erich 361
Lewe, Detlef 544, 558
Lewy, Kurt 476
Ley, Robert (1890 – 1945) 406, 419
Libuda, Reinhard (»Stan«) (* 1943) 538, 573
Liebermeister, E. 149
Liebknecht, Karl (1871 – 1919) 304, 336
Liebknecht, Wilhelm (1826 – 1900) 143, 171
Liebrich, Werner (* 1927) 488
Lieck, Wilfried 580
Ligges, Fritz (* 1938) 526, 538, 558
Limpert, Richard 349
Linde, Carl von (1842 – 1934) 148
Linde, Otto zur (1873 – 1938) 162, 426
Lindenberg, Udo (* 1946) 601
Lindner, Elle 392
Liszt, Franz (1811 – 1886) 192
Litz, Jürgen 513
Liudger, Abt von Werden und Bischof von Münster (um 742 – 809) 10, 14, 16, 18, 22, 32
Löbecke, Zacharias 54
Löbel, K. G. 84
Löbker, Carl 205
Lodemann, Jürgen (* 1936) 417
Lohmann, Friedrich 90, 288
Lohmann, Walter 425
Lomberg, Karl 447
Loos, Theodor 382
Losch, Claudia 616
Lotars, Peter 495
Löwenstein, Hans von 285
Lubersac, Marquis de 349
Lübke, August 179
Lübke, Heinrich (1894 – 1972) 486, 530, 543
Lübke, Louis 179
Lübke, Wilhelm (1826 – 1893) 86, 214
Lücker, Alfred 500
Lüdecke, Karl 231
Ludendorff, Erich (1865 – 1937) 325
Ludwig der Deutsche, deutscher König (um 805 – 876) 10, 16
Ludwig I. der Fromme, fränkischer König und Kaiser (778 – 840) 17, 20
Ludwig III. der Jüngere, deutscher König (um 830 – 882) 16, 18
Ludwig IV. von Bayern, deutscher König und römisch-deutscher Kaiser (um 1283 – 1347) 33
Ludwig XIV., König von Frankreich (1638 – 1715) 65
Ludwig XVI., König von Frankreich (1754 – 1793) 68, 69
Ludwig XVIII., König von Frankreich (1755 – 1824) 69
Ludwig, Graf von Provence (→ Ludwig XVIII., König von Frankreich)
Ludwig, Landgraf von Hessen-Darmstadt (1777 – 1848) 80
Ludwig, Otto (1813 – 1865) 438
Lueg, Ernst Dieter (* 1930) 386
Lueg, Werner 484
Lueg, Wilhelm 104, 158
Luitbert, Erzbischof von Mainz 17
Luitger, Gaugraf 21
Lumière, Auguste (1862 – 1954) 226, 256
Lumière, Louis Jean (1864 – 1948) 226
Lummer, Heinrich (* 1932) 393
Lurz, Dagmar (* 1959) 580
Lütgenau, Franz 259
Luther, Adolf 476
Luther, Hans (1879 – 1962) 350, 366, 583
Luther, Martin (1483 – 1546) 26, 46
Lütkebohmert, Herbert (* 1948) 573
Lüttwitz, Walter Freiherr von (1859 – 1942) 339
Luxemburg, Rosa (1870 – 1919) 336
Lyttleton, Humphrey 516

M

Mack, Heinz (* 1931) 476
Maeren, William Coor van der 124
Maeterlinck, Maurice (1862 – 1949) 312
Mahlendorf, Walter 513
Mahler, Gustav (1860 – 1910) 282
Maier, Josef (»Sepp«) (* 1944) 565
Makeba, Miriam 601
Mallinckrodt, Arnold (1768 – 1825) 62, 70, 86
Manger, Jürgen von (* 1923) 351, 489, 522
Mannesmann, Max (1857 – 1915) 108, 258
Mannesmann, Reinhard 108
Mansfeld, Agnes von 26, 48
Mansfeld, Ernst von (1580 – 1626) 52
Marc, Franz (1880 – 1916) 423
Marchwitza, Hans (1890 – 1965) 386
Margarete von der Mark, Äbtissin des Stifts Essen (1413 – 1426*) 38
Maria Kunigunde von Sachsen und Polen, Äbtissin des Stifts Essen (1776 – 1803*) 65, 68
Marischka, Franz (* 1918) 555
Maritschnigg, Günter 513
Marschall, Günter 495
Marsell, Karl-Heinz 523
Marshall, George Catlett (1880 – 1959) 471
Martersteig, Max 338
Martin, Emile 151
Martin, Pierre 151
Marx, Karl (1818 – 1883) 143
Marx, Wilhelm (1863 – 1946) 362, 364
Massenez, Josef 176
Masthoff, Helga 541
Mataré, Ewald 476
Mathilde, Äbtissin des Stifts Essen (971 – 1011*) 19, 20, 22
Matisse, Henri (1869 – 1954) 423, 476
Matthöfer, Hans Hermann (* 1925) 365
Maus, Toni 427
Maximilian Friedrich von Königsegg-Rothenfels, Kurfürst von Köln (1718 – 1784) 65, 66, 68, 70
Maximilian II., deutscher König und römisch-deutscher Kaiser (1527 – 1576) 43
Mayer, Jacob (1813 – 1875) 95, 107, 108, 109, 116, 137, 168
Mazzola, Rocco 513
McCartney, Paul (* 1942) 537
McCloy, John Jay (* 1895) 470, 471, 479
Méhul, Étienne Nicolas (1763 – 1817) 94
Meister, Christian Georg Ludwig 66
Meister, Ernst (1911 – 1979) 295, 585
Melander gen. Holzapfel, Peter (1585 – 1648) 49, 51
Melches, Hermann 285
Melzer, Johanna 447
Mende, Erich (* 1916) 541
Mendoza, Don Francesco de († 1623) 26, 48
Menzel, Adolph von (1815 – 1905) 475
Mercator, Gerhardus (1512 – 1594) 46, 48, 278, 521
Mercator, Johann (* um 1562) 48
Mercker, Johannes 58
Merian, Matthäus, d. Ä. (1593 – 1650) 53
Merken, Johann 67
Merowech († vor 460) 11
Merton, Richard 471
Metze, Erich 425, 563
Metzen, Albert 282
Metzendorf, Georg (1874 – 1934) 296, 297, 306, 370
Meunier, Constantin (1831 – 1905) 475
Mevissen, Gustav (1815 – 1899) 108, 158
Meya, Heinz 565
Meyer, Heinrich 145
Meyer-Buer, Willi 447
Meyers, Franz (* 1908) 529, 530, 535, 536
Michallek, Max 503
Michels, Josef 432, 462
Mies van der Rohe, Ludwig (1886 – 1969) 531
Mikulič, Branco (* 1928) 628
Miller, Arthur (* 1915) 495
Milser, Rolf 589, 616
Miltenberger, Meinrad 500
Minetti, Bernhard (* 1905) 593
Minne, George 264
Minster, Carl 313, 317
Mitry, Jean 487
Moholy-Nagy, László (1895 – 1946) 476
Möhring, Bruno (1863 – 1929) 271
Moissi, Alexander 382
Mölders, Werner (1913 – 1941) 439
Molenark, Heinrich von Erzbischof von Köln (1225 – 1238*) 27, 28, 420
Mölheim, Gerhard von 38
Moll, Caspar Wilhelm 90
Möller, Adolf Theodor von 261
Möller, Alex (1903 – 1985) 265, 616
Molter, Peter (* 1858) 218
Molzahn, Johannes 476
Mond, Friedhelm van den (* 1932) 626
Monschaw, Wilhelm von 149
Montgomery, Bernard Law (1887 – 1976) 448, 450
Montherlant, Henry de 495
Mönting, Heinrich (1812 – 1907) 170, 283
Moore, Henry (* 1898) 527
Morian, Daniel 154
Moritz, Prinz von Oranien (1567 – 1625) 49
Mörken, Gerald 577
Morlock, Max (* 1925) 488
Mosblech, Berndt (* 1950) 472
Mozart, Wolfgang Amadeus (1756 – 1791) 94, 213, 270
Muddepenning, Heinrich 33
Muench, Aloysius 496
Müggenburg, Günter (* 1926) 371
Mülher, Dethmar (1567 – 1654) 51
Müller, Adolph 193
Müller, Friedrich 105
Müller, Gerd (* 1945) 565
Müller, Hermann (1876 – 1931) 336, 379
Müller-Armack, Alfred (1901 – 1978) 257, 581
Müller-Kray, Hans (1908 – 1969) 285, 547
Müller-Westernhagen, Marius (* 1946) 593
Mulligan, Gerry (* 1927) 516
Mulvany, William Thomas (1806 – 1885) 73, 95, 116, 121, 123, 124, 145, 154, 163, 169, 177, 188, 272
Munch, Edvard (1863 – 1944) 423
Münch, Margarete von, Äbtissin des Klosters Duissern 51
Murach, Michael 421
Murat, Joachim (1767 – 1815) 74, 75
Müser, Robert (1849 – 1927) 214
Mussolini, Benito (1883 – 1945) 423

N

Napoleon I. Bonaparte, Kaiser der Franzosen (1769 – 1821) 70, 73, 74, 76, 78, 80, 81, 82
Nassau, Elisabeth von, Äbtissin des Stifts Essen (1370 – 1412*) 34, 36
Natorp, Ludwig (1774 – 1846) 122
Natta, Giulio (1903 – 1979) 524
Nedelmann, Georg 94
Nederhoff, Johannes 30
Nesle, Marquis de, französischer Marschall 54
Nesselrode, Johann Franz, Freiherr von (1755 – 1824) 58
Neuhaus, Heinz 474, 484
Neuhaus, Johann Diederich 59
Neumann, Jürgen 553
Ney, Elly (1882 – 1968) 213
Nicolai, Friedrich 83
Niemöller, Martin (1892 – 1984) 411, 513
Niepieklo, Alfred 503
Niestrath, Karel 476
Nieswandt, Wilhelm 506
Nietsch, Hubert 392
Nigbur, Norbert (* 1948) 565
Nolde, Emil (1867 – 1956) 423, 476
Nonn, Wolfgang 500
Nonne, Johann Heinrich Christian 73
Noot, Jan Wilhelm 61
Nordwig, Wolfgang 544
Nürnberg, Günter 474
Nursia, Benedikt von (um 480 – um 547) 17

O

O'Neill, Eugene (1888 – 1953) 495
Oberstein, Meina von, Äbtissin des Stifts Essen (1489 – 1525*) 42
Offenbach, Jacques (1819 – 1880) 365
Ohnesorge, Wilhelm 343
Ohrtmann, Ferry 369
Oldenburg, Horst 541
Olivier, Nello 487
Oppenheim, Salomon (1772 – 1828) 158
Ostermann, Graf Heinrich Johann Friedrich (1687 – 1747) 50, 58
Ostermann, Wilhelm 97
Osthaus, Karl Ernst (1874 – 1921) 165, 210, 264, 269, 284, 291, 294, 312, 345, 350, 366, 378, 475, 583, 603
Otto I., der Große, deutscher König und römisch-deutscher Kaiser (912 – 973) 10, 19
Otto II., deutscher König und römisch-deutscher Kaiser (955 – 983) 19
Otto III., Bischof von Münster (1301 – 1306*) 34
Otto III., deutscher König und römisch-deutscher Kaiser (980 – 1002) 19
Otto IV., deutscher König und römisch-deutscher Kaiser (1176 – 1218) 22, 27
Otto, Bernhard 396
Otto, Graf von Altena-Mark 30
Otto, Herzog von Bayern und Schwaben 20
Otto, Theo 476
Oven, Ludwig von 95, 98, 116, 124, 272
Overath, Wolfgang (* 1943) 565
Overbeck, Wilhelm 103, 140
Overbeck-Schenk, Gerta (* 1898) 348
Overberg, Bernard (1754 – 1826) 70
Overlack, Wilhelm 78

P

Pacelli, Eugenio (→ Pius XII., Papst)
Pankok, Otto (1893 – 1966) 214, 476, 535
Papen, Franz von (1879 – 1969) 393, 394
Pappenheim, Gottfried Heinrich Graf zu (1594 – 1632) 51
Pasteur, Gustav 176
Patolitschew, Nikolai S. 549
Paul, Wolfgang (* 1940) 538
Pepping, Ernst (1901 – 1981) 257
Pestalozzi, Johann Heinrich (1746 – 1812) 473
Peters, Hermann 360
Peters, Wolfgang 503
Peterson, Oscar (* 1925) 516
Pettiford, Oskar (1922 – 1960) 516
Peymann, Claus (* 1937) 559, 560, 583, 588, 593, 602, 621, 624
Pfalz-Sulzbach, Franziska Christina von, Äbtissin des Stifts Essen (1726 – 1776*) 58, 65, 66
Pfandhöfer, Eberhard 66, 69, 77
Pfeiffer, Bertram 96
Pfeiffer, Otti (* 1931) 388
Pferdmenges, Robert (1880 – 1962) 513
Pfitzner, Hans (1869 – 1949) 417
Philipp, deutscher König (1177 – 1208) 27
Piclum, Otto Leopold 371
Pielert, F. J. 179
Piene, Otto 476
Piepenstock, Hermann Dietrich (1782 – 1843) 103, 113
Pieper, Lisbeth 392
Pier, Matthias (1882 – 1965) 305
Pilgrim, Erzbischof von Köln 21
Pinkava, Alois 286
Piper, Jo 384
Pippin II., der Mittlere, fränkischer Hausmeier (um 640 – 714) 14
Pippin III., der Jüngere, fränkischer Hausmeier (714/715 – 768) 14
Pius XII., Papst (1876 – 1958) 504
Platte, Rudolf (1904 – 1984) 268, 610
Plottke, Wolfgang 558
Poelzig, Peter (1906 – 1981) 594
Poincaré, Raymond (1860 – 1934) 351, 354
Ponto, Erich (1884 – 1957) 304
Pörtgen, Ernst 425
Posipal, Joseph (»Jupp«) (* 1927) 488
Possekel, Elvira 572
Powell, Bud (1924 – 1966) 516
Prager, Heinz-Günther (* 1944) 444
Preißler, Alfred 503
Prinz, Otto 392
Probst, Hermann 427
Protopopow, Oleg (* 1932) 528
Prümer, Karl (1813 – 1889) 209
Ptolemäus, Claudius (um 100 – nach 160) 14
Pückler-Muskau, Hermann, Fürst von (1785 – 1871) 248
Pütter, Johann Stephan (1725 – 1807) 50

Personenregister

Q

Quadflieg, Will (* 1914) 495
Quandt, Delle 596
Quatuor, Willy 504, 538

R

Radolfus, Abt von Deutz 21
Radziwill, Franz (1895-1983) 392
Rahn, Helmut (* 1929) 488
Randebrock, August 162
Ranke-Heinemann, Uta (* 1927) 376
Raphael, Gaston 342
Rappaport, Philipp (1879 – 1955) 360
Rath, Ernst vom († 1938) 428
Rathenau, Walther (1867 – 1922) 349
Ratzka, Klara (1872 – 1928) 156, 379
Rau, Johannes (* 1931) 542, 584, *585*, 586, 588, 616
Rauhut, Franz 501
Rauner, Lilo (* 1920) 517
Rausch, Viktor 425
Ravel, Maurice (1875 – 1937) 279
Recke, Gerhard Wennemar von der 60
Redder, Theo (* 1941) 538
Reding, Josef (* 1929) 382
Redwitz, Oskar Freiherr von (1823 – 1891) 180
Reger, Erik (eigentlich Hermann Dannenberger) (1893 – 1954) 392, 475, 517
Reger, Max (1873 – 1916) 213
Rehberg, Hans (*1901) 523
Reihenhauer, Erich 389
Reinecker, Herbert (* 1914) 310
Reinhardt, Edgar 421
Reinhardt, Max (1873 – 1943) 382
Reinking, August 85
Reinoldus, hl. 27, 30
Reis, Johann Philipp (1834 – 1874) 172
Reismann-Grone, Theodor 393
Reiß, Heinrich (* 1919) 333
Reitz, Edgar (* 1932) 522
Reitzenstein, Freiherr von 188
Renger-Patzsch, Albert (1897 – 1966) 412
Renneberg, Heinz 513
Rethel, Alfred (1816 – 1859) 83, 475
Reusch, Hermann 493
Reusch, Paul (1868 – 1956) 149, 354, *379*, 408
Reuter, Wolfgang 293
Reutter, Otto (eigentlich O. Pfützenreuter) (1870 – 1931) 264
Reygers, Leonie *499*
Rheinen, Robert *291*
Richter, Annegret (* 1950) 558, *570*
Ridderbusch, Karl (* 1932) 620
Riege, Willy *374*
Riehm, Karl Hans 602, 616
Riemenschneider, Ernst 371
Riesener, Franz *386*
Riesener, Johann Heinrich (1734 – 1806) 58, 73
Rindt, Jochen 544
Robertson, Brian Hubert (1896 – 1974) *452*
Roggensack, Gerd (* 1941) *553*
Rohlfs, Christian (1849 – 1938) 268, 269, 284, *423*, 426, 475, 476
Röhrig 334
Rohwedder, Detlev Karsten (* 1932) 626
Romberg, Freiherr Klemens von (1803 – 1869) 148
Romberg, Giesbert von (1773 – 1859) 75
Römheld, Julius 120
Ronge, Johannes (1813 – 1887) 99
Roon, Albrecht von (1803 – 1879) 150
Rosen, Leo 407
Rosenbaum, Wilhelm 202
Rosenberg, Ludwig (1903 – 1977) 531

Rössing, Karl 476
Rossini, Gioacchino (1792 – 1868) 213
Rosskotten, Heinrich 536
Rost, Klaus-Jürgen 526, 551
Rother 107
Rothschild 158
Rott, Adolf 495
Rozsnyai, Zoltan 512
Ruben, Ernst 333
Rubens, Friedrich Wilhelm 105
Rubner, Max (1854 – 1932) 384
Rudolf I. von Habsburg, deutscher König (1218 – 1291) 31, 36
Rudolf II., deutscher König und römisch-deutscher Kaiser (1552 – 1612) 24, 49
Rudolph, Ehrenfried 563
Rudolph, W. H. (1807 – 1867) 248
Ruetz, Karl 132
Ruhfus, Friedrich Wilhelm 194
Rühmann, Heinz (* 1902) 260
Rühmkorf, Peter (* 1929) 382
Runge, Erika (* 1939) 544
Runge, Hermann 414
Ruprecht von der Pfalz, deutscher König (1352 – 1410) 30
Rüssmann, Rolf (* 1950) 573, 615
Ruthenfranz, Robert (1905 – 1970) 420
Rütt, Walter 345

S

Sachs, Hans-Georg 571
Sachs, Nelly (1891 – 1970) *516*
Saddeler, Hannes *437*
Said Pascha (1822 – 1863) 133
Saint-Saëns, Camille (1835 – 1921) 242
Salentin von Isenburg, Erzbischof von Köln, Bischof von Paderborn (1567 – 1577*) 46
Salm-Reifferscheidt, Anna-Salome von, Äbtissin des Stifts Essen (1646 – 1688*) 54, *55*
Salomon, Franz Pfeffer von 390
Samtlebe, Günter (* 1926) 585, 589, 630
Sander-Dogmalla, Maria 484
Sandmann, Herbert 503
Sartre, Jean Paul (1905 – 1980) 495
Sattler, Paul 461
Sauckel, Fritz (1894 – 1946) 433, 436
Schadow, Johann Gottfried (1764 – 1850) 82
Schaefer 230
Schäfer, Hans (* 1927) 488
Schäfer, Helmut 597
Schäffer, Sylvester 264
Schalla, Hans (* 1904) 470, *486*, 560
Schamoni, Peter (* 1934) 522
Schanzara, Tana *621*
Scharley, Hubert 501, 530
Scharoun, Hans (1893-1972) *506*
Scharrer, Adam 317
Schaub, Bernhard 536
Schaumann, F. *616*
Scheel, Mildred (1932 – 1985) *577*
Scheel, Walter (* 1919) 547
Scheibler, Christoph 54
Scheidemann, Philipp (1865 – 1939) 336, 401
Scheil, Julius 169
Scheinpflug, Paul 373
Schelberger, Herbert *549*
Schell, Maximilian (* 1930) 537
Schenk, Martin 46
Scheuer, Michael 484, 500
Schill, Ferdinand von (1776 – 1809) 76
Schiller, Friedrich von (1759 – 1805) 70, 94, 295, 348, 356, 378, 382, 495
Schiller, Karl (* 1911) 538, 539, *547*, 549
Schily, Konrad 608
Schiprowski, Claus 544
Schirach, Baldur von (1907 – 1974) 432

Schirmbeck, Heinrich (* 1915) 314
Schlebrowski, Elwin 503
Schleef, Wilhelm 542
Schleef, Wilhelm (1889 – 1968) 195
Schlegel, Johann Joachim 115
Schlemmer, Oskar (1888 – 1943) 423
Schmeißer, Martin 543
Schmeling, Max (* 1905) *378*, 484
Schmidt, Alfred (* 1935) 538
Schmidt, August (1878 – 1965) 311, *461*
Schmidt, Helmut (* 1918) 573, *582*
Schmidt, Karl-Heinz 500
Schmidt, Paul 519
Schmidt, Robert 301, 343, 583
Schmidt, Th. *620*
Schmidt, Vollrath 152
Schmidt-Rottluff, Karl (1884 – 1976) 423
Schmitt, Saladin (1883-1951) *338*, 348, 378, 435, 470, 477, 495, 560
Schmitz-Hohenschutz, Karl 392
Schmohl, Robert 281, 297, 299
Schmole, Ludwig 149
Schmurr, Wilhelm 525
Schnelldorfer, Manfred (* 1943) 528
Schnütgen, Alexander (1843 – 1918) 95, 325
Schock, Rudolf (1915 – 1986) 314, *620*, 622
Scholl-Latour, Peter (* 1924) 361
Schomberg, Hermann (1907 – 1975) 283, 568
Schöpper, Jacob († 1554) 46
Schöppner, Erich 495, 513, 516
Schorlemer-Alst, Burghard Freiherr von (1825 – 1895) *137*, 224
Schott, Otto (1851 – 1935) 111, 181, 414
Schott, Simon 114
Schreber, Daniel Gottlieb Moritz (1808 – 1861) 281
Schregel, Carl († 1904) 180
Schriver, Johann 43
Schröder, Johannes *348*
Schröder, Ludwig 196, 198
Schroer, Wilhelm 112
Schubert, Franz (1797 – 1828) 242, 494
Schüchter, Wilhelm (* 1911) 536
Schücking, Levin (1814 – 1883) 106, 119
Schuerholz, Karl August 73
Schulte, C. L. 151
Schulte-Mattler, Heike 616
Schulz, Erich 373
Schulz, Hugo *143*
Schulz-Dornburg, Rudolf (1891 – 1949) 338, 350, 378
Schulze, Karl 373
Schulze-Vellinghausen, Albert (1905 – 1967) *512*
Schumacher, Emil (* 1912) 299, 476, 525
Schumacher, Eugen 487
Schumann, Robert (1886 – 1963) 481
Schumpeter, Josef Alois (1883 – 1950) 107
Schürenberg, Wilhelm 160
Schürgen, Johann 40
Schütte, Joseph 140
Schüttpelz, Barbara 616
Schütz, Carl (1745 – 1800) 153, 475
Schütz, Werner 495, 514
Schwab-Felisch, Hans (* 1918) 531
Schwanhild, Äbtissin des Stifts Essen (1073 – 1085*) 21
Schwartz, Friedrich A. 137, 165
Schwarz, Georg (1896 – 1943) 392
Schwarzenau, Dieter 422
Schwarzenbeck, Hans Georg (* 1948) 565
Schweisfurth, Ludwig 232
Schweißfurth, Otto 425, 432, 615
Schweitzer, Albert (1875 – 1965) *512*
Schwickert, Ludwig 392
Schwitters, Kurt (1897 – 1948) 588

Seagren, Robert 544
Seebohm, Hans-Christoph (1903 – 1967) 511, *521*, 523
Seelig, Matthias 593
Seeling, August 474, 540
Seifert, Theodor 586
Selbmann, Fritz 357
Sellner, Gustav Rudolf 531
Senger, Klaus (* 1945) 573
Seppelfricke, Johann 339
Seppelfricke, Wilhelm 339
Sercu, Patrick 541
Serra, Richard (* 1939) 588
Sethe, Paul (1901 – 1967) 257, 538
Severing, Carl (1875 – 1952) 334, 384, 390
Shakespeare, William (1564 – 1616) 378, 470, 486, 495, *512*
Sherwood, Robert E. (1896 – 1955) 495
Siebert, Günter (* 1930) *553*, 615, 625, *630*
Sieburg, Erich 360
Siegel, August (1856 – 1936) *196*, 198
Sielmann, Heinz (* 1917) 487
Siemens, Carl Friedrich von (1872 – 1941) 342, 471
Siemens, Friedrich (1826 – 1904) 151
Siemens, Werner (1816 – 1892) 114, 342
Siemens, Wilhelm (1823 – 1883) 151
Siepmann, Heinrich 476, 525
Sigibert, König der Rheinfranken 10
Silverberg, Paul (1876 – 1959) 395
Simon, Agnes (* 1935) 580
Sitte, Camillo (1843 – 1903) 236
Skricek, Reinhard 572
Slomiany, Waldemar (* 1943) *553*
Sobieray, Jürgen (* 1950) 573
Solal, Martial 516
Somodi, Ferenc 589
Sonnenschein, Heinrich 117
Sotin, Hans 429
Spanier, Muggsy 516
Spaur, Maria Clara von, Äbtissin des Stifts Essen (1614 – 1645*) 51
Spee, Graf von 75
Spethmann, Hans 380
Spindel, Ferdinand 476
Springorum, Friedrich (1858 – 1938) *236*, 424
Spürkel, Willi 392
Staal, Viktor 438
Stammen, Karl Wilhelm 256
Stark, Günter 382
Starr, Ringo (* 1940) *537*
Stauder, Jacob 195
Stauder, Theodor 195
Stecke, Johann, Graf von Dortmund († 1504) 43
Stecke, Johannes, Abt von Werden (1436 – 1451*) 38
Steckel, Frank-Patrick (* 1943) 624
Steger, Milly 476
Stegerwald, Adam (1874 – 1945) 388
Steilmann, Klaus (* 1929) 504, 612
Stein, Heinrich Friedrich Karl, Reichsfreiherr vom und zum (1757 – 1831) 50, *66*, 69, 72, 73, 77, 87, 91, *95*, 178
Stein, Wilhelm 116
Steinbeis 107
Steinen, Johann Diederich von (1699 – 1759) 61, 169
Steinen, Karl von den (1855 – 1929) 117, 382
Steiner, Rudolf (1861 – 1925) 548
Steinert, Otto 581
Steinhoff, Fritz (1897 – 1969) 496
Stephan II., Papst (752 – 757*) 14
Stern de Neumann, Beate Alice 428
Steuer, Anni 421
Stinnes d. Ä., Hermann 102
Stinnes, Georg 102
Stinnes, Gustav (1826 – 1878) 149
Stinnes, Hermann 102

Stinnes, Hugo (1870 – 1924) 152, 214, 232, 234, 260, 279, 292, 325, 330, *342*, 349, 361, 363, *366*, 377, 446, 599
Stinnes, Johann Gustav 114
Stinnes, Joseph 102
Stinnes, Mathias (1790 – 1845) 93, 102, 111, 113, 114, 176
Stolberg-Wernigerode, Heinrich Graf von 116
Stork, Nelson J. 519
Strack, Karl 294
Strack, Wilhelm 89
Straßburger, Hermann 133
Straßburger, Johann 133
Strasser, Gregor (1892 – 1934) 390
Sträter, Heinrich 461
Strauß, Franz-Josef (* 1915) 539, 592
Strauss, Richard (1864 – 1949) 174, 213, 270, 282, 536
Streicher, Julius (1885 – 1946) *407*
Streletz, Werner 468
Stresemann, Gustav (1878 – 1929) 355, 365, 382
Strousberg, Henry Bethel 149
Stroux, Karl Heinz (1908 – 1985) 285, 495, 560, 616
Strünkede, Jobst Ritter von († 1529) 44
Strünkede, Reinhard Ritter von († 1535) 44
Strünkede, Ritter von 22, 230
Stumpf, Wilhelm 86, 288, 338, 348
Stumpp, Emil 476
Sturm, Wilhelm (»Willi«) (* 1940) 538
Süpplingenburg, Lothar von, Herzog von Sachsen (um 1075 – 1137) 10
Suyr, Henrik de 43
Sys, Karel 484
Szepan, Fritz (1907 – 1974) 413, 425, 432

T

Tamms, Werner 495
Tatai, Tibor 544
Tatarek, Paula *465*
Tauber, Richard (1892 – 1948) 365
Taut, Bruno 476
Ten Hoff, Hein 474
Terboven, Joseph (1898 – 1945) 419
Tersteegen, Gerhard (1697 – 1769) 54, 60, 62
Tgahrt, Erich 424
Theisen, Carl 146
Theoderich der Große, König der Ostgoten (um 453 – 526) 24
Theophanu, Äbtissin des Stiftes Essen (1039 – 1056*) 21, 22
Theuderich III., König der Franken (673 – 691*) 14
Thiatgrim, Bischof von Halberstadt, 4. Abt von Werden († 840) 18
Thiathild 19
Thier, Gustav *117*
Thimm, Ute 616
Thomalla, Gerda *620*
Thomas, Sydney Gilchrist (1850 – 1885) 176
Thompson, Daley 602
Thomson, Lucky 516
Thorn Prikker, Johan (»Jon«) (1868 – 1932) 294, 373, 476
Thurn und Taxis, Grafen von 58
Thyssen, August (1842 – 1926) 153, 154, 172, 177, *198*, 209, 230, 232, 260, 261, 265, 279, 288, 291, 292, 317, 330, 354, *363*, 372, 479
Thyssen, Friedrich 198
Thyssen, Fritz (1873 – 1951) 162, 222, 354, 359, 379, 395, 408, *431*, 479
Thyssen-Bornemisza, Heinrich (1875 – 1947) 168
Tiberius Claudius Nero, römischer Kaiser (42 v. Chr. – 37 n. Chr.) 9, 11, 12
Tibulski, Otto 425, 432, 438, 615
Tilkowski, Hans (* 1935) 538

Personenregister

Todt, Theodor 222
Tögel, Theodor 150
Tölcke, Carl Wilhelm (1817–1893) *143*, 169, 198
Tollmann, Günther 476
Toole, James 169
Toynbee, Arnold Joseph (1889–1975) 107
Trajan, Marcus Ulpius, römischer Kaiser (53–117) 13
Treskow, Elisabeth von 476
Tritthart, Edgar 536, 559
Tropsch, Hans (1889-1935) *372*
Tschaikowski, Peter Iljitsch (1840–1893) 213
Tucholsky, Kurt (1890–1935) 518
Tudor, Henri 193
Turek, Anton (»Toni«) (1919–1984) 488
Turenne, Henri de la Tour d'Auvergne, Vicomte de (1611–1675) 50, 54
Tybius, Deryck 44

U

Uebing, Dieter 563
Uecker, Günther (* 1930) 476
Ufermann, Paul *342*
Uhde, Friedrich († 1966) *347*
Ulfilas, gotischer Bischof (um 311–383) 22, 24
Unckell, Anton 214
Unterberg, Johannes 447
Unverhau, Wilhelm 215
Urban, Adolf (1914–1943) 425, 432
Urbaniak, Hilde *513*

V

Valla, Trebisonda 421
Varus, Quinctilius Publius, römischer Feldherr (46 v. Chr.–9 n. Chr.) 11, 12
Vattmann, Wilhelm *168*, 218
Vaupel, Karl 360

Velde, Henry van de (1863–1957) 264, 284, 476
Veleda, Priesterin der Brukturer 13
Verdi, Giuseppe (1813–1901) 288, *499*
Verhoeven, Paul (1901–1975) 257, 568
Vincke, Freiherr Ludwig von (1774–1844) 87, 88
Vincke, Georg Ernst Friedrich von (1811–1875) 80, 168, 224
Vinicius, Marcus, römischer Feldherr 9
Vockeradt, Heinrich 230
Vogel, Hans 619
Vogel, Heinz 563
Vögler, Albert (1877–1945) 334, *372*, 446
Vogt, Franz *447*
Vogts, Hans-Hubert (»Berti«) (* 1946) 565
Vollmer, Walter (1903–1965) 265, 528
Vopel, Heinz 414, *432*
Voß, Josef (1898–1961) 233, 514

W

Wagner, Adolf 421, 425
Wagner, Josef (1898–1945) 367, 393, 402
Wagner, Richard (1813–1883) 213, 242, 270, 304, 313, 348, *474*
Waldburg, Gebhard Truchseß von, Erzbischof von Köln (1547–1601) 26, 48
Waldoff, Claire (eigentlich Klara Wortmann) (1884–1957) 185, 500
Waldthausen, Justus 66
Waldthausen, Wilhelm 66
Wallrabe, Otto 152
Wallraff, Günter (* 1942) 517, 587, *619*
Walram IV., Herzog von Limburg und Jülich 27, 31, 287
Walram von Jülich, Erzbischof von Köln (1332–1349*) 34, 37

Waltemathe, Inge 513
Walter, Fritz (* 1920) 488
Walter, Ottmar (* 1924) 488
Watt, James junior 89
Watter, Oskar von (1861–1939) 334
Weber, Carl Maria von (1786–1826) 156, 174, 242, 338
Weber, Hartmut 602
Weber, Jutta 558
Weber, Ludwig 378
Weber, Regina 616
Weber, Th. 112
Wedekind, Frank (1864–1918) 597
Wedelstaedt, Carl von 377
Weineck, Ernst 377
Weiser, Grethe (1903–1970) 438
Weizsäcker, Carl Friedrich von (* 1912) 501
Wendenburg, Friedrich 392
Wendt 51
Wenge, Franz Ferdinand Freiherr von (1707–1788) 58, 62, 66, 171
Wenker, Heinrich (1825–1905) 86, 103
Wennemar de Essende 33
Wenner-Gren, Axel 528
Wentzke, Friedhelm 513
Wenzel IV., deutscher König (1361–1419) 36
Wenzel, Hartmut 572
Werdehausen, Hans 525
Werl, Grafen von 10
Werl, Hermann Graf von 16
Werner, Georg (1877–1968) 225, 243, 382
Wessing, Michael 602
Westerhold, Maximilian Friedrich, Reichsgraf von 85
Westhoff, Dietrich († 1551) 39
Westphalen, Johann von 46
Wewering, Heinz (* 1950) 610
Weyer, Willi (* 1917) 322
Weyhe, Maiximilian 91

Widukind, Sachsenführer 10, 14, 15
Wieprecht, Christoph (1875–1942) 168, 360, 436
Wiese, Herbert 474
Wikfried, Erzbischof von Köln 19
Wilberg, Friedrich 86
Wildenberg, Adelheid von, Äbtissin des Stifts Essen (1216–1227*) 29
Wilder, Thornton Niven (1897–1975) 495
Wilhelm Friedrich von Nassau-Oranien (1788–1816) 75
Wilhelm I., König von Preußen und Deutscher Kaiser (1797–1888) 132, 133, 148, 150, 187, 219, 240, 262
Wilhelm II., Graf von Limburg 41
Wilhelm II., König von Preußen und Deutscher Kaiser (1859–1941) 195, 196, 202, 227, 231, 238, 240, 261, 302, 310, 325, 326
Wilhelm III. von Oranien, König von England (1650–1702) 58
Wilhelm IV., Herzog von Bayern (1493–1550) 43
Wilhelm V., der Reiche, Herzog von Jülich-Kleve-Burg-Mark (1538–1592) 26, 49, 55
Wilhelm von Holland, deutscher König (1227–1256) 27
Wilhelm Wirich, Graf von Daun-Falkenstein 51
Wilhelm, Graf von Moers 22
Wilhelm, Herzog von Jülich 34
Williams, Tennessee (eigentlich Thomas Lanier Williams) (1911–1983) 495
Williburg 19
Winkelmann, Adolf 585, 596
Winkler, Josef 517
Winter, Fritz (1905–1976) 273, 476, 572
Winterstein, Eduard von (eigentlich Eduard Clemens Freiherr von Wangenheim) (1871–1961) 382
Wintjes, Josef 553

Wirth, Joseph (1879–1956) 349
Wißmann, Johann Heinrich 58
Withof, Johann Hildebrand 60
Witte, Georg Hendrik 185, 242
Wittfeld, Johannes Heinrich 104
Wittkamp, Jürgen (* 1947) 573
Wittringen, Ludolph von 30
Wohlgemuth, Hildegard (* 1917) 322
Wohlgemuth, Otto (1884–1965) 185, 360, 468, 528
Wolff, Mathilde 244
Wolfgang Wilhelm von Pfalz-Neuburg (1578–1653) 51
Worms, Bernhard (* 1930) 616
Wüllner, Günter (* 1926) 626
Wüsthaus, Adolf 44

X

Xanten, Norbert von (1082–1134) 21, 22, 23

Z

Zadek, Peter (* 1926) 558, 560, 583, 588
Zahn, Peter von (* 1913) *469*
Zech, Paul (1881–1946) *307*
Zech, Rosel (*1942) 630
Zech, Sabine (*1940) 630
Zehnter, Gerhard *527*
Zeiler, Martin 53
Zeiss, Carl (1816–1888) 181
Zeppelin, Ferdinand Graf von (1838–1917) 288
Zerta, Klaus 513
Ziegler, Karl-Waldemar (1898–1973) 233, *524*, 561
Zielasko 447
Zielonke, Manfred 616
Zola, Émile (1840–1902) 338
Zöpel, Christoph (* 1943) 622
Zschokke, Heinrich 94
Zucchi, Christian (1811–1889) 248
Zweigert, Erich (1849–1906) 189, 194, 212, 234, 246, 279

Sachregister

Das Sachregister enthält neben Schlagworten zu übergreifenden Themen und Stichworten zu allen wichtigen Ereignissen der Ruhrgebietsgeschichte sämtliche in diesem Buch genannten Städte und Gemeinden, Unternehmen, Institutionen, Organisationen und Vereine sowie Presse-Erzeugnisse unter ihren jeweiligen historischen Bezeichnungen. Ortsangaben hinter den Stichworten bezeichnen den Schauplatz eines Ereignisses bzw. den Sitz der Firmen, Organisationen usw. sowie den Erscheinungsort einer Zeitung/Zeitschrift. Jahresangaben verweisen auf Anfang bzw. Ende eines Ereignisses bei Firmen, Institutionen, Organisationen und Vereinen sowie Presse-Erzeugnisse auf das Gründungs- oder erste Erscheinungsjahr. Kursive Zahlen verweisen auf Abbildungen. Nicht berücksichtigt sind Eintragungen aus dem Anhang.

A

Aachener Hütten Aktienverein 283
Ablaß (1515) 43
Abtei Werden 10, *16*, 18, 19, 20, 21, 22, 24, 30, *32*, 33, 50, 53, 56, 61, 73
Äbtissinnenstreit (1292) 30
Äbtissinnenstreit (1489) 42
Abwanderung, Ruhrgebiet (1978) 581
Actienbrauerei, Essen (→ Stern-Brauerei Carl Funke, Essen)
Adlerbrauerei, Unna (1867/68) 147
Adolf-Grimme-Institut, Marl (1973) 561
AG für Bergbau, Blei- und Zinkfabrikation, Dortmund (1860) 130
AG für chemische Industrie, Gelsenkirchen (1872) 158, 272
Aktion Roter Punkt (1971) 552
Aktionsprogramm Ruhr (1979) 584, 585
Allgemeine Arbeiterverbrüderung (1848) 143
Allgemeine Bergarbeiter Union (1919) 334, 335, 362
Allgemeine Elektrizitätsgesellschaft (AEG), Berlin (1883) 342, *344*
»Allgemeine Politische Nachrichten«, Essen (1799) 124
Allgemeiner Deutscher Arbeiterverein (ADAV) (1863) 143, 144, 149, 159
Allgemeiner Deutscher Gewerkschaftsbund (ADGB) (1919) 339, *349*
»Allgemeines Hagener Kreisblatt« (bis 1864) 142
Allgemeines Preußisches Landrecht (1794) *69*, 86
Alteburg (um 800) 14

Altenberg Zink, Oberhausen (1852) 113
Alter Verband (1889) 195, 198, 200, 204, 218, 222, 246, 261, 273, 275, 292, 299, *311*, 324, 329, 331, 334, 335, 343, 361, 362, 389, 404, 406, 461
Altlasten (1983) 607
Anreppen, Römerlager (um die Zeitenwende) 9
Antonii-Hütte, St., Oberhausen-Osterfeld (1758) 61, *62*, 66, 72, 77, 93, 99, 171, *248*, *249*, 521
»Anzeiger für Hörde, Schwerte, Aplerbeck und Umgegend« (1857) (ab 1860 »Hörder Volksblatt«) 123
Aplerbecker Aktien-Verein, Dortmund (1856) 120
Appeltatenkirmes 22
ARAL AG, Bochum (1962) 520, 524, 540, 549
Arbeiter- und Gesellenvereine 92, 114, 115, 181
Arbeitslosigkeit 366, 385, 387, 388, 395, 539, 549, 570, 577, 600, 612, 623, 625, 626, 627, 629
Arbeitsrecht 128, 148, 157, 200, 211, 213, 216, 273, 274, 430, 478, 619, 624
Architektur *57*, *142*, *155*, *161*, *167*, *210*, 220, 221, *236*, 269, *271*, *284*, *287*, 296, 373, *387*, *473*, 474, *506*, *512*, *540*, *570*, 575, 576, *586*, *595*, *601*, *606*, *622*
Arenberg'sche AG für Bergbau und Hüttenbetrieb, Essen (1856) 120, 125
»Argus«, Recklinghausen 81
Armenfürsorge 42, 82, 164
ASV Heros Dortmund 425, 551
Augsburger Religionsfrieden (1555) 26
August-Thyssen-Hütte, Dinslaken, Duisburg (1891) 330, 337, 362, 366, 372, 427, 465, 468, 493, 505, 513, *520*, 528, 587
Augustinerorden (1122) 23
Aussperrung, Metallindustrie (1928) 379
Aussperrung, Ruhrbergbau (1923) 359
Aussperrung, Ruhrbergbau (1924) 361
Aussperrung, Ruhrbergbau (1931) 388, 389
Auto 289, *345*, 408, *494*, 544, 562, 573, 591, *592*, *606*

B

Babcock & Wilcox, Deutsche Dampfkessel-Werke AG, Oberhausen (1898) 234
Badminton 580
Ballspielverein Borussia 09 (→ Borussia Dortmund)
Bandeisenwalzwerk AG, Dinslaken 424
Basketball 564, 580
Bataveraufstand (69/70) 11, 13
Bauchenossenschaften 376, 412
Bechem und Kestmann, Maschinenfabrik, Duisburg (1862) 136
Beckinghausen, Römerlager (um die Zeitenwende) 9

Beginenhäuser 26, 30, 33, 44, 54, 55
Bekennende Kirche (→ Nationalsozialistische Herrschaft)
Benediktinerorden (1122) 23
Benediktinerregel (816; 817/19) 17
Benrather Maschinenfabrik AG 293
Bergamt, Essen-Werdensches 86, 111, 115
Bergamt, Märkisches 66, 95, 111, 115
»Bergarbeiterzeitung«, Bochum 246
Bergbau
– Abbau *48*, *64*, 121, *224*, 225, 385, 580
– Direktionsprinzip 64, 111, 144, 196
– Fördertechnik *48*, 80, 91, 109, 121, *184*, *225*, *277*, 385, 624
– Gewerkschaften 46, 51, 68, 73, 104, 116, 144, 159
– Grubensicherheit 280, 286, 300, 367, 461, 481, 493
– Hüttenzechen 214
– Jahrhundertvertrag (1980) 590
– Kleinzechen 61, 92, *573*
– Kohlearten 93
– Kohleflöz 61, *62*, *64*, 77, 92, *277*
– Kohlepfennig 627
– Malakoffürme 115
– Nordwanderung 121, 305, *605*
– Pferdeförderung 110
– Schlagwetter 182, 192, 286, 300, 461
– Seilfahrt *126*
– Stollenbergbau 92, 121, 359
– Streckenvortrieb 121, *224*, 225
– Tiefbauschächte 72, 92, 93, 116, 121, *277*
– Überschichten 343, 350, 359, 361
– Verbundbergwerke 540, 552
– Wasserhaltung 77, 80, 93, 121, *277*
– Wetterführung 119
– Zechenstillegungen 255, 366, 382, 526, 535, 542
Bergbau AG Concordia, Oberhausen (1850) 109, 125, 377
Bergbau AG Glückauf, Mülheim an der Ruhr (1856) 120
Bergbau AG Hellweg, Unna (1856) 120
Bergbau AG Holland, Bochum-Wattenscheid (1856) 120
Bergbau AG Mark, Dortmund (1857) 123
Bergbau AG Neu-Duisburg (1856) 120
Bergbau AG Neu-Essen (1855) 158
Bergbau AG Neu-Hoffnung, Oberhausen 479
Bergbau AG Pluto, Essen (1865) 144
Bergbau AG Tremonia, Dortmund (1856) 115, 120
Bergbaukrise (1925) 366
Bergbaukrise (1958) 456, 505, 545, 546
Bergbaukrise (1959) 509
Bergbaukrise (1963) 524
Bergbaukrise (1964) 526
Bergbaukrise (1966) 535
Bergbaukrise (1967) 538, 539

Bergbaukrise (1968) 542
Berger & Co., Gußstahlfabrik, Witten (1853) 109, 114
Bergisch-Märkische Eisenbahn 100, 101, 113, 137, 138, 140, 145, 152, 165, 174, 181
Bergius-Hydrierverfahren (1913) *416*, 420
Bergkamen 201, 461, 535, 549, 580, 583, 600
– Oberaden 605
– Römerlager Oberaden (um die Zeitenwende) 9, 11, 12
– Weddinghofen 410
Bergmann-Brauerei, Dortmund 556
Bergmannsstand 62, *64*, 79, 90, 131
Bergordnung, Essener (1575) 46
Bergordnung, Revidierte (1766) (→ Revidierte Bergordnung für das Herzogtum Cleve, das Fürstentum Meurs und die Grafschaft Mark) 79
Bergrechtsreformen, Preußische (1851–1865) 111, 130, 131, 144, 199
Bergschäden 554
Bergwerksgesellschaft Dahlbusch AG (1873) 162
Bergwerksgesellschaft Dortmunder Steinkohlenbergbau AG Louise Tiefbau, Dortmund (1873) 162
Bergwerksgesellschaft Trier GmbH (1904) 273
Berliner Universum Film AG (Ufa) 289
»Biblia Sacra« (1625–27) 53
Bier 32, 38, 39, 43, 95, 103, 148, 176, 370, 496, 556, 601
Bildungswesen 40, 44, 46, 50, *70*, 79, 86, 92, 122, *143*, 147, 181, 184, 253, *268*, 290, 295, 315, 384, 423, 454, 504, 513, 533, 534, 536, 548, 552, 555, 558, 581, 608, 624
Billard 568
Bizone 463
Blutgericht zu Verden (um 800) 15
Bochum – 11, 15, 16, 17, 18, 21, 22, 30, 33, 34, 35, 36, 39, 41, 43, 51, 54, 56, 58, 61, 62, 63, 64, 65, 66, 70, 71, 72, 73, 76, 79, 80, 81, 87, *91*, 92, 94, 95, 97, 98, 100, 106, 107, 110, 111, 114, 115, 120, 122, 123, 125, 128, 129, 132, *137*, 138, 141, 142, 143, 145, 149, 152, 154, 170, 171, 172, 174, 175, 177, 178, 180, 181, 185, 188, 190, 191, 194, 195, 197, 207, 208, 209, 211, 214, 215, 217, 219, 226, 228, 233, 234, 242, 244, 250, 259, 261, 265, 280, 281, 282, 283, 290, *293*, 299, 300, 302, *308*, 316, 319, 320, 322, 324, 325, 334, 336, 337, 344, 348, 349, 350, *352*, *353*, 362, 367, 371, *375*, 383, 385, 387, 395, *396*, 399, 402, *404*, 425, 429, 434, 435, 438, 439, *440*, 443, 445, 446, 451, 452, 456, 465, 474, 477, 481, 484, 487, 494, 496, 504, 509, 514, 515, 516, 552, 555, 566, *569*, 570, 583, *588*, *593*, 597, *601*, *606*, 608, 613, 617, 623, 625, 630
– Altenbochum 120, 188
– Bergmannsheil, Krankenhaus (1890) 201, *205*

– »Bochumer Schmied« (1915) 314
– Burg Horkenstein *256*
– Dahlhausen 95, 98, 100, 121, 125, 189, 198, 268, 578
– Grumme 268
– Hamme 268
– Harpen 62, 65, 573
– Hattingen 29
– Hauptbahnhof 502
– Hofstede 268
– Hordel 16, 127, 281
– Laer 152, 198, *519*
– Langendreer 77, 152, 188, 211, 225, 268, 273, *519*
– Linden 162, 183, 185, 189, 202, 268
– Maiabendlegende 65
– Marktrecht (1324) 33
– Planetarium 527
– Propsteikirche 22, 24, 43, 460, *511*
– Rathaus 54, 189
– Ruhr-Universität 529
– Ruhrland-Halle 527
– Ruhrpark-Einkaufszentrum *541*
– Ruhrstadion *589*
– Schauspiel 338, 378, 470, 486, 495, 537, 558, 559, 588, 593, 602, 621, 624
– Sinfonieorchester 338
– Stadtbrand (1517) 43
– Städtisches Orchester 152
– Stadtwappen *307*
– Stadtwerdung (1426) 38
– Stahlhausen 127
– Sternwarte 501
– Stiepel 21, 61, 121
– Theater 288
– Theatergemeinschaft Duisburg 348
– Wattenscheid 21, 41, 68, 120, 127, 168, 170, 177, 179, 188, 198, 254, *309*, 371, 394, 395, 504, 551, 555, 564, 572, 598, 612
– Weimar 268, *473*, *485*, 498
– Werne 56, 120, 238
– Wiemelhausen 62, 268
Bochum-Gelsenkirchener Straßenbahnen AG (Bogestra) (1896) 228, 424
»Bochumer Anzeiger« 400, 401
Bochumer Bergwerks AG (1864) 158
Bochumer Radfahrverein von 1884 219
Bochumer Verein für Bergbau und Gußstahlfabrikation (vorm. Mayer & Kühne) (1854) 108, *116*, *223*, 317, 342, 424, 445, 468, 528
»Bochumer Volksblatt« 400
»Bochumer Wochenblatt« 132
Bönen 165, 179, *324*, *374*
Börtschiffahrt (1674) 54
Boruktuaren (→ Brukterer)
Borussia Dortmund 290, 472, 496, 503, 506, 514, 523, 525, 526, 528, 538, 565, 598
Borussiahütte, Duisburg (1844) 95
Bottrop 11, 19, 21, 22, 33, 52, 71, 120, 125, 153, 156, 191, 195, 209, 210, 280, 291, 321, 327, 383, *395*, 401, *448*, 449, 457, 484, 496, 504, 524, 565, 568, 570, 583, 617, 629, 630

663

Sachregister

- Kirchhellen 19, 27, 47, 86, 568, 572
- Michaelismarkt (1432) 38
- Quadrat 572, *609*
»Bottroper Protokolle« (1968) 544
»Bottroper Volkszeitung« 191, 261, 321
Boxen 378, *474, 484,* 495, 504, 513, 516, 538, 544, 568, 589
Brauerei Fritz Rasche, Unna (1900) 246
Brauerei Glückauf, Fritz Schulte im Hofe, Pokorny und Comp., Gelsenkirchen (1887) 191
Brauerei Rasche und Beckmann, Unna (1871) 128
Brauerei Scharpenseel (später Schlegel-Scharpenseel), Bochum (1853) 114, 424
Braupriviled, Dortmund (1293) *32, 39*
Brauwesen *32, 39,* 103, 148, 160, 174, 370, 498, 556, 601
Breckerfeld 22
Brieftauben 156, 179, 180, 262, 263, 359, 557, 628
Broicher Bergwerks-Aktien-Verein, Mülheim an der Ruhr (1856) 120
Brukterer 9, 10, 11, 13, 14, 16
BUNA 427, 465
Bund der Polen in Deutschland (1894) 218
Bund deutscher Mädel (→ Nationalsozialistische Herrschaft)
Bundestagswahlen
- (1949) *470*
- (1953) *486*
- (1957) *501*
- (1961) *515*
- (1965) *530*
- (1969) *547*
- (1972) *556*
- (1976) *573*
- (1980) *592*
- (1983) *607*
- (1987) *625*
Burg Blankenstein 29, 39, *282*
Bürgerrecht (1400) 38
Büsche & Müller, Akkumulatorenfabrik, Hagen (1887) (ab 1962 Varta AG) 193

C

Cappenberg 10, 22, 23, 26, 27, 43, 184
- Kloster Cappenberg 23, 45
Care-Pakete, Bergbau (1947) 463
Castrop-Rauxel 16, 41, 80, 127, 145, 153, 171, 174, 181, 185, 189, *203,* 230, 238, 246, 250, 254, 260, 285, 321, 324, 371, 376, 380, 395, 406, 457, 474, 487, 515, 520, 570, *573,* 585, 623, 625
- Westfälisches Landestheater 457
- Haus Goldschmieding 57, 169, *193*
Central-Aktiengesellschaft für Tauerei und Schleppschiffahrt, Mülheim an der Ruhr (1853) 114
Centralverband deutscher Industrieller (1876) 170, 175
Chamaven 9, 10, 11
Chattuarier 9, 11, 14
Chemische Werke Hüls GmbH, Marl-Hüls (1938) 427, 436, 445, 465, 477, *478,* 482, 504
Cherusker 9, 12
Christlich-Demokratische Union (CDU) (1945) 457, 470, 486, 487, 501, 515, 530, 535, 547, 548, 556, 573, *592,* 607, 616
Christlich-Soziale Union (CSU) (1945/46) 486, 501, 515, 547, 556, 573, *592,* 607
Christlicher Metallarbeiterverband 379
Christlicher Verein Junger Männer (CVJM) (1844) 404
Clevisch-Märkische Bergordnung (1542) 43

»Code Napoleon« (1810) 81
»Codex Argenteus« 16, 22, 24
Cölner Bergwerksverein, Essen (1847) 125
Colonia Ulpia Traiana (→ Xanten)
Cosack & Co., Drahtwalzwerk, Hamm (1854) 109
Cranger Kirmes 90, *347*

D

Dänischer Krieg (1362 – 1370) 35
Datteln 22, 27, 91, 125, 260, 299, 319, 391, 420, 434, 487, 500, 524, 542, 552, 561, 601, 621
Datteln-Hamm-Kanal 314, 391
DBC Bochum (Billard) 568
DELOG (→ Deutsche Libbey-Owens Gesellschaft für maschinelle Glasherstellung)
DEMAG (→ Deutsche Maschinenfabrik AG)
Demontage 339, 455, 456, 465, 468, 479
Détillieux Frères et Cie., Essen-Bergeborbeck (1851) 153
Deutsch-Französischer Krieg (1870/71) 156, 158, 173, 183, 187
Deutsch-Freisinnige Partei 196
Deutsch-Luxemburgische Bergwerks- und Hütten AG, Berlin (1901) 257, 280, 342, 446
Deutsche Arbeitsfront (→ Nationalsozialistische Herrschaft)
»Deutsche Blätter«, Dortmund (1813) 84
Deutsche BP AG, Hamburg 582
Deutsche Demokratische Partei (DDP) (1918) 336, 339, 344, 362, 379
Deutsche Edelstahlwerke AG 505
Deutsche Erdöl AG (DEA) 535
Deutsche Fortschrittspartei (1861) 112, 132, 152, 153, 179, 185, 191
Deutsche Jugendkraft (DJK) 396, 404
Deutsche Kohlenbergbau-Leitung (1947) 478
Deutsche Libbey-Owens-Gesellschaft für maschinelle Glasherstellung (DELOG), Gelsenkirchen (1925) 367, 549
Deutsche Luftreederei (DLR) 344
Deutsche Maschinenfabrik AG (DEMAG), Duisburg (1910) 83, 293
Deutsche Nationalversammlung (1848) 97
Deutsche Partei (DP) (1947) 478, 486
Deutsche Tafelglas AG (DETAG), Witten (1825) 549
Deutsche Volkspartei (DVP) (1918) 171, 283, 336, 344, 379, 406
Deutscher Arbeiterturnbund (ATB) 237
Deutscher Bund (1815 – 1866) 84, 92
Deutscher Fußball-Bund (DFB), Frankfurt am Main (1902) 229, 307, 350, 525, 532, 555, 573, 610
Deutscher Gewerkschaftsbund (DGB), Düsseldorf (1949) 531, 542, 624
Deutscher Krieg (1866) 187
Deutscher Metallarbeiter-Verband (DMV) 379
Deutscher Orden (1190) 26, 30, 56
Deutscher Werkbund (1907) 291
Deutscher Zollverein (1834) 92
Deutsches Bergbau-Museum, Bochum 387, *569,* 584
Deutsches Wohnungshilfswerk (→ Nationalsozialistische Herrschaft)
Deutschnationale Volkspartei (DNVP) (1918) 336, 344, 362, 399, 406
Dinnendahl, R. W., Maschinenfabrik, Essen 215

Dinslaken 322, 337, 383, 424, *448,* 465, 503, 528, 547, 555, 568, 570, 571
- Lohberg 473
Direktionsprinzip (→ Bergbau)
Dominikanerorden 26, 33, 42, 43
Dorsten 9, 25, 30, 33, 35, 36, 41, 47, 48, 49, 51, 52, 53, 54, 64, 73, 76, 87, 89, 109, 111, 162, 205, 334, 448, 449, 621
- Gymnasium Petrinum 38
- Hervest 273, 291, 334
- Römerlager Holsterhausen (um die Zeitenwende) 9, 11
- Schloß Lembeck 57
- Wulfen 570, *622*
»Dorstener Wochenblatt« (später »Dorstener Volkszeitung«) (1851) 111
Dortmund 10, 11, 13, 15, 17, 18, 19, 21, 22, 25, 26, 27, 28, 30, 31, 32, 33, 34, 35, 36, 37, 38, 39, 40, 41, *42,* 43, 44, 45, 46, 47, 49, 50, 51, 52, 54, 56, 66, 70, 74, 75, 76, 80, 81, 84, 87, 89, 90, 91, 92, 94, 97, *98,* 100, 101, 104, 105, 106, 109, 111, 114, 117, 122, 123, 125, *128,* 152, 153, 154, 157, 162, 165, *168,* 169, 170, 171, 172, 174, 176, 177, *178,* 179, 180, 181, 187, 188, 189, 190, 193, 194, 196, 198, 202, *241, 248,* 257, 259, 262, 264, 268, 269, 280, 281, *282, 283,* 285, 288, 290, *294,* 295, 298, 299, 304, 306, *308,* 317, 319, 320, 321, *323,* 326, 327, 328, *333, 334,* 336, 339, 340, 343, *345,* 351, *352,* 355, 359, 360, 362, *363,* 365, 370, 379, 380, 383, 385, 391, 394, 395, *396,* 399, 402, 406, 410, 411, 417, 425, 429, 434, 435, 436, 438, 439, *440,* 443, 444, 445, 446, *448,* 450, 451, 454, 470, 471, 472, 477, 494, 498, 499, 503, *506,* 513, *514,* 516, 520, 535, 542, 547, 548, 551, 552, 559, 560, 562, 563, 572, 574, 577, 583, 588, 591, *592, 595, 596,* 598, 600, 601, 605, 606, 613, 614, 617, 618, 623, 625, 628, 630
- Aplerbeck 14, 16, 32, 80, 91, 113, 123, 162, 222, *510*
- Asseln 113, 117
- Barop 27, 137
- Benninghofen 27
- Berghofen 27
- Bodelschwingh 27
- Bövinghausen 271, 347
- Brackel 19, 26, 27
- Brechten 54, *495*
- Brückstraße *256*
- Derne 22, 260, 628
- Deusen 27
- Dorstfeld 18, 46, 179, 195, 196, 198, 206, 210, 225, 607
- Dortmunder Vertrag (1609) 49
- Eichlinghofen 63
- »Eiserner Reinoldus« (1915) *314*
- Ellinghausen 27
- Eving 153, 170, 222, 236, *355,* 367, 627
- Flughafen 371
- Franziskanerkloster 73, 75
- Fredenbaum *201, 206*
- Goldfund (nach 411) 9, 11, 13
- Große Fehde (1389) *36, 37,* 230
- Große Revolution (1400) 38
- Hafen 240
- Haus Bodelschwingh 57
- Hohensyburg *618*
- Holthausen 30
- Holzen 46
- Hombruch 91, 177, 208
- Hörde 22, 30, 33, 43, 51, 52, 61, 80, 100, 103, 111, 113, 120, 127, 132, 136, 143, 144, 147, 148, 152, 172, 226, 237, *249,* 265, 291, 294, 328
- Huckarde 16, 46, 54
- Institut für Zeitungsforschung (1926) 373
- Kabelfunk 620
- Kampfbahn »Rote Erde« (1926) 374

- Katharinenkloster 73, 75
- Kirchderne 27, 30
- Kirchhörde 158, 172
- Kirchlinde 18, 21, 27, 30, 188
- Kley 22
- Kloster 23
- Konservatorium 258
- Körne 19, 63, 114, 179, 273
- Lanstrop 27
- Lichtendorf 27, 568
- Lindenhorst 22, 165, 181, 295
- Luftangriffe 325
- Lütgendortmund 22, 80, 182, 266
- Marienaltar *39*
- Marienkirche 27, *30,* 34, 38, 47, 86
- Marktrecht 27, 56
- Marten 21, 117, *266*
- Mengede 19, 21, 123, 481
- Museum am Ostwall *499,* 500
- Museum für Kunst und Kulturgeschichte 184, 608
- Nette 22
- Orchesterverein 192
- Petrikirche *45,* 73
- Privilegien *24,* 27, 28
- Rahm 498
- Rathaus 27, *28*
- Ratsverfassung (1400) 38
- Reinoldikirche 19, 30, 41, 43, 54, 460, 482, 512
- Scharnhorst 485, 541, 568
- Schüren 32, 95, 113
- Sölde 22, 120, 123
- Stadtbefestigung (um 1200) 27
- Stadtbrand (1232) 27, 28
- Stadtbrand (1297) 30
- Stadttheater *156, 536*
- Stadtverfassung (1332) *33*
- Theatergemeinschaft Essen 270
- Universität 543
- Walhalla 259
- Wambel 306, *361,* 465, 503, *624*
- Wellinghofen 27
- Westerfilde 27
- Westfalenhalle *368, 369,* 374, 378, 382, 393, *482, 483,* 497
- Westfalenpark 510, 557
- Westfalenstadion 565
- Wickede 27
- Zollstätte (1074) 21
Dortmund-Ems-Kanal 213, *216,* 237, 238, 239, 314, 391, *521*
Dortmund-Gronau-Enscheder Eisenbahn 165
Dortmund-Hörder Hüttenverein AG (1933) 479
Dortmund-Hörder-Hüttenunion AG (DHHU) (1951) 535, 556
Dortmunder Actien-Brauerei, Dortmund (1868) 150, 156, 176, 188, 256, 322
Dortmunder Bergbau AG 495
Dortmunder Fußball-Club 1895 231
»Dortmunder Generalanzeiger« *403,* 404
Dortmunder Hansa-Brauerei AG, Dortmund (1901) 257, 556
Dortmunder Kohlen-Verkaufs-Verein 214
»Dortmunder Nachrichten« (1888) (ab 1890 »Generalanzeiger«) 194
Dortmunder Rennverein (1886) 193, *624*
Dortmunder Union, Aktiengesellschaft für Bergbau, Eisen- und Stahlindustrie, Dortmund (1872) 158, 240, 314, 342, 372
»Dortmunder Wochenblatt« (1828) 86
»Dortmunder Zeitung« 246, 428
»Dortmundische Vermischte Zeitungen« (1769) 62
Drahtwerk Gelsenkirchen 479
Dreiklassenwahlrecht, Preußisches 115, 132, 143, 168, 288
Dreißigjähriger Krieg (1618 – 1648) 49, 50, 51, 52, 56, 230

Duisburg 11, 14, *15,* 16, 17, 19, 21, 22, 27, 28, 29, 30, 31, 33, 34, 35, 37, 38, 40, 41, 42, 43, 44, 46, 47, 48, 51, 54, 55, 58, 59, 61, 65, 68, 71, 73, 76, 80, 81, 83, 84, 86, 87, 88, 91, 94, 95, 97, 99, 100, 101, 104, 106, 112, 114, 115, 122, 123, 125, 128, 129, 137, 138, 140, 145, 146, 148, 156, 162, 164, 170, 174, 176, 179, 184, 185, 187, 188, 189, 190, 194, 195, 198, 205, 207, 208, 211, 214, 222, 226, 229, *248, 249,* 250, 256, 258, 268, 269, 273, 279, 280, 283, 293, 299, *308, 310,* 313, 315, *316,* 322, 324, 326, 336, *345,* 346, 347, *349,* 350, 351, *352,* 354, 357, 360, 362, 365, *367,* 381, 383, 388, 389, *395, 396,* 399, *403,* 406, 414, 415, 417, 426, 428, 432, 433, 434, 436, 438, 439, *441,* 443, 444, 446, 448, 449, 451, 452, 456, 465, 474, 487, 494, 496, 504, 515, *521,* 527, 530, 536, 542, *548,* 552, 557, 559, 577, 583, 588, 600, 602, 606, 608, 609, 612, 617, 620, 623, *624,* 626
- Alsum 294
- Baerl 568
- Beek *294*
- Bruckhausen 209, 291, 337
- »Deutsche Oper am Rhein« 499
- Duisburg-Ruhrorter Häfen 54, 86, 88, 132, 165, *166,* 177, 201, 222, 223, *249, 258,* 269, *278,* 306, *381,* 477
- Duissern 394
- Filmwoche (1977) 580
- Flugplatz Neuenkamp 301
- Gesamthochschule 555
- Hamborn 30, 147, 153, 154, 162, 215, 217, 233, 246, 288, 295, 315, 329, *383,* 406
- Hauptbahnhof 412
- Hochfeld 91, 116, 144, 152, 473
- Hochwasserkatastrophe (1888) *194*
- Homberg *201, 580*
- Homberg-Ruhrort 120
- Huckingen 472
- Hüttenheim 561, *606*
- Kloster Düssern 23
- Kloster Hamborn 23
- Luftangriffe 325
- Marienkirche 22, 73, *75*
- Marktrecht (1408) 38
- Marxloh 233
- Meiderich 136, 150, 152, 168, 170, 176, 179, 217, 233, 264, 273, 278, 295, *330,* 338, 437
- Mündelheim 13
- Neudorf 150
- Neuenkamp 294
- Neumühl 540
- Privilegien 29
- Rathaus 260, *278*
- Rheinhausen 144, 215, 230, 260, 281, 291, 473, 568, 599
- Ruhrort 34, 46, 53, 60, 61, 71, 73, 77, 89, 102, 112, 113, 123, 125, 142, 143, 152, 176, 179, 190, 194, 211, 226, 271, 273, 278, 292, 345, 346, 426, 427
- Rumeln-Kaldenhausen 568
- Salvatorkirche 22, 30, 43, *45, 55,* 112, *278,* 460
- Stadtbrand (1283) 30
- Stadttheater 499
- Stadtverfassung (1234) 28
- »Tatort« *597*
- Theatergemeinschaft Bochum 348
- Theatergemeinschaft Hamborn, Oberhausen, Gladbeck 364
- Tierpark 412, 537, 593
- Tonhalle 192
- Universität 55, 80, 85, 278
- Walsum 22, 294, 568
- Wanheimerort 373
- Wedau 371, 598, 610
- Wedau, Eissporthalle 553
- Stadion 374
Duisburger Eisen- und Stahlwerke AG (1891) 280

664

Sachregister

»Duisburger Freie Zeitung« (1876) 170
»Duisburger General-Anzeiger« (1893) 214, *395*
»Duisburger Kreisblatt« 101
Duisburger Kupferhütte (1876) 170, *436*
Duisburger Maschinenbau AG 293
Duisburger Ruderverein (1897) 230
Duisburger Spiel-Verein 307, 364, 488
»Duisburger Tageblatt« 214
Duisburger Turn- und Sportverein 1848/99 347
Duisburger Verkehrsgesellschaft (1940) 432
»Duisburger Zeitung und Kreisblatt« 112
»Duisburgische gelehrte und gemeinnützige Beiträge« (1777) 66
»Duisburgische literarische Nachrichten« (1781) 66

E

Edelweißpiraten 398
Eicken & Co., Stahlfabrik, Hagen (1851) 109
Eigengericht, Witten (1214) 27
Einhaus (ab 900) 19, *20*
Einheitsverband der Bergarbeiter Deutschlands (1931) 389, 411
Einkaufsgemeinschaft deutscher Kaufleute (EDEKA) (1907) 375
Eisen- und Stahlwerke Haspe AG, Hagen (1849) 217, 433
Eisenbahn 68, *89*, 94, 100, 109, 119, 132, 136, *138, 149, 167*, 170, *172, 175, 177, 181*, 222, 379, *391, 502, 511, 606*
Eisenhütte AG Blücher, Dortmund-Aplerbeck (1857) 123
Eisenhütte Westfalia, Lünen-Wethmar (1826) 86
Eisenverarbeitung 14, 60, 83, 86
Eisenverhüttung 11, 51, 62, 65, 77, 103, 715, 171, 456
Eisenwerke Mülheim-Meiderich AG (1954/56) 484
Eiserne Front 394
Eiskunstlauf *484*, 528, 580
Elektrizitätswerk Westfalen AG, Bochum (1906) 280
Elf-Mineralöl GmbH 571
Elsbruch & Comp., Duisburg-Ruhrort 67
Emscherbrücher Dickköppe *90*, 347
Emschergenossenschaft (1899) 289, 294, 373
Emscherschnellweg 581
Emschertalbahn 174, 181
Emschertaler Reiter- und Renn-Verein (später Gelsenkirchen-Horster Rennverein), Gelsenkirchen (1895) *224*
Ennepe-Ruhr-Kreis 383, 617
Ennepetal 528
Entflechtung 455, 456, 462, 464, 465, 479, 484
Entnazifizierung 452, 458
Entwicklungsprogramm Ruhr (1968) 543, 606
Erdgas-Röhren-Vertrag (1970) 549, 591
Erdöl-Raffinerie Speyer Elf-Gelsenberg OHG 571
Erdölraffinerie Neustadt GmbH & Co 571
Eresburg (772) 10
Erin Bergbau AG, Castrop-Rauxel (1945) 505
Ernährung 79, 82, 106, 110, 128, 147, 204, 315, 319, 321, 322, 323, 326, 327, 343, 356, 395, 418, 423, 430, 431, 434, 459, 462, 463, 465

Essen 9, 10, *11*, 14, 15, 19, 21, 22, 26, 28, 29, 30, 33, 34, 35, 36, 37, 38, 40, 41, 42, *45*, 46, 47, 48, 49, 51, 52, 54, 55, 56, 58, 59, 61, 63, 65, 66, 67, 70, 71, 72, 74, 76, 78, 80, 81, 86, 87, 90, 91, 94, 96, 97, 98, 102, 103, *105*, 109, 110, 111, 117, 119, 122, 123, 124, 125, *127*, 129, 136, *138, 139*, 140, 145, 148, 153, 154, 155, 157, 158, 159, 160, 167, 168, 174, 176, 177, 180, 181, 183, 185, 186, 188, 191, 193, 194, 195, 197, 199, 206, *210, 215*, 219, *220, 221*, 222, 226, 227, 232, 234, 238, 244, 250, *252, 253*, 259, 269, *274*, 275, 279, 281, 282, 285, 289, 295, 299, 301, 305, 307, *310*, 313, 317, 321, 326, 327, 328, 329, 333, 334, 335, *336*, 339, *344, 345, 349*, 350, 351, 356, 360, 361, 362, 365, 366, 370, 374, 376, 378, 381, 383, 384, 385, 387, 388, *396*, 401, *402*, 407, 412, 414, 425, 432, 437, 439, *441*, 446, 450, 451, 456, *460*, 461, *463*, 465, 470, 471, 472, 474, 481, 496, 504, *511*, 515, 521, *525*, 536, 542, 544, 547, 549, 550, 551, 557, 559, 560, 565, 566, 573, 577, 583, *591*, 592, 596, 600, 606, 613, 614, 617, 620, 621, 623, 628, 629
– Altendorf 165, *166*, 238
– Altenessen 83, 97, 100, 114, 127, 138, 141, 162, 166, 189, 195, 214, 233, 314, 597
– Baldeneysee *409*, 481
– Bergeborbeck 91, 113, 114, 123
– Bergerhausen 146, 166
– Bistum 496, 504
– Borbeck 11, 16, 84, 93, 177, 214, 233, 314, 319, *327*, 364, 400, 613
– Bredeney 18, 46, 161, 314, 524, 595
– Burgaltendorf 549
– Dellwig 314
– Essendisches Landesrecht (1797) 68
– Frillendorf 166, 258
– Frintrop 314
– Frohnhausen 165, 166
– Gesamthochschule 555
– Goldene Madonna 22
– Großstadt *220, 221*
– Gruga 384, 426, *530*
– Grugahalle *506*, 512, 516, *537*
– Haarzopf 166
– Hauptbahnhof 138, 260
– Heisingen 18, 79, 166, 170, 226
– Holsterhausen 165, *166*
– Huttrop 86, 106, 215
– Karnap 66, 166, 294, 460, 484
– Katernberg 166
– Kettwig 30, 59, 68, 76, 99, 152, 265, 305, 568
– Kloster Stoppenberg 23
– Kray 166, *353*, 504
– Kreuznagelreliquiar 21
– Krukel 109
– »Krupp-Stadt« 186
– Kupferdreh 68, 100, 113, 123, 162, 222, 226, 557
– Leithe 166
– Luftangriffe 319
– Margarethenhöhe *296, 297*, 370
– Marktrecht (1041) 21
– Marktverfassung (1244) 28
– Mathildenkreuz 19, *20*
– Mathildenkreuz, Jüngeres 22
– Münsterkirche 16, 18, 21, 22, 32, 38, 42, 43, 45, 73, 191, 396, 504
– Museum Folkwang *264*, 269, 350, 366, 412, 423, 476, 583, 609
– Musikverein 194
– Opernhaus *474*, 477, 486, 609
– Rathaus *96*, 189, *586*
– Ratsverfassung (1336) 33
– Rellinghausen 46, 54, 65, 117, 130, 166, 170
– Ruhrlandmuseum 410, 487, 584
– Rüttenscheid 166, 273
– Schlachthof 185
– Schloß Baldeney 30
– »Schmied von Essen« *320*

– Segeroth 149
– Stadtbrand (946) 19
– Stadtbrand (1438) 38
– Städtischer Saalbau 142, 270
– Städtisches Orchester 242
– Stadttheater 193, 211, 212
– Stadtverfassung (1244) *28*
– Stadtverwaltung (1865) 144
– Stadtwappen 191
– Steele 10, 19, 41, 43, 51, 66, 77, 80, 117, 132, 138, 152, 166, 170
– Stoppenberg 21, 26, 41, 42, 130, 166
– Theater 621
– Theatergemeinschaft 270
– Theophann-Evangeliar (um 1000) 21
– Theophannkreuz (um 1050) 22
– Überruhr 100, 130, 132, 133, 141
– Villa Hügel 142, *161*, 174, 191, 261, 281, 302, *309*, 316, 486, 487, 499, 509, 514, 519, 528, 561, 582, 599, 622
– Vogelheim 285, 379
– Werden 45, 54, 59, 67, 73, 74, 76, 77, 81, 99, 109, 171, 305, 307
»Essendische Nachrichten« 124
»Essendische Zeitung von Kriegs- und Staatssachen« 65, 70
»Essener Allgemeine Zeitung« 337
»Essener Anzeiger« 466
Essener Bergwerksverein König Wilhelm (1870) 152, 158
Essener Steinkohlenbergwerke AG (1906) 386, 410
Essener Turn- und Fechtclub (ETUF) (1884) 500, 541
»Essener Zeitung« (1860) 124, 185
Esso AG, Hamburg (1890) 582
Europäische Gemeinschaft für Kohle und Stahl (EGKS) 481
»European Recovery Program« (ERP) (→ Marshallplan-Hilfe)
European Steel (Estel) 556, 591

F

Familiennamen 40
FC Schalke 04 (→ Schalke 04, FC)
Feierschichten 487, 505
Feldhockey 472
Femegericht 34, 38
Fernsehen *522*, 526, *588*, 597, 602, *620, 630*
Fiege-Brauerei, Bochum (1878) 174
Film 226, *385, 438, 487, 512, 522, 536, 580, 582, 593, 596*
Fischer-Tropsch-Verfahren (1926) 372, 420
Flachglas AG, Gelsenkirchen-Rotthausen (1970) 367, 549
Flaesheim 26
Fleitmann & Witte, Nickelwalzwerk, Schwerte (1869) 150, 154
Flottmann-Werke GmbH, Herne 156
Franken 9, 10, 11, 14, 15, 17
Franziskanerorden 45, 52, 103
Französische Revolution (1789) 50
Fraunhofer-Institut für Transporttechnik und Warendistribution, Dortmund (1981) 595
Freie Demokratische Partei (FDP) (1948) 477, 478, 486, 487, 515, 545, 547, 548, 556, 573, 592, 616, 625
Freie Schule Bochum (1986) 624
Freizeit 178, 180, 182, 206, 207, 253, *282, 364*, 370, 422, 435, 480, 550, 557, 565, 574, 578, 588, *593*, 618, 621
Friede von Hubertusburg (1763) 63
Friede von Lunéville (1801) 73, 75
Friede von Münster (1648) 50
Friede von Rijswik (1697) 50

Friedrich-Alfred-Hütte, Duisburg-Rheinhausen (1897) 215, 230, 317, 438
Friedrich-Wilhelms-Hütte, Mülheim an der Ruhr (1820) 103, 280, 292, 295
Fritz-Thyssen-Stiftung (1960) 513
Fröndenberg 208, 481
Fronhof 20
Fußball 180, 229, 231, 347, 573, 589, 598, 610, 615, 621
– Bundesliga (1963/64) *525*
– Bundesliga (1964/65) *532*
– Bundesliga (1970/71) *553*
– Deutsche Meisterschaft (1913) 307
– Deutsche Meisterschaft (1934) *413*
– Deutsche Meisterschaft (1937) *425*
– Deutsche Meisterschaft (1939) 432
– Deutsche Meisterschaft (1942) 438
– Deutsche Meisterschaft (1949) *472*
– Deutsche Meisterschaft (1955) 495
– Deutsche Meisterschaft (1956) 496
– Deutsche Meisterschaft (1957) *503*
– Deutsche Meisterschaft (1958) *506*
– DFB-Pokal (1937) *425*
– DFB-Pokal (1953) 484
– DFB-Pokal (1965) 528
– DFB-Pokal (1972) 555
– Europa-Pokal (1966) *538*
– Länderspiele *350*, 364, 477
– Weltmeisterschaft (1954) 488
– Weltmeisterschaft (1974) 565

G

Gahlen 64
Gallien 9
Gastarbeiter 520, 606
Gasverarbeitungs GmbH (Gaveg), Herne-Sodingen (1925) 367
Gegenreformation 26
»Gelehrtes Magazin von und für Dortmund« (1796) 70
Gelsenberg Benzin AG, Gelsenkirchen (1936) 420, 432, *445*, 468, 524, 561, 571
Gelsenkirchen 14, 21, 22, 33, 41, 46, 48, 52, 59, 71, 81, *95*, 98, 100, 113, 116, 117, 121, 124, 130, 149, 150, 153, 155, 157, 162, 163, 170, 171, 172, 176, 177, 181, 188, 189, 191, 193, 195, 203, 204, 214, 225, 228, 250, 254, 257, 265, 271, 279, 280, 282, *288, 289*, 314, 319, 320, 326, 336, 339, *349*, 362, *380*, 386, *395*, 406, 407, *413*, 414, 425, 427, 428, 438, 439, *441*, 443, 445, 446, 449, *450*, 452, 456, 457, *458*, 459, *463*, 465, *467*, 470, 474, 493, 496, 500, 501, 504, 514, 515, 532, 548, 549, 556, 557, 559, 565, 570, 574, 583, *601*, 612, 613, 614, 617, 621, 629, 630
– Bismarck 140, 178, 265, *289*
– Buer 38, 64, 145, 146, 172, 176, 188, 265, 295, 319, 326, *327*, 349, *378*, 394, 445, 454, 544, 587, *208*
– Bulmke-Hüllen 158, 159, 265, 459, 599
– Erle 535
– Feldmark 285
– Flugplatz Rotthausen 301, 313
– Hans-Sachs-Haus 184, 377
– Hauptbahnhof 260, *272*
– Heßler 125, 265, 304
– Hochwasserkatastrophe (1909) 289
– Hochwasserkatastrophe (1946) 460
– Horst 22, 126, 158, 224, 226, 283, 288, 293, 294, 317, 420, 432, *433*, 468, 496, 503, 524, 605

– Künstlersiedlung Halfmannshof 392, 476
– Marktrecht (1571) 46
– Musiktheater im Revier *512*, 560
– Neustadt 243
– Parkstadion *563*, 565
– Rathaus 217, *218*
– Resse 272
– Rotthausen 114, 125, 178, 243, 367, 549
– Ruhr-Zoo 472
– Schalke 145, 158, 159, 174, 188, 190, 235, 258, 265, 272, 530, 615
– Schloß Berge 46, 86
– Scholven 605
– »Schwert von Gelsenkirchen« (1915) *314*
– Sozialwerk St. Georg 618
– Stadtrechte (1875) *168*
– Stadttheater 179, 180, 416
– Ückendorf 16, 127, 133, 188, 265, 565
Gelsenkirchener Bergwerks AG (GBAG) (1873) 127, 158, 163, 181, 211, 214, 271, 283, 285, 342, 386, 420, 427, 456, 484, 524, 540, 587
Gelsenkirchener Gußstahl- und Eisenwerk AG (vorm. Munscheid u. Cie., Gelsenkirchen) (1889) 133, 195
»Gelsenkirchener Zeitung« (1879) 175, 197
Gemeinnützige Baugesellschaft AG, Dortmund (1888) 194
»Generalanzeiger für Essen« 226
»Generalprivilegium« für Bergleute in Kleve, Moers und Mark (1767) 64
Georgs-Marien-Bergwerks- und Hüttenverein, Osnabrück 433
Gerichtsbarkeit, Mittelalterliche 11, 36
Germanen 9, *11*, 12, 13
Germaniawerft, Kiel 215, 222, 227
Gesellschaft, Germanische 11
Gestapo (→ Nationalsozialistische Herrschaft)
Gesundheit 44, *68*, 79, 104, 145, 183, 184, 199, 205, 252, 327, 394, 395, 424, 465, 481, 500, 521, 548, 613, 628
Gewerbefreiheit 72, *73*, 98, 107
Gewerbevereine 98, 109, 144
Gewerkschaft Deutscher Kaiser, Duisburg (1871) 147, 153, *154*, 194, 198, 209, 222, 246
Gewerkschaft Graf Bismarck, Gelsenkirchen (1868) 149
Gewerkschaft Mathias Stinnes, Mülheim an der Ruhr (1864) 142
Gewerkschaft Rheinpreußen, Moers (1856) 119
Gewerkschaft Ver. Westphalia, Dortmund (1853) 170
Gewerkverein christlicher Bergarbeiter (1894) 200, 208, *218*, 261, 273, 299, 322, 331, *335*, 343, 361, 362, 394
Gewichtheben 425, 589
Gilden 30, 33, 38, 41, 46, 56, 73, 78, 140
Gladbeck 16, 19, 27, 30, 90, *164*, 171, 188, 189, 195, 203, 217, 255, 261, 285, 288, *308*, 317, 327, 376, 381, 394, 395, 401, *440*, 481, 568, 630
– Stadtrechte (1919) 337
– Theatergemeinschaft Oberhausen, Duisburg-Hamborn 364
– Zweckel 394
Glas- und Spiegelmanufaktur AG Schalke, Gelsenkirchen (1873) 158, 162, 272
Glashütte Crengeldanz, Witten (1825) 90
Gleichschaltung (→ Nationalsozialistische Herrschaft) 404, 405, 423
Gogericht 28, 38

Sachregister

Goldene Madonna (→ Essen)
Graetz KG, Bochum (1956) 496
Grillo, Funke & Co., Gelsenkirchen 145, 230, *272*
Großeinkaufs- und Produktions-Aktiengesellschaft (GEPAG) 376
Großeinkaufsgesellschaft Deutscher Consumvereine (GEG) 376
Grundherrschaft, Mittelalterliche 20, 24
Grünen, Die (1980) 607, 616, 625
»Gruppe 61« (1961) 516, 517, 547
Gruson-Werke (→ Magdeburg-Buckauer Maschinenfabrik und Eisengießerei Hermann Gruson)
Gußstahlfabrik Fried. Krupp, Essen (1811) 80, 83, 103, 108, 113, 122, 132, *133*, 139, 145, *150, 151,* 155, 164, *169, 186, 191,* 215, 220, 227, *249,* 285, 286, 298, *302, 303, 313, 317,* 319, 323, 324, 325, 337, 339, 356, *381,* 408, 424, 436, 515
Gußstahlwerk Gelsenkirchen AG (1947/48) (s. a. Gelsenkirchener Gußstahl- und Eisenwerke AG) 464
Gußstahlwerk Witten AG (1947/48) 464
Gustav Wolff jr., Eisengießerei und Maschinenfabrik, Bochum 185
Gutehoffnungshütte AG (GHH), Oberhausen (1873) 66, 68, 69, 77, 83, 93, 94, 145, 126, 171, 173, 204, 230, *249,* 271, 273, 279, *289,* 299, *317, 320,* 354, 372, 376, 379, 408, 427, 432, *461,* 464, 493, 521

H

Habsburger 26
Hagen 14, 21, 54, 58, 97, 100, 105, 109, 114, 120, 128, 132, 136, 143, 144, 145, 147, 150, 165, 170, 172, 175, 176, 177, 180, 187, 188, 191, 193, 194, 208, 210, 211, 222, 224, 226, 264, 269, 273, 280, 291, 295, 299, *309,* 340, 350, 377, 380, 386, 388, 402, 416, 444, 446, 461, 462, 494, 552, 559, 565, 596, 608, 617
– Boele *259*
– Eckesey 228
– Elsey 260
– Fernuniversität 570
– Haspe 132, 301
– Hauptbahnhof 294, 295
– Hohenhagen 284
– Hohenlimburg 26, 260, 265, 444
– Kloster Gevelsberg 23
– Museum Folkwang (→ Essen)
– Rittergut Werdringen 57
– Stadtwappen 231
– Westfälisches Freilichtmuseum technischer Kulturdenkmale *563*
»Hagener Anzeiger« 294
»Hagener Impuls« 284
»Hagener Kreisblatt« 112
»Hagener Zeitung« (1864) 142
Hallenkirchen 27, *30, 32*
Haltern 9, 14, 35, 47, 49, 91, 152, 205
– Römerlager (um die Zeitenwende) 9, 11, *12*
Hamborn 07 472
Hamm 22, 25, 27, 30, 33, 34, 35, 36, 40, 43, 46, 50, 52, 53, 58, 60, 61, 62, 63, 68, 69, 76, 80, 91, *100,* 109, 113, 114, 116, 147, 153, 162, 172, 174, 205, 222, 224, 226, 233, 250, 257, 283, 286, 299, *308,* 314, 322, 348, 386, 390, 391, 444, 449, 502, 570, 573, 630
– Bad Hamm 183
– Bockum-Hövel 273
– Heessen 519, 526
– Kentrup 26
– Kloster Kentrup 23
– Landesgartenschau 615

– Oberlandesgericht 86, 176, 193, 411, 511
– Uentrop 622
– Werries 265
– Westen 208
Hamstern 459
Handball 361, 577, 580, 622
Hanse 25, 30, 31, 33, 34, 35, 38, 43, 44, 53, 78, 278
Harkort und Kamp, Wetter an der Ruhr (1819) (s. a. Maschinenfabrik Deutschland) *83,* 86, 90
Harpener Bergbau AG, Dortmund (1856) 120, 158, 163, 195, 214, 255, 266, 290, 377, 388, *444,* 524
Hartmann & Wanke, Blechwalzwerk, Fröndenberg (1891) 208
Hasper Eisen- und Stahlwerk Krieger & Co., Hagen (1881) 179
»Hasper Zeitung« (1869) 150
Haßlinghausen 121
Hattingen 14, 19, 21, 22, 29, 33, 34, 35, 38, 39, 41, 46, 86, 94, 100, 109, 116, 140, 145, 152, 154, 158, 162, 171, 189, 211, 222, 248, 265, 299, *353,* 573, *593,* 606, 612, 621, 626
– Blankenstein 77, 158
– Burg Blankenstein *248*
– Haus Kemnade 54
– Marktrecht (1435) 38
– Niederwenigern 140, 141
Heberegister Werden (um 890) 16, 18, 21, 22, 24
Heiligenhaus 18
Heintzmann & Dreyer, Eisenhütte, Bochum (1851) 109
Heinze Fotolaborbetriebe, Gelsenkirchen 594
»Heliand«, Evangelienharmonie 16, 19, 20
Hellweg 10, 15, 16, 17, 18, 22, 38, 71, 84, 154, *396*
»Hellweger Bote«, Unna (1845) 105
Henrichenburg (1263) 30
Henrichenburg, Schiffshebewerk 216, 238, 239, 322, *521*
Henrichshütte, Hattingen (1854) 109, 116, *158,* 280, 330, 599, 626
Herdecke 16, 22, 26, 34, 58, 145, 162, 180, 280, 340, 548, 573, 608
Hermannshütte, Dortmund-Hörde (1841) 103, 113, 120
Herne 16, 22, 59, 71, 84, 91, 100, 123, 124, 132, 152, 153, 163, 217, 225, 242, 250, 280, *299,* 345, 362, 394, 395, 402, 406, 456, 461, 515, 550, 565, 577, 583, 593, 617
– Baukau 294, 504
– Burg Strünkede *57*
– Crange 64, 168, 347
– Eickel 14, 168, 201
– Holsterhausen 168
– Röhlinghausen 168
– Sodingen 347, 367
– Stadtrechte (1897) *230*
– »Tage alter Musik« 574
– Wanne 14, 123, 125, 152, 158, 168, 177, 181, 182, 184, 188, 201, 254, *255,* 314, 349
– Wanne-Eickel 367, 371, 379, 395, 402, 449, 568, 618, 623
Herta KG, Herten (1897) 232
Herten 19, 21, 58, 168, 170, 205, 222, 226, 232, 246, 255, 420, 484, 513, 600, 601
– Distein 513
– Langenbochum 322, 436
– Schloß Herten 43
– Westerholt 22, 172
»Hertener Allgemeine« (1954) 91
Herzkamp 121
Hexenverfolgung (1593) 46
Hibernia Bergwerksgesellschaft (Hibernia & Shamrock Bergwerksgesellschaft, Hibernia AG), Herne (1854) 124, 158, 163, 230, 252, 268, 325, 367, 379, 408, 416, 427, 505, 540, 549

Hirsch-Dunckersche Gewerkvereine (1868) 185, 217, 273, 299, 335, 361
Hirsch-Dunckerscher Gewerkverein Deutscher Metallarbeiter 379
Hitlerjugend (→ Nationalsozialistische Herrschaft)
Hochtief AG, Essen (1896) 571
Hoesch AG, Dortmund (1959) 535, 547, 548, 556, 591, 599
Hoesch Benzin AG, Dortmund (1938/39) 445
Hoesch Eisen- und Stahlwerk, Dortmund (1871) (s. a. Hoesch AG) 153, 236, 295, 372, 424, 432
Hoesch Hohenlimburg AG Profilwerk Schwerte (nach 1949) 149, 547
Hohensyburg 10, 14, 15, 17, 22, 46, 123, 262, *291*
Holzwickede 147, 162
Hörder Bergwerks- und Hüttenverein AG, Dortmund (1852) 103, 113, 123, 125, 128, 149, 176, 280, 285, 444
Hugo Stinnes OHG, Mülheim an der Ruhr (1893) 214
Hundertjähriger Krieg (1337 - 1453) 33
Hütte Gute Hoffnung, Oberhausen-Sterkrade (1782) 99, 171, 249
Hütte Neu-Essen, Essen (1791) 68, 77, 93, 99, 171, 249
Hüttengewerkschaft und Handlung Jacobi, Haniel & Huyssen, Oberhausen (1810) 77, 83, 89, 104, 109, 113, 114, 115, 162, 171
Hüttenwerk Rheinhausen AG, Duisburg (1896/97) 487
Hüttenwerke Ruhrort-Meiderich AG (1947/48) 464
Hydrierwerk Scholven AG, Gelsenkirchen (1935) (s. a. Scholven Chemie AG; VEBA Chemie AG) 416, 420, 427, 445
Hygiene-Institut, Gelsenkirchen (1902) 257

I

IG Farben (→ Interessengemeinschaft der deutschen Teerfarbenfabriken)
IG Metall 627
»Illustrierte Westdeutsche Wochenschau« 293
Industrie und NS (→ Nationalsozialistische Herrschaft)
Industriegewerkschaft Bergbau und Energie (IGBE) (1946 – 48: Industrieverband Bergbau, 1948 – 60: Industriegewerkschaft Bergbau, ab 1960: Industriegewerkschaft Bergbau und Energie) 444, 461, 463, 464, 478, 486, 509, 513, 520, 538
Industriegewerkschaft Druck und Papier 594
Industriegewerkschaft Metall 478
Industrieplan, Potsdamer (1946) 461
Inflation 332, 349, 358
Institut für Arbeitsphysiologie der Kaiser-Wilhelm-Gesellschaft zur Förderung der Wissenschaften, Dortmund (1929) 384
Institut für Satelliten- und Weltraumforschung, Bochum 516
Interessengemeinschaft der deutschen Teerfarbenfabriken (1916) 285, 427
Internationale Bohrgesellschaft Straßburg AG 230
Internationale Rohstahlgemeinschaft (1926) 371
Investitionshilfe (1951) 478
Investiturstreit (11./12. Jh.) 10

Irminsul (772) 10
Isenburg 22

J

Jena und Auerstedt, Doppelschlacht bei (1806) 81
Jesuiten 26, 54, 65
Johanniterorden 22
Juden 21, 27, 33, 34, 38, 46, 75, 88, *141,* 307, 361, 398, 428, 431, 432, 434
Judenverfolgung (→ Nationalsozialistische Herrschaft)
»Junger Westen« 465, 475, 476

K

Kalvanismus 26
Kamen 11, 14, 21, 27, 34, 35, 48, 66, 80, 97, 176, 211, 598
– Methler 30, 32
Kamp-Lintfort 22, 165, 283, 288, 436, 486, 583
– Kloster Kamp 22, 23
»Kämpfer, Der« *404*
Kapp-Putsch (1920) 332, 339, 340
Karolinger 16, 30
Karstadt AG, Essen (1920) 268, 407, *595*
Kaßlerfelder BC Duisburg 621
Kataster, Westfälisches (1822) 87
Kemnade, Bochum 570
Kinderarbeit 91, *94,* 115, 172, 208, 265
Kino (→ Film)
Kirchen 18, 22, 30, 32, 39, 45, 208, 228, *307,* 319, *324,* 411, 460, 496, *504, 511,* 620
Kleineisengewerbe 50
Klevischer Erbfolgestreit (1614) 51
Klöckner & Co., Peter, Duisburg (1906) *280*
Klöckner Reederei und Kohlehandel GmbH, Duisburg (1921) 347
Klöckner Werke AG, Duisburg 372, 432, 433, 570, 609
Klöckner-Humboldt-Deutz AG (1930) 433
Kloster Fürstenberg 22
Kloster Saarn 27
Klosterbrauerei, Dortmund (1864) 198
Klüngelskerle 532
Knappenvereine 114, 117, 130, 141, 145, 147, 149, 152, 153, 159, 198, 200, 210, 218, *261,* 344
Knappschaft 62, 64, 79, 86, 117, 129, 131, 149, 201, 289, 293, 331
Koalitionskrieg, Erster (1792 – 97) 73
Kohlechemie 367, 372, 377, 386, 427
Kohlehydrierung 305, 416, 420, 524
Köln-Mindener Eisenbahn 89, 95, 97, 100, 101, 103, 113, 114, *118,* 120, 132, 133, 149, 152, 159, 165, 174, 181, 272
Köln-Neuessener Bergwerksverein, Essen (1912) 236, 377
»Kölnische Zeitung« 141
Kölnischer Krieg (1583/84) 46, 48
Kommende Welheim, Deutscher Orden (1230) 30
Kommunales Elektrizitätswerk Mark, Herdecke (1906) 280
Kommunalverband Ruhrgebiet (KVR), Essen (1979) 343, 586, 588, *593,* 601, *606,* 610, 612, *618*
Kommunalwahlen
– (1924) 362
– (1933) 401
– (1946) 457
– (1956) 496
Kommunistische Partei Deutschlands (KPD) (1919) 333, 336, 339, 362, 367, 386, 387, 389, 393, 394, 397, 398, 399, 401, 447, 457, 470

König-Brauerei, Duisburg (1858) 370
Königgrätz, Schlacht bei (1866) 147
Königsborner Eisenwerk, Unna (1892) 211
Königshöfe 10, 14, *15,* 16, 17, *19, 27*
Koninklijke Nederlandsche Hoogovens en Staalfabrieken NV (Hoogovens) 535, 556, 599
Konkordat (→ Nationalsozialistische Herrschaft) 411
Konservative 153, 165, 172, 175, 179, 185, 191
Konsumvereine 140, 147, 204, 376
Kontinentalsperre (1806) 76
Konzentrationslager (→ Nationalsozialistische Herrschaft)
Konzertierte Aktion Kohle (1967) 538
Konzil von Trient (1545 – 1563) 26
Kort & Comp., Drahtseilfabrik, Hagen (1851) 109
Kotten 62, *79*
»Kraft durch Freude« (→ Nationalsozialistische Herrschaft)
Kraftwerk-Union (KWU), Mülheim an der Ruhr (1969) 548
Kriegsopfer 452, 455
Kriegszerstörungen 448, 451, 453, 455, 458, 460, 477
Krupp AG, Fried., Essen (1903) 285, 289, 304, 330, 372, 377, 434, 445, 484, 505, 528
Krupp GmbH, Fried., Essen (1967) 539, 564, 599
Krupp Stahl AG, Bochum (→ Krupp GmbH, Fried.)
Krupp, Firma Fried., Essen (1811) 153, 156, 168, 173, *193,* 219, 260, 261, 265
Kultur Kooperative Ruhr, Dortmund (1974) 565
»Kumpel Anton« 466, 488
Kunst *20, 22, 23, 24,* 32, *39, 44, 45,* 269, *298, 338, 348,* 350, 370, *380,* 392, 423, *474,* 475, 476, *486,* 499, 525, *527,* 565, *582, 588,* 615, 583, *584*
Küppersbusch & Söhne, Gelsenkirchen (1875) *190,* 235, 599

L

Landesanstalt für Immissionsschutz, Essen (1963) 524, 613
Landschaftsverband Westfalen-Lippe 563
Landtagswahlen, Nordrhein-Westfalen (1950) 472
Landtagswahlen, Nordrhein-Westfalen (1954) 487
Landtagswahlen, Nordrhein-Westfalen (1958) 504
Landtagswahlen, Nordrhein-Westfalen (1966) 535
Landtagswahlen, Nordrhein-Westfalen (1985) 616
Lateinschulen 30, 38, 46
Leichtathletik-Meisterschaften, Deutsche (1912) 299
Leipziger Völkerschlacht (1813) 81
Lex Saxonum (802/03) 17
Liberale 233
Lindenbrauerei, Dortmund (1774) 198
Lippe-Seiten-Kanal 314, 388, 391
Lippeschiffahrt 89
Lippeverband (1926) 373
Literatur 20, 24, *34,* 70, 105, 106, 209, 244, 259, 269, 298, *307, 360,* 392, 403, 516, 517, 518, 544, *551, 619*
Liudgeriden 16, 18, 32
Liudolfinger 19
Lohmann, Gußstahlfabrik, Witten (1790) 117
»Lokalanzeiger für die Kreise Dortmund und Hörde« 193, 195, 202, 204, 207

666

Sachregister

Löwenbrauerei, Dortmund 103
Luftangriffe 432, 434, 436, 438, 439, *440*, 441, 442, 443, 444, *445*, 446, 448, 451
Luftfahrt 288, *294*, *301*, 313, *344*, 370, 494, *623*
»Luftreinhalteplan West« (1978) 581
Luftverkehrsgesellschaft Ruhrgebiet AG (LURAG) 370
Luftverschmutzung 515, 586, 613
Luisenhütte, Potthoff & Flume, Lünen (1854) 115
Lünen 16, 21, 22, 30, 33, 34, 35, 43, 46, 48, 56, 63, 68, 76, 80, 89, 91, 115, 219, 260, 283, 304, 351, 415, 426, *506*, 513, 520, 573
– Brambauer 230
– Marienkirche 226, *228*
– Stadtwerdung (1262/65) 30
»Lüner Zeitung« (1879) 175

M

»Magazin für Westfalen« (1797) 70
Magdeburg-Buckauer Maschinenfabrik und Eisengießerei Hermann Gruson 214, 215, 227
Magdeburger Bergwerks AG, Gelsenkirchen (1855) 120, 158
Malakofftürme 115
Mannesmann-Konzern, Düsseldorf (1887/88) 295, 372, 427, 472, 627
Mannesmann-Demag AG, Mönchengladbach 622
Mannesmann-Export GmbH 549
Mannesmannröhren Werke AG, Deutsch-Österreichische (1890), (s. a. Mannesmann Konzern) 258, 317
Mannstaedt-Werke, Troisdorf 433
Manufakturen *59*, 84
Märkische Bergordnung, Revidierte (1766) 50
Märkische Bergschule, Bochum (1816) 80
Märkische Maschinenbauanstalt Ludwig Stuckenholz AG, Wetter an der Ruhr 293
»Märkischer Sprecher« 111, 172
Märkisches Bergamt, Wetter an der Ruhr (1738) 58, 66, 71, 86
»Märkisches Intelligenzblatt« 80
»Marktplatz Ruhrszene« (1982) 595, *602*
Marktrecht *21*, 25
Marl 61, 280, *285*, 324, 360, 389, 420, 465, 479, 484, 487, 512, 526, 561, 564, 570, 577, 608
– »die insel« 495
– »Glaskasten« 588
– Hüls 230
– Polsum 64, 168
– Sinsen 561
Marser 9, 11, 12
Marshallplan-Hilfe (1949) 456, 471, 485, 496
Märzrevolution (1848) 92, 97, 99, 106, 124, 132, 223
Maschinenbau 83, 293
Maschinenbau AG Union, Essen (1871) 153, 215
Maschinenfabrik Deutschland, Dortmund (1870) 156, 295
Maschinenfabrik Heinrich Wigger & Co., Unna (1881) 179
Maschinenfabrik und Eisengießerei Markmann und Fricke, Unna (1880) 177
Massener Gesellschaft für Kohlebergbau, Unna (1854) 115
Masuren 177, 254, 271, *346*
Mathildenkreuz (→ Essen)
Mathildenkreuz, Jüngeres (→ Essen)
Matthes & Weber, chemische Fabrik, Duisburg (1838) 91
Mayer u. Kühne, Bochum (1842), (s. a. Bochumer Verein für Bergbau und Gußstahlfabrikation) 95, 109, 114, 116

Mehrheitssozialdemokratische Partei Deutschlands (MSPD) (→ Sozialdemokratische Partei Deutschlands)
Meidericher Spielverein (MSV) (1902) 264, 382
Merowinger 10, 11, 14
Metallverarbeitung 83, 116
Michaelishütte, St., Bocholt (1729) 62
MICUM (1923) 359
Militärregierung, Britische 451, 452, 454, 457, 458
Mineralölindustrie 499
Minoriten 26, 30, 91
Minuskel, karolingische (um 780) 14, *15*
Mission, christliche 10, 11, 14, 16
»Mitteilungsblatt des Sozialdemokratischen Vereins Duisburg« (1916) 317
Mobil Oil Corp., New York (1931) 524, 540, 571, 582
Mode 85, *364*, 482, 612
Moers 9, 11, 33, 38, 46, 91, 104, 149, 246, 283, 288, *308*, 515, 516, 547, 558, 560, 568, 583, 600, 625
– Asciburgium (Asberg), Römerlager (um die Zeitenwende) 9, 11
– Gymnasium Adolfinum 46
– Moerser Schloß 273, *279*
Möhnetalsperre 306, *442*
Mönninghoff-Gottwald GmbH, Hattingen 612
Montanmitbestimmung *478*, 493
Montanunion (→ Europäische Gemeinschaft für Kohle und Stahl (EGKS)
Morian & Wilms, Brückenbauanstalt und Eisengießerei, Duisburg-Hamborn (1873) 162
MSV Duisburg 525, 526, 594
Mülheim an der Ruhr 16, 21, 41, 51, 58, 59, 60, 61, *67*, 71, 75, 76, 84, 87, 91, 98, 99, 100, 102, 103, 112, 113, 114, 117, 120, 122, 125, 132, 138, 143, 152, 165, 188, 190, 194, 198, 232, *243*, 255, 279, 282, 285, *286*, *288*, 291, 292, 293, 299, 305, 307, *309*, 317, 329, 334, 337, 339, *349*, 362, 365, 372, *374*, 376, 377, 383, 401, 414, *440*, 456, 465, 481, 484, *485*, 496, 498, 503, 504, 515, 519, 548, 560, 566, 571, 573, 574, 578, 600, 614, 617, 621, 625, 628, 630
– Broich 75
– Burg Broich 16, 17, 38, 41, 285
– Flughafen 370
– Garnison *243*
– Hauptbahnhof 260
– Heißen 144, 169
– Hochwasserkatastrophe (1888) *194*
– Holthausen 75
– Kloster Saarn 23
– Menden 16
– Mintard 568
– Rhein-Ruhr-Zentrum *563*
– Speldorf 144
– Stadtentwicklung 231
– Stadthalle 373
– Stadtrechte (1808) 75
– Styrum 153, 162, 172
– »Theater an der Ruhr« 560, 597
– »Weiße Flotte« 377
Mülheimer Bergwerks-Verein, Mülheim an der Ruhr (1897) 232, 292, 363
Munscheid u. Cie., Gelsenkirchen (→ Gelsenkirchener Gußstahl- und Eisenwerke AG, (1889)
Münzwesen *19*, 21, 38, *40*, 41, 63
Museen 184, 205, *264*, *279*, *291*, 298, 337, 348, 350, 387, 491, *514*, *527*, 544, 557, 563, 588, 624, 603, 604
Musik 129, 152, 171, 186, 192, 194, 213, 242, *256*, *258*, 270, 279, *282*, 338, *420*, *474*, 486, 494, *499*, 512, *536*

Muttertag (→ Nationalsozialistische Herrschaft)

N

Nachrüstung, NATO (1982) 601
Nahverkehr 179, *217*, 237, 255, 317, 345, 360, 427, 528, 538, 552, 564, 591, 592, 613, 630
»National-Zeitung« 400, 407
Nationaler Arbeiterverein, Werk Krupp, Essen (1908) 285
Nationaler Metallarbeiter Verband, Essen (→ Nationaler Arbeiterverein, Werk Krupp)
Nationalliberale Partei (1866) 124, 153, 165, 171, 172, 179, 191, 285, 299, 336
Nationalsozialistische Betriebszellen-Organisation (NSBO) (→ Nationalsozialistische Herrschaft) 410
Nationalsozialistische Deutsche Arbeiter Partei (NSDAP) 339, 343, 367, 371, 376, 386, 390, 393, 397, 399, 401
Nationalsozialistische Herrschaft
– Aufrüstung 418, 419
– Bekennende Kirche 411
– Brotfabrik »Germania« 414
– Bücherverbrennung 403
– Bund deutscher Mädel (BDM) *419*, 423
– Deutsche Arbeitsfront (DAF) 406, 410, 422, 424
– Deutsches Wohnungshilfswerk 443
– »Entartete Kunst« 423
– Gestapo 398, 411, 414, 435, 437, 438
– Gleichschaltung 404, 405, 406, 423
– Hitlerjugend (HJ) 398, *419*, 423, 437
– Ideologie 415, 416, 431, 435
– Industrie und NS 395, 408, 419
– Judenverfolgung 407, 428, 431, 432, 435, 436
– Jugendopposition 423, 437
– Konkordat 411
– Konzentrationslager 437, 444
– »Kraft durch Freude« 397, *422*
– Machtergreifung 399
– Muttertag 411, 431
– Nationalsozialistischer Lehrerbund (NSLB) 405
– Nationalsozialistische Volkswohlfahrt 423, 435, 443
– Nürnberger Gesetze 416
– Parteienverbote 406
– Propaganda 403, 416, 438
– Reichsarbeitsdienst *415*
– »Reichskristallnacht« 428
– SA 367, 386, 390, 394, 397, 399, 400, 401, 406
– SS 394, 399, 400, 401, 406, 411, 415
– Straßenumbenennungen 402
– Terror 400, 401, 411, 428, 449
– Volkssturm 444, 449
– Widerstand und Verfolgung 398, 400, 414, 435, 436, 447, 449
– Wilde Konzentrationslager 399, 400
– Winterhilfswerk 435
Neonazis 581, 619
Neptun Bergwerks-Verein, Recklinghausen 465
»Nero-Befehl« (1945) 449
Neubergleute 473
Neue Front - Wochenblatt der Werktätigen« (1928) 379
Neue Heimat 570
»Neue Ruhr-Zeitung«, Essen (1946) 461, 466
Neue Ruhrschiffahrts-Enterprise (1750) 67
»Neueste Essendische Nachrichten von Staats- und Gelehrten Sachen«, Essen (1738) 58
Niederrheinische Gas- und Wasserwerke GmbH, Duisburg (1919) 337

Niederrheinische Hütte, Duisburg (1851) 111, 116, 150, 278, 505
Niederrheinischer Traber-, Zucht- und Rennverein, Dinslaken (1948) 465
Nordwestdeutscher Rundfunk (NWDR) 469, 472
Normannen 17, 278
North German Coal Control (1945) 454
Notgemeinschaft deutscher Steinkohlenbergbau GmbH (1959) 509
Notstandsgesetze (1968) 542
Novemberrevolution (1918/19) *328*, 329, 331, 333, 334, 335
Nürnberger Gesetze (→ Nationalsozialistische Herrschaft)
Nürnberger Prozeß (1946) 465, 479

O

Oberbergamt Dortmund (1815) 80, 126, 130, 192, 199
Oberbergamtsbezirk Dortmund 196
Oberhausen 33, 50, 72, 99, 109, 114, 120, 123, 125, 128, 132, 137, 138, 143, 145, 147, 152, 162, 173, 175, 177, 181, 188, 189, 194, 207, 211, 215, *217*, 219, 222, 226, 230, 233, 234, 242, *249*, 250, 255, 259, 271, 294, 299, 305, 309, 314, 317, 321, 326, 329, 336, *353*, 362, *375*, 376, 383, 406, 414, 436, 470, 487, 496, 506, 517, 521, 548, 557, 559, 570, 591, 606, 612, 617, 625, 626, 628
– Bahnhof 100
– Buschhausen 271
– Friedensdorf 541
– Holfen 33
– Holten 22, 33, 194, 377, 420
– Kloster Sterkrade 23, 62
– Osterfeld 62, 77, 86, 114, 175, 209, 321, 383
– Rathaus 260, 387
– Schloß Oberhausen 68, 76, 80, *85*, 615
– Stadtrechte (1874) 165
– Sterkrade 33, 47, 66, 69, 77, 83, 93, 109, 113, 127, 189, 194, 204, 273, 304, *317*, 329, 383, 448
– Theatergemeinschaft Gladbeck, Duisburg-Hamborn 364
Oberhausener Spielverein (→ Rot-Weiß Oberhausen)
Oefte 18
Oer-Erkenschwick 238, 500
Öffentliche Dienste, Transport und Verkehr, Gewerkschaft 591
Olympische Sommerspiele
– (1936) *421*
– (1952) 484
– (1956) *500*
– (1960) *513*
– (1964) *526*
– (1968) *544*
– (1972) *558*
– (1976) *572*
– (1984) 616
Bewerbung Ruhrgebiet 610, *611*
Olympische Winterspiele (1952) 484
Olympische Zwischenspiele (1906) 282
Opel-AG, Adam, Bochum 509, 519
Oper (→ Musik)
Operette (→ Musik)
Orenstein & Koppel AG, Bochum (1887) 191
OSC Thier Dortmund 580
OSV Hörde 519

P

Pädagogische Akademie Dortmund (1929) 384
Paulinenhütte, Dortmund 132
Pest 14, 26, *37*, 41, 43, 52, 54

Pestalozzi-Dörfer (1950) 473
Petersberger Abkommen (1949) 468
Pferdesport 169, *180*, 193, 224, 226, 288, 293, 306, 361, 465, 496, 503, 538, 581, 610, 624
Phenol-Chemie GmbH, Gladbeck (1952) 549
Philharmonia Hungarica, Marl 512
Phoenix AG für Bergbau und Hüttenbetrieb, Eschweiler (1852) 109, *113*, 123, 280, 372
Phoenix Rheinrohr AG, Mülheim an der Ruhr (1955) 484
Phoenix, Anonyme Gesellschaft für Bergbau und Hüttenbetrieb (→ Phoenix AG für Bergbau und Hüttenbetrieb)
Phoenix-Hütte, Duisburg-Laar (1852) (s. a. Phoenix AG für Bergbau und Hüttenbetrieb) 116
Phönix Essen 577, 580
Polen 171, 177, 191, 209, 242, 261, 346
Polnische Berufsvereinigung (ZZP) (1902) 218, 261, 273, 299, 335, 361
»Poslaniec Katolicki« (Katholischer Bote), Bochum (1891) 209
Postwesen 54, *58*, *76*, 172, 189, 190, 222, 253, 620
Prager Fenstersturz (1618) 52
Prämonstratenserorden 10, 22, 23, 26, 42, 43, 45
Presse 60, 70, 105, 112, 124, 141, 156, 169, 185, 193, 197, 207, 313, 359, 373, 454, 461, 466, 553
Preußisch-Rheinische Dampfschiffahrtsgesellschaft 89
Preußische Bergwerks- und Hütten AG, Düsseldorf (1866) 113
Preußische Elektrizitäts AG, Hannover (1927) 549
»Preußische Staatszeitung« 83
Preußisches Hütten- und Bergwerks Departement 66
Privatbrauerei Dortmunder Kronen, Dortmund (1729) *39*, 103, 176, 192, 556
Privatbrauerei Jacob Stauder, Essen (1888) 195
»Privilegium Ludovicianum« (1332) 33
»Pro Ruhrgebiet«, Verein (1981) 595, 602
Punktesystem, Bergbau (1947) 463

R

Radfahrverein Schwalbe, Essen (1896) 237
Radsport 180, 185, 195, *219*, 229, 345, 374, 413, 414, 425, 432, 523, 541, 563
Rationalisierungsverband Ruhrbergbau (1963) 523, 526
RC Ennepetal 563
Recklinghausen 14, *15*, 19, 22, 28, 30, 33, 34, 35, 36, 38, 41, 42, 43, 44, 46, 48, 49, 50, 52, 53, 56, 59, 65, 68, 70, 73, 74, 80, 81, 82, 84, 87, 90, 91, 94, 95, 104, 111, 113, 129, 140, 142, 145, 147, 150, 152, 154, 156, 162, 163, 175, 177, 187, 188, 203, 210, 217, 219, 222, 226, 230, 238, 255, 269, 295, 299, 317, 319, 320, 336, 337, *345*, 362, 371, 382, 389, 395, 407, *420*, 434, 456, 464, 465, 470, *471*, 475, 479, 482, 503, 515, 525, 527, 531, 560, 573, 577, 582, 608, 617, 621, 623
– Bahnhof 152
– Hochlarmark 177, 181, 188, 255, 290, 317, 323, 463, 584, 586
– Ikonenmuseum 499
– Kunsthalle 474, 476
– Marktrecht (vor 1236) 28

667

Sachregister

- Propsteikirche 22, 27, 43
- Rathaus 30, *287*
- Stadtbefestigung (1365) *37*
- Stadtbrand (1469) 41
- Stadtbrand (1500) 43
- Stadtrechte (1236) *27, 28*
- Stadtverfassung (1781) 68
- Stadtwappen 287
- Vestisches Museum 205
- Zollrecht (vor 1236) 28

»Recklinghäuser Wochenblatt« *112,* 169
»Recklinghäuser Zeitung« 223, 300, 311
Reformation 26, 42, 43, 46, 48, 51, 63, 111, 150
Regalien 19, 32, 34
Reichsarbeitsdienst (→ Nationalsozialistische Herrschaft)
Reichsbanner Schwarz-Rot-Gold 367, 386, 394
Reichstag zu Aachen (797) 14, 15
Reichstag zu Aachen (802/03) 17
Reichstag zu Lippspringe (782) 14, 15
Reichstag zu Nürnberg (1332) 33
Reichstag zu Paderborn (777) 14
Reichstagswahlen
- (1874) 165
- (1877) 171, 172
- (1881) 179
- (1884) 185
- (1887) 191
- (1890) 201
- (1893) 214
- (1898) 233
- (1903) 265
- (1907) 283
- (1912) 299
- (1920) *344*
- (1928) *379*
- (1930) *386*
- (1933) *401*
- (2) (1924) *362*
- (2) (1932) *393, 394*

Reichsteilung von Verdun (843) 10
Reichsverband der deutschen Industrie (RDI) (1919) 408
»Reichsvereinigung Kohle« (1941) 434
Reichswerke AG Hermann Göring, Salzgitter 427
Reinoldigilde (1400) 38
Rennofen (s. a. Eisenverhüttung) 11
Reparationen 332, 336, 343, 345, 346, 349, 350, 351, 354, 359, 365
»Rerum novarum«, Enzyklika (1891) 208
Restitutionsedikt (1629) 49
Revidierte Bergordnung für das Herzogtum Cleve, Das Fürstentum Meurs und die Grafschaft Mark (1766) 64, 79
Revierparks 550, 557, 565, 588
Revisionsverband der Westkauf-Genossenschaften (REWE) (1921) 375
Revolutionäre Gewerkschaftsopposition (RGO) 387, 389, 411
»Rhein- und Ruhrzeitung«, Duisburg (1851) 112, 114, 148, 171
Rhein-Herne-Kanal 314, *353,* 377, 380, 391, 412, 432, 524, 574
Rheinberg 448
Rheinberg-Orsoy 619
Rheinbund (1806–1813) 74
Rheinelbe Bergbau AG, Gelsenkirchen (1953) 484
Rheinelbe-Union 342, 372
Rheinisch-Westfälische Verlags- und ZeitungsvertriebsGmbH, Essen (1924) 361
Rheinisch-Westfälische Wohnstätten AG (1932) 396, 473, 498, 565
»Rheinisch-Westfälische Zeitung« (RWZ) (1883) 160, 185, 191, 193, 206, 207, 212, 312, 313, 319, 320, 324, 327, 350, 393, 413, 428

Rheinisch-Westfälischer Automobilclub 289
Rheinisch-Westfälischer Spielerverband (um 1900) 229, 271, 307
Rheinisch-Westfälisches Elektrizitätswerk AG (RWE), Essen (1898) 232, *234,* 256, 260, 265, 273, 279, 292, 342, *381,* 388
Rheinisch-Westfälisches Institut für Wirtschaftsforschung, Essen (1943) 438, 564
Rheinisch-Westfälisches Kohlensyndikat, Essen (1893) 214, 220, 252, 268, 273, 280, 313, 325, 333, 335, 350, 354, 372, 427, 454
Rheinisch-Westfälisches Roheisensyndikat, Düsseldorf (1897) 232
»Rheinisch-Westfälisches Tageblatt«, Bochum (1897) 191
Rheinisch-Westfälisches Wasserfach 377
Rheinische Braunkohle AG 395
Rheinische Eisenbahn 100, 144, 152, 165, 167, 181
Rheinische Republik (1923) 357
Rheinische Stahlwerke, Duisburg-Meiderich (1871) 152, 176, 278, 280
Rheinische Wohnstätten AG (1932) 396, 473, 498
Rheinischer Städtebund (1255) 30
Rheinlandbesetzung (1936) 415, 417
Rheinstahl Hüttenwerke AG, Werk Schalker Verein, Gelsenkirchen (1872) 159, 446
Rheinverlagerung (nach 1200) 27, 29
Rhenania AG, Chemische Fabrik, Oberhausen (1852) 113
Ringen 425, 551
Ringfrei Mülheim 568
Ritterbrauerei, Dortmund (1873) 198, 556
»Rockpalast« 578
Roheisenverband, Essen (1911) 280, 313
Rohstoff-Rückgewinnungszentrum Ruhr, Herten (1982) 601
Rombacher Hüttenwerke AG, Rombach 271
Römer 9, 11, 12, 13
Römisches Reich 9
Rot-Weiß Essen (1923) 285, 472, 484, 495, 506, 547, 553, 573, 610
Rot-Weiß Oberhausen (1904) 271, 472, 547, 553, 561
Rote Erde Hamm 488
Rote-Ruhrarmee (1920) 332, 339, 340, *341,* 345
Rotfrontkämpferbund 367, 386, 394
Royal Dutch/Shell-Gruppe, Den Haag–London (1907) 582
RSV Mülheim (1902) 260, 580
Rudersport 211, 229, 237, 500, 513, 612
Ruhr Oel GmbH, Bottrop (1983) 605
»Ruhr-Echo« *404*
Ruhr-Kolleg (1958) 504
»Ruhr-Nachrichten«, Dortmund (1949) 470
»Ruhr-Zeitung«, Essen (1945) 454
Ruhrbehörde, Internationale (1949) 467, 468
Ruhrbesetzung (1923) 332, 345, *346,* 347, *351, 352,* 353, 355, 356, 359, 363, 365
Ruhrchemie AG, Oberhausen (1927) 377, 420, 581
Ruhreisenstreit (1928) (→ Aussperrung, Metallindustrie (1928)
Ruhrfestspiele Recklinghausen 464, 474, 476, 495, 531, 549, 560, 583, 604

Ruhrgas AG, Essen (1928) 372, 549, 582, 591, 594
Ruhrhilfe (1932) 395
Ruhrkessel (1945) 448, 449, 450
Ruhrkohle AG (RAG), Essen (1969) 547, 577, 580, 585, 590, 605, 628
Ruhrkonferenz (1979) 585
Ruhrlade (1928) 379
»Ruhrlandkreis« (1923) 360, 476
Ruhrort Mining Company, Duisburg-Ruhrort (1856) 120, 125
Ruhrschiffahrt 50, 61, 65, 67, 71, 86, 88, 109, 125, 377
Ruhrschnellweg *396, 476, 502, 523, 550,* 581
Ruhrstahl AG, Witten (1930) 386
Ruhrstatut (1948) 467, 468, 478
Ruhrstickstoff AG, Bochum (1951) 549
Ruhrtalsperrenverein (1899) 306
»Ruhrzeitung«, Mülheim an der Ruhr 112
Rundfunk *403,* 438
Rußlandfeldzug (1941) 434
Rüstungsindustrie – Arbeitskräfteeinsatz 317, 319, 397, 433, 435, 436, 444
- Kriegsziele 317
- Produktion 302, 313, 319, 330, 397, 436
Rütgerswerke AG, Castrop-Rauxel (1897) 230

S

SA (→ Nationalsozialistische Herrschaft)
Sachsen 10, 14, 15, 17, 19, 20
Sachsenkriege (772-785) 15, 16
Salentinischer Rezeß (1577) 46
Saline Königsborn, Unna (1734) 69
SC 04 Dortmund-Hörde 425
SC Schalke 96 226, 231
Schachtbau Thyssen GmbH, Mülheim an der Ruhr (1919) 337
Schalke 04, FC 271, 347, 382, 413, 414, 425, 426, 432, 438, 472, 506, 525, 526, 532, 553, 555, 563, 565, 568, 573, 594, 598, 605, 615, 630
Schalker Eisenhütte, Gelsenkirchen (1886) 158
Schalker Gruben- und Hüttenverein, Gelsenkirchen (1872) (s. a. Rheinstahl Hüttenwerke AG, Werk Schalker Verein; Thyssen-Schalker Verein) 158, *159,* 246, 252, 261, 272, 283
»Schalker Kreisel« 425
Schermbeck 38
»Schienen-Zepp« (1931) *391*
Schlacht bei Worringen (1288) 31
Schlesische Kriege (1740–1742, 1744/45) 63
Scholven Chemie AG, Gelsenkirchen (1950), (s. a. VEBA Chemie AG) 499
Schrebergärten 281, *480*
Schultheiss-Brauerei AG, Berlin (1853) 556
Schützenvereine 38, *56,* 136, 150, 178
Schwarz-Weiß Essen 509
»Schwarze Listen« 202, 274, 329, 331
Schwarzmarkt 457, 459
»Schweizer Spende« (1946) 459
Schwelm 14, 41, 46, 59, 79, *80,* 132, 146, 205, *248,* 619
»Schwelmer Zeitung« 151
Schwerte 19, 33, 34, 35, 38, 43, 61, 66, 79, 80, 91, 140, 147, 149, 150, 154, 185, *291, 442,* 444
»Stahlhelm« 400
- Westhofen 63
Sechs-Tage-Rennen 368, 374, *541*
Selm 16, 283
Shell (→ Royal Dutch/Shell-Gruppe)
Siebenjähriger Krieg (1756–1763) 50, 63

Siedlungen 104, *127, 155, 211,* 217, 219, *236,* 255, 266, 281, 296, 297, 306, 337, 373, 412, 484, 485, *495,* 498, 513, *540,* 541, 557, 565, 570, 576, 580, 612
Siedlungsverband Ruhrkohlenbezirk (SVR), Essen (1920) 301, 343, 349, 360, 376, 380, *396,* 427, 550, 557, 567, 581, 583, 586
Siemens & Halske, Berlin (1847) 228
Siemens-Rheinelbe-Schuckert-Union (SRSU) (1920) 330, 342
Siemens-Schuckert-Werke AG, Mülheim an der Ruhr (1927) 342, 376
Signal-Versicherung, Dortmund (1907) 285
Smog-Alarm 586, 617, 625
Société Anglo-Belge des Mines du Rhin 163
Société Anonyme Belge des Charbonnages d'Herne-Bochum! 142, 187, 195, 470
Société Anonyme Belge-Rhenane de la Ruhr (s. a. Bergwerksgesellschaft Dahlbusch AG) 114
Société Anonyme des Acieries Rhenanes à Meiderich (1870) (→ Rheinische Stahlwerke)
Société Anonyme des Charbonnages du Nord 117
Soester Fehde (1444–1447) 25, 39
Sonderfrieden von Basel (1795) 73
»Sopade« (1934–1940) 414, 423, 426
Sozialdemokratische Arbeiterpartei (SPAD) (→ Sozialdemokratische Partei Deutschlands)
Sozialdemokratische Partei Deutschlands (SPD; 1869–1875 SDAP; 1875–1890 SAP; 1917–1924 MSPD) 142, 143, 153, 170, 201, 265, 283, 292, 299, 313, 328, 331, 333, 336, 339, 344, 362, 379, 386, 390, 394, 397, 398, 401, 406, 414, 447, 457, 470, 486, 487, 501, 515, 530, 535, 547, 548, 556, 573, 592, 607, 616, 625
Sozialisierung 332, 333, 334, 335, 461, 463, 464
Sozialistengesetz (1878–1890) 171, 172, 175, 185, 200, 201, 202, 237
Sozialistische Arbeiterpartei Deutschland (SAP) (→ Sozialdemokratische Partei Deutschlands)
Sozialpolitik, Betriebliche 103, 120, 122, 161, 380
Sozialversicherung 184, 185, 188, 198, 205, 376, 387, 388
Sportfreunde Katernberg 472
Sprockhövel 21, 29, 43, 106, 162, 184, 552
Spvgg. Erkenschwick 472
SS (→ Nationalsozialistische Herrschaft)
SSV Hagen 564, 580
Städteordnung, Preußische (1808) 91
Städteordnung, Revidierte (1831) 96, 97, 132
Städtische Freiheit 31
Stahlarbeiter 587
Stahlerzeugung 77, 83, *89,* 90, 109, 116, 136, *137,* 151, 153, 176, 280, 299, 424, 427, 455, 456, 461, 493, 556, 570, 587, 591, 599
Stahlkrise
- (1975) 570
- (1977) 577
- (1980) 591
- (1982) *599,* 600
- (1983) *607*
Steinkohlen-Elektrizitäts-Aktiengesellschaft (STEAG), Essen (1937) 580

Steinkohlenförderung 125, 178, 350, 456, 496
Stern-Brauerei Carl Funke, Essen (1872) 160, 556
Stift Essen 16, 19, 20, 21, 22, 27, 29, 37, 42, 46, 48, 50, 54, 55, 56, 58, 73, 77
Stifterverband für die deutsche Wissenschaft, Essen (1949) 471
Stifts-Brauerei, Dortmund (1867) 147, 148, 265, 556
Straßenbau 67, 80, 84, 396, *410,* 417, 427, 502, 516, 523, 535, 543, 548, 552, 569, 581, 592
Streik 109, 152, 171, 200, 331, 345, 386, 444, 486, 520, 624
- Bergarbeiterstreik (1859) 129
- Bergarbeiterstreik (1861) 133
- Bergarbeiterstreik (1872) *157*
- Bergarbeiterstreik (1889) *195,* 202, *196, 197*
- Bergarbeiterstreik (1905) 273, *274, 275*
- Bergarbeiterstreik (1923) 357
- Bergarbeiterstreik (1931) *389*
- »Dreibundstreik« (1912) 299, 300
- Eisenbahnerstreik (1848) 97
- Hamborner Streikbewegung (1918) 329
- Hungerstreiks (1916) 319
- Hungerstreiks (1917) 324
- Hungerstreiks (1947) *463*
- Hungerstreiks (1948) 465
- Metallarbeiterstreik (1943) 438
- Metallarbeiterstreik (1969) *548*
- Metallarbeiterstreik (1973) 562
- Metallarbeiterstreik (1979) 587
- Mitbestimmungsstreik (1955) *493*
- »Polenrevolte« (1899) 242
- Protestreiks (1918) *327*
- Sozialisierungsbewegung (1919) *333, 334, 335*
- Warnstreiks, Nahverkehr (1980) 591
Struck & Co., Brauerei, Dortmund (s. a. Union-Brauerei AG) 162
»Stürmer, Der« *407, 421*
STV/Horst-Emscher 472
Sueben 9
Sugambrer 9, 11
SV Duisburg 98 233
SV Witten 07 551

T

Tanfana-Heiligtum (14) 12
»Tante-Emma-Laden« 567, 614
Tarifpolitik 335, 361, 379, 386, 388, 397, 486, 509, 520, 548, 581, 587
Tenkterer 9
Tennis 541
Terra-sigillata 13
Terror (→ Nationalsozialistische Herrschaft)
Tertry, Schlacht (687) 14
Teutoburger Wald, Schlacht (9) 9, 12
TEXACO Inc., New York (1926) 535, 582
Textilgewerbe *59,* 65, 110
Theater 105, 180, *186,* 212, *270, 288,* 295, *304,* 313, 321, 338, *348, 356, 364, 378, 382, 416, 435, 464, 470, 486, 495, 512,* 531, *536, 537, 550, 558,* 559, 560, 574, 583, 584, *588, 593,* 607, *621,* 624
»Theatrum Europäum« (ab 1635) 53
Theophanu-Evangeliar (→ Essen)
Theophanuskreuz (→ Essen)
Thier-Brauerei, Dortmund (1854) 117, 176, *289*
Thyssen & Co KG., Stahl- und Walzwerk, Mülheim an der Ruhr (1871) 153, 619
Thyssen Niederrhein AG 591
Thyssen Stahl AG 626, 627
Thyssen, Foussoul & Co., Bandeisenwalzwerk, Duisburg (1867) 147, 198

Sachregister

Thyssen-Schalker Verein 599
Tischtennis 580
»Topographia Westfalia« (ab 1642) 53
»Tremonia«, Dortmund (1876) 170, 197, 240, 470
Trinkhallen 344, *522*
Trümmerfrauen 458
TuRa Bergkamen 580
Turn- und Spielverein Hagen von 1896 237
Turn- und Sportverein Bochum 350, *364*
Turnen 525
Turnvereine 95, 106, 136, 140, 175, *180*, 185, 187, 222, 242
TuS Wellinghofen 577, 580
TUSEM Essen 580, 622
TV Ückendorf 282
TV Wattenscheid 09 257, 589

U

Uhde, Firma Friedrich, Chemische Fabrik, Dortmund (1921) 347
Uhlenhorst Mülheim 472, 526
Umweltschutz 556
Unabhängige Sozialdemokratische Partei Deutschlands (USPD) (1917) 328, 332, 333, 336, 339, 344
Union-Brauerei AG, Dortmund (1873) *162*, 498, 556
Unna 11, 14, 16, 21, 27, 30, 33, 34, 35, 41, 43, 46, 48, 49, 50, 51, 54, 58, 66, 67, 69, 76, 80, 82, 84, 91, 94, 97, 99, 100, 105, 113, 115, 120, 128, 129, 136, 147, 162, 165, 171, 175, 176, 177, 179, 184, *187*, 189, 194, 195, 211, 214, 217, 222, 238, 246, 268, 283, *309, 311, 321*, 386, *396*, 410, 415, 426, 432, 456, *496, 504, 543, 548*, 583, 617
– Bad Königsborn *183, 187*
– Kloster Fröndenberg 23
– Kloster Scheda 23
– Königsborn 50, 94, 162, 174, 524
– Massen *552*
Unterhaltung 80, 94, 131, *178*, 180, 182, 188, 194, 206, 207, 244, *256, 259*, 264, 282, *304, 347*, 364, 427, *471, 498*, 512, 516, *527, 537, 550, 558, 578, 579, 602, 615*, 618, 621
Unternehmensverband Ruhrbergbau 486, 524
Ursulinenorden 54
Usipeter 9

V

Varta AG (→ Akkumulatorenfabrik Büsche & Müller, Hagen)
VC Schwerte 580
VEBA AG, Düsseldorf (1929) 382, 528, 549, 571, 582
VEBA Chemie AG (1969) (ab 1978 → VEBA Oel AG) 571
VEBA Kraftwerke Ruhr AG, Gelsenkirchen-Buer (1970) 549, 571, 587
VEBA Kraftwerke Ruhr GmbH (→ VEBA Kraftwerke Ruhr AG)
VEBA Oel AG, Gelsenkirchen-Buer 605
Velbert 18
Verband der Rheinisch-Westfälischen Gesellenvereine (nach 1846) 119
Verband rheinisch-westfälischer Grubenarbeiter zur Wahrung berechtigter Interessen des Bergarbeiterstandes (1872) 159
Verband zur Wahrung und Förderung bergmännischer Interessen in Rheinland und Westfalen (1889), ab 1890: Verband deutscher Berg- und Hüttenarbeiter (→ Alter Verband)
Verein deutscher Eisen- und Stahlindustrieller (1873) 175
Verein für die bergbaulichen Interessen im Oberbergamtsbezirk Dortmund (1858) 111, 123, 124, 126, 197, 280, 285, 314
Verein zur Wahrung der wirtschaftlichen Interessen rheinischer und westfälischer Unternehmer Düsseldorf (1871) 124, 154, 175
Vereinigte Aluminiumwerke AG, Lünen (1938) 426
Vereinigte Elektrizitätswerke Westfalen GmbH (VEW), Dortmund (1925) 370, 388, 424, 587
Vereinigte Stahlwerke AG, Düsseldorf (1926) 372, 386, 396, 446, 464, 479
Vereinigung der rheinisch-westfälischen Hochofenwerke (1886) 232
Vereinswesen 182, 378
Verkehrsverbund Rhein-Ruhr (VRR) (1980) 592, 606
Versailler Vertrag (1919) *336*, 345, 346, 350, 351, 354
Vertrag von Kleve (1666) 49
Vertrag von Xanten (1614) 49, 51
Vertriebene 481
Vestische Kleinbahnen GmbH (1915) 257, 345
VfL Bochum 1848 553, 589, 594, 610
VfL Gladbeck 519
Villosa Werke Gebr. Becker, Hagen (1896) 228
Vogel & Schemann, Maschinen- und Werkzeugfabrik, Hagen (1893) 215
»Volksfreund«, Duisburg 112
Volkssturm (→ Nationalsozialistische Herrschaft) 444
Volkszählung 154, 291, 472, 514
Volleyball 580
Vulkan- und Johannishütte, Duisburg-Hochfeld (1854) 116

W

Wagner & Co., Dortmund (1865), Werkzeugmaschinenfabrik 144
Wahlen zur Nationalversammlung (1919) 333, *336*, 344
Währungsreform (1948) 456, 467
Waltrop 265, 426, 521
Wasserball 488
Wasserversorgung 146, 184, 185, 242, 306, 373, 510
Wattenscheid 16, 21, 35, 38
– Höntrop 80
WEKA GmbH 288
Weltwirtschaftskrise (1929 – 1932) 382, 388, 395
Werden 14, 22, 27, 29, 41, 230
Werkkreis Literatur der Arbeitswelt (1970) 517, 551, 565
Werl 35
Werne 18, 34, 35, 162, 379, 605
– Haus Hobecke 46
– Herbede 14, 16, 21, 61, 304, 477, 478, 573
– Kammermusiktage 420
– Muttental *90, 92*, 575
– Stockum 18
»Wochenblatt für den Kreis Recklinghausen« (1831) 91, 223
»Wochenblatt für die Stadt und den Kreis Dortmund« 101
»Wöchentliche Duisburgische Adress- und Intelligenz-Zettel«, Duisburg (1727) 60
Wohnen 79, 187, *226*, 252, 266, 267, 330, 362, 373, 376, 412, 443, 446, 453, 458, 462, 485, *497*, 498, *540*, 541, 542, 570, 575, 576, 589, 621, 622
Worringen, Schlacht (1288) 28, 30, 31
Wurmkrankheit 236

X

Xanten 9, 11, 12, 16, 21, 27, 45, 171, 438, *448*, 450, 460, 477, 578, 583, 608
– Amphitheater 13
– Castra Vetera, Römerlager (Zeitenwende) 10, 11, 12, 13
– Colonia Ulpia Traiana (um 100) 11, 13
– Kloster Fürstenberg 23

Z

Zechen
– Adolf von Hansemann 130, 194, 410, 481, 576
– Alma 153, *163*, 328, 576
– Alte Haase 184
– Altendorf 144
– Alter Hellweg 120, 125, 505
– Altstaden 123, 125
– Amalia 195, 198
– Amalie 526
– Anna 125
– Arenberg-Fortsetzung 291
– Auguste Victoria 285, 324, 605
– Baldur 273
– Barillon 147
– Bergmannsglück 265, 389, 449
– Blankenburg *121*
– Bonifacius 123, 576
– Brassert 280
– Brockhauser Tiefbau 255
– Bruchstraße 156, 273
– Carl 132, 576, 584, 597
– Carl Friedrich Erbstollen 158
– Carl Funke 226
– Carlsbank 172
– Caroline 115
– Carolinenglück 95, 120, 233, 236, 300
– Carolus Magnus 102, 113, 129
– Charlotte 77
– Christian-Levin 125
– Consolidation 140, 150, 158, 178, 189, 195, 285, 576, 615
– Constantin 109, *249*
– Dahlbusch 114, 125, *163*, 178, 243, 367, 493
– Dahlhauser Tiefbau 125, 177, 178, 505
– de Wendel 389
– Deutscher Kaiser (→ Friedrich Thyssen)
– Diergardt 291, 389
– Dorstfeld 125, 222, 225, 487, 524
– Egbert 573
– Emil-Emscher 162
– Emscher Lippe 260, 299, 319
– Engelsburg 58, 162
– Erin 145, 171
– Ewald 156, *205*, 449
– Ewald Fortsetzung 238, 272
– Franz 21
– Franziska Tiefbau 91, 109
– Friedlicher Nachbar *98*, 149
– Friedrich 58
– Friedrich der Große 418, 449
– Friedrich Ernestine 102, 151, 153, 195
– Friedrich Heinrich 165, 283, 486
– Friedrich Joachim 526
– Friedrich Thyssen 217, 295, 317, 329, 330, 337, 372
– Friedrich Thyssen 2/5 194
– Friedrich Thyssen 4/8 509
– Friedrich Wilhelm 80
– Fröhliche Morgensonne 165
– Fürst Hardenberg 156, 181, 233, 236, 295
– Fürst Leopold 291
– General Blumenthal *163*, 175, 201, 537, 540
– Germania 117, 125, 569
– Gewerkschaft Altendorf 58
– Glückauf Tiefbau 158
– Glücksburg 62
– Glückstern 573
– Gneisenau 162, 260
– Gottessegen 172
– Graf Beust 93, 95, 102, 113, 129, 151
– Graf Bismarck *150*, 158, 449, 535
– Graf Moltke 164, 195, 201, 203, 255
– Graf Schwerin 162, 317
– Grillo 162
– Grimberg 201
– Grimberg 3/4 410, 461
– Gustav 381
– Hannibal 95
– Hannover 123, 576, *249*
– Hansa 211, 580
– Hasenwinkel 202, 244
– Haus Aden 426, 600, 605
– Heinrich 68, 95, 132, 133, 257
– Heinrich Gustav 120
– Heinrich Robert 257
– Helene 152, 526
– Helene Amalie 95, 98, *129*, 140
– Herbede 304
– Herberholz 128
– Hercules 125
– Hibernia 95, *116*, 124, 125, *163*, 168, 188, 191, 195, 208, 225, 272, 366
– Hoffnung 68
– Holland 120, 125, 179, 198, *359, 381*, 576
– Holstein 165
– Hugo 162
– Humboldt 563
– Ickern 285
– Jacobi 299, 576
– Kaiser Friedrich 226
– Kaiserstuhl 162, 170, 198, 214, 438
– Kaspar Friedrich 172
– Katharina 238, 505
– König Ludwig 156, 188, 464, 470
– Königin Elisabeth 95, *129*, 258
– Königsborn 165, 179
– Königsgrube 120
– Kronprinz 72, 98, 125
– Kunstwerk 80
– Langenbrahm 65, 418, 526
– Lieselotte 505
– Lohberg 280, 288, 363, 389
– Lothringen 156, 285, 300, 302, 562
– Ludwig 462
– Mansfeld 211, 225
– Mathias Stinnes 153, 484
– Maximilian 265, 615
– Minister Achenbach 230
– Minister Stein 153, 181, 233, 236, 367
– Möller 226, 261
– Mont Cevis 153, 267, *345*
– Neu-Cöln 125, 319
– Neu-Iserlohn 120, 150, 182
– Neumühl 214, 389, 540
– Nordstern 98, 126, 195, 366, *380*, 420, 433, 444, 449, 460
– Oberhausen 115
– Oberschuir (→ Consolidation)
– Oespel 280
– Osterfeld 162, 590
– Pattberg 540, 552
– Pluto 181, 182, 184, 576
– Präsident 95, 195
– Preußen 201
– Preußischer Zepter 58
– Prinz Regent 152, 597
– Prinz von Preußen 120
– Prosper 120, 125, 153, 156, 195, 280, 449
– Prosper-Haniel 624, 628
– Providence (von der Heydt) 142, 187, 242
– Radbod 273, 286, 300
– Recklinghausen 150, 177, 181, 185, *187*, 290, 470
– Rheinbaben 261
– Rheinelbe 117, 125, 130, 155, 163, 257, 280, 427, 565
– Rheinland 540, 552
– Rheinpreussen 123, 171, 366, 540, 552, 576
– Rheinpreußen 3/4 246
– Ringeltaube 573
– Rosenblumendelle 117
– Rosenblumendelle/ Wiesche 505
– Rossenray 436, 540, 552
– Ruhr und Rhein 123
– Sachsen 519, 526
– Scharnhorst 156, 576
– Schlägel & Eisen *163*, 168
– Schleswig 113, 117

Sachregister/Abkürzungen

- Scholven 449
- Shamrock 123, 124, 125, *163*, 188, 201, *225*, 230, 280, 300, 540
- Sonnenschein 58
- Sterkrade 230
- Steingatt 255
- Teichmühlenbaum 58
- Theodor Heinrich 505
- Treue 58
- Unser Fritz 153, 449
- Ver. Blickefeld Tiefbau 91
- Ver. Hoffnung und Secretarius Aak 255
- Ver. Margarethe 120
- Ver. Maria Anna und Steinbank 184
- Ver. Nachtigall 91, 92
- Ver. Pörtingsiepen 156
- Ver. Sälzer und Neuack 73, 80, 91, 129
- Ver. Trappe *98*
- Ver. Wiendahlsbank 58
- Victor 127, 153, 254, 420
- Victoria 283
- Victoria Mathias 95, 102, 149, 526
- Vollmond 72, 77, 121
- Walsum 288, 588
- Waltrop 265, 576
- Werne 238
- Westende 120, 125, 366
- Westerholt 283
- Westhausen 156, 576
- Wiendahlsbank 109
- Wiesche 91, 120, 132
- Wilhelmine Victoria 125, 163, 449
- Wohlgemut 77
- Wolff 68
- Wolfsbank 95
- Zollern 1/3 123, 233, 300
- Zollern 2/4 *271*, 576, 584
- Zollverein 95, 125, 575, 576, 584
- Zur Hoffnung 58
- Zweckel 285, 389
- Zechenverband, Essen (1908) 285, 299, 329, 331, 333, 335, 359, 361, 388, 389, 393
- »Zentralblatt für Oberhausen und Umgebung«, Oberhausen (1859) 128
- Zentrum 153, 165, 168, 171, 175, 179, 185, 191, 201, 208, 214, 224, 233, 283, 330, 333, 336, 339, 344, 362, 379, 390, 396, 457, 470, 487
- Zisterzienserorden 23, 26, 46
- Zollrecht 21, 25
- Zünfte 41, 59, 73, 78, 140
- Zuwanderung, Ruhrgebiet 177, 200, 203, 254, 266, 291, 470
- ZVS - Zentralstelle für die Vergabe von Studienplätzen, Dortmund (1973) 562

Abkürzungen

ADAV	Allgemeiner Deutscher Arbeiterverein	Detag	Deutsche Tafelglas Aktiengesellschaft	GEPAG	Großeinkaufs- und Produktions-Aktiengesellschaft	NSDAP	Nationalsozialistische Deutsche Arbeiterpartei
ADGB	Allgemeiner Deutscher Gewerkschaftsbund	DFB	Deutscher Fußball-Bund	Gestapo	Geheime Staatspolizei	NSLB	Nationalsozialistischer Lehrerbund
AEG	Allgemeine Elektrizitätsgesellschaft	DGB	Deutscher Gewerkschaftsbund	GHH	Gutehoffnungshütte	NSV	Nationalsozialistische Volkswohlfahrt
AG	Aktiengesellschaft	DHHU	Dortmund-Hörder Hüttenunion	GmbH	Gesellschaft mit beschränkter Haftung	NWDR	Nordwestdeutscher Rundfunk
ARAL	Bezeichnung für Kraftstoff aus Benzol (Aromate) und Benzin (Aliphate)	DJK	Deutsche Jugendkraft	Gruga	Große Ruhrländische Gartenbau-Ausstellung	ÖTV	Öffentliche Dienste, Transport und Verkehr
ATB	Arbeiterturnerbund	DKP	Deutsche Kommunistische Partei	HJ	Hitlerjugend	RAG	Ruhrkohle Aktiengesellschaft
BDM	Bund deutscher Mädel	DLR	Deutsche Luftreederei	HR	Hessischer Rundfunk	RDI	Reichsverband der deutschen Industrie
Bogestra	Bochum-Gelsenkirchener Straßenbahnen	DMV	Deutscher Metallarbeiter-Verband	IGBE	Industriegewerkschaft Bergbau und Energie	REWE	Revisionsverband der Westkauf-Genossenschaften
BP	British Petroleum	DNVP	Deutschnationale Volkspartei	IHK	Industrie- und Handelskammer	RGO	Revolutionäre Gewerkschafts-Opposition
BUNA	Synthesekautschuk aus Buthadien und Natrium	DP	Deutsche Partei	KdF	»Kraft durch Freude«	RWE	Rheinisch-Westfälisches Elektrizitätswerk
Care	Cooperative for American Remittances to Europe (engl.; Kooperative für amerikanische Hilfeleistungen an Europa)	DVP	Deutsche Volkspartei	KG	Kommanditgesellschaft	RWZ	Rheinisch-Westfälische Zeitung
		EDEKA	Einkaufsgemeinschaft deutscher Kaufleute	KPD	Kommunistische Partei Deutschlands	RZR	Rohstoffrückgewinnungszentrum Ruhr
		EG	Europäische Gemeinschaft	KRK	Klöckner Reederei und Kohlenhandel	SA	Sturmabteilung
CDU	Christlich Demokratische Union	EGKS	Europäische Gemeinschaft für Kohle und Stahl	KVR	Kommunalverband Ruhrgebiet	SAP	Sozialistische Arbeiterpartei Deutschlands
CSU	Christlich Soziale Union	Estel	European Steel	KWU	Kraftwerk Union	SDAP	Sozialdemokratische Arbeiterpartei
CVJM	Christlicher Verein junger Männer	FDJ	Freie deutsche Jugend	KZ	Konzentrationslager	SDR	Süddeutscher Rundfunk
DAF	Deutsche Arbeitsfront	FDP	Freie Demokratische Partei	MICUM	Mission Interalliée de Contrôle des Usines et des Mines (frz.; Internationale Kontrollkommission für Hütten und Bergwerke)	Sopade	Exilvorstand der Sozialdemokratischen Partei Deutschlands
DDP	Deutsche Demokratische Partei	FWG	Freie Wählergemeinschaft				
DEA	Deutsche Erdöl Aktiengesellschaft	GAL	Grüne Alternative Liste	MSPD	Mehrheitssozialdemokratische Partei Deutschlands	SPD	Sozialdemokratische Partei Deutschlands
DELOG	Deutsche Libbey-Owens Gesellschaft für maschinelle Glasherstellung	Gaveg	Gasverarbeitungs GmbH	NATO	North Atlantic Treaty Organization (engl.; Nordatlantikpakt)	SRSU	Siemens-Rheinelbe-Schuckert-Union
		GBAG	Gelsenkirchener Bergwerks Aktiengesellschaft	NS	Nationalsozialismus	SS	Schutzstaffel
DEMAG	Deutsche Maschinenfabrik Aktiengesellschaft	GEG	Großeinkaufsgesellschaft Deutscher Consumvereine	NSBO	Nationalsozialistische Betriebszellenorganisation		
STEAL	Steinkohlen-Elektrizitäts-Aktiengesellschaft						
SVR	Siedlungsverband Ruhrkohlenbezirk						
SWF	Südwestdeutscher Rundfunk						
THTR	Thorium-Hochtemperaturreaktor						
UdSSR	Union der Sozialistischen Sowjetrepubliken						
UNO	United Nations Organization (engl.; Vereinte Nationen)						
USA	United States of America (engl.; Vereinigte Staaten von Amerika)						
USPD	Unabhängige Sozialdemokratische Partei Deutschlands						
VEBA	Vereinigte Elektrizitäts- und Bergwerks-Aktiengesellschaft						
VEW	Vereinigte Elektrizitätswerke Westfalen						
WAZ	Westdeutsche Allgemeine Zeitung						
WDF	Westdeutsches Fernsehen						
WDR	Westdeutscher Rundfunk						
WEKA	Westfalenkaufhaus						
WHW	Winterhilfswerk						
ZDF	Zweites Deutsches Fernsehen						
ZVS	Zentralstelle für die Vergabe von Studienplätzen						
ZZP	Zjednoczenie Zawodoz Polskie (poln.; Polnische Berufsvereinigung)						

Bildquellenverzeichnis

Adam Opel AG, Rüsselsheim (2)
Hanns D. Ahrens, Essen (1)
Graphische Sammlung Albertina, Wien/Österreich (1)
Alte Bürgerschützengilde von 1367, Recklinghausen (2)
Alte Synagoge, Essen (3)
Aral AG, Bochum (2)
Archiv des Landtags des Landes Nordrhein-Westfalen, Düsseldorf (6)
Archiv der sozialen Demokratie, Bad Godesberg (5)
Archivsammlung Ernst Schmidt, Ruhrlandmuseum Essen (13)
Associated Press, Frankfurt (2)
Bauer-Verlag, Marl (3)
Radsport Bautz, Dortmund (1)
Heinrich von der Becke, Berlin (1)
Hartmut Beifuß, Bochum (2)
Deutsches Bergbaumuseum, Bochum (63)
Kulturamt der Stadt Bergkamen (2)
Presse- und Informationsamt der Stadt Bochum (11)
Stadtarchiv Bochum (36)
Stadtarchiv Bochum/Schilgen (28)
Stadtarchiv Bochum/Glave (3)
Bochum-Gelsenkirchener Straßenbahnen AG, Bochum (1)
Bildarchiv der Ruhruniversität Bochum (1)
Presseamt der Ruhruniversität Bochum (3)
Gemeindeverwaltung Bönen (2)
Franziska Bollerey (2)
Museum für Ur- und Frühgeschichte der Stadt Bottrop (1)
Referat für Öffentlichkeitsarbeit und Stadtverwaltung der Stadt Bottrop (1)
Fa. Brandt, Hagen (1)
Brauereimuseum, Dortmund (1)
Bildarchiv Bruckmann, München (1)
Bundespostmuseum, Frankfurt (3)
Presseamt der Stadt Selm (3)
Carl-Ernst-Osthaus-Archiv, Hagen (7)
Presse- und Informationsamt der Stadt Castrop-Rauxel (4)
Michael Dannemann, Bochum (1)
Presse- und Informationsamt der Stadt Datteln (3)
Dena-Bild, Frankfurt (1)
Deutsche Bundesbahn, Bundesbahndirektion Essen (5)
Deutsches Museum, München (1)
Deutsches Museum der Binnenschiffahrt, Duisburg (5)
Deutsche Nickel GmbH, Schwerte (1)
Deutsche Presse-Agentur, Frankfurt (29)
Deutsches Schiffahrtsmuseum, Bremerhaven (2)
Deutsches Verkehrsmuseum, Nürnberg (1)
Elisabeth Derks, Gelsenkirchen (1)
Bauordnungsamt der Stadt Dortmund (1)
BVB-Archiv des städtischen Presse- und Informationsamtes, Dortmund (5)
Justizvollzugsanstalt Dortmund (1)
Städtisches Presse- und Informationsamt, Dortmund (3)
Stadtarchiv Dortmund (78)
Stadtwerke Dortmund (1)
Dortmunder Rennverein e. V. (2)
Dortmunder Union-Brauerei (4)
Dortmunder Vertrieb für Bau- und Planungsliteratur (2)
Archiv des Presse- und Informationsamtes der Stadt Duisburg (11)
Stadtarchiv Duisburg (52)
Stadtsportbund Duisburg (3)
Zoo Duisburg (1)
Manfred Ehrich, Düsseldorf (15)
Eintracht Dortmund e. V. (2)
Eisenbahnmuseum Bochum-Dahlhausen GmbH (1)
Archiv der Emschergenossenschaft, Essen (1)
Emschertalmuseum, Herne/Schilgen (4)
Entwicklungsgesellschaft Wulfen, Dorsten (1)
Katasteramt der Stadt Essen (1)
Stadtbildstelle Essen (56)
Städtische Oper, Essen (1)
Pressestelle des Bistums Essen (7)
Essener Verkehrs-AG (6)
K.-L. Fabris, München (1)
Walter Faukhänel, Dortmund (2)
Martin Frank, Gelsenkirchen (1)
Fritz-Hüser-Institut, Dortmund/Glave (1)
Albrecht Gaebele, Untersteinbach (1)
Gänsereiterklub Höntrup (1)
Gelsenberg AG, Gelsenkirchen (2)
Presseamt der Stadt Gelsenkirchen (5)
Stadtarchiv Gelsenkirchen (21)
Gelsenkirchener Bergwerks-AG (2)
Germanisches Nationalmuseum, Nürnberg (6)
Archiv Gerstenberg, Wietze (21)
Gestring GmbH, Dortmund (1)
Gewerkschaft Engels, Dortmund (1)
Amt für Öffentlichkeitsarbeit der Stadt Gladbeck (1)
Ruth Gläser, Oberhausen (3)
Hans-Christian Glave, Dortmund (1)
Heinz Gossen, Gelsenkirchen (1)
Kurt Günther, Dortmund (1)
Gustav-Lübcke-Museum, Hamm (1)
Historisches Archiv der Gutehoffnungshütte, Oberhausen (32)
Presseamt der Stadt Hagen (1)
Stadtarchiv Hagen (6)
Presseamt der Stadt Hamm (1)
Stadtarchiv Hamm (1)
Henrichshütte, Hattingen (1)
Harenberg Kommunikation, Dortmund (382)
Brigitte Hellgoth, Haan (21)
Stadtarchiv Herne (7)
Stadtarchiv Herten (1)
Historia-Photo, Hamburg (4)
Hochlarmarker Stadtteil-Fotosammlung, Recklinghausen (5)
Hoechst AG, Frankfurt (1)
Hoch-Tief AG, Essen (1)
Hoesch AG, Dortmund (14)
Heinrich Hoffmann, München (1)
Museum Hohenlimburg (1)
Industriegewerkschaft Bergbau und Energie, Bochum (16)
Industriegewerkschaft Druck und Papier, Stuttgart (1)
Industrie- und Handelskammer Essen (1)
Industrie- und Handelskammer Gelsenkirchen, Sammlung Müller (2)
Institut für Arbeiterliteratur, Dortmund/Glave (1)
Paula Jacobi, Dortmund (1)
A. Kampert, Gelsenkirchen (4)
Presseamt der Stadt Kamp-Lintfort (1)
Archiv Dr. Karkosch, München (2)
Karstadt-AG, Essen (1)
H. J. Kartenberg, Essen (1)
Katholische Nachrichtenagentur, Bonn (5)
Friedel Kaufholt, Duisburg (1)
Keystone Pressedienst, Hamburg (28)
Klöckner AG, Duisburg (2)
Klaus Kochmann, Braunschweig (1)
Maria Koettnitz-Bies, Dortmund (1)
Kövesdi Presseagentur, München (1)
Kommunalverband Ruhrgebiet, Essen (5)
Michael Korte, Dortmund (1)
Kronen-Brauerei, Dortmund (2)
Norbert Krüger über Archivsammlung Ernst Schmidt, Essen (1)
Historisches Archiv der Friedrich Krupp GmbH, Essen (66)
Friedrich Krupp GmbH, Essen (1)
Kurt Ksinsik, Bochum (1)
Küppersbusch AG, Gelsenkirchen (3)
Kulturstiftung Ruhr, Essen/van Heekeren (4)
Landschaftsverband Westfalen-Lippe, Münster (1)
Landesbildstelle Düsseldorf (1)
Landesbildstelle Münster (3)
Klaus Michael Lehmann, Castrop-Rauxel (34)
Alfred Ledermann, Zürich/Schweiz (9)
Lehmbruck-Museum, Duisburg (6)
Günter Lintl, Ennepetal (1)
Museum der Stadt Lünen (2)
Stadtarchiv Lünen (1)
Mannesmann AG, Düsseldorf (1)
Margarethe-Krupp-Stiftung, Essen (9)
Markus-Verlag, Köln (2)
Christel Matthes/Museum für deutsche Geschichte, Berlin (1)
Franz Meinert, Dortmund (1)
Ulrich Möller, Dortmund (3)
Stadtarchiv Moers (1)
Presseamt der Stadt Moers (1)
Städtisches Museum Mülheim (2)
Stadtbildstelle Mülheim (2)
Verkehrsverein der Stadt Mülheim (2)
Horst Müller, Dortmund (4)
Horst Müller, Düsseldorf (4)
W. K. Müller, Bochum (3)
Museum für Kunst und Kulturgeschichte, Dortmund (20)
Karl Neuhoff, Dortmund (10)
Niederrheinisches Museum, Duisburg (10)
Kulturamt der Stadt Oberhausen (2)
Zentrales Bildarchiv der Stadt Oberhausen (19)
Werner Otto, Oberhausen (1)
Helmut Orwat, Castrop-Rauxel (1)
PAN-Foto Günter Zint, Hamburg (2)
Detlev Peukert über Archivsammlung Ernst Schmidt, Essen (1)
Heinz Pfeil (1)
Phoenix-Rheinruhr AG, Duisburg (1)
Rolf Preuß, Duisburg (2)
Pro Ruhrgebiet e. V., Essen (1)
Ruhrkohle AG, Essen (3)
Karlheinz Rabas, Gelsenkirchen (1)
Thomas Range, Bochum (1)
Presse- und Informationsamt der Stadt Recklinghausen (8)
Rheinisches Bildarchiv, Köln (1)
Hugo Rieth, Essen (3)
Roebild, Frankfurt (1)
Römisch-Germanisches Museum, Haltern (1)
Wilhelm Rogge, Lünen (8)
Klaus Rose, Iserlohn (2)
Rosenthal-AG, Selb (1)
Friedrich Wilhelm Ruhfus GmbH und Co., Dortmund (1)
Archiv der Ruhrfestspiele Recklinghausen (1)
Ruhrgas-AG, Essen (2)
Ruhrlandmuseum, Essen (14)
Ruhröl-GmbH (1)
Ruhrtalmuseum, Schwerte (6)
Norbert Rzepka, Gelsenkirchen (1)
Jost Schilgen, Berlin (24)
Schirmer/Mosel-Verlag, München (1)
Pressebild Schirner/Seifert, Meerbusch (6)
Schloßbauverein Schloß Burg (1)
Joachim Schumacher, Essen (3)
Heimatmuseum Hans Martfeld, Schwelm/Schilgen (14)
Heimatmuseum Hans Martfeld, Schwelm (5)
Stadtarchiv Schwelm (2)
Stadtarchiv Soest (6)
Stadtarchiv Solingen (1)
Spielbank Hohensyburg, Dortmund (1)
Hauptstaatsarchiv Düsseldorf (1)
Staatsarchiv Hamburg (1)
Staatsarchiv Münster (1)
Stadt- und Landesbibliothek Dortmund, Handschriftenabteilung (1)
Eduard Stanelle, Dortmund (1)
Hilde Stein, Gelsenkirchen (1)
Joh. Steinhoff, Bochum (1)
Stern-Pils-Brauerei, Essen (5)
Stiftsbrauerei, Dortmund (1)
Stinnes AG, Mülheim (12)
Liselotte Strelow, Bochum (1)
Süddeutscher Verlag, München (5)
SV Neptun, Oer-Erkenschwick (1)
Jochen Tack, Hattingen (1)
Hans-Rudolf Thiel, Gelsenkirchen (2)
Thier-Brauerei, Dortmund (4)
Peter Thomann (1)
Thyssen AG, Duisburg (3)
Abisaig Tüllmann, Frankfurt (3)
Uhde GmbH, Dortmund (1)
Stadtarchiv Unna (9)
VEBA AG, Essen (1)
Verband Deutscher Hundesportvereine, Dortmund (2)
Botschaft der Vereinigten Staaten von Amerika, Bonn (2)
Vestisches Archiv, Recklinghausen (5)
Hans Vöge, Gelsenkirchen (5)
Volleyball-Club Schwerte (1)
Manfred Vollmer, Essen (38)
Armin Wenzel, Essen (1)
Kloster Werden (8)
Museum der Stadt Werne (1)
Stadtarchiv Wesel (2)
Westdeutsche Allgemeine Zeitung, Essen (7)
Westfälisches Landesmuseum, Münster (14)
Westfälisches Landesmuseum/Münzkabinett, Münster (1)
Westfälisches Landesmuseum für Archäologie, Münster (3)
Westfälisches Wirtschaftsarchiv, Dortmund (9)
Westfalenhalle AG, Dortmund (14)
Stadtarchiv Wetter (1)
Alfred Winter, Wattenscheid (1)
Heimatmuseum Schloß Wittringen, Gladbeck (1)
Klaus Wohlgemuth, Essen (3)
Historisches Zentrum, Wuppertal (1)
Christian Zentner, München (1)

© für die Abbildungen:
Bernhard Pankok: »Carl Ernst Osthaus«, Carl-Ernst-Osthaus-Museum, Hagen
Christian Rohlfs: »Waldinneres«, Museum Folkwang, Essen
Max Schulze-Sölde: »Zeit der Technik«, Kunsthalle, Recklinghausen
Conrad Felixmüller: »Ruhrrevier II«, Westfälisches Landesmuseum, Münster
Josef Albers: »Fabrik 3«, Städtisches Museum, Leverkusen
Thomas Grochowiak: »Fördermaschinist«, VG Bild/Kunst, Bonn 1987
Franz Radziwil: »Der Streik«, Westfälisches Landesmuseum, Münster

© für die Karten und Grafiken:
Harenberg Kommunikation, Dortmund (90)
Westermann-Verlag, Braunschweig (1)

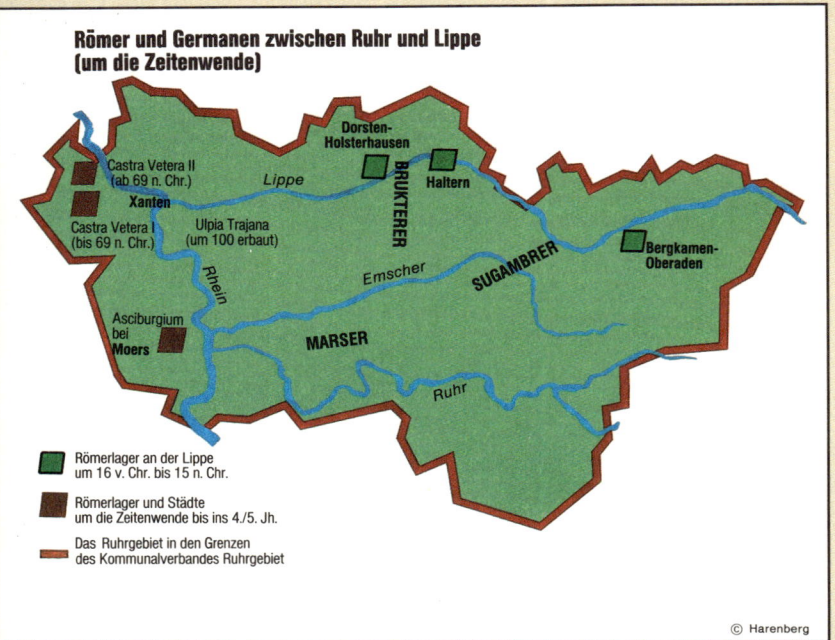
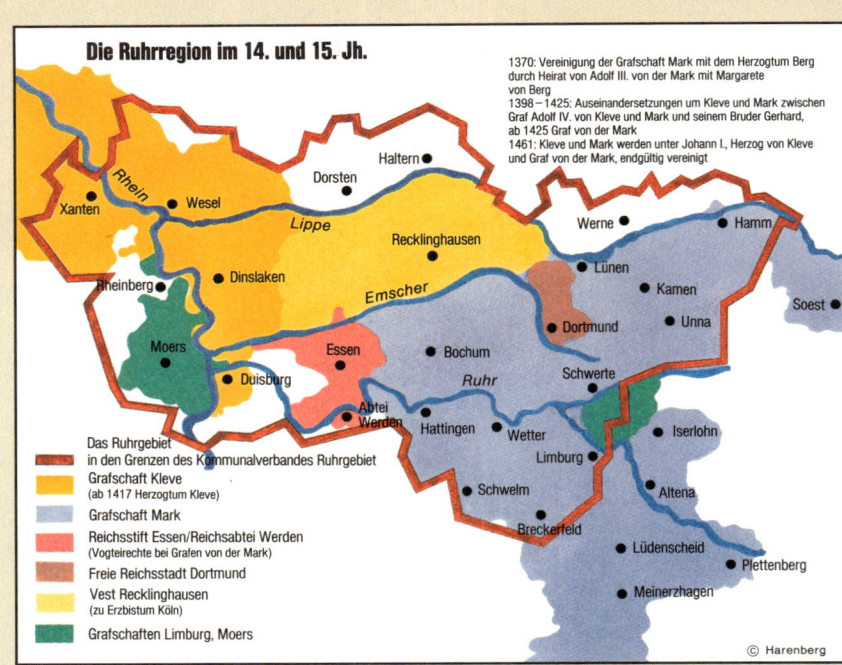
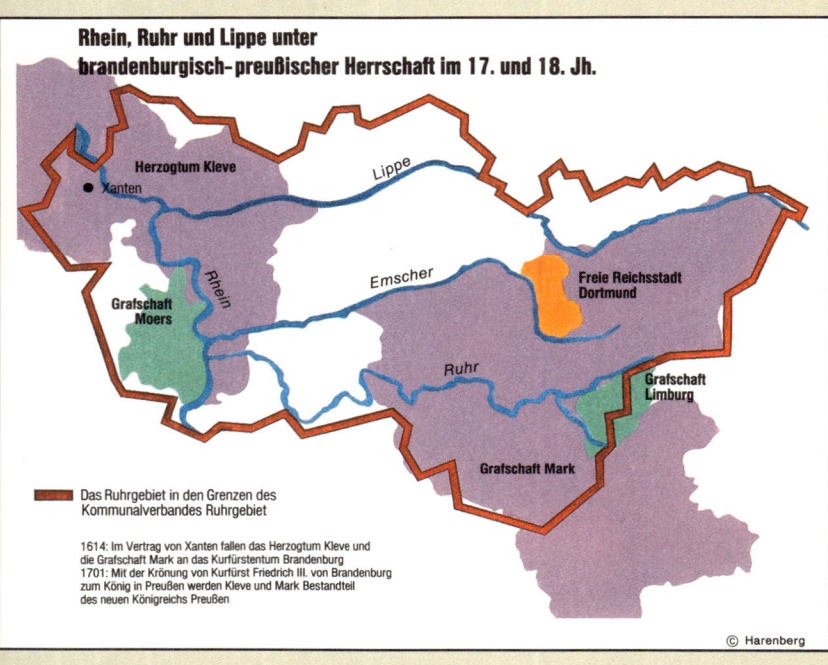
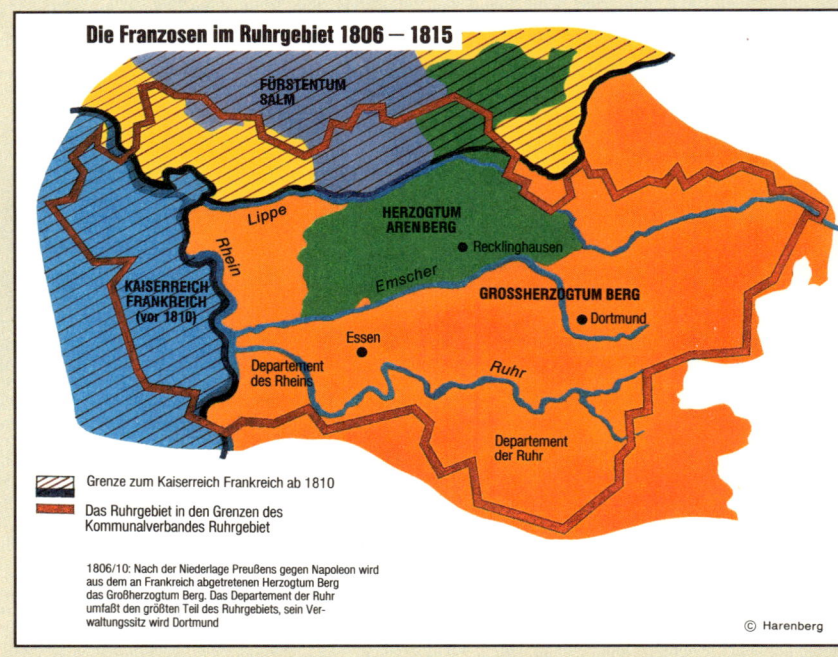
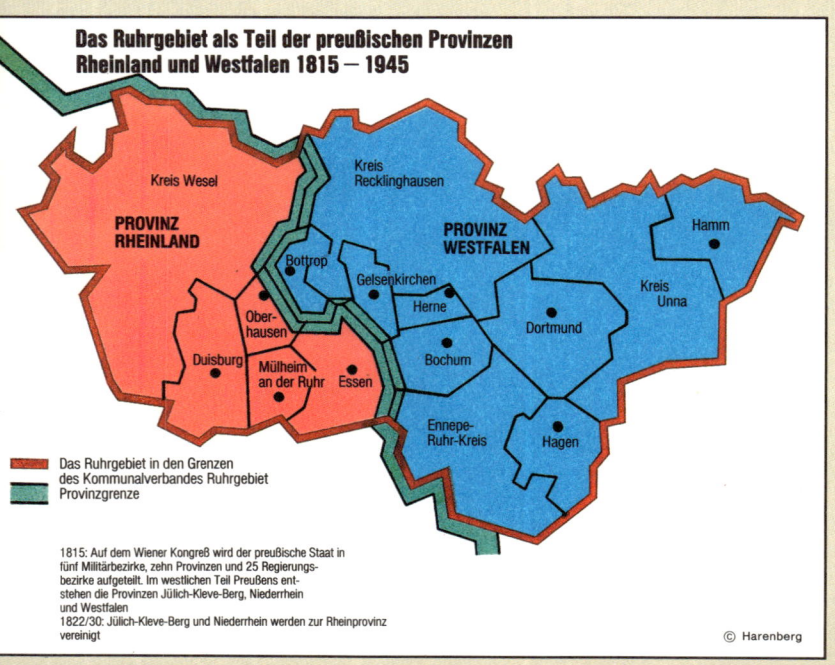
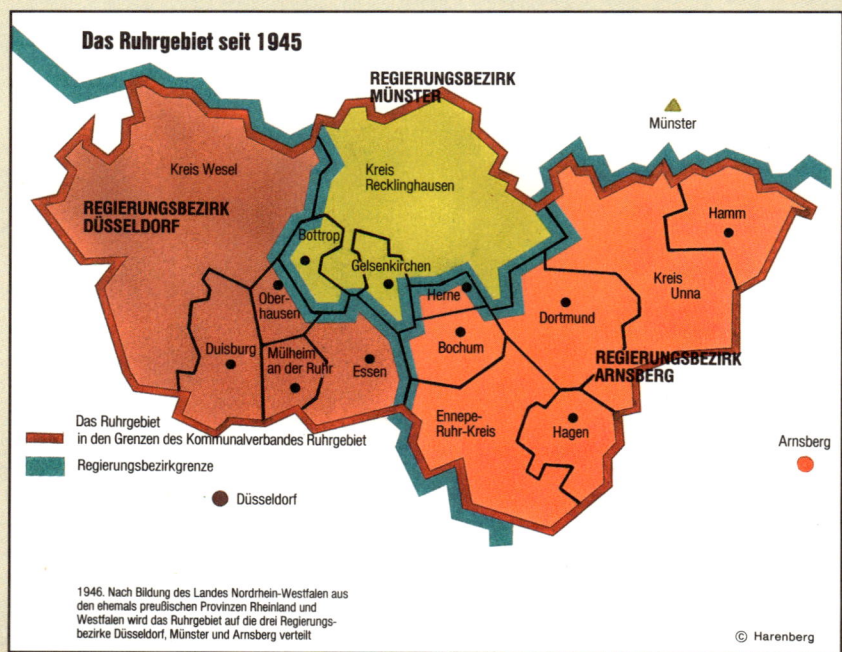